法令・条約名索引

高齢者の居住の安定確保に関する法律	94 596
国民健康保険法	—
国民健康保険法施行令	—
国民年金法	—
国民年金法施行規則	—
国民年金法施行令	—
個人情報の保護に関する法律	—
国家公務員災害補償法	62 451
国家賠償法	133 777
子ども・子育て支援法	82 542
子どもの貧困対策の推進に関する法律	88 578
雇用対策法	38 314
雇用の分野における男女の均等な機会及び待遇の確保等に関する法律	50 407
雇用の分野における男女の均等な機会及び待遇の確保等に関する法律施行規則	51 409
雇用保険法	39 316
雇用保険法施行規則	41 339
雇用保険法施行令	40 338

◆ さ行

最低賃金法	56 427
次世代育成支援対策推進法	78 494
持続可能な社会保障制度の確立を図るための改革の推進に関する法律	121 702
指定介護老人福祉施設の人員、設備及び運営に関する基準	30 254
指定居宅サービス等の事業の人員、設備及び運営に関する基準	29 244
児童虐待の防止等に関する法律	87 575
児童手当法	84 562
児童の権利に関する条約	140 794
児童福祉施設の設備及び運営に関する基準	80 534
児童福祉法	79 496
児童扶養手当法	85 567

社会福祉士及び介護福祉士法	72 485
社会福祉法	70 476
………	26 184
……法	12 705
………	25 183
厚生年金保険法	
等の特例等に関する法律	10 86
社会保障制度改革推進法	120 702
社会保障の最低基準に関する条約（ILO 第102号）	139 784
就学前の子どもに関する教育、保育等の総合的な提供の推進に関する法律	83 555
障害者基本法	97 605
障害者虐待の防止、障害者の養護者に対する支援等に関する法律	101 632
障害者の権利に関する条約	139 788
障害者の雇用の促進等に関する法律	46 376
障害者の日常生活及び社会生活を総合的に支援するための法律	105 636
障害を理由とする差別の解消の推進に関する法律	98 608
少子化社会対策基本法	77 493
消費者契約法	134 777
職業安定法	42 363
職業訓練の実施等による特定求職者の就職の支援に関する法律	44 371
職業能力開発促進法	43 366
心神喪失等の状態で重大な他害行為を行った者の医療及び観察等に関する法律	110 657
身体障害者福祉法	99 609
じん肺法	60 445
生活困窮者自立支援法	115 678
生活保護法	108 661
生活保護法施行規則	114 676
生活保護法施行令	114 676

精神保健及び精神障害者福祉に関する法律……102 *620*
精神保健福祉士法……103 *630*
戦傷病者戦没者遺族等援護法……116 *688*
戦傷病者特別援護法……115 *686*

◈ た行

地域における医療及び介護の総合的な確保の促進に関する法律……32 *275*
地域保健法……33 *277*
知的障害者福祉法……101 *616*
地方公務員災害補償法……63 *451*
中小企業退職金共済法……58 *429*
賃金の支払の確保等に関する法律……57 *428*
特定障害者に対する特別障害給付金の支給に関する法律……17 *112*
特定非営利活動促進法……76 *491*
特定フィブリノゲン製剤及び特定血液凝固第Ⅸ因子製剤によるＣ型肝炎感染被害者を救済するための給付金の支給に関する特別措置法……119 *700*
特別児童扶養手当等の支給に関する法律……86 *571*
特別養護老人ホームの設備及び運営に関する基準……95 *598*
独立行政法人医薬品医療機器総合機構法……117 *695*

◈ な行

難病の患者に対する医療等に関する法律……27 *185*
難民の地位に関する条約……136 *783*
日本国憲法……124 *718*
日本年金機構法……18 *113*
任意後見契約に関する法律……75 *490*
年金生活者支援給付金の支給に関する法律……16 *108*

◈ は行

配偶者からの暴力の防止及び被害者の保護等に関する法律……91 *585*
発達障害者支援法……106 *656*
保険医療機関及び保険医療養担当規則……23 *179*
保健師助産師看護師法……37 *310*
母子及び父子並びに寡婦福祉法……89 *578*
母子保健法……90 *583*
ホームレスの自立の支援等に関する特別措置法……113 *681*

◈ ま行

民生委員法……71 *485*
民　法……125 *722*

◈ や行

予防接種法……118 *698*

◈ ら行

老人福祉法……93 *588*
労働安全衛生法……59 *432*
労働基準法……47 *390*
労働基準法施行規則……48 *404*
労働契約法……49 *406*
労働時間等の設定の改善に関する特別措置法……55 *426*
労働者災害補償保険特別支給金支給規則……66 *466*
労働者災害補償保険法……64 *453*
労働者災害補償保険法施行規則……65 *463*
労働者派遣事業の適正な運営の確保及び派遣労働者の保護等に関する法律……54 *420*
労働保険審査官及び労働保険審査会法……123 *712*
労働保険の保険料の徴収等に関する法律……68 *468*
労働保険の保険料の徴収等に関する法律施行規則……69 *473*

《編集代表》
岩村正彦・菊池馨実

社会保障・福祉六法

〔編集委員〕
嵩さやか・中野妙子・笠木映里・水島郁子

信山社
SHINZANSHA

【編集代表】

岩村正彦（いわむらまさひこ）　東京大学大学院法学政治学研究科教授

菊池馨実（きくちよしみ）　早稲田大学法学学術院教授

【編集委員】〈五十音順〉

笠木映里（かさぎえり）　ボルドー大学 CNRS 一級研究員
嵩さやか（だけさやか）　東北大学大学院法学研究科教授
中野妙子（なかのたえこ）　名古屋大学大学院法学研究科教授
水島郁子（みずしまいくこ）　大阪大学大学院高等司法研究科教授

【編集協力】〈五十音順〉

柴田洋二郎（しばたようじろう）　中京大学法学部准教授
島村暁代（しまむらあきよ）　信州大学経法学部准教授
高畠淳子（たかはたじゅんこ）　京都産業大学法学部教授
地神亮佑（ちがみりょうすけ）　滋賀大学経済学部特任講師
常森裕介（つねもりゆうすけ）　四天王寺大学経営学部講師
永野仁美（ながのひとみ）　上智大学法学部准教授
中益陽子（なかますようこ）　亜細亜大学法学部教授
橋爪幸代（はしづめきよ）　東京経済大学現代法学部准教授
福島豪（ふくしまごう）　関西大学法学部准教授
山下慎一（やましたしんいち）　福岡大学法学部准教授

はしがき

　社会保障法を学ぶにあたっては，関係する法律の条文を参照し，読むことが不可欠である．また，教える側も，具体的な条文を摘示して，学生に参照させることが必要である．ところが，法学部等の授業で通常使われる学習用の六法が収録する社会保障法関係の法律は非常に限定されている．重きを置いて収録しているのが，法学部生なら誰もが学習する基本科目である憲法，民法，商法等であるからである．そのため，こうした学習用六法は社会保障法の学習には必ずしも使い勝手がよくない．また，社会保障法の分野では，法律が下位法規である政省令等に委任していることが多く，それらを参照し，読むことも頻繁に必要となる．しかし，学習用六法は，そもそも政省令等を収録すること自体が稀である．

　社会保障法の分野についても，医療保険，公的年金等の分野ごとの六法や，コンパクトな六法が既に存在している．ところが，これらの六法は，収録分野を限定し，その分野の実務家を対象とする分厚いものであったり，コンパクトであっても社会福祉分野が中心であったりして，主要各分野を一通り学ぶことを目的とすることが一般的な法学部の社会保障法の授業には最適とは言えない．

　そこで，われわれは，法学部の社会保障法の授業に用いることを主たる狙いとしつつ，必ずしも法学に特化しない社会保障・社会福祉関係の授業や，社会保障・社会福祉分野の行政実務や各種資格試験にも使えるコンパクトな六法を編集することとした．幸い，信山社に，この非常に困難な作業を伴う社会保障・社会福祉分野の六法の編集・出版をお引き受け頂くことができた．

　この『社会保障・福祉六法』の編集は，全体の方針決定と収録すべき法令の選定にご参画頂いた編集委員の諸先生，そして各法令について具体的に収録すべき範囲を決定して頂いた編集委員・編集協力者の皆様のご尽力がなければ到底完遂しなかった．諸先生にこの場を借りて厚く御礼申し上げたい．また，全体の取りまとめだけでなく，条文のチェック，法令改正の追跡といった非常に細かい，しかし六法の編集には不可欠の作業をして頂いた信山社編集部の稲葉文子さんと今井守さんに心から御礼を申し上げたい．

2016年10月21日

岩村正彦・菊池馨実

目　次

Ⅰ 公的年金・企業年金

① 国民年金法（抄） ··· 1
② 国民年金法施行令（抄） ·· 37
③ 国民年金法施行規則（抄） ·· 41
④ 厚生年金保険法 ·· 42
⑤ 厚生年金保険法施行令（抄） ·· 84
⑥ 厚生年金保険法施行規則（略） ·· 85
⑦ 厚生年金保険の保険給付及び国民年金の給付に係る時効の特例等に関する法律（抄） ·· 85
⑧ 厚生年金保険の保険給付及び保険料の納付の特例等に関する法律（抄）·· 86
⑨ 厚生年金保険の保険給付及び国民年金の給付の支払の遅延に係る加算金の支給に関する法律（抄） ·· 86
⑩ 社会保障協定の実施に伴う厚生年金保険法等の特例等に関する法律（抄） ·· 86
⑪ 確定給付企業年金法（抄） ·· 86
⑫ 確定給付企業年金法施行令（抄） ·· 94
⑬ 確定給付企業年金法施行規則（抄） ······································ 94
⑭ 確定拠出年金法（抄） ·· 95
⑮ 確定拠出年金法施行令（抄） ··· 108
⑯ 年金生活者支援給付金の支給に関する法律（抄） ························ 108
⑰ 特定障害者に対する特別障害給付金の支給に関する法律（抄） ·········· 112
⑱ 日本年金機構法（抄） ··· 113

Ⅱ 医療・介護保障

(1) 医療保険・介護保険
⑲ 健康保険法（抄） ··· 117
⑳ 国民健康保険法（抄） ··· 138
㉑ 国民健康保険法施行令（抄） ··· 150
㉒ 高齢者の医療の確保に関する法律（抄） ································ 163
㉓ 保険医療機関及び保険医療養担当規則（抄） ···························· 179
㉔ 厚生労働大臣の定める評価療養，患者申出療養及び選定療養（抄）·· 182
㉕ 社会保険診療報酬支払基金法（抄） ···································· 183
㉖ 社会保険医療協議会法（抄） ··· 184
㉗ 難病の患者に対する医療等に関する法律（抄） ·························· 185
㉘ 介護保険法（抄） ··· 188
㉙ 指定居宅サービス等の事業の人員，設備及び運営に関する基準（抄） ···· 244
㉚ 指定介護老人福祉施設の人員，設備及び運営に関する基準（抄） ···· 254

(2) 供給体制・公衆衛生
㉛ 医療法（抄） ··· 258
㉜ 地域における医療及び介護の総合的な確保の促進に関する法律（抄）·· 275
㉝ 地域保健法（抄） ··· 277
㉞ 健康増進法（抄） ··· 278
㉟ 医薬品，医療機器等の品質，有効性及び安全性の確保等に関する法律（抄） ·· 281

㊱ 医師法（抄） …………………………………………………………………… *309*
㊲ 保健師助産師看護師法（抄） ………………………………………………… *310*

Ⅲ 労働保険・労働法規

(1) 雇用保険・雇用対策
㊳ 雇用対策法（抄） ……………………………………………………………… *314*
㊴ 雇用保険法 ……………………………………………………………………… *316*
㊵ 雇用保険法施行令（抄） ……………………………………………………… *338*
㊶ 雇用保険法施行規則（抄） …………………………………………………… *339*
㊷ 職業安定法（抄） ……………………………………………………………… *363*
㊸ 職業能力開発促進法（抄） …………………………………………………… *366*
㊹ 職業訓練の実施等による特定求職者の就職の支援に関する法律 …… *371*
㊺ 高年齢者等の雇用の安定等に関する法律（抄） …………………………… *373*
㊻ 障害者の雇用の促進等に関する法律（抄） ………………………………… *376*

(2) 労働法規・労災補償
㊼ 労働基準法 ……………………………………………………………………… *390*
㊽ 労働基準法施行規則（抄） …………………………………………………… *404*
㊾ 労働契約法 ……………………………………………………………………… *406*
㊿ 雇用の分野における男女の均等な機会及び待遇の確保等に関する法律（抄） ………………………………………………………………………… *407*
㋖ 雇用の分野における男女の均等な機会及び待遇の確保等に関する法律施行規則（抄） …………………………………………………………… *409*
㋗ 育児休業，介護休業等育児又は家族介護を行う労働者の福祉に関する法律 …………………………………………………………………… *410*
㋘ 育児休業，介護休業等育児又は家族介護を行う労働者の福祉に関する法律施行規則（抄） ……………………………………………………… *418*
㋙ 労働者派遣事業の適正な運営の確保及び派遣労働者の保護等に関する法律（抄） …………………………………………………………… *420*
㋚ 労働時間等の設定の改善に関する特別措置法（抄） ……………………… *426*
㋛ 最低賃金法（抄） ……………………………………………………………… *427*
㋜ 賃金の支払の確保等に関する法律（抄） …………………………………… *428*
㋝ 中小企業退職金共済法（抄） ………………………………………………… *429*
㋞ 労働安全衛生法（抄） ………………………………………………………… *432*
㋟ じん肺法（抄） ………………………………………………………………… *445*
㋠ 石綿による健康被害の救済に関する法律（抄） …………………………… *447*
㋡ 国家公務員災害補償法（抄） ………………………………………………… *451*
㋢ 地方公務員災害補償法（抄） ………………………………………………… *451*
㋣ 労働者災害補償保険法（抄） ………………………………………………… *453*
㋤ 労働者災害補償保険法施行規則（抄） ……………………………………… *463*
㋥ 労働者災害補償保険特別支給金支給規則（抄） …………………………… *466*
㋦ 過労死等防止対策推進法 ……………………………………………………… *467*
㋧ 労働保険の保険料の徴収等に関する法律（抄） …………………………… *468*
㋨ 労働保険の保険料の徴収等に関する法律施行規則（抄） ………………… *473*

Ⅳ 社会福祉・社会サービス等

(1) 社会福祉全般
㋩ 社会福祉法（抄） ……………………………………………………………… *476*

(71) 民生委員法（抄） …… 485
(72) 社会福祉士及び介護福祉士法（抄） …… 485
(73) 介護労働者の雇用管理の改善等に関する法律（抄） …… 488
(74) 介護・障害福祉従事者の人材確保のための介護・障害福祉従事者の処遇改善に関する法律 …… 490
(75) 任意後見契約に関する法律 …… 490
(76) 特定非営利活動促進法（抄） …… 491
(2) **子ども・次世代育成支援策**
(77) 少子化社会対策基本法（抄） …… 493
(78) 次世代育成支援対策推進法（抄） …… 494
(79) 児童福祉法（抄） …… 496
(80) 児童福祉施設の設備及び運営に関する基準（抄） …… 534
(81) 家庭的保育事業等の設備及び運営に関する基準（抄） …… 539
(82) 子ども・子育て支援法（抄） …… 542
(83) 就学前の子どもに関する教育，保育等の総合的な提供の推進に関する法律（抄） …… 555
(84) 児童手当法（抄） …… 562
(85) 児童扶養手当法（抄） …… 567
(86) 特別児童扶養手当等の支給に関する法律（抄） …… 571
(87) 児童虐待の防止等に関する法律（抄） …… 575
(88) 子どもの貧困対策の推進に関する法律（抄） …… 578
(3) **母子・父子・寡婦福祉**
(89) 母子及び父子並びに寡婦福祉法（抄） …… 578
(90) 母子保健法（抄） …… 583
(91) 配偶者からの暴力の防止及び被害者の保護等に関する法律（抄） …… 585
(4) **高齢者・高齢社会対策**
(92) 高齢社会対策基本法（抄） …… 587
(93) 老人福祉法（抄） …… 588
(94) 高齢者の居住の安定確保に関する法律（抄） …… 596
(95) 特別養護老人ホームの設備及び運営に関する基準（抄） …… 598
(96) 高齢者虐待の防止，高齢者の養護者に対する支援等に関する法律（抄） …… 603
(5) **障害者福祉**
(97) 障害者基本法（抄） …… 605
(98) 障害を理由とする差別の解消の推進に関する法律（抄） …… 608
(99) 身体障害者福祉法（抄） …… 609
(100) 高齢者，障害者等の移動等の円滑化の促進に関する法律（抄） …… 615
(101) 知的障害者福祉法（抄） …… 616
(102) 精神保健及び精神障害者福祉に関する法律（抄） …… 620
(103) 精神保健福祉士法（抄） …… 630
(104) 障害者虐待の防止，障害者の養護者に対する支援等に関する法律（抄） …… 632
(105) 障害者の日常生活及び社会生活を総合的に支援するための法律（抄） …… 636
(106) 発達障害者支援法（抄） …… 656
(107) 心神喪失等の状態で重大な他害行為を行った者の医療及び観察等に関する法律（抄） …… 657

V 公的扶助・生活困窮者支援

- ⑱ 生活保護法 …………………………………………………………………… *661*
- ⑲ 生活保護法施行令（抄） …………………………………………………… *676*
- ⑳ 生活保護法施行規則（抄） ………………………………………………… *676*
- ⑪ 行旅病人及行旅死亡人取扱法（抄） ……………………………………… *678*
- ⑫ 生活困窮者自立支援法 ……………………………………………………… *678*
- ⑬ ホームレスの自立の支援等に関する特別措置法（抄） ………………… *681*

VI 援護・補償等

- ⑭ 原子爆弾被爆者に対する援護に関する法律（抄） ……………………… *683*
- ⑮ 戦傷病者特別援護法（抄） ………………………………………………… *686*
- ⑯ 戦傷病者戦没者遺族等援護法（抄） ……………………………………… *688*
- ⑰ 独立行政法人医薬品医療機器総合機構法（抄） ………………………… *695*
- ⑱ 予防接種法（抄） …………………………………………………………… *698*
- ⑲ 特定フィブリノゲン製剤及び特定血液凝固第IX因子製剤による
  C型肝炎感染被害者を救済するための給付金の支給に関する特別
  措置法（抄） ………………………………………………………………… *700*

VII 諸 法

- ⑳ 社会保障制度改革推進法（抄） …………………………………………… *702*
- ㉑ 持続可能な社会保障制度の確立を図るための改革の推進に関する
  法律（抄） …………………………………………………………………… *702*
- ㉒ 社会保険審査官及び社会保険審査会法（抄） …………………………… *705*
- ㉓ 労働保険審査官及び労働保険審査会法 …………………………………… *712*
- ㉔ 日本国憲法 …………………………………………………………………… *718*
- ㉕ 民 法（抄） ………………………………………………………………… *722*
- ㉖ 行政手続法（抄） …………………………………………………………… *737*
- ㉗ 行政機関の保有する個人情報の保護に関する法律（抄） ……………… *741*
- ㉘ 個人情報の保護に関する法律（抄） ……………………………………… *748*
- ㉙ 行政手続における特定の個人を識別するための番号の利用等に
  関する法律（抄） …………………………………………………………… *755*
- ㉚ 警察官職務執行法 …………………………………………………………… *762*
- ㉛ 行政事件訴訟法 ……………………………………………………………… *763*
- ㉜ 行政不服審査法（抄） ……………………………………………………… *769*
- ㉝ 国家賠償法 …………………………………………………………………… *777*
- ㉞ 消費者契約法（抄） ………………………………………………………… *777*

VIII 条 約

- ㉟ 経済的，社会的及び文化的権利に関する国際規約（A規約）（抄） ‥ *782*
- ㊱ 難民の地位に関する1951年の条約（抄） ………………………………… *783*
- ㊲ 社会保障の最低基準に関する条約（ILO第102号）（抄） ……………… *784*
- ㊳ 家族的責任を有する男女労働者の機会及び待遇の均等に関する
  条約（ILO第156号）（抄） ………………………………………………… *787*
- ㊴ 障害者の権利に関する条約（抄） ………………………………………… *788*
- ㊵ 児童の権利に関する条約（抄） …………………………………………… *794*

凡　例

1　編集方針
① 主に社会保障に関する法令の中から講義や各種試験で実際に使われる法令を厳選．さらに福祉にも関係する法令も含め，『社会保障・福祉六法』として，充実化．
② 社会保障・福祉の膨大な法令・条文の中から必要な情報を厳選して「抄録」．コンパクトで，より利用者の便宜を図ることをねらいとした．
③ 構成を分野別にⅠ～Ⅷに区分し，必要な法令・条文にアクセスしやすくした．

2　法令等の基準日および改正
① 基準日は2016（平成28）年8月1日現在．
② 制定後の改正経過については，最終改正日のみを表記した．
③ 公布された改正法令については，条文に改正内容を反映した．ただし，施行日が2017（平成29）年4月2日以降のものについては，1）各法令の見出しの直後の〔　〕内に，該当法令，施行日を付し，または，2）各改正箇所に下線を付して，〔　〕内に該当法令，施行日を掲載，3）大幅な改正部分には，枠囲みで施行までの現行条文を付記した．

3　法令の収録
① 官報および総務省行政管理局による提供データをもとにした．
② 収録法令は，厳選140件（うち1件条文略）．
③ 附則については，原則として，省略することとした．

4　法令等の表記
① 横組みとし，条文の条・項等については，漢字は算用数字にかえ，「第1条」，「②」（項），「1」（号）とした．
② 条文内が2項以上あるものには，各項に「①，②，③，…」を付した．
③ 各条文内で項，号を省略したものについては，右下に〈　〉で省略部分を示した．

5　本書の特色
① 法令・条文を厳選……膨大な法令・条文の中から必要な情報を厳選し，アクセスしやすい．
② ポータブル……薄型で持ち運びに便利．
③ 情報の充実……各種資格試験や学内試験，自治体事務や企業担当者まで手軽に使用できる．

Ⅰ 公的年金・企業年金

1 国民年金法（抄）

（昭34・4・16法律第141号,昭34・11・1施行,
最終改正：平28・6・3法律第66号）

第1章 総則

（国民年金制度の目的）
第1条 国民年金制度は、日本国憲法第25条第2項に規定する理念に基き、老齢、障害又は死亡によつて国民生活の安定がそこなわれることを国民の共同連帯によつて防止し、もつて健全な国民生活の維持及び向上に寄与することを目的とする。

（国民年金の給付）
第2条 国民年金は、前条の目的を達成するため、国民の老齢、障害又は死亡に関して必要な給付を行うものとする。

（管掌）
第3条 ① 国民年金事業は、政府が、管掌する。
② 国民年金事業の事務の一部は、政令の定めるところにより、法律によつて組織された共済組合（以下単に「共済組合」という。）、国家公務員共済組合連合会、全国市町村職員共済組合連合会、地方公務員共済組合連合会又は私立学校教職員共済法（昭和28年法律第245号）の規定により私立学校教職員共済制度を管掌することとされた日本私立学校振興・共済事業団（以下「共済組合等」という。）に行わせることができる。
③ 国民年金事業の事務の一部は、政令の定めるところにより、市町村長（特別区の区長を含む。以下同じ。）が行うこととすることができる。

（年金額の改定）
第4条 この法律による年金の額は、国民の生活水準その他の諸事情に著しい変動が生じた場合には、変動後の諸事情に応ずるため、速やかに改定の措置が講ぜられなければならない。

（財政の均衡）
第4条の2 国民年金事業の財政は、長期的にその均衡が保たれたものでなければならず、著しくその均衡を失すると見込まれる場合には、速やかに所要の措置が講ぜられなければならない。

（財政の現況及び見通しの作成）
第4条の3 ① 政府は、少なくとも5年ごとに、保険料及び国庫負担の額並びにこの法律による給付に要する費用の額その他の国民年金事業の財政に係る収支についてその現況及び財政均衡期間における見通し（以下「財政の現況及び見通し」という。）を作成しなければならない。
② 前項の財政均衡期間（第16条の2第1項において「財政均衡期間」という。）は、財政の現況及び見通しが作成される年以降おおむね100年間とする。
③ 政府は、第1項の規定により財政の現況及び見通しを作成したときは、遅滞なく、これを公表しなければならない。

（用語の定義）
第5条 ① この法律において、「保険料納付済期間」とは、第7条第1項第1号に規定する被保険者としての被保険者期間のうち納付された保険料（第96条の規定により徴収された保険料を含み、第90条の2第1項から第3項までの規定によりその一部の額につき納付することを要しないものとされた保険料につきその残余の額が納付又は徴収されたものを除く。以下同じ。）に係るもの、第7条第1項第2号に規定する被保険者としての被保険者期間及び同項第3号に規定する被保険者としての被保険者期間を合算した期間をいう。
② この法律において、「保険料免除期間」とは、保険料全額免除期間、保険料4分の3免除期間、保険料半額免除期間及び保険料4分の1免除期間を合算した期間をいう。
③ この法律において、「保険料全額免除期間」とは、第7条第1項第1号に規定する被保険者としての被保険者期間であつて第89条第1項、第90条第1項又は第90条の3第1項の規定により納付することを要しないものとされた保険料に係るもののうち、第94条第4項の規定により納付されたものとみなされる保険料に係る被保険者期間を除いたものを合算した期間をいう。
④ この法律において、「保険料4分の3免除期間」とは、第7条第1項第1号に規定する被保険者としての被保険者期間であつて第90条の2第1項の規定によりその4分の3の額につき納付することを要しないものとされた保険料（納付することを要しないものとされた4分の3の額以外の4分の1の額につき納付されたものに限る。）に係るもののうち、第94条第4項の規定により納付されたものとみなされる保険料に係る被保険者期間を除いたものを合算した期間をいう。
⑤ この法律において、「保険料半額免除期間」とは、第7条第1項第1号に規定する被保険者としての被保険者期間であつて第90条の2第2項の規定によりその半額につき納付することを要しないものとされた保険料（納付することを要しないものとされた半額以外の半額につき納付されたものに限る。）に係るもののうち、第94条第4項の規定により納付されたものとみなされる保険料に係る被保険者期間を除いたものを合算した期間をいう。
⑥ この法律において、「保険料4分の1免除期間」とは、第7条第1項第1号に規定する被保険者としての被保険者期間であつて第90条の2第3項の規定によりその4分の1の額につき納付することを要しないものとされた保険料（納付することを要しないものとされた4分の1の額以外の4分の3の額につき納付されたものに限る。）に係るもののうち、第94条第4項の規定により納付されたものとみなされる保険料に係る被保険者期間を除いたものを合算した期間をいう。
⑦ この法律において、「配偶者」、「夫」及び「妻」には、婚姻の届出をしていないが、事実上婚姻関係と同様の事情にある者を含むものとする。
⑧ この法律において、「政府及び実施機関」とは、厚生年金保険の実施者たる政府及び実施機関たる共済組合等をいう。
⑨ この法律において、「実施機関たる共済組合等」とは、厚生年金保険の実施機関たる国家公務員共済組合連合会、地方公務員共済組合連合会又は日本私立学校振興・共済事業団をいう。

（事務の区分）

第6条　第12条第1項及び第4項（第105条第2項において準用する場合を含む．）並びに第105条第1項及び第4項の規定により市町村が処理することとされている事務は、地方自治法（昭和22年法律第67号）第2条第9項第1号に規定する第1号法定受託事務とする．

第2章　被保険者

（被保険者の資格）

第7条　① 次の各号のいずれかに該当する者は、国民年金の被保険者とする．
1　日本国内に住所を有する20歳以上60歳未満の者であつて次号及び第3号のいずれにも該当しないもの（厚生年金保険法（昭和29年法律第115号）に基づく老齢を支給事由とする年金たる保険給付その他の老齢又は退職を支給事由とする給付であつて政令で定めるもの（以下「厚生年金保険法に基づく老齢給付等」という．）を受けることができる者を除く．以下「第1号被保険者」という．）
2　厚生年金保険の被保険者（以下「第2号被保険者」という．）
3　第2号被保険者の配偶者であつて主として第2号被保険者の収入により生計を維持するもの（第2号被保険者である者を除く．以下「被扶養配偶者」という．）のうち20歳以上60歳未満のもの（以下「第3号被保険者」という．）

② 前項第3号の規定の適用上、主として第2号被保険者の収入により生計を維持することの認定に関し必要な事項は、政令で定める．

③ 前項の認定については、行政手続法（平成5年法律第88号）第3章（第12条及び第14条を除く．）の規定は、適用しない．

（資格取得の時期）

第8条　前条の規定による被保険者は、同条第1項第2号及び第3号のいずれにも該当しない者については第1号から第3号までのいずれかに該当するに至つた日に、20歳未満の者又は60歳以上の者については第4号に該当するに至つた日に、その他の者については同号又は第5号のいずれかに該当するに至つた日に、それぞれ被保険者の資格を取得する．
1　20歳に達したとき．
2　日本国内に住所を有するに至つたとき．
3　厚生年金保険法に基づく老齢給付等を受けることができる者でなくなつたとき．
4　厚生年金保険の被保険者の資格を取得したとき．
5　被扶養配偶者となつたとき．

（資格喪失の時期）

第9条　第7条の規定による被保険者は、次の各号のいずれかに該当するに至つた日の翌日（第2号に該当するに至つた日に更に第7条第1項若しくは第3号に該当するに至つたとき又は第3号から第5号までのいずれかに該当するに至つたときは、その日）に、被保険者の資格を喪失する．
1　死亡したとき．
2　日本国内に住所を有しなくなつたとき（第7条第1項第2号又は第3号に該当するときを除く．）．
3　60歳に達したとき（第7条第1項第2号に該当するときを除く．）．
4　厚生年金保険法に基づく老齢給付等を受けることができる者となつたとき（第7条第1項第2号又は第3号に該当するときを除く．）．

5　厚生年金保険の被保険者の資格を喪失したとき（第7条第1項各号のいずれかに該当するときを除く．）．
6　被扶養配偶者でなくなつたとき（第7条第1項第1号又は第2号に該当するときを除く．）．

第10条　削除

（被保険者期間の計算）

第11条　① 被保険者期間を計算する場合には、月によるものとし、被保険者の資格を取得した日の属する月からその資格を喪失した日の属する月の前月までをこれに算入する．

② 被保険者がその資格を取得した日の属する月にその資格を喪失したときは、その月を1箇月として被保険者期間に算入する．ただし、その月にさらに被保険者の資格を取得したときは、この限りでない．

③ 被保険者の資格を喪失した後、さらにその資格を取得した者については、前後の被保険者期間を合算する．

第11条の2　第1号被保険者としての被保険者期間、第2号被保険者としての被保険者期間又は第3号被保険者としての被保険者期間を計算する場合には、被保険者の種別（第1号被保険者、第2号被保険者又は第3号被保険者のいずれであるかの区別をいう．以下同じ．）に変更があつた月は、変更後の種別の被保険者であつた月とみなす．同一の月において、2回以上にわたり被保険者の種別に変更があつたときは、その月は最後の種別の被保険者であつた月とみなす．

（届出）

第12条　① 被保険者（第3号被保険者を除く．次項において同じ．）は、厚生労働省令の定めるところにより、その資格の取得及び喪失並びに種別の変更に関する事項並びに氏名及び住所の変更に関する事項を市町村長に届け出なければならない．

② 被保険者の属する世帯の世帯主（以下単に「世帯主」という．）は、被保険者に代つて、前項の届出をすることができる．

③ 住民基本台帳法（昭和42年法律第81号）第22条から第24条まで、第30条の46又は第30条の47の規定による届出があつたとき（当該届出に係る書面に同法第29条の規定による付記がされたときに限る．）は、その届出と同一の事由に基づく第1項の規定による届出があつたものとみなす．

④ 市町村長は、第1項又は第2項の規定による届出を受理したとき（氏名及び住所の変更に関する事項の届出であつて厚生労働省令で定めるものを受理したときを除く．）は、厚生労働省令の定めるところにより、厚生労働大臣にこれを報告しなければならない．

⑤ 第3号被保険者は、厚生労働省令の定めるところにより、その資格の取得及び喪失並びに種別の変更に関する事項並びに氏名及び住所の変更に関する事項を厚生労働大臣に届け出なければならない．ただし、氏名及び住所の変更に関する事項であつて厚生労働省令で定めるものについては、この限りでない．

⑥ 前項の届出は、厚生労働省令で定める場合を除き、厚生年金保険法第2条の5第1項第1号に規定する第1号 厚生年金被保険者（以下「第1号厚生年金被保険者」という．）である第2号 被保険者の被扶養配偶者である第3号 被保険者にあつては、

Ⅰ 公的年金・企業年金

その配偶者である第2号被保険者を使用する事業主を経由して行うものとし,同項第2号に規定する第2号厚生年金被保険者(以下「第2号厚生年金被保険者」という.),同項第3号に規定する第3号厚生年金被保険者(以下「第3号厚生年金被保険者」という.)又は同項第4号に規定する第4号厚生年金被保険者(以下「第4号厚生年金被保険者」という.)である第2号被保険者の被扶養配偶者である第3号被保険者にあつては,その配偶者である第2号被保険者を組合員又は加入者とする国家公務員共済組合,地方公務員共済組合又は日本私立学校振興・共済事業団を経由して行うものとする.
⑦ 前項に規定する第2号被保険者を使用する事業主とは,第1号厚生年金被保険者を使用する事業所(厚生年金保険法第6条第1項に規定する事業所をいう.)の事業主(同法第27条に規定する事業主をいう.第108条第3項において同じ.)をいう.
⑧ 第6項に規定する第2号被保険者を使用する事業主は,同項の経由に係る事務の一部を当該事業主が設立する健康保険組合に委託することができる.
⑨ 第6項の規定により,第5項の届出が第2号被保険者を使用する事業主又は国家公務員共済組合,地方公務員共済組合若しくは日本私立学校振興・共済事業団に受理されたときは,その受理されたときに厚生労働大臣に届出があつたものとみなす.
第12条の2 ① 第3号被保険者であつた者は,第2号被保険者の被扶養配偶者でなくなつたことについて,厚生労働省令の定めるところにより,その旨を厚生労働大臣に届け出なければならない.
② 前条第2項から第9項までの規定は,前項の届出について準用する.この場合において,必要な技術的読替えは,政令で定める.
(国民年金手帳)
第13条 ① 厚生労働大臣は,第12条第4項の規定により被保険者の資格を取得した旨の報告を受けたとき,又は同条第5項の規定により第3号被保険者の資格の取得に関する届出をしたときは,当該被保険者について国民年金手帳を作成し,その者にこれを交付するものとする.ただし,その被保険者が既に国民年金手帳の交付を受け,これを所持している場合は,この限りでない.
② 国民年金手帳の様式及び交付その他国民年金手帳に関して必要な事項は,厚生労働省令で定める.
(国民年金原簿)
第14条 厚生労働大臣は,国民年金原簿を備え,これに被保険者の氏名,資格の取得及び喪失,種別の変更,保険料の納付状況,基礎年金番号(政府管掌年金事業(政府が管掌する国民年金事業及び厚生年金保険事業をいう.)の運営に関する事務その他当該事業に関連する事務であつて厚生労働省令で定めるものを遂行するために用いる記号及び番号であつて厚生労働省令で定めるものをいう.)その他厚生労働省令で定める事項を記録するものとする.
(訂正の請求)
第14条の2 被保険者又は被保険者であつた者は,国民年金原簿に記録された自己に係る特定国民年金原簿記録(被保険者の資格の取得及び喪失,種別の変更,保険料の納付状況その他厚生労働省令で定める事項の内容をいう.以下この項において同じ.)が事実でない,又は国民年金原簿に自己に係る特定国民年金原簿記録が記録されていないと思料するときは,厚生労働省令で定めるところにより,厚生労働大臣に対し,国民年金原簿の訂正の請求をすることができる.
② 前項の規定は,被保険者又は被保険者であつた者が死亡した場合において,次の表の上欄に掲げる者について準用する.この場合において,同項中「自己」とあるのは,次の表の上欄に掲げる者の区分に応じ,同表の下欄に掲げる字句に読み替えるものとする.

第19条の規定により未支給の年金の支給を請求することができる者	死亡した年金給付の受給権者
遺族基礎年金を受けることができる配偶者又は子	死亡した被保険者又は被保険者であつた者
寡婦年金を受けることができる妻	死亡した夫
死亡一時金を受けることができる遺族	死亡した被保険者又は被保険者であつた者

(訂正に関する方針)
第14条の3 ① 厚生労働大臣は,前条第1項(同条第2項において準用する場合を含む.)の規定による請求(次条において「訂正請求」という.)に係る国民年金原簿の訂正に関する方針を定めなければならない.
② 厚生労働大臣は,前項の方針を定め,又は変更しようとするときは,あらかじめ,社会保障審議会に諮問しなければならない.
(訂正請求に対する措置)
第14条の4 ① 厚生労働大臣は,訂正請求に理由があると認めるときは,当該訂正請求に係る国民年金原簿の訂正をする旨を決定しなければならない.
② 厚生労働大臣は,前項の規定による決定をする場合を除き,訂正請求に係る国民年金原簿の訂正をしない旨を決定しなければならない.
③ 厚生労働大臣は,前2項の規定による決定をしようとするときは,あらかじめ,社会保障審議会に諮問しなければならない.
(被保険者に対する情報の提供)
第14条の5 厚生労働大臣は,国民年金制度に対する国民の理解を増進させ,及びその信頼を向上させるため,厚生労働省令で定めるところにより,被保険者に対し,当該被保険者の保険料納付の実績及び将来の給付に関する必要な情報を分かりやすい形で通知するものとする.

第3章 給付

第1節 通則
(給付の種類)
第15条 この法律による給付(以下単に「給付」という.)は,次のとおりとする.
1 老齢基礎年金
2 障害基礎年金
3 遺族基礎年金
4 付加年金,寡婦年金及び死亡一時金
(裁定)
第16条 給付を受ける権利は,その権利を有する者(以下「受給権者」という.)の請求に基いて,厚生労働大臣が裁定する.
(調整期間)
第16条の2 ① 政府は,第4条の3第1項の規定により財政の現況及び見通しを作成するに当たり,国

民年金事業の財政が,財政均衡期間の終了時に給付の支給に支障が生じないようにするために必要な積立金(年金特別会計の国民年金勘定の積立金をいう.第5章において同じ.)を保有しつつ当該財政均衡期間にわたつてその均衡を保つことができないと見込まれる場合には,年金たる給付(付加年金を除く.)の額(以下この項において「給付額」という.)を調整するものとし,政令で,給付額を調整する期間(以下「調整期間」という.)の開始年度を定めるものとする.
② 財政の現況及び見通しにおいて,前項の調整を行う必要がなくなつたと認められるときは,政令で,調整期間の終了年度を定めるものとする.
③ 政府は,調整期間において財政の現況及び見通しを作成するときは,調整期間の終了年度の見通しについても作成し,併せて,これを公表しなければならない.

(端数処理)
第17条 ① 年金たる給付(以下「年金給付」という.)を受ける権利を裁定する場合又は年金給付の額を改定する場合において,年金給付の額に50銭未満の端数が生じたときは,これを切り捨て,50銭以上1円未満の端数が生じたときは,これを1円に切り上げるものとする.
② 前項に規定するもののほか,年金給付の額を計算する場合において生じる1円未満の端数の処理については,政令で定める.

(年金の支給期間及び支払期月)
第18条 ① 年金給付の支給は,これを支給すべき事由が生じた日の属する月の翌月から始め,権利が消滅した日の属する月で終るものとする.
② 年金給付は,その支給を停止すべき事由が生じたときは,その事由が生じた日の属する月の翌月からその事由が消滅した日の属する月までの分の支給を停止する.ただし,これらの日が同じ月に属する場合は,支給を停止しない.
③ 年金給付は,毎年2月,4月,6月,8月,10月及び12月の6期に,それぞれの前月までの分を支払う.ただし,前支払期月に支払うべきであつた年金又は権利が消滅した場合若しくは年金の支給を停止した場合におけるその期の年金は,その支払期月でない月であつても,支払うものとする.

(2月期支払の年金の加算)
第18条の2 ① 前条第3項の規定による支払額に1円未満の端数が生じたときは,これを切り捨てるものとする.
② 毎年3月から翌年2月までの間において前項の規定により切り捨てた金額の合計額(1円未満の端数が生じたときは,これを切り捨てた額)については,これを当該2月の支払期月の年金額に加算するものとする.

(死亡の推定)
第18条の3 船舶が沈没し,転覆し,滅失し,若しくは行方不明となつた際現にその船舶に乗つていた者若しくは船舶に乗つていてその船舶の航行中に行方不明となつた者の生死が3箇月間分らない場合又はこれらの者の死亡が3箇月以内に明らかとなり,かつ,その死亡の時期が分らない場合には,死亡を支給事由とする給付の支給に関する規定の適用については,その船舶が沈没し,転覆し,滅失し,若しくは行方不明となつた日又はその者が行方不明となつた日に,その者は,死亡したものと推定す

る.航空機が墜落し,滅失し,若しくは行方不明となつた際現にその航空機に乗つていた者若しくは航空機に乗つていてその航空機の航行中に行方不明となつた者の生死が3箇月間分らない場合又はこれらの者の死亡が3箇月以内に明らかとなり,かつ,その死亡の時期が分らない場合にも,同様とする.

(失踪宣告の場合の取扱い)
第18条の4 失踪の宣告を受けたことにより死亡したとみなされた者に係る死亡を支給事由とする給付の支給に関する規定の適用については,第37条,第37条の2,第49条第1項,第52条の2第1項及び第52条の3第1項中「死亡日」とあるのは「行方不明となつた日」とし,「死亡の当時」とあるのは「行方不明となつた当時」とする.ただし,受給権者又は給付の支給の要件となり,若しくはその額の加算の対象となる者の身分関係,年齢及び障害の状態に係るこれらの規定の適用については,この限りでない.

(未支給年金)
第19条 ① 年金給付の受給権者が死亡した場合において,その死亡した者に支給すべき年金給付でまだその者に支給しなかつたものがあるときは,その者の配偶者,子,父母,孫,祖父母,兄弟姉妹又はこれらの者以外の3親等内の親族であつて,その者の死亡の当時その者と生計を同じくしていたものは,自己の名で,その未支給の年金の支給を請求することができる.
② 前項の場合において,死亡した者が遺族基礎年金の受給権者であつたときは,その者の死亡の当時当該遺族基礎年金の支給の要件となり,又はその額の加算の対象となつていた被保険者又は被保険者であつた者の子は,同項に規定する子とみなす.
③ 第1項の場合において,死亡した受給権者が死亡前にその年金を請求していなかつたときは,同項に規定する者は,自己の名で,その年金を請求することができる.
④ 未支給の年金を受けるべき者の順位は,政令で定める.
⑤ 未支給の年金を受けるべき同順位者が2人以上あるときは,その1人のした請求は,全員のためその全額につきしたものとみなし,その1人に対してした支給は,全員に対してしたものとみなす.

(併給の調整)
第20条 ① 遺族基礎年金又は寡婦年金は,その受給権者が他の年金給付(付加年金を除く.)又は厚生年金保険法による年金たる保険給付(当該年金給付と同一の支給事由に基づいて支給されるものを除く.以下この条において同じ.)を受けることができるときは,その間,その支給を停止する.老齢基礎年金の受給権者が他の年金給付(付加年金を除く.)又は同法による年金たる保険給付(遺族厚生年金を除く.)を受けることができる場合における当該老齢基礎年金及び障害基礎年金の受給権者が他の年金給付(付加年金を除く.)を受けることができる場合における当該障害基礎年金についても,同様とする.
② 前項の規定によりその支給を停止するものとされた年金給付の受給権者は,同項の規定にかかわらず,その支給の停止の解除を申請することができる.ただし,その者に係る同項に規定する他の年金給付又は厚生年金保険法による年金たる保険給付について,この項の本文若しくは次項又は他の法令の規

定でこれらに相当するものとして政令で定めるものによりその支給の停止が解除されているときは，この限りでない．
③ 第1項の規定によりその支給を停止するものとされた年金給付について，その支給を停止すべき事由が生じた日の属する月分の支給が行われる場合において，その事由が生じた日において，当該年金給付に係る前項の申請があつたものとみなす．
④ 第2項の申請（前項の規定により第2項の申請があつたものとみなされた場合における当該申請を含む．）は，いつでも，将来に向かつて撤回することができる．

（受給権者の申出による支給停止）
第20条の2 ① 年金給付（この法律の他の規定又は他の法令の規定によりその全額につき支給を停止されている年金給付を除く．）は，その受給権者の申出により，その全額の支給を停止する．ただし，この法律の規定又は他の法令の規定によりその額の一部につき支給を停止されているときは，停止されていない部分の額の支給を停止する．
② 前項ただし書のその額の一部につき支給を停止されている年金給付について，この法律の他の規定又は他の法令の規定による支給停止が解除されたときは，前項本文の年金給付の全額の支給を停止する．
③ 第1項の申出は，いつでも，将来に向かつて撤回することができる．
④ 第1項又は第2項の規定により支給を停止されている年金給付は，政令で定める法令の規定の適用については，その支給を停止されていないものとみなす．
⑤ 第1項の規定による支給停止の方法その他前各項の規定の適用に関し必要な事項は，政令で定める．

（年金の支払の調整）
第21条 ① 乙年金の受給権者が甲年金の受給権を取得したため乙年金の受給権が消滅し，又は同一人に対して乙年金の支給を停止して甲年金を支給すべき場合において，乙年金の受給権が消滅し，又は乙年金の支給を停止すべき事由が生じた日の属する月の翌月以降の分として，乙年金の支払が行われたときは，その支払われた乙年金は，甲年金の内払とみなす．
② 年金の支給を停止すべき事由が生じたにもかかわらず，その停止すべき期間の分として年金が支払われたときは，その支払われた年金は，その後に支払うべき年金の内払とみなすことができる．障害基礎年金又は遺族基礎年金を減額して改定すべき事由が生じたにもかかわらず，その事由が生じた日の属する月の翌月以降の分として減額しない額の障害基礎年金又は遺族基礎年金が支払われた場合における当該障害基礎年金又は遺族基礎年金の当該減額すべきであつた部分についても，同様とする．
③ 同一人に対して厚生年金保険法による年金たる保険給付（厚生労働大臣が支給するものに限る．以下この項において同じ．）の支給を停止して年金給付を支給すべき場合において，年金給付を支給すべき事由が生じた日の属する月の翌月以降の分として同法による年金たる保険給付の支払が行われたときは，その支払われた同法による年金たる保険給付は，年金給付の内払とみなすことができる．
第21条の2 年金給付の受給権者が死亡したためその受給権が消滅したにもかかわらず，その死亡の日の属する月の翌月以降の分として当該年金給付の過誤払が行われた場合において，当該過誤払による返還金に係る債権（以下この条において「返還金債権」という．）の弁済をすべき者に支払うべき年金給付があるときは，厚生労働省令で定めるところにより，当該年金給付の支払金の金額を当該過誤払による返還金債権の金額に充当することができる．

（損害賠償請求権）
第22条 ① 政府は，障害若しくは死亡又はこれらの直接の原因となつた事故が第3者の行為によつて生じた場合において，給付をしたときは，その給付の価額の限度で，受給権者が第3者に対して有する損害賠償の請求権を取得する．
② 前項の場合において，受給権者が第3者から同一の事由について損害賠償を受けたときは，政府は，その価額の限度で，給付を行う責を免れる．

（不正利得の徴収）
第23条 偽りその他不正の手段により給付を受けた者があるときは，厚生労働大臣は，受給額に相当する金額の全部又は一部をその者から徴収することができる．

（受給権の保護）
第24条 給付を受ける権利は，譲り渡し，担保に供し，又は差し押えることができない．ただし，年金給付を受ける権利を別に法律で定めるところにより担保に供する場合及び老齢基礎年金又は付加年金を受ける権利を国税滞納処分（その例による処分を含む．）により差し押える場合は，この限りでない．

（公課の禁止）
第25条 租税その他の公課は，給付として支給を受けた金銭を標準として，課することができない．ただし，老齢基礎年金及び付加年金については，この限りでない．

第2節 老齢基礎年金

（支給要件）
第26条 老齢基礎年金は，保険料納付済期間又は保険料免除期間（第90条の3第1項の規定により納付することを要しないものとされた保険料に係るものを除く．）を有する者が65歳に達したときに，その者に支給する．ただし，その者の保険料納付済期間と保険料免除期間とを合算した期間が10年に満たないときは，この限りでない．

（年金額）
第27条 老齢基礎年金の額は，78万900円に改定率（次条第1項の規定により設定し，同条（第1項を除く．）から第27条の5までの規定により改定した率をいう．以下同じ．）を乗じて得た額（その額に50円未満の端数が生じたときは，これを切り捨て，50円以上100円未満の端数が生じたときは，これを100円に切り上げるものとする．）とする．ただし，保険料納付済期間の月数が480に満たない者に支給する場合は，当該額に，次の各号に掲げる月数を合算した月数（480を限度とする．）を480で除して得た数を乗じて得た額とする．
1 保険料納付済期間の月数
2 保険料4分の1免除期間の月数（480から保険料納付済期間の月数を控除して得た月数を限度とする．）の8分の7に相当する月数
3 保険料4分の1免除期間の月数から前号に規定する保険料4分の1免除期間の月数を控除して得た月数の8分の3に相当する月数

[1] 国民年金法（27条の2〜27条の5）　I 公的年金・企業年金

4　保険料半額免除期間の月数（480から保険料納付済期間の月数及び保険料4分の1免除期間の月数を合算した月数を控除して得た月数を限度とする.）の4分の3に相当する月数
5　保険料半額免除期間の月数から前号に規定する保険料半額免除期間の月数を控除して得た月数の4分の1に相当する月数
6　保険料4分の3免除期間の月数（480から保険料納付済期間の月数，保険料4分の1免除期間の月数及び保険料半額免除期間の月数を合算した月数を控除して得た月数を限度とする.）の8分の5に相当する月数
7　保険料4分の3免除期間の月数から前号に規定する保険料4分の3免除期間の月数を控除して得た月数の8分の1に相当する月数
8　保険料全額免除期間（第90条の3第1項の規定により納付することを要しないものとされた保険料に係るものを除く.）の月数（480から保険料納付済期間の月数，保険料4分の1免除期間の月数，保険料半額免除期間の月数及び保険料4分の3免除期間の月数を合算した月数を控除して得た月数を限度とする.）の2分の1に相当する月数

（改定率の改定等）
第27条の2　① 平成16年度における改定率は，1とする．
② 改定率については，毎年度，第1号に掲げる率（以下「物価変動率」という.）に第2号及び第3号に掲げる率を乗じて得た率（以下「名目手取り賃金変動率」という.）を基準として改定し，当該年度の4月以降の年金たる給付について適用する．
1　イに掲げる率の初日の属する年の前々年の物価指数（総務省において作成する年平均の全国消費者物価指数をいう．以下同じ.）に対する当該年度の初日の属する年の前年の物価指数の比率
2　イに掲げる率をロで除して得た率の3乗根となる率
イ　当該年度の初日の属する年の5年前の年の4月1日の属する年度における厚生年金保険の被保険者に係る標準報酬平均額（厚生年金保険法第43条の2第1項第2号イに規定する標準報酬平均額をいう．以下この号及び第87条第5項第2号イにおいて同じ.）に対する当該年度の前年度における厚生年金保険の被保険者に係る標準報酬平均額の比率
ロ　当該年度の初日の属する年の5年前の年における物価指数に対する当該年度の初日の属する年の前々年における物価指数の比率
3　イに掲げる率をロで除して得た率
イ　0.910から当該年度の初日の属する年の3年前の年の9月1日における厚生年金保険法の規定による保険料率（以下「保険料率」という.）の2分の1に相当する率を控除して得た率
ロ　0.910から当該年度の初日の属する年の4年前の年の9月1日における保険料率の2分の1に相当する率を控除して得た率
③ 名目手取り賃金変動率が1を下回り，かつ，物価変動率が名目手取り賃金変動率を上回る場合における改定率の改定については，前項の規定にかかわらず，物価変動率を基準とする．ただし，物価変動率が1を上回る場合は，1を基準とする．
④ 前2項の規定による改定率の改定の措置は，政令で定める．

第27条の3　① 受給権者が65歳に達した日の属する年度の初日の属する年の3年後の年の4月1日の属する年度以後において適用される改定率（以下「基準年度以後改定率」という.）の改定については，前条の規定にかかわらず，物価変動率を基準とする．
② 次の各号に掲げる場合における基準年度以後改定率の改定については，前項の規定にかかわらず，当該各号に定める率を基準とする．
1　物価変動率が名目手取り賃金変動率を上回り，かつ，名目手取り賃金変動率が1以上となるとき　名目手取り賃金変動率
2　物価変動率が1を上回り，かつ，名目手取り賃金変動率が1を下回るとき　1
③ 前2項の規定による基準年度以後改定率の改定の措置は，政令で定める．

（調整期間における改定率の改定の特例）
第27条の4　① 調整期間における改定率の改定については，前2条の規定にかかわらず，名目手取り賃金変動率に第1号及び第2号に掲げる率を乗じて得た率を基準とする．ただし，当該基準による改定により当該年度の改定率が当該年度の前年度の改定率を下回ることとなるときは，1を基準とする．
1　当該年度の初日の属する年の5年前の年の4月1日の属する年度における公的年金の被保険者（この法律又は厚生年金保険法の被保険者をいう.）の総数として政令で定めるところにより算定した数（以下「公的年金被保険者総数」という.）に対する当該年度の前々年度における公的年金被保険者総数の比率の3乗根となる率
2　0.997
② 次の各号に掲げる場合の調整期間における改定率の改定については，前項の規定にかかわらず，当該各号に定める率を基準とする．
1　名目手取り賃金変動率が1以上となり，かつ，前項第1号に掲げる率に同項第2号に掲げる率を乗じて得た率（以下「調整率」という.）が1を上回るとき　名目手取り賃金変動率
2　名目手取り賃金変動率が1を下回り，かつ，物価変動率が名目手取り賃金変動率以下となるとき　名目手取り賃金変動率
3　名目手取り賃金変動率が1を下回り，かつ，物価変動率が名目手取り賃金変動率を上回るとき（次号に掲げる場合を除く.）　物価変動率
4　名目手取り賃金変動率が1を下回り，物価変動率が1を上回るとき　1
③ 前2項の規定による改定率の改定の措置は，政令で定める．

第27条の5　① 調整期間における基準年度以後改定率の改定については，前条の規定にかかわらず，物価変動率に調整率を乗じて得た率を基準とする．ただし，当該基準による改定により当該年度の基準年度以後改定率が当該年度の前年度の改定率を下回ることとなるときは，1を基準とする．
② 次の各号に掲げる場合の調整期間における基準年度以後改定率の改定については，前項の規定にかかわらず，当該各号に定める率を基準とする．
1　物価変動率が1を下回るとき　物価変動率
2　物価変動率が名目手取り賃金変動率以下となり，かつ，調整率が1を上回るとき（前号に掲げる場合を除く.）　物価変動率
3　物価変動率が名目手取り賃金変動率を上回り，

名目手取り賃金変動率が1以上となり、かつ、調整率が1を上回るとき　名目手取り賃金変動率
4　物価変動率が1以上かつ名目賃金変動率を上回り、名目手取り賃金変動率が1以上となり、かつ、調整率が1以下となるとき　名目手取り賃金変動率に調整率を乗じて得た率（当該率が1を下回るときは、1）
5　物価変動率が1を上回り、かつ、名目手取り賃金変動率が1を下回るとき　1
③　前2項の規定による基準年度以後改定率の改定の措置は、政令で定める。

（支給の繰下げ）
第28条　老齢基礎年金の受給権を有する者であつて66歳に達する前に当該老齢基礎年金を請求していなかつたものは、厚生労働大臣に当該老齢基礎年金の支給繰下げの申出をすることができる。ただし、その者が65歳に達したときに、他の年金たる給付（他の年金給付（付加年金を除く。）又は厚生年金保険法による年金たる保険給付（老齢を支給事由とするものを除く。）をいう。以下この条において同じ。）の受給権者であつたとき、又は65歳に達した日から66歳に達した日までの間において他の年金たる給付の受給権者となつたときは、この限りでない。
②　66歳に達した日後に次の各号に掲げる者が前項の申出をしたときは、当該各号に定める日において、同項の申出があつたものとみなす。
1　70歳に達する日前に他の年金たる給付の受給権者となつた者　他の年金たる給付を支給すべき事由が生じた日
2　70歳に達した日後にある者（前号に該当する者を除く。）　70歳に達した日
③　第1項の申出をした者に対する老齢基礎年金の支給は、第18条第1項の規定にかかわらず、当該申出のあつた日の属する月の翌月から始めるものとする。
④　第1項の申出をした者に支給する老齢基礎年金の額は、第27条の規定にかかわらず、同条に定める額に政令で定める額を加算した額とする。

（失　権）
第29条　老齢基礎年金の受給権は、受給権者が死亡したときは、消滅する。

第3節　障害基礎年金

（支給要件）
第30条　①　障害基礎年金は、疾病にかかり、又は負傷し、かつ、その疾病又は負傷及びこれらに起因する疾病（以下「傷病」という。）について初めて医師又は歯科医師の診療を受けた日（以下「初診日」という。）において次の各号のいずれかに該当した者が、当該初診日から起算して1年6月を経過した日（その期間内にその傷病が治つた場合においては、その治つた日（その症状が固定し治療の効果が期待できない状態に至つた日を含む。）とし、以下「障害認定日」という。）において、その傷病により次項に規定する障害等級に該当する程度の障害の状態にあるときは、その者に支給する。ただし、当該傷病に係る初診日の前日において、当該初診日の属する月の前々月までに被保険者期間があり、かつ、当該被保険者期間に係る保険料納付済期間と保険料免除期間とを合算した期間が当該被保険者期間の3分の2に満たないときは、この限りでない。
1　被保険者であること。
2　被保険者であつた者であつて、日本国内に住所を有し、かつ、60歳以上65歳未満であること。
②　障害等級は、障害の程度に応じて重度のものから1級及び2級とし、各級の障害の状態は、政令で定める。

第30条の2　①　疾病にかかり、又は負傷し、かつ、当該傷病に係る初診日において前条第1項各号のいずれかに該当した者であつて、障害認定日において同条第2項に規定する障害等級（以下単に「障害等級」という。）に該当する障害の状態にかなつたものが、同日後65歳に達する日の前日までの間において、その傷病により障害等級に該当する程度の障害の状態に該当するに至つたときは、その者は、その期間内に同条第1項の障害基礎年金の支給を請求することができる。
②　前条第1項ただし書の規定は、前項の場合に準用する。
③　第1項の請求があつたときは、前条第1項の規定にかかわらず、その請求をした者に同項の障害基礎年金を支給する。
④　第1項の障害基礎年金と同一の支給事由に基づく厚生年金保険法第47条又は第47条の2の規定による障害厚生年金について、同法第52条の規定によりその額が改定されたときは、そのときに同項の請求があつたものとみなす。

第30条の3　①　疾病にかかり、又は負傷し、かつ、その傷病（以下この条において「基準傷病」という。）に係る初診日において第30条第1項各号のいずれかに該当した者であつて、基準傷病以外の傷病により障害の状態にあるものが、基準傷病に係る障害認定日以後65歳に達する日の前日までの間において、初めて、基準傷病による障害（以下この条において「基準障害」という。）と他の障害とを併合して障害等級に該当する障害の状態に該当するに至つたとき（基準傷病の初診日が、基準傷病以外の傷病（基準傷病以外の傷病が2以上ある場合は、基準傷病以外のすべての傷病）の初診日以降であるときに限る。）は、その者に基準障害と他の障害とを併合した障害の程度による障害基礎年金を支給する。
②　第30条第1項ただし書の規定は、前項の場合に準用する。この場合において、同条第1項ただし書中「当該傷病」とあるのは、「基準傷病」と読み替えるものとする。
③　第1項の障害基礎年金の支給は、第18条第1項の規定にかかわらず、当該障害基礎年金の請求があつた月の翌月から始めるものとする。

第30条の4　①　疾病にかかり、又は負傷し、その初診日において20歳未満であつた者が、障害認定日以後に20歳に達したときは20歳に達した日において、障害認定日が20歳に達した日後であるときはその障害認定日において、障害等級に該当する程度の障害の状態にあるときは、その者に障害基礎年金を支給する。
②　疾病にかかり、又は負傷し、その初診日において20歳未満であつた者（同日において被保険者でなかつた者に限る。）が、障害認定日以後に20歳に達したときは20歳に達した日後において、障害認定日が20歳に達した日後であるときはその障害認定日において、その傷病により、65歳に達する日の前日までの間に、障害等級に該当する程度の障害の状態に該当するに至つたときは、その者は、その期

間内に前項の障害基礎年金の支給を請求することができる.
③ 第30条の2第3項の規定は,前項の場合に準用する.

(併給の調整)
第31条 ① 障害基礎年金の受給権者に対して更に障害基礎年金を支給すべき事由が生じたときは,前後の障害を併合した障害の程度による障害基礎年金を支給する.
② 障害基礎年金の受給権者が前項の規定により前後の障害を併合した障害の程度による障害基礎年金の受給権を取得したときは,従前の障害基礎年金の受給権は,消滅する.
第32条 ① 期間を定めて支給を停止されている障害基礎年金の受給権者に対して更に障害基礎年金を支給すべき事由が生じたときは,前条第1項の規定により支給する前後の障害を併合した障害の程度による障害基礎年金は,従前の障害基礎年金の支給を停止すべきであつた期間,その支給を停止するものとし,その間,その者に従前の障害を併合しない障害の程度による障害基礎年金を支給する.
② 障害基礎年金の受給権者が更に障害基礎年金の受給権を取得した場合において,新たに取得した障害基礎年金が第36条第1項の規定によりその支給を停止すべきものであるときは,前条第2項の規定にかかわらず,その停止すべき期間,その者に対して従前の障害基礎年金を支給する.

(年金額)
第33条 ① 障害基礎年金の額は,78万9900円に改定率を乗じて得た額(その額に50円未満の端数が生じたときは,これを切り捨て,50円以上100円未満の端数が生じたときは,これを100円に切り上げるものとする.)とする.
② 障害の程度が障害等級の1級に該当する者に支給する障害基礎年金の額は,前項の規定にかかわらず,同項に定める額の100分の125に相当する額とする.

第33条の2 ① 障害基礎年金の額は,受給権者によつて生計を維持しているその者の子(18歳に達する日以後の最初の3月31日までの間にある子及び20歳未満であつて障害等級に該当する障害の状態にある子に限る.)があるときは,前条の規定にかかわらず,同条に定める額にその子1人につきそれぞれ22万4700円に改定率(第27条の3及び第27条の5の規定の適用がないものとして改定した改定率とする.以下この項において同じ.)を乗じて得た額(そのうち2人までについては,それぞれ22万4700円に改定率を乗じて得た額とし,それらの額に50円未満の端数が生じたときは,これを切り捨て,50円以上100円未満の端数が生じたときは,これを100円に切り上げるものとする.)を加算した額とする.
② 受給権者がその権利を取得した日の翌日以後にその者によつて生計を維持しているその者の子(18歳に達する日以後の最初の3月31日までの間にある子及び20歳未満であつて障害等級に該当する障害の状態にある子に限る.)を有するに至つたことにより,前項の規定により加算をすることとなつたときは,当該子を有するに至つた日の属する月の翌月から,障害基礎年金の額を改定する.
③ 第1項の規定によりその額が加算された障害基礎年金については,子のうちの1人又は2人以上が次の各号のいずれかに該当するに至つたときは,その該当するに至つた日の属する月の翌月から,その該当するに至つた子の数に応じて,年金額を改定する.
1 死亡したとき.
2 受給権者による生計維持の状態がやんだとき.
3 婚姻をしたとき.
4 受給権者の配偶者以外の者の養子となつたとき.
5 離縁によつて,受給権者の子でなくなつたとき.
6 18歳に達した日以後の最初の3月31日が終了したとき.ただし,障害等級に該当する障害の状態にあるときを除く.
7 障害等級に該当する障害の状態にある子について,その事情がやんだとき.ただし,その子が18歳に達する日以後の最初の3月31日までの間にあるときを除く.
8 20歳に達したとき.
④ 第1項又は前項第2号の規定の適用上,障害基礎年金の受給権者によつて生計を維持していること又はその者による生計維持の状態がやんだことの認定に関し必要な事項は,政令で定める.

(障害の程度が変わつた場合の年金額の改定)
第34条 ① 厚生労働大臣は,障害基礎年金の受給権者について,その障害の程度を診査し,その程度が従前の障害等級以外の障害等級に該当すると認めるときは,障害基礎年金の額を改定することができる.
② 障害基礎年金の受給権者は,厚生労働大臣に対し,障害の程度が増進したことによる障害基礎年金の額の改定を請求することができる.
③ 前項の請求は,障害基礎年金の受給権者の障害の程度が増進したことが明らかである場合として厚生労働省令で定める場合を除き,当該障害基礎年金の受給権を取得した日又は第1項の規定による厚生労働大臣の診査を受けた日から起算して1年を経過した日後でなければ行うことができない.
④ 障害基礎年金の受給権者であつて,疾病にかかり,又は負傷し,かつ,その傷病(当該障害基礎年金の支給事由となつた障害に係る傷病の初診日後に初診日があるものに限る.以下この項及び第36条第2項ただし書において同じ.)に係る当該初診日において第30条第1項各号のいずれかに該当したものが,当該傷病により障害(障害等級に該当しない程度のものに限る.以下この項及び第36条第2項ただし書において「その他障害」という.)の状態にあり,かつ,当該傷病に係る障害認定日以後65歳に達する日の前日までの間において,当該障害基礎年金の支給事由となつた障害とその他障害(その他障害が2以上あるときは,すべてのその他障害を併合した障害)とを併合した障害の程度が当該障害基礎年金の支給事由となつた障害の程度より増進したときは,その者は,厚生労働大臣に対し,その期間内に当該障害基礎年金の額の改定を請求することができる.
⑤ 第30条第1項ただし書の規定は,前項の場合に準用する.
⑥ 第1項の規定により障害基礎年金の額が改定されたときは,改定後の額による障害基礎年金の支給は,改定が行われた日の属する月の翌月から始めるものとする.

(失 権)
第35条 障害基礎年金の受給権は,第31条第2項の規定によつて消滅するほか,受給権者が次の各号

のいずれかに該当するに至つたときは,消滅する.
1 死亡したとき.
2 厚生年金保険法第47条第2項に規定する障害等級に該当する程度の障害の状態にない者が,65歳に達したとき.ただし,65歳に達した日において,同項に規定する等級に該当する程度の障害の状態に該当しなくなつた日から起算して同項に規定する障害等級に該当する程度の障害の状態に該当することなく3年を経過していないときを除く.
3 厚生年金保険法第47条第2項に規定する障害等級に該当する程度の障害の状態に該当しなくなつた日から起算して同項に規定する障害等級に該当する程度の障害の状態に該当することなく3年を経過したとき.ただし,3年を経過した日において,当該受給権者が65歳未満であるときを除く.
(支給停止)
第36条 ① 障害基礎年金は,その受給権者が当該傷病による障害について,労働基準法(昭和22年法律第49号)の規定による障害補償を受けることができるときは,6年間,その支給を停止する.
② 障害基礎年金は,受給権者が障害等級に該当する程度の障害の状態に該当しなくなつたときは,その障害の状態に該当しない間,その支給を停止する.ただし,その支給を停止された障害基礎年金の受給権者が疾病にかかり,又は負傷し,かつ,その傷病に係る初診日において前条第1項各号のいずれにも該当しない場合であつて,当該傷病によりその他障害の状態にあり,かつ,当該傷病に係る障害認定日以後65歳に達する日の前日までの間において,当該障害基礎年金の支給事由となつた障害とその他障害(その他障害が2以上ある場合は,すべてのその他障害を併合した障害)とを併合した障害の程度が障害等級に該当するに至つたときは,この限りでない.
③ 第30条第1項ただし書の規定は,前項ただし書の場合に準用する.
第36条の2 第30条の4の規定による障害基礎年金は,受給権者が次の各号のいずれかに該当するとき(第2号及び第3号に該当する場合にあつては,厚生労働省令で定める場合に限る.)は,その該当する期間,その支給を停止する.
1 恩給法(大正12年法律第48号.他の法律において準用する場合を含む.)に基づく年金たる給付,労働者災害補償保険法(昭和20年法律第50号)の規定による年金たる給付その他の年金たる給付であつて政令で定めるものを受けることができるとき.
2 刑事施設,労役場その他これらに準ずる施設に拘禁されているとき.
3 少年院その他これに準ずる施設に収容されているとき.
4 日本国内に住所を有しないとき.
② 前項第1号に規定する給付が,その全額につき支給を停止されているときは,同項の規定を適用しない.ただし,その支給の停止が前条第1項又は第41条第1項に規定する給付が行われることによるものであるときは,この限りでない.
③ 第1項に規定する障害基礎年金の額及び同項第1号に規定する給付の額(その給付が,その額の一部につき支給を停止されているときは,停止されていない部分の額.次項において同じ.)が,いずれも政令で定める額に満たないときは,第1項の規定を適用しない.ただし,これらの額を合算した額が当該政令で定める額を超えるときは,当該障害基礎年金のうちその超える額に相当する部分については,この限りでない.
④ 第1項に規定する障害基礎年金の額が,前項に規定する政令で定める額以上であり,かつ,第1項第1号に規定する給付の額を超えるときは,その超える部分については,同項の規定にかかわらず,当該障害基礎年金の支給を停止する.
⑤ 第1項第1号に規定する給付が,恩給法による増加恩給,同法第75条第1項第2号に規定する扶助料その他政令で定めるものに準ずる給付であつて,障害又は死亡を事由として政令で定める者に支給されるものであるときは,第1項,第3項及び前項の規定を適用しない.
⑥ 第1項第1号に規定する給付の額の計算方法は,政令で定める.
第36条の3 ① 第30条の4の規定による障害基礎年金は,受給権者の前年の所得が,その者の所得税法(昭和40年法律第33号)に規定する控除対象配偶者及び扶養親族(以下「扶養親族等」という.)の有無及び数に応じて,政令で定める額を超えるときは,その年の8月から翌年の7月まで,政令で定めるところにより,その全部又は2分の1(第33条の2第1項の規定によりその額が加算された障害基礎年金にあつては,その額から同項の規定により加算する額を控除した額の2分の1)に相当する部分の支給を停止する.
② 前項に規定する所得の範囲及びその額の計算方法は,政令で定める.
第36条の4 ① 震災,風水害,火災その他これらに類する災害により,自己又は所得税法に規定する控除対象配偶者若しくは扶養親族の所有に係る住宅,家財又は政令で定めるその他の財産につき被害金額(保険金,損害賠償金等により補充された金額を除く.)がその価格のおおむね2分の1以上である損害を受けた者(以下「被災者」という.)がある場合においては,その損害を受けた月から翌年の7月までの第30条の4の規定による障害基礎年金については,その損害を受けた年の前年又は前々年における当該被災者の所得を理由とする前条の規定による支給の停止は,行わない.
② 前項の規定により第30条の4の規定による障害基礎年金の支給の停止が行われなかつた場合において,当該被災者の当該損害を受けた年の所得が,その者の扶養親族等の有無及び数に応じて,前条第1項に規定する政令で定める額を超えるときは,当該被災者に支給する第30条の4の規定による障害基礎年金で,前項に規定する期間に係るものは,当該被災者が損害を受けた月にさかのぼつて,その支給を停止する.
③ 前項に規定する所得の範囲及びその額の計算方法については,前条第1項に規定する所得の範囲及びその額の計算方法の例による.

第4節 遺族基礎年金

(支給要件)
第37条 遺族基礎年金は,被保険者又は被保険者であつた者が次の各号のいずれかに該当するときに,その者の配偶者又は子に支給する.ただし,第1号又は第2号に該当する場合にあつては,死亡した者につき,死亡日の前日において,死亡日の属する月

の前々月までに被保険者期間があり,かつ,当該被保険者期間に係る保険料納付済期間と保険料免除期間とを合算した期間が当該被保険者期間の3分の2に満たないときは,この限りでない.
1 被保険者が,死亡したとき.
2 被保険者であつた者であつて,日本国内に住所を有し,かつ,60歳以上65歳未満であるものが,死亡したとき.
3 老齢基礎年金の受給権者(保険料納付済期間と保険料免除期間とを合算した期間が25年以上である者に限る.)が,死亡したとき.
4 保険料納付済期間と保険料免除期間とを合算した期間が25年以上である者が,死亡したとき.

(遺族の範囲)
第37条の2 ① 遺族基礎年金を受けることができる配偶者又は子は,被保険者又は被保険者であつた者の配偶者又は子(以下単に「配偶者」又は「子」という.)であつて,被保険者又は被保険者であつた者の死亡の当時その者によつて生計を維持し,かつ,次に掲げる要件に該当するものとする.
1 配偶者については,被保険者又は被保険者であつた者の死亡の当時その者によつて生計を維持し,かつ,次号に掲げる要件に該当する子と生計を同じくすること.
2 子については,18歳に達する日以後の最初の3月31日までの間にあるか又は20歳未満であつて障害等級に該当する障害の状態にあり,かつ,現に婚姻をしていないこと.
② 被保険者又は被保険者であつた者の死亡の当時胎児であつた子が生まれたときは,前項の規定の適用については,将来に向かつて,その子は,被保険者又は被保険者であつた者の死亡の当時その者によつて生計を維持していたものとみなし,配偶者は,その者の死亡の当時その子と生計を同じくしていたものとみなす.
③ 第1項の規定の適用上,被保険者又は被保険者であつた者によつて生計を維持していたことの認定に関し必要な事項は,政令で定める.

(年金額)
第38条 遺族基礎年金の額は,78万900円に改定率を乗じて得た額(その額に50円未満の端数が生じたときは,これを切り捨て,50円以上100円未満の端数が生じたときは,これを100円に切り上げるものとする.)とする.

第39条 ① 配偶者に支給する遺族基礎年金の額は,前条の規定にかかわらず,同条に定める額に配偶者が遺族基礎年金の受給権を取得した当時第37条の2第1項に規定する要件に該当し,生計を同じくした子につきそれぞれ7万4900円に改定率(第27条の3及び第27条の5の規定の適用がないものとして改定した改定率とする.以下この項において同じ.)を乗じて得た額(そのうち2人については,それぞれ22万4700円に改定率を乗じて得た額とし,それらの額に50円未満の端数が生じたときは,これを切り捨て,50円以上100円未満の端数が生じたときは,これを100円に切り上げるものとする.)を加算した額とする.
② 配偶者が遺族基礎年金の受給権を取得した当時胎児であつた子が生まれたときは,前項の規定の適用については,その子は,配偶者がその権利を取得した当時第37条の2第1項に規定する要件に該当し,かつ,その者と生計を同じくした子とみなし,そ

の生まれた日の属する月の翌月から,遺族基礎年金の額を改定する.
③ 配偶者に支給する遺族基礎年金については,第1項に規定する子が2人以上ある場合であつて,その子のうち1人を除いた子の1人又は2人以上が次の各号のいずれかに該当するに至つたときは,その該当するに至つた日の属する月の翌月から,その該当するに至つた子の数に応じて,年金額を改定する.
1 死亡したとき.
2 婚姻(届出をしていないが,事実上婚姻関係と同様の事情にある場合を含む.以下同じ.)をしたとき.
3 配偶者以外の者の養子(届出をしていないが,事実上養子縁組関係と同様の事情にある者を含む.以下同じ.)となつたとき.
4 離縁によつて,死亡した被保険者又は被保険者であつた者の子でなくなつたとき.
5 配偶者と生計を同じくしなくなつたとき.
6 18歳に達した日以後の最初の3月31日が終了したとき.ただし,障害等級に該当する障害の状態にあるときを除く.
7 障害等級に該当する障害の状態にある子について,その事情がやんだとき.ただし,その子が18歳に達した日以後の最初の3月31日までの間にあるときを除く.
8 20歳に達したとき.

第39条の2 ① 子に支給する遺族基礎年金の額は,当該被保険者又は被保険者であつた者の死亡について遺族基礎年金の受給権を取得した子が2人以上あるときは,第38条の規定にかかわらず,同条に定める額に,その子のうち1人を除いた子につきそれぞれ7万4900円に改定率(第27条の3及び第27条の5の規定の適用がないものとして改定した改定率とする.以下この項において同じ.)を乗じて得た額(そのうち1人については,22万4700円に改定率を乗じて得た額とし,それらの額に50円未満の端数が生じたときは,これを切り捨て,50円以上100円未満の端数が生じたときは,これを100円に切り上げるものとする.)を加算した額を,その子の数で除して得た額とする.
② 前項の場合において,遺族基礎年金の受給権を有する子の数に増減を生じたときは,増減を生じた日の属する月の翌月から,遺族基礎年金の額を改定する.

(失 権)
第40条 ① 遺族基礎年金の受給権は,受給権者が次の各号のいずれかに該当するに至つたときは,消滅する.
1 死亡したとき.
2 婚姻をしたとき.
3 養子となつたとき(直系血族又は直系姻族の養子となつたときを除く.).
② 配偶者の有する遺族基礎年金の受給権は,前項の規定によつて消滅するほか,第39条第1項に規定する子が1人であるときはその子が,同項に規定する子が2人以上であるときは同時に又は時を異にしてその全ての子が,同条第3項各号のいずれかに該当するに至つたときは,消滅する.
③ 子の有する遺族基礎年金の受給権は,第1項の規定によつて消滅するほか,子が次の各号のいずれかに該当するに至つたときは,消滅する.
1 離縁によつて,死亡した被保険者又は被保険者であつた者の子でなくなつたとき.

2 18歳に達した日以後の最初の3月31日が終了したとき. ただし, 障害等級に該当する障害の状態にあるときを除く.
3 障害等級に該当する障害の状態にある子について, その事情がやんだとき. ただし, その子が18歳に達する日以後の最初の3月31日までの間にあるときを除く.
4 20歳に達したとき.
(支給停止)
第41条 遺族基礎年金は, 当該被保険者又は被保険者であつた者の死亡について, 労働基準法の規定による遺族補償が行われるべきものであるときは, 死亡日から6年間, その支給を停止する.
② 子に対する遺族基礎年金は, 配偶者が遺族基礎年金の受給権を有するとき(配偶者に対する遺族基礎年金が第20条の2第1項若しくは第2項又は次条第1項の規定によりその支給を停止されているときを除く.), 又は生計を同じくするその子の父若しくは母があるときは, その間, その支給を停止する.
第41条の2 ① 配偶者に対する遺族基礎年金は, その者の所在が1年以上明らかでないときは, 遺族基礎年金の受給権を有する子の申請によつて, その所在が明らかでなくなつた時に遡つて, その支給を停止する.
② 配偶者は, いつでも, 前項の規定による支給の停止の解除を申請することができる.
第42条 ① 遺族基礎年金の受給権を有する子が2人以上ある場合において, そのうち1人以上の子の所在が1年以上明らかでないときは, その子に対する遺族基礎年金は, 他の子の申請によつて, その所在が明らかでなくなつた時にさかのぼつて, その支給を停止する.
② 前項の規定によつて遺族基礎年金の支給を停止された子は, いつでも, その支給の停止の解除を申請することができる.
③ 第39条の2第2項の規定は, 第1項の規定により遺族基礎年金の支給が停止され, 又は前項の規定によりその停止が解除された場合に準用する. この場合において, 同条第2項中「増減を生じた日」とあるのは, 「支給が停止され, 又はその停止が解除された日」と読み替えるものとする.
第5節 付加年金, 寡婦年金及び死亡一時金
第1款 付加年金
(支給要件)
第43条 付加年金は, 第87条第1項の規定による保険料に係る保険料納付期間を有する者が老齢基礎年金の受給権を取得したときに, その者に支給する.
(年金額)
第44条 付加年金の額は, 200円に第87条の2第1項の規定による保険料に係る保険料納付済期間の月数を乗じて得た額とする.
(国民年金基金又は国民年金基金連合会の解散の場合の取扱い)
第45条 ① 国民年金基金又は国民年金基金連合会が解散したときは, 次の各号に掲げる期間は, それぞれ, 第87条の2第1項の規定による保険料に係る保険料納付済期間とみなして, 前2条の規定を適用する.
1 その解散前に納付された掛金に係る国民年金基金の加入員であつた期間であつて, 国民年金基金連合会がその支給に関する義務を負つている年金の額の計算の基礎となる期間を除いたもの(第87条の規定による保険料に係る保険料納付済期間である期間に限る.)
2 その解散に係る国民年金基金連合会がその支給に関する義務を負つていた年金の額の計算の基礎となる国民年金基金の加入員であつた期間であつて, 解散前に納付された掛金に係るもの(第87条の規定による保険料に係る保険料納付済期間である期間に限る.)
② 前項の場合において, 国民年金基金の加入員であつた者が付加年金の受給権を取得した後に当該国民年金基金又はその者に対し年金の支給に関する義務を負つていた国民年金基金連合会が解散したものであるときは, 当該国民年金基金又は国民年金基金連合会が解散した月の翌月から, 当該付加年金の額を改定する.
③ 第1項の場合において, 国民年金基金の加入員であつた者が老齢基礎年金の受給権を取得した後に当該国民年金基金又はその者に対し年金の支給に関する義務を負つていた国民年金基金連合会が解散したものである場合(前項の規定に該当する場合を除く.)におけるその者に対する第43条の規定の適用については, 同条中「老齢基礎年金の受給権を取得」とあるのは, 「加入員であつた国民年金基金又はその者に対し年金の支給に関する義務を負つていた国民年金基金連合会が解散」と読み替えるものとする.
(支給の繰下げ)
第46条 ① 付加年金の支給は, その受給権者が第28条第1項に規定する支給繰下げの申出を行つたときは, 第18条第1項の規定にかかわらず, 当該申出のあつた日の属する月の翌月から始めるものとする.
② 第28条第4項の規定は, 前項の規定によつて支給する付加年金の額について準用する. この場合において, 同条第4項中「第27条」とあるのは, 「第44条」と読み替えるものとする.
(支給停止)
第47条 付加年金は, 老齢基礎年金がその全額につき支給を停止されているときは, その間, その支給を停止する.
(失 権)
第48条 付加年金の受給権は, 受給権者が死亡したときは, 消滅する.
第2款 寡婦年金
(支給要件)
第49条 ① 寡婦年金は, 死亡日の前日において死亡日の属する月の前月までの第1号被保険者としての被保険者期間に係る保険料納付済期間と保険料免除期間とを合算した期間が10年以上である夫(保険料納付済期間又は第90条の3第1項の規定により納付することを要しないものとされた保険料に係る期間以外の保険料免除期間を有する者に限る.)が死亡した場合において, 夫の死亡の当時夫によつて生計を維持し, かつ, 夫との婚姻関係(届出をしていないが, 事実上婚姻関係と同様の事情にある場合を含む.)が10年以上継続した65歳未満の妻があるときに, その者に支給する. ただし, その夫が障害基礎年金の受給権者であつたことがあるとき又は老齢基礎年金の支給を受けていたときは, この限りでない.
② 第37条の2第3項の規定は, 前項の場合に準用

する．この場合において，同条第3項中「被保険者又は被保険者であつた者」とあるのは，「夫」と読み替えるものとする．
③ 60歳未満の妻に支給する寡婦年金は，第18条第1項の規定にかかわらず，妻が60歳に達した日の属する月の翌月から，その支給を始める．
（年金額）
第50条 寡婦年金の額は，死亡日の属する月の前月までの第1号被保険者としての被保険者期間に係る死亡日の前日における保険料納付済期間及び保険料免除期間につき，第27条の規定の例によって計算した額の4分の3に相当する額とする．
（失権）
第51条 寡婦年金の受給権は，受給権者が65歳に達したとき，又は第40条第1項各号のいずれかに該当するに至つたときは，消滅する．
（支給停止）
第52条 寡婦年金は，当該夫の死亡について第41条第1項に規定する給付が行われるべきものであるときは，死亡日から6年間，その支給を停止する．

第3款 死亡一時金

（支給要件）
第52条の2 ① 死亡一時金は，死亡日の前日において死亡日の属する月の前月までの第1号被保険者としての被保険者期間に係る保険料納付済期間の月数，保険料4分の1免除期間の月数の4分の3に相当する月数，保険料半額免除期間の月数の2分の1に相当する月数及び保険料4分の3免除期間の月数の4分の1に相当する月数を合算した月数が36月以上である者が死亡した場合において，その者に遺族があるときに，その遺族に支給する．ただし，老齢基礎年金又は障害基礎年金の支給を受けたことがある者が死亡したときは，この限りでない．
② 前項の規定にかかわらず，死亡一時金は，次の各号のいずれかに該当するときは，支給しない．
1 死亡した者の死亡日においてその者の死亡により遺族基礎年金を受けることができる者があるとき．ただし，当該死亡日の属する月に当該遺族基礎年金の受給権が消滅したときを除く．
2 死亡した者の死亡日において胎児である子がある場合であつて，当該胎児であつた子が生まれた日においてその子又は死亡した者の配偶者が死亡した者の死亡により遺族基礎年金を受けることができるに至つたとき．ただし，当該胎児であつた子が生まれた日の属する月に当該遺族基礎年金の受給権が消滅したときを除く．
③ 第1項に規定する死亡した者の子がその者の死亡により遺族基礎年金の受給権を取得した場合（その者の配偶者がその者の死亡によりその者の配偶者が遺族基礎年金の受給権を取得した場合を除く．）であつて，その受給権を取得した当時その子と生計を同じくするその子の父又は母があるときは，第41条第2項の規定によつて当該遺族基礎年金の支給が停止されるものであるときは，前項の規定は適用しない．

（遺族の範囲及び順位等）
第52条の3 ① 死亡一時金を受けることができる遺族は，死亡した者の配偶者，子，父母，孫，祖父母又は兄弟姉妹であつて，その者の死亡の当時その者と生計を同じくしていたものとする．ただし，前条第3項の規定に該当する場合において支給する死亡一時金を受けることができる遺族は，死亡した者の配偶者であつて，その者の死亡の当時その者と生計を同じくしていたものとする．
② 死亡一時金（前項ただし書に規定するものを除く．次項において同じ．）を受けるべき者の順位は，前項に規定する順序による．
③ 死亡一時金を受けるべき同順位の遺族が2人以上あるときは，その1人のした請求は，全員のためその全額につきしたものとみなし，その1人に対してした支給は，全員に対してしたものとみなす．

（金額）
第52条の4 ① 死亡一時金の額は，死亡日の属する月の前月までの第1号被保険者期間に係る死亡日の前日における保険料納付済期間の月数，保険料4分の1免除期間の月数の4分の3に相当する月数，保険料半額免除期間の月数の2分の1に相当する月数及び保険料4分の3免除期間の月数の4分の1に相当する月数を合算した月数に応じて，それぞれ次の表の下欄に定める額とする．

死亡日の属する月の前月までの被保険者期間に係る保険料納付済期間の月数，保険料4分の1免除期間の月数の4分の3に相当する月数，保険料半額免除期間の月数の2分の1に相当する月数及び保険料4分の3免除期間の月数の4分の1に相当する月数を合算した月数	金額
36月以上180月未満	120,000円
180月以上240月未満	145,000円
240月以上300月未満	170,000円
300月以上360月未満	220,000円
360月以上420月未満	270,000円
420月以上	320,000円

② 死亡日の属する月の前月までの第1号被保険者としての被保険者期間に係る死亡日の前日における第87条の2第1項の規定による保険料納付済期間が3年以上である者の遺族に支給する死亡一時金の額は，前項の規定にかかわらず，同項に定める額に8500円を加算した額とする．
第52条の5 第45条第1項の規定は，死亡一時金について準用する．この場合において，同項中「前2条」とあるのは，「第52条の4第2項」と読み替えるものとする．

（支給の調整）
第52条の6 第52条の3の規定により死亡一時金の支給を受ける者が，第52条の2第1項に規定する者の死亡により寡婦年金を受けることができるときは，その者の選択により，死亡一時金と寡婦年金とのうち，その1を支給し，他は支給しない．

第6節 給付の制限

第69条 故意に障害又はその直接の原因となつた事故を生じさせた者の当該障害については，これを支給事由とする障害基礎年金は，支給しない．
第70条 故意の犯罪行為若しくは重大な過失により，又は正当な理由がなくて療養に関する指示に従わないことにより，障害若しくはその原因となつた事故を生じさせ，又は障害の程度を増進させた者の当該障害については，これを支給事由とする給付は，その全部又は一部を行わないことができる．自己の故意の犯罪行為若しくは重大な過失により，又は正当な理由がなくて療養に関する指示に従わないことにより，死亡又はその原因となつた事故を生じさせた者の死亡についても，同様とする．

Ⅰ 公的年金・企業年金

第71条 ① 遺族基礎年金,寡婦年金又は死亡一時金は,被保険者又は被保険者であつた者を故意に死亡させた者には,支給しない。被保険者又は被保険者であつた者の死亡前に,その者の死亡によつて遺族基礎年金又は死亡一時金の受給権者となるべき者を故意に死亡させた者についても,同様とする。
② 遺族基礎年金の受給権者が他の受給権者を故意に死亡させたときは,消滅する。

第72条 年金給付は,次の各号のいずれかに該当する場合においては,その額の全部又は一部につき,その支給を停止することができる。
1 受給権者が,正当な理由がなくて,第107条第1項の規定による命令に従わず,又は同項の規定による当該職員の質問に応じなかつたとき。
2 障害基礎年金の受給権者又は第107条第2項に規定する子が,正当な理由がなくて,同項の規定による命令に従わず,又は同項の規定による当該職員の診断を拒んだとき。

第73条 受給権者が,正当な理由がなくて,第105条第3項の規定による届出をせず,又は書類その他の物件を提出しないときは,年金給付の支払を一時差し止めることができる。

第4章 国民年金事業の円滑な実施を図るための措置

第74条 ① 政府は,国民年金事業の円滑な実施を図るため,国民年金に関し,次に掲げる事業を行うことができる。
1 教育及び広報を行うこと。
2 被保険者,受給権者その他の関係者(以下この条において「被保険者等」という。)に対し,相談その他の援助を行うこと。
3 被保険者等に対し,被保険者等が行う手続に関する情報その他の被保険者等の利便の向上に資する情報を提供すること。
② 政府は,国民年金事業の実施に必要な事務を円滑に処理し,被保険者等の利便の向上に資するため,電子情報処理組織の運用を行うことができる。
③ 政府は,第1項各号に掲げる事業及び前項に規定する運用の全部又は一部を日本年金機構(以下「機構」という。)に行わせることができる。
④ 政府は,独立行政法人福祉医療機構法(平成14年法律第166号)第12条第1項第12号に規定する小口の資金の貸付けを,独立行政法人福祉医療機構に行わせるものとする。

第5章 積立金の運用

(運用の目的)
第75条 積立金の運用は,積立金が国民年金の被保険者から徴収された保険料の一部であり,かつ,将来の給付の貴重な財源となるものであることに特に留意し,専ら国民年金の被保険者の利益のために,長期的な観点から,安全かつ効率的に行うことにより,将来にわたつて,国民年金事業の運営の安定に資することを目的として行うものとする。

(積立金の運用)
第76条 ① 積立金の運用は,厚生労働大臣が,前条の目的に沿つた運用に基づく納付金の納付を目的として,年金積立金管理運用独立行政法人に対し,積立金を寄託することにより行うものとする。

② 厚生労働大臣は,前項の規定にかかわらず,同項の規定に基づく寄託をするまでの間,財政融資資金に積立金を預託することができる。

(運用職員の責務)
第77条 積立金の運用に係る行政事務に従事する厚生労働省の職員(政令で定める者に限る。以下「運用職員」という。)は,積立金の運用の目的に沿つて,慎重かつ細心の注意を払い,全力を挙げてその職務を遂行しなければならない。

(秘密保持義務)
第78条 運用職員は,その職務に関して知り得た秘密を漏らし,又は盗用してはならない。

(懲戒処分)
第79条 運用職員が前条の規定に違反したと認めるときは,厚生労働大臣は,その職員に対し国家公務員法(昭和22年法律第120号)に基づく懲戒処分をしなければならない。

(年金積立金管理運用独立行政法人法との関係)
第80条 積立金の運用については,この法律に定めるもののほか,年金積立金管理運用独立行政法人法(平成16年法律第105号)の定めるところによる。

第6章 費用

(国庫負担)
第85条 ① 国庫は,毎年度,国民年金事業に要する費用(次項に規定する費用を除く。)に充てるため,次に掲げる額を負担する。
1 当該年度における基礎年金(老齢基礎年金,障害基礎年金及び遺族基礎年金をいう。以下同じ。)の給付に要する費用の総額(次号及び第3号に掲げる額を除く。以下「保険料・拠出金算定対象額」という。)から第27条第3号,第5号及び第7号に規定する月数を基礎として計算したものを控除して得た額に,1から各政府及び実施機関による第94条の3第1項に規定する政令で定めるところにより算定した率を合算した率を控除して得た率を乗じて得た額の2分の1に相当する額
2 当該年度における保険料免除期間を有する者に係る老齢基礎年金(第27条ただし書の規定によつてその額が計算されるものに限る。)の給付に要する費用の額に,イに掲げる数をロに掲げる数で除して得た数を乗じて得た額の合算額
イ 次に掲げる数を合算した数
(1) 当該保険料4分の1免除期間の月数(480から当該保険料納付済期間の月数を控除して得た月数を限度とする。)に8分の1を乗じて得た数
(2) 当該保険料半額免除期間の月数(480から当該保険料納付済期間の月数及び当該保険料4分の1免除期間の月数を合算した月数を控除して得た月数を限度とする。)に4分の1を乗じて得た数
(3) 当該保険料4分の3免除期間の月数(480から当該保険料納付済期間の月数,当該保険料4分の1免除期間の月数及び当該保険料半額免除期間の月数を合算した月数を控除して得た月数を限度とする。)に8分の3を乗じて得た数
(4) 当該保険料全額免除期間の月数(第90条の3第1項の規定により納付することを要しないものとされた保険料に係るものを除く。)の月数(480から当該保険料納付済期間の月数,当該

1 国民年金法（86条〜89条）

I 公的年金・企業年金

険料4分の1免除期間の月数,当該保険料半額免除期間の月数及び当該保険料4分の3免除期間の月数を合算した月数を控除して得た月数を限度とする.）に2分の1を乗じて得た数
ロ 第27条各号に掲げる月数を合算した数
3 当該年度における第30条の4の規定による障害基礎年金の給付に要する費用の100分の20に相当する額
② 国庫は,毎年度,予算の範囲内で,国民年金事業の事務の執行に要する費用を負担する.

（事務費の交付）
第86条 政府は,政令の定めるところにより,市町村（特別区を含む.以下同じ.）に対し,市町村長がこの法律又はこの法律に基づく政令の規定によつて行う事務の処理に必要な費用を交付する.

（保険料）
第87条 ① 政府は,国民年金事業に要する費用に充てるため,保険料を徴収する.
② 保険料は,被保険者期間の計算の基礎となる各月につき,徴収するものとする.
③ 保険料の額は,次の表の上欄に掲げる月分についてそれぞれ同表の下欄に定める額に保険料改定率を乗じて得た額（その額に5円未満の端数が生じたときは,これを切り捨て,5円以上10円未満の端数が生じたときは,これを10円に切り上げるものとする.）とする.

平成17年度に属する月の月分	1万3580円
平成18年度に属する月の月分	1万3860円
平成19年度に属する月の月分	1万4140円
平成20年度に属する月の月分	1万4420円
平成21年度に属する月の月分	1万4700円
平成22年度に属する月の月分	1万4980円
平成23年度に属する月の月分	1万5260円
平成24年度に属する月の月分	1万5540円
平成25年度に属する月の月分	1万5820円
平成26年度に属する月の月分	1万6100円
平成27年度に属する月の月分	1万6380円
平成28年度に属する月の月分	1万6660円
平成29年以後の年度に属する月の月分	1万6900円

④ 平成17年度における前項の保険料改定率は,1とする.
⑤ 第3項の保険料改定率は,毎年度,当該年度の前年度の保険料改定率に次に掲げる率を乗じて得た率を基準として改定し,当該年度に属する月の月分の保険料について適用する.
1 当該年度の初日の属する年の3年前の年の物価指数に対する当該年度の初日の属する年の前々年の物価指数の比率
2 イに掲げる率をロに掲げる率で除して得た率の3乗根となる率
 イ 当該年度の初日の属する年の6年前の年の4月1日の属する年度における厚生年金保険の被保険者に係る標準報酬平均額に対する当該年度の初日の属する年の3年前の年の4月1日の属する年度における厚生年金保険の被保険者に係る標準報酬平均額の比率
 ロ 当該年度の初日の属する年の6年前の年における物価指数に対する当該年度の初日の属する年の3年前の年における物価指数の比率

⑥ 前項の規定による保険料改定率の改定の措置は,政令で定める.
第87条の2 ① 第1号被保険者（第89条第1項,第90条第1項又は第90条の3第1項の規定により保険料を納付することを要しないものとされている者,第90条の2第1項から第3項までの規定によりその一部の額につき保険料を納付することを要しないものとされている者及び国民年金基金の加入員を除く.）は,厚生労働大臣に申し出て,その申出をした日の属する月以後の各月につき,前条第3項に定める額の保険料のほか,400円の保険料を納付する者となることができる.
② 前項の規定による保険料の納付は,前条第3項に定める額の保険料の納付が行われた月（第94条第4項の規定により保険料が納付されたものとみなされた月を除く.）についてのみ行うことができる.
③ 第1項の規定により保険料を納付する者となつたものは,いつでも,厚生労働大臣に申し出て,その申出をした日の属する月の前月以後の各月に係る保険料（既に納付されたもの及び第93条第1項の規定により前納されたもの（国民年金基金の加入員となつた日の属する月以後の各月に係るものを除く.）を除く.）につき第1項の規定により保険料を納付する者とならないことができる.
④ 第1項の規定により保険料を納付する者となつたものが,国民年金基金の加入員となつたときは,その加入員となつた日に,前項の申出をしたものとみなす.

（保険料の納付義務）
第88条 ① 被保険者は,保険料を納付しなければならない.
② 世帯主は,その世帯に属する被保険者の保険料を連帯して納付する義務を負う.
③ 配偶者の一方は,被保険者たる他方の保険料を連帯して納付する義務を負う.
第89条 ① 被保険者（第90条の2第1項から第3項までの規定の適用を受ける被保険者を除く.）が次の各号のいずれかに該当するに至つたときは,その該当するに至つた日の属する月の前月からこれに該当しなくなる日の属する月までの期間に係る保険料は,既に納付されたものを除き,納付することを要しない.
1 障害基礎年金又は厚生年金保険法に基づく障害を支給事由とする年金たる給付その他の障害を支給事由とする給付であつて政令で定めるものの受給権者（最後に同法第47条第2項に規定する障害等級に該当する程度の障害の状態（以下この号において「障害状態」という.）に該当しなくなつた日から起算して障害状態に該当することなく3年を経過した障害基礎年金の受給権者（現に障害状態に該当しない者に限る.）その他の政令で定める者を除く.）であるとき.
2 生活保護法（昭和25年法律第144号）による生活扶助その他の援助であつて厚生労働省令で定めるものを受けるとき.
3 前2号に掲げるもののほか,厚生労働省令で定める施設に入所しているとき.
② 前項の規定により納付することを要しないものとされた保険料につき,被保険者又は被保険者であつた者（次条から第90条の3までにおいて「被保険者等」という.）から当該保険料に係る期間の各月につき,保険料を納付する旨の申出があつたと

きは,当該申出のあつた期間に係る保険料に限り,同項の規定は適用しない.
第90条 ① 次の各号のいずれかに該当する被保険者等から申請があつたときは,厚生労働大臣は,その指定する期間（次条第1項から第3項までの規定の適用を受ける期間又は学校教育法（昭和22年法律第26号）第50条に規定する高等学校の生徒若しくは同法第83条に規定する大学の学生その他の生徒若しくは学生であつて政令で定めるもの（以下「学生等」という．）である期間若しくは学生等であつた期間を除く．）に係る保険料につき,既に納付されたものを除き,これを納付することを要しないものとし,申請のあつた日以後,当該保険料に係る期間を第5条第3項に規定する保険料全額免除期間（第94条第1項の規定により追納が行われた場合にあつては,当該追納に係る期間を除く．）に算入することができる．ただし,世帯主又は配偶者のいずれかが次の各号のいずれにも該当しないときは,この限りでない．
1 当該保険料を納付することを要しないものとすべき月の属する年の前年の所得（1月から厚生労働省令で定める月までの月分の保険料については,前々年の所得とする．以下この章において同じ．）が,その者の扶養親族等の有無及び数に応じて,政令で定める額以下であるとき．
2 被保険者又は被保険者の属する世帯の他の世帯員が生活保護法による生活扶助以外の扶助その他の援助であつて厚生労働省令で定めるものを受けるとき．
3 地方税法（昭和25年法律第226号）に定める障害者であつて,当該保険料を納付することを要しないものとすべき月の属する年の前年の所得が政令で定める額以下であるとき．
4 地方税法に定める寡婦であつて,当該保険料を納付することを要しないものとすべき月の属する年の前年の所得が前号に規定する政令で定める額以下であるとき．
5 保険料を納付することが著しく困難である場合として天災その他の厚生労働省令で定める事由があるとき．
② 前項の規定による処分があつたときは,年金給付の支給要件及び額に関する規定の適用については,その処分は,当該申請のあつた日にされたものとみなす．
③ 第1項の規定による処分を受けた被保険者から当該処分の取消しの申請があつたときは,厚生労働大臣は,当該申請があつた日の属する月の前月以後の各月の保険料について,当該処分を取り消すことができる．
④ 第1項第1号,第3号及び第4号に規定する所得の範囲及びその額の計算方法は,政令で定める．
第90条の2 ① 次の各号のいずれかに該当する被保険者等から申請があつたときは,厚生労働大臣は,その指定する期間（前条第1項若しくは次項若しくは第3項の規定の適用を受ける期間又は学生等である期間若しくは学生等であつた期間を除く．）に係る保険料につき,既に納付されたものを除き,その4分の3を納付することを要しないものとし,申請のあつた日以後,当該保険料に係る期間を第5条第4項に規定する保険料4分の3免除期間（第94条第1項の規定により追納が行われた場合にあつては,当該追納に係る期間を除く．）に算入することができる．ただし,世帯主又は配偶者のいずれかが次の各号のいずれにも該当しないときは,この限りでない．
1 当該保険料を納付することを要しないものとすべき月の属する年の前年の所得が,その者の扶養親族等の有無及び数に応じて,政令で定める額以下であるとき．
2 前条第1項第2号から第4号までに該当するとき．
3 保険料を納付することが著しく困難である場合として天災その他の厚生労働省令で定める事由があるとき．
② 次の各号のいずれかに該当する被保険者等から申請があつたときは,厚生労働大臣は,その指定する期間（前条第1項若しくは前項若しくは次項の規定の適用を受ける期間又は学生等である期間若しくは学生等であつた期間を除く．）に係る保険料につき,既に納付されたものを除き,その半数を納付することを要しないものとし,申請のあつた日以後,当該保険料に係る期間を第5条第5項に規定する保険料半額免除期間（第94条第1項の規定により追納が行われた場合にあつては,当該追納に係る期間を除く．）に算入することができる．ただし,世帯主又は配偶者のいずれかが次の各号のいずれにも該当しないときは,この限りでない．
1 当該保険料を納付することを要しないものとすべき月の属する年の前年の所得が,その者の扶養親族等の有無及び数に応じて,政令で定める額以下であるとき．
2 前条第1項第2号から第4号までに該当するとき．
3 保険料を納付することが著しく困難である場合として天災その他の厚生労働省令で定める事由があるとき．
③ 次の各号のいずれかに該当する被保険者等から申請があつたときは,厚生労働大臣は,その指定する期間（前条第1項若しくは前2項の規定の適用を受ける期間又は学生等である期間若しくは学生等であつた期間を除く．）に係る保険料につき,既に納付されたものを除き,その4分の1を納付することを要しないものとし,申請のあつた日以後,当該保険料に係る期間を第5条第6項に規定する保険料4分の1免除期間（第94条第1項の規定により追納が行われた場合にあつては,当該追納に係る期間を除く．）に算入することができる．ただし,世帯主又は配偶者のいずれかが次の各号のいずれにも該当しないときは,この限りでない．
1 当該保険料を納付することを要しないものとすべき月の属する年の前年の所得が,その者の扶養親族等の有無及び数に応じて,政令で定める額以下であるとき．
2 前条第1項第2号から第4号までに該当するとき．
3 保険料を納付することが著しく困難である場合として天災その他の厚生労働省令で定める事由があるとき．
④ 前条第3項の規定は,前3項の規定による処分を受けた被保険者から当該処分の取消しの申請があつたときについて準用する．
⑤ 第1項第1号,第2項第1号及び第3項第1号に規定する所得の範囲及びその額の計算方法は,政令で定める．
⑥ 第1項から第3項までの規定により納付することを要しないものとされたその一部の額以外の残余の額に5円未満の端数が生じたときは,これを切

① 国民年金法(90条の3〜92条の4)

り捨て,5円以上10円未満の端数が生じたときは,これを10円に切り上げるものとする.

第90条の3 ① 次の各号のいずれかに該当する学生等である被保険者又は学生等であつた被保険者等から申請があつたときは,厚生労働大臣は,その指定する期間(学生等である期間又は学生等であつた期間に限る.)に係る保険料につき,既に納付されたものを除き,これを納付することを要しないものとし,申請のあつた日以後,当該保険料に係る期間を第5条第3項に規定する保険料全額免除期間(第94条第1項の規定により追納が行われた場合にあつては,当該追納に係る期間を除く.)に算入することができる.
  1 当該保険料を納付することを要しないものとすべき月の属する年の前年の所得が,その者の扶養親族等の有無及び数に応じて,政令で定める額以下であるとき.
  2 第90条第1項第2号から第4号までに該当するとき.
  3 保険料を納付することが著しく困難である場合として天災その他の厚生労働省令で定める事由があるとき.
② 第90条第2項の規定は,前項の場合に準用する.
③ 第1項第1号に規定する所得の範囲及びその額の計算方法は,政令で定める.

(保険料の納期限)
第91条 毎月の保険料は,翌月末日までに納付しなければならない.

(保険料の通知及び納付)
第92条 ① 厚生労働大臣は,毎年度,被保険者に対し,各年度の各月に係る保険料について,保険料の額,納期限その他厚生労働省令で定める事項を通知するものとする.
② 前項に定めるもののほか,保険料の納付方法について必要な事項は,政令で定める.

(口座振替による納付)
第92条の2 厚生労働大臣は,被保険者から,預金又は貯金の払出しとその払い出した金銭による保険料の納付をその預金口座又は貯金口座のある金融機関に委託して行うこと(附則第5条第2項において「口座振替納付」という.)を希望する旨の申出があつた場合には,その納付が確実と認められ,かつ,その申出を承認することが保険料の徴収上有利と認められるときに限り,その申出を承認することができる.

(指定代理納付者による納付)
第92条の2の2 ① 被保険者は,厚生労働大臣に対し,被保険者の保険料を立て替えて納付する事務を適正かつ確実に実施することができると認められる者であつて,政令で定める要件に該当する者として厚生労働大臣が指定するもの(以下この条において「指定代理納付者」という.)から付与される番号,記号その他の符号を通知することにより,当該指定代理納付者をして当該被保険者の保険料を立て替えて納付させることを希望する旨の申出をすることができる.
② 厚生労働大臣は,前項の申出を受けたときは,その納付が確実と認められ,かつ,その申出を承認することが保険料の徴収上有利と認められるときに限り,その申出を承認することができる.
③ 第1項の指定の手続その他指定代理納付者による納付に関し必要な事項は,厚生労働省令で定める.

(保険料の納付委託)
第92条の3 ① 次に掲げる者は,被保険者(第1号に掲げる者にあつては国民年金基金の加入員で,第3号に掲げる者にあつては保険料を滞納している者であつて市町村から国民健康保険法(昭和33年法律第192号)第9条第10項の規定により特別の有効期限が定められた国民健康保険の被保険者証の交付を受け,又は受けようとしているものに限る.)の委託を受けて,保険料の納付に関する事務(以下「納付事務」という.)を行うことができる.
  1 国民年金基金又は国民年金基金連合会
  2 納付事務を適正かつ確実に実施することができると認められ,かつ,政令で定める要件に該当する者として厚生労働大臣が指定するもの
  3 厚生労働大臣に対し,納付事務を行う旨の申出をした市町村
② 国民年金基金又は国民年金基金連合会が前項の委託を受けて納付事務を行う場合には,第145条第5号中「この章」とあるのは,「第92条の3第1項又はこの章」とするほか,この法律の規定の適用に関し必要な事項は,政令で定める.
③ 厚生労働大臣は,第1項第2号の規定による指定をしたときは当該指定を受けた者の名称及び住所並びに事務所の所在地を,同項第3号の規定による申出を受けたときはその旨を公示しなければならない.
④ 第1項第2号の規定による指定を受けた者は,その名称及び住所並びに事務所の所在地を変更しようとするときは,あらかじめ,その旨を厚生労働大臣に届け出なければならない.
⑤ 厚生労働大臣は,前項の規定による届出があつたときは,当該届出に係る事項を公示しなければならない.

第92条の4 ① 被保険者が前条第1項の委託に基づき保険料を同項各号に掲げる者で納付事務を行うもの(以下「納付受託者」という.)に交付したときは,納付受託者は,政府に対して当該保険料の納付の責めに任ずるものとする.
② 納付受託者は,前項の規定により被保険者から保険料の交付を受けたときは,遅滞なく,厚生労働省令で定めるところにより,その旨及び交付を受けた年月日を厚生労働大臣に報告しなければならない.
③ 被保険者が第1項の規定により保険料を納付受託者に交付したとき(前納に係る保険料にあつては,前納に係る期間の各月が経過したとき)は,当該保険料に係る被保険者期間は,第5条第1項の規定の適用については保険料納付済期間とみなす.
④ 被保険者が第1項の規定により,第90条の2第1項から第3項までの規定によりその一部の額につき納付することを要しないものとされた保険料を納付受託者に交付したとき(前納に係る保険料にあつては,前納に係る期間の各月が経過したとき)は,当該保険料に係る被保険者期間は,前項の規定にかかわらず,第5条第4項の規定の適用については保険料4分の3免除期間と,同条第5項の規定の適用については保険料半額免除期間と,同条第6項の規定の適用については保険料4分の1免除期間とみなす.
⑤ 被保険者が第1項の規定により保険料を納付受託者に交付したときは,第97条の規定の適用については,当該交付した日に当該保険料の納付があつたものとみなす.

⑥ 政府は、第1項の規定により納付受託者が納付すべき徴収金については、当該納付受託者に対して第96条第1項の規定による処分をしてもなお徴収すべき残余がある場合に限り、その残余の額を当該被保険者から徴収することができる。

第92条の5 ① 納付受託者は、厚生労働省令で定めるところにより、帳簿を備え付け、これに納付事務に関する事項を記載し、及びこれを保存しなければならない。

② 厚生労働大臣は、この法律を施行するため必要があると認めるときは、その必要な限度で、厚生労働省令で定めるところにより、納付受託者に対し、報告をさせることができる。

③ 厚生労働大臣は、この法律を施行するため必要があると認めるときは、その必要な限度で、その職員に、納付受託者の事務所に立ち入り、納付受託者の帳簿、書類その他の必要な物件を検査させ、又は関係者に質問させることができる。

④ 前項の規定により立入検査を行う職員は、その身分を示す証明書を携帯し、かつ、関係者の請求があるときは、これを提示しなければならない。

⑤ 第3項に規定する権限は、犯罪捜査のために認められたものと解釈してはならない。

第92条の6 ① 厚生労働大臣は、第92条の3第1項第2号の規定による指定を受けた者が次の各号のいずれかに該当するときは、その指定を取り消すことができる。

1 第92条の3第1項第2号に規定する指定の要件に該当しなくなつたとき。
2 第92条の4第2項又は前条第2項の規定による報告をせず、又は虚偽の報告をしたとき。
3 前条第1項の規定に違反して、帳簿を備え付けず、帳簿に記載せず、若しくは帳簿に虚偽の記載をし、又は帳簿を保存しなかつたとき。
4 前条第3項の規定による立入り若しくは検査を拒み、妨げ、若しくは忌避し、又は同項の規定による質問に対して陳述をせず、若しくは虚偽の陳述をしたとき。

② 厚生労働大臣は、前項の規定により指定を取り消したときは、その旨を公示しなければならない。

（保険料の前納）

第93条 ① 被保険者は、将来の一定期間の保険料を前納することができる。

② 前項の場合において前納すべき額は、当該期間の各月の保険料の額から政令で定める額を控除した額とする。

③ 第1項の規定により前納された保険料について保険料半額免除期間又は保険料4分の3免除期間、保険料半額免除期間若しくは保険料4分の1免除期間を計算する場合においては、前納に係る期間の各月が経過した際に、それぞれその月の保険料が納付されたものとみなす。

④ 前3項に定めるもののほか、保険料の前納手続、前納された保険料の還付その他保険料の前納について必要な事項は、政令で定める。

（保険料の追納）

第94条 ① 被保険者又は被保険者であつた者（老齢基礎年金の受給権者を除く。）は、厚生労働大臣の承認を受け、第89条第1項、第90条第1項又は第90条の3第1項の規定により納付することを要しないものとされた保険料及び第90条の2第1項から第3項までの規定によりその一部の額につき納付することを要しないものとされた保険料（承認の日の属する月前10年以内の期間に係るものに限る。）の全部又は一部につき追納することができる。ただし、同条第1項から第3項までの規定によりその一部の額につき納付することを要しないものとされた保険料については、その残余の額につき納付されたときに限る。

② 前項の場合において、その一部につき追納をするときは、追納は、第90条の3第1項の規定により納付することを要しないものとされた保険料につき行い、次いで第89条第1項若しくは第90条第1項の規定により納付することを要しないものとされた保険料又は第90条の2第1項から第3項までの規定によりその一部の額につき納付することを要しないものとされた保険料につき行うものとし、これらの保険料のうちにあつては、先に経過した月の分から順次に行うものとする。ただし、第90条の3第1項の規定により納付することを要しないものとされた保険料より前に納付義務が生じ、第89条第1項若しくは第90条第1項の規定により納付することを要しないものとされた保険料又は第90条の2第1項から第3項までの規定によりその一部の額につき納付することを要しないものとされた保険料があるときは、当該保険料について、先に経過した月の分の保険料から追納することができるものとする。

③ 第1項の場合において追納すべき額は、当該追納に係る期間の各月の保険料の額に政令で定める額を加算した額とする。

④ 第1項の規定により追納が行われたときは、追納が行われた日に、追納に係る月の保険料が納付されたものとみなす。

⑤ 前各項に定めるもののほか、保険料の追納手続その他保険料の追納について必要な事項は、政令で定める。

（基礎年金拠出金）

第94条の2 ① 厚生年金保険の実施者たる政府は、毎年度、基礎年金の給付に要する費用に充てるため、基礎年金拠出金を負担する。

② 実施機関たる共済組合等は、毎年度、基礎年金の給付に要する費用に充てるため、基礎年金拠出金を納付する。

③ 財政の現況及び見通しが作成されるときは、厚生労働大臣は、厚生年金保険の実施者たる政府が負担し、又は実施機関たる共済組合等が納付すべき基礎年金拠出金について、その将来にわたる予想額を算定するものとする。

第94条の3 ① 基礎年金拠出金の額は、保険料・拠出金算定対象額に当該年度における被保険者の総数に対する当該年度における当該政府及び実施機関に係る被保険者（厚生年金保険の実施者たる政府にあつては、第1号厚生年金被保険者である第2号被保険者及びその被扶養配偶者である第3号被保険者とし、実施機関たる共済組合等にあつては、当該実施機関たる共済組合等に係る被保険者（国家公務員共済組合連合会にあつては当該連合会を組織する共済組合に係る第2号厚生年金被保険者である第2号被保険者及びその被扶養配偶者である第3号被保険者とし、地方公務員共済組合連合会にあつては当該連合会を組織する共済組合に係る第3号厚生年金被保険者である第2号被保険者及びその被扶養配偶者である第3号被保険者とし、日

① 国民年金法（94条の4〜98条）

本私立学校振興・共済事業団にあつては第4号厚生年金被保険者である第2号被保険者及びその被扶養配偶者である第3号被保険者とする．）の総数の比率に相当するものとして毎年度政令で定めるところにより算定した率を乗じて得た額とする．
② 前項の場合において被保険者の総数並びに政府及び実施機関に係る被保険者の総数は，第1号被保険者，第2号被保険者及び第3号被保険者の適用の態様の均衡を考慮して，これらの被保険者のうち政令で定める者を基礎として計算するものとする．
③ 前2項に規定するもののほか，実施機関たる共済組合等に係る基礎年金拠出金の納付に関し必要な事項は，政令で定める．
第94条の4　各地方公務員共済組合（指定都市職員共済組合，市町村職員共済組合及び都市職員共済組合にあつては，全国市町村職員共済組合連合会）は，毎年度，政令で定めるところにより，地方公務員共済組合連合会が納付すべき基礎年金拠出金の額のうち各地方公務員共済組合における厚生年金保険法第28条に規定する標準報酬（以下この条において「標準報酬」という．）の総額（全国市町村職員共済組合連合会にあつては，全ての指定都市職員共済組合，市町村職員共済組合及び都市職員共済組合における標準報酬の総額）を考慮して政令で定めるところにより算定した額を負担する．
　　（報　告）
第94条の5　① 厚生労働大臣は，実施機関たる共済組合等に対し，当該実施機関たる共済組合等を所管する大臣を経由して，当該実施機関たる共済組合等に係る被保険者の数その他の厚生労働省令で定める事項について報告を求めることができる．
② 各実施機関たる共済組合等は，厚生労働省令の定めるところにより，当該実施機関たる共済組合等を所管する大臣を経由して前項の報告を行うものとする．
③ 実施機関たる共済組合等は，厚生労働省令の定めるところにより，当該実施機関たる共済組合等を所管する大臣を経由して，第94条の2第3項に規定する予想額の算定のために必要な事項として厚生労働省令で定める事項について厚生労働大臣に報告を行うものとする．
④ 厚生労働大臣は，厚生労働省令の定めるところにより，前項に規定する予想額その他これに関連する事項で厚生労働省令で定めるものについて，実施機関たる共済組合等を所管する大臣に報告を行うものとする．
⑤ 厚生労働大臣は，前各項に規定する厚生労働省令を定めるときは，実施機関たる共済組合等を所管する大臣に協議しなければならない．
　　（第2号被保険者及び第3号被保険者に係る特例）
第94条の6　第87条第1項及び第2項並びに第88条第1項の規定にかかわらず，第2号被保険者としての被保険者期間及び第3号被保険者としての被保険者期間については，政府は，保険料を徴収せず，被保険者は，保険料を納付することを要しない．
　　（徴　収）
第95条　保険料その他この法律（第10章を除く．以下この章から第8章までにおいて同じ．）の規定による徴収金は，この法律に別段の規定があるものを除くほか，国税徴収の例によつて徴収する．
　　（国民年金基金又は国民年金基金連合会の解散に伴う責任準備金相当額の徴収）
第95条の2　政府は，国民年金基金又は国民年金基金連合会が解散したときは，その解散した日において当該国民年金基金又は国民年金基金連合会が年金の支給に関する義務を負つている者に係る政令の定めるところにより算出した責任準備金に相当する額を当該解散した国民年金基金又は国民年金基金連合会から徴収する．ただし，第137条の19第1項の規定により国民年金基金連合会が当該解散した国民年金基金から徴収すべきときは，この限りでない．
　　（督促及び滞納処分）
第96条　① 保険料その他この法律の規定による徴収金を滞納する者があるときは，厚生労働大臣は，期限を指定して，これを督促することができる．
② 前項の規定によつて督促をしようとするときは，厚生労働大臣は，納付義務者に対して，督促状を発する．
③ 前項の督促状により指定する期限は，督促状を発する日から起算して10日以上を経過した日でなければならない．
④ 厚生労働大臣は，第1項の規定による督促を受けた者がその指定の期限までに保険料その他の法律の規定による徴収金を納付しないときは，国税滞納処分の例によつてこれを処分し，又は滞納者の居住地若しくはその者の財産所在地の市町村に対して，その処分を請求することができる．
⑤ 市町村は，前項の規定による処分の請求を受けたときは，市町村税の例によつてこれを処分することができる．この場合においては，厚生労働大臣は，徴収金の100分の4に相当する額を当該市町村に交付しなければならない．
⑥ 前2項の規定による処分によつて受け入れた金額を保険料に充当する場合においては，さきに経過した月の保険料から順次これに充当し，1箇月の保険料の額に満たない端数は，納付義務者に交付するものとする．
　　（延滞金）
第97条　① 前条第1項の規定によつて督促をしたときは，厚生労働大臣は，徴収金額に，納期限の翌日から徴収金完納又は財産差押の日の前日までの期間の日数に応じ，年14.6パーセント（当該督促が保険料に係るものであるときは，当該納期限の翌日から3月を経過する日までの期間については，年7.3パーセント）の割合を乗じて計算した延滞金を徴収する．ただし，徴収金額が500円未満であるとき，又は滞納につきやむを得ない事情があると認められるときは，この限りでない．
② 前項の場合において，徴収金額の一部につき納付があつたときは，その納付の日以後の期間に係る延滞金の計算の基礎となる徴収金は，その納付のあつた徴収金額を控除した金額による．
③ 延滞金を計算するに当り，徴収金額に500円未満の端数があるときは，その端数は，切り捨てる．
④ 督促状に指定した期限までに徴収金を完納したとき，又は前3項の規定によつて計算した金額が50円未満であるときは，延滞金は，徴収しない．
⑤ 延滞金の金額に50円未満の端数があるときは，その端数は，切り捨てる．
　　（先取特権）
第98条　保険料その他この法律の規定による徴収金の先取特権の順位は，国税及び地方税に次ぐもの

とする．

第7章　不服申立て

(不服申立て)
第101条 ① 被保険者の資格に関する処分,給付に関する処分（共済組合等が行った障害基礎年金に係る障害の程度の診断に関する処分を除く．）又は保険料その他この法律の規定による徴収金に関する処分に不服がある者は,社会保険審査官に対して審査請求をし,その決定に不服がある者は,社会保険審査会に対して再審査請求をすることができる．ただし,第14条の4第1項又は第2項の規定による決定については,この限りでない．
② 審査請求をした日から2月以内に決定がないときは,審査請求人は,社会保険審査官が審査請求を棄却したものとみなすことができる．
③ 第1項の審査請求及び再審査請求は,時効の中断に関しては,裁判上の請求とみなす．
④ 被保険者の資格に関する処分が確定したときは,その処分についての不服を当該処分に基づく給付に関する処分の不服の理由とすることができない．
⑤ 第1項の審査請求については,行政不服審査法（平成26年法律第68号）第2章（第22条を除く．）及び第4章の規定は,適用しない．
⑥ 共済組合等が行った障害基礎年金に係る障害の程度の診断に関する処分は,当該共済組合等に係る共済各法（国家公務員共済組合法（昭和33年法律第128号）,地方公務員等共済組合法（昭和37年法律第152号）及び私立学校教職員共済法をいう．以下この項において同じ．）の定めるところにより,当該共済各法に定める審査機関に審査請求をすることができる．
⑦ 前項の規定による共済組合等が行った障害の程度の診断に関する処分が確定したときは,その処分についての不服を当該処分に基づく障害基礎年金に関する処分についての不服の理由とすることができない．

(審査請求と訴訟との関係)
第101条の2 第101条の2　前条第1項に規定する処分（被保険者の資格に関する処分又は給付に関する処分（共済組合等が行った障害基礎年金に係る障害の程度の診断に関する処分を除く．）に限る．）の取消しの訴えは,当該処分についての審査請求に対する社会保険審査官の決定を経た後でなければ,提起することができない．

第8章　雑則

(時効)
第102条 ① 年金給付を受ける権利（当該権利に基づき支払期月ごとに又は一時金として支払うものとされる給付の支給を受ける権利を含む．第3項において同じ．）は,その支給事由が生じた日から5年を経過したときは,時効によつて,消滅する．
② 前項の時効は,当該年金給付がその全額につき支給を停止されている間は,進行しない．
③ 給付を受ける権利は,会計法（昭和22年法律第35号）第31条の規定を適用しない．
④ 保険料その他の法律の規定による徴収金を徴収し,又はその還付を受ける権利及び死亡一時金を受ける権利は,2年を経過したときは,時効によつて消滅する．
⑤ 保険料その他この法律の規定による徴収金についての第96条第1項の規定による督促は,民法（明治29年法律第89号）第153条の規定にかかわらず,時効中断の効力を有する．
⑥ 保険料その他この法律の規定による徴収金については,会計法第32条の規定を適用しない．

(期間の計算)
第103条 この法律又はこの法律に基く命令に規定する期間の計算については,この法律に別段の規定がある場合を除くほか,民法の期間に関する規定を準用する．

(戸籍事項の無料証明)
第104条 市町村長（地方自治法第252条の19第1項の指定都市においては,区長又は総合区長とする．）は,厚生労働大臣又は被保険者,被保険者であつた者若しくは受給権者に対して,当該市町村の条例の定めるところにより,被保険者,被保険者であつた者若しくは受給権者又は遺族基礎年金の支給若しくは障害基礎年金若しくは遺族基礎年金の額の加算の要件に該当する子の戸籍に関し,無料で証明を行うことができる．

(届出等)
第105条 ① 被保険者は,厚生労働省令の定めるところにより,第12条第1項又は第5項に規定する事項を除くほか,厚生労働省令の定める事項を第3号被保険者以外の被保険者にあつては市町村長に,第3号被保険者にあつては厚生労働大臣に届け出なければならない．
② 第12条第2項及び第4項の規定は,第3号被保険者以外の被保険者に係る前項の届出について,同条第6項から第9項までの規定は,第3号被保険者に係る前項の届出について準用する．
③ 受給権者又は受給権者の属する世帯の世帯主その他その世帯に属する者は,厚生労働省令の定めるところにより,厚生労働大臣に対し,厚生労働省令の定める事項を届け出,かつ,厚生労働省令の定める書類その他の物件を提出しなければならない．
④ 被保険者又は受給権者が死亡したときは,戸籍法（昭和22年法律第224号）の規定による死亡の届出義務者は,厚生労働省令の定めるところにより,その旨を第3号被保険者以外の被保険者に係るものにあつては市町村長に,第3号被保険者又は受給権者に係るものにあつては厚生労働大臣に届け出なければならない．ただし,厚生労働省令で定める被保険者又は受給権者の死亡について,同法の規定による死亡の届出をした場合（厚生労働省令で定める場合に限る．）は,この限りでない．
⑤ 第12条第6項から第9項までの規定は,第3号被保険者に係る前項の届出について準用する．この場合において,同条第6項中「第3号被保険者」とあるのは,「第3号被保険者の死亡に係るもの」と読み替えるものとする．

(被保険者に関する調査)
第106条 ① 厚生労働大臣は,必要があると認めるときは,被保険者の資格又は保険料に関する処分に関し,被保険者に対し,国民年金手帳,被保険者若しくは被保険者の配偶者若しくは世帯主若しくはこれらの者であつた者の資産若しくは収入の状況に関する書類その他の物件の提出を命じ,又は当該職員をして被保険者に質問させることができる．
② 前項の規定によつて質問を行う当該職員は,その

① 国民年金法（107条〜108条の5）

身分を示す証票を携帯し，かつ，関係人の請求があるときは，これを提示しなければならない．

（受給権者に関する調査）
第107条 ① 厚生労働大臣は，必要があると認めるときは，受給権者に対して，その者の身分関係，障害の状態その他受給権の消滅，年金額の改定若しくは支給の停止に係る事項に関する書類その他の物件を提出すべきことを命じ，又は当該職員をしてこれらの事項に関し受給権者に質問させることができる．

② 厚生労働大臣は，必要があると認めるときは，障害基礎年金の受給権者若しくは障害等級に該当する障害の状態にあることによりその額が加算されている子又は障害等級に該当する障害の状態にあることにより遺族基礎年金の受給権を有し，若しくは遺族基礎年金が支給され，若しくはその額が加算されている子に対して，その指定する医師若しくは歯科医師の診断を受けるべきことを命じ，又は当該職員をしてこれらの者の障害の状態を診断させることができる．

③ 前条第2項の規定は，前2項の規定による質問又は診断について準用する．

（資料の提供等）
第108条 ① 厚生労働大臣は，被保険者の資格又は保険料に関し必要があると認めるときは，被保険者若しくは被保険者であつた者（以下この項において「被保険者等」という．），国民年金基金の加入員若しくは加入員であつた者，農業者年金の被保険者若しくは被保険者であつた者，国家公務員共済組合法若しくは地方公務員共済組合法の短期給付に関する規定の適用を受ける組合員若しくは組合員であつた者，私立学校教職員共済法の短期給付に関する規定の適用を受ける加入者若しくは加入者であつた者又は健康保険法による被保険者若しくは被保険者であつた者の氏名及び住所，個人番号（行政手続における特定の個人を識別するための番号の利用等に関する法律（平成27年法律第27号）第2条第5項に規定する個人番号をいう．次項において同じ．），資格の取得及び喪失の年月日，保険料若しくは掛金の納付状況その他の事項につき，官公署，第109条第2項に規定する国民年金事務組合，国民年金基金，国民年金基金連合会，独立行政法人農業者年金基金，共済組合等，健康保険組合若しくは国民健康保険組合に対し必要な書類の閲覧若しくは資料の提供を求め，又は銀行，信託会社その他の機関若しくは被保険者等の配偶者若しくは世帯主その他の関係人に報告を求めることができる．

② 厚生労働大臣は，年金給付又は保険料に関する処分に関し必要があると認めるときは，受給権者，被保険者若しくは被保険者の配偶者若しくは世帯主の資産若しくは収入の状況，受給権者に対する厚生年金保険法による年金たる保険給付の支給状況若しくは第36条の2第1項第1号に規定する政令で定める給付の支給状況又は第89条第1項第1号に規定する政令で定める給付の受給権者であつた者，同項第2号に規定する厚生労働省令で定める援助（厚生労働省令で定める援助を除く．）を受けている者若しくは受けていた者，同項第3号に規定する厚生労働省令で定める施設（厚生労働省令で定める施設を除く．）に入所している者若しくは入所していた者，第90条第1項第2号に規定する厚生労働省令で定める援助を受けている者若しくは第4号から第6号までに掲げる法律の規定による被扶養者の氏名及び住所，個人番号その他の事項につき，官公署，共済組合等，厚生年金保険法附則第28条に規定する共済組合若しくは健康保険組合に対し必要な書類の閲覧若しくは資料の提供を求め，又は銀行，信託会社その他の機関若しくは被保険者の雇用主その他の関係人に報告を求めることができる．

③ 厚生労働大臣は，被保険者の資格又は保険料に関し必要があると認めるときは，事業主に対し，その使用する者に対するこの法律の規定の周知その他の必要な協力を求めることができる．

第108条の2 厚生労働大臣は，必要があると認めるときは，実施機関たる共済組合等を所管する大臣に対し，その大臣が所管する実施機関たる共済組合等に係る第94条の5第1項に規定する報告に関し監督上必要な命令を発し，又は当該職員に当該実施機関たる共済組合等の業務の状況を監査させることを求めることができる．

第108条の2の2 実施機関たる共済組合等は，厚生労働大臣に対して，その被保険者が第2号被保険者でなくなつたことに関して必要な情報の提供を行うものとする．

（統計調査）
第108条の3 ① 厚生労働大臣は，第1条の目的を達成するため，被保険者若しくは被保険者であつた者又は受給権者に係る保険料の納付に関する実態その他の厚生労働省令で定める事項に関し必要な統計調査を行うものとする．

② 厚生労働大臣は，前項に規定する統計調査に関し必要があると認めるときは，官公署に対し，必要な情報の提供を求めることができる．

③ 前項の規定により情報の提供を求めるに当たつては，被調査者を識別することができない方法による情報の提供を求めるものとする．

（基礎年金番号の利用制限等）
第108条の4 第14条に規定する基礎年金番号については，住民基本台帳法第30条の37第1項及び第2項，第30条の38並びに第30条の39の規定を準用する．この場合において，同法第30条の37第2項中「都道府県知事」とあるのは「厚生労働大臣及び日本年金機構」と，同法第30条の38第1項から第3項までの規定中「何人も」とあるのは「国民年金法第14条に規定する政府管掌年金事業の運営に関する事務又は当該事業に関連する事務の遂行のため同条に規定する基礎年金番号の利用が特に必要な場合として厚生労働省令で定める場合を除き，何人も」と，同条第4項及び第5項並びに同法第30条の39第1項中「都道府県知事」とあるのは「厚生労働大臣」と読み替えるものとするほか，必要な技術的読替えは，政令で定める．

第108条の5 全国健康保険協会，第3条第2項に規定する共済組合等その他の厚生労働省令で定める者は，第14条に規定する政府管掌年金事業の運営に関する事務又は当該事業に関連する事務（当該厚生労働省令で定める者のうち厚生労働省令で定める者にあつては，同条に規定する政府管掌年金事業に関連する事務）の遂行のため必要がある場合を除き，何人に対しても，その者又はその者以外の者に係る基礎年金番号を告知することを求めて

Ⅰ 公的年金・企業年金

はならない．
（国民年金事務組合）
第109条 ① 同種の事業又は業務に従事する被保険者を構成員とする団体その他被保険者を構成員とするこれに類する団体で政令で定めるものは，当該構成員である被保険者の委託を受けて，当該被保険者に係る第12条第１項の届出をすることができる．
② 前項に規定する団体（以下「国民年金事務組合」という．）は，同項に規定する委託を受けようとするときは，厚生労働大臣の認可を受けなければならない．
③ 厚生労働大臣は，前項の認可を受けた国民年金事務組合がその行うべき事務の処理を怠り，又はその処理が著しく不当であると認めるときは，同項の認可を取り消すことができる．

（全額免除申請の事務手続に関する特例）
第109条の２ ① 第90条第１項の申請（以下この条において「全額免除申請」という．）に関する事務を適正かつ確実に実施することができると認められる者であつて，厚生労働大臣が当該者からの申請に基づき指定するもの（以下この条において「指定全額免除申請事務取扱者」という．）は，同項各号のいずれかに該当する被保険者又は被保険者であつた者（厚生労働省令で定める者に限る．以下この条において「全額免除要件該当被保険者等」という．）の委託を受けて，全額免除要件該当被保険者に係る全額免除申請をすることができる．
② 全額免除要件該当被保険者等が指定全額免除申請事務取扱者に全額免除申請の委託をしたときは，第90条第１項及び第２項の規定の適用については，当該委託をした日に，全額免除申請があつたものとみなす．
③ 指定全額免除申請事務取扱者は，全額免除要件該当被保険者等から全額免除申請の委託を受けたときは，遅滞なく，厚生労働省令で定めるところにより，当該全額免除申請をしなければならない．
④ 厚生労働大臣は，指定全額免除申請事務取扱者が第１項の事務を適正かつ確実に実施するために必要な限度において，全額免除要件該当被保険者等が第90条第１項各号のいずれかに該当することの事実に関する情報を提供することができる．
⑤ 厚生労働大臣は，指定全額免除申請事務取扱者がその行うべき事務の処理を怠り，又はその処理が著しく不当であると認めるときは，指定全額免除申請事務取扱者に対し，その改善に必要な措置を採るべきことを命ずることができる．
⑥ 厚生労働大臣は，指定全額免除申請事務取扱者が前項の規定による命令に違反したときは，第１項の指定を取り消すことができる．
⑦ 指定全額免除申請事務取扱者（その者が法人である場合にあつては，その役員）若しくはその職員又はこれらの者であつた者は，正当な理由なく，第１項の事務に関して知り得た秘密を漏らしてはならない．
⑧ 第１項の指定の手続その他前各項の規定の実施に関し必要な事項は，厚生労働省令で定める．

（学生納付特例の事務手続に関する特例）
第109条の２の２ ① 国及び地方公共団体並びに国立大学法人（平成15年法律第112号）第２条第１項に規定する国立大学法人，地方独立行政法人法（平成15年法律第118号）第68条第１項に規定する公立大学法人及び私立学校法（昭和24年法律第270号）第３条に規定する学校法人その他の政令で定める法人であつて，厚生労働大臣がこれらの法人からの申請に基づき，第90条の３第１項の申請（以下この条において「学生納付特例申請」という．）に関する事務を適正かつ確実に実施することができると認められるものとして指定するもの（以下この条において「学生納付特例事務法人」という．）は，その設置する学校教育法第83条に規定する大学その他の政令で定める教育施設における当該教育施設の学生等である被保険者（以下この条において「学生等被保険者」という．）の委託を受けて，学生等被保険者に係る学生納付特例申請をすることができる．
② 学生等被保険者が学生納付特例事務法人に学生納付特例申請の委託をしたときは，第90条の３第１項及び同条第２項において準用する第90条第２項の規定の適用については，当該委託をした日に，学生納付特例申請があつたものとみなす．
③ 学生納付特例事務法人は，学生等被保険者から学生納付特例申請の委託を受けたときは，遅滞なく，厚生労働省令で定めるところにより，当該学生納付特例申請をしなければならない．
④ 厚生労働大臣は，学生納付特例事務法人がその行うべき事務の処理を怠り，又はその処理が著しく不当であると認めるときは，学生納付特例事務法人に対し，その改善に必要な措置を採るべきことを命ずることができる．
⑤ 厚生労働大臣は，学生納付特例事務法人が前項の規定による命令に違反したときは，第１項の指定を取り消すことができる．
⑥ 第１項の指定の手続その他前各項の規定の実施に関し必要な事項は，厚生労働省令で定める．

（保険料納付確認団体）
第109条の３ ① 同種の事業又は業務に従事する被保険者を構成員とする団体その他これに類する団体で政令で定めるものであつて，厚生労働大臣がこれらの団体からの申請に基づき，次項の業務を適正かつ確実に行うことができると認められるものとして指定するもの（以下この条において「保険料納付確認団体」という．）は，同項の業務を行うことができる．
② 保険料納付確認団体は，当該団体の構成員その他これに類する者である被保険者からの委託により，当該被保険者に係る保険料が納期限までに納付されていない事実（次項において「保険料滞納事実」という．）の有無について確認し，その結果を当該被保険者に通知する業務を行うものとする．
③ 厚生労働大臣は，保険料納付確認団体の求めに応じ，保険料納付確認団体が前項の業務を適正に行うために必要な限度において，保険料滞納事実に関する情報を提供することができる．
④ 厚生労働大臣は，保険料納付確認団体がその行うべき業務の処理を怠り，又はその処理が著しく不当であると認めるときは，保険料納付確認団体に対し，その改善に必要な措置を採るべきことを命ずることができる．
⑤ 厚生労働大臣は，保険料納付確認団体が前項の規定による命令に違反したときは，第１項の指定を取り消すことができる．
⑥ 保険料納付確認団体の役員若しくは職員又はこれらの職にあつた者は，正当な理由なく，第２項の業務に関して知り得た秘密を漏らしてはならない．

⑦ 第1項の指定の手続その他保険料納付確認団体に関し必要な事項は、厚生労働省令で定める.

(機構への厚生労働大臣の権限に係る事務の委任)
第109条の4 ① 次に掲げる厚生労働大臣の権限に係る事務(第3条第2項の規定により共済組合等が行うこととされたもの及び同条第3項の規定により市町村長が行うこととされたものを除く.)は、機構に行わせるものとする. ただし、第21号、第26号、第28号から第30号まで、第31号、第32号及び第35号に掲げる権限は、厚生労働大臣が自ら行うことを妨げない.

1 第7条第2項の規定による認定並びに附則第5条第1項及び第2項の規定による申出の受理
2 削除
3 第12条第4項(第105条第2項において準用する場合を含む.)の規定による報告の受理及び第12条第5項の規定による届出の受理
3の2 第12条の2第1項の規定による届出の受理
4 第13条第1項(附則第5条第4項において準用する場合を含む.)及び附則第7条の4第2項の規定による国民年金手帳の作成及び交付
4の2 第14条の2第1項(同条第2項において準用する場合を含む.)の規定による請求の受理
5 第16条(附則第9条の3の2第7項において準用する場合を含む.)の規定による請求の受理
6 第20条第2項の規定による申請の受理
7 第20条の2第1項の規定による申出の受理
8 第28条第1項(附則第9条の3第4項において準用する場合を含む.)の規定による申出の受理並びに附則第9条の2第1項(附則第9条の2第4項において準用する場合を含む.)及び第9条の2の2第1項の規定による請求の受理
9 第30条第3項及び第30条の4第2項の規定による請求の受理
10 第33条の2第4項の規定による認定
11 第34条第2項及び第4項の規定による請求の受理
12 第37条の2第3項(第49条第2項において準用する場合を含む.)の規定による認定
13 第41条の2の2並びに第42条第1項及び第2項の規定による申請の受理
14 第46条第1項の規定による申出の受理
15 第87条の2第1項及び第3項の規定による申出の受理
15の2 第89条第2項の規定による申出の受理
16 第90条第1項、第90条の2第1項から第3項まで及び第90条の3第1項の規定による申請(第109条の2第1項の規定による被保険者又は被保険者であつた者の委託に係る申請及び第109条の2の2第1項の規定による被保険者の委託に係る申請を含む.)の受理及び処分(これらの規定による指定を除く.)並びに第90条第3項(第90条の2第4項において準用する場合を含む.)の規定による申請の受理及び処分の取消し
17 第92条の2の規定による申出の受理及び承認
18 第92条の2の2第1項の規定による申出の受理及び同条第2項の規定による承認
19 第92条の3第1項第3号の規定による申出の受理及び同条第4項の規定による届出の受理
20 第92条の4第2項の規定による報告の受理
21 第92条の5第2項の規定による報告徴収及び同条第3項の規定による立入検査
22 第94条第1項の規定による承認
23 第95条の規定により国税徴収の例によるものとされる徴収に係る権限(国税通則法(昭和37年法律第66号)第42条において準用する民法第423条第1項の規定の例による納付義務者に属する権利の行使、国税通則法第46条の規定の例による納付の猶予その他の厚生労働省令で定める権限並びに次号に掲げる質問及び検査並びに捜索を除く.)
24 第95条の規定によりその例によるものとされる国税徴収法(昭和34年法律第147号)第141条の規定による質問及び検査並びに同法第142条の規定による捜索
25 第96条第4項の規定による国税滞納処分の例による処分及び同項の規定による市町村に対する処分の請求
26 第104条の規定による戸籍事項に関する証明書の受領
27 第105条第1項、第3項及び第4項(附則第9条の3の2第7項において準用する場合を含む.)の規定による届出の受理並びに第105条第3項の規定による書類その他の物件の受領
28 第106条第1項の規定による命令及び質問
29 第107条第1項(附則第9条の3の2第7項において準用する場合を含む.)の規定による命令及び質問並びに第107条第2項の規定による命令及び診断
30 第108条第1項及び第2項の規定による書類の閲覧及び資料の提供の求め、同項の規定による報告の求め並びに同条第3項の規定による協力の求め並びに附則第8条の規定による資料の提供の求め(第26号に掲げる証明書の受領を除く.)
30の2 第108条の2の2の規定による情報の受領
31 第108条の3第2項の規定による情報の提供の求め
32 第108条の4において読み替えて準用する住民基本台帳法第30条の39第1項の規定による報告の求め及び立入検査
33 第109条の2第1項の規定による指定の申請の受理
33の2 第109条の2の2第1項の規定による指定の申請の受理
34 前条第1項の規定による申請の受理
35 次条第2項の規定による報告の受理
35の2 附則第5条第5項の規定による申出の受理
36 附則第7条の3第2項の規定による届出の受理
37 附則第9条の3の2第1項の規定による請求の受理
37の2 附則第9条の4の2第1項の規定による届出の受理
37の3 附則第9条の4の3第1項の規定による承認
37の4 附則第9条の4の7第1項、第9条の4の9第1項、第9条の4の10第1項及び第9条の4の11第1項の規定による申出の受理並びに附則第9条の4の7第2項、第9条の4の9第2項、第9条の4の10第2項及び第9条の4の11第2項の規定による承認
38 前各号に掲げるもののほか、厚生労働省令で定める権限

② 機構は,前項第24号に掲げる権限及び同項第25号に掲げる国税滞納処分の例による処分(以下「滞納処分等」という.)その他同項各号に掲げる権限のうち厚生労働省令で定める権限に係る事務を効果的に行うため必要があると認めるときは,厚生労働省令で定めるところにより,厚生労働大臣に当該権限の行使に必要な情報を提供するとともに,厚生労働大臣自らその権限を行うよう求めることができる.
③ 厚生労働大臣は,前項の規定による求めがあつた場合において必要があると認めるとき,又は機構が天災その他の事由により第1項各号に掲げる権限に係る事務の全部若しくは一部を行うことが困難若しくは不適当となつたと認めるときは,同項に掲げる権限の全部又は一部を自ら行うものとする.
④ 厚生労働大臣は,前項の規定により第1項各号に掲げる権限の全部若しくは一部を自ら行うこととし,又は前項の規定により自ら行つている第1項各号に掲げる権限の全部若しくは一部を行わないこととするとき(次項に規定する場合を除く.)は,あらかじめ,その旨を公示しなければならない.
⑤ 厚生労働大臣は,第3項の規定により自ら行うこととした滞納処分等について,機構から引き継いだ当該滞納処分等の対象となる者が特定されている場合には,当該者に対し,厚生労働大臣が当該者に係る滞納処分等を行うこととなる旨その他の厚生労働省令で定める事項を通知しなければならない.
⑥ 厚生労働大臣は,第3項の規定により第1項各号に掲げる権限の全部若しくは一部を自ら行うこととし,又は第3項の規定により自ら行つている第1項各号に掲げる権限の全部若しくは一部を行わないこととする場合における同項各号に掲げる権限に係る事務の引継ぎその他の必要な事項は,厚生労働省令で定める.
⑦ 前各項に定めるもののほか,機構による第1項各号に掲げる権限に係る事務の実施又は厚生労働大臣による同項各号に掲げる権限の行使に関し必要な事項は,厚生労働省令で定める.

(財務大臣への権限の委任)
第109条の5 ① 厚生労働大臣は,前条第3項の規定により滞納処分等及び同条第1項第23号に掲げる権限の全部又は一部を自ら行うこととなる場合におけるこれらの権限並びに同号に規定する厚生労働省令で定める権限のうち厚生労働省令で定めるもの(以下この条において「滞納処分等その他の処分」という.)に係る納付義務者が滞納処分等その他の処分の執行を免れる目的でその財産について隠ぺいしているおそれがあることその他の政令で定める事情があるため保険料その他この法律の規定による徴収金の効果的な徴収を行う上で必要があると認めるときは,政令で定めるところにより,財務大臣に,当該納付義務者に関する情報その他必要な情報を提供するとともに,当該納付義務者に係る滞納処分等その他の処分の権限の全部又は一部を委任することができる.
② 財務大臣は,前項の委任に基づき,滞納処分等その他の処分の権限の全部又は一部を行つたときは,厚生労働省令で定めるところにより,滞納処分等その他の処分の執行の状況及びその結果を厚生労働大臣に報告するものとする.
③ 前条第5項の規定は,第1項の委任に基づき,財務大臣が滞納処分等その他の処分の権限の全部又は一部を行う場合の財務大臣による通知について準用する.この場合において,必要な技術的読替えその他滞納処分等その他の処分の対象となる者に対する通知に関し必要な事項は,厚生労働省令で定める.
④ 財務大臣が,第1項の委任に基づき,滞納処分等その他の処分の権限の全部若しくは一部を行うこととし,又は同項の委任に基づき行つている滞納処分等その他の処分の権限の全部若しくは一部を行わないこととする場合における滞納処分等その他の処分の権限に係る事務の引継ぎその他の必要な事項は,厚生労働省令で定める.
⑤ 財務大臣は,第1項の規定により委任された権限,第2項の規定による権限及び第3項において準用する前条第5項の規定による権限を国税庁長官に委任する.
⑥ 国税庁長官は,政令で定めるところにより,前項の規定により委任された権限の全部又は一部を納付義務者の居住地を管轄する国税局長に委任することができる.
⑦ 国税局長は,政令で定めるところにより,前項の規定により委任された権限の全部又は一部を納付義務者の居住地を管轄する税務署長に委任することができる.

(機構が行う滞納処分等に係る認可等)
第109条の6 ① 機構は,滞納処分等を行う場合には,あらかじめ,厚生労働大臣の認可を受けるとともに,次条第1項に規定する滞納処分等実施規程に従い,徴収職員に行わせなければならない.
② 前項の徴収職員は,滞納処分等に係る法令に関する知識並びに実務に必要な知識及び能力を有する機構の職員のうちから,厚生労働大臣の認可を受けて,機構の理事長が任命する.
③ 機構は,滞納処分等をしたときは,厚生労働省令で定めるところにより,速やかに,その結果を厚生労働大臣に報告しなければならない.

(滞納処分等実施規程の認可等)
第109条の7 ① 機構は,滞納処分等の実施に関する規程(以下この条において「滞納処分等実施規程」という.)を定め,厚生労働大臣の認可を受けなければならない.これを変更しようとするときも,同様とする.
② 滞納処分等実施規程には,差押えを行う時期,差押えに係る財産の選定方法その他の滞納処分等の公正かつ確実な実施を確保するために必要なものとして厚生労働省令で定める事項を記載しなければならない.
③ 厚生労働大臣は,第1項の認可をした滞納処分等実施規程が滞納処分等の公正かつ確実な実施上不適当となつたと認めるときは,機構に対し,その滞納処分等実施規程を変更すべきことを命ずることができる.

(機構が行う立入検査等に係る認可等)
第109条の8 ① 機構は,第109条の4第1項第21号,第28号,第29号又は第32号に掲げる権限に係る事務を行う場合には,あらかじめ,厚生労働大臣の認可を受けなければならない.
② 機構が第109条の4第1項第21号,第28号,第29号又は第32号に掲げる権限に係る事務を行う場合における第72条各号,第106条並びに第107条第1項及び第2項の規定の適用については,これらの規定中「当該職員」とあるのは,「機構の職員」

とする．

1 国民年金法（109条の9〜109条の10）

（地方厚生局長等への権限の委任）
第109条の9 ① この法律に規定する厚生労働大臣の権限（第109条の5第1項及び第2項並びに第10章に規定する厚生労働大臣の権限を除く．）は，厚生労働省令（第14条の4に規定する厚生労働大臣の権限にあつては，政令）で定めるところにより，地方厚生局長に委任することができる．
② 前項の規定により地方厚生局長に委任された権限は，厚生労働省令（第14条の4に規定する厚生労働大臣の権限にあつては，政令）で定めるところにより，地方厚生支局長に委任することができる．
③ 第1項の規定により第14条の4に規定する厚生労働大臣の権限が地方厚生局長に委任された場合（前項の規定により同条に規定する厚生労働大臣の権限が地方厚生支局長に委任された場合を含む．）には，同条第3項中「社会保障審議会」とあるのは，「地方厚生局に置かれる政令で定める審議会」とする．

（機構への事務の委託）
第109条の10 ① 厚生労働大臣は，機構に，次に掲げる事務（第3条第2項の規定により共済組合等が行うこととされたもの及び同条第3項の規定により市町村長が行うこととされたものを除く．）を行わせるものとする．
1 第14条の規定による記録に係る事務（当該記録を除く．）
2 第14条の5の規定による情報の通知に係る事務（当該通知を除く．）
3 第16条（附則第9条の3の2第7項において準用する場合を含む．）の規定による裁定に係る事務（第109条の4第1項第5号に掲げる請求の受理及び当該裁定を除く．）
4 第19条第1項（附則第9条の3の2第7項において準用する場合を含む．）及び第三項の規定による請求の内容の確認に係る事務
5 第20条第1項及び第2項の規定による年金給付の支給の停止に係る事務（第109条の4第1項第6号に掲げる申請の受理及び当該支給の停止に係る決定を除く．）
6 第20条の2第1項及び第2項の規定による年金給付の支給の停止に係る事務（第109条の4第1項第7号に掲げる申出の受理及び当該支給の停止に係る決定を除く．）
7 第23条（附則第9条の3の2第7項において準用する場合を含む．）の規定による不正利得の徴収に係る事務（第109条の4第1項第23号から第25号までに掲げる権限を行使する事務及び次条第1項の規定により機構が行う収納，第96条第1項の規定による督促その他の厚生労働省令で定める権限を行使する事務並びに第31号及び第38号に掲げる事務を除く．）
8 第26条並びに附則第9条の2第3項（附則第9条の3第4項において準用する場合を含む．），第9条の2の2第3項及び第9条の3第1項の規定による老齢基礎年金又は老齢年金の支給に係る事務（第109条の4第1項第8号に掲げる申出及び請求の受理並びに当該老齢基礎年金又は老齢年金の裁定を除く．）
9 第30条第1項，第30条の2第3項（第30条の4第3項において準用する場合を含む．），第30条の3第1項，第30条の4第1項，第31条第1項及び第32条の規定による障害基礎年金の支給に係る事務（第109条の4第1項第9号に掲げる請求の受理及び当該障害基礎年金の裁定を除く．）
10 第32条第1項，第36条第1項及び第2項，第36条の2第1項及び第4項，第36条の3第1項並びに第36条の4第1項及び第2項の規定による障害基礎年金の支給の停止に係る事務（当該支給の停止に係る決定を除く．）
11 第33条の2第2項及び第3項並びに第34条第1項の規定による障害基礎年金の額の改定に係る事務（第109条の4第1項第10号に掲げる認定及び同項第11号に掲げる請求の受理並びに当該改定に係る決定を除く．）
12 第37条の規定による遺族基礎年金の支給に係る事務（当該遺族基礎年金の裁定を除く．）
13 第39条第2項及び第3項並びに第39条の2第2項（第42条第3項において準用する場合を含む．）の規定による遺族基礎年金の額の改定に係る事務（当該改定に係る決定を除く．）
14 第41条，第41条の2並びに第42条第1項及び第2項の規定による遺族基礎年金の支給の停止に係る事務（第109条の4第1項第13号に掲げる申請の受理及び当該支給の停止に係る決定を除く．）
15 第43条の規定による付加年金の支給に係る事務（第109条の4第1項第14号に掲げる申出の受理及び当該付加年金の裁定を除く．）
16 第45条第2項の規定による付加年金の額の改定に係る事務（当該改定に係る決定を除く．）
17 第47条の規定による付加年金の支給の停止に係る事務（当該支給の停止に係る決定を除く．）
18 第49条第1項及び第52条の6の規定による寡婦年金の支給に係る事務（当該寡婦年金の裁定を除く．）
19 第52条の規定による寡婦年金の支給の停止に係る事務（当該支給の停止に係る決定を除く．）
20 第52条の2第1項及び第2項並びに第52条の6の規定による死亡一時金の支給に係る事務（当該死亡一時金の裁定を除く．）
21 第69条の規定による障害基礎年金の支給に係る事務（当該障害基礎年金の裁定を除く．）
22 第70条の規定による給付の支給に係る事務（当該裁定を除く．）
23 第71条第1項の規定による遺族基礎年金，寡婦年金又は死亡一時金の支給に係る事務（当該遺族基礎年金，寡婦年金又は死亡一時金の裁定を除く．）
24 第72条の規定による年金給付の支給の停止に係る事務（当該支給の停止に係る決定を除く．）
25 第73条の規定による年金給付の支払の一時差止めに係る事務（当該支払の一時差止めに係る決定を除く．）
26 第87条第1項及び第92条の4第6項の規定による保険料の徴収に係る事務（第109条の4第1項第17号から第20号まで及び第23号から第25号までに掲げる権限を行使する事務並びに次条第1項の規定により機構が行う収納，第96条第1項の規定による督促その他の厚生労働省令で定める権限を行使する事務並びに第31号及び第38号に掲げる事務を除く．）
27 第92条の2の規定による保険料の通知に係る事務（当該通知を除く．）
28 第92条の2の2第1項の規定による指定に係る事務（第109条の4第1項第18号に掲げる申出の受理及び当該指定を除く．）

29 第92条の3第1項第2号の規定による指定に係る事務（第109条の4第1項第19号に掲げる申出の受理及び当該指定を除く.）
30 第92条の6第1項の規定による指定の取消しに係る事務（当該取消しを除く.）
31 第96条第1項及び第2項の規定による督促に係る事務（当該督促及び督促状を発すること（督促状の発送に係る事務を除く.）を除く.）
32 第97条第1項及び第4項の規定による延滞金の徴収に係る事務（第109条の4第1項第23号から第25号までに掲げる権限を行使する事務及び次条第1項の規定により機構が行う収納，第96条第1項の規定による督促その他の厚生労働省令で定める権限を行使する事務並びに前号及び第38号に掲げる事務を除く.）
33 第108条の3第1項の規定による統計調査に係る事務（第109条の4第1項第31号に掲げる情報の提供の求め並びに当該統計調査に係る企画及び立案，総合調整並びに結果の提供を除く.）
34 第108条の4において読み替えて準用する住民基本台帳法第30条の38第4項の規定による勧告及び同条第5項の規定による命令に係る事務（当該勧告及び命令を除く.）
35 第109条第2項の規定による認可及び同条第3項の規定による認可の取消しに係る事務（当該認可及び認可の取消しを除く.）
36 第109条の2第1項の規定による指定に係る事務（第109条の4第1項第33号に掲げる申請の受理及び当該指定を除く.），第109条の2第4項の規定による情報の提供に係る事務（当該情報の提供を除く.），同条第5項の規定による命令に係る事務（当該命令を除く.）及び同条第6項の規定による指定の取消しに係る事務（当該指定の取消しを除く.）
36の2 第109条の2の2第1項の規定による指定に係る事務（第109条の4第1項第33号の2に掲げる申請の受理及び当該指定を除く.），第109条の2の2第4項の規定による命令に係る事務（当該命令を除く.）及び同条第5項の規定による指定の取消しに係る事務（当該指定の取消しを除く.）
37 第109条の3第1項の規定による指定に係る事務（第109条の4第1項第34号に掲げる申請の受理及び当該指定を除く.），第109条の3第3項の規定による情報の提供に係る事務（当該情報の提供を除く.），同条第4項の規定による命令に係る事務（当該命令を除く.）及び同条第5項の規定による指定の取消しに係る事務（当該指定の取消しを除く.）
38 第109条の4第1項第23号に規定する厚生労働省令で定める権限に係る事務（当該権限を行使する事務を除く.）
39 附則第7条の3第4項及び第9条の2第5項の規定による老齢基礎年金の額の改定に係る事務（第109条の4第1項第36号に掲げる届出の受理及び当該改定に係る決定を除く.）
40 附則第9条の3の2第2項の規定による脱退一時金の支給に係る事務（第109条の4第1項第37号に掲げる請求の受理及び当該脱退一時金の裁定を除く.）
41 介護保険法第203条その他の厚生労働省令で定める法律の規定による求めに応じたこの法律の実施に関し厚生労働大臣が保有する情報の提供に係る事務（当該情報の提供及び厚生労働省令で定める事務を除く.）
42 前各号に掲げるもののほか，厚生労働省令で定める事務
② 厚生労働大臣は，機構が天災その他の事由により前項各号に掲げる事務の全部又は一部を実施することが困難又は不適当となつたと認めるときは，同項各号に掲げる事務の全部又は一部を自ら行うものとする.
③ 前2項に定めるもののほか，機構又は厚生労働大臣による第1項各号に掲げる事務の実施に関し必要な事項は，厚生労働省令で定める．

（機構が行う収納）
第109条の11 ① 厚生労働大臣は，会計法第7条第1項の規定にかかわらず，政令で定める場合における保険料その他この法律の規定による徴収金，年金給付の過誤払による返還金その他の厚生労働省令で定めるもの（以下この条において「保険料等」という.）の収納を，政令で定めるところにより，機構に行わせることができる．
② 前項の収納を行う機構の職員は，収納に係る法令に関する知識並びに実務に必要な知識及び能力を有する機構の職員のうちから，厚生労働大臣の認可を受けて，機構の理事長が任命する．
③ 機構は，第1項の規定により保険料等の収納をしたときは，遅滞なく，これを日本銀行に送付しなければならない．
④ 機構は，厚生労働省令で定めるところにより，収納に係る事務の実施状況及びその結果を厚生労働大臣に報告するものとする．
⑤ 機構は，前2項に定めるもののほか，厚生労働大臣が定める収納に係る事務の実施に関する規程に従つて収納を行わなければならない．
⑥ 前各項に定めるもののほか，第1項の規定による保険料等の収納について必要な事項は，政令で定める.

（情報の提供等）
第109条の12 ① 機構は，厚生労働大臣に対し，厚生労働省令で定めるところにより，被保険者の資格に関する事項，保険料の免除に関する事項その他厚生労働大臣の権限の行使に関して必要な情報の提供を行うものとする．
② 厚生労働大臣及び機構は，国民年金事業が，適正かつ円滑に行われるよう，必要な情報交換を行うことその他相互の密接な連携の確保に努めるものとする．

（経過措置）
第109条の13 この法律に基づき政令を制定し，又は改廃する場合においては，政令で，その制定又は改廃に伴い合理的に必要と判断される範囲内において，所要の経過措置を定めることができる．

（実施命令）
第110条 この法律に特別の規定があるものを除くほか，この法律の実施のための手続その他の執行について必要な細則は，省令で定める．

第9章　罰　則

第111条 偽りその他不正な手段により給付を受けた者は，3年以下の懲役又は100万円以下の罰金に処する．ただし，刑法（明治40年法律第45号）に

１ 国民年金法（111条の２〜118条）

正条があるときは，刑法による．
第111条の２ 第108条の４において読み替えて準用する住民基本台帳法第30条の38第5項の規定による命令に違反した者は，1年以下の懲役又は50万円以下の罰金に処する．
第111条の３ ① 解散した国民年金基金又は国民年金基金連合会が，正当な理由がなくて，第95条の２の規定による徴収金を督促状に指定する期限までに納付しないときは，その代表者，代理人又は使用人その他の従業者が，その違反行為をした者は，6月以下の懲役又は50万円以下の罰金に処する．
② 前項の国民年金基金又は国民年金基金連合会の代表者，代理人又は使用人その他の従業者が，その国民年金基金又は国民年金基金連合会の業務に関して同項の違反行為をしたときは，その行為者を罰するほか，その国民年金基金又は国民年金基金連合会に対しても，同項の罰金刑を科する．
第112条 次の各号のいずれかに該当する者は，6月以下の懲役又は30万円以下の罰金に処する．
１ 第12条第１項又は第５項の規定に違反して虚偽の届出をした被保険者
２ 第12条第２項の規定により届出をする場合に虚偽の届出をした世帯主
３ 第106条第１項の規定により国民年金手帳，資産若しくは収入の状況に関する書類その他の物件の提出を命ぜられてこれに従わず，若しくは虚偽の書類その他の物件の提出をし，又は同項の規定による当該職員（第109条の８第２項において読み替えて適用される第106条第１項に規定する機構の職員を含む．）の質問に対して答弁せず，若しくは虚偽の陳述をした被保険者
第113条 第12条第１項又は第５項の規定に違反して届出をしなかつた被保険者は，30万円以下の罰金に処する．ただし，同条第２項の規定によつて世帯主から届出がなされたときは，この限りでない．
第113条の２ 次の各号のいずれかに該当する者は，30万円以下の罰金に処する．
１ 第95条の２の規定によりその例によるものとされる国税徴収法第141条の規定による徴収職員の質問に対して答弁をせず，又は偽りの陳述をした者
２ 第95条の２の規定によりその例によるものとされる国税徴収法第141条の規定による検査を拒み，妨げ，若しくは忌避し，又は当該検査に関し偽りの記載若しくは記録をした帳簿書類を提示した者
３ 第108条の４において読み替えて準用する住民基本台帳法第30条の39第１項の規定による報告をせず，若しくは虚偽の報告をし，又は同項の規定による検査を拒み，妨げ，若しくは忌避した者
４ 第109条の２第７項の規定に違反した者
５ 第109条の３第６項の規定に違反した者
第113条の３ ① 法人（法人でない社団又は財団で代表者又は管理人の定めがあるもの（以下この条において「人格のない社団等」という．）を含む．以下この項において同じ．）の代表者（人格のない社団等の管理人を含む．）又は法人若しくは人の代理人，使用人その他の従業者が，その法人又は人の業務又は財産に関して第111条の２又は前条（第４号及び第５号を除く．）の違反行為をしたときは，その行為者を罰するほか，その法人又は人に対し，各本条の罰金刑を科する．
② 人格のない社団等について前項の規定の適用がある場合においては，その代表者又は管理人がその訴訟行為につき当該人格のない社団等を代表するほか，法人を被告人又は被疑者とする場合の刑事訴訟に関する法律の規定を準用する．
第113条の４ 機構の役員は，次の各号のいずれかに該当する場合には，20万円以下の過料に処する．
１ 第109条の６第１項及び第２項，第109条の７第１項，第109条の８第１項並びに第109条の11第２項の規定により厚生労働大臣の認可を受けなければならない場合において，その認可を受けなかつたとき．
２ 第109条の７第３項の規定による命令に違反したとき．
第114条 次の各号のいずれかに該当する者は，10万円以下の過料に処する．
１ 第105条第１項の規定に違反して届出をしなかつた被保険者．ただし，同条第２項において準用する第12条第２項の規定により世帯主から届出がなされたときを除く．
２ 第105条第１項の規定に違反して虚偽の届出をした被保険者
３ 第105条第２項において準用する第12条第２項の規定により届出をする場合に虚偽の届出をした世帯主
４ 第105条第４項の規定に違反して届出をしなかつた戸籍法の規定による死亡の届出義務者

第10章 国民年金基金及び国民年金基金連合会

第1節 国民年金基金
第1款 通則
（基金の給付）
第115条 国民年金基金（以下「基金」という．）は，第1条の目的を達成するため，加入員の老齢に関して必要な給付を行なうものとする．
（種類）
第115条の２ 基金は，地域型国民年金基金（以下「地域型基金」という．）及び職能型国民年金基金（以下「職能型基金」という．）とする．
（組織）
第116条 ① 地域型基金は，第１号被保険者（第89条第１項，第90条第１項又は第90条の３第１項の規定により保険料を納付することを要しないものとされている者，第90条の２第１項から第３項までの規定により保険料の一部の額につき保険料を納付することを要しないものとされている者及び農業者年金の被保険者を除く．次項及び第127条第１項において同じ．）であつて，基金の地区内に住所を有する者をもつて組織する．
② 職能型基金は，第１号被保険者であつて，基金の地区内において同種の事業又は業務に従事する者をもつて組織する．
③ 前２項に規定する者は，加入員たる資格を有する者という．
（法人格）
第117条 ① 基金は，法人とする．
② 基金の住所は，その主たる事務所の所在地にあるものとする．
（名称）
第118条 ① 基金は，その名称中に国民年金基金という文字を用いなければならない．
② 基金でない者は，国民年金基金という名称を用い

てはならない．
（地区）
第118条の2 ① 基金の地区は，地域型基金にあつては，1（第137条の3の規定による吸収合併後存続する地域型基金にあつては，1以上）の都道府県の区域の全部とし，職能型基金にあつては，全国とする．
② 地域型基金は，都道府県につき1個とし，職能型基金は，同種の事業又は業務につき全国を通じて1個とする．

第2款 設立

（設立委員等）
第119条 ① 地域型基金を設立するには，加入員たる資格を有する者及び年金に関する学識経験を有する者のうちから厚生労働大臣が任命した者が設立委員とならなければならない．
② 前項の設立委員の任命は，300人以上の加入員たる資格を有する者が厚生労働大臣に地域型基金の設立を希望する旨の申出を行つた場合に行うものとする．
③ 職能型基金を設立するには，その加入員となろうとする15人以上の者が発起人とならなければならない．
④ 地域型基金は，1000人以上の加入員がなければ設立することができない．
⑤ 職能型基金は，3000人以上の加入員がなければ設立することができない．

（創立総会）
第119条の2 ① 設立委員又は発起人（以下「設立委員等」という．）は，規約を作成し，創立総会の日時及び場所とともに公告して，創立総会を開かなければならない．
② 前項の公告は，会日の2週間前までにしなければならない．
③ 設立委員等が作成した規約の承認その他設立に必要な事項の決定は，創立総会の議決によらなければならない．
④ 創立総会においては，前項の規約を修正することができる．ただし，地区及び加入員に関する規定については，この限りでない．
⑤ 創立総会の議事は，加入員たる資格を有する者であつてその会日までに設立委員等に対し設立の同意を申し出たものの半数以上が出席して，その出席者の3分の2以上で決する．
⑥ 前各項に定めるもののほか，議事の手続その他創立総会に関し必要な事項は，政令で定める．

（設立の認可）
第119条の3 設立委員等は，創立総会の終了後遅滞なく，規約その他必要な事項を記載した書面を厚生労働大臣に提出して，設立の認可を受けなければならない．

（成立の時期）
第119条の4 ① 基金は，設立の認可を受けた時に成立する．
② 第119条の2第5項の設立の同意を申し出た者は，基金が成立したときは，その成立の日に加入員の資格を取得するものとする．

（理事長への事務引継）
第119条の5 設立の認可があつたときは，設立委員等は，遅滞なく，その事務を理事長に引き継がなければならない．

第3款 管理

（規約）
第120条 ① 基金は，規約をもつて次に掲げる事項を定めなければならない．
1 名称
2 事務所の所在地
3 地区
4 代議員及び代議員会に関する事項
5 役員に関する事項
6 加入員に関する事項
7 年金及び一時金に関する事項
8 掛金に関する事項
9 資産の管理その他財務に関する事項
10 解散及び清算に関する事項
11 業務の委託に関する事項
12 公告に関する事項
13 その他組織及び業務に関する重要事項
② 職能型基金の規約には，前項に掲げる事項のほか，その設立に係る事業又は業務の種類を定めなければならない．
③ 前2項の規約の変更（政令で定める事項に係るものを除く．）は，厚生労働大臣の認可を受けなければ，その効力を生じない．
④ 基金は，前項の政令で定める事項に係る規約の変更をしたときは，遅滞なく，これを厚生労働大臣に届け出なければならない．

（公告）
第121条 基金は，政令の定めるところにより，基金の名称，事務所の所在地，役員の氏名その他政令で定める事項を公告しなければならない．

（代議員会）
第122条 ① 基金に，代議員会を置く．
② 代議員会は，代議員をもつて組織する．
③ 代議員は，規約の定めるところにより，加入員のうちから選挙する．
④ 設立当時の代議員は，創立総会において，第119条の2第5項の設立の同意を申し出た者のうちから選挙する．
⑤ 代議員の任期は，3年を超えない範囲内で規約で定める期間とする．ただし，補欠の代議員の任期は，前任者の残任期間とする．
⑥ 代議員会は，理事長が招集する．代議員の定数の3分の1以上の者が会議に付議すべき事項及び招集の理由を記載した書面を理事長に提出して代議員会の招集を請求したときは，理事長は，その請求のあつた日から20日以内に代議員会を招集しなければならない．
⑦ 代議員会に議長を置く．議長は，理事長をもつて充てる．
⑧ 前各項に定めるもののほか，代議員会の招集，議事の手続その他代議員会に関し必要な事項は，政令で定める．

第123条 ① 次に掲げる事項は，代議員会の議決を経なければならない．
1 規約の変更
2 毎事業年度の予算
3 毎事業年度の事業報告及び決算
4 その他規約で定める事項
② 理事長は，代議員会が成立しないとき，又は理事長において代議員会を招集する暇がないと認めるときは，代議員会の議決を経なければならない事項で臨時急施を要するものを処分することができる．
③ 理事長は，前項の規定による処置については，次

の代議員会においてこれを報告し,その承認を求めなければならない.
④ 代議員会は,監事に対し,基金の業務に関する監査を求め,その結果の報告を請求することができる.
　(役　員)
第124条　① 基金に,役員として理事及び監事を置く.
② 理事は,代議員において互選する.ただし,理事の定数の3分の1(第137条の3の規定による吸収合併によりその地区を全国とした地域型基金にあつては,2分の1)を超えない範囲内については,代議員会において,基金の業務の適正な運営に必要な学識経験を有する者のうちから選挙することができる.
③ 設立当時の理事は,創立総会において,第119条の2第5項の設立の同意を申し出た者のうちから選挙する.ただし,理事の定数の3分の1を超えない範囲内については,年金に関する学識経験を有する者のうちから選挙することができる.
④ 理事のうち1人を理事長とし,理事が選挙する.
⑤ 監事は,代議員会において,学識経験を有する者及び代議員のうちから,それぞれ1人を選挙する.
⑥ 設立当時の監事は,創立総会において,学識経験を有する者及び第119条の2第5項の設立の同意を申し出た者のうちから,それぞれ1人を選挙する.
⑦ 役員の任期は,3年を超えない範囲内で規約で定める期間とする.ただし,補欠の役員の任期は,前任者の残任期間とする.
⑧ 役員は,その任期が満了しても,後任の役員が就任するまでの間は,なお,その職務を行う.
⑨ 監事は,理事又は基金の職員と兼ねることができない.
　(役員の職務)
第125条　① 理事長は,基金を代表し,その業務を執行する.理事長に事故があるとき,又は理事長が欠けたときは,理事のうちから,あらかじめ理事長が指定する者がその職務を代理し,又はその職務を行なう.
② 基金の業務は,規約に別段の定めがある場合を除くほか,理事の過半数により決し,可否同数のときは,理事長の決するところによる.
③ 理事は,理事長の定めるところにより,理事長を補佐して,年金及び一時金に充てるべき積立金(以下「積立金」という.)の管理及び運用に関する基金の業務を執行することができる.
④ 監事は,基金の業務を監査する.
⑤ 監事は,監査の結果に基づき,必要があると認めるときは,理事長又は代議員会に意見を提出することができる.
　(理事の義務及び損害賠償責任)
第125条の2　① 理事は,前条第3項に規定する基金の業務について,法令,法令に基づいてする厚生労働大臣の処分,規約及び代議員会の議決を遵守し,基金のため忠実にその職務を遂行しなければならない.
② 理事が前条第3項に規定する基金の業務についてその任務を怠つたときは,その理事は,基金に対し連帯して損害賠償の責めに任ずる.
　(理事の禁止行為等)
第125条の3　① 理事は,自己又は当該基金以外の第三者の利益を図る目的をもつて,積立金の管理及び運用の適正を害するものとして厚生労働省令で定める行為をしてはならない.
② 基金は,前項の規定に違反した理事を,規約の定めるところにより,代議員会の議決を経て,交代させることができる.
　(理事長の代表権の制限)
第125条の4　基金と理事長(第125条第1項の規定により理事長の職務を代理し,又はその職務を行う者を含む.以下この条において同じ.)との利益が相反する事項については,理事長は,代表権を有しない.この場合においては,学識経験を有する者のうちから選任された監事が基金を代表する.
　(基金の役員及び職員の公務員たる性質)
第126条　基金の役員及び監事に使用され,その事務に従事する者は,刑法その他の罰則の適用については,法令により公務に従事する職員とみなす.
　　第4款　加入員
　(加入員)
第127条　① 第1号被保険者は,その者が住所を有する地区に係る地域型基金又はその従事する事業若しくは業務に係る職能型基金に申し出て,その加入員となることができる.ただし,他の基金の加入員であるときは,この限りでない.
② 前項の申出をした者は,その申出をした日に加入員の資格を取得するものとする.
③ 加入員は,次の各号のいずれかに該当するに至つた日の翌日(第1号又は第4号に該当するに至つたときは,その日とし,第3号に該当するに至つたときは,当該保険料を納付することを要しないものとされた月の初日とする.)に,加入員の資格を喪失する.
　1　被保険者の資格を喪失したとき,又は第2号被保険者若しくは第3号被保険者となつたとき.
　2　地域型基金の加入員にあつては,当該基金の地区内に住所を有する者でなくなつたとき,職能型基金の加入員にあつては,当該事業又は業務に従事する者でなくなつたとき.
　3　第89条第1項,第90条第1項又は第90条の3第1項の規定により保険料を納付することを要しないものとされたとき及び第90条の2第1項から第3項までの規定によりその一部の額につき保険料を納付することを要しないものとされたとき.
　4　農業者年金の被保険者となつたとき.
　5　当該基金が解散したとき.
④ 加入員の資格を取得した月にその資格を喪失した者は,その資格を取得した日にさかのぼつて,加入員でなかつたものとみなす.
　(準用規定)
第127条の2　第12条第1項の規定は,加入員について,同条第2項の規定は,加入員の属する世帯の世帯主について準用する.この場合において,同条第1項中「市町村長」とあるのは「基金」と,同条第2項中「被保険者」とあるのは「加入員」と読み替えるものとする.
　　第5款　基金の行う業務
　(基金の業務)
第128条　① 基金は,加入員又は加入員であつた者に対し,年金の支給を行ない,あわせて加入員又は加入員であつた者の死亡に関し,一時金の支給を行なうものとする.
② 基金は,加入員及び加入員であつた者の福祉を増進するため,必要な施設をすることができる.
③ 基金は,信託会社(信託業法(平成16年法律第

Ⅰ　公的年金・企業年金

154号）第3条又は第53条第1項の免許を受けたものに限る．以下同じ．），信託業務を営む金融機関（金融機関の信託業務の兼営等に関する法律（昭和18年法律第43号）第1条第1項の認可を受けた金融機関をいう．以下同じ．），生命保険会社，農業協同組合連合会（全国を地区とし，農業協同組合法（昭和22年法律第132号）第10条第1項第10号の事業を行うものに限る．以下同じ．）若しくは共済水産業協同組合連合会（全国を地区とするものに限る．以下同じ．）又は金融商品取引業者（金融商品取引法（昭和23年法律第25号）第2条第9項に規定する金融商品取引業者をいう．以下同じ．）と，当該基金が支給する年金又は一時金に要する費用に関して信託，保険若しくは共済の契約又は投資一任契約（同条第8項第12号ロに規定する契約をいう．以下同じ．）を締結するときは，政令の定めるところによらなければならない．

④　信託会社，信託業務を営む金融機関，生命保険会社，農業協同組合連合会若しくは共済水産業協同組合連合会又は金融商品取引業者は，正当な理由がある場合を除き，前項に規定する契約（運用方法を特定する信託の契約であつて，政令で定めるものを除く．）の締結を拒絶してはならない．

⑤　基金は，政令の定めるところにより，厚生労働大臣の認可を受けて，その業務（加入員又は加入員であつた者に年金又は一時金の支給を行うために必要となるその者に関する情報の収集，整理又は分析を含む．）の一部を信託会社，信託業務を営む金融機関，生命保険会社，農業協同組合連合会，共済水産業協同組合連合会，国民年金基金連合会その他の法人に委託することができる．

⑥　銀行その他の政令で定める金融機関は，他の法律の規定にかかわらず，前項の業務（第127条第1項の申出の受理に関する業務に限る．）を受託することができる．

（年金数理）
第128条の2　基金は，適正な年金数理に基づいてその業務を行わなければならない．

（基金の給付の基準）
第129条　①　基金が支給する年金は，少なくとも，当該基金の加入員であつた者が老齢基礎年金の受給権を取得したときには，その者に支給されるものでなければならない．

②　老齢基礎年金の受給権者に対し基金が支給する年金は，当該老齢基礎年金の受給権の消滅事由以外の事由によつて，その受給権を消滅させるものであつてはならない．

③　基金が支給する一時金は，少なくとも，当該基金の加入員又は加入員であつた者が死亡した場合において，その遺族が死亡一時金を受けたときには，その遺族に支給されるものでなければならない．

第130条　①　基金が支給する年金は，政令の定めるところにより，その額が算定されるものでなければならない．

②　老齢基礎年金の受給権者に対し基金が支給する年金の額は，200円（第28条又は附則第9条の2の規定による老齢基礎年金の受給権者に対し基金が支給する年金については，政令で定める額．以下同じ．）に納付された掛金に係る当該基金の加入員であつた期間（第87条の規定による保険料に係る保険料納付済期間である期間に限る．以下「加入員期間」という．）の月数を乗じて得た額を超えるものでなければならない．

③　基金が支給する一時金の額は，8500円を超えるものでなければならない．

第131条　老齢基礎年金の受給権者に対し基金が支給する年金は，当該老齢基礎年金がその全額につき支給を停止されている場合を除いては，その支給を停止することができない．ただし，当該年金の額のうち，200円に当該基金に係る加入員期間の月数を乗じて得た額を超える部分については，この限りでない．

（積立金の積立て）
第131条の2　基金は，政令の定めるところにより，積立金を積み立てなければならない．

（資金の運用等）
第132条　①　基金の積立金の運用は，政令の定めるところにより，安全かつ効率的にしなければならない．

②　基金の業務上の余裕金の運用は，政令の定めるところにより，基金の業務の目的及び資金の性質に応じ，安全かつ効率的にしなければならない．

③　基金は，事業年度その他その財務に関しては，前条及び前2項の規定によるほか，政令の定めるところによらなければならない．

（準用規定）
第133条　第16条及び第24条の規定は，基金が支給する年金及び一時金を受ける権利について，第18条第1項及び第2項並びに第19条第1項及び第3項から第5項までの規定は，基金が支給する年金について，第21条の2の規定は，基金が支給する年金及び一時金について，第22条及び第23条の規定は，基金について，第25条，第70条後段及び第71条第1項の規定は，基金について準用する．この場合において，第16条中「厚生労働大臣」とあるのは「基金」と，第21条の2中「支払うべき年金給付」とあるのは「支払うべき一時金」と，「年金給付の支払金」とあるのは「一時金の支払金」と，第24条中「老齢基礎年金」とあるのは「基金が支給する年金」と，第71条第1項中「被保険者又は被保険者であつた者」とあるのは「加入員又は加入員であつた者」と読み替えるものとする．

第6款　費用の負担

（掛　金）
第134条　①　基金は，基金が支給する年金及び一時金に関する事業に要する費用に充てるため，掛金を徴収する．

②　掛金は，年金の額の計算の基礎となる各月につき，徴収するものとする．

③　掛金は，政令の定めるところにより，その額が算定されるものでなければならない．

（準用規定）
第134条の2　①　第88条の規定は，加入員について，第95条，第96条第1項から第5項まで，第97条及び第98条の規定は，掛金及び第133条に準用する第23条の規定による徴収金について準用する．この場合において，第88条及び第97条第1項中「保険料」とあるのは「掛金」と，第96条第1項，第2項，第4項及び第5項並びに第97条第1項中「厚生労働大臣」とあるのは「基金」と，「前条第1項」とあるのは「第134条の2において準用する前条第1項」と読み替えるものとする．

②　基金は，前項において準用する第96条第4項の規定により国税滞納処分の例により処分をしようとするときは，厚生労働大臣の認可を受けなければ

第7款　解散及び清算
（解　散）
第135条　① 基金は，次に掲げる理由により解散する．
1　代議員の定数の4分の3以上の多数による代議員会の議決
2　基金の事業の継続の不能
3　第142条第5項の規定による解散の命令
② 基金は，前項第1号又は第2号に掲げる理由により解散しようとするときは，厚生労働大臣の認可を受けなければならない．
（基金の解散による年金等の支給に関する義務の消滅）
第136条　基金は，解散したときは，当該基金の加入員であつた者に係る年金及び一時金の支給に関する義務を免れる．ただし，解散した日までに支給すべきであつた年金又は一時金でまだ支給していないものの支給に関する義務については，この限りでない．
（清算中の基金の能力）
第136条の2　解散した基金は，清算の目的の範囲内において，その清算の結了に至るまではなお存続するものとみなす．
（清算人等）
第137条　① 基金が第135条第1項第1号又は第2号の規定により解散したときは，理事が，その清算人となる．ただし，代議員会において他人を選任したときは，この限りでない．
② 次に掲げる場合には，厚生労働大臣が清算人を選任する．
1　前項の規定により清算人となる者がないとき．
2　基金が第135条第1項第3号の規定により解散したとき．
3　清算人が欠けたため損害を生ずるおそれがあるとき．
③ 前項の場合において，清算人の職務の執行に要する費用は，基金が負担する．
④ 解散した基金の残余財産は，規約の定めるところにより，その解散した日において当該基金が年金の支給に関する義務を負つていた者（以下「解散基金加入員」という．）に分配しなければならない．
（清算人の職務及び権限）
第137条の2　① 清算人の職務は，次のとおりとする．
1　現務の結了
2　債権の取立て及び債務の弁済
3　残余財産の分配
② 清算人は，前項各号に掲げる職務を行うために必要な一切の行為をすることができる．
（債権の申出の催告等）
第137条の2の2　① 清算人は，その就職の日から2箇月以内に，少なくとも3回の公告をもつて，債権者に対し，一定の期間内にその債権の申出をすべき旨の催告をしなければならない．この場合において，その期間は，2箇月を下ることができない．
② 前項の公告には，債権者がその期間内に申出をしないときは清算から除斥されるべき旨を付記しなければならない．ただし，清算人は，知れている債権者を除斥することができない．
③ 清算人は，知れている債権者には，各別にその申出の催告をしなければならない．

④ 第1項の公告は，官報に掲載してする．
（期間経過後の債権の申出）
第137条の2の3　前条第1項の期間の経過後に申出をした債権者は，基金の債務が完済された後まだ権利の帰属すべき者に引き渡されていない財産に対してのみ，請求をすることができる．
（準用規定等）
第137条の2の4　① 第126条の規定は，基金の清算人について準用する．
② この款に定めるもののほか，解散した基金の清算に関し必要な事項は，政令で定める．

第2節　国民年金基金連合会
第1款　通　則
（連合会）
第137条の4　基金は，第137条の17第1項に規定する中途脱退者及び解散基金加入員に係る年金及び一時金の支給を共同して行うため，国民年金基金連合会（以下「連合会」という．）を設立することができる．
（法人格）**第137条の4の2**（略）
（名　称）**第137条の4の3**（略）
第2款　設　立（略）
第3款　管理及び会員（略）
第4款　連合会の行う業務
（連合会の業務）
第137条の15　① 連合会は，第137条の17第4項の規定により年金又は一時金を支給するものとされている中途脱退者及び解散基金の会員である基金に係る解散基金加入員に対し，年金又は死亡を支給事由とする一時金の支給を行うものとする．
② 連合会は，次に掲げる事業を行うことができる．ただし，第1号に掲げる事業を行う場合には，厚生労働大臣の認可を受けなければならない．
1　基金が支給する年金及び一時金につき一定額が確保されるよう，基金の拠出金等を原資として，基金の積立金の額を付加する事業
2　第128条第5項の規定による委託を受けて基金の業務の一部を行う事業
3　基金への助言又は指導を行う事業その他の基金の行う事業の健全な発展を図るものとして政令で定める事業
4　国民年金基金制度についての啓発活動及び広報活動を行う事業
③ 連合会は，基金の加入員及び加入員であつた者の福祉を増進するため，必要な施設をすることができる．
④ 連合会は，信託会社，信託業務を営む金融機関，生命保険会社，農業協同組合連合会若しくは共済水産業協同組合連合会又は金融商品取引業者と，当該連合会が支給する年金又は一時金に要する費用に関して信託，保険若しくは共済の契約又は投資一任契約を締結するときは，政令の定めるところによらなければならない．
⑤ 第128条第4項の規定は，前項の信託の契約（運用方法を特定する信託の契約であつて，政令で定めるものを除く．），保険若しくは共済の契約又は投資一任契約について準用する．
⑥ 連合会は，厚生労働大臣の認可を受けて，その業務の一部を信託会社，信託業務を営む金融機関，生命保険会社，農業協同組合連合会，共済水産業協同組合連合会その他政令で定める法人に委託することができる．

(年金数理) 第137条の16 (略)
(中途脱退者に係る措置) 第137条の17 (略) /
第137条の18 (略)
(解散基金加入員に係る措置) 第137条の19 (略)
(年金の支給停止) 第137条の20 (略)
第5款 解散及び清算 (略)
第3節 雑 則 (略)
第4節 罰 則 (略)
附 則 (抄)
(任意加入被保険者)
第5条 ① 次の各号のいずれかに該当する者(第2号被保険者及び第3号被保険者を除く。)は,第7条第1項の規定にかかわらず,厚生労働大臣に申し出て,被保険者となることができる。
 1 日本国内に住所を有する20歳以上60歳未満の者であつて,厚生年金保険法に基づく老齢給付等を受けることができるもの
 2 日本国内に住所を有する60歳以上65歳未満の者
 3 日本国籍を有する者その他政令で定める者であつて,日本国内に住所を有しない20歳以上65歳未満のもの
② 前項第1号又は第2号に該当する者が同項の規定による申出を行おうとする場合には,口座振替納付を希望する旨の申出又は口座振替付によらない正当な事由がある場合として厚生労働省令で定める場合に該当する旨の申出を厚生労働大臣に対してしなければならない。
③ 前項 (第1項第3号に掲げる者にあつては,同項)の規定による申出をした者は,その申出をした日に被保険者の資格を取得するものとする。
④ 第13条第1項の規定は,第2項 (第1項第3号に掲げる者にあつては,同項)の規定による申出があつた場合に準用する。
⑤ 第1項の規定による被保険者は,いつでも,厚生労働大臣に申し出て,被保険者の資格を喪失することができる。
⑥ 第1項の規定による被保険者は,第9条第1号に該当するに至つた日の翌日又は次の各号のいずれかに該当するに至つた日に,被保険者の資格を喪失する。
 1 65歳に達したとき。
 2 厚生年金保険の被保険者の資格を取得したとき。
 3 前項の申出が受理されたとき。
 4 第27条各号に掲げる月数を合算した月数が480に達したとき。
⑦ 第1項第1号に掲げる者である被保険者は,前項の規定による被保険者の資格を喪失するほか,次の各号のいずれかに該当するに至つた日の翌日 (第1号に該当するに至つた日に更に被保険者の資格を取得したとき,又は第2号若しくは第3号に該当するに至つた日に,その日)に,被保険者の資格を喪失する。
 1 日本国内に住所を有しなくなつたとき。
 2 厚生年金保険法に基づく老齢給付等を受けることができる者に該当しなくなつたとき。
 3 被扶養配偶者となつたとき。
 4 保険料を滞納し,第96条第1項の規定による指定の期限までに,その保険料を納付しないとき。
⑧ 第1項第2号に掲げる者である被保険者は,第6項の規定によつて被保険者の資格を喪失するほか,前項第1号及び第4号のいずれかに該当するに至つた日の翌日 (同項第1号に該当するに至つた日に更に被保険者の資格を取得したときは,その日)に,被保険者の資格を喪失する。
⑨ 第1項第3号に掲げる者である被保険者は,第6項の規定によつて被保険者の資格を喪失するほか,次の各号のいずれかに該当するに至つた日の翌日 (その事実があつた日に更に被保険者の資格を取得したときは,その日)に,被保険者の資格を喪失する。
 1 日本国内に住所を有するに至つたとき。
 2 日本国籍を有する者及び第1項第3号に規定する政令で定める者のいずれにも該当しなくなつたとき。
 3 被扶養配偶者となつたとき (60歳未満であるときに限る。).
 4 保険料を滞納し,その後,保険料を納付することなく2年間が経過したとき。
⑩ 第1項の規定による被保険者は,第87条の2の規定の適用については,第1号被保険者とみなし,当該被保険者としての被保険者期間は,第5条第1項の規定の適用については第7条第1号に規定する被保険者としての被保険者期間と,第49条から第52条の6まで,附則第9条の3及び第9条の3の2の規定の適用については第1号被保険者としての被保険者期間と,それぞれみなす。
⑪ 第1項の規定による被保険者については,第89条から第90条の3までの規定を適用しない。
⑫ 第1項の規定による被保険者 (同項第1号に掲げる者に限る。第14条において同じ。)は,第116条第1項及び第2項並びに第127条第1項の規定の適用については,第1号被保険者とみなす。
⑬ 第1項の規定による被保険者 (同項第3号に掲げる者に限る。)は,第127条第1項の規定にかかわらず,その者が住所を有していた地区に係る地域型基金又はその者が加入していた職能型基金に申し出て,地域型基金又は職能型基金の加入員となることができる。この場合における第116条第1項及び第2項並びに第127条第3項の規定の適用については,第116条第1項中「有する者」とあるのは「有する者及び有していた者」と,同条第2項中「従事する者」とあるのは「従事する者及び従事していた者」と,第127条第3項第2号中「地域型基金の加入員」とあるのは「地域型基金の加入員 (附則第5条第13項の規定により加入員となつた者を除く。)」と,「職能型基金の加入員」とあるのは「職能型基金の加入員 (同項の規定により加入員となつた者を除く。)」とする。
⑭ 第1項の規定による被保険者が中途脱退者であつて再びもとの基金の加入員の資格となつた場合における第130条第2項 (第137条の17第5項において準用する場合を除く。)及び国民年金法等の一部を改正する法律 (昭和60年法律第34号。以下「昭和60年改正法」という。)附則第34条第4項第1号の規定の適用については,第130条第2項中「当該基金の加入員であつた期間」とあるのは「当該基金の加入員であつた期間 (第137条の4に規定する連合会をいう。)がその支給に関する義務を負つている年金又は一時金の額の計算の基礎となる期間を除く」と,昭和60年改正法附則第34条第4項第1号中「同法第130条第2項に規定する加入員期間をいう。以下この号において同じ」とあるのは「同法附則第5条第14項の規定により読み替えて適用する同法第130

1 国民年金法（附則）

条第2項に規定する加入員期間をいう」と，「加入員期間の月数」とあるのは「加入員であつた期間の月数」とする．この場合においては，第137条の18の規定は，適用しない．

（老齢基礎年金等の支給要件の特例）
第9条 ① 保険料納付済期間又は保険料免除期間（第90条の3第1項の規定により納付することを要しないものとされた保険料に係るものを除く．次条第1項及び附則第9条の2の2第1項において同じ．）を有する者（以下この項において「保険料納付済期間等を有する者」という．）のうち，第26条ただし書に該当する者であつて保険料納付済期間，保険料免除期間及び合算対象期間（附則第5条第1項第1号又は第3号に該当した期間（第2号被保険者又は第3号被保険者であつた期間，保険料納付済期間及び60歳以上であつた期間を除く．）をいう．以下同じ．）を合算した期間が10年以上であるものは，第26条，次条第1項，附則第9条の2の2第1項，第9条の3第1項及び第9条の3の2第1項の規定の適用については，第26条ただし書に該当しないものとみなし，保険料納付済期間等を有する者のうち，保険料納付済期間と保険料免除期間とを合算した期間が25年に満たない者であつて保険料納付済期間，保険料免除期間及び合算対象期間を合算した期間が25年以上であるものは，第37条（第3号及び第4号に限る．）の規定の適用については，保険料納付済期間と保険料免除期間とを合算した期間が25年以上であるものとみなす．
② 合算対象期間の計算については，第11条の規定の例による．

（老齢基礎年金の支給の繰上げ）
第9条の2 ① 保険料納付済期間又は保険料免除期間を有する者であつて，60歳以上65歳未満であるもの（附則第5条第1項の規定による被保険者でないものに限るものとし，次条第1項に規定する支給繰上げの請求をすることができるものを除く．）は，当分の間，65歳に達する前に，厚生労働大臣に老齢基礎年金の支給繰上げの請求をすることができる．ただし，その者が，その請求があつた日の前日において，第26条ただし書に該当したときは，この限りでない．
② 前項の請求は，厚生年金保険法附則第7条の3第1項又は第13条の4第1項の規定により支給繰上げの請求をすることができる者にあつては，当該請求と同時に行わなければならない．
③ 第1項の請求があつたときは，第26条の規定にかかわらず，その請求があつた日から，その者に老齢基礎年金を支給する．
④ 前項の規定により支給する老齢基礎年金の額は，第27条の規定にかかわらず，同条に定める額から政令で定める額を減じた額とする．
⑤ 寡婦年金の受給権は，受給権者が第3項の規定による老齢基礎年金の受給権を取得したときは，消滅する．
⑥ 第4項の規定は，第3項の規定による老齢基礎年金の受給権者が第87条の2の規定による保険料に係る保険料納付済期間を有する場合における付加年金の額について準用する．この場合において，第4項中「第27条」とあるのは，「第44条」と読み替えるものとする．

（老齢厚生年金の支給繰上げの請求ができる者等に係る老齢基礎年金の支給の繰上げの特例）
第9条の2の2 ① 保険料納付済期間又は保険料免除期間を有する者であつて，厚生年金保険法附則第8条の2各項に規定する者（同条第3項に規定する者その他政令で定めるものに限るものとし，同条各項の表の下欄に掲げる年齢に達していないものに限る．）に該当するもの（60歳以上の者であつて，かつ，附則第5条第1項の規定による被保険者でないものに限る．）は，当分の間，厚生労働大臣に老齢基礎年金の一部の支給繰上げの請求をすることができる．その者が，その請求があつた日の前日において，第26条ただし書に該当したときは，この限りでない．
② 前項の請求は，厚生年金保険法附則第7条の3第1項又は第13条の4第1項の規定により支給繰上げの請求をすることができる者にあつては，当該請求と同時に行わなければならない．
③ 第1項の請求があつたときは，第26条の規定にかかわらず，その請求があつた日から，その者に老齢基礎年金を支給する．
④ 前項の規定により支給する老齢基礎年金の額は，第27条の規定にかかわらず，同条に定める額に政令で定める率を乗じて得た額から政令で定める額を減じた額とする．
⑤ 第3項の規定による老齢基礎年金の受給権者が65歳に達したときは，前項の規定にかかわらず，当該老齢基礎年金の額に，第27条に定める額に1から前項に規定する政令で定める率を控除して得た率を乗じて得た額を加算するものとし，65歳に達した日の属する月の翌月から，年金の額を改定する．
⑥ 前条第5項及び第6項の規定は，第3項の規定による老齢基礎年金について準用する．この場合において，同条第6項中「第4項の規定」とあるのは「次条第4項及び第5項の規定」と，「第4項中」とあるのは「次条第4項及び第5項の規定中」と読み替えるものとする．

（日本国籍を有しない者に対する脱退一時金の支給）
第9条の3の2 ① 当分の間，請求の日の前日において請求の日の属する月の前月までの第1号被保険者としての被保険者期間に係る保険料納付済期間の月数，保険料4分の1免除期間の月数の4分の3に相当する月数，保険料半額免除期間の月数の2分の1に相当する月数及び保険料4分の3免除期間の月数の4分の1に相当する月数を合算した月数が6月以上である日本国籍を有しない者（被保険者でない者に限る．）であつて，第26条ただし書に該当するものその他これに準ずるものとして政令で定めるものは，脱退一時金の支給を請求することができる．ただし，その者が次の各号のいずれかに該当するときは，この限りでない．
1 日本国内に住所を有するとき．
2 障害基礎年金その他政令で定める給付の受給権を有したことがあるとき．
3 最後に被保険者の資格を喪失した日（同日において日本国内に住所を有していた者にあつては，同日後初めて，日本国内に住所を有しなくなつた日）から起算して2年を経過しているとき．
② 前項の請求があつたときは，その請求をした者に脱退一時金を支給する．
③ 基準月（請求の日の属する月の前月までの第1号被保険者としての被保険者期間に係る保険料納付済期間，保険料4分の1免除期間，保険料半額免

除期間又は保険料4分の3免除期間のうち請求の日の前日までに当該期間の各月の保険料として納付された保険料に係る月のうち直近の月をいう．第8項において同じ．）が平成17年度に属する月である場合の脱退一時金の額は，次の表の上欄に掲げる請求の日の属する月の前月までの第1号被保険者としての被保険者期間に係る請求の日の前日における保険料納付済期間の月数，保険料4分の1免除期間の月数の4分の3に相当する月数，保険料半額免除期間の月数の2分の1に相当する月数及び保険料4分の3免除期間の月数の4分の1に相当する月数を合算した月数（以下この項において「対象月数」という．）に応じて，それぞれ同表の下欄に定める額とする．

対象月数	金額
6月以上12月未満	40,740円
12月以上18月未満	81,480円
18月以上24月未満	122,220円
24月以上30月未満	162,960円
30月以上36月未満	203,700円
36月以上	244,440円

④ 脱退一時金の支給を受けたときは，支給を受けた者は，その額の計算の基礎となつた第1号被保険者としての被保険者であつた期間は，被保険者でなかつたものとみなす．
⑤ 脱退一時金に関する処分に不服がある者は，社会保険審査会に対して審査請求をすることができる．
⑥ 第101条第3項から第5項まで及び第101条の2の規定は，前項の審査請求について準用する．この場合において，これらの規定に関し必要な技術的読替えは，政令で定める．
⑦ 第16条，第19条第1項，第4項及び第5項，第23条，第24条，第105条第4項，第107条第1項並びに第111条の規定は，脱退一時金について準用する．この場合において，これらの規定に関し必要な技術的読替えは，政令で定める．
⑧ 基準月が平成18年度以後の年度に属する月である場合の脱退一時金の額は，毎年度，第3項の表の下欄に定める額に当該年度に属する月分の保険料の額の平成17年度に属する月分の保険料の額に対する比率を乗じて得た額を基準として，政令で定める．

（第3号被保険者としての被保険者期間の特例）
第9条の4の2 ① 被保険者又は被保険者であつた者は，第3号被保険者としての被保険者期間（昭和61年4月から公的年金制度の健全性及び信頼性の確保のための厚生年金保険法等の一部を改正する法律（平成25年法律第63号．次条第1項において「平成25年改正法」という．）附則第1条第2号に掲げる規定の施行の日（以下「平成25年改正法一部施行日」という．）の属する月の前月までの間にある保険料納付済期間（政令で定める期間を除く．）に限る．）のうち，第1号被保険者としての被保険者期間として第14条の規定により記録した事項の訂正がされた期間（附則第9条の4の6第1項及び第2項において「不整合期間」という．）であつて，当該訂正がなされたときにおいて保険料を徴収する権利が時効によつて消滅している期間（以下「時効消滅不整合期間」という．）について，厚生労働大臣に届出をすることができる．
② 前項の規定により届出が行われたときは，当該届出に係る時効消滅不整合期間（第4項及び次条第1項において「特定期間」という．）については，この法律その他の政令で定める法令の規定を適用する．この場合においては，当該届出が行われた日以後，第90条の3第1項の規定により納付することを要しないものとされた保険料に係る期間とみなすほか，これらの規定の適用に関し必要な事項は，政令で定める．
③ 次条第1項の規定その他政令で定める規定により保険料の納付が行われたときは，納付が行われた日以後，当該納付に係る月については，前項の規定は，適用しない．
④ 特定期間を有する者に対する昭和60年改正法附則第18条の規定の適用については，同条第1項中「同日以後の国民年金の被保険者期間」とあるのは，「同日以後に同法附則第9条の4の2第2項の規定により同法第90条の3第1項の規定により納付することを要しないものとされた保険料に係る期間とみなされた期間」とする．

（特定保険料の納付）
第9条の4の3 ① 平成25年改正法附則第98条の政令で定める日の翌日から起算して3年を経過する日（以下「特定保険料納付期限日」という．）までの間において，被保険者又は被保険者であつた者（特定期間を有する者に限る．）は，厚生労働大臣の承認を受け，特定期間のうち，保険料納付済期間以外の期間であつて，その者が50歳以上60歳未満であつた期間（その者が60歳未満である場合にあつては，承認の日の属する月前10年以内の期間）の各月につき，承認の日の属する月前10年以内の期間の各月の保険料に相当する額に政令で定める額を加算した額のうち最も高い額（承認の日の属する月前10年以内の期間にあつては，当該加算した額）の保険料（以下この条及び附則第9条の4の9第4項において「特定保険料」という．）を納付することができる．
② 前項の規定による特定保険料の納付は，先に経過した月の保険料に係る特定保険料から順次に行うものとする．
③ 第1項の規定により特定保険料の納付が行われたときは，納付が行われた日に，納付に係る月の保険料が納付されたものとみなす．
④ 老齢基礎年金の受給権者が第1項の規定による特定保険料の納付を行つたときは，納付が行われた日の属する月の翌月から，年金額を改定する．ただし，次条に規定する特定受給者については，特定保険料納付期限日の属する月の翌月から，年金額を改定する．
⑤ 前各項に定めるもののほか，特定保険料の納付手続その他特定保険料の納付について必要な事項は，政令で定める．

（特定受給者の老齢基礎年金等の特例）
第9条の4の4 平成25年改正法一部施行日以後に第14条の規定により記録した事項の訂正がされたことにより時効消滅不整合期間となつた期間を有する者であつて，平成25年改正法一部施行日において時効消滅不整合期間となつた期間が保険料納付済期間であるものとして老齢基礎年金又は厚生年金保険法に基づく老齢給付等を受けているもの（これらの給付の全部につき支給が停止されている者を含む．次条において「特定受給者」という．）が有する当該時効消滅不整合期間となつ

国民年金法（附則）

た期間については、この法律その他の政令で定める法令の規定（老齢基礎年金又は厚生年金保険法に基づく老齢給付等に係るものに限る。）を適用する場合においては、特定保険料納付期限日までの間、保険料納付済期間とみなす。この場合において、附則第9条の4の2第2項の規定は、適用しない。

（特定保険料納付期限日の属する月の翌月以後の特定受給者の老齢基礎年金の額）

第9条の4の5 特定受給者に支給する特定保険料納付期限日の属する月の翌月以後の月分の老齢基礎年金の額については、訂正後年金額（第27条及び第28条並びに附則第9条の2及び第9条の2の2並びに昭和60年改正法附則第17条の規定に定める額をいう。）が訂正前年金額（前条に規定する時効消滅不整合期間となつた期間を保険料納付済期間とみなして第27条及び第28条並びに附則第9条の2及び第9条の2の2並びに昭和60年改正法附則第17条の規定を適用した場合におけるこれらの規定に定める額をいう。）に100分の90を乗じて得た額（以下この条において「減額下限額」という。）に満たないときは、第27条及び第28条並びに附則第9条の2及び第9条の2の2並びに昭和60年改正法附則第17条の規定にかかわらず、減額下限額に相当する額とする。

（不整合期間を有する者の障害基礎年金等に係る特例）

第9条の4の6 ① 平成25年改正法一部施行日以後に第14条の規定により記録した事項の訂正がなされたことにより不整合期間となつた期間を有する者であつて、平成25年改正法一部施行日において当該不整合期間となつた期間が保険料納付済期間であるものとして障害基礎年金又は厚生年金保険法その他の政令で定める法令に基づく障害を支給事由とする年金たる給付を受けているもの（これらの給付の全部につき支給が停止されている者を含む。）の当該不整合期間となつた期間については、この法律その他の政令で定める法令の規定（これらの給付に係るものに限る。）を適用する場合においては、保険料納付済期間とみなす。

② 平成25年改正法一部施行日以後に第14条の規定により記録した事項の訂正がなされたことにより不整合期間となつた期間を有する者の死亡に係る遺族基礎年金又は厚生年金保険法その他の政令で定める法令に基づく死亡を支給事由とする年金たる給付であつて、平成25年改正法一部施行日において当該不整合期間となつた期間が保険料納付済期間であるものとして支給されているもの（これらの給付の全部につき支給が停止されているものを含む。）の受給資格要件たる期間の計算の基礎となる当該不整合期間となつた期間については、この法律その他の政令で定める法令の規定（これらの給付に係るものに限る。）を適用する場合においては、保険料納付済期間とみなす。

③ 附則第9条の4の2第1項の規定により届出が行われたときは、当該届出が行われた日以後、当該届出に係る期間については、第1項の規定は、適用しない。

（特定事由に係る申出等の特例）

第9条の4の7 ① 被保険者又は被保険者であつた者は、次の各号のいずれかに該当するときは、厚生労働大臣にその旨の申出をすることができる。

1 特定事由（この法律その他の政令で定める法令の規定に基づいて行われるべき事務の処理が行われなかつたこと又はその処理が著しく不当であることをいう。以下この条及び附則第9条の4の9から第9条の4の11までにおいて同じ。）により特定手続（第87条の2第1項の申出その他の政令で定める手続をいう。以下この条において同じ。）をすることができなくなつたとき。

2 特定事由により特定手続を遅滞したとき。

② 厚生労働大臣は、前項の申出に理由があると認めるときは、その申出を承認するものとする。

③ 第1項の申出をした者が前項の規定による承認を受けた場合において、特定事由がなければ特定手続が行われていたと認められるときに当該特定手続が行われていたとしたならば当該特定手続に係る規定により当該申出をした者が被保険者となる期間があるときは、当該期間は、この法律その他の政令で定める法令の規定（第87条第1項及び第2項並びに第88条第1項の規定その他政令で定める規定を除く。）を適用する場合においては、当該申出のあつた日以後、当該特定手続に係る規定による被保険者としての被保険者期間（附則第9条の4の9第1項第2号において「特定被保険者期間」という。）とみなす。

④ 第1項の申出をした者が第2項の規定による承認を受けた場合において、特定事由がなければ特定手続が行われていたと認められるときに当該特定手続が行われていたとしたならば当該特定手続に係る規定によりその一部の額につき保険料を納付することを要しないものとされる期間があるときは、当該期間は、この法律その他の政令で定める法令の規定を適用する場合においては、当該申出のあつた日以後、当該特定手続に係る規定によりその一部の額につき納付することを要しないものとされた保険料に係る期間（附則第9条の4の9第1項第3号及び第9条の4の11第1項第2号において「特定一部免除期間」という。）とみなす。ただし、当該申出をした者がこれを希望しない期間については、この限りでない。

⑤ 第1項の申出をした者が第2項の規定による承認を受けた場合において、特定事由がなければ特定手続が行われていたと認められるときに当該特定手続が行われていたとしたならば当該特定手続に係る規定により当該申出をした者が付加保険料（第87条の2第1項の規定による保険料をいう。以下この条並びに附則第9条の4の9第1項第1号及び第9条の4の10において同じ。）を納付する者となる期間があるときは、当該期間は、この法律その他の政令で定める法令の規定（第87条第1項及び第2項並びに第88条第1項の規定その他政令で定める規定を除く。）を適用する場合においては、当該申出のあつた日以後、当該特定手続に係る規定により付加保険料を納付する者である期間（附則第9条の4の10第1項第2号において「特定付加納付期間」という。）とみなす。

⑥ 第1項の申出をした者が第2項の規定による承認を受けた場合において、特定事由がなければ特定手続が行われていたと認められるときに当該特定手続が行われていたとしたならば当該特定手続に係る規定により保険料を納付することを要しないものとされる期間（以下この項から第8項までにおいて「全額免除対象期間」という。）があるときは、当該全額免除対象期間は、この法律その他の政

⑧ 前各項に定めるもののほか,第1項の申出の手続その他前各項の規定の適用に関し必要な事項は,政令で定める.

(特定事由に係る保険料の追納の特例)
第9条の4の11 ① 被保険者又は被保険者であつた者は,次の各号のいずれかに該当する期間(保険料納付済期間を除く.第3項において「追納対象期間」という.)を有するときは,厚生労働大臣にその旨の申出をすることができる.
1 特定事由により第94条の規定による追納をすることができなくなつたと認められる期間
2 附則第9条の4の7第4項の規定により特定一部免除期間とみなされた期間
3 附則第9条の4の7第6項の規定により特定全額免除期間とみなされた期間
② 厚生労働大臣は,前項の申出(同項第1号に係るものに限る.)に理由があると認めるとき,又は同項の申出(同項第2号又は第3号に係るものに限る.)があつたときは,その申出を承認するものとする.
③ 第1項の申出をした者は,前項の規定による承認を受けたときは,当該承認に係る追納対象期間の各月の保険料(第89条第1項,第90条第1項又は第90条の3第1項の規定により納付することを要しないものとされた保険料及び第90条の2第1項から第3項までの規定によりその一部の額につき納付することを要しないものとされた保険料に限る.)の全部又は一部につき追納をすることができる.ただし,同条第1項から第3項までの規定によりその一部の額につき納付することを要しないものとされた保険料については,その残余の額につき納付されたときに限る.
④ 前項の規定による追納は,先に経過した月の分の保険料から順次に行うものとする.
⑤ 第3項の場合において追納すべき額は,当該追納に係る期間の各月の保険料の額に政令で定める額を加算した額とする.
⑥ 附則第9条の4の9第6項から第8項までの規定は,第3項の場合に準用する.この場合において,必要な読替えは,政令で定める.
⑦ 附則第9条の4の7第9項及び第10項の規定は,第2項の規定による承認について準用する.
⑧ 前各項に定めるもののほか,第1項の申出の手続その他前各項の規定の適用に関し必要な事項は,政令で定める.

(昭和61年3月31日以前の期間についての特定事由に係る保険料の納付等)
第9条の4の12 昭和61年3月31日以前の期間について,前3条の規定を適用する場合においては,附則第9条の4の9第6項の規定により保険料が納付されたものとみなされた期間は,同条第1項の申出のあつた日以後,昭和60年改正法第1条の規定による改正前の第5条第3項に規定する保険料納付済期間とみなすほか,前3条の規定の適用に関し必要な事項は,政令で定める.

(機構への厚生労働大臣の権限に係る事務の委任等)
第10条 ① 国民年金法等の一部を改正する法律(平成16年法律第104号)附則第19条その他の法律の改正に伴う経過措置を定める規定であつて厚生労働省令で定めるものによる厚生労働大臣の権限については,日本年金機構法(平成19年法律第109号)附則第20条の規定による改正後の国民年金法(次項において「新国民年金法」という.)第109条の4から第109条の12までの規定の例により,当該権限に係る事務を機構に行わせるものとする.
② 前項の場合において,新国民年金法第109条の4から第109条の12までの規定の適用についての技術的読替えその他これらの規定の適用に関し必要な事項は,厚生労働省令で定める.

附　則(平成26年6月11日法律第64号)(抄)
(国民年金の保険料の納付の特例)
第10条 ① 平成27年10月1日から平成30年9月30日までの間,国民年金の被保険者又は被保険者であつた者(国民年金法による老齢基礎年金の受給権者を除く.)は,厚生労働大臣の承認を受け,その者の国民年金の被保険者期間のうち,国民年金の保険料納付済期間(同法第5条第1項に規定する保険料納付済期間をいう.以下同じ.)及び保険料免除期間(同条第2項に規定する保険料免除期間をいう.)以外の期間(承認の日の属する月前5年以内の期間であつて,当該期間に係る国民年金の保険料を徴収する権利が時効によつて消滅しているものに限る.)の各月につき,当該各月の国民年金の保険料の額に相当する額に政令で定める額を加算した額の国民年金の保険料(以下この条において「後納保険料」という.)を納付することができる.
② 厚生労働大臣は,前項の承認を行うに際して,同項の承認を受けようとする者が納期限までに納付しなかつた国民年金の保険料であつてこれを徴収する権利が時効によつて消滅していないもの(以下この項において「滞納保険料」という.)の全部又は一部を納付していないときは,当該滞納保険料の納付を求めるものとする.
③ 第1項の規定による後納保険料の納付は,先に経過した月の国民年金の保険料に係る後納保険料から順次に行うものとする.
④ 第1項の規定により後納保険料の納付が行われたときは,納付が行われた日に,納付に係る月の国民年金の保険料が納付されたものとみなす.
⑤ 前項の場合における国民年金法第87条の2第2項の規定の適用については,同項中「第94条第4項」とあるのは,「第94条第4項又は政府管掌年金事業等の運営の改善のための国民年金法等の一部を改正する法律(平成26年法律第64号)附則第10条第4項」とする.
⑥ 第1項の規定により後納保険料を納付した者に対する昭和60年改正法附則第18条の規定の適用については,同条第1項中「同日以後の国民年金の被保険者期間」とあるのは,「同日以後の国民年金の被保険者期間(政府管掌年金事業等の運営の改善のための国民年金法等の一部を改正する法律(平成26年法律第64号)附則第10条第1項の規定による納付が行われたことにより保険料納付済期間」とする.
⑦ 第1項の規定による厚生労働大臣の承認の権限に係る事務は,日本年金機構に行わせるものとする.この場合,日本年金機構法第23条第3項中「国民年金法」とあるのは「国民年金法若しくは政府管掌年金事業等の運営の改善のための国民年金法等の一部を改正する法律(平成26年法律第64号)」と,同法第26条第2項中「国民年金法」とあるのは「国民年金法若しくは政府管掌年金事業等の運営の改善のための国民年金法等の一部を改

I 公的年金・企業年金

① 国民年金法（附則）

令で定める法令の規定を適用する場合においては、当該申出のあつた日以後、当該特定手続に係る規定により納付することを要しないものとされた保険料に係る期間（次項及び第8項並びに附則第9条の4の11第1項第3号において「特定全額免除期間」という。）とみなす。ただし、当該申出をした者がこれを希望しない期間については、この限りでない。

⑦ 老齢基礎年金の受給権者が第2項の規定による承認を受けた場合において、前項の規定により全額免除対象期間（第90条の3第1項の規定により納付することを要しないものとされた保険料に係るものを除く。）が特定全額免除期間とみなされたときは、第1項の申出のあつた日の属する月の翌月から、年金額を改定する。

⑧ 第6項の規定により全額免除対象期間が特定全額免除期間とみなされた者に対する昭和60年改正法附則第18条の規定の適用については、同条第1項中「同日以後の国民年金の被保険者期間」とあるのは、「同日以後に同法附則第9条の4の7第6項の規定により保険料免除期間」とする。

⑨ 厚生労働大臣は、厚生労働省令で、第2項の規定による承認の基準を定めるものとする。

⑩ 厚生労働大臣は、前項の厚生労働省令を定め、又は変更しようとするときは、あらかじめ、社会保障審議会に諮問しなければならない。

⑪ 前各項に定めるもののほか、第1項の申出の手続その他前各項の規定の適用に関し必要な事項は、政令で定める。

（昭和61年3月31日以前の期間についての特定事由に係る申出等）
第9条の4の8 昭和61年3月31日以前の期間について、前条の規定を適用する場合においては、同条第6項中「当該特定手続に係る規定により納付することを要しないものとされた保険料に係る期間」とあるのは「昭和60年改正法第1条の規定による改正前の第5条第4項に規定する保険料免除期間」とし、同条の規定の適用に関し必要な事項は、政令で定める。

（特定事由に係る保険料の納付の特例）
第9条の4の9 ① 被保険者又は被保険者であつた者は、次の各号のいずれかに該当する期間（保険料納付済期間を除く。第3項において「対象期間」という。）を有するときは、厚生労働大臣にその旨の申出をすることができる。
1 特定事由により保険料（第90条の2第1項から第3項までの規定によりその一部の額につき納付することを要しないものとされた保険料にあつてはその一部の額以外の残余の額とし、付加保険料を除く。以下この条において同じ。）を納付することができなくなつたと認められる期間
2 附則第9条の4の7第3項の規定により特定被保険者期間とみなされた期間
3 附則第9条の4の7第4項の規定により特定一部免除期間とみなされた期間

② 厚生労働大臣は、前項の申出（同項第1号に係るものに限る。）に理由があると認めるとき、又は同項の申出（同項第2号又は第3号に係るものに限る。）があつたときは、その申出を承認するものとする。

③ 第1項の申出をした者は、前項の規定による承認を受けたときは、当該承認に係る対象期間の各月につき、当該各月の保険料に相当する額の保険料（以下この条において「特例保険料」という。）を納付することができる。

④ 第1項の申出（同項第1号に係るものに限る。）をした者が特定事由により納付することができなくなつた保険料が、特定事由以後の政令で定める保険料であるときは、特例保険料の額は、前項の規定にかかわらず、政令で定める額とする。

⑤ 第3項の規定による特例保険料の納付は、先に経過した月の保険料に係る特例保険料から順次に行うものとする。

⑥ 第3項の規定により特例保険料の納付が行われたときは、第1項の申出のあつた日に、納付に係る月の保険料が納付されたものとみなす。

⑦ 老齢基礎年金の受給権者が第3項の規定による特例保険料の納付を行つたときは、第1項の申出のあつた日の属する月の翌月から、年金額を改定する。

⑧ 第3項の規定により特例保険料を納付した者に対する昭和60年改正法附則第18条の規定の適用については、同条第1項中「同日以後の国民年金の被保険者期間」とあるのは「同日以後に同法附則第9条の4の9第3項の規定による納付が行われたことにより保険料納付済期間又は保険料免除期間」とする。

⑨ 附則第9条の4の7第9項及び第10項の規定は、第2項の規定による承認について準用する。

⑩ 前各項に定めるもののほか、第1項の申出の手続その他前各項の規定の適用に関し必要な事項は、政令で定める。

（特定事由に係る付加保険料の納付の特例）
第9条の4の10 ① 被保険者又は被保険者であつた者は、次の各号のいずれかに該当する期間（付加保険料に係る保険料納付済期間を除く。第3項において「付加対象期間」という。）を有するときは、厚生労働大臣にその旨の申出をすることができる。
1 特定事由により付加保険料を納付することができなくなつたと認められる期間
2 附則第9条の4の7第5項の規定により特定付加保険料納付期間とみなされた期間

② 厚生労働大臣は、前項の申出（同項第1号に係るものに限る。）に理由があると認めるとき、又は同項の申出（同項第2号に係るものに限る。）があつたときは、その申出を承認するものとする。

③ 第1項の申出をした者は、前項の規定による承認を受けたときは、当該承認に係る付加対象期間の各月につき、当該各月の付加保険料に相当する額の保険料（次項及び第六項において「特例付加保険料」という。）を納付することができる。

④ 前項の規定による特例付加保険料の納付は、保険料の納付が行われた月についてのみ行うことができる。

⑤ 前条第5項から第7項までの規定は、第3項の場合に準用する。

⑥ 老齢基礎年金の受給権者（付加保険料に係る保険料納付済期間を有する者を除く。）が第3項の規定による特例付加保険料の納付を行つた場合における第43条の規定の適用については、同条中「老齢基礎年金の受給権を取得した」とあるのは、「附則第9条の4の10第1項の規定による申出をした」とする。

⑦ 附則第9条の4の7第9項及び第10項の規定は、第2項の規定による承認について準用する。

正する法律」と、同法第27条第1項第2号中「に規定する権限に係る事務、同法」とあるのは「及び政府管掌年金事業等の運営の改善のための国民年金法等の一部を改正する法律附則第10条第7項に規定する権限に係る事務、国民年金法」と、同法第48条第1項中「国民年金法」とあるのは「国民年金法若しくは政府管掌年金事業等の運営の改善のための国民年金法等の一部を改正する法律」とする.

⑧ 国民年金法第109条の4第3項、第4項、第6項及び第7項の規定は、前項の承認の権限について準用する. この場合において、必要な技術的読替えは、政令で定める.

⑨ 前項の規定による厚生労働大臣の承認の権限は、厚生労働省令で定めるところにより、地方厚生局長に委任することができる.

⑩ 前項の規定により地方厚生局長に委任された権限は、厚生労働省令で定めるところにより、地方厚生支局長に委任することができる.

⑪ 前各項に定めるもののほか、後納保険料の納付手続その他後納保険料の納付について必要な事項は、政令で定める.

(国民年金の保険料の免除の特例)
第14条 ① 平成28年7月から平成37年6月までの期間において、50歳に達する日の属する月の前月までの被保険者期間（30歳に達した日の属する月以後の期間に限る. 以下この項において同じ.）がある第1号被保険者又は第1号被保険者であった者であって次の各号のいずれかに該当するものから申請があったときは、厚生労働大臣は、当該被保険者期間のうちその指定する月（国民年金法第90条第1項若しくは第90条の2第1項から第3項までの規定の適用を受ける期間又は同法第90条第1項に規定する学生等（以下この項において「学生等」という.）であった期間若しくは学生等であった期間を除く.）に係る国民年金の保険料については、同法第88条第1項の規定にかかわらず、既に納付されたものを除き、これを納付することを要しないものとし、申請のあった日以後、当該保険料に係る期間を同法第5条第3項に規定する保険料全額免除期間（同法第94条第1項の規定により追納が行われた場合にあっては、当該追納に係る期間を除く.）に算入することができる. ただし、配偶者が次の各号のいずれにも該当しないときは、この限りでない.
 1 当該保険料を納付することを要しないものとすべき月の属する年の前年の所得（1月から厚生労働省令で定める月までの月分の保険料については、前々年の所得とする.）が、その者の所得税法（昭和40年法律第33号）に規定する控除対象配偶者及び扶養親族の有無及び数に応じて、政令で定める額以下であるとき.
 2 国民年金法第90条第1項第2号から第4号までに該当するとき.
 3 国民年金の保険料を納付することが著しく困難である場合として天災その他の厚生労働省令で定める事由があるとき.

② 国民年金法第90条第2項及び第3項の規定は、前項の規定について準用する.

③ 第一項の規定により保険料を納付することを要しないものとされた者及び同項の規定により納付することを要しないものとされた保険料については、国民年金法その他の法令の規定を適用する場合においては、同法第90条の3第1項の規定により保険料を納付することを要しないものとされた者及び同項の規定により納付することを要しないものとされた保険料とみなすほか、これらの規定の適用に関し必要な事項は、政令で定める.

④ 国民年金法附則第5条第1項の規定による被保険者については、第1項の規定を適用しない.

⑤ 第1項の規定による厚生労働大臣の申請の受理及び処分の権限に係る事務は、日本年金機構に行わせるものとする. この場合において、日本年金機構法第23条第3項中「国民年金法」とあるのは「国民年金法若しくは政府管掌年金事業等の運営の改善のための国民年金法等の一部を改正する法律（平成26年法律第64号）」と、同法第26条第2項中「国民年金法」とあるのは「国民年金法若しくは政府管掌年金事業等の運営の改善のための国民年金法等の一部を改正する法律」と、同法第27条第1項第2号中「に規定する権限に係る事務、同法」とあるのは「及び政府管掌年金事業等の運営の改善のための国民年金法等の一部を改正する法律附則第14条第5項に規定する権限に係る事務、国民年金法」と、同法第48条第1項中「国民年金法」とあるのは「国民年金法若しくは政府管掌年金事業等の運営の改善のための国民年金法等の一部を改正する法律」とする.

⑥ 国民年金法第109条の4第3項、第4項、第6項及び第7項の規定は、前項の申請の受理及び処分の権限について準用する. この場合において、必要な技術的読替えは、政令で定める.

⑦ 第5項の規定による厚生労働大臣の権限は、厚生労働省令で定めるところにより、地方厚生局長に委任することができる.

⑧ 前項の規定により地方厚生局長に委任された権限は、厚生労働省令で定めるところにより、地方厚生支局長に委任することができる.

⑨ 第1項第1号に規定する所得の範囲及びその額の計算方法は、政令で定める.

② 国民年金法施行令（抄）

(昭34・5・25政令第184号、昭34・11・1施行、最終改正：平28・6・17政令第238号)

　内閣は、国民年金法（昭和34年法律第141号）第3条第2項、第36条、第41条第1項及び第65条第5項（第66条第2項において準用する場合を含む.）の規定に基き、この政令を制定する.

(共済組合等に行わせる事務)
第1条（略）
(市町村が処理する事務)
第1条の2 法第3条第3項の規定により、次に掲げる事務は、市町村長（特別区の区長を含む. 以下同じ.）が行うこととする. この場合においては、法の規定中当該事務に係る厚生労働大臣に関する規定は、市町村長に関する規定として市町村長に適用あるものとする.
 1 法第10条第1項に規定する承認の申請の受理に関する事務
 2 法附則第5条第1項、第2項及び第5項、国民年

② 国民年金法施行令（1条の2）

金法等の一部を改正する法律（平成6年法律第95号．以下「平成6年改正法」という．）附則第11条第1項，第2項及び第6項並びに国民年金法等の一部を改正する法律（平成16年法律第104号．以下「平成16年改正法」という．）附則第23条第1項，第2項及び第6項に規定する申出の受理及びその申出（法附則第5条第2項，平成6年改正法附則第11条第2項及び平成16年改正法附則第23条第2項に規定する申出を除く．）に係る事実についての審査に関する事務
3　国民年金手帳の再交付の申請（法第7条第1項第1号に規定する第1号被保険者（法附則第5条第1項の規定による被保険者，平成6年改正法附則第11条第1項の規定による被保険者及び平成16年改正法附則第23条第1項の規定による被保険者を含む．）に係るものに限る．）の受理に関する事務
4　法第16条に規定する給付を受ける権利の裁定（次に掲げる給付を受ける権利の裁定に限る．）の請求の受理及びその請求に係る事実についての審査に関する事務
　イ　法第7条第1項第1号に規定する第1号被保険者（法附則第5条第1項の規定による被保険者，平成6年改正法附則第11条第1項の規定による被保険者，平成16年改正法附則第23条第1項の規定による被保険者及び国民年金法等の一部を改正する法律（昭和60年法律第34号．以下「昭和60年改正法」という．）第1条の規定による改正前の法（以下「旧法」という．）による被保険者を含む．以下「第1号被保険者」という．）としての被保険者期間のみを有する者（厚生年金保険法第78条の7に規定する離婚時みなし被保険者期間を有する者を除く．）に支給する老齢基礎年金（昭和60年改正法附則第15条第1項又は第2項の規定により支給するものを除く．）
　ロ　法附則第9条の3の規定による老齢年金
　ハ　第1号被保険者であつた間に初診日がある傷病又は法第30条第1項第2号に規定する者であつた間に初診日がある傷病（当該初診日が昭和61年4月1日以後にあるものに限る．）による障害に係る障害基礎年金（法第31条第1項の規定によるものを除く．），経過措置政令第29条第3項又は第31条の規定の適用を受けることにより支給される障害基礎年金（法第31条第1項の規定によるものを除く．），法第30条の4の規定による障害基礎年金及び法第31条第1項の規定による障害基礎年金（当該障害基礎年金と同一の支給事由に基づく厚生年金保険法による障害厚生年金若しくは平成24年一元化法改正前共済年金（被用者年金制度の一元化等を図るための厚生年金保険法等の一部を改正する法律（平成24年法律第63号．以下「平成24年一元化法」という．）附則第37条第1項に規定する改正前国共済年金による給付（以下「平成24年一元化法改正前国共済年金」という．），平成24年一元化法改正前地共済年金（平成24年一元化法附則第61条第1項に規定する改正前地共済年金による年金である給付をいう．以下同じ．）及び平成24年一元化法改正前私学共済年金（平成24年一元化法附則第79条に規定する改正前私学共済法による年金である給付をいう．以下同じ．）

をいう．以下同じ．）のうち障害共済年金若しくは平成24年一元化法附則第41条第1項若しくは第65条第1項の規定による障害共済年金の受給権を有することとなる者又は経過措置政令第43条に規定する障害年金の受給権者に係るものに限る．）
　ニ　第1号被保険者の死亡により法第37条の規定による遺族基礎年金の受給権を有することとなる者に係る遺族基礎年金（当該遺族基礎年金と同一の支給事由に基づく厚生年金保険法による遺族厚生年金又は平成24年一元化法改正前共済年金のうち遺族共済年金若しくは平成24年一元化法附則第41条第1項若しくは第65条第1項の規定による遺族共済年金の受給権を有することとなる者に係るものを除く．）
　ホ　寡婦年金
　ヘ　死亡一時金
　ト　昭和60年改正法附則第94条第2項の規定により支給する特別一時金
5　法第19条第1項に規定する請求（次に掲げる年金たる給付に係るものに限る．）の受理及びその請求に係る事実についての審査に関する事務
　イ　第1号被保険者若しくは法第7条第1項第3号に規定する第3号被保険者（以下「第3号被保険者」という．）であつた間に初診日がある傷病又は法第30条第1項第2号に規定する者であつた間に初診日がある傷病（当該初診日が昭和61年4月1日以後にあるものに限る．）による障害に係る障害基礎年金（法第31条第1項の規定によるものを除く．），経過措置政令第29条第3項又は第31条の規定の適用を受けることにより支給される障害基礎年金（法第31条第1項の規定によるものを除く．），法第30条の4の規定による障害基礎年金及び法第31条第1項の規定による障害基礎年金（当該障害基礎年金と同一の支給事由に基づく厚生年金保険法による障害厚生年金若しくは平成24年一元化法改正前共済年金のうち障害共済年金若しくは平成24年一元化法附則第41条第1項若しくは第65条第1項の規定による障害共済年金の受給権を有することとなる者又は経過措置政令第43条に規定する障害年金の受給権者に係るものを除く．）
　ロ　遺族基礎年金（当該遺族基礎年金と同一の支給事由に基づく厚生年金保険法による遺族厚生年金又は平成24年一元化法改正前共済年金のうち遺族共済年金若しくは平成24年一元化法附則第41条第1項若しくは第65条第1項の規定による遺族共済年金の受給権を有することとなる者に係るものを除く．）
　ハ　寡婦年金
6　法第20条第2項（昭和60年改正法附則第11条第4項において準用する場合を含む．），第41条の2並びに第42条第1項及び第2項に規定する申請（前号イからハまでに掲げる年金たる給付の受給権者に係るものに限る．）の受理に関する事務
7　第5号イに規定する障害基礎年金の額の改定の請求の受理に関する事務
8　法第87条の2第1項及び第3項に規定する申出の受理及びその申出に係る事実についての審査に関する事務
9　法第89条第2項に規定する申出の受理及びそ

の申出に係る事実についての審査に関する事務
10 法第90条第1項及び第3項（法第90条の2第4項，平成16年改正法附則第19条第3項及び政府管掌年金事業等の運営の改善のための国民年金法等の一部を改正する法律（平成26年法律第64号．以下「平成26年改正法」という．）附則第14条第2項において準用する場合を含む．），法第90条の2第1項から第3項まで並びに第90条の3第1項，平成16年改正法附則第19条第1項及び第2項並びに平成26年改正法附則第14条第1項に規定する申請の受理及びその申請に係る事実についての審査に関する事務
11 法第105条第1項，第3項及び第4項に規定する届出等（同条第2項及び第4項に規定する届出等については，第5号イからハまでに掲げる年金たる給付の受給権者に係るものに限る．）の受理及びその届出に係る事実についての審査に関する事務
12 旧法第16条及び第83条に規定する裁定の請求の受理及びその請求に係る事実についての審査に関する事務
13 旧法による障害年金の額の改定の請求の受理に関する事務

（被扶養配偶者の認定）
第4条 法第7条第2項に規定する主として第2号被保険者の収入により生計を維持することの認定は，健康保険法（大正11年法律第70号），国家公務員共済組合法（昭和33年法律第128号），地方公務員等共済組合法及び私立学校教職員共済法における被扶養者の認定の取扱いを勘案して日本年金機構（以下「機構」という．）が行う．

（調整期間の開始年度）
第4条の2の2 法第16条の2第1項に規定する調整期間の開始年度は，平成17年度とする．

（未支給の年金を受けるべき者の順位）
第4条の3の2 法第19条第4項に規定する未支給の年金を受けるべき者の順位は，死亡した者の配偶者，子，父母，孫，祖父母，兄弟姉妹及びこれらの者以外の3親等内の親族の順序とする．

（支給の繰下げの際に加算する額）
第4条の5 ① 法第28条第4項（法附則第9条の3第4項において準用する場合を含む．）に規定する政令で定める額は，法第27条（法附則第9条の3第2項においてその例による場合を含む．）の規定（昭和60年改正法附則第17条の規定が適用される場合にあつては，同条第1項の規定）により計算した額に増額率（1000分の7に当該年金の受給権を取得した日の属する月から当該年金の支給の繰下げの申出をした日の属する月の前月までの月数（当該月数が60を超えるときは，60）を乗じて得た率をいう．次項において同じ．）を乗じて得た額とする．
② 法第46条第2項において準用する法第28条第4項に規定する政令で定める額は，法第44条の規定によつて計算した額に増額率を乗じて得た額とする．

（障害等級）
第4条の6 法第30条第2項に規定する障害等級の各級の障害の状態は，別表に定めるとおりとする．

（障害基礎年金の加算額に係る生計維持の認定）
第4条の7 ① 法第33条の2第1項に規定する障害基礎年金の受給権者によつて生計を維持している子は，当該障害基礎年金の受給権者と生計を同じくする者であつて厚生労働大臣の定める金額以上の収入を有すると認められる者以外のものその他これに準ずる者として厚生労働大臣が定める者とする．
② 法第33条の2第1項に規定する子が当該障害基礎年金の受給権者と生計を同じくする者であつて前項の厚生労働大臣の定める金額以上の収入を有すると認められる者以外のものその他これに準ずる者として同項の厚生労働大臣が定める者でなくなつたときは，同条第3項第2号に該当するものとする．

（法第36条の3第1項の政令で定める額等）
第5条の4 ① 法第36条の3第1項に規定する政令で定める額は，扶養親族等がないときは，360万4000円とし，扶養親族等があるときは，360万4000円に当該扶養親族等1人につき38万円（当該扶養親族等が所得税法（昭和40年法律第33号）に規定する老人控除対象配偶者又は老人扶養親族であるときは，当該老人控除対象配偶者又は老人扶養親族1人につき48万円とし，当該扶養親族等が特定扶養親族又は控除対象扶養親族（19歳未満の者に限る．）をいう．以下同じ．）であるときは，当該特定扶養親族等1人につき63万円とする．次項において同じ．）を加算した額とする．
② 法第36条の3第1項の規定による障害基礎年金の支給の停止は，同項に規定する所得が462万1000円（同項に規定する扶養親族等があるときは，462万1000円に当該扶養親族等1人につき38万円を加算した額とする．以下この項において同じ．）を超えない場合には障害基礎年金のうち2分の1（法第33条の2第1項の規定によりその額が加算された障害基礎年金にあつては，その額から同項の規定により加算する額を控除した額の2分の1）に相当する部分について，当該所得が462万1000円を超える場合には障害基礎年金の全部について，行うものとする．

（遺族基礎年金等の生計維持の認定）
第6条の4 法第37条の2第1項に規定する被保険者又は被保険者であつた者の死亡の当時その者によつて生計を維持していた配偶者又は子及び法第49条第1項に規定する夫の死亡の当時その者によつて生計を維持していた妻は，当該被保険者又は被保険者であつた者及び夫の死亡の当時その者と生計を同じくしていた者であつて厚生労働大臣の定める金額以上の収入を将来にわたつて有すると認められる者以外のものその他これに準ずる者として厚生労働大臣が定める者とする．

（法第90条第1項第1号の政令で定める額）
第6条の7 法第90条第1項第1号に規定する政令で定める額は，同号に規定する扶養親族等の数に1を加算した数を35万円に乗じて得た額に22万円を加算した額とする．

（法第90条第1項第3号の政令で定める額）
第6条の8 法第90条第1項第3号に規定する政令で定める額は，125万円とする．

（法第90条の2第1項第1号の政令で定める額）
第6条の8の2 法第90条の2第1項第1号に規定する政令で定める額は，扶養親族等がないときは78万円とし，同号の扶養親族等があるときは78万円に当該扶養親族等1人につき38万円（当該扶養親族等が所得税法に規定する老人控除対象配

② 国民年金法施行令（6条の9～12条）

偶者又は老人扶養親族であるときは当該老人控除対象配偶者又は老人扶養親族1人につき48万円とし，当該扶養親族等が特定扶養親族等であるときは当該特定扶養親族等1人につき63万円とする．）を加算した額とする．

（法第90条の2第2項第1号及び第90条の3第1項第1号の政令で定める額）

第6条の9 法第90条の2第2項第1号及び第90条の3第1項第1号に規定する政令で定める額は，これらの号の扶養親族等がないときは118万円とし，これらの号の扶養親族等があるときは118万円に当該扶養親族等1人につき38万円（当該扶養親族等が所得税法に規定する老人控除対象配偶者又は老人扶養親族であるときは当該老人控除対象配偶者又は老人扶養親族1人につき48万円とし，当該扶養親族等が特定扶養親族等であるときは当該特定扶養親族等1人につき63万円とする．）を加算した額とする．

（法第90条の2第3項第1号の政令で定める額）

第6条の2 法第90条の2第3項第1号に規定する政令で定める額は，同号の扶養親族等がないときは158万円とし，同号の扶養親族等があるときは158万円に当該扶養親族等1人につき38万円（当該扶養親族等が所得税法に規定する老人控除対象配偶者又は老人扶養親族であるときは当該老人控除対象配偶者又は老人扶養親族1人につき48万円とし，当該扶養親族等が特定扶養親族等であるときは当該特定扶養親族等1人につき63万円とする．）を加算した額とする．

（保険料の前納期間）

第7条 法第93条第1項の規定による保険料の前納は，厚生労働大臣が定める期間につき，6月又は年を単位として，行うものとする．ただし，厚生労働大臣が定める期間のすべての保険料（既に前納されたものを除く．）をまとめて前納する場合においては，6月又は年を単位として行うことを要しない．

（前納の際の控除額）

第8条 ① 法第93条第2項に規定する政令で定める額は，前納に係る期間の各月の保険料の合計額から，その期間の各月の保険料の額を年4分の利率による複利現価法によつて前納に係る期間の最初の月から当該各月（法第92条の2に定める方法により納付する場合にあつては，当該各月の翌月）までのそれぞれの期間に応じて割り引いた額の合計額（この額に10円未満の端数がある場合において，その端数金額が5円未満であるときは，これを切り捨て，その端数金額が5円以上であるときは，これを10円として計算する．次項において同じ．）を控除した額とする．

（②（略）

（法第94条第3項の政令で定める額）

第10条 ① 法第94条第3項に規定する政令で定める額は，法第89条第1項，第90条第1項又は第90条の3第1項の規定により保険料を納付することを要しないものとされた月及び第90条の2第1項から第3項までの規定によりその一部の額につき保険料を納付することを要しないものとされた月（以下この項において「免除月」と総称する．）の属する次の表の上欄に掲げる年度に係る保険料を追納する場合においては，当該免除月に係る保険料の額にそれぞれ同表の下欄に定める率を乗じて得た額（この額に10円未満の端数がある場合においては，その端数金額が5円未満であるときは，これを切り捨て，その端数金額が5円以上であるときは，これを10円として計算する．）とする．ただし，免除月が平成26年3月であつて，平成28年4月に追納する場合は，この限りでない．

平成18年度	0.082
平成19年度	0.066
平成20年度	0.051
平成21年度	0.039
平成22年度	0.026
平成23年度	0.017
平成24年度	0.010
平成25年度	0.004

②（略）

（保険料・拠出金算定対象額に乗じる率の計算方法）

第11条の2 法第94条の3第1項に規定する保険料・拠出金算定対象額に乗じる率（以下「拠出金按分率」という．）は，第1号に掲げる数と第2号に掲げる数とを合算した数を，第3号に掲げる数で除して得た率とする．

1 当該年度の各月の末日における当該政府及び実施機関に係る第2号被保険者の数の合計数に，当該年度の9月末日における当該政府及び実施機関に係る第2号被保険者の数に対する同日における当該政府及び実施機関に係る第2号被保険者のうち次条に規定する者の数の比率を乗じて得た数

2 当該年度の各月の末日における第3号被保険者の数の合計数と当該年度において第3号被保険者となつたことに関する法第12条第5項から第8項までの規定による届出，法附則第7条の3第2項の規定による届出及び平成16年改正法附則第21条第1項の規定による届出が行われた者の当該届出に係る第3号被保険者としての被保険者期間（当該届出が行われた日以後の期間に係るもの及び法附則第7条の3第1項の規定により保険料納付済期間に算入しないものとされた期間（同条第3項及び平成16年改正法附則第21条第2項の規定により保険料納付済期間に算入するものとされた期間を除く．）に係るものを除く．）の総月数とを合算した数から当該年度において法附則第9条の4の2第1項に規定する不整合期間となつた期間の総月数を減じた数に，当該年度の9月末日における当該政府及び実施機関に係る被保険者のうち第3号被保険者である者の数を同日における第3号被保険者の数で除して得た率を乗じて得た数

3 政府及び実施機関ごとに算定される前2号に掲げる数の合計数，当該年度において第1号被保険者又は第1号被保険者であつた者が納付した保険料に係る保険料納付済期間の総月数，保険料4分の1免除期間の総月数の4分の3に相当する月数，保険料半額免除期間の総月数の2分の1に相当する月数及び保険料4分の3免除期間の総月数の4分の1に相当する月数を合算した数

（法第94条の3第2項の政令で定める者）

第11条の3 法第94条の3第2項に規定する政令で定める者は，第1号被保険者にあつては保険料納付済期間，保険料4分の1免除期間，保険料半額免除期間又は保険料4分の3免除期間を有する者，第2号被保険者にあつては20歳以上60歳未満の者，第3号被保険者にあつてはすべての者とする．

（支給の繰上げの際に減ずる額）

第12条 ① 法附則第9条の2第4項（法附則第9

条の3第4項において準用する場合を含む.）に規定する政令で定める額は,法第27条（法附則第9条の3第4項においてその例による場合を含む.）の規定（昭和60年改正法附則第17条の規定が適用される場合にあつては,同条第1項の規定）によつて計算した額に減額率（1000分の5に当該年金の支給の繰上げを請求した月から65歳に達する日の属する月の前月までの月数を乗じて得た率をいう.次項において同じ.）を乗じて得た額とする.
② 法附則第9条の2第6項において準用する同条第4項に規定する政令で定める額は,法第44条の規定によつて計算した額に減額率を乗じて得た額とする.

（法附則第9条の2の2第4項の政令で定める額）
第12条の4 法附則第9条の2の2第4項に規定する政令で定める額は,法第27条の規定によつて計算した前条の規定により算定した率を乗じて得た額に減額率（1000分の5に請求日の属する月から65歳に達する日の属する月の前月までの月数を乗じて得た率をいう.）を乗じて得た額とする.

（事務の区分）
第18条 第1条の2の規定により市町村が処理することとされている事務は,地方自治法（昭和22年法律第67号）第2条第9項第1号に規定する第1号法定受託事務とする.

別表（第4条の6関係）

障害の程度		障害の状態
1級	1	両眼の視力の和が0.04以下のもの
	2	両耳の聴力レベルが100デシベル以上のもの
	3	両上肢の機能に著しい障害を有するもの
	4	両上肢のすべての指を欠くもの
	5	両上肢のすべての指の機能に著しい障害を有するもの
	6	両下肢の機能に著しい障害を有するもの
	7	両下肢を足関節以上で欠くもの
	8	体幹の機能に座つていることができない程度又は立ち上がることができない程度の障害を有するもの
	9	前各号に掲げるもののほか,身体の機能の障害又は長期にわたる安静を必要とする病状が前各号と同程度以上と認められる状態であつて,日常生活の用を弁ずることを不能ならしむる程度のもの
	10	精神の障害であつて,前各号と同程度以上と認められる程度のもの
	11	身体の機能の障害若しくは病状又は精神の障害が重複する場合であつて,その状態が前各号と同程度以上と認められる程度のもの
2級	1	両眼の視力の和が0.05以上0.08以下のもの
	2	両耳の聴力レベルが90デシベル以上のもの
	3	平衡機能に著しい障害を有するもの
	4	そしやくの機能を欠くもの
	5	音声又は言語機能に著しい障害を有するもの
	6	両上肢のおや指及びひとさし指又は中指を欠くもの
	7	両上肢のおや指及びひとさし指又は中指の機能に著しい障害を有するもの
	8	1上肢の機能に著しい障害を有するもの
	9	1上肢のすべての指を欠くもの
	10	1上肢のすべての指の機能に著しい障害を有するもの
	11	両下肢のすべての指を欠くもの
	12	1下肢の機能に著しい障害を有するもの
	13	1下肢を足関節以上で欠くもの
	14	体幹の機能に歩くことができない程度の障害を有するもの
	15	前各号に掲げるもののほか,身体の機能の障害又は長期にわたる安静を必要とする病状が前各号と同程度以上と認められる状態であつて,日常生活が著しい制限を受けるか,又は日常生活に著しい制限を加えることを必要とする程度のもの
	16	精神の障害であつて,前各号と同程度以上と認められる程度のもの
	17	身体の機能の障害若しくは病状又は精神の障害が重複する場合であつて,その状態が前各号と同程度以上と認められる程度のもの

備考 視力の測定は,万国式試視力表によるものとし,屈折異常があるものについては,矯正視力によつて測定する.

3 国民年金法施行規則（抄）

（昭35・4・23厚生省令第12号,昭35・10・1施行,最終改正:平28・7・25厚生労働省令第130号）

第1章 総則

（基礎年金番号）
第1条 ① 国民年金法（昭和34年法律第141号.以下「法」という.）第14条の厚生労働省令で定める記号及び番号は,次の各号に掲げる者の区分に応じ,当該各号に掲げる記号番号とする.
1 国民年金手帳の交付を受けた者（次号に規定する者を除く.）国民年金手帳の記号番号
2 第83条の8の規定により通知書の交付を受けた者 当該通知書に記載された記号番号 《②(略)》

第5章 雑則

（地方厚生局長等への権限の委任）
第113条 ① 法第109条の9第1項の規定により,次の各号に掲げる厚生労働大臣の権限は,地方厚生局長に委任する.ただし,厚生労働大臣が当該権限を自ら行うことを妨げない.
1 法第108条第1項の規定による書類の閲覧及び資料の提供の求め並びに報告の求め（訂正請求に係るものに限る.）
2 法第109条第2項の規定による認可及び同条第3項の規定による認可の取消し
3 法第109条の2の2第1項の規定による指定,同条第2項の規定による命令及び同条第3項の規定による指定の取消し
4 法第109条の3第1項の規定による指定,同条第3項の規定による情報の提供,同条第4項の規定による命令及び同条第5項の規定による指定の取消し
5 法第109条の4第3項の規定により厚生労働大

臣が同条第1項各号に掲げる権限の全部又は一部を自ら行うこととした場合における当該権限
6 法第109条の4第4項の規定による公示
7 法第109条の4第5項の規定による通知
8 法第109条の6第1項及び第2項の規定による認可
9 法第109条の6第3項の規定による報告の受理
10 法第109条の8第1項の規定による認可
11 法第109条の10第2項の規定により厚生労働大臣が同条第1項各号に掲げる事務の全部又は一部を自ら行うこととした場合における当該事務に係る権限
12 法第109条の11第2項の規定による認可
13 法第109条の11第4項の規定による報告の受理
② 法第109条の9第2項の規定により、前項各号に掲げる権限のうち地方厚生支局の管轄区域に係るものは、地方厚生支局長に委任する。ただし、地方厚生局長が当該権限を自ら行うことを妨げない。

第113条の2 ① 平成26年年金事業運営改善法附則第10条第9項又は第14条第7項の規定により、次の各号に掲げる厚生労働大臣の権限は、地方厚生局長に委任する。ただし、厚生労働大臣が当該権限を自ら行うことを妨げない。
1 平成26年年金事業運営改善法附則第10条第4項の規定において読み替えて準用する法第109条の4第3項の規定により厚生労働大臣が平成26年年金事業運営改善法附則第10条第1項の規定による承認の権限を自ら行うこととした場合における当該権限
2 平成26年年金事業運営改善法附則第14条第6項の規定において読み替えて準用する法第109条の4第3項の規定により厚生労働大臣が平成26年年金事業運営改善法附則第14条第1項の規定による権限を自ら行うこととした場合における当該権限
3 平成26年年金事業運営改善法附則第10条第8項又は第14条第6項の規定において読み替えて準用する法第109条の4第4項の規定による公示
② 平成26年年金事業運営改善法附則第10条第10項又は第14条第8項の規定により、前項各号に掲げる権限のうち地方厚生支局の管轄区域に係るものは、地方厚生支局長に委任する。ただし、地方厚生局長が当該権限を自ら行うことを妨げない。

④ 厚生年金保険法

（昭29・5・19法律第115号，昭29・5・19施行，最終改正：平28・6・3法律第66号）

厚生年金保険法（昭和16年法律第60号）の全部を改正する．

第1章　総則

（この法律の目的）
第1条 この法律は、労働者の老齢、障害又は死亡について保険給付を行い、労働者及びその遺族の生活の安定と福祉の向上に寄与することを目的とする．
（管掌）
第2条 厚生年金保険は、政府が、管掌する．
（年金額の改定）
第2条の2 この法律による年金たる保険給付の額は、国民の生活水準、賃金その他の諸事情に著しい変動が生じた場合には、変動後の諸事情に応ずるため、速やかに改定の措置が講ぜられなければならない．
（財政の均衡）
第2条の3 厚生年金保険事業の財政は、長期的にその均衡が保たれたものでなければならず、著しくその均衡を失すると見込まれる場合には、速やかに所要の措置が講ぜられなければならない．
（財政の現況及び見通しの作成）
第2条の4 ① 政府は、少なくとも5年ごとに、保険料及び国庫負担の額にこの法律による保険給付に要する費用の額その他の厚生年金保険事業の財政に係る収支についての向こうおおむね100年間における見通し（以下「財政の現況及び見通し」という．）を作成しなければならない．
② 前項の財政均衡期間（第34条第1項及び第84条の6第3項第2号において「財政均衡期間」という．）は、財政の現況及び見通しが作成される年以降おおむね100年間とする．
③ 政府は、第1項の規定により財政の現況及び見通しを作成したときは、遅滞なく、これを公表しなければならない．
（実施機関）
第2条の5 ① この法律における実施機関は、次の各号に掲げる事務の区分に応じ、当該各号に定める者とする．
1 次号から第4号までに規定する被保険者以外の厚生年金保険の被保険者（以下「第1号厚生年金被保険者」という．）の資格、第1号厚生年金被保険者に係る標準報酬（第28条に規定する標準報酬をいう．以下この項において同じ．）、報酬及び被保険者期間、第1号厚生年金被保険者であつた期間（以下「第1号厚生年金被保険者期間」という．）に基づくこの法律による保険給付、当該保険給付の受給権者、第1号厚生年金被保険者に係る国民年金法（昭和34年法律第141号）第94条の2第1項の規定による基礎年金拠出金の負担、第1号厚生年金被保険者に係る保険料その他この法律の規定による徴収金並びに第1号厚生年金被保険者の保険料に係る運用に関する事務　厚生労働大臣
2 国家公務員共済組合の組合員たる厚生年金保険の被保険者（以下「第2号厚生年金被保険者」という．）の資格、第2号厚生年金被保険者に係る標準報酬、事業所及び被保険者期間、第2号厚生年金被保険者であつた期間（以下「第2号厚生年金被保険者期間」という．）に基づくこの法律による保険給付、当該保険給付の受給権者、第2号厚生年金被保険者に係る国民年金法第94条の2第2項の規定による基礎年金拠出金の納付及び第84条の5第1項の規定による拠出金の納付、第2号厚生年金被保険者に係る保険料その他この法律の規定による徴収金並びに第2号厚生年金被保険者の保険料に係る運用に関する事務　国家公務員共済組合及び国家公務員共済組合連合会
3 地方公務員共済組合の組合員たる厚生年金保険の被保険者（以下「第3号厚生年金被保険者」という．）の資格、第3号厚生年金被保険者に係る標

Ⅰ 公的年金・企業年金

準報酬,事業所及び被保険者期間,第3号厚生年金被保険者であつた期間(以下「第3号厚生年金被保険者期間」という.)に基づくこの法律による保険給付,当該保険給付の受給権者,第3号厚生年金被保険者に係る国民年金法第94条の2第2項の規定による基礎年金拠出金の納付及び第84条の5第1項の規定による拠出金の納付,第3号厚生年金被保険者期間に係る保険料その他この法律の規定による徴収金並びに第3号厚生年金被保険者の保険料に係る運用に関する事務 地方公務員共済組合,全国市町村職員共済組合連合会及び地方公務員共済組合連合会

4 私立学校教職員共済法(昭和28年法律第245号)の規定による私立学校教職員共済制度の加入者たる厚生年金保険の被保険者(以下「第4号厚生年金被保険者」という.)の資格,第4号厚生年金被保険者に係る標準報酬,事業所及び被保険者期間,第4号厚生年金被保険者であつた期間(以下「第4号厚生年金被保険者期間」という.)に基づくこの法律による保険給付,当該保険給付の受給権者,第4号厚生年金被保険者に係る国民年金法第94条の2第2項の規定による基礎年金拠出金の納付及び第84条の5第1項の規定による拠出金の納付,第4号厚生年金被保険者期間に係る保険料その他この法律の規定による徴収金並びに第4号厚生年金被保険者の保険料に係る運用に関する事務 日本私立学校振興・共済事業団

② 前項第3号に掲げる事務のうち,第84条の3,第84条の5,第84条の6,第84条の8及び第84条の9の規定に係るものについては,国家公務員共済組合連合会又は地方公務員共済組合連合会が行い,その他の規定に係るものについては,政令で定めるところにより,同項第2号又は第3号に定める者のうち政令で定めるものが行う.

(用語の定義)
第3条 ① この法律において,次の各号に掲げる用語の意義は,それぞれ当該各号に定めるところによる.
1 保険料納付済期間 国民年金法第5条第1項に規定する保険料納付済期間をいう.
2 保険料免除期間 国民年金法第5条第2項に規定する保険料免除期間をいう.
3 報酬 賃金,給料,俸給,手当,賞与その他いかなる名称であるかを問わず,労働者が,労働の対償として受ける全てのものをいう.ただし,臨時に受けるもの及び3月を超える期間ごとに受けるものは,この限りでない.
4 賞与 賃金,給料,俸給,手当,賞与その他いかなる名称であるかを問わず,労働者が労働の対償として受ける全てのもののうち,3月を超える期間ごとに受けるものをいう.
② この法律において,「配偶者」,「夫」及び「妻」には,婚姻の届出をしていないが,事実上婚姻関係と同様の事情にある者を含むものとする.
第4条・第5条 削除

第2章 被保険者

第1節 資格

(適用事業所)
第6条 ① 次の各号のいずれかに該当する事業若しくは事務所(以下単に「事業所」という.)又は船舶を適用事業所とする.

1 次に掲げる事業の事業所又は事務所であつて,常時5人以上の従業員を使用するもの
 イ 物の製造,加工,選別,包装,修理又は解体の事業
 ロ 土木,建築その他工作物の建設,改造,保存,修理,変更,破壊,解体又はその準備の事業
 ハ 鉱物の採掘又は採取の事業
 ニ 電気又は動力の発生,伝導又は供給の事業
 ホ 貨物又は旅客の運送の事業
 ヘ 貨物積みおろしの事業
 ト 焼却,清掃又はと殺の事業
 チ 物の販売又は配給の事業
 リ 金融又は保険の事業
 ヌ 物の保管又は賃貸の事業
 ル 媒介周旋の事業
 ヲ 集金,案内又は広告の事業
 ワ 教育,研究又は調査の事業
 カ 疾病の治療,助産その他医療の事業
 ヨ 通信又は報道の事業
 タ 社会福祉法(昭和26年法律第45号)に定める社会福祉事業及び更生保護事業法(平成7年法律第86号)に定める更生保護事業
2 前号に掲げるもののほか,国,地方公共団体又は法人の事業所又は事務所であつて,常時従業員を使用するもの
3 船員法(昭和22年法律第100号)第1条に規定する船員(以下単に「船員」という.)として船舶所有者(船員保険法(昭和14年法律第73号)第3条に規定する場合にあつては,同条の規定により船舶所有者とされる者.以下単に「船舶所有者」という.)に使用される者が乗り組む船舶(第59条の2を除き,以下単に「船舶」という.)

② 前項第3号に規定する船舶の船舶所有者は,適用事業所の事業主とみなす.
③ 第1項の事業所以外の事業所の事業主は,厚生労働大臣の認可を受けて,当該事業所を適用事業所とすることができる.
④ 前項の認可を受けようとするときは,当該事業所の事業主は,当該事業所に使用される者(第12条に規定する者を除く.)の2分の1以上の同意を得て,厚生労働大臣に申請しなければならない.

第7条 前条第1項第1号又は第2号の適用事業所が,それぞれ当該各号に該当しなくなつたときは,その事業所について同条第3項の認可があつたものとみなす.

第8条 ① 第6条第3項の適用事業所の事業主は,厚生労働大臣の認可を受けて,当該事業所を適用事業所でなくすることができる.
② 前項の認可を受けようとするときは,当該事業所の事業主は,当該事業所に使用される者(第12条に規定する者を除く.)の4分の3以上の同意を得て,厚生労働大臣に申請しなければならない.

第8条の2 ① 2以上の適用事業所(船舶を除く.)の事業主が同一である場合には,当該事業主は,厚生労働大臣の承認を受けて,当該2以上の適用事業所を1の適用事業所とすることができる.
② 前項の承認があつたときは,当該2以上の適用事業所は,第6条の適用事業所でなくなつたものとみなす.

第8条の3 2以上の船舶の船舶所有者が同一である場合には,当該2以上の船舶は,1の適用事業所と

する．この場合において，当該2以上の船舶は，第6条の適用事業所でないものとみなす．

（被保険者）
第9条 適用事業所に使用される70歳未満の者は，厚生年金保険の被保険者とする．
第10条 ① 適用事業所以外の事業所に使用される70歳未満の者は，厚生労働大臣の認可を受けて，厚生年金保険の被保険者となることができる．
② 前項の認可を受けるには，その事業所の事業主の同意を得なければならない．
第11条 前条の規定による被保険者は，厚生労働大臣の認可を受けて，被保険者の資格を喪失することができる．

（適用除外）
第12条 次の各号のいずれかに該当する者は，第9条及び第10条第1項の規定にかかわらず，厚生年金保険の被保険者としない．
1　臨時に使用される者（船舶所有者に使用される船員を除く．）であつて，次に掲げるもの．ただし，イに掲げる者にあつては1月を超え，ロに掲げる者にあつては所定の期間を超え，引き続き使用されるに至つた場合を除く．
　イ　日々雇い入れられる者
　ロ　2月以内の期間を定めて使用される者
2　所在地が一定しない事業所に使用される者
3　季節的業務に使用される者（船舶所有者に使用される船員を除く．）．ただし，継続して4月を超えて使用されるべき場合は，この限りでない．
4　臨時的事業の事業所に使用される者．ただし，継続して6月を超えて使用されるべき場合は，この限りでない．
5　事業所に使用される者であつて，その一週間の所定労働時間が同一の事業所に使用される短時間労働者の雇用管理の改善等に関する法律（平成5年法律第76号）第2条に規定する通常の労働者（以下この号において「通常の労働者」という．）の一週間の所定労働時間の4分の3未満である同条に規定する短時間労働者（以下この号において「短時間労働者」という．）又はその1月間の所定労働日数が同一の事業所に使用される通常の労働者の1月間の所定労働日数の4分の3未満である短時間労働者に該当し，かつ，イからニまでのいずれかの要件に該当するもの
　イ　1週間の所定労働時間が20時間未満であること．
　ロ　当該事業所に継続して1年以上使用されることが見込まれないこと．
　ハ　報酬（最低賃金法（昭和34年法律第137号）第4条第3項各号に掲げる賃金に相当するものとして厚生労働省令で定めるものを除く．）について，厚生労働省令で定めるところにより，第22条第1項の規定の例により算定した額が，8万8,000円未満であること．
　ニ　学校教育法（昭和22年法律第26号）第50条に規定する高等学校の生徒，同法第83条に規定する大学の学生その他の厚生労働省令で定める者であること．

（資格取得の時期）
第13条 ① 第9条の規定による被保険者は，適用事業所に使用されるに至つた日若しくはその使用される事業所が適用事業所となつた日又は前条の規定に該当しなくなつた日に，被保険者の資格を取得する．
② 第10条第1項の規定による被保険者は，同項の認可があつた日に，被保険者の資格を取得する．

（資格喪失の時期）
第14条 第9条又は第10条第1項の規定による被保険者は，次の各号のいずれかに該当するに至つた日の翌日（その事実があつた日に更に前条に該当するに至つたとき，又は第5号に該当するに至つたときは，その日）に，被保険者の資格を喪失する．
1　死亡したとき．
2　その事業所又は船舶に使用されなくなつたとき．
3　第8条第1項又は第11条の認可があつたとき．
4　第12条の規定に該当するに至つたとき．
5　70歳に達したとき．

（被保険者の種別の変更に係る資格の得喪）
第15条 同一の適用事業所において使用される被保険者について，被保険者の種別（第1号厚生年金被保険者，第2号厚生年金被保険者，第3号厚生年金被保険者又は第4号厚生年金被保険者のいずれであるかの区別をいう．以下同じ．）に変更があつた場合には，前2条の規定は，被保険者の種別ごとに適用する．

第16条・第17条　削　除

（資格の得喪の確認）
第18条 ① 被保険者の資格の取得及び喪失は，厚生労働大臣の確認によつて，その効力を生ずる．ただし，第10条第1項の規定による被保険者の資格の取得及び第14条第5号に該当したことによる被保険者の資格の喪失は，この限りでない．
② 前項の確認は，第27条の規定による届出若しくは第31条第1項の規定による請求により，又は職権で行うものとする．
③ 第1項の確認については，行政手続法（平成5年法律第88号）第3章（第12条及び第14条を除く．）の規定は，適用しない．
④ 第2号厚生年金被保険者，第3号厚生年金被保険者及び第4号厚生年金被保険者の資格の取得及び喪失については，前3項の規定は，適用しない．

（異なる被保険者の種別に係る資格の得喪）
第18条の2 ① 第2号厚生年金被保険者，第3号厚生年金被保険者又は第4号厚生年金被保険者は，第13条の規定にかかわらず，同時に，第1号厚生年金被保険者の資格を取得しない．
② 第1号厚生年金被保険者が同時に第2号厚生年金被保険者，第3号厚生年金被保険者又は第4号厚生年金被保険者の資格を有するに至つたときは，その日に，当該第1号厚生年金被保険者の資格を喪失する．

第2節　被保険者期間
第19条 ① 被保険者期間を計算する場合には，月によるものとし，被保険者の資格を取得した月からその資格を喪失した日の前月までをこれに算入する．
② 被保険者の資格を取得した月にその資格を喪失したときは，その月を1箇月として被保険者期間に算入する．ただし，その月に更に被保険者又は国民年金の被保険者（国民年金法第7条第1項第2号に規定する第2号被保険者を除く．）の資格を取得したときは，この限りでない．
③ 被保険者の資格を喪失した後，更にその資格を取得した者については，前後の被保険者期間を合算する．
④ 前3項の規定は，被保険者の種別ごとに適用する．

⑤ 同一の月において被保険者の種別に変更があつたときは、前項の規定により適用するものとされた第2項の規定にかかわらず、その月は変更後の被保険者の種別の被保険者であつた月（2回以上にわたり被保険者の種別に変更があつたときは、最後の被保険者の種別の被保険者であつた月）とみなす．

第3節　標準報酬月額及び標準賞与額
（標準報酬月額）
第20条　① 標準報酬月額は、被保険者の報酬月額に基づき、次の等級区分（次項の規定により等級区分の改定が行われたときは、改定後の等級区分）によつて定める．

標準報酬月額等級	標準報酬月額	報酬月額
第1級	88,000円	93,000円未満
第2級	98,000円	93,000円以上　101,000円未満
第3級	104,000円	101,000円以上　107,000円未満
第4級	110,000円	107,000円以上　114,000円未満
第5級	118,000円	114,000円以上　122,000円未満
第6級	126,000円	122,000円以上　130,000円未満
第7級	134,000円	130,000円以上　138,000円未満
第8級	142,000円	138,000円以上　146,000円未満
第9級	150,000円	146,000円以上　155,000円未満
第10級	160,000円	155,000円以上　165,000円未満
第11級	170,000円	165,000円以上　175,000円未満
第12級	180,000円	175,000円以上　185,000円未満
第13級	190,000円	185,000円以上　195,000円未満
第14級	200,000円	195,000円以上　210,000円未満
第15級	220,000円	210,000円以上　230,000円未満
第16級	240,000円	230,000円以上　250,000円未満
第17級	260,000円	250,000円以上　270,000円未満
第18級	280,000円	270,000円以上　290,000円未満
第19級	300,000円	290,000円以上　310,000円未満
第20級	320,000円	310,000円以上　330,000円未満
第21級	340,000円	330,000円以上　350,000円未満
第22級	360,000円	350,000円以上　370,000円未満
第23級	380,000円	370,000円以上　395,000円未満
第24級	410,000円	395,000円以上　425,000円未満
第25級	440,000円	425,000円以上　455,000円未満
第26級	470,000円	455,000円以上　485,000円未満
第27級	500,000円	485,000円以上　515,000円未満
第28級	530,000円	515,000円以上　545,000円未満
第29級	560,000円	545,000円以上　575,000円未満
第30級	590,000円	575,000円以上　605,000円未満
第31級	620,000円	605,000円以上

② 毎年3月31日における全被保険者の標準報酬月額を平均した額の100分の200に相当する額が標準報酬月額の最高等級の標準報酬月額を超える場合において、その状態が継続すると認められるときは、その年の9月1日から、健康保険法（大正11年法律第70号）第40条第1項に規定する標準報酬月額の等級区分を参酌して、政令で、当該最高等級の上に更に等級を加える標準報酬月額の等級区分の改定を行うことができる．

（定時決定）
第21条　① 実施機関は、被保険者が毎年7月1日現に使用される事業所において同日前3月間（その事業所で継続して使用された期間に限るものとし、かつ、報酬支払の基礎となつた日数が17日（厚生労働省令で定める者にあつては、11日．第23条第1項、第23条の2第1項及び第23条の3第1項において同じ．）未満である月があるときは、その月を除く．）に受けた報酬の総額をその期間の月数で除して得た額を報酬月額として、標準報酬月額を決定する．

② 前項の規定によつて決定された標準報酬月額は、その年の9月から翌年の8月までの各月の標準報酬月額とする．

③ 第1項の規定は、6月1日から7月1日までの間に被保険者の資格を取得した者及び第23条、第23条の2又は第23条の3の規定により7月から9月までのいずれかの月から標準報酬月額を改定し、又は改定されるべき被保険者については、その年に限り適用しない．

（被保険者の資格を取得した際の決定）
第22条　① 実施機関は、被保険者の資格を取得した者があるときは、次の各号に規定する額を報酬月額として、標準報酬月額を決定する．
1　月、週その他一定期間によつて報酬が定められる場合には、被保険者の資格を取得した日の現在の報酬の額をその期間の総日数で除して得た額の30倍に相当する額
2　日、時間、出来高又は請負によつて報酬が定められる場合には、被保険者の資格を取得した月前1月間に当該事業所で、同様の業務に従事し、かつ、同様の報酬を受ける者が受けた報酬の額を平均した額
3　前2号の規定によつて算定することが困難であるものについては、被保険者の資格を取得した月前1月間に、その地方で、同様の業務に従事し、かつ、同様の報酬を受ける者が受けた報酬の額
4　前3号の2以上に該当する報酬を受ける場合には、それぞれについて、前3号の規定によつて算定した額の合算額

② 前項の規定によつて決定された標準報酬月額は、被保険者の資格を取得した月からその年の8月（6月1日から12月31日までの間に被保険者の資格を取得した者については、翌年の8月）までの各月の標準報酬月額とする．

（改定）
第23条　① 実施機関は、被保険者が現に使用される事業所において継続した3月間（各月とも、報酬支払の基礎となつた日数が、17日以上でなければならない．）に受けた報酬の総額を3で除して得た額が、その者の標準報酬月額の基礎となつた報酬月額に比べて、著しく高低を生じた場合において、必要があると認めるときは、その額を報酬月額として、その著しく高低を生じた月の翌月から、標準報酬月額を改定することができる．

② 前項の規定によつて改定された標準報酬月額は、その年の8月（7月から12月までのいずれかの月から改定されたものについては、翌年の8月）までの各月の標準報酬月額とする．

（育児休業等を終了した際の改定）
第23条の2　① 実施機関は、育児休業、介護休業等育児又は家族介護を行う労働者の福祉に関する法律（平成3年法律第76号．以下この項において「育児・介護休業法」という．）第2条第1号に規定する育児休業若しくは育児・介護休業法第23条第2

項の育児休業に関する制度に準ずる措置若しくは育児・介護休業法第24条第1項(第2号に係る部分に限る.)の規定により同項第2号に規定する育児休業に関する制度に準じて講ずる措置による休業,国会職員の育児休業等に関する法律(平成3年法律第108号)第3条第1項の規定による育児休業,国家公務員の育児休業等に関する法律(平成3年法律第109号)第3条第1項(同法第27条第1項及び裁判所職員臨時措置法(昭和26年法律第299号)(第7号に係る部分に限る.)において準用する場合を含む.)の規定による育児休業,地方公務員の育児休業等に関する法律(平成3年法律第110号)第2条第1項の規定による育児休業又は裁判官の育児休業に関する法律(平成3年法律第111号)第2条第1項の規定による育児休業(以下「育児休業等」という.)を終了した被保険者が,当該育児休業等を終了した日(以下この条において「育児休業等終了日」という.)において育児・介護休業法第2条第1号に規定する子その他これに類する者として政令で定めるもの(第26条において「子」という.)であつて,当該育児休業等に係る3歳に満たないものを養育する場合において,その使用される事業所の事業主を経由して主務省令で定めるところにより実施機関に申出をしたときは,第21条の規定にかかわらず,育児休業等終了日の翌日が属する月以後3月間(育児休業等終了日の翌日において使用される事業所で継続して使用された期間に限るものとし,かつ,報酬支払の基礎となつた日数が17日未満である月があるときは,その月を除く.)に受けた報酬の総額をその期間の月数で除して得た額を報酬月額として,標準報酬月額を改定する.ただし,育児休業等終了日の翌日に次条第1項に規定する産前産後休業を開始している被保険者は,この限りでない.

② 前項の規定によつて改定された標準報酬月額は,産前産後休業終了日の翌日から起算して2月を経過した日の属する月の翌月からその年の8月(当該月が7月から12月までのいずれかの月である場合は,翌年の8月)までの各月の標準報酬月額とする.

③ 第2号厚生年金被保険者及び第3号厚生年金被保険者について,第1項の規定を適用する場合においては,同項中「その使用される事業所の事業主を経由して主務省令」とあるのは,「主務省令」とする.

(報酬月額の算定の特例)
第24条 ① 被保険者の報酬月額が,第21条第1項,第22条第1項,第23条の2第1項若しくは前条第1項の規定によつて算定することが困難であるとき,又は第21条第1項,第22条第1項,第23条第1項,第23条の2第1項若しくは前条第1項の規定によつて算定した額が著しく不当であるときは,これらの規定にかかわらず,実施機関が算定する額を当該被保険者の報酬月額とする.

② 同時に2以上の事業所で報酬を受ける被保険者について報酬月額を算定する場合においては,各事業所について,第21条第1項,第22条第1項,第23条第1項,第23条の2第1項若しくは前条第1項又は前項の規定によつて算定した額の合算額をその者の報酬月額とする.

(船員たる被保険者の標準報酬月額)
第24条の2 船員たる被保険者の標準報酬月額の決定及び改定については,第21条から前条までの規定にかかわらず,船員保険法第17条から第20条まで及び第23条の規定の例による.

(政令への委任)
第24条の3 第21条から第24条までに定めるもののほか,報酬月額の算定に関し必要な事項は,政令で定める.

(標準賞与額の決定)
第24条の4 ① 実施機関は,被保険者が賞与を受けた月において,その月に当該被保険者が受けた賞与の額に基づき,これに1000円未満の端数を生じたときはこれを切り捨てて,その月における標準賞与額を決定する.この場合において,当該標準賞与額が150万円(第20条第2項の規定による標準報酬月額の等級区分の改定が行われたときは,政令で定める額.以下この項において同じ.)を超えるときは,これを150万円とする.

② 第24条の規定は,標準賞与額の算定について準用する.

(現物給与の価額)
第25条 報酬又は賞与の全部又は一部が,通貨以外のもので支払われる場合においては,その価額は,その地方の時価によつて,厚生労働大臣が定める.

(3歳に満たない子を養育する被保険者等の標準報酬月額の特例)
第26条 ① 3歳に満たない子を養育し,又は養育していた被保険者又は被保険者であつた者が,主務省令で定めるところにより実施機関に申出(被保険者にあつては,その使用される事業所の事業主を経由して行うものとする.)をしたときは,当該子を養育することとなつた日(厚生労働省令で定める事実が生じたときは,その日)の属する月から次の各号のいずれかに該当するに至つた日の翌日の属する月の前月までの各月のうち,その標準報酬月額が当該子を養育することとなつた日の属する月の前月(当該月において被保険者でない場合にあつては,当該月前1年以内における被保険者であつた月のうち直近の月.以下この条において「基準月」という.)の標準報酬月額(この項の規定により当該子以外の子に係る基準月の標準報酬月額が標準報酬月額とみなされている場合にあつては,当該みなされた基準月の標準報酬月額.以下「従前標準報酬月額」という.)を下回る月(当該申出が行われた日の属する月前の月にあつては,当該申出が行われた日の属する月の前月までの2年間のうちにあるものに限る.)については,従前標準報酬月額を当該下回る月の第43条第1項に規定する平均標準報酬額の計算の基礎となる標準報酬月額とみなす.

1 当該子が3歳に達したとき.
2 第14条各号のいずれかに該当するに至つたとき.
3 当該子以外の子についてこの条の規定の適用を受けることとなつたとき当該子以外の子を養育することとなつたときその他これに準ずる事実として厚生労働省令で定めるものが生じたとき.
4 当該子が死亡したときその他当該被保険者が当該子を養育しないこととなつたとき.
5 当該被保険者に係る第81条の2第1項の規定の適用を受ける育児休業等を開始したとき.
6 当該被保険者に係る第81条の2の2第1項の規定の適用を受ける産前産後休業を開始したとき.

② 前項の規定の適用による年金たる保険給付の額の改定その他前項の規定の適用に関し必要な事項

は、政令で定める。
③ 第1項第6号の規定に該当した者（同項の規定により当該子以外の子に係る基準月の標準報酬月額を除く。）に対する同項の規定の適用については、同項中「この項の規定により当該子以外の子に係る基準月の標準報酬月額が標準報酬月額とみなされている場合にあつては、当該みなされた基準月の標準報酬月額」とあるのは、「第6号の規定の適用がなかつたとしたならば、この項の規定により当該子以外の子に係る基準月の標準報酬月額とみなされる場合にあつては、当該みなされることとなる基準月の標準報酬月額」とする。
④ 第2号厚生年金被保険者であり、若しくはあつた者又は第3号厚生年金被保険者であり、若しくはあつた者について、第1項の規定を適用する場合においては、同項中「申出（被保険者にあつては、その使用される事業所の事業主を経由して行うものとする。）」とあるのは、「申出」とする。

第4節　届出、記録等

（届出）
第27条　適用事業所の事業主又は第10条第2項の同意をした事業主（以下単に「事業主」という。）は、厚生労働省令で定めるところにより、被保険者（被保険者であつた70歳以上の者であつて適用事業所に使用されるものとして厚生労働省令で定める要件に該当するもの（以下「70歳以上の使用される者」という。）を含む。）の資格の取得及び喪失（70歳以上の使用される者にあつては、厚生労働省令で定める要件に該当するに至つた日及び当該要件に該当しなくなつた日）並びに報酬月額及び賞与額に関する事項を厚生労働大臣に届け出なければならない。

（記録）
第28条　実施機関は、被保険者に関する原簿を備え、これに被保険者の氏名、資格の取得及び喪失の年月日、標準報酬（標準報酬月額及び標準賞与額をいう。以下同じ。）、基礎年金番号（国民年金法第14条に規定する基礎年金番号をいう。）その他主務省令で定める事項を記録しなければならない。

（訂正の請求）
第28条の2　① 第1号厚生年金被保険者であり、又はあつた者は、前条の原簿（以下「厚生年金保険原簿」という。）に記録された自己に係る特定厚生年金保険原簿記録（第1号厚生年金被保険者の資格の取得及び喪失の年月日、標準報酬その他厚生労働省令で定める事項の内容をいう。以下この項において同じ。）が事実でない、又は厚生年金保険原簿に自己に係る特定厚生年金保険原簿記録が記録されていないと思料するときは、厚生労働省令で定めるところにより、厚生労働大臣に対し、厚生年金保険原簿の訂正の請求をすることができる。
② 前項の規定は、第1号厚生年金被保険者であり、又はあつた者が死亡した場合において、次の表の上欄に掲げる者について準用する。この場合において、同項中「自己」とあるのは、同表の上欄に掲げる者の区分に応じ、同表の下欄に掲げる字句に読み替えるものとする。

第37条の規定により未支給の保険給付の支給を請求することができる者	死亡した保険給付の受給権者
遺族厚生年金を受けることができる遺族	死亡した第1号厚生年金被保険者であり、又はあつた者

③ 第1項の規定は、第78条の6第3項又は第78条の14第4項の規定により被保険者期間であつたものとみなされた期間（第1号厚生年金被保険者期間に係るものに限る。）を有する者（第1号厚生年金被保険者であり、又はあつた者を除く。）について準用する。

（訂正に関する方針）
第28条の3　① 厚生労働大臣は、前条第1項（同条第2項及び第3項において準用する場合を含む。）の規定による請求（次条において「訂正請求」という。）に係る厚生年金保険原簿の訂正に関する方針を定めなければならない。
② 厚生労働大臣は、前項の方針を定め、又は変更しようとするときは、あらかじめ、社会保障審議会に諮問しなければならない。

（訂正請求に対する措置）
第28条の4　① 厚生労働大臣は、訂正請求に理由があると認めるときは、当該訂正請求に係る厚生年金保険原簿の訂正をする旨を決定しなければならない。
② 厚生労働大臣は、前項の規定による決定をする場合を除き、当該訂正請求に係る厚生年金保険原簿の訂正をしない旨を決定しなければならない。
③ 厚生労働大臣は、前2項の規定による決定をしようとするときは、あらかじめ、社会保障審議会に諮問しなければならない。

（通知）
第29条　① 厚生労働大臣は、第8条第1項、第10条第1項若しくは第11条の規定による認可、第18条第1項の規定による確認又は標準報酬の決定若しくは改定（第78条の6第1項及び第2項並びに第78条の14第2項及び第3項の規定による標準報酬の改定又は決定を除く。）を行つたときは、その旨を当該事業主に通知しなければならない。
② 事業主は、前項の通知があつたときは、すみやかに、これを被保険者又は被保険者であつた者に通知しなければならない。
③ 被保険者が被保険者の資格を喪失した場合において、その者の所在が明らかでないため前項の通知をすることができない場合においては、事業主は、厚生労働大臣にその旨を届け出なければならない。
④ 厚生労働大臣は、前項の届出があつたときは、所在が明らかでない者について第1項の規定により事業主に通知した事項を公告しなければならない。
⑤ 厚生労働大臣は、事業所が廃止された場合その他やむを得ない事情のため第1項の通知をすることができない場合においては、同項の通知に代えて、その通知すべき事項を公告しなければならない。

第30条　① 厚生労働大臣は、第27条の規定による届出があつた場合において、その届出に係る事実がないと認めるときは、その旨をその届出をした事業主に通知しなければならない。
② 前条第2項から第5項までの規定は、前項の通知について準用する。

（確認の請求）
第31条　① 被保険者又は被保険者であつた者は、いつでも、第18条第1項の規定による確認を請求することができる。

② 厚生労働大臣は、前項の規定による請求があつた場合において、その請求に係る事実がないと認めるときは、その請求を却下しなければならない。
(被保険者に対する情報の提供)
第31条の2 実施機関は、厚生年金保険制度に対する国民の理解を増進させ、及びその信頼を向上させるため、主務省令で定めるところにより、被保険者に対し、当該被保険者の保険料納付の実績及び将来の給付に関する必要な情報を分かりやすい形で通知するものとする。
(適用除外)
第31条の3 第2号厚生年金被保険者であり、若しくはあつた者、第3号厚生年金被保険者であり、若しくはあつた者又は第4号厚生年金被保険者であり、若しくはあつた者及びこれらの者に係る事業主については、この節の規定(第28条及び前条を除く。)は、適用しない。

第3章 保険給付

第1節 通則
(保険給付の種類)
第32条 この法律による保険給付は、次のとおりとし、政府及び実施機関(厚生労働大臣を除く。第34条第1項、第40条、第79条第1項及び第2項、第81条第1項、第84条の5第2項並びに第84条の6第2項並びに附則第23条の3において「政府等」という。)が行う。
1 老齢厚生年金
2 障害厚生年金及び障害手当金
3 遺族厚生年金
(裁定)
第33条 保険給付を受ける権利は、その権利を有する者(以下「受給権者」という。)の請求に基づいて、実施機関が裁定する。
(調整期間)
第34条 ① 政府は、第2条の4第1項の規定により財政の現況及び見通しを作成するに当たり、厚生年金保険事業の財政が、財政均衡期間の終了時に保険給付の支給に支障が生じないようにするために必要な積立金(年金特別会計の厚生年金勘定の積立金及び第79条の2に規定する実施機関積立金をいう。)を政府等が保有しつつ当該財政均衡期間にわたつてその均衡を保つことができないと見込まれる場合には、保険給付の額を調整するものとし、政令で、保険給付の額を調整する期間(以下「調整期間」という。)の開始年度を定めるものとする。
② 財政の現況及び見通しにおいて、前項の調整を行う必要がなくなつたと認められるときは、政令で、調整期間の終了年度を定めるものとする。
③ 政府は、調整期間において財政の現況及び見通しを作成するときは、調整期間の終了年度の見通しについても作成し、併せて、これを公表しなければならない。
(端数処理)
第35条 ① 保険給付を受ける権利を裁定する場合又は保険給付の額を改定する場合において、保険給付の額に50銭未満の端数が生じたときは、これを切り捨て、50銭以上1円未満の端数が生じたときは、これを1円に切り上げるものとする。
② 前項に規定するもののほか、保険給付の額を計算する場合において生じる1円未満の端数の処理については、政令で定める。
(年金の支給期間及び支給期月)
第36条 ① 年金の支給は、年金を支給すべき事由が生じた月の翌月から始め、権利が消滅した月で終るものとする。
② 年金は、その支給を停止すべき事由が生じたときは、その事由が生じた月の翌月からその事由が消滅した月までの間は、支給しない。
③ 年金は、毎年2月、4月、6月、8月、10月及び12月の6期に、それぞれその前月分までを支払う。ただし、前支払期月に支払うべきであつた年金又は権利が消滅した場合若しくは年金の支給を停止した場合におけるその期の年金は、支払期月でない月であつても、支払うものとする。
(2月期支払の年金の加算)
第36条の2 ① 前条第3項の規定による支払額に1円未満の端数が生じたときは、これを切り捨てるものとする。
② 毎年3月から翌年2月までの間において前項の規定により切り捨てた金額の合計額(1円未満の端数が生じたときは、これを切り捨てた額)については、これを当該2月の支払期月の年金に加算するものとする。
(未支給の保険給付)
第37条 ① 保険給付の受給権者が死亡した場合において、その死亡した者に支給すべき保険給付でまだその者に支給しなかつたものがあるときは、その者の配偶者、子、父母、孫、祖父母、兄弟姉妹又はこれらの者以外の3親等内の親族であつて、その者の死亡の当時その者と生計を同じくしていたものは、自己の名で、その未支給の保険給付の支給を請求することができる。
② 前項の場合において、死亡した者が遺族厚生年金の受給権者である妻であつたときは、その者の死亡の当時その者と生計を同じくしていた被保険者又は被保険者であつた者の子であつて、その者の死亡によつて遺族厚生年金の支給の停止が解除されたものは、同項に規定する子とみなす。
③ 第1項の場合において、死亡した受給権者が死亡前にその保険給付を請求していなかつたときは、同項に規定する者は、自己の名で、その保険給付を請求することができる。
④ 未支給の保険給付を受けるべき者の順位は、政令で定める。
⑤ 未支給の保険給付を受けるべき同順位者が2人以上あるときは、その1人のした請求は、全員のためにその全額につきしたものとみなし、その1人に対してした支給は、全員に対してしたものとみなす。
(併給の調整)
第38条 ① 障害厚生年金は、その受給権者が他の年金たる保険給付又は国民年金法による年金たる給付(当該障害厚生年金と同一の支給事由に基づいて支給される障害基礎年金を除く。)を受けることができるときは、その間、その支給を停止する。老齢厚生年金の受給権者が他の年金たる保険給付(遺族厚生年金を除く。)又は同法による年金たる給付(老齢基礎年金及び付加年金並びに障害基礎年金を除く。)を受けることができる場合における当該老齢厚生年金及び遺族厚生年金の受給権者が他の年金たる保険給付(老齢厚生年金を除く。)又は同法による年金たる給付(老齢基礎年金及び付加年金、障害基礎年金並びに当該遺族厚生年金と同

一の支給事由に基づいて支給される遺族基礎年金を除く.)を受けることができる場合における当該遺族厚生年金については,同様とする.
② 前項の規定によりその支給を停止するものとされた年金たる保険給付の受給権者は,同項の規定にかかわらず,その支給の停止を申請することができる. ただし,その者に係る同項に規定する他の年金たる保険給付又は国民年金法による年金たる給付について,この項の本文若しくは次項又は他の法令の規定でこれらに相当するものとして政令で定めるものによりその支給の停止が解除されているときは,この限りでない.
③ 第1項の規定によりその支給を停止するものとされた年金たる保険給付について,その支給を停止すべき事由が生じた日の属する月分の支給が行われる場合は,その事由が生じたときにおいて,当該年金たる保険給付に係る前項の申請があつたものとみなす.
④ 第2項の申請(前項の規定により第2項の申請があつたものとみなされた場合における当該申請を含む.)は,いつでも,将来に向かつて撤回することができる.

(受給権者の申出による支給停止)
第38条の2 ① 年金たる保険給付(この法律の他の規定又は他の法令の規定によりその全額につき支給を停止されている年金たる保険給付を除く.)は,その受給権者の申出により,その全額の支給を停止する. ただし,この法律の他の規定又は他の法令の規定によりその額の一部につき支給を停止されているときは,停止されていない部分の額の支給を停止する.
② 前項ただし書のその額の一部につき支給を停止されている年金たる保険給付について,この法律の他の規定又は他の法令の規定による支給停止が解除されたときは,前項本文の年金たる保険給付の全額の支給を停止する.
③ 第1項の申出は,いつでも,将来に向かつて撤回することができる.
④ 第1項又は第2項の規定により支給を停止されている年金給付は,政令で定める法令の規定の適用については,その支給を停止されていないものとみなす.
⑤ 第1項の規定による支給停止の方法その他前各項の規定の適用に関し必要な事項は,政令で定める.

(年金の支払の調整)
第39条 ① 乙年金の受給権者が甲年金の受給権を取得したため乙年金の受給権が消滅し,又は同1人に対して乙年金の支給を停止して甲年金を支給すべき場合において,乙年金の受給権者が消滅し,又は乙年金の支給を停止すべき事由が生じた月の翌月以後の分として,乙年金の支払が行われたときは,その支払われた乙年金は,甲年金の内払とみなす.
② 年金の支給を停止すべき事由が生じたにもかかわらず,その停止すべき期間の分として年金が支払われたときは,その支払われた年金は,その後に支払うべき年金の内払とみなすことができる. 年金を減額して改定すべき事由が生じたにもかかわらず,その事由が生じた月の翌月以後の分として減額しない額の年金が支払われたときにおける当該年金の当該減額すべきであつた部分についても,同様とする.
③ 同1人に対して国民年金法による年金たる給付の支給を停止して年金たる保険給付(厚生労働大臣が支給するものに限る. 以下この項において同じ.)を支給すべき場合において,年金たる保険給付を支給すべき事由が生じた月の翌月以後の分として同法による年金たる給付の支払が行われたときは,その支払われた同法による年金たる給付は,年金たる保険給付の内払とみなすことができる.

第39条の2 年金たる保険給付の受給権者が死亡したためその受給権が消滅したにもかかわらず,その死亡の日の属する月の翌月以後の分として当該年金たる保険給付の過誤払が行われた場合において,当該過誤払による返還金に係る債権(以下「返還金債権」という.)に係る債務の弁済をすべき者に支払うべき年金たる保険給付があるときは,厚生労働省令で定めるところにより,当該年金たる保険給付の支払金の金額を当該過誤払による返還金債権の金額に充当することができる.

(損害賠償請求権)
第40条 ① 政府等は,事故が第3者の行為によつて生じた場合において,保険給付をしたときは,その給付の価額の限度で,受給権者が第3者に対して有する損害賠償の請求権を取得する.
② 前項の場合において,受給権者が,当該第3者から同一の事由について損害賠償を受けたときは,政府等は,その価額の限度で,保険給付をしないことができる.

(不正利得の徴収)
第40条の2 偽りその他不正の手段により保険給付を受けた者があるときは,実施機関は,受給額に相当する金額の全部又は一部をその者から徴収することができる.

(受給権の保護及び公課の禁止)
第41条 ① 保険給付を受ける権利は,譲り渡し,担保に供し,又は差し押えることができない. ただし,年金たる保険給付を受ける権利を別に法律で定めるところにより担保に供する場合及び老齢厚生年金を受ける権利を国税滞納処分(その例による処分を含む.)により差し押える場合は,この限りでない.
② 租税その他の公課は,保険給付として支給を受けた金銭を標準として,課することができない. ただし,老齢厚生年金については,この限りでない.

第2節 老齢厚生年金

(受給権者)
第42条 老齢厚生年金は,被保険者期間を有する者が,次の各号のいずれにも該当するに至つたときに,その者に支給する.
1 65歳以上であること.
2 保険料納付済期間と保険料免除期間とを合算した期間が10年以上であること.

(年金額)
第43条 ① 老齢厚生年金の額は,被保険者であつた全期間の平均標準報酬額(被保険者期間の計算の基礎となる各月の標準報酬月額と標準賞与額に,別表各号に掲げる受給権者の区分に応じてそれぞれ当該各号に定める率(以下「再評価率」という.)を乗じて得た総額を,当該被保険者期間の月数で除して得た額をいう. 附則第17条の6第1項及び第29条第3項を除き,以下同じ.)の1000分の5.481に相当する額に被保険者期間の月数を乗じて得た額とする.
② 老齢厚生年金の額については,受給権者がその権

利を取得した月以後における被保険者であつた期間は、その計算の基礎としない。
③ 被保険者である受給権者がその被保険者の資格を喪失し、かつ、被保険者となることなくして被保険者の資格を喪失した日から起算して1月を経過したときは、前項の規定にかかわらず、その被保険者の資格を喪失した月前における被保険者であつた期間を老齢厚生年金の額の計算の基礎とするものとし、資格を喪失した日（第14条第2号から第4号までのいずれかに該当するに至つた日にあつては、その日）から起算して1月を経過した日の属する月から、年金の額を改定する。

(再評価率の改定等)
第43条の2 ① 再評価率については、毎年度、第1号に掲げる率（以下「物価変動率」という。）に第2号及び第3号に掲げる率を乗じて得た率（以下「名目手取り賃金変動率」という。）を基準として改定し、当該年度の4月以降の保険給付について適用する。
1 当該年度の初日の属する年の前年の物価指数（総務省において作成する年平均の全国消費者物価指数をいう。以下同じ。）に対する当該年度の初日の属する年の前年の物価指数の比率
2 イに掲げる率をロに掲げる率で除して得た率の3乗根となる率
 イ 当該年度の初日の属する年の5年前の年の4月1日の属する年度における被保険者に係る標準報酬平均額（各年度における標準報酬の総額を各年度における被保険者の数で除して得た額を12で除して得た額に相当する額として、被保険者の性別構成及び年齢別構成並びに標準報酬の分布状況の変動を参酌して政令で定めるところにより算定した額をいう。以下この号において同じ。）に対する当該年度の前々年度における被保険者に係る標準報酬平均額の比率
 ロ 当該年度の初日の属する年の5年前の年における物価指数に対する当該年度の初日の属する年の前々年の物価指数の比率
3 イに掲げる率をロに掲げる率で除して得た率
 イ 0.910から当該年度の初日の属する年の3年前の年の9月1日における この法律の規定による保険料率（以下「保険料率」という。）の2分の1に相当する率を控除して得た率
 ロ 0.910から当該年度の初日の属する年の4年前の年の9月1日における保険料率の2分の1に相当する率を控除して得た率
② 次の各号に掲げる再評価率の改定については、前項の規定にかかわらず、当該各号に定める率を基準とする。
1 当該年度の前年度に属する月の標準報酬（以下「前年度の標準報酬」という。）に係る再評価率 前項第3号に掲げる率（以下「可処分所得割合変化率」という。）
2 当該年度の前々年度又は当該年度の初日の属する年の3年前の年の4月1日の属する年度に属する月の標準報酬（以下「前々年度等の標準報酬」という。）に係る再評価率 物価変動率に可処分所得割合変化率を乗じて得た率
③ 名目手取り賃金変動率が1を下回り、かつ、物価変動率が名目手取り賃金変動率を上回る場合における再評価率（前項各号に掲げる再評価率を除く。）の改定については、第1項の規定にかかわらず、物価変動率を基準とする。ただし、物価変動率が1を上回る場合は、1を基準とする。
④ 当該年度に属する月の標準報酬に係る再評価率については、当該年度の前年度におけるその年度に属する月の標準報酬に係る再評価率に可処分所得割合変化率を乗じて得た率を基準として設定する。
⑤ 前各項の規定による再評価率の改定又は設定の措置は、政令で定める。

第43条の3 ① 受給権者が65歳に達した日の属する年度の初日の属する年の3年後の年の4月1日の属する年度以後において適用される再評価率（以下「基準年度以後再評価率」という。）の改定については、前条の規定にかかわらず、物価変動率を基準とする。
② 前年度の標準報酬及び前々年度等の標準報酬に係る基準年度以後再評価率の改定については、前項の規定にかかわらず、前条第2項各号の規定を適用する。
③ 次の各号に掲げる場合における基準年度以後再評価率（前項に規定する基準年度以後再評価率を除く。）の改定については、第1項の規定にかかわらず、当該各号に定める率を基準とする。
1 物価変動率が名目手取り賃金変動率を上回り、かつ、名目手取り賃金変動率が1以上となるとき 名目手取り賃金変動率
2 物価変動率が1を上回り、かつ、名目手取り賃金変動率が1を下回るとき 1
④ 前3項の規定による基準年度以後再評価率の改定の措置は、政令で定める。

(調整期間における再評価率の改定等の特例)
第43条の4 ① 調整期間における再評価率の改定については、前2条の規定にかかわらず、名目手取り賃金変動率に第1号及び第2号に掲げる率を乗じて得た率を基準とする。ただし、当該規定による改定により当該年度の再評価率（次項各号に掲げる再評価率を除く。以下この項において同じ。）が当該年度の前年度の再評価率を下回ることとなるときは、1を基準とする。
1 当該年度の初日の属する年の5年前の年の4月1日の属する年度における公的年金の被保険者（この法律又は国民年金法の被保険者をいう。）の総数として政令で定めるところにより算定した数（以下この号において「公的年金被保険者総数」という。）に対する当該年度の前々年度における公的年金被保険者総数の比率の3乗根となる率
2 0.997
② 調整期間における次の各号に掲げる再評価率の改定については、前項の規定にかかわらず、当該各号に定める率を基準とする。
1 前年度の標準報酬に係る再評価率 可処分所得割合変化率に前項各号に掲げる率を乗じて得た率（同項ただし書の規定による改定が行われる場合にあつては、当該乗じて得た率に、1を同項本文に規定する率で除して得た率を乗じて得た率）
2 前々年度の標準報酬に係る再評価率 物価変動率に可処分所得割合変化率及び前項各号に掲げる率を乗じて得た率（同項ただし書の規定による改定が行われる場合にあつては、当該乗じて得た率に、1を同項本文に規定する率で除して得た率を乗じて得た率）
③ 調整期間における当該年度に属する月の標準報酬に係る再評価率の設定については、第43条の2

第4項の規定にかかわらず,当該年度の前年度におけるその年度に属する月の標準報酬額に係る再評価率に,可処分所得割合変化率及び第1項各号に掲げる率を乗じて得た率を基準とする.ただし,ただし書の規定による改定が行われる場合は,当該乗じて得た率に,1を同項本文に規定する率で除して得た率を乗じて得た率を基準とする.
④ 次の各号に掲げる場合の調整期間における再評価率の改定又は設定については,前3項の規定にかかわらず,当該各号に定める率を適用する.
  1 名目手取り賃金変動率が1以上となり,かつ,第1項第1号に掲げる率に同項第2号に掲げる率を乗じて得た率(以下「調整率」という.)が1を上回るとき 第43条の2第1項,第2項及び第4項
  2 名目手取り賃金変動率が1を下回り,かつ,物価変動率が名目手取り賃金変動率以下となるとき 第43条の2第1項,第2項及び第4項
  3 名目手取り賃金変動率が1を下回り,かつ,物価変動率が名目手取り賃金変動率を上回るとき 第43条の2第2項から第4項まで
⑤ 前各項の規定による再評価率の改定又は設定の措置は,政令で定める.

第43条の5 ① 調整期間における基準年度以後再評価率の改定については,前条の規定にかかわらず,物価変動率に調整率を乗じて得た率とする.ただし,当該基準による改定により当該年度の基準年度以後再評価率(次項各号に掲げる基準年度以後再評価率を除く.)が当該年度の基準年度以後再評価率(当該年度が65歳に達した日の属する年度の初日の属する年の3年後の年の4月1日の属する年度である場合にあつては,再評価率)を下回ることとなるときは,1を基準とする.
② 調整期間における次の各号に掲げる基準年度以後再評価率の改定については,前項の規定にかかわらず,当該各号に定める率を基準とする.
  1 前年度の標準報酬に係る基準年度以後再評価率に可処分所得割合変化率に調整率を乗じて得た率(前項ただし書の規定による改定が行われる場合にあつては,当該乗じて得た率に,1を同項本文に規定する率で除して得た率を乗じて得た率)
  2 前々年度等の標準報酬に係る基準年度以後再評価率 物価変動割合変化率及び調整率を乗じて得た率(前項ただし書の規定による改定が行われる場合にあつては,当該乗じて得た率に,1を同項本文に規定する率で除して得た率を乗じて得た率)
③ 調整期間における当該年度に属する月の標準報酬に係る基準年度以後再評価率の設定については,前条第3項の規定にかかわらず,当該年度の前年度における当該年度に属する月の標準報酬に係る基準年度以後再評価率(当該年度が65歳に達した日の属する年度の初日の属する年の3年後の年の4月1日の属する年度である場合にあつては,再評価率)に,可処分所得割合変化率及び調整率を乗じて得た率を基準とする.ただし,第1項ただし書の規定による改定が行われる場合は,当該乗じて得た率に,1を同項本文に規定する率で除して得た率を乗じて得た率を基準とする.
④ 次の各号に掲げる場合の調整期間における基準年度以後再評価率の改定又は設定については,前3項の規定にかかわらず,当該各号に定める率を適用する.
  1 物価変動率が1を下回るとき 第43条の2第4項並びに第43条の3第1項及び第2項
  2 物価変動率が名目手取り賃金変動率を下回り,かつ,調整率が1を上回るとき(前号に掲げる場合を除く.) 第43条の2第4項並びに第43条の3第1項及び第2項
  3 物価変動率が名目手取り賃金変動率を上回り,名目手取り賃金変動率が1以上となり,かつ,調整率が1を上回るとき 第43条の2第1項,第2項及び第4項
  4 物価変動率が名目手取り賃金変動率を上回り,名目手取り賃金変動率が1以上となり,かつ,調整率が1以下となるとき 前条第1項から第3項まで
  5 物価変動率が1を上回り,かつ,名目手取り賃金変動率が1を下回るとき 第43条の2第2項,第3項ただし書及び第4項
⑤ 前各項の規定による基準年度以後再評価率の改定又は設定の措置は,政令で定める.

(加給年金額)
第44条 ① 老齢厚生年金(その年金額の計算の基礎となる被保険者期間の月数が240以上であるものに限る.)の額は,受給権者がその権利を取得した当時(その権利を取得した当時,当該老齢厚生年金の額の計算の基礎となる被保険者期間の月数が240未満であつたときは,第43条第3項の規定により当該月数が240以上となるに至つた当時.第3項において同じ.)その者によつて生計を維持していたその者の65歳未満の配偶者又は子(18歳に達する日以後の最初の3月31日までの間にある子及び20歳未満で第47条第2項に規定する障害等級(以下この条において単に「障害等級」という.)の1級若しくは2級に該当する障害の状態にある子に限る.)があるときは,第43条の規定にかかわらず,同条に定める額に加給年金額を加算した額とする.ただし,国民年金法第33条の2第1項の規定により加算が行われている子があるとき(当該子について加算する額に相当する部分の全額につき支給を停止されているときを除く.)は,その間,当該子について加算する額に相当する部分の支給を停止する.
② 前項に規定する加給年金額は,同項に規定する配偶者については224700円に国民年金法第27条に規定する改定率であつて同法第27条の3及び第27条の5の規定の適用がないものとして改定したもの(以下この章において「改定率」という.)を乗じて得た額(その額に50円未満の端数が生じたときは,これを切り捨て,50円以上100円未満の端数が生じたときは,これを100円に切り上げるものとする.)とし,同項に規定する子については1人につき74900円に改定率を乗じて得た額(そのうち2人までについては,それぞれ224700円に改定率を乗じて得た額とし,その額に50円未満の端数が生じたときは,これを切り捨て,50円以上100円未満の端数が生じたときは,これを100円に切り上げるものとする.)とする.
③ 受給権者がその権利を取得した当時胎児であつた子が出生したときは,第1項の規定の適用については,その子は,受給権者がその権利を取得した当時その者によつて生計を維持していた子とみなし,その出生の月の翌月から,年金の額を改定する.
④ 第1項の規定によりその額が加算された老齢厚

④ 厚生年金保険法（44条の3～46条）

生年金については，配偶者又は子が次の各号のいずれかに該当するに至つたときは，同項の規定にかかわらず，その者に係る同項の加給年金額を加算しないものとし，次の各号のいずれかに該当するに至つた月の翌月から，年金の額を改定する．
1 死亡したとき．
2 受給権者との生計維持の状態がやんだとき．
3 配偶者が，離婚又は婚姻の取消しをしたとき．
4 配偶者が，65歳に達したとき．
5 子が，養子縁組によつて受給権者の配偶者以外の者の養子となつたとき．
6 養子縁組による子が，離縁をしたとき．
7 子が，婚姻をしたとき．
8 子（障害等級の1級又は2級に該当する障害の状態にある子を除く．）について，18歳に達した日以後の最初の3月31日が終了したとき．
9 障害等級の1級又は2級に該当する障害の状態にある子（18歳に達する日以後の最初の3月31日までの間にある子を除く．）について，その事情がやんだとき．
10 子が，20歳に達したとき．
⑤ 第1項又は前項第2号の規定の適用上，老齢厚生年金の受給権者によつて生計を維持していたこと又はその者による生計維持の状態がやんだことの認定に関し必要な事項は，政令で定める．

（支給の繰下げ）
第44条の3 ① 老齢厚生年金の受給権を有する者であつてその受給権を取得した日から起算して1年を経過した日（以下この条において「1年を経過した日」という．）前に当該老齢厚生年金を請求していなかつたものは，実施機関に当該老齢厚生年金の支給繰下げの申出をすることができる．ただし，その者が当該老齢厚生年金の受給権を取得したときに，他の年金たる給付（他の年金たる保険給付又は国民年金法による年金たる給付（老齢基礎年金及び付加年金並びに障害基礎年金を除く．）をいう．以下この条において同じ．）の受給権者であつたとき，又は当該老齢厚生年金の受給権を取得した日から1年を経過した日までの間において他の年金たる給付の受給権者となつたときは，この限りでない．
② 1年を経過した日後に次の各号に掲げる者が前項の申出をしたときは，当該各号に定める日において，同項の申出があつたものとみなす．
1 老齢厚生年金の受給権を取得した日から起算して5年を経過した日（次号において「5年を経過した日」という．）前に他の年金たる給付の受給権者となつた者　他の年金たる給付を支給すべき事由が生じた日
2 5年を経過した日後にある者（前号に該当する者を除く．）　5年を経過した日
③ 第1項の申出をした者に対する老齢厚生年金の支給は，第36条第1項の規定にかかわらず，当該申出のあつた日の翌月から始めるものとする．
④ 第1項の申出をした者に支給する老齢厚生年金の額は，第43条第1項及び第44条の規定にかかわらず，その者が前項の規定により計算した額に，当該老齢厚生年金の受給権を取得した日の属する月の前月までの被保険者期間を基礎として第43条第1項の規定の例により計算した額及び第46条第1項の規定の例により計算したその支給を停止するものとされた額を勘案して政令で定める額を加算した額とする．

（失　権）
第45条 老齢厚生年金の受給権は，受給権者が死亡したときは，消滅する．

（支給停止）
第46条 ① 老齢厚生年金の受給権者が被保険者（前月以前の月に属する日から引き続き当該被保険者の資格を有する者に限る．）である日（厚生労働省令で定める日を除く．），国会議員若しくは地方公共団体の議会の議員（前月以前の月に属する日から引き続き当該国会議員又は地方公共団体の議会の議員である者に限る．）である日又は70歳以上の使用される者（前月以前の月に属する日から引き続き当該適用事業所において第27条の厚生労働省令で定める要件に該当する者に限る．）である日が属する月における，その者の標準報酬月額とその月以前の1年間の標準賞与額の総額を12で除して得た額とを合算して得た額（国会議員又は地方公共団体の議会の議員については，その者の標準報酬月額に相当する額として政令で定める額とその月以前の1年間の標準賞与額及び標準賞与額に相当する額として政令で定める額の総額を12で除して得た額とを合算して得た額とし，70歳以上の使用される者（国会議員又は地方公共団体の議会の議員を除く．次において同じ．）については，その者の標準報酬月額に相当する額とその月以前の1年間の標準賞与額及び標準賞与額に相当する額の総額を12で除して得た額とを合算して得た額とする．以下「総報酬月額相当額」という．）及び老齢厚生年金の額（第46条第1項に規定する加給年金額及び第44条の3第4項に規定する加算額を除く．以下この項において同じ．）を12で除して得た額（以下この項において「基本月額」という．）との合計額が支給停止調整額を超えるときは，その月分の当該老齢厚生年金について，総報酬月額相当額と基本月額との合計額から支給停止調整額を控除して得た額の2分の1に相当する額に12を乗じて得た額（以下この項において「支給停止基準額」という．）に相当する部分の支給を停止する．ただし，支給停止基準額が老齢厚生年金の額以上であるときは，老齢厚生年金の全部（同条第4項に規定する加算額を除く．）の支給を停止するものとする．
② 第20条から第25条までの規定は，前項の70歳以上の使用される者の標準報酬月額に相当する額及び標準賞与額に相当する額を算定する場合に準用する．この場合において，これらの規定に関し必要な技術的読替えは，政令で定める．
③ 第1項の支給停止調整額は，48円とする．ただし，48円に平成17年度以後の各年度の物価変動率に第43条の2第1項第2号に掲げる率を乗じて得た率をそれぞれ乗じて得た額（その額に5000円未満の端数が生じたときは，これを切り捨て，5000円以上1円未満の端数が生じたときは，これを1円に切り上げるものとする．以下この項において同じ．）が48円（この項の規定による支給停止調整額の改定の措置が講ぜられたときは，直近の当該措置により改定した額）を超え，又は下るに至つた場合においては，当該年度の4月以後の支給停止調整額を当該乗じて得た額に改定する．
④ 前項ただし書の規定による支給停止調整額の改定の措置は，政令で定める．
⑤ 第1項の規定により老齢厚生年金の全部又は一部の支給を停止する場合においては，第36条第2項の規定は適用しない．

⑥ 第44条第1項の規定によりその額が加算された老齢厚生年金については,同項の規定によりその者について加算された配偶者が,老齢厚生年金(その年金額の計算の基礎となる被保険者期間の月数が240以上であるものに限る.),障害厚生年金,国民年金法による障害基礎年金その他の年金たる給付のうち,老齢若しくは退職又は障害を支給事由とする給付であつて政令で定めるものの支給を受けることができるときは,その間,同項の規定により当該配偶者について加算する額に相当する部分の支給を停止する.

第3節 障害厚生年金及び障害手当金
(障害厚生年金の受給権者)

第47条 ① 障害厚生年金は,疾病にかかり,又は負傷し,その疾病又は負傷及びこれらに起因する疾病(以下「傷病」という.)につき初めて医師又は歯科医師の診療を受けた日(以下「初診日」という.)において被保険者であつた者が,当該初診日から起算して1年6月を経過した日(その期間内にその傷病が治つた日(その症状が固定し治療の効果が期待できない状態に至つた日を含む.以下同じ.)があるときは,その日とし,以下「障害認定日」という.)において,その傷病により次項に規定する障害等級に該当する程度の障害の状態にある場合には,その障害の程度に応じて,その者に支給する.ただし,当該傷病に係る初診日の前日において,当該初診日の属する月の前々月までに国民年金の被保険者期間があり,かつ,当該被保険者期間に係る保険料納付済期間と保険料免除期間とを合算した期間が当該被保険者期間の3分の2に満たないときは,この限りでない.

② 障害等級は,障害の程度に応じて重度のものから1級,2級及び3級とし,各級の障害の状態は,政令で定める.

第47条の2 ① 疾病にかかり,又は負傷し,かつ,その傷病に係る初診日において被保険者であつた者であつて,障害認定日において前条第2項に規定する障害等級(以下単に「障害等級」という.)に該当する程度の障害の状態になかつたものが,同日後65歳に達する日の前日までの間において,その傷病により障害等級に該当する程度の障害の状態に該当するに至つたときは,その者は,その期間内に同条第1項の障害厚生年金の支給を請求することができる.

② 前条第1項ただし書の規定は,前項の場合に準用する.

③ 第1項の請求があつたときは,前条第1項の規定にかかわらず,その請求をした者に同項の障害厚生年金を支給する.

第47条の3 疾病にかかり,又は負傷し,かつ,その傷病(以下この条において「基準傷病」という.)に係る初診日において被保険者であつた者であつて,基準傷病以外の傷病により障害の状態にあるものが,基準傷病に係る障害認定日以後65歳に達する日の前日までの間において,初めて,基準傷病による障害(以下この条において「基準障害」という.)と他の障害とを併合して障害等級の1級又は2級に該当する程度の障害の状態に該当するに至つたとき(基準傷病の初診日が,基準傷病以外の傷病(基準傷病以外の傷病が2以上ある場合は,基準傷病以外のすべての傷病)に係る初診日以降であるときに限る.)は,その者に基準障害と他の障害とを併合した障害の程度による障害厚生年金を支給する.

② 第47条第1項ただし書の規定は,前項の場合に準用する.この場合において,同条第1項ただし書中「当該傷病」とあるのは,「基準傷病」と読み替えるものとする.

③ 第1項の障害厚生年金の支給は,第36条第1項の規定にかかわらず,当該障害厚生年金の請求があつた月の翌月から始めるものとする.

(障害厚生年金の併給の調整)

第48条 ① 障害厚生年金(その権利を取得した当時から引き続き障害等級の1級又は2級に該当しない程度の障害の状態にある受給権者に係るものを除く.以下この条,次条,第52条第4項,第52条の2及び第54条第2項ただし書において同じ.)の受給権者に対して更に障害厚生年金を支給すべき事由が生じたときは,前後の障害を併合した障害の程度による障害厚生年金を支給する.

② 障害厚生年金の受給権者が前項の規定により前後の障害を併合した障害の程度による障害厚生年金の受給権を取得したときは,従前の障害厚生年金の受給権は,消滅する.

第49条 ① 期間を定めて支給を停止されている障害厚生年金の受給権者に対して更に障害厚生年金を支給すべき事由が生じたときは,前条第1項の規定により支給する前後の障害を併合した障害の程度による障害厚生年金は,従前の障害厚生年金の支給を停止すべきであつた期間,その支給を停止するものとし,その間,その者に従前の障害を併合しない障害の程度による障害厚生年金を支給する.

② 障害厚生年金の受給権者が更に障害厚生年金の受給権を取得した場合において,新たに取得した障害厚生年金が第54条第1項の規定によりその支給を停止すべきものであるときは,前条第2項の規定にかかわらず,その停止すべき期間,その者に対して従前の障害厚生年金を支給する.

(障害厚生年金の額)

第50条 ① 障害厚生年金の額は,第43条第1項の規定の例により計算した額とする.この場合において,当該障害厚生年金の額の計算の基礎となる被保険者期間の月数が300に満たないときは,これを300とする.

② 障害の程度が障害等級の1級に該当する者に支給する障害厚生年金の額は,前項の規定にかかわらず,同項に定める額の100分の125に相当する額とする.

③ 障害厚生年金の給付事由となつた障害について国民年金法による障害基礎年金を受けることができない場合において,障害厚生年金の額が国民年金法第33条第1項に規定する障害基礎年金の額に4分の3を乗じて得た額(その額に50円未満の端数が生じたときは,これを切り捨て,50円以上100円未満の端数が生じたときは,これを100円に切り上げるものとする.)に満たないときは,前2項の規定にかかわらず,当該額をこれらの項に定める額とする.

④ 第48条第1項の規定による障害厚生年金の額は,その額が同条第2項の規定により消滅した障害厚生年金の額より低額であるときは,第1項及び第2項の規定にかかわらず,従前の障害厚生年金の額に相当する額とする.

第50条の2 ① 障害の程度が障害等級の1級又は2

級に該当する者に支給する障害厚生年金の額は,受給権者によつて生計を維持しているその者の65歳未満の配偶者があるときは,前条の規定にかかわらず,同条に定める額に加給年金額を加算した額とする.

② 前項に規定する加給年金額は,224700円に改定率を乗じて得た額(その額に50円未満の端数が生じたときは,これを切り捨て,50円以上100円未満の端数が生じたときは,これを100円に切り上げるものとする.)とする.

③ 受給権者がその権利を取得した日の翌日以後にその者によつて生計を維持しているその者の65歳未満の配偶者を有するに至つたことにより第1項に規定する加給年金額を加算することとなつたときは,当該配偶者を有するに至つた日の属する月の翌月から,障害厚生年金の額を改定する.

④ 第44条第4項(第5号から第10号までを除く.)の規定は,第1項の規定によりその額が加算された障害厚生年金について準用する.

⑤ 第1項又は前項において準用する第44条第4項第2号の規定の適用上,障害厚生年金の受給権者によつて生計を維持していること又はその者による生計維持の状態がやんだことの認定に関し必要な事項は,政令で定める.

第51条 第50条第1項に定める障害厚生年金の額については,当該障害厚生年金の支給事由となつた障害に係る障害認定日(第47条の3第1項の規定による障害厚生年金については同項に規定する基準傷病に係る障害認定日とし,第48条第1項の規定による障害厚生年金については併合されたそれぞれの障害に係る障害認定日(第47条の3第1項に規定する障害については,同項に規定する基準傷病に係る障害認定日)のうちいずれか遅い日とする.)の属する月後における被保険者であつた期間は,その計算の基礎としない.

第52条 ① 実施機関は,障害厚生年金の受給権者について,その障害の程度を診査し,その程度が従前の障害等級以外の障害等級に該当すると認めるときは,その程度に応じて,障害厚生年金の額を改定することができる.

② 障害厚生年金の受給権者は,実施機関に対し,障害の程度が増進したことによる障害厚生年金の額の改定を請求することができる.

③ 前項の請求は,障害厚生年金の受給権者の障害の程度が増進したことが明らかである場合として厚生労働省令で定める場合を除き,当該障害厚生年金の受給権を取得した日又は第1項の規定による実施機関の診査を受けた日から起算して1年を経過した日以後でなければ行うことができない.

④ 障害厚生年金の受給権者であつて,疾病にかかり,又は負傷し,かつ,その傷病(当該障害厚生年金の支給事由となつた障害に係る傷病の初診日に限る.以下この項及び第54条第2項ただし書において同じ.)に係る当該初診日において被保険者であつたものが,当該傷病により障害(障害等級の1級又は2級に該当しない程度のものに限る.以下この項及び同条第2項ただし書において「その他障害」という.)の状態にあり,かつ,当該傷病に係る障害認定日以後65歳に達する日の前日までの間において,当該障害厚生年金の支給事由となつた障害とその他障害(その他障害が2以上ある場合は,全てのその他障害を併合した障害)とを併合した障害の程度が当該障害厚生年金の支給事由となつた障害の程度より増進したときは,その者は,実施機関に対し,同項期間内に障害厚生年金の額の改定を請求することができる.

⑤ 第47条第1項ただし書の規定は,前項の場合に準用する.

⑥ 第1項の規定により障害厚生年金の額が改定されたときは,改定後の額による障害厚生年金の支給は,改定が行われた月の翌月から始めるものとする.

⑦ 第1項から第3項まで及び前項の規定は,65歳以上の者であつて,かつ,障害厚生年金の受給権者(当該障害厚生年金と同一の支給事由に基づく国民年金法による障害基礎年金の受給権を有しないものに限る.)については,適用しない.

第52条の2 ① 障害厚生年金の受給権者が,国民年金法による障害基礎年金(当該障害厚生年金と同一の支給事由に基づいて支給されるものを除く.)の受給権を有するに至つたときは,当該障害厚生年金の支給事由となつた障害と当該障害基礎年金の支給事由となつた障害とを併合した障害の程度に応じて,当該障害厚生年金の額を改定する.

② 障害厚生年金の受給権者が,国民年金法による障害基礎年金の受給権を有する場合において,同法第34条第4項及び第36条第2項ただし書の規定により併合された障害の程度が当該障害基礎年金の支給事由となつた障害の程度より増進したときは,これらの規定により併合された障害の程度に応じて,当該障害厚生年金の額を改定する.

(失　権)

第53条 障害厚生年金の受給権は,第48条第2項の規定によつて消滅するほか,受給権者が次の各号のいずれかに該当するに至つたときは,消滅する.

1　死亡したとき.

2　障害等級に該当する程度の障害の状態にない者が,65歳に達したとき.ただし,65歳に達した日において,障害等級に該当する程度の障害の状態に該当しなくなつた日から起算して障害等級に該当する程度の障害の状態に該当することなく3年を経過していないときを除く.

3　障害等級に該当する程度の障害の状態に該当しなくなつた日から起算して障害等級に該当する程度の障害の状態に該当することなく3年を経過したとき.ただし,3年を経過した日において,当該受給権者が65歳未満であるときを除く.

(支給停止)

第54条 ① 障害厚生年金は,その受給権者が当該傷病について労働基準法(昭和22年法律第49号)第77条の規定による障害補償を受ける権利を取得したときは,6年間,その支給を停止する.

② 障害厚生年金は,受給権者が障害等級に該当する程度の障害の状態に該当しなくなつたときは,その障害の状態に該当しない間,その支給を停止する.ただし,その支給を停止された障害厚生年金の受給権者が疾病にかかり,又は負傷し,かつ,その傷病に係る初診日において被保険者であつた場合であつて,当該傷病によりその他障害の状態にあり,かつ,当該傷病に係る障害認定日以後65歳に達する日の前日までの間において,当該障害厚生年金の支給事由となつた障害とその他障害(その他障害が2以上ある場合は,すべてのその他障害を併合した障害)とを併合した障害の程度が障害等級の1級又は2級に該当するに至つたときは,この限りでない.

③ 第46条第6項の規定は,障害厚生年金について,第47条第1項ただし書の規定は,前項ただし書の場合について準用する.

(障害手当金の受給権者)
第55条 ① 障害手当金は,疾病にかかり,又は負傷し,その療養に係る初診日において被保険者であつた者が,当該初診日から起算して5年を経過する日までの間におけるその傷病の治つた日において,その傷病により政令で定める程度の障害の状態にある場合に,その者に支給する.
② 第47条第1項ただし書の規定は,前項の場合に準用する.

第56条 前条の規定により障害の程度を定めるべき日において次の各号のいずれかに該当する者には,同条の規定にかかわらず,障害手当金を支給しない.
1 年金たる保険給付の受給権者(最後に障害等級に該当する程度の障害の状態(以下この条において「障害状態」という.)に該当しなくなつた日から起算して障害状態に該当することなく3年を経過した障害厚生年金の受給権者(現に障害状態に該当しない者に限る.)を除く.)
2 国民年金法による年金たる給付の受給権者(最後に障害状態に該当しなくなつた日から起算して障害状態に該当することなく3年を経過した障害基礎年金の受給権者(現に障害状態に該当しない者に限る.)その他政令で定める者を除く.)
3 当該傷病について国家公務員災害補償法(昭和26年法律第191号.他の法律において準用する場合を含む.),地方公務員災害補償法(昭和42年法律第121号)若しくは同法に基づく条例,公立学校の学校医,学校歯科医及び学校薬剤師の公務災害補償に関する法律(昭和32年法律第143号)若しくは労働基準法第77条の規定による災害補償,労働者災害補償保険法(昭和22年法律第50号)の規定による障害補償給付若しくは障害給付又は船員保険法による障害を支給事由とする給付を受ける権利を有する者

(障害手当金の額)
第57条 障害手当金の額は,第50条第1項の規定の例により計算した額の100分の200に相当する額とする.ただし,その額が同条第3項に定める額に2を乗じて得た額に満たないときは,当該額とする.

第4節 遺族厚生年金

(受給権者)
第58条 ① 遺族厚生年金は,被保険者又は被保険者であつた者が次の各号のいずれかに該当する場合に,その者の遺族に支給する.ただし,第1号又は第2号に該当する場合にあつては,死亡した者につき,死亡日の前日において,死亡日の属する月の前々月までに国民年金の被保険者期間があり,かつ,当該被保険者期間に係る保険料納付済期間と保険料免除期間とを合算した期間が当該被保険者期間の3分の2に満たないときは,この限りでない.
1 被保険者(失踪の宣告を受けた被保険者であつた者であつて,行方不明となつた当時被保険者であつたものを含む.)が,死亡したとき.
2 被保険者であつた者が,被保険者の資格を喪失した後に,被保険者であつた間に初診日がある傷病により当該初診日から起算して5年を経過する日前に死亡したとき.
3 障害等級の1級又は2級に該当する障害の状態にある障害厚生年金の受給権者が,死亡したとき.
4 老齢厚生年金の受給権者(保険料納付済期間と保険料免除期間とを合算した期間が25年以上である者に限る.)又は保険料納付済期間と保険料免除期間とを合算した期間が25年以上である者が,死亡したとき.
② 前項の場合において,死亡した被保険者又は被保険者であつた者が同項第1号から第3号までのいずれかに該当し,かつ,同項第4号にも該当するときは,その遺族が遺族厚生年金を請求したときに別段の申出をした場合を除き,同項第1号から第3号までのいずれかのみに該当し,同項第4号には該当しないものとみなす.

(遺族)
第59条 ① 遺族厚生年金を受けることができる遺族は,被保険者又は被保険者であつた者の配偶者,子,父母,孫又は祖父母(以下単に「配偶者」,「子」,「父母」,「孫」又は「祖父母」という.)であつて,被保険者又は被保険者であつた者の死亡の当時(失踪の宣告を受けた被保険者であつた者にあつては,行方不明となつた当時.以下この条において同じ.)その者によつて生計を維持したものとする.ただし,妻以外の者にあつては,次に掲げる要件に該当した場合に限るものとする.
1 夫,父母又は祖父母については,55歳以上であること.
2 子又は孫については,18歳に達する日以後の最初の3月31日までの間にあるか,又は20歳未満で障害等級の1級若しくは2級に該当する障害の状態にあり,かつ,現に婚姻をしていないこと.
② 前項の規定にかかわらず,父母は,配偶者又は子が,孫は,配偶者,子又は父母が,祖父母は,配偶者,子,父母又は孫が遺族厚生年金の受給権を取得したときは,それぞれ遺族厚生年金を受けることができる遺族としない.
③ 被保険者又は被保険者であつた者の死亡の当時胎児であつた子が出生したときは,第1項の規定の適用については,将来に向つて,その子は,被保険者又は被保険者であつた者の死亡の当時その者によつて生計を維持していた子とみなす.
④ 第1項の規定の適用上,被保険者又は被保険者であつた者によつて生計を維持していたことの認定に関し必要な事項は,政令で定める.

(死亡の推定)
第59条の2 ① 船舶が沈没し,転覆し,滅失し,若しくは行方不明となつた際にその船舶に乗つていた被保険者若しくは被保険者であつた者若しくは船舶に乗つていてその船舶の航行中に行方不明となつた被保険者若しくは被保険者であつた者の生死が3月間わからない場合又はこれらの者の死亡が3月以内に明らかとなり,かつ,その死亡の時期がわからない場合には,遺族厚生年金の支給に関する規定の適用については,その船舶が沈没し,転覆し,滅失し,若しくは行方不明となつた日又はその者が行方不明となつた日に,その者は,死亡したものと推定する.航空機が墜落し,滅失し,若しくは行方不明となつた際にその航空機に乗つていた被保険者若しくは被保険者であつた者若しくは航空機に乗つていてその航空機の航行中に行方不明となつた被保険者若しくは被保険者であつた者の生死が3月間わからない場合又はこれらの者の死亡が3月以内に明らかとなり,かつ,その死亡の時期がわか

厚生年金保険法（60条～64条の2）

らない場合にも，同様とする．
(年金額)
第60条 ① 遺族厚生年金の額は，次の各号に掲げる区分に応じ，当該各号に定める額とする．ただし，遺族厚生年金の受給権者が当該遺族厚生年金と同一の支給事由に基づく国民年金法による遺族基礎年金の支給を受けるときは，第1号に定める額とする．
1 第59条第1項に規定する遺族（次号に掲げる遺族を除く．）が遺族厚生年金の受給権を取得したとき 死亡した被保険者又は被保険者であつた者の被保険者期間を基礎として第43条第1項の規定の例により計算した額の4分の3に相当する額．ただし，第58条第1項第1号から第3号までのいずれかに該当することにより支給される遺族厚生年金については，その額の計算の基礎となる被保険者期間の月数が300に満たないときは，これを300として計算した額とする．
2 第59条第1項に規定する遺族のうち，老齢厚生年金の受給権を有する配偶者が遺族厚生年金の受給権を取得したとき 前号に定める額又は次のイ及びロに掲げる額を合算した額のうちいずれか多い額
イ 前号に定める額に3分の2を乗じて得た額
ロ 当該遺族厚生年金の受給権者の老齢厚生年金の額（第44条第1項の規定により加給年金額が加算された老齢厚生年金にあつては，同項の規定を適用しない額とする．次条第3項及び第64条の2において同じ．）に2分の1を乗じて得た額
② 配偶者以外の者に遺族厚生年金を支給する場合において，受給権者が2人以上であるときは，それぞれの遺族厚生年金の額は，前号の規定にかかわらず，受給権者ごとに前号の規定により算定した額を受給権者の数で除して得た額とする．
③ 前2項に定めるもののほか，遺族厚生年金の額の計算について必要な事項は，政令で定める．

第61条 ① 配偶者以外の者に遺族厚生年金を支給する場合において，受給権者の数に増減を生じたときは，増減を生じた月の翌月から，年金の額を改定する．
② 前条第1項第1号の規定によりその額が計算される遺族厚生年金（配偶者に対するものに限る．）の受給権者が老齢厚生年金の受給権を取得した日において，同項第2号イ及びロに掲げる額を合算した額が同項第1号に定める額を上回るときは，当該合算した額を，当該老齢厚生年金の受給権を取得した日の属する月の翌月から，年金の額を改定する．
③ 前条第1項第2号の規定によりその額が計算される遺族厚生年金の額の算定の基礎となる老齢厚生年金の額が第43条第3項の規定により改定されたときは，当該老齢厚生年金の額が改定された月から当該遺族厚生年金の額を改定する．ただし，前条第1項第1号の規定により計算される額が，当該改定後の老齢厚生年金の額を基礎として算定した同項第2号イ及びロに掲げる額を合算した額以上であるときは，この限りでない．

第62条 ① 遺族厚生年金（第58条第1項第4号に該当することにより支給されるものであつて，その額の計算の基礎となる被保険者期間の月数が240未満であるもの）の受給権者である妻であつてその権利を取得した当時40歳以上65歳未満であつたもの又は40歳に達した当時当該被保険者若しくは被保険者であつた者の子で国民年金法第37条の2第1項に規定する要件に該当するもの（当該被保険者又は被保険者であつた者の死亡後に同法第39条第3項第2号から第8号までのいずれかに該当したことがあるものを除く．）と生計を同じくしていたものが65歳未満であるときは，第60条第1項第1号の遺族厚生年金に同法第38条に規定する遺族基礎年金の額に4分の3を乗じて得た額（その額に50円未満の端数が生じたときは，これを切り捨て，50円以上100円未満の端数が生じたときは，これを100円に切り上げるものとする．）を加算する．
② 前項の加算を開始すべき事由又は同項の加算を廃止すべき事由が生じた場合における年金の額の改定は，それぞれ当該事由が生じた月の翌月から行う．

(失 権)
第63条 ① 遺族厚生年金の受給権は，受給権者が次の各号のいずれかに該当するに至つたときは，消滅する．
1 死亡したとき．
2 婚姻（届出をしていないが，事実上婚姻関係と同様の事情にある場合を含む．）をしたとき．
3 直系血族及び直系姻族以外の者の養子（届出をしていないが，事実上養子縁組関係と同様の事情にある者を含む．）となつたとき．
4 離縁によつて，死亡した被保険者又は被保険者であつた者との親族関係が終了したとき．
5 次のイ又はロに掲げる区分に応じ，当該イ又はロに定める日から起算して5年を経過したとき．
イ 遺族厚生年金の受給権を取得した当時30歳未満である妻が当該遺族厚生年金と同一の支給事由に基づく国民年金法による遺族基礎年金の受給権を取得しないとき 当該遺族厚生年金の受給権を取得した日
ロ 遺族厚生年金の受給権と当該遺族厚生年金と同一の支給事由に基づく国民年金法による遺族基礎年金の受給権を有する妻が30歳に到達する日前に当該遺族基礎年金の受給権が消滅したとき 当該遺族基礎年金の受給権が消滅した日
② 子又は孫の有する遺族厚生年金の受給権は，次の各号のいずれかに該当するに至つたときは，消滅する．
1 子又は孫について，18歳に達した日以後の最初の3月31日が終了したとき．ただし，子又は孫が障害等級の1級又は2級に該当する障害の状態にあるときを除く．
2 障害等級の1級又は2級に該当する障害の状態にある子又は孫について，その事情がやんだとき．ただし，子又は孫が18歳に達する日以後の最初の3月31日までの間にあるときを除く．
3 子又は孫が，20歳に達したとき．
③ 父母，孫又は祖父母の有する遺族厚生年金の受給権は，被保険者又は被保険者であつた者の死亡の当時胎児であつた子が出生したときは，消滅する．

(支給停止)
第64条 遺族厚生年金は，当該被保険者又は被保険者であつた者の死亡について労働基準法第79条の規定による遺族補償の支給が行われるべきものであるときは，死亡の日から6年間，その支給を停止する．

第64条の2 遺族厚生年金（その受給権者が65歳に達しているものに限る．）は，その受給権者が老齢厚生年金の受給権を有するときは，当該老齢厚生年金の額に相当する部分の支給を停止する．

第65条　第62条第1項の規定によりその額が加算された遺族厚生年金は、その受給権者である妻が当該被保険者又は被保険者であつた者の死亡について国民年金法による遺族基礎年金の支給を受けることができるときは、その間、同項の規定により加算する額に相当する部分の支給を停止する．

第65条の2　夫、父母又は祖父母に対する遺族厚生年金は、受給権者が60歳に達するまでの期間、その支給を停止する．ただし、夫に対する遺族厚生年金については、当該被保険者又は被保険者であつた者の死亡について、夫が国民年金法による遺族基礎年金の受給権を有するときは、この限りでない．

第66条　① 子に対する遺族厚生年金は、配偶者が遺族厚生年金の受給権を有する期間、その支給を停止する．ただし、配偶者に対する遺族厚生年金が前条本文、次項本文又は次条の規定によりその支給を停止されている間は、この限りでない．

② 配偶者に対する遺族厚生年金は、当該被保険者又は被保険者であつた者の死亡について、配偶者が国民年金法による遺族基礎年金の受給権を有しない場合であつて子が当該遺族基礎年金の受給権を有するときは、その間、その支給を停止する．ただし、子に対する遺族厚生年金が次条の規定によりその支給を停止されている間は、この限りでない．

第67条　① 配偶者又は子に対する遺族厚生年金は、その配偶者又は子の所在が1年以上明らかでないときは、遺族厚生年金の受給権を有する子又は配偶者の申請によつて、その所在が明らかでなくなつた時にさかのぼつて、その支給を停止する．

② 配偶者又は子は、いつでも、前項の規定による支給の停止の解除を申請することができる．

第68条　① 配偶者以外の者に対する遺族厚生年金の受給権者が2人以上である場合において、受給権者のうち1人以上の者の所在が1年以上明らかでないときは、その者に対する遺族厚生年金は、他の受給権者の申請によつて、その所在が明らかでなくなつた時にさかのぼつて、その支給を停止する．

② 前項の規定によつて遺族厚生年金の支給を停止された者は、いつでも、その支給の停止の解除を申請することができる．

③ 第61条第1項の規定は、第1項の規定により遺族厚生年金の支給が停止され、又は前項の規定によりその停止が解除された場合に準用する．この場合において、同条第1項中「増減を生じた月」とあるのは、「支給が停止され、又はその停止が解除された月」と読み替えるものとする．

第69条～第72条　削除

第5節　保険給付の制限

第73条　被保険者又は被保険者であつた者が、故意に、障害又はその直接の原因となつた事故を生ぜしめたときは、当該障害を支給事由とする障害厚生年金又は障害手当金は、支給しない．

第73条の2　被保険者又は被保険者であつた者が、自己の故意の犯罪行為若しくは重大な過失により、又は正当な理由がなくて療養に関する指示に従わないことにより、障害若しくは死亡若しくはこれらの原因となつた事故を生ぜしめ、若しくはその障害の程度を増進させ、又はその回復を妨げたときは、保険給付の全部又は一部を行なわないことができる．

第74条　障害厚生年金の受給権者が、故意若しくは重大な過失により、又は正当な理由がなくて療養に関する指示に従わないことにより、その障害の程度を増進させ、又はその回復を妨げたときは、第52条第1項の規定による改定を行わず、又はその者の障害の程度が現に該当する障害等級以下の障害等級に該当するものとして、同項の規定による改定を行うことができる．

第75条　保険料を徴収する権利が時効によつて消滅したときは、当該保険料に係る被保険者であつた期間に基づく保険給付は、行わない．ただし、当該被保険者であつた期間に係る被保険者の資格の取得について第27条の規定による届出若しくは第31条第1項の規定による確認の請求又は第28条の2第1項（同条第2項及び第3項において準用する場合を含む．）の規定による訂正の請求があつた後に、保険料を徴収する権利が時効によつて消滅したものであるときは、この限りでない．

第76条　① 遺族厚生年金は、被保険者又は被保険者であつた者を故意に死亡させた者には、支給しない．その者の死亡によつて遺族厚生年金の受給権者となるべき者を故意に死亡させた者についても、同様とする．

② 遺族厚生年金の受給権は、受給権者が他の受給権者を故意に死亡させたときは、消滅する．

第77条　年金たる保険給付は、次の各号のいずれかに該当する場合には、その額の全部又は一部につき、その支給を停止することができる．

1　受給権者が、正当な理由がなくて、第96条第1項の規定による命令に従わず、又は同項の規定による当該職員の質問に応じなかつたとき．

2　障害等級に該当する程度の障害の状態にあることにより、年金たる保険給付の受給権を有し、又は第44条第1項の規定によりその者について加算が行われている子が、正当な理由がなくて、第97条第1項の規定による命令に従わず、又は同項の規定による診断を拒んだとき．

3　前号に規定する者が、故意若しくは重大な過失により、又は正当な理由がなくて療養に関する指示に従わないことにより、その障害の回復を妨げたとき．

第78条　① 受給権者が、正当な理由がなくて、第98条第3項の規定による届出をせず、又は書類その他の物件を提出しないときは、保険給付の支払を一時差し止めることができる．

② 第2号厚生年金被保険者期間、第3号厚生年金被保険者期間又は第4号厚生年金被保険者期間に基づく保険給付については、前項の規定は、適用しない．

第3章の2　離婚等をした場合における特例

（離婚等をした場合における標準報酬の改定の特例）

第78条の2　① 第1号改定者（被保険者又は被保険者であつた者であつて、第78条の6第1項第1号及び第2項第1号の規定により標準報酬が改定されるものをいう．以下同じ．）又は第2号改定者（第1号改定者の配偶者であつた者であつて、第78条の6第1項第2号及び第2項第2号の規定により標準報酬が改定され、又は決定されるものをいう．以下同じ．）は、離婚等（離婚（婚姻の届出をしていないが事実上婚姻関係と同様の事情にあつた者について、当該事情が解消した場合を除く．）、婚姻の取消しその他厚生労働省令で定める事由をいう．以

④ 厚生年金保険法（78条の3〜78条の8）

下この章において同じ。）をした場合であつて、次の各号のいずれかに該当するときは、実施機関に対し、当該離婚等について対象期間（婚姻期間その他の厚生労働省令で定める期間をいう。以下同じ。）に係る被保険者期間の標準報酬（第1号改定者及び第2号改定者（以下これらの者を「当事者」という。）の標準報酬をいう。以下この章において同じ。）の改定又は決定を請求することができる。ただし、当該離婚等をしたときから2年を経過したときその他の厚生労働省令で定める場合に該当するときは、この限りでない。

1　当事者が標準報酬の改定又は決定の請求をすること及び請求すべき按分割合（当該改定又は決定後の当事者の次条第1項に規定する対象期間標準報酬総額の合計額に対する第2号改定者の対象期間標準報酬総額の割合をいう。以下同じ。）について合意しているとき。

2　次項の規定により家庭裁判所が請求すべき按分割合を定めたとき。

② 前項の規定による標準報酬の改定又は決定の請求（以下「標準報酬改定請求」という。）について、同項第1号の当事者の合意のための協議が調わないとき、又は協議をすることができないときは、当事者の一方の申立てにより、家庭裁判所は、当該対象期間における保険料納付に対する当事者の寄与の程度その他一切の事情を考慮して、請求すべき按分割合を定めることができる。

③ 標準報酬改定請求は、当事者が標準報酬の改定又は決定の請求をすること及び請求すべき按分割合について合意している旨が記載された公正証書の添付その他の厚生労働省令で定める方法によりしなければならない。

（請求すべき按分割合）

第78条の3　① 請求すべき按分割合は、当事者それぞれの対象期間標準報酬総額（対象期間に係る被保険者期間の各月の標準報酬月額（第26条第1項の規定により同項に規定する従前標準報酬月額が当該月の標準報酬月額とみなされた月にあつては、従前標準報酬月額）及び標準賞与額に当事者を受給権者とみなして対象期間の末日において適用される再評価率を乗じて得た額の総額をいう。以下同じ。）の合計額に対する第2号改定者の対象期間標準報酬総額の割合を超え2分の1以下の範囲（以下「按分割合の範囲」という。）内で定められなければならない。

② 次条第1項の規定により按分割合の範囲について情報の提供（第78条の5の規定により裁判所又は受命裁判官若しくは受託裁判官が受けた資料の提供を含み、それが複数あるときは、その最新のもの。以下この項において同じ。）を受けた日が対象期間の末日前であつて対象期間の末日までの間が1年を超えない場合その他の厚生労働省令で定める場合における標準報酬改定請求については、前項の規定にかかわらず、当該情報の提供を受けた按分割合の範囲を、同項の按分割合の範囲とすることができる。

（当事者等への情報の提供等）

第78条の4　① 当事者又はその一方は、実施機関に対し、主務省令で定めるところにより、標準報酬改定請求を行うために必要な情報であつて次項に規定するものの提供を請求することができる。ただし、当該請求が標準報酬改定請求後に行われた場合又は第78条の2第1項ただし書に該当する場合その他厚生労働省令で定める場合においては、この限りでない。

② 前項の情報は、対象期間標準報酬総額、按分割合の範囲、これらの算定の基礎となる期間その他厚生労働省令で定めるものとし、同項の請求があつた日において当該対象期間の末日が到来していないときは、同項の請求があつた日を対象期間の末日とみなして算定したものとする。

第78条の5　実施機関は、裁判所は受命裁判官若しくは受託裁判官に対し、その求めに応じて、第78条の2第2項の規定による請求すべき按分割合に関する処分を行うために必要な資料を提供しなければならない。

（標準報酬の改定又は決定）

第78条の6　① 実施機関は、標準報酬改定請求があつた場合において、第1号改定者が標準報酬月額を有する対象期間に係る被保険者期間の各月ごとに、当事者の標準報酬月額をそれぞれ次の各号に定める額に改定し、又は決定することができる。

1　第1号改定者　改定前の標準報酬月額（第26条第1項の規定により同項に規定する従前標準報酬月額が当該月の標準報酬月額とみなされた月にあつては、従前標準報酬月額。次号においても同じ。）に1から改定割合（按分割合を基礎として厚生労働省令で定めるところにより算定した率をいう。以下同じ。）を控除して得た率を乗じて得た額

2　第2号改定者　改定前の標準報酬月額（標準報酬月額を有しない月にあつては、零）に、第1号改定者の改定前の標準報酬月額に改定割合を乗じて得た額を加えて得た額

② 実施機関は、標準報酬改定請求があつた場合において、第1号改定者が標準賞与額を有する対象期間に係る被保険者期間の各月ごとに、当事者の標準賞与額をそれぞれ次の各号に定める額に改定し、又は決定することができる。

1　第1号改定者　改定前の標準賞与額に1から改定割合を控除して得た率を乗じて得た額

2　第2号改定者　改定前の標準賞与額（標準賞与額を有しない月にあつては、零）に、第1号改定者の改定前の標準賞与額に改定割合を乗じて得た額を加えて得た額

③ 前2項の場合において、対象期間のうち第1号改定者の被保険者期間であつて第2号改定者の被保険者期間でない期間については、第2号改定者の被保険者期間であつたものとみなす。

④ 第1項及び第2項の規定により改定され、又は決定された標準報酬は、当該標準報酬改定請求のあつた日から将来に向かつてのみその効力を有する。

（記　録）

第78条の7　実施機関は、厚生年金保険原簿に前条第3項の規定により被保険者期間であつたものとみなされた期間（以下「離婚時みなし被保険者期間」という。）を有する者の氏名、離婚時みなし被保険者期間、離婚時みなし被保険者期間に係る標準報酬その他主務省令で定める事項を記録しなければならない。

（通　知）

第78条の8　実施機関は、第78条の6第1項及び第2項の規定により標準報酬の改定又は決定を行つたときは、その旨を当事者に通知しなければならない。

(省令への委任)
第78条の9 第78条の2から前条までに定めるもののほか、標準報酬改定請求及び標準報酬の改定又は決定の手続に関し必要な事項は、主務省令で定める。

(老齢厚生年金等の額の改定)
第78条の10 ① 老齢厚生年金の受給権者について、第78条の6第1項及び第2項の規定により標準報酬の改定又は決定が行われたときは、第43条第1項及び第2項の規定にかかわらず、対象期間に係る被保険者期間の最後の月以前における被保険者期間(対象期間の末日後に当該老齢厚生年金を支給すべき事由が生じた場合その他の政令で定める場合にあつては、政令で定める期間)及び改定又は決定後の標準報酬を基礎として再計算した年金の額を改定後の額とするものとし、当該標準報酬改定請求のあつた日の属する月の翌月から、年金の額を改定する。
② 障害厚生年金の受給権者について、当該障害厚生年金の額の計算の基礎となる被保険者期間に係る標準報酬が第78条の6第1項及び第2項の規定により改定され、又は決定されたときは、改定又は決定後の標準報酬を基礎として、当該標準報酬改定請求のあつた日の属する月の翌月から、年金の額を改定する。ただし、第50条第1項後段の規定が適用されている障害厚生年金については、離婚時みなし被保険者期間は、その計算の基礎としない。

(標準報酬が改定され、又は決定された者に対する保険給付の特例)
第78条の11 第78条の6第1項及び第2項の規定により標準報酬が改定され、又は決定された者に対する保険給付についてこの法律を適用する場合においては、次の表の上欄に掲げる規定(他の法令において、これらの規定を引用し、準用し、又はその例による場合を含む。)中同表の中欄に掲げる字句は、それぞれ同表の下欄に掲げる字句に読み替えるものとするほか、当該保険給付の額の計算及びその支給停止に関する規定その他政令で定める規定の適用に関し必要な読替えは、政令で定める。

第44条第1項	被保険者期間の月数が240以上	被保険者期間(第78条の7に規定する離婚時みなし被保険者期間(以下「離婚時みなし被保険者期間」という。)を除く。以下この項において同じ。)の月数が240以上
第46条第1項	の標準賞与額	の標準賞与額(第78条の6第2項の規定による改定前の標準賞与額とし、同項の規定により決定された標準賞与額を除く。)
第58条第1項	被保険者であつた者が次の	被保険者であつた者(第4号に該当する者にあつては、離婚時みなし被保険者期間を有する者を含む。)が次の

(政令への委任)
第78条の12 この章に定めるもののほか、離婚等をした場合における特例に関し必要な事項は、政令で定める。

第3章の3 被扶養配偶者である期間についての特例

(被扶養配偶者に対する年金たる保険給付の基本的認識)
第78条の13 被扶養配偶者に対する年金たる保険給付に関しては、第3章に定めるもののほか、被扶養配偶者を有する被保険者が負担した保険料について、当該被扶養配偶者が共同して負担したものであるという基本的認識の下に、この章の定めるところによる。

(特定被保険者及び被扶養配偶者についての標準報酬の特例)
第78条の14 ① 被保険者(被保険者であつた者を含む。以下「特定被保険者」という。)が被保険者であつた期間中に被扶養配偶者(当該特定被保険者の配偶者として国民年金法第7条第1項第3号に該当していたものをいう。以下同じ。)を有する場合において、当該特定被保険者の被扶養配偶者は、当該特定被保険者と離婚又は婚姻の取消しをしたときその他これに準ずるものとして厚生労働省令で定めるときは、実施機関に対し、特定期間(当該特定被保険者が被保険者であつた期間であり、かつ、その被扶養配偶者が当該特定被保険者の配偶者として同号に規定する第3号被保険者であつた期間をいう。以下同じ。)に係る被保険者期間(次項及び第3項の規定により既に標準報酬が改定され、及び決定された被保険者期間を除く。以下この条において同じ。)の標準報酬(特定被保険者及び被扶養配偶者の標準報酬をいう。以下この章において同じ。)の改定及び決定を請求することができる。ただし、当該請求をした日において当該特定被保険者が障害厚生年金(当該特定期間の全部又は一部をその額の計算の基礎とするものに限る。第78条の20において同じ。)の受給権者であるときその他の厚生労働省令で定めるときは、この限りでない。
② 実施機関は、前項の請求があつた場合において、特定期間に係る被保険者期間の各月ごとに、当該特定被保険者及び被扶養配偶者の標準報酬月額を当該特定被保険者の標準報酬月額(第26条第1項の規定により同項に規定する従前標準報酬月額が当該月の標準報酬月額とみなされた月にあつては、従前標準報酬月額)に2分の1を乗じて得た額にそれぞれ改定し、及び決定することができる。
③ 実施機関は、第1項の請求があつた場合において、当該特定被保険者が標準賞与額を有する特定期間に係る被保険者期間の各月ごとに、当該特定被保険者及び被扶養配偶者の標準賞与額を当該特定被保険者の標準賞与額に2分の1を乗じて得た額にそれぞれ改定し、及び決定することができる。
④ 前2項の場合において、特定期間に係る被保険者期間については、被扶養配偶者の被保険者期間であつたものとみなす。
⑤ 第2項及び第3項の規定により改定され、及び決定された標準報酬は、第1項の請求のあつた日から将来に向かつてのみその効力を有する。

(記録)
第78条の15 実施機関は、厚生年金保険原簿に前条第4項の規定により被保険者期間であつたものとみなされた期間(以下「被扶養配偶者みなし被保険者期間」という。)を有する者の氏名、被扶養配偶者みなし被保険者期間及び被扶養配偶者みなし被保険者期間に係る標準報酬その他主務省令で定める事項を記録しなければならない。

(通知)
第78条の16 実施機関は、第78条の14第2項及び第3項の規定により標準報酬の改定及び決定を行つたときは、その旨を特定被保険者及び被扶養配

④ 厚生年金保険法（78条の17～78条の22）

偶者に通知しなければならない.

(省令への委任)

第78条の17 前3条に定めるもののほか,第78条の14第1項の規定による請求並びに同条第2項及び第3項の規定による標準報酬の改定及び決定の手続に関し必要な事項は,主務省令で定める.

(老齢厚生年金等の額の改定の特例)

第78条の18 ① 老齢厚生年金の受給権者について,第78条の14第2項及び第3項の規定により標準報酬の改定又は決定が行われたときは,第43条第1項の規定にかかわらず,改定又は決定後の標準報酬を老齢厚生年金の額の計算の基礎とするものとし,第78条の14第1項の請求のあつた日の属する月の翌月から,年金の額を改定する.

② 第78条の10第2項の規定は,障害厚生年金の受給権者である被扶養配偶者について第78条の14第2項及び第3項の規定により標準報酬の決定が行われた場合に準用する.この場合において,必要な読替えは,政令で定める.

(標準報酬が改定され,及び決定された者に対する保険給付の特例)

第78条の19 第78条の14第2項及び第3項の規定により標準報酬が改定され,及び決定された者に対する保険給付についてこの法律を適用する場合においては,次の表の上欄に掲げる規定（他の法令において,これらの規定を引用し,準用し,又はその例による場合を含む.）中同表の中欄に掲げる字句は,それぞれ同表の下欄に掲げる字句に読み替えるものとするほか,当該保険給付の額の計算及び支給停止に関する規定その他政令で定める規定の適用に関し必要な読替えは,政令で定める.

第44条第1項	被保険者期間の月数が240以上	被保険者期間（第78条の15に規定する被扶養配偶者みなし被保険者期間（以下「被扶養配偶者みなし被保険者期間」という.）を除く.以下この項において同じ.）の月数が240以上
第46条第1項	の標準賞与額	の標準賞与額（第78条の14第3項の規定による改定前の標準賞与額とし,同項の規定により決定された標準賞与額を除く.）
第58条第1項	被保険者であつた者が次の	被保険者であつた者（第4号に該当する場合にあつては,被扶養配偶者みなし被保険者期間を有する者を含む.）が次の

(標準報酬改定請求を行う場合の特例)

第78条の20 ① 特定被保険者又は被扶養配偶者が,離婚等（第78条の2第1項に規定する離婚等をいう.）をした場合において,第78条の14第2項及び第3項の規定による標準報酬の改定及び決定が行われていない特定期間の全部又は一部を対象期間として第78条の2第1項の規定による標準報酬の改定又は決定の請求をしたときは,当該請求をしたときに,第78条の14第1項の請求があつたものとみなす.ただし,当該請求をした日において当該特定被保険者が障害厚生年金の受給権者であるときは,この限りでない.

② 前項の場合において,第78条の3第1項の対象期間標準報酬総額の基礎となる当該特定期間に係る被保険者期間の標準報酬（標準報酬月額について,第26条第1項の規定により同項に規定する従前標準報酬月額が当該月の標準報酬月額とみなされた月にあつては,従前標準報酬月額）並びに第78条の6第1項及び第3項の当該特定期間に係る被保険者期間の改定前の標準報酬（標準報酬月額について,第26条第1項の規定により同項に規定する従前標準報酬月額が当該月の標準報酬月額とみなされた月にあつては,従前標準報酬月額）については,第78条の14第2項及び第3項の規定による改定及び決定後の標準報酬とする.

③ 第78条の14第2項及び第3項の規定による標準報酬の改定及び決定が行われていない特定期間の全部又は一部を対象期間として第78条の4第1項の請求があつた場合において,同項の請求があつた日に特定被保険者が障害厚生年金の受給権を有しないときは,同条第2項に規定する情報は,第78条の14第2項及び第3項の規定により当該対象期間中の特定期間に係る被保険者期間の標準報酬の改定及び決定が行われたとみなして算定したものとする.

④ 前項の規定は,第78条の5の求めがあつた場合に準用する.

⑤ 第26条第1項の規定により同項に規定する従前標準報酬月額が当該月の標準報酬月額とみなされた月の標準報酬月額について第78条の14第2項の規定により改定された場合における第78条の3第1項及び第78条の6第1項の規定の適用については,第78条の3第1項中「標準報酬月額（第26条第1項の規定により同項に規定する従前標準報酬月額が当該月の標準報酬月額とみなされた月にあつては,従前標準報酬月額）」とあるのは「標準報酬月額」と,第78条の6第1項第1号中「標準報酬月額（第26条第1項の規定により同項に規定する従前標準報酬月額が当該月の標準報酬月額とみなされた月にあつては,従前標準報酬月額.次号において同じ.）」とあるのは「標準報酬月額」とする.

(政令への委任)

第78条の21 この章に定めるもののほか,被扶養配偶者である期間についての特例に関し必要な事項は,政令で定める.

第3章の4 2以上の種別の被保険者であつた期間を有する者の特例

(年金たる保険給付の併給の調整の特例)

第78条の22 第1号厚生年金被保険者期間,第2号厚生年金被保険者期間,第3号厚生年金被保険者期間又は第4号厚生年金被保険者期間（以下「各号の厚生年金被保険者期間」という.）のうち2以上の被保険者の種別に係る被保険者であつた期間を有する者（以下「2以上の種別の被保険者であつた期間を有する者」という.）であつて,1の被保険者の種別に係る被保険者であつた期間（以下「1の期間」という.）に基づく年金たる保険給付と同一の支給事由に基づく当該1の被保険者の種別と異なる他の被保険者の種別に係る被保険者であつた期間（以下「他の期間」という.）に基づく年金たる保険給付を受けることができるものについて,第38条の規定を適用する場合においては,同条第1項中「遺族厚生年金を除く」とあるのは「当該老齢厚生年金と同一の支給事由に基づいて支給される老齢厚生年金及び遺族厚生年金を除く」と,「老齢厚生

年金を除く」とあるのは「老齢厚生年金及び当該遺族厚生年金と同一の支給事由に基づいて支給される遺族厚生年金を除く」とする.
(年金たる保険給付の申出による支給停止の特例)
第78条の23 2以上の種別の被保険者であった期間を有する者に係る年金たる保険給付の受給権者について,1の期間に基づく第38条の2第1項に規定する年金たる保険給付についての同項の規定による申出又は同条第3項の規定による撤回は,当該1の期間に係る年金たる保険給付と同一の支給事由に基づく他の期間に基づく年金たる保険給付についての当該申出又は当該撤回と同時に行わなければならない.
(年金の支払の調整の特例)
第78条の24 2以上の種別の被保険者であった期間を有する者に係る保険給付の受給権者について,第39条第1項及び第2項の規定を適用する場合においては,同条第1項中「乙年金の受給権者」とあるのは「第78条の22に規定する各号の厚生年金被保険者期間(以下この条において「各号の厚生年金被保険者期間」という.)のうち第78条の22に規定する1の期間(以下この条において「1の期間」という.)に基づく乙年金(以下この項において「乙年金」という.)の受給権者」と,「甲年金の受給権」とあるのは「当該1の期間に基づく甲年金(以下この項において「甲金金」という.)の受給権」と,同条第2項中「年金の支給」とあるのは「各号の厚生年金被保険者期間のうち1の期間に基づく年金の支給」と,「年金が支払われたとき」とあるのは「当該年金が支払われたとき」と,「年金の内払」とあるのは「当該1の期間に基づく年金の内払」と,「年金を減額して」とあるのは「各号の厚生年金被保険者期間のうち1の期間に基づく年金を減額して」と,「年金が支払われた場合」とあるのは「当該1の期間に基づく年金が支払われた場合」とする.
(損害賠償請求権の特例)
第78条の25 2以上の種別の被保険者であった期間を有する者に係る保険給付について,第40条第2項の規定を適用する場合においては,同項中「その価額」とあるのは,「その価額をそれぞれの保険給付の価額に応じて按分した価額」とする.
(老齢厚生年金の受給権者及び年金額の特例)
第78条の26 ① 2以上の種別の被保険者であった期間を有する者に係る老齢厚生年金について,第42条(この法律及び他の法令において,引用し,準用し,又はその例による場合を含む.)の規定を適用する場合においては,各号の厚生年金被保険者期間に係る被保険者期間ごとに適用する.
② 2以上の種別の被保険者であった期間を有する者に係る老齢厚生年金について,第43条(この法律及び他の法令において,引用し,準用し,又はその例による場合を含む.)の規定を適用する場合においては,同条第1項に規定する被保険者であった全期間並びに同条第2項及び第3項に規定する被保険者期間は,各号の厚生年金被保険者期間に係る被保険者期間ごとに適用し,同条第1項に規定する被保険者期間の資格は,被保険者の種別ごとに適用する.
(老齢厚生年金に係る加給年金額の特例)
第78条の27 2以上の種別の被保険者であった期間を有する者に係る老齢厚生年金の額については,その者の2以上の被保険者の種別に係る被保険者であった期間に係る被保険者期間を合算し,1の期間に係る被保険者期間のみを有するものとみなして第44条(この法律及び他の法令において,引用し,準用し,又はその例による場合を含む.)の規定を適用する.この場合において,同条第1項に規定する加算年金額は,政令で定めるところにより,各号の厚生年金被保険者期間のうち1の期間に係る被保険者期間を計算の基礎とする老齢厚生年金の額に加算するものとする.
(老齢厚生年金の支給の繰下げの特例)
第78条の28 2以上の種別の被保険者であった期間を有する者に係る老齢厚生年金について,第44条の3の規定を適用する場合においては,1の期間に基づく老齢厚生年金についての同条第1項の規定による申出は,他の期間に基づく老齢厚生年金についての当該申出と同時に行わなければならない.この場合において,同項ただし書中「他の年金たる保険給付」とあるのは「他の年金たる保険給付(当該老齢厚生年金と同一の支給事由に基づいて支給される老齢厚生年金を除く.)」と,同条第4項中「第46条第1項」とあるのは「第78条の29の規定により読み替えて適用する第46条第1項」とするほか,第44条の3の規定の適用に関し必要な読替えその他必要な事項は,政令で定める.
(老齢厚生年金の支給停止の特例)
第78条の29 2以上の種別の被保険者であった期間を有する者について,第46条の規定を適用する場合においては,同条第1項中「老齢厚生年金の受給権者」とあるのは「第78条の22に規定する各号の厚生年金被保険者期間(以下この項において「各号の厚生年金被保険者期間」という.)のうち同条に規定する1の期間(第6項において「1の期間」という.)に係る被保険者期間を計算の基礎とする老齢厚生年金の受給権者」と,「及び老齢厚生年金の額」とあるのは「及び各号の厚生年金被保険者期間に係る被保険者期間を計算の基礎とする老齢厚生年金の額を合算して得た額」と,「第44条の3第4項に規定する加算額を除く.以下この項において同じ.」とあるのは「各号の厚生年金被保険者期間に係る被保険者期間を計算の基礎とする第44条の3第4項に規定する加算額を合算して得た額を除く」と,「当該老齢厚生年金」とあるのは「当該1の期間に係る被保険者期間を計算の基礎とする老齢厚生年金」と,「控除して得た額」とあるのは「控除して得た額に当該1の期間に係る被保険者期間を計算の基礎とする老齢厚生年金の額(第44条第1項に係る加給年金額及び第44条の3第4項に規定する加算額を除く.以下この項において同じ.)を12で除して得た額を基本月額で除して得た数を乗じて得た額」と,「老齢厚生年金の額以上」とあるのは「当該1の係る被保険者期間を計算の基礎とする老齢厚生年金の額以上」と,「老齢厚生年金の全部」とあるのは「当該1の期間に係る被保険者期間を計算の基礎とする老齢厚生年金の全部」と,同条第6項中「被保険者期間の月数」とあるのは「被保険者期間の月数(2以上の被保険者の種別に係る被保険者であった期間に係る被保険者期間を合算し,1の期間に係る被保険者期間のみを有するものとみなした場合における当該被保険者期間の月数とす

(障害厚生年金の額の特例)
第78条の30 障害厚生年金の受給権者であつて、当該障害に係る障害認定日において2以上の種別の被保険者であつた期間を有する者に係る当該障害厚生年金の額については、その者の2以上の種別の被保険者の種別に係る被保険者であつた期間を合算し、1の期間に係る被保険者期間のみを有するものとみなして、障害厚生年金の額の計算及びその支給停止に関する規定その他政令で定める規定を適用する。この場合において、必要な読替えその他必要な事項は、政令で定める。

(障害手当金の額の特例)
第78条の31 障害手当金の受給権者であつて、当該障害に係る障害認定日において2以上の種別の被保険者であつた期間を有する者に係る当該障害手当金の額については、前条の規定を準用する。この場合において、必要な読替えその他必要な事項は、政令で定める。

(遺族厚生年金の額の特例)
第78条の32 ① 2以上の種別の被保険者であつた期間を有する者の遺族に係る遺族厚生年金(第58条第1項第1号から第3号までのいずれかに該当することにより支給されるものに限る。)の額については、死亡した者に係る2以上の被保険者の種別に係る被保険者であつた期間を合算し、1の期間に係る被保険者期間のみを有するものとみなして、遺族厚生年金の額の計算及びその支給停止に関する規定その他政令で定める規定を適用する。この場合において、必要な読替えその他必要な事項は、政令で定める。
② 2以上の種別の被保険者であつた期間を有する者の遺族に係る遺族厚生年金(第58条第1項第4号に該当することにより支給されるものに限る。)については、各号の厚生年金被保険者期間に係る被保険者期間ごとに支給するものとし、そのそれぞれの額は、死亡した者に係る2以上の被保険者の種別に係る被保険者であつた期間を合算し、1の期間に係る被保険者期間のみを有するものとみなして、遺族厚生年金の額の計算に関する規定により計算した額をそれぞれ1の期間に係る被保険者期間である額の基礎として第60条第1項第1号の規定の例により計算した額に応じて按分した額とする。この場合において、必要な読替えその他必要な事項は、政令で定める。
③ 前項の場合において、第62条第1項の規定による加算額は、政令で定めるところにより、各号の厚生年金被保険者期間のうち1の期間に係る被保険者期間を計算の基礎とする遺族厚生年金の額に加算するものとする。
④ 前3項に定めるもののほか、遺族厚生年金の額の計算及びその支給の停止に関し必要な事項は、政令で定める。

(障害厚生年金等に関する事務の特例)
第78条の33 ① 第78条の30の規定による障害厚生年金及び第78条の31の規定による障害手当金の支給に関する事務は、政令で定めるところにより、当該障害に係る初診日における被保険者の種別に応じて、第2条の5第1項各号に定める者が行う。
② 前項の規定は、前条第1項の規定による遺族厚生年金の支給に関する事務について準用する。

(遺族厚生年金の支給停止に係る申請の特例)
第78条の34 2以上の種別の被保険者であつた期間を有する者の遺族について、2以上の厚生年金被保険者の種別に係る被保険者であつた期間に基づく遺族厚生年金を受けることができる場合には、1の期間に基づく遺族厚生年金についての第67条又は第68条第1項若しくは第2項の規定による申請は、1の期間に基づく遺族厚生年金と同一の支給事由に基づく他の期間に基づく遺族厚生年金についての当該申請と同時に行わなければならない。

(離婚等をした場合の特例)
第78条の35 ① 2以上の種別の被保険者であつた期間を有する者について、第78条の2第1項の規定を適用する場合においては、各号の厚生年金被保険者期間のうち1の期間に係る標準報酬についての同項の規定による請求は、他の期間に係る標準報酬についての当該請求と同時に行わなければならない。
② 前項の場合においては、その者の2以上の被保険者の種別に係る被保険者であつた期間を合算し、1の期間に係る被保険者期間のみを有する者とみなして第78条の2及び第78条の3の規定を適用し、各号の厚生年金被保険者期間に係る被保険者期間ごとに第78条の6及び附則第17条の10の規定を適用する。この場合において、必要な読替えその他必要な事項は、政令で定める。

(被扶養配偶者である期間についての特例)
第78条の36 ① 2以上の種別の被保険者であつた期間を有する者について、第78条の14第1項の規定を適用する場合においては、各号の厚生年金被保険者期間のうち1の期間に係る標準報酬についての同項の規定による請求は、他の期間に係る標準報酬についての当該請求と同時に行わなければならない。
② 前項の場合においては、その者の2以上の被保険者の種別に係る被保険者であつた期間を合算し、1の期間又は当該1の期間に係る被保険者期間のみを有する者とみなして第78条の14第1項及び第78条の20第1項の規定を適用し、各号の厚生年金被保険者期間に係る被保険者期間ごとに第78条の14第2項及び第3項、第78条の20第2項及び第5項並びに附則第17条の11から第17条の13までの規定を適用する。この場合において、必要な読替えその他必要な事項は、政令で定める。

(政令への委任)
第78条の37 この章に定めるもののほか、2以上の種別の被保険者であつた期間を有する者に係る保険給付の額の計算及びその支給停止その他この法律の規定の適用に関し必要な事項は、政令で定める。

第4章 厚生年金保険事業の円滑な実施を図るための措置

第79条 ① 政府等は、厚生年金保険事業の円滑な実施を図るため、厚生年金保険に関し、次に掲げる事業を行うことができる。
1 教育及び広報を行うこと。
2 被保険者、受給権者その他の関係者(以下この条及び第100条の3の2第1項において「被保険者等」という。)に対し、相談その他の援助を行うこと。
3 被保険者等に対し、被保険者等が行う手続に関する情報その他の被保険者等の利便の向上に資す

る情報を提供すること．
② 政府等は，厚生年金保険事業の実施に必要な事務（国民年金法第94条の2第1項及び第2項の規定による基礎年金拠出金（以下「基礎年金拠出金」という．）の負担及び納付に伴う事務を含む．）を円滑に処理し，被保険者等の利便の向上に資するため，電子情報処理組織の運用を行うものとする．
③ 政府は，第1項各号に掲げる事業及び前項に規定する運用の全部又は一部を日本年金機構（以下「機構」という．）に行わせることができる．
④ 政府は，独立行政法人福祉医療機構法（平成14年法律第166号）第12条第1項第12号に規定する小口の資金の貸付けを，独立行政法人福祉医療機構に行わせるものとする．

【第4章の2 積立金の運用】

(運用の目的)
第79条の2 積立金（年金特別会計の厚生年金勘定の積立金（以下この章において「特別会計積立金」という．）及び実施機関（厚生労働大臣をいう．次条第3項において同じ．）の積立金のうち厚生年金保険事業（基礎年金拠出金の納付を含む．）に係る部分に相当する部分として政令で定める部分（以下「実施機関積立金」という．）をいう．以下この章において同じ．）の運用は，積立金が厚生年金保険の被保険者から徴収された保険料の一部であり，かつ，将来の保険給付の貴重な財源となるものであることに特に留意し，専ら厚生年金保険の被保険者の利益のために，長期的な観点から，安全かつ効率的に行うことにより，将来にわたつて，厚生年金保険事業の運営の安定に資することを目的として行うものとする．

(積立金の運用)
第79条の3 特別会計積立金の運用は，厚生労働大臣が，前条の目的に沿つた運用に基づく納付金の納付を目的として，年金積立金管理運用独立行政法人に対し，特別会計積立金を寄託することにより行うものとする．
② 厚生労働大臣は，前項の規定にかかわらず，同項の規定に基づく寄託をするまでの間，財政融資資金に特別会計積立金を預託することができる．
③ 実施機関積立金の運用は，前条の目的に沿つて，実施機関が行うものとする．ただし，実施機関積立金の一部については，政令で定めるところにより，国家公務員共済組合法（昭和33年法律第128号），地方公務員等共済組合法（昭和37年法律第152号）又は私立学校教職員共済法（以下「共済各法」という．）の目的に沿つて運用することができるものとし，この場合における同条の規定の適用については，同条中「専ら厚生年金保険」とあるのは，「厚生年金保険」とする．

(積立金基本指針)
第79条の4 ① 主務大臣は，積立金の管理及び運用が長期的な観点から安全かつ効率的に行われるようにするための基本的な指針（以下「積立金基本指針」という．）を定めるものとする．
② 積立金基本指針においては，次に掲げる事項を定めるものとする．
1 積立金の管理及び運用に関する基本的な方針
2 積立金の資産の構成の目標に関する基本的な事項
3 積立金の管理及び運用に関し管理運用主体（年金積立金管理運用独立行政法人，国家公務員共済組合連合会，地方公務員共済組合連合会及び日本私立学校振興・共済事業団をいう．以下同じ．）が遵守すべき基本的な事項
4 その他積立金の管理及び運用に関する重要事項
③ 主務大臣は，財政の現況及び見通しが作成されたときその他必要があると認めるときは，積立金基本指針に検討を加え，必要に応じ，これを変更するものとする．
④ 積立金基本指針を定め，又は変更しようとするときは，厚生労働大臣は，あらかじめ，積立金基本指針の案又はその変更の案を作成し，財務大臣，総務大臣及び文部科学大臣に協議するものとする．
⑤ 財務大臣，総務大臣及び文部科学大臣は，必要があると認めるときは，厚生労働大臣に対し，積立金基本指針の変更の案の作成を求めることができる．
⑥ 主務大臣は，積立金基本指針を定め，又は変更したときは，速やかに，これを公表するものとする．

(積立金の資産の構成の目標)
第79条の5 ① 管理運用主体は，積立金基本指針に適合するよう，共同して，次条第1項に規定する管理運用の方針において同条第2項第3号の資産の構成を定めるに当たつて参酌すべき積立金の資産の構成の目標を定めなければならない．
② 管理運用主体は，財政の現況及び見通しが作成されたときその他必要があると認めるときは，共同して，前項に規定する積立金の資産の構成の目標に検討を加え，必要に応じ，これを変更しなければならない．
③ 管理運用主体は，第1項に規定する積立金の資産の構成の目標を定め，又は変更したときは，遅滞なく，共同して，これを公表するとともに，主務大臣に送付しなければならない．
④ 主務大臣は，第1項に規定する積立金の資産の構成の目標が積立金基本指針に適合しないと認めるときは，管理運用主体に対し，当該目標の変更を命ずることができる．
⑤ 前項の規定による命令をしようとするときは，厚生労働大臣は，あらかじめ，積立金基本指針に適合するよう変更させるべき内容の案を作成し，財務大臣，総務大臣及び文部科学大臣に協議するものとする．

(管理運用の方針)
第79条の6 ① 管理運用主体は，その管理する積立金（地方公務員共済組合連合会にあつては，地方公務員共済組合連合会が運用状況を管理する実施機関の実施機関積立金を含む．以下この章において「管理積立金」という．）の管理及び運用（地方公務員共済組合連合会にあつては，管理積立金の運用状況の管理を含む．以下この章において同じ．）を適切に行うため，積立金基本指針に適合するように，かつ，前条第1項に規定する積立金の資産の構成の目標に即して，管理及び運用の方針（以下この章において「管理運用の方針」という．）を定めなければならない．
② 管理運用の方針においては，次に掲げる事項を定めるものとする．
1 管理積立金の管理及び運用の基本的な方針
2 管理積立金の管理及び運用に関し遵守すべき事項
3 管理積立金の管理及び運用における長期的な観点からの資産の構成に関する事項

④ 厚生年金保険法（79条の7〜81条）

4　その他管理積立金の適切な管理及び運用に関し必要な事項

③ 管理運用主体は、積立金基本指針が変更されたときその他必要があると認めるときは、管理運用の方針に検討を加え、必要に応じ、これを変更しなければならない。

④ 管理運用主体は、管理運用の方針を定め、又は変更しようとするときは、あらかじめ、当該管理運用主体を所管する大臣（以下この章並びに第100条の3の3第2項第1号及び第3項において「所管大臣」という。）の承認を得なければならない。

⑤ 管理運用主体は、管理運用の方針を定め、又は変更したときは、遅滞なく、これを公表しなければならない。

⑥ 管理運用主体は、積立金基本指針及び管理運用の方針に従って管理積立金の管理及び運用を行わなければならない。

⑦ 所管大臣は、その所管する管理運用主体の管理運用の方針が積立金基本指針に適合しなくなったと認めるときは、当該管理運用主体に対し、その管理運用の方針の変更を命ずることができる。

（管理運用主体に対する措置命令）
第79条の7　所管大臣は、その所管する管理運用主体が、管理積立金の管理及び運用に係る業務に関しこの法律の規定若しくはこれに基づく命令の規定に違反し、又は当該管理運用主体の管理積立金の管理及び運用の状況が、積立金基本指針若しくは当該管理運用主体の管理運用の方針に適合しないと認めるときは、当該管理運用主体に対し、当該業務の運営を改善するために必要な措置又は当該管理積立金の管理及び運用の状況を積立金基本指針若しくは当該管理運用の方針に適合させるために必要な措置をとることを命ずることができる。

（管理積立金の管理及び運用の状況に関する公表及び評価）
第79条の8　① 管理運用主体は、各事業年度の決算完結後、遅滞なく、当該事業年度における管理積立金の資産の額、その構成割合、運用収入の額その他の主務省令で定める事項を記載した業務概況書を作成し、これを公表するとともに、所管大臣に送付しなければならない。

② 所管大臣は、その所管する管理運用主体の業務概況書の送付を受けたときは、速やかに、当該管理運用主体について、管理積立金の管理及び運用の状況（第79条の3第3項ただし書の規定による運用の状況を含む。）その他の管理積立金の管理及び運用に関する主務省令で定める事項について評価を行い、その結果を公表するものとする。

③ 主務大臣は、第1項の規定による業務概況書の送付を受けたときは、前項の規定による評価の結果を添えて、当該業務概況書を主務大臣に送付するものとする。

④ 年金積立金管理運用独立行政法人について第1項の規定を適用する場合においては、同項中「決算完結後」とあるのは、「独立行政法人通則法（平成11年法律第103号）第38条第1項の規定による同項に規定する財務諸表の提出後」とする。

（積立金の管理及び運用の状況に関する公表及び評価）
第79条の9　① 主務大臣は、毎年度、主務省令で定めるところにより、積立金の資産の額、その構成割合、運用収入の額、積立金の運用の状況の評価に関する他の積立金の管理及び運用に関する事項を記載した報告書を作成し、これを公表するものとする。

② 前項の報告書を作成するときは、厚生労働大臣は、あらかじめ、その案を作成し、財務大臣、総務大臣及び文部科学大臣に協議するものとする。

③ 主務大臣は、第1項の報告書における評価の結果に基づき、管理運用主体の管理積立金の管理及び運用の状況が積立金基本指針に適合しないと認めるときは、当該管理運用主体の所管大臣に対し、当該管理運用主体の管理積立金の管理及び運用の状況を積立金基本指針に適合させるために必要な措置をとるよう求めることができる。

④ 前項の規定による措置を求めようとするときは、厚生労働大臣は、あらかじめ、積立金基本指針に適合させるために必要な措置の案を作成し、財務大臣、総務大臣及び文部科学大臣に協議するものとする。

（運用職員の責務）
第79条の10　積立金の運用に係る行政事務に従事する厚生労働省、財務省、総務省及び文部科学省の職員（政令で定める者に限る。以下「運用職員」という。）は、積立金の運用の目的に沿って、慎重かつ細心の注意を払い、全力を挙げてその職務を遂行しなければならない。

（秘密保持義務）
第79条の11　運用職員は、その職務に関して知り得た秘密を漏らし、又は盗用してはならない。

（懲戒処分）
第79条の12　運用職員が前条の規定に違反したと認めるときは、その職員の任命権者は、その職員に対し国家公務員法（昭和22年法律第120号）に基づく懲戒処分をしなければならない。

（年金積立金管理運用独立行政法人法等との関係）
第79条の13　積立金の運用については、この法律に定めるもののほか、年金積立金管理運用独立行政法人法（平成16年法律第105号）、国家公務員共済組合法、地方公務員等共済組合法又は日本私立学校振興・共済事業団法（平成9年法律第48号）の定めるところによる。

（政令への委任）
第79条の14　この章に定めるもののほか、積立金の運用に関し必要な事項は、政令で定める。

第5章　費用の負担

（国庫負担等）
第80条　① 国庫は、毎年度、厚生年金保険の実施者たる政府が負担する基礎年金拠出金の額の2分の1に相当する額を負担する。

② 国庫は、前項に規定する費用のほか、毎年度、予算の範囲内で、厚生年金保険事業の事務（基礎年金拠出金の負担に関する事務を含む。次項において同じ。）の執行（実施機関（厚生労働大臣を除く。）によるものを除く。）に要する費用を負担する。

③ 実施機関（厚生労働大臣を除く。以下この項において同じ。）が納付する基礎年金拠出金及び実施機関による厚生年金保険事業の事務の執行に要する費用の負担については、この法律に定めるもののほか、共済各法の定めるところによる。

（保険料）
第81条　① 政府等は、厚生年金保険事業に要する費用（基礎年金拠出金を含む。）に充てるため、保険料を徴収する。

② 保険料は,被保険者期間の計算の基礎となる各月につき,徴収するものとする.
③ 保険料は,標準報酬月額及び標準賞与額にそれぞれ保険料率を乗じて得た額とする.
④ 保険料率は,次の表の上欄に掲げる月分の保険料について,それぞれ同表の下欄に定める率とする.

平成16年10月から平成17年8月までの月分	1000分の139.34
平成17年9月から平成18年8月までの月分	1000分の142.88
平成18年9月から平成19年8月までの月分	1000分の146.42
平成19年9月から平成20年8月までの月分	1000分の149.96
平成20年9月から平成21年8月までの月分	1000分の153.50
平成21年9月から平成22年8月までの月分	1000分の157.04
平成22年9月から平成23年8月までの月分	1000分の160.58
平成23年9月から平成24年8月までの月分	1000分の164.12
平成24年9月から平成25年8月までの月分	1000分の167.66
平成25年9月から平成26年8月までの月分	1000分の171.20
平成26年9月から平成27年8月までの月分	1000分の174.74
平成27年9月から平成28年8月までの月分	1000分の178.28
平成28年9月から平成29年8月までの月分	1000分の181.82
平成29年9月以後の月分	1000分の183.00

(育児休業期間中の保険料の徴収の特例)
第81条の2 ① 育児休業等をしている被保険者(次条の規定の適用を受けている被保険者を除く.)が使用される事業所の事業主が,主務省令で定めるところにより実施機関に申出をしたときは,前条第2項の規定にかかわらず,当該被保険者に係る保険料であつてその育児休業等を開始した日の属する月からその育児休業等が終了する日の翌日が属する月の前月までの期間に係るものの徴収は行わない.
② 第2号厚生年金被保険者又は第3号厚生年金被保険者に係る保険料について,前項の規定を適用する場合においては,同項中「除く.)」が使用される事業所の事業主」とあるのは,「除く.)」とする.
(産前産後休業期間中の保険料の徴収の特例)
第81条の2の2 ① 産前産後休業をしている被保険者が使用される事業所の事業主が,主務省令で定めるところにより実施機関に申出をしたときは,第81条第2項の規定にかかわらず,当該被保険者に係る保険料であつてその産前産後休業を開始した日の属する月からその産前産後休業が終了する日の翌日が属する月の前月までの期間に係るものの徴収は行わない.
② 第2号厚生年金被保険者又は第3号厚生年金被保険者に係る保険料について,前項の規定を適用する場合においては,同項中「被保険者が使用される事業所の事業主」とあるのは,「被保険者」とする.
第81条の3 削除
(保険料の負担及び納付義務)
第82条 ① 被保険者及び被保険者を使用する事業主は,それぞれ保険料の半額を負担する.
② 事業主は,その使用する被保険者及び自己の負担する保険料を納付する義務を負う.
③ 被保険者が同時に2以上の事業所又は船舶に使用される場合における各事業主の負担すべき保険料の額及び保険料の納付義務については,政令の定めるところによる.
④ 第2号厚生年金被保険者についての第1項の規定の適用については,同項中「事業主は」とあるのは,「事業主(国家公務員共済組合法第99条第6項に規定する職員団体その他政令で定める者を含む.)は,政令で定めるところにより」とする.
⑤ 第3号厚生年金被保険者についての第1項の規定の適用については,同項中「事業主は」とあるのは,「事業主(市町村立学校職員給与負担法(昭和23年法律第135号)第1条又は第2条の規定により給与を負担する都道府県その他政令で定める者を含む.)は,政令で定めるところにより」とする.
(保険料の納付)
第83条 ① 毎月の保険料は,翌月末日までに,納付しなければならない.
② 厚生労働大臣は,納入の告知をした保険料額が当該納付義務者が納付すべき保険料額をこえていることを知つたとき,又は納付した保険料額が当該納付義務者が納付すべき保険料額をこえていることを知つたときは,そのこえている部分に関する納入の告知又は納付を,その納入の告知又は納付の日の翌日から6箇月以内の期日に納付されるべき保険料について納期を繰り上げてしたものとみなすことができる.
③ 前項の規定によつて,納期を繰り上げて納入の告知又は納付をしたものとみなしたときは,厚生労働大臣は,その旨を当該納付義務者に通知しなければならない.
(口座振替による納付)
第83条の2 厚生労働大臣は,納付義務者から,預金又は貯金の払出しとその払い出した金銭による保険料の納付をその預金口座又は貯金口座のある金融機関に委託して行うことを希望する旨の申出があつた場合には,その納付が確実と認められ,かつ,その申出を承認することが保険料の徴収上有利と認められるときに限り,その申出を承認することができる.
(保険料の源泉控除)
第84条 ① 事業主は,被保険者に対して通貨をもつて報酬を支払う場合においては,被保険者の負担すべき前月の標準報酬月額に係る保険料(被保険者がその事業所又は船舶に使用されなくなつた場合においては,前月及びその月の標準報酬月額に係る保険料)を報酬から控除することができる.
② 事業主は,被保険者に対して通貨をもつて賞与を支払う場合においては,被保険者の負担すべき標準賞与額に係る保険料に相当する額を当該賞与から控除することができる.
③ 事業主は,前2項の規定によつて保険料を控除したときは,保険料の控除に関する計算書を作成し,その控除額を被保険者に通知しなければならない.
(保険料の徴収等の特例)
第84条の2 第2号厚生年金被保険者,第3号厚生年金被保険者又は第4号厚生年金被保険者に係る保険料の徴収,納付及び源泉控除については,第81条の2第1項,第81条の2の2第1項,第82条

④ 厚生年金保険法（84条の3〜84条の9）

2項及び第3項並びに前3条の規定にかかわらず，共済各法の定めるところによる．

（交付金）
第84条の3 政府は，政令で定めるところにより，毎年度，実施機関（厚生労働大臣を除く．以下この条，第84条の5，第84条の6，第84条の8及び第84条の9において同じ．）ごとに実施機関に係るこの法律の規定による保険給付に要する費用として政令で定めるものその他これに相当する給付として政令で定めるものに要する費用（以下「厚生年金保険給付費等」という．）として算定した金額を，当該実施機関に対して交付金として交付する．

第84条の4 地方公務員共済組合連合会は，政令で定めるところにより，毎年度，地方公務員共済組合（指定都市職員共済組合，市町村職員共済組合及び都市職員共済組合にあつては，全国市町村職員共済組合連合会．以下この条及び第84条の7において同じ．）ごとに地方公務員共済組合に係る厚生年金保険給付費等として算定した金額を，当該地方公務員共済組合に対して交付する．

（拠出金及び政府の負担）
第84条の5 ① 実施機関は，毎年度，拠出金を納付する．
② 次条第1項に規定する拠出金算定対象額から前項の規定により実施機関が納付する拠出金の合計額及び政府等が負担し，又は納付する基礎年金拠出金保険料相当分（基礎年金拠出金から第80条第1項，国家公務員共済組合法第99条第4項第2号，地方公務員等共済組合法第113条第4項第2号又は私立学校教職員共済法第35条第1項に規定する基礎年金拠出金の額の2分の1に相当する額として控除した額をいう．次条第1項及び第2項並びに附則第23条第2項第1号において同じ．）の合計額を控除した額については，厚生年金保険の実施者たる政府の負担とする．
③ 財政の現況及び見通しが作成されるときは，厚生労働大臣は，第1項の規定による実施機関が納付すべき拠出金及び前項の規定による政府の負担について，その将来にわたる予想額を算定するものとする．

（拠出金の額）
第84条の6 ① 前条第1項の規定により実施機関が納付する拠出金の額は，当該年度における拠出金算定対象額に，それぞれ次に掲げる率を乗じて得た額の合計額から，当該実施機関が納付する基礎年金拠出金保険料相当分の額を控除した額とする．
1 標準報酬按分率
2 積立金按分率
② 前項の拠出金算定対象額は，当該年度における厚生年金保険給付費等の総額に，当該年度において政府等が負担し，又は納付する基礎年金拠出金保険料相当分の合計額を加えた額とする．
③ 第1項第1号の標準報酬按分率は，第1号に掲げる率に第2号に掲げる率を乗じて得た率とする．
1 実施機関ごとに，当該年度における当該実施機関の組合員（国家公務員共済組合連合会及び地方公務員共済組合連合会にあつては，当該連合会を組織する共済組合の組合員）たる被保険者又は私立学校教職員共済制度の加入者たる被保険者に係る標準報酬の総額として政令で定めるところにより算定した額（第84条の8第1項において「実施機関における標準報酬の総額」という．）を，当該年度における厚生年金保険の被保険者に係る標準報酬の総額として政令で定めるところにより算定した額で除して得た率を基準として，厚生労働省令で定めるところにより，実施機関ごとに算定した率
2 当該年度以前の直近の財政の現況及び見通しにおける財政均衡期間における各年度の拠出金算定対象額の合計額に対する保険料，この法律に定める徴収金その他政令で定めるものの合計額の予想額の占める割合を平均したものとして厚生労働省令で定めるところにより算定した率（次項第2号において「保険料財源比率」という．）
④ 第1項第2号の積立金按分率は，第1号に掲げる率に第2号に掲げる率を乗じて得た率とする．
1 実施機関ごとに，当該年度の前年度における実施機関積立金の額及びこれに相当するものとして政令で定めるものの額の合計額（以下この号において「実施機関の積立金額」という．）を，当該年度の前年度における年金特別会計の厚生年金勘定の積立金の額及びこれに相当するものとして政令で定めるものの額の合計額（以下「厚生年金勘定の積立金額」という．）と実施機関の積立金額との合計額で除して得た率を基準として，厚生労働省令で定めるところにより，実施機関ごとに算定した率
2 1から保険料財源比率を控除した率
⑤ 厚生労働大臣は，第3項各号及び前項第1号に規定する厚生労働省令を定めるときは，実施機関を所管する大臣に協議しなければならない．

第84条の7 地方公務員共済組合は，政令で定めるところにより，毎年度，地方公務員共済組合連合会が納付すべき拠出金のうち，前条の規定により算定した額に準ずるものとして政令で定めるところにより算定した額を負担する．

（報告等）
第84条の8 ① 厚生労働大臣は，実施機関に対し，当該実施機関を所管する大臣を経由して，当該実施機関における標準報酬の総額その他の厚生労働省令で定める事項について報告を求めることができる．
② 実施機関は，厚生労働省令で定めるところにより，当該実施機関を所管する大臣を経由して，前項の報告を行うものとする．
③ 実施機関は，厚生労働省令で定めるところにより，当該実施機関を所管する大臣を経由して，第84条の5及び第3項の予想額の算定のために必要な事項として厚生労働省令で定める事項について厚生労働大臣に報告を行うものとする．
④ 厚生労働大臣は，厚生労働省令で定めるところにより，第84条の5第3項に規定する予想額その他これに関連する事項で厚生労働省令で定めるものについて，実施機関を所管する大臣に報告を行うものとする．
⑤ 厚生労働大臣は，前各項に規定する厚生労働省令を定めるときは，実施機関を所管する大臣に協議しなければならない．

第84条の9 厚生労働大臣は，第84条の3から前条までの規定の適用に関し必要があると認めるときは，実施機関を所管する大臣に対し，当該実施機関に係る同条第1項の報告に関し監督上必要な命令を発し，又は当該職員に当該実施機関の業務の状況を監査させることを求めることができる．

（政令への委任）

第84条の10 第84条の3から前条までに定めるもののほか,交付金の交付及び拠出金の納付に関し必要な事項は,政令で定める.

(保険料の繰上徴収)
第85条 保険料は,次の各号に掲げる場合においては,納期前であつても,すべて徴収することができる.
1 納付義務者が,次のいずれかに該当する場合
 イ 国税,地方税その他の公課の滞納によつて,滞納処分を受けるとき.
 ロ 強制執行を受けるとき.
 ハ 破産手続開始の決定を受けたとき.
 ニ 企業担保権の実行手続の開始があつたとき.
 ホ 競売の開始があつたとき.
2 法人たる納付義務者が,解散をした場合
3 被保険者の使用される事業所が,廃止された場合
4 被保険者の使用される船舶について船舶所有者の変更があつた場合,又は当該船舶が滅失し,沈没し,若しくは全く運航に堪えなくなるに至つた場合

(保険料等の督促及び滞納処分)
第86条 ① 保険料その他この法律の規定による徴収金を滞納する者があるときは,厚生労働大臣は,期限を指定して,これを督促しなければならない.ただし,前条の規定により保険料を徴収するときは,この限りでない.
② 前項の規定によつて督促をしようとするときは,厚生労働大臣は,納付義務者に対して,督促状を発する.
③ 前項の規定による督促状は,納付義務者が,健康保険法第180条の規定によつて督促を受ける者であるときは,同法同条の規定による督促状に併記して,発することができる.
④ 第2項の督促状により指定する期限は,督促状を発する日から起算して10日以上を経過した日でなければならない.ただし,前条各号のいずれかに該当する場合は,この限りでない.
⑤ 厚生労働大臣は,納付義務者が次の各号のいずれかに該当する場合においては,国税滞納処分の例によつてこれを処分し,又は納付義務者の居住地若しくはその者の財産所在地の市町村(特別区を含むものとし,地方自治法(昭和22年法律第67号)第252条の19第1項の指定都市にあつては,区又は総合区とする.以下同じ.)に対して,その処分を請求することができる.
1 第2項の規定による督促を受けた者がその指定の期限までに保険料その他この法律の規定による徴収金を納付しないとき.
2 前条各号のいずれかに該当したことにより納期を繰り上げて保険料納入の告知を受けた者がその指定の期限までに保険料を納付しないとき.
⑥ 市町村は,前項の規定による処分の請求を受けたときは,市町村税の例によつてこれを処分することができる.この場合においては,厚生労働大臣は,徴収金の100分の4に相当する額を当該市町村に交付しなければならない.

(延滞金)
第87条 ① 厚生労働大臣は,保険料額に,納期限の翌日から保険料完納又は財産差押の日の前日までの期間の日数に応じ,年14.6パーセント(当該納期限の翌日から3月を経過する日までの期間については,年7.3パーセント)の割合を乗じて計算した延滞金を徴収する.ただし,次の各号のいずれかに該当する場合又は滞納につきやむを得ない事情があると認められる場合は,この限りでない.
1 保険料額が1000円未満であるとき.
2 納期を繰り上げて徴収するとき.
3 納付義務者の住所若しくは居所が国内にないため,又はその住所及び居所がともに明らかでないため,公示送達の方法によつて督促したとき.
② 前項の場合において,保険料額の一部につき納付があつたときは,その納付の日以後の期間に係る延滞金の計算の基礎となる保険料額は,その納付のあつた保険料額を控除した金額による.
③ 延滞金を計算するにあたり,保険料額に1000円未満の端数があるときは,その端数は,切り捨てる.
④ 督促状に指定した期限までに保険料を完納したとき,又は前3項の規定によつて計算した金額が100円未満であるときは,延滞金は,徴収しない.
⑤ 延滞金の金額に100円未満の端数があるときは,その端数は,切り捨てる.
⑥ 第40条の2の規定による徴収金は,前各項の規定の適用については,保険料とみなす.この場合において,第1項中「年14.6パーセント(当該納期限の翌日から3月を経過する日までの期間については,年7.3パーセント)」とあるのは,「年14.6パーセント」とする.

(保険料の滞納処分等の特例)
第87条の2 第2号厚生年金被保険者,第3号厚生年金被保険者及び第4号厚生年金被保険者に係る保険料の繰上徴収その他この法律の規定による徴収金の督促及び滞納処分並びに延滞金の徴収については,前3条の規定にかかわらず,共済各法の定めるところによる.

(先取特権の順位)
第88条 保険料その他この法律の規定による徴収金の先取特権の順位は,国税及び地方税に次ぐものとする.

(徴収に関する通則)
第89条 保険料その他この法律の規定による徴収金は,この法律に別段の規定があるものを除き,国税徴収の例により徴収する.

(適用除外)
第89条の2 第2号厚生年金被保険者,第3号厚生年金被保険者及び第4号厚生年金被保険者に係る保険料その他この法律の規定による徴収金については,前2条の規定は,適用しない.

第6章 不服申立て

(審査請求及び再審査請求)
第90条 ① 厚生労働大臣による被保険者の資格,標準報酬又は保険給付に関する処分に不服がある者は,社会保険審査官に対して審査請求をし,その決定に不服がある者は,社会保険審査会に対して再審査請求をすることができる.ただし,第28条の4第1項又は第2項の規定による決定については,この限りでない.
② 次の各号に掲げる者による被保険者の資格又は保険給付に関する処分に不服がある者は,当該各号に定める者に対して審査請求をすることができる.
1 第2条の5第1項第2号に定める者 国家公務員共済組合法に規定する国家公務員共済組合審査会
2 第2条の5第1項第3号に定める者 地方公務

員等共済組合法に規定する地方公務員共済組合審査会

3　第2条の5第1項第4号に定める者　私立学校教職員共済法に規定する日本私立学校振興・共済事業団の共済審査会

③　第1項の審査請求をした日から2月以内に決定がないときは、審査請求人は、社会保険審査官が審査請求を棄却したものとみなすことができる。

④　第1項及び第2項の審査請求並びに第1項の再審査請求は、時効の中断に関しては、裁判上の請求とみなす。

⑤　被保険者の資格又は標準報酬に関する処分が確定したときは、その処分についての不服を当該処分に基づく保険給付に関する処分についての不服の理由とすることができない。

⑥　第2項、第4項及び前項に定めるもののほか、第2項に規定する処分についての審査請求については、共済各法の定めるところによる。

第91条　厚生労働大臣による保険料その他この法律の規定による徴収金の賦課若しくは徴収の処分又は第86条の規定による処分に不服がある者は、社会保険審査会に対して審査請求をすることができる。

②　前条第2項第1号及び第2号に掲げる者による保険料その他この法律の規定による徴収金の賦課又は徴収の処分に不服がある者は、当該各号に定める者に対して審査請求をすることができる。

③　前条第3項に掲げる者による保険料その他この法律の規定による徴収金の賦課若しくは徴収の処分又は督促若しくは国税滞納処分の例による処分に不服がある者は、同号に定める者に対して審査請求をすることができる。

④　前2項に定めるもののほか、前2項の審査請求については、共済各法の定めるところによる。

（行政不服審査法の適用関係）

第91条の2　第90条第1項及び前条第1項に規定する処分についての前2条の審査請求及び第90条第1項の再審査請求については、行政不服審査法（平成26年法律第68号）第2章（第22条を除く。）及び第4章の規定は、適用しない。

（審査請求と訴訟との関係）

第91条の3　第90条第1項に規定する処分の取消しの訴えは、当該処分についての審査請求に対する社会保険審査官の決定を経た後でなければ、提起することができない。

第7章　雑　則

（時　効）

第92条　①　保険料その他この法律の規定による徴収金を徴収し、又はその還付を受ける権利は、2年を経過したとき、保険給付を受ける権利（当該権利に基づき支払期月ごとに又は1時金として支払うものとされる保険給付の支給を受ける権利を含む。第4項において同じ。）は、5年を経過したときは、時効によって、消滅する。

②　年金たる保険給付を受ける権利の時効は、当該年金たる保険給付がその全額につき支給を停止されている間は、進行しない。

③　保険料その他この法律の規定による徴収金の納入の告知又は第86条第1項の規定による督促は、民法（明治29年法律第89号）第153条の規定にかかわらず、時効中断の効力を有する。

④　保険給付を受ける権利については、会計法（昭和22年法律第35号）第31条の規定を適用しない。

（期間の計算）

第93条　この法律又はこの法律に基く命令に規定する期間の計算については、この法律に別段の規定がある場合を除くほか、民法の期間に関する規定を準用する。

第94条　削除

（戸籍事項の無料証明）

第95条　市町村長は、実施機関又は受給権者に対して、当該市町村の条例の定めるところにより、被保険者、被保険者であつた者又は受給権者の戸籍に関し、無料で証明することができる。

（受給権者に関する調査）

第96条　①　実施機関は、必要があると認めるときは、年金たる保険給付の受給権者に対して、その者の身分関係、障害の状態その他受給権の消滅、年金額の改定若しくは支給の停止に係る事項に関する書類その他の物件の提出を命じ、又は当該職員をしてこれらの事項に関し受給権者に質問させることができる。

②　前項の規定によつて質問を行なう当該職員は、その身分を示す証票を携帯し、かつ、関係者の請求があるときは、これを提示しなければならない。

（診　断）

第97条　①　実施機関は、必要があると認めるときは、障害等級に該当する程度の障害の状態にあることにより、年金たる保険給付の受給権を有し、又は第44条第1項の規定によりその者について加算が行われている子に対して、その指定する医師の診断を受けるべきことを命じ、又は当該職員をしてこれらの者の障害の状態を診断させることができる。

②　前条第2項の規定は、前項の規定による当該職員の診断について準用する。

（届出等）

第98条　①　事業主は、厚生労働省令の定めるところにより、第27条に規定する事項を除くほか、厚生労働省令の定める事項を厚生労働大臣に届け出なければならない。

②　被保険者は、厚生労働省令の定めるところにより、厚生労働省令の定める事項を厚生労働大臣に届け出、又は事業主に申し出なければならない。

③　受給権者又は受給権者の属する世帯の世帯主その他その世帯に属する者は、厚生労働省令の定めるところにより、厚生労働大臣に対し、厚生労働省令の定める事項を届け出、かつ、厚生労働省令の定める書類その他の物件を提出しなければならない。

④　受給権者が死亡したときは、戸籍法（昭和22年法律第224号）の規定による死亡の届出義務者は、10日以内に、その旨を厚生労働大臣に届け出なければならない。ただし、厚生労働省令で定める受給権者の死亡について、同法の規定による死亡の届出をした場合（厚生労働省令で定める場合に限る。）は、この限りでない。

⑤　第2号厚生年金被保険者、第3号厚生年金被保険者又は第4号厚生年金被保険者、これらの者に係る事業主及び第2号厚生年金被保険者期間、第3号厚生年金被保険者期間又は第4号厚生年金被保険者期間に基づく保険給付の受給権者については、前各項の規定は、適用しない。

（事業主の事務）

Ⅰ 公的年金・企業年金

第99条 ① 厚生年金保険の施行に必要な事務は,厚生労働省令の定めるところにより,その一部を事業主に行わせることができる.
② 第2号厚生年金被保険者,第3号厚生年金被保険者又は第4号厚生年金被保険者に係る事業主については,前項の規定は,適用しない.
　（立入検査等）
第100条 ① 厚生労働大臣は,被保険者の資格,標準報酬,保険料又は保険給付に関する決定に関し,必要があると認めるときは,事業主に対して,文書その他の物件を提出すべきことを命じ,又は当該職員をして事業所に立ち入つて関係人に質問し,若しくは帳簿,書類その他の物件を検査させることができる.
② 第96条第2項の規定は,前項の規定による質問及び検査について準用する.
③ 第1項の規定による権限は,犯罪捜査のために認められたものと解してはならない.
④ 第2号厚生年金被保険者,第3号厚生年金被保険者又は第4号厚生年金被保険者及びこれらの者に係る事業主については,前3項の規定は,適用しない.
　（資料の提供）
第100条の2 ① 実施機関は,相互に,被保険者の資格に関する事項,標準報酬に関する事項,受給権者に対する保険給付の支給状況その他実施機関の業務の実施に関して必要な情報の提供を行うものとする.
② 実施機関は,被保険者の資格,標準報酬又は保険料に関し必要があると認めるときは,官公署(実施機関を除く.)に対し,法人の事業所の名称,所在地その他の事項につき,必要な資料の提供を求めることができる.
③ 実施機関は,年金たる保険給付に関する処分に関し必要があると認めるときは,受給権者に対する国民年金法における第46条第6項に規定する政令で定める給付の支給状況につき,これらの給付に係る制度の管掌機関に対し,必要な資料の提供を求めることができる.
④ 実施機関は,年金たる保険給付に関する処分に関し必要があると認めるときは,衆議院議長,参議院議長又は地方公共団体の議会の議長に対し,必要な資料の提供を求めることができる.
⑤ 厚生労働大臣は,第1号厚生年金被保険者の資格,標準報酬又は保険料に関し必要があると認めるときは,第1号厚生年金被保険者であった者,若しくはあつた者(以下この項において「被保険者等」という.)又は健康保険若しくは国民健康保険の被保険者若しくは被保険者であつた者の氏名及び住所,個人番号(行政手続における特定の個人を識別するための番号の利用等に関する法律(平成25年法律第27号)第2条第5項に規定する個人番号をいう.),資格の取得及び喪失の年月日,被保険者等の勤務又は収入の状況その他の事項につき,官公署,健康保険組合若しくは国民健康保険組合に対し必要な資料の提供を求め,又は銀行,信託会社その他の機関若しくは事業主その他の関係者に報告を求めることができる.
　（報　告）
第100条の3 ① 実施機関(厚生労働大臣を除く.以下この条において同じ.)は,厚生労働省令で定めるところにより,当該実施機関が所管する大臣を経由して,第43条の2第1項第2号イに規定する標準報酬月額平均額の算定のために必要な事項として厚生労働省令で定める事項について厚生労働大臣に報告を行うものとする.
② 厚生労働大臣は,厚生労働省令で定めるところにより,前項に規定する標準報酬月額平均額その他これに関連する事項で厚生労働省令で定めるものについて,実施機関を所管する大臣に報告を行うものとする.
　（実施機関相互間の連絡調整）
第100条の3の2 ① 実施機関は,被保険者等の利便の向上に資するため,政令で定めるところにより,他の実施機関の処理する事務の一部を行うものとする.
② 前項の場合において,実施機関相互間の連絡及び調整に関し必要な事項は,主務省令で定める.
　（主務大臣等）
第100条の3の3 ① 第4章の2及び第3項における主務大臣は,厚生労働大臣,財務大臣,総務大臣及び文部科学大臣とする.
② この法律における主務省令は,政令で定めるところにより,厚生労働大臣,財務大臣,文部科学大臣及び地方公務員等共済組合法第144条の29第1項の規定による主務大臣の発する命令とする.ただし,次の各号に掲げる主務省令については,当該各号に定めるとおりとする.
1　第79条の8第1項及び第2項の主務省令　所管大臣の発する命令
2　第79条の9第1項の主務省令　厚生労働大臣,財務大臣,総務大臣及び文部科学大臣の発する命令
③ 所管大臣は,前項第1号に掲げる主務省令を制定し,又は改廃する場合においては,あらかじめ,主務大臣に協議するものとする.
　（国家公務員法及び地方公務員法との関係）
第100条の3の4 厚生年金保険法は,国家公務員法第2条に規定する一般職に属する国家公務員又は地方公務員法(昭和25年法律第261号)第3条に規定する一般職に属する地方公務員については,それぞれ国家公務員法第107条に規定する年金制度又は地方公務員法第43条に規定する共済制度の一部とする.
　（機構への厚生労働大臣の権限に係る事務の委任）
第100条の4 ① 次に掲げる厚生労働大臣の権限に係る事務は,機構に行わせるものとする.ただし,第32号から第34号まで及び第36号から第38号までに掲げる権限は,厚生労働大臣が自ら行うことを妨げない.
1　第6条第3項及び第8条第1項の規定による認可,第8条の2第1項項の規定による承認並びに第6条第4項及び第8条第2項の規定による申請の受理
2　第10条第1項,第11条(附則第4条の5第1項において準用する場合を含む.)及び附則第4条の5第1項の規定による認可
3　第18条第1項の規定による確認
4　第21条第1項,第22条第1項,第23条第1項,第23条の2第1項及び第23条の3第1項(これらの規定を第46条第2項において準用する場合を含む.)の規定による標準報酬月額の決定又は改定(第23条の2第1項,第23条の3第1項及び第26条第1項の規定による申出の受理を含み,第24条第1項(第46条第2項において準用する

④ 厚生年金保険法（100条の4）

場合を含む.）の規定により算定する額を報酬月額として決定又は改定する場合を含む.）
5　第24条の2（第46条第2項において準用する場合を含む.）の規定によりその例によるものとされる船員保険法第17条から第20条まで及び第23条の規定による標準報酬月額の決定又は改定（同法第19条第1項の規定による申出の受理を含み,同法第20条第2項の規定により算定する額を報酬月額として決定又は改定する場合を含む.）
6　第24条の4第1項（第46条第2項において準用する場合を含む.）の規定による標準賞与額の決定（第24条の4第2項において準用する第24条第1項の規定により算定する額を標準賞与額として決定する場合を含む.）
7　第27条（附則第4条の5第1項において準用する場合を含む.）の規定による届出の受理及び第30条第1項（附則第4条の5第1項において準用する場合を含む.）の規定による通知
7の2　第28条の2第1項（同条第2項及び第3項において準用する場合を含む.）の規定による請求の受理
8　第29条第1項（附則第4条の5第1項において準用する場合を含む.）の規定による通知,第29条第3項（第30条第2項（附則第4条の5第1項において準用する場合を含む.以下この号において同じ.）及び附則第4条の5第1項において準用する場合を含む.）の規定による届出の受理並びに第29条第4項及び第5項（これらの規定を第30条第2項及び附則第4条の5第1項において準用する場合を含む.）の規定による公告
9　第31条第1項の規定による請求の受理及び同条第2項の規定による請求の却下
10　第33条の規定による請求の受理
11　第38条第2項の規定による申請の受理
12　第38条の2第1項の規定による申出の受理
13　第44条第5項の規定による認定
14　第44条の3第1項の規定による申出の受理並びに附則第7条の3第1項及び第13条の4第1項の規定による請求の受理
15　第47条の2第1項の規定による請求の受理
15の2　第50条の2第5項の規定による認定
16　第52条第2項及び第4項の規定による請求の受理
17　第58条第2項の規定による申出の受理
18　第59条第4項の規定による認定
19　第67条並びに第68条第1項及び第2項の規定による申請の受理
20　削　除
21　第78条の2第1項及び第78条の4第1項の規定による請求の受理
22　第78条の5の規定による資料の提供
23　第78条の6第1項の規定による標準報酬月額の改定又は決定及び同条第2項の規定による標準賞与額の改定又は決定
24　第78条の8の規定による通知
25　第78条の14第1項の規定による請求の受理,同条第2項の規定による標準報酬月額の改定及び決定並びに同条第3項の規定による標準賞与額の改定及び決定
26　第78条の16の規定による通知
27　第81条の2第1項及び第81条の2の2第1項の規定による申出の受理

28　第83条の2の規定による申出の受理及び承認
29　第86条第5項の規定による国税滞納処分の例による処分及び同項の規定による市町村に対する処分の請求
30　第89条の規定により国税徴収の例によるものとされる徴収に係る権限（国税通則法（昭和37年法律第66号）第36条第1項の規定の例による納入の告知,同法第42条において準用する民法第423条第1項の規定の例による納付義務者に属する権利の行使,国税通則法第46条の規定による納付の猶予その他の厚生労働省令で定める権限並びに次号に掲げる質問及び検査並びに捜索を除く.）
31　第89条の規定によりその例によるものとされる国税徴収法（昭和34年法律第147号）第141条の規定による質問及び検査並びに同法第142条の規定による捜索
32　第95条の規定による戸籍事項に関する証明書の受領
33　第96条第1項（附則第29条第9項において準用する場合を含む.）の規定による命令及び診断
34　第97条第1項の規定による命令及び診断
35　第98条第1項から第4項まで（同項を附則第29条第9項において準用する場合を含む.）の規定による届出の受理及び第98条第3項の規定による書類その他の物件の受領
36　第100条第1項（附則第29条第9項において準用する場合を含む.）の規定による命令並びに質問及び検査
37　第100条の2第2項から第4項までの規定による資料の提供の求め（第32号に掲げる証明書の受領を除く.）
38　次条第2項の規定による報告の受理
39　附則第4条の3第1項及び第4項の規定による申出の受理
40　附則第7条の2第1項及び第2項の規定による確認
41　附則第9条の2第1項の規定による請求の受理
42　附則第29条第1項の規定による請求の受理
43　前各号に掲げるもののほか,厚生労働省令で定める権限

② 機構は,前項第29号に掲げる国税滞納処分の例による処分及び同項第31号に掲げる権限（以下「滞納処分等」という.）その他同項各号に掲げる権限のうち厚生労働省令で定める権限に係る事務を効果的に行うため必要があると認めるときは,厚生労働省令で定めるところにより,厚生労働大臣に当該権限の行使に必要な情報を提供するとともに,厚生労働大臣自らその権限を行うよう求めることができる.
③ 厚生労働大臣は,前項の規定による求めがあつた場合において必要があると認めるとき,又は機構が天災その他の事由により第1項各号に掲げる権限に係る事務の全部若しくは一部を行うことが困難若しくは不適当となつたと認めるときは,同項各号に掲げる権限の全部又は一部を自ら行うものとする.
④ 厚生労働大臣は,前項の規定により第1項各号に掲げる権限の全部若しくは一部を自ら行うこととし,又は前項の規定により自ら行つている第1項各号に掲げる権限の全部若しくは一部を行わないこととするとき（次項に規定する場合を除く.）は,あらかじめ,その旨を公示しなければならない.

⑤ 厚生労働大臣は、第3項の規定により自ら行うこととした滞納処分等について、機構から引き継いだ当該滞納処分等の対象となる者が特定されている場合には、当該者に対し、厚生労働大臣が当該者に係る滞納処分等を行うこととなる旨その他の厚生労働省令で定める事項を通知しなければならない。
⑥ 厚生労働大臣は、第3項の規定により第1項各号に掲げる権限の全部若しくは一部を自ら行うこととし、又は第3項の規定により自ら行つている第1項各号に掲げる権限の全部若しくは一部を行わないこととする場合における同項各号に掲げる権限に係る事務の引継ぎその他の必要な事項は、厚生労働省令で定める。
⑦ 前各項に定めるもののほか、機構による第1項各号に掲げる権限に係る事務の実施又は厚生労働大臣による同項各号に掲げる権限の行使に関し必要な事項は、厚生労働省令で定める。

(財務大臣への権限の委任)
第100条の5 ① 厚生労働大臣は、前条第3項の規定により滞納処分等及び同条第1項第30号に掲げる権限の全部又は一部を自らが行うこととする場合におけるこれらの権限並びに同号に規定する厚生労働省令で定める権限のうち厚生労働省令で定めるもの(以下この条において「滞納処分等その他の処分」という。)に係る納付義務者が滞納処分等その他の処分の執行を免れる目的でその財産について隠ぺいしているおそれがあることその他の政令で定める事情があるため保険料その他この法律の規定による徴収金の効果的な徴収を行う上で必要があると認めるときは、政令で定めるところにより、財務大臣に対し、当該納付義務者に関する情報その他必要な情報を提供するとともに、当該納付義務者に係る滞納処分等その他の処分の権限の全部又は一部を委任することができる。
② 財務大臣は、前項の委任に基づき、滞納処分等その他の処分の権限の全部又は一部を行つたときは、厚生労働省令で定めるところにより、滞納処分等その他の処分の執行の状況及びその結果を厚生労働大臣に報告するものとする。
③ 前条第5項の規定は、第1項の委任に基づき、財務大臣が滞納処分等その他の処分の権限の全部又は一部を行う場合の財務大臣による通知について準用する。この場合において、必要な技術的読替えその他滞納処分等その他の処分の対象となる者に対する通知に関し必要な事項は、厚生労働省令で定める。
④ 財務大臣が、第1項の委任に基づき、滞納処分等その他の処分の権限の全部又は一部を行うこととし、又は同項の委任に基づき行つている滞納処分等その他の処分の権限の全部若しくは一部を行わないこととする場合における滞納処分等その他の処分に係る事務の引継ぎその他の必要な事項は、厚生労働省令で定める。
⑤ 財務大臣は、第1項の規定により委任された権限、第2項の規定による権限及び第3項において準用する前条第5項の規定による権限を国税庁長官に委任する。
⑥ 国税庁長官は、政令で定めるところにより、前項の規定により委任された権限の全部又は一部を納付義務者の事業所又は事務所の所在地を管轄する国税局長に委任することができる。
⑦ 国税局長は、政令で定めるところにより、前項の規定により委任された権限の全部又は一部を納付義務者の事業所又は事務所の所在地を管轄する税務署長に委任することができる。

(機構が行う滞納処分等に係る認可等)
第100条の6 ① 機構は、滞納処分等を行う場合には、あらかじめ、厚生労働大臣の認可を受けるとともに、次条第1項に規定する滞納処分等実施規程に従い、徴収職員に行わせなければならない。
② 前項の徴収職員は、滞納処分等に係る法令に関する知識並びに実務に必要な知識及び能力を有する機構の職員のうちから、厚生労働大臣の認可を受けて、機構の理事長が任命する。
③ 機構は、滞納処分等をしたときは、厚生労働省令で定めるところにより、速やかに、その結果を厚生労働大臣に報告しなければならない。

(滞納処分等実施規程の認可等)
第100条の7 ① 機構は、滞納処分等の実施に関する規程(以下この条において「滞納処分等実施規程」という。)を定め、厚生労働大臣の認可を受けなければならない。これを変更しようとするときも、同様とする。
② 滞納処分等実施規程には、差押えを行う時期、差押えに係る財産の選定方法その他の滞納処分等の公正かつ確実な実施を確保するために必要なものとして厚生労働省令で定める事項を記載しなければならない。
③ 厚生労働大臣は、第1項の認可をした滞納処分等実施規程が滞納処分等の公正かつ確実な実施上不適当となつたと認めるときは、機構に対し、その滞納処分等実施規程を変更すべきことを命ずることができる。

(機構が行う立入検査等に係る認可等)
第100条の8 ① 機構は、第100条の4第1項第33号、第34号又は第36号に掲げる権限に係る事務を行う場合には、あらかじめ、厚生労働大臣の認可を受けなければならない。
② 機構が第100条の4第1項第33号、第34号又は第36号に掲げる権限に係る事務を行う場合における第77条第1号、第96条、第97条及び第100条第1項の規定の適用については、これらの規定中「当該職員」とあるのは、「機構の職員」とする。

(地方厚生局長等への権限の委任)
第100条の9 ① この法律に規定する厚生労働大臣の権限(第100条の5第1項及び第2項に規定する厚生労働大臣の権限を除く。)は、厚生労働省令(第28条の4に規定する厚生労働大臣の権限にあつては、政令)で定めるところにより、地方厚生局長に委任することができる。
② 前項の規定により地方厚生局長に委任された権限は、厚生労働省令(第28条の4に規定する厚生労働大臣の権限にあつては、政令)で定めるところにより、地方厚生支局長に委任することができる。
③ 第1項の規定により第28条の4に規定する厚生労働大臣の権限が地方厚生局長に委任された場合(前項の規定により同条に規定する厚生労働大臣の権限が地方厚生支局長に委任された場合を含む。)には、同条第3項中「社会保障審議会」とあるのは、「地方厚生局に置かれる政令で定める審議会」とする。

(機構への事務の委託)
第100条の10 ① 厚生労働大臣は、機構に、次に掲げる事務を行わせるものとする。

4 厚生年金保険法（100条の10）

1　第25条の規定による価額の決定に係る事務（当該決定を除く.）
2　第28条の規定による記録に係る事務（当該記録を除く.）
3　第31条の2の規定による情報の通知に係る事務（当該通知を除く.）
4　第33条（附則第29条第9項において準用する場合を含む.）の規定による裁定に係る事務（第100条の4第1項第10号に掲げる請求の受理及び当該裁定を除く.）
5　第37条第1項（附則第29条第9項において準用する場合を含む.）及び第37条第3項の規定による請求の内容の確認に係る事務
6　第38条第1項及び第2項の規定による年金たる保険給付の支給の停止に係る事務（第100条の4第1項第11号に掲げる申請の受理及び当該支給の停止に係る決定を除く.）
7　第38条の2第1項及び第2項の規定による年金たる保険給付の支給の停止に係る事務（第100条の4第1項第12号に掲げる申出の受理及び当該支給の停止に係る決定を除く.）
8　第40条の2（附則第29条第9項において準用する場合を含む.）の規定による不正利得の徴収に係る事務（第100条の4第1項第29号から第31号までに掲げる権限を行使する事務及び次条第1項の規定により機構が行う収納, 第86条第1項の規定による督促その他の厚生労働省令で定める権限を行使する事務並びに第31号及び第33号に掲げる事務を除く.）
9　第42条並びに附則第7条の3第3項, 第8条及び第13条の4第3項の規定による老齢厚生年金の支給に係る事務（第100条の4第1項第14号に掲げる申出及び請求の受理並びに当該老齢厚生年金の裁定を除く.）
10　第43条第3項, 第44条第3項及び第4項（これらの規定を附則第9条の2第3項, 第9条の3第2項及び第4項並びに第9条の4第3項及び第5項において準用する場合を含む.）並びに附則第7条の3第5項, 第9条の2第2項及び第4項, 第9条の3第3項及び第5項, 第9条の4第4項及び第6項, 第13条の4第5項及び第6項並びに第13条の5第3項, 第4項及び第9項の規定による老齢厚生年金の額の改定に係る事務（第100条の4第1項第14号に掲げる申出及び請求の受理並びに同項第41号に掲げる請求の受理並びに当該改定に係る決定を除く.）
11　第44条第1項ただし書（附則第9条の2第3項, 第9条の3第2項及び第4項並びに第9条の4第3項及び第5項において準用する場合を含む. 以下この号において同じ.）の規定による第44条第1項ただし書に規定する当該子について加算する額に相当する部分の支給の停止に係る事務（当該支給の停止に係る決定を除く.）並びに第46条第1項及び第6項並びに附則第7条の4第1項及び第3項（これらの規定を附則第8条の2及び第13条の6第3項において準用する場合を含む.）, 第7条の5第1項及び第2項（これらの規定を附則第13条の7第1項において準用する場合を含む.）, 第11条第1項, 第11条の2第1項及び第2項, 第11条の3第1項, 第11条の4第1項及び第2項, 第11条の6第1項, 第2項及び第4項（これらの規定を同条第8項において準用する場合を含む.）, 第13条の4第8項, 第13条の5第5項及び第6項並びに第13条の6第1項及び第4項（同条第8項において準用する場合を含む.）の規定による老齢厚生年金の支給の停止に係る事務（当該支給の停止に係る決定を除く.）

12　第47条, 第47条の2第3項, 第47条の3第1項, 第48条第1項及び第49条の規定による障害厚生年金の支給に係る事務（第100条の4第1項第15号に掲げる請求の受理及び当該障害厚生年金の裁定を除く.）
13　第49条第1項, 第54条第1項及び第2項並びに同条第3項において準用する第46条第6項の規定による障害厚生年金の支給の停止に係る事務（第100条の4第1項第11号に掲げる申請の受理及び当該支給の停止に係る決定を除く.）
14　第50条の2第3項, 同条第4項において準用する第44条第3項, 第52条第1項及び第52条の2の規定による障害厚生年金の額の改定に係る事務（第100条の4第1項第15号の2に掲げる認定及び同項第16号に掲げる請求の受理並びに当該改定に係る決定を除く.）
15　第55条第1項及び第56条の規定による障害手当金の支給に係る事務（当該障害手当金の裁定を除く.）
16　第58条第1項の規定による遺族厚生年金の支給に係る事務（当該遺族厚生年金の裁定を除く.）
17　第61条（同条第1項を第68条第3項において準用する場合を含む.）の規定による遺族厚生年金の額の改定に係る事務（当該改定に係る決定を除く.）
18　第64条から第67条まで並びに第68条第1項及び第2項の規定による遺族厚生年金の支給の停止に係る事務（第100条の4第1項第11号及び第19号に掲げる申請の受理並びに当該支給の停止に係る決定を除く.）
19　第73条の規定による障害厚生年金又は障害手当金の支給に係る事務（当該障害厚生年金又は障害手当金の裁定を除く.）
20　第73条の2及び第75条（附則第29条第9項において準用する場合を含む.）の規定による保険給付の支給に係る事務（当該保険給付の裁定を除く.）
21　第74条の規定による障害厚生年金の額の改定に係る事務（当該改定に係る決定を除く.）
22　第76条第1項の規定による遺族厚生年金の支給に係る事務（当該遺族厚生年金の裁定を除く.）
23　第77条の規定による年金たる保険給付の支給の停止に係る事務（当該支給の停止に係る決定を除く.）
24　第78条第1項の規定による保険給付の支払の1時差止めに係る事務（当該支払の1時差止めに係る決定を除く.）
25　第78条の7の規定による記録に係る事務（当該記録を除く.）
26　第78条の10第1項の規定による老齢厚生年金及び同条第2項の規定による障害厚生年金の額の改定に係る事務（当該改定に係る決定を除く.）
27　第78条の15の規定による記録に係る事務（当該記録を除く.）
28　第78条の18第1項の規定による老齢厚生年金及び同条第2項において準用する第78条の10第2項の規定による障害厚生年金の額の改定に係る

事務（当該改定に係る決定を除く．）
29 第81条第1項，第81条の2第1項，第81条の2の2第1項及び第85条の規定による保険料の徴収に係る事務（第100条の4第1項第27号から第31号までに掲げる権限を行使する事務及び次条第1項の規定により機構が行う収納，第86条第1項の規定による督促その他厚生労働省令で定める権限を行使する事務並びに次号，第31号及び第33号に掲げる事務を除く．）
30 第83条第1項及び第3項の規定による納付に係る事務（納期を繰り上げて納入の告知又は納付をしたものとみなす決定及びその旨の通知を除く．）
31 第86条第1項及び第2項の規定による督促に係る事務（当該督促及び督促状を発すること（督促状の発送に係る事務を除く．）
32 第87条第1項及び第4項の規定による延滞金（同条第6項の規定により保険料等とみなされた第40条の2の規定による徴収金に係るものを含む．）の徴収に係る事務（第100条の4第1項第29号から第31号までに掲げる権限を行使する事務及び次条第1項の規定により機構が行う収納，第86条第1項の規定による督促その他厚生労働省令で定める権限を行使する事務並びに前号及び第33号に掲げる事務を除く．）
32の2 第100条の2第1項の規定による情報の提供に係る事務（当該情報の提供を除く．）
33 第100条の4第1項第30号に規定する厚生労働省令で定める権限に係る事務（当該権限を行使する事務を除く．）
34 削 除
35 附則第28条の3第1項の規定による特例老齢年金の支給に係る事務（当該特例老齢年金の裁定を除く．）
36 附則第28条の4第1項の規定による特例遺族年金の支給に係る事務（当該特例遺族年金の裁定を除く．）
37 附則第29条第2項の規定による脱退一時金の支給に係る事務（第100条の4第1項第42号に掲げる請求の受理及び当該脱退一時金の裁定を除く．）
38 介護保険法（平成9年法律第123号）第203条その他の厚生労働省令で定める法律の規定による求めに応じたこの法律の実施に関し厚生労働大臣が保有する情報の提供に係る事務（当該情報の提供及び厚生労働省令で定める事務を除く．）
39 前各号に掲げるもののほか，厚生労働省令で定める事務
② 厚生労働大臣は，機構が天災その他の事由により前項各号に掲げる事務の全部又は一部を実施することが困難又は不適当となつたと認めるときは，同項各号に掲げる事務の全部又は一部を自ら行うものとする．
③ 前2項に定めるもののほか，機構又は厚生労働大臣による第1項各号に掲げる事務の実施に関し必要な事項は，厚生労働省令で定める．

（機構が行う収納）
第100条の11 ① 厚生労働大臣は，会計法（昭和22年法律第35号）第7条第1項の規定にかかわらず，政令で定める場合においてこの法律の規定による徴収金，年金たる保険給付の過誤払による返還金その他の厚生労働省令で定めるもの（以下この条において「保険料等」という．）の収納を，政令で定めるところにより，機構に行わせることができる．
② 前項の規定による収納を行う機構の職員は，収納に係る法令に関する知識並びに実務に必要な知識及び能力を有する機構の職員のうちから，厚生労働大臣の認可を受けて，機構の理事長が任命する．
③ 機構は，第1項の規定により保険料等の収納をしたときは，遅滞なく，これを日本銀行に送付しなければならない．
④ 機構は，厚生労働省令で定めるところにより，収納に係る事務の実施状況及びその結果を厚生労働大臣に報告するものとする．
⑤ 機構は，前2項に定めるもののほか，厚生労働大臣が定める収納に係る事務の実施に関する規程に従つて収納を行わなければならない．
⑥ 前各項に定めるもののほか，第1項の規定による保険料等の収納について必要な事項は，政令で定める．

（情報の提供等）
第100条の12 ① 機構は，厚生労働大臣に対し，厚生労働省令で定めるところにより，被保険者の資格に関する事項，標準報酬に関する事項その他厚生労働大臣の権限の行使に関して必要な情報の提供を行うものとする．
② 厚生労働大臣及び機構は，厚生年金保険事業が，適正かつ円滑に行われるよう，必要な情報交換を行うことその他相互の密接な連携の確保に努めるものとする．

（経過措置）
第100条の13 この法律に基づき政令を制定し，又は改廃する場合においては，政令で，その制定又は改廃に伴い合理的に必要と判断される範囲内において，所要の経過措置を定めることができる．

（実施規定）
第101条 この法律に特別の規定があるものを除くほか，この法律の実施のための手続その他その執行について必要な細目は，厚生労働省令又は主務省令で定める．

第8章 罰 則

第102条 事業主が，正当な理由がなくて次の各号のいずれかに該当するときは，6月以下の懲役又は50円以下の罰金に処する．
1 第27条の規定に違反して，届出をせず，又は虚偽の届出をしたとき．
2 第29条第2項（第30条第2項において準用する場合を含む．）の規定に違反して，通知をしないとき．
3 第82条第2項の規定に違反して，督促状に指定する期限までに保険料を納付しないとき．
4 第100条第1項の規定に違反して，文書その他の物件を提出せず，又は当該職員（第100条の8第2項において読み替えて適用される第100条第1項に規定する機構の職員を含む．次条において同じ．）の質問に対して答弁せず，若しくは虚偽の陳述をし，若しくは検査を拒み，妨げ，若しくは忌避したとき．

第103条 事業主以外の者が，第100条第1項の規定に違反して，当該職員の質問に対して答弁せず，若しくは虚偽の陳述をし，又は検査を拒み，妨げ，若しくは忌避したときは，6月以下の懲役又は30円以

下の罰金に処する.
第103条の2 次の各号のいずれかに該当する者は,50万円以下の罰金に処する.
 1 第89条の規定によりその例によるものとされる国税徴収法第141条の規定による徴収職員の質問に対して答弁をせず,又は偽りの陳述をしたとき.
 2 第89条の規定によりその例によるものとされる国税徴収法第141条の規定による検査を拒み,妨げ,若しくは忌避し,又は当該検査に関し偽りの記載若しくは記録をした帳簿書類を提示したとき.
第104条 ① 法人(法人でない社団又は財団で代表者又は管理人の定めがあるもの(以下この条において「人格のない社団等」という.)を含む.以下この項において同じ.)の代表者(人格のない社団等の管理人を含む.)又は法人若しくは人の代理人,使用人その他の従業者が,その法人又は人の業務又は財産に関して,第102条から前条までの違反行為をしたときは,行為者を罰するほか,その法人又は人に対しても,各本条の罰金刑を科する.
② 人格のない社団等について前項の規定の適用がある場合においては,その代表者又は管理人がその訴訟行為につき当該人格のない社団等を代表するほか,法人を被告人又は被疑者とする場合の刑事訴訟に関する法律の規定を準用する.
第104条の2 次の各号のいずれかに該当する場合には,その違反行為をした管理運用主体の役員又は職員は,20万円以下の過料に処する.
 1 第79条の5第3項,第79条の6第5項又は第79条の8第1項の規定により公表をしなければならない場合において,その公表をせず,又は虚偽の公表をしたとき.
 2 第79条の5第4項の規定による主務大臣の命令又は第79条の6第7項若しくは第79条の7の規定による所管大臣の命令に違反したとき.
 3 第79条の6第4項の規定により承認を受けなければならない場合において,その承認を受けないで管理運用の方針を定め,又は変更したとき.
第104条の3 機構の役員は,次の各号のいずれかに該当する場合には,20万円以下の過料に処する.
 1 第100条の6第1項及び第2項,第100条の7第1項,第100条の8第1項並びに第100条の11第2項の規定により厚生労働大臣の認可を受けなければならない場合において,その認可を受けなかったとき.
 2 第100条の7第3項の規定による命令に違反したとき.
第105条 左の各号に掲げる場合には,10円以下の過料に処する.
 1 第98条第1項の規定に違反して,事業主が届出をせず,又は虚偽の届出をしたとき.
 2 第98条第2項の規定に違反して,被保険者が届出をせず,若しくは虚偽の届出をし,又は申出をせず,若しくは虚偽の申出をしたとき.
 3 第98条第4項の規定に違反して,戸籍法の規定による死亡の届出義務者が,届出をしないとき.

第9章 厚生年金基金及び企業年金連合会(略)
〔平25法63,平26・4・1削除〕

附 則 (本法:抄)

(高齢任意加入被保険者)
第4条の3 ① 適用事業所に使用される70歳以上の者であつて,老齢厚生年金,国民年金法による老齢基礎年金その他の老齢又は退職を支給事由とする年金たる給付であつて政令で定める給付の受給権を有しないもの(第12条各号に該当する者を除く.)は,第9条の規定にかかわらず,実施機関に申し出て,被保険者となることができる.
② 前項の申出をした者は,その申出が受理されたその日に,被保険者の資格を取得する.
③ 前項に規定する者が,初めて納付すべき保険料を滞納し,第86条第1項の規定による指定の期限までに,その保険料を納付しないときは,第1項の規定による被保険者とならなかつたものとみなす.ただし,第7項ただし書に規定する事業主の同意がある場合は,この限りでない.
④ 第1項の規定による被保険者は,いつでも,実施機関に申し出て,被保険者の資格を喪失することができる.
⑤ 第1項の規定による被保険者は,第14条第1号,第2号若しくは第4号又は次の各号のいずれかに該当するに至つた日の翌日(その事実があつた日に更に被保険者の資格を取得したときは,その日)に,被保険者の資格を喪失する.
 1 第8条第1項の認可があつたとき.
 2 第1項に規定する政令で定める給付の受給権を取得したとき.
 3 前項の申出が受理されたとき.
⑥ 第1項の規定による被保険者は,保険料(初めて納付すべき保険料を除く.)を滞納し,第86条第1項の規定による指定の期限までに,その保険料を納付しないとき(次項ただし書に規定する事業主の同意があるときを除く.)は,前項の規定にかかわらず,第83条第1項に規定する当該保険料の納期限の属する月の前月の末日に,被保険者の資格を喪失する.
⑦ 第1項の規定による被保険者は,第82条第1項及び第2項の規定にかかわらず,保険料の全額を負担し,自己の負担する保険料を納付する義務を負うものとし,その者については,第84条の規定は,適用しない.ただし,その者の事業主が,当該保険料の半額を負担し,かつ,その被保険者及び自己の負担する保険料を納付する義務を負うことにつき同意をしたときは,この限りでない.
⑧ 事業主は,第1項の規定による被保険者の同意を得て,将来に向かつて前項ただし書に規定する同意を撤回することができる.
⑨ 第1項から第6項までに規定するもののほか,第1項の規定による被保険者の資格の取得及び喪失に関し必要な事項は,政令で定める.
⑩ 第2号厚生年金被保険者又は第3号厚生年金被保険者に係る事業主については,第3項及び第6項から第8項までの規定は,適用しない.
第4条の5 ① 適用事業所以外の事業所に使用される70歳以上の者であつて,附則第4条の3第1項に規定する政令で定める給付の受給権を有しないものは,厚生労働大臣の認可を受けて,被保険者となることができる.この場合において,第10条第2項,第11条,第12条,第16条第2項,第18条第1項ただし書,第27条,第29条,第30条,第102条(第1号及び第2号に限る.)及び第104条の規定を準用する.

② 前項の規定により被保険者となつたものは，同項において準用する第14条の規定によるほか，附則第4条の3第1項に規定する政令で定める給付の受給権を取得した日の翌日に，被保険者の資格を喪失する．

(老齢厚生年金の支給の繰上げ)

第7条の3 ① 当分の間，次の各号に掲げる者であつて，被保険者期間を有し，かつ，60歳以上65歳未満であるもの（国民年金法附則第5条第1項の規定による国民年金の被保険者でないものに限る．）は，政令で定めるところにより，65歳に達する前に，実施機関に当該各号に掲げる者の区分に応じ当該者の被保険者の種別に係る被保険者期間に基づく老齢厚生年金の支給繰上げの請求をすることができる．ただし，その請求があつた日の前日において，第42条第2号に該当しないときは，この限りでない．

1 男子又は女子（第2号厚生年金被保険者であり，若しくは第2号厚生年金被保険者期間を有する者，第3号厚生年金被保険者であり，若しくは第3号厚生年金被保険者期間を有する者又は第4号厚生年金被保険者であり，若しくは第4号厚生年金被保険者期間を有する者に限る．）であつて昭和36年4月2日以後に生まれた者（第3号及び第4号に掲げる者を除く．）

2 女子（第1号厚生年金被保険者であり，又は第1号厚生年金被保険者期間を有する者に限る．）であつて昭和41年4月2日以後に生まれた者（次号及び第4号に掲げる者を除く．）

3 鉱業法（昭和25年法律第289号）第4条に規定する事業の事業場に使用され，かつ，常時坑内作業に従事する被保険者（以下「坑内員たる被保険者」という．）であつた期間と船員として船舶に使用される被保険者（以下「船員たる被保険者」という．）であつた期間とを合算した期間が15年以上である者であつて，昭和41年4月2日以後に生まれたもの（次号に掲げる者を除く．）

4 特定警察職員等（警察官若しくは皇宮護衛官又は消防吏員若しくは常勤の消防団員（これらのうち政令で定める階級以下の階級である者に限る．）である被保険者又は被保険者であつた者のうち，附則第8条各号のいずれにも該当するに至つたとき（そのときにおいて既に被保険者の資格を喪失している者にあつては，当該被保険者の資格を喪失した日の前日）において，引き続き20年以上警察官若しくは皇宮護衛官又は消防吏員若しくは常勤の消防団員として在職していた者その他これらに準ずる者として政令で定める者をいう．以下同じ．）である者で昭和42年4月2日以後に生まれたもの

② 前項の請求は，国民年金法附則第9条の2第1項又は第9条の2の2第1項に規定する支給繰上げの請求をすることができる者にあつては，これらの請求と同時に行わなければならない．

③ 第1項の請求があつたときは，第42条の規定にかかわらず，その請求があつた日の属する月から，その者に老齢厚生年金を支給する．

④ 第1項の規定による老齢厚生年金の額は，第43条第1項の規定にかかわらず，同項の規定により計算した額に政令で定める率を減じた額とする．

⑤ 第3項の規定による老齢厚生年金の受給権者で，第1項の請求があつた日以後の被保険者期間を有するものが65歳に達したときは，第43条第2項の規定にかかわらず，65歳に達した日の属する月前における被保険者であつた期間を当該老齢厚生年金の額の計算の基礎とするものとし，65歳に達した日の属する月の翌月から，年金の額を改定する．

⑥ 第3項の規定による老齢厚生年金の額について，第44条及び平成25年改正法附則第86条第1項の規定によりなおその効力を有するものとされた平成25年改正法第1条の規定による改正前の第44条の2の規定を適用する場合には，第44条第1項中「受給権者がその権利を取得した当時（その権利を取得した当時」とあるのは「附則第7条の3第3項の規定による老齢厚生年金の受給権者が65歳に達した当時（65歳に達した当時」と，「第43条第3項」とあるのは「第43条第3項又は附則第7条の3第5項」と，「第43条の規定にかかわらず，同条に定める額に加給年金額を加算した額とする」とあるのは「第43条第2項及び第3項並びに附則第7条の3第4項及び第5項の規定にかかわらず，これらの規定に定める額に加給年金額を加算するものとし，65歳に達した日の属する月の翌月又は第43条第3項の規定により当該月数が240以上となるに至つた月から，年金の額を改定する」と，同条第3項中「受給権者がその権利を取得した当時」とあるのは「附則第7条の3第3項の規定による老齢厚生年金の受給権者が65歳に達した当時」と，平成25年改正法附則第86条第1項の規定によりなおその効力を有するものとされた平成25年改正法第1条の規定による改正前の第44条の2第1項中「第43条第1項」とあるのは「附則第7条の3第4項」と，「第132条第2項」とあるのは「附則第6条の6第1項の規定により読み替えられて公的年金制度の健全性及び信頼性の確保のための厚生年金保険法等の一部を改正する法律（平成25年法律第63号）附則第5条第1項の規定によりなおその効力を有するものとされた同法第1条の規定による改正前の第132条第2項」とする．

(繰上げ支給の老齢厚生年金と基本手当等との調整)

第7条の4 ① 前条第3項の規定による老齢厚生年金は，その受給権者（雇用保険法（昭和49年法律第116号）第14条第2項第1号に規定する受給資格を有する者であつて65歳未満であるものに限る．）が同法第15条第2項の規定による求職の申込みをしたときは，当該求職の申込みがあつた月の翌月から次の各号のいずれかに該当するに至つた月までの各月において，その支給を停止する．

1 当該受給資格に係る雇用保険法第24条第2項に規定する受給期間が経過したとき．

2 当該受給権者が当該受給資格に係る雇用保険法第22条第1項に規定する所定給付日数に相当する日数分の基本手当（同法の規定による基本手当をいう．以下この条において同じ．）の支給を受け終わつたとき（同法第28条第1項に規定する延長給付を受ける者にあつては，当該延長給付が終わつたとき）．

② 前項に規定する求職の申込みがあつた月の翌月から同項各号のいずれかに該当するに至つた月までの各月について，次の各号のいずれかに該当する月は，同項の規定は，その月の分の老齢厚生年金については，適用しない．

1 その月において，厚生労働省令で定めるところ

④ 厚生年金保険法（附則）

により,当該老齢厚生年金の受給権者が基本手当の支給を受けた日とみなされる日及びこれに準ずる日として政令で定める日がないこと.
2 その月の分の老齢厚生年金について,第46条第1項及び平成25年改正法附則第86条第1項の規定によりなおその効力を有するものとされた平成25年改正法第1条の規定による改正前の第46条第5項の規定により,その全部又は一部の支給が停止されていること.
③ 第1項各号のいずれかに該当するに至つた場合において,同項に規定する求職の申込みがあつた月の翌月から同項各号のいずれかに該当するに至つた月までの各月のうち同項の規定により老齢厚生年金の支給が停止された月（以下この項において「年金停止月」という.）の数から前項第1号に規定する厚生労働省令で定めるところにより当該老齢厚生年金の受給権者が基本手当の支給を受けた日とみなされる日の数を30で除して得た数（1未満の端数が生じたときは,これを1に切り上げるものとする.）を控除して得た数が1以上であるときは,年金停止月のうち,当該控除して得た数に相当する月数分の直近の各月については,第1項の規定による老齢厚生年金の支給停止が行われなかつたものとみなす.
④ 雇用保険法第14条第2項第1号に規定する受給資格を有する者であつて,同法第15条第2項の規定による求職の申込みをしたもの（第1項各号のいずれにも該当しない者に限る.）が,前条第3項の規定による老齢厚生年金の受給権を取得したときは,当該受給権を取得した月の翌月から第1項各号のいずれかに該当するに至つた月までの各月において,老齢厚生年金の支給を停止する.
⑤ 第2項及び第3項の規定は,前項の場合について準用する.この場合において,第2項中「前項に規定する求職の申込みがあつた月」とあるのは「第4項に規定する者が前条第3項の規定による老齢厚生年金の受給権を取得した月」と,「同項各号」とあるのは「前項各号」と,「同項の規定」とあるのは「第4項の規定」と,第3項中「同項に規定する求職の申込みがあつた月」とあるのは「次項に規定する者が前条第3項の規定による老齢厚生年金の受給権を取得した月」と,「同項各号」とあるのは「第1項各号」と,「同項の規定」とあるのは「次項の規定」と,「第1項の規定」とあるのは「次項の規定」と読み替えるものとする.
第7条の5 ① 附則第7条の3第3項の規定による老齢厚生年金の受給権者であつて,第46条第1項及び平成25年改正法附則第86条第1項の規定によりなおその効力を有するものとされた平成25年改正法第1条の規定による改正前の第46条第5項の規定の適用がない被保険者（前月以前の月に属する日から引き続き当該被保険者の資格を有する者に限る.）である日（被保険者に係る第46条第1項に規定する厚生労働省令で定める日を除く.）及び第5項並びに附則第11条第1項,第11条の6第1項,第2項,第4項及び第8項並びに第13条の6第4項及び第8項において「被保険者である日」という.）が属する月において,その者が雇用保険法の規定による高年齢雇用継続基本給付金（以下「高年齢雇用継続基本給付金」という.）の支給を受けることができるときは,第46条

第1項及び平成25年改正法附則第86条第1項の規定によりなおその効力を有するものとされた平成25年改正法第1条の規定による改正前の第46条第5項の規定にかかわらず,その月の分の当該老齢厚生年金について,次の各号に掲げる場合に応じ,それぞれ当該老齢厚生年金につき第46条第1項及び平成25年改正法附則第86条第1項の規定によりなおその効力を有するものとされた平成25年改正法第1条の規定による改正前の第46条第5項の規定を適用した場合におけるこれらの規定による支給停止基準額と当該各号に定める額（その額に6分の15を乗じて得た額に当該受給権者に係る標準報酬月額を加えた額が雇用保険法第61条第1項第2号に規定する支給限度額（以下「支給限度額」という.）を超えるときは,支給限度額から当該標準報酬月額を減じて得た額に15分の6を乗じて得た額。次項において同じ.）に12を乗じて得た額（第4項において「在職支給停止調整額」という.）との合計額（以下この項において「調整後の支給停止基準額」という.）に相当する部分の支給を停止する.ただし,調整後の支給停止基準額が老齢厚生年金の額以上であるときは,老齢厚生年金の全部の支給を停止するものとする.
1 当該受給権者に係る標準報酬月額が,雇用保険法第61条第1項第4項の規定によるみなし賃金日額（以下「みなし賃金日額」という.）に30を乗じて得た額の100分の61に相当する額未満であるとき. 当該受給権者に係る標準報酬月額に100分の6を乗じて得た額
2 前号に該当しないとき. 当該受給権者に係る標準報酬月額に,みなし賃金日額に30を乗じて得た額に対する当該受給権者に係る標準報酬月額の割合が逓増する程度に応じ,100分の6から一定の割合で逓減するように厚生労働省令で定める率を乗じて得た額
② 附則第7条の3第3項の規定による老齢厚生年金の受給権者であつて,前項に規定する者以外のものが被保険者である日が属する月について,その者が高年齢雇用継続基本給付金の支給を受けることができるときは,その月の分の当該老齢厚生年金について,同項各号に掲げる場合に応じ,それぞれ当該老齢厚生年金につき前項各号に定める額に12を乗じて得た額（以下この項及び第4項において「調整額」という.）に相当する部分の支給を停止する.ただし,調整額が老齢厚生年金の額以上であるときは,老齢厚生年金の全部の支給を停止するものとする.
③ 附則第7条の3第3項の規定による老齢厚生年金について,次の各号のいずれかに該当するときは,前2項の規定は適用しない.
1 当該老齢厚生年金の受給権者に係る標準報酬月額がみなし賃金日額に30を乗じて得た額の100分の75に相当する額であるとき.
2 当該老齢厚生年金の受給権者に係る標準報酬月額が支給限度額以上であるとき.
④ 在職支給停止調整額及び調整額を計算する場合において生じる1円未満の端数の処理については,政令で定める.
⑤ 前各項の規定は,附則第7条の3第3項の規定による老齢厚生年金の受給権者が被保険者である日が属する月について,その者が雇用保険法の規定による高年齢再就職給付金の支給を受けることがで

きる場合について準用する．この場合において，第1項第1号中「第61条第1項，第3項及び第4項の規定によるみなし賃金日額（以下「みなし賃金日額」という．）」とあるのは「第61条の2第1項の賃金日額（以下この条において「賃金日額」という．）」と，同項第2号及び第3項第1号中「みなし賃金日額」とあるのは「賃金日額」と読み替えるものとする．

(老齢厚生年金の特例)
第8条 当分の間，65歳未満の者（附則第7条の3第1項各号に掲げる者を除く．）が，次の各号のいずれにも該当するに至つたときは，その者に老齢厚生年金を支給する．
1 60歳以上であること．
2 1年以上の被保険者期間を有すること．
3 第42条第2号に該当すること．

(特例による老齢厚生年金の支給開始年齢の特例)
第8条の2 ① 男子又は女子（第2号厚生年金被保険者であり，若しくは第2号厚生年金被保険者期間を有する者，第3号厚生年金被保険者であり，若しくは第3号厚生年金被保険者期間を有する者又は第4号厚生年金被保険者であり，若しくは第4号厚生年金被保険者期間を有する者に限る．）であつて次の表の上欄に掲げる者（第3項及び第4項に規定する者を除く．）について前条の規定を適用する場合においては，同条第1号中「60歳」とあるのは，それぞれ同表の下欄に掲げる字句に読み替えるものとする．

昭和28年4月2日から昭和30年4月1日までの間に生まれた者	61歳
昭和30年4月2日から昭和32年4月1日までの間に生まれた者	62歳
昭和32年4月2日から昭和34年4月1日までの間に生まれた者	63歳
昭和34年4月2日から昭和36年4月1日までの間に生まれた者	64歳

② 女子（第1号厚生年金被保険者であり，又は第1号厚生年金被保険者期間を有する者に限る．）であつて次の表の上欄に掲げる者（次項及び第4項に規定する者を除く．）について前条の規定を適用する場合においては，同条第1号中「60歳」とあるのは，それぞれ同表の下欄に掲げる字句に読み替えるものとする．

昭和33年4月2日から昭和35年4月1日までの間に生まれた者	61歳
昭和35年4月2日から昭和37年4月1日までの間に生まれた者	62歳
昭和37年4月2日から昭和39年4月1日までの間に生まれた者	63歳
昭和39年4月2日から昭和41年4月1日までの間に生まれた者	64歳

③ 坑内員たる被保険者であつた期間と船員たる被保険者であつた期間とを合算した期間が15年以上である者であつて，次の表の上欄に掲げるもの（次項に規定する者を除く．）について前条の規定を適用する場合においては，同条第1号中「60歳」とあるのはそれぞれ同表の下欄に掲げる字句に，同条第2号中「1年以上の被保険者期間を有する」とあるのは「坑内員たる被保険者であつた期間と船員たる被保険者であつた期間とを合算した期間が15年以上である」と読み替えるものとする．

昭和33年4月2日から昭和35年4月1日までの間に生まれた者	61歳
昭和35年4月2日から昭和37年4月1日までの間に生まれた者	62歳
昭和37年4月2日から昭和39年4月1日までの間に生まれた者	63歳
昭和39年4月2日から昭和41年4月1日までの間に生まれた者	64歳

④ 特定警察職員等である者であつて次の表の上欄に掲げるものについて前条の規定を適用する場合においては，同条第1号中「60歳」とあるのは，それぞれ同表の下欄に掲げる字句に読み替えるものとする．

昭和34年4月2日から昭和36年4月1日までの間に生まれた者	61歳
昭和36年4月2日から昭和38年4月1日までの間に生まれた者	62歳
昭和38年4月2日から昭和40年4月1日までの間に生まれた者	63歳
昭和40年4月2日から昭和42年4月1日までの間に生まれた者	64歳

第11条 ① 附則第8条の規定による老齢厚生年金（第43条第1項及び附則第9条の規定によりその額が計算されているものに限る．第5項において同じ．）の受給権者が被保険者である日又は国会議員若しくは地方公共団体の議会の議員（前月以前の月に属する日から引き続き当該国会議員又は地方公共団体の議会の議員である者に限る．）である日（次条第1項及び第2項並びに附則第11条の3第1項，第6項，第4項，第13条の2第5項，第6項並びに第13条の6第1項において「被保険者等である日」という．）が属する月において，その者の総報酬月額相当額と老齢厚生年金の額を12で除して得た額（以下この項において「基本月額」という．）との合計額が支給停止調整開始額を超えるときは，その月の分の当該老齢厚生年金について，次の各号に掲げる場合に応じ，それぞれ当該各号に定める額に12を乗じて得た額（以下この項において「支給停止基準額」という．）に相当する部分の支給を停止する．ただし，当該各号に掲げる場合において，支給停止基準額が老齢厚生年金の額以上であるときは，老齢厚生年金の全部の支給を停止するものとする．
1 基本月額が支給停止調整開始額以下であり，かつ，総報酬月額相当額が支給停止調整変更額以下であるとき．　総報酬月額相当額と基本月額との合計額から支給停止調整開始額を控除して得た額に2分の1を乗じて得た額
2 基本月額が支給停止調整開始額以下であり，かつ，総報酬月額相当額が支給停止調整変更額を超えるとき．　支給停止調整変更額と基本月額との合計額から支給停止調整開始額を控除して得た額に2分の1を乗じて得た額に，総報酬月額相当額から支給停止調整変更額を控除して得た額を加えた額
3 基本月額が支給停止調整開始額を超え，かつ，総報酬月額相当額が支給停止調整変更額以下であるとき．　総報酬月額相当額に2分の1を乗じて得た額
4 基本月額が支給停止調整開始額を超え，かつ，総報酬月額相当額が支給停止調整変更額を超えると

き，支給停止調整変更額に2分の1を乗じて得た額に総報酬月額相当額から支給停止調整変更額を控除して得た額を加えた額
② 前項の支給停止調整開始額は，28円とする．ただし，28円に平成17年度以後の各年度の再評価率の改定の基準となる率であつて政令で定める率をそれぞれ乗じて得た額（その額に5000円未満の端数が生じたときは，これを切り捨て，5000円以上1円未満の端数が生じたときは，これを1円に切り上げるものとする．以下この項において同じ．）が28円（この項の規定による支給停止調整開始額の改定の措置が講ぜられたときは，直近の当該措置により改定した額）を超え，又は下るに至つた場合においては，当該年度の4月以後の支給停止調整開始額を当該乗じて得た額に改定する．
③ 第1項各号の支給停止調整変更額は，48円とする．ただし，48円に平成17年度以後の各年度の物価変動率に第43条の2第1項第2号に掲げる率を乗じて得た率をそれぞれ乗じて得た額（その額に5000円未満の端数が生じたときは，これを切り捨て，5000円以上1円未満の端数が生じたときは，これを1円に切り上げるものとする．以下この項において同じ．）が48円（この項の規定による支給停止調整変更額の改定の措置が講ぜられたときは，直近の当該措置により改定した額）を超え，又は下るに至つた場合においては，当該年度の4月以後の支給停止調整変更額を当該乗じて得た額に改定する．
④ 第2項ただし書の支給停止調整開始額の改定の措置及び前項ただし書の規定による支給停止調整変更額の改定の措置は，政令で定める．
⑤ 被保険者であつた期間の全部又は一部が厚生年金基金の加入員であつた期間である者に支給する附則第8条の規定による老齢厚生年金については，第1項中「老齢厚生年金の額を」とあるのは，「平成25年改正法附則第86条第1項の規定によりなおその効力を有するものとされた平成25年改正法第1条の規定による改正前の第44条の2第1項の規定の適用がないものとして計算した老齢厚生年金の額を」とする．

第11条の5 附則第7条の4の規定は，附則第8条の規定による老齢厚生年金について準用する．この場合において，附則第7条の4第2項第2号中「第46条第1項及び平成25年改正法附則第86条第1項の規定によりなおその効力を有するものとされた平成25年改正法第1条の規定による改正前の第46条第5項」とあるのは，「附則第11条から第11条の3まで又は第11条の4第2項及び第3項」と読み替えるものとする．

第11条の6 ① 附則第8条の規定による老齢厚生年金（第43条第1項，附則第9条の2第1項から第3項まで又は附則第9条の3及び附則第9条の2の規定によりその額が計算されているものに限る．）の受給権者が被保険者である日が属する月について，その者が高年齢雇用継続基本給付金の支給を受けることができるときは，附則第11条及び第11条の2の規定にかかわらず，その月の分の当該老齢厚生年金について，次の各号に掲げる場合に応じ，それぞれ当該老齢厚生年金につき附則第11条又は第11条の2の規定を適用した場合における これらの規定による支給停止基準額と当該各号に定める額（その額に6分の15を乗じて得た額に当該受給権者に係る標準報酬月額を加えた額が支給限度額を超えるときは，支給限度額から当該標準報酬月額を減じて得た額に15分の6を乗じて得た額）に12を乗じて得た額（第7項において「調整額」という．）との合計額（以下この項において「調整後の支給停止基準額」という．）に相当する部分の支給を停止する．ただし，調整後の支給停止基準額が老齢厚生年金の額以上であるときは，老齢厚生年金の全部の支給を停止するものとする．

1 当該受給権者に係る標準報酬月額が，みなし賃金日額に30を乗じて得た額の100分の61に相当する額未満であるとき．当該受給権者に係る標準報酬月額に100分の6を乗じて得た額
2 前号に該当しないとき．当該受給権者に係る標準報酬月額が，みなし賃金日額に30を乗じて得た額に対する当該受給権者に係る標準報酬月額の割合が逓増する程度に応じ，100分の6から一定の割合で逓減するように厚生労働省令で定める率を乗じて得た額

② 坑内員・船員の老齢厚生年金の受給権者が被保険者である日が属する月について，その者が高年齢雇用継続基本給付金の支給を受けることができるときは，附則第11条の3の規定にかかわらず，その月の分の当該老齢厚生年金について，前項各号に掲げる場合に応じ，それぞれ当該老齢厚生年金につき同条の規定を適用した場合における同条第1項の規定による支給停止基準額と前項各号に定める額（その額に6分の15を乗じて得た額に当該受給権者に係る標準報酬月額を加えた額が支給限度額を超えるときは，支給限度額から当該標準報酬月額を減じて得た額に15分の6を乗じて得た額）に12を乗じて得た額（第7項において「坑内員・船員の調整額」という．）との合計額（以下この項において「調整後の支給停止基準額」という．）に相当する部分の支給を停止する．ただし，調整後の支給停止基準額が老齢厚生年金の額（附則第9条の4第3項又は第5項（同条第6項においてその例による場合を含む．）において準用する第44条第1項に規定する加給年金額（以下この条において単に「加給年金額」という．）を除く．）以上であるときは，老齢厚生年金の全部の支給を停止するものとする．

③ 被保険者であつた期間の全部又は一部が厚生年金基金の加入員であつた期間である者に支給する坑内員・船員の老齢厚生年金については，前項中「同条第1項」とあるのは「同条第2項において読み替えられた同条第1項」に，「全部」とあるのは「全部（調整後の支給停止基準額が，附則第9条の4第3項又は第5項（同条第6項においてその例による場合を含む．）において準用する平成25年改正法附則第86条第1項の規定によりなおその効力を有するものとされた平成25年改正法第1条の規定による改正前の第44条の2第1項の規定の適用がないものとして計算した老齢厚生年金の額（加給年金額を除く．）に満たないときは，加給年金額を除く．）」とする．

④ 老齢厚生年金の受給権者（国民年金法による老齢基礎年金の支給を受けることができる者に限る．）が被保険者である日が属する月（その者が当該老齢基礎年金の受給権を取得した月を除く．）について，その者が高年齢雇用継続基本給付金の支給を受けることができるときは，前2項の規定にかかわらず，その月の分の当該老齢厚生年

金について,第1項各号に掲げる場合に応じ,それぞれ当該老齢厚生年金につき附則第11条の4第2項及び第3項の規定を適用した場合における支給停止基準額(同条第2項の規定により同項に規定する報酬比例部分等の額につき適用する場合における附則第11条の3第1項の規定による支給停止基準額をいう.)に附則第11条の4第2項に規定する附則第9条の2第2項第1号に規定する額を加えた額と第1項各号に定める額(その額に6分の15を乗じて得た額に当該受給権者に係る標準報酬月額を加えた額が支給限度額を超えるときは,支給限度額から当該標準報酬月額を減じて得た額に15分の6を乗じて得た額)に12を乗じて得た額(第7項において「基礎年金を受給する坑内員・船員の調整額」という.)との合計額(以下この項において「調整後の支給停止基準額」という.)に相当する部分の支給を停止する.ただし,調整後の支給停止基準額が老齢厚生年金額(加給年金額を除く.)以上であるときは,老齢厚生年金の全部の支給を停止するものとする.

⑤ 被保険者であつた期間の全部又は一部が厚生年金基金の加入員であつた期間である者に支給する坑内員・船員の老齢厚生年金については,前項中「附則第11条の3第1項」とあるのは「附則第11条の3第2項において読み替えられた同条第1項」と,「全部」とあるのは「全部(調整後の支給停止基準額が,附則第9条の4第3項又は第5項(同条第6項においてその例による場合を含む.)において準用する平成25年改正法附則第86条第1項の規定によりなおその効力を有するものとされた平成25年改正法第1条の規定による改正前の第44条の2第1項の規定の適用がないものとして計算した老齢厚生年金の額(加給年金額を除く.)に満たないときは,加給年金額を除く.)」とする.

⑥ 前項の規定による老齢厚生年金については,次の各号のいずれかに該当するときは,前各項の規定は適用しない.
1 当該老齢厚生年金の受給権者に係る標準報酬月額がみなし賃金日額に30を乗じて得た額の100分の75に相当する額以上であるとき.
2 当該老齢厚生年金の受給権者に係る標準報酬月額が支給限度額以上であるとき.

⑦ 調整額,坑内員・船員の調整額及び基礎年金を受給する坑内員・船員の調整額を計算する場合において生じる1円未満の端数の処理については,政令で定める.

⑧ 前各項の規定は,附則第8条の規定による老齢厚生年金の受給権者が被保険者である日が属する月について,その者が雇用保険法による高年齢再就職給付金の支給を受けることができる場合について準用する.この場合において,第1項第1号中「みなし賃金日額」とあるのは「雇用保険法第61条の2第1項の賃金日額(以下この条において単に「賃金日額」という.)」と,同項第2号及び第6項第1号中「みなし賃金日額」とあるのは「賃金日額」と読み替えるものとする.

(老齢厚生年金の支給の繰上げの特例)
第13条の4 ① 附則第8条の2各項に規定する者であつて,附則第8条各号のいずれにも該当しないもの(国民年金法附則第5条第1項の規定による国民年金の被保険者でないものに限る.)は,それぞれ附則第8条の2各項の表の下欄に掲げる年齢に

達する前に,実施機関に老齢厚生年金の支給繰上げの請求をすることができる.

② 前項の請求があつた者が,国民年金法附則第9条の2第1項又は第9条の2の2第1項に規定する支給繰上げの請求を行うことができる者にあつては,これらの請求と同時に行わなければならない.

③ 第1項の請求があつたときは,第42条の規定にかかわらず,その請求があつた日の属する月から,その者に老齢厚生年金を支給する.

④ 前項の規定による老齢厚生年金の額は,第43条第1項の規定にかかわらず,同項の規定により計算した額から政令で定める額を減じた額とする.

⑤ 第3項の規定による老齢厚生年金の受給権者であつて,第1項の請求があつた日以後の被保険者期間を有するものが附則第8条の2各項の表の下欄に掲げる年齢に達したときは,第43条第2項の規定にかかわらず,当該年齢に達した日の属する月前における被保険者であつた期間を当該老齢厚生年金の額の計算の基礎とするものとし,当該年齢に達した日の属する月の翌月から,年金の額を改定する.

⑥ 第3項の規定による老齢厚生年金の受給権者であつて,附則第8条の2各項の表の下欄に掲げる年齢に達した日以後の被保険者期間を有するものが65歳に達したときは,第43条第2項の規定にかかわらず,65歳に達した日の属する月前における被保険者であつた期間を当該老齢厚生年金の額の計算の基礎とするものとし,65歳に達した日の属する月の翌月から,年金の額を改定する.

⑦ 第3項の規定による老齢厚生年金の額について,第44条及び平成25年改正法附則第86条第1項の規定によりなおその効力を有するものとされた平成25年改正法第1条の規定による改正前の第44条の2を適用する場合には,第44条第1項中「受給権者がその権利を取得した当時(その権利を取得した当時」とあるのは「附則第13条の4第3項の規定による老齢厚生年金の受給権者が65歳(その者が附則第13条の5第1項に規定する繰上げ調整額(以下この項において「繰上げ調整額」という.)が加算されている老齢厚生年金の受給権者であるときは,附則第8条の2各項の表の下欄に掲げる年齢(以下この項において「特例支給開始年齢」という.))とする.第3項において同じ.)に達した当時(65歳(その者が繰上げ調整額が加算されている老齢厚生年金の受給権者であるときは,特例支給開始年齢)に満の下欄」と,「第43条第3項」とあるのは「第43条第3項又は附則第13条の4第6項(その者が繰上げ調整額が加算されている老齢厚生年金の受給権者であるときは,第43条第3項又は附則第13条の4第5項若しくは第6項)」と,「第43条の規定にかかわらず,同条に定める額に加給年金額を加算した額とする」とあるのは「第43条第2項及び第3項並びに附則第13条の4第4項から第6項までの規定にかかわらず,これらの規定に定める額に加給年金額を加算するものとし,65歳(その者が繰上げ調整額が加算されている老齢厚生年金の受給権者であるときは,特例支給開始年齢)に達した日の属する月の翌月又は第43条第3項の規定により当該月数が240以上となるに至つた日の属する月から,年金の額を改定する」と,同条第3項中「受給権者がその権利を取得した当時」とあるのは「附則第13条の4第3項の規定による老齢厚生年金の受給権者が65歳に達した当

時」と,平成25年改正法附則第86条第1項の規定によりなおその効力を有するものとされた平成25年改正法第1条の規定による改正前の第44条の2第1項中「第43条第1項」とあるのは「附則第13条の4第4項」と,「第132条第2項」とあるのは「附則第13条の7第1項の規定により読み替えられた公的年金制度の健全性及び信頼性の確保のための厚生年金保険法等の一部を改正する法律(平成25年法律第63号)附則第5条第1項の規定によりなおその効力を有するものとされた同法第1条の規定による改正前の第132条第2項」とする.

⑧ 前項の規定により読み替えられた第44条第1項の規定によりその額が加算される第3項の規定による老齢厚生年金(附則第8条の2第3項に規定する者であることにより次条第1項に規定する繰上げ調整額が加算されているものを除く.)の受給権者(その者が65歳に達していないものに限る.)が同条第5項又は第6項の規定の適用を受ける場合は,前項の規定により読み替えられた第44条第1項の規定により加算する額に相当する部分の支給を停止する.

⑨ 附則第8条の2各項に規定する者が,第3項の規定による老齢厚生年金の受給権を取得したときは,附則第8条の規定は,その者については,適用しない.

(併給の調整の特例)
第17条 第38条第1項(第78条の22の規定により読み替えて適用する場合を含む.)の規定の適用については,当分の間,同項中「遺族厚生年金を」とあるのは「遺族厚生年金(その受給権者が65歳に達しているものに限る.)を」と,「並びに障害基礎年金を」とあるのは「並びに障害基礎年金(その受給権者が65歳に達しているものに限る.)」と,「老齢厚生年金を」とあるのは「老齢厚生年金(その受給権者が65歳に達しているものに限る.)を」と,「老齢基礎年金及び付加年金,障害基礎年金を」とあるのは「老齢基礎年金及び付加年金(その受給権者が65歳に達しているものに限る.),障害基礎年金(その受給権者が65歳に達しているものに限る.)」とする.

(遺族厚生年金の額の特例)
第17条の2 第60条第1項の規定の適用については,当分の間,同項中「受給権を有する配偶者」とあるのは,「受給権を有する配偶者(65歳に達している者に限る.)」とする.

(平均標準報酬月額の改定)
第17条の4 ① 国民年金法等の一部を改正する法律(平成12年法律第18号.以下「平成12年改正法」という.)第6条の規定による改正前の第43条第1項(以下この条において「改正前の第43条第1項」という.)に規定する平均標準報酬月額の計算の基礎となる標準報酬月額については,平成12年改正法附則第20条第1項第1号及び改正前の第43条第1項の規定にかかわらず,被保険者であつた期間の各月の標準報酬月額に再評価率を乗じて得た額とする.ただし,国民年金法等の一部を改正する法律(昭和60年法律第34号.以下「昭和60年改正法」という.)附則第78条第1項の規定によりなお従前の例によるものとされた昭和60年改正法第3条の規定による改正前の第70条第1項,昭和60年改正法附則第82条第1項,昭和60年改正法附則第83条第1項の規定によりなおその効力を有するものとされた昭和60年改正法第3条の規定による改正前の第132条第2項,平成12年改正法附則第9条第1項の規定によりなおその効力を有するものとされた昭和60年改正法第4条の規定による改正前の第132条第2項及び平成12年改正法第13条の規定による改正前の昭和60年改正法附則第82条第1項並びに平成12年改正法附則第23条第1項の規定を適用する場合においては,この限りでない.

② 昭和60年改正法附則第47条第1項の規定により厚生年金保険の被保険者であつた期間とみなされた昭和60年改正法第5条の規定による改正前の船員保険法による船員保険の被保険者であつた期間(以下この項及び附則第17条の9第1項において「船員保険の被保険者であつた期間」という.)の平均標準報酬月額の計算の基礎となる標準報酬月額については,前項並びに平成12年改正法附則第20条第1項第1号及び改正前の第43条第1項の規定にかかわらず,船員保険の被保険者であつた期間の各月の標準報酬月額に,附則別表第1の各号に掲げる受給権者の区分に応じてそれぞれ当該各号に定める率を乗じて得た額とする.この場合において,前項ただし書の規定を準用する.

③ 昭和60年9月以前の期間に属する旧適用法人共済組合員期間(厚生年金保険法等の一部を改正する法律(平成8年法律第82号)附則第3条第8号に規定する旧適用法人共済組合員期間をいう.以下この項及び附則第17条の9第2項において同じ.)の平均標準報酬月額の計算の基礎となる標準報酬月額については,第1項並びに平成12年改正法附則第20条第1項第1号及び改正前の第43条第1項の規定にかかわらず,当該旧適用法人共済組合員期間の各月の標準報酬月額に,附則別表第2の上欄に掲げる受給権者の区分に応じてそれぞれ同表の下欄に定める率を乗じて得た額とする.ただし,国家公務員等共済組合法等の一部を改正する法律(昭和60年法律第105号)附則第32条第1項の規定により当該旧適用法人共済組合員期間に合算された期間に属する各月の標準報酬月額については,この限りでない.

④ 昭和60年9月以前の期間に属する旧農林共済組合員期間(厚生年金保険制度及び農林漁業団体職員共済組合制度の統合を図るための農林漁業団体職員共済組合法等を廃止する等の法律(平成13年法律第101号)附則第2条第1項第7号に規定する旧農林共済組合員期間をいう.以下この項及び附則第17条の9第3項において同じ.)の平均標準報酬月額の計算の基礎となる標準報酬月額については,第1項並びに平成12年改正法附則第20条第1項第1号及び改正前の第43条第1項の規定にかかわらず,当該旧農林共済組合員期間の各月の標準報酬月額に,附則別表第2の上欄に掲げる受給権者の区分に応じてそれぞれ同表の下欄に定める率を乗じて得た額とする.

⑤ 昭和60年9月以前の期間に属する旧国家公務員共済組合員期間(被用者年金制度の一元化等を図るための厚生年金保険法等の一部を改正する法律(平成24年法律第63号.以下「平成24年1元化法」という.)附則第4条第11号に規定する旧国家公務員共済組合員期間をいう.以下この項及び附則第17条の9第4項において同じ.)の平均標準報酬月額の計算の基礎となる標準報酬月額については,第1項並びに平成12年改正法附則第20条

第1項第1号及び改正前の第43条第1項の規定にかかわらず,当該旧国家公務員共済組合員期間の各月の標準報酬月額に,附則別表第2の上欄に掲げる受給権者の区分に応じてそれぞれ同表の下欄に定める率を乗じて得た額とする.ただし,国家公務員等共済組合法等の一部を改正する法律附則第32条第1項の規定により当該旧国家公務員共済組合員期間に合算された期間に属する各月の標準報酬月額については,この限りでない.

⑥ 昭和60年9月以前の期間に属する旧地方公務員共済組合員期間(平成24年1元化法附則第4条第12号に規定する旧地方公務員共済組合員期間をいう.以下この項及び附則第17条の9第5項において同じ.)の平均標準報酬月額の計算の基礎となる標準報酬月額については,第1項並びに平成12年改正法附則第20条第1項第1号及び改正前の第43条第1項の規定にかかわらず,当該旧地方公務員共済組合員期間の各月の標準報酬月額に,附則別表第2の上欄に掲げる受給権者の区分に応じてそれぞれ同表の下欄に定める率を乗じて得た額とする.ただし,地方公務員等共済組合法等の一部を改正する法律(昭和60年法律第108号)附則第35条第1項の規定により当該旧地方公務員共済組合員期間に合算された期間に属する各月の標準報酬月額については,この限りでない.

⑦ 昭和60年9月以前の期間に属する旧私立学校教職員共済加入者期間(平成24年1元化法附則第4条第13号に規定する旧私立学校教職員共済加入者期間をいう.以下この項及び附則第17条の9第6項において同じ.)の平均標準報酬月額の計算の基礎となる標準報酬月額については,第1項並びに平成12年改正法附則第20条第1項及び改正前の第43条第1項の規定にかかわらず,当該旧私立学校教職員共済加入者期間の各月の標準報酬月額に,附則別表第2の上欄に掲げる受給権者の区分に応じてそれぞれ同表の下欄に定める率を乗じて得た額とする.

⑧ 平成15年4月1日前に被保険者であつた者(第78条の6第1項及び第2項の規定により標準報酬月額が改定され,又は決定された者を除く.)の平均標準報酬月額が7477円(当該被保険者であつた者(第78条の6第1項及び第2項の規定により標準報酬月額が改定され,又は決定された者を除く.)が昭和10年4月1日以前に生まれた者であるときは69125円とし,その者が昭和10年4月2日から昭和11年4月1日までに生まれた者であるときは69409円とし,その者が昭和11年4月2日から昭和12年4月1日までに生まれた者であるときは69908円とする.次項において同じ.)に改定率を乗じて得た額(その額に50銭未満の端数が生じたとき,これを切り捨て,50銭以上1円未満の端数が生じたときは,これを1円に切り上げるものとする.次項において同じ.)に満たないときは,これを当該額とする.ただし,昭和60年改正法附則第78条第1項の規定によりなお従前の例によるものとされた昭和60年改正法第3条の規定による改正前の第70条第1項,昭和60年改正法附則第83条第1項の規定によりなおその効力を有するものとされた昭和60年改正法第3条の規定による改正前の第132条第2項,平成12年改正法附則第9条第1項の規定によりなおその効力を有するものとされた平成12年改正法第4条の規定による改正前の第132条第2項及び平成25年改正法附則第5条第1項の規定によりなおその効力を有するものとされた平成25年改正法第1条の規定による改正前の第132条第2項の規定を適用する場合においては,この限りでない.

⑨ 第78条の6第1項及び第2項の規定により標準報酬月額が改定され,又は決定された者に係る平均標準報酬月額を計算する場合においては,平成15年4月1日前の被保険者であつた期間のうち,第78条の6第1項及び第2項の規定により標準報酬月額の改定又は決定が行われた期間以外の期間の平均標準報酬月額が7477円に改定率を乗じて得た額に満たないときは,第1項の規定にかかわらず,当該額を当該期間の各月の標準報酬月額とする.この場合において,前項ただし書の規定を準用する.

⑩ 第43条の2から第43条の5までの規定(第43条の2第2項及び第4項,第43条の3第2項,第43条の4第2項及び第3項並びに第43条の5第2項及び第3項を除く.)は,第2項に規定する率及び第3項から第7項までに規定する率の改定について準用する.

⑪ 基金の加入員たる被保険者であつた期間(老齢厚生年金の額の計算の基礎となつた厚生年金保険の被保険者であつた期間のうち,同時に当該基金の加入員であつた期間をいう.以下この項及び附則第17条の6第1項において同じ.)の全部又は一部が平成15年4月1日前の期間である場合であつて,第78条の6第1項の規定により第2号定者の標準報酬月額の改定が行われた場合における昭和60年改正法附則第82条第1項,昭和60年改正法附則第83条第1項の規定によりなおその効力を有するものとされた昭和60年改正法第3条の規定による改正前の第132条第2項,平成12年改正法附則第9条第1項の規定によりなおその効力を有するものとされた平成12年改正法第4条の規定による改正前の第132条第2項及び平成12年改正法第13条の規定による改正前の昭和60年改正法附則第82条第1項及び平成12年改正法附則第23条第1項に規定する平均標準報酬月額の計算の基礎となる標準報酬月額については,加入員たる被保険者であつた期間の各月の第78条の6第1項の規定による改正前の標準報酬月額の総額を,当該加入員たる被保険者であつた期間の月数で除して得た額とする.

(日本国籍を有しない者に対する脱退1時金の支給)

第29条 ① 当分の間,被保険者期間が6月以上である日本国籍を有しない者(国民年金の被保険者でないものに限る.)であつて,第42条第2号に該当しないものその他これに準ずるものとして政令で定めるものは,脱退1時金の支給を請求することができる.ただし,その者が次の各号のいずれかに該当するときは,この限りでない.

1 日本国内に住所を有するとき.
2 障害厚生年金その他政令で定める保険給付の受給権を有したことがあるとき.
3 最後に国民年金の被保険者の資格を喪失した日(同日において日本国内に住所を有していた者にあつては,同日後初めて,日本国内に住所を有しなくなつた日)から起算して2年を経過しているとき.

② 前項の請求があつたときは,その請求をした者に

脱退1時金を支給する．

③ 脱退1時金の額は，被保険者であつた期間に応じて，その期間の平均標準報酬額（被保険者期間の計算の基礎となる各月の標準報酬月額と標準賞与額の総額を，当該被保険者期間の月数で除して得た額をいう．）に支給率を乗じて得た額とする．

④ 前項の支給率は，最終月（最後に被保険者の資格を喪失した日の属する月の前月をいう．以下この項において同じ．）の属する年の前年10月の保険料率（最終月が1月から8月までの場合にあつては，前々年10月の保険料率）に2分の1を乗じて得た率に，次の表の上欄に掲げる被保険者期間の区分に応じて，それぞれ同表の下欄に定める数を乗じて得た率とし，その率に少数点以下1位未満の端数があるときは，これを四捨五入する．

6月以上12月未満	6
12月以上18月未満	12
18月以上24月未満	18
24月以上30月未満	24
30月以上36月未満	30
36月以上	36

⑤ 脱退1時金の支給を受けたときは，支給を受けた者は，その額の計算の基礎となつた被保険者であつた期間は，被保険者でなかつたものとみなす．

⑥ 厚生労働大臣による脱退1時金に関する処分に不服がある者は，社会保険審査会に対して審査請求をすることができる．

⑦ 第90条第2項各号に掲げる者による脱退1時金に関する処分に不服がある者は，当該各号に定める者に対して審査請求をすることができる．

⑧ 第90条第4項及び第5項，第91条の2並びに第91条の3の規定は，前2項の審査請求について準用する．この場合において，これらの規定に関し必要な技術的読替えは，政令で定める．

⑨ 第2条の5，第33条，第35条，第37条第1項，第4項及び第5項，第40条の2，第41条第1項，第75条，第96条，第98条第4項並びに第100条の規定は，脱退1時金について準用する．この場合において，これらの規定に関し必要な技術的読替えは，政令で定める．

附則別表第1

1 昭和5年4月1日以前に生まれた者　被保険者であつた月が属する次の表の上欄に掲げる期間の区分に応じて，それぞれ同表の下欄に掲げる率

昭和33年3月以前	13.795
昭和33年4月から昭和34年3月まで	13.165
昭和34年4月から昭和35年3月まで	12.804
昭和35年4月から昭和36年3月まで	11.934
昭和36年4月から昭和37年3月まで	10.111
昭和37年4月から昭和38年3月まで	8.980
昭和38年4月から昭和39年3月まで	8.079
昭和39年4月から昭和40年4月まで	7.328
昭和40年5月から昭和41年3月まで	6.928
昭和41年4月から昭和42年3月まで	6.057
昭和42年4月から昭和43年3月まで	5.767
昭和43年4月から昭和44年10月まで	5.066
昭和44年11月から昭和46年9月まで	4.035
昭和46年10月から昭和48年9月まで	3.644
昭和48年10月から昭和50年3月まで	2.493
昭和50年4月から昭和51年7月まで	2.132
昭和51年8月から昭和52年12月まで	1.762
昭和53年1月から昭和54年3月まで	1.672
昭和54年4月から昭和55年9月まで	1.612
昭和55年10月から昭和57年3月まで	1.482
昭和57年4月から昭和58年3月まで	1.391
昭和58年4月から昭和59年3月まで	1.371
昭和59年4月から昭和60年9月まで	1.271
昭和60年10月から昭和61年3月まで	1.222

2 昭和5年4月2日から昭和6年4月1日までの間に生まれた者　被保険者であつた月が属する次の表の上欄に掲げる期間の区分に応じて，それぞれ同表の下欄に掲げる率

昭和33年3月以前	13.934
昭和33年4月から昭和34年3月まで	13.297
昭和34年4月から昭和35年3月まで	12.933
昭和35年4月から昭和36年3月まで	12.053
昭和36年4月から昭和37年3月まで	10.213
昭和37年4月から昭和38年3月まで	9.070
昭和38年4月から昭和39年3月まで	8.160
昭和39年4月から昭和40年4月まで	7.402
昭和40年5月から昭和41年3月まで	6.997
昭和41年4月から昭和42年3月まで	6.117
昭和42年4月から昭和43年3月まで	5.824
昭和43年4月から昭和44年10月まで	5.116
昭和44年11月から昭和46年9月まで	4.075
昭和46年10月から昭和48年9月まで	3.681
昭和48年10月から昭和50年3月まで	2.518
昭和50年4月から昭和51年7月まで	2.154
昭和51年8月から昭和52年12月まで	1.780
昭和53年1月から昭和54年3月まで	1.689
昭和54年4月から昭和55年9月まで	1.628
昭和55年10月から昭和57年3月まで	1.496
昭和57年4月から昭和58年3月まで	1.406
昭和58年4月から昭和59年3月まで	1.386
昭和59年4月から昭和60年9月まで	1.285
昭和60年10月から昭和61年3月まで	1.233

3 昭和6年4月2日から昭和7年4月1日までの間に生まれた者　被保険者であつた月が属する次の表の上欄に掲げる期間の区分に応じて，それぞれ同表の下欄に掲げる率

昭和33年3月以前	14.234
昭和33年4月から昭和34年3月まで	13.583
昭和34年4月から昭和35年3月まで	13.211
昭和35年4月から昭和36年3月まで	12.312
昭和36年4月から昭和37年3月まで	10.432
昭和37年4月から昭和38年3月まで	9.265
昭和38年4月から昭和39年3月まで	8.336
昭和39年4月から昭和40年4月まで	7.561
昭和40年5月から昭和41年3月まで	7.148
昭和41年4月から昭和42年3月まで	6.249
昭和42年4月から昭和43年3月まで	5.949
昭和43年4月から昭和44年10月まで	5.227
昭和44年11月から昭和46年9月まで	4.163

期間	率
昭和46年10月から昭和48年9月まで	3.760
昭和48年10月から昭和50年3月まで	2.572
昭和50年4月から昭和51年7月まで	2.200
昭和51年8月から昭和52年12月まで	1.818
昭和53年1月から昭和54年3月まで	1.725
昭和54年4月から昭和55年9月まで	1.663
昭和55年10月から昭和57年3月まで	1.528
昭和57年4月から昭和58年3月まで	1.436
昭和58年4月から昭和59年3月まで	1.415
昭和59年4月から昭和60年9月まで	1.312
昭和60年10月から昭和61年3月まで	1.260

4 昭和7年4月2日から昭和10年4月1日までの間に生まれた者 被保険者であつた月が属する次の表の上欄に掲げる期間の区分に応じて,それぞれ同表の下欄に掲げる率

期間	率
昭和33年3月以前	14.307
昭和33年4月から昭和34年3月まで	13.652
昭和34年4月から昭和35年3月まで	13.278
昭和35年4月から昭和36年3月まで	12.375
昭和36年4月から昭和37年3月まで	10.686
昭和37年4月から昭和38年3月まで	9.313
昭和38年4月から昭和39年3月まで	8.378
昭和39年4月から昭和40年4月まで	7.600
昭和40年5月から昭和41年3月まで	7.184
昭和41年4月から昭和42年3月まで	6.281
昭和42年4月から昭和43年3月まで	5.980
昭和43年4月から昭和44年10月まで	5.253
昭和44年11月から昭和46年9月まで	4.184
昭和46年10月から昭和48年9月まで	3.779
昭和48年10月から昭和50年3月まで	2.585
昭和50年4月から昭和51年7月まで	2.211
昭和51年8月から昭和52年12月まで	1.827
昭和53年1月から昭和54年3月まで	1.734
昭和54年4月から昭和55年9月まで	1.671
昭和55年10月から昭和57年3月まで	1.536
昭和57年4月から昭和58年3月まで	1.443
昭和58年4月から昭和59年3月まで	1.423
昭和59年4月から昭和60年9月まで	1.319
昭和60年10月から昭和61年3月まで	1.266

5 昭和10年4月2日から昭和11年4月1日までの間に生まれた者 被保険者であつた月が属する次の表の上欄に掲げる期間の区分に応じて,それぞれ同表の下欄に掲げる率

期間	率
昭和33年3月以前	14.366
昭和33年4月から昭和34年3月まで	13.709
昭和34年4月から昭和35年3月まで	13.333
昭和35年4月から昭和36年3月まで	12.426
昭和36年4月から昭和37年3月まで	10.529
昭和37年4月から昭和38年3月まで	9.351
昭和38年4月から昭和39年3月まで	8.412
昭和39年4月から昭和40年4月まで	7.631
昭和40年5月から昭和41年3月まで	7.214
昭和41年4月から昭和42年3月まで	6.307
昭和42年4月から昭和43年3月まで	6.005

期間	率
昭和43年4月から昭和44年10月まで	5.275
昭和44年11月から昭和46年9月まで	4.201
昭和46年10月から昭和48年9月まで	3.795
昭和48年10月から昭和50年3月まで	2.595
昭和50年4月から昭和51年7月まで	2.220
昭和51年8月から昭和52年12月まで	1.835
昭和53年1月から昭和54年3月まで	1.741
昭和54年4月から昭和55年9月まで	1.678
昭和55年10月から昭和57年3月まで	1.542
昭和57年4月から昭和58年3月まで	1.449
昭和58年4月から昭和59年3月まで	1.428
昭和59年4月から昭和60年9月まで	1.324
昭和60年10月から昭和61年3月まで	1.271

6 昭和11年4月2日から昭和12年4月1日までの間に生まれた者 被保険者であつた月が属する次の表の上欄に掲げる期間の区分に応じて,それぞれ同表の下欄に掲げる率

期間	率
昭和33年3月以前	14.469
昭和33年4月から昭和34年3月まで	13.807
昭和34年4月から昭和35年3月まで	13.429
昭和35年4月から昭和36年3月まで	12.516
昭和36年4月から昭和37年3月まで	10.605
昭和37年4月から昭和38年3月まで	9.418
昭和38年4月から昭和39年3月まで	8.473
昭和39年4月から昭和40年4月まで	7.686
昭和40年5月から昭和41年3月まで	7.266
昭和41年4月から昭和42年3月まで	6.353
昭和42年4月から昭和43年3月まで	6.048
昭和43年4月から昭和44年10月まで	5.313
昭和44年11月から昭和46年9月まで	4.231
昭和46年10月から昭和48年9月まで	3.822
昭和48年10月から昭和50年3月まで	2.614
昭和50年4月から昭和51年7月まで	2.236
昭和51年8月から昭和52年12月まで	1.848
昭和53年1月から昭和54年3月まで	1.754
昭和54年4月から昭和55年9月まで	1.690
昭和55年10月から昭和57年3月まで	1.554
昭和57年4月から昭和58年3月まで	1.459
昭和58年4月から昭和59年3月まで	1.439
昭和59年4月から昭和60年9月まで	1.334
昭和60年10月から昭和61年3月まで	1.281

7 昭和12年4月2日以後に生まれた者 被保険者であつた月が属する次の表の上欄に掲げる期間の区分に応じて,それぞれ同表の下欄に掲げる率

期間	率
昭和33年3月以前	14.587
昭和33年4月から昭和34年3月まで	13.919
昭和34年4月から昭和35年3月まで	13.538
昭和35年4月から昭和36年3月まで	12.618
昭和36年4月から昭和37年3月まで	10.691
昭和37年4月から昭和38年3月まで	9.495
昭和38年4月から昭和39年3月まで	8.542
昭和39年4月から昭和40年4月まで	7.749
昭和40年5月から昭和41年3月まで	7.325
昭和41年4月から昭和42年3月まで	6.404
昭和42年4月から昭和43年3月まで	6.097

昭和43年4月から昭和44年10月まで	5.356
昭和44年11月から昭和46年9月まで	4.266
昭和46年10月から昭和48年9月まで	3.853
昭和48年10月から昭和50年3月まで	2.635
昭和50年4月から昭和51年7月まで	2.254
昭和51年8月から昭和52年12月まで	1.863
昭和53年1月から昭和54年3月まで	1.768
昭和54年4月から昭和55年9月まで	1.704
昭和55年10月から昭和57年3月まで	1.566
昭和57年4月から昭和58年3月まで	1.471
昭和58年4月から昭和59年3月まで	1.450
昭和59年4月から昭和60年9月まで	1.344
昭和60年10月から昭和61年3月まで	1.291

附則別表第2 (略)
附 則 (平25法63) (抄)
(旧厚生年金基金の存続)
第4条 旧厚生年金基金であってこの法律の施行の際現に存するものは,施行日以後も,改正前厚生年金保険法の規定により設立された厚生年金基金としてなお存続するものとする.
(存続厚生年金基金に係る改正前厚生年金保険法等の効力等)
第5条 ① 存続厚生年金基金については,次に掲げる規定は,なおその効力を有する.
1 改正前厚生年金保険法第81条の3,第85条の3,第100条の10第1項(第34号に係る部分に限る.),第106条から第110条まで,第114条から第120条の4まで,第121条(改正前厚生年金保険法第147条の5第1項において準用する場合を含む.),第122条から第130条まで,第130条の2第1項,第2項(改正前厚生年金保険法第136条の3第2項において準用する場合を含む.)及び第3項,第130条の3から第136条の5まで,第138条から第146条の2まで,第147条の2から第148条まで,第170条から第174条まで,第176条から第177条まで,第177条の2第1項,第178条,第179条第1項から第4項まで及び第5項(第1号及び第4号に係る部分に限る.)並びに第180条から第181条まで並びに附則第30条第1項及び第2項,第31条並びに第32条の規定,改正前厚生年金保険法第136条において準用する改正前厚生年金保険法第36条第1項及び第2項,第37条,第39条第2項前段並びに第40条から第41条までの規定,改正前厚生年金保険法第141条第1項において準用する改正前厚生年金保険法第83条,第84条,第85条及び第86条から第89条までの規定,改正前厚生年金保険法第148条第2項及び第178条第2項において準用する改正前厚生年金保険法第100条第2項において準用する改正前厚生年金保険法第96条第2項の規定,改正前厚生年金保険法第148条第2項及び第178条第2項において準用する改正前厚生年金保険法第100条第3項の規定並びに改正前厚生年金保険法第174条において準用する改正前厚生年金保険法第98条第1項から第3項まで及び第4項本文の規定
2 改正前確定給付企業年金法第107条第1項,第2項,第3項(改正前確定給付企業年金法第111条第5項及び第112条第7項において準用する場合を含む.),第4項及び第5項,第110条から第115条の3まで並びに第116条(改正前厚生年金保険法の規定により設立された企業年金連合会からの積立金の移換に係る部分を除く.)の規定,改正前確定給付企業年金法第107条第5項,第110条の2第5項及び第111条第5項において準用する改正前確定給付企業年金法第74条第2項及び第3項の規定並びに改正前確定給付企業年金法第107条第5項及び第110条の2第5項において準用する改正前確定給付企業年金法第76条第2項の規定

⑤ 厚生年金保険法施行令 (抄)

(昭29・5・24政令第110号,昭29・5・24施行,最終改正:平28・6・17政令第238号)

(支給の繰下げの際に加算する額)
第3条の5の2 ① 法第44条の3第4項(公的年金制度の健全性及び信頼性の確保のための厚生年金保険法等の一部を改正する法律(平成25年法律第63号.以下「平成25年改正法」という.)附則第87条の規定により読み替えて適用する場合を含む.)に規定する政令で定める額は,老齢厚生年金の受給権を取得した日の属する月(以下この項において「受給権取得月」という.)の前月までの被保険者期間(以下この条において「受給権取得月前被保険者期間」という.)を基礎として法第43条第1項の規定によつて計算した額に平均支給率を乗じて得た額(昭和60年改正法附則第59条第2項の規定が適用される場合にあつては,当該乗じて得た額に受給権取得月前被保険者期間を基礎として計算した同項に規定する加算額を加算した額)に増額率(1000分の7に受給権取得月から法第44条の3第1項の申出をした日(次項において「申出日」という.)の属する月の前月までの月数(当該月数が60を超えるときは,60)を乗じて得た率とする.
② 前項の平均支給率は,同項に規定する受給権取得月(当該受給権取得月から申出日の属する月までの期間が5年を超える場合にあつては,当該申出日の5年前の日の属する月)の翌月から申出日の属する月までの各月の支給率(当該各月のうち,老齢厚生年金の受給権を有する者が法第46条第1項に規定する属する月にあつては同項の規定によりその支給を停止するものとされた額を受給権取得月前被保険者期間を基礎として法第43条第1項の規定によつて計算した額で除して得た率を1から控除して得た率とし,当該属する月でない月にあつては1とする.)を合算して得た率を当該受給権取得月の翌月から申出日の属する月までの月数で除して得た率をいう.

(障害等級)
第3条の8 法第47条第2項に規定する障害等級の各級の障害の状態は,1級及び2級についてはそれぞれ国民年金法施行令別表に定める1級及び2級の障害の状態とし,3級については別表第1に定めるとおりとする.

(法第55条第1項に規定する政令で定める程度の障害の状態)
第3条の9 法第55条第1項に規定する政令で定める程度の障害の状態は,別表第2に定めるとおり

とする.

(遺族厚生年金の生計維持の認定)
第3条の10 法第59条第1項に規定する被保険者又は被保険者であつた者の死亡の当時その者によつて生計を維持していた配偶者,子,父母,孫又は祖父母は,当該被保険者又は被保険者であつた者の死亡の当時その者と生計を同じくしていた者であつて厚生労働大臣の定める金額以上の収入を将来にわたつて有すると認められる者以外のものその他これに準ずる者として厚生労働大臣の定める者とする.

(法附則第7条の5第4項の在職支給停止調整額及び調整額の1円未満の端数処理)
第6条の5 ① 法附則第7条の5第4項の在職支給停止調整額及び調整額に50銭未満の端数が生じたときは,これを切り捨て,50銭以上1円未満の端数が生じたときは,これを1円に切り上げるものとする.
② 前項の規定は,法附則第7条の5第5項において同条第4項の規定を準用する場合について準用する.

別表第1 (第3条の8関係)

1	両眼の視力が0.1以下に減じたもの
2	両耳の聴力が,40センチメートル以上では通常の話声を解することができない程度に減じたもの
3	そしやく又は言語の機能に相当程度の障害を残すもの
4	脊柱の機能に著しい障害を残すもの
5	1上肢の3大関節のうち,2関節の用を廃したもの
6	1下肢の3大関節のうち,2関節の用を廃したもの
7	長管状骨に偽関節を残し,運動機能に著しい障害を残すもの
8	1上肢のおや指及びひとさし指を失つたもの又はおや指若しくはひとさし指を併せ1上肢の3指以上を失つたもの
9	おや指及びひとさし指を併せ1上肢の4指の用を廃したもの
10	1下肢をリスフラン関節以上で失つたもの
11	両下肢の10趾の用を廃したもの
12	前各号に掲げるもののほか,身体の機能に,労働が著しい制限を受けるか,又は労働に著しい制限を加えることを必要とする程度の障害を残すもの
13	精神又は神経系統に,労働が著しい制限を受けるか,又は労働に著しい制限を加えることを必要とする程度の障害を残すもの
14	傷病が治らないで,身体の機能又は精神若しくは神経系統に,労働が制限を受けるか,又は労働に制限を加えることを必要とする程度の障害を有するものであつて,厚生労働大臣が定めるもの

(備考)
1 視力の測定は,万国式試視力表によるものとし,屈折異常があるものについては,矯正視力によつて測定する.
2 指を失つたものとは,おや指は指節間関節,その他の指は近位指節間関節以上を失つたものをいう.
3 指の用を廃したものとは,指の末節の半分以上を失い,又は中手指節間関節若しくは近位指節間関節(おや指にあつては指節間関節)に著しい運動障害を残すものをいう.
4 趾を廃したものとは,第1趾は末節の半分以上,その他の趾は遠位趾節間関節以上を失つたもの又は中足趾節間関節若しくは近位趾節間関節(第1趾にあつては趾節間関節)に著しい運動障害を残すものをいう.

別表第2 (第3条の9関係) (略)

6 厚生年金保険法施行規則 (略)

(昭29・7・1厚生省令第37号,昭29・7・1施行,
最終改正:平28・7・25厚生労働省令第130号)

(略)

7 厚生年金保険の保険給付及び国民年金の給付に係る時効の特例等に関する法律 (抄)

(平19・7・6法律第111号,平19・7・6施行,
最終改正:平24・3・31法律第24号)

(厚生年金保険法による保険給付に係る時効の特例)
第1条 厚生労働大臣は,この法律の施行の日(以下「施行日」という.)において厚生年金保険法(昭和29年法律第115号)による保険給付(これに相当する給付を含み,以下この条並びに附則第2条及び第4条において同じ.)を受ける権利を有する者又は施行日前において当該権利を有していた者(同法第37条の規定により未支給の保険給付の支給を請求する権利を有する者を含む.)について,同法第28条の規定により記録した事項の訂正がなされた上で当該保険給付を受ける権利に係る裁定(裁定の訂正を含む.以下この条において同じ.)が行われた場合においては,その裁定による当該記録した事項の訂正に係る保険給付を受ける権利に基づき支払期月ごとに又は一時金として支払うものとされる保険給付の支給を受ける権利について当該裁定の日までに消滅時効が完成した場合においても,当該権利に基づく保険給付を支払うものとする.

(国民年金法による給付に係る時効の特例)
第2条 厚生労働大臣は,施行日において国民年金法(昭和34年法律第141号)による給付(これに相当する給付を含み,以下この条並びに附則第2条及び第6条において同じ.)を受ける権利を有する者又は施行日前において当該権利を有していた者(同法第19条の規定により未支給の年金の支給を請求する権利を有する者を含む.)について,同法第14条の規定により記録した事項の訂正がなされた上で当該給付を受ける権利に係る裁定(裁定の訂正を含む.以下この条において同じ.)が行われた場合においては,その裁定による当該記録した事項の訂正に係る給付を受ける権利に基づき支払期月ごとに又は一時金として支払うものとされる給付の支給を受ける権利について当該裁定の日までに消滅時効が完成した場合においても,当該権利に基づく給付を支払うものとする.

⑧ 厚生年金保険の保険給付及び保険料の納付の特例等に関する法律（抄）

（平19・12・19法律第131号，平19・12・19施行，最終改正：平26・6・13法律第69号）

（保険給付等に関する特例等）
第1条 ① 厚生年金保険法（昭和29年法律第115号）第28条の4第3項の規定による諮問に応じた社会保障審議会（同法第100条の9第1項又は第2項の規定により同法第28条の4に規定する厚生労働大臣の権限が地方厚生局長又は地方厚生支局長に委任された場合にあっては，同法第100条の9第3項の規定により読み替えて適用する同法第28条の4第3項に規定する地方厚生局に置かれる政令で定める審議会。以下この項及び第15条において同じ。）の調査審議の結果として，同法第27条に規定する事業主が，遅滞なく，未納保険料に係る期間を有する者（以下「特例対象者」という。）に係る同法の規定による被保険者の資格の取得及び喪失の確認又は標準報酬月額若しくは標準賞与額の改定若しくは決定（以下この条及び次条において「確認等」という。）を行うものとする。ただし，特例対象者が，当該事業主が当該義務を履行していないことを知り，又は知り得る状態であったと認められる場合には，この限りでない。〈②〜⑨(略)〉

（特例納付保険料の納付等）
第2条 ① 厚生労働大臣が特例対象者に係る確認等を行った場合には，当該特例対象者を使用し，又は使用していた特定事業主（当該特定事業主の事業を承継する者及び当該特定事業主であった個人を含む。以下「対象事業主」という。）は，厚生労働省令で定めるところにより，特例納付保険料として，未納保険料に相当する額に厚生労働省令で定める額を加算した額を納付することができる。〈②〜⑬(略)〉

⑨ 厚生年金保険の保険給付及び国民年金の給付の支払の遅延に係る加算金の支給に関する法律（抄）

（平21・5・1法律第37号，平22・4・22施行，最終改正：平26・6・13法律第69号）

（趣 旨）
第1条 この法律は，政府が管掌する厚生年金保険事業及び国民年金事業における被保険者等に関する年金記録の管理の不備に起因した様々な問題の重大性及びこれらの問題に緊急に対処する必要性にかんがみ，かつ，公的年金制度に対する国民の信頼を速やかに回復するため，年金記録の訂正がなされた上で厚生年金保険法（昭和29年法律第115号）による保険給付（これに相当する給付を含む。以下同じ。）又は国民年金法（昭和34年法律第141号）による給付（これに相当する給付を含む。以下同じ。）（以下この条において「年金給付等」という。）を受ける権利に係る裁定（裁定の訂正を含む。以下同じ。）が行われた場合において適正な年金記録に基づいて裁定が行われたならば支払うこととされた日よりも大幅に遅延して支払われる年金給付等の額について，その現在価値に見合う額となるようにするための加算金の支給に関し必要な事項を定めるものとする。

⑩ 社会保障協定の実施に伴う厚生年金保険法等の特例等に関する法律（抄）

（平19・6・27法律第104号，平20・3・1施行，最終改正：平27・5・29法律第31号）

第1章 総 則

（趣 旨）
第1条 この法律は，社会保障協定を実施するため，我が国及び我が国以外の締約国の双方において就労する者等に関する医療保険制度及び年金制度について，健康保険法（大正11年法律第70号），船員保険法（昭和14年法律第73号），国民健康保険法（昭和33年法律第192号），高齢者の医療の確保に関する法律（昭和57年法律第80号），国民年金法（昭和34年法律第141号），厚生年金保険法（昭和29年法律第115号），国家公務員共済組合法（昭和33年法律第128号），地方公務員等共済組合法（昭和37年法律第152号）及び私立学校教職員共済法（昭和28年法律第245号）の特例その他必要な事項を定めるものとする。

⑪ 確定給付企業年金法（抄）

（平13・6・15法律第50号，平14・4・1施行，最終改正：平28・6・3法律第66号）

〔下線部：平28法66，特に明記のない限り，2年以内に施行〕

第1章 総 則

（目 的）
第1条 この法律は，少子高齢化の進展，産業構造の変化等の社会経済情勢の変化にかんがみ，事業主が従業員と給付の内容を約し，高齢期において従業員がその内容に基づいた給付を受けることができる

ようにするため,確定給付企業年金について必要な事項を定め,国民の高齢期における所得の確保に係る自主的な努力を支援し,もって公的年金の給付と相まって国民の生活の安定と福祉の向上に寄与することを目的とする.
(定義)
第2条 ① この法律において「確定給付企業年金」とは,厚生年金適用事業所の事業主が,単独で又は共同して,次章から第13章までの規定に基づいて実施する年金制度をいう.
② この法律において「厚生年金適用事業所」とは,厚生年金保険法(昭和29年法律第115号)第6条第1項の適用事業所及び同条第3項の認可を受けた適用事業所をいう.
③ この法律において「厚生年金保険の被保険者」とは,厚生年金保険の被保険者(厚生年金保険法第2条の5第1項に規定する第1号厚生年金被保険者又は同項第4号に規定する第4号厚生年金被保険者に限る.)をいう.
④ この法律において「企業年金基金」とは,前条の目的を達成することになることについて一定の資格を定める者(以下「加入者」という.)に必要な給付を行うことを目的として,次章の規定に基づき設立された社団をいう.

第2章 確定給付企業年金の開始

第1節 通則
(確定給付企業年金の実施)
第3条 ① 厚生年金適用事業所の事業主は,確定給付企業年金を実施しようとするときは,確定給付企業年金を実施しようとする厚生年金適用事業所に使用される厚生年金保険の被保険者の過半数で組織する労働組合があるときは当該労働組合,当該厚生年金保険の被保険者の過半数で組織する労働組合がないときは当該厚生年金保険の被保険者の過半数を代表する者の同意を得て,確定給付企業年金に係る規約(以下「規約」という.)を作成し,次の各号のいずれかに掲げる手続を執らなければならない.
1 当該規約について厚生労働大臣の承認を受けること.
2 企業年金基金(以下「基金」という.)の設立について厚生労働大臣の認可を受けること.
《②,③(略)》

第2節 規約の承認
(規約で定める事項)
第4条 前条第1項第1号の規約の承認を受けようとするときは,当該規約において,次に掲げる事項を定めなければならない.
1 確定給付企業年金を実施する厚生年金適用事業所(以下「実施事業所」という.)の事業主(第8条,第12条第1項第5号,第14条,第77条第3項,第78条第1項及び第3項,<u>第82条の2第6項及び第7項,第82条の4第1項</u>,第86条第5号,第90条第4項及び第5項並びに第97条第1項を除き,以下「事業主」という.)の名称及び住所
2 実施事業所の名称及び所在地(厚生年金保険法第6条第1項第3号に規定する船舶(以下「船舶」という.)にあっては,同号に規定する船舶所有者の名称及び所在地)
3 事業主が第65条第1項の規定により締結した契約の相手方(以下「資産管理運用機関」という.)及び事業主が同条第2項の規定により投資一任契約(金融商品取引法(昭和23年法律第25号)第2条第8項第12号ロに規定する契約をいう.以下同じ.)を締結した金融商品取引業者(同法第2条第9項に規定する金融商品取引業者をいう.以下「契約金融商品取引業者」という.)の名称及び住所
4 実施事業所に使用される厚生年金保険の被保険者が加入者となることについて一定の資格を定める場合にあっては,当該資格に関する事項
5 確定給付企業年金の給付(以下「給付」という.)の種類,受給の要件及び額の算定方法並びに給付の方法(給付のうち年金として支給されるもの(以下「年金給付」という.)の支給期間及び支払期月に関する事項を含む.)に関する事項
6 掛金の拠出に関する事項(加入者が掛金を負担する場合にあっては,当該負担に関する事項を含む.)
7 事業年度その他財務に関する事項
8 終了及び清算に関する事項
9 その他政令で定める事項
(規約の承認の基準等)
第5条 ① 厚生労働大臣は,第3条第1項第1号の承認の申請があった場合において,当該申請に係る規約が次に掲げる要件に適合すると認めるときは,同号の承認をするものとする.
1 前条各号に掲げる事項が定められていること.
2 前条第4号に規定する資格を定めた場合にあっては,当該資格は,当該実施事業所において実施されている確定拠出年金法(平成13年法律第88号)第2条第2項に規定する企業型年金(以下「企業型年金」という.)その他政令で定める年金制度及び退職手当制度(第12条第1項第2号において「企業年金制度等」という.)が適用される者の範囲に照らし,特定の者について不当に差別的なものでないこと.
3 第29条第1項各号に掲げる老齢給付金及び脱退一時金の支給を行うために必要な事項が定められていること.
4 規約の内容がこの法律及びこの法律に基づく命令その他関係法令に違反するものでないこと.
5 その他政令で定める要件
② 厚生労働大臣は,第3条第1項第1号の承認をしたときは,速やかに,その旨をその申請をした事業主に通知しなければならない.
③ 事業主は,第3条第1項第1号の承認を受けたときは,遅滞なく,同号の承認を受けた規約を実施事業所に使用される厚生年金保険の被保険者に周知させなければならない.
(規約の変更等)
第6条 ① 事業主は,第3条第1項第1号の承認を受けた規約の変更(厚生労働省令で定める軽微な変更を除く.)をしようとするときは,その変更について厚生労働大臣の承認を受けなければならない.
② 前項の変更の承認の申請は,当該実施事業所に使用される厚生年金保険の被保険者の過半数で組織する労働組合があるときは当該労働組合,当該厚生年金保険の被保険者の過半数で組織する労働組合がないときは当該厚生年金保険の被保険者の過半数を代表する者の同意を得て行わなければならない.
③ 前項の場合において,実施事業所が2以上である

確定給付企業年金法（7条〜21条）

ときは，同項の同意は，各実施事業所について得なければならない．ただし，第1項の変更がすべての実施事業所に係るものであって，規約において，あらかじめ，当該変更に係る事項を定めているときは，当該変更に係る実施事業所について前項の同意があったときは，当該変更に係る実施事業所以外の実施事業所についても同項の同意があったものとみなすことができる．

④ 前条の規定は，第1項の変更の承認の申請があった場合について準用する．

第7条 ① 事業主は，第3条第1項第1号の承認を受けた規約の変更であって前条第1項の厚生労働省令で定める軽微なものをしたときは，遅滞なく，これを厚生労働大臣に届け出なければならない．ただし，第4条第3号に掲げる事項その他厚生労働省令で定める事項の変更については，この限りでない．

② 第5条第3項並びに前条第2項及び第3項の規定は，前項の変更について準用する．ただし，当該変更が同項に規定する厚生労働省令で定める軽微な変更のうち特に軽微なものとして厚生労働省令で定めるものである場合においては，同条第2項及び第3項の規定は，準用しない．

第3節　企業年金基金

（組　織）

第8条　基金は，実施事業所の事業主及びその実施事業所に使用される加入者の資格を取得した者をもって組織する．

（法人格）

第9条 ① 基金は，法人とする．

② 基金の住所は，その主たる事務所の所在地にあるものとする．

（名　称）

第10条 ① 基金は，その名称中に企業年金基金という文字を用いなければならない．

② 基金でない者は，企業年金基金という名称を用いてはならない．

（基金の規約で定める事項）

第11条　第3条第1項第2号の基金の設立の認可を受けようとするときは，規約において，第4条第2号及び第4号から第7号までに掲げる事項のほか，次に掲げる事項を定めなければならない．

1　名称
2　事務所の所在地
3　代議員及び代議員会に関する事項
4　役員に関する事項
5　解散及び清算に関する事項
6　公告に関する事項
7　その他政令で定める事項

（基金の設立認可の基準等）

第12条 ① 厚生労働大臣は，第3条第1項第2号の設立の認可の申請があった場合において，当該申請が次に掲げる要件に適合すると認めるときは，同項の認可をするものとする．

1　前条の規定により規約において定めることとされている事項が定められていること．
2　規約に第4条第4号に規定する資格を定めた場合にあっては，当該資格は，当該実施事業所において実施されている企業年金制度等が適用される者の範囲に照らし，特定の者について不当に差別的なものでないこと．
3　規約に第29条第1項第8号に掲げる老齢給付金及び脱退一時金の支給を行うために必要な事項が定められていること．
4　当該申請に係る事業所において，常時政令で定める数以上の加入者となるべき厚生年金保険の被保険者を使用していること，又は使用すると見込まれること（次号に掲げる場合を除く．）．
5　厚生年金適用事業所の事業主が共同して基金を設立しようとする場合にあっては，当該事業主の当該申請に係る事業所において，合算して，常時政令で定める数以上の加入者となるべき厚生年金保険の被保険者を使用していること，又は使用すると見込まれること．
6　規約の内容がこの法律及びこの法律に基づく命令その他関係法令に違反するものでないこと．
7　その他政令で定める要件

② 第5条第2項及び第3項の規定は，第3条第1項第2号の認可について準用する．この場合において，第5条第3項中「同号の承認を受けた規約」とあるのは，「基金の規約」と読み替えるものとする．

（成立の時期）

第13条　基金は，設立の認可を受けた時に成立する．

（基金の規約の変更等）

第16条 ① 基金は，規約の変更（厚生労働省令で定める軽微な変更を除く．）をしようとするときは，その変更について厚生労働大臣の認可を受けなければならない．

② 前項の規約の変更は，厚生労働大臣の認可を受けなければ，その効力を生じない．

③ 第5条第2項及び第3項並びに第12条第1項の規定は，第1項の変更の認可について準用する．この場合において，第5条第3項及び第12条第1項中「事業主」とあるのは，「基金」と読み替えるものとする．

第17条 ① 基金は，規約の変更であって前条第1項の厚生労働省令で定める軽微なものをしたときは，遅滞なく，これを厚生労働大臣に届け出なければならない．ただし，厚生労働省令で定める事項の変更については，この限りでない．

② 第5条第3項の規定は，前項の変更の届出について準用する．この場合において，同条第3項中「事業主」とあるのは，「基金」と読み替えるものとする．

（代議員会）

第18条 ① 基金に，代議員会を置く．

② 代議員会は，代議員をもって組織する．

③ 代議員の定数は，偶数とし，その半数は事業主において事業主（その代理人を含む．）及び実施事業所に使用される者のうちから選定し，他の半数は加入者において互選する．

第19条 ① 次に掲げる事項は，代議員会の議決を経なければならない．

1　規約の変更
2　毎事業年度の予算
3　毎事業年度の事業報告及び決算
4　その他規約で定める事項

② 代議員会は，監事に対し，基金の業務に関する監査を求め，その結果の報告を請求することができる．

（役　員）

第21条 ① 基金に，役員として理事及び監事を置く．

（役員の職務）第22条（略）　　　（②〜⑤）（略）

第3章　加入者

（加入者）

第25条 ① 実施事業所に使用される厚生年金保険の被保険者は、加入者とする。
② 実施事業所に使用される厚生年金保険の被保険者が加入者となることについて規約で一定の資格を定めたときは、当該資格を有しない者は、前項の規定にかかわらず、加入者としない。
(資格取得の時期)
第26条 加入者は、次の各号のいずれかに該当するに至ったときに、加入者の資格を取得する。
1 実施事業所に使用されるに至ったとき。
2 その使用される事業所若しくは事務所(以下「事業所」という。)又は船舶が、実施事業所となったとき。
3 実施事業所に使用される者が、厚生年金保険の被保険者となったとき。
4 実施事業所に使用される者が、規約により定められている資格を取得したとき。
(資格喪失の時期)
第27条 加入者は、次の各号のいずれかに該当するに至ったときに、加入者の資格を喪失する。
1 死亡したとき。
2 実施事業所に使用されなくなったとき。
3 その使用される事業所又は船舶が、実施事業所でなくなったとき。
4 厚生年金保険の被保険者でなくなったとき。
5 規約により定められている資格を喪失したとき。
(加入者期間)
第28条 ① 加入者である期間(以下「加入者期間」という。)を計算する場合には、月によるものとし、加入者の資格を取得した月から加入者の資格を喪失した月の前月までをこれに算入する。ただし、規約で別段の定めをした場合にあっては、この限りでない。
② 加入者の資格を喪失した後、再びもとの確定給付企業年金の加入者の資格を取得した者については、政令で定める基準に従い規約で定めるところにより、当該確定給付企業年金における前後の加入者期間を合算することができる。
③ 第1項の規定にかかわらず、政令で定める基準に従い規約で定めるところにより、当該確定給付企業年金の加入者の当該確定給付企業年金の加入者となる前の期間を加入者期間に算入することができる。

第4章 給 付

第1節 通 則
(給付の種類)
第29条 ① 事業主(基金を設立して実施する確定給付企業年金(以下「基金型企業年金」という。)を実施する場合にあっては、基金。以下「事業主等」という。)は、次に掲げる給付を行うものとする。
1 老齢給付金
2 脱退一時金
② 事業主等は、規約で定めるところにより、前項各号に掲げる給付に加え、次に掲げる給付を行うことができる。
1 障害給付金
2 遺族給付金
(裁 定)
第30条 ① 給付を受ける権利(以下「受給権」という。)は、その権利を有する者(以下「受給権者」という。)の請求に基づいて、事業主等が裁定する。

② 事業主は、前項の規定により裁定をしたときは、遅滞なく、その内容を資産管理運用機関に通知しなければならない。
③ 資産管理運用機関又は基金(以下「資産管理運用機関等」という。)は、第1項の規定による裁定に基づき、その請求をした者に給付の支給を行う。
(受給要件)
第31条 ① 給付を受けるための要件は、規約で定めるところによる。
② 前項に規定する要件は、この法律又はこの法律に基づく命令の規定に違反するものであってはならず、かつ、特定の者について不当に差別的なものであってはならない。
(給付の額)
第32条 ① 給付の額は、政令で定める基準に従い規約で定めるところにより算定した額とする。
② 前項に規定する給付の額は、加入者期間又は当該加入者期間における給与の額その他これに類するものに照らし、適正かつ合理的なものとして政令で定める方法により算定されたものでなければならず、かつ、特定の者について不当に差別的なものであってはならない。
(年金給付の支給期間等)
第33条 ① 年金給付の支給期間及び支払期月は、政令で定める基準に従い規約で定めるところによる。ただし、終身又は5年以上にわたり、毎年1回以上定期的に支給するものでなければならない。
(受給権の譲渡等の禁止等)
第34条 ① 受給権は、譲り渡し、担保に供し、又は差し押さえることができない。ただし、老齢給付金、脱退一時金及び遺族給付金を受ける権利を国税滞納処分(その例による処分を含む。)により差し押さえる場合は、この限りでない。
② 租税その他の公課は、障害給付金として支給を受けた金銭を標準として、課することができない。
第2節 老齢給付金
(支給要件)
第36条 ① 老齢給付金は、加入者又は加入者であった者が、規約で定める老齢給付金を受けるための要件を満たすこととなったときに、その者に支給するものとする。
② 前項に規定する規約で定める要件は、次に掲げる要件(第41条第2項第2号において「老齢給付金支給開始要件」という。)を満たすものでなければならない。
1 60歳以上65歳以下の規約で定める年齢に達したときに支給するものであること。
2 政令で定める年齢以上前号の規約で定める年齢未満の規約で定める年齢に達した日以後に実施事業所に使用されなくなったときに支給するものであること(規約において当該状態に至ったときに老齢給付金を支給する旨が定められている場合に限る。)。
③ 前項第2号の政令で定める年齢は、50歳未満であってはならない。
④ 規約において、20年を超える加入者期間を老齢給付金の給付を受けるための要件として定めてはならない。
(支給の繰下げ) 第37条 (略)
(支給の方法)
第38条 ① 老齢給付金は、年金として支給する。
② 老齢給付金は、規約でその全部又は一部を一時金

確定給付企業年金法（39条～65条）

として支給することができることを定めた場合には、前項の規定にかかわらず、政令で定める基準に従い規約で定めるところにより、一時金として支給することができる．

（支給停止）
第39条　老齢給付金の受給権者が、障害給付金を支給されたときは、第36条第1項の規定にかかわらず、政令で定める基準に従い規約で定めるところにより、老齢給付金の額の全部又は一部につき、その支給を停止することができる．

（失権）
第40条　老齢給付金の受給権は、次の各号のいずれかに該当するに至ったときは、消滅する．
1　老齢給付金の受給権者が死亡したとき．
2　老齢給付金の支給期間が終了したとき．
3　老齢給付金の全部を一時金として支給されたとき．

第3節　脱退一時金／第4節　障害給付金／第5節　遺族給付金／第6節　給付の制限（略）

第5章　掛　金

（掛金）
第55条　① 事業主は、給付に関する事業に要する費用に充てるため、規約で定めるところにより、年1回以上、定期的に掛金を拠出しなければならない．
② 事業主等は、政令で定める基準に従い規約で定めるところにより、前項の掛金の一部を負担することができる．
③ 掛金の額は、規約で定めるところにより算定した額とする．
④ 前項に規定する掛金の額は、次の要件を満たすものでなければならない．
1　加入者のうち特定の者につき、不当に差別的なものであってはならないこと．
2　定額又は給与に一定の割合を乗ずる方法その他適正かつ合理的な方法として厚生労働省令で定めるものにより算定されるものであること．

（掛金の納付）
第56条　① 事業主は、前条第1項の掛金を、規約で定める日までに資産管理運用機関等に納付するものとする．
② 事業主は、政令で定める基準に従い規約で定めるところにより、掛金を金銭に代えて金融商品取引法第2条第16項に規定する金融商品取引所に上場されている株式で納付することができる．ただし、事業主が当該株式を基金に納付する場合にあっては、当該基金の同意を得たときに限る．
③ 資産管理運用機関等が、中小企業退職金共済法（昭和34年法律第160号）第17条第1項又は第31条の4第1項の規定に基づき、独立行政法人勤労者退職金共済機構（第82条の4第1項及び第82条の5第1項において「機構」という．）から同法第17条第1項に規定する厚生労働省令で定める金額の引渡し又は同法第31条の4第1項に規定する解約手当金に相当する額の移換を受けたときは、これらの金額については、前条及び第1項の規定により事業主が拠出した掛金とみなす．

（掛金の額の基準）
第57条　掛金の額は、給付に要する費用の額の予想額及び予定運用収入の額に照らし、厚生労働省令で定めるところにより、将来にわたって財政の均衡を保つことができるように計算されるものでなければならない．

（財政再計算）
第58条　① 事業主等は、少なくとも5年ごとに前条の基準に従って掛金の額を再計算しなければならない．
② 事業主等は、前項の規定にかかわらず、加入者の数が著しく変動した場合その他の厚生労働省令で定める場合は、前条の基準に従って、速やかに、掛金の額を再計算しなければならない．

第6章　積立金の積立て及び運用

（積立金の積立て）
第59条　事業主等は、毎事業年度の末日において、給付に充てるべき積立金（以下「積立金」という．）を積み立てなければならない．

（積立金の額）
第60条　① 積立金の額は、加入者及び加入者であった者（以下「加入者等」という．）に係る次項に規定する責任準備金の額及び第3項に規定する最低積立基準額を下回らない額でなければならない．
② 責任準備金の額は、当該事業年度の末日における給付に要する費用の額の予想額の現価から掛金収入の額の予想額の現価を控除した額を基準として、厚生労働省令で定めるところにより算定した額とする．
③ 最低積立基準額は、加入者等の当該事業年度の末日までの加入者期間に係る給付として政令で定める基準に従い規約で定めるものに要する費用の額の予想額を計算し、これらの予想額の合計額の現価として厚生労働省令で定めるところにより算定した額とする．

（決算における責任準備金の額等の計算）
第61条　事業主等は、毎事業年度の決算において、積立金の額が前条第2項に規定する責任準備金の額（以下「責任準備金額」という．）及び同条第3項に規定する最低積立基準額（以下「最低積立基準額」という．）を上回っているかどうかを計算しなければならない．

（積立不足に伴う掛金の再計算）
第62条　事業主等は、前条の規定による計算の結果、積立金の額が、責任準備金の額に照らし厚生労働省令で定めるところにより算定した額を下回っている場合には、厚生労働省令で定めるところにより、第57条の基準に従って掛金の額を再計算しなければならない．

（積立不足に伴う掛金の拠出）
第63条　事業主は、第61条の規定による計算の結果、積立金の額が最低積立基準額を下回っている場合には、当該下回った額を基準として厚生労働省令で定めるところにより算定した額を、厚生労働省令で定めるところにより掛金として拠出しなければならない．

（積立上限額を超える場合の掛金の控除）第64条（略）

（事業主の積立金の管理及び運用に関する契約）
第65条　① 第3条第1項第1号の承認を受けた事業主は、政令で定めるところにより、積立金の管理及び運用について、次の各号のいずれかに掲げる契約を締結しなければならない．
1　信託会社（信託業法（平成16年法律第154号）

第3項又は第53条第1項の免許を受けたものに限る。以下同じ。）又は信託業務を営む金融機関を相手方とする信託の契約
2　生命保険会社（保険業法（平成7年法律第105号）第2条第3項に規定する生命保険会社及び同条第8項に規定する外国生命保険会社等をいう。以下同じ。）を相手方とする生命保険の契約
3　農業協同組合連合会（全国を地区とし、農業協同組合法（昭和22年法律第132号）第10条第1項第10号の事業のうち生命共済の事業を行うものに限る。以下同じ。）を相手方とする生命共済の契約　　　　　　　　　　　　　　②～⑤（略）

（基金の積立金の運用に関する契約）
第66条　①　基金は、政令で定めるところにより、積立金の運用に関して、前条第1項各号のいずれか、に掲げる契約又は投資一任契約を締結しなければならない。　　　　　　　　　　　　　　②～⑤（略）

（積立金の運用）
第67条　積立金の運用は、政令で定めるところにより、安全かつ効率的に行わなければならない。

第7章　行為準則

（事業主の行為準則）
第69条　①　事業主は、法令、法令に基づいてする厚生労働大臣の処分及び規約を遵守し、加入者等のため忠実にその業務を遂行しなければならない。
②　事業主は、次に掲げる行為をしてはならない。
1　自己又は加入者以外の第三者の利益を図る目的をもって、資産管理運用契約を締結すること。
2　積立金の運用に関し特定の方法を指図することその他積立金の管理及び運用の適正を害するものとして厚生労働省令で定める行為

（基金の理事の行為準則）
第70条　①　基金の理事は、法令、法令に基づいてする厚生労働大臣の処分、規約及び代議員会の議決を遵守し、基金のため忠実にその業務を遂行しなければならない。
②　基金の理事は、次に掲げる行為をしてはならない。
1　自己又は当該基金以外の第三者の利益を図る目的をもって、第66条第1項、第2項、第4項及び第5項に規定する契約（以下「基金資産運用契約」という。）を締結すること。
2　自己又は当該基金以外の第三者の利益を図る目的をもって、積立金の運用に関し特定の方法を指図することその他積立金の管理及び運用の適正を害するものとして厚生労働省令で定める行為
③　基金の理事が第22条第3項に規定する基金の業務についてその任務を怠ったときは、その理事は、基金に対して連帯して損害賠償の責めに任ずる。
④　基金は、この条の規定に違反した理事を、規約で定めるところにより、代議員会の議決を経て、交代させることができる。

（資産管理運用機関の行為準則）
第71条　資産管理運用機関（契約金融商品取引業者を含む。）は、法令及び資産管理運用契約を遵守し、加入者等のため忠実にその業務を遂行しなければならない。

（基金が締結した基金資産運用契約の相手方の行為準則）
第72条　基金が締結した基金資産運用契約の相手方は、法令及び基金資産運用契約を遵守し、基金の

ため忠実にその業務を遂行しなければならない。

（業務概況の周知）
第73条　事業主等は、厚生労働省令で定めるところにより、その確定給付企業年金に係る業務の概況について、加入者に周知させなければならない。
2　事業主等は、前項に規定する業務の概況について、加入者以外の者であって事業主等が給付の支給に関する義務を負っているものにも、できる限り同様の措置を講ずるよう努めるものとする。

第8章　確定給付企業年金間の移行等（略）

第9章　確定給付企業年金から確定拠出年金との間の移行等（略）

第10章　確定給付企業年金の終了及び清算

（確定給付企業年金の終了）
第83条　①　規約型企業年金は、次の各号のいずれかに該当するに至った場合に終了する。
1　次条第1項の規定による終了の承認があったとき。
2　第86条の規定により規約の承認の効力が失われたとき。
3　第102条第3項又は第6項の規定により規約の承認が取り消されたとき。
②　基金は、次の各号のいずれかに該当するに至った場合に解散する。この場合において、当該基金型企業年金は、終了したものとする。
1　第85条第1項の認可があったとき。
2　第102条第6項の規定による基金の解散の命令があったとき。

（厚生労働大臣の承認による終了）
第84条　①　事業主は、実施事業所に使用される厚生年金保険の被保険者の過半数で組織する労働組合があるときは当該労働組合、当該厚生年金保険の被保険者の過半数で組織する労働組合がないときは当該厚生年金保険の被保険者の過半数を代表する者の同意を得たときは、厚生労働大臣の承認を受けて、規約型企業年金を終了することができる。
②　前項の場合において、実施事業所が2以上であるときは、同項の同意は、各実施事業所について得なければならない。
③　第5条第2項及び第3項の規定は、第1項の終了の承認があった場合について準用する。この場合において、同条第3項中「承認を受けた規約」とあるのは、「承認を受けた旨」と読み替えるものとする。

（基金の解散）
第85条　①　基金は、代議員会において代議員の定数の4分の3以上の多数により議決したとき、又は基金の事業の継続が不可能となったときは、厚生労働大臣の認可を受けて、解散することができる。
②　第5条第2項及び第3項の規定は、前項の解散の認可があった場合について準用する。この場合において、同条第3項中「承認を受けた規約」とあるのは、「認可を受けた旨」と読み替えるものとする。

（規約型企業年金の規約の失効）
第86条 事業主（確定給付企業年金を共同して実施している場合にあっては，当該確定給付企業年金を実施している事業主の全部）が次の各号のいずれかに該当するに至った場合は，その実施する規約型企業年金の規約の承認は，その効力を失う．この場合において，それぞれ当該各号に定める者は，当該各号に該当するに至った日（第1号の場合にあっては，その事実を知った日）から30日以内に，その旨を厚生労働大臣に届け出なければならない．
1 事業主が死亡したとき その相続人
2 法人が合併により消滅したとき その法人を代表する役員であった者
3 法人が破産手続開始の決定により解散したとき その破産管財人
4 法人が合併及び破産手続開始の決定以外の理由により解散したとき その清算人
5 厚生年金適用事業所の事業主でなくなったとき（前各号に掲げる場合を除く．）厚生年金適用事業所の事業主であった個人又は厚生年金適用事業所の事業主であった法人を代表する役員
（終了時の掛金の一括拠出）
第87条 第83条の規定により確定給付企業年金が終了する場合において，当該終了する日における積立金の額が，当該終了する日を第60条第3項に規定する事業年度の末日とみなして同項の規定に基づき算定した最低積立基準額を下回るときは，第55条第1項の規定にかかわらず，事業主は，当該下回る額を，掛金として一括して拠出しなければならない．
（支給義務等の消滅）
第88条 事業主は，第83条の規定により確定給付企業年金が終了したときは，当該確定給付企業年金の加入者であった者に係る給付の支給に関する義務を免れる．ただし，終了した日までに支給すべきであった給付でまだ支給していないものの支給又は第81条の2第2項若しくは第82条の3第2項の規定により終了した日までに移換すべきであった脱退一時金相当額でまだ移換していないものの移換に関する義務については，この限りでない．
（清算中の基金の能力）**第88条の2**（略）
（清算人等）**第89条**（略）
（清算人の職務及び権限）**第89条の2**（略）
（債権の申出の催告等）**第89条の3**（略）
（期間経過後の債権の申出）**第89条の4**（略）
（清算に係る報告の徴収等）**第90条**（略）

第11章 企業年金連合会

第1節 通則
（連合会）
第91条の2 ① 事業主等は，確定給付企業年金の中途脱退者及び第91条の20第1項に規定する終了制度加入者等に係る老齢給付金の支給を共同して行うとともに，第91条の26及び第91条の27に規定する積立金の移換を円滑に行うため，企業年金連合会（以下「連合会」という．）を設立することができる．
② 連合会は，全国を通じて1個とする．
第2節 設立及び管理
第3節 連合会の行う業務
（連合会の業務）

第91条の18 ① 連合会は，次に掲げる業務を行うものとする．
1 次条第2項の規定により脱退一時金相当額の移換を受けた中途脱退者又は中途脱退者であった者若しくはその遺族について老齢給付金又は遺族給付金（一時金として支給するものに限る．次号，次項第1号，同条第3項及び第5項，第91条の20第3項及び第5項，第91条の21第3項，第91条の26第4項並びに第91条の27第3項において同じ．）の支給を行うこと．
2 第91条の20第2項の規定により同条第1項に規定する残余財産の移換を受け，同条第3項の規定により同条第1項に規定する終了制度加入者等又はその遺族について老齢給付金又は遺族給付金の支給を行うこと．
② 連合会は，前項の規定による業務のほか，次に掲げる業務を行うことができる．
1 第91条の21第2項の規定により同条第1項に規定する残余財産の移換を受け，同条第3項の規定により同条第1項に規定する終了制度加入者等又はその遺族について障害給付金又は遺族給付金の支給を行うこと．
2 第91条の22第2項の規定により同条第1項に規定する残余財産の移換を受け，同条第3項又は第5項の規定により同条第1項に規定する終了制度加入者等又はその遺族について遺族給付金の支給を行うこと．
③ 連合会は第91条の26第1項又は第91条の27第1項の申出に基づき，確定給付企業年金の資産管理運用機関等又は企業型年金の資産管理機関若しくは国民年金基金連合会に当該申出に係る積立金を移換することができる．
④ 連合会は，次に掲げる事業を行うことができる．ただし，第1号に掲げる事業を行う場合には，厚生労働大臣の認可を受けなければならない．
1 事業主等が支給する年金給付及び一時金につき一定額が確保されるよう，事業主等の拠出金等を原資として，事業主等の積立金の額を付加する事業
2 会員の行う事業の健全な発展を図るために必要な事業であって政令で定めるもの
⑤ 連合会は，確定給付企業年金並びに前条第2号に規定する年金制度の加入者及び加入者であった者（以下この項において「確定給付企業年金の加入者等」という．）の福祉を増進するため，規約で定めるところにより，確定給付企業年金の加入者等の福利及び厚生に関する事業を行うことができる．
⑥ 連合会は，第93条の規定による委託を受けて，事業主等の業務の一部を行うことができる．
⑦ 連合会は，その業務の一部を，政令で定めるところにより，信託会社，信託業務を営む金融機関，生命保険会社，農業協同組合連合会その他の法人に委託することができる．
（中途脱退者に係る措置）**第91条の19**（略）
（終了制度加入者等に係る措置）**第91条の20/第91条の21/第91条の22**（略）
（裁定）**第91条の23**（略）
（準用規定）**第91条の24**（略）
（連合会から確定給付企業年金への積立金の移換）**第91条の26**（略）
（連合会から確定拠出年金への積立金の移換）**第91条の27**（略）

第4節 解散及び清算 (略)

第12章 確定給付企業年金についての税制上の措置

第92条 確定給付企業年金に係る給付,掛金及び積立金については,所得税法 (昭和40年法律第33号),法人税法 (昭和40年法律第34号),相続税法 (昭和25年法律第73号) 及び地方税法 (昭和25年法律第226号) 並びにこれらの法律に基づく命令で定めるところにより,所得税,法人税,相続税並びに道府県民税 (都民税を含む.) 及び市町村民税 (特別区民税を含む.) の課税について必要な措置を講ずる.

第13章 雑則

（財務）
第95条 事業主等は,事業年度その他財務に関しては,この法律の規定によるほか,政令で定めるところによらなければならない.
（年金数理）
第96条 ① 事業主等は,適正な年金数理に基づいて,給付の設計,掛金の額の計算及び決算を行わなければならない.
② 連合会は,適正な年金数理に基づいて,給付の設計及び決算を行わなければならない.
（年金数理関係書類の年金数理人による確認）
第97条 ① この法律に基づき事業主等 (第3条第1項各号若しくは第77条第4項の規定に基づき確定給付企業年金を実施しようとする事業主又は第76条第3項の規定に基づき合併により基金を設立しようとする設立委員を含む.) 又は連合会 (第91条の5の規定に基づき連合会を設立しようとする発起人を含む.) が厚生労働大臣に提出する年金数理に関する業務に係る書類であって厚生労働省令で定めるものについては,当該書類が適正な年金数理に基づいて作成されていることを次項に規定する年金数理人が確認し,署名押印したものでなければならない.
② 年金数理人は,前項に規定する確認を適確に行うために必要な知識経験を有することその他の厚生労働省令で定める要件に適合する者とする.
（報告書の提出）
第100条 ① 事業主等は,毎事業年度終了後4月以内に,厚生労働省令で定めるところにより,確定給付企業年金の事業及び決算に関する報告書を作成し,厚生労働大臣に提出しなければならない.
② 事業主等は,前項の書類を確定給付企業年金の実施事業所又は基金の主たる事務所に備え付けておかなければならない.
③ 加入者等は,事業主等に対し,前項の書類の閲覧を請求することができる.この場合において,事業主等は,正当な理由がある場合を除き,これを拒んではならない.
第100条の2 ① 連合会は,毎事業年度終了後6月以内に,厚生労働省令で定めるところにより,その業務についての報告書を作成し,厚生労働大臣に提出しなければならない.
② 前条第2項の規定は,前項の書類について準用する.この場合において,同条第2項中「事業主等」とあり,及び「確定給付企業年金の実施事業所又は基金」とあるのは,「連合会」と読み替えるものとする.
（報告の徴収等）
第101条 ① 厚生労働大臣は,この法律の施行に必要な限度において,事業主等又は連合会に対し,その事業の実施状況に関する報告を徴し,又は当該職員をして事業主等若しくは連合会の事務所に立ち入って関係者に質問させ,若しくは実地にその状況を検査させることができる.
② 第90条第2項の規定は前項の規定による質問及び検査について,同条第3項の規定は前項の規定による権限について準用する.
（事業主等又は連合会に対する監督）
第102条 ① 厚生労働大臣は,前条の規定により報告を徴し,又は質問し,若しくは検査した場合において,事業主等若しくは連合会の確定給付企業年金に係る事業の管理若しくは執行が法令,規約,若しくは事業主等若しくは連合会の処分に違反していると認めるとき,事業主等若しくは連合会の事業の管理若しくは執行が著しく適正を欠くと認めるとき,又は事業主若しくは基金若しくは連合会の役員がその事業の管理若しくは執行を明らかに怠っていると認めるときは,期間を定めて,事業主又は基金若しくは連合会若しくはこれらの役員に対し,その事業の管理若しくは執行について違反の是正又は改善のため必要な措置をとるべき旨を命ずることができる.
② 厚生労働大臣は,規約型企業年金,基金又は連合会の事業の健全な運営を確保するため必要があると認めるときは,期間を定めて,当該規約型企業年金に係る事業主,基金又は連合会に対し,その規約の変更を命ずることができる.
③ 事業主が前項の命令に違反したときは,厚生労働大臣は,当該規約型企業年金に係る規約の承認を取り消すことができる.
④ 基金若しくは連合会若しくはこれらの役員が第1項の命令に違反したとき,又は基金若しくは連合会が第2項の命令に違反したときは,厚生労働大臣は,当該基金又は連合会に対し,期間を定めて,当該違反に係る役員の全部又は一部の解任を命ずることができる.
⑤ 基金又は連合会が前項の命令に違反したときは,厚生労働大臣は,同項の命令に係る役員を解任することができる.
⑥ 事業主若しくは基金若しくは連合会が第1項の規定による命令に違反したとき,又はその事業の実施状況若しくはその継続が困難であると認めるときは,厚生労働大臣は,当該規約型企業年金に係る規約の承認を取り消し,又は基金若しくは連合会の解散を命ずることができる.
（権限の委任）
第104条 ① この法律に規定する厚生労働大臣の権限 (連合会に係る権限を除く.) は,厚生労働省令で定めるところにより,地方厚生局長に委任することができる.
② 前項の規定により地方厚生局長に委任された権限は,厚生労働省令で定めるところにより,地方厚生支局長に委任することができる.

第14章 罰則 (略)

12 確定給付企業年金法施行令(抄)

（平13・12・21政令第424号，平14・4・1施行，
最終改正：平28・6・24法律第245号）

内閣は，確定給付企業年金法（平成13年法律第50号）の規定に基づき，及び同法を実施するため，この政令を制定する．

第1章 確定給付企業年金の開始

（規約型企業年金の規約の承認の基準に関するその他の要件）
第4条 法第5条第1項第5号（法第6条第4項において準用する場合を含む．）の政令で定める要件は，次のとおりとする．
1 実施事業所に使用される厚生年金保険の被保険者（法第2条第3項に規定する厚生年金保険の被保険者をいう．）が加入者となることについて一定の資格を定める場合にあっては，当該資格は，加入者がその資格を喪失することを任意に選択できるものでないこと．
2 加入者等の確定給付企業年金の給付（以下「給付」という．）の額を減額することを内容とする確定給付企業年金に係る規約（以下「規約」という．）の変更をしようとするときは，当該規約の変更の承認の申請が，当該規約の変更をしなければ確定給付企業年金の事業の継続が困難となることその他の厚生労働省令で定める理由がある場合において，厚生労働省令で定める手続を経て行われるものであること．

（基金の設立認可に当たってのその他の要件）
第7条 第四条の規定は，法第12条第1項第7号（法第16条第3項において準用する場合を含む．）の政令で定める要件について準用する．この場合において，第4条第2号中「変更の承認」とあるのは，「変更の認可」と読み替えるものとする．

（代議員会の議事等）
第15条 ① 代議員会に議長を置く．議長は，理事長をもって充てる．
② 代議員会の議事は，法及びこの政令に別段の定めがある場合を除き，出席した代議員の過半数で決し，可否同数のときは，議長が決する．
③ 規約の変更（法第16条第1項に規定する厚生労働省令で定める軽微な変更に係るものを除く．）の議事は，代議員の定数の3分の2以上の多数で決する．
④ 代議員会においては，第13条の規定によりあらかじめ通知した事項についてのみ議決することができる．ただし，出席した代議員の3分の2以上の同意があった場合は，この限りでない．

第3章 給付

（老齢給付金の支給を開始できる年齢）
第28条 法第36条第2項第2号の政令で定める年齢は，50歳とする．

13 確定給付企業年金法施行規則(抄)

（平14・3・5厚生労働省令第22号，平14・4・1施行，
最終改正：平28・6・30令厚生労働省令第120号）

第1章 確定給付企業年金の開始

（給付減額の理由）
第5条 令第4条第2号の厚生労働省令で定める理由は，次のとおりとする．ただし，加入者である受給権者（給付を受ける権利（以下「受給権」という．）を有する者をいう．以下同じ．）及び加入者であった者（以下「受給権者等」という．）の給付（加入者である受給権者にあっては，当該受給権に係る給付に限る．）の額を減額する場合にあっては，第2号に掲げる理由とする．
1 確定給付企業年金を実施する厚生年金適用事業所（以下「実施事業所」という．）において労働協約等が変更され，その変更に基づき給付の設計の見直しを行う必要があること．
2 実施事業所の経営状況の悪化又は掛金の額の大幅な上昇により，事業主が掛金を拠出することが困難になると見込まれるため，給付の額を減額することがやむを得ないこと．
3 法第74条第1項の規定により規約型企業年金（同項に規定する規約型企業年金をいう．以下同じ．）を他の規約型企業年金と統合する場合，法第79条第2項又は第81条第2項の規定により事業主が給付の支給に関する権利義務を承継する場合であって，給付の額を減額することにつきやむを得ない事由があること．
4 給付の額を減額し，当該事業主が拠出する掛金のうち給付の額の減額に伴い減少する額に相当する額を事業主掛金（確定拠出年金法（平成13年法律第88号）第3条第3項第7号に規定する事業主掛金をいう．）に充てること又は法第82条の2第1項の規定により，給付に充てるべき積立金（以下「積立金」という．）の一部を，実施事業所の事業主が実施する企業型年金（確定拠出年金法第2条第2項に規定する企業型年金をいう．以下同じ．）の資産管理機関（同条第7項第1号ロに規定する資産管理機関をいう．以下同じ．）に移換すること．

（給付減額の手続）
第6条 ① 令第4条第2号の厚生労働省令で定める手続は，次のとおりとする．
1 規約の変更についての次の同意を得ること．
イ 加入者（給付の額の減額に係る受給権者を除く．以下この号及び次項において同じ．）の3分の1以上で組織する労働組合があるときは，当該労働組合の同意
ロ 加入者の3分の2以上の同意（ただし，加入者の3分の2以上で組織する労働組合があるときは，当該労働組合の同意をもって，これに代えることができる．）
2 受給権者等の給付の額を減額する場合にあっては，次に掲げる手続を経ること．
イ 給付の額の減額について，受給権者等の3分の2以上の同意を得ること．

ロ 受給権者等のうち希望する者に対し,給付の額の減額する規約の変更が効力を有することとなる日を法第60条第3項に規定する事業年度の末日とみなし,かつ,当該規約の変更による給付の額の減額がないものとして同項の規定に基づき算定した当該受給権者等に係る最低積立基準額を一時金として支給することその他の当該最低積立基準額が確保される措置を講じていること(受給権者等の全部が給付の減額に係る規約の変更に同意する場合を除く.).
② 給付の額が減額されることとなる加入者が加入者の一部に限られる場合にあっては,前項第1号イ及びロの規定中「加入者」とあるのは,「給付の額が減額されることとなる加入者」とする.
③ 給付の額が減額されることとなる受給権者等が受給権者等の一部に限られる場合にあっては,第1項第2号イ及びロの規定中「受給権者等」とあるのは,「給付の額が減額されることとなる受給権者等」とする.
④ 第1項第1号の場合において,実施事業所が2以上であるときは,同号の同意は,各実施事業所について得なければならない.

(規約の軽微な変更等)
第7条 ① 法第6条第1項の厚生労働省令で定める軽微な変更は,次に掲げる事項の変更とする.
1 法第4条第1号に掲げる事項
2 法第4条第2号に掲げる事項
3 法第4条第3号に掲げる事項
4 法第4条第5号に掲げる事項(労働協約等の変更により法第27条の規定による加入者の資格の喪失の時期が変更になる場合その他の給付の設計の軽微な変更(給付の額の減額に係る場合を除く.)に限る.)
5 法第4条第6号に掲げる事項(同号に掲げる事項以外の事項の変更に伴い同号に掲げる事項を変更する場合(前号に掲げる事項の変更に伴い同条第6号に掲げる事項を変更する場合を除く.)及び第9号に掲げる事項を変更する場合を除く.)
6 法第4条第7号に掲げる事項
7 法第78条の2の規定による実施事業所の減少に伴う変更に係る事項
8 法第79条に規定する移換確定給付企業年金及び承継確定給付企業年金並びに法第81条の2に規定する移換元確定給付企業年金及び移換先確定給付企業年金の名称
9 第46条第1項に規定する特別掛金額に係る事項のうち同項第2号及び第3号の規定による毎事業年度の特別掛金額に係る事項
10 令第2条第1号から第6号までに掲げる事項
11 条項の移動等規約に規定する内容の実質的な変更を伴わない事項
12 法令の改正に伴う変更に係る事項(法第4条第5号に掲げる事項に係るもののうち実質的な変更を伴うものを除く.)
② 法第6条第2項ただし書の厚生労働省令で定める特に軽微な変更は,次に掲げる事項の変更とする.
1 前項第1号に掲げる事項
2 前項第2号に掲げる事項
3 前項第6号に掲げる事項
4 前項第7号に掲げる事項
5 前項第12号に掲げる事項
6 令第2条第5号に掲げる事項

(基金の給付減額の理由)
第12条 令第7条の規定により法第12条第1項第7号の政令で定める要件について準用することとされた令第4条第2号の厚生労働省令で定める理由は,次のとおりとする.ただし,受給権者等の給付を減額する場合にあっては,第5条第2号に掲げる理由とする.
1 第5条第1号,第2号及び第4号に掲げる理由
2 法第76条第2項の規定により基金が合併する場合又は法第79条第2項若しくは第80条第2項の規定により基金が給付の支給に関する権利義務を承継する場合であって,給付の額を減額をすることにつきやむを得ない事由があること.

(基金の給付減額の手続)
第13条 第6条の規定は,令第7条の規定により法第12条第1項第7号の政令で定める要件について準用することとされた令第4条第2号の厚生労働省令で定める手続について準用する.

(基金の規約の軽微な変更)
第15条 法第16条第1項の厚生労働省令で定める軽微な変更は,次に掲げる事項の変更とする.
1 法第11条第2号から第4号まで及び第6号に掲げる事項
2 令第2条第2号から第4号まで及び第6号並びに令第5条第1号及び第2号に掲げる事項
3 第7条第1項第2号,第4号から第9号まで,第11号及び第12号並びに前条に掲げる事項

14 確定拠出年金法(抄)

(平13・6・29法律第88号,平13・10・1施行,最終改正:平28・6・3法律第66号)

〔下線,囲み部:特に明記のない限り,平28法66,2年以内に施行〕

第1章 総則

(目的)
第1条 この法律は,少子高齢化の進展,高齢期の生活の多様化等の社会経済情勢の変化にかんがみ,個人又は事業主が拠出した資金を個人が自己の責任において運用の指図を行い,高齢期においてその結果に基づいた給付を受けることができるようにするため,確定拠出年金について必要な事項を定め,国民の高齢期における所得の確保に係る自主的な努力を支援し,もって公的年金の給付と相まって国民の生活の安定と福祉の向上に寄与することを目的とする.

(定義)
第2条 ① この法律において「確定拠出年金」とは,企業型年金及び個人型年金をいう.
② この法律において「企業型年金」とは,厚生年金適用事業所の事業主が,単独で又は共同して,次章の規定に基づいて実施する年金制度をいう.
③ この法律において「個人型年金」とは,連合会が,第3章の規定に基づいて実施する年金制度をいう.
④ この法律において「厚生年金適用事業所」とは,厚生年金保険法(昭和29年法律第115号)第6条第1項の適用事業所及び同条第3項の認可を受け

14 確定拠出年金法（3条）

た適用事業所をいう．
⑤ この法律において「連合会」とは，国民年金基金連合会であって，個人型年金を実施する者として厚生労働大臣が全国を通じて1個に限り指定したものをいう．
⑥ この法律において「厚生年金保険の被保険者」とは，60歳未満の厚生年金保険の被保険者をいい，「第1号等厚生年金被保険者」とは，厚生年金保険の被保険者のうち厚生年金保険法第2条の5第1項第1号に規定する第1号厚生年金被保険者（以下「第1号厚生年金被保険者」という．）又は同項第4号に規定する第4号厚生年金被保険者（以下「第4号厚生年金被保険者」という．）をいう．
⑦ この法律において「確定拠出年金運営管理業」とは，次に掲げる業務（以下「運営管理業務」という．）の全部又は一部を行う事業をいう．
1 確定拠出年金における次のイからハまでに掲げる業務（連合会が行う個人型年金加入者の資格の確認に係る業務その他の厚生労働省令で定める業務を除く．以下「記録関連業務」という．）
イ 企業型年金加入者及び企業型年金運用指図者並びに個人型年金加入者及び個人型年金運用指図者（以下「加入者等」と総称する．）の氏名，住所，個人別管理資産額その他の加入者等に関する事項の記録，保存及び通知
ロ 加入者等が行った運用の指図の取りまとめ及びその内容の資産管理機関（企業型年金を実施する事業主が第8条第1項の規定により締結した契約の相手方をいう．以下同じ．）又は連合会への通知
ハ 給付を受ける権利の裁定
2 確定拠出年金における運用の方法の選定及び加入者等に対する提示並びに当該運用の方法に係る情報の提供（以下「運用関連業務」という．）
⑧ この法律において「企業型年金加入者」とは，企業型年金において，その者について企業型年金を実施する厚生年金適用事業所の事業主により掛金が拠出され，かつ，その個人別管理資産について運用の指図を行う者をいう．
⑨ この法律において「企業型年金運用指図者」とは，企業型年金において，その個人別管理資産について運用の指図を行う者（企業型年金加入者を除く．）をいう．
⑩ この法律において「個人型年金加入者」とは，個人型年金において，掛金を拠出し，かつ，その個人別管理資産について運用の指図を行う者をいう．
⑪ この法律において「個人型年金運用指図者」とは，個人型年金において，その個人別管理資産について運用の指図を行う者（個人型年金加入者を除く．）をいう．
⑫ この法律において「個人別管理資産」とは，企業型年金加入者若しくは企業型年金加入者であった者又は個人型年金加入者若しくは個人型年金加入者であった者に支給する給付に充てるべきものとして，1の企業型年金又は個人型年金において積み立てられている資産をいう．
⑬ この法律において「個人別管理資産額」とは，個人別管理資産の額として政令で定めるところにより計算した額をいう．

第2章 企業型年金

第1節 企業型年金の開始
第1款 企業型年金規約
（規約の承認）

第3条 ① 厚生年金適用事業所の事業主は，企業型年金を実施しようとするときは，企業型年金を実施しようとする厚生年金適用事業所に使用される第1号等厚生年金被保険者（企業型年金に係る規約において第3項第6号の2に掲げる事項を定める場合にあっては，60歳に達した日の前日において当該厚生年金適用事業所に使用される第1号等厚生年金被保険者であった者で60歳に達した日以後引き続き第1号厚生年金被保険者又は第4号厚生年金被保険者であるもの（当該規約において定める60歳以上65歳以下の一定の年齢に達していない者に限る．）のうち政令で定める者を含む．以下この項において同じ．）の過半数で組織する労働組合があるときは当該労働組合，当該第1号等厚生年金被保険者の過半数で組織する労働組合がないときは当該第1号等厚生年金被保険者の過半数を代表する者の同意を得て，企業型年金に係る規約を作成し，当該規約について厚生労働大臣の承認を受けなければならない．
② 2以上の厚生年金適用事業所について企業型年金を実施しようとする場合においては，前項の同意は，各厚生年金適用事業所について得なければならない．
③ 企業型年金に係る規約においては，次に掲げる事項を定めなければならない．
1 企業型年金を実施する厚生年金適用事業所の事業主（次項及び第5項，第47条第5号，第54条の5，第55条第2項第4号の2，第70条，第71条並びに第78条を除き，以下「事業主」という．）の名称及び住所
2 企業型年金が実施される厚生年金適用事業所（以下「実施事業所」という．）の名称及び所在地（厚生年金保険法第6条第1項第3号に規定する船舶（以下「船舶」という．）の場合にあっては，同号に規定する船舶所有者の名称及び所在地）
2の2 第5項に規定する簡易企業型年金を実施する場合にあっては，その旨
3 事業主が運営管理業務の全部又は一部を行う場合にあっては，その業務
4 事業主が第7条第1項の規定により運営管理業務の全部又は一部を委託した場合にあっては，当該委託を受けた確定拠出年金運営管理機関（第88条第1項の登録を受けて確定拠出年金運営管理業を営む者をいう．以下同じ．）（第7条第2項の規定により再委託を受けた確定拠出年金運営管理機関を含む．）の名称及び住所並びにその行う業務
5 資産管理機関の名称及び住所
6 実施事業所に使用される第1号等厚生年金被保険者（次号に掲げる事項を定める場合にあっては，第9条第1項ただし書の規定により企業型年金加入者となる者を含む．同項を除き，以下同じ．）が企業型年金加入者となることについて一定の資格を定める場合にあっては，当該資格に関する事項
6の2 60歳以上65歳以下の一定の年齢に達したときに企業型年金加入者の資格を喪失することを定める場合にあっては，当該年齢に関する事項
7 事業主が拠出する掛金（以下「事業主掛金」という．）の額の算定方法その他その拠出に関する事項
　　　　　　〔平28法66, 平30・1・1施行〕
7の2 企業型年金加入者が掛金を拠出することが

できることを定める場合にあっては、当該掛金(以下「企業型年金加入者掛金」という.)の額の決定又は変更の方法その他その拠出に関する事項
7の3 企業型年金加入者が掛金を拠出することができることを定めない場合であって、当該企業型年金加入者が個人型年金加入者となることができることを定めるときは、その旨
8 運用の方法の提示及び運用の指図に関する事項
8の2 第23条の2第1項の規定により指定運用方法を提示することとする場合にあっては、指定運用方法の提示に関する事項
8の3 第26条第1項の規定により運用の方法を除外することとする場合にあっては、除外に係る手続に関する事項
9 企業型年金の給付の額及びその支給の方法に関する事項
10 企業型年金加入者が資格を喪失した日において実施事業所に使用された期間が3年未満である場合において、その者の個人別管理資産のうち当該企業型年金に係る事業主掛金に相当する部分として政令で定めるものの全部又は一部を当該事業主掛金に係る事業主に返還することを定めるときは、当該事業主に返還する資産の額(以下「返還資産額」という.)の算定方法に関する事項
11 企業型年金の実施に要する事務費の負担に関する事項
12 その他政令で定める事項
④ 第1項の承認を受けようとする厚生年金適用事業所の事業主は、厚生労働省令で定めるところにより、当該承認に係る申請書に、次に掲げる書類(当該事業主が運営管理業務の全部を行う場合にあっては、第4号に掲げる書類を除く.)を添付して、厚生労働大臣に提出しなければならない.
1 実施する企業型年金に係る規約
2 第1項の同意を得たことを証する書類
3 実施事業所に使用される第1号等厚生年金被保険者が企業型年金加入者となることについて一定の資格を定める場合であって、当該実施事業所において確定給付企業年金(確定給付企業年金法(平成13年法律第50号)第2条第1項に規定する確定給付企業年金をいう.以下同じ.)又は退職手当制度を実施しているときは、当該確定給付企業年金及び退職手当制度が適用される者の範囲についての書類
4 運営管理業務の委託に係る契約書
5 第8条第2項に規定する資産管理契約の契約書
6 その他厚生労働省令で定める書類
⑤ 厚生年金適用事業所の事業主が次に掲げる要件に適合する企業型年金(第19条第2項及び第23条第1項において「簡易企業型年金」という.)について、第1項の承認を受けようとするときは、厚生労働省令で定めるところにより、前項第3号から第5号までに掲げる書類及び同項第6号に掲げる書類(厚生労働省令で定める書類に限る.)の添付を省略することができる.
1 実施事業所に使用される全ての第1号等厚生年金被保険者(厚生労働省令で定める者を除く.)が実施する企業型年金の企業型年金加入者の資格を有すること.
2 実施する企業型年金の企業型年金加入者の資格を有する者の数が100人以下であること.
3 その他厚生労働省令で定める要件

⑥ 前各項に定めるもののほか、企業型年金に係る規約の承認に関し必要な事項は、政令で定める.
(承認の基準等)
第4条 ① 厚生労働大臣は、前条第1項の承認の申請があった場合において、当該申請に係る規約が次に掲げる要件に適合すると認めるときは、同項の承認をするものとする.
1 前条第3項各号に掲げる事項が定められていること.
2 実施事業所に使用される第1号等厚生年金被保険者が企業型年金加入者となることについて一定の資格を定めた場合であって、当該実施事業所において確定給付企業年金又は退職手当制度を実施しているときは、当該資格は、確定給付企業年金及び退職手当制度が適用される者の範囲に照らし、特定の者について不当に差別的なものでないこと.

> 2 実施事業所に使用される第1号等厚生年金被保険者が企業型年金加入者となる場合にあっては、当該資格は、当該実施事業所において実施されている確定給付企業年金(確定給付企業年金法(平成13年法律第50号)第2条第1項に規定する確定給付企業年金をいう.以下同じ.)及び退職手当制度が適用される者の範囲に照らし、特定の者について不当に差別的なものでないこと. 〔平30・6・1までの条文〕

2の2 60歳以上の一定の年齢に達したときに企業型年金加入者の資格を喪失することを定めた場合にあっては、当該年齢は、65歳以下の年齢であること.
3 事業主掛金について、定額又は給与に一定の率を乗ずる方法その他これに類する方法により算定した額によることが定められていること.
3の2 前条第3項第7号の2に掲げる事項を定めた場合にあっては、各企業型年金加入者に係る企業型年金加入者掛金の額が当該企業型年金加入者に係る事業主掛金の額を超えないように企業型年金加入者掛金の額の決定又は変更の方法が定められていること.
4 提示される運用の方法の数及び種類について、第23条第1項及び第2項の規定に反しないこと.
5 企業型年金加入者及び企業型年金運用指図者(以下「企業型年金加入者等」という.)による運用の指図は、少なくとも3月に1回、行い得るものであること.
6 企業型年金の給付の額の算定方法が政令で定める基準に合致していること.
7 企業型年金加入者が資格を喪失した日において実施事業所に使用された期間が3年以上である場合又は企業型年金加入者が当該企業型年金の障害給付金の受給権を有する場合について、その者の個人別管理資産が移換されるときは、その全てを移換するものとされていること.
8 その他政令で定める要件
② 厚生労働大臣は、前条第1項の承認をしたときは、速やかに、その旨をその申請をした事業主に通知しなければならない.
③ 事業主は、前条第1項の承認を受けたときは、遅滞なく、同項の承認を受けた規約(以下「企業型年金規約」という.)を実施事業所に使用される第1号等厚生年金被保険者に周知させなければならない.

14 確定拠出年金法（5条～15条）

④ 事業主は，厚生労働省令で定めるところにより，企業型年金規約を実施事業所ごとに備え置き，その使用する第1号等厚生年金被保険者の求めに応じ，これを閲覧させなければならない．
⑤ 厚生労働大臣は，前条第3項第7号の3に掲げる事項を定めた規約について同条第1項の承認をしたときは，厚生労働省令で定める事項を連合会に通知しなければならない．

（規約の変更）
第5条 ① 事業主は，企業型年金規約の変更（厚生労働省令で定める軽微な変更を除く．）をしようとするときは，その変更について厚生労働大臣の承認を受けなければならない．　　《②～④（略）》
第6条 ① 事業主は，企業型年金規約の変更（前条第1項の厚生労働省令で定める変更に限る．）をしたときは，遅滞なく，これを厚生労働大臣に届け出なければならない．　　　　　　　　　《②（略）》

第2款 運営管理業務の委託等
（運営管理業務の委託）
第7条 ① 事業主は，政令で定めるところにより，運営管理業務の全部又は一部を確定拠出年金運営管理機関に委託することができる．　《②～④（略）》

（資産管理契約の締結）
第8条 ① 事業主は，政令で定めるところにより，給付に充てるべき積立金（以下「積立金」という．）について，次の各号のいずれかに掲げる契約を締結しなければならない．
1 信託会社（信託業法（平成16年法律第154号）第3条又は第53条第1項の免許を受けたものに限る．以下同じ．），信託業務を営む金融機関又は企業年金基金を相手方とする運用の方法を特定する信託の契約
2 生命保険会社（保険業法（平成7年法律第105号）第2条第3項に規定する生命保険会社及び同条第8項に規定する外国生命保険会社等をいう．以下同じ．）を相手方とする生命保険の契約
3 農業協同組合連合会（全国を地区とし，農業協同組合法（昭和22年法律第132号）第10条第1項第10号の事業の行う生命共済の事業を行うものに限る．）を相手方とする生命共済の契約
4 損害保険会社（保険業法第2条第4項に規定する損害保険会社及び同条第9項に規定する外国損害保険会社等をいう．以下同じ．）を相手方とする損害保険の契約
② 前項各号に規定する者は，正当な理由がある場合を除き，同項各号に掲げる契約（以下「資産管理契約」という．）の締結を拒絶してはならない．
③ 資産管理機関が欠けることとなるときは，事業主は，別に資産管理契約の相手方となるべき者を定めて，資産管理契約を締結しなければならない．
④ 資産管理契約が解除されたときは，当該解除された資産管理契約に係る資産管理機関は，速やかに，当該資産管理契約に係る積立金を事業主が定めた資産管理機関に移換しなければならない．
⑤ 前各項に定めるもののほか，資産管理契約の締結に関し必要な事項は，政令で定める．

第2節 企業型年金加入者等
（企業型年金加入者）
第9条 ① 実施事業所に使用される第1号等厚生年金被保険者は，企業型年金加入者とする．ただし，企業型年金規約で60歳以上65歳以下の一定の年齢に達したときに企業型年金加入者の資格を喪失することを定めたときは，60歳に達した日の前日において当該実施事業所に使用される第1号等厚生年金被保険者であった者で60歳に達した日以後引き続き当該実施事業所に使用される第1号等厚生年金被保険者又は第4号厚生年金被保険者であるもの（当該一定の年齢に達していない者に限る．）のうち60歳に達した日の前日において当該企業型年金の企業型年金加入者であった者その他政令で定める者についても企業型年金加入者とする．
② 実施事業所に使用される第1号等厚生年金被保険者が企業型年金加入者となることについて企業型年金規約で一定の資格を定めたときは，当該資格を有しない者は，前項の規定にかかわらず，企業型年金加入者としない．

（資格取得の時期）
第10条 企業型年金加入者は，次の各号のいずれかに該当するに至った日に，企業型年金加入者の資格を取得する．
1 実施事業所に使用されるに至ったとき．
2 その使用される事業所若しくは事務所（以下「事業所」という．）又は船舶が，実施事業所となったとき．
3 実施事業所に使用される者が，第1号等厚生年金被保険者となったとき．
4 実施事業所に使用される者が，企業型年金規約により定められている資格を取得したとき．

（資格喪失の時期）
第11条 企業型年金加入者は，次の各号のいずれかに該当するに至った日の翌日（その事実があった日に更に前条各号のいずれかに該当するに至ったとき，又は第6号に該当するに至ったときは，当該至った日）に，企業型年金加入者の資格を喪失する．
1 死亡したとき．
2 実施事業所に使用されなくなったとき．
3 その使用される事業所又は船舶が，実施事業所でなくなったとき．
4 第1号等厚生年金被保険者でなくなったとき．
5 企業型年金規約により定められている資格を喪失したとき．
6 60歳（企業型年金規約において60歳以上65歳以下の一定の年齢に達したときに企業型年金加入者の資格を喪失することが定められているときは，当該年齢）に達したとき．

（企業型年金加入者の資格の得喪に関する特例）
第12条 企業型年金加入者の資格を取得した月にその資格を喪失した者は，その資格を取得した日にさかのぼって，企業型年金加入者でなかったものとみなす．

（企業型年金加入者期間）
第14条 ① 企業型年金加入者である期間（以下「企業型年金加入者期間」という．）を計算する場合には，月によるものとし，企業型年金加入者の資格を取得した月からその資格を喪失した月の前月までの期間をこれに算入する．
② 企業型年金加入者の資格を喪失した後，再びもとの企業型年金の企業型年金加入者の資格を取得した者については，当該企業型年金における前後の企業型年金加入者期間を合算する．

（企業型年金運用指図者）
第15条 ① 次に掲げる者は，企業型年金運用指図者とする．
1 企業型年金規約において60歳以上65歳以下の

一定の年齢に達したときに企業型年金加入者の資格を喪失することが定められている企業型年金の60歳以上の加入者であって,第11条第2号に該当するに至ったことにより企業型年金加入者の資格を喪失したもの(当該企業型年金に個人別管理資産がある者に限る.)

2 第11条第6号に該当するに至ったことにより企業型年金加入者の資格を喪失した者(当該企業型年金に個人別管理資産がある者に限る.)

3 当該企業型年金の企業型年金加入者であった者であって当該企業型年金の年金たる障害給付金の受給権を有するもの

② 企業型年金運用指図者は,前項各号に掲げる者のいずれかに該当するに至った日に,企業型年金運用指図者の資格を取得する.

③ 企業型年金運用指図者は,次の各号のいずれかに該当するに至った日の翌日(第3号に該当するに至ったときは,当該日)に,企業型年金運用指図者の資格を喪失する.

1 死亡したとき.
2 当該企業型年金に個人別管理資産がなくなったとき.
3 当該企業型年金の企業型年金加入者となったとき.

④ 第12条の規定は企業型年金運用指図者の資格について,前条の規定は企業型年金運用指図者である期間(以下「企業型年金運用指図者期間」という.)を計算する場合について準用する.

(通知等)
第16条 ① 事業主は,厚生労働省令で定めるところにより,その実施したる企業型年金の企業型年金加入者の氏名及び住所その他の事項を当該企業型年金の企業型年金加入者等に係る記録関連業務を行う確定拠出年金運営管理機関(以下「企業型記録関連運営管理機関」という.)に通知しなければならない.ただし,当該事業主が記録関連業務の全部を行う場合にあっては,この限りでない.

② 企業型年金加入者は,厚生労働省令で定めるところにより,第13条第1項の規定により選択した企業型年金その他の事項を事業主又は企業型記録関連運営管理機関に申し出なければならない.

(企業型年金加入者等原簿)
第18条 ① 企業型記録関連運営管理機関等は,厚生労働省令で定めるところにより,企業型年金加入者等に関する原簿を備え,これに企業型年金加入者等の氏名及び住所,資格の取得及び喪失の年月日,個人別管理資産額その他厚生労働省令で定める事項を記載し,これを保存しなければならない.

② 企業型年金加入者及び企業型年金加入者であった者(死亡一時金を受けることができる者を含む.)は,企業型記録関連運営管理機関等に対し,前項の原簿の閲覧を請求し,又は当該原簿に記録された事項について照会することができる.この場合において,企業型記録関連運営管理機関等は,正当な理由がある場合を除き,閲覧の請求又は照会の回答を拒んではならない.

第3節 掛金
第19条 ① 事業主は,政令で定めるところにより,年1回以上,定期的に掛金を拠出する.

> ① 事業主は,企業型年金加入者期間の計算の基礎となる各月につき,掛金を拠出する.
> 〔平29・12・31までの条文〕

② 事業主掛金の額は,企業型年金規約で定めるものとする.ただし,簡易企業型年金に係る事業主掛金の額については,政令で定める基準に従い企業型年金規約で定める額とする.

> ② 事業主掛金の額は,企業型年金規約で定めるところにより算定した額とする.
> 〔平30・6・1までの条文〕

③ 企業型年金加入者は,政令で定める基準に従い企業型年金規約で定めるところにより,年1回以上,定期的に自ら掛金を拠出することができる.

> ③ 企業型年金加入者は,企業型年金加入者期間の計算の基礎となる各月につき,企業型年金規約で定めるところにより,自ら掛金を拠出することができる.
> 〔平29・12・31までの条文〕

④ 企業型年金加入者掛金の額は,企業型年金規約で定めるところにより,企業型年金加入者が決定し,又は変更する.

(拠出限度額)
第20条 各企業型年金加入者に係る1年間の事業主掛金の額(企業型年金加入者が事業主掛金の額と企業型年金加入者掛金の額との合計額.以下この条において同じ.)の総額は,拠出限度額(1年間に拠出することができる事業主掛金の額の総額の上限として,企業型年金加入者の確定給付企業年金の加入者の資格の有無等を勘案して政令で定める額をいう.)を超えてはならない.
〔平28法66,平30・1・1施行〕

(事業主掛金の納付)
第21条 ① 事業主は,毎月の事業主掛金を企業型年金規約で定める日までに資産管理機関に納付するものとする.
〔=削除:平28法66,平30・1・1施行〕

② 事業主は,事業主掛金を納付する場合においては,厚生労働省令で定めるところにより,各企業型年金加入者に係る事業主掛金の額を企業型記録関連運営管理機関に通知しなければならない.ただし,当該事業主が記録関連業務の全部を行う場合にあっては,この限りでない.

(企業型年金加入者掛金の納付)
第21条の2 ① 企業型年金加入者掛金を拠出する企業型年金加入者は,毎月の企業型年金加入者掛金を企業型年金規約で定める日までに事業主を介して資産管理機関に納付するものとする.
〔=削除:平28法66,平30・1・1施行〕

② 前条第2項の規定は,事業主が企業型年金加入者掛金の納付を行う場合について準用する.

(企業型年金加入者掛金の源泉控除)
第21条の3 ① 前条第1項の規定により企業型年金加入者掛金の納付を行う事業主は,当該企業型年金加入者に対して通貨をもって給与を支払う場合には,前月分の企業型年金加入者掛金(当該企業型年金加入者がその実施事業所に使用されなくなった場合においては,前月分及びその月分の企業型年金加入者掛金)を給与から控除することができる.
〔=削除:平28法66,平30・1・1施行〕

② 事業主は,前項の規定によって企業型年金加入者掛金を控除したときは,企業型年金加入者掛金の控除に関する計算書を作成し,その控除額を当該企業

第4節 運用

(事業主の責務)
第22条 ① 事業主は,その実施する企業型年金の企業型年金加入者等に対し,これらの者が行う第25条第1項の指図に資するため,資産の運用に関する基礎的な資料の提供その他の必要な措置を継続的に講ずるよう努めなければならない.
② 事業主は,前項の措置を講ずるに当たっては,継続的に実施するとともに,企業型年金加入者等の資産の運用に関する知識を向上させ,かつ,これを第25条第1項の運用の指図に有効に活用することができるよう配慮するものとする.
〔一削除:平28法66,平30・1・1施行〕

(運用の方法の選定及び提示)
第23条 ① 企業型年金加入者等に係る運用関連業務を行う確定拠出年金運営管理機関(運用関連業務を行う事業主を含む.以下「企業型運用関連運営管理機関等」という.)は,政令で定めるところにより,次に掲げる運用の方法のうち政令で定めるもの(次条第1項において「対象運用方法」という.)を,企業型年金加入者等による適切な運用の方法の選択に資するための上限として政令で定める数以下で,かつ,3以上(簡易企業型年金を実施する事業主から委託を受けて運用関連業務を行う確定拠出年金運営管理機関(運用関連業務を行う簡易企業型年金を実施する事業主を含む.)にあっては,2以上)で選定し,企業型年金規約で定めるところにより,企業型年金加入者等に提示しなければならない.

> (運用の方法の選定及び提示)
> **第23条** ① 企業型年金加入者等に係る運用関連業務を行う確定拠出年金運営管理機関(運用関連業務を行う事業主を含む.以下「企業型運用関連運営管理機関等」という.)は,政令で定めるところにより,次に掲げる運用の方法のうち政令で定めるものを企業型年金規約で定めるところに従って少なくとも3以上選定し,企業型年金加入者等に提示しなければならない.ただし,その提示する運用の方法(第25条第2項及び第26条において「提示運用方法」という.)のうちいずれか1以上のものは,元本が確保される運用の方法として政令で定めるものでなければならない.
> 〔平30・6・1までの条文〕

1 銀行その他の金融機関を相手方とする預金又は貯金の預入
2 信託会社又は信託業務を営む金融機関への信託
3 有価証券の売買
4 生命保険会社又は農業協同組合(農業協同組合法第10条第1項第10号の事業のうち生命共済の事業を行う者に限る.)その他政令で定める生命共済の事業を行う者への生命保険の保険料又は生命共済の共済掛金の払込み
5 損害保険会社への損害保険の保険料の払込み
6 前各号に掲げるもののほか,投資者の保護が図られていることその他の政令で定める要件に適合する契約の締結

② 前項の規定による運用の方法の選定は,その運用から生ずると見込まれる収益の率,収益の変動の可能性その他の収益の性質が類似していないことその他政令で定める基準に従って行われなければならない.
③ 企業型運用関連運営管理機関等は,前2項の規定に準用する運用の方法の選定を行うに際しては,資産の運用に関する専門的な知見に基づいて,これを行わなければならない.

(指定運用方法の選定)
第23条の2 ① 企業型運用関連運営管理機関等は,企業型年金規約で定めるところにより,前条第1項の規定により提示する運用の方法のほか,対象運用方法のうちから1の運用の方法を選定し,企業型年金加入者等に提示することができる.
② 前項の規定により選定した運用の方法(以下「指定運用方法」という.)は,長期的な観点から,物価その他の経済事情の変動により生ずる損失に備え,収益の確保を図るためのものとして厚生労働省令で定める基準に適合するものでなければならない.
③ 前条第3項の規定は,第1項の規定により指定運用方法を選定する場合について準用する.

(運用の方法に係る情報の提供)
第24条 企業型運用関連運営管理機関等は,厚生労働省令で定めるところにより,第23条第1項の規定により提示した運用の方法について,これに関する利益の見込み及び損失の可能性その他の企業型年金加入者等が第25条第1項の運用の指図を行うために必要な情報を,当該企業型年金加入者等に提供しなければならない.

(指定運用方法に係る情報の提供)
第24条の2 企業型運用関連運営管理機関等は,第23条の2第1項の規定により指定運用方法を選定し提示した場合には,厚生労働省令で定めるところにより,次に掲げる事項に係る情報を企業型年金加入者等に提供しなければならない.
1 指定運用方法に関する利益の見込み及び損失の可能性
2 指定運用方法を選定した理由
3 第25条の2第2項の事項
4 その他厚生労働省令で定める事項

(運用の指図)
第25条 ① 企業型年金加入者等は,企業型年金規約で定めるところにより,積立金のうち当該企業型年金加入者等の個人別管理資産について運用の指図を行う.
② 前項の運用の指図(以下この章において単に「運用の指図」という.)は,第23条第1項の規定により提示された運用の方法(第23条の2第1項の規定により指定運用方法が提示された場合にあっては,当該指定運用方法を含む.以下この条において同じ.)(第26条第1項において「提示運用方法」という.)の中から1又は2以上の運用の方法を選択し,かつ,それぞれの運用の方法に充てる額を決定して,これらの事項を企業型記録関連運営管理機関等に示すことによって行うものとする.

> ② 前項の運用の指図は,提示運用方法の中から1又は2以上の方法を選択し,かつ,それぞれの運用の方法に充てる額を決定して,これらの事項を企業型記録関連運営管理機関等に示すことによって行うものとする.
> 〔平30・6・1までの条文〕

③ 企業型記録関連運営管理機関等は,第1項の運用の指図を受けたときは,政令で定めるところにより,同時に行われた同項の運用の指図を第23条第1項

の規定により提示された運用の方法ごとに取りまとめ,その内容を資産管理機関に通知するものとする.
〔一削除〕

(指定運用方法が提示されている場合の運用の指図の特例)
第25条の2 ① 次の各号に掲げる場合の区分に応じ,それぞれ当該各号に定める日から起算して3月以上で企業型年金規約で定める期間(次項において「特定期間」という.)を経過してもなお企業型記録関連運営管理機関等が企業型年金加入者から運用の指図を受けないときは,当該企業型記録関連運営管理機関等は,同項の事項及び当該指定運用方法を当該企業型年金加入者に通知しなければならない.
1 第23条の2第1項の規定により指定運用方法が提示されている場合であって,企業型年金加入者がその資格を取得したとき その後最初に事業主掛金又は企業型年金加入者掛金(次号及び第3項において「事業主掛金等」という.)の納付が行われたとき
2 企業型年金加入者がその資格を取得している場合であって,第23条の2第1項の規定により指定運用方法が提示されたとき その後最初に事業主掛金等の納付が行われたとき
② 前項の規定による通知を受けた企業型年金加入者が特定期間を経過した日から2週間以上で企業型年金規約で定める期間(次項において「猶予期間」という.)を経過してもなお運用の指図を行わないときは,当該企業型年金加入者は,当該通知に係る指定運用方法を選択し,かつ,当該指定運用方法にその未指図個人別管理資産の全額を充てる運用の指図を行ったものとみなす.
③ 前項の「未指図個人別管理資産」とは,個人別管理資産のうち,第1項の規定による通知に係る猶予期間が終了する日までに運用の指図が行われていないもの及び同日後に納付される事業主掛金等について運用の指図が行われていないものをいう.
④ 運用関連運営管理機関は,前項の通知があったときは,速やかに,同項の通知に従って,それぞれの運用の方法について,契約の締結,変更又は解除その他の必要な措置を行わなければならない.

(運用の方法の除外に係る同意)
第26条 ① 企業型運用関連運営管理機関等は,提示運用の方法から運用の方法を除外しようとするときは,企業型年金規約で定めるところにより,当該除外しようとする運用の方法を選択して運用の指図を行っている企業型年金加入者等(以下この条において「除外運用方法指図者」という.)(所在が明らかでない者を除く.)の3分の2以上の同意を得なければならない.ただし,当該運用の方法に係る契約の相手方が欠けたことその他厚生労働省令で定める事由により当該運用の方法を除外しようとするときは,この限りでない.
② 企業型運用関連運営管理機関等は,企業型年金規約で定めるところにより,除外運用方法指図者に前項の同意を得るための通知をした日から3週間以上で企業型年金規約で定める期間を経過してもなお除外運用方法指図者から同意又は不同意の意思表示を受けなかったときは,当該除外運用方法指図者は同項の同意をしたものとみなすことができる.この場合において,当該通知には,その旨を記載しなければならない.

③ 企業型運用関連運営管理機関等は,第1項の規定により除外しようとするときは,その旨を除外運用方法指図者に通知しなければならない.
④ 企業型運用関連運営管理機関等は,除外運用方法指図者の所在が明らかでないため前項の通知をすることができないときは,同項の通知に代えて,当該運用の方法が除外された旨を公告しなければならない.

(運用の方法の除外に係る同意)
第26条 企業型運用関連運営管理機関等は,提示運用方法から運用の方法を除外しようとするときは,当該除外しようとする運用の方法を選択して前条第1項の運用の指図を行っている企業型年金加入者等の同意を得なければならない.ただし,当該運用の方法に係る契約の相手方が欠けたことその他厚生労働省令で定める事由により当該運用の方法を除外しようとするときは,この限りでない.
〔平30・6・1までの条文〕

(個人別管理資産額の通知)
第27条 企業型記録関連運営管理機関等は,毎年少なくとも1回,企業型年金加入者等の個人別管理資産額その他厚生労働省令で定める事項を当該企業型年金加入者等に通知しなければならない.

第5節 給 付
第1款 通 則
(給付の種類)
第28条 企業型年金の給付(以下この款及び第48条の2において「給付」という.)は,次のとおりとする.
1 老齢給付金
2 障害給付金
3 死亡一時金

(裁 定)
第29条 ① 給付を受ける権利は,その権利を有する者(以下この節において「受給権者」という.)の請求に基づいて,企業型記録関連運営管理機関等が裁定する.
② 企業型記録関連運営管理機関等は,前項の規定により裁定をしたときは,遅滞なく,その内容を資産管理機関に通知しなければならない.

(給付の額)
第30条 給付の額は,企業型年金規約で定めるところにより算定した額とする.

(年金給付の支給期間等)
第31条 ① 給付のうち年金として支給されるもの(次項において「年金給付」という.)の支給は,これを支給すべき事由が生じた月の翌月から始め,権利が消滅した月で終わるものとする.
② 年金給付の支払期月については,企業型年金規約で定めるところによる.

(受給権の譲渡等の禁止等)
第32条 ① 給付を受ける権利は,譲り渡し,担保に供し,又は差し押さえることができない.ただし,老齢給付金及び死亡一時金を受ける権利を国税滞納処分(その例による処分を含む.)により差し押さえる場合は,この限りでない.
② 租税その他の公課は,障害給付金として支給を受けた金銭を標準として,課することができない.

第2款 老齢給付金
(支給要件)
第33条 ① 企業型年金加入者であった者であって

14 確定拠出年金法（34条〜54条）

次の各号に掲げるもの（当該企業型年金に個人別管理資産がある者に限り，当該企業型年金の障害給付金の受給権者を除く．）が，それぞれ当該各号に定める年数又は月数以上の通算加入者等期間を有するときは，その者は，厚生労働省令で定めるところにより企業型記録関連運営管理機関等に老齢給付金の支給を請求することができる．
1 60歳以上61歳未満の者　10年
2 61歳以上62歳未満の者　8年
3 62歳以上63歳未満の者　6年
4 63歳以上64歳未満の者　4年
5 64歳以上65歳未満の者　2年
6 65歳以上の者　1月
② 前項の通算加入者等期間とは，政令で定めるところにより同項に規定する者の次に掲げる期間（その者が60歳に達した日の前日が属する月以前の期間に限る．）を合算した期間をいう．
1 企業型年金加入者期間
2 企業型年金運用指図者期間
3 個人型年金加入者である期間（以下「個人型年金加入者期間」という．）
4 個人型年金運用指図者である期間（以下「個人型年金運用指図者期間」という．）
③ 第1項の請求があったときは，資産管理機関は，企業型記録関連運営管理機関等の裁定に基づき，その請求をした者に老齢給付金を支給する．

（70歳到達時の支給）
第34条 企業型年金加入者であった者（当該企業型年金に個人別管理資産がある者に限る．）が前条の規定により老齢給付金の支給を請求することなく70歳に達したときは，資産管理機関は，その者に，企業型記録関連運営管理機関等の裁定に基づいて，老齢給付金を支給する．

（支給の方法）
第35条 ① 老齢給付金は，年金として支給する．
② 老齢給付金は，企業型年金規約でその全部又は一部を一時金として支給することができることを定めた場合には，前項の規定にかかわらず，企業型年金規約で定めるところにより，一時金として支給することができる．

（失　権）
第36条 老齢給付金の受給権は，次の各号のいずれかに該当することとなったときは，消滅する．
1 受給権者が死亡したとき．
2 当該企業型年金の障害給付金の受給権者となったとき．
3 当該企業型年金に個人別管理資産がなくなったとき．

　　第3款　障害給付金（略）
　　第4款　死亡一時金（略）
　第6節　事業主等の行為準則
（事業主の行為準則）
第43条 ① 事業主は，法令，法令に基づいてする厚生労働大臣の処分及び企業型年金規約を遵守し，企業型年金加入者等のため忠実にその業務を遂行しなければならない．
② 事業主は，企業型年金の実施に係る業務に関し，企業型年金加入者等の氏名，住所，生年月日，個人別管理資産額その他の企業型年金加入者等の個人に関する情報を保管し，又は使用するに当たっては，その業務の遂行に必要な範囲内で当該個人に関する情報を保管し，及び使用しなければならない．た

だし，本人の同意がある場合その他正当な事由がある場合は，この限りでない．
③ 事業主は，次に掲げる行為をしてはならない．
1 自己又は企業型年金加入者等以外の第三者の利益を図る目的をもって，第7条第1項の規定による運営管理業務の委託に係る契約又は資産管理契約を締結すること．
2 前号に掲げるもののほか，企業型年金加入者等の保護に欠けるものとして厚生労働省令で定める行為
④ 事業主（運用関連業務を行う者である場合に限る．）は，次に掲げる行為をしてはならない．
1 自己又は企業型年金加入者等以外の第三者の利益を図る目的をもって，特定の運用の方法を選定すること．
2 前号に掲げるもののほか，企業型年金加入者等の保護に欠けるものとして厚生労働省令で定める行為

（資産管理機関の行為準則）
第44条 資産管理機関は，法令及び資産管理契約を遵守し，企業型年金加入者等のため忠実にその業務を遂行しなければならない．
　第7節　企業型年金の終了
（企業型年金の終了）
第45条 企業型年金は，次の各号のいずれかに該当するに至った場合に終了する．
1 次条第1項の承認があったとき．
2 第47条の規定により企業型年金規約の承認の効力が失われたとき．
3 第52条第2項の規定により企業型年金規約の承認が取り消されたとき．
　第8節　雑　則
（報告書の提出）
第50条 事業主は，厚生労働省令で定めるところにより，企業型年金に係る業務についての報告書を厚生労働大臣に提出しなければならない．

（報告の徴収等）
第51条 ① 厚生労働大臣は，この法律の施行に必要な限度において，事業主に対し，企業型年金の実施状況に関する報告を徴し，又は当該職員をして事業所に立ち入って関係者に質問させ，若しくは実地にその状況を検査させることができる．
② 前項の規定によって質問及び検査を行う当該職員は，その身分を示す証票を携帯し，かつ，関係者の請求があるときは，これを提示しなければならない．
③ 第1項の規定による権限は，犯罪捜査のために認められたものと解釈してはならない．

（事業主に対する監督）
第52条 ① 厚生労働大臣は，前条の規定により報告を徴し，又は質問し，若しくは検査した場合において，事業主がその実施する企業型年金に関し法令，企業型年金規約若しくは厚生労働大臣の処分に違反していると認めるとき，又は事業主の企業型年金の運営が著しく適正を欠くと認めるときは，期間を定めて，事業主に対し，その違反の是正又は改善のため必要な措置を採るべき旨を命ずることができる．
② 事業主が前項の命令に違反したとき，又は企業型年金の実施状況にかかる継続が困難であると認めるときは，厚生労働大臣は，当該事業主の企業型年金規約の承認を取り消すことができる．

（他の制度の資産の移換）
第54条 ① 企業型年金の資産管理機関は，政令で定

Ⅰ　公的年金・企業年金

めるところにより，当該企業年金の実施事業所において実施される確定給付企業年金，中小企業退職金共済法（昭和34年法律第160号）の規定による退職金共済又は退職手当制度に係る資産の全部又は一部の移換を受けることができる．
② 前項の規定により資産管理機関が資産の移換を受けたときは，各企業型年金加入者が当該企業型年金の実施事業所の事業主に使用された期間（当該企業型年金加入者が60歳に達した日の前日が属する月以前の期間に限る．）その他これに準ずる期間のうち政令で定めるものは，当該企業型年金加入者に係る第33条第1項の通算加入者等期間に算入するものとする．

（脱退一時金相当額等の移換）
第54条の2　① 企業型年金の資産管理機関は，政令で定めるところにより，脱退一時金相当額等（確定給付企業年金の脱退一時金相当額（確定給付企業年金法第81条の2第1項に規定する脱退一時金相当額をいう．）又は確定給付企業年金連合会の規約で定める積立金（確定給付企業年金法第59条に規定する積立金をいう．）をいう．以下同じ．）の移換を受けることができる．
② 前項の規定により資産管理機関が脱退一時金相当額等の移換を受けたときは，各企業型年金加入者等が当該確定給付企業年金の実施事業所の事業主に使用された期間（当該企業型年金加入者が60歳に達した日の前日が属する月以前の期間に限る．）その他これに準ずる期間のうち政令で定めるものは，当該企業型年金加入者等に係る第33条第1項の通算加入者等期間に算入するものとする．

（他の制度の資産等の移換があった場合の運用の指図の特例）
第54条の3　第54条第1項又は前条第1項の規定により移換される資産又は脱退一時金相当額等がある場合における第25条の2の規定の適用については，同条第3項中「及び同日後」とあるのは「，同日後」と，「をいう」とあるのは「及び同日後に第54条第1項又は第54条の2第1項の規定により移換される資産又は脱退一時金相当額等について運用の指図が行われていないものをいう」とする．

（確定給付企業年金の加入者となった者の個人別管理資産の移換）
第54条の4　① 企業型年金の企業型年金加入者であった者（当該企業型年金に個人別管理資産がある者に限る．）は，確定給付企業年金の加入者の資格を取得した場合であって，当該確定給付企業年金の規約において，あらかじめ，当該企業型年金の資産管理機関からその個人別管理資産の移換を受けることができる旨が定められているときは，当該企業型年金の資産管理機関にその個人別管理資産の移換を申し出ることができる．
② 企業型年金の資産管理機関は，前項の規定による申出があったときは，当該確定給付企業年金の資産管理運用機関等（確定給付企業年金法第30条第3項に規定する資産管理運用機関等をいう．以下同じ．）に当該申出をした者の個人別管理資産を移換するものとする．

（退職金共済契約の被共済者となった者等の個人別管理資産の移換）
第54条の5　実施事業所の事業主が会社法（平成17年法律第86号）その他の法律の規定による合併，会社分割その他の行為として厚生労働省令で定める行為（以下この条において「合併等」という．）をした場合であって，当該合併等に係る事業主が，合併等により企業型年金の企業型年金加入者の資格を喪失した者を中小企業退職金共済法第2条第7項に規定する被共済者として同条第3項に規定する退職金共済契約を締結するときは，当該事業主は，当該企業型年金加入者であった者の同意を得て，当該企業型年金の資産管理機関に独立行政法人勤労者退職金共済機構（次条において「機構」という．）への当該同意を得た企業型年金加入者であった者の個人別管理資産の移換を申し出ることができる．

（政令への委任）
第54条の6　第54条から前条までに定めるもののほか，企業型年金の資産管理機関への資産及び脱退一時金相当額等並びに確定給付企業年金の資産管理運用機関等及び機構への個人別管理資産の移換に関し必要な事項は，政令で定める．

第3章　個人型年金

第1節　個人型年金の開始
第1款　個人型年金規約

（規約の承認）
第55条　① 連合会は，個人型年金に係る規約を作成し，当該規約について厚生労働大臣の承認を受けなければならない．
② 個人型年金に係る規約においては，次に掲げる事項を定めなければならない．
1　連合会の名称及び所在地
2　第60条第1項の規定により委託を受けた確定拠出年金運営管理機関（同条第3項の規定により再委託を受けた確定拠出年金運営管理機関を含む．）の名称及び住所並びにその行う業務
3　個人型年金加入者及び個人型年金運用指図者（以下「個人型年金加入者等」という．）による確定拠出年金運営管理機関の指定に関する事項
4　個人型年金加入者が拠出する掛金（以下「個人型年金加入者掛金」という．）の額の決定又は変更の方法その他その拠出に関する事項
〔平28法66，平30・1・1施行〕
4の2　中小事業主（企業型年金及び確定給付企業年金を実施していない厚生年金適用事業所の事業主であって，その使用する第1号厚生年金被保険者の数が100人以下のものをいう．以下この章において同じ．）が第68条の2第1項の規定により掛金を拠出することを定める場合にあっては，当該掛金の額の決定又は変更の方法その他その拠出に関する事項
5　運用の方法の提示及び運用の指図に関する事項
5の2　第73条において準用する第23条の2第1項の規定により指定運用方法を提示することとする場合にあっては，指定運用方法の提示に関する事項
5の3　第73条において準用する第26条第1項の規定により指定運用方法を除外することとする場合にあっては，除外に係る手続に関する事項
6　個人型年金の給付（第83条第1項の規定により個人別管理資産が連合会に移換された者（当該移換された日以後に企業型年金加入者の資格を取得した者又は個人年金加入者若しくは又は個人型年金運用指図者の資格を取得した者を除く．第73

14 確定拠出年金法（56条～63条）

条の2及び第133条第1項において「連合会移換者」という.）に係る給付を含む．次条第1項第4号において同じ.）の額及びその支給の方法に関する事項
〔―削除〕
7 個人型年金の実施に要する事務費の負担に関する事項
8 その他政令で定める事項
（承認の基準等）
第56条 ① 厚生労働大臣は，前条第1項の承認の申請があった場合において，当該申請に係る規約が次に掲げる要件に適合すると認めるときは，同項の承認をするものとする．
1 前条第2項各号に掲げる事項が定められていること．
2 提示される運用の方法の数及び種類について，第73条において準用する第23条第1項及び第2項の規定に反しないこと．
3 個人型年金加入者等による運用の指図は，少なくとも3月に1回，行い得るものであること．
4 個人型年金の給付の額の算定方法が政令で定める基準に合致していること．
5 その他政令で定める要件．
② 厚生労働大臣は，前条第1項の承認をしたときは，速やかに，その旨を連合会に通知しなければならない．
③ 連合会は，前条第1項の承認を受けたときは，政令で定めるところにより，同項の承認を受けた規約（以下「個人型年金規約」という.）を公告しなければならない．
（規約の変更）
第57条 ① 連合会は，個人型年金規約の変更（厚生労働省令で定める軽微な変更を除く.）をしようとするときは，その変更について厚生労働大臣の承認を受けなければならない．
② 前条の規定は，前項の変更の承認の申請があった場合について準用する．
第58条 ① 連合会は，個人型年金規約の変更（前条第1項の厚生労働省令で定める変更に限る.）をしたときは，遅滞なく，これを厚生労働大臣に届け出なければならない．
② 第56条第3項の規定は，前項の変更について準用する．
（個人型年金規約の見直し）
第59条 連合会は，少なくとも5年ごとに，個人型年金加入者数の動向，企業型年金の実施の状況，国民生活の動向等を勘案し，個人型年金規約の内容について再検討を加え，必要があると認めるときは，個人型年金規約を変更しなければならない．
第2款 運営管理業務の委託等
（運営管理業務の委託）
第60条 ① 連合会は，政令で定めるところにより，運営管理業務を確定拠出年金運営管理機関に委託しなければならない．
② 確定拠出年金運営管理機関は，正当な理由がある場合を除き，前項の規定による委託に係る契約の締結を拒絶してはならない．
③ 確定拠出年金運営管理機関は，政令で定めるところにより，第1項の規定により委託を受けた運営管理業務の一部を他の確定拠出年金運営管理機関に再委託することができる．
④ 前3項に定めるもののほか，運営管理業務の委託に関し必要な事項は，政令で定める．

（事務の委託）
第61条 ① 連合会は，政令で定めるところにより，次に掲げる事務を他の者に委託することができる．
1 次条第1項の申出の受理に関する事務
2 第66条第1項（同条第2項において準用する場合を含む.）の届出の受理に関する事務
3 積立金の管理に関する事務
4 積立金の運用に関する契約に係る預金通帳，有価証券その他これに類するものの保管に関する事務
5 その他厚生労働省令で定める事務（個人型年金加入者の資格の確認及び個人型年金加入者掛金の額が第69条に規定する拠出限度額の範囲内であることの確認に関する事務を除く.）
② 銀行その他の政令で定める金融機関は，他の法律の規定にかかわらず，前項第1号，第2号及び第5号（厚生労働省令で定めるものに限る.）に掲げる事務を受託することができる．
第2節 個人型年金加入者等
（個人型年金加入者）
第62条 ① 次に掲げる者は，厚生労働省令で定めるところにより，連合会に申し出て，個人型年金加入者となることができる．
1 国民年金法（昭和34年法律第141号）第7条第1項第1号に規定する第1号被保険者（同法第89条第1項（第2号に係る部分に限る.）又は第90条第1項又は第90条の3第1項の規定により同法の保険料を納付することを要しないものとされている者及び同法第90条の2第1項から第3項までの規定によりその一部の額につき同法の保険料を納付することを要しないものとされている者（以下これらの者を「保険料免除者」という.）を除く.）
2 60歳未満の厚生年金保険の被保険者（企業型年金加入者（企業型年金規約において第3条第3項第7号の3に掲げる事項を定めた企業型年金に係るものをいう.）その他政令で定める者（第3項第7号において「企業型年金等対象者」という.）を除く.）
3 国民年金法第7条第1項第3号に規定する第3号被保険者
② 個人型年金加入者は，前項の申出をした日に個人型年金加入者の資格を取得する．
③ 個人型年金加入者は，次の各号のいずれかに該当するに至った日（第1号に該当するに至ったときは，その翌日とし，第5号に該当するに至ったときは，当該保険料を納付することを要しないものとされた月の初日とする.）に，個人型年金加入者の資格を喪失する．
1 死亡したとき．
2 60歳になったとき．
3 国民年金の被保険者の資格を喪失したとき（前2号に掲げる場合を除く.）．
4 第64条第2項の規定により個人型年金運用指図者となったとき．
5 保険料免除者となったとき．
6 農業者年金の被保険者となったとき．
7 企業型年金加入者等となったとき．
④ 個人型年金加入者の資格を取得した月にその資格を喪失した者は，その資格を取得した日にさかのぼって，個人型年金加入者でなかったものとみなす．
（個人型年金加入者期間）
第63条 ① 個人型年金加入者期間を計算する場合には，月によるものとし，個人型年金加入者の資格

Ⅰ 公的年金・企業年金

を取得した月からその資格を喪失した月の前月までをこれに算入する．
② 個人型年金加入者の資格を喪失した後，さらにその資格を取得した者については，前後の個人型年金加入者期間を合算する．

(個人型年金運用指図者)
第64条 ① 第62条第3項各号（第1号及び第4号を除く．）のいずれかに該当することにより個人型年金加入者の資格を喪失した者（個人型年金に個人別管理資産がある者に限る．）は，個人型年金運用指図者とする．
② 前項の規定によるほか，企業型年金加入者であった者（企業型年金又は個人型年金に個人別管理資産がある者に限る．）又は個人型年金加入者（個人型年金に個人別管理資産がある者に限る．）は，連合会に申し出て，個人型年金運用指図者となることができる．
③ 個人型年金運用指図者は，第1項に規定する者については個人型年金加入者の資格を喪失した日に，前項の申出をした者についてはその申出をした日に，それぞれ個人型年金運用指図者の資格を取得する．
④ 個人型年金運用指図者は，次の各号のいずれかに該当するに至った日の翌日（第3号に該当するに至ったときは，当該至った日）に，個人型年金運用指図者の資格を喪失する．
1 死亡したとき．
2 個人型年金に個人別管理資産がなくなったとき．
3 個人型年金加入者となったとき．
⑤ 第62条第4項の規定は個人型年金運用指図者の資格について，前条の規定は個人型年金運用指図者期間を計算する場合について準用する．

(確定拠出年金運営管理機関の指定)
第65条 個人型年金加入者等は，厚生労働省令で定めるところにより，自己に係る運営管理業務を行う確定拠出年金運営管理機関を指定し，又はその指定を変更するものとする．

(届 出)
第66条 ① 個人型年金加入者は，厚生労働省令で定めるところにより，氏名及び住所その他の事項を連合会に届け出なければならない．
② 前項の規定は，個人型年金運用指図者について準用する．
③ 連合会は，第1項（前項において準用する場合を含む．）の届出があったときは，速やかに，その届出があった事項を個人型年金加入者等が指定した記録関連業務を行う確定拠出年金運営管理機関（以下「個人型記録関連運営管理機関」という．）に通知しなければならない．

(個人型年金加入者等原簿等)
第67条 ① 連合会は，厚生労働省令で定めるところにより，個人型年金加入者等に関する原簿を備え，これに個人型年金加入者等の氏名及び住所，資格の取得及び喪失の年月日その他厚生労働省令で定める事項を記録し，これを保存しなければならない．
② 個人型記録関連運営管理機関は，厚生労働省令で定めるところにより，個人型年金加入者等に関する帳簿を備え，これに個人型年金加入者等の氏名及び住所，資格の取得及び喪失の年月日，個人別管理資産額その他厚生労働省令で定める事項を記録し，これを保存しなければならない．
③ 個人型年金加入者及び個人型年金加入者であった者（死亡一時金を受けることができる者を含

む．）は，連合会又は個人型記録関連運営管理機関に対し，第1項の原簿若しくは前項の帳簿の閲覧を請求し，又は当該原簿若しくは帳簿に記録された事項について照会をすることができる．この場合においては，連合会及び個人型記録関連運営管理機関は，正当な理由がある場合を除き，閲覧の請求又は照会の回答を拒んではならない．

第3節 掛 金

(個人型年金加入者掛金)
第68条 ① 個人型年金加入者は，政令で定めるところにより，年1回以上，定期的に掛金を拠出する．
② 個人型年金加入者掛金の額は，個人型年金規約で定めるところにより，個人型年金加入者が決定し，又は変更する．

> ② 前項の規定による掛金の拠出は，国民年金法の保険料の納付が行われた月（同法第89条第1項（第1号又は第3号に係る部分に限る．）又は第94条の6の規定により同法の保険料を納付することを要しないものとされた月を含む．）についてのみ行うことができる．
> ③ 個人型年金加入者掛金の額は，個人型年金規約で定めるところにより，個人型年金加入者が決定し，又は変更する． 〔平29・12・31までの条文〕

(中小事業主掛金)
第68条の2 ① 中小事業主は，その使用する第1号厚生年金被保険者である個人型年金加入者が前条第1項の規定により掛金を拠出する場合（第70条第2項の規定により当該中小事業主を介して納付を行う場合に限る．）は当該第1号厚生年金被保険者の過半数で組織する労働組合があるときは当該労働組合，当該第1号厚生年金被保険者の過半数で組織する労働組合がないときは当該第1号厚生年金被保険者の過半数を代表する者の同意を得て，政令で定めるところにより，年1回以上，定期的に，掛金を拠出することができる．
② 中小事業主は，前項の規定による掛金（以下「中小事業主掛金」という．）を拠出する場合には，中小事業主掛金の拠出の対象となる者について，一定の資格を定めることができる．この場合において，中小事業主は，同項の同意を得なければならない．
③ 中小事業主が前項の資格を定める場合にあっては，当該資格は，特定の者について不当に差別的なものであってはならない．
④ 中小事業主掛金の額は，個人型年金規約で定めるところにより，中小事業主が決定し，又は変更する．
⑤ 中小事業主は，前項の規定により中小事業主掛金の額を決定し，若しくは変更したとき，又は中小事業主掛金を拠出しないこととなったときは，厚生労働省令で定めるところにより，中小事業主掛金の拠出の対象となる者に通知しなければならない．
⑥ 中小事業主が中小事業主掛金を拠出するときは，あらかじめ，厚生労働省令で定めるところにより，その名称，住所その他厚生労働省令で定める事項を厚生労働大臣及び連合会に届け出なければならない．
⑦ 前項の規定による届出をした中小事業主は，その届け出た事項に変更があったとき，中小事業主掛金を拠出しないこととなったときその他の厚生労働省令で定めるときは，遅滞なく，厚生労働省令で定めるところにより，その旨を厚生労働大臣及び連合会に届け出なければならない．

(拠出限度額)
第69条 1年間の個人型年金加入者掛金の額(中小事業主が中小事業主掛金を拠出する場合にあっては,個人型年金加入者掛金の額と中小事業主掛金の額との合計額,以下この条において同じ.)の総額は,拠出限度額(1年間に拠出することができる個人型年金加入者掛金の額の総額の上限として,個人型年金加入者の種別(第1号加入者(個人型年金加入者であって,第62条第1項第1号に掲げるものをいう.),第2号加入者(個人型年金加入者であって,同項第2号に掲げるものをいう.以下同じ.)又は第3号加入者(個人型年金加入者であって,同項第3号に掲げるものをいう.)の区別をいう.)及び国民年金基金の掛金の額を勘案して政令で定める額をいう.)を超えてはならない.

[下線部,2年以内に追加]

(拠出限度額)
第69条 個人型年金加入者掛金の額は,拠出限度額(1月につき拠出することができる個人型年金加入者掛金の額の上限として,個人型年金加入者の種別(第1号加入者(個人型年金加入者であって,第62条第1項第1号に掲げるものをいう.),第2号加入者(個人型年金加入者であって,同項第2号に掲げるものをいう.以下同じ.)又は第3号加入者(個人型年金加入者であって,同項第3号に掲げるものをいう.)の区別をいう.)及び国民年金基金の掛金の額を勘案して政令で定める額をいう.)を超えてはならない.

(平29・12・31までの条文)

(個人型年金加入者掛金の納付)
第70条 ① 個人型年金加入者は,個人型年金規約で定めるところにより,毎月の個人型年金加入者掛金を連合会に納付するものとする.

〔=削除:平28法66,平30・1・1〕

② 第2号加入者は,厚生労働省令で定めるところにより,前項の納付をその使用される厚生年金適用事業所の事業主を介して行うことができる.
③ 前項の場合において,厚生年金適用事業所の事業主は,正当な理由なく,これを拒否してはならない.
④ 連合会は,第1項及び第2項の納付を受けたときは,厚生労働省令で定めるところにより,各個人型年金加入者に係る個人型年金加入者掛金の額を個人型記録関連運営管理機関に通知しなければならない.

(中小事業主掛金の納付)
第70条の2 ① 中小事業主は,第68条の2第1項の規定により中小事業主掛金を拠出するときは,個人型年金規約で定めるところにより,連合会に納付するものとする.
② 前条第4項の規定は,連合会が前項の規定により中小事業主掛金の納付を受けた場合について準用する.

(個人型年金加入者掛金の源泉控除)
第71条 ① 第70条第2項の規定により個人型年金加入者掛金の納付を行う厚生年金適用事業所の事業主は,第2号加入者に対して通貨をもって給与を支払う場合においては,前月分の個人型年金加入者掛金(第2号加入者がその事業所又は船舶に使用されなくなった場合においては,前月分及びその月分の個人型年金加入者掛金)を給与から控除することができる.

② 厚生年金適用事業所の事業主は,前項の規定によって個人型年金加入者掛金を控除したときは,個人型年金加入者掛金の控除に関する計算書を作成し,その控除額を第2号加入者に通知しなければならない.

第4節 個人型年金の終了

第72条 ① 個人型年金は,連合会が解散するに至った日に終了する.
② 前項に定めるもののほか,個人型年金の終了に関し必要な事項は,政令で定める.

第5節 企業型年金に係る規定の準用 (略)
第6節 雑則

(連合会の業務の特例)
第74条 連合会は,国民年金法の規定による業務の外,第1条に規定する目的を達成するため,この法律の規定による業務を行う.

(脱退一時金相当額等の移換)
第74条の2 ① 連合会は,政令で定めるところにより,脱退一時金相当額等の移換を受けることができる.
② 前項の規定により連合会が脱退一時金相当額等の移換を受けたときは,各個人型年金加入者等が当該確定給付企業年金の実施事業所の事業主に使用された期間その他これに準ずる期間のうち政令で定めるものは,当該個人型年金加入者等に係る第73条の規定により準用する第33条第1項の通算加入者等期間に算入するものとする.
③ 前2項に定めるもののほか,連合会への脱退一時金相当額等の移換に関し必要な事項は,政令で定める.

(脱退一時金相当額等の移換があった場合の運用の指図の特例)
第74条の3 第25条の2の規定は,前条第1項の規定により移換される脱退一時金相当額等がある場合について準用する.この場合において,第25条の2第3項中「納付される事業主掛金等」とあるのは,「第74条の2第1項の規定により移換される脱退一時金相当額等」と読み替えるものとする.

(確定給付企業年金の加入者となった者の個人別管理資産の移換)
第74条の4 ① 個人型年金に個人別管理資産がある者は,確定給付企業年金の加入者の資格を取得した場合であって,当該確定給付企業年金の規約において,あらかじめ,連合会からその個人別管理資産の移換を受けることができる旨が定められているときは,連合会にその個人別管理資産の移換を申し出ることができる.
② 連合会は,前項の規定による申出があったときは,当該確定給付企業年金の資産管理運用機関等に当該申出をした者の個人別管理資産を移換するものとする.

(政令への委任)
第74条の5 前3条に定めるもののほか,連合会への脱退一時金相当額等及び確定給付企業年金の資産管理運用機関等への個人別管理資産の移換に関し必要な事項は,政令で定める.

(個人型年金規約策定委員会)
第75条 ① 連合会に,個人型年金規約策定委員会(以下「策定委員会」という.)を置く.
② 連合会は,個人型年金に係る規約を作成し,又は個人型年金規約を変更しようとするときは,策定委員会の議決を経なければならない.

③ この法律の規定による連合会の業務に係る次に掲げる事項は,国民年金法第137条の11第1項の規定にかかわらず,策定委員会の議決を経なければならない.
1 毎事業年度の予算
2 毎事業年度の事業報告及び決算
3 その他個人型年金規約で定める事項
④ 前3項に定めるもののほか,策定委員会の組織その他策定委員会に関し必要な事項は,政令で定める.
（区分経理）
第76条 連合会は,この法律の規定により行う業務に係る経理については,その他の経理と区分して整理しなければならない.
（国民年金基金の業務の特例）
第77条 ① 国民年金基金は,連合会の委託を受けて,第61条第1項各号に掲げる事務を行うことができる.
② 国民年金基金は,前項の規定により行う業務に係る経理については,その他の経理と区分して整理しなければならない.
（個人型年金についての事業主の協力等）
第78条 ① 厚生年金適用事業所の事業主は,当該厚生年金適用事業所に使用される者が個人型年金加入者である場合には,当該加入者等に対し,必要な協力をするとともに,法令及び個人型年金規約が遵守されるよう指導等に努めなければならない.
② 前項の場合において,国は,厚生年金適用事業所の事業主に対し,必要な指導及び助言を行うことができる.
（国民年金法の適用）第79条（略）

第4章 個人別管理資産の移換

（企業型年金加入者となった者の個人別管理資産の移換）第80条（略）
（企業型年金加入者となった者の個人別管理資産の移換があった場合の運用の指図の特例）第81条（略）
（個人型年金加入者となった者等の個人別管理資産の移換）第82条（略）
（個人型年金運用指図者となった者の個人別管理資産の移換）第82条（略）
〔平30・6・2までに削除〕
（個人型年金加入者となった者等の個人別管理資産の移換があった場合の運用の指図の特例）第82条の2（略）
（その他の者の個人別管理資産の移換）第83条（略）
（事業主への資産の返還）第84条（略）

第5章 確定拠出年金についての税制上の措置等

（税制上の措置）
第86条 確定拠出年金に係る掛金,積立金及び給付については,所得税法（昭和40年法律第33号）,法人税法（昭和40年法律第34号）,相続税法（昭和25年法律第73号）及び地方税法（昭和25年法律第226号）並びにこれらの法律に基づく命令で定めるところにより,所得税,法人税,相続税並びに道府県民税（都民税を含む.）及び市町村民税（特別区民税を含む.）の課税について必要な措置を講ずる.
（指導及び助言）
第87条 国は,事業主及び連合会に対し,確定拠出年金の実施に関し必要な指導及び助言を行うことができる.

第6章 確定拠出年金運営管理機関

第1節 登 録（略）
第2節 業 務
（確定拠出年金運営管理機関の行為準則）
第99条 ① 確定拠出年金運営管理機関は,法令,法令に基づいてする主務大臣の処分及び運営管理契約を遵守し,加入者等のため忠実にその業務を遂行しなければならない.
② 確定拠出年金運営管理機関は,第7条第1項若しくは第60条第1項の規定による委託又は第7条第2項若しくは第60条第3項の規定による再委託を受けた企業型年金又は個人型年金の実施に係る業務に関し,加入者等の氏名,住所,生年月日,個人別管理資産額その他の加入者等の個人に関する情報を保管し,又は使用するに当たっては,その業務の遂行に必要な範囲内で当該個人に関する情報を保管し,及び使用しなければならない.ただし,本人の同意がある場合その他正当な事由がある場合は,この限りでない.
第100条 確定拠出年金運営管理機関は,次に掲げる行為をしてはならない.
1 運営管理契約を締結するに際し,その相手方に対して,加入者等の損失の全部又は一部を負担することを約すること.
2 運営管理契約を締結するに際し,その相手方に対して,加入者等は当該相手方に特別の利益を提供することを約すること.
3 運用関連業務に関し生じた加入者等の損失の全部若しくは一部を補てんし,又は当該業務に関し生じた加入者等の利益に追加するため,当該加入者等に対し,財産上の利益を提供し,又は第三者をして提供させること（自己の責めに帰すべき事故による損失の全部又は一部を補てんする場合を除く.）.
4 運営管理契約の締結について勧誘をするに際し,又はその解除を妨げるため,運営管理業務に関する事項であって,運営管理契約の相手方の判断に影響を及ぼすこととなる重要なものとして政令で定めるものにつき,故意に事実を告げず,又は不実のことを告げること.
5 自己又は加入者等以外の第三者の利益を図る目的をもって,特定の運用の方法を加入者等に対し提示すること.
6 加入者等に対して,提示した運用の方法のうち特定のものについて指図を行うこと,又は指図を行わないことを勧めること（当該確定拠出年金運営管理機関が金融商品取引法（昭和23年法律第25号）第2条第9項に規定する金融商品取引業者その他確定拠出年金運営管理業以外の事業を営む者として行うことを明示して行う場合を除く.）.
7 前各号に掲げるもののほか,加入者等の保護に欠け,若しくは確定拠出年金運営管理業の公正を害し,又は確定拠出年金運営管理業の信用を失墜させるおそれのあるものとして主務省令で定める行為

第3節　監督

（業務に関する帳簿書類）
第101条　確定拠出年金運営管理機関は，主務省令で定めるところにより，その業務に関する帳簿書類を作成し，これを保存しなければならない．

（報告書の提出）
第102条　確定拠出年金運営管理機関は，主務省令で定めるところにより，その業務についての報告書を主務大臣に提出しなければならない．

（報告の徴収等）
第103条　① 主務大臣は，この法律の施行に必要な限度において，確定拠出年金運営管理機関に対し，その業務の状況に関する報告を徴し，又は当該職員をして確定拠出年金運営管理機関の営業所に立ち入って関係者に質問させ，若しくは実地にその状況を検査させることができる．
② 第51条第2項及び第3項の規定は，前項の規定による質問及び検査について準用する．

（確定拠出年金運営管理機関に対する監督）
第104条　① 主務大臣は，確定拠出年金運営管理機関の業務の運営に関し，加入者等の利益を害する事実があると認めるときは，加入者等の保護のため必要な限度において，当該確定拠出年金運営管理機関に対し，業務の種類及び方法の変更その他業務の運営の改善に必要な措置を採るべきことを命ずることができる．
② 主務大臣は，確定拠出年金運営管理機関が次の各号のいずれかに該当するときは，6月以内の期間を定めて確定拠出年金運営管理業の全部若しくは一部の停止を命じ，又は第88条第1項の登録を取り消すことができる．
1　第91条第1項第3号又は第5号のいずれかに該当するに至ったとき．
2　不正の手段により第88条第1項の登録を受けたとき．
3　その行う確定拠出年金運営管理業に関して，この法律若しくはこの法律に基づく命令又はこれらに基づく処分に違反したとき．
4　確定拠出年金運営管理業の継続が困難であると認めるとき．

第4節　罰　則
（企業年金基金及び国民年金基金の業務の特例）
第108条　（略）

第7章　雑　則

（主務大臣等）
第114条　① 前章における主務大臣は，政令で定めるところにより，厚生労働大臣及び内閣総理大臣とする．
② この法律における主務省令は，政令で定めるところにより，厚生労働大臣又は内閣総理大臣の発する命令とする．
③ この法律に規定する厚生労働大臣の権限は，厚生労働省令で定めるところにより，地方厚生局長に委任することができる．
④ 前項の規定により地方厚生局長に委任された権限は，厚生労働省令で定めるところにより，地方厚生支局長に委任することができる．
⑤ 内閣総理大臣は，前章の規定による権限（政令で定めるものを除く．）を金融庁長官に委任する．
⑥ 前項の規定により金融庁長官に委任された権限については，政令で定めるところにより，その一部を財務局長又は財務支局長に委任することができる．

第8章　罰　則　（略）

15　確定拠出年金法施行令（抄）

（平13・7・23政令第248号，平13・10・1施行，
最終改正：平28・6・24政令第245号）

第2章　企業型年金

（拠出限度額）
第11条　法第20条の政令で定める額は，その月の末日における次の各号に掲げる企業型年金加入者の区分に応じ，当該各号に定める額とする．
1　企業型年金加入者であって次に掲げる者以外のもの5万5000円
イ　私立学校教職員共済法（昭和28年法律第245号）の規定による私立学校教職員共済制度の加入者（事業主が同法第14条第1項に規定する学校法人等である場合に限る．）
ロ　事業主が設立している石炭鉱業年金基金に係る石炭鉱業年金基金法（昭和42年法律第135号）第16条第1項に規定する坑内員（石炭鉱業年金基金が同法第18条第1項の事業を行うときは，同項に規定する坑外員を含む．以下「坑内員等」という．）
ハ　事業主が実施している確定給付企業年金の加入者（確定給付企業年金法施行令（平成13年政令第424号）第54条の5第1項の規定に基づき，当該月に係る確定給付企業年金の給付の額の算定の基礎としない者を除く．）
2　企業型年金加入者であって前号イからハまでに掲げるもの2万7500円

第3章　個人型年金

（拠出限度額）
第36条　法第69条の政令で定める額は，その月の末日における次の各号に掲げる個人型年金加入者の区分に応じ，当該各号に定める額とする．
1　法第69条に規定する第1号加入者6万8000円（国民年金法第87条の2第1項の規定による保険料又は国民年金基金の掛金の納付に係る月にあっては，その月については，6万8000円から当該保険料又は掛金の額（その額が6万8000円を上回るときは，6万8000円）を控除した額）
2　法第69条に規定する第2号加入者2万3000円

16　年金生活者支援給付金の支給に関する法律（抄）

（平24・11・26法律第102号，平29・4・1施行，
最終改正：平26・6・11法律第64号）

第1章　総則

（目的）
第1条　この法律は、公的年金等の収入金額と一定の所得との合計額が一定の基準以下の老齢基礎年金の受給者に国民年金の保険料納付済期間又は保険料免除期間を基礎とした老齢年金生活者支援給付金又は保険料納付済期間を基礎とした補足的老齢年金生活者支援給付金を支給するとともに、所得の額が一定の基準以下の障害基礎年金又は遺族基礎年金の受給者に障害年金生活者支援給付金又は遺族年金生活者支援給付金を支給することにより、これらの者の生活の支援を図ることを目的とする。

第2章　老齢年金生活者支援給付金及び補足的老齢年金生活者支援給付金

（老齢年金生活者支援給付金の支給要件）
第2条　① 国は、国民年金法（昭和34年法律第141号）の規定による老齢基礎年金（以下単に「老齢基礎年金」という。）の受給権者であって当該老齢基礎年金を受ける権利について同法第16条の規定による裁定の請求をしたもの（以下この条、第10条及び第11条において「老齢基礎年金受給権者」という。）が、その者の前年（1月から7月までの月分のこの項に規定する老齢年金生活者支援給付金については、前々年。以下この項において同じ。）中の公的年金等の収入金額（所得税法（昭和40年法律第33号）第35条第2項第1号に規定する公的年金等の収入金額をいう。）と前年の所得との合計額（政令で定める場合にあっては、当該合計額を基準として政令で定めるところにより算定した額とする。以下「前年所得額」という。）が国民年金法第27条本文に規定する老齢基礎年金の額を勘案して政令で定める額（第10条第1項において「所得基準額」という。）以下であることその他のその者及びその者と同一の世帯に属する者の所得の状況を勘案して政令で定める要件に該当するときは、当該老齢基礎年金受給権者に対し、老齢年金生活者支援給付金を支給する。

② 前項の規定にかかわらず、老齢年金生活者支援給付金は、当該老齢基礎年金受給権者が次の各号のいずれかに該当するとき（第3号に該当する場合にあっては、厚生労働省令で定めるときに限る。）は、支給しない。
1　日本国内に住所を有しないとき。
2　当該老齢基礎年金の全額につきその支給が停止されているとき。
3　刑事施設、労役場その他これらに準ずる施設に拘禁されているとき。

③ 第1項に規定する所得の範囲及びその額の計算方法は、政令で定める。

（老齢年金生活者支援給付金の額）
第3条　老齢年金生活者支援給付金は、月を単位として支給するものとし、その月額は、次に掲げる額（その額に50銭未満の端数が生じたときは、これを切り捨て、50銭以上1円未満の端数が生じたときは、これを1円に切り上げるものとする。）を合算した額とする。
1　給付基準額に、その者の保険料納付済期間（国民年金法第5条第1項に規定する保険料納付済期間をいい、他の法令の規定により同項に規定する保険料納付済期間とみなされた期間を含む。）の月数を480で除して得た数（その数が1を上回るときは、1）を乗じて得た額
2　国民年金法第27条本文に規定する老齢基礎年金の額に、その者の保険料免除期間（同法第5条第2項に規定する保険料免除期間をいい、他の法令の規定により同項に規定する保険料免除期間とみなされた期間を含み、同法第90条の3第1項の規定により納付することを要しないものとされた保険料に係る期間を除く。）の月数の6分の1（同法第5条第6項に規定する保険料4分の1免除期間にあっては、同項に規定する保険料4分の1免除期間の月数の12分の1）に相当する月数（当該月数と同法第27条各号に掲げる月数を合算した月数（480を限度とする。以下この号において同じ。）とを合算した月数が480を超えるときは、480から当該各号に掲げる月数を合算した月数を控除した月数を限度とする。）を480で除して得た数を乗じて得た額を12で除して得た額

（給付基準額）
第4条　① 給付基準額（前条第1号に規定する給付基準額をいう。以下同じ。）は、5000円とする。
② 給付基準額については、総務省において作成する年平均の全国消費者物価指数（以下この項において「物価指数」という。）がこの法律の施行の日の属する年の前年（この項の規定による給付基準額の改定の措置が講じられたときは、直近の当該措置が講じられた年の前年）の物価指数を超え、又は下回るに至った場合においては、その上昇し、又は低下した比率を基準として、その翌年の4月以降の給付基準額を改定する。
③ 前項の規定による給付基準額の改定の措置は、政令で定める。

（認定）
第5条　① 老齢年金生活者支援給付金の支給要件に該当する者（次条第1項及び第2項、第7条、第9条第1項並びに第11条において「受給資格者」という。）は、老齢年金生活者支援給付金の支給を受けようとするときは、厚生労働大臣に対し、その受給資格及び老齢年金生活者支援給付金の額について認定の請求をしなければならない。
② 前項の認定を受けた者が、老齢年金生活者支援給付金の支給要件に該当しなくなった後再びその要件に該当するに至った場合において、その該当するに至った後の期間に係る老齢年金生活者支援給付金の支給を受けようとするときも、同項と同様とする。

（支給期間及び支払期月）
第6条　① 老齢年金生活者支援給付金の支給は、受給資格者が前条の規定による認定の請求をした日の属する月の翌月から始め、老齢年金生活者支援給付金を支給すべき事由が消滅した日の属する月で終わる。
② 受給資格者が災害その他やむを得ない理由により前条の規定による認定の請求をすることができなかった場合において、その理由がやんだ後15日以内にその請求をしたときは、老齢年金生活者支援給付金の支給は、前項の規定にかかわらず、受給資格者がやむを得ない理由により認定の請求をすることができなくなった日の属する月の翌月から始める。
③ 老齢年金生活者支援給付金は、毎年2月、4月、6

月,8月,10月及び12月の6期に,それぞれの前月までの分を支払う.ただし,前支払期月に支払うべきであった老齢年金生活者支援給付金又は支給すべき事由が消滅した場合におけるその期の老齢年金生活者支援給付金は,その支払期月でない月であっても,支払うものとする.

(支給の制限)

第7条 老齢年金生活者支援給付金は,受給資格者が,正当な理由がなくて,第36条第1項の規定による命令に従わず,又は同項の規定による当該職員の質問に応じなかったときは,その額の全部又は一部を支給しないことができる.

(未支払の老齢年金生活者支援給付金)

第9条 ① 受給資格者が死亡した場合において,その死亡した者に支払うべき老齢年金生活者支援給付金でまだその者に支払っていなかったものがあるときは,その者の配偶者(婚姻の届出をしていないが,事実上婚姻関係と同様の事情にある者を含む.),子,父母,孫,祖父母,兄弟姉妹又はこれらの者以外の3親等内の親族であって,その者の死亡の当時その者と生計を同じくしていたものは,自己の名で,その未支払の老齢年金生活者支援給付金の支払を請求することができる.

② 未支払の老齢年金生活者支援給付金を受けることができる者の順位は,政令で定める.

③ 未支払の老齢年金生活者支援給付金を受けることができる同順位者が2人以上あるときは,その1人がした請求は,その全額について全員のためにしたものとみなし,その1人に対してした支払は,全員に対してしたものとみなす.

(不正利得の徴収の特例)

第9条の2 第31条第2項において読み替えて準用する国民年金法第97条第1項の規定の適用については,当分の間,同項の規定にかかわらず,各年の特例基準割合(租税特別措置法(昭和32年法律第26号)第93条第2項に規定する特例基準割合をいう.)が年7.3パーセントの割合に満たない場合には,その年中においては,第31条第2項において読み替えて準用する国民年金法第97条第1項中「年14.6パーセントの割合」とあるのは,「租税特別措置法(昭和32年法律第26号)第93条第2項に規定する特例基準割合に年7.3パーセントの割合を加算した割合」とする.

(補足的老齢年金生活者支援給付金の支給要件)

第10条 ① 国は,老齢基礎年金受給権者が,その者の前年所得額が所得基準額を超え,かつ,所得基準額を勘案して政令で定める額以下であることその他その者と同一の世帯に属する者の所得の状況を勘案して政令で定める要件に該当するときは,当該老齢基礎年金受給権者に対し,補足的老齢年金生活者支援給付金を支給する.

② 前項の規定にかかわらず,補足的老齢年金生活者支援給付金は,当該老齢基礎年金受給権者が次の各号のいずれかに該当するとき(第3号に該当する場合にあっては,厚生労働省令で定めるときに限る.)は,支給しない.
1 日本国内に住所を有しないとき.
2 当該老齢基礎年金の全額につきその支給が停止されているとき.
3 刑事施設,労役場その他これらに準ずる施設に拘禁されているとき.

(補足的老齢年金生活者支援給付金の額)

第11条 補足的老齢年金生活者支援給付金は,月を単位として支給するものとし,その月額は,当該老齢基礎年金受給権者を受給資格者とみなして第3条の規定を適用するとしたならば同条第1号に規定する額として算定されることとなる額から,その者の前年所得額の逓増に応じ,逓減するように政令で定める額とする.

(認 定)

第12条 ① 補足的老齢年金生活者支援給付金の支給要件に該当する者は,補足的老齢年金生活者支援給付金の支給を受けようとするときは,厚生労働大臣に対し,その受給資格及び補足的老齢年金生活者支援給付金の額について認定の請求をしなければならない.

② 前項の認定を受けた者が,補足的老齢年金生活者支援給付金の支給要件に該当しなくなった後再びその要件に該当するに至った場合において,その該当するに至った後の期間に係る補足的老齢年金生活者支援給付金の支給を受けようとするときも,同項と同様とする.

(補足的老齢年金生活者支援給付金の額の改定時期)

第13条 補足的老齢年金生活者支援給付金の支給を受けている者につき,前年所得額の変動が生じた場合における補足的老齢年金生活者支援給付金の額の改定は,8月から行う.

第3章 障害年金生活者支援給付金(略)

第4章 遺族年金生活者支援給付金(略)

第5章 不服申立て

第25条 ① 厚生労働大臣のした老齢年金生活者支援給付金,補足的老齢年金生活者支援給付金,障害年金生活者支援給付金又は遺族年金生活者支援給付金(以下「年金生活者支援給付金」と総称する.)の支給に関する処分は,国民年金法に基づく処分とみなして,同法第101条第1項から第5項まで及び第101条の2の規定並びに社会保険審査官及び社会保険審査会法(昭和28年法律第206号)の規定を適用する.

② 国民年金法第101条の規定により老齢基礎年金,障害基礎年金又は遺族基礎年金に関する処分が確定したときは,その処分についての不服を当該処分に基づく年金生活者支援給付金に関する処分についての不服の理由とすることができない.

第6章 費用

(費用の負担)

第26条 ① 年金生活者支援給付金の支給に要する費用は,その全額を国庫が負担する.

② 国庫は,毎年度,予算の範囲内で,年金生活者支援給付金に関する事務の執行に要する費用を負担する.

(事務費の交付)

第27条(略)

第7章 雑則

(時 効)

16 年金生活者支援給付金の支給に関する法律(30条～41条)

第30条　年金生活者支援給付金の支給を受け、又はその返還を受ける権利及び次条第1項の規定による徴収金を徴収する権利は、2年を経過したときは、時効によって消滅する.

(不正利得の徴収)

第31条　① 偽りその他不正の手段により年金生活者支援給付金の支給を受けた者があるときは、厚生労働大臣は、国税徴収の例により、その者から、その支給を受けた額に相当する金額の全部又は一部を徴収することができる.

② 国民年金法第96条第1項から第5項まで、第97条及び第98条の規定は、前項の規定による徴収金の徴収について準用する。この場合において、同法第97条第1項中「年14.6パーセント(当該督促が保険料に係るものであるときは、納期限の翌日から3月を経過する日までの期間については、年7.3パーセント)」とあるのは、「年14.6パーセント」と読み替えるものとする.

(受給権の保護)

第32条　年金生活者支援給付金の支給を受ける権利は、譲り渡し、担保に供し、又は差し押さえることができない.

(公課の禁止)

第33条　租税その他の公課は、年金生活者支援給付金として支給を受けた金銭を標準として、課することができない.

(調査)

第36条　① 厚生労働大臣は、必要があると認めるときは、年金生活者支援給付金の支給を受ける者(以下「年金生活者支援給付金受給資格者」という.)に対して、受給資格の有無及び年金生活者支援給付金の額の決定のために必要な事項に関する書類その他の物件を提出すべきことを命じ、又は当該職員をしてこれらの事項に関し年金生活者支援給付金受給資格者その他の関係者に質問させることができる.

② 前項の規定によって質問を行う当該職員は、その身分を示す証明書を携帯し、かつ、関係者の請求があるときは、これを提示しなければならない.

(資料の提供等)

第37条　厚生労働大臣は、年金生活者支援給付金の支給に関する処分に関し必要があると認めるときは、年金生活者支援給付金受給資格者若しくは年金生活者支援給付金受給資格者の属する世帯の世帯主その他その世帯に属する者の資産若しくは収入の状況又は年金生活者支援給付金受給資格者に対する年金たる給付であって定めるものへの支給状況につき、官公署、国民年金法第3条第2項に規定する共済組合等に対し必要な書類の閲覧若しくは資料の提供を求め、又は銀行、信託会社その他の機関若しくは年金生活者支援給付金受給資格者の雇用主その他の関係者に報告を求めることができる.

(市町村長が行う事務)

第38条　年金生活者支援給付金の支給に関する事務の一部は、政令で定めるところにより、市町村長が行うこととすることができる.

第39条　市町村は、年金生活者支援給付金に関する処分に関し厚生労働大臣から求めがあったときは、その処分に必要な範囲内において、当該年金生活者支援給付金受給資格者又は年金生活者支援給付金受給資格者の属する世帯の世帯主その他その世帯に属する者の収入の状況に関して必要な情報の提供を行うものとする.

(事務の区分)

第40条　前条の規定により市町村が処理することとされている事務は、地方自治法(昭和22年法律第67号)第2条第9項第1号に規定する第1号法定受託事務とする.

(機構への厚生労働大臣の権限に係る事務の委任)

第41条　① 次に掲げる厚生労働大臣の権限に係る事務(第38条の規定により市町村長が行うこととされたものを除く.)は、日本年金機構(以下「機構」という.)に行わせるものとする。ただし、第8号及び第9号に掲げる権限は、厚生労働大臣が自ら行うことを妨げない.

1　第5条、第6条第2項(第14条において準用する場合を含む.)及び第12条の規定による請求の受理

2　第17条及び第19条において準用する第6条第2項の規定による請求の受理

3　第22条及び第24条において準用する第6条第2項の規定による請求の受理

4　第31条第1項の規定により国税徴収の例によるものとされる徴収に係る権限(国税通則法(昭和37年法律第66号)第36条第1項の規定の例による納入の告知、同法第42条における民法第423条第1項の規定の例による納付義務者に属する権利の行使、国税通則法第46条の規定の例による納付の猶予その他の厚生労働省令で定める権限並びに次号に掲げる質問及び検査並びに捜索を除く.)

5　第31条第1項の規定によりその例によるものとされる国税徴収法(昭和34年法律第147号)第141条の規定による質問及び検査並びに同法第142条の規定による捜索

6　第31条第2項において準用する国民年金法第96条第4項の規定による国税滞納処分の例による処分及び同項の規定による市町村に対する処分の請求

7　第35条の規定による届出の受理及び同条第1項の規定による書類その他の物件の受領

8　第36条第1項の規定による命令及び質問

9　第37条の規定による書類の閲覧及び資料の提供の求め並びに報告の求め

10　第39条の規定による情報の受領

11　前各号に掲げるもののほか、厚生労働省令で定める権限

② 機構は、前項第5号に掲げる権限及び同項第6号に掲げる国税滞納処分の例による処分(以下「滞納処分等」という.)その他同項各号に掲げる権限のうち厚生労働省令で定める権限に係る事務を効果的に行うため必要があると認めるときは、厚生労働省令で定めるところにより、厚生労働大臣に当該権限の行使に必要な情報を提供するとともに、厚生労働大臣自らその権限を行うよう求めることができる.

③ 厚生労働大臣は、前項の規定による求めがあった場合において必要があると認めるとき、又は機構が天災その他の事由により第1項各号に掲げる権限に係る事務の全部若しくは一部を行うことが困難若しくは不適当となったと認めるときは、同項各号に掲げる権限の全部又は一部を自ら行うものとする.

④ 国民年金法第109条の4第4項から第7項までの規定は,機構による第1項各号に掲げる権限に係る事務の実施又は厚生労働大臣による同項各号に掲げる権限の行使について準用する.
(機構が行う滞納処分等に係る認可等) 第42条 (略)
(滞納処分等実施規程の認可等) 第43条 (略)
(機構が行う命令等に係る認可等) 第44条 (略)
(地方厚生局長等への権限の委任)
第45条 ① この法律に規定する厚生労働大臣の権限は,厚生労働省令で定めるところにより,地方厚生局長に委任することができる.
② 前項の規定により地方厚生局長に委任された権限は,厚生労働省令で定めるところにより,地方厚生支局長に委任することができる.
(機構への事務の委託)
第46条 ① 厚生労働大臣は,機構に,次に掲げる事務(第38条の規定により市町村長が行うこととされたものを除く.)を行わせるものとする.
1 第2条第1項及び第2項,第7条(第14条において準用する場合を含む.)並びに第10条の規定による補足的老齢年金生活者支援給付金又は補足的老齢年金生活者支援給付金の支給に係る事務(当該老齢年金生活者支援給付金又は補足的老齢年金生活者支援給付金の支給の認定を除く.)
2 第5条及び第12条の規定による認定に係る事務(第41条第1項第1号に掲げる請求の受理及び当該認定を除く.)
3 第8条(第14条において準用する場合を含む.)の規定による老齢年金生活者支援給付金又は補足的老齢年金生活者支援給付金の支払の一時差止めに係る事務(当該支払の一時差止めに係る決定を除く.)
4 第9条第1項(第14条において準用する場合を含む.)の規定による請求の内容の確認に係る事務
5 第15条第1項及び第2項並びに第19条において準用する第7条の規定による障害年金生活者支援給付金の支給に係る事務(当該障害年金生活者支援給付金の支給の認定を除く.)
6 第17条の規定による認定に係る事務(第41条第1項第2号に掲げる請求の受理及び当該認定を除く.)
7 第19条において準用する第8条の規定による障害年金生活者支援給付金の支払の一時差止めに係る事務(当該支払の一時差止めに係る決定を除く.)
8 第19条において準用する第9条第1項の規定による請求の内容の確認に係る事務
9 第20条第1項及び第2項並びに第24条において準用する第7条の規定による遺族年金生活者支援給付金の支給に係る事務(当該遺族年金生活者支援給付金の支給の認定を除く.)
10 第22条の規定による認定に係る事務(第41条第1項第3号に掲げる請求の受理及び当該認定を除く.)
11 第24条において準用する第8条の規定による遺族年金生活者支援給付金の支払の一時差止めに係る事務(当該支払の一時差止めに係る決定を除く.)
12 第24条において準用する第9条第1項の規定による請求の内容の確認に係る事務
13 第31条第1項の規定による不正利得の徴収に係る事務(第41条第1項第4号から第6号までに掲げる権限を行使する事務及び次条第1項の規定により機構が行う収納,第31条第2項において準用する国民年金法第96条第1項の規定による督促その他の厚生労働省令で定める権限を行使する事務並びに次号及び第16号に掲げる事務を除く.)
14 第31条第2項において準用する国民年金法第96条第1項及び第2項の規定による督促に係る事務(当該督促及び督促状を発すること(督促状の発送に係る事務を除く.)を除く.)
15 第31条第2項において準用する国民年金法第97条第1項及び第4項の規定による延滞金の徴収に係る事務(第41条第1項第4号から第6号までに掲げる権限を行使する事務及び次条第1項の規定により機構が行う収納,第31条第2項において準用する国民年金法第96条第1項の規定による督促その他の厚生労働省令で定める権限を行使する事務並びに前号及び次号に掲げる事務を除く.)
16 第41条第1項第4号に規定する厚生労働省令で定める権限に係る事務(当該権限を行使する事務を除く.)
17 介護保険法(平成9年法律第123号)第203条その他の厚生労働省令で定める法律の規定による求めに応じたこの法律の実施に関し厚生労働大臣が保有する情報の提供に係る事務(当該情報の提供及び厚生労働省令で定める事務を除く.)
18 前各号に掲げるもののほか,厚生労働省令で定める事務
② 国民年金法第109条の10第2項及び第3項の規定は,前項の事務について準用する.
(機構が行う収納) 第47条 (略)
(情報の提供等) 第48条 (略)
(罰 則) 第51条 / 第52条 (略)

⑰ 特定障害者に対する特別障害給付金の支給に関する法律(抄)

(平16・12・10法律第166号,平17・4・1施行,最終改正:平26・6・11法律第64号)

第1章 総 則

(目 的)
第1条 この法律は,国民年金制度の発展過程において生じた特別な事情にかんがみ,障害基礎年金等の受給権を有していない障害者に特別障害給付金を支給することにより,その福祉の増進を図ることを目的とする.
(定 義)
第2条 この法律において「特定障害者」とは,次の各号のいずれかに該当する者であって,国民年金法(昭和34年法律第141号)の規定による障害基礎年金その他障害を支給事由とする政令で定める給付を受ける権利を有していないものをいう.
1 疾病にかかり,又は負傷し,かつ,その疾病又は負傷及びこれらに起因する疾病(以下「傷病」と

いう．）について初めて医師又は歯科医師の診療を受けた日（以下「初診日」といい，昭和61年3月31日以前にあるものに限る．）において国民年金法等の一部を改正する法律（昭和60年法律第34号）第1条の規定による改正前の国民年金法第7条第2項第7号又は第8号に該当し，かつ，同法附則第6条第1項の規定による被保険者でなかった者であって，その傷病により現に国民年金法第30条第2項に規定する障害等級（以下「障害等級」という．）に該当する程度の障害の状態にあるもの（当該傷病による障害と当該傷病の初診日以前に初診日のある傷病による障害とを併合して障害等級に該当する程度の障害の状態にあるものを含み，65歳に達する日の前日までにおいて障害等級に該当する程度の障害の状態に該当するに至ったものに限る．次号において同じ．）
2 疾病にかかり，又は負傷し，かつ，当該傷病に係る初診日（昭和61年4月1日から平成3年3月31日までの間にあるものに限る．）において国民年金法等の一部を改正する法律（平成元年法律第86号）第1条の規定による改正前の国民年金法第7条第1項第1号イに該当し，かつ，同法附則第5条第1項の規定による被保険者でなかった者であって，その傷病により現に障害等級に該当する程度の障害の状態にあるもの

第2章 特別障害給付金の支給

(特別障害給付金の支給)
第3条 ① 国は，特定障害者に対し，特別障害給付金を支給する．
② 前項の規定にかかわらず，特別障害給付金は，特定障害者が次の各号のいずれかに該当するとき（第2号に該当する場合にあっては，厚生労働省令で定める場合に限る．）は，支給しない．
1 日本国内に住所を有しないとき．
2 刑事施設，労役場その他これらに準ずる施設に拘禁されているとき．

(特別障害給付金の額)
第4条 特別障害給付金は，月を単位として支給するものとし，その額は，1月につき，4万円（障害の程度が障害等級の1級に該当する特定障害者にあっては，5万円）とする．

(認 定)
第6条 ① 特定障害者は，特別障害給付金の支給を受けようとするときは，65歳に達する日の前日までに，厚生労働大臣に対し，その受給資格及び特別障害給付金の額について認定の請求をしなければならない．
② 前項の認定を受けた者が，特別障害給付金の支給要件に該当しなくなった後再びその要件に該当するに至った場合において，その該当するに至った後の期間に係る特別障害給付金の支給を受けようとするときも，認定の請求の期限に係る部分を除き，同項と同様とする．
③ 前2項の規定による認定の請求は，当該請求をする者の住所地の市町村長（特別区の区長を含む．以下同じ．）を経由してしなければならない．

第3章 不服申立て

第17条 厚生労働大臣のした特別障害給付金の支給に関する処分は，国民年金法に基づく処分とみなして，同法第101条及び第101条の2の規定並びに社会保険審査官及び社会保険審査会法（昭和28年法律第206号）の規定を適用する．

第4章 雑 則

(費用の負担)
第19条 ① 特別障害給付金の支給に要する費用は，その全額を国庫が負担する．
② 国庫は，毎年度，予算の範囲内で，特別障害給付金に関する事務の執行に要する費用を負担する．

(時 効)
第21条 特別障害給付金の支給を受ける権利は，5年を経過したときは，時効によって消滅する．

(不正利得の徴収)
第22条 ① 偽りその他不正の手段により特別障害給付金の支給を受けた者があるときは，厚生労働大臣は，国税徴収の例により，その者から，その支給を受けた額に相当する金額の全部又は一部を徴収することができる．
② 国民年金法第96条第1項から第5項まで，第97条及び第98条の規定は，前項の規定による徴収金の徴収について準用する．この場合において，同法第97条第1項中「年14.6パーセント（当該督促が保険料に係るものであるときは，当該納期限の翌日から3月を経過する日までの期間については，年7.3パーセント）」とあるのは，「年14.6パーセント」と読み替えるものとする．

(受給権の保護)
第23条 特別障害給付金の支給を受ける権利は，譲り渡し，担保に供し，又は差し押さえることができない．

(公課の禁止)
第24条 租税その他の公課は，特別障害給付金として支給を受けた金銭を標準として，課することができない．

(市町村長が行う事務)
第31条 （略）

18 日本年金機構法（抄）

(平19・7・6法律第109号，平22・1・1施行，
最終改正：平28・5・27法律第51号)

第1章 総 則

(目 的)
第1条 日本年金機構は，この法律に定める業務運営の基本理念に従い，厚生労働大臣の監督の下に，厚生労働大臣と密接な連携を図りながら，政府が管掌する厚生年金保険事業及び国民年金事業（以下「政府管掌年金事業」という．）に関し，厚生年金保険法（昭和29年法律第115号）及び国民年金法（昭和34年法律第141号）の規定に基づく業務等を行うことにより，政府管掌年金事業の適正な運営並びに厚生年金保険制度及び国民年金制度（以下「政府管掌年金」という．）に対する国民の信頼の確保を図り，もって国民生活の安定に寄与すること

18 日本年金機構法（2条〜38条）

を目的とする．

(基本理念)
第2条 ① 日本年金機構は，その業務運営に当たり，政府管掌年金が国民の共同連帯の理念に基づき国民の信頼を基礎として常に安定的に実施されるべきものであることにかんがみ，政府管掌年金事業に対する国民の意見を反映しつつ，提供するサービスの質の向上を図るとともに，業務運営の効率化並びに業務運営における公正性及び透明性の確保に努めなければならない．

② 厚生労働大臣及び日本年金機構は，政府管掌年金が国民生活の安定のみならず，医療保険事業その他の社会保険事業の安定的な運営に寄与し，我が国社会の持続的な発展の基盤となるものであることにかんがみ，政府管掌年金事業について，厚生年金保険及び国民年金の被保険者（厚生年金保険法第30条第2項において「被保険者」という．），事業主，地方公共団体並びに政府管掌年金事業に関する団体（次項において「被保険者等」という．）の協力の下に適正に運営するとともに，政府管掌年金及び政府管掌年金事業に対する国民一般の理解を高めるよう努めなければならない．

③ 被保険者等は，政府管掌年金の円滑な実施に適切な役割を果たすとともに，政府管掌年金事業に対する理解を深め，その運営に協力するよう努めなければならない．

第2章　役員及び理事会並びに職員（略）

第3章　服　務（略）

(服務の本旨)
第23条 ① 役職員の服務は，国民の共同連帯の理念に基づき設けられた政府管掌年金において，国民の信頼を基礎として納付された保険料（厚生年金保険法第81条第1項に規定する保険料及び国民年金法第87条第1項に規定する保険料をいう．）により運営される政府管掌年金事業の意義を自覚し，強い責任感を持って，誠実かつ公正にその職務を遂行し，国民の信頼にこたえることを本旨としなければならない．　　　　　　　　　　　（②，③略）

第4章　業　務

第1節　業務の範囲等

(業務の範囲)
第27条 ① 機構は，第1条の目的を達成するため，次の業務を行う．

1 厚生年金保険法第100条の4第1項に規定する権限に係る事務，同法第100条の10第1項に規定する事務，同法第79条第1項各号に掲げる事業及び同条第2項に規定する運用並びに同法第100条の11第1項に規定する収納を行うこと．

2 国民年金法第109条の4第1項に規定する権限に係る事務，同法第109条の10第1項に規定する事務，同法第74条各号に掲げる事業及び同条第2項に規定する運用並びに同法第109条の11第1項に規定する収納を行うこと．

3 前2号に掲げる事務に附帯する業務を行うこと．

② 機構は，前項の業務のほか，次の業務を行う．

1 子ども・子育て支援法第71条第3項に規定する権限に係る事務及び同条第8項に規定する事務を行うこと．

2 健康保険法第204条第1項に規定する権限に係る事務，同法第205条の2第1項に規定する事務及び同法第204条の6第1項に規定する収納を行うこと．

3 船員保険法第153条第1項に規定する権限に係る事務，同法第153条の8第1項に規定する事務及び同法第153条の6第1項に規定する収納を行うこと．

4 年金生活者支援給付金の支給に関する法律第41条第1項に規定する権限に係る事務，同法第46条第1項に規定する事務及び同法第47条第1項に規定する収納を行うこと．

5 次に掲げる事務を行うこと．

イ 国家公務員共済組合法（昭和33年法律第128号）第66条第11項に規定する事務

ロ 国民健康保険法（昭和33年法律第192号）第9条第12項に規定する権限に係る事務

ハ 介護保険法（平成9年法律第123号）その他の法律の規定による厚生年金保険法による年金たる保険給付及び国民年金法による年金たる給付（次条並びに第38条第5項第2号及び第3号において「年金給付」という．）の支払をする際における保険料その他の金銭の徴収及び納入に係る事務

ニ 社会保障協定の実施に伴う厚生年金保険法等の特例等に関する法律（平成19年法律第104号）第62条第1項に規定する権限に係る事務及び同法第63条第1項に規定する事務

ホ 厚生年金保険の保険給付及び国民年金の給付の支払の遅延に係る加算金の支給に関する法律（平成21年法律第37号）第13条第1項に規定する権限に係る事務，同法第17条第1項に規定する事務及び同法第18条第1項に規定する収納を行うこと．

6 前各号に掲げる業務に附帯する業務を行うこと．

(被保険者等の意見の反映)
第28条 機構は，第2条第1項の趣旨を踏まえ，被保険者，事業主，年金給付の受給権者（次条及び第30条第2項において「受給権者」という．）その他の関係者の意見を機構の業務運営に反映させるために必要な措置を講じなければならない．

(年金事務所)
第29条 機構は，従たる事務所の業務の一部を分掌させるため，被保険者，事業主及び受給権者の利便の確保に配慮しつつ，必要な地に年金事務所を置くものとする．

第2節　中期目標等（略）

第3節　年金個人情報の保護

第38条 ① 厚生労働省及び機構は，年金個人情報（厚生年金保険法第28条に規定する原簿及び国民年金法第14条に規定する国民年金原簿に記録する個人情報その他政府管掌年金事業の運営に当たって厚生労働省及び機構が取得する個人情報をいう．以下この条において同じ．）を保有するに当たっては，それぞれの所掌事務又は業務を遂行するため必要な場合に限り，かつ，その利用の目的をできる限り特定しなければならない．

② 厚生労働省及び機構は，前項の規定により特定された利用の目的（以下この条において「利用目的」

Ⅰ 公的年金・企業年金

という。）の達成に必要な範囲を超えて，年金個人情報を保有してはならない．
③ 厚生労働省及び機構は，利用目的を変更する場合には，変更前の利用目的と相当の関連性を有すると合理的に認められる範囲を超えて行ってはならない．
④ 厚生労働大臣（その委任を受けた者を含む．以下この条において同じ．）及び機構は，法律の規定に基づき，年金個人情報を自ら利用し，又は提供しなければならない場合を除き，利用目的以外の目的のために年金個人情報を自ら利用し，又は提供してはならない．
⑤ 前項の規定にかかわらず，厚生労働大臣及び機構は，次の各号のいずれかに該当するときに限り，利用目的以外の目的のために年金個人情報を自ら利用し，又は提供することができる．ただし，年金個人情報を利用目的以外の目的のために自ら利用し，又は提供することによって，本人（当該年金個人情報によって識別される特定の個人をいう．以下この項において同じ．）又は第三者の権利利益を不当に侵害するおそれがあると認められるときは，この限りでない．
1 本人の同意があるとき，又は本人に提供するとき．
2 厚生労働大臣及び機構が次に掲げる事務の遂行に必要な限度で年金個人情報を内部で利用し，又は相互に提供する場合であって，当該年金個人情報を利用し，又は提供することについて相当な理由のあるとき．
　イ 政府管掌年金事業の運営に関する事務
　ロ 全国健康保険協会が管掌する健康保険及び船員保険の事業に関する業務のうち，健康保険法又は船員保険法の規定により厚生労働大臣又は機構が行うこととされているもの
　ハ 年金生活者支援給付金の支給に関する法律に基づく年金生活者支援給付金の支給に関する事業の運営に関する事務
　ニ 介護保険法その他の法律の規定により，年金給付の支払をする際保険料その他の金銭を徴収し，これを納入させる事務
　ホ その他法令の規定により厚生労働大臣又は機構が行う事務であって厚生労働省令で定めるもの
3 次に掲げる事務を遂行する者（チに掲げる事務を遂行する者にあっては，他の行政機関又は地方公共団体に限る．）に当該事務の遂行に必要な限度で年金個人情報を提供する場合であって，当該年金個人情報を提供することについて相当な理由のあるとき（チに掲げる事務を遂行する者に提供する場合にあっては，緊急の場合その他やむを得ない事由により本人の同意を得ることができない場合に限る．）．
　イ 政府管掌年金事業の運営に関する事務のうち，法令の規定により厚生労働大臣又は機構以外の者が行うこととされているもの
　ロ 全国健康保険協会が管掌する健康保険及び船員保険の事業に関する業務（前号ロに掲げるものを除く．）
　ハ 年金生活者支援給付金の支給に関する法律に基づく年金生活者支援給付金の支給に関する事業の運営に関する事務のうち，法令の規定により厚生労働大臣又は機構以外の者が行うこととされているもの
　ニ 国民健康保険法の規定による被保険者の資格に関する事務
　ホ 年金給付と他の法律による給付との併給の調整に関する事務
　ヘ 介護保険法その他の法律の規定により，厚生労働大臣にして年金給付の支払をする際保険料その他の金銭を徴収させ，これを納入させる事務
　ト 政府管掌年金事業に関連する事務であって厚生労働省令で定めるもの
　チ 高齢者虐待の防止，高齢者の養護者に対する支援等に関する法律（平成17年法律第124号）第2条第3項に規定する高齢者虐待の防止，同法第9条第1項及び第24条の規定による措置に関する事務その他の法令の定める事務であって厚生労働省令で定めるもの
4 専ら統計の作成若しくは学術研究の目的のために年金個人情報を提供するとき，又は本人以外の者に提供することが明らかに本人の利益になるとき．
⑥ 前項の規定は，年金個人情報の利用又は提供を制限する他の法令の規定の適用を妨げるものではない．
⑦ 厚生労働大臣及び機構は，個人の権利利益を保護するため特に必要があると認めるときは，年金個人情報の利用目的以外の目的のための厚生労働省又は機構の内部における利用をそれぞれ特定の部局若しくは機関又は特定の役員若しくは職員に限る．
⑧ 厚生労働大臣及び機構は，第5項第3号又は第4号の規定に基づき，年金個人情報を提供する場合において，必要があると認めるときは，年金個人情報の提供を受ける者に対し，提供に係る年金個人情報について，その利用の目的若しくは方法の制限その他必要な制限を付し，又はその漏えいの防止その他の年金個人情報の適切な管理のために必要な措置を講ずることを求めるものとする．
⑨ 年金個人情報が行政機関の保有する個人情報の保護に関する法律（平成15年法律第58号）第2条第5項に規定する保有個人情報に該当する場合における同法第36条第1項各号の規定の適用については，同項各号中「第8条第1項及び第2項」とあるのは，「日本年金機構法（平成19年法律第109号）第38条第4項及び第5項」とするほか，同法の規定の適用に関し必要な技術的読替えは，政令で定める．
⑩ 年金個人情報が独立行政法人等の保有する個人情報の保護に関する法律第2条第5項に規定する保有個人情報に該当する場合における同法第36条第1項各号の規定の適用については，同項各号中「第9条第1項及び第2項」とあるのは，「日本年金機構法（平成19年法律第109号）第38条第4項及び第5項」とするほか，同法の規定の適用に関し必要な技術的読替えは，政令で定める．

〔平28法51号, 1年6月以内に施行〕

第5章　財務及び会計（略）

第6章　監　督

（報告及び検査）
第48条　① 厚生労働大臣は，この法律，厚生年金保

険法, 国民年金法, 子ども・子育て支援法, 健康保険法, 船員保険法又は年金生活者支援給付金の支給に関する法律を施行するため必要があると認めるときは, 機構に対し, その業務並びに資産及び債務の状況に関し報告をさせ, 又はその職員に, 機構の事務所その他その業務を行う場所に立ち入り, 業務の状況若しくは帳簿, 書類その他の必要な物件を検査させることができる.
② 前項の規定により職員が立入検査をする場合には, その身分を示す証明書を携帯し, 関係人にこれを提示しなければならない.
③ 第1項の規定による立入検査の権限は, 犯罪捜査のために認められたものと解してはならない.

（業務改善命令）
第49条 ① 厚生労働大臣は, 第36条第1項又は第37条第2項の規定による評価の結果必要があると認めるとき, その他機構の業務の適正な運営を確保するため必要があると認めるときは, 機構に対し, その業務の運営の改善に関し必要な措置をとるべきことを命ずることができる.
② 厚生労働大臣は, 前項の規定による命令をしたときは, その旨を公表しなければならない.

（法令違反等の是正）
第50条 ① 厚生労働大臣は, 第48条第1項の規定により報告をさせ, 又は検査を行った場合において, 機構の業務又は会計が, 法令若しくはこれに基づく処分若しくは業務方法書その他の規則に違反し, 又は違反するおそれがあると認めるときは, 機構に対し, その業務又は会計の是正のため必要な措置をとるべきことを命ずることができる.
② 厚生労働大臣は, 前項の規定による命令をしたときは, その旨を公表しなければならない.

第7章 雑則

（権限の委任）
第56条 ① この法律に規定する厚生労働大臣の権限は, 厚生労働省令で定めるところにより, 地方厚生局長に委任することができる.
② 前項の規定により地方厚生局長に委任された権限は, 厚生労働省令で定めるところにより, 地方厚生支局長に委任することができる.

第8章 罰則（略）

Ⅱ 医療・介護保障

(1) 医療保険・介護保険

19 健康保険法（抄）

（大11・4・22法律第70号,大15・7・1施行,
最終改正：平27・5・29法律第31号）

第1章 総則

（目的）
第1条 この法律は、労働者又はその被扶養者の業務災害（労働者災害補償保険法（昭和22年法律第50号）第7条第1項第1号に規定する業務災害をいう．）以外の疾病，負傷若しくは死亡又は出産に関して保険給付を行い，もって国民の生活の安定と福祉の向上に寄与することを目的とする．

（基本的理念）
第2条 健康保険制度については，これが医療保険制度の基本をなすものであることにかんがみ，高齢化の進展，疾病構造の変化，社会経済情勢の変化等に対応し，その他の医療保険制度及び後期高齢者医療制度並びにこれらに密接に関連する制度と併せてその在り方に関して常に検討が加えられ，その結果に基づき，医療保険の運営の効率化，給付の内容及び費用の負担の適正化並びに国民が受ける医療の質の向上を総合的に図りつつ，実施されなければならない．

（定義）
第3条 ① この法律において「被保険者」とは，適用事業所に使用される者及び任意継続被保険者をいう．ただし，次の各号のいずれかに該当する者は，日雇特例被保険者となる場合を除き，被保険者となることができない．
1 船員保険の被保険者（船員保険法（昭和14年法律第73号）第2条第2項に規定する疾病任意継続被保険者を除く．）
2 臨時に使用される者であって，次に掲げるもの（イに掲げる者にあっては1月を超え，ロに掲げる者にあってはロに掲げる所定の期間を超え，引き続き使用されるに至った場合を除く．）
 イ 日々雇い入れられる者
 ロ 2月以内の期間を定めて使用される者
3 事業所又は事務所（第88条第1項及び第89条第1項を除き，以下単に「事業所」という．）で所在地が一定しないものに使用される者
4 季節的業務に使用される者（継続して4月を超えて使用されるべき場合を除く．）
5 臨時的事業の事業所に使用される者（継続して6月を超えて使用されるべき場合を除く．）
6 国民健康保険組合の事業所に使用される者
7 後期高齢者医療の被保険者（高齢者の医療の確保に関する法律（昭和57年法律第80号）第50条の規定による被保険者をいう．）及び同条各号のいずれかに該当する者で同法第51条の規定により後期高齢者医療の被保険者とならないもの（以下「後期高齢者医療の被保険者等」という．）
8 厚生労働大臣，健康保険組合又は共済組合の承認を受けたもの（健康保険の被保険者でないことにより国民健康保険の被保険者であるべき期間に限る．）
9 事業所に使用される者であって，その1週間の所定労働時間が同一の事業所に使用される短時間労働者の雇用管理の改善等に関する法律（平成5年法律第76号）第2条に規定する通常の労働者（以下この号において「通常の労働者」という．）の1週間の所定労働時間の4分の3未満である同条に規定する短時間労働者（以下この号において「短時間労働者」という．）又はその1月間の所定労働日数が同一の事業所に使用される通常の労働者の1月間の所定労働日数の4分の3未満である短時間労働者に該当し，かつ，イからニまでのいずれかの要件に該当するもの
 イ 一週間の所定労働時間が20時間未満であること．
 ロ 当該事業所に継続して1年以上使用されることが見込まれないこと．
 ハ 報酬（最低賃金法（昭和34年法律第137号）第4条第3項各号に掲げる賃金に相当するものとして厚生労働省令で定めるものを除く．）について，厚生労働省令で定めるところにより，第42条第1項の規定の例により算定した額が，8万8千円未満であること．
 ニ 学校教育法（昭和22年法律第26号）第50条に規定する高等学校の生徒，同法第83条に規定する大学の学生その他の厚生労働省令で定める者．
② この法律において「日雇特例被保険者」とは，適用事業所に使用される日雇労働者をいう．ただし，後期高齢者医療の被保険者等である者は次の各号のいずれかに該当する者として厚生労働大臣の承認を受けたものは，この限りでない．
1 適用事業所において，引き続く2月間に通算して26日以上使用される見込みのないことが明らかであるとき．
2 任意継続被保険者であるとき．
3 その他特別の理由があるとき．
③ この法律において「適用事業所」とは，次の各号のいずれかに該当する事業所をいう．
1 次に掲げる事業の事業所であって，常時5人以上の従業員を使用するもの
 イ 物の製造，加工，選別，包装，修理又は解体の事業
 ロ 土木，建築その他工作物の建設，改造，保存，修理，変更，破壊，解体又はその準備の事業
 ハ 鉱物の採掘又は採取の事業
 ニ 電気又は動力の発生，伝導又は供給の事業
 ホ 貨物又は旅客の運送の事業
 ヘ 貨物積卸しの事業
 ト 焼却，清掃又はとさつの事業
 チ 物の販売又は配給の事業
 リ 金融又は保険の事業
 ヌ 物の保管又は賃貸の事業
 ル 媒介周旋の事業
 ヲ 集金，案内又は広告の事業
 ワ 教育，研究又は調査の事業
 カ 疾病の治療，助産その他医療の事業
 ヨ 通信又は報道の事業

タ 社会福祉法（昭和26年法律第45号）に定める社会福祉事業及び更生保護事業法（平成7年法律第86号）に定める更生保護事業
2 前号に掲げるもののほか、国、地方公共団体又は法人の事業所であって、常時従業員を使用するもの
④ この法律において「任意継続被保険者」とは、適用事業所に使用されなくなったため、又は第1項ただし書に該当するに至ったため被保険者（日雇特例被保険者を除く。）の資格を喪失した者であって、喪失の日の前日まで継続して2月以上被保険者（日雇特例被保険者、任意継続被保険者又は共済組合の組合員である被保険者を除く。）であったもののうち、保険者に申し出て、継続して当該保険者の被保険者となった者をいう。ただし、船員保険の被保険者又は後期高齢者医療の被保険者等である者は、この限りでない。
⑤ この法律において「報酬」とは、賃金、給料、俸給、手当、賞与その他いかなる名称であるかを問わず、労働者が、労働の対償として受けるすべてのものをいう。ただし、臨時に受けるもの及び3月を超える期間ごとに受けるものは、この限りでない。
⑥ この法律において「賞与」とは、賃金、給料、俸給、手当、賞与その他いかなる名称であるかを問わず、労働者が、労働の対償として受けるすべてのもののうち、3月を超える期間ごとに受けるものをいう。
⑦ この法律において「被扶養者」とは、次に掲げる者をいう。ただし、後期高齢者医療の被保険者等である者は、この限りでない。
1 被保険者（日雇特例被保険者であった者を含む。以下この項において同じ。）の直系尊属、配偶者（届出をしていないが、事実上婚姻関係と同様の事情にある者を含む。以下この項において同じ。）、子、孫及び兄弟姉妹であって、主としてその被保険者により生計を維持するもの
2 被保険者の3親等内の親族で前号に掲げる者以外のものであって、その被保険者と同一の世帯に属し、主としてその被保険者により生計を維持するもの
3 被保険者の配偶者で届出をしていないが事実上婚姻関係と同様の事情にあるものの父母及び子であって、その被保険者と同一の世帯に属し、主としてその被保険者により生計を維持するもの
4 前号の配偶者の死亡後におけるその父母及び子であって、引き続きその被保険者と同一の世帯に属し、主としてその被保険者により生計を維持するもの
⑧ この法律において「日雇労働者」とは、次の各号のいずれかに該当する者をいう。
1 臨時に使用される者であって、次に掲げるもの（同一の事業所において、イに掲げる者にあっては1月を超え、ロに掲げる者にあってはロに掲げる所定の期間を超え、引き続き使用されるに至った場合（所在地の一定しない事業所において引き続き使用されるに至った場合を除く。）を除く。）
イ 日々雇い入れられる者
ロ 2月以内の期間を定めて使用される者
2 季節的業務に使用される者（継続して4月を超えて使用されるべき場合を除く。）
3 臨時的事業の事業所に使用される者（継続して6月を超えて使用されるべき場合を除く。）
⑨ この法律において「賃金」とは、賃金、給料、手当、賞与その他いかなる名称であるかを問わず、日雇労働者が、労働の対償として受けるすべてのものをいう。ただし、3月を超える期間ごとに受けるものは、この限りでない。
⑩ この法律において「共済組合」とは、法律によって組織された共済組合をいう。

第2章　保険者

第1節　通則
（保険者）
第4条　健康保険（日雇特例被保険者の保険を除く。）の保険者は、全国健康保険協会及び健康保険組合とする。
（**全国健康保険協会管掌健康保険**）
第5条　① 全国健康保険協会は、健康保険組合の組合員でない被保険者（日雇特例被保険者を除く。次節、第51条の2、第63条第3項第2号、第150条第1項、第172条第3号、第10章及び第11章を除き、以下本則において同じ。）の保険を管掌する。
② 前項の規定により全国健康保険協会が管掌する健康保険の事業に関する業務のうち、被保険者の資格の取得及び喪失の確認、標準報酬月額及び標準賞与額の決定並びに保険料の徴収（任意継続被保険者に係るものを除く。）並びにこれらに附帯する業務は、厚生労働大臣が行う。
（組合管掌健康保険）
第6条　健康保険組合は、その組合員である被保険者の保険を管掌する。
（2以上の事業所に使用される者の保険者）
第7条　同時に2以上の事業所に使用される被保険者の保険を管掌する者は、第5条第1項及び前条の規定にかかわらず、厚生労働省令で定めるところによる。

第2節　全国健康保険協会
（設立及び業務）
第7条の2　① 健康保険組合の組合員でない被保険者（以下この節において単に「被保険者」という。）に係る健康保険事業を行うため、全国健康保険協会（以下「協会」という。）を設ける。
② 協会は、次に掲げる業務を行う。
1 第4章の規定による保険給付及び第5章第3節の規定による日雇特例被保険者に係る保険給付に関する業務
2 第6章の規定による保健事業及び福祉事業に関する業務
3 前2号に掲げる業務のほか、協会が管掌する健康保険の事業に関する業務であって第5条第2項の規定により厚生労働大臣が行う業務以外のもの
4 第1号及び第2号に掲げる業務のほか、日雇特例被保険者の保険の事業に関する業務であって第123条第2項の規定により厚生労働大臣が行う業務以外のもの
(5,6(略))
③ 協会は、前項各号に掲げる業務のほか、船員保険法の規定による船員保険事業に関する業務（同法の規定により厚生労働大臣が行うものを除く。）、高齢者の医療の確保に関する法律の規定による前期高齢者納付金等（以下「前期高齢者納付金等」という。）及び同法の規定による後期高齢者支援金等（以下「後期高齢者支援金等」という。）並びに介護保険法（平成9年法律第123号）の規定による納付金（以下「介護納付金」という。）の納付に関する業務を行う。

（法人格）
第7条の3　協会は，法人とする．
（事務所）
第7条の4　① 協会は，主たる事務所を東京都に，従たる事務所（以下「支部」という．）を各都道府県に設置する．
② 協会の住所は，その主たる事務所の所在地にあるものとする．
（定款）
第7条の6　① 協会は，定款をもって，次に掲げる事項を定めなければならない．　　　　　〈1～4（略）〉
② 前項の定款の変更（厚生労働省令で定める事項に係るものを除く．）は，厚生労働大臣の認可を受けなければ，その効力を生じない．　　〈③（略）〉
（役員）
第7条の9　協会に，役員として，理事長1人，理事6人以内及び監事2人を置く．
（役員の職務）
第7条の10　① 理事長は，協会を代表し，その業務を執行する．
② 理事長に事故があるとき，又は理事長が欠けたときは，理事のうちから，あらかじめ理事長が指定する者がその職務を代理し，又はその職務を行う．
③ 理事は，定款の定めるところにより，理事長を補佐して，協会の業務を執行することができる．
④ 監事は，協会の業務の執行及び財務の状況を監査する．
（役員の任命）
第7条の11　① 理事長及び監事は，厚生労働大臣が任命する．
② 厚生労働大臣は，前項の規定により理事長を任命しようとするときは，あらかじめ，第7条の18第1項に規定する運営委員会の意見を聴かなければならない．
③ 理事は，理事長が任命する．
④ 理事長は，前項の規定により理事を任命したときは，遅滞なく，厚生労働大臣に届け出るとともに，これを公表しなければならない．
（運営委員会）
第7条の18　① 事業主（被保険者を使用する適用事業所の事業主をいう．以下この節において同じ．）及び被保険者の意見を反映させ，協会の業務の適正な運営を図るため，協会に運営委員会を置く．
② 運営委員会の委員は，9人以内とし，事業主，被保険者及び協会の業務の適正な運営に必要な学識経験を有する者のうちから，厚生労働大臣が各同数を任命する．　　　　　　　　　　〈③，④（略）〉
（運営委員会の職務）
第7条の19　① 次に掲げる事項については，理事長は，あらかじめ，運営委員会の議を経なければならない．
1　定款の変更　　　　　　　　　　　〈2（略）〉
3　協会の毎事業年度の事業計画並びに予算及び決算
4　重要な財産の処分又は重大な債務の負担〈5（略）〉
（評議会）
第7条の21　① 協会は，都道府県ごとの実情に応じた業務の適正な運営に資するため，支部ごとに評議会を設け，当該支部における業務の実施について，評議会の意見を聴くものとする．
② 評議会の評議員は，定款で定めるところにより，当該評議会が設けられる支部の都道府県に所在する適用事業所（第34条第1項に規定する1の適用事業所を含む．以下同じ．）の事業主及び被保険者並びに当該支部における業務の適正な実施に必要な学識経験を有する者のうちから，支部の長（以下「支部長」という．）が委嘱する．
（監督）
第7条の39　① 厚生労働大臣は，協会の事業若しくは財産の管理若しくは執行が法令，定款若しくは厚生労働大臣の処分に違反していると認めるとき，確保すべき収入を不当に確保せず，不当に経費を支出し，若しくは不当に財産を処分し，その他協会の事業若しくは財産の管理若しくは執行が著しく適正を欠くと認めるとき，又は協会の役員がその事業若しくは財産の管理若しくは執行を明らかに怠っていると認めるときは，期間を定めて，協会又はその役員に対し，その事業若しくは財産の管理若しくは執行について違反の是正又は改善のため必要な措置を採るべき旨を命ずることができる．〈②，③（略）〉

第3節　健康保険組合

（組織）
第8条　健康保険組合は，適用事業所の事業主，その適用事業所に使用される被保険者及び任意継続被保険者をもって組織する．
（法人格）
第9条　① 健康保険組合は，法人とする．　〈②（略）〉
（設立）
第11条　① 1又は2以上の適用事業所について常時政令で定める数以上の被保険者を使用する事業主は，当該1又は2以上の適用事業所について，健康保険組合を設立することができる．
② 2以上の適用事業所の事業主は，共同して健康保険組合を設立することができる．この場合において，被保険者の数は，合算して常時政令で定める数以上でなければならない．
第12条　① 適用事業所の事業主は，健康保険組合を設立しようとするときは，健康保険組合を設立しようとする適用事業所に使用される被保険者の2分の1以上の同意を得て，規約を作り，厚生労働大臣の認可を受けなければならない．
② 2以上の適用事業所について健康保険組合を設立しようとする場合においては，前項の同意は，各適用事業所について得なければならない．
第14条　① 厚生労働大臣は，1又は2以上の適用事業所（第31条第1項の規定によるものを除く．）について常時政令で定める数以上の被保険者を使用する事業主に対し，健康保険組合の設立を命ずることができる．　　　　　　　　　　　　〈②（略）〉
（組合員）
第17条　① 健康保険組合が設立された適用事業所（以下「設立事業所」という．）の事業主及びその設立事業所に使用される被保険者は，当該健康保険組合の組合員とする．
② 前項の被保険者は，当該設立事業所に使用されなくなったときであっても，任意継続被保険者であるときは，なお当該健康保険組合の組合員とする．
（組合会）
第18条　① 健康保険組合に，組合会を置く．
② 組合会は，組合会議員をもって組織する．
③ 組合会議員の定数は，偶数とし，その半数は，設立事業所の事業主において設立事業所の事業主（その代理人を含む．）及び設立事業所に使用される者のうちから選定し，他の半数は，被保険者である組

合員において互選する.
(役員)
第21条 ① 健康保険組合に,役員として理事及び監事を置く.
② 理事の定数は,偶数とし,その半数は設立事業所の事業主の選定した組合会議員において,他の半数は被保険者である組合員の互選した組合会議員において,それぞれ互選する.
③ 理事のうち1人を理事長とし,設立事業所の事業主の選定した組合会議員である理事のうちから,理事が選挙する.
④ 監事は,組合会において,設立事業所の事業主の選定した組合会議員及び被保険者である組合員の互選した組合会議員のうちから,それぞれ1人を選挙する. 《⑤(略)》
(役員の職務)
第22条 ① 理事長は,健康保険組合を代表し,その業務を執行する.理事長に事故があるとき,又は理事長が欠けたときは,設立事業所の事業主の選定した組合会議員である理事のうちから,あらかじめ理事長が指定する者がその職務を代理し,又はその職務を行う.
② 健康保険組合の業務は,規約に別段の定めがある場合を除くほか,理事の過半数により決し,可否同数のときは,理事長の決するところによる.
③ 理事は,理事長の定めるところにより,理事長を補佐して,健康保険組合の業務を執行することができる.
④ 監事は,健康保険組合の業務の執行及び財産の状況を監査する.
(解 散)
第26条 ① 健康保険組合は,次に掲げる理由により解散する.
1 組合会議員の定数の4分の3以上の多数による組合会の議決
2 健康保険組合の事業の継続の不能
3 第29条第2項の規定による解散の命令
② 健康保険組合は,前項第1号又は第2号に掲げる理由により解散しようとするときは,厚生労働大臣の認可を受けなければならない.
③ 健康保険組合が解散する場合において,その財産をもって債務を完済することができないときは,当該健康保険組合は,設立事業所の事業主に対し,政令で定めるところにより,当該債務を完済するために要する費用の全部又は一部を負担することを求めることができる.
④ 協会は,解散により消滅した健康保険組合の権利義務を承継する.
(指定健康保険組合による健全化計画の作成)
第28条 ① 健康保険事業の収支が均衡しない健康保険組合であって,政令で定める要件に該当するものとして厚生労働大臣の指定を受けたもの(以下この条及び次条において「指定健康保険組合」という.)は,政令で定めるところにより,その財政の健全化に関する計画(以下この条において「健全化計画」という.)を定め,厚生労働大臣の承認を受けなければならない.これを変更しようとするときも,同様とする.
② 前項の承認を受けた指定健康保険組合は,当該承認に係る健全化計画に従い,その事業を行わなければならない.
③ 厚生労働大臣は,第1項の承認を受けた指定健康保険組合の事業及び財産の状況により,その健全化計画を変更する必要があると認めるときは,当該指定健康保険組合に対し,期限を定めて,当該健全化計画の変更を求めることができる.
(報告の徴収等)
第29条 ① 第7条の38及び第7条の39の規定は,健康保険組合について準用する.この場合において,同条第1項中「厚生労働大臣は」とあるのは「厚生労働大臣は,第29条第1項において準用する前条の規定により報告を徴し,又は質問し,若しくは検査した場合において」と,「定款」とあるのは「規約」と読み替えるものとする.
② 健康保険組合が前項において準用する第7条の39第1項の規定による命令に違反したとき,又は前条第2項の規定に違反した指定健康保険組合,同条第3項の求めに応じない指定健康保険組合その他政令で定める指定健康保険組合の事業若しくは財産の状況によりその事業の継続が困難であると認めるときは,厚生労働大臣は,当該健康保険組合の解散を命ずることができる.

第3章 被保険者

第1節 資 格
(適用事業所)
第31条 ① 適用事業所以外の事業所の事業主は,厚生労働大臣の認可を受けて,当該事業所を適用事業所とすることができる.
② 前項の認可を受けようとするときは,当該事業所の事業主は,当該事業所に使用される者(被保険者となるべき者に限る.)の2分の1以上の同意を得て,厚生労働大臣に申請しなければならない.
第33条 ① 第31条第1項の事業所の事業主は,厚生労働大臣の認可を受けて,当該事業所を適用事業所でなくすることができる.
② 前項の認可を受けようとするときは,当該事業所の事業主は,当該事業所に使用される者(被保険者である者に限る.)の4分の3以上の同意を得て,厚生労働大臣に申請しなければならない.
(資格取得の時期)
第35条 被保険者(任意継続被保険者を除く.以下この条から第38条までにおいて同じ.)は,適用事業所に使用されるに至った日若しくはその使用される事業所が適用事業所となった日又は第3条第1項ただし書の規定に該当しなくなった日から,被保険者の資格を取得する.
(資格喪失の時期)
第36条 被保険者は,次の各号のいずれかに該当するに至った日の翌日(その事実があった日に更に前条に該当するに至ったときは,その日)から,被保険者の資格を喪失する.
1 死亡したとき.
2 その事業所に使用されなくなったとき.
3 第3条第1項ただし書の規定に該当するに至ったとき.
4 第33条第1項の認可があったとき.
(任意継続被保険者)
第37条 ① 第3条第4項の申出は,被保険者の資格を喪失した日から20日以内にしなければならない.ただし,保険者は,正当な理由があると認めるときは,この期間を経過した後の申出であっても,受理することができる.

(1) 医療保険・介護保険

② 第3条第4項の申出をした者が,初めて納付すべき保険料をその納付期日までに納付しなかったときは,同項の規定にかかわらず,その者は,任意継続被保険者とならなかったものとみなす.ただし,その納付の遅延について正当な理由があると保険者が認めたときは,この限りでない.

(任意継続被保険者の資格喪失)
第38条 任意継続被保険者は,次の各号のいずれかに該当するに至った日の翌日(第4号から第6号までのいずれかに該当するに至ったときは,その日)から,その資格を喪失する.
 1 任意継続被保険者となった日から起算して2年を経過したとき.
 2 死亡したとき.
 3 保険料(初めて納付すべき保険料を除く.)を納付期日までに納付しなかったとき(納付の遅延について正当な理由があると保険者が認めたときを除く.).
 4 被保険者となったとき.
 5 船員保険の被保険者となったとき.
 6 後期高齢者医療の被保険者等となったとき.

(資格の得喪の確認)
第39条 ① 被保険者の資格の取得及び喪失は,保険者等(被保険者が協会が管掌する健康保険の被保険者である場合にあっては厚生労働大臣,被保険者が健康保険組合が管掌する健康保険の被保険者である場合にあっては当該健康保険組合をいう.第164条第2項及び第3項,第180条第1項,第2項及び第4項並びに第181条第1項を除き,以下同じ.)の確認によって,その効力を生ずる.ただし,第36条第4号に該当したことによる被保険者の資格の喪失並びに任意継続被保険者の資格の取得及び喪失は,この限りでない.
② 前項の確認は,第48条の規定による届出若しくは第51条第1項の規定による請求により,又は職権で行うものとする.
③ 第1項の確認については,行政手続法(平成5年法律第88号)第3章(第12条及び第14条を除く.)の規定は,適用しない.

第2節 標準報酬月額及び標準賞与額

(標準報酬月額)
第40条 ① 標準報酬月額は,被保険者の報酬月額に基づき,次の等級区分(次項の規定により等級区分の改定が行われたときは,改定後の等級区分)によって定める.

標準報酬月額等級	標準報酬月額	報酬月額
第1級	58,000円	63,000円未満
第2級	68,000円	63,000円以上 73,000円未満
第3級	78,000円	73,000円以上 83,000円未満
第4級	88,000円	83,000円以上 93,000円未満
第5級	98,000円	93,000円以上 101,000円未満
第6級	104,000円	101,000円以上 107,000円未満
第7級	110,000円	107,000円以上 114,000円未満
第8級	118,000円	114,000円以上 122,000円未満
第9級	126,000円	122,000円以上 130,000円未満
第10級	134,000円	130,000円以上 138,000円未満
第11級	142,000円	138,000円以上 146,000円未満
第12級	150,000円	146,000円以上 155,000円未満
第13級	160,000円	155,000円以上 165,000円未満
第14級	170,000円	165,000円以上 175,000円未満
第15級	180,000円	175,000円以上 185,000円未満
第16級	190,000円	185,000円以上 195,000円未満
第17級	200,000円	195,000円以上 210,000円未満
第18級	220,000円	210,000円以上 230,000円未満
第19級	240,000円	230,000円以上 250,000円未満
第20級	260,000円	250,000円以上 270,000円未満
第21級	280,000円	270,000円以上 290,000円未満
第22級	300,000円	290,000円以上 310,000円未満
第23級	320,000円	310,000円以上 330,000円未満
第24級	340,000円	330,000円以上 350,000円未満
第25級	360,000円	350,000円以上 370,000円未満
第26級	380,000円	370,000円以上 395,000円未満
第27級	410,000円	395,000円以上 425,000円未満
第28級	440,000円	425,000円以上 455,000円未満
第29級	470,000円	455,000円以上 485,000円未満
第30級	500,000円	485,000円以上 515,000円未満
第31級	530,000円	515,000円以上 545,000円未満
第32級	560,000円	545,000円以上 575,000円未満
第33級	590,000円	575,000円以上 605,000円未満
第34級	620,000円	605,000円以上 635,000円未満
第35級	650,000円	635,000円以上 665,000円未満
第36級	680,000円	665,000円以上 695,000円未満
第37級	710,000円	695,000円以上 730,000円未満
第38級	750,000円	730,000円以上 770,000円未満
第39級	790,000円	770,000円以上 810,000円未満

第40級	830,000 円	810,000 円以上 855,000 円未満
第41級	880,000 円	855,000 円以上 905,000 円未満
第42級	930,000 円	905,000 円以上 955,000 円未満
第43級	980,000 円	955,000 円以上 1,005,000 円未満
第44級	1,030,000 円	1,005,000 円以上 1,055,000 円未満
第45級	1,090,000 円	1,055,000 円以上 1,115,000 円未満
第46級	1,150,000 円	1,115,000 円以上 1,175,000 円未満
第47級	1,210,000 円	1,175,000 円以上 1,235,000 円未満
第48級	1,270,000 円	1,235,000 円以上 1,295,000 円未満
第49級	1,330,000 円	1,295,000 円以上 1,355,000 円未満
第50級	1,390,000 円	1,355,000 円以上

② 毎年3月31日における標準報酬月額等級の最高等級に該当する被保険者数の被保険者総数に占める割合が100分の1.5を超える場合において、その状態が継続すると認められるときは、その年の9月1日から、政令で、当該最高等級の上に更に等級を加える標準報酬月額の等級区分の改定を行うことができる。ただし、その年の3月31日において、改定後の標準報酬月額等級の最高等級に該当する被保険者数の同日における被保険者総数に占める割合が100分の0.5を下回ってはならない。
③ 厚生労働大臣は、前項の政令の制定又は改正について立案を行う場合には、社会保障審議会の意見を聴くものとする。

(定時決定)
第41条 ① 保険者等は、被保険者が毎年7月1日現に使用される事業所において同日前3月間(その事業所で継続して使用された期間に限るものとし、かつ、報酬支払の基礎となった日数が17日(厚生労働省令で定める者にあっては、11日。第43条第1項、第43条の2第1項及び第43条の3第1項において同じ。)未満である月があるときは、その月を除く。)に受けた報酬の総額をその期間の月数で除して得た額を報酬月額として、標準報酬月額を決定する。
② 前項の規定によって決定された標準報酬月額は、その年の9月から翌年の8月までの各月の標準報酬月額とする。
③ 第1項の規定は、6月1日から7月1日までの間に被保険者の資格を取得した者及び第43条、第43条の2又は第43条の3の規定により7月から9月までのいずれかの月から標準報酬月額を改定し、又は改定されるべき被保険者については、その年に限り適用しない。

(被保険者の資格を取得した際の決定)
第42条 ① 保険者等は、被保険者の資格を取得した者があるときは、次に掲げる額を報酬月額として、標準報酬月額を決定する。
 1 月、週その他一定期間によって報酬が定められる場合には、被保険者の資格を取得した日の現在の報酬の額をその期間の総日数で除して得た額の30倍に相当する額
 2 日、時間、出来高又は請負によって報酬が定められる場合には、被保険者の資格を取得した月前1月間に当該事業所で、同様の業務に従事し、かつ、同様の報酬を受ける者が受けた報酬の額を平均した額
 3 前2号の規定によって算定することが困難であるものについては、被保険者の資格を取得した月前1月間に、その地方で、同様の業務に従事し、かつ、同様の報酬を受ける者が受けた報酬の額
 4 前3号のうち2以上に該当する報酬を受ける場合には、それぞれについて、前3号の規定によって算定した額の合算額
② 前項の規定によって決定された標準報酬月額は、被保険者の資格を取得した月からその年の8月(6月1日から12月31日までの間に被保険者の資格を取得した者については、翌年の8月)までの各月の標準報酬月額とする。

(改 定)
第43条 ① 保険者等は、被保険者が現に使用される事業所において継続した3月間(各月とも、報酬支払の基礎となった日数が、17日以上でなければならない。)に受けた報酬の総額を3で除して得た額が、その者の標準報酬月額の基礎となった報酬月額に比べて、著しく高低を生じた場合において、必要があると認めるときは、その額を報酬月額として、その著しく高低を生じた月の翌月から、標準報酬月額を改定することができる。
② 前項の規定によって改定された標準報酬月額は、その年の8月(7月から12月までのいずれかの月から改定されたものについては、翌年の8月)までの各月の標準報酬月額とする。

(育児休業等を終了した際の改定)
第43条の2 ① 保険者等は、育児休業、介護休業等育児又は家族介護を行う労働者の福祉に関する法律(平成3年法律第76号)第2条第1号に規定する育児休業、同法第23条第2項の育児休業に関する制度に準ずる措置若しくは同法第24条第1項(第2号に係る部分に限る。)の規定により同項第2号に規定する育児休業に関する制度に準じて講ずる措置による休業又は育児休業等に関する法律に基づく育児休業(以下「育児休業等」という。)を終了した被保険者が、当該育児休業等を終了した日(以下この条において「育児休業等終了日」という。)において当該育児休業等に係る3歳に満たない子を養育する場合において、その使用される事業所の事業主を経由して厚生労働省令で定めるところにより保険者等に申出をしたときは、第41条の規定にかかわらず、育児休業等終了日の翌日が属する月以後3月間(育児休業等終了日の翌日において使用される事業所で継続して使用された期間に限るものとし、かつ、報酬支払の基礎となった日数が17日未満である月があるときは、その月を除く。)に受けた報酬の総額をその期間の月数で除して得た額を報酬月額として、標準報酬月額を改定する。ただし、育児休業等終了日の翌日に次条第1項に規定する産前産後休業を開始している被保険者は、この限りでない。
② 前項の規定によって改定された標準報酬月額は、育児休業等終了日の翌日から起算して2月を経過した日の属する月の翌月からその年の8月(当該翌月が7月から12月までのいずれかの月である場

(1) 医療保険・介護保険

合は,翌年の8月)までの各月の標準報酬月額とする.
(産前産後休業を終了した際の改定)
第43条の3 ① 保険者等は,産前産後休業(出産の日(出産の日が出産の予定日後であるときは,出産の予定日)以前42日(多胎妊娠の場合においては,98日)から出産の日後56日までの間において労務に服さないこと(妊娠又は出産に関する事由を理由として労務に服さない場合に限る.)をいう.以下同じ.)を終了した被保険者が,当該産前産後休業を終了した日(以下この条において「産前産後休業終了日」という.)において当該産前産後休業に係る子を養育している場合において,その使用される事業所の事業主を経由して厚生労働省令で定めるところにより保険者等に申出をしたときは,第41条の規定にかかわらず,産前産後休業終了日の翌日が属する月以後3月間(産前産後休業終了日の翌日において使用される事業所で継続して使用された期間に限るものとし,かつ,報酬支払の基礎となった日数が17日未満である月があるときは,その月を除く.)に受けた報酬の総額をその期間の月数で除して得た額を報酬月額として,標準報酬月額を改定する.ただし,産前産後休業終了日の翌日に育児休業等を開始している被保険者は,この限りでない.
② 前項の規定によって改定された標準報酬月額は,産前産後休業終了日の翌日から起算して2月を経過した日の属する月の翌月からその年の8月(当該翌月が7月から12月までのいずれかの月である場合は,翌年の8月)までの各月の標準報酬月額とする.
(報酬月額の算定の特例)
第44条 ① 保険者等は,被保険者の報酬月額が,第41条第1項,第42条第1項,第43条の2の第1項若しくは前条第1項の規定によって算定することが困難であるとき,又は第41条第1項,第42条第1項,第43条第1項,第43条の2の第1項若しくは前条第1項の規定によって算定した額が著しく不当であると認めるときは,これらの規定にかかわらず,その算定する額を当該被保険者の報酬月額とする.
③ 同時に2以上の事業所で報酬を受ける被保険者について報酬月額を算定する場合においては,各事業所について,第41条第1項,第42条第1項,第43条第1項,第43条の2の第1項若しくは前条第1項の規定によって算定した額の合算額をその者の報酬月額とする. 〈②(略)〉

(標準賞与額の決定)
第45条 ① 保険者等は,被保険者が賞与を受けた月において,その月に当該被保険者が受けた賞与額に基づき,これに1000円未満の端数を生じたときは,これを切り捨てて,標準賞与額を決定する.ただし,その月に当該被保険者が受けた賞与によりその年度(毎年4月1日から翌年3月31日までをいう.以下同じ.)における標準賞与額の累計額が573万円(第40条第2項の規定による標準報酬月額の等級区分の改定が行われたときは,政令で定める額.以下この項において同じ.)を超えることとなる場合には,当該累計額が573万円となるようその月の標準賞与額を決定し,その年度においてその月の翌月以後に受ける賞与の標準賞与額は零とする.

② 第40条第3項の規定は前項の政令の制定又は改正について,前条の規定は標準賞与額の算定について準用する.
(任意継続被保険者の標準報酬月額)
第47条 任意継続被保険者の標準報酬月額については,第41条から第44条までの規定にかかわらず,次の各号に掲げる額のうちいずれか少ない額をもって,その者の標準報酬月額とする.
1 当該任意継続被保険者が被保険者の資格を喪失したときの標準報酬月額
2 前年(1月から3月までの標準報酬月額については,前々年)の9月30日における当該任意継続被保険者の属する保険者が管掌する全被保険者の同月の標準報酬月額を平均した額(健康保険組合が当該平均した額の範囲内においてその規約で定めた額があるときは,当該規約で定めた額)を標準報酬月額の基礎となる報酬月額とみなしたときの標準報酬月額

第3節 届出等
(届 出)
第48条 適用事業所の事業主は,厚生労働省令で定めるところにより,被保険者の資格の取得及び喪失並びに報酬月額及び賞与額に関する事項を保険者等に届け出なければならない.
第51条 ① 被保険者又は被保険者であった者は,いつでも,第39条第1項の規定による確認を請求することができる.
② 保険者等は,前項の規定による請求があった場合において,その請求に係る事実がないと認めるときは,その請求を却下しなければならない.

第4章 保険給付

第1節 通 則
(保険給付の種類)
第52条 被保険者に係るこの法律による保険給付は,次のとおりとする.
1 療養の給付並びに入院時食事療養費,入院時生活療養費,保険外併用療養費,療養費,訪問看護療養費及び移送費の支給
2 傷病手当金の支給
3 埋葬料の支給
4 出産育児一時金の支給
5 出産手当金の支給
6 家族療養費,家族訪問看護療養費及び家族移送費の支給
7 家族埋葬料の支給
8 家族出産育児一時金の支給
9 高額療養費及び高額介護合算療養費の支給
(健康保険組合の付加給付)
第53条 保険者が健康保険組合である場合においては,前条各号に掲げる給付に併せて,規約で定めるところにより,保険給付としてその他の給付を行うことができる.
(法人の役員である被保険者又はその被扶養者に係る保険給付の特例)
第53条の2 被保険者又はその被扶養者が法人の役員(業務を執行する社員,取締役,執行役又はこれらに準ずる者をいい,相談役,顧問その他いかなる名称を有する者であるかを問わず,法人に対し業務を執行する社員,取締役,執行役又はこれらに準ずる者と同等以上の支配力を有するものと認められ

健康保険法（54条～63条）

者を含む．以下この条において同じ．）であるときは，当該被保険者又はその被扶養者のその法人の役員としての業務（被保険者の数が5人未満である適用事業所に使用される法人の役員としての業務であって厚生労働省令で定めるものを除く．）に起因する疾病，負傷又は死亡に関して保険給付は，行わない．

（日雇特例被保険者に係る保険給付との調整）
第54条 被保険者に係る家族療養費（第110条第7項において準用する第87条第1項の規定により支給される療養費を含む．），家族訪問看護療養費，家族移送費又は家族出産育児一時金の支給は，同一の疾病，負傷，死亡又は出産について，次章の規定により療養の給付又は入院時食事療養費，入院時生活療養費，保険外併用療養費，療養費，訪問看護療養費，移送費，埋葬料若しくは出産育児一時金の支給を受けたときは，その限度において，行わない．

（他の法令による保険給付との調整）
第55条 ① 被保険者に係る療養の給付又は入院時食事療養費，入院時生活療養費，保険外併用療養費，療養費，訪問看護療養費，移送費，傷病手当金，埋葬料，家族療養費，家族訪問看護療養費，家族移送費若しくは家族埋葬料の支給は，同一の疾病，負傷若しくは死亡について，労働者災害補償保険法，国家公務員災害補償法（昭和26年法律第191号．他の法律において準用し，又は例による場合を含む．）又は地方公務員災害補償法（昭和42年法律第121号）若しくは同法に基づく条例の規定によりこれらに相当する給付を受けることができる場合には，行わない．
② 被保険者に係る療養の給付又は入院時食事療養費，入院時生活療養費，保険外併用療養費，療養費，訪問看護療養費，家族療養費若しくは家族訪問看護療養費の支給は，同一の疾病又は負傷について，介護保険法の規定によりこれらに相当する給付を受けることができる場合には，行わない．
③ 被保険者に係る療養の給付又は入院時食事療養費，入院時生活療養費，保険外併用療養費，療養費，訪問看護療養費，移送費，家族療養費，家族訪問看護療養費若しくは家族移送費の支給は，同一の疾病又は負傷について，他の法令の規定により国又は地方公共団体の負担で療養又は療養費の支給を受けたときは，その限度において，行わない．

（損害賠償請求権）
第57条 ① 保険者は，給付事由が第三者の行為によって生じた場合において，保険給付を行ったときは，その給付の価額（当該保険給付が療養の給付であるときは，当該療養の給付に要する費用の額から当該療養の給付に関し被保険者が負担しなければならない一部負担金に相当する額を控除した額．次条第1項において同じ．）の限度において，保険給付を受ける権利を有する者（当該給付事由が被保険者の被扶養者について生じた場合には，当該被扶養者を含む．次項において同じ．）が第三者に対して有する損害賠償の請求権を取得する．
② 前項の場合において，保険給付を受ける権利を有する者が第三者から同一の事由について損害賠償を受けたときは，保険者は，その価額の限度においてその責めを免れる．

（不正利得の徴収等）
第58条 ① 偽りその他不正の行為によって保険給付を受けた者があるときは，保険者は，その者から

その給付の価額の全部又は一部を徴収することができる．
② 前項の場合において，事業主が虚偽の報告若しくは証明をし，又は第63条第3項第1号に規定する保険医療機関において診療に従事する第64条に規定する保険医又は第88条第1項に規定する主治の医師が，保険者に提出されるべき診断書に虚偽の記載をしたため，その保険給付が行われたものであるときは，保険者は，当該事業主，保険医又は主治の医師に対し，保険給付を受けた者と連帯して前項の徴収金を納付すべきことを命ずることができる．
③ 保険者は，第63条第3項第1号に規定する保険医療機関若しくは保険薬局又は第88条第1項に規定する指定訪問看護事業者が偽りその他不正の行為によって療養の給付に関する費用の支払又は第85条第5項（第85条の2第5項及び第86条第4項において準用する場合を含む．），第88条第6項（第111条第3項において準用する場合を含む．）若しくは第110条第4項の規定による支払を受けたときは，当該保険医療機関若しくは保険薬局又は指定訪問看護事業者に対し，その支払った額につき返還させるほか，その返還させる額に100分の40を乗じて得た額を支払わせることができる．

（受給権の保護）
第61条 保険給付を受ける権利は，譲り渡し，担保に供し，又は差し押さえることができない．

（租税その他の公課の禁止）
第62条 租税その他の公課は，保険給付として支給を受けた金品を標準として，課することができない．

第2節 療養の給付及び入院時食事療養費等の支給

第1款 療養の給付並びに入院時食事療養費，入院時生活療養費，保険外併用療養費及び療養費の支給

（療養の給付）
第63条 ① 被保険者の疾病又は負傷に関しては，次に掲げる療養の給付を行う．
1 診察
2 薬剤又は治療材料の支給
3 処置，手術その他の治療
4 居宅における療養上の管理及びその療養に伴う世話その他の看護
5 病院又は診療所への入院及びその療養に伴う世話その他の看護
② 次に掲げる療養に係る給付は，前項の給付に含まれないものとする．
1 食事の提供である療養であって前項第5号に掲げる療養と併せて行うもの（医療法（昭和23年法律第205号）第7条第2項第4号に規定する療養病床（以下「療養病床」という．）への入院及びその療養に伴う世話その他の看護であって，当該療養を受ける際，65歳に達する日の属する月の翌月以後である被保険者（以下「特定長期入院被保険者」という．）に係るものを除く．以下「食事療養」という．）
2 次に掲げる療養であって前項第5号に掲げる療養と併せて行うもの（特定長期入院被保険者に係るものに限る．以下「生活療養」という．）
　イ 食事の提供である療養
　ロ 温度，照明及び給水に関する適切な療養環境の形成である療養
3 厚生労働大臣が定める高度の医療技術を用いた

療養その他の療養であって,前項の給付の対象とすべきものであるか否かについて,適正な医療の効率的な提供を図る観点から評価を行うことが必要な療養(次号の患者申出療養を除く.)として厚生労働大臣が定めるもの(以下「評価療養」という.)
4 高度の医療技術を用いた療養であって,当該療養を受けようとする者の申出に基づき,前項の給付の対象とすべきものであるか否かについて,適正な医療の効率的な提供を図る観点から評価を行うことが必要な療養として厚生労働大臣が定めるもの(以下「患者申出療養」という.)
5 被保険者の選定に係る特別の病室の提供その他の厚生労働大臣が定める療養(以下「選定療養」という.)
③ 第1項の給付を受けようとする者は,厚生労働省令で定めるところにより,次に掲げる病院若しくは診療所又は薬局のうち,自己の選定するものから受けるものとする.
1 厚生労働大臣の指定を受けた病院若しくは診療所(第65条の規定により病床の全部又は一部を除いて指定を受けたときは,その除外された病床を除く.以下「保険医療機関」という.)又は薬局(以下「保険薬局」という.)
2 特定の保険者が管掌する被保険者に対して診療又は調剤を行う病院若しくは診療所又は薬局であって,厚生労働大臣が指定したもの
3 健康保険組合である保険者が開設する病院若しくは診療所又は薬局
④ 第2項第4号の申出は,厚生労働大臣が定めるところにより,厚生労働大臣に対し,同項第4号に係る療養を行う医療法第4条の3に規定する臨床研究中核病院(保険医療機関であるものに限る.)の開設者の意見書その他必要な書類を添えて行うものとする.
⑤ 厚生労働大臣は,第2項第4号の申出を受けた場合は,当該申出について速やかに検討を加え,当該申出に係る療養が同号の評価を行うことが必要な療養と認められる場合には,当該療養を患者申出療養として定めるものとする.
⑥ 厚生労働大臣は,前項の規定により第2項第4号の申出に係る療養を患者申出療養として定めることとした場合には,その旨を当該申出を行った者に速やかに通知するものとする.
⑦ 厚生労働大臣は,第5項の規定により第2項第4号の申出について検討を加え,当該申出に係る療養を患者申出療養として定めないこととした場合には,理由を付して,その旨を当該申出を行った者に速やかに通知するものとする.

(保険医又は保険薬剤師)
第64条 保険医療機関において健康保険の診療に従事する医師若しくは歯科医師又は保険薬局において健康保険の調剤に従事する薬剤師は,厚生労働大臣の登録を受けた医師若しくは歯科医師(以下「保険医」と総称する.)又は薬剤師(以下「保険薬剤師」という.)でなければならない.

(保険医療機関又は保険薬局の指定)
第65条 ① 第63条第3項第1号の指定は,政令で定めるところにより,病院若しくは診療所又は薬局の開設者の申請により行う.
② 前項の場合において,その申請が病院又は病床を有する診療所に係るものであるときは,当該申請は,医療法第7条第2項に規定する病床の種別(第4項第2号及び次条第1項において単に「病床の種別」という.)ごとにその数を定めて行うものとする.
③ 厚生労働大臣は,第1項の申請があった場合において,次の各号のいずれかに該当するときは,第63条第3項第1号の指定をしないことができる.
1 当該申請に係る病院若しくは診療所又は薬局が,この法律の規定により保険医療機関又は保険薬局に係る第63条第3項第1号の指定を取り消され,その取消しの日から5年を経過しないものであるとき.
2 当該申請に係る病院若しくは診療所又は薬局が,保険給付に関し診療又は調剤の内容の適切さを欠くおそれがあるとして重ねて第73条第1項(第85条第9項,第85条の2第5項,第86条第4項,第110条第7項及び第149条において準用する場合を含む.)の規定による指導を受けたものであるとき.
3 当該申請に係る病院若しくは診療所又は薬局の開設者又は管理者が,この法律その他国民の保健医療に関する法律で政令で定めるものの規定により罰金の刑に処せられ,その執行を終わり,又は執行を受けることがなくなるまでの者であるとき.
4 当該申請に係る病院若しくは診療所又は薬局の開設者又は管理者が,禁錮以上の刑に処せられ,その執行を終わり,又は執行を受けることがなくなるまでの者であるとき.
5 当該申請に係る病院若しくは診療所又は薬局の開設者又は管理者が,この法律,船員保険法,国民健康保険法(昭和33年法律第192号),高齢者の医療の確保に関する法律,地方公務員等共済組合法(昭和37年法律第152号),私立学校教職員共済法(昭和28年法律第245号),厚生年金保険法(昭和29年法律第115号)又は国民年金法(昭和34年法律第141号)(第89条第4項第7号において「社会保険各法」という.)の定めるところにより納付義務を負う保険料,負担金又は掛金(地方税法(昭和25年法律第226号)の規定による地方税である国民健康保険税を含む.以下この号,第89条第4項第7号及び第199条第2項において「社会保険料」という.)について,当該申請をした日の前日までに,これらの法律の規定に基づく滞納処分を受け,かつ,当該処分を受けた日から正当な理由なく3月以上の期間にわたり,当該処分を受けた日以降に納期限の到来した社会保険料のすべて(当該処分を受けた者が,当該処分に係る社会保険料の納付義務を負うことを定める法律によって納付義務を負う社会保険料に限る.第89条第4項第7号において同じ.)を引き続き滞納している者であるとき.
6 前各号のほか,当該申請に係る病院若しくは診療所又は薬局が,保険医療機関又は保険薬局として著しく不適当と認められるものであるとき.
④ 厚生労働大臣は,第2項の病院又は診療所について第1項の申請があった場合において,次の各号のいずれかに該当するときは,その申請に係る病床の全部又は一部を除いて,第63条第3項第1号の指定を行うことができる.
1 当該申請に係る診療所の医師,歯科医師,看護師その他の従業者の人員が,医療法第21条第1項第1号又は第2項第1号に規定する厚生労働省令で定める員数及び同条第3項に規定する厚生労働省令

で定める基準を勘案して厚生労働大臣が定める基準により算定した員数を満たしていないとき.
2 当該申請に係る病床の種別に応じ,医療法第7条の2第1項に規定する地域における保険医療機関の病床数が,その指定により同法第30条の4第1項に規定する医療計画において定める基準病床数を勘案して厚生労働大臣が定めるところにより算定した数を超えることになると認める場合(その数を既に超えている場合を含む.)であって,当該病院又は診療所の開設者又は管理者が同法第30条の11の規定による都道府県知事の勧告を受け,これに従わないとき.
3 その他適正な医療の効率的な提供を図る観点から,当該病院又は診療所の病床の利用に関し,保険医療機関として著しく不適当なところがあると認められるとき.

(地方社会保険医療協議会への諮問)
第67条 厚生労働大臣は,保険医療機関に係る第63条第3項第1号の指定をしないこととするとき,若しくはその申請に係る病床の全部若しくは一部を除いて指定(指定の変更を含む.)を行おうとするとき,又は保険薬局に係る同号の指定をしないこととするときは,地方社会保険医療協議会の議を経なければならない.

(保険医療機関又は保険薬局の指定の更新)
第68条 ① 第63条第3項第1号の指定は,指定の日から起算して6年を経過したときは,その効力を失う.
② 保険医療機関(第65条第2項の病院及び診療所を除く.)又は保険薬局であって厚生労働省で定めるものについては,前項の規定によりその指定の効力を失う日前6月から同日前3月までの間に,別段の申出がないときは,同条第1項の申請があったものとみなす.

(保険医療機関又は保険薬局の責務)
第70条 ① 保険医療機関又は保険薬局は,当該保険医療機関において診療に従事する保険医又は当該保険薬局において調剤に従事する保険薬剤師に,第72条第1項の厚生労働省令で定めるところにより,診療又は調剤に当たらせるほか,厚生労働省令で定めるところにより,療養の給付を担当しなければならない.
② 保険医療機関又は保険薬局は,前項(第85条第9項,第85条の2第5項,第86条第4項,第110条第7項及び第149条において準用する場合を含む.)の規定によるほか,船員保険法,国民健康保険法,国家公務員共済組合法(昭和33年法律第128号.他の法律において準用し,又は例による場合を含む.)又は地方公務員等共済組合法(以下「この法律以外の医療保険各法」という.)による療養の給付並びに被保険者及び被扶養者の療養並びに高齢者の医療の確保に関する法律による療養の給付,入院時食事療養費に係る療養,入院時生活療養費に係る療養及び保険外併用療養費に係る療養を担当するものとする.
③ 保険医療機関のうち医療法第4条の2に規定する特定機能病院その他の病院であって厚生労働省令で定めるものは,患者の病状その他の患者の事情に応じた適切な他の保険医療機関を他に紹介することその他の保険医療機関相互間の機能の分担及び業務の連携のための措置として厚生労働省令で定める措置を講ずるものとする.

(保険医又は保険薬剤師の登録)
第71条 ① 第64条の登録は,医師若しくは歯科医師又は薬剤師の申請により行う.
② 厚生労働大臣は,前項の申請があった場合において,次の各号のいずれかに該当するときは,第64条の登録をしないことができる.
1 申請者が,この法律の規定により保険医又は保険薬剤師に係る第64条の登録を取り消され,その取消しの日から5年を経過しない者であるとき.
2 申請者が,この法律その他国民の保健医療に関する法律で政令で定めるものの規定により罰金の刑に処せられ,その執行を終わり,又は執行を受けることがなくなるまでの者であるとき.
3 申請者が,禁錮以上の刑に処せられ,その執行を終わり,又は執行を受けることがなくなるまでの者であるとき.
4 前3号のほか,申請者が,保険医又は保険薬剤師として著しく不適当と認められる者であるとき.
③ 厚生労働大臣は,保険医又は保険薬剤師に係る第64条の登録をしないときは,地方社会保険医療協議会の議を経なければならない.
④ 第1項又は第2項に規定するもののほか,保険医及び保険薬剤師に係る第64条の登録に関して必要な事項は,政令で定める.

(保険医又は保険薬剤師の責務)
第72条 ① 保険医療機関において診療に従事する保険医又は保険薬局において調剤に従事する保険薬剤師は,厚生労働省令で定めるところにより,健康保険の診療又は調剤に当たらなければならない.
② 保険医療機関において診療に従事する保険医又は保険薬局において調剤に従事する保険薬剤師は,前項(第85条第9項,第85条の2第5項,第86条第4項,第110条第7項及び第149条において準用する場合を含む.)の規定によるほか,この法律以外の医療保険各法は高齢者の医療の確保に関する法律による診療又は調剤に当たるものとする.

(一部負担金)
第74条 ① 第63条第3項の規定により保険医療機関又は保険薬局から療養の給付を受ける者は,その給付を受ける際,次の各号に掲げる場合の区分に応じ,当該給付につき第76条第2項又は第3項の規定により算定した額に当該各号に定める割合を乗じて得た額を,一部負担金として,当該保険医療機関又は保険薬局に支払わなければならない.
1 70歳に達する日の属する月以前である場合 100分の30
2 70歳に達する日の属する月の翌月以後である場合(次号に掲げる場合を除く.) 100分の20
3 70歳に達する日の属する月の翌月以後である場合であって,政令で定めるところにより算定した報酬の額が政令で定める額以上であるとき 100分の30
② 保険医療機関又は保険薬局は,前項の一部負担金(第75条の2第1項第1号の措置が採られたときは,当該減額された一部負担金)の支払を受けるべきものとし,保険医療機関又は保険薬局が善良な管理者と同一の注意をもってその支払を受けることに努めたにもかかわらず,なお療養の給付を受けた者が当該一部負担金の全部又は一部を支払わないときは,保険者は,当該保険医療機関又は保険薬局の請求に基づき,この法律の規定による徴収金の例によりこれを処分することができる.

(一部負担金の額の特例)
第75条の2 ① 保険者は,災害その他の厚生労働省令で定める特別の事情にある被保険者であって,保険医療機関又は保険薬局に第74条第1項の規定による一部負担金を支払うことが困難であると認められるものに対し,次の措置を採ることができる.
1 一部負担金を減額すること.
2 一部負担金の支払を免除すること.
3 保険医療機関又は保険薬局に対する支払に代えて,一部負担金を直接に徴収することとし,その徴収を猶予すること. 〈②,③(略)〉

(療養の給付に関する費用)
第76条 ① 療養の給付に関する費用を保険医療機関又は保険薬局に支払うものとし,保険医療機関又は保険薬局が療養の給付に関し保険者に請求することができる費用の額は,療養の給付に要する費用の額から,当該療養の給付に関し被保険者が当該保険医療機関又は保険薬局に対して支払わなければならない一部負担金に相当する額を控除した額とする.
② 前項の療養の給付に要する費用の額は,厚生労働大臣が定めるところにより,算定するものとする.
④ 保険者は,保険医療機関又は保険薬局から療養の給付に関する費用の請求があったときは,第70条第1項及び第72条第1項の厚生労働省令並びに前2項の定めに照らして審査の上,支払うものとする.
⑤ 保険者は,保険医療機関及び保険薬局に対する前項の規定による費用の支払に関する事務を社会保険診療報酬支払基金法(昭和23年法律第129号)による社会保険診療報酬支払基金(以下「基金」という.)又は国民健康保険法第45条第5項に規定する国民健康保険団体連合会(以下「国保連合会」という.)に委託することができる. 〈③,⑥(略)〉

(保険医療機関又は保険薬局の指定の取消し)
第80条 厚生労働大臣は,次の各号のいずれかに該当する場合においては,当該保険医療機関又は保険薬局に係る第63条第3項第1号の指定を取り消すことができる.
1 保険医療機関において診療に従事する保険医又は保険薬局において調剤に従事する保険薬剤師が,第72条第1項(第85条第9項,第85条の2第5項,第86条第4項,第110条第7項及び第149条において準用する場合を含む.)の規定に違反したとき(当該違反を防止するため,当該保険医療機関又は保険薬局が相当の注意及び監督を尽くしたときを除く.).
2 前号のほか,保険医療機関又は保険薬局が,第70条第1項(第85条第9項,第85条の2第5項,第86条第4項,第110条第7項及び第149条において準用する場合を含む.)の規定に違反したとき.
3 療養の給付に関する費用の請求又は第85条第5項(第85条の2第5項及び第86条第4項において準用する場合を含む.)若しくは第110条第4項(これらの規定を第149条において準用する場合を含む.)の規定による支払に関する請求について不正があったとき.
4 保険医療機関又は保険薬局が,第78条第1項(第85条第9項,第85条の2第5項,第86条第4項,第110条第7項及び第149条において準用する場合を含む.次号において同じ.)の規定により報告若しくは診療録その他の帳簿書類の提出若しくは提示を命ぜられてこれに従わず,又は虚偽の報告をしたとき.
5 保険医療機関又は保険薬局の開設者又は従業者が,第78条第1項の規定により出頭を求められてこれに応ぜず,同項の規定による質問に対して答弁せず,若しくは虚偽の答弁をし,又は同項の規定による検査を拒み,妨げ,若しくは忌避したとき(当該保険医療機関又は保険薬局の従業者がその行為をした場合において,その行為を防止するため,当該保険医療機関又は保険薬局が相当の注意及び監督を尽くしたときを除く.).
6 この法律以外の医療保険各法による療養の給付若しくは被保険者若しくは被扶養者の療養又は高齢者の医療の確保に関する法律による療養の給付,入院時食事療養費に係る療養,入院時生活療養費に係る療養若しくは保険外併用療養費に係る療養に関し,前各号のいずれかに相当する事由があったとき.
7 保険医療機関又は保険薬局の開設者又は管理者が,この法律その他国民の保健医療に関する法律で政令で定めるものにより罰金の刑に処せられ,その執行を終わり,又は執行を受けることがなくなるまでの者に該当するに至ったとき.
8 保険医療機関又は保険薬局の開設者又は管理者が,禁錮以上の刑に処せられ,その執行を終わり,又は執行を受けることがなくなるまでの者に該当するに至ったとき.
9 前各号に掲げる場合のほか,保険医療機関又は保険薬局の開設者が,この法律その他国民の保健医療に関する法律で政令で定めるもの又はこれらの法律に基づく命令若しくは処分に違反したとき.

(保険医又は保険薬剤師の登録の取消し)
第81条 厚生労働大臣は,次の各号のいずれかに該当する場合においては,当該保険医又は保険薬剤師に係る第64条の登録を取り消すことができる.
1 保険医又は保険薬剤師が,第72条第1項(第85条第9項,第85条の2第5項,第86条第4項,第110条第7項及び第149条において準用する場合を含む.)の規定に違反したとき.
2 保険医又は保険薬剤師が,第78条第1項(第85条第9項,第85条の2第5項,第86条第4項,第110条第7項及び第149条において準用する場合を含む.以下この号において同じ.)の規定により出頭を求められてこれに応ぜず,第78条第1項の規定による質問に対して答弁せず,若しくは虚偽の答弁をし,又は同項の規定による検査を拒み,妨げ,若しくは忌避したとき.
3 この法律以外の医療保険各法又は高齢者の医療の確保に関する法律による診療又は調剤に関し,前2号のいずれかに相当する事由があったとき.
4 保険医又は保険薬剤師が,この法律その他国民の保健医療に関する法律で政令で定めるものの規定により罰金の刑に処せられ,その執行を終わり,又は執行を受けることがなくなるまでの者に該当するに至ったとき.
5 保険医又は保険薬剤師が,禁錮以上の刑に処せられ,その執行を終わり,又は執行を受けることがなくなるまでの者に該当するに至ったとき.
6 前各号に掲げる場合のほか,保険医又は保険薬剤師が,この法律その他国民の保健医療に関する法律で政令で定めるもの又はこれらの法律に基づく命令若しくは処分に違反したとき.

(社会保険医療協議会への諮問)

健康保険法（82条〜86条）

第82条　① 厚生労働大臣は、第70条第1項（第85条第9項、第85条の2第5項、第86条第4項、第110条第7項及び第149条において準用する場合を含む。）若しくは第3項若しくは第72条第1項（第85条第9項、第85条の2第5項、第86条第4項、第110条第7項及び第149条において準用する場合を含む。）の厚生労働省令を定めようとするとき、又は第63条第2項第3号若しくは第5号若しくは第76条第2項（これらの規定を第149条において準用する場合を含む。）の定めをしようとするときは、中央社会保険医療協議会に諮問するものとする。ただし、第63条第2項第3号の定めのうち高度の医療技術に係るものについては、この限りでない。

② 厚生労働大臣は、保険医療機関若しくは保険薬局に係る第63条第3項第1号の指定を行おうとするとき、若しくはその指定を取り消そうとするとき、又は保険医若しくは保険薬剤師に係る第64条の登録を取り消そうとするときは、政令で定めるところにより、地方社会保険医療協議会に諮問するものとする。

（処分に対する弁明の機会の付与）

第83条　厚生労働大臣は、保険医療機関に係る第63条第3項第1号の指定をしないこととするとき、若しくはその申請に係る病床の全部若しくは一部を除いて指定（指定の変更を含む。）を行おうとするとき、若しくは保険薬局に係る同号の指定をしないこととするとき、又は保険医若しくは保険薬剤師に係る第64条の登録をしないこととするときは、当該医療機関若しくは薬局の開設者又は当該保険医若しくは保険薬剤師に対し、弁明の機会を与えなければならない。この場合においては、あらかじめ、書面で、弁明をすべき日時、場所及びその事由を通知しなければならない。

（入院時食事療養費）

第85条　① 被保険者（特定長期入院被保険者を除く。以下この条において同じ。）が、厚生労働省令で定めるところにより、第63条第3項各号に掲げる病院又は診療所のうち自己の選定するものから同条第1項第5号に掲げる療養の給付と併せて受けた食事療養に要した費用について、入院時食事療養費を支給する。

② 入院時食事療養費の額は、当該食事療養につき食事療養に要する平均的な費用の額を勘案して厚生労働大臣が定める基準により算定した費用の額（その額が現に当該食事療養に要した費用の額を超えるときは、当該現に食事療養に要した費用の額）から、平均的な家計における食費の状況及び特定介護保険施設等（介護保険法第51条の3第1項に規定する特定介護保険施設等をいう。）における食事の提供に要する平均的な費用の額を勘案して厚生労働大臣が定める額（所得の状況その他の事情をしん酌して厚生労働省令で定める者については、別に定める額。以下「食事療養標準負担額」という。）を控除した額とする。

⑤ 被保険者が第63条第3項第1号又は第2号に掲げる病院又は診療所から食事療養を受けたときは、保険者は、その被保険者が当該病院又は診療所に支払うべき食事療養に要した費用について、入院時食事療養費として被保険者に対し支給すべき額の限度において、被保険者に代わり、当該病院又は診療所に支払うことができる。

⑥ 前項の規定による支払があったときは、被保険者に対し入院時食事療養費の支給があったものとみなす。

⑦ 被保険者が第63条第3項第3号に掲げる病院又は診療所から食事療養を受けた場合において、保険者がその被保険者の支払うべき食事療養に要した費用のうち入院時食事療養費として被保険者に支給すべき額に相当する額の支払を免除したときは、入院時食事療養費の支給があったものとみなす。

〈③、④、⑧、⑨(略)〉

（入院時生活療養費）

第85条の2　① 特定長期入院被保険者が、厚生労働省令で定めるところにより、第63条第3項各号に掲げる病院又は診療所のうち自己の選定するものから同条第1項第5号に掲げる療養の給付と併せて受けた生活療養に要した費用について、入院時生活療養費を支給する。

② 入院時生活療養費の額は、当該生活療養につき生活療養に要する平均的な費用の額を勘案して厚生労働大臣が定める基準により算定した費用の額（その額が現に当該生活療養に要した費用の額を超えるときは、当該現に生活療養に要した費用の額）から、平均的な家計における食費及び光熱水費の状況並びに病院及び診療所における生活療養に要する費用について介護保険法第51条の3第2項第1号に規定する食費の基準費用額及び同項第2号に規定する居住費の基準費用額に相当する費用の額を勘案して厚生労働大臣が定める額（所得の状況、病状の程度、治療の内容その他の事情をしん酌して厚生労働省令で定める者については、別に定める額。以下「生活療養標準負担額」という。）を控除した額とする。

〈③〜⑤(略)〉

（保険外併用療養費）

第86条　① 被保険者が、厚生労働省令で定めるところにより、第63条第3項各号に掲げる病院若しくは診療所又は薬局（以下「保険医療機関等」と総称する。）のうち自己の選定するものから、評価療養、患者申出療養又は選定療養を受けたときは、その療養に要した費用について、保険外併用療養費を支給する。

② 保険外併用療養費の額は、第1号に掲げる額（当該療養に食事療養が含まれるときは当該額及び第2号に掲げる額の合算額、当該療養に生活療養が含まれるときは当該額及び第3号に掲げる額の合算額）とする。

1　当該療養（食事療養及び生活療養を除く。）につき第76条第2項の定めを勘案して厚生労働大臣が定めるところにより算定した費用の額（その額が現に当該療養に要した費用の額を超えるときは、当該現に療養に要した費用の額）から、その額に第74条第1項各号に掲げる場合の区分に応じ、同項各号に定める割合を乗じて得た額（療養の給付に係る同項の一部負担金について第75条の2第1項各号の措置が採られるべきときは、当該措置が採られたものとした場合の額）を控除した額

2　当該食事療養につき第85条第2項に規定する厚生労働大臣が定める基準により算定した費用の額（その額が現に当該食事療養に要した費用の額を超えるときは、当該現に食事療養に要した費用の額）から食事療養標準負担額を控除した額

3　当該生活療養につき前条第2項に規定する厚生労働大臣が定める基準により算定した費用の

(その額が現に当該生活療養に要した費用の額を超えるときは、当該現に生活療養に要した費用の額)から生活療養標準負担額を控除した額

〈③～⑤(略)〉

(療養費)
第87条 ① 保険者は、療養の給付若しくは入院時食事療養費、入院時生活療養費若しくは保険外併用療養費の支給(以下この項において「療養の給付等」という。)を行うことが困難であると認めるとき、又は被保険者が保険医療機関等以外の病院、診療所、薬局その他の者から診療、薬剤の支給若しくは手当を受けた場合において、保険者がやむを得ないものと認めるときは、療養の給付等に代えて、療養費を支給することができる。
② 療養費の額は、当該療養(食事療養及び生活療養を除く。)について算定した費用の額から、その額に第74条第1項各号に掲げる場合の区分に応じ、同項各号に定める割合を乗じて得た額を控除した額及び当該食事療養又は生活療養について算定した費用の額から食事療養標準負担額又は生活療養標準負担額を控除した額を基準として、保険者が定める。

〈③(略)〉

第2款 訪問看護療養費の支給
(訪問看護療養費)
第88条 ① 被保険者が、厚生労働大臣が指定する者(以下「指定訪問看護事業者」という。)から当該指定に係る訪問看護事業(疾病又は負傷により、居宅において継続して療養を受ける状態にある者(主治の医師がその治療の必要の程度につき厚生労働省令で定める基準に適合していると認めたものに限る。)に対し、その者の居宅において看護師その他厚生労働省令で定める者による療養上の世話又は必要な診療の補助(保険医療機関等又は介護保険法第8条第28項に規定する介護老人保健施設によるものを除く。以下「訪問看護」という。)を行う事業をいう。)を行う事業所において行われる訪問看護(以下「指定訪問看護」という。)を受けたときは、その指定訪問看護に要した費用について、訪問看護療養費を支給する。
② 前項の訪問看護療養費は、厚生労働省令で定めるところにより、保険者が必要と認める場合に限り、支給するものとする。
④ 訪問看護療養費の額は、当該指定訪問看護につき指定訪問看護に要する平均的な費用の額を勘案して厚生労働大臣が定めるところにより算定した費用の額から、その額に第74条第1項各号に掲げる場合の区分に応じ、同項各号に定める割合を乗じて得た額(療養の給付に係る同項の一部負担金について第75条第1項各号の措置が採られるべきときは、当該措置が採られたものとした場合の額)を控除した額とする。
⑥ 被保険者が指定訪問看護事業者から指定訪問看護を受けたときは、保険者は、その被保険者が当該指定訪問看護事業者に支払うべき当該指定訪問看護に要した費用について、訪問看護療養費として被保険者に対し支給すべき限度において、被保険者に代わり、当該指定訪問看護事業者に支払うことができる。
⑦ 前項の規定による支払があったときは、被保険者に対し訪問看護療養費の支給があったものとみなす。
⑧ 第75条の規定は、第6項の場合において第4項の規定により算定した費用の額から当該指定訪問看護に要した費用について訪問看護療養費として支給される額に相当する額を控除した額の支払について準用する。
⑨ 指定訪問看護事業者は、指定訪問看護に要した費用につき、その支払を受ける際、当該支払をした被保険者に対し、厚生労働省令で定めるところにより、領収証を交付しなければならない。

〈③、⑤、⑩～⑬(略)〉

(指定訪問看護事業者の指定)
第89条 前条第1項の指定は、厚生労働省令で定めるところにより、訪問看護事業を行う者の申請により、訪問看護事業を行う事業所(以下「訪問看護事業所」という。)ごとに行う。(指定訪問看護の事業の運営に関する基準)

〈②(略)〉

第92条 ① 指定訪問看護事業者は、当該指定に係る訪問看護事業所ごとに、厚生労働省令で定める基準に従い厚生労働省令で定める員数の看護師その他の従業者を有しなければならない。
② 前項に規定するもののほか、指定訪問看護の事業の運営に関する基準は、厚生労働大臣が定める。

〈③(略)〉

第3款 移送費の支給
第97条 ① 被保険者が療養の給付(保険外併用療養費に係る療養を含む。)を受けるため、病院又は診療所に移送されたときは、移送費として、厚生労働省令で定めるところにより算定した金額を支給する。
② 前項の移送費は、厚生労働省令で定めるところにより、保険者が必要であると認める場合に限り、支給するものとする。

第4款 補　則
第3節 傷病手当金、埋葬料、出産育児一時金及び出産手当金の支給
(傷病手当金)
第99条 ① 被保険者(任意継続被保険者を除く。第102条第1項において同じ。)が療養のため労務に服することができないときは、その労務に服することができなくなった日から起算して3日を経過した日から労務に服することができない期間、傷病手当金を支給する。
② 傷病手当金の額は、1日につき、傷病手当金の支給を始める日の属する月以前の直近の継続した12月間の各月の標準報酬月額(被保険者が現に属する保険者等により定められたものに限る。以下この項において同じ。)を平均した額の30分の1に相当する額(その額に、5円未満の端数があるときは、これを切り捨て、5円以上10円未満の端数があるときは、これを10円に切り上げるものとする。)の3分の2に相当する額(その金額に、50銭未満の端数があるときは、これを切り捨て、50銭以上1円未満の端数があるときは、これを1円に切り上げるものとする。)とする。ただし、同日の属する月以前の直近の継続した期間において標準報酬月額が定められている月が12月に満たない場合にあっては、次の各号に掲げる額のうちいずれか少ない額の3分の2に相当する額(その金額に、50銭未満の端数があるときは、これを切り捨て、50銭以上1円未満の端数があるときは、これを1円に切り上げるものとする。)とする。
1 傷病手当金の支給を始める日の属する月以前の直近の継続した各月の標準報酬月額を平均した額の30分の1に相当する額(その額に、5円未満の

端数があるときは、これを切り捨て、5円以上10円未満の端数があるときは、これを10円に切り上げるものとする.
2　傷病手当金の支給を始める日の属する年度の前年度の9月30日における全被保険者の同月の標準報酬月額を平均した額を標準報酬月額の基礎となる報酬月額とみなしたときの標準報酬月額の30分の1に相当する額(その額に、5円未満の端数があるときは、これを切り捨て、5円以上10円未満の端数があるときは、これを10円に切り上げるものとする.
③　前項に規定するもののほか、傷病手当金の額の算定に関して必要な事項は、厚生労働省令で定める.
④　傷病手当金の支給期間は、同一の疾病又は負傷及びこれにより発した疾病に関しては、その支給を始めた日から起算して1年6月を超えないものとする.
(埋葬料)
第100条　①　被保険者が死亡したときは、その者により生計を維持していた者であって、埋葬を行うのに対し、埋葬料として、政令で定める金額を支給する.
②　前項の規定により埋葬料の支給を受けるべき者がない場合においては、埋葬を行った者に対し、同項の規定の範囲内においてその埋葬に要した費用に相当する金額を支給する.
(出産育児一時金)
第101条　被保険者が出産したときは、出産育児一時金として、政令で定める金額を支給する.
(出産手当金)
第102条　①被保険者が出産したときは、出産の日(出産の日が出産の予定日後であるときは、出産の予定日)以前42日(多胎妊娠の場合においては、98日)から出産の日後56日までの間において労務に服さなかった期間、出産手当金を支給する.
②　第99条第2項及び第3項の規定は、出産手当金の支給について準用する.
(資格喪失後の出産育児一時金の給付)
第106条　1年以上被保険者であった者が被保険者の資格を喪失した日後6月以内に出産したときは、被保険者として受けることができるはずであった出産育児一時金の支給を最後の保険者から受けることができる.
(傷病手当金又は出産手当金と報酬等との調整)
第108条　①　疾病にかかり、又は負傷した場合において報酬の全部又は一部を受けることができる場合に対しては、これを受けることができる期間は、傷病手当金を支給しない. ただし、その受けることができる報酬の額が、第99条第2項の規定により算定される額より少ないとき(第103条第1項又は第3項若しくは第4項に該当するときを除く.)は、その差額を支給する.
②　出産した場合において報酬の全部又は一部を受けることができる者に対しては、これを受けることができる期間は、出産手当金を支給しない. ただし、その受けることができる報酬の額が、出産手当金の額より少ないときは、その差額を支給する.
③　傷病手当金の支給を受けるべき者が、同一の疾病又は負傷及びこれにより発した疾病につき厚生年金保険法による障害厚生年金の支給を受けることができるときは、傷病手当金は、支給しない. ただし、その受けることができる障害厚生年金の額(当該障害厚生年金と同一の支給事由に基づき国民年金法による障害基礎年金の支給を受けることができるときは、当該障害厚生年金の額と当該障害基礎年金の額との合算額)につき厚生労働省令で定めるところにより算定した額(以下この項において「障害年金の額」という.)が、第99条第2項の規定により算定される額より少ないときは、当該額と次の各号に掲げる場合の区分に応じて当該各号に定める額との差額を支給する.
1　報酬を受けることができない場合であって、かつ、出産手当金の支給を受けることができない場合　障害年金の額
2　報酬を受けることができない場合であって、かつ、出産手当金の支給を受けることができる場合　出産手当金の額(当該額が第99条第2項の規定により算定される額を超える場合にあっては、当該額)と障害年金の額のいずれか多い額
3　報酬の全部又は一部を受けることができる場合であって、かつ、出産手当金の支給を受けることができない場合　当該受けることができる報酬の全部又は一部の額(当該額が第99条第2項の規定により算定される額を超える場合にあっては、当該額)と障害年金の額のいずれか多い額
4　報酬の全部又は一部を受けることができる場合であって、かつ、出産手当金の支給を受けることができる場合　当該受けることができる報酬の全部又は一部の額及び前項ただし書の規定により算定される出産手当金の額の合算額(当該合算額が第99条第2項の規定により算定される額を超える場合にあっては、当該額)と障害年金の額のいずれか多い額
④　傷病手当金の支給を受けるべき者が、同一の疾病又は負傷及びこれにより発した疾病につき厚生年金保険法による障害手当金の支給を受けることができるときは、当該障害手当金の支給を受けることとなった日からその者が同日後に傷病手当金の支給を受けるとする場合の第99条第2項の規定により算定される額の合計額が当該障害手当金の額に達するに至る日までの間、傷病手当金は、支給しない. ただし、当該合計額が当該障害手当金の額に達するに至った日において当該合計額が当該障害手当金の額を超える場合において、報酬の全部若しくは一部又は出産手当金の支給を受けることができるときその他の政令で定めるときは、当該合計額と当該障害手当金の額との差額その他の政令で定める差額については、この限りでない.
⑤　傷病手当金の支給を受けるべき者(第104条の規定により受けるべき者であって、政令で定める要件に該当するものに限る.)が、国民年金法又は厚生年金保険法による老齢を支給事由とする年金たる給付その他の老齢又は退職を支給事由とする年金である給付であって政令で定めるもの(以下この項及び次項において「老齢退職年金給付」という.)の支給を受けることができるときは、傷病手当金は、支給しない. ただし、その受けることができる老齢退職年金給付の額(当該老齢退職年金給付が二以上あるときは、当該二以上の老齢退職年金給付の額の合算額)につき厚生労働省令で定めるところにより算定した額が、傷病手当金の額より少ないときは、その差額を支給する. 　　　　⟨⑥(略)⟩

第4節　家族療養費,家族訪問看護療養費,家族移送費,家族埋葬料及び家族出産育児一時金の支給

（家族療養費）

第110条　① 被保険者の被扶養者が保険医療機関等のうち自己の選定するものから療養を受けたときは,被保険者に対し,その療養に要した費用について,家族療養費を支給する.

② 家族療養費の額は,第1号に掲げる額（当該療養に食事療養が含まれるときは当該額及び第2号に掲げる額の合算額,当該療養に生活療養が含まれるときは当該額及び第3号に掲げる額の合算額）とする.

1　当該療養（食事療養及び生活療養を除く.）につき算定した費用の額（その額が現に療養に要した費用の額を超えるときは,当該現に療養に要した費用の額）に次のイからニまでに掲げる場合の区分に応じ,当該イからニまでに定める割合を乗じて得た額

イ　被扶養者が6歳に達する日以後の最初の3月31日以後であって70歳に達する日の属する月以前である場合　100分の70

ロ　被扶養者が6歳に達する日以後の最初の3月31日以前である場合　100分の80

ハ　被扶養者（ニに規定する被扶養者を除く.）が70歳に達する日の属する月の翌月以後である場合　100分の80

ニ　第74条第1項第3号に掲げる場合に該当する被保険者その他政令で定める被保険者の被扶養者が70歳に達する日の属する月の翌月以後である場合　100分の70

2　当該食事療養につき算定した費用の額（その額が現に当該食事療養に要した費用の額を超えるときは,当該現に食事療養に要した費用の額）から食事療養標準負担額を控除した額

3　当該生活療養につき算定した費用の額（その額が現に当該生活療養に要した費用の額を超えるときは,当該現に生活療養に要した費用の額）から生活療養標準負担額を控除した額

③ 前項第1号の療養についての費用の額の算定に関しては,保険医療機関等から療養（評価療養及び,患者申出療養,選定療養を除く.）を受ける場合にあっては第76条第2項の費用の額の算定,保険医療機関等から評価療養,患者申出療養又は選定療養を受ける場合にあっては第86条第2項第1号の費用の額の算定,前項第2号の食事療養についての費用の額の算定に関しては,第85条第2項の費用の額の算定,前項第3号の生活療養についての費用の額の算定に関しては,第85条の2第2項の費用の額の算定の例による.

④ 被扶養者が第63条第3項第1号又は第2号に掲げる病院若しくは診療所又は薬局から療養を受けたときは,保険者は,その被扶養者が当該病院若しくは診療所又は薬局に支払うべき療養に要した費用について,家族療養費として被保険者に対し支給すべき額の限度において,その被扶養者に代わり,当該病院若しくは診療所又は薬局に支払うことができる.

⑤ 前項の規定による支払があったときは,被保険者に対し家族療養費の支給があったものとみなす.

⑥ 被保険者が第63条第3項第1号に掲げる病院若しくは診療所又は薬局から療養を受けた場合において,保険者がその被扶養者が支払うべき療養に要した費用のうち家族療養費として被保険者に支給すべき額に相当する額の支払を免除したときは,被保険者に対し家族療養費の支給があったものとみなす.

⑦ 第63条,第64条,第70条第1項,第72条第1項,第73条,第76条第3項から第6項まで,第78条,第84条第5項,第85条第8項,第87条及び第98条の規定は,家族療養費の支給及び被扶養者の療養について準用する.　《⑧(略)》

（家族訪問看護療養費）

第111条　① 被保険者の被扶養者が指定訪問看護事業者から指定訪問看護を受けたときは,被保険者に対し,その指定訪問看護に要した費用について,家族訪問看護療養費を支給する.

② 家族訪問看護療養費の額は,当該指定訪問看護につき第88条第4項の厚生労働大臣の定めの例により算定した費用の額に第110条第2項第1号イからニまでに掲げる場合の区分に応じ,同号イからニまでに定める割合を乗じて得た額（家族療養費の支給について前条第1項又は第2項の規定が適用されるべきときは,当該規定が適用されたものとした場合の額）とする.　《③(略)》

（家族移送費）

第112条　① 被保険者の被扶養者が家族療養費に係る療養を受けるため,病院又は診療所に移送されたときは,家族移送費として,被保険者に対し,第97条第1項の厚生労働省令で定めるところにより算定した金額を支給する.

② 第97条第2項及び第98条の規定は,家族移送費の支給について準用する.

（家族埋葬料）

第113条　被保険者の被扶養者が死亡したときは,家族埋葬料として,被保険者に対し,第100条第1項の政令で定める金額を支給する.

（家族出産育児一時金）

第114条　被保険者の被扶養者が出産したときは,家族出産育児一時金として,被保険者に対し,第101条の政令で定める金額を支給する.

第5節　高額療養費及び高額介護合算療養費の支給

（高額療養費）

第115条　① 療養の給付について支払われた一部負担金の額又は療養（食事療養及び生活療養を除く,次項において同じ.）に要した費用の額からその療養に要した費用につき保険外併用療養費,療養費,訪問看護療養費,家族療養費若しくは家族訪問看護療養費として支給される額に相当する額を控除した額（次条第1項において「一部負担金等の額」という.）が著しく高額であるときは,その療養の給付又はその保険外併用療養費,療養費,訪問看護療養費,家族療養費若しくは家族訪問看護療養費の支給を受けた者に対し,高額療養費を支給する.

② 高額療養費の支給要件,支給額その他高額療養費の支給に関して必要な事項は,療養に必要な費用の負担の家計に与える影響及び療養に要した費用の額を考慮して,政令で定める.

（高額介護合算療養費）

第115条の2　① 一部負担金等の額（前条第1項の高額療養費が支給される場合にあっては,当該費用の額に相当する額を控除して得た額）並びに介護保険法第51条第1項に規定する介護サービス利用者負担額（同項の高額介護サービス費が支給される

19 健康保険法（116条〜125条）

場合にあっては，当該支給額を控除して得た額）及び同法第61条第1項に規定する介護予防サービス利用者負担額（同項の高額介護予防サービス費が支給される場合にあっては，当該支給額を控除して得た額）の合計額が著しく高額であるときは，当該一部負担金等の額に係る療養の給付又は保険外併用療養費，療養費，訪問看護療養費，家族療養費若しくは家族訪問看護療養費の支給を受けた者に対し，高額介護合算療養費を支給する．

② 前条第2項の規定は，高額介護合算療養費の支給について準用する．

第6節　保険給付の制限

第116条　被保険者又は被保険者であった者が，自己の故意の犯罪行為により，又は故意に給付事由を生じさせたときは，当該給付事由に係る保険給付は，行わない．

第117条　被保険者が闘争，泥酔又は著しい不行跡によって給付事由を生じさせたときは，当該給付事由に係る保険給付は，その全部又は一部を行わないことができる．

第118条　① 被保険者又は被保険者であった者が，次の各号のいずれかに該当する場合には，疾病，負傷又は出産につき，その期間に係る保険給付（傷病手当金及び出産手当金の支給にあっては，厚生労働省令で定める場合に限る．）は，行わない．
1　少年院その他これに準ずる施設に収容されたとき．
2　刑事施設，労役場その他これらに準ずる施設に拘禁されたとき．

② 保険者は，被保険者又は被保険者であった者が前項各号のいずれかに該当する場合であっても，被扶養者に係る保険給付を行うことを妨げない．

第119条　保険者は，被保険者又は被保険者であった者が，正当な理由なしに療養に関する指示に従わないときは，保険給付の一部を行わないことができる．

第120条　保険者は，偽りその他不正の行為により保険給付を受け，又は受けようとした者に対して，6月以内の期間を定め，その者に支給すべき傷病手当金又は出産手当金の全部又は一部を支給しない旨の決定をすることができる．ただし，偽りその他不正の行為があった日から1年を経過したときは，この限りでない．

第122条　第116条，第117条，第118条第1項及び第119条の規定は，被扶養者に係る保険給付について準用する．この場合において，これらの規定中「保険給付」とあるのは，「当該被扶養者に係る保険給付」と読み替えるものとする．

第5章　日雇特例被保険者に関する特例

第1節　日雇特例被保険者の保険の保険者

第123条　① 日雇特例被保険者の保険の保険者は，協会とする． 〈②（略）〉

第2節　標準賃金日額等

（標準賃金日額）

第124条　① 標準賃金日額は，日雇特例被保険者の賃金日額に基づき，次の等級区分（次項の規定により等級区分の改定が行われたときは，改定後の等級区分）による．

標準賃金日額等級	標準賃金日額	賃金日額
第1級	3,000円	3,500円未満
第2級	4,400円	3,500円以上 5,000円未満
第3級	5,750円	5,000円以上 6,500円未満
第4級	7,250円	6,500円以上 8,000円未満
第5級	8,750円	8,000円以上 9,500円未満
第6級	10,750円	9,500円以上 12,000円未満
第7級	13,250円	12,000円以上 14,500円未満
第8級	15,750円	14,500円以上 17,000円未満
第9級	18,250円	17,000円以上 19,500円未満
第10級	21,250円	19,500円以上 23,000円未満
第11級	24,750円	23,000円以上

② 1の年度における標準賃金日額等級の最高等級に対応する標準賃金日額に係る保険料の延べ納付日数の当該年度における日雇特例被保険者に関する保険料の総延べ納付日数に占める割合が100分の3を超える場合において，その状態が継続すると認められるときは，翌年度の9月1日から，政令で，当該最高等級の上に更に等級を加える標準賃金日額の等級区分の改定を行うことができる．ただし，当該1の年度において，改定後の標準賃金日額等級の最高等級に対応する標準賃金日額に係る保険料の延べ納付日数の日雇特例被保険者に関する保険料の総延べ納付日数に占める割合が100分の1を下回ってはならない．

③ 第40条第3項の規定は，前項の政令の制定又は改正について準用する．

（賃金日額）

第125条　① 賃金日額は，次の各号によって算定する．
1　賃金が日又は時間によって定められる場合，1日における出来高によって定められる他の日雇特例被保険者が使用された日の賃金を算出することができる場合には，その額
2　賃金が2日以上の期間における出来高によって定められる場合その他の日雇特例被保険者が使用された日の賃金を算出することができない場合（次号に該当する場合を除く．）には，当該事業所において同様の業務に従事し同様の賃金を受ける者のその前日（その前日において同様の業務に従事し同様の賃金を受ける者がなかったときは，これに該当するのあったその直近の日）における賃金の平均額
3　賃金が2日以上の期間によって定められる場合には，その額をその期間の総日数（月の場合は，1月を30日として計算する．）で除して得た額
4　前3号の規定により算定することができないものについては，その地方において同様の業務に従事し同様の賃金を受ける者が1日において受ける賃金の額
5　前各号のうち2以上に該当する賃金を受ける場合には，それぞれの賃金につき，前各号によって算

定した額の合算額
6　1日において2以上の事業所に使用される場合には,初めに使用される事業所から受ける賃金について,前各号によって算定した額　〈②(略)〉

第3節　日雇特例被保険者に係る保険給付
(保険給付の種類)
第127条　日雇特例被保険者(日雇特例被保険者であった者を含む.以下この節において同じ.)に係るこの法律による保険給付は,次のとおりとする.
1　療養の給付若しくは入院時食事療養費,入院時生活療養費,保険外併用療養費,療養費,訪問看護療養費及び移送費の支給
2　傷病手当金の支給
3　埋葬料の支給
4　出産育児一時金の支給
5　出産手当金の支給
6　家族療養費,家族訪問看護療養費及び家族移送費の支給
7　家族埋葬料の支給
8　家族出産育児一時金の支給
9　特別療養費の支給
10　高額療養費及び高額介護合算療養費の支給

(他の医療保険による給付等との調整)
第128条　① 日雇特例被保険者に係る療養の給付若しくは入院時食事療養費,入院時生活療養費,保険外併用療養費,療養費,訪問看護療養費,移送費,傷病手当金,埋葬料,出産育児一時金若しくは出産手当金の支給は,同一の疾病,負傷,死亡又は出産について,前章の規定,この法律以外の医療保険各法(国民健康保険法を除く.以下この条において同じ.)の規定若しくは第55条第1項に規定する法令の規定又は介護保険法の規定によりこれらに相当する給付を受けることができる場合には,行わない.
② 日雇特例被保険者に係る療養の給付又は入院時食事療養費,入院時生活療養費,保険外併用療養費,療養費,訪問看護療養費,移送費,埋葬料若しくは出産育児一時金の支給は,同一の疾病,負傷,死亡又は出産について,前章の規定又はこの法律以外の医療保険各法の規定によりこの章の規定による家族療養費(第140条第2項において準用する第132条の規定により支給される療養費を含む.次項において同じ.),家族訪問看護療養費,家族移送費,家族埋葬料若しくは家族出産育児一時金の支給に相当する給付を受けたときは,その限度において,行わない.
③ 日雇特例被保険者に係る家族療養費,家族訪問看護療養費,家族移送費,家族埋葬料若しくは家族出産育児一時金の支給は,同一の疾病,負傷,死亡又は出産について,前章の規定若しくはこの法律以外の医療保険各法の規定又は介護保険法の規定によりこれらに相当する給付若しくは入院時食事療養費,入院時生活療養費,保険外併用療養費,療養費,訪問看護療養費,移送費,埋葬料若しくは出産育児一時金の支給を受けることができる場合には,行わない.
④ 特別療養費(第145条第6項において準用する第132条の規定により支給される療養費を含む.)の支給は,同一の疾病又は負傷について,前章の規定,この法律以外の医療保険各法の規定若しくは第55条第1項に規定する法令の規定又は介護保険法の規定によりこの章の規定による給付又は入院時食事療養費,入院時生活療養費,保険外併用療養費,療養費,訪問看護療養費,家族療養費若しくは家族訪問看護療養費の支給に相当する給付を受けることができる場合には,行わない.
⑤ 日雇特例被保険者に係る療養の給付又は入院時食事療養費,入院時生活療養費,保険外併用療養費,療養費,訪問看護療養費,移送費,家族療養費,家族訪問看護療養費,家族移送費若しくは特別療養費の支給は,同一の疾病又は負傷について,他の法令の規定により国又は地方公共団体の負担で療養又は療養費の支給を受けたときは,その限度において,行わない.

(療養の給付)
第129条　① 日雇特例被保険者の疾病又は負傷に関しては,第63条第1項各号に掲げる療養の給付を行う.
② 日雇特例被保険者が療養の給付を受けるには,これを受ける日において次の各号のいずれかに該当していなければならない.ただし,第2号に該当する場合においては,第1号に該当したことにより療養の給付を受けた疾病又は負傷及びこれにより発した疾病以外の疾病又は負傷については,療養の給付を行わない.
1　当該日の属する月の前2月間に通算して26日分以上又は当該日の属する月の前6月間に通算して78日分以上たる保険料が,その日雇特例被保険者について,納付されていること.
2　前号に該当することにより当該疾病(その原因となった疾病又は負傷を含む.以下この項において同じ.)又は負傷につき受けた療養の給付の開始の日(その開始の日前に当該疾病又は負傷につき特別療養費(第145条第6項において準用する第132条の規定により支給される療養費を含む.以下この号において同じ.)の支給又は介護保険法の規定による居宅介護サービス費の支給(その支給のうち療養に相当する指定居宅サービスに係るものに限る.以下この号,第135条第4項及び第145条第1項において同じ.),特例居宅介護サービス費の支給(その支給のうち療養に相当する居宅サービス又はこれに相当するサービスに係るものに限る.以下この号,第135条第4項及び第145条第1項において同じ.),地域密着型介護サービス費の支給(その支給のうち療養に相当する指定地域密着型サービスに係るものに限る.以下この号,第135条第4項及び第145条第1項において同じ.),特例地域密着型介護サービス費の支給(その支給のうち療養に相当する地域密着型サービス又はこれに相当するサービスに係るものに限る.以下この号,第135条第4項及び第145条第1項において同じ.),施設介護サービス費の支給(その支給のうち療養に相当する指定施設サービス等に係るものに限る.以下この号,第135条第4項及び第145条第1項において同じ.),特例施設介護サービス費の支給(その支給のうち療養に相当する施設サービスに係るものに限る.以下この号,第135条第4項及び第145条第1項において同じ.),介護予防サービス費の支給(その支給のうち療養に相当する指定介護予防サービスに係るものに限る.以下この号,第135条第4項及び第145条第1項において同じ.)若しくは特例介護予防サービス費の支給(その支給のうち療養に相当する介護予防サービス又はこれに相当するサービスに係るものに限る.以下この号,第135条第4項及び第145条第1項において同じ.)が

19 健康保険法（150条〜159条の3）

行われたときは、特別療養費の支給又は介護保険法の規定による居宅介護サービス費の支給、特例居宅介護サービス費の支給、地域密着型介護サービス費の支給、特例地域密着型介護サービス費の支給、施設介護サービス費の支給、特例施設介護サービス費の支給、介護予防サービス費の支給若しくは特例介護予防サービス費の支給の開始の日）から1年（厚生労働大臣が指定する疾病に関しては、5年）を経過していないこと（前号に該当する場合を除く.）. 〈③〜⑥(略)〉

第6章　保健事業及び福祉事業

第150条　① 保険者は、高齢者の医療の確保に関する法律第20条の規定による特定健康診査及び同法第24条の規定による特定保健指導（以下この項及び第154条の2において「特定健康診査等」という.）を行うものとするほか、特定健康診査等以外の事業であって、健康教育、健康相談及び健康診査並びに健康管理及び疾病の予防に係る被保険者及びその被扶養者（以下この条において「被保険者等」という.）の自助努力についての支援その他の被保険者等の健康の保持増進のために必要な事業を行うように努めなければならない.
② 保険者は、前項の事業を行うに当たっては、高齢者の医療の確保に関する法律第16条第2項の情報を活用し、適切かつ有効に行うものとする.
③ 保険者は、被保険者等の療養のために必要な費用に係る資金若しくは用具の貸付けその他の被保険者等の療養若しくは療養環境の向上又は被保険者等の出産のために必要な費用に係る資金の貸付けその他の被保険者等の福祉の増進のために必要な事業を行うことができる.
④ 保険者は、第1項及び前項の事業に支障がない場合に限り、被保険者等でない者にこれらの事業を利用させることができる. この場合において、保険者は、これらの事業の利用者に対し、厚生労働省令で定めるところにより、利用料を請求することができる. 〈⑤,⑥(略)〉

第7章　費用の負担

（国庫負担）
第151条　国庫は、毎年度、予算の範囲内において、健康保険事業の事務（前期高齢者納付金等、後期高齢者支援金等及び第173条の規定による拠出金の納付に関する事務を含む.）の執行に要する費用を負担する.
第152条　① 健康保険組合に対して交付する国庫負担金は、各健康保険組合における被保険者数を基準として、厚生労働大臣が算定する. 〈②(略)〉
（国庫補助）
第153条　① 国庫は、第151条に規定する費用のほか、協会が管掌する健康保険の事業の執行に要する費用のうち、被保険者に係る療養の給付並びに入院時食事療養費、入院時生活療養費、保険外併用療養費、療養費、訪問看護療養費、移送費、傷病手当金、出産育児一時金、家族療養費、家族訪問看護療養費、家族移送費、家族出産育児一時金及び高額介護合算療養費の支給に要する費用（療養の給付については、一部負担金に相当する額を控除するものとする.）の額並びに高齢者の医療の確保に関する法律の規定による前期高齢者納付金（以下「前期高齢者納付金」という.）の納付に要する費用の額に給付費割合（同法第34条第1項第1号及び第2号に掲げる額の合計額に対する同項第1号に掲げる額の割合をいう. 以下この条及び次条において同じ.）を乗じて得た額の合算額（同法の規定による前期高齢者交付金（以下「前期高齢者交付金」という.）がある場合には、当該合算額から当該前期高齢者交付金の額に給付費割合を乗じて得た額を控除した額）に1000分の130から1000分の200までの範囲内において政令で定める割合を乗じて得た額を補助する.
② 国庫は、第151条及び前項に規定する費用のほか、協会が拠出すべき介護納付金（日雇特別被保険者に係るものを除く.）の納付に要する費用の額に同項の政令で定める割合を乗じて得た額を補助する.

（保険料）
第155条　① 保険者等は、健康保険事業に要する費用（前期高齢者納付金等及び後期高齢者支援金等並びに介護納付金並びに健康保険組合においては、第173条の規定による拠出金の納付に要する費用を含む.）に充てるため、保険料を徴収する.
② 前項の規定にかかわらず、協会が管掌する健康保険の任意継続被保険者に関する保険料は、協会が徴収する.

（被保険者の保険料額）
第156条　① 被保険者に関する保険料額は、各月につき、次の各号に掲げる被保険者の区分に応じ、当該各号に定める額とする.
1　介護保険法第9条第2号に規定する被保険者（以下「介護保険第2号被保険者」という.）である被保険者一般保険料額（各被保険者の標準報酬月額及び標準賞与額にそれぞれ一般保険料率（基本保険料率と特定保険料率とを合算した率をいう.）を乗じて得た額をいう. 以下同じ.）と介護保険料額（各被保険者の標準報酬月額及び標準賞与額にそれぞれ介護保険料率を乗じて得た額をいう. 以下同じ.）との合算額
2　介護保険第2号被保険者である被保険者以外の被保険者一般保険料額
② 前項第1号の規定にかかわらず、介護保険第2号被保険者である被保険者が介護保険第2号被保険者に該当しなくなった月においては、その月分の保険料額は、一般保険料額とする. ただし、その月に再び介護保険第2号被保険者となった場合その他政令で定める場合は、この限りでない.
③ 前2項の規定にかかわらず、前月から引き続き被保険者である者がその資格を喪失した場合においては、その月分の保険料は、算定しない.

第159条　育児休業等をしている被保険者（第159条の3の規定の適用を受けている被保険者を除く.）が使用される事業所の事業主が、厚生労働省令で定めるところにより保険者等に申出をしたときは、その育児休業等を開始した日の属する月からその育児休業等が終了する日の翌日が属する月の前月までの期間、当該被保険者に関する保険料を徴収しない.

第159条の3　産前産後休業をしている被保険者が使用される事業所の事業主が、厚生労働省令で定めるところにより保険者等に申出をしたときは、その産前産後休業を開始した日の属する月からその産前産後休業が終了する日の翌日が属する月の前月までの期間、当該被保険者に関する保険料を徴収し

ない．
(保険料率)
第160条 ① 協会が掌管する健康保険の被保険者に関する一般保険料率は，1000分の30から1000分の130までの範囲内において，支部被保険者（各支部の都道府県に所在する適用事業所に使用される被保険者及び当該都道府県の区域内に住所又は居所を有する任意継続被保険者をいう．以下同じ．）を単位として協会が決定するものとする．
② 前項の規定により支部被保険者を単位として決定する一般保険料率（以下「都道府県単位保険料率」という．）は，当該支部被保険者に適用する．
③ 都道府県単位保険料率は，支部被保険者を単位として，次に掲げる額に照らし，毎事業年度において財政の均衡を保つことができるものとなるよう，政令で定めるところにより算定するものとする．
　1 第52条第1号に掲げる療養の給付その他の厚生労働省令で定める保険給付（以下この項及び次項において「療養の給付等」という．）のうち，当該支部被保険者に係るものに要する費用の額（当該支部被保険者に係る療養の給付等に関する第153条第1項の規定による国庫補助の額を除く．）に次項の規定に基づく調整を行うことにより得られると見込まれる額
　2 保険給付（支部被保険者に係る療養の給付等を除く．），前期高齢者納付金等及び後期高齢者支援金等に要する費用の予想額（第153条及び第154条の規定による国庫補助の額（前号の国庫補助の額を除く．）並びに第173条の規定による拠出金の額を除く．）に総報酬按分率（当該都道府県の支部被保険者の総報酬額（標準報酬月額及び標準賞与額の合計額をいう．以下同じ．）の総額を協会が掌管する健康保険の被保険者の総報酬額の総額で除して得た率をいう．）を乗じて得た額
　3 保健事業及び福祉事業に要する費用の額（第154条の2の規定による国庫補助の額を除く．）並びに健康保険事業の事務の執行に要する費用及び次条の規定による準備金の積立ての予定額（第151条の規定による国庫負担金の額を除く．）のうち当該支部被保険者が分担すべき額として協会が定める額
④ 協会は，支部被保険者及びその被扶養者の年齢階級別の分布状況と協会が掌管する健康保険の被保険者及びその被扶養者の年齢階級別の分布状況との差異によって生ずる療養の給付等に要する費用の額の負担の不均衡並びに支部被保険者の総報酬額の平均額と協会が掌管する健康保険の被保険者の総報酬額の平均額との差異によって生ずる財政力の不均衡を是正するため，政令で定めるところにより，支部被保険者を単位とする健康保険の財政の調整を行うものとする．
⑤ 協会は，2年ごとに，翌事業年度以降の5年間についての協会が掌管する健康保険の被保険者数及び総報酬額の見通し並びに保険給付に要する費用の額，保険料の額（各事業年度において財政の均衡を保つことができる保険料率の水準を含む．）その他の健康保険事業の収支の見通しを作成し，公表するものとする．
⑥ 協会が都道府県単位保険料率を変更しようとするときは，あらかじめ，理事長が当該変更に係る都道府県に所在する支部の支部長の意見を聴いた上で，運営委員会の議を経なければならない．

⑦ 支部長は，前項の意見を求められた場合のほか，都道府県単位保険料率の変更が必要と認める場合には，あらかじめ，当該支部に設けられた評議会の意見を聴いた上で，理事長に対し，当該都道府県単位保険料率の変更について意見の申出を行うものとする．
⑧ 協会が都道府県単位保険料率を変更しようとするときは，理事長は，その変更について厚生労働大臣の認可を受けなければならない．
⑨ 厚生労働大臣は，前項の認可をしたときは，遅滞なく，その旨を告示しなければならない．
⑩ 厚生労働大臣は，都道府県単位保険料率が，当該都道府県における健康保険の事業の収支の均衡を図る上で不適当であり，協会が掌管する健康保険の事業の健全な運営に支障があると認めるときは，協会に対し，相当の期間を定めて，当該都道府県単位保険料率の変更の認可を申請すべきことを命ずることができる．
⑪ 厚生労働大臣は，協会が前項の期間内に同項の申請をしないときは，社会保障審議会の議を経て，当該都道府県単位保険料率を変更することができる．
⑫ 第9項の規定は，前項の規定により行う都道府県単位保険料率の変更について準用する．
⑬ 第1項及び第8項の規定は，健康保険組合が掌管する健康保険の一般保険料率について準用する．この場合において，第1項中「支部被保険者（各支部の都道府県に所在する適用事業所に使用される被保険者及び当該都道府県の区域内に住所又は居所を有する任意継続被保険者をいう．以下同じ．）を単位として協会が決定するものとする．」とあるのは「決定するものとする．」と，第8項中「都道府県単位保険料率」とあるのは「健康保険組合が掌管する健康保険の一般保険料率」と読み替えるものとする．
⑭ 特定保険料率は，各年度において保険者が納付すべき前期高齢者納付金等の額及び後期高齢者支援金等の額（協会が掌管する健康保険及び日雇特例被保険者の保険においては，その額から第153条及び第154条の規定による国庫補助額を控除した額）の合算額（前期高齢者交付金がある場合には，これを控除した額）を当該年度における当該保険者が掌管する被保険者の総報酬額の総額の見込額で除して得た率を基準として，保険者が定める．
⑮ 基本保険料率は，一般保険料率から特定保険料率を控除した率を基準として，保険者が定める．
⑯ 介護保険料率は，各年度において保険者が納付すべき介護納付金（日雇特例被保険者に係るものを除く．）の額（協会が掌管する健康保険においては，その額から第153条第2項の規定による国庫補助額を控除した額）を当該年度における当該保険者が掌管する介護保険第2号被保険者である被保険者の総報酬額の総額の見込額で除して得た率を基準として，保険者が定める．
⑰ 協会は，第14項及び第15項の規定により基本保険料率及び特定保険料率を定め，又は前項の規定により介護保険料率を定めたときは，遅滞なく，その旨を厚生労働大臣に通知しなければならない．
(保険料の負担及び納付義務)
第161条 ① 被保険者及び被保険者を使用する事業主は，それぞれ保険料額の2分の1を負担する．ただし，任意継続被保険者は，その全額を負担する．
② 事業主は，その使用する被保険者及び自己の負担

する保険料を納付する義務を負う．
③ 任意継続被保険者は，自己の負担の保険料を納付する義務を負う．
④ 被保険者が同時に2以上の事業所に使用される場合における各事業主の負担すべき保険料の額及び保険料の納付義務については，政令で定めるところによる．

(健康保険組合の保険料の負担割合の特例)
第162条 健康保険組合は，前条第1項の規定にかかわらず，規約で定めるところにより，事業主の負担すべき一般保険料額又は介護保険料額の負担の割合を増加することができる．

(保険料の納付)
第164条 ① 被保険者に関する毎月の保険料は，翌月末日までに，納付しなければならない．ただし，任意継続被保険者に関する保険料については，その月の10日(初めて納付すべき保険料については，保険者が指定する日)までとする． 〈②，③(略)〉

(任意継続被保険者の保険料の前納)
第165条 ① 任意継続被保険者は，将来の一定期間の保険料を前納することができる． 〈②〜④(略)〉

(保険料の源泉控除)
第167条 ① 事業主は，被保険者に対して通貨をもって報酬を支払う場合においては，被保険者の負担すべき前月の標準報酬月額に係る保険料(被保険者がその事業所に使用されなくなった場合においては，前月及びその月の標準報酬月額に係る保険料)を報酬から控除することができる．
② 事業主は，被保険者に対して通貨をもって賞与を支払う場合においては，被保険者の負担すべき標準賞与額に係る保険料に相当する額を当該賞与から控除することができる．
③ 事業主は，前2項の規定によって保険料を控除したときは，保険料の控除に関する計算書を作成し，その控除額を被保険者に通知しなければならない．

(日雇特例被保険者の保険料額)
第168条 ① 日雇特例被保険者に関する保険料額は，1日につき，次に掲げる額の合算額とする．
1 その者の標準賃金日額の等級に応じ，次に掲げる額の合算額を基準として政令で定めるところにより算定した額
 イ 標準賃金日額に平均保険料率(各都道府県単位保険料率に各支部被保険者の総報酬額の総額を乗じて得た額の総額を協会が管掌する健康保険の被保険者の総報酬額の総額で除して得た率をいう．以下同じ．)と介護保険料率とを合算した率(介護保険第2号被保険者である日雇特例被保険者以外の被保険者については，平均保険料率)を乗じて得た額
 ロ イに掲げる額に100分の31を乗じて得た額
2 賞与額(その額に1000円未満の端数がある場合には，これを切り捨てとし，その額が40万円(第124条第2項の規定による標準賃金日額の等級区分の改定が行われたときは，政令で定める額．以下同じにおいて同じ．)を超える場合には，40万円とする．)に平均保険料率と介護保険料率とを合算した率(介護保険第2号被保険者である日雇特例被保険者以外の被保険者については，平均保険料率)を乗じて得た額 〈②(略)〉

(日雇特例被保険者に係る保険料の負担及び納付義務)
第169条 ① 日雇特例被保険者は前条第1項第1号イの額の2分の1に相当する額として政令で定めるところにより算定した額及び同項第2号の額の2分の1の額の合算額を負担し，日雇特例被保険者を使用する事業主は当該算定した額，同項第1号ロの額に相当する額として政令で定めるところにより算定した額及び同項第2号の額の2分の1の額の合算額を負担する．
② 事業主(日雇特例被保険者が1日において2以上の事業所に使用される場合においては，初めにその者を使用する事業主．第4項から第6項まで，次条第1項及び第2項並びに第171条において同じ．)は，日雇特例被保険者を使用する日ごとに，その者及び自己の負担すべきその日の標準賃金日額に係る保険料を納付する義務を負う． 〈③，④(略)〉

(日雇拠出金の徴収及び納付義務)
第173条 ① 厚生労働大臣は，日雇特例被保険者に係る健康保険事業に要する費用(前期高齢者納付金等及び後期高齢者支援金等並びに介護納付金の納付に要する費用を含む．第175条において同じ．)に充てるため，第155条の規定により保険料を徴収するほか，毎年度，日雇特例被保険者を使用する事業主の設立する健康保険組合(以下「日雇関係組合」という．)から拠出金を徴収する．
② 日雇関係組合は，前項に規定する拠出金(以下「日雇拠出金」という．)を納付する義務を負う．

(保険料等の督促及び滞納処分)
第180条 ① 保険料その他この法律の規定による徴収金(第204条の2第1項及び第204条の6第1項を除き，以下「保険料等」という．)を滞納する者(以下「滞納者」という．)があるときは，保険者等(被保険者が協会が管掌する健康保険の任意継続被保険者である場合，協会が管掌する健康保険の被保険者若しくは日雇特例被保険者であって第58条，第74条第2項及び第109条第2項(第149条においてこれらの規定を準用する場合を含む．)の規定による徴収金を納付しなければならない場合又は解散により消滅した健康保険組合の権利を第26条第4項の規定により承継した場合であって当該健康保険組合の保険料等で未収のものに係るものがあるときは協会，被保険者が健康保険組合が管掌する健康保険の被保険者である場合は当該健康保険組合，これら以外の場合は厚生労働大臣をいう．以下この条及び次条第1項において同じ．)は，期限を指定して，これを督促しなければならない．ただし，第172条の規定により保険料を徴収するときは，この限りでない．
② 前項の規定によって督促をしようとするときは，保険者等は，納付義務者に対して，督促状を発する．
④ 保険者等は，納付義務者が次の各号のいずれかに該当する場合においては，国税滞納処分の例によってこれを処分し，又は納付義務者の居住地若しくはその者の財産所在地の市町村(特別区を含むものとし，地方自治法(昭和22年法律第67号)第252条の19第1項の指定都市にあっては，区又は総合区とする．第6項において同じ．)に対して，その処分を請求することができる．
1 第1項の規定による督促を受けた者がその指定の期限までに保険料等を納付しないとき． 〈2(略)〉
⑤ 前項の規定により協会又は健康保険組合が国税滞納処分の例により処分を行う場合においては，厚生労働大臣の認可を受けなければならない．
〈③，⑥(略)〉

(1) 医療保険・介護保険

(延滞金)
第181条 前条第1項の規定によって督促をしたときは、保険者等は、徴収金額に、納期限の翌日から徴収金完納又は財産差押えの日の前日までの期間の日数に応じ、年14.6パーセント(当該督促が保険料に係るものであるときは、当該納期限の翌日から3月を経過する日までの期間については、年7.3パーセント)の割合を乗じて計算した延滞金を徴収する。ただし、次の各号のいずれかに該当する場合は滞納につきやむを得ない事情があると認められる場合は、この限りでない。 〈1,2(略)〉
(先取特権の順位)
第182条 保険料等の先取特権の順位は、国税及び地方税に次ぐものとする。

第8章 健康保険組合連合会

(設立、人格及び名称)
第184条 ① 健康保険組合は、共同してその目的を達成するため、健康保険組合連合会(以下「連合会」という。)を設立することができる。
② 連合会は、法人とする。 〈③,④(略)〉
(設立の認可等)
第185条 ① 連合会を設立しようとするときは、規約を作り、厚生労働大臣の認可を受けなければならない。 〈②,③(略)〉

第9章 不服申立て

(審査請求及び再審査請求)
第189条 ① 被保険者の資格、標準報酬又は保険給付に関する処分に不服がある者は、社会保険審査官に対して審査請求をし、その決定に不服がある者は、社会保険審査会に対して再審査請求をすることができる。
② 審査請求をした日から2月以内に決定がないときは、審査請求人は、社会保険審査官が審査請求を棄却したものとみなすことができる。
③ 第1項の審査請求及び再審査請求は、時効の中断に関しては、裁判上の請求とみなす。
④ 被保険者の資格又は標準報酬に関する処分が確定したときは、その処分についての不服を当該処分に基づく保険給付に関する処分についての不服の理由とすることができない。
第190条 保険料等の賦課若しくは徴収の処分又は第180条の規定による処分に不服がある者は、社会保険審査会に対して審査請求をすることができる。
(審査請求と訴訟との関係)
第192条 第189条第1項に規定する処分の取消しの訴えは、当該処分についての審査請求に対する社会保険審査官の決定を経た後でなければ、提起することができない。

第10章 雑 則

(時 効)
第193条 ① 保険料等を徴収し、又はその還付を受ける権利及び保険給付を受ける権利は、2年を経過したときは、時効によって消滅する。
② 保険料等の納入の告知又は督促は、民法(明治29年法律第89号)第153条の規定にかかわらず、時効中断の効力を有する。

(機構への厚生労働大臣の権限に係る事務の委任)
第204条 次に掲げる厚生労働大臣の権限に係る事務(第181条の3第1項の規定により協会が行うこととされたもの、前条第1項の規定により市町村長が行うこととされたもの及び第204条の7第1項に規定するものを除く。)は、日本年金機構(以下「機構」という。)に行わせるものとする。ただし、第18号から第20号までに掲げる権限は、厚生労働大臣が自ら行うことを妨げない。
3 第31条第1項の規定による認可(健康保険組合に係る場合を除く。)、第34条第1項の規定による承認(健康保険組合に係る場合を除く。)並びに第31条第2項及び第33条第2項の規定による申請の受理(健康保険組合に係る場合を除く。)
4 第39条第1項の規定による確認
5 第41条第1項、第42条第1項、第43条第1項、第43条の2第1項及び第43条の3第1項の規定による標準報酬月額の決定又は改定(第43条第2項第1項及び第43条の3第1項の規定による申出の受理を含み、第44条第1項の規定により算定する額を報酬月額として決定又は改定する場合を含む。)
15 第180条第4項の規定による国税滞納処分の例による処分及び同項の規定による市町村に対する処分の請求 〈1,2,6〜14,16(略)〉
(地方厚生局長等への権限の委任)
第205条 ① この法律に規定する厚生労働大臣の権限(第204条の2第1項及び同条第2項において準用する厚生年金保険法第100条の5第2項に規定する厚生労働大臣の権限を除く。)は、厚生労働省令で定めるところにより、地方厚生局長に委任することができる。
② 前項の規定により地方厚生局長に委任された権限は、厚生労働省令で定めるところにより、地方厚生支局長に委任することができる。

第11章 罰 則

第208条 事業主が、正当な理由がなくて次の各号のいずれかに該当するときは、6月以下の懲役又は50万円以下の罰金に処する。
1 第48条(第168条第2項において準用する場合を含む。)の規定に違反して、届出をせず、又は虚偽の届出をしたとき。
3 第161条第2項又は第169条第7項の規定に違反して、督促状に指定する期限までに保険料を納付しないとき。
4 第169条第2項の規定に違反して、保険料を納付せず、又は第171条第1項の規定に違反して、帳簿を備え付けず、若しくは同項若しくは同条第2項の規定に違反して、報告せず、若しくは虚偽の報告をしたとき。 〈2,5(略)〉
第214条 ① 法人(法人でない社団又は財団で代表者又は管理人の定めがあるもの(以下この条において「人格のない社団等」という。)を含む。以下この項において同じ。)の代表者(人格のない社団等の管理人を含む。)又は法人若しくは人の代理人、使用人その他の従業者が、その法人又は人の業務又は財産に関して、第208条又は前条の違反行為をしたときは、行為者を罰するほか、その法人又は人に対しても、各本条の罰金刑を科する。

② 人格のない社団等について前項の規定の適用がある場合においては，その代表者又は管理人がその訴訟行為につき当該人格のない社団等を代表するほか，法人を被告人又は被疑者とする場合の刑事訴訟に関する法律の規定を準用する．

⑳ 国民健康保険法（抄）

（昭33・12・27法律第192号，昭34・1・1施行，
最終改正：平28・6・3法律第65号）

〔下線，囲み部：平27法31号，平30・4・1施行〕
国民健康保険法（昭和13年法律第60号）の全部を改正する．

第1章　総則

（この法律の目的）
第1条　この法律は，国民健康保険事業の健全な運営を確保し，もつて社会保障及び国民保健の向上に寄与することを目的とする．

（国民健康保険）
第2条　国民健康保険は，被保険者の疾病，負傷，出産又は死亡に関して必要な保険給付を行うものとする．

（保険者）
第3条　① 都道府県は，当該都道府県内の市町村（特別区を含む．以下同じ．）とともに，この法律の定めるところにより，国民健康保険を行うものとする．
② 国民健康保険組合は，この法律の定めるところにより，国民健康保険を行うことができる．

（国，都道府県及び市町村の責務）
第4条　① 国は，国民健康保険事業の運営が健全に行われるよう必要な各般の措置を講ずるとともに，第1条に規定する目的の達成に資するよう，医療及び福祉に関する施策その他の関連施策を積極的に推進するものとする．
② 都道府県は，安定的な財政運営，市町村の国民健康保険事業の効率的な実施の確保その他の都道府県及び当該都道府県内の市町村の国民健康保険事業の健全な運営について中心的な役割を果たすものとする．
③ 市町村は，被保険者の資格の取得及び喪失に関する事項，国民健康保険の保険料（地方税法（昭和25年法律第226号）の規定による国民健康保険税を含む．第9条第3項，第7項及び第10項，第11条第2項，第63条の2，第81条の2第1項各号並びに第9条第2号及び第3号，第82条の2第2項第2号及び第3号並びに附則第7条第3号並びに第21条第3項第3号及び第4項第3号において同じ．）の徴収，保健事業の実施その他の国民健康保険事業を適切に実施するものとする．
④ 都道府県及び市町村は，前2項の責務を果たすため，保健医療サービス及び福祉サービスに関する施策その他の関連施策との有機的な連携を図るものとする．
⑤ 都道府県は，第2項及び前項に規定するもののほか，国民健康保険事業の運営が適切かつ円滑に行われるよう，国民健康保険組合その他の関係者に対し，必要な指導及び助言を行うものとする．

（国及び都道府県の義務）
第4条　① 国は，国民健康保険事業の運営が健全に行われるようにつとめなければならない．
② 都道府県は，国民健康保険事業の運営が健全に行われるように，必要な指導をしなければならない．

第2章　都道府県及び市町村

（被保険者）
第5条　都道府県の区域内に住所を有する者は，当該都道府県が当該都道府県内の市町村とともに行う国民健康保険の被保険者とする．

第2章　市町村

（被保険者）
第5条　市町村又は特別区（以下単に「市町村」という．）の区域内に住所を有する者は，当該市町村が行う国民健康保険の被保険者とする．

（適用除外）
第6条　前条の規定にかかわらず，次の各号のいずれかに該当する者は，都道府県が当該都道府県内の市町村とともに行う国民健康保険（以下「都道府県等が行う国民健康保険」という．）の被保険者としない．
1　健康保険法（大正11年法律第70号）の規定による被保険者．ただし，同法第3条第2項の規定による日雇特例被保険者を除く．
2　船員保険法（昭和14年法律第73号）の規定による被保険者
3　国家公務員共済組合法（昭和33年法律第128号）又は地方公務員等共済組合法（昭和37年法律第152号）に基づく共済組合の組合員
4　私立学校教職員共済法（昭和28年法律第245号）の規定による私立学校教職員共済制度の加入者
5　健康保険法の規定による被扶養者．ただし，同法第3条第2項の規定による日雇特例被保険者の同法の規定による被扶養者を除く．
6　船員保険法，国家公務員共済組合法（他の法律において準用する場合を含む．）又は地方公務員等共済組合法の規定による被扶養者
7　健康保険法第126条の規定により日雇特例被保険者手帳の交付を受け，その手帳に健康保険印紙をはり付けるべき余白がなくなるに至るまでの間にある者及び同法の規定によるその者の被扶養者．ただし，同法第3条第2項ただし書の規定による承認を受けて同項の規定による日雇特例被保険者とならない期間内にある者及び同法第126条第3項の規定により当該日雇特例被保険者手帳を返納した者並びに同法の規定によるその者の被扶養者を除く．
8　高齢者の医療の確保に関する法律（昭和57年法律第80号）の規定による被保険者
9　生活保護法（昭和25年法律第144号）による保護を受けている世帯（その保護を停止されている世帯を除く．）に属する者

10 国民健康保険組合の被保険者
11 その他特別の理由がある者で厚生労働省令で定めるもの
(資格取得の時期)
第7条 都道府県が行う国民健康保険の被保険者は,都道府県の区域内に住所を有するに至った日又は前条各号のいずれにも該当しなくなった日から,その資格を取得する.
(資格喪失の時期)
第8条 都道府県等が行う国民健康保険の被保険者は,都道府県の区域内に住所を有しなくなった日の翌日又は第6条各号(第9号及び第10号を除く.)のいずれかに該当するに至った日の翌日から,その資格を喪失する.ただし,都道府県の区域内に住所を有しなくなった日に他の都道府県の区域内に住所を有するに至ったときは,その日から,その資格を喪失する.
② 都道府県等が行う国民健康保険の被保険者は,第6条第9号又は第10号に該当するに至った日から,その資格を喪失する.
(届出等)
第9条 ① 世帯主は,厚生労働省令で定めるところにより,その世帯に属する被保険者の資格の取得及び喪失に関する事項その他必要な事項を市町村に届け出なければならない.
② 世帯主は,当該世帯主が住所を有する市町村に対し,その世帯に属する全ての被保険者に係る被保険者証の交付を求めることができる.
③ 市町村は,保険料(地方税法(昭和25年法律第226号)の規定による国民健康保険税を含む.以下この項,第7項,第63条の2,第68条の2第2項第4号,附則第7条第1項第3号並びに附則第21条第3項第3号及び第4項第3号において同じ.)を滞納している世帯主(当該市町村の区域内に住所を有する世帯主に限り,その世帯に属する全ての被保険者が原子爆弾被爆者に対する援護に関する法律(平成6年法律第117号)による一般疾病医療費の支給その他厚生労働省令で定める医療に関する給付(第6項及び第9項において「原爆一般疾病医療費の支給等」という.)を受けることができる世帯主を除く.)が,当該保険料の納期限から厚生労働省令で定める期間が経過するまでの間には当該保険料を納付しない場合においては,当該保険料の滞納につき災害その他の政令で定める特別の事情があると認められる場合を除き,厚生労働省令で定めるところにより,当該世帯主に対し被保険者証の返還を求めるものとする.
④ 市町村は,前項に規定する厚生労働省令で定める期間が経過しない場合においても,同項に規定する世帯主に対し被保険者証の返還を求めることができる.ただし,同項に規定する政令で定める特別の事情があると認められるときは,この限りでない.
⑤ 第2項の規定による被保険者証の返還を求められた世帯主は,市町村に当該被保険者証を返還しなければならない.
⑥ 前項の規定により世帯主が被保険者証を返還したときは,市町村は,当該世帯主に対し,その世帯に属する被保険者(原爆一般疾病医療費の支給等を受けることができる者及び18歳に達する日以後の最初の3月31日までの間にある者を除く.)に係る被保険者資格証明書(その世帯に属する被保険者の一部が原爆一般疾病医療費の支給等を受ける

ことができる者又は18歳に達する日以後の最初の3月31日までの間にある者であるときは当該被保険者資格証明書及びそれらの者に係る被保険者証(18歳に達する日以後の最初の3月31日までの間にある者(原爆一般疾病医療費の支給等を受けることができる者を除く.)にあつては,有効期間を6月とする被保険者証.以下この項において同じ.),その世帯に属するすべての被保険者が原爆一般疾病医療費の支給等を受けることができる者又は18歳に達する日以後の最初の3月31日までの間にある者であるときはそれらの者に係る被保険者証)を交付する.
⑦ 市町村は,被保険者資格証明書の交付を受けている世帯主が滞納している保険料を完納したとき又はその者の有する滞納額の著しい減少,災害その他の政令で定める特別の事情があると認めるときは,当該世帯主及びその世帯に属するすべての被保険者に係る被保険者証を交付する.
⑩ 市町村は,被保険者証及び被保険者資格証明書の有効期間を定めることができる.この場合において,この法律の規定による保険料(地方税法の規定による国民健康保険税を含む.)を滞納している世帯主(第3項の規定により市町村が被保険者証の返還を求めるものとされる者を除く.)及びその世帯に属する被保険者,国民年金法(昭和34年法律第141号)の規定による保険料を滞納している世帯主(同法第88条第2項の規定により保険料を納付する義務を負う者であって,厚生労働大臣が厚生労働省令で定める要件に該当するものと認め,その旨を市町村に通知した者に限る.)及びその世帯に属する被保険者その他厚生労働省令で定める被保険者証については,特別の有効期間を定めることができる.ただし,18歳に達する日以後の最初の3月31日までの間にある者が属する世帯の世帯主又はその世帯に属する被保険者の被保険者証について6月未満の特別の有効期間を定める場合においては,当該者に係る被保険者証の特別の有効期間は,6月以上としなければならない. 〔一部削除〕
⑪ 市町村は,前項の規定により被保険者証又は被保険者資格証明書の有効期間を定める場合(被保険者証につき特別の有効期間を定める場合を含む.)には,同一の世帯に属するすべての被保険者(同項ただし書に規定する場合における当該世帯に属する18歳に達する日以後の最初の3月31日までの間にある者その他厚生労働省令で定める者を除く.)について同一の有効期間を定めなければならない.
⑫ 第10項の規定による厚生労働大臣の通知の権限に係る事務は,日本年金機構に行わせるものとする.
《⑧,⑨,⑬~⑮(略)》

(特別会計)
第10条 都道府県及び市町村は,国民健康保険に関する収入及び支出について,政令で定めるところにより,それぞれ特別会計を設けなければならない.
(国民健康保険事業の運営に関する協議会)
第11条 ① 国民健康保険事業の運営に関する事項(この法律の定めるところにより都道府県が処理することとされている事務に係るものであって,第75条の7及び第81条の2の国民健康保険事業費納付金の徴収,第82条の2第1項の規定による都道府県国民健康保険運営方針の作成その他の重要事項に限る.)を審議させるため,都道府県に都道府

県の国民健康保険事業の運営に関する協議会を置く．
② 国民健康保険事業の運営に関する事項（この法律の定めるところにより市町村が処理することとされている事務に係るものであつて，第四章の規定による保険給付，第76条第1項の規定による保険料の徴収その他の重要事項に限る．）を審議させるため，市町村に市町村の国民健康保険事業の運営に関する協議会を置く．
③ 前2項に定める協議会は，前2項に定めるもののほか，国民健康保険事業の運営に関する事項（第1項に定める協議会にあつてはこの法律の定めるところにより都道府県が処理することとされている事務に係るものに限り，前項に定める協議会にあつてはこの法律の定めるところにより市町村が処理することとされている事務に係るものに限る．）を審議することができる．
④ 前3項に規定するもののほか，第1項及び第2項に定める協議会に関して必要な事項は，政令で定める．

（国民健康保険運営協議会）
第11条 ① 国民健康保険事業の運営に関する重要事項を審議するため，市町村に国民健康保険運営協議会を置く．
② 前項に規定するもののほか，国民健康保険運営協議会に関して必要な事項は，政令で定める．

第3章 国民健康保険組合

第1節 通 則
（組 織）
第13条 ① 国民健康保険組合（以下「組合」という．）は，同種の事業又は業務に従事する者で当該組合の地区内に住所を有するものを組合員として組織する．
② 前項の組合の地区は，1又は2以上の市町村の区域によるものとする．ただし，特別の理由があるときは，この区域によらないことができる．〈③，④(略)〉
（人 格）
第14条 組合は，法人とする．
（設 立）
第17条 ① 組合を設立しようとするときは，主たる事務所の所在地の都道府県知事の認可を受けなければならない．
② 前項の認可の申請は，15人以上の発起人が規約を作成し，組合員となるべき者300人以上の同意を得て行うものとする．
③ 都道府県知事は，第1項の認可の申請があつた場合においては，あらかじめ，次の各号に定める組合の区分に応じ，当該各号に定める者の意見を聴き，当該認可の申請に係る組合の設立により，当該組合の地区をその区域に含む都道府県及び当該都道府県内の市町村の国民健康保険事業の運営に支障を及ぼさないと認めるときでなければ，同項の認可をしてはならない．
　1　その地区が1の都道府県の区域を越えない組合　当該組合の地区をその区域に含む市町村の市町村長（特別区の区長を含む．以下同じ．）
　2　その地区が2以上の都道府県の区域にまたがる組合　当該組合の地区をその区域に含む市町村（第1項の認可の申請を受けた都道府県知事が統括する都道府県内の市町村に限る．）の市町村長及び当該組合の地区をその区域に含む都道府県の都道府県知事（当該認可の申請を受けた都道府県知事を除く．次項において「他の都道府県知事」という．）
④ 前項の規定により，他の都道府県知事が意見を述べるに当たつては，その統括する都道府県内の市町村（第1項の認可の申請に係る組合の地区をその区域に含む市町村に限る．）の市町村長の意見を聴かなければならない．
⑤ 組合は，設立の認可を受けた時に成立する．
（被保険者）
第19条 ① 組合員及び組合員の世帯に属する者は，当該組合が行う国民健康保険の被保険者とする．ただし，第6条各号（第10号を除く．）のいずれかに該当する者及び他の組合が行う国民健康保険の被保険者は，この限りでない．
② 前項の規定にかかわらず，組合は，規約の定めるところにより，組合員の世帯に属する者を包括して被保険者としないことができる．
（資格取得の時期）
第20条 組合が行う国民健康保険の被保険者は，当該組合の組合員若しくは組合員の世帯に属する者となつた日又は第6条各号（第10号を除く．）のいずれにも該当しなくなつた日若しくは他の組合が行う国民健康保険の被保険者でなくなつた日から，その資格を取得する．
（資格喪失の時期）
第21条 ① 組合が行う国民健康保険の被保険者は，組合員若しくは組合員の世帯に属する者でなくなつた日の翌日又は第6条各号（第9号及び第10号を除く．）のいずれかに該当するに至つた日の翌日から，その資格を喪失する．ただし，組合員又は組合員の世帯に属する者でなくなつたことにより，都道府県等が行う国民健康保険又は他の組合が行う国民健康保険の被保険者となつたときは，その日から，その資格を喪失する．
② 組合が行う国民健康保険の被保険者は，第6条第9号に該当するに至つた日から，その資格を喪失する．

第2節 管 理
（役 員）
第23条 ① 組合に，役員として，理事及び監事を置く．
② 理事の定数は5人以上，監事の定数は2人以上とし，それぞれ規約で定める．
③ 理事及び監事は，規約の定めるところにより，組合員のうちから組合会で選任する．ただし，特別の事情があるときは，組合員以外の者のうちから組合会で選任することを妨げない．　　〈④(略)〉
（組合会）
第26条 ① 組合に組合会を置く．
② 組合会は，組合会議員をもつて組織するものとし，組合会議員の定数は，組合員の総数の20分の1を下らない範囲内において，規約で定める．ただし，組合員の総数が600人をこえる組合にあつては，30人以上であることをもつて足りる．
③ 組合会議員は，規約の定めるところにより，組合員が，組合員のうちから選挙する．　　〈④(略)〉
（組合会の議決事項）
第27条 ① 次の各号に掲げる事項は，組合会の議決

(1) 医療保険・介護保険

を経なければならない．
1　規約の変更
2　借入金の借入及びその方法並びに借入金の利率及び償還方法
3　収入支出の予算
4　決算
5　予算をもつて定めるものを除くほか，組合の負担となるべき契約
6　準備金その他重要な財産の処分
7　訴訟の提起及び和解
8　前各号に掲げる事項のほか，規約で組合会の議決を経なければならないものと定めた事項
② 前項第1号，第2号及び第6号に掲げる事項（同項第1号及び第2号に掲げる事項のうち，合併により编入する組合の地区を合併後存続する組合の地区の一部とする地区の拡張に係る規約の変更その他の厚生労働省令で定めるものを除く．）の議決は，都道府県知事の認可を受けなければ，その効力を生じない．　　　　　　　　　　　　　　〈③，④〉(略)
（選挙権及び議決権）
第29条　組合員は，各自1箇の選挙権を有し，組合会議員は，各自1箇の議決権を有する．
第3節　解散及び合併／第4節　雑則(略)

第4章　保険給付

第1節　療養の給付等
（療養の給付）
第36条　① 市町村及び組合（以下「保険者」という．）は，被保険者の疾病及び負傷に関しては，次の各号に掲げる療養の給付を行う．ただし，当該被保険者の属する世帯の世帯主又は当該被保険者に係る被保険者資格証明書の交付を受けている間は，この限りでない．　　〔一部削除〕
1　診察
2　薬剤又は治療材料の支給
3　処置，手術その他の治療
4　居宅における療養上の管理及びその療養に伴う世話その他の看護
5　病院又は診療所への入院及びその療養に伴う世話その他の看護
② 次に掲げる療養に係る給付は，前項の給付に含まれないものとする．
1　食事の提供たる療養であつて前項第5号に掲げる療養と併せて行うもの（医療法（昭和23年法律第205号）第7条第2項第4号に規定する療養病床への入院及びその療養に伴う世話その他の看護であつて，当該療養を受ける際，65歳に達する日の属する月の翌月以後である被保険者（以下「特定長期入院被保険者」という．）に係るものを除く．以下「食事療養」という．）
2　次に掲げる療養であつて前項第5号に掲げる療養と併せて行うもの（特定長期入院被保険者に係るものに限る．以下「生活療養」という．）
　イ　食事の提供たる療養
　ロ　温度，照明及び給水に関する適切な療養環境の形成たる療養
3　評価療養（健康保険法第63条第2項第3号に規定する評価療養をいう．以下同じ．）
4　患者申出療養（健康保険法第63条第2項第4号に規定する患者申出療養をいう．以下同じ．）
5　選定療養（健康保険法第63条第2項第5号に規定する選定療養をいう．以下同じ．）
③ 被保険者が第1項の給付を受けようとするときは，自己の選定する保険医療機関又は保険薬局（健康保険法第63条第3項第1号に規定する保険医療機関又は保険薬局をいう．以下同じ．）に被保険者証を提出して，そのものについて受けるものとする．ただし，厚生労働省令で定める場合に該当するときは，被保険者証を提出することを要しない．
（保険医療機関等の責務）
第40条　① 保険医療機関若しくは保険薬局（以下「保険医療機関等」という．）又は保険医若しくは保険薬剤師（健康保険法第64条に規定する保険医又は保険薬剤師をいう．以下同じ．）が，国民健康保険の療養の給付を担当し，又は保険医療機関の診療若しくは調剤に当たる場合の準則については，同法第70条第1項及び第72条第1項の規定による厚生労働省令の例による．　　〈②〉(略)
（療養の給付を受ける場合の一部負担金）
第42条　① 第36条第3項の規定により保険医療機関等について療養の給付を受ける者は，その療養の給付を受ける際，次の各号の区分に従い，当該給付につき第45条第2項又は第3項の規定により算定した額に当該各号に掲げる割合を乗じて得た額を，一部負担金として，当該保険医療機関等に支払わなければならない．
1　6歳に達する日以後の最初の3月31日の翌日以後であつて70歳に達する日の属する月以前である場合　10分の3
2　6歳に達する日以後の最初の3月31日以前である場合　10分の2
3　70歳に達する日の属する月の翌月以後である場合（次号に掲げる場合を除く．）　10分の2
4　70歳に達する日の属する月の翌月以後である場合であつて，当該療養の給付を受ける者の属する世帯に属する被保険者（70歳に達する日の属する月の翌月以後である場合に該当する者その他政令で定める者に限る．）について政令の定めるところにより算定した所得の額が政令で定める額以上であるとき　10分の3
② 保険医療機関等は，前項の一部負担金（第43条前項の規定により一部負担金の割合が減ぜられたときは，同条第2項に規定する保険医療機関等にあつては，当該減ぜられた割合による一部負担金とし，第44条第1項第1号の措置が採られたときは，当該減額された一部負担金）の支払を受けるべきものとし，保険医療機関等が善良な管理者と同一の注意をもつてその支払を受けることに努めたにもかかわらず，なお被保険者が当該一部負担金の全部又は一部を支払わないときは，市町村及び組合は，当該保険医療機関等の請求に基づき，この法律の規定による徴収金の例によりこれを処分することができる．
第43条　① 市町村及び組合は，政令で定めるところにより，条例又は規約で，第42条第1項に規定する一部負担金の割合を減ずることができる．
〈②～④〉(略)
第44条　① 市町村及び組合は，特別の理由がある被保険者で，保険医療機関等に第42条又は前条の規定による一部負担金を支払うことが困難であると認められるものに対し，次の各号の措置を採ることができる．
1　一部負担金を減額すること．

2 一部負担金の支払を免除すること．
3 保険医療機関等に対する支払に代えて，一部負担金を直接に徴収することとし，その徴収を猶予すること． 《②(略)》

(保険医療機関等の診療報酬)
第45条 ①　市町村及び組合は，保険医療機関等に支払うものとし，保険医療機関等が療養の給付に関し市町村又は組合に請求することができる費用の額は，療養の給付に要する費用の額から，療養の給付に関し被保険者(第57条に規定する場合にあつては，当該被保険者の属する世帯の世帯主又は組合員)が当該保険医療機関等に対して支払わなければならない一部負担金に相当する額を控除した額とする．
②　前項の療養の給付に要する費用の額の算定については，健康保険法第76条第2項の規定による厚生労働大臣の定めの例による．
③　市町村及び組合は，都道府県知事の認可を受け，保険医療機関等との契約により，当該保険医療機関等において行われる療養の給付に関する第1項の療養の給付に要する費用の額につき，前項の規定により算定される額の範囲内において，別段の定めをすることができる．
④　市町村及び組合は，保険医療機関等から療養の給付に関する費用の請求があつたときは，第40条に規定する準則並びに第2項に規定する額の算定方法及び前項の定めに照らして審査した上，支払うものとする．
⑤　市町村及び組合は，前項の規定による審査及び支払に関する事務を都道府県の区域を区域とする国民健康保険団体連合会(加入している都道府県，市町村及び組合の数がその区域内の都道府県，市町村及び組合の総数の3分の2に達しないものを除く．)又は社会保険診療報酬支払基金法(昭和23年法律第129号)による社会保険診療報酬支払基金(以下「支払基金」という．)に委託することができる． 《⑥〜⑧(略)》

第45条の2 ①　厚生労働大臣又は都道府県知事は，療養の給付に関して必要があると認めるときは，保険医療機関等若しくは保険医療機関等の開設者若しくは管理者，保険医，保険薬剤師その他の従業者であつた者(以下この項において「開設者であつた者等」という．)に対し報告若しくは診療録その他の帳簿書類の提出若しくは提示を命じ，保険医療機関等の開設者若しくは管理者，保険医，保険薬剤師その他の従業者(開設者であつた者等を含む．)に対し出頭を求め，又は当該職員に関係者に対して質問させ，若しくは保険医療機関等について設備若しくは診療録，帳簿書類その他の物件を検査させることができる． 《②〜⑤(略)》

(入院時食事療養費)
第52条 ①　市町村及び組合は，被保険者(特定長期入院被保険者を除く．)が，自己の選定する保険医療機関について第36条第1項第5号に掲げる療養の給付と併せて受けた食事療養に要した費用について，当該被保険者の属する世帯の世帯主又は組合員に対し，入院時食事療養費を支給する．ただし，当該被保険者の属する世帯の世帯主又は組合員が当該被保険者に係る被保険者資格証明書の交付を受けている間は，この限りでない．
②　入院時食事療養費の額は，当該食事療養につき健康保険法第85条第2項の規定による厚生労働大臣の定める基準の例により算定した費用の額(その額が現に当該食事療養に要した費用の額を超えるときは，当該現に食事療養に要した費用の額とする．)から，同項に規定する食事療養標準負担額(以下単に「食事療養標準負担額」という．)を控除した額とする．
③　被保険者が保険医療機関について食事療養を受けたときは，市町村及び組合は，当該被保険者の属する世帯の世帯主又は組合員が当該保険医療機関に支払うべき食事療養に要した費用について，入院時食事療養費として当該世帯主又は組合員に対し支給すべき額の限度において，当該世帯主又は組合員に代わり，当該保険医療機関に支払うことができる．
④　前項の規定による支払があつたときは，世帯主又は組合員に対し入院時食事療養費の支給があつたものとみなす．
⑤　保険医療機関は，食事療養に要した費用につき，その支払を受ける際，当該支払をした世帯主又は組合員に対し，厚生労働省令の定めるところにより，領収証を交付しなければならない． 《⑥(略)》

(入院時生活療養費)
第52条の2 ①　市町村及び組合は，特定長期入院被保険者が，自己の選定する保険医療機関について第36条第1項第5号に掲げる療養の給付と併せて受けた生活療養に要した費用について，当該特定長期入院被保険者の属する世帯の世帯主又は組合員に対し，入院時生活療養費を支給する．ただし，当該特定長期入院被保険者の属する世帯の世帯主又は組合員が当該特定長期入院被保険者に係る被保険者資格証明書の交付を受けている間は，この限りでない．
②　入院時生活療養費の額は，当該生活療養につき健康保険法第85条の2第2項の規定による厚生労働大臣の定める基準の例により算定した費用の額(その額が現に当該生活療養に要した費用の額を超えるときは，当該現に生活療養に要した費用の額とする．)から，同項に規定する生活療養標準負担額(以下「生活療養標準負担額」という．)を控除した額とする． 《③(略)》

(保険外併用療養費)
第53条 ①　市町村及び組合は，被保険者が自己の選定する保険医療機関等について評価療養，患者申出療養又は選定療養を受けたときは，当該被保険者の属する世帯の世帯主又は組合員に対し，その療養に要した費用について，保険外併用療養費を支給する．ただし，当該被保険者の属する世帯の世帯主又は組合員が当該被保険者に係る被保険者資格証明書の交付を受けている間は，この限りでない．
②　保険外併用療養費の額は，第1号に規定する額(当該療養に食事療養が含まれるときは，当該額及び第2号に規定する額の合算額，当該療養に生活療養が含まれるときは，当該額及び第3号に規定する額の合算額)とする．
1　当該療養(食事療養及び生活療養を除く．)につき健康保険法第86条第2項第1号の規定による厚生労働大臣の定めの例により算定した費用の額(その額が現に当該療養に要した費用の額を超えるときは，当該現に療養に要した費用の額とする．)から，その額に第42条第1項各号の区分に応じ，同項各号に掲げる割合(第43条第1項の規定により一部負担金の割合が減ぜられたときは，

(1) 医療保険・介護保険

20 国民健康保険法（54条〜54条の3）

当該減ぜられた割合とする．）を乗じて得た額（療養の給付に係る第42条第1項の一部負担金について第44条第1項第号の措置が採られるべきときは，当該措置が採られたものとした場合の額とする．）を控除した額
2 当該食事療養につき健康保険法第85条第2項の規定による厚生労働大臣の定める基準の例により算定した費用の額（その額が現に当該食事療養に要した費用の額を超えるときは，当該現に食事療養に要した費用の額とする．）から，食事療養標準負担額を控除した額
3 当該生活療養につき健康保険法第85条の2第2項の規定による厚生労働大臣の定める基準の例により算定した費用の額（その額が現に当該生活療養に要した費用の額を超えるときは，当該現に生活療養に要した費用の額とする．）から，生活療養標準負担額を控除した額
《③，④(略)》

（療養費）
第54条 ① 市町村及び組合は，療養の給付若しくは入院時食事療養費，入院時生活療養費若しくは保険外併用療養費の支給（以下この項及び次項において「療養の給付等」という．）を行うことが困難であると認めるとき，又は被保険者が保険医療機関等以外の病院，診療所若しくは薬局その他の者について診療，薬剤の支給若しくは手当を受けた場合において，市町村又は組合がやむを得ないものと認めるときは，療養の給付等に代えて，療養費を支給することができる．ただし，当該被保険者の属する世帯の世帯主又は組合員が当該被保険者に係る被保険者資格証明書の交付を受けている間は，この限りでない．
② 市町村及び組合は，被保険者が被保険者証を提出しないで保険医療機関等について診療又は薬剤の支給を受けた場合において，被保険者証を提出しなかったことが，緊急その他のやむを得ない理由によるものと認めるときは，療養の給付に代えて，療養費を支給するものとする．ただし，当該被保険者の属する世帯の世帯主又は組合員が当該被保険者に係る被保険者資格証明書の交付を受けている間は，この限りでない．
③ 療養費の額は，当該療養（食事療養及び生活療養を除く．）について算定した費用の額に第42条第1項各号の区分に応じ，同項各号に掲げる割合を乗じて得た額を控除した額及び当該食事療養又は生活療養について算定した費用の額から食事療養標準負担額又は生活療養標準負担額を控除した額を基準として，市町村又は組合が定める．
《④(略)》

（訪問看護療養費）
第54条の2 ① 市町村及び組合は，被保険者が指定訪問看護事業者（健康保険法第88条第1項に規定する指定訪問看護事業者をいう．以下同じ．）について指定訪問看護（同項に規定する指定訪問看護をいう．以下同じ．）を受けたときは，当該被保険者の属する世帯の世帯主又は組合員に対し，その指定訪問看護に要した費用について，訪問看護療養費を支給する．ただし，当該被保険者の属する世帯の世帯主又は組合員が当該被保険者に係る被保険者資格証明書の交付を受けている間は，この限りでない．
④ 訪問看護療養費の額は，当該指定訪問看護につき健康保険法第88条第4項の規定による厚生労働

大臣の定めの例により算定した費用の額から，その額に第42条第1項各号の区分に応じ，同項各号に掲げる割合（第44条第1項各号の措置により一部負担金の割合が減ぜられたときは，当該減ぜられた割合とする．）を乗じて得た額（療養の給付について第44条第1項各号の措置が採られるべきときは，当該措置が採られたものとした場合の額とする．）を控除した額とする．
⑤ 被保険者が指定訪問看護事業者について指定訪問看護を受けたときは，当該被保険者の属する世帯の世帯主又は組合員が当該指定訪問看護事業者に支払うべき当該指定訪問看護に要した費用について，訪問看護療養費として当該世帯主又は組合員に対し支給すべき額の限度において，当該世帯主又は組合員に代わり，当該指定訪問看護事業者に支払うことができる．
⑥ 前項の規定による支払があったときは，世帯主又は組合員に対し訪問看護療養費の支給があったものとみなす．
⑦ 第42条の2の規定は，第5項の場合において第4項の規定により算定した費用の額から当該指定訪問看護に要した費用について訪問看護療養費として支給される額に相当する額を控除した額の支払について準用する．
⑧ 指定訪問看護事業者は，指定訪問看護に要した費用につき，その支払を受ける際，当該支払をした世帯主又は組合員に対し，厚生労働省令の定めるところにより，領収証を交付しなければならない．
《②，③，⑨〜⑫(略)》

（特別療養費）
第54条の3 ① 市町村及び組合は，世帯主又は組合員がその世帯に属する被保険者に係る被保険者資格証明書の交付を受けている場合において，当該被保険者が保険医療機関等又は指定訪問看護事業者について療養を受けたときは，当該世帯主又は組合員に対し，その療養に要した費用について，特別療養費を支給する．
③ 第1項に規定する場合において，当該世帯主又は組合員に対し当該被保険者に係る被保険者証が交付されているとすれば第54条第1項の規定が適用されることとなるときは，市町村及び組合は，療養費を支給することができる．
④ 第1項に規定する場合において，被保険者が被保険者資格証明書を提出しないで保険医療機関等について診療又は薬剤の支給を受け，被保険者資格証明書を提出しなかったことが，緊急その他のやむを得ない理由によるものと認めるときは，市町村及び組合は，療養費を支給するものとする．
⑤ 第54条第3項及び第4項の規定は，前2項の規定による療養費について準用する．この場合において，同条第4項中「療養の給付を受けるべき場合」とあるのは「被保険者証が交付されているならば療養の給付を受けることができる場合」と，「入院時食事療養費の支給を受けるべき場合」とあるのは「被保険者証が交付されているならば入院時食事療養費の支給を受けることができる場合」と，「入院時生活療養費の支給を受けるべき場合」とあるのは「被保険者証が交付されているならば入院時生活療養費の支給を受けることができる場合」と，「保険外併用療養費の支給を受けるべき場合」とあるのは「被保険者証が交付されているならば保険外併用療養費の支給を受けることができ

る場合」と読み替えるものとする. 〈②(略)〉
(移送費)
第54条 ① 市町村及び組合は,被保険者が療養の給付(保険外併用療養費に係る療養及び特別療養費に係る療養を含む.)を受けるため病院又は診療所に移送されたときは,当該被保険者の属する世帯の世帯主又は組合員に対し,移送費として,厚生労働省令で定めるところにより算定した額を支給する.
② 前項の移送費は,厚生労働省令で定めるところにより,市町村又は組合が必要であると認める場合に限り,支給するものとする.

(他の法令による医療に関する給付との調整)
第56条 ① 療養の給付又は入院時食事療養費,入院時生活療養費,保険外併用療養費,訪問看護療養費,特別療養費若しくは移送費の支給は,被保険者の当該疾病又は負傷につき,健康保険法,船員保険法,国家公務員共済組合法(他の法律において準用し,又は例による場合を含む.),地方公務員等共済組合法若しくは高齢者の医療の確保に関する法律の規定によって,医療に関する給付を受けることができる場合又は介護保険法の規定によって,それぞれの給付に相当する給付を受けることができる場合には,行わない. 労働基準法(昭和22年法律第49号)の規定による療養補償,労働者災害補償保険法(昭和22年法律第50号)の規定による療養補償給付若しくは療養給付,国家公務員災害補償法(昭和26年法律第191号. 他の法律において準用する場合を含む.)の規定による療養補償,地方公務員災害補償法(昭和42年法律第121号)若しくは同法に基づく条例の規定による療養補償その他政令で定める法令による医療に関する給付を受けることができるとき,又はこれらの法令以外の法令により国若しくは地方公共団体の負担において医療に関する給付が行われたときも,同様とする. 〈②~④(略)〉

(世帯主又は組合員でない被保険者に係る一部負担金等)
第55条 一部負担金の支払若しくは納付,第43条第3項又は前条第2項の規定による差額の支給及び療養費の支給に関しては,当該疾病又は負傷が世帯主又は組合員でない被保険者のものであるときは,これらの事項に関する各本条の規定にかかわらず,当該被保険者の属する世帯の世帯主又は組合員が一部負担金を支払い,又は納付すべき義務を負い,及び当該世帯主又は組合員に対して第43条第3項若しくは前条第2項の規定による差額又は療養費を支給するものとする.

(高額療養費)
第57条の2 ① 市町村及び組合は,療養の給付について支払われた一部負担金の額又は療養(食事療養及び生活療養を除く. 次項において同じ.)に要した費用の額からその療養に要した費用につき保険外併用療養費,療養費,訪問看護療養費若しくは特別療養費として支給される額若しくは第56条第2項の規定により支給される差額に相当する額を控除した額(次条第1項において「一部負担金等の額」という.)が著しく高額であるときは,世帯主又は組合員に対し,高額療養費を支給する. ただし,当該療養について療養の給付,保険外併用療養費の支給,療養費の支給,訪問看護療養費の支給若しくは特別療養費の支給又は第56条第2項の規定による差額の支給を受けなかつたときは,この限りでな

い.
② 高額療養費の支給要件,支給額その他高額療養費の支給に関して必要な事項は,療養に必要な費用の負担の家計に与える影響及び療養に要した費用の額を考慮して,政令で定める.

(高額介護合算療養費)
第57条の3 ① 市町村及び組合は,一部負担金等の額(前条第1項の高額療養費が支給される場合にあつては,当該支給額に相当する額を控除して得た額)並びに介護保険法第51条第1項に規定する介護サービス利用者負担額(同項の高額介護サービス費が支給される場合にあつては,当該支給額を控除して得た額)及び同法第61条第1項に規定する介護予防サービス利用者負担額(同項の高額介護予防サービス費が支給される場合にあつては,当該支給額を控除して得た額)の合計額が著しく高額であるときは,世帯主又は組合員に対し,高額介護合算療養費を支給する. ただし,当該一部負担金等の額に係る療養の給付,保険外併用療養費の支給,療養費の支給,訪問看護療養費の支給若しくは特別療養費の支給又は第56条第2項の規定による差額の支給を受けなかつたときは,この限りでない.
② 前条第2項の規定は,高額介護合算療養費の支給について準用する.

第2節 その他の給付
第58条 ① 市町村及び組合は,被保険者の出産及び死亡に関しては,条例又は規約の定めるところにより,出産育児一時金の支給又は葬祭費の支給若しくは葬祭の給付を行うものとする. ただし,特別の理由があるときは,その全部又は一部を行わないことができる.
② 市町村及び組合は,前項の保険給付のほか,条例又は規約の定めるところにより,傷病手当金の支給その他の保険給付を行うことができる. 〈③(略)〉

第3節 保険給付の制限
第59条 被保険者又は被保険者であつた者が,次の各号のいずれかに該当する場合には,その期間に係る療養の給付又は入院時食事療養費,入院時生活療養費,保険外併用療養費,訪問看護療養費,特別療養費若しくは移送費の支給(以下この節において「療養の給付等」という.)は,行わない.
1 少年院その他これに準ずる施設に収容されたとき.
2 刑事施設,労役場その他これらに準ずる施設に拘禁されたとき.
第60条 被保険者が,自己の故意の犯罪行為により,又は故意に疾病にかかり,又は負傷したときは,当該疾病又は負傷に係る療養の給付等は,行わない.
第61条 被保険者が闘争,泥酔又は著しい不行跡によつて疾病にかかり,又は負傷したときは,当該疾病又は負傷に係る療養の給付等は,その全部又は一部を行わないことができる.
第62条 市町村及び組合は,被保険者又は被保険者であつた者が,正当な理由なしに療養に関する指示に従わないときは,療養の給付等の一部を行わないことができる.
第63条 市町村及び組合は,被保険者若しくは被保険者であつた者又は保険給付を受ける者が,正当な理由なしに,第66条の規定による命令に従わず,又は答弁若しくは受診を拒んだときは,療養の給付の全部又は一部を行わないことができる.
第63条の2 ① 市町村及び組合は,保険給付(第43

（1）医療保険・介護保険

条第3項又は第56条第2項の規定による差額の支給を含む．以下同じ．）を受けることができる世帯主又は組合員が保険料を滞納しており，かつ，当該保険料の納期限から厚生労働省令で定める期間が経過するまでの間に当該保険料を納付しない場合においては，当該保険料の滞納につき災害その他の政令で定める特別の事情があると認められる場合を除き，厚生労働省令で定めるところにより，保険給付の全部又は一部の支払を一時差し止めるものとする．

② 市町村及び組合は，前項に規定する厚生労働省令で定める期間が経過しない場合においても，保険給付を受けることができる世帯主又は組合員が保険料を滞納している場合においては，当該保険料の滞納につき災害その他の政令で定める特別の事情があると認められる場合を除き，厚生労働省令で定めるところにより，保険給付の全部又は一部の支払を一時差し止めることができる．

③ 市町村及び組合は，第9条第6項（第22条において準用する場合を含む．）の規定により被保険者資格証明書の交付を受けている世帯主又は組合員であつて，前2項の規定による保険給付の全部又は一部の支払の一時差止がなされているものが，なお滞納している保険料を納付しない場合においては，厚生労働省令で定めるところにより，あらかじめ，当該世帯主又は組合員に通知して，当該一時差止に係る保険給付の額から当該世帯主又は組合員が滞納している保険料額を控除することができる．

第4節　雑則

（損害賠償請求権）

第64条　① 市町村及び組合は，給付事由が第三者の行為によつて生じた場合において，保険給付を行つたときは，その給付の価額（当該保険給付が療養の給付であるときは，当該療養の給付に要する費用の額から当該療養の給付に関し被保険者が負担しなければならない一部負担金に相当する額を控除した額とする．次条第1項において同じ．）の限度において，被保険者が第三者に対して有する損害賠償の請求権を取得する．

② 前項の場合において，保険給付を受けるべき者が第三者から同一の事由について損害賠償を受けたときは，市町村及び組合は，その価額の限度において，保険給付を行う責を免かれる．　〈③〉（略）

（不正利得の徴収等）

第65条　① 偽りその他不正の行為によつて保険給付を受けた者があるときは，市町村及び組合は，その者からその給付の価額の全部又は一部を徴収することができる．

② 前項の場合において，保険医療機関において診療に従事する保険医又は健康保険法第88条第1項に規定する主治の医師が，市町村又は組合に提出されるべき診断書に虚偽の記載をしたため，その保険給付が行われたものであるときは，市町村又は組合は，当該保険医又は主治の医師に対し，保険給付を受けた者に連帯して前項の徴収金を納付すべきことを命ずることができる．

③ 市町村及び組合は，保険医療機関等又は指定訪問看護事業者が偽りその他不正の行為によつて療養の給付に関する費用の支払又は第52条第3項（第52条の2第3項及び第53条第3項において準用する場合を含む．）若しくは第54条の2第5項の規定による支払を受けたときは，当該保険医療機関等又は指定訪問看護事業者に対し，その支払つた額につき返還させるほか，その返還させる額に100分の40を乗じて得た額を支払わせることができる．

④ 都道府県は，市町村からの委託を受けて，市町村が前項の規定により保険医療機関等又は指定訪問看護事業者から返還させ，及び支払わせる額の徴収又は収納の事務のうち広域的な対応が必要なもの又は専門性の高いものを行うことができる．

第4章の2　広域化等支援方針

（広域化等支援方針）

第68条の2　① 都道府県は，国民健康保険事業の運営の広域化又は国民健康保険の財政の安定化を推進するための当該都道府県内の市町村に対する支援の方針（以下「広域化等支援方針」という．）を定めることができる．

② 広域化等支援方針においては，おおむね次に掲げる事項について定めるものとする．

1　国民健康保険事業の運営の広域化又は国民健康保険の財政の安定化の推進に関する基本的な事項
2　国民健康保険の現況及び将来の見通し
3　前号の現況及び将来の見通しを勘案して，国民健康保険事業の運営の広域化又は国民健康保険の財政の安定化の推進において都道府県が果たすべき役割
4　国民健康保険事業に係る事務の共同実施，医療に要する費用の適正化，保険料の納付状況の改善その他の国民健康保険事業の運営の広域化又は国民健康保険の財政の安定化を図るための具体的な施策
5　前号に掲げる施策の実施のために必要な関係市町村相互間の連絡調整
6　前各号に掲げるもののほか，国民健康保険事業の運営の広域化又は国民健康保険の財政の安定化を推進するため都道府県が必要と認める事項

③ 都道府県は，当該都道府県内の市町村のうち，その医療に要する費用の額について厚生労働省令で定めるところにより市町村の数及び年齢階層別の分布状況その他の事情を勘案してなお著しく多額であると認められるものがある場合には，その定める広域化等支援方針において前項第4号に掲げる事項として医療に要する費用の適正化その他の必要な措置を定めるよう努めるものとする．

〈④〉～〈⑦〉（略）

第5章　費用の負担

（国の負担）

第69条　国は，政令の定めるところにより，組合に対して国民健康保険の事務（高齢者の医療の確保に関する法律の規定による前期高齢者納付金等（以下「前期高齢者納付金等」という．）及び同法の規定による後期高齢者支援金等（以下「後期高齢者支援金等」という．）並びに介護保険法の規定による納付金（以下「介護納付金」という．）の納付に関する事務を含む．）の執行に要する費用を負担する．

第70条　① 国は，都道府県等が行う国民健康保険の財政の安定化を図るため，政令で定めるところによ

20 国民健康保険法（71条～72条の4）

り，都道府県に対し，当該都道府県内の市町村による療養の給付並びに入院時食事療養費，入院時生活療養費，保険外併用療養費，療養費，訪問看護療養費，特別療養費，移送費，高額療養費及び高額介護合算療養費の支給に要する費用（第73条第1項，第75条の2第1項，第76条第2項及び第104条において「療養の給付等に要する費用」という．）並びに当該都道府県による高齢者の医療の確保に関する法律の規定による前期高齢者納付金（以下「前期高齢者納付金」という．）及び同法の規定による後期高齢者支援金（以下「後期高齢者支援金」という．）並びに介護納付金の納付に要する費用について，次の各号に掲げる額の合算額の100分の32を負担する．

1 被保険者に係る療養の給付に要する費用の額から当該給付に係る一部負担金に相当する額を控除した額並びに入院時食事療養費，入院時生活療養費，保険外併用療養費，療養費，訪問看護療養費，特別療養費，移送費，高額療養費及び高額介護合算療養費の支給に要する費用の額の合算額から第72条の3第1項の規定による繰入金及び第72条の4第1項の規定による繰入金の合算額の2分の1に相当する額を控除した額

2 前期高齢者納付金及び後期高齢者支援金並びに介護納付金の納付に要する費用の額（高齢者の医療の確保に関する法律の規定による前期高齢者交付金（以下「前期高齢者交付金」という．）がある場合には，これを控除した額）

② 第43条第1項の規定により一部負担金の割合を減じている市町村又は都道府県若しくは市町村が被保険者の一部負担金に相当する額の全部若しくは一部を負担することとしている市町村が属する都道府県に対する前項の規定の適用については，同項第1号に掲げる額は，当該一部負担金の割合の軽減又は一部負担金に相当する額の全部若しくは一部の負担の措置が講ぜられないものとして，政令で定めるところにより算定した同号に掲げる額に相当する額とする．

③ 国は，第1項に定めるもののほか，政令で定めるところにより，都道府県に対し，被保険者に係る全ての医療に関する給付に要する費用の額に対する高額な医療に関する給付に要する費用の割合等を勘案して，国民健康保険の財政に与える影響が著しい医療に関する給付として政令で定めるところにより算定する額の医療に関する給付に要する費用の合計額（第72条の2第2項において「高額医療費負担対象額」という．）の4分の1に相当する額を負担する．

（国庫負担金の減額）

第71条 ① 都道府県又は当該都道府県内の市町村が確保すべき収入を不当に確保しなかつた場合においては，国は，政令で定めるところにより，前条の規定により当該都道府県に対して負担すべき額を減額することができる．

② 前項の規定により減額する額は，不当に確保しなかつた額をこえることができない．

（調整交付金等）

第72条 ① 国は，都道府県等が行う国民健康保険について，都道府県及び当該都道府県内の市町村の財政の状況その他の事情に応じた財政の調整を行うため，政令で定めるところにより，都道府県に対して調整交付金を交付する．

② 前項の規定による調整交付金の総額は，次の各号に掲げる額の合算額とする．

1 第70条第1項第1号に掲げる額（同条第2項の規定の適用がある場合にあつては，同項の規定を適用して算定した額）及び同条第1項第2号に掲げる額の合算額の見込額の総額（次条第1項において「算定対象額」という．）の100分の9に相当する額

2 第72条の3第1項の規定による繰入金及び第72条の4第1項の規定による繰入金の合算額の総額の4分の1に相当する額

③ 国は，第1項に定めるもののほか，被保険者の健康の保持増進，医療の効率的な提供の推進その他医療に要する費用の適正化に係る都道府県内の市町村の取組を支援するため，政令で定めるところにより，都道府県に対し，予算の範囲内において，交付金を交付する．

（都道府県の特別会計への繰入れ）

第72条の2 ① 都道府県は，都道府県等が行う国民健康保険の財政の安定化を図り，及び当該都道府県内の市町村の財政の状況その他の事情に応じた財政の調整を行うため，政令で定めるところにより，一般会計から，算定対象額の100分の9に相当する額を当該都道府県の国民健康保険に関する特別会計に繰り入れなければならない．

② 都道府県は，前項に定めるもののほか，政令で定めるところにより，一般会計から，高額医療費負担対象額の4分の1に相当する額を当該都道府県の国民健康保険に関する特別会計に繰り入れなければならない．

> **第72条の2** ① 都道府県は，当該都道府県内の市町村が行う国民健康保険の財政を調整するため，政令の定めるところにより，条例で，市町村に対して都道府県調整交付金を交付する．
> ② 前項の規定による都道府県調整交付金の総額は，算定対象額の100分の9に相当する額とする．
> ③ 都道府県調整交付金の交付は，広域化等支援方針（都道府県が広域化等支援方針に定める施策を実施するため地方自治法第245条の4第1項の規定による勧告をした場合にあつては，広域化等支援方針及び当該勧告の内容）との整合性を確保するように努めるものとする．

（市町村の特別会計への繰入れ等）

第72条の3 ① 市町村は，政令で定めるところにより，一般会計から，所得の少ない者について条例で定めるところにより行う保険料の減額賦課又は地方税法第703条の5に規定する国民健康保険税の減額に基づき被保険者に係る保険料又は同法の規定による国民健康保険税につき減額した額の総額を基礎とし，国民健康保険の財政の状況その他の事情を勘案して，政令で定めるところにより算定した額を当該市町村の国民健康保険に関する特別会計に繰り入れなければならない．

② 都道府県は，政令の定めるところにより，前項の規定による繰入金の4分の3に相当する額を負担する．

第72条の4 市町村は，前条第1項の規定に基づき繰り入れる額のほか，政令で定めるところにより，一般会計から，所得の少ない者の数に応じて国民健康保険の財政の状況その他の事情を勘案して政令で定めるところにより算定した額を当該市町村の

(1) 医療保険・介護保険

国民健康保険に関する特別会計に繰り入れなければならない.
② 国は,政令の定めるところにより,前項の規定による繰入金の2分の1に相当する額を負担する.
③ 都道府県は,政令の定めるところにより,第1項の規定による繰入金の4分の1に相当する額を負担する.

(組合に対する補助)
第73条 ① 国は,政令の定めるところにより,組合に対し,療養の給付等に要する費用並びに前期高齢者納付金及び後期高齢者支援金並びに介護納付金の納付に要する費用について,次の各号に掲げる額の合算額を補助することができる.
1 次に掲げる額について組合の財政力を勘案して100分の13から100分の32までの範囲内において政令で定める割合を乗じて得た額
 イ 療養の給付等に要する費用の額から当該給付に係る一部負担金に相当する額を控除した額並びに入院時食事療養費,入院時生活療養費,保険外併用療養費,療養費,訪問看護療養費,特別療養費,移送費,高額療養費及び高額介護合算療養費の支給に要する費用の額の合算額から,当該合算額のうち組合特定被保険者(健康保険法第3条第1項第8号又は同条第2項ただし書の規定による承認を受けて同法の被保険者とならないことにより当該組合の被保険者である者及びその世帯に属する当該組合の被保険者をいう.ロにおいて同じ.)に係る額として政令の定めるところにより算定した額(以下この条において「特定給付額」という.)を控除した額
 ロ 前期高齢者納付金及び後期高齢者支援金並びに介護納付金の納付に要する費用の額(前期高齢者交付金がある場合には,これを控除した額)から,当該費用の額のうち組合特定被保険者に係る費用の額として政令の定めるところにより算定した額(以下この条において「特定納付費用額」という.)を控除した額
2 特定給付額及び特定納付費用額のそれぞれに特定割合を乗じて得た額の合算額
② 前項第2号の特定割合は,100分の32を下回る割合であつて,健康保険法による健康保険事業に要する費用(前期高齢者納付金等及び後期高齢者支援金並びに介護納付金の納付に要する費用を含む.)に対する国の補助の割合及び組合の財政力を勘案して,特定給付額及び特定納付費用額のそれぞれについて,政令で定めるところにより算定した割合とする.
④ 国は,第1項の補助をする場合において,政令の定めるところにより,組合の財政力等を勘案して,同項の補助の額を増額することができる.
〈③,⑤(略)〉

(国の補助)
第74条 国は,第69条,第70条,第72条,第72条の4第2項,<u>第72条の5第1項</u>及び前条に規定するもののほか,予算の範囲内において,保健師に要する費用については3分の1を,国民健康保険事業に要するその他の費用についてはその一部を補助することができる.

(都道府県及び市町村の補助及び貸付)
第75条 都道府県及び市町村は,<u>第72条の2</u>,第72条の3第2項及び<u>第72条の4第3項</u>に規定するもののほか,国民健康保険事業に要する費用(前期高齢者納付金等及び後期高齢者支援金等並びに介護納付金の納付に要する費用を含む.)に対し,補助金を交付し,又は貸付金を貸し付けることができる.

(国民健康保険保険給付費等交付金)
第75条の2 ① 都道府県は,保険給付の実施その他の国民健康保険事業の円滑かつ確実な実施を図り,及び当該都道府県内の市町村の財政状況その他の事情に応じた財政の調整を行うため,政令で定めるところにより,条例で,当該都道府県内の市町村に対し,当該市町村の国民健康保険に関する特別会計において負担する療養の給付等に要する費用その他の国民健康保険事業に要する費用について,<u>国民健康保険保険給付費等交付金</u>を交付する.
② 前項の規定による国民健康保険保険給付費等交付金の交付は,都道府県国民健康保険運営方針との整合性を確保して行うよう努めるものとする.

(保険料)
第76条 ① 市町村は,当該市町村の国民健康保険に関する特別会計において負担する国民健康保険事業費納付金の納付に要する費用(当該市町村が属する都道府県の国民健康保険に関する特別会計において負担する前期高齢者納付金等及び後期高齢者支援金等並びに介護納付金の納付に要する費用を含む.以下同じ.),財政安定化基金拠出金の納付に要する費用その他の国民健康保険事業に要する費用に充てるため,被保険者の属する世帯の世帯主(当該市町村の区域内に住所を有する世帯主に限る.)から保険料を徴収しなければならない.ただし,地方税法の規定により国民健康保険税を課するときは,この限りでない.
② 組合は,療養の給付等に要する費用その他の国民健康保険事業に要する費用(前期高齢者納付金等及び後期高齢者支援金等並びに介護納付金の納付に要する費用を含み,健康保険法第179条に規定する組合にあつては,同法の規定による日雇拠出金の納付に要する費用を含む.)に充てるため,組合員から保険料を徴収しなければならない.
③ 前2項の規定による保険料の納付に要する費用に充てるための保険料は,介護保険法第9条第2号に規定する被保険者である被保険者について賦課するものとする.

> (保険料)
> **第76条** ① 保険者は,国民健康保険事業に要する費用(前期高齢者納付金等及び後期高齢者支援金等並びに介護納付金の納付に要する費用を含み,健康保険法第179条に規定する組合にあつては,同法の規定による日雇拠出金の納付に要する費用を含む.)に充てるため,世帯主又は組合員から保険料を徴収しなければならない.ただし,地方税法の規定により国民健康保険税を課するときは,この限りでない.

(賦課期日)
第76条の2 市町村による<u>前条第1項</u>の保険料の賦課期日は,当該年度の初日とする.

(保険料の徴収の方法)
第76条の3 ① 市町村による<u>第76条第1項</u>の保険料の徴収については,特別徴収(市町村が老齢等年金給付を受ける被保険者である世帯主(政令で定めるものを除く.)から老齢等年金給付の支払をする者に保険料を徴収させ,かつ,その徴収すべき保険料を納入させることをいう.以下同じ.)の方法

⑳ 国民健康保険法（77条〜82条）

による場合を除くほか，普通徴収（市町村が世帯主に対し，地方自治法（昭和22年法律第67号）第231条の規定により納入の通知をすることによつて保険料を徴収することをいう．以下同じ．）の方法によらなければならない．
② 前項の老齢等年金給付は，国民年金法による老齢基礎年金その他の同法又は厚生年金保険法（昭和29年法律第115号）による老齢，障害又は死亡を支給事由とする年金たる給付であつて政令で定めるもの及びこれらの年金たる給付に類する老齢若しくは退職，障害又は死亡を支給事由とする年金たる給付であつて政令で定めるものをいう．

（保険料の減免等）
第77条 市町村及び組合は，条例又は規約の定めるところにより，特別の理由がある者に対し，保険料を減免し，又はその徴収を猶予することができる．

（条例又は規約への委任）
第81条 第76条から前条までに規定するもののほか，賦課額，保険料率，納期，減額賦課その他保険料の賦課及び徴収等に関する事項は，政令で定める基準に従つて条例又は規約で定める．

（財政安定化基金）
第81条の2 ① 都道府県は，国民健康保険の財政の安定化を図るため財政安定化基金を設け，次に掲げる事業に必要な費用に充てるものとする．
1 当該都道府県内の収納不足市町村に対し，政令で定めるところにより，基金事業対象保険料収納額が基金事業対象保険料必要額に不足する額を基礎として，当該都道府県内の市町村における保険料の収納状況等を勘案して政令で定めるところにより算定した額の範囲内の額の資金を貸し付ける事業
2 基金事業対象保険料収納額が基金事業対象保険料必要額に不足することにつき特別の事情があると認められる当該都道府県内の収納不足市町村に対し，政令で定めるところにより，基金事業対象保険料収納額が基金事業対象保険料必要額に不足する額を基礎として，当該都道府県内の市町村における保険料の収納状況等を勘案して政令で定めるところにより算定した額の2分の1以内の額の資金を交付する事業
② 都道府県は，基金事業対象収入額が基金事業対象費用額に不足する場合に，政令で定めるところにより，当該不足額を基礎として，当該都道府県内の市町村による保険給付の状況等を勘案して政令で定めるところにより算定した額の範囲内で財政安定化基金を取り崩し，当該不足額に相当する額を当該都道府県の国民健康保険に関する特別会計に繰り入れるものとする．
③ 都道府県は，前項の規定により財政安定化基金を取り崩したときは，政令で定めるところにより，その取り崩した額に相当する額を財政安定化基金に繰り入れなければならない．
④ 都道府県は，財政安定化基金に充てるため，政令で定めるところにより，当該都道府県内の市町村から財政安定化基金拠出金を徴収するものとする．
⑤ 市町村は，前項の規定による財政安定化基金拠出金を納付しなければならない．
⑥ 都道府県は，政令で定めるところにより，第4項の規定により当該都道府県内の市町村から徴収した財政安定化基金拠出金の総額の3倍に相当する額を財政安定化基金に繰り入れなければならない．
⑦ 国は，政令で定めるところにより，前項の規定により都道府県が繰り入れた額の3分の1に相当する額を負担する．
⑧ 財政安定化基金から生ずる収入は，全て財政安定化基金に充てなければならない．
⑨ この条における用語のうち次の各号に掲げるものの意義は，当該各号に定めるところによる．
1 収納不足市町村 基金事業対象保険料収納額が基金事業対象保険料必要額に不足する市町村
2 基金事業対象保険料収納額 市町村が当該年度中に収納した保険料の額のうち，国民健康保険事業費納付金の納付に要した費用の額，財政安定化基金拠出金の納付に要した費用の額，第1項第1号に掲げる事業による都道府県からの借入金（次号において「財政安定化基金事業借入金」という．）の償還に要した費用の額その他政令で定める費用の額に充てたものとして政令で定めるところにより算定した額
3 基金事業対象保険料必要額 市町村が当該年度中に収納することが必要な保険料の額のうち，国民健康保険事業費納付金の納付に要する費用の額，財政安定化基金拠出金の納付に要する費用の額，財政安定化基金事業借入金の償還に要する費用の額その他政令で定める費用の額に充てるものとして政令で定めるところにより算定した額
4 基金事業対象収入額 都道府県の国民健康保険に関する特別会計において当該年度中に収入した金額（第2項の規定により繰り入れた額を除く．）の合計額のうち，当該都道府県内の市町村による療養の給付に要した費用の額から当該給付に係る一部負担金に相当する額を控除した額に当該都道府県内の市町村による入院時食事療養費，入院時生活療養費，保険外併用療養費，療養費，訪問看護療養費，特別療養費，移送費，高額療養費及び高額介護合算療養費の支給に要した費用の額の合計額（次号において「療養の給付等に要した費用の額」という．），特別高額医療費共同事業拠出金，前期高齢者納付金等及び後期高齢者支援金等並びに介護納付金の納付に要した費用の額，第3項の規定による繰入金及び第6項の規定による繰入金（次号において「財政安定化基金繰入金」という．）の繰り入れに要した費用の額その他政令で定める費用の額に充てるものとして政令で定めるところにより算定した額
5 基金事業対象費用額 都道府県の国民健康保険に関する特別会計において当該年度中に負担した国民健康保険保険給付費等交付金の交付に要した費用の額（療養の給付等に要した費用の額に係るものに限る．），特別高額医療費共同事業拠出金，前期高齢者納付金等及び後期高齢者支援金等並びに介護納付金の納付に要した費用の額，第3項の規定による繰入金及び財政安定化基金繰入金の繰り入れに要した費用の額その他政令で定める費用の額の合計額として政令で定めるところにより算定した額

第6章　保健事業

第82条 ① 市町村及び組合は，特定健康診査等を行うものとするほか，これらの事業以外の事業であつて，健康教育，健康相談及び健康診査並びに健康管理及び疾病の予防に係る被保険者の自助努力につ

いての支援その他の被保険者の健康の保持増進のために必要な事業を行うように努めなければならない.
② 市町村及び組合は,前項の事業を行うに当たつては,高齢者の医療の確保に関する法律第16条第2項の情報を活用し,適切かつ有効に行うものとする.
③ 市町村及び組合は,被保険者の療養のために必要な用具の貸付けその他の被保険者の療養環境の向上のために必要な事業,保険給付のために必要な事業,被保険者の療養費又は出産のための費用に係る資金の貸付けその他の必要な事業を行うことができる.
④ 組合は,第1項及び前項の事業に支障がない場合に限り,被保険者でない者にこれらの事業を利用させることができる. 《⑤,⑥(略)》

第6章の2　国民健康保険運営方針等

(都道府県国民健康保険運営方針)
第82条の2 ① 都道府県は,都道府県等が行う国民健康保険の安定的な財政運営並びに当該都道府県内の市町村の国民健康保険事業の広域的及び効率的な運営の推進を図るため,都道府県及び当該都道府県内の市町村の国民健康保険事業の運営に関する方針(以下「都道府県国民健康保険運営方針」という.)を定めるものとする. 《②~⑨(略)》

第7章　国民健康保険団体連合会

(設立,人格及び名称)
第83条 ① 都道府県若しくは市町村又は組合は,共同してその目的を達成するため,国民健康保険団体連合会(以下「連合会」という.)を設立することができる.
② 連合会は,法人とする. 《③,④(略)》
(設立の認可等)
第84条 ① 連合会を設立しようとするときは,当該連合会の区域をその区域に含む都道府県を統轄する都道府県知事の認可を受けなければならない.
② 連合会は,設立の認可を受けた時に成立する.
③ 都道府県の区域とする連合会に,その区域内の都道府県及び市町村並びに組合の3分の2以上が加入したときは,当該区域内のその他の都道府県及び市町村並びに組合は,全て当該連合会の会員となる.

第8章　診療報酬審査委員会

(審査委員会)
第87条 ① 第45条第5項の規定による委託を受けて診療報酬請求書の審査を行うため,都道府県の区域を区域とする連合会(その区域内の都道府県若しくは市町村又は組合の3分の2以上が加入しないものを除く.)に,国民健康保険診療報酬審査委員会(以下「審査委員会」という.)を置く.
② 連合会は,前項の規定による事務の遂行に支障のない範囲内で,健康保険法第76条第5項の規定による委託を受けて行う診療報酬請求書の審査を審査委員会に行わせることができる.

第9章　審査請求

(審査請求)
第91条 ① 保険給付に関する処分(被保険者証の交付の請求又は返還に関する処分を含む.)又は保険料その他この法律の規定による徴収金に関する処分に不服がある者は,国民健康保険審査会に審査請求をすることができる.
② 前項の審査請求は,時効の中断に関しては,裁判上の請求とみなす.
(審査会の設置)
第92条　国民健康保険審査会(以下「審査会」という.)は,各都道府県に置く.
(組織)
第93条 ① 審査会は,被保険者を代表する委員,保険者を代表する委員及び公益を代表する委員各3人をもつて組織する. 《②(略)》
(審査請求の期間及び方式)
第99条　審査請求は,処分があつたことを知つた日の翌日から起算して3月以内に,文書又は口頭でしなければならない.ただし,正当な理由により,この期間内に審査請求をすることができなかつたことを疎明したときは,この限りでない.
(審査請求と訴訟との関係)
第103条　第91条第1項に規定する処分の取消しの訴えは,当該処分についての審査請求に対する裁決を経た後でなければ,提起することができない.

第9章の2　保健事業等に関する援助等 (略)

第10章　監督 (略)

第11章　雑則

(時効)
第110条 ① 保険料その他この法律の規定による徴収金を徴収し,又はその還付を受ける権利及び保険給付を受ける権利は,2年を経過したときは,時効によつて消滅する.
② 保険料その他この法律の規定による徴収金の徴収の告知又は督促は,民法(明治29年法律第89号)第153条の規定にかかわらず,時効中断の効力を生ずる.
(賦課決定の期間制限)
第110条の2　保険料の賦課決定は,当該年度における最初の保険料の納期(この法律又はこれに基づく条例の規定により保険料を納付し,又は納入すべき期限をいい,当該納期後に保険料を課することができることとなつた場合にあつては,当該保険料を課することができることとなつた日とする.)の翌日から起算して2年を経過した日以後においては,することができない.
(修学中の被保険者の特例)
第116条 ① 修学のため1の市町村の区域内に住所を有する被保険者であつて,修学していないとすれば他の市町村の区域内に住所を有する他人と同一の世帯に属するものと認められるものは,第5条の規定にかかわらず,当該他の市町村の行なう国民健康保険の被保険者とし,かつ,この法律の適用につ

21 国民健康保険法施行令（1条〜3条）

ては、当該他の市町村の区域内に住所を有するものとみなし、かつ、当該世帯に属するものとみなす。
〈②、③(略)〉
（病院等に入院、入所又は入居中の被保険者の特例）
第116条の2 ① 次の各号に掲げる入院、入所又は入居（以下この条において「入院等」という。）をしたことにより、当該各号に規定する病院、診療所又は施設（以下この条において「病院等」という。）の所在する場所に住所を変更したと認められる被保険者であつて、当該病院等に入院をした際他の市町村（当該病院等が所在する市町村以外の市町村をいう。）の区域内に住所を有していたと認められるものは、この法律の適用については、当該他の市町村の区域内に住所を有するものとみなす。ただし、二以上の病院等に継続して入院等をしている被保険者であつて、現に入院等をしている病院等（以下この条において「現入院病院等」という。）に入院等をする直前に入院等をしていた病院等（以下この項において「直前入院病院等」という。）及び現入院病院等のそれぞれに入院等をしたことにより直前入院病院等及び現入院病院等のそれぞれの所在する場所に順次住所を変更したと認められるもの（次項において「特定継続入院等被保険者」という。）については、この限りでない。
1 病院又は診療所への入院
2 児童福祉法（昭和22年法律第164号）第7条第1項に規定する児童福祉施設への入所（同法第27条第1項第3号又は同法第27条の2の規定による入所措置がとられた場合に限る。）
3 障害者の日常生活及び社会生活を総合的に支援するための法律（平成17年法律第123号）第5条第11項に規定する障害者支援施設又は同条第1項の厚生労働省令で定める施設への入所
4 独立行政法人国立重度知的障害者総合施設のぞみの園法（平成14年法律第167号）第11条第1号の規定により独立行政法人国立重度知的障害者総合施設のぞみの園の設置する施設への入所
5 老人福祉法（昭和38年法律第133号）第20条の4又は第20条の5に規定する養護老人ホーム又は特別養護老人ホームへの入所（同法第11条第1項第1号又は第2号の規定による入所措置がとられた場合に限る。）
6 介護保険法第8条第11項に規定する特定施設への入居又は同法第25項に規定する介護保険施設への入所
〈②、③(略)〉
（権限の委任）
第118条 ① この法律に規定する厚生労働大臣の権限は、厚生労働省令で定めるところにより、地方厚生局長に委任することができる。
② 前項の規定により地方厚生局長に委任された権限は、厚生労働省令で定めるところにより、地方厚生支局長に委任することができる。

第12章 罰則

第127条 ① 市町村は、条例で、第9条第1項若しくは第9項の規定による届出をせず、若しくは虚偽の届出をした者又は同条第3項若しくは第4項の規定により被保険者証の返還を求められこれに応じない者に対し10万円以下の過料を科する規定を設けることができる。〈②(略)〉
③ 市町村は、条例で、偽りその他不正の行為により保険料その他この法律の規定による徴収金の徴収を免れた者に対し、その徴収を免れた金額の5倍に相当する金額以下の過料を科する規定を設けることができる。
④ 地方自治法第255条の3の規定は、前3項の規定による過料の処分について準用する。
第128条 ① 前条第1項から第3項までの規定は、組合について準用する。この場合において、これらの規定中「条例」とあるのは「規約」と、「過料」とあるのは「過怠金」と読み替えるものとする。
〈②(略)〉

---

21 国民健康保険法施行令（抄）

（昭33・12・27政令第362号、昭34・1・1施行、
最終改正：平28・5・25政令第226号）

内閣は、国民健康保険法（昭和33年法律第192号）第6条第6号、第10条、第11条第2項、第12条、第35条（第86条において準用する場合を含む。）、第43条第1項、第52条第2項、第56条第1項、第101条第2項、第107条及び第117条並びに国民健康保険法施行法（昭和33年法律第193号）第14条第1項及び第71条の規定に基き、この政令を制定する。

第1章 市町村

（法第9条第3項に規定する政令で定める特別の事情）
第1条 国民健康保険法（以下「法」という。）第9条第3項に規定する政令で定める特別の事情は、次の各号に掲げる事由により保険料（地方税法（昭和25年法律第226号）の規定による国民健康保険税を含む。次条において同じ。）を納付することができないと認められる事情とする。
1 世帯主がその財産につき災害を受け、又は盗難にかかつたこと。
2 世帯主又はその者と生計を1にする親族が病気にかかり、又は負傷したこと。
3 世帯主がその事業を廃止し、又は休止したこと。
4 世帯主がその事業につき著しい損失を受けたこと。
5 前各号に類する事由があつたこと。
（特別会計の勘定）
第2条 療養の給付又は法第53条第1項に規定する療養を取り扱うための病院若しくは診療所若しくは薬局を設置する市町村（特別区を含む。以下同じ。）は、厚生労働省令の定めるところにより、国民健康保険に関する特別会計を事業勘定及び直営診療施設勘定に区分しなければならない。
（国民健康保険運営協議会の組織）
第3条 ① 国民健康保険運営協議会（第5条第1項及び附則第1条の2において「協議会」という。）は、被保険者を代表する委員、保険医又は保険薬剤師を代表する委員及び公益を代表する委員各同数をもつて組織する。〈②(略)〉

第2章　国民健康保険組合及び国民健康保険団体連合会（略）

第3章　保険給付

（一部負担金に係る所得の額の算定方法等）

第27条の2　① 法第42条第1項第4号の規定による所得の額の算定は、当該療養の給付を受ける日の属する年の前年（当該療養の給付を受ける日の属する月が1月から7月までの場合にあつては、前々年。以下この項において同じ。）の所得について行うものとし、その額は、第1号に掲げる額（当該療養の給付を受ける日の属する年の前年の12月31日現在において世帯主であつて、同日現在において当該世帯主と同一の世帯に属する年齢19歳未満の被保険者で同年の合計所得金額（地方税法第292条第1項第13号に規定する合計所得金額をいう。）が38万円以下であるもの（第2号において「控除対象者」という。）を有するものにあつては、第1号に掲げる額から第2号に掲げる額を控除した額）とする。

1　当該所得が生じた年の翌年の4月1日の属する年度分の地方税法の規定による市町村民税（同法の規定による特別区民税を含む。第29条の3第4項第4号及び第29条の4の3第3項第4号において同じ。）に係る同法第314条の2第1項に規定する総所得金額及び山林所得金額並びに他の所得と区分して計算される所得の金額（同法附則第33条の2第5項に規定する上場株式等に係る配当所得の金額、同法附則第33条の3第5項に規定する土地等に係る事業所得等の金額、同法附則第34条第4項に規定する長期譲渡所得の金額（租税特別措置法（昭和32年法律第26号）第33条の4第1項若しくは第2項、第34条第1項、第34条の2第1項、第34条の3第1項、第35条第1項、第35条の2第1項又は第36条の規定に該当する場合には、これらの規定の適用により同法第31条第1項に規定する長期譲渡所得の金額から控除する金額を控除した金額）、地方税法附則第35条第5項に規定する短期譲渡所得の金額（租税特別措置法第33条の4第1項若しくは第2項、第34条第1項、第34条の2第1項、第34条の3第1項、第35条第1項又は第36条の規定に該当する場合には、これらの規定の適用により同法第32条第1項に規定する短期譲渡所得の金額から控除する金額を控除した金額）、地方税法附則第35条の2第6項に規定する株式等に係る譲渡所得等の金額（同法附則第35条の2の6第11項若しくは第15項又は第35条の3第11項の規定の適用がある場合には、その適用後の金額）、同法附則第35条の4第4項に規定する先物取引に係る雑所得等の金額（同法附則第35条の2の6第12項の規定の適用がある場合には、その適用後の金額）、外国居住者等の所得に対する相互主義による所得税等の非課税等に関する法律（昭和37年法律第144号）第8条第2項（同法第12条第5項及び第16条第2項において準用する場合を含む。第29条の7第5項第1号において同じ。）に規定する特例適用利子等の額、同法第8条第4項（同法第12条第6項及び第16条第3項において準用する場合を含む。同号において同じ。）に規定する特例適用配当等の額、租税条約等の実施に伴う所得税法、法人税法及び地方税法の特例等に関する法律（昭和44年法律第46号。第29条の7第5項第1号において「租税条約等実施特例法」という。）第3条の2の2第10項に規定する条約適用利子等の額及び同条第12項に規定する条約適用配当等の額をいう。

第29条の3第4項、第29条の4の3第3項第4号並びに第29条の7第2項第4号及び第5号において同じ。）の合計額から地方税法第314条の2第1号及び第2項の規定による控除をした後の金額

2　当該療養の給付を受ける日の属する年の前年の12月31日現在において年齢16歳未満の控除対象者の数に33万円を乗じて得た額及び同日現在において年齢16歳以上19歳未満の控除対象者の数に12万円を乗じて得た額の合計額

② 法第42条第1項第4号の政令で定める額は、145万円とする。

③ 前項の規定は、次の各号のいずれかに該当する者については、適用しない。

1　70歳に達する日の属する月の翌月以後である場合に該当する被保険者であつて、療養の給付を受ける者の属する世帯に属する被保険者（70歳に達する日の属する月の翌月以後である場合に該当する者に限る。以下この項において同じ。）について厚生労働省令で定めるところにより算定した収入の額が520万円（当該世帯に他の被保険者がいない者にあつては、383万円）に満たない者

2　当該療養の給付を受ける者（その属する世帯に他の被保険者がいない者であつて第29条の7第2項第9号イに規定する特定同一世帯所属者があるものに限る。）及び第29条の7第2項第9号イに規定する特定同一世帯所属者について前号の厚生労働省令で定めるところにより算定した収入の額が520万円に満たない者

3　70歳に達する日の属する月の翌月以後である場合に該当する被保険者であつて、療養の給付を受ける者の属する世帯に属する被保険者について第29条の3第2項に規定する基準所得額を合算した額が210万円以下の者

（一部負担金の割合）

第28条　保険者は、一部負担金の割合を減ずることによつて国民健康保険の財政の健全性をそこなうおそれがないと認められる場合に限り、一部負担金の割合を減ずることができる。

（法第56条第1項の政令で定める法令）

第29条　法第56条第1項に規定する政令で定める法令は、次のとおりとする。

1　国会議員の歳費、旅費及び手当等に関する法律（昭和22年法律第80号）

1の2　国会職員法（昭和22年法律第85号）

2　船員法（昭和22年法律第100号）

3　災害救助法（昭和22年法律第118号）

4　労働基準法等の施行に伴う政府職員に係る給与の応急措置に関する法律（昭和22年法律第167号）

5　消防組織法（昭和22年法律第226号）

6　消防法（昭和23年法律第186号）

7　水防法（昭和24年法律第193号）

7の2　特別職の職員の給与に関する法律（昭和24年法律第252号）

8　警察官の職務に協力援助した者の災害給付に関

21 国民健康保険法施行令（29条の2）

する法律（昭和27年法律第245号）
9 海上保安官に協力援助した者等の災害給付に関する法律（昭和28年法律第33号）
10 公立学校の学校医，学校歯科医及び学校薬剤師の公務災害補償に関する法律（昭和32年法律第143号）
11 証人等の被害についての給付に関する法律（昭和33年法律第109号）
12 裁判官の災害補償に関する法律（昭和35年法律第100号）
13 災害対策基本法（昭和36年法律第223号）
14 戦傷病者特別援護法（昭和38年法律第168号）
15 国会議員の秘書の給与等に関する法律（平成2年法律第49号）
16 原子爆弾被爆者に対する援護に関する法律（平成6年法律第117号）（同法第18条の規定に係る部分を除く．）
17 武力攻撃事態等における国民の保護のための措置に関する法律（平成16年法律第112号）
18 新型インフルエンザ等対策特別措置法（平成24年法律第31号）

（高額療養費の支給要件及び支給額）

第29条の2 ① 高額療養費は，次に掲げる額を合算した額から次項から第5項までの規定により支給される高額療養費の額を控除した額（以下この項において「一部負担金等世帯合算額」という．）が高額療養費算定基準額を超える場合に支給するものとし，その額は，一部負担金等世帯合算額から高額療養費算定基準額を控除した額とする．

1 被保険者（法第55条第1項の規定により療養の給付，保険外併用療養費の支給，訪問看護療養費の支給又は特別療養費の支給を受けている者を含む．以下この条から第29条の4まで及び附則第2条において同じ．）が，同一の月にそれぞれ1の病院，診療所，薬局その他の者（以下「病院等」という．）について受けた療養（法第36条第2項第1号に規定する食事療養（以下この条において単に「食事療養」という．）及び同項第2号に規定する生活療養（以下この条において単に「生活療養」という．）を除く．以下この項から第5項まで，第29条の4第1項及び第29条の4の2並びに附則第2条において同じ．）であつて次号に規定する特定給付対象療養以外のものに係るイからヌまでに掲げる額（70歳に達する日の属する月以前の療養に係るものにあつては，2万1000円（次条第6項に規定する75歳到達時特例対象療養に係るものにあつては，1万500円）以上のものに限る．）を合算した額
　イ 一部負担金の額（当該被保険者が，同一の月において，ロに規定する場合に該当するときは，ロに掲げる額を加えた額とする．ハにおいて同じ．）とリに掲げる額との合計額
　ロ 法第56条第1項に規定する法令による医療に関する現物給付及び同条第2項の規定による差額の支給を受けた場合における当該差額の算定の基礎となつた一部負担金の額
　ハ 当該療養が法第36条第2項第3号に規定する評価療養又は同項第4号に規定する選定療養を含む場合における一部負担金及び保険外併用療養費の支給についての療養につき算定した費用の額（その額が現に当該療養に要した額を超えるときは，当該現に療養に要した額とする．ニにおいて同じ．）から当該療養に要した費用につき保険外併用療養費として支給される額に相当する額を控除した額（当該被保険者が，同一の月において，ニに規定する場合に該当するときは，ニに掲げる額を加えた額とする．）を加えた額と，リに掲げる額との合計額
　ニ 保険外併用療養費の支給を受けるべき場合について法第56条第1項に規定する法令による医療費の支給及び同条第2項の規定による差額の支給を受けた場合における当該差額の算定の基礎となつた保険外併用療養費の額を当該保険外併用療養費の支給についての療養につき算定した費用の額から控除した額
　ホ 療養費の支給についての療養につき算定した費用の額（その額が現に当該療養に要した費用の額を超えるときは，当該現に療養に要した費用の額とする．ヘにおいて同じ．）から当該療養に要した費用につき療養費として支給される額に相当する額を控除した額（当該被保険者が，同一の月において，ヘに規定する場合に該当するときは，ヘに掲げる額を加えた額とする．）
　ヘ 療養費の支給を受けるべき場合について法第56条第1項に規定する法令による医療費の支給及び同条第2項の規定による差額の支給を受けた場合における当該差額の算定の基礎となつた療養費の額を当該療養費の支給についての療養につき算定した費用の額から控除した額
　ト 訪問看護療養費の支給についての療養につき算定した費用の額から当該療養に要した額につき訪問看護療養費として支給される額に相当する額を控除した額（当該被保険者が，同一の月において，チに規定する場合に該当するときは，チに掲げる額を加えた額とする．）とリに掲げる額との合計額
　チ 訪問看護療養費の支給を受けるべき場合について法第56条第1項に規定する法令による医療費の支給及び同条第2項の規定による差額の支給を受けた場合における当該差額の算定の基礎となつた訪問看護療養費の額を当該訪問看護療養費の支給についての療養につき算定した費用の額から控除した額
　リ 特別療養費の支給についての療養につき算定した費用の額（その額が現に当該療養に要した費用の額を超えるときは，当該現に療養に要した費用の額とする．ヌにおいて同じ．）から当該療養に要した費用の額につき特別療養費として支給される額に相当する額を控除した額（当該被保険者が，同一の月において，ヌに規定する場合に該当するときは，ヌに掲げる額を加えた額とする．）
　ヌ 特別療養費の支給を受けるべき場合について法第56条第1項に規定する法令による医療費の支給及び同条第2項の規定による差額の支給を受けた場合における当該差額の算定の基礎となつた特別療養費の額を当該特別療養費の支給についての療養につき算定した費用の額から控除した額

2 被保険者が前号と同一の月にそれぞれ1の病院等について受けた特定給付対象療養（原子爆弾被爆者に対する援護に関する法律による一般疾病医療費（第29条の4第3項において「原爆一般疾病医療費」という．）の支給その他厚生労働省令で定める医療に関する給付が行われるべき療養及

(1) 医療保険・介護保険

び当該被保険者が第8項の規定による保険者の認定を受けた場合における同項に規定する療養をいう．以下同じ．）について当該被保険者が負担すべき額（70歳に達する日の属する月以前の特定給付対象療養に係るものにあつては，当該特定給付対象療養に係る前号イからヌまでに掲げる額が2万1000円，次条第6項に規定する75歳到達時特例対象療養に係るものにあつては，1万500円）以上のものに限る．）を合算した額

② 被保険者が療養（次条第6項に規定する75歳到達時特例対象療養であつて，70歳に達する日の属する月以前のものに限る．）を受けた場合において，当該被保険者が同一の月に一の病院等について受けた当該療養に係る前項第1号及び第2号に掲げる額を当該被保険者ごとにそれぞれ合算した額が高額療養費算定基準額を超えるときは，当該それぞれ合算した額から高額療養費算定基準額を控除した額の合算額を高額療養費として支給する．

③ 被保険者が療養（70歳に達する日の属する月の翌月以後の療養に限る．第5項において同じ．）を受けた場合において，当該被保険者が同一の月にそれぞれ1の病院等について受けた当該療養に係る次に掲げる額を合算した額から次項又は第5項の規定により支給される高額療養費の額を控除した額（以下この項及び附則第2条第2項第1号において「70歳以上一部負担金等世帯合算額」という．）が高額療養費算定基準額を超えるときは，当該70歳以上一部負担金等世帯合算額から高額療養費算定基準額を控除した額を高額療養費として支給する．

1 被保険者が受けた当該療養（特定給付対象療養を除く．）に係る第1項第1号イからヌまでに掲げる額を合算した額

2 被保険者が受けた当該療養（特定給付対象療養に限る．）について，当該被保険者がなお負担すべき額を合算した額

④ 被保険者が次に掲げる療養（第2号から第4号までに掲げる療養にあつては，70歳に達する日の属する月の翌月以後のものに限る．）を受けた場合において，当該被保険者が同一の月にそれぞれ1の病院等について受けた当該療養に係る前項第1号及び第2号に掲げる額を当該被保険者ごとにそれぞれ合算した額から次項の規定により支給される高額療養費の額のうち当該被保険者に係る額をそれぞれ控除した額が高額療養費算定基準額を超えるときは，当該それぞれ控除した額から高額療養費算定基準額を控除した額の合算額を高額療養費として支給する．

1 高齢者医療確保法第52条第1号に該当し，月の初日以外の日において高齢者医療確保法第50条の規定による被保険者（以下「後期高齢者医療の被保険者」という．）の資格を取得したことにより国民健康保険の被保険者の資格を喪失した者が，同日の前日の属する月（同日以前の期間に限る．）に受けた療養

2 被保険者被保険者（健康保険の被保険者（日雇特例被保険者であつた者（健康保険法施行令（大正15年勅令第243号）第43条の2第1項第5号に規定する日雇特例被保険者であつた者を含む．第29条の4の3第4項において同じ．）を含む．），船員保険の被保険者，国家公務員共済組合法（昭和33年法律第128号）若しくは地方公務員等共済組合法（昭和37年法律第152号）に基づく共済組合の組合員又は私立学校教職員共済法（昭和28年法律第245号）の規定による私立学校教職員共済制度の加入者をいう．以下この号及び第29条の4の2第1項第5号において同じ．）が高齢者医療確保法第52条第1号に該当し後期高齢者医療の被保険者の資格を取得したことにより，月の初日以外の日において国民健康保険の被保険者の資格を取得した当該被用者保険被保険者の被扶養者（健康保険法，船員保険法（昭和14年法律第73号）又は国家公務員共済組合法（他の法律において準用する場合を含む．）若しくは地方公務員等共済組合法の規定による被扶養者をいう．第29条の4の2第1項第5号及び第5項において同じ．）であつた者が，同日の属する月（同日以後の期間に限る．）に受けた療養

3 国民健康保険組合の組合員が高齢者医療確保法第52条第1号に該当し後期高齢者医療の被保険者の資格を取得したことにより，月の初日以外の日において国民健康保険組合の被保険者の資格を喪失した当該組合員の世帯に属する当該組合員以外の被保険者であつた者が，同日の前日の属する月（同日以前の期間に限る．）に受けた療養

4 国民健康保険組合の組合員が高齢者医療確保法第52条第1号に該当し後期高齢者医療の被保険者の資格を取得したことにより，月の初日以外の日において国民健康保険組合の国民健康保険の被保険者の資格を取得した当該組合員の世帯に属する当該組合員以外の被保険者であつた者が，同日の属する月（同日以後の期間に限る．）に受けた療養

⑤ 被保険者が療養（外来療養（法第36条第1項第1号から第4号までに掲げる療養（同項第5号に掲げる療養に伴うものに限る．）をいう．次条第7項第3号及び第8項第3号において同じ．）に限る．）を受けた場合において，当該被保険者が同一の月にそれぞれ1の病院等について受けた当該療養に係る第3項第1号及び第2号に掲げる額を当該被保険者ごとにそれぞれ合算した額が高額療養費算定基準額を超えるときは，当該それぞれ合算した額から高額療養費算定基準額を控除した額の合算額を高額療養費として支給する．

⑥ 被保険者が特定給付対象療養（当該被保険者が次項の規定による保険者の認定を受けた場合における同項に規定する特定疾病給付対象療養及び当該被保険者が第8項の規定による保険者の認定を受けた場合における同項に規定する療養を除く．）を受けた場合において，当該被保険者が同一の月にそれぞれ1の病院等について受けた当該特定給付対象療養に係る第1項第1号イからヌまでに掲げる額が高額療養費算定基準額を超えるときは，当該同号イからヌまでに掲げる額から高額療養費算定基準額を控除した額を高額療養費として支給する．

⑦ 被保険者が特定疾病給付対象療養（特定給付対象療養（当該被保険者が次項の規定による保険者の認定を受けた場合における同項に規定する療養を除く．）のうち健康保険法施行令第41条第7項に規定する厚生労働大臣が定める医療に関する給付が行われるものをいう．次条第8項において同じ．）を受けた場合において，当該特定疾病給付対象療養を受けた被保険者が厚生労働省令で定めるところにより保険者の認定を受けたものであ

21 国民健康保険法施行令（29条の3）

り，かつ，当該被保険者が同一の月にそれぞれ1の病院等から受けた当該特定疾病給付対象療養に係る第1項第1号イからヌまでに掲げる額が高額療養費算定基準額を超えるときは，当該同号イからヌまでに掲げる額から高額療養費算定基準額を控除した額を高額療養費として支給する．

⑧ 被保険者が健康保険法施行令第41条第9項に規定する厚生労働大臣の定める疾病に係る療養（食事療養及び生活療養を除く．）を受けた場合において，当該療養を受けた被保険者が厚生労働省令の定めるところにより保険者の認定を受けたものであり，かつ，当該被保険者が同一の月にそれぞれ1の病院等につき受けた当該療養に係る第1項第1号イからヌまでに掲げる額が高額療養費算定基準額を超えるときは，当該同号イからヌまでに掲げる額から高額療養費算定基準額を控除した額を高額療養費として支給する．

（高額療養費算定基準額）

第29条の3 ① 前条第1項の高額療養費算定基準額は，次の各号に掲げる場合に応じ，それぞれ当該各号に定める額とする．

1 次号から第5号までに掲げる場合以外の場合 8万100円と，前条第1項第1号及び第2号に掲げる額を合算した額に係る療養につき厚生労働省令で定めるところにより算定した当該療養に要した費用の額（その額が26万7000円に満たないときは，26万7000円）から26万7000円を控除した額に100分の1を乗じて得た額（この額に1円未満の端数がある場合において，その端数金額が50銭未満であるときは，これを切り捨て，その端数金額が50銭以上であるときは，これを1円に切り上げた額）との合算額．ただし，当該療養のあつた月以前の12月以内に既に高額療養費（同条第1項から第4項までの規定によるものに限る．）が支給されている月数が3月以上ある場合（以下この条及び次条第1項において「高額療養費多数回該当の場合」という．）にあつては，4万4400円とする．

2 その被保険者の属する世帯に属する全ての被保険者について療養のあつた月の属する年の前年（当該療養のあつた月が1月から7月までの場合にあつては，前々年．次号及び第4号において同じ．）の基準所得額を合算した額が901万円を超える場合 25万2600円と，前条第1項第1号及び第2号に掲げる額を合算した額に係る療養につき厚生労働省令で定めるところにより算定した当該療養に要した費用の額（その額が84万2000円に満たないときは，84万2000円）から84万2000円を控除した額に100分の1を乗じて得た額（この額に1円未満の端数がある場合において，その端数金額が50銭未満であるときは，これを切り捨て，その端数金額が50銭以上であるときは，これを1円に切り上げた額）との合算額．ただし，高額療養費多数回該当の場合にあつては，14万100円とする．

3 その被保険者の属する世帯に属する全ての被保険者について療養のあつた月の属する年の前年の基準所得額を合算した額が600万円を超え901万円以下の場合 16万7400円と，前条第1項第1号及び第2号に掲げる額を合算した額に係る療養につき厚生労働省令で定めるところにより算定した当該療養に要した費用の額（その額が55万8000円に満たないときは，55万8000円）から55万8000円を控除した額に100分の1を乗じて得た額（この額に1円未満の端数がある場合において，その端数金額が50銭未満であるときは，これを切り捨て，その端数金額が50銭以上であるときは，これを1円に切り上げた額）との合算額．ただし，高額療養費多数回該当の場合にあつては，9万3000円とする．

4 その被保険者の属する世帯に属する全ての被保険者について療養のあつた月の属する年の前年の基準所得額を合算した額が210万円以下の場合（次号に掲げる場合を除く．） 5万7600円．ただし，高額療養費多数回該当の場合にあつては，4万4400円とする．

5 イ及びロに掲げる区分に従い，それぞれイ及びロに定める者の全てについて療養のあつた月の属する年度（当該療養のあつた月が4月から7月までの場合にあつては，前年度）分の地方税法の規定による市町村民税（同法の規定による特別区民税を含むものとし，同法第328条の規定により課する所得割を除く．以下この号及び第29条の3第1項第5号並びに附則第2条第8項において同じ．）が課されない場合又は市町村の条例で定めるところにより市町村民税が免除されている場合（これらの者のいずれかが当該市町村民税の賦課期日において同法の施行地に住所を有しない者である場合を除く．第4項第3号において「市町村民税世帯非課税の場合」という．） 3万5400円．ただし，高額療養費多数回該当の場合にあつては，2万4600円とする．

イ 被保険者が市町村の行う国民健康保険の被保険者である場合 当該被保険者の属する世帯の世帯主及びその世帯に属する当該市町村の行う国民健康保険の被保険者である者

ロ 被保険者が組合の行う国民健康保険の被保険者である場合 当該被保険者の属する世帯に属する当該組合の組合員及びその世帯に属する当該組合の行う国民健康保険の被保険者である者

② 前項第2号から第4号までの基準所得額は，第29条の7第2項第4号に規定する基礎控除後の総所得金額等の算定の際（その算定の際第29条の7の2第2項に規定する特例対象被保険者等又は同項に規定する特例対象被保険者等でなくなつた日以後の最初の7月31日までの間にある被保険者の総所得金額に所得税法（昭和40年法律第33号）第28条第1項に規定する給与所得が含まれている場合においては，当該給与所得については，同条第2項の規定により計算した金額の100分の30に相当する金額によるものとする．第29条の4の3第2項において同じ．）により算定するものとする．

③ 前条第2項の高額療養費算定基準額は，次の各号に掲げる場合に応じ，それぞれ当該各号に定める額とする．

1 第1項第1号に掲げる場合 4万50円と，前条第2項に規定する合算した額に係る療養につき厚生労働省令で定めるところにより算定した当該療養に要した費用の額（その額が13万3500円に満たないときは，13万3500円）から13万3500円を控除した額に100分の1を乗じて得た額（この額に1円未満の端数がある場合において，その端数金額が50銭未満であるときは，これを切り捨て，その端数金額が50銭以上であるときは，これを1

円に切り上げた額）との合算額．ただし，高額療養費多数回該当の場合にあつては，2万2200円とする．
2　第1項第2号に掲げる場合　12万6300円と，前条第2項に規定する合算した額に係る療養につき厚生労働省令で定めるところにより算定した当該療養に要した費用の額（その額が42万1000円に満たないときは，42万1000円）から42万1000円を控除した額に100分の1を乗じて得た額（この額に1円未満の端数がある場合において，その端数金額が50銭未満であるときは，これを切り捨て，その端数金額が50銭以上であるときは，これを1円に切り上げた額）との合算額．ただし，高額療養費多数回該当の場合にあつては，7万7100円とする．
3　第1項第3号に掲げる場合　8万3700円と，前条第2項に規定する合算した額に係る療養につき厚生労働省令で定めるところにより算定した当該療養に要した費用の額（その額が27万9000円に満たないときは，27万9000円）から27万9000円を控除した額に100分の1を乗じて得た額（この額に1円未満の端数がある場合において，その端数金額が50銭未満であるときは，これを切り捨て，その端数金額が50銭以上であるときは，これを1円に切り上げた額）との合算額．ただし，高額療養費多数回該当の場合にあつては，4万6500円とする．
4　第1項第4号に掲げる場合　2万8800円．ただし，高額療養費多数回該当の場合にあつては，2万2200円とする．
5　第1項第5号に掲げる場合　1万7700円．ただし，高額療養費多数回該当の場合にあつては，1万2300円とする．
④　前条第3項の高額療養費算定基準額は，次の各号に掲げる場合に応じ，それぞれ当該各号に定める額とする．
1　次号から第4号までに掲げる場合以外の場合　4万4400円
2　法第42条第1項第4号の規定が適用される者である場合　8万100円と，前条第3項第1号及び第2号に掲げる場合を合算した額に係る療養につき厚生労働省令で定めるところにより算定した当該療養に要した費用の額（その額が26万7000円に満たないときは，26万7000円）から26万7000円を控除した額に100分の1を乗じて得た額（この額に1円未満の端数がある場合において，その端数金額が50銭未満であるときは，これを切り捨て，その端数金額が50銭以上であるときは，これを1円に切り上げた額）との合算額．ただし，高額療養費多数回該当の場合にあつては，4万4400円とする．
3　市町村民税世帯非課税の場合（次号に掲げる場合を除く．）　2万4600円
4　第1項第3号イ及びロに掲げる区分に従い，それぞれイ及びロに定める者のすべてについての当該療養のあつた月の属する年度（当該療養のあつた月が4月から7月までの場合にあつては，前年度）分の地方税法の規定による市町村民税に係る同法第313条第1項に規定する総所得金額及び山林所得金額に係る所得税法第2条第1項第22号に規定する各種所得の金額（同法第35条第2項に規定する公的年金等の支給を受ける者については，同

21　国民健康保険法施行令（29条の3）

条第4項中「次の各号に掲げる金額の合計額とする．ただし，当該合計額が70万円に満たないときは，70万円」とあるのは「80万円」として同項の規定を適用して算定した総所得金額とする．第29条の4の3第3項第4号において同じ．）並びに他の所得と区分して計算される所得の金額がない場合　1万5000円
⑤　前条第4項の高額療養費算定基準額は，次の各号に掲げる場合に応じ，それぞれ当該各号に定める額とする．
1　前項第1号に掲げる場合　2万2200円
2　前項第2号に掲げる場合　4万50円と，前条第4項に規定する合算した額に係る療養につき厚生労働省令で定めるところにより算定した当該療養に要した費用の額（その額が13万3500円に満たないときは，13万3500円）から13万3500円を控除した額に100分の1を乗じて得た額（この額に1円未満の端数がある場合において，その端数金額が50銭未満であるときは，これを切り捨て，その端数金額が50銭以上であるときは，これを1円に切り上げた額）との合算額．ただし，高額療養費多数回該当の場合にあつては，2万2200円とする．
3　前項第3号に掲げる場合　1万2300円
4　前項第4号に掲げる場合　7500円
⑥　前条第5項の高額療養費算定基準額は，次の各号に掲げる場合に応じ，それぞれ当該各号に定める額（同条第4項各号に掲げる療養（以下この条及び第29条の4の2第1項において「75歳到達時特例対象療養」という．）に係るものにあつては，当該各号に定める額に2分の1を乗じて得た額）とする．
1　第4項第1号に掲げる場合　1万2000円
2　第4項第2号に掲げる場合　4万4400円
3　第4項第3号又は第4号に掲げる場合　8000円
⑦　前条第6項の高額療養費算定基準額は，次の各号に掲げる場合に応じ，それぞれ当該各号に定める額とする．
1　次号又は第3号に掲げる場合以外の場合　8万100円（75歳到達時特例対象療養に係るものにあつては，4万50円）と，前条第1項第1号イからハまでに掲げる場合に係る同条第6項に規定する特定給付対象療養につき厚生労働省令で定めるところにより算定した当該特定給付対象療養に要した費用の額（その額が26万7000円（75歳到達時特例対象療養に係るものにあつては，13万3500円．以下この号において同じ．）に満たないときは，26万7000円）から26万7000円を控除した額に100分の1を乗じて得た額（この額に1円未満の端数がある場合において，その端数金額が50銭未満であるときは，これを切り捨て，その端数金額が50銭以上であるときは，これを1円に切り上げた額）との合算額
2　70歳に達する日の属する月の翌月以後の前号の特定給付対象療養であつて，入院療養（法第36条第1項第5号に掲げる療養（当該療養に伴う同項第1号から第3号までに掲げる療養を含む．）をいう．次項において同じ．）である場合　4万4400円（75歳到達時特例対象療養に係るものにあつては，2万2200円）との合算額
3　70歳に達する日の属する月の翌月以後の第1号の特定給付対象療養であつて，外来療養である場合　1万2000円（75歳到達時特例対象療養に

21 国民健康保険法施行令（29条の3）

係るものにあつては、6000円）
⑧ 前条第7項の高額療養費算定基準額は、次の各号に掲げる場合に応じ、それぞれ当該各号に定める額とする．
 1 次号又は第3号に掲げる場合以外の場合　イからホまでに掲げる区分に応じ、それぞれイからホまでに定める額
  イ　第1項第1号に掲げる場合　8万100円（75歳到達時特例対象療養に係るものにあつては、4万750円）と、前条第1項第1号からヌまでに掲げる額に係る特定疾病給付対象療養につき厚生労働省令で定めるところにより算定した当該特定疾病給付対象療養に要した費用の額（その額が26万7000円（75歳到達時特例対象療養に係るものにあつては、13万3500円．以下このイにおいて同じ．）に満たないときは、26万7000円）から26万7000円を控除した額に100分の1を乗じて得た額（この額に1円未満の端数がある場合において、その端数金額が50銭未満であるときは、これを切り捨て、その端数金額が50銭以上であるときは、これを1円に切り上げた額）との合算額．ただし、当該特定疾病給付対象療養（入院療養に限る．）のあつた月以前の12月以内に既に高額療養費（当該特定疾病給付対象療養（入院療養に限る．）を受けた被保険者がそれぞれ同一の病院又は診療所から受けた入院療養に係るものであつて、同条第7項の規定によるものに限る．）が支給されている月数が3月以上ある場合（以下この項において「特定疾病給付対象療養高額療養費多数回該当の場合」という．）にあつては、4万4400円（75歳到達時特例対象療養に係るものにあつては、2万2200円）とする．
  ロ　第1項第2号に掲げる場合　25万2600円（75歳到達時特例対象療養に係るものにあつては、12万6300円）と、前条第1項第1号からヌまでに掲げる額に係る特定疾病給付対象療養につき厚生労働省令で定めるところにより算定した当該特定疾病給付対象療養に要した費用の額（その額が84万2000円（75歳到達時特例対象療養に係るものにあつては、42万1000円．以下このロにおいて同じ．）に満たないときは、84万2000円）から84万2000円を控除した額に100分の1を乗じて得た額（この額に1円未満の端数がある場合において、その端数金額が50銭未満であるときは、これを切り捨て、その端数金額が50銭以上であるときは、これを1円に切り上げた額）との合算額．ただし、特定疾病給付対象療養高額療養費多数回該当の場合にあつては、14万100円（75歳到達時特例対象療養に係るものにあつては、7万50円）とする．
  ハ　第1項第3号に掲げる場合　16万7400円（75歳到達時特例対象療養に係るものにあつては、8万3700円）と、前条第1項第1号からヌまでに掲げる額に係る特定疾病給付対象療養につき厚生労働省令で定めるところにより算定した当該特定疾病給付対象療養に要した費用の額（その額が55万8000円（75歳到達時特例対象療養に係るものにあつては、27万9000円．以下このロにおいて同じ．）に満たないときは、55万8000円）から55万8000円を控除した額に100分の1を乗じて得た額（この額に1円未満の端数がある場合において、その端数金額が50銭未満であるときは、これを切り捨て、その端数金額が50銭以上であるときは、これを1円に切り上げた額）との合算額．ただし、特定疾病給付対象療養高額療養費多数回該当の場合にあつては、9万3000円（75歳到達時特例対象療養に係るものにあつては、4万6500円）とする．
  ニ　第1項第4号に掲げる場合　5万7600円（75歳到達時特例対象療養に係るものにあつては、2万8800円）．ただし、特定疾病給付対象療養高額療養費多数回該当の場合にあつては、4万4400円（75歳到達時特例対象療養に係るものにあつては、2万2200円）とする．
  ホ　第1項第5号に掲げる場合　3万5400円（75歳到達時特例対象療養に係るものにあつては、1万7700円）．ただし、特定疾病給付対象療養高額療養費多数回該当の場合にあつては、2万4600円（75歳到達時特例対象療養に係るものにあつては、1万2300円）とする．
 2 70歳に達する日の属する月の翌月以後の特定疾病給付対象療養であつて、入院療養である場合　イからニまでに掲げる区分に応じ、それぞれイからニまでに定める額
  イ　第4項第1号に掲げる場合　4万4400円（75歳到達時特例対象療養に係るものにあつては、2万2200円）
  ロ　第4項第2号に掲げる場合　8万100円（75歳到達時特例対象療養に係るものにあつては、4万750円）と、前条第1項第1号からヌまでに掲げる額に係る特定疾病給付対象療養につき厚生労働省令で定めるところにより算定した当該特定疾病給付対象療養に要した費用の額（その額が26万7000円（75歳到達時特例対象療養に係るものにあつては、13万3500円．以下このロにおいて同じ．）に満たないときは、26万7000円）から26万7000円を控除した額に100分の1を乗じて得た額（この額に1円未満の端数がある場合において、その端数金額が50銭未満であるときは、これを切り捨て、その端数金額が50銭以上であるときは、これを1円に切り上げた額）との合算額．ただし、特定疾病給付対象療養高額療養費多数回該当の場合にあつては、4万4400円（75歳到達時特例対象療養に係るものにあつては、2万2200円）とする．
  ハ　第4項第3号に掲げる場合　2万4600円（75歳到達時特例対象療養に係るものにあつては、1万2300円）
  ニ　第4項第4号に掲げる場合　1万5000円（75歳到達時特例対象療養に係るものにあつては、7500円）
 3 70歳に達する日の属する月の翌月以後の特定疾病給付対象療養であつて、外来療養である場合　イからハまでに掲げる区分に応じ、それぞれイからハまでに定める額（75歳到達時特例対象療養に係るものにあつては、それぞれ当該イからハまでに定める額に2分の1を乗じて得た額）
  イ　第4項第1号に掲げる場合　1万2000円
  ロ　第4項第2号に掲げる場合　4万4400円
  ハ　第4項第3号又は第4号に掲げる場合　8000円
⑨ 前条第8項の高額療養費算定基準額は、次の各号に掲げる者の区分に応じ、当該各号に定める額（75歳到達時特例対象療養に係るものにあつては、当該

(1) 医療保険・介護保険

各号に定める額に2分の1を乗じて得た額)とする.
1 次号に掲げる者以外のもの 1万円
2 第1項第2号及び第3号に掲げる場合に該当する者(70歳に達する日の属する月の翌月以後に前条第8項に規定する療養を受けた者及び同項に規定する療養のうち健康保険法施行令第42条第9項第2号に規定する厚生労働大臣が定める疾病に係る療養を受けた者を除く.) 2万円
⑩ 第29条の7の2第2項に規定する特例対象被保険者等又は同項に規定する特例対象被保険者等でなくなつた日以後の最初の7月31日までの間にある被保険者の属する世帯に対する第1項第5号及び第4項第3号の規定の適用については,第1項第5号中「又は」とあるのは「若しくは」と,「第4項第3号において「市町村民税世帯非課税」とあるのは「)又は市町村の行う国民健康保険の世帯主並びに当該世帯に属する被保険者及び第29条の7第2項第9号ニに規定する特定同一世帯所属者(以下この号において「特定同一世帯所属者」という.)のすべてについて療養のあつた月の属する年の前年(当該療養のあつた月が1月から7月までの場合にあつては,前々年)の所得について同条第5項第2号の規定を適用した同項第1号に規定する総所得金額及び山林所得金額並びに他の所得と区分して計算される所得の金額(第29条の7の2第2項に規定する特例対象被保険者等又は同項に規定する特例対象被保険者等でなくなつた日以後の最初の7月31日までの間にある被保険者の総所得金額に所得税法第28条第1項に規定する給与所得が含まれている場合においては,当該給与所得については,同条第2項の規定によつて計算した金額の100分の30に相当する金額によるものとする.)の合算額が地方税法第314条の2第2項に規定する金額にその世帯に属する被保険者の数と特定同一世帯所属者の数の合計数に48万円を乗じて得た金額を加算した金額を超えない場合(第4項第3号において「市町村民税世帯非課税又は特例対象被保険者等所属世帯特例基準」,第4項第3号中「の場合」とあるのは「又は特例対象被保険者等所属世帯特例基準の場合」とする.

(その他高額療養費の支給に関する事項)
第29条の4 ① 被保険者が同一の月にそれぞれ1の保険医療機関等(健康保険法第63条第3項第1号に規定する保険医療機関(第5項及び附則第2条第7項において「保険医療機関」という.)又は同号ニに規定する保険薬局をいう.以下この項及び第3項において同じ.)又は指定訪問看護事業者(同法第88条第1項に規定する指定訪問看護事業者をいう.以下この項及び第3項において同じ.)について療養を受けた場合において,一部負担金,保険外併用療養費負担額(保険外併用療養費の支給につき法第53条第3項において準用する法第52条第3項の規定の適用がある場合における当該保険外併用療養費の支給に係る療養につき算定した費用の額から当該保険外併用療養費の額を控除した額をいう.以下この項及び第3項において同じ.)又は訪問看護療養費負担額(訪問看護療養費の支給につき法第54条の2第5項の規定の適用がある場合における当該指定訪問看護の支給に係る指定訪問看護につき算定した費用の額から当該訪問看護療養費の額を控除した額をいう.以下この項及び第3項において同じ.)の支払が行われなかつたときは,保険者は,第29条の2第1項から第5項までの規定により世帯主又は組合員に対し支払うべき高額療養費について,当該一部負担金の額,保険外併用療養費負担額又は訪問看護療養費負担額から次の各号に掲げる区分に応じ,それぞれ当該各号に定める額を控除した額の限度において,当該世帯主又は組合員に代わり,当該保険医療機関等又は指定訪問看護事業者に支払うものとする.
1 第29条の2第1項の規定により高額療養費を支給する場合 イからホまでに掲げる者の区分に応じ,それぞれイからホまでに定める額
イ 前条第1項第1号に掲げる場合に該当していることにつき厚生労働省令で定めるところにより保険者の認定を受けている者 8万100円と,当該療養につき厚生労働省令で定めるところにより算定した当該療養に要した費用の額(その額が26万7000円に満たないときは,26万7000円)から26万7000円を控除した額に100分の1を乗じて得た額(この額に1円未満の端数がある場合において,その端数金額が50銭未満であるときは,これを切り捨て,その端数金額が50銭以上であるときは,これを1円に切り上げた額)との合算額.ただし,高額療養費多数回該当の場合にあつては,4万4400円とする.
ロ 前条第1項第2号に掲げる場合に該当していることにつき厚生労働省令で定めるところにより保険者の認定を受けている者 25万2600円と,当該療養につき厚生労働省令で定めるところにより算定した当該療養に要した費用の額(その額が84万2000円に満たないときは,84万2000円)から84万2000円を控除した額に100分の1を乗じて得た額(この額に1円未満の端数がある場合において,その端数金額が50銭未満であるときは,これを切り捨て,その端数金額が50銭以上であるときは,これを1円に切り上げた額)との合算額.ただし,高額療養費多数回該当の場合にあつては,14万100円とする.
ハ 前条第1項第3号に掲げる場合に該当していることにつき厚生労働省令で定めるところにより保険者の認定を受けている者 16万7400円と,当該療養につき厚生労働省令で定めるところにより算定した当該療養に要した費用の額(その額が55万8000円に満たないときは,55万8000円)から55万8000円を控除した額に100分の1を乗じて得た額(この額に1円未満の端数がある場合において,その端数金額が50銭未満であるときは,これを切り捨て,その端数金額が50銭以上であるときは,これを1円に切り上げた額)との合算額.ただし,高額療養費多数回該当の場合にあつては,9万3000円とする.
ニ 前条第1項第4号に掲げる場合に該当していることにつき厚生労働省令で定めるところにより保険者の認定を受けている者 5万7600円.ただし,高額療養費多数回該当の場合にあつては,4万4400円とする.
ホ 前条第1項第5号に掲げる場合に該当していることにつき厚生労働省令で定めるところにより保険者の認定を受けている者 3万5400円.ただし,高額療養費多数回該当の場合にあつては,2万4600円とする.
2 第29条の2第2項の規定により高額療養費を

21 国民健康保険法施行令（29条の4）

支給する場合　イからホまでに掲げる者の区分に応じ，それぞれイからホまでに定める額
イ　前条第3項第1号に掲げる場合に該当していることにつき厚生労働省令で定めるところにより保険者の認定を受けている者　4万50円と，当該療養につき厚生労働省令で定めるところにより算定した当該療養に要した費用の額（その額が13万3500円に満たないときは，13万3500円）から13万3500円を控除した額に100分の1を乗じて得た額（この額に1円未満の端数がある場合において，その端数金額が50銭未満であるときは，これを切り捨て，その端数金額が50銭以上であるときは，これを1円に切り上げた額）との合算額．ただし，高額療養費多数回該当の場合にあつては，2万2200円とする．
ロ　前条第3項第2号に掲げる場合に該当していることにつき厚生労働省令で定めるところにより保険者の認定を受けている者　12万6300円と，当該療養につき厚生労働省令で定めるところにより算定した当該療養に要した費用の額（その額が42万1000円に満たないときは，42万1000円）から42万1000円を控除した額に100分の1を乗じて得た額（この額に1円未満の端数がある場合において，その端数金額が50銭未満であるときは，これを切り捨て，その端数金額が50銭以上であるときは，これを1円に切り上げた額）との合算額．ただし，高額療養費多数回該当の場合にあつては，7万50円とする．
ハ　前条第3項第3号に掲げる場合に該当していることにつき厚生労働省令で定めるところにより保険者の認定を受けている者　8万3700円と，当該療養につき厚生労働省令で定めるところにより算定した当該療養に要した費用の額（その額が27万9000円に満たないときは，27万9000円）から27万9000円を控除した額に100分の1を乗じて得た額（この額に1円未満の端数がある場合において，その端数金額が50銭以上であるときは，これを1円に切り上げた額）との合算額．ただし，高額療養費多数回該当の場合にあつては，4万6500円とする．
ニ　前条第3項第4号に掲げる場合に該当していることにつき厚生労働省令で定めるところにより保険者の認定を受けている者　2万8800円．ただし，高額療養費多数回該当の場合にあつては，2万2200円とする．
ホ　前条第3項第5号に掲げる場合に該当していることにつき厚生労働省令で定めるところにより保険者の認定を受けている者　1万7700円．ただし，高額療養費多数回該当の場合にあつては，1万2300円とする．
3　第29条の2第3項の規定により高額療養費を支給する場合　イからニまでに掲げる者の区分に応じ，それぞれイからニまでに定める額
イ　ロからニまでに掲げる者以外の者　4万4400円
ロ　前条第4項第2号に掲げる場合に該当する者　8万100円と，当該療養につき厚生労働省令で定めるところにより算定した当該療養に要した費用の額（その額が26万7000円に満たないときは，26万7000円）から26万7000円を控除した額に100分の1を乗じて得た額（この額に1円未満の端数がある場合において，その端数金額が50銭未満であるときは，これを切り捨て，その端数金額が50銭以上であるときは，これを1円に切り上げた額）との合算額．ただし，高額療養費多数回該当の場合にあつては，4万4400円とする．
ハ　前条第4項第3号に掲げる場合に該当していることにつき厚生労働省令で定めるところにより保険者の認定を受けている者　2万4600円
ニ　前条第4項第4号に掲げる場合に該当していることにつき厚生労働省令で定めるところにより保険者の認定を受けている者　1万5000円
4　第29条の2第4項の規定により高額療養費を支給する場合　イからニまでに掲げる者の区分に応じ，それぞれイからニまでに定める額
イ　ロからニまでに掲げる者以外の者　2万2200円
ロ　前条第5項第2号に掲げる場合に該当する者　4万4400円と，当該療養につき厚生労働省令で定めるところにより算定した当該療養に要した費用の額（その額が13万3500円に満たないときは，13万3500円）から13万3500円を控除した額に100分の1を乗じて得た額（この額に1円未満の端数がある場合において，その端数金額が50銭未満であるときは，これを切り捨て，その端数金額が50銭以上であるときは，これを1円に切り上げた額）との合算額．ただし，高額療養費多数回該当の場合にあつては，2万2200円とする．
ハ　前条第5項第3号に掲げる場合に該当していることにつき厚生労働省令で定めるところにより保険者の認定を受けている者　1万2300円
ニ　前条第5項第4号に掲げる場合に該当していることにつき厚生労働省令で定めるところにより保険者の認定を受けている者　7500円
5　第29条の2第5項の規定により高額療養費を支給する場合　イからハまでに掲げる者の区分に応じ，それぞれイからハまでに定める額
イ　ロ又はハに掲げる者以外の者　1万2000円
ロ　前条第6項第2号に掲げる場合に該当する者　4万4400円
ハ　前条第6項第3号に掲げる場合に該当していることにつき厚生労働省令で定めるところにより保険者の認定を受けている者　8000円
② 前項の規定による支払があつたときは，その限度において，世帯主又は組合員に対し第29条の2第1項から第5項までの規定による高額療養費の支給があつたものとみなす．
③ 被保険者が保険医療機関等若しくは指定訪問看護事業者について原爆一般疾病医療費の支給その他厚生労働省令で定める医療に関する給付が行われるべき療養を受けた場合又は第29条の2第8項の規定による保険者の認定を受けた被保険者が当該保険医療機関等若しくは指定訪問看護事業者について同項に規定する療養を受けた場合において，一部負担金，保険外併用療養費負担額又は訪問看護療養費負担額の支払が行われなかつたときは，保険者は，当該療養に要した費用のうち第29条の2第6項から第8項までの規定による高額療養費として世帯主又は組合員に支給すべき額に相当する額を当該保険医療機関等又は指定訪問看護事業者に支払うものとする．
④ 前項の規定による支払があつたときは，世帯主又は組合員に対し，第29条の2第6項から第8項までの規定による高額療養費の支給があつたものとみなす．
⑤〜⑦(略)

第3章の3　保険料

(市町村の保険料の賦課に関する基準)
第29条の7 ① 法第76条第1項の規定により市町村が徴収する世帯主に対する保険料の賦課額は,国民健康保険の被保険者である世帯主及びその世帯に属する国民健康保険の被保険者につき算定した基礎賦課額(賦課額のうち,国民健康保険事業に要する費用(後期高齢者支援金等及び介護納付金の納付に要する費用を除く.)に充てるための賦課額をいう．次項及び附則第4条第2項において同じ.)及び後期高齢者支援金等賦課額(賦課額のうち,後期高齢者支援金等の納付に要する費用に充てるための賦課額をいう．第3項及び附則第4条第3項において同じ.)並びに当該世帯主及び当該世帯に属する国民健康保険の被保険者のうち介護保険法第9条第2号に規定する被保険者(第4項において「介護納付金賦課被保険者」という.)につき算定した介護納付金賦課額(賦課額のうち,介護納付金の納付に要する費用に充てるための賦課額をいう．第4項において同じ.)の合算額とする.

② 法第76条第1項の規定により市町村が徴収する世帯主に対する保険料の賦課額のうち基礎賦課額についての法第81条に規定する政令で定める基準は,次のとおりとする.

1 当該基礎賦課額(第5項に規定する基準に従いこの項の規定に基づき算定される被保険者均等割額又は世帯別平等割額を減額するものとした場合にあつては,その減額することとなる額を含む.)の総額(以下この条及び附則第4条第2項第1号において「基礎賦課総額」という.)は,イに掲げる額の見込額からロに掲げる額の見込額を控除した額を基準として算定した額であること．ただし,法第77条の規定による保険料の減免を行う場合には,イに掲げる額の見込額からロに掲げる額の見込額を控除した額にハに掲げる額の見込額を合算した額を基準として算定した額とすることができる.

イ 当該年度における療養の給付に要する費用の額から当該給付に係る一部負担金に相当する額を控除した額,入院時食事療養費,入院時生活療養費,保険外併用療養費,療養費,訪問看護療養費,特別療養費,移送費,高額療養費及び高額介護合算療養費の支給に要する費用の額,前期高齢者納付金等の納付に要する費用の額,保健事業に要する費用の額,法第81条の2第1項第1号に掲げる交付金を交付する事業に係る同条第2項の規定による拠出金(当該事業に関する事務の処理に要する費用に係るものを除く.)の納付に要する費用の額,同条第1項第2号に掲げる交付金を交付する事業に係る同条第2項の規定による拠出金(当該事業に関する事務の処理に要する費用に係るものを除く.)の納付に要する費用の額の2分の1に相当する額並びにその他の国民健康保険事業に要する費用(国民健康保険の事務(前期高齢者納付金等及び後期高齢者支援金等並びに介護納付金の納付に関する事務を含む．ロにおいて同じ.)の執行に要する費用を除く.)の額の合算額(前期高齢者交付金がある場合には,これを控除した額)

ロ 当該年度における法第70条の規定による負担金(後期高齢者支援金及び介護納付金の納付に要する費用に係るものを除く.),法第72条の規定による調整交付金(後期高齢者支援金及び介護納付金の納付に要する費用に係るものを除く.),法第72条の2の規定による都道府県調整交付金(後期高齢者支援金及び介護納付金の納付に要する費用に係るものを除く.),法第72条の5の規定による負担金,法第74条の規定による補助金,法第75条の規定による補助金(後期高齢者支援金等及び介護納付金の納付に要する費用に係るものを除く.)及び貸付金(後期高齢者支援金等及び介護納付金の納付に要する費用に係るものを除く.),法第81条の2第1項の規定による交付金並びにその他の国民健康保険事業に要する費用(国民健康保険の事務の執行に要する費用並びに後期高齢者支援金等及び介護納付金の納付に要する費用を除く.)のための収入(法第72条の3第1項の規定による繰入金を除く.)の額の合算額

ハ 当該年度における法第77条による基礎賦課額の減免の額の総額

2 基礎賦課総額は,次の表の上欄に掲げる額の合計額のいずれかによるものとし,同欄に掲げる額の基礎賦課総額に対する標準割合(市町村が保険料を賦課する場合に通常よるべき割合で,特別の必要があると認められる場合においてはこれによることを要しないものである.)は,それぞれ同表の中欄に掲げる所得割総額,資産割総額,被保険者均等割総額及び世帯別平等割総額の区分に応じ,それぞれ同表の下欄に掲げるところによるものであること．

所得割総額,資産割総額,被保険者均等割総額及び世帯別平等割総額	所得割総額	100分の40
	資産割総額	100分の10
	被保険者均等割総額	100分の35
	世帯別平等割総額	100分の15
所得割総額,被保険者均等割総額及び世帯別平等割総額	所得割総額	100分の50
	被保険者均等割総額	100分の35
	世帯別平等割総額	100分の15
所得割総額及び被保険者均等割総額	所得割総額	100分の50
	被保険者均等割総額	100分の50

3 世帯主に対する保険料の賦課額のうち基礎賦課額は,前号の表の上欄に掲げる基礎賦課総額の区分に応じ,当該世帯に属する被保険者につき算定した所得割額,資産割額若しくは被保険者均等割額の合算額の総額又は当該世帯につき算定した世帯別平等割額の合計額であること.

4 前号の所得割額は,第2号の所得割総額を地方税法第314条の2第1項に規定する総所得金額及び山林所得金額並びに他の所得と区分して計算された所得の金額の合計額から同条第2項の規定による控除をした後の総所得金額及び山林所得金額並びに他の所得と区分して計算された所得の金額の合計額(以下「基礎控除後の総所得金額等」という.)に按分して算定するものであること．ただし,当該市町村における被保険者の所得の分布状況その他の事情に照らし,前号,この号本文,第7号本文,第8号及び第9号に基づき基礎賦課額を算定するものとしたならば,当該基礎賦課額が第10号の規定に基づき定められる当該基礎賦課額の限度額(第7号において「基礎賦課限度

21 国民健康保険法施行令（29条の7）

額」という。）を上回ることが確実であると見込まれる場合には，厚生労働省令で定めるところにより，基礎控除後の総所得金額等を補正するものとする．

5　前号の場合における地方税法第314条の2第1項に規定する総所得金額若しくは山林所得金額又は他の所得と区分して計算される所得の金額は，同法第313条第9項中雑損失の金額に係る部分の規定を適用しないものとして算定するものであること．

6　削除

7　第3号の資産割額は，第2号の資産割総額を当該年度の地方税法の規定による固定資産税の額又は当該額のうち土地若しくは家屋に係る部分の額（以下「固定資産税額等」という．）に按分して算定するものであること．ただし，当該市町村における被保険者の資産の分布状況その他の事情に照らし，第3号，第4号本文，この号本文，次号及び第9号の規定に基づき基礎賦課額を算定するものとしたならば，当該基礎賦課額が基礎賦課限度額を上回ることが確実であると見込まれる場合には，厚生労働省令で定めるところにより，固定資産税額等を補正するものであること．

8　第3号の被保険者均等割額は，第2号の被保険者均等割総額を被保険者の数に按分して算定するものであること．

9　第3号の世帯別平等割額は，イからハまでに掲げる世帯の区分に応じ，それぞれイからハまでに定めるところにより算定するものであること．

イ　ロ又はハに掲げる世帯以外の世帯　第2号の世帯別平等割総額を被保険者が属する世帯の数から特定同一世帯所属者（法第6条第8号に該当したことにより被保険者の資格を喪失した者であつて，当該資格を喪失した日の前日以後継続して同一の世帯に属する者をいう．以下同じ．）と同一の世帯に属する被保険者が属する世帯であつて同日の属する月（以下このイ及び附則第4条第2項第5号において「特定月」という．）以後5年を経過する月までの間にあるもの（当該世帯に他の被保険者がいない場合に限る．ロ及び次項第8号において「特定世帯」という．）の数に2分の1を乗じて得た数と特定同一世帯所属者と同一の世帯に属する被保険者が属する世帯であつて特定月以後5年を経過する月の翌月から特定月以後8年を経過する月までの間にあるもの（当該世帯に他の被保険者がいない場合に限る．ハ及び次項第8号において「特定継続世帯」という．）の数に4分の1を乗じて得た数の合計数を控除した数に按分すること．

ロ　特定世帯　イに定めるところにより算定した額に2分の1を乗じること．

ハ　特定継続世帯　イに定めるところにより算定した額に4分の3を乗じること．

10　第3号の基礎賦課額は，54万円を超えることができないものであること．

③　法第76条第1項の規定により市町村が徴収する世帯主に対する保険料の賦課額のうち後期高齢者支援金等課額についての法第81条に規定する政令で定める基準は，次のとおりとする．

1　当該後期高齢者支援金等課税額（第5項に規定する基準に従いこの項の規定に基づき算定される被保険者均等割額又は世帯別平等割額を減額するものとした場合にあつては，その減額することとなる額を含む．）の総額（以下この項及び附則第4条第3項第1号において「後期高齢者支援金等課税総額」という．）は，イに掲げる額の見込額からロに掲げる額の見込額を控除した額を基準として算定した額であること．ただし，法第77条の規定による保険料の減免を行う場合には，イに掲げる額の見込額からロに掲げる額の見込額を控除した額にハに掲げる額の見込額を合算した額を基準として算定した額とすることができる．

イ　当該年度における後期高齢者支援金等の納付に要する費用の額

ロ　当該年度における法第70条の規定による負担金（後期高齢者支援金の納付に要する費用に係るものに限る．），法第72条の規定による調整交付金（後期高齢者支援金の納付に要する費用に係るものに限る．），法第72条の2の規定による都道府県調整交付金（後期高齢者支援金の納付に要する費用に係るものに限る．），法第75条の規定による補助金（後期高齢者支援金等の納付に要する費用に係るものに限る．）及び貸付金（後期高齢者支援金等の納付に要する費用に係るものに限る．）その他国民健康保険事業に要する費用（後期高齢者支援金等の納付に要する費用（後期高齢者支援金等の納付に関する事務の執行に要する費用を除く．）に係るものに限る．）のための収入（法第72条の3第1項の規定による繰入金を除く．）の額の合算額

ハ　当該年度における法第77条の規定による後期高齢者支援金等賦課額の減免の額の総額

2　後期高齢者支援金等賦課総額は，次の表の上欄に掲げる額の合計額のいずれかによるものとし，同欄に掲げる額の後期高齢者支援金等賦課総額に対する標準割合（市町村が保険料を賦課する場合に通常よるべき割合で，特別の必要があると認められる場合においてはこれによることを要しないものとする．）は，それぞれ同表の中欄に掲げる所得割総額，資産割総額，被保険者均等割総額及び世帯別平等割総額の区分に応じ，それぞれ同表の下欄に掲げるところによるものであること．

所得割総額，資産割総額，被保険者均等割総額及び世帯別平等割総額	所得割総額	100分の40
	資産割総額	100分の10
	被保険者均等割総額	100分の35
	世帯別平等割総額	100分の15
所得割総額，被保険者均等割総額及び世帯別平等割総額	所得割総額	100分の50
	被保険者均等割総額	100分の35
	世帯別平等割総額	100分の15
所得割総額及び被保険者均等割総額	所得割総額	100分の50
	被保険者均等割総額	100分の50

3　世帯主に対する保険料の賦課額のうち後期高齢者支援金等賦課額は，前号の表の上欄に掲げる後期高齢者支援金等賦課総額の区分に応じ，当該世帯に属する被保険者につき算定した所得割額，資産割額若しくは被保険者均等割額の合算額の総額又は当該世帯につき算定した世帯別平等割額の合計額であること．

4　前号の所得割額は，第2号の所得割総額を基礎控除後の総所得金額等に按分して算定するものであること．ただし，当該市町村における被保険者

の所得の分布状況その他の事情に照らし，前号，この号本文，第6号本文，第7号及び第8号の規定に基づき後期高齢者支援金等賦課額を算定するものとしたならば，当該後期高齢者支援金等賦課額が第9号の規定に基づき定められる当該後期高齢者支援金等賦課額の限度額（第6号において「後期高齢者支援金等賦課限度額」という．）を上回ることが確実であると見込まれる場合には，厚生労働省令で定めるところにより，基礎控除後の総所得金額等を補正するものとする．

5　削　除

6　第3号の資産割額は，第2号の資産割総額を固定資産税額等に按分して算定するものであること．ただし，当該市町村における被保険者の資産の分布状況その他の事情に照らし，第2号，第4号本文，この号本文，次号及び第8号の規定に基づき後期高齢者支援金等賦課額を算定するものとしたならば，当該後期高齢者支援金等賦課額が後期高齢者支援金等賦課限度額を上回ることが確実であると見込まれる場合には，厚生労働省令で定めるところにより，固定資産税額等を補正するものとする．

7　第3号の被保険者均等割額は，第2号の被保険者均等割総額を被保険者の数に按分して算定するものであること．

8　第3号の世帯別平等割額は，イからハまでに掲げる世帯の区分に応じ，それぞれイからハまでに定めるところにより算定するものであること．
　イ　ロ又はハに掲げる世帯以外の世帯　第2号の世帯別平等割総額が属する世帯の数から特定世帯の数に2分の1を乗じて得た数と特定継続世帯の数に4分の1を乗じて得た数の合計数を控除した数で按分すること．
　ロ　特定世帯　イに定めるところにより算定した額に2分の1を乗じること．
　ハ　特定継続世帯　イに定めるところにより算定した額に4分の3を乗じること．

9　第3号の後期高齢者支援金等賦課額は，19万円を超えることができないものであること．

④　法第76条第1項の規定により市町村が徴収する世帯主に対する保険料の賦課額のうち介護納付金賦課額についての法第81条に規定する政令で定める基準は，次のとおりとする．

1　当該介護納付金賦課額（次項に規定する基準に従いこの項の規定に基づき算定される被保険者均等割額又は世帯別平等割額を減額するものとした場合にあつては，その減額することとなる額を含む．）の総額（以下この項において「介護納付金賦課総額」という．）は，イに掲げる額の見込額からロに掲げる額の見込額を控除した額を基準として算定した額とする．ただし，法第77条の規定による保険料の減免を行う場合には，イに掲げる額の見込額からロに掲げる額の見込額を控除した額にハに掲げる額の見込額を合算した額を基準として算定した額とすることができる．
　イ　当該年度における介護納付金の納付に要する費用の額
　ロ　当該年度における法第70条の規定による負担金（介護納付金の納付に要する費用に係るものに限る．），法第72条の規定による調整交付金（介護納付金の納付に要する費用に係るものに限る．），法第72条の2の規定による都道府県調整交付金（介護納付金の納付に要する費用に係るものに限る．），法第75条の規定による補助金（介護納付金の納付に要する費用に係るものに限る．）及び貸付金（介護納付金の納付に要する費用に係るものに限る．）その他の国民健康保険事業に要する費用（介護納付金の納付に要する費用（介護納付金の納付に関する事務の執行に要する費用と．）に係るものに限る．）のための収入（法第72条の3第1項の規定による繰入金を除く．）の額の合算額
　ハ　当該年度における法第77条の規定による介護納付金賦課額の減免の額の総額

2　介護納付金賦課総額は，次の表の上欄に掲げる額の合計額のいずれかによるものとし，同欄に掲げる額の介護納付金賦課総額に対する標準割合（市町村が保険給付を賦課する場合に通常よるべきものとし，特別の必要があると認められる場合においてはこれによることを要しないものをいう．）は，それぞれ同表の中欄に掲げる所得割総額，資産割総額，被保険者均等割総額及び世帯別平等割総額の区分に応じ，それぞれ同表の下欄に掲げるところによるものであること．

所得割総額，資産割総額，被保険者均等割総額及び世帯別平等割総額	所得割総額	100分の40
	資産割総額	100分の10
	被保険者均等割総額	100分の35
	世帯別平等割総額	100分の15
所得割総額，被保険者均等割総額及び世帯別平等割総額	所得割総額	100分の50
	被保険者均等割総額	100分の35
	世帯別平等割総額	100分の15
所得割総額及び被保険者均等割総額	所得割総額	100分の50
	被保険者均等割総額	100分の50

3　世帯主に対する保険料の賦課額のうち介護納付金賦課額は，前号の表の上欄に掲げる介護納付金賦課総額の区分に応じ，当該世帯に属する介護納付金賦課被保険者につき算定した所得割額，資産割額若しくは被保険者均等割額の合算額の総額又は当該世帯につき算定した世帯別平等割額の合計額であること．

4　前号の所得割額は，第2号の所得割総額を介護納付金賦課被保険者に係る基礎控除後の総所得金額等に按分して算定するものであること．ただし，当該市町村における介護納付金賦課被保険者の所得の分布状況その他の事情に照らし，前号，この号本文，第7号及び第8号の規定に基づき当該介護納付金賦課被保険者に係る保険料の介護納付金賦課額を算定するものとしたならば，当該介護納付金賦課額が第9号の規定に基づき定められる当該介護納付金賦課額の限度額（第6号において「介護納付金賦課限度額」という．）を上回ることが確実であると見込まれる場合には，厚生労働省令で定めるところにより，基礎控除後の総所得金額等を補正するものとする．

5　削　除

6　第3号の資産割額は，第2号の資産割総額を介護納付金賦課被保険者に係る固定資産税額等に按分して算定するものであること．ただし，当該市町村における介護納付金賦課被保険者の資産の分布状況その他の事情に照らし，第3号，第4号本文，この号本文，次号及び第8号の規定に基づき当該介護納付金賦課被保険者に係る保険料の介護納付

21 国民健康保険法施行令（29条の7の2）

金賦課額を算定するものとしたならば，当該介護納付金賦課額が介護納付金賦課限度額を上回ることが確実であると見込まれる場合には，厚生労働省令で定めるところにより，固定資産税額等を補正するものとする．
7　第3号の被保険者均等割額は，第2号の被保険者均等割総額を介護納付金賦課被保険者の数に按分して算定するものであること．
8　第3号の世帯別平等割額は，第2号の世帯別平等割総額を介護納付金賦課被保険者が属する世帯の数に按分して算定するものであること．
9　第3号の介護納付金賦課額は，16万円を超えることができないものであること．
⑤　法第76条第1項の規定により市町村が徴収する世帯主に対する保険料の減額賦課についての法第81条に規定する政令で定める基準は，次のとおりとする．
1　世帯主並びに当該世帯に属する被保険者及び特定同一世帯所属者につき算定した地方税法第314条の2第1項に規定する総所得金額及び山林所得金額並びに他の所得と区分して計算される所得の金額（同法附則第33条の2第5項に規定する上場株式等に係る配当所得の金額，同法附則第33条の3第5項に規定する土地等に係る事業所得等の金額，同法附則第34条第4項に規定する長期譲渡所得の金額，同法附則第35条第5項に規定する短期譲渡所得の金額，同法附則第35条の2第6項に規定する株式等に係る譲渡所得等の金額（同法附則第35条の2の2第6項第11項若しくは第15項又は第35条の3第11項の規定の適用がある場合には，その適用後の金額），同法附則第35条の4第4項に規定する先物取引に係る雑所得等の金額（同法附則第35条の4の2第7項の規定の適用がある場合には，その適用後の金額），外国居住者等の所得に対する相互主義による所得税等の非課税等に関する法律第8条第2項に規定する特例適用利子等の額，同条第4項に規定する特例適用配当等の額，租税条約等実施特例法第3条の2の2第10項に規定する条約適用利子等の額及び同条第12項に規定する条約適用配当等の額をいう．以下この項において同じ．）の合算額が地方税法第314条の2第2項に規定する金額に当該世帯に属する被保険者の数と特定同一世帯所属者の数との合計数に48万円を乗じて得た金額を加算した金額（第4号又は第5号の規定による減額を行う場合には，同項に規定する金額に当該世帯に属する被保険者の数と特定同一世帯所属者の数の合計数に26万5千円を乗じて得た金額を加算した金額）を超えない場合においては，当該世帯主に対して賦課する被保険者均等割額及び世帯別平等割額（世帯別平等割額を賦課しない市町村においては，被保険者均等割額）を減額するものであること．
2　前号の規定に規定する総所得金額若しくは山林所得金額又は他の所得と区分して計算される所得の金額は，同法第313条第3項，第4項又は第5項の規定を適用せず，また，所得税法第57条第1項，第3項又は第4項の規定の例によらないものとして計算するものであること．
3　前2号の規定に基づき減額する額は，当該市町村の当該年度分の保険料に係る当該被保険者均等割額又は世帯別平等割額にイからハまでに掲げる

世帯の区分に応じ，それぞれイからハまでに定める割合を乗じて得た額であること．
イ　前号の規定を適用して計算した第1号に規定する総所得金額及び山林所得金額並びに他の所得と区分して計算される所得の金額の合算額が地方税法第314条の2第2項に規定する金額を超えない世帯　10分の7
ロ　前号の規定を適用して計算した第1号に規定する総所得金額及び山林所得金額並びに他の所得と区分して計算される所得の金額の合算額が地方税法第314条の2第2項に規定する金額に当該世帯に属する被保険者の数と特定同一世帯所属者の数の合計数に26万5千円を乗じて得た金額を加算した金額を超えない世帯（イに掲げる世帯を除く．）　10分の5
ハ　前号の規定を適用して計算した第1号に規定する総所得金額及び山林所得金額並びに他の所得と区分して計算される所得の金額の合算額が地方税法第314条の2第2項に規定する金額に当該世帯に属する被保険者の数と特定同一世帯所属者の数の合計数に48万円を乗じて得た金額を加算した金額を超えない世帯（イ又はロに掲げる世帯を除く．）　10分の2
4　前号の規定による減額を行うことが困難であると認める市町村においては，同号の規定にかかわらず，当該市町村の当該年度分の保険料に係る当該被保険者均等割額又は世帯別平等割額にイ又はロに掲げる世帯の区分に応じ，それぞれイ又はロに定める割合を乗じて得た額の減額を行うことができること．
イ　前号イに掲げる世帯　10分の6
ロ　前号ロに掲げる世帯　10分の4
5　前2号の規定による減額を行うことが困難であると認める市町村においては，前2号の規定にかかわらず，当該市町村の当該年度分の保険料に係る当該被保険者均等割額又は世帯別平等割額にイ又はロに掲げる世帯の区分に応じ，それぞれイ又はロに定める割合を乗じて得た額の減額を行うことができること．
イ　第3号イに掲げる世帯　10分の5
ロ　第3号ロに掲げる世帯　10分の3

（特例対象被保険者等に係る特例）
第29条の7の2　①　世帯主又は当該世帯に属する被保険者若しくは特定同一世帯所属者が特例対象被保険者等である場合における前条第2項から第5項までの規定の適用については，同条第2項第4号中「規定する総所得金額」とあるのは「規定する総所得金額（次条第2項に規定する特例対象被保険者等の総所得金額に所得税法第28条第1項に規定する給与所得が含まれている場合においては，当該給与所得については，同条第2項の規定によって計算した金額の100分の30に相当する金額によるものとする．次号において同じ．）」と，「同条第2項」とあるのは「地方税法第314条の2第2項」と，同条第5項第1号中「総所得金額」とあるのは「総所得金額（次条第2項に規定する特例対象被保険者等の総所得金額に所得税法第28条第1項に規定する給与所得が含まれている場合においては，当該給与所得については，同条第2項の規定によって計算した金額の100分の30に相当する金額によるものとする．次号及び第3号において同じ．）」と，「所得の金額（同法」とあるのは「所得の金額（地

方税法」とする．
② 前項に規定する特例対象被保険者等とは，市町村が行う国民健康保険の被保険者又は特定同一世帯所属者のうち次の各号のいずれかに該当する者（これらの者の雇用保険法（昭和49年法律第116号）第14条第2項第1号に規定する受給資格（以下この項において「受給資格」という．）に係る同法第4条第2項に規定する離職の日の翌日の属する年度の翌年度の末日までの間にある者に限る．）をいう．
1 雇用保険法第23条第2項に規定する特定受給資格者
2 雇用保険法第13条第3項に規定する特定理由離職者であつて受給資格を有するもの

（組合の保険料の賦課に関する基準）
第29条の8 法第76条第1項の規定により組合が徴収する組合員に対する保険料についての法第81条に規定する政令で定める基準は，当該組合が徴収する保険料の賦課額の総額が，当該組合の行う国民健康保険事業に要する費用の見込額から当該国民健康保険事業に要する費用のための収入の見込額を控除した額を確保することができるものであることとする．

（法第76条の3第1項に規定する政令で定める被保険者である世帯主）
第29条の9 法第76条の3第1項に規定する政令で定めるものは，法第76条の4において準用する介護保険法（以下「準用介護保険法」という．）の規定による保険料の特別徴収の対象とならない被保険者である世帯主とする．

第4章　審査請求

（審査請求書の記載事項等）
第30条 保険給付に関する処分（被保険者証の交付の請求又は返還に関する処分．第37条第1項において同じ．）に係る審査請求においては，次に掲げる事項を審査請求書に記載し，又は陳述しなければならない．
1 被保険者の氏名，住所又は居所，生年月日並びに被保険者証の記号及び番号
2 保険給付を受けるべき者が被保険者以外の者であるときは，その氏名，住所又は居所，生年月日及び被保険者との関係

（裁決書の記載事項）
第37条 ① 保険給付に関する処分に係る審査請求についての裁決書には，次の各号に掲げる事項を記載しなければならない．
1 審査請求人及び参加人の氏名又は名称及び住所又は事務所の所在地
2 被保険者の氏名，住所，生年月日並びに被保険者証の記号及び番号
3 保険給付を受けるべき者が被保険者以外の者であるときは，その氏名，住所及び被保険者との関係
4 審査請求が代理人によつてされたとき，又は審査請求人が総代を互選したときは，その代理人又は総代の氏名及び住所
5 保険給付に関する決定をした保険者の名称及び事務所の所在地
6 裁決の主文
7 裁決の理由
8 裁決の年月日

② 保険料その他法の規定による徴収金に関する処分に係る審査請求についての裁決書には，次の各号に掲げる事項を記載しなければならない．
1 審査請求人及び参加人の氏名又は名称及び住所又は事務所の所在地
2 審査請求が代理人によつてされたとき，又は審査請求人が総代を互選したときは，その代理人又は総代の氏名及び住所
3 原処分をした保険者その他の者の名称及び事務所の所在地
4 裁決の主文
5 裁決の理由
6 裁決の年月日

第5章　雑則（略）

22　高齢者の医療の確保に関する法律（抄）

（昭57・8・17法律第80号，昭58・2・1施行，最終改正：平27・5・29法律第31号）

〔下線部：平27法31，平30・4・1施行〕

第1章　総則

（目的）
第1条 この法律は，国民の高齢期における適切な医療の確保を図るため，医療費の適正化を推進するための計画の作成及び保険者による健康診査等の実施に関する措置を講ずるとともに，高齢者の医療について，国民の共同連帯の理念等に基づき，前期高齢者に係る保険者間の費用負担の調整，後期高齢者に対する適切な医療の給付等を行うために必要な制度を設け，もつて国民保健の向上及び高齢者の福祉の増進を図ることを目的とする．

（基本的理念）
第2条 ① 国民は，自助と連帯の精神に基づき，自ら加齢に伴つて生ずる心身の変化を自覚して常に健康の保持増進に努めるとともに，高齢者の医療に要する費用を公平に負担するものとする．
② 国民は，年齢，心身の状況等に応じ，職域若しくは地域又は家庭において，高齢期における健康の保持を図るための適切な保健サービスを受ける機会を与えられるものとする．

（国の責務）
第3条 国は，国民の高齢期における医療に要する費用の適正化を図るための取組が円滑に実施され，高齢者医療制度（第3章に規定する前期高齢者に係る保険者間の費用負担の調整及び第4章に規定する後期高齢者医療制度をいう．以下同じ．）の運営が健全に行われるよう必要な各般の措置を講ずるとともに，第1条に規定する目的の達成を資するため，医療，公衆衛生，社会福祉その他の関連施策を積極的に推進しなければならない．

（地方公共団体の責務）
第4条 地方公共団体は，この法律の趣旨を尊重し，住民の高齢期における医療に要する費用の適正化を図るための取組及び高齢者医療制度の運営が適

22 高齢者の医療の確保に関する法律（5条〜8条）

切かつ円滑に行われるよう所要の施策を実施しなければならない．
（保険者の責務）
第5条　保険者は，加入者の高齢期における健康の保持のために必要な事業を積極的に推進するよう努めるとともに，高齢者医療制度の運営が健全かつ円滑に実施されるよう協力しなければならない．
（医療の担い手等の責務）
第6条　医師，歯科医師，薬剤師，看護師その他の医療の担い手並びに医療法（昭和23年法律第205号）第1条の2第2項に規定する医療提供施設の開設者及び管理者は，前3条に規定する general の措置，施策及び事業に協力しなければならない．
（定　義）
第7条　①　この法律において「医療保険各法」とは，次に掲げる法律をいう．
1　健康保険法（大正11年法律第70号）
2　船員保険法（昭和14年法律第73号）
3　国民健康保険法（昭和33年法律第192号）
4　国家公務員共済組合法（昭和33年法律第128号）
5　地方公務員等共済組合法（昭和37年法律第152号）
6　私立学校教職員共済法（昭和28年法律第245号）
②　この法律において「保険者」とは，医療保険各法の規定により医療に関する給付を行う全国健康保険協会，健康保険組合，都道府県及び市町村（特別区を含む．），国民健康保険組合，共済組合又は日本私立学校振興・共済事業団をいう．
③　この法律において「被用者保険等保険者」とは，保険者（健康保険法第123条第1項の規定による保険者としての全国健康保険協会，都道府県及び市町村並びに国民健康保険組合を除く．）又は健康保険法第3条第1項第8号の規定による承認を受けて同法の被保険者とならない者を組合員とする国民健康保険組合であつて厚生労働大臣が定めるものをいう．
④　この法律において「加入者」とは，次に掲げる者をいう．
1　健康保険法の規定による被保険者．ただし，同法第3条第2項の規定による日雇特例被保険者を除く．
2　船員保険法の規定による被保険者
3　国民健康保険法の規定による被保険者
4　国家公務員共済組合法又は地方公務員等共済組合法に基づく共済組合の組合員
5　私立学校教職員共済法の規定による私立学校教職員共済制度の加入者
6　健康保険法，船員保険法，国家公務員共済組合法（他の法律において準用する場合を含む．）又は地方公務員等共済組合法の規定による被扶養者．ただし，健康保険法第3条第2項の規定による日雇特例被保険者の同法の規定による被扶養者を除く．
7　健康保険法第126条の規定により日雇特例被保険者手帳の交付を受け，その手帳に健康保険印紙をはり付けるべき余白がなくなるに至るまでの間にある者及び同法の規定によるその者の被扶養者．ただし，同法第3条第2項ただし書の規定による承認を受けて同項本文の規定による日雇特例被保険者とならない期間内にある者及び同法第126条第3項の規定により当該日雇特例被保険者手帳を返納

した者並びに同法の規定によるその者の被扶養者を除く．

第2章　医療費適正化の推進

第1節　医療費適正化計画等
（医療費適正化基本方針及び全国医療費適正化計画）
第8条　①　厚生労働大臣は，国民の高齢期における適切な医療の確保を図る観点から，医療に要する費用の適正化（以下「医療費適正化」という．）を総合的かつ計画的に推進するため，医療費適正化に関する施策についての基本的な方針（以下「医療費適正化基本方針」という．）を定めるとともに，6年ごとに，6年を1期として，医療費適正化を推進するための計画（以下「全国医療費適正化計画」という．）を定めるものとする．
②　医療費適正化基本方針においては，次に掲げる事項を定めるものとする．
1　次条第1項に規定する都道府県医療費適正化計画において定めるべき目標に係る参酌すべき標準その他の当該計画の作成に当たつて指針となるべき基本的な事項
2　次条第1項に規定する都道府県医療費適正化計画の達成状況の評価に関する基本的な事項
3　医療に要する費用の調査及び分析に関する基本的な事項
4　前3号に掲げるもののほか，医療費適正化の推進に関する重要事項
③　医療費適正化基本方針は，医療法第30条の3第1項に規定する基本方針，介護保険法（平成9年法律第123号）第116条第1項に規定する基本指針及び健康増進法（平成14年法律第103号）第7条第1項に規定する基本方針と調和が保たれたものでなければならない．
④　全国医療費適正化計画においては，次に掲げる事項を定めるものとする．
1　国民の健康の保持の推進に関し，国が達成すべき目標に関する事項
2　医療の効率的な提供の推進に関し，国が達成すべき目標に関する事項
3　前2号の目標を達成するために国が取り組むべき施策に関する事項
4　第1号及び第2号の目標を達成するための保険者，第48条に規定する後期高齢者医療広域連合（以下この条から第16条までにおいて「後期高齢者医療広域連合」という．），医療機関その他の関係者の連携及び協力に関する事項
5　各都道府県の医療計画（医療法第30条の4第1項に規定する医療計画をいう．以下同じ．）に基づく事業の実施による病床の機能（同法第30条の3第2項第6号に規定する病床の機能をいう．以下同じ．）の分化及び連携の推進の成果，国民の健康の保持の推進及び医療の効率的な提供の推進により達成が見込まれる医療費適正化の効果その他厚生労働省令で定める事項を踏まえて，厚生労働省令で定めるところにより算定した計画期間における医療に要する費用の見込み（第11条第8項において「国の医療に要する費用の目標」という．）に関する事項
6　計画の達成状況の評価に関する事項
7　前各号に掲げるもののほか，医療費適正化の推

進のために必要な事項
⑤ 厚生労働大臣は,前項第1号から第3号までに掲げる事項を定めるに当たつては,病床の機能の分化及び連携の推進並びに地域における医療及び介護の総合的な確保の促進に関する法律(平成元年法律第64号)第2条第1項に規定する地域包括ケアシステム(次条第4項において「地域包括ケアシステム」という.)の構築に向けた取組の重要性に留意するものとする.
⑦ 厚生労働大臣は,医療費適正化基本方針及び全国医療費適正化計画を定め,又はこれを変更したときは,遅滞なく,これを公表するものとする.
〈⑥(略)〉

(都道府県医療費適正化計画)
第9条 ① 都道府県は,医療費適正化基本方針に即して,6年ごとに,6年を1期として,当該都道府県における医療費適正化を推進するための計画(以下「都道府県医療費適正化計画」という.)を定めるものとする.
② 都道府県医療費適正化計画においては,当該都道府県の医療計画に基づく事業の実施による病床の機能の分化及び連携の推進の成果並びに住民の健康の保持の推進及び医療の効率的な提供の推進により達成が見込まれる医療費適正化の効果を踏まえて,厚生労働省令で定めるところにより,計画の期間における医療に要する費用の見込み(第11条第4項において「都道府県の医療に要する費用の目標」という.)に関する事項を定めるものとする.
③ 都道府県医療費適正化計画においては,前項に規定する事項のほか,おおむね都道府県における次に掲げる事項について定めるものとする.
1 住民の健康の保持の推進に関し,当該都道府県において達成すべき目標に関する事項
2 医療の効率的な提供の推進に関し,当該都道府県において達成すべき目標に関する事項
3 前2号の目標を達成するために都道府県が取り組むべき施策に関する事項
4 第1号及び第2号の目標を達成するための保険者,後期高齢者医療広域連合,医療機関その他の関係者の連携及び協力に関する事項
5 当該都道府県における医療に要する費用の調査及び分析に関する事項
6 計画の達成状況の評価に関する事項
④ 都道府県は,前項第1号から第3号までに掲げる事項を定めるに当たつては,病床の機能の分化及び連携の推進並びに地域包括ケアシステムの構築に向けた取組の重要性に留意するものとする.
⑤ 都道府県は,第3項第5号に掲げる事項を定めるに当たつては,当該都道府県以外の都道府県における医療に要する費用その他厚生労働省令で定める事項を踏まえるものとする.
⑥ 都道府県医療費適正化計画は,医療計画,介護保険法第118条第1項に規定する都道府県介護保険事業支援計画及び健康増進法第8条第1項に規定する都道府県健康増進計画と調和が保たれたものでなければならない.
⑧ 都道府県は,都道府県医療費適正化計画を定め,又はこれを変更したときは,遅滞なく,これを公表するよう努めるとともに,厚生労働大臣に提出するものとする.
〈⑦(略)〉

(計画の進捗状況の公表等)
第11条 ① 都道府県は,厚生労働省令で定めるところにより,年度(毎年4月1日から翌年3月31日までをいう.以下同じ.)(次項の規定による結果の公表及び次条第1項の評価を行つた年度を除く.)ごとに,都道府県医療費適正化計画の進捗状況を公表するものとする.
② 都道府県は,次期の都道府県医療費適正化計画の作成に資するため,厚生労働省令で定めるところにより,都道府県医療費適正化計画の期間(以下この項から第5項までにおいて「計画期間」という.)の終了の日の属する年度において,当該計画期間における当該都道府県医療費適正化計画の進捗状況に関する調査及び分析の結果を公表するよう努めるものとする.
③ 都道府県は,医療費適正化基本方針の作成に資するため,前項の調査及び分析を行つたときは,厚生労働省令で定めるところにより,その結果を厚生労働大臣に報告するよう努めるものとする.
④ 都道府県は,計画期間において,当該都道府県における医療に要する費用が都道府県の医療に要する費用の目標を著しく上回ると認める場合には,その要因を分析するとともに,当該都道府県における医療提供体制(医療法第30条の3第1項に規定する医療提供体制をいう.)の確保に向けて,保険者,後期高齢者医療広域連合,医療機関その他の関係者と協力して必要な対策を講ずるよう努めるものとする.
⑤ 都道府県は,計画期間において,第9条第3項第1号及び第2号の目標を達成できないと認める場合には,その要因を分析するとともに,第1号及び第2号の目標の達成のため,保険者,後期高齢者医療広域連合,医療機関その他の関係者と協力して必要な対策を講ずるよう努めるものとする.
⑥ 厚生労働大臣は,厚生労働省令で定めるところにより,年度(次項の規定による結果の公表及び次条第3項の評価を行つた年度を除く.)ごとに,全国医療費適正化計画の進捗状況を公表するものとする.
⑦ 厚生労働大臣は,次期の全国医療費適正化計画の作成に資するため,厚生労働省令で定めるところにより,全国医療費適正化計画の期間(以下この項及び次項において「計画期間」という.)の終了の日の属する年度において,当該計画期間における当該全国医療費適正化計画の進捗状況に関する調査及び分析の結果を公表するものとする.
⑧ 厚生労働大臣は,計画期間において,第8条第4項第1号及び第2号の目標を達成できないと認める場合又は国における医療に要する費用が国の医療に要する費用の目標を著しく上回ると認める場合には,その要因を分析するとともに,当該要因の解消に向けて,保険者,後期高齢者医療広域連合,医療機関その他の関係者と協力して必要な対策を講ずるものとする.

(計画の実績に関する評価)
第12条 ① 都道府県は,厚生労働省令で定めるところにより,都道府県医療費適正化計画の期間の終了の日の属する年度の翌年度において,当該計画の目標の達成状況及び施策の実施状況の調査及び分析を行い,当該計画の実績に関する評価を行うものとする.
② 都道府県は,前項の評価を行つたときは,厚生労

働省令で定めるところにより,その結果を,公表するよう努めるとともに,厚生労働大臣に報告するものとする.
③ 厚生労働大臣は,厚生労働省令で定めるところにより,全国医療費適正化計画の期間の終了の日の属する年度の翌年度において,当該計画の目標の達成状況及び施策の実施状況の調査及び分析を行い,当該計画の実績に関する評価を行うとともに,前項の報告を踏まえ,関係都道府県の意見を聴いて,各都道府県における都道府県医療費適正化計画の実績に関する評価を行うものとする.
④ 厚生労働大臣は,前項の評価を行つたときは,その結果を公表するものとする.
(診療報酬に係る意見の提出等)
第13条 ① 都道府県は,前条第1項の評価の結果,第9条第3項第2号の目標の達成のために必要があると認めるときは,厚生労働大臣に対し,健康保険法第76条第2項の規定による定め及び同法第88条第4項の規定による定め並びに第71条第1項に規定する療養の給付に要する費用の額の算定に関する基準及び第78条第4項に規定する厚生労働大臣が定める基準(次項及び次条第1項において「診療報酬」という.)に関する意見を提出することができる.
② 厚生労働大臣は,前項の規定により都道府県から意見が提出されたときは,当該意見に配慮して,診療報酬を定めるように努めなければならない.
(診療報酬の特例)
第14条 ① 厚生労働大臣は,第12条第3項の評価の結果,第8条第4項第2号及び各都道府県における第9条第3項第2号の目標の達成のために,医療費適正化を推進するために必要があると認めるときは,1の都道府県の区域内における診療報酬について,地域の実情を踏まえつつ,適切な医療を各都道府県間において公平に提供する観点から見て合理的であると認められる範囲内において,他の都道府県の区域内における診療報酬と異なる定めをすることができる. 《②(略)》

第2節 特定健康診査等基本指針等
(特定健康診査等基本指針)
第18条 ① 厚生労働大臣は,特定健康診査(糖尿病その他の政令で定める生活習慣病の予防に着目した健康診査をいう.以下同じ.)及び特定保健指導(特定健康診査の結果により健康の保持に努める必要がある者として厚生労働省令で定めるものに対し,保健指導に関する専門的知識及び技術を有する者として厚生労働省令で定めるものが行う保健指導をいう.以下同じ.)の適切かつ有効な実施を図るための基本的な指針(以下「特定健康診査等基本指針」という.)を定めるものとする.
② 特定健康診査等基本指針においては,次に掲げる事項を定めるものとする.
1 特定健康診査及び特定保健指導(以下「特定健康診査等」という.)の実施方法に関する基本的な事項
2 特定健康診査等の実施及びその成果に係る目標に関する基本的な事項
3 前2号に掲げるもののほか,次条第1項に規定する特定健康診査等実施計画の作成に関する重要事項
③ 特定健康診査等基本指針は,健康増進法第9条第1項に規定する健康診査等指針と調和が保たれたものでなければならない. 《④,⑤(略)》
(特定健康診査等実施計画)
第19条 ① 保険者(国民健康保険法の定めるところにより都道府県が当該都道府県内の市町村とともに行う国民健康保険(以下「国民健康保険」という.)にあつては,市町村.以下この節において同じ.)は,特定健康診査等基本指針に即して,6年ごとに,6年を一期として,特定健康診査等の実施に関する計画(以下「特定健康診査等実施計画」という.)を定めるものとする.
② 特定健康診査等実施計画においては,次に掲げる事項を定めるものとする.
1 特定健康診査等の具体的な実施方法に関する事項
2 特定健康診査等の実施及びその成果に関する具体的かつ達成可能な目標
3 前2号に掲げるもののほか,特定健康診査等の適切かつ有効な実施のために必要な事項 《③(略)》
(特定健康診査)
第20条 保険者は,特定健康診査等実施計画に基づき,厚生労働省令で定めるところにより,40歳以上の加入者に対し,特定健康診査を行うものとする.ただし,加入者が特定健康診査に相当する健康診査を受け,その結果を証明する書面の提出を受けたとき,又は第26条第2項の規定により特定健康診査に関する記録の送付を受けたときは,この限りでない.
(他の法令に基づく健康診断との関係)
第21条 ① 保険者は,加入者が,労働安全衛生法(昭和47年法律第57号)その他の法令に基づき行われる特定健康診査に相当する健康診断を受けた場合又は受けることができる場合は,厚生労働省令で定めるところにより,前条の特定健康診査の全部又は一部を行つたものとする. 《②(略)》
(特定健康診査の結果の通知)
第23条 保険者は,厚生労働省令で定めるところにより,特定健康診査を受けた加入者に対し,当該特定健康診査の結果を通知しなければならない.第26条第2項の規定により,特定健康診査に関する記録の送付を受けた場合においても,同様とする.
(特定保健指導)
第24条 保険者は,特定健康診査等実施計画に基づき,厚生労働省令で定めるところにより,特定保健指導を行うものとする.

第3章 前期高齢者に係る保険者間の費用負担の調整

(前期高齢者交付金)
第32条 ① 支払基金は,各保険者に係る加入者の数に占める前期高齢者である加入者(65歳に達する日の属する月の翌月(その日が月の初日であるときは,その日の属する月)以後である加入者であつて,75歳に達する日の属する月以前であるものその他厚生労働省令で定めるものをいう.以下同じ.)の数の割合に係る負担の不均衡を調整するため,政令で定めるところにより,保険者に対して,前期高齢者交付金を交付する.
② 前項の前期高齢者交付金は,第36条第1項の規定により支払基金が徴収する前期高齢者納付金をもつて充てる.
(前期高齢者交付金の額)

第33条 ① 前条第1項の規定により各保険者に対して交付される前期高齢者交付金の額は,当該年度の概算前期高齢者交付金の額とする.ただし,前々年度の概算前期高齢者交付金の額が同年度の確定前期高齢者交付金の額を超えるときは,当該年度の概算前期高齢者交付金の額からその超える額とその超える額に係る前期高齢者交付調整金額との合計額を控除して得た額とするものとし,前々年度の概算前期高齢者交付金の額が同年度の確定前期高齢者交付金の額に満たないときは,当該年度の概算前期高齢者交付金の額にその満たない額とその満たない額に係る前期高齢者交付調整金額との合計額を加算して得た額とする.
② 前項に規定する前期高齢者交付調整金額は,前々年度におけるすべての保険者に係る概算前期高齢者交付金の額と確定前期高齢者交付金の額との過不足額につき生ずる利子その他の事情を勘案して厚生労働省令で定めるところにより各保険者ごとに算定される額とする.

(概算前期高齢者交付金)
第34条 ① 前条第1項の概算前期高齢者交付金の額は,第1号及び第2号に掲げる額の合計額から第3号に掲げる額を控除して得た額(当該額が零を下回る場合には,零とする.)とする.
1 当該年度における当該保険者に係る調整対象給付費見込額
2 当該年度における当該保険者に係る第119条第1項の概算後期高齢者支援金の額を同年度における当該保険者に係る第120条第1項各号の概算後期高齢者支援金調整率で除して得た額に,同年度における当該保険者に係る加入者の見込数に対する前期高齢者である加入者の見込数の割合を基礎として保険者ごとに算定される率を乗じて得た額(第3項及び第4項並びに第38条第2項において「前期高齢者に係る後期高齢者支援金の概算額」という.)
3 当該年度における概算調整対象基準額
② 前項第1号の調整対象給付費見込額は,第1号に掲げる額から第2号に掲げる額を控除して得た額とする.
1 当該年度における当該保険者の給付(国民健康保険にあつては,都道府県内の市町村の給付)であつて医療保険各法の規定による医療に関する給付(健康保険法第53条に規定するその他の給付及びこれに相当する給付を除く.)のうち厚生労働省令で定めるものに該当するものに要する費用(以下「保険者の給付に要する費用」という.)の見込額のうち前期高齢者である加入者に係るものとして厚生労働省令で定めるところにより算定される額(以下「前期高齢者給付費見込額」という.)
2 当該保険者が概算基準超過保険者(イに掲げる額をロに掲げる額で除して得た率が,全ての保険者に係る前期高齢者である加入者1人当たりの前期高齢者給付費見込額の分布状況等を勘案して政令で定める率を超える保険者をいう.)である場合における当該保険者に係る前期高齢者給付費見込額のうち,ロに掲げる額に当該政令で定める率を乗じて得た額に達するまでの部分として厚生労働省令で定めるところにより算定される額
イ 1の保険者に係る前期高齢者である加入者1人当たりの前期高齢者給付費見込額として厚生労働省令で定めるところにより算定される額
ロ 1人平均前期高齢者給付費見込額
③ 第1項第3号の概算調整対象基準額は,当該保険者に係る同項第1号の調整対象給付費見込額及び前期高齢者に係る後期高齢者支援金の概算額(被用者保険等保険者にあつては,当該額に概算額補正率を乗じて得た額)の合計額に概算加入者調整率を乗じて得た額とする.
④ 前項の概算額補正率は,各被用者保険等保険者に係る第1号に掲げる額から第2号に掲げる額を控除して得た額の合計額が第3号に掲げる額から第4号に掲げる額を控除して得た額の合計額に等しくなるよう厚生労働省令で定めるところにより算定した率とする.
1 前期高齢者に係る概算後期高齢者支援金に係る概算調整対象基準額(前期高齢者に係る後期高齢者支援金の概算額に概算加入者調整率を乗じて得た額をいう.第3号において同じ.)
2 前期高齢者に係る後期高齢者支援金の概算額
3 被用者保険等保険者が被用者保険等保険者以外の保険者であるとしたならば,第1項第2号及び次項の規定により算定される前期高齢者に係る概算後期高齢者支援金に係る概算調整対象基準額
4 被用者保険等保険者が被用者保険等保険者以外の保険者であるとしたならば,第1項第2号の規定により算定される前期高齢者に係る後期高齢者支援金の概算額
⑤ 第3項及び前項第1号の概算加入者調整率は,厚生労働省令で定めるところにより,当該年度における全ての保険者に係る加入者の見込総数に対する前期高齢者である加入者の見込総数の割合を同年度における当該保険者に係る加入者の見込数に対する前期高齢者である加入者の見込数の割合(その割合が同年度における下限割合(同年度における全ての保険者に係る加入者の見込総数に対する前期高齢者である加入者の見込総数の割合の動向を勘案して政令で定める割合をいう.以下この項及び次項第5項において同じ.)に満たないときは,下限割合とする.)で除して得た率を基礎として保険者ごとに算定される率とする.
⑥ 第2項第2号ロの1人平均前期高齢者給付費見込額は,全ての保険者に係る前期高齢者である加入者1人当たりの前期高齢者給付費見込額の平均値として厚生労働省令で定めるところにより算定される額とする.

(確定前期高齢者交付金)
第35条 ① 第33条第1項の確定前期高齢者交付金の額は,第1号及び第2号に掲げる額の合計額から第3号に掲げる額を控除して得た額(当該額が零を下回る場合には,零とする.)とする.
1 前々年度における当該保険者に係る調整対象給付費見込額
2 前々年度における当該保険者に係る第119条第1項の確定後期高齢者支援金の額を同年度における当該保険者に係る第121条第1項各号の確定後期高齢者支援金調整率で除して得た額に,同年度における当該保険者に係る加入者の数に対する前期高齢者である加入者の数の割合を基礎として保険者ごとに算定される率を乗じて得た額(第3項及び第4項並びに第39条第2項において「前期高齢者に係る後期高齢者支援金の確定額」という.)

22 高齢者の医療の確保に関する法律（36条〜38条）

3 前々年度における確定調整対象基準額
② 前項第1号の調整対象基準額は，第1号に掲げる額から第2号に掲げる額を控除して得た額とする．
1 前々年度における当該保険者の給付に要する費用の額のうち前期高齢者である加入者に係るものとして厚生労働省令で定めるところにより算定される額（以下「前期高齢者給付費額」という．）
2 当該保険者が確定基準超過保険者（イに掲げる額をロに掲げる額で除して得た率が，前条第2項第2号の政令で定める率を超える保険者をいう．）である場合における当該保険者に係る前期高齢者給付費額のうち，ロに掲げる額に当該政令で定める率を乗じて得た額を超える部分として厚生労働省令で定めるところにより算定される額
 イ 1の保険者に係る前期高齢者である加入者1人当たりの前期高齢者給付費額として厚生労働省令で定めるところにより算定される額
 ロ 1人平均前期高齢者給付費額
③ 第1項第3号の確定調整対象基準額は，当該保険者に係る同項第1号の調整対象給付費額及び前期高齢者に係る後期高齢者支援金の確定額（被用者保険等保険者にあつては，当該額に確定額補正率を乗じて得た額）の合計額に確定加入者調整率を乗じて得た額とする．
④ 前項の確定額補正率は，各被用者保険等保険者に係る第1号に掲げる額から第2号に掲げる額を控除して得た額の合計額が第3号に掲げる額から第4号に掲げる額を控除して得た額の合計額に等しくなるよう厚生労働省令で定めるところにより算定した率とする．
1 前期高齢者に係る確定後期高齢者支援金に係る確定調整対象基準額（前期高齢者に係る後期高齢者支援金の確定額に確定加入者調整率を乗じて得た額をいう．第3号において同じ．）
2 前期高齢者に係る後期高齢者支援金の確定額
3 被用者保険等保険者が被用者保険等保険者以外の保険者であるとしたならば，第1項第2号及び次項の規定により算定される前期高齢者に係る確定後期高齢者支援金に係る確定調整対象基準額
4 被用者保険等保険者が被用者保険等保険者以外の保険者であるとしたならば，第1項第2号の規定により算定される前期高齢者に係る後期高齢者支援金の確定額
⑤ 第3項及び前項第1号の確定加入者調整率は，厚生労働省令で定めるところにより，前々年度における全ての保険者に係る加入者の総数に対する前期高齢者である加入者の総数の割合を同年度における当該保険者に係る加入者の数に対する前期高齢者である加入者の数の割合（その割合が同年度における下限割合に満たないときは，下限割合とする．）で除して得た率を基礎として保険者ごとに算定される率とする．
⑥ 第2項第2号ロの1人平均前期高齢者給付費額は，全ての保険者に係る前期高齢者である加入者1人当たりの前期高齢者給付費額の平均額として厚生労働省令で定めるところにより算定される額とする．

（前期高齢者納付金等の徴収及び納付義務）
第36条 ① 支払基金は，第139条第1項第1号に掲げる業務及び当該業務に関する事務の処理に要する費用に充てるため，年度ごとに，保険者から，前期高齢者納付金及び前期高齢者関係事務費拠出金（以下「前期高齢者納付金等」という．）を徴収する．
② 保険者は，前期高齢者納付金等を納付する義務を負う．

（前期高齢者納付金の額）
第37条 ① 前条第1項の規定により各保険者から徴収する前期高齢者納付金の額は，当該年度の概算前期高齢者納付金の額とする．ただし，前々年度の概算前期高齢者納付金の額が同年度の確定前期高齢者納付金の額を超えるときは，当該年度の概算前期高齢者納付金の額からその超える額とその超える額に係る前期高齢者納付金調整金額との合計額を控除して得た額とするものとし，前々年度の概算前期高齢者納付金の額が同年度の確定前期高齢者納付金の額に満たないときは，当該年度の概算前期高齢者納付金の額にその満たない額とその満たない額に係る前期高齢者納付金調整金額との合計額を加算して得た額とする．
② 前項に規定する前期高齢者納付金調整金額は，前々年度におけるすべての保険者に係る概算前期高齢者納付金の額と確定前期高齢者納付金の額の過不足額につき生ずる利子その他の事情を勘案して厚生労働省令で定めるところにより各保険者ごとに算定される額とする．

（概算前期高齢者納付金）
第38条 ① 前条第1項の概算前期高齢者納付金の額は，次の各号に掲げる保険者の区分に応じ，当該各号に定める額とする．
1 概算負担調整基準超過保険者（当該年度における負担調整前概算前期高齢者納付金相当額が零を超える保険者のうち，イに掲げる合計額がロに掲げる額を超える者（次号の特別概算基準超過保険者を除く．）をいう．以下この条において同じ．）負担調整前概算前期高齢者納付金相当額から負担調整対象見込額（イに掲げる合計額からロに掲げる額を控除して得た額（当該額が負担調整前概算前期高齢者納付金相当額を上回るときは，負担調整前概算前期高齢者納付金相当額とする．）をいう．第3項において同じ．）を控除して得た額と負担調整見込額との合計額とする．
 イ 次に掲げる額の合計額
  (1) 当該年度における負担調整前概算前期高齢者納付金相当額
  (2) 当該年度における当該保険者に係る第119条第1項の概算後期高齢者支援金の額を同年度における当該保険者に係る第120条第1項各号の概算後期高齢者支援金調整率で除して得た額
 ロ 次に掲げる額の合計額に当該年度の負担調整基準率を乗じて得た額
  (1) イに掲げる合計額
  (2) 当該年度における当該保険者の給付に要する費用（健康保険法第173条第2項に規定する日雇拠出金の納付に要する費用を含む．次号ロ(2)，次条第1項第1号ロ(2)及び第2号ロ(2)において「保険者の給付に要する費用等」という．）の見込額として厚生労働省令で定めるところにより算定される額
2 特別概算負担調整基準超過保険者（当該年度における負担調整前概算前期高齢者納付金相当額が零を超える保険者のうち，イに掲げる合計額がロに掲げる額を超える者であつて，政令で定めるところにより算定した同年度における当該保険者の

(1) 医療保険・介護保険

財政力の見込みが政令で定める基準に満たないものをいう．以下この条において同じ．）負担調整前概算前期高齢者納付金相当額から負担調整対象見込額（イに掲げる合計額からロに掲げる額を控除して得た額（当該額が負担調整前概算前期高齢者納付金相当額を上回るときは，負担調整前概算前期高齢者納付金相当額とする．）をいう．第3項において同じ．）を控除して得た額と負担調整見込額との合計額
　イ　次に掲げる額の合計額
　　（1）当該年度における負担調整前概算前期高齢者納付金相当額
　　（2）当該年度における当該保険者に係る第119条第1項の概算後期高齢者支援金の額を同年度における当該保険者に係る第120条第1項各号の概算後期高齢者支援金調整率で除して得た額
　ロ　次に掲げる額の合計額に当該年度の特別負担調整基準率を乗じて得た額
　　（1）イに掲げる合計額
　　（2）当該年度における当該保険者の給付に要する費用等の見込額として厚生労働省令で定めるところにより算定される額
　3　概算負担調整基準額超過保険者及び特別概算負担調整基準額超過保険者以外の保険者　負担調整前概算前期高齢者納付金相当額と負担調整見込額との合計額
② 前項各号の負担調整前概算前期高齢者納付金相当額は，第34条第1項第3号の概算調整対象基準額から，当該保険者に係る同項第1号の調整対象給付費見込額及び同項第2号の概算後期高齢者支援金の概算額の合計額を控除して得た額（当該額が零を下回る場合には，零とする．）とする．
③ 第1項各号の負担調整見込額は，当該年度における次の各号に掲げる額の合計額を，厚生労働省令で定めるところにより算定した同年度における全ての保険者に係る加入者の見込総数で除して得た額に，厚生労働省令で定めるところにより算定した同年度における当該保険者に係る加入者の見込数を乗じて得た額に概算負担調整額調整率を乗じて得た額とする．
　1　全ての概算負担調整基準額超過保険者に係る負担調整対象見込額の総額
　2　全ての特別概算負担調整基準額超過保険者に係る負担調整対象見込額の総額
　3　全ての特別概算負担調整基準額超過保険者に係る特別負担調整対象見込額から負担調整対象見込額を控除した額の総額（第93条第3項において「特別負担調整見込額の総額等」という．）の2分の1
④ 第1項第1号ロの負担調整基準率は，全ての保険者に占める概算負担調整基準額超過保険者の割合が著しく少ないものとして政令で定める割合となるよう，年度ごとに政令で定める率とする．
⑤ 第1項第2号ロの負担調整基準率は，全ての保険者に占める特別概算負担調整基準額超過保険者の割合が少ないものとして政令で定める割合となるよう，年度ごとに政令で定める率とする．
⑥ 第3項の概算負担調整額調整率は，前期高齢者である加入者一人当たりの前期高齢者給付費見込額を勘案し，100分の90から100分の110の範囲内で政令で定めるところにより算定する．

（確定前期高齢者納付金）
第39条 ① 第37条第1項の確定前期高齢者納付金の額は，次の各号に掲げる保険者の区分に応じ，当該各号に定める額とする．
　1　確定負担調整基準額超過保険者（前々年度における負担調整前確定前期高齢者納付金相当額が零を超える保険者のうち，イに掲げる合計額がロに掲げる額を超える者（次号の特別確定負担調整基準額超過保険者を除く．）をいう．以下この条において同じ．）負担調整前確定前期高齢者納付金相当額から負担調整対象額（イに掲げる合計額からロに掲げる額を控除して得た額（当該額が負担調整前確定前期高齢者納付金相当額を上回るときは，負担調整前確定前期高齢者納付金相当額とする．）をいう．第3項において同じ．）を控除して得た額と負担調整額との合計額
　イ　次に掲げる額の合計額
　　（1）前々年度における負担調整前確定前期高齢者納付金相当額
　　（2）前々年度における当該保険者に係る第119条第1項の確定後期高齢者支援金の額を同年度における当該保険者に係る第121条第1項各号の確定後期高齢者支援金調整率で除して得た額
　ロ　次に掲げる額の合計額に前々年度の前条第1項第1号ロの負担調整基準率を乗じて得た額
　　（1）イに掲げる合計額
　　（2）前々年度における当該保険者の給付に要する費用等の額
　2　特別確定負担調整基準額超過保険者（前々年度における負担調整前確定前期高齢者納付金相当額が零を超える保険者のうち，イに掲げる合計額がロに掲げる額を超える者であつて，政令で定めるところにより算定した同年度における当該保険者の財政力が政令で定める基準に満たないものをいう．以下この条において同じ．）負担調整前確定前期高齢者納付金相当額から特別負担調整対象額（イに掲げる合計額からロに掲げる額を控除して得た額（当該額が負担調整前確定前期高齢者納付金相当額を上回るときは，負担調整前確定前期高齢者納付金相当額とする．）をいう．第3項において同じ．）を控除して得た額と負担調整額との合計額
　イ　次に掲げる額の合計額
　　（1）前々年度における負担調整前確定前期高齢者納付金相当額
　　（2）前々年度における当該保険者に係る第119条第1項の確定後期高齢者支援金の額を同年度における当該保険者に係る第121条第1項各号の確定後期高齢者支援金調整率で除して得た額
　ロ　次に掲げる額の合計額に前々年度の前条第1項第2号ロの特別負担調整基準率を乗じて得た額
　　（1）イに掲げる合計額
　　（2）前々年度における当該保険者の給付に要する費用等の額
　3　確定負担調整基準額超過保険者及び特別確定負担調整基準額超過保険者以外の保険者　負担調整前確定前期高齢者納付金相当額と負担調整額との合計額
② 前項各号の負担調整前確定前期高齢者納付金相当額は，第35条第1項第3号の確定調整対象基準

額から,当該保険者に係る同項第1号の調整対象給付費額及び前期高齢者に係る後期高齢者支援金の確定額の合計額を控除して得た額(当該額が零を下回る場合には,零とする。)とする。
③ 第1項各号の負担調整額は,前々年度における次の各号に掲げる額の合計額に,厚生労働省令で定めるところにより算定した同年度における全ての保険者に係る加入者の総数で除して得た額に,厚生労働省令で定めるところにより算定した同年度における当該保険者に係る加入者の数を乗じて得た額に確定負担調整額調整率を乗じて得た額とする。
 1 全ての確定負担調整基準超過保険者に係る負担調整対象額の総額
 2 全ての特別確定負担調整基準超過保険者に係る負担調整対象額の総額
 3 全ての特別確定負担調整基準超過保険者に係る特別負担調整対象額から負担調整対象額を控除した額の総額(第93条第3項において「特別負担調整額の総額等」という。)の2分の1
④ 前項の確定負担調整額調整率は,前期高齢者である加入者1人当たりの前期高齢者給付費額を勘案し,100分の90から100分の110の範囲内で政令で定めるところにより算定する。

(前期高齢者関係事務費拠出金の額)
第40条 第36条第1項の規定により各保険者から徴収する前期高齢者関係事務費拠出金の額は,厚生労働省令で定めるところにより,当該年度における第139条第1項第1号に掲げる支払基金の業務に関する事務の処理に要する費用の見込額を基礎として,各保険者に係る加入者の見込数に応じ,厚生労働省令で定めるところにより算定する額とする。

(前期高齢者交付金の額の決定,通知等)
第42条 ① 支払基金は,各年度につき,各保険者に対し交付すべき前期高齢者交付金の額を決定し,当該各保険者に対し,その者に対し交付すべき前期高齢者交付金の額,交付の方法その他必要な事項を通知しなければならない。 《②(略)》

(前期高齢者納付金等の額の決定,通知等)
第43条 ① 支払基金は,各年度につき,各保険者が納付すべき前期高齢者納付金等の額を決定し,当該各保険者に対し,その者が納付すべき前期高齢者納付金等の額,納付の方法及び納付すべき期限その他必要な事項を通知しなければならない。 《②(略)》

第4章 後期高齢者医療制度

第1節 総則
(後期高齢者医療)
第47条 後期高齢者医療は,高齢者の疾病,負傷又は死亡に関して必要な給付を行うものとする。

(広域連合の設立)
第48条 市町村は,後期高齢者医療の事務(保険料の徴収の事務及び被保険者の便益の増進に寄与するものとして政令で定める事務を除く。)を処理するため,都道府県の区域ごとに当該区域内のすべての市町村が加入する広域連合(以下「後期高齢者医療広域連合」という。)を設けるものとする。

(特別会計)
第49条 後期高齢者医療広域連合及び市町村は,後期高齢者医療に関する収入及び支出について,政令で定めるところにより,特別会計を設けなければならない。

第2節 被保険者
(被保険者)
第50条 次の各号のいずれかに該当する者は,後期高齢者医療広域連合が行う後期高齢者医療の被保険者とする。
 1 後期高齢者医療広域連合の区域内に住所を有する75歳以上の者
 2 後期高齢者医療広域連合の区域内に住所を有する65歳以上75歳未満の者であつて,厚生労働省令で定めるところにより,政令で定める程度の障害の状態にある旨の当該後期高齢者医療広域連合の認定を受けたもの

(適用除外)
第51条 前条の規定にかかわらず,次の各号のいずれかに該当する者は,後期高齢者医療広域連合が行う後期高齢者医療の被保険者としない。
 1 生活保護法(昭和25年法律第144号)による保護を受けている世帯(その保護を停止されている世帯を除く。)に属する者
 2 前号に掲げるもののほか,後期高齢者医療の適用除外とすべき特別の理由がある者で厚生労働省令で定めるもの

(資格取得の時期)
第52条 後期高齢者医療広域連合が行う後期高齢者医療の被保険者は,次の各号のいずれかに該当するに至つた日又は前条各号のいずれにも該当しなくなつた日から,その資格を取得する。
 1 当該後期高齢者医療広域連合の区域内に住所を有する者(第50条第2号の認定を受けた者を除く。)が75歳に達したとき。
 2 75歳以上の者が当該後期高齢者医療広域連合の区域内に住所を有するに至つたとき。
 3 当該後期高齢者医療広域連合の区域内に住所を有する65歳以上75歳未満の者が,第50条第2号の認定を受けたとき。

(資格喪失の時期)
第53条 ① 後期高齢者医療広域連合が行う後期高齢者医療の被保険者は,当該後期高齢者医療広域連合の区域内に住所を有しなくなつた日若しくは第50条第2号の状態に該当しなくなつた日又は第51条第2号に規定する者に該当するに至つた日の翌日から,その資格を喪失する。ただし,当該後期高齢者医療広域連合の区域内に住所を有しなくなつた日に他の後期高齢者医療広域連合の区域内に住所を有するに至つたときは,その日から,その資格を喪失する。
② 後期高齢者医療広域連合が行う後期高齢者医療の被保険者は,第51条第1号に規定する者に該当するに至つた日から,その資格を喪失する。

(届出等)
第54条 ① 被保険者は,厚生労働省令で定めるところにより,被保険者の資格の取得及び喪失に関する事項その他必要な事項を後期高齢者医療広域連合に届け出なければならない。
② 被保険者の属する世帯の世帯主は,その世帯に属する被保険者に代わつて,当該被保険者に係る前項の規定による届出をすることができる。
③ 被保険者は,後期高齢者医療広域連合に対し,当該被保険者に係る被保険者証の交付を求めることができる。
④ 後期高齢者医療広域連合は,保険料を滞納している被保険者(原子爆弾被爆者に対する援護に関す

(1) 医療保険・介護保険

る法律（平成6年法律第117号）による一般疾病医療費の支給その他厚生労働省令で定める医療に関する給付を受けることができる者を除く.）が,当該保険料の納期限から厚生労働省令で定める期間が経過するまでの間に当該保険料を納付しない場合においては,当該保険料の滞納につき災害その他の政令で定める特別の事情があると認められる場合を除き,厚生労働省令で定めるところにより,当該被保険者に対し被保険者証の返還を求めるものとする.

⑤ 後期高齢者医療広域連合は,前項に規定する厚生労働省令で定める期間が経過しない場合においても,同項に規定する被保険者に対し被保険者証の返還を求めることができる.ただし,同項に規定する政令で定める特別の事情があると認められるときは,この限りでない.

⑥ 前2項の規定により被保険者証の返還を求められた被保険者は,後期高齢者医療広域連合に当該被保険者証を返還しなければならない.

⑦ 前項の規定により被保険者が被保険者証を返還したときは,後期高齢者医療広域連合は,当該被保険者に対し,被保険者資格証明書を交付する.

⑧ 後期高齢者医療広域連合は,被保険者資格証明書の交付を受けている被保険者が滞納している保険料の全部の納付その他の政令で定める特別の事情があると認めるときは,当該被保険者に対し,被保険者証を交付する. 《⑨～⑪(略)》

第3節 後期高齢者医療給付
第1款 通則

(後期高齢者医療給付の種類)

第56条 被保険者に係るこの法律による給付（以下「後期高齢者医療給付」という.）は,次のとおりとする.

1 療養の給付並びに入院時食事療養費,入院時生活療養費,保険外併用療養費,療養費,訪問看護療養費,特別療養費及び移送費の支給

2 高額療養費及び高額介護合算療養費の支給

3 前2号に掲げるもののほか,後期高齢者医療広域連合の条例で定めるところにより行う給付

(他の法令による医療に関する給付との調整)

第57条 ① 療養の給付又は入院時食事療養費,入院時生活療養費,保険外併用療養費,療養費,訪問看護療養費,特別療養費若しくは移送費の支給は,被保険者の当該疾病又は負傷につき,労働者災害補償保険法（昭和22年法律第50号）の規定による療養補償給付若しくは療養給付,国家公務員災害補償法（昭和26年法律第191号.他の法律において準用する場合を含む.）の規定による療養補償,地方公務員災害補償法（昭和42年法律第121号）若しくは同法に基づく条例の規定による療養補償その他政令で定める法令に基づく医療に関する給付を受けることができる場合又はこれらの法令以外の法令により国若しくは地方公共団体の負担において医療に関する給付が行われた場合には,行わない. 《②(略)》

(損害賠償請求権)

第58条 ① 後期高齢者医療広域連合は,給付事由が第三者の行為によつて生じた場合において,後期高齢者医療給付（前条第2項の規定による差額の支給を含む.以下同じ.）を行つたときは,その後期高齢者医療給付の価額（当該後期高齢者医療給付が療養の給付であるときは,当該療養の給付に要する費用の額から当該療養の給付に関し被保険者が負担しなければならない一部負担金に相当する額を控除した額.次条第1項において同じ.）の限度において,被保険者が第三者に対して有する損害賠償の請求権を取得する.

② 前項の場合において,後期高齢者医療給付を受けるべき者が第三者から同一の事由について損害賠償を受けたときは,後期高齢者医療広域連合は,その価額の限度において,後期高齢者医療給付を行う責めを免る.

③ 後期高齢者医療広域連合は,第1項の規定により取得した請求権に係る損害賠償金の徴収又は収納の事務を国保連合会にあつて厚生労働省令で定めるものに委託することができる.

(不正利得の徴収等)

第59条 ① 偽りその他不正の行為によつて後期高齢者医療給付を受けた者があるときは,後期高齢者医療広域連合は,その者からその後期高齢者医療給付の価額の全部又は一部を徴収することができる.

② 前項の場合において,保険医療機関において診療に従事する保険医又は第78条第1項に規定する主治の医師が,その行つた診療に関し虚偽の報告をしくは証明をし,又は診断書に虚偽の記載をしたため,その後期高齢者医療給付が行われたものであるときは,後期高齢者医療広域連合は,当該保険医又は主治の医師に対し,後期高齢者医療給付を受けた者に連帯して前項の徴収金を納付すべきことを命ずることができる.

③ 後期高齢者医療広域連合は,保険医療機関等又は指定訪問看護事業者（健康保険法第88条第1項に規定する指定訪問看護事業者をいう.以下同じ.）が偽りその他不正の行為によつて療養の給付に関する費用の支払又は第74条第5項（第75条第7項,第76条第6項及び第78条第8項において準用する場合を含む.）の規定による支払を受けたときは,当該保険医療機関等又は指定訪問看護事業者に対し,その支払つた額につき返還させるほか,その返還させる額に100分の40を乗じて得た額を支払わせることができる.

(受給権の保護)

第62条 後期高齢者医療給付を受ける権利は,譲り渡し,担保に供し,又は差し押さえることができない.

(租税その他の公課の禁止)

第63条 租税その他の公課は,後期高齢者医療給付として支給を受けた金品を標準として,課することができない.

第2款 療養の給付及び入院時食事療養費等の支給
第1目 療養の給付並びに入院時食事療養費,入院時生活療養費,保険外併用療養費及び療養費の支給

(療養の給付)

第64条 ① 後期高齢者医療広域連合は,被保険者の疾病又は負傷に関しては,次に掲げる療養の給付を行う.ただし,当該被保険者が被保険者資格証明書の交付を受けている間は,この限りでない.

1 診察

2 薬剤又は治療材料の支給

3 処置,手術その他の治療

4 居宅における療養上の管理及びその療養に伴う

世話その他の看護
5 病院又は診療所への入院及びその療養に伴う世話その他の看護
② 次に掲げる療養に係る給付は,前項の給付に含まれないものとする.
1 食事の提供である療養であつて前項第5号に掲げる療養(医療法第7条第2項第4号に規定する療養病床への入院及びその療養に伴う世話その他の看護(以下「長期入院療養」という.)を除く.)と併せて行うもの(以下「食事療養」という.)
2 次に掲げる療養であつて前項第5号に掲げる療養(長期入院療養に限る.)と併せて行うもの(以下「生活療養」という.)
 イ 食事の提供である療養
 ロ 温度,照明及び給水に関する適切な療養環境の形成である療養
3 厚生労働大臣が定める高度の医療技術を用いた療養その他の療養であつて,前項の給付の対象とすべきものであるか否かについて,適正な医療の効率的な提供を図る観点から評価を行うことが必要な療養(次号の患者申出療養を除く.)として厚生労働大臣が定めるもの(以下「評価療養」という.)
4 高度の医療技術を用いた療養であつて,当該療養を受けようとする者の申出に基づき,前項の給付の対象とすべきものであるか否かについて,適正な医療の効率的な提供を図る観点から評価を行うことが必要な療養として厚生労働大臣が定めるもの(以下「患者申出療養」という.)
5 被保険者の選定に係る特別の病室の提供その他の厚生労働大臣が定める療養(以下「選定療養」という.)
③ 被保険者が第1項の給付を受けようとするときは,自己の選定する保険医療機関等に被保険者証を提出して受けるものとする.ただし,厚生労働省令で定める場合に該当するときは,被保険者証を提出することを要しない.
④ 第2項第4号の申出は,厚生労働大臣が定めるところにより,厚生労働大臣に対し,当該申出に係る療養を行う医療法第4条の3に規定する臨床研究中核病院(保険医療機関であるものに限る.)の開設者の意見書その他必要な書類を添えて行うものとする.
⑤ 厚生労働大臣は,第2項第4号の申出を受けた場合は,当該申出について速やかに検討を加え,当該申出に係る療養が同号の評価を行うことが必要な療養と認められる場合には,当該療養を患者申出療養として定めるものとする.
⑥ 厚生労働大臣は,前項の規定により第2項第4号の申出に係る療養を患者申出療養として定めることとした場合には,その旨を当該申出を行つた者に速やかに通知するものとする.
⑦ 厚生労働大臣は,第5項の規定により第2項第4号の申出について検討を加え,当該申出に係る療養を患者申出療養として定めないこととした場合には,理由を付して,その旨を当該申出を行つた者に速やかに通知するものとする.

(保険医療機関等の責務)
第65条 保険医療機関等又は保険医等(健康保険法第64条に規定する保険医又は保険薬剤師をいう.以下同じ.)は,第71条第1項の療養の給付の取扱い及び担当に関する基準に従い,後期高齢者の療養の給付を取り扱い,又は担当しなければならない.

(一部負担金)
第67条 ① 第64条第3項の規定により保険医療機関等について療養の給付を受ける者は,その給付を受ける際,次の各号に掲げる場合の区分に応じ,当該給付につき第70条第2項又は第71条第1項の療養の給付に要する費用の額の算定に関する基準により算定した額に当該各号に定める割合を乗じて得た額を,一部負担金として,当該保険医療機関等に支払わなければならない.
1 次号に掲げる場合以外の場合 100分の10
2 当該療養の給付を受ける者又はその属する世帯の他の世帯員である被保険者その他政令で定める者について政令で定めるところにより算定した所得の額が政令で定める額以上である場合 100分の30
② 保険医療機関等は,前項の一部負担金(第69条第1項第1号の措置が採られたときは,当該減額された一部負担金とする.)の支払を受けるべきものとし,保険医療機関等が善良な管理者と同一の注意をもつてその支払を受けることに努めたにもかかわらず,なお被保険者が当該一部負担金の全部又は一部を支払わないときは,後期高齢者医療広域連合は,当該保険医療機関等の請求に基づき,この法律の規定による徴収金の例によりこれを処分することができる.

第69条 ① 後期高齢者医療広域連合は,災害その他の厚生労働省令で定める特別の事情がある被保険者であつて,保険医療機関等に第67条第1項の規定による一部負担金を支払うことが困難であると認められるものに対し,次の措置を採ることができる.
1 一部負担金を減額すること.
2 一部負担金の支払を免除すること.
3 保険医療機関等に対する支払に代えて,一部負担金を直接に徴収することとし,その徴収を猶予すること.
② 前項の措置を受けた被保険者は,第67条第1項の規定にかかわらず,前項第1号の措置を受けた被保険者にあつてはその減額された一部負担金を保険医療機関等に支払うことをもつて足り,同項第2号又は第3号の措置を受けた被保険者にあつては一部負担金を保険医療機関等に支払うことを要しない.
③ 前条の規定は,前項の場合における一部負担金の支払について準用する.

(保険医療機関等の診療報酬)
第70条 ① 後期高齢者医療広域連合は,療養の給付に関する費用を保険医療機関等に支払うものとし,保険医療機関等が療養の給付に関し後期高齢者医療広域連合に請求することができる費用の額は,次条第1項の療養の給付に要する費用の額の算定に関する基準により算定した療養の給付に要する費用の額から,当該療養の給付に関して当該保険医療機関等に支払われるべき一部負担金に相当する額を控除した額とする.
② 後期高齢者医療広域連合は,都道府県知事の認可を受け,保険医療機関等との契約により,当該保険医療機関等において行われる療養の給付に関する前項の療養の給付に要する費用につき,同項の規定により算定される額の範囲内において,別段の定めをすることができる.

③ 後期高齢者医療広域連合は,保険医療機関等から療養の給付に関する費用の請求があつたときは,次条第1項の療養の給付の取扱い及び担当に関する基準並びに療養の給付に要する費用の額の算定に関する基準及び前項の定めに照らして審査した上,支払うものとする.
④ 後期高齢者医療広域連合は,前項の規定による審査及び支払に関する事務を支払基金又は国保連合会に委託することができる. 《⑤〜⑦(略)》

(療養の給付に関する基準)
第71条 療養の給付の取扱い及び担当に関する基準並びに療養の給付に要する費用の額の算定に関する基準については,厚生労働大臣が中央社会保険医療協議会の意見を聴いて定めるものとする.
《②(略)》

(健康保険法の準用)
第73条 健康保険法第64条の規定は,この法律の規定による療養の給付について準用する.

(入院時食事療養費)
第74条 ① 後期高齢者医療広域連合は,被保険者(長期入院療養を受ける被保険者(次条第1項において「長期入院被保険者」という.)を除く.以下この条において同じ.)が,保険医療機関等(保険薬局を除く.以下この条及び次条において同じ.)のうち自己の選定するものについて第64条第1項第5号に掲げる療養の給付と併せて受けた食事療養に要した費用について,当該被保険者に対し,入院時食事療養費を支給する.ただし,当該被保険者が被保険者資格証明書の交付を受けている間は,この限りでない.
② 入院時食事療養費の額は,当該食事療養につき食事療養に要する平均的な費用の額を勘案して厚生労働大臣が定める基準により算定した費用の額(その額が現に当該食事療養に要した費用の額を超えるときは,当該現に食事療養に要した費用の額)から,平均的な家計における食費の状況及び特定介護保険施設等(介護保険法第51条の3第1項に規定する特定介護保険施設等をいう.)における食事の提供に要する平均的な費用の額等を勘案して厚生労働大臣が定める額(所得の状況その他の事情をしん酌して厚生労働省令で定める者については,別に定める額.以下「食事療養標準負担額」という.)を控除した額とする.
③ 厚生労働大臣は,食事療養標準負担額を定めた後に勘案又はしん酌すべき事情に係る事情が著しく変動したときは,速やかにその額を改定しなければならない.
④ 保険医療機関等及び保険医等(保険薬剤師を除く.次条第4項において同じ.)は,厚生労働大臣が定める入院時食事療養に係る療養の取扱い及び担当に関する基準に従い,入院時食事療養費に係る療養を取り扱い,又は担当しなければならない.
⑤ 被保険者が,保険医療機関等について食事療養を受けたときは,後期高齢者医療広域連合は,その被保険者が当該保険医療機関等に支払うべき食事療養に要した費用について,入院時食事療養費として当該被保険者に対し支給すべき額の限度において,被保険者に代わり,当該保険医療機関等に支払うことができる.
⑥ 前項の規定による支払があつたときは,被保険者に対し入院時食事療養費の支給があつたものとみなす. 《⑦〜⑩(略)》

(入院時生活療養費)
第75条 ① 後期高齢者医療広域連合は,長期入院被保険者が,保険医療機関等のうち自己の選定するものについて第64条第1項第5号に掲げる療養の給付と併せて受けた生活療養に要した費用について,当該長期入院被保険者に対し,入院時生活療養費を支給する.ただし,当該長期入院被保険者が被保険者資格証明書の交付を受けている間は,この限りでない.
② 入院時生活療養費の額は,当該生活療養につき生活療養に要する平均的な費用の額を勘案して厚生労働大臣が定める基準により算定した費用の額(その額が現に当該生活療養に要した費用の額を超えるときは,当該現に生活療養に要した費用の額)から,平均的な家計における食費及び光熱水費の状況並びに病院及び診療所における生活療養に要する費用について介護保険法第51条の3第2項第1号に規定する食費の基準費用額及び同項第2号に規定する居住費の基準費用額に相当する費用の額を勘案して厚生労働大臣が定める額(所得の状況,病状の程度,治療の内容その他の事情をしん酌して厚生労働省令で定める者については,別に定める額.以下「生活療養標準負担額」という.)を控除した額とする. 《③〜⑤(略)》

(保険外併用療養費)
第76条 ① 後期高齢者医療広域連合は,被保険者が,自己の選定する保険医療機関等について評価療養,患者申出療養又は選定療養を受けたときは,当該被保険者に対し,その療養に要した費用について,保険外併用療養費を支給する.ただし,当該被保険者が被保険者資格証明書の交付を受けている間は,この限りでない.
② 保険外併用療養費の額は,第1号に掲げる額(当該療養に食事療養が含まれるときは当該額及び第2号に掲げる額の合計額,当該療養に生活療養が含まれるときは当該額及び第3号に掲げる額の合計額)とする.
1 当該療養(食事療養及び生活療養を除く.)につき第71条第1項に規定する療養の給付に要する費用の額の算定に関する基準を勘案して厚生労働大臣が定める基準により算定した費用の額(その額が現に当該療養に要した費用の額を超えるときは,当該現に療養に要した費用の額)から,その額に第67条第1項各号に掲げる場合の区分に応じ,同項各号に定める割合を乗じて得た額(当該療養の給付に係る同項の一部負担金について第69条第1項各号の措置が採られるべきときは,当該措置が採られたものとした場合の額)を控除した額
2 当該食事療養につき第74条第2項に規定する厚生労働大臣が定める基準により算定した費用の額(その額が現に当該食事療養に要した費用の額を超えるときは,当該現に食事療養に要した費用の額)から食事療養標準負担額を控除した額
3 当該生活療養につき前条第2項に規定する厚生労働大臣が定める基準により算定した費用の額(その額が現に当該生活療養に要した費用の額を超えるときは,当該現に生活療養に要した費用の額)から生活療養標準負担額を控除した額
《③〜⑦(略)》

(療養費)
第77条 ① 後期高齢者医療広域連合は,療養の給付若しくは入院時食事療養費,入院時生活療養費若し

22 高齢者の医療の確保に関する法律（78条〜87条）

くは保険外併用療養費の支給（以下この項及び次項において「療養の給付等」という．）を行うことが困難であると認めるとき，又は被保険者が保険医療機関等以外の病院，診療所若しくは薬局その他の者について診療，薬剤の支給若しくは手当を受けた場合において，後期高齢者医療広域連合がやむを得ないものと認めるときは，療養の給付等に代えて，療養費を支給することができる．ただし，当該被保険者が被保険者資格証明書の交付を受けている間は，この限りでない．

② 後期高齢者医療広域連合は，被保険者が被保険者証を提出しないで保険医療機関等について診療又は薬剤の支給を受けた場合において，被保険者証を提出しなかつたことが，緊急その他やむを得ない理由によるものと認めるときは，療養の給付等に代えて，療養費を支給するものとする．ただし，当該被保険者が被保険者資格証明書の交付を受けている間は，この限りでない．

③ 療養費の額は，当該療養（食事療養及び生活療養を除く．）について算定した費用の額から，その額に第67条第1項各号に掲げる場合の区分に応じ，同項各号に定める割合を乗じて得た額を控除した額及び当該食事療養又は生活療養について算定した費用の額から食事療養標準負担額又は生活療養標準負担額を控除した額を基準として，後期高齢者医療広域連合が定める．　　　　　　（④（略））

第2目　訪問看護療養費の支給
（訪問看護療養費）
第78条 ① 後期高齢者医療広域連合は，被保険者が指定訪問看護事業者から当該指定に係る訪問看護事業（健康保険法第88条第1項に規定する訪問看護事業をいう．）を行う事業所により行われる訪問看護（疾病又は負傷により，居宅において継続して療養を受ける状態にある被保険者（主治の医師がその治療の必要の程度につき厚生労働省令で定める基準に適合していると認めたものに限る．）に対し，その者の居宅において看護師その他厚生労働省令で定める者が行う療養上の世話又は必要な診療の補助をいう．以下「指定訪問看護」という．）を受けたときは，当該被保険者に対し，当該指定訪問看護に要した費用について，訪問看護療養費を支給する．ただし，当該被保険者が被保険者資格証明書の交付を受けている間は，この限りでない．

④ 訪問看護療養費の額は，当該指定訪問看護につき平均訪問看護費用額（指定訪問看護に要する平均的な費用の額をいう．）を勘案して厚生労働大臣が定める基準により算定した費用の額から，その額に第67条第1項各号に掲げる場合の区分に応じ，同項各号に定める割合を乗じて得た額（当該療養の給付について第69条第1項各号の措置が採られるべきときは，当該措置が採られたものとした場合の額）を控除した額とする．　　　（②，③，⑤〜⑪（略））

第3目　特別療養費の支給
第82条 ① 後期高齢者医療広域連合は，被保険者が被保険者資格証明書の交付を受けている場合において，当該被保険者が保険医療機関又は指定訪問看護事業者について療養を受けたときは，当該被保険者に対し，その療養に要した費用について，特別療養費を支給する．　　　　　　　（②〜⑤（略））

第4目　移送費の支給
第83条 ① 後期高齢者医療広域連合は，被保険者が療養の給付（保険外併用療養費に係る療養及び特別療養費に係る療養を含む．）を受けるため病院又は診療所に移送されたときは，当該被保険者に対し，移送費として，厚生労働省令で定めるところにより算定した額を支給する．

② 前項の移送費は，厚生労働省令で定めるところにより，後期高齢者医療広域連合が必要であると認める場合に限り，支給するものとする．

第3款　高額療養費及び高額介護合算療養費の支給
（高額療養費）
第84条 ① 後期高齢者医療広域連合は，療養の給付につき支払われた第67条に規定する一部負担金の額又は療養（食事療養及び生活療養を除く．以下この条において同じ．）に要した費用の額の算定の例により算定した当該療養に要した費用につき保険外併用療養費，療養費，訪問看護療養費若しくは特別療養費として支給される額若しくは第57条第2項の規定により支給される差額に相当する額を控除した額（次条第1項において「一部負担金等の額」という．）が著しく高額であるときは，その療養の給付又はその保険外併用療養費，療養費，訪問看護療養費若しくは特別療養費の支給を受けた被保険者に対し，高額療養費を支給する．

② 高額療養費の支給要件，支給額その他高額療養費の支給に関して必要な事項は，療養に要した費用の負担の家計に与える影響及び療養に要した費用の額を考慮して，政令で定める．

（高額介護合算療養費）
第85条 ① 後期高齢者医療広域連合は，一部負担金等の額（前条第1項の高額療養費が支給される場合にあつては，当該支給額に相当する額を控除して得た額）並びに介護保険法第51条第1項に規定する介護サービス利用者負担額（同項の高額介護サービス費が支給される場合にあつては，当該支給額を控除して得た額）及び同法第61条第1項に規定する介護予防サービス利用者負担額（同項の高額介護予防サービス費が支給される場合にあつては，当該支給額を控除して得た額）の合計額が著しく高額であるときは，一部負担金等の額に係る療養の給付又は保険外併用療養費，療養費，訪問看護療養費若しくは特別療養費の支給を受けた被保険者に対し，高額介護合算療養費を支給する．

② 前条第2項の規定は，高額介護合算療養費の支給について準用する．

第4款　その他の後期高齢者医療給付
第86条 ① 後期高齢者医療広域連合は，被保険者の死亡に関しては，条例の定めるところにより，葬祭費の支給又は葬祭の給付を行うものとする．ただし，特別の理由があるときは，その全部又は一部を行わないことができる．

② 後期高齢者医療広域連合は，前項の給付のほか，後期高齢者医療広域連合の条例の定めるところにより，傷病手当金の支給その他の後期高齢者医療給付を行うことができる．

第5款　後期高齢者医療給付の制限
第87条 被保険者又は被保険者であつた者が，自己の故意の犯罪行為により，又は故意に疾病にかかり，若しくは負傷したときは，当該疾病又は負傷に係る療養の給付又は入院時食事療養費，入院時生活療養費，保険外併用療養費，療養費，訪問看護療養費，特別療養費若しくは移送費の支給（以下この款において「療養の給付等」という．）は，行わない．

第88条 被保険者が闘争,泥酔又は著しい不行跡によつて疾病にかかり,又は負傷したときは,当該疾病又は負傷に係る療養の給付等は,その全部又は一部を行わないことができる.

第89条 被保険者又は被保険者であつた者が,刑事施設,労役場その他これらに準ずる施設に拘禁された場合には,その期間に係る療養の給付等は,行わない.

第90条 後期高齢者医療広域連合は,被保険者又は被保険者であつた者が,正当な理由がなく療養に関する指示に従わないときは,療養の給付等の一部を行わないことができる.

第91条 後期高齢者医療広域連合は,被保険者若しくは被保険者又は被保険者であつた者が後期高齢者医療給付を受ける者が,正当な理由なく第60条の規定による命令に従わず,又は答弁若しくは受診を拒んだときは,療養の給付等の全部又は一部を行わないことができる.

第92条 ① 後期高齢者医療広域連合は,後期高齢者医療給付を受けることができる被保険者が保険料を滞納しており,かつ,当該保険料の納期限から厚生労働省令で定める期間が経過するまでの間に当該保険料を納付しない場合においては,当該保険料の滞納につき災害その他の政令で定める特別の事情があると認められる場合を除き,厚生労働省令で定めるところにより,後期高齢者医療給付の全部又は一部の支払を一時差し止めるものとする.
② 後期高齢者医療広域連合は,前項に規定する厚生労働省令で定める期間が経過しない場合においても,後期高齢者医療給付を受けることができる被保険者が保険料を滞納している場合においては,当該保険料の滞納につき災害その他の政令で定める特別の事情があると認められる場合を除き,厚生労働省令で定めるところにより,後期高齢者医療給付の全部又は一部の支払を一時差し止めることができる.
③ 後期高齢者医療広域連合は,第54条第7項の規定により被保険者資格証明書の交付を受けている被保険者であつて,前2項の規定による後期高齢者医療給付の全部又は一部の支払の一時差止がなされているものが,なお滞納している保険料を納付しない場合においては,厚生労働省令で定めるところにより,あらかじめ当該被保険者に通知して,当該一時差止に係る後期高齢者医療給付の額から当該被保険者が滞納している保険料額を控除することができる.

第4節 費用等
第1款 費用の負担
(国の負担)

第93条 ① 国は,政令で定めるところにより,後期高齢者医療広域連合に対し,被保険者に係る療養の給付に要する費用の額から当該給付に係る一部負担金に相当する額を控除した額並びに入院時食事療養費,入院時生活療養費,保険外併用療養費,療養費,訪問看護療養費,特別療養費,移送費,高額療養費及び高額介護合算療養費の支給に要する費用の額の合計額(以下「療養の給付等に要する費用の額」という.)から第67条第1項第2号に掲げる場合に該当する者に係る療養の給付等に要する費用の額(以下「特定費用の額」という.)を控除した額(以下「負担対象額」という.)の12分の3に相当する額を負担する.
② 国は,前項に掲げるもののほか,政令で定めるところにより,後期高齢者医療広域連合に対し,後期高齢者医療の財政の安定化を図るため,被保険者に係るすべての後期高齢者医療給付の費用の額に対する高額な医療に関する給付の割合等を勘案して,高額な医療に関する給付の発生による後期高齢者医療の財政に与える影響が著しいものとして政令で定めるところにより算定する額以上の高額な医療に関する給付に要する費用の合計額に次に掲げる率の合計を乗じて得た額(第96条第2項において「高額医療費負担対象額」という.)の4分の1に相当する額を負担する.
1 負担対象額の12分の1に相当する額を療養の給付等に要する費用の額で除して得た率
2 第100条第1項の後期高齢者負担率
③ 国は,前2項に定めるもののほか,政令で定めるところにより,年度ごとに,支払基金に対して当該年度の特別負担調整見込額の総額等の2分の1を交付する.ただし,前々年度の特別負担調整見込額の総額等が同年度の特別負担調整額の総額等を超えるときは,当該年度の特別負担調整見込額の総額からその超える額を控除して得た額の2分の1を交付するものとし,前々年度の特別負担調整見込額の総額等が同年度の特別負担調整額の総額等に満たないときは,当該年度の特別負担調整見込額の総額等にその満たない額を加算して得た額の2分の1を交付するものとする.

(国庫負担金の減額)

第94条 ① 後期高齢者医療広域連合が確保すべき収入を不当に確保しなかつた場合においては,国は,政令で定めるところにより,前条の規定により当該後期高齢者医療広域連合に対して負担すべき額を減額することができる. ②(略)

(調整交付金)

第95条 ① 国は,後期高齢者医療の財政を調整するため,政令で定めるところにより,後期高齢者医療広域連合に対して調整交付金を交付する.
② 前項の規定による調整交付金の総額は,負担対象額の見込額の総額の12分の1に相当する額とする.

(都道府県の負担)

第96条 ① 都道府県は,政令で定めるところにより,後期高齢者医療広域連合に対し,負担対象額の12分の1に相当する額を負担する.
② 都道府県は,前項に掲げるもののほか,政令で定めるところにより,後期高齢者医療広域連合に対し,高額医療費負担対象額の4分の1に相当する額を負担する.

(都道府県の負担金の減額)

第97条 ① 後期高齢者医療広域連合が確保すべき収入を不当に確保しなかつた場合において,国が第94条の規定により負担すべき額を減額したときは,都道府県は,政令で定めるところにより,前条の規定により当該後期高齢者医療広域連合に対して負担すべき額を減額することができる. ②(略)

(市町村の一般会計における負担)

第98条 市町村は,政令で定めるところにより,後期高齢者医療広域連合に対し,その一般会計において,負担対象額の12分の1に相当する額を負担する.

(市町村の特別会計への繰入れ等)

第99条 ① 市町村は,政令で定めるところにより,一般会計から,所得の少ない者について後期高齢者医療広域連合の条例の定めるところにより行う保険料の減額賦課に基づき被保険者に係る保険料に

つき減額した額の総額を基礎とし，後期高齢者医療の財政の状況その他の事情を勘案して政令で定めるところにより算定した額を市町村の後期高齢者医療に関する特別会計に繰り入れなければならない．
② 市町村は，政令で定めるところにより，一般会計から，第52条各号のいずれかに該当するに至つた日の前日において健康保険法，船員保険法，国家公務員共済組合法（他の法律において準用する場合を含む．）又は地方公務員等共済組合法の規定による被扶養者であつた被保険者について，同条各号に掲げる場合のいずれかに該当するに至つた日の属する月以後2年を経過する月までの間に限り，条例の定めるところにより行う保険料の減額賦課に基づき保険料を減額した場合における当該減額した額の総額を基礎とし，後期高齢者医療の財政の状況その他の事情を勘案して政令で定めるところにより算定した額を，市町村の後期高齢者医療に関する特別会計に繰り入れなければならない．
③ 都道府県は，政令で定めるところにより，前2項の規定による繰入金の4分の3に相当する額を負担する．

（後期高齢者交付金）
第100条 ① 後期高齢者医療広域連合の後期高齢者医療に関する特別会計において負担すべき費用のうち，負担対象額に1から後期高齢者負担率及び100分の50を控除して得た率を乗じて得た額並びに特定費用の額に1から後期高齢者負担率を控除して得た率を乗じて得た額の合計額（以下この節において「保険納付対象額」という．）については，政令で定めるところにより，支払基金が後期高齢者医療広域連合に対して交付する後期高齢者交付金をもつて充てる．
② 平成20年度及び平成21年度における前項の後期高齢者負担率は，100分の10とする．
③ 平成22年度以降の年度における第1項の後期高齢者負担率は，100分の10に，第1号に掲げる率に第2号に掲げる率を乗じて得た率の2分の1に相当する率を加えて得た数を基礎として，2年ごとに政令で定める．
1　平成20年度における保険納付対象額を同年度における療養の給付等に要する費用の額で除して得た率
2　平成20年度におけるすべての保険者に係る加入者の総数から当該年度におけるすべての保険者に係る加入者の見込総数を控除して得た数（その数が零を下回る場合には，零とする．）を，平成20年度におけるすべての保険者に係る加入者の総数で除して得た率
④ 第1項の後期高齢者交付金は，第118条第1項の規定により支払基金が徴収する後期高齢者支援金をもつて充てる．

（後期高齢者交付金の減額）
第101条 ① 厚生労働大臣は，後期高齢者医療広域連合が確保すべき収入を不当に確保しなかつた場合又は後期高齢者医療広域連合が支出すべきでない経費を不当に支出した場合においては，政令で定めるところにより，支払基金に対し，前条第1項の規定により当該後期高齢者医療広域連合に対して交付する同項の後期高齢者交付金の額を減額することを命ずることができる．〈②(略)〉

（国の補助）
第102条 国は，第93条，第95条及び第116条第6項に規定するもののほか，予算の範囲内において，後期高齢者医療に要する費用の一部を補助することができる．

（保険料）
第104条 ① 市町村は，後期高齢者医療に要する費用（財政安定化基金拠出金及び第117条第2項の規定による拠出金の納付に要する費用を含む．）に充てるため，保険料を徴収しなければならない．
② 前項の保険料は，後期高齢者医療広域連合が被保険者に対し，後期高齢者医療広域連合の全区域にわたつて均一の保険料率であることその他の政令で定める基準に従い後期高齢者医療広域連合の条例で定めるところにより算定された保険料率によつて算定された保険料額によつて課する．ただし，当該後期高齢者医療広域連合の区域のうち，離島その他の医療の確保が著しく困難である地域であつて厚生労働大臣が定める基準に該当するものに住所を有する被保険者の保険料については，政令で定める基準に従い別に後期高齢者医療広域連合の条例で定めるところにより算定された保険料率によつて算定された保険料額によつて課することができる．
③ 前項の保険料率は，療養の給付等に要する費用の額の予想額，財政安定化基金拠出金及び第117条第2項の規定による拠出金の納付に要する費用の予想額，第116条第1項第2号の規定による都道府県からの借入金の償還に要する費用の予定額，保健事業に要する費用の予定額，被保険者の所得の分布状況及びその見通し，国庫負担額び，第100条第1項の後期高齢者交付金等の額等に照らし，おおむね2年を通じ財政の均衡を保つことができるものでなければならない．

（保険料等の納付）
第105条　市町村は，後期高齢者医療広域連合が行う後期高齢者医療に要する費用に充てるため，後期高齢者医療広域連合に対し，後期高齢者医療広域連合の規約で定めるところにより，第99条第1項及び第2項の規定による繰入金並びに保険料その他このこの章の規定による徴収金（市町村が徴収するものに限る．）を納付するものとする．

（賦課期日）
第106条　保険料の賦課期日は，当該年度の初日とする．

（保険料の徴収の方法）
第107条 ① 市町村による第104条の保険料の徴収については，特別徴収（市町村が老齢等年金給付を受ける被保険者（政令で定める者を除く．）から老齢等年金給付の支払をする者（以下「年金保険者」という．）に保険料を徴収させ，かつ，その徴収すべき保険料を納入させることをいう．以下同じ．）の方法による場合を除くほか，普通徴収（市町村が，保険料を課せられた被保険者又は当該被保険者の属する世帯の世帯主若しくは当該被保険者の配偶者（婚姻の届出をしていないが，事実上婚姻関係と同様の事情にある者を含む．以下同じ．）に対し，地方自治法（昭和22年法律第67号）第231条の規定により納入の通知をすることによつて保険料を徴収することをいう．以下同じ．）の方法によらなければならない．〈②(略)〉

（普通徴収に係る保険料の納付義務）
第108条 ① 被保険者は，市町村がその者の保険料を普通徴収の方法によつて徴収しようとする場合においては，当該保険料を納付しなければならない．

② 世帯主は,市町村が当該世帯に属する被保険者の保険料を普通徴収の方法によつて徴収しようとする場合において,当該保険料を連帯して納付する義務を負う.
③ 配偶者の一方は,市町村が被保険者たる他方の保険料を普通徴収の方法によつて徴収しようとする場合において,当該保険料を連帯して納付する義務を負う.

(保険料の減免等)
第111条 後期高齢者医療広域連合は,条例で定めるところにより,特別の理由がある者に対し,保険料を減免し,又はその徴収を猶予することができる.

(滞納処分)
第113条 市町村が徴収する保険料,後期高齢者医療広域連合が徴収する徴収猶予した一部負担金その他この章の規定による徴収金は,地方自治法第231条の3第3項に規定する法律で定める歳入とする.

(条例等への委任)
第115条 ① この款に規定するもののほか,保険料の賦課額その他保険料の賦課に関する事項は,政令で定める基準に従つて後期高齢者医療広域連合の条例で定める.
② この款に規定するもののほか,保険料の額の通知その他保険料の徴収に関する事項(特別徴収に関するものを除く.)は政令で定める基準に従つて市町村の条例で,特別徴収に関して必要な事項は政令又は政令で定める基準に従つて市町村の条例で定める.

第2款 財政安定化基金
第116条 ① 都道府県は,後期高齢者医療の財政の安定化に資するため財政安定化基金を設け,次に掲げる事業に必要な費用に充てるものとする.
 1 実績保険料収納額が予定保険料収納額に不足すると見込まれ,かつ,基金事業対象収入額が基金事業対象費用額に不足すると見込まれる後期高齢者医療広域連合に対し,政令で定めるところにより,イに掲げる額(イに掲げる額がロに掲げる額を超えるときは,ロに掲げる額)の2分の1に相当する額を基礎として,当該後期高齢者医療広域連合を組織する市町村における保険料の収納状況等を勘案して政令で定めるところにより算定した額を交付する事業
  イ 実績保険料収納額が予定保険料収納額に不足すると見込まれる額
  ロ 基金事業対象収入額が基金事業対象費用額に不足すると見込まれる額
 2 基金事業収入額及び基金事業交付額の合計額が,基金事業対象費用額に不足すると見込まれる後期高齢者医療広域連合に対し,政令で定めるところにより,当該不足すると見込まれる額を基礎として,当該後期高齢者医療広域連合を組織する市町村における保険料の収納状況等を勘案して政令で定めるところにより算定した額の範囲内の額を貸し付ける事業
② 前項における用語のうち次の各号に掲げるものの意義は,当該各号に定めるところによる.
 1 予定保険料収納額 後期高齢者医療広域連合において特定期間(平成20年度を初年度とする同年度以降の2年度ごとの期間をいう.以下この項において同じ.)中に当該後期高齢者医療広域連合を組織する市町村において収納が見込まれた保険料の額の合計額のうち,療養の給付等に要する費用の額,財政安定化基金拠出金及び次条第2項の規定による拠出金の納付に要する費用の額並びに前項第2号の規定による都道府県からの借入金(以下この項において「基金事業借入金」という.)の償還に要する費用の額に充てるものとして政令で定めるところにより算定した額
 2 実績保険料収納額 後期高齢者医療広域連合を組織する市町村において特定期間中に収納した保険料の額の合計額のうち,療養の給付等に要する費用の額から当該給付に係る一部負担金に相当する額を控除した額並びに入院時食事療養費,入院時生活療養費,保険外併用療養費,療養費,訪問看護療養費,特別療養費,移送費,高額療養費及び高額介護合算療養費の支給に要した費用の額の合計額(以下この項において「療養の給付等に要した費用の額」という.),財政安定化基金拠出金及び次条第2項の規定による拠出金の納付に要した費用の額並びに基金事業借入金の償還に要した費用の額に充てるものとして政令で定めるところにより算定した額
 3 基金事業対象収入額 後期高齢者医療広域連合の後期高齢者医療に関する特別会計において特定期間中に収入した金額(第5号の基金事業交付額及び基金事業借入金の額を除く.)の合計額のうち,療養の給付等に要した費用の額,財政安定化基金拠出金及び次条第2項の規定による拠出金の納付に要した費用の額並びに基金事業借入金の償還に要した費用の額に充てるものとして政令で定めるところにより算定した額
 4 基金事業対象費用額 後期高齢者医療広域連合において特定期間中に療養の給付等に要した費用の額,財政安定化基金拠出金及び次条第2項の規定による拠出金の納付に要した費用の額並びに基金事業借入金の償還に要した費用の額の合計額として政令で定めるところにより算定した額
 5 基金事業交付額 後期高齢者医療広域連合が特定期間中に前項第1号の規定により交付を受けた額
③ 都道府県は,財政安定化基金に充てるため,政令で定めるところにより,後期高齢者医療広域連合から財政安定化基金拠出金を徴収するものとする.
⑤ 都道府県は,政令で定めるところにより,第3項の規定により後期高齢者医療広域連合から徴収した financial安定化基金拠出金の総額の3倍に相当する額を財政安定化基金に繰り入れなければならない.
⑥ 国は,政令で定めるところにより,前項の規定により都道府県が繰り入れた額の3分の1に相当する額を負担する. 〈④,⑦(略)〉

第3款 特別高額医療費共同事業
第117条 ① 指定法人は,政令で定めるところにより,著しく高額な医療に関する給付の発生が後期高齢者医療の財政に与える影響を緩和するため,後期高齢者医療広域連合に対して被保険者に係る著しく高額な医療に関する給付に係る交付金を交付する事業(以下「特別高額医療費共同事業」という.)を行うものとする.
② 指定法人は,特別高額医療費共同事業に要する費用に充てるため,政令で定めるところにより,後期高齢者医療広域連合から拠出金を徴収する.
③ 後期高齢者医療広域連合は,前項の規定による拠出金を納付する義務を負う.

第4款　保険者の後期高齢者支援金等
(後期高齢者支援金等の徴収及び納付義務)
第118条　① 支払基金は、第139条第1項第2号に掲げる業務に要する費用に充てるため、年度ごとに、保険者(国民健康保険にあつては、都道府県．以下この款において同じ．)から、後期高齢者支援金及び後期高齢者関係事務費拠出金(以下「後期高齢者支援金等」という．)を徴収する．

② 保険者は、後期高齢者支援金等を納付する義務を負う．

(後期高齢者支援金の額)
第119条　① 前条第1項の規定により各保険者から徴収する後期高齢者支援金の額は、当該年度の概算後期高齢者支援金の額とする．ただし、前々年度の概算後期高齢者支援金の額が同年度の確定後期高齢者支援金の額を超えるときは、当該年度の概算後期高齢者支援金の額から、その超える額とその超える額に係る後期高齢者調整金額との合計額を控除して得た額とするものとし、前々年度の概算後期高齢者支援金の額が同年度の確定後期高齢者支援金の額に満たないときは、当該年度の概算後期高齢者支援金の額にその満たない額とその満たない額に係る後期高齢者調整金額との合計額を加算して得た額とする．

② 前項に規定する後期高齢者調整金額は、前々年度におけるすべての保険者に係る概算後期高齢者支援金の額と確定後期高齢者支援金の額との過不足額につき生ずる利子その他の事情を勘案して厚生労働省令で定めるところにより各保険者ごとに算定される額とする．

(概算後期高齢者支援金)
第120条　① 前条第1項の概算後期高齢者支援金の額は、次の各号に掲げる保険者の区分に応じ、当該各号に定める額とする．

1　被用者保険等保険者　当該年度における全ての後期高齢者医療広域連合の保険納付対象額の見込額の総額を厚生労働省令で定めるところにより算定した同年度における全ての保険者に係る加入者の見込総数で除して得た額に、厚生労働省令で定めるところにより算定した同年度における全ての被用者保険等保険者に係る加入者数の見込数を乗じて得た額に、同年度におけるイに掲げる額をロに掲げる額で除して得た率及び概算後期高齢者支援金調整率を乗じて得た額

イ　当該被用者保険等保険者に係る標準報酬総額の見込額(標準報酬総額の見込額として厚生労働省令で定めるところにより算定される額をいう．ロにおいて同じ．)

ロ　全ての被用者保険等保険者に係る標準報酬総額の見込額の合計額

2　被用者保険等保険者以外の保険者　当該年度における全ての後期高齢者医療広域連合の保険納付対象額の見込額の総額を厚生労働省令で定めるところにより算定した同年度における全ての保険者に係る加入者の見込総数で除して得た額に、厚生労働省令で定めるところにより算定した同年度における当該保険者に係る加入者の見込数を乗じて得た額に、概算後期高齢者支援金調整率を乗じて得た額

② 前項第1号イの標準報酬総額は、次の各号に掲げる保険者の区分に応じ、各年度の当該各号に定める額の合計額の総額を、それぞれ政令で定めるところにより補正して得た額とする．

1　全国健康保険協会及び健康保険組合　被保険者ごとの健康保険法及び船員保険法に規定する標準報酬(標準報酬月額及び標準賞与額をいう．)

2　共済組合　組合員ごとの国家公務員共済組合法又は地方公務員共済組合法に規定する標準報酬の月額及び標準期末手当等の額

3　日本私立学校振興・共済事業団　加入者ごとの私立学校教職員共済法に規定する標準報酬月額及び標準賞与額

4　国民健康保険組合(被用者保険等保険者であるものに限る．)　組合員ごとの前3号に定める額に相当するものとして厚生労働省令で定める額

③ 第1項各号の概算後期高齢者支援金調整率は、第18条第2項第2号及び第19条第2項第2号に掲げる事項についての達成状況、保険者に係る加入者の見込み数等を勘案し、100分の90から100分の110の範囲内で政令で定めるところにより算定する．

(確定後期高齢者支援金)
第121条　① 第119条第1項の確定後期高齢者支援金の額は、次の各号に掲げる保険者の区分に応じ、当該各号に定める額とする．

1　被用者保険等保険者　前々年度における全ての後期高齢者医療広域連合の保険納付対象額の総額を厚生労働省令で定めるところにより算定した同年度における全ての保険者に係る加入者の総数で除して得た額に、厚生労働省令で定めるところにより算定した同年度における全ての被用者保険等保険者に係る加入者数を乗じて得た額に、同年度におけるイに掲げる額をロに掲げる額で除して得た率及び確定後期高齢者支援金調整率を乗じて得た額

イ　当該被用者保険等保険者に係る標準報酬総額(前条第2項に規定する標準報酬総額をいう．ロにおいて同じ．)を乗じて得た額

ロ　全ての被用者保険等保険者に係る標準報酬総額の合計額

2　被用者保険等保険者以外の保険者　前々年度における全ての後期高齢者医療広域連合の保険納付対象額の総額を厚生労働省令で定めるところにより算定した同年度における全ての保険者に係る加入者の総数で除して得た額に、厚生労働省令で定めるところにより算定した同年度における当該保険者に係る加入者の数を乗じて得た額に、確定後期高齢者支援金調整率を乗じて得た額

② 前項各号の確定後期高齢者支援金調整率は、第18条第2項第2号及び第19条第2項第2号に掲げる事項についての達成状況、保険者に係る加入者の数等を勘案し、100分の90から100分の110の範囲内で政令で定めるところにより算定する．

(後期高齢者関係事務費拠出金の額)
第122条　第118条第1項の規定により各保険者から徴収する後期高齢者関係事務費拠出金の額は、厚生労働省令で定めるところにより、当該年度における第139条第1項第2号に掲げる支払基金の業務に関する事務の処理に要する費用の見込額を基礎として、各保険者に係る加入者の見込数に応じ、厚生労働省令で定めるところにより算定した額とする．

第5節　保健事業
第125条　① 後期高齢者医療広域連合は、高齢者の心身の特性に応じ、健康教育、健康相談、健康診査及

(1) 医療保険・介護保険

び保健指導並びに健康管理及び疾病の予防に係る被保険者の自助努力についての支援その他の保険者の健康の保持増進のために必要な事業を行うように努めなければならない．

② 後期高齢者医療広域連合は，前項に規定する事業を行うに当たつては，第16条第2項の情報を活用し，適切かつ有効に行うものとする．

③ 後期高齢者医療広域連合は，第1項に規定する事業を行うに当たつては，介護保険法第115条の45第1項及び第2項の規定により地域支援事業を行う市町村及び保険者との連携を図るものとする．

④ 後期高齢者医療広域連合は，被保険者の療養のために必要な用具の貸付けその他の被保険者の療養環境の向上のために必要な事業，後期高齢者医療給付のために必要な事業，被保険者の療養のための費用に係る資金の貸付けその他の必要な事業を行うことができる．

⑤ 厚生労働大臣は，第1項の規定により後期高齢者医療広域連合が行う被保険者の健康の保持増進のために必要な事業に関して，その適切かつ有効な実施を図るため，指針の公表，情報の提供その他の必要な支援を行うものとする．

⑥ 前項の指針は，健康増進法第9条第1項に規定する健康診査等指針及び介護保険法第116条第1項に規定する基本指針と調和が保たれたものでなければならない．

第6節　後期高齢者医療診療報酬審査委員会　(略)
第7節　審査請求

（審査請求）

第128条　① 後期高齢者医療給付に関する処分（被保険者証の交付の請求又は返還に関する処分を含む．）又は保険料その他この章の規定による徴収金（市町村及び後期高齢者医療広域連合が徴収するものに限る．）に関する処分に不服がある者は，後期高齢者医療審査会に審査請求をすることができる．

② 前項の審査請求は，時効の中断に関しては，裁判上の請求とみなす．

（審査会の設置）

第129条　後期高齢者医療審査会は，各都道府県に置く．

第8節　保健事業等に関する援助等　(略)
第9節　雑　則　(略)

第5章　社会保険診療報酬支払基金の高齢者医療制度関係業務

（支払基金の業務）

第139条　① 支払基金は，社会保険診療報酬支払基金法第15条に規定する業務のほか，第1条に規定する目的を達成するため，次に掲げる業務を行う．

1　保険者（国民健康保険法にあつては，都道府県．次条を除き，以下この章において同じ．）から前期高齢者納付金等を徴収し，保険者に対し前期高齢者交付金を交付する業務及びこれに附帯する業務

2　保険者から後期高齢者支援金等を徴収し，後期高齢者医療広域連合に対し後期高齢者交付金を交付する業務及びこれに附帯する業務　〈②，③(略)〉

第6章　国民健康保険団体連合会の高齢者医療関係業務

（国保連合会の業務）

第155条　① 国保連合会は，国民健康保険法の規定による業務のほか，第70条第4項（第74条第10項，第75条第7項，第76条第6項及び第78条第8項において準用する場合を含む．）の規定により後期高齢者医療広域連合から委託を受けて行う療養の給付に要する費用並びに入院時食事療養費，入院時生活療養費，保険外併用療養費及び訪問看護療養費の請求に関する審査及び支払の業務を行う．
〈②(略)〉

第7章　雑　則

（先取特権の順位）

第159条　保険料その他この法律の規定による徴収金の先取特権の順位は，国税及び地方税に次ぐものとする．

（時　効）

第160条　① 保険料その他この法律の規定による徴収金を徴収し，又はその還付を受ける権利及び後期高齢者医療給付を受ける権利は，2年を経過したときは，時効によつて消滅する．

② 保険料その他この法律の規定による徴収金の徴収の告知又は督促は，民法第153条の規定にかかわらず，時効中断の効力を生ずる．

（期間の計算）

第161条　この法律又はこの法律に基づく命令に規定する期間の計算については，民法の期間に関する規定を準用する．

第8章　罰　則　(略)

23　保険医療機関及び保険医療養担当規則（抄）

（昭32・4・30厚生省令第15号，昭32・5・1施行，最終改正：平28・3・4厚生労働省令第27号）

健康保険法（大正11年法律第70号）第43条ノ4第1項及び第43条ノ6第1項（これらの規定を同法第59条ノ2第7項において準用する場合を含む．）の規定，並びに日雇労働者健康保険法（昭和28年法律第207号）及び船員保険法（昭和14年法律第73号）を実施するため，保険医療機関及び保険医療養担当規則を次のように定める．

第1章　保険医療機関の療養担当

（療養の給付の担当の範囲）

第1条　保険医療機関が担当する療養の給付並びに被保険者及び被保険者であつた者並びにこれらの者の被扶養者の療養（以下単に「療養の給付」という．）の範囲は，次のとおりとする．

1　診察
2　薬剤又は治療材料の支給
3　処置，手術その他の治療
4　居宅における療養上の管理及びその療養に伴う世話その他の看護
5　病院又は診療所への入院及びその療養に伴う世話その他の看護

23 保険医療機関及び保険医療養担当規則（2条〜5条の4）

（療養の給付の担当方針）
第2条 ① 保険医療機関（病院を除く．）は，懇切丁寧に療養の給付を担当しなければならない．
② 保険医療機関（病院を除く．）が担当する療養の給付は，被保険者又は被扶養者であつた者並びにこれらの者の被扶養者である患者（以下単に「患者」という．）の療養上妥当適切なものでなければならない．
（診療に関する照会）
（健康保険事業の健全な運営の確保）
第2条の4 保険医療機関は，その担当する療養の給付に関し，健康保険事業の健全な運営を損なうことのないよう努めなければならない．
（掲　示）
第2条の6 保険医療機関は，その病院又は診療所内の見やすい場所に，第2条の4第，第5条の3の2第4項及び第5条の4第2項に規定する事項のほか，別に厚生労働大臣が定める事項を掲示しなければならない．
（受給資格の確認）
第3条 保険医療機関は，患者から療養の給付を受けることを求められた場合には，その者の提出する被保険者証によつて療養の給付を受ける資格があることを確かめなければならない．ただし，緊急やむを得ない事由によつて被保険者証を提出することができない患者であつて，療養の給付を受ける資格が明らかなものについては，この限りでない．
（一部負担金等の受領）
第5条 ① 保険医療機関は，被保険者又は被保険者であつた者については法第74条の規定による一部負担金，法第85条に規定する食事療養標準負担額（同条第2項の規定により算定した費用の額が標準負担額に満たないときは，当該費用の額とする．以下単に「食事療養標準負担額」という．），法第85条の2に規定する生活療養標準負担額（同条第2項の規定により算定した費用の額が生活療養標準負担額に満たないときは，当該費用の額とする．以下単に「生活療養標準負担額」という．）又は法第86条の規定による療養（法第63条第2項第1号に規定する食事療養（以下「食事療養」という．）及び同項第2号に規定する生活療養（以下「生活療養」という．）を除く．）についての費用の額に法第74条第1項各号に掲げる場合の区分に応じ，同項各号に定める割合を乗じて得た額（食事療養を行つた場合においては食事療養標準負担額を加えた額とし，生活療養を行つた場合においては生活療養標準負担額を加えた額とする．）の支払を，被扶養者については法第76条第2項，第85条第2項，第85条の2第2項又は第86条第2項第1号の費用の額の算定の例により算定された費用の額から法第110条の規定による家族療養費として支給される額に相当する額を控除した額の支払を受けるものとする．
② 保険医療機関は，食事療養に関し，当該療養に要する費用の範囲内において法第85条第2項又は第110条第3項の規定により算定した費用の額を超える金額の支払を，生活療養に関し，当該療養に要する費用の範囲内において法第85条の2第2項又は第110条第3項の規定により算定した費用の額を超える金額の支払を，法第63条第2項第3号に規定する評価療養（以下「評価療養」という．），同項第4号に規定する患者申出療養（以下「患者申出療養」という．）又は同項第5号に規定する選定療養（以下「選定療養」という．）に要する費用の範囲内において法第86条第2項又は第110条第3項の規定により算定した費用の額を超える金額の支払を受けることができる．
③ 保険医療機関のうち，医療法（昭和23年法律第205号）第4条第1項に規定する地域医療支援病院（同法第7条第2項第5号に規定する一般病床（児童福祉法（昭和22年法律第164号）第6条の2の2第3項に規定する指定発達支援医療機関及び同法第42条第2号に規定する医療型障害児入所施設に係るものを除く．）の数が500以上であるものに限る．）及び医療法第4条の2第1項に規定する特定機能病院であるものは，法第70条第3項に規定する保険医療機関相互間の機能の分担及び業務の連携のための措置として，次に掲げる措置を講ずるものとする．
1 患者の病状その他の患者の事情に応じた適切な他の保険医療機関を当該患者に紹介すること．
2 選定療養（厚生労働大臣の定めるものに限る．）に関し，当該療養に要する費用の範囲内において厚生労働大臣の定める金額以上の金額の支払を求めること．（厚生労働大臣の定める場合を除く．）
（食事療養）
第5条の3 ① 保険医療機関は，その入院患者に対して食事療養を行うに当たつては，病状に応じて適切に行うとともに，その提供する食事の内容の向上に努めなければならない．
② 保険医療機関は，食事療養を行う場合には，次項に規定する場合を除き，食事療養標準負担額の支払を受けることにより食事を提供するものとする．
③ 保険医療機関は，第5条第2項の規定による支払を受けて食事療養を行う場合には，当該療養にふさわしい内容のものとするほか，当該療養を行うに当たり，あらかじめ，患者に対しその内容及び費用に関して説明を行い，その同意を得なければならない．
④ 保険医療機関は，その病院又は診療所の病棟等の見やすい場所に，前項の療養の内容及び費用に関する事項を掲示しなければならない．
（生活療養）
第5条の3の2 ① 保険医療機関は，その入院患者に対して生活療養を行うに当たつては，病状に応じて適切に行うとともに，その提供する食事の内容の向上並びに温度，照明及び給水に関する適切な療養環境の形成に努めなければならない．
② 保険医療機関は，生活療養を行う場合には，次項に規定する場合を除き，生活療養標準負担額の支払を受けることにより食事を提供し，温度，照明及び給水に関する適切な療養環境を形成するものとする．
③ 保険医療機関は，第5条第2項の規定による支払を受けて生活療養を行う場合には，当該療養にふさわしい内容のものとするほか，当該療養を行うに当たり，あらかじめ，患者に対しその内容及び費用に関して説明を行い，その同意を得なければならない．
④ 保険医療機関は，その病院又は診療所の病棟等の見やすい場所に，前項の療養の内容及び費用に関する事項を掲示しなければならない．
（保険外併用療養費に係る療養の基準等）
第5条の4 ① 保険医療機関は，評価療養，患者申出療養又は選定療養に関して第5条第2項又は第3項第2号の規定による支払を受けようとする場合において，当該療養を行うに当たり，その種類及び

(1) 医療保険・介護保険

内容に応じて厚生労働大臣の定める基準に従わなければならないほか、あらかじめ、患者に対してその内容及び費用に関して説明を行い、その同意を得なければならない.
② 保険医療機関は、その病院又は診療所の見やすい場所に、その病院又は診療所の療養の内容及び費用に関する事項を掲示しなければならない.

（入　院）
第11条 保険医療機関は、患者の入院に関しては、療養上必要な寝具類を具備し、その使用に供するとともに、その病状に応じて適切に行い、療養上必要な事項について適切な注意及び指導を行わなければならない. 〈②（略）〉

第2章　保険医の診療方針等

（診療の一般的方針）
第12条 保険医の診療は、一般に医師又は歯科医師として診療の必要があると認められる疾病又は負傷に対して、適確な診断をもととし、患者の健康の保持増進上妥当適切に行われなければならない.

（療養及び指導の基本準則）
第13条 保険医は、診療に当つては、懇切丁寧を旨とし、療養上必要な事項は理解し易いように指導しなければならない.

（特殊療法等の禁止）
第18条 保険医は、特殊な療法又は新しい療法等については、厚生労働大臣の定めるもののほか行つてはならない.

（使用医薬品及び歯科材料）
第19条 ① 保険医は、厚生労働大臣の定める医薬品以外の薬物を患者に施用し、又は処方してはならない. ただし、医薬品、医療機器等の品質、有効性及び安全性の確保等に関する法律（昭和35年法律第145号）第2条第17項に規定する治験（以下「治験」という.）に係る診療において、当該治験の対象とされる薬物を使用する場合その他厚生労働大臣の定める場合においては、この限りでない.
② 歯科医師である保険医は、厚生労働大臣の定める歯科材料以外の歯科材料を歯冠修復及び欠損補綴において使用してはならない. ただし、治験に係る診療において、当該治験の対象とされる機械器具等を使用する場合その他厚生労働大臣が定める場合においては、この限りでない.

（健康保険事業の健全な運営の確保）
第19条の2 保険医は、診療に当つては、健康保険事業の健全な運営を損なう行為を行うことのないよう努めなければならない.

（診療の具体的方針）
第20条 医師である保険医の診療の具体的方針は、前12条の規定によるほか、次に掲げるところによるものとする.
1　診察
イ　診察は、特に患者の職業上及び環境上の特性等を顧慮して行う.
ロ　診察を行う場合は、患者の服薬状況及び薬剤服用歴を確認しなければならない. ただし、緊急やむを得ない場合については、この限りではない.
ハ　健康診断は、療養の給付の対象として行つてはならない.
ニ　往診は、診療上必要があると認められる場合に行う.
ホ　各種の検査は、診療上必要があると認められる場合に行う.
ヘ　ホによるほか、各種の検査は、研究の目的をもつて行つてはならない. ただし、治験に係る検査については、この限りでない.
2　投薬
イ　投薬は、必要があると認められる場合に行う.
ロ　治療上1剤で足りる場合には1剤を投与し、必要があると認められる場合に2剤以上を投与する.
ハ　同一の投薬は、みだりに反覆せず、症状の経過に応じて投薬の内容を変更する等の考慮をしなければならない.
ニ　投薬に当つては、医薬品、医療機器等の品質、有効性及び安全性の確保等に関する法律第14条の4第1項第8号に掲げる医薬品（以下「新医薬品等」という.）とその有効成分、分量、用法、用量、効能及び効果が同一性を有する医薬品として、同法第14条又は第19条の2の規定による製造販売の承認（以下「承認」という.）がなされたもの（ただし、同法第14条の4第1項第2号に掲げる医薬品並びに新医薬品等に係る承認を受けている者が、当該承認に係る医薬品と有効成分、分量、用法、用量、効能及び効果が同一であつてその形状、有効成分の含量又は有効成分以外の成分若しくはその含量が異なる医薬品に係る承認を受けている場合における当該医薬品を除く.）（以下「後発医薬品」という.）の使用を考慮するとともに、患者に後発医薬品を選択する機会を提供すること等患者が後発医薬品を選択しやすくするための対応に努めなければならない.
ホ　栄養、安静、運動、職場転換その他療養上の注意を行うことにより、治療の効果を挙げることができると認められる場合は、これらに関し指導を行い、みだりに投薬をしてはならない.
ヘ　投薬量は、予見することができる必要期間に従つたものでなければならないとし、厚生労働大臣が定める内服薬及び外用薬については当該厚生労働大臣が定める内服薬及び外用薬ごとに1回14日分、30日分又は90日分を限度とする.
ト　注射は、患者に療養上必要な意な事項について適切な注意及び指導を行い、厚生労働大臣の定める注射薬に限り投与することができることとし、その投与量は、症状の経過に応じたものでなければならず、厚生労働大臣が定めるものについては当該厚生労働大臣が定めるものごとに1回14日分、30日分又は90日分を限度とする.
3　処方せんの交付
イ　処方せんの使用期間は、交付の日を含めて4日以内とする. ただし、長期の旅行等特殊の事情があると認められる場合は、この限りでない.
ロ　前イによるほか、処方せんの交付に関しては、前号に定める投薬の例による.
4　注射
イ　注射は、次に掲げる場合に行う.
(1) 経口投与によつて胃腸障害を起すおそれがあるとき、経口投与をすることができないとき、又は経口投与によつては治療の効果を期待することができないとき.
(2) 特に迅速な治療の効果を期待する必要があるとき.
(3) その他注射によらなければ治療の効果を期

待することが困難であるとき.
ロ 注射を行うに当たつては,後発医薬品の使用を考慮するよう努めなければならない.
ハ 内服薬との併用は,これによつて著しく治療の効果を挙げることが明らかな場合又は内服薬の投与だけでは治療の効果を期待することが困難である場合に限つて行う.
ニ 混合注射は,合理的であると認められる場合に行う.
ホ 輸血又は電解質若しくは血漿代用剤の補液は,必要があると認められる場合に行う.
5 手術及び処置
イ 手術は,必要があると認められる場合に行う.
ロ 処置は,必要の程度において行う.
6 リハビリテーション
リハビリテーションは,必要があると認められる場合に行う.
6の2 居宅における療養上の管理等
居宅における療養上の管理及び看護は,療養上適切であると認められる場合に行う.
7 入院
イ 入院の指示は,療養上必要があると認められる場合に行う.
ロ 単なる疲労回復,正常分べん又は通院の不便のための入院の指示は行わない.
ハ 保険医は,患者の負担により,患者に保険医療機関の従業者以外の者による看護を受けさせてはならない.

24 厚生労働大臣の定める評価療養,患者申出療養及び選定療養(抄)

(平18・9・12厚生労働省告示第495号,平24・3・26施行,最終改正:平28・3・4厚生労働省告示第60号)

第1条 健康保険法(大正11年法律第70号)第63条第2項第3号及び高齢者の医療の確保に関する法律(昭和57年法律第80号.以下「高齢者医療確保法」という.)の第64条第2項第3号に規定する評価療養は,次の各号に掲げるものとする.
1 別に厚生労働大臣が定める先進医療(先進医療ごとに別に厚生労働大臣が定める施設基準に適合する病院又は診療所において行われるものに限る.)
2 医薬品,医療機器等の品質,有効性及び安全性の確保等に関する法律(昭和35年法律第145号.以下「医薬品医療機器等法」という.)第2条第17項に規定する治験(人体に直接使用される薬物に係るものに限る.)に係る診療
3 医薬品医療機器等法第2条第17項に規定する治験(機械器具等に係るものに限る.)に係る診療
3の2 医薬品医療機器等法第2条第17項に規定する治験(加工細胞等(医薬品,医療機器等の品質,有効性及び安全性の確保等に関する法律施行規則(昭和36年厚生省令第1号)第275条の2の加工細胞等をいう.)に係るものに限る.)に係る診療
4 医薬品医療機器等法第14条第1項又は第19条の2第1項の規定による承認を受けた者が製造販売した当該承認に係る医薬品(人体に直接使用されるものに限り,別に厚生労働大臣が定めるもの

を除く.)の投与(別に厚生労働大臣が定める施設基準に適合する病院若しくは診療所又は薬局において当該承認を受けた日から起算して90日以内に行われるものに限る.)
6 使用薬剤の薬価(薬価基準)(平成20年厚生労働省告示第60号)に収載されている医薬品(別に厚生労働大臣が定めるものに限る.)の投与であつて,医薬品医療機器等法第14条第1項又は第19条の2第1項の規定による承認に係る用法,用量,効能又は効果と異なる用法,用量,効能又は効果に係るもの(別に厚生労働大臣が定める条件及び期間の範囲内で行われるものに限る.)
7 医薬品医療機器等法第23条の2の5第1項又は第23条の2の17第1項の規定による承認を受けた者が製造販売した当該承認に係る医療機器(別に厚生労働大臣が定めるものに限る.)の使用又は支給であつて,当該承認に係る使用目的,効果又は使用方法と異なる使用目的,効果又は使用方法に係るもの(別に厚生労働大臣が定める条件及び期間の範囲内で行われるものに限る.)
7の2 医薬品医療機器等法第23条の25第1項又は第23条の37第1項の規定による承認を受けた者が製造販売した当該承認に係る再生医療等製品(別に厚生労働大臣が定めるものに限る.)の使用又は支給であつて,当該承認に係る用法,用量,使用方法,効能,効果又は性能と異なる用法,用量,使用方法,効能,効果又は性能に係るもの(別に厚生労働大臣が定める条件及び期間の範囲内で行われるものに限る.)
〈5,5の2(略)〉
第2条 健康保険法第63条第2項第5号及び高齢者医療確保法第64条第2項第5号に規定する選定療養は,次の各号に掲げるものとする.
1 特別の療養環境の提供
2 予約に基づく診察
3 保険医療機関が表示する診療時間以外の時間における診察
4 病床数が200以上の病院について受けた初診(他の病院又は診療所からの文書による紹介がある場合及び緊急その他やむを得ない事情がある場合に受けたものを除く.)
5 病床数が200以上の病院について受けた再診(当該病院が他の病院(病床数が200未満のものに限る.)又は診療所に対して文書による紹介を行う旨の申出を行つていない場合及び緊急その他やむを得ない事情がある場合に受けたものを除く.)
6 診療報酬の算定方法(平成20年厚生労働省告示第59号)に規定する回数を超えて受けた診療であつて別に厚生労働大臣が定めるもの
7 別に厚生労働大臣が定める方法により計算した入院期間が180日を超えた日以後の入院及びその療養に伴う世話その他の看護(別に厚生労働大臣が定める状態等にある者の入院及びその療養に伴う世話その他の看護を除く.)
8 前歯部の金属歯冠修復に使用する金合金又は白金加金の支給
〈9,10(略)〉

㉕ 社会保険診療報酬支払基金法(抄)

(平23・7・10法律第129号,昭23・8・1施行,
最終改正:平27・9・11法律第66号)

〔下線部:平27法31,平30・4・1施行〕

第1章 総則

第1条 社会保険診療報酬支払基金(以下「基金」という.)は,全国健康保険協会若しくは健康保険組合,都道府県及び市町村若しくは国民健康保険組合,後期高齢者医療広域連合,法律で組織された共済組合又は日本私立学校振興・共済事業団(以下「保険者」という.)が,医療保険各法等(高齢者の医療の確保に関する法律(昭和57年法律第80号)第7条第1項に規定する医療保険各法又は高齢者の医療の確保に関する法律をいう.以下同じ.)の規定に基づいて行う療養の給付及びこれに相当する給付の費用について,療養の給付及びこれに相当する給付に係る医療を担当する者(以下「診療担当者」という.)に対して支払うべき費用(以下「診療報酬」という.)の迅速適正な支払を行い,併せて診療担当者から提出された診療報酬請求書の審査を行うほか,保険者の委託を受けて,保険者が医療保険各法等の規定により行う事務を行うことを目的とする.

第2条 基金は,これを法人とする.

第3条 ① 基金は,主たる事務所を東京都に,従たる事務所を各都道府県に置く.

② 基金は,前項に定めるものの外,必要の地に従たる事務所の出張所を置くことができる.

第3章 業務

第15条 ① 基金は,第1条の目的を達成するため,次の業務を行う.

1 各保険者(<u>国民健康保険法(昭和33年法律第192号)</u>の定めるところにより都道府県が当該都道府県内の市町村とともに行う国民健康保険にあつては,市町村.第6号及び第7号を除き,以下この項において同じ.)から,毎月,その保険者が過去三箇月において最高額の費用を要した月の診療報酬の政令で定める月数分に相当する金額の委託を受けること.

2 診療担当者の提出する診療報酬請求書に対して,厚生労働大臣の定めるところにより算定したる金額を支払うこと.

3 診療担当者の提出する診療報酬請求書の審査(その審査について不服の申出があつた場合の再審査を含む.以下同じ.)を行うこと.

4 前2号に準じ,訪問看護療養費又は家族訪問看護療養費の支払及び審査を行うこと.

5 保険者から委託された医療保険各法等による保険給付の支給に関する事務(前各号に掲げるものを除く.)を行うこと.

6 保険者から委託された健康保険法(大正11年法律第70号)第205条の4第1項第2号,船員保険法(昭和14年法律第73号)第153条の10第1項第2号,私立学校教職員共済法(昭和28年法律第245号)第47条の3第1項第2号,国家公務員共済組合法(昭和33年法律第128号)第114条の2第1項第2号,<u>国民健康保険法(昭和33年法律第192号)</u>第113条の3第1項第1号,地方公務員等共済組合法(昭和37年法律第152号)第144条の33第1項第2号又は高齢者の医療の確保に関する法律第165条の2第1項第1号に掲げる情報の収集又は整理に関する事務を行うこと.

〔一部削除:平27法66,平30・4・1施行〕

7 保険者から委託された健康保険法第205条の4第1項第3号,船員保険法第153条の10第1項第3号,私立学校教職員共済法第47条の3第1項第3号,国家公務員共済組合法第114条の2第1項第3号,国民健康保険法第113条の3第1項第2号,地方公務員等共済組合法第144条の33第1項第3号又は高齢者の医療の確保に関する法律第165条の2第1項第2号に掲げる情報の利用又は提供に関する事務を行うこと.

8 前各号の業務に附帯する業務

9 前各号に掲げるもののほか,第1条の目的を達成するために必要な業務

② 基金は,前項に定める業務のほか,生活保護法(昭和25年法律第144号)第53条第3項,児童福祉法(昭和22年法律第164号)第19条の20第3項(同法第21条の2,第21条の5の29及び第24条の21並びに母子保健法(昭和40年法律第141号)第20条第7項において準用する場合を含む.),戦傷病者特別援護法(昭和38年法律第168号)第15条第3項(第20条第3項において準用する場合を含む.),原子爆弾被爆者に対する援護に関する法律(平成6年法律第117号)第15条第3項若しくは第20条第1項,感染症の予防及び感染症の患者に対する医療に関する法律(平成10年法律第114号)第40条第5項,心神喪失等の状態で重大な他害行為を行った者の医療及び観察等に関する法律(平成15年法律第110号)第84条第3項,石綿による健康被害の救済に関する法律(平成18年法律第4号)第14条第1項,障害者の日常生活及び社会生活を総合的に支援するための法律(平成17年法律第123号)第73条第3項又は難病の患者に対する医療等に関する法律(平成26年法律第50号)第25条第3項の規定により医療機関の請求することのできる診療報酬の額又は被爆者一般疾病医療機関若しくは保険医療機関等若しくは生活保護指定医療機関に支払うべき額の決定について意見を求められたときは,また,生活保護法第53条第4項,戦傷病者特別援護法第15条第4項(第20条第3項において準用する場合を含む.),原子爆弾被爆者に対する援護に関する法律第15条第4項若しくは第20条第2項,児童福祉法第19条の20第4項(同法第21条の2,第21条の5の29及び第24条の21並びに母子保健法第20条第7項において準用する場合を含む.),感染症の予防及び感染症の患者に対する医療に関する法律第40条第6項,心神喪失等の状態で重大な他害行為を行った者の医療及び観察等に関する法律第84条第4項,石綿による健康被害の救済に関する法律第14条第2項,障害者の日常生活及び社会生活を総合的に支援するための法律第73条第4項又は難病の患者に対する医療等に関する法律第25条第4項の規定により医療機関に対する診療報酬又は一般疾病医療費若しくは医療費に相当する額の支払に関する事務を委託されたときは,その支払に必要な事務

を行うことができる．防衛省の職員の給与等に関する法律（昭和27年法律第266号）第22条第3項の規定により，療養を担当する者が国に対して請求することができる診療報酬の額の審査に関する事務及びその診療報酬の支払に関する事務を委託されたとき，並びに精神保健及び精神障害者福祉に関する法律（昭和25年法律第123号）第29条の7又は麻薬及び向精神薬取締法（昭和28年法律第14号）第58条の15の規定により，これらの条に規定する審査，額の算定又は診療報酬の支払に関する事務を委託されたときにおいても，同様とする．
③ 基金は，前2項に定める業務の遂行に支障のない範囲内で，国，都道府県，市町村又は独立行政法人（独立行政法人通則法（平成11年法律第103号）第2条第1項に規定する独立行政法人をいう．以下同じ．）の委託を受けて，国，都道府県，市町村又は独立行政法人が行う医療に関する給付であつて厚生労働大臣の定めるものについて医療機関が請求することができる費用の額の審査及び支払に関する事務を行うことができる．
④ 基金は，前3項の業務を行う場合には，定款の定めるところにより，保険者，国，都道府県，市町村若しくは独立行政法人又は厚生労働大臣若しくは都道府県知事とそれぞれ契約を締結するものとする．
⑤ 基金は，第1項第9号に掲げる業務を行おうとするときは，厚生労働大臣の認可を受けなければならない．
第16条 ① 基金は，前条第1項第3号及び第4号，第2項並びに第3項の審査（厚生労働大臣の定める診療報酬請求書の審査を除く．）を行うため，従たる事務所ごとに，審査委員会を設けるものとする．
② 審査委員会の委員は，診療担当者を代表する者，保険者を代表する者及び学識経験者のうちから，定款の定めるところにより，それぞれ同数を幹事長が委嘱する．
③ 前項の委嘱は，診療担当者を代表する者及び保険者を代表する者については，それぞれ所属団体の推薦により行わなければならない．

第5章 監 督

第28条 ① 厚生労働大臣は，基金に対して，業務又は財産の状況に関し報告をさせ，又は当該職員にその業務又は財産の状況若しくは帳簿書類その他の物件を検査させるものとする．
② 前項の規定により，当該職員に検査を行わせる場合においては，厚生労働省令の定めるところにより，その身分を示す証票を携帯させ，かつ，関係人の請求があるときは，これを提示させなければならない．
第29条 厚生労働大臣は，基金の適正な運営を確保するため必要があると認めるときは，その業務に関し監督上必要な命令をすることができる．

第6章 雑 則

第30条 ① この法律に規定する厚生労働大臣の権限は，厚生労働省令で定めるところにより，地方厚生局長に委任することができる．
② 前項の規定により地方厚生局長に委任された権限は，厚生労働省令で定めるところにより，地方厚生支局長に委任することができる．

第7章 罰 則（略）

26 社会保険医療協議会法（抄）

（昭25・3・31法律第47号，昭25・4・1施行，
最終改正：平27・5・29法律第31号）

（設 置）
第1条 ① 厚生労働省に，中央社会保険医療協議会（以下「中央協議会」という．）を置く．
② 各地方厚生局（地方厚生支局を含む．）に，地方社会保険医療協議会（以下「地方協議会」という．）を置く．

（所掌事務）
第2条 ① 中央協議会は，次に掲げる事項について，厚生労働大臣の諮問に応じて審議し，及び文書をもつて答申するほか，自ら厚生労働大臣に，文書をもつて建議することができる．
1 健康保険法（大正11年法律第70号）第76条第2項の規定による定め，同法第85条第2項の規定による基準，同法第85条の2第2項の規定による基準，同法第86条第2項第1号の規定による定め及び船員保険法（昭和14年法律第73号）第58条第2項の規定による定めに関する事項
2 健康保険法第88条第4項の規定による定めに関する事項
3 健康保険法第63条第2項第3号及び第5号の規定による定め（同項第3号に規定する高度の医療技術に係るものを除く．），同法第70条第1項第3項ただし書及び第72条第1項の規定による厚生労働省令，同法第92条第2項の規定による基準（指定訪問看護の取扱いに関する部分に限る．），船員保険法第54条第2項の規定による厚生労働省令，同法第65条第10項の規定による厚生労働省令，国民健康保険法（昭和33年法律第192号）第40条第2項の規定による厚生労働省令並びに同法第54条の2第10項の規定による厚生労働省令に関する事項
② 地方協議会は，保険医療機関及び保険薬局の指定及び指定の取消並びに保険医及び保険薬剤師の登録の取消について，厚生労働大臣の諮問に応じて審議し，及び文書をもつて答申するほか，自ら厚生労働大臣に，文書をもつて建議することができる．

（組 織）
第3条 ① 中央協議会又は地方協議会は，それぞれ，次に掲げる委員20人をもつて組織する．
1 健康保険，船員保険及び国民健康保険の保険者並びに被保険者，事業主及び船舶所有者を代表する委員 7人
2 医師，歯科医師及び薬剤師を代表する委員 7人
3 公益を代表する委員 6人
② 厚生労働大臣は，地方協議会において特別の事項を審議するため必要があると認めるときは，前項各号の規定による委員の構成について適正を確保するように配慮しつつ，臨時委員を置くことができる．
③ 厚生労働大臣は，それぞれ中央協議会又は地方協議会において専門の事項を審議するため必要があると認めるときは，その都度，各10人以内の専門委

(1) 医療保険・介護保険

員を置くことができる．
④ 委員，臨時委員及び専門委員は，厚生労働大臣が任命する．
⑤ 厚生労働大臣は，第1項第1号に掲げる委員の任命に当たつては医療に要する費用を支払う者の立場を適切に代表し得ると認められる者の意見に，同項第2号に掲げる委員の任命に当たつては地域医療の担い手の立場を適切に代表し得ると認められる者の意見に，それぞれ配慮するものとする．
⑥ 中央協議会の公益を代表する委員の任命については，両議院の同意を得なければならない．
⑦ 前項の場合において，国会の閉会又は衆議院の解散のために両議院の同意を得ることができないときは，厚生労働大臣は，同項の規定にかかわらず，同項に規定する委員を任命することができる．
⑧ 前項の場合においては，任命後最初の国会で両議院の承認を得なければならない．この場合において，両議院の承認を得られないときは，厚生労働大臣は，直ちにその委員を罷免しなければならない．
⑨ 厚生労働大臣は，第6項に規定する委員が心身の故障のため職務の執行ができないと認める場合又は同項に規定する委員に職務上の義務違反その他委員たるに適しない非行があると認める場合においては，両議院の同意を得て，これを罷免することができる．
⑩ 委員，臨時委員及び専門委員は，非常勤とする．

第4条 ① 委員の任期は，2年とし，1年ごとに，その半数を任命する． （②～④（略））

27 難病の患者に対する医療等に関する法律（抄）

（平26・5・30法律第50号，平27・1・1施行，最終改正：平26・6・13法律第69号）

第1章　総　則

（目　的）
第1条 この法律は，難病（発病の機構が明らかでなく，かつ，治療方法が確立していない希少な疾病であって，当該疾病にかかることにより長期にわたり療養を必要とすることとなるものをいう．以下同じ．）の患者に対する医療その他難病に関する施策（以下「難病の患者に対する医療等」という．）に関し基本となる事項を定めることにより，難病の患者に対する良質かつ適切な医療の確保及び難病の患者の療養生活の質の維持向上を図り，もって国民保健の向上を図ることを目的とする．

（基本理念）
第2条 難病の患者に対する医療等は，難病の克服を目指し，難病の患者がその社会参加の機会が確保されること及び地域社会において尊厳を保持しつつ他の人々と共生することを妨げられないことを旨として，難病の特性に応じて，社会福祉その他の関連施策との有機的な連携に配慮しつつ，総合的に行われなければならない．

（国及び地方公共団体の責務）
第3条 ① 国及び地方公共団体は，難病に関する情報の収集，整理及び提供並びに教育活動，広報活動等を通じた難病に関する正しい知識の普及を図るよう，相互に連携を図りつつ，必要な施策を講ずるよう努めなければならない．
② 国及び都道府県は，難病の患者に対する医療に係る人材の養成及び資質の向上を図るとともに，難病の患者が良質かつ適切な医療を受けられるよう，相互に連携を図りつつ，必要な施策を講ずるよう努めなければならない．
③ 国は，難病に関する調査及び研究並びに難病の患者に対する医療のための医薬品及び医療機器の研究開発の推進を図るための体制を整備し，国際的な連携を確保するよう努めるとともに，地方公共団体に対し前2項の責務が十分に果たされるように必要な技術的及び財政的援助を与えることに努めなければならない．

第2章　基本方針

第4条 ① 厚生労働大臣は，難病の患者に対する医療等の総合的な推進を図るための基本的な方針（以下「基本方針」という．）を定めなければならない．
② 基本方針は，次に掲げる事項について定めるものとする．
1　難病の患者に対する医療等の推進の基本的な方向
2　難病の患者に対する医療を提供する体制の確保に関する事項
3　難病の患者に対する医療に関する人材の養成に関する事項
4　難病に関する調査及び研究に関する事項
5　難病の患者に対する医療のための医薬品及び医療機器に関する研究開発の推進に関する事項
6　難病の患者の療養生活の環境整備に関する事項
7　難病の患者に対する医療等と難病の患者に対する福祉サービスに関する施策，就労の支援に関する施策その他の関連する施策との連携に関する事項
8　その他難病の患者に対する医療等の推進に関する重要事項 （③～⑥（略））

第3章　医　療

第1節　特定医療費の支給
（特定医療費の支給）
第5条 ① 都道府県は，支給認定（第7条第1項に規定する支給認定をいう．以下この条及び次条において同じ．）を受けた指定難病（難病のうち，当該難病の患者数が本邦において厚生労働省令で定める人数に達せず，かつ，当該難病の診断に関し客観的な指標による一定の基準が定まっていることその他の厚生労働省令で定める要件を満たすものであって，当該難病の患者の置かれている状況からみて当該難病の患者に対する良質かつ適切な医療の確保を図る必要性が高いものとして，厚生労働大臣が厚生科学審議会の意見を聴いて指定するものをいう．以下同じ．）の患者が，支給認定の有効期間（第9条に規定する支給認定の有効期間をいう．第7条第4項において同じ．）内において，特定医療（支給認定を受けた指定難病の患者に対し，都道府県知事が指定する医療機関（以下「指定医療機関」という．）が行う医療であって，厚生労働省令

27 難病の患者に対する医療等に関する法律（6条～9条）

で定めるものをいう．以下同じ．）のうち，同条第3項の規定により定められた指定医療機関から受けるものであって当該支給認定に係る指定難病に係るもの（以下「指定特定医療」という．）を受けたときは，厚生労働省令で定めるところにより，支給認定を受けた指定難病の患者又はその保護者（児童福祉法（昭和22年法律第164号）第6条に規定する保護者をいう．以下同じ．）に対し，当該指定特定医療に要した費用について，特定医療費を支給する．

② 特定医療費の額は，1月につき，第1号に掲げる額（当該指定特定医療に食事療養（健康保険法（大正11年法律第70号）第63条第2項第1号に規定する食事療養をいう．以下この項において同じ．）が含まれるときは，当該額及び第2号に掲げる額の合算額，当該指定特定医療に生活療養（同条第2項第2号に規定する生活療養をいう．以下この項において同じ．）が含まれるときは，当該額及び第3号に掲げる額の合算額）とする．

1　同一の月に受けた指定特定医療（食事療養及び生活療養を除く．）につき健康保険の療養に要する費用の額の算定方法の例により算定した額から，当該支給認定を受けた指定難病の患者又はその保護者の家計の負担能力，当該支給認定を受けた指定難病の患者の治療状況，当該支給認定を受けた指定難病の患者又はその保護者と同一の世帯に属する他の支給認定を受けた指定難病の患者及び児童福祉法第19条の3第3項に規定する医療費支給認定に係る同法第6条の2第1項に規定する小児慢性特定疾病児童等の数その他の事情をしん酌して政令で定める額（当該政令で定める額が当該算定した額の100分の20（当該支給認定を受けた指定難病の患者が高齢者の医療の確保に関する法律（昭和57年法律第80号）第50条及び第51条の規定による後期高齢者医療の被保険者であって，同法第67条第1項第1号に掲げる場合に該当する場合その他政令で定める場合にあっては，100分の10）に相当する額を超えるときは，当該相当する額）を控除して得た額

2　当該指定特定医療（食事療養に限る．）につき健康保険の療養に要する費用の額の算定方法の例により算定した額から，健康保険法第85条第2項に規定する食事療養標準負担額，支給認定を受けた指定難病の患者又はその保護者の所得の状況その他の事情を勘案して厚生労働大臣が定める額を控除した額

3　当該指定特定医療（生活療養に限る．）につき健康保険の療養に要する費用の額の算定方法の例により算定した額から，健康保険法第85条の2第2項に規定する生活療養標準負担額，支給認定を受けた指定難病の患者又はその保護者の所得の状況その他の事情を勘案して厚生労働大臣が定める額を控除した額

③ 前項に規定する療養に要する費用の額の算定方法の例によることができないとき，及びこれによることを適当としないときの特定医療に要する費用の額の算定方法は，厚生労働大臣の定めるところによる．

（申　請）

第6条　① 支給認定を受けようとする指定難病の患者又はその保護者は，厚生労働省令で定めるところにより，都道府県知事の定める医師（以下「指定医」という．）の診断書（指定難病の患者が指定難病にかかっていること及びその病状の程度に関する書面として厚生労働省令で定めるものをいう．）を添えて，その居住地の都道府県に申請をしなければならない．

② 指定医の指定の手続その他指定医に関し必要な事項は，厚生労働省令で定める．

（支給認定等）

第7条　① 都道府県は，前条第1項の申請に係る指定難病の患者が，次の各号のいずれかに該当する場合であって特定医療を受ける必要があるときは，支給認定を行うものとする．

1　その病状の程度が厚生労働大臣が厚生科学審議会の意見を聴いて定める程度であるとき．

2　その治療状況その他の事情を勘案して政令で定める基準に該当するとき．

② 都道府県は，前条第1項の申請があった場合において，支給認定をしないこととするとき（申請の形式上の要件に適合しない場合として厚生労働省令で定める場合を除く．）は，あらかじめ，次条第1項に規定する指定難病審査会に当該申請に係る指定難病の患者について支給認定をしないことに関し審査を求めなければならない．

③ 都道府県は，支給認定をしたときは，厚生労働省令で定めるところにより，指定医療機関の中から，当該支給認定を受けた指定難病の患者が特定医療を受けるものを定めるものとする．

④ 都道府県は，支給認定をしたときは，支給認定を受けた指定難病の患者又はその保護者（以下「支給認定患者等」という．）に対し，厚生労働省令で定めるところにより，支給認定の有効期間，前項の規定により定められた指定医療機関の名称その他の厚生労働省令で定める事項を記載した医療受給者証（以下「医療受給者証」という．）を交付しなければならない．

⑤ 支給認定は，その申請のあった日に遡ってその効力を生ずる．

⑥ 指定特定医療を受けようとする支給認定患者等は，厚生労働省令で定めるところにより，第3項の規定により定められた指定医療機関に医療受給者証を提示して指定特定医療を受けるものとする．ただし，緊急の場合その他やむを得ない事由のある場合については，医療受給者証を提示することを要しない．

⑦ 支給認定を受けた指定難病の患者が第3項の規定により定められた指定医療機関から指定特定医療を受けたとき（当該支給認定患者等が当該指定医療機関に医療受給者証を提示したときに限る．）は，都道府県は，当該支給認定患者等が当該指定医療機関に支払うべき当該指定特定医療に要した費用について，特定医療費として当該支給認定患者等に支給すべき額の限度において，当該支給認定患者等に代わり，当該指定医療機関に支払うことができる．

⑧ 前項の規定による支払があったときは，当該支給認定患者等に対し，特定医療費の支給があったものとみなす．

（指定難病審査会）

第8条　① 前条第2項の規定による審査を行わせるため，都道府県に，指定難病審査会を置く．

②～④（略）

（支給認定の有効期間）

第9条　支給認定は，厚生労働省令で定める期間

(1) 医療保険・介護保険

う．)内に限り，その効力を有する．
(支給認定の変更)
第10条 ① 支給認定患者等は，現に受けている支給認定に係る第7条第3項の規定により定められた指定医療機関その他の厚生労働省令で定める事項を変更する必要があるときは，厚生労働省令で定めるところにより，都道府県に対し，当該支給認定の変更の申請をすることができる．
② 都道府県は，前項の申請又は職権により，支給認定患者等につき，同項の厚生労働省令で定める事項を変更する必要があると認めるときは，厚生労働省令で定めるところにより，当該支給認定の変更の認定を行うことができる．この場合において，都道府県は，当該支給認定患者等に対し，医療受給者証の提出を求めるものとする． 〈③(略)〉

(支給認定の取消し)
第11条 ① 支給認定を行った都道府県は，次に掲げる場合には，当該支給認定を取り消すことができる．
1 支給認定を受けた患者が，第7条第1項各号のいずれにも該当しなくなったと認めるとき．
〈2～4，②(略)〉

第2節 指定医療機関

(指定医療機関の指定)
第14条 ① 第5条第1項の規定による指定医療機関の指定(以下この節において「指定医療機関の指定」という．)は，厚生労働省令で定めるところにより，病院若しくは診療所(これらに準ずるものとして政令で定めるものを含む．以下同じ．)又は薬局の開設者の申請により行う．
② 都道府県知事は，前項の申請があった場合において，次の各号のいずれかに該当するときは，指定医療機関の指定をしてはならない．
1 申請者が，禁錮以上の刑に処せられ，その執行を終わり，又は執行を受けることがなくなるまでの者であるとき．
2 申請者が，この法律その他国民の保健医療に関する法律で政令で定めるものの規定により罰金の刑に処せられ，その執行を終わり，又は執行を受けることがなくなるまでの者であるとき．
3 申請者が，第23条の規定により指定医療機関の指定を取り消され，その取消しの日から起算して5年を経過しない者(当該指定医療機関の指定を取り消された者が法人である場合においては，当該取消しの処分に係る行政手続法(平成5年法律第88号)第15条の規定による通知があった日前60日以内に当該法人の役員又はその医療機関の管理者(以下「役員等」という．)であった者で当該取消しの日から起算して5年を経過しないものを含み，当該指定医療機関の指定を取り消された者が法人でない場合においては，当該通知があった日前60日以内に当該医療機関の管理者であった者で当該取消しの日から起算して5年を経過しないものを含む．)であるとき．ただし，当該取消しが，指定医療機関の指定の取消しのうち当該取消しの処分の理由となった事実その他の事実に関して当該指定医療機関の開設者が有していた責任の程度を考慮して，この号本文の規定による指定医療機関の指定の取消しに該当しないこととすることが相当であると認められるものとして厚生労働省令で定めるものに該当する場合を除く． 〈4～9(略)〉
③ 都道府県知事は，第1項の申請があった場合において，次の各号のいずれかに該当するときは，指定医療機関の指定をしないことができる．
1 当該申請に係る病院若しくは診療所又は薬局が，健康保険法第63条第3項第1号に規定する保険医療機関若しくは保険薬局又は厚生労働省令で定める事業所でないとき．
2 当該申請に係る病院若しくは診療所若しくは薬局又は申請者が，特定医療費の支給に関し診療又は調剤の内容の適切さを欠くおそれがあるとして重ねて第18条の規定による指導又は第22条第1項の規定による勧告を受けたものであるとき．
4 前3号に掲げる場合のほか，当該申請に係る病院若しくは診療所又は薬局が，指定医療機関として著しく不適当と認めるものであるとき．
〈3(略)〉

(指定の更新)
第15条 ① 指定医療機関の指定は，6年ごとにその更新を受けなければ，その期間の経過によって，その効力を失う．

(指定医療機関の責務)
第16条 指定医療機関は，厚生労働省令で定めるところにより，良質かつ適切な特定医療を行わなければならない．

(診療方針)
第17条 ① 指定医療機関の診療方針は，健康保険の診療方針の例による．
② 前項に規定する診療方針によることができないとき，及びこれによることを適当としないときの診療方針は，厚生労働大臣が定めるところによる．

(都道府県知事の指導)
第18条 指定医療機関は，特定医療の実施に関し，都道府県知事の指導を受けなければならない．

(勧告，命令等)
第22条 ① 都道府県知事は，指定医療機関が，第16条又は第17条の規定に従って特定医療を行っていないと認めるときは，当該指定医療機関の開設者に対し，期限を定めて，第16条又は第17条の規定を遵守すべきことを勧告することができる．
② 都道府県知事は，前項の規定による勧告をした場合において，その勧告を受けた指定医療機関の開設者が，同項の期限内にこれに従わなかったときは，その旨を公表することができる．
③ 都道府県知事は，第1項の規定による勧告を受けた指定医療機関の開設者が，正当な理由がなくてその勧告に係る措置をとらなかったときは，当該指定医療機関の開設者に対し，期限を定めて，その勧告に係る措置をとるべきことを命ずることができる．
④ 都道府県知事は，前項の規定による命令をしたときは，その旨を公示しなければならない．

(指定の取消し等)
第23条 都道府県知事は，次の各号のいずれかに該当するときは，当該指定医療機関に係る指定医療機関の指定を取り消し，又は期間を定めてその指定医療機関の指定の全部若しくは一部の効力を停止することができる． 〈1～4(略)〉

第4章 調査及び研究

第27条 ① 国は，難病の患者に対する良質かつ適切な医療の確保を図るための基盤となる難病の発病の機構，診断及び治療方法に関する調査及び研究を推進するものとする．
〈②～④(略)〉

第5章　療養生活環境整備事業

（療養生活環境整備事業）
第28条 ① 都道府県は、厚生労働省令で定めるところにより、療養生活環境整備事業として、次に掲げる事業を行うことができる。〈1～3，②～④（略）〉

（難病相談支援センター）
第29条 難病相談支援センターは、前条第1項第1号に掲げる事業を実施し、難病の患者の療養生活の質の維持向上を支援することを目的とする施設とする。〈②，③（略）〉

第6章　費　用

（都道府県の支弁）
第30条 次に掲げる費用は、都道府県の支弁とする。
1 特定医療費の支給に要する費用
2 療養生活環境整備事業に要する費用

（国の負担及び補助）
第31条 ① 国は、政令で定めるところにより、前条の規定により都道府県が支弁する費用のうち、同条第1号に掲げる費用の100分の50を負担する。
② 国は、予算の範囲内において、政令で定めるところにより、前条の規定により都道府県が支弁する費用のうち、同条第2号に掲げる費用の100分の50以内を補助することができる。

第7章　雑　則

（難病対策地域協議会）
第32条 ① 都道府県、保健所を設置する市及び特別区は、単独で又は共同して、難病の患者への支援の体制の整備を図るため、関係機関、関係団体並びに難病の患者及びその家族並びに難病の患者に対する医療又は難病の患者の福祉、教育若しくは雇用に関連する職務に従事する者その他の関係者（次項において「関係機関等」という。）により構成される難病対策地域協議会（以下「協議会」という。）を置くように努めるものとする。
② 協議会は、関係機関等が相互の連絡を図ることにより、地域における難病の患者への支援体制に関する課題について情報を共有し、関係機関等の連携の緊密化を図るとともに、地域の実情に応じた体制の整備について協議を行うものとする。〈③（略）〉

第8章　罰　則（略）

第47条 都道府県は、条例で、次の各号のいずれかに該当する者に対し10万円以下の過料を科する規定を設けることができる。
1 第11条第2項の規定による医療受給者証の返還を求められてこれに応じない者
2 正当な理由がなく、第35条第1項の規定による報告若しくは物件の提出若しくは提示をせず、若しくは虚偽の報告若しくは虚偽の物件の提出若しくは提示をし、又は同項の規定による当該職員の質問に対して、答弁せず、若しくは虚偽の答弁をした者

28　介護保険法（抄）

（平9・12・17法律第123号、平12・4・1施行、
最終改正：平28・6・7法律第72号）

〔下線部：特に明記のない限り、
平27注31、平30・4・1施行〕

第1章　総　則

（目　的）
第1条 この法律は、加齢に伴って生ずる心身の変化に起因する疾病等により要介護状態となり、入浴、排せつ、食事等の介護、機能訓練並びに看護及び療養上の管理その他の医療を要する者等について、これらの者が尊厳を保持し、その有する能力に応じ自立した日常生活を営むことができるよう、必要な保健医療サービス及び福祉サービスに係る給付を行うため、国民の共同連帯の理念に基づき介護保険制度を設け、その行う保険給付等に関して必要な事項を定め、もって国民の保健医療の向上及び福祉の増進を図ることを目的とする。

（介護保険）
第2条 ① 介護保険は、被保険者の要介護状態又は要支援状態（以下「要介護状態等」という。）に関し、必要な保険給付を行うものとする。
② 前項の保険給付は、要介護状態等の軽減又は悪化の防止に資するよう行われるとともに、医療との連携に十分配慮して行われなければならない。
③ 第1項の保険給付は、被保険者の心身の状況、その置かれている環境等に応じて、被保険者の選択に基づき、適切な保健医療サービス及び福祉サービスが、多様な事業者又は施設から、総合的かつ効率的に提供されるよう配慮して行われなければならない。
④ 第1項の保険給付の内容及び水準は、被保険者が要介護状態となった場合においても、可能な限り、その居宅において、その有する能力に応じ自立した日常生活を営むことができるように配慮されなければならない。

（保険者）
第3条 ① 市町村及び特別区は、この法律の定めるところにより、介護保険を行うものとする。
② 市町村及び特別区は、介護保険に関する収入及び支出について、政令で定めるところにより、特別会計を設けなければならない。

（国民の努力及び義務）
第4条 ① 国民は、自ら要介護状態となることを予防するため、加齢に伴って生ずる心身の変化を自覚して常に健康の保持増進に努めるとともに、要介護状態となった場合においても、進んでリハビリテーションその他の適切な保健医療サービス及び福祉サービスを利用することにより、その有する能力の維持向上に努めるものとする。
② 国民は、共同連帯の理念に基づき、介護保険事業に要する費用を公平に負担するものとする。

（国及び地方公共団体の責務）
第5条 ① 国は、介護保険事業の運営が健全かつ円滑に行われるよう保健医療サービス及び福祉サービスを提供する体制の確保に関する施策その他の必要な各般の措置を講じなければならない。
② 都道府県は、介護保険事業の運営が健全かつ円滑

(1) 医療保険・介護保険

に行われるように, 必要な助言及び適切な援助をしなければならない.
③ 国及び地方公共団体は, 被保険者が, 可能な限り, 住み慣れた地域でその有する能力に応じ自立した日常生活を営むことができるよう, 保険給付に係る保健医療サービス及び福祉サービスに関する施策, 要介護状態等となることの予防又は要介護状態等の軽減若しくは悪化の防止のための施策並びに地域における自立した日常生活の支援のための施策を, 医療及び居住に関する施策との有機的な連携を図りつつ包括的に推進するよう努めなければならない.

(認知症に関する調査研究の推進等)
第5条の2 国及び地方公共団体は, 被保険者に対して認知症(脳血管疾患, アルツハイマー病その他の要因に基づく脳の器質的な変化により日常生活に支障が生じる程度にまで記憶機能及びその他の認知機能が低下した状態をいう. 以下同じ.)に係る適切な保健医療サービス及び福祉サービスを提供するため, 認知症の予防, 診断及び治療並びに認知症である者の心身の特性に応じた介護方法に関する調査研究の推進並びにその成果の活用に努めるとともに, 認知症である者の支援に係る人材の確保及び資質の向上を図るために必要な措置を講ずるよう努めなければならない.

(医療保険者の協力)
第6条 医療保険者は, 介護保険事業が健全かつ円滑に行われるよう協力しなければならない.

(定義)
第7条 ① この法律において「要介護状態」とは, 身体上又は精神上の障害があるために, 入浴, 排せつ, 食事等の日常生活における基本的な動作の全部又は一部について, 厚生労働省令で定める期間にわたり継続して, 常時介護を要すると見込まれる状態であって, その介護の必要の程度に応じて厚生労働省令で定める区分(以下「要介護状態区分」という.)のいずれかに該当するもの(要支援状態に該当するものを除く.)をいう.
② この法律において「要支援状態」とは, 身体若しくは精神上の障害があるために入浴, 排せつ, 食事等の日常生活における基本的な動作の全部若しくは一部について厚生労働省令で定める期間にわたり継続して常時介護を要する状態の軽減若しくは悪化の防止に特に資する支援を要すると見込まれ, 又は身体上若しくは精神上の障害があるために厚生労働省令で定める期間にわたり継続して日常生活を営むのに支障があると見込まれる状態であって, 支援の必要の程度に応じて厚生労働省令で定める区分(以下「要支援状態区分」という.)のいずれかに該当するものをいう.
③ この法律において「要介護者」とは, 次の各号のいずれかに該当する者をいう.
1 要介護状態にある65歳以上の者
2 要介護状態にある40歳以上65歳未満の者であって, その要介護状態の原因である身体上又は精神上の障害が加齢に伴って生ずる心身の変化に起因する疾病であって政令で定めるもの(以下「特定疾病」という.)によって生じたものであるもの
④ この法律において「要支援者」とは, 次の各号のいずれかに該当する者をいう.
1 要支援状態にある65歳以上の者

2 要支援状態にある40歳以上65歳未満の者であって, その要支援状態の原因である身体上又は精神上の障害が特定疾病によって生じたものであるもの
⑤ この法律において「介護支援専門員」とは, 要介護者又は要支援者(以下「要介護者等」という.)からの相談に応じ, 及び要介護者等がその心身の状況等に応じ適切な居宅サービス, 地域密着型サービス, 施設サービス, 介護予防サービス若しくは地域密着型介護予防サービス又は特定介護予防・日常生活支援総合事業(第115条の45第1項第1号イに規定する第1号訪問事業, 同号ロに規定する第1号通所事業又は同号ハに規定する第1号生活支援事業をいう. 以下同じ.)を利用できるよう市町村, 居宅サービス事業を行う者, 地域密着型サービス事業を行う者, 介護保険施設, 介護予防サービス事業を行う者, 地域密着型介護予防サービス事業を行う者, 特定介護予防・日常生活支援総合事業を行う者等との連絡調整等を行う者であって, 要介護者等が自立した日常生活を営むのに必要な援助に関する専門的知識及び技術を有するものとして第69条の7第1項の介護支援専門員証の交付を受けたものをいう.
⑥ この法律において「医療保険各法」とは, 次に掲げる法律をいう.
1 健康保険法(大正11年法律第70号)
2 船員保険法(昭和14年法律第73号)
3 国民健康保険法(昭和33年法律第192号)
4 国家公務員共済組合法(昭和33年法律第128号)
5 地方公務員等共済組合法(昭和37年法律第152号)
6 私立学校教職員共済法(昭和28年法律第245号)
⑦ この法律において「医療保険者」とは, 医療保険各法の規定により医療に関する給付を行う全国健康保険協会, 健康保険組合, 都道府県及び市町村(特別区を含む.), 国民健康保険組合, 共済組合又は日本私立学校振興・共済事業団をいう.
⑧ この法律において「医療保険加入者」とは, 次に掲げる者をいう.
1 健康保険法の規定による被保険者. ただし, 同法第3条第2項の規定による日雇特例被保険者を除く.
2 船員保険法の規定による被保険者
3 国民健康保険法の規定による被保険者
4 国家公務員共済組合法又は地方公務員等共済組合法に基づく共済組合の組合員
5 私立学校教職員共済法の規定による私立学校教職員共済制度の加入者
6 健康保険法, 船員保険法, 国家公務員共済組合法(他の法律において準用する場合を含む.)又は地方公務員等共済組合法の規定による被扶養者. ただし, 健康保険法第3条第2項の規定による日雇特例被保険者の同法の規定による被扶養者を除く.
7 健康保険法第126条の規定により日雇特例被保険者手帳の交付を受け, その手帳に健康保険印紙をはり付けるべき余白がなくなるに至るまでの間にある者及び同法の規定によるその者の被扶養者. ただし, 同法第3条第2項ただし書の規定による承認を受けて同項の規定による日雇特例被保険者とならない期間内にある者及び同法第126条第3

28 介護保険法（8条）

項の規定により当該日雇特例被保険者手帳を返納した者並びに同法の規定によるその者の被扶養者を除く．
⑨ この法律において「社会保険各法」とは，次に掲げる法律をいう．
  1 この法律
  2 第6項各号（第4号を除く．）に掲げる法律
  3 厚生年金保険法（昭和29年法律第115号）
  4 国民年金法（昭和34年法律第141号）

第8条 ① この法律において「居宅サービス」とは，訪問介護，訪問入浴介護，訪問看護，訪問リハビリテーション，居宅療養管理指導，通所介護，通所リハビリテーション，短期入所生活介護，短期入所療養介護，特定施設入居者生活介護，福祉用具貸与及び特定福祉用具販売をいい，「居宅サービス事業」とは，居宅サービスを行う事業をいう．
② この法律において「訪問介護」とは，要介護者であって，居宅（老人福祉法（昭和38年法律第133号）第20条の6に規定する軽費老人ホーム，同法第29条第1項に規定する有料老人ホーム（第11項及び第21項において「有料老人ホーム」という．）その他の厚生労働省令で定める施設における居室を含む．以下同じ．）において介護を受けるもの（以下「居宅要介護者」という．）について，その者の居宅において介護福祉士その他政令で定める者により行われる入浴，排せつ，食事等の介護その他の日常生活上の世話であって，厚生労働省令で定めるもの（定期巡回・随時対応型訪問介護看護（第15項第2号に掲げるものに限る．）及び夜間対応型訪問介護に該当するものを除く．）をいう．
③ この法律において「訪問入浴介護」とは，居宅要介護者について，その者の居宅を訪問し，浴槽を提供して行われる入浴の介護をいう．
④ この法律において「訪問看護」とは，居宅要介護者（主治の医師がその治療の必要の程度につき厚生労働省令で定める基準に適合していると認めたものに限る．）について，その者の居宅において看護師その他厚生労働省令で定める者により行われる療養上の世話又は必要な診療の補助をいう．
⑤ この法律において「訪問リハビリテーション」とは，居宅要介護者（主治の医師がその治療の必要の程度につき厚生労働省令で定める基準に適合していると認めたものに限る．）について，その者の居宅において，その心身の機能の維持回復を図り，日常生活の自立を助けるために行われる理学療法，作業療法その他必要なリハビリテーションをいう．
⑥ この法律において「居宅療養管理指導」とは，居宅要介護者について，病院，診療所又は薬局（以下「病院等」という．）の医師，歯科医師，薬剤師その他厚生労働省令で定める者により行われる療養上の管理及び指導であって，厚生労働省令で定めるものをいう．
⑦ この法律において「通所介護」とは，居宅要介護者について，老人福祉法第5条の2第3項の厚生労働省令で定める施設又は同法第20条の2の2に規定する老人デイサービスセンターに通わせ，当該施設において入浴，排せつ，食事等の介護その他の日常生活上の世話であって厚生労働省令で定めるもの及び機能訓練を行うこと（利用定員が厚生労働省令で定める数以上であるものに限り，認知症対応型通所介護に該当するものを除く．）をいう．
⑧ この法律において「通所リハビリテーション」とは，居宅要介護者（主治の医師がその治療の必要の程度につき厚生労働省令で定める基準に適合していると認めたものに限る．）について，介護老人保健施設，病院，診療所その他の厚生労働省令で定める施設に通わせ，当該施設において，その心身の機能の維持回復を図り，日常生活の自立を助けるために行われる理学療法，作業療法その他必要なリハビリテーションをいう．
⑨ この法律において「短期入所生活介護」とは，居宅要介護者について，老人福祉法第5条の2第4項の厚生労働省令で定める施設又は同法第20条の3に規定する老人短期入所施設に短期間入所させ，当該施設において入浴，排せつ，食事等の介護その他の日常生活上の世話及び機能訓練を行うことをいう．
⑩ この法律において「短期入所療養介護」とは，居宅要介護者（その治療の必要の程度につき厚生労働省令で定めるものに限る．）について，介護老人保健施設その他の厚生労働省令で定める施設に短期間入所させ，当該施設において看護，医学的管理の下における介護及び機能訓練その他必要な医療並びに日常生活上の世話を行うことをいう．
⑪ この法律において「特定施設」とは，有料老人ホームその他厚生労働省令で定める施設であって，第21項に規定する地域密着型特定施設でないものをいい，「特定施設入居者生活介護」とは，特定施設に入居している要介護者について，当該特定施設が提供するサービスの内容，これを担当する者その他厚生労働省令で定める事項を定めた計画に基づき行われる入浴，排せつ，食事等の介護その他の日常生活上の世話であって厚生労働省令で定めるもの，機能訓練及び療養上の世話をいう．
⑫ この法律において「福祉用具貸与」とは，居宅要介護者について福祉用具（心身の機能が低下し日常生活を営むのに支障がある要介護者等の日常生活上の便宜を図るための用具及び要介護者等の機能訓練のための用具であって，要介護者等の日常生活の自立を助けるためのものをいう．次項並びに次条第10項及び第11項において同じ．）のうち厚生労働大臣が定めるものの政令で定めるところにより行われる貸与をいう．
⑬ この法律において「特定福祉用具販売」とは，居宅要介護者について福祉用具のうち入浴又は排せつの用に供するものその他の厚生労働大臣が定めるもの（以下「特定福祉用具」という．）の政令で定めるところにより行われる販売をいう．
⑭ この法律において「地域密着型サービス」とは，定期巡回・随時対応型訪問介護看護，夜間対応型訪問介護，地域密着型通所介護，認知症対応型通所介護，小規模多機能型居宅介護，認知症対応型共同生活介護，地域密着型特定施設入居者生活介護，地域密着型介護老人福祉施設入所者生活介護及び複合型サービスをいい，「特定地域密着型サービス」とは，定期巡回・随時対応型訪問介護看護，夜間対応型訪問介護，地域密着型通所介護，認知症対応型通所介護，小規模多機能型居宅介護及び複合型サービスをいい，「地域密着型サービス事業」とは，地域密着型サービスを行う事業をいう．
⑮ この法律において「定期巡回・随時対応型訪問介護看護」とは，次の各号のいずれかに該当するものをいう．
  1 居宅要介護者について，定期的な巡回訪問により，又は随時通報を受け，その者の居宅において，

介護福祉士その他第2項の政令で定める者により行われる入浴,排せつ,食事等の介護その他の日常生活上の世話であって,厚生労働省令で定めるものを行うとともに,看護師その他厚生労働省令で定める者により行われる療養上の世話又は必要な診療の補助を行うこと.ただし,看護師その他の世話又は必要な診療の補助にあっては,主治の医師がその治療の必要の程度につき厚生労働省令で定める基準に適合していると認めた居宅要介護者についてのみに限る.

2 居宅要介護者について,定期的な巡回訪問により,又は随時通報を受け,訪問看護を行う事業所と連携しつつ,その者の居宅において介護福祉士その他第2項の政令で定める者により行われる入浴,排せつ,食事等の介護その他の日常生活上の世話であって,厚生労働省令で定めるものを行うこと.

⑯ この法律において「夜間対応型訪問介護」とは,居宅要介護者について,夜間において,定期的な巡回訪問により,又は随時通報を受け,その者の居宅において介護福祉士その他第2項の政令で定める者により行われる入浴,排せつ,食事等の他の日常生活上の世話であって,厚生労働省令で定めるもの(定期巡回・随時対応型訪問介護看護に該当するものを除く.)をいう.

⑰ この法律において「地域密着型通所介護」とは,居宅要介護者について,老人福祉法第5条の2第3項の厚生労働省令で定める施設又は同法第20条の2の2に規定する老人デイサービスセンターに通わせ,当該施設において入浴,排せつ,食事等の介護その他の日常生活上の世話であって厚生労働省令で定めるもの及び機能訓練を行うこと(利用定員が第7項の厚生労働省令で定める数未満であるものに限り,認知症対応型通所介護に該当するものを除く.)をいう.

⑱ この法律において「認知症対応型通所介護」とは,居宅要介護者であって,認知症であるものについて,老人福祉法第5条の2第3項の厚生労働省令で定める施設又は同法第20条の2の2に規定する老人デイサービスセンターに通わせ,当該施設において入浴,排せつ,食事等の介護その他の日常生活上の世話であって厚生労働省令で定めるもの及び機能訓練を行うことをいう.

⑲ この法律において「小規模多機能型居宅介護」とは,居宅要介護者について,その者の心身の状況,その置かれている環境等に応じて,その者の選択に基づき,その者の居宅において,又は厚生労働省令で定めるサービスの拠点に通わせ,若しくは短期間宿泊させ,当該拠点において,入浴,排せつ,食事等の介護その他の日常生活上の世話であって厚生労働省令で定めるもの及び機能訓練を行うことをいう.

⑳ この法律において「認知症対応型共同生活介護」とは,要介護者であって認知症であるもの(その者の認知症の原因となる疾患が急性の状態にある者を除く.)について,その共同生活を営むべき住居において,入浴,排せつ,食事等の介護その他の日常生活上の世話及び機能訓練を行うことをいう.

㉑ この法律において「地域密着型特定施設入居者生活介護」とは,有料老人ホームその他第11項の厚生労働省令で定める施設であって,その入居者が要介護者,その配偶者その他厚生労働省令で定める者に限られるもの(以下「介護専用型特定施設」という.)のうち,その入居定員が29人以下であるもの(以下この項において「地域密着型特定施設」という.)に入居している要介護者について,当該地域密着型特定施設が提供するサービスの内容,これを担当する者その他厚生労働省令で定める事項を定めた計画に基づき行われる入浴,排せつ,食事等の介護その他の日常生活上の世話であって厚生労働省令で定めるもの,機能訓練及び療養上の世話をいう.

㉒ この法律において「地域密着型介護老人福祉施設入所者生活介護」とは,老人福祉法第20条の5に規定する特別養護老人ホーム(入所定員が29人以下であるものに限る.以下この項において同じ.)であって,当該特別養護老人ホームに入所する要介護者(厚生労働省令で定める要介護状態区分に該当する状態である者その他の居宅において日常生活を営むことが困難な者として厚生労働省令で定めるものに限る.以下この項及び第27項において同じ.)に対し,地域密着型施設サービス計画(地域密着型介護老人福祉施設に入所している要介護者について,当該施設が提供するサービスの内容,これを担当する者その他厚生労働省令で定める事項を定めた計画をいう.以下この項において同じ.)に基づいて,入浴,排せつ,食事等の介護その他の日常生活上の世話,機能訓練,健康管理及び療養上の世話を行うことを目的とする施設をいい,「地域密着型介護老人福祉施設入所者生活介護」とは,地域密着型介護老人福祉施設に入所する要介護者に対し,地域密着型施設サービス計画に基づいて行われる入浴,排せつ,食事等の介護その他の日常生活上の世話,機能訓練,健康管理及び療養上の世話をいう.

㉓ この法律において「複合型サービス」とは,居宅要介護者について,訪問介護,訪問入浴介護,訪問看護,訪問リハビリテーション,居宅療養管理指導,通所介護,通所リハビリテーション,短期入所生活介護,短期入所療養介護,定期巡回・随時対応型訪問介護看護,夜間対応型訪問介護,地域密着型通所介護,認知症対応型通所介護又は小規模多機能型居宅介護を2種類以上組み合わせることにより提供されるサービスのうち,訪問看護及び小規模多機能型居宅介護の組合せその他の居宅要介護者について一体的に提供されることが特に効果的かつ効率的なサービスの組合せにより提供されるサービスとして厚生労働省令で定めるものをいう.

㉔ この法律において「居宅介護支援」とは,居宅要介護者が第41条第1項に規定する指定居宅サービス又は特例居宅介護サービス費に係る居宅サービス若しくはこれに相当するサービス,第42条の2第1項に規定する指定地域密着型サービス又は特例地域密着型介護サービス費に係る地域密着型サービス若しくはこれに相当するサービス及びその他の居宅において日常生活を営むために必要な保健医療サービス又は福祉サービス(以下この項において「指定居宅サービス等」という.)の適切な利用等をすることができるよう,当該居宅要介護者の依頼を受けて,その者の心身の状況,その置かれている環境,当該居宅要介護者及びその家族の希望等を勘案し,利用する指定居宅サービス等の種類及び内容,これを担当する者その他厚生労働省令で定める事項を定めた計画(以下この項,第115条の45第2項第3号及び別表において「居宅サービス計画」という.)を作成するとともに,当該居宅サービス計画に基づく指定居宅サービス等の提供が確

保されるよう,第41条第1項に規定する指定居宅サービス事業者,第42条の2第1項に規定する指定地域密着型サービス事業者その他の者との連絡調整その他の便宜の提供を行い,並びに当該要介護者が地域密着型介護老人福祉施設又は介護保険施設への入所を要する場合にあっては,地域密着型介護老人福祉施設又は介護保険施設への紹介その他の便宜の提供を行うことをいい,「居宅介護支援事業」とは,居宅介護支援を行う事業をいう.

㉕ この法律において「介護保険施設」とは,第48条第1項第1号に規定する指定介護老人福祉施設及び介護老人保健施設をいう.

㉖ この法律において「施設サービス」とは,介護福祉施設サービス及び介護保健施設サービスをいい,「施設サービス計画」とは,介護老人福祉施設又は介護老人保健施設に入所している要介護者について,これらの施設が提供するサービスの内容,これを担当する者その他厚生労働省令で定める事項を定めた計画をいう.

㉗ この法律において「介護老人福祉施設」とは,老人福祉法第20条の5に規定する特別養護老人ホーム(入所定員が30人以上であるものに限る.以下この項において同じ.)であって,当該特別養護老人ホームに入所する要介護者に対し,施設サービス計画に基づいて,入浴,排せつ,食事等の介護その他の日常生活上の世話,機能訓練,健康管理及び療養上の世話を行うことを目的とする施設をいい,「介護福祉施設サービス」とは,介護老人福祉施設に入所する要介護者に対し,施設サービス計画に基づいて行われる入浴,排せつ,食事等の介護その他の日常生活上の世話,機能訓練,健康管理及び療養上の世話をいう.

㉘ この法律において「介護老人保健施設」とは,要介護者(その治療の必要の程度につき厚生労働省令で定めるものに限る.以下この項において同じ.)に対し,施設サービス計画に基づいて,看護,医学的管理の下における介護及び機能訓練その他必要な医療並びに日常生活上の世話を行うことを目的とする施設として,第94条第1項の都道府県知事の許可を受けたものをいい,「介護保健施設サービス」とは,介護老人保健施設に入所する要介護者に対し,施設サービス計画に基づいて行われる看護,医学的管理の下における介護及び機能訓練その他必要な医療並びに日常生活上の世話をいう.

第8条の2 ① この法律において「介護予防サービス」とは,介護予防訪問入浴介護,介護予防訪問看護,介護予防訪問リハビリテーション,介護予防居宅療養管理指導,介護予防通所リハビリテーション,介護予防短期入所生活介護,介護予防短期入所療養介護,介護予防特定施設入居者生活介護,介護予防福祉用具貸与及び特定介護予防福祉用具販売をいい,「介護予防サービス事業」とは,介護予防サービスを行う事業をいう.

② この法律において「介護予防訪問入浴介護」とは,要支援者であって,居宅において入浴の支援を受けるもの(以下「居宅要支援者」という.)について,その介護予防(身体上又は精神上の障害があるために入浴,排せつ,食事等の日常生活における基本的な動作の全部若しくは一部について常時介護を要し,又は日常生活を営むのに支障がある状態の軽減又は悪化の防止をいう.以下同じ.)を目的として,厚生労働省令で定める場合に,その者の居宅を訪問し,厚生労働省令で定める期間にわたり浴槽を提供して行われる入浴の介護をいう.

③ この法律において「介護予防訪問看護」とは,居宅要支援者(主治の医師がその治療の必要の程度につき厚生労働省令で定める基準に適合していると認めたものに限る.)について,その者の居宅において,その介護予防を目的として,看護師その他厚生労働省令で定める者により,厚生労働省令で定める期間にわたり行われる療養上の世話又は必要な診療の補助をいう.

④ この法律において「介護予防訪問リハビリテーション」とは,居宅要支援者(主治の医師がその治療の必要の程度につき厚生労働省令で定める基準に適合していると認めたものに限る.)について,その者の居宅において,その介護予防を目的として,厚生労働省令で定める期間にわたり行われる理学療法,作業療法その他必要なリハビリテーションをいう.

⑤ この法律において「介護予防居宅療養管理指導」とは,居宅要支援者について,その介護予防を目的として,病院等の医師,歯科医師,薬剤師その他厚生労働省令で定める者により行われる療養上の管理及び指導であって,厚生労働省令で定めるものをいう.

⑥ この法律において「介護予防通所リハビリテーション」とは,居宅要支援者(主治の医師がその治療の必要の程度につき厚生労働省令で定める基準に適合していると認めたものに限る.)について,介護老人保健施設,病院,診療所その他の厚生労働省令で定める施設に通わせ,当該施設において,その介護予防を目的として,厚生労働省令で定める期間にわたり行われる理学療法,作業療法その他必要なリハビリテーションをいう.

⑦ この法律において「介護予防短期入所生活介護」とは,居宅要支援者について,老人福祉法第5条の2第4項の厚生労働省令で定める施設又は同法第20条の3に規定する老人短期入所施設に短期間入所させ,その介護予防を目的として,厚生労働省令で定める期間にわたり,当該施設において入浴,排せつ,食事等の介護その他の日常生活上の支援及び機能訓練を行うことをいう.

⑧ この法律において「介護予防短期入所療養介護」とは,居宅要支援者(その治療の必要の程度につき厚生労働省令で定めるものに限る.)について,介護老人保健施設その他の厚生労働省令で定める施設に短期間入所させ,その介護予防を目的として,厚生労働省令で定める期間にわたり,当該施設において看護,医学的管理の下における介護及び機能訓練その他の必要な医療並びに日常生活上の支援を行うことをいう.

⑨ この法律において「介護予防特定施設入居者生活介護」とは,特定施設(介護専用型特定施設を除く.)に入居している要支援者について,その介護予防を目的として,当該特定施設が提供するサービスの内容,これを担当する者その他厚生労働省令で定める事項を定めた計画に基づき行われる入浴,排せつ,食事等の介護その他の日常生活上の支援であって厚生労働省令で定めるもの,機能訓練及び療養上の世話をいう.

⑩ この法律において「介護予防福祉用具貸与」とは,居宅要支援者について福祉用具のうちその介護予防に資するものとして厚生労働大臣が定めるものの政令で定めるところにより行われる貸与をいう.

⑪ この法律において「特定介護予防福祉用具販売」とは、居宅要支援者について福祉用具のうちその介護予防に資するものであって入浴又は排せつの用に供するものその他の厚生労働大臣が定めるもの（以下「特定介護予防福祉用具」という．）の政令で定めるところにより行われる販売をいう．

⑫ この法律において「地域密着型介護予防サービス」とは、介護予防認知症対応型通所介護、介護予防小規模多機能型居宅介護及び介護予防認知症対応型共同生活介護をいい、「特定地域密着型介護予防サービス」とは、介護予防認知症対応型通所介護及び介護予防小規模多機能型居宅介護をいい、「地域密着型介護予防サービス事業」とは、地域密着型介護予防サービスを行う事業をいう．

⑬ この法律において「介護予防認知症対応型通所介護」とは、居宅要支援者であって、認知症であるものについて、その介護予防を目的として、老人福祉法第5条の2第3項の厚生労働省令で定める施設又は同法第20条の2の2に規定する老人デイサービスセンターに通わせ、当該施設において、厚生労働省令で定める期間にわたり、入浴、排せつ、食事等の介護その他の日常生活上の支援であって厚生労働省令で定めるもの及び機能訓練を行うことをいう．

⑭ この法律において「介護予防小規模多機能型居宅介護」とは、居宅要支援者について、その者の心身の状況、その置かれている環境等に応じて、その者の選択に基づき、その者の居宅において、又は厚生労働省令で定めるサービスの拠点に通わせ、若しくは短期間宿泊させ、当該拠点において、その介護予防を目的として、入浴、排せつ、食事等の介護その他の日常生活上の支援であって厚生労働省令で定めるもの及び機能訓練を行うことをいう．

⑮ この法律において「介護予防認知症対応型共同生活介護」とは、要支援者（厚生労働省令で定める要支援状態区分に該当する状態である者に限る．）であって認知症であるもの（その者の認知症の原因となる疾患が急性の状態にある者を除く．）について、その共同生活を営む住居において、その介護予防を目的として、入浴、排せつ、食事等の介護その他の日常生活上の支援及び機能訓練を行うことをいう．

⑯ この法律において「介護予防支援」とは、居宅要支援者が第53条第1項に規定する指定介護予防サービス又は特例介護予防サービス費に係る介護予防サービス若しくはこれに相当するサービス、第54条の2第1項に規定する指定地域密着型介護予防サービス又は特例地域密着型介護予防サービス費に係る地域密着型介護予防サービス若しくはこれに相当するサービス、特定介護予防・日常生活支援総合事業（市町村、第115条の45の3第1項に規定する指定事業者又は第115条の47第6項の受託者が行うものに限る．以下この項及び第32条第4項第2号において同じ．）及びその他の介護予防に資する保健医療サービス又は福祉サービス（以下この項において「指定介護予防サービス等」という．）の適切な利用等をすることができるよう、第115条の46第1項に規定する地域包括支援センターの職員のうち厚生労働省令で定める者が、当該居宅要支援者の依頼を受けて、その心身の状況、その置かれている環境、当該居宅要支援者及びその家族の希望等を勘案し、利用する指定介護予防サービス等の種類及び内容、これを担当する者その他厚生労働省令で定める事項を定めた計画（以下この項及び別表において「介護予防サービス計画」という．）を作成するとともに、当該介護予防サービス計画に基づく指定介護予防サービス等の提供が確保されるよう、第53条第1項に規定する指定介護予防サービス事業者、第54条の2第1項に規定する指定地域密着型介護予防サービス事業者、特定介護予防・日常生活支援総合事業を行う者その他の者との連絡調整その他の便宜の提供を行うことをいい、「介護予防支援事業」とは、介護予防支援を行う事業をいう．

第2章　被保険者

（被保険者）

第9条　次の各号のいずれかに該当する者は、市町村又は特別区（以下単に「市町村」という．）が行う介護保険の被保険者とする．
1　市町村の区域内に住所を有する65歳以上の者（以下「第1号被保険者」という．）
2　市町村の区域内に住所を有する40歳以上65歳未満の医療保険加入者（以下「第2号被保険者」という．）

（資格取得の時期）

第10条　前条の規定による当該市町村が行う介護保険の被保険者は、次の各号のいずれかに該当するに至った日から、その資格を取得する．
1　当該市町村の区域内に住所を有する医療保険加入者が40歳に達したとき．
2　40歳以上65歳未満の医療保険加入者又は65歳以上の者が当該市町村の区域内に住所を有するに至ったとき．
3　当該市町村の区域内に住所を有する40歳以上65歳未満の者が医療保険加入者となったとき．
4　当該市町村の区域内に住所を有する者（医療保険加入者を除く．）が65歳に達したとき．

（資格喪失の時期）

第11条　① 第9条の規定による当該市町村が行う介護保険の被保険者は、当該市町村の区域内に住所を有しなくなった日の翌日から、その資格を喪失する．ただし、当該市町村の区域内に住所を有しなくなった日に他の市町村の区域内に住所を有するに至ったときは、その日から、その資格を喪失する．
② 第2号被保険者は、医療保険加入者でなくなった日から、その資格を喪失する．

（届出等）

第12条　① 第1号被保険者は、厚生労働省令で定めるところにより、被保険者の資格の取得及び喪失に関する事項その他の必要な事項を市町村に届け出なければならない．ただし、第10条第4号に該当するに至ったことにより被保険者の資格を取得した場合（厚生労働省令で定める場合を除く．）については、この限りでない．
② 第1号被保険者の属する世帯の世帯主は、その世帯に属する第1号被保険者に代わって、当該第1号被保険者に係る前項の規定による届出をすることができる．
③ 被保険者は、市町村に対し、当該被保険者に係る被保険者証の交付を求めることができる．
④ 被保険者は、その資格を喪失したときは、厚生労働省令で定めるところにより、速やかに、被保険者

証を返還しなければならない.
⑤ 住民基本台帳法（昭和42年法律第81号）第22条から第24条まで，第25条，第30条の46又は第30条の47の規定による届出があったとき（当該届出に係る書面に同法第28条の3の規定による付記がされたときに限る.）は，その届出と同一の事由に基づく第1項本文の規定による届出があったものとみなす.
⑥ 前各項に規定するもののほか，被保険者に関する届出及び被保険者証に関して必要な事項は，厚生労働省令で定める.

（住所地特例対象施設に入所又は入居中の被保険者の特例）
第13条 ① 次に掲げる施設（以下「住所地特例対象施設」という.）に入所又は入居（以下「入所等」という.）をすることにより当該住所地特例対象施設の所在する場所に住所を変更したと認められる被保険者（第3号に掲げる施設に入所することにより当該施設の所在する場所に住所を変更したと認められる被保険者にあっては，老人福祉法第11条第1項第1号の規定による入所措置がとられた者に限る. 以下この項及び次項において「住所地特例対象被保険者」という.）であって，当該住所地特例対象施設に入所等をした際他の市町村（当該住所地特例対象施設が所在する市町村以外の市町村をいう.）の区域内に住所を有していたと認められるものは，第9条の規定にかかわらず，当該他の市町村が行う介護保険の被保険者とする. ただし，2以上の住所地特例対象施設に継続して入所等をしている住所地特例対象被保険者であって，現に入所等をしている住所地特例対象施設（以下この項及び次項において「現入所施設」という.）に入所等をする直前に入所等をしていた住所地特例対象施設（以下この項において「直前入所施設」という.）及び現入所施設のそれぞれに入所等をすることにより直前入所施設及び現入所施設のそれぞれの所在する場所に順次住所を変更したと認められるもの（次項において「特定継続入所被保険者」という.）については，この限りでない.
 1 介護保険施設
 2 特定施設
 3 老人福祉法第20条の4に規定する養護老人ホーム
② 特定継続入所被保険者のうち，次の各号に掲げるものは，第9条の規定にかかわらず，当該各号に定める市町村が行う介護保険の被保険者とする.
 1 継続して入所等をしている2以上の住所地特例対象施設のそれぞれに入所等をすることによりそれぞれの住所地特例対象施設の所在する場所に順次住所を変更したと認められる住所地特例対象被保険者であって，当該2以上の住所地特例対象施設のうち最初の住所地特例対象施設に入所等をした際他の市町村（当該施設が所在する市町村以外の市町村をいう.）の区域内に住所を有していたと認められるもの 当該他の市町村
 2 継続して入所等をしている2以上の住所地特例対象施設のうち1の住所地特例対象施設から継続して他の住所地特例対象施設に入所等をすること（以下この号において「継続入所等」という.）により同一の住所地特例対象施設の所在する場所以外の場所から当該他の住所地特例対象施設の所在する場所への住所の変更（以下この号において

「特定住所変更」という.）を行ったと認められる住所地特例対象被保険者であって，最後に行った特定住所変更に係る継続入所等の際他の市町村（現入所施設が所在する市町村以外の市町村をいう.）の区域内に住所を有していたと認められるもの 当該他の市町村
③ 第1項の規定により同項に規定する当該他の市町村が行う介護保険の被保険者とされた者又は前項の規定により同項各号に定める当該他の市町村が行う介護保険の被保険者とされた者（以下「住所地特例適用被保険者」という.）が入所等をしている住所地特例対象施設は，当該住所地特例対象施設の所在する市町村（以下「施設所在市町村」という.）及び当該住所地特例適用被保険者に対し介護保険を行う市町村に，必要な協力をしなければならない.

第3章　介護認定審査会

（介護認定審査会）
第14条 第38条第2項に規定する審査判定業務を行わせるため，市町村に介護認定審査会（以下「認定審査会」という.）を置く.
（委員）
第15条 ① 認定審査会の委員の定数は，政令で定める基準に従い条例で定める数とする.
② 委員は，要介護者等の保健，医療又は福祉に関する学識経験を有する者のうちから，市町村長（特別区にあっては，区長. 以下同じ.）が任命する.

第4章　保険給付

第1節　通　則
（保険給付の種類）
第18条 この法律による保険給付は，次に掲げる保険給付とする.
 1 被保険者の要介護状態に関する保険給付（以下「介護給付」という.）
 2 被保険者の要支援状態に関する保険給付（以下「予防給付」という.）
 3 前2号に掲げるもののほか，要介護状態等の軽減又は悪化の防止に資する保険給付として条例で定めるもの（第5節において「市町村特別給付」という.）

（市町村の認定）
第19条 ① 介護給付を受けようとする被保険者は，要介護者に該当すること及びその該当する要介護状態区分について，市町村の認定（以下「要介護認定」という.）を受けなければならない.
② 予防給付を受けようとする被保険者は，要支援者に該当すること及びその該当する要支援状態区分について，市町村の認定（以下「要支援認定」という.）を受けなければならない.

（他の法令による給付との調整）
第20条 介護給付又は予防給付（以下「介護給付等」という.）は，当該要介護状態等につき，労働者災害補償保険法（昭和22年法律第50号）の規定による療養補償給付若しくは療養給付その他の法令に基づく給付であって政令で定めるもののうち介護給付等に相当するものを受けることができるときは政令で定める限度において，又は当該政令で定める給付以外の給付であって国若しくは地方公

(1) 医療保険・介護保険

共団体の負担において介護給付等に相当するものが行われたときはその限度において,行わない.

(不正利得の徴収等)
第22条 ① 偽りその他不正の行為によって保険給付を受けた者があるときは,市町村は,その者からその給付の価額の全部又は一部を徴収することができるほか,当該偽りその他不正の行為によって受けた保険給付が第51条の3第1項の規定による特定入所者介護サービス費の支給,第51条の4第1項の規定による特例特定入所者介護サービス費の支給,第61条の3第1項の規定による特定入所者介護予防サービス費の支給又は第61条の4第1項の規定による特例特定入所者介護予防サービス費の支給であるときは,市町村は,厚生労働大臣の定める基準により,その者から当該偽りその他不正の行為によって支給を受けた額の100分の200に相当する額以下の金額を徴収することができる.

② 前項に規定する場合において,訪問看護,訪問リハビリテーション,通所リハビリテーション若しくは短期入所療養介護,定期巡回・随時対応型訪問介護看護又は介護予防訪問看護,介護予防訪問リハビリテーション,介護予防通所リハビリテーション若しくは介護予防短期入所療養介護についてその治療の必要の程度につき診断する医師その他居宅サービス若しくはこれに相当するサービス,地域密着型サービス若しくはこれに相当するサービス,施設サービス若しくは居宅サービス等に相当するサービスに従事する医師又は歯科医師が,市町村に提出されるべき診断書に虚偽の記載をしたため,その保険給付が行われたものであるときは,市町村は,当該医師又は歯科医師に対し,保険給付を受けた者に連帯して同項の徴収金を納付すべきことを命ずることができる.

③ 市町村は,第41条第1項に規定する指定居宅サービス事業者,第42条の2第1項に規定する指定地域密着型サービス事業者,第46条第1項に規定する指定居宅介護支援事業者,介護保険施設,第53条第1項に規定する指定介護予防サービス事業者,第54条の2第1項に規定する指定地域密着型介護予防サービス事業者又は第58条第1項に規定する指定介護予防支援事業者(以下この項において「指定居宅サービス事業者等」という.)が,偽りその他不正の行為により第41条第6項,第42条の2第6項,第46条第4項,第48条第4項,第51条の3第4項,第53条第6項,第54条の2第6項,第58条第4項又は第61条の3第4項の規定による支払を受けたときは,当該指定居宅サービス事業者等から,その支払った額につき返還させるべき額を徴収するほか,その返還させるべき額に100分の40を乗じて得た額を徴収することができる.

(指定市町村事務受託法人)
第24条の2 ① 市町村は,次に掲げる事務の一部を,法人であって厚生労働省令で定める要件に該当し,当該事務を適正に実施することができると認められるものとして都道府県知事が指定するもの(以下この条において「指定市町村事務受託法人」という.)に委託することができる.
1 第23条に規定する事務(照会等対象者の選定に係るものを除く.)
2 第27条第2項(第28条第4項,第29条第2項,第30条第2項,第31条第2項及び第32条第2項(第33条第4項,第33条の2第2項,第33条の3

第2項及び第34条第2項において準用する場合を含む.)において準用する場合を含む.)の規定による調査に関する事務
⟨②,③(略)⟩
3 その他厚生労働省令で定める事務

(指定都道府県事務受託法人)
第24条の3 ① 都道府県は,次に掲げる事務の一部を,法人であって厚生労働省令で定める要件に該当し,当該事務を適正に実施することができると認められるものとして厚生労働大臣が指定するもの(以下「指定都道府県事務受託法人」という.)に委託することができる.
1 第24条第1項及び第2項に規定する事務(これらの項の規定による命令及び質問の対象となる者の選定に係るもの並びに当該命令を除く.)
2 その他厚生労働省令で定める事務 ⟨②(略)⟩

(受給権の保護)
第25条 保険給付を受ける権利は,譲り渡し,担保に供し,又は差し押さえることができない.

(租税その他の公課の禁止)
第26条 租税その他の公課は,保険給付として支給を受けた金品を標準として,課することができない.

第2節 認 定

(要介護認定)
第27条 ① 要介護認定を受けようとする被保険者は,厚生労働省令で定めるところにより,申請書に被保険者証を添付して市町村に申請しなければならない.この場合において,当該被保険者は,厚生労働省令で定めるところにより,第46条第1項に規定する指定居宅介護支援事業者,地域密着型介護老人福祉施設若しくは介護保険施設であって厚生労働省令で定めるもの又は第115条の46第1項に規定する地域包括支援センターに,当該申請に関する手続を代わって行わせることができる.

② 市町村は,前項の申請があったときは,当該職員をして,当該申請に係る被保険者に面接させ,その心身の状況,その置かれている環境その他厚生労働省令で定める事項について調査をさせるものとする.この場合において,市町村は,当該被保険者が遠隔の地に居所を有するときは,当該調査を他の市町村に嘱託することができる.

③ 市町村は,第1項の申請があったときは,当該申請に係る被保険者の主治の医師に対し,当該被保険者の身体上又は精神上の障害の原因である疾病又は負傷の状況等につき意見を求めるものとする.ただし,当該被保険者に係る主治の医師がないときその他当該意見を求めることが困難なときは,市町村は,当該被保険者に対して,その指定する医師又は当該職員で医師であるものの診断を受けるべきことを命ずることができる.

④ 市町村は,第2項の調査(第24条の2第1項第2号の規定により委託された場合にあっては,当該委託に係る調査を含む.)の結果,前項の主治の医師の意見又は指定する医師若しくは当該職員で医師であるものの診断の結果その他厚生労働省令で定める事項を認定審査会に通知し,第1項の申請に係る被保険者について,次の各号に掲げる被保険者の区分に応じ,当該各号に定める事項に関し審査及び判定を求めるものとする.
1 第1号被保険者 要介護状態に該当すること及びその該当する要介護状態区分
2 第2号被保険者 要介護状態に該当すること,その該当する要介護状態区分及びその要介護状態

の原因である身体上又は精神上の障害が特定疾病によって生じたものであること.
⑤ 認定審査会は,前項の規定により審査及び判定を求められたときは,厚生労働大臣が定める基準に従い,当該審査及び判定に係る被保険者について,同項各号に規定する事項に関し審査及び判定を行い,その結果を市町村に通知するものとする.この場合において,認定審査会は,必要があると認めるときは,次に掲げる事項について,市町村に意見を述べることができる.
1 当該被保険者の要介護状態の軽減又は悪化の防止のために必要な療養に関する事項
2 第41条第1項に規定する指定居宅サービス,第42条の2第1項に規定する指定地域密着型サービス又は第48条第1項に規定する指定施設サービス等の適切かつ有効な利用等に関し当該被保険者が留意すべき事項
⑥ 認定審査会は,前項前段の審査及び判定をするに当たって必要があると認めるときは,当該審査及び判定に係る被保険者本人,その家族,第3項の主治の医師その他の関係者の意見を聴くことができる.
⑦ 市町村は,第5項前段の規定により通知された認定審査会の審査及び判定の結果に基づき,要介護認定をしたときは,その結果を当該要介護認定に係る被保険者に通知しなければならない.この場合において,市町村は,次に掲げる事項を当該被保険者の被保険者証に記載し,これを返付するものとする.
1 該当する要介護状態区分
2 第5項第2号に掲げる事項に係る認定審査会の意見
⑧ 要介護認定は,その申請のあった日にさかのぼってその効力を生ずる.
⑨ 市町村は,第5項前段の規定により通知された認定審査会の審査及び判定の結果に基づき,要介護認定に該当しないと認めたときは,理由を付して,その旨を第1項の申請に係る被保険者に通知するとともに,当該被保険者の被保険者証を返付するものとする.
⑩ 市町村は,第1項の申請に係る被保険者が,正当な理由なしに,第2項の規定による調査(第24条の2第2項の規定により委託された場合にあっては,当該委託に係る調査を含む.)に応じないとき,又は第3項ただし書の規定による診断命令に従わないときは,第1項の申請を却下することができる.
⑪ 第1項の申請に対する処分は,当該申請のあった日から30日以内にしなければならない.ただし,当該申請に係る被保険者の心身の状況の調査に日時を要する等特別な理由がある場合には,当該申請のあった日から30日以内に,当該被保険者に対し,当該申請に対する処分をするためになお要する期間(次項において「処理見込期間」という.)及びその理由を通知し,これを延期することができる.
⑫ 第1項の申請をした日から30日以内に当該申請に対する処分がされないとき,若しくは前項ただし書の通知がないとき,又は処理見込期間が経過した日までに当該申請に対する処分がされないときは,当該申請に係る被保険者は,市町村が当該申請を却下したものとみなすことができる.

(要介護認定の更新)
第28条 ① 要介護認定は,要介護状態区分に応じて厚生労働省令で定める期間(以下この条において「有効期間」という.)内に限り,その効力を有する.
② 要介護認定を受けた被保険者は,有効期間の満了後においても要介護状態に該当すると見込まれるときは,厚生労働省令で定めるところにより,市町村に対し,当該要介護認定の更新(以下「要介護更新認定」という.)の申請をすることができる.
③ 前項の申請をすることができる被保険者が,災害その他やむを得ない理由により当該申請に係る要介護認定の有効期間の満了前に当該申請をすることができなかったときは,当該被保険者は,その理由のやんだ日から1月以内に限り,要介護更新認定の申請をすることができる.
④ 前条(第8項を除く.)の規定は,前2項の申請及び当該申請に係る要介護更新認定について準用する.この場合において,同条の規定に関し必要な技術的読替えは,政令で定める.
⑤ 市町村は,前項において準用する前条第2項の調査を第46条第1項に規定する指定居宅介護支援事業者,地域密着型介護老人福祉施設,介護保険施設その他の厚生労働省令で定める事業者若しくは施設(以下この条において「指定居宅介護支援事業者等」という.)又は介護支援専門員であって厚生労働省令で定めるものに委託することができる.
⑥ 前項の規定により委託を受けた指定居宅介護支援事業者等は,介護支援専門員その他厚生労働省令で定める者に当該委託に係る調査を行わせるものとする. 《⑦〜⑩(略)》

(要介護状態区分の変更の認定)
第29条 ① 要介護認定を受けた被保険者は,その介護の必要の程度が現に受けている要介護認定に係る要介護状態区分以外の要介護状態区分に該当すると認めるときは,厚生労働省令で定めるところにより,市町村に対し,要介護状態区分の変更の認定の申請をすることができる.
② 第27条及び前条第5項から第8項までの規定は,前項の申請及び当該申請に係る要介護状態区分の変更の認定について準用する.この場合において,これらの規定に関し必要な技術的読替えは,政令で定める.

第30条 ① 市町村は,要介護認定を受けた被保険者について,その介護の必要の程度が低下したことにより当該要介護認定に係る要介護状態区分以外の要介護状態区分に該当するに至ったと認めるときは,要介護状態区分の変更の認定をすることができる.この場合において,市町村は,厚生労働省令で定めるところにより,当該変更の認定に係る被保険者に対しその被保険者証の提出を求め,これに当該変更の認定に係る要介護状態区分及び次項において準用する第27条第5項後段の規定による認定審査会の意見(同項第2号に掲げる事項に係るものに限る.)を記載し,これを返付するものとする.
② 第27条第2項から第6項まで及び第7項前段並びに第28条第5項から第8項までの規定は,前項の要介護状態区分の変更の認定について準用する.この場合において,これらの規定に関し必要な技術的読替えは,政令で定める.

(要介護認定の取消し)
第31条 ① 市町村は,要介護認定を受けた被保険者が次の各号のいずれかに該当するときは,当該要介護認定を取り消すことができる.この場合において,市町村は,厚生労働省令で定めるところにより,当該取消しに係る被保険者に対しその被保険者証

の提出を求め,第27条第7項各号に掲げる事項の記載を消除し,これを返付するものとする.
1 要介護者に該当しなくなったとき.
2 正当な理由なしに,前条第2項若しくは次項において準用する第27条第2項の規定による調査(第24条の2第1項第2号又は前条第2項若しくは次項において準用する第28条第5項の規定により委託された場合にあっては,当該委託に係る調査を含む.)に応じないとき,又は前条第2項若しくは次項において準用する第27条第3項ただし書の規定による診断命令に従わないとき.
② 第27条第2項から第4項まで,第5項前段,第6項及び第7項前段並びに第28条第5項から第8項までの規定は,前項第1号の規定による要介護認定の取消しについて準用する.この場合において,これらの規定に関し必要な技術的読替えは,政令で定める.

(要支援認定)
第32条 ① 要支援認定を受けようとする被保険者は,厚生労働省令で定めるところにより,申請書に被保険者証を添付して市町村に申請をしなければならない.この場合において,当該被保険者は,厚生労働省令で定めるところにより,第46条第1項に規定する指定居宅介護支援事業者,地域密着型介護老人福祉施設若しくは介護保険施設であって厚生労働省令で定めるもの又は第115条の46第1項に規定する地域包括支援センターに,当該申請に関する手続を代わって行わせることができる.
② 第27条第2項及び第3項の規定は,前項の申請に係る調査並びに同項の申請に係る被保険者の主治の医師の意見及び当該被保険者に対する診断命令について準用する.
③ 市町村は,前項において準用する第27条第2項の調査(第24条の2第1項第2号の規定により委託された場合にあっては,当該委託に係る調査を含む.)の結果,前項において準用する第27条第3項の主治の医師の意見又は指定する医師若しくは当該職員で医師であるものの診断の結果その他厚生労働省令で定める事項を認定審査会に通知し,第1項の申請に係る被保険者について,次の各号に掲げる被保険者の区分に応じ,当該各号に定める事項に関し審査及び判定を求めるものとする.
1 第1号被保険者 要支援状態に該当すること及びその該当する要支援状態区分
2 第2号被保険者 要支援状態に該当すること,その該当する要支援状態区分及びその要支援状態の原因である身体上又は精神上の障害が特定疾病によって生じたものであること.
④ 認定審査会は,前項の規定により審査及び判定を求められたときは,厚生労働大臣が定める基準に従い,当該審査及び判定に係る被保険者について,同項各号に規定する事項に関し審査及び判定を行い,その結果を市町村に通知するものとする.この場合において,認定審査会は,必要があると認めるときは,次に掲げる事項について,市町村に意見を述べることができる.
1 当該被保険者の要支援状態の軽減又は悪化の防止のために必要な療養及び家事に係る援助に関する事項
2 第53条1項に規定する指定介護予防サービス若しくは第54条の2第1項に規定する指定地域密着型介護予防サービス又は特定介護予防・日常生活支援総合事業の適切かつ有効な利用等に関し当該被保険者が留意すべき事項
⑤ 第27条第6項の規定は,前項前段の審査及び判定について準用する.
⑥ 市町村は,第4項前段の規定により通知された認定審査会の審査及び判定の結果に基づき,要支援認定をしたときは,その結果を当該要支援認定に係る被保険者に通知しなければならない.この場合において,市町村は,次に掲げる事項を当該被保険者の被保険者証に記載し,これを返付するものとする.
1 該当する要支援状態区分
2 第4項第2号に掲げる事項に係る認定審査会の意見
⑦ 要支援認定は,その申請のあった日にさかのぼってその効力を生ずる.
⑧ 市町村は,第4項前段の規定により通知された認定審査会の審査及び判定の結果に基づき,要支援者に該当しないと認めたときは,理由を付して,その旨を第1項の申請に係る被保険者に通知するとともに,当該被保険者の被保険者証を返付するものとする.
⑨ 第27条第10項から第12項までの規定は,第1項の申請及び当該申請に対する処分について準用する.

(要支援認定の更新)
第33条 ① 要支援認定は,要支援状態区分に応じて厚生労働省令で定める期間(以下この条において「有効期間」という.)内に限り,その効力を有する.
〈②~⑥(略)〉

(要介護認定等の手続の特例)
第35条 ① 認定審査会は,第27条第4項(第28条第4項において準用する場合を含む.)の規定により審査及び判定を求められた被保険者について,要介護者に該当しないと認める場合であっても,要支援者に該当すると認めるときは,第27条第5項(第28条第4項において準用する場合を含む.)の規定にかかわらず,その旨を市町村に通知することができる.
② 市町村は,前項の規定による通知があったときは,当該通知に係る被保険者について,第32条第1項の申請がなされ,同条第3項の規定により認定審査会に審査及び判定を求め,同条第4項の規定により認定審査会の通知を受けたものとみなし,要支援認定をすることができる.この場合において,市町村は,当該被保険者に,要支援認定をした旨を通知するとともに,同条第6項各号に掲げる事項を当該被保険者の被保険者証に記載し,これを返付するものとする.
③ 認定審査会は,第32条第3項(第33条第4項において準用する場合を含む.)の規定により審査及び判定を求められた被保険者について,要介護者に該当すると認めるときは,第32条第4項(第33条第4項において準用する場合を含む.)の規定にかかわらず,その旨を市町村に通知することができる.
④ 市町村は,前項の規定による通知があったときは,当該通知に係る被保険者について,第27条第1項の申請がなされ,同条第4項の規定により認定審査会に審査及び判定を求め,同条第5項の規定により認定審査会の通知を受けたものとみなし,要介護認定をすることができる.この場合において,市町村は,当該被保険者に,要介護認定をした旨を通知するとともに,同条第7項各号に掲げる事項を当該被

28 介護保険法（37条～41条）

保険者の被保険者証に記載し,これを返付するものとする.
⑤ 認定審査会は,第31条第2項において準用する第27条第4項の規定により審査及び判定を求められた被保険者について,要介護者に該当しないと認める場合であつて,要支援者に該当すると認めるときは,第31条第2項において準用する第27条第5項の規定にかかわらず,その旨を市町村に通知することができる.
⑥ 市町村は,前項の規定による通知があつたときは,当該通知に係る被保険者について,第32条第1項の申請がなされ,同条第3項の規定により認定審査会に審査及び判定を求め,同条第4項の規定により認定審査会の通知を受けたものとみなし,要支援認定をすることができる.この場合において,市町村は,厚生労働省令で定めるところにより,当該通知に係る被保険者に対しその被保険者証の提出を求め,これに同条第6項各号に掲げる事項を記載し,これを返付するものとする.

（介護給付等対象サービスの種類の指定）
第37条 ① 市町村は,要介護認定,要介護更新認定,第29条第2項において準用する第27条第7項若しくは第30条第1項の規定による要介護状態区分の変更の認定,要支援認定,要支援更新認定若しくは第33条の2第2項において準用する第32条第6項若しくは第33条の3第1項の規定による要支援状態区分の変更の認定（以下この項において単に「認定」という.）をするに当たつては,第27条第5項第1号（第28条第4項,第29条第2項及び第30条第2項において準用する場合を含む.）又は第32条第4項第1号（第33条第4項,第33条の2第2項及び第33条の3第2項において準用する場合を含む.）に掲げる事項に係る認定審査会の意見に基づき,当該認定に係る被保険者が受けることができる居宅介護サービス費若しくは特例居宅介護サービス費に係る居宅サービス,地域密着型介護サービス費若しくは特例地域密着型介護サービス費に係る地域密着型サービス,施設介護サービス費若しくは特例施設介護サービス費に係る施設サービス,介護予防サービス費若しくは特例介護予防サービス費に係る介護予防サービス又は地域密着型介護予防サービス費若しくは特例地域密着型介護予防サービス費に係る地域密着型介護予防サービスの種類を指定することができる.この場合において,市町村は,当該被保険者の被保険者証に,第27条第7項後段（第28条第4項及び第29条第2項において準用する場合を含む.）,第30条第1項後段若しくは第35条第4項後段又は第32条第6項後段（第33条第4項及び第35条第2項後段において準用する場合を含む.）,第33条の3第1項後段若しくは第35条第2項後段若しくは第6項後段の規定による記載に併せて,当該指定に係る居宅サービス,地域密着型サービス,施設サービス,介護予防サービス又は地域密着型介護予防サービスの種類を記載するものとする.
② 前項の規定による指定を受けた被保険者は,当該指定に係る居宅サービス,地域密着型サービス,施設サービス,介護予防サービス又は地域密着型介護予防サービスの種類の変更の申請をすることができる.
③ 前項の申請は,厚生労働省令で定めるところにより,被保険者証を添付して行うものとする.
④ 市町村は,第2項の申請があつた場合において,厚生労働省令で定めるところにより,認定審査会の意見を聴き,必要があると認めるときは,当該指定に係る居宅サービス,地域密着型サービス,施設サービス,介護予防サービス又は地域密着型介護予防サービスの種類の変更をすることができる.
〈⑤（略）〉

（都道府県の援助等）
第38条 ① 都道府県は,市町村が行う第27条から第35条まで及び前条の規定による業務に関し,その設置する福祉事務所（社会福祉法（昭和26年法律第45号）に定める福祉に関する事務所をいう.）又は保健所による技術的事項についての協力その他市町村に対する必要な援助を行うことができる.
② 地方自治法第252条の14第1項の規定により市町村の委託を受けて審査判定業務（第27条から第35条まで及び前条の規定により認定審査会が行う業務をいう.以下この条において同じ.）を行う都道府県に,当該審査判定業務を行わせるため,都道府県介護認定審査会を置く. 〈③,④（略）〉

第3節 介護給付
（介護給付の種類）
第40条 介護給付は,次に掲げる保険給付とする.
1 居宅介護サービス費の支給
2 特例居宅介護サービス費の支給
3 地域密着型介護サービス費の支給
4 特例地域密着型介護サービス費の支給
5 居宅介護福祉用具購入費の支給
6 居宅介護住宅改修費の支給
7 居宅介護サービス計画費の支給
8 特例居宅介護サービス計画費の支給
9 施設介護サービス費の支給
10 特例施設介護サービス費の支給
11 高額介護サービス費の支給
11の2 高額医療合算介護サービス費の支給
12 特定入所者介護サービス費の支給
13 特例特定入所者介護サービス費の支給

（居宅介護サービス費の支給）
第41条 ① 市町村は,要介護認定を受けた被保険者（以下「要介護被保険者」という.）のうち居宅において介護を受けるもの（以下「居宅要介護被保険者」という.）が,都道府県知事が指定する者（以下「指定居宅サービス事業者」という.）から当該指定に係る居宅サービス事業を行う事業所により行われる居宅サービス（以下「指定居宅サービス」という.）を受けたときは,当該居宅要介護被保険者に対し,当該指定居宅サービスに要した費用（特定福祉用具の購入に要した費用を除き,通所介護,通所リハビリテーション,短期入所生活介護,短期入所療養介護及び特定施設入居者生活介護に要した費用については,食事の提供に要する費用,滞在に要する費用その他の日常生活に要する費用として厚生労働省令で定める費用を除く.以下この条において同じ.）について,居宅介護サービス費を支給する.ただし,当該居宅要介護被保険者が,第37条第1項の規定による指定を受けている場合において,当該指定に係る種類以外の居宅サービスを受けたときは,この限りでない.
② 居宅介護サービス費は,厚生労働省令で定めるところにより,市町村が必要と認める場合に限り,支給するものとする.
③ 指定居宅サービスを受けようとする居宅要介護

(1) 医療保険・介護保険

被保険者は、厚生労働省令で定めるところにより、自己の選定する指定居宅サービス事業者について、被保険者証を提示して、当該指定居宅サービスを受けるものとする。
④ 居宅介護サービス費の額は、次の各号に掲げる居宅サービスの区分に応じ、当該各号に定める額とする。
 1 訪問介護、訪問入浴介護、訪問看護、訪問リハビリテーション、居宅療養管理指導、通所介護、通所リハビリテーション及び福祉用具貸与これらの居宅サービスの種類ごとに、当該指定居宅サービスの種類に係る指定居宅サービスの内容、当該指定居宅サービスの事業を行う事業所の所在する地域等を勘案して算定される当該指定居宅サービスに要する平均的な費用(通所介護及び通所リハビリテーションに要する費用については、食事の提供に要する費用その他の日常生活に要する費用として厚生労働省令で定める費用を除く。)を勘案して厚生労働大臣が定める基準により算定した費用の額(その額が現に当該指定居宅サービスに要した費用の額を超えるときは、当該現に指定居宅サービスに要した費用の額とする。)の100分の90に相当する額
 2 短期入所生活介護、短期入所療養介護及び特定施設入居者生活介護これらの居宅サービスの種類ごとに、要介護状態区分、当該居宅サービスの種類に係る指定居宅サービスの事業を行う事業所の所在する地域等を勘案して算定される当該指定居宅サービスに要する平均的な費用(食事の提供に要する費用、滞在に要する費用その他の日常生活に要する費用として厚生労働省令で定める費用を除く。)を勘案して厚生労働大臣が定める基準により算定した費用の額(その額が現に当該指定居宅サービスに要した費用の額を超えるときは、当該現に指定居宅サービスに要した費用の額とする。)の100分の90に相当する額
⑤ 厚生労働大臣は、前項各号の基準を定めようとするときは、あらかじめ社会保障審議会の意見を聴かなければならない。
⑥ 居宅要介護被保険者が指定居宅サービス事業者から指定居宅サービスを受けたとき(当該居宅要介護被保険者が第46条第4項の規定により指定居宅介護支援を受けることにつきあらかじめ市町村に届け出ている場合であって、当該指定居宅サービスが当該指定居宅介護支援の対象となっている場合その他の厚生労働省令で定める場合に限る。)は、市町村は、当該居宅要介護被保険者が当該指定居宅サービス事業者に支払うべき当該指定居宅サービスに要した費用について、居宅介護サービス費として当該居宅要介護被保険者に対し支給すべき額の限度において、当該居宅要介護被保険者に代わり、当該指定居宅サービス事業者に支払うことができる。
⑦ 前項の規定による支払があったときは、居宅要介護被保険者に対し居宅介護サービス費の支給があったものとみなす。
⑧ 定居宅サービス事業者は、指定居宅サービスその他のサービスの提供に要した費用につき、その支払を受ける際、当該支払をした居宅要介護被保険者に対し、厚生労働省令で定めるところにより、領収証を交付しなければならない。
⑨ 市町村は、指定居宅サービス事業者から居宅介護サービス費の請求があったときは、第4項各号の厚生労働大臣が定める基準及び第74条第2項に規定する指定居宅サービスの事業の設備及び運営に関する基準(指定居宅サービスの取扱いに関する部分に限る。)に照らして審査した上、支払うものとする。
⑩ 市町村は、前項の規定による審査及び支払に関する事務を連合会に委託することができる。
〈⑪,⑫(略)〉

(特例居宅介護サービス費の支給)
第42条 ① 市町村は、次に掲げる場合には、居宅要介護被保険者に対し、特例居宅介護サービス費を支給する。
 1 居宅要介護被保険者が、当該要介護認定の効力が生じた日前に、緊急その他やむを得ない理由により指定居宅サービスを受けた場合において、必要があると認めるとき。
 2 居宅要介護被保険者が、指定居宅サービス以外の居宅サービス又はこれに相当するサービス(指定居宅サービスの事業に係る第74条第1項の都道府県の条例で定める基準及び同項の都道府県の条例で定める員数並びに同条第2項に規定する指定居宅サービスの事業の設備及び運営に関する基準のうち、都道府県の条例で定めるものを満たすと認められる事業を行う事業所により行われるものに限る。次項及び次項において「基準該当居宅サービス」という。)を受けた場合において、必要があると認めるとき。
 3 指定居宅サービス及び基準該当居宅サービスの確保が著しく困難である離島その他の地域であって厚生労働大臣が定める基準に該当するものに住所を有する居宅要介護被保険者が、指定居宅サービス及び基準該当居宅サービス以外の居宅サービス又はこれに相当するサービスを受けた場合において、必要があると認めるとき。
 4 その他政令で定めるとき。
② 都道府県が前項第2号の条例を定めるに当たっては、第1号から第3号までに掲げる事項については厚生労働省令で定める基準に従い定めるものとし、第4号に掲げる事項については厚生労働省令で定める基準を標準として定めるものとし、その他の事項については厚生労働省令で定める基準を参酌するものとする。
 1 基準該当居宅サービスに従事する従業者に係る基準及び当該従業者の員数
 2 基準該当居宅サービスの事業に係る居室の床面積
 3 基準該当居宅サービスの事業の運営に関する事項であって、利用する要介護者のサービスの適切な利用、適切な処遇及び安全の確保並びに秘密の保持等に密接に関連するものとして厚生労働省令で定めるもの
 4 基準該当居宅サービスの事業に係る利用定員
③ 特例居宅介護サービス費の額は、当該居宅サービス又はこれに相当するサービスについて前条第4項各号の厚生労働大臣が定める基準により算定した費用の額(その額が現に当該居宅サービス又はこれに相当するサービスに要した費用(特定福祉用具の購入に要した費用を除き、通所介護、通所リハビリテーション、短期入所生活介護、短期入所療養介護及び特定施設入居者生活介護並びにこれらに相当するサービスに要した費用については、食事の提供に要する費用、滞在に要する費用その他の日

28 介護保険法(42条の2〜42条の3)

常生活に要する費用として厚生労働省令で定める費用を除く.)の額を超えるときは,当該現に居宅サービス又はこれに相当するサービスに要した費用の額とする.)の100分の90に相当する額を基準として,市町村が定める. 〈④.⑤(略)〉

(地域密着型介護サービス費の支給)

第42条の2 ① 市町村は,要介護被保険者が,当該市町村(住所地特例適用被保険者である要介護被保険者(以下「住所地特例適用要介護被保険者」という.)にあっては,施設所在市町村を含む.)の長が指定する者(以下「指定地域密着型サービス事業者」という.)から当該指定に係る地域密着型サービス事業を行う事業所における地域密着型サービス(以下「指定地域密着型サービス」という.)を受けたときは,当該要介護被保険者に対し,当該指定地域密着型サービスに要した費用(地域密着型通所介護,認知症対応型通所介護,小規模多機能型居宅介護,認知症対応型共同生活介護,地域密着型特定施設入居者生活介護及び地域密着型介護老人福祉施設入所者生活介護にあっては,食事の提供に要する費用,居住に要する費用その他の日常生活に要する費用として厚生労働省令で定める費用を除く.以下この条において同じ.)について,地域密着型介護サービス費を支給する.ただし,当該要介護被保険者が,第37条第1項の規定による指定を受けている場合において,当該指定に係る種類以外の地域密着型サービスを受けたときは,この限りでない.

② 地域密着型介護サービス費の額は,次の各号に掲げる地域密着型サービスの区分に応じ,当該各号に定める額とする.

 1 定期巡回・随時対応型訪問介護看護及び複合型サービス これらの地域密着型サービスの種類ごとに,当該地域密着型サービスの内容,要介護状態区分,当該指定地域密着型サービスの事業を行う事業所の所在する地域等を勘案して算定される当該指定地域密着型サービスに要する平均的な費用(複合型サービス(厚生労働省令で定めるものに限る.次条第2項において同じ.)に要する費用については,食事の提供に要する費用,宿泊に要する費用その他の日常生活に要する費用として厚生労働省令で定める費用を除く.)の額を勘案して厚生労働大臣が定める基準により算定した費用の額(その額が現に当該指定地域密着型サービスに要した費用の額を超えるときは,当該現に指定地域密着型サービスに要した費用の額とする.)の100分の90に相当する額

 2 夜間対応型訪問介護,地域密着型通所介護及び認知症対応型通所介護 これらの地域密着型サービスの種類ごとに,当該地域密着型サービスの内容,当該指定地域密着型サービスの事業を行う事業所の所在する地域等を勘案して算定される当該指定地域密着型サービスに要する平均的な費用(地域密着型通所介護及び認知症対応型通所介護に要する費用については,食事の提供に要する費用その他の日常生活に要する費用として厚生労働省令で定める費用を除く.)の額を勘案して厚生労働大臣が定める基準により算定した費用の額(その額が現に当該指定地域密着型サービスに要した費用の額を超えるときは,当該現に指定地域密着型サービスに要した費用の額とする.)の100分の90に相当する額

 3 小規模多機能型居宅介護,認知症対応型共同生活介護,地域密着型特定施設入居者生活介護及び地域密着型介護老人福祉施設入所者生活介護 これらの地域密着型サービスの種類ごとに,要介護状態区分,当該地域密着型サービスの種類に係る指定地域密着型サービスの事業を行う事業所の所在する地域等を勘案して算定される当該指定地域密着型サービスに要する平均的な費用(食事の提供に要する費用,居住に要する費用その他の日常生活に要する費用として厚生労働省令で定める費用を除く.)の額を勘案して厚生労働大臣が定める基準により算定した費用の額(その額が現に当該指定地域密着型サービスに要した費用の額を超えるときは,当該現に指定地域密着型サービスに要した費用の額とする.)の100分の90に相当する額

③ 厚生労働大臣は,前項各号の基準を定めようとするときは,あらかじめ社会保障審議会の意見を聴かなければならない.

④ 市町村は,第2項各号の規定にかかわらず,地域密着型サービスの種類その他の事情を勘案して厚生労働大臣が定める基準により算定した額を限度として,同項各号に定める地域密着型介護サービス費の額に代えて,当該市町村(施設所在市町村の長が第1項本文の指定をした指定地域密着型サービス事業者から指定地域密着型サービスを受けた住所地特例適用要介護被保険者に係る地域密着型介護サービス費(特定地域密着型サービスに係るものに限る.)の支給にあっては,施設所在市町村)が定める額を,当該市町村における地域密着型介護サービス費の額とすることができる.

⑤ 市町村は,前項の当該市町村における地域密着型介護サービス費の額を定めようとするときは,あらかじめ,当該市町村が行う介護保険の被保険者その他の関係者の意見を反映させ,及び学識経験を有する者の知見の活用を図るために必要な措置を講じなければならない.

⑥ 要介護被保険者が指定地域密着型サービス事業者から指定地域密着型サービスを受けたとき(当該要介護被保険者が第46条第4項の規定により指定居宅介護支援を受けることにつきあらかじめ市町村に届け出ている場合であって,当該指定地域密着型サービスが当該指定居宅介護支援の対象となっている場合その他の厚生労働省令で定める場合に限る.)は,市町村は,当該要介護被保険者が当該指定地域密着型サービス事業者に支払うべき当該指定地域密着型サービスに要した費用について,地域密着型介護サービス費として当該要介護被保険者に対し支給すべき額の限度において,当該要介護被保険者に代わり,当該指定地域密着型サービス事業者に支払うことができる.

⑦ 前項の規定による支払があったときは,要介護被保険者に対し地域密着型介護サービス費の支給があったものとみなす. 〈⑧〜⑩(略)〉

(特例地域密着型介護サービス費の支給)

第42条の3 ① 市町村は,次に掲げる場合には,要介護被保険者に対し,特例地域密着型介護サービス費を支給する.

 1 要介護被保険者が,当該要介護認定の効力が生

じた日前に，緊急その他やむを得ない理由により指定地域密着型サービスを受けた場合において，必要があると認めるとき．
2 指定地域密着型サービス（地域密着型介護老人福祉施設入所者生活介護を除く．以下この号において同じ．）の確保が著しく困難である離島その他の地域であって厚生労働大臣が定める基準に該当するものに住所を有する要介護被保険者が，指定地域密着型サービス以外の地域密着型サービス（地域密着型介護老人福祉施設入所者生活介護を除く．）又はこれに相当するサービスを受けた場合において，必要があると認めるとき．
3 その他政令で定めるとき．
② 特例地域密着型介護サービス費の額は，当該地域密着型サービス又はこれに相当するサービスについて前条第2項第4号の厚生労働大臣が定める基準により算定した費用の額（その額が現に当該地域密着型サービス又はこれに相当するサービスに要した費用（地域密着型通所介護，認知症対応型通所介護，小規模多機能型居宅介護，認知症対応型共同生活介護，地域密着型特定施設入居者生活介護，地域密着型介護老人福祉施設入所者生活介護及び複合型サービス並びにこれらに相当するサービスに要した費用については，食事の提供に要する費用，居住に要する費用その他の日常生活に要する費用として厚生労働省令で定める費用を除く．）の額を超えるときは，当該現に地域密着型サービス又はこれに相当するサービスに要した費用の額とする．）の100分の90に相当する額又は同条第4項の規定により市町村（施設所在市町村の長が同条第1項本文の指定をした指定地域密着型サービス事業者から指定地域密着型サービスを受けた住所地特例適用要介護被保険者その他の厚生労働省令で定める者に係る特例地域密着型介護サービス費（特定地域密着型サービスに係るものに限る．）にあっては，施設所在市町村）が定めた額を基準として，市町村が定める．　　　　　　〈③，④（略）〉

（居宅介護サービス費等に係る支給限度額）
第43条 ① 居宅要介護被保険者が居宅サービス等区分（居宅サービス（これに相当するサービスを含む．以下この条において同じ．）及び地域密着型サービス（これに相当するサービスを含み，地域密着型介護老人福祉施設入所者生活介護を除く．以下この条において同じ．）について，その種類ごとの相互の代替性の有無等を勘案して厚生労働大臣が定める2以上の種類からなる区分をいう．以下同じ．）ごとに月を単位として厚生労働省令で定める期間において受けた1の居宅サービス等区分に係る居宅サービスにつき支給する居宅介護サービス費の額の総額並びに地域密着型サービスにつき支給する地域密着型介護サービス費の額の総額及び特例地域密着型介護サービス費の額の総額の合計額は，居宅介護サービス費等区分支給限度基準額を基礎として，厚生労働省令で定めるところにより算定した額の100分の90に相当する額を超えることができない．
② 前項の居宅介護サービス費等区分支給限度基準額は，居宅サービス等区分ごとに，同項に規定する厚生労働省令で定める期間における当該居宅サービス及び地域密着型サービスの要介護状態区分に応じた標準的な利用の態様，当該居宅サービス及び地域密着型サービスに係る第41条第4項各号及び第42条の2第2項各号の厚生労働大臣が定める基準等を勘案して厚生労働大臣が定める額とする．
③ 市町村は，前項の規定にかかわらず，条例で定めるところにより，第1項の居宅介護サービス費等区分支給限度基準額に代えて，その額を超える額を，当該市町村における居宅介護サービス費等区分支給限度基準額とすることができる．
④ 市町村は，居宅要介護被保険者が居宅サービス及び地域密着型サービスの種類（居宅サービス等区分に含まれるものであって厚生労働大臣が定めるものに限る．次項において同じ．）ごとに月を単位として厚生労働省令で定める期間において受けた1の種類の居宅サービスにつき支給する居宅介護サービス費の額の総額及び特例居宅介護サービス費の額の総額の合計額並びに1の種類の地域密着型介護サービス費の額の総額及び特例地域密着型介護サービス費の額の総額の合計額について，居宅介護サービス費等種類支給限度基準額を基礎として，厚生労働省令で定めるところにより算定した額の100分の90に相当する額を超えることができないこととすることができる．
⑤ 前項の居宅介護サービス費等種類支給限度基準額は，居宅サービス及び地域密着型サービスの種類ごとに，同項に規定する厚生労働省令で定める期間における当該居宅サービス及び地域密着型サービスの要介護状態区分に応じた標準的な利用の態様，当該居宅サービス及び地域密着型サービスに係る第41条第4項各号及び第42条の2第2項各号の厚生労働大臣が定める基準等を勘案し，当該居宅サービス及び地域密着型サービスを含む居宅サービス等区分に係る第1項の居宅介護サービス費等区分支給限度基準額（第3項の規定に基づき条例を定めている市町村にあっては，当該条例による措置が講じられた額とする．）の範囲内において，市町村が条例で定める額とする．
⑥ 居宅介護サービス費若しくは特例居宅介護サービス費又は地域密着型介護サービス費若しくは特例地域密着型介護サービス費を支給することにより第1項に規定する合計額が同項に規定する100分の90に相当する額を超える場合又は第4項に規定する合計額が同項に規定する100分の90に相当する額を超える場合における当該居宅介護サービス費若しくは特例居宅介護サービス費又は地域密着型介護サービス費若しくは特例地域密着型介護サービス費の額は，第41条第4項各号若しくは第42条の2第3項又は第42条の2第2項各号及び第4項若しくは前条第2項の規定にかかわらず，政令で定めるところにより算定した額とする．

（居宅介護福祉用具購入費の支給）
第44条 ① 市町村は，居宅要介護被保険者が，特定福祉用具販売に係る指定居宅サービス事業者から当該指定に係る居宅サービス事業を行う事業所において販売される特定福祉用具を購入したときは，当該居宅要介護被保険者に対し，居宅介護福祉用具購入費を支給する．
② 居宅介護福祉用具購入費は，厚生労働省令で定めるところにより，市町村が必要と認める場合に限り，支給するものとする．
③ 居宅介護福祉用具購入費の額は，現に当該特定福

社用具の購入に要した費用の額の100分の90に相当する額とする.

④ 居宅要介護被保険者が月を単位として厚生労働省令で定める期間において購入した特定福祉用具につき支給する居宅介護福祉用具購入費の額の総額は,居宅介護福祉用具購入費支給限度基準額を基礎として,厚生労働省令で定めるところにより算定した額の100分の90に相当する額を超えることができない.

⑤ 前項の居宅介護福祉用具購入費支給限度基準額は,同項に規定する厚生労働省令で定める期間における特定福祉用具の購入に通常要する費用を勘案して厚生労働大臣が定める額とする.

⑥ 市町村は,前項の規定にかかわらず,条例で定めるところにより,第4項の居宅介護福祉用具購入費支給限度基準額に代えて,その額を超える額を,当該市町村における居宅介護福祉用具購入費支給限度基準額とすることができる.

⑦ 居宅介護福祉用具購入費を支給することにより第4項に規定する総額が同項に規定する100分の90に相当する額を超える場合における当該居宅介護福祉用具購入費の額は,第3項の規定にかかわらず,政令で定めるところにより算定した額とする.

(居宅介護住宅改修費の支給)

第45条 ① 市町村は,居宅要介護被保険者が,手すりの取付けその他の厚生労働大臣が定める種類の住宅の改修(以下「住宅改修」という.)を行ったときは,当該居宅要介護被保険者に対し,居宅介護住宅改修費を支給する.

② 居宅介護住宅改修費は,厚生労働省令で定めるところにより,市町村が必要と認める場合に限り,支給するものとする.

③ 居宅介護住宅改修費の額は,現に当該住宅改修に要した費用の額の100分の90に相当する額とする.

④ 居宅要介護被保険者が行った1の種類の住宅改修につき支給する居宅介護住宅改修費の総額は,居宅介護住宅改修費支給限度基準額を基礎として,厚生労働省令で定めるところにより算定した額の100分の90に相当する額を超えることができない.

⑤ 前項の居宅介護住宅改修費支給限度基準額は,住宅改修の種類ごとに,通常要する費用を勘案して厚生労働大臣が定める額とする.

⑥ 市町村は,前項の規定にかかわらず,条例で定めるところにより,第4項の居宅介護住宅改修費支給限度基準額に代えて,その額を超える額を,当該市町村における居宅介護住宅改修費支給限度基準額とすることができる.

⑦ 居宅介護住宅改修費を支給することにより第4項に規定する総額が同項に規定する100分の90に相当する額を超える場合における当該居宅介護住宅改修費の額は,第3項の規定にかかわらず,政令で定めるところにより算定した額とする.

⟨⑧,⑨(略)⟩

(居宅介護サービス計画費の支給)

第46条 ① 市町村は,居宅要介護被保険者が,<u>当該市町村の長又は他の市町村の長</u>が指定する者(以下「指定居宅介護支援事業者」という.)から当該指定に係る居宅介護支援事業を行う事業者により行われる居宅介護支援(以下「指定居宅介護支援」という.)を受けたときは,当該居宅要介護被保険者に対し,当該指定居宅介護支援に要した費用について,居宅介護サービス計画費を支給する.

〔下線部:平26法83,平30·4·1施行〕

② 居宅介護サービス計画費の額は,指定居宅介護支援の事業を行う事業所の所在する地域等を勘案して算定される指定居宅介護支援に要する平均的な費用の額を勘案して厚生労働大臣が定める基準により算定した費用の額(その額が現に当該指定居宅介護支援に要した費用の額を超えるときは,当該現に指定居宅介護支援に要した費用の額とする.)とする.

③ 厚生労働大臣は,前項の基準を定めようとするときは,あらかじめ社会保障審議会の意見を聴かなければならない.

④ 居宅要介護被保険者が指定居宅介護支援事業者から指定居宅介護支援を受けたとき(当該居宅要介護被保険者が,厚生労働省令で定めるところにより,当該指定居宅介護支援を受けることにつきあらかじめ市町村に届け出ている場合に限る.)は,市町村は,当該居宅要介護被保険者が当該指定居宅介護支援事業者に支払うべき当該指定居宅介護支援に要した費用について,居宅介護サービス計画費として当該居宅要介護被保険者に対し支給すべき額の限度において,当該居宅要介護被保険者に代わり,当該指定居宅介護支援事業者に支払うことができる.

⑤ 前項の規定による支払があったときは,居宅要介護被保険者に対し居宅介護サービス計画費の支給があったものとみなす.

⑥ 市町村は,指定居宅介護支援事業者から居宅介護サービス計画費の請求があったときは,第2項の厚生労働大臣が定める基準及び第81条第2項に規定する指定居宅介護支援の事業の運営に関する基準(指定居宅介護支援の取扱いに関する部分に限る.)に照らして審査した上,支払うものとする.

⑦ 第41条第2項,第3項,第10項及び第11項の規定は,居宅介護サービス計画費の支給について,同条第8項の規定は,指定居宅介護支援事業者について準用する.この場合において,これらの規定に関し必要な技術的読替えは,政令で定める.

⑧ 前各項に規定するもののほか,居宅介護サービス計画費の支給及び指定居宅介護支援事業者の居宅介護サービス計画費の請求に関して必要な事項は,厚生労働省令で定める.

(特例居宅介護サービス計画費の支給)

第47条 ① 市町村は,次に掲げる場合には,居宅要介護被保険者に対し,特例居宅介護サービス計画費を支給する.

1 居宅要介護被保険者が,指定居宅介護支援以外の居宅介護支援又はこれに相当するサービス(指定居宅介護支援の事業に係る第81条第1項の<u>市町村の条例で定める員数及び同条第2項に規定する指定居宅介護支援の事業の運営に関する基準のうち,当該市町村の条例で定めるもの</u>を満たすと認められる事業を行う事業所により行われるものに限る.次号及び次項において「基準該当居宅介護支援」という.)を受けた場合において,必要があると認めるとき.

2 指定居宅介護支援及び基準該当居宅介護支援の確保が著しく困難である離島その他の地域であって厚生労働大臣が定める基準に該当するものに住所を有する居宅要介護被保険者が,指定居宅介護支援及び基準該当居宅介護支援以外の居宅介護支援又はこれに相当するサービスを受けた場合にお

いて，必要があると認めるとき．
3 その他政令で定めるとき．
② 市町村が前項第1号の条例を定めるに当たっては，次に掲げる事項については厚生労働省令で定める基準に従い定めるものとし，その他の事項については厚生労働省令で定める基準を参酌するものとする． 〔平26法83，平30・4・1施行〕
1 基準該当居宅介護支援に従事する従業者に係る基準及び当該従業者の員数
2 基準該当居宅介護支援の事業の運営に関する事項であって，要介護者のサービスの適切な利用，適切な処遇及び安全の確保並びに秘密の保持等に密接に関連するものとして厚生労働省令で定めるもの
③ 特例居宅介護サービス計画費の額は，当該居宅介護支援又はこれに相当するサービスについて前条第2項の厚生労働大臣が定める基準により算定した費用の額（その額が現に当該居宅介護支援又はこれに相当するサービスに要した費用の額を超えるときは，当該現に居宅介護支援又はこれに相当するサービスに要した費用の額とする．）を基準として，市町村が定める． 〈④，⑤（略）〉

(施設介護サービス費の支給)
第48条 ① 市町村は，要介護被保険者が，次に掲げる施設サービス（以下「指定施設サービス等」という．）を受けたときは，当該要介護被保険者に対し，当該指定施設サービス等に要した費用（食事の提供に要する費用，居住に要する費用その他の日常生活に要する費用として厚生労働省令で定める費用を除く．以下この条において同じ．）について，施設介護サービス費を支給する．ただし，当該要介護被保険者が，第37条第1項の規定による指定を受けている場合において，当該指定に係る種類以外の施設サービスを受けたときは，この限りでない．
1 都道府県知事が指定する介護老人福祉施設（以下「指定介護老人福祉施設」という．）により行われる介護福祉施設サービス（以下「指定介護福祉施設サービス」という．）
2 介護保健施設サービス
② 施設介護サービス費の額は，施設サービスの種類ごとに，要介護状態区分，当該施設サービスの種類に係る指定施設サービス等に要する平均的な費用（食事の提供に要する費用，居住に要する費用その他の日常生活に要する費用として厚生労働省令で定める費用を除く．）の額を勘案して厚生労働大臣が定める基準により算定した費用の額（その額が現に当該指定施設サービス等に要した費用の額を超えるときは，当該現に指定施設サービス等に要した費用の額とする．）の100分の90に相当する額とする．
③ 厚生労働大臣は，前項の基準を定めようとするときは，あらかじめ社会保障審議会の意見を聴かなければならない．
④ 要介護被保険者が，介護保険施設から指定施設サービス等を受けたときは，市町村は，当該要介護被保険者が当該介護保険施設に支払うべき当該指定施設サービス等に要した費用について，施設介護サービス費として当該要介護被保険者に対し支給すべき額の限度において，当該要介護被保険者に代わり，当該介護保険施設に支払うことができる．
⑤ 前項の規定による支払があったときは，要介護被保険者に対し施設介護サービス費の支給があったものとみなす．
⑥ 市町村は，介護保険施設から施設介護サービス費の請求があったときは，第2項の厚生労働大臣が定める基準及び第88条第2項に規定する指定介護老人福祉施設の設備及び運営に関する基準（指定介護福祉施設サービスの取扱いに関する部分に限る．）又は第97条第3項に規定する介護老人保健施設の設備及び運営に関する基準（介護保健施設サービスの取扱いに関する部分に限る．）に照らして審査した上，支払うものとする．
⑦ 第41条第2項，第3項，第10項及び第11項の規定は，指定施設サービス等について，同条第8項の規定は，介護保険施設について準用する．この場合において，これらの規定に関し必要な技術的読替えは，政令で定める． 〈⑧（略）〉

(特例施設介護サービス費の支給)
第49条 ① 市町村は，次に掲げる場合には，要介護被保険者に対し，特例施設介護サービス費を支給する．
1 要介護被保険者が，当該要介護認定の効力が生じた日前に，緊急その他やむを得ない理由により指定施設サービス等を受けた場合において，必要があると認めるとき．
2 その他政令で定めるとき．
② 特例施設介護サービス費の額は，当該施設サービスについて前条第2項の厚生労働大臣が定める基準により算定した費用の額（その額が現に当該施設サービスに要した費用（食事の提供に要する費用，居住に要する費用その他の日常生活に要する費用として厚生労働省令で定める費用を除く．）の額を超えるときは，当該現に施設サービスに要した費用の額とする．）の100分の90に相当する額を基準として，市町村が定める． 〈③（略）〉

(一定以上の所得を有する第1号被保険者に係る居宅介護サービス費等の額)
第49条の2 第1号被保険者であって政令で定めるところにより算定した所得の額が政令で定める額以上である要介護被保険者が受ける次の各号に掲げる介護給付について当該各号に定める規定を適用する場合においては，これらの規定中「100分の90」とあるのは，「100分の80」とする．
1 居宅介護サービス費の支給 第41条第4項第1号及び第2号並びに第43条第1項，第4項及び第6項
2 特例居宅介護サービス費の支給 第42条第3項並びに第43条第1項，第4項及び第6項
3 地域密着型介護サービス費の支給 第42条の2第2項各号並びに第43条第1項，第4項及び第6項
4 特例地域密着型介護サービス費の支給 第42条の3第2項並びに第43条第1項，第4項及び第6項
5 施設介護サービス費の支給 第48条第2項
6 特例施設介護サービス費の支給 前条第2項
7 居宅介護福祉用具購入費の支給 第44条第3項，第4項及び第7項
8 居宅介護住宅改修費の支給 第45条第3項，第4項及び第7項

(居宅介護サービス費等の額の特例)
第50条 ① 市町村が，災害その他の厚生労働省令で定める特別の事情があることにより，居宅サービス

28 介護保険法(51条~51条の4)

(これに相当するサービスを含む. 次項において同じ.),地域密着型サービス(これに相当するサービスを含む. 同項において同じ.)若しくは施設サービス又は住宅改修に必要な費用を負担することが困難であると認めた要介護被保険者が受ける前条各号に掲げる介護給付について当該各号に定める規定を適用する場合(同条の規定により読み替えて適用する場合を除く.)においては,これらの規定中「100分の90」とあるのは,「100分の90を超え100分の100以下の範囲内において市町村が定めた割合」とする.

② 市町村が,災害その他の厚生労働省令で定める特別の事情があることにより,居宅サービス,地域密着型サービス若しくは施設サービス又は住宅改修に必要な費用を負担することが困難であると認めた要介護被保険者が受ける前条各号に掲げる介護給付について当該各号に定める規定を適用する場合(同条の規定により読み替えて適用する場合に限る.)においては,同条の規定により読み替えて適用するこれらの規定中「100分の80」とあるのは,「100分の80を超え100分の100以下の範囲内において市町村が定めた割合」とする.

(高額介護サービス費の支給)
第51条 市町村は,要介護被保険者が受けた居宅サービス(これに相当するサービスを含む.),地域密着型サービス(これに相当するサービスを含む.)又は施設サービスに要した費用の合計額として政令で定めるところにより算定した額から,当該費用につき支給された居宅介護サービス費,特例居宅介護サービス費,地域密着型介護サービス費,特例地域密着型介護サービス費,施設介護サービス費及び特例施設介護サービス費の合計額を控除して得た額(次条第1項において「介護サービス利用者負担額」という.)が,著しく高額であるときは,当該要介護被保険者に対し,高額介護サービス費を支給する.
(②(略))

(高額医療合算介護サービス費の支給)
第51条の2 ① 市町村は,要介護被保険者の介護サービス利用者負担額(前条第1項の高額介護サービス費が支給される場合にあっては,当該支給額に相当する額を控除して得た額)及び当該要介護被保険者に係る健康保険法第115条第1項に規定する一部負担金等の額(同項の高額療養費が支給される場合にあっては,当該支給額に相当する額を控除して得た額)その他の医療保険各法又は高齢者の医療の確保に関する法律(昭和57年法律第80号)に規定するこれに相当する額として政令で定める額の合計額が,著しく高額であるときは,当該要介護被保険者に対し,高額医療合算介護サービス費を支給する.
② 前条第2項の規定は,高額医療合算介護サービス費の支給について準用する.

(特定入所者介護サービス費の支給)
第51条の3 ① 市町村は,要介護被保険者のうち所得及び資産の状況その他の事情をしん酌して厚生労働省令で定めるものに,次に掲げる指定施設サービス等,指定地域密着型サービス又は指定居宅サービス(以下この条及び次条第1項において「特定介護サービス」という.)を受けたときは,当該要介護被保険者(以下この条及び次条第1項において「特定入所者」という.)に対し,当該特定介護サービスを行う介護保険施設,指定地域密着型サー

ビス事業者又は指定居宅サービス事業者(以下この条において「特定介護保険施設等」という.)における食事の提供に要した費用及び居住若しくは滞在(以下「居住等」という.)に要した費用について,特定入所者介護サービス費を支給する. ただし, 当該特定入所者が,第37条第1項の規定による指定を受けている場合にあっては,当該指定に係る種類以外の特定介護サービスを受けたときは,この限りでない.
1 指定介護福祉施設サービス
2 介護保健施設サービス
3 地域密着型介護老人福祉施設入所者生活介護
4 短期入所生活介護
5 短期入所療養介護
② 特定入所者介護サービス費の額は,第1号に規定する額及び第2号に規定する額の合計額とする.
1 特定介護保険施設等における食事の提供に要する平均的な費用の額を勘案して厚生労働大臣が定める費用の額(その額が現に当該食事の提供に要した費用の額を超えるときは,当該現に食事の提供に要した費用の額)以下この条及び次条第2項において「食費の基準費用額」という.)から,平均的な家計における食費の状況及び特定入所者の所得の状況その他の事情を勘案して厚生労働大臣が定める額(以下この条及び次条第2項において「食費の負担限度額」という.)を控除した額
2 特定介護保険施設等における居住等に要する平均的な費用の額及び施設の状況その他の事情を勘案して厚生労働大臣が定める費用の額(その額が現に当該居住等に要した費用の額を超えるときは,当該現に居住等に要した費用の額とする. 以下この条及び次条第2項において「居住費の基準費用額」という.)から,特定入所者の所得の状況その他の事情を勘案して厚生労働大臣が定める額(以下この条及び次条第2項において「居住費の負担限度額」という.)を控除した額
③ 厚生労働大臣は,食費の基準費用額若しくは食費の負担限度額又は居住費の基準費用額若しくは居住費の負担限度額を定めた後に,特定介護保険施設等における食事の提供に要する費用又は居住等に要する費用の状況その他の事情が著しく変動したときは,速やかにそれらの額を改定しなければならない.
④ 特定入所者が,特定介護保険施設等から特定介護サービスを受けたときは,市町村は,当該特定入所者が当該特定介護保険施設等に支払うべき食事の提供に要した費用及び居住等に要した費用について,特定入所者介護サービス費として当該特定入所者に対し支給すべき額の限度において,当該特定入所者に代わり,当該特定介護保険施設等に支払うことができる.
⑤ 前項の規定による支払があったときは,特定入所者に対し特定入所者介護サービス費の支給があったものとみなす.
(⑥~⑨(略))

(特例特定入所者介護サービス費の支給)
第51条の4 ① 市町村は,次に掲げる場合には,特定入所者に対し,特例特定入所者介護サービス費を支給する.
1 特定入所者が,当該要介護認定の効力が生じた日前に,緊急その他やむを得ない理由により特定介護サービスを受けた場合において,必要がある

第4節　予防給付

（予防給付の種類）

第52条　予防給付は、次に掲げる保険給付とする。
1　介護予防サービス費の支給
2　特例介護予防サービス費の支給
3　地域密着型介護予防サービス費の支給
4　特例地域密着型介護予防サービス費の支給
5　介護予防福祉用具購入費の支給
6　介護予防住宅改修費の支給
7　介護予防サービス計画費の支給
8　特例介護予防サービス計画費の支給
9　高額介護予防サービス費の支給
9の2　高額医療合算介護予防サービス費の支給
10　特定入所者介護予防サービス費の支給
11　特例特定入所者介護予防サービス費の支給

（介護予防サービス費の支給）

第53条　① 市町村は、要支援認定を受けた被保険者のうち居宅において支援を受けるもの（以下「居宅要支援被保険者」という。）が、都道府県知事が指定する者（以下「指定介護予防サービス事業者」という。）から当該指定に係る介護予防サービス事業を行う事業所により行われる介護予防サービス（以下「指定介護予防サービス」という。）を受けたとき（当該居宅要支援被保険者が、第58条第4項の規定により同条第1項に規定する指定介護予防支援を受けることとしてあらかじめ市町村に届け出ている場合であって、当該指定介護予防サービスが当該指定介護予防支援の対象となっているときその他の厚生労働省令で定めるときに限る。）は、当該居宅要支援被保険者に対し、当該指定介護予防サービスに要した費用（特定介護予防福祉用具の購入に要した費用を除き、介護予防通所リハビリテーション、介護予防短期入所生活介護、介護予防短期入所療養介護及び介護予防特定施設入居者生活介護に要した費用については、食事の提供に要する費用、滞在に要する費用その他の日常生活に要する費用として厚生労働省令で定める費用を除く。以下この条において同じ。）について、介護予防サービス費を支給する。ただし、当該居宅要支援被保険者が、第37条第1項の規定による指定を受けている場合において、当該指定に係る種類以外の介護予防サービスを受けたときは、この限りでない。

② 介護予防サービス費の額は、次の各号に掲げる介護予防サービスの区分に応じ、当該各号に定める額とする。
　1　介護予防訪問入浴介護、介護予防訪問看護、介護予防訪問リハビリテーション、介護予防居宅療養管理指導、介護予防通所リハビリテーション及び介護予防福祉用具貸与　これらの介護予防サービスの種類ごとに、当該介護予防サービスの種類に係る指定介護予防サービスの内容、当該指定介護予防サービスの事業を行う事業所の所在する地域等を勘案して算定される当該指定介護予防サービスに要する平均的な費用（介護予防通所リハビリテーションに要する費用については、食事の提供に要する費用その他の日常生活に要する費用として厚生労働省令で定める費用を除く。）の額を勘案して厚生労働大臣が定める基準により算定した費用の額（その額が現に当該指定介護予防サービスに要した費用の額を超えるときは、当該現に指定介護予防サービスに要した費用の額とする。）の100分の90に相当する額
　2　介護予防短期入所生活介護、介護予防短期入所療養介護及び介護予防特定施設入居者生活介護　これらの介護予防サービスの種類ごとに、要支援状態区分、当該介護予防サービスの種類に係る指定介護予防サービスの事業を行う事業所の所在する地域等を勘案して算定される当該指定介護予防サービスに要する平均的な費用（食事の提供に要する費用、滞在に要する費用その他の日常生活に要する費用として厚生労働省令で定める費用を除く。）の額を勘案して厚生労働大臣が定める基準により算定した費用の額（その額が現に当該指定介護予防サービスに要した費用の額を超えるときは、当該現に指定介護予防サービスに要した費用の額とする。）の100分の90に相当する額

③ 厚生労働大臣は、前項各号の基準を定めようとするときは、あらかじめ社会保障審議会の意見を聴かなければならない。

④ 当該居宅要支援被保険者が指定介護予防サービス事業者から指定介護予防サービスを受けたときは、市町村は、当該居宅要支援被保険者が当該指定介護予防サービス事業者に支払うべき当該指定介護予防サービスに要した費用について、介護予防サービス費として当該居宅要支援被保険者に対し支給すべき額の限度において、当該居宅要支援被保険者に代わり、当該指定介護予防サービス事業者に支払うことができる。

⑤ 前項の規定による支払があったときは、居宅要支援被保険者に対し介護予防サービス費の支給があったものとみなす。

⑥ 市町村は、指定介護予防サービス事業者から介護予防サービス費の請求があったときは、第2項各号の厚生労働大臣が定める基準並びに第115条の4第2項に規定する指定介護予防サービスに係る介護予防のための効果的な支援の方法に関する基準及び指定介護予防サービスの事業の設備及び運営に関する基準（指定介護予防サービスの取扱いに関する部分に限る。）に照らして審査した上、支払うものとする。　〈⑦、⑧(略)〉

（特例介護予防サービス費の支給）

第54条　① 市町村は、次に掲げる場合には、居宅要支援被保険者に対し、特例介護予防サービス費を支給する。
　1　居宅要支援被保険者が、当該要支援認定の効力が生じた日前に、緊急その他やむを得ない理由により指定介護予防サービスを受けた場合において、必要があると認めるとき。
　2　居宅要支援被保険者が、指定介護予防サービス以外の介護予防サービス又はこれに相当するサービス（指定介護予防サービスの事業に係る第115条の4第1項の都道府県の条例で定める基準及び同項の都道府県の条例で定める員数並びに同条第2項に規定する指定介護予防サービスに係る介護予防のための効果的な支援の方法及び指定介護予防サービスの事業の設備及び運営に関する基準のうち、都道府県の条例で定めるものを満たすと認められる事業を行う事業所により行われるものに限る。次号及び次項において「基準該当介護予防サービス」という。）を受けた場合において、必要があると認めるとき。
　3　指定介護予防サービス及び基準該当介護予防

28 介護保険法（54条の2）

サービスの確保が著しく困難である離島その他の地域であって厚生労働大臣が定める基準に該当するものに住所を有する居宅要支援被保険者が，指定介護予防サービス及び基準該当介護予防サービス以外の介護予防サービス又はこれに相当するサービスを受けた場合において，当該市町村が必要があると認めるとき．
4　その他政令で定めるとき．
② 都道府県が前項第2号の条例を定めるに当たっては，第1号から第3号までに掲げる事項については厚生労働省令で定める基準に従い定めるものとし，第4号に掲げる事項については厚生労働省令で定める基準を標準として定めるものとし，その他の事項については厚生労働省令で定める基準を参酌するものとする．
1　基準該当介護予防サービスに従事する従業者に係る基準及び当該従業者の員数
2　基準該当介護予防サービスの事業に係る居室の床面積
3　基準該当介護予防サービスの事業の運営に関する事項であって，利用する要支援者のサービスの適切な利用，適切な処遇及び安全の確保並びに秘密の保持等に密接に関連するものとして厚生労働省令で定めるもの
4　基準該当介護予防サービスの事業に係る利用定員
③ 特例介護予防サービス費の額は，当該介護予防サービス又はこれに相当するサービスについて前条第2項各号の厚生労働大臣が定める基準により算定した費用の額（その額が現に当該介護予防サービス又はこれに相当するサービスに要した費用（特定介護予防福祉用具の購入に要した費用を除き，介護予防通所リハビリテーション，介護予防短期入所生活介護，介護予防短期入所療養介護及び介護予防特定施設入居者生活介護並びにこれらに相当するサービスに要した費用については，食事の提供に要する費用，滞在に要する費用その他の日常生活に要する費用として厚生労働省令で定める費用を除く．）の額を超えるときは，当該現に介護予防サービス又はこれに相当するサービスに要した費用の額とする．）の100分の90に相当する額を基準として，市町村が定める．

④，⑤（略）

（地域密着型介護予防サービス費の支給）
第54条の2　① 市町村は，居宅要支援被保険者が，当該市町村（住所地特例適用被保険者である居宅要支援被保険者（以下「住所地特例適用居宅要支援被保険者」という．）に係る特定地域密着型介護予防サービスにあっては，施設所在市町村を含む．）の長が指定する者（以下「指定地域密着型介護予防サービス事業者」という．）から当該指定に係る地域密着型介護予防サービス事業を行う事業所により行われる地域密着型介護予防サービス（以下「指定地域密着型介護予防サービス」という．）を受けたとき（当該居宅要支援被保険者が，第58条第4項の規定により同条第1項に規定する指定介護予防支援を受けることにつきあらかじめ市町村に届け出ている場合であって，当該指定地域密着型介護予防サービスが当該指定介護予防支援の対象となっているときその他の厚生労働省令で定めるときに限る．）は，当該居宅要支援被保険者に対し，当該指定地域密着型介護予防サービスに要した費用（食事の提供に要する費用その他の日常生活に要する費用として厚生労働省令で定める費用を除く．以下この条において同じ．）について，地域密着型介護予防サービス費を支給する．ただし，当該居宅要支援被保険者が，第37条第1項の規定による指定を受けている場合において，当該指定に係る種類以外の地域密着型介護予防サービスを受けたときは，この限りでない．
② 地域密着型介護予防サービス費の額は，次の各号に掲げる地域密着型介護予防サービスの区分に応じ，当該各号に定める額とする．
1　介護予防認知症対応型通所介護　介護予防認知症対応型通所介護に係る指定地域密着型介護予防サービスの内容，当該指定地域密着型介護予防サービスの事業を行う事業所の所在する地域等を勘案して算定される当該指定地域密着型介護予防サービスに要する平均的な費用（食事の提供に要する費用その他の日常生活に要する費用として厚生労働省令で定める費用を除く．）の額を勘案して厚生労働大臣が定める基準により算定した費用の額（その額が現に当該指定地域密着型介護予防サービスに要した費用の額を超えるときは，当該現に指定地域密着型介護予防サービスに要した費用の額とする．）の100分の90に相当する額
2　介護予防小規模多機能型居宅介護及び介護予防認知症対応型共同生活介護　これらの地域密着型介護予防サービスの種類ごとに，要支援状態区分，当該地域密着型介護予防サービスの種類に係る指定地域密着型介護予防サービスの事業を行う事業所の所在する地域等を勘案して算定される当該指定地域密着型介護予防サービスに要する平均的な費用（食事の提供に要する費用その他の日常生活に要する費用として厚生労働省令で定める費用を除く．）の額を勘案して厚生労働大臣が定める基準により算定した費用の額（その額が現に当該指定地域密着型介護予防サービスに要した費用の額を超えるときは，当該現に指定地域密着型介護予防サービスに要した費用の額とする．）の100分の90に相当する額
③ 厚生労働大臣は，前項各号の基準を定めようとするときは，あらかじめ社会保障審議会の意見を聴かなければならない．
④ 市町村は，第2項各号の規定にかかわらず，地域密着型介護予防サービスの種類その他の事情を勘案して厚生労働大臣が定める基準により算定した額を限度として，同項各号に定める地域密着型介護予防サービス費の額に代えて，当該市町村（施設所在市町村の長が第1項本文の指定をした指定地域密着型介護予防サービス事業者から指定地域密着型介護予防サービスを受けた住所地特例適用居宅要支援被保険者に係る地域密着型介護予防サービス費（特定地域密着型介護予防サービスに係るものに限る．）の額にあっては，施設所在市町村）が定める額を，当該市町村における地域密着型介護予防サービス費の額とすることができる．
⑤ 市町村は，前項の当該市町村における地域密着型介護予防サービス費の額を定めようとするときは，あらかじめ，当該市町村が行う介護保険の被保険者その他の関係者の意見を反映させ，及び学識経験を有する者の知見の活用を図るために必要な措置を講じなければならない．
⑥ 居宅要支援被保険者が指定地域密着型介護予防

(1) 医療保険・介護保険

サービス事業者から指定地域密着型介護予防サービスを受けたときは、市町村は、当該居宅要支援被保険者が当該指定地域密着型介護予防サービス事業者に支払うべき当該指定地域密着型介護予防サービスに要した費用について、地域密着型介護予防サービス費として当該居宅要支援被保険者に対し支給すべき額の限度において、当該居宅要支援被保険者に代わり、当該指定地域密着型介護予防サービス事業者に支払うことができる.

⑦ 前項の規定による支払があったときは、居宅要支援被保険者に対し地域密着型介護予防サービス費の支給があったものとみなす. 〈⑧〜⑩(略)〉

(特例地域密着型介護予防サービス費の支給)

第54条の3 ① 市町村は、次に掲げる場合には、居宅要支援被保険者に対し、特例地域密着型介護予防サービス費を支給する.

1 居宅要支援被保険者が、当該要支援認定の効力が生じた日前に、緊急その他やむを得ない理由により指定地域密着型介護予防サービスを受けた場合において、必要があると認めるとき.

2 指定地域密着型介護予防サービスの確保が著しく困難である離島その他の地域であって厚生労働大臣が定める基準に該当するものに住所を有する居宅要支援被保険者が、指定地域密着型介護予防サービス以外の地域密着型介護予防サービス又はこれに相当するサービスを受けた場合において、必要があると認めるとき.

3 その他政令で定めるとき.

② 特例地域密着型介護予防サービス費の額は、当該地域密着型介護予防サービス又はこれに相当するサービスについて前条第2項各号の厚生労働大臣が定める基準により算定した費用の額(その額が現に当該地域密着型介護予防サービス又はこれに相当するサービスに要した費用(食事の提供に要する費用その他の日常生活に要する費用として厚生労働省令で定める費用を除く.)の額を超えるときは、当該現に地域密着型介護予防サービス又はこれに相当するサービスに要した費用の額とする.)の100分の90又は同条第4項の規定により市町村(施設所在市町村の長が同条第1項本文の指定をした指定地域密着型介護予防サービスを受けた住所地特例適用居宅要支援被保険者その他の厚生労働省令で定める者に係る特例地域密着型介護予防サービス費(特定地域密着型介護予防サービスに係るものに限る.)にあっては、施設所在市町村)が定めた額を基準として、市町村が定める. 〈③,④(略)〉

(介護予防サービス費等に係る支給限度額)

第55条 ① 居宅要支援被保険者が介護予防サービス等区分(介護予防サービス(これに相当するサービスを含む.以下この条において同じ.)及び地域密着型介護予防サービス(これに相当するサービスを含む.以下この条において同じ.)について、その種類ごとの相互の代替性の有無等を勘案して厚生労働大臣が定める2以上の種類からなる区分をいう.以下この条において同じ.)ごとに月を単位として厚生労働省令で定める期間において受けた1の介護予防サービス等区分に係る介護予防サービスにつき支給する介護予防サービス費の額の総額及び特例介護予防サービス費の額の総額並びに地域密着型介護予防サービスにつき支給す

る地域密着型介護予防サービス費の額の総額及び特例地域密着型介護予防サービス費の額の総額の合計額は、介護予防サービス等区分支給限度基準額を基礎として、厚生労働省令で定めるところにより算定した額の100分の90に相当する額を超えることができない.

② 前項の介護予防サービス費等区分支給限度基準額は、介護予防サービス等区分ごとに、同項に規定する厚生労働省令で定める期間における当該介護予防サービス等区分に係る介護予防サービス及び地域密着型介護予防サービスの要支援状態区分に応じた標準的な利用の態様、当該介護予防サービス及び地域密着型介護予防サービスに係る第53条第2項各号及び第54条の2第2項各号の厚生労働大臣が定める基準等を勘案して厚生労働大臣が定める額とする.

③ 市町村は、前項の規定にかかわらず、条例で定めるところにより、第1項の介護予防サービス費等区分支給限度基準額に代えて、その額を超える額を、当該市町村における介護予防サービス費等区分支給限度基準額とすることができる.

④ 市町村は、居宅要支援被保険者が介護予防サービス及び地域密着型介護予防サービスの種類(介護予防サービス等区分に含まれるものであって厚生労働大臣が定めるものに限る.次項において同じ.)ごとに月を単位として厚生労働省令で定める期間において受けた1の種類の介護予防サービスにつき支給する介護予防サービス費の額の総額及び特例介護予防サービス費の額の総額並びに1の種類の地域密着型介護予防サービスにつき支給する地域密着型介護予防サービス費の額の総額及び特例地域密着型介護予防サービス費の額の総額の合計額について、介護予防サービス費等種類支給限度基準額を基礎として、厚生労働省令で定めるところにより算定した額の100分の90に相当する額を超えることができないこととすることができる. 〈⑤,⑥(略)〉

(介護予防福祉用具購入費の支給)

第56条 ① 市町村は、居宅要支援被保険者が、特定介護予防福祉用具販売に係る指定介護予防サービス事業者から当該指定に係る介護予防サービス事業を行う事業所において販売される特定介護予防福祉用具を購入したときは、当該居宅要支援被保険者に対し、介護予防福祉用具購入費を支給する.

② 介護予防福祉用具購入費は、厚生労働省令で定めるところにより、市町村が必要と認める場合に限り、支給するものとする.

③ 介護予防福祉用具購入費の額は、現に当該特定介護予防福祉用具の購入に要した費用の額の100分の90に相当する額とする.

④ 居宅要支援被保険者が月を単位として厚生労働省令で定める期間において支給する特定介護予防福祉用具につき支給する介護予防福祉用具購入費の額の総額は、介護予防福祉用具購入費支給限度基準額を基礎として、厚生労働省令で定めるところにより算定した額の100分の90に相当する額を超えることができない.

⑤ 前項の介護予防福祉用具購入費支給限度基準額は、同項に規定する厚生労働省令で定める期間における特定介護予防福祉用具の購入に通常要する費用を勘案して厚生労働大臣が定める額とする.

⑥ 市町村は、前項の規定にかかわらず、条例で定め

るところにより，第4項の介護予防福祉用具購入費支給限度基準額に代えて，その額を超える額を，当該市町村における介護予防福祉用具購入費支給限度基準額とすることができる．
⑦ 介護予防福祉用具購入費を支給することにより第4項に規定する総額が同項に規定する100分の90に相当する額を超える場合における当該介護予防福祉用具購入費の額は，第3項の規定にかかわらず，政令で定めるところにより算定した額とする．

(介護予防住宅改修費の支給)
第57条 ① 市町村は，居宅要支援被保険者が，住宅改修を行ったときは，当該居宅要支援被保険者に対し，介護予防住宅改修費を支給する．
② 介護予防住宅改修費は，厚生労働省令で定めるところにより，市町村が必要と認める場合に限り，支給するものとする．
③ 介護予防住宅改修費の額は，現に当該住宅改修に要した費用の額の100分の90に相当する額とする．
④ 居宅要支援被保険者が行った1の種類の住宅改修につき支給する介護予防住宅改修費の額の総額は，介護予防住宅改修費支給限度基準額を基礎として，厚生労働省令で定めるところにより算定した額の100分の90に相当する額を超えることができない．
⑤ 前項の介護予防住宅改修費支給限度基準額は，住宅改修の種類ごとに，通常要する費用を勘案して厚生労働大臣が定める額とする．
⑥ 市町村は，前項の規定にかかわらず，条例で定めるところにより，第4項の介護予防住宅改修費支給限度基準額に代えて，その額を超える額を，当該市町村における介護予防住宅改修費支給限度基準額とすることができる．
⑦ 介護予防住宅改修費を支給することにより第4項に規定する総額が同項に規定する100分の90に相当する額を超える場合における当該介護予防住宅改修費の額は，第3項の規定にかかわらず，政令で定めるところにより算定した額とする．
〈⑧，⑨(略)〉

(介護予防サービス計画費の支給)
第58条 ① 市町村は，居宅要支援被保険者が，当該市町村(住所地特例適用居宅要支援被保険者に係る介護予防支援にあっては，施設所在市町村)の長が指定する者(以下「指定介護予防支援事業者」という．)から当該指定に係る介護予防支援事業を行う事業所により行われる介護予防支援(以下「指定介護予防支援」という．)を受けたときは，当該居宅要支援被保険者に対し，当該指定介護予防支援に要した費用について，介護予防サービス計画費を支給する．
② 介護予防サービス計画費の額は，指定介護予防支援の事業を行う事業所の所在する地域等を勘案して算定される当該指定介護予防支援に要する平均的な費用を勘案して厚生労働大臣が定める基準により算定した費用の額(その額が現に当該指定介護予防支援に要した費用の額を超えるときは，当該現に指定介護予防支援に要した費用の額とする．)とする．
③ 厚生労働大臣は，前項の基準を定めようとするときは，あらかじめ社会保障審議会の意見を聴かなければならない．
④ 居宅要支援被保険者が指定介護予防支援事業者から指定介護予防支援を受けたとき(当該居宅要支援被保険者が，厚生労働省令で定めるところにより，当該指定介護予防支援を受けることにつきあらかじめ市町村に届け出ている場合に限る．)は，市町村は，当該居宅要支援被保険者が当該指定介護予防支援事業者に支払うべき当該指定介護予防支援に要した費用について，介護予防サービス計画費として当該居宅要支援被保険者に対し支給すべき額の限度において，当該居宅要支援被保険者に代わり，当該指定介護予防支援事業者に支払うことができる．
⑤ 前項の規定による支払があったときは，居宅要支援被保険者に対し介護予防サービス計画費の支給があったものとみなす．
〈⑥(略)〉

(特例介護予防サービス計画費の支給)
第59条 ① 市町村は，次に掲げる場合には，居宅要支援被保険者に対し，特例介護予防サービス計画費を支給する．
1 居宅要支援被保険者が，指定介護予防支援以外の介護予防支援又はこれに相当するサービス(指定介護予防支援の事業に係る第115条の24第1項の市町村の条例で定める基準及び同項の市町村の条例で定める員数並びに同条第2項に規定する指定介護予防支援に係る介護予防支援のための効果的な支援の方法に関する基準及び指定介護予防支援の事業の運営に関する基準のうち，当該市町村の条例で定めるものを満たすと認められる事業を行う事業者により行われるものに限る．次号及び次項において「基準該当介護予防支援」という．)を受けた場合において，必要があると認めるとき．
〔平26法83，平30・4・1施行〕
2 指定介護予防支援及び基準該当介護予防支援の確保が著しく困難である離島その他の地域であって厚生労働大臣が定める基準に該当するものに住所を有する居宅要支援被保険者が，指定介護予防支援及び基準該当介護予防支援以外の介護予防支援又はこれに相当するサービスを受けた場合において，必要があると認めるとき．
3 その他政令で定めるとき．
② 市町村が前項第1号の条例を定めるに当たっては，次に掲げる事項については厚生労働省令で定める基準に従い定めるものとし，その他の事項については厚生労働省令で定める基準を参酌するものとする．
1 基準該当介護予防支援に従事する従業者に係る基準及び当該従業者の員数
2 基準該当介護予防支援の事業の運営に関する事項であって，利用する要支援者のサービスの適切な利用，適切な処遇及び安全の確保並びに秘密の保持等に密接に関連するものとして厚生労働省令で定めるもの
③ 特例介護予防サービス計画費の額は，当該介護予防支援又はこれに相当するサービスについて前条第2項の厚生労働大臣が定める基準により算定した費用の額(その額が現に当該介護予防支援又はこれに相当するサービスに要した費用の額を超えるときは，当該現に介護予防支援又はこれに相当するサービスに要した費用の額とする．)を基準として，市町村が定める．
〈④，⑤(略)〉

(一定以上の所得を有する第1号被保険者に係る介護予防サービス費等の額)
第59条の2 第1号被保険者であって政令で定めるところにより算定した所得の額が政令で定める額以上である居宅要支援被保険者が受ける次の各号に掲げる予防給付について当該各号に定める規

定を適用する場合においては，これらの規定中「100分の90」とあるのは，「100分の80」とする．
1 介護予防サービス費の支給　第53条第2項第1号及び第2号並びに第55条第1項，第4項及び第6項
2 特例介護予防サービス費の支給　第54条第3項並びに第55条第1項，第4項及び第6項
3 地域密着型介護予防サービス費の支給　第54条の2第2項第1号及び第2号並びに第55条第1項，第4項及び第6項
4 特例地域密着型介護予防サービス費の支給　第54条の3第2項並びに第55条第1項，第4項及び第6項
5 介護予防福祉用具購入費の支給　第56条第2項，第4項及び第7項
6 介護予防住宅改修費の支給　第57条第3項，第4項及び第7項

(高額介護予防サービス費の支給)
第61条 ① 市町村は，居宅要支援被保険者が受けた介護予防サービス（これに相当するサービスを含む．）又は地域密着型介護予防サービス（これに相当するサービスを含む．）に要した費用の合計額として政令で定めるところにより算定した額から，当該費用につき支給された介護予防サービス費，特例介護予防サービス費，地域密着型介護予防サービス費及び特例地域密着型介護予防サービス費の合計額を控除して得た額（次条第1項において「介護予防サービス利用者負担額」という．）が，著しく高額であるときは，当該居宅要支援被保険者に対し，高額介護予防サービス費を支給する．　〈②(略)〉

(高額医療合算介護予防サービス費の支給)
第61条の2 ① 市町村は，居宅要支援被保険者の介護予防サービス利用者負担額（前条第1項の高額介護予防サービス費が支給される場合にあっては，当該支給額に相当する額を控除して得た額）及び当該居宅要支援被保険者に係る健康保険法第115条第1項に規定する一部負担金等の額（同項の高額療養費が支給される場合にあっては，当該支給額に相当する額を控除して得た額）その他の医療保険各法又は高齢者の医療の確保に関する法律に規定するこれに相当する額として政令で定める額の合計額が，著しく高額であるときは，当該居宅要支援被保険者に対し，高額医療合算介護予防サービス費を支給する．　〈②(略)〉

(特定入所者介護予防サービス費の支給)
第61条の3 ① 市町村は，居宅要支援被保険者のうち所得及び資産の状況その他の事情をしん酌して厚生労働省令で定めるものが，次に掲げる指定介護予防サービス（以下この条及び次条第1項において「特定介護予防サービス」という．）を受けたときは，当該居宅要支援被保険者（以下この条及び次条第1項において「特定入所者」という．）に対し，当該特定介護予防サービスを行う指定介護予防サービス事業者（以下この条において「特定介護予防サービス事業者」という．）における食事の提供に要した費用及び滞在に要した費用について，特定入所者介護予防サービス費を支給する．ただし，当該特定入所者が，第37条第1項の規定による指定を受けている場合において，当該指定に係る種類以外の特定介護予防サービスを受けたときは，この限りでない．
1 介護予防短期入所生活介護
2 介護予防短期入所療養介護
② 特定入所者介護予防サービス費の額は，第1号に規定する額及び第2号に規定する額の合計額とする．
1 特定介護予防サービス事業者における食事の提供に要する平均的な費用の額を勘案して厚生労働大臣が定める額（その額が現に当該食事の提供に要した費用の額を超えるときは，当該現に食事の提供に要した費用の額とする．以下この条及び次条第2項において「食費の基準費用額」という．）から，平均的な家計における食費の状況及び特定入所者の所得の状況その他の事情を勘案して厚生労働大臣が定める額（以下この条及び次条第2項において「食費の負担限度額」という．）を控除した額
2 特定介護予防サービス事業者における滞在に要する平均的な費用の額及び施設の状況その他の事情を勘案して厚生労働大臣が定める費用の額（その額が現に当該滞在に要した費用の額を超えるときは，当該現に滞在に要した費用の額とする．以下この条及び次条第2項において「滞在費の基準費用額」という．）から，特定入所者の所得の状況その他の事情を勘案して厚生労働大臣が定める額（以下この条及び次条第2項において「滞在費の負担限度額」という．）を控除した額
④ 特定入所者が，特定介護予防サービス事業者から特定介護予防サービスを受けたときは，市町村は，当該特定入所者が当該特定介護予防サービス事業者に支払うべき食事の提供に要した費用及び滞在に要した費用について，特定入所者介護予防サービス費として当該特定入所者に対し支給すべき額の限度において，当該特定入所者に代わり，当該特定介護予防サービス事業者に支払うことができる．
⑤ 前項の規定による支払があったときは，特定入所者に対し特定入所者介護予防サービス費の支給があったものとみなす．　〈③,⑥(略)〉

(特例特定入所者介護予防サービス費の支給)
第61条の4 ① 市町村は，次に掲げる場合には，特定入所者に対し，特例特定入所者介護予防サービス費を支給する．
1 特定入所者が，当該要支援認定の効力が生じた日前に，緊急その他やむを得ない理由により特定介護予防サービスを受けた場合において，必要があると認めるとき．
2 その他政令で定めるとき．
② 特例特定入所者介護予防サービス費の額は，当該食事の提供に要した費用について食費の基準費用額から食費の負担限度額を控除した額及び当該滞在に要した費用について滞在費の基準費用額から滞在費の負担限度額を控除した額の合計額を基準として，市町村が定める．

第5節　市町村特別給付
第62条 市町村は，要介護被保険者又は居宅要支援被保険者（以下「要介護被保険者等」という．）に対し，前2節の保険給付のほか，条例で定めるところにより，市町村特別給付を行うことができる．

第6節　保険給付の制限等
(保険給付の制限)
第64条 市町村は，自己の故意の犯罪行為若しくは重大な過失により，又は正当な理由なしに介護給付等対象サービスの利用若しくは居宅介護住宅改修費若しくは介護予防住宅改修費に係る住宅改修の実施に関する指示に従わないことにより，要介護状

[28] 介護保険法（66条〜69条の34）

態等若しくはその原因となった事故を生じさせ、又は要介護状態等の程度を増進させた被保険者の当該介護状態等については、これを支給事由とする介護給付等は、その全部又は一部を行わないことができる．

(保険料滞納者に係る支払方法の変更)
第66条 ① 市町村は，保険料を滞納している第1号被保険者である要介護被保険者等（原子爆弾被爆者に対する援護に関する法律（平成6年法律第117号）による一般疾病医療費の支給その他厚生労働省令で定める医療に関する給付を受けることができるものを除く．）が，当該保険料の納期限から厚生労働省令で定める期間が経過するまでの間に当該保険料を納付しない場合においては，当該保険料の滞納につき災害その他の政令で定める特別の事情があると認める場合を除き，厚生労働省令で定めるところにより，当該要介護被保険者等に対し被保険者証の提出を求め，当該被保険者証に，第41条第6項，第42条の2第6項，第46条第4項，第48条第4項，第51条の3第4項，第53条第4項，第54条の2第6項，第58条第4項及び第61条の3第4項の規定を適用しない旨の記載（以下この条及び次条第3項において「支払方法変更の記載」という．）をするものとする．

② 市町村は，前項に規定する厚生労働省令で定める期間が経過しない場合においても，同項に規定する政令で定める特別の事情があると認める場合を除き，同項に規定する要介護被保険者等に対し被保険者証の提出を求め，当該被保険者証に支払方法変更の記載をすることができる．　〈(③，④)略〉

(保険給付の支払の一時差止)
第67条 ① 市町村は，保険給付を受けることができる第1号被保険者である要介護被保険者等が保険料を滞納しており，かつ，当該保険料の納期限から厚生労働省令で定める期間が経過するまでの間に当該保険料を納付しない場合において，当該保険料の滞納につき災害その他の政令で定める特別の事情があると認める場合を除き，厚生労働省令で定めるところにより，保険給付の全部又は一部の支払を一時差し止めるものとする．

② 市町村は，前項に規定する厚生労働省令で定める期間が経過しない場合においても，保険給付を受けることができる第1号被保険者である要介護被保険者等が保険料を滞納している場合には，当該保険料の滞納につき災害その他の政令で定める特別の事情があると認める場合を除き，厚生労働省令で定めるところにより，保険給付の全部又は一部の支払を一時差し止めることができる．

③ 市町村は，前条第1項又は第2項の規定により支払方法変更の記載を受けている要介護被保険者等であって，前2項の規定による保険給付の全部又は一部の支払の一時差止がなされているものが，なお滞納している保険料を納付しない場合においては，厚生労働省令で定めるところにより，あらかじめ，当該要介護被保険者等に通知して，当該一時差止に係る保険給付の額から当該要介護被保険者等が滞納している保険料額を控除することができる．

(医療保険各法の規定による保険料等に未納がある者に対する保険給付の一時差止)
第68条 ① 市町村は，保険給付を受けることができる第2号被保険者である要介護被保険者等について，医療保険各法の定めるところにより当該介護被保険者等が納付義務又は払込義務を負う保険料（地方税法（昭和25年法律第226号）の規定による国民健康保険税を含む．）又は掛金であってその納期限又は払込期限までに納付しなかったもの（以下この項及び次項において「未納医療保険料等」という．）がある場合においては，未納医療保険料等があることにつき災害その他の政令で定める特別の事情があると認める場合を除き，厚生労働省令で定めるところにより，当該要介護被保険者等に対し被保険者証の提出を求め，当該被保険者証に，第41条第6項，第42条の2第6項，第46条第4項，第48条第4項，第51条の3第4項，第53条第4項，第54条の2第6項，第58条第4項及び第61条の3第4項の規定を適用しない旨並びに保険給付の全部又は一部の支払を差し止める旨の記載（以下この条において「保険給付差止の記載」という．）をすることができる．　〈(②〜⑤)略〉

第5章　介護支援専門員並びに事業者及び施設

第1節　介護支援専門員
第1款　登録等

(介護支援専門員の登録)
第69条の2 ① 厚生労働省令で定める実務の経験を有する者であって，都道府県知事が厚生労働省令で定めるところにより行う試験（以下「介護支援専門員実務研修受講試験」という．）に合格し，かつ，都道府県知事が厚生労働省令で定めるところにより行う研修（以下「介護支援専門員実務研修」という．）の課程を修了したものは，厚生労働省令で定めるところにより，当該都道府県知事の登録を受けることができる．ただし，次の各号のいずれかに該当する者については，この限りでない．〈1〜7，②略〉

(介護支援専門員証の交付等)
第69条の7 ① 第69条の2第1項の登録を受けている者は，都道府県知事に対し，介護支援専門員証の交付を申請することができる．

② 介護支援専門員証の交付を受けようとする者は，都道府県知事が厚生労働省令で定めるところにより行う研修を受けなければならない．ただし，第69条の2第1項の登録を受けた日から厚生労働省令で定める期間以内に介護支援専門員証の交付を受けようとする者については，この限りでない．

③ 介護支援専門員証（第5項の規定により交付された介護支援専門員証を除く．）の有効期間は，5年とする．　〈(④〜⑧)略〉

(介護支援専門員証の有効期間の更新)
第69条の8 ① 介護支援専門員証の有効期間は，申請により更新する．

② 介護支援専門員証の有効期間の更新を受けようとする者は，都道府県知事が厚生労働省令で定めるところにより行う研修（以下「更新研修」という．）を受けなければならない．ただし，現に介護支援専門員の業務に従事しており，かつ，更新研修の課程に相当するものとして都道府県知事が厚生労働省令で定めるところにより指定する研修の課程を修了した者については，この限りでない．　〈③略〉

第3款　義務等

(介護支援専門員の義務)
第69条の34 ① 介護支援専門員は，その担当する

要介護者等の人格を尊重し，常に当該要介護者等の立場に立って，当該要介護者等に提供される居宅サービス，地域密着型サービス，施設サービス，介護予防サービス若しくは特定介護予防・日常生活支援総合事業が特定の種類又は特定の事業者若しくは施設に不当に偏ることのないよう，公正かつ誠実にその業務を行わなければならない．
② 介護支援専門員は，厚生労働省令で定める基準に従って，介護支援専門員の業務を行わなければならない．
③ 介護支援専門員は，要介護者等が自立した日常生活を営むのに必要な援助に関する専門的知識及び技術の水準を向上させ，その他その資質の向上を図るよう努めなければならない．

(秘密保持義務)
第69条の37 介護支援専門員は，正当な理由なしに，その業務に関して知り得た人の秘密を漏らしてはならない．介護支援専門員でなくなった後においても，同様とする．

第2節 指定居宅サービス事業者
(指定居宅サービス事業者の指定)
第70条 ① 第41条第1項本文の指定は，厚生労働省令で定めるところにより，居宅サービス事業を行う者の申請により，居宅サービスの種類及び当該居宅サービスの種類に係る居宅サービス事業を行う事業所(以下この節において単に「事業所」という．)ごとに行う．
② 都道府県知事は，前項の申請があった場合において，次の各号(病院等により行われる居宅療養管理指導又は病院若しくは診療所により行われる訪問看護，訪問リハビリテーション，通所リハビリテーション若しくは短期入所療養介護に係る指定の申請にあっては，第6号の2，第6号の3，第10号の2及び第12号を除く．)のいずれかに該当するときは，第41条第1項本文の指定をしてはならない．
1 申請者が都道府県の条例で定める者でないとき．
2 当該申請に係る事業所の従業者の知識及び技能並びに人員が，第74条第1項の都道府県の条例で定める基準及び同項の都道府県の条例で定める員数を満たしていないとき．
3 申請者が，第74条第2項に規定する指定居宅サービスの事業の設備及び運営に関する基準に従って適正な居宅サービス事業の運営をすることができないと認められるとき．
4 申請者が，禁錮以上の刑に処せられ，その執行を終わり，又は執行を受けることがなくなるまでの者であるとき．
5 申請者が，この法律その他国民の保健医療若しくは福祉に関する法律で政令で定めるものの規定により罰金の刑に処せられ，その執行を終わり，又は執行を受けることがなくなるまでの者であるとき．
5の2 申請者が，労働に関する法律の規定であって政令で定めるものにより罰金の刑に処せられ，その執行を終わり，又は執行を受けることがなくなるまでの者であるとき．
5の3 申請者が，社会保険各法又は労働保険の保険料の徴収等に関する法律(昭和44年法律第84号)の規定によりの規定により納付義務を負う保険料，負担金又は掛金(地方税法の規定による国民健康保険税を含む．以下この号，第78条の2第4項第5号の3，第79条第2項第4号の3，第94条第3項第5号の3，第115条の2第2項第5号の3，第115条の12第2項第5号の3，第115条の22第2項第4号の3及び第203条第2項において「保険料等」という．)について，当該申請をした日の前日までに，これらの法律の規定に基づく滞納処分を受け，かつ，当該処分を受けた日から正当な理由なく3月以上の期間にわたり，当該処分を受けた日以降に納期限の到来した保険料等の全て(当該処分を受けた者が，当該処分に係る保険料等の納付義務を負うことを定める法律によって納付義務を負う保険料等に限る．第78条の2第4項第5号の3，第79条第2項第4号の3，第94条第3項第5号の3，第115条の2第2項第5号の3，第115条の12第2項第5号の3及び第115条の22第2項第4号の3において同じ．)を引き続き滞納している者であるとき．
6 申請者(特定施設入居者生活介護に係る指定の申請者を除く．)が，第77条第1項又は第115条の35第6項の規定により指定(特定施設入居者生活介護に係る指定を除く．)を取り消され，その取消しの日から起算して5年を経過しない者(当該指定を取り消された者が法人である場合においては，当該取消しの処分に係る行政手続法第15条の規定による通知があった日前60日以内に当該法人の役員(業務を執行する社員，取締役，執行役又はこれらに準ずる者をいい，相談役，顧問その他いかなる名称を有する者であるかを問わず，法人に対し業務を執行する社員，取締役，執行役又はこれらに準ずる者と同等以上の支配力を有するものと認められる者を含む．第5条及び第203条第2項において同じ．)その他の事業所を管理する者その他の政令で定める使用人(以下「役員等」という．)であった者で当該取消しの日から起算して5年を経過しないものを含み，当該指定を取り消された者が法人でない事業所である場合においては，当該通知があった日前60日以内に当該事業所の管理者であった者で当該取消しの日から起算して5年を経過しないものを含む．)であるとき．ただし，当該指定の取消しが，指定居宅サービス事業者の指定の取消しのうち当該指定の取消しの処分の理由となった事実及び当該事実の発生を防止するための当該指定居宅サービス事業者による業務管理体制の整備についての取組の状況その他の当該事実に関して当該指定居宅サービス事業者が有していた責任の程度を考慮して，この号本文に規定する指定の取消しに該当しないこととすることが相当であると認められるものとして厚生労働省令で定めるものに該当する場合を除く．
6の2 申請者(特定施設入居者生活介護に係る指定の申請者に限る．)が，第77条第1項又は第115条の35第6項の規定により指定(特定施設入居者生活介護に係る指定に限る．)を取り消され，その取消しの日から起算して5年を経過しない者(当該指定を取り消された者が法人である場合においては，当該取消しの処分に係る行政手続法第15条の規定による通知があった日前60日以内に当該法人の役員等であった者で当該取消しの日から起算して5年を経過しないものを含み，当該指定を取り消された者が法人でない事業所である場合においては，当該通知があった日前60日以内に当該事業所の管理者であった者で当該取消し

28 介護保険法（70条）

の日から起算して5年を経過しないものを含む.）であるとき. ただし, 当該指定の取消しが, 指定居宅サービス事業者の指定の取消しのうち当該指定の取消しの処分の理由となった事実及び当該事実の発生を防止するための当該指定居宅サービス事業者による業務管理体制の整備についての取組の状況その他の当該事実に関して当該指定居宅サービス事業者が有していた責任の程度を考慮して, この号本文に規定する指定の取消しに該当しないこととすることが相当であると認められるものとして厚生労働省令で定めるものに該当する場合を除く.

6の3 申請者と密接な関係を有する者（申請者（法人に限る. 以下この号において同じ.）の株式の所有その他の事由を通じて当該申請者の事業を実質的に支配し, 若しくはその事業に重要な影響を与える関係にある者として厚生労働省令で定めるもの（以下この号において「申請者の親会社等」という.）, 申請者の親会社等が株式の所有その他の事由を通じてその事業を実質的に支配し, 若しくはその事業に重要な影響を与える関係にある者として厚生労働省令で定めるもの又は当該申請者が株式の所有その他の事由を通じてその事業を実質的に支配し, 若しくはその事業に重要な影響を与える関係にある者として厚生労働省令で定めるもののうち, 当該申請者と厚生労働省令で定める密接な関係を有する法人をいう. 以下この章において同じ.）が, 第77条第1項又は第115条の35第6項の規定により指定を取り消され, その取消しの日から起算して5年を経過していないとき. ただし, 当該指定の取消しが, 指定居宅サービス事業者の指定の取消しのうち当該指定の取消しの処分の理由となった事実及び当該事実の発生を防止するための当該指定居宅サービス事業者による業務管理体制の整備についての取組の状況その他の当該事実に関して当該指定居宅サービス事業者が有していた責任の程度を考慮して, この号本文に規定する指定の取消しに該当しないこととすることが相当であると認められるものとして厚生労働省令で定めるものに該当する場合を除く.

7 申請者が, 第77条第1項又は第115条の35第6項の規定による指定の取消しの処分に係る行政手続法第15条の規定による通知があった日から当該処分をする日又は処分をしないことを決定する日までの間に第75条第2項の規定による事業の廃止の届出をした者（当該事業の廃止について相当の理由がある者を除く.）で, 当該届出の日から起算して5年を経過しないものであるとき.

7の2 申請者が, 第76条第1項の規定による検査が行われた日から聴聞決定予定日（当該検査の結果に基づき第77条第1項の規定による指定の取消しの処分に係る聴聞を行うか否かの決定をすることが見込まれる日として厚生労働省令で定めるところにより都道府県知事が当該申請者に当該検査が行われた日から10日以内に特定の日を通知した場合における当該特定の日をいう.）までの間に第75条第2項の規定による事業の廃止の届出をした者（当該事業の廃止について相当の理由がある者を除く.）で, 当該届出の日から起算して5年を経過しないものであるとき.

8 第7号に規定する期間内に第75条第2項の規定による事業の廃止の届出があった場合において, 申請者が, 同号の通知の日前60日以内に当該届出に係る法人（当該事業の廃止について相当の理由がある法人を除く.）の役員等又は当該届出に係る法人でない事業所（当該事業の廃止について相当の理由があるものを除く.）の管理者であった者で, 当該届出の日から起算して5年を経過しないものであるとき.

9 申請者が, 指定の申請前5年以内に居宅サービス等に関し不正又は著しく不当な行為をした者であるとき.

10 申請者（特定施設入居者生活介護に係る指定の申請者を除く.）が, 法人で, その役員等のうちに第4号から第6号まで又は第7号から前号までのいずれかに該当する者のあるものであるとき.

10の2 申請者（特定施設入居者生活介護に係る指定の申請者に限る.）が, 法人で, その役員等のうちに第4号から第5号の3まで, 第6号の2又は第7号から第9号までのいずれかに該当する者のあるものであるとき.

11 申請者（特定施設入居者生活介護に係る指定の申請者を除く.）が, 法人でない事業所で, その管理者が第4号から第6号まで又は第7号から第9号までのいずれかに該当する者であるとき.

12 申請者（特定施設入居者生活介護に係る指定の申請者に限る.）が, 法人でない事業所で, その管理者が第4号から第5号の3まで, 第6号の2又は第7号から第9号までのいずれかに該当する者であるとき.

③ 都道府県が前項第1号の条例を定めるに当たっては, 厚生労働省令で定める基準に従い定めるものとする.

④ 都道府県知事は, 介護専用型特定施設入居者生活介護（介護専用型特定施設に入居している要介護者について行われる特定施設入居者生活介護をいう. 以下同じ.）につき第1項の申請があった場合において, 当該申請に係る事業所の所在地を含む区域（第118条第2項の規定により当該都道府県が定める区域とする.）における介護専用型特定施設入居者生活介護の利用定員の総数及び地域密着型特定施設入居者生活介護の利用定員の総数の合計数が, 同条第1項の規定により当該都道府県が定める都道府県介護保険事業支援計画において定めるその区域の介護専用型特定施設入居者生活介護の必要利用定員総数及び地域密着型特定施設入居者生活介護の必要利用定員総数の合計数に既に達しているか, 又は当該申請に係る事業者の指定によってこれを超えることになると認めるとき, その他の当該都道府県介護保険事業支援計画の達成に支障を生ずるおそれがあると認めるときは, 第41条第1項本文の指定をしないことができる.

⑤ 都道府県知事は, 混合型特定施設入居者生活介護（介護専用型特定施設以外の特定施設に入居している要介護者について行われる特定施設入居者生活介護をいう. 以下同じ.）につき第1項の申請があった場合において, 当該申請に係る事業所の所在地を含む区域（第118条第2項の規定により当該都道府県が定める区域とする.）における混合型特定施設入居者生活介護の推定利用定員（厚生労働省令で定めるところにより算定した定員をいう.）の総数が, 同条第1項の規定により当該都道府県が定める都道府県介護保険事業支援計画において定めるその区域の混合型特定施設入居者生活介護の

(1) 医療保険・介護保険

必要利用定員総数に既に達しているか,又は当該申請に係る事業者の指定によってこれを超えることになると認めるとき,その他の当該都道府県介護保険事業支援計画の達成に支障を生ずるおそれがあると認めるときは,第41条第1項本文の指定をしないことができる.

⑥ 都道府県知事は,第41条第1項本文の指定(特定施設入居者生活介護その他の厚生労働省令で定める居宅サービスに係るものに限る.)をしようとするときは,関係市町村長に対し,厚生労働省令で定める事項を通知し,相当の期間を指定して,当該関係市町村の第117条第1項に規定する市町村介護保険事業計画との調整を図る見地からの意見を求めなければならない.

⑦ 市町村長は,第42条の2第1項本文の指定を受けて定期巡回・随時対応型訪問介護看護等(認知症対応型共同生活介護,地域密着型特定施設入居者生活介護及び地域密着型介護老人福祉施設入所者生活介護以外の地域密着型サービスであって,定期巡回・随時対応型訪問介護看護,小規模多機能型居宅介護その他の厚生労働省令で定めるものに限る.以下この条において同じ.)の事業を行う者の当該指定に係る当該事業を行う事業所(以下この項において「定期巡回・随時対応型訪問介護看護事業所」という.)が当該市町村の区域にある場合その他の厚生労働省令で定める場合であって,次の各号のいずれかに該当すると認めるときは,都道府県知事に対し,訪問介護,通所介護その他の厚生労働省令で定める居宅サービス(当該市町村の区域に所在する事業所が行うものに限る.)に係る第41条第1項本文の指定について,厚生労働省令で定めるところにより,当該市町村が定める市町村介護保険事業計画(第117条第1項に規定する市町村介護保険事業計画をいう.以下この項において同じ.)において定める当該市町村が定める区域(第117条第2項第1号の規定により当該市町村が定める区域とする.以下この項において「日常生活圏域」という.)における定期巡回・随時対応型訪問介護看護等の見込量を確保するため必要な協議を求めることができる.この場合において,当該都道府県知事は,その求めに応じなければならない.

1 当該市町村又は当該日常生活圏域における居宅サービス(この項の規定により協議を行うものとされたものに限る.以下この号及び次項において同じ.)の種類ごとの量が,当該市町村が定める市町村介護保険事業計画において定める当該市町村又は当該日常生活圏域における当該居宅サービスの種類ごとの見込量に既に達しているか,又は第1項の申請に係る事業者の指定によってこれを超えることになるとき.

2 その他当該市町村介護保険事業計画の達成に支障を生ずるおそれがあるとき.

⑧ 都道府県知事は,前項の規定による協議の結果に基づき,当該協議を求めた市町村長の管轄する区域に所在する事業所が行う居宅サービスにつき第1項の申請があった場合において,厚生労働省令で定める基準に従って,第41条第1項本文の指定をしないこととし,又はその指定をするに当たって,定期巡回・随時対応型訪問介護看護等の事業の適正な運営を確保するために必要と認める条件を付することができる.

(指定の更新)
第70条の2 第41条第1項本文の指定は,6年ごとにその更新を受けなければ,その期間の経過によって,その効力を失う. 〈②~④(略)〉

(指定居宅サービス事業者の特例)
第71条 病院等について,健康保険法第63条第3項第1号の規定による保険医療機関又は保険薬局の指定があったとき(同法第69条の規定により同号の指定があったものとみなされたときを含む.)は,その指定の時に,当該病院等の開設者について,当該病院等により行われる居宅サービス(病院又は診療所にあっては居宅療養管理指導その他厚生労働省令で定める種類の居宅サービスに限り,薬局にあっては居宅療養管理指導に限る.)に係る第41条第1項本文の指定があったものとみなす.ただし,当該病院等の開設者が,厚生労働省令で定めるところにより別段の申出をしたとき,又はその指定の時前に第77条第1項若しくは第115条の35第6項の規定により第41条第1項本文の指定を取り消されているときは,この限りでない. 〈②(略)〉

第72条 介護老人保健施設について,第94条第1項の許可があったときは,その許可の時に,当該介護老人保健施設の開設者について,当該介護老人保健施設により行われる居宅サービス(短期入所療養介護その他厚生労働省令で定める居宅サービスの種類に限る.)に係る第41条第1項本文の指定があったものとみなす.ただし,当該介護老人保健施設の開設者が,厚生労働省令で定めるところにより,別段の申出をしたときは,この限りでない. 〈②(略)〉

(指定居宅サービスの事業の基準)
第73条 ① 指定居宅サービス事業者は,次条第2項に規定する指定居宅サービスの事業の設備及び運営に関する基準に従い,要介護者の心身の状況等に応じて適切な指定居宅サービスを提供するとともに,自らその提供する指定居宅サービスの質の評価を行うことその他の措置を講ずることにより常に指定居宅サービスを受ける者の立場に立って これを提供するように努めなければならない.

② 指定居宅サービス事業者は,指定居宅サービスを受けようとする被保険者から提示された被保険者証に,第27条第7項第2号(第28条第4項及び第29条第2項において準用する場合を含む.)若しくは第32条第6項第2号(第33条第4項及び第33条の2第2項において準用する場合を含む.)に掲げる意見又は第30条第1項後段若しくは第33条の3第1項後段に規定する意見(以下「認定審査会意見」という.)が記載されているときは,当該認定審査会意見に配慮して,当該被保険者に当該指定居宅サービスを提供するように努めなければならない.

第74条 ① 指定居宅サービス事業者は,当該指定に係る事業所ごとに,都道府県の条例で定める基準に従い都道府県の条例で定める員数の当該指定居宅サービスに従事する従業者を有しなければならない.

② 前項に規定するもののほか,指定居宅サービスの事業の設備及び運営に関する基準は,都道府県の条例で定める.

③ 都道府県が前2項の条例を定めるに当たっては,第1号から第3号までに掲げる事項については厚生労働省令で定める基準に従い定めるものとし,第

介護保険法（76条の2〜78条の2）

4号に掲げる事項については厚生労働省令で定める基準を標準として定めるものとし，その他の事項については厚生労働省令で定める基準を参酌するものとする．
1　指定居宅サービスに従事する従業者に係る基準及び当該従業者の員数
2　指定居宅サービスの事業に係る居室，療養室及び病室の床面積
3　指定居宅サービスの事業の運営に関する事項であって，利用する要介護者のサービスの適切な利用，適切な処遇及び安全の確保並びに秘密の保持等に密接に関連するものとして厚生労働省令で定めるもの
4　指定居宅サービスの事業に係る利用定員

《④〜⑥（略）》

（勧告，命令等）
第76条の2　① 都道府県知事は，指定居宅サービス事業者が，次の各号に掲げる場合に該当すると認めるときは，当該指定居宅サービス事業者に対し，期限を定めて，それぞれ当該各号に定める措置をとるべきことを勧告することができる．
1　第70条第8項の規定により当該指定を行うに当たって付された条件に従わない場合　当該条件に従うこと．
2　当該指定に係る事業所の従業者の知識若しくは技能又は人員について第74条第1項の都道府県の条例で定める基準又は同項の都道府県の条例で定める員数を満たしていない場合　当該都道府県の条例で定める基準又は当該都道府県の条例で定める員数を満たすこと．
3　第74条第2項に規定する指定居宅サービスの事業の設備及び運営に関する基準に従って適正な指定居宅サービスの事業の運営をしていない場合　当該指定居宅サービスの事業の設備及び運営に関する基準に従って適正な指定居宅サービスの事業の運営をすること．
4　第74条第5項に規定する便宜の提供を適正に行っていない場合　当該便宜の提供を適正に行うこと．
② 都道府県知事は，前項の規定による勧告をした場合において，その勧告を受けた指定居宅サービス事業者が同項の期限内にこれに従わなかったときは，その旨を公表することができる．
③ 都道府県知事は，第1項の規定による勧告を受けた指定居宅サービス事業者が，正当な理由がなくてその勧告に係る措置をとらなかったときは，当該指定居宅サービス事業者に対し，期限を定めて，その勧告に係る措置をとるべきことを命ずることができる．
④ 都道府県知事は，前項の規定による命令をした場合においては，その旨を公示しなければならない．
⑤ 市町村は，保険給付に係る指定居宅サービスを行った指定居宅サービス事業者について，第1項各号に掲げる場合のいずれかに該当すると認めるときは，その旨を当該指定に係る事業所の所在地の都道府県知事に通知しなければならない．

（指定の取消し等）
第77条　① 都道府県知事は，次の各号のいずれかに該当するときは，当該指定居宅サービス事業者に係る第41条第1項本文の指定を取り消し，又は期間を定めてその指定の全部若しくは一部の効力を停止することができる．

1　指定居宅サービス事業者が，第70条第2項第4号から第5号の2まで，第10号（第5号の3に該当する者のあるものであるときを除く．），第10号の2（第5号の3に該当する者のあるものであるときを除く．），第11号（第5号の3に該当する者のあるものであるときを除く．）又は第12号（第5号の3に該当する者であるときを除く．）のいずれかに該当するに至ったとき．
2　指定居宅サービス事業者が，第70条第8項の規定により当該指定を行うに当たって付された条件に違反したと認められるとき．
3　指定居宅サービス事業者が，当該指定に係る事業所の従業者の知識若しくは技能又は人員について，第74条第1項の都道府県の条例で定める基準又は同項の都道府県の条例で定める員数を満たすことができなくなったとき．
4　指定居宅サービス事業者が，第74条第2項に規定する指定居宅サービスの事業の設備及び運営に関する基準に従って適正な指定居宅サービスの事業の運営をすることができなくなったとき．
5　指定居宅サービス事業者が，第74条第6項に規定する義務に違反したと認められるとき．
6　居宅介護サービス費の請求に関し不正があったとき．
7　指定居宅サービス事業者が，第76条第1項の規定により報告又は帳簿書類の提出若しくは提示を命ぜられてこれに従わず，又は虚偽の報告をしたとき．
8　指定居宅サービス事業者又は当該指定に係る事業所の従業者が，第76条第1項の規定により出頭を求められてこれに応ぜず，同項の規定による質問に対して答弁せず，若しくは虚偽の答弁をし，又は同項の規定による検査を拒み，妨げ，若しくは忌避したとき．ただし，当該指定に係る事業所の従業者がその行為をした場合において，その行為を防止するため，当該指定居宅サービス事業者が相当の注意及び監督を尽くしたときを除く．
9　指定居宅サービス事業者が，不正の手段により第41条第1項本文の指定を受けたとき．
10　前各号に掲げる場合のほか，指定居宅サービス事業者が，この法律その他国民の保健医療若しくは福祉に関する法律で政令で定めるもの又はこれらの法律に基づく命令若しくは処分に違反したとき．
11　前各号に掲げる場合のほか，指定居宅サービス事業者が，居宅サービス等に関し不正又は著しく不当な行為をしたとき．
12　指定居宅サービス事業者が法人である場合において，その役員等のうちに指定の取消し又は指定の全部若しくは一部の効力の停止をしようとするとき前5年以内に居宅サービス等に関し不正又は著しく不当な行為をした者があるとき．
13　指定居宅サービス事業者が法人でない事業所である場合において，その管理者が指定の取消し又は指定の全部若しくは一部の効力の停止をしようとするとき前5年以内に居宅サービス等に関し不正又は著しく不当な行為をした者であるとき．

《②（略）》

第3節　指定地域密着型サービス事業者
（指定地域密着型サービス事業者の指定）
第78条の2　① 第42条の2第1項本文の指定は，厚生労働省令で定めるところにより，地域密着型

(1) 医療保険・介護保険

サービス事業を行う者(地域密着型介護老人福祉施設入所者生活介護を行う事業にあっては,老人福祉法第20条の5に規定する特別養護老人ホームのうち,その入所定員が29人以下であって市町村の条例で定める数であるものの開設者)の申請により,地域密着型サービスの種類及び当該地域密着型サービスの種類に係る地域密着型サービス事業を行う事業所(第78条の13第1項及び第78条の14第1項本文において「事業所」という.)ごとに行い,当該指定をする市町村長がその長である市町村が行う介護保険の被保険者(特定地域密着型サービスに係る指定にあっては,当該市町村の区域内に所在地特例対象施設に入所等をしている住所地特例適用要介護被保険者を含む.)に対する地域密着型介護サービス費及び特例地域密着型介護サービス費の支給について,その効力を有する.
② 市町村長は,第42条の2第1項本文の指定をしようとするときは,厚生労働省令で定めるところにより,あらかじめその旨を都道府県知事に届け出なければならない.
③ 都道府県知事は,地域密着型特定施設入居者生活介護につき市町村長から前項の届出があった場合において,当該申請に係る事業所の所在地を含む区域(第118条第2項の規定により当該都道府県が定める区域とする.)における介護専用型特定施設入居者生活介護の利用定員の総数及び地域密着型特定施設入居者生活介護の利用定員の総数の合計数が,同条第1項の規定により当該都道府県が定める都道府県介護保険事業支援計画において定めるその区域の介護専用型特定施設入居者生活介護の必要利用定員総数及び地域密着型特定施設入居者生活介護の必要利用定員総数の合計数に既に達しているか,又は当該申請に係る事業者の指定によってこれを超えることになると認めるとき,その他の当該都道府県介護保険事業支援計画の達成に支障を生ずるおそれがあると認めるときは,当該市町村長に対し,必要な助言又は勧告をすることができる.
④ 市町村長は,第1項の申請があった場合において,次の各号(病院又は診療所により行われる複合型サービス(厚生労働省令で定めるものに限る.第6項において同じ.)に係る指定の申請にあっては,第6号の2,第6号の3,第10号及び第12号を除く.)のいずれかに該当するときは,第42条の2第1項本文の指定をしないことができる.
1 申請者が市町村の条例で定める者でないとき.
2 当該申請に係る事業所の従業者の知識及び技能並びに人員が,第78条の4第1項の市町村の条例で定める基準若しくは同項の市町村の条例で定める員数又は同条第5項に規定する指定地域密着型サービスに従事する従業者に関する基準を満たしていないとき.
3 申請者が,第78条の4第2項又は第5項に規定する指定地域密着型サービスの事業の設備及び運営に関する基準に従って適正な地域密着型サービス事業の運営をすることができないと認められるとき.
4 当該申請に係る事業所が当該市町村の区域の外にある場合であって,その所在地の市町村長(以下この条において「所在地市町村長」という.)の同意を得ていないとき.
4の2 申請者が,禁錮以上の刑に処せられ,その執行を終わり,又は執行を受けることがなくなるまでの者であるとき.
5 申請者が,この法律その他国民の保健医療若しくは福祉に関する法律で政令で定めるものの規定により罰金の刑に処せられ,その執行を終わり,又は執行を受けることがなくなるまでの者であるとき.
5の2 申請者が,労働に関する法律の規定であって政令で定めるものにより罰金の刑に処せられ,その執行を終わり,又は執行を受けることがなくなるまでの者であるとき.
5の3 申請者が,保険料等について,当該申請をした日の前日までに,納付義務を定めた法律の規定に基づく滞納処分を受け,かつ,当該処分を受けた日から正当な理由なく3月以上の期間にわたり,当該処分を受けた日以降に納期限の到来した保険料等の全てを引き続き滞納している者であるとき.
6 申請者(認知症対応型共同生活介護,地域密着型特定施設入居者生活介護又は地域密着型介護老人福祉施設入所者生活介護に係る指定の申請者を除く.)が,第78条の10(第2号から第5号までを除く.)の規定により指定(認知症対応型共同生活介護,地域密着型特定施設入居者生活介護又は地域密着型介護老人福祉施設入所者生活介護に係る指定を除く.)を取り消され,その取消しの日から起算して5年を経過しない者(当該指定を取り消された者が法人である場合においては,当該指定の取消しの処分に係る行政手続法第15条の規定による通知があった日前60日以内に当該法人の役員であった者で当該取消しの日から起算して5年を経過しないものを含み,当該指定を取り消された者が法人でない事業所である場合においては,当該通知があった日前60日以内に当該事業所の管理者であった者で当該取消しの日から起算して5年を経過しないものを含む.)であるとき.ただし,当該指定の取消しが,指定地域密着型サービス事業者の指定の取消しのうち当該指定の取消しの処分の理由となった事実及び当該事実の発生を防止するための当該指定地域密着型サービス事業者による業務管理体制の整備についての取組の状況その他の当該事実に関して当該指定地域密着型サービス事業者が有していた責任の程度を考慮して,この号本文に規定する指定の取消しに該当しないこととすることが相当であると認められるものとして厚生労働省令で定めるものに該当する場合を除く.
6の2 申請者(認知症対応型共同生活介護,地域密着型特定施設入居者生活介護又は地域密着型介護老人福祉施設入所者生活介護に係る指定の申請者に限る.)が,第78条の10(第2号から第5号までを除く.)の規定により指定(認知症対応型共同生活介護,地域密着型特定施設入居者生活介護又は地域密着型介護老人福祉施設入所者生活介護に係る指定に限る.)を取り消され,その取消しの日から起算して5年を経過しない者(当該指定を取り消された者が法人である場合においては,当該取消しの処分に係る行政手続法第15条の規定による通知があった日前60日以内に当該法人の役員であった者で当該取消しの日から起算して5年を経過しないものを含み,当該指定を取り消された者が法人でない事業所である場合においては,当該通知があった日前60日以内に当該事業

[28] 介護保険法（78条の2）

所の管理者であった者で当該取消しの日から起算して5年を経過しないものを含む。ただし、当該指定の取消しが、指定地域密着型サービス事業者の指定の取消しのうち当該指定の取消しの処分の理由となった事実及び当該事実の発生を防止するための当該指定地域密着型サービス事業者による業務管理体制の整備についての取組の状況その他の当該事実に関して当該指定地域密着型サービス事業者が有していた責任の程度を考慮して、この号本文に規定する指定の取消しに該当しないこととすることが相当であると認められるものとして厚生労働省令で定めるものに該当する場合を除く。

6の3 申請者と密接な関係を有する者（地域密着型介護老人福祉施設入所者生活介護に係る指定の申請者と密接な関係を有する者を除く。）が、第78条の10（第2号から第5号までを除く。）の規定により指定を取り消され、その取消しの日から起算して5年を経過しないとき。ただし、当該指定の取消しが、指定地域密着型サービス事業者の指定の取消しのうち当該指定の取消しの処分の理由となった事実及び当該事実の発生を防止するための当該指定地域密着型サービス事業者による業務管理体制の整備についての取組の状況その他の当該事実に関して当該指定地域密着型サービス事業者が有していた責任の程度を考慮して、この号本文に規定する指定の取消しに該当しないこととすることが相当であると認められるものとして厚生労働省令で定めるものに該当する場合を除く。

7 申請者が、第78条の10（第2号から第5号までを除く。）の規定による指定の取消しの処分に係る行政手続法第15条の規定による通知があった日から当該処分をする日又は処分をしないことを決定する日までの間に第78条の5第2項の規定による事業の廃止の届出をした者（当該事業の廃止について相当の理由がある者を除く。）又は第78条の8の規定による指定の辞退をした者（当該指定の辞退について相当の理由がある者を除く。）で、当該届出又は指定の辞退の日から起算して5年を経過しないものであるとき。

7の2 前号に規定する期間内に第78条の5第2項の規定による事業の廃止の届出又は第78条の8の規定による指定の辞退があった場合において、申請者が、同号の通知の日前60日以内に当該届出に係る法人（当該事業の廃止について相当の理由がある法人を除く。）の役員等若しくは当該届出に係る法人でない事業所（当該事業の廃止について相当の理由があるものを除く。）の管理者であった者又は当該指定の辞退に係る法人（当該指定の辞退について相当の理由がある法人を除く。）の役員等若しくは当該指定の辞退に係る法人でない事業所（当該指定の辞退について相当の理由があるものを除く。）の管理者であった者で、当該届出又は指定の辞退の日から起算して5年を経過しないものであるとき。

8 申請者が、指定の申請前5年以内に居宅サービス等に関し不正又は著しく不当な行為をした者であるとき。

9 申請者（認知症対応型共同生活介護、地域密着型特定施設入居者生活介護又は地域密着型介護老人福祉施設入所者生活介護に係る指定の申請者を除く。）が、法人で、その役員等のうちに第4号の2から第6号まで又は前3号のいずれかに該当する者のあるものであるとき。

10 申請者（認知症対応型共同生活介護、地域密着型特定施設入居者生活介護又は地域密着型介護老人福祉施設入所者生活介護に係る指定の申請者に限る。）が、法人で、その役員等のうちに第4号の2から第5号の3まで、第6号の2又は第7号から第8号までのいずれかに該当する者のあるものであるとき。

11 申請者（認知症対応型共同生活介護、地域密着型特定施設入居者生活介護又は地域密着型介護老人福祉施設入所者生活介護に係る指定の申請者を除く。）が、法人でない事業所で、その管理者が第4号の2から第6号まで又は第7号から第8号までのいずれかに該当する者であるとき。

12 申請者（認知症対応型共同生活介護、地域密着型特定施設入居者生活介護又は地域密着型介護老人福祉施設入所者生活介護に係る指定の申請者に限る。）が、法人でない事業所で、その管理者が第4号の2から第5号の3まで、第6号の2又は第7号から第8号までのいずれかに該当する者であるとき。

⑤ 市町村が前項第1号の条例を定めるに当たっては、厚生労働省令で定める基準に従い定めるものとする。

⑥ 市町村長は、第1項の申請があった場合において、次の各号（病院又は診療所により行われる複合型サービスに係る指定の申請にあっては、第1号の2、第1号の3、第3号の2、第3号の4及び第4号を除く。）のいずれかに該当するときは、第42条の2第1項本文の指定をしないことができる。

1 申請者（認知症対応型共同生活介護、地域密着型特定施設入居者生活介護又は地域密着型介護老人福祉施設入所者生活介護に係る指定の申請者を除く。）が、第78条の10第2号から第5号までの規定により指定（認知症対応型共同生活介護、地域密着型特定施設入居者生活介護又は地域密着型介護老人福祉施設入所者生活介護に係る指定を除く。）を取り消され、その取消しの日から起算して5年を経過しない者（当該指定を取り消された者が法人である場合においては、当該取消しの処分に係る行政手続法第15条の規定による通知があった日前60日以内に当該法人の役員等であった者で当該取消しの日から起算して5年を経過しないものを含み、当該指定を取り消された者が法人でない事業所である場合においては、当該通知があった日前60日以内に当該事業所の管理者であった者で当該取消しの日から起算して5年を経過しないものを含む。）であるとき。

1の2 申請者（認知症対応型共同生活介護、地域密着型特定施設入居者生活介護又は地域密着型介護老人福祉施設入所者生活介護に係る指定の申請者に限る。）が、第78条の10第2号から第5号までの規定により指定（認知症対応型共同生活介護、地域密着型特定施設入居者生活介護又は地域密着型介護老人福祉施設入所者生活介護に係る指定に限る。）を取り消され、その取消しの日から起算して5年を経過しない者（当該指定を取り消された者が法人である場合においては、当該取消しの処分に係る行政手続法第15条の規定による通知があった日前60日以内に当該法人の役員等であった者で当該取消しの日から起算して5年を経過し

(1) 医療保険・介護保険

ないものを含み,当該指定を取り消された者が法人でない事業所である場合においては,当該通知があった日前60日以内に当該事業所の管理者であった者で当該取消しの日から起算して5年を経過しないものを含む.)であるとき.
1の3 申請者と密接な関係を有する者(地域密着型介護老人福祉施設入所者生活介護に係る指定の申請者と密接な関係を有する者を除く.)が,第78条の10第2号から第5号までの規定により指定を取り消され,その取消しの日から起算して5年を経過していないとき.
2 申請者が,第78条の10第2号から第5号までの規定による指定の取消しの処分に係る行政手続法第15条の規定による通知があった日から当該処分をする日又は処分をしないことを決定する日までの間に第78条の5第2項の規定による事業の廃止の届出をした者(当該事業の廃止について相当の理由がある者を除く.)又は第78条の8の規定による指定の辞退をした者(当該指定の辞退について相当の理由がある者を除く.)で,当該届出又は指定の辞退の日から起算して5年を経過しないものであるとき.
2の2 申請者が,第78条の7第1項の規定による検査が行われた日から聴聞決定予定日(当該検査の結果に基づき第78条の10の規定による指定の取消しの処分に係る聴聞を行うか否かの決定をすることが見込まれる日として厚生労働省令で定めるところにより市町村長が当該申請者に当該検査が行われた日から10日以内に特定の日を通知した場合における当該特定の日をいう.)までの間に第78条の5第2項の規定による事業の廃止の届出をした者(当該事業の廃止について相当の理由がある者を除く.)又は第78条の8の規定による指定の辞退をした者(当該指定の辞退について相当の理由がある者を除く.)で,当該届出又は指定の辞退の日から起算して5年を経過しないものであるとき.
2の3 第2号に規定する期間内に第78条の5第2項の規定による事業の廃止の届出又は第78条の8の規定による指定の辞退があった場合において,申請者が,同号の通知の日前60日以内に当該届出に係る法人(当該事業の廃止について相当の理由がある法人を除く.)の役員等若しくは当該届出に係る法人でない事業所(当該事業の廃止について相当の理由があるものを除く.)の管理者であった者又は当該指定の辞退に係る法人(当該指定の辞退について相当の理由がある法人を除く.)の役員等若しくは当該指定の辞退に係る法人でない事業所(当該指定の辞退について相当の理由があるものを除く.)の管理者であった者で,当該届出又は指定の辞退の日から起算して5年を経過しないものであるとき.
3 申請者(認知症対応型共同生活介護,地域密着型特定施設入居者生活介護又は地域密着型介護老人福祉施設入所者生活介護に係る指定の申請者を除く.)が,法人で,その役員等のうちに第1号の2又は第2号から第2号の3までのいずれかに該当する者のあるものであるとき.
3の3 申請者(認知症対応型共同生活介護,地域密着型特定施設入居者生活介護又は地域密着型介護老人福祉施設入所者生活介護に係る指定の申請者を除く.)が,法人でない事業所で,その管理者が第1号の2又は第2号から第2号の3までのいずれかに該当する者であるとき.
3の4 申請者(認知症対応型共同生活介護,地域密着型特定施設入居者生活介護又は地域密着型介護老人福祉施設入所者生活介護に係る指定の申請者に限る.)が,法人でない事業所で,その管理者が第1号の2又は第2号から第2号の3までのいずれかに該当する者であるとき.
4 認知症対応型共同生活介護,地域密着型特定施設入居者生活介護又は地域密着型介護老人福祉施設入所者生活介護につき第1項の申請があった場合において,当該市町村長は当該申請に係る事業所の所在地を含む区域(第117条第2項第1号の規定により当該市町村が定める区域とする.以下この号において「日常生活圏域」という.)における当該地域密着型サービスの利用定員の総数が,同条第1項の規定により当該市町村が定める市町村介護保険事業計画において定める当該市町村又は当該日常生活圏域の当該地域密着型サービスの必要利用定員総数に既に達しているか,又は当該申請に係る事業者の指定によってこれを超えることになると認めるとき,その他の当該市町村介護保険事業計画の達成に支障を生ずるおそれがあると認めるとき.

⑦ 市町村長は,第42条の2第1項本文の指定を行おうとするとき,又は前項第4号の規定により同条第1項本文の指定をしないこととするときは,あらかじめ,当該市町村が行う介護保険の被保険者その他の関係者の意見を反映させるために必要な措置を講ずるよう努めなければならない.
⑧ 市町村長は,第42条の2第1項本文の指定を行うに当たって,当該事業の適正な運営を確保するために必要と認める条件を付することができる.
⑨ 第1項の申請を受けた市町村長(以下この条において「被申請市町村長」という.)と所在地市町村長との協議により,第4項第4号の規定による同意を要しないことについて所在地市町村長の同意があるときは,同号の規定は適用しない.
⑩ 前項の規定にかかわらず第4項第4号の規定が適用されない場合であって,第1項の申請に係る事業所(所在地市町村長の管轄する区域にあるものに限る.)について,次の各号に掲げるときは,それぞれ当該各号で定める時に,当該申請者が,被申請市町村長による第42条の2第1項本文の指定があったものとみなす.
1 所在地市町村長が第42条の2第1項本文の指定をしたとき 当該指定がされた時
2 所在地市町村長による第42条の2第1項本文の指定がされているとき 被申請市町村長が当該事業所に係る地域密着型サービス事業を行う者から第1項の申請を受けた時
⑪ 第78条の10の規定による所在地市町村長による第42条の2第1項本文の指定の取消し若しくは効力の停止又は第78条の12において準用する第70条の2第1項若しくは第78条の15第1項若しくは第3項(同条第5項において準用する場合を

28 介護保険法（78条の3〜78条の10）

含む.）の規定による第42条の2第1項本文の指定の失効は，前項の規定により受けたものとみなされる被申請市町村長による第42条の2第1項本文の指定の効力に影響を及ぼさないものとする．

（指定地域密着型サービスの事業の基準）
第78条の3　① 指定地域密着型サービス事業者は，次条第2項又は第5項に規定する指定地域密着型サービスの事業の設備及び運営に関する基準に従い，要介護者の心身の状況等に応じて適切な指定地域密着型サービスを提供するとともに，自らその提供する指定地域密着型サービスの質の評価を行うことその他の措置を講ずることにより常に指定地域密着型サービスを受ける者の立場に立ってこれを提供するように努めなければならない．
② 指定地域密着型サービス事業者は，指定地域密着型サービスを受けようとする被保険者から提示された被保険者証に，認定審査会意見が記載されているときは，当該認定審査会意見に配慮して，当該被保険者に当該指定地域密着型サービスを提供するように努めなければならない．

第78条の4　① 指定地域密着型サービス事業者は，当該指定に係る事業所ごとに，市町村の条例で定める基準に従い市町村の条例で定める員数の当該指定地域密着型サービスに従事する従業者を有しなければならない．
② 前項に規定するもののほか，指定地域密着型サービスの事業の設備及び運営に関する基準は，市町村の条例で定める．
③ 市町村が前2項の条例を定めるに当たっては，第1号から第4号までに掲げる事項については厚生労働省令で定める基準に従い定めるものとし，第5号に掲げる事項については厚生労働省令で定める基準を標準として定めるものとし，その他の事項については厚生労働省令で定める基準を参酌するものとする．
　1　指定地域密着型サービスに従事する従業者に係る基準及び当該従業者の員数
　2　指定地域密着型サービスの事業に係る居室の床面積
　3　小規模多機能型居宅介護及び認知症対応型通所介護の事業に係る利用定員
　4　指定地域密着型サービスの事業の運営に関する事項であって，利用又は入所する要介護者のサービスの適切な利用，適切な処遇及び安全の確保並びに秘密の保持等に密接に関連するものとして厚生労働省令で定めるもの
　5　指定地域密着型サービスの事業（第3号に規定する事業を除く.）に係る利用定員
⑤ 市町村は，第3項の規定にかかわらず，同項第1号から第4号までに掲げる事項については，厚生労働省令で定める範囲内で，当該市町村における指定地域密着型サービスに従事する従業者に関する基準及び指定地域密着型サービスの事業の設備及び運営に関する基準を定めることができる．
〈④，⑥〜⑧（略）〉

（指定の辞退）
第78条の8　第42条の2第1項本文の指定を受けて地域密着型介護老人福祉施設入所者生活介護の事業を行う者は，1月以上の予告期間を設けて，その指定を辞退することができる．

（勧告，命令等）
第78条の9　① 市町村長は，指定地域密着型サービス事業者が，次の各号に掲げる場合に該当すると認めるときは，当該指定地域密着型サービス事業者に対し，期限を定めて，それぞれ当該各号に定める措置をとるべきことを勧告することができる．
　1　第78条の2第8項の規定により当該指定を行うに当たって付された条件に従わない場合　当該条件に従うこと．
　2　当該指定に係る事業所の従業者の知識若しくは技能又は人員について第78条の4第1項の市町村の条例で定める基準若しくは同項の市町村の条例で定める員数又は同条第5項に規定する指定地域密着型サービスに従事する従業者に関する基準を満たしていない場合　当該市町村の条例で定める基準若しくは当該市町村の条例で定める員数又は当該指定地域密着型サービスに従事する従業者に関する基準を満たすこと．
　3　第78条の4第2項又は第5項に規定する指定地域密着型サービスの事業の設備及び運営に関する基準に従って適正な指定地域密着型サービスの事業の運営をしていない場合　指定地域密着型サービスの事業の設備及び運営に関する基準に従って適正な指定地域密着型サービスの事業の運営をすること．
　4　第78条の4第7項に規定する便宜の提供を適正に行っていない場合　当該便宜の提供を適正に行うこと．
② 市町村長は，前項の規定による勧告をした場合において，その勧告を受けた指定地域密着型サービス事業者が同項の期限内にこれに従わなかったときは，その旨を公表することができる．
③ 市町村長は，第1項の規定による勧告を受けた指定地域密着型サービス事業者が，正当な理由がなくてその勧告に係る措置をとらなかったときは，当該指定地域密着型サービス事業者に対し，期限を定めて，その勧告に係る措置をとるべきことを命ずることができる．
〈④（略）〉

（指定の取消し等）
第78条の10　市町村長は，次の各号のいずれかに該当する場合においては，当該指定地域密着型サービス事業者に係る第42条の2第1項本文の指定を取り消し，又は期間を定めてその指定の全部若しくは一部の効力を停止することができる．
　1　指定地域密着型サービス事業者が，第78条の2第4項第4号の2から第5号の2まで，第9号（第5号の3に該当する者のあるものであるときを除く.），第10号（第5号の3に該当する者のあるものであるときを除く.），第11号（第5号の3に該当する者のあるときを除く.）又は第12号（第5号の3に該当する者であるときを除く.）のいずれかに該当するに至ったとき．
　2　指定地域密着型サービス事業者が，第78条の2第6項第3号から第3号の4までのいずれかに該当するに至ったとき．
　3　指定地域密着型サービス事業者が，第78条の2第8項の規定により当該指定を行うに当たって付された条件に違反したと認められるとき．
　4　指定地域密着型サービス事業者が，当該指定に係る事業所の従業者の知識若しくは技能又は人員について，第78条の4第1項の市町村の条例で定める基準若しくは同項の市町村の条例で定める員数又は同条第5項に規定する指定地域密着型サービスに従事する従業者に関する基準を満たすこと

ができなくなったとき.
5 指定地域密着型サービス事業者が,第78条の4第2項又は第5項に規定する指定地域密着型サービスの事業の設備及び運営に関する基準に従って適正な指定地域密着型サービスの事業の運営をすることができなくなったとき.
6 指定地域密着型サービス事業者が,第78条の4第8項に規定する義務に違反したと認められるとき.
7 指定地域密着型サービス事業者(地域密着型介護老人福祉施設入所者生活介護を行うものに限る.)が,第28条第5項(第29条第2項,第30条第2項,第31条第2項,第33条第4項,第33条の2第2項,第33条の3第2項及び第34条第2項において準用する場合を含む.第84条,第92条及び第104条において同じ.)の規定により調査の委託を受けた場合において,当該調査の結果について虚偽の報告をしたとき.
8 地域密着型介護サービス費の請求に関し不正があったとき.
9 指定地域密着型サービス事業者が,第78条の7第1項の規定により報告又は帳簿書類の提出若しくは提示を命ぜられてこれに従わず,又は虚偽の報告をしたとき.
10 指定地域密着型サービス事業者又は当該指定に係る事業所の従業者が,第78条の7第1項の規定により出頭を求められてこれに応ぜず,同項の規定による質問に対して答弁せず,若しくは虚偽の答弁をし,又は同項の規定による検査を拒み,妨げ,若しくは忌避したとき.ただし,当該指定に係る事業所の従業者がその行為をした場合において,その行為を防止するため,当該指定地域密着型サービス事業者が相当の注意及び監督を尽くしたときを除く.
11 指定地域密着型サービス事業者が,不正の手段により第42条の2第1項本文の指定を受けたとき.
12 前各号に掲げる場合のほか,指定地域密着型サービス事業者が,この法律その他国民の保健医療若しくは福祉に関する法律で政令で定めるもの又はこれらの法律に基づく命令若しくは処分に違反したとき.
13 前各号に掲げる場合のほか,指定地域密着型サービス事業者が,居宅サービス等に関し不正若しくは著しく不当な行為をしたとき.
14 指定地域密着型サービス事業者が法人である場合において,その役員等のうちに指定の取消し又は指定の全部若しくは一部の効力の停止をしようとするとき前5年以内に居宅サービス等に関し不正又は著しく不当な行為をした者があるとき.
15 指定地域密着型サービス事業者が法人でない事業所である場合において,その管理者が指定の取消し又は指定の全部若しくは一部の効力の停止をしようとするとき前5年以内に居宅サービス等に関し不正又は著しく不当な行為をした者であるとき.

(公募指定)
第78条の13 ① 市町村長は,第117条第1項の規定により当該市町村が定める市町村介護保険事業計画において定める同条第2項第1号の規定により当該市町村が定める区域における定期巡回・随時対応型訪問介護看護等(認知症対応型共同生活介護,地域密着型特定施設入居者生活介護及び地域密着型介護老人福祉施設入所者生活介護以外の地域密着型サービスであって,定期巡回・随時対応型訪問介護看護,小規模多機能型居宅介護その他の厚生労働省令で定めるものをいう.以下この項において同じ.)の見込量の確保及び質の向上のために特に必要があると認めるときは,その定める期間(以下「市町村長指定期間」という.)中は,当該見込量の確保のため公募により第42条の2第1項本文の指定を行うことが適当な区域として定める区域(以下「市町村長指定区域」という.)に所在する事業所(定期巡回・随時対応型訪問介護看護のうち当該市町村長が定める事業所(以下「市町村長指定定期巡回・随時対応型訪問介護看護等」という.)の事業を行う事業所に限る.以下「市町村長指定区域・サービス事業所」という.)に係る同項本文の指定を,公募により行うものとする.
② 市町村長指定期間中における市町村長指定区域・サービス事業所に係る第42条の2第1項本文の指定については,第78条の2の規定は適用しない.
③ 市町村長は,当該市町村長指定期間の開始日の前日までにされた市町村長指定区域・サービス事業所に係る第78条の2第1項の指定の申請であって,当該市町村長指定期間の開始の際,指定をするかどうかの処分がなされていないものについては,前項の規定にかかわらず,当該申請に対する処分を行うものとする.
④(略)

第78条の14 ① 前条第1項の規定により行われる第42条の2第1項本文の指定(以下「公募指定」という.)は,厚生労働省令で定めるところにより,市町村長指定定期巡回・随時対応型訪問介護看護等の種類及び当該市町村長指定定期巡回・随時対応型訪問介護看護等の種類に係る市町村長指定定期巡回・随時対応型訪問介護看護等の事業を行う事業所ごとに行い,当該公募指定をする市町村長がその長である市町村が行う介護保険の被保険者(特定地域密着型サービスに係る公募指定にあっては,当該市町村の区域内に所在する住所地特例対象施設に入所等をしている住所地特例適用要介護被保険者を含む.)に対する地域密着型介護サービス費及び特例地域密着型介護サービス費の支給について,その効力を有する.
②,③(略)

(公募指定の有効期間等)
第78条の15 ① 公募指定は,第78条の12において準用する第70条の2の規定にかかわらず,その指定の日から起算して6年を超えない範囲内で当該市町村長が定める期間を経過したときは,その効力を失う.
②(略)

第4節 指定居宅介護支援事業者
(指定居宅介護支援事業者の指定)
第79条 ① 第46条第1項の指定は,厚生労働省令で定めるところにより,居宅介護支援事業を行う事業所(以下この節において単に「事業所」という.)ごとに行う.
② 市町村長は,前項の申請があった場合において,次の各号のいずれかに該当するときは,第46条第1項の指定をしてはならない.
1 申請者が市町村の条例で定める者でないとき.
2 当該申請に係る事業所の介護支援専門員の人員が,第81条第1項の市町村の条例で定める員数を満たしていないとき.
3 申請者が,第81条第2項に規定する指定居宅介

28 介護保険法（79条の2〜81条）

護支援の事業の運営に関する基準に従って適正な居宅介護支援事業の運営をすることができないと認められるとき．

3の2　申請者が，禁錮以上の刑に処せられ，その執行を終わり，又は執行を受けることがなくなるまでの者であるとき．

4　申請者が，この法律その他国民の保健医療若しくは福祉に関する法律で政令で定めるものの規定により罰金の刑に処せられ，その執行を終わり，又は執行を受けることがなくなるまでの者であるとき．

4の2　申請者が，労働に関する法律の規定であって政令で定めるものにより罰金の刑に処せられ，その執行を終わり，又は執行を受けることがなくなるまでの者であるとき．

4の3　申請者が，保険料等について，当該申請をした日の前日までに，納付義務を定めた法律の規定に基づく滞納処分を受け，かつ，当該処分を受けた日から正当な理由なく3月以上の期間にわたり，当該処分を受けた日以降に納期限の到来した保険料等の全てを引き続き滞納している者であるとき．

5　申請者が，第84条第1項又は第115条の35第6項の規定により指定を取り消され，その取消しの日から起算して5年を経過しない者（当該指定を取り消された者が法人である場合においては，当該取消しの処分に係る行政手続法第15条の規定による通知があった日前60日以内に当該法人の役員等であった者で当該取消しの日から起算して5年を経過しないものを含み，当該指定を取り消された者が法人でない事業所である場合においては，当該通知があった日前60日以内に当該事業所の管理者であった者で当該取消しの日から起算して5年を経過しないものを含む．）であるとき．ただし，当該指定の取消しが，指定居宅介護支援事業者の指定の取消しのうち当該指定の取消しの処分の理由となった事実及び当該事実の発生を防止するための当該指定居宅介護支援事業者による業務管理体制の整備についての取組の状況その他の当該事実に関して当該指定居宅介護支援事業者が有していた責任の程度を考慮して，この号本文に規定する指定の取消しに該当しないこととすることが相当であると認められるものとして厚生労働省令で定めるものに該当する場合を除く．

5の2　申請者と密接な関係を有する者が，第84条第1項又は第115条の35第6項の規定により指定を取り消され，その取消しの日から起算して5年を経過していないとき．ただし，当該指定の取消しが，指定居宅介護支援事業者の指定の取消しのうち当該指定の取消しの処分の理由となった事実及び当該事実の発生を防止するための当該指定居宅介護支援事業者による業務管理体制の整備についての取組の状況その他の当該事実に関して当該指定居宅介護支援事業者が有していた責任の程度を考慮して，この号本文に規定する指定の取消しに該当しないこととすることが相当であると認められるものとして厚生労働省令で定めるものに該当する場合を除く．

6　申請者が，第84条第1項又は第115条の35第6項の規定による指定の取消しの処分に係る行政手続法第15条の規定による通知があった日又は処分をする日又は処分をしないことを決定する日までの間に第82条第2項の規定による事業の廃止の届出をした者（当該事業の廃止について相当の理由がある者を除く．）で，当該届出の日から起算して5年を経過しないものであるとき．

6の2　申請者が，第83条第1項の規定による検査が行われた日から聴聞決定予定日（当該検査の結果に基づき第84条第1項の規定による指定の取消しの処分に係る聴聞を行うか否かの決定をすることが見込まれる日として厚生労働省令で定めるところにより市町村長が当該申請者に当該検査が行われた日から10日以内に特定の日を通知した場合における当該特定の日をいう．）までの間に第82条第2項の規定による事業の廃止の届出をした者（当該事業の廃止について相当の理由がある者を除く．）で，当該届出の日から起算して5年を経過しないものであるとき．

6の3　第6号に規定する期間内に第82条第2項の規定による事業の廃止の届出があって，申請者が，同号の通知の日前60日以内に当該届出に係る法人（当該事業の廃止について相当の理由がある法人を除く．）の役員等又は当該届出に係る法人でない事業所（当該事業の廃止について相当の理由があるものを除く．）の管理者であった者で，当該届出の日から起算して5年を経過しないものであるとき．

7　申請者が，指定の申請前5年以内に居宅サービス等に関し不正又は著しく不当な行為をした者であるとき．

8　申請者が，法人で，その役員等のうちに第3号の2から第5号まで又は第6号から前号までのいずれかに該当する者のあるものであるとき．

9　申請者が，法人でない事業所で，その管理者が第3号の2から第5号まで又は第6号から第7号までのいずれかに該当する者であるとき．　《③（略）》

〔平26法83，平30・4・1施行〕

（指定の更新）
第79条の2　①　第46条第1項の指定は，6年ごとにその更新を受けなければ，その期間の経過によって，その効力を失う．　《②〜④（略）》

（指定居宅介護支援の事業の基準）
第80条　①　指定居宅介護支援事業者は，次条第2項に規定する指定居宅介護支援の事業の運営に関する基準に従い，要介護者の心身の状況に応じて適切な指定居宅介護支援を提供するとともに，自らその提供する指定居宅介護支援の質の評価を行うことその他の措置を講ずることにより常に指定居宅介護支援を受ける者の立場に立ってこれを提供するように努めなければならない．

②　指定居宅介護支援事業者は，指定居宅介護支援を受けようとする被保険者から提示された被保険者証に，認定審査会意見が記載されているときは，当該認定審査会意見に配慮して，当該被保険者に当該指定居宅介護支援を提供するように努めなければならない．

第81条　①　指定居宅介護支援事業者は，当該指定に係る事業所ごとに，市町村の条例で定める員数の介護支援専門員を有しなければならない．

②　前項に規定するもののほか，指定居宅介護支援の事業の運営に関する基準は，市町村の条例で定める．

③　市町村が前2項の条例を定めるに当たっては，次に掲げる事項については厚生労働省令で定める基準に従い定めるものとし，その他の事項については厚生労働省令で定める基準を参酌するものとする．

1　指定居宅介護支援に従事する従業者に係る基準

及び当該従業者の員数
2 指定居宅介護支援の事業の運営に関する事項であって、利用する要介護者のサービスの適切な利用、適切な処遇及び安全の確保並びに秘密の保持等に密接に関連するものとして厚生労働省令で定めるもの　　　　　　　　　　〔④、⑤(略)〕
〔平26法83, 平30・4・1施行〕
(勧告, 命令等)
第83条の2 ① 市町村長は、指定居宅介護支援事業者が、次の各号に掲げる場合に該当すると認めるときは、当該指定居宅介護支援事業者に対し、期限を定めて、それぞれ当該各号に定める措置をとるべきことを勧告することができる.
1 指定居宅介護支援事業所の介護支援専門員の人員について第81条第1項の市町村の条例で定める員数を満たしていない場合　当該市町村の条例で定める員数を満たすこと.
2 第81条第2項に規定する指定居宅介護支援の事業の運営に関する基準に従って適正な指定居宅介護支援の事業の運営をしていない場合　当該指定居宅介護支援の事業の運営に関する基準に従って適正な指定居宅介護支援の事業の運営をすること.
3 第81条第5項に規定する便宜の提供を適正に行っていない場合　当該便宜の提供を適正に行うこと.
② 市町村長は、前項の規定による勧告をした場合において、その勧告を受けた指定居宅介護支援事業者が同項の期限内にこれに従わなかったときは、その旨を公表することができる.
③ 市町村長は、第1項の規定による勧告を受けた指定居宅介護支援事業者が、正当な理由がなくてその勧告に係る措置をとらなかったときは、当該指定居宅介護支援事業者に対し、期限を定めて、その勧告に係る措置をとるべきことを命ずることができる.
〔④、⑤(略)〕〔平26法83, 平30・4・1施行〕
(指定の取消し等)
第84条 ① 市町村長は、次の各号のいずれかに該当する場合においては、当該指定居宅介護支援事業者に係る第46条第1項の指定を取り消し、又は期間を定めてその指定の全部若しくは一部の効力を停止することができる.
1 指定居宅介護支援事業者が、第79条第2項第3号の2から第4号の2まで、第8号(同項第4号の3に該当する者のあるものであるときを除く.)又は第9号(同項第4号の3に該当する者であるときを除く.)のいずれかに該当するに至ったとき.
2 指定居宅介護支援事業者が、当該指定に係る事業所の介護支援専門員の人員について、第81条第1項の市町村の条例で定める員数を満たすことができなくなったとき.〔平26法83, 平30・4・1施行〕
3 指定居宅介護支援事業者が、第81条第2項に規定する指定居宅介護支援の事業の運営に関する基準に従って適正な指定居宅介護支援の事業の運営をすることができなくなったとき.
4 指定居宅介護支援事業者が、第81条第6項に規定する義務に違反したと認められるとき.
5 第28条第5項の規定により調査の委託を受けた場合において、当該調査の結果について虚偽の報告をしたとき.
6 居宅介護サービス計画費の請求に関し不正が

あったとき.
7 指定居宅介護支援事業者が、第83条第1項の規定により報告又は帳簿書類の提出若しくは提示を命ぜられてこれに従わず、又は虚偽の報告をしたとき.
8 指定居宅介護支援事業者又は当該指定に係る事業所の従業者が、第83条第1項の規定により出頭を求められてこれに応ぜず、同項の規定による質問に対して答弁せず、若しくは虚偽の答弁をし、又は同項の規定による検査を拒み、妨げ、若しくは忌避したとき. ただし、当該指定に係る事業所の従業者がその行為をした場合において、その行為を防止するため、当該指定居宅介護支援事業者が相当の注意及び監督を尽くしたときを除く.
9 指定居宅介護支援事業者が、不正の手段により第46条第1項の指定を受けたとき.
10 前各号に掲げる場合のほか、指定居宅介護支援事業者が、この法律その他国民の保健医療若しくは福祉に関する法律で政令で定めるもの又はこれらの法律に基づく命令若しくは処分に違反したとき.
11 前各号に掲げる場合のほか、指定居宅介護支援事業者が、居宅サービス等に関し不正又は著しく不当な行為をしたとき.
12 指定居宅介護支援事業者の役員等のうちに、指定の取消し又は指定の全部若しくは一部の効力の停止をしようとするとき前5年以内に居宅サービス等に関し不正又は著しく不当な行為をした者があるとき.　　　　　　　　　　　　〈②(略)〉

第5節　介護保険施設
第1款　指定介護老人福祉施設
(指定介護老人福祉施設の指定)
第86条 ① 第48条第1項第1号の指定は、厚生労働省令で定めるところにより、老人福祉法第20条の5に規定する特別養護老人ホームのうち、その入所定員が30人以上であって都道府県の条例で定める数であるものの開設者の申請があったものについて行う.
② 都道府県知事は、前項の申請があった場合において、当該特別養護老人ホームが次の各号のいずれかに該当するときは、第48条第1項第1号の指定をしてはならない.
1 第88条第1項に規定する人員を有しないとき.
2 第88条第2項に規定する指定介護老人福祉施設の設備及び運営に関する基準に従って適正な介護老人福祉施設の運営をすることができないと認められるとき.
3 当該特別養護老人ホームの開設者が、この法律その他国民の保健医療若しくは福祉に関する法律で政令で定めるものの規定により罰金の刑に処せられ、その執行を終わり、又は執行を受けることがなくなるまでの者であるとき.
3の2 当該特別養護老人ホームの開設者が、労働に関する法律の規定であって政令で定めるものにより罰金の刑に処せられ、その執行を終わり、又は執行を受けることがなくなるまでの者であるとき.
3の3 当該特別養護老人ホームの開設者が、健康保険法、地方公務員等共済組合法、厚生年金保険法又は労働保険の保険料の徴収等に関する法律の定めるところにより納付義務を負う保険料、負担金又は掛金について、当該申請をした日の前日までに、これらの法律の規定に基づく滞納処分を受け、

28 介護保険法（86条の2～88条）

かつ，当該処分を受けた日から正当な理由なく3月以上の期間にわたり，当該処分を受けた日以降に納期限の到来した保険料，負担金又は掛金の全て（当該処分を受けた者が，当該処分に係る保険料，負担金又は掛金の納付義務を負うことを定める法律によって納付義務を負う保険料，負担金又は掛金に限る．）を引き続き滞納している者であるとき．
4　当該特別養護老人ホームの開設者が，第92条第1項又は第115条の35第6項の規定により指定を取り消され，その取消しの日から起算して5年を経過しない者であるとき．ただし，当該指定の取消しが，指定介護老人福祉施設の指定の取消しのうち当該取消しの処分の理由となった事実及び当該事実の発生を防止するための当該指定介護老人福祉施設の開設者による業務管理体制の整備についての取組の状況その他の当該事実に関して当該指定介護老人福祉施設の開設者が有していた責任の程度を考慮して，この号本文に規定する指定の取消しに該当しないこととすることが相当であると認められるものとして厚生労働省令で定めるものに該当する場合を除く．
5　当該特別養護老人ホームの開設者が，第92条第1項又は第115条の35第6項の規定による指定の取消しの処分に係る行政手続法第15条の規定による通知があった日から当該処分をする日又は処分をしないことを決定する日までの間に第91条の規定による指定の辞退をした者（当該指定の辞退について相当の理由がある者を除く．）で，当該指定の辞退の日から起算して5年を経過しないものであるとき．
5の2　当該特別養護老人ホームの開設者が，第90条第1項の規定による検査が行われた日から聴聞決定予定日（当該検査の結果に基づき第92条第1項の規定による指定の取消しの処分に係る聴聞を行うか否かの決定をすることが見込まれる日として厚生労働省令で定めるところにより都道府県知事が当該特別養護老人ホームの開設者に当該検査が行われた日から10日以内に特定の日を通知した場合における当該特定の日をいう．）までの間に第91条の規定による指定の辞退をした者（当該指定の辞退について相当の理由がある者を除く．）で，当該指定の辞退の日から起算して5年を経過しないものであるとき．
6　当該特別養護老人ホームの開設者が，指定の申請前5年以内に居宅サービス等に関し不正又は著しく不当な行為をした者であるとき．
7　当該特別養護老人ホームの開設者の役員又はその長のうちに次のいずれかに該当する者があるとき．
　イ　禁錮以上の刑に処せられ，その執行を終わり，又は執行を受けることがなくなるまでの者
　ロ　第3号，第3号の2又は前号に該当する者
　ハ　この法律，国民健康保険法又は国民年金法の定めるところにより納付義務を負う保険料（地方税法の例による国民健康保険税を含む．以下このハにおいて「保険料等」という．）について，当該申請をした日の前日までに，納付義務を定める法律の規定に基づく滞納処分を受け，かつ，当該処分を受けた日から正当な理由なく3月以上の期間にわたり，当該処分を受けた日以降に納期限の到来した保険料等の全て（当該処分を受け

た者が，当該処分に係る保険料等の納付義務を負うことを定める法律によって納付義務を負う保険料等に限る．）を引き続き滞納している者
　ニ　第92条第1項又は第115条の35第6項の規定により指定を取り消された特別養護老人ホームにおいて，当該取消しの処分に係る行政手続法第15条の規定による通知があった日前60日以内にその開設者の役員又はその長であった者で当該取消しの日から起算して5年を経過しないもの（当該指定の取消しが，指定介護老人福祉施設の指定の取消しのうち当該指定の取消しの処分の理由となった事実及び当該事実の発生を防止するための当該指定介護老人福祉施設の開設者による業務管理体制の整備についての取組の状況その他の当該事実に関して当該指定介護老人福祉施設の開設者が有していた責任の程度を考慮して，この号に規定する指定の取消しに該当しないこととすることが相当であると認められるものとして厚生労働省令で定めるものに該当する場合を除く．）
　ホ　第5号に規定する期間内に第91条の規定による指定の辞退をした特別養護老人ホーム（当該指定の辞退について相当の理由がある特別養護老人ホームを除く．）において，同号の通知の日前60日以内にその開設者の役員又はその長であった者で当該指定の辞退の日から起算して5年を経過しないもの
　　　　　　　　　　　　　　　　　　　　　⟨③(略)⟩

第86条の2　①　第48条第1項第1号の指定は，6年ごとにその更新を受けなければ，その期間の経過によって，その効力を失う．
　　　　　　　　　　　　　　　　　　　　　⟨②(略)⟩

（指定介護老人福祉施設の基準）
第87条　①　指定介護老人福祉施設の開設者は，次条第2項に規定する指定介護老人福祉施設の設備及び運営に関する基準に従い，要介護者の心身の状況等に応じて適切な指定介護福祉施設サービスを提供するとともに，自らその提供する指定介護福祉施設サービスの質の評価を行うことその他の措置を講ずることにより常に指定介護福祉施設サービスを受ける者の立場に立ってこれを提供するように努めなければならない．
②　指定介護老人福祉施設の開設者は，指定介護福祉施設サービスを受けようとする被保険者から提示された被保険者証に，認定審査会意見が記載されているときは，当該認定審査会意見に配慮して，当該被保険者に当該指定介護福祉施設サービスを提供するように努めなければならない．

第88条　①　指定介護老人福祉施設は，都道府県の条例で定める員数の介護支援専門員その他の指定介護福祉施設サービスに従事する従業者を有しなければならない．
②　前項に規定するもののほか，指定介護老人福祉施設の設備及び運営に関する基準は，都道府県の条例で定める．
③　都道府県が前2項の条例を定めるに当たっては，次に掲げる事項については厚生労働省令で定める基準に従い定めるものとし，その他の事項については厚生労働省令で定める基準を参酌するものとする．
1　指定介護福祉施設サービスに従事する従業者及びその員数
2　指定介護老人福祉施設に係る居室の床面積
3　指定介護老人福祉施設の運営に関する事項で

あって，入所する要介護者のサービスの適切な利用，適切な処遇及び安全の確保並びに秘密の保持に密接に関連するものとして厚生労働省令で定めるもの 〈④(略)〉

(指定の辞退)
第91条 指定介護老人福祉施設は，1月以上の予告期間を設けて，その指定を辞退することができる．

(勧告，命令等)
第91条の2 ① 都道府県知事は，指定介護老人福祉施設が，次の各号に掲げる場合に該当すると認めるときは，当該指定介護老人福祉施設の開設者に対し，期限を定めて，それぞれ当該各号に定める措置をとるべきことを勧告することができる．
1 その行う指定介護福祉施設サービスに従事する従業者の人員について第88条第1項の都道府県の条例で定める員数を満たしていない場合 当該都道府県の条例で定める員数を満たすこと．
2 第88条第2項に規定する指定介護老人福祉施設の設備及び運営に関する基準に従って適正な指定介護老人福祉施設の運営をしていない場合 当該指定介護老人福祉施設の設備及び運営に関する基準に従って適正な指定介護老人福祉施設の運営をすること．
3 第88条第5項に規定する便宜の提供を適正に行っていない場合 当該便宜の提供を適正に行うこと．
② 都道府県知事は，前項の規定による勧告をした場合において，その勧告を受けた指定介護老人福祉施設の開設者が同項の期限内にこれに従わなかったときは，その旨を公表することができる．
③ 都道府県知事は，第1項の規定による勧告を受けた指定介護老人福祉施設の開設者が，正当な理由がなくてその勧告に係る措置をとらなかったときは，当該指定介護老人福祉施設の開設者に対し，期限を定めて，その勧告に係る措置をとるべきことを命ずることができる． 〈④，⑤(略)〉

(指定の取消し等)
第92条 ① 都道府県知事は，次の各号のいずれかに該当する場合においては，当該指定介護老人福祉施設に係る第48条第1項第1号の指定を取り消し，又は期間を定めてその指定の全部若しくは一部の効力を停止することができる．
1 指定介護老人福祉施設が，第86条第2項第3号，第3号の2又は第7号（ハに該当する者があるときを除く．）のいずれかに該当するに至ったとき．
2 指定介護老人福祉施設が，その行う指定介護福祉施設サービスに従事する従業者の人員について，第88条第1項の都道府県の条例で定める員数を満たすことができなくなったとき．
3 指定介護老人福祉施設が，第88条第2項に規定する指定介護老人福祉施設の設備及び運営に関する基準に従って適正な指定介護老人福祉施設の運営をすることができなくなったとき．
4 指定介護老人福祉施設の開設者が，第88条第6項に規定する義務に違反したと認められるとき．
5 第28条第5項の規定により調査の委託を受けた場合において，当該調査の結果について虚偽の報告をしたとき．
6 施設介護サービス費の請求に関し不正があったとき．
7 指定介護老人福祉施設が，第90条第1項の規定により報告又は帳簿書類の提出若しくは提示を命

ぜられてこれに従わず，又は虚偽の報告をしたとき．
8 指定介護老人福祉施設の開設者又はその長若しくは従業者が，第90条第1項の規定により出頭を求められてこれに応ぜず，同項の規定による質問に対して答弁せず，若しくは虚偽の答弁をし，又は同項の規定による検査を拒み，妨げ，若しくは忌避したとき．ただし，当該指定介護老人福祉施設の従業者がその行為をした場合において，その行為を防止するため，当該指定介護老人福祉施設の開設者又はその長が相当の注意及び監督を尽くしたときを除く．
9 指定介護老人福祉施設の開設者が，不正の手段により第48条第1項第1号の指定を受けたとき．
10 前各号に掲げる場合のほか，指定介護老人福祉施設の開設者が，この法律その他国民の保健医療若しくは福祉に関する法律で政令で定めるもの又はこれらの法律に基づく命令若しくは処分に違反したとき．
11 前各号に掲げる場合のほか，指定介護老人福祉施設の開設者が，居宅サービス等に関し不正又は著しく不当な行為をしたとき．
12 指定介護老人福祉施設の開設者の役員又はその長のうちに，指定の取消し又は指定の全部若しくは一部の効力の停止をしようとするとき前5年以内に居宅サービス等に関し不正又は著しく不当な行為があるとき． 〈②(略)〉

第2款 介護老人保健施設

(開設許可)
第94条 ① 介護老人保健施設を開設しようとする者は，厚生労働省令で定めるところにより，都道府県知事の許可を受けなければならない．
② 介護老人保健施設を開設した者（以下「介護老人保健施設の開設者」という．）が，当該介護老人保健施設の入所定員その他厚生労働省令で定める事項を変更しようとするときも，前項と同様とする．
③ 都道府県知事は，前2項の許可の申請があった場合において，次の各号（前項の申請にあっては，第2号又は第3号）のいずれかに該当するときは，前2項の許可を与えることができない．
1 当該介護老人保健施設を開設しようとする者が，地方公共団体，医療法人，社会福祉法人その他厚生労働大臣が定める者でないとき．
2 当該介護老人保健施設が第97条第1項に規定する療養室，診察室及び機能訓練室並びに都道府県の条例で定める施設又は同条第2項の厚生労働省令及び都道府県の条例で定める人員を有しないとき．
3 第97条第3項に規定する介護老人保健施設の設備及び運営に関する基準に従って適正な介護老人保健施設の運営をすることができないと認められるとき．
4 申請者が，禁錮以上の刑に処せられ，その執行を終わり，又は執行を受けることがなくなるまでの者であるとき．
5 申請者が，この法律その他国民の保健医療若しくは福祉に関する法律で政令で定めるものの規定により罰金の刑に処せられ，その執行を終わり，又は執行を受けることがなくなるまでの者であるとき．
5の2 申請者が，労働に関する法律の規定であって政令で定めるものにより罰金の刑に処せられ，

28 介護保険法（94条の2〜97条）

その執行を終わり，又は執行を受けることがなくなるまでの者であるとき．
5の3 申請者が，保険料等について，当該申請をした日の前日までに，納付義務を定めた法律の規定に基づく滞納処分を受け，かつ，当該処分を受けた日から正当な理由なく3月以上の期間にわたり，当該処分を受けた日以降に納期限の到来した保険料等の全てを引き続き滞納している者であるとき．
6 申請者が，第104条第1項又は第115条の35第6項の規定により許可を取り消され，その取消しの日から起算して5年を経過しない者（当該許可を取り消された者が法人である場合においては，当該取消しの処分に係る行政手続法第15条の規定による通知があった日前60日以内に当該法人の役員又はその開設した介護老人保健施設を管理する者（以下「介護老人保健施設の管理者」という．）であった者で当該取消しの日から起算して5年を経過しないものを含み，当該許可を取り消された者が第1号の厚生労働大臣が定める者のうち法人でないものである場合においては，当該通知があった日前60日以内に当該者の開設した介護老人保健施設の管理者であった者で当該取消しの日から起算して5年を経過しないものを含む．）であるとき．ただし，当該取消しが，介護老人保健施設の許可の取消しのうち当該許可の取消しの処分の理由となった事実及び当該事実の発生を防止するための当該介護老人保健施設の開設者による業務管理体制の整備についての取組の状況その他の当該事実に関して当該介護老人保健施設の開設者が有していた責任の程度を考慮して，この号本文に規定する許可の取消しに該当しないこととすることが相当であると認められるものとして厚生労働省令で定めるものに該当する場合を除く．
7 申請者が，第104条第1項又は第115条の35第6項の規定による許可の取消しの処分に係る行政手続法第15条の規定による通知があった日から当該処分をする日又は処分をしないことを決定する日までの間に第99条第2項の規定による廃止の届出をした者（当該廃止について相当の理由がある者を除く．）で，当該届出の日から起算して5年を経過しないものであるとき．
7の2 申請者が，第100条第1項の規定による検査が行われた日から聴聞決定予定日（当該検査の結果に基づき第104条第1項の規定による許可の取消しの処分に係る聴聞を行うか否かの決定をすることが見込まれる日として厚生労働省令で定めるところにより都道府県知事が当該申請者に当該検査が行われた日から10日以内に特定の日を通知した場合における当該特定の日をいう．）までの間に第99条第2項の規定による廃止の届出をした者（当該廃止について相当の理由がある者を除く．）で，当該届出の日から起算して5年を経過しないものであるとき．
8 第7号に規定する期間内に第99条第2項の規定による廃止の届出があった場合において，申請者が，同号の通知の日前60日以内に当該届出に係る法人（当該廃止について相当の理由がある法人を除く．）の役員若しくはその開設した介護老人保健施設の管理者又は当該届出に係る第1号の厚生労働大臣が定める者のうち法人でないもの（当該廃止について相当の理由がある者を除く．）の開設した介護老人保健施設の管理者であった者で，当該届出の日から起算して5年を経過しないものであるとき．
9 申請者が，許可の申請前5年以内に居宅サービス等に関し不正又は著しく不当な行為をした者であるとき．
10 申請者が，法人で，その役員等のうちに第4号から前号までのいずれかに該当する者のあるものであるとき．
11 申請者が，第1号の厚生労働大臣が定める者のうち法人でないもので，その事業所を管理する者その他の政令で定める使用人のうちに第4号から第9号までのいずれかに該当する者のあるものであるとき．
④ 都道府県知事は，営利を目的として，介護老人保健施設を開設しようとする者に対しては，第1項の許可を与えないことができる．
⑤ 都道府県知事は，第1項の許可又は第2項の許可（入所定員の増加に係るものに限る．以下この項及び次項において同じ．）の申請があった場合において，当該申請に係る施設の所在地を含む区域（第118条第2項の規定により当該都道府県が定める区域とする．）における介護老人保健施設の入所定員の総数が，同条第1項の規定により当該都道府県が定める都道府県介護保険事業支援計画において定めるその区域の介護老人保健施設の必要入所定員総数に既に達しているか，又は当該申請に係る施設の開設若しくは入所定員の増加によりこれを超えることになると認めるとき，その他の当該都道府県介護保険事業支援計画の達成に支障を生ずるおそれがあると認めるときは，第1項の許可又は第2項の許可を与えないことができる． 《⑥(略)》

（許可の更新）
第94条の2 ① 前条第1項の許可は，6年ごとにその更新を受けなければ，その期間の経過によって，その効力を失う． 《②〜④(略)》

（介護老人保健施設の管理）
第95条 ① 介護老人保健施設の開設者は，都道府県知事の承認を受けた医師に当該介護老人保健施設を管理させなければならない．
② 前項の規定にかかわらず，介護老人保健施設の開設者は，都道府県知事の承認を受け，医師以外の者に当該介護老人保健施設を管理させることができる．

（介護老人保健施設の基準）
第96条 ① 介護老人保健施設の開設者は，次条第3項に規定する介護老人保健施設の設備及び運営に関する基準に従い，要介護者の心身の状況等に応じて適切な介護保健施設サービスを提供するとともに，自らその提供する介護保健施設サービスの質の評価を行うことその他の措置を講ずることにより常に介護保険施設サービスを受ける者の立場に立ってこれを提供するように努めなければならない．
② 介護老人保健施設の開設者は，介護保健施設サービスを受けようとする被保険者から提示された被保険者証に，認定審査会意見が記載されているときは，当該認定審査会意見に配慮して，当該被保険者に当該介護保健施設サービスを提供するように努めなければならない．
第97条 ① 介護老人保健施設は，厚生労働省令で定めるところにより療養室，診察室及び機能訓練室を有するほか，都道府県の条例で定める施設を有しな

ければならない．
② 介護老人保健施設は，厚生労働省令で定める員数の医師及び看護師のほか，都道府県の条例で定める員数の介護支援専門員及び介護その他の業務に従事する従業者を有しなければならない．
③ 前2項に規定するもののほか，介護老人保健施設の設備及び運営に関する基準は，都道府県の条例で定める．
④ 都道府県が前3項の条例を定めるに当たっては，次に掲げる事項については厚生労働省令で定める基準に従い定めるものとし，その他の事項については厚生労働省令で定める基準を参酌するものとする．
1 介護支援専門員及び介護その他の業務に従事する従業者並びにそれらの員数
2 介護老人保健施設の運営に関する事項であって，入所する要介護者のサービスの適切な利用，適切な処遇及び安全の確保並びに秘密の保持に密接に関連するものとして厚生労働省令で定めるもの
〈⑤～⑦（略）〉

(広告制限)
第98条 ① 介護老人保健施設に関しては，文書その他いかなる方法によるを問わず，何人も次に掲げる事項を除くほか，これを広告してはならない．
1 介護老人保健施設の名称，電話番号及び所在の場所を表示する事項
2 介護老人保健施設に勤務する医師及び看護師の氏名
3 前2号に掲げる事項のほか，厚生労働大臣の定める事項
4 その他都道府県知事の許可を受けた事項
② 厚生労働大臣は，前項第3号に掲げる事項の広告の方法について，厚生労働省令で定めるところにより，必要な定めをすることができる．

(設備の使用制限等)
第101条 都道府県知事は，介護老人保健施設が，第97条第1項に規定する療養室，診察室及び機能訓練室並びに都道府県の条例で定める施設を有しなくなったとき，又は同条第3項に規定する介護老人保健施設の設備及び運営に関する基準（設備に関する部分に限る．）に適合しなくなったときは，当該介護老人保健施設の開設者に対し，期限を定めて，その全部若しくは一部の使用を制限し，若しくは禁止し，又は期限を定めて，修繕若しくは改築を命ずることができる．

(変更命令)
第102条 ① 都道府県知事は，介護老人保健施設の管理者が介護老人保健施設の管理者として不適当であると認めるときは，当該介護老人保健施設の開設者に対し，期限を定めて，介護老人保健施設の管理者の変更を命ずることができる．
② 厚生労働大臣は，前項に規定する都道府県知事の権限に属する事務について，入所している者の生命又は身体の安全を確保するため緊急の必要があると認めるときは，都道府県知事に対し同項の事務を行うことを指示することができる．

(業務運営の勧告，命令等)
第103条 ① 都道府県知事は，介護老人保健施設が，次の各号に掲げる場合に該当すると認めるときは，当該介護老人保健施設の開設者に対し，期限を定めて，それぞれ当該各号に定める措置をとるべきことを勧告することができる．
1 その業務に従事する従業者の人員について第97条第2項の厚生労働省令又は都道府県の条例で定める員数を満たしていない場合　当該厚生労働省令又は都道府県の条例で定める員数を満たすこと．
2 第97条第3項に規定する介護老人保健施設の設備及び運営に関する基準（運営に関する部分に限る．）に適合していない場合当該介護老人保健施設の設備及び運営に関する基準に適合すること．
3 第97条第6項に規定する便宜の提供を適正に行っていない場合　当該便宜の提供を適正に行うこと．
② 都道府県知事は，前項の規定による勧告をした場合において，その勧告を受けた介護老人保健施設の開設者が，同項の期限内にこれに従わなかったときは，その旨を公表することができる．
③ 都道府県知事は，第1項の規定による勧告を受けた介護老人保健施設の開設者が，正当な理由がなくてその勧告に係る措置をとらなかったときは，当該介護老人保健施設の開設者に対し，期限を定めて，その勧告に係る措置をとるべきことを命じ，又は期間を定めて，その業務の停止を命ずることができる．
④ 都道府県知事は，前項の規定による命令をした場合においては，その旨を公示しなければならない．
⑤ 市町村長は，保険給付に係る介護保健施設サービスを行った介護老人保健施設について，第1項各号に掲げる場合のいずれかに該当すると認めるときは，その旨を当該介護老人保健施設の所在地の都道府県知事に通知しなければならない．

(許可の取消し等)
第104条 ① 都道府県知事は，次の各号のいずれかに該当する場合においては，当該介護老人保健施設に係る第94条第1項の許可を取り消し，又は期間を定めてその許可の全部若しくは一部の効力を停止することができる．
1 介護老人保健施設の開設者が，第94条第1項の許可を受けた後正当な理由がないのに，6月以上その業務を開始しないとき．
2 介護老人保健施設が，第94条第3項第4号から第5号の2まで，第10号（第5号の3に該当する者のあるものであるときを除く．）又は第11号（第5号の3に該当する者のあるものであるときを除く．）のいずれかに該当するに至ったとき．
3 介護老人保健施設の開設者が，第97条第7項に規定する義務に違反したと認められるとき．
4 介護老人保健施設の開設者に犯罪又は医事に関する不正行為があったとき．
5 第28条第5項の規定により調査の委託を受けた場合において，当該調査の結果について虚偽の報告をしたとき．
6 施設介護サービス費の請求に関し不正があったとき．
7 介護老人保健施設の開設者等が，第100条第1項の規定により報告又は診療録その他の帳簿書類の提出若しくは提示を命ぜられてこれに従わず，又は虚偽の報告をしたとき．
8 介護老人保健施設の開設者が，第100条第1項の規定により出頭を求められてこれに応ぜず，同項の規定による質問に対して答弁せず，若しくは虚偽の答弁をし，又は同項の規定による検査を拒み，妨げ，若しくは忌避したとき．ただし，当該介護老人保健施設の従業者がその行為をした場合

において、その行為を防止するため、当該介護老人保健施設の開設者又は当該介護老人保健施設の管理者が相当の注意及び監督を尽くしたときを除く。
9 前各号に掲げる場合のほか、介護老人保健施設の開設者が、この法律その他国民の保健医療若しくは福祉に関する法律で政令で定めるもの又はこれらの法律に基づく命令若しくは処分に違反したとき。
10 前各号に掲げる場合のほか、介護老人保健施設の開設者が、居宅サービス等に関し不正又は著しく不当な行為をしたとき。
11 介護老人保健施設の開設者が法人である場合において、その役員又は当該介護老人保健施設の管理者のうちに許可の取消し又は許可の全部若しくは一部の効力の停止をしようとするとき前5年以内に居宅サービス等に関し不正又は著しく不当な行為をした者があるとき。
12 介護老人保健施設の開設者が第94条第3項第1号の厚生労働大臣が定める者のうち法人でないものである場合において、その管理者が許可の取消し又は許可の全部若しくは一部の効力の停止をしようとするとき前5年以内に居宅サービス等に関し不正又は著しく不当な行為をした者であるとき。
③ 厚生労働大臣は、第1項に規定する都道府県知事の権限に属する事務について、介護老人保健施設に入所している者の生命又は身体の安全を確保するため緊急の必要があると認めるときは、都道府県知事に対し同項の事務を行うことを指示することができる。　　　　　　　　　　　　　　　　〈②(略)〉

第6節　指定介護予防サービス事業者
(指定介護予防サービス事業者の指定)
第115条の2 ① 第53条第1項本文の指定は、厚生労働省令で定めるところにより、介護予防サービス事業を行う者の申請により、介護予防サービスの種類及び当該介護予防サービスの種類に係る介護予防サービス事業を行う事業所（以下この節において「事業所」という。）ごとに行う。
② 都道府県知事は、前項の申請があった場合において、次の各号（病院等により行われる介護予防居宅療養管理指導又は病院若しくは診療所により行われる介護予防訪問看護、介護予防訪問リハビリテーション、介護予防通所リハビリテーション若しくは介護予防短期入所療養介護に係る指定の申請にあっては、第6号の2、第6号の3、第10号の2及び第12号を除く。）のいずれかに該当するときは、第53条第1項本文の指定をしてはならない。
1 申請者が都道府県の条例で定める者でないとき。
2 当該申請に係る事業所の従業者の知識及び技能並びに人員が、第115条の4第1項の都道府県の条例で定める基準及び同項の都道府県の条例で定める員数を満たしていないとき。
3 申請者が、第115条の4第2項に規定する指定介護予防サービスに係る介護予防のための効果的な支援の方法に関する基準又は指定介護予防サービスの事業の設備及び運営に関する基準に従って適正な介護予防サービス事業の運営をすることができないと認められるとき。
4 申請者が、禁錮以上の刑に処せられ、その執行を終わり、又は執行を受けることがなくなるまでの者であるとき。
5 申請者が、この法律その他国民の保健医療若しくは福祉に関する法律で政令で定めるものの規定により罰金の刑に処せられ、その執行を終わり、又は執行を受けることがなくなるまでの者であるとき。
5の2 申請者が、労働に関する法律の規定であって政令で定めるものにより罰金の刑に処せられ、その執行を終わり、又は執行を受けることがなくなるまでの者であるとき。
5の3 申請者が、保険料等について、当該申請をした日の前日までに、納付義務を定めた法律の規定に基づく滞納処分を受け、かつ、当該処分を受けた日から正当な理由なく3月以上の期間にわたり、当該処分を受けた日以降に納期限の到来した保険料等の全てを引き続き滞納している者であるとき。
6 申請者（介護予防特定施設入居者生活介護に係る指定の申請者を除く。）が、第115条の9第1項又は第115条の35第6項の規定により指定（介護予防特定施設入居者生活介護に係る指定を除く。）を取り消され、その取消しの日から起算して5年を経過しない者（当該指定を取り消された者が法人である場合においては、当該取消しの処分に係る行政手続法第15条の規定による通知があった日前60日以内に当該法人の役員等であった者で当該取消しの日から起算して5年を経過しないものを含み、当該指定を取り消された者が法人でない事業所である場合においては、当該通知があった日前60日以内に当該事業所の管理者であった者で当該取消しの日から起算して5年を経過しないものを含む。）であるとき。ただし、当該指定の取消しが、指定介護予防サービス事業者の指定の取消しのうち当該指定の取消しの処分の理由となった事実及び当該事実の発生を防止するための当該指定介護予防サービス事業者による業務管理体制の整備についての取組の状況その他の当該事実に関して当該指定介護予防サービス事業者が有していた責任の程度を考慮して、この号本文に規定する指定の取消しに該当しないこととすることが相当であると認められるものとして厚生労働省令で定めるものに該当する場合を除く。
6の2 申請者（介護予防特定施設入居者生活介護に係る指定の申請者に限る。）が、第115条の9第1項又は第115条の35第6項の規定により指定（介護予防特定施設入居者生活介護に係る指定に限る。）を取り消され、その取消しの日から起算して5年を経過しない者（当該取消しの処分に係る行政手続法第15条の規定による通知があった日前60日以内に当該法人の役員等であった者で当該取消しの日から起算して5年を経過しないものを含み、当該指定を取り消された者が法人でない事業所である場合においては、当該通知があった日前60日以内に当該事業所の管理者であった者で当該取消しの日から起算して5年を経過しないものを含む。）であるとき。ただし、当該指定の取消しが、指定介護予防サービス事業者の指定の取消しのうち当該指定の取消しの処分の理由となった事実及び当該事実の発生を防止するための当該指定介護予防サービス事業者による業務管理体制の整備についての取組の状況その他の当該事実に関して当該指定介護予防サービス事業者が有していた責任の程度を考慮して、この号本文に規定する指定の取消しに該当しないこととする

ことが相当であると認められるものとして厚生労働省令で定めるものに該当する場合を除く．

6の3 申請者と密接な関係を有する者が，第115条の9第1項又は第115条の35第6項の規定により指定を取り消され，その取消しの日から起算して5年を経過していないとき．ただし，当該指定の取消しが，指定介護予防サービス事業者の指定の取消しのうち当該指定の取消しの処分の理由となった事実及び当該事実の発生を防止するための当該指定介護予防サービス事業者による業務管理体制の整備についての取組の状況その他の当該事実に関して当該指定介護予防サービス事業者が有していた責任の程度を考慮して，この号本文に規定するところに該当しないこととすることが相当であると認められるものとして厚生労働省令で定めるものに該当する場合を除く．

7 申請者が，第115条の9第1項又は第115条の35第6項の規定による指定の取消しの処分に係る行政手続法第15条の規定による通知があった日から当該処分をする日又は処分をしないことを決定する日までの間に第115条の5第2項の規定による事業の廃止の届出をした者（当該事業の廃止について相当の理由がある者を除く．）で，当該届出の日から起算して5年を経過しないものであるとき．

7の2 申請者が，第115条の7第1項の規定による検査が行われた日から聴聞決定予定日（当該検査の結果に基づき第115条の9第1項又は第115条の35第6項の規定による指定の取消しの処分に係る聴聞を行うか否かの決定をすることが見込まれる日として厚生労働省令で定めるところにより都道府県知事が当該申請者に当該検査が行われた日から10日以内に特定の日を通知した場合における当該特定の日をいう．）までの間に第115条の5第2項の規定による事業の廃止の届出をした者（当該事業の廃止について相当の理由がある者を除く．）で，当該届出の日から起算して5年を経過しないものであるとき．

8 第7号に規定する期間内に第115条の5第2項の規定による事業の廃止の届出があった場合において，申請者が，同号の通知の日前60日以内に当該届出に係る法人（当該事業の廃止について相当の理由がある法人を除く．）の役員等又は当該届出に係る法人でない事業所（当該事業の廃止について相当の理由があるものを除く．）の管理者であった者で，当該届出の日から起算して5年を経過しないものであるとき．

9 申請者が，指定の申請前5年以内に居宅サービス等に関し不正又は著しく不当な行為をした者であるとき．

10 申請者（介護予防特定施設入居者生活介護に係る指定の申請者を除く．）が，法人で，その役員等のうちに第4号から第6号まで又は第7号から前号までのいずれかに該当する者のあるものであるとき．

10の2 申請者（介護予防特定施設入居者生活介護に係る指定の申請者に限る．）が，法人で，その役員等のうちに第4号から第5号の3まで，第6号の2又は第7号から第9号までのいずれかに該当する者のあるものであるとき．

11 申請者（介護予防特定施設入居者生活介護に係る指定の申請者を除く．）が，法人でない事業所で，その管理者が第4号から第6号まで又は第7号から第9号までのいずれかに該当する者であるとき．

12 申請者（介護予防特定施設入居者生活介護に係る指定の申請者に限る．）が，法人でない事業所で，その管理者が第4号から第5号の3まで，第6号の2又は第7号から第9号までのいずれかに該当する者であるとき．

③ 都道府県が前項第1号の条例を定めるに当たっては，厚生労働省令で定める基準に従い定めるものとする．

（指定介護予防サービスの事業の基準）

第115条の3 ① 指定介護予防サービス事業者は，次条第2項に規定する指定介護予防サービスに係る介護予防のための効果的な支援の方法に関する基準及び指定介護予防サービスの事業の設備及び運営に関する基準に従い，要支援者の心身の状況等に応じて適切な指定介護予防サービスを提供するとともに，自らその提供する指定介護予防サービスの質の評価を行うことその他の措置を講ずることにより常に指定介護予防サービスを受ける者の立場に立ってこれを提供するように努めなければならない．

② 指定介護予防サービス事業者は，指定介護予防サービスを受けようとする被保険者から提示された被保険者証に，認定審査会意見が記載されているときは，当該認定審査会意見に配慮して，当該被保険者に当該指定介護予防サービスを提供するように努めなければならない．

第115条の4 ① 指定介護予防サービス事業者は，当該指定に係る事業所ごとに，都道府県の条例で定める基準に従い都道府県の条例で定める員数の当該指定介護予防サービスに従事する従業者を有しなければならない．

② 前項に規定するもののほか，指定介護予防サービスに係る介護予防のための効果的な支援の方法に関する基準及び指定介護予防サービスの事業の設備及び運営に関する基準は，都道府県の条例で定める．

③ 都道府県が前2項の条例を定めるに当たっては，第1号から第3号までに掲げる事項については厚生労働省令で定める基準に従い定めるものとし，第4号に掲げる事項については厚生労働省令で定める基準を標準として定めるものとし，その他の事項については厚生労働省令で定める基準を参酌するものとする．

1 指定介護予防サービスに従事する従業者に係る基準及び当該従業者の員数
2 指定介護予防サービスの事業に係る居室，療養室及び病室の床面積
3 指定介護予防サービスの事業の運営に関する事項であって，利用する要支援者のサービスの適切な利用，適切な処遇及び安全の確保並びに秘密の保持等に密接に関連するものとして厚生労働省令で定めるもの
4 指定介護予防サービスの事業に係る利用定員

〈④，⑤（略）〉

（勧告，命令等）

第115条の8 ① 都道府県知事は，指定介護予防サービス事業者が，次の各号に掲げる場合に該当すると認めるときは，当該指定介護予防サービス事業者に対し，期限を定めて，それぞれ当該各号に定める措置をとるべきことを勧告することができる．

1 当該指定に係る事業所の従業者の知識若しくは

技能又は人員について第115条の4第1項の都道府県の条例で定める基準又は同項の都道府県の条例で定める員数を満たしていない場合　当該都道府県の条例で定める基準又は当該都道府県の条例で定める員数を満たすこと.

2　第115条の4第2項に規定する指定介護予防サービスに係る介護予防のための効果的な支援の方法に関する基準又は指定介護予防サービスの事業の設備及び運営に関する基準に従って適正な指定介護予防サービスの事業の運営をしていない場合　当該指定介護予防サービスに係る介護予防のための効果的な支援の方法に関する基準又は指定介護予防サービスの事業の設備及び運営に関する基準に従って適正な指定介護予防サービスの事業の運営をすること.

3　第115条の4第5項に規定する便宜の提供を適正に行っていない場合　当該便宜の提供を適正に行うこと.

② 都道府県知事は,前項の規定による勧告をした場合において,その勧告を受けた指定介護予防サービス事業者が同項の期限内にこれに従わなかったときは,その旨を公表することができる.

③ 都道府県知事は,第1項の規定による勧告を受けた指定介護予防サービス事業者が,正当な理由がなくてその勧告に係る措置をとらなかったときは,当該指定介護予防サービス事業者に対し,期限を定めて,その勧告に係る措置をとるべきことを命ずることができる.　〈④,⑤(略)〉

(指定の取消し等)

第115条の9 ① 都道府県知事は,次の各号のいずれかに該当する場合においては,当該指定介護予防サービス事業者に係る第53条第1項本文の指定を取り消し,又は期間を定めてその指定の全部若しくは一部の効力を停止することができる.

1　指定介護予防サービス事業者が,第115条の2第2項第4号から第5号の2まで,第10号(第5号の3に該当する者のあるものであるときを除く.),第10号の2(第5号の3に該当する者のあるものであるときを除く.),第11号(第5号の3に該当する者であるときを除く.)又は第12号(第5号の3に該当する者であるときを除く.)のいずれかに該当するに至ったとき.

2　指定介護予防サービス事業者が,当該指定に係る事業所の従業者の知識若しくは技能又は人員について,第115条の4第1項の都道府県の条例で定める基準又は同項の都道府県の条例で定める員数を満たすことができなくなったとき.

3　指定介護予防サービス事業者が,第115条の4第2項に規定する指定介護予防サービスに係る介護予防のための効果的な支援の方法に関する基準又は指定介護予防サービスの事業の設備及び運営に関する基準に従って適正な介護予防サービスの事業の運営をすることができなくなったとき.

4　指定介護予防サービス事業者が,第115条の4第6項に規定する義務に違反したと認められるとき.

5　介護予防サービス費の請求に関し不正があったとき.

6　指定介護予防サービス事業者が,第115条の7第1項の規定により報告又は帳簿書類の提出若しくは提示を命ぜられてこれに従わず,又は虚偽の報告をしたとき.

7　指定介護予防サービス事業者又は当該指定に係る事業所の従業者が,第115条の7第1項の規定により出頭を求められてこれに応ぜず,同項の規定による質問に対して答弁せず,若しくは虚偽の答弁をし,又は同項の規定による検査を拒み,妨げ,若しくは忌避したとき.ただし,当該指定に係る事業所の従業者がその行為をした場合において,その行為を防止するため,当該指定介護予防サービス事業者が相当の注意及び監督を尽くしたときを除く.

8　指定介護予防サービス事業者が,不正の手段により第53条第1項本文の指定を受けたとき.

9　前各号に掲げる場合のほか,指定介護予防サービス事業者が,この法律その他国民の保健医療若しくは福祉に関する法律で政令で定めるもの又はこれらの法律に基づく命令若しくは処分に違反したとき.

10　前各号に掲げる場合のほか,指定介護予防サービス事業者が,居宅サービス等に関し不正又は著しく不当な行為をしたとき.

11　指定介護予防サービス事業者が法人である場合において,その役員等のうちに指定の取消し又は指定の全部若しくは一部の効力の停止をしようとするとき前5年以内に居宅サービス等に関し不正又は著しく不当な行為をした者があるとき.

12　指定介護予防サービス事業者が法人でない事業所である場合において,その管理者が指定の取消し又は指定の全部若しくは一部の効力の停止をしようとするとき前5年以内に居宅サービス等に関し不正又は著しく不当な行為をした者であるとき.

〈②(略)〉

第7節　指定地域密着型介護予防サービス事業者

(指定地域密着型介護予防サービス事業者の指定)

第115条の12 ① 第54条の2第1項本文の指定は,厚生労働省令で定めるところにより,地域密着型介護予防サービス事業を行う者の申請により,地域密着型介護予防サービスの種類及び当該地域密着型介護予防サービスの種類に係る地域密着型介護予防サービスを行う事業所(以下この節において「事業所」という.)ごとに行い,当該指定をする市町村長が行う介護保険の被保険者(特定地域密着型介護予防サービスに係る指定にあっては,当該市町村の区域内に所在する住所地特例対象施設に入所等をしている住所地特例適用居宅要支援被保険者を含む.)に対する地域密着型介護予防サービス費及び特例地域密着型介護予防サービス費の支給について,その効力を有する.

② 市町村長は,前項の申請があった場合において,次の各号のいずれかに該当するときは,第54条の2第1項本文の指定をしてはならない.

1　申請者が市町村の条例で定める者でないとき.

2　当該申請に係る事業所の従業者の知識及び技能並びに人員が,第115条の14第1項の市町村の条例で定める基準若しくは同項の市町村の条例で定める員数又は同条第5項に規定する指定地域密着型介護予防サービスに従事する従業者に関する基準を満たしていないとき.

3　申請者が,第115条の14第2項又は第5項に規定する指定地域密着型介護予防サービスに係る介護予防のための効果的な支援の方法に関する基準又は指定地域密着型介護予防サービスの事業の設

(1) 医療保険・介護保険

備及び運営に関する基準に従って適正な地域密着型介護予防サービス事業の運営をすることができないと認められるとき．

4 当該申請に係る事業所が当該市町村の区域の外にある場合であって，その所在地の市町村長の同意を得ていないとき．

4の2 禁錮以上の刑に処せられ，その執行を終わり，又は執行を受けることがなくなるまでの者であるとき．

5 申請者が，この法律その他国民の保健医療若しくは福祉に関する法律で政令で定めるものの規定により罰金の刑に処せられ，その執行を終わり，又は執行を受けることがなくなるまでの者であるとき．

5の2 申請者が，労働に関する法律の規定であって政令で定めるものにより罰金の刑に処せられ，その執行を終わり，又は執行を受けることがなくなるまでの者であるとき．

5の3 申請者が，保険料等について，当該申請をした日の前日までに，納付義務を定めた法律の規定に基づく滞納処分を受け，かつ，当該処分を受けた日から正当な理由なく3月以上の期間にわたり，当該処分を受けた日以降に納期限の到来した保険料等の全てを引き続き滞納している者であるとき．

6 申請者（介護予防認知症対応型共同生活介護に係る指定の申請者に限る．）が，第115条の19（第2号から第5号までを除く．）の規定により指定（介護予防認知症対応型共同生活介護に係る指定を除く．）を取り消され，その取消しの日から起算して5年を経過しない者（当該指定を取り消された者が法人である場合においては，当該取消しの処分に係る行政手続法第15条の規定による通知があった日前60日以内に当該法人の役員等であった者で当該取消しの日から起算して5年を経過しないものを含み，当該指定を取り消された者が法人でない事業所である場合においては，当該通知があった日前60日以内に当該事業所の管理者であった者で当該取消しの日から起算して5年を経過しないものを含む．）であるとき．ただし，当該指定の取消しが，指定地域密着型介護予防サービス事業者の指定の取消しのうち当該指定の取消しの処分の理由となった事実及び当該事実の発生を防止するための当該指定地域密着型介護予防サービス事業者による業務管理体制の整備についての取組の状況その他の当該事実に関して当該指定地域密着型介護予防サービス事業者が有していた責任の程度を考慮して，この号本文に規定する指定の取消しに該当しないこととすることが相当であると認められるものとして厚生労働省令で定めるものに該当する場合を除く．

6の2 申請者（介護予防認知症対応型共同生活介護に係る指定の申請者に限る．）が，第115条の19（第2号から第5号までを除く．）の規定により指定（介護予防認知症対応型共同生活介護に係る指定に限る．）を取り消され，その取消しの日から起算して5年を経過しない者（当該指定を取り消された者が法人である場合においては，当該取消しの処分に係る行政手続法第15条の規定による通知があった日前60日以内に当該法人の役員等であった者で当該取消しの日から起算して5年を経過しないものを含み，当該指定を取り消された者が法人でない事業所である場合においては，当該通知があった日前60日以内に当該事業所の

管理者であった者で当該取消しの日から起算して5年を経過しないものを含む．）であるとき．ただし，当該指定の取消しが，指定地域密着型介護予防サービス事業者の指定の取消しのうち当該指定の取消しの処分の理由となった事実及び当該事実の発生を防止するための当該指定地域密着型介護予防サービス事業者による業務管理体制の整備についての取組の状況その他の当該事実に関して当該指定地域密着型介護予防サービス事業者が有していた責任の程度を考慮して，この号本文に規定する指定の取消しに該当しないこととすることが相当であると認められるものとして厚生労働省令で定めるものに該当する場合を除く．

6の3 申請者と密接な関係を有する者が，第115条の19（第2号から第5号までを除く．）の規定により指定を取り消され，その取消しの日から起算して5年を経過しないとき．ただし，当該指定の取消しが，指定地域密着型介護予防サービス事業者の指定の取消しのうち当該指定の取消しの処分の理由となった事実及び当該事実の発生を防止するための当該指定地域密着型介護予防サービス事業者による業務管理体制の整備についての取組の状況その他の当該事実に関して当該指定地域密着型介護予防サービス事業者が有していた責任の程度を考慮して，この号本文に規定する指定の取消しに該当しないこととすることが相当であると認められるものとして厚生労働省令で定めるものに該当する場合を除く．

7 申請者が，第115条の19（第2号から第5号までを除く．）の規定による指定の取消しの処分に係る行政手続法第15条の規定による通知があった日から当該処分をする日又は処分をしないことを決定する日までの間に第115条の15第2項の規定による事業の廃止の届出をした者（当該事業の廃止について相当の理由がある者を除く．）で，当該届出の日から起算して5年を経過しないものであるとき．

7の2 前号に規定する期間内に第115条の15第2項の規定による事業の廃止の届出があった場合において，申請者が，同号の通知の日前60日以内に当該届出に係る法人（当該事業の廃止について相当の理由がある法人を除く．）の役員等又は当該届出に係る法人でない事業所（当該事業の廃止について相当の理由があるものを除く．）の管理者であった者で，当該届出の日から起算して5年を経過しないものであるとき．

8 申請者が，指定の申請前5年以内に居宅サービス等に関し不正又は著しく不当な行為をした者であるとき．

9 申請者（介護予防認知症対応型共同生活介護に係る指定の申請者を除く．）が，法人で，その役員等のうちに第4号の2から第6号まで又は前3号のいずれかに該当する者のあるものであるとき．

10 申請者（介護予防認知症対応型共同生活介護に係る指定の申請者に限る．）が，法人で，その役員等のうちに第4号の2から第5号の3まで，第6号の2又は第7号から第8号までのいずれかに該当する者のあるものであるとき．

11 申請者（介護予防認知症対応型共同生活介護に係る指定の申請者を除く．）が，法人でない事業所で，その管理者が第4号の2から第6号まで又は第7号から第8号までのいずれかに該当する者で

あるとき.
12 申請者(介護予防認知症対応型共同生活介護に係る指定の申請者に限る.)が,法人でない事業所で,その管理者が第4号の2から第5号の3まで,第6号の2又は第7号から第8号までのいずれかに該当する者であるとき.
③ 前項の条例を定めるに当たっては,厚生労働省令で定める基準に従い定めるものとする.
④ 市町村長は,第1項の申請があった場合において,次の各号のいずれかに該当するときは,第54条の2第1項本文の指定をしないことができる.
1 申請者(介護予防認知症対応型共同生活介護に係る指定の申請者を除く.)が,第115条の19第2号から第5号までの規定により指定(介護予防認知症対応型共同生活介護に係る指定を除く.)を取り消され,その取消しの日から起算して5年を経過しない者(当該指定を取り消された者が法人である場合においては,当該取消しの処分に係る行政手続法第15条の規定による通知があった日前60日以内に当該法人の役員等であった者で当該取消しの日から起算して5年を経過しないものを含み,当該指定を取り消された者が法人でない事業所である場合においては,当該通知があった日前60日以内に当該事業所の管理者であった者で当該取消しの日から起算して5年を経過しないものを含む.)であるとき.
1の2 申請者(介護予防認知症対応型共同生活介護に係る指定の申請者に限る.)が,第115条の19第2号から第5号までの規定により指定(介護予防認知症対応型共同生活介護に係る指定に限る.)を取り消され,その取消しの日から起算して5年を経過しない者(当該指定を取り消された者が法人である場合においては,当該取消しの処分に係る行政手続法第15条の規定による通知があった日前60日以内に当該法人の役員等であった者で当該取消しの日から起算して5年を経過しないものを含み,当該指定を取り消された者が法人でない事業所である場合においては,当該通知があった日前60日以内に当該事業所の管理者であった者で当該取消しの日から起算して5年を経過しないものを含む.)であるとき.
1の3 申請者と密接な関係を有する者が,第115条の19第2号から第5号までの規定により指定を取り消され,その取消しの日から起算して5年を経過していないとき.
2 申請者が,第115条の19第2号から第5号までの規定による指定の取消しの処分に係る行政手続法第15条の規定による通知があった日から当該処分をする日又は処分をしないことを決定する日までの間に第115条の15第2項の規定による事業の廃止の届出をした者(当該事業の廃止について相当の理由がある者を除く.)で,当該届出の日から起算して5年を経過しないものであるとき.
2の2 申請者が,第115条の17第1項の規定による検査が行われた日から聴聞決定予定日(当該検査の結果に基づき第115条の19の規定による指定の取消しの処分に係る聴聞を行うか否かの決定をすることが見込まれる日として厚生労働省令で定めるところにより市町村長が当該申請者に当該検査が行われた日から10日以内に特定の日を通知した場合における当該特定の日をいう.)までの間に第115条の15第2項の規定による事業の廃止の届出をした者(当該事業の廃止について相当の理由がある者を除く.)で,当該届出の日から起算して5年を経過しないものであるとき.
2の3 第2号に規定する期間内に第115条の15第2項の規定による事業の廃止の届出があった場合において,申請者が,同号の通知の日前60日以内に当該届出に係る法人(当該事業の廃止について相当の理由がある法人を除く.)の役員等又は当該届出に係る法人でない事業所(当該事業の廃止について相当の理由がある事業所を除く.)の管理者であった者で,当該届出の日から起算して5年を経過しないものであるとき.
3 申請者(介護予防認知症対応型共同生活介護に係る指定の申請者を除く.)が,法人で,その役員等のうちに第1号又は前3号のいずれかに該当する者のあるものであるとき.
4 申請者(介護予防認知症対応型共同生活介護に係る指定の申請者に限る.)が,法人で,その役員等のうちに第1号の2又は第2号から第2号の3までのいずれかに該当する者のあるものであるとき.
5 申請者(介護予防認知症対応型共同生活介護に係る指定の申請者を除く.)が,法人でない事業所で,その管理者が第1号又は第2号から第2号の3までのいずれかに該当する者であるとき.
6 申請者(介護予防認知症対応型共同生活介護に係る指定の申請者に限る.)が,法人でない事業所で,その管理者が第1号の2又は第2号から第2号の3までのいずれかに該当する者であるとき.
⑤ 市町村長は,第54条の2第1項本文の指定を行おうとするときは,あらかじめ,当該市町村が行う介護保険の被保険者その他の関係者の意見を反映させるために必要な措置を講ずるよう努めなければならない.
⑥ 市町村長は,第54条の2第1項本文の指定を行うに当たって,当該事業の適正な運営を確保するために必要と認める条件を付することができる.
⑦ 第78条の2第9項から第11項までの規定は,第54条の2第1項本文の指定について準用する.この場合において,これらの規定に関し必要な技術的読替えは,政令で定める.

(指定地域密着型介護予防サービスの事業の基準)
第115条の13 ① 指定地域密着型介護予防サービス事業者は,次条第2項又は第5項に規定する指定地域密着型介護予防サービスに係る指定のための効果的な支援の方法に関する基準及び指定地域密着型介護予防サービスの事業の設備及び運営に関する基準に従い,要支援者の心身の状況等に応じて適切な指定地域密着型介護予防サービスを提供するとともに,自らその提供する指定地域密着型介護予防サービスの質の評価を行うことその他の措置を講ずることにより指定地域密着型介護予防サービスを受ける者の立場に立ってこれを提供するように努めなければならない.
② 指定地域密着型介護予防サービス事業者は,指定地域密着型介護予防サービスを受けようとする被保険者から提示された被保険者証に,認定審査会意見が記載されているときは,当該認定審査会意見に配慮して,当該被保険者に指定地域密着型介護予防サービスを提供するように努めなければならない.

第115条の14 ① 指定地域密着型介護予防サービス事業者は,当該指定に係る事業所ごとに,市町村の条例で定める基準に従い市町村の条例で定める員数の当該指定地域密着型介護予防サービスに従事する従業者を有しなければならない.
② 前項に規定するもののほか,指定地域密着型介護予防サービスに係る介護予防のための効果的な支援の方法に関する基準及び指定地域密着型介護予防サービスの事業の設備及び運営に関する基準は,市町村の条例で定める.
③ 市町村が前2項の条例を定めるに当たっては,第1号から第4号までに掲げる事項については厚生労働省令で定める基準に従い定めるものとし,第5号に掲げる事項については厚生労働省令で定める基準を標準として定めるものとし,その他の事項については厚生労働省令で定める基準を参酌するものとする.
 1 指定地域密着型介護予防サービスに従事する従業者に係る基準及び当該従業者の員数
 2 指定地域密着型介護予防サービスの事業に係る居室の床面積
 3 介護予防小規模多機能型居宅介護及び介護予防認知症対応型通所介護の事業に係る利用定員
 4 指定地域密着型介護予防サービスの事業の運営に関する事項であって,利用する要支援者のサービスの適切な利用,適切な処遇及び安全の確保並びに秘密の保持に密接に関連するものとして厚生労働省令で定めるもの
 5 指定地域密着型介護予防サービスの事業(第3号に規定する事業を除く.)に係る利用定員
⑤ 市町村は,第3項の規定にかかわらず,同項第1号から第4号までに掲げる事項については,厚生労働省令で定める範囲内で,当該市町村における指定地域密着型介護予防サービスに従事する従業者に関する基準並びに指定地域密着型介護予防サービスに係る介護予防のための効果的な支援の方法に関する基準及び指定地域密着型介護予防サービスの事業の設備及び運営に関する基準を定めることができる. 《④,⑥~⑧(略)》

(勧告,命令等)
第115条の18 ① 市町村長は,指定地域密着型介護予防サービス事業者が,次の各号に掲げる場合に該当すると認めるときは,当該指定地域密着型介護予防サービス事業者に対し,期限を定めて,それぞれ当該各号に定める措置をとるべきことを勧告することができる.
 1 第115条の12第6項の規定により当該指定を行うに当たって付された条件に従わない場合 当該条件に従うこと.
 2 当該指定に係る事業所の従業者の知識若しくは技能又は人員について第115条の14第1項の市町村の条例で定める基準若しくは同項の市町村の条例で定める員数又は同条第5項に規定する指定地域密着型介護予防サービスに従事する従業者に関する基準を満たしていない場合 当該市町村の条例で定める基準若しくは当該市町村の条例で定める員数又は当該指定地域密着型介護予防サービスに従事する従業者に関する基準を満たすこと.
 3 第115条の14第2項又は第5項に規定する指定地域密着型介護予防サービスに係る介護予防のための効果的な支援の方法に関する基準又は指定地域密着型介護予防サービスの事業の設備及び運営に関する基準に従って適正な指定地域密着型介護予防サービスの事業の運営をしていない場合 当該指定地域密着型介護予防サービスに係る介護予防のための効果的な支援の方法に関する基準又は指定地域密着型介護予防サービスの事業の設備及び運営に関する基準に従って適正な指定地域密着型介護予防サービスの事業の運営をすること.
 4 第115条の14第7項に規定する便宜の提供を適正に行っていない場合 当該便宜の提供を適正に行うこと.
② 市町村長は,前項の規定による勧告をした場合において,その勧告を受けた指定地域密着型介護予防サービス事業者が同項の期限内にこれに従わなかったときは,その旨を公表することができる.
③ 市町村長は,第1項の規定による勧告を受けた指定地域密着型介護予防サービス事業者が,正当な理由がなくてその勧告に係る措置をとらなかったときは,当該指定地域密着型介護予防サービス事業者に対し,期限を定めて,その勧告に係る措置をとるべきことを命ずることができる. 《④(略)》

(指定の取消し等)
第115条の19 市町村長は,次の各号のいずれかに該当する場合においては,当該指定地域密着型介護予防サービス事業者に係る第54条の2第1項本文の指定を取り消し,又は期間を定めてその指定の全部若しくは一部の効力を停止することができる.
 1 指定地域密着型介護予防サービス事業者が,第115条の12第2項第4号の2から第5号の2まで,第9号(第5号の3に該当する者のあるものであるときを除く.),第10号(第5号の3に該当する者のあるものであるときを除く.),第11号(第5号の3に該当する者であるときを除く.)又は第12号(第5号の3に該当する者であるときを除く.)のいずれかに該当するに至ったとき.
 2 指定地域密着型介護予防サービス事業者が,第115条の12第4項第3号から第6号までのいずれかに該当するに至ったとき.
 3 指定地域密着型介護予防サービス事業者が,第115条の12第6項の規定により当該指定を行うに当たって付された条件に違反したと認められるとき.
 4 指定地域密着型介護予防サービス事業者が,当該指定に係る事業所の従業者の知識若しくは技能又は人員について,第115条の14第1項の市町村の条例で定める基準若しくは同項の市町村の条例で定める員数又は同条第5項に規定する指定地域密着型介護予防サービスに従事する従業者に関する基準を満たすことができなくなったとき.
 5 指定地域密着型介護予防サービス事業者が,第115条の14第2項又は第5項に規定する指定地域密着型介護予防サービスに係る介護予防のための効果的な支援の方法に関する基準又は指定地域密着型介護予防サービスの事業の設備及び運営に関する基準に従って適正な指定地域密着型介護予防サービスの事業の運営をすることができなくなったとき.
 6 指定地域密着型介護予防サービス事業者が,第115条の14第8項に規定する義務に違反したと認められるとき.
 7 地域密着型介護予防サービス費の請求に関し不正があったとき.
 8 指定地域密着型介護予防サービス事業者が,第

28 介護保険法（115条の22）

115条の17第1項の規定により報告又は帳簿書類の提出若しくは提示を命ぜられてこれに従わず，又は虚偽の報告をしたとき．
9　指定地域密着型介護予防サービス事業者又は当該指定に係る事業所の従業者が，第115条の17第1項の規定により出頭を求められてこれに応ぜず，同項の規定による質問に対して答弁せず，若しくは虚偽の答弁をし，又は同項の規定による検査を拒み，妨げ，若しくは忌避したとき．ただし，当該指定に係る事業所の従業者がその行為をした場合において，その行為を防止するため，当該指定地域密着型介護予防サービス事業者が相当の注意及び監督を尽くしたときを除く．
10　指定地域密着型介護予防サービス事業者が，不正の手段により第54条の2第1項本文の指定を受けたとき．
11　前各号に掲げる場合のほか，指定地域密着型介護予防サービス事業者が，この法律その他国民の保健医療若しくは福祉に関する法律で政令で定めるもの又はこれらの法律に基づく命令若しくは処分に違反したとき．
12　前各号に掲げる場合のほか，指定地域密着型介護予防サービス事業者が，居宅サービス等に関し不正又は著しく不当な行為をしたとき．
13　指定地域密着型介護予防サービス事業者が法人である場合において，その役員等のうちに指定の取消し又は指定の全部若しくは一部の効力の停止をしようとするとき前5年以内に居宅サービス等に関し不正又は著しく不当な行為をした者があるとき．
14　指定地域密着型介護予防サービス事業者が法人でない事業所である場合において，その管理者が指定の取消し又は指定の全部若しくは一部の効力の停止をしようとするとき前5年以内に居宅サービス等に関し不正又は著しく不当な行為をした者であるとき．

第8節　指定介護予防支援事業者
（指定介護予防支援事業者の指定）

第115条の22　① 第58条第1項の指定は，厚生労働省令で定めるところにより，第115条の46第1項に規定する地域包括支援センターの設置者の申請により，介護予防支援事業を行う事業所（以下この節において「事業所」という．）ごとに行い，当該指定をする市町村長がその長である市町村が行う介護保険の被保険者（当該市町村が行う介護保険の住所地特例適用居宅要支援被保険者を除き，当該市町村の区域内に所在する住所地特例対象施設に入所等をしている住所地特例適用居宅要支援被保険者を含む．）に対する介護予防サービス計画費及び特例介護予防サービス計画費の支給について，その効力を有する．

② 市町村長は，前項の申請があった場合において，次の各号のいずれかに該当するときは，第58条第1項の指定をしてはならない．
1　申請者が市町村の条例で定める者でないとき．
2　当該申請に係る事業所の従業者の知識及び技能並びに人員が，第115条の24第1項の市町村の条例で定める員数を満たしていないとき．
3　申請者が，第115条の24第2項に規定する指定介護予防支援に係る介護予防のための効果的な支援の方法に関する基準又は指定介護予防支援の事業の運営に関する基準に従って適正な介護予防支援事業の運営をすることができないと認められるとき．
3の2　申請者が，禁錮以上の刑に処せられ，その執行を終わり，又は執行を受けることがなくなるまでの者であるとき．
4　申請者が，この法律その他国民の保健医療若しくは福祉に関する法律で政令で定めるものの規定により罰金の刑に処せられ，その執行を終わり，又は執行を受けることがなくなるまでの者であるとき．
4の2　申請者が，労働に関する法律の規定であって政令で定めるものにより罰金の刑に処せられ，その執行を終わり，又は執行を受けることがなくなるまでの者であるとき．
4の3　申請者が，保険料等について，当該申請をした日の前日までに，納付義務を定めた法律の規定に基づく滞納処分を受け，かつ，当該処分を受けた日から正当な理由なく3月以上の期間にわたり，当該処分を受けた日以降に納期限の到来した保険料等の全てを引き続き滞納している者であるとき．
5　申請者が，第115条の29の規定により指定を取り消され，その取消しの日から起算して5年を経過しない者（当該指定を取り消された者が法人である場合においては，当該取消しの処分に係る行政手続法第15条の規定による通知があった日前60日以内に当該法人の役員等であった者で当該取消しの日から起算して5年を経過しないものを含み，当該指定を取り消された者が法人でない事業所である場合においては，当該通知があった日前60日以内に当該事業所の管理者であった者で当該取消しの日から起算して5年を経過しないものを含む．）であるとき．ただし，当該指定の取消しが，指定介護予防支援事業者の指定の取消しのうち当該指定の取消しの処分の理由となった事実及び当該事実の発生を防止するための当該指定介護予防支援事業者による業務管理体制の整備についての取組の状況その他の当該事実に関して当該指定介護予防支援事業者が有していた責任の程度を考慮して，この号本文に規定する指定の取消しに該当しないこととすることが相当であると認められるものとして厚生労働省令で定めるものに該当する場合を除く．
5の2　申請者と密接な関係を有する者が，第115条の29の規定により指定を取り消され，その取消しの日から起算して5年を経過していないとき．ただし，当該指定の取消しが，指定介護予防支援事業者の指定の取消しのうち当該指定の取消しの処分の理由となった事実及び当該事実の発生を防止するための当該指定介護予防支援事業者による業務管理体制の整備についての取組の状況その他の当該事実に関して当該指定介護予防支援事業者が有していた責任の程度を考慮して，この号本文に規定する指定の取消しに該当しないこととすることが相当であると認められるものとして厚生労働省令で定めるものに該当する場合を除く．
6　申請者が，第115条の29の規定による指定の取消しの処分に係る行政手続法第15条の規定による通知があった日から当該処分をする日又は処分をしないことを決定する日までの間に第115条の25第2項の規定による事業の廃止の届出をした者（当該事業の廃止について相当の理由がある者を

除く.)で,当該届出の日から起算して5年を経過しないものであるとき.
6の2 申請者が,第115条の27第1項の規定による検査が行われた日から聴聞決定予定日(当該検査の結果に基づき第115条の29の規定による指定の取消しの処分に係る聴聞を行うか否かの決定をすることが見込まれる日として厚生労働省令で定めるところにより市町村長が当該申請者に当該検査が行われた日から10日以内に特定の日を通知した場合における当該特定の日をいう.)までの間に第115条の25第2項の規定による事業の廃止の届出をした者(当該事業の廃止について相当の理由がある者を除く.)で,当該届出の日から起算して5年を経過しないものであるとき.
6の3 第6号に規定する期間内に第115条の25第2項の規定による事業の廃止の届出があった場合において,申請者が,同号の通知の日前60日以内に当該届出に係る法人(当該事業の廃止について相当の理由がある法人を除く.)の役員等又は当該届出に係る法人でない事業所(当該事業の廃止について相当の理由がある事業所を除く.)の管理者であった者で,当該届出の日から起算して5年を経過しないものであるとき.
7 申請者が,指定の申請前5年以内に居宅サービス等に関し不正又は著しく不当な行為をした者であるとき.
8 申請者が,法人で,その役員等のうちに第3号の2から第5号まで又は第6号から前号までのいずれかに該当する者のあるものであるとき.
9 申請者が,法人でない事業所で,その管理者が第3号の2から第5号まで又は第6号から第7号までのいずれかに該当する者であるとき.
③ 市町村が前項第1号の条例を定めるに当たっては,厚生労働省令で定める基準に従い定めるものとする.
④ 市町村長は,第58条第1項の指定を行おうとするときは,あらかじめ,当該市町村が行う介護保険の被保険者その他の関係者の意見を反映させるために必要な措置を講じなければならない.

(指定介護予防支援の事業の基準)
第115条の23 ① 指定介護予防支援事業者は,次条第2項に規定する指定介護予防支援に係る介護予防のための効果的な支援の方法に関する基準及び指定介護予防支援の事業の運営に関する基準に従い,要支援者の心身の状況等に応じて適切な指定介護予防支援を提供するとともに,自らその提供する指定介護予防支援の質の評価を行うことその他の措置を講ずることにより常に指定介護予防支援を受ける者の立場に立ってこれを提供するように努めなければならない.
② 指定介護予防支援事業者は,指定介護予防支援を受けようとする被保険者から提示された被保険者証に,認定審査会意見が記載されているときは,当該認定審査会意見に配慮して,当該被保険者に当該指定介護予防支援を提供するように努めなければならない.
③ 指定介護予防支援事業者は,厚生労働省令で定めるところにより,指定介護予防支援の一部を,厚生労働省令で定める者に委託することができる.
第115条の24 ① 指定介護予防支援事業者は,当該指定に係る事業所ごとに,市町村の条例で定める基準に従い市町村の条例で定める員数の当該指定介

護予防支援に従事する従業者を有しなければならない.
② 前項に規定するもののほか,指定介護予防支援に係る介護予防のための効果的な支援の方法に関する基準及び指定介護予防支援の事業の運営に関する基準は,市町村の条例で定める.
③ 市町村が前2項の条例を定めるに当たっては,次に掲げる事項については厚生労働省令で定める基準に従い定めるものとし,その他の事項については厚生労働省令で定める基準を参酌するものとする.
 1 指定介護予防支援に従事する従業者に係る基準及び当該従業者の員数
 2 指定介護予防支援の事業の運営に関する事項であって,利用する要支援者のサービスの適切な利用,適切な処遇及び安全の確保並びに秘密の保持等に密接に関連するものとして厚生労働省令で定めるもの
〈④～⑥(略)〉

(勧告,命令等)
第115条の28 ① 市町村長は,指定介護予防支援事業者が,次の各号に掲げる場合に該当すると認めるときは,当該指定介護予防支援事業者に対し,期限を定めて,それぞれ当該各号に定める措置をとるべきことを勧告することができる.
 1 当該指定に係る事業所の従業者の知識若しくは技能又は人員について第115条の24第1項の市町村の条例で定める基準又は同項の市町村の条例で定める員数を満たしていない場合 当該市町村の条例で定める基準又は当該市町村の条例で定める員数を満たすこと.
 2 第115条の24第2項に規定する指定介護予防支援に係る介護予防のための効果的な支援の方法に関する基準又は指定介護予防支援の事業の運営に関する基準に従って適正な指定介護予防支援の事業の運営をしていない場合 当該指定介護予防支援に係る介護予防のための効果的な支援の方法に関する基準又は指定介護予防支援の事業の運営に関する基準に従って適正な指定介護予防支援の事業の運営をすること.
 3 第115条の24第5項に規定する便宜の提供を適正に行っていない場合 当該便宜の提供を適正に行うこと.
② 市町村長は,前項の規定による勧告をした場合において,その勧告を受けた指定介護予防支援事業者が同項の期限内にこれに従わなかったときは,その旨を公表することができる.
③ 市町村長は,第1項の規定による勧告を受けた指定介護予防支援事業者が,正当な理由がなくてその勧告に係る措置をとらなかったときは,当該指定介護予防支援事業者に対し,期限を定めて,その勧告に係る措置をとるべきことを命ずることができる.
〈④(略)〉

(指定の取消し等)
第115条の29 市町村長は,次の各号のいずれかに該当する場合においては,当該指定介護予防支援事業者に係る第58条第1項の指定を取り消し,又は期間を定めてその指定の全部若しくは一部の効力を停止することができる.
 1 指定介護予防支援事業者が,第115条の22第2項第3号の2から第4号の2まで,第8号(同項第4号の3に該当する者のあるものであるときを除く.)又は第9号(同項第4号の3に該当する者であるときを除く.)のいずれかに該当するに

至ったとき．
2 指定介護予防支援事業者が，当該指定に係る事業所の従業者の知識若しくは技能又は人員について，第115条の24第1項の市町村の条例で定める基準又は同項の市町村の条例で定める員数を満たすことができなくなったとき．
3 指定介護予防支援事業者が，第115条の24第2項に規定する指定介護予防支援に係る介護予防のための効果的な支援の方法に関する基準又は指定介護予防支援の事業の運営に関する基準に従って適正な指定介護予防支援の事業の運営をすることができなくなったとき．
4 指定介護予防支援事業者が，第115条の24第6項に規定する義務に違反したと認められるとき．
5 介護予防サービス計画費の請求に関し不正があったとき．
6 指定介護予防支援事業者が，第115条の27第1項の規定により報告又は帳簿書類の提出若しくは提示を命ぜられてこれに従わず，又は虚偽の報告をしたとき．
7 指定介護予防支援事業者又は当該指定に係る事業所の従業者が，第115条の27第1項の規定により出頭を求められてこれに応ぜず，同項の規定による質問に対して答弁せず，若しくは虚偽の答弁をし，又は同項の規定による検査を拒み，妨げ，若しくは忌避したとき．ただし，当該指定に係る事業所の従業者がその行為をした場合において，その行為を防止するため，当該指定介護予防支援事業者が相当の注意及び監督を尽くしたときを除く．
8 指定介護予防支援事業者が，不正の手段により第58条第1項の指定を受けたとき．
9 前各号に掲げる場合のほか，指定介護予防支援事業者が，この法律その他国民の保健医療若しくは福祉に関する法律で政令で定めるもの又はこれらの法律に基づく命令若しくは処分に違反したとき．
10 前各号に掲げる場合のほか，指定介護予防支援事業者が，居宅サービス等に関し不正又は著しく不当な行為をしたとき．
11 指定介護予防支援事業者の役員等のうちに，指定の取消し又は指定の全部若しくは一部の効力の停止をしようとするとき前5年以内に居宅サービス等に関し不正又は著しく不当な行為をした者があるとき．

第9節　業務管理体制の整備
（業務管理体制の整備等）
第115条の32　① 指定居宅サービス事業者，指定地域密着型サービス事業者，指定居宅介護支援事業者，指定介護予防サービス事業者，指定地域密着型介護予防サービス事業者及び指定介護予防支援事業者並びに指定介護老人福祉施設及び介護老人保健施設の開設者（以下「介護サービス事業者」という．）は，第74条第6項，第78条の4第8項，第81条第6項，第88条第6項，第97条第7項，第115条の4第6項，第115条の14第8項又は第115条の24第6項に規定する義務の履行が確保されるよう，厚生労働省令で定める基準に従い，業務管理体制を整備しなければならない．
② 介護サービス事業者は，次の各号に掲げる区分に応じ，当該各号に定める者に対し，厚生労働省令で定めるところにより，業務管理体制の整備に関する事項を届け出なければならない．

1 次号から第5号までに掲げる介護サービス事業者以外の介護サービス事業者　都道府県知事
2 次号から第5号までに掲げる介護サービス事業者以外の介護サービス事業者であって，当該指定に係る事業所又は当該指定若しくは許可に係る施設（当該指定に係る居宅サービス等の種類が異なるものを含む．）が2以上の都道府県の区域に所在し，かつ，2以下の地方厚生局の管轄区域に所在するもの　当該介護サービス事業者の主たる事務所の所在地の都道府県知事
3 次号に掲げる介護サービス事業者以外の介護サービス事業者であって，当該指定に係る全ての事業所又は当該指定若しくは許可に係る全ての施設（当該指定又は許可に係る居宅サービス等の種類が異なるものを含む．）が1の地方自治法第252条の19第1項の指定都市（以下「指定都市」という．）の区域に所在するもの　指定都市の長
4 地域密着型サービス事業又は地域密着型介護予防サービス事業のみを行う介護サービス事業者であって，当該指定に係る全ての事業所（当該指定に係る地域密着型サービス又は地域密着型介護予防サービスの種類が異なるものを含む．）が1の市町村の区域に所在するもの　市町村長
5 当該指定に係る事業所又は当該指定若しくは許可に係る施設（当該指定又は許可に係る居宅サービス等の種類が異なるものを含む．）が3以上の地方厚生局の管轄区域に所在する介護サービス事業者　厚生労働大臣
③ 前項の規定により届出を行った介護サービス事業者は，その届け出た事項に変更があったときは，厚生労働省令で定めるところにより，遅滞なく，その旨を当該届出を行った厚生労働大臣，都道府県知事，指定都市の長又は市町村長（以下この節において「厚生労働大臣等」という．）に届け出なければならない．
④ 第2項の規定による届出を行った介護サービス事業者は，同項各号に掲げる区分の変更により，同項の規定により当該届出を行った厚生労働大臣等以外の厚生労働大臣等に届出を行うときは，厚生労働省令で定めるところにより，その旨を当該届出を行った厚生労働大臣等にも届け出なければならない．
⑤（略）

（勧告，命令等）
第115条の34　① 第115条の32第2項の規定による届出を受けた厚生労働大臣等は，当該届出を行った介護サービス事業者（同条第4項の規定による届出を受けた厚生労働大臣にあっては，同項の規定による届出を行った介護サービス事業者を除く．）が，同条第1項に規定する厚生労働省令で定める基準に従って適正な業務管理体制の整備をしていないと認めるときは，当該介護サービス事業者に対し，期限を定めて，当該厚生労働省令で定める基準に従って適正な業務管理体制を整備すべきことを勧告することができる．　②～⑤（略）

第10節　介護サービス情報の公表
（介護サービス情報の報告及び公表）
第115条の35　① 介護サービス事業者は，指定居宅サービス事業者，指定地域密着型サービス事業者，指定居宅介護支援事業者，指定介護老人福祉施設，指定介護予防サービス事業者，指定地域密着型介護予防サービス事業者若しくは指定介護予防支援事業者の指定又は介護老人保健施設の許可を受け，訪

(1) 医療保険・介護保険

問介護,訪問入浴介護その他の厚生労働省令で定めるサービス（以下「介護サービス」という.）の提供を開始しようとするときその他厚生労働省令で定めるときは,政令で定めるところにより,その提供する介護サービスに係る介護サービス情報（介護サービスの内容及び介護サービスを提供する事業者又は施設の運営状況に関する情報であって,介護サービスを利用し,又は利用しようとする要介護者等が適切かつ円滑に当該介護サービスを利用する機会を確保するために公表されることが必要なものとして厚生労働省令で定めるものをいう.以下同じ.）を,当該介護サービスを提供する事業所又は施設の所在地を管轄する都道府県知事に報告しなければならない.

② 都道府県知事は,前項の規定による報告を受けた後,厚生労働省令で定めるところにより,当該報告の内容を公表しなければならない.

③ 都道府県知事は,第1項の規定による報告に関して必要があると認めるときは,当該報告をした介護サービス事業者に対し,介護サービス情報のうち厚生労働省令で定めるものについて,調査を行うことができる. 〈④～⑦(略)〉

(指定調査機関の指定)

第115条の36 ① 都道府県知事は,その指定する者（以下「指定調査機関」という.）に,前条第3項の調査の実施に関する事務（以下「調査事務」という.）を行わせることができる.

② 前項の指定は,都道府県の区域ごとに,その指定を受けようとする者の申請により,当該都道府県知事が行う.

(調査員)

第115条の37 ① 指定調査機関は,調査事務を行うときは,厚生労働省令で定める方法に従い,調査員に調査事務を実施させなければならない.

② 調査員は,調査事務に関する専門的知識及び技術を有するものとして政令で定める要件を備える者のうちから選任しなければならない.

(指定情報公表センターの指定)

第115条の42 ① 都道府県知事は,その指定する者（以下「指定情報公表センター」という.）に,介護サービス情報の報告の受理及び公表並びに指定調査機関の指定に関する事務で厚生労働省令で定めるもの（以下「情報公表事務」という.）の全部又は一部を行わせることができる. 〈②,③(略)〉

(都道府県知事による情報の公表の推進)

第115条の44 都道府県知事は,介護サービスを利用し,又は利用しようとする要介護者等が適切かつ円滑に当該介護サービスを利用する機会の確保に資するため,介護サービスの質及び介護サービスに従事する従業者に関する情報（介護サービス情報に該当するものを除く.）であって厚生労働省令で定めるものの提供を希望する介護サービス事業者から提供を受けた当該情報について,公表を行うよう配慮するものとする.

第6章 地域支援事業等

(地域支援事業)

第115条の45 ① 市町村は,被保険者（当該市町村が行う介護保険の住所地特例適用被保険者を除き,当該市町村の区域内に所在する住所地特例対象施設に入所等をしている住所地特例適用被保険者を含む.第3項第3号及び第115条の49を除き,以下この章において同じ.）の要介護状態等となることの予防又は要介護状態等の軽減若しくは悪化の防止及び地域における自立した日常生活の支援のための施策を総合的かつ一体的に行うため,厚生労働省令で定める基準に従って,地域支援事業として,次に掲げる事業（以下「介護予防・日常生活支援総合事業」という.）を行うものとする.

1 居宅要支援被保険者その他の厚生労働省令で定める被保険者（以下「居宅要支援被保険者等」という.）に対して,次に掲げる事業を行う事業（以下「第1号事業」という.）

イ 居宅要支援被保険者等の介護予防を目的として,当該居宅要支援被保険者等の居宅において,厚生労働省令で定める基準に従って,厚生労働省令で定める期間にわたり日常生活上の支援を行う事業（以下この項において「第1号訪問事業」という.）

ロ 居宅要支援被保険者等の介護予防を目的として,厚生労働省令で定める施設において,厚生労働省令で定める基準に従って,厚生労働省令で定める期間にわたり日常生活上の支援又は機能訓練を行う事業（以下この項において「第1号通所事業」という.）

ハ 厚生労働省令で定める基準に従って,介護予防サービス若しくは地域密着型介護予防サービス事業又は第1号訪問事業若しくは第1号通所事業と一体的に実施する場合に効果があると認められる居宅要支援被保険者等の地域における自立した日常生活の支援として厚生労働省令で定めるものを行う事業（ニにおいて「第1号生活支援事業」という.）

ニ 居宅要支援被保険者等（指定介護予防支援又は特例介護予防サービス計画費に係る介護予防支援を受けている者を除く.）の介護予防を目的として,厚生労働省令で定める基準に従って,その心身の状況,その置かれている環境その他の状況に応じて,その選択に基づき,第1号訪問事業,第1号通所事業又は第1号生活支援事業その他の適切な事業が包括的かつ効率的に提供されるよう必要な援助を行う事業（以下「第1号介護予防支援事業」という.）

2 被保険者（第1号被保険者に限る.）の要介護状態等となることの予防又は要介護状態等の軽減若しくは悪化の防止のため必要な事業（介護予防サービス事業及び地域密着型介護予防サービス事業並びに第1号訪問事業及び第1号通所事業を除く.）

② 市町村は,介護予防・日常生活支援総合事業のほか,被保険者が要介護状態等となることを予防するとともに,要介護状態等となった場合においても,可能な限り,地域において自立した日常生活を営むことができるよう支援するため,地域支援事業として,次に掲げる事業を行うものとする.

1 被保険者の心身の状況,その居宅における生活の実態その他の必要な実情の把握,保健医療,公衆衛生,社会福祉その他の関連施策に関する総合的な情報の提供,関係機関との連絡調整その他の被保険者の保健医療の向上及び福祉の増進を図るための総合的な支援を行う事業

2 被保険者に対する虐待の防止及びその早期発見のための事業その他の被保険者の権利擁護のため

28 介護保険法（115条の45の2〜115条の45の7）

必要な援助を行う事業
3 保健医療及び福祉に関する専門的知識を有する者による被保険者の居宅サービス計画及び施設サービス計画の検証，その心身の状況，介護給付等対象サービスの利用状況その他の状況に関する定期的な協議その他の取組を通じ，当該被保険者が地域において自立した日常生活を営むことができるよう，包括的かつ継続的な支援を行う事業
4 医療に関する専門的知識を有する者が，介護サービス事業者，居宅における医療を提供する医療機関その他の関係者の連携を推進するものとして厚生労働省令で定める事業（前号に掲げる事業を除く．）
5 被保険者の地域における自立した日常生活の支援及び要介護状態等となることの予防又は要介護状態等の軽減若しくは悪化の防止に係る体制の整備その他のこれらを促進する事業
6 保健医療及び福祉に関する専門的知識を有する者による認知症の早期における症状の悪化の防止のための支援その他の認知症である又はその疑いのある被保険者に対する総合的な支援を行う事業
③ 市町村は，介護予防・日常生活支援総合事業及び前項各号に掲げる事業のほか，厚生労働省令で定めるところにより，地域支援事業として，次に掲げる事業を行うことができる．
1 介護給付等に要する費用の適正化のための事業
2 介護方法の指導その他の要介護被保険者を現に介護する者の支援のため必要な事業
3 その他介護保険事業の運営の安定化及び被保険者（当該市町村の区域内に所在する住所地特例対象施設に入所等をしている住所地特例適用被保険者を含む．）の地域における自立した日常生活の支援のため必要な事業
④ 地域支援事業は，当該市町村における介護予防に関する事業の実施状況，介護保険の運営の状況，75歳以上の被保険者の数その他の状況を勘案して，政令で定める額の範囲内で行うものとする．
⑤ 市町村は，地域支援事業の利用者に対し，厚生労働省令で定めるところにより，利用料を請求することができる．

（介護予防・日常生活支援総合事業の指針等）
第115条の45の2 ① 厚生労働大臣は，市町村が行う介護予防・日常生活支援総合事業に関して，その適切かつ有効な実施を図るため必要な指針を公表するものとする．
② 市町村は，定期的に，介護予防・日常生活支援総合事業の実施状況について，調査，分析及び評価を行うよう努めるとともに，その結果に基づき必要な措置を講ずるよう努めるものとする．

（指定事業者による第1号事業の実施）
第115条の45の3 ① 市町村は，第1号事業（第1号訪問事業及び第1号通所事業にあっては，居宅要支援被保険者に係るものに限る．）については，居宅要支援被保険者等が，当該市町村の長が指定する者（以下「指定事業者」という．）の当該指定に係る第1号事業を行う事業所における第1号事業を利用した場合において，当該居宅要支援被保険者等に対し，当該第1号事業に要した費用について，第1号事業支給費を支給することにより行うことができる．
② 前項の第1号事業支給費（以下「第1号事業支給費」という．）の額は，第1号事業に要する費用の額を勘案して，厚生労働省令で定めるところにより算定する額とする．
③ 居宅要支援被保険者等が，指定事業者の当該指定に係る第1号事業を行う事業所により行われる当該第1号事業を利用したときは，市町村は，当該居宅要支援被保険者等が当該指定事業者に支払うべき当該第1号事業に要した費用について，第1号事業支給費として当該居宅要支援被保険者等に対し支給すべき額の限度において，当該居宅要支援被保険者等に代わり，当該指定事業者に支払うことができる．
④ 前項の規定による支払があったときは，居宅要支援被保険者等に対し第1号事業支給費の支給があったものとみなす．
⑤ 市町村は，指定事業者から第1号事業支給費の請求があったときは，厚生労働省令で定めるところにより審査した上，支払うものとする．
⑥ 市町村は，前項の規定による審査及び支払に関する事務を連合会に委託することができる．
⑦ 前項の規定による委託を受けた連合会は，当該委託をした市町村の同意を得て，厚生労働省令で定めるところにより，当該委託を受けた事務の一部を，営利を目的としない法人であって厚生労働省令で定める要件に該当するものに委託することができる．

（租税その他の公課の禁止）
第115条の45の4 租税その他の公課は，第1号事業支給費として支給を受けた金銭を標準として，課することができない．

（指定事業者の指定）
第115条の45の5 ① 第115条の45の3第1項の指定（第115条の45の7第1項を除き，以下この章において「指定事業者の指定」という．）は，厚生労働省令で定めるところにより，第1号事業を行う者の申請により，当該事業の種類及び当該事業の種類に係る当該第1号事業を行う事業所ごとに行う．
② 市町村長は，前項の申請があった場合において，申請者が，厚生労働省令で定める基準に従って適正に第1号事業を行うことができないと認められるときは，指定事業者の指定をしてはならない．

（指定の更新）
第115条の45の6 ① 指定事業者は，厚生労働省令で定める期間ごとにその更新を受けなければ，その期間の経過によって，その効力を失う．
② 前項の更新の申請があった場合において，同項の期間（以下この条において「有効期間」という．）の満了の日までにその申請に対する処分がされないときは，従前の指定事業者の指定は，有効期間の満了後もその処分がされるまでの間は，なお効力を有する．
③ 前項の場合において，指定事業者の指定の更新がされたときは，その有効期間は，従前の有効期間の満了の日の翌日から起算するものとする．
④ 前条の規定は，指定事業者の指定の更新について準用する．

（報告等）
第115条の45の7 ① 市町村長は，第1号事業支給費の支給に関して必要があると認めるときは，指定事業者若しくは指定事業者であった者若しくは当該第115条の45の3第1項の指定に係る事業所の従業者であった者（以下この項において「指定事

業者であった者等」という．）に対し，報告若しくは帳簿書類の提出若しくは提示を命じ，指定事業者若しくは当該指定に係る事業所の従業者若しくは指定事業者であった者等に対し出頭を求め，又は当該職員に，関係者に対して質問させ，若しくは当該指定事業者の当該指定に係る事業所，事務所その他当該指定事業者の事業に関係のある場所に立ち入り，その設備若しくは帳簿書類その他の物件を検査させることができる．
② 第24条第3項の規定は前項の規定による質問又は検査について，同条第4項の規定は前項の規定による権限について，それぞれ準用する．

（勧告，命令等）
第115条の45の8 ① 市町村長は，指定事業者が，第115条の45第1項第1号イからニまで又は第115条の45の5第2項の厚生労働省令で定める基準に従って第1号事業を行っていないと認めるときは，当該指定事業者に対し，期限を定めて，これらの厚生労働省令で定める基準に従って第1号事業を行うことを勧告することができる．
② 市町村長は，前項の規定による勧告をした場合において，その勧告を受けた指定事業者が同項の期限内にこれに従わなかったときは，その旨を公表することができる．
③ 市町村長は，第1項の規定による勧告を受けた指定事業者が，正当な理由がなくてその勧告に係る措置をとらなかったときは，当該指定事業者に対し，期限を定めて，その勧告に係る措置をとるべきことを命ずることができる．
④ 市町村長は，前項の規定による命令をした場合においては，その旨を公示しなければならない．

（指定事業者の指定の取消し等）
第115条の45の9 市町村長は，次の各号のいずれかに該当する場合においては，当該指定事業者に係る指定事業者の指定を取り消し，又は期間を定めてその指定事業者の指定の全部若しくは一部の効力を停止することができる．
1 指定事業者が，第115条の45第1項第1号イからニまで又は第115条の45の5第2項の厚生労働省令で定める基準に従って第1号事業を行うことができなくなったとき．
2 第1号事業支給費の請求に関し不正があったとき．
3 指定事業者が，第115条の45の7第1項の規定により報告又は帳簿書類の提出若しくは提示を命ぜられてこれに従わず，又は虚偽の報告をしたとき．
4 指定事業者又は当該指定事業者の指定に係る事業所の従業者が，第115条の45の7第1項の規定により出頭を求められてこれに応ぜず，同項の規定による質問に対して答弁せず，若しくは虚偽の答弁をし，又は同項の規定による検査を拒み，妨げ，若しくは忌避したとき．ただし，当該指定事業者の指定に係る事業所の従業者がその行為をした場合において，その行為を防止するため，当該指定事業者が相当の注意及び監督を尽くしたときを除く．
5 指定事業者が，不正の手段により指定事業者の指定を受けたとき．
6 前各号に掲げる場合のほか，指定事業者が，この法律その他国民の保健医療若しくは福祉に関する法律で政令で定めるもの又はこれらの法律に基づく命令若しくは処分に違反したとき．
7 前各号に掲げる場合のほか，指定事業者が，地域支援事業又は居宅サービス等に関し不正又は著しく不当な行為をしたとき．

（市町村の連絡調整等）
第115条の45の10 ① 市町村は，第115条の45第2項第4号に掲げる事業の円滑な実施のために必要な関係者相互間の連絡調整をすることができる．
② 市町村が行う第115条の45第2項第4号に掲げる事業の関係者は，当該事業に協力するよう努めなければならない．
③ 都道府県は，市町村が行う第115条の45第2項第4号に掲げる事業に関し，情報の提供その他市町村に対する必要な協力をすることができる．

（政令への委任）
第115条の45の11 第115条の45から前条までに規定するもののほか，地域支援事業の実施に関し必要な事項は，政令で定める．

（地域包括支援センター）
第115条の46 ① 地域包括支援センターは，第1号介護予防支援事業（居宅要支援被保険者に係るものを除く．）又は第115条の45第2項各号に掲げる事業（以下「包括的支援事業」という．）その他厚生労働省令で定める事業を実施し，地域住民の心身の健康の保持及び生活の安定のために必要な援助を行うことにより，その保健医療の向上及び福祉の増進を包括的に支援することを目的とする施設とする．
② 市町村は，地域包括支援センターを設置することができる． 《③（略）》

（会 議）
第115条の48 ① 市町村は，第115条の45第2項第3号に掲げる事業の効果的な実施のために，介護支援専門員，保健医療及び福祉に関する専門的知識を有する者，民生委員その他の関係者，関係機関及び関係団体（以下この条において「関係者等」という．）により構成される会議（以下この条において「会議」という．）を置くように努めなければならない．
② 会議は，要介護被保険者その他の厚生労働省令で定める被保険者（以下この項において「支援対象被保険者」という．）への適切な支援を図るために必要な検討を行うとともに，支援対象被保険者が地域において自立した日常生活を営むために必要な支援体制に関する検討を行うものとする．
③ 会議は，前項の検討を行うため必要があると認めるときは，関係者等に対し，資料又は情報の提供，意見の開陳その他必要な協力を求めることができる．
④ 関係者等は，前項の規定に基づき，会議から資料又は情報の提供，意見の開陳その他の必要な協力の求めがあった場合には，これに協力するよう努めなければならない．
⑤ 会議の事務に従事する者又は従事していた者は，正当な理由がなく，会議の事務に関して知り得た秘密を漏らしてはならない．
⑥ 前各項に定めるもののほか，会議の組織及び運営に関し必要な事項は，会議が定める．

（保健福祉事業）
第115条の49 市町村は，地域支援事業のほか，要介護被保険者である者の介護する者の支援のために必要な事業，被保険者が要介護状態等となることを予防するために必要な事業，指定居宅サービス及び指定居宅介護支援の事業並びに介護保険施設の運営

その他の保険給付のために必要な事業,被保険者が利用する介護給付等対象サービスのための費用に係る資金の貸付けその他の必要な事業を行うことができる.

第7章 介護保険事業計画

(基本指針)
第116条 ① 厚生労働大臣は,地域における医療及び介護の総合的な確保の促進に関する法律(平成元年法律第64号)第3条第1項に規定する総合確保方針に即して,介護保険事業に係る保険給付の円滑な実施を確保するための基本的な指針(以下「基本指針」という.)を定めるものとする.
② 基本指針においては,次に掲げる事項について定めるものとする.
1 介護給付等対象サービスを提供する体制の確保及び地域支援事業の実施に関する基本的事項
2 次条第1項に規定する市町村介護保険事業計画において同条第2項第1号の介護給付等対象サービスの種類ごとの量の見込みを定めるに当たって参酌すべき標準その他当該市町村介護保険事業計画及び第118条第1項に規定する都道府県介護保険事業支援計画の作成に関する事項
3 その他介護保険事業に係る保険給付の円滑な実施を確保するために必要な事項 (③,④(略))

(市町村介護保険事業計画)
第117条 ① 市町村は,基本指針に即して,3年を1期とする当該市町村が行う介護保険事業に係る保険給付の円滑な実施に関する計画(以下「市町村介護保険事業計画」という.)を定めるものとする.
② 市町村介護保険事業計画においては,次に掲げる事項を定めるものとする.
1 当該市町村が,その住民が日常生活を営んでいる地域として,地理的条件,人口,交通事情その他の社会的条件,介護給付等対象サービスを提供するための施設の整備の状況その他の条件を総合的に勘案して定める区域ごとの当該区域における各年度の認知症対応型共同生活介護,地域密着型特定施設入居者生活介護及び地域密着型介護老人福祉施設入所者生活介護に係る必要利用定員総数その他の介護給付等対象サービスの種類ごとの量の見込み
2 各年度における地域支援事業の量の見込み
③ 市町村介護保険事業計画においては,前項各号に掲げる事項のほか,次に掲げる事項について定めるよう努めるものとする.
1 前項第1号の必要利用定員総数その他の介護給付等対象サービスの種類ごとの見込量の確保のための方策
2 各年度における地域支援事業に要する費用の額及び地域支援事業の見込量の確保のための方策
3 介護給付等対象サービスの種類ごとの量,保険給付に要する費用の額,地域支援事業の量,地域支援事業に要する費用の額及び保険料の水準に関する中長期的な推計
4 指定居宅サービスの事業,指定地域密着型サービスの事業又は指定居宅介護支援の事業を行う者相互間の連携の確保に関する事業その他の介護給付等対象サービス(介護給付に係るものに限る.)の円滑な提供を図るための事業に関する事項
5 指定介護予防サービスの事業,指定地域密着型介護予防サービスの事業又は指定介護予防支援の事業を行う者相互間の連携の確保に関する事業その他の介護給付等対象サービス(予防給付に係るものに限る.)の円滑な提供及び地域支援事業の円滑な実施を図るための事業に関する事項
6 認知症である被保険者の地域における自立した日常生活の支援に関する事項,居宅要介護被保険者及び居宅要支援被保険者に係る医療その他の医療との連携に関する事項,高齢者の居住に係る施策との連携に関する事項その他の被保険者の地域における自立した日常生活の支援のため必要な事項
④ 市町村介護保険事業計画は,当該市町村の区域における要介護者等の人数,要介護者等の介護給付等対象サービスの利用に関する意向その他の事情を勘案して作成されなければならない.
⑤ 市町村は,第2項第1号の規定により当該市町村が定める区域ごとにおける被保険者の心身の状況,その置かれている環境その他の事情を正確に把握した上で,これらの事情を勘案して,市町村介護保険事業計画を作成するよう努めるものとする.
⑥ 市町村介護保険事業計画は,老人福祉法第20条の8第1項に規定する市町村老人福祉計画と一体のものとして作成されなければならない.
⑦ 市町村介護保険事業計画は,地域における医療及び介護の総合的な確保の促進に関する法律第5条第1項に規定する市町村計画との整合性の確保が図られたものでなければならない.
⑧ 市町村介護保険事業計画は,社会福祉法第107条に規定する市町村地域福祉計画,高齢者の居住の安定確保に関する法律(平成13年法律第26号)第4条の2第1項に規定する市町村高齢者居住安定確保計画その他の法律の規定による計画であって要介護者等の保健,医療,福祉又は居住に関する事項を定めるものと調和が保たれたものでなければならない.
⑨ 市町村は,市町村介護保険事業計画を定め,又は変更しようとするときは,あらかじめ,被保険者の意見を反映させるために必要な措置を講ずるものとする.
⑩ 市町村は,市町村介護保険事業計画(第2項各号に掲げる事項に係る部分に限る.)を定め,又は変更しようとするときは,あらかじめ,都道府県の意見を聴かなければならない.
⑪ 市町村は,市町村介護保険事業計画を定め,又は変更したときは,遅滞なく,これを都道府県知事に提出しなければならない.

(都道府県介護保険事業支援計画)
第118条 ① 都道府県は,基本指針に即して,3年を1期とする介護保険事業に係る保険給付の円滑な実施の支援に関する計画(以下「都道府県介護保険事業支援計画」という.)を定めるものとする.
② 都道府県介護保険事業支援計画においては,当該都道府県が定める区域ごとに当該区域における各年度の介護専用型特定施設入居者生活介護,地域密着型特定施設入居者生活介護及び地域密着型介護老人福祉施設入所者生活介護に係る必要利用定員総数,介護保険施設の種類ごとの必要入所定員総数その他の介護給付等対象サービスの量の見込みを定めるものとする.
③ 都道府県介護保険事業支援計画においては,前項に規定する事項のほか,次に掲げる事項について定

(1) 医療保険・介護保険

めるよう努めるものとする．
1 介護保険施設その他の介護給付等対象サービスを提供するための施設における生活環境の改善を図るための事業に関する事項
2 介護サービス情報の公表に関する事項
3 介護支援専門員その他の介護給付等対象サービス及び地域支援事業に従事する者の確保又は資質の向上に資する事業に関する事項
4 介護保険施設相互間の連携の確保に関する事業その他の介護給付等対象サービスの円滑な提供を図るための事業に関する事項
5 第115条の45第2項第4号に掲げる事業に関する市町村相互間の連絡調整を行う事業に関する事項
④ 都道府県介護保険事業支援計画においては，第2項に規定する事項及び前項各号に掲げる事項のほか，第2項の規定により当該都道府県が定める区域ごとに当該区域における各年度の混合型特定施設入居者生活介護に係る必要利用定員総数を定めることができる．
⑤ 都道府県介護保険事業支援計画は，老人福祉法第20条の9第1項に規定する都道府県老人福祉計画と一体のものとして作成されなければならない．
⑥ 都道府県介護保険事業支援計画は，地域における医療及び介護の総合的な確保の促進に関する法律第4条第1項に規定する都道府県計画及び医療法第30条の4第1項に規定する医療計画との整合性の確保が図られたものでなければならない．
⑦ 都道府県介護保険事業支援計画は，社会福祉法第108条に規定する都道府県地域福祉支援計画，高齢者の居住の安定確保に関する法律第4条第1項に規定する都道府県高齢者居住安定確保計画その他の法律の規定による計画であって要介護者等の保健，医療，福祉又は居住に関する事項を定めるものと調和が保たれたものでなければならない．
⑧ 都道府県は，都道府県介護保険事業支援計画を定め，又は変更したときは，遅滞なく，これを厚生労働大臣に提出しなければならない．

第8章 費用等

第1節 費用の負担
（国の負担）
第121条 ① 国は，政令で定めるところにより，市町村に対し，介護給付及び予防給付に要する費用の額について，次の各号に掲げる費用の区分に応じ，当該各号に定める割合に相当する額を負担する．
1 介護給付（次号に掲げるものを除く．）及び予防給付（同号に掲げるものを除く．）に要する費用 100分の20
2 介護給付（介護保険施設及び特定施設入居者生活介護に係るものに限る．）及び予防給付（介護予防特定施設入居者生活介護に係るものに限る．）に要する費用 100分の15
② 第43条第3項，第44条第6項，第45条第6項，第55条第3項，第56条第6項及び第57条第6項の規定に基づき条例を定めている市町村に対する前項の規定の適用については，同項に規定する介護給付及び予防給付に要する費用の額は，当該条例による措置が講ぜられないものとして，政令で定めるところにより算定した当該介護給付及び予防給付に要する費用の額に相当する額とする．

（調整交付金等）
第122条 ① 国は，介護保険の財政の調整を行うため，第1号被保険者の年齢階級別の分布状況，第1号被保険者の所得の分布状況等を考慮して，政令で定めるところにより，市町村に対して調整交付金を交付する．
② 前項の規定による調整交付金の総額は，各市町村の前条第1項に規定する介護給付及び予防給付に要する費用の額（同条第2項の規定の適用がある場合にあっては，同項の規定して算定した額．次項において同じ．）の総額の100分の5に相当する額とする．
③ 毎年度分として交付すべき調整交付金の総額は，当該年度における各市町村の前条第1項に規定する介護給付及び予防給付に要する費用の額の見込額の総額の100分の5に相当する額に当該年度の前年度以前の年度における調整交付金で，まだ交付していない金額を加算し，又は当該前年度以前の年度において交付すべきであった額を超えて交付した額を当該見込額の総額の100分の5に相当する額から減額した額とする．
第122条の2 ① 国は，政令で定めるところにより，市町村に対し，介護予防・日常生活支援総合事業に要する費用の額の100分の20に相当する額を交付する．
② 国は，介護保険の財政の調整を行うため，市町村に対し，介護予防・日常生活支援総合事業について，第1号被保険者の年齢階級別の分布状況，第1号被保険者の所得の分布状況等を考慮して，政令で定めるところにより算定した額を交付する．
③ 前項の規定により交付する額の総額は，各市町村の介護予防・日常生活支援総合事業に要する費用の額の総額の100分の5に相当する額とする．
④ 国は，政令で定めるところにより，市町村に対し，地域支援事業（介護予防・日常生活支援総合事業を除く．）に要する費用の額に，第125条第1項の第2号被保険者負担率に100分の50を加えた率を乗じて得た額（以下「特定地域支援事業支援額」という．）の100分の50に相当する額を交付する．

（都道府県の負担等）
第123条 ① 都道府県は，政令で定めるところにより，市町村に対し，介護給付及び予防給付に要する費用の額について，次の各号に掲げる費用の区分に応じ，当該各号に定める割合に相当する額を負担する．
1 介護給付（次号に掲げるものを除く．）及び予防給付（同号に掲げるものを除く．）に要する費用 100分の12.5
2 介護給付（介護保険施設及び特定施設入居者生活介護に係るものに限る．）及び予防給付（介護予防特定施設入居者生活介護に係るものに限る．）に要する費用 100分の17.5
② 第121条第2項の規定は，前項に規定する介護給付及び予防給付に要する費用の額について準用する．
③ 都道府県は，政令で定めるところにより，市町村に対し，介護予防・日常生活支援総合事業に要する費用の額の100分の12.5に相当する額を交付する．
④ 都道府県は，政令で定めるところにより，市町村に対し，特定地域支援事業支援額の100分の25に相当する額を交付する．
（市町村の一般会計における負担）

第124条 ① 市町村は,政令で定めるところにより,その一般会計において,介護給付及び予防給付に要する費用の額の100分の12.5に相当する額を負担する.
② 第121条第2項の規定は,前項に規定する介護給付及び予防給付に要する費用の額について準用する.
③ 市町村は,政令で定めるところにより,その一般会計において,介護予防・日常生活支援総合事業に要する費用の額の100分の12.5に相当する額を負担する.
④ 市町村は,政令で定めるところにより,その一般会計において,特定地域支援事業支援額の100分の25に相当する額を負担する.

(市町村の特別会計への繰入れ等)
第124条の2 ① 市町村は,政令で定めるところにより,一般会計から,所得の少ない者について条例の定めるところにより行う保険料の減額賦課に基づき第1号被保険者に係る保険料につき減額した額の総額を基礎として政令で定めるところにより算定した額を介護保険に関する特別会計に繰り入れなければならない.
② 国は,政令で定めるところにより,前項の規定による繰入金の2分の1に相当する額を負担する.
③ 都道府県は,政令で定めるところにより,第1項の規定による繰入金の4分の1に相当する額を負担する.

(住所地特例適用被保険者に係る地域支援事業に要する費用の負担金)
第124条の3 市町村は,政令で定めるところにより,当該市町村が行う介護保険の住所地特例適用被保険者に対して,当該住所地特例適用被保険者が入所等をしている住所地特例対象施設の所在する施設所在市町村が行う地域支援事業に要する費用について,政令で定めるところにより算定した額を,地域支援事業に要する費用として負担するものとする.

(介護給付費交付金)
第125条 ① 市町村の介護保険に関する特別会計において負担する費用のうち,介護給付及び予防給付に要する費用の額に第2号被保険者負担率を乗じて得た額(以下「医療保険納付対象額」という.)については,政令で定めるところにより,社会保険診療報酬支払基金法(昭和23年法律第129号)による社会保険診療報酬支払基金(以下「支払基金」という.)が市町村に対して交付する介護給付費交付金をもって充てる.
② 前項の第2号被保険者負担率は,すべての市町村に係る被保険者の見込数の総数に対するすべての市町村に係る第2号被保険者の見込数の総数の割合に2分の1を乗じて得た率を基準として設定するものとし,3年ごとに,当該割合の推移を勘案して政令で定める.
③ 第121条第2項の規定は,第1項に規定する介護給付及び予防給付に要する費用の額について準用する.
④ 第1項の介護給付費交付金は,第150条第1項の規定により支払基金が徴収する納付金をもって充てる.

(地域支援事業支援交付金)
第126条 ① 市町村の介護保険に関する特別会計において負担する費用のうち,介護予防・日常生活支援総合事業に要する費用の額に前条第1項の第2号被保険者負担率を乗じて得た額(以下「介護予防・日常生活支援総合事業医療保険納付対象額」という.)については,政令で定めるところにより,支払基金が市町村に対して交付する地域支援事業支援交付金をもって充てる.
② 前項の地域支援事業支援交付金は,第150条第1項の規定により支払基金が徴収する納付金をもって充てる.

(国の補助)
第127条 国は,第121条,第122条,第122条の2及び第124条の2に規定するもののほか,予算の範囲内において,介護保険事業に要する費用の一部を補助することができる.

(都道府県の補助)
第128条 都道府県は,第123条及び第124条の2に規定するもののほか,介護保険事業に要する費用の一部を補助することができる.

(保険料)
第129条 ① 市町村は,介護保険事業に要する費用(財政安定化基金拠出金の納付に要する費用を含む.)に充てるため,保険料を徴収しなければならない.
② 前項の保険料は,第1号被保険者に対し,政令で定める基準に従い条例で定めるところにより算定された保険料率により算定された保険料額によって課する.
③ 前項の保険料率は,市町村介護保険事業計画に定める介護給付等対象サービスの見込量等に基づいて算定した保険給付に要する費用の予想額,財政安定化基金拠出金の納付に要する費用の予想額,第147条第1項第2号の規定による都道府県からの借入金の償還に要する費用の予定額並びに地域支援事業及び保健福祉事業に要する費用の予定額,第1号被保険者の所得の分布状況及びその見通し並びに国庫負担等の額等に照らし,おおむね3年を通じ財政の均衡を保つことができるものでなければならない.
④ 市町村は,第1項の規定にかかわらず,第2号被保険者からは保険料を徴収しない.

(保険料の徴収の方法)
第131条 第129条の保険料の徴収については,第135条の規定により特別徴収(国民年金法による老齢基礎年金その他の同法又は厚生年金保険法による老齢,障害又は死亡を支給事由とする年金たる給付であって政令で定めるもの及びその他これらの年金たる給付に類する老齢若しくは退職,障害又は死亡を支給事由とする年金たる給付であって政令で定めるもの(以下「老齢等年金給付」という.)の支払をする者(以下「年金保険者」という.)に保険料を徴収させ,かつ,その徴収すべき保険料を納入させることをいう.以下同じ.)の方法による場合を除くほか,普通徴収(市町村が,保険料を課せられた第1号被保険者又は当該第1号被保険者の属する世帯の世帯主若しくは当該第1号被保険者の配偶者(婚姻の届出をしていないが,事実上婚姻関係と同様の事情にある者を含む.以下同じ.)に対し,地方自治法第231条の規定により納入の通知をすることによって保険料を徴収することをいう.以下この款において同じ.)の方法によらなければならない.

(普通徴収に係る保険料の納付義務)
第132条 ① 第1号被保険者は,市町村がその者の保険料を普通徴収の方法によって徴収しようとす

る場合においては,当該保険料を納付しなければならない.
② 世帯主は,市町村が当該世帯に属する第1号被保険者の保険料を普通徴収の方法によって徴収しようとする場合において,当該保険料を連帯して納付する義務を負う.
③ 配偶者の一方は,市町村が第1号被保険者たる他方の保険料を普通徴収の方法によって徴収しようとする場合において,当該保険料を連帯して納付する義務を負う.

(普通徴収に係る保険料の納期)
第133条 普通徴収の方法によって徴収する保険料の納期は,当該市町村の条例で定める.

(保険料の徴収)
第135条 ① 市町村は,前条第1項の規定による通知が行われた場合においては,当該通知に係る第1号被保険者(災害その他の特別の事情があることにより,普通徴収の方法によって保険料を徴収することが著しく困難であると認めるものその他政令で定めるものを除く.次項及び第3項において同じ.)に対して課する当該年度の保険料の全部(厚生労働省令で定める場合にあっては,その一部)を,特別徴収の方法によって徴収するものとする.ただし,当該通知に係る第1号被保険者数が少ないことその他の特別の事情があることにより,特別徴収を行うことが適当でないと認められる市町村においては,特別徴収の方法によらないことができる.
② 市町村(前項ただし書に規定する市町村を除く.次項において同じ.)は,前条第2項又は第3項の規定による通知が行われた場合においては,当該通知に係る第1号被保険者に対して課する当該年度の保険料の一部を,特別徴収の方法によって徴収することができる.
③ 市町村は,前条第2項若しくは第3項の規定による通知が行われた場合(前項の規定により当該通知に係る第1号被保険者に対して課する当該年度の保険料の一部を特別徴収の方法によって徴収する場合を除く.)又は同条第4項から第6項までの規定による通知が行われた場合において,当該通知に係る第1号被保険者について,翌年度の初日から9月30日までの間において当該通知に係る老齢等年金給付が支払われるときは,その支払に係る保険料額として,支払回数割保険料額の見込額(当該額によることが適当でないと認められる特別な事情がある場合においては,所得の状況その他の事情を勘案して市町村が定める額とする.)を,厚生労働省令で定めるところにより,特別徴収の方法によって徴収するものとする.
④ 前項の支払回数割保険料額の見込額は,当該第1号被保険者につき,当該年度の保険料額を基礎として厚生労働省令で定めるところにより算定した額を,当該年度の翌年度の初日(前条第5項の規定による通知に係る第1号被保険者については同年度の6月1日とし,同条第6項の規定による通知に係る第1号被保険者については同年度の8月1日とする.)から9月30日までの間における当該老齢等年金給付の支払の回数で除して得た額とする.
⑤ 市町村は,第1項本文,第2項又は第3項の規定により特別徴収の方法によって保険料を徴収しようとする場合においては,第1項本文,第2項又は第3項に規定する第1号被保険者(以下「特別徴収対象被保険者」という.)について,当該特別徴収対象被保険者に係る年金保険者(以下「特別徴収義務者」という.)に当該保険料を徴収させなければならない.
⑥ 市町村は,同一の特別徴収対象被保険者について前条第1項から第6項までの規定による通知に係る老齢等年金給付(以下「特別徴収対象年金給付」という.)が2以上ある場合においては,政令で定めるところにより1の特別徴収対象年金給付について保険料を徴収させるものとする.

(特別徴収額の通知等)
第136条 ① 市町村は,第134条第1項の規定による通知が行われた場合において,前条第1項並びに第5項及び第6項(同条第1項に係る部分に限る.)の規定により特別徴収の方法によって保険料を徴収しようとするときは,特別徴収対象被保険者に係る保険料を特別徴収の方法によって徴収する旨,当該特別徴収対象被保険者に係る支払回数割保険料額その他厚生労働省令で定める事項を,特別徴収義務者及び特別徴収対象被保険者に通知しなければならない.
《②(略)》

(特別徴収の方法によって徴収した保険料額の納入の義務等)
第137条 ① 特別徴収義務者は,前条第1項の規定による通知を受けた場合においては,同項に規定する支払回数割保険料額を,厚生労働省令で定めるところにより,当該年の10月1日から翌年3月31日までの間において特別徴収対象年金給付の支払をする際徴収し,その徴収の日の属する月の翌月の10日までに,これを当該市町村に納入する義務を負う.
《②〜⑨(略)》

(普通徴収保険料額への繰入)
第139条 ① 市町村は,第1号被保険者が特別徴収対象年金給付の支払を受けなくなったこと等により保険料を特別徴収の方法によって徴収されないこととなった場合においては,特別徴収の方法によって徴収されないこととなった額に相当する保険料額を,その特別徴収の方法によって徴収されないこととなった日以後において到来する第133条の納期がある場合においてはそのそれぞれの納期において,その日以後に到来する同条の納期がない場合においては直ちに,普通徴収の方法によって徴収しなければならない.
《②,③(略)》

(保険料の減免等)
第142条 市町村は,条例で定めるところにより,特別の理由がある者に対し,保険料を減免し,又はその徴収を猶予することができる.

(地方税法の準用)
第143条 保険料その他この法律の規定による徴収金(第150条第1項に規定する納付金及び第157条第1項に規定する延滞金を除く.)については,地方税法第9条,第13条の2,第20条,第20条の2及び第20条の4の規定を準用する.

(滞納処分)
第144条 市町村が徴収する保険料その他この法律の規定による徴収金は,地方自治法第231条の3第3項に規定する法律で定める歳入とする.

(保険料の収納の委託)
第144条の2 市町村は,普通徴収の方法によって徴収する保険料の収納の事務については,収入の確保及び第1号被保険者の便益の増進に寄与すると認める場合に限り,政令で定めるところにより,私人に委託することができる.

第2節 財政安定化基金等
（財政安定化基金）
第147条 ① 都道府県は，次に掲げる介護保険の財政の安定化に資する事業に必要な費用に充てるため，財政安定化基金を設けるものとする．
 1 実績保険料収納額が予定保険料収納額に不足すると見込まれ，かつ，基金事業対象収入額が基金事業対象費用額に不足すると見込まれる市町村に対し，政令で定めるところにより，イに掲げる額（イに掲げる額がロに掲げる額を超えるときは，ロに掲げる額とする．）の2分の1に相当する額を基礎として，当該市町村及びその他の市町村における保険料の収納状況を勘案して政令で定めるところにより算定した額を交付すること．
  イ 実績保険料収納額が予定保険料収納額に不足すると見込まれる額
  ロ 基金事業対象収入額が基金事業対象費用額に不足すると見込まれる額
 2 基金事業対象収入額及び基金事業交付額の合計額が，基金事業対象費用額に不足すると見込まれる市町村に対し，政令で定めるところにより，当該不足すると見込まれる額を基礎として，当該市町村及びその他の市町村における保険料の収納状況を勘案して政令で定めるところにより算定した額の範囲内の額を貸し付けること．
③ 都道府県は，財政安定化基金に充てるため，政令で定めるところにより，市町村から財政安定化基金拠出金を徴収するものとする．
④ 市町村は，前項の規定による財政安定化基金拠出金を納付する義務を負う．
⑤ 市町村は，政令で定めるところにより，第3項の規定により市町村から徴収した財政安定化基金拠出金の総額の3倍に相当する額を財政安定化基金に繰り入れなければならない．
⑥ 国は，政令で定めるところにより，前項の規定により都道府県が繰り入れた額の3分の1に相当する額を負担する．　　　　　　　　　　〈②，⑦，⑧(略)〉

（市町村相互財政安定化事業）
第148条 ① 市町村は，介護保険の財政の安定化を図るため，その介護保険に関する特別会計において負担する介護給付及び予防給付に要する費用（第43条第3項，第44条第6項，第45条第6項，第55条第3項，第56条第6項又は第57条第6項の規定に基づき条例を定めている市町村に係る当該介護給付及び予防給付に要する費用については，当該条例による措置が講じられないものとして政令で定めるところにより算定した当該介護給付及び予防給付に要する費用とする．次項において同じ．），地域支援事業に要する費用，財政安定化基金拠出金の納付に要する費用並びに基金事業借入金の償還に要する費用の財源について，政令で定めるところにより，他の市町村と共同して，調整保険料率に基づき，市町村相互間において調整する事業（以下この条及び次条において「市町村相互財政安定化事業」という．）を行うことができる．
② 前項の調整保険料率は，市町村相互財政安定化事業を行う市町村（以下この条及び次条第2項において「特定市町村」という．）のそれぞれが，それぞれの第1号被保険者に対し，当該調整保険料率により算定した保険料額によって保険料を課するとしたならば，当該特定市町村につき事業実施期間（市町村相互財政安定化事業を実施する期間として

特定市町村が次項の規約により定める3年を1期とする期間をいう．以下この項及び第4項において同じ．）において収納される保険料の額の合計額が，当該事業実施期間における当該特定市町村の介護給付及び予防給付に要する費用の額（当該介護給付及び予防給付に要する費用の額につき第121条第1項，第122条第1項，第123条第1項，第124条第1項及び第125条第1項の規定により，国，都道府県，市町村の一般会計及び支払基金が負担し，又は交付する額を除く．），地域支援事業に要する費用の額（当該地域支援事業に要する費用の額につき第122条の2第1項，第2項及び第4項，第123条第3項及び第4項，第124条第3項及び第4項並びに第126条第1項の規定により，国，都道府県，市町村の一般会計及び支払基金が負担し，又は交付する額を除く．），財政安定化基金拠出金の納付に要する費用の額及び基金事業借入金の償還に要する費用の額の合計額と均衡を保つことができるものであって，当該特定市町村が政令で定める基準に従い定めるものとする．　　　　　　〈③～⑧(略)〉

第3節 医療保険者の納付金
（納付金の徴収及び納付義務）
第150条 ① 支払基金は，第160条第1項に規定する業務に要する費用に充てるため，年度（毎年4月1日から翌年3月31日までをいう．以下この節及び次章において同じ．）ごとに，医療保険者（国民健康保険にあっては，都道府県．次項及び第161条を除き，以下同じ．）から，介護給付費・地域支援事業支援納付金（以下「納付金」という．）を徴収する．　　　　　　　　　　　　　　　　〈②，③(略)〉

（納付金の額）
第151条 ① 前条第1項の規定により各医療保険者から徴収する納付金の額は，当該年度の概算納付金の額とする．ただし，前々年度の概算納付金の額が前々年度の確定納付金の額を超えるときは，当該年度の概算納付金の額からその超える額とその超える額に係る調整金額との合計額を控除して得た額とするものとし，前々年度の概算納付金の額が前々年度の確定納付金の額に満たないときは，当該年度の概算納付金の額にその満たない額とその満たない額に係る調整金額との合計額を加算して得た額とする．
② 前項ただし書の調整金額は，前々年度におけるすべての医療保険者に係る概算納付金の額と確定納付金の額の過不足額について生ずる利子その他の事情を勘案して厚生労働省令で定めるところにより各医療保険者ごとに算定される額とする．

（納付金の額の決定，通知等）
第155条 ① 支払基金は，各年度につき，各医療保険者が納付すべき納付金の額を決定し，当該各医療保険者に対し，その者が納付すべき納付金の額，納付の方法及び納付すべき期限その他必要な事項を通知しなければならない．

（督促及び滞納処分）
第156条 ① 支払基金は，医療保険者が，納付すべき期限までに納付金を納付しないときは，期限を指定してこれを督促しなければならない．　　〈②(略)〉
③ 支払基金は，第1項の規定による督促を受けた医療保険者がその指定期限までにその督促状に係る納付金及び次条の規定による延滞金を完納しないときは，政令で定めるところにより，その徴収を，厚生労働大臣又は都道府県知事に請求するものとす

(1) 医療保険・介護保険

④ 前項の規定による徴収の請求を受けたときは、厚生労働大臣又は都道府県知事は、国税滞納処分の例により処分することができる. 《②(略)》

(延滞金)
第157条 ① 前条第1項の規定により納付金の納付を督促したときは、支払基金は、その督促に係る納付金の額につき年14.5パーセントの割合で、納期日の翌日からその完納又は財産差押えの日の前日までの日数により計算した延滞金を徴収する. ただし、督促に係る納付金の額が1000円未満であるときは、この限りでない. 《②〜⑤(略)》

(納付の猶予)
第158条 ① 支払基金は、やむを得ない事情により、医療保険者が納付金を納付することが著しく困難であると認められるときは、厚生労働省令で定めるところにより、当該医療保険者の申請に基づき、厚生労働大臣の承認を受けて、その納付すべき期限から1年以内の期間を限り、その一部の納付を猶予することができる. 《②,③(略)》

第9章 社会保険診療報酬支払基金の介護保険関係業務

(支払基金の業務)
第160条 ① 支払基金は、社会保険診療報酬支払基金法第15条に規定する業務のほか、第1条に規定する目的を達成するため、次に掲げる業務を行う.
1 医療保険者から納付金を徴収すること.
2 市町村に対し第125条第1項の介護給付費交付金を交付すること.
3 市町村に対し第126条第1項の地域支援事業支援交付金を交付すること.
4 前3号に掲げる業務に附帯する業務を行うこと.
② 前項に規定する業務は、介護保険関係業務という.

(業務の委託)
第161条 支払基金は、厚生労働大臣の認可を受けて、介護保険関係業務の一部を医療保険者が加入している団体で厚生労働大臣が定めるものに委託することができる.

(審査請求)
第174条 この法律に基づく支払基金の処分又はその不作為に不服のある者は、厚生労働大臣に対し、審査請求をすることができる. この場合において、厚生労働大臣は、行政不服審査法(平成26年法律第68号)第25条第3項、第46条第1項及び第2項、第47条並びに第49条第3項の規定の適用については、支払基金の上級行政庁とみなす.

第10章 国民健康保険団体連合会の介護保険事業関係業務

(連合会の業務)
第176条 ① 連合会は、国民健康保険法の規定による業務のほか、次に掲げる業務を行う.
〈1〜3,②(略)〉

第11章 介護給付費等審査委員会

(給付費等審査委員会)
第179条 第41条第10項(第42条の2第9項、第46条第7項、第48条第7項、第51条の3第8項、第53条第7項、第54条の2第9項、第58条第7項及び第61条の3第8項において準用する場合を含む.)並びに第115条の45の3第9項及び第115条の47第6項の規定による委託を受けて介護給付費請求書及び介護予防・日常生活支援総合事業費請求書の審査を行うため、介護給付費等審査委員会(以下「給付費等審査委員会」という.)を置く.

(給付費等審査委員会の組織)
第180条 ① 給付費等審査委員会は、規約で定めるそれぞれ同数の介護給付等対象サービス担当者(指定居宅サービス、指定地域密着型サービス、指定居宅介護支援、指定施設サービス等、指定介護予防サービス、指定地域密着型介護予防サービス又は指定介護予防支援を担当する者をいう. 第3項並びに次条第1項及び第2項において同じ.)又は介護予防・日常生活支援総合事業担当者(指定事業者において第1号事業を担当する者又は受託者において介護予防・日常生活支援総合事業を担当する者をいう. 第3項及び次条第2項において同じ.)を代表する委員、市町村を代表する委員及び公益を代表する委員をもって組織する.
② 委員は、連合会が委嘱する.
③ 前項の委嘱は、介護給付等対象サービス担当者又は介護予防・日常生活支援総合事業担当者を代表する委員及び市町村を代表する委員については、それぞれ関係団体の推薦によって行わなければならない.

第12章 審査請求

(審査請求)
第183条 ① 保険給付に関する処分(被保険者証の交付の請求に関する処分及び要介護認定又は要支援認定に関する処分を含む.)又は保険料その他この法律の規定による徴収金(財政安定化基金拠出金、納付金及び第157条第1項に規定する延滞金を除く.)に関する処分に不服がある者は、介護保険審査会に審査請求をすることができる. 《②(略)》

(介護保険審査会の設置)
第184条 介護保険審査会(以下「保険審査会」という.)は、各都道府県に置く.

(組織)
第185条 ① 保険審査会は、次の各号に掲げる委員をもって組織し、その定数は、当該各号に定める数とする.
1 被保険者を代表する委員 3人
2 市町村を代表する委員 3人
3 公益を代表する委員 3人以上であって政令で定める基準に従い条例で定める員数
② 委員は、都道府県知事が任命する.
③ 委員は、非常勤とする.

(会長)
第187条 ① 保険審査会に、公益を代表する委員のうちから委員が選挙する会長1人を置く. 《②(略)》

(専門調査員)
第188条 ① 保険審査会に、要介護認定又は要支援認定に関する処分に対する審査請求の事件に関し、専門の事項を調査させるため、専門調査員を置くことができる.
② 専門調査員は、要介護者等の保健、医療又は福祉に関する学識経験を有する者のうちから、都道府県

[29] 指定居宅サービス等の事業の人員,設備及び運営に関する基準(1条)

③ 専門調査員は,非常勤とする.
　(合議体)
第189条　① 保険審査会は,会長,被保険者を代表する委員及び市町村を代表する委員の全員並びに会長以外の公益を代表する委員のうちから保険審査会が指名する2人をもって構成する合議体で,審査請求(要介護認定又は要支援認定に関する処分に対するものを除く.)の事件を取り扱う.
② 要介護認定又は要支援認定に関する処分に対する審査請求の事件は,公益を代表する委員のうちから,保険審査会が指名する者をもって構成する合議体で取り扱う.
③ 前項の合議体を構成する委員の定数は,都道府県の条例で定める数とする.
第190条　① 前条第1項の合議体は,被保険者を代表する委員,市町村を代表する委員及び公益を代表する委員各1人以上を含む過半数の委員の,同条第2項の合議体は,これを構成するすべての委員の出席がなければ,会議を開き,議決をすることができない.
② 前条第1項の合議体の議事は,出席した委員の過半数をもって決し,可否同数のときは,会長の決するところによる.
③ 前条第2項の合議体の議事は,その合議体を構成する委員の過半数をもって決する.
　(審査請求と訴訟の関係)
第196条　第183条第1項に規定する処分の取消しの訴えは,当該処分についての審査請求に対する裁決を経た後でなければ,提起することができない.

第13章　雑　則

　(時　効)
第200条　① 保険料,納付金その他この法律の規定による徴収金を徴収し,又はその還付を受ける権利及び保険給付を受ける権利は,2年を経過したときは,時効によって消滅する.　　〈②(略)〉
　(権限の委任)
第203条の5　① この法律に規定する厚生労働大臣の権限は,厚生労働省令で定めるところにより,地方厚生局長に委任することができる.
② 前項の規定により地方厚生局長に委任された権限は,厚生労働省令で定めるところにより,地方厚生支局長に委任することができる.

第14章　罰　則（略）

[29] 指定居宅サービス等の事業の人員,設備及び運営に関する基準(抄)

(平11・3・31厚生省令第37号,平12・4・1施行,最終改正：平28・2・5厚生労働省令第14号)

介護保険法(平成9年法律第123号)第42条第1項第2号並びに第74条第1項及び第2項の規定に基づき,指定居宅サービス等の事業の人員,設備及び運営に関する基準を次のように定める.

第1章　総　則

　(趣　旨)
第1条　基準該当居宅サービスの事業に係る介護保険法(平成9年法律第123号.以下「法」という.)第42条第2項の厚生労働省令で定める基準及び指定居宅サービスの事業に係る法第74条第3項の厚生労働省令で定める基準は,次の各号に掲げる基準に応じ,それぞれ当該各号に定める規定による基準とする.
1　法第42条第1項第2号の規定により,同条第2項第1号に掲げる事項について都道府県(地方自治法(昭和22年法律第67号)第252条の19第1項の指定都市(以下「指定都市」という.)及び同法第252条の22第1項の中核市(以下「中核市」という.)にあっては,指定都市又は中核市.以下この条において同じ.)が条例を定めるに当たって従うべき基準　第40条,第41条,第50条第4号(第58条において準用する場合に限る.),第55条,第56条,第106条,第107条,第130条第6項(第140条の32において準用する場合に限る.),第140条の27,第140条の28,第195条(第206条において準用する場合に限る.)及び第205条の2の規定による基準
2　法第42条第1項第2号の規定により,同条第2項第2号に掲げる事項について都道府県が条例を定めるに当たって従うべき基準　第140条の30第1項第1号及び第2項第1号ロの規定による基準
3　法第42条第1項第2号の規定により,同条第2項第3号に掲げる事項について都道府県が条例を定めるに当たって従うべき基準　第8条第1項(第43条,第58条,第109条及び第206条において準用する場合に限る.),第9条(第43条,第58条,第109条,第140条の32及び第206条において準用する場合に限る.),第33条(第43条,第58条,第109条,第140条の32及び第206条において準用する場合に限る.),第37条(第43条,第58条,第140条の32及び第206条において準用する場合に限る.),第42条の2,第104条の2(第109条において準用する場合に限る.),第125条第1項(第140条の32において準用する場合に限る.),第128条第4項及び第5項(第140条の32において準用する場合に限る.)並びに第130条第7項(第140条の32において準用する場合に限る.)の規定による基準
4　法第42条第1項第2号の規定により,同条第2項第4号に掲げる事項について都道府県が条例を定めるに当たって標準とすべき基準　第140条の29の規定による基準
5　法第74条第1項の規定により,同条第3項第1号に掲げる事項について都道府県が条例を定めるに当たって従うべき基準　第5条,第6条,第45条,第46条,第50条第4号,第60条,第61条,第76条,第85条,第93条,第94条,第111条,第121条,第122条,第130条第6項,第140条の8第7項,第140条の11の2第2項及び第3項,第142条,第155条の10の2第2項及び第3項,第176条,第192条の4,第192条の5,第194条,第195条,第208条並びに第209条の規定による基準

(1) 医療保険・介護保険

6 法第74条第2項の規定により,同条第3項第2号に掲げる事項について都道府県が条例を定めるに当たって従うべき基準 第112条第1項,第124条第3項第1号及び第6項第1号ロ,第140条の4第6項第1号イ(3)(床面積に係る部分に限る.),第143条第1項第1号(療養室に係る部分に限る.),第2号(病室に係る部分に限る.),第3号(病室に係る部分に限る.)及び第4号イ(病室に係る部分に限る.),第155条の4第1項第1号(療養室に係る部分に限る.)及び第2号から第4号まで(病室に係る部分に限る.),附則第3条(第124条第6項第1号ロに係る部分に限る.),附則第8条並びに附則第12条の規定による基準

7 法第74条第2項の規定により,同条第3項第3号に掲げる事項について都道府県が条例を定めるに当たって従うべき基準 第8条第1項(第54条,第74条,第83条,第91条,第105条,第119条,第205条及び第216条において準用する場合を含む.),第9条(第54条,第74条,第83条,第91条,第105条,第119条,第140条(第140条の13において準用する場合を含む.),第155条の12において準用する場合を含む.),第205条及び第216条において準用する場合を含む.),第25条,第33条(第54条,第74条,第83条,第91条,第105条,第119条,第140条(第140条の13において準用する場合を含む.),第155条(第155条の12において準用する場合を含む.),第192条,第192条の12,第205条及び第216条において準用する場合を含む.),第37条(第54条,第74条,第83条,第91条,第119条,第140条(第140条の13において準用する場合を含む.),第155条(第155条の12において準用する場合を含む.),第192条,第192条の12,第205条及び第216条において準用する場合を含む.),第69条(訪問看護計画書及び訪問看護報告書の提出に係る部分を除く.),第71条,第104条の2,第125条第1項(第140条の13及び第155条(第155条の12において準用する場合を含む.)において準用する場合を含む.),第128条第4項及び第5項,第130条第7項,第140条の7第6項及び第7項,第140条の8第8項,第155条第4項及び第5項,第148条(第155条の12において準用する場合を含む.),第150条第6項,第155条の6第6項及び第7項,第155条の7第7項,第178条第1項から第3項まで,第179条第1項(第192条の12において準用する場合を含む.)及び第2項(第192条の12において準用する場合を含む.),第183条第4項(第192条の12において準用する場合を含む.)及び第5項(第192条の12において準用する場合を含む.)並びに第192条の7第1項から第3項までの規定による基準

8 法第74条第2項の規定により,同条第3項第4号に掲げる事項について都道府県が条例を定めるに当たって標準とすべき基準 第123条(第140条の5において準用する場合を含む.)の規定による基準

9 法第42条第1項第2号又は第74条第1項若しくは第2項の規定により,法第42条第2項各号及び第74条第3項各号に掲げる事項以外の事項について,都道府県が条例を定めるに当たって参酌すべき基準 この省令で定める基準のうち,前各号に定める規定による基準以外のもの

(定 義)
第2条 この省令において,次の各号に掲げる用語の意義は,それぞれ当該各号に定めるところによる.
1 居宅サービス事業者 法第8条第1項に規定する居宅サービス事業を行う者をいう.
2 指定居宅サービス事業者又は指定居宅サービス それぞれ法第41条第1項に規定する指定居宅サービス事業者又は指定居宅サービスをいう.
3 利用料 法第41条第1項に規定する居宅介護サービス費の支給の対象となる費用に係る対価をいう.
4 居宅介護サービス費用基準額 法第41条第4項第1号又は第2号に規定する厚生労働大臣が定める基準により算定した費用の額(その額が現に当該指定居宅サービスに要した費用の額を超えるときは,当該現に指定居宅サービスに要した費用の額とする.)をいう.
5 法定代理受領サービス 法第41条第6項の規定により居宅介護サービス費が利用者に代わり当該指定居宅サービス事業者に支払われる場合の当該指定居宅サービス費に係る指定居宅サービスをいう.
6 基準該当居宅サービス 法第42条第1項第2号に規定する基準該当居宅サービスをいう.
7 常勤換算方法 当該事業所の従業者の勤務延時間数を当該事業所において常勤の従業者が勤務すべき時間数で除することにより,当該事業所の従業者の員数を常勤の従業者の員数に換算する方法をいう.

(指定居宅サービスの事業の一般原則)
第3条 ① 指定居宅サービス事業者は,利用者の意思及び人格を尊重して,常に利用者の立場に立ったサービスの提供に努めなければならない.
② 指定居宅サービス事業者は,指定居宅サービスの事業を運営するに当たっては,地域との結び付きを重視し,市町村(特別区を含む.以下同じ.),他の居宅サービス事業者その他の保健医療サービス及び福祉サービスを提供する者との連携に努めなければならない.

第2章 訪問介護

第1節 基本方針
(基本方針)
第4条 指定居宅サービスに該当する訪問介護(以下「指定訪問介護」という.)の事業は,要介護状態となった場合においても,その利用者が可能な限りその居宅において,その有する能力に応じ自立した日常生活を営むことができるよう,入浴,排せつ,食事の介護その他の生活全般にわたる援助を行うものでなければならない.

第2節 人員に関する基準
(訪問介護員等の員数)
第5条 ① 指定訪問介護の事業を行う者(以下「指定訪問介護事業者」という.)が当該事業を行う事業所(以下「指定訪問介護事業所」という.)ごとに置くべき訪問介護員等(指定訪問介護の提供に当たる介護福祉士又は法第8条第2項に規定する政令で定める者をいう.この節から第4節までにおいて同じ.)の員数は,常勤換算方法で,2.5以上とする.
② 指定訪問介護事業者は,指定訪問介護事業所ごと

29 指定居宅サービス等の事業の人員、設備及び運営に関する基準(2条〜5条)

に，常勤の訪問介護員等のうち，利用者（当該指定訪問介護事業者が法第115条の45第1項第1号イに規定する第1号訪問事業（地域における医療及び介護の総合的な確保を推進するための関係法律の整備等に関する法律（平成26年法律第83号．以下「整備法」という．）第5条による改正前の法（以下「旧法」という．）第8条の2第2項に規定する介護予防訪問介護に相当するものとして市町村が定めるものに限る．）に係る法第115条の3第1項に規定する指定事業者（以下「指定事業者」という．）の指定を併せて受け，かつ，指定訪問介護の事業と当該第1号訪問事業とが同一の事業所において一体的に運営されている場合にあっては，当該事業所における指定訪問介護又は当該第1号訪問事業の利用者．以下この条において同じ．）の数が40又はその端数を増すごとに1人以上の者をサービス提供責任者としなければならない．この場合において，当該サービス提供責任者の員数については，利用者の数に応じて常勤換算方法によることができる．　〈③〜⑥（略）〉

（管理者）
第6条　指定訪問介護事業者は，指定訪問介護事業所ごとに専らその職務に従事する常勤の管理者を置かなければならない．ただし，指定訪問介護事業所の管理上支障がない場合は，当該指定訪問介護事業所の他の職務に従事し，又は同一敷地内にある他の事業所，施設等の職務に従事することができるものとする．

第4節　運営に関する基準
（内容及び手続の説明及び同意）
第8条　指定訪問介護事業者は，指定訪問介護の提供の開始に際し，あらかじめ，利用申込者又はその家族に対し，第29条に規定する運営規程の概要，訪問介護員等の勤務の体制その他の利用申込者のサービスの選択に資すると認められる重要事項を記した文書を交付して説明を行い，当該提供の開始について利用申込者の同意を得なければならない．

（提供拒否の禁止）
第9条　指定訪問介護事業者は，正当な理由なく指定訪問介護の提供を拒んではならない．

（サービス提供困難時の対応）
第10条　指定訪問介護事業者は，当該指定訪問介護事業所の通常の事業の実施地域（当該事業所が通常時に当該サービスを提供する地域をいう．以下同じ．）等を勘案し，利用申込者に対し自ら適切な指定訪問介護を提供することが困難であると認めた場合は，当該利用申込者に係る居宅介護支援事業者への連絡，適当な他の指定訪問介護事業者等の紹介その他の必要な措置を速やかに講じなければならない．

（受給資格等の確認）
第11条　① 指定訪問介護事業者は，指定訪問介護の提供を求められた場合は，その者の提示する被保険者証によって，被保険者資格，要介護認定の有無及び要介護認定の有効期間を確かめるものとする．
② 指定訪問介護事業者は，前項の被保険者証に，法第73条第2項に規定する認定審査会意見が記載されているときは，当該認定審査会意見に配慮して，指定訪問介護を提供するように努めなければならない．

（要介護認定の申請に係る援助）
第12条　① 指定訪問介護事業者は，指定訪問介護の提供の開始に際し，要介護認定を受けていない利用申込者については，要介護認定の申請が既に行われているかどうかを確認し，申請が行われていない場合は，当該利用申込者の意思を踏まえて速やかに当該申請が行われるよう必要な援助を行わなければならない．
② 指定訪問介護事業者は，居宅介護支援（これに相当するサービスを含む．）が利用者に対して行われていない場合であって必要と認めるときは，要介護認定の更新の申請が，遅くとも当該利用者が受けている要介護認定の有効期間が終了する30日前にはなされるよう，必要な援助を行わなければならない．

（心身の状況等の把握）
第13条　指定訪問介護事業者は，指定訪問介護の提供に当たっては，利用者に係る居宅介護支援事業者が開催するサービス担当者会議（指定居宅介護支援等の事業の人員及び運営に関する基準（平成11年厚生省令第38号．以下「指定居宅介護支援等基準」という．）第13条第9号に規定するサービス担当者会議をいう．以下同じ．）等を通じて，利用者の心身の状況，その置かれている環境，他の保健医療サービス又は福祉サービスの利用状況等の把握に努めなければならない．

（居宅介護支援事業者等との連携）
第14条　① 指定訪問介護事業者は，指定訪問介護を提供するに当たっては，居宅介護支援事業者その他保健医療サービス又は福祉サービスを提供する者との密接な連携に努めなければならない．
② 指定訪問介護事業者は，指定訪問介護の提供の終了に際しては，利用者又はその家族に対して適切な指導を行うとともに，当該利用者に係る居宅介護支援事業者に対する情報の提供及び保健医療サービス又は福祉サービスを提供する者との密接な連携に努めなければならない．

（居宅サービス計画等の変更の援助）
第17条　指定訪問介護事業者は，利用者が居宅サービス計画の変更を希望する場合は，当該利用者に係る居宅介護支援事業者への連絡その他の必要な援助を行わなければならない．

（身分を証する書類の携行）
第18条　指定訪問介護事業者は，訪問介護員等に身分を証する書類を携行させ，初回訪問時及び利用者又はその家族から求められたときは，これを提示すべき旨を指導しなければならない．

（サービスの提供の記録）
第19条　① 指定訪問介護事業者は，指定訪問介護を提供した際には，当該指定訪問介護の提供日及び内容，当該指定訪問介護について法第41条第6項の規定により利用者に代わって支払を受ける居宅介護サービス費の額その他必要な事項を，利用者の居宅サービス計画を記載した書面又はこれに準ずる書面に記載しなければならない．
② 指定訪問介護事業者は，指定訪問介護を提供した際には，提供した具体的なサービスの内容等を記録するとともに，利用者からの申出があった場合には，文書の交付その他適切な方法により，その情報を利用者に対して提供しなければならない．

（利用料等の受領）
第20条　① 指定訪問介護事業者は，法定代理受領サービスに該当する指定訪問介護を提供した際には，その利用者から利用料の一部として，当該指定

(1) 医療保険・介護保険

訪問介護に係る居宅介護サービス費用基準額から当該指定訪問介護事業者に支払われる居宅介護サービス費の額を控除して得た額の支払を受けるものとする.

（②～④（略））

(保険給付の請求のための証明書の交付)
第21条 指定訪問介護事業者は,法定代理受領サービスに該当しない指定訪問介護に係る利用料の支払を受けた場合は,提供した指定訪問介護の内容,費用の額その他必要と認められる事項を記載したサービス提供証明書を利用者に対して交付しなければならない.

(指定訪問介護の基本取扱方針)
第22条 ① 指定訪問介護は,利用者の要介護状態の軽減又は悪化の防止に資するよう,その目標を設定し,計画的に行われなければならない.
② 指定訪問介護事業者は,自らその提供する指定訪問介護の質の評価を行い,常にその改善を図らなければならない.

(指定訪問介護の具体的取扱方針)
第23条 訪問介護員等の行う指定訪問介護の方針は,次に掲げるところによるものとする.
1 指定訪問介護の提供に当たっては,次条第1項に規定する訪問介護計画に基づき,利用者が日常生活を営むのに必要な援助を行う.
2 指定訪問介護の提供に当たっては,懇切丁寧に行うことを旨とし,利用者又はその家族に対し,サービスの提供方法等について,理解しやすいように説明を行う.
3 指定訪問介護の提供に当たっては,介護技術の進歩に対応し,適切な介護技術をもってサービスの提供を行う.
4 常に利用者の心身の状況,その置かれている環境等の的確な把握に努め,利用者又はその家族に対し,適切な相談及び助言を行う.

(訪問介護計画の作成)
第24条 ① サービス提供責任者（第5条第2項に規定するサービス提供責任者をいう.以下この条及び第28条において同じ.）は,利用者の日常生活全般の状況及び希望を踏まえて,指定訪問介護の目標,当該目標を達成するための具体的なサービスの内容等を記載した訪問介護計画を作成しなければならない.
② 訪問介護計画は,既に居宅サービス計画が作成されている場合は,当該計画の内容に沿って作成しなければならない.
③ サービス提供責任者は,訪問介護計画の作成に当たっては,その内容について利用者又はその家族に対して説明し,利用者の同意を得なければならない.
④ サービス提供責任者は,訪問介護計画を作成した際には,当該訪問介護計画を利用者に交付しなければならない.
⑤ サービス提供責任者は,訪問介護計画の作成後,当該訪問介護計画の実施状況の把握を行い,必要に応じて当該訪問介護計画の変更を行うものとする.
⑥ 第1項から第4項までの規定は,前項に規定する訪問介護計画の変更について準用する.

(同居家族に対するサービス提供の禁止)
第25条 指定訪問介護事業者は,訪問介護員等に,その同居の家族である利用者に対する訪問介護の提供をさせてはならない.

(利用者に関する市町村への通知)
第26条 指定訪問介護事業者は,指定訪問介護を受けている利用者が次の各号のいずれかに該当する場合は,遅滞なく,意見を付してその旨を市町村に通知しなければならない.
1 正当な理由なしに指定訪問介護の利用に関する指示に従わないことにより,要介護状態の程度を増進させたと認められるとき.
2 偽りその他不正な行為によって保険給付を受け,又は受けようとしたとき.

(緊急時等の対応)
第27条 訪問介護員等は,現に指定訪問介護の提供を行っているときに利用者に病状の急変が生じた場合その他必要な場合は,速やかに主治の医師への連絡を行う等の必要な措置を講じなければならない.

(管理者及びサービス提供責任者の責務)
第28条 ① 指定訪問介護事業所の管理者は,当該指定訪問介護事業所の従業者及び業務の管理を,一元的に行わなければならない.
② 指定訪問介護事業所の管理者は,当該指定訪問介護事業所の従業者にこの章の規定を遵守させるため必要な指揮命令を行うものとする.
③ サービス提供責任者は,第24条に規定する業務のほか,次の各号に掲げる業務を行うものとする.
1 指定訪問介護の利用の申込みに係る調整をすること.
2 利用者の状態の変化やサービスに関する意向を定期的に把握すること.
3 サービス担当者会議への出席等により,居宅介護支援事業者等と連携を図ること.
4 訪問介護員等（サービス提供責任者を除く.以下この条において同じ.）に対し,具体的な援助目標及び援助内容を指示するとともに,利用者の状況についての情報を伝達すること.
5 訪問介護員等の業務の実施状況を把握すること.
6 訪問介護員等の能力や希望を踏まえた業務管理を実施すること.
7 訪問介護員等に対する研修,技術指導等を実施すること.
8 その他サービス内容の管理について必要な業務を実施すること.

(介護等の総合的な提供)
第29条の2 指定訪問介護事業者は,指定訪問介護の事業の運営に当たっては,入浴,排せつ,食事等の介護又は調理,洗濯,掃除等の家事（以下この条において「介護等」という.）を常に総合的に提供するものとし,介護等のうち特定の援助に偏することがあってはならない.

(秘密保持等)
第33条 ① 指定訪問介護事業所の従業者は,正当な理由がなく,その業務上知り得た利用者又はその家族の秘密を漏らしてはならない.
② 指定訪問介護事業者は,当該指定訪問介護事業所の従業者であった者が,正当な理由なく,その業務上知り得た利用者又はその家族の秘密を漏らすことがないよう,必要な措置を講じなければならない.
（③（略））

(居宅介護支援事業者に対する利益供与の禁止)
第35条 指定訪問介護事業者は,居宅介護支援事業者又はその従業者に対し,利用者に対して特定の事業者によるサービスを利用させることの対償として,金品その他の財産上の利益を供与してはならない.

(苦情処理)
第36条 ① 指定訪問介護事業者は,提供した指定訪

㉙ 指定居宅サービス等の事業の人員、設備及び運営に関する基準（21条～36条）

[29] 指定居宅サービス等の事業の人員、設備及び運営に関する基準（36条の2〜80条）

問介護に係る利用者及びその家族からの苦情に迅速かつ適切に対応するために、苦情を受け付けるための窓口を設置する等の必要な措置を講じなければならない． 〈②〜⑥(略)〉

(地域との連携)

第36条の2　指定訪問介護事業者は、その事業の運営に当たっては、提供した指定訪問介護に関する利用者からの苦情に関して市町村等が派遣する者が相談及び援助を行う事業その他の市町村が実施する事業に協力するよう努めなければならない．

(記録の整備)

第39条　① 指定訪問介護事業者は、従業者、設備、備品及び会計に関する諸記録を整備しておかなければならない．
② 指定訪問介護事業者は、利用者に対する指定訪問介護の提供に関する次の各号に掲げる記録を整備し、その完結の日から2年間保存しなければならない．

第3章　訪問入浴介護

第1節　基本方針
(基本方針)

第44条　指定居宅サービスに該当する訪問入浴介護（以下「指定訪問入浴介護」という．）の事業は、要介護状態となった場合においても、その利用者が可能な限りその居宅において、その有する能力に応じ自立した日常生活を営むことができるよう、居宅における入浴の援助を行うことによって、利用者の身体の清潔の保持、心身機能の維持等を図るものでなければならない．

第4節　運営に関する基準
(指定訪問入浴介護の基本取扱方針)

第49条　① 指定訪問入浴介護は、利用者の要介護状態の軽減又は悪化の防止に資するよう、利用者の状態に応じて、適切に行われなければならない．
② 指定訪問入浴介護事業者は、自らその提供する指定訪問入浴介護の質の評価を行い、常にその改善を図らなければならない．

(指定訪問入浴介護の具体的取扱方針)

第50条　訪問入浴介護従業者の行う指定訪問入浴介護の方針は、次に掲げるところによるものとする．
4　指定訪問入浴介護の提供は、1回の訪問につき、看護職員1人及び介護職員2人をもって行うものとし、これらの者のうち1人を当該サービスの提供の責任者とする．ただし、利用者の身体の状況が安定していること等から、入浴により利用者の身体の状況等に支障を生ずるおそれがないと認められる場合においては、主治の医師の意見を確認した上で、看護職員に代えて介護職員を充てることができる．　〈1〜3,5(略)〉

第4章　訪問看護

第1節　基本方針
(基本方針)

第59条　指定居宅サービスに該当する訪問看護（以下「指定訪問看護」という．）の事業は、要介護状態となった場合においても、その利用者が可能な限りその居宅において、その有する能力に応じ自立した日常生活を営むことができるよう、その療養生活を支援し、心身の機能の維持回復及び生活機能の維持又は向上を目指すものでなければならない．

第4節　運営に関する基準
(指定訪問看護の基本取扱方針)

第67条　① 指定訪問看護は、利用者の要介護状態の軽減又は悪化の防止に資するよう、療養上の目標を設定し、計画的に行われなければならない．
② 指定訪問看護事業者は、自らその提供する指定訪問看護の質の評価を行い、常にその改善を図らなければならない．

(指定訪問看護の具体的取扱方針)

第68条　看護師等の行う指定訪問看護の方針は、次に掲げるところによるものとする．
1　指定訪問看護の提供に当たっては、主治の医師との密接な連携及び第70条第1項に規定する訪問看護計画書に基づき、利用者の心身の機能の維持回復を図るよう妥当適切に行う．
2　指定訪問看護の提供に当たっては、懇切丁寧に行うことを旨とし、利用者又はその家族に対し、療養上必要な事項について、理解しやすいように指導又は説明を行う．
5　特殊な看護等については、これを行ってはならない． 〈3,4(略)〉

(主治の医師との関係)

第69条　① 指定訪問看護事業所の管理者は、主治の医師の指示に基づき適切な指定訪問看護が行われるよう必要な管理をしなければならない．
② 指定訪問看護事業者は、指定訪問看護の提供の開始に際し、主治の医師による指示を文書で受けなければならない．
③ 指定訪問看護事業者は、主治の医師に次条第1項に規定する訪問看護計画書及び訪問看護報告書を提出し、指定訪問看護の提供に当たって主治の医師との密接な連携を図らなければならない． 〈④(略)〉

第5章　訪問リハビリテーション

第1節　基本方針
(基本方針)

第75条　指定居宅サービスに該当する訪問リハビリテーション（以下「指定訪問リハビリテーション」という．）の事業は、要介護状態となった場合においても、その利用者が可能な限りその居宅において、その有する能力に応じ自立した日常生活を営むことができるよう生活機能の維持又は向上を目指し、利用者の居宅において、理学療法、作業療法その他必要なリハビリテーションを行うことにより、利用者の心身の機能の維持回復を図るものでなければならない．

第4節　運営に関する基準
(指定訪問リハビリテーションの基本取扱方針)

第79条　① 指定訪問リハビリテーションは、利用者の要介護状態の軽減又は悪化の防止に資するよう、リハビリテーションの目標を設定し、計画的に行われなければならない．
② 指定訪問リハビリテーション事業者は、自らその提供する指定訪問リハビリテーションの質の評価を行い、常にその改善を図らなければならない．

(指定訪問リハビリテーションの具体的取扱方針)

第80条　指定訪問リハビリテーションの提供は理学療法士、作業療法士又は言語聴覚士が行うものとし、その方針は、次に掲げるところによるものとする．
1　指定訪問リハビリテーションの提供に当たっては、医師の指示及び次条第1項に規定する訪問リ

第6章 居宅療養管理指導

第1節 基本方針
（基本方針）
第84条 指定居宅サービスに該当する居宅療養管理指導（以下「指定居宅療養管理指導」という．）の事業は，要介護状態となった場合においても，その利用者が可能な限りその居宅において，その有する能力に応じ自立した日常生活を営むことができるよう，医師，歯科医師，薬剤師，看護職員（歯科衛生士が行う居宅療養管理指導に相当するものを行う保健師，看護師及び准看護師を除いた保健師，看護師又は准看護師をいう．以下この章において同じ．），歯科衛生士（歯科衛生士が行う居宅療養管理指導に相当するものを行う保健師，看護師及び准看護師を含む．以下この章において同じ．）又は管理栄養士が，通院が困難な利用者に対して，その居宅を訪問して，その心身の状況，置かれている環境等を把握し，それらを踏まえて療養上の管理及び指導を行うことにより，その者の療養生活の質の向上を図るものでなければならない．

第4節 運営に関する基準
（指定居宅療養管理指導の基本取扱方針）
第88条 ① 指定居宅療養管理指導は，利用者の要介護状態の軽減又は悪化の防止に資するよう，計画的に行われなければならない．
② 指定居宅療養管理指導事業者は，自らその提供する指定居宅療養管理指導の質の評価を行い，常にその改善を図らなければならない．

（指定居宅療養管理指導の具体的取扱方針）
第89条 ① 医師又は歯科医師の行う指定居宅療養管理指導の方針は，次に掲げるところによるものとする．
1 指定居宅療養管理指導の提供に当たっては，訪問診療等により常に利用者の病状及び心身の状況を把握し，計画的かつ継続的な医学的管理又は歯科医学的管理に基づいて，居宅介護支援事業者等に対する居宅サービス計画の作成等に必要な情報提供並びに利用者又はその家族に対し，居宅サービスの利用に関する留意事項，介護方法等についての指導，助言等を行う．
7 それぞれの利用者について，提供した指定居宅療養管理指導の内容について，速やかに診療録に記録する． 〈2～6(略)〉
② 薬剤師，歯科衛生士又は管理栄養士の行う指定居宅療養管理指導の方針は，次に掲げるところによるものとする．
4 それぞれの利用者について，提供した指定居宅療養管理指導の内容について，速やかに記録を作成するとともに，医師又は歯科医師に報告する．
〈1～3(略)〉
③ 看護職員の行う指定居宅療養管理指導の方針は，次に掲げるところによるものとする．
3 それぞれの利用者について，提供した指定居宅療養管理指導の内容について，速やかに記録を作成するとともに，医師又は居宅介護支援事業者等に報告すること． 〈1,2(略)〉

第7章 通所介護

第1節 基本方針
（基本方針）
第92条 指定居宅サービスに該当する通所介護（以下「指定通所介護」という．）の事業は，要介護状態となった場合においても，その利用者が可能な限りその居宅において，その有する能力に応じ自立した日常生活を営むことができるよう生活機能の維持又は向上を目指し，必要な日常生活上の世話及び機能訓練を行うことにより，利用者の社会的孤立感の解消及び心身の機能の維持並びに利用者の家族の身体的及び精神的負担の軽減を図るものでなければならない．

第2節 人員に関する基準
（従業者の員数）
第93条 ① 指定通所介護の事業を行う者（以下「指定通所介護事業者」という．）が当該事業を行う事業所（以下「指定通所介護事業所」という．）ごとに置くべき従業者（以下この節から第4節までにおいて「通所介護従業者」という．）の員数は，次のとおりとする．
1 生活相談員 指定通所介護の提供日ごとに，当該指定通所介護を提供している時間帯に生活相談員（専ら当該指定通所介護の提供に当たる者に限る．）が勤務している時間数の合計数を当該指定通所介護を提供している時間帯の時間数で除して得た数が1以上確保されるために必要と認められる数
2 看護師又は准看護師（以下この章において「看護職員」という．） 指定通所介護の単位ごとに，専ら当該指定通所介護の提供に当たる看護職員が1以上確保されるために必要と認められる数
3 介護職員 指定通所介護の単位ごとに，当該指定通所介護を提供している時間帯に介護職員（専ら当該指定通所介護の提供に当たる者に限る．）が勤務している時間数の合計数を当該指定通所介護を提供している時間帯で除して得た数が利用者（当該指定通所介護事業者が法第115条の45第1項第1号ロに規定する第1号通所事業（旧法第8条の2第7項に規定する介護予防通所介護に相当するものとして市町村が定めるものに限る．）に係る指定事業者の指定を併せて受け，かつ，指定通所介護の事業と当該第1号通所事業とが同一の事業所において一体的に運営されている場合にあっては，当該事業所における指定通所介護又は当該第1号通所事業の利用者．以下この節及び次節において同じ．）の数が15人までの場合にあっては1以上，15人を超える場合にあっては15人を超える部分の数を5で除して得た数に1を加えた数以上確保されるために必要と認められる数
4 機能訓練指導員 1以上
② 指定通所介護事業者は，指定通所介護の単位ごとに，前項第3号の介護職員を，常時1人以上当該指定通所介護に従事させなければならない．
③ 第1項の規定にかかわらず，介護職員は，利用者の処遇に支障がない場合は，他の指定通所介護の単位の介護職員として従事することができるものとする．

[29] 指定居宅サービス等の事業の人員、設備及び運営に関する基準（94条〜128条）

④ 前3項の指定通所介護の単位は、指定通所介護であってその提供が同時に1又は複数の利用者に対して一体的に行われるものをいう．
⑤ 第1項第4号の機能訓練指導員は、日常生活を営むのに必要な機能の減退を防止するための訓練を行う能力を有する者とし、当該指定通所介護事業所の他の職務に従事することができるものとする．
⑥ 第1項の生活相談員又は介護職員のうち1人以上は、常勤でなければならない． 〈⑦（略）〉

（管理者）
第94条　指定通所介護事業者は、指定通所介護事業所ごとに専らその職務に従事する常勤の管理者を置かなければならない．ただし、指定通所介護事業所の管理上支障がない場合は、当該指定通所介護事業所の他の職務に従事し、又は同一敷地内にある他の事業所、施設等の職務に従事することができるものとする．

第4節　運営に関する基準
（指定通所介護の基本取扱方針）
第97条　① 指定通所介護は、利用者の要介護状態の軽減又は悪化の防止に資するよう、その目標を設定し、計画的に行われなければならない．
② 指定通所介護事業者は、自らその提供する指定通所介護の質の評価を行い、常にその改善を図らなければならない．

（指定通所介護の具体的取扱方針）
第98条　指定通所介護の方針は、次に掲げるところによるものとする．
1　指定通所介護の提供に当たっては、次条第1項に規定する通所介護計画に基づき、利用者の機能訓練及びその者が日常生活を営むことができるよう必要な援助を行う．
4　指定通所介護は、常に利用者の心身の状況を的確に把握しつつ、相談援助等の生活指導、機能訓練その他必要なサービスを利用者の希望に沿って適切に提供する．特に、認知症（法第5条の2に規定する認知症をいう．以下同じ．）である要介護者に対しては、必要に応じ、その特性に対応したサービスの提供ができる体制を整える．〈2,3（略）〉

（運営規程）
第100条　指定通所介護事業者は、指定通所介護事業所ごとに、次に掲げる事業の運営についての重要事項に関する規程（以下この章（第5節を除く．）において「運営規程」という．）を定めておかなければならない．
1　事業の目的及び運営の方針
2　従業者の職種、員数及び職務の内容
3　営業日及び営業時間
4　指定通所介護の利用定員
5　指定通所介護の内容及び利用料その他の費用の額
6　通常の事業の実施地域
7　サービス利用に当たっての留意事項
8　緊急時等における対応方法
9　非常災害対策
10　その他運営に関する重要事項

（準用）
第105条　第8条から第17条まで、第19条、第21条、第26条、第27条、第32条から第36条の2まで、第38条及び第52条の規定は、指定通所介護事業について準用する．〔以下略〕

第5節　削除
第105条の2から第105条の19まで　削除

第8章　通所リハビリテーション

第1節　基本方針
（基本方針）
第110条　指定居宅サービスに該当する通所リハビリテーション（以下「指定通所リハビリテーション」という．）の事業は、要介護状態となった場合においても、その利用者が可能な限りその居宅において、その有する能力に応じ自立した日常生活を営むことができるよう生活機能の維持又は向上を目指し、理学療法、作業療法その他必要なリハビリテーションを行うことにより、利用者の心身の機能の維持回復を図るものでなければならない．

第4節　運営に関する基準
（指定通所リハビリテーションの基本取扱方針）
第113条　① 指定通所リハビリテーションは、利用者の要介護状態の軽減又は悪化の防止に資するよう、その目標を設定し、計画的に行われなければならない．
② 指定通所リハビリテーション事業者は、自らその提供する指定通所リハビリテーションの質の評価を行い、常にその改善を図らなければならない．

（指定通所リハビリテーションの具体的取扱方針）
第114条　指定通所リハビリテーションの方針は、次に掲げるところによるものとする．
1　指定通所リハビリテーションの提供に当たっては、医師の指示及び次条第1項に規定する通所リハビリテーション計画に基づき、利用者の心身の機能の維持回復を図り、日常生活の自立に資するよう、妥当適切に行う．〈2〜4（略）〉

第9章　短期入所生活介護

第1節　基本方針
（基本方針）
第120条　指定居宅サービスに該当する短期入所生活介護（以下「指定短期入所生活介護」という．）の事業は、要介護状態となった場合においても、その利用者が可能な限りその居宅において、その有する能力に応じ自立した日常生活を営むことができるよう、入浴、排せつ、食事等の介護その他の日常生活上の世話及び機能訓練を行うことにより、利用者の心身の機能の維持並びに利用者の家族の身体的及び精神的負担の軽減を図るものでなければならない．

第4節　運営に関する基準
（内容及び手続の説明及び同意）
第125条　① 指定短期入所生活介護事業者は、指定短期入所生活介護の提供の開始に際し、あらかじめ、利用申込者又はその家族に対し、第137条に規定する運営規程の概要、短期入所生活介護従業者の勤務の体制その他の利用申込者のサービスの選択に資すると認められる重要事項を記した文書を交付して説明を行い、サービスの内容及び利用期間等について利用申込者の同意を得なければならない．
〈②（略）〉

（指定短期入所生活介護の取扱方針）
第128条　① 指定短期入所生活介護事業者は、利用者の要介護状態の軽減又は悪化の防止に資するよ

う，認知症の状況等利用者の心身の状況を踏まえて，日常生活に必要な援助を妥当適切に行わなければならない．
④ 指定短期入所生活介護事業者は，指定短期入所生活介護の提供に当たっては，当該利用者又は他の利用者等の生命又は身体を保護するため緊急やむを得ない場合を除き，身体的拘束その他利用者の行動を制限する行為（以下「身体的拘束等」という．）を行ってはならない．
⑤ 指定短期入所生活介護事業者は，前項の身体的拘束等を行う場合には，その態様及び時間，その際の利用者の心身の状況並びに緊急やむを得ない理由を記録しなければならない．〈②，③，⑥(略)〉

第5節 ユニット型指定短期入所生活介護の事業の基本方針並びに設備及び運営に関する基準
第1款 この節の趣旨及び基本方針
（この節の趣旨）
第140条の2 ① 第1節，第3節及び前節の規定にかかわらず，ユニット型指定短期入所生活介護の事業（指定短期入所生活介護の事業であって，その全部において少数の居室及び当該居室に近接して設けられる共同生活室（当該居室の利用者が交流し，共同で日常生活を営むための場所をいう．以下この章において同じ．）により一体的に構成される場所（以下この章において「ユニット」という．）ごとに利用者の日常生活が営まれ，これに対する支援が行われるものをいう．以下同じ．）の基本方針並びに設備及び運営に関する基準については，この節に定めるところによる．

第3款 運営に関する基準
（指定短期入所生活介護の取扱方針）
第140条の7 ① 指定短期入所生活介護は，利用者が，その有する能力に応じて，自らの生活様式及び生活習慣に沿って自律的な日常生活を営むことができるようにするため，利用者の日常生活上の活動について必要な援助を行うことにより，利用者の日常生活を支援するものとして行われなければならない．
⑥ ユニット型指定短期入所生活介護事業者は，指定短期入所生活介護の提供に当たっては，当該利用者又は他の利用者等の生命又は身体を保護するため緊急やむを得ない場合を除き，身体的拘束等を行ってはならない．
⑦ ユニット型指定短期入所生活介護事業者は，前項の身体的拘束等を行う場合には，その態様及び時間，その際の利用者の心身の状況並びに緊急やむを得ない理由を記録しなければならない．
〈②～⑤，⑧(略)〉

第10章 短期入所療養介護

第1節 基本方針
（基本方針）
第141条 指定居宅サービスに該当する短期入所療養介護（以下「指定短期入所療養介護」という．）の事業は，要介護状態となった場合においても，その利用者が可能な限りその居宅において，その有する能力に応じ自立した日常生活を営むことができるよう，看護，医学的管理の下における介護及び機能訓練その他必要な医療並びに日常生活上の世話を行うことにより，療養生活の質の向上及び利用者の家族の身体的及び精神的負担の軽減を図るもの

でなければならない．

第4節 運営に関する基準
（指定短期入所療養介護の取扱方針）
第146条 ① 指定短期入所療養介護事業者は，利用者の要介護状態の軽減又は悪化の防止に資するよう，認知症の状況等利用者の心身の状況を踏まえて，当該利用者の療養を妥当適切に行わなければならない．
④ 指定短期入所療養介護事業者は，指定短期入所療養介護の提供に当たっては，当該利用者又は他の利用者等の生命又は身体を保護するため緊急やむを得ない場合を除き，身体的拘束等を行ってはならない．
⑤ 指定短期入所療養介護事業者は，前項の身体的拘束等を行う場合には，その態様及び時間，その際の利用者の心身の状況並びに緊急やむを得ない理由を記録しなければならない．〈②，③，⑥(略)〉

第5節 ユニット型指定短期入所療養介護の事業の基本方針並びに設備及び運営に関する基準
第1款 この節の趣旨及び基本方針
（この節の趣旨）
第155条の2 ① 第1節，第3節及び前節の規定にかかわらず，ユニット型指定短期入所療養介護の事業（指定短期入所療養介護の事業であって，その全部において少数の療養室等及び当該療養室等に近接して設けられる共同生活室（当該療養室等の利用者が交流し，共同で日常生活を営むための場所をいう．以下この章において同じ．）により一体的に構成される場所（以下この章において「ユニット」という．）ごとに利用者の日常生活が営まれ，これに対する支援が行われるものをいう．以下同じ．）の基本方針並びに設備及び運営に関する基準については，この節に定めるところによる．

第3款 運営に関する基準
（指定短期入所療養介護の取扱方針）
第155条の6 ① 指定短期入所療養介護は，利用者が，その有する能力に応じて，自らの生活様式及び生活習慣に沿って自律的な日常生活を営むことができるようにするため，利用者の日常生活上の活動について必要な援助を行うことにより，利用者の日常生活を支援するものとして行われなければならない．
⑥ ユニット型指定短期入所療養介護事業者は，指定短期入所療養介護の提供に当たっては，当該利用者又は他の利用者等の生命又は身体を保護するため緊急やむを得ない場合を除き，身体的拘束等を行ってはならない．
⑦ ユニット型指定短期入所療養介護事業者は，前項の身体的拘束等を行う場合には，その態様及び時間，その際の利用者の心身の状況並びに緊急やむを得ない理由を記録しなければならない．
〈②～⑤，⑧(略)〉

第12章 特定施設入居者生活介護

第1節 基本方針
（基本方針）
第174条 ① 指定居宅サービスに該当する特定施設入居者生活介護（以下「指定特定施設入居者生活介護」という．）の事業は，特定施設サービス計画（法第8条第11項に規定する計画をいう．以下同

じ．）に基づき，入浴，排せつ，食事等の介護その他の日常生活上の世話，機能訓練及び療養上の世話を行うことにより，要介護状態となった場合でも，当該指定特定施設入居者生活介護の提供を受ける入居者（以下この章において「利用者」という．）が当該指定特定施設（特定施設であって，当該指定特定施設入居者生活介護の事業が行われるものをいう．以下同じ．）においてその有する能力に応じ自立した日常生活を営むことができるようにするものでなければならない． 〈②（略）〉

第2節　人員に関する基準
（従業者の員数）

第175条 ① 指定特定施設入居者生活介護事業者が指定特定施設ごとに置くべき指定特定施設入居者生活介護の提供に当たる従業者（以下「特定施設従業者」という．）の員数は，次のとおりとする．
1　生活相談員　常勤換算方法で，利用者の数が100又はその端数を増すごとに1人以上
2　看護師若しくは准看護師（以下この章において「看護職員」という．）又は介護職員
　イ　看護職員及び介護職員の合計数は，常勤換算方法で，要介護者である利用者の数が3又はその端数を増すごとに1以上であること．
　ロ　看護職員の数は，次のとおりとすること．
　（1）利用者の数が30を超えない指定特定施設にあっては，常勤換算方法で，1以上
　（2）利用者の数が30を超える指定特定施設にあっては，常勤換算方法で，1に利用者の数が30を超えて50又はその端数を増すごとに1を加えて得た数以上
　ハ　常に1以上の指定特定施設入居者生活介護の提供に当たる介護職員が確保されること．
3　機能訓練指導員　1以上
4　計画作成担当者　1以上（利用者の数が100又はその端数を増すごとに1を標準とする．）
③ 前2項の利用者及び介護予防サービスの利用者の数並びに総利用者数は，前年度の平均値とする．ただし，新規に指定を受ける場合は，推定数による．
④ 第1項第1号は第2項第1号の生活相談員のうち1人以上は，常勤でなければならない．
⑤ 第1項第2号の看護職員及び介護職員は，主として指定特定施設入居者生活介護の提供に当たるものとし，看護職員のうち1人以上，及び介護職員のうち1人以上は，常勤でなければならない．
⑥ 第1項第3号又は第2項第3号の機能訓練指導員は，日常生活を営むのに必要な機能の減退を防止するための訓練を行う能力を有する者とし，当該指定特定施設における他の職務に従事することができるものとする．
⑦ 第1項第4号又は第2項第4号の計画作成担当者は，専らその職務に従事する介護支援専門員であって，特定施設サービス計画（第2項の場合にあっては，特定施設サービス計画及び介護予防特定施設サービス計画）の作成を担当させるのに適当と認められるものとする．ただし，利用者（第2項の場合にあっては，利用者及び介護予防サービスの利用者）の処遇に支障がない場合は，当該特定施設における他の職務に従事することができるものとする． 〈②，⑧（略）〉

第4節　運営に関する基準
（内容及び手続の説明及び契約の締結等）

第178条 ① 指定特定施設入居者生活介護事業者は，あらかじめ，入居申込者又はその家族に対し，第189条の運営規程の概要，従業者の勤務の体制，利用料の額及びその改定の方法その他の入居申込者のサービスの選択に資すると認められる重要事項を記した文書を交付して説明を行い，入居及び指定特定施設入居者生活介護の提供に関する契約を文書により締結しなければならない．
② 指定特定施設入居者生活介護事業者は，前項の契約において，入居者の権利を不当に狭めるような契約解除の条件を定めてはならない．
③ 指定特定施設入居者生活介護事業者は，より適切な指定特定施設入居者生活介護を提供するため利用者を介護居室又は一時介護室に移して介護を行うこととしている場合にあっては，利用者が介護居室又は一時介護室に移る際の当該利用者の意思の確認等の適切な手続をあらかじめ第1項の契約に係る文書に明記しなければならない．

（利用料等の受領）

第182条
③ 指定特定施設入居者生活介護事業者は，前2項の支払を受ける額のほか，次に掲げる費用の額の支払を利用者から受けることができる．
1　利用者の選定により提供される介護その他の日常生活上の便宜に要する費用
2　おむつ代
3　前2号に掲げるもののほか，指定特定施設入居者生活介護において提供される便宜のうち，日常生活においても通常必要となるものに係る費用であって，その利用者に負担させることが適当と認められるもの 〈①，②，④（略）〉

（指定特定施設入居者生活介護の取扱方針）

第183条 ① 指定特定施設入居者生活介護事業者は，利用者の要介護状態の軽減又は悪化の防止に資するよう，認知症の状況等利用者の心身の状況を踏まえて，日常生活に必要な援助を妥当適切に行わなければならない．
④ 指定特定施設入居者生活介護事業者は，指定特定施設入居者生活介護の提供に当たっては，当該利用者又は他の利用者等の生命又は身体を保護するため緊急やむを得ない場合を除き，身体的拘束等を行ってはならない．
⑤ 指定特定施設入居者生活介護事業者は，前項の身体的拘束等を行う場合には，その態様及び時間，その際の利用者の心身の状況並びに緊急やむを得ない理由を記録しなければならない． 〈②，③，⑥（略）〉

（特定施設サービス計画の作成）

第184条 ① 指定特定施設の管理者は，計画作成担当者（第175条第1項第4号の計画作成担当者をいう．以下この条において同じ．）に特定施設サービス計画の作成に関する業務を担当させるものとする．
② 計画作成担当者は，特定施設サービス計画の作成に当たっては，適切な方法により，利用者について，その有する能力，その置かれている環境等の評価を通じて利用者が現に抱える問題点を明らかにし，利用者が自立した日常生活を営むことができるように支援する上で解決すべき課題を把握しなければならない．
③ 計画作成担当者は，利用者又はその家族の希望，利用者について把握された解決すべき課題に基づき，他の特定施設従業者と協議の上，サービスの目標及びその達成時期，サービスの内容並びにサービ

スを提供する上での留意点等を盛り込んだ特定施設サービス計画の原案を作成しなければならない.
④ 計画作成担当者は,特定施設サービス計画の作成に当たっては,その原案の内容について利用者又はその家族に対して説明し,文書により利用者の同意を得なければならない. 〈⑤~⑦略〉

第5節 外部サービス利用型指定特定施設入居者生活介護の事業の基本方針,人員並びに設備及び運営に関する基準

第1款 この節の趣旨及び基本方針
(この節の趣旨)

第192条の2 第1節から前節までの規定にかかわらず,外部サービス利用型指定特定施設入居者生活介護(指定特定施設入居者生活介護であって,当該指定特定施設の従業者により行われる特定施設サービス計画の作成,利用者の安否の確認,利用者の生活相談等(以下「基本サービス」という.)及び当該指定特定施設の事業者が委託する指定居宅サービス事業者(以下「受託居宅サービス事業者」という.)により,当該特定施設サービス計画に基づき行われる入浴,排せつ,食事等の介護その他の日常生活上の世話,機能訓練及び療養上の世話(以下「受託居宅サービス」という.)をいう.)の事業を行うものの基本方針,人員並びに設備及び運営に関する基準については,この節に定めるところによる.

第4款 運営に関する基準
(内容及び手続きの説明及び契約の締結等)

第192条の7 ① 外部サービス利用型指定特定施設入居者生活介護事業者は,あらかじめ,入居申込者又はその家族に対し,第192条の9の運営規程の概要,従業者の勤務の体制,外部サービス利用型指定特定施設入居者生活介護事業者と受託居宅サービス事業者の業務の分担の内容,受託居宅サービス事業者及び受託居宅サービス事業者が受託居宅サービスの事業を行う事業所(以下「受託居宅サービス事業所」という.)の名称,受託居宅サービスの種類,利用料の額及びその改定の方法その他の入居申込者のサービスの選択に資すると認められる重要事項を記した文書を交付して説明を行い,入居(養護老人ホームによる入居する場合は除く.)及び外部サービス利用型指定特定施設入居者生活介護の提供に関する契約を文書により締結しなければならない.
② 外部サービス利用型指定特定施設入居者生活介護事業者は,前項の契約において,入居者の権利を不当に狭めるような契約解除の条件を定めてはならない.
③ 外部サービス利用型指定特定施設入居者生活介護事業者は,より適切な外部サービス利用型指定特定施設入居者生活介護を提供するため利用者を他の居室に移して介護をすることとしている場合にあっては,利用者が当該居室に移る際の当該利用者の意思の確認等の適切な手続きをあらかじめ第1項の契約に係る文書に明記しなければならない.
〈④略〉

第13章 福祉用具貸与

第1節 基本方針
(基本方針)

第193条 指定居宅サービスに該当する福祉用具貸与(以下「指定福祉用具貸与」という.)の事業は,要介護状態となった場合においても,その利用者が可能な限りその居宅において,その有する能力に応じ自立した日常生活を営むことができるよう,利用者の心身の状況,希望及びその置かれている環境を踏まえた適切な福祉用具(法第8条第12項の規定により厚生労働大臣が定める福祉用具をいう.以下この章において同じ.)の選定の援助,取付け,調整等を行い,福祉用具を貸与することにより,利用者の日常生活上の便宜を図るとともに,その機能訓練に資するとともに,利用者を介護する者の負担の軽減を図るものでなければならない.

第4節 運営に関する基準
(指定福祉用具貸与の基本取扱方針)

第198条 ① 指定福祉用具貸与は,利用者の要介護状態の軽減又は悪化の防止並びに利用者を介護する者の負担の軽減に資するよう,その目標を設定し,計画的に行わなければならない.
② 指定福祉用具貸与事業者は,常に,清潔かつ安全で正常な機能を有する福祉用具を貸与しなければならない.
③ 指定福祉用具貸与事業者は,自らその提供する指定福祉用具貸与の質の評価を行い,常にその改善を図らなければならない.

(指定福祉用具貸与の具体的取扱方針)

第199条 福祉用具専門相談員の行う指定福祉用具貸与の方針は,次に掲げるところによるものとする.
1 指定福祉用具貸与の提供に当たっては,次条第1項に規定する福祉用具貸与計画に基づき,福祉用具が適切に選定され,かつ,使用されるよう,専門的知識に基づき相談に応じるとともに,目録等の文書を示して福祉用具の機能,使用方法,利用料等に関する情報を提供し,個別の福祉用具の貸与に係る同意を得るものとする. 〈2略〉

第14章 特定福祉用具販売

第1節 基本方針
(基本方針)

第207条 指定居宅サービスに該当する特定福祉用具販売(以下「指定特定福祉用具販売」という.)の事業は,要介護状態となった場合においても,その利用者が可能な限りその居宅において,その有する能力に応じ自立した日常生活を営むことができるよう,利用者の心身の状況,希望及びその置かれている環境を踏まえた適切な特定福祉用具(法第8条第13項の規定により厚生労働大臣が定める特定福祉用具をいう.以下この章において同じ.)の選定の援助,取付け,調整等を行い,特定福祉用具を販売することにより,利用者の日常生活上の便宜を図り,その機能訓練に資するとともに,利用者を介護する者の負担の軽減を図るものでなければならない.

第4節 運営に関する基準
(指定特定福祉用具販売の具体的取扱方針)

第214条 指定特定福祉用具専門相談員の行う指定特定福祉用具販売の方針は,次に掲げるところによるものとする.
1 指定特定福祉用具販売の提供に当たっては,次条第1項に規定する特定福祉用具販売計画に基づき,特定福祉用具が適切に選定され,かつ,使用されるよう,専門的知識に基づき相談に応じるとと

もに,目録等の文書を示して特定福祉用具の機能,使用方法,販売費用の額等に関する情報を提供し,個別の特定福祉用具の販売に係る同意を得るものとする.
2 指定特定福祉用具販売の提供に当たっては,販売する特定福祉用具の機能,安全性,衛生状態等に関し,点検を行う.
3 指定特定福祉用具販売の提供に当たっては,利用者の身体の状況等に応じて特定福祉用具の調整を行うとともに,当該特定福祉用具の使用方法,使用上の留意事項等を記載した文書を利用者に交付し,十分な説明を行った上で,必要に応じて利用者に実際に当該特定福祉用具を使用させながら使用方法の指導を行う.
4 居宅サービス計画に指定特定福祉用具販売が位置づけられる場合には,当該計画に特定福祉用具販売が必要な理由が記載されるように必要な措置を講じるものとする.

30 指定介護老人福祉施設の人員,設備及び運営に関する基準(抄)

(平11・3・31厚生省令第39号,平12・4・1施行,最終改正:平28・2・5厚生労働省令第14号)

介護保険法(平成9年法律第123号)第88条第1項及び第2項の規定に基づき,指定介護老人福祉施設の人員,設備及び運営に関する基準を次のように定める.

第1章 趣旨及び基本方針

(趣 旨)
第1条 指定介護老人福祉施設に係る介護保険法(平成9年法律第123号.以下「法」という.)第88条第3項の厚生労働省令で定める基準は,次の各号に掲げる基準に応じ,それぞれ当該各号に定める規定による基準とする.
1 法第88条第1項の規定により,同条第3項第1号に掲げる事項について都道府県(地方自治法(昭和22年法律第67号)第252条の19第1項の指定都市(以下「指定都市」という.)及び同法第252条の22第1項の中核市(以下「中核市」という.)にあっては,指定都市又は中核市.以下この条において同じ.)が条例を定めるに当たって従うべき基準 第2条,第13条第7項,第21条(第49条において準用する場合を含む.),第43条第8項並びに第47条第2項及び第3項の規定による基準
2 法第88条第2項の規定により,同条第3項第2号に掲げる事項について都道府県が条例を定めるに当たって従うべき基準 第3条第1項第1号,第40条第1項第1号イ (3)(床面積に係る部分に限る.)及び附則第4条第1項(第3条第1項第1号ロに係る部分に限る.)の規定による基準
3 法第88条第2項の規定により,同条第3項第3号に掲げる事項について都道府県が条例を定めるに当たって従うべき基準 第4条第1項(第49条において準用する場合を含む.),第4条の2(第49条において準用する場合を含む.),第11条第4項及び第5項,第13条第8項,第19条(第49条において準用する場合を含む.),第30条(第49条において準用する場合を含む.),第35条(第49条において準用する場合を含む.),第42条第6項及び第7項並びに第43条第9項の規定による基準
4 法第88条第1項又は第2項の規定により,同条第3項各号に掲げる事項以外の事項について都道府県が条例を定めるに当たって参酌すべき基準 この省令で定める基準のうち,前3号に定める規定による基準以外のもの

(基本方針)
第1条の2 ① 指定介護老人福祉施設は,施設サービス計画に基づき,可能な限り,居宅における生活への復帰を念頭に置いて,入浴,排せつ,食事等の介護,相談及び援助,社会生活上の便宜の供与その他の日常生活上の世話,機能訓練,健康管理及び療養上の世話を行うことにより,入所者がその有する能力に応じ自立した日常生活を営むことができるようにすることを目指すものでなければならない.
② 指定介護老人福祉施設は,入所者の意思及び人格を尊重し,常にその者の立場に立って指定介護老人福祉施設サービスを提供するように努めなければならない.
③ 指定介護老人福祉施設は,明るく家庭的な雰囲気を有し,地域や家庭との結び付きを重視した運営を行い,市町村(特別区を含む.以下同じ.),居宅介護支援事業者(居宅介護支援事業を行う者をいう.以下同じ.),居宅サービス事業者(居宅サービス事業を行う者をいう.)その他の保健医療サービス又は福祉サービスを提供する者との密接な連携に努めなければならない.

第2章 人員に関する基準

(従業者の員数)
第2条 ① 法第88条第1項の規定による指定介護老人福祉施設に置くべき従業者の員数は,次のとおりとする.ただし,入所定員が40人を超えない指定介護老人福祉施設にあっては,他の社会福祉施設等の栄養士との連携を図ることにより当該指定介護老人福祉施設の効果的な運営を期待することができる場合であって,入所者の処遇に支障がないときは,第4号の栄養士を置かないことができる.
1 医師 入所者に対し健康管理及び療養上の指導を行うために必要な数
2 生活相談員 入所者の数が100又はその端数を増すごとに1以上
3 介護職員又は看護師若しくは准看護師(以下「看護職員」という.)
イ 介護職員及び看護職員の総数は,常勤換算方法で,入所者の数が3又はその端数を増すごとに1以上とすること.
ロ 看護職員の数は,次のとおりとすること.
(1) 入所者の数が30を超えない指定介護老人福祉施設にあっては,常勤換算方法で,1以上
(2) 入所者の数が30を超えて50を超えない指定介護老人福祉施設にあっては,常勤換算方法で,2以上
(3) 入所者の数が50を超えて130を超えない指定介護老人福祉施設にあっては,常勤換算方

(1) 医療保険・介護保険

法で, 3以上
(4) 入所者の数が130を超える指定介護老人福祉施設にあっては, 常勤換算方法で, 3に, 入所者の数が130を超えて50又はその端数を増すごとに1を加えて得た数以上
4 栄養士 1以上
5 機能訓練指導員 1以上
6 介護支援専門員 1以上 (入所者の数が100又はその端数を増すごとに1を標準とする.)
② 前項の従業者の数は, 前年度の平均値とする. ただし, 新規に指定を受ける場合は, 推定数による.
③ 第1項の常勤換算方法とは, 当該従業者のそれぞれの勤務延時間数の総数を当該指定介護老人福祉施設において常勤の従業者が勤務すべき時間数で除することにより常勤の従業者の員数に換算する方法をいう.
④ 指定介護老人福祉施設の従業者は, 専ら当該指定介護老人福祉施設の職務に従事する者でなければならない. ただし, 指定介護老人福祉施設 (ユニット型指定介護老人福祉施設 (第38条に規定するユニット型指定介護老人福祉施設をいう. 以下この項において同じ.) を除く. 以下この項において同じ.) 及びユニット型指定介護老人福祉施設を併設する場合は指定介護老人福祉施設及びユニット型指定地域密着型介護老人福祉施設 (指定地域密着型サービスの事業の人員, 設備及び運営に関する基準 (平成18年厚生労働省令第34号. 以下「指定地域密着型サービス基準」という.) 第158条に規定するユニット型指定地域密着型介護老人福祉施設をいう.) を併設する場合の介護職員及び看護職員 (第47条第2項の規定に基づき配置される看護職員に限る.) を除き, 入所者の処遇に支障がない場合は, この限りでない.
⑤ 第1項第2号の生活相談員は, 常勤の者でなければならない.
⑥ 第1項第3号の看護職員のうち, 1人以上は, 常勤の者でなければならない.
⑦ 第1項第5号の機能訓練指導員は, 日常生活を営むのに必要な機能を改善し, 又はその減退を防止するための訓練を行う能力を有すると認められる者でなければならない.
⑧ 第1項第5号の機能訓練指導員は, 当該指定介護老人福祉施設の他の職務に従事することができる.
⑨ 第1項第6号の介護支援専門員は, 専らその職務に従事する常勤の者でなければならない. ただし, 入所者の処遇に支障がない場合は, 当該指定介護老人福祉施設の他の職務に従事することができる.
⑩ 第1項第1号の医師及び同項第6号の介護支援専門員の数は, サテライト型居住施設 (指定地域密着型サービス基準第131条第4項に規定するサテライト型居住施設をいう. 以下同じ.) の本体施設 (同項に規定する本体施設をいう. 以下同じ.) である指定介護老人福祉施設であって, 当該サテライト型居住施設に医師又は介護支援専門員を置かない場合にあっては, 指定介護老人福祉施設の入所者の数及び当該サテライト型居住施設の入所者の数の合計数を基礎として算出しなければならない.

第3章 設備に関する基準

(設 備)
第3条 ① 指定介護老人福祉施設の設備の基準は,

次のとおりとする.
1 居室
イ 1の居室の定員は, 1人とすること. ただし, 入所者への指定介護福祉施設サービスの提供上必要と認められる場合は, 2人とすることができる.
ロ 入所者1人当たりの床面積は, 10.65平方メートル以上とすること.
ハ ブザー又はこれに代わる設備を設けること.
2 静養室 介護職員室又は看護職員室に近接して設けること.
3 浴室 要介護者が入浴するのに適したものとすること.
4 洗面設備
イ 居室のある階ごとに設けること.
ロ 要介護者が使用するのに適したものとすること.
5 便所
イ 居室のある階ごとに居室に近接して設けること.
ロ ブザー又はこれに代わる設備を設けるとともに, 要介護者が使用するのに適したものとすること.
6 医務室
イ 医療法 (昭和23年法律第205号) 第1条の5第2項に規定する診療所とすること.
ロ 入所者を診療するために必要な医薬品及び医療機器を備えるほか, 必要に応じて臨床検査設備を設けること.
7 食堂及び機能訓練室
イ それぞれ必要な広さを有するものとし, その合計した面積は, 3平方メートルに入所定員を乗じて得た面積以上とすること. ただし, 食事の提供又は機能訓練を行う場合において, 当該食事の提供又は機能訓練に支障がない広さを確保することができるときは, 同一の場所とすることができる.
ロ 必要な備品を備えること.
8 廊下幅 1.8メートル以上とすること. ただし, 中廊下の幅は, 2.7メートル以上とすること.
9 消火設備その他の非常災害に際して必要な設備を設けること.
② 前項各号に掲げる設備は, 専ら当該指定介護老人福祉施設の用に供するものでなければならない. ただし, 入所者の処遇に支障がない場合は, この限りでない.

第4章 運営に関する基準

(内容及び手続の説明及び同意)
第4条 ① 指定介護老人福祉施設は, 指定介護福祉施設サービスの提供の開始に際しては, あらかじめ, 入所申込者又はその家族に対し, 第23条に規定する運営規程の概要, 従業者の勤務の体制その他の入所申込者のサービスの選択に資すると認められる重要事項を記した文書を交付して説明を行い, 当該提供の開始について入所申込者の同意を得なければならない. ②~⑥ (略)
(提供拒否の禁止)
第4条の2 指定介護老人福祉施設は, 正当な理由なく指定介護福祉施設サービスの提供を拒んではならない.
(要介護認定の申請に係る援助)
第6条 ① 指定介護老人福祉施設は, 入所の際に要

③ 指定介護老人福祉施設の人員、設備及び運営に関する基準（7条〜13条）

介護認定を受けていない入所申込者については、要介護認定の申請が既に行われているかどうかを確認し、申請が行われていない場合は、入所申込者の意思を踏まえて速やかに当該申請が行われるよう必要な援助を行わなければならない。　　《②（略）》

（入退所）
第7条　① 指定介護老人福祉施設は、身体上又は精神上著しい障害があるために常時の介護を必要とし、かつ、居宅においてこれを受けることが困難な者に対し、指定介護福祉施設サービスを提供するものとする。　　《②〜⑦（略）》

（利用料等の受領）
第9条　① 指定介護老人福祉施設は、法定代理受領サービス（法第48条第4項の規定により施設介護サービス費（同条第1項に規定する施設介護サービス費をいう。以下同じ。）が入所者に代わり当該指定介護老人福祉施設に支払われる場合の当該施設介護サービス費に係る指定介護福祉施設サービスをいう。以下同じ。）に該当する指定介護福祉施設サービスを提供した際には、入所者から利用料（施設介護サービス費の支給の対象となる費用に係る対価をいう。以下同じ。）の一部として、当該指定介護福祉施設サービスについて同条第2項に規定する厚生労働大臣が定める基準により算定した費用の額（その額が現に当該指定介護福祉施設サービスに要した費用の額を超えるときは、当該現に指定介護福祉施設サービスに要した費用の額とする。以下「施設サービス費用基準額」という。）から当該指定介護老人福祉施設に支払われる施設介護サービス費の額を控除して得た額の支払を受けるものとする。　　《②〜⑤（略）》

（指定介護福祉施設サービスの取扱方針）
第11条　① 指定介護老人福祉施設は、施設サービス計画に基づき、入所者の要介護状態の軽減又は悪化の防止に資するよう、その者の心身の状況等に応じて、その者の処遇を妥当適切に行わなければならない。
④ 指定介護老人福祉施設は、指定介護福祉施設サービスの提供に当たっては、当該入所者又は他の入所者等の生命又は身体を保護するため緊急やむを得ない場合を除き、身体的拘束その他入所者の行動を制限する行為（以下「身体的拘束等」という。）を行ってはならない。
⑤ 指定介護老人福祉施設は、前項の身体的拘束等を行う場合には、その態様及び時間、その際の入所者の心身の状況並びに緊急やむを得ない理由を記録しなければならない。　　《②、③、⑥（略）》

（施設サービス計画の作成）
第12条　① 指定介護老人福祉施設の管理者は、介護支援専門員に施設サービス計画の作成に関する業務を担当させるものとする。
② 施設サービス計画の作成に関する業務を担当する介護支援専門員（以下「計画担当介護支援専門員」という。）は、施設サービス計画の作成に当たっては、入所者の日常生活全般を支援する観点から、当該地域の住民による自発的な活動によるサービスの利用も含めて施設サービス計画上に位置付けるよう努めなければならない。
③ 計画担当介護支援専門員は、施設サービス計画の作成に当たっては、適切な方法により、入所者について、その有する能力、その置かれている環境等の評価を通じて入所者が現に抱える問題点を明らかにし、入所者が自立した日常生活を営むことができるように支援する上で解決すべき課題を把握しなければならない。
④ 計画担当介護支援専門員は、前項に規定する解決すべき課題の把握（以下「アセスメント」という。）に当たっては、入所者及びその家族に面接して行わなければならない。この場合において、計画担当介護支援専門員は、面接の趣旨を入所者及びその家族に対して十分に説明し、理解を得なければならない。
⑤ 計画担当介護支援専門員は、入所者の希望及び入所者についてのアセスメントの結果に基づき、入所者及びその家族の生活に対する意向、総合的な援助の方針、生活全般の解決すべき課題、指定介護福祉施設サービスの目標及びその達成時期、指定介護福祉施設サービスの内容、指定介護福祉施設サービスを提供する上での留意事項等を記載した施設サービス計画の原案を作成しなければならない。
⑥ 計画担当介護支援専門員は、サービス担当者会議（入所者に対する指定介護福祉施設サービスの提供に当たる他の担当者（以下この条において「担当者」という。）を召集して行う会議をいう。以下同じ。）の開催、担当者に対する照会等の方法により、当該施設サービス計画の原案の内容について、担当者から、専門的な見地からの意見を求めるものとする。
⑦ 計画担当介護支援専門員は、施設サービス計画の原案の内容について入所者又はその家族に対して説明し、文書により入所者の同意を得なければならない。
⑧ 計画担当介護支援専門員は、施設サービス計画を作成した際には、当該施設サービス計画を入所者に交付しなければならない。
⑨ 計画担当介護支援専門員は、施設サービス計画の作成後、施設サービス計画の実施状況の把握（入所者についての継続的なアセスメントを含む。）を行い、必要に応じて施設サービス計画の変更を行うものとする。
⑩ 計画担当介護支援専門員は、前項に規定する実施状況の把握（以下「モニタリング」という。）に当たっては、入所者及びその家族並びに担当者との連絡を継続的に行うこととし、特段の事情のない限り、次に定めるところにより行わなければならない。
1　定期的に入所者に面接すること。
2　定期的にモニタリングの結果を記録すること。
⑪ 計画担当介護支援専門員は、次に掲げる場合においては、サービス担当者会議の開催、担当者に対する照会等により、施設サービス計画の変更の必要性について、担当者から、専門的な見地からの意見を求めるものとする。
1　入所者が法第28条第2項に規定する要介護更新認定を受けた場合
2　入所者が法第29条第1項に規定する要介護状態区分の変更の認定を受けた場合
⑫ 第2項から第8項までの規定は、第9項に規定する施設サービス計画の変更について準用する。

（介　護）
第13条　① 介護は、入所者の自立の支援及び日常生活の充実に資するよう、入所者の心身の状況に応じて、適切な技術をもって行われなければならない。
② 指定介護老人福祉施設は、1週間に2回以上、適切な方法により、入所者を入浴させ、又は清しきし

ければならない．
③ 指定介護老人福祉施設は，入所者に対し，その心身の状況に応じて，適切な方法により，排せつの自立について必要な援助を行わなければならない．
④ 指定介護老人福祉施設は，おむつを使用せざるを得ない入所者のおむつを適切に取り替えなければならない．
⑤ 指定介護老人福祉施設は，褥瘡が発生しないよう適切な介護を行うとともに，その発生を予防するための体制を整備しなければならない．
⑥ 指定介護老人福祉施設は，入所者に対し，前各項に規定するもののほか，離床，着替え，整容等の介護を適切に行わなければならない．
⑦ 指定介護老人福祉施設は，常時1人以上の常勤の介護職員を介護に従事させなければならない．
⑧ 指定介護老人福祉施設は，入所者に対し，その負担により，当該指定介護老人福祉施設の従業者以外の者による介護を受けさせてはならない．

(機能訓練)
第17条 指定介護老人福祉施設は，入所者に対し，その心身の状況に応じて，日常生活を営むために必要な機能を改善し，又はその減退を防止するための訓練を行わなければならない．

(健康管理)
第18条 指定介護老人福祉施設の医師又は看護職員は，常に入所者の健康の状況に注意し，必要に応じて健康保持のための適切な措置を採らなければならない．

(管理者による管理)
第21条 指定介護老人福祉施設の管理者は，専ら当該指定介護老人福祉施設の職務に従事する常勤の者でなければならない．ただし，当該指定介護老人福祉施設の管理上支障がない場合は，同一敷地内にある他の事業所，施設等又は当該指定介護老人福祉施設のサテライト型居住施設の職務に従事することができる．

(計画担当介護支援専門員の責務)
第22条の2 計画担当介護支援専門員は，第12条に規定する業務のほか，次に掲げる業務を行うものとする．
1 入所申込者の入所に際し，その者に係る居宅介護支援事業者に対して照会等により，その者の心身の状況，生活歴，病歴，指定居宅サービス等の利用状況等を把握すること．
2 入所者の心身の状況，その置かれている環境等に照らし，その者が居宅において日常生活を営むことができるかどうかについて定期的に検討すること．
3 その心身の状況，その置かれている環境等に照らし，居宅において日常生活を営むことができると認められる入所者に対し，その者及びその家族の希望，その者が退所後に置かれることとなる環境を勘案し，その者の円滑な退所のために必要な援助を行うこと．
4 入所者の退所に際し，居宅サービス計画の作成等の援助に資するため，居宅介護支援事業者に対して情報を提供するほか，保健医療サービス又は福祉サービスを提供する者と密接に連携すること．
5 第11条第5項に規定する身体的拘束等の態様及び時間，その際の入所者の心身の状況並びに緊急やむを得ない理由を記録すること．
6 第33条第2項に規定する苦情の内容等を記録すること．
7 第35条第3項に規定する事故の状況及び事故に際して採った処置について記録すること．

(勤務体制の確保等)
第24条 ① 指定介護老人福祉施設は，入所者に対し，適切な指定介護福祉施設サービスを提供することができるよう，従業者の勤務の体制を定めておかなければならない．
② 指定介護老人福祉施設は，当該指定介護老人福祉施設の従業者によって指定介護福祉施設サービスを提供しなければならない．ただし，入所者の処遇に直接影響を及ぼさない業務については，この限りでない．
③ 指定介護老人福祉施設は，従業者に対し，その資質の向上のための研修の機会を確保しなければならない．

(秘密保持等)
第30条 ① 指定介護老人福祉施設の従業者は，正当な理由がなく，その業務上知り得た入所者又はその家族の秘密を漏らしてはならない．
② 指定介護老人福祉施設は，従業者であった者が，正当な理由がなく，その業務上知り得た入所者又はその家族の秘密を漏らすことがないよう，必要な措置を講じなければならない．
③ 指定介護老人福祉施設は，居宅介護支援事業者等に対して，入所者に関する情報を提供する際には，あらかじめ文書により入所者の同意を得ておかなければならない．

(苦情処理)
第33条 ① 指定介護老人福祉施設は，その提供した指定介護福祉施設サービスに関する入所者及びその家族からの苦情に迅速かつ適切に対応するために，苦情を受け付けるための窓口を設置する等の必要な措置を講じなければならない．
② 指定介護老人福祉施設は，前項の苦情を受け付けた場合には，当該苦情の内容等を記録しなければならない．
③ 指定介護老人福祉施設は，提供した指定介護福祉施設サービスに関し，法第23条の規定による市町村が行う文書その他の物件の提出若しくは提示の求め又は当該市町村の職員からの質問若しくは照会に応じ，及び市町村からの苦情に関して市町村が行う調査に協力するとともに，市町村から指導又は助言を受けた場合は，当該指導又は助言に従って必要な改善を行わなければならない． 《④～⑥(略)》

第5章 ユニット型指定介護老人福祉施設の基本方針並びに設備及び運営に関する基準

第1節 この章の趣旨及び基本方針

(この章の趣旨)
第38条 第1条の2，第3章及び前章の規定にかかわらず，ユニット型指定介護老人福祉施設(施設の全部において少数の居室及び当該居室に近接して設けられる共同生活室(当該居室の入居者が交流し，共同で日常生活を営むための場所をいう．以下同じ．)により一体的に構成される場所(以下「ユニット」という．)ごとに入居者の日常生活が営まれ，これに対する支援が行われる指定介護老人福祉施設をいう．以下同じ．)の基本方針並びに設備及び運営に関する基準については，この章に定めると

ころによる.
(基本方針)
第39条 ユニット型指定介護老人福祉施設は,入居者1人1人の意思及び人格を尊重し,施設サービス計画に基づき,その居宅における生活への復帰を念頭に置いて,入居前の居宅における生活と入居後の生活が連続したものとなるよう配慮しながら,各ユニットにおいて入居者が相互に社会的関係を築き,自律的な日常生活を営むことを支援しなければならない. 〈②(略)〉

第2節 設備に関する基準
(設 備)
第40条 ① ユニット型指定介護老人福祉施設の設備の基準は,次のとおりとする.
1 ユニット
 イ 居室
  (1) 1の居室の定員は,1人とすること.ただし,入居者への指定介護福祉施設サービスの提供上必要と認められる場合は,2人とすることができる.
  (2) 居室は,いずれかのユニットに属するものとし,当該ユニットの共同生活室に近接して一体的に設けること.ただし,1のユニットの入居定員は,おおむね10人以下としなければならない.
  (3) 1の居室の床面積等は,次のいずれかを満たすこと.
   (i) 10.65平方メートル以上とすること.ただし,(1)ただし書の場合にあっては,21.3平方メートル以上とすること.
   (ii) ユニットに属さない居室を改修したものについては,入居者同士の視線の遮断の確保を前提にした上で,居室を隔てる壁について,天井との間に一定の隙間が生じていても差し支えない.
  (4) ブザー又はこれに代わる設備を設けること.
 ロ 共同生活室
  (1) 共同生活室は,いずれかのユニットに属するものとし,当該ユニットの入居者が交流し,共同で日常生活を営むための場所としてふさわしい形状を有すること.
  (2) 1の共同生活室の床面積は,2平方メートルに当該共同生活室が属するユニットの入居定員を乗じて得た面積以上を標準とすること.
  (3) 必要な設備及び備品を備えること.
 ハ 洗面設備
  (1) 居室ごとに設けるか,又は共同生活室ごとに適当数設けること.
  (2) 要介護者が使用するのに適したものとすること.
 ニ 便所
  (1) 居室ごとに設けるか,又は共同生活室ごとに適当数設けること.
  (2) ブザー又はこれに代わる設備を設けるとともに,要介護者が使用するのに適したものとすること.
2 浴室 要介護者が入浴するのに適したものとすること.
3 医務室
 イ 医療法第1条の5第2項に規定する診療所とすること.
 ロ 入居者を診療するために必要な医薬品及び医療機器を備えるほか,必要に応じて臨床検査設備を設けること.
4 廊下幅 1.8メートル以上とすること.ただし,中廊下の幅は,2.7メートル以上とすること.なお,廊下の一部の幅を拡張することにより,入居者,従業者等の円滑な往来に支障が生じないと認められる場合には,1.5メートル以上(中廊下にあっては,1.8メートル以上)として差し支えない.
5 消火設備その他の非常災害に際して必要な設備を設けること.
② 前項第2号から第5号までに掲げる設備は,専ら当該ユニット型指定介護老人福祉施設の用に供するものでなければならない.ただし,入居者に対する指定介護福祉施設サービスの提供に支障がない場合は,この限りでない.

(2) 供給体制・公衆衛生

31 医療法 (抄)

(昭23・7・30法律第205号,昭23・10・27施行,最終改正:平28・5・20法律第47号)

〔下線部:平27法74,2年以内に施行〕

第1章 総則

第1条 この法律は,医療を受ける者による医療に関する適切な選択を支援するために必要な事項,医療の安全を確保するために必要な事項,病院,診療所及び助産所の開設及び管理に関し必要な事項並びにこれらの施設の整備並びに医療提供施設相互間の機能の分担及び業務の連携を推進するために必要な事項を定めること等により,医療を受ける者の利益の保護及び良質かつ適切な医療を効率的に提供する体制の確保を図り,もつて国民の健康の保持に寄与することを目的とする.

第1条の2 ① 医療は,生命の尊重と個人の尊厳の保持を旨とし,医師,歯科医師,薬剤師,看護師その他の医療の担い手と医療を受ける者との信頼関係に基づき,及び医療を受ける者の心身の状況に応じて行われるとともに,その内容は,単に治療のみならず,疾病の予防のための措置及びリハビリテーションを含む良質かつ適切なものでなければならない.
② 医療は,国民自らの健康の保持増進のための努力を基礎として,医療を受ける者の意向を十分に尊重し,病院,診療所,介護老人保健施設,調剤を実施する薬局その他の医療を提供する施設(以下「医療提供施設」という.),医療を受ける者の居宅等(居宅その他厚生労働省令で定める場所をいう.以下同じ.)において,医療提供施設の機能に応じ効率的に,かつ,福祉サービスその他の関連するサービスとの有機的な連携を図りつつ提供されなければならない.

第1条の3 国及び地方公共団体は,前条に規定する理念に基づき,国民に対し良質かつ適切な医療を効率的に提供する体制が確保されるよう努めなければならない.

第1条の4 ① 医師,歯科医師,薬剤師,看護師その他

の医療の担い手は,第1条の2に規定する理念に基づき,医療を受ける者に対し,良質かつ適切な医療を行うよう努めなければならない.
② 医師,歯科医師,薬剤師,看護師その他の医療の担い手は,医療を提供するに当たり,適切な説明を行い,医療を受ける者の理解を得るよう努めなければならない.
③ 医療提供施設において診療に従事する医師及び歯科医師は,医療提供施設相互間の機能の分担及び業務の連携に資するため,必要に応じ,医療を受ける者を他の医療提供施設に紹介し,その診療に必要な限度において医療を受ける者の診療又は調剤に関する情報を他の医療提供施設において診療又は調剤に従事する医師若しくは歯科医師又は薬剤師に提供し,及びその他必要な措置を講ずるよう努めなければならない.
④ 病院又は診療所の管理者は,当該病院又は診療所を退院する患者が引き続き療養を必要とする場合には,保健医療サービス又は福祉サービスを提供する者との連携を図り,当該患者が適切な環境の下で療養を継続することができるよう配慮しなければならない.
⑤ 医療提供施設の開設者及び管理者は,医療技術の普及及び医療の効率的な提供に資するため,当該医療提供施設の建物又は設備を,当該医療提供施設に勤務しない医師,歯科医師,薬剤師,看護師その他の医療の担い手の診療,研究又は研修のために利用させるよう配慮しなければならない.

第1条の5 ① この法律において,「病院」とは,医師又は歯科医師が,公衆又は特定多数人のため医業又は歯科医業を行う場所であつて,20人以上の患者を入院させるための施設を有するものをいう.病院は,傷病者が,科学的でかつ適正な診療を受けることができる便宜を与えることを主たる目的として組織され,かつ,運営されるものでなければならない.
② この法律において,「診療所」とは,医師又は歯科医師が,公衆又は特定多数人のため医業又は歯科医業を行う場所であつて,患者を入院させるための施設を有しないもの又は19人以下の患者を入院させるための施設を有するものをいう.

第1条の6 ① この法律において,「介護老人保健施設」とは,介護保険法(平成9年法律第123号)の規定による介護老人保健施設をいう.

第2条 ① この法律において,「助産所」とは,助産師が公衆又は特定多数人のためその業務(病院又は診療所において行うものを除く.)を行う場所をいう.
② 助産所は,妊婦,産婦又はじよく婦10人以上の入所施設を有してはならない.

第3条 ① 疾病の治療(助産を含む.)をなす場所であつて,病院又は診療所でないものは,これに病院,病院分院,産院,療養所,診療所,診察所,医院その他病院又は診療所に紛らわしい名称を附けてはならない.
② 病院は,これに病院,病院分院,産院その他病院に紛らわしい名称を附けてはならない.
③ 助産所でないものは,これに助産師その他助産師がその業務を行う場所に紛らわしい名称を付けてはならない.

第4条 ① 国,都道府県,市町村,第42条の2第1項に規定する社会医療法人その他厚生労働大臣の定める者の開設する病院であつて,地域における医療の確保のために必要な支援に関する次に掲げる要件に該当するものは,その所在地の都道府県知事の承認を得て地域医療支援病院と称することができる.
1 他の病院又は診療所から紹介された患者に対し医療を提供し,かつ,当該病院の建物の全部若しくは一部,設備,器械又は器具を,当該病院に勤務しない医師,歯科医師,薬剤師,看護師その他の医療従事者(以下単に「医療従事者」という.)の診療,研究又は研修のために利用させるための体制が整備されていること.
2 救急医療を提供する能力を有すること.
3 地域の医療従事者の資質の向上を図るための研修を行わせる能力を有すること.
4 厚生労働省令で定める数以上の患者を入院させるための施設を有すること.
5 第21条第1項第2号から第8号まで及び第10号から第12号まで並びに第22条第1号及び第4号から第9号までに規定する施設を有すること.
6 その施設の構造設備が第21条第1項及び第22条の規定に基づく厚生労働省令並びに同項の規定に基づく都道府県の条例で定める要件に適合するものであること.
② 都道府県知事は,前項の承認をするに当たつては,あらかじめ,都道府県医療審議会の意見を聴かなければならない. 〈③(略)〉

第4条の2 ① 病院であつて,次に掲げる要件に該当するものは,厚生労働大臣の承認を得て特定機能病院と称することができる.
1 高度の医療を提供する能力を有すること.
2 高度の医療技術の開発及び評価を行う能力を有すること.
3 高度の医療に関する研修を行わせる能力を有すること.
4 その診療科名中に,厚生労働省令の定めるところにより,厚生労働省令で定める診療科名を有すること.
5 厚生労働省令で定める数以上の患者を入院させるための施設を有すること.
6 その有する人員が第22条の2の規定に基づく厚生労働省令で定める要件に適合するものであること.
7 第21条第1項第2号から第8号まで及び第10号から第12号まで並びに第22条の2第2号,第5号及び第6号に規定する施設を有すること.
8 その施設の構造設備が第21条第1項及び第22条の2の規定に基づく厚生労働省令並びに同項の規定に基づく都道府県の条例で定める要件に適合するものであること.
② 厚生労働大臣は,前項の承認をするに当たつては,あらかじめ,社会保障審議会の意見を聴かなければならない. 〈③(略)〉

第2章 医療に関する選択の支援等

第1節 医療に関する情報の提供等

第6条の2 ① 国及び地方公共団体は,医療を受ける者が病院,診療所又は助産所の選択に関して必要な情報を容易に得られるよう,必要な措置を講ずるよう努めなければならない. 〈②,③(略)〉

第6条の3 ① 病院,診療所又は助産所(以下この条において「病院等」という.)の管理者は,厚生労

働省令で定めるところにより,医療を受ける者が病院等の選択を適切に行うために必要な情報として厚生労働省令で定める事項を当該病院等の所在地の都道府県知事に報告するとともに,当該事項を記載した書面を当該病院等において閲覧に供しなければならない.
③ 病院等の管理者は,第1項の規定による書面の閲覧に代えて,厚生労働省令で定めるところにより,当該書面に記載すべき事項を電子情報処理組織を使用する方法その他の情報通信の技術を利用する方法であつて厚生労働省令で定めるものにより提供することができる. 〈②,④〜⑥(略)〉

第6条の4 ① 病院又は診療所の管理者は,患者を入院させたときは,厚生労働省令で定めるところにより,当該患者の診療を担当する医師又は歯科医師により,次に掲げる事項を記載した書面の作成並びに当該患者又はその家族への交付及びその適切な説明が行われるようにしなければならない. ただし,患者が短期間で退院することが見込まれる場合その他の厚生労働省令で定める場合は,この限りでない.
1 患者の氏名,生年月日及び性別
2 当該患者の診療を主として担当する医師又は歯科医師の氏名
3 入院の原因となつた傷病名及び主要な症状
4 入院中に行われる検査,手術,投薬その他の治療(入院中の看護及び栄養管理を含む.)に関する計画
5 その他厚生労働省令で定める事項
② 病院又は診療所の管理者は,患者又はその家族の承諾を得て,前項の書面の交付に代えて,厚生労働省令で定めるところにより,当該書面に記載すべき事項を電子情報処理組織を使用する方法その他の情報通信の技術を利用する方法であつて厚生労働省令で定めるものにより提供することができる.
③ 病院又は診療所の管理者は,患者を退院させるときは,退院後の療養に必要な保健医療サービス又は福祉サービスに関する事項を記載した書面の作成,交付及び適切な説明が行われるよう努めなければならない. 〈④,⑤(略)〉

第2節 医業,歯科医業又は助産師の業務等の広告

第6条の5 ① 医業若しくは歯科医業又は病院若しくは診療所に関しては,文書その他いかなる方法によるを問わず,何人も次に掲げる事項を除くほか,これを広告してはならない.
1 医師又は歯科医師である旨
2 診療科名
3 病院又は診療所の名称,電話番号及び所在の場所を表示する事項並びに病院又は診療所の管理者の氏名
4 診療日若しくは診療時間又は予約による診療の実施の有無
5 法令の規定に基づき一定の医療を担うものとして指定を受けた病院若しくは診療所又は医師若しくは歯科医師である場合には,その旨
<u>5の2 地域医療連携推進法人(第70条の5第1項に規定する地域医療連携推進法人をいう. 第30条の4第10項において同じ.)の参加病院等(第70条の2第2項第2号に規定する参加病院等をいう.)である場合には,その旨</u>
6 入院設備の有無,第7条第2項に規定する病床の種別ごとの数,医師,歯科医師,薬剤師,看護師その他の従業者の員数その他の当該病院又は診療所における施設,設備又は従業者に関する事項
7 当該病院又は診療所において診療に従事する医療従事者の氏名,年齢,性別,役職,略歴その他の当該医療従事者に関する事項であつて医療を受ける者による医療に関する適切な選択に資するものとして厚生労働大臣が定めるもの
8 患者又はその家族からの医療に関する相談に応ずるための措置,医療の安全を確保するための措置,個人情報の適正な取扱いを確保するための措置その他の当該病院又は診療所の管理又は運営に関する事項
9 紹介をすることができる他の病院若しくは診療所又はその他の保健医療サービス若しくは福祉サービスを提供する者の名称,これらの者と当該病院又は診療所との間における施設,設備又は器具の共同利用の状況その他の当該病院又は診療所と保健医療サービス又は福祉サービスを提供する者との連携に関する事項
10 診療録その他の診療に関する諸記録に係る情報の提供,前条第3項に規定する書面の交付その他の当該病院又は診療所における医療に関する情報の提供に関する事項
11 当該病院又は診療所において提供される医療の内容に関する事項(検査,手術その他の治療の方法については,医療を受ける者による医療に関する適切な選択に資するものとして厚生労働大臣が定めるものに限る.)
12 当該病院又は診療所における患者の平均的な入院日数,平均的な外来患者又は入院患者の数その他の医療の提供の結果に関する事項であつて医療を受ける者による医療に関する適切な選択に資するものとして厚生労働大臣が定めるもの
13 その他前各号に掲げる事項に準ずるものとして厚生労働大臣が定める事項 〈②〜④(略)〉

第6条の6 ① 前条第1項第2号の規定による診療科名は,医業及び歯科医業につき政令で定める診療科名並びに当該診療科名以外の診療科名であつて当該診療に従事する医師又は歯科医師が厚生労働大臣の許可を受けたものとする. 〈②〜④(略)〉

第6条の7 ① 助産師の業務に関しては,文書その他いかなる方法によるを問わず,何人も次に掲げる事項を除くほか,これを広告してはならない.
1 助産師である旨
2 助産所の名称,電話番号及び所在の場所を表示する事項並びに助産所の管理者の氏名
3 就業の日時又は予約による業務の実施の有無
4 入所施設の有無若しくはその定員,助産師その他の従業者の員数その他の当該助産所における施設,設備又は従業者に関する事項
5 当該助産所において業務に従事する助産師の氏名,年齢,役職,略歴その他の助産師に関する事項であつて医療を受ける者による医療に関する適切な選択に資するものとして厚生労働大臣が定めるもの
6 患者又はその家族からの医療に関する相談に応ずるための措置,医療の安全を確保するための措置,個人情報の適正な取扱いを確保するための措置その他の当該助産所の管理又は運営に関する事項

7 第19条に規定する嘱託する医師の氏名又は病院若しくは診療所の名称その他の当該助産所の業務に係る連携に関する事項
8 助産録に係る情報の提供その他の当該助産所における医療に関する情報の提供に関する事項
9 その他前各号に掲げる事項に準ずるものとして厚生労働大臣が定める事項
〈②,③(略)〉

第3章 医療の安全の確保

第1節 医療の安全の確保のための措置

第6条の9 国並びに都道府県,保健所を設置する市及び特別区は,医療の安全に関する情報の提供,研修の実施,意識の啓発その他の医療の安全の確保に関し必要な措置を講ずるよう努めなければならない。

第6条の12 病院等の管理者は,前2条に規定するもののほか,厚生労働省令で定めるところにより,医療の安全を確保するための指針の策定,従業者に対する研修の実施その他の当該病院等における医療の安全を確保するための措置を講じなければならない。

第4章 病院,診療所及び助産所

第1節 開設等

第7条 ① 病院を開設しようとするとき,医師法(昭和23年法律第201号)第16条の4第1項の規定による登録を受けた者(同法第7条の2第1項の規定による厚生労働大臣の命令を受けた者にあつては,同条第2項の規定による登録を受けた者に限る。以下「臨床研修等修了医師」という。)及び歯科医師法(昭和23年法律第202号)第16条の4第1項の規定による登録を受けた者(同法第7条の2第1項の規定による厚生労働大臣の命令を受けた者にあつては,同条第2項の規定による登録を受けた者に限る。以下「臨床研修等修了歯科医師」という。)でない者が診療所を開設しようとするとき,又は助産師(保健師助産師看護師法(昭和23年法律第203号)第15条の2第1項の規定による厚生労働大臣の命令を受けた者にあつては,同条第3項の規定による登録を受けた者に限る。以下この条,第8条及び第11条において同じ。)でない者が助産所を開設しようとするときは,開設地の都道府県知事(診療所又は助産所にあつては,その開設地が保健所を設置する市又は特別区の区域にある場合においては,当該保健所を設置する市の市長又は特別区の区長。第8条から第9条まで,第12条,第15条,第18条,第24条,第27条及び第28条から第30条までの規定において同じ。)の許可を受けなければならない。

② 病院を開設した者が,病床数,次の各号に掲げる病床の種別(以下「病床の種別」という。)その他厚生労働省令で定める事項を変更しようとするとき,又は臨床研修等修了医師及び臨床研修等修了歯科医師でない者で診療所を開設したもの若しくは助産師でない者で助産所を開設したものが,病床数その他厚生労働省令で定める事項を変更しようとするときも,厚生労働省令で定める場合を除き,前項と同様とする。

1 精神病床(病院の病床のうち,精神疾患を有する者を入院させるためのものをいう。以下同じ。)

2 感染症病床(病院の病床のうち,感染症の予防及び感染症の患者に対する医療に関する法律(平成10年法律第114号)第6条第2項に規定する1類感染症,同条第3項に規定する2類感染症(結核を除く。),同条第7項に規定する新型インフルエンザ等感染症及び同条第8項に規定する指定感染症(同法第7条の規定により同法第19条又は第20条の規定を準用するものに限る。)の患者(同法第8条(同法第7条において準用する場合を含む。)の規定により1類感染症,2類感染症,新型インフルエンザ等感染症又は指定感染症の患者とみなされた者を含む。)並びに同法第6条第9項に規定する新感染症の所見がある者を入院させるためのものをいう。以下同じ。)

3 結核病床(病院の病床のうち,結核の患者を入院させるためのものをいう。以下同じ。)

4 療養病床(病院又は診療所の病床のうち,前3号に掲げる病床以外の病床であつて,主として長期にわたり療養を必要とする患者を入院させるためのものをいう。以下同じ。)

5 一般病床(病院又は診療所の病床のうち,前各号に掲げる病床以外のものをいう。以下同じ。)

③ 診療所に病床を設けようとするとき,又は診療所の病床数,病床の種別その他厚生労働省令で定める事項を変更しようとするときは,厚生労働省令で定める場合を除き,当該診療所の所在地の都道府県知事の許可を受けなければならない。

④ 都道府県知事又は保健所を設置する市の市長若しくは特別区の区長は,前3項の許可の申請があつた場合において,その申請に係る施設の構造設備及びその有する人員が第21条及び第23条の規定に基づく厚生労働省令並びに第21条の規定に基づく都道府県の条例の定める要件に適合するときは,前3項の許可を与えなければならない。

⑤ 都道府県知事は,病院の開設の許可若しくは病院の病床数の増加若しくは病床の種別の変更の許可又は診療所の病床の設置の許可若しくは診療所の病床数の増加若しくは病床の種別の変更の許可の申請に対する許可には,当該申請に係る病床において,第30条の13第1項に規定する病床の機能区分(以下この項において「病床の機能区分」という。)のうち,当該申請に係る病院の所在地を含む構想区域(第30条の4第1項に規定する医療計画(以下この項及び次条において「医療計画」という。)において定める第30条の4第2項第7号に規定する構想区域をいう。)における病床の機能区分に応じた既存の病床数が,医療計画において定める当該構想区域における同号イに規定する将来の病床数の必要量に達していないものに係る医療を提供することその他の医療計画において定める同号イに規定する地域医療構想の達成の推進のために必要なものとして厚生労働省令で定める条件を付することができる。

⑥ 営利を目的として,病院,診療所又は助産所を開設しようとする者に対しては,第4項の規定にかかわらず,前項の許可を与えないことができる。

第7条の2 ① 都道府県知事は,次に掲げる者が病院の開設の許可又は病院の病床数の増加若しくは病床の種別の変更の許可の申請をした場合において,当該申請に係る病院の所在地を含む地域(当該申請に係る病院が療養病床又は一般病床(以下この条において「療養病床等」という。)のみである場

31 医療法（8条～16条の2）

合は医療計画において定める第30条の4第2項第12号に規定する区域とし、当該申請に係る病床が精神病床、感染症病床又は結核病床（以下この項において「精神病床等」という。）のみである場合は当該都道府県の区域とし、当該申請に係る病床が療養病床等である場合は同号に規定する区域及び当該都道府県の区域とする。）における病院又は診療所の病床の当該申請に係る病床の種別に応じた数（当該申請に係る病床が療養病床等のみである場合は、その地域における療養病床及び一般病床の数）が、同条第6項の厚生労働省令で定める基準に従い医療計画において定めるその地域の当該申請に係る病床の種別に応じた基準病床数（当該申請に係る病床が療養病床等のみである場合は、その地域における療養病床及び一般病床に係る基準病床数）に既に達しているか、又は当該申請に係る病院の開設若しくは病床数の増加若しくは病床の種別の変更によつてこれを超えることになると認めるときは、前条第4項の規定にかかわらず、同条第1項又は第2項の許可を与えないことができる。

1　第31条に規定する者
2　国家公務員共済組合法（昭和33年法律第128号）の規定に基づき設立された共済組合及びその連合会
3　地方公務員等共済組合法（昭和37年法律第152号）の規定に基づき設立された共済組合
4　前2号に掲げるもののほか、政令で定める法律に基づき設立された共済組合及びその連合会
5　私立学校教職員共済法（昭和28年法律第245号）の規定により私立学校教職員共済制度を管掌することとされた日本私立学校振興・共済事業団
6　健康保険法（大正11年法律第70号）の規定に基づき設立された健康保険組合及びその連合会
7　国民健康保険法（昭和33年法律第192号）の規定に基づき設立された国民健康保険組合及び国民健康保険団体連合会
8　独立行政法人地域医療機能推進機構

② 都道府県知事は、前項各号に掲げる者が診療所の病床の設置の許可又は診療所の病床数の増加の許可の申請をした場合において、当該申請に係る診療所の所在地を含む地域（医療計画において定める第30条の4第2項第12号に規定する区域をいう。）における療養病床及び一般病床の数が、同条第6項の厚生労働省令で定める基準に従い医療計画において定める当該区域の療養病床及び一般病床に係る基準病床数に既に達しているか、又は当該申請に係る病床の設置若しくは病床の増加によつてこれを超えることになると認めるときは、前条第4項の規定にかかわらず、同条第3項の許可を与えないことができる。

③ 都道府県知事は、第1項各号に掲げる者が開設する病院（療養病床等を有するものに限る。）又は診療所（前条第3項の許可を得て病床を設置するものに限る。）の所在地を含む地域（医療計画において定める第30条の4第2項第12号に規定する区域をいう。）における療養病床及び一般病床の数が、同条第6項の厚生労働省令で定める基準に従い医療計画において定める当該区域の療養病床及び一般病床に係る基準病床数を既に超えている場合において、当該病院又は診療所が、正当な理由がなく、前条第1項若しくは第2項の許可に係る療養病床等又は同条第3項の許可を受けた病床に係る業務の全部又は一部を行つていないときは、当該業務を行つていない病床数の範囲内で、当該病院又は診療所の開設者又は管理者に対し、病床数を削減することを内容とする許可の変更のための措置をとるべきことを命ずることができる。

④ 前3項の場合において、都道府県知事は、当該地域における既存の病床数及び当該申請に係る病床数を算定するに当つては、第30条の4第6項の厚生労働省令で定める基準に従い都道府県の条例の定めるところにより、病院又は診療所の機能及び性格を考慮して、必要な補正を行わなければならない。

⑤ 第1項から第3項までの場合において、都道府県知事は、当該地域における既存の病床数を算定するに当つては、介護老人保健施設の入所定員数は、厚生労働省令で定める基準に従い都道府県の条例の定めるところにより、既存の療養病床の病床数とみなす。

⑥ 都道府県知事は、第1項若しくは第2項の規定により前条第1項から第3項までの許可を与えない処分をし、又は第3項の規定により命令しようとするときは、あらかじめ、都道府県医療審議会の意見を聴かなければならない。　〈⑦、⑧(略)〉

第8条　臨床研修等修了医師、臨床研修等修了歯科医師又は助産師が診療所又は助産所を開設したときは、開設後10日以内に、診療所又は助産所の所在地の都道府県知事に届け出なければならない。

第9条　① 病院、診療所又は助産所の開設者が、その病院、診療所又は助産所を廃止したときは、10日以内に、都道府県知事に届け出なければならない。　〈②(略)〉

第2節　管理

第10条　① 病院又は診療所の開設者は、その病院又は診療所が医業をなすものである場合は臨床研修等修了医師に、歯科医業をなすものである場合は臨床研修等修了歯科医師に、これを管理させなければならない。

② 病院又は診療所の開設者は、その病院又は診療所が、医業及び歯科医業を併せ行うものである場合は、それが主として医業を行うものであるときは臨床研修等修了医師に、主として歯科医業を行うものであるときは臨床研修等修了歯科医師に、これを管理させなければならない。

第11条　助産所の開設者は、助産師に、これを管理させなければならない。

第13条　患者を入院させるための施設を有する診療所の管理者は、入院患者の病状が急変した場合においても適切な治療を提供することができるよう、当該診療所の医師が速やかに診療を行う体制を確保するよう努めるとともに、他の病院又は診療所との緊密な連携を確保しておかなければならない。

第16条の2　① 地域医療支援病院の管理者は、厚生労働省令の定めるところにより、次に掲げる事項を行わなければならない。

1　当該病院の建物の全部若しくは一部、設備、器械又は器具を、当該病院に勤務しない医療従事者の診療、研究又は研修のために利用させること。
2　救急医療を提供すること。
3　地域の医療従事者の資質の向上を図るための研修を行わせること。
6　他の病院又は診療所から紹介された患者に対し、医療を提供すること。
〈4, 5, 7, ②(略)〉

第16条の3 ① 特定機能病院の管理者は,厚生労働省令の定めるところにより,次に掲げる事項を行わなければならない.
1 高度の医療を提供すること.
2 高度の医療技術の開発及び評価を行うこと.
3 高度の医療に関する研修を行わせること.
6 他の病院又は診療所から紹介された患者に対し,医療を提供すること. 〈4,5,7,②(略)〉

第18条 病院又は診療所にあつては,開設者は,厚生労働省令で定める基準に従い都道府県(診療所にあつては,その所在地が保健所を設置する市又は特別区の区域にある場合においては,当該保健所を設置する市又は特別区)の条例の定めるところにより,専属の薬剤師を置かなければならない.ただし,病院又は診療所所在地の都道府県知事の許可を受けた場合は,この限りでない.

第21条 ① 病院は,厚生労働省令(第1号に掲げる従業者(医師及び歯科医師を除く.)及び第12号に掲げる施設にあつては,都道府県の条例)の定めるところにより,次に掲げる人員及び施設を有し,かつ,記録を備えて置かなければならない.
1 当該病院の有する病床の種別に応じ,厚生労働省令で定める員数の医師及び歯科医師のほか,都道府県の条例で定める員数の看護師その他の従業者 〈2~12(略)〉
② 療養病床を有する診療所は,厚生労働省令(第1号に掲げる従業者(医師及び歯科医師を除く.)及び第3号に掲げる施設にあつては,都道府県の条例)の定めるところにより,次に掲げる人員及び施設を有しなければならない. 〈1~3,③(略)〉

第22条 地域医療支援病院は,前条第1項(第9号を除く.)に定めるもののほか,厚生労働省令の定めるところにより,次に掲げる施設を有し,かつ,記録を備えて置かなければならない. 〈1~9(略)〉

第22条の2 特定機能病院は,第21条第1項(第1号及び第9号を除く.)に定めるもののほか,厚生労働省令の定めるところにより,次に掲げる人員及び施設を有し,かつ,記録を備えて置かなければならない. 〈1~6(略)〉

第3節 監督

第23条の2 都道府県知事は,病院又は療養病床を有する診療所について,その人員の配置が,第21条第1項(第1号に係る部分に限る.)又は第2項(第1号に係る部分に限る.)の規定に基づく厚生労働省令又は都道府県の条例で定める基準に照らして著しく不十分であり,かつ,適正な医療の提供に著しい支障が生ずる場合として厚生労働省令で定める場合に該当するときは,その開設者に対し,期間を定めて,その人員の増員を命じ,又は期間を定めて,その業務の全部若しくは一部の停止を命ずることができる.

第24条 ① 都道府県知事は,病院,診療所又は助産所が清潔を欠くとき,又はその構造設備が第21条第1項若しくは第2項若しくは第22条の規定若しくは第23条第1項の規定に基づく厚生労働省令の規定に違反し,若しくは衛生上有害若しくは保安上危険と認めるときは,その開設者に対し,期間を定めて,その全部若しくは一部の使用を制限し,若しくは禁止し,又は期間を定めて,修繕若しくは改築を命ずることができる.
② 厚生労働大臣は,特定機能病院又は臨床研究中核病院(以下この節において「特定機能病院等」と

いう.)の構造設備が第22条の2又は第22条の3の規定に違反するときは,その開設者に対し,期間を定めて,その修繕若しくは改築を命ずることができる.

第25条 ① 都道府県知事,保健所を設置する市の市長又は特別区の区長は,必要があると認めるときは,病院,診療所若しくは助産所の開設者若しくは管理者に対し,必要な報告を命じ,又は当該職員に,病院,診療所若しくは助産所に立ち入り,その有する人員若しくは清潔保持の状況,構造設備若しくは診療録,助産録,帳簿書類その他の物件を検査させることができる.
② 都道府県知事,保健所を設置する市の市長又は特別区の区長は,病院,診療所若しくは助産所の業務が法令若しくは法令に基づく処分に違反している疑いがあり,又はその運営が著しく適正を欠く疑いがあると認めるときは,当該病院,診療所若しくは助産所の開設者又は管理者に対し,診療録,助産録,帳簿書類その他の物件の提出を命ずることができる.
③ 厚生労働大臣は,必要があると認めるときは,特定機能病院等の開設者若しくは管理者に対し,必要な報告を命じ,又は当該職員に,特定機能病院等に立ち入り,その有する人員若しくは清潔保持の状況,構造設備若しくは診療録,助産録,帳簿書類その他の物件を検査させることができる.
④ 厚生労働大臣は,特定機能病院等の業務が法令若しくは法令に基づく処分に違反している疑いがあり,又はその運営が著しく適正を欠く疑いがあると認めるときは,当該特定機能病院等の開設者又は管理者に対し,診療録,助産録,帳簿書類その他の物件の提出を命ずることができる. 〈⑤(略)〉

第28条 都道府県知事は,病院,診療所又は助産所の管理者に,犯罪若しくは医事に関する不正行為があり,又はその者が管理をなすのに適しないと認めるときは,開設者に対し,期限を定めて,その変更を命ずることができる.

第29条 ① 都道府県知事は,次の各号のいずれかに該当する場合においては,病院,診療所若しくは助産所の開設の許可を取り消し,又は開設者に対し,期間を定めて,その閉鎖を命ずることができる.
1 開設の許可を受けた後,正当な理由がなく,6月以上その業務を開始しないとき.
2 病院,診療所(第8条の届出をして開設したものを除く.)又は助産所(同条の届出をして開設したものを除く.)が,休止した後,正当な理由がなく,1年以上業務を再開しないとき.
3 開設者が第6条の3第6項,第24条第1項又は前条の規定に基づく命令又は処分に違反したとき.
4 開設者に犯罪又は医事に関する不正の行為があつたとき.
② 都道府県知事は,第7条第2項又は第3項の規定による許可を受けた後,正当な理由がなく,6月以上当該許可に係る業務を開始しないときは,当該許可を取り消すことができる.
③ 都道府県知事は,次の各号のいずれかに該当する場合においては,地域医療支援病院の承認を取り消すことができる.
1 地域医療支援病院が第4条第1項各号に掲げる要件を欠くに至つたとき.
2 地域医療支援病院の開設者が第12条の2第1項の規定に違反したとき.
3 地域医療支援病院の開設者が第24条第1項又は第30条の13第5項の規定に基づく命令に違反

したとき.
4 地域医療支援病院の管理者が第16条の2第1項の規定に違反したとき.
5 地域医療支援病院の開設者又は管理者が第7条の2第3項,第27条の2第2項又は第30条の15第6項の規定に基づく命令に違反したとき.
6 地域医療支援病院の開設者又は管理者が第30条の12第2項又は第30条の17の規定に基づく勧告に従わなかつたとき.
7 地域医療支援病院の開設者又は管理者が第30条の16第1項の規定に基づく指示に従わなかつたとき.
④ 厚生労働大臣は,次の各号のいずれかに該当する場合においては,特定機能病院の承認を取り消すことができる.
1 特定機能病院が第4条の2第1項各号に掲げる要件を欠くに至つたとき.
2 特定機能病院の開設者が第12条の3第1項の規定に違反したとき.
3 特定機能病院の開設者が第24条第2項又は第30条の13第5項の規定に基づく命令に違反したとき.
4 特定機能病院の管理者が第16条の3第1項の規定に違反したとき.
5 特定機能病院の開設者又は管理者が第7条の2第3項,第27条の2第2項又は第30条の15第6項の規定に基づく命令に違反したとき.
6 特定機能病院の開設者又は管理者が第30条の12第2項又は第30条の17の規定に基づく勧告に従わなかつたとき.
7 特定機能病院の開設者又は管理者が第30条の16第1項の規定に基づく指示に従わなかつたとき.
⑤ 厚生労働大臣は,次の各号のいずれかに該当する場合においては,臨床研究中核病院の承認を取り消すことができる.
1 臨床研究中核病院が第4条の3第1項各号に掲げる要件を欠くに至つたとき.
2 臨床研究中核病院の開設者が第12条の4第1項の規定に違反したとき.
3 臨床研究中核病院の開設者が第24条第2項の規定に基づく命令に違反したとき.
4 臨床研究中核病院の管理者が第16条の4の規定に違反したとき.
⑥ 都道府県知事は,第3項の規定により地域医療支援病院の承認を取り消すに当たつては,あらかじめ,都道府県医療審議会の意見を聴かなければならない.
⑦ 厚生労働大臣は,第4項又は第5項の規定により特定機能病院等の承認を取り消すに当たつては,あらかじめ,社会保障審議会の意見を聴かなければならない.

第4節 雑 則(略)

第5章 医療提供体制の確保

第1節 基本方針

第30条の3 ① 厚生労働大臣は,地域における医療及び介護の総合的な確保の促進に関する法律(平成元年法律第64号)第3条第1項に規定する総合確保方針に即して,良質かつ適切な医療を効率的に提供する体制(以下「医療提供体制」という.)の確保を図るための基本的な方針(以下「基本方針」

という.)を定めるものとする.
② 基本方針においては,次に掲げる事項について定めるものとする.
1 医療提供体制の確保のため講じようとする施策の基本となるべき事項
2 医療提供体制の確保に関する調査及び研究に関する基本的な事項
3 医療提供体制の確保に係る目標に関する事項
4 医療提供施設相互間の機能の分担及び業務の連携並びに医療を受ける者に対する医療提供施設の機能に関する情報の提供の推進に関する基本的な事項
5 第30条の4第2項第7号に規定する地域医療構想に関する基本的な事項
6 地域における病床の機能(病院又は診療所の病床において提供する患者の病状に応じた医療の内容をいう.以下同じ.)の分化及び連携並びに医療を受ける者に対する病床の機能に関する情報の提供の推進に関する基本的な事項
7 医療従事者の確保に関する基本的な事項
8 第30条の4第1項に規定する医療計画の作成及び医療計画に基づく事業の実施状況の評価に関する基本的な事項
9 その他医療提供体制の確保に関する重要事項
③ 厚生労働大臣は,基本方針を定め,又はこれを変更したときは,遅滞なく,これを公表するものとする.

第2節 医療計画

第30条の4 ① 都道府県は,基本方針に即して,かつ,地域の実情に応じて,当該都道府県における医療提供体制の確保を図るための計画(以下「医療計画」という.)を定めるものとする.
② 医療計画においては,次に掲げる事項を定めるものとする.
1 都道府県において達成すべき第4号及び第5号の事業並びに居宅等における医療の確保の目標に関する事項
2 第4号及び第5号の事業並びに居宅等における医療の確保に係る医療連携体制(医療提供施設相互間の機能の分担及び業務の連携を確保するための体制をいう.以下同じ.)に関する事項
3 医療連携体制における医療提供施設の機能に関する情報の提供の推進に関する事項
4 生活習慣病その他の国民の健康の保持を図るために特に広範かつ継続的な医療の提供が必要と認められる疾病として厚生労働省令で定めるものの治療又は予防に係る事業に関する事項
5 次に掲げる医療の確保に必要な事業(以下「救急医療等確保事業」という.)に関する事項(ハに掲げる医療については,その確保が必要な場合に限る.)
イ 救急医療
ロ 災害時における医療
ハ へき地の医療
ニ 周産期医療
ホ 小児医療(小児救急医療を含む.)
ヘ イからホまでに掲げるもののほか,都道府県知事が当該都道府県における疾病の発生の状況等に照らして特に必要と認める医療
6 居宅等における医療の確保に関する事項
7 地域における病床の機能の分化及び連携を推進するための基準として厚生労働省令で定める基準

(2) 供給体制・公衆衛生

に従い定める区域（以下「構想区域」という.）における次に掲げる事項を含む将来の医療提供体制に関する構想（以下「地域医療構想」という.）に関する事項
　イ　構想区域における厚生労働省令で定めるところにより算定された第30条の13第1項に規定する病床の機能区分ごとの将来の病床数の必要量（以下単に「将来の病床数の必要量」という.）
　ロ　イに掲げるもののほか，構想区域における病床の機能の分化及び連携の推進のために必要なものとして厚生労働省令で定める事項
　8　地域医療構想の達成に向けた病床の機能の分化及び連携の推進に関する事項
　9　病床の機能に関する情報の提供の推進に関する事項
　10　医療従事者の確保に関する事項
　11　医療の安全の確保に関する事項
　12　主として病院の病床（次号に規定する病床並びに精神病床，感染症病床及び結核病床を除く.）及び診療所の病床の整備を図るべき地域的単位として区分する区域の設定に関する事項
　13　2以上の前号に規定する区域を併せた区域であつて，主として厚生労働省令で定める特殊な医療を提供する病床の療養病床又は一般病床に係るもの当該医療に係るものの整備を図るべき地域的単位としての区域の設定に関する事項
　14　療養病床及び一般病床に係る基準病床数，精神病床に係る基準病床数，感染症病床に係る基準病床数並びに結核病床に係る基準病床数に関する事項
③　医療計画においては，前項各号に掲げる事項のほか，次に掲げる事項について定めるよう努めるものとする.
　1　地域医療支援病院の整備の目標その他医療提供施設の機能を考慮した医療提供施設の整備の目標に関する事項
　2　前号に掲げるもののほか，医療提供体制の確保に関し必要な事項
④　都道府県は，第2項第2号に掲げる事項を定めるに当たつては，次に掲げる事項に配慮しなければならない.
　1　医療連携体制の構築の具体的な方策について，第2項第4号の厚生労働省令で定める疾病又は同項第5号イからヘまでに掲げる医療若しくは居宅等における医療ごとに定めること.
　2　医療連携体制の構築の内容が，患者が退院後においても継続的に適切な医療を受けることができることを確保するものであること.
　3　医療連携体制の構築の内容が，医療提供施設及び居宅等において提供される保健医療サービスと福祉サービスとの連携を含むものであること.
　4　医療連携体制が，医療従事者，介護保険法に規定する介護サービス事業者，住民その他の地域の関係者による協議を経て構築されること.
⑤　都道府県は，地域医療構想に関する事項を定めるに当たつては，第30条の13第1項の規定による報告の内容並びに人口構造の変化の見通しその他の医療の需要の動向並びに医療従事者及び医療提供施設の配置の状況の見通しその他の事情を勘案しなければならない.
⑥　第2項第12号及び第13号に規定する区域の設定並びに同項第14号に規定する基準病床数に関す

る基準（療養病床及び一般病床に係る基準病床数に関する基準にあつては，それぞれの病床の種別に応じ算定した数の合計数を基にした基準）は，厚生労働省令で定める.
⑦　都道府県は，第2項第14号に規定する基準病床数を定めようとする場合において，急激な人口の増加が見込まれることその他の政令で定める事情があるときは，政令で定めるところにより，同号に規定する基準病床数に関し，前項の基準によらないことができる.
⑧　都道府県は，第16項の規定により当該都道府県の医療計画が公示された後に，急激な人口の増加が見込まれることその他の政令で定める事情があるときは，政令で定めるところにより算定した数を，政令で定める区域の第2項第14号に規定する基準病床数とみなして，病院の開設の許可の申請その他の政令で定める申請に対する許可に係る事務を行うことができる.
⑨　都道府県は，第16項の規定により当該都道府県の医療計画が公示された後に，厚生労働省令で定める病床を含む病院の開設の許可の申請その他の政令で定める申請があつた場合においては，政令で定めるところにより算定した数を，政令で定める区域の第2項第14号に規定する基準病床数とみなして，当該申請に対する許可に係る事務を行うことができる.
⑩　都道府県は，第16項の規定により当該都道府県の医療計画が公示された後に，地域医療連携推進法人の参加法人（第70条第1項に規定する参加法人をいう.）から病院の開設の許可の申請その他の政令で定める申請があつた場合において，当該申請が当該医療計画において定める地域医療構想の達成を推進するために必要なものであることその他の厚生労働省令で定める要件に該当すると認めるときは，当該申請に係る当該医療計画において定められた第2項第14号に規定する基準病床数に政令で定めるところにより算定した数を加えて得た数を，当該基準病床数とみなして，当該申請に対する許可に係る事務を行うことができる.
⑪　都道府県は，医療計画を作成するに当たつては，地域における医療及び介護の総合的な確保の促進に関する法律第4条第1項に規定する都道府県計画及び介護保険法第118条第1項に規定する都道府県介護保険事業支援計画との整合性の確保を図らなければならない.
⑫　都道府県は，医療計画を作成するに当たつては，他の法律の規定による計画であつて医療の確保に関する事項を定めるものとの調和が保たれるようにするとともに，公衆衛生，薬事，社会福祉その他医療と密接な関連を有する施策との連携を図るように努めなければならない.
⑬　都道府県は，医療計画を作成するに当たつて，当該都道府県の境界周辺の地域における医療の需給の実情に照らし必要があると認めるときは，関係都道府県と連絡調整を行うものとする.
⑭　都道府県は，医療に関する専門的な科学的知見に基づいて医療計画の案を作成するため，診療又は調剤に関する学識経験者の団体の意見を聴かなければならない.
⑮　都道府県は，医療計画を定め，又は第30条の6の規定により医療計画を変更しようとするときは，あらかじめ，都道府県医療審議会，市町村（救急業務

を処理する地方自治法（昭和22年法律第67号）第284条第1項の一部事務組合及び広域連合を含む．）及び高齢者の医療の確保に関する法律（昭和57年法律第80号）第157条の2第1項の保険者協議会の意見を聴かなければならない．
⑯ 都道府県は，医療計画を定め，又は第30条の6の規定により医療計画を変更したときは，遅滞なく，これを厚生労働大臣に提出するとともに，その内容を公示しなければならない．

第30条の5 都道府県は，医療計画を作成し，又は医療計画に基づく事業を実施するために必要があると認めるときは，市町村その他の官公署，介護保険法第7条第7項に規定する医療保険者（第30条の14第1項において「医療保険者」という．）又は医療提供施設の開設者若しくは管理者に対し，当該都道府県の区域内における医療提供施設の機能に関する情報その他の必要な情報の提供を求めることができる．

第30条の6 ① 都道府県は，3年ごとに第30条の4第2項第6号に掲げる事項及び次の各号に掲げる事項のうち同号に掲げる事項その他厚生労働省令で定める事項に関するもの（次項において「居宅等医療等事項」という．）について，調査，分析及び評価を行い，必要があると認めるときは，当該都道府県の医療計画を変更するものとする．
1 第30条の4第2項各号（第6号を除く．）に掲げる事項
2 医療計画に第30条の4第3項各号に掲げる事項を定める場合にあつては，当該各号に掲げる事項
② 都道府県は，6年ごとに前項各号に掲げる事項（居宅等医療等事項を除く．）について，調査，分析及び評価を行い，必要があると認めるときは，当該都道府県の医療計画を変更するものとする．

第30条の7 ① 医療提供施設の開設者及び管理者は，医療計画の達成の推進に資するため，医療連携体制の構築のために必要な協力をするよう努めるものとする．
② 医療提供施設のうち次の各号に掲げるものの開設者及び管理者は，前項の必要な協力をするに際しては，良質かつ適切な医療を効率的に提供するため，他の医療提供施設との業務の連携を図りつつ，それぞれ当該各号に定める役割を果たすよう努めるものとする．
1 病院 病院の機能に応じ，地域における病床の機能の分化及び連携の推進に協力し，地域において必要な医療を確保すること．
2 病床を有する診療所 その提供する医療の内容に応じ，患者が住み慣れた地域で日常生活を営むことができるよう，次に掲げる医療の提供その他の地域において必要な医療を確保すること．
イ 病院を退院する患者が居宅等における療養生活に円滑に移行するために必要な医療を提供すること．
ロ 居宅等において必要な医療を提供すること．
ハ 患者の病状が急変した場合その他入院が必要な場合に入院させ，必要な医療を提供すること．
③ 病院又は診療所の管理者は，医療計画の達成の推進に資するため，居宅等において医療を提供し，又は福祉サービスとの連携を図りつつ，居宅等における医療の提供に関し必要な支援を行うよう努めるものとする．
④ 病院の開設者及び管理者は，医療計画の達成の推進に資するため，当該病院の医療業務に差し支えない限り，その建物の全部又は一部，設備，器械及び器具を当該病院に勤務しない医師，歯科医師又は薬剤師の診療，研究又は研修のために利用させるように努めるものとする．

第30条の8 厚生労働大臣は，医療計画の作成の手法その他医療計画の作成上重要な技術的事項について，都道府県に対し，必要な助言をすることができる．

第30条の9 国は，医療計画の達成を推進するため，都道府県に対し，予算の範囲内で，医療計画に基づく事業に要する費用の一部を補助することができる．

第30条の10 ① 国及び地方公共団体は，医療計画の達成を推進するため，病院又は診療所の不足している地域における病院又は診療所の整備，地域における病床の機能の分化及び連携の推進その他必要な措置を講ずるように努めるものとする．
② 国は，前項に定めるもののほか，都道府県の区域を超えた広域的な見地から必要とされる医療を提供する体制の整備に努めるものとする．

第30条の11 都道府県知事は，医療計画の達成の推進のため特に必要がある場合には，病院若しくは診療所を開設しようとする者又は病院若しくは診療所の開設者若しくは管理者に対し，都道府県医療審議会の意見を聴いて，病院の開設若しくは病院の病床数の増加若しくは病床の種別の変更又は診療所の病床の設置若しくは診療所の病床数の増加に関して勧告することができる．

第3節 地域における病床の機能の分化及び連携の推進

第30条の13 ① 病院又は診療所であつて一般病床又は療養病床を有するもの（以下「病床機能報告対象病院等」という．）の管理者は，地域における病床の機能の分化及び連携の推進のため，厚生労働省令で定めるところにより，当該病床機能報告対象病院等の病床の機能に応じ厚生労働省令で定める区分（以下「病床の機能区分」という．）に従い，次に掲げる事項を当該病床機能報告対象病院等の所在地の都道府県知事に報告しなければならない．
1 厚生労働省令で定める日（次号において「基準日」という．）における病床の機能（以下「基準日病床機能」という．）
2 基準日から厚生労働省令で定める期間が経過した日における病床の機能の予定（以下「基準日後病床機能」という．）
3 当該病床機能報告対象病院等に入院する患者に提供する医療の内容
4 その他厚生労働省令で定める事項
② 病床機能報告対象病院等の管理者は，前項の規定により報告した基準日後病床機能について変更が生じたと認められるときとして厚生労働省令で定めるときは，厚生労働省令で定めるところにより，速やかに当該病床機能報告対象病院等の所在地の都道府県知事に報告しなければならない．
③ 都道府県知事は，前2項の規定による報告の内容を確認するために必要があると認めるときは，市町村その他の官公署に対し，当該都道府県の区域内に所在する病床機能報告対象病院等に関し必要な情報の提供を求めることができる．
④ 都道府県知事は，厚生労働省令で定めるところにより，第1項及び第2項の規定により報告された事項を公表しなければならない．

⑤，⑥（略）

第30条の14 ① 都道府県は,構想区域その他の当該都道府県の知事が適当と認める区域(第30条の16第1項において「構想区域等」という。)ごとに,診療に関する学識経験者の団体その他の医療関係者,医療保険者その他の関係者(以下この条において「関係者」という。)との協議の場(第30条の23第1項を除き,以下「協議の場」という。)を設け,関係者との連携を図りつつ,医療計画において定める将来の病床数の必要量を達成するための方策その他の地域医療構想の達成を推進するために必要な事項について協議を行うものとする。

② 関係者は,前項の規定に基づき都道府県が行う協議に参加するよう都道府県から求めがあつた場合には,これに協議するよう努めるとともに,当該協議の場において関係者間の協議が調つた事項については,その実施に協力するよう努めなければならない。

③ 第7条第5項に規定する申請をした者は,当該申請による病院の開設若しくは病院の病床数の増加若しくは病床の種別の変更又は診療所の病床の設置若しくは診療所の病床数の増加若しくは病床の種別の変更に関して,医療計画において定める地域医療構想の達成の推進のため,協議の場における協議に参加するよう都道府県知事から求めがあつたときは,これに応ずるよう努めなければならない。

第30条の15 ① 都道府県知事は,第30条の13第1項の規定による報告に係る基準日病床機能と基準日後病床機能とが異なる場合その他の厚生労働省令で定める場合において,当該報告をした病床機能報告対象病院等(以下この条及び次条において「報告病院等」という。)のその所在地を含む構想区域における病床機能報告対象病院等の病床の当該報告に係る基準日後病床機能に係る病床の機能区分に応じた数が,医療計画において定める当該構想区域における病床の機能区分に応じた将来の病床数の必要量に既に達しているときは,報告病院等の開設者又は管理者に対し,当該報告に係る基準日後病床機能とは基準日後病床機能が異なる理由その他の厚生労働省令で定める事項(以下この条において「理由等」という。)を記載した書面の提出を求めることができる。

② 都道府県知事は,前項の書面に記載された理由等が十分でないと認めるときは,当該報告病院等の開設者又は管理者に対し,協議の場における協議に参加するよう求めることができる。

③ 報告病院等の開設者又は管理者は,前項の規定により都道府県知事から求めがあつたときは,これに応ずるよう努めなければならない。

④ 都道府県知事は,第2項の協議の場における協議が調わないとき,その他の厚生労働省令で定めるときは,当該報告病院等の開設者又は管理者に対し,都道府県医療審議会に出席し,当該理由等について説明をするよう求めることができる。

⑤ 報告病院等の開設者又は管理者は,前項の規定により都道府県知事から求めがあつたときは,都道府県医療審議会に出席し,当該理由等について説明をするよう努めなければならない。

⑥ 都道府県知事は,第2項の協議の場における協議の内容及び第4項の説明の内容を踏まえ,当該理由等がやむを得ないものと認められないときは,報告病院等(第7条の2第1項各号に掲げる者が開設するものに限る。)の開設者又は管理者に対し,都道府県医療審議会の意見を聴いて,第30条の13第1項の規定による報告に係る基準日病床機能を当該報告に係る基準日後病床機能に変更しないことその他必要な措置をとるべきことを命ずることができる。

⑦ 前項の規定は,医療計画において定める地域医療構想の達成の推進のため特に必要がある場合において,第7条の2第1項各号に掲げる者以外の者が開設する病床機能報告対象病院等について準用する。この場合において,前項中「命ずる」とあるのは,「要請する」と読み替えるものとする。

第30条の16 ① 都道府県知事は,医療計画において定める地域医療構想の達成を推進するために必要な事項について,協議の場における協議が調わないとき,その他の厚生労働省令で定めるときは,構想区域等における病床機能報告対象病院等(第7条の2第1項各号に掲げる者が開設するものに限る。)の開設者又は管理者に対し,都道府県医療審議会の意見を聴いて,病床の機能区分のうち,当該構想区域等に係る構想区域における病床の機能区分に応じた既存の病床数が,医療計画において定める当該構想区域における将来の病床数の必要量に達していないものに係る医療を提供することその他必要な措置をとるべきことを指示することができる。

② 前項の規定は,医療計画において定める地域医療構想の達成の推進のため特に必要がある場合において,第7条の2第1項各号に掲げる者以外の者が開設する病床機能報告対象病院等について準用する。この場合において,前項中「指示する」とあるのは,「要請する」と読み替えるものとする。

第30条の17 都道府県知事は,第30条の15第7項において読み替えて準用する同条第6項又は前条第2項において読み替えて準用する同条第1項の規定による要請を受けた病床機能報告対象病院等の開設者又は管理者が,正当な理由がなく,当該要請に係る措置を講じていないと認めるときは,当該病床機能報告対象病院等の開設者又は管理者に対し,都道府県医療審議会の意見を聴いて,当該措置を講ずべきことを勧告することができる。

第30条の18 都道府県知事は,前条第1項の規定により定めた施策(以下「地域医療対策」という。)を踏まえ,特に必要があると認めるときは,同項各号に掲げる者の開設者,管理者その他の関係者に対し,医師の派遣,研修体制の整備その他の医師が不足している地域の病院又は診療所における医師の確保に関し必要な協力を要請することができる。

第4節 医療従事者の確保等に関する施策等

第30条の19 病院又は診療所の管理者は,当該病院又は診療所に勤務する医療従事者の勤務環境の改善その他の医療従事者の確保に資する措置を講ずるよう努めなければならない。

第30条の20 厚生労働大臣は,前条の規定に基づき病院又は診療所の管理者が講ずべき措置に関して,その適切かつ有効な実施を図るための指針となるべき事項を定め,これを公表するものとする。

第30条の21 ① 都道府県は,医療従事者の勤務環境の改善を促進するため,次に掲げる事務を実施するよう努めるものとする。

1 病院又は診療所に勤務する医療従事者の勤務環境の改善に関する相談に応じ,必要な情報の提供,

助言その他の援助を行うこと．
2　病院又は診療所に勤務する医療従事者の勤務環境の改善に関する調査及び啓発活動を行うこと．
3　前2号に掲げるもののほか，医療従事者の勤務環境の改善のために必要な支援を行うこと．
〈②～④(略)〉

第30条の23　①　都道府県は，次に掲げる者の管理者その他の関係者との協議の場を設け，これらの者の協力を得て，救急医療等確保事業に係る医療従事者の確保その他当該都道府県において必要とされる医療の確保に関する事項に関し必要な施策を定め，これを公表しなければならない．
1　特定機能病院
2　地域医療支援病院
3　第31条に規定する公的医療機関
4　医師法第16条の2第1項に規定する厚生労働大臣の指定する病院
5　診療に関する学識経験者の団体
6　大学その他の医療従事者の養成に関係する機関
7　当該都道府県知事の認定を受けた第42条の2第1項に規定する社会医療法人
8　その他厚生労働省令で定める者　　〈②(略)〉

第30条の24　都道府県知事は，前条第1項の規定により定めた施策（以下「地域医療対策」という．）を踏まえ，特に必要があると認めるときは，同項各号に掲げる者の開設者，管理者その他の関係者に対し，医師の派遣，研修体制の整備その他の医師が不足している地域の病院又は診療所における医師の確保に関し必要な協力を要請することができる．

第30条の25　①　都道府県は，地域医療対策を踏まえ，地域において必要とされる医師を確保するため，次に掲げる事務を実施するよう努めるものとする．
1　病院及び診療所における医師の確保の動向その他の地域において必要とされる医師の確保に関する調査及び分析を行うこと．
2　病院及び診療所の開設者，管理者その他の関係者に対し，医師の確保に関する相談に応じ，必要な情報の提供，助言その他の援助を行うこと．
3　就業を希望する医師，学校教育法（昭和22年法律第26号）第1条に規定する大学の医学部において医学を専攻する学生その他の関係者に対し，就業に関する相談に応じ，必要な情報の提供，助言その他の援助を行うこと．
4　医師に対し，医療に関する最新の知見及び技能に関する研修その他の能力の開発及び向上に関する相談に応じ，必要な情報の提供，助言その他の援助を行うこと．
5　前各号に掲げるもののほか，病院及び診療所における医師の確保を図るために必要な支援を行うこと．

②　都道府県は，前項各号に掲げる事務のほか，医師について職業安定法（昭和22年法律第141号）第29条第1項の規定により無料の職業紹介事業を行うこと又は医業について労働者派遣事業の適正な運営の確保及び派遣労働者の保護等に関する法律（昭和60年法律第88号）第5条第1項の許可を受けて労働者派遣事業を行うことができる．
〈③～⑤(略)〉

第30条の27　第30条の23第1項各号（第3号を除く．）に掲げる者及び医療従事者は，地域医療対策の実施に協力するよう努めるとともに，第30条の24の規定により協力を要請されたときは，当該要請に応じ，医師の確保に関し協力するよう努めなければならない．

第5節　公的医療機関

第31条　公的医療機関（都道府県，市町村その他厚生労働大臣の定める者の開設する病院又は診療所をいう．以下この節において同じ．）は，地域医療対策の実施に協力するとともに，第30条の24の規定により協力を要請されたときは，当該要請に応じ，医師の確保に関し協力しなければならない．

第35条　①　厚生労働大臣又は都道府県知事は，公的医療機関の開設者又は管理者に対して，次の事項を命ずることができる．
1　当該病院又は診療所の医療業務に差し支えない限り，その建物の全部又は一部，設備，器械及び器具を当該公的医療機関に勤務しない医師又は歯科医師の診療又は研究のために利用させること．
2　医師法第11条第2号若しくは歯科医師法第11条第2号の規定による実地修練又は医師法第16条の2第1項若しくは歯科医師法第16条の2第1項の規定による臨床研修を行わせるのに必要な条件を整備すること．
3　当該公的医療機関の所在地の都道府県の医療計画に定められた救急医療等確保事業に係る医療の確保に関し必要な措置を講ずること．〈②(略)〉

第6章　医療法人

第1節　通則

第39条　①　病院，医師若しくは歯科医師が常時勤務する診療所又は介護老人保健施設を開設しようとする社団又は財団は，この法律の規定により，これを法人とすることができる．
②　前項の規定による法人は，医療法人と称する．

第41条　①　医療法人は，その業務を行うに必要な資産を有しなければならない．
②　前項の資産に関し必要な事項は，医療法人の開設する医療機関の規模等に応じ，厚生労働省令で定める．

第42条　医療法人は，その開設する病院，診療所又は介護老人保健施設（当該医療法人が地方自治法第244条の2第3項に規定する指定管理者として管理する公の施設である病院，診療所又は介護老人保健施設（以下「指定管理者として管理する病院等」という．）を含む．）の業務に支障のない限り，定款又は寄附行為の定めるところにより，次に掲げる業務の全部又は一部を行うことができる．
1　医療関係者の養成又は再教育
2　医学又は歯学に関する研究所の設置
3　第39条第1項に規定する診療所以外の診療所の開設
4　疾病予防のために有酸素運動（継続的に酸素を摂取して全身持久力に関する生理機能の維持又は回復のために行う身体の運動をいう．次号において同じ．）を行わせる施設であつて，診療所が附置され，かつ，その職員，設備及び運営方法が厚生労働大臣の定める基準に適合するものの設置
5　疾病予防のために温泉を利用させる施設であつて，有酸素運動を行う場所を有し，かつ，その職員，設備及び運営方法が厚生労働大臣の定める基準に適合するものの設置
6　前各号に掲げるもののほか，保健衛生に関する業務

7 社会福祉法(昭和26年法律第45号)第2条第2項及び第3項に掲げる事業のうち厚生労働大臣が定めるものの実施
8 老人福祉法(昭和38年法律第133号)第29条第1項に規定する有料老人ホームの設置

第42条の2 ① 医療法人のうち、次に掲げる要件に該当するものとして、政令で定めるところにより都道府県知事の認定を受けたもの(以下「社会医療法人」という。)は、その開設する病院、診療所又は介護老人保健施設(指定管理者として管理する病院を含む。)の業務に支障のない限り、定款又は寄附行為の定めるところにより、その収益を当該社会医療法人が開設する病院、診療所又は介護老人保健施設の経営に充てることを目的として、厚生労働大臣が定める業務(以下「収益業務」という。)を行うことができる。
1 役員のうちには、各役員について、その役員、その配偶者及び3親等以内の親族その他各役員と厚生労働省令で定める特殊の関係がある者が役員の総数の3分の1を超えて含まれることがないこと。
2 社団たる医療法人の社員のうちには、各社員について、その社員、その配偶者及び3親等以内の親族その他各社員と厚生労働省令で定める特殊の関係がある者が社員の総数の3分の1を超えて含まれることがないこと。
3 財団たる医療法人の評議員のうちには、各評議員について、その評議員、その配偶者及び3親等以内の親族その他各評議員と厚生労働省令で定める特殊の関係がある者が評議員の総数の3分の1を超えて含まれることがないこと。
4 救急医療等確保事業(当該医療法人が開設する病院又は診療所の所在地の都道府県が作成する医療計画に記載されたものに限る。次条において同じ。)に係る業務を当該病院又は診療所の所在地の都道府県(次のイ又はロに掲げる医療法人にあつては、それぞれイ又はロに定める都道府県)において行つていること。
イ 2以上の都道府県において病院又は診療所を開設する医療法人(ロに掲げる者を除く。) 当該病院又は診療所の所在地の全ての都道府県
ロ 一の都道府県において病院を開設し、かつ、当該病院の所在地の都道府県以外の都道府県の医療計画において定める第30条の4第2項第12号に規定する区域に隣接した当該都道府県以外の都道府県の医療計画において定める同号に規定する区域において診療所を開設する医療法人であつて、当該病院及び当該診療所における医療の提供が一体的に行われているものとして厚生労働省令で定める基準に適合するもの 当該病院の所在地の都道府県
5 前号の業務について、次に掲げる事項に関し厚生労働大臣の定める基準に適合していること。
イ 当該業務を行う病院又は診療所の構造設備
ロ 当該業務を行うための体制
ハ 当該業務の実績
6 前各号に掲げるもののほか、公的な運営に関する厚生労働省令で定める要件に適合するものであること。
7 定款又は寄附行為において解散時の残余財産を国、地方公共団体又は他の社会医療法人に帰属させる旨を定めていること。
② 都道府県知事は、前項の認定をするに当たつては、あらかじめ、都道府県医療審議会の意見を聴かなければならない。
③ 収益業務に関する会計は、当該社会医療法人が開設する病院、診療所又は介護老人保健施設(指定管理者として管理する病院等を含む。)の業務及び前各号に掲げる業務に関する会計から区分し、特別の会計として経理しなければならない。

第42条の3 前条第1項の認定(以下この項及び第64条の2第1項において「社会医療法人の認定」という。)を受けた医療法人のうち、前条第1項第5号ハに掲げる要件を欠くに至つたこと(当該要件を欠くに至つたことが当該医療法人の責めに帰することができない事由によつて厚生労働省令で定める事由による場合に限る。)により第64条の2第1項第1号に該当し、同項の規定により社会医療法人の認定を取り消されたもの(前条第1項各号(第5号ハを除く。)に掲げる要件に該当するものに限る。)は、救急医療等確保事業に係る業務の継続的な実施に関する計画(以下この条において「実施計画」という。)を作成し、これを都道府県知事に提出して、その実施計画が適当である旨の認定を受けることができる。
② 前項の認定を受けた医療法人は、前条第1項及び第3項の規定の例により収益業務を行うことができる。
③ 前条第2項の規定は、第1項の認定をする場合について準用する。
④ 前3項に規定するもののほか、実施計画の認定及びその取消しに関し必要な事項は、政令で定める。

第2節 設 立

[設 立]
第44条 ① 医療法人は、その主たる事務所の所在地の都道府県知事(以下この章(第3項及び第66条の3を除く。)において単に「都道府県知事」という。)の認可を受けなければ、これを設立することができない。
② 医療法人を設立しようとする者は、定款又は寄附行為をもつて、少なくとも次に掲げる事項を定めなければならない。
1 目的
2 名称
3 その開設しようとする病院、診療所又は介護老人保健施設(地方自治法第244条の2第3項に規定する指定管理者として管理しようとする公の施設である病院、診療所又は介護老人保健施設を含む。)の名称及び開設場所
4 事務所の所在地
5 資産及び会計に関する規定
6 役員に関する規定
7 理事会に関する規定
8 社団たる医療法人にあつては、社員総会及び社員たる資格の得喪に関する規定
9 財団たる医療法人にあつては、評議員会及び評議員に関する規定
10 解散に関する規定
11 定款又は寄附行為の変更に関する規定
12 公告の方法 《③〜⑥(略)》

第3節 機 関

第1款 機関の設置

第46条の2 ① 社団たる医療法人は、社員総会、理事、理事会及び監事を置かなければならない。
② 財団たる医療法人は、評議員、評議員会、理事、

事会及び監事を置かなければならない．

第2款　社員総会
第46条の3　① 社員総会は，この法律に規定する事項及び定款で定めた事項について決議をすることができる．
② この法律の規定により社員総会の決議を必要とする事項について，理事，理事会その他の社員総会以外の機関が決定することができることを内容とする定款の定めは，その効力を有しない．
第46条の3の2　① 社団たる医療法人は，社員名簿を備え置き，社員の変更があるごとに必要な変更を加えなければならない．
② 社団たる医療法人の理事長は，少なくとも毎年一回，定時社員総会を開かなければならない．
③ 理事長は，必要があると認めるときは，いつでも臨時社員総会を招集することができる．
④ 理事長は，総社員の5分の1以上の社員から社員総会の目的である事項を示して臨時社員総会の招集を請求された場合には，その請求のあつた日から20日以内に，これを招集しなければならない．ただし，総社員の5分の1の割合については，定款でこれを下回る割合を定めることができる．
⑤ 社員総会の招集の通知は，その社員総会の日より少なくとも5日前に，その社員総会の目的である事項を示し，定款で定めた方法に従つてしなければならない．
⑥ 社員総会においては，前項の規定によりあらかじめ通知をした事項についてのみ，決議をすることができる．ただし，定款に別段の定めがあるときは，この限りでない．
第46条の3の3　① 社員は，各1個の議決権を有する．
② 社員総会は，定款に別段の定めがある場合を除き，総社員の過半数の出席がなければ，その議事を開き，決議をすることができない．
③ 社員総会の議事は，この法律又は定款に別段の定めがある場合を除き，出席者の議決権の過半数で決し，可否同数のときは，議長の決するところによる．
④ 前項の場合において，議長は社員として議決に加わることができない．
⑤ 総会に出席しない社員は，書面で，又は代理人によつて議決をすることができる．ただし，定款に別段の定めがある場合は，この限りでない．
⑥ 社員総会の決議について特別の利害関係を有する社員は，議決に加わることができない．
第46条の3の4　理事及び監事は，社員総会において，社員から特定の事項について説明を求められた場合には，当該事項について必要な説明をしなければならない．ただし，当該事項が社員総会の目的である事項に関しないものである場合その他正当な理由がある場合として厚生労働省令で定める場合は，この限りでない．
第46条の3の5　① 社員総会の議長は，社員総会において選任する．
② 社員総会の議長は，当該社員総会の秩序を維持し，議事を整理する．
③ 社員総会の議長は，その命令に従わない者その他当該社員総会の秩序を乱す者を退場させることができる．
第46条の3の6　一般社団法人及び一般財団法人に関する法律（平成18年法律第48号）第57条の規定は，医療法人の社員総会について準用する．この場合において，同条第1項，第3項及び第4項第2号中「法務省令」とあるのは，「厚生労働省令」と読み替えるものとする．

第3款　評議員及び評議員会
第46条の4　① 評議員となる者は，次に掲げる者とする．
1　医療従事者のうちから，寄附行為の定めるところにより選任された者
2　病院，診療所又は介護老人保健施設の経営に関して識見を有する者のうちから，寄附行為の定めるところにより選任された者
3　医療を受ける者のうちから，寄附行為の定めるところにより選任された者
4　前3号に掲げる者のほか，寄附行為の定めるところにより選任された者
② 次の各号のいずれかに該当する者は，医療法人の評議員となることができない．
1　法人
2　成年被後見人又は被保佐人
3　この法律，医師法，歯科医師法その他医事に関する法律で政令で定めるものの規定により罰金以上の刑に処せられ，その執行を終わり，又は執行を受けることがなくなつた日から起算して2年を経過しない者
4　前号に該当する者を除くほか，禁錮以上の刑に処せられ，その執行を終わり，又は執行を受けることがなくなるまでの者
③ 評議員は，当該財団たる医療法人の役員又は職員を兼ねてはならない．
④ 財団たる医療法人と評議員との関係は，委任に関する規定に従う．
46条の4の2　① 評議員会は，理事の定数を超える数の評議員（第46条の5第1項ただし書の認可を受けた医療法人にあつては，3人以上の評議員）をもって，組織する．
② 評議員会は，第46条の4の5第1項の意見を述べるほか，この法律に規定する事項及び寄附行為で定めた事項に限り，決議をすることができる．
③ この法律の規定により評議員会の決議を必要とする事項について，理事，理事会その他の評議員会以外の機関が決定することができることを内容とする寄附行為の定めは，その効力を有しない．
第46条の4の3　① 財団たる医療法人の理事長は，少なくとも毎年一回，定時評議員会を開かなければならない．
② 理事長は，必要があると認めるときは，いつでも臨時評議員会を招集することができる．
③ 評議員会に，議長を置く．
④ 理事長は，総評議員の5分の1以上の評議員から評議員会の目的である事項を示して評議員会の招集を請求された場合には，その請求のあつた日から20日以内に，これを招集しなければならない．ただし，総評議員の5分の1の割合については，寄附行為でこれを下回る割合を定めることができる．
⑤ 評議員会の招集の通知は，その評議員会の日より少なくとも5日前に，その評議員会の目的である事項を示し，寄附行為で定めた方法に従つてしなければならない．
⑥ 評議員会においては，前項の規定によりあらかじめ通知をした事項についてのみ，決議をすることができる．ただし，寄附行為に別段の定めがあるときは，この限りでない．

第46条の4の4 ① 評議員会は、総評議員の過半数の出席がなければ、その議事を開き、決議をすることができない。
② 評議員会の議事は、この法律に別段の定めがある場合を除き、出席者の議決権の過半数で決し、可否同数のときは、議長の決するところによる。
③ 前項の場合において、議長は、評議員として議決に加わることができない。
④ 評議員会の決議について特別の利害関係を有する評議員は、議決に加わることができない。

第46条の4の5 ① 理事長は、医療法人が次に掲げる行為をするには、あらかじめ、評議員会の意見を聴かなければならない。
 1 予算の決定又は変更
 2 借入金（当該会計年度内の収入をもつて償還する一時の借入金を除く。）の借入れ
 3 重要な資産の処分
 4 事業計画の決定又は変更
 5 合併及び分割
 6 第55条第3項第2号に掲げる事由のうち、同条第1項第2号に掲げる事由による解散
 7 その他医療法人の業務に関する重要事項として寄附行為で定めるもの
② 前項各号に掲げる事項については、評議員会の決議を要する旨を寄附行為で定めることができる。

第46条の4の6 ① 評議員会は、医療法人の業務若しくは財産の状況又は役員の業務執行の状況について、役員に対して意見を述べ、若しくはその諮問に答え、又は役員から報告を徴することができる。
② <u>理事長は、毎会計年度終了後3月以内に、決算及び事業の実績を評議員会に報告し、その意見を求めなければならない。</u>〔＝削除〕

第46条の4の7 一般社団法人及び一般財団法人に関する法律第193条の規定は、医療法人の評議員会について準用する。この場合において、同条第1項、第3項及び第4項第2号中「法務省令」とあるのは、「厚生労働省令」と読み替えるものとする。

第4款 役員の選任及び解任

第46条の5 ① 医療法人には、役員として、理事3人以上及び監事1人以上を置かなければならない。ただし、理事について、都道府県知事の認可を受けた場合は、1人又は2人の理事を置けば足りる。
② 社団たる医療法人の役員は、社員総会の決議によつて選任する。
③ 財団たる医療法人の役員は、評議員会の決議によつて選任する。
④ 医療法人と役員との関係は、委任に関する規定に従う。
⑤ 第46条の4第2項の規定は、医療法人の役員について準用する。
⑥ 医療法人は、その開設する全ての病院、診療所又は介護老人保健施設（指定管理者として管理する病院等を含む。）の管理者を理事に加えなければならない。ただし、医療法人が病院、診療所又は介護老人保健施設を二以上開設する場合においては、都道府県知事の認可を受けたときは、管理者（指定管理者として管理する病院等の管理者を除く。）の一部を理事に加えないことができる。
⑦ 前項本文の規定は、管理者の職を退いたときは、理事の職を失うものとする。
⑧ 監事は、当該医療法人の理事又は職員を兼ねてはならない。
⑨ 役員の任期は、2年を超えることはできない。ただし、再任を妨げない。

第46条の5の2 ① 社団たる医療法人の役員は、いつでも、社員総会の決議によつて解任することができる。
② 前項の規定により解任された者は、その解任について正当な理由がある場合を除き、社団たる医療法人に対し、解任によつて生じた損害の賠償を請求することができる。
③ 社団たる医療法人は、出席者の3分の2（これを上回る割合を定款で定めた場合にあつては、その割合）以上の賛成がなければ、第1項の社員総会（監事を解任する場合に限る。）の決議をすることができない。
④ 財団たる医療法人の役員が次のいずれかに該当するときは、評議員会の決議によつて、その役員を解任することができる。
 1 職務上の義務に違反し、又は職務を怠つたとき。
 2 心身の故障のため、職務の執行に支障があり、又は之に堪えないとき。
⑤ 財団たる医療法人は、出席者の3分の2（これを上回る割合を寄附行為で定めた場合にあつては、その割合）以上の賛成がなければ、前項の評議員会（監事を解任する場合に限る。）の決議をすることができない。

第46条の5の3 ① この法律又は定款若しくは寄附行為で定めた役員の員数が欠けた場合には、任期の満了又は辞任により退任した役員は、新たに選任された役員（次項の一時役員の職務を行うべき者を含む。）が就任するまで、なお役員としての権利義務を有する。
② 前項に規定する場合において、医療法人の業務が遅滞することにより損害を生ずるおそれがあるときは、都道府県知事は、利害関係人の請求により又は職権で、一時役員の職務を行うべき者を選任しなければならない。
③ 理事又は監事のうち、その定数の5分の1を超える者が欠けたときは、1月以内に補充しなければならない。

第46条の5の4 一般社団法人及び一般財団法人に関する法律第72条及び第74条（第4項を除く。）の規定は、社団たる医療法人及び財団たる医療法人の役員の選任及び解任について準用する。この場合において、社団たる医療法人の役員の選任及び解任について準用する同法第72条及び第74条第1項から第3項までの規定中「社員総会」とあるのは「評議員会」と、同項中「及び第38条第1項第1号に掲げる事項」とあるのは「並びに当該評議員会の日時及び場所」と読み替えるものとする。

第5款 理事

第46条の6 ① 医療法人（次項に規定する医療法人を除く。）の理事のうち一人は、理事長とし、医師又は歯科医師である理事のうちから選出する。ただし、都道府県知事の認可を受けた場合は、医師又は歯科医師でない理事のうちから選出することができる。
② 第46条の5第1項ただし書の認可を受けて1人の理事を置く医療法人にあつては、この章（次条第

3項を除く.)の規定の適用については,当該理事長とみなす.
第46条の6の2 ① 理事長は,医療法人を代表し,医療法人の業務に関する一切の裁判上又は裁判外の行為をする権限を有する.
② 前項の権限に加えた制限は,善意の第三者に対抗することができない.
③ 第46条の5の3第1項及び第2項の規定は,理事長が欠けた場合について準用する.
第46条の6の3 理事は,医療法人に著しい損害を及ぼすおそれのある事実があることを発見したときは,直ちに,当該事実を監事に報告しなければならない.
第46条の6の4 一般社団法人及び一般財団法人に関する法律第78条,第80条,第82条から第84条まで,第88条(第2項を除く.)及び第89条の規定は,社団たる医療法人及び財団たる医療法人の理事について準用する.この場合において,当該理事について準用する同法第84条第1項中「社員総会」とあるのは「理事会」と,同法第88条第1項中「著しい」とあるのは「回復することができない」と読み替えるものとし,財団たる医療法人の理事について準用する同法第83条中「定款」とあるのは「寄附行為」と,「社員総会」とあるのは「評議員会」と,同法第88条の見出し及び同条第1項中「社員」とあるのは「評議員」と,同項及び同法第89条中「定款」とあるのは「寄附行為」と,同条中「社員総会」とあるのは「評議員会」と読み替えるものとするほか,必要な技術的読替えは,政令で定める.

第6款 理事会
第46条の7 ① 理事会は,全ての理事で組織する.
② 理事会は,次に掲げる職務を行う.
1 医療法人の業務執行の決定
2 理事の職務の執行の監督
3 理事長の選出及び解職
③ 理事会は,次に掲げる事項その他の重要な業務執行の決定を理事に委任することができない.
1 重要な財産の処分及び譲受け
2 多額の借財
3 重要な役割を担う職員の選任及び解任
4 従たる事務所その他の重要な組織の設置,変更及び廃止
5 社団たる医療法人にあつては,第47条の2第1項において準用する一般社団法人及び一般財団法人に関する法律第114条第1項の規定による定款の定めに基づく第47条第1項の責任の免除
6 財団たる医療法人にあつては,第47条の2第1項において準用する一般社団法人及び一般財団法人に関する法律第114条第1項の規定による寄附行為の定めに基づく第47条第4項において準用する同条第1項の責任の免除
第46条の7の2 ① 一般社団法人及び一般財団法人に関する法律第91条から第98条まで(第91条第1項及び第92条第1項を除く.)の規定は,社団たる医療法人及び財団たる医療法人の理事会について準用する.この場合において,当該理事会について準用する同法第91条第1項中「次に掲げる理事」とあり,及び同条第2項中「前項各号に掲げる理事」とあるのは「理事長」と,同法第95条第3項及び第4項並びに第97条第2項第2号中「法務省令」とあるのは「厚生労働省令」と読み替えるものとし,財団たる医療法人の理事会について準用する同法第91条第2項,第93条第1項,第94条第1項,第95条第1項及び第3項並びに第96条中「定款」とあるのは「寄附行為」と,同法第97条第2項中「社員は,その権利を行使するため必要があるときは,裁判所の許可を得て」とあるのは「評議員は,財団たる医療法人の業務時間内は,いつでも」と読み替えるものとするほか,必要な技術的読替えは,政令で定める.
② 前項において読み替えて準用する一般社団法人及び一般財団法人に関する法律第97条第2項及び第3項の許可については,同法第287条第1項,第288条,第289条(第1号に係る部分に限る.),第290条本文,第291条(第2号に係る部分に限る.),第292条本文,第294条及び第295条を準用する.

第7款 監事
第46条の8 監事の職務は,次のとおりとする.
1 医療法人の業務を監査すること.
2 医療法人の財産の状況を監査すること.
3 医療法人の業務又は財産の状況について,毎会計年度,監査報告書を作成し,当該会計年度終了後3月以内に社員総会又は評議員会及び理事会に提出すること.
4 第1号又は第2号の規定による監査の結果,医療法人の業務又は財産に関し不正の行為又は法令若しくは定款若しくは寄附行為に違反する重大な事実があることを発見したときは,これを都道府県知事,社員総会若しくは評議員会又は理事会に報告すること.
5 医療法人の監事にあつては,前号の規定による報告をするために必要があるときは,社員総会を招集すること.
6 財団たる医療法人の監事にあつては,第4号の規定による報告をするために必要があるときは,理事長に対して評議員会の招集を請求すること.
7 社団たる医療法人の監事にあつては,理事が社員総会に提出しようとする議案,書類その他厚生労働省令で定めるもの(次号において「議案等」という.)を調査すること.この場合において,法令若しくは定款に違反し,又は著しく不当な事項があると認めるときは,その調査の結果を社員総会に報告すること.
8 財団たる医療法人の監事にあつては,理事が評議員会に提出しようとする議案等を調査すること.この場合において,法令若しくは寄附行為に違反し,又は著しく不当な事項があると認めるときは,その調査の結果を評議員会に報告すること.
第46条の8の2 ① 監事は理事会に出席し,必要があると認めるときは,意見を述べなければならない.
② 監事は,前条第4号に規定する場合において,必要があると認めるときは,理事(第46条の7の2第1項において準用する一般社団法人及び一般財団法人に関する法律第93条第1項ただし書に規定する場合にあつては,同条第2項に規定する招集権者)に対し,理事会の招集を請求することができる.
③ 前項の規定による請求があつた日から5日以内に,その請求があつた日から2週間以内の日を理事会の日とする理事会の招集の通知が発せられない場合は,その請求をした監事は,理事会を招集することができる.
第46条の8の3 一般社団法人及び一般財団法人

に関する法律第103条から第106条までの規定は，社団たる医療法人及び財団たる医療法人の監事について準用する．この場合において，財団たる医療法人の監事について準用する同法第103条第1項中「定款」とあるのは「寄附行為」と，同法第105条第1項及び第2項中「定款」とあるのは「寄附行為」と，「社員総会」とあるのは「評議員会」と，同条第3項中「社員総会」とあるのは「評議員会」と読み替えるものとする．

第4節　計　算
[事業報告書等の作成]
第51条　① 医療法人は，毎会計年度終了後2月以内に，事業報告書，財産目録，貸借対照表，損益計算書，関係事業者（理事長の配偶者又は代表者である者その他の当該医療法人又はその役員と厚生労働省令で定める特殊の関係がある者をいう．）との取引の状況に関する報告書その他厚生労働省令で定める書類（以下「事業報告書等」という．）を作成しなければならない．
② 医療法人（その事業活動の規模その他の事情を勘案して厚生労働省令で定める基準に該当するものに限る．）は，厚生労働省令で定めるところにより，前項の貸借対照表及び損益計算書を作成しなければならない．
③ 医療法人は，貸借対照表及び損益計算書を作成した時から10年間，当該貸借対照表及び損益計算書を保存しなければならない．
④ 医療法人は，事業報告書等について，厚生労働省令で定めるところにより，監事の監査を受けなければならない．
⑤ 第2項の医療法人は，財産目録，貸借対照表及び損益計算書について，厚生労働省令で定めるところにより，公認会計士又は監査法人の監査を受けなければならない．
⑥ 医療法人は，前2項の監事又は公認会計士若しくは監査法人の監査を受けた事業報告書等について，理事会の承認を受けなければならない．
第54条　医療法人は，剰余金の配当をしてはならない．

第5節　社会医療法人債
第54条の2　社会医療法人は，救急医療等確保事業の実施に資するため，社員総会において議決された額又は寄附行為の定めるところにより評議員会において議決された額を限度として，社会医療法人債（第54条の7において準用する会社法（平成17年法律第86号）の規定により社会医療法人が行う割当てにより発生する当該社会医療法人を債務者とする金銭債権であつて，次条第1項各号に掲げる事項について定めに従い償還されるものをいう．以下同じ．）を発行することができる．
② 前項の社会医療法人債を発行したときは，社会医療法人は，当該社会医療法人債の発行収入金に相当する金額を第42条の2第3項に規定する特別の会計に繰り入れてはならない．

第7節　解散及び清算
第55条　① 社団たる医療法人は，次の事由によつて解散する．
1　定款をもつて定めた解散事由の発生
2　目的たる業務の成功の不能
3　社員総会の決議
4　他の医療法人との合併（合併により当該医療法人が消滅する場合に限る．次条第1項及び第56条の3において同じ．）
5　社員の欠亡
6　破産手続開始の決定
7　設立認可の取消し
② 社団たる医療法人は，総社員の4分の3以上の賛成がなければ，前項第3号の社員総会の決議をすることができない．ただし，定款に別段の定めがあるときは，この限りでない．
③ 財団たる医療法人は，次に掲げる事由によつて解散する．
1　寄附行為をもつて定めた解散事由の発生
2　第1項第2号，第4号，第6号又は第7号に掲げる事由
④ 医療法人がその債務につきその財産をもつて完済することができなくなつた場合には，裁判所は，理事若しくは債権者の申立てにより又は職権で，破産手続開始の決定をする．
⑥ 第1項第2号又は第3号に掲げる事由による解散は，都道府県知事の認可を受けなければ，その効力を生じない．
⑦ 都道府県知事は，前項の認可をし，又は認可をしない処分をするに当たつては，あらかじめ，都道府県医療審議会の意見を聴かなければならない．
《⑤，⑧（略）》

第56条　① 解散した医療法人の残余財産は，合併及び破産手続開始の決定による解散の場合を除くほか，定款又は寄附行為の定めるところにより，その帰属すべき者に帰属する．
② 前項の規定により処分されない財産は，国庫に帰属する．

第8節　合併及び分割
第1款　合　併
第1目　通　則
第57条　医療法人は，他の医療法人と合併をすることができる．この場合においては，合併をする医療法人は，合併契約を締結しなければならない．

第2目　吸収合併
第58条　医療法人が吸収合併（医療法人が他の医療法人とする合併であつて，合併により消滅する医療法人の権利義務の全部を合併後存続する医療法人に承継させるものをいう．以下この目において同じ．）をする場合には，吸収合併契約において，吸収合併後存続する医療法人（以下この目において「吸収合併存続医療法人」という．）及び吸収合併により消滅する医療法人（以下この目において「吸収合併消滅医療法人」という．）の名称及び主たる事務所の所在地その他厚生労働省令で定める事項を定めなければならない．

第2款　分　割
第1目　吸収分割
第60条　医療法人（社会医療法人その他の厚生労働省令で定める者を除く．以下この款において同じ．）は，吸収分割（医療法人がその事業に関して有する権利義務の全部又は一部を分割後他の医療法人に承継させることをいう．以下この目において同じ．）をすることができる．この場合においては，当該医療法人がその事業に関して有する権利義務の全部又は一部を当該医療法人から承継する医療法人（以下この目において「吸収分割承継医療法人」という．）との間で，吸収分割契約を締結しなければならない．

第9節 監 督
第65条 都道府県知事は,医療法人が,成立した後又はすべての病院,診療所及び介護老人保健施設を休止若しくは廃止した後1年以内に正当の理由がないのに病院,診療所又は介護老人保健施設を開設しないとき,又は再開しないときは,設立の認可を取り消すことができる.

第66条 ① 都道府県知事は,医療法人が法令の規定に違反し,又は法令の規定に基く都道府県知事の命令に違反した場合においては,他の方法により監督の目的を達することができないときに限り,設立の認可を取り消すことができる.

② 都道府県知事は,前項の規定により設立の認可を取り消すに当つては,あらかじめ,都道府県医療審議会の意見を聴かなければならない.

第7章 地域医療連携推進法人

第1節 認 定
第70条 ① 次に掲げる法人(営利を目的とする法人を除く.以下この章において「参加法人」という.)及び地域において良質かつ適切な医療を効率的に提供するために必要な者として厚生労働省令で定める者を社員とし,かつ,病院,診療所又は介護老人保健施設(以下この章において「病院等」という.)に係る業務の連携を推進するための方針(以下この章において「医療連携推進方針」という.)を定め,医療連携推進業務を行うことを目的とする一般社団法人は,定款において定める当該連携を推進する区域(以下「医療連携推進区域」という.)の属する都道府県(当該医療連携推進区域が二以上の都道府県にわたる場合にあつては,これらの都道府県のいずれか一の都道府県)の知事の認定を受けることができる.
1 医療連携推進区域において,病院等を開設する法人
2 医療連携推進区域において,介護事業(身体上又は精神上の障害があることにより日常生活を営むのに支障がある者に対し,入浴,排せつ,食事等の介護,機能訓練,看護及び療養上の管理その他のその者の能力に応じ自立した日常生活を営むことができるようにするための福祉サービス又は保健医療サービスを提供する事業をいう.)その他の地域包括ケアシステム(地域における医療及び介護の総合的な確保の促進に関する法律第2条第1項に規定する地域包括ケアシステムをいう.第70条の7において同じ.)の構築に資する事業(以下この章において「介護事業等」という.)に係る施設又は事業所を開設し,又は管理する法人

② 前項の医療連携推進業務は,病院等に係る業務について,医療連携推進方針に沿つた連携の推進を図ることを目的として行う次に掲げる業務その他の業務をいう.
1 医療従事者の資質の向上を図るための研修
2 病院等に係る業務に必要な医薬品,医療機器その他の物資の供給
3 資金の貸付けその他の参加法人が病院等に係る業務を行うのに必要な資金を調達するための支援として厚生労働省令で定めるもの

第8章 雑 則

第72条 ① この法律の規定によりその権限に属させられた事項を調査審議するほか,都道府県知事の諮問に応じ,当該都道府県における医療法人制度を提供する体制の確保に関する重要事項を調査審議するため,都道府県に,都道府県医療審議会を置く. 《②(略)》

第9章 罰 則

第77条 社会医療法人の役員が,自己若しくは第三者の利益を図り又は社会医療法人に損害を加える目的で,その任務に背く行為をし,当該社会医療法人に財産上の損害を加えたときは,7年以下の懲役若しくは500万円以下の罰金に処し,又はこれを併科する.

第78条 社会医療法人の代表社会医療法人債権者(第54条の7において準用する会社法第736条第1項の規定により選任された代表社会医療法人債権者をいう.第81条第1項及び第91条の2において同じ.)又は決議執行者(第54条の7において準用する同法第737条第2項に規定する決議執行者をいう.第81条第1項及び第91条の2において同じ.)が,自己若しくは第三者の利益を図り又は社会医療法人債権者に損害を加える目的で,その任務に背く行為をし,社会医療法人債権者に財産上の損害を加えたときは,5年以下の懲役若しくは500万円以下の罰金に処し,又はこれを併科する.

第80条 ① 社会医療法人の役員又は代表社会医療法人債権者若しくは決議執行者が,その職務に関し,不正の請託を受けて,財産上の利益を収受し,又はその要求若しくは約束をしたときは,5年以下の懲役は500万円以下の罰金に処する.
② 前項の利益を供与し,又はその申込み若しくは約束をした者は,3年以下の懲役又は300万円以下の罰金に処する.

第82条 ① 次に掲げる事項に関し,不正の請託を受けて,財産上の利益を収受し,又はその要求若しくは約束をした者は,5年以下の懲役又は500万円以下の罰金に処する.
1 社会医療法人債権者集会における発言又は議決権の行使
2 社会医療法人債の総額(償還済みの額を除く.)の10分の1以上に当たる社会医療法人債を有する社会医療法人債権者の権利の行使
② 前項の利益を供与し,又はその申込み若しくは約束をした者も,同項と同様とする.

第85条 第78条,第80条又は第81条第1項に規定する者が法人であるときは,これらの規定及び第79条の規定は,その行為をした取締役,執行役その他業務を執行する役員又は支配人に対してそれぞれ適用する.

第91条 社会医療法人の役員,社会医療法人債原簿管理人(第54条の7において準用する会社法第683条に規定する者をいう.),社会医療法人債管理者,事務を承継する社会医療法人債管理者(第54条の7において準用する会社法第711条第1項又は第714条第1項若しくは第3項の規定により社会医療法人債管理者の事務を承継する社会医療法人債管理者をいう.),代表社会医療法人債権者又は決議執行者は,次の各号のいずれかに該当する場合

には、100万円以下の過料に処する。ただし、その行為について刑を科すべきときは、この限りでない。
1 この法律において準用する会社法の規定による公告若しくは通知をすることを怠つたとき、又は不正の公告若しくは通知をしたとき。
2 この法律において準用する会社法の規定に違反して、正当な理由がないのに、書類若しくは電磁的記録に記録された事項を厚生労働省令で定める方法により表示したものの閲覧若しくは謄写又は書類の謄本若しくは抄本の交付、電磁的記録に記録された事項を電磁的方法により提供すること若しくはその事項を記載した書面の交付を拒んだとき。
3 この法律において準用する会社法の規定による調査を拒み、妨げ、又は忌避したとき。
4 社会医療法人債権者集会に対し、虚偽の申述を行い、又は事実を隠ぺいしたとき。
5 社会医療法人債原簿、議事録(第54条の7において準用する会社法第731条第1項の規定により作成する議事録をいう。次号において同じ。)、第54条の7において準用する同法第682条第1項若しくは第695条第1項の書面若しくは電磁的記録に記載し、若しくは記録すべき事項を記載せず、若しくは記録せず、又は虚偽の記載若しくは記録をしたとき。
6 第54条の7において準用する会社法第684条第1項又は第731条第2項の規定に違反して、社会医療法人債原簿又は議事録を備え置かなかつたとき。
7 社会医療法人債の発行の日前に社会医療法人債券を発行したとき。
8 第54条の7において準用する会社法第696条の規定に違反して、遅滞なく、社会医療法人債券を発行しなかつたとき。
9 社会医療法人債券に記載すべき事項を記載せず、又は偽の記載をしたとき。
10 第54条の5の規定に違反して社会医療法人債を発行し、又は第54条の7において準用する会社法第711条第1項の規定に違反して事務を承継する社会医療法人債管理者を定めなかつたとき。

32 地域における医療及び介護の総合的な確保の促進に関する法律(抄)

(平成・6・30法律第64号,平成・6・30施行,最終改正:平26・6・25法律第83号)

第1章 総則

(目的)
第1条 この法律は、国民の健康の保持及び福祉の増進に係る多様なサービスへの需要が増大していることに鑑み、地域における創意工夫を生かしつつ、地域において効率的かつ質の高い医療提供体制を構築するとともに地域包括ケアシステムを構築することを通じ、地域における医療及び介護の総合的な確保を促進する措置を講じ、もって高齢者をはじめとする国民の健康の保持及び福祉の増進を図り、あわせて国民が生きがいを持ち健康で安らかな生活を営むことができる地域社会の形成に資することを目的とする。

(定義)
第2条 ① この法律において「地域包括ケアシステム」とは、地域の実情に応じて、高齢者が、可能な限り、住み慣れた地域でその有する能力に応じ自立した日常生活を営むことができるよう、医療、介護、介護予防(要介護状態若しくは要支援状態となることの予防又は要介護状態若しくは要支援状態の軽減若しくは悪化の防止をいう。)、住まい及び自立した日常生活の支援が包括的に確保される体制をいう。
② この法律において「介護給付等対象サービス等」とは、介護保険法(平成9年法律第123号)第24条第2項に規定する介護給付等対象サービス及び老人福祉法(昭和38年法律第133号)に基づく福祉サービスをいう。
③ この法律において「公的介護施設等」とは、地域において介護給付等対象サービス等を提供する施設その他これに類する施設又は設備のうち厚生労働省令で定めるもの(次項に規定する特定民間施設を除く。)をいう。
④ この法律において「特定民間施設」とは、介護給付等対象サービス等との連携の下に地域において保健サービス及び福祉サービスを総合的に提供する一群の施設であって、民間事業者が整備する次に掲げる施設から構成されるものをいう。
1 住民の老後における疾病予防のため有酸素運動(継続的に酸素を摂取して全身持久力に関する生理機能の維持又は回復のために行う身体の運動をいう。)を行わせるとともに、老人に対して機能訓練を行う施設であって、診療所が附置されていることその他の政令で定める要件に適合するもの
2 老人に対して、各種の相談に応ずるとともに、教養の向上及びレクリエーションのための便宜を総合的に供与する施設(老人福祉法第20条の7に規定する老人福祉センターを除く。)
3 イに掲げる施設であってロに掲げる施設が併せて設置されるもの
イ 身体上若しくは精神上の障害があって日常生活を営むのに支障がある老人でその者を現に養護する者を通わせ、入浴若しくは給食又は介護方法の指導の実施その他の厚生労働省令で定める便宜を供与する施設
ロ 身体上又は精神上の障害があって日常生活を営むのに支障がある老人につきその者の居宅において入浴、排せつ、食事等の介護を行う事業その他のその者が居宅において日常生活を営むのに必要な便宜を供与する事業であって政令で定めるもののために必要な施設
4 老人福祉法第29条第1項に規定する有料老人ホーム

第2章 地域における医療及び介護の総合的な確保

(総合確保方針)
第3条 ① 厚生労働大臣は、地域において効率的かつ質の高い医療提供体制を構築するとともに地域包括ケアシステムを構築することを通じ、地域における医療及び介護を総合的に確保するための基本的な方針(以下「総合確保方針」という。)を定め

32 地域における医療及び介護の総合的な確保の促進に関する法律(4条～12条)

なければならない.
② 総合確保方針においては,次に掲げる事項を定めるものとする.
 1 地域における医療及び介護の総合的な確保の意義及び基本的な方向に関する事項
 2 地域における医療及び介護の総合的な確保に関し,医療法(昭和23年法律第205号)第30条の3第1項に規定する基本方針及び介護保険法第116条第1項に規定する基本指針の基本となるべき事項
 3 次条第1項に規定する都道府県計画及び第5条第1項に規定する市町村計画の作成並びにこれらの整合性の確保に関する基本的な事項
 4 前2号に掲げるもののほか,地域における医療及び介護の総合的な確保に関し,次条第1項に規定する都道府県計画,医療法第30条の4第1項に規定する医療計画(以下「医療計画」という.)及び介護保険法第118条第1項に規定する都道府県介護保険事業支援計画(以下「都道府県介護保険事業支援計画」という.)の整合性の確保に関する事項
 5 公正性及び透明性の確保その他第6条の基金を充てて実施する同条に規定する都道府県事業に関する基本的な事項　〈6,③,④(略)〉

(都道府県計画)
第4条 ① 都道府県は,総合確保方針に即して,かつ,地域の実情に応じて,当該都道府県の地域における医療及び介護の総合的な確保のための事業の実施に関する計画(以下「都道府県計画」という.)を作成することができる.
② 都道府県計画においては,おおむね次に掲げる事項について定めるものとする.
 1 医療介護総合確保区域(地理的条件,人口,交通事情その他の社会的条件,医療機関の施設及び設備並びに公的介護施設等及び特定民間施設の整備の状況その他の条件からみて医療及び介護の総合的な確保の促進を図るべき区域をいう.以下同じ.)ごとの当該区域における医療及び介護の総合的な確保に関する目標及び計画期間
 2 前号の目標を達成するために必要な次に掲げる事業に関する事項
 イ 医療法第30条の4第2項第7号に規定する地域医療構想の達成に向けた医療機関の施設又は設備の整備に関する事業
 ロ 地域における医療及び介護の総合的な確保のための医療介護総合確保区域における居宅等(居宅その他厚生労働省令で定める場所をいう.次条第2項第2号イにおいて同じ.)における医療の提供に関する事業(同条第5項の規定により提出された市町村計画に掲載された同号イに掲げる事業を含む.)
 ハ 公的介護施設等の整備に関する事業(次条第5項の規定により提出された市町村計画に掲載された同条第2項第2号ロ及びハに掲げる事業を含む.)
 ニ 医療従事者の確保に関する事業
 ホ 介護従事者の確保に関する事業　〈ホ,3,③～⑤(略)〉

(市町村計画)
第5条 ① 市町村(特別区を含む.以下同じ.)は,総合確保方針に即して,かつ,地域の実情に応じて,当該市町村の地域における医療及び介護の総合的な確保のための事業の実施に関する計画(以下「市町村計画」という.)を作成することができる.
② 市町村計画においては,おおむね次に掲げる事項について定めるものとする.
 1 医療介護総合確保区域ごとの当該区域又は当該市町村の区域における医療及び介護の総合的な確保に関する目標及び計画期間
 2 前号の目標を達成するために必要な次に掲げる事業に関する事項
 イ 地域における医療及び介護の総合的な確保のための医療介護総合確保区域又は当該市町村の区域における居宅等における医療の提供に関する事業
 ロ 老人福祉法第5条の2第1項に規定する老人居宅生活支援事業が実施される施設であって医療介護総合確保区域又は当該市町村の区域において整備する必要があるものとして厚生労働省令で定めるものを整備する事業
 ハ 次に掲げる老人福祉法第5条の3に規定する老人福祉施設であって医療介護総合確保区域又は当該市町村の区域において整備する必要があるものとして厚生労働省令で定めるものを整備する事業
  (1) 老人福祉法第20条の5に規定する特別養護老人ホーム
  (2) 老人福祉法第20条の6に規定する軽費老人ホーム(以下「軽費老人ホーム」という.)
 〈ニ,③～⑤(略)〉

(基 金)
第6条 都道府県が,都道府県計画に掲載された第4条第2項第2号に掲げる事業(第9条において「都道府県事業」という.)に要する経費の全部又は一部を支弁するため,地方自治法(昭和22年法律第67号)第241条の基金を設ける場合には,国は,政令で定めるところにより,その財源に充てるために必要な資金の3分の2を負担するものとする.

(財源の確保)
第7条 前条の基金の財源に充てるために,同条の規定により国が負担する費用については,社会保障の安定財源の確保等を図る税制の抜本的な改革を行うための消費税の一部を改正する等の法律(平成24年法律第68号)の施行により増加する消費税の収入をもって充てるものとする.

第3章 特定民間施設の整備

(基本方針)
第12条 ① 厚生労働大臣は,特定民間施設の整備に関する基本方針(以下「基本方針」という.)を定めなければならない.
② 基本方針においては,次に掲げる事項を定めるものとする.
 1 特定民間施設の整備に関する基本的な事項
 2 特定民間施設の立地並びに規模及び配置に関する事項
 3 特定民間施設の整備の事業を行う者に関する事項
 4 特定民間施設の施設及び設備に関する事項
 5 特定民間施設の運営に関する事項
 6 他の医療施設又は社会福祉施設との連携に関する事項
 7 介護給付等対象サービス等との連携に関する事項

8 その他特定民間施設の整備に際し配慮すべき重要事項　〈③,④(略)〉
(整備計画の認定等)
第13条 ① 特定民間施設の整備の事業を行おうとする者(当該事業を行う法人を設立しようとする者を含む。)は,当該特定民間施設の整備の事業に関する計画(以下「整備計画」という。)を作成し,これを厚生労働大臣に提出して,当該整備計画が適当である旨の認定を受けることができる。
② 整備計画においては,次に掲げる事項を記載しなければならない。
 1 特定民間施設の位置
 2 特定民間施設の概要,規模及び配置
 3 特定民間施設が立地する市町村又はその周辺の市町村に含まれる地域であって,その住民が当該特定民間施設を利用することが想定されるもの(以下「対象地域」という。)の区域
 4 特定民間施設の整備の事業を行う者に関する事項
 5 特定民間施設の運営に関する事項
 6 他の医療施設又は社会福祉施設との連携に関する事項
 7 介護給付等対象サービス等との連携に関する事項
 8 特定民間施設の整備の事業の実施時期
 9 特定民間施設の整備の事業を行うのに必要な資金の額及びその調達方法
 10 その他厚生労働省令で定める事項　〈③(略)〉
(認定の基準)
第14条 厚生労働大臣は,計画の認定の申請があった場合において,当該申請に係る整備計画が次の各号に適合すると認めるときは,計画の認定をするものとする。
 1 前条第2項第1号から第7号まで及び第10号に掲げる事項が基本方針に照らし当該特定民間施設の整備の目的を達成し,当該特定民間施設の機能を発揮させるため適切なものであること。
 2 前条第2項第4号,第8号及び第9号に掲げる事項が当該特定民間施設の整備の事業を確実に遂行するため適切なものであること。

㉝ 地域保健法(抄)

(昭22・9・5法律第101号,昭23・1・1施行,最終改正:平26・6・25法律第83号)

第1章　総　則

第1条 この法律は,地域保健対策の推進に関する基本指針,保健所の設置その他地域保健対策の推進に関し基本となる事項を定めることにより,母子保健法(昭和40年法律第141号)その他の地域保健対策に関する法律による対策が地域において総合的に推進されることを確保し,もって地域住民の健康の保持及び増進に寄与することを目的とする。
第2条 地域住民の健康の保持及び増進を目的として国及び地方公共団体が講ずる施策は,我が国における急速な高齢化の進展,保健医療を取り巻く環境の変化等に即応し,地域における公衆衛生の向上及び増進を図るとともに,地域住民の多様化し,かつ,高度化する保健,衛生,生活環境等に関する需要に適確に対応することができるように,地域の特性及び社会福祉等の関連施策との有機的な連携に配慮しつつ,総合的に推進されることを基本理念とする。
第3条 ① 市町村(特別区を含む。以下同じ。)は,当該市町村が行う地域保健対策が円滑に実施できるように,必要な施設の整備,人材の確保及び資質の向上に努めなければならない。
② 都道府県は,当該都道府県が行う地域保健対策が円滑に実施できるように,必要な施設の整備,人材の確保及び資質の向上,調査及び研究等に努めるとともに,市町村に対し,前項の責務が十分に果たされるように,その求めに応じ,必要な技術的援助を与えることに努めなければならない。
③ 国は,地域保健に関する情報の収集,整理及び活用並びに調査及び研究並びに地域保健対策に係る人材の養成及び資質の向上に努めるとともに,市町村及び都道府県に対し,前2項の責務が十分に果たされるように必要な技術的及び財政的援助を与えることに努めなければならない。

第2章　地域保健対策の推進に関する基本指針

第4条 ① 厚生労働大臣は,地域保健対策の円滑な実施及び総合的な推進を図るため,地域保健対策の推進に関する基本的な指針(以下「基本指針」という。)を定めなければならない。
② 基本指針は,次に掲げる事項について定めるものとする。
 1 地域保健対策の推進の基本的な方向
 2 保健所及び市町村保健センターの整備及び運営に関する基本的事項
 3 地域保健対策に係る人材の確保及び資質の向上並びに第21条第1項の人材確保支援計画の策定に関する基本的事項
 4 地域保健に関する調査及び研究に関する基本的事項
 5 社会福祉等の関連施策との連携に関する基本的事項
 6 その他地域保健対策の推進に関する重要事項
③ 厚生労働大臣は,基本指針を定め,又はこれを変更したときは,遅滞なく,これを公表しなければならない。

第3章　保健所

第5条 ① 保健所は,都道府県,地方自治法(昭和22年法律第67号)第252条の19第1項の指定都市,同法第252条の22第1項の中核市その他の政令で定める市又は特別区が,これを設置する。
② 都道府県は,前項の規定により保健所を設置する場合においては,保健医療に係る施策と社会福祉に係る施策との有機的な連携を図るため,医療法(昭和23年法律第205号)第30条の4第2項第12号に規定する区域及び介護保険法(平成9年法律第123号)第118条第2項に規定する区域を参酌して,保健所の所管区域を設定しなければならない。
第6条 保健所は,次に掲げる事項につき,企画,調整,指導及びこれらに必要な事業を行う。
 1 地域保健に関する思想の普及及び向上に関する

事項
2 人口動態統計その他地域保健に係る統計に関する事項
3 栄養の改善及び食品衛生に関する事項
4 住宅,水道,下水道,廃棄物の処理,清掃その他の環境の衛生に関する事項
5 医事及び薬事に関する事項
6 保健師に関する事項
7 公共医療事業の向上及び増進に関する事項
8 母性及び乳幼児並びに老人の保健に関する事項
9 歯科保健に関する事項
10 精神保健に関する事項
11 治療方法が確立していない疾病その他の特殊の疾病により長期に療養を必要とする者の保健に関する事項
12 エイズ,結核,性病,伝染病その他の疾病の予防に関する事項
13 衛生上の試験及び検査に関する事項
14 その他地域住民の健康の保持及び増進に関する事項

第7条 保健所は,前条に定めるもののほか,地域住民の健康の保持及び増進を図るため必要があるときは,次に掲げる事業を行うことができる.
1 所管区域に係る地域保健に関する情報を収集し,整理し,及び活用すること.
2 所管区域に係る地域保健に関する調査及び研究を行うこと.
3 歯科疾患その他厚生労働大臣の指定する疾病の治療を行うこと.
4 試験及び検査を行い,並びに医師,歯科医師,薬剤師その他の者に試験及び検査に関する施設を利用させること.

第9条 第5条第1項に規定する地方公共団体の長は,その職権に属する第6条各号に掲げる事項に関する事務を保健所長に委任することができる.

第12条 第5条第1項に規定する地方公共団体は,保健所の事業の執行の便を図るため,その支所を設けることができる.

第14条 保健所の施設の利用又は保健所で行う業務については,政令で定める場合を除いては,使用料,手数料又は治療料を徴収してはならない.

第4章 市町村保健センター

第18条 ① 市町村は,市町村保健センターを設置することができる.
② 市町村保健センターは,住民に対し,健康相談,保健指導及び健康診査その他地域保健に関し必要な事業を行うことを目的とする施設とする.

第5章 地域保健対策に係る人材確保の支援に関する計画

第21条 ① 都道府県は,当分の間,基本指針に即して,政令で定めるところにより,地域保健対策の実施に当たり特にその人材の確保又は資質の向上を支援する必要がある町村について,町村の申出に基づき,地域保健対策を円滑に実施するための人材の確保又は資質の向上の支援に関する計画(以下「人材確保支援計画」という.)を定めることができる.
② 人材確保支援計画は,次に掲げる事項について定めるものとする.
1 人材確保支援計画の対象となる町村(以下「特定町村」という.)
2 都道府県が実施する特定町村の地域保健対策を円滑に実施するための人材の確保又は資質の向上に資する事業の内容に関する事項 (③〜⑤(略))

34 健康増進法(抄)

(平14・8・2法律第103号,平15・5・1施行,
最終改正:平26・6・13法律第69号)

第1章 総則

(目的)
第1条 この法律は,我が国における急速な高齢化の進展及び疾病構造の変化に伴い,国民の健康の増進の重要性が著しく増大していることにかんがみ,国民の健康の増進の総合的な推進に関し基本的な事項を定めるとともに,国民の栄養の改善その他の国民の健康の増進を図るための措置を講じ,もって国民保健の向上を図ることを目的とする.

(国民の責務)
第2条 国民は,健康な生活習慣の重要性に対する関心と理解を深め,生涯にわたって,自らの健康状態を自覚するとともに,健康の増進に努めなければならない.

(国及び地方公共団体の責務)
第3条 国及び地方公共団体は,教育活動及び広報活動を通じた健康の増進に関する正しい知識の普及,健康の増進に関する情報の収集,整理,分析及び提供並びに研究の推進並びに健康の増進に係る人材の養成及び資質の向上を図るとともに,健康増進事業実施者その他の関係者に対し,必要な技術的援助を与えることに努めなければならない.

(健康増進事業実施者の責務)
第4条 健康増進事業実施者は,健康教育,健康相談その他国民の健康の増進のために必要な事業(以下「健康増進事業」という.)を積極的に推進するよう努めなければならない.

(定義)
第6条 この法律において「健康増進事業実施者」とは,次に掲げる者をいう.
1 健康保険法(大正11年法律第70号)の規定により健康増進事業を行う全国健康保険協会,健康保険組合又は健康保険組合連合会
2 船員保険法(昭和14年法律第73号)の規定により健康増進事業を行う全国健康保険協会
3 国民健康保険法(昭和33年法律第192号)の規定により健康増進事業を行う市町村,国民健康保険組合又は国民健康保険団体連合会
4 国家公務員共済組合法(昭和33年法律第128号)の規定により健康増進事業を行う国家公務員共済組合又は国家公務員共済組合連合会
5 地方公務員等共済組合法(昭和37年法律第152号)の規定により健康増進事業を行う地方公務員共済組合又は全国市町村職員共済組合連合会
6 私立学校教職員共済法(昭和28年法律第245号)の規定により健康増進事業を行う日本私立学

校振興・共済事業団
7 学校保健安全法（昭和33年法律第56号）の規定により健康増進事業を行う市町村
8 母子保健法（昭和40年法律第141号）の規定により健康増進事業を行う市町村
9 労働安全衛生法（昭和47年法律第57号）の規定により健康増進事業を行う事業者
10 高齢者の医療の確保に関する法律（昭和57年法律第80号）の規定により健康増進事業を行う全国健康保険協会，健康保険組合，市町村，国民健康保険組合，共済組合，日本私立学校振興・共済事業団又は後期高齢者医療広域連合
11 介護保険法（平成9年法律第123号）の規定により健康増進事業を行う市町村
12 この法律の規定により健康増進事業を行う市町村
13 その他健康増進事業を行う者であって，政令で定めるもの

第2章 基本方針等

（基本方針）
第7条 厚生労働大臣は，国民の健康の増進の総合的な推進を図るための基本的な方針（以下「基本方針」という．）を定めるものとする．
② 基本方針は，次に掲げる事項について定めるものとする．
1 国民の健康の増進の推進に関する基本的な方向
2 国民の健康の増進の目標に関する事項
3 次条第1項の都道府県健康増進計画及び同条第2項の市町村健康増進計画の策定に関する基本的な事項
4 第10条第1項の国民健康・栄養調査その他の健康の増進に関する調査及び研究に関する基本的な事項
5 健康増進事業実施者間における連携及び協力に関する基本的な事項
6 食生活，運動，休養，飲酒，喫煙，歯の健康の保持その他の生活習慣に関する正しい知識の普及に関する事項
7 その他国民の健康の増進の推進に関する重要事項
《③，④(略)》

（都道府県健康増進計画等）
第8条 ① 都道府県は，基本方針を勘案して，当該都道府県の住民の健康の増進の推進に関する施策についての基本的な計画（以下「都道府県健康増進計画」という．）を定めるものとする．
② 市町村は，基本方針及び都道府県健康増進計画を勘案して，当該市町村の住民の健康の増進の推進に関する施策についての計画（以下「市町村健康増進計画」という．）を定めるよう努めるものとする．
《③(略)》

（健康診査の実施等に関する指針）
第9条 厚生労働大臣は，生涯にわたる国民の健康の増進に向けた自主的な努力を促進するため，健康診査の実施及びその結果の通知，健康手帳（自らの健康管理のために必要な事項を記載する手帳をいう．）の交付その他の措置に関し，健康増進事業実施者に対する健康診査の実施等に関する指針（以下「健康診査等指針」という．）を定めるものとする．
《②，③(略)》

第3章 国民健康・栄養調査等

（国民健康・栄養調査の実施）
第10条 ① 厚生労働大臣は，国民の健康の増進の総合的な推進を図るための基礎資料として，国民の身体の状況，栄養摂取量及び生活習慣の状況を明らかにするため，国民健康・栄養調査を行うものとする．
② 厚生労働大臣は，国立研究開発法人医薬基盤・健康・栄養研究所（以下「研究所」という．）に，国民健康・栄養調査の実施に関する事務のうち集計その他の政令で定める事務の全部又は一部を行わせることができる．
③ 都道府県知事（保健所を設置する市又は特別区にあっては，市長又は区長．以下同じ．）は，その管轄区域内の国民健康・栄養調査の執行に関する事務を行う．

（調査世帯）
第11条 ① 国民健康・栄養調査の対象の選定は，厚生労働省令で定めるところにより，毎年，厚生労働大臣が調査地区を定め，その地区内において都道府県知事が調査世帯を指定することによって行う．
《②(略)》

（国の負担）
第13条 国は，国民健康・栄養調査に要する費用を負担する．

（生活習慣病の発生の状況の把握）
第16条 国及び地方公共団体は，国民の健康の増進の総合的な推進を図るための基礎資料として，国民の生活習慣とがん，循環器病その他の政令で定める生活習慣病（以下「生活習慣病」という．）との相関関係を明らかにするため，生活習慣病の発生の状況の把握に努めなければならない．

（食事摂取基準）
第16条の2 ① 厚生労働大臣は，生涯にわたる国民の栄養摂取の改善に向けた自主的な努力を促進するため，国民健康・栄養調査その他の健康の保持増進に関する調査及び研究の成果を分析し，その分析の結果を踏まえ，食事による栄養摂取量の基準（以下この条において「食事摂取基準」という．）を定めるものとする．
② 食事摂取基準においては，次に掲げる事項を定めるものとする．
1 国民がその健康の保持増進を図る上で摂取することが望ましい熱量に関する事項
2 国民がその健康の保持増進を図る上で摂取することが望ましい次に掲げる栄養素の量に関する事項
　イ 国民の栄養摂取の状況からみてその欠乏が国民の健康の保持増進を妨げているものとして厚生労働省令で定める栄養素
　ロ 国民の栄養摂取の状況からみてその過剰な摂取が国民の健康の保持増進を妨げているものとして厚生労働省令で定める栄養素　《③(略)》

第4章 保健指導等

（市町村による生活習慣相談等の実施）
第17条 ① 市町村は，住民の健康の増進を図るため，医師，歯科医師，薬剤師，保健師，助産師，看護師，准看護師，管理栄養士，栄養士，歯科衛生士その他の職員に，栄養の改善その他の生活習慣の改善に関する

事項につき住民からの相談に応じさせ,及び必要な栄養指導その他の保健指導を行わせ,並びにこれらに付随する業務を行わせるものとする.
② 市町村は,前項に規定する業務の一部について,健康保険法第63条第3項各号に掲げる病院又は診療所その他適当と認められるものに対し,その実施を委託することができる.

(都道府県による専門的な栄養指導その他の保健指導の実施)
第18条 ① 都道府県,保健所を設置する市及び特別区は,次に掲げる業務を行うものとする.
1 住民の健康の増進を図るために必要な栄養指導その他の保健指導のうち,特に専門的な知識及び技術を必要とするものを行うこと.
2 特定かつ多数の者に対して継続的に食事を供給する施設に対し,栄養管理の実施について必要な指導及び助言を行うこと. 〈3,②(略)〉

(栄養指導員)
第19条 都道府県知事は,前条第1項に規定する業務(同項第1号及び第3号に掲げる業務については,栄養指導に係るものに限る.)を行う者として,医師又は管理栄養士の資格を有する都道府県,保健所を設置する市又は特別区の職員のうちから,栄養指導員を命ずるものとする.

第5章 特定給食施設等

第1節 特定給食施設における栄養管理
(特定給食施設の届出)
第20条 ① 特定給食施設(特定かつ多数の者に対して継続的に食事を供給する施設のうち栄養管理が必要なものとして厚生労働省令で定めるものをいう.以下同じ.)を設置した者は,その事業の開始の日から1月以内に,その施設の所在地の都道府県知事に,厚生労働省令で定める事項を届け出なければならない. 〈②(略)〉

(特定給食施設における栄養管理)
第21条 ① 特定給食施設であって特別の栄養管理が必要なものとして厚生労働省令で定めるところにより都道府県知事が指定するものの設置者は,当該特定給食施設に管理栄養士を置かなければならない. 〈②,③(略)〉

(指導及び助言)
第22条 都道府県知事は,特定給食施設の設置者に対し,前条第1項又は第3項の規定による栄養管理の実施を確保するため必要があると認めるときは,当該栄養管理の実施に関し必要な指導及び助言をすることができる.

(勧告及び命令)
第23条 ① 都道府県知事は,第21条第1項の規定に違反して管理栄養士を置かず,若しくは同条第3項の規定に違反して適切な栄養管理を行わず,又は正当な理由がなくて前条の栄養管理をしない特定給食施設の設置者があるときは,当該特定給食施設の設置者に対し,管理栄養士を置き,又は適切な栄養管理を行うよう勧告をすることができる. 〈②(略)〉

(立入検査等)
第24条 ① 都道府県知事は,第21条第1項又は第3項の規定による栄養管理の実施を確保するため必要があると認めるときは,特定給食施設の設置者若しくは管理者に対し,その業務に関し報告をさせ,又は栄養指導員に,当該施設に立ち入り,業務の状況若しくは帳簿,書類その他の物件を検査させ,若しくは関係者に質問させることができる. 〈②,③(略)〉

第2節 受動喫煙の防止
第25条 学校,体育館,病院,劇場,観覧場,集会場,展示場,百貨店,事務所,官公庁施設,飲食店その他の多数の者が利用する施設を管理する者は,これらを利用する者について,受動喫煙(室内又はこれに準ずる環境において,他人のたばこの煙を吸わされることをいう.)を防止するために必要な措置を講ずるように努めなければならない.

第6章 特別用途表示等

(特別用途表示の許可)
第26条 ① 販売に供する食品につき,乳児用,幼児用,妊産婦用,病者用その他内閣府令で定める特別の用途に適する旨の表示(以下「特別用途表示」という.)をしようとする者は,内閣総理大臣の許可を受けなければならない.
② 前項の許可を受けようとする者は,製品見本を添え,商品名,原材料の配合割合及び当該製品の製造方法,成分分析表,許可を受けようとする特別用途表示の内容その他内閣府令で定める事項を記載した申請書を,その営業所の所在地の都道府県知事を経由して内閣総理大臣に提出しなければならない.
③ 内閣総理大臣は,研究所又は内閣総理大臣の登録を受けた法人(以下「登録試験機関」という.)に,第1項の許可を行うについて必要な試験(以下「許可試験」という.)を行わせるものとする.
④ 第1項の許可を申請する者は,実費(許可試験に係る実費を除く.)を勘案して政令で定める額の手数料を国に,研究所の行う許可試験にあっては許可試験に係る実費を勘案して政令で定める額の手数料を研究所に,登録試験機関の行う許可試験にあっては当該登録試験機関が内閣総理大臣の認可を受けて定める額の手数料を当該登録試験機関に納めなければならない.
⑤ 内閣総理大臣は,第1項の許可をしようとするときは,あらかじめ,厚生労働大臣の意見を聴かなければならない.
⑥ 第1項の許可を受けて特別用途表示をする者は,当該許可に係る食品(以下「特別用途食品」という.)につき,内閣府令で定める事項を内閣府令で定めるところにより表示しなければならない. 〈⑦(略)〉

(登録試験機関の登録)
第26条の2 登録試験機関の登録を受けようとする者は,内閣府令で定める手続に従い,実費を勘案して政令で定める額の手数料を納めて,内閣総理大臣に登録の申請をしなければならない.

(立入検査)
第26条の17 ① 内閣総理大臣は,この法律の施行に必要な限度において,その職員に,登録試験機関の事務所若しくは事業所に立ち入り,業務の状況若しくは帳簿,書類その他の物件を検査させることができる. 〈②,③(略)〉

(特別用途食品の検査及び収去)
第27条 ① 内閣総理大臣又は都道府県知事は,必要があると認めるときは,当該職員に特別用途食品の製造施設,貯蔵施設又は販売施設に立ち入らせ,販

売の用に供する当該特別用途食品を検査させ、又は試験の用に供するのに必要な限度において当該特別用途食品を収去させることができる。
② 前項の規定により立入検査又は収去をする職員は、その身分を示す証明書を携帯し、関係者に提示しなければならない。
③ 第1項に規定する当該職員の権限は、食品衛生法第30条第1項に規定する食品衛生監視員が行うものとする。
⑤ 内閣総理大臣は、研究所に、第1項の規定により収去された食品の試験を行わせるものとする。
〈④(略)〉

(特別用途表示の許可の取消し)
第28条 内閣総理大臣は、第26条第1項の許可を受けた者が次の各号のいずれかに該当するときは、当該許可を取り消すことができる。
1 第26条第6項の規定に違反したとき。
2 当該許可に係る食品につき虚偽の表示をしたとき。
3 当該許可を受けた日以降における科学的知見の充実により当該許可に係る食品について当該許可に係る特別用途表示をすることが適切でないことが判明するに至ったとき。

(誇大表示の禁止)
第31条 ① 何人も、食品として販売に供する物に関して広告その他の表示をするときは、健康の保持増進の効果その他内閣府令で定める事項(次条第3項において「健康保持増進効果等」という。)について、著しく事実に相違する表示をし、又は著しく人を誤認させるような表示をしてはならない。
〈②(略)〉

(勧告等)
第32条 ① 内閣総理大臣又は都道府県知事は、前条第1項の規定に違反して表示をした者がある場合において、国民の健康の保持増進及び国民に対する正確な情報の伝達に重大な影響を与えるおそれがあると認めるときは、その者に対し、当該表示に関し必要な措置をとるべき旨の勧告をすることができる。
〈②~④(略)〉

35 医薬品、医療機器等の品質、有効性及び安全性の確保等に関する法律(抄)

(昭35・8・10法律第145号、平28・4・1施行、最終改正:平27・6・26法律第50号)

第1章 総則

(目 的)
第1条 この法律は、医薬品、医薬部外品、化粧品、医療機器及び再生医療等製品(以下「医薬品等」という。)の品質、有効性及び安全性の確保並びにこれらの使用による保健衛生上の危害の発生及び拡大の防止のために必要な規制を行うとともに、指定薬物の規制に関する措置を講ずるほか、医薬上特にその必要性が高い医薬品、医療機器及び再生医療等製品の研究開発の促進のために必要な措置を講ずることにより、保健衛生の向上を図ることを目的とする。

(国の責務)
第1条の2 国は、この法律の目的を達成するため、医薬品等の品質、有効性及び安全性の確保、これらの使用による保健衛生上の危害の発生及び拡大の防止その他の必要な施策を策定し、及び実施しなければならない。

(都道府県等の責務)
第1条の3 都道府県、地域保健法(昭和22年法律第101号)第5条第1項の政令で定める市(以下「保健所を設置する市」という。)及び特別区は、前条の施策に関し、国との適切な役割分担を踏まえて、当該地域の状況に応じた施策を策定し、及び実施しなければならない。

(医薬品等関連事業者等の責務)
第1条の4 医薬品等の製造販売、製造(小分けを含む。以下同じ。)、販売、貸与若しくは修理を業として行う者、第4条第1項の許可を受けた者(以下「薬局開設者」という。)又は病院、診療所若しくは飼育動物診療施設(獣医療法(平成4年法律第46号)第2条第2項に規定する診療施設をいい、往診のみによって獣医師に飼育動物の診療業務を行わせる者の住所を含む。以下同じ。)の開設者は、その相互間の情報交換を行うことその他の必要な措置を講ずることにより、医薬品等の品質、有効性及び安全性の確保並びにこれらの使用による保健衛生上の危害の発生及び拡大の防止に努めなければならない。

(医薬関係者の責務)
第1条の5 医師、歯科医師、薬剤師、獣医師その他の医薬関係者は、医薬品等の有効性及び安全性その他これらの適正な使用に関する知識と理解を深めるとともに、これらの使用の対象者(動物への使用にあつては、その所有者又は管理者。第68条の4、第68条の7第3項及び第4項、第68条の21並びに第68条の22第3項及び第4項において同じ。)及びこれらを購入し、又は譲り受けようとする者に対し、これらの適正な使用に関する事項に関する正確かつ適切な情報の提供に努めなければならない。

(国民の役割)
第1条の6 国民は、医薬品等を適正に使用するとともに、これらの有効性及び安全性に関する知識と理解を深めるよう努めなければならない。

(定 義)
第2条 ① この法律で「医薬品」とは、次に掲げる物をいう。
1 日本薬局方に収められている物
2 人又は動物の疾病の診断、治療又は予防に使用されることが目的とされている物であつて、機械器具等(機械器具、歯科材料、医療用品、衛生用品並びにプログラム(電子計算機に対する指令であつて、一の結果を得ることができるように組み合わされたものをいう。以下同じ。)及びこれを記録した記録媒体をいう。以下同じ。)でないもの(医薬部外品及び再生医療等製品を除く。)
3 人又は動物の身体の構造又は機能に影響を及ぼすことが目的とされている物であつて、機械器具等でないもの(医薬部外品、化粧品及び再生医療等製品を除く。)
② この法律で「医薬部外品」とは、次に掲げる物であつて人体に対する作用が緩和なものをいう。
1 次のイからハまでに掲げる目的のために使用さ

35 医薬品、医療機器等の品質、有効性及び安全性の確保等に関する法律（2条）

れる物（これらの使用目的のほかに、併せて前項第2号又は第3号に規定する目的のために使用される物を除く。）であつて機械器具等でないもの
イ 吐きけその他の不快感又は口臭若しくは体臭の防止
ロ あせも、ただれ等の防止
ハ 脱毛の防止、育毛又は除毛
2 人又は動物の保健のためにするねずみ、はえ、蚊、のみその他これらに類する生物の防除の目的のために使用される物（この使用目的のほかに、併せて前項第2号又は第3号に規定する目的のために使用される物を除く。）であつて機械器具等でないもの
3 前項第2号又は第3号に規定する目的のために使用される物（前2号に掲げる物を除く。）のうち、厚生労働大臣が指定するもの
③ この法律で「化粧品」とは、人の身体を清潔にし、美化し、魅力を増し、容貌を変え、又は皮膚若しくは毛髪を健やかに保つために、身体に塗擦、散布その他これらに類似する方法で使用されることが目的とされている物で、人体に対する作用が緩和なものをいう。ただし、これらの使用目的のほかに、第1項第2号又は第3号に規定する用途に使用されることも併せて目的とされている物及び医薬部外品を除く。
④ この法律で「医療機器」とは、人若しくは動物の疾病の診断、治療若しくは予防に使用されること、又は人若しくは動物の身体の構造若しくは機能に影響を及ぼすことが目的とされている機械器具等（再生医療等製品を除く。）であつて、政令で定めるものをいう。
⑤ この法律で「高度管理医療機器」とは、医療機器であつて、副作用又は機能の障害が生じた場合（適正な使用目的に従い適正に使用されたる場合に限る。次項及び第7項において同じ。）において人の生命及び健康に重大な影響を与えるおそれがあることからその適切な管理が必要なものとして、厚生労働大臣が薬事・食品衛生審議会の意見を聴いて指定するものをいう。
⑥ この法律で「管理医療機器」とは、高度管理医療機器以外の医療機器であつて、副作用又は機能の障害が生じた場合において人の生命及び健康に影響を与えるおそれがあることからその適切な管理が必要なものとして、厚生労働大臣が薬事・食品衛生審議会の意見を聴いて指定するものをいう。
⑦ この法律で「一般医療機器」とは、高度管理医療機器及び管理医療機器以外の医療機器であつて、副作用又は機能の障害が生じた場合においても、人の生命及び健康に影響を与えるおそれがほとんどないものとして、厚生労働大臣が薬事・食品衛生審議会の意見を聴いて指定するものをいう。
⑧ この法律で「特定保守管理医療機器」とは、医療機器のうち、保守点検、修理その他の管理に専門的な知識及び技能を必要とすることからその適正な管理が行われなければ疾病の診断、治療又は予防に重大な影響を与えるおそれがあるものとして、厚生労働大臣が薬事・食品衛生審議会の意見を聴いて指定するものをいう。
⑨ この法律で「再生医療等製品」とは、次に掲げる物（医薬部外品及び化粧品を除く。）であつて、政令で定めるものをいう。
1 次に掲げる医療又は獣医療に使用されることが目的とされている物のうち、人又は動物の細胞に培養その他の加工を施したもの
イ 人又は動物の身体の構造又は機能の再建、修復又は形成
ロ 人又は動物の疾病の治療又は予防
2 人又は動物の疾病の治療に使用されることが目的とされている物のうち、人又は動物の細胞に導入され、これらの体内で発現する遺伝子を含有させたもの
⑩ この法律で「生物由来製品」とは、人その他の生物（植物を除く。）に由来するものを原料又は材料として製造をされる医薬品、医薬部外品、化粧品又は医療機器のうち、保健衛生上特別の注意を要するものとして、厚生労働大臣が薬事・食品衛生審議会の意見を聴いて指定するものをいう。
⑪ この法律で「特定生物由来製品」とは、生物由来製品のうち、販売し、貸与し、又は授与した後において当該生物由来製品による保健衛生上の危害の発生又は拡大を防止するための措置を講ずることが必要なものとして、厚生労働大臣が薬事・食品衛生審議会の意見を聴いて指定するものをいう。
⑫ この法律で「薬局」とは、薬剤師が販売又は授与の目的で調剤の業務を行う場所（その開設者が医薬品の販売業を併せ行う場合には、その販売業に必要な場所を含む。）をいう。ただし、病院若しくは診療所又は飼育動物診療施設の調剤所を除く。
⑬ この法律で「製造販売」とは、その製造（他に委託して製造をする場合を含み、他から委託を受けて製造をする場合を除く。以下「製造等」という。）をし、又は輸入をした医薬品（原薬たる医薬品を除く。）、医薬部外品、化粧品、医療機器若しくは再生医療等製品を、それぞれ販売し、貸与し、若しくは授与し、又は医療機器プログラム（医療機器のうちプログラムであるものをいう。以下同じ。）を電気通信回線を通じて提供することをいう。
⑭ この法律で「体外診断用医薬品」とは、専ら疾病の診断に使用されることが目的とされている医薬品のうち、人又は動物の身体に直接使用されることのないものをいう。
⑮ この法律で「指定薬物」とは、中枢神経系の興奮若しくは抑制又は幻覚の作用（当該作用の維持又は強化の作用を含む。以下「精神毒性」という。）を有する蓋然性が高く、かつ、人の身体に使用された場合に保健衛生上の危害が発生するおそれがある物（大麻取締法（昭和23年法律第124号）に規定する大麻、覚せい剤取締法（昭和26年法律第252号）に規定する覚醒剤、麻薬及び向精神薬取締法（昭和28年法律第14号）に規定する麻薬及び向精神薬並びにあへん法（昭和29年法律第71号）に規定するあへん及びけしがらを除く。）として、厚生労働大臣が薬事・食品衛生審議会の意見を聴いて指定するものをいう。
⑯ この法律で「希少疾病用医薬品」とは、第77条の2第1項の規定による指定を受けた医薬品を、「希少疾病用医療機器」とは、同項の規定による指定を受けた医療機器を、「希少疾病用再生医療等製品」とは、同項の規定による指定を受けた再生医療等製品をいう。
⑰ この法律で「治験」とは、第14条第3項（同条第9項及び第19条の2第5項において準用する場合を含む。）、第23条の2の5第3項（同条第11項及び第23条の2の17第5項において準用する場

(2) 供給体制・公衆衛生

合を含む.）又は第23条の25第3項（同条第9項及び第23条の37第5項において準用する場合を含む.）の規定により提出すべき資料のうち臨床試験の試験成績に関する資料の収集を目的とする試験の実施をいう．

⑱ この法律にいう「物」には，プログラムを含むものとする．

第2章 地方薬事審議会

第3条 ① 都道府県知事の諮問に応じ，薬事（医療機器及び再生医療等製品に関する事項を含む．以下同じ.）に関する当該都道府県の事務及びこの法律に基づき当該都道府県知事の権限に属する事務のうち政令で定めるものに関する重要事項を調査審議させるため，各都道府県に，地方薬事審議会を置くことができる． 《②(略)》

第3章 薬局

（開設の許可）

第4条 ① 薬局は，その所在地の都道府県知事（その所在地が保健所を設置する市又は特別区の区域にある場合においては，市長又は区長．次項，第7条第3項並びに第10条第1項（第38条第1項並びに第40条第1項及び第2項において準用する場合を含む.）及び第2項（第38条第1項において準用する場合を含む．）において同じ．）の許可を受けなければ，開設してはならない．

② 前項の許可を受けようとする者は，厚生労働省令で定めるところにより，次に掲げる事項を記載した申請書をその薬局の所在地の都道府県知事に提出しなければならない．
1 氏名又は名称及び住所並びに法人にあつては，その代表者の氏名
2 その薬局の名称及び所在地
3 その薬局の構造設備の概要
4 その薬局において調剤及び調剤された薬剤の販売又は授与の業務を行う体制の概要並びにその薬局において医薬品の販売業を併せ行う場合にあつては医薬品の販売又は授与の業務を行う体制の概要
5 法人にあつては，薬局開設者の業務を行う役員の氏名
6 その他厚生労働省令で定める事項

④ 第1項の許可は，6年ごとにその更新を受けなければ，その期間の経過によつて，その効力を失う．

⑤ この条において，次の各号に掲げる用語の意義は，当該各号に定めるところによる．
1 登録販売者　第36条の8第2項の登録を受けた者をいう．
2 薬局医薬品　要指導医薬品及び一般用医薬品以外の医薬品（専ら動物のために使用されることが目的とされているものを除く．）をいう．
3 要指導医薬品　次のイからニまでに掲げる医薬品（専ら動物のために使用されることが目的とされているものを除く．）のうち，その効能及び効果において人体に対する作用が著しくないものであつて，薬剤師その他の医薬関係者から提供された情報に基づく需要者の選択により使用されることが目的とされているものであり，かつ，その適正な使用のために薬剤師の対面による情報の提供及び薬学的知見に基づく指導が行われることが必要なものとして，厚生労働大臣が薬事・食品衛生審議会の意見を聴いて指定するものをいう．
イ その製造販売の承認の申請に際して第14条第8項に該当するとされた医薬品であつて，当該申請に係る承認を受けてから厚生労働省令で定める期間を経過しないもの
ロ その製造販売の承認の申請に際してイに掲げる医薬品と有効成分，分量，用法，用量，効能，効果等が同一性を有すると認められた医薬品であつて，当該申請に係る承認を受けてから厚生労働省令で定める期間を経過しないもの
ハ 第44条第1項に規定する毒薬
ニ 第44条第2項に規定する劇薬

4 一般用医薬品　医薬品のうち，その効能及び効果において人体に対する作用が著しくないものであつて，薬剤師その他の医薬関係者から提供された情報に基づく需要者の選択により使用されることが目的とされているもの（要指導医薬品を除く．）をいう． 《③(略)》

（許可の基準）

第5条 次の各号のいずれかに該当するときは，前条第1項の許可を与えないことができる．
1 その薬局の構造設備が，厚生労働省令で定める基準に適合しないとき．
2 その薬局において調剤及び調剤された薬剤の販売又は授与の業務を行う体制並びにその薬局において医薬品の販売業を併せ行う場合にあつては医薬品の販売又は授与の業務を行う体制が厚生労働省令で定める基準に適合しないとき．
3 申請者（申請者が法人であるときは，その業務を行う役員を含む．第12条の2第3号，第13条第4項第2号（同条第7項及び第13条の3第3項において準用する場合を含む.），第19条の2第2項，第23条の2の2第3号，第23条の2の3第4項（第23条の2の4第2項において準用する場合を含む.），第23条の2の17第2項，第23条の21第3項，第23条の22第4項第2号（同条第7項及び第23条の24第7項において準用する場合を含む.），第23条の37第2項，第26条第4項第3号，第30条第4項第2号，第34条第4項第2号，第39条第5項第2号，第40条第2項第4項第2号（同条第6項において準用する場合を含む.）及び第40条の5第3項第2号においても同じ．）が，次のイからヘまでのいずれかに該当するとき．
イ 第75条第1項の規定により許可を取り消され，取消しの日から3年を経過していない者
ロ 第75条の2第1項の規定により登録を取り消され，取消しの日から3年を経過していない者
ハ 禁錮以上の刑に処せられ，その執行を終わり，又は執行を受けることがなくなつた後，3年を経過していない者
ニ イからハまでに該当する者を除くほか，この法律，麻薬及び向精神薬取締法，毒物及び劇物取締法（昭和25年法律第303号）その他薬事に関する法令で政令で定めるもの又はこれに基づく処分に違反し，その違反行為があつた日から2年を経過していない者
ホ 成年被後見人又は麻薬，大麻，あへん若しくは覚醒剤の中毒者
ヘ 心身の障害により薬局開設者の業務を適正に行うことができない者として厚生労働省令で定める

35 医薬品、医療機器等の品質、有効性及び安全性の確保等に関する法律（3条～5条）

35 医薬品、医療機器等の品質、有効性及び安全性の確保等に関する法律（6条～12条の2）

もの
（名称の使用制限）
第6条　医薬品を取り扱う場所であつて、第4条第1項の許可を受けた薬局（以下単に「薬局」という。）でないものには、薬局の名称を付してはならない。ただし、厚生労働省令で定める場所については、この限りでない。
（薬局の管理）
第7条　①　薬局開設者が薬剤師（薬剤師法（昭和35年法律第146号）第8条の2第1項の規定による厚生労働大臣の命令を受けた者にあつては、同条第2項の規定による登録を受けた者に限る。以下この項及び次項、第28条第2項、第31条の2第2項、第35条第1項並びに第45条において同じ。）であるときは、自らその薬局を実地に管理しなければならない。ただし、その薬局において薬事に関する実務に従事する他の薬剤師のうちから薬局の管理者を指定してその薬局を実地に管理させるときは、この限りでない。
②　薬局開設者が薬剤師でないときは、その薬局において薬事に関する実務に従事する薬剤師のうちから薬局の管理者を指定してその薬局を実地に管理させなければならない。
③　薬局の管理者（第1項の規定により薬局を実地に管理する薬局開設者を含む。次条第1項において同じ。）は、その薬局以外の場所で業として薬局の管理その他薬事に関する実務に従事する者であつてはならない。ただし、その薬局の所在地の都道府県知事の許可を受けたときは、この限りでない。
（管理者の義務）
第8条　①　薬局の管理者は、保健衛生上支障を生ずるおそれがないように、その薬局に勤務する薬剤師その他の従業者を監督し、その薬局の構造設備及び医薬品その他の物品を管理し、その他その薬局の業務につき、必要な注意をしなければならない。
②　薬局の管理者は、保健衛生上支障を生ずるおそれがないように、その薬局の業務につき、薬局開設者に対し必要な意見を述べなければならない。
（薬局開設者による薬局に関する情報の提供等）
第8条の2　①　薬局開設者は、厚生労働省令で定めるところにより、医療を受ける者が薬局の選択を適切に行うために必要な情報として厚生労働省令で定める事項を当該薬局の所在地の都道府県知事に報告するとともに、当該事項を記載した書面を当該薬局において閲覧に供しなければならない。
《②～⑤(略)》
（調剤された薬剤の販売に従事する者）
第9条の2　薬局開設者は、厚生労働省令で定めるところにより、医師又は歯科医師から交付された処方箋により調剤された薬剤につき、薬剤師に販売させ、又は授与させなければならない。
（調剤された薬剤に関する情報提供及び指導等）
第9条の3　①　薬局開設者は、医師又は歯科医師から交付された処方箋により調剤された薬剤の適正な使用のため、当該薬剤を販売し、又は授与する場合には、厚生労働省令で定めるところにより、その薬局において薬剤の販売又は授与に従事する薬剤師に、対面により、厚生労働省令で定める事項を記載した書面（当該事項が電磁的記録（電子的方式、磁気的方式その他人の知覚によつては認識することができない方式で作られる記録であつて、電子計算機による情報処理の用に供されるものをいう。以下第36条の10までにおいて同じ。）に記録されているときは、当該電磁的記録に記録された事項を厚生労働省令で定める方法により表示したものを含む。）を用いて必要な情報を提供させ、及び必要な薬学的知見に基づく指導を行わせなければならない。
③　薬局開設者は、第1項に規定する場合において、同項の規定による情報の提供又は指導ができないとき、その他同項に規定する薬剤の適正な使用を確保することができないと認められるときは、当該薬剤を販売し、又は授与してはならない。
④　薬局開設者は、医師又は歯科医師から交付された処方箋により調剤された薬剤の適正な使用のため、当該薬剤を購入し、若しくは譲り受けようとする者又は当該薬局開設者から当該薬剤を購入し、若しくは譲り受けた者から相談があつた場合には、厚生労働省令で定めるところにより、その薬局において薬剤の販売又は授与に従事する薬剤師に、必要な情報を提供させ、又は必要な薬学的知見に基づく指導を行わせなければならない。
《②(略)》
（薬局における掲示）
第9条の4　薬局開設者は、厚生労働省令で定めるところにより、当該薬局を利用するために必要な情報であつて厚生労働省令で定める事項を、当該薬局の見やすい場所に掲示しなければならない。

第4章　医薬品、医薬部外品及び化粧品の製造販売業及び製造業

（製造販売業の許可）
第12条　次の表の上欄に掲げる医薬品（体外診断用医薬品を除く。以下この章において同じ。）、医薬部外品又は化粧品の種類に応じ、それぞれ同表の下欄に定める厚生労働大臣の許可を受けた者でなければ、それぞれ、業として、医薬品、医薬部外品又は化粧品の製造販売をしてはならない。

医薬品、医薬部外品又は化粧品の種類	許可の種類
第49条第1項に規定する厚生労働大臣の指定する医薬品	第1種医薬品製造販売業許可
前項に該当する医薬品以外の医薬品	第2種医薬品製造販売業許可
医薬部外品	医薬部外品製造販売業許可
化粧品	化粧品製造販売業許可

②　前項の許可は、3年を下らない政令で定める期間ごとにその更新を受けなければ、その期間の経過によつて、その効力を失う。
（許可の基準）
第12条の2　次の各号のいずれかに該当するときは、前条第1項の許可を与えないことができる。
1　申請に係る医薬品、医薬部外品又は化粧品の品質管理の方法が、厚生労働省令で定める基準に適合しないとき。
2　申請に係る医薬品、医薬部外品又は化粧品の製造販売後安全管理（品質、有効性及び安全性に関する事項その他適正な使用のために必要な情報の収集、検討及びその結果に基づく必要な措置をいう。以下同じ。）の方法が、厚生労働省令で定める基準に適合しないとき。
3　申請者が、第5条第3号イからへまでのいずれ

(2) 供給体制・公衆衛生

(製造業の許可)
第13条 ① 医薬品,医薬部外品又は化粧品の製造業の許可を受けた者でなければ,それぞれ,業として,医薬品,医薬部外品又は化粧品の製造をしてはならない.
② 前項の許可は,厚生労働省令で定める区分に従い,厚生労働大臣が製造所ごとに与える.
③ 第1項の許可は,3年を下らない政令で定める期間ごとにその更新を受けなければ,その期間の経過によって,その効力を失う.
④ 次の各号のいずれかに該当するときは,第1項の許可を与えないことができる.
  1 その製造所の構造設備が,厚生労働省令で定める基準に適合しないとき.
  2 申請者が,第5条第3号イからへまでのいずれかに該当するとき.
《⑤~⑦(略)》

(機構による調査の実施)
第13条の2 ① 厚生労働大臣は,独立行政法人医薬品医療機器総合機構(以下「機構」という.)に,医薬品(専ら動物のために使用されることが目的とされているものを除く.以下この条において同じ.),医薬部外品(専ら動物のために使用されることが目的とされているものを除く.以下この条において同じ.)又は化粧品のうち政令で定めるものに係る前条第1項若しくは第6項の許可又は同条第3項(同条第7項において準用する場合を含む.以下この条において同じ.)の許可の更新についての同条第5項(同条第7項において準用する場合を含む.)に規定する調査を行わせることができる.
② 厚生労働大臣は,前項の規定により機構に調査を行わせることとしたときは,当該調査を行わないものとする.この場合において,厚生労働大臣は,前条第1項若しくは第6項の許可又は同条第3項の許可の更新をするときは第4項の規定により通知する調査の結果を考慮しなければならない. 《③~⑤(略)》

(医薬品,医薬部外品及び化粧品の製造販売の承認)
第14条 ① 医薬品(厚生労働大臣が基準を定めて指定する医薬品を除く.),医薬部外品(厚生労働大臣が基準を定めて指定する医薬部外品を除く.)又は厚生労働大臣の指定する成分を含有する化粧品の製造販売をしようとする者は,品目ごとにその製造販売についての厚生労働大臣の承認を受けなければならない.
② 次の各号のいずれかに該当するときは,前項の承認は,与えない.
  1 申請者が,第12条第1項の許可(申請をした品目の種類に応じた許可に限る.)を受けていないとき.
  2 申請に係る医薬品,医薬部外品又は化粧品を製造する製造所が,第13条第1項の許可(申請をした品目について製造ができる区分に係るものに限る.)又は前条第1項の認定(申請をした品目について製造ができる区分に係るものに限る.)を受けていないとき.
  3 申請に係る医薬品,医薬部外品又は化粧品の名称,成分,分量,用法,用量,効果,副作用その他の品質,有効性及び安全性に関する事項の審査の結果,その物が次のイからハまでのいずれかに該当するとき.
    イ 申請に係る医薬品又は医薬部外品が,その申請に係る効能又は効果を有すると認められないとき.
    ロ 申請に係る医薬品又は医薬部外品が,その効能又は効果に比して著しく有害な作用を有することにより,医薬品又は医薬部外品として使用価値がないと認められるとき.
    ハ イ又はロに掲げる場合のほか,医薬品,医薬部外品又は化粧品として不適当なものとして厚生労働省令で定める場合に該当するとき.
  4 申請に係る医薬品,医薬部外品又は化粧品が政令で定めるものであるときは,申請に係る品目における製造管理又は品質管理の方法が,厚生労働省令で定める基準に適合していると認められないとき.
③ 第1項の承認を受けようとする者は,厚生労働省令で定めるところにより,申請書に臨床試験の試験成績に関する資料その他の資料を添付して申請しなければならない.この場合において,当該申請に係る医薬品が厚生労働省令で定める医薬品であるときは,当該資料は,厚生労働省令で定める基準に従つて収集され,かつ,作成されたものでなければならない.
⑧ 厚生労働大臣は,第1項の承認の申請があつた場合において,申請に係る医薬品,医薬部外品又は化粧品が,既にこの条又は第19条の2の承認を受けている医薬品,医薬部外品又は化粧品と有効成分,分量,用法,用量,効能,効果等が明らかに異なるときは,同項の承認について,あらかじめ,薬事・食品衛生審議会の意見を聴かなければならない.
《④~⑦,⑨~⑪(略)》

(特例承認)
第14条の3 ① 第14条の承認の申請者が製造販売をしようとする物が,次の各号のいずれにも該当する医薬品として政令で定めるものである場合には,厚生労働大臣は,同条第2項,第5項,第6項及び第8項の規定にかかわらず,薬事・食品衛生審議会の意見を聴いて,その品目に係る同条の承認を与えることができる.
  1 国民の生命及び健康に重大な影響を与えるおそれがある疾病のまん延その他の健康被害の拡大を防止するため緊急に使用されることが必要な医薬品であり,かつ,当該医薬品の使用以外に適当な方法がないこと.
  2 その用途に関し,外国(医薬品の品質,有効性及び安全性を確保する上で本邦と同等の水準にあると認められる医薬品の製造販売の承認の制度又はこれに相当する制度を有している国として政令で定めるものに限る.)において,販売し,授与し,又は販売若しくは授与の目的で貯蔵し,若しくは陳列することが認められている医薬品であること.
《②(略)》

(新医薬品等の再審査)
第14条の4 ① 次の各号に掲げる医薬品につき第14条の承認を受けた者は,当該医薬品について,当該各号に定める期間内に申請して,厚生労働大臣の再審査を受けなければならない.
  1 既に第14条又は第19条の2の承認を与えられている医薬品と有効成分,分量,用法,用量,効能,効果等が明らかに異なる医薬品として厚生労働大臣がその承認の際指示したもの(以下「新医薬品」という.)で,次に掲げる期間(以下この条において「調査期間」という.)を経過した日から起算して3月以内の期間(次号において「申請期

イ 希少疾病用医薬品その他厚生労働省令で定める医薬品として厚生労働大臣が薬事・食品衛生審議会の意見を聴いて指定するものについては,その承認のあつた日後6年を超え10年を超えない範囲内において厚生労働大臣の指定する期間

ロ 既に第14条又は第19条の2の承認を与えられている医薬品と効能又は効果のみが明らかに異なる医薬品(イに掲げる医薬品を除く.)その他厚生労働省令で定める医薬品として厚生労働大臣が薬事・食品衛生審議会の意見を聴いて指定するものについては,その承認のあつた日後6年に満たない範囲内において厚生労働大臣の指定する期間

ハ イ又はロに掲げる医薬品以外の医薬品については,その承認のあつた日後6年

2 新医薬品(当該新医薬品につき第14条又は第19条の2の承認のあつた日後調査期間(次項の規定による延長が行われたときは,その延長後の期間)を経過しているものを除く.)と有効成分,分量,用法,用量,効能,効果等が同一性を有すると認められる医薬品として厚生労働大臣がその承認の際指示したもの 当該新医薬品に係る申請期間(同項の規定による調査期間の延長が行われたときは,その延長後の期間に基づいて定められる申請期間)に合致するように厚生労働大臣が指示する期間

③ 厚生労働大臣の再審査は,再審査を行う際に得られている知見に基づき,第1項各号に掲げる医薬品が第14条第2項第3号イからハまでのいずれにも該当しないことを確認することにより行う.

④ 第1項の申請は,申請書にその医薬品の使用成績に関する資料その他厚生労働省令で定める資料を添付してしなければならない.この場合において,当該申請に係る医薬品が厚生労働省令で定める医薬品であるときは,当該資料は,厚生労働省令で定める基準に従つて収集され,かつ,作成されたものでなければならない.
〈②,⑤~⑦(略)〉

(医薬品の再評価)

第14条の6 ① 第14条の承認を受けている者は,厚生労働大臣が薬事・食品衛生審議会の意見を聴いて医薬品の範囲を指定して再評価を受けるべき旨を公示したときは,その指定に係る医薬品について,厚生労働大臣の再評価を受けなければならない.

② 厚生労働大臣の再評価は,再評価を行う際に得られている知見に基づき,前項の指定に係る医薬品が第14条第2項第3号イからハまでのいずれにも該当しないことを確認することにより行う.

④ 第1項の指定に係る医薬品が厚生労働省令で定める医薬品であるときは,再評価を受けるべき者が提出する資料は,厚生労働省令で定める基準に従つて収集され,かつ,作成されたものでなければならない.
〈③,⑤,⑥(略)〉

(医薬品等総括製造販売責任者等の設置)

第17条 ① 医薬品,医薬部外品又は化粧品の製造販売業者は,厚生労働省令で定めるところにより,医薬品,医薬部外品又は化粧品の品質管理及び製造販売後安全管理を行わせるために,医薬品の製造販売業者にあつては医薬品,医薬部外品又は化粧品の製造販売業者にあつては厚生労働省令で定める基準に該当する者を,それぞれ置かなければならない.ただし,その品質管理及び製造販売後安全管理に関し薬剤師を必要としないものとして厚生労働省令で定める医薬品についてのみその製造販売をする場合においては,厚生労働省令で定めるところにより,薬剤師以外の技術者をもつてこれに代えることができる.

③ 医薬品の製造業者は,自ら薬剤師であつてその製造を実地に管理する場合のほか,その製造を実地に管理させるために,製造所ごとに,薬剤師を置かなければならない.ただし,その製造の管理について薬剤師を必要としない医薬品については,厚生労働省令で定めるところにより,薬剤師以外の技術者をもつてこれに代えることができる.

④ 前項の規定により医薬品の製造を管理する者(以下「医薬品製造管理者」という.)については,第7条第3項及び第8条第1項の規定を準用する.この場合において,第7条第3項中「その薬局の所在地の都道府県知事」とあるのは,「厚生労働大臣」と読み替えるものとする.

⑤ 医薬部外品又は化粧品の製造業者は,厚生労働省令で定めるところにより,医薬部外品又は化粧品の製造を実地に管理させるために,製造所ごとに,責任技術者を置かなければならない.

⑥ 前項の責任技術者(以下「医薬部外品等責任技術者」という.)については,第8条第1項の規定を準用する.
〈②(略)〉

第19条の2 ① 厚生労働大臣は,第14条第1項に規定する医薬品,医薬部外品又は化粧品であつて本邦に輸出されるものにつき,外国においてその製造等をする者から申請があつたときは,品目ごとに,その者が第3項の規定により選任した医薬品,医薬部外品又は化粧品の製造販売業者に製造販売をさせることについての承認を与えることができる.
〈②~⑥(略)〉

(外国製造医薬品の特例承認)

第20条 ① 第19条の2の承認の申請者が選任外国製造医薬品等製造販売業者に製造販売をさせようとする物が,第14条の3第1項に規定する政令で定める医薬品である場合には,同条の規定を準用する.〔以下略〕
〈②(略)〉

第5章 医療機器及び体外診断用医薬品の製造販売業及び製造業等

第1節 医療機器及び体外診断用医薬品の製造販売業及び製造業

(製造販売業の許可)

第23条の2 ① 次の表の上欄に掲げる医療機器又は体外診断用医薬品の種類に応じ,それぞれ同表の下欄に定める厚生労働大臣の許可を受けた者でなければ,それぞれ,業として,医療機器又は体外診断用医薬品の製造販売をしてはならない.

医療機器又は体外診断用医薬品の種類	許可の種類
高度管理医療機器	第1種医療機器製造販売業許可
管理医療機器	第2種医療機器製造販売業許可
一般医療機器	第3種医療機器製造販売業許可

体外診断用医薬品	体外診断用医薬品製造販売業許可

② 前項の許可は,3年を下らない政令で定める期間ごとにその更新を受けなければ,その期間の経過によつて,その効力を失う.

(許可の基準)
第23条の2の2 次の各号のいずれかに該当するときは,前条第1項の許可を与えないことができる.
1 申請に係る医療機器又は体外診断用医薬品の製造管理又は品質管理に係る業務を行う体制が,厚生労働省令で定める基準に適合しないとき.
2 申請に係る医療機器又は体外診断用医薬品の製造販売後安全管理の方法が,厚生労働省令で定める基準に適合しないとき.
3 申請者が,第5条第3号イからへまでのいずれかに該当するとき.

(製造業の登録)
第23条の2の3 業として,医療機器又は体外診断用医薬品の製造(設計を含む.以下この章及び第80条第2項において同じ.)をしようとする者は,製造所(医療機器又は体外診断用医薬品の製造工程のうち設計,組立て,滅菌その他の厚生労働省令で定めるものをするものに限る.以下この章及び同項において同じ.)ごとに,厚生労働省令で定めるところにより,厚生労働大臣の登録を受けなければならない. 〈②〜④(略)〉

(医療機器及び体外診断用医薬品の製造販売の承認)
第23条の2の5 ① 医療機器(一般医療機器並びに第23条の2の23第1項の規定により指定する高度管理医療機器及び管理医療機器を除く.)又は体外診断用医薬品(厚生労働大臣が基準を定めて指定する医療機器及び同項の規定により指定する体外診断用医薬品を除く.)の製造販売をしようとする者は,品目ごとにその製造販売についての厚生労働大臣の承認を受けなければならない.
② 次の各号のいずれかに該当するときは,前項の承認は,与えない.
1 申請者が,第23条の2第1項の許可(申請をした品目の種類に応じた許可に限る.)を受けていないとき.
2 申請に係る医療機器又は体外診断用医薬品を製造する製造所が,第23条の2の3第1項又は前条第1項の登録を受けていないとき.
3 申請に係る医療機器又は体外診断用医薬品の名称,成分,分量,構造,使用方法,効果,性能,副作用その他の品質,有効性及び安全性に関する事項の審査の結果,その物が次のイからハまでのいずれかに該当するとき.
イ 申請に係る医療機器又は体外診断用医薬品が,その申請に係る効果又は性能を有すると認められないとき.
ロ 申請に係る医療機器が,その効果又は性能に比して著しく有害な作用を有することにより,医療機器として使用価値がないと認められるとき.
ハ イ又はロに掲げる場合のほか,医療機器又は体外診断用医薬品として不適当なものとして厚生労働省令で定める場合に該当するとき.
4 申請に係る医療機器又は体外診断用医薬品が政令で定めるものであるときは,その物の製造管理又は品質管理の方法が,厚生労働省令で定める基準に適合していると認められないとき.
⑤ 第1項の承認を受けようとする者は,厚生労働省令で定めるところにより,申請書に臨床試験の試験成績に関する資料その他の資料を添付して申請しなければならない.この場合において,当該申請に係る医療機器又は体外診断用医薬品が厚生労働省令で定める医療機器又は体外診断用医薬品であるときは,当該資料は,厚生労働省令で定める基準に従つて収集され,かつ,作成されたものでなければならない.
⑥ 第1項の承認を受けようとする者又は同項の承認を受けた者は,その承認に係る医療機器又は体外診断用医薬品が政令で定めるものであるときは,その物の製造管理又は品質管理の方法が第2項第4号に規定する厚生労働省令で定める基準に適合しているかどうかについて,当該承認を受けようとするとき,及び当該承認の取得後3年を下らない政令で定める期間を経過するごとに,厚生労働大臣の書面による調査又は実地の調査を受けなければならない.
⑦ 第1項の承認を受けようとする者又は同項の承認を受けた者は,その承認に係る医療機器又は体外診断用医薬品が次の各号のいずれにも該当するときは,前項の調査を受けることを要しない.
1 第1項の承認を受けようとする者又は同項の承認を受けた者が既に次条第1項の基準適合証又は第23条の2の24第1項の基準適合証の交付を受けている場合であつて,これらの基準適合証に係る医療機器又は体外診断用医薬品と同一の厚生労働省令で定める区分に属するものであるとき.
2 前号の基準適合証に係る医療機器又は体外診断用医薬品を製造する全ての製造所(当該医療機器又は体外診断用医薬品の製造工程のうち滅菌その他の厚生労働省令で定めるもののみをするものを除く.以下この号において同じ.)と同一の製造所において製造されるとき. 〈④,⑤,⑧〜⑬(略)〉

(基準適合証の交付等)
第23条の2の6 ① 厚生労働大臣は,前条第6項(同条第11項において準用する場合を含む.)の規定による調査の結果,同条の承認に係る医療機器又は体外診断用医薬品の製造管理又は品質管理の方法が同条第2項第4号に規定する厚生労働省令で定める基準に適合していると認めるときは,次に掲げる医療機器又は体外診断用医薬品について当該基準に適合し,かつ,当該承認に係るものとして,厚生労働省令で定めるところにより,基準適合証を交付する.
1 当該承認に係る医療機器又は体外診断用医薬品
2 当該承認を受けようとする者又は当該承認を受けた者が製造販売をし,又は製造販売をしようとする医療機器又は体外診断用医薬品であつて,前号に掲げる医療機器又は体外診断用医薬品と同一の前条第7項第1号に規定する厚生労働省令で定める区分に属するもの(前号に掲げる医療機器又は体外診断用医薬品を製造する全ての製造所(当該医療機器又は体外診断用医薬品の製造工程のうち同項第2号に規定する厚生労働省令で定めるもののみをするものを除く.以下この号において同じ.)と同一の製造所において製造されるものに限る.)
② 前項の基準適合証の有効期間は,前条第6項に規定する政令で定める期間とする. 〈③(略)〉

35 医薬品、医療機器等の品質、有効性及び安全性の確保等に関する法律（23条の2の8〜23条の2の23）

（特例承認）
第23条の2の8 ① 第23条の2の5の承認の申請者が製造販売をしようとする物が、次の各号のいずれにも該当する医療機器又は体外診断用医薬品として政令で定めるものである場合には、厚生労働大臣は、同条第2項、第5項、第6項、第8項及び第10項の規定にかかわらず、薬事・食品衛生審議会の意見を聴いて、その品目に係る同条の承認を与えることができる。
　1　国民の生命及び健康に重大な影響を与えるおそれがある疾病のまん延その他の健康被害の拡大を防止するため緊急に使用されることが必要な医療機器又は体外診断用医薬品であり、かつ、当該医療機器又は体外診断用医薬品の使用以外に適当な方法がないこと。
　2　その用途に関し、外国（医療機器又は体外診断用医薬品の品質、有効性及び安全性を確保する上で本邦と同等の水準にあると認められる医療機器又は体外診断用医薬品の製造販売の承認の制度又はこれに相当する制度を有している国として政令で定めるものに限る。）において、販売し、授与し、販売若しくは授与の目的で貯蔵し、若しくは陳列し、又は電気通信回線を通じて提供することが認められている医療機器又は体外診断用医薬品であること。
　〈②（略）〉

（使用成績評価）
第23条の2の9 ① 厚生労働大臣が薬事・食品衛生審議会の意見を聴いて指定する医療機器又は体外診断用医薬品につき第23条の2の5の承認を受けた者又は当該承認を受けている者は、当該医療機器又は体外診断用医薬品について、厚生労働大臣が指示する期間（次項において「調査期間」という。）を経過した日から起算して3月以内の期間内に申請して、厚生労働大臣の使用成績に関する評価を受けなければならない。　　　　〈②〜⑦（略）〉

（製造販売の届出）
第23条の2の12 ① 医療機器又は体外診断用医薬品の製造販売業者は、第23条の2の5第1項又は第23条の2の23第1項に規定する医療機器及び体外診断用医薬品以外の医療機器又は体外診断用医薬品の製造販売をしようとするときは、あらかじめ、品目ごとに、厚生労働省令で定めるところにより、厚生労働大臣にその旨を届け出なければならない。　　　　〈②（略）〉

（医療機器等総括製造販売責任者等の設置）
第23条の2の14 ① 医療機器又は体外診断用医薬品の製造販売業者は、厚生労働省令で定めるところにより、医療機器又は体外診断用医薬品の製造管理及び品質管理並びに製造販売後安全管理を行わせるために、医療機器の製造販売業者にあつては厚生労働省令で定める基準に該当する者を、体外診断用医薬品の製造販売業者にあつては主として置かなければならない。ただし、その製造管理及び品質管理並びに製造販売後安全管理に関し薬剤師を必要としないものとして厚生労働省令で定める体外診断用医薬品についてのみその製造販売をする場合においては、厚生労働省令で定めるところにより、薬剤師以外の技術者をもつてこれに代えることができる。
② 前項の規定により製造管理及び品質管理並びに製造販売後安全管理を行う者（以下「医療機器等総括製造販売責任者」という。）が遵守すべき事項については、厚生労働省令で定める。
③ 医療機器の製造業者は、厚生労働省令で定めるところにより、医療機器の製造を実地に管理させるために、製造所ごとに、責任技術者を置かなければならない。
④ 前項の責任技術者（以下「医療機器責任技術者」という。）については、第8条第1項の規定を準用する。
⑤ 体外診断用医薬品の製造業者は、自ら薬剤師であつてその製造を実地に管理する場合のほか、その製造を実地に管理させるために、製造所ごとに、薬剤師を置かなければならない。ただし、その製造の管理について薬剤師を必要としない体外診断用医薬品については、厚生労働省令で定めるところにより、薬剤師以外の技術者をもつてこれに代えることができる。
⑥ 前項の規定により体外診断用医薬品の製造を管理する者（以下「体外診断用医薬品製造管理者」という。）については、第7条第3項及び第8条第1項の規定を準用する。この場合において、第7条第3項中「その薬局の所在地の都道府県知事」とあるのは、「厚生労働大臣」と読み替えるものとする。

（外国製造医療機器等の製造販売の承認）
第23条の2の17 ① 厚生労働大臣は、第23条の2の5第1項に規定する医療機器又は体外診断用医薬品であつて本邦に輸出されるものにつき、外国においてその製造等をする者から申請があつたときは、品目ごとに、その者が第3項の規定により選任した医療機器又は体外診断用医薬品の製造販売業者に製造販売をさせることについての承認を与えることができる。　　　　〈②〜⑥（略）〉

（外国製造医療機器等の特例承認）
第23条の2の20 第23条の2の17の承認の申請者が選任外国製造医療機器等製造販売業者に製造販売をさせようとする物が、第23条の2の8第1項に規定する政令で定める医療機器又は体外診断用医薬品である場合には、同条の規定を準用する。
〔以下略〕　　　　〈②（略）〉

第2節　登録認証機関

（指定高度管理医療機器等の製造販売の認証）
第23条の2の23 ① 厚生労働大臣が基準を定めて指定する高度管理医療機器、管理医療機器又は体外診断用医薬品（以下「指定高度管理医療機器等」という。）の製造販売をしようとする者又は外国において本邦に輸出される指定高度管理医療機器等の製造等をする者（以下「外国指定高度管理医療機器製造等事業者」という。）であつて第23条の3第1項の規定により選任した製造販売業者に指定高度管理医療機器等の製造販売をさせようとするものは、厚生労働省令で定めるところにより、品目ごとにその製造販売についての厚生労働大臣の登録を受けた者（以下「登録認証機関」という。）の認証を受けなければならない。
② 次の各号のいずれかに該当するときは、登録認証機関は、前項の認証をするてはならない。
　1　申請者（外国指定高度管理医療機器製造等事業者を除く。）が、第23条の2第1項の許可（申請をした品目の種類に応じた許可に限る。）を受けていないとき。
　2　申請者（外国指定高度管理医療機器製造等事業者に限る。）が、第23条の2第1項の許可（申請をした品目の種類に応じた許可に限る。）を受け

(2) 供給体制・公衆衛生

ておらず、かつ、当該許可を受けた製造販売業者を選任していないとき．
3 申請に係る指定高度管理医療機器等を製造する製造所が、第23条の2の3第1項又は第23条の2の4第1項の登録を受けていないとき．
4 申請に係る指定高度管理医療機器等が、前項の基準に適合しないとき．
5 申請に係る指定高度管理医療機器等が政令で定めるものであるときは、その物の製造管理又は品質管理の方法が、第23条の2の5第2項第4号に規定する厚生労働省令で定める基準に適合していると認められないとき．
③ 第1項の認証を受けようとする者又は同項の認証を受けた者は、その認証に係る指定高度管理医療機器等が政令で定めるものであるときは、その物の製造管理又は品質管理の方法が第23条の2の5第2項第4号に規定する厚生労働省令で定める基準に適合しているかどうかについて、当該認証を受けようとするとき、及び当該認証の取得後3年を下らない政令で定める期間を経過するごとに、登録認証機関の書面による調査又は実地の調査を受けなければならない．
④ 第1項の認証を受けようとする者又は同項の認証を受けた者は、その認証に係る指定高度管理医療機器等が次の各号のいずれにも該当するときは、前項の調査を受けることを要しない．
1 第1項の認証を受けようとする者又は同項の認証を受けた者が既に第23条の2の6第1項の基準適合証又は次条第1項の基準適合証の交付を受けている場合であつて、これらの基準適合証に係る医療機器又は体外診断用医薬品と同一の第23条の2の5第7項第1号に規定する厚生労働省令で定める区分に属するものであるとき．
2 前号の基準適合証に係る医療機器又は体外診断用医薬品を製造する全ての製造所（当該医療機器又は体外診断用医薬品の製造工程のうち第23条の2の5第7項第2号に規定する厚生労働省令で定めるもののみをするものを除く．以下この号において同じ．）と同一の製造所において製造されるとき．
〈⑤～⑦(略)〉

(基準適合証の交付等)
第23条の2の24 ① 登録認証機関は、前条第3項（同条第6項において準用する場合を含む．）の規定による調査の結果、同条の認証に係る医療機器又は体外診断用医薬品の製造管理又は品質管理の方法が第23条の2の5第2項第4号に規定する厚生労働省令で定める基準に適合していると認めるときは、次に掲げる医療機器又は体外診断用医薬品について当該基準に適合していることを証するものとして、厚生労働省令で定めるところにより、基準適合証を交付する．
1 当該認証に係る医療機器又は体外診断用医薬品
2 当該認証を受けようとする者又は当該認証を受けた者が製造販売をし、又は製造販売をしようとする医療機器又は体外診断用医薬品であつて、前号に掲げる医療機器又は体外診断用医薬品と同一の第23条の2の5第7項第1号に規定する厚生労働省令で定める区分に属するもの（前号に掲げる医療機器又は体外診断用医薬品を製造する全ての製造所（当該医療機器又は体外診断用医薬品の製造工程のうち同項第2号に規定する厚生労働省令で定めるもののみをするものを除く．以下この号において同じ．）と同一の製造所において製造されるものに限る．）
② 前項の基準適合証の有効期間は、前条第3項に規定する政令で定める期間とする． 〈③(略)〉

第6章 再生医療等製品の製造販売業及び製造業

(製造販売業の許可)
第23条の20 ① 再生医療等製品は、厚生労働大臣の許可を受けた者でなければ、業として、製造販売をしてはならない．
② 前項の許可は、3年を下らない政令で定める期間ごとにその更新を受けなければ、その期間の経過によつて、その効力を失う．

(許可の基準)
第23条の21 次の各号のいずれかに該当するときは、前条第1項の許可を与えないことができる．
1 申請に係る再生医療等製品の品質管理の方法が、厚生労働省令で定める基準に適合しないとき．
2 申請に係る再生医療等製品の製造販売後安全管理の方法が、厚生労働省令で定める基準に適合しないとき．
3 申請者が、第5条第3号イからヘまでのいずれかに該当するとき．

(製造業の許可)
第23条の22 ① 再生医療等製品の製造業の許可を受けた者でなければ、業として、再生医療等製品の製造をしてはならない．
② 前項の許可は、厚生労働省令で定める区分に従い、厚生労働大臣が製造所ごとに与える．
③ 第1項の許可は、3年を下らない政令で定める期間ごとにその更新を受けなければ、その期間の経過によつて、その効力を失う．
④ 次の各号のいずれかに該当するときは、第1項の許可を与えないことができる．
1 その製造所の構造設備が、厚生労働省令で定める基準に適合しないとき．
2 申請者が、第5条第3号イからヘまでのいずれかに該当するとき． 〈⑤～⑦(略)〉

(再生医療等製品の製造販売の承認)
第23条の25 ① 再生医療等製品の製造販売をしようとする者は、品目ごとにその製造販売についての厚生労働大臣の承認を受けなければならない．
② 次の各号のいずれかに該当するときは、前項の承認は、与えない．
1 申請者が、第23条の20第1項の許可を受けていないとき．
2 申請に係る再生医療等製品を製造する製造所が、第23条の22第1項の許可（申請をした品目について製造ができる区分に係るものに限る．）又は前条第1項の認定（申請をした品目について製造ができる区分に係るものに限る．）を受けていないとき．
3 申請に係る再生医療等製品の名称、構成細胞、導入遺伝子、構造、用法、用量、使用方法、効能、効果、性能、副作用その他の品質、有効性及び安全性に関する事項の審査の結果、その物が次のイからハまでのいずれかに該当するとき．
イ 申請に係る効能、効果又は性能を有すると認められないとき．
ロ 申請に係る効能、効果又は性能に比して著しく

35 医薬品、医療機器等の品質、有効性及び安全性の確保等に関する法律（23条の26～23条の29）

有害な作用を有することにより、再生医療等製品として使用価値がないと認められるとき。
ハ イ又はロに掲げる場合のほか、再生医療等製品として不適当なものとして厚生労働省令で定める場合に該当するとき。
4 申請に係る再生医療等製品の製造所における製造管理又は品質管理の方法が、厚生労働省令で定める基準に適合していると認められないとき。
③ 第1項の承認を受けようとする者は、厚生労働省令で定めるところにより、申請書に臨床試験の試験成績に関する資料その他の資料を添付して申請しなければならない。この場合において、当該資料は、厚生労働省令で定める基準に従つて収集され、かつ、作成されたものでなければならない。（④～⑪（略））

（条件及び期限付承認）
第23条の26 ① 前条第1項の承認の申請者が製造販売をしようとする物が、次の各号のいずれにも該当する再生医療等製品である場合には、厚生労働大臣は、同条第2項第3号イ及びロの規定にかかわらず、薬事・食品衛生審議会の意見を聴き、その適正な使用の確保のために必要な条件及び7年を超えない範囲内の期限を付してその品目に係る同条第1項の承認を与えることができる。
1 申請に係る再生医療等製品が均質でないこと。
2 申請に係る効能、効果又は性能を有すると推定されるものであること。
3 申請に係る効能、効果又は性能に比して著しく有害な作用を有することにより再生医療等製品として使用価値がないと推定されるものでないこと。
② 厚生労働大臣は、第5項の申請に係る前条第2項第3号の規定による審査を適正に行うため特に必要があると認めるときは、薬事・食品衛生審議会の意見を聴いて、前項の期限を、3年を超えない範囲内において延長することができる。
③ 第1項の規定により条件及び期限を付した前条第1項の承認を受けた者は、厚生労働省令で定めるところにより、当該再生医療等製品の使用の成績に関する調査その他厚生労働省令で定める調査を行い、その結果を厚生労働大臣に報告しなければならない。
⑤ 第1項の規定により条件及び期限を付した前条第1項の承認を受けた者は、その品目について、当該承認の期限（第2項の規定による延長が行われたときは、その延長後のもの）内に、改めて同条第1項の承認の申請をしなければならない。この場合における同条第3項の規定の適用については、同項中「臨床試験の試験成績に関する資料その他の」とあるのは、「その再生医療等製品の使用成績に関する資料その他厚生労働省令で定める」とする。
⑥ 前項の申請があつた場合において、同項に規定する期限内にその申請に対する処分がされないときは、第1項の規定により条件及び期限を付した前条第1項の承認は、当該期限の到来後もその処分がされるまでの間は、なおその効力を有する。（④、⑦（略））

（特例承認）
第23条の28 ① 第23条の25の承認の申請者が製造販売をしようとする物が、次の各号のいずれにも該当する再生医療等製品として政令で定めるものである場合には、厚生労働大臣は、同条第2項、第5項、第6項及び第8項の規定にかかわらず、薬事・食品衛生審議会の意見を聴いて、その品目に係る同条の承認を与えることができる。

1 国民の生命及び健康に重大な影響を与えるおそれがある疾病のまん延その他の健康被害の拡大を防止するため緊急に使用されることが必要な再生医療等製品であり、かつ、当該再生医療等製品の使用以外に適当な方法がないこと。
2 その用途に関し、外国（再生医療等製品の品質、有効性及び安全性を確保する上で本邦と同等の水準にあると認められる再生医療等製品の製造販売の承認の制度又はこれに相当する制度を有している国として政令で定めるものに限る。）において、販売し、授与し、又は販売若しくは授与の目的で貯蔵し、若しくは陳列することが認められている再生医療等製品であること。（②（略））

（新再生医療等製品等の再審査）
第23条の29 ① 次の各号に掲げる再生医療等製品につき第23条の25の承認（第23条の26第1項の規定により条件及び期限を付したものを除く。以下この条において同じ。）を受けた者は、当該再生医療等製品について、当該各号に定める期間内に申請して、厚生労働大臣の再審査を受けなければならない。
1 既に第23条の25の承認又は第23条の37の承認（同条第5項において準用する第23条の26第1項の規定により条件及び期限を付したものを除く。以下この項において同じ。）を与えられている再生医療等製品と構成細胞、導入遺伝子、構造、用法、用量、使用方法、効能、効果、性能等が明らかに異なる再生医療等製品として厚生労働大臣がその承認の際指示したもの（以下「新再生医療等製品」という。）　次に掲げる期間（以下この条において「調査期間」という。）を経過した日から起算して3月以内の期間（次号において「申請期間」という。）
イ 希少疾病用再生医療等製品その他厚生労働省令で定める再生医療等製品として厚生労働大臣が薬事・食品衛生審議会の意見を聴いて指定するものについては、その承認のあつた日後6年を超え10年を超えない範囲内において厚生労働大臣の指定する期間
ロ 既に第23条の25の承認又は第23条の37の承認を与えられている再生医療等製品と効能、効果又は性能のみが明らかに異なる再生医療等製品（イに掲げる再生医療等製品を除く。）その他厚生労働省令で定める再生医療等製品として厚生労働大臣が薬事・食品衛生審議会の意見を聴いて指定するものについては、その承認のあつた日後6年に満たない範囲内において厚生労働大臣の指定する期間
ハ イ又はロに掲げるもの以外の再生医療等製品については、その承認のあつた日後6年
2 新再生医療等製品（当該新再生医療等製品につき第23条の25の承認又は第23条の37の承認のあつた日後調査期間（次項の規定による延長が行われたときは、その延長後の期間）を経過しているものを除く。）と構成細胞、導入遺伝子、構造、用法、用量、使用方法、効能、効果、性能等が同一性を有すると認められる再生医療等製品として厚生労働大臣がその承認の際指示したもの　当該新再生医療等製品に係る申請期間（同項の規定による調査期間の延長が行われたときは、その延長後の期間に基づいて定められる申請期間）に合致するよ

うに厚生労働大臣が指示する期間 《②〜⑦(略)》
(再生医療等製品総括製造販売責任者等の設置)
第23条の34 ① 再生医療等製品の製造販売業者は、厚生労働省令で定めるところにより、再生医療等製品の品質管理及び製造販売後安全管理を行わせるために、医師、歯科医師、薬剤師、獣医師その他の厚生労働省令で定める基準に該当する技術者を置かなければならない。
② 前項の規定により品質管理及び製造販売後安全管理を行う者(以下「再生医療等製品総括製造販売責任者」という。)が遵守すべき事項については、厚生労働省令で定める。
③ 再生医療等製品の製造業者は、厚生労働大臣の承認を受けて自らその製造を実地に管理する場合のほか、その製造を実地に管理させるために、製造所ごとに、厚生労働大臣の承認を受けて、再生医療等製品に係る生物学的知識を有する者その他の技術者を置かなければならない。
④ 前項の規定により再生医療等製品の製造を管理する者(以下「再生医療等製品製造管理者」という。)については、第7条第3項及び第8条第1項の規定を準用する。この場合において、第7条第3項中「その薬局の所在地の都道府県知事」とあるのは、「薬局開設者」と読み替えるものとする。
(外国製造再生医療等製品の製造販売の承認)
第23条の37 ① 厚生労働大臣は、再生医療等製品であつて本邦に輸出されるものにつき、外国においてその製造等をする者から申請があつたときは、品目ごとに、その者が第3項の規定により選任した再生医療等製品の製造販売業者に製造販売をさせることについての承認を与えることができる。
② 申請者が、第75条の2の2第1項の規定によりその受けた承認の全部又は一部を取り消され、取消しの日から3年を経過していない者であるときは、前項の承認を与えないことができる。《③〜⑥(略)》
(外国製造再生医療等製品の特例承認)
第23条の40 ① 第23条の37の承認の申請者が選任外国製造再生医療等製品製造販売業者に製造販売をさせようとする物が、第23条の28第1項に規定する政令で定める再生医療等製品である場合には、同条の規定を準用する。〔以下略〕 《②(略)》

第7章 医薬品、医療機器及び再生医療等製品の販売業等

第1節 医薬品の販売業
(医薬品の販売業の許可)
第24条 ① 薬局開設者又は医薬品の販売業の許可を受けた者でなければ、業として、医薬品を販売し、授与し、又は販売若しくは授与の目的で貯蔵し、若しくは陳列(配置することを含む。以下同じ。)してはならない。ただし、医薬品の製造販売業者がその製造等をし、又は輸入した医薬品を薬局開設者又は医薬品の製造販売業者、製造業者若しくは販売業者に、医薬品の製造業者がその製造した医薬品を医薬品の製造販売業者又は製造業者に、それぞれ販売し、授与し、又はその販売若しくは授与の目的で貯蔵し、若しくは陳列するときは、この限りでない。
② 前項の許可は、6年ごとにその更新を受けなければ、その期間の経過によつて、その効力を失う。
(医薬品の販売業の許可の種類)
第25条 ① 医薬品の販売業の許可は、次の各号に掲げる区分に応じ、当該各号に定める業務について行う。
1 店舗販売業の許可 要指導医薬品(第4条第5項第3号に規定する要指導医薬品をいう。以下同じ。)又は一般用医薬品を、店舗において販売し、又は授与する業務
2 配置販売業の許可 一般用医薬品を、配置により販売し、又は授与する業務
3 卸売販売業の許可 医薬品を、薬局開設者、医薬品の製造販売業者、製造業者若しくは販売業者又は病院、診療所若しくは飼育動物診療施設の開設者その他厚生労働省令で定める者(第34条第3項において「薬局開設者等」という。)に対し、販売し、又は授与する業務
(店舗販売業の許可)
第26条 ① 店舗販売業の許可は、店舗ごとに、その店舗の所在地の都道府県知事(その店舗の所在地が保健所を設置する市又は特別区の区域にある場合においては、市長又は区長。次項及び第28条第3項において同じ。)が与える。
② 前項の許可を受けようとする者は、厚生労働省令で定めるところにより、次に掲げる事項を記載した申請書をその店舗の所在地の都道府県知事に提出しなければならない。 〈1〜6(略)〉
④ 次の各号のいずれかに該当するときは、第1項の許可を与えないことができる。
1 その店舗の構造設備が、厚生労働省令で定める基準に適合しないとき。
2 薬剤師又は登録販売者を置くことその他その店舗において医薬品の販売又は授与の業務を行う体制が適切に医薬品を販売し、又は授与するために必要な基準として厚生労働省令で定めるものに適合しないとき。
3 申請者が、第5条第3号イからへまでのいずれかに該当するとき。 《③(略)》
(店舗販売品目)
第27条 店舗販売業者は、薬局医薬品(第4条第5項第2号に規定する薬局医薬品をいう。以下同じ。)を販売し、授与し、又は販売若しくは授与の目的で貯蔵し、若しくは陳列してはならない。
(店舗の管理)
第28条 ① 店舗販売業者は、その店舗を、自ら実地に管理し、又はその指定する者に実地に管理させなければならない。
② 前項の規定により店舗を実地に管理する者(以下「店舗管理者」という。)は、厚生労働省令で定めるところにより、薬剤師又は登録販売者でなければならない。
③ 店舗管理者は、その店舗以外の場所で業として店舗の管理その他薬事に関する実務に従事する者であつてはならない。ただし、その店舗の所在地の都道府県知事の許可を受けたときは、この限りでない。
(店舗管理者の義務)
第29条 ① 店舗管理者は、保健衛生上支障を生ずるおそれがないように、その店舗に勤務する薬剤師、登録販売者その他の従業者を監督し、その店舗の構造設備及び医薬品その他の物品を管理し、その他その店舗の業務につき、必要な注意をしなければならない。 《②(略)》
(配置販売業の許可)
第30条 ① 配置販売業の許可は、配置しようとする区域をその区域に含む都道府県ごとに、その都道府

県知事が与える.
② 次の各号のいずれかに該当するときは,前項の許可を与えないことができる.
 1 薬剤師又は登録販売者が配置することその他当該都道府県の区域において医薬品の配置販売を行う体制を適切に医薬品を配置販売するために必要な基準として厚生労働省令で定めるものに適合しないとき.
 2 申請者が,第5条第3号からへまでのいずれかに該当するとき.

(配置販売品目)
第31条 配置販売業の許可を受けた者(以下「配置販売業者」という.)は,一般用医薬品のうち経年変化が起こりにくいことその他の厚生労働大臣の定める基準に適合するもの以外の医薬品を販売し,授与し,又は販売若しくは授与の目的で貯蔵し,若しくは陳列してはならない.

(都道府県ごとの区域の管理)
第31条の2 ① 配置販売業者は,その業務に係る都道府県の区域を,自ら管理し,又は当該都道府県の区域内において配置販売に従事する配置員のうちから指定したものに管理させなければならない.
② 前項の規定により都道府県の区域を管理する者(以下「区域管理者」という.)は,厚生労働省令で定めるところにより,薬剤師又は登録販売者でなければならない.

(区域管理者の義務)
第31条の3 ① 区域管理者は,保健衛生上支障を生ずるおそれがないように,その業務に関し配置員を監督し,医薬品その他の物品を管理し,その他その区域の業務につき,必要な注意をしなければならない.
〈②(略)〉

(卸売販売業の許可)
第34条 ① 卸売販売業の許可は,営業所ごとに,その営業所の所在地の都道府県知事が与える.
② 次の各号のいずれかに該当するときは,前項の許可を与えないことができる.
 1 その営業所の構造設備が,厚生労働省令で定める基準に適合しないとき.
 2 申請者が,第5条第3号からへまでのいずれかに該当するとき. 〈③(略)〉

(営業所の管理)
第35条 ① 卸売販売業者は,営業所ごとに,薬剤師を置き,その営業所を管理させなければならない.ただし,卸売販売業者が薬剤師の場合であつて,自らその営業所を管理するときは,この限りでない.
② 卸売販売業者が,薬剤師による管理を必要としない医薬品のみを品目として厚生労働省令で定めるもののみを販売又は授与する場合には,前項の規定にかかわらず,その営業所を管理する者(以下「医薬品営業所管理者」という.)は,薬剤師又は薬剤師以外の者であつて当該医薬品の品目に応じて厚生労働省令で定めるものでなければならない.
③ 医薬品営業所管理者は,その営業所以外の場所で業として営業所の管理その他薬事の実務に従事する者であつてはならない.ただし,その営業所の所在地の都道府県知事の許可を受けたときは,この限りでない.

(医薬品営業所管理者の義務)
第36条 ① 医薬品営業所管理者は,保健衛生上支障を生ずるおそれがないように,その営業所に勤務する薬剤師その他の従業者を監督し,その営業所の構造設備及び医薬品その他の物品を管理し,その他その営業所の業務につき,必要な注意をしなければならない. 〈②(略)〉

(薬局医薬品の販売に従事する者等)
第36条の3 ① 薬局開設者は,厚生労働省令で定めるところにより,薬局医薬品につき,薬剤師に販売させ,又は授与させなければならない.
② 薬局開設者は,薬局医薬品を使用しようとする者以外の者に対して,正当な理由なく,薬局医薬品を販売し,又は授与してはならない.ただし,薬剤師,薬局開設者,医薬品の製造販売業者,製造業者若しくは販売業者,医師,歯科医師若しくは獣医師又は病院,診療所若しくは飼育動物診療施設の開設者(以下「薬剤師等」という.)に販売し,又は授与するときは,この限りでない.

(薬局医薬品に関する情報提供及び指導等)
第36条の4 ① 薬局開設者は,薬局医薬品の適正な使用のため,薬局医薬品を販売し,又は授与する場合には,厚生労働省令で定めるところにより,その薬局において薬局医薬品の販売又は授与に従事する薬剤師に,対面により,厚生労働省令で定める事項を記載した書面(当該事項が電磁的記録に記録されているときは,当該電磁的記録に記録された事項を厚生労働省令で定める方法により表示したものを含む.)を用いて必要な情報を提供させ,及び必要な薬学的知見に基づく指導を行わせなければならない.ただし,薬剤師等に販売し,又は授与するときは,この限りでない.
② 薬局開設者は,第1項本文に規定する場合において,同項の規定による情報の提供又は指導ができないとき,その他薬局医薬品の適正な使用を確保することができないと認められるときは,薬局医薬品を販売し,又は授与してはならない.
③ 薬局開設者は,薬局医薬品の適正な使用のため,その薬局において薬局医薬品を購入し,若しくは譲り受けようとする者又はその薬局において薬局医薬品を購入し,若しくは譲り受けた者若しくはこれらの者によつて購入され,若しくは譲り受けられた薬局医薬品を使用する者から相談があつた場合には,厚生労働省令で定めるところにより,その薬局において医薬品の販売又は授与に従事する薬剤師に,必要な情報を提供させ,又は必要な薬学的知見に基づく指導を行わせなければならない. 〈②(略)〉

(要指導医薬品の販売に従事する者等)
第36条の5 ① 薬局開設者又は店舗販売業者は,厚生労働省令で定めるところにより,要指導医薬品につき,薬剤師に販売させ,又は授与させなければならない.
② 薬局開設者又は店舗販売業者は,要指導医薬品を使用しようとする者以外の者に対して,正当な理由なく,要指導医薬品を販売し,又は授与してはならない.ただし,薬剤師等に販売し,又は授与するときは,この限りでない.

(要指導医薬品に関する情報提供及び指導等)
第36条の6 ① 薬局開設者又は店舗販売業者は,要指導医薬品の適正な使用のため,要指導医薬品を販売し,又は授与する場合には,厚生労働省令で定めるところにより,その薬局又は店舗において医薬品の販売又は授与に従事する薬剤師に,対面により,厚生労働省令で定める事項を記載した書面(当該事項が電磁的記録に記録されているときは,当該電磁的記録に記録された事項を厚生労働省令で定め

る方法により表示したものを含む.)を用いて必要な情報を提供させ,及び必要な薬学的知見に基づく指導を行わせなければならない.ただし,薬剤師に販売し,又は授与するときは,この限りでない.
③ 薬局開設者又は店舗販売業者は,第1項本文に規定する場合において,同項の規定による情報の提供又は指導ができないとき,その他要指導医薬品の適正な使用を確保することができないと認められるときは,要指導医薬品を販売し,又は授与してはならない.
④ 薬局開設者又は店舗販売業者は,要指導医薬品の適正な使用のため,その薬局若しくは店舗において要指導医薬品を購入し,若しくは譲り受けようとする者又はその薬局若しくは店舗において要指導医薬品を購入し,若しくは譲り受けた者若しくはこれらの者によつて購入され,若しくは譲り受けた要指導医薬品を使用する者から相談があつた場合には,厚生労働省令で定めるところにより,その薬局又は店舗において医薬品の販売又は授与に従事する薬剤師に,必要な情報を提供させ,又は必要な薬学的知見に基づく指導を行わせなければならない.
〈②(略)〉

(一般用医薬品の区分)
第36条の7 一般用医薬品(専ら動物のために使用されることが目的とされているものを除く.)は,次のように区分する.
 1 第1類医薬品 その副作用等により日常生活に支障を来す程度の健康被害が生ずるおそれがある医薬品のうちその使用に関し特に注意が必要なものとして厚生労働大臣が指定するもの及びその製造販売の承認の申請に際して第14条第8項に該当するとされた医薬品であつて当該申請に係る承認を受けてから厚生労働省令で定める期間を経過しないもの
 2 第2類医薬品 その副作用等により日常生活に支障を来す程度の健康被害が生ずるおそれがある医薬品(第1類医薬品を除く.)であつて厚生労働大臣が指定するもの
 3 第3類医薬品 第1類医薬品及び第2類医薬品以外の一般用医薬品 〈②,③(略)〉

(一般用医薬品の販売に従事する者)
第36条の9 薬局開設者,店舗販売業者又は配置販売業者は,厚生労働省令で定めるところにより,一般用医薬品につき,次の各号に掲げる区分に応じ,当該各号に定める者に販売させ,又は授与させなければならない.
 1 第1類医薬品 薬剤師
 2 第2類医薬品及び第3類医薬品 薬剤師又は登録販売者

(一般用医薬品に関する情報提供等)
第36条の10 ① 薬局開設者又は店舗販売業者は,第1類医薬品の適正な使用のため,第1類医薬品を販売し,又は授与する場合には,厚生労働省令で定めるところにより,その薬局又は店舗において医薬品の販売又は授与に従事する薬剤師に,厚生労働省令で定める事項を記載した書面(当該事項が電磁的記録に記録されているときは,当該電磁的記録に記録された事項を厚生労働省令で定める方法により表示したものを含む.)を用いて必要な情報を提供させなければならない.ただし,薬剤師等に販売し,又は授与するときは,この限りでない.
③ 薬局開設者又は店舗販売業者は,第2類医薬品の適正な使用のため,第2類医薬品を販売し,又は授与する場合には,厚生労働省令で定めるところにより,その薬局又は店舗において医薬品の販売又は授与に従事する薬剤師又は登録販売者に,必要な情報を提供させるよう努めなければならない.ただし,薬剤師等に販売し,又は授与するときは,この限りでない.
⑤ 薬局開設者又は店舗販売業者は,一般用医薬品の適正な使用のため,その薬局若しくは店舗において一般用医薬品を購入し,若しくは譲り受けようとする者又はその薬局若しくは店舗において一般用医薬品を購入し,若しくは譲り受けた者若しくはこれらの者によつて購入され,若しくは譲り受けられた一般用医薬品を使用する者から相談があつた場合には,厚生労働省令で定めるところにより,その薬局又は店舗において医薬品の販売又は授与に従事する薬剤師又は登録販売者に,必要な情報を提供させなければならない. 〈②,④,⑥,⑦(略)〉

(販売方法等の制限)
第37条 ① 薬局開設者又は店舗販売業者は店舗による販売又は授与以外の方法により,配置販売業者は配置以外の方法により,それぞれ医薬品を販売し,授与し,又はその販売若しくは授与の目的で医薬品を貯蔵し,又は陳列してはならない.
② 配置販売業者は,医薬品の直接の容器又は直接の被包(内袋を含まない.第54条及び第57条第1項を除き,以下同じ.)を開き,その医薬品を分割販売してはならない.

第2節 医療機器の販売業,貸与業及び修理業
(高度管理医療機器等の販売業及び貸与業の許可)
第39条 ① 高度管理医療機器又は特定保守管理医療機器(以下「高度管理医療機器等」という.)の販売業又は貸与業の許可を受けた者でなければ,それぞれ,業として,高度管理医療機器等を販売し,授与し,若しくは貸与し,若しくは販売,授与若しくは貸与の目的で陳列し,又は高度管理医療機器プログラム(高度管理医療機器のうちプログラムであるものをいう.以下この項において同じ.)を電気通信回線を通じて提供してはならない.ただし,高度管理医療機器等の製造販売業者がその製造等をし,又は輸入をした高度管理医療機器等を高度管理医療機器等の製造販売業者,製造業者,販売業者及び貸与業者に,高度管理医療機器等の製造業者がその製造した高度管理医療機器等を高度管理医療機器等の製造販売業者又は製造業者に,それぞれ販売し,授与し,若しくは貸与し,若しくは販売,授与若しくは貸与の目的で陳列し,又は高度管理医療機器プログラムを電気通信回線を通じて提供するときは,この限りでない.
② 前項の許可は,営業所ごとに,その営業所の所在地の都道府県知事(その営業所の所在地が保健所を設置する市又は特別区の区域にある場合においては,市長又は区長.次条第2項及び第39条の3第1項において同じ.)が与える.
③ 次の各号のいずれかに該当するときは,第1項の許可を与えないことができる.
 1 その営業所の構造設備が,厚生労働省令で定める基準に適合しないとき.
 2 申請者が,第5条第3号イからへまでのいずれかに該当するとき.
④ 第1項の許可は,6年ごとにその更新を受けなければ,その期間の経過によつて,その効力を失う.

Ⅱ 医療・介護保障

（管理者の設置）
第39条の2 ① 前条第1項の許可を受けた者は、厚生労働省令で定めるところにより、高度管理医療機器等の販売又は貸与を実地に管理させるために、営業所ごとに、厚生労働省令で定める基準に該当する者（次項において「高度管理医療機器等営業所管理者」という。）を置かなければならない。
② 高度管理医療機器等営業所管理者は、その営業所以外の場所で業として営業所の管理その他薬事に関する実務に従事する者であつてはならない。ただし、その営業所の所在地の都道府県知事の許可を受けたときは、この限りでない。

（管理医療機器の販売業及び貸与業の届出）
第39条の3 ① 管理医療機器（特定保守管理医療機器を除く。以下この節において同じ。）を業として販売し、授与し、若しくは貸与し、若しくは販売、授与若しくは貸与の目的で陳列し、又は管理医療機器プログラム（管理医療機器のうちプログラムであるものをいう。以下この項において同じ。）を電気通信回線を通じて提供しようとする者（第39条第1項の許可を受けた者を除く。）は、あらかじめ、営業所ごとに、その営業所の所在地の都道府県知事に厚生労働省令で定める事項を届け出なければならない。ただし、管理医療機器の製造販売業者がその製造等をし、又は輸入をした管理医療機器を管理医療機器の製造販売業者、製造業者、販売業者又は貸与業者に、管理医療機器の製造業者がその製造した管理医療機器を管理医療機器の製造販売業者又は製造業者に、それぞれ販売し、授与し、若しくは貸与し、若しくは販売、授与若しくは貸与の目的で陳列し、又は管理医療機器プログラムを電気通信回線を通じて提供しようとするときは、この限りでない。
〈②～④〉（略）

（医療機器の修理業の許可）
第40条の2 ① 医療機器の修理業の許可を受けた者でなければ、業として、医療機器の修理をしてはならない。
③ 第1項の許可は、3年を下らない政令で定める期間ごとにその更新を受けなければ、その期間の経過によつて、その効力を失う。
④ 次の各号のいずれかに該当するときは、第1項の許可を与えないことができる。
　1 その事業所の構造設備が、厚生労働省令で定める基準に適合しないとき。
　2 申請者が、第5条第3号イからヘまでのいずれかに該当するとき。 〈②、⑤、⑥〉（略）

第3節 再生医療等製品の販売業
（再生医療等製品の販売業の許可）
第40条の5 ① 再生医療等製品の販売業の許可を受けた者でなければ、業として、再生医療等製品を販売し、授与し、又は販売若しくは授与の目的で貯蔵し、若しくは陳列してはならない。ただし、再生医療等製品の製造販売業者がその製造等をし、又は輸入した再生医療等製品を再生医療等製品の製造販売業者、製造業者又は販売業者に、厚生労働大臣が指定する再生医療等製品の製造販売業者がその製造等をし、又は輸入した当該再生医療等製品を医師、歯科医師若しくは獣医師又は病院、診療所若しくは飼育動物診療施設の開設者に、再生医療等製品の製造業者がその製造した再生医療等製品を再生医療等製品の製造販売業者又は製造業者に、それぞれ販売し、授与し、又はその販売若しくは授与の目的で貯蔵し、若しくは陳列するときは、この限りでない。
② 前項の許可は、営業所ごとに、その営業所の所在地の都道府県知事が与える。
③ 次の各号のいずれかに該当するときは、第1項の許可を与えないことができる。
　1 その営業所の構造設備が、厚生労働省令で定める基準に適合しないとき。
　2 申請者が、第5条第3号イからヘまでのいずれかに該当するとき。
④ 第1項の許可は、6年ごとにその更新を受けなければ、その期間の経過によつて、その効力を失う。 〈⑤〉（略）

（管理者の設置）
第40条の6 ① 前条第1項の許可を受けた者は、厚生労働省令で定めるところにより、再生医療等製品の販売を実地に管理させるために、営業所ごとに、厚生労働省令で定める基準に該当する者（以下「再生医療等製品営業所管理者」という。）を置かなければならない。
② 再生医療等製品営業所管理者は、その営業所以外の場所で業として営業所の管理その他薬事に関する実務に従事する者であつてはならない。ただし、その営業所の所在地の都道府県知事の許可を受けたときは、この限りでない。

第8章 医薬品等の基準及び検定

（日本薬局方等）
第41条 ① 厚生労働大臣は、医薬品の性状及び品質の適正を図るため、薬事・食品衛生審議会の意見を聴いて、日本薬局方を定め、これを公示する。 〈②、③〉（略）

（医薬品等の基準）
第42条 ① 厚生労働大臣は、保健衛生上特別の注意を要する医薬品又は再生医療等製品につき、薬事・食品衛生審議会の意見を聴いて、その製法、性状、品質、貯法等に関し、必要な基準を設けることができる。
② 厚生労働大臣は、保健衛生上の危害を防止するために必要があるときは、医薬部外品、化粧品又は医療機器について、薬事・食品衛生審議会の意見を聴いて、その性状、品質、性能等に関し、必要な基準を設けることができる。

（検　定）
第43条 ① 厚生労働大臣の指定する医薬品又は再生医療等製品は、厚生労働大臣の指定する者の検定を受け、かつ、これに合格したものでなければ、販売し、授与し、又は販売若しくは授与の目的で貯蔵し、若しくは陳列してはならない。ただし、厚生労働省令で別段の定めをしたときは、この限りでない。
② 厚生労働大臣の指定する医療機器は、厚生労働大臣の指定する者の検定を受け、かつ、これに合格したものでなければ、販売し、貸与し、授与し、又は販売、貸与若しくは授与の目的で貯蔵し、若しくは陳列し、又は医療機器プログラムにあつては、電気通信回線を通じて提供してはならない。ただし、厚生労働省令で別段の定めをしたときは、この限りでない。 〈③、④〉（略）

第9章 医薬品等の取扱い

(2) 供給体制・公衆衛生

第1節 毒薬及び劇薬の取扱い
(表示)
第44条 ① 毒性が強いものとして厚生労働大臣が薬事・食品衛生審議会の意見を聴いて指定する医薬品(以下「毒薬」という。)は、その直接の容器又は直接の被包に、黒地に白枠、白字をもつて、その品名及び「毒」の文字が記載されていなければならない。
② 劇性が強いものとして厚生労働大臣が薬事・食品衛生審議会の意見を聴いて指定する医薬品(以下「劇薬」という。)は、その直接の容器又は直接の被包に、白地に赤枠、赤字をもつて、その品名及び「劇」の文字が記載されていなければならない。
③ 前2項の規定に触れる毒薬又は劇薬は、販売し、授与し、又は販売若しくは授与の目的で貯蔵し、若しくは陳列してはならない。

(開封販売等の制限)
第45条 店舗管理者が薬剤師である店舗販売業者及び医薬品営業所管理者が薬剤師である卸売販売業者以外の医薬品の販売業者は、第58条の規定によつて施された封を開いて、毒薬又は劇薬を販売し、授与し、又は販売若しくは授与の目的で貯蔵し、若しくは陳列してはならない。

(譲渡手続)
第46条 ① 薬局開設者又は医薬品の製造販売業者、製造業者若しくは販売業者(第3項及び第4項において「薬局開設者等」という。)は、毒薬又は劇薬については、譲受人から、その品名、数量、使用の目的、譲渡の年月日並びに譲受人の氏名、住所及び職業が記載され、厚生労働省令で定めるところにより作成された文書の交付を受けなければ、これを販売し、又は授与してはならない。
② 薬剤師等に対して、その身分に関する公務所の証明書の提示を受けて毒薬又は劇薬を販売し、又は授与するときは、前項の規定を適用しない。薬剤師等であつて常時取引関係を有するものに販売し、又は授与するときも、同様とする。 〈③、④(略)〉

第2節 医薬品の取扱い
(処方箋医薬品の販売)
第49条 ① 薬局開設者又は医薬品の販売業者は、医師、歯科医師又は獣医師から処方箋の交付を受けた者以外の者に対して、正当な理由なく、厚生労働大臣の指定する医薬品を販売し、又は授与してはならない。ただし、薬剤師等に販売し、又は授与するときは、この限りでない。
② 薬局開設者又は医薬品の販売業者は、その薬局又は店舗に帳簿を備え、医師、歯科医師又は獣医師から処方箋の交付を受けた者に対して前項に規定する医薬品を販売し、又は授与したときは、厚生労働省令の定めるところにより、その医薬品の販売又は授与に関する事項を記載しなければならない。
③ 薬局開設者又は医薬品の販売業者は、前項の帳簿を、最終の記載の日から2年間、保存しなければならない。

(直接の容器等の記載事項)
第50条 医薬品は、その直接の容器又は直接の被包に、次に掲げる事項が記載されていなければならない。ただし、厚生労働省令で別段の定めをしたときは、この限りでない。
1 製造販売業者の氏名又は名称及び住所
2 名称(日本薬局方に収められている医薬品にあつては日本薬局方において定められた名称、その他の医薬品で一般的名称があるものにあつてはその一般的名称)
3 製造番号又は製造記号
4 重量、容量又は個数等の内容量
5 日本薬局方に収められている医薬品にあつては、「日本薬局方」の文字及び日本薬局方において直接の容器又は直接の被包に記載するように定められた事項
6 要指導医薬品にあつては、厚生労働省令で定める事項
7 一般用医薬品にあつては、第36条の7第1項に規定する区分ごとに、厚生労働省令で定める事項
8 第41条第3項の規定によりその基準が定められた体外診断用医薬品にあつては、その基準において直接の容器又は直接の被包に記載するように定められた事項
9 第42条第1項の規定によりその基準が定められた医薬品にあつては、貯法、有効期間その他その基準において直接の容器又は直接の被包に記載するように定められた事項
10 日本薬局方に収められていない医薬品にあつては、その有効成分の名称(一般的名称があるものにあつては、その一般的名称)及びその分量(有効成分が不明のものにあつては、その本質及び製造方法の要旨)
11 習慣性があるものとして厚生労働大臣の指定する医薬品にあつては、「注意—習慣性あり」の文字
12 前条第1項の規定により厚生労働大臣の指定する医薬品にあつては、「注意—医師等の処方箋により使用すること」の文字
13 厚生労働大臣の指定する医薬品にあつては、「注意—人体に使用しないこと」の文字
14 厚生労働大臣の指定する医薬品にあつては、その使用の期限
15 前各号に掲げるもののほか、厚生労働省令で定める事項

(添付文書等の記載事項)
第52条 ① 医薬品は、これに添付する文書又はその容器若しくは被包(以下この条において「添付文書等」という。)に、当該医薬品に関する最新の論文その他により得られた知見に基づき、次に掲げる事項(次項及び次条において「添付文書等記載事項」という。)が記載されていなければならない。ただし、厚生労働省令で別段の定めをしたときは、この限りでない。
1 用法、用量その他使用及び取扱い上の必要な注意
2 日本薬局方に収められている医薬品にあつては、日本薬局方において添付文書等に記載するように定められた事項 〈3~5(略)〉
② 薬局開設者、医薬品の製造販売業者若しくは製造業者又は卸売販売業者が、体外診断用医薬品を薬剤師、薬局開設者、医薬品の販売業者若しくは製造業者、卸売販売業者、医師、歯科医師若しくは獣医師又は病院、診療所若しくは飼育動物診療施設の開設者に販売し、又は授与する場合において、その販売し、又は授与するときに、次の各号のいずれにも該当するときは、前項の規定にかかわらず、当該体外診断用医薬品は、添付文書等に、添付文書等記載事項が記載されていることを要しない。
1 当該体外診断用医薬品の製造販売業者が、当該体外診断用医薬品の添付文書等記載事項について、厚生労働省令で定めるところにより、電子情報処

35 医薬品、医療機器等の品質、有効性及び安全性の確保等に関する法律（52条の2〜59条）

理組織を使用する方法その他の情報通信の技術を利用する方法であつて厚生労働省令で定めるものにより提供しているとき．

② 当該体外診断用医薬品を販売し，又は授与しようとする者が，添付文書等に添付文書等記載事項が記載されていないことについて，厚生労働省令で定めるところにより，当該体外診断用医薬品を購入し，又は譲り受けようとする者の承諾を得ているとき．

（添付文書等記載事項の届出等）
第52条の2 ① 医薬品の製造販売業者は，厚生労働大臣が指定する医薬品の製造販売をするときは，あらかじめ，厚生労働省令で定めるところにより，当該医薬品の添付文書等記載事項のうち使用及び取扱い上の必要な注意その他の厚生労働省令で定めるものを厚生労働大臣に届け出なければならない．これを変更しようとするときも，同様とする．

② 医薬品の製造販売業者は，前項の規定による届出をしたときは，直ちに，当該医薬品の添付文書等記載事項について，電子情報処理組織を使用する方法その他の情報通信の技術を利用する方法であつて厚生労働省令で定めるものにより公表しなければならない．

（記載方法）
第53条 第44条第1項若しくは第2項又は第50条から第52条までに規定する事項の記載は，他の文字，記事，図画又は図案に比較して見やすい場所にされていなければならず，かつ，これらの記載については，厚生労働省令の定めるところにより，当該医薬品を一般に購入し，又は使用する者が読みやすく，理解しやすいような用語による正確な記載がなければならない．

（記載禁止事項）
第54条 医薬品は，これに添付する文書，その医薬品又はその容器若しくは被包（内袋を含む．）に，次に掲げる事項が記載されていてはならない．
1 当該医薬品に関し虚偽又は誤解を招くおそれのある事項
2 第14条，第19条の2，第23条の2の5又は第23条の2の17の承認を受けていない効能，効果又は性能（第14条第1項若しくは第23条の2の5第1項又は第23条の2の23第1項の規定により厚生労働大臣がその基準を定めて指定した医薬品にあつては，その基準において定められた効能，効果又は性能を除く．）
3 保健衛生上危険がある用法，用量又は使用期間

（販売，授与等の禁止）
第55条 ① 第50条から前条までの規定に触れる医薬品は，販売し，授与し，又は販売若しくは授与の目的で貯蔵し，若しくは陳列してはならない．ただし，厚生労働省令で別段の定めをしたときは，この限りでない．《②（略）》

（販売，製造等の禁止）
第56条 次の各号のいずれかに該当する医薬品は，販売し，授与し，又は販売若しくは授与の目的で製造し，輸入し，貯蔵し，若しくは陳列してはならない．
1 日本薬局方に収められている医薬品であつて，その性状又は品質が日本薬局方で定める基準に適合しないもの
2 第41条第3項の規定によりその基準が定められた体外診断用医薬品であつて，その性状，品質若しくは性能がその基準に適合しないもの

3 第14条，第19条の2，第23条の2の5又は第23条の2の17の承認を受けた医薬品であつて，その成分若しくは分量（成分が不明のものにあつては，その本質又は製造方法）又は性状，品質若しくは性能がその承認の内容と異なるもの（第14条第10項（第19条の2第5項において準用する場合を含む．）又は第23条の2の5第12項（第23条の2の17第5項において準用する場合を含む．）の規定に違反していないものを除く．）
4 第14条第1項，第23条の2の5第1項又は第23条の2の23第1項の規定により厚生労働大臣が基準を定めて指定した医薬品であつて，その成分若しくは分量（成分が不明のものにあつては，その本質又は製造方法）又は性状，品質若しくは性能がその基準に適合しないもの
5 第42条第1項の規定によりその基準が定められた医薬品であつて，その基準に適合しないもの
6 その全部若しくは一部が不潔な物質又は変質若しくは変敗した物質から成つている医薬品
7 異物が混入し，又は付着している医薬品
8 病原微生物その他疾病の原因となるものにより汚染され，又は汚染されているおそれがある医薬品
9 着色のみを目的として，厚生労働省令で定めるタール色素以外のタール色素が使用されている医薬品

第57条 ① 医薬品は，その全部若しくは一部が有毒若しくは有害な物質からなつているためにその医薬品を保健衛生上危険なものにするおそれがある物とともに，又はこれと同様のおそれがある容器若しくは被包（内袋を含む．）に収められていてはならず，また，その医薬品の容器又は被包は，その医薬品の使用方法を誤らせやすいものであつてはならない．
② 前項の規定に触れる医薬品は，販売し，授与し，又は販売若しくは授与の目的で製造し，輸入し，貯蔵し，若しくは陳列してはならない．

（陳列等）
第57条の2 ① 薬局開設者又は医薬品の販売業者は，医薬品を他の物と区別して貯蔵し，又は陳列しなければならない．
② 薬局開設者又は店舗販売業者は，要指導医薬品及び一般用医薬品（専ら動物のために使用されることが目的とされているものを除く．）を陳列する場合には，厚生労働省令で定めるところにより，これらを区別して陳列しなければならない．
③ 薬局開設者，店舗販売業者又は配置販売業者は，一般用医薬品を陳列する場合には，厚生労働省令で定めるところにより，第1類医薬品，第2類医薬品又は第3類医薬品の区分ごとに，陳列しなければならない．

第3節 医薬部外品の取扱い
（直接の容器等の記載事項）
第59条 医薬部外品は，その直接の容器又は直接の被包に，次に掲げる事項が記載されていなければならない．ただし，厚生労働省令で別段の定めをしたときは，この限りでない．
1 製造販売業者の氏名又は名称及び住所
2 「医薬部外品」の文字
3 第2条第2項第2号又は第3号に規定する医薬部外品にあつては，それぞれ厚生労働省令で定める文字
4 名称（一般的名称があるものにあつては，その一般的名称）

(2) 供給体制・公衆衛生

5　製造番号又は製造記号
6　重量,容量又は個数等の内容量
7　厚生労働大臣の指定する医薬部外品にあつては,有効成分の名称（一般的名称があるものにあつては,その一般的名称）及びその分量
8　厚生労働大臣の指定する成分を含有する医薬部外品にあつては,その成分の名称
9　第2条第2項第2号に規定する医薬部外品のうち厚生労働大臣が指定するものにあつては,「注意一人体に使用しないこと」の文字
10　厚生労働大臣の指定する医薬部外品にあつては,その使用の期限
11　第42条第2項の規定によりその基準が定められた医薬部外品にあつては,その基準において直接の容器又は直接の被包に記載するように定められた事項
12　前各号に掲げるもののほか,厚生労働省令で定める事項

（準　用）

第60条　医薬部外品については,第51条,第52条第1項及び第53条から第57条までの規定を準用する.〔以下略〕

第4節　化粧品の取扱い
（直接の容器等の記載事項）

第61条　化粧品は,その直接の容器又は直接の被包に,次に掲げる事項が記載されていなければならない.ただし,厚生労働省令で別段の定めをしたときは,この限りでない.
1　製造販売業者の氏名又は名称及び住所
2　名称
3　製造番号又は製造記号
4　厚生労働大臣の指定する成分を含有する化粧品にあつては,その成分の名称
5　厚生労働大臣の指定する化粧品にあつては,その使用の期限
6　第42条第2項の規定によりその基準が定められた化粧品にあつては,その基準において直接の容器又は直接の被包に記載するように定められた事項
7　前各号に掲げるもののほか,厚生労働省令で定める事項

（準　用）

第62条　化粧品については,第51条,第52条第1項及び第53条から第57条までの規定を準用する.〔以下略〕

第5節　医療機器の取扱い
（直接の容器等の記載事項）

第63条　① 医療機器は,その医療機器又はその直接の容器若しくは直接の被包に,次に掲げる事項が記載されていなければならない.ただし,厚生労働省令で別段の定めをしたときは,この限りでない.
1　製造販売業者の氏名又は名称及び住所
2　名称
3　製造番号又は製造記号
4　厚生労働大臣の指定する医療機器にあつては,重量,容量又は個数等の内容量
5　第41条第3項の規定によりその基準が定められた医療機器にあつては,その基準においてその医療機器又はその直接の容器若しくは直接の被包に記載するように定められた事項
6　第42条第2項の規定によりその基準が定められた医療機器にあつては,その基準においてその医療機器又はその直接の容器若しくは直接の被包に記載するように定められた事項
7　厚生労働大臣の指定する医療機器にあつては,その使用の期限
8　前各号に掲げるもののほか,厚生労働省令で定める事項
〈②(略)〉

（添付文書等の記載事項）

第63条の2　① 医療機器は,これに添付する文書又はその容器若しくは被包（以下この条において「添付文書」という.）に,当該医療機器に関する最新の論文その他により得られた知見に基づき,次に掲げる事項（次項及び次条において「添付文書等記載事項」という.）が記載されていなければならない.ただし,厚生労働省令で別段の定めをしたときは,この限りでない.
1　使用方法その他使用及び取扱い上の必要な注意
2　厚生労働大臣の指定する医療機器にあつては,その保守点検に関する事項
〈3～5(略)〉
② 医療機器の製造販売業者,製造業者,販売業者又は貸与業者が,医療機器を医療機器の製造販売業者,製造業者,販売業者若しくは貸与業者,医師,歯科医師若しくは獣医師又は病院,診療所若しくは飼育動物診療施設の開設者に販売し,貸与し,若しくは授与し,又は医療機器プログラムをこれらの者に電気通信回線を通じて提供する場合において,その販売し,貸与し,若しくは授与し,又は電気通信回線を通じて提供する時に,次の各号のいずれにも該当するときは,前項の規定にかかわらず,当該医療機器は,添付文書等に,添付文書等記載事項が記載されていることを要しない.
1　当該医療機器の製造販売業者が,当該医療機器の添付文書等記載事項について,厚生労働省令で定めるところにより,電子情報処理組織を使用する方法その他の情報通信の技術を利用する方法であつて厚生労働省令で定めるものにより提供しているとき.
2　当該医療機器を販売し,貸与し,若しくは授与し,又は医療機器プログラムをこれらの者に電気通信回線を通じて提供しようとする者が,添付文書等に添付文書等記載事項が記載されていないことについて,厚生労働省令で定めるところにより,当該医療機器を購入し,借り受け,若しくは譲り受け,又は電気通信回線を通じて提供を受けようとする者の承諾を得ているとき.

（添付文書等記載事項の届出等）

第63条の3　① 医療機器の製造販売業者は,厚生労働大臣が指定する医療機器の製造販売をするときは,あらかじめ,厚生労働省令で定めるところにより,当該医療機器の添付文書等記載事項のうち使用及び取扱い上の必要な注意その他の厚生労働省令で定めるものを厚生労働大臣に届け出なければならない.これを変更しようとするときも,同様とする.
② 医療機器の製造販売業者は,前項の規定による届出をしたときは,直ちに,当該医療機器の添付文書等記載事項について,電子情報処理組織を使用する方法その他の情報通信の技術を利用する方法であつて厚生労働省令で定めるものにより公表しなければならない.

（準　用）

第64条　医療機器については,第52条の3から第55条までの規定を準用する.〔以下略〕

（販売,製造等の禁止）

第65条　次の各号のいずれかに該当する医療機器は，販売し，貸与し，授与し，若しくは販売，貸与若しくは授与の目的で製造し，輸入し，貯蔵し，若しくは陳列し，又は医療機器プログラムにあつては電気通信回線を通じて提供してはならない．
1　第41条第3項の規定により基準が定められた医療機器であつて，その性状，品質又は性能がその基準に適合しないもの
2　第23条の2の5又は第23条の2の17の厚生労働大臣の承認を受けた医療機器であつて，その性状，品質又は性能がその承認の内容と異なるもの（第23条の2の5第12項（第23条の2の17第5項において準用する場合を含む．）の規定に違反していないものを除く．）
3　第23条の2の23第1項の規定により厚生労働大臣が基準を定めて指定した医療機器であつて，その性状，品質又は性能がその基準に適合しないもの
4　第42条第2項の規定によりその基準が定められた医療機器であつて，その基準に適合しないもの
5　その全部又は一部が不潔な物質又は変質若しくは変敗した物質から成つている医療機器
6　異物が混入し，又は付着している医療機器
7　病原微生物その他疾病の原因となるものにより汚染され，又は汚染されているおそれがある医療機器
8　その使用によつて保健衛生上の危険を生ずるおそれがある医療機器

第6節　再生医療等製品の取扱い
（直接の容器等の記載事項）
第65条の2　再生医療等製品は，その直接の容器又は直接の被包に，次に掲げる事項が記載されていなければならない．ただし，厚生労働省令で別段の定めをしたときは，この限りでない．
1　製造販売業者の氏名又は名称及び住所
2　名称
3　製造番号又は製造記号
4　再生医療等製品であることを示す厚生労働省令で定める表示
5　第23条の26第1項（第23条の37第5項において準用する場合を含む．）の規定により条件及び期限を付した第23条の25又は第23条の37の承認を与えられている再生医療等製品にあつては，当該再生医療等製品であることを示す厚生労働省令で定める表示
6　厚生労働大臣の指定する再生医療等製品にあつては，重量，容量又は個数等の内容量
7　第41条第3項の規定によりその基準が定められた再生医療等製品にあつては，その基準においてその直接の容器又は直接の被包に記載するように定められた事項
8　第42条第1項の規定によりその基準が定められた再生医療等製品にあつては，その基準においてその直接の容器又は直接の被包に記載するように定められた事項
9　使用の期限
10　前各号に掲げるもののほか，厚生労働省令で定める事項

（添付文書等の記載事項）
第65条の3　再生医療等製品は，これに添付する文書又はその容器若しくは被包（以下この条において「添付文書等」という．）に，当該再生医療等製品に関する最新の論文その他により得られた知見に基づき，次に掲げる事項（次条において「添付文書等記載事項」という．）が記載されていなければならない．ただし，厚生労働省令で別段の定めをしたときは，この限りでない．
1　用法，用量，使用方法その他使用及び取扱い上の必要な注意
2　再生医療等製品の特性に関して注意を促すための厚生労働省令で定める事項　〈3～5（略）〉

（添付文書等記載事項の届出等）
第65条の4　①　再生医療等製品の製造販売業者は，再生医療等製品の製造販売をするときは，あらかじめ，厚生労働省令で定めるところにより，当該再生医療等製品の添付文書等記載事項のうち使用及び取扱い上の必要な注意その他の厚生労働省令で定めるものを厚生労働大臣に届け出なければならない．これを変更しようするときも，同様とする．
②　再生医療等製品の製造販売業者は，前項の規定による届出をしたときは，直ちに，当該再生医療等製品の添付文書等記載事項について，電子情報処理組織を使用する方法その他の情報通信の技術を利用する方法であつて厚生労働省令で定めるものにより公表しなければならない．

（準　用）
第65条の5　再生医療等製品については，第51条，第52条の3から第55条まで，第57条，第57条の2第1項及び第58条の規定を準用する．〔以下略〕

（販売，製造等の禁止）
第65条の6　次の各号のいずれかに該当する再生医療等製品は，販売し，授与し，又は販売若しくは授与の目的で製造し，輸入し，貯蔵し，若しくは陳列してはならない．
1　第41条第3項の規定によりその基準が定められた再生医療等製品であつて，その性状，品質又は性能がその基準に適合しないもの
2　第23条の25又は第23条の37の厚生労働大臣の承認を受けた再生医療等製品であつて，その性状，品質又は性能（第23条の26第1項（第23条の37第5項において準用する場合を含む．）の規定により条件及び期限を付したものについては，これらを有すると推定されるものであること）がその承認の内容と異なるもの（第23条の25第10項（第23条の37第5項において準用する場合を含む．）の規定に違反していないものを除く．）
3　第42条第1項の規定によりその基準が定められた再生医療等製品であつて，その基準に適合しないもの
4　その全部又は一部が不潔な物質又は変質又は変敗した物質から成つている再生医療等製品
5　異物が混入し，又は付着している再生医療等製品
6　病原微生物その他疾病の原因となるものにより汚染され，又は汚染されているおそれがある再生医療等製品

第10章　医薬品等の広告

（誇大広告等）
第66条　①　何人も，医薬品，医薬部外品，化粧品，医療機器又は再生医療等製品の名称，製造方法，効能，効果又は性能に関して，明示的であると暗示的であるとを問わず，虚偽又は誇大な記事を広告し，記述し，又は流布してはならない．

② 医薬品,医薬部外品,化粧品,医療機器又は再生医療等製品の効能,効果又は性能について,医師その他の者が保証したものと誤解されるおそれがある記事を広告し,記述し,又は流布することは,前項に該当するものとする.
③ 何人も,医薬品,医薬部外品,化粧品,医療機器又は再生医療等製品に関して堕胎を暗示し,又はわいせつにわたる文書又は図画を用いてはならない.

(特定疾病用の医薬品及び再生医療等製品の広告の制限)

第67条 ① 政令で定めるがんその他の特殊疾病に使用されることが目的とされている医薬品又は再生医療等製品であつて,医師又は歯科医師の指導の下に使用されるのでなければ危害を生ずるおそれが特に大きいものについては,厚生労働省令で,医薬品又は再生医療等製品を指定し,その医薬品又は再生医療等製品に関する広告につき,医薬関係者以外の一般人を対象とする広告方法を制限する等,当該医薬品又は再生医療等製品の適正な使用の確保のために必要な措置を定めることができる.
〈②(略)〉

(承認前の医薬品,医療機器及び再生医療等製品の広告の禁止)

第68条 何人も,第14条第1項,第23条の2の5第1項若しくは第23条の2の23第1項に規定する医薬品若しくは医療機器又は再生医療等製品であつて,まだ第14条第1項,第19条の2第1項,第23条の2の5第1項,第23条の2の17第1項,第23条の25第1項若しくは第23条の37第1項の承認又は第23条の2の23第1項の認証を受けていないものについて,その名称,製造方法,効能,効果又は性能に関する広告をしてはならない.

第11章　医薬品等の安全対策

(情報の提供等)

第68条の2 ① 医薬品,医療機器若しくは再生医療等製品の製造販売業者,卸売販売業者及び販売業者等(医療機器の販売業者又は貸与業者のうち,薬局開設者,医療機器の製造販売業者,販売業者若しくは貸与業者若しくは病院,診療所若しくは飼育動物診療施設の開設者に対し,業として,医療機器を販売し,若しくは授与するもの又は薬局開設者若しくは病院,診療所若しくは飼育動物診療施設の開設者に対し,業として,医療機器を貸与するものをいう.次項において同じ.),再生医療等製品卸売販売業者(再生医療等製品の販売業者のうち,再生医療等製品の製造販売業者若しくは販売業者又は病院,診療所若しくは飼育動物診療施設の開設者に対し,業として,再生医療等製品を販売し,又は授与するものをいう.同項において同じ.)又は外国製造医薬品等特例承認取得者,外国製造医療機器等特例承認取得者若しくは外国製造再生医療等製品特例承認取得者(以下「外国特例承認取得者」と総称する.)は,医薬品,医療機器又は再生医療等製品の有効性及び安全性に関する事項その他医薬品,医療機器又は再生医療等製品の適正な使用のために必要な情報(第63条の2第1項第2号の規定による指定に係る医療機器の保守点検に関する情報を含む.次項において同じ.)を収集し,及び検討するとともに,薬局開設者,病院,診療所若しくは飼育動物診療施設の開設者,医薬品の販売業者,医療機器の販売業者,貸与業者若しくは修理業者,再生医療等製品の販売業者又は医師,歯科医師,薬剤師,獣医師その他の医薬関係者に対し,これを提供するよう努めなければならない.
② 薬局開設者,病院,診療所若しくは飼育動物診療施設の開設者,医薬品の販売業者,医療機器の販売業者,貸与業者若しくは修理業者,再生医療等製品の販売業者又は医師,歯科医師,薬剤師,獣医師その他の医薬関係者は,医薬品,医療機器又は再生医療等製品の製造販売業者,卸売販売業者,医療機器卸売販売業者等,再生医療等製品卸売販売業者又は外国特例承認取得者が行う医薬品,医療機器又は再生医療等製品の適正な使用のために必要な情報の収集に協力するよう努めなければならない.
〈③(略)〉

(医薬品,医療機器及び再生医療等製品の適正な使用に関する普及及び啓発)

第68条の3 国,都道府県,保健所を設置する市及び特別区は,関係機関及び関係団体の協力の下に,医薬品,医療機器及び再生医療等製品の適正な使用に関する啓発及び知識の普及に努めるものとする.

(再生医療等製品取扱医療関係者による再生医療等製品に係る説明等)

第68条の4 再生医療等製品取扱医療関係者は,再生医療等製品の有効性及び安全性その他再生医療等製品の適正な使用のために必要な事項について,当該再生医療等製品の使用の対象者に対し適切な説明を行い,その同意を得て当該再生医療等製品を使用するよう努めなければならない.

(特定医療機器に関する記録及び保存)

第68条の5 ① 人の体内に植え込む方法で用いられる医療機器その他の医療を提供する施設以外において用いられることが想定されている医療機器であつて保健衛生上の危害の発生又は拡大を防止するためにその所在が把握されている必要があるものとして厚生労働大臣が指定する医療機器(以下この条及び次条において「特定医療機器」という.)については,第23条の2の5の承認を受けた者又は選任外国製造医療機器等製造販売業者(以下この条及び次条において「特定医療機器承認取得者等」という.)は,特定医療機器の植込みその他の使用の対象者(次項において「特定医療機器利用者」という.)の氏名,住所その他の厚生労働省令で定める事項を記録し,かつ,これを適切に保存しなければならない.
〈②～⑥(略)〉

(再生医療等製品に関する記録及び保存)

第68条の7 ① 再生医療等製品につき第23条の25の承認を受けた者又は選任外国製造再生医療等製品製造販売業者(以下この条及び次条において「再生医療等製品承認取得者等」という.)は,再生医療等製品を譲り受けた再生医療等製品の製造販売業者若しくは販売業者又は病院,診療所若しくは飼育動物診療施設の開設者の氏名,住所その他の厚生労働省令で定める事項を記録し,かつ,これを適切に保存しなければならない.
② 再生医療等製品取扱医療関係者は,その担当した厚生労働大臣の指定する再生医療等製品(以下この条において「指定再生医療等製品」という.)の使用の対象者の氏名,住所その他の厚生労働省令で定める事項を記録するものとする.
〈②,④～⑧(略)〉

(危害の防止)

第68条の9 ① 医薬品,医薬部外品,化粧品,医療機

器若しくは再生医療等製品の製造販売業者又は外国特例承認取得者は、その製造販売をし、又は第19条の2、第23条の2の17若しくは第23条の37の承認を受けた医薬品、医薬部外品、化粧品、医療機器又は再生医療等製品の使用によって保健衛生上の危害が発生し、又は拡大するおそれがあることを知つたときは、これを防止するために廃棄、回収、販売の停止、情報の提供その他必要な措置を講じなければならない.

② 薬局開設者、病院、診療所若しくは飼育動物診療施設の開設者、医薬品、医薬部外品若しくは化粧品の販売業者、医療機器の販売業者、貸与業者若しくは修理業者、再生医療等製品の販売業者及び医師、歯科医師、薬剤師、獣医師その他の医薬関係者は、前項の規定により医薬品、医薬部外品、化粧品、医療機器若しくは再生医療等製品の製造販売業者又は外国特例承認取得者が行う必要な実施に協力するよう努めなければならない.

(副作用等の報告)
第68条の10 ① 医薬品、医薬部外品、化粧品、医療機器若しくは再生医療等製品の製造販売業者又は外国特例承認取得者は、その製造販売をし、又は第19条の2、第23条の2の17若しくは第23条の37の承認を受けた医薬品、医薬部外品、化粧品、医療機器又は再生医療等製品について、当該品目の副作用その他の事由によるものと疑われる疾病、障害又は死亡の発生、当該品目の使用によるものと疑われる感染症の発生その他の医薬品、医薬部外品、化粧品、医療機器又は再生医療等製品の有効性及び安全性に関する事項で厚生労働省令で定めるものを知つたときは、その旨を厚生労働省令で定めるところにより厚生労働大臣に報告しなければならない.

② 薬局開設者、病院、診療所若しくは飼育動物診療施設の開設者又は医師、歯科医師、薬剤師、登録販売者、獣医師その他の医薬関係者は、医薬品、医薬部外品又は再生医療等製品について、当該品目の副作用その他の事由によるものと疑われる疾病、障害若しくは死亡の発生又は当該品目の使用によるものと疑われる感染症の発生に関する事項を知つた場合において、保健衛生上の危害の発生又は拡大を防止するため必要があると認めるときは、その旨を厚生労働大臣に報告しなければならない.

③ 機構は、独立行政法人医薬品医療機器総合機構法(平成14年法律第192号)第15条第1項第1号イに規定する副作用救済給付又は同項第2号イに規定する感染救済給付の請求のあつた者に係る疾病、障害及び死亡に係る情報の整理又は当該疾病、障害及び死亡に関する調査を行い、厚生労働省令で定めるところにより、その結果を厚生労働大臣に報告しなければならない.

(回収の報告)
第68条の11 医薬品、医薬部外品、化粧品、医療機器若しくは再生医療等製品の製造販売業者、外国特例承認取得者又は第80条第1項から第3項までに規定する輸出用医薬品、医薬部外品、化粧品、医療機器若しくは再生医療等製品の製造業者は、その製造販売をし、製造をし、又は第19条の2、第23条の2の17若しくは第23条の37の承認を受けた医薬品、医薬部外品、化粧品、医療機器又は再生医療等製品を回収するとき(第70条第1項の規定による命令を受けて回収するときを除く.)は、厚生労働省令で定めるところにより、回収に着手した旨及び回収の状況を厚生労働大臣に報告しなければならない.

(薬事・食品衛生審議会への報告等)
第68条の12 ① 厚生労働大臣は、毎年度、前2条の規定によるそれぞれの報告の状況について薬事・食品衛生審議会に報告し、必要があると認めるときは、その意見を聴いて、医薬品、医薬部外品、化粧品、医療機器又は再生医療等製品の使用による保健衛生上の危害の発生又は拡大を防止するために必要な措置を講ずるものとする.

② 薬事・食品衛生審議会は、前項、第68条の14第2項及び第68条の24第2項に規定するほか、医薬品、医薬部外品、化粧品、医療機器又は再生医療等製品の使用による保健衛生上の危害の発生又は拡大を防止するために必要な措置について、調査審議し、必要があると認めるときは、厚生労働大臣に意見を述べることができる.

③ 厚生労働大臣は、第1項の報告又は措置を行うに当たつては、第68条の10第1項若しくは第2項若しくは前条の規定による報告に係る情報の整理又は当該報告に関する調査を行うものとする.

(機構による副作用等の報告に係る情報の整理及び調査の実施)
第68条の13 厚生労働大臣は、機構に、医薬品(専ら動物のために使用されることが目的とされているものを除く. 以下この条において同じ.)、医薬部外品(専ら動物のために使用されることが目的とされているものを除く. 以下この条において同じ.)、化粧品、医療機器(専ら動物のために使用されることが目的とされているものを除く. 以下この条において同じ.)又は再生医療等製品(専ら動物のために使用されることが目的とされているものを除く. 以下この条において同じ.)のうち政令で定めるものについての前条第3項に規定する情報の整理を行わせることができる.
⟨②～④(略)⟩

(再生医療等製品に関する感染定期報告等)
第68条の14 再生医療等製品の製造販売業者又は外国特例再生医療等製品承認取得者は、厚生労働省令で定めるところにより、その製造販売をし、又は第23条の37の承認を受けた再生医療等製品又は当該再生医療等製品の原料若しくは材料による感染症に関する最新の論文その他より得られた知見に基づき当該再生医療等製品を評価し、その成果を厚生労働大臣に定期的に報告しなければならない.
⟨②、③(略)⟩

第12章 生物由来製品の特例

(生物由来製品の製造管理者)
第68条の16 ① 第17条第3項及び第5項並びに第23条の2の14第3項及び第5項の規定にかかわらず、生物由来製品の製造業者は、当該生物由来製品の製造については、厚生労働大臣の承認を受けて自らその製造を実地に管理する場合のほか、その製造を実地に管理させるために、製造所(医療機器又は体外診断用医薬品たる生物由来製品にあつては、その製造工程のうち第23条の2の3第1項に規定する設計、組立て、滅菌その他の厚生労働省令で定めるものをするものに限る.)ごとに、厚生労働大臣の承認を受けて、医師、細菌学的知識を有する者その他の技術者を置かなければならない.

② 前項に規定する生物由来製品の製造を管理する者については、第7条第3項及び第8条第1項の規

定を準用する．この場合において，第7条第3項中「その薬局の所在地の都道府県知事」とあるのは，「厚生労働大臣」と読み替えるものとする．

〈直接の容器等の記載事項〉
第68条の17 生物由来製品は，第50条各号，第59条各号，第61条各号又は第63条第1項各号に掲げる事項のほか，その直接の容器又は直接の被包に，次に掲げる事項が記載されていなければならない．ただし，厚生労働省令で別段の定めをしたときは，この限りでない．
1 生物由来製品（特定生物由来製品を除く．）にあつては，生物由来製品であることを示す厚生労働省令で定める表示
2 特定生物由来製品にあつては，特定生物由来製品であることを示す厚生労働省令で定める表示
〈3,4(略)〉

〈添付文書等の記載事項〉
第68条の18 生物由来製品は，第52条第1項各号（第60条又は第62条において準用する場合を含む．）又は第63条の2第1項各号に掲げる事項のほか，これに添付する文書又はその容器若しくは被包に，次に掲げる事項が記載されていなければならない．ただし，厚生労働省令で別段の定めをしたときは，この限りでない．
1 生物由来製品の特性に関して注意を促すための厚生労働省令で定める事項
〈2,3(略)〉

〈準　用〉
第68条の19 生物由来製品については，第42条第1項，第51条，第53条及び第55条第1項の規定を準用する．〔以下略〕

〈販売，製造等の禁止〉
第68条の20 前条において準用する第42条第1項の規定により必要な基準が定められた生物由来製品であつて，その基準に適合しないものは，販売し，貸与し，授与し，又は販売，貸与若しくは授与の目的で製造し，輸入し，貯蔵し，若しくは陳列してはならない．

〈生物由来製品に関する記録及び保存〉
第68条の22 ① 生物由来製品につき第14条若しくは第23条の2の5の承認を受けた者，選任外国製造医薬品等製造販売業者又は選任外国製造医療機器等製造販売業者（以下「生物由来製品承認取得者等」という．）は，生物由来製品を譲り受け，又は借り受けた薬局開設者，生物由来製品の製造販売業者，販売業者若しくは貸与業者又は病院，診療所若しくは飼育動物診療施設の開設者の氏名，住所その他の厚生労働省令で定める事項を記録し，かつ，これを適切に保存しなければならない．
③ 特定生物由来製品取扱医療関係者は，その担当した特定生物由来製品の使用の対象者の氏名，住所その他の厚生労働省令で定める事項を記録するものとする．
《②，④～⑧(略)》

〈生物由来製品に関する感染症定期報告〉
第68条の24 ① 生物由来製品の製造販売業者，外国特例医薬品承認取得者又は外国特例医療機器等承認取得者は，厚生労働省令で定めるところにより，その製造販売をし，又は第19条の2若しくは第23条の2の17の承認を受けた生物由来製品又は当該生物由来製品の原材料により得られた知見に基づき当該生物由来製品を評価し，その成果を厚生労働大臣に定期的に報告しなければならない．
《②，③(略)》

第13章　監　督

〈立入検査等〉
第69条 ① 厚生労働大臣又は都道府県知事は，医薬品，医薬部外品，化粧品，医療機器若しくは再生医療等製品の製造販売業者若しくは製造業者，医療機器の修理業者，第18条第3項，第23条の2の15第3項，第23条の35第3項，第68条の5第4項，第68条の7第6項若しくは第68条の22第6項の委託を受けた者，第80条の6第1項の登録を受けた者（以下この項において「製造販売業者等」という．）が，第12条の2，第13条第4項（同条第7項において準用する場合を含む．），第14条第2項，第9項若しくは第10項，第14条の3第2項，第14条の9，第17条，第18条第1項若しくは第2項，第19条，第23条，第23条の2，第23条の2の3第4項，第23条の2の8第2項，第23条の2の12，第23条の2の14（第40条の3において準用する場合を含む．），第23条の2の15第1項若しくは第2項（第40条の3において準用する場合を含む．），第23条の2の16（第40条の3において準用する場合を含む．），第23条の2の22（第40条の3において準用する場合を含む．），第23条の21，第23条の22第4項（同条第7項において準用する場合を含む．），第23条の25第2項，第9項若しくは第10項，第23条の28第2項，第23条の34，第23条の35第1項若しくは第2項，第23条の36，第23条の42，第40条の2第4項（同条第6項において準用する場合を含む．），第40条の4，第46条第1項若しくは第4項，第58条，第68条の2第1項若しくは第2項，第68条の5第1項若しくは第4項から第6項まで，第68条の7第1項若しくは第6項から第8項まで，第68条の9，第68条の10第1項，第68条の11，第68条の14第1項，第68条の16，第68条の22第1項若しくは第6項から第8項まで，第68条の24第1項，第80条第1項から第3項まで若しくは第7項，第80条の8第1項から第80条の9第1項の規定又は第71条，第72条第1項から第3項まで，第72条の4，第73条，第75条第1項若しくは第75条の2第1項に基づく命令を遵守しているかどうかを確かめるために必要があると認めるときは，当該製造販売業者等に対して，厚生労働省令で定めるところにより必要な報告をさせ，又は当該職員に，工場，事務所その他当該製造販売業者等が医薬品，医薬部外品，化粧品，医療機器若しくは再生医療等製品を業務上取り扱う場所に立ち入り，その構造設備若しくは帳簿書類その他の物件を検査させ，若しくは従業員その他の関係者に質問させることができる．
② 都道府県知事（薬局，店舗販売業者又は高度管理医療機器等販売業者若しくは管理医療機器（特定保守管理医療機器を除く．）の販売業者又は貸与業者にあつては，その薬局，店舗又は営業所の所在地が保健所を設置する市又は特別区の区域にある場合においては，市長又は区長．第70条第1項，第72条第4項，第72条の2第1項，第72条の4，第72条の5，第73条，第75条第1項，第76条及び第81条の2において同じ．）は，薬局開設者，医薬品の販売業者，

35 医薬品、医療機器等の品質、有効性及び安全性の確保等に関する法律（69条の2～70条）

第39条第1項若しくは第39条の3第1項の医療機器の販売業者若しくは貸与業者又は再生医療等製品の販売業者（以下この項において「販売業者等」という。）が，第5条，第7条，第8条（第40条第1項及び第40条の7第1項において準用する場合を含む。），第9条第1項（第40条第1項から第3項まで及び第40条の7第1項において準用する場合を含む。）若しくは第2項（第40条第1項及び第40条の7第1項において準用する場合を含む。），第9条の2から第9条の4まで，第10条第1項（第38条，第40条第1項及び第2項並びに第40条の7第1項において準用する場合を含む。）若しくは第2項（第38条第1項において準用する場合を含む。），第11条（第38条，第40条第1項及び第40条の7第1項において準用する場合を含む。），第26条第4項，第27条から第29条の3まで，第30条第2項，第31条から第33条まで，第34条第2項若しくは第3項，第35条から第36条の6まで，第36条の9から第37条まで，第39条第3項，第39条の2，第39条の3第2項，第40条の4，第40条の5第3項並びに第5項，第40条の6，第45条，第46条第1項若しくは第4項，第49条，第57条の2（第65条の5において準用する場合を含む。），第68条の2，第68条の5第3項，第68条の5第5項，第8条，第68条の9第2項，第68条の5第8項，第68条の22第2項，第68条の8第8項若しくは第8条第7項の規定又は第72条第4項，第72条の2，第72条の4，第73条，第74条，第75条第1項若しくは第75条の2第1項に基づく命令を遵守しているかどうかを確かめるために必要があると認めるときは、当該販売業者等に対して，厚生労働省令で定めるところにより必要な報告をさせ，又は当該職員に，販売業者等の事務所その他当該販売業者等が医薬品，医療機器若しくは再生医療等製品を業務上取り扱う場所に立ち入り，その構造設備若しくは帳簿書類その他の物件を検査させ，若しくは従業員その他の関係者に質問させることができる．

③ 都道府県知事は，薬局開設者が，第8条の2第1項若しくは第2項又は第72条の3に基づく命令を遵守しているかどうかを確かめるために必要があると認めるときは，当該薬局開設者に対して，厚生労働省令で定めるところにより必要な報告をさせ，又は当該職員に，薬局に立ち入り，その構造設備若しくは帳簿書類その他の物件を検査させ，若しくは従業員その他の関係者に質問させることができる．

④ 厚生労働大臣，都道府県知事，保健所を設置する市の市長又は特別区の区長は，前3項に定めるもののほか必要があると認めるときは，薬局開設者，病院，診療所若しくは飼育動物診療施設の開設者，医薬品，医薬部外品，化粧品，医療機器若しくは再生医療等製品の製造販売業者，製造業者若しくは販売業者，医療機器の貸与業者若しくは修理業者，第80条の6第1項の登録を受けた者その他医薬品，医薬部外品，化粧品，医療機器若しくは再生医療等製品を業務上取り扱う者又は第18条第3項，第23条の2の15第3項，第23条の35第3項，第68条の5第2項，第68条の7第6項若しくは第68条の22第6項の委託を受けた者に対して，厚生労働省令で定めるところにより必要な報告をさせ，又は当該職員に，薬局，病院，診療所，飼育動物診療施設，工場，店舗，事務所その他医薬品，医薬部外品，化粧品，医療機器若しくは再生医療等製品を業務上取り扱う場所に立ち入り，その構造設備若しくは帳簿書類その他の物件を検査させ，従業員その他の関係者に質問させ，若しくは第70条第1項に規定する物に該当する疑いのある物を，試験のため必要な最少分量に限り，収去させることができる．

⑤ 厚生労働大臣又は都道府県知事は，必要があると認めるときは，登録認証機関に対して，基準適合性認証の業務又は経理の状況に関し，報告をさせ，又は当該職員に，登録認証機関の事務所に立ち入り，帳簿書類その他の物件を検査させ，若しくは関係者に質問させることができる． 《⑥，⑦(略)》

（機構による立入検査等の実施）
第69条の2 厚生労働大臣は，機構に，前条第1項若しくは第5項の規定による立入検査若しくは質問又は同条第4項の規定による立入検査，質問若しくは収去のうち政令で定めるものを行わせることができる． 《②～⑤(略)》

（緊急命令）
第69条の3 厚生労働大臣は，医薬品，医薬部外品，化粧品，医療機器又は再生医療等製品による保健衛生上の危害の発生又は拡大を防止するため必要があると認めるときは，医薬品，医薬部外品，化粧品，医療機器若しくは再生医療等製品の製造販売業者，製造業者若しくは販売業者，医療機器の貸与業者若しくは修理業者，第18条第3項，第23条の2の15第3項，第23条の35第3項，第68条の5第4項，第68条の7第6項若しくは第68条の22第6項の委託を受けた者，第80条の6第1項の登録を受けた者，医薬品，医薬部外品，化粧品，医療機器若しくは再生医療等製品の販売若しくは授与，医療機器の貸与若しくは修理又は医療機器プログラムの電気通信回線を通じた提供を一時停止することその他保健衛生上の危害の発生又は拡大を防止するための応急の措置を採るべきことを命ずることができる．

（廃棄等）
第70条 ① 厚生労働大臣又は都道府県知事は，医薬品，医薬部外品，化粧品，医療機器又は再生医療等製品を業務上取り扱う者に対して，第43条第1項の規定に違反して貯蔵され，若しくは陳列されている医薬品若しくは再生医療等製品，同項の規定に違反して販売され，若しくは授与された医薬品若しくは再生医療等製品，同条第2項の規定に違反して貯蔵され，若しくは陳列されている医療機器，同項の規定に違反して販売され，貸与され，若しくは授与された医療機器，同項の規定に違反して電気通信回線を通じて提供された医療機器プログラム，第44条第3項，第55条（第60条，第62条，第64条，第65条の5及び第68条の19において準用する場合を含む。），第56条（第60条及び第62条において準用する場合を含む。），第57条第2項（第60条，第62条及び第65条の5において準用する場合を含む。），第65条，第65条の6若しくは第68条の20に規定する医薬品，医薬部外品，化粧品，医療機器若しくは再生医療等製品，第23条の4の規定により第23条の2の23の認証を取り消された医療機器若しくは体外診断用医薬品，第74条の2第1項若しくは第3項第2号（第75条の2の2第2項において準用する場合を含む。），第4号若しくは第5号（第75条の2の2第2項において準用する場合

含む．）の規定により第14条若しくは第19条の2の承認を取り消された医薬品，医薬部外品若しくは化粧品，第23条の2の5若しくは第23条の17の承認を取り消された医療機器若しくは体外診断用医薬品，第23条の25若しくは第23条の37の承認を取り消された再生医療等製品，第75条の3の規定により第14条若しくは第19条の2の承認を取り消された医薬品，第75条の3の規定により第23条の2の8第1項（第23条の2の20第1項において準用する場合を含む．）の規定による第23条の2の5若しくは第23条の2の17の承認を取り消された医療機器若しくは体外診断用医薬品，第75条の3の規定により第23条の28第1項（第75条の40第1項において準用する場合を含む．）の規定による第23条の25若しくは第23条の37の承認を取り消された再生医療等製品又は不良な原料若しくは材料について，廃棄，回収その他公衆衛生上の危険の発生を防止するに足りる措置を採るべきことを命ずることができる．

② 厚生労働大臣，都道府県知事，保健所を設置する市の市長又は特別区の区長は，前項の規定による命令を受けた者がその命令に従わないとき，又は緊急の必要があるときは，当該職員に，同項に規定する物を廃棄させ，若しくは回収させ，又はその他の必要な処分をさせることができる． 〈③(略)〉

(検査命令)
第71条 厚生労働大臣又は都道府県知事は，必要があると認めるときは，医薬品，医薬部外品，化粧品，医療機器若しくは再生医療等製品の製造販売業者又は医療機器の修理業者に対して，その製造販売又は修理をする医薬品，医薬部外品，化粧品，医療機器又は再生医療等製品について，厚生労働大臣又は都道府県知事の指定する者の検査を受けるべきことを命ずることができる．

(改善命令等)
第72条 ① 厚生労働大臣は，医薬品，医薬部外品，化粧品，医療機器又は再生医療等製品の製造販売業者に対して，その品質管理又は製造販売後安全管理の方法（医療機器及び体外診断用医薬品の製造販売業者にあつては，その製造管理若しくは品質管理に係る業務を行う体制又はその製造販売後安全管理の方法．以下この項において同じ．）が第12条の2第1号若しくは第2号，第23条の2の2第1号若しくは第2号又は第23条の21第1号若しくは第2号に規定する厚生労働省令で定める基準に適合しない場合においては，その品質管理若しくは製造販売後安全管理の方法の改善を命じ，又はその改善を行うまでの間その業務の全部若しくは一部の停止を命ずることができる．

② 厚生労働大臣は，医薬品，医薬部外品，化粧品，医療機器又は再生医療等製品の製造販売業者（選任外国製造医薬品等製造販売業者，選任外国製造医療機器等製造販売業者又は選任外国製造再生医療等製品製造販売業者（以下「選任製造販売業者」と総称する．）を除く．以下この項において同じ．）又は第80条第1項から第3項までに規定する輸出用の医薬品，医薬部外品，化粧品，医療機器若しくは再生医療等製品の製造業者に対して，その物の製造所における製造管理若しくは品質管理の方法（医療機器及び体外診断用医薬品の製造販売業者にあつては，その物の製造管理又は品質管理の方法．以下この項において同じ．）が第14条第2項第4号，第23条の2の5第2項第4号若しくは第23条の25第2項第4号若しくは第80条第2項に規定する厚生労働省令で定める基準に適合せず，又はその製造管理若しくは品質管理の方法によつて医薬品，医薬部外品，化粧品，医療機器若しくは再生医療等製品が第56条（第60条及び第62条において準用する場合を含む．），第65条若しくは第65条の6に規定する医薬品，医薬部外品，化粧品，医療機器若しくは再生医療等製品若しくは第68条の20に規定する生物由来製品に該当するようになるおそれがある場合においては，その製造管理若しくは品質管理の方法の改善を命じ，又はその改善を行うまでの間その業務の全部若しくは一部の停止を命ずることができる．

③ 厚生労働大臣又は都道府県知事は，医薬品（体外診断用医薬品を除く．），医薬部外品，化粧品若しくは再生医療等製品の製造業者又は医療機器の修理業者に対して，その構造設備が，第13条第4項第1号，第23条の22第4項第1号若しくは第40条の2第4項第1号の規定に基づく厚生労働省令で定める基準に適合せず，又はその構造設備によつて医薬品，医薬部外品，化粧品，医療機器若しくは再生医療等製品が第56条（第60条及び第62条において準用する場合を含む．），第65条若しくは第65条の6に規定する医薬品，医薬部外品，化粧品，医療機器若しくは再生医療等製品若しくは第68条の20に規定する生物由来製品に該当するようになるおそれがある場合においては，その構造設備の改善を命じ，又はその改善を行うまでの間当該施設の全部若しくは一部を使用することを禁止することができる．

④ 都道府県知事は，薬局開設者，医薬品の販売業者，第39条第1項の医療機器の販売業者若しくは貸与業者又は再生医療等製品の販売業者に対して，その構造設備が，第5条第1号，第26条第4項第1号，第34条第2項第1号，第39条第3項第1号，第39条の2第2項第1号若しくは第40条の5第3項第1号の規定に基づく厚生労働省令で定める基準に適合せず，又はその構造設備によつて医薬品，医薬部外品，化粧品，医療機器若しくは再生医療等製品が第56条（第60条及び第62条において準用する場合を含む．），第65条若しくは第65条の6に規定する医薬品，医療機器若しくは再生医療等製品若しくは第68条の20に規定する生物由来製品に該当するようになるおそれがある場合においては，その構造設備の改善を命じ，又はその改善を行うまでの間当該施設の全部若しくは一部を使用することを禁止することができる．

第72条の2 ① 都道府県知事は，薬局開設者又は店舗販売業者に対して，その薬局又は店舗が第5条第2号又は第26条第4項第2号の規定に基づく厚生労働省令で定める基準に適合しなくなつた場合においては，当該基準に適合するようにその業務の体制を整備することを命ずることができる．

② 都道府県知事は，配置販売業者に対して，その都道府県の区域における業務を行う体制が，第30条第2項第1号の規定に基づく厚生労働省令で定める基準に適合しなくなつた場合においては，当該基準に適合するようにその業務を行う体制を整備することを命ずることができる．

第72条の3 都道府県知事は，薬局開設者が第8条の2第1項若しくは第2項の規定による報告をせ

㉟ 医薬品、医療機器等の品質、有効性及び安全性の確保等に関する法律（72条の4〜74条の2）

ず、又は虚偽の報告をしたときは、期間を定めて、当該薬局開設者に対して、その報告を行い、又はその報告の内容を是正すべきことを命ずることができる。

第72条の4 ① 前3条に規定するもののほか、厚生労働大臣は、医薬品、医薬部外品、化粧品、医療機器若しくは再生医療等製品の製造販売業者若しくは製造業者又は医療機器等の修理業者について、都道府県知事は、薬局開設者、医薬品の販売業者、第39条第1項若しくは第39条の3第1項の医療機器の販売業者若しくは貸与業者又は再生医療等製品の販売業者について、その者にこの法律又はこれに基づく命令の規定に違反する行為があつた場合において、保健衛生上の危害の発生又は拡大を防止するために必要があると認めるときは、その製造販売業者、製造業者、修理業者、薬局開設者、販売業者又は貸与業者に対して、その業務の運営の改善に必要な措置を採るべきことを命ずることができる。

② 厚生労働大臣は、医薬品、医薬部外品、化粧品、医療機器若しくは再生医療等製品の製造販売業者若しくは製造業者又は医療機器の修理業者について、都道府県知事は、薬局開設者、医薬品の販売業者、第39条第1項若しくは第39条の3第1項の医療機器の販売業者若しくは貸与業者又は再生医療等製品の販売業者について、その者が第23条の26第1項又は第79条第1項の規定により付された条件に違反する行為があつたときは、その製造販売業者、製造業者、修理業者、薬局開設者、販売業者又は貸与業者に対して、その条件に対する違反を是正するために必要な措置を採るべきことを命ずることができる。

（中止命令等）
第72条の5 ① 厚生労働大臣又は都道府県知事は、第68条の規定に違反した者に対して、その行為の中止その他公衆衛生上の危険の発生を防止するに足りる措置を採るべきことを命ずることができる。

② 厚生労働大臣又は都道府県知事は、第68条の規定に違反した広告（次条において「承認前の医薬品等に係る違法広告」という。）である特定電気通信（特定電気通信役務提供者の損害賠償責任の制限及び発信者情報の開示に関する法律（平成13年法律第137号）第2条第1号に規定する特定電気通信をいう。以下同じ。）による情報の送信があるときは、特定電気通信役務提供者（同法第2条第3号に規定する特定電気通信役務提供者をいう。以下同じ。）に対して、当該送信を防止する措置を講ずることを要請することができる。

（医薬品等総括製造販売責任者等の変更命令）
第73条 厚生労働大臣は、医薬品等総括製造販売責任者、医療機器等総括製造販売責任者若しくは再生医療等製品総括製造販売責任者、医薬品製造管理者、医薬部外品等責任技術者、医療機器責任技術者、体外診断用医薬品製造管理者若しくは再生医療等製品製造管理者又は医療機器修理責任技術者について、都道府県知事は、薬局の管理者又は店舗管理者、区域管理者若しくは医薬品営業所管理者、医療機器の販売業者若しくは貸与業の管理者若しくは再生医療等製品営業所管理者について、その者にこの法律その他薬事に関する法令で政令で定めるもの若しくはこれに基づく処分に違反する行為があつたとき、又はその者が管理者若しくは責任技術者として不適当であると認めるときは、その製造販売業者、製造業者、修理業者、薬局開設者、販売業者又は貸与業者に対して、その変更を命ずることができる。

（配置販売業の監督）
第74条 都道府県知事は、配置販売業の配置員が、その業務に関し、この法律若しくはこれに基づく命令又はこれらに基づく処分に違反する行為をしたときは、当該配置販売業者に対して、期間を定めてその配置員による配置販売の業務の停止を命ずることができる。この場合において、必要があるときは、その配置員に対しても、期間を定めてその業務の停止を命ずることができる。

（承認の取消し等）
第74条の2 ① 厚生労働大臣は、第14条、第23条の2の5又は第23条の25の承認（第23条の26第1項の規定により条件及び期限を付したものを除く。）を与えた医薬品、医薬部外品、化粧品、医療機器又は再生医療等製品が第14条第2項第3号イからハまで（同条第9項において準用する場合を含む。）、第23条の2の5第2項第3号イからハまで（同条第11項において準用する場合を含む。）若しくは第23条の25第2項第3号イからハまで（同条第9項において準用する場合を含む。）のいずれかに該当するに至つたと認めるとき、又は第23条の26第1項の規定により条件及び期限を付した第23条の25の承認を与えた再生医療等製品が第23条の26第1項第2号若しくは第3号のいずれかに該当しなくなつたと認めるとき、若しくは第23条の25第2項第3号ハ（同条第9項において準用する場合を含む。）若しくは第23条の26第4項の規定により読み替えて適用される第23条の25第9項において準用する同条第2項第3号イ若しくはロのいずれかに該当するに至つたと認めるときは、薬事・食品衛生審議会の意見を聴いて、その承認を取り消さなければならない。

② 厚生労働大臣は、医薬品、医薬部外品、化粧品、医療機器又は再生医療等製品の第14条、第23条の2の5又は第23条の25の承認を与えた事項の一部について、保健衛生上の必要があると認めるに至つたときは、その変更を命ずることができる。

③ 厚生労働大臣は、前2項に定める場合のほか、医薬品、医薬部外品、化粧品、医療機器又は再生医療等製品の第14条、第23条の2の5又は第23条の25の承認を受けた者が次の各号のいずれかに該当する場合には、その承認を取り消し、又はその承認を与えた事項の一部についてその変更を命ずることができる。

1 第12条第1項の許可（承認を受けた品目の種類に応じた許可に限る。）、第23条の2第1項の許可（承認を受けた品目の種類に応じた許可に限る。）又は第23条の20第1項の許可について、第12条第2項、第23条の2第2項若しくは第23条の20第2項の規定によりその効力が失われたとき、又は次条第1項の規定により取り消されたとき。

2 第14条第6項、第23条の2の5第6項若しくは第8項又は第23条の25第6項の規定に違反したとき。

3 第14条の4第1項、第14条の6第1項、第23条の29第1項若しくは第23条の31第1項の規定により再審査若しくは再評価を受けなければならない場合又は第23条の9第1項の規定により使用成績に関する評価を受けなければならない場合において、定められた期限までに必要な資

料の全部若しくは一部を提出せず,又は虚偽の記載をした資料若しくは第14条の4第4項後段,第14条の6第4項,第23条の2の9第4項後段,第23条の29第4項後段若しくは第23条の31第4項の規定に適合しない資料を提出したとき.
4 第72条第2項の規定による命令に従わなかつたとき.
5 第23条の26第1項又は第79条第1項の規定により第14条,第23条の2の5又は第23条の25の承認に付された条件に違反したとき.
6 第14条,第23条の2の5又は第23条の25の承認を受けた医薬品,医薬部外品,化粧品,医療機器又は再生医療等製品について正当な理由がなく引き続く3年間製造販売をしていないとき.

(許可の取消し等)
第75条 ① 厚生労働大臣は,医薬品,医薬部外品,化粧品,医療機器若しくは再生医療等製品の製造販売業者,医薬品(体外診断用医薬品を除く.),医薬部外品,化粧品若しくは再生医療等製品の製造業者又は医療機器の修理業者について,都道府県知事は,薬局開設者,医薬品の販売業者,第39条第1項若しくは第39条の3第1項の医療機器の販売業者若しくは貸与業者又は再生医療等製品の販売業者について,この法律その他薬事に関する法令で政令で定めるもの若しくはこれに基づく処分に違反する行為があつたとき,又はこれらの者(これらの者が法人であるときは,その業務を行う役員を含む.)が第5条第3号,第12条の2第3号,第13条第4項第2号(同条第7項において準用する場合を含む.),第23条の2の2第3号,第23条の21第3号,第23条の22第4項第2号(同条第7項において準用する場合を含む.),第26条第4項第3号,第30条第2項第2号,第34条第2項第2号,第39条第3項第2号,第40条の2第2項第2号(同条第6項において準用する場合を含む.)若しくは第40条の5第3項第2号の規定に該当するに至つたときは,その許可を取り消し,又は期間を定めてその業務の全部若しくは一部の停止を命ずることができる.
③ 第1項に規定するもののほか,厚生労働大臣は,医薬品,医療機器又は再生医療等製品の製造販売業者又は製造業者が,次の各号のいずれかに該当するときは,期間を定めてその業務の全部又は一部の停止を命ずることができる.
1 当該製造販売業者又は製造業者(血液製剤(安全な血液製剤の安定供給の確保等に関する法律(昭和31年法律第160号)第2条第1項に規定する血液製剤をいう.次号及び第3号においても同じ.)の製造販売業者又は製造業者に限る.)が,同法第26条第2項の勧告に従わなかつたとき.
2 採血事業者(安全な血液製剤の安定供給の確保等に関する法律第2条第3項に規定する採血事業者をいう.次号において同じ.)以外の者が国内で採取した血液又は国内で有料で採取され,若しくは提供のあつせんをされた血液を原料として血液製剤を製造したとき.
3 当該製造販売業者又は製造業者以外の者(血液製剤の製造販売業者又は製造業者を除く.)が国内で採取した血液(採血事業者又は病院若しくは診療所の開設者が安全な血液製剤の安定供給の確保等に関する法律第12条第1項に規定する厚生労働省令で定める物の原料とする目的で採取した血液を除く.)又は国内で有料で採取され,若しくは提供のあつせんをされた血液を原料として医薬品(血液製剤を除く.),医療機器又は再生医療等製品を製造したとき. 〈②(略)〉

(登録の取消し等)
第75条の2 厚生労働大臣は,医療機器又は体外診断用医薬品の製造業者について,この法律その他薬事に関する法令で政令で定めるもの若しくはこれに基づく処分に違反する行為があつたとき,不正の手段により第23条の2の3第1項の登録を受けたとき,又は当該者(当該者が法人であるときは,その業務を行う役員を含む.)が同条第4項の規定に該当するに至つたときは,その登録を取り消し,又は期間を定めてその業務の全部若しくは一部の停止を命ずることができる. 〈②(略)〉

(外国製造医薬品等の製造販売の承認の取消し等)
第75条の2の2 ① 厚生労働大臣は,外国特例承認取得者が次の各号のいずれかに該当する場合には,その者が受けた当該承認の全部又は一部を取り消すことができる.
1 選任製造販売業者が欠けた場合において新たに製造販売業者を選任しなかつたとき.
2 厚生労働大臣が,必要があると認めて,外国特例承認取得者に対し,厚生労働省令で定めるところにより必要な報告を求めた場合において,その報告がされず,又は虚偽の報告がされたとき.
3 厚生労働大臣が,必要があると認めて,その職員に,外国特例承認取得者の工場,事務所その他医薬品,医薬部外品,化粧品,医療機器又は再生医療等製品を業務上取り扱う場所においてその構造設備又は帳簿書類その他の物件についての検査をさせ,従業員その他の関係者に質問をさせようとした場合において,その検査が拒まれ,妨げられ,若しくは忌避され,又はその質問に対して,正当な理由なしに答弁がされず,若しくは虚偽の答弁がされたとき.
4 次項において準用する第72条第2項又は第74条の2第2項若しくは第3項(第1号及び第4号を除く.)の規定による請求に応じなかつたとき.
5 外国特例承認取得者又は選任製造販売業者についてこの法律その他薬事に関する法令で政令で定めるもの又はこれに基づく処分に違反する行為があつたとき.
② 第19条の2,第23条の2の17又は第23条の37の承認については,第72条第2項並びに第74条の2第1項,第2項及び第3項(第1号及び第4号を除く.)の規定を準用する.〔以下略〕

(特例承認の取消し等)
第75条の3 ① 厚生労働大臣は,第14条の3第1項(第20条第1項において準用する場合を含む.以下この条において同じ.),第23条の2の8第1項(第23条の2の20第1項において準用する場合を含む.以下この条において同じ.)又は第23条の28第1項(第23条の40第1項において準用する場合を含む.以下この条において同じ.)の規定による第14条,第19条の2,第23条の2の5,第23条の2の17,第23条の25又は第23条の37の承認に係る品目が第14条の3第1項各号,第23条の2の8第1項各号又は第23条の28第1項各号のいずれかに該当しなくなつたと認めるとき,又は保健衛生上の危害の発生若しくは拡大を防止するため必要があると認めるときは,これらの承認

35 医薬品、医療機器等の品質、有効性及び安全性の確保等に関する法律（76条～77条の2）

を取り消すことができる．　　　　《②（略）》
（許可等の更新を拒否する場合の手続）
第76条　厚生労働大臣又は都道府県知事は，第4条第4項，第12条第2項，第13条第3項（同条第7項において準用する場合を含む．），第23条の2第2項，第23条の20第2項，第23条の22第3項（同条第7項において準用する場合を含む．），第24条第2項，第39条第4項，第40条の2第2項若しくは第40条の5第4項の許可の更新，第13条の3第3項において準用する第13条第3項（第13条第3項において準用する第13条第7項において準用する場合を含む．）若しくは第23条の24第3項において準用する第23条の22第3項（第23条の24第3項において準用する第23条の22第7項において準用する場合を含む．）の認定の更新又は第23条の2の3第3項（第23条の2の4第2項において準用する場合を含む．）若しくは第23条の6第3項の登録の更新を拒もうとするときは，当該処分の名宛人に対し，その処分の理由を通知し，弁明及び有利な証拠の提出の機会を与えなければならない．
（薬事監視員）
第76条の3　① 第69条第1項から第4項まで，第70条第2項，第76条の7第2項又は第76条の8第1項に規定する当該職員の職権を行わせるため，厚生労働大臣，都道府県知事，保健所を設置する市の市長又は特別区の区長は，国，都道府県，保健所を設置する市又は特別区の職員のうちから，薬事監視員を命ずるものとする．　　　　《②（略）》

第14章　指定薬物の取扱い

（製造等の禁止）
第76条の4　指定薬物は，疾病の診断，治療又は予防の用途及び人の身体に対する危害の発生を伴うおそれがない用途として厚生労働省令で定めるもの（以下この条及び次条において「医療等の用途」という．）以外の用途に供するために製造し，輸入し，販売し，授与し，所持し，購入し，若しくは譲り受け，又は医療等の用途以外の用途に使用してはならない．
（広告の制限）
第76条の5　指定薬物については，医事若しくは薬事又は自然科学に関する記事を掲載する医薬関係者等（医療関係者又は自然科学に関する研究に従事する者をいう．）向けの新聞又は雑誌により行う場合その他主として指定薬物を医療等の用途に使用する者を対象として行う場合を除き，何人も，その広告を行ってはならない．
（指定薬物等である疑いがある物品の検査及び製造等の制限）
第76条の6　厚生労働大臣又は都道府県知事は，指定薬物又は指定薬物と同等以上に精神毒性を有する蓋然性が高い物である疑いがある物品を発見した場合において，保健衛生上の危害の発生を防止するため必要があると認めるときは，厚生労働省令で定めるところにより，当該物品を貯蔵し，若しくは陳列した者に対して，当該物品は製造し，輸入し，販売し，若しくは授与した者に対して，当該物品が指定薬物であるかどうか及び当該物品が指定薬物でないことが判明した場合にあつては，当該物品が指定薬物と同等以上に精神毒性を有する蓋然性が高い物であるかどうかについて，厚生労働大臣若しくは都道府県知事又は厚生労働大臣若しくは都道府県知事の指定する者の検査を受けるべきことを命ずることができる．　　　　《②～⑦（略）》
（廃棄等）
第76条の7　① 厚生労働大臣又は都道府県知事は，第76条の4の規定に違反して貯蔵され，若しくは陳列されている指定薬物又は同条の規定に違反して製造され，輸入され，販売され，若しくは授与された指定薬物について，当該指定薬物を取り扱う者に対して，廃棄，回収その他公衆衛生上の危険の発生を防止するに足りる措置を採るべきことを命ずることができる．
② 厚生労働大臣又は都道府県知事は，前項の規定による命令を受けた者がその命令に従わない場合であつて，公衆衛生上の危険の発生を防止するため必要があると認めるときは，当該職員に，同項に規定する物を廃棄させ，若しくは回収させ，又はその他の必要な処分をさせることができる．　　《③（略）》
（中止命令等）
第76条の7の2　① 厚生労働大臣又は都道府県知事は，第76条の5の規定に違反した者に対して，その行為の中止その他公衆衛生上の危険の発生を防止するに足りる措置を採るべきことを命ずることができる．　　　　《②，③（略）》
（立入検査等）
第76条の8　① 厚生労働大臣又は都道府県知事は，この章の規定を施行するため必要があると認めるときは，厚生労働省令で定めるところにより，指定薬物若しくは指定薬物と同等以上に精神毒性を有する蓋然性が高い物である疑いがある物品を貯蔵し，陳列し，若しくは広告している者又は指定薬物若しくはこれらの物品を製造し，輸入し，販売し，授与し，貯蔵し，陳列し，若しくは広告した者に対して，必要な報告をさせ，又は当該職員に，これらの者の店舗その他必要な場所に立ち入り，帳簿書類その他の物件を検査させ，関係者に質問させ，若しくは指定薬物若しくはこれらの物品を，試験のため必要な最少分量に限り，収去させることができる．　　　　《②（略）》
（麻薬取締官及び麻薬取締員による職権の行使）
第76条の9　厚生労働大臣又は都道府県知事は，第76条の7第2項又は前条第1項に規定する当該職員の職権を麻薬取締官又は麻薬取締員に行わせることができる．

第15章　希少疾病用医薬品，希少疾病用医療機器及び希少疾病用再生医療等製品の指定等

（指定等）
第77条の2　① 厚生労働大臣は，次の各号のいずれにも該当する医薬品，医療機器又は再生医療等製品につき，製造販売をしようとする者（本邦に輸出されるものにつき，外国において製造等をする者を含む．）から申請があつたときは，薬事・食品衛生審議会の意見を聴いて，当該申請に係る医薬品，医療機器又は再生医療等製品を希少疾病用医薬品，希少疾病用医療機器又は希少疾病用再生医療等製品として指定することができる．
1　その用途に係る対象者の数が本邦において厚生労働省令で定める人数に達しないこと．

(2) 供給体制・公衆衛生

2 申請に係る医薬品,医療機器又は再生医療等製品につき,製造販売の承認が与えられるとしたならば,その用途に関して,特に優れた使用価値を有することとなる物であること. 〈2〉(略)
(資金の確保)
第77条の3 国は,前条第1項各号のいずれにも該当する医薬品,医療機器又は再生医療等製品の試験研究を促進するのに必要な資金の確保に努めるものとする.
(税制上の措置)
第77条の4 国は,租税特別措置法(昭和32年法律第26号)で定めるところにより,希少疾病用医薬品,希少疾病用医療機器及び希少疾病用再生医療等製品の試験研究を促進するため必要な措置を講ずるものとする.
(指定の取消し等)
第77条の6 ② 厚生労働大臣は,次の各号のいずれかに該当するときは,指定を取り消すことができる.
 1 希少疾病用医薬品,希少疾病用医療機器又は希少疾病用再生医療等製品が第77条の2第1項各号のいずれかに該当しなくなつたとき.
 2 指定に関し不正の行為があつたとき.
 3 正当な理由なく希少疾病用医薬品,希少疾病用医療機器又は希少疾病用再生医療等製品の試験研究又は製造販売が行われないとき.
 4 指定を受けた者についてこの法律その他薬事に関する法令で政令で定めるもの又はこれに基づく処分に違反する行為があつたとき.
〈①,③(略)〉

第16章 雑 則

(手数料)
第78条 ① 次の各号に掲げる者(厚生労働大臣に対して申請する者に限る.)は,それぞれ当該各号の申請に対する審査に要する実費の額を考慮して政令で定める額の手数料を納めなければならない.
〈1~29,②,③(略)〉
(許可等の条件)
第79条 ① この法律に規定する許可,認定又は承認には,条件又は期限を付し,及びこれを変更することができる.
② 前項の条件又は期限は,保健衛生上の危害の発生を防止するため必要な最小限度のものに限り,かつ,許可,認定又は承認を受ける者に対し不当な義務を課することとなるものであつてはならない.
(治験の取扱い)
第80条の2 ① 治験の依頼をしようとする者は,治験を依頼するに当たつては,厚生労働省令で定める基準に従つてこれを行わなければならない.
② 治験(薬物,機械器具等又は人若しくは動物の細胞に培養その他の加工を施したもの若しくは人若しくは動物の細胞に導入され,これらの体内で発現する遺伝子を含有するもの(以下この条から第80条の4まで及び第83条第1項において「薬物等」という.)であつて,厚生労働省令で定めるものを対象とするものに限る.以下この項において同じ.)の依頼をしようとする者又は自ら治験を実施しようとする者は,あらかじめ,厚生労働省令で定めるところにより,厚生労働大臣に治験の計画を届け出なければならない.ただし,当該治験の対象とされる薬物等を使用することが緊急やむを得ない

場合として厚生労働省令で定める場合には,当該治験を開始した日から30日以内に,厚生労働省令で定めるところにより,厚生労働大臣に治験の計画を届け出たときは,この限りでない.
③ 前項本文の規定による届出をした者(当該届出に係る治験の対象とされる薬物等につき初めて同項の規定による届出をした者に限る.)は,当該届出をした日から起算して30日を経過した後でなければ,治験を依頼し,又は自ら治験を実施してはならない.この場合において,厚生労働大臣は,当該届出に係る治験の計画に関し保健衛生上の危害の発生を防止するため必要な調査を行うものとする.
④ 治験の依頼を受けた者は自ら治験を実施しようとする者は,厚生労働省令で定める基準に従つて,治験をしなければならない.
⑤ 治験の依頼をした者は,厚生労働省令で定める基準に従つて,治験を管理しなければならない.
⑥ 治験の依頼をした者又は自ら治験を実施した者は,当該治験の対象とされる薬物等について,当該薬物等の副作用によるものと疑われる疾病,障害又は死亡の発生,当該薬物等の使用によるものと疑われる感染症の発生その他の治験の対象とされる薬物等の有効性及び安全性に関する事項で厚生労働省令で定めるものを知つたときは,その旨を厚生労働省令で定めるところにより厚生労働大臣に報告しなければならない.この場合において,厚生労働大臣は,当該報告に係る情報の整理又は当該報告に関する調査を行うものとする.
⑦ 厚生労働大臣は,治験が第4項又は第5項の基準に適合するかどうかを調査するため必要があると認めるときは,治験の依頼をした者その他治験の対象とされる薬物等を業務上取り扱う者に対して,必要な報告をさせ,又は当該職員に,病院,診療所,飼育動物診療施設,工場,事務所その他の治験の対象とされる薬物等を業務上取り扱う場所に立ち入り,その構造設備若しくは帳簿書類その他の物件を検査させ,若しくは従業員その他の関係者に質問させることができる.
⑧ 厚生労働大臣は,治験の対象とされる薬物等の使用による保健衛生上の危害の発生又は拡大を防止するため必要があると認めるときは,治験の依頼をしようとし,若しくは依頼をした者,自ら治験を実施しようとし,若しくは実施した者又は治験の依頼を受けた者に対し,治験の依頼の取消し又は変更,治験の中止又はその変更その他必要な指示を行うことができる.
⑩ 治験の依頼をした者若しくは自ら治験を実施した者又はその役員若しくは職員は,正当な理由なく,治験に関しその職務上知り得た人の秘密を漏らしてはならない.これらの者であつた者についても,同様とする. 〈⑧(略)〉
(機構による治験の計画に係る調査等の実施)
第80条の3 ① 厚生労働大臣は,機構に,治験の対象とされる薬物等(専ら動物のために使用されることが目的とされているものを除く.以下この条及び次条において同じ.)のうち政令で定めるものに係る治験の計画についての前条第3項後段の規定による調査を行わせることができる. 〈②,③(略)〉
(権限の委任)
第81条の4 ① この法律に規定する厚生労働大臣の権限は,厚生労働省令で定めるところにより,地

方厚生局長に委任することができる．
② 前項の規定により地方厚生局長に委任された権限は，厚生労働省令で定めるところにより，地方厚生支局長に委任することができる．

第17章 罰 則

第83条の9 第76条の4の規定に違反して，業として，指定薬物を製造し，輸入し，販売し，若しくは授与した者又は指定薬物を所持した者（販売又は授与の目的で貯蔵し，又は陳列した者に限る．）は，5年以下の懲役若しくは500万円以下の罰金に処し，又はこれを併科する．

第84条 次の各号のいずれかに該当する者は，3年以下の懲役若しくは300万円以下の罰金に処し，又はこれを併科する．
1 第4条第1項の規定に違反した者
2 第12条第1項の規定に違反した者
3 第14条第1項又は第9項の規定に違反した者
4 第23条の2第1項の規定に違反した者
5 第23条の2の5第1項又は第11項の規定に違反した者
6 第23条の2の23第1項又は第6項の規定に違反した者
7 第23条の20第1項の規定に違反した者
8 第23条の25第1項又は第9項の規定に違反した者
9 第24条第1項の規定に違反した者
10 第27条の規定に違反した者
11 第31条の規定に違反した者
12 第39条第1項の規定に違反した者
13 第40条の2第1項又は第5項の規定に違反した者
14 第40条の5第1項の規定に違反した者
15 第43条第1項又は第2項の規定に違反した者
16 第44条第3項の規定に違反した者
17 第49条第1項の規定に違反した者
19 第56条（第60条及び第62条において準用する場合を含む．）の規定に違反した者
20 第57条第2項（第60条，第62条及び第65条の5において準用する場合を含む．）の規定に違反した者
21 第65条の規定に違反した者
22 第65条の6の規定に違反した者
23 第68条の20の規定に違反した者
24 第69条の3の規定による命令に違反した者
25 第70条第1項若しくは第76条の7第1項の規定による命令に違反したし，又は第70条第2項若しくは第76条の7第2項の規定による廃棄その他の処分を拒み，妨げ，若しくは忌避した者
26 第76条の4の規定に違反した者（前条に該当する者を除く．） 〈18, 27(略)〉

第85条 次の各号のいずれかに該当する者は，2年以下の懲役若しくは200万円以下の罰金に処し，又はこれを併科する．
1 第37条第1項の規定に違反した者
3 第55条第1項（第60条，第62条，第64条，第65条の5及び第68条の19において準用する場合を含む．）の規定に違反した者
4 第66条第1項又は第3項の規定に違反した者
5 第68条の規定に違反した者
6 第72条の5第1項の規定による命令に違反した者
7 第75条第1項又は第3項の規定による業務の停止命令に違反した者
8 第75条の2第1項の規定による業務の停止命令に違反した者
9 第76条の5の規定に違反した者
10 第76条の7の2の規定による命令に違反した者 〈2(略)〉

第86条 次の各号のいずれかに該当する者は，1年以下の懲役若しくは100万円以下の罰金に処し，又はこれを併科する．
1 第7条第1項若しくは第2項，第28条第1項若しくは第2項，第31条の2又は第35条第1項若しくは第2項の規定に違反した者
2 第13条第1項又は第6項の規定に違反した者
3 第17条第1項，第3項又は第5項の規定に違反した者
4 第23条の2の3第1項の規定に違反した者
5 第23条の2の14第1項，第3項（第40条の3において準用する場合を含む．）又は第5項の規定に違反した者
6 第23条の22第1項又は第6項の規定に違反した者
7 第23条の34第1項又は第3項の規定に違反した者
8 第39条の2第1項の規定に違反した者
9 第40条の6第1項の規定に違反した者
10 第45条の規定に違反した者
11 第46条第1項又は第4項の規定に違反した者
13 第49条第2項の規定に違反して，同項に規定する事項を記載せず，若しくは虚偽の記載をし，又は同条第3項の規定に違反した者
15 第67条の規定に基づく厚生労働省令の定める制限その他の措置に違反した者
16 第68条の16第1項の規定に違反した者
17 第72条第1項又は第2項の規定による業務の停止命令に違反した者
18 第72条第3項又は第4項の規定に基づく施設の使用禁止の処分に違反した者
19 第72条の4第1項又は第2項の規定による命令に違反した者
20 第73条の規定による命令に違反した者
22 第74条の2第2項又は第3項の規定による命令に違反した者
24 第76条の7の2第2項の規定による命令に違反した者 〈12, 14, 21, 23, 25, ②(略)〉

第87条 次の各号のいずれかに該当する者は，50万円以下の罰金に処する．
12 第39条の3第1項の規定に違反した者
13 第69条第1項から第4項まで若しくは第76条の8第1項の規定による報告をせず，若しくは虚偽の報告をし，第69条第1項から第4項まで若しくは第76条の8第1項の規定による立入検査（第69条の2第1項及び第2項の規定により機構が行うものを含む．）若しくは第69条第4項若しくは第76条の8第1項の規定による収去（第69条の2第1項及び第2項の規定により機構が行うものを含む．）を拒み，妨げ，若しくは忌避し，又は第69条第1項から第4項まで若しくは第76条の8第1項の規定による質問（第69条の2第1項及び第2項の規定により機構が行うものを含む．）に対して，正当な理由なしに答弁せず，若しくは虚

偽の答弁をした者
14 第71条の規定による命令に違反した者
15 第76条の6第1項の規定による命令に違反した者
16 第80条の2第1項,第2項,第3項前段又は第5項の規定に違反した者 〔1～11,17(略)〕

第88条 次の各号のいずれかに該当する者は,30万円以下の罰金に処する.
1 第6条の規定に違反した者 〔2～4(略)〕

第90条 法人の代表者又は法人若しくは人の代理人,使用人その他の従業者が,その法人又は人の業務に関して,次の各号に掲げる規定の違反行為をしたときは,行為者を罰するほか,その法人に対して当該各号に定める罰金刑を,その人に対して各本条の罰金刑を科する.
1 第83条の9又は第84条(第3号,第5号,第6号,第12号,第13号,第15号,第18号,第19号,第21号から第25号(第70条第2項及び第76条の7第2項の規定に係る部分を除く.)までに係る部分に限る.) 1億円以下の罰金刑
2 第84条(第3号,第5号,第6号,第8号,第12号,第15号,第18号,第19号,第21号から第25号(第70条第2項及び第76条の7第2項の規定に係る部分を除く.)までに係る部分を除く.),第85条,第86条第1項,第86条の3第1項,第87条又は第88条 各本条の罰金刑

36 医師法(抄)

(昭23・7・30法律第201号,昭23・7・30施行,
最終改正:平26・6・13法律第69号)

第1章 総 則

第1条 医師は,医療及び保健指導を掌ることによつて公衆衛生の向上及び増進に寄与し,もつて国民の健康な生活を確保するものとする.

第2章 免 許

第2条 医師になろうとする者は,医師国家試験に合格し,厚生労働大臣の免許を受けなければならない.

第3条 未成年者,成年被後見人又は被保佐人には,免許を与えない.

第4条 次の各号のいずれかに該当する者には,免許を与えないことがある.
1 心身の障害により医師の業務を適正に行うことができない者として厚生労働省令で定めるもの
2 麻薬,大麻又はあへんの中毒者
3 罰金以上の刑に処せられた者
4 前号に該当する者を除くほか,医事に関し犯罪又は不正の行為のあつた者

第5条 厚生労働省に医籍を備え,登録年月日,第7条第1項又は第2項の規定による処分に関する事項その他の医師免許に関する事項を登録する.

第6条 ① 免許は,医師国家試験に合格した者の申請により,医籍に登録することによつて行う.
② 厚生労働大臣は,免許を与えたときは,医師免許証を交付する.
③ 医師は,厚生労働省令で定める2年ごとの年の12月31日現在における氏名,住所(医業に従事する者については,更にその場所)その他厚生労働省令で定める事項を,当該年の翌年1月15日までに,その住所地の都道府県知事を経由して厚生労働大臣に届け出なければならない.

第7条 ① 医師が,第3条に該当するときは,厚生労働大臣は,その免許を取り消す.
② 医師が第4条各号のいずれかに該当し,又は医師としての品位を損するような行為のあつたときは,厚生労働大臣は,次に掲げる処分をすることができる.
1 戒告
2 3年以内の医業の停止
3 免許の取消し
③ 前2項の規定による取消処分を受けた者(第4条第3号若しくは第4号に該当し,又は医師としての品位を損するような行為のあつた者として前項の規定による取消処分を受けた者にあつては,その処分の日から起算して5年を経過しない者を除く.)であつても,その者がその取消しの理由となつた事項に該当しなくなつたとき,その他その後の事情により再び免許を与えることが適当であると認められるに至つたときは,再免許を与えることができる.この場合においては,第6条第1項及び第2項の規定を準用する.
④ 厚生労働大臣は,前3項に規定する処分をなすに当つては,あらかじめ,医道審議会の意見を聴かなければならない.
⑤ 厚生労働大臣は,第1項又は第2項の規定による免許の取消処分をしようとするときは,都道府県知事に対し,当該処分に係る者に対する意見の聴取を行うことを求め,当該意見の聴取をもつて,厚生労働大臣による聴聞に代えることができる.
⑥ 行政手続法(平成5年法律第88号)第3章第2節(第25条,第26条及び第28条を除く.)の規定は,都道府県知事が前項の規定により意見の聴取を行う場合について準用する.この場合において,同節中「聴聞」とあるのは「意見の聴取」と,同法第15条第1項中「行政庁」とあるのは「都道府県知事」と,同条第3項(同法第22条第3項において準用する場合を含む.)中「行政庁は」とあるのは「都道府県知事は」と,「当該行政庁が」とあるのは「当該都道府県知事が」と,「当該行政庁の」とあるのは「当該都道府県の」と,同法第16条第4項並びに第18条第1項及び第3項中「行政庁」とあるのは「都道府県知事」と,同法第19条第1項中「行政庁が指名する職員その他政令で定める者」とあるのは「都道府県知事が指名する職員」と,同法第20条第1項,第2項及び第4項中「行政庁」とあるのは「都道府県」と,同条第6項及び同法第24条第3項中「行政庁」とあるのは「都道府県知事」と読み替えるものとする.
⑪ 厚生労働大臣は,第2項の規定による医業の停止の命令をしようとするときは,都道府県知事に対し,当該処分に係る者に対する弁明の聴取を行うことを求め,当該弁明の聴取をもつて,厚生労働大臣による弁明の機会の付与に代えることができる.
⑫ 厚生労働大臣は,第11項に規定する場合のほか,厚生労働大臣による弁明の機会の付与に代えて,医道審議会の委員に,当該処分に係る者に対する弁明の聴取を行わせることができる.この場合にお

ては、前項中「前項」とあるのは「次項」と、「都道府県知事」とあるのは「厚生労働大臣」と読み替えて、同項の規定を適用する。
⑰ 第5項の規定により意見の聴取を行う場合における第6項において読み替えて準用する行政手続法第15条第1項の通知又は第11項の規定により弁明の聴取を行う場合における第12項の通知は、それぞれ、前項の規定により通知された内容に基づいたものでなければならない。
⑱ 第5項若しくは第11項の規定により都道府県知事が意見の聴取若しくは弁明の聴取を行う場合又は第13項前段の規定により医道審議会の委員が弁明の聴取を行う場合における当該処分については、行政手続法第3章(第12条及び第14条を除く.)の規定は、適用しない。 《⑦〜⑩,⑫,⑭〜⑯(略)》
第7条の2 ① 厚生労働大臣は、前条第2項第1号若しくは第2号に掲げる処分を受けた医師又は同条第3項の規定により再免許を受けようとする者に対し、医師としての倫理の保持又は医師として具有すべき知識及び技能に関する研修として厚生労働省令で定めるもの(以下「再教育研修」という.)を受けるよう命ずることができる。
② 厚生労働大臣は、前項の規定による再教育研修を修了した者について、その申請により、再教育研修を修了した旨を医籍に登録する。 《③〜⑤(略)》
第7条の3 厚生労働大臣は、医師について第7条第2項の規定による処分をするか否かを調査する必要があると認めるときは、当該事案に関係のある者若しくは参考人から意見若しくは報告を徴し、診療録その他の物件の所有者に対し、当該物件の提出を命じ、又は当該職員をして当該事案に関係のある病院その他の場所に立ち入り、診療録その他の物件を検査させることができる。《②,③(略)》

第 3 章 試 験

第9条 医師国家試験は、臨床上必要な医学及び公衆衛生に関して、医師として具有すべき知識及び技能について、これを行う。
第11条 医師国家試験は、左の各号の1に該当する者でなければ、これを受けることができない。
1 学校教育法(昭和22年法律第26号)に基づく大学(以下単に「大学」という.)において、医学の正規の課程を修めて卒業した者
2 医師国家試験予備試験に合格した者で、合格した後1年以上の診療及び公衆衛生に関する実地修練を経たもの
3 外国の医学校を卒業し、又は外国で医師免許を得た者で、厚生労働大臣が前2号に掲げる者と同等以上の学力及び技能を有し、且つ、適当と認定したもの

第3章の2 臨床研修

第16条の2 ① 診療に従事しようとする医師は、2年以上、医学を履修する課程を置く大学に附属する病院又は厚生労働大臣の指定する病院において、臨床研修を受けなければならない。
② 厚生労働大臣は、前項の規定により指定した病院が臨床研修を行うについて不適当であると認めるに至つたときは、その指定を取り消すことができる。
③ 厚生労働大臣は、第1項の指定又は前項の指定の

取消しをしようとするときは、あらかじめ、医道審議会の意見を聴かなければならない。
④ 第1項の規定の適用については、外国の病院で、厚生労働大臣が適当と認めたものは、同項の厚生労働大臣の指定する病院とみなす。
第16条の3 臨床研修を受けている医師は、臨床研修に専念し、その資質の向上を図るように努めなければならない。

第 4 章 業 務

第17条 医師でなければ、医業をなしてはならない。
第18条 医師でなければ、医師又はこれに紛らわしい名称を用いてはならない。
第19条 ① 診療に従事する医師は、診察治療の求があつた場合には、正当な事由がなければ、これを拒んではならない。
② 診察若しくは検案をし、又は出産に立ち会つた医師は、診断書若しくは検案書又は出生証明書若しくは死産証書の交付の求があつた場合には、正当の事由がなければ、これを拒んではならない。
第20条 医師は、自ら診察しないで治療をし、若しくは診断書若しくは処方せんを交付し、自ら出産に立ち会わないで出生証明書若しくは死産証書を交付し、又は自ら検案をしないで検案書を交付してはならない。但し、診療中の患者が受診後24時間以内に死亡した場合に交付する死亡診断書については、この限りでない。
第21条 医師は、死体又は妊娠4月以上の死産児を検案して異状があると認めたときは、24時間以内に所轄警察署に届け出なければならない。

第 6 章 罰 則

第31条 ① 次の各号のいずれかに該当する者は、3年以下の懲役若しくは100万円以下の罰金に処し、又はこれを併科する。
1 第17条の規定に違反した者
2 虚偽又は不正の事実に基づいて医師免許を受けた者
② 前項第1号の罪を犯した者が、医師又はこれに類似した名称を用いたものであるときは、3年以下の懲役若しくは200万円以下の罰金に処し、又はこれを併科する。
第33条の2 次の各号のいずれかに該当する者は、50万円以下の罰金に処する。
① 第6条第3項, 第18条, 第20条から第22条まで又は第24条の規定に違反した者
《②,③(略)》

37 保健師助産師看護師法 (抄)

(昭23・7・30法律第203号, 昭26・9・1施行,
最終改正:平26・6・25法律第83号)

第 1 章 総 則

第1条 この法律は、保健師、助産師及び看護師の資質を向上し、もつて医療及び公衆衛生の普及向上を

(2) 供給体制・公衆衛生

図ることを目的とする.

第2条 この法律において「保健師」とは,厚生労働大臣の免許を受けて,保健師の名称を用いて,保健指導に従事することを業とする者をいう.

第3条 この法律において「助産師」とは,厚生労働大臣の免許を受けて,助産又は妊婦,じよく婦若しくは新生児の保健指導を行うことを業とする女子をいう.

第5条 この法律において「看護師」とは,厚生労働大臣の免許を受けて,傷病者若しくはじよく婦に対する療養上の世話又は診療の補助を行うことを業とする者をいう.

第6条 この法律において「准看護師」とは,都道府県知事の免許を受けて,医師,歯科医師又は看護師の指示を受けて,前条に規定することを行うことを業とする者をいう.

第2章 免 許

第7条 ① 保健師になろうとする者は,保健師国家試験及び看護師国家試験に合格し,厚生労働大臣の免許を受けなければならない.

② 助産師になろうとする者は,助産師国家試験及び看護師国家試験に合格し,厚生労働大臣の免許を受けなければならない.

③ 看護師になろうとする者は,看護師国家試験に合格し,厚生労働大臣の免許を受けなければならない.

第8条 准看護師になろうとする者は,准看護師試験に合格し,都道府県知事の免許を受けなければならない.

第9条 次の各号のいずれかに該当する者には,前2条の規定による免許(以下「免許」という.)を与えないことがある.
1 罰金以上の刑に処せられた者
2 前号に該当する者を除くほか,保健師,助産師,看護師又は准看護師の業務に関し犯罪又は不正の行為があつた者
3 心身の障害により保健師,助産師,看護師又は准看護師の業務を適正に行うことができない者として厚生労働省令で定めるもの
4 麻薬,大麻又はあへんの中毒者

第10条 厚生労働省に保健師籍,助産師籍及び看護師籍を備え,登録年月日,第14条第1項の規定による処分に関する事項その他の保健師免許,助産師免許及び看護師免許に関する事項を登録する.

第11条 都道府県に准看護師籍を備え,登録年月日,第14条第2項の規定による処分に関する事項その他の准看護師免許に関する事項を登録する.

第12条 ① 保健師免許は,保健師国家試験及び看護師国家試験に合格した者の申請により,保健師籍に登録することによつて行う.

② 助産師免許は,助産師国家試験及び看護師国家試験に合格した者の申請により,助産師籍に登録することによつて行う.

③ 看護師免許は,看護師国家試験に合格した者の申請により,看護師籍に登録することによつて行う.

④ 准看護師免許は,准看護師試験に合格した者の申請により,准看護師籍に登録することによつて行う.

⑤ 厚生労働大臣又は都道府県知事は,免許を与えたときは,それぞれ保健師免許証,助産師免許証若しくは看護師免許証又は准看護師免許証を交付する.

第14条 ① 保健師,助産師若しくは看護師が第9条各号のいずれかに該当するに至つたとき,又は保健師,助産師若しくは看護師としての品位を損するような行為のあつたときは,厚生労働大臣は,次に掲げる処分をすることができる.
1 戒告
2 3年以内の業務の停止
3 免許の取消し

② 准看護師が第9条各号のいずれかに該当するに至つたとき,又は准看護師としての品位を損するような行為のあつたときは,都道府県知事は,次に掲げる処分をすることができる.
1 戒告
2 3年以内の業務の停止
3 免許の取消し

③ 前2項の規定による取消処分を受けた者(第9条第1号若しくは第2号に該当し,又は保健師,助産師,看護師若しくは准看護師としての品位を損するような行為のあつた者として前2項の規定による取消処分を受けた者にあつては,その処分の日から起算して5年を経過しない者を除く.)であつても,その者がその取消しの理由となつた事項に該当しなくなつたとき,その他その後の事情により再び免許を与えるのが適当であると認められるに至つたときは,再免許を与えることができる.この場合においては,第12条の規定を準用する.

第15条 ① 厚生労働大臣は,前条第1項又は第3項に規定する処分をしようとするときは,あらかじめ医道審議会の意見を聴かなければならない.

② 都道府県知事は,前条第2項又は第3項に規定する処分をしようとするときは,あらかじめ准看護師試験委員の意見を聴かなければならない.

③ 厚生労働大臣は,前条第1項の規定による免許の取消処分をしようとするときは,都道府県知事に対し,当該処分に係る者に対する意見の聴取を行うことを求め,当該意見の聴取をもつて,厚生労働大臣による聴聞に代えることができる.

④ 行政手続法(平成5年法律第88号)第3章第2節(第25条,第26条及び第28条を除く.)の規定は,都道府県知事が前項の規定により意見の聴取を行う場合について準用する.この場合において,同節中「聴聞」とあるのは「意見の聴取」と,同法第15条第1項中「行政庁」とあるのは「都道府県知事」と,同条第3項(同法第22条第3項において準用する場合を含む.)中「行政庁は」とあるのは「都道府県知事は」と,「当該行政庁が」とあるのは「当該都道府県知事が」と,「当該行政庁の」とあるのは「当該都道府県の」と,同法第16条第4項並びに第18条第1項及び第3項中「行政庁」とあるのは「都道府県知事」と,同法第19条第1項中「行政庁が指名する職員その他政令で定める者」とあるのは「都道府県知事が指名する職員」と,同法第20条第1項,第2項及び第4項中「行政庁」とあるのは「都道府県」と,同条第6項及び同法第24条第3項中「行政庁」とあるのは「都道府県知事」と読み替えるものとする.

⑨ 厚生労働大臣は,前条第1項の規定による業務の停止の命令をしようとするときは,都道府県知事に対し,当該処分に係る者に対する弁明の聴取を行うことを求め,当該弁明の聴取をもつて,厚生労働大臣による弁明の機会の付与に代えることができる.

⑪ 厚生労働大臣は,第9項に規定する場合のほか,厚生労働大臣による弁明の機会の付与に代えて,医

道審議会の委員に,当該処分に係る者に対する弁明の聴取を行わせることができる.この場合においては,前項中「前項」とあるのは「次項」と,「都道府県知事」とあるのは「厚生労働大臣」と読み替えて,同項の規定を適用する.
⑯ 都道府県知事は,前条第2項の規定による業務の停止の命令をしようとするときは,都道府県知事による弁明の機会の付与に代えて,准看護師試験委員に,当該処分に係る者に対する弁明の聴取を行わせることができる.
⑱ 第3項若しくは第9項の規定により都道府県知事が意見の聴取若しくは弁明の聴取を行う場合,第11項前段の規定により医道審議会の委員が弁明の聴取を行う場合又は第16項の規定により准看護師試験委員が弁明の聴取を行う場合における当該処分については,行政手続法第3章(第12条及び第14条を除く.)の規定は,適用しない.

⟨⑤～⑧,⑩,⑫～⑮,⑰(略)⟩

第15条の2 ① 厚生労働大臣は,第14条第1項第1号若しくは第2号に掲げる処分を受けた保健師,助産師若しくは看護師又は同条第3項の規定により保健師,助産師若しくは看護師に係る再免許を受けようとする者に対し,保健師,助産師若しくは看護師としての倫理の保持又は保健師,助産師若しくは看護師として必要な知識及び技能に関する研修として厚生労働省令で定めるもの(以下「保健師等再教育研修」という.)を受けるよう命ずることができる.
② 都道府県知事は,第14条第2項第1号若しくは第2号に掲げる処分を受けた准看護師又は同条第3項の規定により准看護師に係る再免許を受けようとする者に対し,准看護師としての倫理の保持又は准看護師として必要な知識及び技能に関する研修として厚生労働省令で定めるもの(以下「准看護師再教育研修」という.)を受けるよう命ずることができる.

⟨③～⑦(略)⟩

第3章　試　験

第17条 保健師国家試験,助産師国家試験,看護師国家試験及び准看護師試験は,それぞれ保健師,助産師,看護師又は准看護師として必要な知識及び技能について,これを行う.

第4章　業　務

第29条 保健師でない者は,保健師又はこれに類似する名称を用いて,第2条に規定する業をしてはならない.
第30条 助産師でない者は,第3条に規定する業をしてはならない.ただし,医師法(昭和23年法律第201号)の規定に基づいて行う場合は,この限りでない.
第31条 ① 看護師でない者は,第5条に規定する業をしてはならない.ただし,医師法又は歯科医師法(昭和23年法律第202号)の規定に基づいて行う場合は,この限りでない.
② 保健師及び助産師は,前項の規定にかかわらず,第5条に規定する業を行うことができる.
第32条 准看護師でない者は,第6条に規定する業をしてはならない.ただし,医師法又は歯科医師法の規定に基づいて行う場合は,この限りでない.

第35条 保健師は,傷病者の療養上の指導を行うに当たつて主治の医師又は歯科医師があるときは,その指示を受けなければならない.
第36条 保健師は,その業務に関して就業地を管轄する保健所の長の指示を受けたときは,これに従わなければならない.ただし,前条の規定の適用を妨げない.
第37条 保健師,助産師,看護師又は准看護師は,主治の医師又は歯科医師の指示があつた場合を除くほか,診療機械を使用し,医薬品を授与し,医薬品について指示をしその他医師又は歯科医師が行うのでなければ衛生上危害を生ずるおそれのある行為をしてはならない.ただし,臨時応急の手当をし,又は助産師がへその緒を切り,浣腸を施しその他助産師の業務に当然に付随する行為をする場合は,この限りでない.
第37条の2 ① 特定行為を手順書により行う看護師は,指定研修機関において,当該特定行為の特定行為区分に係る特定行為研修を受けなければならない.
② この条,次条及び第42条の4において,次の各号に掲げる用語の意義は,当該各号に定めるところによる.
1　特定行為　診療の補助であつて,看護師が手順書により行う場合には,実践的な理解力,思考力及び判断力並びに高度かつ専門的な知識及び技能が特に必要とされるものとして厚生労働省令で定めるものをいう.
2　手順書　医師又は歯科医師が看護師に診療の補助を行わせるためにその指示として厚生労働省令で定めるところにより作成する文書又は電磁的記録(電子的方式,磁気的方式その他人の知覚によつては認識することができない方式で作られる記録であつて,電子計算機による情報処理の用に供されるものをいう.)であつて,看護師に診療の補助を行わせる患者の病状の範囲及び診療の補助の内容その他の厚生労働省令で定める事項が定められているものをいう.
3　特定行為区分　特定行為の区分であつて,厚生労働省令で定めるものをいう.
4　特定行為研修　看護師が手順書により特定行為を行う場合に特に必要とされる実践的な理解力,思考力及び判断力並びに高度かつ専門的な知識及び技能の向上を図るための研修であつて,特定行為区分ごとに厚生労働省令で定める基準に適合するものをいう.
5　指定研修機関　1又は2以上の特定行為区分に係る特定行為研修を行う学校,病院その他の者であつて,厚生労働大臣が指定するものをいう.
③ 厚生労働大臣は,前項第1号及び第四号の厚生労働省令を定め,又はこれを変更しようとするときは,あらかじめ,医道審議会の意見を聴かなければならない.
第37条の3 ① 前条第2項第5号の規定による指定(以下この条及び次条において単に「指定」という.)は,特定行為研修を行おうとする者の申請により行う.
② 厚生労働大臣は,前項の申請が,特定行為研修の業務を適正かつ確実に実施するために必要なものとして厚生労働省令で定める基準に適合していると認めるときでなければ,指定をしてはならない.
③ 厚生労働大臣は,指定研修機関が前項の厚生労働

省令で定める基準に適合しなくなつたと認めるとき,その他の厚生労働省令で定める場合に該当するときは,指定を取り消すことができる.
④ 厚生労働大臣は,指定又は前項の規定による指定の取消しをしようとするときは,あらかじめ,医道審議会の意見を聴かなければならない.
第37条の4 前2条に規定するもののほか,指定に関して必要な事項は,厚生労働省令で定める.
第38条 助産師は,妊婦,産婦,じよく婦,胎児又は新生児に異常があると認めたときは,医師の診療を求めさせることを要し,自らこれらの者に対して処置をしてはならない.ただし,臨時応急の手当については,この限りでない.
第39条 ① 業務に従事する助産師は,助産又は妊婦,じよく婦若しくは新生児の保健指導の求めがあつた場合は,正当な事由がなければ,これを拒んではならない.　〈(2)略〉
第41条 助産師は,妊娠4月以上の死産児を検案して異常があると認めたときは,24時間以内に所轄警察署にその旨を届け出なければならない.
第42条 保健師,看護師又は准看護師は,正当な理由がなく,その業務上知り得た人の秘密を漏らしてはならない.保健師,看護師又は准看護師でなくなつた後においても,同様とする.
第42条の2 ① 保健師でない者は,保健師又はこれに紛らわしい名称を使用してはならない.
② 助産師でない者は,助産師又はこれに紛らわしい名称を使用してはならない.
③ 看護師でない者は,看護師又はこれに紛らわしい名称を使用してはならない.
④ 准看護師でない者は,准看護師又はこれに紛らわしい名称を使用してはならない.

第4章の2　雑　則

第42条の4 ① 厚生労働大臣は,特定行為研修の業務の適正な実施を確保するため必要があると認めるときは,指定研修機関に対し,その業務の状況に関し報告させ,又は当該職員に,指定研修機関に立ち入り,帳簿書類その他の物件を検査させることができる.
② 前項の規定により立入検査をする職員は,その身分を示す証明書を携帯し,かつ,関係人にこれを提示しなければならない.
③ 第1項の規定による権限は,犯罪捜査のために認められたものと解釈してはならない.
第42条の6 ① この法律に規定する厚生労働大臣の権限は,厚生労働省令で定めるところにより,地方厚生局長に委任することができる.
② 前項の規定により地方厚生局長に委任された権限は,厚生労働省令で定めるところにより,地方厚生支局長に委任することができる.

第5章　罰　則

第43条 ① 次の各号のいずれかに該当する者は,2年以下の懲役若しくは50万円以下の罰金に処し,又はこれを併科する.
1　第29条から第32条までの規定に違反した者
2　虚偽又は不正の事実に基づいて免許を受けた者
② 前項第1号の罪を犯した者が,助産師,看護師,准看護師又はこれに類似した名称を用いたものであるときは,2年以下の懲役若しくは100万円以下の罰金に処し,又はこれを併科する.

Ⅲ 労働保険・労働法規

(1) 雇用保険・雇用対策

38 雇用対策法(抄)

(昭41・7・21法律第132号、昭41・7・21施行、
最終改正:平28・5・20法律第47号)

第1章 総則

(目 的)
第1条 ① この法律は、国が、少子高齢化による人口構造の変化等の経済社会情勢の変化に対応して、雇用に関し、その政策全般にわたり、必要な施策を総合的に講ずることにより、労働市場の機能が適切に発揮され、労働力の需給が質量両面にわたり均衡することを促進して、労働者がその有する能力を有効に発揮することができるようにし、これを通じて、労働者の職業の安定と経済的社会的地位の向上を図るとともに、経済及び社会の発展並びに完全雇用の達成に資することを目的とする.
② この法律の運用に当たつては、労働者の職業選択の自由及び事業主の雇用の管理についての自主性を尊重しなければならず、また、職業能力の開発及び向上を図り、職業を通じて自立しようとする労働者の意欲を高め、かつ、労働者の職業を安定させるための事業主の努力を助長するように努めなければならない.

(定 義)
第2条 この法律において「職業紹介機関」とは、公共職業安定所(職業安定法(昭和22年法律第141号)の規定により公共職業安定所の業務の一部を分担する学校の長を含む.)、同法の規定により無料の職業紹介事業を行う地方公共団体及び同法の規定により許可を受けて、又は届出をして職業紹介事業を行う者をいう.

(基本的理念)
第3条 労働者は、その職業生活の設計が適切に行われ、並びにその設計に即した能力の開発及び向上並びに転職に当たつての円滑な再就職の促進その他の措置が効果的に実施されることにより、職業生活の全期間を通じて、その職業の安定が図られるように配慮されるものとする.

(国の施策)
第4条 ① 国は、第1条第1項の目的を達成するため、前条に規定する基本的理念に従つて、次に掲げる事項について、必要な施策を総合的に講じなければならない.
1 各人がその有する能力に適合する職業に就くことをあつせんするため、及び産業の必要とする労働力を充足するため、職業指導及び職業紹介に関する施策を充実すること.
2 各人がその有する能力に適し、かつ、技術の進歩、産業構造の変動等に即応した技能及びこれに関する知識を習得し、これらにふさわしい評価を受けることを促進するため、職業訓練及び職業能力検定に関する施策を充実すること.
3 就職が困難な者の就職を容易にし、かつ、労働力の需給の不均衡を是正するため、労働者の職業の転換、地域間の移動、職場への適応等を援助するために必要な施策を充実すること.
4 事業規模の縮小等(事業規模若しくは事業活動の縮小又は事業の転換若しくは廃止をいう. 以下同じ.)の際に、失業を予防するとともに、離職を余儀なくされる労働者の円滑な再就職を促進するために必要な施策を充実すること.
5 女性の職業の安定を図るため、妊娠、出産又は育児を理由として休業又は退職した女性の雇用の継続又は円滑な再就職の促進、母子家庭の母及び寡婦の雇用の促進その他の女性の就業を促進するために必要な施策を充実すること.
6 青少年の職業の安定を図るため、職業についての青少年の関心と理解を深めるとともに、雇用管理の改善の促進、実践的な職業能力の開発及び向上の促進その他の青少年の雇用を促進するために必要な施策を充実すること.
7 高年齢者の職業の安定を図るため、定年の引上げ、継続雇用制度の導入等の円滑な実施の促進、再就職の促進、多様な就業機会の確保その他の高年齢者がその年齢にかかわりなくその意欲及び能力に応じて就業することができるようにするために必要な施策を充実すること.
8 障害者の職業の安定を図るため、雇用の促進、職業リハビリテーションの推進その他の障害者がその職業生活において自立することを促進するために必要な施策を充実すること.
9 不安定な雇用状態の是正を図るため、雇用形態及び就業形態の改善等を促進するために必要な施策を充実すること.
10 高度の専門的な知識又は技術を有する外国人(日本の国籍を有しない者をいう. 以下この条において同じ.)の我が国における就業を促進するとともに、労働に従事することを目的として在留する外国人について、適切な雇用機会の確保が図られるようにするため、雇用管理の改善の促進及び離職した場合の再就職の促進を図るために必要な施策を充実すること.
11 地域的な雇用構造の改善を図るため、雇用機会が不足している地域における労働者の雇用を促進するために必要な施策を充実すること.
12 前各号に掲げるもののほか、職業の安定、産業の必要とする労働力の確保等に資する雇用管理の改善の促進その他の事業主がその有する能力を有効に発揮することができるようにするために必要な施策を充実すること.
② 国は、前項に規定する施策及びこれに関連する施策を講ずるに際しては、国民経済の健全な発展、それに即応する企業経営の基盤の改善、地域振興等の諸施策と相まつて、雇用機会の着実な増大及び地域間における労働力の需給の不均衡の是正を図るとともに、労働者がその有する能力を有効に発揮することの妨げとなつている雇用慣行の是正を期するように配慮しなければならない. 《③(略)》

(事業主の責務)
第6条 事業主は、事業規模の縮小等に伴い離職を余儀なくされる労働者について、当該労働者が行う求職活動に対する援助その他の再就職の援助を行

(1) 雇用保険・雇用対策　315

うことにより，その職業の安定を図るように努めなければならない．

（募集及び採用における年齢にかかわりない均等な機会の確保）
第10条　事業主は，労働者がその有する能力を有効に発揮するために必要であると認められるときとして厚生労働省令で定めるときは，労働者の募集及び採用について，厚生労働省令で定めるところにより，その年齢にかかわりなく均等な機会を与えなければならない．

第2章　求職者及び求人者に対する指導等

（求職者に対する指導）
第13条　職業紹介機関は，求職者に対して，雇用情報，職業に関する調査研究の成果等を提供し，かつ，これに基づき職種，就職地その他の求職の内容，必要な技能等について指導することにより，求職者がその適性，能力，経験，技能の程度等にふさわしい職業を選択することを促進し，もつて職業選択の自由が積極的に生かされるように努めなければならない．

（求人者に対する指導）
第14条　①　職業紹介機関は，求人者に対して，雇用情報，職業に関する調査研究の成果等を提供し，かつ，これに基づき求人の内容について指導することにより，求人者が当該作業又は職務に適合する労働者を雇い入れることを促進するように努めなければならない．
②　職業紹介機関は，労働力の需給の適正な均衡を図るために必要があると認めるときは，求人者に対して，雇用情報等を提供し，かつ，これに基づき求人の時期，人員又は地域その他の求人の方法について指導することができる．

（雇用関する援助）
第15条　職業安定機関及び公共職業能力開発施設は，労働者の雇入れ又は配置，適性検査，職業訓練その他の雇用に関する事項について事業主，労働組合その他の関係者から援助を求められたときは，雇用情報，職業に関する調査研究の成果等を活用してその者に対して必要な助言その他の措置を行わなければならない．

第3章　職業訓練等の充実

（職業訓練の充実）
第16条　①　国は，職業訓練施設の整備，職業訓練の内容の充実及び方法の研究開発，職業訓練指導員の養成確保及び資質の向上等職業訓練を充実するために必要な施策を積極的に講ずるものとする．
②　国は，労働者の職業能力の開発及び向上が効果的に図られるようにするため，公共職業能力開発施設が行う職業訓練と事業主又はその団体が行う職業訓練とが相互に密接な関連の下で行われるように努めなければならない．

第4章　職業転換給付金

（職業転換給付金の支給）
第18条　国及び都道府県は，他の法令の規定に基づき支給するものを除くほか，労働者がその有する能力に適合する職業に就くことを容易にし，及び促進するため，求職者その他の労働者又は事業主に対して，政令で定める区分に従い，次に掲げる給付金（以下「職業転換給付金」という．）を支給することができる．
1　求職者の求職活動の促進とその生活の安定とを図るための給付金
2　求職者の知識及び技能の習得を容易にするための給付金
3　広範囲の地域にわたる求職活動又は求職活動を容易にするための役務の利用に要する費用に充てるための給付金
4　就職又は知識若しくは技能の習得をするための移転に要する費用に充てるための給付金
5　求職者を作業環境に適応させる訓練を行うことを促進するための給付金
6　前各号に掲げるもののほか，政令で定める給付金

（支給基準等）
第19条　①　職業転換給付金の支給に関し必要な基準は，厚生労働省令で定める．
②　前項の基準の作成及びその運用に当たつては，他の法令の規定に基づき支給する給付金でこれに類するものとの関連を十分に参酌し，求職者の雇用が促進されるように配慮しなければならない．

（国の負担）
第20条　国は，政令で定めるところにより，都道府県が支給する職業転換給付金に要する費用の一部を負担する．

（譲渡等の禁止）
第21条　職業転換給付金の支給を受けることとなつた者の当該支給を受ける権利は，譲り渡し，担保に供し，又は差し押えることができない．ただし，事業主に係る当該権利については，国税滞納処分（その例による処分を含む．）により差し押える場合は，この限りでない．

（公課の禁止）
第22条　租税その他の公課は，職業転換給付金（事業主に対して支給するものを除く．）を標準として，課することができない．

第5章　事業主による再就職の援助を促進するための措置等

（円滑な再就職の促進のための助成及び援助）
第26条　①　政府は，事業規模の縮小等に伴い離職を余儀なくされる労働者（以下この条において「援助対象労働者」という．）の円滑な再就職を促進するため，雇用保険法（昭和49年法律第116号）第62条の雇用安定事業として，第24条第3項又は前条第1項の規定による認定を受けた再就職援助計画に基づき，その雇用する援助対象労働者に関し，求職活動をするための休暇（労働基準法（昭和22年法律第49号）第39条の規定による年次有給休暇として与えられるものを除く．）の付与その他の再就職の促進に特に資すると認められる措置を講ずる事業主に対して，必要な助成及び援助を行うものとする．

（大量の雇用変動の届出等）
第27条　①　事業主は，その事業所における雇用量の変動（事業規模の縮小その他の理由により一定期間内に相当数の離職者が発生することをいう．）であつて，厚生労働省令で定める場合に該当するもの

(以下この条において「大量雇用変動」という.)については,当該大量雇用変動の前に,厚生労働省令で定めるところにより,当該離職者の数その他の厚生労働省令で定める事項を厚生労働大臣に届け出なければならない.
② 国又は地方公共団体に係る大量雇用変動については,前項の規定は,適用しない.この場合において,国又は地方公共団体の任命権者(委任を受けて任命権を行う者を含む.次条第3項において同じ.)は,当該大量雇用変動の前に,政令で定めるところにより,厚生労働大臣に通知するものとする.
③ 第1項の規定による届出又は前項の規定による通知があつたときは,国は,次に掲げる措置を講ずることにより,当該届出又は通知に係る労働者の再就職の促進に努めるものとする.
1 職業安定機関において,相互に連絡を緊密にしつつ,当該労働者の求めに応じて,その離職前から,当該労働者その他の関係者に対する雇用情報の提供並びに広範囲にわたる求人の開拓及び職業紹介を行うこと.
2 公共職業能力開発施設において必要な職業訓練を行うこと.

第7章 国と地方公共団体との連携等

(要 請)
第32条 ① 地方公共団体の長は,当該地方公共団体の区域内において,多数の離職者が発生し,又はそのおそれがあると認めるときその他労働者の職業の安定のため必要があると認めるときは,厚生労働大臣に対し,労働者の職業の安定に関し必要な措置の実施を要請することができる.
② 厚生労働大臣は,前項の規定による要請(以下この条において「措置要請」という.)に基づき労働者の職業の安定に関し必要な措置を実施するときはその旨を,当該措置要請に係る措置を実施する必要がないと認めるときはその旨及びその理由を,遅滞なく,当該措置要請をした地方公共団体の長に通知しなければならない.
③ 厚生労働大臣は,前項措置要請に係る措置を行う必要があるか否かを判断するに当たつては,あらかじめ,厚生労働省令で定めるところにより,学識経験者その他の厚生労働省令で定める者の意見を聴かなければならない.
④ 前項の規定により意見を求められた者は,その意見を求められた事案に関して知り得た秘密を漏らしてはならない.

第8章 雑 則

(助言,指導及び勧告)
第33条 厚生労働大臣は,この法律の施行に関し必要があると認めるときは,事業主に対して,助言,指導又は勧告をすることができる.
(報告等)
第34条 ① 厚生労働大臣は,第27条第1項及び第28条第1項の規定を施行するために必要な限度において,厚生労働省令で定めるところにより,事業主に対して,労働者の雇用に関する状況その他の事項についての報告を命じ,又はその職員に,事業主の事業所に立ち入り,関係者に対して質問させ,若しくは帳簿書類その他の物件の検査をさせることができる. 《②,③(略)》
(資料の提出の要求等)
第35条 厚生労働大臣は,この法律(第27条第1項及び第28条第1項を除く.)を施行するために必要があると認めるときは,事業主に対して,必要な資料の提出及び説明を求めることができる.
(報告の請求)
第36条 都道府県知事又は公共職業安定所長は,職業転換給付金の支給を受け,又は受けた者から当該給付金の支給に関し必要な事項について報告を求めることができる.

39 雇用保険法

(昭49・12・28法律第116号,昭50・4・1施行,最終改正:平28・6・3法律第63号)

第1章 総 則

(目 的)
第1条 雇用保険は,労働者が失業した場合及び労働者について雇用の継続が困難となる事由が生じた場合に必要な給付を行うほか,労働者が自ら職業に関する教育訓練を受けた場合に必要な給付を行うことにより,労働者の生活及び雇用の安定を図るとともに,求職活動を容易にする等その就職を促進し,あわせて,労働者の職業の安定に資するため,失業の予防,雇用状態の是正及び雇用機会の増大,労働者の能力の開発及び向上その他労働者の福祉の増進を図ることを目的とする.
(管 掌)
第2条 ① 雇用保険は,政府が管掌する.
② 雇用保険の事務の一部は,政令で定めるところにより,都道府県知事が行うこととすることができる.
(雇用保険事業)
第3条 雇用保険は,第1条の目的を達成するため,失業等給付を行うほか,雇用安定事業及び能力開発事業を行うことができる.
(定 義)
第4条 ① この法律において「被保険者」とは,適用事業に雇用される労働者であつて,第6条各号に掲げる者以外のものをいう.
② この法律において「離職」とは,被保険者について,事業主との雇用関係が終了することをいう.
③ この法律において「失業」とは,被保険者が離職し,労働の意思及び能力を有するにもかかわらず,職業に就くことができない状態にあることをいう.
④ この法律において「賃金」とは,賃金,給料,手当,賞与その他名称のいかんを問わず,労働の対償として事業主が労働者に支払うもの(通貨以外のもので支払われるものであつて,厚生労働省令で定める範囲外のものを除く.)をいう.
⑤ 賃金のうち通貨以外のもので支払われるものの評価に関して必要な事項は,厚生労働省令で定める.

第2章 適用事業等

(適用事業)

第5条
① この法律においては,労働者が雇用される事業を適用事業とする.
② 適用事業についての保険関係の成立及び消滅については,労働保険の保険料の徴収等に関する法律(昭和44年法律第84号.以下「徴収法」という.)の定めるところによる.

(適用除外)
第6条
次に掲げる者については,この法律は,適用しない.
1 1週間の所定労働時間が20時間未満である者(この法律を適用することとした場合において第43条第1項に規定する日雇労働被保険者に該当することとなる者を除く.)
2 同一の事業主の適用事業に継続して31日以上雇用されることが見込まれない者(前2月の各月において18日以上同一の事業主の適用事業に雇用された者及びこの法律を適用することとした場合において第43条第1項各号のいずれかに該当するものに該当することとなる者を除く.)
3 季節的に雇用される者であつて,第38条第1項各号のいずれかに該当するもの
4 学校教育法(昭和22年法律第26号)第1条,第124条又は第134条第1項の学校の学生又は生徒であつて,前3号に掲げる者に準ずるものとして厚生労働省令で定める者
5 船員法(昭和22年法律第100号)第1条に規定する船員(船員職業安定法(昭和23年法律第130号)第92条第2項の規定により船員法第2条第2項に規定する予備船員とみなされる者及び船員の雇用の促進に関する特別措置法(昭和52年法律第96号)第14条第1項の規定により船員法第2条第2項に規定する予備船員とみなされる者を含む.以下「船員」という.)であつて,漁船(政令で定めるものに限る.)に乗り組むため雇用される者(1年を通じて船員として適用事業に雇用される場合を除く.)
6 国,都道府県,市町村その他これらに準ずるものの事業に雇用される者のうち,離職した場合に,他の法令,条例,規則等に基づいて支給を受けるべき諸給与の内容が,求職者給付及び就職促進給付の内容を超えると認められる者であつて,厚生労働省令で定めるもの

(被保険者に関する届出)
第7条
事業主(徴収法第8条第1項又は第2項の規定により元請負人が事業主とされる場合にあつては,当該事業に係る労働者のうち元請負人が雇用する労働者以外の労働者については,当該労働者を雇用する下請負人.以下同じ.)は,厚生労働省令で定めるところにより,その雇用する労働者に関し,当該事業主の行う適用事業(同条第1項又は第2項の規定により数次の請負によつて行われる事業が1の事業とみなされる場合にあつては,当該事業に係る労働者のうち元請負人が雇用する労働者以外の労働者については,当該請負に係るそれぞれの事業.以下同じ.)に係る被保険者となつたこと,当該事業主の行う適用事業に係る被保険者でなくなつたことその他厚生労働省令で定める事項を厚生労働大臣に届け出なければならない.当該事業主から徴収法第33条第1項の委託を受けて同項に規定する労働保険事務の一部として前段の届出に関する事務を処理する同条第3項に規定する労働保険事務組合(以下「労働保険事務組合」という.)についても,同様とする.

(確認の請求)
第8条
被保険者又は被保険者であつた者は,いつでも,次条の規定による確認を請求することができる.

(確 認)
第9条
① 厚生労働大臣は,第7条の規定による届出若しくは前条の規定による請求により,又は職権で,労働者が被保険者となつたこと又は被保険者でなくなつたことの確認を行うものとする.
② 前項の確認については,行政手続法(平成5年法律第88号)第3章(第12条及び第14条を除く.)の規定は,適用しない.

第3章 失業等給付

第1節 通 則
(失業等給付)
第10条
① 失業等給付は,求職者給付,就職促進給付,教育訓練給付及び雇用継続給付とする.
② 求職者給付は,次のとおりとする.
1 基本手当
2 技能習得手当
3 寄宿手当
4 傷病手当
③ 前項の規定にかかわらず,第37条の2第1項に規定する高年齢被保険者に係る求職者給付は,高年齢求職者給付金とし,第38条第1項に規定する短期雇用特例被保険者に係る求職者給付は,特例一時金とし,第43条第1項に規定する日雇労働被保険者に係る求職者給付は,日雇労働求職者給付金とする.
④ 就職促進給付は,次のとおりとする.
1 就業促進手当
2 移転費
3 求職活動支援費
⑤ 教育訓練給付は,教育訓練給付金とする.
⑥ 雇用継続給付は,次のとおりとする.
1 高年齢雇用継続基本給付金及び高年齢再就職給付金(第6節第1款において「高年齢雇用継続給付」という.)
2 育児休業給付金
3 介護休業給付金

(就職への努力)
第10条の2
求職者給付の支給を受ける者は,必要に応じ職業能力の開発及び向上を図りつつ,誠実かつ熱心に求職活動を行うことにより,職業に就くよう努めなければならない.

(未支給の失業等給付)
第10条の3
① 失業等給付の支給を受けることができる者が死亡した場合において,その者に支給されるべき失業等給付でまだ支給されていないものがあるときは,その者の配偶者(婚姻の届出をしていないが,事実上婚姻関係と同様の事情にあつた者を含む.),子,父母,孫,祖父母又は兄弟姉妹であつて,その者の死亡の当時その者と生計を同じくしていたものは,自己の名で,その未支給の失業等給付の支給を請求することができる.
② 前項の規定による未支給の失業等給付の支給を受けるべき者の順位は,同項に規定する順序による.
③ 第1項の規定による未支給の失業等給付の支給

(返還命令等)
第10条の4 ① 偽りその他不正の行為により失業等給付の支給を受けた者がある場合には、政府は、その者に対して、支給した失業等給付の全部又は一部を返還することを命ずることができ、また、厚生労働大臣の定める基準により、当該偽りその他不正の行為により支給を受けた失業等給付の額の2倍に相当する額以下の金額を納付することを命ずることができる。

② 前項の場合において、事業主、職業紹介事業者等(雇用対策法(昭和41年法律第132号)第2条に規定する職業紹介機関又は業として職業安定法(昭和22年法律第141号)第4条第4項に規定する職業指導(職業に就こうとする者の適性、職業経験その他の実情に応じて行うものに限る。)を行う者(公共職業安定所その他の職業安定機関を除く。)をいう。以下同じ。)又は指定教育訓練実施者(第60条の2第1項に規定する厚生労働大臣が指定する教育訓練を行う者をいう。以下同じ。)が偽りの届出、報告又は証明をしたためその失業等給付が支給されたものであるときは、政府は、当該事業主、職業紹介事業者等又は指定教育訓練実施者に対し、その失業等給付の支給を受けた者と連帯して、前項の規定による失業等給付の返還又は納付を命ぜられた金額の納付をすることを命ずることができる。

③ 徴収法第27条及び第41条第2項の規定は、前2項の規定により返還又は納付を命ぜられた金額の納付を怠つた場合に準用する。

(受給権の保護)
第11条 失業等給付を受ける権利は、譲り渡し、担保に供し、又は差し押えることができない。

(公課の禁止)
第12条 租税その他の公課は、失業等給付として支給を受けた金銭を標準として課することができない。

第2節 一般被保険者の求職者給付
第1款 基本手当

(基本手当の受給資格)
第13条 ① 基本手当は、被保険者が失業した場合において、離職の日以前2年間(当該期間に疾病、負傷その他厚生労働省令で定める理由により引き続き30日以上賃金の支払を受けることができなかつた被保険者については、当該理由により賃金の支払を受けることができなかつた日数を2年に加算した期間(その期間が4年を超えるときは、4年間)。第17条第1項において「算定対象期間」という。)に、次条の規定による被保険者期間が通算して12箇月以上であつたときに、この款の定めるところにより、支給する。

② 特定理由離職者及び第23条第2項各号のいずれかに該当する者(前項の規定により基本手当の支給を受けることができる資格を有することとなる者を除く。)に対する前項の規定の適用については、同項中「2年間」とあるのは「1年間」と、「2年に」とあるのは「1年に」と、「12箇月」とあるのは「6箇月」とする。

③ 前項の特定理由離職者とは、離職した者のうち、第23条第2項各号のいずれかに該当する者以外の者であつて、期間の定めのある労働契約の期間が満了し、かつ、当該労働契約の更新がないこと(その者が当該更新を希望したにもかかわらず、当該更新についての合意が成立するに至らなかつた場合に限る。)その他のやむを得ない理由により離職したものとして厚生労働省令で定める者をいう。

(被保険者期間)
第14条 ① 被保険者期間は、被保険者であつた期間のうち、当該被保険者でなくなつた日又は各月においてその日に応当し、かつ、当該被保険者であつた期間内にある日(その日に応当する日がない月においては、その月の末日。以下この項において「喪失応当日」という。)の各前日から各前月の喪失応当日までさかのぼつた各期間(賃金の支払の基礎となつた日数が11日以上であるものに限る。)を1箇月として計算し、その他の期間は、被保険者期間に算入しない。ただし、当該被保険者となつた日からその日の属する月における最初の喪失応当日の前日までの期間の日数が15日以上であり、かつ、当該期間内における賃金の支払の基礎となつた日数が11日以上であるときは、当該期間を2分の1箇月の被保険者期間として計算する。

② 前項の規定により被保険者期間を計算する場合において、次に掲げる期間は、同項に規定する被保険者であつた期間に含めない。

1 最後に被保険者となつた日前に、当該被保険者が受給資格(前条第1項(同条第2項において読み替えて適用する場合を含む。)の規定により基本手当の支給を受けることができる資格をいう。次節から第4節までを除き、以下同じ。)、第37条の3第2項に規定する高年齢受給資格又は第39条第2項に規定する特例受給資格を取得したことがある場合には、当該受給資格、高年齢受給資格又は特例受給資格に係る離職の日以前における被保険者であつた期間

2 第9条の規定による被保険者となつたことの確認があつた日の2年前の日(第22条第5項に規定する日にあつては、同項第2号に規定する被保険者の負担すべき額に相当する額がその者に支払われた賃金から控除されていたことが明らかである時期のうち最も古い時期として厚生労働省令で定める日)前における被保険者であつた期間

(失業の認定)
第15条 ① 基本手当は、受給資格を有する者(次節から第4節までを除き、以下「受給資格者」という。)が失業している日(失業していることについての認定を受けた日に限る。以下この款において同じ。)について支給する。

② 前項の失業していることについての認定(以下この款において「失業の認定」という。)を受けようとする受給資格者は、離職後、厚生労働省令で定めるところにより、公共職業安定所に出頭し、求職の申込みをしなければならない。

③ 失業の認定は、求職の申込みを受けた公共職業安定所において、受給資格者が離職後最初に出頭した日から起算して4週間に1回ずつ直前の28日の各日について行うものとする。ただし、厚生労働大臣は、公共職業安定所長の指示した公共職業訓練等(国、都道府県及び市町村並びに独立行政法人高齢・障害・求職者雇用支援機構が設置する公共職業能力開発施設の行う職業訓練(職業能力開発総合大学校の行うものを含む。)その他法令の規定に基づき

失業者に対して作業環境に適応することを容易にさせ,又は就職に必要な知識及び技能を習得させるために行われる訓練又は講習であつて,政令で定めるものをいう.以下同じ.)を受ける受給資格者その他厚生労働省令で定める受給資格者に係る失業の認定について別段の定めをすることができる.

④ 受給資格者は,次の各号のいずれかに該当するときは,前2項の規定にかかわらず,厚生労働省令で定めるところにより,公共職業安定所に出頭することができなかつた理由を記載した証明書を提出することによつて,失業の認定を受けることができる.

1 疾病又は負傷のために公共職業安定所に出頭することができなかつた場合において,その期間が継続して15日未満であるとき.

2 公共職業安定所の紹介に応じて求人者に面接するために公共職業安定所に出頭することができなかつたとき.

3 公共職業安定所長の指示した公共職業訓練等を受けるために公共職業安定所に出頭することができなかつたとき.

4 天災その他やむを得ない理由のために公共職業安定所に出頭することができなかつたとき.

⑤ 失業の認定は,厚生労働省令で定めるところにより,受給資格者が求人者に面接したこと,公共職業安定所その他の職業安定機関若しくは職業紹介事業者等から職業を紹介され,又は職業指導を受けたことその他求職活動を行つたことを確認して行うものとする.

(基本手当の日額)

第16条 ① 基本手当の日額は,賃金日額に100分の50(2320円以上4640円未満の賃金日額(その額が第18条の規定により変更されたときは,その変更された額)については100分の80,4640円以上1万1740円以下の賃金日額(その額が同条の規定により変更されたときは,その変更された額)については100分の80から100分の50までの範囲で,賃金日額の逓増に応じ,逓減するように厚生労働省令で定める率)を乗じて得た金額とする.

② 受給資格者に係る離職の日において60歳以上65歳未満である受給資格者に対する前項の規定の適用については,同項中「100分の50」とあるのは「100分の45」,「4640円以上1万1740円以下」とあるのは「4640円以上1万5770円以下」とする.

(賃金日額)

第17条 ① 賃金日額は,算定対象期間において第14条(第1項ただし書を除く.)の規定により被保険者期間として計算された最後の6箇月間に支払われた賃金(臨時に支払われる賃金及び3箇月を超える期間ごとに支払われる賃金を除く.次項及び第6節において同じ.)の総額を180で除して得た額とする.

② 前項の規定による額が次の各号に掲げる額に満たないときは,賃金日額は,同項の規定にかかわらず,当該各号に掲げる額とする.

1 賃金が,労働した日若しくは時間によつて算定され,又は出来高払制その他の請負制によつて定められている場合には,前項に規定する最後の6箇月間に支払われた賃金の総額を当該最後の6箇月間に労働した日数で除して得た額の100分の70に相当する額

2 賃金の一部が,月,週その他一定の期間によつて定められている場合には,その部分の総額をその期間の総日数(賃金の一部が月によつて定められている場合には,1箇月を30日として計算する.)で除して得た額と前号に掲げる額との合算額

3 前2項の規定により賃金日額を算定することが困難であるとき,又はこれらの規定により算定した額を賃金日額とすることが適当でないと認められるときは,厚生労働大臣が定めるところにより算定した額を賃金日額とする.

④ 前3項の規定にかかわらず,これらの規定により算定した賃金日額が,第1号に掲げる額を下るときはその額,第2号に掲げる額を超えるときはその額を,それぞれ賃金日額とする.

1 2320円(その額が次条の規定により変更されたときは,その変更された額)

2 次のイからニまでに掲げる受給資格者の区分に応じ,当該イからニまでに定める額(これらの額が次条の規定により変更されたときは,それぞれその変更された額)

イ 受給資格に係る離職の日において60歳以上65歳未満である受給資格者 1万5020円

ロ 受給資格に係る離職の日において45歳以上60歳未満である受給資格者 1万5730円

ハ 受給資格に係る離職の日において30歳以上45歳未満である受給資格者 1万4300円

ニ 受給資格に係る離職の日において30歳未満である受給資格者 1万2870円

(基本手当の日額の算定に用いる賃金日額の範囲等の自動的変更)

第18条 ① 厚生労働大臣は,年度(4月1日から翌年の3月31日までをいう.以下同じ.)の平均給与額(厚生労働省において作成する毎月勤労統計における労働者の平均定期給与額を基礎として厚生労働省令で定めるところにより算定した労働者1人当たりの給与の平均額をいう.以下同じ.)が平成21年4月1日から始まる年度(この条の規定により自動変更対象額が変更されたときは,直近の当該変更がされた年度の前年度)の平均給与額を超え,又は下るに至つた場合においては,その上昇し,又は低下した比率に応じて,その翌年度の8月1日以後の自動変更対象額を変更しなければならない.

② 前項の規定により変更された自動変更対象額に5円未満の端数があるときは,これを切り捨て,5円以上10円未満の端数があるときは,これを10円に切り上げるものとする.

③ 前2項の「自動変更対象額」とは,第16条第1項(同条第2項において読み替えて適用する場合を含む.)の規定による基本手当の日額の算定に当たつて,100分の80を乗ずる賃金日額の範囲となる同条第1項に規定する2320円以上4640円未満の額及び100分の80から100分の50までの範囲の率を乗ずる賃金日額の範囲となる同項に規定する4640円以上1万1740円以下の額並びに前条第4項各号に掲げる額をいう.

(基本手当の減額)

第19条 ① 受給資格者が,失業の認定に係る期間中に自己の労働によつて賃金を得た場合には,その収入の基礎となつた日数(以下この項において「基礎日数」という.)分の基本手当の支給については,次に定めるところによる.

1 その収入の1日分に相当する額(収入の総額を基礎日数で除して得た額をいう.)から1295円(その額が次項の規定により変更されたときは,そ

39 雇用保険法（20条〜22条）

の変更された額．同項において「控除額」という．）を控除した額と基本手当の日額との合計額（次号において「合計額」という．）が賃金日額の100分の80に相当する額を超えないとき．基本手当の日額に基礎日数を乗じて得た額を支給する．
2 合計額が賃金日額の100分の80に相当する額を超えるとき（次号に該当する場合を除く．）．当該超える額（次号において「超過額」という．）を基本手当の日額から控除した残りの額に基礎日数を乗じて得た額を支給する．
3 超過額が基本手当の日額以上であるとき．基礎日数分の基本手当を支給しない．
② 厚生労働大臣は、年度の平均給与額が平成21年4月1日から始まる年度（この項の規定により控除額が変更されたときは，直近の当該変更がされた年度の前年度）の平均給与額を超え、又は下るに至つた場合においては，その上昇し，又は低下した比率を基準として、その翌年度の8月1日以後の控除額を変更しなければならない．
③ 受給資格者は，失業の認定を受けた期間中に自己の労働によつて収入を得たときは，厚生労働省令で定めるところにより，その収入の額その他の事項を公共職業安定所長に届け出なければならない．

（受給の期間及び日数）
第20条 ① 基本手当は、この法律に別段の定めがある場合を除き，次の各号に掲げる受給資格者の区分に応じ，当該各号に定める期間（当該期間内に妊娠，出産，育児その他厚生労働省令で定める理由により引き続き30日以上職業に就くことができない者が，厚生労働省令で定めるところにより公共職業安定所長にその旨を申し出た場合には，当該期間により職業に就くことができない日数を加算するものとし，その加算された期間が4年を超えるときは，4年とする．）内の失業している日について，第22条第1項に規定する所定給付日数に相当する日数分を限度として支給する．
1 次号及び第3号に掲げる受給資格者以外の受給資格者 基本手当の受給資格に係る離職の日（以下この款において「基準日」という．）の翌日から起算して1年
2 基準日において第22条第2項第1号に該当する受給資格者 基準日の翌日から起算して1年に60日を加えた期間
3 基準日において第23条第1項第2号イに該当する同条第2項に規定する特定受給資格者 基準日の翌日から起算して1年に30日を加えた期間
② 受給資格者であつて，当該受給資格に係る離職が定年（厚生労働省令で定める年齢以上の定年に限る．）に達したことその他厚生労働省令で定める理由によるものであるものが，当該離職後一定の期間第15条第2項の規定による求職の申込みをしないことを希望する場合において，厚生労働省令で定めるところにより公共職業安定所長にその旨を申し出たときは，前項中「次の各号に掲げる受給資格者の区分に応じ，当該各号に定める期間」とあるのは「次の各号に掲げる受給資格者の区分に応じ，当該各号に定める期間と，次項に規定する求職の申込みをしないことを希望する一定の期間（1年を限度とする．）に相当する期間を合算した期間（当該求職の申込みをしないことを希望する一定の期間内に第15条第2項の規定による求職の申込みをしたときは，当該各号に定める期間に当該基本手当の受給資格に係る離職の日（以下この款において「基準日」という．）の翌日から当該求職の申込みをした日の前日までの期間に相当する期間を加算した期間）」と，「当該期間内」とあるのは「当該合算した期間内」と，同項第1号中「当該基本手当の受給資格に係る離職の日（以下この款において「基準日」という．）」とあるのは「基準日」とする．
③ 前2項の場合において，第1項の受給資格（以下この項において「前の受給資格」という．）を有する者が，前2項の規定による期間内に新たに受給資格，第37条の3第2項に規定する高年齢受給資格又は第39条第2項に規定する特例受給資格を取得したときは，その取得した日以後においては，前の受給資格に基づく基本手当は，支給しない．

（待 期）
第21条 基本手当は，受給資格者が当該基本手当の受給資格に係る離職後最初に公共職業安定所に求職の申込みをした日以後において，失業している日（疾病又は負傷のため職業に就くことができない日を含む．）が通算して7日に満たない間は，支給しない．

（所定給付日数）
第22条 ① 1の受給資格に基づき基本手当を支給する日数（以下「所定給付日数」という．）は，次の各号に掲げる受給資格者の区分に応じ，当該各号に定める日数とする．
1 算定基礎期間が20年以上である受給資格者 150日
2 算定基礎期間が10年以上20年未満である受給資格者 120日
3 算定基礎期間が10年未満である受給資格者 90日
② 前項の受給資格者で厚生労働省令で定める理由により就職が困難なものに係る所定給付日数は，同項の規定にかかわらず，その算定基礎期間が1年以上の受給資格者にあつては次の各号に掲げる当該受給資格者の区分に応じ当該各号に定める日数とし，その算定基礎期間が1年未満の受給資格者にあつては150日とする．
1 基準日において45歳以上65歳未満である受給資格者 360日
2 基準日において45歳未満である受給資格者 300日
③ 前2項の算定基礎期間は，これらの規定の受給資格者が基準日まで引き続いて同一の事業主の適用事業に被保険者として雇用された期間（当該雇用された期間に係る被保険者となつた日前に被保険者であつたことがある者については，当該雇用された期間と当該被保険者であつた期間を通算した期間）とする．ただし，当該期間に次の各号に掲げる期間が含まれているときは，当該各号に掲げる期間に該当するすべての期間を除いて算定した期間とする．
1 当該雇用された期間又は当該被保険者であつた期間に係る被保険者となつた日の直前の被保険者でなくなつた日が当該被保険者となつた日前1年の期間内にないときは，当該直前の被保険者でなくなつた日前の被保険者であつた期間
2 当該雇用された期間に係る被保険者となつた日前に基本手当又は特例一時金の支給を受けたことがある者については，これらの給付の受給資格又は第39条第2項に規定する特例受給資格に係る

離職の日以前の被保険者であつた期間
④ 1の被保険者であつた期間に関し,被保険者となつた日が第9条の規定による被保険者となつたことの確認があつた日の2年前の日より前であるときは,当該確認のあつた日の2年前の日に当該被保険者となつたものとみなして,前項の規定による算定をするものとする.
⑤ 次に掲げる要件のいずれにも該当する者(第1号に規定する事実を知つていた者を除く.)に対する前項の規定の適用については,同項中「当該確認のあつた日の2年前の日」とあるのは,「次項第2号に規定する被保険者の負担すべき額に相当する額がその者に支払われた賃金から控除されていたことが明らかな時期のうち最も古い時期として厚生労働省令で定める日」とする.
1 その者に係る第7条の規定による届出がされていなかつたこと.
2 厚生労働省令で定める書類に基づき,第9条の規定による被保険者となつたことの確認があつた日の2年前の日より前に徴収法第32条第1項の規定により被保険者の負担すべき額に相当する額がその者に支払われた賃金から控除されていたことが明らかである時期があること.

第23条 ① 特定受給資格者(前条第3項に規定する算定基礎期間(以下この条において単に「算定基礎期間」という.)が1年(第3号から第5号までに掲げる特定受給資格者にあつては,5年)以上のものに限る.)に係る所定給付日数は,前条第1項の規定にかかわらず,次の各号に掲げる当該特定受給資格者の区分に応じ,当該各号に定める日数とする.
1 基準日において60歳以上65歳未満である特定受給資格者 次のイからニまでに掲げる算定基礎期間の区分に応じ,当該イからニまでに定める日数
 イ 20年以上 240日
 ロ 10年以上20年未満 210日
 ハ 5年以上10年未満 180日
 ニ 1年以上5年未満 150日
2 基準日において45歳以上60歳未満である特定受給資格者 次のイからニまでに掲げる算定基礎期間の区分に応じ,当該イからニまでに定める日数
 イ 20年以上 330日
 ロ 10年以上20年未満 270日
 ハ 5年以上10年未満 240日
 ニ 1年以上5年未満 180日
3 基準日において35歳以上45歳未満である特定受給資格者 次のイからハまでに掲げる算定基礎期間の区分に応じ,当該イからハまでに定める日数
 イ 20年以上 270日
 ロ 10年以上20年未満 240日
 ハ 5年以上10年未満 180日
4 基準日において30歳以上35歳未満である特定受給資格者 次のイからハまでに掲げる算定基礎期間の区分に応じ,当該イからハまでに定める日数
 イ 20年以上 240日
 ロ 10年以上20年未満 210日
 ハ 5年以上10年未満 180日
5 基準日において30歳未満である特定受給資格者 次のイ又はロに掲げる算定基礎期間の区分に応じ,当該イ又はロに定める日数
 イ 10年以上 180日
 ロ 5年以上10年未満 120日
② 前項の特定受給資格者とは,次の各号のいずれかに該当する受給資格者(前条第2項に規定する受給資格者に限る.)をいう.
1 当該基本手当の受給資格に係る離職が,その者を雇用していた事業主の事業について発生した倒産(破産手続開始,再生手続開始,更生手続開始又は特別清算開始の申立てその他厚生労働省令で定める事由に該当する事態をいう.第57条第2項第1号において同じ.)又は当該事業主の適用事業の縮小若しくは廃止に伴うものである者として厚生労働省令で定めるもの
2 前号に定めるもののほか,解雇(自己の責めに帰すべき重大な理由によるものを除く.第57条第2項第2号において同じ.)その他の厚生労働省令で定める理由により離職した者

(訓練延長給付)
第24条 ① 受給資格者が公共職業安定所長の指示した公共職業訓練等(その期間が政令で定める期間を超えるものを除く.以下この条,第36条第1項及び第2項並びに第41条第2項において同じ.)を受ける場合には,当該公共職業訓練等を受ける期間(その者が当該公共職業訓練等を受けるため待期している期間(政令で定める期間に限る.)を含む.)内の失業している日について,所定給付日数(当該受給資格者が第20条第1項及び第2項の規定による期間内に基本手当の支給を受けた日数が所定給付日数に満たない場合には,その支給を受けた数.第33条第3項を除き,以下この節において同じ.)を超えてその者に基本手当を支給することができる.
② 公共職業安定所長が,その指示した公共職業訓練等を受ける受給資格者(その者が当該公共職業訓練等を受け終わる日における基本手当の支給残日数(当該公共職業訓練等を受け終わる日の翌日から第4項の規定の適用がないものとした場合における受給期間(当該期間内の失業している日について基本手当の支給を受けることができる期間をいう.以下同じ.)の最後の日までの間に基本手当の支給を受けることができる日数をいう.以下この項及び第4項において同じ.)が政令で定める日数に満たないものに限る.)で,政令で定める基準に照らして当該公共職業訓練等を受け終わつてもなお就職が相当程度に困難な者であると認めたものについては,同項の規定による期間内の失業している日について,所定給付日数を超えてその者に基本手当を支給することができる.この場合において,所定給付日数を超えて基本手当を支給する日数は,前段に規定する政令で定める日数から支給残日数を差し引いた日数を限度とするものとする.
③ 第1項の規定による基本手当の支給を受ける受給資格者が第20条第1項及び第2項の規定による期間を超えて公共職業安定所長の指示した公共職業訓練等を受けるときは,その者の受給期間は,これらの規定にかかわらず,当該公共職業訓練等を受け終わる日までの間とする.
④ 第2項の規定による基本手当の支給を受ける受給資格者の受給期間は,第20条第1項及び第2項の規定にかかわらず,これらの規定による期間に第

2項前段に規定する政令で定める日数から支給残日数を差し引いた日数を加えた期間（同条第1項及び第2項の規定による期間と公共職業安定所の指示した公共職業訓練等を受ける者で、当該公共職業訓練等を受け終わる日について第1項の規定による基本手当の支給を受けることができるものにあつては、同日から起算して第2項前段に規定する政令で定める日数を経過した日までの間）とする．

（広域延長給付）
第25条　① 厚生労働大臣は、その地域における雇用に関する状況等から判断して、その地域内に居住する求職者がその地域において職業に就くことが困難であると認める地域について、求職者が他の地域において職業に就くことを促進するための計画を作成し、関係都道府県労働局長及び公共職業安定所長に、当該計画に基づく広範囲の地域にわたる職業紹介活動（以下この条において「広域職業紹介活動」という．）を行わせた場合において、当該広域職業紹介活動に係る地域について、政令で定める基準に照らして必要があると認めるときは、その指定する期間内に限り、公共職業安定所長が当該地域に係る当該広域職業紹介活動により職業のあつせんを受けることが適当であると認定する受給資格者について、第4項の規定による期間内の失業している日について、所定給付日数を超えて基本手当を支給する措置を決定することができる．この場合において、所定給付日数を超えて基本手当を支給する日数は、政令で定める日数を限度とするものとする．
② 前項の措置に基づく基本手当の支給（以下「広域延長給付」という．）を受けることができる者が厚生労働大臣の指定する地域に住所又は居所を変更した場合には、引き続き当該措置に基づき基本手当を支給することができる．
③ 公共職業安定所長は、受給資格者が広域職業紹介活動により職業のあつせんを受けることが適当であるかどうかを認定するときは、厚生労働大臣の定める基準に従わなければならない．
④ 広域延長給付を受ける受給資格者の受給期間は、第20条第1項及び第2項の規定にかかわらず、これらの規定による期間に第1項後段に規定する政令で定める日数を加えた期間とする．
第26条　① 前条第1項の措置が決定された日以後に他の地域から当該措置に係る地域に移転した受給資格者であつて、その移転について特別の理由がないと認められるものには、当該措置に基づく基本手当は、支給しない．
② 前項に規定する特別の理由があるかどうかの認定は、公共職業安定所長が厚生労働大臣の定める基準に従つてするものとする．

（全国延長給付）
第27条　① 厚生労働大臣は、失業の状況が全国的に著しく悪化し、政令で定める基準に該当するに至つた場合において、受給資格者の就職状況からみて必要があると認めるときは、その指定する期間内に限り、第3項の規定する期間内の失業している日について、所定給付日数を超えて受給資格者に基本手当を支給する措置を決定することができる．この場合において、所定給付日数を超えて基本手当を支給する日数は、政令で定める日数を限度とするものとする．
② 厚生労働大臣は、前項の措置を決定した後において、政令で定める基準に照らして必要があると認めるときは、同項の規定により指定した期間（その期間がこの項の規定により延長されたときは、その延長された期間）を延長することができる．
③ 第1項の措置に基づく基本手当の支給（以下「全国延長給付」という．）を受ける受給資格者の受給期間は、第20条第1項及び第2項の規定にかかわらず、これらの規定による期間に第1項後段に規定する政令で定める日数を加えた期間とする．

（延長給付に関する調整）
第28条　① 広域延長給付を受けている受給資格者については、当該広域延長給付が終わつた後でなければ全国延長給付及び訓練延長給付（第24条第1項又は第2項の規定による基本手当の支給をいう．以下同じ．）は行わず、全国延長給付を受けている受給資格者については、当該全国延長給付が終わつた後でなければ訓練延長給付は行わない．
② 訓練延長給付を受けている受給資格者について広域延長給付又は全国延長給付が行われることとなつたときは、これらの延長給付が行われる間は、その者に受けている訓練延長給付は行わず、全国延長給付を受けている受給資格者について広域延長給付が行われることとなつたときは、広域延長給付が行われる間は、その者について全国延長給付は行わない．
③ 前2項に規定するもののほか、第1項に規定する各延長給付を順次受ける受給資格者に係る基本手当を支給する日数、受給期間その他これらの延長給付についての調整に関して必要な事項は、政令で定める．

（給付日数を延長した場合の給付制限）
第29条　① 訓練延長給付（第24条第2項の規定による基本手当の支給に限る．第32条第1項において同じ．）、広域延長給付又は全国延長給付を受けている受給資格者が、正当な理由がなく、公共職業安定所の紹介する職業に就くこと、公共職業安定所の指示した公共職業訓練等を受けること又は厚生労働大臣の定める基準に従つて公共職業安定所が行うその者の再就職を促進するために必要な職業指導を受けることを拒んだときは、その拒んだ日以後基本手当を支給しない．ただし、その者が新たに受給資格を取得したときは、この限りでない．
② 前項に規定する正当な理由があるかどうかの認定は、公共職業安定所長が厚生労働大臣の定める基準に従つてするものとする．

（支給方法及び支給期日）
第30条　① 基本手当は、厚生労働省令で定めるところにより、4週間に1回、失業の認定を受けた日分を支給するものとする．ただし、厚生労働大臣は、公共職業安定所の指示した公共職業訓練等を受ける受給資格者その他厚生労働省令で定める受給資格者に係る基本手当の支給について別段の定めをすることができる．
② 公共職業安定所長は、各受給資格者について基本手当を支給すべき日を定め、その者に通知するものとする．

（未支給の基本手当の請求手続）
第31条　① 第10条の3第1項の規定により、受給資格者が死亡したため失業の認定を受けることができなかつた期間に係る基本手当の支給を請求する者は、厚生労働省令で定めるところにより、当該受給資格者について失業の認定を受けなければならない．

② 前項の受給資格者が第19条第1項の規定に該当する場合には,第10条の3第1項の規定による未支給の基本手当の支給を受けるべき者は,厚生労働省令で定めるところにより,第19条第1項の収入の額その他の事項を公共職業安定所長に届け出なければならない.
(給付制限)
第32条 ① 受給資格者(訓練延長給付,広域延長給付又は全国延長給付を受けている者を除く.以下この条において同じ.)が,公共職業安定所の紹介する職業に就くこと又は公共職業安定所長の指示した公共職業訓練等を受けることを拒んだときは,その拒んだ日から起算して1箇月間は,基本手当を支給しない.ただし,次の各号のいずれかに該当するときは,この限りでない.
1 紹介された職業又は公共職業訓練等を受けることを指示された職種が,受給資格者の能力からみて不適当であると認められるとき.
2 就職するため,又は公共職業訓練等を受けるため,現在の住所又は居所を変更することを要する場合において,その変更が困難であると認められるとき.
3 就職先の賃金が,同一地域における同種の業務及び同程度の技能に係る一般の賃金水準に比べて,不当に低いとき.
4 職業安定法第20条(第2項ただし書を除く.)の規定に該当する事業所に紹介されたとき.
5 その他正当な理由のあるとき.
② 受給資格者が,正当な理由がなく,厚生労働大臣の定める基準に従つて公共職業安定所が行うその者の再就職を促進するために必要な職業指導を受けることを拒んだときは,その拒んだ日から起算して1箇月を超えない範囲内において公共職業安定所長の定める期間は,基本手当を支給しない.
③ 受給資格者が前項の第1項各号のいずれかに該当するかどうかの認定及び前項に規定する正当な理由があるかどうかの認定は,公共職業安定所長が厚生労働大臣の定める基準に従つてするものとする.
第33条 ① 被保険者が自己の責めに帰すべき重大な理由によつて解雇され,又は正当な理由がなく自己の都合によつて退職した場合には,第21条の規定による期間の満了後1箇月以上3箇月以内の間で公共職業安定所長の定める期間は,基本手当を支給しない.ただし,公共職業安定所長の指示した公共職業訓練等を受ける期間及び当該公共職業訓練等を受け終わつた日後の期間については,この限りでない.
② 受給資格者が前項の場合に該当するかどうかの認定は,公共職業安定所長が厚生労働大臣の定める基準に従つてするものとする.
③ 基本手当の受給資格に係る離職について第1項の規定により基本手当を支給しないこととされる場合において,当該基本手当を支給しないこととされる期間に7日を超え30日以下での厚生労働省令で定める日数及び当該受給資格に係る所定給付日数に相当する日数を加えた期間が1年(当該基本手当の受給資格に係る離職の日において第22条第2項第1号に該当する受給資格者にあつては,1年に60日を加えた期間)を超えるときは,当該受給資格者の受給期間は,第20条第1項及び第2項の規定にかかわらず,これらの規定による期間に

当該超える期間を加えた期間とする.
④ 前項の規定に該当する受給資格者については,第24条第1項中「第20条第1項及び第2項」とあるのは,「第33条第3項」とする.
⑤ 第3項の規定に該当する受給資格者が広域延長給付,全国延長給付又は訓練延長給付を受ける場合におけるその者の受給期間についての調整に関して必要な事項は,厚生労働省令で定める.
第34条 ① 偽りその他不正の行為により求職者給付又は就職促進給付の支給を受け,又は受けようとした者には,これらの給付の支給を受け,又は受けようとした日以後,基本手当を支給しない.ただし,やむを得ない理由がある場合には,基本手当の全部又は一部を支給することができる.
② 前項に規定する者が同項に規定する日以後新たに受給資格を取得した場合には,同項の規定にかかわらず,その新たに取得した受給資格に基づく基本手当を支給する.
③ 受給資格者が第1項の規定により基本手当を支給されることとなつたため,当該受給資格に基づき基本手当の支給を受けることができる日数の全部について基本手当の支給を受けることができなくなつた場合においても,第22条第3項の規定の適用については,当該受給資格に基づく基本手当の支給があつたものとみなす.
④ 受給資格者が第1項の規定により基本手当を支給されることとなつたため,同項に規定する日以後当該受給資格に基づき基本手当の支給を受けることができる日数の全部又は一部について基本手当の支給を受けることができなくなつた場合には,第37条第4項の規定の適用については,その支給を受けることができないこととされた日数分の基本手当の支給があつたものとみなす.

第2款 技能習得手当及び寄宿手当
(技能習得手当及び寄宿手当)
第36条 ① 技能習得手当は,受給資格者が公共職業安定所長の指示した公共職業訓練等を受ける場合に,その公共職業訓練等を受ける期間について支給する.
② 寄宿手当は,受給資格者が,公共職業安定所長の指示した公共職業訓練等を受けるため同居の親族(婚姻の届出をしていないが,事実上その者と婚姻関係と同様の事情にある者を含む.第58条第2項において同じ.)と別居して寄宿する場合に,その寄宿する期間について支給する.
③ 第32条第1項若しくは第2項又は第33条第1項の規定により基本手当を支給しないこととされる期間については,技能習得手当及び寄宿手当を支給しない.
④ 技能習得手当及び寄宿手当の支給要件及び額は,厚生労働省令で定める.
⑤ 第34条第1項及び第2項の規定は,技能習得手当及び寄宿手当について準用する.

第3款 傷病手当
(傷病手当)
第37条 ① 傷病手当は,受給資格者が,離職後公共職業安定所に出頭し,求職の申込みをした後において,疾病又は負傷のために職業に就くことができない期間(第33条第3項の規定に該当する者については同項の規定による期間とし,第57条第1項の規

定に該当する者については同項の規定による期間とする．）内の当該疾病又は負傷のために基本手当の支給を受けることができない日（疾病又は負傷のために基本手当の支給を受けることができないことについての認定を受けた日に限る．）について，第4項の規定による日数に相当する日数分を限度として支給する．

② 前項の認定は，厚生労働省令で定めるところにより，公共職業安定所長が行う．

③ 傷病手当の日額は，第16条の規定による基本手当の日額に相当する額とする．

④ 傷病手当を支給する日数は，第1項の認定を受けた受給資格者の所定給付日数から当該受給資格に基づき既に基本手当を支給した日数を差し引いた日数とする．

⑤ 第32条第1項若しくは第2項又は第33条第1項の規定により基本手当を支給しないこととされる期間については，傷病手当を支給しない．

⑥ 傷病手当を支給したときは，この法律の規定（第10条の4及び第34条の規定を除く．）の適用については，当該傷病手当を支給した日数に相当する日数分の基本手当を支給したものとみなす．

⑦ 厚生労働省令で定めるところにより，第1項の認定を受けた日分を，当該職業に就くことができない理由がやんだ後最初に基本手当を支給すべき日（当該職業に就くことができない理由がやんだ後においても基本手当を支給すべき日がない場合には，公共職業安定所長の定める日）に支給する．ただし，厚生労働大臣は，必要があると認めるときは，傷病手当の支給について別段の定めをすることができる．

⑧ 第1項の認定を受けた受給資格者が，当該認定を受けた日について，健康保険法（大正11年法律第70号）第99条の規定による傷病手当金，労働基準法（昭和22年法律第49号）第76条の規定による休業補償，労働者災害補償保険法（昭和22年法律第50号）の規定による休業補償給付又は休業給付その他これらに相当する給付で法令（法令の規定に基づく条例又は規約を含む．）により行われるもののうち政令で定めるものの支給を受けることができる場合には，傷病手当は，支給しない．

⑨ 第19条，第21条，第31条並びに第34条第1項及び第2項の規定は，傷病手当について準用する．この場合において，第19条第1項及び第3項並びに第31条第1項中「失業の認定」とあるのは，「第37条第1項の認定」と読み替えるものとする．

第2節の2 高年齢被保険者の求職者給付

（高年齢被保険者）

第37条の2 ① 65歳以上の被保険者（第38条第1項に規定する短期雇用特例被保険者及び第43条第1項に規定する日雇労働被保険者を除く．以下「高年齢被保険者」という．）が失業した場合には，この節の定めるところにより，高年齢求職者給付金を支給する．

② 高年齢被保険者に関しては，前章（第14条を除く．），次節及び第四節の規定は，適用しない．

（高年齢受給資格）

第37条の3 ① 高年齢求職者給付金は，高年齢被保険者が失業した場合において，離職の日以前1年間（当該期間に疾病，負傷その他厚生労働省令で定める理由により引き続き30日以上賃金の支払を受けることができなかつた高年齢被保険者である被保険者については，当該理由により賃金の支払を受けることができなかつた日数を1年に加算した期間（その期間が4年を超えるときは，4年間）），に第14条の規定による被保険者期間が通算して6箇月以上であつたときに，次条に定めるところにより，支給する．

② 前項の規定により高年齢求職者給付金の支給を受けることができる資格（以下「高年齢受給資格」という．）を有する者（以下「高年齢受給資格者」という．）が次条第5項の規定による期間内に高年齢求職者給付金の支給を受けることなく就職した後再び失業した場合（新たに高年齢受給資格又は第39条第2項に規定する特例受給資格を取得した場合を除く．）において，当該期間内に公共職業安定所に出頭し，求職の申込みをした上，次条第5項の認定を受けたときは，その者は，当該高年齢受給資格に基づく高年齢求職者給付金の支給を受けることができる．

（高年齢求職者給付金）

第37条の4 ① 高年齢求職者給付金の額は，高年齢受給資格者を第15条第1項に規定する受給資格者とみなして第16条から第18条まで（第17条第4項第2号を除く．）の規定を適用した場合にその者に支給されることとなる基本手当の日額に，次の各号に掲げる算定基礎期間の区分に応じ，当該各号に定める日数（第5項の認定があつた日から同項の規定による期間の最後の日までの日が当該各号に定める日数に満たない場合には，当該認定のあつた日から当該最後の日までの日数に相当する日数）を乗じて得た額とする．

1　1年以上　　50日
2　1年未満　　30日

② 前項の規定にかかわらず，同項の規定により算定した高年齢受給資格者の賃金日額が第17条第4項第2号ニに定める額（その額が第18条の規定により変更されたときは，その変更された額）を超えるときは，その額を賃金日額とする．

③ 第1項の算定基礎期間は，当該高年齢受給資格者を第15条第1項に規定する受給資格者と，当該高年齢受給資格に係る離職の日を第20条第1項第1号に定める基準日とみなして第22条第3項及び第4項の規定を適用した場合に算定されることとなる期間に相当する期間とする．

④ 前項に規定する場合における第22条第3項の規定の適用については，同項第2号中「又は特例一時金」とあるのは，「，高年齢求職者給付金又は特例一時金」と，「又は第39条第2項」とあるのは「，第37条の2第2項に規定する高年齢受給資格又は第39条第2項」とする．

⑤ 高年齢求職者給付金の支給を受けようとする高年齢受給資格者は，離職の日の翌日から起算して1年を経過する日までに，厚生労働省令で定めるところにより，公共職業安定所に出頭し，求職の申込みをした上，失業していることについての認定を受けなければならない．

⑥ 第21条，第31条第1項，第32条，第33条第1項及び第2項並びに第34条第1項から第3項までの規定は，高年齢求職者給付金について準用する．この場合において，これらの規定中「受給資格者」とあるのは「高年齢受給資格者」と，「受給資格」とあるのは「高年齢受給資格」と，第31条第1項中「失業の認定を受けることができなかつた期間」と

あるのは「第37条の4第5項の認定を受けることができなかつた場合における当該高年齢受給資格者」と、「失業の認定を受けなければならない」とあるのは「同項の認定を受けなければならない」と、第33条第1項中「第21条の規定による期間」とあるのは「第37条の4第6項において準用する第21条の規定による期間」と読み替えるものとする.

第3節 短期雇用特例被保険者の求職者給付
（短期雇用特例被保険者）
第38条 ① 被保険者であつて、季節的に雇用されるもののうち次の各号のいずれにも該当しない者（第43条第1項に規定する日雇労働被保険者を除く. 以下「短期雇用特例被保険者」という.）が失業した場合には、この節の定めるところにより、特例一時金を支給する.
1 4箇月以内の期間を定めて雇用される者
2 1週間の所定労働時間が20時間以上であつて厚生労働大臣の定める時間数未満である者
② 被保険者が前項各号に掲げる者に該当するかどうかの確認は、厚生労働大臣が行う.
③ 短期雇用特例被保険者に関しては、第2節（第14条を除く.）、前節及び次節の規定は、適用しない.

（特例受給資格）
第39条 ① 特例一時金は、短期雇用特例被保険者が失業した場合において、離職の日以前1年間（当該期間に疾病、負傷その他厚生労働省令で定める理由により引き続き30日以上賃金の支払を受けることができなかつた短期雇用特例被保険者である被保険者については、当該理由により賃金の支払を受けることができなかつた日数を1年に加算した期間（その期間が4年を超えるときは、4年間））に、第14条の規定による被保険者期間が通算して6箇月以上であつたときに、次条に定めるところにより、支給する.
② 前項の規定により特例一時金の支給を受けることができる資格（以下「特例受給資格」という.）を有する者（以下「特例受給資格者」という.）が次条第3項の規定による期間内に特例一時金の支給を受けることなく就職した後再び失業した場合（新たに第14条第2項第1号に規定する受給資格、高年齢受給資格又は特例受給資格を取得した場合を除く.）において、当該期間内に公共職業安定所に出頭し、求職の申込みをした上、次条第3項の認定を受けたときは、その者は、当該特例受給資格に基づく特例一時金の支給を受けることができる.

（特例一時金）
第40条 ① 特例一時金の額は、特例受給資格者を第15条第1項に規定する受給資格者とみなして第16条から第18条までの規定を適用した場合にその者に支給されることとなる基本手当の日額の30日分（第3項の認定があつた日から同項の規定による期間の末日までの日数が30日に満たない場合には、その日数に相当する日数分）とする.
② 前項に規定する場合における第17条第4項の規定の適用については、同項第2号中「30歳未満」とあるのは「30歳未満又は65歳以上」とする.
③ 特例一時金の支給を受けようとする特例受給資格者は、離職の日の翌日から起算して6箇月を経過した日までの間に、厚生労働省令で定めるところにより、公共職業安定所に出頭し、求職の申込みをした上、失業していることについての認定を受けなければならない.
④ 第21条、第31条第1項、第32条、第33条第1項及び第2項並びに第34条第1項から第3項までの規定は、特例一時金について準用する. この場合において、第21条中「受給資格者」とあるのは「特例受給資格者」と、「受給資格」とあるのは「特例受給資格」と、第31条第1項中「受給資格者」とあるのは「特例受給資格者」と、「失業の認定を受けることができなかつた期間」とあるのは「第40条第3項の認定を受けることができなかつた場合における当該特例受給資格者」と、「失業の認定を受けなければならない」とあるのは「同項の認定を受けなければならない」と、第32条中「受給資格者」と、同条第3項中「支給しない. ただし公共職業安定所長の指示した公共職業訓練等を受ける期間及び当該公共職業訓練等を受け終わつた日後の期間については、この限りでない」とあるのは「支給しない」と、同条第2項中「受給資格者」とあるのは「特例受給資格者」と、第34条第2項中「受給資格」とあるのは「特例受給資格」と、同条第3項中「受給資格者」とあるのは「特例受給資格者」と、「受給資格」とあるのは「特例受給資格」とそれぞれ読み替えるものとする.

（公共職業訓練等を受ける場合）
第41条 ① 特例受給資格者が、当該特例受給資格に基づく特例一時金の支給を受ける前に公共職業安定所長の指示した公共職業訓練等（その期間が政令で定める期間に達しないものを除く.）を受ける場合には、第10条第3項及び前3条の規定にかかわらず、特例一時金を支給しないものとし、その者を第15条第1項に規定する受給資格者とみなして、当該公共職業訓練等を受け終わる日までの間に限り、第2節（第33条第1項ただし書の規定を除く.）に定めるところにより、求職者給付を支給する.
② 前項の特例受給資格者は、当該特例受給資格に係る被保険者となつた日前に第29条第1項又は第34条第1項の規定により基本手当の支給を受けることができないこととなる場合においても、前項の規定により求職者給付の支給を受けることができる.

第4節 日雇労働被保険者の求職者給付
（日雇労働者）
第42条 この節において日雇労働者とは、次の各号のいずれかに該当する労働者（前2月の各月において18日以上同一の事業主の適用事業に雇用された者及び同一の事業主の適用事業に継続して31日以上雇用された者（次条第2項の認可を受けた者を除く.）をいう.
1 日々雇用される者
2 30日以内の期間を定めて雇用される者

（日雇労働被保険者）
第43条 ① 被保険者である日雇労働者であつて、次の各号のいずれかに該当するもの（以下「日雇労働被保険者」という.）が失業した場合には、この節の定めるところにより、日雇労働求職者給付金を支給する.
1 特別区若しくは公共職業安定所の所在する市町村の区域（厚生労働大臣が指定する区域を除く.）又はこれらに隣接する市町村の全部又は一部の区域であつて、厚生労働大臣が指定するもの（以下この項において「適用区域」という.）に居住し、

適用事業に雇用される者
2 適用区域外の地域に居住し,適用区域内にある適用事業に雇用される者
3 適用区域外の地域に居住し,適用区域外の地域にある適用事業であつて,日雇労働の労働市場の状況その他の事情に基づいて厚生労働大臣が指定したものに雇用される者
4 前3号に掲げる者のほか,厚生労働省令で定めるところにより公共職業安定所長の認可を受けた者
② 日雇労働被保険者が前2月の各月において18日以上同一の事業主の適用事業に雇用された場合又は同一の事業主の適用事業に継続して31日以上雇用された場合において,厚生労働省令で定めるところにより公共職業安定所長の認可を受けたときは,その者は,引き続き,日雇労働被保険者となることができる.
③ 前項の各月において18日以上同一の事業主の適用事業に雇用された日雇労働被保険者又は同一の事業主の適用事業に継続して31日以上雇用された日雇労働被保険者が前項の認可を受けなかつたため,日雇労働被保険者となることなくなつた最初の月に離職し,失業した場合には,その失業した月の間における日雇労働求職者給付金の支給については,その者を日雇労働被保険者とみなす.
④ 日雇労働被保険者に関しては,第6条(第3号に限る.)及び第7条から第9条まで並びに前3節の規定は,適用しない.

(日雇労働被保険者手帳)
第44条 日雇労働被保険者は,厚生労働省令で定めるところにより,公共職業安定所において,日雇労働被保険者手帳の交付を受けなければならない.

(日雇労働求職者給付金の受給資格)
第45条 日雇労働求職者給付金は,日雇労働被保険者が失業した場合において,その失業の日の属する月の前2月間に,その者について,徴収法第10条第2項第4号の印紙保険料(以下「印紙保険料」という.)が通算して26日分以上納付されているときに,第47条から第52条までに定めるところにより支給する.

第46条 前条の規定により日雇労働求職者給付金の支給を受けることができる者が第15条第1項に規定する受給資格者である場合において,その者が,基本手当の支給を受けたときはその支給の対象となつた日については日雇労働求職者給付金を支給せず,日雇労働求職者給付金の支給を受けたときはその支給の対象となつた日については基本手当を支給しない.

(日雇労働被保険者に係る失業の認定)
第47条 ① 日雇労働求職者給付金は,日雇労働被保険者が失業している日(失業していることについての認定を受けた日に限る.第54条第1号において同じ.)について支給する.
② 前項の失業していることについての認定(以下この節において「失業の認定」という.)を受けようとする者は,厚生労働省令で定めるところにより,公共職業安定所に出頭し,求職の申込みをしなければならない.
③ 厚生労働大臣は,必要があると認めるときは,前項の規定にかかわらず,日雇労働被保険者に係る失業の認定について別段の定めをすることができる.

(日雇労働求職者給付金の日額)
第48条 日雇労働求職者給付金の日額は,次の各号に掲げる区分に応じ,当該各号に定める額とする.
1 前2月間に納付された印紙保険料のうち,徴収法第22条第1項第1号に掲げる額(その額が同条第2項又は第4項の規定により変更されたときは,その変更された額)の印紙保険料(以下「第1級印紙保険料」という.)が24日分以上であるとき. 7500円(その額が次条第1項の規定により変更されたときは,その変更された額)
2 次のいずれかに該当するとき. 6200円(その額が次条第1項の規定により変更されたときは,その変更された額)
イ 前2月間に納付された印紙保険料のうち,第1級印紙保険料及び徴収法第22条第1項第2号に掲げる額(その額が同条第2項又は第4項の規定により変更されたときは,その変更された額)の印紙保険料(以下「第2級印紙保険料」という.)が24日分以上であるとき(前号に該当するときを除く.).
ロ 前2月間に納付された印紙保険料のうち,第1級印紙保険料及び第2級印紙保険料が24日未満である場合において,第1級印紙保険料の納付額と第2級印紙保険料の納付額との合計額に,徴収法第22条第1項第3号に掲げる額(その額が同条第2項又は第4項の規定により変更されたときは,その変更された額)の印紙保険料(以下「第3級印紙保険料」という.)の納付額のうち24日から第1級印紙保険料及び第2級印紙保険料の納付日数を差し引いた日数に相当する日数分の額を加算した額を24で除して得た額が第2級印紙保険料の日額以上であるとき.
3 前2号のいずれにも該当しないとき. 4100円(その額が次条第1項の規定により変更されたときは,その変更された額)

(日雇労働求職者給付金の日額等の自動的変更)
第49条 ① 厚生労働大臣は,平均定期給与額(第18条第1項の平均定期給与額をいう.以下この項において同じ.)が,平成6年9月の平均定期給与額(この項の規定により日雇労働求職者給付金の日額等が変更されたときは直近の当該変更の基礎となつた平均定期給与額)の100分の120を超え,又は100分の83を下るに至つた場合において,その状態が継続すると認めるときは,その平均定期給与額の上昇し,又は低下した比率を基準として,日雇労働求職者給付金の日額等を変更しなければならない.
② 前項の「日雇労働求職者給付金の日額等」とは,前条第1号に定める額の日雇労働求職者給付金(次項及び第54条において「第1級給付金」という.)の日額,前条第2号に定める額の日雇労働求職者給付金(次項及び第54条において「第2級給付金」という.)の日額及び前条第3号に定める額の日雇労働求職者給付金(次項及び第54条において「第3級給付金」という.)の日額並びに徴収法第22条第1項に規定する印紙保険料の額の区分に係る賃金の日額のうち第1級印紙保険料と第2級印紙保険料との区分に係る賃金の日額(その額が前項の規定により変更されたときは,その変更された額.次項において「1級・2級印紙保険料区分日額」という.)及び第2級印紙保険料と第3級印紙保険料との区分に係る賃金の日額(その額が前項の規定により変更されたときは,その変更された額.次項において「2級・3級印紙保険料区分日額」とい

う．）をいう．
③ 徴収法第22条第5項の規定により同条第2項に規定する第1級保険料日額，第2級保険料日額及び第3級保険料日額の変更があつた場合には，厚生労働大臣は，その変更のあつた日から1年を経過した日の前日（その日前に当該変更に関して国会の議決があつた場合には，その議決のあつた日の前日）までの間は，第1項の規定による第1級給付金の日額，第2級給付金の日額及び第3級給付金の日額並びに1級・2級印紙保険料区分日額及び2級・3級印紙保険料区分日額の変更を行うことができない．

（日雇労働求職者給付金の支給日数等）
第50条 ① 日雇労働求職者給付金は，日雇労働被保険者が失業した日の属する月における失業の認定を受けた日について，その月の前2月間に，その者について納付されている印紙保険料が通算して28日分以下であるときは，通算して13日分を限度として支給し，その者について納付されている印紙保険料が通算して28日分を超えているときは，通算して，28日分を超える4日分ごとに1日を13日に加えて得た日分を限度として支給する．ただし，その月において通算して17日分を超えては支給しない．
② 日雇労働求職者給付金は，各週（日曜日から土曜日までの7日をいう．）につき日雇労働被保険者が職業に就かなかつた最初の日については，支給しない．

（日雇労働求職者給付金の支給方法等）
第51条 ① 日雇労働求職者給付金は，公共職業安定所において，失業の認定を行つた日に支給するものとする．
② 厚生労働大臣は，必要があると認めるときは，前項の規定にかかわらず，日雇労働求職者給付金の支給について別段の定めをすることができる．
③ 第31条第1項の規定は，日雇労働求職者給付金について準用する．この場合において，同項中「受給資格者」とあるのは「日雇労働求職者給付金の支給を受けることができる者」と，「失業の認定」とあるのは「第47条第2項の失業の認定」と読み替えるものとする．

（給付制限）
第52条 ① 日雇労働求職者給付金の支給を受けることができる者が公共職業安定所の紹介する業務に就くことを拒んだときは，その拒んだ日から起算して7日間は，日雇労働求職者給付金を支給しない．ただし，次の各号のいずれかに該当するときは，この限りでない．
1 紹介された業務が，その者の能力からみて不適当であると認められるとき．
2 紹介された業務に対する賃金が，同一地域における同種の業務及び同程度の技能に係る一般の賃金水準に比べて，不当に低いとき．
3 職業安定法第20条（第2項ただし書を除く．）の規定に該当する事業所に紹介されたとき．
4 その他正当な理由があるとき．
② 日雇労働求職者給付金の支給を受けることができる者についての前項各号のいずれかに該当するかどうかの認定は，公共職業安定所長が厚生労働大臣の定める基準に従つてするものとする．
③ 日雇労働求職者給付金の支給を受けることができる者が，偽りその他不正の行為により求職者給付又は就職促進給付の支給を受け，又は受けようとし

たときは，その支給を受け，又は受けようとした月及びその月の翌月から3箇月間は，日雇労働求職者給付金の支給をしない．ただし，やむを得ない理由がある場合には，日雇労働求職者給付金の全部又は一部を支給することができる．

（日雇労働求職者給付金の特例）
第53条 ① 日雇労働被保険者が失業した場合において，次の各号のいずれにも該当するときは，その者は，公共職業安定所長に申し出て，次条に定める日雇労働求職者給付金の支給を受けることができる．
1 継続する6月間に当該日雇労働被保険者について印紙保険料が各月11日分以上，かつ，通算して78日分以上納付されていること．
2 前号に規定する継続する6月間（以下「基礎期間」という．）のうち後の5月間に第45条の規定による日雇労働求職者給付金の支給を受けていないこと．
3 基礎期間の最後の月の翌月以後2月間（申出をした日が当該2月の期間内にあるときは，同日までの間）に第45条の規定による日雇労働求職者給付金の支給を受けていないこと．
② 前項の申出は，基礎期間の最後の月の翌月以後4月の期間内に行わなければならない．

第54条 前条第1項の申出をした者に係る日雇労働求職者給付金の支給については，第48条及び第50条第1項の規定にかかわらず，次の各号に定めるところによる．
1 日雇労働求職者給付金の支給を受けることができる期間及び日数は，基礎期間の最後の月の翌月以後4月の期間内の失業している日について，通算して60日分を限度とする．
2 日雇労働求職者給付金の日額は，次のイからハまでに掲げる区分に応じ，当該イからハまでに定める額とする．
イ 基礎期間に納付された印紙保険料のうち，第1級印紙保険料が72日分以上であるとき．　第1級給付金の日額
ロ 次のいずれかに該当するとき．　第2級給付金の日額
（1）基礎期間に納付された印紙保険料のうち，第1級印紙保険料及び第2級印紙保険料が72日分以上であるとき（イに該当するときを除く．）．
（2）基礎期間に納付された印紙保険料のうち，第1級印紙保険料及び第2級印紙保険料が72日分未満である場合において，第1級印紙保険料の納付額と第2級印紙保険料の納付額との合計額に，第3級印紙保険料の納付額が72日分から第1級印紙保険料及び第2級印紙保険料の納付日数を差し引いた日数に相当する日数分の額を加算した額を72で除して得た額が第2級給付金の日額以上であるとき．
ハ イ又はロに該当しないとき．　第3級給付金の日額

第55条 ① 基礎期間の最後の月の翌月以後2月の期間内に第53条第1項の申出をした者については，当該2月を経過する日までは，第45条の規定による日雇労働求職者給付金は，支給しない．
② 第53条第1項の申出をした者が，基礎期間の最後の月の翌月から起算して第3月目又は第4月目に当たる月において，第45条の規定による日雇労働求職者給付金の支給を受けたときは当該日雇労

働求職者給付金の支給の対象となつた日については前条の規定による日雇労働求職者給付金を支給せず，同条の規定による日雇労働求職者給付金の支給を受けたときは当該日雇労働求職者給付金の支給の対象となつた日については第45条の規定による日雇労働求職者給付金を支給しない．
③ 前条の規定による日雇労働求職者給付金の支給を受けた者がその支給を受けた後に第53条第1項の申出をする場合における同項第2号の規定の適用については，その者は，第45条の規定による日雇労働求職者給付金の支給を受けたものとみなす．
④ 第46条，第47条，第50条第2項，第51条及び第52条の規定は，前条の規定による日雇労働求職者給付金について準用する．

(日雇労働被保険者であつた者に係る被保険者期間等の特例)
第56条 ① 日雇労働被保険者が2月の各月において18日以上同一の事業主の適用事業に雇用され，その翌月以後において離職した場合には，その2月を第14条の規定による被保険者期間の2箇月として計算することができる．ただし，その者が第43条第2項又は第3項の規定の適用を受けた者である場合には，この限りでない．
② 前項の規定により同項に規定する2月を被保険者期間として計算することによつて第14条第2項第1号に規定する受給資格，高年齢受給資格又は特例受給資格を取得した者について，第17条に規定する賃金日額を算定する場合には，その2月の各月において納付された印紙保険料の額を厚生労働省令で定める率で除して得た額をそれぞれその各月に支払われた賃金額とみなす．
③ 第1項の規定は，第22条第3項の規定による算定基礎期間の算定について準用する．この場合において，第1項中「その2月を第14条の規定による被保険者期間の2箇月として」とあるのは，「当該雇用された期間を第22条第3項に規定する基準日まで引き続いて同一の事業主の適用事業に被保険者として雇用された期間に該当するものとして」と読み替えるものとする．

第56条の2 ① 日雇労働被保険者が同一の事業主の適用事業に継続して31日以上雇用された後に離職した場合(前条第1項本文に規定する場合を除く．)には，その者の日雇労働被保険者であつた期間を第14条の規定による被保険者期間の計算において被保険者であつた期間とみなすことができる．ただし，その者が第43条第2項又は第3項の規定の適用を受けた者である場合には，この限りでない．
② 前項の規定により第14条の規定による被保険者期間を計算することによつて同条第2項第1号に規定する受給資格，高年齢受給資格又は特例受給資格を取得した者について，第17条に規定する賃金日額を算定する場合には，日雇労働被保険者であつた期間のうち，同条第1項に規定する算定対象期間における被保険者期間として計算された最後の6箇月間に含まれる各月において納付された印紙保険料の額を厚生労働省令で定める率で除して得た額を当該期間に支払われた賃金額とみなす．
③ 第1項の規定は，第22条第3項の規定による算定基礎期間の算定について準用する．この場合において，第1項中「その者の日雇労働被保険者であつた期間を第14条の規定による被保険者期間の計算において被保険者であつた期間とみなす」とあるのは，「当該日雇労働被保険者であつた期間を第22条第3項に規定する基準日まで引き続いて同一の事業主の適用事業に被保険者として雇用された期間に該当するものとして計算する」と読み替えるものとする．

第5節　就職促進給付
(就業促進手当)
第56条の3 ① 就業促進手当は，次の各号のいずれかに該当する者に対して，公共職業安定所長が厚生労働省令で定める基準に従つて必要があると認めたときに，支給する．
1 次のイ又はロのいずれかに該当する受給資格者である者
イ　職業に就いた者(厚生労働省令で定める安定した職業に就いた者を除く．)であつて，当該職業に就いた日の前日における基本手当の支給残日数(当該職業に就かなかつたこととした場合における同日の翌日から当該受給資格に係る第20条第1項及び第2項の規定による期間(第33条第3項の規定に該当する受給資格者については同項の規定による期間とし，次条第1項の規定に該当する受給資格者については同項の規定による期間とする．)の最後の日までの間に基本手当の支給を受けることができることとなる日数をいう．以下同じ．)が当該受給資格に基づく所定給付日数の3分の1以上かつ45日以上であるもの
ロ　厚生労働省令で定める安定した職業に就いた者であつて，当該職業に就いた日の前日における基本手当の支給残日数が当該受給資格に基づく所定給付日数の3分の1以上であるもの
2　厚生労働省令で定める安定した職業に就いた受給資格者(当該職業に就いた日の前日における基本手当の支給残日数が当該受給資格に基づく所定給付日数の3分の1未満である者に限る．)，高年齢受給資格者(高年齢求職者給付金の支給を受けた者であつて，当該高年齢受給資格に係る離職の日の翌日から起算して1年を経過していないものを含む．以下この項において同じ．)，特例受給資格者(特例一時金の支給を受けたであつて，当該特例受給資格に係る離職の日の翌日から起算して6箇月を経過していないものを含む．以下この節において同じ．)又は日雇受給資格者(第45条又は第54条の規定による日雇労働求職者給付金の支給を受けることができる者をいう．以下同じ．)であつて，身体障害者その他の就職が困難な者として厚生労働省令で定めるもの
② 受給資格者，高年齢受給資格者，特例受給資格者又は日雇受給資格者(第58条及び第59条第1項において「受給資格者等」という．)が，前項第1号ロ又は同項第2号に規定する安定した職業に就いた日前厚生労働省令で定める期間内の就職について就業促進手当(同項第1号イに該当する者に係るものを除く．以下この項において同じ．)の支給を受けたことがあるときは，前項の規定にかかわらず，就業促進手当は，支給しない．
③ 就業促進手当は，次の各号に掲げる者の区分に応じ，当該各号に定める額とする．
1　第1項第1号イに該当する者　現に職業に就いている日(当該職業に就かなかつたこととした場合における同日から当該就業促進手当に係る基本手当の受給資格に係る第20条第1項及び第2項の規定による期間(第33条第3項の規定に該当

する受給資格者については同項の規定による期間とし,次条第1項の規定に該当する受給資格者については同項の規定による期間とする.)の最後の日までの間に基本手当の支給を受けることができることとなる日があるときに限る.)について,第16条の規定による基本手当の日額(その金額が同条第1項(同条第2項において読み替えて適用する場合を含む.)に規定する1万1740円(その額が第18条の規定により変更されたときは,その変更された額)に100分の50(受給資格に係る離職の日において60歳以上65歳未満である受給資格者にあつては,100分の45)を乗じて得た金額を超えるときは,当該金額.以下この条において「基本手当日額」という.)に10分の3を乗じて得た額
2 第1項第1号ロに該当する者 基本手当日額に支給残日数に相当する日数に十分の6(その職業に就いた日の前日における基本手当の支給残日数が当該受給資格に基づく所定給付日数の3分の2以上であるもの(以下この号において「早期再就職者」という.)にあつては,10分の7)を乗じて得た数を乗じて得た額(同一の事業主の適用事業にその職業に就いた日から引き続いて6箇月以上雇用される者であつて厚生労働省令で定めるものにあつては,当該額に,基本手当日額に支給残日数に相当する日数に10分の4(早期再就職者にあつては,10分の3)を乗じて得た数を乗じて得た額を限度として厚生労働省令で定める額を加えて得た額)
3 第1項第2号に該当する者 次のイからニまでに掲げる者の区分に応じ,当該イからニまでに定める額に40を乗じて得た額を限度として厚生労働省令で定める額
イ 受給資格者 基本手当日額
ロ 高年齢受給資格者 その者を高年齢受給資格に係る離職の日において30歳未満である基本手当の受給資格者とみなして第16条から第18条までの規定を適用した場合にその者に支給されることとなる基本手当の日額(その金額がその者を基本手当の受給資格者とみなして適用される第16条第1項に規定する1万1740円(その額が第18条の規定により変更されたときは,その変更された額)に100分の50を乗じて得た金額を超えるときは,当該金額)
ハ 特例受給資格者 その者を基本手当の受給資格者とみなして第16条から第18条までの規定を適用した場合にその者に支給されることとなる基本手当の日額(その金額がその者を基本手当の受給資格者とみなして適用される第16条第1項(同条第2項において読み替えて適用する場合を含む.)に規定する1万1740円(その額が第18条の規定により変更されたときは,その変更された額)に100分の50(特例受給資格に係る離職の日において60歳以上65歳未満である特例受給資格者にあつては,100分の45)を乗じて得た金額を超えるときは,当該金額)
ニ 日雇受給資格者 第48条又は第54条第2号の規定による日雇労働求職者給付金の日額
④ 第1項第1号イに該当する者に係る就業促進手当を支給したときは,この法律の規定(第10条の4及び第34条の規定を除く.次項において同じ.)の適用については,当該就業促進手当を支給した日数に相当する日数分の基本手当を支給したものとみなす.
⑤ 第1項第1号ロに該当する者に係る就業促進手当を支給したときは,この法律の規定の適用については,当該就業促進手当の額を基本手当日額で除して得た日数に相当する日数分の基本手当を支給したものとみなす.

(就業促進手当の支給を受けた場合の特例)
第57条 ① 特定就業促進手当受給者について,第1号に掲げる期間が第2号に掲げる期間を超えるときは,当該特定就業促進手当受給者の基本手当の受給期間は,第20条第1項及び第2項並びに第33条第3項の規定にかかわらず,これらの規定による期間に当該超える期間を加えた期間とする.
1 就業促進手当(前条第1項第1号に該当する者に係るものに限る.以下この条において同じ.)に係る基本手当の受給資格に係る離職の日の翌日から再離職(当該就業促進手当の支給を受けた後の最初の離職(新たに受給資格,高年齢受給資格又は特例受給資格を取得した場合における当該受給資格,高年齢受給資格又は特例受給資格に係る離職を除く.)をいう.次項において同じ.)の日までの期間に次のイ及びロに掲げる日数を加えた期間
イ 20日以下の範囲内で厚生労働省令で定める日数
ロ 当該就業促進手当に係る職業に就いた日の前日における支給残日数から前条第5項の規定により基本手当を支給したものとみなされた日数を差し引いた日数
2 当該職業に就かなかつたこととした場合における当該受給資格に係る第20条第1項及び第2項の規定による期間(第33条第3項の規定に該当する受給資格者については,同項の規定による期間)
② 前項の特定就業促進手当受給者とは,就業促進手当の支給を受けた者であつて,再離職の日が当該就業促進手当に係る基本手当の受給資格に係る第20条第1項及び第2項の規定による期間(第33条第3項の規定に該当する受給資格者については,同項の規定による期間)内にあり,かつ,次の各号のいずれかに該当するものをいう.
1 再離職の際,その者を雇用していた事業主の事業について発生した倒産又は当該事業主の適用事業の縮小若しくは廃止に伴うものである者として厚生労働省令で定めるもの
2 前号に定めるもののほか,解雇その他の厚生労働省令で定める理由により離職した者
③ 第1項の規定に該当する受給資格者については,第24条第1項中「第20条第1項及び第2項」とあるのは,「第57条第1項」とする.
④ 第33条第5項の規定は,第1項の規定に該当する受給資格者について準用する.

(移転費)
第58条 ① 移転費は,受給資格者等が公共職業安定所の紹介した職業に就くため,又は公共職業安定所長の指示した公共職業訓練等を受けるため,その住所又は居所を変更する場合において,公共職業安定所長が厚生労働大臣の定める基準に従つて必要があると認めたときは,支給する.
② 移転費の額は,受給資格者等及びその者により生計を維持されている同居の親族の移転に通常要する費用を考慮して,厚生労働省令で定める.

(求職活動支援費)
第59条 ① 求職活動支援費は,受給資格者等が求職活動に伴い次の各号のいずれかに該当する行為をする場合において,公共職業安定所長が厚生労働大臣の定める基準に従つて必要があると認めたときに,支給する.
 1 公共職業安定所の紹介による広範囲の地域にわたる求職活動
 2 公共職業安定所の職業指導に従つて行う職業に関する教育訓練の受講その他の活動
 3 求職活動を容易にするための役務の利用
② 求職活動支援費の額は,前項各号の行為に通常要する費用を考慮して,厚生労働省令で定める.
(給付制限)
第60条 ① 偽りその他不正の行為により求職者給付又は就職促進給付の支給を受け,又は受けようとした者には,これらの給付の支給を受け,又は受けようとした日以後,就職促進給付を支給しない.ただし,やむを得ない理由がある場合には,就職促進給付の全部又は一部を支給することができる.
② 前項に規定する者が同項に規定する日以後新たに受給資格,高年齢受給資格又は特例受給資格を取得した場合には,同項の規定にかかわらず,その受給資格,高年齢受給資格又は特例受給資格に基づく就職促進給付を支給する.
③ 第1項に規定する者であつて,第52条第3項(第55条第4項において準用する場合を含む.次項において同じ.)の規定により日雇労働求職者給付金の支給を受けることができない者とされたものが,その支給を受けることができない期間を経過した後において,第1項に規定する者である場合又は日雇受給資格者となつた場合には,第1項の規定にかかわらず,その日雇受給資格者たる資格に基づく就職促進給付を支給する.
④ 第1項に規定する者(第52条第3項の規定により日雇労働求職者給付金の支給を受けることができない者とされている者を除く.)が新たに日雇受給資格者となつたときには,第1項の規定にかかわらず,その日雇受給資格者たる資格に基づく就職促進給付を支給する.
⑤ 受給資格者が第1項の規定により就職促進給付を支給されないこととされたため,当該受給資格に基づく就業促進手当の全部又は一部の支給を受けることができなくなつたときは,第56条の3第4項及び第5項の規定の適用については,その全部又は一部の支給を受けることができないとされた就業促進手当の支給があつたものとみなす.

第5節の2 教育訓練給付
(教育訓練給付金)
第60条の2 ① 教育訓練給付金は,次の各号のいずれかに該当する者(以下「教育訓練給付対象者」という.)が,厚生労働省令で定めるところにより,雇用の安定及び就職の促進を図るために必要な職業に関する教育訓練として厚生労働大臣が指定する教育訓練を受け,当該教育訓練を修了した場合(当該教育訓練を受けている場合であつて厚生労働省令で定める場合を含み,当該教育訓練に係る指定教育訓練実施者により厚生労働省令で定める証明がされた場合に限る.)において,支給要件期間が3年以上であるときに,支給する.
 1 当該教育訓練を開始した日(以下この条において「基準日」という.)に一般被保険者(被保険者のうち,高年齢被保険者,短期雇用特例被保険者及び日雇労働被保険者以外の者をいう.次号において同じ.)又は高年齢被保険者である者
 2 前号に掲げる者以外の者であつて,基準日が当該基準日の直前の一般被保険者又は高年齢被保険者でなくなつた日から厚生労働省令で定める期間内にあるもの
② 前項の支給要件期間は,教育訓練給付対象者が基準日までの間に同一の事業主の適用事業に引き続いて被保険者として雇用された期間(当該雇用された期間に係る被保険者となつた日前に被保険者であつたことがある者については,当該雇用された期間と当該被保険者であつた期間を通算した期間)とする.ただし,当該期間に次の各号に掲げる期間が含まれているときは,当該各号に掲げる期間に該当する全ての期間を除いて算定した期間とする.
 1 当該雇用された期間又は当該被保険者であつた期間に係る被保険者となつた日の直前の被保険者でなくなつた日が当該被保険者となつた日前1年の期間内にないときは,当該直前の被保険者でなくなつた日前の被保険者であつた期間
 2 当該基準日前に教育訓練給付金の支給を受けたことがあるときは,当該給付金に係る基準日前の被保険者であつた期間
③ 第22条第4項の規定は,前項の支給要件期間の算定について準用する.
④ 教育訓練給付金の額は,教育訓練給付対象者が第1項に規定する教育訓練の受講のために支払つた費用(厚生労働省令で定める範囲内のものに限る.)の額(当該教育訓練の受講のために支払つた費用の額であることについて当該教育訓練に係る指定教育訓練実施者により証明がされたものに限る.)に100分の20以上100分の60以下の範囲内において厚生労働省令で定める率を乗じて得た額(その額が厚生労働省令で定める額を超えるときは,その定める額)とする.
⑤ 第1項及び前項の規定にかかわらず,同項の規定により教育訓練給付金の額として算定された額が厚生労働省令で定める額を超えないとき,又は教育訓練給付対象者が基準日前厚生労働省令で定める期間内に教育訓練給付金の支給を受けたことがあるときは,教育訓練給付金は,支給しない.
(給付制限)
第60条の3 ① 偽りその他不正の行為により教育訓練給付金の支給を受け,又は受けようとした者には,当該給付金の支給を受け,又は受けようとした日以後,教育訓練給付金を支給しない.ただし,やむを得ない理由がある場合には,教育訓練給付金の全部又は一部を支給することができる.
② 前項の規定により教育訓練給付金の支給を受けることができない者とされたものが,同項に規定する日以後,新たに教育訓練給付金の支給を受けることができる者となつた場合には,同項の規定にかかわらず,教育訓練給付金を支給する.
③ 第1項の規定により教育訓練給付金の支給を受けることができない場合においても,前条第2項の規定の適用については,当該給付金の支給があつたものとみなす.

第6節 雇用継続給付
第1款 高年齢雇用継続給付
(高年齢雇用継続基本給付金)
第61条 ① 高年齢雇用継続基本給付金は,被保険者

(短期雇用特例被保険者及び日雇労働被保険者を除く。以下この款において同じ。)に対して支給対象月(当該被保険者が第1号に該当しなくなつたときは、同号に該当しなくなつた日の属する支給対象月以後の支給対象月)に支払われた賃金の額(支給対象月において非行、疾病その他の厚生労働省令で定める理由により支払を受けることができなかつた賃金がある場合には、その支払を受けたものとみなして算定した賃金の額。以下この項、第4項及び第5項各号(次条第3項において準用する場合を含む。)並びに同条第1項において同じ。)が、当該被保険者を受給資格者と、当該被保険者が60歳に達した日(当該被保険者が第1号に該当しなくなつたときは、同号に該当しなくなつた日)を受給資格に係る離職の日とみなして第17条(第3項を除く。)の規定を適用した場合に算定されることとなる賃金日額に相当する額(以下この条において「みなし賃金日額」という。)に30を乗じて得た額の100分の75に相当する額を下るに至つた場合に、当該支給対象月について支給する。ただし、次の各号のいずれかに該当するときは、この限りでない。

1 当該被保険者を受給資格者と、当該被保険者が60歳に達した日又は当該支給対象月においてその日に応当する日(その日に応当する日がない月においては、その月の末日。)を第20条第1項第1号に規定する基準日とみなして第22条第3項及び第4項の規定を適用した場合に算定されることとなる期間に相当する期間が、5年に満たないとき。

2 当該支給対象月に支払われた賃金の額が、34万3200円(その額が第7項の規定により変更されたときは、その変更された額。以下この款において「支給限度額」という。)以上であるとき。

② この条において「支給対象月」とは、被保険者が60歳に達した日の属する月から65歳に達する日の属する月までの期間内にある月(その月の初日から末日まで引き続いて、被保険者であり、かつ、育児休業給付金又は介護休業給付金の支給を受けることができる休業をしなかつた月に限る。)をいう。

③ 第1項の規定によりみなし賃金日額を算定する場合における第17条第4項の規定の適用については、同項中「前3項の規定」とあるのは、「第1項及び第2項の規定」とする。

④ 第1項の規定によりみなし賃金日額を算定することができないとき若しくは困難であるとき、又は同項の規定により算定したみなし賃金日額を用いて同項の規定を適用することが適当でないと認められるときは、厚生労働大臣が定めるところにより算定した額をみなし賃金日額とする。この場合において、第17条第4項の規定は、この項の規定により算定したみなし賃金日額について準用する。

⑤ 高年齢雇用継続基本給付金の額は、一支給対象月について、次の各号に掲げる区分に応じ、当該支給対象月に支払われた賃金に当該各号に定める率を乗じて得た額とする。ただし、その額に当該賃金の額を加えて得た額が支給限度額を超えるときは、支給限度額から当該賃金の額を減じて得た額とする。

1 当該賃金の額が、みなし賃金日額に30を乗じて得た額の100分の61に相当する額未満であるとき。 100分の15

2 前号に該当しないとき。 みなし賃金日額に30を乗じて得た額に対する当該賃金の額の割合が逓
増する程度に応じ、100分の15から一定の割合で逓減するように厚生労働省令で定める率

⑥ 第1項及び前項の規定にかかわらず、同項の規定により支給対象月における高年齢雇用継続基本給付金の額として算定された額が第17条第4項第1号に掲げる額(その額が第18条の規定により変更されたときは、その変更された額)の100分の80に相当する額を超えないときは、当該支給対象月については、高年齢雇用継続基本給付金は、支給しない。

⑦ 厚生労働大臣は、年度の平均給与額が平成21年4月1日から始まる年度(この項の規定により支給限度額が変更されたときは、直近の当該変更がされた年度の前年度)の平均給与額を超え、又は下るに至つた場合においては、その上昇し、又は低下した比率を基準として、その翌年度の8月1日以後の支給限度額を変更しなければならない。

(高年齢再就職給付金)
第61条の2 ① 高年齢再就職給付金は、受給資格者(その受給資格に係る離職の日における第22条第3項の規定による算定基礎期間が5年以上あり、かつ、当該受給資格に基づく基本手当の支給を受けたことがある者に限る。)が60歳に達した日以後安定した職業に就くことにより被保険者となつた場合において、当該被保険者に対し再就職後の支給対象月に支払われた賃金の額が、当該基本手当の日額の算定の基礎となつた賃金日額に30を乗じて得た額の100分の75に相当する額を下るに至つたときに、当該再就職後の支給対象月について支給する。ただし、次の各号のいずれかに該当するときは、この限りでない。

1 当該職業に就いた日(次項において「就職日」という。)の前日における支給残日数が、100日未満であるとき。

2 当該再就職後の支給対象月に支払われた賃金の額が、支給限度額以上であるとき。

② 前項の「再就職後の支給対象月」とは、就職日の属する月から当該就職日の翌日から起算して2年(当該就職日の前日における支給残日数が200日未満である同項の被保険者については、1年)を経過する日の属する月(その月が同項の被保険者が65歳に達する日の属する月後であるときは、65歳に達する日の属する月)までの期間内にある月(その月の初日から末日まで引き続いて、被保険者であり、かつ、育児休業給付金又は介護休業給付金の支給を受けることができる休業をしなかつた月に限る。)をいう。

③ 前条第5項及び第6項の規定は、高年齢再就職給付金の額について準用する。この場合において、同条第5項中「支給対象月について」とあるのは「再就職後の支給対象月(次条第2項に規定する再就職後の支給対象月をいう。次条第3項において準用する第6項において同じ。)について」と、「当該支給対象月」とあるのは「当該再就職後の支給対象月」と、「みなし賃金日額」とあるのは「次条第1項の賃金日額」と、同条第6項中「第1項」とあるのは「次条第1項」と、「支給対象月」とあるのは「再就職後の支給対象月」と読み替えるものとする。

④ 高年齢再就職給付金の支給を受けることができる者が、同一の就職につき就業促進手当(第56条の3第1項第1号ロに該当する者に係るものに限

雇用保険法（61条の3〜61条の5）

(給付制限)
第61条の3 偽りその他不正の行為により次の各号に掲げる失業等給付の支給を受け、又は受けようとした者には、当該給付の支給を受け、又は受けようとした日以後、当該各号に定める高年齢雇用継続給付を支給しない。ただし、やむを得ない理由がある場合には、当該高年齢雇用継続給付の全部又は一部を支給しないことができる。
1　高年齢雇用継続基本給付金　高年齢雇用継続基本給付金
2　高年齢再就職給付金又は当該給付金に係る受給資格に基づく求職者給付若しくは就職促進給付　高年齢再就職給付金

第2款　育児休業給付

(育児休業給付金)
第61条の4　① 育児休業給付金は、被保険者（短期雇用特例被保険者及び日雇労働被保険者を除く。以下この款及び次款において同じ。）が、厚生労働省令で定めるところにより、その1歳に満たない子（民法（明治29年法律第89号）第817条の2第1項の規定により被保険者が当該被保険者との間における同条に規定する特別養子縁組の成立について家庭裁判所に請求した者（当該請求に係る家事審判事件が裁判所に係属している場合に限る。）であつて、当該被保険者が現に監護するもの、児童福祉法（昭和22年法律第164号）第27条第1項第3号の規定により同法第6条の4第2号に規定する養子縁組里親である被保険者に委託されている児童及びその他これらに準ずる者として厚生労働省令で定める者に、厚生労働省令で定めるところにより委託されている者を含む。以下この項及び第6項において同じ。）（その子が1歳に達した日後の期間について休業することが雇用の継続のために特に必要と認められる場合として厚生労働省令で定める場合に該当する場合にあつては、1歳6か月に満たない子）を養育するための休業をした場合において、当該休業を開始した日前2年間（当該休業を開始した日前2年間に疾病、負傷その他厚生労働省令で定める理由により引き続き30日以上賃金の支払を受けることができなかつた被保険者については、当該理由により賃金の支払を受けることができなかつた日数を2年に加算した期間（その期間が4年を超えるときは、4年））に、みなし被保険者期間が通算して12箇月以上であつたときに、支給単位期間について支給する。
② 前項の「みなし被保険者期間」は、同項（第6項において読み替えて適用する場合を含む。次項、第5項及び次条第2項において同じ。）に規定する休業を開始した日を被保険者でなくなつたものとみなして第14条の規定を適用した場合に計算されることとなる被保険者期間に相当する期間とする。
③ この条において「支給単位期間」とは、第1項に規定する休業をした期間を、当該休業を開始した日又は各月においてその日に応当し、かつ、当該休業をした期間内にある日（その日に応当する日がない月においては、その月の末日。以下この項及び次項第2号において「休業開始応当日」という。）から各翌月の休業開始応当日の前日（当該休業を終了した日の属する月にあつては、当該休業を終了した日）までの各期間に区分した場合における当該区分による1の期間をいう。
④ 育児休業給付金の額は、一支給単位期間について、育児休業給付金の支給を受けることができる被保険者を受給資格者と、当該被保険者が当該育児休業給付金の支給に係る休業を開始した日の前日を受給資格に係る離職の日とみなして第17条の規定を適用した場合に算定されることとなる賃金日額に相当する額（次項において「休業開始時賃金日額」という。）に次の各号に掲げる支給単位期間の区分に応じて当該各号に定める日数（同項において「支給日数」という。）を乗じて得た額の100分の40に相当する額とする。この場合における同条の規定の適用については、同条第3項中「困難であるとき」とあるのを「できないとき若しくは困難であるとき」と、同条第4項中「第2号に掲げる額」とあるのは「第2号ハに定める額」とする。
1　次号に掲げる支給単位期間以外の支給単位期間　30日
2　当該休業を終了した日の属する支給単位期間　当該支給単位期間における当該休業を開始した日又は休業開始応当日から当該休業を終了した日までの日数
⑤ 前項の規定にかかわらず、第1項に規定する休業をした被保険者に当該被保険者を雇用している事業主から支給単位期間に賃金が支払われた場合において、当該賃金の額に当該支給単位期間における育児休業給付金の額を加えて得た額が休業開始時賃金日額に支給日数を乗じて得た額の100分の80に相当する額以上であるときは、休業開始時賃金日額に支給日数を乗じて得た額の100分の80に相当する額から当該賃金の額を減じて得た額を、当該支給単位期間における育児休業給付金の額とする。この場合において、当該賃金の額が休業開始時賃金日額に支給日数を乗じて得た額の100分の80に相当する額以上であるときは、同項の規定にかかわらず、当該賃金が支払われた支給単位期間については、育児休業給付金は、支給しない。
⑥ 被保険者の養育する子について、当該被保険者の配偶者（婚姻の届出をしていないが、事実上婚姻関係と同様の事情にある者を含む。第61条の6第1項において同じ。）が当該子の1歳に達する日以前のいずれかの日において当該子を養育するための休業をしている場合における第1項の規定の適用については、同項中「その1歳」とあるのは、「その1歳2か月」とする。
⑦ 育児休業給付金の支給を受けたことがある者に対する第22条第3項及び第37条の4第3項の規定の適用については、第22条第3項中「とする。ただし、当該期間に」とあるのは「とし、当該雇用された期間又は当該被保険者であつた期間に育児休業給付金の支給に係る休業の期間があるときは、当該休業の期間を除いて算定した期間とする。ただし、当該算定された期間又は当該被保険者であつた期間に」と、第37条の4第3項中「第22条第3項」とあるのは「第22条第3項（第61条の4第7項において読み替えて適用する場合を含む。）」とする。

(給付制限)
第61条の5　① 偽りその他不正の行為により育児

(1) 雇用保険・雇用対策

休業給付金の支給を受け、又は受けようとした者には、当該給付金の支給を受け、又は受けようとした日以後、育児休業給付金を支給しない。ただし、やむを得ない理由がある場合には、育児休業給付金の全部又は一部を支給することができる。
② 前項の規定により育児休業給付金の支給を受けることができない者とされたものが、同項に規定する日以後、新たに前条第1項に規定する休業を開始し、育児休業給付金の支給を受けることができる者となつた場合には、前項の規定にかかわらず、当該休業に係る育児休業給付金を支給する。

第3款 介護休業給付

(介護休業給付金)
第61条の6 ① 介護休業給付金は、被保険者が、厚生労働省令で定めるところにより、対象家族(当該被保険者の配偶者、父母及び子(これらの者に準ずる者として厚生労働省令で定めるものを含む。)並びに配偶者の父母をいう。以下この款において同じ。)を介護するための休業(以下「介護休業」という。)をした場合において、当該介護休業(当該対象家族を介護するための介護休業をした場合にあつては、初回の介護休業とする。以下この項において同じ。)を開始した日前2年間(当該介護休業を開始した日前2年間に疾病、負傷その他厚生労働省令で定める理由により引き続き30日以上賃金の支払を受けることができなかつた被保険者については、当該理由により賃金の支払を受けることができなかつた日数を2年に加算した期間(その期間が4年を超えるときは、4年間))に、みなし被保険者期間が通算して12箇月以上であつたときに、支給単位期間について支給する。
② 前項の「みなし被保険者期間」は、介護休業(同一の対象家族について二回以上の介護休業をした場合にあつては、初回の介護休業とする。)を開始した日を被保険者でなくなつた日とみなして第14条の規定を適用した場合に計算されることとなる被保険者期間に相当する期間とする。
③ この条において「支給単位期間」とは、介護休業をした期間(当該介護休業を開始した日から起算して3月を経過する日までの期間に限る。)を、当該介護休業を開始した日又は各月においてその日に応当し、かつ、当該介護休業をした期間内にある日(その日に応当する日がない月においては、その月の末日。以下この項及び次項第2号において「休業開始応当日」という。)から翌月の休業開始応当日の前日(当該介護休業を終了した日の属する月にあつては、当該介護休業を終了した日)までの各期間に区分した場合における当該区分による一の期間をいう。
④ 介護休業給付金の額は、一支給単位期間について、介護休業給付金の支給を受けることができる被保険者を受給資格者とし、当該被保険者が当該介護休業給付金の支給に係る介護休業を開始した日の前日を受給資格に係る離職の日とみなして第17条の規定を適用した場合に算定されることとなる賃金日額に相当する額(次項において「休業開始時賃金日額」という。)に次の各号に掲げる支給単位期間の区分に応じて当該各号に定める日数(次項において「支給日数」という。)を乗じて得た額の100分の40に相当する額とする。この場合における同条の規定の適用については、同条第3項中「困難であるとき」とあるのは「できないとき若しくは困難であるとき」と、同条第4項中「第2号に掲げる額」とあるのは「第2号ロに定める額」とする。
1 次号に掲げる支給単位期間以外の支給単位期間 30日
2 当該介護休業を終了した日の属する支給単位期間 当該支給単位期間における当該介護休業を開始した日又は休業開始応当日から当該介護休業を終了した日までの日数
⑤ 前項の規定にかかわらず、介護休業をした被保険者に当該被保険者を雇用している事業主から支給単位期間に賃金が支払われた場合において、当該賃金の額に当該支給単位期間における介護休業給付金の額を加えて得た額が休業開始時賃金日額に支給日数を乗じて得た額の100分の80に相当する額以上であるときは、休業開始時賃金日額に支給日数を乗じて得た額の100分の80に相当する額から当該賃金の額を減じて得た額を、当該支給単位期間における介護休業給付金の額とする。この場合において、当該賃金の額が休業開始時賃金日額に支給日数を乗じて得た額の100分の80に相当する額以上であるときは、第1項の規定にかかわらず、当該賃金が支払われた支給単位期間については、介護休業給付金は、支給しない。
⑥ 第1項の規定にかかわらず、被保険者が介護休業についてこの款の定めるところにより介護休業給付金の支給を受けたことがある場合において、当該被保険者が次の各号のいずれかに該当する介護休業をしたときは、介護休業給付金は、支給しない。
1 同一の対象家族について当該被保険者が四回以上の介護休業をした場合における4回目以後の介護休業
2 同一の対象家族について当該被保険者がした介護休業ごとに、当該介護休業を開始した日から当該介護休業を終了した日までの日数を合算して得た日数が93日に達した日後の介護休業

(給付制限)
第61条の7 ① 偽りその他不正の行為により介護休業給付金の支給を受け、又は受けようとした者には、当該給付金の支給を受け、又は受けようとした日以後、介護休業給付金を支給しない。ただし、やむを得ない理由がある場合には、介護休業給付金の全部又は一部を支給することができる。
② 前項の規定により介護休業給付金の支給を受けることができない者とされたものが、同項に規定する日以後、新たに介護休業を開始し、介護休業給付金の支給を受けることができる者となつた場合には、同項の規定にかかわらず、当該介護休業に係る介護休業給付金を支給する。

第4章 雇用安定事業等

(雇用安定事業)
第62条 ① 政府は、被保険者、被保険者であつた者及び被保険者になろうとする者(以下この章において「被保険者等」という。)に関し、失業の予防、雇用状態の是正、雇用機会の増大その他雇用の安定を図るため、雇用安定事業として、次の事業を行うことができる。
1 景気の変動、産業構造の変化その他の経済上の理由により事業活動の縮小を余儀なくされた場合において、労働者を休業させる事業主その他労働者の雇用の安定を図るために必要な措置を講ずる

39 雇用保険法（63条〜65条）

事業主に対して,必要な助成及び援助を行うこと.
2 離職を余儀なくされる労働者に対して,雇用対策法第26条第1項に規定する休暇を与える事業主その他当該労働者の再就職を促進するために必要な措置を講ずる事業主に対して,必要な助成及び援助を行うこと.
3 定年の引上げ,高年齢者等の雇用の安定等に関する法律（昭和46年法律第68号）第9条に規定する継続雇用制度の導入等により高年齢者の雇用を延長し,又は同法第2条第2項に規定する高年齢者等（以下この号において単に「高年齢者等」という.）に対し再就職の援助を行い,若しくは高年齢者等を雇い入れる事業主その他高齢年齢者の雇用の安定を図るために必要な措置を講ずる事業主に対して,必要な助成及び援助を行うこと.
4 高年齢者等の雇用の安定等に関する法律第34条第1項の同意を得た同項に規定する地域高年齢者就業機会確保計画（同条第4項の規定による変更の同意があつたときは,その変更後のもの.次条第1項第七号において「同意地域高年齢者就業機会確保計画」という.）に係る同法第34条第2項第3号に規定する事業のうち雇用の安定に係るものを行うこと.
5 雇用機会を増大させる必要がある地域への事業所の移転により新たに労働者を雇い入れる事業主,季節的に失業する者が多数居住する地域においてこれらの者を年間を通じて雇用する事業主その他雇用に関する状況を改善する必要がある地域における労働者の雇用の安定を図るために必要な措置を講ずる事業主に対して,必要な助成及び援助を行うこと.
6 前各号に掲げるもののほか,障害者その他就職が特に困難な者の雇入れの促進,雇用に関する状況が全国的に悪化した場合における労働者の雇入れの促進その他被保険者等の雇用の安定を図るために必要な事業であつて,厚生労働省令で定めるものを行うこと.
② 前項各号に掲げる事業の実施に関して必要な基準は,厚生労働省令で定める.
③ 政府は,独立行政法人高齢・障害・求職者雇用支援機構（平成14年法律第165号）及びこれに基づく命令で定めるところにより,第1項各号に掲げる事業の一部を独立行政法人高齢・障害・求職者雇用支援機構に行わせるものとする.

（能力開発事業）
第63条 ① 政府は,被保険者等に関し,職業生活の全期間を通じて,これらの者の能力を開発し,及び向上させることを促進するため,能力開発事業として,次の事業を行うことができる.
1 職業能力開発促進法（昭和44年法律第64号）第13条に規定する事業主等及び職業訓練の推進のための活動を行う者に対して,同法第11条に規定する計画に基づく職業訓練,同法第24条第3項（同法第27条の2第2項において準用する場合を含む.）に規定する認定職業訓練（第5号において「認定職業訓練」という.）その他当該事業主等の行う職業訓練を振興するために必要な助成及び援助を行うこと並びに当該職業訓練を振興するために必要な助成及び援助を行う都道府県に対して,これらに要する経費の全部又は一部の補助を行うこと.
2 公共職業能力開発施設（公共職業能力開発施設の行う職業訓練を受ける者のための宿泊施設を含む.以下この号において同じ.）又は職業能力開発総合大学校（職業能力開発総合大学校の行う指導員訓練又は職業訓練を受ける者のための宿泊施設を含む.）を設置し,又は運営すること,職業能力開発促進法第15条の7第1項ただし書に規定する職業訓練を行うこと及び公共職業能力開発施設を設置し,又は運営する都道府県に対して,これらに要する経費の全部又は一部の補助を行うこと.
3 求職者及び退職を予定する者に対して,再就職を容易にするために必要な知識及び技能を習得させるための講習（第5号において「職業講習」という.）並びに作業環境に適応させるための訓練を実施すること.
4 職業能力開発促進法第10条の4第2項に規定する有給教育訓練休暇を与える事業主に対して,必要な助成及び援助を行うこと.
5 職業訓練（公共職業能力開発施設又は職業能力開発総合大学校の行うものに限る.）又は職業講習を受講する労働者に対して,当該職業訓練又は職業講習を受けることを容易にし,又は促進するために必要な交付金を支給すること及びその雇用する労働者に職業能力開発促進法第11条に規定する計画に基づく職業訓練,認定職業訓練その他の職業訓練を受けさせる事業主（当該職業訓練を受ける期間,労働者に対し所定労働時間労働した場合に支払われる通常の賃金を支払う事業主に限る.）に対して,必要な助成を行うこと.
6 技能検定の実施に要する経費を負担すること,技能検定を行う法人その他の団体に対して,技能検定を促進するために必要な助成を行うこと及び技能検定を促進するために必要な助成を行う都道府県に対して,これに要する経費の全部又は一部の補助を行うこと.
7 同意地域高年齢者就業機会確保計画に係る高年齢者等の雇用の安定等に関する法律第34条第2項第3号に規定する事業のうち労働者の能力の開発及び向上に係るものを行うこと.
8 前各号に掲げるもののほか,労働者の能力の開発及び向上のために必要な事業であつて,厚生労働省令で定めるものを行うこと.
② 前項各号に掲げる事業の実施に関して必要な基準については,同項第2号の規定による都道府県に対する経費の補助に係るものにあつては政令で,その他の事業に係るものにあつては厚生労働省令で定める.
③ 政府は,独立行政法人高齢・障害・求職者雇用支援機構及びこれに基づく命令で定めるところにより,第1項各号に掲げる事業の一部を独立行政法人高齢・障害・求職者雇用支援機構に行わせるものとする.

第64条 政府は,被保険者であつた者及び被保険者になろうとする者の就職に必要な能力を開発し,及び向上させるため,能力開発事業として,職業訓練の実施を委託する特定求職者の就職の支援に関する法律（平成23年法律第47号）第4条第2項に規定する認定職業訓練を行う者に対して,同法第5条の規定による助成を行うこと及び同法第2条に規定する特定求職者に対して,同法第7条第1項の職業訓練受講給付金を支給することができる.

（事業等の利用）
第65条 第62条及び第63条の規定による事業又

は当該事業に係る施設は,被保険者等の利用に支障がなく,かつ,その利益を害しない限り,被保険者等以外の者に利用させることができる.

第5章 費用の負担

(国庫の負担)
第66条 ① 国庫は,次に掲げる区分によって,求職者給付(高年齢求職者給付金を除く.第1号において同じ.),雇用継続給付(高年齢雇用継続基本給付金及び高年齢再就職給付金を除く.第3号において同じ.)及び第64条に規定する職業訓練受講給付金の支給に要する費用の一部を負担する.
 1 日雇労働求職者給付金以外の求職者給付については,当該求職者給付に要する費用の4分の1
 2 日雇労働求職者給付金については,当該日雇労働求職者給付金に要する費用の3分の1
 3 雇用継続給付については,当該雇用継続給付に要する費用の8分の1
 4 第64条に規定する職業訓練受講給付金の支給については,当該職業訓練受講給付金に要する費用の2分の1
② 前項第1号に掲げる求職者給付については,国庫は,毎会計年度において,支給した当該求職者給付の総額の4分の3に相当する額が徴収法の規定により徴収した一般保険料の額を超える場合には,同号の規定にかかわらず,当該超過額について,同号の規定による国庫の負担額を加えて国庫の負担が当該会計年度において支給した当該求職者給付の総額の3分の1に相当する額に達する額までを負担する.
③ 前項に規定する一般保険料の額は,第1号に掲げる額から第2号及び第3号に掲げる額の合計額を減じた額とする.
 1 次に掲げる額の合計額(以下この条及び第68条第2項において「一般保険料徴収額」という.)
 イ 徴収法の規定により徴収した徴収法第12条第1項第1号に掲げる事業に係る一般保険料のうち雇用保険率(その率が同条第5項又は第8項の規定により変更されたときは,その変更された率.以下この条において同じ.)に応ずる部分の額(徴収法第11条の2の規定により高年齢労働者を使用する事業の一般保険料の額を同条の規定による額とすることとする場合には,当該一般保険料の額に徴収法第12条第6項に規定する高年齢者免除額(同条第1項第1号に掲げる事業に係るものに限る.以下この条において同じ.)を加えた額のうち雇用保険率に応ずる部分の額から高年齢者免除額を減じた額)〔一削除=平28.3.31,平32・4・1施行〕
 ロ 徴収法第12条第1項第3号に掲げる事業に係る一般保険料の額
 2 徴収法の規定により徴収した印紙保険料の額に相当する額に厚生労働大臣が財務大臣と協議して定める率を乗じて得た額
 3 一般保険料徴収額から前号に掲げる額を減じた額に1000分の3.5の率(徴収法第12条第4項第3号に掲げる事業については,1000分の4.5の率)を雇用保険率で除して得た率(第5項及び第68条第2項において「二事業率」という.)を乗じて得た額
④ 徴収法第12条第8項の規定により雇用保険率が変更されている場合においては,前項第3号中「1000分の3.5」とあるのは「1000分の3」と,「1000分の4.5」とあるのは「1000分の4」とする.
⑤ 日雇労働求職者給付金については,国庫は,毎会計年度において第1号に掲げる額が第2号に掲げる額を超える場合には,第1項第2号の規定にかかわらず,同号の規定による国庫の負担額から当該超過額に相当する額を減じた額が当該会計年度において支給した日雇労働求職者給付金の総額の4分の1に相当する額を下回る場合には,その4分の1に相当する額を負担する.
 1 次に掲げる額を合計した額
 イ 徴収法の規定により徴収した印紙保険料の額
 ロ イの額に相当する額に第3項第2号に掲げる厚生労働大臣が財務大臣と協議して定める率を乗じて得た額から,その額に二事業率を乗じて得た額を減じた額
 2 支給した日雇労働求職者給付金の総額の3分の2に相当する額
⑥ 国庫は,前各項に規定するもののほか,毎年度,予算の範囲内において,第64条に規定する事業(第68条第2項において「就職支援法事業」という.)に要する費用(第1項第4号に規定する費用を除く.)及び雇用保険事業の事務の執行に要する経費を負担する.

第67条 第25条第1項の措置が決定された場合には,前条第1項第1号の規定にかかわらず,国庫は,広域延長給付を受ける者に係る求職者給付に要する費用の3分の1を負担する.この場合において,同条第2項中「支給した当該求職者給付の総額」とあるのは「支給した当該求職者給付の総額から広域延長給付を受ける者に係る求職者給付の総額を控除した額」と,「一般保険料の額を超える場合には」とあるのは「一般保険料の額から広域延長給付を受ける者に係る求職者給付の総額の3分の2に相当する額を控除した額を超える場合には」と読み替えるものとする.

(保険料)
第68条 ① 雇用保険事業に要する費用に充てるため政府が徴収する保険料については,徴収法の定めるところによる.
② 前項の保険料のうち,一般保険料徴収額からその額に二事業率を乗じて得た額を減じた額及び印紙保険料の額に相当する額の合計額は,失業等給付及び就職支援法事業に要する費用に充てるものとし,一般保険料徴収額に二事業率を乗じて得た額は,雇用安定事業及び能力開発事業(第63条に規定するものに限る.)に要する費用に充てるものとする.

第6章 不服申立て及び訴訟

(不服申立て)
第69条 ① 第9条の規定による確認,失業等給付に関する処分又は第10条の4第1項若しくは第2項の規定による処分に不服のある者は,雇用保険審査官に対して審査請求をし,その決定に不服のある者は,労働保険審査会に対して再審査請求をすることができる.
② 前項の審査請求をしている者は,審査請求をした日の翌日から起算して3箇月を経過しても審査請求についての決定がないときは,雇用保険審査官が審査請求を棄却したものとみなすことができる.
③ 第1項の審査請求及び再審査請求は,時効の中断

に関しては,裁判上の請求とみなす.
④ 第1項の審査請求及び再審査請求については,行政不服審査法(平成26年法律第68号)第2章(第22条を除く.)及び第4章の規定は,適用しない.
(不服理由の制限)
第70条 第9条の規定による確認に関する処分が確定したときは,当該処分についての不服を当該処分に基づく失業等給付に関する処分についての不服の理由とすることができない.
(審査請求と訴訟との関係)
第71条 第69条第1項に規定する処分の取消しの訴えは,当該処分についての審査請求に対する雇用保険審査官の決定を経た後でなければ,提起することができない.

第7章　雑　則

(労働政策審議会への諮問)
第72条 ① 厚生労働大臣は,第25条第1項又は第27条第1項若しくは第2項の基準を政令で定めようとするとき,第13条第1項,第20条第1項若しくは第2項,第22条第2項,第37条の3第1項,第39条第1項,第61条の4第1項又は第61条の6第1項の理由,第56条の3第1項の基準又は同項第2号の就職が困難な者を厚生労働省令で定めようとするとき,第10条の4第1項,第25条第3項,第29条第2項,第32条第3項(第37条の4第6項及び第40条第4項において準用する場合を含む.),第33条第2項(第37条の4第6項及び第40条第4項において準用する場合を含む.)若しくは第52条第2項(第55条第4項において準用する場合を含む.)の基準又は第38条第1項第2号の時間数を定めようとするとき,その他この法律の施行に関する重要事項について決定しようとするときは,あらかじめ,労働政策審議会の意見を聴かなければならない.
② 労働政策審議会は,厚生労働大臣の諮問に応ずるほか,必要に応じ,雇用保険事業の運営に関し,関係行政庁に建議し,又はその報告を求めることができる.
(不利益取扱いの禁止)
第73条 事業主は,労働者が第8条の規定による確認の請求をしたことを理由として,労働者に対して解雇その他不利益な取扱いをしてはならない.
(時　効)
第74条 失業等給付の支給を受け,又はその返還を受ける権利及び第10条の4第1項又は第2項の規定により納付をすべきことを命ぜられた金額を徴収する権利は,2年を経過したときは,時効によって消滅する.
(戸籍事項の無料証明)
第75条 市町村長(特別区の区長を含むものとし,地方自治法(昭和22年法律第67号)第252条の19第1項の指定都市においては,区長又は総合区長とする.)は,行政庁又は求職者給付若しくは就職促進給付の支給を受ける者に対して,当該市(特別区を含む.)町村の条例の定めるところにより,求職者給付又は就職促進給付の支給を受ける者の戸籍に関し,無料で証明を行うことができる.
(報告等)
第76条 ① 行政庁は,厚生労働省令で定めるところにより,被保険者若しくは受給資格者,高年齢受給資格者,特例受給資格者若しくは日雇受給資格者(以下「受給資格者等」という.)若しくは教育訓練給付対象者を雇用し,若しくは雇用していた事業主又は労働保険事務組合若しくは労働保険事務組合であつた団体に対して,この法律の施行に関して必要な報告,文書の提出又は出頭を命ずることができる.
② 行政庁は,厚生労働省令で定めるところにより,受給資格者等を雇用しようとする事業主,受給資格者等に対し職業紹介若しくは職業指導を行う職業紹介事業者等又は教育訓練給付対象者に対し第60条の2第1項に規定する教育訓練を行う指定教育訓練実施者に対して,この法律の施行に関して必要な報告又は文書の提出を命ずることができる.
③ 離職した者は,厚生労働省令で定めるところにより,従前の事業主又は当該事業主から徴収法第33条第1項の委託を受けて同項に規定する労働保険事務の一部として求職者給付の支給を受けるために必要な証明書の交付に関する事務を処理する労働保険事務組合に対して,求職者給付の支給を受けるために必要な証明書の交付を請求することができる.その請求があつたときは,当該事業主又は労働保険事務組合は,その請求に係る証明書を交付しなければならない.
④ 前項の規定は,雇用継続給付の支給を受けるために必要な証明書の交付の請求について準用する.この場合において,同項中「離職した者」とあるのは「被保険者又は被保険者であつた者」と,「従前の事業主」とあるのは「当該被保険者若しくは被保険者であつた者を雇用し,若しくは雇用していた事業主」と読み替えるものとする.
第77条 行政庁は,被保険者,受給資格者等,教育訓練給付対象者又は未支給の失業等給付の支給を請求する者に対して,この法律の施行に関して必要な報告,文書の提出又は出頭を命ずることができる.
(資料の提供等)
第77条の2 ① 行政庁は,関係行政機関又は公私の団体に対して,この法律の施行に関して必要な資料の提供その他の協力を求めることができる.
② 前項の規定による協力を求められた関係行政機関又は公私の団体は,できるだけその求めに応じなければならない.
(診　断)
第78条 行政庁は,求職者給付の支給を行うため必要があると認めるときは,第15条第4項第1号の規定により同条第2項に規定する失業の認定を受け,若しくは受けようとする者,第20条第1項の規定による申出をした者又は傷病手当の支給を受け,若しくは受けようとする者に対して,その指定する医師の診断を受けるべきことを命ずることができる.
(立入検査)
第79条 ① 行政庁は,この法律の施行のため必要があると認めるときは,当該職員に,被保険者,受給資格者等若しくは教育訓練給付対象者を雇用し,若しくは雇用していた事業主の事業所又は労働保険事務組合若しくは労働保険事務組合であつた団体の事務所に立ち入り,関係者に対して質問させ,又は帳簿書類(その作成又は保存に代えて電磁的記録(電子的方式,磁気的方式その他の人の知覚によつては認識することができない方式で作られる記録であつて,電子計算機による情報処理の用に供される

ものをいう.)の作成又は保存がされている場合における当該電磁的記録を含む.)の検査をさせることができる.
② 前項の規定により立入検査をする職員は,その身分を示す証明書を携帯し,関係者に提示しなければならない.
③ 第1項の規定による立入検査の権限は,犯罪捜査のために認められたものと解釈してはならない.
(船員に関する特例)
第79条の2 船員である者が失業した場合に関しては,第10条の4第2項中「又は業として」とあるのは「若しくは業として」と,「除く.)」とあるのは「除く.)」又は船員職業安定法第6条第4項に規定する無料船員職業紹介事業者若しくは業として同条第5項に規定する職業指導(船員の職業に就こうとする者の適性,職業経験その他の実情に応じて行うものに限る.)を行う者(地方運輸局(運輸監理部,運輸支局及び地方運輸局,運輸監理部又は運輸支局の事務所を含む.第15条第5項において同じ.)及び船員の雇用の促進に関する特別措置法第7条第2項に規定する船員雇用促進センターをいう.以下同じ.)を除く.)」と,第15条第2項から第4項まで,第19条第3項,第20条第1項及び第2項,第21条,第24条,第29条第2項,第30条,第31条第2項,第32条第2項及び第3項,第33条第1項及び第2項,第36条第1項及び第2項,第37条第1項,第2項及び第7項,第37条の3第2項,第37条の4第5項,第39条第2項,第40条第3項及び第4項,第41条第1項,第47条第2項,第51条第1項,第52条第1項及び第2項,第53条第1項,第56条の3第1項並びに第59条第1項中「公共職業安定所」又は「公共職業安定所長」とあるのは「公共職業安定所又は地方運輸局(運輸監理部並びに厚生労働大臣が国土交通大臣に協議して指定する運輸支局及び地方運輸局,運輸監理部又は運輸支局の事務所を含む.)」又は「公共職業安定所長又は地方運輸局(運輸監理部並びに厚生労働大臣が国土交通大臣に協議して指定する運輸支局及び地方運輸局,運輸監理部又は運輸支局の事務所を含む.)の長」と,第15条第3項中「法令の規定に基づき失業者」とあるのは「失業者」と,同条第5項中「職業安定機関」とあるのは「職業安定機関,地方運輸局,船員雇用促進センター」と,第29条第1項,第32条第1項,第36条第1項第1号及び第58条第1項中「公共職業安定所」又は「公共職業安定所の」とあるのは「公共職業安定所若しくは地方運輸局(運輸監理部並びに厚生労働大臣が国土交通大臣に協議して指定する運輸支局及び地方運輸局,運輸監理部又は運輸支局の事務所を含む.)の」又は「公共職業安定所長若しくは地方運輸局(運輸監理部並びに厚生労働大臣が国土交通大臣に協議して指定する運輸支局及び地方運輸局,運輸監理部又は運輸支局の事務所を含む.)の長の」と,第29条第1項中「公共職業安定所が」とあるのは「公共職業安定所若しくは地方運輸局(運輸監理部並びに厚生労働大臣が国土交通大臣に協議して指定する運輸支局及び地方運輸局,運輸監理部又は運輸支局の事務所を含む.)の長が」と,第32条第1項第4号及び第52条第1項第3号中「事業所」とあるのは「事業所又は船員職業安定法第21条(第2項ただし書を除く.)の規定に該当する船舶」と,第58条第1項中「公共職業安定所長が」とあるのは「公共職業安定所長又は地方運輸局(運輸監理部並びに厚生労働大臣が国土交通大臣に協議して指定する運輸支局及び地方運輸局,運輸監理部又は運輸支局の事務所を含む.)の長が」とする.
第79条の3 第15条第2項の規定(前条の規定により読み替えて適用される場合を含む.)により,求職の申込みを受ける公共職業安定所長又は地方運輸局(運輸監理部並びに厚生労働大臣が国土交通大臣に協議して指定する運輸支局及び地方運輸局,運輸監理部又は運輸支局の事務所を含む.以下この条において同じ.)の長は,その必要があると認めるときは,他の公共職業安定所長又は地方運輸局の長にその失業の認定を委嘱することができる.
(経過措置の命令への委任)
第80条 この法律に基づき政令又は厚生労働省令を制定し,又は改廃する場合においては,それぞれ政令又は厚生労働省令で,その制定又は改廃に伴い合理的に必要と判断される範囲内において,所要の経過措置を定めることができる.この法律に基づき,厚生労働大臣が第18条第3項の自動変更対象額その他の事項を定め,又はこれを改廃する場合においても,同様とする.
(権限の委任)
第81条 ① この法律に定める厚生労働大臣の権限は,厚生労働省令で定めるところにより,その一部を都道府県労働局長に委任することができる.
② 前項の規定により都道府県労働局長に委任された権限は,厚生労働省令で定めるところにより,公共職業安定所長に委任することができる.
(厚生労働省令への委任)
第82条 この法律に規定するもののほか,この法律の実施のため必要な手続その他の事項は,厚生労働省令で定める.

第8章 罰則

第83条 事業主が次の各号のいずれかに該当するときは,6箇月以下の懲役又は30万円以下の罰金に処する.
1 第7条の規定に違反して届出をせず,又は偽りの届出をした場合
2 第73条の規定に違反した場合
3 第76条第1項の規定による命令に違反して報告をせず,若しくは偽りの報告をし,又は文書を提出せず,若しくは偽りの記載をした文書を提出した場合
4 第76条第3項(同条第4項において準用する場合を含む.)の規定に違反して証明書の交付を拒んだ場合
5 第79条第1項の規定による当該職員の質問に対して答弁をせず,若しくは偽りの陳述をし,又は同項の規定による検査を拒み,妨げ,若しくは忌避した場合
第84条 労働保険事務組合が次の各号のいずれかに該当するときは,その違反行為をした労働保険事務組合の代表者又は代理人,使用人その他の従業者は,6箇月以下の懲役又は30万円以下の罰金に処する.
1 第7条の規定に違反して届出をせず,又は偽りの届出をした場合
2 第76条第1項の規定による命令に違反して報

告をせず,若しくは偽りの報告をし,又は文書を提出せず,若しくは偽りの記載をした文書を提出した場合
3 第76条第3項(同条第4項において準用する場合を含む.)の規定に違反して証明書の交付を拒んだ場合
4 第79条第1項の規定による当該職員の質問に対して答弁をせず,若しくは偽りの陳述をし,又は同項の規定による検査を拒み,妨げ,若しくは忌避した場合

第85条 被保険者,受給資格者等,教育訓練給付対象者又は未支給の失業等給付の支給を請求する者その他の関係者が次の各号のいずれかに該当するときは,6箇月以下の懲役又は20万円以下の罰金に処する.
1 第44条の規定に違反して偽りその他不正の行為によつて日雇労働被保険者手帳の交付を受けた場合
2 第77条の規定による命令に違反して報告をせず,若しくは偽りの報告をし,文書を提出せず,若しくは偽りの記載をした文書を提出し,又は出頭しなかつた場合
3 第79条第1項の規定による当該職員の質問に対して答弁をせず,若しくは偽りの陳述をし,又は同項の規定による検査を拒み,妨げ,若しくは忌避した場合

第86条 ① 法人(法人でない労働保険事務組合を含む.以下この項において同じ.)の代表者又は法人若しくは人の代理人,使用人その他の従業者が,その法人又は人の業務に関して,前3条の違反行為をしたときは,行為者を罰するほか,その法人又は人に対しても各本条の罰金刑を科する.
② 前項の規定により法人でない労働保険事務組合を処罰する場合においては,その代表者又は管理人が訴訟行為につきその労働保険事務組合を代表するほか,法人を被告人とする場合の刑事訴訟に関する法律の規定を準用する.

---

40 雇用保険法施行令(抄)

(昭50・3・10政令第25号,昭50・4・1施行,最終改正:平28・7・29政令第271号)

内閣は,雇用保険法(昭和49年法律第116号)第2条第2項,第15条第3項,第23条第1項,第24条第1項,第25条第1項,第27条第1項及び第2項,第28条第3項,第37条第8項,第41条第1項,第57条第1項,第63条第2項,第80条,附則第3条第1項並びに附則第22条の規定に基づき,この政令を制定する.

(都道府県が処理する事務)
第1条 ① 雇用保険法(以下「法」という.)第2条第2項の規定により,法第63条第1項第1号及び第2号に掲げる事業のうち職業能力開発促進法(昭和44年法律第64号)第11条第1項に規定する計画に基づく職業訓練を行う事業主及び職業訓練の推進のための活動を行う同法第13条に規定する事業主等(中央職業能力開発協会を除く.)に対する助成の事業の実施に関する事務は,都道府県知事が行うこととする.

② 前項の規定により都道府県が処理することとされている事務は,地方自治法(昭和22年法律第67号)第2条第9項第1号に規定する第1号法定受託事務とする.

(法第15条第3項の政令で定める訓練又は講習)
第3条 法第15条第3項(法第79条の2の規定により読み替えて適用する場合を含む.)の政令で定める訓練又は講習は,国,都道府県及び市町村並びに独立行政法人高齢・障害・求職者雇用支援機構が設置する公共職業能力開発施設の行う職業訓練(職業能力開発総合大学校の行うものを含む.)のほか,次のとおりとする.
1 法第63条第1項第3号の講習及び訓練
2 障害者の雇用の促進等に関する法律(昭和35年法律第123号)第13条の適応訓練
3 高年齢者等の雇用の安定等に関する法律(昭和46年法律第68号)第25条第1項の計画に準拠した同項第3号に掲げる訓練
4 法第6条第3号に規定する船員の職業能力の開発及び向上に資する訓練又は講習として厚生労働大臣が定めるもの

(法第24条第1項の政令で定める期間)
第4条 ① 法第24条第1項の公共職業訓練等の期間に係る同項の政令で定める期間は,2年とする.
② 法第24条第1項の公共職業訓練等を受けるため待期している期間に係る同項の政令で定める期間は,公共職業安定所長の指示した同項の公共職業訓練等を受け始める日の前日までの引き続く90日間とする.

(法第24条第2項の政令で定める日数及び基準)
第5条 ① 法第24条第2項の政令で定める日数は,30日とする.
② 法第24条第2項の政令で定める基準は,公共職業安定所長の指示した公共職業訓練等(法第15条第3項に規定する公共職業訓練等をいう.以下この項において同じ.)を受ける受給資格者(同条第1項に規定する受給資格者をいう.以下同じ.)が,当該公共職業訓練等を受け終わる日における法第24条第2項に規定する支給残日数に相当する日数分の基本手当の支給を受け終わる日(当該公共職業訓練等を受け終わる日において同項に規定する支給残日数がない者にあつては,その日)までに,職業に就くことができる見込みがなく,かつ,特に職業指導その他再就職の援助を行う必要があると認められる者(その受給資格(法第14条第2項第1号に規定する受給資格をいう.以下同じ.)に係る離職後最初に公共職業安定所に求職の申込みをした日以後,正当な理由がなく,公共職業安定所の紹介する職業に就くこと,公共職業安定所長の指示した公共職業訓練等を受けること又は厚生労働大臣の定める基準に従つて公共職業安定所が行う再就職を促進するために必要な職業指導を受けることを拒んだことのある者を除く.)に該当することとする.

(法第25条第1項の政令で定める基準及び日数)
第6条 ① 法第25条第1項の政令で定める基準は,同項に規定する広域職業紹介活動に係る地域について,第1号に掲げる率が第2号に掲げる率の100分の200以上となるに至り,かつ,その状態が継続すると認められることとする.
1 毎月,その月前4月間に,当該地域において離職し,当該地域を管轄する公共職業安定所に出頭して求職の申込みをした初回受給者(その受給資格

に係る離職後最初に基本手当の支給を受けた受給資格者をいう。次号及び次条第1項において同じ。）の合計数を，当該期間内の各月の末日において当該地域に所在する事業所に雇用されている被保険者（法第4条第1項に規定する被保険者のうち，法第37条の2第1項に規定する高年齢継続被保険者，法第38条第1項に規定する短期雇用特例被保険者及び法第43条第1項に規定する日雇労働被保険者以外のものをいう。同号及び次条第1項において同じ。）の合計数で除して計算した率
2 毎年度，当該年度の前年度以前5年間における全国の初回受給者の合計数を当該期間内の各月の末日における全国の被保険者の合計数で除して計算した率
② 法第25条第1項の措置が決定された場合において，当該措置に係る地域に近接する地域（同項に規定する広域職業紹介活動に係る地域に限る。）のうち，失業の状況が前項の状態に準ずる地域であつて，他の地域において職業に就くことを希望する受給資格者で法第24条第1項に規定する所定給付日数（法第33条第3項又は第57条第1項の規定に該当する者については，法第33条第4項又は第57条第3項の規定により読み替えられた法第24条第1項に規定する所定給付日数）に相当する日数分の基本手当の支給を受け終わるまでに職業に就くことができないものが相当数生じると認められるものは，法第25条第1項に規定する基準に該当するものとみなす。
③ 法第25条第1項の政令で定める日数は，90日とする。

（法第27条第1項の政令で定める基準及び日数）
第7条 ① 法第27条第1項の政令で定める基準は，連続する4月間（以下この項において「基準期間」という。）の失業の状況が次に掲げる状態にあり，かつ，これらの状態が継続すると認められることとする。
1 基準期間内の各月における基本手当の支給を受けた受給資格者の数を，当該受給資格者の数に当該各月の末日における被保険者の数を加えた数で除して得た率が，それぞれ100分の4を超えること。
2 基準期間内の各月における初回受給者の数を，当該各月の末日における被保険者の数で除して得た率が，基準期間において低下する傾向にないこと。
② 法第27条第1項の政令で定める日数は，90日とする。

（法第27条第2項の政令で定める基準）
第8条 法第27条第2項の政令で定める基準は，失業の状況が同項に規定する期間の経過後も前条第1項に規定する基準に該当すると見込まれることとする。

（延長給付に関する調整）
第9条 法第28条第1項に規定する延長給付のうちいずれかの延長給付を受けていた受給資格者が，当該延長給付（以下この条において「甲延長給付」という。）が終わり，又は行われなくなつた後甲延長給付以外の延長給付（訓練延長給付（法第24条第1項の規定による基本手当の支給に限る。次項において同じ。）を除く。以下この条において「乙延長給付」という。）を受ける場合には，その者の法第24条第2項に規定する受給期間（次項において「受給期間」という。）は，乙延長給付に係る延長日数（次の各号に掲げる延長給付の種類に応じ，当該各号に定める日数をいう。次項において同じ。）を当該受給資格者に係る離職の日の翌日から甲延長給付が終わつた日まで又は行われなくなつた日の前日までの期間（その終わつた日又はその行われなくなつた日の前日が法第20条第1項及び第2項の規定による期間の最後の日（次項において「満了日」という。）以前の日であるときは，同条第1項及び第2項の規定による期間）に加えた期間とする。
1 訓練延長給付（法第24条第2項の規定による基本手当の支給に限る。）同項前段に規定する政令で定める日数から同項に規定する支給残日数を差し引いた日数
2 法第25条第2項に規定する広域延長給付 同条第1項の政令で定める日数
3 法第27条第3項に規定する全国延長給付 同条第1項の政令で定める日数
② 前項の場合において，受給資格者が，法第28条第2項の規定により乙延長給付が行われる間行われないものとされた甲延長給付（訓練延長給付を除く。以下この項において同じ。）を乙延長給付が終わつた後受けることとなつたときは，その者の受給期間は，甲延長給付に係る延長日数（甲延長給付が初めて行われることとなつた日が満了日の翌日後であるときは，甲延長給付が行われることとなつた日（その日が満了日以前の日であるときは，満了日の翌日）から初めて甲延長給付が行われることとなつた日の前日までの日数を差し引いた日数）をその者の受給資格に係る離職の日の翌日から乙延長給付が終わつた日（乙延長給付が終わつた後さらに他の同条第1項に規定する延長給付が行われる場合その他の厚生労働省令で定める場合には，厚生労働省令で定める日。以下この項において同じ。）までの期間（乙延長給付が終わつた日が満了日以前の日であるときは，法第20条第1項及び第2項の規定による期間）に加えた期間とし，当該受給期間（その者の受給資格に係る離職の日の翌日から乙延長給付が終わつた日までの期間を除く。）内の失業している日（法第15条第2項に規定する失業の認定を受けた日に限る。）について基本手当を支給する日数は，甲延長給付に係る法の規定による基本手当を支給する日数から既に甲延長給付の対象となつた日数を差し引いた日数に相当する日数とする。

（法第41条第1項の政令で定める期間）
第11条 法第41条第1項の政令で定める期間は，30日間とする。

41 雇用保険法施行規則（抄）

（昭50・3・10労働省令第3号，昭50・4・1施行，最終改正：平28・7・29厚生労働省令第136号）

雇用保険法（昭和49年法律第116号）及び雇用保険法施行令（昭和50年政令第25号）の規定に基づき，並びに同法及び同令を実施するため，雇用保険法施行規則を次のように定める。

41 雇用保険法施行規則（1条〜4条）

第1章 総 則

（事務の管轄）
第1条 ① 雇用保険法（昭和49年法律第116号．以下「法」という．）第81条第1項の規定により，法第7条，第9条第1項及び第38条第2項の規定による厚生労働大臣の権限は，都道府県労働局長に委任する．
② 前項の規定により都道府県労働局長に委任された権限は，法第81条第2項の規定により，公共職業安定所長に委任する．
③ 雇用保険に関する事務（労働保険の保険料の徴収等に関する法律施行規則（昭和47年労働省令第8号）第1条第1項に規定する労働保険関係事務を除く．以下同じ．）のうち，都道府県知事が行う事務は，法第5条第1項に規定する適用事業（以下「適用事業」という．）の事業所の所在地を管轄する都道府県知事が行う．
④ 雇用保険に関する事務のうち，都道府県労働局長が行う事務は，厚生労働大臣の指揮監督を受けて，適用事業の事業所の所在地を管轄する都道府県労働局長が行う．
⑤ 雇用保険に関する事務のうち，公共職業安定所長が行う事務は，都道府県労働局長の指揮監督を受けて，適用事業の事業所の所在地を管轄する公共職業安定所（厚生労働省組織規則（平成13年厚生労働省令第1号）第793条の規定により当該事務を取り扱わない公共職業安定所を除く．以下同じ．）の長（次の各号に掲げる事務にあつては，当該各号に定める公共職業安定所長）が行う．
1 法第14条第2項第1号に規定する受給資格（以下「受給資格」という．）を有する者（以下「受給資格者」という．）及び法第37条の3第2項に規定する高年齢受給資格（以下「高年齢受給資格」という．）を有する者（以下「高年齢受給資格者」という．）並びに法第39条第2項に規定する特例受給資格（以下「特例受給資格」という．）を有する者（以下「特例受給資格者」という．）及び特例一時金の支給を受けた者であつて，当該特例受給資格に係る離職の日の翌日から起算して6箇月を経過していないもの（第五号において「特例一時金受給者」という．）並びに法第60条の2第1項各号に掲げる者について行う失業等給付（法第10条第六項に規定する雇用継続給付を除く．第5号において同じ．）に関する事務並びに法第43条第1項に規定する日雇労働被保険者（以下「日雇労働被保険者」という．）について行う同項第4号の認可に関する事務，法第44条の規定に基づく事務及び法第54条の規定による日雇労働求職者給付金の支給に関する事務 その者の住所又は居所を管轄する公共職業安定所（以下「管轄公共職業安定所」という．）の長
2 法第56条の3第1項第2号に規定する日雇受給資格者（以下「日雇受給資格者」という．）について行う就業促進手当の支給に関する事務 同号の安定した職業に係る事業所の所在地を管轄する公共職業安定所の長
3 日雇労働被保険者について行う法第43条第2項の規定に基づく事務 その者が前2月の各月において18日以上雇用された又は継続して31日以上雇用された適用事業の事業所の所在地を管轄する公共職業安定所の長又は管轄公共職業安定所の長
4 第10条第3項に基づく事務及び日雇労働被保険者について行う法第45条の規定による日雇労働求職者給付金の支給に関する事務 その者の選択する公共職業安定所の長（厚生労働省職業安定局長（以下「職業安定局長」という．）が定める者にあつては，職業安定局長の定める公共職業安定所の長）
5 法第10条の3第1項の規定による失業等給付の支給を請求する者について行う当該失業等給付に関する事務 当該失業等給付に係る受給資格者，高年齢受給資格者（高年齢求職者給付金受給者を含む．），特例受給資格者（特例一時金受給者を含む．第82条の3第2項第2号において同じ．），日雇労働被保険者又は教育訓練給付金の支給を受けることができる者の死亡の当時の住所又は居所を管轄する公共職業安定所（以下「死亡者に係る公共職業安定所」という．）の長

（事務の処理単位）
第2条 適用事業の事業主（第118条の3第4項（各号列記以外の部分，第2号及び第4号ロに係る部分に限る．）及び第130条を除き，以下「事業主」という．）は，別段の定めがある場合のほか，法の規定により行うべき法第4条第1項に規定する被保険者（以下「被保険者」という．）に関する届出その他の事務を，その事業所ごとに処理しなければならない．

第2章 適用事業等

（法第6条5号に規定する厚生労働省令で定める者）
第3条の2 法第6条第5号に規定する厚生労働省令で定める者は，次の各号に掲げる者以外の者とする．
1 卒業を予定している者であつて，適用事業に雇用され，卒業した後も引き続き当該事業に雇用されることとなつているもの
2 休学中の者
3 定時制の課程に在学する者
4 前3号に準ずる者として職業安定局長が定めるもの

（法第6条第7号の厚生労働省令で定める者）
第4条 ① 法第6条第7号の厚生労働省令で定める者は，次のとおりとする．
1 国又は独立行政法人通則法（平成11年法律第103号）第2条第4項に規定する行政執行法人（以下「行政執行法人」という．）の事業に雇用される者（国家公務員退職手当法（昭和28年法律第182号）第2条第1項に規定する常時勤務に服することを要する国家公務員以外の者であつて，同条第2項の規定により職員とみなされないものを除く．）
2 都道府県，地方自治法（昭和22年法律第67号）第284条第1項の規定による地方公共団体の組合で都道府県が加入するもの又は地方独立行政法人法（平成15年法律第108号）第2条第2項に規定する特定地方独立行政法人（以下「特定地方独立行政法人」という．）であつて設立に当たり総務大臣の認可を受けたものその他都道府県に準ずるもの（以下この号及び次条第1項において「都

道府県等」という.)の事業に雇用される者であつて,当該都道府県等の長が法を適用しないことについて,厚生労働大臣に申請し,その承認を受けたもの
3 市町村又は地方自治法第284条第2項,第3項,第5項及び第6項の規定による地方公共団体の組合で都道府県が加入するもの,特定独立行政法人であつて設立に当たり都道府県知事の認可を受けたもの若しくは国,地方公共団体若しくは特定地方独立行政法人以外の者で学校教育法(昭和22年法律第26号)第1条の学校,同法第134条第1項の各種学校若しくは就学前の子どもに関する教育,保育等の総合的な提供の推進に関する法律(平成18年法律第77号.第101条の11の2第1号において「認定こども園法」という.)第2条第7項に規定する幼保連携型認定こども園における教育,研究若しくは調査の事業を行うもの(以下この号において「学校等」という.)その他市町村に準ずるもの(以下この号及び次条第1項において「市町村等」という.)(学校等が法人である場合には,その事務所を除く.)に雇用される者であつて,当該市町村等の長が法を適用しないことについて,都道府県労働局長に申請し,厚生労働大臣の定める基準によつて,その承認を受けたもの
② 前項第2号又は第3号の承認の申請がなされたときは,その承認の申請に係る被保険者については,その承認の申請がなされた日から法を適用する.ただし,法を適用しないことについて承認をしない旨の決定があつたときは,その承認の申請がなされた日にさかのぼつて法を適用する.

(被保険者となつたことの届出)
第6条 ① 事業主は,法第7条の規定により,その雇用する労働者が当該事業主の行う適用事業に係る被保険者となつたことについて,当該事実のあつた日の属する月の翌月10日までに,雇用保険被保険者資格取得届(様式第2号.以下「資格取得届」という.)にその事業所の所在地を管轄する公共職業安定所の長に提出しなければならない.
② 事業主は,次の各号のいずれかに該当する場合には,前項の規定により提出する資格取得届に労働契約に係る契約書,労働者名簿,賃金台帳その他の当該適用事業に係る被保険者となつたことの事実及びその事実のあつた年月日を証明することができる書類を添えなければならない.
1 その事業主において初めて資格取得届を提出する場合
2 前項に規定する期限を超えて資格取得届を提出する場合
3 前項に規定する期限から起算して過去3年間に法第10条の4第2項に規定する同条第1項の規定による失業等給付の返還又は納付を命ぜられた金額の納付をすることを命ぜられたことの他これに準ずる事情があつたと認められる場合
4 前各号に掲げる場合のほか,資格取得届の記載事項に疑義がある場合その他の当該届出のみでは被保険者となつたことの判断ができない場合として職業安定局長が定める場合
③ 事業主は,その同居の親族(婚姻の届出をしていないが,事実上その者と婚姻関係と同様の事情にある者を含む.)その他特に確認を要する者として職業安定局長が定める者に係る資格取得届を提出する

場合には,第1項の規定により提出する資格取得届に,労働契約に係る契約書,労働者名簿,賃金台帳その他の当該適用事業に係る被保険者となつたことの事実及びその事実のあつた年月日を証明することができる書類並びに職業安定局長が定める書類を添えなければならない.
④ 事業主は,前2項の規定にかかわらず,職業安定局長が定めるところにより,これらの規定に定める書類を添えないことができる.
⑤ 第10条第1項の雇用保険被保険者証(同項を除き,以下「被保険者証」という.)の交付を受けた者は,被保険者となつたときは,速やかに,その被保険者証をその者を雇用する事業主に提示しなければならない.
⑥ 事業主は,法第22条第5項に規定する者であつて,被保険者となつた日が法第9条第1項の規定による被保険者の確認があつた日の2年前の日より前にあるものに係る被保険者となつたことの届出については,第1項の規定にかかわらず,資格取得届に第33条の2各号に定めるいずれかの書類を添えてその事業所の所在地を管轄する公共職業安定所の長に提出しなければならない.

(被保険者でなくなつたことの届出)
第7条 ① 事業主は,法第7条の規定により,その雇用する労働者が当該事業主の行う適用事業に係る被保険者でなくなつたことについて,当該事実のあつた日の翌日から起算して10日以内に,雇用保険被保険者資格喪失届(様式第4号.以下「資格喪失届」という.)に労働契約に係る契約書,労働者名簿,賃金台帳その他の当該適用事業に係る被保険者でなくなつたことの事実及びその事実のあつた年月日を証明することができる書類を添えてその事業所の所在地を管轄する公共職業安定所の長に提出しなければならない.この場合において,当該適用事業に係る被保険者でなくなつたことの原因が離職であるときは,当該資格喪失届に,次の各号に掲げる者の区分に応じ,当該各号に定める書類を添えなければならない.
1 次号に該当する者以外の者 雇用保険被保険者離職証明書(様式第5号.以下「離職証明書」という.)及び賃金台帳その他の離職の日前の賃金の額を証明することができる書類
2 第35条各号に掲げる者又は第36条各号に掲げる理由により離職した者 前号に定める書類及び第35条各号に掲げる者であること又は第36条各号に掲げる理由により離職したことを証明することができる書類
② 事業主は,前項の規定により当該資格喪失届を提出する際に当該被保険者が雇用保険被保険者離職票(様式第6号.以下「離職票」という.)の交付を希望しないときは,同項後段の規定にかかわらず,離職証明書を添えないことができる.ただし,離職の日において59歳以上である被保険者については,この限りでない.
③ 公共職業安定所長は,離職したことにより被保険者でなくなつた者が,離職の日以前2年間(法第13条第3項に規定する特定理由離職者及び法第23条第2項各号のいずれかに該当する者(法第13条第1項の規定により基本手当の支給を受けることができる資格を有することとなる者を除く.)にあつては1年間)に法第13条第1項に規定する理由により引き続き30日以上賃金の支払を受けることがで

きなかつた場合において、必要があると認めるときは、その者に対し、医師の証明書その他当該理由を証明することができる書類の提出を命ずることができる。
④ 事業主は、法第22条第5項に規定する者であつて、被保険者でなくなつた日が法第9条第1項の規定による被保険者となつたことの確認があつた日の2年前の日より前にあるものに係る被保険者でなくなつたことの届出については、前3項の規定にかかわらず、資格喪失届に第33条の2各号に定めるいずれかの書類を添えてその事業所の所在地を管轄する公共職業安定所の長に提出しなければならない。
⑤ 事業主は、第1項の規定にかかわらず、職業安定局長が定めるところにより、同項に定める書類を添えないことができる。

（確認の請求）
第8条 ① 法第8条の規定による被保険者となつたこと又は被保険者でなくなつたことの確認の請求は、文書又は口頭で行うものとする。
② 前項の規定により文書で確認の請求をしようとする者は、次の各号に掲げる事項を記載して署名又は記名押印した請求書を、その者を雇用し又は雇用していた事業主の事業所の所在地を管轄する公共職業安定所の長に提出しなければならない。この場合において、証拠があるときは、これを添えなければならない。
1 請求者の氏名、住所及び生年月日
2 請求の趣旨
3 事業主の氏名並びに事業所の名称及び所在地
4 被保険者となつたこと又は被保険者でなくなつたことの事実、事実のあつた年月日及びその原因
5 請求の理由
③ 第1項の規定により口頭で確認の請求をしようとする者は、前項各号に掲げる事項を同項の公共職業安定所長に陳述し、証拠があるときはこれを提出しなければならない。
④ 前項の規定による陳述を受けた公共職業安定所長は、聴取書を作成し、請求者に読み聞かせた上、署名又は記名押印させなければならない。
⑤ 法第22条第5項に規定する者であつて、被保険者となつた日が法第9条第1項の規定による被保険者となつたことの確認があつた日の2年前の日より前にあるものが被保険者となつたことの確認の請求を文書で行う場合は、その者は、第2項の規定にかかわらず、第2項に規定する請求書に第33条の2各号に定めるいずれかの書類を添えて、その者を雇用し又は雇用していた事業主の事業所の所在地を管轄する公共職業安定所の長に提出しなければならない。
⑥ 法第22条第5項に規定する者であつて、被保険者でなくなつた日が法第9条第1項の規定による被保険者となつたことの確認があつた日の2年前の日より前にあるものが被保険者でなくなつたことの確認の請求を文書で行う場合は、その者は、第2項の規定にかかわらず、第2項に規定する請求書に第33条の2各号に定めるいずれかの書類を添えて、その者を雇用し又は雇用していた事業主の事業所の所在地を管轄する公共職業安定所の長に提出しなければならない。
⑦ 法第22条第5項に規定する者であつて、被保険者となつた日が法第9条第1項の規定による被保険者となつたことの確認があつた日の2年前の日より前にあるものが被保険者となつたことの確認の請求を口頭で行う場合は、その者は、第3項の規定にかかわらず、第2項各号に掲げる事項を同項の公共職業安定所長に陳述し、第33条の2各号に定めるいずれかの書類を提出しなければならない。
⑧ 法第22条第5項に規定する者であつて、被保険者でなくなつた日が法第9条第1項の規定による被保険者となつたことの確認があつた日の2年前の日より前にあるものが被保険者でなくなつたことの確認の請求を口頭で行う場合は、その者は、第3項の規定にかかわらず、第2項各号に掲げる事項を同項の公共職業安定所長に陳述し、第33条の2各号に定めるいずれかの書類を提出しなければならない。
⑨ 前2項の規定による陳述を受けた公共職業安定所長は、聴取書を作成し、請求者に読み聞かせた上、署名又は記名押印させなければならない。
⑩ 第2項、第3項、第5項及び第7項の場合において、被保険者となつたことの確認の請求をしようとする者が、被保険者証の交付を受けた者であるときは、その被保険者証を提出しなければならない。

（確認の通知）
第9条 ① 公共職業安定所長は、法第9条第1項の規定による労働者が被保険者となつたこと又は被保険者でなくなつたことの確認をしたときは、それぞれ、雇用保険被保険者資格取得確認通知書（様式第6号の2）又は雇用保険被保険者資格喪失確認通知書（様式第6号の3）により、その旨を当該確認に係る者及びその者を雇用し、又は雇用していた事業主に通知しなければならない。この場合において、当該確認に係る者に対する通知は、当該事業主を通じて行うことができる。
② 公共職業安定所長は、当該確認に係る者又は当該事業主の所在が明らかでないために前項の規定による通知をすることができない場合においては、当該公共職業安定所の掲示場に、その通知すべき事項を記載した文書を掲示しなければならない。
③ 前項の規定による掲示があつた日の翌日から起算して7日を経過したときは、第1項の規定による通知があつたものとみなす。

（被保険者証の交付）
第10条 ① 公共職業安定所長は、法第9条の規定により被保険者となつたことの確認をしたときは、その確認に係る者に雇用保険被保険者証（様式第7号）を交付しなければならない。
② 前項の規定による被保険者証の交付は、当該被保険者を雇用する事業主を通じて行うことができる。
③ 被保険者証の交付を受けた者は、当該被保険者証を滅失し、又は損傷したときは、雇用保険被保険者証再交付申請書（様式第8号）に運転免許証、健康保険の被保険者証その他の被保険者証の再交付の申請をしようとする者が本人であることの事実を証明することができる書類を添えて公共職業安定所長に提出し、被保険者証の再交付を受けなければならない。

（被保険者の転勤の届出）
第13条 ① 事業主は、その雇用する被保険者を当該事業主の1の事業所から他の事業所に転勤させたときは、当該事実のあつた日の翌日から起算して10日以内に雇用保険被保険者転勤届（様式第10号）を

(1) 雇用保険・雇用対策

以下「転勤届」という。）を転勤後の事業所の所在地を管轄する公共職業安定所の長に提出しなければならない．
② 事業主は，前項の規定により提出する転勤届に労働者名簿その他の転勤の事実を証明することができる書類を添えなければならない．
③ 事業主は，前項の規定にかかわらず，職業安定局長が定めるところにより，同項に定める書類を添えないことができる．
④ 被保険者は，その雇用される事業主の1の事業所から他の事業所に転勤したときは，速やかに，被保険者証をその事業主に提示しなければならない．

（被保険者の氏名変更の届出）
第14条 ① 事業主は，その雇用する被保険者が氏名を変更したときは，速やかに，雇用保険被保険者氏名変更届（様式第4号．以下「被保険者氏名変更届」という．）に運転免許証，健康保険の被保険者証その他の氏名の変更の事実を証明することができる書類を添えて，その事業所の所在地を管轄する公共職業安定所の長に提出しなければならない．
② 事業主は，前項の規定にかかわらず，職業安定局長が定めるところにより，同項に定める書類を添えないことができる．
③ 被保険者は，その氏名を変更したときは，速やかに，事業主にその旨を申し出るとともに，被保険者証を提示しなければならない．
④ 公共職業安定所長は，第1項の規定により被保険者氏名変更届の提出を受けたときは，当該被保険者氏名変更届に基づいて作成した被保険者証を当該被保険者に交付しなければならない．
⑤ 第10条第2項の規定は，前項の交付について準用する．

（被保険者の個人番号の変更の届出）
第14条の2 事業主は，その雇用する被保険者（日雇労働被保険者を除く．）の個人番号（行政手続における特定の個人を識別するための番号の利用等に関する法律（平成25年法律第27号）第2条第5項に規定する個人番号をいう．）が変更されたときは，速やかに，個人番号変更届（様式第10号の2）をその事業所の所在地を管轄する公共職業安定所の長に提出しなければならない．

（被保険者の育児休業又は介護休業開始時の賃金の届出）
第14条の3 ① 事業主は，その雇用する被保険者（法第37条の2第1項に規定する高年齢継続被保険者（以下「高年齢継続被保険者」という．），法第38条第1項に規定する短期雇用特例被保険者（以下「短期雇用特例被保険者」という．）及び日雇労働被保険者を除く．以下この条及び次条において同じ．）が法第61条の4第1項（同条第6項において読み替えて適用する場合を含む．第101条の13及び第100条の16において同じ．）に規定する休業を開始したときは第101条の13第1項の規定により，当該被保険者が育児休業給付受給資格確認票・（初回）育児休業給付金支給申請書の提出をする日までに，法第61条の6第1項に規定する休業を開始したときは第101条の19第1項の規定により，当該被保険者が介護休業給付金支給申請書の提出をする日までに，雇用保険被保険者休業開始時賃金証明書（様式第10号の2の2．以下「休業開始時賃金証明書」という．）に労働者名簿，賃金台帳その他の当該休業を開始した日及びその日前の賃金の額並びに雇用期間を証明することができる書類を添えてその事業所の所在地を管轄する公共職業安定所の長に提出しなければならない．
② 事業主は，前項の規定にかかわらず，職業安定局長が定めるところにより，同項に定める書類を添えないことができる．
③ 公共職業安定所長は，第1項の規定により休業開始時賃金証明書の提出を受けたときは，当該休業開始時賃金証明書に基づいて作成した雇用保険被保険者休業開始時賃金証明票（様式第10号の3．第7節第2款及び第3款において「休業開始時賃金証明票」という．）を当該被保険者に交付しなければならない．
④ 第10条第2項の規定は，前項の交付について準用する．

（被保険者の育児又は介護のための休業又は所定労働時間短縮の開始時の賃金の届出）
第14条の4 ① 事業主は，その雇用する被保険者がその小学校就学の始期に達するまでの子を養育するための休業若しくは対象家族（法第61条の6第1項に規定する対象家族をいう．第35条を除き，以下同じ．）を介護するための休業をした場合又はその雇用する被保険者のうちその小学校就学の始期に達するまでの子を養育する被保険者若しくは対象家族を介護する被保険者に関して所定労働時間の短縮を行つた場合であつて，当該被保険者が離職し，法第13条第3項に規定する特定理由離職者又は法第23条第2項に規定する特定受給資格者（以下「特定受給資格者」という．）として受給資格の決定を受けることとなるときは，当該被保険者が当該離職したことにより被保険者でなくなつた日の翌日から起算して10日以内に，雇用保険被保険者休業・所定労働時間短縮開始時賃金証明書（様式第10号の2の2．以下「休業・所定労働時間短縮開始時賃金証明書」という．）に育児休業，介護休業等育児又は家族介護を行う労働者の福祉に関する法律施行規則（平成3年労働省令第25号）第5条に規定する育児休業申出書（同令第22条に規定する介護休業申出書（第101条の19第1項において「介護休業申出書」という．），育児休業，介護休業等育児又は家族介護を行う労働者の福祉に関する法律（平成3年法律第76号．以下「育児・介護休業法」という．）第23条第1項又は第3項に規定する申出に係る書類その他の育児休業，介護休業又は育児若しくは家族介護に係る所定労働時間短縮（以下この項において「休業等」という．）を行つたことの事実及び休業等を行つた期間並びに当該休業等を開始した日前の賃金の額を証明することができる書類を添えてその事業所の所在地を管轄する公共職業安定所の長に提出しなければならない．
② 事業主は，前項の規定にかかわらず，職業安定局長が定めるところにより，同項に定める書類を添えないことができる．
③ 公共職業安定所長は，第1項の規定により休業・所定労働時間短縮開始時賃金証明書の提出を受けたときは，当該休業・所定労働時間短縮開始時賃金証明書に基づいて作成した雇用保険被保険者休業・所定労働時間短縮開始時賃金証明票（様式第10号の3）を当該被保険者に交付しなければならない．
④ 第10条第2項の規定は，前項の交付について準用する．

［41］雇用保険法施行規則（14条〜14条の4）

（離職証明書の交付）
第16条 事業主は，その雇用していた被保険者が離職したことにより被保険者でなくなつた場合において，その者が離職票の交付を請求するため離職証明書の交付を求めたときは，これをその者に交付しなければならない．ただし，第7条第1項の規定により離職証明書を提出した場合は，この限りでない．
（離職票の交付）
第17条 ① 公共職業安定所長は，次の各号に掲げる場合においては，離職票を，離職したことにより被保険者でなくなつた者に交付しなければならない．ただし，その者の住所又は居所が明らかでないためその他やむを得ない理由のため離職票を交付することができないときは，この限りでない．
1 資格喪失届により被保険者でなくなつたことの確認をした場合であつて，事業主が当該資格喪失届に離職証明書を添えたとき．
2 資格喪失届により被保険者でなくなつたことの確認をした場合であつて，当該被保険者であつた者から前条の規定による離職証明書を添えて請求があつたとき．
3 第8条の規定による確認の請求により，又は職権で被保険者でなくなつたことの確認をした場合であつて，当該被保険者であつた者から前条の規定による離職証明書を添えて請求があつたとき．
② 前項第1号の場合においては，離職票の交付は，当該被保険者でなくなつた者が当該離職の際雇用されていた事業主を通じて行うことができる．
③ 第1項第2号又は第3号の請求をしようとする者が，その者を雇用していた事業主の所在が明らかでないことその他やむを得ない理由があるときは，離職証明書を添えないことができる．
④ 離職票を滅失し，又は損傷した者は，次の各号に掲げる事項を記載した申請書に運転免許証その他の離職票の再交付を申請しようとする者が本人であることを確認することができる書類を添えて，当該離職票を交付した公共職業安定所長に提出し，離職票の再交付を申請することができる．
1 申請者の氏名，性別，住所又は居所及び生年月日
2 離職前の事業所の名称及び所在地
3 滅失又は損傷の理由
⑤ 離職票を損傷したことにより前項の規定による再交付を申請しようとする者は，同項に規定する書類のほか，同項の申請書にその損傷した離職票を添えなければならない．
⑥ 公共職業安定所長は，離職票を再交付するときは，その離職票に再交付の旨及び再交付の年月日を記載しなければならない．
⑦ 離職票の再交付があつたときは，当該滅失し，又は損傷した離職票は，再交付の日以後その効力を失う．

3 事業主の命による外国における勤務
4 国と民間企業との間の人事交流に関する法律第2条第4項第2号に該当する交流採用
5 前各号に掲げる理由に準ずる理由であつて，管轄公共職業安定所の長がやむを得ないと認めるもの
（受給資格の決定）
第19条 ① 基本手当の支給を受けようとする者（未支給給付請求者を除く．）は，管轄公共職業安定所に出頭し，離職票に運転免許証その他の基本手当の支給を受けようとする者が本人であることを確認することができる書類（当該基本手当の支給を受けようとする者が離職票に記載された離職の理由に関し異議がある場合にあつては，当該書類及び離職の理由を証明することができる書類）を添えて提出しなければならない．この場合において，その者が2枚以上の離職票を保管するとき，又は第31条第3項若しくは第31条の3第3項の規定により受給期間延長通知書の交付を受けているときは，併せて提出しなければならない．
② 管轄公共職業安定所の長は，前項の基本手当の支給を受けようとする者が第32条各号に該当する場合において，必要があると認めるときは，その者に対し，その者が同号に該当する者であることの事実を証明する書類の提出を命ずることができる．
③ 管轄公共職業安定所の長は，離職票を提出した者が，法第13条第1項（法第17条第2項において読み替えて適用する場合を含む．次項において同じ．）の規定に該当すると認めたときは，法第15条第3項の規定によりその者が失業の認定を受けるべき日（以下この節において「失業の認定日」という．）を定め，その者に知らせるとともに，受給資格者証に必要な事項を記載した上，交付しなければならない．
④ 管轄公共職業安定所の長は，離職票を提出した者が法第13条第1項の規定に該当しないと認めたときは，離職票にその旨を記載し，返付しなければならない．
（法第13条第3項の厚生労働省令で定める者）
第19条の2 法第13条第3項の厚生労働省令で定める者は，次のいずれかの理由により離職した者とする．
1 期間の定めのある労働契約の期間が満了し，かつ，当該労働契約の更新がないこと（その者が当該更新を希望したにもかかわらず，当該更新についての合意が成立するに至らなかつた場合に限る．）
2 法第33条第1項の正当な理由
（受給期間内に再就職した場合の受給手続）
第20条 ① 受給資格者は，法第24条第2項に規定する受給期間（以下「受給期間」という．）内に就職したときは，その期間内に再び離職し，当該受給資格に基づき基本手当の支給を受ける場合のために，受給資格者証を保管しなければならない．
② 受給資格者は，受給期間内に就職し，その期間内に再び離職し，当該受給期間内に係る受給資格に基づき基本手当の支給を受けようとするときは，管轄公共職業安定所に出頭し，その保管する受給資格者証を離職票又は雇用保険被保険者資格喪失確認通知書に添えて提出しなければならない．この場合において，管轄公共職業安定所の長は，その者について新たに失業の認定日を定め，受給資格者証に必要な改定をした上，返付しなければならない．

第3章 失業給付

第1節 通則（略）
第2節 一般被保険者の求職者給付
　　第1款 基本手当
（法第13条第1項の厚生労働省令で定める理由）
第18条 法第13条第1項の厚生労働省令で定める理由は，次のとおりとする．
1 事業所の休業
2 出産

（公共職業訓練等を受講する場合における届出）
第21条 ① 受給資格者は,公共職業安定所の指示により法第15条第3項に規定する公共職業訓練等（以下「公共職業訓練等」という.）を受けることとなつたときは,速やかに,公共職業訓練等受講届（様式第12号.以下「受講届」という.）及び公共職業訓練等通所届（様式第12号.以下「通所届」という.）に受給資格者証（当該受給資格者が法第36条第2項の同居の親族と別居して寄宿する場合にあつては,当該親族の有無についての市町村の長の証明書及び受給資格者証）を添えて管轄公共職業安定所の長に提出しなければならない.ただし,受給資格者証を添えて提出することができないことについて正当な理由があるときは,受給資格者証を添えないことができる.
② 受給資格者は,前項本文の規定にかかわらず,同項ただし書に規定するときのほか,職業安定局長が定めるところにより,受給資格者証を添えないことができる.
③ 管轄公共職業安定所の長は受講届及び通所届の提出を受けたとき（第1項ただし書又は前項の規定により受給資格者証を添えないでこれらの届の提出を受けたときを除く.）は,受給資格者証に必要な事項を記載した上,返付しなければならない.
④ 受給資格者は,受講届又は通所届の記載事項に変更があつたときは,速やかに,その旨を記載した届書に変更の事実を証明する書類及び受給資格者証を添えて管轄公共職業安定所の長に提出しなければならない.
⑤ 受給資格者は,前項の規定にかかわらず,第7項の規定により準用する第1項ただし書に規定するときのほか,職業安定局長が定めるところにより,受給資格者証を添えないことができる.
⑥ 管轄公共職業安定所の長は,第4項の届書の提出を受けたとき（前項又は次項の規定により準用する第1項ただし書の規定により受給資格者証を添えないで当該届書の提出を受けたときを除く.）は,受給資格者証に必要な改定をした上,返付しなければならない.
⑦ 第17条の2第4項の規定は第1項及び第4項の場合に,第1項ただし書は第4項の場合に準用する.

（失業の認定）
第22条 ① 受給資格者は,失業の認定を受けようとするときは,失業の認定日に,管轄公共職業安定所に出頭し,失業認定申告書（様式第14号）に受給資格者証を添えて提出した上,職業の紹介を求めなければならない.
② 管轄公共職業安定所の長は,受給資格者に対して失業の認定を行つたときは,その処分に関する事項を受給資格者証に記載した上,返付しなければならない.
③ 前条第1項ただし書の規定は,第1項の場合に準用する.

（法第15条第3項の厚生労働省令で定める受給資格者）
第23条 ① 法第15条第3項の厚生労働省令で定める受給資格者は,次のとおりとする.
1　職業に就くためその他やむを得ない理由のため失業の認定日に管轄公共職業安定所に出頭することができない者であつて,その旨を申し出たもの
2　管轄公共職業安定所の長が,行政機関の休日に関する法律（昭和63年法律第91号）第1条第1項に規定する行政機関の休日,労働市場の状況その他の事情を勘案して,失業の認定日を変更することが適当であると認める者
② 管轄公共職業安定所の長は,必要があると認めるときは,前項第1号の申出をしようとする者に対し,職業に就くためその他やむを得ない理由を証明することができる書類の提出を命ずることができる.

（失業の認定日の特例等）
第24条 ① 公共職業安定所長の指示した公共職業訓練等を受ける受給資格者に係る失業の認定は,1月に1回,直前の月に属する各日（既に失業の認定の対象となつた日を除く.）について行うものとする.
② 前条に規定する者に係る失業の認定は,同条の申出を受けた日に次の各号に掲げる日について行うものとする.
1　当該申出を受けた日が前条に規定する失業の認定日前の日であるときは,当該失業の認定日における失業の認定の対象となる日のうち,当該申出を受けた日前の各日
2　当該申出を受けた日が前条に規定する失業の認定日後の日であるときは,当該失業の認定日における失業の認定の対象となる日及び当該失業の認定日から当該申出を受けた日の前日までの各日
③ 前項の規定により失業の認定が行われたときは,その後における最初の失業の認定日における失業の認定は,前条の申出を受けた日から当該失業の認定日の前日までの各日について行うものとする.

（証明書による失業の認定）
第25条 ① 法第15条第4項第1号に該当する受給資格者が証明書を提出することによつて失業の認定を受けようとするときは,その理由がやんだ後における最初の失業の認定日に管轄公共職業安定所に出頭し,次の各号に掲げる事項を記載した医師その他診療を担当した者の証明書を受給資格者証に添えて提出しなければならない.
1　受給資格者の氏名及び年齢
2　傷病の状態又は名称及びその程度
3　初診の年月日
4　治ゆの年月日
② 第21条第1項ただし書の規定は,前項の場合に準用する.

第26条 ① 法第15条第4項第2号に該当する受給資格者が証明書を提出することによつて失業の認定を受けようとするときは,求人者に面接した後における最初の失業の認定日に管轄公共職業安定所に出頭し,次の各号に掲げる事項を記載しその求人者の証明書を受給資格者証に添えて提出しなければならない.
1　受給資格者の氏名及び年齢
2　求人者の氏名及び住所（法人の場合は,名称及び事務所の所在地）
3　面接した日時
② 第21条第1項ただし書の規定は,前項の場合に準用する.

第27条 ① 法第15条第4項第3号に該当する受給資格者が証明書を提出することによつて失業の認定を受けようとするときは,公共職業訓練等受講証明書（様式第15号.以下「受講証明書」という.）を管轄公共職業安定所の長に提出しなければならない.

② 第17条の2第4項の規定は,前項の場合に準用する.

[41] 雇用保険法施行規則(28条〜31条)

第28条 ① 法第15条第4項第4号に該当する受給資格者が証明書を提出することによつて失業の認定を受けようとするときは,その理由がやんだ後における最初の失業の認定日に管轄公共職業安定所に出頭し,次の各号に掲げる事項を記載した官公署の証明書又は管轄公共職業安定所の長が適当と認める者の証明書を受給資格者証に添えて提出しなければならない.
1 受給資格者の氏名及び住所又は居所
2 天災その他やむを得ない理由の内容及びその理由が継続していた期間
3 失業の認定を受けるため管轄公共職業安定所に出頭することができなかつた期間
② 第21条第1項ただし書の規定は,前項の場合に準用する.

(失業の認定の方法等)
第28条の2 ① 管轄公共職業安定所の長は,失業の認定に当たつては,第22条第1項の規定により提出された失業認定申告書に記載された求職活動の内容を確認するものとする.
② 管轄公共職業安定所の長は,前項の認定に関して必要があると認めるときは,受給資格者に対し,運転免許証その他の基本手当の支給を受けようとする者が本人であることを確認することができる書類の提示を命ずることができる.
③ 管轄公共職業安定所の長は,第1項の確認の際に,受給資格者に対し,職業紹介又は職業指導を行うものとする.

(法第16条第1項の厚生労働省令で定める率)
第28条の3 ① 法第16条第1項の厚生労働省令で定める率は,100分の80から第1号に掲げる率に第2号に掲げる率を乗じて得た率を減じた率とする.
1 100分の30
2 法第17条第1項に規定する賃金日額(4640円以上1万1740円以下のもの(その額が法第18条の規定により変更されたときは,その変更された額)に限る.)から4640円(その額が同条の規定により変更されたときは,その変更された額.以下この号において同じ.)を減じた額を1万1740円(その額が同条の規定により変更されたときは,その変更された額.)から4640円を減じた額で除して得た率
② 受給資格に係る離職の日において60歳以上65歳未満である受給資格者に対する前項の規定の適用については,同項中「第16条第1項」とあるのは「第16条第2項の規定により読み替えて適用する同条第1項」と,「減じた率」とあるのは「減じた率(当該率を法第17条第1項に規定する賃金日額(以下この項において「賃金日額」という.)に乗じて得た金額が100分の5を賃金日額に乗じて得た金額に100分の40を1万570円(その額が法第18条の規定により変更されたときは,その変更された額.以下この項において同じ.)に乗じて得た金額を加えた金額を超える場合は,当該金額を当該賃金日額で除して得た率)」と,「100分の30」とあるのは「100分の35」と,「法第17条第1項に規定する賃金日額」とあるのは「賃金日額」と,「1万1740円」とあるのは「1万570円」とする.

(年度の平均給与額の算定)
第28条の4 法第18条第1項の年度の平均給与額は,同項に規定する平均定期給与の4月分から翌年3月分までの各月分の合計額を12で除して得た額とする.

(自己の労働による収入の届出)
第29条 ① 受給資格者が法第19条第3項の規定により行う届出は,その者が自己の労働によつて収入を得るに至つた日の後における最初の失業の認定日に,失業認定申告書により管轄公共職業安定所の長にしなければならない.
② 管轄公共職業安定所の長は,前項の届出をしない受給資格者について,法第19条に規定する労働による収入があつたかどうかを確認するために調査を行う必要があると認めるときは,同項の失業の認定日において失業の認定をした日分の基本手当の支給の決定を次の基本手当を支給すべき日(以下この節において「支給日」という.)まで延期することができる.

(法第20条第1項の厚生労働省令で定める理由)
第30条 法第20条第1項の厚生労働省令で定める理由は,次のとおりとする.
1 疾病又は負傷(法第37条第1項の規定により傷病手当の支給を受ける場合における当該傷病手当に係る疾病又は負傷を除く.)
2 前号に掲げるもののほか,管轄公共職業安定所の長がやむを得ないと認めるもの

(受給期間延長の申出)
第31条 ① 法第20条第1項の申出は,受給期間延長申請書(様式第16号)に医師の証明書その他の第30条各号に掲げる理由に該当することの事実を証明することができる書類及び受給資格者証(受給資格者証の交付を受けていない場合には,離職票(2枚以上の離職票を保管するときは,そのすべての離職票).以下この条において同じ.)を添えて管轄公共職業安定所の長に提出することによつて行うものとする.
② 受給資格者は,前項の規定にかかわらず,第8項の規定により準用する第21条第1項ただし書の規定するときのほか,職業安定局長が定めるところにより,受給資格者証を添えないことができる.
③ 第1項の申出は,当該申出に係る者が法第20条第1項に規定する者に該当するに至つた日の翌日から起算して1箇月以内にしなければならない.ただし,天災その他申出をしなかつたことについてやむを得ない理由があるときは,この限りでない.
④ 前項ただし書の場合における第1項の申出は,当該理由がやんだ日の翌日から起算して7日以内にしなければならない.
⑤ 第3項ただし書の場合における第1項の申出は,受給期間延長申請書に天災その他の申出をしなかつたことについてやむを得ない理由を証明することができる書類を添えなければならない.
⑥ 管轄公共職業安定所の長は,第1項の申出をした者が法第20条第1項に規定する者に該当すると認めたときは,その者に受給期間延長通知書(様式第17号)を交付しなければならない.この場合(第2項又は第8項の規定により準用する第21条第1項ただし書の規定により受給資格者証を添えないで第1項の申出を受けたときを除く.)において,管轄公共職業安定所の長は,受給資格者証に必要な事項を記載した上,返付しなければならない.
⑦ 前項の規定により受給期間延長通知書の交付を

受けた者は，次の各号のいずれかに該当する場合には，速やかに，その旨を管轄公共職業安定所の長に届け出るとともに，当該各号に掲げる書類を提出しなければならない．この場合において，管轄公共職業安定所の長は，提出を受けた書類に必要な事項を記載した上，返付しなければならない．
1 その者が提出した受給期間延長申請書の記載内容に重大な変更があつた場合 交付を受けた受給期間延長通知書
2 法第20条第1項に規定する理由がやんだ場合 交付を受けた受給期間延長通知書及び受給資格者証
⑧ 第17条の2第4項の規定は，第1項及び前項の場合並びに第3項ただし書の場合における第1項の申出に，第21条第1項ただし書の規定は，第1項及び前項の場合について準用する．

(法第20条第2項の厚生労働省令で定める年齢及び理由)
第31条の2 ① 法第20条第2項の厚生労働省令で定める年齢は，60歳とする．
② 法第20条第2項の厚生労働省令で定める理由は，60歳以上の定年に達した後再雇用等により一定期限まで引き続き雇用されることとなつている場合に，当該期限が到来したこととする．

(定年退職者等に係る受給期間延長の申出)
第31条の3 ① 法第20条第2項の申出は，受給期間延長申請書に離職票（2枚以上の離職票を保管するときは，そのすべての離職票）を添えて管轄公共職業安定所の長に提出することによつて行うものとする．
② 前項の申出は，当該申出に係る離職の日の翌日から起算して2箇月以内にしなければならない．ただし，天災その他申出をしなかつたことについてやむを得ない理由があるときは，この限りでない．
③ 管轄公共職業安定所の長は，第1項の申出をした者が法第20条第2項に規定する者に該当すると認めたときは，その者に受給期間延長通知書を交付するとともに，離職票に必要な事項を記載した上，返付しなければならない．
④ 第17条の2第4項の規定は，第1項の場合及び第2項ただし書の場合における第1項の申出に，第31条第4項及び第5項の規定は，第2項ただし書の場合における申出について準用する．

(法第22条第2項の厚生労働省令で定める理由により就職が困難な者)
第32条 法第22条第2項の厚生労働省令で定める理由により就職が困難な者は，次のとおりとする．
1 障害者の雇用の促進等に関する法律（昭和35年法律第123号．以下「障害者雇用促進法」という．）第2条第2号に規定する身体障害者（以下「身体障害者」という．）
2 障害者雇用促進法第2条第4号に規定する知的障害者（以下「知的障害者」という．）
3 障害者雇用促進法第2条第6号に規定する精神障害者（以下「精神障害者」という．）
4 売春防止法（昭和31年法律第118号）第26条第1項の規定により保護観察に付された者及び更生保護法（平成19年法律第88号）第48条各号又は第85条第1項各号に掲げる者であつて，その者の職業のあつせんに関し保護観察所長から公共職業安定所長に連絡のあつたもの
5 社会的事情により就職が著しく阻害されている者

(法第22条第5項の厚生労働省令で定める日)
第33条 ① 法第22条第5項の厚生労働省令で定める日は，次条各号に定める書類に基づき確認される被保険者の負担すべき額に相当する額がその者に支払われた賃金から控除されていたことが明らかとなる最も古い日とする．
② 次条各号に定める書類に基づき前項の最も古い日を確認することができないときは，当該書類に基づき確認される被保険者の負担すべき額に相当する額がその者に支払われた賃金から控除されていたことが明らかとなる最も古い月の初日を，前項に規定する最も古い日とみなす．
③ 前項の規定により，当該最も古い月の初日を第1項の最も古い日とみなした場合に，当該最も古い月の初日が直前の被保険者でなくなつた日以前にあるときは，前項の規定にかかわらず，当該直前の被保険者でなくなつた日を第1項の最も古い日とみなす．
④ 法第22条第5項に規定する者は，次条各号に定める書類に基づき確認される被保険者の負担すべき額に相当する額がその者に支払われた賃金から控除されていたことが明らかである時期の直近の日の翌日に被保険者でなくなつたこととみなす．
⑤ 次条各号に定める書類に基づく確認において，前項の直近の日を確認することができないときは，当該書類に基づき確認される被保険者の負担すべき額に相当する額がその者に支払われた賃金から控除されていたことが明らかである時期の直近の月の末日の翌日に被保険者でなくなつたこととみなす．
⑥ 前項の規定により，当該直近の月の末日の翌日をその者が被保険者でなくなつた日とみなした場合に，当該直近の月のうちに被保険者となつた日があるときは，前項の規定にかかわらず，当該被保険者となつた日に被保険者でなくなつたこととみなす．
⑦ 第4項から第6項までの規定は，法第9条第1項の規定による被保険者となつたことの確認があつた日の2年前までの時期については，適用しない．

(法第22条第5項第2号の厚生労働省令で定める書類)
第33条の2 法第22条第5項第2号の厚生労働省令で定める書類は，次のとおりとする．
1 労働基準法（昭和22年法律第49号）第108条に規定する賃金台帳その他の賃金の一部が労働保険料（徴収法第10条第2項に規定する労働保険料をいう．以下同じ．）として控除されていることが証明される書類
2 所得税法（昭和40年法律第33号）第226条第1項に規定する源泉徴収票又は法人税法施行規則（昭和40年大蔵省令第12号）第67条第1項に定める書類のうち賃金の一部が労働保険料として控除されていることが証明されるもの

(法第23条第2項第1号の厚生労働省令で定める事由)
第34条 法第23条第2項第1号の厚生労働省令で定める事由は，手形交換所において，その手形交換所で手形交換を行つている金融機関が金融取引を停止する原因となる事実についての公表がこれらの金融機関に対してされることとする．

(法第23条第2項第1号の厚生労働省令で定めるもの)

41 雇用保険法施行規則（35条〜41条）

第35条　法第23条第2項第1号の厚生労働省令で定めるものは、次のとおりとする．
1　倒産（破産手続開始，再生手続開始，更生手続開始若しくは特別清算開始の申立て又は前条の事実をいう．）に伴い離職した者
2　事業所において，雇用対策法（昭和41年法律第132号）第27条第1項の規定による離職に係る大量の雇用変動の届出がされたため離職した者及び当該事業所に雇用される被保険者（短期雇用特例被保険者及び日雇労働被保険者を除く．以下この条において同じ．）の数を3で除して得た数を超える被保険者が離職したため離職した者
3　事業所の廃止（当該事業所の事業活動が停止し，再開する見込みがない場合を含み，事業の期間が予定されている事業において当該期間が終了したことによるものを除く．）に伴い離職した者
4　事業所の移転により，通勤することが困難となつたため離職した者

（法第23条第2項第2号の厚生労働省令で定める理由）
第36条　法第23条第2項第2号の厚生労働省令で定める理由は，次のとおりとする．
1　解雇（自己の責めに帰すべき重大な理由によるものを除く．）
2　労働契約の締結に際し明示された労働条件が事実と著しく相違したこと．
3　賃金（退職手当を除く．）の額を3で除して得た額を上回る額が支払期日までに支払われなかつた月が引き続き2箇月以上又は離職の日の属する月の前6月のうちいずれかの月に3箇月以上となつたこと．
4　次のいずれかに予期し得ず該当することとなつたこと．
イ　離職の日の属する月以後6月のうちいずれかの月に支払われる賃金（最低賃金法（昭和34年法律第137号）第2条第3号に規定する賃金（同法第4条第3項第1号及び第2号に掲げる賃金並びに歩合によつて支払われる賃金を除く．）をいう．以下この号において同じ．）の額が当該月の前6月のうちいずれかの月の賃金の額に100分の85を乗じて得た額を下回ると見込まれることとなつたこと．
ロ　離職の日の属する月の6月前から離職した日の属する月までのいずれかの月の賃金の額が当該月の前6月のうちいずれかの月の賃金の額に100分の85を乗じて得た額を下回つたこと．
5　次のいずれかに該当することとなつたこと．
イ　離職の日の属する月の前6月のうちいずれか連続した3箇月以上の期間において労働基準法第36条第1項の協定で定める労働時間の延長の限度等に関する基準（平成10年労働省告示第154号）（当該受給資格者が，育児・介護休業法第17条第1項の小学校就学の始期に達するまでの子を養育する労働者であつて同項各号のいずれにも該当しないものである場合にあつては同項，育児・介護休業法第18条第1項の要介護状態にある対象家族を介護する労働者であつて同項において準用する育児・介護休業法第17条第1項各号のいずれにも該当しないものである場合にあつては同項）に規定する時間を超える時間外労働が行われたこと．
ロ　離職の日の属する月の前6月のうちいずれかの月において1月当たり100時間を超える時間外労働が行われたこと．
ハ　離職の日の属する月の前6月のうちいずれか連続した2箇月以上の期間の時間外労働時間を平均し1月当たり80時間を超える時間外労働が行われたこと．
ニ　事業主が危険又は健康障害の生ずるおそれがある旨を行政機関から指摘されたにもかかわらず，事業所において当該危険又は健康障害を防止するために必要な措置を講じなかつたこと．
6　事業主が労働者の職種転換等に際して，当該労働者の職業生活の継続のために必要な配慮を行つていないこと．
7　期間の定めのある労働契約の更新により3年以上引き続き雇用されるに至つた場合において当該労働契約が更新されないこととなつたこと．
7の2　期間の定めのある労働契約の締結に際し当該労働契約が更新されることが明示された場合において当該労働契約が更新されないこととなつたこと．
8　事業主又は当該事業主に雇用される労働者から就業環境が著しく害されるような言動を受けたこと．
9　事業主から退職するよう勧奨を受けたこと．
10　事業所において使用者の責めに帰すべき事由により行われた休業が引き続き3箇月以上となつたこと．
11　事業所の業務が法令に違反したこと．

（訓練延長給付に係る失業の認定手続）
第37条　受講届及び通所届を提出した受給資格者は，法第24条第1項の規定による基本手当の支給を受けようとするときは，失業の認定を受ける都度，受講証明書を提出しなければならない．

（訓練延長給付の通知）
第38条　管轄公共職業安定所の長は，法第24条第2項の規定により受給資格者に対して基本手当を支給することとしたときは，当該受給資格者に対してその旨を知らせるとともに，必要な事項を受給資格者証に記載するものとする．

（広域延長給付の通知）
第39条　管轄公共職業安定所の長は，法第25条第1項に規定する措置が決定された場合においては，当該措置に係る地域に居住する受給資格者であつて，同項に規定する当該広域職業紹介活動により職業のあつせんを受けることが適当であると認定したものに対してその旨を知らせるとともに，必要な事項を受給資格者証に記載するものとする．ただし，法第26条第1項の規定に該当する者については，この限りでない．

（住所又は居所を移転した者の申出）
第40条　① 法第25条第1項の措置が決定された日以後に他の地域から当該措置に係る地域に移転した受給資格者は，当該措置に基づく基本手当の支給を受けようとするときは，管轄公共職業安定所に出頭し，その移転について特別の理由がある旨を申し出なければならない．
② 前項の申出を受けた管轄公共職業安定所の長は，必要があると認めるときは，その申出に係る事実を証明することができる書類の提出を命ずることができる．

（全国延長給付の通知）
第41条　管轄公共職業安定所の長は，法第27条第1項の措置が決定された場合においては，当該措置

に基づく基本手当の支給を受けることとなる者に対してその旨を知らせるとともに，必要な事項を受給資格者証に記載するものとする．
（基本手当の支給日の決定及び通知）
第42条 ① 管轄公共職業安定所の長は，受給資格者が法第21条の規定による期間を満了した後管轄公共職業安定所に出頭したときは，その者について支給日を定め，その者に通知するものとする．
② 第24条第2項の規定により行つた失業の認定に係る基本手当を支給すべき日は，管轄公共職業安定所の長が別に定める日とする．
（基本手当の支給の特例）
第43条 ① 公共職業安定所長の指示した公共職業訓練を受ける受給資格者に係る基本手当は，1月に1回支給するものとする．
② 管轄公共職業安定所の長は，受給資格者に公共職業訓練を受けることを指示したときは，その者について支給日を新たに定め，その者に通知するものとする．
（基本手当の支給手続）
第44条 ① 基本手当は，受給資格者に対し，次条第1項の規定による場合を除き，受給資格者の預金又は貯金（出納官吏事務規程（昭和22年大蔵省令第95号）第48条第2項に規定する日本銀行が指定した銀行その他の金融機関に係るものに限る．以下同じ．）への振込みの方法により支給する．
② 前項に規定する方法によつて基本手当の支給を受ける受給資格者（以下「口座振込受給資格者」という．）は，払渡希望金融機関指定届（様式第18号）に受給資格者証を添えて管轄公共職業安定所の長に提出しなければならない．
③ 口座振込受給資格者は，払渡希望金融機関を変更しようとするときは，払渡希望金融機関変更届（様式第18号）に受給資格者証を添えて管轄公共職業安定所の長に提出しなければならない．
④ 第21条第1項ただし書の規定は，前2項の場合に準用する．
（給付制限期間中の受給資格者に対する職業紹介等）
第48条 管轄公共職業安定所の長は，法第33条第1項の規定により基本手当の支給をしないこととされる受給資格者に対し，職業紹介又は職業指導を行うものとする．
（法第33条第3項の厚生労働省令で定める日数）
第48条の2 法第33条第3項の厚生労働省令で定める日数は，21日とする．
（法第33条第5項の厚生労働省令で定める受給期間についての調整）
第48条の3 ① 法第33条第3項の規定に該当する受給資格者であつて法第28条第1項に規定する延長給付を受けるものに関する法第24条第3項及び第4項，法第25条第4項並びに法第27条第2項の規定の適用については，法第24条第3項中「第20条第1項及び第2項」とあるのは「第33条第3項」と，「これら」とあるのは「同項」と，同条第4項中「第20条第1項及び第2項」とあるのは「第33条第3項」と，「これら」とあるのは「同項」と，「同条第1項及び第2項」とあるのは「同条第3項」と，法第25条第4項及び法第27条第2項中「第20条第1項及び第2項」とあるのは「第33条第3項」と，「これら」とあるのは「同項」とする．
② 前項の受給資格者に関する令第8条第1項及び第2項の規定の適用については，同条第1項中「法第20条第1項及び第2項」とあるのは「法第33条第3項」と，同条第1項及び第2項」とあるのは「同条第3項」と，同条第2項中「法第20条第1項及び第2項」とあるのは「法第33条第3項」とする．
（受給資格者の氏名変更等の届出）
第49条 ① 受給資格者は，その氏名又は住所若しくは居所を変更した場合において，失業の認定又は基本手当の支給を受けようとするときは，失業の認定日又は支給日に，氏名を変更した場合にあつては受給資格者氏名変更届（様式第20号）に，住所又は居所を変更した場合にあつては受給資格者住所変更届（様式第20号）に，運転免許証その他の氏名又は住所若しくは居所の変更の事実を証明することができる書類及び受給資格者証を添えて管轄公共職業安定所の長に提出しなければならない．
② 管轄公共職業安定所の長は，受給資格者氏名変更届又は受給資格者住所変更届の提出を受けたときは，受給資格者証に必要な改定をした上，これを返付しなければならない．
③ 第17条の2第4項及び第21条第1項ただし書の規定は，第1項の場合に準用する．
第2款　技能習得手当及び寄宿手当
（技能習得手当の種類）
第56条 技能習得手当は，受講手当及び通所手当とする．
（受講手当）
第57条 ① 受講手当は，受給資格者が公共職業安定所長の指示した公共職業訓練等を受けた日（基本手当の支給の対象となる日（法第19条第1項の規定により基本手当が支給されないこととなる日を含む．）に限る．）について，40日分を限度として支給するものとする．
② 受講手当の日額は，500円とする．
（通所手当）
第59条 ① 通所手当は，次の各号のいずれかに該当する受給資格者に対して，支給するものとする．
1　受給資格者の住所又は居所から公共職業訓練を行う施設（第86条第2号及び附則第2条において「訓練等施設」という．）への通所（以下この条において「通所」という．）のため，交通機関又は有料の道路（以下この条及び附則第2条第2項において「交通機関等」という．）を利用してその運賃又は料金（以下この条及び附則第2条第2項において「運賃等」という．）を負担することを常例とする者（交通機関等を利用しなければ通所することが著しく困難である者以外の者であつて，交通機関等を利用しないで徒歩により通所するものとした場合の通所の距離が片道2キロメートル未満であるもの及び第3号に該当する者を除く．）
2　通所のため自動車その他の交通の用具（以下「自動車等」という．）を使用することを常例とする者（自動車等を使用しなければ通所することが著しく困難である者以外の者であつて，自動車等を使用しないで徒歩により通所するものとした場合の通所の距離が片道2キロメートル未満であるもの及び次号に該当する者を除く．）
3　通所のため交通機関等を利用してその運賃等を負担し，かつ，自動車等を使用することを常例とする者（交通機関等を利用し，又は自動車等を使用

41 雇用保険法施行規則（60条〜65条の2）

しなければ通所することが著しく困難な者以外の者であつて，交通機関等を利用せず，かつ，自動車等を利用しないで徒歩により通所するものとした場合の通所の距離が片道2キロメートル未満であるものを除く．）
② 通所手当の月額は，次の各号に掲げる受給資格者の区分に応じて，当該各号に掲げる額とする．ただし，その額が4万2500円を超えるときは，4万2500円とする．
1 前項第1号に該当する者 次項及び第4項に定めるところにより算定したその者の1箇月の通所に要する運賃等の額に相当する額（以下この条において「運賃等相当額」という．）
2 前項第2号に該当する者 自動車等を使用する距離が片道10キロメートル未満である者にあつては3690円，その他の者にあつては5850円（厚生労働大臣の定める地域（附則第2条第2項第1号ロにおいて「指定地域」という．）に居住する者であつて，自動車等を使用する距離が片道15キロメートル以上である者にあつては8010円）
3 前項第3号に該当する者（交通機関等を利用しなければ通所することが著しく困難である者以外の者であつて，通常徒歩によることが例である距離内においてのみ交通機関等を利用しているものを除く．）のうち，自動車等を使用する距離が片道2キロメートル以上である者及びその距離が片道2キロメートル未満であるが自動車等を使用しなければ通所することが著しく困難である者 第1号に掲げる額と前号に掲げる額との合計額
4 前項第3号に該当する者（前号に掲げる者を除く．）のうち，運賃等相当額が第2号に掲げる額以上である者 第1号に掲げる額
5 前項第3号に該当する者（第3号に掲げる者を除く．）のうち，運賃等相当額が第2号に掲げる額未満である者 第2号に掲げる額
③ 運賃等相当額の算定は，運賃，時間，距離等の事情に照らし，最も経済的かつ合理的と認められる通常の通所の経路及び方法による運賃等の額によつて行うものとする．
④ 運賃等相当額は，次の各号による額の総額とする．
1 交通機関等が定期乗車券（これに準ずるものを含む．次号において同じ．）を発行している場合は，当該交通機関等の利用区間に係る通用期間1箇月の定期乗車券の価額（価額の異なる定期乗車券を発行しているときは，最も低廉となる定期乗車券の価額）
2 交通機関等が定期乗車券を発行していない場合は，当該交通機関等の利用区間についての通所21回分の運賃等の額であつて，最も低廉となるもの
⑤ 次の各号に掲げる日のある月の通所手当の月額は，第2項の規定にかかわらず，その日数のその月の現日数に占める割合を同項の規定による額に乗じて得た額を減じた額とする．
1 公共職業訓練等を受ける期間に属さない日
2 基本手当の支給の対象となる日（法第19条第1項の規定により基本手当が支給されないこととなる日を含む．）以外の日
3 受給資格者が，天災その他やむを得ない理由がないと認められるにもかかわらず，公共職業訓練等を受けなかつた日
（寄宿手当）
第60条 ① 寄宿手当は，受給資格者が公共職業訓練等を受けるため，法第36条第2項に規定する親族（以下「親族」という．）と別居して寄宿している場合に，当該親族と別居して寄宿していた期間について，支給するものとする．
② 寄宿手当の月額は，1万700円とする．ただし，受給資格者が親族と別居して寄宿していない日又は前条第5項各号に掲げる日のある月の寄宿手当の月額は，その日数のその月の現日数に占める割合を1万700円に乗じて得た額を減じた額とする．
（技能習得手当及び寄宿手当の支給手続）
第61条 ① 技能習得手当及び寄宿手当は，受給資格者に対し，支給日又は傷病手当を支給すべき日に，その日の属する月の前月の末日までの分を支給するものとする．
② 受給資格者は，技能習得手当及び寄宿手当の支給を受けようとするときは，受講証明書に受給資格者証を添えて管轄公共職業安定所の長に提出しなければならない．
③ 第21条第1項ただし書の規定は，前項の場合に準用する．
（準 用）
第62条 第22条第2項，第44条，第45条第1項，第46条及び第54条の規定は，技能習得手当及び寄宿手当の支給について準用する．

第3款 傷病手当
（傷病手当の認定手続）
第63条 ① 法第37条第1項の認定は，同項の規定に該当する者が当該職業に就くことができない理由がやんだ後における最初の支給日（口座振込受給資格者にあつては，支給日の直前の失業の認定日）（支給日がないときは，法第20条第1項及び第2項の規定による期間（第33条第3項の規定に該当する者については同項の規定による期間とし，法第57条第1項の規定に該当する者については同項の規定による期間．）の最後の日から起算して1箇月を経過した日）までに受けなければならない．ただし，天災その他認定を受けなかつたことについてやむを得ない理由があるときは，この限りでない．
② 前項の認定を受けようとする者は，管轄公共職業安定所の長に傷病手当支給申請書（様式第22号）に受給資格者証を添えて提出しなければならない．
③ 第31条第4項及び第5項の規定は第1項ただし書の場合に，第21条第1項ただし書の規定は前項の場合に準用する．
（傷病手当の支給手続）
第64条 ① 傷病手当は，法第37条第1項の規定に該当する者であつて，当該職業に就くことができない期間が引き続き1箇月を超えるに至つたものについては，その期間中において管轄公共職業安定所の長が定める日に支給することができる．
② 前項の規定により傷病手当の支給を受けようとする者は，管轄公共職業安定所の長にその旨を申し出なければならない．
（準 用）
第65条 第22条第2項，第29条，第44条，第45条第1項及び第2項，第46条，第47条，第49条並びに第54条の規定は，傷病手当の支給について準用する．

第3節 高年齢継続被保険者の求職者給付
（法第37条の3第1項の厚生労働省令で定める理由）
第65条の2 法第37条の3第1項の厚生労働省令

（1）雇用保険・雇用対策

で定める理由は、第18条各号に掲げる理由とする。
第65条の3 法第37条の4第3項の厚生労働省令で定める率は10分の10とする。
（失業の認定）
第65条の4 ① 管轄公共職業安定所の長は、次条において準用する第19条第1項の規定により離職票を提出した者が高年齢受給資格者であると認めたときは、その者が法第37条の4第4項の失業していることについての認定を受けるべき日（以下この条において「失業の認定日」という。）及び高年齢求職者給付金を支給すべき日（以下この条において「支給日」という。）を定め、その者に知らせるとともに、高年齢受給資格者証に必要な事項を記載した上、交付しなければならない。
② 管轄公共職業安定所の長は、必要があると認めるときは、失業の認定日及び支給日を変更することができる。
③ 管轄公共職業安定所の長は、前項の規定により失業の認定日及び支給日を変更したときは、その旨を当該高年齢受給資格者に知らせなければならない。
（準 用）
第65条の5 第19条第1項及び第3項、第20条、第22条、第44条から第47条まで、第49条、第50条並びに第54条の規定は、高年齢求職者給付金の支給について準用する。この場合において、これらの規定中「受給資格」とあるのは「高年齢受給資格」と、「受給資格者」とあるのは「高年齢受給資格者」と、「受給資格者証」とあるのは「高年齢受給資格者証」と、「失業の認定」とあるのは「法第37条の4第4項の失業していることについての認定」と、「失業認定申告書（様式第14号）」とあるのは「高年齢受給資格者失業認定申告書（様式第22号の3）」と、「口座振込受給資格者」とあるのは「口座振込高年齢受給資格者」と、「この款の規定（第19条及び第20条の規定を除く。）」とあるのは「第65条の5において準用するこの款の規定（第19条及び第20条の規定を除く。）及び第65条の4の規定」と読み替えるものとする。

第4節　短期雇用特例被保険者の求職者給付／第5節　日雇労働被保険者の求職者給付（略）

第6節　就職促進給付

（法第56条の3第1項の厚生労働省令で定める基準）
第82条 ① 法第56条の3第1項第1号に該当する者に係る同項の厚生労働省令で定める基準は、同号に該当する者が次の要件に該当することとする。
1 離職前の事業主に再び雇用されたものでないこと。
2 法第21条の規定による期間が経過した後職業に就き、又は事業を開始したこと。
3 受給資格に係る離職について法第33条第1項の規定の適用を受けた場合において、法第21条の規定による期間の満了後1箇月の期間内については、公共職業安定所（昭和22年法律第141号）第4条第7項に規定する職業紹介事業者をいう。以下同じ。）の紹介により職業に就いたこと。
4 雇入れをすることを法第21条に規定する求職の申込みをした日前に約した事業主に雇用されたものでないこと。
5 法第56条の3第1項第2号に該当する者に係る

同項の厚生労働省令で定める基準は、同号に該当する者が次の要件に該当する者であることとする。
1 公共職業安定所又は職業紹介事業者の紹介により職業に就いたこと。
2 離職前の事業主に再び雇用されたものでないこと。
3 法第21条（法第40条第4項において準用する場合を含む。）の規定による期間が経過した後職業に就いたこと。
4 法第32条第1項本文若しくは第2項若しくは第33条第1項本文（これらの規定を法第40条第4項において準用する場合を含む。）又は第52条第1項本文（法第55条第4項において準用する場合を含む。）の規定の適用を受けた場合において、これらの規定に規定する期間（法第33条第1項本文に規定する期間にあつては、同項ただし書に規定する期間を除く。）が経過した後職業に就いたこと。

（法第56条の3第1項第1号ロの厚生労働省令で定める安定した職業に就いた者）
第82条の2 法第56条の3第1項第1号ロの厚生労働省令で定める安定した職業に就いた者は、1年を超えて引き続き雇用されることが確実であると認められる職業に就き、又は事業（当該事業により当該受給資格者が自立することができると公共職業安定所長が認めたものに限る。）を開始した受給資格者であつて、就業促進手当を支給することが当該受給資格者の職業の安定に資すると認められるものとする。

（法第56条の3第1項第2号の厚生労働省令で定める安定した職業に就いた受給資格者等及び就職が困難な者）
第82条の3 ① 法第56条の3第1項第2号の厚生労働省令で定める安定した職業に就いた受給資格者等（同条第2項に規定する受給資格者等をいう。以下同じ。）は、1年以上引き続き雇用されることが確実であると認められる職業に就いた受給資格者等であつて、就業促進手当を支給することが当該受給資格者等の職業の安定に資すると認められるものとする。
② 法第56条の3第1項第2号の身体障害者その他の就職が困難な者として厚生労働省令で定めるものは、次のとおりとする。
1 45歳以上の受給資格者であつて、雇用対策法第24条第3項若しくは第25条第1項の規定による認定を受けた再就職援助計画（同法第24条第1項に規定する再就職援助計画をいう。第84条第1項及び第102条の5第1項において同じ。）に係る援助対象労働者（同法第26条第1項に規定する援助対象労働者をいう。第84条第1項において同じ。）又は高年齢者等の雇用の安定等に関する法律（昭和46年法律第68号）第17条第1項に規定する求職活動支援書（第102条の5第2項第2号において「求職活動支援書」という。）若しくは同法第17条第3項若しくは、定年若しくは継続雇用制度（同法第9条第1項第2号の継続雇用制度をいう。）がある場合における当該制度の定めるところにより離職することとなつている60歳以上65歳未満の者の希望に基づき、当該者について作成された書面の対象となる者（第84条第1項において「高年齢支援対象者」という。）に該当するもの

2 季節的に雇用されていた特例受給資格者であつて、第113条第1項に規定する指定地域内に所在する事業所の事業主による通年雇用に係るもの
3 日雇労働被保険者として雇用されることを常態とする日雇受給資格者であつて、45歳以上であるもの
4 駐留軍関係離職者等臨時措置法（昭和33年法律第158号）第10条の2第1項又は第2項の認定を受けている者
5 沖縄振興特別措置法（平成14年法律第14号）第78条第1項の規定による沖縄失業者求職手帳（同法の規定により効力を有しているものに限る。）を所持している者
6 本州四国連絡橋の建設に伴う一般旅客定期航路事業等に関する特別措置法（昭和56年法律第72号）第16条第1項若しくは第2項又は本州四国連絡橋の建設に伴う一般旅客定期航路事業等に関する特別措置法に基づく就職指導等に関する省令（昭和56年労働省令第38号）第1条の規定による一般旅客定期航路事業等離職者求職手帳（同法の規定により効力を有しているものに限る。）を所持している者
7 第32条各号に掲げる者

（法第56条の3第2項の厚生労働省令で定める期間）

第82条の4 法第56条の3第2項の厚生労働省令で定める期間は3年とする。

（就業手当の支給申請手続）

第82条の5 ① 受給資格者は、法第56条の3第1項第1号イに該当する者に係る就業促進手当（以下「就業手当」という。）の支給を受けようとするときは、就業手当支給申請書（様式第29号）に給与に関する明細その他の就業の事実を証明することができる書類及び受給資格者証を添えて管轄公共職業安定所の長に提出しなければならない。この場合において、1の労働契約の期間が7日以上であるときは、就業手当支給申請書に労働契約に係る契約書その他の労働契約の期間及びその労働時間を証明することができる書類を添えなければならない。
② 受給資格者は、前項の規定にかかわらず、第6項の規定により準用する第21条第1項ただし書に規定するときのほか、職業安定局長が定めるところにより、前項に定める書類を添えないことができる。
③ 第1項の規定による就業手当支給申請書の提出は、法第15条第3項又は第4項の規定による失業の認定の対象となる日（法第21条に規定する求職の申込みをした日以後最初の失業の認定については、法第33条第1項の規定により基本手当を支給しないこととされる期間内の日を含む。以下この条において同じ。）について、当該失業の認定を受ける日にしなければならない。
④ 失業の認定日（第19条第3項に規定する失業の認定日をいう。以下この項において同じ。）に現に職業に就いている場合（第23条第1項ただし書により申出を行う場合を除く。）における第1項の規定による就業手当支給申請書の提出は、当該失業の認定日における失業の認定の対象となる日について、前項の規定にかかわらず、次の失業の認定日の前日までにしなければならない。
⑤ 受給資格者が第20条第2項の規定に該当する場合における第1項の規定による就業手当支給申請書の提出は、同条第2項の規定による出頭をした日以後の日に前2項の規定により当該提出を行うことにより当該就業手当の支給を受けることとなる日のうち、当該出頭をした日の前日までの日（既に就業手当の支給を受けた日を除く。）について、前2項の規定にかかわらず、当該出頭をした日に行わなければならない。
⑥ 第21条第1項ただし書の規定は第1項の場合における提出について準用する。

（就業手当の支給）

第82条の6 管轄公共職業安定所の長は、受給資格者に対する就業手当の支給を決定したときは、その日の翌日から起算して7日以内に就業手当を支給するものとする。

（再就職手当の支給申請手続）

第82条の7 ① 受給資格者は、法第56条の3第1項第1号ロに該当する者に係る就業促進手当（第83条の4に規定する就業促進定着手当を除く。以下「再就職手当」という。）の支給を受けようとするときは、同号ロに規定する職業に就いた日の翌日から起算して1箇月以内に、再就職手当支給申請書（様式第29号の2）に、次の各号に掲げる者の区分に応じ、当該各号に定める書類及び受給資格者証を添えて管轄公共職業安定所の長に提出しなければならない。
1 第82条の2に規定する1年を超えて引き続き雇用されることが確実であると認められる職業に就いた受給資格者 第82条第1項第1号に該当することの事実を証明することができる書類
2 第82条の2に規定する事業を開始した受給資格者 登記事項証明書その他の当該事業を開始したことの事実を証明することができる書類
② 受給資格者は、前項の規定にかかわらず、次項の規定により準用する第21条第1項ただし書に規定するときのほか、職業安定局長が定めるところにより、前項第2号に定める書類及び受給資格者証を添えないことができる。
③ 第21条第1項ただし書の規定は、第1項の場合における提出について準用する。

（再就職手当の支給）

第83条 管轄公共職業安定所の長は、受給資格者に対する再就職手当の支給を決定したときは、その日の翌日から起算して7日以内に再就職手当を支給するものとする。

（法第56条の3第3項第2号の厚生労働省令で定める者）

第83条の2 法第56条の3第3項第2号の厚生労働省令で定める者は、再就職手当に係る同一の事業主の適用事業（以下「同一事業主の適用事業」という。）にその職業に就いた日から6箇月間に支払われた賃金を法第17条に規定する賃金とみなして同条の規定を適用した場合に算定されることとなる賃金日額に相当する額（次条において「みなし賃金日額」という。）が当該再就職手当に係る法第16条の規定による基本手当の日額（以下「基本手当日額」という。）の算定の基礎となつた賃金日額（次条において「算定基礎賃金日額」という。）を下回つた者とする。

（法第56条の3第3項第2号の厚生労働省令で定める額）

第83条の3 法第56条の3第3項第2号の厚生労働省令で定める額は、算定基礎賃金日額からみなし

(1) 雇用保険・雇用対策

賃金日額を減じて得た額に同一事業主の適用事業にその職業に就いた日から引き続いて雇用された6箇月間のうち賃金の支払の基礎となつた日数を乗じて得た額とする．

（就業促進定着手当の支給申請手続）
第83条の4 ① 受給資格者は，法第56条の3第1項第1号ロに該当する者のうち同一事業主の適用事業にその職業に就いた日から引き続いて6箇月以上雇用される者であつて，第83条の2に規定する者に対する就業促進手当（以下「就業促進定着手当」という．）の支給を受けようとするときは，同日から起算して6箇月目に当たる日の翌日から起算して2箇月以内に，就業促進定着手当支給申請書（様式第29号の2の2）に，次の各号に掲げる書類及び受給資格者証を添えて管轄公共職業安定所の長に提出しなければならない．
1 賃金台帳その他の同一事業主の適用事業に雇用され，その職業に就いた日から6箇月間に支払われた賃金の額を証明することができる書類
2 出勤簿その他の同一事業主の適用事業に雇用され，その職業に就いた日から六箇月間のうち賃金の支払の基礎となつた日数を証明することができる書類
② 受給資格者は，前項の規定にかかわらず，次項の規定により準用する第21条第1項ただし書に規定するときのほか，職業安定局長が定めるところにより，受給資格者証を添えないことができる．
③ 第21条第1項ただし書の規定は，第1項の場合における提出について準用する．

（就業促進定着手当の支給）
第83条の5 管轄公共職業安定所の長は，受給資格者に対する就業促進定着手当の支給を決定したときは，その日の翌日から起算して7日以内に就業促進定着手当を支給するものとする．

（常用就職支度手当の額）
第83条の6 法第56条の3第3項第3号の厚生労働省令で定める額は，同号イからハまでに掲げる者の区分に応じ，当該イからハまでに定める額に90（当該受給資格者（受給資格に基づく法第22条第1項に規定する所定給付日数が270日以上である者を除く．）に係る法第56条の3第1項第1号に規定する支給残日数（以下「支給残日数」という．）が90日未満である場合には，支給残日数（その数が45を下回る場合にあつては，45））に10分の4を乗じて得た数を乗じて得た額とする．

（常用就職支度手当の支給申請手続）
第84条 ① 受給資格者等は，法第56条の3第1項第2号に該当する者に係る就業促進手当（以下「常用就職支度手当」という．）の支給を受けようとするときは，同号の安定した職業に就いた日の翌日から起算して1箇月以内に，常用就職支度手当支給申請書（様式第29号の3）に第82条第2項第2号に該当することの事実を証明することができる書類及び受給資格者証，特例受給資格者証又は被保険者手帳（以下この節において「受給資格者証等」という．）を添えて管轄公共職業安定所の長（特例受給資格者にあつては，同条第1項第2号の安定した職業に係る事業所の所在地を管轄する公共職業安定所の長．次条において同じ．）に提出しなければならない．この場合において，当該受給資格者等が第82条の3第2項第1号に該当する者である場合には，常用就職支度手当支給申請書に再就職援助

計画に係る援助対象労働者又は高年齢支援対象者であることの事実を証明することができる書類を添えなければならない．
② 第21条第1項ただし書の規定は，第1項の受給資格者証等について準用する．

（常用就職支度手当の支給）
第85条 管轄公共職業安定所の長は，受給資格者に対する常用就職支度手当の支給を決定したときは，その日の翌日から起算して7日以内に常用就職支度手当を支給するものとする．

（法第57条第1項第1号イの厚生労働省令で定める日数）
第85条の2 法第57条第1項第1号イの厚生労働省令で定める日数は，14日とする．

（法第57条第2項第1号の厚生労働省令で定めるもの）
第85条の3 法第57条第2項第1号の厚生労働省令で定めるものは，第35条各号に掲げるものとする．

（法第57条第2項第2号の厚生労働省令で定める理由）
第85条の4 法第57条第2項第2号の厚生労働省令で定める理由は，第36条各号に掲げる理由とする．

（法第57条第4項の規定による受給期間についての調整）
第85条の5 ① 法第57条第1項の規定に該当する受給資格者であつて法第28条第1項に規定する延長給付を受けるものに関する法第24条第3項及び第4項，法第25条第4項並びに法第27条第3項の規定の適用については，法第24条第3項中「第20条第1項及び第2項」とあるのは「第57条第1項」と，「これら」とあるのは「同項」と，同条第4項中「第20条第1項及び第2項」とあるのは「第57条第1項」と，「これら」とあるのは「同項」と，同条第4項中「第20条第1項及び第2項」とあるのは「第57条第1項」と，法第25条第4項及び法第27条第3項中「第20条第1項及び第2項」とあるのは「第57条第1項」と，「これら」とあるのは「同項」とする．
② 前項の受給資格者に関する令第8条第1項及び第2項の規定の適用については，令第8条第1項中「法第20条第1項及び第2項」とあるのは「法第57条第1項」と，「これら」とあるのは「同条第1項」と，同条第2項中「法第20条第1項及び第2項」とあるのは「法第57条第1項」とする．

（移転費の支給要件）
第86条 移転費は，受給資格者等が公共職業安定所の紹介した職業に就くため，又は公共職業安定所長の指示した公共職業訓練等を受けるために，その住所又は居所を変更する場合であつて，次の各号のいずれにも該当するときに支給するものとする．ただし，その者の雇用期間が1年未満であることその他特別の事情がある場合は，この限りでない．
1 法第21条，第32条第1項若しくは第2項若しくは第33条第1項（法第40条第4項において準用する場合を含む．）又は法第52条第1項の規定（法第55条第4項において準用する場合を含む．）による期間が経過した後に就職し，又は公共職業訓練等を受けることとなつた場合であつて，管轄公共職業安定所の長が住所又は居所の変更を必要と認めたとき．
2 当該就職又は公共職業訓練等の受講について，

41 雇用保険法施行規則（87条～96条）

就職準備金その他移転に要する費用（以下「就職支度費」という．）が就職先の事業主，訓練等施設の長その他の者（以下「就職先の事業主等」という．）から支給されないとき，又はその支給額が移転費の額に満たないとき．
（移転費の種類及び計算）
第87条　① 移転費は，鉄道賃，船賃，航空賃，車賃，移転料及び着後手当とする．
② 移転費（着後手当を除く．）は，移転費の支給を受ける受給資格者等の旧居住地から新居住地までの順路によつて支給する．
（鉄道賃，船賃，航空賃及び車賃の額）
第88条　① 鉄道賃は，普通旅客運賃相当額とし，次の各号に該当する場合は，当該普通旅客運賃相当額に当該各号に定める額を加えた額とする．
1　普通急行列車を運行する線路による場合（その線路ごとに，その線路の距離が50キロメートル以上（その線路が特別急行列車を運行する線路である場合には，50キロメートル以上100キロメートル未満）である場合に限る．）　当該線路ごとの普通急行料金相当額
2　特別急行列車を運行する線路による場合（その線路ごとに，その線路の距離が100キロメートル以上である場合に限る．）　当該線路ごとの特別急行料金相当額
② 船賃は，2等運賃相当額（鉄道連絡船にあつては，普通旅客運賃相当額）とする．
③ 航空賃は，現に支払つた旅客運賃の額とする．
④ 車賃は，1キロメートルにつき37円とする．
⑤ 前4項の鉄道賃，船賃，航空賃及び車賃は，受給資格者等及びその者が随伴する親族について支給する．
⑥ 受給資格者等及びその者が随伴する親族が就職先の事業主等が所有する自動車等を使用して住所又は居所を変更する場合にあつては，第1項から第4項までの規定にかかわらず，鉄道賃，船賃，航空賃及び車賃は，受給資格者等及びその者が随伴する親族が支払つた費用に基づき算定した額（以下この項及び92条第2項第1号において「実費相当額」という．）とする．ただし，実費相当額が第1項から第4項までの規定により計算した額（以下この項において「計算額」という．）を超えるときは，計算額を上限とする．
（移転料の額）
第89条　① 移転料は，親族を随伴する場合にあつては次の表に掲げる額とし，親族を随伴しない場合にあつてはその額の2分の1に相当する額とする．

鉄道賃の額の計算の基礎となる距離	50キロメートル未満	50キロメートル以上100キロメートル未満	100キロメートル以上300キロメートル未満	300キロメートル以上500キロメートル未満	500キロメートル以上1000キロメートル未満	1000キロメートル以上1500キロメートル未満	1500キロメートル以上2000キロメートル未満	2000キロメートル以上
移転料	93,000円	107,000円	163,000円	216,000円	227,000円	243,000円	282,000円	

② 船賃又は車賃の支給を受ける受給資格者等に対する前項の規定の適用については，当該船賃又は車賃の額の計算の基礎となる距離の4倍に相当する距離を鉄道賃の額の計算の基礎となる距離に含めるものとする．
（着後手当の額）
第90条　着後手当の額は，親族を随伴する場合にあつては3万8,000円とし，親族を随伴しない場合にあつては1万9,000円とする．

（移転費の差額支給）
第91条　就職先の事業主等から就職支度費が支給される場合にあつては，その支給額が第87条から前条までの規定によつて計算した額に満たないときは，その差額に相当する額を移転費として支給する．
（移転費の支給申請）
第92条　① 受給資格者等は，移転費の支給を受けようとするときは，移転の日の翌日から起算して1箇月以内に，移転費支給申請書（様式第30号）に受給資格者証等を添えて管轄公共職業安定所の長に提出しなければならない．この場合において，親族を随伴するときは，その親族がその者により生計を維持されている者であることを証明することができる書類を添えなければならない．
② 受給資格者等は，前項の移転費支給申請書を提出する場合において，次の各号に該当する場合は，当該各号に定める額を管轄公共職業安定所の長に届け出なければならない．
1　就職先の事業主等が所有する自動車等を使用して住所又は居所を変更する場合　実費相当額
2　就職先の事業主等から就職支度費を受け，又は受けるべき場合　就職支度費の額
③ 第21条第1項ただし書の規定は，第1項の受給資格者証等について準用する．
（移転費の支給）
第93条　移転費支給申請書の提出を受けた管轄公共職業安定所の長は受給資格者等への移転費の支給を決定したときは，移転費支給決定書（様式第31号）を交付した上，移転費を支給するものとする．
（移転費の支給を受けた場合の手続）
第94条　① 公共職業安定所の紹介した職業に就いたことにより移転費の支給を受けた受給資格者等は，就職先の事業所に出頭したときは，前条の移転費支給決定書をその事業所の事業主に提出しなければならない．
② 移転費支給決定書の提出を受けた事業主は，移転費支給決定書に基づいて移転証明書（様式第32号）を作成し，移転費を支給した公共職業安定所長に送付しなければならない．
（移転費の返還）
第95条　① 移転費の支給を受けた受給資格者等は，公共職業安定所の紹介した職業に就かなかつたとき，若しくは公共職業安定所長の指示した公共職業訓練等を受けなかつたとき，又は移転しなかつたときは，その事実が確定した日の翌日から起算して10日以内に移転費を支給した公共職業安定所長にその旨を届け出るとともに，その支給を受けた移転費に相当する額を返還しなければならない．
② 移転費を支給した公共職業安定所長は前項の届出を受理したとき，又は前項に規定する事実を知つたときは支給した移転費に相当する額を，支給すべき額を超えて移転費を支給したときは支給すべき額を超える部分に相当する額を返還させなければならない．
（広域求職活動費の支給要件）
第96条　広域求職活動費は，受給資格者等が公共職業安定所の紹介により広範囲の地域にわたる求職活動（以下「広域求職活動」という．）をする場合であつて，次の各号のいずれにも該当するときに支給するものとする．

(1) 雇用保険・雇用対策

1　法第21条、第32条第1項若しくは第2項若しくは第33条第1項の規定（法第40条第4項において準用する場合を含む。）又は法第52条第1項の規定（法第55条第4項において準用する場合を含む。）による期間が経過した後に広域求職活動を開始するとき．

2　広域求職活動に要する費用（以下「求職活動費」という。）が広域求職活動のために訪問する事業所（以下「訪問事業所」という。）の事業主から支給されないとき、又はその支給額が広域求職活動費の額に満たないとき．

(広域求職活動費の種類及び計算)

第97条　① 広域求職活動費は、鉄道賃、船賃、航空賃、車賃及び宿泊料とする．

② 広域求職活動費（宿泊料を除く．）は、管轄公共職業安定所の所在地から訪問事業所の所在地を管轄する公共職業安定所の所在地までの順路によつて計算する．

(広域求職活動費の額)

第98条　① 鉄道賃、船賃、航空賃及び車賃の額は、それぞれ第88条第1項から第4項までの規定に準じて計算した額とする．

② 宿泊料は、8700円（訪問事業所の所在地を管轄する公共職業安定所の所在地を国家公務員等の旅費に関する法律（昭和25年法律第114号）別表第1の地域区分による乙地方に該当する地域に所在する場合には、7800円）に、次の表の上欄に掲げる距離に応じ、同表の下欄に掲げる宿泊数を乗じて得た額とし、鉄道賃の額の計算の基礎となる距離が400キロメートル未満である場合には、支給しない．

鉄道賃の額の計算の基礎となる距離	宿泊数	
	訪問事業所の数が3カ所以上	訪問事業所の数が2カ所以下
400キロメートル以上800キロメートル未満	2	1
800キロメートル以上1200キロメートル未満	3	2
1200キロメートル以上1600キロメートル未満	4	3
1600キロメートル以上2000キロメートル未満	5	4
2000キロメートル以上	6	5

③ 船賃又は車賃の支給を受ける受給資格者等に対する前項の規定の適用については、当該船賃又は車賃の額の計算の基礎となる距離の4倍に相当する距離を鉄道賃の額の計算の基礎となる距離に含めるものとする．

(広域求職活動費の差額支給)

第98条の2　訪問事業所の事業主から求職活動費が支給される場合にあつては、その支給額が前2条の規定によつて計算した額に満たないときは、その差額に相当する額を広域求職活動費として支給する．

(広域求職活動費の支給申請)

第99条　① 受給資格者等は、広域求職活動費の支給を受けようとするときは、広域求職活動の指示を受けた日の翌日から起算して10日以内に、広域求職活動費支給申請書（様式第33号）に受給資格者証等を添えて管轄公共職業安定所の長に提出しなければならない．

② 受給資格者等は、前項の広域求職活動費支給申請書を提出する場合において、訪問事業所の事業主から求職活動費を受け、又は受けるべきときは、その金額を管轄公共職業安定所の長に届け出なければならない．

③ 第21条第1項ただし書の規定は、第1項の受給資格者証等について準用する．

第100条　管轄公共職業安定所の長は、受給資格者等に対する広域求職活動費の支給を決定したときは、その日の翌日から起算して7日以内に広域求職活動費を支給するものとする．

(広域求職活動費の返還)

第101条　① 広域求職活動費の支給を受けた受給資格者等は、公共職業安定所の紹介した広域求職活動の全部又は一部を行わなかつたときは、その事実が確定した日の翌日から起算して10日以内に管轄公共職業安定所の長にその旨を届け出るとともに、次の各号に掲げる区分に応じ、当該各号に定める額を返還しなければならない．

1　公共職業安定所の紹介した広域求職活動の全部を行わなかつたとき．支給した広域求職活動費に相当する額

2　公共職業安定所の紹介した広域求職活動の一部を行わなかつたとき．支給した広域求職活動費から現に行つた広域求職活動について計算した広域求職活動費を減じた額

② 管轄公共職業安定所の長は、広域求職活動費の支給を受けた受給資格者等に対し、必要があると認めるときは、広域求職活動を行つたことを証明することができる書類その他必要な書類の提出を命ずることができる．

③ 管轄公共職業安定所の長は、第1項の届出を受理したとき若しくは同項に規定する事実を知つたときは同項各号に掲げる区分に応じ当該各号に定める額を、受給資格者等が前項の書類を提出しないときは第1項第1号に掲げる額を返還させなければならない．

(準用)

第101条の2　第22条第2項、第44条、第45条第1項、第46条、第50条第4項及び第54条の規定は、就職促進給付の支給について準用する．

第6節の2　教育訓練給付

(法第60条の2第1項第2号の厚生労働省令で定める期間)

第101条の2の5　① 法第60条の2第1項第2号の厚生労働省令で定める期間は、1年（当該期間内に妊娠、出産、育児、疾病、負傷その他管轄公共職業安定所の長がやむを得ないと認める理由により引き続き30日以上法第60条の2第1項に規定する教育訓練を開始することができない者が、当該者に該当するに至つた日の翌日から起算して1箇月以内に管轄公共職業安定所の長にその旨を申し出た場合には、当該理由により当該教育訓練を開始することができない日数を加算するものとし、その加算された期間が4年を超えるときは、4年とする．）とする．

② 前項の申出をしようとする者は、教育訓練給付適用対象期間延長申請書（様式第16号）に前項の理由により引き続き30日以上教育訓練を開始することができない事実を証明することができる書類を添えて管轄公共職業安定所の長に提出しなければならない．

③ 管轄公共職業安定所の長は、第1項の申出をした

41 雇用保険法施行規則（101条の2の6〜101条の2の15）

者が同項に規定する者に該当すると認めたときは，その者に教育訓練給付適用対象期間延長通知書（様式第17号）を交付しなければならない．

（法第60条の2第4項の厚生労働省令で定める費用の範囲）

第101条の2の6 法第60条の2第4項の厚生労働省令で定める費用の範囲は，入学料及び受講料とする．

（法第60条の2第4項の厚生労働省令で定める率）

第101条の2の7 法第60条の2第4項の厚生労働省令で定める率は，次の各号に掲げる者の区分に応じ，それぞれ当該各号に定める率とする．
1 法第60条の2第1項に規定する支給要件期間（次号及び第3号において「支給要件期間」という．）が3年以上である者であつて，雇用の安定及び就職の促進を図るために必要な職業に関する教育訓練として厚生労働大臣が指定する教育訓練（次号に規定する教育訓練を除く．以下「一般教育訓練」という．）を受け，修了した 100分の20
2 支給要件期間が10年以上である者であつて，雇用の安定及び就職の促進を図るために必要な職業に関する教育訓練のうち中長期的なキャリア形成に資する専門的かつ実践的な教育訓練として厚生労働大臣が指定する教育訓練（以下「専門実践教育訓練」という．）を受け，修了した者（次号に掲げる者を除く．）100分の40
3 支給要件期間が10年以上である者であつて，専門実践教育訓練を受け，修了し，当該専門実践教育訓練に係る資格の取得等をし，かつ，被保険者（高年齢継続被保険者，短期雇用特例被保険者及び日雇労働被保険者を除く．以下この節において「一般被保険者」という．）として雇用された者（当該専門実践教育訓練を受け，修了した日の翌日から起算して1年以内に雇用された者（当該専門実践教育訓練を受け，修了した日の翌日から起算して1年以内に雇用されることが困難な者として職業安定局長の定める者を含む．）に限る．）又は雇用されている者（当該専門実践教育訓練を受け，修了した日において一般被保険者として雇用されている者であつて，当該修了した日の翌日から起算して1年以内に資格の取得等をした者に限る．）100分の60

（法第60条の2第4項の厚生労働省令で定める額）

第101条の2の8 法第60条の2第4項の厚生労働省令で定める額は，次の各号に掲げる者の区分に応じ，それぞれ当該各号に定める額とする．
1 前条第1号に掲げる者 10万円
2 前条第2号に掲げる者 96万円（連続した二支給単位期間（第101条の2の12第4項に規定する支給単位期間をいう．以下この号及び次号において同じ．）（当該専門実践教育訓練を修了した日が属する場合であつて，支給単位期間が連続して2ないときは一支給単位期間）ごとに支給する額は，32万円を限度とする．）
3 前条第3号に掲げる者 144万円（連続した二支給単位期間（当該専門実践教育訓練を修了した日が属する場合であつて，支給単位期間が連続して2ないときは一支給単位期間）ごとに支給する額は，48万円を限度とする．）

（法第60条の2第5項の厚生労働省令で定める額）

第101条の2の9 法第60条の2第5項の厚生労働省令で定める額は，4000円とする．

（法第60条の2第5項の厚生労働省令で定める期間）

第101条の2の10 法第60条の2第5項の厚生労働省令で定める期間は，次の各号に掲げる者の区分に応じ，それぞれ当該各号に定める期間とする．
1 一般教育訓練を受けた者 3年
2 専門実践教育訓練を受けた者 10年

（一般教育訓練に係る教育訓練給付金の支給申請手続）

第101条の2の11 ① 法第60条の2第1項第6号に規定する教育訓練給付対象者（以下「教育訓練給付対象者」という．）は，一般教育訓練に係る教育訓練給付金の支給を受けようとするときは，当該一般教育訓練給付金の支給に係る一般教育訓練を修了した日の翌日から起算して1箇月以内に，教育訓練給付金支給申請書（様式第33号の2）に次の各号に掲げる書類を添えて管轄公共職業安定所の長に提出しなければならない．
1 一般教育訓練修了証明書
2 当該教育訓練給付金の支給に係る一般教育訓練の受講のために支払つた費用（第101条の2の6に定める費用の範囲内のものに限る．）の額を証明することができる書類
3 その他厚生労働大臣が定める書類
② 教育訓練給付対象者は，前項の規定にかかわらず，職業安定局長が定めるところにより，同項第3号に掲げる書類のうち職業安定局長が定めるものを添えないことができる．

（一般教育訓練に係る教育訓練給付金の支給）

第101条の2の13 管轄公共職業安定所の長は，教育訓練給付対象者に対する一般教育訓練に係る教育訓練給付金の支給を決定したときは，その日の翌日から起算して7日以内に教育訓練給付金を支給するものとする．

（準 用）

第101条の2の15 第44条（第4項を除く．以下この条において同じ．），第45条，第46条，第49条，第50条及び第54条（一般教育訓練にあつては，第44条，第45条，第46条及び第54条に限る．）の規定は，教育訓練給付金の支給について準用する．この場合において，これらの規定中「受給資格者」とあるのは「教育訓練給付金の支給を受けることができる者」と，「口座振込受給資格者」とあるのは「第44条第1項に規定する方法によつて教育訓練給付金の支給を受ける者」と，「受給資格者証」とあるのは「教育訓練給付金及び教育訓練支援給付金受給資格者証」と，「氏名又は住所若しくは居所」とあるのは「氏名，住所若しくは居所又は電話番号」と，「氏名を変更した場合にあつては受給資格者氏名変更届（様式第20号）に，住所又は居所を変更した場合にあつては受給資格者住所変更届（様式第20号）」とあるのは「氏名を変更した場合にあつては教育訓練給付金受給者氏名変更届（様式第33号の2の6）に，住所又は居所を変更した場合にあつては教育訓練給付金受給者住所変更届（様式第33号の2の6）に，電話番号を変更した場合にあつては教育訓練給付金受給者電話番号変更届（様式第33号の2の6）」と読み替えるものと

する．

第7節　雇用継続給付
第1款　高年齢雇用継続給付
（法第61条第1項の厚生労働省令で定める理由）
第101条の3 法第61条第1項の厚生労働省令で定める理由は，次のとおりとする．
1　非行
2　疾病又は負傷
3　事業所の休業
4　前各号に掲げる理由に準ずる理由であつて，公共職業安定所長が定めるもの

（法第61条第5項第2号の厚生労働省令で定める率）
第101条の4 ① 法第61条第5項第2号の厚生労働省令で定める率は，第1号に掲げる額から第2号及び第3号に掲げる額の合計額を減じた額を第2号に掲げる額で除して得た率とする．
1　法第61条第1項に規定するみなし賃金日額に30を乗じて得た額（以下この項において「みなし賃金月額」という．）に100分の75を乗じて得た額
2　法第61条第2項に規定する支給対象月（次条において「支給対象月」という．）に支払われた賃金額
3　みなし賃金月額に1万分の485を乗じて得た額にイに掲げる額をロに掲げる額で除して得た率を乗じて得た額
　イ　第1号に掲げる額から第2号に掲げる額を減じた額
　ロ　みなし賃金月額に100分の14を乗じて得た額
② 法第61条の2第3項において準用する場合における法第61条第5項第2号の厚生労働省令で定める率については，前項中「法第61条第1項に規定するみなし賃金日額」とあるのは「法第61条の2第1項の賃金日額」と，「みなし賃金月額」とあるのは「離職時賃金月額」と，「法第61条第2項に規定する支給対象月（次条において「支給対象月」という．）」とあるのは「法第61条の2第2項に規定する再就職後の支給対象月（第101条の7第2項において「再就職後の支給対象月」という．）」とする．

（高年齢雇用継続基本給付金の支給申請手続）
第101条の5 ① 被保険者（短期雇用特例被保険者及び日雇労働被保険者を除く．以下この款において同じ．）は，初めて高年齢雇用継続基本給付金の支給を受けようとするときは，支給対象月の初日から起算して4箇月以内に，高年齢雇用継続給付受給資格確認票・（初回）高年齢雇用継続給付支給申請書（様式第33号の3．ただし，公共職業安定所長が必要があると認めるときは，高年齢雇用継続給付支給申請書（様式第33号の3の2）をもつて代えることができる．第3項，第4項及び第101条の7において同じ．）に雇用保険被保険者60歳到達時等賃金証明書（様式第33号の4．以下「60歳到達時等賃金証明書」という．），労働者名簿，賃金台帳その他の被保険者の年齢，被保険者が雇用されていることの事実，賃金の支払状況及び賃金の額を証明することができる書類を添えて，事業主を経由してその事業所の所在地を管轄する公共職業安定所の長に提出しなければならない．ただし，やむを得ない理由のため事業主を経由して当該申請書の提出を行うことが困難であるときは，事業主を経由しないで提出を行うことができる．

② 被保険者は，前項の規定にかかわらず，職業安定局長が定めるところにより，同項に定める書類（60歳到達時等賃金証明書を除く．）を添えないことができる．
③ 事業主は，その雇用する被保険者又はその雇用していた被保険者が第1項の規定により高年齢雇用継続給付受給資格確認票・（初回）高年齢雇用継続給付支給申請書を提出するため60歳到達時等賃金証明書の交付を求めたときは，これをその者に交付しなければならない．
④ 公共職業安定所長は，第1項の規定により高年齢雇用継続給付受給資格確認票・（初回）高年齢雇用継続給付支給申請書を提出した被保険者が，法第61条第1項本文の規定により支給を受けるときは，当該被保険者に対して当該支給申請に係る支給対象月について高年齢雇用継続基本給付金を支給する旨を通知するとともに，その者が支給対象月（既に行つた支給申請に係る支給対象月を除く．第6項において同じ．）について高年齢雇用継続基本給付金を受けようとするときに支給申請を行うべき月を定め，その者に知らせなければならない．
⑤ 公共職業安定所長は，前項に規定する支給申請を行うべき月を定めるに当たつては，一又は連続する二の支給対象月について，当該支給対象月の初日から起算して4箇月を超えない範囲で定めなければならない．ただし，公共職業安定所長が必要があると認めるときは，この限りでない．
⑥ 第4項の規定による通知を受けた被保険者が，支給対象月について高年齢雇用継続基本給付金の支給を受けようとするときは，同項に規定する高年齢雇用継続給付支給申請書を事業主を経由してその事業所の所在地を管轄する公共職業安定所の長に提出しなければならない．ただし，やむを得ない理由のため事業主を経由して当該申請書の提出を行うことが困難であるときは，事業主を経由しないで提出を行うことができる．
⑦ 高年齢雇用継続給付受給資格確認票・（初回）高年齢雇用継続給付支給申請書に記載された事項については，事業主の証明を受けなければならない．

（高年齢雇用継続基本給付金の支給）
第101条の6 ① 公共職業安定所長は，被保険者に対する高年齢雇用継続基本給付金の支給を決定したときは，その日の翌日から起算して7日以内に高年齢雇用継続基本給付金を支給するものとする．
② 高年齢雇用継続基本給付金は，高年齢雇用継続基本給付金の支給を受けることができる者に対し，第101条の10の規定により第45条第1項の規定による場合を除き，その者の預金又は貯金への振込みの方法により支給する．

（高年齢再就職給付金の支給申請手続）
第101条の7 ① 被保険者は，初めて高年齢再就職給付金の支給を受けようとするときは，再就職後の支給対象月の初日から起算して4箇月以内に，高年齢雇用継続給付受給資格確認票・（初回）高年齢雇用継続給付支給申請書に労働者名簿，賃金台帳その他の被保険者の年齢，被保険者が雇用されていることの事実，賃金の支払状況及び賃金の額を証明することができる書類を添えて，事業主を経由してその事業所の所在地を管轄する公共職業安定所の長に提出しなければならない．ただし，やむを得ない理

41 雇用保険法施行規則（101条の9〜101条の11の2）

由のため事業主を経由して当該申請書の提出を行うことが困難であるときは，事業主を経由しないで提出を行うことができる．
② 第101条の5第2項から第7項までの規定及び前条の規定は，高年齢再就職給付金の支給について準用する．この場合において，第101条の5第2項中「前項」とあるのは「第101条の7第1項」と，「同項に定める書類（60歳到達時等賃金証明書を除く．）」とあるのは「同項に定める書類」と，同条第4項中「第1項」とあるのは「第101条の7第1項」と，「法第61条第1項本文」とあるのは「法第61条の2第1項本文」と，「支給対象月」とあるのは「再就職後の支給対象月」と，同条第5項及び第6項中「支給対象月」とあるのは「再就職後の支給対象月」と読み替えるものとする．

（事業主の助力等）
第101条の9 高年齢雇用継続給付を受けることができる者が，自ら高年齢雇用継続給付の請求その他の手続を行うことが困難である場合には，事業主は，その手続を行うことができるように助力しなければならない．
② 事業主は，高年齢雇用継続給付を受けるべき者から高年齢雇用継続給付を受けるために必要な証明を求められたときは，速やかに証明をしなければならない．

（準　用）
第101条の10 第44条（第4項を除く．），第45条第1項及び第46条第1項の規定は，高年齢雇用継続給付の支給について準用する．この場合において，これらの規定中「受給資格者」とあるのは「高年齢雇用継続給付を受けることができる者」と，「口座振込受給資格者」とあるのは「第44条第1項に規定する方法によつて高年齢雇用継続給付の支給を受ける者」と，「管轄公共職業安定所」とあるのは「その事業所の所在地を管轄する公共職業安定所」と読み替えるものとする．

第2款　育児休業給付
（法第61条の4第1項の休業）
第101条の11 ① 育児休業給付金は，被保険者（高年齢継続被保険者，短期雇用特例被保険者及び日雇労働被保険者を除く．以下この款及び次款において同じ．）が，次の各号のいずれにも該当する休業（法第61条の4第3項に規定する支給単位期間において公共職業安定所長が就業をしていると認める日数が10日（10日を超える場合にあつては，公共職業安定所長が就業をしていると認める時間が80時間）以下であるものに限る．）をした場合に，支給する．
1　被保険者がその事業主に申し出ることによつてすること．
2　前号の申出（以下「育児休業の申出」という．）は，その期間中は休業をすることする1の期間について，その初日及び末日（次号において「休業終了予定日」という．）とする日を明らかにしてすること．
3　次のいずれかに該当することとなつた日後の休業でないこと．
　イ　休業終了予定日とされた日の前日までに，子の死亡その他の被保険者が育児休業の申出に係る子を養育しないこととなつた事由として公共職業安定所長が認める事由が生じたこと．
　ロ　休業終了予定日とされた日の前日までに，育児休業の申出に係る子が1歳（次条各号のいずれかに該当する場合にあつては，1歳6か月）に達したこと．
　ハ　休業終了予定日とされた日までに，育児休業の申出をした被保険者について労働基準法第65条第1項若しくは第2項の規定により休業する期間（次項及び第16において「産前産後休業期間」という．），法第61条の6第1項に規定する休業をする期間（次項において「介護休業期間」という．）又は新たな1歳に満たない子を養育するための休業をする期間（次項において「新たな育児休業期間」という．）が始まつたこと（特別の事情が生じたときを除く．）．
4　前項第3号ハの特別の事情が生じたときは，次のとおりとする．
1　育児休業の申出をした被保険者について産前産後休業期間が始まつたことにより，当該申出に係る休業をする期間が終了した場合であつて，当該産前産後休業期間が終了する日（当該産前産後休業期間の終了後に引き続き当該産前産後休業期間中に出産した子に係る新たな育児休業期間が始まつた場合には，当該新たな育児休業期間が終了する日）までに，当該産前産後休業期間に係る子のすべてが，次のいずれかに該当するに至つたとき．
　イ　死亡したとき．
　ロ　養子となつたことその他の事情により当該被保険者と同居しないこととなつたとき．
2　育児休業の申出をした被保険者について介護休業期間が始まつたことにより当該申出に係る休業をする期間が終了した場合であつて，当該介護休業期間が終了する日までに，当該介護休業期間の休業に係る対象家族が次のいずれかに該当するに至つたとき．
　イ　死亡したとき．
　ロ　離婚，婚姻の取消，離縁等により当該対象家族と被保険者との親族関係が消滅したとき．
3　育児休業の申出をした被保険者について新たな育児休業期間が始まつたことにより当該申出に係る休業をする期間が終了した場合であつて，当該新たな育児休業期間が終了する日までに，当該新たな育児休業期間の休業に係る子のすべてが，第1号イ又はロのいずれかに該当するに至つたとき．

（法第61条の4第1項の厚生労働省令で定める場合）
第101条の11の2 法第61条の4第1項の厚生労働省令で定める場合は次のとおりとする．
1　育児休業の申出に係る子について，児童福祉法（昭和22年法律第164号）第39条第1項に規定する保育所，認定こども園法第2条第6項に規定する認定こども園又は児童福祉法第24条第2項に規定する家庭的保育事業における保育の利用を希望し，申込みを行つているが，当該子が1歳に達した日後の期間について，当面その実施が行われないこと．
2　常態として育児休業の申出に係る子の養育を行つている配偶者（婚姻の届出をしていないが，事実上婚姻関係と同様の事情にある者を含む．以下

この款において同じ.)であつて当該子が1歳に達する日後の期間について常態として当該子の養育を行う予定であつたものが次のいずれかに該当した場合.
イ 死亡したとき.
ロ 負傷, 疾病又は身体上若しくは精神上の障害により育児休業の申出に係る子を養育することが困難な状態になつたとき.
ハ 婚姻の解消その他の事情により配偶者が育児休業の申出に係る子と同居しないこととなつたとき.
ニ 6週間(多胎妊娠の場合にあつては, 14週間)以内に出産する予定であるか又は産後8週間を経過しない場合.

(同一の子について配偶者が休業をする場合の特例)
第101条の11の3 法第61条の4第6項の規定の適用を受ける場合における前2条の規定の適用については, 第101条の11第1項中「した場合に, 支給する.」とあるのは, 「した場合(当該休業をすることとする1の期間の初日(以下この条において「休業開始予定日」という.)が, 当該休業に係る子の1歳に達する日の翌日後である場合又は当該被保険者の配偶者(婚姻の届出をしていないが, 事実上婚姻関係と同様の事情にある者を含む.)がしている法第61条の4第1項に規定する休業に係る休業をする期間の初日前である場合を除く.)に, 支給する. ただし, 休業をすることとする1の期間の末日とされた日が当該休業開始予定日とされた日から起算して育児休業等可能日数(当該休業に係る子の出生した日から当該子の1歳に達する日までの日数をいう.)から育児休業等取得日数(当該子の出生した日以後当該被保険者が労働基準法第65条第1項又は第2項の規定により休業した日数と当該子について法第61条の4第1項に規定する休業をした日数を合算した日数をいう.)を差し引いた日数を経過する日より後の日であるときは, 当該経過する日後については, この限りでない.」と, 同項第3号ロ及び「1歳」とあるのは「1歳2か月」と, 前条中「1歳に達する日」とあるのは「1歳に達する日(休業終了予定日とされた日が当該子の1歳に達する日後である場合にあつては, 当該休業終了予定日とされた日)」とする.

(公務員である配偶者がする育児休業に関する規定の適用)
第101条の11の4 前2条の規定の適用については, 被保険者の配偶者が国会職員の育児休業等に関する法律(平成3年法律第108号)第3条第2項, 国家公務員の育児休業等に関する法律(平成3年法律第109号)第3条第2項(同法第27条第1項及び裁判所職員臨時措置法(昭和26年法律第299号)(第7号に係る部分に限る.)において準用する場合を含む.), 地方公務員の育児休業等に関する法律(平成3年法律第110号)第2条第2項又は裁判官の育児休業に関する法律(平成3年法律第111号)第2条第2項の規定によりする請求に係る育児休業は, それぞれ法第61条の4第1項に規定する休業とみなす.

(法第61条の4第1項の厚生労働省令で定める理由)
第101条の12 法第61条の4第1項の厚生労働省令で定める理由は次のとおりとする.
1 出産
2 事業所の休業
3 前2号に掲げる理由に準ずる理由であつて, 公共職業安定所長がやむを得ないと認めるもの

(育児休業給付金の支給申請手続)
第101条の13 ① 被保険者は, 初めて育児休業給付金の支給を受けようとするときは, 法第61条の4第3項に規定する支給単位期間の初日から起算して4箇月を経過する日の属する月の末日までに, 育児休業給付受給資格確認票・(初回)育児休業給付金支給申請書(様式第33号の5. ただし, 公共職業安定所長が必要があると認めるときは, 育児休業給付金支給申請書(様式第33号の5の2)をもつて代えることができる. 第3項において同じ.)に休業開始時賃金証明票, 母子保健法(昭和40年法律第141号)第16条の母子健康手帳, 労働者名簿, 賃金台帳その他の第101条の11第1項(第101条の11の3において読み替えて適用する場合を含む.)の休業に係る子があることの事実, 被保険者が雇用されていることの事実, 当該休業終了後の雇用の継続の予定(被保険者に限る.), 賃金の支払状況及び賃金の額並びに第101条の11の2各号(第101条の11の3において読み替えて適用する場合を含む.)のいずれかに該当する場合にあつては当該各号に該当することを並びに法第61条の4第6項の規定により読み替えて適用する同条第1項の規定により子の1歳に達する日の翌日以後の日の休業をする場合にあつては, 当該育児休業の申出に係る休業開始予定日とされた日が当該被保険者の配偶者がしている休業に係る休業期間の初日以後である事実を証明することができる書類を添えて, 事業主を経由してその事業所の所在地を管轄する公共職業安定所の長に提出しなければならない. ただし, やむを得ない理由のため事業主を経由して当該申請書の提出を行うことが困難であるときは, 事業主を経由しないで提出を行うことができる.
② 被保険者は, 前項の規定にかかわらず, 職業安定局長が定めるところにより, 同項に定める書類を添えないことができる.
③ 公共職業安定所長は, 第1項の規定により育児休業給付受給資格確認票・(初回)育児休業給付金支給申請書を提出した被保険者が, 法第61条の4第1項の規定に該当すると認めたときは, 当該被保険者に対して当該支給申請に係る支給単位期間について育児休業給付金を支給する旨を通知するとともに, その者が支給単位期間(既に行つた支給申請に係る支給単位期間を除く. 第5項において同じ.)について育児休業給付金の支給申請を行うべき期間を定め, その者に知らせなければならない.
④ 公共職業安定所長は, 前項に規定する支給申請を行うべき期間を定めるに当たつては, 一又は連続する二の支給単位期間について, 当該支給単位期間の初日から起算して4箇月を経過する日の属する月の末日までの範囲で定めなければならない. ただし, 公共職業安定所長が必要があると認めるときは, この限りでない.
⑤ 第3項の規定による通知を受けた被保険者が, 支給単位期間について育児休業給付金の支給を受けようとするときは, 前項に規定する育児休業給付金の支給手続を行うべきこととされた期間に, 育児休業給付金支給申請書を事業主を経由してその事業所の所在地を管轄する公共職業安定所の長に提出

41 雇用保険法施行規則（101条の15～101条の19）

しなければならない．ただし，やむを得ない理由のため事業主を経由して当該申請書の提出を行うことが困難であるときは，事業主を経由しないで提出を行うことができる．
⑥ 第21条第1項ただし書の規定は，第1項の休業開始時賃金証明票について準用する．

（準用）
第101条の15 第44条（第4項を除く.），第45条第1項，第46条第1項，第101条の5第7項，第101条の6及び第101条の9の規定は，育児休業給付の支給について準用する．この場合において，これらの規定中「受給資格者」とあるのは「育児休業給付を受けることができる者」と，「口座振込受給資格者」とあるのは「第44条第1項に規定する方法によって育児休業給付の支給を受ける者」と，「管轄公共職業安定所」とあるのは「その事業所の所在地を管轄する公共職業安定所」と，「高年齢雇用継続給付受給資格確認票（初回）高年齢雇用継続給付支給申請書及び高年齢雇用継続給付支給申請書」とあるのは「育児休業給付金支給資格確認票（初回）育児休業給付金支給申請書及び育児休業給付金支給申請書」と，「第101条の10の規定」とあるのは「第101条の15の規定」と読み替えるものとする．

第3款　介護休業給付
（法第61条の6第1項の休業）
第101条の16 ① 介護休業給付金は，被保険者が，次の各号のいずれにも該当する休業（法第61条の6第3項に規定する支給単位期間において公共職業安定所長が就業をしていると認める日数が10日以下であるものに限る．）をした場合に，支給する．
1 被保険者がその事業主に申し出ることによってすること．
2 前号の申出は，その期間中は休業をすることする1の期間について，その初日及び末日（次号において「休業終了予定日」という．）とする日を明らかにしてすること．
3 次のいずれかに該当することとなる日後の休業でないこと．
イ 休業終了予定日とされた日の前日までに，対象家族の死亡その他の被保険者が休業の対象に係る対象家族を介護しないこととなつた事由として公共職業安定所長が認める事由が生じたとき．
ロ 休業終了予定日とされた日までに，休業の申出をした被保険者について，産前産後休業期間，法第61条の4第1項に規定する休業をする期間（次項において「育児休業期間」という．）又は新たな対象家族を介護するための休業をする期間（次項において「新たな介護休業期間」という．）が始まつたこと（特別の事情が生じたときを除く．）．
4 労働契約の期間，期間の定めのある労働契約の更新の見込み，被保険者がその事業主に引き続き雇用された期間等からみて，休業終了後の雇用の継続が予定されていると認められるものであること．
② 前項第3号ロの特別の事情が生じたときは，次のとおりとする．
1 前項の申出をした被保険者について産前産後休業期間が始まつたことにより，当該申出に係る休業をする期間が終了した場合であつて，当該産前産後休業期間が終了する日（当該産前産後休業期

間の終了後に引き続き当該産前産後休業期間中に出産した子に係る育児休業期間が始まつた場合には，当該育児休業期間が終了する日）までに，当該産前産後休業期間に係る子のすべてが，次のいずれかに該当するに至つたとき．
イ 死亡したとき．
ロ 養子となつたことその他の事情により当該被保険者と同居しないこととなつたとき．
2 前項の申出をした被保険者について育児休業期間が始まつたことにより当該申出に係る休業をする期間が終了した場合であつて，当該育児休業期間が終了する日までに，当該育児休業期間の休業に係る子のすべてが，前号イ又はロのいずれかに該当するに至つたとき．
3 前項の申出をした被保険者について新たな介護休業期間が始まつたことにより当該申出に係る休業をする期間が終了した場合であつて，当該新たな介護休業期間の休業に係る対象家族が，次のいずれかに該当するに至つたとき．
イ 死亡したとき．
ロ 離婚，婚姻の取消，離縁等により当該対象家族と被保険者との親族関係が消滅したとき．

（法第61条の6第1項の厚生労働省令で定めるもの）
第101条の17 法第61条の6第1項の厚生労働省令で定めるものは，被保険者が同居し，かつ，扶養している祖父母，兄弟姉妹及び孫とする．

（法第61条の6第1項の厚生労働省令で定める理由）
第101条の18 法第61条の6第1項の厚生労働省令で定める理由は次のとおりとする．
1 出産
2 事業所の休業
3 前2号に掲げる理由に準ずる理由であつて，公共職業安定所長がやむを得ないと認めるもの

（介護休業給付金の支給申請手続）
第101条の19 ① 被保険者は，介護休業給付金の支給を受けようとするときは，法第61条の6第1項に規定する休業を終了した日（当該休業に係る最後の支給単位期間の末日をいう．）以後の日において雇用されている場合に，当該休業を終了した日の翌日から起算して2箇月を経過する日の属する月の末日までに，介護休業給付金支給申請書（様式第33号の6）に次の各号に掲げる書類を添えて，事業主を経由してその事業所の所在地を管轄する公共職業安定所の長に提出しなければならない．ただし，やむを得ない理由のため事業主を経由して当該申請書の提出を行うことが困難であるときは，事業主を経由しないで提出を行うことができる．
1 休業開始時賃金証明票
2 介護休業申出書
3 住民票記載事項証明書その他の対象家族の氏名，被保険者との続柄，性別及び生年月日を証明することができる書類
4 出勤簿その他の介護休業の開始及び終了日並びに介護休業期間中の休業日数を証明することができる書類
5 賃金台帳その他の支給単位期間に支払われた賃金の額を証明することができる書類
6 介護休業終了後の雇用の継続が予定されていることを証明することができる書類（期間を定めて雇用される者に限る．）

② 被保険者は,前項の規定にかかわらず,職業安定局長が定めるところにより,同項第2号から第6号までに定める書類を添えないことができる.
③ 公共職業安定所長は,第1項の規定により介護休業給付金支給申請書を提出した被保険者が,法第61条の6第1項の規定に該当すると認めたときは,当該被保険者に対して当該支給申請に係る支給単位期間について介護休業給付金を支給する旨を通知しなければならない.
④ 第21条第1項ただし書の規定は,第1項の休業開始時賃金証明票について準用する.

(準 用)
第102条 第44条(第4項を除く.),第45条第1項,第46条第1項,第101条の5第7項,第101条の6及び第101条の9の規定は,介護休業給付金の支給について準用する.この場合において,これらの規定中「受給資格者」とあるのは「介護休業給付金を受けることができる者」と,「口座振込受給資格者」とあるのは「第44条第1項に規定する方法によって介護休業給付金の支給を受ける者」と,「管轄公共職業安定所」とあるのは「その事業所の所在地を管轄する公共職業安定所」と,「高年齢雇用継続給付受給資格確認票・(初回)高年齢雇用継続給付支給申請書及び高年齢雇用継続給付支給申請書」とあるのは「介護休業給付金支給申請書」と,「第101条の10の規定」とあるのは「第102条の規定」と読み替えるものとする.

第4章 雇用安定事業等

第1節 雇用安定事業
(法第62条第1項第1号に掲げる事業)
第102条の2 法第62条第1項第1号に掲げる事業として,雇用調整助成金を支給するものとする.
(法第62条第1項第2号及び第3号に掲げる事業)
第102条の4 法第62条第1項第2号及び第3号に掲げる事業として,労働移動支援助成金を支給するものとする.
(法第62条第1項第3号に掲げる事業)
第103条 法第62条第1項第3号に掲げる事業として,高年齢者雇用開発助成金を支給し,及び高年齢者等の雇用の安定等に関する法律第2条第2項に規定する高年齢者等の雇用に関する技術的事項について,事業主に対し相談その他の援助を行うものとする.
(法第62条第1項第3号及び第6号に掲げる事業)
第109条 法第62条第1項第3号及び第6号に掲げる事業として,特定求職者雇用開発助成金及びトライアル雇用奨励金を支給するものとする.
(法第62条第1項第5号に掲げる事業)
第111条 法第62条第1項第5号に掲げる事業として,地域雇用開発助成金及び通年雇用奨励金を支給するものとする.
(法第62条第1項第6号の厚生労働省令で定める事業)
第115条 法第62条第1項第6号の厚生労働省令で定める事業は,第109条,第140条及び第140条の2に定めるもののほか,次のとおりとする.
1 事業主又は事業主団体に対して,両立支援等助成金(第139条第1項に規定する女性活躍加速化助成金を除く.次条,第120条及び第120条の2において同じ.)を支給すること.
2 事業主に対して,人材確保等支援助成金(第118条第2項第1号ハの介護福祉機器の導入についての助成に係るものに限る.)を支給すること.
3 中小企業における労働力の確保及び良好な雇用の機会の創出のための雇用管理の改善の促進に関する法律(平成3年法律第57号.以下「中小企業労働力確保法」という.)第5条第1項に規定する認定組合等(以下「認定組合等」という.)又は事業主に対して,人材確保等支援助成金(第118条第2項第1号イの中小企業労働環境向上事業についての助成並びに同条第3項に規定する要件の達成についての助成に係るものに限る.)を支給すること.
4 一般社団法人又は一般財団法人であって,労働者の失業の予防のための雇用の安定を図るための措置を講ずる事業主に対して必要な情報の提供,相談その他の援助の業務を行うもののうち,厚生労働大臣が指定するものに対して,その業務に要する経費の一部の補助を行うこと.
5 地域における雇用開発を促進するため,調査及び研究並びに事業主その他の者に対する相談,指導その他の援助を行うこと.
6 介護休業(育児・介護休業法第2条第2号に規定する介護休業及び同法第24条第2項の規定により,当該介護休業の制度に準じて講ずることとされる措置に係る休業をいう.以下同じ.)の制度の普及を促進するため,調査及び研究並びに事業主その他の者に対する相談,指導その他の援助を行うこと.
7 中小企業における労働力の確保及び良好な雇用の機会の創出のため,認定中小企業者等に対して情報の提供,相談その他の援助を行うこと.
8 独立行政法人勤労者退職金共済機構に対して,中小企業退職金共済法(昭和34年法律第160号)第23条第1項及び第45条第1項の規定に基づく措置に要する経費の全部又は一部の補助を行うこと.
9 障害者職業センター(障害者雇用促進法第19条第1項に規定する障害者職業センターをいう.)の設置及び運営その他の障害者の雇用の安定を図るために必要な事業を行うこと.
10 勤労者財産形成促進法(昭和46年法律第92号)第9条第1項に定める必要な資金の貸付けを行うこと.
11 妊娠,出産又は育児を理由として休業又は退職した被保険者等(次条第1項に規定する被保険者等をいう.以下この条及び第138条の10号において同じ.)の雇用の継続又は再就職の促進その他の雇用の安定を図るために必要な事業を行うこと.
12 独立行政法人労働政策研究・研修機構に対して,独立行政法人労働政策研究・研修機構法(平成14年法律第169号)第12条の規定により独立行政法人労働政策研究・研修機構が行う内外の労働に関する事情及び労働政策についての総合的な調査及び研究等の業務について,被保険者等の雇用の安定を図るために必要な経費の補助を行うこと.
13 前各号に掲げる事業のほか,青少年その他の者の不安定な雇用状態の是正,受給資格者その他の者の再就職の促進,雇用の分野における男女の均

41 雇用保険法施行規則（120条の2〜138条）

等な機会及び待遇の確保の促進，個別労働関係紛争（個別労働関係紛争の解決の促進に関する法律（平成13年法律第112号）第1条に規定する個別労働関係紛争をいう．）の解決の促進その他の被保険者等の雇用の安定を図るために必要な事業を行うこと．
14 事業主に対して，キャリアアップ助成金（第133条第1項第1号ハ（1）の一般職業訓練及び同号ハ（2）の有期実習型訓練についての助成に係るものを除く．第118条の2，第120条及び第120条の2において同じ．）を支給すること．
15 港湾労働法（昭和63年法律第40号）第28条第1項の規定に基づき厚生労働大臣により指定された法人に対して，同法第30条各号に掲げる業務に要する経費の全部又は一部の補助を行うこと．
16 事業主又は事業主の団体若しくはその連合団体に対して，建設労働者の雇用の改善等に関する法律（昭和51年法律第33号．以下「建設労働法」という．）第9条第1項第1号及び第3号の規定に基づき建設労働者確保育成助成金（人材確保等支援助成金のうち，建設労働者の雇用の改善，再就職の促進その他建設労働者の雇用の安定を図るために必要な助成並びに建設業務労働者の就職及び送出就業の円滑化を図るために必要な助成に係るものに限る．第118条第1項及び第4項において同じ．）を支給すること．
17 住居を喪失した離職者等の雇用の安定を図るための資金の貸付けに係る保証を行う一般社団法人又は一般財団法人に対して，当該保証に要する経費の一部補助を行うこと．
18 事業主に対して，障害者雇用促進等助成金を支給すること．
19 専門実践教育訓練を受けている者の当該専門実践教育訓練の受講を容易にするための資金の貸付けに係る保証を行う一般社団法人又は一般財団法人に対して，当該保証に要する経費の一部補助を行うこと．
20 法第62条第1項各号及び前各号に掲げる事業に附帯する事業を行うこと．〈21(略)〉

（労働保険料滞納事業主等に対する不支給）
第120条の2 第102条の3第1項，第102条の5第2項第6項，第104条，第110条第2項及び第7項，第110条の3第1項，第112条第2項及び第4項，第113条第1項（附則第16条の規定により適用される場合を含む．），第114条第1項，第116条第2項，第3項及び第5項，第118条第2項及び第3項，第118条の2第1項並びに第118条の3第2項，第4項及び第7項第2号の規定にかかわらず，雇用調整助成金，再就職支援奨励金，受入れ人材育成支援奨励金，高年齢者雇用安定助成金，特定就職困難者雇用開発助成金，高年齢者雇用開発特別奨励金，トライアル雇用助成金，地域雇用開発奨励金，沖縄若年者雇用促進奨励金，通年雇用奨励金，両立支援等助成金，職場定着支援助成金，キャリアアップ助成金，発達障害者・難治性疾患患者雇用開発助成金，障害者雇用安定奨励金，中小企業障害者多数雇用施設設置等助成金，障害者トライアル雇用助成金及び障害者職場復帰支援助成金は，労働保険料の納付の状況が著しく不適切である，又は過去3年以内に偽りその他不正の行為により，雇用調整助成金その他の法第4章の規定により支給される給付金の支給を受け，若しくは受けようと

した事業主又は事業主団体に対しては，支給しないものとする．

第2節 能力開発事業
第121条 法第63条第1項第1号に掲げる事業として，広域団体認定訓練助成金及び認定訓練助成事業費補助金を交付する事業を行うものとする．

（法第63条第1項第1号，第4号，第5号及び第8号に掲げる事業）
第124条 法第63条第1項第1号，第4号，第5号及び第8号に掲げる事業として，キャリア形成促進助成金を支給するものとする．

（法第63条第1項第1号及び第8号に掲げる事業）
第125条の2 法第63条第1項第1号及び第8号に掲げる事業として，次に掲げる事業を行うものとする．
1 職業能力開発推進者講習
2 事業主，労働者等に対して，労働者の職業能力の開発及び向上に関する情報及び資料の提供並びに助言及び指導その他労働者の職業生活設計に即した自発的な職業能力の開発及び向上に係る技術的な援助を行うこと．
3 事業主又は事業主団体に対して，企業内人材育成推進助成金を支給すること．

（法第63条第1項第2号に掲げる事業）
第126条 法第63条第1項第2号に掲げる事業として，公共職業能力開発施設（公共職業能力開発施設の行う職業訓練を受ける者のための宿泊施設を含む．次条第1項において同じ．）及び職業能力開発総合大学校（職業能力開発総合大学校の行う指導員訓練又は職業訓練を受ける者のための宿泊施設を含む．第128条において同じ．）の設置及び運営並びに職業能力開発促進法第15条の7第1項ただし書に規定する職業訓練の実施を行うものとする．

（法第63条第1項第3号に掲げる事業）
第129条 法第63条第1項第3号に掲げる事業として，職場適応訓練及び介護労働講習を行うものとする．

（法第63条第1項第5号で定める事業）
第132条 法第63条第1項第5号に掲げる事業として，キャリアアップ助成金（次条第1項第1号ハ（1）から（3）までの一般職業訓練及び同号ハ（4）の有期実習型訓練についての助成に係るものに限る．同条，第139条の3及び第139条の4において同じ．）を支給するものとする．

（法第63条第1項第1号，第6号及び第8号に掲げる事業）
第134条 法第63条第1項第1号，第6号及び第8号に掲げる事業として，中央職業能力開発協会費補助金及び都道府県職業能力開発協会費補助金を交付するものとする．

（法第63条第1項第8号の厚生労働省令で定める事業）
第138条 法第63条第1項第8号の厚生労働省令で定める事業は，第124条，第125条の2，第134条，第140条及び第140条の2に定めるもののほか，次のとおりとする．
1 労働者に対して，その職業の安定を図るために必要な知識及び技能を習得させるための講習を行い，及び当該講習に係る受講給付金を支給すること．

2　労働者に対して、職業訓練の受講を促進するために必要な知識を付与させるための講習を行うこと．

2の2　事業主又は事業主の団体若しくはその連合団体に対して、建設労働法第9条第1項第2号及び第3号の規定に基づき建設労働者確保育成助成金（人材確保等支援助成金のうち、建設労働者の技能の向上を推進するために必要な助成及び送出就業の作業環境に適応させるための訓練の促進を図るために必要な助成に係るものに限る．次条において同じ．）を支給すること．

2の3　事業主等（事業主若しくはその団体（法人でない団体で代表者又は管理人の定めのないものを除く．）、学校教育法第124条に規定する専修学校若しくは同法第134条第1項に規定する各種学校を設置する私立学校法（昭和24年法律第270号）第3条に規定する学校法人若しくは同法第64条第4項に規定する法人、社会福祉法（昭和26年法律第45号）第22条に規定する社会福祉法人その他身体障害者、知的障害者若しくは精神障害者又は発達障害者の雇用の促進に係る事業を行う法人をいう．第138条の3において同じ．）に対して、障害者職業能力開発助成金を支給すること．

3　事業主に対して、両立支援等助成金（第139条第1項に規定する女性活躍加速化助成金に限る．同条、第139条の3及び第139条の4において同じ．）を支給すること．

4　都道府県に対して、職業訓練指導員の研修の実施を奨励すること．

5　公共職業能力開発施設又は職業能力開発総合大学校が行う職業訓練（以下この号において「職業訓練等」という．）を受けることが困難な者が当該職業訓練等を受けるために必要な資金の貸付けに係る保証を行う一般社団法人又は一般財団法人に対して、当該保証に要する経費の一部補助を行うこと．

6　卓越した技能者の表彰を行うこと．

7　技能労働者及び職業訓練指導員その他の職業訓練関係者の国際交流を行うこと．

8　雇用管理に関する業務に従事する労働者に対して、当該業務の遂行に必要な能力の開発及び向上のための研修を行うこと．

9　外国人労働者に対する職業訓練に関する業務に従事する労働者に対して、当該業務の遂行に必要な能力の開発及び向上を図るための研修並びに助言及び指導を行うこと．

10　独立行政法人労働政策研究・研修機構に対して、独立行政法人労働政策研究・研修機構法第12条の規定により独立行政法人労働政策研究・研修機構が行う内外の労働に関する事情及び労働政策についての総合的な調査及び研究等の業務について、被保険者等の能力の開発を図るために必要な助成を行うこと．

10の2　船員の雇用の促進に関する特別措置法（昭和52年法律第96号）第7条第1項の規定に基づき国土交通大臣により指定された法人に対して、同法第8条第3号に掲げる業務に要する経費の一部の補助を行うこと．

11　法第63条第1項第1号から第7号までに掲げる事業及び前各号に掲げる事業に附帯する事業を行うこと．

（労働保険料滞納事業主等に対する不支給）

第139条の4　第122条第1項、第125条第1項、第125条の4、第133条第1項及び第138条の3の規定にかかわらず、広域団体認定訓練助成金、キャリア形成促進助成金、企業内人材育成推進助成金、キャリアアップ助成金及び障害者職業能力開発助成金は、労働保険料の納付の状況が著しく不適切である、又は過去3年以内に偽りその他不正の行為により、雇用調整助成金その他の法第4章の規定により支給される給付金の支給を受け、若しくは受けようとした事業主又は事業主団体若しくはその連合団体に対しては、支給しないものとする．

第3節　実践型地域雇用創造事業及び戦略産業雇用創造プロジェクト（略）

第5章　雑　則

（事業所の設置等の届出）

第141条　事業主は、事業所を設置したとき、又は事業所を廃止したときは、次の各号に掲げる事項を記載した届書に登記事項証明書、賃金台帳、労働者名簿その他の当該各号に掲げる事項を証明することができる書類を添えてその設置又は廃止の日の翌日から起算して10日以内に、事業所の所在地を管轄する公共職業安定所の長に提出しなければならない．

1　事業所の名称及び所在地
2　事業の種類
3　被保険者数
4　事業所を設置し、又は廃止した理由
5　事業所を設置し、又は廃止した年月日

第142条　① 事業主は、その氏名若しくは住所又は前条第1号若しくは第2号に掲げる事項に変更があつたときは、その変更があつた事項及び変更の年月日を記載した届書に登記事項証明書、賃金台帳、労働者名簿その他の当該各号に掲げる事項に変更があつたことを証明することができる書類を添えて、その変更があつた日の翌日から起算して10日以内に、その事業所の所在地を管轄する公共職業安定所の長に提出しなければならない．

② 事業主は、前項の規定にかかわらず、職業安定局長が定めるところにより、同項に定める書類を添えないことができる．

（書類の保管義務）

第143条　事業主及び労働保険事務組合は、雇用保険に関する書類（雇用安定事業又は能力開発事業に関する書類及び徴収法又は労働保険の保険料の徴収等に関する法律施行規則による書類を除く．）をその完結の日から2年間（被保険者に関する書類にあつては、4年間）保管しなければならない．

㊷　職業安定法（抄）

（昭22・11・30法律第141号、昭22・12・1施行、
最終改正：平28・5・20法律第47号）

第1章　総　則

（法律の目的）

第1条　この法律は、雇用対策法（昭和41年法律第

42 職業安定法（2条〜5条の6）

132号）と相まつて，公共に奉仕する公共職業安定所その他の職業安定機関が関係行政庁又は関係団体の協力を得て職業紹介事業等を行うこと，職業安定機関以外の者の行う職業紹介事業等が労働力の需要供給の適正かつ円滑な調整に果たすべき役割にかんがみその適正な運営を確保することとにより，各人にその有する能力に適合する職業に就く機会を与え，及び産業に必要な労働力を充足し，もつて職業の安定を図るとともに，経済及び社会の発展に寄与することを目的とする．

（職業選択の自由）
第2条 何人も，公共の福祉に反しない限り，職業を自由に選択することができる．

（均等待遇）
第3条 何人も，人種，国籍，信条，性別，社会的身分，門地，従前の職業，労働組合の組合員であること等を理由として，職業紹介，職業指導等について，差別的取扱を受けることがない．但し，労働組合法の規定によつて，雇用主と労働組合との間に締結された労働協約に別段の定のある場合は，この限りでない．

（定　義）
第4条 ① この法律において「職業紹介」とは，求人及び求職の申込みを受け，求人者と求職者との間における雇用関係の成立をあつせんすることをいう．
② この法律において「無料の職業紹介」とは，職業紹介に関し，いかなる名義でも，その手数料又は報酬を受けないで行う職業紹介をいう．
③ この法律において「有料の職業紹介」とは，無料の職業紹介以外の職業紹介をいう．
④ この法律において「職業指導」とは，職業に就こうとする者に対し，実習，講習，指示，助言，情報の提供その他の方法により，その者の能力に適合する職業の選択を容易にさせ，及びその職業に対する適応性を増大させるために行う指導をいう．
⑤ この法律において「労働者の募集」とは，労働者を雇用しようとする者が，自ら又は他人に委託して，労働者となろうとする者に対し，その被用者となることを勧誘することをいう．
⑥ この法律において「労働者供給」とは，供給契約に基づいて労働者を他人の指揮命令を受けて労働に従事させることをいい，労働者派遣事業の適正な運営の確保及び派遣労働者の保護等に関する法律（昭和60年法律第88号．以下「労働者派遣法」という．）第2条第1号に規定する労働者派遣に該当するものを含まないものとする．
⑦ この法律において「特定地方公共団体」とは，第29条第1項の規定により無料の職業紹介事業を行う地方公共団体をいう．
⑧ この法律において「職業紹介事業者」とは，第30条第1項若しくは第33条第1項の許可を受けて，又は第33条の2第1項若しくは第33条の3第1項の規定による届出をして職業紹介事業を行う者をいう．
⑨ この法律において「労働者供給事業者」とは，第45条の規定による労働者供給事業の許可を受けて労働者供給事業を行う労働組合等（労働組合法による労働組合その他これに準ずるものであつて厚生労働省令で定めるものをいう．以下同じ．）をいう．
⑩ この法律において「個人情報」とは，個人に関する情報であつて，特定の個人を識別することができるもの（他の情報と照合することにより特定の個人を識別することができることとなるものを含む．）をいう．

（政府の行う業務）
第5条 政府は，第1条の目的を達成するために，次に掲げる業務を行う．
1　労働力の需要供給の適正かつ円滑な調整を図ること．
2　失業者に対し，職業に就く機会を与えるために，必要な政策を樹立し，その実施に努めること．
3　求職者に対し，迅速に，その能力に適合する職業に就くことをあつせんするため，及び求人者に対し，その必要とする労働力を充足するために，無料の職業紹介事業を行うこと．
4　政府以外の者（第29条第1項の規定により無料の職業紹介事業を行う場合における特定地方公共団体を除く．）の行う職業紹介，労働者の募集，労働者供給事業又は労働者派遣法第2条第3号に規定する労働者派遣事業及び建設労働者の雇用の改善等に関する法律（昭和51年法律第33号．以下「建設労働法」という．）第2条第10項に規定する建設業務労働者就業機会確保事業（以下「労働者派遣事業等」という．）を労働者及び公共の利益を増進するように，指導監督すること．
5　求職者に対し，必要な職業指導を行うこと．
6　個人，団体，学校又は関係行政庁の協力を得て，公共職業安定所の業務の運営の改善向上を図ること．
7　雇用保険法（昭和49年法律第116号）の規定によつて，給付を受けるべき者について，職業紹介又は職業指導を行い，雇用保険制度の健全な運用を図ること．

（労働条件等の明示）
第5条の3 ① 公共職業安定所，特定地方公共団体及び職業紹介事業者，労働者の募集を行う者及び募集受託者（第39条に規定する募集受託者をいう．）並びに労働者供給事業者（次条において「公共職業安定所等」という．）は，それぞれ，職業紹介，労働者の募集又は労働者供給に当たり，求職者，募集に応じて労働者になろうとする者又は供給される労働者に対し，その者が従事すべき業務の内容及び賃金，労働時間その他の労働条件を明示しなければならない．
② 求人者は求人の申込みに当たり公共職業安定所，特定地方公共団体又は職業紹介事業者に対し，労働者供給を受けようとする者はあらかじめ労働者供給事業者に対し，それぞれ，供給される労働者が従事すべき業務の内容及び賃金，労働時間その他の労働条件を明示しなければならない．
（③略）

（求人の申込み）
第5条の5 公共職業安定所，特定地方公共団体及び職業紹介事業者は，求人の申込みは全て受理しなければならない．ただし，その申込みの内容が法令に違反するとき，その申込みの内容である賃金，労働時間その他の労働条件が通常の労働条件と比べて著しく不適当であると認めるとき，又は求人者が第5条の2第2項の規定による明示をしないときは，その申込みを受理しないことができる．

（求職の申込み）
第5条の6 公共職業安定所，特定地方公共団体及び職業紹介事業者は，求職の申込みは全て受理しなければならない．ただし，その申込みの内容が法令に違反するときは，これを受理しないことができる．

② 公共職業安定所,特定地方公共団体及び職業紹介事業者は,特殊な業務に対する求職者の適否を決定するため必要があると認めるときは,試問及び技能の検査を行うことができる.
(求職者の能力に適合する職業の紹介等)
第5条の7　公共職業安定所,特定地方公共団体及び職業紹介事業者は,求職者に対しては,その能力に適合する職業を紹介し,求人者に対しては,その雇用条件に適合する求職者を紹介するように努めなければならない.

第2章　職業安定機関の行う職業紹介及び職業指導

第1節　通則
(公共職業安定所)
第8条　① 公共職業安定所は,職業紹介,職業指導,雇用保険その他この法律の目的を達成するために必要な業務を行い,無料で公共に奉仕する機関とする.
② 公共職業安定所長は,都道府県労働局長の指揮監督を受けて,所務をつかさどり,所属の職員を指揮監督する.

第2節　職業紹介
(公共職業訓練のあつせん)
第19条　公共職業安定所は,求職者に対し,公共職業能力開発施設の行う職業訓練(職業能力開発総合大学校の行うものを含む.)を受けることについてあつせんを行うものとする.
(労働争議に対する不介入)
第20条　① 公共職業安定所は,労働争議に対する中立の立場を維持するため,同盟罷業又は作業所閉鎖の行われている事業所に,求職者を紹介してはならない.
② 前項に規定する場合の外,労働委員会が公共職業安定所に対し,事業所において,同盟罷業又は作業所閉鎖に至る虞の多い争議が発生していること及び求職者を無制限に紹介することによつて,当該争議の解決が妨げられることが適当である場合においては,公共職業安定所は当該事業所に対し,求職者を紹介してはならない.但し,当該争議の発生前,通常使用されていた労働者の員数を維持するため必要な限度まで労働者を紹介する場合は,この限りでない.

第3節　職業指導
(職業指導の実施)
第22条　公共職業安定所は,身体又は精神に障害のある者,新たに職業に就こうとする者その他職業に就くについて特別の指導を加えることを必要とする者に対して,職業指導を行うものとする.

第4節　学生若しくは生徒又は学校卒業者の職業紹介等 (略)

第2章の2　地方公共団体の行う職業紹介

(地方公共団体の行う職業紹介)
第29条　① 地方公共団体は,無料の職業紹介事業を行うことができる.
② 特定地方公共団体は,前項の規定により無料の職業紹介事業を行う旨を,厚生労働大臣に通知しなければならない.
③ 特定地方公共団体は,取扱職種の範囲等(その職業紹介事業において取り扱う職種の範囲その他業務の範囲をいう.以下同じ.)を定めることができる.
④ 特定地方公共団体が,前項の規定により取扱職種の範囲等を定めた場合においては,第5条の5及び第5条の6第1項の規定は,その範囲内に限り適用するものとする.
(事業の廃止)
第29条の2　特定地方公共団体は,無料の職業紹介事業を廃止したときは,遅滞なく,その旨を厚生労働大臣に通知しなければならない.
(名義貸しの禁止)
第29条の3　特定地方公共団体は,自己の名義をもつて,他人に無料の職業紹介事業を行わせてはならない.
(取扱職種の範囲等の明示等)
第29条の4　特定地方公共団体は,取扱職種の範囲等,苦情の処理に関する事項その他無料の職業紹介事業の業務の内容に関しあらかじめ求人者及び求職者に対して知らせることが適当であるものとして厚生労働省令で定める事項について,求人者及び求職者に対し,明示しなければならない.
(公共職業安定所による情報提供)
第29条の5　公共職業安定所は,特定地方公共団体が求人又は求職に関する情報の提供を希望するときは,当該特定地方公共団体に対して,求人又は求職に関する情報として厚生労働省令で定めるものを電磁的方法(電子情報処理組織を使用する方法その他の情報通信の技術を利用する方法をいう.)その他厚生労働省令で定める方法により提供するものとする.
(公共職業安定所による援助)
第29条の6　公共職業安定所は,特定地方公共団体に対して,雇用情報,職業に関する調査研究の成果等の提供その他無料の職業紹介事業の運営についての援助を与えることができる.
(特定地方公共団体の責務)
第29条の7　特定地方公共団体は,無料の職業紹介事業の運営に当たつては,職業安定機関との連携の下に,その改善向上を図るために必要な措置を講ずるように努めなければならない.
(準用)
第29条の8　第20条の規定は,特定地方公共団体が無料の職業紹介事業を行う場合について準用する.この場合において,同条第1項中「公共職業安定所」とあるのは「特定地方公共団体」と,同条第2項中「公共職業安定所は」とあるのは「公共職業安定所は,その旨を特定地方公共団体に通報するものとし,当該通報を受けた特定地方公共団体は,」と読み替えるものとする.
(施行規定)
第29条の9　この章に定めるもののほか,特定地方公共団体の行う無料の職業紹介事業に関し必要な事項は,厚生労働省令で定める.

第3章　職業安定機関及び地方公共団体以外の者の行う職業紹介

第1節　有料職業紹介事業
(有料職業紹介事業の許可)
第30条　① 有料の職業紹介事業を行おうとする者は,厚生労働大臣の許可を受けなければならない.

（許可の基準等）
第31条 ① 厚生労働大臣は，前条第1項の許可の申請が次に掲げる基準に適合していると認めるときは，同項の許可をしなければならない．
　1　申請者が，当該事業を健全に遂行するに足りる財産的基礎を有すること．
　2　個人情報を適正に管理し，及び求人者，求職者等の秘密を守るために必要な措置が講じられていること．
　3　前2号に定めるもののほか，申請者が，当該事業を適正に遂行することができる能力を有すること．
〈②(略)〉

（手数料）
第32条の3 ① 第30条第1項の許可を受けた者（以下「有料職業紹介事業者」という．）は，次に掲げる場合を除き，職業紹介に関し，いかなる名義でも，実費その他の手数料又は報酬を受けてはならない．
　1　職業紹介に通常必要となる経費等を勘案して厚生労働省令で定める種類及び額の手数料を徴収する場合
　2　あらかじめ厚生労働大臣に届け出た手数料表（手数料の種類，額その他手数料に関する事項を定めた表をいう．）に基づき手数料を徴収する場合
② 有料職業紹介事業者は，前項の規定にかかわらず，求職者からは手数料を徴収してはならない．ただし，職業紹介に係る手数料を徴収することが当該求職者の利益のために必要であると認められるときとして厚生労働省令で定めるときは，同項各号に掲げる場合に限り，手数料を徴収することができる．
〈③，④(略)〉

第2節　無料職業紹介事業
（無料職業紹介事業）
第33条 ① 無料の職業紹介事業（職業安定機関及び特定地方公共団体の行うものを除く．以下同じ．）を行おうとする者は，次条及び第33条の3の規定により行う場合を除き，厚生労働大臣の許可を受けなければならない．
〈②〜⑤(略)〉
第3節　補則（略）

第3章の2　労働者の募集

（委託募集）
第36条 ① 労働者を雇用しようとする者が，その被用者以外の者をして報酬を与えて労働者の募集に従事させようとするときは，厚生労働大臣の許可を受けなければならない．
② 前項の報酬の額については，あらかじめ，厚生労働大臣の認可を受けなければならない．
③ 労働者を雇用しようとする者が，その被用者以外の者をして報酬を与えることなく労働者の募集に従事させようとするときは，その旨を厚生労働大臣に届け出なければならない．

（報酬受領の禁止）
第39条 労働者の募集を行う者及び第36条第1項又は第3項の規定により労働者の募集に従事する者（以下「募集受託者」という．）は，募集に応じた労働者から，その募集に関し，いかなる名義でも，報酬を受けてはならない．

（報酬の供与の禁止）
第40条 労働者の募集を行う者は，その被用者で当該労働者の募集に従事するもの又は募集受託者に対し，賃金，給料その他これらに準ずるものを支払う場合又は第36条第2項の認可に係る報酬を与える場合を除き，報酬を与えてはならない．

第3章の3　労働者供給事業

（労働者供給事業の禁止）
第44条 何人も，次条に規定する場合を除くほか，労働者供給事業を行い，又はその労働者供給事業を行う者から供給される労働者を自らの指揮命令の下に労働させてはならない．

第3章の4　労働者派遣事業等

第47条の2 労働者派遣事業等に関しては，労働者派遣法及び港湾労働法並びに建設労働法の定めるところによる．

第4章　雑則

（指導及び助言）
第48条の2 厚生労働大臣は，この法律の施行に関し必要があると認めるときは，職業紹介事業者，労働者の募集を行う者，募集受託者及び労働者供給事業者に対し，その業務の適正な運営を確保するために必要な指導及び助言をすることができる．

（改善命令）
第48条の3 厚生労働大臣は，職業紹介事業者，労働者の募集を行う者，募集受託者又は労働者供給事業者が，その業務に関しこの法律の規定又はこれに基づく命令の規定に違反した場合において，当該業務の適正な運営を確保するために必要があると認めるときは，これらの者に対し，当該業務の運営を改善するために必要な措置を講ずべきことを命ずることができる．

第50条 ① 行政庁は，この法律を施行するために必要な限度において，厚生労働省令で定めるところにより，職業紹介事業を行う者（第29条第1項の規定により無料の職業紹介事業を行う場合における特定地方公共団体を除く．）又は労働者の募集を行う者若しくは労働者供給事業を行う者に対し，必要な事項を報告させることができる．
② 行政庁は，この法律を施行するために必要な限度において，所属の職員に，職業紹介事業を行う者（第29条第1項の規定により無料の職業紹介事業を行う場合における特定地方公共団体を除く．）又は労働者の募集若しくは労働者供給事業を行う者の事業所その他の施設に立ち入り，関係者に質問させ，又は帳簿，書類その他の物件を検査させることができる．
〈③，④(略)〉

第5章　罰則（略）

43　職業能力開発促進法（抄）

（昭44・7・18法律第64号，昭44・10・1施行，
最終改正：平27・9・18法律第72号）

職業能力開発促進法（1条～5条）

第1章 総則

（目的）
第1条 この法律は、雇用対策法（昭和41年法律第132号）と相まつて、職業訓練及び職業能力検定の内容の充実強化及びその実施の円滑化のための施策並びに労働者が自ら職業に関する教育訓練又は職業能力検定を受ける機会を確保するための施策等を総合的かつ計画的に講ずることにより、職業に必要な労働者の能力を開発し、及び向上させることを促進し、もつて、職業の安定と労働者の地位の向上を図るとともに、経済及び社会の発展に寄与することを目的とする．

（定義）
第2条 ① この法律において「労働者」とは、事業主に雇用される者（船員職業安定法（昭和23年法律第130号）第6条第1項に規定する船員を除く．第95条第2項において「雇用労働者」という．）及び求職者（同法第6条第1項に規定する船員となろうとする者を除く．以下同じ．）をいう．
② この法律において「職業能力」とは、職業に必要な労働者の能力をいう．　　　　〈③～⑤（略）〉

（職業能力開発促進の基本理念）
第3条 労働者がその職業生活の全期間を通じてその有する能力を有効に発揮できるようにすることが、職業の安定及び労働者の地位の向上のために不可欠であるとともに、経済及び社会の発展の基礎をなすものであることにかんがみ、この法律の規定による職業能力の開発及び向上の促進は、産業構造の変化、技術の進歩その他の経済的環境の変化による業務の内容の変化に対する労働者の適応性を増大させ、及び転職に当たつての円滑な再就職に資するよう、労働者の職業生活設計に配慮しつつ、その職業生活の全期間を通じて段階的かつ体系的に行われることを基本理念とする．

第3条の2 ① 労働者の自発的な職業能力の開発及び向上の促進は、前条の基本理念に従い、職業生活設計に即して、必要な職業訓練及び職業に関する教育訓練を受ける機会が確保され、並びに必要な実務の経験がなされ、並びにこれらにより習得された職業に必要な技能及びこれに関する知識の適正な評価を行うことによつて図られなければならない．
② 職業訓練は、学校教育法（昭和22年法律第26号）による学校教育との重複を避け、かつ、これとの密接な関連の下に行われなければならない．
③ 青少年に対する職業訓練は、特に、その個性に応じ、かつ、その適性を生かすように配慮するとともに、有為な職業人として自立しようとする意欲を高めることができるように行われなければならない．
④ 身体又は精神に障害がある者等に対する職業訓練は、特にこれらの者の身体的又は精神的な事情等に配慮して行われなければならない．
⑤ 技能検定その他の職業能力検定は、職業能力の評価に係る客観的かつ公正な基準の整備及び試験その他の評価方法の充実が図られ、適正な職業訓練、職業に関する教育訓練及び実務の経験を通じて習得された職業に必要な技能及びこれに関する知識についての評価が適正になされるように行われなければならない．

第3条の3 労働者は、職業生活設計を行い、その職業生活設計に即して自発的な職業能力の開発及び向上に努めるものとする．

（関係者の責務）
第4条 ① 事業主は、その雇用する労働者に対し、必要な職業訓練を行うとともに、その労働者が自ら職業に関する教育訓練又は職業能力検定を受ける機会を確保するために必要な援助その他の労働者が職業生活設計に即して自発的な職業能力の開発及び向上を図ることを容易にするために必要な援助を行うこと等によりその労働者に係る職業能力の開発及び向上の促進に努めなければならない．
② 国及び都道府県は、事業主その他の関係者の自主的な努力を尊重しつつ、その実情に応じて必要な援助等を行うことにより事業主その他の関係者の行う職業訓練及び職業能力検定の振興並びにこれらの内容の充実並びに労働者が自ら職業に関する教育訓練又は職業能力検定を受ける機会を確保するために事業主の行う援助その他の労働者が職業生活設計に即して自発的な職業能力の開発及び向上を図ることを容易にするために事業主の講ずる措置等の奨励に努めるとともに、職業を転換しようとする労働者その他職業能力の開発及び向上について特に援助を必要とする者に対する職業訓練の実施、事業主、事業主の団体等により行われる職業訓練の実施の状況等にかんがみ必要とされる職業訓練の実施、労働者が職業生活設計に即して自発的な職業能力の開発及び向上を図ることを容易にするための援助、技能検定の円滑な実施等に努めなければならない．

第2章 職業能力開発計画

（職業能力開発基本計画）
第5条 ① 厚生労働大臣は、職業能力の開発（職業訓練、職業能力検定その他この法律の規定による職業能力の開発及び向上をいう．次項及び第7条第1項において同じ．）に関する基本となるべき計画（以下「職業能力開発基本計画」という．）を策定するものとする．
② 職業能力開発基本計画に定める事項は、次のとおりとする．
1 技能労働力等の労働力の需給の動向に関する事項
2 職業能力の開発の実施目標に関する事項
3 職業能力の開発について講じようとする施策の基本となるべき事項
③ 職業能力開発基本計画は、経済の動向、労働市場の推移についての長期見通しに基づき、かつ、技能労働力等の労働力の産業別、職種別、企業規模別、年齢別の需給状況、労働者の労働条件及び労働能力の状態等を考慮して定められなければならない．
④ 厚生労働大臣は、必要がある場合には、職業能力開発基本計画において、特定の職種等に係る職業訓練の振興を図るために必要な施策を定めることができる．
⑤ 厚生労働大臣は、職業能力開発基本計画を定めるに当たつては、あらかじめ、労働政策審議会の意見を聴くほか、関係行政機関の長及び都道府県知事の意見を聴くものとする．
⑥ 厚生労働大臣は、職業能力開発基本計画を定めたときは、遅滞なく、その概要を公表しなければならない．
⑦ 前2項の規定は、職業能力開発基本計画の変更について準用する．

(都道府県職業能力開発計画等)
第7条 ① 都道府県は,職業能力開発基本計画に基づき,当該都道府県の区域内において作成された職業能力の開発に関する基本となるべき計画(以下「都道府県職業能力開発計画」という。)を策定するよう努めるものとする。
② 都道府県職業能力開発計画においては,おおむね第5条第2項各号に掲げる事項について定めるものとする。
③ 都道府県知事は,都道府県職業能力開発計画の案を作成するに当たつては,あらかじめ,事業主,労働者その他の関係者の意見を反映させるために必要な措置を講ずるよう努めるものとする。
④ 都道府県知事は,都道府県職業能力開発計画を定めたときは,遅滞なく,その概要を公表するよう努めるものとする。
⑤ 第5条第3項及び第4項の規定は都道府県職業能力開発計画の策定について,前2項の規定は都道府県職業能力開発計画の変更について,前条の規定は都道府県職業能力開発計画の実施について準用する。この場合において,第5条第4項中「厚生労働大臣」とあるのは「都道府県」と,前条中「厚生労働大臣」とあるのは「都道府県知事」と,「労働政策審議会の意見を聴いて」とあるのは「事業主,労働者その他の関係者の意見を反映させるために必要な措置を講じた上で」と読み替えるものとする。

第3章　職業能力開発の促進

第1節　事業主等の行う職業能力開発促進の措置／第2節　国及び都道府県による職業能力開発促進の措置 (略)
第3節　国及び都道府県等による職業訓練の実施等

(国及び都道府県の行う職業訓練等)
第15条の7 ① 国及び都道府県は,労働者が段階的かつ体系的に職業に必要な技能及びこれに関する知識を習得することができるように,次の各号に掲げる施設を第16条に定めるところにより設置して,当該施設の区分に応じ当該各号に規定する職業訓練を行うものとする。ただし,当該職業訓練のうち主として知識を習得するために行われるもので厚生労働省令で定めるもの(都道府県にあつては,当該職業訓練のうち厚生労働省令で定める要件を参酌して条例で定めるもの)については,当該施設以外の施設においても適切と認められる方法により行うことができる。
1　職業能力開発校(普通職業訓練(次号に規定する高度職業訓練以外の職業訓練をいう。以下同じ。)で長期間及び短期間の訓練課程のものを行うための施設をいう。以下同じ。)
2　職業能力開発短期大学校(高度職業訓練(労働者に対し,職業に必要な高度の技能及びこれに関する知識を習得させるための職業訓練をいう。以下同じ。)で長期間及び短期間の訓練課程(次号の厚生労働省令で定める長期間の訓練課程を除く。)のものを行うための施設をいう。以下同じ。)
3　職業能力開発大学校(高度職業訓練で前号に規定する長期間及び短期間の訓練課程のもの並びに高度職業訓練で専門的かつ応用的な職業能力を開発し,及び向上させるためのものとして厚生労働省令で定める長期間の訓練課程のものを行うための施設をいう。以下同じ。)
4　職業能力開発促進センター(普通職業訓練又は高度職業訓練のうち短期間の訓練課程のものを行うための施設をいう。以下同じ。)
5　障害者職業能力開発校(前各号に掲げる施設において職業訓練を受けることが困難な身体又は精神に障害がある者等に対して行うその能力に適応した普通職業訓練又は高度職業訓練を行うための施設をいう。以下同じ。)
② 国及び都道府県が設置する前項各号に掲げる施設は,当該各号に規定する職業訓練を行うほか,事業主,労働者その他の関係者に対し,第15条の2第1項第3号,第4号及び第6号から第8号までに掲げる援助を行うように努めなければならない。
③ 国及び都道府県(第16条第2項の規定により市町村が職業能力開発校を設置する場合には,当該市町村を含む。以下この項において同じ。)が第1項各号に掲げる施設を設置して職業訓練を行う場合には,その設置する当該各号に掲げる施設(以下「公共職業能力開発施設」という。)内において行うほか,国にあつては職業を転換しようとする者等に対する迅速かつ効果的な職業訓練を,都道府県にあつては厚生労働省令で定める要件を参酌して条例で定める職業訓練を実施している必要があるときは,職業能力の開発及び向上について適切と認められる他の施設により行われる教育訓練を当該公共職業能力開発施設の行う職業訓練とみなし,当該教育訓練を受けさせることによつて行うことができる。
④ 公共職業能力開発施設は,第1項各号に規定する職業訓練及び第2項に規定する援助(市町村が設置する職業能力開発校に係るものを除く。)を行うほか,次に掲げる業務を行うことができる。
1　開発途上にある海外の地域において事業を行う者に当該地域において雇用されている者の訓練を担当する者になろうとする者又は現に当該訓練を担当している者に対して,必要な技能及びこれに関する知識を習得させるための訓練を行うこと。
2　前号に掲げるもののほか,職業訓練その他この法律の規定による職業能力の開発及び向上に関し必要な業務で厚生労働省令で定めるものを行うこと。

(公共職業能力開発施設)
第16条 ① 国は,職業能力開発短期大学校,職業能力開発大学校,職業能力開発促進センター及び障害者職業能力開発校を設置し,都道府県は,職業能力開発校を設置する。
② 前項に定めるもののほか,都道府県及び指定都市は職業能力開発短期大学校等を,市町村は職業能力開発校を設置することができる。
③ 公共職業能力開発施設の位置,名称その他運営について必要な事項は,国が設置する公共職業能力開発施設については厚生労働省令で,都道府県又は市町村が設置する公共職業能力開発施設については条例で定める。
④ 国は,第1項の規定により設置した障害者職業能力開発校のうち,厚生労働省令で定めるものの運営を独立行政法人高齢・障害・求職者雇用支援機構に行わせるものとし,当該厚生労働省令で定めるもの以外の障害者職業能力開発校の運営を都道府県に委託することができる。
⑤ 公共職業能力開発施設の長は,職業訓練に関し高

43 職業能力開発促進法（18条～44条）

(国,都道府県及び市町村による配慮)
第18条 ① 国,都道府県及び市町村は,その設置及び運営について,公共職業能力開発施設が相互に競合することなくその機能を十分に発揮することができるように配慮するものとする.

② 国,都道府県及び市町村は,職業訓練の実施に当たり,関係地域における労働者の職業の安定及び産業の振興に資するように,職業訓練の開始の時期,期間及び内容等について十分配慮するものとする.

(職業訓練の基準)
第19条 ① 公共職業能力開発施設は,職業訓練の水準の維持向上のための基準として当該職業訓練の訓練課程ごとに教科,訓練時間,設備その他の厚生労働省令で定める事項に関し厚生労働省令で定める基準(都道府県又は市町村が設置する公共職業能力開発施設にあつては,当該都道府県又は市町村の条例で定める基準)に従い,普通職業訓練又は高度職業訓練を行うものとする.

② 前項の訓練課程の区分は,厚生労働省令で定める.

③ 都道府県又は市町村が第1項の規定により条例を定めるに当たつては,公共職業能力開発施設における訓練生の数については同項に規定する厚生労働省令で定める基準を標準として定めるものとし,その他の事項については同項に規定する厚生労働省令で定める基準を参酌するものとする.

(職業訓練を受ける求職者に対する措置)
第23条 ① 公共職業訓練のうち,次に掲げるものは,無料とする.

1 国が設置する職業能力開発促進センターにおいて職業の転換を必要とする求職者その他の厚生労働省令で定める求職者に対して行う普通職業訓練(短期間の訓練課程で厚生労働省令で定めるものに限る.)

2 国が設置する障害者職業能力開発校において求職者に対して行う職業訓練

3 都道府県又は市町村が設置する公共職業能力開発施設の行う職業訓練(前2号に定める基準を参酌して当該都道府県又は市町村の条例で定めるものに限る.)

② 国及び都道府県は,公共職業訓練のうち,職業能力開発校及び職業能力開発促進センターにおいて職業の転換を必要とする求職者その他の厚生労働省令で定める求職者に対して行う普通職業訓練(短期間の訓練課程で厚生労働省令で定めるものに限る.)並びに障害者職業能力開発校において求職者に対して行う職業訓練を受ける求職者に対して,雇用対策法の規定に基づき,手当を支給することができる.

③ 公共職業能力開発施設の長は,公共職業安定所長との密接な連携の下に,公共職業訓練を受ける求職者の就職の援助に関し必要な措置を講ずるように努めなければならない.

④ 公共職業能力開発施設の長は,公共職業訓練を受ける求職者が自ら職業能力の開発及び向上に関する目標を定めることを容易にするため,必要に応じ,キャリアコンサルタントによる相談の機会の確保その他の援助を行うように努めなければならない.

第4節 事業主等の行う職業訓練の認定等
(都道府県知事による職業訓練の認定)
第24条 ① 都道府県知事は,事業主等の申請に基づき,当該事業主等の行う職業訓練について,第19条第1項の厚生労働省令で定める基準に適合するものであることを認定することができる.ただし,当該事業主等が当該職業訓練を的確に実施することができる能力を有しないと認めるときは,この限りでない.

〈②,③(略)〉

(事業主等の設置する職業訓練施設)
第25条 認定職業訓練を行う事業主等は,厚生労働省令で定めるところにより,職業訓練施設として職業能力開発校,職業能力開発短期大学校,職業能力開発大学校又は職業能力開発促進センターを設置することができる.

(事業主等の協力)
第26条 認定職業訓練を行う事業主等は,その事業に支障のない範囲内で,認定職業訓練のための施設を他の事業主等の行う職業訓練のために使用させ,又は委託を受けて他の事業主等に係る労働者に対して職業訓練を行うように努めるものとする.

第5節 実習併用職業訓練実施計画の認定等／第6節 職業能力開発総合大学校／第7節 職業訓練指導員等／第8節 キャリアコンサルタント (略)

第4章 職業訓練法人

(職業訓練法人)
第31条 認定職業訓練を行なう社団又は財団は,この法律の規定により職業訓練法人とすることができる.

(人格等)
第32条 ① 職業訓練法人は,法人とする.

② 職業訓練法人でないものは,その名称中に職業訓練法人という文字を用いてはならない.

(業 務)
第33条 職業訓練法人は,認定職業訓練を行うほか,次の業務の全部又は一部を行うことができる.

1 職業訓練に関する情報及び資料の提供を行うこと.

2 職業訓練に関する調査及び研究を行うこと.

3 前2号に掲げるもののほか,職業訓練その他この法律の規定による職業能力の開発及び向上に関し必要な業務を行うこと.

(設立等)
第35条 ① 職業訓練法人は,都道府県知事の認可を受けなければ,設立することができない.

〈②～⑤(略)〉

(設立の認可)
第36条 都道府県知事は,前条第1項の認可の申請があつた場合には,次の各号のいずれかに該当する場合を除き,設立の認可をしなければならない.

1 当該申請に係る社団又は財団の定款又は寄附行為の内容が法令に違反するとき.

2 当該申請に係る社団又は財団がその業務を行なうために必要な経営的基礎を欠く等当該業務を的確に遂行することができる能力を有しないと認められるとき.

第5章 職業能力検定

第1節 技能検定
(技能検定)
第44条 ① 技能検定は,厚生労働大臣が,厚生労働

43 職業能力開発促進法（45条〜96条）

省令で定める職種（以下この条において「検定職種」という。）ごとに，厚生労働省令で定める等級に区分して行う．ただし，検定職種のうち，等級に区分することが適当でない職種として厚生労働省令で定めるものについては，等級に区分しないで行うことができる．
② 前項の技能検定（以下この章において「技能検定」という．）の合格に必要な技能及びこれに関する知識の程度は，検定職種ごとに，厚生労働省令で定める．
③ 技能検定は，実技試験及び学科試験によつて行う．
④ 実技試験の実施方法は，検定職種ごとに，厚生労働省令で定める．

（受検資格）
第45条 技能検定を受けることができる者は，次の者とする．
1 厚生労働省令で定める準則訓練を修了した者
2 厚生労働省令で定める実務の経験を有する者
3 前2号に掲げる者に準ずる者で，厚生労働省令で定めるもの

（技能検定の実施）
第46条 ① 厚生労働大臣は，毎年，技能検定の実施計画を定め，これを関係者に周知させなければならない．
② 都道府県知事は，前項に規定する計画に従い，第44条第3項の実技試験及び学科試験（以下「技能検定試験」という．）の実施その他技能検定に関する業務で，政令で定めるものを行うものとする．
③ 厚生労働大臣は，技能検定試験に係る試験問題及び試験実施要領の作成並びに技能検定試験の実施に関する技術的指導その他技能検定試験に関する業務の一部を中央職業能力開発協会に行わせることができる．
④ 都道府県知事は，技能検定試験の実施その他技能検定試験に関する業務の一部を都道府県職業能力開発協会に行わせることができる．

第47条 ① 厚生労働大臣は，厚生労働省令で定めるところにより，事業主の団体若しくはその連合団体又は一般社団法人若しくは一般財団法人，法人である労働組合その他の営利を目的としない法人であって，次の各号のいずれにも適合していると認めるものとしてその指定する者（以下「指定試験機関」という．）に，技能検定試験に関する業務のうち，前条第2項の規定により都道府県知事が行うもの以外のもの（合格の決定に関するものを除く．以下この条及び第96条の2において「技能検定試験業務」という．）の全部又は一部を行わせることができる．
1 職員，設備，技能検定試験業務の実施の方法その他の事項についての技能検定試験業務の実施に関する計画が，技能検定試験業務の適正かつ確実な実施のために適切なものであること．
2 前号の技能検定試験業務の実施に関する計画の適正かつ確実な実施に必要な経理的及び技術的な基礎を有するものであること．
② 指定試験機関の役員若しくは職員又はこれらの職にあつた者は，技能検定試験業務に関して知り得た秘密を漏らしてはならない．
③ 技能検定試験業務に従事する指定試験機関の役員及び職員は，刑法その他の罰則の適用については，法令により公務に従事する職員とみなす．
④ 厚生労働大臣は，指定試験機関が次の各号のいずれかに該当するときは，その指定を取り消し，又は期間を定めて技能検定試験業務の全部若しくは一部の停止を命ずることができる．
1 第1項各号の要件を満たさなくなつたと認められるとき．
2 不正な手段により第1項の規定による指定を受けたとき．

（合格証書）
第49条 技能検定に合格した者には，厚生労働省令で定めるところにより，合格証書を交付する．

（合格者の名称）
第50条 ① 技能検定に合格した者は，技能士と称することができる．
② 技能検定に合格した者は，前項の規定により技能士と称するときは，その合格した技能検定に係る職種及び等級（当該技能検定が等級に区分しないで行われたものである場合にあつては，職種）を表示してするものとし，合格していない技能検定に係る職種又は等級を表示してはならない．
③ 厚生労働大臣は，技能士が前項の規定に違反して合格していない技能検定の職種又は等級を表示した場合には，2年以内の期間を定めて技能士の名称の使用の停止を命ずることができる．
④ 技能士でない者は，技能士という名称を用いてはならない．

第2節 補則

（職業能力検定に関する基準の整備）
第50条の2 厚生労働大臣は，職業能力検定（技能検定を除く．以下この条において同じ．）の振興を図るため，事業主その他の関係者が職業能力検定を適正に実施するために必要な事項に関する基準を定めるものとする．

第6章　職業能力開発協会（略）

第7章　雑則

（職業訓練施設の経費の負担）
第94条 国は，政令で定めるところにより，都道府県が設置する職業能力開発校及び障害者職業能力開発校の施設及び設備に要する経費の一部を負担する．

（交付金）
第95条 ① 国は，前条に定めるもののほか，同条に規定する職業能力開発校及び障害者職業能力開発校の運営に要する経費の財源に充てるため，都道府県に対し，交付金を交付する．
② 厚生労働大臣は，前項の規定による交付金の交付については，各都道府県の雇用労働者数及び求職者数（中学校，義務教育学校，高等学校又は中等教育学校を卒業して就職する者の数を含む．）を基礎とし，職業訓練を緊急に行うことの必要性その他各都道府県における前条に規定する職業能力開発校及び障害者職業能力開発校の運営に関する特別の事情を考慮して，政令で定める基準に従つて決定しなければならない．

（雇用保険法との関係）
第96条 国による公共職業能力開発施設（障害者職業能力開発校を除く．）及び職業能力開発総合大学校の設置及び運営，第15条の7第1項ただし書に規定する職業訓練の実施，技能検定の実施に要す

る経費の負担並びに第15条の2第1項及び第2項（障害者職業能力開発校に係る部分を除く．），第15条の3，第76条及び第82条第2項の規定による助成を，雇用保険法（昭和49年法律第116号）第63条に規定する能力開発事業として行う．

（登録試験機関等がした処分等に係る審査請求）
第96条の2 登録試験機関が行う資格試験業務に係る処分若しくはその不作為，指定登録機関が行う登録事務に係る処分若しくはその不作為又は指定試験機関が行う技能検定試験業務に係る処分若しくはその不作為については，厚生労働大臣に対し，審査請求をすることができる．この場合において，厚生労働大臣は，行政不服審査法（平成26年法律第68号）第25条第2項及び第3項，第46条第1項及び第2項，第47条並びに第49条第3項の規定の適用については，登録試験機関，指定登録機関又は指定試験機関の上級行政庁とみなす．

（報　告）
第98条　厚生労働大臣又は都道府県知事は，この法律の目的を達成するために必要な限度において，認定職業訓練（第27条の2第2項において準用する第24条第1項の認定に係る指導員訓練を含む．以下同じ．）を実施する事業主等に対して，その行う認定職業訓練に関する事項について報告を求めることができる．

第8章　罰　則（略）

㊹ 職業訓練の実施等による特定求職者の就職の支援に関する法律

（平23・5・20法律第47号，平23・10・1施行）

第1章　総　則

（目　的）
第1条　この法律は，特定求職者に対し，職業訓練の実施，当該職業訓練を受けることを容易にするための給付金の支給その他の就職に関する支援措置を講ずることにより，特定求職者の就職を促進し，もって特定求職者の職業及び生活の安定に資することを目的とする．

（定　義）
第2条　この法律において「特定求職者」とは，公共職業安定所に求職の申込みをしている者（雇用保険法（昭和49年法律第116号）第4条第1項に規定する被保険者又は同法第15条第1項に規定する受給資格者である者を除く．）のうち，労働の意思及び能力を有しているものであって，職業訓練その他の支援措置を行う必要があるものと公共職業安定所長が認めたものをいう．

第2章　特定求職者に対する職業訓練の実施

（職業訓練実施計画）
第3条　①　厚生労働大臣は，特定求職者について，その知識，職業経験その他の事情に応じた職業訓練を受ける機会を十分に確保するため，次条第2項に規定する認定職業訓練その他の特定求職者に対する職業訓練の実施に関し重要な事項を定めた計画（以下「職業訓練実施計画」という．）を策定するものとする．

②　職業訓練実施計画に定める事項は，次のとおりとする．
1　特定求職者の数の動向に関する事項
2　特定求職者に対する職業訓練の実施目標に関する事項
3　特定求職者に対する職業訓練の効果的な実施を図るために講じようとする施策の基本となるべき事項

③　厚生労働大臣は，職業訓練実施計画を定めるに当たっては，あらかじめ，関係行政機関の長その他の関係者の意見を聴くものとする．

④　厚生労働大臣は，職業訓練実施計画を定めたときは，遅滞なく，これを公表しなければならない．

⑤　前2項の規定は，職業訓練実施計画の変更について準用する．

（厚生労働大臣による職業訓練の認定）
第4条　①　厚生労働大臣は，職業訓練を行う者の申請に基づき，当該者の行う職業訓練について，次の各号のいずれにも適合するものであることの認定をすることができる．
1　職業訓練実施計画に照らして適切なものであること．
2　就職に必要な技能及びこれに関する知識を十分に有していない者の職業能力の開発及び向上を図るために効果的なものであること．
3　その他厚生労働省令で定める基準に適合するものであること．

②　厚生労働大臣は，前項の認定に係る職業訓練（以下「認定職業訓練」という．）が同項各号のいずれかに適合しないものとなったと認めるときは，当該認定を取り消すことができる．

③　厚生労働大臣は，第1項の規定による認定に関する事務を独立行政法人高齢・障害・求職者雇用支援機構（以下「機構」という．）に行わせるものとする．

（認定職業訓練を行う者に対する助成）
第5条　国は，認定職業訓練が円滑かつ効果的に行われることを奨励するため，認定職業訓練を行う者に対して，予算の範囲内において，必要な助成及び援助を行うことができる．

（指導及び助言）
第6条　機構は，認定職業訓練を行う者に対し，当該認定職業訓練の実施に必要な指導及び助言を行うことができる．

第3章　職業訓練受講給付金

（職業訓練受講給付金の支給）
第7条　①　国は，第12条第1項の規定により公共職業安定所長が指示した認定職業訓練又は公共職業訓練等（雇用保険法第15条第3項に規定する公共職業訓練等をいう．第11条第2号において同じ．）を特定求職者が受けることを容易にするため，当該特定求職者に対して，職業訓練受講給付金を支給することができる．

②　職業訓練受講給付金の支給に関し必要な基準は，厚生労働省令で定める．

44 職業訓練の実施等による特定求職者の就職の支援に関する法律（8条〜17条）

（返還命令等）
第8条 ① 偽りその他不正の行為により職業訓練受講給付金の支給を受けた者がある場合には、政府は、その者に対して、支給した職業訓練受講給付金の全部又は一部を返還することを命ずることができ、また、厚生労働大臣の定める基準により、当該偽りその他不正の行為により支給を受けた職業訓練受講給付金の額の2倍に相当する額以下の金額を納付することを命ずることができる。
② 前項の場合において、認定職業訓練を行う者が偽りの届出、報告又は証明をしたことによりその職業訓練受講給付金が支給されたものであるときは、政府は、当該認定職業訓練を行う者に対し、その職業訓練受講給付金の支給を受けた者と連帯して、同項の規定による職業訓練受講給付金の返還又は納付を命ぜられた金額の納付をすることを命ずることができる。
③ 労働保険の保険料の徴収等に関する法律（昭和44年法律第84号）第27条及び第41条第2項の規定は、前2項の規定による返還又は納付を命ぜられた金額の納付を怠った場合に準用する。

（譲渡等の禁止）
第9条 職業訓練受講給付金の支給を受けることとなった者の当該支給を受ける権利は、譲り渡し、担保に供し、又は差し押さえることができない。

（公課の禁止）
第10条 租税その他の公課は、職業訓練受講給付金として支給を受けた金銭を標準として課することができない。

第4章 就職支援計画の作成等

（就職支援計画の作成）
第11条 公共職業安定所長は、特定求職者の就職を容易にするため、当該特定求職者に関し、次の各号に掲げる措置が効果的に関連して実施されるための計画（以下「就職支援計画」という。）を作成するものとする。
1 職業指導及び職業紹介
2 認定職業訓練又は公共職業訓練等
3 前2号に掲げるもののほか、厚生労働省令で定めるもの

（公共職業安定所長の指示）
第12条 ① 公共職業安定所長は、特定求職者に対して、就職支援計画に基づき前条各号に掲げる措置（次項及び次条において「就職支援措置」という。）を受けることを指示するものとする。
② 公共職業安定所長は、前項の規定による指示を受けた特定求職者の就職支援措置の効果を高めるために必要があると認めたときは、その者に対する指示を変更することができる。
③ 公共職業安定所長は、第1項の規定による指示を受けた特定求職者の就職の支援を行う必要がなくなったと認めるときは、遅滞なく、当該特定求職者に係る指示を取り消すものとする。

（関係機関等の責務）
第13条 ① 職業安定機関、認定職業訓練を行う者、公共職業能力開発施設の長その他関係者は、前条第1項の規定による指示を受けた特定求職者の就職支援措置の円滑な実施を図るため、相互に密接に連絡し、及び協力するように努めなければならない。
② 前条第1項の規定による指示を受けた特定求職者は、その就職支援措置の実施に当たる職員の指導又は指示に従うとともに、自ら進んで、速やかに職業に就くように努めなければならない。

第5章 雑則

（時効）
第14条 職業訓練受講給付金の支給を受け、又はその返還を受ける権利及び第8条第1項又は第2項の規定により納付すべきことを命ぜられた金額を徴収する権利は、2年を経過したときは、時効によって消滅する。

（報告）
第15条 ① 厚生労働大臣は、この法律の施行のため必要があると認めるときは、認定職業訓練を行う者又は認定職業訓練を行っていた者（以下「認定職業訓練を行う者等」という。）に対して、報告を求めることができる。
② 厚生労働大臣は、この法律の施行のため必要があると認めるときは、特定求職者又は特定求職者であった者（以下「特定求職者等」という。）に対して、報告を求めることができる。
③ 機構は、第4条第1項の規定による認定に関する事務に関し必要があると認めるときは、認定職業訓練を行う者等に対し、報告を求めることができる。

（立入検査）
第16条 ① 厚生労働大臣は、この法律の施行のため必要があると認めるときは、当該職員に、認定職業訓練を行う者等の事務所に立ち入り、関係者に対して質問させ、又は帳簿書類（その作成又は保存に代えて電磁的記録（電子的方式、磁気的方式その他人の知覚によっては認識することができない方式で作られる記録であって、電子計算機による情報処理の用に供されるものをいう。）の作成又は保存がされている場合における当該電磁的記録を含む。）の検査をさせることができる。
② 前項の規定により立入検査をする職員は、その身分を示す証明書を携帯し、関係者に提示しなければならない。
③ 厚生労働大臣は、機構に、第1項の規定による質問又は立入検査（認定職業訓練が第4条第1項各号に掲げる要件に適合して行われていることを調査するために行うものに限る。）を行わせることができる。
④ 機構は、前項の規定により同項に規定する質問又は立入検査をしたときは、厚生労働省令で定めるところにより、当該質問又は立入検査の結果を厚生労働大臣に通知しなければならない。
⑤ 第2項の規定は、第3項の規定による立入検査について準用する。
⑥ 第1項の規定による立入検査の権限は、犯罪捜査のために認められたものと解釈してはならない。

（船員となろうとする者に関する特例）
第17条 船員職業安定法（昭和23年法律第130号）第6条第1項に規定する船員となろうとする者に関しては、第2条中「公共職業安定所に」とあるのは「地方運輸局（運輸監理部並びに厚生労働大臣が国土交通大臣に協議して指定する運輸支局及び地方運輸局、運輸監理部又は運輸支局の事務所を含む。以下同じ。）に」と、同条、第7条第1項、第11条及び第12条中「公共職業安定所長」とあるのは「地方運輸局の長」とする。

(1) 雇用保険・雇用対策

（権限の委任）
第18条 ① この法律に定める厚生労働大臣の権限は、厚生労働省令で定めるところにより、その一部を都道府県労働局長に委任することができる。
② 前項の規定により都道府県労働局長に委任された権限は、厚生労働省令で定めるところにより、公共職業安定所長に委任することができる。
（厚生労働省令への委任）
第19条 この法律に規定するもののほか、この法律の実施のため必要な手続その他の事項は、厚生労働省令で定める。

第6章 罰則

第20条 認定職業訓練を行う者等が次の各号のいずれかに該当するときは、6月以下の懲役又は30万円以下の罰金に処する。
1 第15条第1項又は第3項の規定による報告をせず、又は虚偽の報告をした場合
2 第16条第1項の規定による質問（同条第3項の規定により機構が行うものを含む。）に対して答弁をせず、若しくは虚偽の答弁をし、又は同条第1項の規定による検査（同条第3項の規定により機構が行うものを含む。）を拒み、妨げ、若しくは忌避した場合
第21条 特定求職者等が次の各号のいずれかに該当するときは、6月以下の懲役又は20万円以下の罰金に処する。
1 第15条第2項の規定による報告をせず、又は虚偽の報告をした場合
2 第16条第1項の規定による質問（同条第3項の規定により機構が行うものを含む。）に対して答弁をせず、若しくは虚偽の答弁をし、又は同条第1項の規定による検査（同条第3項の規定により機構が行うものを含む。）を拒み、妨げ、若しくは忌避した場合
第22条 ① 法人（法人でない団体で代表者又は管理人の定めのあるものを含む。以下この条において同じ。）の代表者又は法人若しくは人の代理人、使用人その他の従業者が、その法人又は人の業務に関して、第20条の違反行為をしたときは、その行為者を罰するほか、その法人又は人に対しても同条の罰金刑を科する。
② 前項の規定により法人でない団体を処罰する場合において、その代表者又は管理人がその訴訟行為につきその団体を代表するほか、法人を被告人又は被疑者とする場合の刑事訴訟に関する法律の規定を準用する。

45 高年齢者等の雇用の安定等に関する法律（抄）
（昭46・5・25法律第68号、昭46・10・1施行、
　最終改正：平28・5・20法律第47号）

第1章 総則

（目的）
第1条 この法律は、定年の引上げ、継続雇用制度の導入等による高年齢者の安定した雇用の確保の促進、高年齢者の再就職の促進、定年退職後の他の高年齢退職者に対する就業の機会の確保等の措置を総合的に講じ、もつて高年齢者等の職業の安定その他福祉の増進を図るとともに、経済及び社会の発展に寄与することを目的とする。
（定義）
第2条 ① この法律において「高年齢者」とは、厚生労働省令で定める年齢以上の者をいう。
② この法律において「高年齢者等」とは、高年齢者及び次に掲げる者で高年齢者に該当しないものをいう。
1 中高年齢者（厚生労働省令で定める年齢以上の者をいう。次項において同じ。）である求職者（次号に掲げる者を除く。）
2 中高年齢失業者等（厚生労働省令で定める範囲の年齢の失業者その他就職が特に困難な厚生労働省令で定める失業者をいう。第3章第3節において同じ。）
③ この法律において「特定地域」とは、中高年齢者である失業者が就職することが著しく困難である地域として厚生労働大臣が指定する地域をいう。
（基本的理念）
第3条 ① 高年齢者等は、その職業生活の全期間を通じて、その意欲及び能力に応じ、雇用の機会その他の多様な就業の機会が確保され、職業生活の充実が図られるように配慮されるものとする。
② 労働者は、高齢期における職業生活の充実のため、自ら進んで、高齢期における職業生活の設計を行い、その設計に基づき、その能力の開発及び向上並びにその健康の保持及び増進に努めるものとする。
（事業主の責務）
第4条 ① 事業主は、その雇用する高年齢者について職業能力の開発及び向上並びに作業施設の改善その他の諸条件の整備を行い、並びにその雇用する高年齢者等について再就職の援助等を行うことにより、その意欲及び能力に応じてその者のための雇用の機会の確保等が図られるよう努めるものとする。
② 事業主は、その雇用する労働者が高齢期においてその意欲及び能力に応じて就業することにより職業生活の充実を図ることができるようにするため、その高齢期における職業生活の設計について必要な援助を行うよう努めるものとする。
（国及び地方公共団体の責務）
第5条 国及び地方公共団体は、事業主、労働者その他の関係者の自主的な努力を尊重しつつその実情に応じてこれらの者に対し必要な援助等を行うとともに、高年齢者等の再就職の促進のために必要な職業紹介、職業訓練等の体制の整備を行う等、高年齢者等の意欲及び能力に応じた雇用の機会その他の多様な就業の機会の確保等を図るために必要な施策を総合的かつ効果的に推進するように努めるものとする。
（適用除外）
第7条 ① この法律は、船員職業安定法（昭和23年法律第130号）第6条第1項に規定する船員については、適用しない。
② 前条、次章、第3章第2節、第49条及び第52条の規定は、国家公務員及び地方公務員については、適用しない。

45 高年齢者等の雇用の安定等に関する法律（8条～19条）

第2章 定年の引上げ，継続雇用制度の導入等による高年齢者の安定した雇用の確保の促進

（定年を定める場合の年齢）
第8条 事業主がその雇用する労働者の定年（以下単に「定年」という．）の定めをする場合には，当該定年は，60歳を下回ることができない．ただし，当該事業主が雇用する労働者のうち，高年齢者が従事することが困難であると認められる業務として厚生労働省令で定める業務に従事している労働者については，この限りでない．

（高年齢者雇用確保措置）
第9条 ① 定年（65歳未満のものに限る．以下この条において同じ．）の定めをしている事業主は，その雇用する高年齢者の65歳までの安定した雇用を確保するため，次の各号に掲げる措置（以下「高年齢者雇用確保措置」という．）のいずれかを講じなければならない．
1 当該定年の引上げ
2 継続雇用制度（現に雇用している高年齢者が希望するときは，当該高年齢者をその定年後も引き続いて雇用する制度をいう．以下同じ．）の導入
3 当該定年の定めの廃止
② 継続雇用制度には，事業主が，特殊関係事業主（当該事業主の経営を実質的に支配するところとなる関係にある事業主その他の当該事業主と特殊の関係のある事業主として厚生労働省令で定める事業主をいう．以下この項において同じ．）との間で，当該事業主の雇用する高年齢者であってその定年後に雇用されることを希望するものをその定年後に当該特殊関係事業主が引き続いて雇用することを約する契約を締結し，当該契約に基づき当該高年齢者の雇用を確保する制度が含まれるものとする．
③ 厚生労働大臣は，第1項の事業主が講ずべき高年齢者雇用確保措置の実施及び運用（心身の故障のため業務の遂行に堪えない者等の継続雇用制度における取扱いを含む．）に関する指針（次項において「指針」という．）を定めるものとする．
④ 第6条第3項及び第4項の規定は，指針の策定及び変更について準用する．

（公表等）
第10条 ① 厚生労働大臣は，前条第1項の規定に違反している事業主に対し，必要な指導及び助言をすることができる．
② 厚生労働大臣は，前項の規定による指導又は助言をした場合において，その事業主がなお前条第1項の規定に違反していると認めるときは，当該事業主に対し，高年齢者雇用確保措置を講ずべきことを勧告することができる．
③ 厚生労働大臣は，前項の規定による勧告をした場合において，その勧告を受けた者がこれに従わなかったときは，その旨を公表することができる．

第3章 高年齢者等の再就職の促進等

第1節 国による高年齢者等の再就職の促進等
（再就職の促進等の措置の効果的な推進）
第12条 国は，高年齢者等の再就職の促進等を図るため，高年齢者等に係る職業指導，職業紹介，職業訓練その他の措置が効果的に関連して実施されるように配慮するものとする．

（求人の開拓等）
第13条 公共職業安定所は，高年齢者等の再就職の促進等を図るため，高年齢者等の雇用の機会の確保されるように求人の開拓等を行うとともに，高年齢者等に係る求人及び求職に関する情報を収集し，並びに高年齢者等である求職者及び事業主に対して提供するように努めるものとする．

（求人者等に対する指導及び援助）
第14条 ① 公共職業安定所は，高年齢者等にその能力に適応する職業を紹介するため必要があるときは，求人者に対して，年齢その他の求人の条件について指導するものとする．
② 公共職業安定所は，高年齢者等を雇用し，又は雇用しようとする者に対して，雇入れ，配置，作業の設備又は環境等高年齢者等の雇用に関する技術的事項について，必要な助言その他の援助を行うことができる．

第2節 事業主による高年齢者等の再就職の援助等
（求職活動支援書の作成等）
第17条 ① 事業主は，厚生労働省令で定めるところにより，解雇等により離職することとなっている高年齢者等が希望するときは，その円滑な再就職を促進するため，当該高年齢者等の職務の経歴，職業能力その他の当該高年齢者等の再就職に資する事項（解雇等の理由を除く．）として厚生労働省令で定める事項及び事業主が講ずる再就職援助措置を明らかにする書面（以下「求職活動支援書」という．）を作成し，当該高年齢者等に交付しなければならない．
② 前項の規定により求職活動支援書を作成した事業主は，その雇用する者のうちから再就職援助担当者を選任し，その者に，当該求職活動支援書に基づいて，厚生労働省令で定めるところにより，公共職業安定所と協力して，当該求職活動支援書に係る高年齢者等の再就職の援助に関する業務を行わせるものとする．

（指導，助言及び勧告）
第18条 ① 厚生労働大臣は，前条第1項の規定に違反している事業主に対し，必要な指導及び助言をすることができる．
② 厚生労働大臣は，前項の規定による指導又は助言をした場合において，その事業主がなお前条第1項の規定に違反していると認めるときは，当該事業主に対し，求職活動支援書を作成し，当該求職活動支援書に係る高年齢者等に交付すべきことを勧告することができる．

（求職活動支援書に係る労働者に対する助言その他の援助）
第19条 ① 求職活動支援書の交付を受けた労働者は，公共職業安定所に求職の申込みを行うときは，公共職業安定所に，当該求職活動支援書を提示することができる．
② 公共職業安定所は，前項の規定により求職活動支援書の提示を受けたときは，当該求職活動支援書の記載内容を参酌して，当該求職者に対し，その職務の経歴を明らかにする書面の作成に関する助言その他の援助を行うものとする．
③ 公共職業安定所長は，前項の助言その他の援助を

行うに当たり,必要と認めるときは,当該求職活動支援書を作成した事業主に対し,情報の提供その他の必要な協力を求めることができる.
(募集及び採用についての理由の提示等)
第20条 ① 事業主は,労働者の募集及び採用をする場合において,やむを得ない理由により一定の年齢(65歳以下のものに限る.)を下回ることを条件とするときは,求職者に対し,厚生労働省令で定める方法により,当該理由を示さなければならない.
② 厚生労働大臣は,前項に規定する理由の提示の有無又は当該理由の内容に関して必要があると認めるときは,事業主に対して,報告を求め,又は助言,指導若しくは勧告をすることができる.

第3節 中高年齢失業者等に対する特別措置
(中高年齢失業者等求職手帳の発給)
第22条 公共職業安定所長は,中高年齢失業者等であつて,次の各号に該当するものに対して,その者の申請に基づき,中高年齢失業者等求職手帳(以下「手帳」という.)を発給する.
1 公共職業安定所に求職の申込みをしていること.
2 誠実かつ熱心に就職活動を行う意欲を有すると認められること.
3 第25条第1項各号に掲げる措置を受ける必要があると認められること.
4 前3号に掲げるもののほか,生活の状況その他の事項について厚生労働大臣が労働政策審議会の意見を聴いて定める要件に該当すること.
(計画の作成)
第25条 ① 厚生労働大臣は,手帳の発給を受けた者の就職を容易にするため,次の各号に掲げる措置が効果的に関連して実施されるための計画を作成するものとする.
1 職業指導及び職業紹介
2 公共職業能力開発施設の行う職業訓練(職業能力開発総合大学校の行うものを含む.)
3 国又は地方公共団体が実施する訓練(前号に掲げるものを除く.)であつて,失業者に作業環境に適応することを容易にさせ,又は就職に必要な知識及び技能を習得させるために行われるもの(国又は地方公共団体の委託を受けたものが行うものを含む.)
4 前3号に掲げるもののほか,厚生労働省令で定めるもの
② 厚生労働大臣は,前項の計画を作成しようとする場合には,労働政策審議会の意見を聴かなければならない.
(公共職業安定所長の指示)
第26条 ① 公共職業安定所長は,手帳を発給するときは,手帳の発給を受ける者に対して,その者の知識,技能,職業経験その他の事情に応じ,当該手帳の有効期間中前条第1項の計画に準拠した同項各号に掲げる措置(以下「就職促進の措置」という.)の全部又は一部を受けることを指示するものとする.
② 公共職業安定所長は,手帳の発給を受けた者について当該手帳の有効期間を延長するときは,改めて,その延長された有効期間中就職促進の措置の全部又は一部を受けることを指示するものとする.
③ 公共職業安定所長は,前2項の指示を受けた者の就職促進の措置の効果を高めるために必要があると認めたときは,当該指示を変更することができる.
(関係機関等の責務)

第27条 ① 職業安定機関,地方公共団体及び独立行政法人高齢・障害・求職者雇用支援機構(第49条第2項及び第3項において「機構」という.)は,前条第1項又は第2項の指示を受けた者の就職促進の措置の円滑な実施を図るため,相互に密接に連絡し,協力しなければならない.
② 前条第1項又は第2項の指示を受けた者は,その就職促進の措置の実施に当たる職員の指導又は指示に従うとともに,自ら進んで,速やかに職業に就くように努めなければならない.
(手当の支給)
第28条 国及び都道府県は,第26条第1項又は第2項の指示を受けて就職促進の措置を受ける者に対して,その就職活動を容易にし,かつ,生活の安定を図るため,手帳の有効期間中,雇用対策法(昭和41年法律第132号)の規定に基づき,手当を支給することができる.
(報告の請求)
第30条 公共職業安定所長は,第26条第1項又は第2項の指示を受けて就職促進の措置を受ける者に対し,その就職活動の状況について報告を求めることができる.

第4章 地域の実情に応じた高年齢者の多様な就業の機会の確保(略)

第5章 定年退職者等に対する就業の機会の確保(略)

第6章 シルバー人材センター等(略)

第7章 国による援助等

(事業主等に対する援助等)
第49条 ① 国は,高年齢者等(厚生労働省令で定める者を除く.以下この項において同じ.)の職業の安定その他福祉の増進を図るため,高年齢者等職業安定対策基本方針に従い,事業主,労働者その他の関係者に対し,次に掲げる措置その他の援助等の措置を講ずることができる.
1 定年の引上げ,継続雇用制度の導入,再就職の援助等高年齢者等の雇用の機会の増大に資する措置を講ずる事業主又はその事業主の団体に対して給付金を支給すること.
2 高年齢者の雇用に関する技術的事項について,事業主その他の関係者に対して相談その他の援助を行うこと.
3 労働者がその高齢期における職業生活の設計を行うことを容易にするため,労働者に対して,必要な助言又は指導を行うこと.
② 厚生労働大臣は,前項各号に掲げる措置の実施に関する事務の全部又は一部を機構に行わせるものとする.
③ 機構は,第1項第1号に掲げる措置の実施に関する事務を行う場合において当該事務に関し必要があると認めるときは,事業主に対し,必要な事項についての報告を求めることができる.

45 高年齢者等の雇用の安定等に関する法律(20条〜49条)

第8章　雑　則

(雇用状況の報告)

第52条　① 事業主は，毎年1回，厚生労働省令で定めるところにより，定年及び継続雇用制度の状況その他高年齢者の雇用に関する状況を厚生労働大臣に報告しなければならない．

② 厚生労働大臣は，前項の毎年1回の報告のほか，この法律を施行するために必要があると認めるときは，厚生労働省令で定めるところにより，事業主に対し，同項に規定する状況について必要な事項の報告を求めることができる．

46　障害者の雇用の促進等に関する法律(抄)

(昭35・7・25法律第123号，昭35・7・25施行，最終改正：平27・9・18法律第72号)

〔下線，囲み部：特に明記のない限り，平25法46，平30・4・1施行〕

第1章　総　則

(目　的)

第1条　この法律は，障害者の雇用義務等に基づく雇用の促進のための措置，雇用の分野における障害者と障害者でない者との均等な機会及び待遇の確保並びに障害者がその有する能力を有効に発揮することができるようにするための措置，職業リハビリテーションの措置その他障害者がその能力に適合する職業に就くこと等を通じてその職業生活において自立することを促進するための措置を総合的に講じ，もつて障害者の職業の安定を図ることを目的とする．

(用語の意義)

第2条　この法律において，次の各号に掲げる用語の意義は，当該各号に定めるところによる．

1　障害者　身体障害，知的障害，精神障害(発達障害を含む．第6号において同じ．)その他の心身の機能の障害(以下「障害」と総称する．)があるため，長期にわたり，職業生活に相当の制限を受け，又は職業生活を営むことが著しく困難な者をいう．

2　身体障害者　障害者のうち，身体障害がある者であつて別表に掲げる障害があるものをいう．

3　重度身体障害者　身体障害者のうち，身体障害の程度が重い者であつて厚生労働省令で定めるものをいう．

4　知的障害者　障害者のうち，知的障害がある者であつて厚生労働省令で定めるものをいう．

5　重度知的障害者　知的障害者のうち，知的障害の程度が重い者であつて厚生労働省令で定めるものをいう．

6　精神障害者　障害者のうち，精神障害がある者であつて厚生労働省令で定めるものをいう．

7　職業リハビリテーション　障害者に対して職業指導，職業訓練，職業紹介その他この法律に定める措置を講じ，その職業生活における自立を図ることをいう．

(基本的理念)

第3条　障害者である労働者は，経済社会を構成する労働者の一員として，職業生活においてその能力を発揮する機会を与えられるものとする．

第4条　障害者である労働者は，職業に従事する者としての自覚を持ち，自ら進んで，その能力の開発及び向上を図り，有為な職業人として自立するように努めなければならない．

(事業主の責務)

第5条　すべて事業主は，障害者の雇用に関し，社会連帯の理念に基づき，障害者である労働者が有為な職業人として自立しようとする努力に対して協力する責務を有するものであつて，その有する能力を正当に評価し，適当な雇用の場を与えるとともに適正な雇用管理を行うことによりその雇用の安定を図るように努めなければならない．

(国及び地方公共団体の責務)

第6条　国及び地方公共団体は，障害者の雇用について事業主その他国民一般の理解を高めるとともに，事業主，障害者その他の関係者に対する援助の措置及び障害者の特性に配慮した職業リハビリテーションの措置を講ずる等障害者の雇用の促進及びその職業の安定を図るために必要な施策を，障害者の福祉に関する施策との有機的な連携を図りつつ総合的かつ効果的に推進するように努めなければならない．

(障害者雇用対策基本方針)

第7条　① 厚生労働大臣は，障害者の雇用の促進及びその職業の安定に関する施策の基本となるべき方針(以下「障害者雇用対策基本方針」という．)を策定するものとする．

② 障害者雇用対策基本方針に定める事項は，次のとおりとする．

1　障害者の就業の動向に関する事項

2　職業リハビリテーションの措置の総合的かつ効果的な実施を図るため講じようとする施策の基本となるべき事項

3　前2号に掲げるもののほか，障害者の雇用の促進及びその職業の安定を図るため講じようとする施策の基本となるべき事項

③ 厚生労働大臣は，障害者雇用対策基本方針を定めるに当たつては，あらかじめ，労働政策審議会の意見を聴くほか，都道府県知事の意見を求めるものとする．

④ 厚生労働大臣は，障害者雇用対策基本方針を定めたときは，遅滞なく，その概要を公表しなければならない．

⑤ 前2項の規定は，障害者雇用対策基本方針の変更について準用する．

第2章　職業リハビリテーションの推進

第1節　通則

(職業リハビリテーションの原則)

第8条　① 職業リハビリテーションの措置は，障害者各人の障害の種類及び程度並びに希望，適性，職業経験等の条件に応じ，総合的かつ効果的に実施されなければならない．

② 職業リハビリテーションの措置は，必要に応じ，医学的リハビリテーション及び社会的リハビリ

46 障害者の雇用の促進等に関する法律（9条〜21条）

テーションの措置との適切な連携の下に実施されるものとする．

第2節　職業紹介等
（求人の開拓等）
第9条　公共職業安定所は，障害者の雇用を促進するため，障害者の求職に関する情報を収集し，事業主に対して当該情報の提供，障害者の雇入れの勧奨等を行うとともに，その内容が障害者の能力に適合する求人の開拓に努めるものとする．

（求人の条件等）
第10条　① 公共職業安定所は，障害者にその能力に適合する職業を紹介するため必要があるときは，求人者に対して，身体的又は精神的な条件その他の求人の条件について指導するものとする．
② 公共職業安定所は，障害者について職業紹介を行う場合において，求人者から求めがあるときは，その有する当該障害者の職業能力に関する資料を提供するものとする．

（職業指導等）
第11条　公共職業安定所は，障害者がその能力に適合する職業に就くことができるようにするため，適性検査を実施し，雇用情報を提供し，障害者に適応した職業指導を行う等必要な措置を講ずるものとする．

（障害者職業センターとの連携）
第12条　公共職業安定所は，前条の適性検査，職業指導等を特に専門的な知識及び技術に基づいて行う必要があると認める障害者については，第19条第1項に規定する障害者職業センターとの密接な連携の下に当該適性検査，職業指導等を行い，又は当該障害者職業センターにおいて当該適性検査，職業指導等を受けることについてあつせんを行うものとする．

（適応訓練）
第13条　① 都道府県は，必要があると認めるときは，求職者である障害者（身体障害者，知的障害者又は精神障害者に限る．次条及び第15条第2項において同じ．）について，その能力に適合する作業の環境に適応することを容易にすることを目的として，適応訓練を行うものとする．
② 適応訓練は，前項に規定する作業でその環境が標準的なものであると認められるものを行う事業主に委託して実施するものとする．

（適応訓練のあつせん）
第14条　公共職業安定所は，その雇用の促進のために必要があると認めるときは，障害者に対して，適応訓練を受けることについてあつせんするものとする．

（適応訓練を受ける者に対する措置）
第15条　① 適応訓練は，無料とする．
② 都道府県は，適応訓練を受ける障害者に対して，雇用対策法（昭和41年法律第132号）の規定に基づき，手当を支給することができる．

（厚生労働省令への委任）
第16条　前3条に規定するもののほか，訓練期間その他適応訓練の基準については，厚生労働省令で定める．

（就職後の助言及び指導）
第17条　公共職業安定所は，障害者の職業の安定を図るために必要があると認めるときは，その紹介により就職した障害者その他事業主に雇用されている障害者に対して，その作業の環境に適応させるために必要な助言又は指導を行うことができる．

（事業主に対する助言及び指導）
第18条　公共職業安定所は，障害者の雇用の促進及び職業の安定を図るために必要があると認めるときは，障害者を雇用し，又は雇用しようとする事業主に対して，雇入れ，配置，作業補助具，作業の設備又は環境その他障害者の雇用に関する技術的事項（次節において「障害者の雇用管理に関する事項」という．）についての助言又は指導を行うことができる．

第3節　障害者職業センター
（障害者職業センターの設置等の業務）
第19条　① 厚生労働大臣は，障害者の職業生活における自立を促進するため，次に掲げる施設（以下「障害者職業センター」という．）の設置及び運営の業務を行う．
1　障害者職業総合センター
2　広域障害者職業センター
3　地域障害者職業センター
② 厚生労働大臣は，前項に規定する業務の全部又は一部を独立行政法人高齢・障害・求職者雇用支援機構（以下「機構」という．）に行わせるものとする．

（障害者職業総合センター）
第20条　障害者職業総合センターは，次に掲げる業務を行う．
1　職業リハビリテーション（職業訓練を除く．第5号イ及び第25条第3項を除き，以下この節において同じ．）に関する調査及び研究を行うこと．
2　障害者の雇用に関する情報の収集，分析及び提供を行うこと．
3　第24条の障害者職業カウンセラー及び職場適応援助者（身体障害者，知的障害者，精神障害者その他厚生労働省令で定める障害者（以下「知的障害者等」という．）が職場に適応することを容易にするための援助を行う者をいう．以下同じ．）の養成及び研修を行うこと．
4　広域障害者職業センター，地域障害者職業センター，第27条第2項の障害者就業・生活支援センターその他の関係機関に対する職業リハビリテーションに関する技術的事項についての助言，指導その他の援助を行うこと．
5　前各号に掲げる業務に付随して，次に掲げる業務を行うこと．
イ　障害者に対する職業評価（障害者の職業能力，適性等を評価し，及び必要な職業リハビリテーションの措置を判定することをいう．以下同じ．），職業指導，基本的な労働の習慣を体得させるための訓練（第22条第1号及び第28条第2号において「職業準備訓練」という．）並びに職業に必要な知識及び技能を習得させるための講習（以下「職業講習」という．）を行うこと．
ロ　事業主に雇用されている知的障害者等に対する職場への適応に関する事項についての助言又は指導を行うこと．
ハ　事業主に対する障害者の雇用管理に関する事項についての助言その他の援助を行うこと．
6　前各号に掲げる業務に附帯する業務を行うこと．

（広域障害者職業センター）
第21条　広域障害者職業センターは，広範囲の地域にわたり，系統的に職業リハビリテーションの措置を受けることを必要とする障害者に関して，障害者職業能力開発校又は独立行政法人労働者健康安全

46 障害者の雇用の促進等に関する法律（22条〜30条）

機構法（平成14年法律第171号）第12条第1項第1号に掲げる療養施設その他の厚生労働省令で定める施設との密接な連携の下に、次に掲げる業務を行う。
1　厚生労働省令で定める障害者に対する職業評価、職業指導及び職業講習を系統的に行うこと。
2　前号の措置を受けた障害者を雇用し、又は雇用しようとする事業主に対する障害者の雇用管理に関する事項についての助言その他の援助を行うこと。
3　前2号に掲げる業務に附帯する業務を行うこと。
（地域障害者職業センター）
第22条　地域障害者職業センターは、都道府県の区域内において、次に掲げる業務を行う。
1　障害者に対する職業評価、職業指導、職業準備訓練及び職業講習を行うこと。
2　事業主に雇用されている知的障害者等に対する職場への適応に関する事項についての助言又は指導を行うこと。
3　事業主に対する障害者の雇用管理に関する事項についての助言その他の援助を行うこと。
4　職場適応援助者の養成及び研修を行うこと。
5　第27条第2項の障害者就業・生活支援センターその他の関係機関に対する職業リハビリテーションに関する技術的事項についての助言その他の援助を行うこと。
6　前各号に掲げる業務に附帯する業務を行うこと。
（名称使用の制限）
第23条　障害者職業センターでないものは、その名称中に障害者職業総合センター又は障害者職業センターという文字を用いてはならない。
（障害者職業カウンセラー）
第24条　① 機構は、障害者職業センターに、障害者職業カウンセラーを置かなければならない。
② 障害者職業カウンセラーは、厚生労働大臣が指定する試験に合格し、かつ、厚生労働大臣が指定する講習を修了した者その他厚生労働省令で定める資格を有する者でなければならない。
（障害者職業センター相互の連絡及び協力等）
第25条　① 障害者職業センターは、相互に密接に連絡し、及び協力して、障害者の職業生活における自立の促進に努めなければならない。
② 障害者職業センターは、精神障害者について、第20条第5号、第21条第1号若しくは第2号又は第22条第1号から第3号までに掲げる業務を行うに当たつては、医師その他の医療関係者との連携に努めるものとする。
③ 障害者職業センターは、公共職業安定所の行う職業紹介等の措置、第27条第2項の障害者就業・生活支援センターの行う業務並びに職業能力開発促進法（昭和44年法律第64号）第15条の7第3項の公共職業能力開発施設及び同法第27条の職業能力開発総合大学校（第83条において「公共職業能力開発施設等」という。）の行う職業訓練と相まつて、効果的に職業リハビリテーションが推進されるように努めるものとする。
（職業リハビリテーションの措置の無料実施）
第26条　障害者職業センターにおける職業リハビリテーションの措置は、無料とするものとする。

第4節　障害者就業・生活支援センター

（指　定）
第27条　① 都道府県知事は、職業生活における自立を図るために就業及びこれに伴う日常生活又は社会生活上の支援を必要とする障害者（以下この節において「支援対象障害者」という。）の職業の安定を図ることを目的とする一般社団法人若しくは一般財団法人、社会福祉法（昭和26年法律第45号）第22条に規定する社会福祉法人又は特定非営利活動促進法（平成10年法律第7号）第2条第2項に規定する特定非営利活動法人その他厚生労働省令で定める法人であつて、次条に規定する業務に関し次に掲げる基準に適合するものを、その申請により、同条に規定する業務を行う者として指定することができる。
1　職業の方法その他の事項についての業務の実施に関する計画が適正なものであり、かつ、その計画を確実に遂行するに足りる経理的及び技術的な基礎を有すると認められること。
2　前号に定めるもののほか、業務の運営が適正かつ確実に行われ、支援対象障害者の雇用の促進その他福祉の増進に資すると認められること。
② 都道府県知事は、前項の規定による指定をしたときは、同項の規定による指定を受けた者（以下「障害者就業・生活支援センター」という。）の名称及び住所並びに事務所の所在地を公示しなければならない。
③ 障害者就業・生活支援センターは、その名称及び住所並びに事務所の所在地を変更しようとするときは、あらかじめ、その旨を都道府県知事に届け出なければならない。
④ 都道府県知事は、前項の規定による届出があつたときは、当該届出に係る事項を公示しなければならない。
（業　務）
第28条　障害者就業・生活支援センターは、次に掲げる業務を行うものとする。
1　支援対象障害者からの相談に応じ、必要な指導及び助言を行うとともに、公共職業安定所、地域障害者職業センター、社会福祉施設、医療施設、特別支援学校その他の関係機関との連絡調整その他厚生労働省令で定める援助を総合的に行うこと。
2　支援対象障害者が障害者職業総合センター、地域障害者職業センターその他厚生労働省令で定める事業主により行われる職業準備訓練を受けることについてあつせんすること。
3　前2号に掲げるもののほか、支援対象障害者がその職業生活における自立を図るために必要な業務を行うこと。
（地域障害者職業センターとの関係）
第29条　障害者就業・生活支援センターは、地域障害者職業センターの行う支援対象障害者に対する職業評価に基づき、前条第2号に掲げる業務を行うものとする。
（事業計画等）
第30条　① 障害者就業・生活支援センターは、毎事業年度、厚生労働省令で定めるところにより、事業計画書及び収支予算書を作成し、都道府県知事に提出しなければならない。これを変更しようとするときも、同様とする。
② 障害者就業・生活支援センターは、厚生労働省令で定めるところにより、毎事業年度終了後、事業報告書及び収支決算書を作成し、都道府県知事に提出しなければならない。
（監督命令）

(1) 雇用保険・雇用対策

第31条 都道府県知事は、この節の規定を施行するために必要な限度において、障害者就業・生活支援センターに対し、第28条に規定する業務に関し監督上必要な命令をすることができる.

（指定の取消し等）

第32条 都道府県知事は、障害者就業・生活支援センターが次の各号のいずれかに該当するときは、第27条第1項の規定による指定（以下この条において「指定」という。）を取り消すことができる.
1 第28条に規定する業務を適正かつ確実に実施することができないと認められるとき.
2 指定に関し不正の行為があつたとき.
3 この節の規定又は当該規定に基づく命令若しくは処分に違反したとき.

② 都道府県知事は、前項の規定により、指定を取り消したときは、その旨を公示しなければならない.

（秘密保持義務）

第33条 障害者就業・生活支援センターの役員若しくは職員又はこれらの職にあつた者は、第28条第1号に掲げる業務に関して知り得た秘密を漏らしてはならない.

第2章の2 障害者に対する差別の禁止等

（障害者に対する差別の禁止）

第34条 事業主は、労働者の募集及び採用について、障害者に対して、障害者でない者と均等な機会を与えなければならない.

第35条 事業主は、賃金の決定、教育訓練の実施、福利厚生施設の利用その他の待遇について、労働者が障害者であることを理由として、障害者でない者と不当な差別的取扱いをしてはならない.

（障害者に対する差別の禁止に関する指針）

第36条 ① 厚生労働大臣は、前二条の規定に定める事項に関し、事業主が適切に対処するために必要な指針（次項において「差別の禁止に関する指針」という。）を定めるものとする.

② 第7条第3項及び第4項の規定は、差別の禁止に関する指針の策定及び変更について準用する. この場合において、同条第3項中「聴くほか、都道府県知事の意見を求める」とあるのは、「聴く」と読み替えるものとする.

（雇用の分野における障害者と障害者でない者との均等な機会の確保等を図るための措置）

第36条の2 事業主は、労働者の募集及び採用について、障害者と障害者でない者との均等な機会の確保の支障となつている事情を改善するため、労働者の募集及び採用に当たり障害者からの申出により当該障害者の障害の特性に配慮した必要な措置を講じなければならない. ただし、事業主に対して過重な負担を及ぼすこととなるときは、この限りでない.

第36条の3 事業主は、障害者である労働者について、障害者でない労働者との均等な待遇の確保又は障害者である労働者の有する能力の有効な発揮の支障となつている事情を改善するため、その雇用する障害者である労働者の障害の特性に配慮した職務の円滑な遂行に必要な施設の整備、援助を行う者の配置その他の必要な措置を講じなければならない. ただし、事業主に対して過重な負担を及ぼすこととなるときは、この限りでない.

第36条の4 ① 事業主は、前二条に規定する措置を講ずるに当たつては、障害者の意向を十分に尊重しなければならない.

② 事業主は、前条に規定する措置に関し、その雇用する障害者である労働者からの相談に応じ、適切に対応するために必要な体制の整備その他の雇用管理上必要な措置を講じなければならない.

（雇用の分野における障害者と障害者でない者との均等な機会の確保等に関する指針）

第36条の5 ① 厚生労働大臣は、前三条の規定に基づき事業主が講ずべき措置に関して、その適切かつ有効な実施を図るために必要な指針（次項において「均等な機会の確保等に関する指針」という。）を定めるものとする.

② 第7条第3項及び第4項の規定は、均等な機会の確保等に関する指針の策定及び変更について準用する. この場合において、同条第3項中「聴くほか、都道府県知事の意見を求める」とあるのは、「聴く」と読み替えるものとする.

（助言、指導及び勧告）

第36条の6 厚生労働大臣は、第34条、第35条及び第36条の2から第36条の4までの規定の施行に関し必要があると認めるときは、事業主に対して、助言、指導又は勧告をすることができる.

第3章 対象障害者の雇用義務等に基づく雇用の促進等

第1節 対象障害者の雇用義務等

（対象障害者の雇用に関する事業主の責務）

第37条 ① 全て事業主は、対象障害者の雇用に関し、社会連帯の理念に基づき、適当な雇用の場を与える共同の責務を有するものであつて、進んで対象障害者の雇入れに努めなければならない.

② この章、第86条第2号及び附則第3条から第6条までにおいて「対象障害者」とは、身体障害者、知的障害者又は精神障害者（精神保健及び精神障害者福祉に関する法律（昭和25年法律第123号）第45条第2項の規定により精神障害者保健福祉手帳の交付を受けているものに限る. 第3節及び第79条を除き、以下同じ.）をいう.

第3章 身体障害者又は知的障害者の雇用義務等に基づく雇用の促進等

第1節 身体障害者又は知的障害者の雇用義務等

（身体障害者又は知的障害者の雇用に関する事業主の責務）

第37条 すべて事業主は、身体障害者又は知的障害者の雇用に関し、社会連帯の理念に基づき、適当な雇用の場を与える共同の責務を有するものであつて、進んで身体障害者又は知的障害者の雇入れに努めなければならない.

〔平27法72, 平30・3・31までの条文〕

（雇用に関する国及び地方公共団体の義務）

第38条 ① 国及び地方公共団体の任命権者（委任を受けて任命権を行う者を除く. 以下同じ.）は、職員（当該機関（当該任命権者の委任を受けて任命権を行う者に係る機関を含む. 以下同じ.）に常時勤務する職員であつて、警察官、自衛官その他の

46 障害者の雇用の促進等に関する法律（39条～43条）

政令で定める職員以外のものに限る．以下同じ．）の подачи機関に勤務する職員である職員の数が，当該機関の職員の総数に，第43条第2項に規定する障害者雇用率を下回らない率であつて政令で定めるものを乗じて得た数（その数に1人未満の端数があるときは，その端数は，切り捨てる．）未満である場合には，対象障害者である職員の数がその率を乗じて得た数以上となるようにするため，政令で定めるところにより，身体障害者又は知的障害者の採用に関する計画を作成しなければならない．

② 前項の職員の総数の算定に当たつては，短時間勤務職員（1週間の勤務時間が，当該機関に勤務する通常の職員の1週間の勤務時間に比し短く，かつ，第43条第3項の厚生労働大臣の定める時間数未満である常時勤務する職員をいう．以下同じ．）は，その1人をもつて，厚生労働省令で定める数の職員に相当するものとみなす．

③ 第1項の対象障害者である職員の数の算定に当たつては，対象障害者である短時間勤務職員は，その1人をもつて，厚生労働省令で定める数の対象障害者である職員に相当するものとみなす．

④ 第1項の対象障害者である職員の数の算定に当たつては，重度身体障害者又は重度知的障害者である職員（短時間勤務職員を除く．）は，その1人をもつて，政令で定める数の対象障害者である職員に相当するものとみなす．

⑤ 第1項の対象障害者である職員の数の算定に当たつては，第3項の規定にかかわらず，重度身体障害者又は重度知的障害者である短時間勤務職員は，その1人をもつて，前項の政令で定める数に満たない範囲内において厚生労働省令で定める数の対象障害者である職員に相当するものとみなす．

（採用状況の通報等）
第39条 ① 国及び地方公共団体の任命権者は，政令で定めるところにより，前条第1項の計画及びその実施状況を厚生労働大臣に通報しなければならない．

② 厚生労働大臣は，特に必要があると認めるときは，前条第1項の計画を作成した国及び地方公共団体の任命権者に対して，その適正な実施に関し，勧告をすることができる．

（任免に関する状況の通報）
第40条 国及び地方公共団体の任命権者は，毎年1回，政令で定めるところにより，当該機関における対象障害者である職員の任免に関する状況を厚生労働大臣に通報しなければならない．

（国に勤務する職員に関する特例）
第41条 ① 省庁（内閣府設置法（平成11年法律第89号）第49条第1項に規定する機関又は国家行政組織法（昭和23年法律第120号）第3条第2項に規定する省若しくは庁をいう．以下同じ．）で，当該省庁の任命権者及び当該省庁に置かれる外局等（内閣府設置法第49条第2項に規定する機関，国家行政組織法第3条第2項に規定する委員会若しくは庁又は同法第8条の3に規定する特別の機関をいう．以下同じ．）の任命権者の申請に基づいて，一体として対象障害者である職員の採用の促進を図ることができるものとして厚生労働大臣の承認を受けたもの（以下「承認省庁」という．）に係る第38条第1項及び前条の規定の適用については，当該外局等に勤務する職員は当該承認省庁のみに

勤務する職員と，当該外局等は当該承認省庁とみなす．

② 厚生労働大臣は，前項の規定による承認をした後において，承認省庁若しくは外局等が廃止されたとき，又は承認省庁若しくは外局等における対象障害者である職員の採用の促進を図ることができなくなったと認めるときは，当該承認を取り消すことができる．

（地方公共団体に勤務する職員に関する特例）
第42条 ① 地方公共団体の機関で，当該任命権者が当該機関以外の地方公共団体の機関（以下「その他機関」という．）の任命権者の申請に基づいて当該機関及び当該その他機関について次に掲げる基準に適合する旨の厚生労働大臣の認定を受けたもの（以下「認定地方機関」という．）に係る第38条第1項及び第40条の規定の適用については，当該その他機関に勤務する職員は当該認定地方機関のみに勤務する職員と，当該その他機関は当該認定地方機関とみなす．

1 当該認定地方機関と当該その他機関との人的関係が緊密であること．
2 当該認定地方機関及び当該その他機関において，対象障害者である職員の採用の促進が確実に達成されると認められること．

② 厚生労働大臣は，前項の規定による認定をした後において，認定地方機関若しくはその他機関が廃止されたとき，又は前項各号に掲げる基準に適合しなくなったと認めるときは，当該認定を取り消すことができる．

（一般事業主の雇用義務等）
第43条 ① 事業主（常時雇用する労働者（以下単に「労働者」という．）を雇用する事業主をいい，国及び地方公共団体を除く．次章を除き，以下同じ．）は，厚生労働省令で定める雇用関係の変動がある場合には，その雇用する対象障害者である労働者の数が，その雇用する労働者の数に障害者雇用率を乗じて得た数（その数に1人未満の端数があるときは，その端数は，切り捨てる．第46条第1項において「法定雇用障害者数」という．）以上であるようにしなければならない．

② 前項の障害者雇用率は，労働者（労働の意思及び能力を有するにもかかわらず，安定した職業に就くことができない状態にある者を含む．第54条第3項において同じ．）の総数に対する対象障害者である労働者（労働の意思及び能力を有するにもかかわらず，安定した職業に就くことができない状態にある対象障害者を含む．第54条第3項において同じ．）の総数の割合を基準として設定するものとし，少なくとも5年ごとに，当該割合の推移を勘案して政令で定める．

③ 第1項の対象障害者である労働者の数及び前項の対象障害者である労働者の総数の算定に当たつては，対象障害者である短時間労働者（1週間の所定労働時間が，当該事業主の事業所に雇用する通常の労働者の1週間の所定労働時間に比し短く，かつ，厚生労働大臣の定める時間数未満である常時雇用する労働者をいう．以下同じ．）は，その1人をもつて，厚生労働省令で定める数の対象障害者である労働者に相当するものとみなす．

④ 第1項の対象障害者である労働者の数及び第2項の対象障害者である労働者の総数の算定に当たつては，重度身体障害者又は重度知的障害者である

(1) 雇用保険・雇用対策

労働者（短時間労働者を除く．）は，その1人をもつて，政令で定める数の対象障害者である労働者に相当するものとみなす．
⑤ 第1項の対象障害者である労働者の数及び第2項の対象障害者である労働者の総数の算定に当たつては，第3項の規定にかかわらず，重度身体障害者又は重度知的障害者である短時間労働者は，その1人をもつて，前項の政令で定める数に満たない範囲内において厚生労働省令で定める数の対象障害者である労働者に相当するものとみなす．
⑥ 第2項の規定にかかわらず，特殊法人（法律により直接に設立された法人，特別の法律により特別の設立行為をもつて設立された法人又は特別の法律により地方公共団体が設立者となつて設立された法人のうち，その資本金の全部若しくは大部分が国若しくは地方公共団体からの出資による法人又はその事業の運営のために必要な経費の主たる財源を国若しくは地方公共団体からの交付金若しくは補助金によつて得ている法人であつて，政令で定めるものをいう．以下同じ．）に係る第1項の障害者雇用率は，第2項の規定による率を下回らない率であつて政令で定めるものとする．
⑦ 事業主（その雇用する労働者の数が常時厚生労働省令で定める数以上である事業主に限る．）は，毎年1回，厚生労働省令で定めるところにより，対象障害者である労働者の雇用に関する状況を厚生労働大臣に報告しなければならない．
⑧ 第2項及び前項の障害者である労働者の数並びに第2項の労働者の総数の算定に当たつては，短時間労働者は，その1人をもつて，厚生労働省令で定める数に相当するものとみなす．

（子会社に雇用される労働者に関する特例）
第44条 ① 特定の株式会社（第45条の3第1項の認定に係る組合員たる事業主であるものを除く．）と厚生労働省令で定める特殊の関係にある事業主で，当該事業主及び当該株式会社（以下「子会社」という．）の申請に基づいて当該子会社について次に掲げる基準に適合する旨の厚生労働大臣の認定を受けたものに係る前条第1項及び第7項の規定の適用については，当該子会社が雇用する労働者は当該親事業主のみが雇用する労働者と，当該子会社の事業所は当該親事業主の事業所とみなす．
1 当該子会社の行う事業と当該事業主の行う事業との人的関係が緊密であること．
2 当該子会社が雇用する対象障害者である労働者の数及びその数の当該子会社が雇用する労働者の総数に対する割合が，それぞれ，厚生労働大臣が定める数及び率以上であること．
3 当該子会社がその雇用する対象障害者である労働者の雇用管理を適正に行うに足りる能力を有するものであること．
4 前2号に掲げるもののほか，当該子会社の行う事業において，当該子会社が雇用する重度身体障害者又は重度知的障害者その他の対象障害者である労働者の雇用の促進及び雇用の安定が確実に達成されると認められること．
② 前項第2号の労働者の総数の算定に当たつては，短時間労働者は，その1人をもつて，厚生労働省令で定める数に相当するものとみなす．
③ 第1項第2号の対象障害者である労働者の数の算定に当たつては，対象障害者である短時間労働者

は，その1人をもつて，厚生労働省令で定める数の対象障害者である労働者に相当するものとみなす．
④ 厚生労働大臣は，第1項の規定による認定をした後において，親事業主が同項の特殊の関係についての要件を満たさなくなつたとき若しくは事業を廃止したとき，又は当該認定に係る子会社について同項各号に掲げる基準に適合しなくなつたと認めるときは，当該認定を取り消すことができる．

第45条 ① 親事業主であつて，特定の株式会社（当該親事業主の子会社及び第45条の3第1項の認定に係る組合員たる事業主であるものを除く．）と厚生労働省令で定める特殊の関係にあるもので，当該親事業主，当該子会社及び当該株式会社（以下「関係会社」という．）の申請に基づいて当該親事業主及び当該関係会社について次に掲げる基準に適合する旨の厚生労働大臣の認定を受けたものに係る第43条第1項及び第7項の規定の適用については，当該関係会社が雇用する労働者は当該親事業主のみが雇用する労働者と，当該関係会社の事業所は当該親事業主の事業所とみなす．
1 当該関係会社の行う事業と当該子会社の行う事業との人的関係若しくは営業上の関係が緊密であること，又は当該関係会社が当該子会社に出資していること．
2 当該親事業主が第78条第1項各号に掲げる業務を担当する者を同項の規定により選任しており，かつ，その者が当該子会社及び当該関係会社についても同項第1号に掲げる業務を行うこととしていること．
3 当該親事業主が，自ら雇用する対象障害者である労働者並びに当該子会社及び当該関係会社に雇用される対象障害者である労働者の雇用の促進及び雇用の安定を確実に達成することができると認められること．
② 関係会社が，前条第1項又は次条第1項の認定を受けたものである場合は，前項の申請をすることができない．
③ 前条第4項の規定は，第1項の場合について準用する．

（関係子会社に雇用される労働者に関する特例）
第45条の2 ① 事業主であつて，当該事業主及びその全ての子会社の申請に基づいて当該事業主及び当該申請に係る子会社（以下「関係子会社」という．）について次に掲げる基準に適合する旨の厚生労働大臣の認定を受けたもの（以下「関係親事業主」という．）に係る第43条第1項及び第7項の規定の適用については，当該関係子会社が雇用する労働者は当該関係親事業主のみが雇用する労働者と，当該関係子会社の事業所は当該関係親事業主の事業所とみなす．
1 当該事業主が第78条第1項各号に掲げる業務を担当する者を同項の規定により選任しており，かつ，その者が当該関係子会社についても同項第1号に掲げる業務を行うこととしていること．
2 当該事業主が，自ら雇用する対象障害者である労働者及び当該関係子会社に雇用される対象障害者である労働者の雇用の促進及び雇用の安定を確実に達成することができると認められること．
3 当該関係子会社が雇用する対象障害者である労働者の数が，厚生労働大臣が定める数以上であること．
4 当該関係子会社がその雇用する対象障害者であ

る労働者の雇用管理を適正に行うに足りる能力を有し,又は他の関係子会社が雇用する対象障害者である労働者の行う業務に関し,その行う事業と当該他の関係子会社の行う事業との人的関係若しくは営業上の関係が緊密であること.
② 関係子会社が第44条第1項又は前条第1項の認定を受けたものである場合については,これらの規定にかかわらず,当該子会社又は当該関係会社を関係子会社とみなして,前項(第3号及び第4号を除く.)の規定を適用する.
③ 事業主であつて,その関係子会社に第1項の認定を受けたものがあるものは,同項の認定を受けることができない.
④ 第1項第3号の対象障害者である労働者の数の算定に当たつては,対象障害者である短時間労働者は,その1人をもつて,厚生労働省令で定める数の対象障害者である労働者に相当するものとみなす.
⑤ 第1項第3号の対象障害者である労働者の数の算定に当たつては,重度身体障害者又は重度知的障害者である労働者(短時間労働者を除く.)は,その1人をもつて,政令で定める数の身体障害者又は知的障害者に相当するものとみなす.
⑥ 第1項第3号の対象障害者である労働者の数の算定に当たつては,第4項の規定にかかわらず,重度身体障害者又は重度知的障害者である短時間労働者は,その1人をもつて,前項の政令で定める数に満たない範囲内において厚生労働省令で定める数の対象障害者である労働者に相当するものとみなす.
⑦ 第44条第4項の規定は,第1項の場合について準用する.

(特定事業主に雇用される労働者に関する特例)
第45条の3 ① 事業協同組合等であつて,当該事業協同組合等及び複数のその組合員たる事業主(その雇用する労働者の数が常時第45条第7項の厚生労働省令で定める数以上である事業主に限り,第44条第1項,第45条第1項,前条第1項又はこの項の認定に係る子会社,関係会社,関係子会社又は組合員たる事業主であるものを除く.以下「特定事業主」という.)の申請に基づいて当該事業協同組合等及び当該特定事業主について次に掲げる基準に適合する旨の厚生労働大臣の認定を受けたもの(以下「特定組合等」という.)に係る第43条第1項及び第7項の規定の適用については,当該特定事業主が雇用する当該特定組合等のみが雇用する労働者と,当該特定事業主の事業所は当該特定組合等の事業所とみなす.
 1 当該事業協同組合等が自ら雇用する対象障害者である労働者が行う業務に関し,当該事業協同組合等の行う事業と当該特定事業主の行う事業との人的関係又は営業上の関係が緊密であること.
 2 当該事業協同組合等の定款,規約その他これらに準ずるものにおいて,当該事業協同組合等が第53条第1項の障害者雇用納付金を徴収された場合に,特定事業主の対象障害者である労働者の雇用状況に応じて当該障害者雇用納付金に係る経費を特定事業主に賦課する旨の定めがあること.
 3 当該事業協同組合等が,自ら雇用する対象障害者の数及び当該特定事業主に雇用される対象障害者である労働者の雇用の促進及び雇用の安定に関する事業(第3項において「雇用促進事業」という.)を適切に実施するための計画(以

下この号及び同項において「実施計画」という.)を作成し,実施計画に従つて,当該対象障害者である労働者の雇用の促進及び雇用の安定を確実に達成することができると認められること.
 4 当該事業協同組合等が自ら雇用する対象障害者である労働者の数及びその者の数の当該事業協同組合等が雇用する労働者の総数に対する割合が,それぞれ,厚生労働大臣が定める数及び率以上であること.
 5 当該事業協同組合等が自ら雇用する対象障害者である労働者の雇用管理を適正に行うに足りる能力を有するものであること.
 6 当該特定事業主が雇用する対象障害者である労働者の数が,厚生労働大臣が定める数以上であること.
② この条において「事業協同組合等」とは,事業協同組合その他の特別の法律により設立された組合であつて厚生労働省令で定めるものをいう.
③ 実施計画には,次に掲げる事項を記載しなければならない.
 1 雇用促進事業の目標(事業協同組合等及び特定事業主がそれぞれ雇用しようとする対象障害者である労働者の数に関する目標を含む.)
 2 雇用促進事業の内容
 3 雇用促進事業の実施時期
④ 特定事業主が,第44条第1項,前条第1項又は第1項の認定を受けたものである場合は,同項の申請をすることができない.
⑤ 第43条第8項の規定は,第1項の雇用する労働者の数及び同項第4号の労働者の総数の算定について準用する.
⑥ 前条第4項の規定は第1項第4号の対象障害者である労働者の数の算定について,同条第4項から第6項までの規定は第1項第6号の対象障害者である労働者の数の算定について準用する.
⑦ 厚生労働大臣は,第1項の規定による認定をした後において,当該認定に係る事業協同組合等及び特定事業主について同項各号に掲げる基準に適合しなくなつたと認めるときは,当該認定を取り消すことができる.

(一般事業主の対象障害者の雇入れに関する計画)
第46条 ① 厚生労働大臣は,対象障害者の雇用を促進するため必要があると認める場合には,その雇用する対象障害者である労働者の数が法定雇用障害者数未満である事業主(特定組合等及び前条第1項の認定に係る特定事業主であるものを除く.以下この条及び次条において同じ.)に対して,対象障害者である労働者の数がその法定雇用障害者数以上となるようにするため,厚生労働省令で定めるところにより,対象障害者の雇入れに関する計画の作成を命ずることができる.
② 第45条の2第4項から第6項までの規定は,前項の対象障害者である労働者の数の算定について準用する.
③ 親事業主又は関係親事業主に係る第1項の規定の適用については,当該子会社及び当該関係会社が雇用する労働者は当該親事業主のみが雇用する労働者と,当該関係子会社が雇用する労働者は当該関係親事業主のみが雇用する労働者とみなす.
④ 事業主は,第1項の計画を作成したときは,厚生労働省令で定めるところにより,これを厚生労働大臣に提出しなければならない.これを変更したと

きも，同様とする．
⑤ 厚生労働大臣は，第1項の計画が著しく不適当であると認めるときは，当該計画を作成した事業主に対してその変更を勧告することができる．
⑥ 厚生労働大臣は，特に必要があると認めるときは，第1項の計画を作成した事業主に対して，その適正な実施に関し，勧告をすることができる．

(一般事業主についての公表)
第47条 厚生労働大臣は，前条第1項の計画を作成した事業主が，正当な理由がなく，同条第5項又は第6項の勧告に従わないときは，その旨を公表することができる．

(特定身体障害者)
第48条 ① 国及び地方公共団体の任命権者は，特定職種(労働能力はあるが，別表に掲げる障害の程度が重いため通常の職業に就くことが特に困難である身体障害者の能力にも適合すると認められる職種で政令で定めるものをいう．以下この条において同じ．)の職員(短時間勤務職員を除く．以下この項及び第3項において同じ．)の採用について，当該機関に勤務する特定身体障害者(身体障害者のうち特定職種ごとに政令で定める者に該当する者をいう．以下この条において同じ．)である当該職種の職員の数が，当該機関に勤務する当該職種の職員の総数に，職種に応じて政令で定める特定身体障害者雇用率を乗じて得た数(その数に1人未満の端数があるときは，その端数は，切り捨てる．)未満である場合には，当該機関に勤務する当該職種の職員の数がその特定身体障害者雇用率を乗じて得た数以上となるようにするため，政令で定めるところにより，特定身体障害者の採用に関する計画を作成しなければならない．
② 第39条の規定は，前項の計画について準用する．
③ 承認省庁又は認定地方機関に係る第1項の規定の適用については，当該外局等又は当該その他機関に勤務する職員は，当該承認省庁又は当該認定地方機関のみに勤務する職員とみなす．
④ 事業主は，特定職種の職員(短時間労働者を除く．以下この項及び次項において同じ．)の雇入れについては，その雇用する特定身体障害者である当該職種の労働者の数が，その雇用する当該職種の労働者の総数に，職種に応じて厚生労働省令で定める特定身体障害者雇用率を乗じて得た数(その数に1人未満の端数があるときは，その端数は，切り捨てる．)以上であるように努めなければならない．
⑤ 厚生労働大臣は，特定身体障害者の雇用を促進するため特に必要があると認める場合には，その雇用する特定身体障害者である特定職種の労働者の数が前項の規定により算定した数未満であり，かつ，その数を増加させるのに著しい困難を伴わないと認められる事業主(その雇用する当該職種の労働者の数が職種に応じて厚生労働省令で定める数に達しているものに限る．)に対して，特定身体障害者である当該職種の労働者の数が同項の規定により算定した数以上となるようにするため，厚生労働省令で定めるところにより，特定身体障害者の雇入れに関する計画の作成を命ずることができる．
⑥ 親事業主，関係親事業主又は特定組合等に係る前2項の規定の適用については，当該親子会社及び当該関係会社が雇用する労働者は当該親事業主のみが雇用する労働者と，当該関係子会社が雇用する労働者は当該関係親事業主のみが雇用する労働者と，当該特定事業主が雇用する労働者は当該特定組合等のみが雇用する労働者とみなす．
⑦ 第46条第4項及び第5項の規定は，第5項の計画について準用する．

第2節　障害者雇用調整金の支給等及び障害者雇用納付金の徴収
第1款　障害者雇用調整金の支給等
(納付金関係業務)
第49条 ① 厚生労働大臣は，対象障害者の雇用に伴う経済的負担の調整並びにその雇用の促進及び継続を図るため，次に掲げる業務(以下「納付金関係業務」という．)を行う．
1　事業主(特殊法人を除く．以下この節及び第4節において同じ．)に対して，同項の障害者雇用調整金に該当するものに対して，同項の障害者雇用調整金を支給すること．
2　対象障害者を労働者として雇い入れる事業主又は対象障害者である労働者を雇用する事業主に対して，これらの者の雇入れ又は雇用の継続のために必要となる施設又は設備の設置又は整備に要する費用に充てるための助成金を支給すること．
3　対象障害者である労働者を雇用する事業主又は当該事業主の加入している事業主の団体に対して，対象障害者である労働者の福利の増進を図るための施設の設置又は整備に要する費用に充てるための助成金を支給すること．
4　対象障害者である労働者を雇用する事業主であつて，次のいずれかを行うものに対して，その要する費用に充てるための助成金を支給すること．
イ　身体障害者となつた労働者の雇用の継続のために必要となる当該労働者が職場に適応することを容易にするための措置
ロ　対象障害者である労働者の雇用に伴い必要となる介助その他その雇用の安定を図るために必要な業務(身体障害者である労働者の通勤を容易にするための業務を除く．)を行う者を置くこと(次号ロに掲げるものを除く．)．
4の2　対象障害者に対する職場適応援助者による援助であつて，次のいずれかを行う者に対して，その要する費用に充てるための助成金を支給すること．
イ　社会福祉法第22条に規定する社会福祉法人その他対象障害者の雇用の促進に係る事業を行う法人が行う職場適応援助者による援助の事業
ロ　対象障害者である労働者を雇用する事業主が対象障害者である労働者の雇用に伴い必要となる援助を行う職場適応援助者を置くこと．
5　身体障害者(重度身体障害者その他の厚生労働省令で定める身体障害者に限る．以下この号において同じ．)，知的障害者若しくは精神障害者である労働者を雇用する事業主又は当該事業主の加入している事業主の団体に対して，身体障害者，知的障害者若しくは精神障害者である労働者の通勤を容易にするための措置に要する費用に充てるための助成金を支給すること．
6　重度身体障害者，知的障害者若しくは精神障害者である労働者を多数雇用する事業所の事業主に対して，当該事業所の事業の用に供する施設又は設備の設置又は整備に要する費用に充てるための助成金を支給すること．
7　対象障害者の職業に必要な能力を開発し，及び

46 障害者の雇用の促進等に関する法律（50条～54条）

向上させるための教育訓練（厚生労働大臣が定める基準に適合するものに限る。以下この号において同じ。）の事業を行う次に掲げるものに対して、当該事業に要する費用に充てるための助成金を支給すること並びに対象障害者である労働者を雇用する事業主に対して、対象障害者である労働者の教育訓練の受講を容易にするための措置に要する費用に充てるための助成金を支給すること。
　イ　事業主又はその団体
　ロ　学校教育法（昭和22年法律第26号）第124条に規定する専修学校又は同法第134条第1項に規定する各種学校を設置する私立学校法（昭和24年法律第270号）第3条に規定する学校法人又は同法第64条第4項に規定する法人
　ハ　社会福祉法第22条に規定する社会福祉法人
　ニ　その他対象障害者の雇用の促進に係る事業を行う法人
　8　障害者の技能に関する競技大会に係る業務を行うこと。
　9　対象障害者の雇用に関する技術的事項についての研究、調査若しくは講習の実施又は対象障害者の雇用について事業主その他国民一般の理解を高めるための啓発の業務を行うこと（前号に掲げる業務を除く。）。
　10　第53条第1項に規定する障害者雇用納付金の徴収を行うこと。
　11　前各号に掲げる業務に附帯する業務を行うこと。
②　厚生労働大臣は、前項各号に掲げる業務の全部又は一部を機構に行わせるものとする。

（障害者雇用調整金の支給）
第50条　①　機構は、政令で定めるところにより、各年度（4月1日から翌年3月31日までをいう。以下同じ。）ごとに、第54条第2項に規定する調整基礎額に当該年度に属する各月（当該年度の中途に事業を開始し、又は廃止した事業主にあつては、当該事業を開始した日の属する月の翌月以後の各月又は当該事業を廃止した日の属する月の前月以前の各月に限る。以下同じ。）ごとの初日におけるその雇用する対象障害者である労働者の数の合計数を乗じて得た額が同条第1項の規定により算定した額を超える事業主に対して、その差額に相当する額を当該調整基礎額に除して得た数を当該基礎額に乗じて得た額に相当する金額を、当該年度分の障害者雇用調整金（以下「調整金」という。）として支給する。
②　前項の単位調整額は、事業主がその雇用する労働者の数に第54条第3項に規定する基準雇用率を乗じて得た数を超えて新たに対象障害者である者を雇用するものとした場合に当該対象障害者である者1人につき通常追加的に必要とされる1月当たりの同条第2項に規定する特別費用の額の平均額を基準として、政令で定める金額とする。
③　第43条第8項の規定は、前項の雇用する労働者の数の算定について準用する。
④　第45条の2第4項から第6項までの規定は第1項の対象障害者である労働者の数の算定について、第48条第6項の規定は親事業主、関係親事業主又は特定組合等に係る第1項の規定の適用について準用する。
⑤　親事業主、関係親事業主又は特定組合等に係る第1項の規定の適用については、機構は、厚生労働省令で定めるところにより、当該親事業主、当該子会社

若しくは当該関係会社、当該関係親事業主若しくは当該関係子会社又は当該特定組合等若しくは当該特定事業主に対して調整金を支給することができる。
⑥　第2項から前項までに定めるもののほか、法人である事業主が合併した場合又は個人である事業主について相続（包括遺贈を含む。第68条において同じ。）があつた場合における調整金の額の算定の特例その他調整金に関し必要な事項は、政令で定める。

（助成金の支給）
第51条　①　機構は、厚生労働省令で定める支給要件、支給額その他の支給の基準に従つて第49条第1項第2号から第7号までの助成金を支給する。
②　前項の助成金の支給については、対象障害者の職業の安定を図るため講じられるその他の措置と相まつて、対象障害者の雇用が最も効果的かつ効率的に促進され、及び継続されるように配慮されなければならない。

（資料の提出等）
第52条　①　機構は、第49条第1項第10号に掲げる業務に関して必要な限度において、事業主に対し、身体障害者又は知的障害者である労働者の雇用の状況その他の事項についての文書その他の物件の提出を求めることができる。
②　機構は、納付金関係業務に関し必要があると認めるときは、事業主、その団体、第49条第1項第4号の2のイに規定する法人又は同項第7号ロからニまでに掲げる法人（第82条第1項において「事業主等」という。）に対し、必要な事項についての報告を求めることができる。

　　　第2款　障害者雇用納付金の徴収
（障害者雇用納付金の徴収及び納付義務）
第53条　①　機構は、第49条第1項第1号の調整金及び同項第2号から第7号までの助成金の支給に要する費用、同項第8号及び第9号の業務の実施に要する費用並びに同号各号に掲げる業務に係る事務の処理に要する費用に充てるため、この款に定めるところにより、事業主から、毎年度、障害者雇用納付金（以下「納付金」という。）を徴収する。
②　事業主は、納付金を納付する義務を負う。

（納付金の額等）
第54条　①　事業主が納付すべき納付金の額は、各年度につき、調整基礎額に、当該年度に属する各月ごとにその初日におけるその雇用する労働者の数に基準雇用率を乗じて得た数（その数に1人未満の端数があるときは、その端数は、切り捨てる。）の合計数を乗じて得た額とする。
②　前項の調整基礎額は、事業主がその雇用する労働者の数に基準雇用率を乗じて得た数に達するまでの数の対象障害者である者を雇用するものとした場合に当該対象障害者である者1人につき通常必要とされる1月当たりの特別費用（対象障害者である者を雇用する場合に必要な施設又は設備の設置又は整備その他の対象障害者である者の適正な雇用管理に必要な措置に通常要する費用その他対象障害者である者を雇用するために特別に必要とされる費用をいう。）の額の平均額を基準として、政令で定める金額とする。
③　前2項の基準雇用率は、労働者の総数に対する対象障害者である労働者の総数の割合を基準として設定するものとし、少なくとも5年ごとに、当該割合の推移を勘案して政令で定める。

④ 第43条第8項の規定は,第1項及び第2項の雇用する労働者の数並びに前項の労働者の総数の算定について準用する.
⑤ 第45条の2第4項から第6項までの規定は第3項の対象障害者である労働者の総数の算定について,第48条第6項の規定は親事業主,関係親事業主又は特定組合等に係る第1項の規定の適用について準用する.

第55条 ① 前条第1項の場合において,当該事業主が当該年度において対象障害者である労働者を雇用しており,かつ,同条第2項に規定する調整基礎額に当該年度に属する各月ごとの初日における当該事業主の雇用する対象障害者である労働者の数の合計数を乗じて得た額が同条第1項の規定により算定した額に達しないときは,当該事業主が納付すべき納付金の額は,同項の規定にかかわらず,その差額(第74条の2第4項及び第5項において「算定額」という.)に相当する金額とする.
② 前条第1項の場合において,当該事業主が当該年度において対象障害者である労働者を雇用しており,かつ,同条第2項に規定する調整基礎額に当該年度に属する各月ごとの初日における当該事業主の雇用する対象障害者である労働者の数の合計数を乗じて得た額が同条第1項の規定により算定した額以上であるときは,当該事業主については,同項の規定にかかわらず,納付金は,徴収しない.
③ 第45条の2第4項から第6項までの規定は前2項の対象障害者である労働者の数の算定について,第48条第6項の規定は親事業主,関係親事業主又は特定組合等に係る前2項の規定の適用について準用する.

(納付金の納付等)
第56条 ① 事業主は,各年度ごとに,当該年度に係る納付金の額その他の厚生労働省令で定める事項を記載した申告書を翌年度の初日(当該年度の中途に事業を廃止した事業主にあつては,当該事業を廃止した日)から45日以内に機構に提出しなければならない.
② 事業主は,前項の申告に係る額の納付金を,同項の申告書の提出期限までに納付しなければならない.
③ 第1項の申告書には,当該年度に属する各月ごとの初日における各事業所ごとの労働者の数及び対象障害者である労働者の数その他の厚生労働省令で定める事項を記載した書類を添付しなければならない.
④ 機構は,事業主が第1項の申告書の提出期限までに同項の申告書を提出しないとき,又は同項の申告書の記載に誤りがあると認めたときは,納付金の額を決定し,事業主に納入の告知をする.
⑤ 前項の規定による納入の告知を受けた事業主は,第1項の申告書を提出していないとき(納付すべき納付金の額がない旨の記載をした申告書を提出しているときを含む.)は前項の規定により機構が決定した額の納付金の全額を,第1項の申告に係る納付金の額が前項の規定により機構が決定した額の納付金の額に足りないときはその不足額を,その通知を受けた日から15日以内に機構に納付しなければならない.
⑥ 事業主が納付した納付金の額が,第4項の規定により機構が決定した額の納付金の額を超える場合には,機構は,その超える額について,未納の納付金その他この款の規定による徴収金があるときはこれに充当し,なお残余があれば還付し,未納の納付金その他この款の規定による徴収金がないときはこれを還付しなければならない.
⑦ 第48条第6項の規定は,親事業主,関係親事業主又は特定組合等に係る第1項,第3項及び第4項の規定の適用について準用する.この場合において,同条第6項中「とみなす」とあるのは,「と,当該子会社及び当該関係会社の事業所は当該親事業主の事業所と,当該関係子会社の事業所は当該関係親事業主の事業所と,当該特定事業主の事業所は当該特定組合等の事業所とみなす」と読み替えるものとする.

(納付金の延納)
第57条 機構は,厚生労働省令で定めるところにより,事業主の申請に基づき,当該事業主の納付すべき納付金を延納させることができる.

(追徴金)
第58条 ① 機構は,事業主が第56条第5項の規定による納付金の全額又はその不足額を納付しなければならないときは,その納付すべき額(その額に1000円未満の端数があるときは,その端数は,切り捨てる.)に100分の10を乗じて得た額の追徴金を徴収する.ただし,事業主が天災その他やむを得ない理由により,同項に規定する納付金の全額又はその不足額を納付しなければならなくなつた場合は,この限りでない.
② 前項の規定にかかわらず,同項に規定する納付金の全額又はその不足額が1000円未満であるときは,同項の規定による追徴金は,徴収しない.
③ 機構は,第1項の規定により追徴金を徴収する場合には,厚生労働省令で定めるところにより,事業主に対して,期限を指定して,その納付すべき追徴金の額を通知しなければならない.

(徴収金の督促及び滞納処分)
第59条 ① 納付金その他この款の規定による徴収金を納付しない者があるときは,機構は,期限を指定して督促しなければならない.
② 前項の規定により督促するときは,機構は,納付義務者に対して督促状を発する.この場合において,督促状により指定すべき期限は,督促状を発する日から起算して10日以上経過した日でなければならない.
③ 第1項の規定による督促を受けた者がその指定の期限までに納付金その他この款の規定による徴収金を完納しないときは,機構は,厚生労働大臣の認可を受けて,国税滞納処分の例により,滞納処分をすることができる.

(延滞金)
第60条 ① 前条第1項の規定により納付金の納付を督促したときは,機構は,その督促に係る納付金の額につき年14.5パーセントの割合で,納付期限の翌日からその完納又は財産差押えの日の前日までの日数により計算した延滞金を徴収する.ただし,督促に係る納付金の額が1000円未満であるときは,この限りでない.
② 前項の場合において,納付金の額の一部につき納付があつたときは,その納付の日以降の期間に係る延滞金の額の計算の基礎となる納付金の額は,その納付のあつた納付金の額を控除した額とする.
③ 延滞金の計算において,前2項の納付金の額に1000円未満の端数があるときは,その端数は,切り

46 障害者の雇用の促進等に関する法律（61条〜72条）

捨てる．
④ 前3項の規定によつて計算した延滞金の額に100円未満の端数があるときは，その端数は，切り捨てる．
⑤ 延滞金は，次の各号のいずれかに該当する場合には，徴収しない．ただし，第4号の場合には，その執行を停止し，又は猶予した期間に対応する部分の金額に限る．
 1 督促状に指定した期限までに納付金を完納したとき．
 2 納付義務者の住所又は居所がわからないため，公示送達の方法によつて督促したとき．
 3 延滞金の額が100円未満であるとき．
 4 納付金について滞納処分の執行を停止し，又は猶予したとき．
 5 納付金を納付しないことについてやむを得ない理由があると認められるとき．

（先取特権の順位）
第61条 納付金その他この款の規定による徴収金の先取特権の順位は，国税及び地方税に次ぐものとする．

（徴収金の徴収手続等）
第62条 納付金その他この款の規定による徴収金は，この款に別段の定めがある場合を除き，国税徴収の例により徴収する．

（時 効）
第63条 ① 納付金その他この款の規定による徴収金を徴収し，又はその還付を受ける権利は，2年を経過したときは，時効によつて消滅する．
② 機構が行う納付金その他この款の規定による徴収金の納入の告知又は第59条第1項の規定による督促は，民法（明治29年法律第89号）第153条の規定にかかわらず，時効中断の効力を生ずる．

（徴収金の帰属）
第64条 機構が徴収した納付金その他この款の規定による徴収金は，機構の収入とする．

（徴収金の徴収に関する審査請求）
第65条 納付金その他この款の規定による徴収金の賦課又は徴収の処分について不服がある者は，厚生労働大臣に対して審査請求をすることができる．この場合において，厚生労働大臣は，行政不服審査法（平成26年法律第68号）第25条第2項及び第3項，第46条第1項並びに第47条の規定の適用については，機構の上級行政庁とみなす．

第66条 削 除

（行政手続法の適用除外）
第67条 納付金その他この款の規定による徴収金の賦課又は徴収の処分については，行政手続法（平成5年法律第88号）第2章及び第3章の規定は，適用しない．

（政令への委任）
第68条 この款に定めるもののほか，法人である事業主が合併した場合又は個人である事業主について相続があつた場合における納付金の額の算定の特例その他この款に定める納付金その他の徴収金に関し必要な事項は，政令で定める．

第69条から第72条まで 削 除

（雇用義務等及び納付金関係業務に係る規定の適用に関する特例）
第69条 精神障害者のうち精神保健及び精神障害者福祉に関する法律（昭和25年法律第123号）第45条第2項の規定により精神障害者保健福祉手帳の交付を受けている者（第73条，次節及び第79条を除き，以下「精神障害者」という．）である職員及び精神障害者である労働者については，この条から第72条までに定めるところにより，身体障害者又は知的障害者である職員及び身体障害者又は知的障害者である労働者に関する前2節（第37条，第38条第3項及び第5項まで，第43条第2項から第6項まで，第44条第3項，第45条の2第4項から第6項まで（第45条の3第6項，第46条第2項，第50条第6項，第54条第4項及び第55条第3項において準用する場合を含む．），第48条，第49条第1項第2号から第9号まで，第50条第2項並びに第54条第2項及び第3項を除く．）の規定を適用するものとする．

（雇用義務等に係る規定の精神障害者である職員についての適用に関する特例）
第70条 ① 第38条第1項に規定する場合において，当該機関に精神障害者である職員が勤務するときにおける同項の規定の適用については，同項の計画の作成前に，当該機関の任命権者が身体障害者又は知的障害者である以外の職員に替えて当該精神障害者である職員の数に相当する数（精神障害者である短時間勤務職員にあつては，その1人をもつて，厚生労働省令で定める数に相当する数）の身体障害者又は知的障害者である職員を採用したものとみなす．
② 国及び地方公共団体の任命権者は，第38条第1項の身体障害者又は知的障害者の採用に関する計画を作成し，又は実施する場合においては，精神障害者である職員の採用は身体障害者又は知的障害者の採用に含まれるものとして，当該計画の作成又は実施をすることができる．
③ 第40条の規定の適用については，精神障害者である職員は，身体障害者又は知的障害者である職員とみなす．
④ 第41条及び第42条第1項の規定の適用については，第41条第1項及び第42条第1項第2号中「又は知的障害者である職員」とあるのは「，知的障害者又は第69条に規定する精神障害者である職員」と，第41条第2項中「若しくは知的障害者である職員」とあるのは「，知的障害者若しくは第69条に規定する精神障害者である職員」とする．

（雇用義務等に係る規定の精神障害者である労働者についての適用に関する特例）
第71条 ① 第43条第1項の場合において，当該事業主が精神障害者である労働者を雇用しているときにおける同項の規定の適用については，当該雇用関係の変動がある時に，当該事業主が身体障害者又は知的障害者である以外の労働者に替えて当該精神障害者である労働者の数に相当する数（精神障害者である短時間労働者にあつては，その1人をもつて，厚生労働省令で定める数に相当する数）の身体障害者又は知的障害者である労働者を雇い入れたものとみなす．
② 第43条第7項の規定の適用については，精神障害者である労働者は，身体障害者又は知的障害者である労働者とみなす．
③ 第44条第1項，第45条第1項，第45条の2第1項並びに第45条の3第1項及び第3項の規定の適用については，精神障害者である労働者は，第

44条第1項第2号,第45条の2第1項第3号並びに第45条の3第1項第4号及び第6号において身体障害者又は知的障害者である労働者とみなし,これらの規定の適用に当たつては,精神障害者である短時間労働者は,その1人をもつて,厚生労働省令で定める数の身体障害者又は知的障害者である労働者に相当するものとみなし,第44条第1項第3号及び第4号,第45条第1項第3号,第45条の2第1項第2号並びに第45条の3第1項(第4号及び第6号を除く.)第3項第1号中「又は知的障害者である労働者」とあるのは「,知的障害者又は第69条に規定する精神障害者である労働者」と,第45条の2第1項第4号中「若しくは知的障害者である労働者」とあるのは「,知的障害者若しくは第69条に規定する精神障害者である労働者」とする.

④ 第46条第1項の規定の適用については,精神障害者である労働者は,身体障害者又は知的障害者である労働者とみなし,同項の身体障害者又は知的障害者である労働者の数の算定に当たつては,精神障害者である短時間労働者は,その1人をもつて,厚生労働省令で定める数の身体障害者又は知的障害者である労働者に相当するものとみなす.

⑤ 事業者は,第46条第1項の身体障害者又は知的障害者の雇入れに関する計画を作成し,又は実施する場合においては,精神障害者の雇入れは身体障害者又は知的障害者の雇入れに含まれるものとして,当該作成又は実施をすることができる.

(精神障害者である労働者に関する納付金関係業務の実施等)

第72条 ① 第50条第1項並びに第55条第1項及び第2項の規定の適用については,精神障害者である労働者は,身体障害者又は知的障害者である労働者とみなし,これらの規定の数の算定に当たつては,精神障害者である短時間労働者は,その1人をもつて,厚生労働省令で定める数の身体障害者又は知的障害者である労働者に相当するものとみなす.

② 第52条第1項及び第56条第3項の規定(第52条第1項に係る罰則の規定を含む.)の適用については,精神障害者である労働者は,身体障害者又は知的障害者とみなす.

第3節 対象障害者以外の障害者に関する特例
(精神障害者に関する助成金の支給業務の実施等)

第73条 ① 厚生労働大臣は,精神障害者(精神保健及び精神障害者福祉に関する法律第45条第2項の規定により精神障害者保健福祉手帳の交付を受けているものを除く.)である労働者に関しても,第49条第1項第2号から第9号まで及び第11号に掲げる業務に相当する業務を行うことができる.

② 厚生労働大臣は,前項に規定する業務の全部又は一部を機構に行わせるものとする.

③ 前項の場合においては,当該業務は,第49条第1項第2号から第9号まで及び第11号に掲げる業務に含まれるものとみなして,第51条及び第53条の規定を適用する.この場合において,第51条第2項中「対象障害者」とあるのは,「身体障害者,知的障害者又は第2条第6号に規定する精神障害者」とする.

第4節 身体障害者,知的障害者及び精神障害者以外の障害者に関する特例

〔=削除〕

(身体障害者,知的障害者及び精神障害者以外の障害者に関する助成金の支給業務の実施等)

第74条 ① 厚生労働大臣は,障害者(身体障害者,知的障害者及び精神障害者を除く.)のうち厚生労働省令で定める者に関しても,第49条第1項第2号から第9号まで及び第11号に掲げる業務であつて厚生労働省令で定めるものに相当する業務を行うことができる.

② 厚生労働大臣は,前項に規定する業務の全部又は一部を機構に行わせるものとする.

③ 前項の場合においては,当該業務は,第49条第1項第2号から第9号まで及び第11号に掲げる業務に含まれるものとみなして,第51条及び第53条の規定を適用する.

第4節 障害者の在宅就業に関する特例
(在宅就業障害者特例調整金)

第74条の2 ① 厚生労働大臣は,在宅就業障害者の就業機会の確保を支援するため,事業主で次項の規定に該当するものに対して,同項の在宅就業障害者特例調整金を支給する業務を行うことができる.

② 厚生労働大臣は,厚生労働省令で定めるところにより,各年度ごとに,在宅就業障害者との間で書面により在宅就業契約を締結した事業主(次条第1項に規定する在宅就業支援団体を除く.以下この節において同じ.)であつて,在宅就業障害者に在宅就業契約に基づく業務の対価を支払つたものに対して,調整額に,当該年度に支払つた当該対価の総額(以下「対象額」という.)を評価額で除して得た数(その数に1未満の端数があるときは,その端数は切り捨てる.)を乗じて得た額に相当する金額を,当該年度分の在宅就業障害者特例調整金として支給する.ただし,在宅就業単位調整額に当該年度に属する各月ごとの初日における当該事業主の雇用する対象障害者である労働者の数の合計数を乗じて得た額に相当する金額を超えることができない.

③ この節,第4章,第5章及び附則第4条において,次の各号に掲げる用語の意義は,当該各号に定めるところによる.

1 在宅就業障害者 対象障害者であつて,自宅その他厚生労働省令で定める場所において物品の製造,役務の提供その他これらに類する業務を自ら行うもの(雇用されている者を除く.)

2 在宅就業契約 在宅就業障害者が物品の製造,役務の提供その他これらに類する業務を行う旨の契約

3 在宅就業単位調整額 第50条第2項に規定する単位調整額以下の額で政令で定める額

4 調整基準月数 在宅就業単位調整額に評価基準月数(在宅就業障害者の就業機会の確保に資する程度その他の状況を勘案して政令で定める月数をいう.以下同じ.)を乗じて得た数

5 評価額 障害者である労働者の平均的な給与の状況その他の状況を勘案して政令で定める額に評価基準月数を乗じて得た額

④ 第55条第1項の場合において,当該事業主が当該年度において在宅就業障害者に在宅就業契約に基づく業務の対価を支払つており,かつ,第2項の規定により算定した在宅就業障害者特例調整金の

46 障害者の雇用の促進等に関する法律（74条の3）

額が算定額に達しないときは、当該事業主が納付すべき納付金の額は、同条第1項の規定にかかわらず、その差額に相当する金額とする。この場合においては、当該事業主については、第2項の規定にかかわらず、在宅就業障害者特例調整金は支給しない。

⑤ 第55条第1項の場合において、当該事業主が当該年度において在宅就業障害者に在宅就業契約に基づく業務の対価を支払つており、かつ、第2項の規定により算定した在宅就業障害者特例調整金の額が算定額以上であるときは、同項の規定にかかわらず、当該事業主に対して、その差額に相当する金額を、当該年度分の在宅就業障害者特例調整金として支給する。この場合においては、当該事業主については、同条第1項の規定にかかわらず、納付金は徴収しない。

⑥ 厚生労働大臣は、第1項に規定する業務の全部又は一部を機構に行わせるものとする。

⑦ 機構は、第1項に規定する業務に関し必要があると認めるときは、事業主又は在宅就業障害者に対し、必要な事項についての報告を求めることができる。

⑧ 第6項の場合における第53条の規定の適用については、同条第1項中「並びに同項各号に掲げる業務」とあるのは、「、第74条の2第1項の在宅就業障害者特例調整金の支給に要する費用並びに第49条第1項各号に掲げる業務及び第74条の2第1項に規定する業務」とする。

⑨ 親事業主、関係親事業主は特定組合等に係る第2項、第4項及び第5項並びに第56条第1項及び第4項の規定の適用については、在宅就業契約に基づく業務の対価として在宅就業障害者に対して支払つた額に関し、当該子会社及び当該関係子会社が支払つた額は当該親事業主のみが支払つた額と、当該関係子会社が支払つた額は当該関係親事業主のみが支払つた額と、当該特定事業主が支払つた額は当該特定組合等のみが支払つた額とみなす。

⑩ 第45条の2第4項から第6項までの規定は第2項の<u>対象障害者</u>である労働者の数の算定について、第50条第5項及び第6項の規定は第1項の在宅就業障害者特例調整金について準用する。<u>この場合において、第45条の2第4項中「又は知的障害者である労働者と」とあるのは「、知的障害者及び第69条に規定する精神障害者である労働者と」と、「又は知的障害者である短時間労働者」とあるのは「、知的障害者又は同条に規定する精神障害者である短時間労働者」と読み替えるものとする。</u>〔＝削除〕

（在宅就業支援団体）

第74条の3 ① 各年度ごとに、事業主に在宅就業対価相当額（事業主が厚生労働大臣の登録を受けた法人（以下「在宅就業支援団体」という。）との間で締結した物品の製造、役務の提供その他これらに類する業務に係る契約に基づき当該事業主が在宅就業支援団体に対して支払つた金額のうち、当該契約の履行に当たり在宅就業支援団体が在宅就業障害者との間で締結した在宅就業契約に基づく業務の対価として支払つた部分の金額に相当する金額をいう。以下同じ。）があるときは、その総額を当該年度の対象額に加算する。この場合において、前条の規定の適用については、同条第2項中「当該対価の総額」とあるのは「当該対価の総額と次条第1項に規定する在宅就業対価相当額の総額とを合計した額」と、同条第9項中「に関し、」とあるのは「に関し」と、「とみなす」とあるのは「と、当該子会社及び当該関係会社に係る次条第1項に規定する在宅就業対価相当額（以下この項において「在宅就業対価相当額」という。）は当該親事業主のみに係る在宅就業対価相当額と、当該関係子会社に係る在宅就業対価相当額は当該関係親事業主のみに係る在宅就業対価相当額と、当該特定事業主に係る在宅就業対価相当額は当該特定組合等のみに係る在宅就業対価相当額とみなす」とする。

② 前項の登録は、在宅就業障害者の希望に応じた就業の機会を確保し、及び在宅就業障害者に対して組織的に提供することその他の在宅就業障害者に対する援助の業務を行う法人の申請により行う。

③ 次の各号のいずれかに該当する法人は、第1項の登録をうけることができない。

1 この法律の規定その他労働に関する法律の規定であつて政令で定めるもの又は出入国管理及び難民認定法（昭和26年政令第319号）第73条の2第1項の規定及び同項の規定に係る同法第76条の2の規定により、罰金の刑に処せられ、その執行を終わり、又は執行を受けることがなくなつた日から5年を経過しない法人

2 第18項の規定により登録を取り消され、その取消しの日から5年を経過しない法人

3 役員のうちに、禁錮以上の刑に処せられ、又はこの法律の規定その他労働に関する法律の規定であつて政令で定めるもの若しくは暴力団員による不当な行為の防止等に関する法律（平成3年法律第77号）の規定（同法第50条（第2項に係る部分に限る。）及び第52条の規定を除く。）により、若しくは刑法（明治40年法律第45号）第204条、第206条、第208条、第208条の2、第222条若しくは第247条の罪、暴力行為等処罰に関する法律（大正15年法律第60号）の罪若しくは出入国管理及び難民認定法第73条の2第1項の罪を犯したことにより、罰金の刑に処せられ、その執行を終わり、又は執行を受けることがなくなつた日から5年を経過しない者のある法人

④ 厚生労働大臣は、第2項の規定により登録を申請した法人が次に掲げる要件のすべてに適合しているときは、その登録をしなければならない。この場合において、登録に関して必要な手続は、厚生労働省令で定める。

1 常時10人以上の在宅就業障害者に対して、次に掲げる業務のすべてを継続的に実施していること。

イ 在宅就業障害者の希望に応じた就業の機会を確保し、及び在宅就業障害者に対して組織的に提供すること。

ロ 在宅就業障害者に対して、その業務を適切に行うために必要な知識及び技能を習得するための職業講習又は情報提供を行うこと。

ハ 在宅就業障害者に対して、その業務を適切に行うために必要な助言その他の援助を行うこと。

ニ 雇用による就業を希望する在宅就業障害者に対して、必要な助言その他の援助を行うこと。

2 前号イからニまでに掲げる業務（以下「実施業務」という。）の対象である障害者に関する知識及び当該障害に係る障害者の援助を行う業務に従事した経験並びに在宅就業障害者に対して提供する就業の機会に係る業務の内容に関する知識を有する者（次号において「従事経験者」という。）が実施業務を実施し、その人数が2人以上であること。

3 前号に掲げる者のほか、実施業務を適正に行うための専任の管理者（従事経験者である者に限る。）が置かれていること。
4 実施業務を行うために必要な施設及び設備を有すること。
⑤ 登録は、在宅就業支援団体登録簿に次に掲げる事項を記載してするものとする。
1 登録年月日及び登録番号
2 在宅就業支援団体の名称及び住所並びにその代表者の氏名
3 在宅就業支援団体が在宅就業障害者に係る業務を行う事業所の所在地
⑥ 第1項の登録は、3年以内において政令で定める期間ごとにその更新を受けなければ、その期間の経過によつて、その効力を失う。
⑦ 第2項から第5項までの規定は、前項の登録の更新について準用する。
⑧ 在宅就業支援団体は、物品の製造、役務の提供その他これらに類する業務に係る契約に基づき事業主から対価の支払を受けたときは、厚生労働省令で定めるところにより、当該事業主に対し、在宅就業対価相当額を証する書面を交付しなければならない。
⑨ 在宅就業支援団体は、前項に定めるもののほか、第4項各号に掲げる要件及び厚生労働省令で定める基準に適合する方法により在宅就業障害者に係る業務を行わなければならない。
⑩ 在宅就業支援団体は、第5項第2号又は第3号に掲げる事項を変更しようとするときは、変更しようとする日の2週間前までに、その旨を厚生労働大臣に届け出なければならない。
⑪ 在宅就業支援団体は、在宅就業障害者に係る業務に関する規程（次項において「業務規程」という。）を定め、当該業務の開始前に、厚生労働大臣に届け出なければならない。これを変更しようとするときも、同様とする。
⑫ 業務規程には、在宅就業障害者に係る業務の実施方法その他の厚生労働省令で定める事項を定めておかなければならない。
⑬ 在宅就業支援団体は、在宅就業障害者に係る業務の全部又は一部を休止し、又は廃止しようとするときは、厚生労働省令で定めるところにより、あらかじめ、その旨を厚生労働大臣に届け出なければならない。
⑭ 在宅就業支援団体は、毎事業年度経過後3月以内に、その事業年度の財産目録、貸借対照表及び損益計算書又は収支計算書並びに事業報告書（その作成に代えて電磁的記録（電子的方式、磁気的方式その他の人の知覚によつては認識することができない方式で作られる記録であつて、電子計算機による情報処理の用に供されるものをいう。以下同じ。）の作成がされている場合における当該電磁的記録を含む。以下「財務諸表等」という。）を作成し、5年間事業所に備えて置かなければならない。
⑮ 在宅就業障害者その他の利害関係人は、在宅就業支援団体の業務時間内は、いつでも、次に掲げる請求をすることができる。ただし、第2号又は第4号の請求をするには、在宅就業支援団体の定めた費用を支払わなければならない。
1 財務諸表等が書面をもつて作成されているときは、当該書面の閲覧又は謄写の請求
2 前号の書面の謄本又は抄本の請求
3 財務諸表等が電磁的記録をもつて作成されているときは、当該電磁的記録に記録された事項を厚生労働省令で定める方法により表示したものの閲覧又は謄写の請求
4 前号の電磁的記録に記録された事項を電磁的方法であつて厚生労働省令で定めるものにより提供することの請求又は当該事項を記載した書面の交付の請求
⑯ 厚生労働大臣は、在宅就業支援団体が第4項各号のいずれかに適合しなくなつたと認めるときは、当該在宅就業支援団体に対し、これらに適合するため必要な措置をとるべきことを命ずることができる。
⑰ 厚生労働大臣は、在宅就業支援団体が第9項の規定に違反していると認めるときは、当該在宅就業支援団体に対し、在宅就業障害者に係る業務を行うべきこと又は当該業務の実施の方法その他の業務の方法の改善に関し必要な措置をとるべきことを命ずることができる。
⑱ 厚生労働大臣は、在宅就業支援団体が次の各号のいずれかに該当するときは、その登録を取り消し、又は当該在宅就業支援団体に係る業務の全部若しくは一部の停止を命ずることができる。
1 第3項第1号又は第3号に該当するに至つたとき。
2 第8項、第10項から第14項まで又は次項の規定に違反したとき。
3 正当な理由がないのに第15項各号の規定による請求を拒んだとき。
4 前2項の規定による命令に違反したとき。
5 不正の手段により第1項の登録を受けたとき。
⑲ 在宅就業支援団体は、厚生労働省令で定めるところにより、帳簿を備え、在宅就業障害者に係る業務に関し厚生労働省令で定める事項を記載し、これを保存しなければならない。
⑳ 機構は、第1項において読み替えて適用する前条第2項の場合における同条第1項の業務に関し必要があると認めるときは、事業主、在宅就業障害者又は在宅就業支援団体に対し、必要な事項についての報告を求めることができる。
㉑ 在宅就業支援団体は、毎年1回、厚生労働省令で定めるところにより、在宅就業障害者に係る業務に関し厚生労働省令で定める事項を厚生労働大臣に報告しなければならない。
㉒ 厚生労働大臣は、次に掲げる場合には、その旨を官報に公示しなければならない。
1 第1項の登録をしたとき。
2 第10項の規定による届出があつたとき。
3 第13項の規定による届出があつたとき。
4 第18項の規定により第1項の登録を取り消し、又は在宅就業障害者に係る業務の停止を命じたとき。

第3章の2　紛争の解決

第1節　紛争の解決の援助
（苦情の自主的解決）
第74条の4　事業主は、第35条及び第36条の3に定める事項に関し、障害者である労働者から苦情の申出を受けたときは、苦情処理機関（事業主を代表する者及び当該事業所の労働者を代表する者を構成員とする当該事業所の労働者の苦情を処理するための機関をいう。）に対し当該苦情の処理を委ねる等その自主的な解決を図るように努めなければ

第4章 雑則

(障害者の雇用の促進等に関する研究等)
第75条 国は、障害者の能力に適合する職業、その就業上必要な作業設備及び作業補助具その他障害者の雇用の促進及びその職業の安定に関し必要な事項について、調査、研究及び資料の整備に努めるものとする.

(障害者の雇用に関する広報啓発)
第76条 国及び地方公共団体は、障害者の雇用を妨げている諸要因の解消を図るため、障害者の雇用について事業主その他国民一般の理解を高めるために必要な広報その他の啓発活動を行うものとする.

(障害者雇用推進者)
第78条 ① 事業主は、その雇用する労働者の数が常時第43条第7項の厚生労働省令で定める数以上であるときは、厚生労働省令で定めるところにより、次に掲げる業務を担当する者を選任するように努めなければならない.
 1 障害者の雇用の促進及びその雇用の継続を図るために必要な施設又は設備の設置又は整備その他の諸条件の整備を図るための業務
 2 第43条第7項の規定による報告及び第81条第1項の規定による届出を行う業務
 3 第46条第1項の規定による命令を受けたとき、又は同条第5項若しくは第6項の規定による勧告を受けたときは、当該命令若しくは勧告に係る国との連絡に関する業務又は同条第1項の計画の作成及び当該計画の円滑な実施を図るための業務
② 第43条第8項の規定は、前項の雇用する労働者の数の算定について準用する.

(障害者職業生活相談員)
第79条 ① 事業主は、厚生労働省令で定める数以上の障害者(身体障害者,知的障害者及び精神障害者(厚生労働省令で定める者に限る.以下この項において同じ.)に限る.以下この項及び第81条において同じ.)である労働者を雇用する事業所においては、その雇用する労働者であつて、厚生労働大臣が行う講習(以下この条において「資格認定講習」という.)を修了したものその他厚生労働省令で定める資格を有するもののうちから、厚生労働省令で定めるところにより、障害者職業生活相談員を選任し、その者に当該事業所に雇用されている障害者である労働者の職業生活に関する相談及び指導を行わせなければならない.
② 厚生労働大臣は、資格認定講習に関する業務の全部又は一部を、第49条第1項第9号に掲げる業務として機構に行わせることができる.

(障害者である短時間労働者の待遇に関する措置)
第80条 事業主は、その雇用する障害者である短時間労働者が、当該事業主の雇用する労働者の所定労働時間労働すること等の希望を有する旨の申出をしたときは、当該短時間労働者に対し、その有する能力に応じた適切な待遇を行うように努めなければならない.

(解雇の届出)
第81条 ① 事業主は、障害者である労働者を解雇する場合(労働者の責めに帰すべき理由により解雇する場合その他厚生労働省令で定める場合を除く.)には、厚生労働省令で定めるところにより、その旨を公共職業安定所長に届け出なければならない.
② 前項の届出があつたときは、公共職業安定所は、同項の届出に係る障害者である労働者について、速やかに求人の開拓、職業紹介等の措置を講ずるように努めるものとする.

(報告等)
第82条 ① 厚生労働大臣又は公共職業安定所長は、この法律を施行するため必要な限度において、厚生労働省令で定めるところにより、事業主等,在宅就業障害者又は在宅就業支援団体に対し、障害者の雇用の状況その他の事項についての報告を命じ、又はその職員に、事業主等若しくは在宅就業支援団体の事業所若しくは在宅就業障害者が業務を行う場所に立ち入り、関係者に対して質問させ、若しくは帳簿書類その他の物件の検査をさせることができる.
② 前項の規定により立入検査をする職員は、その身分を示す証明書を携帯し、関係者に提示しなければならない.
③ 第1項の規定による立入検査の権限は、犯罪捜査のために認められたものと解釈してはならない.

(連絡及び協力)
第83条 公共職業安定所、機構、障害者就業・生活支援センター、公共職業能力開発施設等、社会福祉法に定める福祉に関する事務所、精神保健及び精神障害者福祉に関する法律第6条第1項に規定する精神保健福祉センターその他の障害者に対する援護の機関等の関係機関及び関係団体は、障害者の雇用の促進及びその職業の安定を図るため、相互に、密接に連絡し、及び協力しなければならない.

(権限の委任)
第84条 ① この法律に定める厚生労働大臣の権限は、厚生労働省令で定めるところにより、その一部を都道府県労働局長に委任することができる.
② 前項の規定により都道府県労働局長に委任された権限は、厚生労働省令で定めるところにより、公共職業安定所長に委任することができる.

(厚生労働省令への委任)
第85条 この法律に規定するもののほか、この法律の実施のため必要な手続その他の事項は、厚生労働省令で定める.

第5章 罰則 (略)

(2) 労働法規・労災補償

47 労働基準法

(昭22・4・7法律第49号,昭22・11・1施行,最終改正:平27・5・29法律第31号)

第1章 総則

(労働条件の原則)
第1条 ① 労働条件は、労働者が人たるに値する生活を営むための必要を充たすべきものでなければならない.

② この法律で定める労働条件の基準は最低のものであるから,労働関係の当事者は,この基準を理由として労働条件を低下させてはならないことはもとより,その向上を図るように努めなければならない.
(労働条件の決定)
第2条 ① 労働条件は,労働者と使用者が,対等の立場において決定すべきものである.
② 労働者及び使用者は,労働協約,就業規則及び労働契約を遵守し,誠実に各々その義務を履行しなければならない.
(均等待遇)
第3条 使用者は,労働者の国籍,信条又は社会的身分を理由として,賃金,労働時間その他の労働条件について,差別的取扱をしてはならない.
(男女同一賃金の原則)
第4条 使用者は,労働者が女性であることを理由として,賃金について,男性と差別的取扱いをしてはならない.
(強制労働の禁止)
第5条 使用者は,暴行,脅迫,監禁その他精神又は身体の自由を不当に拘束する手段によつて,労働者の意思に反して労働を強制してはならない.
(中間搾取の排除)
第6条 何人も,法律に基いて許される場合の外,業として他人の就業に介入して利益を得てはならない.
(公民権行使の保障)
第7条 使用者は,労働者が労働時間中に,選挙権その他公民としての権利を行使し,又は公の職務を執行するために必要な時間を請求した場合においては,拒んではならない.但し,権利の行使又は公の職務の執行に妨げがない限り,請求された時刻を変更することができる.
第8条 削除
(定　義)
第9条 この法律で「労働者」とは,職業の種類を問わず,事業又は事務所(以下「事業」という.)に使用される者で,賃金を支払われる者をいう.
第10条 この法律で使用者とは,事業主又は事業の経営担当者その他その事業の労働者に関する事項について,事業主のために行為をするすべての者をいう.
第11条 この法律で賃金とは,賃金,給料,手当,賞与その他名称の如何を問わず,労働の対償として使用者が労働者に支払うすべてのものをいう.
第12条 ① この法律で平均賃金とは,これを算定すべき事由の発生した日以前3箇月間にその労働者に対し支払われた賃金の総額を,その期間の総日数で除した金額をいう.ただし,その金額は,次の各号の1によつて計算した金額を下つてはならない.
1 賃金が,労働した日若しくは時間によつて算定され,又は出来高払制その他の請負制によつて定められた場合においては,賃金の総額をその期間中に労働した日数で除した金額の100分の60
2 賃金の一部が,月,週その他一定の期間によつて定められた場合においては,その部分の総額をその期間の総日数で除した金額と前号の金額の合算額
② 前項の期間は,賃金締切日がある場合においては,直前の賃金締切日から起算する.
③ 前2項に規定する期間中に,次の各号のいずれかに該当する期間がある場合においては,その日数及びその期間中の賃金は,前2項の期間及び賃金の総額から控除する.
1 業務上負傷し,又は疾病にかかり療養のために休業した期間
2 産前産後の女性が第65条の規定によつて休業した期間
3 使用者の責めに帰すべき事由によつて休業した期間
4 育児休業,介護休業等育児又は家族介護を行う労働者の福祉に関する法律(平成3年法律第76号)第2条第1号に規定する育児休業又は同条第2号に規定する介護休業(同法第61条第3項(同条第6項において準用する場合を含む.)に規定する介護をするための休業を含む.第39条第8項において同じ.)をした期間
5 試みの使用期間
④ 第1項の賃金の総額には,臨時に支払われた賃金及び3箇月を超える期間ごとに支払われる賃金並びに通貨以外のもので支払われた賃金で一定の範囲に属しないものは算入しない.
⑤ 賃金が通貨以外のもので支払われる場合,第1項の賃金の総額に算入すべきものの範囲及び評価に関し必要な事項は,厚生労働省令で定める.
⑥ 雇入後3箇月に満たない者については,第1項の期間は,雇入後の期間とする.
⑦ 日日雇い入れられる者については,その従事する事業又は職業について,厚生労働大臣の定める金額を平均賃金とする.
⑧ 第1項乃至第6項によつて算定し得ない場合の平均賃金は,厚生労働大臣の定めるところによる.

第2章　労働契約

(この法律違反の契約)
第13条 この法律で定める基準に達しない労働条件を定める労働契約は,その部分については無効とする.この場合において,無効となつた部分は,この法律で定める基準による.
(契約期間等)
第14条 ① 労働契約は,期間の定めのないものを除き,一定の事業の完了に必要な期間を定めるもののほかは,3年(次の各号のいずれかに該当する労働契約にあつては,5年)を超える期間について締結してはならない.
1 専門的な知識,技術又は経験(以下この号において「専門的知識等」という.)であつて高度のものとして厚生労働大臣が定める基準に該当する専門的知識等を有する労働者(当該高度の専門的知識等を必要とする業務に就く者に限る.)との間に締結される労働契約
2 満60歳以上の労働者との間に締結される労働契約(前号に掲げる労働契約を除く.)
② 厚生労働大臣は,期間の定めのある労働契約の締結時及び当該労働契約の期間の満了時において労働者と使用者との間に紛争が生ずることを未然に防止するため,使用者が講ずべき労働契約の期間の満了に係る通知に関する事項その他必要な事項についての基準を定めることができる.
③ 行政官庁は,前項の基準に関し,期間の定めのある労働契約を締結する使用者に対し,必要な助言及び指導を行うことができる.
(労働条件の明示)

47 労働基準法（15条〜23条）

第15条 ① 使用者は、労働契約の締結に際し、労働者に対して賃金、労働時間その他の労働条件を明示しなければならない。この場合において、賃金及び労働時間に関する事項その他の厚生労働省令で定める事項については、厚生労働省令で定める方法により明示しなければならない。
② 前項の規定によつて明示された労働条件が事実と相違する場合においては、労働者は、即時に労働契約を解除することができる。
③ 前項の場合、就業のために住居を変更した労働者が、契約解除の日から14日以内に帰郷する場合においては、使用者は、必要な旅費を負担しなければならない。

（賠償予定の禁止）
第16条 使用者は、労働契約の不履行について違約金を定め、又は損害賠償額を予定する契約をしてはならない。

（前借金相殺の禁止）
第17条 使用者は、前借金その他労働することを条件とする前貸の債権と賃金を相殺してはならない。

（強制貯金）
第18条 ① 使用者は、労働契約に附随して貯蓄の契約をさせ、又は貯蓄金を管理する契約をしてはならない。
② 使用者は、労働者の貯蓄金をその委託を受けて管理しようとする場合においては、当該事業場に、労働者の過半数で組織する労働組合があるときはその労働組合、労働者の過半数で組織する労働組合がないときは労働者の過半数を代表する者との書面による協定をし、これを行政官庁に届け出なければならない。
③ 使用者は、労働者の貯蓄金をその委託を受けて管理する場合においては、貯蓄金の管理に関する規程を定め、これを労働者に周知させるため作業場に備え付ける等の措置をとらなければならない。
④ 使用者は、労働者の貯蓄金をその委託を受けて管理する場合において、貯蓄金の管理が労働者の預金の受入であるときは、利子をつけなければならない。この場合において、その利子が、金融機関の受け入れる預金の利率を考慮して厚生労働省令で定める利率による利子を下るときは、その厚生労働省令で定める利率による利子をつけたものとみなす。
⑤ 使用者は、労働者の貯蓄金をその委託を受けて管理する場合において、労働者がその返還を請求したときは、遅滞なく、これを返還しなければならない。
⑥ 使用者が前項の規定に違反した場合において、当該貯蓄金の管理を継続することが労働者の利益を著しく害すると認められるときは、行政官庁は、使用者に対して、その必要な限度の範囲内で、当該貯蓄金の管理を中止すべきことを命ずることができる。
⑦ 前項の規定により貯蓄金の管理を中止すべきことを命ぜられた使用者は、遅滞なく、その管理に係る貯蓄金を労働者に返還しなければならない。

（解雇制限）
第19条 ① 使用者は、労働者が業務上負傷し、又は疾病にかかり療養のために休業する期間及びその後30日間並びに産前産後の女性が第65条の規定によつて休業する期間及びその後30日間は、解雇してはならない。ただし、使用者が、第81条の規定によつて打切補償を支払う場合又は天災事変その他やむを得ない事由のために事業の継続が不可能となつた場合においては、この限りでない。
② 前項但書後段の場合においては、その事由について行政官庁の認定を受けなければならない。

（解雇の予告）
第20条 ① 使用者は、労働者を解雇しようとする場合においては、少くとも30日前にその予告をしなければならない。30日前に予告をしない使用者は、30日分以上の平均賃金を支払わなければならない。但し、天災事変その他やむを得ない事由のために事業の継続が不可能となつた場合又は労働者の責に帰すべき事由に基いて解雇する場合においては、この限りでない。
② 前項の予告の日数は、1日について平均賃金を支払つた場合においては、その日数を短縮することができる。
③ 前条第2項の規定は、第1項但書の場合にこれを準用する。

第21条 前条の規定は、左の各号の1に該当する労働者については適用しない。但し、第1号に該当する者が1箇月を超えて引き続き使用されるに至つた場合、第2号若しくは第3号に該当する者が所定の期間を超えて引き続き使用されるに至つた場合又は第4号に該当する者が14日を超えて引き続き使用されるに至つた場合においては、この限りでない。
1 日日雇い入れられる者
2 2箇月以内の期間を定めて使用される者
3 季節的業務に4箇月以内の期間を定めて使用される者
4 試の使用期間中の者

（退職時等の証明）
第22条 ① 労働者が、退職の場合において、使用期間、業務の種類、その事業における地位、賃金又は退職の事由（退職の事由が解雇の場合にあつては、その理由を含む。）について証明書を請求した場合においては、使用者は、遅滞なくこれを交付しなければならない。
② 労働者が、第20条第1項の解雇の予告がされた日から退職の日までの間において、当該解雇の理由について証明書を請求した場合においては、使用者は、遅滞なくこれを交付しなければならない。ただし、解雇の予告がされた日以後に労働者が当該解雇以外の事由により退職した場合においては、使用者は、当該退職の日以後、これを交付することを要しない。
③ 前2項の証明書には、労働者の請求しない事項を記入してはならない。
④ 使用者は、あらかじめ第三者と謀り、労働者の就業を妨げることを目的として、労働者の国籍、信条、社会的身分若しくは労働組合運動に関する通信をし、又は第1項及び第2項の証明書に秘密の記号を記入してはならない。

（金品の返還）
第23条 ① 使用者は、労働者の死亡又は退職の場合において、権利者の請求があつた場合においては、7日以内に賃金を支払い、積立金、保証金、貯蓄金その他本人の如何を問わず、労働者の権利に属する金品を返還しなければならない。
② 前項の賃金又は金品に関して争がある場合においては、使用者は、異議のない部分を、同項の期間中に支払い、又は返還しなければならない。

第3章 賃　金

(賃金の支払)
第24条 ① 賃金は,通貨で,直接労働者に,その全額を支払わなければならない.ただし,法令若しくは労働協約に別段の定めがある場合又は厚生労働省令で定める賃金について確実な支払の方法で厚生労働省令で定めるものによる場合においては,通貨以外のもので支払い,また,法令に別段の定めがある場合又は当該事業場の労働者の過半数で組織する労働組合があるときはその労働組合,労働者の過半数で組織する労働組合がないときは労働者の過半数を代表する者との書面による協定がある場合においては,賃金の一部を控除して支払うことができる.

② 賃金は,毎月1回以上,一定の期日を定めて支払わなければならない.ただし,臨時に支払われる賃金,賞与その他これに準ずるもので厚生労働省令で定める賃金(第89条において「臨時の賃金等」という.)については,この限りでない.

(非常時払)
第25条 使用者は,労働者が出産,疾病,災害その他厚生労働省令で定める非常の場合の費用に充てるために請求する場合においては,支払期日前であつても,既往の労働に対する賃金を支払わなければならない.

(休業手当)
第26条 使用者の責に帰すべき事由による休業の場合においては,使用者は,休業期間中当該労働者に,その平均賃金の100分の60以上の手当を支払わなければならない.

(出来高払制の保障給)
第27条 出来高払制その他の請負制で使用する労働者については,使用者は,労働時間に応じ一定額の賃金の保障をしなければならない.

(最低賃金)
第28条 賃金の最低基準に関しては,最低賃金法(昭和34年法律第137号)の定めるところによる.
第29条~31条 削除

第4章 労働時間,休憩,休日及び年次有給休暇

(労働時間)
第32条 ① 使用者は,労働者に,休憩時間を除き1週間について40時間を超えて,労働させてはならない.

② 使用者は,1週間の各日については,労働者に,休憩時間を除き1日について8時間を超えて,労働させてはならない.

第32条の2 ① 使用者は,当該事業場に,労働者の過半数で組織する労働組合がある場合においてはその労働組合,労働者の過半数で組織する労働組合がない場合においては労働者の過半数を代表する者との書面による協定により,又は就業規則その他これに準ずるものにより,1箇月以内の一定の期間を平均し1週間当たりの労働時間が前条第1項の労働時間を超えない定めをしたときは,同条の規定にかかわらず,その定めにより,特定された週において同項の労働時間又は特定された日において同条第2項の労働時間を超えて,労働させることができる.

② 使用者は,厚生労働省令で定めるところにより,前項の協定を行政官庁に届け出なければならない.

第32条の3 使用者は,就業規則その他これに準ずるものにより,その労働者に係る始業及び終業の時刻をその労働者の決定にゆだねることとした労働者については,当該事業場の労働者の過半数で組織する労働組合がある場合においてはその労働組合,労働者の過半数で組織する労働組合がない場合においては労働者の過半数を代表する者との書面による協定により,次に掲げる事項を定めたときは,その協定で第2号の清算期間として定められた期間を平均し1週間当たりの労働時間が第32条第1項の労働時間を超えない範囲内において,1週間において同項の労働時間又は1日において同条第2項の労働時間を超えて,労働させることができる.

1 この条の規定による労働時間により労働させることができることとされる労働者の範囲

2 清算期間(その期間を平均し1週間当たりの労働時間が第32条第1項の労働時間を超えない範囲内において労働させる期間をいい,1箇月以内の期間に限るものとする.次号において同じ.)

3 清算期間における総労働時間

4 その他厚生労働省令で定める事項

第32条の4 ① 使用者は,当該事業場に,労働者の過半数で組織する労働組合がある場合においてはその労働組合,労働者の過半数で組織する労働組合がない場合においては労働者の過半数を代表する者との書面による協定により,次に掲げる事項を定めたときは,第32条の規定にかかわらず,その協定で第2号の対象期間として定められた期間を平均し1週間当たりの労働時間が40時間を超えない範囲内において,当該協定(次項の規定による定めをした場合においては,その定めを含む.)で定めるところにより,特定された週において同条第1項の労働時間又は特定された日において同条第2項の労働時間を超えて,労働させることができる.

1 この条の規定による労働時間により労働させることができることとされる労働者の範囲

2 対象期間(その期間を平均し1週間当たりの労働時間が40時間を超えない範囲内において労働させる期間をいい,1箇月を超え1年以内の期間に限るものとする.以下この条及び次条において同じ.)

3 特定期間(対象期間中の特に業務が繁忙な期間をいう.第3項において同じ.)

4 対象期間における労働日及び当該労働日ごとの労働時間(対象期間を1箇月以上の期間ごとに区分することとした場合においては,当該区分による各期間のうち当該対象期間の初日の属する期間(以下この条において「最初の期間」という.)における労働日及び当該労働日ごとの労働時間並びに当該最初の期間を除く各期間における労働日数及び総労働時間)

5 その他厚生労働省令で定める事項

② 使用者は,前項の協定で同項第4号の区分をし当該区分による各期間のうち最初の期間を除く各期間における労働日数及び総労働時間を定めたときは,当該各期間の初日の少なくとも30日前に,当該事業場に,労働者の過半数で組織する労働組合がある場合においてはその労働組合,労働者の過半数で組織する労働組合がない場合においては労働者の過半数を代表する者の同意を得て,厚生労働省令で定めるところにより,当該労働日数を超えない範囲内において当該各期間における労働日及び当該総

労働時間を超えない範囲内において当該各期間における労働日ごとの労働時間を定めなければならない．

③ 厚生労働大臣は，労働政策審議会の意見を聴いて，厚生労働省令で，対象期間における労働日数の限度並びに1日及び1週間の労働時間の限度並びに対象期間（第1項の協定で特定期間として定められた期間を除く．）及び同項の協定で特定期間として定められた期間における連続して労働させる日数の限度を定めることができる．

④ 第32条の2第2項の規定は，第1項の協定について準用する．

第32条の4の2 使用者が，対象期間中の前条の規定により労働させた期間が当該対象期間より短い労働者について，当該労働させた期間を平均し1週間当たり40時間を超えて労働させた場合においては，その超えた時間（第33条又は第36条第1項の規定により延長し，又は休日に労働させた時間を除く．）の労働については，第37条の規定の例により割増賃金を支払わなければならない．

第32条の5 ① 使用者は，日ごとの業務に著しい繁閑の差が生ずることが多く，かつ，これを予測した上で就業規則その他これに準ずるものにより各日の労働時間を特定することが困難であると認められる厚生労働省令で定める事業であつて，常時使用する労働者の数が厚生労働省令で定める数未満のものに従事する労働者については，当該事業場に，労働者の過半数で組織する労働組合がある場合においてはその労働組合，労働者の過半数で組織する労働組合がない場合においては労働者の過半数を代表する者との書面による協定があるときは，第32条第2項の規定にかかわらず，1日について10時間まで労働させることができる．

② 使用者は，前項の規定により労働者に労働させる場合においては，厚生労働省令で定めるところにより，当該労働させる1週間の各日の労働時間を，あらかじめ，当該労働者に通知しなければならない．

③ 第32条の2第2項の規定は，第1項の協定について準用する．

（災害等による臨時の必要がある場合の時間外労働等）

第33条 ① 災害その他避けることのできない事由によつて，臨時の必要がある場合においては，使用者は，行政官庁の許可を受けて，その必要の限度において第32条から前条まで若しくは第40条の労働時間を延長し，又は第35条の休日に労働させることができる．ただし，事態急迫のために行政官庁の許可を受ける暇がない場合においては，事後に遅滞なく届け出なければならない．

② 前項ただし書の規定による届出があつた場合において，行政官庁がその労働時間の延長又は休日の労働を不適当と認めるときは，その後にその時間に相当する休憩又は休日を与えるべきことを，命ずることができる．

③ 公務のために臨時の必要がある場合においては，第1項の規定にかかわらず，官公署の事業（別表第1に掲げる事業を除く．）に従事する国家公務員及び地方公務員については，第32条から前条まで若しくは第40条の労働時間を延長し，又は第35条の休日に労働させることができる．

（休 憩）

第34条 ① 使用者は，労働時間が6時間を超える場合においては少くとも45分，8時間を超える場合においては少くとも1時間の休憩時間を労働時間の途中に与えなければならない．

② 前項の休憩時間は，一斉に与えなければならない．ただし，当該事業場に，労働者の過半数で組織する労働組合がある場合においてはその労働組合，労働者の過半数で組織する労働組合がない場合においては労働者の過半数を代表する者との書面による協定があるときは，この限りでない．

③ 使用者は，第1項の休憩時間を自由に利用させなければならない．

（休 日）

第35条 ① 使用者は，労働者に対して，毎週少くとも1回の休日を与えなければならない．

② 前項の規定は，4週間を通じ4日以上の休日を与える使用者については適用しない．

（時間外及び休日の労働）

第36条 ① 使用者は，当該事業場に，労働者の過半数で組織する労働組合がある場合においてはその労働組合，労働者の過半数で組織する労働組合がない場合においては労働者の過半数を代表する者との書面による協定をし，これを行政官庁に届け出た場合においては，第32条から第32条の5まで若しくは第40条の労働時間（以下この条において「労働時間」という．）又は前条の休日（以下この項において「休日」という．）に関する規定にかかわらず，その協定で定めるところによつて労働時間を延長し，又は休日に労働させることができる．ただし，坑内労働その他厚生労働省令で定める健康上特に有害な業務の労働時間の延長は，1日について2時間を超えてはならない．

② 厚生労働大臣は，労働時間の延長を適正なものとするため，前項の協定で定める労働時間の延長の限度，当該労働時間の延長に係る割増賃金の率その他の必要な事項について，労働者の福祉，時間外労働の動向その他の事情を考慮して基準を定めることができる．

③ 第1項の協定をする使用者及び労働組合又は労働者の過半数を代表する者は，当該協定で労働時間の延長を定めるに当たり，当該協定の内容が前項の基準に適合したものとなるようにしなければならない．

④ 行政官庁は，第2項の基準に関し，第1項の協定をする使用者及び労働組合又は労働者の過半数を代表する者に対し，必要な助言及び指導を行うことができる．

（時間外，休日及び深夜の割増賃金）

第37条 ① 使用者が，第33条又は前条第1項の規定により労働時間を延長し，又は休日に労働させた場合においては，その時間又はその日の労働については，通常の労働時間又は労働日の賃金の計算額の2割5分以上5割以下の範囲内でそれぞれ政令で定める率以上の率で計算した割増賃金を支払わなければならない．ただし，当該延長して労働させた時間が1箇月について60時間を超えた場合においては，その超えた時間の労働については，通常の労働時間の賃金の計算額の5割以上の率で計算した割増賃金を支払わなければならない．

② 前項の政令は，労働者の福祉，時間外労働の動向その他の事情を考慮して定めるものとする．

③ 使用者が，当該事業場に，労働者の過半数で組織

する労働組合があるときはその労働組合,労働者の過半数で組織する労働組合がないときは労働者の過半数を代表する者との書面による協定により,第1項ただし書の規定により割増賃金を支払うべき労働者に対して,当該割増賃金の支払に代えて,通常の労働時間の賃金が支払われる休暇(第39条の規定による有給休暇を除く。)を厚生労働省令で定めるところにより与えることを定めた場合において,当該労働者が当該休暇を取得したときは,当該労働者の同項ただし書に規定する時間を超えた時間の労働のうち当該取得した休暇に対応するものとして厚生労働省令で定める時間の労働については,同項ただし書の規定による割増賃金を支払うことを要しない。

④ 使用者が,午後10時から午前5時まで(厚生労働大臣が必要であると認める場合においては,その定める地域又は期間については午後11時から午前6時まで)の間において労働させた場合においては,その時間の労働については,通常の労働時間の賃金の計算額の2割5分以上の率で計算した割増賃金を支払わなければならない。

⑤ 第1項及び前項の割増賃金の基礎となる賃金には,家族手当,通勤手当その他厚生労働省令で定める賃金は算入しない。

(時間計算)

第38条 ① 労働時間は,事業場を異にする場合においても,労働時間に関する規定の適用については通算する。

② 坑内労働については,労働者が坑口に入つた時刻から坑口を出た時刻までの時間を,休憩時間を含め労働時間とみなす。但し,この場合においては,第34条第2項及び第3項の休憩に関する規定は適用しない。

第38条の2 ① 労働者が労働時間の全部又は一部について事業場外で業務に従事した場合において,労働時間を算定し難いときは,所定労働時間労働したものとみなす。ただし,当該業務を遂行するためには通常所定労働時間を超えて労働することが必要となる場合においては,当該業務に関しては,厚生労働省令で定めるところにより,当該業務の遂行に通常必要とされる時間労働したものとみなす。

② 前項ただし書の場合において,当該業務に関し,当該事業場に,労働者の過半数で組織する労働組合があるときはその労働組合,労働者の過半数で組織する労働組合がないときは労働者の過半数を代表する者との書面による協定があるときは,その協定で定める時間を同項ただし書の当該業務の遂行に通常必要とされる時間とする。

③ 使用者は,厚生労働省令で定めるところにより,前項の協定を行政官庁に届け出なければならない。

第38条の3 ① 使用者が,当該事業場に,労働者の過半数で組織する労働組合があるときはその労働組合,労働者の過半数で組織する労働組合がないときは労働者の過半数を代表する者との書面による協定により,次に掲げる事項を定めた場合において,労働者を第1号に掲げる業務に就かせたときは,当該労働者は,厚生労働省令で定めるところにより,第2号に掲げる時間労働したものとみなす。

1 業務の性質上その遂行の方法を大幅に当該業務に従事する労働者の裁量にゆだねる必要があるため,当該業務の遂行の手段及び時間配分の決定等に関し使用者が具体的な指示をすることが困難な

ものとして厚生労働省令で定める業務のうち,労働者に就かせることとする業務(以下この条において「対象業務」という。)

2 対象業務に従事する労働者の労働時間として算定される時間

3 対象業務の遂行の手段及び時間配分の決定等に関し,当該対象業務に従事する労働者に対し使用者が具体的な指示をしないこと。

4 対象業務に従事する労働者の労働時間の状況に応じた当該労働者の健康及び福祉を確保するための措置を当該協定で定めるところにより使用者が講ずること。

5 対象業務に従事する労働者からの苦情の処理に関する措置を当該協定で定めるところにより使用者が講ずること。

6 前各号に掲げるもののほか,厚生労働省令で定める事項

② 前条第3項の規定は,前項の協定について準用する。

第38条の4 ① 賃金,労働時間その他の当該事業場における労働条件に関する事項を調査審議し,事業主に対し当該事項について意見を述べることを目的とする委員会(使用者及び当該事業場の労働者を代表する者を構成員とするものに限る。)が設置された事業場において,当該委員会がその委員の5分の4以上の多数による議決により次に掲げる事項に関する決議をし,かつ,使用者が,厚生労働省令で定めるところにより当該決議を行政官庁に届け出た場合において,第2号に掲げる労働者の範囲に属する労働者を当該事業場における第1号に掲げる業務に就かせたときは,当該労働者は,厚生労働省令で定めるところにより,第3号に掲げる時間労働したものとみなす。

1 事業の運営に関する事項についての企画,立案,調査及び分析の業務であつて,当該業務の性質上これを適切に遂行するにはその遂行の方法を大幅に労働者の裁量にゆだねる必要があるため,当該業務の遂行の手段及び時間配分の決定等に関し使用者が具体的な指示をしないこととする業務(以下この条において「対象業務」という。)

2 対象業務を適切に遂行するための知識,経験等を有する労働者であつて,当該業務に就かせたときは当該決議で定める時間労働したものとみなされることとなるものの範囲

3 対象業務に従事する前号に掲げる労働者の範囲に属する労働者の労働時間として算定される時間

4 対象業務に従事する第2号に掲げる労働者の範囲に属する労働者の労働時間の状況に応じた当該労働者の健康及び福祉を確保するための措置を当該決議で定めるところにより使用者が講ずること。

5 対象業務に従事する第2号に掲げる労働者の範囲に属する労働者からの苦情の処理に関する措置を当該決議で定めるところにより使用者が講ずること。

6 使用者は,この項の規定により第2号に掲げる労働者の範囲に属する労働者を当該業務に就かせたときは第3号に掲げる時間労働したものとみなすことについて当該労働者の同意を得なければならないこと及び当該同意をしなかつた当該労働者に対して解雇その他不利益な取扱いをしてはならないこと。

7 前各号に掲げるもののほか,厚生労働省令で定

める事項
② 前項の委員会は,次の各号に適合するものでなければならない.
　1　当該委員会の委員の半数については,当該事業場に,労働者の過半数で組織する労働組合がある場合においてはその労働組合,労働者の過半数で組織する労働組合がない場合においては労働者の過半数を代表する者に厚生労働省令で定めるところにより任期を定めて指名されていること.
　2　当該委員会の議事について,厚生労働省令で定めるところにより,議事録が作成され,かつ,保存されるとともに,当該事業場の労働者に対する周知が図られていること.
　3　前2号に掲げるもののほか,厚生労働省令で定める要件
③ 厚生労働大臣は,対象業務に従事する労働者の適正な労働条件の確保を図るために,労働政策審議会の意見を聴いて,第1項各号に掲げる事項その他同項の委員会が決議する事項について指針を定め,これを公表するものとする.
④ 第1項の規定による届出をした使用者は,厚生労働省令で定めるところにより,定期的に,同項第4号に規定する措置の実施状況を行政官庁に報告しなければならない.
⑤ 第1項の委員会においてその委員の5分の4以上の多数による議決により第32条の2第1項,第32条の3,第32条の4第1項及び第2項,第32条の5第1項,第34条第2項ただし書,第36条第1項,第37条第3項,第38条の2第2項,前条第1項並びに次条第4項,第6項及び第7項ただし書に規定する事項について決議が行われた場合における第32条の2第1項,第32条の3,第32条の4第1項から第3項まで,第32条の5第1項,第34条第2項ただし書,第36条,第37条第3項,第38条の2第2項,前条第1項並びに次条第4項,第6項及び第7項ただし書の規定の適用については,第32条の2第1項中「協定」とあるのは「協定若しくは第38条の4第1項に規定する委員会の決議(第106条第1項を除き,以下「決議」という.)」と,第32条の3,第32条の4第1項から第3項まで,第32条の5第1項,第34条第2項ただし書,第36条第2項,第38条の2第2項,前条第1項並びに次条第4項,第6項及び第7項ただし書中「協定」とあるのは「協定又は決議」と,第32条の4第2項中「同意を得て」とあるのは「同意を得て,又は決議に基づき」と,第36条第1項中「届け出た場合」とあるのは「届け出た場合又は決議を行政官庁に届け出た場合」と,「その協定」とあるのは「その協定又は決議」と,「又は労働者の過半数を代表する者」とあるのは「若しくは労働者の過半数を代表する者又は同項の決議をする委員会」と,「当該協定」とあるのは「当該協定又は当該決議」と,同条第4項中「又は労働者の過半数を代表する者」とあるのは「若しくは労働者の過半数を代表する者又は同項の決議をする委員」とする

　（年次有給休暇）
第39条　① 使用者は,その雇入れの日から起算して6箇月間継続勤務し全労働日の8割以上出勤した労働者に対して,継続し,又は分割した10労働日の有給休暇を与えなければならない.
② 使用者は,1年6箇月以上継続勤務した労働者に対しては,雇入れの日から起算して6箇月を超えて継続勤務する日（以下「6箇月経過日」という.）から起算した継続勤務年数1年ごとに,前項の日数に,次の表の上欄に掲げる6箇月経過日から起算した継続勤務年数の区分に応じ同表の下欄に掲げる労働日を加算した有給休暇を与えなければならない.ただし,継続勤務した期間を6箇月経過日から1年ごとに区分した各期間（最後に1年未満の期間を生じたときは,当該期間）の初日の前日の属する期間において出勤した日数が全労働日の8割未満である者に対しては,当該初日以後の1年間においては有給休暇を与えることを要しない.

6箇月経過日から起算した継続勤務年数	労働日
1年	1労働日
2年	2労働日
3年	4労働日
4年	6労働日
5年	8労働日
6年以上	10労働日

③ 次に掲げる労働者（1週間の所定労働時間が厚生労働省令で定める時間以上の者を除く.）の有給休暇の日数については,前2項の規定にかかわらず,これらの規定による有給休暇の日数を基準とし,通常の労働者の1週間の所定労働日数として厚生労働省令で定める日数（第1号において「通常の労働者の通常の所定労働日数」という.）と当該労働者の1週間の所定労働日数又は1週間当たりの平均所定労働日数との比率を考慮して厚生労働省令で定める日数とする.
　1　1週間の所定労働日数が通常の労働者の週所定労働日数に比し相当程度少ないものとして厚生労働省令で定める日数以下の労働者
　2　週以外の期間によつて所定労働日数が定められている労働者については,1年間の所定労働日数が,前号の厚生労働省令で定める日数に1日を加えた日数を1週間の所定労働日数とする労働者の1年間の所定労働日数その他の事情を考慮して厚生労働省令で定める日数以下の労働者
④ 使用者は,当該事業場に,労働者の過半数で組織する労働組合があるときはその労働組合,労働者の過半数で組織する労働組合がないときは労働者の過半数を代表する者との書面による協定により,次に掲げる事項を定めた場合において,第1号に掲げる労働者の範囲に属する労働者が有給休暇を時間を単位として請求したときは,前3項の規定による有給休暇の日数のうち第2号に掲げる日数については,これらの規定にかかわらず,当該協定で定めるところにより時間を単位として有給休暇を与えることができる.
　1　時間を単位として有給休暇を与えることができることとされる労働者の範囲
　2　時間を単位として与えることができることとされる有給休暇の日数（5日以内に限る.）
　3　その他厚生労働省令で定める事項
⑤ 使用者は,前各項の規定による有給休暇を労働者の請求する時季に与えなければならない.ただし,請求された時季に有給休暇を与えることが事業の正常な運営を妨げる場合においては,他の時季にこれを与えることができる.
⑥ 使用者は,当該事業場に,労働者の過半数で組織

する労働組合がある場合においてはその労働組合，労働者の過半数で組織する労働組合がない場合においては労働者の過半数を代表する者との書面による協定により，第1項から第3項までの規定による有給休暇を与える時季に関する定めをしたときは，これらの規定による有給休暇の日数のうち5日を超える部分については，前項の規定にかかわらず，その定めにより有給休暇を与えることができる．

⑦ 使用者は，第1項から第3項までの規定による有給休暇の期間又は第4項の規定による有給休暇の時間については，就業規則その他これに準ずるものに定めるところにより，それぞれ，平均賃金若しくは所定労働時間労働した場合に支払われる通常の賃金又はこれらの額を基準として厚生労働省令で定めるところにより算定した額の賃金を支払わなければならない．ただし，当該事業場に，労働者の過半数で組織する労働組合がある場合においてはその労働組合，労働者の過半数で組織する労働組合がない場合においては労働者の過半数を代表する者との書面による協定により，その期間又はその時間について，健康保険法（大正11年法律第70号）第40条第1項に規定する標準報酬月額の30分の1に相当する金額（その金額に，5円未満の端数があるときは，これを切り捨て，5円以上10円未満の端数があるときは，これを10円に切り上げるものとする．）又は当該金額を基準として厚生労働省令で定めるところにより算定した金額を支払う旨を定めたときは，これによらなければならない．

⑧ 労働者が業務上負傷し，又は疾病にかかり療養のために休業した期間及び育児休業，介護休業等育児又は家族介護を行う労働者の福祉に関する法律第2条第1号に規定する育児休業又は同条第2号に規定する介護休業をした期間並びに産前産後の女性が第65条の規定によつて休業した期間は，第1項及び第2項の規定の適用については，これを出勤したものとみなす．

（労働時間及び休憩の特例）
第40条 ① 別表第1第1号から第3号まで，第6号及び第7号に掲げる事業以外の事業で，公衆の不便を避けるために必要なものその他特殊の必要あるものについて，その必要避くべからざる限度で，第32条から第32条の5までの労働時間及び第34条の休憩に関する規定について，厚生労働省令で別段の定めをすることができる．

② 前項の規定による別段の定めは，この法律で定める基準に近いものであつて，労働者の健康及び福祉を害しないものでなければならない．

（労働時間等に関する規定の適用除外）
第41条 この章，第6章及び第6章の2で定める労働時間，休憩及び休日に関する規定は，次の各号の1に該当する労働者については適用しない．
1 別表第1第6号（林業を除く．）又は第7号に掲げる事業に従事する者
2 事業の種類にかかわらず監督若しくは管理の地位にある者又は機密の事務を取り扱う者
3 監視又は断続的労働に従事する者で，使用者が行政官庁の許可を受けたもの

第5章 安全及び衛生

第42条 労働者の安全及び衛生に関しては，労働安全衛生法（昭和47年法律第57号）の定めるところによる．

第43条〜第55条 削除

第6章 年少者

（最低年齢）
第56条 ① 使用者は，児童が満15歳に達した日以後の最初の3月31日が終了するまで，これを使用してはならない．

② 前項の規定にかかわらず，別表第1第1号から第5号までに掲げる事業以外の事業に係る職業で，児童の健康及び福祉に有害でなく，かつ，その労働が軽易なものについては，行政官庁の許可を受けて，満13歳以上の児童をその者の修学時間外に使用することができる．映画の製作又は演劇の事業については，満13歳に満たない児童についても，同様とする．

（年少者の証明書）
第57条 ① 使用者は，満18才に満たない者について，その年齢を証明する戸籍証明書を事業場に備え付けなければならない．

② 使用者は，前条第2項の規定によつて使用する児童については，修学に差し支えないことを証明する学校長の証明書及び親権者又は後見人の同意書を事業場に備え付けなければならない．

（未成年者の労働契約）
第58条 ① 親権者又は後見人は，未成年者に代つて労働契約を締結してはならない．

② 親権者若しくは後見人又は行政官庁は，労働契約が未成年者に不利であると認める場合においては，将来に向つてこれを解除することができる．

第59条 未成年者は，独立して賃金を請求することができる．親権者又は後見人は，未成年者の賃金を代つて受け取つてはならない．

（労働時間及び休日）
第60条 ① 第32条の2から第32条の5まで，第36条及び第40条の規定は，満18才に満たない者については，これを適用しない．

② 第56条第2項の規定によつて使用する児童についての第32条の規定の適用については，同条第1項中「1週間について40時間」とあるのは「，修学時間を通算して1週間について40時間」と，同条第2項中「1日について8時間」とあるのは「，修学時間を通算して1日について7時間」とする．

③ 使用者は，第32条の規定にかかわらず，満15歳以上で満18歳に満たない者については，満18歳に達するまでの間（満15歳に達した日以後の最初の3月31日までの間を除く．），次に定めるところにより，労働させることができる．
1 1週間の労働時間が第32条第1項の労働時間を超えない範囲内において，1週間のうち1日の労働時間を4時間以内に短縮する場合において，他の日の労働時間を10時間まで延長すること．
2 1週間について48時間以下の範囲内で厚生労働省令で定める時間，1日について8時間を超えない範囲内において，第32条の2又は第32条の4及び第32条の4の2の規定の例により労働させること．

（深夜業）
第61条 ① 使用者は，満18才に満たない者を午後10時から午前5時までの間において使用してはな

らない．ただし，交替制によつて使用する満16才以上の男性については，この限りでない．
② 厚生労働大臣は，必要であると認める場合においては，前項の時刻を，地域又は期間を限つて，午後11時及び午前6時とすることができる．
③ 交替制によつて労働させる事業については，行政官庁の許可を受けて，第1項の規定にかかわらず午後10時30分まで労働させ，又は前項の規定にかかわらず午前5時30分から労働させることができる．
④ 前3項の規定は，第33条第1項の規定によつて労働時間を延長し，若しくは休日に労働させる場合又は別表第1第6号，第7号若しくは第13号に掲げる事業若しくは電話交換の業務については，適用しない．
⑤ 第1項及び第2項の時刻は，第56条第2項の規定によつて使用する児童については，第1項の時刻は，午後8時及び午前5時とし，第2項の時刻は，午後9時及び午前6時とする．
（危険有害業務の就業制限）
第62条 ① 使用者は，満18才に満たない者に，運転中の機械若しくは動力伝導装置の危険な部分の掃除，注油，検査若しくは修繕をさせ，運転中の機械若しくは動力伝導装置にベルト若しくはロープの取付け若しくは取りはずしをさせ，動力によるクレーンの運転をさせ，その他厚生労働省令で定める危険な業務に就かせ，又は厚生労働省令で定める重量物を取り扱う業務に就かせてはならない．
② 使用者は，満18才に満たない者を，毒劇薬，毒劇物その他有害な原料若しくは材料又は爆発性，発火性若しくは引火性の原料若しくは材料を取り扱う業務，著しくじんあい若しくは粉末を飛散し，若しくは有害ガス若しくは有害放射線を発散する場所又は高温若しくは高圧の場所における業務その他安全，衛生又は福祉に有害な場所における業務に就かせてはならない．
③ 前項に規定する業務の範囲は，厚生労働省令で定める．
（坑内労働の禁止）
第63条 使用者は，満18才に満たない者を坑内で労働させてはならない．
（帰郷旅費）
第64条 満18才に満たない者が解雇の日から14日以内に帰郷する場合においては，使用者は，必要な旅費を負担しなければならない．ただし，満18才に満たない者がその責に帰すべき事由に基づいて解雇され，使用者がその事由について行政官庁の認定を受けたときは，この限りでない．

第6章の2 妊産婦等

（坑内業務の就業制限）
第64条の2 使用者は，次の各号に掲げる女性を当該各号に定める業務に就かせてはならない．
 1 妊娠中の女性及び坑内で行われる業務に従事しない旨を使用者に申し出た産後1年を経過しない女性 坑内で行われるすべての業務
 2 前号に掲げる女性以外の満18歳以上の女性 坑内で行われる業務のうち人力により行われる掘削の業務その他の女性に有害な業務として厚生労働省令で定めるもの
（危険有害業務の就業制限）
第64条の3 ① 使用者は，妊娠中の女性及び産後1年を経過しない女性（以下「妊産婦」という．）を，重量物を取り扱う業務，有害ガスを発散する場所における業務その他妊産婦の妊娠，出産，哺育等に有害な業務に就かせてはならない．
② 前項の規定は，同項に規定する業務のうち女性の妊娠又は出産に係る機能に有害である業務につき，厚生労働省令で，妊産婦以外の女性に関して，準用することができる．
③ 前2項に規定する業務の範囲及びこれらの規定によりこれらの業務に就かせてはならない者の範囲は，厚生労働省令で定める．
（産前産後）
第65条 ① 使用者は，6週間（多胎妊娠の場合にあつては，14週間）以内に出産する予定の女性が休業を請求した場合においては，その者を就業させてはならない．
② 使用者は，産後8週間を経過しない女性を就業させてはならない．ただし，産後6週間を経過した女性が請求した場合において，その者について医師が支障がないと認めた業務に就かせることは，差し支えない．
③ 使用者は，妊娠中の女性が請求した場合においては，他の軽易な業務に転換させなければならない．
第66条 ① 使用者は，妊産婦が請求した場合においては，第32条の2第1項，第32条の4第1項及び第32条の5第1項の規定にかかわらず，1週間について第32条第1項の労働時間，1日について同条第2項の労働時間を超えて労働させてはならない．
② 使用者は，妊産婦が請求した場合においては，第33条第1項及び第3項並びに第36条第1項の規定にかかわらず，時間外労働をさせてはならず，又は休日に労働させてはならない．
③ 使用者は，妊産婦が請求した場合においては，深夜業をさせてはならない．
（育児時間）
第67条 ① 生後満1年に達しない生児を育てる女性は，第34条の休憩時間のほか，1日2回各々少なくとも30分，その生児を育てるための時間を請求することができる．
② 使用者は，前項の育児時間中は，その女性を使用してはならない．
（生理日の就業が著しく困難な女性に対する措置）
第68条 使用者は，生理日の就業が著しく困難な女性が休暇を請求したときは，その者を生理日に就業させてはならない．

第7章 技能者の養成

（徒弟の弊害排除）
第69条 ① 使用者は，徒弟，見習，養成工その他名称の如何を問わず，技能の習得を目的とする者であることを理由として，労働者を酷使してはならない．
② 使用者は，技能の習得を目的とする労働者を家事その他技能の習得に関係のない作業に従事させてはならない．
（職業訓練に関する特例）
第70条 職業能力開発促進法（昭和44年法律第64号）第24条第1項（同法第27条の2第2項において準用する場合を含む．）の認定を受けて行う職業訓練を受ける労働者について必要がある場合においては，その必要の限度で，第14条第1項の契

約期間,第62条及び第64条の3の年少者及び妊産婦等の危険有害業務の就業制限,第63条の年少者の坑内労働の禁止並びに第64条の2の妊産婦等の坑内業務の就業制限に関する規定について,厚生労働省令で別段の定めをすることができる.ただし,第63条の年少者の坑内労働の禁止に関する規定については,満16歳に満たない者に関しては,この限りでない.

第71条 前条の規定に基いて発する厚生労働省令は,当該厚生労働省令によつて労働させることについて行政官庁の許可を受けた使用者に使用される労働者以外の労働者については,適用しない.

第72条 第70条の規定に基づく厚生労働省令の適用を受ける未成年者についての第39条の規定の適用については,同条第1項中「10労働日」とあるのは「12労働日」と,同条第2項の表6年以上の項中「10労働日」とあるのは「8労働日」とする.

第73条 第71条の規定による許可を受けた使用者が第70条の規定に基いて発する厚生労働省令に違反した場合においては,行政官庁は,その許可を取り消すことができる.

第74条 削 除

第8章 災害補償

(療養補償)
第75条 ① 労働者が業務上負傷し,又は疾病にかかつた場合においては,使用者は,その費用で必要な療養を行い,又は必要な療養の費用を負担しなければならない.
② 前項に規定する業務上の疾病及び療養の範囲は,厚生労働省令で定める.

(休業補償)
第76条 ① 労働者が前条の規定による療養のため,労働することができないために賃金を受けない場合においては,使用者は,労働者の療養中平均賃金の100分の60の休業補償を行わなければならない.
② 使用者は,前項の規定により休業補償を行つている労働者と同一の事業場における同種の労働者に対して所定労働時間労働した場合に支払われる通常の賃金の,1月から3月まで,4月から6月まで,7月から9月まで及び10月から12月までの各四半期による期間(以下四半期という.)ごとの1箇月1人当り平均額(常時100人未満の労働者を使用する事業場については,厚生労働省において作成する毎月勤労統計における当該事業場の属する産業に係る毎月きまつて支給する給与の四半期の労働者1人当りの1箇月平均額.以下平均給与額という.)が,当該労働者が業務上負傷し,又は疾病にかかつた日の属する四半期における平均給与額の100分の120をこえ,又は100分の80を下るに至つた場合においては,その上昇し又は低下した比率に応じて,その上昇し又は低下するに至つた四半期の次の次の四半期において,前項の規定により当該労働者に対して行つている休業補償の額を改訂し,その改訂をした四半期に属する最初の月から改訂された額により休業補償を行わなければならない.改訂後の休業補償の額の改訂についてもこれに準ずる.
③ 前項の規定により難い場合における改訂の方法その他同項の規定による改訂について必要な事項は,厚生労働省令で定める.

(障害補償)
第77条 労働者が業務上負傷し,又は疾病にかかり,治つた場合において,その身体に障害が存するときは,使用者は,その障害の程度に応じて,平均賃金に別表第2に定める日数を乗じて得た金額の障害補償を行わなければならない.

(休業補償及び障害補償の例外)
第78条 労働者が重大な過失によつて業務上負傷し,又は疾病にかかり,且つ使用者がその過失について行政官庁の認定を受けた場合においては,休業補償又は障害補償を行わなくてもよい.

(遺族補償)
第79条 労働者が業務上死亡した場合においては,使用者は,遺族に対して,平均賃金の1000日分の遺族補償を行わなければならない.

(葬祭料)
第80条 労働者が業務上死亡した場合においては,使用者は,葬祭を行う者に対して,平均賃金の60日分の葬祭料を支払わなければならない.

(打切補償)
第81条 第75条の規定によつて補償を受ける労働者が,療養開始後3年を経過しても負傷又は疾病がなおらない場合においては,使用者は,平均賃金の1200日分の打切補償を行い,その後はこの法律の規定による補償を行わなくてもよい.

(分割補償)
第82条 使用者は,支払能力のあることを証明し,補償を受けるべき者の同意を得た場合においては,第77条又は第79条の規定による補償に替え,平均賃金に別表第3に定める日数を乗じて得た金額を,6年にわたり毎年補償することができる.

(補償を受ける権利)
第83条 ① 補償を受ける権利は,労働者の退職によつて変更されることはない.
② 補償を受ける権利は,これを譲渡し,又は差し押えてはならない.

(他の法律との関係)
第84条 ① この法律に規定する災害補償の事由について,労働者災害補償保険法(昭和22年法律第50号)又は厚生労働省令で指定する法令に基づいてこの法律の災害補償に相当する給付が行なわれるべきものである場合においては,使用者は,補償の責を免れる.
② 使用者は,この法律による補償を行つた場合においては,同一の事由については,その価額の限度において民法による損害賠償の責を免れる.

(審査及び仲裁)
第85条 ① 業務上の負傷,疾病又は死亡の認定,療養の方法,補償金額の決定その他補償の実施に関して異議のある者は,行政官庁に対して,審査又は事件の仲裁を申し立てることができる.
② 行政官庁は,必要があると認める場合においては,職権で審査又は事件の仲裁をすることができる.
③ 第1項の規定により審査若しくは仲裁の申立てがあつた事件又は前項の規定により行政官庁が審査若しくは仲裁を開始した事件について民事訴訟が提起されたときは,行政官庁は,当該事件については,審査又は仲裁をしない.
④ 行政官庁は,審査及び仲裁のために必要であると認める場合においては,医師に診断又は検案をさせることができる.
⑤ 第1項の規定による審査又は仲裁の申立て及び

第2項の規定による審査又は仲裁の開始は,時効の中断に関しては,これを裁判上の請求とみなす.
第86条 ① 前条の規定による審査及び仲裁の結果に不服のある者は,労働者災害補償保険審査官の審査又は仲裁を申し立てることができる.
② 前条第3項の規定は,前項の規定により審査又は仲裁の申立てがあつた場合に,これを準用する.

(請負事業に関する例外)
第87条 ① 厚生労働省令で定める事業が数次の請負によつて行われる場合においては,その元請負人を使用者とみなす.
② 前項の場合,元請負人が書面による契約で下請負人に補償を引き受けさせた場合においては,その下請負人もまた使用者とする.但し,2以上の下請負人に,同一の事業について重複して補償を引き受けさせてはならない.
③ 前項の場合,元請負人が補償の請求を受けた場合においては,補償を引き受けた下請負人に対して,まづ催告すべきことを請求することができる.ただし,その下請負人が破産手続開始の決定を受け,又は行方が知れない場合においては,この限りでない.

(補償に関する細目)
第88条 この章に定めるものの外,補償に関する細目は,厚生労働省令で定める.

第9章 就業規則

(作成及び届出の義務)
第89条 常時10人以上の労働者を使用する使用者は,次に掲げる事項について就業規則を作成し,行政官庁に届け出なければならない.次に掲げる事項を変更した場合においても,同様とする.
1 始業及び終業の時刻,休憩時間,休日,休暇並びに労働者を2組以上に分けて交替に就業させる場合においては就業時転換に関する事項
2 賃金(臨時の賃金等を除く.以下この号において同じ.)の決定,計算及び支払の方法,賃金の締切り及び支払の時期並びに昇給に関する事項
3 退職に関する事項(解雇の事由を含む.)
3の2 退職手当の定めをする場合においては,適用される労働者の範囲,退職手当の決定,計算及び支払の方法並びに退職手当の支払の時期に関する事項
4 臨時の賃金等(退職手当を除く.)及び最低賃金額の定めをする場合においては,これに関する事項
5 労働者に食費,作業用品その他の負担をさせる定めをする場合においては,これに関する事項
6 安全及び衛生に関する定めをする場合においては,これに関する事項
7 職業訓練に関する定めをする場合においては,これに関する事項
8 災害補償及び業務外の傷病扶助に関する定めをする場合においては,これに関する事項
9 表彰及び制裁の定めをする場合においては,その種類及び程度に関する事項
10 前各号に掲げるもののほか,当該事業場の労働者のすべてに適用される定めをする場合においては,これに関する事項

(作成の手続)
第90条 ① 使用者は,就業規則の作成又は変更について,当該事業場に,労働者の過半数で組織する労働組合がある場合においてはその労働組合,労働者の過半数で組織する労働組合がない場合においては労働者の過半数を代表する者の意見を聴かなければならない.
② 使用者は,前条の規定により届出をなすについて,前項の意見を記した書面を添付しなければならない.

(制裁規定の制限)
第91条 就業規則で,労働者に対して減給の制裁を定める場合においては,その減給は,1回の額が平均賃金の1日分の半額を超え,総額が1賃金支払期における賃金の総額の10分の1を超えてはならない.

(法令及び労働協約との関係)
第92条 ① 就業規則は,法令又は当該事業場について適用される労働協約に反してはならない.
② 行政官庁は,法令又は労働協約に牴触する就業規則の変更を命ずることができる.

(労働契約との関係)
第93条 労働契約と就業規則との関係については,労働契約法(平成19年法律第128号)第12条の定めるところによる.

第10章 寄宿舎

(寄宿舎生活の自治)
第94条 ① 使用者は,事業の附属寄宿舎に寄宿する労働者の私生活の自由を侵してはならない.
② 使用者は,寮長,室長その他寄宿舎生活の自治に必要な役員の選任に干渉してはならない.

(寄宿舎生活の秩序)
第95条 ① 事業の附属寄宿舎に労働者を寄宿させる使用者は,左の事項について寄宿舎規則を作成し,行政官庁に届け出なければならない.これを変更した場合においても同様である.
1 起床,就寝,外出及び外泊に関する事項
2 行事に関する事項
3 食事に関する事項
4 安全及び衛生に関する事項
5 建設物及び設備の管理に関する事項
② 使用者は,前項第1号乃至第4号の事項に関する規定の作成又は変更については,寄宿舎に寄宿する労働者の過半数を代表する者の同意を得なければならない.
③ 使用者は,第1項の規定により届出をなすについて,前項の同意を証明する書面を添付しなければならない.
④ 使用者及び寄宿舎に寄宿する労働者は,寄宿舎規則を遵守しなければならない.

(寄宿舎の設備及び安全衛生)
第96条 ① 使用者は,事業の附属寄宿舎について,換気,採光,照明,保温,防湿,清潔,避難,定員の収容,就寝に必要な措置その他労働者の健康,風紀及び生命の保持に必要な措置を講じなければならない.
② 使用者が前項の規定によつて講ずべき措置の基準は,厚生労働省令で定める.

(監督上の行政措置)
第96条の2 ① 使用者は,常時10人以上の労働者を就業させる事業,厚生労働省令で定める危険な事業又は衛生上有害な事業の附属寄宿舎を設置し,移転し,又は変更しようとする場合においては,前条の規定に基づいて発する厚生労働省令で定める危害防止等に関する基準に従い定めた計画を,工事着

手14日前までに，行政官庁に届け出なければならない．
② 行政官庁は，労働者の安全及び衛生に必要であると認める場合においては，工事の着手を差し止め，又は計画の変更を命ずることができる．
第96条の3 ① 労働者を就業させる事業の附属寄宿舎が，安全及び衛生に関し定められた基準に反する場合においては，行政官庁は，使用者に対して，その全部又は一部の使用の停止，変更その他必要な事項を命ずることができる．
② 前項の場合において行政官庁は，使用者に命じた事項について必要な事項を労働者に命ずることができる．

第11章 監督機関

（監督機関の職員等）
第97条 ① 労働基準主管局（厚生労働省の内部部局として置かれる局で労働条件及び労働者の保護に関する事務を所掌するものをいう．以下同じ．），都道府県労働局及び労働基準監督署に労働基準監督官を置くほか，厚生労働省令で定める必要な職員を置くことができる．
② 労働基準主管局の局長（以下「労働基準主管局長」という．），都道府県労働局長及び労働基準監督署長は，労働基準監督官をもつてこれに充てる．
③ 労働基準監督官の資格及び任免に関する事項は，政令で定める．
④ 厚生労働省に，政令で定めるところにより，労働基準監督官分限審議会を置くことができる．
⑤ 労働基準監督官を罷免するには，労働基準監督官分限審議会の同意を必要とする．
⑥ 前2項に定めるもののほか，労働基準監督官分限審議会の組織及び運営に関し必要な事項は，政令で定める．
第98条 削除

（労働基準主管局長等の権限）
第99条 ① 労働基準主管局長は，厚生労働大臣の指揮監督を受けて，都道府県労働局長を指揮監督し，労働基準に関する法令の制定改廃，労働基準監督官の任免教養，監督年報の作成並びに労働政策審議会及び労働基準監督官分限審議会に関する事項（労働政策審議会に関する事項については，労働条件及び労働者の保護に関するものに限る．）その他この法律の施行に関する事項をつかさどり，所属の職員を指揮監督する．
② 都道府県労働局長は，労働基準主管局長の指揮監督を受けて，管内の労働基準監督署長を指揮監督し，監督方法の調整に関する事項その他この法律の施行に関する事項をつかさどり，所属の職員を指揮監督する．
③ 労働基準監督署長は，都道府県労働局長の指揮監督を受けて，この法律に基く臨検，尋問，許可，認定，審査，仲裁その他この法律の実施に関する事項をつかさどり，所属の職員を指揮監督する．
④ 労働基準主管局長及び都道府県労働局長は，下級官庁の権限を自ら行い，又は所属の労働基準監督官をして行わせることができる．

（女性主管局長の権限）
第100条 ① 厚生労働省の女性主管局長（厚生労働省の内部部局として置かれる局で女性労働者の特性に係る労働問題に関する事務を所掌するものの局長をいう．以下同じ．）は，厚生労働大臣の指揮監督を受けて，この法律中女性に特殊の規定の制定，改廃及び解釈に関する事項をつかさどり，その施行に関する事項については，労働基準主管局長及びその下級の官庁の長に勧告を行うとともに，労働基準主管局長が，その下級の官庁に対して行う指揮監督について援助を行う．
② 女性主管局長は，自ら又はその指定する所属官吏をして，女性に関し労働基準主管局若しくはその下級の官庁又はその所属官吏の行つた監督その他に関する文書を閲覧し，又は閲覧せしめることができる．
③ 第101条及び第105条の規定は，女性主管局長又はその指定する所属官吏が，この法律中女性に特殊の規定の施行に関して行う調査の場合に，これを準用する．

（労働基準監督官の権限）
第101条 ① 労働基準監督官は，事業場，寄宿舎その他の附属建設物に臨検し，帳簿及び書類の提出を求め，又は使用者若しくは労働者に対して尋問を行うことができる．
② 前項の場合において，労働基準監督官は，その身分を証明する証票を携帯しなければならない．
第102条 労働基準監督官は，この法律違反の罪について，刑事訴訟法に規定する司法警察官の職務を行う．
第103条 労働者を就業させる事業の附属寄宿舎が，安全及び衛生に関し定められた基準に反し，且つ労働者に急迫した危険がある場合においては，労働基準監督官は，第96条の3の規定による行政官庁の権限を即時に行うことができる．

（監督機関に対する申告）
第104条 ① 事業場に，この法律又はこの法律に基いて発する命令に違反する事実がある場合においては，労働者は，その事実を行政官庁又は労働基準監督官に申告することができる．
② 使用者は，前項の申告をしたことを理由として，労働者に対して解雇その他不利益な取扱をしてはならない．

（報告等）
第104条の2 ① 行政官庁は，この法律を施行するため必要があると認めるときは，厚生労働省令で定めるところにより，使用者又は労働者に対し，必要な事項を報告させ，又は出頭を命ずることができる．
② 労働基準監督官は，この法律を施行するため必要があると認めるときは，使用者又は労働者に対し，必要な事項を報告させ，又は出頭を命ずることができる．

（労働基準監督官の義務）
第105条 労働基準監督官は，職務上知り得た秘密を漏してはならない．労働基準監督官を退官した後においても同様である．

第12章 雑則

（国の援助義務）
第105条の2 厚生労働大臣又は都道府県労働局長は，この法律の目的を達成するために，労働者及び使用者に対して資料の提供その他必要な援助をしなければならない．

（法令等の周知義務）
第106条 ① 使用者は，この法律及びこれに基づく

命令の要旨,就業規則,第18条第2項,第24条第1項ただし書,第32条の2第1項,第32条の3,第32条の4第1項,第32条の5第1項,第34条第2項ただし書,第36条第1項,第37条第3項,第38条の2第2項,第38条の3第1項並びに第39条第4項,第6項及び第7項ただし書に規定する協定並びに第38条の4第1項及び第5項に規定する決議を,常時各作業場の見やすい場所へ掲示し,又は備え付けること,書面を交付することその他の厚生労働省令で定める方法によつて,労働者に周知させなければならない.

② 使用者は,この法律及びこの法律に基いて発する命令のうち,寄宿舎に関する規定及び寄宿舎規則を,寄宿舎の見易い場所に掲示し,又は備え付ける等の方法によつて,寄宿舎に寄宿する労働者に周知させなければならない.

(労働者名簿)
第107条 ① 使用者は,各事業場ごとに労働者名簿を,各労働者(日日雇い入れられる者を除く.)について調製し,労働者の氏名,生年月日,履歴その他厚生労働省令で定める事項を記入しなければならない.

② 前項の規定により記入すべき事項に変更があつた場合においては,遅滞なく訂正しなければならない.

(賃金台帳)
第108条 使用者は,各事業場ごとに賃金台帳を調製し,賃金計算の基礎となる事項及び賃金の額その他厚生労働省令で定める事項を賃金支払の都度遅滞なく記入しなければならない.

(記録の保存)
第109条 使用者は,労働者名簿,賃金台帳及び雇入,解雇,災害補償,賃金その他労働関係に関する重要な書類を3年間保存しなければならない.

第110条 削除

(無料証明)
第111条 労働者及び労働者になろうとする者は,その戸籍に関して戸籍事務を掌る者又はその代理者に対して,無料で証明を請求することができる.使用者が,労働者及び労働者になろうとする者の戸籍に関して証明を請求する場合においても同様である.

(国及び公共団体についての適用)
第112条 この法律及びこの法律に基いて発する命令は,国,都道府県,市町村その他これに準ずべきものについても適用あるものとする.

(命令の制定)
第113条 この法律に基いて発する命令は,その草案について,公聴会で労働者を代表する者,使用者を代表する者及び公益を代表する者の意見を聴いて,これを制定する.

(付加金の支払)
第114条 裁判所は,第20条,第26条若しくは第37条の規定に違反した使用者又は第39条第7項の規定による賃金を支払わなかつた使用者に対して,労働者の請求により,これらの規定により使用者が支払わなければならない金額についての未払金のほか,これと同一額の付加金の支払を命ずることができる.ただし,この請求は,違反のあつた時から2年以内にしなければならない.

(時 効)
第115条 この法律の規定による賃金(退職手当を除く.),災害補償その他の請求権は2年間,この法律の規定による退職手当の請求権は5年間行わない場合においては,時効によつて消滅する.

(経過措置)
第115条の2 この法律の規定に基づき命令を制定し,又は改廃するときは,その命令で,その制定又は改廃に伴い合理的に必要と判断される範囲内において,所要の経過措置(罰則に関する経過措置を含む.)を定めることができる.

(適用除外)
第116条 ① 第1条から第11条まで,次項,第117条から第119条まで及び第121条の規定を除き,この法律は,船員法(昭和22年法律第100号)第1条第1項に規定する船員については,適用しない.

② この法律は,同居の親族のみを使用する事業及び家事使用人については,適用しない.

第13章 罰 則

第117条 第5条の規定に違反した者は,これを1年以上10年以下の懲役又は20万円以上300万円以下の罰金に処する.

第118条 ① 第6条,第56条,第63条又は第64条の2の規定に違反した者は,これを1年以下の懲役又は50万円以下の罰金に処する.

② 第70条の規定に基づいて発する厚生労働省令(第63条又は第64条の2の規定に係る部分に限る.)に違反した者についても前項の例による.

第119条 次の各号の1に該当する者は,これを6箇月以下の懲役又は30万円以下の罰金に処する.
1 第3条,第4条,第7条,第16条,第17条,第18条第1項,第19条,第20条,第22条第4項,第32条,第34条,第35条,第36条第1項ただし書,第37条,第39条,第61条,第62条,第64条の3から第67条まで,第72条,第75条から第77条まで,第79条,第80条,第94条第2項,第96条又は第104条第2項の規定に違反した者
2 第33条第2項,第96条の2第2項又は第96条の3第1項の規定による命令に違反した者
3 第40条の規定に基づいて発する厚生労働省令に違反した者
4 第70条の規定に基づいて発する厚生労働省令(第62条又は第64条の3の規定に係る部分に限る.)に違反した者

第120条 次の各号の1に該当する者は,30万円以下の罰金に処する.
1 第14条,第15条第1項若しくは第3項,第18条第7項,第22条第1項から第3項まで,第23条から第27条まで,第32条の2第2項(第32条の4第4項及び第32条の5第3項において準用する場合を含む.),第32条の5第2項,第33条第1項ただし書,第38条の2第3項(第38条の3第2項において準用する場合を含む.),第57条から第59条まで,第64条,第68条,第89条,第90条第1項,第91条,第95条第1項若しくは第2項,第96条の2第1項,第105条(第100条第3項において準用する場合を含む.)又は第106条から第109条までの規定に違反した者
2 第70条の規定に基づいて発する厚生労働省令(第14条の規定に係る部分に限る.)に違反した者
3 第92条第2項又は第96条の3第2項の規定による命令に違反した者
4 第101条(第100条第3項において準用する場

合を含む．）の規定による労働基準監督官又は女性主管局長若しくはその指定する所属官吏の臨検を拒み，妨げ，若しくは忌避し，その尋問に対して陳述をせず，若しくは虚偽の陳述をし，帳簿書類の提出をせず，又は虚偽の記載をした帳簿書類の提出をした者

5　第104条の2の規定による報告をせず，若しくは虚偽の報告をし，又は出頭しなかつた者

第121条　① この法律の違反行為をした者が，当該事業の労働者に関する事項について，事業主のために行為した代理人，使用人その他の従業者である場合においては，事業主に対しても各本条の罰金刑を科する．ただし，事業主（事業主が法人であるときにはその代表者，事業主が営業に関し成年者と同一の行為能力を有しない未成年者又は成年被後見人である場合においてはその法定代理人（法定代理人が法人であるときは，その代表者）を事業主とする．次項において同じ．）が違反の防止に必要な措置をした場合においては，この限りでない．

② 事業主が違反の計画を知りその防止に必要な措置を講じなかつた場合，違反行為を知り，その是正に必要な措置を講じなかつた場合又は違反を教唆した場合においては，事業主も行為者として罰する．

附　則　抄

第122条　この法律施行の期日は，勅令で，これを定める．

第123条　工場法，工業労働者最低年齢法，労働者災害扶助法，商店法，黄燐燐寸製造禁止法及び昭和14年法律第87号は，これを廃止する．

第129条　この法律施行前，労働者が業務上負傷し，疾病にかかり，又は死亡した場合における災害補償については，なお旧法の扶助に関する規定による．

第131条　① 命令で定める規模以下の事業又は命令で定める業種の事業に係る第32条第1項（第60条第2項の規定により読み替えて適用する場合を除く．）の規定の適用については，平成9年3月31日までの間は，第32条第1項中「40時間」とあるのは，「40時間を超え44時間以下の範囲内において命令で定める時間」とする．

② 前項の規定により読み替えて適用する第32条第1項の命令は，労働者の福祉，労働時間の動向その他の事情をを考慮して定めるものとする．

③ 第1項の規定により読み替えて適用する第32条第1項の命令を制定し，又は改正する場合においては，当該命令で，一定の規模以下の事業又は一定の業種の事業については，一定の期間に限り，当該命令の制定前又は改正前の例による旨の経過措置（罰則に関する経過措置を含む．）を定めることができる．

④ 労働大臣は，第1項の規定により読み替えて適用する第32条第1項の命令の制定又は改正の立案をしようとするときは，あらかじめ，中央労働基準審議会の意見を聴かなければならない．

第132条　① 前条第1項の規定が適用される間における同項に規定する事業に係る第32条の4第1項の規定の適用については，同項各号列記以外の部分中「次に掲げる事項を定めたときは，第32条の規定にかかわらず，その協定で」とあるのは「次に掲げる事項及び」と，「労働時間を40時間」とあるのは「労働時間を40時間（命令で定める規模以下の事業にあつては，40時間を超え42時間以下の範囲内において命令で定める時間）以内とし，当該時間を超えて労働させたときはその超えた時間（第37条第1項の規定の適用を受ける時間を除く．）の労働について同条の例により割増賃金を支払う定めをしたときは，第32条の規定にかかわらず，当該期間を平均し1週間当たりの労働時間が同条第1項の労働時間」と，「労働させることができる時間」とあるのは「第32条第1項の労働時間」とする．

② 前条第1項の規定が適用される間における同項に規定する事業に係る第32条の5第1項の規定の適用については，同項中「協定がある」とあるのは「協定により，1週間の労働時間を40時間（命令で定める規模以下の事業にあつては，40時間を超え42時間以下の範囲内において命令で定める時間）以内とし，当該時間を超えて労働させたときはその超えた時間（第37条第1項の規定の適用を受ける時間を除く．）の労働について同条の規定の例により割増賃金を支払う定めをした」と，「1日について」とあるのは「1週間について同条第1項の労働時間を超えない範囲内において，1日について」と，「労働させることができる」とあるのは「労働させることができる．この場合において，使用者は，1週間について40時間（前段の命令で定める規模以下の事業にあつては，前段の命令で定める時間）を超えて労働させたときは，その超えた時間（第37条第1項の規定の適用を受ける時間を除く．）の労働について，第37条の例により割増賃金を支払わなければならない」とする．

③ 前条第4項の規定は，前2項の規定により読み替えて適用する第32条の4第1項及び第32条の5第1項（第2項の規定により読み替えた部分に限る．）の命令について準用する．

第133条　厚生労働大臣は，第36条第2項の基準を定めるに当たつては，満18歳以上の女性のうち雇用の分野における男女の均等な機会及び待遇の確保等のための労働省関係法律の整備に関する法律（平成9年法律第92号）第4条の規定による改正前の第64条の2第4項に規定する命令で定める者に該当しない者について平成11年4月1日以後同条第1項及び第2項の規定が適用されなくなつたことにかんがみ，当該者のうち子の養育又は家族の介護を行う労働者（厚生労働省令で定める者．以下この条において「特定労働者」という．）の職業生活の著しい変化がその家庭生活に及ぼす影響を考慮して，厚生労働省令で定める期間，特定労働者（その者に係る時間外労働を短いものとすることを使用者に申し出た者に限る．）に係る第36条第1項の協定で定める労働時間の延長の限度についての基準は，当該特定労働者以外の者に係る同項の協定で定める労働時間の延長の限度についての基準とは別に，これより短いものとして定めるものとする．この場合において，1年についての労働時間の延長の限度についての基準は，150時間を超えないものとしなければならない．

第134条　常時300人以下の労働者を使用する事業

に係る第39条の規定の適用については,昭和66年3月31日までの間は同条第1項中「10労働日」とあるのは「6労働日」と,同年4月1日から昭和69年3月31日までの間は同項中「10労働日」とあるのは「8労働日」とする.

第135条 ① 6箇月経過日から起算した継続勤務年数が4年から8年までのいずれかの年数に達する日の翌日が平成11年4月1日から平成12年3月31日までの間にある労働者に関する第39条の規定の適用については,同日までの間は,次の表の上欄に掲げる当該6箇月経過日から起算した継続勤務年数の区分に応じ,同条第2項の表中次の表の中欄に掲げる字句は,同表の下欄に掲げる字句とする.

4年	6労働日	5労働日
5年	8労働日	6労働日
6年	10労働日	7労働日
7年	10労働日	8労働日
8年	10労働日	9労働日

② 6箇月経過日から起算した継続勤務年数が5年から7年までのいずれかの年数に達する日の翌日が平成12年4月1日から平成13年3月31日までの間にある労働者に関する第39条の規定の適用については,同日までの間は,平成13年3月31日までの間は,次の表の上欄に掲げる当該6箇月経過日から起算した継続勤務年数の区分に応じ,同条第2項の表中次の表の中欄に掲げる字句は,同表の下欄に掲げる字句とする.

5年	8労働日	7労働日
6年	10労働日	8労働日
7年	10労働日	9労働日

③ 前2項の規定は,第72条に規定する未成年者については,適用しない.

第136条 使用者は,第39条第1項から第4項までの規定による有給休暇を取得した労働者に対して,賃金の減額その他不利益な取扱いをしないようにしなければならない.

第137条 期間の定めのある労働契約(一定の事業の完了に必要な期間を定めるものを除き,その期間が1年を超えるものに限る.)を締結した労働者(第14条第1項各号に規定する労働者を除く.)は,労働基準法の一部を改正する法律(平成15年法律第104号)附則第3条に規定する措置が講じられるまでの間,民法第628条の規定にかかわらず,当該労働契約の期間の初日から1年を経過した日以後においては,その使用者に申し出ることにより,いつでも退職することができる.

第138条 中小事業主(その資本金の額又は出資の総額が3億円(小売業又はサービス業を主たる事業とする事業主については5000万円,卸売業を主たる事業とする事業主については1億円)以下である事業主及びその常時使用する労働者の数が300人(小売業を主たる事業とする事業主については50人,卸売業又はサービス業を主たる事業とする事業主については100人)以下である事業主をいう.)の事業については,当分の間,第37条第1項ただし書の規定は,適用しない.

別表第2 身体障害等級及び災害補償表(第77条関係)

等級	災害補償
第1級	1340日分
第2級	1190日分
第3級	1050日分
第4級	920日分
第5級	790日分
第6級	670日分
第7級	560日分
第8級	450日分
第9級	350日分
第10級	270日分
第11級	200日分
第12級	140日分
第13級	90日分
第14級	50日分

別表第3 分割補償表(第82条関係)

種別	等級	災害補償
障害補償	第1級	240日分
	第2級	213日分
	第3級	188日分
	第4級	164日分
	第5級	142日分
	第6級	120日分
	第7級	100日分
	第8級	80日分
	第9級	63日分
	第10級	48日分
	第11級	36日分
	第12級	25日分
	第13級	16日分
	第14級	9日分
遺族補償		180日分

48 労働基準法施行規則(抄)

(昭22・8・30厚生省令第23号,昭22・9・1施行,最終改正:平28・3・31厚生労働省令第55号)

別表第1の2 (第35条関係)

1	業務上の負傷に起因する疾病
2	物理的因子による次に掲げる疾病 1 紫外線にさらされる業務による前眼部疾患又は皮膚疾患 2 赤外線にさらされる業務による網膜火傷,白内障等の眼疾患又は皮膚疾患 3 レーザー光線にさらされる業務による網膜火傷等の眼疾患又は皮膚疾患 4 マイクロ波にさらされる業務による白内障等の眼疾患 5 電離放射線にさらされる業務による急性放射線症,皮膚潰瘍等の放射線皮膚障害,白内障等の放射線眼疾

患,放射線肺炎,再生不良性貧血等の造血器障害,骨壊死その他の放射線障害 6　高圧室内作業又は潜水作業に係る業務による潜函病又は潜水病 7　気圧の低い場所における業務による高山病又は航空減圧症 8　暑熱な場所における業務による熱中症 9　高熱物体を取り扱う業務による熱傷 10　寒冷な場所における業務又は低温物体を取り扱う業務による凍傷 11　著しい騒音を発する場所における業務による難聴等の耳の疾患 12　超音波にさらされる業務による手指等の組織壊死 13　1から12までに掲げるもののほか,これらの疾病に付随する疾病その他物理的因子にさらされる業務に起因することの明らかな疾病	4　屋外における業務による恙虫病 5　1から4までに掲げるもののほか,これらの疾病に付随する疾病その他細菌,ウイルス等の病原体にさらされる業務に起因することの明らかな疾病
	7　がん原性物質若しくはがん原性因子又はがん原性工程における業務による次に掲げる疾病 1　ベンジジンにさらされる業務による尿路系腫瘍 2　ベーターナフチルアミンにさらされる業務による尿路系腫瘍 3　4—アミノジフェニルにさらされる業務による尿路系腫瘍 4　4—ニトロジフェニルにさらされる業務による尿路系腫瘍 5　ビス(クロロメチル)エーテルにさらされる業務による肺がん 6　ベリリウムにさらされる業務による肺がん 7　ベンゾトリクロライドにさらされる業務による肺がん 8　石綿にさらされる業務による肺がん又は中皮腫 9　ベンゼンにさらされる業務による白血病 10　塩化ビニルにさらされる業務による肝血管肉腫又は肝細胞がん 11　1,2—ジクロロプロパンにさらされる業務による胆管がん 12　ジクロロメタンにさらされる業務による胆管がん 13　電離放射線にさらされる業務による白血病,肺がん,皮膚がん,骨肉腫,甲状腺がん,多発性骨髄腫又は非ホジキンリンパ腫 14　オーラミンを製造する工程における業務による尿路系腫瘍 15　マゼンタを製造する工程における業務による尿路系腫瘍 16　コークス又は発生炉ガスを製造する工程における業務による肺がん 17　クロム酸塩又は重クロム酸塩を製造する工程における業務による肺がん又は上気道のがん 18　ニッケルの製錬又は精錬を行う工程における業務による肺がん又は上気道のがん 19　砒素を含有する鉱石を原料として金属の製錬若しくは精錬を行う工程又は無機砒素化合物を製造する工程における業務による肺がん又は皮膚がん 20　すす,鉱物油,タール,ピッチ,アスファルト又はパラフィンにさらされる業務による皮膚がん 21　1から20までに掲げるもののほか,これらの疾病に付随する疾病その他がん原性物質若しくはがん原性因子又はがん原性工程における業務に起因することの明らかな疾病
3　身体に過度の負担のかかる作業態様に起因する次に掲げる疾病 1　重激な業務による筋肉,腱,骨若しくは関節の疾患又は内臓脱 2　重量物を取り扱う業務,腰部に過度の負担を与える不自然な作業姿勢により行う業務その他腰部に過度の負担のかかる業務による腰痛 3　さく岩機,鋲打ち機,チェーンソー等の機械器具の使用により身体に振動を与える業務による手指,前腕等の末梢循環障害,末梢神経障害又は運動器障害 4　電子計算機への入力を反復して行う業務その他上肢に過度の負担のかかる業務による後頭部,頸部,肩甲帯,上腕,前腕又は手指の運動器障害 5　1から4までに掲げるもののほか,これらの疾病に付随する疾病その他身体に過度の負担のかかる作業態様の業務に起因することの明らかな疾病	
4　化学物質等による次に掲げる疾病 1　厚生労働大臣の指定する単体たる化学物質及び化合物(合金を含む。)にさらされる業務による疾病であつて,厚生労働大臣が定めるもの 2　弗素樹脂,塩化ビニル樹脂,アクリル樹脂等の合成樹脂の熱分解生成物にさらされる業務による眼粘膜の炎症又は気道粘膜の炎症若しくは呼吸器疾患 3　すす,鉱物油,うるし,テレビン油,タール,セメント,アミン系の樹脂硬化剤等にさらされる業務による皮膚疾患 4　蛋白分解酵素にさらされる業務による皮膚炎,結膜炎又は鼻炎,気管支喘息等の呼吸器疾患 5　木材の粉じん,獣毛のじんあい等を飛散する場所における業務又は抗生物質等にさらされる業務によるアレルギー性の鼻炎,気管支喘息等の呼吸器疾患 6　落綿等の粉じんを飛散する場所における業務による呼吸器疾患 7　石綿にさらされる業務による良性石綿胸水又はびまん性胸膜肥厚 8　空気中の酸素濃度の低い場所における業務による酸素欠乏症 9　1から8までに掲げるもののほか,これらの疾病に付随する疾病その他化学物質等にさらされる業務に起因することの明らかな疾病	
5　粉じんを飛散する場所における業務によるじん肺症又はじん肺法(昭和35年法律第30号)に規定するじん肺と合併したじん肺法施行規則(昭和35年労働省令第6号)第1条各号に掲げる疾病	
6　細菌,ウイルス等の病原体による次に掲げる疾病 1　患者の診療若しくは看護の業務,介護の業務又は研究その他の目的で病原体を取り扱う業務による伝染性疾患 2　動物若しくはその死体,獣毛,革その他動物性の物又はぼろ等の古物を取り扱う業務によるブルセラ症,炭疽病等の伝染性疾患 3　湿潤地における業務によるワイル病等のレプトスピラ症	8　長期間にわたる長時間の業務その他血管病変等を著しく増悪させる業務による脳出血,くも膜下出血,脳梗塞,高血圧性脳症,心筋梗塞,狭心症,心停止(心臓性突然死を含む。)若しくは解離性大動脈瘤又はこれらの疾病に付随する疾病
	9　人の生命にかかわる事故への遭遇その他心理的に過度の負担を与える事象を伴う業務による精神及び行動の障害又はこれに付随する疾病
	10　前各号に掲げるもののほか,厚生労働大臣の指定する疾病
	11　その他業務に起因することの明らかな疾病

㊾ 労働契約法

（平19・12・5法律第128号，平20・3・1施行，
最終改正：平24・8・10法律第56号）

第1章 総則

（目的）
第1条 この法律は，労働者及び使用者の自主的な交渉の下で，労働契約が合意により成立し，又は変更されるという合意の原則その他労働契約に関する基本的事項を定めることにより，合理的な労働条件の決定又は変更が円滑に行われるようにすることを通じて，労働者の保護を図りつつ，個別の労働関係の安定に資することを目的とする．

（定義）
第2条 ① この法律において「労働者」とは，使用者に使用されて労働し，賃金を支払われる者をいう．
② この法律において「使用者」とは，その使用する労働者に対して賃金を支払う者をいう．

（労働契約の原則）
第3条 労働契約は，労働者及び使用者が対等の立場における合意に基づいて締結し，又は変更すべきものとする．
2 労働契約は，労働者及び使用者が，就業の実態に応じて，均衡を考慮しつつ締結し，又は変更すべきものとする．
3 労働契約は，労働者及び使用者が仕事と生活の調和にも配慮しつつ締結し，又は変更すべきものとする．
4 労働者及び使用者は，労働契約を遵守するとともに，信義に従い誠実に，権利を行使し，及び義務を履行しなければならない．
5 労働者及び使用者は，労働契約に基づく権利の行使に当たっては，それを濫用することがあってはならない．

（労働契約の内容の理解の促進）
第4条 使用者は，労働者に提示する労働条件及び労働契約の内容について，労働者の理解を深めるようにするものとする．
2 労働者及び使用者は，労働契約の内容（期間の定めのある労働契約に関する事項を含む．）について，できる限り書面により確認するものとする．

（労働者の安全への配慮）
第5条 使用者は，労働契約に伴い，労働者がその生命，身体等の安全を確保しつつ労働することができるよう，必要な配慮をするものとする．

第2章 労働契約の成立及び変更

（労働契約の成立）
第6条 労働契約は，労働者が使用者に使用されて労働し，使用者がこれに対して賃金を支払うことについて，労働者及び使用者が合意することによって成立する．
第7条 労働者及び使用者が労働契約を締結する場合において，使用者が合理的な労働条件が定められている就業規則を労働者に周知させていた場合には，労働契約の内容は，その就業規則で定める労働条件によるものとする．ただし，労働契約において，労働者及び使用者が就業規則の内容と異なる労働条件を合意していた部分については，第12条に該当する場合を除き，この限りでない．

（労働契約の内容の変更）
第8条 労働者及び使用者は，その合意により，労働契約の内容である労働条件を変更することができる．

（就業規則による労働契約の内容の変更）
第9条 使用者は，労働者と合意することなく，就業規則を変更することにより，労働者の不利益に労働契約の内容である労働条件を変更することはできない．ただし，次条の場合は，この限りでない．
第10条 使用者が就業規則の変更により労働条件を変更する場合において，変更後の就業規則を労働者に周知させ，かつ，就業規則の変更が，労働者の受ける不利益の程度，労働条件の変更の必要性，変更後の就業規則の内容の相当性，労働組合等との交渉の状況その他の就業規則の変更に係る事情に照らして合理的なものであるときは，労働契約の内容である労働条件は，当該変更後の就業規則に定めるところによるものとする．ただし，労働契約において，労働者及び使用者が就業規則の変更によっては変更されない労働条件として合意していた部分については，第12条に該当する場合を除き，この限りでない．

（就業規則の変更に係る手続）
第11条 就業規則の変更の手続に関しては，労働基準法（昭和22年法律第49号）第89条及び第90条の定めるところによる．

（就業規則違反の労働契約）
第12条 就業規則で定める基準に達しない労働条件を定める労働契約は，その部分については，無効とする．この場合において，無効となった部分は，就業規則で定める基準による．

（法令及び労働協約と就業規則との関係）
第13条 就業規則が法令又は労働協約に反する場合には，当該反する部分については，第7条，第10条及び前条の規定は，当該法令又は労働協約の適用を受ける労働者との間の労働契約については，適用しない．

第3章 労働契約の継続及び終了

（出向）
第14条 使用者が労働者に出向を命ずることができる場合において，当該出向の命令が，その必要性，対象労働者の選定に係る事情その他の事情に照らして，その権利を濫用したものと認められる場合には，当該命令は，無効とする．

（懲戒）
第15条 使用者が労働者を懲戒することができる場合において，当該懲戒が，当該懲戒に係る労働者の行為の性質及び態様その他の事情に照らして，客観的に合理的な理由を欠き，社会通念上相当であると認められない場合は，その権利を濫用したものとして，当該懲戒は，無効とする．

（解雇）
第16条 解雇は，客観的に合理的な理由を欠き，社会通念上相当であると認められない場合は，その権利を濫用したものとして，無効とする．

第4章 期間の定めのある労働契約

（契約期間中の解雇等）

(2) 労働法規・労災補償

第17条 ① 使用者は，期間の定めのある労働契約（以下この章において「有期労働契約」という。）について，やむを得ない事由がある場合でなければ，その契約期間が満了するまでの間において，労働者を解雇することができない。
② 使用者は，有期労働契約について，その有期労働契約により労働者を使用する目的に照らして，必要以上に短い期間を定めることにより，その有期労働契約を反復して更新することのないよう配慮しなければならない。

（有期労働契約の期間の定めのない労働契約への転換）
第18条 ① 同一の使用者との間で締結された2以上の有期労働契約（契約期間の始期の到来前のものを除く。以下この条において同じ。）の契約期間を通算した期間（次項において「通算契約期間」という。）が5年を超える労働者が，当該使用者に対し，現に締結している有期労働契約の契約期間が満了する日までの間に，当該満了する日の翌日から労務が提供される期間の定めのない労働契約の締結の申込みをしたときは，使用者は当該申込みを承諾したものとみなす。この場合において，当該申込みに係る期間の定めのない労働契約の内容である労働条件は，現に締結している有期労働契約の内容である労働条件（契約期間を除く。）と同一の労働条件（当該労働条件（契約期間を除く。）について別段の定めがある部分を除く。）とする。
② 当該使用者との間で締結された1の有期労働契約の契約期間が満了した日と当該使用者との間で締結されたその次の有期労働契約の契約期間の初日との間にこれらの契約期間のいずれにも含まれない期間（これらの契約期間が連続すると認められるものとして厚生労働省令で定める基準に該当する場合の当該いずれにも含まれない期間を除く。以下この項において「空白期間」という。）があり，当該空白期間が6月（当該空白期間の直前に満了した1の有期労働契約の契約期間（当該一の有期労働契約を含む2以上の有期労働契約の契約期間の間に空白期間がないときは当該2以上の有期労働契約の契約期間を通算した期間。以下この項において同じ。）が1年に満たない場合にあっては，当該一の有期労働契約の契約期間に2分の1を乗じて得た期間を基礎として厚生労働省令で定める期間）以上であるときは，当該空白期間前に満了した有期労働契約の契約期間は，通算契約期間に算入しない。

（有期労働契約の更新等）
第19条 有期労働契約であって次の各号のいずれかに該当するものの契約期間が満了する日までの間に労働者が当該有期労働契約の更新の申込みをした場合又は当該契約期間の満了後遅滞なく有期労働契約の締結の申込みをした場合であって，客観的に合理的な理由を欠き，社会通念上相当であると認められないときは，使用者は，従前の有期労働契約の内容である労働条件と同一の労働条件で当該申込みを承諾したものとみなす。
1 当該有期労働契約が過去に反復して更新されたことがあるものであって，その契約期間の満了時に当該有期労働契約を更新しないことにより当該有期労働契約を終了させることが，期間の定めのない労働契約を締結している労働者に解雇の意思表示をすることにより当該期間の定めのない労働契約を終了させることと社会通念上同視できると認められること。
2 当該労働者において当該有期労働契約の契約期間の満了時に当該有期労働契約が更新されるものと期待することについて合理的な理由があるものであると認められること。

（期間の定めがあることによる不合理な労働条件の禁止）
第20条 有期労働契約を締結している労働者の労働契約の内容である労働条件が，期間の定めがあることにより同一の使用者と期間の定めのない労働契約を締結している労働者の労働契約の内容である労働条件と相違する場合においては，当該労働条件の相違は，労働者の業務の内容及び当該業務に伴う責任の程度（以下この条において「職務の内容」という。），当該職務の内容及び配置の変更の範囲その他の事情を考慮して，不合理と認められるものであってはならない。

第5章 雑 則

（船員に関する特例）
第21条 ① 第12条及び前章の規定は，船員法（昭和22年法律第100号）の適用を受ける船員（次項において「船員」という。）に関しては，適用しない。
② 船員に関しては，第7条中「第12条」とあるのは「船員法（昭和22年法律第100号）第100条」と，第10条中「第12条」とあるのは「船員法第100条」と，第11条中「労働基準法（昭和22年法律第49号）第89条及び第90条」とあるのは「船員法第97条及び第98条」と，第13条中「前条」とあるのは「船員法第100条」とする。

（適用除外）
第22条 ① この法律は，国家公務員及び地方公務員については，適用しない。
② この法律は，使用者が同居の親族のみを使用する場合の労働契約については，適用しない。

50 雇用の分野における男女の均等な機会及び待遇の確保等に関する法律（抄）

（昭47・7・1法律第113号，昭47・7・1施行，最終改正：平28・3・31法律第17号）

第1章 総 則

（目 的）
第1条 この法律は，法の下の平等を保障する日本国憲法の理念にのつとり雇用の分野における男女の均等な機会及び待遇の確保を図るとともに，女性労働者の就業に関して妊娠中及び出産後の健康の確保を図る等の措置を推進することを目的とする。

（基本的理念）
第2条 ① この法律においては，労働者が性別により差別されることなく，また，女性労働者にあつては母性を尊重されつつ，充実した職業生活を営むことができるようにすることをその基本的理念とする。

② 事業主並びに国及び地方公共団体は,前項に規定する基本的理念に従つて,労働者の職業生活の充実が図られるように努めなければならない.
　(啓発活動)
第3条　国及び地方公共団体は,雇用の分野における男女の均等な機会及び待遇の確保等に関して国民の関心と理解を深めるとともに,特に,雇用の分野における男女の均等な機会及び待遇の確保を妨げている諸要因の解消を図るため,必要な啓発活動を行うものとする.
　(男女雇用機会均等対策基本方針)
第4条　① 厚生労働大臣は,雇用の分野における男女の均等な機会及び待遇の確保等に関する施策の基本となるべき方針(以下「男女雇用機会均等対策基本方針」という.)を定めるものとする.
② 男女雇用機会均等対策基本方針に定める事項は,次のとおりとする.
　1　男性労働者及び女性労働者のそれぞれの職業生活の動向に関する事項
　2　雇用の分野における男女の均等な機会及び待遇の確保等について講じようとする施策の基本となるべき事項
③ 男女雇用機会均等対策基本方針は,男性労働者及び女性労働者のそれぞれの労働条件,意識及び就業の実態等を考慮して定められなければならない.
④ 厚生労働大臣は,男女雇用機会均等対策基本方針を定めるに当たつては,あらかじめ,労働政策審議会の意見を聴くほか,都道府県知事の意見を求めるものとする.
⑤ 厚生労働大臣は,男女雇用機会均等対策基本方針を定めたときは,遅滞なく,その概要を公表するものとする.
⑥ 前2項の規定は,男女雇用機会均等対策基本方針の変更について準用する.

第2章　雇用の分野における男女の均等な機会及び待遇の確保等

第1節　性別を理由とする差別の禁止等
　(性別を理由とする差別の禁止)
第5条　事業主は,労働者の募集及び採用について,その性別にかかわりなく均等な機会を与えなければならない.
第6条　事業主は,次に掲げる事項について,労働者の性別を理由として,差別的取扱いをしてはならない.
　1　労働者の配置(業務の配分及び権限の付与を含む.),昇進,降格及び教育訓練
　2　住宅資金の貸付けその他これに準ずる福利厚生の措置であつて厚生労働省令で定めるもの
　3　労働者の職種及び雇用形態の変更
　4　退職の勧奨,定年及び解雇並びに労働契約の更新
　(性別以外の事由を要件とする措置)
第7条　事業主は,募集及び採用並びに前条各号に掲げる事項に関する措置であつて労働者の性別以外の事由を要件とするもののうち,措置の要件を満たす男性及び女性の比率その他の事情を勘案して実質的に性別を理由とする差別となるおそれがある措置として厚生労働省令で定めるものについては,当該措置の対象となる業務の性質に照らして当該措置の実施が当該業務の遂行上特に必要である場合,事業の運営の状況に照らして当該措置の実施が雇用管理上特に必要である場合その他の合理的な理由がある場合でなければ,これを講じてはならない.
　(女性労働者に係る措置に関する特例)
第8条　前3条の規定は,事業主が,雇用の分野における男女の均等な機会及び待遇の確保の支障となつている事情を改善することを目的として女性労働者に関して行う措置を講ずることを妨げるものではない.
　(婚姻,妊娠,出産等を理由とする不利益取扱いの禁止等)
第9条　① 事業主は,女性労働者が婚姻し,妊娠し,又は出産したことを退職理由として予定する定めをしてはならない.
② 事業主は,女性労働者が婚姻したことを理由として,解雇してはならない.
③ 事業主は,その雇用する女性労働者が妊娠したこと,出産したこと,労働基準法(昭和22年法律第49号)第65条第1項の規定による休業を請求し,又は同項若しくは同条第2項の規定による休業をしたことその他の妊娠又は出産に関する事由であつて厚生労働省令で定めるものを理由として,当該女性労働者に対して解雇その他不利益な取扱いをしてはならない.
④ 妊娠中の女性労働者及び出産後1年を経過しない女性労働者に対してなされた解雇は,無効とする.ただし,事業主が当該解雇が前項に規定する事由を理由とする解雇でないことを証明したときは,この限りでない.
　(指　針)
第10条　厚生労働大臣は,第5条から第7条まで及び前条第1項から第3項までの規定に定める事項に関し,事業主が適切に対処するために必要な指針(次項において「指針」という.)を定めるものとする.
② 第4条第4項及び第5項の規定は指針の策定及び変更について準用する.この場合において,同条第4項中「聴くほか,都道府県知事の意見を求める」とあるのは,「聴く」と読み替えるものとする.

第2節　事業主の講ずべき措置
　(職場における性的な言動に起因する問題に関する雇用管理上の措置)
第11条　① 事業主は,職場において行われる性的な言動に対するその雇用する労働者の対応により当該労働者がその労働条件につき不利益を受け,又は当該性的な言動により当該労働者の就業環境が害されることのないよう,当該労働者からの相談に応じ,適切に対応するために必要な体制の整備その他の雇用管理上必要な措置を講じなければならない.
② 厚生労働大臣は,前項の規定に基づき事業主が講ずべき措置に関して,その適切かつ有効な実施を図るために必要な指針(次項において「指針」という.)を定めるものとする.
③ 第4条第4項及び第5項の規定は,指針の策定及び変更について準用する.この場合において,同条第4項中「聴くほか,都道府県知事の意見を求める」とあるのは,「聴く」と読み替えるものとする.
　(職場における妊娠,出産等に関する言動に起因する問題に関する雇用管理上の措置)
第11条の2　① 事業主は,職場において行われるその雇用する女性労働者に対する当該女性労働者が

妊娠したこと,出産したこと,労働基準法第65条第1項の規定による休業を請求し,又は同項若しくは同条第2項の規定による休業をしたことその他の妊娠又は出産に関する事由であつて厚生労働省令で定めるものに関する言動により当該女性労働者の就業環境が害されることのないよう,当該女性労働者からの相談に応じ,適切に対応するために必要な体制の整備その他の雇用管理上必要な措置を講じなければならない.
② 厚生労働大臣は,前項の規定に基づき事業主が講ずべき措置に関して,その適切かつ有効な実施を図るために必要な指針(次項において「指針」という.)を定めるものとする.
③ 第4条第4項及び第5項の規定は,指針の策定及び変更について準用する.この場合において,同条第4項中「聴くほか,都道府県知事の意見を求める」とあるのは,「聴く」と読み替えるものとする.

(妊娠中及び出産後の健康管理に関する措置)
第12条 事業主は,厚生労働省令で定めるところにより,その雇用する女性労働者が母子保健法(昭和40年法律第141号)の規定による保健指導又は健康診査を受けるために必要な時間を確保することができるようにしなければならない.
第13条 事業主は,その雇用する女性労働者が前条の保健指導又は健康診査に基づく指導事項を守ることができるようにするため,勤務時間の変更,勤務の軽減等必要な措置を講じなければならない.
② 厚生労働大臣は,前項の規定に基づき事業主が講ずべき措置に関して,その適切かつ有効な実施を図るために必要な指針(次項において「指針」という.)を定めるものとする.
③ 第4条第4項及び第5項の規定は,指針の策定及び変更について準用する.この場合において,同条第4項中「聴くほか,都道府県知事の意見を求める」とあるのは,「聴く」と読み替えるものとする.

第3節 事業主に対する国の援助(略)

51 雇用の分野における男女の均等な機会及び待遇の確保等に関する法律施行規則(抄)

(昭61・1・27労働省令第2号,昭61・4・1施行,最終改正:平28・3・31厚生労働省令第80号)

雇用の分野における男女の均等な機会及び待遇の確保等女子労働者の福祉の増進に関する法律(昭和47年法律第113号)第9条,第10条,第14条,第21条及び第33条第2項の規定に基づき,雇用の分野における男女の均等な機会及び待遇の確保等女子労働者の福祉の増進に関する法律施行規則を次のように定める.

(福利厚生)
第1条 雇用の分野における男女の均等な機会及び待遇の確保等に関する法律(以下「法」という.)第6条第2号の厚生労働省令で定める福利厚生の措置は,次のとおりとする.
1 生活資金,教育資金その他労働者の福祉の増進のために行われる資金の貸付け
2 労働者の福祉の増進のために定期的に行われる金銭の給付
3 労働者の資産形成のために行われる金銭の給付
4 住宅の貸与
(実質的に性別を理由とする差別となるおそれがある措置)
第2条 法第7条の厚生労働省令で定める措置は,次のとおりとする.
1 労働者の募集又は採用に関する措置であつて,労働者の身長,体重又は体力に関する事由を要件とするもの
2 労働者の募集若しくは採用,昇進又は職種の変更に関する措置であつて,労働者の住居の移転を伴う配置転換に応じることができることを要件とするもの
3 労働者の昇進に関する措置であつて,労働者が勤務する事業場と異なる事業場に配置転換された経験があることを要件とするもの
(妊娠又は出産に関する事由)
第2条の2 法第9条第3項の厚生労働省令で定める妊娠又は出産に関する事由は,次のとおりとする.
1 妊娠したこと.
2 出産したこと.
3 法第12条若しくは第13条第1項の規定による措置を求め,又はこれらの規定による措置を受けたこと.
4 労働基準法(昭和22年法律第49号)第64条の2第1号若しくは第64条の3第1項の規定により業務に就くことができず,若しくはこれらの規定により業務に従事しなかつたこと又は同法第64条の2第1号若しくは女性労働基準規則(昭和61年労働省令第3号)第2条第2項の規定による申出をし,若しくはこれらの規定により業務に従事しなかつたこと.
5 労働基準法第65条第1項の規定による休業を請求し,若しくは同項の規定による休業をしたこと又は同条第2項の規定により就業できず,若しくは同項の規定による休業をしたこと.
6 労働基準法第65条第3項の規定による請求をし,又は同項の規定により他の軽易な業務に転換したこと.
7 労働基準法第66条第1項の規定による請求をし,若しくは同項の規定により1週間について同法第32条第1項の労働時間若しくは1日について同条第2項の労働時間を超えて労働しなかつたこと,同法第66条第2項の規定による請求をし,若しくは同項の規定により時間外労働をせず若しくは休日に労働しなかつたこと又は同法第66条第3項の規定による請求をし,若しくは同項の規定により深夜業をしなかつたこと.
8 労働基準法第67条第1項の規定による請求をし,又は同条第2項の規定による育児時間を取得したこと.
9 妊娠又は出産に起因する症状により労務の提供ができないこと若しくはできなかつたこと又は労働能率が低下したこと.

(法第12条の措置)
第2条の3 事業主は,次に定めるところにより,その雇用する女性労働者が保健指導又は健康診査を受けるために必要な時間を確保することができるようにしなければならない.
1 当該女性労働者が妊娠中である場合にあつては,次の表の上欄に掲げる妊娠週数の区分に応じ,それぞれ同表の下欄に掲げる期間以内ごとに1回,

52 育児休業、介護休業等育児又は家族介護を行う労働者の福祉に関する法律（1条〜5条）

当該必要な時間を確保することができるようにすること．ただし，医師又は助産師がこれと異なる指示をしたときは，その指示するところにより，当該必要な時間を確保することができるようにすること．

妊娠週数	期間
妊娠23週まで	4週
妊娠24週から35週まで	2週
妊娠36週から出産まで	1週

2　当該女性労働者が出産後1年以内である場合にあつては，医師又は助産師が保健指導又は健康診査を受けることを指示したときは，その指示するところにより，当該必要な時間を確保することができるようにすること．

52 育児休業，介護休業等育児又は家族介護を行う労働者の福祉に関する法律（抄）
（平3・5・15法律第76号，平4・4・1施行，最終改正：平28・6・3法律第63号）

第1章　総則

（目的）
第1条　この法律は，育児休業及び介護休業に関する制度並びに子の看護休暇及び介護休暇に関する制度を設けるとともに，子の養育及び家族の介護を容易にするため所定労働時間等に関し事業主が講ずべき措置を定めるほか，子の養育又は家族の介護を行う労働者等に対する支援措置を講ずること等により，子の養育又は家族の介護を行う労働者等の雇用の継続及び再就職の促進を図り，もつてこれらの者の職業生活と家庭生活との両立に寄与することを通じて，これらの者の福祉の増進を図り，あわせて経済及び社会の発展に資することを目的とする．

（定義）
第2条　この法律（第1号に掲げる用語にあつては，第9条の3を除く．）において，次の各号に掲げる用語の意義は，当該各号に定めるところによる．
1　育児休業　労働者（日々雇用される者を除く．以下この条，次章から第8章まで，第21条から第26条まで，第28条，第29条及び第11章において同じ．）が，次章に定めるところにより，その子（民法（明治29年法律第89号）第817条の2第1項の規定により労働者が当該労働者との間における同項に規定する特別養子縁組の成立に係る請求を家庭裁判所に請求した者（当該請求に係る家事審判事件が裁判所に係属している場合に限る．）であつて，当該労働者が現に監護するもの，児童福祉法（昭和22年法律第164号）第27条第1項第3号の規定により同法第6条の4第2号に規定する養子縁組里親である労働者に委託されている児童及びその他これらに準ずる者として厚生労働省令で定める者に，厚生労働省令で定めるところにより委託されている者を含む．第4号及び第61条第3項（同条第6項において準用する場合を含む．）を除き，以下同じ．）を養育するためにする休業をいう．
2　介護休業　労働者が，第3章に定めるところにより，その要介護状態にある対象家族を介護するためにする休業をいう．
3　要介護状態　負傷，疾病又は身体上若しくは精神上の障害により，厚生労働省令で定める期間にわたり常時介護を必要とする状態をいう．
4　対象家族　配偶者（婚姻の届出をしていないが，事実上婚姻関係と同様の事情にある者を含む．以下同じ．），父母及び子（これらの者に準ずる者として厚生労働省令で定めるものを含む．）並びに配偶者の父母をいう．
5　家族　対象家族その他厚生労働省令で定める親族をいう．

（基本的理念）
第3条　① この法律の規定による子の養育又は家族の介護を行う労働者等の福祉の増進は，これらの者がそれぞれ職業生活の全期間を通じてその能力を有効に発揮して充実した職業生活を営むとともに，育児又は介護について家族の一員としての役割を円滑に果たすことができるようにすることをその本旨とする．

② 子の養育又は家族の介護を行うための休業をする労働者は，その休業後における就業を円滑に行うことができるよう必要な努力をするようにしなければならない．

（関係者の責務）
第4条　事業主並びに国及び地方公共団体は，前条に規定する基本的理念に従つて，子の養育又は家族の介護を行う労働者等の福祉を増進するように努めなければならない．

第2章　育児休業

（育児休業の申出）
第5条　① 労働者は，その養育する1歳に満たない子について，その事業主に申し出ることにより，育児休業をすることができる．ただし，期間を定めて雇用される者にあつては，次の各号のいずれにも該当するものに限り，当該申出をすることができる．
1　当該事業主に引き続き雇用された期間が1年以上である者
2　その養育する子が1歳6か月に達する日までに，その労働契約（労働契約が更新される場合にあつては，更新後のもの）が満了することが明らかでない者

② 前項の規定にかかわらず，育児休業（当該育児休業に係る子の出生の日から起算して8週間を経過する日の翌日まで（出産予定日前に当該子が出生した場合にあつては当該出生の日から当該出産予定日から起算して8週間を経過する日の翌日までとし，出産予定日後に当該子が出生した場合にあつては当該出産予定日から当該出生の日から起算して8週間を経過する日の翌日までとする．）の期間内に，当該労働者（当該期間内に労働基準法（昭和22年法律第49号）第65条第2項の規定により休業した者を除く．）が当該子を養育するためにした前項の規定による最初の申出によりする育児休業を除く．）をしたことがある場合には，当該育児休業を開始した日に養育していた子については，厚生労働省令で定める特別の事情がある場合を除き，同項の申出をすることができない．

③ 労働者は、その養育する1歳から1歳6か月に達するまでの子について、次の各号のいずれにも該当する場合に限り、その事業主に申し出ることにより、育児休業をすることができる。ただし、期間を定めて雇用される者であってその配偶者が当該子が1歳に達する日（以下「1歳到達日」という。）において育児休業をしているものにあっては、第1項各号のいずれにも該当するものに限り、当該申出をすることができる。
1 当該申出に係る子について、当該労働者又はその配偶者が、当該子の1歳到達日において育児休業をしている場合
2 当該子の1歳到達日後の期間について休業することが雇用の継続のために特に必要と認められる場合として厚生労働省令で定める場合に該当する場合
④ 第1項及び前項の規定による申出（以下「育児休業申出」という。）は、厚生労働省令で定めるところにより、その期間中は育児休業をすることとする1の期間について、その初日（以下「育児休業開始予定日」という。）及び末日（以下「育児休業終了予定日」という。）とする日を明らかにして、しなければならない。この場合において、同項の規定による申出にあっては、当該申出に係る子の1歳到達日の翌日を育児休業開始予定日としなければならない。
⑤ 第1項ただし書、第2項、第3項ただし書及び前項後段の規定は、期間を定めて雇用される者であって、その締結する労働契約の期間の末日を育児休業終了予定日（第7条第3項の場合により当該育児休業終了予定日が変更された場合にあっては、その変更後の育児休業終了予定日とされた日）とする育児休業をしているものが、当該育児休業に係る子について、当該労働契約の更新に伴い、当該更新後の労働契約の期間の初日を育児休業開始予定日とする育児休業申出をする場合には、これを適用しない。

（育児休業申出があった場合における事業主の義務等）
第6条 ① 事業主は、労働者からの育児休業申出があったときは、当該育児休業申出を拒むことができない。ただし、当該事業主と当該労働者が雇用される事業所の労働者の過半数で組織する労働組合があるときはその労働組合、その事業所の労働者の過半数で組織する労働組合がないときはその労働者の過半数を代表する者との書面による協定で、次に掲げる労働者のうち育児休業をすることができないものとして定められた労働者に該当する労働者からの育児休業申出があった場合は、この限りでない。
1 当該事業主に引き続き雇用された期間が1年に満たない労働者
2 前号に掲げるもののほか、育児休業をすることができないこととすることについて合理的な理由があると認められる労働者として厚生労働省令で定めるもの
② 前項ただし書の場合において、事業主にその育児休業申出を拒まれた労働者は、前条第1項及び第3項の規定にかかわらず、育児休業をすることができない。
③ 事業主は、労働者からの育児休業申出があった場合において、当該育児休業申出に係る育児休業開始予定日とされた日が当該育児休業申出があった日の翌日から起算して1月（前条第3項の規定による申出にあっては2週間）を経過する日（以下この項において「1月等経過日」という。）前の日であるときは、厚生労働省令で定めるところにより、当該育児休業開始予定日とされた日から当該1月等経過日（当該育児休業申出があった日までに、出産予定日前に子が出生したことその他の厚生労働省令で定める事由が生じた場合にあっては、当該1月等経過日前の日で厚生労働省令で定める日）までのいずれかの日を当該育児休業開始予定日として指定することができる。
④ 第1項ただし書及び前項の規定は、労働者が前条第5項に規定する育児休業申出をする場合には、これを適用しない。

（育児休業開始予定日の変更の申出等）
第7条 ① 第5条第1項の規定による申出をした労働者は、その後当該申出に係る育児休業開始予定日とされた日の（前条第3項の規定による事業主の指定があった場合にあっては、当該事業主の指定した日。以下この項において同じ。）の前日までに、前条第3項の厚生労働省令で定める事由が生じた場合には、その事業主に申し出ることにより、当該申出に係る育児休業開始予定日を1回に限り当該育児休業開始予定日とされた日前の日に変更することができる。
② 事業主は、前項の規定による労働者からの申出があった場合において、当該申出に係る変更後の育児休業開始予定日とされた日が当該申出があった日の翌日から起算して1月を超えない範囲内で厚生労働省令で定める期間を経過する日（以下この項において「期間経過日」という。）前の日であるときは、厚生労働省令で定めるところにより、当該申出に係る変更後の育児休業開始予定日とされた日から当該期間経過日（その日が当該申出に係る変更前の育児休業開始予定日とされていた日（前条第3項の規定による事業主の指定があった場合にあっては、当該事業主の指定した日。以下この項において同じ。）後の日である場合にあっては、当該申出に係る変更前の育児休業開始予定日とされていた日）までの間のいずれかの日を当該労働者に係る育児休業開始予定日として指定することができる。
③ 育児休業申出をした労働者は、厚生労働省令で定める日までにその事業主に申し出ることにより、当該育児休業申出に係る育児休業終了予定日を1回に限り当該育児休業終了予定日とされた日後の日に変更することができる。

（育児休業申出の撤回等）
第8条 ① 育児休業申出をした労働者は、当該育児休業申出に係る育児休業開始予定日とされた日（第6条第3項又は前条第2項の規定による事業主の指定があった場合にあっては当該事業主の指定した日、同条第1項の規定により育児休業開始予定日が変更された場合にあってはその変更後の育児休業開始予定日とされた日。以下同じ。）の前日までは、当該育児休業申出を撤回することができる。
② 前項の規定により育児休業申出を撤回した労働者は、当該育児休業申出に係る子については、厚生労働省令で定める特別の事情がある場合を除き、第5条第1項及び第3項の規定にかかわらず、育児休業申出をすることができない。
③ 育児休業申出がされた後育児休業開始予定日とされた日の前日までに、子の死亡その他の労働者が

当該育児休業申出に係る子を養育しないこととなった事由として厚生労働省令で定める事由が生じたときは,当該育児休業申出は,されなかったものとみなす.この場合において,労働者は,その事業主に対して,当該事由が生じた旨を遅滞なく通知しなければならない.

(育児休業期間)
第9条 ① 育児休業申出をした労働者がその期間中は育児休業をすることができる期間(以下「育児休業期間」という.)は,育児休業開始予定日とされた日から育児休業終了予定日とされた日(第7条第3項の規定により当該育児休業終了予定日が変更された場合にあっては,その変更後の育児休業終了予定日とされた日.次項において同じ.)までの間とする.
② 次の各号に掲げるいずれかの事情が生じた場合には,育児休業期間は,前項の規定にかかわらず,当該事情が生じた日(第3号に掲げる事情が生じた場合にあっては,その前日)に終了する.
 1 育児休業終了予定日とされた日の前日までに,子の死亡その他の労働者が育児休業申出に係る子を養育しないこととなった事由として厚生労働省令で定める事由が生じたこと.
 2 育児休業終了予定日とされた日の前日までに,育児休業申出に係る子が1歳(第5条第3項の規定による申出により育児休業をしている場合にあっては,1歳6か月)に達したこと.
 3 育児休業終了予定日とされた日までに,育児休業申出をした労働者について,労働基準法第65条第1項若しくは第2項の規定による休業する期間,第15条第1項に規定する介護休業期間又は新たな育児休業期間が始まったこと.
③ 前条第3項後段の規定は,前項第1号の厚生労働省令で定める事由が生じた場合について準用する.

(同一の子について配偶者が育児休業をする場合の特例)
第9条の2 ① 労働者の養育する子について,当該労働者の配偶者が当該子の1歳到達日以前のいずれかの日において当該子を養育するために育児休業をしている場合の第2章から第5章まで,第24条第1項及び第12章の規定の適用については,第5条第1項中「1歳に満たない子」とあるのは「1歳に満たない子(第9条の2第1項の規定により読み替えて適用するこの項の規定により育児休業をする場合にあっては,1歳2か月に満たない子)」と,同条第3項ただし書中「1歳に達する日(以下「1歳到達日」という.)」とあるのは「1歳に達する日(以下「1歳到達日」という.)(当該配偶者が第9条の2第1項の規定により読み替えて適用する第1項の規定によりした申出に係る第9条第1項(第9条の2第1項の規定により読み替えて適用する場合を含む.)に規定する育児休業終了予定日とされた日が当該子の1歳到達日後である場合にあっては,当該育児休業終了予定日とされた日)」と,同項第1号中「又はその配偶者が,当該子の1歳到達日」とあるのは「が当該子の1歳到達日(当該労働者が第9条の2第1項の規定により読み替えて適用する第1項の規定によりした申出に係る第9条第1項(第9条の2第1項の規定により読み替えて適用する場合を含む.)に規定する育児休業終了予定日とされた日が当該子の1歳到達日後である場合にあっては,当該育児休業終了予定日とされた日)」において育児休業をしている場合又は当該労働者の配偶者が当該子の1歳到達日(当該配偶者が第9条の2第1項の規定により読み替えて適用する第1項の規定によりした申出に係る第9条第1項(第9条の2第1項の規定により読み替えて適用する場合を含む.)に規定する育児休業終了予定日とされた日が当該子の1歳到達日後である場合にあっては,当該育児休業終了予定日とされた日」と,同条第4項中「1歳到達日」とあるのは「1歳到達日(当該子を養育する労働者又はその配偶者が第9条の2第1項の規定により読み替えて適用する第1項の規定によりした申出に係る第9条第1項(第9条の2第1項の規定により読み替えて適用する場合を含む.)に規定する育児休業終了予定日とされた日が当該子の1歳到達日後である場合にあっては,当該育児休業終了予定日とされた日(当該労働者に係る育児休業終了予定日とされた日と当該配偶者に係る育児休業終了予定日とされた日が異なるときは,そのいずれか遅い日))」と,前条第1項中「変更後の育児休業終了予定日とされた日.次項」とあるのは「変更後の育児休業終了予定日とされた日.次項(次条第1項の規定により読み替えて適用する場合を含む.)において同じ.」(当該育児休業終了予定日とされた日が当該育児休業開始予定日とされた日から起算して育児休業可能日数(当該育児休業に係る子の出生した日から当該子の1歳到達日までの日数をいう.)から育児休業等取得日数(当該子の出生した日以後当該労働者が労働基準法第65条第1項又は第2項の規定により休業した日数と育児休業について取得した日数を合算した日数をいう.)を差し引いた日数を経過する日より後の日であるときは,当該経過する日.次項(次条第1項の規定により読み替えて適用する場合を含む.)」と,同条第2項第2号中「第5条第3項」とあるのは「次条第1項の規定により読み替えて適用する第5条第1項の規定による申出により育児休業をしている場合にあっては1歳2か月,同条第3項(次条第1項の規定により読み替えて適用する場合を含む.)」と,「1歳6か月」とあるのは「1歳6か月」と,第24条第1項第1号中「1歳(」とあるのは「1歳(当該労働者が第9条の2第1項の規定により読み替えて適用する第5条第1項の規定による申出をすることができる場合にあっては1歳2か月,」と,「,1歳6か月」とあるのは「1歳6か月」とするほか,必要な技術的読替えは,厚生労働省令で定める.
② 前項の規定は,同項の規定を適用した場合の第5条第1項の規定による申出に係る育児休業開始予定日とされた日が,当該育児休業に係る子の1歳到達日の翌日後である場合又は前項の規定による当該労働者の配偶者がしている育児休業に係る育児休業期間の初日前である場合には,これを適用しない.

(公務員である配偶者がする育児休業に関する規定の適用)
第9条の3 第5条第3項及び前条の規定の適用については,労働者の配偶者が国家公務員の育児休業等に関する法律(平成3年法律第108号)第3条第2項,国家公務員の育児休業等に関する法律(平成3年法律第109号)第3条第2項(同法第27条第1項及び裁判所職員臨時措置法(昭和26年法律第

299号）（第7号に係る部分に限る．）において準用する場合を含む．），地方公務員の育児休業等に関する法律（平成3年法律第110号）第2条第2項又は裁判官の育児休業に関する法律（平成3年法律第111号）第2条第2項の規定によりする請求及び当該請求に係る育児休業は，それぞれ第5条第1項の規定によりする申出及び当該申出によりする育児休業とみなす．
（不利益取扱いの禁止）
第10条　事業主は，労働者が育児休業申出をし，又は育児休業をしたことを理由として，当該労働者に対して解雇その他不利益な取扱いをしてはならない．

第3章　介護休業

（介護休業の申出）
第11条　① 労働者は，その事業主に申し出ることにより，介護休業をすることができる．ただし，期間を定めて雇用される者にあっては，次の各号のいずれにも該当するものに限り，当該申出をすることができる．
1　当該事業主に引き続き雇用された期間が1年以上である者
2　第3項に規定する介護休業開始予定日から起算して93日を経過する日から6月を経過する日までに，その労働契約（労働契約が更新される場合にあっては，更新後のもの）が満了することが明らかでない者
② 前項の規定にかかわらず，介護休業をしたことがある労働者は，当該介護休業に係る対象家族が次の各号のいずれかに該当する場合には，当該対象家族については，同項の規定による申出をすることができない．
1　当該対象家族について3回の介護休業をした場合
2　当該対象家族について介護休業をした日数（介護休業を開始した日から介護休業を終了した日までの日数とし，2回以上の介護休業をした場合にあっては，介護休業ごとに，当該介護休業を開始した日から当該介護休業を終了した日までの日数を合算して得た日数とする．第15条第1項において「介護休業日数」という．）が93日に達している場合
③ 第1項の規定による申出（以下「介護休業申出」という．）は，厚生労働省令で定めるところにより，介護休業に係る対象家族が要介護状態にあることを明らかにし，かつ，その期間中は当該対象家族に係る介護休業をすることとする1の期間について，その初日（以下「介護休業開始予定日」という．）及び末日（以下「介護休業終了予定日」という．）とする日を明らかにして，しなければならない．
④ 第1項ただし書及び第2項（第2号を除く．）の規定は，期間を定めて雇用される者であって，その締結する労働契約の期間の末日を介護休業終了予定日（第13条において準用する第7条第3項の規定により当該介護休業終了予定日が変更された場合にあっては，その変更後の介護休業終了予定日）とする介護休業をしているものが，当該介護休業に係る対象家族について，当該労働契約の更新に伴い，当該更新後の労働契約の期間の初日を介護休業開始予定日とする介護休業申出をする場合には，これを適用しない．

（介護休業申出があった場合における事業主の義務等）
第12条　① 事業主は，労働者からの介護休業申出があったときは，当該介護休業申出を拒むことができない．
② 第6条第1項ただし書及び第2項の規定は，労働者からの介護休業申出があった場合について準用する．この場合において，同項中「前項ただし書」とあるのは「第12条第2項において準用する前項ただし書」と，「前条第1項及び次条第1項」とあるのは「第11条第1項」と読み替えるものとする．
③ 事業主は，労働者からの介護休業申出があった場合において，当該介護休業申出に係る介護休業開始予定日とされた日が当該介護休業申出があった日の翌日から起算して2週間を経過する日（以下この項において「2週間経過日」という．）前の日であるときは，厚生労働省令で定めるところにより，当該介護休業開始予定日とされた日から当該2週間経過日までの間のいずれかの日を当該介護休業開始予定日として指定することができる．
④ 前2項の規定は，労働者が前条第4項に規定する介護休業申出をする場合には，これを適用しない．
（介護休業終了予定日の変更の申出）
第13条　第7条第3項の規定は，介護休業終了予定日の変更の申出について準用する．
（介護休業申出の撤回等）
第14条　① 介護休業申出をした労働者は，当該介護休業開始予定日とされた日（第12条第3項の規定による事業主の指定があった場合にあっては，当該事業主の指定した日．第3項において準用する第8条第3項及び次条第1項において同じ．）の前日までは，当該介護休業申出を撤回することができる．
② 前項の規定による介護休業申出の撤回がなされ，かつ，当該撤回に係る対象家族について当該撤回後になされる最初の介護休業申出が撤回された場合においては，その後になされる当該対象家族についての介護休業申出については，事業主は，第12条第1項の規定にかかわらず，これを拒むことができる．
③ 第8条第3項の規定は，介護休業申出について準用する．この場合において，同項中「子」とあるのは「対象家族」，「養育」とあるのは「介護」と読み替えるものとする．
（介護休業期間）
第15条　① 介護休業申出をした労働者がその期間中は介護休業をすることができる期間（以下「介護休業期間」という．）は，当該介護休業申出に係る介護休業開始予定日とされた日から介護休業終了予定日とされた日（その日が当該介護休業開始予定日とされた日から起算して93日から当該労働者の当該介護休業申出に係る対象家族についての介護休業日数を差し引いた日数を経過する日後の日であるときは，当該経過する日．第3項において同じ．）までの間とする．
② この条において，介護休業終了予定日とされた日とは，第13条において準用する第7条第3項の規定により当該介護休業終了予定日が変更された場合にあっては，その変更後の介護休業終了予定日とされた日をいう．
③ 次の各号に掲げるいずれかの事情が生じた場合には，介護休業期間は，第1項の規定にかかわらず，当該事情が生じた日（第2号に掲げる事情が生じ

た場合にあっては,その前日)に終了する.
1 介護休業終了予定日とされた日の前日までに,対象家族の死亡その他の労働者が介護休業に係る対象家族を介護しないこととなった事由として厚生労働省令で定める事由が生じたこと.
2 介護休業終了予定日とされた日に,介護休業申出をした労働者について,労働基準法第65条第1項若しくは第2項の規定により休業する期間,育児休業期間又は新たな介護休業期間が始まったこと.
④ 第8条第3項後段の規定は,前項第1号の厚生労働省令で定める事由が生じた場合について準用する.
(準用)
第16条 第10条の規定は,介護休業申出及び介護休業について準用する.

第4章 子の看護休暇

(子の看護休暇の申出)
第16条の2 ① 小学校就学の始期に達するまでの子を養育する労働者は,その事業主に申し出ることにより,1の年度において5労働日(その養育する小学校就学の始期に達するまでの子が2人以上の場合にあっては,10労働日)を限度として,負傷し,若しくは疾病にかかった当該子の世話又は疾病の予防を図るために必要なものとして厚生労働省令で定める当該子の世話を行うための休暇(以下この章において「子の看護休暇」という.)を取得することができる.
② 子の看護休暇は,1日の所定労働時間が短い労働者として厚生労働省令で定めるもの以外の者は,厚生労働省令で定めるところにより,厚生労働省令で定める1日未満の単位で取得することができる.
③ 第1項の規定による申出は,厚生労働省令で定めるところにより,当該子の看護休暇を取得する日(前項の厚生労働省令で定める1日未満の単位で取得するときは子の看護休暇の開始及び終了の日時)を明らかにして,しなければならない.
④ 第1項の年度は,事業主が別段の定めをする場合を除き,4月1日に始まり,翌年3月31日に終わるものとする.
(子の看護休暇の申出があった場合における事業主の義務等)
第16条の3 ① 事業主は,労働者からの前条第1項の規定による申出があったときは,当該申出を拒むことができない.
② 第6条第1項ただし書及び第2項の規定は,労働者からの前条第1項の規定による申出があった場合について準用する.この場合において,第6条第1項第1号中「1年」とあるのは「6月」と,同項第2号中「定めるもの」とあるのは「定めるもの又は業務の性質若しくは業務の実施体制に照らして,第16条の2第2項の厚生労働省令で定める1日未満の単位で子の看護休暇を取得することが困難と認められる業務に従事する労働者(同項の規定による厚生労働省令で定める1日未満の単位で取得しようとする者に限る.)」と,同条第2項中「前項ただし書」とあるのは「第16条の3第2項において準用する前項ただし書」と,「前条第1項及び第3項」とあるのは「第16条の2第1項」と読み替えるものとする.
(準用)

第16条の4 第10条の規定は,第16条の2第1項の規定による申出及び子の看護休暇について準用する.

第5章 介護休暇

(介護休暇の申出)
第16条の5 ① 要介護状態にある対象家族の介護その他の厚生労働省令で定める世話を行う労働者は,その事業主に申し出ることにより,1の年度において5労働日(要介護状態にある対象家族が2人以上の場合にあっては,10労働日)を限度として,当該世話を行うための休暇(以下「介護休暇」という.)を取得することができる.
② 介護休暇は,1日の所定労働時間が短い労働者として厚生労働省令で定めるもの以外の者は,厚生労働省令で定めるところにより,厚生労働省令で定める1日未満の単位で取得することができる.
③ 第1項の規定による申出は,厚生労働省令で定めるところにより,当該家族が要介護状態にあること及び介護休暇を取得する日(前項の厚生労働省令で定める1日未満の単位で取得するときは介護休暇の開始及び終了の日時)を明らかにして,しなければならない.
④ 第1項の年度は,事業主が別段の定めをする場合を除き,4月1日に始まり,翌年3月31日に終わるものとする.
(介護休暇の申出があった場合における事業主の義務等)
第16条の6 ① 事業主は,労働者からの前条第1項の規定による申出があったときは,当該申出を拒むことができない.
② 第6条第1項ただし書及び第2項の規定は,労働者からの前条第1項の規定による申出があった場合について準用する.この場合において,第6条第1項第1号中「1年」とあるのは「6月」と,同項第2号中「定めるもの」とあるのは「定めるもの又は業務の性質若しくは業務の実施体制に照らして,第16条の5第2項の厚生労働省令で定める1日未満の単位で介護休暇を取得することが困難と認められる業務に従事する労働者(同項の規定による厚生労働省令で定める1日未満の単位で取得しようとする者に限る.)」と,同条第2項中「前項ただし書」とあるのは「第16条の6第2項において準用する前項ただし書」と,「前条第1項及び第3項」とあるのは「第16条の5第1項」と読み替えるものとする.
(準用)
第16条の7 第10条の規定は,第16条の5第1項の規定による申出及び介護休暇について準用する.

第6章 所定外労働の制限

第16条の8 ① 事業主は,3歳に満たない子を養育する労働者であって,当該事業主と当該労働者が雇用される事業所の労働者の過半数で組織する労働組合があるときはその労働組合,その事業所の労働者の過半数で組織する労働組合がないときはその労働者の過半数を代表する者との書面による協定で,次に掲げる労働者のうちこの項本文の規定による請求をできないものとして定められた労働者に該当しない労働者が当該子を養育するために請求

（2）労働法規・労災補償

した場合においては，所定労働時間を超えて労働させてはならない．ただし，事業の正常な運営を妨げる場合は，この限りでない．
1 当該事業主に引き続き雇用された期間が1年に満たない労働者
2 前号に掲げるもののほか，当該請求をできないこととすることについて合理的な理由があると認められる労働者として厚生労働省令で定めるもの
② 前項の規定による請求は，厚生労働省令で定めるところにより，その期間中は所定労働時間を超えて労働させてはならないこととなる1の期間（1月以上1年以内の期間に限る．第4項において「制限期間」という．）を延長することができ，その初日（以下この条において「制限開始予定日」という．）及び末日（第4項において「制限終了予定日」という．）とする日を明らかにして，制限開始予定日の1月前までにしなければならない．この場合において，この項前段に規定する制限期間については，第17条第2項前段（第18条第1項において準用する場合を含む．）に規定する制限期間と重複しないようにしなければならない．
③ 第1項の規定による請求がされた後制限開始予定日とされた日の前日までに，子の死亡その他の労働者が当該請求に係る子の養育をしないこととなった事由として厚生労働省令で定める事由が生じたときは，当該請求は，されなかったものとみなす．この場合において，労働者は，その事業主に対して，当該事由が生じた旨を遅滞なく通知しなければならない．
④ 次の各号に掲げるいずれかの事情が生じた場合には，制限期間は，当該事情が生じた日（第3号に掲げる事情が生じた場合にあっては，その前日）に終了する．
1 制限終了予定日とされた日の前日までに，子の死亡その他の労働者が第1項の規定による請求に係る子を養育しないこととなった事由として厚生労働省令で定める事由が生じたこと．
2 制限終了予定日とされた日の前日までに，第1項の規定による請求に係る子が3歳に達したこと．
3 制限終了予定日とされた日までに，第1項の規定による請求をした労働者について，労働基準法第65条第1項若しくは第2項の規定により休業する期間，育児休業期間又は介護休業期間が始まったこと．
⑤ 第3項後段の規定は，前項第1号の厚生労働省令で定める事由が生じた場合について準用する．

第16条の9 ① 前条第1項から第3項まで及び第4項（第2号を除く．）の規定は，要介護状態にある対象家族を介護する労働者について準用する．この場合において，同条第1項中「当該子を養育する」とあるのは「当該対象家族を介護する」と，同条第3項及び第4項第1号中「子」とあるのは「対象家族」と，「養育」とあるのは「介護」と読み替えるものとする．
② 前条第3項後段の規定は，前項において準用する同条第1項の厚生労働省令で定める事由が生じた場合について準用する．

第16条の10 事業主は，労働者が第16条の8第1項（前条第1項において準用する場合を含む．以下この条において同じ．）の規定による請求をし，又は第16条の8第1項の規定により当該事業主が当該請求をした労働者について所定労働時間を超えて労働させてはならない場合に当該労働者が所定労働時間を超えて労働しなかったことを理由として，当該労働者に対して解雇その他不利益な取扱いをしてはならない．

第7章　時間外労働の制限

第17条 ① 事業主は，労働基準法第36条第1項本文の規定により同項に規定する労働時間（以下この条において単に「労働時間」という．）を延長することができる場合において，小学校就学の始期に達するまでの子を養育する労働者であって次の各号のいずれにも該当しないものが当該子を養育するために請求したときは，制限時間（1月について24時間，1年について150時間をいう．次項及び第18条の2において同じ．）を超えて労働時間を延長してはならない．ただし，事業の正常な運営を妨げる場合は，この限りでない．
1 当該事業主に引き続き雇用された期間が1年に満たない労働者
2 前号に掲げるもののほか，当該請求をできないこととすることについて合理的な理由があると認められる労働者として厚生労働省令で定めるもの
② 前項の規定による請求は，厚生労働省令で定めるところにより，その期間中は制限時間を超えて労働時間を延長してはならないこととなる1の期間（1月以上1年以内の期間に限る．第4項において「制限期間」という．）について，その初日（以下この条において「制限開始予定日」という．）及び末日（第4項において「制限終了予定日」という．）とする日を明らかにして，制限開始予定日の1月前までにしなければならない．この場合において，この項前段に規定する制限期間については，第16条の8第2項前段（第16条の9第1項において準用する場合を含む．）に規定する制限期間と重複しないようにしなければならない．
③ 第1項の規定による請求がされた後制限開始予定日とされた日の前日までに，子の死亡その他の労働者が当該請求に係る子の養育をしないこととなった事由として厚生労働省令で定める事由が生じたときは，当該請求は，されなかったものとみなす．この場合において，労働者は，その事業主に対して，当該事由が生じた旨を遅滞なく通知しなければならない．
④ 次の各号に掲げるいずれかの事情が生じた場合には，制限期間は，当該事情が生じた日（第3号に掲げる事情が生じた場合にあっては，その前日）に終了する．
1 制限終了予定日とされた日の前日までに，子の死亡その他の労働者が第1項の規定による請求に係る子を養育しないこととなった事由として厚生労働省令で定める事由が生じたこと．
2 制限終了予定日とされた日の前日までに，第1項の規定による請求に係る子が小学校就学の始期に達したこと．
3 制限終了予定日とされた日までに，第1項の規定による請求をした労働者について，労働基準法第65条第1項若しくは第2項の規定により休業する期間，育児休業期間又は介護休業期間が始まったこと．
⑤ 第3項後段の規定は，前項第1号の厚生労働省令で定める事由が生じた場合について準用する．

52 育児休業，介護休業等育児又は家族介護を行う労働者の福祉に関する法律（16条の9〜17条）

第18条 ① 前条第1項, 第2項, 第3項及び第4項(第2号を除く.)の規定は, 要介護状態にある対象家族を介護する労働者について準用する. この場合において, 同条第1項中「当該子を養育する」とあるのは「当該対象家族を介護する」と, 同条第3項及び第4項第1号中「子」とあるのは「対象家族」と,「養育」とあるのは「介護」と読み替えるものとする.
② 前条第3項後段の規定は, 前項において準用する同条第4項第1号の厚生労働省令で定める事由が生じた場合について準用する.
第18条の2 事業主は, 労働者が第17条第1項(前条第1項において準用する場合を含む. 以下この条において同じ.)の規定による請求をし, 又は第17条第1項の規定により当該事業主が当該請求をした労働者について制限時間を超えて労働時間を延長してはならない場合に当該労働者が制限時間を超えて労働しなかったことを理由として, 当該労働者に対して解雇その他不利益な取扱いをしてはならない.

第8章 深夜業の制限

第19条 ① 事業主は, 小学校就学の始期に達するまでの子を養育する労働者であって次の各号のいずれにも該当しないものが当該子を養育するために請求した場合においては, 午後10時から午前5時までの間 (以下この条及び第20条の2において「深夜」という.) において労働させてはならない. ただし, 事業の正常な運営を妨げる場合は, この限りでない.
1 当該事業主に引き続き雇用された期間が1年に満たない労働者
2 当該請求に係る深夜において, 常態として当該子を保育することができる当該子の同居の家族その他の厚生労働省令で定める者がいる場合における当該労働者
3 前2号に掲げるもののほか, 当該請求をできないこととすることについて合理的な理由があると認められる労働者として厚生労働省令で定めるもの
② 前項の規定による請求は, 厚生労働省令で定めるところにより, その期間中は深夜において労働させてはならないこととなる1の期間 (1月以上6月以内の期間に限る. 第4項において「制限期間」という.) について, その初日 (以下この条において「制限開始予定日」という.) 及び末日 (同項において「制限終了予定日」という.) とする日を明らかにして, 制限開始予定日の1月前までにしなければならない.
③ 第1項の規定による請求がされた後制限開始予定日とされた日の前日までに, 子の死亡その他の労働者が当該請求に係る子の養育をしないこととなった事由として厚生労働省令で定める事由が生じたときは, 当該請求は, されなかったものとみなす. この場合において, 労働者は, その事業主に対して, 当該事由が生じた旨を遅滞なく通知しなければならない.
④ 次の各号に掲げるいずれかの事情が生じた場合には, 制限期間は, 当該事情が生じた日 (第3号に掲げる事情が生じた場合にあっては, その前日) に終了する.

1 制限終了予定日とされた日の前日までに, 子の死亡その他の労働者が第1項の規定による請求に係る子を養育しないこととなった事由として厚生労働省令で定める事由が生じたこと.
2 制限終了予定日とされた日の前日までに, 第1項の規定による請求に係る子が小学校就学の始期に達したこと.
3 制限終了予定日とされた日までに, 第1項の規定による請求をした労働者について, 労働基準法第65条第1項若しくは第2項の規定により休業する期間, 育児休業期間又は介護休業期間が始まったこと.
⑤ 第3項後段の規定は, 前項第1号の厚生労働省令で定める事由が生じた場合について準用する.
第20条 ① 前条第1項から第3項まで及び第4項(第2号を除く.)の規定は, 要介護状態にある対象家族を介護する労働者について準用する. この場合において, 同条第1項中「当該子を養育する」とあるのは「当該対象家族を介護する」と, 同項第2号中「子」とあるのは「対象家族」と,「保育」とあるのは「介護」と, 同条第3項及び第4項第1号中「子」とあるのは「対象家族」と,「養育」とあるのは「介護」と読み替えるものとする.
② 前条第3項後段の規定は, 前項において準用する同条第4項第1号の厚生労働省令で定める事由が生じた場合について準用する.
第20条の2 事業主は, 労働者が第19条第1項(前条第1項において準用する場合を含む. 以下この条において同じ.)の規定による請求をし, 又は第19条第1項の規定により当該事業主が当該請求をした労働者について深夜において労働させてはならない場合に当該労働者が深夜において労働しなかったことを理由として, 当該労働者に対して解雇その他不利益な取扱いをしてはならない.

第9章 事業主が講ずべき措置

(育児休業等に関する定めの周知等の措置)
第21条 ① 事業主は, 育児休業及び介護休業に関して, あらかじめ, 次に掲げる事項を定めるとともに, これを労働者に周知させるための措置を講ずるよう努めなければならない.
1 労働者の育児休業及び介護休業中における待遇に関する事項
2 育児休業及び介護休業後における賃金, 配置その他の労働条件に関する事項
3 前2号に掲げるもののほか, 厚生労働省令で定める事項
② 事業主は, 労働者が育児休業申出又は介護休業申出をしたときは, 厚生労働省令で定めるところにより, 当該労働者に対し, 前項各号に掲げる事項に関する当該労働者に係る取扱いを明示するよう努めなければならない.
(雇用管理等に関する措置)
第22条 事業主は, 育児休業申出及び介護休業申出並びに育児休業及び介護休業後における就業が円滑に行われるようにするため, 育児休業又は介護休業をする労働者が雇用される事業所における労働者の配置その他の雇用管理, 育児休業又は介護休業をしている労働者の職業能力の開発及び向上等に関して, 必要な措置を講ずるよう努めなければならない.

(所定労働時間の短縮措置等)
第23条 ① 事業主は,その雇用する労働者のうち,その3歳に満たない子を養育する労働者であって育児休業をしていないもの(1日の所定労働時間が短い労働者として厚生労働省令で定めるものを除く.)に関して,厚生労働省令で定めるところにより,労働者の申出に基づき所定労働時間を短縮することにより当該労働者が就業しつつ当該子を養育することを容易にするための措置(以下この条及び第24条第1項第3号において「育児のための所定労働時間の短縮措置」という.)を講じなければならない.ただし,当該事業主と当該労働者が雇用される事業所の労働者の過半数で組織する労働組合があるときはその労働組合,その事業所の労働者の過半数で組織する労働組合がないときはその労働者の過半数を代表する者との書面による協定で,次に掲げる労働者のうち育児のための所定労働時間の短縮措置を講じないものとして定められた労働者に該当する労働者については,この限りでない.
1 当該事業主に引き続き雇用された期間が1年に満たない労働者
2 前号に掲げるもののほか,育児のための所定労働時間の短縮措置を講じないこととすることについて合理的な理由があると認められる労働者として厚生労働省令で定めるもの
3 前2号に掲げるもののほか,業務の性質又は業務の実施体制に照らして,育児のための所定労働時間の短縮措置を講ずることが困難と認められる業務に従事する労働者
② 事業主は,その雇用する労働者のうち,前項ただし書の規定により同項第3号に掲げる労働者であってその3歳に満たない子を養育するものについて育児のための所定労働時間の短縮措置を講じないこととするときは,当該労働者に関して,厚生労働省令で定めるところにより,労働者の申出に基づく育児休業に関する制度に準ずる措置又は労働基準法第32条の3の規定により労働させることその他の当該労働者が就業しつつ当該子を養育することを容易にするための措置(第24条第1項において「始業時刻変更等の措置」という.)を講じなければならない.
③ 事業主は,その雇用する労働者のうち,その要介護状態にある対象家族を介護する労働者であって介護休業をしていないものに関して,厚生労働省令で定めるところにより,労働者の申出に基づく連続する3年の期間以上における所定労働時間の短縮その他の当該労働者が就業しつつその要介護状態にある対象家族を介護することを容易にするための措置(以下この条及び第24条第2項において「介護のための所定労働時間の短縮等の措置」という.)を講じなければならない.ただし,当該事業主と当該労働者が雇用される事業所の労働者の過半数で組織する労働組合があるときはその労働組合,その事業所の労働者の過半数で組織する労働組合がないときはその労働者の過半数を代表する者との書面による協定で,次に掲げる労働者のうち介護のための所定労働時間の短縮等の措置を講じないものとして定められた労働者に該当する労働者については,この限りでない.
1 当該事業主に引き続き雇用された期間が1年に満たない労働者
2 前号に掲げるもののほか,介護のための所定労働時間の短縮等の措置を講じないこととすることについて合理的な理由があると認められる労働者として厚生労働省令で定めるもの
② 前項本文の期間は,当該事業主が介護のための所定労働時間の短縮等の措置の利用を開始する日として当該労働者が申し出た日から起算する.
第23条の2 事業主は,労働者が前条の規定による申出をし,又は同条の規定により当該労働者に措置が講じられたことを理由として,当該労働者に対して解雇その他不利益な取扱いをしてはならない.

(小学校就学の始期に達するまでの子を養育する労働者等に関する措置)
第24条 ① 事業主は,その雇用する労働者のうち,その小学校就学の始期に達するまでの子を養育する労働者に関して,次の各号に掲げる当該労働者の区分に応じ当該各号に定める制度又は措置に準じて,それぞれ必要な措置を講ずるよう努めなければならない.
1 その1歳(当該労働者が第5条第3項の規定による申出をすることができる場合にあっては,1歳6か月.次号において同じ.)に満たない子を養育する労働者(第23条第2項に規定する労働者を除く.同号において同じ.)で育児休業をしていないもの 始業時刻変更等の措置
2 その1歳から3歳に達するまでの子を養育する労働者 育児休業に関する制度又は始業時刻変更等の措置
3 その3歳から小学校就学の始期に達するまでの子を養育する労働者 育児休業に関する制度,第16条の8の規定による所定外労働の制限に関する制度,育児のための所定労働時間の短縮措置又は始業時刻変更等の措置
② 事業主は,その雇用する労働者のうち,その家族を介護する労働者に関して,介護休業若しくは介護休暇に関する制度又は介護のための所定労働時間の短縮等の措置に準じて,その介護を必要とする期間,回数等に配慮した必要な措置を講ずるように努めなければならない.

(職場における育児休業等に関する言動に起因する問題に関する雇用管理上の措置)
第25条 事業主は,職場において行われるその雇用する労働者に対する育児休業,介護休業その他の子の養育又は家族の介護に関する厚生労働省令で定める制度又は措置の利用に関する言動により当該労働者の就業環境が害されることのないよう,当該労働者からの相談に応じ,適切に対応するために必要な体制の整備その他の雇用管理上必要な措置を講じなければならない.

(労働者の配置に関する配慮)
第26条 事業主は,その雇用する労働者の配置の変更で就業の場所の変更を伴うものをしようとする場合において,その就業の場所の変更により就業しつつその子の養育又は家族の介護を行うことが困難となることとなる労働者がいるときは,当該労働者の子の養育又は家族の介護の状況に配慮しなければならない.

(再雇用特別措置等)
第27条 事業主は,妊娠,出産若しくは育児又は介護を理由として退職した者(以下「育児等退職者」という.)について,必要に応じ,再雇用特別措置(育児等退職者であって,その退職の際に,その就業が可能となったときに当該退職に係る事業の事業

主に再び雇用されることの希望を有する旨の申出をしていたものについて，当該事業主が，労働者の募集又は採用に当たって特別の配慮をする措置をいう．第30条において同じ．）その他これに準ずる措置を実施するよう努めなければならない．
（指　針）
第28条　厚生労働大臣は，第21条から前条までの規定に基づき事業主が講ずべき措置及び子の養育又は家族の介護を行い，又は行うこととなる労働者の職業生活と家庭生活との両立が図られるようにするために事業主が講ずべきその他の措置に関して，その適切かつ有効な実施を図るための指針となるべき事項を定め，これを公表するものとする．
（職業家庭両立推進者）
第29条　事業主は，厚生労働省令で定めるところにより，第21条から第27条までに定める措置及び子の養育又は家族の介護を行い，又は行うこととなる労働者の職業生活と家庭生活との両立が図られるようにするために講ずべきその他の措置の適切かつ有効な実施を図るための業務を担当する者を選任するように努めなければならない．

53 育児休業，介護休業等育児又は家族介護を行う労働者の福祉に関する法律施行規則（抄）

（平3・10・15労働省令第25号，平4・4・1施行，最終改正：平28・3・31厚生労働省令第72号）

育児休業等に関する法律（平成3年法律第76号）第2条，第3条第1項及び第3項，第4条第2項及び第3項，第5条第2項及び第3項，第6条第2項，第8条，第10条，第23条第3項並びに第15条の規定に基づき，育児休業等に関する法律施行規則を次のように定める．

第1章　総　　則

（法第2条第3号の厚生労働省令で定める期間）
第1条　育児休業，介護休業等育児又は家族介護を行う労働者の福祉に関する法律（以下「法」という．）第2条第3号の厚生労働省令で定める期間は，2週間とする期間とする．
（法第2条第4号の厚生労働省令で定めるもの）
第2条　法第2条第4号の厚生労働省令で定めるものは，労働者が同居し，かつ，扶養している祖父母，兄弟姉妹及び孫とする．
（法第2条第5号の厚生労働省令で定める親族）
第3条　法第2条第5号の厚生労働省令で定める親族は，同居の親族（同条第4号の対象家族（以下「対象家族」という．）を除く．）とする．

第2章　育児休業

（法第5条第2項の厚生労働省令で定める特別の事情）
第4条　法第5条第2項の厚生労働省令で定める特別の事情がある場合は，次のとおりとする．
1　法第5条第1項の申出をした労働者について労働基準法（昭和22年法律第49号）第65条第1項又は第2項の規定により休業する期間（以下「産前産後休業期間」という．）が始まったことにより法第9条第1項の育児休業期間（以下「育児休業期間」という．）が終了した場合であって，当該産前産後休業期間又は当該産前産後休業期間中に出産した子に係る育児休業期間が終了する日までに，当該子のすべてが，次のいずれかに該当するに至ったとき．
イ　死亡したとき．
ロ　養子となったことその他の事情により当該労働者と同居しないこととなったとき．
2　法第5条第1項の申出をした労働者について新たな育児休業期間（以下この号において「新期間」という．）が始まったことにより育児休業期間が終了した場合であって，当該新期間が終了する日までに，当該新期間の育児休業に係る子のすべてが，前号イ又はロのいずれかに該当するに至ったとき．
3　法第5条第1項の申出をした労働者について法第15条第1項の介護休業期間（以下「介護休業期間」という．）が始まったことにより育児休業期間が終了した場合であって，当該介護休業期間が終了する日までに，当該介護休業期間の介護休業に係る対象家族が死亡したとき又は離婚，婚姻の取消，離縁等により当該介護休業期間の介護休業に係る対象家族と介護休業申出（法第11条第3項の介護休業申出をいう．以下同じ．）をした労働者との親族関係が消滅するに至ったとき．
4　法第5条第1項の申出に係る子の親である配偶者（婚姻の届出をしていないが，事実上婚姻関係と同様の事情にある者を含む．以下同じ．）が死亡したとき．
5　前号に規定する配偶者が負傷，疾病又は身体上若しくは精神上の障害により法第5条第1項の申出に係る子を養育することが困難な状態になったとき．
6　婚姻の解消その他の事情により第4号に規定する配偶者が法第5条第1項の申出に係る子と同居しないこととなったとき．
7　法第5条第1項の申出に係る子が負傷，疾病又は身体上若しくは精神上の障害により，2週間以上の期間にわたり世話を必要とする状態になったとき．
8　法第5条第1項の申出に係る子について，児童福祉法（昭和22年法律第164号）第39条第1項に規定する保育所，就学前の子どもに関する教育，保育等の総合的な提供の推進に関する法律（平成18年法律第77号）第2条第6項に規定する認定こども園又は児童福祉法第24条第2項に規定する家庭的保育事業等（以下「保育所等」という．）における保育の利用を希望し，申込みを行っているが，当面その実施が行われないとき．

（法第5条第3項第2号の厚生労働省令で定める場合）
第4条の2　法第5条第3項第2号の厚生労働省令で定める場合は，次のとおりとする．
1　法第5条第3項の申出に係る子について，保育所等における保育の利用を希望し，申込みを行っているが，当該子が1歳に達する日後の期間について，当面その実施が行われない場合
2　常態として法第5条第3項の申出に係る子の養育を行っている当該子の親である配偶者であって当該子が1歳に達する日後の期間について常態と

して当該子の養育を行う予定であったものが次のいずれかに該当した場合
イ 死亡したとき．
ロ 負傷，疾病又は身体上若しくは精神上の障害により法第5条第3項の申出に係る子を養育することが困難な状態になったとき．
ハ 婚姻の解消その他の事情により常態として法第5条第3項の申出に係る子の養育を行っている当該子の親である配偶者が法第5条第3項の申出に係る子と同居しないこととなったとき．
ニ 6週間（多胎妊娠の場合にあっては，14週間）以内に出産する予定であるか又は産後8週間を経過しないとき．

（法第6条第3項の厚生労働省令で定める事由）
第9条 法第6条第3項の厚生労働省令で定める事由は，次のとおりとする．
1 出産予定日前に子が出生したこと．
2 育児休業申出に係る子の親である配偶者の死亡
3 前号に規定する配偶者が負傷又は疾病により育児休業申出に係る子を養育することが困難になったこと．
4 第2号に規定する配偶者が育児休業申出に係る子と同居しなくなったこと．
5 法第5条第1項の申出に係る子が負傷，疾病又は身体上若しくは精神上の障害により，2週間以上の期間にわたり世話を必要とする状態になったとき．
6 法第5条第1項の申出に係る子について，保育所等における保育の利用を希望し，申込みを行っているが，当面その実施が行われないこと．

第3章 介護休業（略）

第4章 子の看護休暇

（法第16条の2第1項の厚生労働省令で定める当該子の世話）
第29条の3 法第16条の2第1項の厚生労働省令で定める当該子の世話は，当該子に予防接種又は健康診断を受けさせることとする．

第5章 介護休暇

（法第16条の5第1項の厚生労働省令で定める世話）
第30条の4 法第16条の5第1項の厚生労働省令で定める世話は，次に掲げるものとする．
1 対象家族の介護
2 対象家族の通院等の付添い，対象家族が介護サービスの提供を受けるために必要な手続きの代行その他の対象家族の必要な世話

第6章 所定外労働の制限

（法第16条の8第1項第2号の厚生労働省令で定めるもの）
第30条の8 法第16条の8第1項第2号の厚生労働省令で定めるものは，1週間の所定労働日数が2日以下の労働者とする．

第8章 深夜業の制限

（法第19条第1項第2号の厚生労働省令で定める者）
第30条の11 法第19条第1項第2号の厚生労働省令で定める者は，同項の規定による請求に係る子の16歳以上の同居の家族（法第2条第5号の家族をいう．）であって，次の各号のいずれにも該当する者とする．
1 法第19条第1項の深夜（以下「深夜」という．）において就業していない者（深夜における就業日数が1月について3日以下の者を含む．）であること．
2 負傷，疾病又は身体上若しくは精神上の障害により請求に係る子を保育することが困難な状態にある者でないこと．
3 6週間（多胎妊娠の場合にあっては，14週間）以内に出産する予定であるか又は産後8週間を経過しない者でないこと．

（法第19条第1項第3号の厚生労働省令で定めるもの）
第30条の12 法第19条第1項第3号の厚生労働省令で定めるものは，次のとおりとする．
1 1週間の所定労働日数が2日以下の労働者
2 所定労働時間の全部が深夜にある労働者

第9章 事業主が講ずべき措置

（法第21条第1項第3号の厚生労働省令で定める事項）
第32条 法第21条第1項第3号の厚生労働省令で定める事項は，次のとおりとする．
1 法第9条第1号に掲げる事情が生じたことにより育児休業期間が終了した労働者及び法第15条第3項第1号に掲げる事情が生じたことにより介護休業期間が終了した労働者の労務の提供の開始時期に関すること．
2 労働者が介護休業期間について負担すべき社会保険料を事業主に支払う方法に関すること．

第33条 法第21条第2項の取扱いの明示は，育児休業申出又は介護休業申出があった後速やかに，当該育児休業申出又は介護休業申出をした労働者に係る取扱いを明らかにした書面を交付することによって行うものとする．

（法第23条第1項本文の所定労働時間が短い労働者として厚生労働省令で定めるもの）
第33条の2 法第23条第1項本文の所定労働時間が短い労働者として厚生労働省令で定めるものは，1日の所定労働時間が6時間以下の労働者とする．

（法第23条第1項第2号の厚生労働省令で定めるもの）
第33条の3 法第23条第1項第2号の厚生労働省令で定めるものは，1週間の所定労働日数が2日以下の労働者とする．

（法第23条の措置）
第34条 ① 法第23条第1項に規定する所定労働時間の短縮措置は，1日の所定労働時間を原則として6時間とする措置を含むものとしなければならない．
② 法第23条第2項に規定する始業時刻変更等の措置は，当該制度の適用を受けることを希望する労働者に適用される次の各号に掲げるいずれかの方法により講じなければならない．
1 労働基準法第32条の3の規定による労働時間

53 育児休業，介護休業等育児又は家族介護を行う労働者の福祉に関する法律施行規則（9条～34条）

の制度を設けること．
2　1日の所定労働時間を変更することなく始業又は終業の時刻を繰り上げ又は繰り下げる制度を設けること．
3　労働者の3歳に満たない子に係る保育施設の設置運営その他これに準ずる便宜の供与を行うこと．
③　法第23条第3項短縮等の措置は，次の各号に掲げるいずれかの方法により講じなければならない．
1　法第23条第3項の労働者（以下この項において「労働者」という．）であって当該勤務に就くことを希望するものに適用される所定労働時間の短縮の制度を設けること．
2　当該制度の適用を受けることを希望する労働者に適用される前項第1号又は第2号に掲げるいずれかの制度を設けること．
3　要介護状態にある対象家族を介護する労働者がその就業中に，当該労働者に代わって当該対象家族を介護するサービスを利用する場合，当該労働者が負担すべき費用を助成する制度その他これに準ずる制度を設けること．

（職業家庭両立推進者の選任）
第34条の2　事業主は，法第29条の業務を遂行するために必要な知識及び経験を有していると認められる者のうちから当該業務を担当する者を職業家庭両立推進者として選任するものとする．

54　労働者派遣事業の適正な運営の確保及び派遣労働者の保護等に関する法律（抄）

（昭60・7・5法律第88号，昭61・7・1施行，最終改正：平28・3・31法律第17号）

第1章　総則

（目　的）
第1条　この法律は，職業安定法（昭和22年法律第141号）と相まつて労働力の需給の適正な調整を図るため労働者派遣事業の適正な運営の確保に関する措置を講ずるとともに，派遣労働者の保護等を図り，もつて派遣労働者の雇用の安定その他福祉の増進に資することを目的とする．

（用語の意義）
第2条　この法律において，次の各号に掲げる用語の意義は，当該各号に定めるところによる．
1　労働者派遣　自己の雇用する労働者を，当該雇用関係の下に，かつ，他人の指揮命令を受けて，当該他人のために労働に従事させることをいい，当該他人に対し当該労働者を当該他人に雇用させることを約してするものを含まないものとする．
2　派遣労働者　事業主が雇用する労働者であつて，労働者派遣の対象となるものをいう．
3　労働者派遣事業　労働者派遣を業として行うことをいう．
4　紹介予定派遣　労働者派遣のうち，第5条第1項の許可を受けた者（以下「派遣元事業主」という．）が労働者派遣の役務の提供の開始前又は開始後に，当該労働者派遣に係る派遣労働者及び当該派遣労働者に係る労働者派遣の役務の提供を受ける者（第3章第4節を除き，以下「派遣先」という．）について，職業安定法その他の法律の規定による許可を受けて，又は届出をして，職業紹介を行い，又は行うことを予定してするものをいい，当該職業紹介により，当該派遣労働者が当該派遣先に雇用される旨が，当該労働者派遣の役務の提供の終了前に当該派遣元事業主と当該派遣先との間で約されるものを含むものとする．

第3章　派遣労働者の保護等に関する措置

第1節　労働者派遣契約

（契約の内容等）
第26条　①　労働者派遣契約（当事者の一方が相手方に対し労働者派遣をすることを約する契約をいう．以下同じ．）の当事者は，厚生労働省令で定めるところにより，当該労働者派遣契約の締結に際し，次に掲げる事項を定めるとともに，その内容の差異に応じて派遣労働者の人数を定めなければならない．
1　派遣労働者が従事する業務の内容
2　派遣労働者が労働者派遣に係る労働に従事する事業所の名称及び所在地その他派遣就業の場所並びに組織単位（労働者の配置の区分であつて，配置された労働者の業務の遂行を指揮命令する職務上の地位にある者が当該労働者の業務の配分に関して直接の権限を有するものとして厚生労働省令で定めるものをいう．以下同じ．）
3　労働者派遣の役務の提供を受ける者のために，就業中の派遣労働者を直接指揮命令する者に関する事項
4　労働者派遣の期間及び派遣就業をする日
5　派遣就業の開始及び終了の時刻並びに休憩時間
6　安全及び衛生に関する事項
7　派遣労働者から苦情の申出を受けた場合における当該申出を受けた苦情の処理に関する事項
8　派遣労働者の新たな就業の機会の確保，派遣労働者に対する休業手当（労働基準法（昭和22年法律第49号）第26条の規定により使用者が支払うべき手当をいう．第29条の2において同じ．）等の支払に要する費用を確保するための当該費用の負担に関する措置その他の労働者派遣契約の解除に当たつて講ずる派遣労働者の雇用の安定を図るために必要な措置に関する事項
9　労働者派遣契約が紹介予定派遣に係るものである場合にあつては，職業紹介により従事すべき業務の内容及び労働条件その他の当該紹介予定派遣に関する事項
10　前各号に掲げるもののほか，厚生労働省令で定める事項
②　前項に定めるもののほか，派遣元事業主は，労働者派遣契約であつて海外派遣に係るものの締結に際しては，厚生労働省令で定めるところにより，当該海外派遣に係る役務の提供を受ける者が次に掲げる措置を講ずべき旨を定めなければならない．
1　第41条の派遣先責任者の選任
2　第42条第1項の派遣先管理台帳の作成，同項各号に掲げる事項の当該台帳への記載及び同条第3項の厚生労働省令で定める条件に従つた通知
3　その他厚生労働省令で定める当該派遣就業が適正に行われるため必要な措置
③　派遣元事業主は，第1項の規定により労働者派遣

契約を締結するに当たつては、あらかじめ、当該契約の相手方に対し、第5条第1項の許可を受けている旨を明示しなければならない。
④ 派遣元事業主は、新たな労働者派遣契約に基づく労働者派遣（第40条の2第1項各号のいずれかに該当するものを除く。次項において同じ。）の役務の提供をしようとするときは、第1項の規定により当該労働者派遣契約を締結するに当たり、あらかじめ、当該派遣元事業主に対し、当該労働者派遣の役務の提供が開始される日以後当該労働者派遣の役務の提供を受けようとする者の事業所その他派遣就業の場所の業務について同条第1項の規定に抵触することとなる最初の日を通知しなければならない。
⑤ 派遣元事業主は、新たな労働者派遣契約に基づく労働者派遣の役務の提供を受けようとする者から前項の規定による通知がないときは、当該者との間で、当該者の事業所その他派遣就業の場所の業務に係る労働者派遣契約を締結してはならない。
⑥ 労働者派遣（紹介予定派遣を除く。）の役務の提供を受けようとする者は、労働者派遣契約の締結に際し、当該労働者派遣契約に基づく労働者派遣に係る派遣労働者を特定することを目的とする行為をしないように努めなければならない。

第2節 派遣元事業主の講ずべき措置等
（特定有期雇用派遣労働者等の雇用の安定等）
第30条 ① 派遣元事業主は、その雇用する有期雇用派遣労働者（期間を定めて雇用される派遣労働者をいう。以下同じ。）であつて派遣先の事業所その他派遣就業の場所における同一の組織単位の業務について継続して1年以上の期間当該労働者派遣に係る労働に従事する見込みがあるものとして厚生労働省令で定めるもの（以下「特定有期雇用派遣労働者」という。）その他雇用の安定を図る必要性が高いと認められる者として厚生労働省令で定めるもの又は派遣労働者として期間を定めて雇用しようとする労働者であつて雇用の安定を図る必要性が高いと認められるものとして厚生労働省令で定めるもの（この項において「特定有期雇用派遣労働者等」という。）に対し、厚生労働省令で定めるところにより、次の各号の措置を講ずるように努めなければならない。
1 派遣先に対し、特定有期雇用派遣労働者に対して労働契約の申込みをすることを求めること。
2 派遣労働者として就業させることができるように就業（その条件が、特定有期雇用派遣労働者の能力、経験その他厚生労働省令で定める事項に照らして合理的なものに限る。）の機会を確保するとともに、その機会を特定有期雇用派遣労働者等に提供すること。
3 派遣労働者以外の労働者として期間を定めないで雇用することができるように雇用の機会を確保するとともに、その機会を特定有期雇用派遣労働者等に提供すること。
4 前3号に掲げるもののほか、特定有期雇用派遣労働者等を対象とした教育訓練であつて雇用の安定に資するものとして厚生労働省令で定めるものその他の雇用の安定を図るために必要な措置として厚生労働省令で定めるものを講ずること。
② 派遣先の事業所その他派遣就業の場所における同一の組織単位の業務について継続して3年間当該派遣労働者派遣に係る労働に従事する見込みがある特定有期雇用派遣労働者に係る前項の規定の適用については、同項中「講ずるように努めなければ」とあるのは、「講じなければ」とする。

（段階的かつ体系的な教育訓練等）
第30条の2 ① 派遣元事業主は、その雇用する派遣労働者が段階的かつ体系的に派遣就業に必要な技能及び知識を習得することができるように教育訓練を実施しなければならない。この場合において、当該派遣労働者が無期雇用派遣労働者（期間を定めないで雇用される派遣労働者をいう。以下同じ。）であるときは、当該無期雇用派遣労働者がその職業生活の全期間を通じてその有する能力を有効に発揮できるようにしなければならない。
② 派遣元事業主は、その雇用する派遣労働者の求めに応じ、当該派遣労働者の職業生活の設計に関し、相談の機会の確保その他の援助を行わなければならない。

（均衡を考慮した待遇の確保）
第30条の3 ① 派遣元事業主は、その雇用する派遣労働者の従事する業務と同種の業務に従事する派遣先に雇用される労働者の賃金水準との均衡を考慮しつつ、当該派遣労働者の従事する業務と同種の業務に従事する一般の労働者の賃金水準又は当該派遣労働者の職務の内容、職務の成果、意欲、能力若しくは経験等を勘案し、当該派遣労働者の賃金を決定するように配慮しなければならない。
② 派遣元事業主は、その雇用する派遣労働者の従事する業務と同種の業務に従事する派遣先に雇用される労働者との均衡を考慮しつつ、当該派遣労働者について、教育訓練及び福利厚生の実施その他当該派遣労働者の円滑な派遣就業の確保のために必要な措置を講ずるように配慮しなければならない。

（派遣労働者等の福祉の増進）
第30条の4 前3条に規定するもののほか、派遣元事業主は、その雇用する派遣労働者又は派遣労働者として雇用しようとする労働者について、各人の希望、能力及び経験に応じた就業の機会（派遣労働者以外の労働者としての就業の機会を含む。）及び教育訓練の機会の確保、労働条件の向上その他雇用の安定を図るために必要な措置を講ずることにより、これらの者の福祉の増進を図るように努めなければならない。

（適正な派遣就業の確保）
第31条 派遣元事業主は、派遣先がその指揮命令の下に派遣労働者の派遣就業に当たつて当該派遣就業に関しこの法律又は第4節の規定により適用される法律の規定に違反することがないようにその他派遣就業が適正に行われるように、必要な措置を講ずる等適切な配慮をしなければならない。

（待遇に関する事項等の説明）
第31条の2 ① 派遣元事業主は、派遣労働者として雇用しようとする労働者に対し、厚生労働省令で定めるところにより、当該労働者を派遣労働者として雇用した場合における当該労働者の賃金の額の見込みその他の当該労働者の待遇に関する事項その他の厚生労働省令で定める事項を説明しなければならない。
② 派遣元事業主は、その雇用する派遣労働者から求めがあつたときは、第30条の3の規定により配慮すべきこととされている事項に関する決定をするに当たつて考慮した事項について、当該派遣労働者

54 労働者派遣事業の適正な運営の確保及び派遣労働者の保護等に関する法律（32条〜35条の5）

に説明しなければならない．
（派遣労働者であることの明示等）
第32条 ① 派遣元事業主は，派遣労働者として雇い入れようとするときは，あらかじめ，当該労働者にその旨（紹介予定派遣に係る派遣労働者として雇い入れようとする場合にあつては，その旨を含む．）を明示しなければならない．
② 派遣元事業主は，その雇用する労働者であつて，派遣労働者として雇い入れた労働者以外のものを新たに労働者派遣の対象としようとするときは，あらかじめ，当該労働者にその旨（新たに紹介予定派遣の対象としようとする場合にあつては，その旨を含む．）を明示し，その同意を得なければならない．
（派遣労働者に係る雇用制限の禁止）
第33条 ① 派遣元事業主は，その雇用する派遣労働者又は派遣労働者として雇用しようとする労働者との間で，正当な理由がなく，その者に係る派遣先である者（派遣先であつた者を含む．次項において同じ．）又は派遣先となることとなる者に当該派遣元事業主との雇用関係の終了後雇用されることを禁ずる旨の契約を締結してはならない．
② 派遣元事業主は，その雇用する派遣労働者に係る派遣先である者又は派遣先となろうとする者との間で，正当な理由がなく，その者が当該派遣労働者を当該派遣元事業主との雇用関係の終了後雇用することを禁ずる旨の契約を締結してはならない．
（就業条件等の明示）
第34条 ① 派遣元事業主は，労働者派遣をしようとするときは，あらかじめ，当該労働者派遣に係る派遣労働者に対し，厚生労働省令で定めるところにより，次に掲げる事項（当該労働者派遣が第40条の2第1項各号のいずれにも該当する場合にあつては，第3号及び第4号に掲げる事項を除く．）を明示しなければならない．
1 当該労働者派遣をしようとする旨
2 第26条第1項各号に掲げる事項その他厚生労働省令で定める事項であつて当該派遣労働者に係るもの
3 当該派遣労働者が労働者派遣に係る労働に従事する事業所その他派遣就業の場所における組織単位の業務について派遣元事業主が第35条の3の規定に抵触することとなる最初の日
4 当該派遣労働者が労働者派遣に係る労働に従事する事業所その他派遣就業の場所の業務について派遣先が第40条の2第1項の規定に抵触することとなる最初の日
② 派遣元事業主は，派遣先から第40条の2第7項の規定による通知を受けたときは，遅滞なく，当該通知に係る事業所その他派遣就業の場所の業務に従事する派遣労働者に対し，厚生労働省令で定めるところにより，当該事業所その他派遣就業の場所の業務について派遣先が同条第1項の規定に抵触することとなる最初の日を明示しなければならない．
③ 派遣元事業主は，前2項の規定による明示をするに当たつては，派遣先が第40条の6第1項第3号又は第4号に該当する行為を行つた場合には同項の規定により労働契約の申込みをしたものとみなされることとなる旨を併せて明示しなければならない．
（労働者派遣に関する料金の額の明示）
第34条の2 派遣元事業主は，次の各号に掲げる場合には，当該各号に定める労働者に対し，厚生労働省令で定めるところにより，当該労働者に係る労働者派遣に関する料金の額として厚生労働省令で定める額を明示しなければならない．
1 労働者を派遣労働者として雇い入れようとする場合 当該労働者
2 労働者派遣をしようとする場合及び労働者派遣に関する料金の額を変更する場合 当該労働者派遣に係る派遣労働者
（派遣先への通知）
第35条 ① 派遣元事業主は，労働者派遣をするときは，厚生労働省令で定めるところにより，次に掲げる事項を派遣先に通知しなければならない．
1 当該労働者派遣に係る派遣労働者の氏名
2 当該労働者派遣に係る派遣労働者が無期雇用派遣労働者であるか有期雇用派遣労働者であるかの別
3 当該労働者派遣に係る派遣労働者が第40条の2第1項第2号の厚生労働省令で定める者であるか否かの別
4 当該労働者派遣に係る派遣労働者に関する健康保険法第39条第1項の規定による被保険者の資格の取得の確認，厚生年金保険法第18条第1項の規定による被保険者の資格の取得の確認及び雇用保険法第9条第1項の規定による被保険者となつたことの確認の有無に関する事項であつて厚生労働省令で定めるもの
5 その他厚生労働省令で定める事項
② 派遣元事業主は，前項の規定による通知をした後に同項第2号から第4号までに掲げる事項に変更があつたときは，遅滞なく，その旨を当該派遣先に通知しなければならない．
（労働者派遣の期間）
第35条の2 派遣元事業主は，派遣先が当該派遣元事業主から労働者派遣の役務の提供を受けたならば第40条の2第1項の規定に抵触することとなる場合には，当該抵触することとなる最初の日以降継続して労働者派遣を行つてはならない．
第35条の3 派遣元事業主は，派遣先の事業所その他派遣就業の場所における組織単位ごとの業務について，3年を超える期間継続して同一の派遣労働者に係る労働者派遣（第40条の2第1項各号のいずれかに該当するものを除く．）を行つてはならない．
（日雇労働者についての労働者派遣の禁止）
第35条の4 ① 派遣元事業主は，その業務を迅速かつ的確に遂行するために専門的な知識，技術又は経験を必要とする業務のうち，労働者派遣により日雇労働者（日々又は30日以内の期間を定めて雇用する労働者をいう．以下この項において同じ．）を従事させても当該日雇労働者の適正な雇用管理に支障を及ぼすおそれがないと認められる業務として政令で定める業務について労働者派遣をする場合又は雇用の機会の確保が特に困難であると認められる労働者の雇用の継続を図るために必要であると認められる場合その他の場合で政令で定める場合を除き，その雇用する日雇労働者について労働者派遣を行つてはならない．
② 厚生労働大臣は，前項の政令の制定又は改正の立案をしようとするときは，あらかじめ，労働政策審議会の意見を聴かなければならない．
（離職した労働者についての労働者派遣の禁止）
第35条の5 派遣元事業主は，労働者派遣をしようとする場合において，派遣先が当該労働者派遣の役

務の提供を受けたならば第40条の9第1項の規定に抵触することとなるときは,当該労働者派遣を行つてはならない.
(派遣元責任者)
第36条 派遣元事業主は,派遣就業に関し次に掲げる事項を行わせるため,厚生労働省令で定めるところにより,第6条第1号から第8号までに該当しない者(未成年者を除き,派遣労働者に係る雇用管理を適正に行うに足りる能力を有する者として,厚生労働省令で定める基準に適合するものに限る.)のうちから派遣元責任者を選任しなければならない.
 1 第32条,第34条,第35条及び次条に定める事項に関すること.
 2 当該派遣労働者に対し,必要な助言及び指導を行うこと.
 3 当該派遣労働者から申出を受けた苦情の処理に当たること.
 4 当該派遣労働者等の個人情報の管理に関すること.
 5 当該派遣労働者についての教育訓練の実施及び職業生活の設計に関する相談の機会の確保に関すること.
 6 当該派遣労働者の安全及び衛生に関し,当該事業所の労働者の安全及び衛生に関する業務を統括管理する者及び当該派遣先との連絡調整を行うこと.
 7 前号に掲げるもののほか,当該派遣先との連絡調整に関すること.
(派遣元管理台帳)
第37条 ① 派遣元事業主は,厚生労働省令で定めるところにより,派遣就業に関し,派遣元管理台帳を作成し,当該台帳に派遣労働者ごとに次に掲げる事項を記載しなければならない.
 1 無期雇用派遣労働者であるか有期雇用派遣労働者であるかの別(当該派遣労働者が有期雇用派遣労働者である場合にあつては,当該有期雇用派遣労働者に係る労働契約の期間)
 2 第40条の2第1項第2号の厚生労働省令で定める者であるか否かの別
 3 派遣先の氏名又は名称
 4 事業所の所在地その他派遣就業の場所及び組織単位
 5 労働者派遣の期間及び派遣就業をする日
 6 始業及び終業の時刻
 7 従事する業務の種類
 8 第30条第1項(同条第2項の規定により読み替えて適用する場合を含む.)の規定により講じた措置
 9 教育訓練(厚生労働省令で定めるものに限る.)を行つた日時及び内容
 10 派遣労働者から申出を受けた苦情の処理に関する事項
 11 紹介予定派遣に係る派遣労働者については,当該紹介予定派遣に関する事項
 12 その他厚生労働省令で定める事項
② 派遣元事業主は,前項の派遣元管理台帳を3年間保存しなければならない.
(準 用)
第38条 第33条及び第34条第1項(第3号及び第4号を除く.)の規定は,派遣元事業主以外の労働者派遣をする事業主について準用する.この場合において,第33条中「派遣先」とあるのは,「労働者派遣の役務の提供を受ける者」と読み替えるものとする.
第3節 派遣先の講ずべき措置等
(労働者派遣契約に関する措置)
第39条 派遣先は,第26条第1項各号に掲げる事項その他厚生労働省令で定める事項に関する労働者派遣契約の定めに反することのないように適切な措置を講じなければならない.
(適正な派遣就業の確保等)
第40条 ① 派遣先は,その指揮命令の下に労働させる派遣労働者から当該派遣就業に関し,苦情の申出を受けたときは,当該苦情の内容を当該派遣元事業主に通知するとともに,当該派遣元事業主との密接な連携の下に,誠意をもつて,遅滞なく,当該苦情の適切かつ迅速な処理を図らなければならない.
② 派遣先は,その指揮命令の下に労働させる派遣労働者について,その雇用する派遣元事業主からの求めに応じ,当該派遣労働者が従事する業務と同種の業務に従事するその雇用する労働者が従事する業務の遂行に必要な能力を付与するための教育訓練については,当該派遣労働者が既に当該業務に必要な能力を有している場合その他厚生労働省令で定める場合を除き,派遣労働者に対しても,これを実施するよう配慮しなければならない.
③ 派遣先は,当該派遣先に雇用される労働者に対して利用の機会を与える福利厚生施設であつて,業務の円滑な遂行に資するものとして厚生労働省令で定めるものについては,その指揮命令の下に労働させる派遣労働者に対しても,利用の機会を与えるように配慮しなければならない.
④ 前3項に定めるもののほか,派遣先は,その指揮命令の下に労働させる派遣労働者について,当該派遣就業が適正かつ円滑に行われるようにするため,適切な就業環境の維持,診療所等の施設であつて現に当該派遣先に雇用される労働者が通常利用しているもの(前項に規定する厚生労働省令で定める福利厚生施設を除く.)の利用に関する便宜の供与等必要な措置を講ずるように努めなければならない.
⑤ 派遣先は,第30条の3第1項の規定により賃金が適切に決定されるようにするため,派遣元事業主の求めに応じ,その指揮命令の下に労働させる派遣労働者が従事する業務と同種の業務に従事する当該派遣先に雇用される労働者の賃金水準に関する情報又は当該業務に従事する労働者の募集に係る事項を提供すること等厚生労働省令で定める措置を講ずるように配慮しなければならない.
⑥ 前項に定めるもののほか,派遣先は,第30条の2及び第30条の3の規定による措置が適切に講じられるようにするため,派遣元事業主の求めに応じ,その指揮命令の下に労働させる派遣労働者が従事する業務と同種の業務に従事する当該派遣先に雇用される労働者に関する情報,当該派遣労働者の業務の遂行の状況その他の情報であつて当該措置に必要なものを提供する等必要な協力をするように努めなければならない.
(労働者派遣の役務の提供を受ける期間)
第40条の2 ① 派遣先は,当該派遣先の事業所その他派遣就業の場所ごとの業務について,派遣元事業主から派遣可能期間を超える期間継続して労働者派遣の役務の提供を受けてはならない.ただし,当該労働者派遣が次の各号のいずれかに該当するものであるときは,この限りでない.

労働者派遣事業の適正な運営の確保及び派遣労働者の保護等に関する法律（40条の3～40条の6）

1　無期雇用派遣労働者に係る労働者派遣
2　雇用の機会の確保が特に困難である派遣労働者であつてその雇用の継続を図る必要があると認められるものとして厚生労働省令で定める者に係る労働者派遣
3　次のイ又はロに該当する業務に係る労働者派遣
イ　事業の開始，転換，拡大，縮小又は廃止のための業務であつて一定の期間内に完了することが予定されているもの
ロ　その業務が1箇月間に行われる日数が，当該派遣就業に係る派遣先に雇用される通常の労働者の1箇月間の所定労働日数に比し相当程度少なく，かつ，厚生労働大臣の定める日数以下である業務
4　当該派遣先に雇用される労働者が労働基準法第65条第1項及び第2項の規定により休業し，並びに育児休業，介護休業等育児又は家族介護を行う労働者の福祉に関する法律（平成3年法律第76号）第2条第1号に規定する育児休業をする場合における当該労働者の業務その他これに準ずる場合として厚生労働省令で定める場合における当該労働者の業務に係る労働者派遣
5　当該派遣先に雇用される労働者が育児休業，介護休業等育児又は家族介護を行う労働者の福祉に関する法律第2条第2号に規定する介護休業をし，及びこれに準ずる休業として厚生労働省令で定める休業をする場合における当該労働者の業務に係る労働者派遣

② 前項の派遣可能期間（以下「派遣可能期間」という。）は，3年とする．
③ 派遣先は，当該派遣先の事業所その他派遣就業の場所ごとの業務について，派遣元事業主から3年を超える期間継続して労働者派遣（第1項各号のいずれかに該当するものを除く．以下この項において同じ．）の役務の提供を受けようとするときは，当該派遣先の事業所その他派遣就業の場所ごとの業務に係る労働者派遣の役務の提供が開始された日（この規定により派遣可能期間を延長した場合にあつては，当該延長前の派遣可能期間が経過した日）以後当該事業所その他派遣就業の場所ごとの業務に第1項の規定に抵触することとなる最初の日の1月前の日までの間（次項において「意見聴取期間」という。）に，厚生労働省令で定めるところにより，3年を限り，派遣可能期間を延長することができる．当該延長に係る期間が経過した場合において，これを更に延長しようとするときも，同様とする．
④ 派遣先は，派遣可能期間を延長しようとするときは，意見聴取期間に，厚生労働省令で定めるところにより，過半数労働組合等（当該派遣先の事業所に，労働者の過半数で組織する労働組合がある場合においてはその労働組合の過半数で組織する労働組合がない場合においては労働者の過半数を代表する者をいう．次項において同じ。）の意見を聴かなければならない．
⑤ 派遣先は，前項の規定により意見を聴かれた過半数労働組合等が異議を述べたときは，当該事業所その他派遣就業の場所ごとの業務について，延長前の派遣可能期間が経過することとなる日の前日までに，当該過半数労働組合等に対し，派遣可能期間の延長の理由その他の厚生労働省令で定める事項について説明しなければならない．
⑥ 派遣先は，第4項の規定による意見の聴取及び前項の規定による説明を行うに当たつては，この法律の趣旨にのつとり，誠実にこれらを行うよう努めなければならない．
⑦ 派遣先は，第3項の規定により派遣可能期間を延長したときは，速やかに，当該派遣元事業主に対し，当該事業所その他派遣就業の場所ごとの業務について第1項の規定に抵触することとなる最初の日を通知しなければならない．
⑧ 厚生労働大臣は，第1項第2号，第4号若しくは第5号の厚生労働省令の制定又は改正をしようとするときは，あらかじめ，労働政策審議会の意見を聴かなければならない．

第40条の3　派遣先は，前条第3項の規定により派遣可能期間が延長された場合において，当該派遣先の事業所その他派遣就業の場所における組織単位ごとの業務について，派遣元事業主から3年を超える期間継続して同一の派遣労働者に係る労働者派遣（同条第1項各号のいずれかに該当するものを除く．）の役務の提供を受けてはならない．

（特定有期雇用派遣労働者の雇用）
第40条の4　派遣先は，当該派遣先の事業所その他派遣就業の場所における組織単位ごとの同一の業務について派遣元事業主から継続して1年以上の期間同一の特定有期雇用派遣労働者に係る労働者派遣（第40条の2第1項各号のいずれかに該当するものを除く．）の役務の提供を受けている場合において，引き続き当該同一の業務に労働者を従事させるため，当該労働者派遣の役務の提供を受けた期間（以下この条において「派遣実施期間」という。）が経過した日以後労働者を雇い入れようとするときは，当該同一の業務に派遣実施期間継続して従事した特定有期雇用派遣労働者（継続して就業することを希望する者として厚生労働省令で定めるものに限る．）を，遅滞なく，雇い入れるように努めなければならない．

（派遣先に雇用される労働者の募集に係る事項の周知）
第40条の5　① 派遣先は，当該派遣先の同一の事業所その他派遣就業の場所において派遣元事業主から1年以上の期間継続して同一の派遣労働者に係る労働者派遣の役務の提供を受けている場合において，当該事業所その他派遣就業の場所において労働に従事する通常の労働者の募集を行うときは，当該募集に係る事業所その他派遣就業の場所に掲示することその他の措置を講ずることにより，その者が従事すべき業務の内容，賃金，労働時間その他の当該募集に係る事項を当該派遣労働者に周知しなければならない．
② 派遣先の事業所その他派遣就業の場所における同一の組織単位の業務について継続して3年間当該派遣労働者に係る労働者を継続する見込みがある特定有期雇用派遣労働者（継続して就業することを希望する者として厚生労働省令で定めるものに限る．）に係る前項の規定の適用については，同項中「労働者派遣」とあるのは「労働者派遣（第40条の2第1項各号のいずれかに該当するものを除く．）」と，「通常の労働者」とあるのは「労働者」とする．

第40条の6　① 労働者派遣の役務の提供を受ける者（国（行政執行法人（独立行政法人通則法（平成11年法律第103号）第2条第4項に規定する行

(2) 労働法規・労災補償

政執行法人をいう．）を含む．次条において同じ．）及び地方公共団体（特定地方独立行政法人（地方独立行政法人法（平成15年法律第118号）第2条第2項に規定する特定地方独立行政法人をいう．）を含む．次条において同じ．）の機関を除く．以下この条において同じ．）が次の各号のいずれかに該当する行為を行つた場合には，その時点において，当該労働者派遣の役務の提供を受ける者から当該労働者派遣に係る派遣労働者に対し，その時点における当該労働者派遣に係る労働条件と同一の労働条件を内容とする労働契約の申込みをしたものとみなす．ただし，労働者派遣の役務の提供を受ける者が，その行つた行為が次の各号のいずれかの行為に該当することを知らず，かつ，知らなかつたことにつき過失がなかつたときは，この限りでない．
1 第4条第3項の規定に違反して派遣労働者を同条第1項各号のいずれかに該当する業務に従事させること．
2 第24条の2の規定に違反して労働者派遣の役務の提供を受けること．
3 第26条の6第1項の規定に違反して労働者派遣の役務の提供を受けること（同条第4項に規定する意見の聴取の手続のうち厚生労働省令で定めるものが行われないことにより同条第1項の規定に違反することとなつたときを除く．）．
4 第40条の3の規定に違反して労働者派遣の役務の提供を受けること．
5 この法律又は次節の規定により適用される法律の規定の適用を免れる目的で，請負その他労働者派遣以外の名目で契約を締結し，第26条第1項各号に掲げる事項を定めずに労働者派遣の役務の提供を受けること．
② 前項の規定により労働契約の申込みをしたものとみなされた労働者派遣の役務の提供を受ける者は，当該労働契約の申込みに係る同項に規定する行為が終了した日から1年を経過する日までの間は，当該申込みを撤回することができない．
③ 第1項の規定により労働契約の申込みをしたものとみなされた労働者派遣の役務の提供を受ける者が，当該申込みに対して前項に規定する期間内に承諾する旨又は承諾しない旨の意思表示を受けなかつたときは，当該申込みは，その効力を失う．
④ 第1項の規定により申し込まれたものとみなされた労働契約に係る派遣労働者に係る労働者派遣をする事業主は，労働者派遣の役務の提供を受ける者から求めがあつた場合においては，当該労働者派遣の役務の提供を受ける者に対し，速やかに，同項の規定により労働契約の申込みをしたものとみなされた時点における当該派遣労働者に係る労働条件の内容を通知しなければならない．

第40条の7 労働者派遣の役務の提供を受ける者が国又は地方公共団体の機関である場合であつて，前条第1項各号のいずれかに該当する行為を行つた場合（同項ただし書に規定する場合を除く．）においては，当該行為が終了した日から1年を経過する日までの間に，当該派遣労働者に係る派遣元事業主が当該労働者派遣に係る業務と同一の業務に従事することを求めるときは，当該国又は地方公共団体の機関において，当該労働者派遣に係る業務と同一の業務に従事することを求めるときは，当該国又は地方公共団体の機関は，当該派遣労働者の雇用の安定を図る観点から，国家公務員法（昭和22年法律第120号．裁判所職員臨時措置法（昭和26年

法律第299号）において準用する場合を含む．），国会職員法（昭和22年法律第85号），自衛隊法（昭和29年法律第165号）又は地方公務員法（昭和25年法律第261号）その他関係法令の規定に基づく採用その他の適切な措置を講じなければならない．
② 前項に規定する求めを行つた派遣労働者に係る労働者派遣をする事業主は，当該労働者派遣に係る国又は地方公共団体の機関から求めがあつた場合においては，当該国又は地方公共団体の機関が前条第1項各号のいずれかに該当する行為を行つた時点における当該派遣労働者に係る労働条件の内容を通知しなければならない．

第40条の8 ① 厚生労働大臣は，労働者派遣の役務の提供を受ける者又は派遣労働者からの求めに応じて，労働者派遣の役務の提供を受ける者の行為が，第40条の6第1項各号のいずれかに該当するかどうかについて必要な助言をすることができる．
② 厚生労働大臣は，第40条の6第1項の規定により申し込まれたものとみなされた労働契約に係る派遣労働者が当該申込みを承諾した場合において，同項の規定により当該労働契約の申込みをしたものとみなされた労働者派遣の役務の提供を受ける者が当該派遣労働者を就労させない場合には，当該労働者派遣の役務の提供を受ける者に対し，当該派遣労働者の就労に関し必要な助言，指導又は勧告をすることができる．
③ 厚生労働大臣は，前項の規定により，当該派遣労働者を就労させるべき旨の勧告をした場合において，その勧告を受けた第40条の6第1項の規定により労働契約の申込みをしたものとみなされた労働者派遣の役務の提供を受ける者がこれに従わなかつたときは，その旨を公表することができる．

（離職した労働者についての労働者派遣の役務の提供の受入れの禁止）
第40条の9 ① 派遣先は，労働者派遣の役務の提供を受けようとする場合において，当該労働者派遣に係る派遣労働者が当該派遣先を離職した者であるときは，当該離職の日から起算して1年を経過する日までの間は，当該労働者派遣（雇用の機会の確保が特に困難であり，その雇用の継続等を図る必要があると認められる者として厚生労働省令で定める者を除く．）に係る労働者派遣の役務の提供を受けてはならない．
② 派遣先は，第35条第1項の規定による通知を受けた場合において，当該労働者派遣の役務の提供を受けたならば前項の規定に抵触することとなるときは，速やかに，その旨を当該労働者派遣をしようとする派遣元事業主に通知しなければならない．

（派遣先責任者）
第41条 派遣先は，派遣就業に関し次に掲げる事項を行わせるため，厚生労働省令で定めるところにより，派遣先責任者を選任しなければならない．
1 次に掲げる事項の内容を，当該派遣労働者の業務の遂行を指揮命令する職務上の地位にある者その他の関係者に周知すること．
 イ この法律及び次節の規定により適用される法律の規定（これらの規定に基づく命令の規定を含む．）
 ロ 当該派遣労働者に係る第39条に規定する労働者派遣契約の定め
 ハ 当該派遣労働者に係る第35条の規定による通

54 労働者派遣事業の適正な運営の確保及び派遣労働者の保護等に関する法律（40条の7～41条）

知
2 第40条の2第7項及び次条に定める事項に関すること。
3 当該派遣労働者から申出を受けた苦情の処理に当たること。
4 当該派遣労働者の安全及び衛生に関し、当該事業所の労働者の安全及び衛生に関する業務を統括管理する者及び当該派遣元事業主との連絡調整を行うこと。
5 前号に掲げるもののほか、当該派遣元事業主との連絡調整に関すること。

(派遣先管理台帳)
第42条 ① 派遣先は、厚生労働省令で定めるところにより、派遣就業に関し、派遣先管理台帳を作成し、当該台帳に派遣労働者ごとに次に掲げる事項を記載しなければならない。
1 無期雇用派遣労働者であるか有期雇用派遣労働者であるかの別
2 第40条の2第1項第2号の厚生労働省令で定める者であるか否かの別
3 派遣元事業主の氏名又は名称
4 派遣就業をした日
5 派遣就業をした日ごとの始業し、及び終業した時刻並びに休憩した時間
6 従事した業務の種類
7 派遣労働者から申出を受けた苦情の処理に関する事項
8 紹介予定派遣に係る派遣労働者については、当該紹介予定派遣に関する事項
9 教育訓練(厚生労働省令で定めるものに限る。)を行った日時及び内容
10 その他厚生労働省令で定める事項
② 派遣先は、前項の派遣先管理台帳を3年間保存しなければならない。
③ 派遣先は、厚生労働省令で定めるところにより、第1項各号(第3号を除く。)に掲げる事項を派遣元事業主に通知しなければならない。

(準 用)
第43条 第39条の規定は、労働者派遣の役務の提供を受ける者であつて派遣先以外のものについて準用する。

第4節 労働基準法等の適用等に関する特例等
(略)

55 労働時間等の設定の改善に関する特別措置法(抄)
(平4・7・2法律第90号、平4・9・1施行、
最終改正:平24・4・6法律第27号)

第3章 労働時間等の設定の改善の実施体制の整備等

(労働時間等の設定の改善の実施体制の整備)
第6条 事業主は、事業主を代表する者及び当該事業主の雇用する労働者を代表する者を構成員とし、労働時間等の設定の改善を図るための措置その他労働時間等の設定の改善に関する事項を調査審議し、事業主に対し意見を述べることを目的とする全部の事業場を通じて1の又は事業場ごとの委員会を設置する等労働時間等の設定の改善を効果的に実施するために必要な体制の整備に努めなければならない。

(労働時間等設定改善委員会の決議に係る労働基準法の適用の特例等)
第7条 ① 前条に規定する委員会のうち事業場ごとのものであつて次に掲げる要件に適合するもの(以下この条において「労働時間等設定改善委員会」という。)が設置されている場合において、労働時間等設定改善委員会でその委員の5分の4以上の多数による議決により労働基準法第32条の2第1項、第32条の3、第32条の4第1項及び第2項、第32条の5第1項、第34条第2項ただし書、第36条第1項、第37条第3項、第38条の2第2項、第38条の3第1項並びに第39条第4項及び第6項の規定(これらの規定のうち、同法第32条の2第1項、第32条の3、第32条の4第1項及び第2項並びに第36条第1項の規定にあつては労働者派遣事業の適正な運営の確保及び派遣労働者の保護等に関する法律(昭和60年法律第88号。以下この項において「労働者派遣法」という。)第44条第2項の規定により読み替えて適用する場合を、労働基準法第38条の2第2項及び第38条の3第1項の規定にあつては労働者派遣法第44条第5項の規定により読み替えて適用する場合を含む。以下この項において「労働時間に関する規定」という。)に関する事項について決議が行われたときは、当該労働時間等設定改善委員会に係る事業場の使用者(労働基準法第10条に規定する使用者をいう。)については、労働基準法第32条の2第1項中「協定」とあるのは「協定(労働時間等の設定の改善に関する特別措置法第7条第1項に規定する労働時間等設定改善委員会の決議(第32条の4第2項及び第36条第3項において「決議」という。)を含む。次項、第32条の4第4項、第32条の5第3項、第36条第3項及び第4項、第38条の2第3項並びに第38条の3第2項を除き、以下同じ。)」と、同法第32条の4第2項中「同意」とあるのは「同意(決議を含む。)」と、同法第36条第3項中「代表する者」とあるのは「代表する者(決議をする委員を含む。次項において同じ。)」と、「当該協定」とあるのは「当該協定(当該決議を含む。)」として、労働時間に関する規定(同法第32条の4第3項及び第36条第2項から第4項までの規定を含む。)及び同法第106条第1項の規定を適用する。
1 当該委員会の委員の半数については、当該事業場に、労働者の過半数で組織する労働組合がある場合においてはその労働組合、労働者の過半数で組織する労働組合がない場合においては労働者の過半数を代表する者の推薦に基づき指名されていること。
2 当該委員会の議事について、厚生労働省令で定めるところにより、議事録が作成され、かつ、保存されていること。
3 前2号に掲げるもののほか、厚生労働省令で定める要件
② 労働時間等設定改善委員会が設置されていない事業場において、事業主が、当該事業場に、労働者の過半数で組織する労働組合がある場合においてはその労働組合、労働者の過半数で組織する労働組合がない場合においては労働者の過半数を代表する者との書面による協定により、労働安全衛生法(昭

和47年法律第57号）第18条第1項の規定により設置された衛生委員会（同法第19条第1項の規定により設置された安全衛生委員会を含む．以下同じ．）であって次に掲げる要件に適合するものに，当該事業場における労働時間等の設定の改善に関する事項を調査審議させ，事業主に対して意見を述べさせることを定めたときは，当該衛生委員会を労働時間等設定改善委員会とみなして，前項の規定を適用する．
1 当該衛生委員会の委員の半数については，当該事業場に，労働者の過半数で組織する労働組合がある場合においてはその労働組合，労働者の過半数で組織する労働組合がない場合においては労働者の過半数を代表する者の推薦に基づき指名されていること．
2 当該衛生委員会の議事について，厚生労働省令で定めるところにより，議事録が作成され，かつ，保存されていること．
3 前2号に掲げるもののほか，厚生労働省令で定める要件

56 最低賃金法（抄）

（昭34・4・15法律第137号，昭34・7・10施行，
最終改正：平24・4・6法律第27号）

第1章 総則

（目的）
第1条 この法律は，賃金の低廉な労働者について，賃金の最低額を保障することにより，労働条件の改善を図り，もつて，労働者の生活の安定，労働力の質の向上及び事業の公正な競争の確保に資するとともに，国民経済の健全な発展に寄与することを目的とする．

第2章 最低賃金

第1節 総則
（最低賃金額）
第3条 最低賃金額（最低賃金において定める賃金の額をいう．以下同じ．）は，時間によつて定めるものとする．

（最低賃金の効力）
第4条 ① 使用者は，最低賃金の適用を受ける労働者に対し，その最低賃金額以上の賃金を支払わなければならない．
② 最低賃金の適用を受ける労働者と使用者との間の労働契約で最低賃金額に達しない賃金を定めるものは，その部分については無効とする．この場合において，無効となつた部分は，最低賃金と同様の定をしたものとみなす．
③ 次に掲げる賃金は，前2項に規定する賃金に算入しない．
 1 1月をこえない期間ごとに支払われる賃金以外の賃金で厚生労働省令で定めるもの
 2 通常の労働時間又は通常の労働日の賃金以外の賃金で厚生労働省令で定めるもの
 3 当該最低賃金において算入しないことを定める賃金
④ 第1項及び第2項の規定は，労働者がその都合により所定労働時間若しくは所定労働日の労働をしなかつた場合又は使用者が正当な理由により労働者に所定労働時間若しくは所定労働日の労働をさせなかつた場合において，労働しなかつた時間又は日に対応する限度で賃金を支払わないことを妨げるものではない．

（最低賃金の減額の特例）
第7条 使用者が厚生労働省令で定めるところにより都道府県労働局長の許可を受けたときは，次に掲げる労働者については，当該最低賃金において定める最低賃金額から当該最低賃金額に労働能力その他の事情を考慮して厚生労働省令で定める率を乗じて得た額を減額した額により第4条の規定を適用する．
 1 精神又は身体の障害により著しく労働能力の低い者
 2 試の使用期間中の者
 3 職業能力開発促進法（昭和44年法律第64号）第24条第1項の認定を受けて行われる職業訓練のうち職業に必要な基礎的な技能及びこれに関する知識を習得させることを内容とするものを受ける者であつて厚生労働省令で定めるもの
 4 軽易な業務に従事する者その他の厚生労働省令で定める者

第2節 地域別最低賃金
（地域別最低賃金の原則）
第9条 ① 賃金の低廉な労働者について，賃金の最低額を保障するため，地域別最低賃金（一定の地域ごとの最低賃金をいう．以下同じ．）は，あまねく全国各地域について決定されなければならない．
② 地域別最低賃金は，地域における労働者の生計費及び賃金並びに通常の事業の賃金支払能力を考慮して定められなければならない．
③ 前項の労働者の生計費を考慮するに当たつては，労働者が健康で文化的な最低限度の生活を営むことができるよう，生活保護に係る施策との整合性に配慮するものとする．

（地域別最低賃金の決定）
第10条 ① 厚生労働大臣又は都道府県労働局長は，一定の地域ごとに，中央最低賃金審議会又は地方最低賃金審議会（以下「最低賃金審議会」という．）の調査審議を求め，その意見を聴いて，地域別最低賃金の決定をしなければならない．
② 厚生労働大臣又は都道府県労働局長は，前項の規定による最低賃金審議会の意見の提出があつた場合において，その意見により難いと認めるときは，理由を付して，最低賃金審議会に再審議を求めなければならない．

第3節 特定最低賃金
（特定最低賃金の決定等）
第15条 ① 労働者又は使用者の全部又は一部を代表する者は，厚生労働省令で定めるところにより，厚生労働大臣又は都道府県労働局長に対し，当該労働者又は使用者に適用される一定の事業若しくは職業に係る最低賃金（以下「特定最低賃金」という．）の決定又は当該労働者若しくは使用者に現に適用されている特定最低賃金の改正若しくは廃止の決定をするよう申し出ることができる．
② 厚生労働大臣又は都道府県労働局長は，前項の規定による申出があつた場合において必要があると

認めるときは,最低賃金審議会の調査審議を求め,その意見を聴いて,当該申出に係る特定最低賃金の決定又は当該申出に係る特定最低賃金の改正若しくは廃止の決定をすることができる.
③ 第10条第2項及び第11条の規定は,前項の規定による最低賃金審議会の意見の提出があつた場合について準用する.この場合において,同条第2項中「地域」とあるのは,「事業若しくは職業」と読み替えるものとする.
④ 厚生労働大臣又は都道府県労働局長は,第2項の決定をする場合において,前項において準用する第11条第2項の規定による申出があつたときは,前項において準用する同条第3項の規定による最低賃金審議会の意見に基づき,当該特定最低賃金において,一定の範囲の事業について,その適用を一定の期間を限つて猶予し,又は最低賃金額について別段の定めをすることができる.
⑤ 第10条第2項の規定は,前項の規定による最低賃金審議会の意見の提出があつた場合について準用する.
第16条 前条第2項の規定により決定され,又は改正される特定最低賃金において定める最低賃金額は,当該特定最低賃金の適用を受ける使用者の事業場の所在地を含む地域について決定された地域別最低賃金において定める最低賃金額を上回るものでなければならない.

57 賃金の支払の確保等に関する法律(抄)
(昭51・5・27法律第34号,昭51・10・1施行,最終改正:平22・3・31法律第15号)

第1章 総 則

(目 的)
第1条 この法律は,景気の変動,産業構造の変化その他の事情により企業経営が安定を欠くに至つた場合及び労働者が事業を退職する場合における賃金の支払等の適正化を図るため,貯蓄金の保全措置及び事業活動に著しい支障を生じたことにより賃金の支払を受けることが困難となつた労働者に対する保護措置その他賃金の支払の確保に関する措置を講じ,もつて労働者の生活の安定に資することを目的とする.

第2章 貯蓄金及び賃金に係る保全措置等

(貯蓄金の保全措置)
第3条 事業主(国及び地方公共団体を除く.以下同じ.)は,労働者の貯蓄金をその委託を受けて管理する場合において,貯蓄金の管理が預金の受入れであるときは,厚生労働省令で定める場合を除き,毎年3月31日における受入預金額(当該事業主が受け入れている預金の額をいう.以下この条において同じ.)について,同日後1年間を通ずる貯蓄金の保全措置(労働者ごとの同日における受入預金額につき,その払戻しに係る債務を銀行その他の金融機関において保証することを約する契約の締結その他の当該受入預金額の払戻しの確保に関する措置で厚生労働省令で定めるものをいう.)を講じなければならない.
(貯蓄金の保全措置に係る命令)
第4条 労働基準監督署長は,前条の規定に違反して事業主が貯蓄金の保全措置を講じていないときは,厚生労働省令で定めるところにより,当該事業主に対して,期限を指定して,その是正を命ずることができる.

(退職手当の保全措置)
第5条 事業主(中小企業退職金共済法(昭和34年法律第160号)第2条第3項に規定する退職金共済契約を締結した事業主その他厚生労働省令で定める事業主を除く.)は,労働契約又は労働協約,就業規則その他これらに準ずるものにおいて労働者に退職手当を支払うことを明らかにしたときは,当該退職手当の額に充てるべき額として厚生労働省令で定める額について,第3条の厚生労働省令で定める措置に準ずる措置を講ずるように努めなければならない.

(退職労働者の賃金に係る遅延利息)
第6条 事業主は,その事業を退職した労働者に係る賃金(退職手当を除く.以下この条において同じ.)の全部又は一部をその退職の日(退職の日後に支払期日が到来する賃金にあつては,当該支払期日.以下この条において同じ.)までに支払わなかつた場合には,当該労働者に対し,当該退職の日の翌日からその支払をする日までの期間について,その日数に応じ,当該退職の日の経過後まだ支払われていない賃金の額に年14.6パーセントを超えない範囲内で政令で定める率を乗じて得た金額を遅延利息として支払わなければならない.
2 前項の規定は,賃金の支払の遅滞が天災地変その他のやむを得ない事由で厚生労働省令で定めるものによるものである場合には,その事由の存する期間について適用しない.

第3章 未払賃金の立替払事業

(未払賃金の立替払)
第7条 政府は,労働者災害補償保険の適用事業に該当する事業(労働保険の保険料の徴収等に関する法律(昭和44年法律第84号)第8条の規定の適用を受ける事業にあつては,同条の規定の適用がないものとした場合における事業をいう.以下この条において同じ.)の事業主(厚生労働省令で定める期間以上の期間にわたつて当該事業を行つていたものに限る.)が破産手続開始の決定を受け,その他政令で定める事由に該当することとなつた場合において,当該事業に従事する労働者で政令で定める期間内に当該事業を退職したものに係る未払賃金(支払期日後まだ支払われていない賃金をいう.以下この条及び次条において同じ.)があるときは,民法(明治29年法律第89号)第474条ただし書及び第2項の規定にかかわらず,当該労働者(厚生労働省令で定める者にあつては,厚生労働省令で定めるところにより,未払賃金の額その他の事項について労働基準監督署長の確認を受けた者に限る.)の請求に基づき,当該未払賃金に係る債務のうち政令で定める範囲内のものを当該事業主に代わつて弁済するものとする.

58 中小企業退職金共済法（抄）

（昭34・5・9法律第160号，昭34・5・9施行，最終改正：平28・6・3法律第66号）

第1章 総則

（目的）
第1条 この法律は，中小企業の従業員について，中小企業者の相互扶助の精神に基づき，その拠出による退職金共済制度を確立し，もつてこれらの従業員の福祉の増進と中小企業の振興に寄与すること等を目的とする．

（定義）
第2条 ① この法律で「中小企業者」とは，次の各号のいずれかに該当する事業主（国，地方公共団体その他厚生労働省令で定めるこれらに準ずる者を除く．）をいう．
1 常時雇用する従業員の数が300人以下の事業主及び資本金の額又は出資の総額が3億円以下の法人である事業主（次号から第4号までに掲げる業種に属する事業を主たる事業として営む事業主を除く．）
2 卸売業に属する事業を主たる事業として営む事業主であつて，常時雇用する従業員の数が100人以下のもの及び資本金の額又は出資の総額が1億円以下の法人であるもの
3 サービス業に属する事業を主たる事業として営む事業主であつて，常時雇用する従業員の数が100人以下のもの及び資本金の額又は出資の総額が5000万円以下の法人であるもの
4 小売業に属する事業を主たる事業として営む事業主であつて，常時雇用する従業員の数が50人以下のもの及び資本金の額又は出資の総額が5000万円以下の法人であるもの

② この法律で「退職」とは，従業員について，事業主との雇用関係が終了することをいう．

③ この法律で「退職金共済契約」とは，事業主が独立行政法人勤労者退職金共済機構（第56条及び第57条を除き，以下「機構」という．）に掛金を納付することを約し，機構がその事業主の雇用する従業員の退職について，この法律の定めるところにより，退職金を支給することを約する契約であつて，特定業種退職金共済契約以外のものをいう．

④ この法律で「特定業種」とは，建設業その他従業員の相当数が，通常，当該業種に属する多数の事業の間を移動していることその他の事業の事業主に雇用される業種であつて，厚生労働大臣が指定するものをいう．

⑤ この法律で「特定業種退職金共済契約」とは，特定業種に属する事業の事業主が機構に掛金を納付することを約し，機構が，期間を定めて雇用される者としてその事業主に雇用され，かつ，当該特定業種に属する事業に従事することを常態とする者の退職について，この法律の定めるところにより，退職金を支給することを約する契約をいう．

⑥ この法律で「共済契約者」とは，退職金共済契約又は特定業種退職金共済契約の当事者である事業主をいう．

⑦ この法律で「被共済者」とは，退職金共済契約又は特定業種退職金共済契約により機構がその者の退職について退職金を支給すべき者をいう．

第2章 退職金共済契約

第1節 退職金共済契約の締結等

（契約の締結）
第3条 ① 中小企業者でなければ，退職金共済契約を締結することができない．

② 現に退職金共済契約の被共済者である者については，その者を被共済者とする新たな退職金共済契約を締結することができない．

③ 中小企業者は，次の各号に掲げる者を除き，すべての雇用の業務について退職金共済契約を締結するようにしなければならない．
1 期間を定めて雇用される者
2 季節的業務に雇用される者
3 試みの雇用期間中の者
4 現に退職金共済契約の被共済者である者
5 第8条第2項第3号の規定により解除された退職金共済契約の被共済者であつて，その解除の日から1年を経過しないもの
6 前各号に掲げる者のほか，厚生労働省令で定める者

④ 機構は，次の各号に掲げる場合を除いては，退職金共済契約の締結を拒絶してはならない．
1 契約の申込者が第8条第2項第1号の規定により退職金共済契約を解除され，その解除の日から6月を経過しない者であるとき．
2 当該申込みに係る被共済者が第8条第2項第3号の規定により解除された退職金共済契約の被共済者であつて，その解除の日から1年を経過しないものであるとき．
3 前2号に掲げるもののほか，厚生労働省令で定める正当な理由があるとき．

第4条 ① 退職金共済契約は，被共済者ごとに，掛金月額を定めて締結するものとする．

② 掛金月額は，被共済者1人につき，5000円（退職金共済契約の申込みの日において，1週間の所定労働時間が，当該契約者に雇用される通常の従業員の1週間の所定労働時間に比し短く，かつ，厚生労働大臣の定める時間数未満である者に該当する被共済者（第27条第4項において「短時間労働被共済者」という．）にあつては，2000円）以上3万円以下でなければならない．

③ 掛金月額は，2000円を超え1万円未満であるときは1000円に整数を乗じて得た額，1万円を超え3万円未満であるときは2000円に整数を乗じて得た額でなければならない．

（被共済者等の受益）
第5条 被共済者及びその遺族は，当然退職金の受益の利益を受ける．

（契約の申込み）
第6条 ① 中小企業者は，その雇用する従業員の意に反して当該従業員を被共済者とする退職金共済契約の申込みを行つてはならない．

② 中小企業者は，退職金共済契約の申込みをするときは，当該退職金共済契約の被共済者となる者の氏名及び掛金月額を明らかにしなければならない．

（契約の成立）
第7条 ① 退職金共済契約は，機構がその申込みを承諾したときは，その申込みの日において成立した

58 中小企業退職金共済法（8条～12条）

ものとみなし，かつ，その日から効力を生ずる．
② 退職金共済契約が成立したときは，共済契約者は，遅滞なく，その旨を被共済者に通知しなければならない．
③ 機構は，退職金共済契約の成立後遅滞なく，共済契約者に退職金共済手帳を交付しなければならない．
④ 退職金共済手帳は，掛金の納付状況を明らかにすることができるものでなければならない．

（契約の解除）
第8条 ① 機構又は共済契約者は，第2項又は第3項に規定する場合を除いては，退職金共済契約を解除することができない．
② 機構は，次の各号に掲げる場合には，退職金共済契約を解除するものとする．ただし，第2号に該当する場合であつて，厚生労働省令で定めるところにより，あらかじめ，厚生労働大臣の承認を受けたときは，この限りでない．
1 共済契約者が厚生労働省令で定める一定の月分以上について掛金の納付を怠つたとき．（厚生労働省令で定める正当な理由がある場合を除く．）
2 共済契約者が中小企業者でない事業主となつたとき．
3 被共済者が偽りその他不正の行為によつて退職金又は解約手当金（以下「退職金等」という．）の支給を受け，又は受けようとしたとき．
③ 共済契約者は，次の各号に掲げる場合には，退職金共済契約を解除することができる．
1 被共済者の同意を得たとき．
2 掛金の納付を継続することが著しく困難であると厚生労働大臣が認めたとき．
④ 退職金共済契約の解除は，将来に向つてのみその効力を生ずる．
⑤ 前条第2項の規定は，退職金共済契約の解除について準用する．

（掛金月額の変更）
第9条 ① 機構は，共済契約者から掛金月額の増加の申込みがあつたときは，これを承諾しなければならない．
② 機構は，共済契約者からの掛金月額の減少の申込みについては，前条第3項各号に掲げる場合を除き，これを承諾してはならない．
③ 前2項の申込みは，被共済者の氏名及び増加後又は減少後の掛金月額を明らかにしてしなければならない．
④ 第7条第1項及び第2項の規定は，掛金月額の増加又は減少について準用する．

第2節　退職金等の支給

（退職金）
第10条 ① 機構は，被共済者が退職したときは，その者（退職が死亡によるものであるときは，その遺族）に退職金を支給する．ただし，当該被共済者に係る掛金の納付があつた月数（以下「掛金納付月数」という．）が12月に満たないときは，この限りでない．
② 退職金の額は，次の各号に掲げる掛金納付月数の区分に応じ，当該各号に定める額とする．
1 23月以下　被共済者に係る納付された掛金の総額を下回る額として，掛金月額及び掛金納付月数に応じ政令で定める額（退職が死亡による場合にあつては，被共済者に係る納付された掛金の総額に相当する額として，掛金月額及び掛金納付月数に応じ政令で定める額）
2 24月以上42月以下　被共済者に係る納付された掛金の総額に相当する額として，掛金月額及び掛金納付月数に応じ政令で定める額
3 43月以上　次のイ及びロに定める額を合算して得た額
イ 被共済者に係る納付された掛金の総額を上回る額として，掛金月額及び掛金納付月数に応じ政令で定める額
ロ 計算月（その月分の掛金の納付があつた場合に掛金納付月数が43月又は43月に12月の整数倍の月数を加えた月数となる月をいう．以下この号及び第4項において同じ．）に被共済者が退職したものとみなしてイの規定を適用した場合に得られる額（第4項において「仮定退職金額」という．）に，それぞれ当該計算月の属する年度（4月1日から翌年3月31日までをいう．以下同じ．）に係る支給率を乗じて得た額（その額に1円未満の端数があるときは，これを1円に切り上げるものとする．）を合算して得た額
③ 前項第1号，第2号及び第3号イの政令で定める額は，納付された掛金及びその運用収入の額の総額を基礎として，予定利率並びに被共済者の退職の見込数及び退職金共済契約の解除の見込数を勘案して定めるものとする．
④ 第2項第3号ロの支給率は，厚生労働大臣が，各年度ごとに，厚生労働省令で定めるところにより，当該年度の前年度の運用収入のうち同号ロに定める額の支払に充てるべき部分の額として算定した額を当該年度に計算月を有することとなる被共済者の仮定退職金額の総額で除して得た率を基準として，当該年度以降の運用収入の見込額その他の事情を勘案して，当該年度の前年度末までに，労働政策審議会の意見を聴いて定めるものとする．
⑤ 被共済者がその責めに帰すべき事由により退職し，かつ，共済契約者の申出があつた場合において，厚生労働省令で定める基準に従い厚生労働大臣が相当であると認めたときは，機構は，厚生労働省令で定めるところにより，退職金の額を減額して支給することができる．

（退職金の支給方法）
第11条 退職金は，一時金として支給する．

（退職金の分割支給等）
第12条 ① 機構は，前条の規定にかかわらず，被共済者の請求により，退職金の全部又は一部を分割払の方法により支給することができる．ただし，次の各号のいずれかに該当する場合は，この限りでない．
1 退職金の額が厚生労働省令で定める金額未満であるとき．
2 被共済者が退職した日において60歳未満であるとき．
3 被共済者が退職金の一部を分割払の方法により支給することを請求した場合において，次項に規定する分割払対象額が厚生労働省令で定める金額未満であるとき又は当該退職金の全額から同項に規定する分割払対象額を減じた額が厚生労働省令で定める金額未満であるとき．
② 被共済者が退職金の一部について分割払の方法により支給を受けようとする場合における前項の請求は，当該分割払の方法により支給を受けようとする退職金の一部の額（以下この条において「分割払対象額」という．）を定めてしなければならな

(2) 労働法規・労災補償

い．
③ 分割払の方法による退職金の支給期月は，毎年2月，5月，8月及び11月とする．
④ 分割払の方法による退職金の支給の期間（次項において「分割支給期間」という．）は，被共済者の選択により，第1項の請求後の最初の支給期月から5年間又は10年間のいずれかとする．
⑤ 支給期月ごとの退職金（次条において「分割退職金」という．）の額は，退職金の額（退職金の一部について分割払の方法により支給する場合にあつては，分割払対象額）に，分割支給期間に応じ政令で定める率（次条第2項において「分割支給率」という．）を乗じて得た額とする．
⑥ 第1項の規定に基づき分割払の方法により支給することとした場合においては，当該退職金の全額から分割払対象額を減じた額を一時金として支給する．

第13条 ① 機構は，退職金の全部又は一部を分割払の方法により支給することとした場合において，次の各号に掲げる事由が生じたときは，それぞれ当該各号に定める者に対し，その事由が生じた時において支給期月の到来していない分割退職金の額の現価に相当する額（以下この条において「現価相当額」という．）の合計額を一括して支給するものとする．
1 被共済者が死亡したとき．　　相続人
2 被共済者に重度の障害その他の厚生労働省令で定める特別の事情が生じた場合であつて，その者が機構に対し現価相当額の合計額を一括して支給することを請求したとき．　　その者
② 現価相当額は，分割退職金の額を当該額に係る分割支給率の算定の基礎となつた利率として厚生労働大臣が定める利率による複利現価法によつて前項各号に掲げる事由が生じた後における直近の支給期月から当該分割退職金に係る支給期月までの期間に応じて割り引いた額とする．

（遺族の範囲及び順位）
第14条 ① 第10条第1項の規定により退職金の支給を受けるべき遺族は，次の各号に掲げる者とする．
1 配偶者（届出をしていないが，被共済者の死亡の当時事実上婚姻関係と同様の事情にあつた者を含む．）
2 子，父母，孫，祖父母及び兄弟姉妹で被共済者の死亡の当時主としてその収入によつて生計を維持していたもの
3 前号に掲げる者のほか，被共済者の死亡の当時主としてその収入によつて生計を維持していた親族
4 子，父母，孫，祖父母及び兄弟姉妹で第2号に該当しないもの
② 退職金を受けるべき遺族の順位は前項各号の順位により，同項第2号及び第4号に掲げる者のうちにあつては同号に掲げる順位により，父母については実父母を先にし，養父母を後にし，父母については養父母の養父母，養父母の実父母，実父母の養父母，実父母の実父母の順とする．
③ 前項の規定による退職金を受けるべき遺族に同順位者が2人以上あるときは，退職金は，その人数によつて等分して支給する．

（欠　格）
第15条 故意の犯罪行為により被共済者を死亡させた者は，前条の規定にかかわらず，退職金を受けることができない．被共済者の死亡前に，その者の死亡によつて退職金を受けるべき者を故意の犯罪行為により死亡させた者についても，同様とする．

（解約手当金等）
第16条 ① 退職金共済契約が解除されたときは，機構は，被共済者に解約手当金を支給する．
② 第8条第2項第3号の規定により退職金共済契約が解除されたときは，前項の規定にかかわらず，解約手当金は，支給しない．ただし，厚生労働省令で定める特別の事情があつた場合は，この限りでない．
③ 第10条第1項ただし書の規定は解約手当金について，同条第2項の規定は解約手当金の額について準用する．
④ 機構は，第2項ただし書の規定により解約手当金を支給する者又はその掛金につき第23条第1項の規定に基づく減額の措置が講ぜられた退職金共済契約が解除された場合に解約手当金を支給するときは，厚生労働省令で定めるところにより，その額を減額することができる．

第17条 ① 第8条第2項第2号の規定により退職金共済契約が解除された際に，当該解除された退職金共済契約の共済契約者が，当該解除された退職金共済契約の被共済者に係る確定給付企業年金法（平成13年法律第50号）第2条第1項に規定する確定給付企業年金（第31条の3及び第31条の4において「確定給付企業年金」という．），確定拠出年金法（平成13年法律第88号）第2条第2項に規定する企業型年金（第31条の3及び第31条の4において「企業型年金」という．）その他の政令で定める制度であつて，厚生労働省令で定める要件を備えているもの（以下この条において「特定企業年金制度等」という．）の実施の通知をした場合には，前条第1項の規定にかかわらず，機構は，当該被共済者に解約手当金を支給しない．この場合において，当該共済契約者が，当該解除後厚生労働省令で定める期間内に，当該被共済者の同意を得て，厚生労働省令で定めるところにより，当該通知に係る特定企業年金制度等への移行を当該解約手当金に相当する額の引渡しに関する申出をしたときは，機構は，当該申出に基づき，当該被共済者に係る解約手当金に相当する額の範囲内で厚生労働省令で定める金額を，確定給付企業年金法第30条第3項に規定する資産管理運用機関等（第31条の3及び第31条の4において「資産管理運用機関等」という．），確定拠出年金法第2条第7項第1号に規定する資産管理機関（第31条の3及び第31条の4において「資産管理機関」という．）その他の当該特定企業年金制度等を実施する団体として厚生労働省令で定めるものに引き渡すものとする．

〔平28法66, 2年内施行〕
② 機構は，前項後段の場合において，同項後段の規定により引き渡す金額が同項の規定に係る解約手当金に相当する額に満たないときは，その差額については，同項の規定にかかわらず，厚生労働省令で定めるところにより，当該被共済者に解約手当金として支給するものとする．
③ 機構は，第1項の場合において，同項前段の規定による通知に係る被共済者について次に掲げる事由が生じたときは，前条第1項の規定にかかわらず，当該被共済者に解約手当金を支給する．
1 特定企業年金制度等が実施される前に退職又は死亡したとき．

58 中小企業退職金共済法（13条～17条）

2　第1項後段の規定による申出がなかつたとき．
3　前2号に掲げるときのほか，厚生労働省令で定める事由が生じたとき．
（退職金等の支給に係る情報の提供）
第17条の2　機構は，退職金等の請求が円滑に行われるようにするため，退職金等の支給を受けるべき者に対し，退職金等の支給に係る情報の提供に努めなければならない．
（掛金納付月数の通算）
第18条　被共済者が退職した後3年以内に，退職金を請求しないで再び中小企業者に雇用されて被共済者（当該請求をしたとした場合にその者に支給されることとなる退職金に相当する額の全部又は一部が第31条第1項の規定により同項に規定する団体に引き渡された被共済者を除く．）となり，かつ，その者の申出があつた場合において，退職前に締結されていた退職金共済契約に係る掛金納付月数が12月以上であるとき，又は当該掛金納付月数が12月未満であり，かつ，その退職が当該被共済者の責めに帰すべき事由若しくはその都合（厚生労働省令で定めるやむを得ない事情に基づくものを除く．）によるものでないと厚生労働大臣が認めたときは，厚生労働省令で定めるところにより，前後の退職金共済契約に係る掛金納付月数を通算することができる．この場合において，退職金等の額の算定に関し必要な事項は，厚生労働省令で定める．
（未成年者の独立した請求）
第19条　未成年者である被共済者は，独立して，当該退職金共済契約に係る退職金等を請求することができる．
（譲渡等の禁止）
第20条　退職金等の支給を受ける権利は，譲り渡し，担保に供し，又は差し押えることができない．ただし，被共済者が退職金等の支給を受ける権利については，国税滞納処分（その例による処分を含む．）により差し押える場合は，この限りでない．
（退職金等の返還）
第21条　① 偽りその他不正の行為により退職金等の支給を受けた者がある場合には，機構は，その者から当該退職金等を返還させることができる．この場合において，その支給が当該共済契約者の虚偽の証明又は届出によるものであるときは，機構は，その者に対して，支給を受けた者と連帯して退職金等を返還させることができる．
② 機構が被共済者又はその遺族に退職金等を支給すべき場合において，前項の規定により機構に返還すべき金額があるときは，機構は，その退職金等とその者が返還すべき金額とを相殺することができる．

第3節　掛金
（掛金の納付）
第22条　① 共済契約者は，退職金共済契約が効力を生じた日の属する月から被共済者が退職した日又は退職金共済契約が解除された日の属する月までの各月につき，その月の末日（退職の日又は退職金共済契約の解除の日の属する月にあつては，その退職の日又はその解除の日）における掛金月額により，毎月分の掛金を翌月末日（退職金共済契約が効力を生じた日の属する月分の掛金にあつては，翌々月末日）までに納付しなければならない．
② 毎月分の掛金は，分割して納付することができない．

（加入促進等のための掛金負担軽減措置）
第23条　① 機構は，中小企業者が退職金共済契約の申込みをすること及び共済契約者が第9条第1項の掛金月額の増加の申込みをすることを促進するため，厚生労働省令で定めるところにより，共済契約者の掛金に係る負担を軽減する措置として，一定の月分の掛金の額を減額することができる．
② 前項の規定に基づき掛金の減額の措置が講ぜられる月について，共済契約者が同項の規定に基づき減額された額により掛金を納付した場合には，第10条第2項（第16条第3項において準用する場合を含む．）及び第55条第1項の規定の適用については，前条第1項の掛金月額により掛金の納付があつたものとみなす．

59　労働安全衛生法（抄）

（昭47・6・8法律第57号，昭47・10・1施行，
　最終改正：平27・5・7法律第17号）

第1章　総則

（目的）
第1条　この法律は，労働基準法（昭和22年法律第49号）と相まつて，労働災害の防止のための危害防止基準の確立，責任体制の明確化及び自主的活動の促進の措置を講ずる等その防止に関する総合的計画的な対策を推進することにより職場における労働者の安全と健康を確保するとともに，快適な職場環境の形成を促進することを目的とする．
（定義）
第2条　この法律において，次の各号に掲げる用語の意義は，それぞれ当該各号に定めるところによる．
1　労働災害　労働者の就業に係る建設物，設備，原材料，ガス，蒸気，粉じん等により，又は作業行動その他業務に起因して，労働者が負傷し，疾病にかかり，又は死亡することをいう．
2　労働者　労働基準法第9条に規定する労働者（同居の親族のみを使用する事業又は事務所に使用される者及び家事使用人を除く．）をいう．
3　事業者　事業を行う者で，労働者を使用するものをいう．
3の2　化学物質　元素及び化合物をいう．
4　作業環境測定　作業環境の実態をは握するため空気環境その他の作業環境について行うデザイン，サンプリング及び分析（解析を含む．）をいう．
（事業者等の責務）
第3条　① 事業者は，単にこの法律で定める労働災害の防止のための最低基準を守るだけでなく，快適な職場環境の実現と労働条件の改善を通じて職場における労働者の安全と健康を確保するようにしなければならない．また，事業者は，国が実施する労働災害の防止に関する施策に協力するようにしなければならない．
② 機械，器具その他の設備を設計し，製造し，若しくは輸入する者，原材料を製造し，若しくは輸入する者又は建設物を建設し，若しくは設計する者は，これらの物の設計，製造，輸入又は建設に際して，これらの物が使用されることによる労働災害の発生の

防止に資するように努めなければならない．
③ 建設工事の注文者等仕事を他人に請け負わせる者は，施工方法，工期等について，安全で衛生的な作業の遂行をそこなうおそれのある条件を附さないように配慮しなければならない．
第4条　労働者は，労働災害を防止するため必要な事項を守るほか，事業者その他の関係者が実施する労働災害の防止に関する措置に協力するように努めなければならない．

(事業者に関する規定の適用)
第5条　① 2以上の建設業に属する事業の事業者が，1の場所において行われる当該事業の仕事を共同連帯して請け負った場合においては，厚生労働省令で定めるところにより，そのうちの1人を代表者として定め，これを都道府県労働局長に届け出なければならない．
② 前項の規定による届出がないときは，都道府県労働局長が代表者を指名する．
③ 前2項の代表者の変更は，都道府県労働局長に届け出なければ，その効力を生じない．
④ 第1項に規定する場合においては，当該事業を同項又は第2項の代表者のみの事業と，当該代表者のみを当該事業の事業者と，当該事業の仕事に従事する労働者を当該代表者のみが使用する労働者とそれぞれみなして，この法律を適用する．

第2章　労働災害防止計画

(労働災害防止計画の策定)
第6条　厚生労働大臣は，労働政策審議会の意見をきいて，労働災害の防止のための主要な対策に関する事項その他労働災害の防止に関し重要な事項を定めた計画(以下「労働災害防止計画」という．)を策定しなければならない．

(変　更)
第7条　厚生労働大臣は，労働災害の発生状況，労働災害の防止に関する対策の効果等を考慮して必要があると認めるときは，労働政策審議会の意見をきいて，労働災害防止計画を変更しなければならない．

(公　表)
第8条　厚生労働大臣は，労働災害防止計画を策定したときは，遅滞なく，これを公表しなければならない．これを変更したときも，同様とする．

(勧告等)
第9条　厚生労働大臣は，労働災害防止計画の的確かつ円滑な実施のため必要があると認めるときは，事業者，事業者の団体その他の関係者に対し，労働災害の防止に関する事項について必要な勧告又は要請をすることができる．

第3章　安全衛生管理体制

(総括安全衛生管理者)
第10条　① 事業者は，政令で定める規模の事業場ごとに，厚生労働省令で定めるところにより，総括安全衛生管理者を選任し，その者に安全管理者，衛生管理者又は第25条の2第2項の規定により技術的事項を管理する者の指揮をさせるとともに，次の業務を統括管理させなければならない．
1　労働者の危険又は健康障害を防止するための措置に関すること．
2　労働者の安全又は衛生のための教育の実施に関すること．
3　健康診断の実施その他健康の保持増進のための措置に関すること．
4　労働災害の原因の調査及び再発防止対策に関すること．
5　前各号に掲げるもののほか，労働災害を防止するため必要な業務で，厚生労働省令で定めるもの
② 総括安全衛生管理者は，当該事業場においてその事業の実施を統括管理する者をもつて充てなければならない．
③ 都道府県労働局長は，労働災害を防止するため必要があると認めるときは，総括安全衛生管理者の業務の執行について事業者に勧告することができる．

(安全管理者)
第11条　① 事業者は，政令で定める業種及び規模の事業場ごとに，厚生労働省令で定める資格を有する者のうちから，厚生労働省令で定めるところにより，安全管理者を選任し，その者に前条第1項各号の業務(第25条の2第2項の規定により技術的事項を管理する者を選任した場合においては，同項各号の措置に該当するものを除く．)のうち安全に係る技術的事項を管理させなければならない．
② 労働基準監督署長は，労働災害を防止するため必要があると認めるときは，事業者に対し，安全管理者の増員又は解任を命ずることができる．

(衛生管理者)
第12条　① 事業者は，政令で定める規模の事業場ごとに，都道府県労働局長の免許を受けた者その他厚生労働省令で定める資格を有する者のうちから，厚生労働省令で定めるところにより，当該事業場の業務の区分に応じて，衛生管理者を選任し，その者に第10条第1項各号の業務(第25条の2第2項の規定により技術的事項を管理する者を選任した場合においては，同項各号の措置に該当するものを除く．)のうち衛生に係る技術的事項を管理させなければならない．
② 前条第2項の規定は，衛生管理者について準用する．

(安全衛生推進者等)
第12条の2　事業者は，第11条第1項の事業場及び前条第1項の事業場以外の事業場で，厚生労働省令で定める規模のものごとに，厚生労働省令で定めるところにより，安全衛生推進者(第11条第1項の政令で定める業種以外の業種の事業場にあつては，衛生推進者)を選任し，その者に第10条第1項各号の業務(第25条の2第2項の規定により技術的事項を管理する者を選任した場合においては，同条第1項各号の措置に該当するものを除くものとし，第11条第1項の政令で定める業種以外の業種の事業場にあつては，衛生に係る業務に限る．)を担当させなければならない．

(産業医等)
第13条　① 事業者は，政令で定める規模の事業場ごとに，厚生労働省令で定めるところにより，医師のうちから産業医を選任し，その者に労働者の健康管理その他の厚生労働省令で定める事項(以下「労働者の健康管理等」という．)を行わせなければならない．
② 産業医は，労働者の健康管理等を行うのに必要な医学に関する知識について厚生労働省令で定める要件を備えた者でなければならない．
③ 産業医は，労働者の健康を確保するため必要があ

ると認めるときは、事業者に対し、労働者の健康管理等について必要な勧告をすることができる.
④ 事業者は、前項の勧告を受けたときは、これを尊重しなければならない.
第13条の2 事業者は、前条第1項の事業場以外の事業場については、労働者の健康管理を行うのに必要な医学に関する知識を有する医師その他厚生労働省令で定める者に労働者の健康管理等の全部又は一部を行わせるように努めなければならない.
(作業主任者)
第14条 事業者は、高圧室内作業その他の労働災害を防止するための管理を必要とする作業で、政令で定めるものについては、都道府県労働局長の免許を受けた者又は都道府県労働局長の登録を受けた者が行う技能講習を修了した者のうちから、厚生労働省令で定めるところにより、当該作業の区分に応じて、作業主任者を選任し、その者に当該作業に従事する労働者の指揮その他の厚生労働省令で定める事項を行わせなければならない.
(統括安全衛生責任者)
第15条 ① 事業者で、1の場所において行う事業の仕事の一部を請負人に請け負わせているもの(当該事業の仕事の一部を請け負わせる契約が2以上あるため、その者が2以上あることとなるときは、当該請負契約のうちの最も先次の請負契約における注文者とする. 以下「元方事業者」という.)のうち、建設業その他政令で定める業種に属する事業(以下「特定事業」という.)を行う者(以下「特定元方事業者」という.)は、その労働者及びその請負人(元方事業者の当該事業の仕事が数次の請負契約によつて行われるときは、当該請負人の請負契約の後次のすべての請負契約の当事者である請負人を含む. 以下「関係請負人」という.)の労働者が当該場所において作業を行うときは、これらの労働者の作業が同一の場所において行われることによつて生ずる労働災害を防止するため、統括安全衛生責任者を選任し、その者に元方安全衛生管理者の指揮をさせるとともに、第30条第1項各号の事項を統括管理させなければならない. ただし、これらの労働者の数が政令で定める数未満であるときは、この限りでない.
② 統括安全衛生責任者は、当該場所においてその事業の実施を統括管理する者をもつて充てなければならない.
③ 第30条第4項の場合において、同項のすべての労働者の数が政令で定める数以上であるときは、当該指名された事業者は、これらの労働者に関し、これらの労働者の作業が同一の場所において行われることによつて生ずる労働災害を防止するため、統括安全衛生責任者を選任し、その者に元方安全衛生管理者の指揮をさせるとともに、同条第1項各号の事項を統括管理させなければならない. この場合においては、当該指名された事業者及び当該指名された事業者以外の事業者については、第1項の規定は、適用しない.
④ 第1項又は前項に定めるもののほか、第25条の2第1項に規定する仕事が数次の請負契約によつて行われる場合においては、第1項又は前項の規定により統括安全衛生責任者を選任した事業者は、統括安全衛生責任者に第30条の3第5項において準用する第25条の2第2項の規定により技術的事項を管理する者の指揮をさせるとともに、同条第1項各号の措置を統括管理させなければならない.
⑤ 第10条第3項の規定は、統括安全衛生責任者の業務の執行について準用する. この場合において、同項中「事業者」とあるのは、「当該統括安全衛生責任者を選任した事業者」と読み替えるものとする.
(元方安全衛生管理者)
第15条の2 ① 前条第1項又は第3項の規定により統括安全衛生責任者を選任した事業者で、建設業その他政令で定める業種に属する事業を行うものは、厚生労働省令で定める資格を有する者のうちから、厚生労働省令で定めるところにより、元方安全衛生管理者を選任し、その者に第30条第1項各号の事項のうち技術的事項を管理させなければならない.
② 第11条第2項の規定は、元方安全衛生管理者について準用する. この場合において、同項中「事業者」とあるのは、「当該元方安全衛生管理者を選任した事業者」と読み替えるものとする.
(店社安全衛生管理者)
第15条の3 ① 建設業に属する事業の元方事業者は、その労働者及び関係請負人の労働者が1の場所(これらの労働者の数が厚生労働省令で定める数未満である場所及び第15条第1項又は第3項の規定により統括安全衛生責任者を選任しなければならない場所を除く.)において作業を行うときは、当該場所において行われる仕事に係る請負契約を締結している事業場ごとに、これらの労働者の作業が同一の場所で行われることによつて生ずる労働災害を防止するため、厚生労働省令で定める資格を有する者のうちから、厚生労働省令で定めるところにより、店社安全衛生管理者を選任し、その者に、当該事業場で締結している当該請負契約に係る仕事を行う場所における第30条第1項各号の事項を担当する者に対する指導その他厚生労働省令で定める事項を行わせなければならない.
② 第30条第4項の場合において、同項のすべての労働者の数が厚生労働省令で定める数以上であるとき(第15条第1項又は第3項の規定により統括安全衛生責任者を選任しなければならないときを除く.)は、当該指名された事業者で建設業に属する事業を行うものは、当該場所において行われる仕事に係る請負契約を締結している事業場ごとに、これらの労働者に関し、これらの労働者の作業が同一の場所で行われることによつて生ずる労働災害を防止するため、厚生労働省令で定める資格を有する者のうちから、厚生労働省令で定めるところにより、店社安全衛生管理者を選任し、その者に、当該事業場で締結している当該請負契約に係る仕事を行う場所における第30条第1項各号の事項を担当する者に対する指導その他厚生労働省令で定める事項を行わせなければならない. この場合においては、当該指名された事業者及び当該指名された事業者以外の事業者については、前項の規定は適用しない.
(安全衛生責任者)
第16条 ① 第15条第1項又は第3項の場合において、これらの規定により統括安全衛生責任者を選任すべき事業者以外の請負人で、当該仕事を自ら行うものは、安全衛生責任者を選任し、その者に統括安全衛生責任者との連絡その他の厚生労働省令で定める事項を行わせなければならない.
② 前項の規定により安全衛生責任者を選任した請

負人は、同項の事業者に対し、遅滞なく、その旨を通報しなければならない。
(安全委員会)
第17条 ① 事業者は、政令で定める業種及び規模の事業場ごとに、次の事項を調査審議させ、事業者に対し意見を述べさせるため、安全委員会を設けなければならない。
1 労働者の危険を防止するための基本となるべき対策に関すること。
2 労働災害の原因及び再発防止対策で、安全に係るものに関すること。
3 前二号に掲げるもののほか、労働者の危険の防止に関する重要事項
② 安全委員会の委員は、次の者をもって構成する。ただし、第1号の者である委員(以下「第1号の委員」という。)は、1人とする。
1 総括安全衛生管理者又は総括安全衛生管理者以外の者で当該事業場においてその事業の実施を統括管理するもの若しくはこれに準ずる者のうちから事業者が指名した者
2 安全管理者のうちから事業者が指名した者
3 当該事業場の労働者で、安全に関し経験を有するもののうちから事業者が指名した者
③ 安全委員会の議長は、第1号の委員がなるものとする。
④ 事業者は、第1号の委員以外の委員の半数については、当該事業場に労働者の過半数で組織する労働組合があるときにおいてはその労働組合、労働者の過半数で組織する労働組合がないときにおいては労働者の過半数を代表する者の推薦に基づき指名しなければならない。
⑤ 前二項の規定は、当該事業場の労働者の過半数で組織する労働組合との間における労働協約に別段の定めがあるときは、その限度において適用しない。
(衛生委員会)
第18条 ① 事業者は、政令で定める規模の事業場ごとに、次の事項を調査審議させ、事業者に対し意見を述べさせるため、衛生委員会を設けなければならない。
1 労働者の健康障害を防止するための基本となるべき対策に関すること。
2 労働者の健康の保持増進を図るための基本となるべき対策に関すること。
3 労働災害の原因及び再発防止対策で、衛生に係るものに関すること。
4 前三号に掲げるもののほか、労働者の健康障害の防止及び健康の保持増進に関する重要事項
② 衛生委員会の委員は、次の者をもって構成する。ただし、第1号の者である委員は、1人とする。
1 総括安全衛生管理者又は総括安全衛生管理者以外の者で当該事業場においてその事業の実施を統括管理するもの若しくはこれに準ずる者のうちから事業者が指名した者
2 衛生管理者のうちから事業者が指名した者
3 産業医のうちから事業者が指名した者
4 当該事業場の労働者で、衛生に関し経験を有するもののうちから事業者が指名した者
③ 事業者は、当該事業場の労働者で、作業環境測定を実施している作業環境測定士であるものを衛生委員会の委員として指名することができる。
④ 前条第3項から第5項までの規定は、衛生委員会について準用する。この場合において、同条第3項及び第4項中「第1号の委員」とあるのは、「第18条第2項第1号の者である委員」と読み替えるものとする。

(安全衛生委員会)
第19条 ① 事業者は、第17条及び前条の規定により安全委員会及び衛生委員会を設けなければならないときは、それぞれの委員会の設置に代えて、安全衛生委員会を設置することができる。
② 安全衛生委員会の委員は、次の者をもって構成する。ただし、第1号の者である委員は、1人とする。
1 総括安全衛生管理者又は総括安全衛生管理者以外の者で当該事業場においてその事業の実施を統括管理するもの若しくはこれに準ずる者のうちから事業者が指名した者
2 安全管理者及び衛生管理者のうちから事業者が指名した者
3 産業医のうちから事業者が指名した者
4 当該事業場の労働者で、安全に関し経験を有するもののうちから事業者が指名した者
5 当該事業場の労働者で、衛生に関し経験を有するもののうちから事業者が指名した者
③ 事業者は、当該事業場の労働者で、作業環境測定を実施している作業環境測定士であるものを安全衛生委員会の委員として指名することができる。
④ 第17条第3項から第5項までの規定は、安全衛生委員会について準用する。この場合において、同条第3項及び第4項中「第1号の委員」とあるのは、「第19条第2項第1号の者である委員」と読み替えるものとする。

(安全管理者等に対する教育等)
第19条の2 ① 事業者は、事業場における安全衛生の水準の向上を図るため、安全管理者、衛生管理者、安全衛生推進者、衛生推進者その他労働災害の防止のための業務に従事する者に対し、これらの者が従事する業務に関する能力の向上を図るための教育、講習等を行い、又はこれらを受ける機会を与えるように努めなければならない。
② 厚生労働大臣は、前項の教育、講習等の適切かつ有効な実施を図るため必要な指針を公表するものとする。
③ 厚生労働大臣は、前項の指針に従い、事業者又はその団体に対し、必要な指導等を行うことができる。
(国の援助)
第19条の3 国は、第13条の2の事業場の労働者の健康の確保に資するため、労働者の健康管理等に関する相談、情報の提供その他の必要な援助を行うように努めるものとする。

第4章 労働者の危険又は健康障害を防止するための措置

(事業者の講ずべき措置等)
第20条 事業者は、次の危険を防止するため必要な措置を講じなければならない。
1 機械、器具その他の設備(以下「機械等」という。)による危険
2 爆発性の物、発火性の物、引火性の物等による危険
3 電気、熱その他のエネルギーによる危険
第21条 ① 事業者は、掘削、採石、荷役、伐木等の業務における作業方法から生ずる危険を防止するため必要な措置を講じなければならない。

② 事業者は，労働者が墜落するおそれのある場所，土砂等が崩壊するおそれのある場所等に係る危険を防止するため必要な措置を講じなければならない．

第22条 事業者は，次の健康障害を防止するため必要な措置を講じなければならない．
1 原材料，ガス，蒸気，粉じん，酸素欠乏空気，病原体等による健康障害
2 放射線，高温，低温，超音波，騒音，振動，異常気圧等による健康障害
3 計器監視，精密工作等の作業による健康障害
4 排気，排液又は残さい物による健康障害

第23条 事業者は，労働者を就業させる建設物その他の作業場について，通路，床面，階段等の保全並びに換気，採光，照明，保温，防湿，休養，避難及び清潔に必要な措置その他労働者の健康，風紀及び生命の保持のため必要な措置を講じなければならない．

第24条 事業者は，労働者の作業行動から生ずる労働災害を防止するため必要な措置を講じなければならない．

第25条 事業者は，労働災害発生の急迫した危険があるときは，直ちに作業を中止し，労働者を作業場から退避させる等必要な措置を講じなければならない．

第25条の2 ① 建設業その他政令で定める業種に属する事業の仕事で，政令で定めるものを行う事業者は，爆発，火災等が生じたことに伴い労働者の救護に関する措置がとられる場合における労働災害の発生を防止するため，次の措置を講じなければならない．
1 労働者の救護に関し必要な機械等の備付け及び管理を行うこと．
2 労働者の救護に関し必要な事項についての訓練を行うこと．
3 前2号に掲げるもののほか，爆発，火災等に備えて，労働者の救護に関し必要な事項を行うこと．
② 前項に規定する事業者は，厚生労働省令で定める資格を有する者のうちから，厚生労働省令で定めるところにより，同項各号の措置のうち技術的事項を管理する者を選任し，その者に当該技術的事項を管理させなければならない．

第26条 労働者は，事業者が第20条から第25条まで及び前条第1項の規定に基づき講ずる措置に応じて，必要な事項を守らなければならない．

第27条 ① 第20条から第25条まで及び第25条の2第1項の規定により事業者が講ずべき措置及び前条の規定により労働者が守らなければならない事項は，厚生労働省令で定める．
② 前項の厚生労働省令を定めるに当たつては，公害（環境基本法（平成5年法律第91号）第2条第3項に規定する公害をいう．）その他一般公衆の災害で，労働災害と密接に関連するものの防止に関する法令の趣旨に反しないように配慮しなければならない．

（技術上の指針等の公表等）
第28条 ① 厚生労働大臣は，第20条から第25条まで及び第25条の2第1項の規定により事業者が講ずべき措置の適切かつ有効な実施を図るため必要な業種又は作業ごとの技術上の指針を公表するものとする．
② 厚生労働大臣は，前項の技術上の指針を定めるに当たつては，中高年齢者に関して，特に配慮するものとする．

③ 厚生労働大臣は，次の化学物質で厚生労働大臣が定めるものを製造し，又は取り扱う事業者が当該化学物質による労働者の健康障害を防止するための指針を公表するものとする．
1 第57条の4第4項の規定による勧告又は第57条の5第1項の規定に係る指示に係る化学物質
2 前号に掲げる化学物質以外の化学物質で，がんその他の重度の健康障害を労働者に生ずるおそれのあるもの
④ 厚生労働大臣は，第1項又は前項の規定により，技術上の指針又は労働者の健康障害を防止するための指針を公表した場合において必要があると認めるときは，事業者又はその団体に対し，当該技術上の指針又は労働者の健康障害を防止するための指針に関し必要な指導等を行うことができる．

（事業者の行うべき調査等）
第28条の2 ① 事業者は，厚生労働省令で定めるところにより，建設物，設備，原材料，ガス，蒸気，粉じん等による，又は作業行動その他業務に起因する危険性又は有害性等（第57条第1項の政令で定める物及び第57条の2第1項に規定する通知対象物による危険性又は有害性等を除く．）を調査し，その結果に基づいて，この法律又はこれに基づく命令の規定による措置を講ずるほか，労働者の危険又は健康障害を防止するため必要な措置を講ずるように努めなければならない．ただし，当該調査のうち，化学物質，化学物質を含有する製剤その他の物で労働者の危険又は健康障害を生ずるおそれのあるものに係るもの以外のものについては，製造業その他厚生労働省令で定める業種に属する事業者に限る．
② 厚生労働大臣は，前条第1項及び第3項に定めるもののほか，前項の措置に関して，その適切かつ有効な実施を図るため必要な指針を公表するものとする．
③ 厚生労働大臣は，前項の指針に従い，事業者又はその団体に対し，必要な指導，援助等を行うことができる．

（元方事業者の講ずべき措置等）
第29条 ① 元方事業者は，関係請負人及び関係請負人の労働者が，当該仕事に関し，この法律又はこれに基づく命令の規定に違反しないよう必要な指導を行なわなければならない．
② 元方事業者は，関係請負人又は関係請負人の労働者が，当該仕事に関し，この法律又はこれに基づく命令の規定に違反していると認めるときは，是正のため必要な指示を行なわなければならない．
③ 前項の指示を受けた関係請負人又はその労働者は，当該指示に従わなければならない．

第29条の2 建設業に属する事業の元方事業者は，土砂等が崩壊するおそれのある場所，機械等が転倒するおそれのある場所その他の厚生労働省令で定める場所において関係請負人の労働者が当該事業の仕事の作業を行うときは，当該関係請負人が講ずべき当該場所に係る危険を防止するための措置が適正に講ぜられるように，技術上の指導その他の必要な措置を講じなければならない．

（特定元方事業者等の講ずべき措置）
第30条 ① 特定元方事業者は，その労働者及び関係請負人の労働者の作業が同一の場所において行われることによつて生ずる労働災害を防止するため，次の事項に関する必要な措置を講じなければならない．

1 協議組織の設置及び運営を行うこと．
2 作業間の連絡及び調整を行うこと．
3 作業場所を巡視すること．
4 関係請負人が行う労働者の安全又は衛生のための教育に対する指導及び援助を行うこと．
5 仕事を行う場所が仕事ごとに異なることを常態とする業種で，厚生労働省令で定めるものに属する事業を行う特定元方事業者にあつては，仕事の工程に関する計画及び作業場所における機械，設備等の配置に関する計画を作成するとともに，当該機械，設備等を使用する作業に関し関係請負人がこの法律又はこれに基づく命令の規定に基づき講ずべき措置についての指導を行うこと．
6 前各号に掲げるもののほか，当該労働災害を防止するため必要な事項
② 特定事業の仕事の発注者（注文者のうち，その仕事を他の者から請け負わないで注文している者をいう．以下同じ．）で，特定元方事業者以外のものは，1の場所において行なわれる特定事業の仕事を2以上の請負人に請け負わせている場合において，当該場所において当該仕事に係る2以上の請負人の労働者が作業を行なうときは，厚生労働省令で定めるところにより，請負人で当該仕事を自ら行なう事業者であるもののうちから，前項に規定する措置を講ずべきものとして1人を指名しなければならない．1の場所において行なわれる特定事業の仕事の全部を請け負つた者で，特定元方事業者以外のもののうち，当該仕事を2以上の請負人に請け負わせている者についても，同様とする．
③ 前項の規定による指名がされないときは，同項の指名は，労働基準監督署長がする．
④ 第2項又は前項の規定による指名がされたときは，当該指名された事業者は，当該場所において当該仕事の作業に従事するすべての労働者に関し，第1項に規定する措置を講じなければならない．この場合においては，当該指名された事業者及び当該指名された事業者以外の事業者については，第1項の規定は，適用しない．
第30条の2 ① 製造業その他政令で定める業種に属する事業（特定事業を除く．）の元方事業者は，その労働者及び関係請負人の労働者の作業が同一の場所において行われることによつて生ずる労働災害を防止するため，作業間の連絡及び調整を行うことに関する措置その他必要な措置を講じなければならない．
② 前条第2項の規定は，前項に規定する事業の仕事の発注者について準用する．この場合において，同条第2項中「特定元方事業者」とあるのは「元方事業者」と，「特定事業の仕事を2以上」とあるのは「仕事を2以上」と，「前項」とあるのは「次条第1項」と，「特定事業の仕事の全部」とあるのは「仕事の全部」と読み替えるものとする．
③ 前項において準用する前条第2項の規定による指名がされないときは，同項の指名は，労働基準監督署長がする．
④ 第2項において準用する前条第2項又は前項の規定による指名がされたときは，当該指名された事業者は，当該場所において当該仕事の作業に従事するすべての労働者に関し，第1項に規定する措置を講じなければならない．この場合においては，当該指名された事業者及び当該指名された事業者以外の事業者については，同項の規定は，適用しない．

第30条の3 ① 第25条の2第1項に規定する仕事が数次の請負契約によつて行われる場合（第4項の場合を除く．）においては，元方事業者は，当該場所において当該仕事の作業に従事するすべての労働者に関し，同条第1項各号の措置を講じなければならない．この場合においては，当該元方事業者及び当該元方事業者以外の事業者については，同項の規定は，適用しない．
② 第30条第2項の規定は，第25条の2第1項に規定する仕事の発注者について準用する．この場合において，第30条第2項中「特定元方事業者」とあるのは「元方事業者」と，「特定事業の仕事を2以上」とあるのは「仕事を2以上」と，「前項に規定する措置」とあるのは「第25条の2第1項各号の措置」と，「特定事業の仕事の全部」とあるのは「仕事の全部」と読み替えるものとする．
③ 前項において準用する第30条第2項の規定による指名がされないときは，同項の指名は，労働基準監督署長がする．
④ 第2項において準用する第30条第2項又は前項の規定による指名がされたときは，当該指名された事業者は，当該場所において当該仕事の作業に従事するすべての労働者に関し，第25条の2第1項各号の措置を講じなければならない．この場合においては，当該指名された事業者及び当該指名された事業者以外の事業者については，同項の規定は，適用しない．
⑤ 第25条の2第2項の規定は，第1項に規定する元方事業者及び前項の指名された事業者について準用する．この場合においては，当該指名された事業者及び当該元方事業者及び当該指名された事業者以外の事業者については，同条第2項の規定は，適用しない．

(注文者の講ずべき措置)
第31条 ① 特定事業の仕事を自ら行う注文者は，建設物，設備又は原材料（以下「建設物等」という．）を，当該仕事を行う場所においてその請負人（当該仕事が数次の請負契約によつて行われるときは，当該請負人の請負契約の後次のすべての請負契約の当事者である請負人を含む．第31条の4において同じ．）の労働者に使用させるときは，当該建設物等について，当該労働者の労働災害を防止するため必要な措置を講じなければならない．
② 前項の規定は，当該事業の仕事が数次の請負契約によつて行なわれることにより同一の建設物等について同項の措置を講ずべき注文者が2以上あることとなるときは，後次の請負契約の当事者である注文者については，適用しない．
第31条の2 化学物質，化学物質を含有する製剤その他の物を製造し，又は取り扱う設備で政令で定めるものの改造その他の厚生労働省令で定める作業に係る仕事の注文者は，当該物について，当該仕事に係る請負人の労働者の労働災害を防止するため必要な措置を講じなければならない．
第31条の3 ① 建設業に属する事業の仕事を行う2以上の事業者の労働者が1の場所において機械で厚生労働省令で定めるものに係る作業（以下この条において「特定作業」という．）を行う場合において，特定作業に係る仕事を自ら行う発注者又は当該仕事の全部を請け負つた者で，当該場所において当該仕事の一部を請け負わせているものは，厚生労働省令で定めるところにより，当該場所において特

定作業に従事するすべての労働者の労働災害を防止するため必要な措置を講じなければならない.
② 前項の場合において,同項の規定により同項に規定する措置を講ずべき者がいないときは,当該場所において行われる特定作業に係る仕事の全部を請負人に請け負わせている建設業に属する事業の元方事業者又は第30条第2項若しくは第3項の規定により指名された事業者で建設業に属する事業を行うものは,前項に規定する措置を講ずる者を指名する等当該場所において特定作業に従事するすべての労働者の労働災害を防止するため必要な配慮をしなければならない.

(違法な指示の禁止)

第31条の4 注文者は,その請負人に対し,当該仕事に関し,その指示に従つて当該請負人の労働者を労働させたならば,この法律又はこれに基づく命令の規定に違反することとなる指示をしてはならない.

(請負人の講ずべき措置等)

第32条 ① 第30条第1項又は第4項の場合において,同条第1項に規定する措置を講ずべき事業者以外の請負人で,当該仕事を自ら行うものは,これらの規定により講ぜられる措置に応じて,必要な措置を講じなければならない.
② 第30条の2第1項又は第4項の場合において,同条第1項に規定する措置を講ずべき事業者以外の請負人で,当該仕事を自ら行うものは,これらの規定により講ぜられる措置に応じて,必要な措置を講じなければならない.
③ 第30条の3第1項又は第4項の場合において,第25条の2第1項各号の措置を講ずべき事業者以外の請負人で,当該仕事を自ら行うものは,第30条の3第1項又は第4項の規定により講ぜられる措置に応じて,必要な措置を講じなければならない.
④ 第31条第1項の場合において,当該建設物等を使用する労働者に係る事業者である請負人は,同項の規定により講ぜられる措置に応じて,必要な措置を講じなければならない.
⑤ 第31条の2の場合において,同条に規定する仕事に係る請負人は,同条の規定により講ぜられる措置に応じて,必要な措置を講じなければならない.
⑥ 第1項から第5項までの場合において,労働者は,これらの規定又は前各項の規定により講ぜられる措置に応じて,必要な事項を守らなければならない.
⑦ 第1項から第5項までの請負人及び前項の労働者は,第30条第1項の特定元方事業者等,第30条の2第1項若しくは第30条の3第1項の元方事業者等,第31条第1項若しくは第31条の2の注文者又は第1項から第5項までの請負人が第30条第1項若しくは第4項,第30条の2第1項若しくは第4項,第30条の3第1項若しくは第4項,第31条第1項,第31条の2又は第1項から第5項までの規定に基づく措置の実施を確保するためにする指示に従わなければならない.

(機械等貸与者等の講ずべき措置等)

第33条 ① 機械等で,政令で定めるものを他の事業者に貸与する者で,厚生労働省令で定めるもの(以下「機械等貸与者」という.)は,当該機械等の貸与を受けた事業者の事業場における当該機械等による労働災害を防止するため必要な措置を講じな

ければならない.
② 機械等貸与者から機械等の貸与を受けた者は,当該機械等を操作する者がその使用する労働者でないときは,当該機械等の操作による労働災害を防止するため必要な措置を講じなければならない.
③ 前項の機械等を操作する者は,機械等の貸与を受けた者が同項の規定により講ずる措置に応じて,必要な事項を守らなければならない.

(建築物貸与者の講ずべき措置)

第34条 建築物で,政令で定めるものを他の事業者に貸与する者(以下「建築物貸与者」という.)は,当該建築物の貸与を受けた事業者の事業に係る当該建築物による労働災害を防止するため必要な措置を講じなければならない.ただし,当該建築物の全部を1の事業者に貸与するときは,この限りでない.

(重量表示)

第35条 1の貨物で,重量が1トン以上のものを発送しようとする者は,見やすく,かつ,容易に消滅しない方法で,当該貨物にその重量を表示しなければならない.ただし,包装されていない貨物で,その重量が一見して明らかであるものを発送しようとするときは,この限りでない.

(厚生労働省令への委任)

第36条 第30条第1項若しくは第4項,第30条の2第1項若しくは第4項,第30条の3第1項若しくは第4項,第31条第1項,第31条の2,第32条第1項から第5項まで,第33条第1項若しくは第2項又は第34条の規定によりこれらの規定に定める者が講ずべき措置及び第32条第6項又は第33条第3項の規定によりこれらの規定に定める者が守らなければならない事項は,厚生労働省令で定める.

第5章 機械等並びに危険物及び有害物に関する規制

第1節 機械等に関する規制

(製造の許可)

第37条 ① 特に危険な作業を必要とする機械等として別表第1に掲げるもので,政令で定めるもの(以下「特定機械等」という.)を製造しようとする者は,厚生労働省令で定めるところにより,あらかじめ,都道府県労働局長の許可を受けなければならない.
② 都道府県労働局長は,前項の許可の申請があつた場合には,その申請を審査し,申請に係る特定機械等の構造等が厚生労働大臣の定める基準に適合していると認めるときでなければ,同項の許可をしてはならない.

(製造時等検査等)

第38条 ① 特定機械等を製造し,若しくは輸入した者,特定機械等で厚生労働省令で定める期間設置されなかつたものを設置しようとする者又は特定機械等で使用を廃止したものを再び設置し,若しくは使用しようとする者は,厚生労働省令で定めるところにより,当該特定機械等及びこれに係る厚生労働省令で定める事項について,当該特定機械等が,特別特定機械等(特定機械等のうち厚生労働省令で定めるものをいう.以下同じ.)以外のものであるときは都道府県労働局長の,特別特定機械等であるときは厚生労働大臣の登録を受けた者(以下「登録

製造時等検査機関」という。）の検査を受けなければならない。ただし、輸入された特定機械等及びこれに係る厚生労働省令で定める事項（次項において「輸入時等検査対象機械等」という。）について当該特定機械等を外国において製造した者が次項の規定による検査を受けた場合は、この限りでない。
② 前項に定めるもののほか、次に掲げる場合には、外国において特定機械等を製造した者は、厚生労働省令で定めるところにより、輸入時等検査対象機械等については、当該特定機械等が特別特定機械等以外のものであるときは都道府県労働局長の、特別特定機械等であるときは登録製造時等検査機関の検査を受けることができる。
 1 当該特定機械等を本邦に輸出しようとするとき。
 2 当該特定機械等を輸入した者が当該特定機械等を外国において製造した者以外の者（以下この号において「他の者」という。）である場合において、当該製造した者が当該他の者について前項の検査が行われることを希望しないとき。
③ 特定機械等（移動式のものを除く。）を設置した者、特定機械等の厚生労働省令で定める部分に変更を加えた者又は特定機械等で使用を休止したものを再び使用しようとする者は、厚生労働省令で定めるところにより、当該特定機械等及びこれに係る厚生労働省令で定める事項について、労働基準監督署長の検査を受けなければならない。

第2節 危険物及び有害物に関する規制

（製造等の禁止）
第55条 黄りんマッチ、ベンジジン、ベンジンを含有する製剤その他の労働者に重度の健康障害を生ずるもので、政令で定めるものは、製造し、輸入し、譲渡し、提供し、又は使用してはならない。ただし、試験研究のため製造し、輸入し、又は使用する場合で、政令で定める要件に該当するときは、この限りでない。

（製造の許可）
第56条 ① ジクロルベンジジン、ジクロルベンジジンを含有する製剤その他の労働者に重度の健康障害を生ずるおそれのある物で、政令で定めるものを製造しようとする者は、厚生労働省令で定めるところにより、あらかじめ、厚生労働大臣の許可を受けなければならない。
② 厚生労働大臣は、前項の許可の申請があつた場合には、その申請を審査し、製造設備、作業方法等が厚生労働省令の定める基準に適合していると認めるときでなければ、同項の許可をしてはならない。
③ 第1項の許可を受けた者（以下「製造者」という。）は、その製造設備を、前項の基準に適合するように維持しなければならない。
④ 製造者は、第2項の基準に適合する作業方法に従つて第1項の物を製造しなければならない。
⑤ 厚生労働大臣は、製造者の製造設備又は作業方法が第2項の基準に適合していないと認めるときは、当該基準に適合するように製造設備を修理し、改造し、若しくは移転し、又は当該基準に適合する作業方法に従つて第1項の物を製造すべきことを命ずることができる。
⑥ 厚生労働大臣は、製造者がこの法律若しくはこれに基づく命令の規定又はこれらの規定に基づく処分に違反したときは、第1項の許可を取り消すことができる。

（表示等）
第57条 ① 爆発性の物、発火性の物、引火性の物その他の労働者に危険を生ずるおそれのある物若しくはベンゼン、ベンゼンを含有する製剤その他の労働者に健康障害を生ずるおそれのある物で政令で定めるもの又は前条第1項の物を容器に入れ、又は包装して、譲渡し、又は提供する者は、厚生労働省令で定めるところにより、その容器又は包装（容器に入れ、かつ、包装して、譲渡し、又は提供するときにあつては、その容器）に次に掲げるものを表示しなければならない。ただし、その容器又は包装のうち、主として一般消費者の生活の用に供するためのものについては、この限りでない。
 1 次に掲げる事項
  イ 名称
  ロ 人体に及ぼす作用
  ハ 貯蔵又は取扱い上の注意
  ニ イからハまでに掲げるもののほか、厚生労働省令で定める事項
 2 当該物を取り扱う労働者に注意を喚起するための標章で厚生労働大臣が定めるもの
② 前項の政令で定める物又は前条第1項の物を前項に規定する方法以外の方法により譲渡し、又は提供する者は、厚生労働省令で定めるところにより、同項各号の事項を記載した文書を、譲渡し、又は提供する相手方に交付しなければならない。

（文書の交付等）
第57条の2 ① 労働者に危険若しくは健康障害を生ずるおそれのある物で政令で定めるもの又は第56条第1項の物（以下この条及び次条第1項において「通知対象物」という。）を譲渡し、又は提供する者は、文書の交付その他厚生労働省令で定める方法により通知対象物に関する次の事項（前条第2項に規定する者にあつては、同項に規定する事項を除く。）を、譲渡し、又は提供する相手方に通知しなければならない。ただし、主として一般消費者の生活の用に供される製品として通知対象物を譲渡し、又は提供する場合については、この限りでない。
 1 名称
 2 成分及びその含有量
 3 物理的及び化学的性質
 4 人体に及ぼす作用
 5 貯蔵又は取扱い上の注意
 6 流出その他の事故が発生した場合において講ずべき応急の措置
 7 前各号に掲げるもののほか、厚生労働省令で定める事項
② 通知対象物を譲渡し、又は提供する者は、前項の規定により通知した事項に変更を行う必要が生じたときは、文書の交付その他厚生労働省令で定める方法により、変更後の同項各号の事項を、速やかに、譲渡し、又は提供した相手方に通知するよう努めなければならない。
③ 前2項に定めるもののほか、前2項の通知に関し必要な事項は、厚生労働省令で定める。

（第57条第1項の政令で定める物及び通知対象物について事業者が行うべき調査等）
第57条の3 ① 事業者は、厚生労働省令で定めるところにより、第57条第1項の政令で定める物及び通知対象物による危険性又は有害性等を調査しなければならない。
② 事業者は、前項の調査の結果に基づいて、この法律又はこれに基づく命令の規定による措置を講ず

るほか,労働者の危険又は健康障害を防止するため必要な措置を講ずるように努めなければならない.
③ 厚生労働大臣は,第28条第1項及び第3項に定めるもののほか,前2項の措置に関して,その適切かつ有効な実施を図るため必要な指針を公表するものとする.
④ 厚生労働大臣は,前項の指針に従い,事業者又はその団体に対し,必要な指導,援助等を行うことができる.

(化学物質の有害性の調査)

第57条の4 ① 化学物質による労働者の健康障害を防止するため,既存の化学物質として政令で定める化学物質(第3項の規定によりその名称が公表された化学物質を含む.)以外の化学物質(以下この条において「新規化学物質」という.)を製造し,又は輸入しようとする事業者は,あらかじめ,厚生労働省令で定めるところにより,厚生労働大臣の定める基準に従つて有害性の調査(当該新規化学物質が労働者の健康に与える影響についての調査をいう.以下この条において同じ.)を行い,当該新規化学物質の名称,有害性の調査の結果その他の事項を厚生労働大臣に届け出なければならない.ただし,次の各号のいずれかに該当するときその他政令で定める場合は,この限りでない.
1 当該新規化学物質に関し,厚生労働省令で定めるところにより,当該新規化学物質について予定されている製造又は取扱いの方法等からみて労働者が当該新規化学物質にさらされるおそれがない旨の厚生労働大臣の確認を受けたとき.
2 当該新規化学物質に関し,厚生労働省令で定めるところにより,既に得られている知見等に基づき厚生労働省令で定める有害性がない旨の厚生労働大臣の確認を受けたとき.
3 当該新規化学物質を試験研究のため製造し,又は輸入しようとするとき.
4 当該新規化学物質が主として一般消費者の生活の用に供される製品(当該新規化学物質を含有する製品を含む.)として輸入される場合で,厚生労働省令で定めるとき.
② 有害性の調査を行つた事業者は,その結果に基づいて,当該新規化学物質による労働者の健康障害を防止するため必要な措置を速やかに講じなければならない.
③ 厚生労働大臣は,第1項の規定による届出があつた場合(同項第2号の規定による確認があつた場合を含む.)には,厚生労働省令で定めるところにより,当該新規化学物質の名称を公表するものとする.
④ 厚生労働大臣は,第1項の規定による届出があつた場合には,厚生労働省令で定めるところにより,有害性の調査の結果について学識経験者の意見を聴き,当該届出に係る化学物質による労働者の健康障害を防止するため必要があると認めるときは,届出をした事業者に対し,施設又は設備の設置又は整備,保護具の備付けその他の措置を講ずべきことを勧告することができる.
⑤ 前項の規定により有害性の調査の結果について意見を求められた学識経験者は,当該有害性の調査の結果に関して知り得た秘密を漏らしてはならない.ただし,労働者の健康障害を防止するためやむを得ないときは,この限りでない.

第57条の5 ① 厚生労働大臣は,化学物質で,がんその他の重度の健康障害を労働者に生ずるおそれのあるものについて,当該化学物質による労働者の健康障害を防止するため必要があると認めるときは,厚生労働省令で定めるところにより,当該化学物質を製造し,輸入し,又は使用している事業者その他厚生労働省令で定める事業者に対し,政令で定める有害性の調査(当該化学物質が労働者の健康障害に及ぼす影響についての調査をいう.)を行い,その結果を報告すべきことを指示することができる.
② 前項の規定による指示は,化学物質についての有害性の調査に関する技術水準,調査を実施する機関の整備状況,当該事業者の調査の能力等を総合的に考慮し,厚生労働大臣の定める基準に従つて行うものとする.
③ 厚生労働大臣は,第1項の規定による指示を行おうとするときは,あらかじめ,厚生労働省令で定めるところにより,学識経験者の意見を聴かなければならない.
④ 第1項の規定による有害性の調査を行つた事業者は,その結果に基づいて,当該化学物質による労働者の健康障害を防止するため必要な措置を速やかに講じなければならない.
⑤ 第3項の規定により第1項の規定による指示について意見を求められた学識経験者は,当該指示に関して知り得た秘密を漏らしてはならない.ただし,労働者の健康障害を防止するためやむを得ないときは,この限りでない.

第6章 労働者の就業に当たつての措置

(安全衛生教育)

第59条 ① 事業者は,労働者を雇い入れたときは,当該労働者に対し,厚生労働省令で定めるところにより,その従事する業務に関する安全又は衛生のための教育を行なわなければならない.
② 前項の規定は,労働者の作業内容を変更したときについて準用する.
③ 事業者は,危険又は有害な業務で,厚生労働省令で定めるものに労働者をつかせるときは,厚生労働省令で定めるところにより,当該業務に関する安全又は衛生のための特別の教育を行なわなければならない.

第60条 事業者は,その事業場の業種が政令で定めるものに該当するときは,新たに職務につくこととなつた職長その他の作業中の労働者を直接指導又は監督する者(作業主任者を除く.)に対し,次の事項について,厚生労働省令で定めるところにより,安全又は衛生のための教育を行なわなければならない.
1 作業方法の決定及び労働者の配置に関すること.
2 労働者に対する指導又は監督の方法に関すること.
3 前2号に掲げるもののほか,労働災害を防止するため必要な事項で,厚生労働省令で定めるもの

第60条の2 ① 事業者は,前2条に定めるもののほか,その事業場における安全衛生の水準の向上を図るため,危険又は有害業務に現に就いている者に対し,その従事する業務に関する安全又は衛生のための教育を行うように努めなければならない.
② 厚生労働大臣は,前項の教育の適切かつ有効な実施を図るため必要な指針を公表するものとする.
③ 厚生労働大臣は,前項の指針に従い,事業者又は

その団体に対し,必要な指導等を行うことができる.
(就業制限)
第61条 ① 事業者は,クレーンの運転その他の業務で,政令で定めるものについては,都道府県労働局長の当該業務に係る免許を受けた者又は都道府県労働局長の登録を受けた者が行う当該業務に係る技能講習を修了した者その他厚生労働省令で定める資格を有する者でなければ,当該業務に就かせてはならない.
② 前項の規定により当該業務につくことができる者以外の者は,当該業務を行なつてはならない.
③ 第1項の規定により当該業務につくことができる者は,当該業務に従事するときは,これに係る免許証その他その資格を証する書面を携帯していなければならない.
④ 職業能力開発促進法(昭和44年法律第64号)第24条第1項(同法第27条の2第2項において準用する場合を含む.)の認定に係る職業訓練を受ける労働者について必要がある場合においては,その必要の限度で,前3項の規定について,厚生労働省令で別段の定めをすることができる.

(中高年齢者等についての配慮)
第62条 事業者は,中高年齢者その他労働災害の防止上その就業に当たつて特に配慮を必要とする者については,これらの者の心身の条件に応じて適正な配置を行なうように努めなければならない.

(国の援助)
第63条 国は,事業者が行なう安全又は衛生のための教育の効果的実施を図るため,指導員の養成及び資質の向上のための措置,教育指導方法の整備及び普及,教育資料の提供その他必要な施策の充実に努めるものとする.

第7章 健康の保持増進のための措置

(作業環境測定)
第65条 ① 事業者は,有害な業務を行う屋内作業場その他の作業場で,政令で定めるものについて,厚生労働省令で定めるところにより,必要な作業環境測定を行い,及びその結果を記録しておかなければならない.
② 前項の規定による作業環境測定は,厚生労働大臣の定める作業環境測定基準に従つて行わなければならない.
③ 厚生労働大臣は,第1項の規定による作業環境測定の適切かつ有効な実施を図るため必要な作業環境測定指針を公表するものとする.
④ 厚生労働大臣は,前項の作業環境測定指針を公表した場合において必要があると認めるときは,事業者若しくは作業環境測定機関又はこれらの団体に対し,当該作業環境測定指針に関し必要な指導等を行うことができる.
⑤ 都道府県労働局長は,作業環境の改善により労働者の健康を保持する必要があると認めるときは,労働衛生指導医の意見に基づき,厚生労働省令で定めるところにより,事業者に対し,作業環境測定の実施その他必要な事項を指示することができる.

(作業環境測定の結果の評価等)
第65条の2 ① 事業者は,前条第1項又は第5項の規定による作業環境測定の結果の評価に基づいて,労働者の健康を保持するため必要があると認められるときは,厚生労働省令で定めるところにより,施設又は設備の設置又は整備,健康診断の実施その他の適切な措置を講じなければならない.
② 前項の規定による評価を行うに当たつては,厚生労働省令で定めるところにより,厚生労働大臣の定める作業環境評価基準に従つて行わなければならない.
③ 事業者は,前項の規定による作業環境測定の結果の評価を行つたときは,厚生労働省令で定めるところにより,その結果を記録しておかなければならない.

(作業の管理)
第65条の3 事業者は,労働者の健康に配慮して,労働者の従事する作業を適切に管理するように努めなければならない.

(作業時間の制限)
第65条の4 事業者は,潜水業務その他の健康障害を生ずるおそれのある業務で,厚生労働省令で定めるものに従事させる労働者については,厚生労働省令で定める作業時間についての基準に違反して,当該業務に従事させてはならない.

(健康診断)
第66条 ① 事業者は,労働者に対し,厚生労働省令で定めるところにより,医師による健康診断(第66条の10第1項に規定する検査を除く,以下この条及び次条において同じ.)を行わなければならない.
② 事業者は,有害な業務で,政令で定めるものに従事する労働者に対し,厚生労働省令で定めるところにより,医師による特別の項目についての健康診断を行なわなければならない.有害な業務で,政令で定めるものに従事させたことのある労働者で,現に使用しているものについても,同様とする.
③ 事業者は,有害な業務で,政令で定めるものに従事する労働者に対し,厚生労働省令で定めるところにより,歯科医師による健康診断を行なわなければならない.
④ 都道府県労働局長は,労働者の健康を保持するため必要があると認めるときは,労働衛生指導医の意見に基づき,厚生労働省令で定めるところにより,事業者に対し,臨時の健康診断の実施その他必要な事項を指示することができる.
⑤ 労働者は,前各項の規定により事業者が行なう健康診断を受けなければならない.ただし,事業者の指定した医師又は歯科医師が行なう健康診断を受けることを希望しない場合において,他の医師又は歯科医師の行なうこれらの規定による健康診断に相当する健康診断を受け,その結果を証明する書面を事業者に提出したときは,この限りでない.

(自発的健康診断の結果の提出)
第66条の2 午後10時から午前5時まで(厚生労働大臣が必要であると認める場合においては,その定める地域又は期間については午後11時から午前6時まで)の間における業務(以下「深夜業」という.)に従事する労働者であつて,その深夜業の回数その他の事項が深夜業に従事する労働者の健康の保持を考慮して厚生労働省令で定める要件に該当するものは,厚生労働省令で定めるところにより,自ら受けた健康診断(前条第5項ただし書の規定による健康診断を除く.)の結果を証明する書面を事業者に提出することができる.

(健康診断の結果の記録)
第66条の3 事業者は,厚生労働省令で定めるところにより,第66条第1項から第4項まで及び第5

項ただし書並びに前条の規定による健康診断の結果を記録しておかなければならない．
（健康診断の結果についての医師等からの意見聴取）
第66条の4　事業者は，第66条第1項から第4項まで若しくは第5項ただし書又は第66条の2の規定による健康診断の結果（当該健康診断の項目に異常の所見があると診断された労働者に係るものに限る．）に基づき，当該労働者の健康を保持するために必要な措置について，厚生労働省令で定めるところにより，医師又は歯科医師の意見を聴かなければならない．
（健康診断実施後の措置）
第66条の5　①　事業者は，前条の規定による医師又は歯科医師の意見を勘案し，その必要があると認めるときは，当該労働者の実情を考慮して，就業場所の変更，作業の転換，労働時間の短縮，深夜業の回数の減少等の措置を講ずるほか，作業環境測定の実施，施設又は設備の設置又は整備，当該医師又は歯科医師の意見の衛生委員会若しくは安全衛生委員会又は労働時間等設定改善委員会（労働時間等の設定の改善に関する特別措置法（平成4年法律第90号）第7条第1項に規定する労働時間等設定改善委員会をいう．以下同じ．）への報告その他の適切な措置を講じなければならない．
②　厚生労働大臣は，前項の規定により事業者が講ずべき措置の適切かつ有効な実施を図るため必要な指針を公表するものとする．
③　厚生労働大臣は，前項の指針を公表した場合において必要があると認めるときは，事業者又はその団体に対し，当該指針に関し必要な指導等を行うことができる．
（健康診断の結果の通知）
第66条の6　事業者は，第66条第1項から第4項までの規定により行う健康診断を受けた労働者に対し，厚生労働省令で定めるところにより，当該健康診断の結果を通知しなければならない．
（保健指導等）
第66条の7　①　事業者は，第66条第1項の規定による健康診断若しくは当該健康診断に係る同条第5項ただし書の規定による健康診断又は第66条の2の規定による健康診断の結果，特に健康の保持に努める必要があると認める労働者に対し，医師又は保健師による保健指導を行うように努めなければならない．
②　労働者は，前条の規定により通知された健康診断の結果及び前項の規定による保健指導を利用して，その健康の保持に努めるものとする．
（面接指導等）
第66条の8　①　事業者は，その労働時間の状況その他の事項が労働者の健康の保持を考慮して厚生労働省令で定める要件に該当する労働者に対し，厚生労働省令で定めるところにより，医師による面接指導（問診その他の方法により心身の状況を把握し，これに応じて面接により必要な指導を行うことをいう．以下同じ．）を行わなければならない．
②　労働者は，前項の規定により事業者が行う面接指導を受けなければならない．ただし，事業者の指定した医師が行う面接指導を受けることを希望しない場合において，他の医師の行う同項の規定による面接指導に相当する面接指導を受け，その結果を証明する書面を事業者に提出したときは，この限りでない．

③　事業者は，厚生労働省令で定めるところにより，第1項及び前項ただし書の規定による面接指導の結果を記録しておかなければならない．
④　事業者は，第1項又は第2項ただし書の規定による面接指導の結果に基づき，当該労働者の健康を保持するために必要な措置について，厚生労働省令で定めるところにより，医師の意見を聴かなければならない．
⑤　事業者は，前項の規定による医師の意見を勘案し，その必要があると認めるときは，当該労働者の実情を考慮して，就業場所の変更，作業の転換，労働時間の短縮，深夜業の回数の減少等の措置を講ずるほか，当該医師の意見の衛生委員会若しくは安全衛生委員会又は労働時間等設定改善委員会への報告その他の適切な措置を講じなければならない．
第66条の9　事業者は，前条第1項の規定により面接指導を行う労働者以外の労働者であつて健康への配慮が必要なものについては，厚生労働省令で定めるところにより，必要な措置を講ずるように努めなければならない．
（心理的な負担の程度を把握するための検査等）
第66条の10　①　事業者は，労働者に対し，厚生労働省令で定めるところにより，医師，保健師その他の厚生労働省令で定める者（以下この条において「医師等」という．）による心理的な負担の程度を把握するための検査を行わなければならない．
②　事業者は，前項の規定により行う検査を受けた労働者に対し，厚生労働省令で定めるところにより，当該検査を行つた医師等から当該検査の結果が通知されるようにしなければならない．この場合において，当該医師等は，あらかじめ当該検査を受けた労働者の同意を得ないで，当該労働者の検査の結果を事業者に提供してはならない．
③　事業者は，前項の規定による通知を受けた労働者であつて，心理的な負担の程度が労働者の健康の保持を考慮して厚生労働省令で定める要件に該当するものが医師による面接指導を受けることを希望する旨を申し出たときは，当該申出をした労働者に対し，厚生労働省令で定めるところにより，医師による面接指導を行わなければならない．この場合において，事業者は，労働者が当該申出をしたことを理由として，当該労働者に対し，不利益な取扱いをしてはならない．
④　事業者は，厚生労働省令で定めるところにより，前項の規定による面接指導の結果を記録しておかなければならない．
⑤　事業者は，第3項の規定による面接指導の結果に基づき，当該労働者の健康を保持するために必要な措置について，厚生労働省令で定めるところにより，医師の意見を聴かなければならない．
⑥　事業者は，前項の規定による医師の意見を勘案し，その必要があると認めるときは，当該労働者の実情を考慮して，就業場所の変更，作業の転換，労働時間の短縮，深夜業の回数の減少等の措置を講ずるほか，当該医師の意見の衛生委員会若しくは安全衛生委員会又は労働時間等設定改善委員会への報告その他の適切な措置を講じなければならない．
⑦　厚生労働大臣は，前項の規定により事業者が講ずべき措置の適切かつ有効な実施を図るため必要な指針を公表するものとする．
⑧　厚生労働大臣は，前項の指針を公表した場合にお

いて必要があると認めるときは,事業者又はその団体に対し,当該指針に関し必要な指導等を行うことができる.
⑨ 国は,心理的な負担の程度が労働者の健康の保持に及ぼす影響に関する医師等に対する研修を実施するよう努めるとともに,第2項の規定により通知された検査の結果を利用した労働者に対する健康相談の実施その他の当該労働者の健康の保持増進を図ることを促進するための措置を講ずるよう努めるものとする.

(健康管理手帳)
第67条 ① 都道府県労働局長は,がんその他の重度の健康障害を生ずるおそれのある業務で,政令で定めるものに従事していた者のうち,厚生労働省令で定める要件に該当する者に対し,離職の際に又は離職の後に,当該業務に係る健康管理手帳を交付するものとする.ただし,現に当該業務に係る健康管理手帳を所持している者については,この限りでない.
② 政府は,健康管理手帳を所持している者に対する健康診断に関し,厚生労働省令で定めるところにより,必要な措置を行なう.
③ 健康管理手帳の交付を受けた者は,当該健康管理手帳を他人に譲渡し,又は貸与してはならない.
④ 健康管理手帳の様式その他健康管理手帳について必要な事項は,厚生労働省令で定める.

(病者の就業禁止)
第68条 事業者は,伝染性の疾病その他の疾病で,厚生労働省令で定めるものにかかつた労働者については,厚生労働省令で定めるところにより,その就業を禁止しなければならない.

(受動喫煙の防止)
第68条の2 事業者は,労働者の受動喫煙(室内又はこれに準ずる環境において,他人のたばこの煙を吸わされることをいう.第71条第1項において同じ.)を防止するため,当該事業者及び事業場の実情に応じ適切な措置を講ずるよう努めるものとする.

(健康教育等)
第69条 ① 事業者は,労働者に対する健康教育及び健康相談その他労働者の健康の保持増進を図るため必要な措置を継続的かつ計画的に講ずるように努めなければならない.
② 労働者は,前項の事業者が講ずる措置を利用して,その健康の保持増進に努めるものとする.

(体育活動等についての便宜供与等)
第70条 事業者は,前条第1項に定めるもののほか,労働者の健康の保持増進を図るため,体育活動,レクリエーションその他の活動についての便宜を供与する等必要な措置を講ずるように努めなければならない.

(健康の保持増進のための指針の公表等)
第70条の2 ① 厚生労働大臣は,第69条第1項の事業者が講ずべき健康の保持増進のための措置に関して,その適切かつ有効な実施を図るため必要な指針を公表するものとする.
② 厚生労働大臣は,前項の指針に従い,事業者又はその団体に対し,必要な指導等を行うことができる.

(健康診査等指針との調和)
第70条の3 第66条第1項の厚生労働省令,第66条の5第2項の指針,第66条の6の厚生労働省令及び前条第1項の指針は,健康増進法(平成14年法律第103号)第9条第1項に規定する健康診査等指針と調和が保たれたものでなければならない.

(国の援助)
第71条 ① 国は,労働者の健康の保持増進に関する措置の適切かつ有効な実施を図るため,必要な資料の提供,作業環境測定及び健康診断の実施の促進,受動喫煙の防止のための設備の設置の促進,事業場における健康教育等に関する指導員の確保及び資質の向上の促進その他の必要な援助に努めるものとする.
② 国は,前項の援助を行うに当たつては,中小企業者に対し,特別の配慮をするものとする.

第7章の2　快適な職場環境の形成のための措置

(事業者の講ずる措置)
第71条の2 事業者は,事業場における安全衛生の水準の向上を図るため,次の措置を継続的かつ計画的に講ずることにより,快適な職場環境を形成するように努めなければならない.
 1　作業環境を快適な状態に維持管理するための措置
 2　労働者の従事する作業について,その方法を改善するための措置
 3　作業に従事することによる労働者の疲労を回復するための施設又は設備の設置又は整備
 4　前3号に掲げるもののほか,快適な職場環境を形成するために必要な措置

(快適な職場環境の形成のための指針の公表等)
第71条の3 ① 厚生労働大臣は,前条の事業者が講ずべき快適な職場環境の形成のための措置に関して,その適切かつ有効な実施を図るため必要な指針を公表するものとする.
② 厚生労働大臣は,前項の指針に従い,事業者又はその団体に対し,必要な指導等を行うことができる.

(国の援助)
第71条の4 国は,事業者が講ずる快適な職場環境を形成するための措置の適切かつ有効な実施に資するため,金融上の措置,技術上の助言,資料の提供その他の必要な援助に努めるものとする.

第9章　事業場の安全又は衛生に関する改善措置等

第1節　特別安全衛生改善計画及び安全衛生改善計画

(安全衛生改善計画)
第79条 ① 都道府県労働局長は,事業場の施設その他の事項について,労働災害の防止を図るため総合的な改善措置を講ずる必要があると認めるとき(前条第1項の規定により厚生労働大臣が同項の厚生労働省令で定める場合に該当すると認めるときを除く.)は,厚生労働省令で定めるところにより,事業者に対し,当該事業場の安全又は衛生に関する改善計画(以下「安全衛生改善計画」という.)を作成すべきことを指示することができる.
② 前条第2項及び第3項の規定は,安全衛生改善計画について準用する.この場合において,同項中「第1項」とあるのは,「次条第1項」と読み替えるものとする.

(安全衛生診断)
第80条 ① 厚生労働大臣は,第78条第1項又は第4項の規定による指示をした場合において,専門的

な助言を必要とすると認めるときは，当該事業者に対し，労働安全コンサルタント又は労働衛生コンサルタントによる安全又は衛生に係る診断を受け，かつ，特別安全衛生改善計画の作成又は変更について，これらの者の意見を聴くべきことを勧奨することができる．
② 前項の規定は，都道府県労働局長が前条第1項の規定による指示をした場合について準用する．この場合において，前項中「作成又は変更」とあるのは，「作成」と読み替えるものとする．

第2節　労働安全コンサルタント及び労働衛生コンサルタント

（業　務）
第81条　① 労働安全コンサルタントは，労働安全コンサルタントの名称を用いて，他人の求めに応じ報酬を得て，労働者の安全の水準の向上を図るため，事業場の安全についての診断及びこれに基づく指導を行なうことを業とする．
② 労働衛生コンサルタントは，労働衛生コンサルタントの名称を用いて，他人の求めに応じ報酬を得て，労働者の衛生の水準の向上を図るため，事業場の衛生についての診断及びこれに基づく指導を行なうことを業とする．

第10章　監督等

（労働基準監督署長及び労働基準監督官）
第90条　労働基準監督署長及び労働基準監督官は，厚生労働省令で定めるところにより，この法律の施行に関する事務をつかさどる．
（労働基準監督官の権限）
第91条　① 労働基準監督官は，この法律を施行するため必要があると認めるときは，事業場に立ち入り，関係者に質問し，帳簿，書類その他の物件を検査し，若しくは作業環境測定を行い，又は検査に必要な限度において無償で製品，原材料若しくは器具を収去することができる．
② 医師である労働基準監督官は，第68条の疾病にかかつた疑いのある労働者の検診を行なうことができる．
③ 前2項の場合において，労働基準監督官は，その身分を示す証票を携帯し，関係者に提示しなければならない．
④ 第1項の規定による立入検査の権限は，犯罪捜査のために認められたものと解釈してはならない．
第92条　労働基準監督官は，この法律の規定に違反する罪について，刑事訴訟法（昭和23年法律第131号）による司法警察員の職務を行なう．
（労働者の申告）
第97条　① 労働者は，事業場にこの法律又はこれに基づく命令の規定に違反する事実があるときは，その事実を都道府県労働局長，労働基準監督署長又は労働基準監督官に申告して是正のため適当な措置をとるように求めることができる．
② 事業者は，前項の申告をしたことを理由として，労働者に対し，解雇その他不利益な取扱いをしてはならない．
（使用停止命令等）
第98条　① 都道府県労働局長又は労働基準監督署長は，第20条から第25条まで，第25条の2第1項，第30条の3第1項若しくは第4項，第31条第1項，第31条の2，第33条第1項又は第34条の規定に違反する事実があるときは，その違反した事業者，注文者，機械等貸与者又は建築物貸与者に対し，作業の全部又は一部の停止，建設物等の全部又は一部の使用の停止又は変更その他労働災害を防止するため必要な事項を命ずることができる．
② 都道府県労働局長又は労働基準監督署長は，前項の規定により命じた事項について必要な事項を労働者，請負人又は建築物の貸与を受けている者に命ずることができる．
③ 労働基準監督官は，前2項の場合において，労働者に急迫した危険があるときは，これらの項の都道府県労働局長又は労働基準監督署長の権限を即時に行うことができる．
④ 都道府県労働局長又は労働基準監督署長は，請負契約によつて行われる仕事について第1項の規定による命令をした場合において，必要があると認めるときは，当該仕事の注文者（当該仕事が数次の請負契約によつて行われるときは，当該注文者の請負契約の先次のすべての請負契約の当事者である注文者を含み，当該命令を受けた注文者を除く．）に対し，当該違反する事実に関して，労働災害を防止するため必要な事項について勧告又は要請を行うことができる．
第99条　① 都道府県労働局長又は労働基準監督署長は，前条第1項の場合以外の場合において，労働災害発生の急迫した危険があり，かつ，緊急の必要があるときは，必要な限度において，事業者に対し，作業の全部又は一部の一時停止，建設物等の全部又は一部の使用の一時停止その他当該労働災害を防止するため必要な応急の措置を講ずることを命ずることができる．
② 都道府県労働局長又は労働基準監督署長は，前項の規定により命じた事項について必要な事項を労働者に命ずることができる．
（講習の指示）
第99条の2　① 都道府県労働局長は，労働災害が発生した場合において，その再発を防止するため必要があると認めるときは，当該労働災害に係る事業者に対し，期間を定めて，当該労働災害が発生した事業場の総括安全衛生管理者，安全管理者，衛生管理者，統括安全衛生責任者その他の労働災害の防止のための業務に従事する者（次項において「労働災害防止業務従事者」という．）に都道府県労働局長の指定する者が行う講習を受けさせるよう指示することができる．
② 前項の規定による指示を受けた事業者は，労働災害防止業務従事者に同項の講習を受けさせなければならない．
③ 前2項に定めるもののほか，講習の科目その他第1項の講習について必要な事項は，厚生労働省令で定める．
第99条の3　① 都道府県労働局長は，第61条第1項の規定により同項に規定する業務に就くことができる者が，当該業務について，この法律又はこれに基づく命令の規定に違反して労働災害を発生させた場合において，その再発を防止するため必要があると認めるときは，その者に対し，期間を定めて，都道府県労働局長の指定する者が行う講習を受けるよう指示することができる．
② 前条第3項の規定は，前項の講習について準用する．
（報告等）

第100条 ① 厚生労働大臣,都道府県労働局長又は労働基準監督署長は,この法律を施行するため必要があると認めるときは,厚生労働省令で定めるところにより,事業者,労働者,機械等貸与者,建築物貸与者又はコンサルタントに対し,必要な事項を報告させ,又は出頭を命ずることができる.
② 厚生労働大臣,都道府県労働局長又は労働基準監督署長は,この法律を施行するため必要があると認めるときは,厚生労働省令で定めるところにより,登録製造時等検査機関等に対し,必要な事項を報告させることができる.
③ 労働基準監督官は,この法律を施行するため必要があると認めるときは,事業者又は労働者に対し,必要な事項を報告させ,又は出頭を命ずることができる.

60 じん肺法(抄)

(昭35・3・31法律第30号,昭35・4・1施行,
最終改正:平26・6・13法律第69号)

第1章 総則

(目 的)
第1条 この法律は,じん肺に関し,適正な予防及び健康管理その他必要な措置を講ずることにより,労働者の健康の保持その他福祉の増進に寄与することを目的とする.

(定 義)
第2条 ① この法律において,次の各号に掲げる用語の意義は,それぞれ当該各号に定めるところによる.
1 じん肺 粉じんを吸入することによつて肺に生じた線維増殖性変化を主体とする疾病をいう.
2 合併症 じん肺と合併した肺結核その他のじん肺の進展経過に応じてじん肺と密接な関係があると認められる疾病をいう.
3 粉じん作業 当該作業に従事する労働者がじん肺にかかるおそれがあると認められる作業をいう.
4 労働者 労働基準法(昭和22年法律第49号)第9条に規定する労働者(同居の親族のみを使用する事業又は事務所に使用される者及び家事使用人を除く.)をいう.
5 事業者 労働安全衛生法(昭和47年法律第57号)第2条第3号に規定する事業者で,粉じん作業を行う事業に係るものをいう.
② 合併症の範囲については,厚生労働省令で定める.
③ 粉じん作業の範囲は,厚生労働省令で定める.

(じん肺健康診断)
第3条 ① この法律の規定によるじん肺健康診断は,次の方法によつて行うものとする.
1 粉じん作業についての職歴の調査及びエックス線写真(直接撮影による胸部全域のエックス線写真をいう.以下同じ.)による検査
2 厚生労働省令で定める方法による胸部に関する臨床検査及び肺機能検査
3 厚生労働省令で定める方法による結核精密検査その他厚生労働省令で定める検査
② 前項第2号の検査は,同項第1号の調査及び検査の結果,じん肺の所見がないと診断された者以外の者について行う.ただし,肺機能検査については,エックス線写真に一側の肺野の3分の1を超える大きさの大陰影(じん肺によるものに限る.次項及び次条において同じ.)があると認められる者その他厚生労働省令で定める者を除く.
③ 第1項第3号の結核精密検査は同項第1号及び第2号の調査及び検査(肺機能検査を除く.)の結果,じん肺の所見があると診断された者のうち肺結核にかかつており,又はその疑いがあると診断された者について,同項第3号の厚生労働省令で定める検査は同項第1号及び第2号の調査及び検査の結果,じん肺の所見があると診断された者のうち肺結核以外の合併症にかかつている疑いがあると診断された者(同項第3号の厚生労働省令で定める検査を受けることが必要であると認められた者に限る.)について行う.ただし,エックス線写真に一側の肺野の3分の1を超える大きさの大陰影があると認められる者を除く.

(エックス線写真の像及びじん肺管理区分)
第4条 ① じん肺のエックス線写真の像は,次の表の下欄に掲げるところにより,第1型から第4型までに区分するものとする.

型	エックス線写真の像
第1型	両肺野にじん肺による粒状影又は不整形陰影が少数あり,かつ,大陰影がないと認められるもの
第2型	両肺野にじん肺による粒状影又は不整形陰影が多数あり,かつ,大陰影がないと認められるもの
第3型	両肺野にじん肺による粒状影又は不整形陰影が極めて多数あり,かつ,大陰影がないと認められるもの
第4型	大陰影があると認められるもの

② 粉じん作業に従事する労働者及び粉じん作業に従事する労働者であつた者は,じん肺健康診断の結果に基づき,次の表の下欄に掲げるところにより,管理1から管理4までに区分して,この法律の規定により,健康管理を行うものとする.

じん肺管理区分		じん肺健康診断の結果
管理1		じん肺の所見がないと認められるもの
管理2		エックス線写真の像が第1型で,じん肺による著しい肺機能の障害がないと認められるもの
管理3	イ	エックス線写真の像が第2型で,じん肺による著しい肺機能の障害がないと認められるもの
	ロ	エックス線写真の像が第3型又は第4型(大陰影の大きさが一側の肺野の3分の1以下のものに限る.)で,じん肺による著しい肺機能の障害がないと認められるもの
管理4		(1) エックス線写真の像が第4型(大陰影の大きさが一側の肺野の3分の1を超えるものに限る.)と認められるもの
		(2) エックス線写真の像が第1型,第2型,第3型又は第4型(大陰影の大きさが一側の肺野の3分の1以下のものに限る.)で,じん肺による著しい肺機能の障害があると認められるもの

(予 防)
第5条 事業者及び粉じん作業に従事する労働者は,じん肺の予防に関し,労働安全衛生法及び鉱山保安

法（昭和24年法律第70号）の規定によるほか，粉じんの発散の防止及び抑制，保護具の使用その他について適切な措置を講ずるように努めなければならない．

（教　育）
第6条　事業者は，労働安全衛生法及び鉱山保安法の規定によるほか，常時粉じん作業に従事する労働者に対してじん肺に関する予防及び健康管理のために必要な教育を行わなければならない．

第2章　健康管理

第1節　じん肺健康診断の実施
（就業時健康診断）
第7条　事業者は，新たに常時粉じん作業に従事することとなつた労働者（当該作業に従事することとなつた日から1年以内にじん肺健康診断を受け，じん肺管理区分が管理2又は管理3イと決定された労働者その他厚生労働省令で定める労働者を除く．）に対して，その就業の際，じん肺健康診断を行わなければならない．この場合において，当該じん肺健康診断は，厚生労働省令で定めるところにより，その一部を省略することができる．

（定期健康診断）
第8条　① 事業者は，次の各号に掲げる労働者に対して，それぞれ当該各号に掲げる期間以内ごとに1回，定期的に，じん肺健康診断を行わなければならない．
1　常時粉じん作業に従事する労働者（次号に掲げる者を除く．）　3年
2　常時粉じん作業に従事する労働者でじん肺管理区分が管理2又は管理3であるもの　1年
3　常時粉じん作業に従事させたことのある労働者で，現に粉じん作業以外の作業に常時従事しているもののうち，じん肺管理区分が管理2である労働者（厚生労働省令で定める労働者を除く．）　3年
4　常時粉じん作業に従事させたことのある労働者で，現に粉じん作業以外の作業に常時従事しているもののうち，じん肺管理区分が管理3である労働者（厚生労働省令で定める労働者を除く．）　1年
② 前条後段の規定は，前項の規定によるじん肺健康診断を行う場合に準用する．

（定期外健康診断）
第9条　① 事業者は，次の各号の場合には，当該労働者に対して，遅滞なく，じん肺健康診断を行わなければならない．
1　常時粉じん作業に従事する労働者（じん肺管理区分が管理2，管理3又は管理4と決定された労働者を除く．）が，労働安全衛生法第66条第1項又は第2項の健康診断において，じん肺の所見があり，又はじん肺にかかつている疑いがあると診断されたとき．
2　合併症により1年を超えて療養のため休業した労働者が，医師により療養のため休業を要しなくなつたと診断されたとき．
3　前2号に掲げる場合のほか，厚生労働省令で定めるとき．
② 第7条後段の規定は，前項の規定によるじん肺健康診断を行う場合に準用する．

（離職時健康診断）
第9条の2　① 事業者は，次の各号に掲げる労働者で，離職の日まで引き続き厚生労働省令で定める期間を超えて使用していたものが，当該離職の際にじん肺健康診断を行うように求めたときは，当該労働者に対して，じん肺健康診断を行わなければならない．ただし，当該労働者が直前にじん肺健康診断を受けた日から当該離職の日までの期間が，次の各号に掲げる労働者ごとに，それぞれ当該各号に掲げる期間に満たないときは，この限りでない．
1　常時じん肺作業に従事する労働者（次号に掲げる者を除く．）　1年6月
2　常時粉じん作業に従事する労働者でじん肺管理区分が管理2又は管理3であるもの　6月
3　常時粉じん作業に従事する労働者以外の労働者で，現に粉じん作業以外の作業に常時従事しているもののうち，じん肺管理区分が管理2又は管理3である労働者（厚生労働省令で定める労働者を除く．）　6月
② 第7条後段の規定は，前項の規定によるじん肺健康診断を行う場合に準用する．

（労働安全衛生法の健康診断との関係）
第10条　事業者は，じん肺健康診断を行つた場合においては，その限度において，労働安全衛生法第66条第1項又は第2項の健康診断を行わなくてもよい．

（受診義務）
第11条　関係労働者は，正当な理由がある場合を除き，第7条から第9条までの規定により事業者が行うじん肺健康診断を受けなければならない．ただし，事業者が指定した医師の行うじん肺健康診断を受けることを希望しない場合において，他の医師の行うじん肺健康診断を受け，当該エックス線写真及びじん肺健康診断の結果を証明する書面その他厚生労働省令で定める書面を事業者に提出したときは，この限りでない．

第2節　じん肺管理区分の決定等（略）
第3節　健康管理のための措置
（事業者の責務）
第20条の2　事業者は，じん肺健康診断の結果，労働者の健康を保持するため必要があると認めるときは，当該労働者の実情を考慮して，就業上適切な措置を講ずるように努めるとともに，適切な保健指導を受けることができるための配慮をするように努めなければならない．

（粉じんにさらされる程度を低減させるための措置）
第20条の3　事業者は，じん肺管理区分が管理2又は管理3イである労働者について，粉じんにさらされる程度を低減させるため，就業場所の変更，粉じん作業に従事する作業時間の短縮その他の適切な措置を講ずるように努めなければならない．

（作業の転換）
第21条　① 都道府県労働局長は，じん肺管理区分が管理3イである労働者が現に常時粉じん作業に従事しているときは，事業者に対して，その者を粉じん作業以外の作業に常時従事させるべきことを勧奨することができる．
② 事業者は，前項の規定による勧奨を受けたとき，又はじん肺管理区分が管理3ロである労働者が現に常時粉じん作業に従事しているときは，当該労働者を粉じん作業以外の作業に常時従事させることとするように努めなければならない．
③ 事業者は，前項の規定により，労働者を粉じん作業以外の作業に常時従事させることとなつたとき

は,厚生労働省令で定めるところにより,その旨を都道府県労働局長に通知しなければならない.
④ 都道府県労働局長は,じん肺管理区分が管理3ロである労働者が現に常時粉じん作業に従事している場合において,地方じん肺診査医の意見により,当該労働者の健康を保持するため必要があると認めるときは,事業者に対して,その者を粉じん作業以外の作業に常時従事させるべきことを指示することができる.

(転換手当)
第22条 事業者は,次の各号に掲げる労働者が常時粉じん作業に従事しなくなつたとき (労働契約の期間が満了したことにより離職したときその他厚生労働省令で定める場合を除く.) は,その日から7日以内に,その者に対して,次の各号に掲げる労働者ごとに,それぞれ労働基準法第12条に規定する平均賃金の当該各号に掲げる日数分に相当する額の転換手当を支払わなければならない.ただし,厚生労働大臣が必要があると認めるときは,転換手当の額について,厚生労働省令で別段の定めをすることができる.
1 前条第1項の規定による勧奨を受けた労働者又はじん肺管理区分が管理3ロである労働者 (次号に掲げる者を除く.) 30日分
2 前条第4項の規定による指示を受けた労働者 60日分

(作業転換のための教育訓練)
第22条の2 事業者は,じん肺管理区分が管理3ロである労働者を粉じん作業以外の作業に常時従事させるために必要があるときは,その者に対して,作業の転換のための教育訓練を行うように努めなければならない.

(療養)
第23条 じん肺管理区分が管理4と決定された者及び合併症にかかつていると認められる者は,療養を要するものとする.

61 石綿による健康被害の救済に関する法律(抄)
(平18・2・10法律第4号,平18・3・27施行,最終改正:平26・6・13法律第69号)

第1章 総則

(目的)
第1条 この法律は,石綿による健康被害の特殊性にかんがみ,石綿による健康被害を受けた者及びその遺族に対し,医療費等を支給するための措置を講ずることにより,石綿による健康被害の迅速な救済を図ることを目的とする.

(定義等)
第2条 ① この法律において「指定疾病」とは,中皮腫,気管支又は肺の悪性新生物その他石綿を吸入することにより発生する疾病であって政令で定めるものをいう.
② この法律において「死亡労働者等」とは,労働保険の保険料の徴収等に関する法律 (昭和44年法律第84号.以下「徴収法」という.) 第3条に規定する労働者災害補償保険 (以下「労災保険」という.) に係る労働保険の保険関係が成立している事業 (以下「労災保険の保険関係が成立している事業」という.) に使用される労働者又は労働者災害補償保険法 (昭和22年法律第50号.以下「労災保険法」という.) 第34条第1項第1号,第35条第1項第3号若しくは第36条第1項第1号の規定により労災保険の保険関係が成立している事業に使用される労働者とみなされる者であって,石綿にさらされる業務に従事することにより指定疾病その他厚生労働省令で定める疾病にかかり,これにより死亡したもの (昭和22年9月1日以降に当該指定疾病その他厚生労働省令で定める疾病にかかり,この法律の施行の日 (以下「施行日」という.) から10年を経過する日 (以下「10年経過日」という.) の前日までに死亡した者に限る.)をいう.
③ 環境大臣は,第1項の政令の制定又は改廃に当たってその立案をするときは,中央環境審議会の意見を聴かなければならない.

第2章 救済給付

第1節 支給等
(救済給付の種類等)
第3条 石綿による健康被害の救済のため支給される給付 (以下「救済給付」という.) は,次に掲げるとおりとし,独立行政法人環境再生保全機構 (以下「機構」という.) がこの章の規定により支給するものとする.
1 医療費
2 療養手当
3 葬祭料
4 特別遺族弔慰金
5 特別葬祭料
6 救済給付調整金

(医療費の支給及び認定等)
第4条 ① 機構は,日本国内において石綿を吸入することにより指定疾病にかかった旨の認定を受けた者に対し,その請求に基づき,医療費を支給する.
② 前項の認定 (以下この条から第17条まで及び第20条第1項第2号において「認定」という.) は,医療費の支給を受けようとする者の申請に基づき,機構が行う.
③ 機構は,認定を行ったときは,当該認定を受けた者 (以下「被認定者」という.) に対し,石綿健康被害医療手帳を交付するものとする.
④ 認定は,当該認定に係る指定疾病の療養を開始した日 (その日が当該認定の申請のあった日の3年前の日前である場合には,当該申請のあった日の3年前の日.以下「基準日」という.) にさかのぼってその効力を生ずる.

第5条 ① 機構は,認定の申請をした者が認定を受けないで死亡した場合において,その死亡した者が認定を受けることができる者であるときは,その死亡した者の配偶者 (婚姻の届出をしていないが,事実上婚姻関係と同様の事情にあった者を含む.以下同じ.),子,父母,孫,祖父母若しくは兄弟姉妹であって,その死亡した者の死亡の当時その者と生計を同じくしていたもの又はその死亡した者について葬祭を行う者の申請に基づき,その死亡した者が認定を受けることができる者であった旨の決定を

行うものとする．
② 前項の申請は，同項に規定する死亡した者の死亡の日から6月以内に限り，することができる．
③ 機構が第1項の決定を行ったときは，当該決定に係る死亡した者につき，基準日から死亡した日までの間において被認定者であったものとして救済給付を支給する．

(認定の有効期間)
第6条 ① 認定は，基準日から申請のあった日の前日までの期間に指定疾病の種類に応じて政令で定める期間を加えた期間内に限り，その効力を有する．
② 機構は，認定に当たり，被認定者の当該認定に係る指定疾病が有効期間の満了前に治る見込みがないと認めるときは，前項の規定にかかわらず，別に当該認定の有効期間を定めることができる．

(認定の更新)
第7条 ① 被認定者の当該認定に係る指定疾病が前条第1項又は第2項の規定により定められた有効期間の満了前に治る見込みがないときは，当該被認定者は，機構に対し，認定の更新を申請することができる．
② 機構は，前項の規定による申請があった場合において，当該申請に係る指定疾病が有効期間の満了後においても継続すると認めるときは，当該指定疾病に係る認定を更新するものとする．
③ 前条の規定は，前項の規定により更新される認定について準用する．この場合において，同条第1項中「基準日から申請のあった日の前日までの期間に指定疾病の種類に応じて政令で定める期間を加えた期間内」とあるのは，「指定疾病の種類に応じて政令で定める期間内」と読み替えるものとする．

第8条 ① 前条第1項の規定による申請をすることができる者が，災害その他やむを得ない理由により当該申請に係る認定の有効期間の満了前に当該申請をすることができなかったときは，その者は，その理由のやんだ日から2月以内に限り，当該認定の更新を申請することができる．
② 機構は，前項の規定による申請があった場合において，当該申請に係る指定疾病がその後においても継続すると認めるときは，当該申請に係る認定を更新するものとする．この場合において，更新された認定は，同項に規定する有効期間の満了日の翌日にさかのぼってその効力を生ずる．
③ 第6条の規定は，前項の規定により更新される認定について準用する．この場合において，同条第1項中「基準日から申請のあった日の前日までの期間に指定疾病の種類に応じて政令で定める期間を加えた期間内」とあるのは，「指定疾病の種類に応じて第8条第1項に規定する有効期間の満了日の翌日から政令で定める期間内」と読み替えるものとする．

(認定の取消し)
第9条 機構は，被認定者の指定疾病が治ったと認めるときは，認定を取り消すものとする．

(判定の申出)
第10条 ① 機構は，認定，第5条第1項の規定による決定，第6条第2項（第7条第3項及び第8条第3項において準用する場合を含む．）の規定による有効期間の設定，第7条第2項及び第8条第2項の規定による認定の更新並びに前条の規定による認定の取消しを行おうとするときは，医学的判定を要する事項に関し，環境大臣に判定を申し出るものとする．

② 環境大臣は，前項の規定による判定の申出があったときは，中央環境審議会の意見を聴いて判定を行い，機構に対し，その結果を通知するものとする．

(医療費の支給の要件及び範囲)
第11条 機構は，被認定者が，その認定に係る指定疾病につき，健康保険法（大正11年法律第70号）第63条第3項第1号に規定する保険医療機関又は保険薬局その他病院，診療所（これらに準ずるものを含む．）又は薬局であって環境省令で定めるもの（これらの開設者が診療報酬の請求及び支払に関し第13条第1項に規定する方式によらない旨を機構に申し出たものを除く．以下「保険医療機関等」という．）から次に掲げる医療を受けたときは，当該被認定者に対し，その請求に基づき，医療費を支給する．この場合において，被認定者が第5条第1項の決定に係る死亡した者であるときは，当該被認定者が石綿健康被害医療手帳を提示して医療を受けたときに限り，医療費を支給するものとする．
1 診察
2 薬剤又は治療材料の支給
3 医学的処置，手術及びその他の治療
4 居宅における療養上の管理及びその療養に伴う世話その他の看護
5 病院又は診療所への入院及びその療養に伴う世話その他の看護
6 移送

(医療費の額)
第12条 ① 前条の規定により支給する医療費の額は，当該療養に要する費用の額から，当該認定に係る指定疾病につき，健康保険法その他の政令で定める法律（以下「健康保険法等」という．）の規定により被認定者が受け，又は受けることができた医療に関する給付の額を控除して得た額とする．
② 前項の医療に要する費用の額は，健康保険の療養に要する費用の額の算定方法の例により算定するものとする．ただし，現に要した費用の額を超えることができない．

(保険医療機関等に対する医療費の支払等)
第13条 ① 被認定者が，石綿健康被害医療手帳を提示して，当該認定に係る指定疾病について，保険医療機関等から医療を受けた場合においては，機構は，医療費として当該被認定者に支給すべき額の限度において，その者が当該医療に関し当該保険医療機関等に支払うべき費用を，当該被認定者に代わり，当該保険医療機関等に支払うことができる．
② 前項の規定による支払があったときは，当該被認定者に対し，医療費の支給があったものとみなす．
③ 健康保険法等の規定による被保険者又は組合員である被認定者が，当該認定に係る指定疾病について保険医療機関等から医療を受ける場合には，健康保険法等の規定により当該保険医療機関等に支払うべき一部負担金は，健康保険法等の規定にかかわらず，当該医療に関し機構が第1項の規定による支払をしない旨の決定をするまでは，支払うことを要しない．

第14条 ① 機構は，前条第1項の規定による支払をなすべき額を決定するに当たっては，社会保険診療報酬支払基金法（昭和23年法律第129号）に定める審査委員会，国民健康保険法（昭和33年法律第192号）に定める国民健康保険診療報酬審査委員会

その他政令で定める医療に関する審査機関の意見を聴かなければならない．
② 機構は，前条第1項の規定による支払に関する事務を社会保険診療報酬支払基金，国民健康保険団体連合会その他環境省令で定める者に委託することができる．

(緊急時等における医療費の支給の特例)
第15条 ① 機構は，被認定者が緊急その他やむを得ない理由により保険医療機関等以外の病院，診療所又は薬局その他の者から第11条各号に掲げる医療を受けた場合において，その必要があると認めるときは，同条の規定にかかわらず，当該被認定者に対し，その請求に基づき，医療費を支給することができる．
② 機構は，第5条第1項の決定に係る死亡した者以外の被認定者が石綿健康被害医療手帳を提示しないで保険医療機関等から第11条各号に掲げる医療を受けた場合において，その提示しなかったことが緊急その他やむを得ない理由によるものと認めるときは，同条の規定にかかわらず，当該被認定者に対し，その請求に基づき，医療費を支給することができる．
③ 第12条の規定は，前2項の医療費の額の算定について準用する．
④ 第1項及び第2項の医療費の支給の請求は，その請求をすることができる時から2年を経過したときは，することができない．

(療養手当の支給)
第16条 ① 機構は，被認定者に対し，その請求に基づき，政令で定める額の療養手当を支給する．
② 療養手当は，月を単位として支給するものとし，当該支給は，基準日の属する月の翌月から始め，支給すべき事由が消滅した日の属する月で終わる．
③ 療養手当は，毎年2月，4月，6月，8月，10月及び12月の6期に，それぞれの前月及び前々月の分を支払う．ただし，前支払期月に支払うべきであった療養手当又は支給すべき事由が消滅した場合におけるその期の療養手当は，その支払月でない場合であっても，支払うものとする．

(医療費等の支給の請求等)
第17条 ① 医療費及び療養手当(以下「医療費等」という．)の支給の請求は，認定の申請がされた後は，当該認定前であっても，することができる．
② 医療費等を支給する旨の処分は，その請求のあった日にさかのぼってその効力を生ずる．

(未支給の医療費等)
第18条 ① 医療費等を受けることができる者が死亡した場合において，その死亡した者に支給すべき医療費等でまだその者に支給していなかったものがあるときは，その者の配偶者，子，父母，孫，祖父母又は兄弟姉妹であって，その死亡した者の死亡の当時その者と生計を同じくしていたものは，自己の名で，その支給を請求し，当該医療費等の支給を受けることができる．
② 前項の規定により医療費等の支給を受けることができる者の順位は，同項に規定する順序による．
③ 第1項の規定により医療費等の支給を受けることができる同順位者が2人以上あるときは，その1人がした請求は，全員のためその全額につきしたものとみなし，その1人に対してした支給は，全員に対してしたものとみなす．
④ 第1項の医療費等の支給の請求は，第5条第1項の決定の申請がされた後は，当該決定前であっても，することができる．

(葬祭料の支給)
第19条 ① 機構は，被認定者が当該認定に係る指定疾病に起因して死亡したときは，葬祭を行う者に対し，その請求に基づき，政令で定める額の葬祭料を支給する．
② 前項の葬祭料の支給の請求は，被認定者が死亡した時から2年を経過したときは，することができない．
③ 前条第4項の規定は，第1項の葬祭料の支給の請求について準用する．

(特別遺族弔慰金等の支給)
第20条 ① 次に掲げる者の遺族(第59条第1項に規定する特別遺族給付金の支給を受けることができる者を除く．)に対し，特別遺族弔慰金及び特別葬祭料を支給する．
　1 日本国内において石綿を吸入することにより指定疾病にかかり，当該指定疾病に起因して施行日前に死亡した者(以下「施行前死亡者」という．)
　2 日本国内において石綿を吸入することにより指定疾病にかかり，当該指定疾病に関し認定の申請をしないで当該指定疾病に起因して施行日以後に死亡した者(以下「未申請死亡者」という．)
② 前項の特別遺族弔慰金の額は，指定疾病について受ける医療に要する費用及び第16条第1項の療養手当の額を勘案して単一の金額として政令で定める．
③ 第1項の特別葬祭料の額は，前条第1項の額と同一とする．

(特別遺族弔慰金等の支給を受けることができる遺族の範囲及び順位)
第21条 ① 前条第1項の特別遺族弔慰金及び特別葬祭料(以下「特別遺族弔慰金等」という．)の支給を受けることができる遺族は，施行前死亡者又は未申請死亡者の配偶者，子，父母，孫，祖父母又は兄弟姉妹であって，施行前死亡者又は未申請死亡者の死亡の当時施行前死亡者又は未申請死亡者と生計を同じくしていたものとする．
② 第18条第2項及び第3項の規定は，特別遺族弔慰金等の支給を受けることができる遺族について準用する．

(救済給付の免責)
第25条 救済給付の支給を受けることができる者に対し，同一の事由について，損害のてん補がされた場合においては，機構は，その価額の限度で救済給付を支給する義務を免れる．

(他の法令による給付との調整)
第26条 ① 医療費は，被認定者に対し，当該認定に係る指定疾病について，健康保険法等以外の法令(条例を含む．)の規定により医療に関する給付が行われるべき場合には，その給付の限度において，支給しない．
② 療養手当，葬祭料，特別遺族弔慰金等及び救済給付調整金は，これらの支給を受けることができる者に対し，同一の事由について，労災保険法その他の法令による給付で政令で定めるものが行われるべき場合には，その給付に相当する金額として政令で定めるところにより算定した額の限度において，支給しない．

(不正利得の徴収)
第27条 ① 偽りその他不正の手段により救済給付

の支給を受けた者があるときは、機構は、国税徴収の例により、その救済給付の支給に要した費用に相当する金額の全部又は一部をその者から徴収することができる。
② 前項の規定による徴収金の先取特権の順位は、国税及び地方税に次ぐものとする。
　（受給権の保護）
第28条　救済給付の支給を受ける権利は、譲り渡し、担保に供し、又は差し押さえることができない。
　（公課の禁止）
第29条　租税その他の公課は、救済給付として支給を受けた金品を標準として、課することができない。
　（環境省令への委任）
第30条　この節に定めるものほか、第4条第1項及び第22条第1項の認定の申請その他の救済給付に関する手続に関し必要な事項は、環境省令で定める。
　　第2節　費用
　　　第1款　基金等
　（基　金）
第31条　① 機構は、救済給付の支給に要する費用（当該支給の事務の執行に要する費用を除く。）に充てるため石綿健康被害救済基金を設ける。
② 前項の石綿健康被害救済基金は、次条第1項の規定により政府から交付された資金、同条第2項の規定により地方公共団体から拠出された資金、第36条の規定により厚生労働大臣から交付された金額、第47条第1項の規定により徴収した特別拠出金、第27条第1項の規定により徴収した金額及び当該石綿健康被害救済基金の運用によって生じた利子その他の収入金の合計額に相当する金額からこの法律の規定により機構が行う業務の事務の執行に要する費用に相当する金額を控除した金額をもって充てるものとする。
　（交付金等）
第32条　① 政府は、予算の範囲内において、機構に対し、救済給付の支給に要する費用（当該支給の事務の執行に要する費用を含む。次項を除き、以下同じ。）に充てるための資金を交付することができる。
② 地方公共団体は、予算の範囲内において、機構に対し、救済給付の支給に要する費用に充てるための資金を拠出することができる。
　（地方債の特例）
第33条　前条第2項の規定に基づく地方公共団体の機構に対する拠出に係る経費については、地方財政法（昭和23年法律第109号）第5条の規定にかかわらず、地方債をもってその財源とすることができる。
　（国庫の負担）
第34条　国庫は、毎年度、予算の範囲内において、次条第1項の1般拠出金の徴収に要する費用の一部を負担する。
　　　第2款　一般拠出金
　　（一般拠出金の徴収及び納付義務）
第35条　① 厚生労働大臣は、救済給付の支給に要する費用に充てるため、労災保険の保険関係が成立している事業の事業主（徴収法第8条第1項又は第2項の規定により元請負人が事業主とされる場合にあっては、当該元請負人。以下「労災保険適用事業主」という。）から、毎年度、一般拠出金を徴収する。
② 労災保険適用事業主は、一般拠出金を納付する義務を負う。

　　　第3款　特別拠出金
　　（特別拠出金の徴収及び納付義務）
第47条　① 機構は、救済給付の支給に要する費用に充てるため、石綿の使用量、指定疾病の発生の状況その他の事情を勘案して政令で定める要件に該当する事業主（以下「特別事業主」という。）から、毎年度、特別拠出金を徴収する。
② 特別事業主は、特別拠出金を納付する義務を負う。

第3章　特別遺族給付金

　　第1節　支給等
　　（特別遺族給付金）
第59条　厚生労働大臣は、この節に定めるところにより、死亡労働者等の遺族であって、労災保険法の規定による遺族補償給付を受ける権利が時効によって消滅したものに対し、その請求に基づき、特別遺族給付金を支給する。
② 前項の特別遺族給付金（以下「特別遺族給付金」という。）は、特別遺族年金又は特別遺族一時金とする。
③ 特別遺族年金の額は、労災保険法の規定による遺族補償年金の額等を勘案し、特別遺族年金を受ける権利を有する遺族及びその者と生計を同じくしている特別遺族年金を受けることができる遺族の人数の区分に応じて政令で定める額とする。
④ 特別遺族一時金の額は、労災保険法の規定による遺族補償一時金の額等を勘案し、第62条各号の区分に応じて政令で定める額とする。
⑤ 特別遺族年金又は特別遺族一時金の支給の請求は、施行日から16年を経過したとき（第61条第1項後段の規定により支給する特別遺族年金にあっては特別遺族年金を受ける権利を有する先順位の遺族の権利が消滅した時から、第62条第2号の規定により支給する特別遺族一時金にあっては特別遺族年金を受ける権利を有する者の権利が消滅した時から、16年を経過したとき）は、することができない。
　　第2節　費用
第69条　① 特別遺族給付金の支給に要する費用については、徴収法第10条第1項に規定する労働保険の事業に要する費用とみなし、これに充てるため同条第2項に規定する労働保険料（同項第4号に掲げる印紙保険料を除く。以下同じ。）を徴収する。
〈②、③(略)〉

第4章　不服申立て

　　（審査請求）
第75条　① この法律に基づいて機構が行った処分については、次の各号に掲げる区分に応じ、当該各号に定める者に対し、審査請求をすることができる。この場合において、環境大臣は、第2号に掲げる審査請求に関する行政不服審査法（平成26年法律第68号）第25条第2項及び第3項、第46条第1項並びに第47条の規定の適用については、機構の上級行政庁とみなす。
　1　認定又は救済給付の支給に係る処分についての審査請求　公害健康被害補償不服審査会
　2　一般拠出金の徴収に係る処分についての審査請求　環境大臣
② 前項第1号に掲げる審査請求についての行政不服審査法第9条第4項の規定の適用に関しては、同

項中「その職員」とあるのは，「公害健康被害の補償等に関する法律（昭和48年法律第111号）第121条第1項に規定する審査員又は同法第119条の2第1項に規定する専門委員」とする．
③ 第1項第1号に掲げる審査請求については，公害健康被害の補償等に関する法律（昭和48年法律第111号．以下「公害健康被害補償法」という．）第106条第3項，第131条，第133条及び第134条の規定を準用する．この場合において，公害健康被害補償法第131条中「補償給付」とあるのは「石綿による健康被害の救済に関する法律（以下「石綿健康被害救済法」という．）第3条に規定する救済給付」と，公害健康被害補償法第134条中「この款」とあるのは「石綿健康被害救済法第75条第3項において読み替えて準用する第131条」と読み替えるものとする．

第76条 削除

（審査請求と訴訟との関係）
第77条 この法律に基づいて機構が行った認定又は救済給付の支給に係る処分の取消しの訴えは，当該機構が行った処分についての審査請求に対する公害健康被害補償不服審査会の裁決を経た後でなければ，提起することができない．

（特別遺族給付金に係る審査請求等）
第78条 特別遺族給付金に関する決定は，労災保険法に基づく保険給付に関する決定とみなして，労災保険法第38条から第40条までの規定を適用する．

第79条 削除

62 国家公務員災害補償法（抄）

（昭26・6・2法律第191号，昭26・7・1施行，
最終改正：平26・6・13法律第67号）

第1章 総則

（この法律の目的及び効力）
第1条 ① この法律は，国家公務員法（昭和22年法律第120号）第2条に規定する一般職に属する職員（未帰還者留守家族等援護法（昭和28年法律第161号）第17条第1項に規定する未帰還者である職員を除く．以下「職員」という．）の公務上の災害（負傷，疾病，障害又は死亡をいう．以下同じ．）又は通勤による災害に対する補償（以下「補償」という．）を迅速かつ公正に行い，あわせて公務上の災害又は通勤による災害を受けた職員（以下「被災職員」という．）の社会復帰の促進並びに被災職員及びその遺族の援護を図るために必要な事業を行い，もつて被災職員及びその遺族の生活の安定と福祉の向上に寄与することを目的とする．
② この法律の規定が国家公務員法の規定とてい触する場合には，国家公務員法の規定が優先する．

（実施機関）
第3条 ① 人事院及び実施機関（人事院が指定する国の機関及び独立行政法人通則法（平成11年法律第103号）第2条第4項に規定する行政執行法人（以下「行政執行法人」という．）をいう．以下同じ．）は，この法律及び人事院規則で定めるところにより，この法律に定める補償の実施の責めに任ずる．

② 前項の規定は，人事院にこの法律の実施に関する責任を免れさせるものではない．
③ 実施機関は，この法律及び人事院の定める方針，基準，手続，規則及び計画に従って補償の実施を行わなければならない．
④ 実施機関が第1項の規定により行うべき責務を怠り，又はこの法律，人事院規則及び人事院指令に違反して補償の実施を行った場合には，人事院は，その是正のため必要な指示を行うことができる．

第2章 補償及び福祉事業

（補償の種類）
第9条 補償の種類は，次に掲げるものとする．
1 療養補償
2 休業補償
3 傷病補償年金
4 障害補償
イ 障害補償年金
ロ 障害補償一時金
5 介護補償
6 遺族補償
イ 遺族補償年金
ロ 遺族補償一時金
7 葬祭補償

63 地方公務員災害補償法（抄）

（昭42・8・1法律第121号，昭42・12・1施行，
最終改正：平26・6・20法律第76号）

第1章 総則

（この法律の目的）
第1条 この法律は，地方公務員等の公務上の災害（負傷，疾病，障害又は死亡をいう．以下同じ．）又は通勤による災害に対する補償（以下「補償」という．）の迅速かつ公正な実施を確保するため，地方公共団体等に代わって補償を行う基金の制度を設け，その行う事業に関して必要な事項を定めるとともに，その他地方公務員等の補償に関して必要な事項を定め，もつて地方公務員等及びその遺族の生活の安定と福祉の向上に寄与することを目的とする．

第2章 基金

（設置）
第3条 ① 職員についてこの法律（第7章を除く．）に定める補償を実施し，並びに公務上の災害又は通勤による災害を受けた職員（以下この項及び第47条において「被災職員」という．）の社会復帰の促進，被災職員及びその遺族の援護，公務上の災害の防止に関する活動に対する援助その他の職員及びその遺族の福祉に必要な事業を行うため，地方公務員災害補償基金（以下「基金」という．）を設置する．
② 基金は，法人とする．

（事務所）
第4条 基金は，主たる事務所を東京都に，従たる事務所を都道府県及び地方自治法（昭和22年法律第

67号）第252条の19第1項の指定都市（第66条において「指定都市」という．）ごとに置く．

第3章　補償及び福祉事業

（補償の実施）
第24条　① 基金は，この章に規定する補償の事由が生じた場合に，この法律に定めるところにより，補償を受けるべき職員若しくは遺族又は葬祭を行う者に対し，補償を行う．
② 基金は，定款の定めるところにより，従たる事務所の長に補償を行なわせることができる．

（補償の種類等）
第25条　① 基金の行う補償の種類は，次に掲げるものとする．
1　療養補償
2　休業補償
3　傷病補償年金
4　障害補償
　イ　障害補償年金
　ロ　障害補償一時金
5　介護補償
6　遺族補償
　イ　遺族補償年金
　ロ　遺族補償一時金
7　葬祭補償
② 前項各号（第3号を除く．）に掲げる補償は，当該補償を受けるべき職員若しくは遺族又は葬祭を行う者の請求に基づいて行う．

（遺族補償）
第31条　職員が公務上死亡し，又は通勤により死亡した場合においては，遺族補償として，職員の遺族に対して，遺族補償年金又は遺族補償一時金を支給する．

（遺族補償年金）
第32条　① 遺族補償年金を受けることができる遺族は，職員の配偶者（婚姻の届出をしていないが，職員の死亡の当時事実上婚姻関係と同様の事情にあつた者を含む．以下同じ．），子，父母，孫，祖父母及び兄弟姉妹であつて，職員の死亡の当時その収入によつて生計を維持していたものとする．ただし，妻（婚姻の届出をしていないが，事実上婚姻関係と同様の事情にあつた者を含む．次条において同じ．）以外の者にあつては，職員の死亡の当時次に掲げる要件に該当した場合に限るものとする．
1　夫（婚姻の届出をしていないが，事実上婚姻関係と同様の事情にあつた者を含む．以下同じ．），父母又は祖父母については，60歳以上であること．
2　子又は孫については，18歳に達する日以後の最初の3月31日までの間にあること．
3　兄弟姉妹については，18歳に達する日以後の最初の3月31日までの間にあること又は60歳以上であること．
4　前3号の要件に該当しない夫，子，父母，孫，祖父母又は兄弟姉妹については，総務省令で定める障害の状態にあること．
② 職員の死亡の当時胎児であつた子が出生したときは，前項の規定の適用については，将来に向かつて，その子は，職員の死亡の当時その収入によつて生計を維持していた子とみなす．
③ 遺族補償年金を受けるべき遺族の順位は，配偶者，子，父母，孫，祖父母及び兄弟姉妹の順序とし，父母については，養父母を先にし，実父母を後にする．

第33条　① 遺族補償年金の額は，次の各号に掲げる人数（遺族補償年金を受ける権利を有する遺族及びその者と生計を同じくしている遺族補償年金を受けることができる遺族の人数をいう．）の区分に応じ，1年につき当該各号に定める額とする．
1　1人　平均給与額に153を乗じて得た額（55歳以上の妻又は総務省令で定める障害の状態にある妻である場合には，平均給与額に175を乗じて得た額）
2　2人　平均給与額に201を乗じて得た額
3　3人　平均給与額に223を乗じて得た額
4　4人以上　平均給与額に245を乗じて得た額
② 遺族補償年金を受ける権利を有する者が2人以上あるときは，遺族補償年金の額は，前項の規定にかかわらず，同項に規定する額をその人数で除して得た額とする．
③ 遺族補償年金の額の算定の基礎となる遺族の数に増減を生じたときは，その増減を生じた月の翌月から，遺族補償年金の額を改定する．
④ 遺族補償年金を受ける権利を有する妻にその者と生計を同じくしている他の遺族で遺族補償年金を受けることができるものがない場合において，その妻が次の各号の1に該当するに至つたときは，その該当するに至つた月の翌月から遺族補償年金の額を改定する．
1　55歳に達したとき（第1項第1号の総務省令で定める障害の状態にあるときを除く．）
2　第1項第1号の総務省令で定める障害の状態になり，又はその事情がなくなつたとき（55歳以上であるときを除く．）

第34条　① 遺族補償年金を受ける権利は，その権利を有する遺族が次の各号の1に該当するに至つたときは，消滅する．この場合において，同順位者がなくて後順位者があるときは，次順位者に遺族補償年金を支給する．
1　死亡したとき．
2　婚姻（届出をしていないが，事実上婚姻関係と同様の事情にある場合を含む．）をしたとき．
3　直系血族又は直系姻族以外の者の養子（届出をしていないが，事実上養子縁組関係と同様の事情にある者を含む．）となつたとき．
4　離縁によつて，死亡した職員との親族関係が終了したとき．
5　子，孫又は兄弟姉妹については，18歳に達した日以後の最初の3月31日が終了したとき（職員の死亡の時から引き続き第32条第1項第4号の総務省令で定める障害の状態にあるときを除く．）．
6　第32条第1項第4号の総務省令で定める障害の状態にある夫，子，父母，孫，祖父母又は兄弟姉妹については，その事情がなくなつたとき（夫，父母又は祖父母については職員の死亡の当時60歳以上であつたとき，子又は孫については18歳に達する日以後の最初の3月31日までの間にあるとき，兄弟姉妹については18歳に達する日以後の最初の3月31日までの間にあるか又は職員の死亡の当時60歳以上であつたときを除く．）．
② 遺族補償年金を受けることができる遺族が前項各号の1に該当するに至つたときは，その者は，遺族補償年金を受けることができる遺族でなくなる．

第35条　① 遺族補償年金を受ける権利を有する者の所在が1年以上明らかでない場合には，当該遺族

補償年金は,同順位者があるときは同順位者の,同順位者がないときは次順位者の申請によつて,その所在が明らかでない間,その支給を停止する.この場合において,同順位者がないときは,その間,次順位者を先順位者とする.
② 前項の規定により遺族補償年金の支給を停止された遺族補償年金は,いつでも,その支給の停止の解除を申請することができる.
③ 第33条第3項の規定は,第1項の規定により遺族補償年金の支給が停止され,又は前項の規定によりその停止が解除された場合に準用する.この場合において,同条第3項中「その増減を生じた月」とあるのは,「その支給が停止され,又はその停止が解除された月」と読み替えるものとする.

(遺族補償一時金)
第36条 ① 遺族補償一時金は,次に掲げる場合に支給する.
1 職員の死亡の当時遺族補償年金を受けることができる遺族がないとき.
2 遺族補償年金を受ける権利を有する者の権利が消滅した場合において,他に当該遺族補償年金を受けることができる遺族がなく,かつ,当該職員の死亡に関し既に支給された遺族補償年金の額の合計額が当該権利が消滅した日において前号の場合に該当することとしたときに支給されることとなる遺族補償一時金の額に満たないとき.
② 前項第2号に規定する遺族補償年金の額の合計額は,次に掲げる額を合算した額とする.
1 前項第2号に規定する権利が消滅した日の属する年度(次号において「権利が消滅した年度」という.)の分として支給された遺族補償年金の額
2 権利が消滅した年度の前年度以前の各年度の分として支給された遺族補償年金の額に権利が消滅した年度の前年度の4月1日における国の職員の給与水準を当該各年度の前年度の4月1日における国の職員の給与水準で除して得た率を基準として総務大臣が定める率を乗じて得た額の合算額

第37条 ① 遺族補償一時金を受けることができる遺族は,職員の死亡の当時において次の各号の1に該当する者とする.
1 配偶者
2 職員の収入によつて生計を維持していた子,父母,孫,祖父母及び兄弟姉妹
3 前2号に掲げる者以外の者で,主として職員の収入によつて生計を維持していた者
4 第2号に該当しない子,父母,孫,祖父母及び兄弟姉妹
② 遺族補償一時金を受けるべき遺族の順位は,前項各号の順序とし,同項第2号及び第4号に掲げる者のうちにあつては,当該各号に掲げる順序とし,父母については,養父母を先にし,実父母を後にする.
③ 職員が遺言又はその者の任命権者(地方独立行政法人の職員にあつては,当該地方独立行政法人の理事長.第45条において同じ.)に対する予告で,第1項第3号及び第4号に掲げる者のうち特に指定した者がある場合には,その者に,同項第3号及び第4号に掲げる他の者に優先して遺族補償一時金を支給する.

第38条 ① 遺族補償一時金の額は,業務上の死亡又は通勤による死亡に係る他の法令による給付との均衡を考慮して政令で定める額(第36条第1項第2号の場合にあつては,その額から同号の既に支給された遺族補償年金の額の合計額を控除した額)とする.
② 第33条第2項の規定は,遺族補償一時金の額について準用する.

64 労働者災害補償保険法(抄)

(昭22・4・7法律第50号,昭22・9・1施行,
最終改正:平27・5・7法律第17号)

第1章 総則

第1条 労働者災害補償保険は,業務上の事由又は通勤による労働者の負傷,疾病,障害,死亡等に対して迅速かつ公正な保護をするため,必要な保険給付を行い,あわせて,業務上の事由又は通勤により負傷し,又は疾病にかかつた労働者の社会復帰の促進,当該労働者及びその遺族の援護,労働者の安全及び衛生の確保等を図り,もつて労働者の福祉の増進に寄与することを目的とする.
第2条 労働者災害補償保険は,政府が,これを管掌する.
第2条の2 労働者災害補償保険は,第1条の目的を達成するため,業務上の事由又は通勤による労働者の負傷,疾病,障害,死亡等に関して保険給付を行うほか,社会復帰促進等事業を行うことができる.
第3条 ① この法律においては,労働者を使用する事業を適用事業とする.
② 前項の規定にかかわらず,国の直営事業及び官公署の事業(労働基準法(昭和22年法律第49号)別表第1に掲げる事業を除く.)については,この法律は,適用しない.
第5条 この法律に基づく政令及び厚生労働省令並びに労働保険の保険料の徴収等に関する法律(昭和44年法律第84号.以下「徴収法」という.)に基づく政令及び厚生労働省令(労働者災害補償保険事業に係るものに限る.)は,その草案について,労働政策審議会の意見を聞いて,これを制定する.

第2章 保険関係の成立及び消滅

第6条 保険関係の成立及び消滅については,徴収法の定めるところによる.

第3章 保険給付

第1節 通則
第7条 ① この法律による保険給付は,次に掲げる保険給付とする.
1 労働者の業務上の負傷,疾病,障害又は死亡(以下「業務災害」という.)に関する保険給付
2 労働者の通勤による負傷,疾病,障害又は死亡(以下「通勤災害」という.)に関する保険給付
3 二次健康診断等給付
② 前項第2号の通勤とは,労働者が,就業に関し,次に掲げる移動を,合理的な経路及び方法により行うことをいい,業務の性質を有するものを除くものとする.
1 住居と就業の場所との間の往復

労働者災害補償保険法（8条～8条の3）

　2　厚生労働省令で定める就業の場所から他の就業の場所への移動
　3　第1号に掲げる往復に先行し、又は後続する住居間の移動（厚生労働省令で定める要件に該当するものに限る.）
③　労働者が、前項各号に掲げる移動の経路を逸脱し、又は同項各号に掲げる移動を中断した場合においては、当該逸脱又は中断の間及びその後の同項各号に掲げる移動は、第1項第2号の通勤としない．ただし、当該逸脱又は中断が、日常生活上必要な行為であつて厚生労働省令で定めるものをやむを得ない事由により行うための最小限度のものである場合は、当該逸脱又は中断の間を除き、この限りでない．

第8条　①　給付基礎日額は、労働基準法第12条の平均賃金に相当する額とする．この場合において、同条第1項の平均賃金を算定すべき事由の発生した日は、前条第1項第1号若しくは第2号に規定する負傷若しくは死亡の原因である事故が発生した日又は診断によつて同項第1号及び第2号に規定する疾病の発生が確定した日（以下「算定事由発生日」という．）とする．
②　労働基準法第12条の平均賃金に相当する額を給付基礎日額とすることが適当でないと認められるときは、前項の規定にかかわらず、厚生労働省令で定めるところによつて政府が算定する額を給付基礎日額とする．

第8条の2　①　休業補償給付又は休業給付（以下この条において「休業補償給付等」という．）の算定の基礎として用いる給付基礎日額（以下この条において「休業給付基礎日額」という．）については、次に定めるところによる．
　1　次号に規定する休業補償給付等以外の休業補償給付等については、前条の規定により給付基礎日額として算定した額を休業給付基礎日額とする．
　2　1月から3月まで、4月から6月まで、7月から9月まで及び10月から12月までの各区分による期間（以下この条において「四半期」という．）ごとの平均給与額（厚生労働省令で定める毎月勤労統計における毎月きまつて支給する給与の額を基礎として厚生労働省令で定めるところにより算定した労働者1人当たりの給与の1箇月平均額をいう．以下この号において同じ．）が、算定事由発生日の属する四半期（この号の規定により改定した額（以下この号において「改定日額」という．）を休業補償給付等の額の算定の基礎とすることとされている場合にあつては、当該改定日額を休業補償給付等の額の算定の基礎として用いるべき最初の四半期の前々四半期）の平均給与額の100分の110を超え、又は100分の90を下るに至つた場合において、その上昇し、又は低下するに至つた四半期の翌々四半期に属する最初の日以後に支給すべき事由が生じた休業補償給付等の額については、その上昇し、又は低下した比率を基準として厚生労働大臣が定める率を前条の規定により給付基礎日額として算定した額（改定日額を休業補償給付等の額とすることとされている場合にあつては、当該改定日額）に乗じて得た額を休業給付基礎日額とする．
②　休業補償給付等を支給すべき事由が生じた日が当該休業補償給付等に係る療養を開始した日から起算して1年6箇月を経過した日以後の日である場合において、次の各号に掲げる場合に該当するときは、前項の規定にかかわらず、当該各号に定める額を休業給付基礎日額とする．
　1　前項の規定により休業給付基礎日額として算定した額が、厚生労働省令で定める年齢階層（以下この条において単に「年齢階層」という．）ごとに休業給付基礎日額の最低限度額として厚生労働大臣が定める額のうち、当該休業補償給付等を受けるべき労働者の当該休業補償給付等を支給すべき事由が生じた日の属する四半期の初日（次号において「基準日」という．）における年齢の属する年齢階層に係る額に満たない場合　当該年齢階層に係る額
　2　前項の規定により休業給付基礎日額として算定した額が、年齢階層ごとに休業給付基礎日額の最高限度額として厚生労働大臣が定める額のうち、当該休業補償給付等を受けるべき労働者の基準日における年齢の属する年齢階層に係る額を超える場合　当該年齢階層に係る額
③　前項第1号の厚生労働大臣が定める額は、毎年、年齢階層ごとに、厚生労働省令で定めるところにより、当該年齢階層に属するすべての労働者を、その受けている1月当たりの賃金の額（以下この項において「賃金月額」という．）の高低に従い、20の階層に区分し、その区分された階層のうち最も低い賃金月額に係る階層に属する労働者の受けている賃金月額のうち最も高いものを基礎として、労働者の年齢階層別の就業状態その他の事情を考慮して定めるものとする．
④　前項の規定は、第2項第2号の厚生労働大臣が定める額について準用する．この場合において、前項中「最も低い賃金月額に係る」とあるのは、「最も高い賃金月額に係る階層の直近下位の」と読み替えるものとする．

第8条の3　①　年金たる保険給付の額の算定の基礎として用いる給付基礎日額（以下この条において「年金給付基礎日額」という．）については、次に定めるところによる．
　1　算定事由発生日の属する年度（4月1日から翌年3月31日までをいう．以下同じ．）の翌々年度の7月以前の分として支給する年金たる保険給付については、第8条の規定により給付基礎日額として算定した額を年金給付基礎日額とする．
　2　算定事由発生日の属する年度の翌々年度の8月以後の分として支給する年金たる保険給付については、第8条の規定により給付基礎日額として算定した額に当該年金たる保険給付を支給すべき月の属する年度の前年度（当該月が4月から7月までの月に該当する場合にあつては、前々年度）の平均給与額（厚生労働省において作成する毎月勤労統計における毎月きまつて支給する給与の額を基礎として厚生労働省令で定めるところにより算定した労働者1人当たりの給与の平均額をいう．以下この号及び第16条の6第2項において同じ．）を算定事由発生日の属する年度の平均給与額で除して得た率を基準として厚生労働大臣が定める率を乗じて得た額を年金給付基礎日額とする．
②　前条第2項から第4項までの規定は、年金給付基礎日額について準用する．この場合において、同条第2項中「前項」とあるのは「次条第1項」と、同項第1号中「休業補償給付等」とあるのは「年金たる保険給付」と、「支給すべき事由が生じた日」とあるのは「支給すべき月」と、「四半期の初日（次号」とあるのは「年度の8月1日（当該月が4

月から7月までの月に該当する場合にあつては,当該年度の前年度の8月1日.以下この項」と,「年齢の」とあるのは「年齢(遺族補償年金を遺族年金を支給すべき場合には,当該支給をすべき事由に係る労働者の死亡がなかつたものとして計算した場合に得られる当該労働者の基準日における年齢.次号において同じ.)の」と,同項第2号中「休業補償給付等」とあるのは「年金たる保険給付」と読み替えるものとする.

第8条の4 前条第1項の規定は,障害補償一時金若しくは遺族補償一時金又は障害一時金若しくは遺族一時金の額の算定の基礎として用いる給付基礎日額について準用する.この場合において,同項中「の分として支給する」とあるのは「に支給すべき事由が生じた」と,「支給すべき月」とあるのは「支給すべき事由が生じた月」と読み替えるものとする.

第8条の5 給付基礎日額に1円未満の端数があるときは,これを1円に切り上げるものとする.

第9条 ① 年金たる保険給付の支給は,支給すべき事由が生じた月の翌月から始め,支給を受ける権利が消滅した月で終わるものとする.
② 年金たる保険給付は,その支給を停止すべき事由が生じたときは,その事由が生じた月の翌月からその事由が消滅した月までの間は,支給しない.
③ 年金たる保険給付は,毎年2月,4月,6月,8月,10月及び12月の六期に,それぞれその前月分までを支払う.ただし,支給を受ける権利が消滅した場合におけるその期の年金たる保険給付は,支払期月でない月であつても,支払うものとする.

第10条 船舶が沈没し,転覆し,滅失し,若しくは行方不明となつた際現にその船舶に乗つていた労働者若しくは船舶に乗つていてその船舶の航行中に行方不明となつた労働者の生死が3箇月間わからない場合又はこれらの労働者の死亡が3箇月以内に明らかとなり,かつ,その死亡の時期がわからない場合には,遺族補償給付,葬祭料,遺族給付及び葬祭給付の支給に関する規定の適用については,その船舶が沈没し,転覆し,滅失し,若しくは行方不明となつた日又は労働者が行方不明となつた日に,当該労働者は,死亡したものと推定する.航空機が墜落し,滅失し,若しくは行方不明となつた際現にその航空機に乗つていた労働者若しくは航空機に乗つていてその航空機の航行中行方不明となつた労働者の生死が3箇月間わからない場合又はこれらの労働者の死亡が3箇月以内に明らかとなり,かつ,その死亡の時期がわからない場合にも,同様とする.

第11条 ① この法律に基づく保険給付を受ける権利を有する者が死亡した場合において,その死亡した者に支給すべき保険給付でまだその者に支給しなかつたものがあるときは,その者の配偶者(婚姻の届出をしていないが,事実上婚姻関係と同様の事情にあつた者を含む.以下同じ.),子,父母,孫,祖父母又は兄弟姉妹であつて,その者の死亡の当時その者と生計を同じくしていたもの(遺族補償年金については当該遺族補償年金を受けることができる他の遺族,遺族年金については当該遺族年金を受けることができる他の遺族)は,自己の名で,その未支給の保険給付を請求することができる.
② 前項の場合において,死亡した者が死亡前にその保険給付を請求していなかつたときは,同項に規定する者は,自己の名で,その保険給付を請求することができる.
③ 未支給の保険給付を受けるべき者の順位は,第1項に規定する順序(遺族補償年金については第16条の2第3項に,遺族年金については第22条の4第3項において準用する第16条の2第3項に規定する順序)による.
④ 未支給の保険給付を受けるべき同順位者が2人以上あるときは,その1人がした請求は,全員のためその全額につきしたものとみなし,その1人に対してした支給は,全員に対してしたものとみなす.

第12条 ① 年金たる保険給付の支給を停止すべき事由が生じたにもかかわらず,その停止すべき期間の分として年金たる保険給付が支払われたときは,その支払われた年金たる保険給付は,その後に支払うべき年金たる保険給付の内払とみなすことができる.年金たる保険給付を減額して改定すべき事由が生じたにもかかわらず,その事由が生じた月の翌月以後の分として減額しない額の年金たる保険給付が支払われた場合における当該年金たる保険給付の当該減額すべきであつた部分についても,同様とする.
② 同一の業務上の事由又は通勤による負傷又は疾病(以下この条において「同一の傷病」という.)に関し,年金たる保険給付(遺族補償年金及び遺族年金を除く.以下この項において「乙年金」という.)を受ける権利を有する労働者が他の年金たる保険給付(遺族補償年金及び遺族年金を除く.以下この項において「甲年金」という.)を受ける権利を有することとなり,かつ,乙年金を受ける権利が消滅した場合において,その消滅した月の翌月以後の分として乙年金が支払われたときは,その支払われた乙年金は,甲年金の内払とみなす.同一の傷病に関し,年金たる保険給付(遺族補償年金及び遺族年金を除く.)を受ける権利を有する労働者が休業補償給付若しくは休業給付又は障害補償一時金若しくは障害一時金を受ける権利を有することとなり,かつ,当該年金たる保険給付を受ける権利が消滅した場合において,その消滅した月の翌月以後の分として当該年金たる保険給付が支払われたときも,同様とする.
③ 同一の傷病に関し,休業補償給付又は休業給付を受けている者が障害補償給付若しくは傷病補償年金又は障害給付若しくは傷病年金を受ける権利を有することとなり,かつ,休業補償給付又は休業給付を行わないこととなつた場合において,その後も休業補償給付又は休業給付が支払われたときは,その支払われた休業補償給付又は休業給付は,当該障害補償給付若しくは傷病補償年金又は障害給付若しくは傷病年金の内払とみなす.

第12条の2 年金たる保険給付を受ける権利を有する者が死亡したためその支給を受ける権利が消滅したにもかかわらず,その死亡の日の属する月の翌月以後の分として当該年金たる保険給付の過誤払が行われた場合において,当該過誤払による返還金に係る債権(以下この条において「返還金債権」という.)に係る債務の弁済をすべき者に支払うべき保険給付があるときは,厚生労働省令で定めるところにより,当該保険給付の支払金の金額を当該過誤払による返還金債権の金額に充当することができる.

第12条の2の2 ① 労働者が,故意に負傷,疾病,障害若しくは死亡又はその直接の原因となつた事故

64 労働者災害補償保険法（12条の3〜14条）

を生じさせたときは，政府は，保険給付を行わない．
② 労働者が故意の犯罪行為若しくは重大な過失により，又は正当な理由がなくて療養に関する指示に従わないことにより，負傷，疾病，障害若しくは死亡若しくはこれらの原因となつた事故を生じさせ，又は負傷，疾病若しくは障害の程度を増進させ，若しくはその回復を妨げたときは，政府は，保険給付の全部又は一部を行わないことができる．

第12条の3　① 偽りその他不正の手段により保険給付を受けた者があるときは，政府は，その保険給付に要した費用に相当する金額の全部又は一部を，その者から徴収することができる．
② 前項の場合において，事業主（徴収法第8条第1項又は第2項の規定により元請負人が事業主とされる場合にあつては，当該元請負人．以下同じ．）が偽りの報告又は証明をしたためその保険給付が行なわれたものであるときは，政府は，その事業主に対し，保険給付を受けた者と連帯して前項の徴収金を納付すべきことを命ずることができる．
③ 徴収法第27条，第29条，第30条及び第41条の規定は，前2項の規定による徴収金について準用する．

第12条の4　① 政府は，保険給付の原因である事故が第三者の行為によつて生じた場合において，保険給付をしたときは，その給付の価額の限度で，保険給付を受けた者が第三者に対して有する損害賠償の請求権を取得する．
② 前項の場合において，保険給付を受けるべき者が当該第三者から同一の事由について損害賠償を受けたときは，政府は，その価額の限度で保険給付をしないことができる．

第12条の5　① 保険給付を受ける権利は，労働者の退職によつて変更されることはない．
② 保険給付を受ける権利は，譲り渡し，担保に供し，又は差し押さえることができない．ただし，年金たる保険給付を受ける権利を独立行政法人福祉医療機構法（平成14年法律第166号）の定めるところにより独立行政法人福祉医療機構に担保に供する場合は，この限りでない．

第12条の6　租税その他の公課は，保険給付として支給を受けた金品を標準として課することはできない．

第12条の7　保険給付を受ける権利を有する者は，厚生労働省令で定めるところにより，政府に対して，保険給付に関し必要な厚生労働省令で定める事項を届け出，又は保険給付に関し必要な厚生労働省令で定める書類その他の物件を提出しなければならない．

第2節　業務災害に関する保険給付

第12条の8　① 第7条第1項第1号の業務災害に関する保険給付は，次に掲げる保険給付とする．
1　療養補償給付
2　休業補償給付
3　障害補償給付
4　遺族補償給付
5　葬祭料
6　傷病補償年金
7　介護補償給付
② 前項の保険給付（傷病補償年金及び介護補償給付を除く．）は，労働基準法第75条から第77条まで，第79条及び第80条に規定する災害補償の事由又は船員法（昭和22年法律第100号）第89条第1項，第91条第1項，第92条本文，第93条及び第94条に規定する災害補償の事由（同法第91条第1項にあつては，労働基準法第76条第1項に規定する災害補償の事由に相当する部分に限る．）が生じた場合に，補償を受けるべき労働者若しくは遺族又は葬祭を行う者に対し，その請求に基づいて行う．
③ 傷病補償年金は，業務上負傷し，又は疾病にかかつた労働者が，当該負傷又は疾病に係る療養の開始後1年6箇月を経過した日において次の各号のいずれにも該当するとき，又は同日後次の各号のいずれにも該当することとなつたときに，その状態が継続している間，当該労働者に対して支給する．
1　当該負傷又は疾病が治つていないこと．
2　当該負傷又は疾病による障害の程度が厚生労働省令で定める傷病等級に該当すること．
④ 介護補償給付は，障害補償年金又は傷病補償年金を受ける権利を有する労働者が，その受ける権利を有する障害補償年金又は傷病補償年金の支給事由となる障害であつて厚生労働省令で定める程度のものにより，常時又は随時介護を要する状態にあり，かつ，常時又は随時介護を受けているときに，当該介護を受けている間（次に掲げる間を除く．），当該労働者に対し，その請求に基づいて行う．
1　障害者の日常生活及び社会生活を総合的に支援するための法律（平成17年法律第123号）第5条第11項に規定する障害者支援施設（以下「障害者支援施設」という．）に入所している間（同条第7項に規定する生活介護（以下「生活介護」という．）を受けている場合に限る．）
2　障害者支援施設（生活介護を行うものに限る．）に準ずる施設として厚生労働大臣が定めるものに入所している間
3　病院又は診療所に入院している間

第13条　① 療養補償給付は，療養の給付とする．
② 前項の療養の給付の範囲は，次の各号（政府が必要と認めるものに限る．）による．
1　診察
2　薬剤又は治療材料の支給
3　処置，手術その他の治療
4　居宅における療養上の管理及びその療養に伴う世話その他の看護
5　病院又は診療所への入院及びその療養に伴う世話その他の看護
6　移送
③ 政府は，第1項の療養の給付をすることが困難な場合その他厚生労働省令で定める場合には，療養の給付に代えて療養の費用を支給することができる．

第14条　① 休業補償給付は，労働者が業務上の負傷又は疾病による療養のため労働することができないために賃金を受けない日の第4日目から支給するものとし，その額は，1日につき給付基礎日額の100分の60に相当する額とする．ただし，労働者が業務上の負傷又は疾病による療養のため所定労働時間のうちその一部分についてのみ労働する日に係る休業補償給付の額は，給付基礎日額（第8条の2第2項第2号に定める額（以下この項において「最高限度額」という．）を給付基礎日額とすることとされている場合にあつては，同号の規定の適用がないものとした場合における給付基礎日額）から当該労働に対して支払われる賃金の額を控除して得た額（当該控除して得た額が最高限度額を超える場合にあつては，最高限度額に相当する額）

の100分の60に相当する額とする.
② 休業補償給付を受ける労働者が同一の事由について厚生年金保険法（昭和29年法律第115号）の規定による障害厚生年金又は国民年金法（昭和34年法律第141号）の規定による障害基礎年金を受けることができるときは,当該労働者に支給される休業補償給付の額は,前項の規定にかかわらず,同項の額に別表第1第1号から第3号までに規定する場合に応じ,それぞれ同表第1号から第3号までの政令で定める率のうち政令で定める率を乗じて得た額（その額が政令で定める額を下回る場合には,当該政令で定める額）とする.
第14条の2 労働者が次の各号のいずれかに該当する場合（厚生労働省令で定める場合に限る.）には,休業補償給付は,行わない.
1 刑事施設,労役場その他これらに準ずる施設に拘禁されている場合
2 少年院その他これに準ずる施設に収容されている場合
第15条 ① 障害補償給付は,厚生労働省令で定める障害等級に応じ,障害補償年金又は障害補償一時金とする.
② 障害補償年金又は障害補償一時金の額は,それぞれ,別表第1又は別表第2に規定する額とする.
第15条の2 障害補償年金を受ける労働者の当該障害の程度に変更があつたため,新たに別表第1又は別表第2中の他の障害等級に該当するに至つた場合には,政府は,厚生労働省令で定めるところにより,新たに該当するに至つた障害等級に応ずる障害補償年金又は障害補償一時金を支給するものとし,その後は,従前の障害補償年金は,支給しない.
第16条 遺族補償給付は,遺族補償年金又は遺族補償一時金とする.
第16条の2 ① 遺族補償年金を受けることができる遺族は,労働者の配偶者,子,父母,孫,祖父母及び兄弟姉妹であつて,労働者の死亡の当時その収入によつて生計を維持していたものとする.ただし,妻（婚姻の届出をしていないが,事実上婚姻関係と同様の事情にあつた者を含む.以下同じ.）以外の者にあつては,労働者の死亡の当時次の各号に掲げる要件に該当した場合に限るものとする.
1 夫（婚姻の届出をしていないが,事実上婚姻関係と同様の事情にあつた者を含む.以下同じ.）,父母又は祖父母については,60歳以上であること.
2 子又は孫については,18歳に達する日以後の最初の3月31日までの間にあること.
3 兄弟姉妹については,18歳に達する日以後の最初の3月31日までの間にあること又は60歳以上であること.
4 前3号の要件に該当しない夫,子,父母,孫,祖父母又は兄弟姉妹については,厚生労働省令で定める障害の状態にあること.
② 労働者の死亡の当時胎児であつた子が出生したときは,前項の規定の適用については,将来に向かつて,その子は,労働者の死亡の当時その収入によつて生計を維持していた子とみなす.
③ 遺族補償年金を受けるべき遺族の順位は,配偶者,子,父母,孫,祖父母及び兄弟姉妹の順序とする.
第16条の3 ① 遺族補償年金の額は,別表第1に規定する額とする.
② 遺族補償年金を受ける権利を有する者が2人以上あるときは,遺族補償年金の額は,前項の規定に

かかわらず,別表第1に規定する額をその人数で除して得た額とする.
③ 遺族補償年金の額の算定の基礎となる遺族の数に増減を生じたときは,その増減を生じた月の翌月から,遺族補償年金の額を改定する.
④ 遺族補償年金を受ける権利を有する遺族が妻であり,かつ,当該妻と生計を同じくしている遺族補償年金を受けることができる遺族がない場合において,当該妻が次の各号の1に該当するに至つたときは,その該当するに至つた月の翌月から,遺族補償年金の額を改定する.
1 55歳に達したとき（別表第1の厚生労働省令で定める障害の状態にあるときを除く.）.
2 別表第1の厚生労働省令で定める障害の状態になり,又はその事情がなくなつたとき（55歳以上であるときを除く.）.
第16条の4 ① 遺族補償年金を受ける権利は,その権利を有する遺族が次の各号の1に該当するに至つたときは,消滅する.この場合において,同順位者がなくて後順位者があるときは,次順位者に遺族補償年金を支給する.
1 死亡したとき.
2 婚姻（届出をしていないが,事実上婚姻関係と同様の事情にある場合を含む.）をしたとき.
3 直系血族又は直系姻族以外の者の養子（届出をしていないが,事実上養子縁組関係と同様の事情にある者を含む.）となつたとき.
4 離縁によつて,死亡した労働者との親族関係が終了したとき.
5 子,孫又は兄弟姉妹については,18歳に達した日以後の最初の3月31日が終了したとき（労働者の死亡の時から引き続き第16条の2第1項第4号の厚生労働省令で定める障害の状態にあるときを除く.）.
6 第16条の2第1項第4号の厚生労働省令で定める障害の状態にある夫,子,父母,孫,祖父母又は兄弟姉妹については,その事情がなくなつたとき（夫,父母又は祖父母については,労働者の死亡の当時60歳以上であつたとき,子又は孫については,18歳に達する日以後の最初の3月31日までの間にあるとき,兄弟姉妹については,18歳に達する日以後の最初の3月31日までの間にあるか又は労働者の死亡の当時60歳以上であつたときを除く.）.
② 遺族補償年金を受けることができる遺族が前項各号の1に該当するに至つたときは,その者は,遺族補償年金を受けることができる遺族でなくなる.
第16条の5 ① 遺族補償年金を受ける権利を有する者の所在が1年以上明らかでない場合には,当該遺族補償年金は,同順位者があるときは同順位者の,同順位者がないときは次順位者の申請によつて,その所在が明らかでない間,その支給を停止する.この場合において,同順位者がないときは,その間,次順位者を先順位者とする.
② 前項の規定により遺族補償年金の支給を停止された遺族は,いつでも,その支給の停止の解除を申請することができる.
③ 第16条の3第3項の規定は,第1項の規定により遺族補償年金の支給が停止され,又は前項の規定によりその停止が解除された場合に準用する.この場合において,同条第3項中「増減を生じた月」とあるのは,「支給が停止され,又はその停止が解

除された月」と読み替えるものとする．

第16条の6 ① 遺族補償一時金は，次の場合に支給する．
1 労働者の死亡の当時遺族補償年金を受けることができる遺族がないとき．
2 遺族補償年金を受ける権利を有する者の権利が消滅した場合において，他に当該遺族補償年金を受けることができる遺族がなく，かつ，当該労働者の死亡に関し支給された遺族補償年金の額の合計額が当該権利が消滅した日において前号に掲げる場合に該当することとなるものとしたときに支給されることとなる遺族補償一時金の額に満たないとき．

② 前項第2号に規定する遺族補償年金の額の合計額を計算する場合には，同号に規定する権利が消滅した日の属する年度（当該権利が消滅した日の属する月が4月から7月までの月に該当する場合にあつては，その前年度．以下この項において同じ．）の7月以前の分として支給された遺族補償年金の額については，その現に支給された額に当該権利が消滅した日の属する年度の前年度の平均給与額を当該遺族補償年金の支給の対象とされた月の属する年度の前年度（当該月が4月から7月までの月に該当する場合にあつては，前々年度）の平均給与額で除して得た率を基準として厚生労働大臣が定める率を乗じて得た額により算定するものとする．

第16条の7 ① 遺族補償一時金を受けることができる遺族は，次の各号に掲げる者とする．
1 配偶者
2 労働者の死亡の当時その収入によつて生計を維持していた子，父母，孫及び祖父母
3 前号に該当しない子，父母，孫及び祖父母並びに兄弟姉妹

② 遺族補償一時金を受けるべき遺族の順位は，前項各号の順序により，同項第2号及び第3号に掲げる者のうちにあつては，それぞれ，当該各号に掲げる順序による．

第16条の8 ① 遺族補償一時金の額は，別表第2に規定する額とする．
② 第16条の3第2項の規定は，遺族補償一時金の額について準用する．この場合において，同項中「別表第1」とあるのは，「別表第2」と読み替えるものとする．

第16条の9 ① 労働者を故意に死亡させた者は，遺族補償給付を受けることができる遺族としない．
② 労働者の死亡前に，当該労働者の死亡によつて遺族補償年金を受けることができる先順位又は同順位の遺族となるべき者を故意に死亡させた者は，遺族補償年金を受けることができる遺族としない．
③ 遺族補償年金を受けることができる遺族を故意に死亡させた者は，遺族補償一時金を受けることができる遺族としない．労働者の死亡前に，当該労働者の死亡によつて遺族補償年金を受けることができる遺族となるべき者を故意に死亡させた者も，同様とする．
④ 遺族補償年金を受けることができる遺族が，遺族補償年金を受けることができる先順位又は同順位の他の遺族を故意に死亡させたときは，その者は，遺族補償年金を受けることができる遺族でなくなる．この場合において，その者が遺族補償年金を受ける権利を有する者であるときは，その権利は，消滅する．

⑤ 前項後段の場合には，第16条の4第1項後段の規定を準用する．

第17条 葬祭料は，通常葬祭に要する費用を考慮して厚生労働大臣が定める金額とする．

第18条 ① 傷病補償年金は，第12条の8第3項第2号の厚生労働省令で定める傷病等級に応じ，別表第1に規定する額とする．
② 傷病補償年金を受ける者には，休業補償給付は，行なわない．

第18条の2 傷病補償年金を受ける労働者の当該障害の程度に変更があつたため，新たに別表第1中の他の傷病等級に該当するに至つた場合には，政府は，厚生労働省令で定めるところにより，新たに該当するに至つた傷病等級に応ずる傷病補償年金を支給するものとし，その後は，従前の傷病補償年金は，支給しない．

第19条 業務上負傷し，又は疾病にかかつた労働者が，当該負傷又は疾病に係る療養の開始後3年を経過した日において傷病補償年金を受けている場合又は同日後に傷病補償年金を受けることとなつた場合には，労働基準法第19条第1項の規定の適用については，当該使用者は，それぞれ，当該3年を経過した日又は傷病補償年金を受けることとなつた日において，同法第81条の規定により打切補償を支払つたものとみなす．

第19条の2 介護補償給付は，月を単位として支給するものとし，その月額は，常時又は随時介護を受ける場合に通常要する費用を考慮して厚生労働大臣が定める額とする．

第20条 この節に定めるもののほか，業務災害に関する保険給付について必要な事項は，厚生労働省令で定める．

第3節　通勤災害に関する保険給付

第21条 第7条第1項第2号の通勤災害に関する保険給付は，次に掲げる保険給付とする．
1 療養給付
2 休業給付
3 障害給付
4 遺族給付
5 葬祭給付
6 傷病年金
7 介護給付

第22条 ① 療養給付は，労働者が通勤（第7条第1項第2号の通勤をいう．以下同じ．）により負傷し，又は疾病（厚生労働省令で定めるものに限る．以下この節において同じ．）にかかつた場合に，当該労働者に対し，その請求に基づいて行なう．
② 第13条の規定は，療養給付について準用する．

第22条の2 ① 休業給付は，労働者が通勤による負傷又は疾病に係る療養のため労働することができないために賃金を受けない場合に，当該労働者に対し，その請求に基づいて行なう．
② 第14条及び第14条の2の規定は，休業給付について準用する．この場合において，第14条第1項中「業務上」とあるのは「通勤による」と，同条第2項中「別表第1第1号から第3号までに規定する場合に応じ，それぞれ同表第1号から第3号までの政令で定める率のうち傷病補償年金について定める率」とあるのは「第23条第2項において準用する別表第1第1号から第3号までに規定する場合に応じ，それぞれ同表第1号から第3号までの政令で定める率のうち傷病年金について定める率」

と読み替えるものとする.

③ 療養給付を受ける労働者（第31条第2項の厚生労働省令で定める者を除く.）に支給する休業給付であつて最初に支給すべき事由の生じた日に係るものの額は、前項において準用する第14条第1項の規定にかかわらず、同項の額から第31条第2項の厚生労働省令で定める額に相当する額を減じた額とする.

第22条の3 ① 障害給付は、労働者が通勤により負傷し、又は疾病にかかり、なおつたとき身体に障害が存する場合に、当該労働者に対し、その請求に基づいて行なう.

② 障害給付は、第15条第1項の厚生労働省令で定める障害等級に応じ、障害年金又は障害一時金とする.

③ 第15条第2項及び第15条の2並びに別表第1（障害補償年金に係る部分に限る.）及び別表第2（障害補償一時金に係る部分に限る.）の規定は、障害給付について準用する. この場合において、これらの規定中「障害補償年金」とあるのは「障害年金」と、「障害補償一時金」とあるのは「障害一時金」と読み替えるものとする.

第22条の4 ① 遺族給付は、労働者が通勤により死亡した場合に、当該労働者の遺族に対し、その請求に基づいて行なう.

② 遺族給付は、遺族年金又は遺族一時金とする.

③ 第16条の2から第16条の9まで並びに別表第1（遺族補償年金に係る部分に限る.）及び別表第2（遺族補償一時金に係る部分に限る.）の規定は、遺族給付について準用する. この場合において、これらの規定中「遺族補償年金」とあるのは「遺族年金」と、「遺族補償一時金」とあるのは「遺族一時金」と読み替えるものとする.

第22条の5 ① 葬祭給付は、労働者が通勤により死亡した場合に、葬祭を行なう者に対し、その請求に基づいて行なう.

② 第17条の規定は、葬祭給付について準用する.

第23条 ① 傷病年金は、通勤により負傷し、又は疾病にかかつた労働者が、当該傷病又は疾病に係る療養の開始後1年6箇月を経過した日において次の各号のいずれにも該当するとき、又は同日後次の各号のいずれにも該当することとなつたときに、その状態が継続している場合に対して支給する.

1　当該負傷又は疾病が治つていないこと.

2　当該負傷又は疾病による障害の程度が第12条の8第3項第2号の厚生労働省令で定める傷病等級に該当すること.

② 第18条、第18条の2及び別表第1（傷病補償年金に係る部分に限る.）の規定は、傷病年金について準用する. この場合において、第18条第2項中「休業補償給付」とあるのは「休業給付」と、同表中「傷病補償年金」とあるのは「傷病年金」と読み替えるものとする.

第24条 ① 介護給付は、障害年金又は傷病年金を受ける権利を有する労働者が、その受ける障害年金又は傷病年金の支給事由となる障害であつて第12条の8第4項の厚生労働省令で定める程度のものにより、常時又は随時介護を要する状態にあり、かつ、常時又は随時介護を受けているときに、当該介護を受けている間（次に掲げる間を除く.）、当該労働者に対し、その請求に基づいて行う.

1　障害者支援施設に入所している間（生活介護を受けている場合に限る.）

2　第12条の8第4項第2号の厚生労働大臣が定める施設に入所している間

3　病院又は診療所に入院している間

② 第19条の2の規定は、介護給付について準用する.

第25条　この節に定めるもののほか、通勤災害に関する保険給付について必要な事項は、厚生労働省令で定める.

第4節　二次健康診断等給付

第26条 ① 二次健康診断等給付は、労働安全衛生法（昭和47年法律第57号）第66条第1項の規定による健康診断又は当該健康診断に係る同条第5項ただし書の規定による健康診断のうち、直近のもの（以下この項において「一次健康診断」という.）において、血圧検査、血液検査その他業務上の事由による脳血管疾患及び心臓疾患の発生にかかわる身体の状態に関する検査であつて、厚生労働省令で定めるものが行われた場合において、当該検査を受けた労働者がそのいずれの項目にも異常の所見があると診断されたときに、当該労働者（当該一次健康診断の結果その他の事情により既に脳血管疾患又は心臓疾患の症状を有すると認められるものを除く.）に対し、その請求に基づいて行う.

② 二次健康診断等給付の範囲は、次のとおりとする.

1　脳血管及び心臓の状態を把握するために必要な検査（前項に規定する検査を除く.）であつて厚生労働省令で定めるものを行う医師による健康診断（1年度につき1回に限る. 以下この節において「二次健康診断」という.）

2　二次健康診断の結果に基づき、脳血管疾患及び心臓疾患の発生の予防を図るため、面接により行われる医師又は保健師による保健指導（二次健康診断ごとに1回に限る. 次項において「特定保健指導」という.）

③ 政府は、二次健康診断の結果その他の事情により既に脳血管疾患又は心臓疾患の症状を有すると認められる労働者については、当該二次健康診断に係る特定保健指導を行わないものとする.

第27条　政府は、二次健康診断を受けた労働者から当該二次健康診断の実施の日から3箇月を超えない期間で厚生労働省令で定める期間内に当該二次健康診断の結果を証明する書面の提出を受けた事業者（労働安全衛生法第2条第3号に規定する事業者をいう.）に対する同法第66条の4の規定の適用については、同条中「健康診断の結果（当該健康診断」とあるのは、「健康診断及び労働者災害補償保険法第26条第2項第1号に規定する二次健康診断の結果（これらの健康診断」とする.

第28条　この節に定めるもののほか、二次健康診断等給付について必要な事項は、厚生労働省令で定める.

第3章の2　社会復帰促進等事業

第29条 ① 政府は、この保険の適用事業に係る労働者及びその遺族について、社会復帰促進等事業として、次の事業を行うことができる.

1　療養に関する施設及びリハビリテーションに関する施設の設置及び運営その他業務災害及び通勤災害を被つた労働者（次号において「被災労働者」という.）の円滑な社会復帰を促進するために必要な事業

2　被災労働者の療養生活の援護、被災労働者の受ける介護の援護、その遺族の就学の援護、被災労働

者及びその遺族が必要とする資金の貸付けによる援護その他被災労働者及びその遺族の援護を図るために必要な事業
3　業務災害の防止に関する活動に対する援助,健康診断に関する施設の設置及び運営その他労働者の安全及び衛生の確保,保険給付の適切な実施の確保並びに賃金の支払の確保を図るために必要な事業
② 前項各号に掲げる事業の実施に関して必要な基準は,厚生労働省令で定める.
③ 政府は,第1項の社会復帰促進等事業のうち,独立行政法人労働者健康安全機構法(平成14年法律第171号)第12条第1項に掲げるものを独立行政法人労働者健康安全機構に行わせるものとする.

第4章　費用の負担

第30条　労働者災害補償保険事業に要する費用にあてるため政府が徴収する保険料については,徴収法の定めるところによる.

第31条　① 政府は,次の各号のいずれかに該当する事故について保険給付を行つたときは,厚生労働省令で定めるところにより,業務災害に関する保険給付にあつては労働基準法の規定による災害補償の価額の限度又は船員法の規定による災害補償のうち労働基準法の規定による災害補償に相当する災害補償の価額の限度で,通勤災害に関する保険給付にあつては通勤災害を業務災害とみなした場合に支給されるべき業務災害に関する保険給付に相当する同法の規定による災害補償の価額の限度で,その保険給付に要した費用に相当する金額の全部又は一部を事業主から徴収することができる.
1　事業主が故意又は重大な過失により徴収法第4条の2第1項の規定による届出であつてこの保険に係る保険関係の成立に係るものをしていない期間(政府が当該事業について徴収法第15条第3項の規定による決定をしたときは,その決定後の期間を除く.)中に生じた事故
2　事業主が徴収法第10条第2項第1号の一般保険料を納付しない期間(徴収法第27条第2項の督促状に指定する期限後の期間に限る.)中に生じた事故
3　事業主が故意又は重大な過失により生じさせた業務災害の原因である事故
② 政府は,療養給付を受ける労働者(厚生労働省令で定める者を除く.)から,200円を超えない範囲内で厚生労働省令で定める額を一部負担金として徴収する.ただし,第22条の2第3項の規定により減額した休業給付の支給を受けた労働者については,この限りでない.
③ 政府は,前項の労働者から徴収する同項の一部負担金に充てるため,厚生労働省令で定めるところにより,当該労働者に支払うべき保険給付の額から当該一部負担金の額に相当する額を控除することができる.
④ 徴収法第27条,第29条,第30条及び第41条の規定は,第1項又は第2項の規定による徴収金について準用する.

第32条　国庫は,予算の範囲内において,労働者災害補償保険事業に要する費用の一部を補助することができる.

第4章の2　特別加入

第33条　次の各号に掲げる者(第2号,第4号及び第5号に掲げる者にあつては,労働者である者を除く.)の業務災害及び通勤災害に関しては,この章に定めるところによる.
1　厚生労働省令で定める数以下の労働者を使用する事業(厚生労働省令で定める事業を除く.第7号において「特定事業」という.)の事業主で徴収法第33条第3項の労働保険事務組合(以下「労働保険事務組合」という.)に同条第1項の労働保険事務の処理を委託するものである者(事業主が法人その他の団体であるときは,代表者)
2　前号の事業主が行う事業に従事する者
3　厚生労働省令で定める種類の事業を労働者を使用しないで行うことを常態とする者
4　前号の者が行う事業に従事する者
5　厚生労働省令で定める種類の作業に従事する者
6　この法律の施行地外の地域のうち開発途上にある地域に対する技術協力の実施の事業(事業の期間が予定される事業を除く.)を行う団体が,当該団体の業務の実施のため,当該開発途上にある地域(業務災害及び通勤災害に関する保護制度の状況その他の事情を考慮して厚生労働省令で定める国の地域を除く.)において行われる事業に従事させるために派遣する者
7　この法律の施行地内において事業(事業の期間が予定される事業を除く.)を行う事業主が,この法律の施行地外の地域(業務災害及び通勤災害に関する保護制度の状況その他の事情を考慮して厚生労働省令で定める国の地域を除く.)において行われる事業に従事させるために派遣する者(当該事業が特定事業に該当しないときは,当該事業に使用される労働者として派遣する者に限る.)

第34条　① 前条第1号の事業主が,同号及び同条第2号に掲げる者を包括して当該事業について成立する保険関係に基づきこの保険による業務災害及び通勤災害に関する保険給付を受けることができる者とすることにつき申請をし,政府の承認があつたときは,第3章第1節から第3節まで及び第3章の2の規定の適用については,次に定めるところによる.
1　前条第1号及び第2号に掲げる者は,当該事業に使用される労働者とみなす.
2　前条第1号又は第2号に掲げる者が業務上負傷し,若しくは疾病にかかつたとき,その負傷若しくは疾病についての療養のため当該事業に従事することができないとき,その負傷若しくは疾病が治つた場合において身体に障害が存するとき,又は業務上死亡したときは,労働基準法第75条から第77条まで,第79条及び第80条に規定する災害補償の事由が生じたものとみなす.
3　前条第1号及び第2号に掲げる者の給付基礎日額は,当該事業に使用される労働者の賃金の額その他の事情を考慮して厚生労働大臣が定める額とする.
4　前条第1号又は第2号に掲げる者の事故が徴収法第10条第2項第2号の第1種特別加入保険料が滞納されている期間中に生じたものであるときは,政府は,当該事故に係る保険給付の全部又は一部を行わないことができる.これらの者の業務災害の原因である事故が前条第1号の事業主の故意

(2) 労働法規・労災補償

又は重大な過失によつて生じたものであるときも、同様とする．

② 前条第1号の事業主は，前項の承認があつた後においても，政府の承認を受けて，同号及び同条第2号に掲げる者を包括して保険給付を受けることができる者としないこととすることができる．

③ 政府は，前条第1号の事業主が，この法律若しくは徴収法又はこれらの法律に基づく厚生労働省令の規定に違反したときは，第1項の承認を取り消すことができる．

④ 前条第1号及び第2号に掲げる者の保険給付を受ける権利は，第2項の規定による承認又は前項の規定による第1項の承認の取消しによつて変更されない．これらの者が同条第1号及び第2号に掲げる者でなくなつたことによつても，同様とする．

第35条 ① 第33条第3号に掲げる者の団体又は同条第5号に掲げる者の団体が，当該団体の構成員である同条第3号に掲げる者又は当該団体に係る同条第4号に掲げる者又は当該団体の構成員である同条第5号に掲げる者の業務災害及び通勤災害（これらの者のうち，住居と就業の場所との間の往復の状況等を考慮して厚生労働省令で定める者にあつては，業務災害に限る．）に関してこの保険の適用を受けることにつき申請をし，政府の承認があつたときは，第3章第1節から第3節まで（当該厚生労働省令で定める者にあつては，同章第1節及び第2節），第3章の2及び徴収法第2章から第6章までの規定の適用については，次に定めるところによる．

1 当該団体は，第3条第1項の適用事業及びその事業主とみなす．

2 当該承認があつた日は，前号の適用事業が開始された日とみなす．

3 当該団体に係る第33条第3号から第5号までに掲げる者は，第1号の適用事業に使用される労働者とみなす．

4 当該団体の解散は，事業の廃止とみなす．

5 前条第1項第2号の規定は，第33条第3号から第5号までに掲げる者に係る業務災害に関する保険給付の事由について準用する．この場合において同条第5号に掲げる者に関しては，前条第1項第2号中「業務上」とあるのは「当該作業により」と，「当該事業」とあるのは「当該作業」と読み替えるものとする．

6 第33条第3号から第5号までに掲げる者の給付基礎日額は，当該事業と同種若しくは類似の事業又は当該作業と同種若しくは類似の作業を行う事業に使用される労働者の賃金の額その他の事情を考慮して厚生労働大臣が定める額とする．

7 第33条第3号から第5号までに掲げる者の事故が，徴収法第10条第2項第3号の第2種特別加入保険料が滞納されている期間中に生じたものであるときは，政府は，当該事故に係る保険給付の全部又は一部を行わないことができる．

② 1の団体に係る第33条第3号から第5号までに掲げる者として前項第3号の規定により労働者とみなされたものは，同一の種類の事業又は同一の種類の作業に関しては，他の団体に関し重ねて同号の規定により労働者とみなされることはない．

③ 第1項の団体は，同項の承認があつた後においても，政府の承認を受けて，当該団体についての保険関係を消滅させることができる．

④ 政府は，第1項の団体がこの法律若しくは徴収法又はこれらの法律に基づく厚生労働省令の規定に違反したときは，当該団体についての保険関係を消滅させることができる．

⑤ 第33条第3号から第5号までに掲げる者の保険給付を受ける権利は，同条第3号又は第5号に掲げる者が第1項の団体から脱退することによつて変更されない．同条第3号から第5号までに掲げる者がこれらの規定に掲げる者でなくなつたことによつても，同様とする．

第36条 ① 第33条第6号の団体又は同条第7号の事業主が，同条第6号又は第7号に掲げる者を，当該団体又は当該事業主がこの法律の施行地内において行う事業（事業の期間が予定される事業を除く．）についての保険関係に基づくこの保険による業務災害及び通勤災害に関する保険給付を受けることができる者とすることにつき申請をし，政府の承認があつたときは，第3章第1節から第3節まで及び第3章の2の規定の適用については，次に定めるところによる．

1 第33条第6号又は第7号に掲げる者は，当該事業に使用される労働者とみなす．

2 第34条第1項第2号の規定は第33条第6号又は第7号に掲げる者に係る業務災害に関する保険給付の事由について，同項第3号の規定は第33条第6号又は第7号に掲げる者の給付基礎日額について準用する．この場合において，同項第2号中「当該事業」とあるのは，「第33条第6号又は第7号に規定する開発途上にある地域又はこの法律の施行地外の地域において行われる事業」と読み替えるものとする．

3 第33条第6号又は第7号に掲げる者の事故が，徴収法第10条第2項第3号の2の第3種特別加入保険料が滞納されている期間中に生じたものであるときは，政府は，当該事故に係る保険給付の全部又は一部を行わないことができる．

② 第34条第2項及び第3項の規定は前項の承認を受けた第33条第6号の団体又は同条第7号の事業主について，第34条第4項の規定は第33条第6号又は第7号に掲げる者の保険給付を受ける権利について準用する．この場合において，これらの規定中「前項の承認」とあり，及び「第1項の承認」とあるのは「第36条第1項の承認」と，第34条第2項中「同号及び同条第2号に掲げる者を包括して」とあるのは「同条第6号又は第7号に掲げる者を」と，同条第4項中「第1号及び第2号」とあるのは「第33条第6号又は第7号」と読み替えるものとする．

第37条 この章に定めるもののほか，第33条各号に掲げる者の業務災害及び通勤災害に関し必要な事項は，厚生労働省令で定める．

第5章 不服申立て及び訴訟

(不服申立て)

第38条 保険給付に関する決定に不服のある者は，労働者災害補償保険審査官に対して審査請求をし，その決定に不服のある者は，労働保険審査会に対して再審査請求をすることができる．

② 前項の審査請求をしている者は，審査請求をした日から3箇月を経過しても審査請求についての決定がないときは，労働者災害補償保険審査官が審査請求を棄却したものとみなすことができる．

③ 第1項の審査請求及び再審査請求は,時効の中断に関しては,これを裁判上の請求とみなす.

(行政不服審査法の一部適用排除)

第39条　前条第1項の審査請求及び再審査請求については,行政不服審査法(平成26年法律第68号)第2章(第22条を除く.)及び第四章の規定は,適用しない.

(不服申立てと訴訟との関係)

第40条　第38条第1項に規定する処分の取消しの訴えは,当該処分についての審査請求に対する労働者災害補償保険審査官の決定を経た後でなければ,提起することができない.

第41条　削除

第6章　雑則

第42条　療養補償給付,休業補償給付,葬祭料,介護補償給付,療養給付,休業給付,葬祭給付,介護給付及び二次健康診断等給付を受ける権利は,2年を経過したとき,障害補償給付,遺族補償給付,障害給付及び遺族給付を受ける権利は,5年を経過したときは,時効によつて消滅する.

別表第1　(第14条,第15条,第15条の2,第16条の3,第18条,第18条の2,第22条の3,第22条の4,第23条関係)

1	同一の事由(障害補償年金及び遺族補償年金については,それぞれ,当該障害又は死亡をいい,傷病補償年金については,当該負傷又は疾病により療養の状態にあることをいう.以下同じ.)により,障害補償年金若しくは傷病補償年金又は遺族補償年金と厚生年金保険法の規定による障害厚生年金及び国民年金法の規定による障害基礎年金(同法第30条の4の規定による障害基礎年金を除く.以下同じ.)又は厚生年金保険法の規定による遺族厚生年金及び国民年金法の規定による遺族基礎年金若しくは寡婦年金とが支給される場合にあつては,下欄の額に,次のイからハまでに掲げる年金たる保険給付の区分に応じ,それぞれイからハまでに掲げるところにより算定して得た率を下らない範囲内で政令で定める率を乗じて得た額(その額が政令で定める額を下回る場合には,当該政令で定める額)	
	イ　障害補償年金	前々保険年度(前々年の4月1日から前年の3月31日までをいう.以下この号において同じ.)において障害補償年金を受けていた者であつて,同一の事由により厚生年金保険法の規定による障害厚生年金及び国民年金法の規定による障害基礎年金が支給されていたすべてのものに係る前々保険年度における障害補償年金の支給額(これらの者が厚生年金保険法の規定による障害厚生年金及び国民年金法の規定による障害基礎年金を支給されていなかつたとした場合の障害補償年金の支給額をいう.)の平均額からこれらの者が受けていた前々保険年度における厚生年金保険法の規定による障害厚生年金の支給額と国民年金法の規定による障害基礎年金の支給額との合計額の平均額に100分の50を乗じて得た額を減じた額を当該障害補償年金の支給額の平均額で除して得た率
	ロ　遺族補償年金	イ中「障害補償年金」とあるのは「遺族補償年金」と,「障害厚生年金」とあるのは「遺族厚生年金」と,「障害基礎年金」とあるのは「遺族基礎年金又は寡婦年金」として,イの規定の例により算定して得た率
	ハ　傷病補償年金	イ中「障害補償年金」とあるのは,「傷病補償年金」として,イの規定の例により算定して得た率
2	同一の事由により,障害補償年金若しくは傷病補償年金又は遺族補償年金と厚生年金保険法の規定による障害厚生年金又は遺族厚生年金とが支給される場合(第1号に規定する場合を除く.)にあつては,下欄の額に,年金たる保険給付の区分に応じ,第1号の政令で定める率に準じて政令で定める率を乗じて得た額(その額が政令で定める額を下回る場合には,当該政令で定める額)	
3	同一の事由により,障害補償年金若しくは傷病補償年金又は遺族補償年金と国民年金法の規定による障害基礎年金又は遺族基礎年金若しくは寡婦年金とが支給される場合(第1号に規定する場合を除く.)にあつては,下欄の額に,年金たる保険給付の区分に応じ,第1号の政令で定める率に準じて政令で定める率を乗じて得た額(その額が政令で定める額を下回る場合には,当該政令で定める額)	
4	前3号の場合以外の場合にあつては,下欄の額	

区分		
障害補償年金	1	障害等級第1級に該当する障害がある者給付基礎日額の313日分
	2	障害等級第2級に該当する障害がある者　給付基礎日額の277日分
	3	障害等級第3級に該当する障害がある者　給付基礎日額の245日分
	4	障害等級第4級に該当する障害がある者　給付基礎日額の213日分
	5	障害等級第5級に該当する障害がある者給付基礎日額の184日分
	6	障害等級第6級に該当する障害がある者　給付基礎日額の156日分
	7	障害等級第7級に該当する障害がある者給付基礎日額の131日分
遺族補償年金	次の各号に掲げる遺族補償年金を受ける権利を有する遺族及びその者と生計を同じくしている遺族補償年金を受けることができる遺族の人数の区分に応じ,当該各号に掲げる額	
	1	1人　給付基礎日額の153日分.ただし,55歳以上の妻又は厚生労働省令で定める障害の状態にある妻にあつては,給付基礎日額の175日分とする.
	2	2人　給付基礎日額の201日分
	3	3人　給付基礎日額の223日分
	4	4人以上　給付基礎日額の245日分
傷病補償年金	1	傷病等級第1級に該当する障害の状態にある者給付基礎日額の313日分
	2	傷病等級第2級に該当する障害の状態にある者給付基礎日額の277日分
	3	傷病等級第3級に該当する障害の状態にある者給付基礎日額の245日分

別表第2　(第15条,第15条の2,第16条の8,第22条の3,第22条の4関係)

区分		額
障害補償一時金	1	障害等級第8級に該当する障害がある者給付基礎日額の503日分
	2	障害等級第9級に該当する障害がある者給付基礎日額の391日分
	3	障害等級第10級に該当する障害がある者給付基礎日額の302日分
	4	障害等級第11級に該当する障害がある者給付基礎日額の223日分
	5	障害等級第12級に該当する障害がある者給

	6	付基礎日額の156日分 障害等級第13級に該当する障害がある者付基礎日額の101日分
	7	障害等級第14級に該当する障害がある者付基礎日額の56日分
遺族補償一時金	1	第16条の6第1項第1号の場合給付基礎日額の1,000日分
	2	第16条の6第1項第2号の場合給付基礎日額の1,000日分から第16条の6第1項第2号に規定する遺族補償年金の額の合計額を控除した額

65 労働者災害補償保険法施行規則(抄)

(昭30・9・1労働省令第22号,昭30・9・1施行,最終改正:平28・3・25厚生労働省令第41号)

労働者災害補償保険法施行規則(昭和22年労働省令第1号)の全部を改正する.

第1章 総則

(事務の所轄)

第1条 ① 労働者災害補償保険法(昭和22年法律第50号.以下「法」という.)第34条第1項第3号(法第36条第1項第2号において準用する場合を含む.),第35条第1項第6号及び第49条の3第1項に規定する厚生労働大臣の権限は,都道府県労働局長に委任する.ただし,法第49条の3第1項の規定による権限は,厚生労働大臣が自ら行うことを妨げない.

② 労働者災害補償保険(以下「労災保険」という.)に関する事務(労働保険の保険料の徴収等に関する法律(昭和44年法律第84号.以下「徴収法」という.),失業保険法及び労働者災害補償保険法の一部を改正する法律及び労働保険の保険料の徴収等に関する法律の施行に伴う関係法律の整備等に関する法律(昭和44年法律第85号.以下「整備法」という.)及び賃金の支払の確保等に関する法律(昭和51年法律第34号)に基づく事務並びに厚生労働大臣が定める事務を除く.)は,厚生労働省労働基準局長の指揮監督を受けて,事業場の所在地を管轄する都道府県労働局長(事業場が2以上の都道府県労働局の管轄区域にまたがる場合には,その事業の主たる事務所の所在地を管轄する都道府県労働局長)(以下「所轄都道府県労働局長」という.)が行う.

③ 前項の事務のうち,保険給付(二次健康診断等給付を除く.)並びに社会復帰促進等事業のうち労災就学等援護費及び特別支給金の支給並びに厚生労働省労働基準局長が定める給付に関する事務は,都道府県労働局長の指揮監督を受けて,事業場の所在地を管轄する労働基準監督署長(事業場が2以上の労働基準監督署の管轄区域にまたがる場合には,その事業の主たる事務所の所在地を管轄する労働基準監督署長)(以下「所轄労働基準監督署長」という.)が行う.

第3章 保険給付

第1節 通則

(法第7条第2項第2号の厚生労働省令で定める就業の場所)

第6条 法第7条第2項第2号の厚生労働省令で定める就業の場所は,次のとおりとする.

1 法第3条第1項の適用事業及び整備法第5条第1項の規定により労災保険に係る保険関係が成立している同項の労災保険暫定任意適用事業に係る就業の場所

2 法第34条第1項第1号,第35条第1項第3号又は第36条第1項第1号の規定により労働者とみなされる者(第46条の22の2に規定する者を除く.)に係る就業の場所

3 その他前2号に類する就業の場所

(法第7条第2項第3号の厚生労働省令で定める要件)

第7条 法第7条第2項第3号の厚生労働省令で定める要件は,同号に規定する移動が,次の各号のいずれかに該当する労働者により行われるものであることとする.

1 転任に伴い,当該転任の直前の住居と就業の場所との間を日々往復することが当該往復の距離等を考慮して困難となつたため住居を移転した労働者であつて,次のいずれかに掲げるやむを得ない事情により,当該転任の直前の住居に居住している配偶者(婚姻の届出をしていないが,事実上婚姻関係と同様の事情にある者を含む.以下同じ.)と別居することとなつたもの

イ 配偶者が,要介護状態(負傷,疾病又は身体上若しくは精神上の障害により,2週間以上の期間にわたり常時介護を必要とする状態をいう.以下この条及び次条において同じ.)にある労働者又は配偶者の父母又は同居の親族を介護すること.

ロ 配偶者が,学校教育法(昭和22年法律第26号)第1条に規定する学校,同法第124条に規定する専修学校若しくは同法第134条第1項に規定する各種学校(以下この条において「学校等」という.)に在学し,児童福祉法(昭和22年法律第164号)第39条第1項に規定する保育所(次号口において「保育所」という.)若しくは就学前の子どもに関する教育,保育等の総合的な提供の推進に関する法律(平成18年法律第77号)第2条第7項に規定する幼保連携型認定こども園(次号口において「幼保連携型認定こども園」という.)に通い,又は職業能力開発促進法(昭和44年法律第64号)第15条の7第3項に規定する公共職業能力開発施設の行う職業訓練(職業能力開発総合大学校において行われるものを含む.以下この条及び次条において「職業訓練」という.)を受けている同居の子(18歳に達する日以後の最初の3月31日までの間にある子に限る.)を養育すること.

ハ 配偶者が,引き続き就業すること.

ニ 配偶者が,労働者の所有に係る住宅を管理するため,引き続き当該住宅に居住すること.

ホ その他配偶者が労働者と同居できないと認められるイからニまでに類する事情

2 転任に伴い,当該転任の直前の住居と就業の場所との間を日々往復することが当該往復の距離等を考慮して困難となつたため住居を移転した労働

者であつて,次のいずれかに掲げるやむを得ない事情により,当該転任の直前の住居に居住している子と別居することとなつたもの(配偶者がないものに限る.)
　イ　当該子が要介護状態にあり,引き続き当該転任の直前まで日常生活を営んでいた地域において介護を受けなければならないこと.
　ロ　当該子(18歳に達する日以後の最初の3月31日までの間にある子に限る.)が学校等に在学し,保育所若しくは幼保連携型認定こども園に通い,又は職業訓練を受けていること.
　ハ　その他当該子が労働者と同居できないと認められるイ又はロに類する事情
3　転任に伴い,当該転任の直前の住居と就業の場所との間を日々往復することが当該往復の距離等を考慮して困難となつたため住居を移転した労働者であつて,次のいずれかに掲げるやむを得ない事情により,当該転任の直前の住居に居住している当該労働者の父母又は親族(要介護状態にあり,かつ,当該労働者が介護していた父母又は親族に限る.)と別居することとなつたもの(配偶者及び子がないものに限る.)
　イ　当該父母又は親族が,引き続き当該転任の直前まで日常生活を営んでいた地域において介護を受けなければならないこと.
　ロ　当該父母又は親族が労働者と同居できないと認められるイに類する事情
4　その他前3号に類する労働者
(日常生活上必要な行為)
第8条　法第7条第3項の厚生労働省令で定める行為は,次のとおりとする.
1　日用品の購入その他これに準ずる行為
2　職業訓練,学校教育法第1条に規定する学校において行われる教育その他これらに準ずる教育訓練であつて職業能力の開発向上に資するものを受ける行為
3　選挙権の行使その他これに準ずる行為
4　病院又は診療所において診察又は治療を受けることその他これに準ずる行為
5　要介護状態にある配偶者,子,父母,配偶者の父母並びに同居し,かつ,扶養している孫,祖父母及び兄弟姉妹の介護(継続的に又は反復して行われるものに限る.)

第3節の2　二次健康診断等給付
(二次健康診断等給付に係る検査)
第18条の16　①　法第26条第1項の厚生労働省令で定める検査は,次のとおりとする.
1　血圧の測定
2　低比重リポ蛋白コレステロール(LDLコレステロール),高比重リポ蛋白コレステロール(HDLコレステロール)又は血清トリグリセライドの量の検査
3　血糖検査
4　腹囲の検査又はBMI(次の算式により算出した値をいう.)の測定　　BMI=体重(kg)÷身長(m)の2乗
②　法第26条第2項第1号の厚生労働省令で定める検査は,次のとおりとする.
1　空腹時の低比重リポ蛋白コレステロール(LDLコレステロール),高比重リポ蛋白コレステロール(HDLコレステロール)及び血清トリグリセライドの量の検査

2　空腹時の血中グルコースの量の検査
3　ヘモグロビンA1c検査(一次健康診断(法第26条第1項に規定する一次健康診断をいう.以下同じ.)において当該検査を行つた場合を除く.)
4　負荷心電図検査又は胸部超音波検査
5　頸部超音波検査
6　微量アルブミン尿検査(一次健康診断における尿中の蛋白の有無の検査において疑陽性(±)又は弱陽性(+)の所見があると診断された場合に限る.)

第3章の2　社会復帰促進等事業

(法第29条第1項第3号に掲げる事業)
第24条　法第29条第1項第3号に掲げる事業として,職場意識改善助成金及び受動喫煙防止対策助成金を支給するものとする.
(職場意識改善助成金)
第28条　職場意識改善助成金は,次のいずれにも該当する中小企業事業主(その資本金の額又は出資の総額が3億円(小売業を主たる事業とする事業主については5000万円,卸売業を主たる事業とする事業主については1億円)を超えない事業主及びその常時雇用する労働者の数が300人(小売業を主たる事業とする事業主については50人,卸売業又はサービス業を主たる事業とする事業主については100人)を超えない事業主をいう.以下この条及び次条において同じ.)に対して,支給するものとする.
1　次のいずれにも該当する中小企業事業主である都道府県労働局長(ロに規定する計画にロ(3)(v)に掲げる措置が記載されている場合には,厚生労働大臣.ロにおいて同じ.)が認定したものであること.
　イ　労働時間等の設定の改善に向けた職場における意識の改善(以下「職場意識改善」という.)に積極的に取り組むこととしていること.
　ロ　職場意識改善に係る(1)に掲げる実施体制の整備のための措置,(2)に掲げる職場意識改善のための措置及び(3)に掲げる労働時間等の設定の改善のための措置を記載した計画を作成し,当該計画を都道府県労働局長に届け出ているものであること.
　(1)　労働時間等の設定の改善に関する特別措置法(平成4年法律第90号)第7条第1項に規定する労働時間等設定改善委員会の設置等労働時間等の設定の改善を効果的に実施するために必要な体制の整備並びにその中小企業事業主の雇用する労働者からの労働時間等に関する個々の苦情,意見及び要望を受け付けるための担当者の選任
　(2)　その中小企業事業主の雇用する労働者への当該計画の周知及び職場意識改善のための研修の実施
　(3)　労働基準法第39条の規定による年次有給休暇の取得の促進のための措置,所定外労働の削減のための措置及び労働時間等の設定の改善のための次に掲げるいずれかの措置
　　(i)　労働者の多様な事情及び業務の態様に応じた労働時間の設定
　　(ii)　労働基準法施行規則(昭和22年厚生省令第23号)第25条の2第1項の規定により労

働者に1週間について44時間,1日について8時間まで労働させることができる事業であって,1週間の所定労働時間が40時間を超えているものにおいて,1週間の所定労働時間を短縮して40時間以下とする措置
　(iii) 子の養育又は家族の介護を行う労働者その他の特に配慮を必要とする労働者に対する休暇の付与その他の必要な措置
　(iv) 在宅勤務その他の多様な就労を可能とする措置((v)に掲げる措置を除く.)
　(v) 情報通信技術を活用した勤務(1週間について1日以上在宅又はその中小企業事業主が指定した事務所であって,労働者が所属する事業場と異なる事務所で勤務を行うものに限る.)を可能とする措置
2 前号ロに規定する計画に基づく措置を効果的に実施したと認められる中小企業事業主であること.
3 前2号に規定する措置の実施の状況を明らかにする書類を整備している中小企業事業主であること.

(受動喫煙防止対策助成金)
第29条 受動喫煙防止対策助成金は,次の各号のいずれにも該当する中小企業事業主に対して,その実施する第1号に規定する措置の内容に応じて,支給するものとする.
1 事業場の室内又はこれに準ずる環境において当該室以外での喫煙を禁止するために喫煙のための専用の室を設置する等の措置を講ずる中小企業事業主であること.
2 前号に規定する措置の実施の状況を明らかにする書類を整備している中小企業事業主であること.

第4章　費用の負担

(社会復帰促進等事業等に要する費用に充てるべき額の限度)
第43条 法第29条第1項の社会復帰促進等事業(労働者災害補償保険特別支給金の支給に関する事業を除く.)に要する費用及び法による労働者災害補償保険事業の事務の執行に要する費用に充てるべき額は,第1号に掲げる額及び第2号に掲げる額の合計額に118分の18を乗じて得た額に第3号に掲げる額を加えて得た額を超えないものとする.
1 特別会計に関する法律施行令(平成19年政令第124号)第55条第1項に規定する労災保険に係る労働保険料の額及び労働保険特別会計の労災勘定の積立金から生ずる収入の額の合計額
2 労働保険特別会計の労災勘定の附属雑収入の額及び特別会計に関する法律(平成19年法律第23号)第102条第1項の規定により同会計の徴収勘定から労災勘定に繰り入れられる附属雑収入の額(次号において「繰入附属雑収入額」という.)の合計額(厚生労働大臣が定める基準により算定した額に限る.)
3 労働保険特別会計の労災勘定の附属雑収入の額及び繰入附属雑収入額の合計額から前号に掲げる額を控除した額

(事業主からの費用徴収)
第44条 法第31条第1項の規定による徴収金の額は,厚生労働省労働基準局長が保険給付に要した費用,保険給付の種類,徴収法第10条第2項第1号の1般保険料の納入状況その他の事情を考慮して定める基準に従い,所轄都道府県労働局長が定めるものとする.

(一部負担金)
第44条の2 ① 法第31条第2項の厚生労働省令で定める者は,次の各号に掲げる者とする.
1 第三者の行為によつて生じた事故により療養給付を受ける者
2 療養の開始後3日以内に死亡した者その他休業給付を受けない者
3 同一の通勤災害に係る療養給付について既に一部負担金を納付した者
② 法第31条第2項の1部負担金の額は,200円(健康保険法(大正11年法律第70号)第3条第2項に規定する日雇特例被保険者である労働者については,100円)とする.ただし,現に療養に要した費用の総額が2の額に満たない場合には,当該現に療養に要した費用の総額に相当する額とする.
③ 法第31条第3項の規定による控除は,休業給付を支給すべき場合に,当該休業給付について行う.

第4章の2　特別加入

(特別加入者の範囲)
第46条の16 法第33条第1号の厚生労働省令で定める数以下の労働者を使用する事業の事業主は,常時300人(金融業若しくは保険業,不動産業又は小売業を主たる事業とする事業主については50人,卸売業又はサービス業を主たる事業とする事業主については100人)以下の労働者を使用する事業主とする.
第46条の17 法第33条第3号の厚生労働省令で定める種類の事業は,次のとおりとする.
1 自動車を使用して行う旅客又は貨物の運送の事業
2 土木,建築その他の工作物の建設,改造,保存,原状回復,修理,変更,破壊若しくは解体又はその準備の事業
3 漁船による水産動植物の採捕の事業(7に掲げる事業を除く.)
4 林業の事業
5 医薬品の配置販売の事業
6 再生利用の目的となる廃棄物等の収集,運搬,選別,解体等の事業
7 船員法第1条に規定する船員が行う事業
第46条の18 法第33条第5号の厚生労働省令で定める種類の作業は,次のとおりとする.
1 農業(畜産及び養蚕の事業を含む.)における次に掲げる作業
　イ 厚生労働大臣が定める規模の事業場における土地の耕作若しくは開墾,植物の栽培若しくは採取又は家畜(家きん及びみつばちを含む.)若しくは蚕の飼育の作業であつて,次のいずれかに該当するもの
　　(1) 動力により駆動される機械を使用する作業
　　(2) 高さが2メートル以上の箇所における作業
　　(3) 労働安全衛生法施行令(昭和47年政令第318号)別表第6第7号に掲げる酸素欠乏危険場所における作業
　　(4) 農薬の散布の作業
　　(5) 牛,馬又は豚に接触し,又は接触するおそれのある作業

ロ 土地の耕作若しくは開墾又は植物の栽培若しくは採取の作業であつて,厚生労働大臣が定める種類の機械を使用するもの
2 国又は地方公共団体が実施する訓練として行われる作業のうち次に掲げるもの
イ 求職者を作業環境に適応させるための訓練として行われる作業
ロ 求職者の就職を容易にするために必要な技能を習得させるための職業訓練であつて事業主又は事業主の団体に委託されるもの(厚生労働大臣が定めるものに限る.)として行われる作業
3 家内労働法(昭和45年法律第60号)第2条第2項の家内労働者又は同条第4項の補助者が行う作業のうち次に掲げるもの
イ プレス機械,型付け機,型打ち機,シヤー,旋盤,ボール盤又はフライス盤を使用して行う金属,合成樹脂,皮,ゴム,布又は紙の加工の作業
ロ 研削盤若しくはバフ盤を使用して行う研削若しくは研ま又は溶融した鉛を用いて行う金属の焼入れ若しくは焼きもどしの作業であつて,金属製洋食器,刃物,バルブ又はコツクの製造又は加工に係るもの
ハ 労働安全衛生法施行令別表第6の2に掲げる有機溶剤若しくは有機溶剤中毒予防規則(昭和47年労働省令第36号)第1条第1項第2号の有機溶剤含有物又は特定化学物質障害予防規則(昭和47年労働省令第39号)第2条第1項第3号の3の特別有機溶剤等を用いて行う作業であつて,化学物質製,皮製若しくは布製の履物,鞄,袋物,服装用ベルト,グラブ若しくはミツト又は木製若しくは合成樹脂製の漆器の製造又は加工に係るもの
ニ じん肺法(昭和35年法律第30号)第2条第1項第3号の粉じん作業又は労働安全衛生法施行令別表第4第6号の鉛化合物(以下「鉛化合物」という.)を含有する釉薬を用いて行う施釉若しくは鉛化合物を含有する絵具を用いて行う絵付けの作業若しくはこれらに付随して当該施釉若しくは絵付けを付つた物の焼成の作業であつて陶磁器の製造に係るもの
ホ 動力により駆動される合糸機,撚糸機又は織機を使用して行う作業
ヘ 木工機械を使用して行う作業であつて,仏壇又は木製若しくは竹製の食器の製造又は加工に係るもの
4 労働組合法(昭和24年法律第174号)第2条及び第5条第2項の規定に適合する労働組合その他これに準ずるものであつて厚生労働大臣が定めるもの(常時労働者を使用するものを除く.以下この号において「労働組合等」という.)の常勤の役員が行う集会の運営,団体交渉その他他の当該労働組合等の活動に係る作業であつて,当該労働組合等の事務所,事業場,集会場又は道路,公園その他の公共の用に供する施設におけるもの(当該作業に必要な移動を含む.)
5 介護労働者の雇用管理の改善等に関する法律(平成4年法律第63号)第2条第1項に規定する介護関係業務に係る作業であつて,入浴,排せつ,食事等の介護その他の日常生活上の世話,機能訓練又は看護に係るもの
第46条の20 ① 法第33条第1号及び第2号に掲げる者の給付基礎日額は,3500円,4000円,5000円,6000円,7000円,8000円,9000円,1万円,1万2000円,1万4000円,1万6000円,1万8000円,2万円,2万2000円,2万4000円及び2万5000円のうちから定める. 〈②〜⑥〉(略)

66 労働者災害補償保険特別支給金支給規則(抄)

(昭49・12・28労働省令第30号,昭49・12・28施行,最終改正:平27・12・9厚生労働省令第168号)

労働者災害補償保険法(昭和22年法律第50号)第50条の規定に基づき,労働者災害補償保険特別支給金支給規則を次のように定める.

(趣 旨)
第1条 この省令は,労働者災害補償保険法(昭和22年法律第50号.以下「法」という.)第29条第1項の社会復帰促進等事業として行う特別支給金の支給に関し必要な事項を定めるものとする.

(特別支給金の種類)
第2条 この省令による特別支給金は,次に掲げるものとする.
1 休業特別支給金
2 障害特別支給金
3 遺族特別支給金
3の2 傷病特別支給金
4 障害特別年金
5 障害特別一時金
6 遺族特別年金
7 遺族特別一時金
8 傷病特別年金

(休業特別支給金)
第3条 ① 休業特別支給金は,労働者(法の規定による傷病補償年金又は傷病年金の受給権者を除く.)が業務上の事由又は通勤(法第7条第1項第2号の通勤をいう.以下同じ.)による負傷又は疾病(業務上の事由による疾病については労働基準法施行規則(昭和22年厚生省令第23号)第35条に,通勤による疾病については労働者災害補償保険法施行規則(昭和30年労働省令第22号.以下「労災則」という.)第18条の4に,それぞれ規定する疾病に限る.以下同じ.)に係る療養のため労働することができないために賃金を受けない日の第4日目から当該労働者に対し,その申請に基づいて支給するものとし,その額は,1日につき休業給付基礎日額(法第8条の2第1項又は第2項の休業給付基礎日額をいう.以下この項において同じ.)の100分の20に相当する額とする.ただし,労働者が業務上の事由又は通勤による負傷又は疾病による療養のため所定労働時間のうちその一部分についてのみ労働する日に係る休業特別支給金の額は,休業給付基礎日額(法第8条の2第2項第2号に定める額(以下この項において「最高限度額」という.)を休業給付基礎日額とすることとされている場合にあつては,同号の規定の適用がないものとした場合における休業給付基礎日額)から当該労働に対して支払われる賃金の額を控除して得た額(当該控除して得た額が最高限度額を超える場合にあつては,最高限度額に相当する額)の100分の20に相当する額とする.

〈②〜⑥〉(略)

67 過労死等防止対策推進法

(平26・6・27法律第100号,平26・11・1施行)

第1章 総則

(目的)
第1条 この法律は、近年、我が国において過労死等が多発し大きな社会問題となっていること及び過労死等が、本人はもとより、その遺族又は家族のみならず社会にとっても大きな損失であることに鑑み、過労死等に関する調査研究等について定めることにより、過労死等の防止のための対策を推進し、もって過労死等がなく、仕事と生活を調和させ、健康で充実して働き続けることのできる社会の実現に寄与することを目的とする。

(定義)
第2条 この法律において「過労死等」とは、業務における過重な負荷による脳血管疾患若しくは心臓疾患を原因とする死亡若しくは業務における強い心理的負荷による精神障害を原因とする自殺による死亡又はこれらの脳血管疾患若しくは心臓疾患若しくは精神障害をいう。

(基本理念)
第3条 ① 過労死等の防止のための対策は、過労死等に関する実態が必ずしも十分に把握されていない現状を踏まえ、過労死等に関する調査研究を行うことにより過労死等に関する実態を明らかにし、その成果を過労死等の効果的な防止のための取組に生かすことができるようにするとともに、過労死等を防止することの重要性について国民の自覚を促し、これに対する国民の関心と理解を深めること等により、行われなければならない。
② 過労死等の防止のための対策は、国、地方公共団体、事業主その他の関係する者の相互の密接な連携の下に行われなければならない。

(国の責務等)
第4条 ① 国は、前条の基本理念にのっとり、過労死等の防止のための対策を効果的に推進する責務を有する。
② 地方公共団体は、前条の基本理念にのっとり、国と協力しつつ、過労死等の防止のための対策を効果的に推進するよう努めなければならない。
③ 事業主は、国及び地方公共団体が実施する過労死等の防止のための対策に協力するよう努めるものとする。
④ 国民は、過労死等を防止することの重要性を自覚し、これに対する関心と理解を深めるよう努めるものとする。

(過労死等防止啓発月間)
第5条 ① 国民の間に広く過労死等を防止することの重要性について自覚を促し、これに対する関心と理解を深めるため、過労死等防止啓発月間を設ける。
② 過労死等防止啓発月間は、11月とする。
③ 国及び地方公共団体は、過労死等防止啓発月間の趣旨にふさわしい事業が実施されるよう努めなければならない。

(年次報告)
第6条 政府は、毎年、国会に、我が国における過労死等の概要及び政府が過労死等の防止のために講じた施策の状況に関する報告書を提出しなければならない。

第2章 過労死等の防止のための対策に関する大綱

第7条 ① 政府は、過労死等の防止のための対策を効果的に推進するため、過労死等の防止のための対策に関する大綱(以下この条において単に「大綱」という。)を定めなければならない。
② 厚生労働大臣は、大綱の案を作成し、閣議の決定を求めなければならない。
③ 厚生労働大臣は、大綱の案を作成しようとするときは、関係行政機関の長と協議するとともに、過労死等防止対策推進協議会の意見を聴くものとする。
④ 政府は、大綱を定めたときは、遅滞なく、これを国会に報告するとともに、インターネットの利用その他適切な方法により公表しなければならない。
⑤ 前3項の規定は、大綱の変更について準用する。

第3章 過労死等の防止のための対策

(調査研究等)
第8条 ① 国は、過労死等に関する実態の調査、過労死等の効果的な防止に関する研究その他の過労死等に関する調査研究並びに過労死等に関する情報の収集、整理、分析及び提供(以下「過労死等に関する調査研究等」という。)を行うものとする。
② 国は、過労死等に関する調査研究等を行うに当たっては、過労死等が生ずる背景等を総合的に把握する観点から、業務において過重な負荷又は強い心理的負荷を受けたことに関連する死亡又は傷病について、事業を営む個人や法人の役員等に係るものを含め、広く当該過労死等に関する調査研究等の対象とするものとする。

(啓発)
第9条 国及び地方公共団体は、教育活動、広報活動等を通じて、過労死等を防止することの重要性について国民の自覚を促し、これに対する国民の関心と理解を深めるよう必要な施策を講ずるものとする。

(相談体制の整備等)
第10条 国及び地方公共団体は、過労死等のおそれがある者及びその親族等が過労死等に関し相談することができる機会の確保、産業医その他の過労死等に関する相談に応じる者に対する研修の機会の確保、過労死等のおそれがある者に早期に対応し、過労死等を防止するための適切な対処を行う体制の整備及び充実に必要な施策を講ずるものとする。

(民間団体の活動に対する支援)
第11条 国及び地方公共団体は、民間の団体が行う過労死等の防止に関する活動を支援するために必要な施策を講ずるものとする。

第4章 過労死等防止対策推進協議会

第12条 厚生労働省に、第7条第3項(同条第5項において準用する場合を含む。)に規定する事項を処理するため、過労死等防止対策推進協議会(次条において「協議会」という。)を置く。
第13条 ① 協議会は、委員20人以内で組織する。
② 協議会の委員は、業務における過重な負荷により脳血管疾患若しくは心臓疾患にかかった者又は業務における強い心理的負荷による精神障害を有するに

至った者及びこれらの者の家族又はこれらの脳血管疾患若しくは心臓疾患を原因として死亡した者若しくは当該精神障害を原因とする自殺により死亡した者の遺族を代表する者，労働者を代表する者，使用者を代表する者並びに過労死等に関する専門的知識を有する者のうちから，厚生労働大臣が任命する．
③ 協議会の委員は，非常勤とする．
④ 前3項に定めるもののほか，協議会の組織及び運営に関し必要な事項は，政令で定める．

第5章　過労死等に関する調査研究等を踏まえた法制上の措置等

第14条　政府は，過労死等に関する調査研究等の結果を踏まえ，必要があると認めるときは，過労死等の防止のために必要な法制上又は財政上の措置その他の措置を講ずるものとする．

68　労働保険の保険料の徴収等に関する法律（抄）

（昭44・12・9法律第84号，昭47・4・1施行，
最終改正：平28・3・31法律第17号）

〔下線部：平28法17，平32・4・1施行〕

第1章　総　則

（趣　旨）
第1条　この法律は，労働保険の事業の効率的な運営を図るため，労働保険の保険関係の成立及び消滅，労働保険料の納付の手続，労働保険事務組合等に関し必要な事項を定めるものとする．

（定　義）
第2条　① この法律において「労働保険」とは，労働者災害補償保険法（昭和22年法律第50号，以下「労災保険法」という．）による労働者災害補償保険（以下「労災保険」という．）及び雇用保険法（昭和49年法律第116号）による雇用保険（以下「雇用保険」という．）を総称する．
② この法律において「賃金」とは，賃金，給料，手当，賞与その他名称のいかんを問わず，労働の対償として事業主が労働者に支払うもの（通貨以外のもので支払われるものであつて，厚生労働省令で定める範囲外のものを除く．）をいう．
③ 賃金のうち通貨以外のもので支払われるものの評価に関し必要な事項は，厚生労働大臣が定める．
④ この法律において「保険年度」とは，4月1日から翌年3月31日までをいう．

第2章　保険関係の成立及び消滅

（保険関係の成立）
第3条　労災保険法第3条第1項の適用事業の事業主については，その事業が開始された日に，その事業につき労災保険に係る労働保険の保険関係（以下「保険関係」という．）が成立する．
第4条　雇用保険法第5条第1項の適用事業の事業主については，その事業が開始された日に，その事業につき雇用保険に係る保険関係が成立する．

（保険関係の成立の届出等）
第4条の2　① 前2条の規定により保険関係が成立した事業の事業主は，その成立した日から10日以内に，その成立した日，事業主の氏名又は名称及び住所，事業の種類，事業の行われる場所その他厚生労働省令で定める事項を政府に届け出なければならない．
② 保険関係が成立している事業の事業主は，前項に規定する事項のうち厚生労働省令で定める事項に変更があつたときは，厚生労働省令で定める期間内にその旨を政府に届け出なければならない．

（保険関係の消滅）
第5条　保険関係が成立している事業が廃止され，又は終了したときは，その事業についての保険関係は，その翌日に消滅する．

（有期事業の一括）
第7条　2以上の事業が次の要件に該当する場合には，この法律の規定の適用については，その全部を1の事業とみなす．
1　事業主が同一人であること．
2　それぞれの事業の期間が予定される事業（以下「有期事業」という．）であること．
3　それぞれの事業の規模が，厚生労働省令で定める規模以下であること．
4　それぞれの事業が，他のいずれかの事業の全部又は一部と同時に行なわれること．
5　前各号に掲げるもののほか，厚生労働省令で定める要件に該当すること．

（請負事業の一括）
第8条　① 厚生労働省令で定める事業が数次の請負によつて行なわれる場合には，この法律の規定の適用については，その事業を1の事業とみなし，元請負人のみを当該事業の事業主とする．
② 前項に規定する場合において，元請負人及び下請負人が，当該下請負人の請負に係る事業に関して同項の規定の適用を受けることにつき申請をし，厚生労働大臣の認可があつたときは，当該請負に係る事業については，当該下請負人を元請負人とみなして同項の規定を適用する．

（継続事業の一括）
第9条　事業主が同一人である2以上の事業（有期事業以外の事業に限る．）であつて，厚生労働省令で定める要件に該当するものに関し，当該事業主が当該2以上の事業について成立している保険関係の全部又は一部を1の保険関係とすることにつき申請をし，厚生労働大臣の認可があつたときは，この法律の規定の適用については，当該認可に係る2以上の事業に使用されるすべての労働者は，これらの事業のうち厚生労働大臣が指定するいずれか1の事業に使用される労働者とみなす．この場合においては，厚生労働大臣が指定する1の事業以外の事業に係る保険関係は，消滅する．

第3章　労働保険料の納付の手続等

（労働保険料）
第10条　① 政府は，労働保険の事業に要する費用にあてるため保険料を徴収する．
② 前項の規定により徴収する保険料（以下「労働保険料」という．）は，次のとおりとする．
1　一般保険料
2　第1種特別加入保険料
3　第2種特別加入保険料

3の2　第3種特別加入保険料
4　印紙保険料
5　特別納付保険料
(一般保険料の額)
第11条 ① 一般保険料の額は,賃金総額に次条の規定による一般保険料に係る保険料率を乗じて得た額とする。
② 前項の「賃金総額」とは,事業主がその事業に使用するすべての労働者に支払う賃金の総額をいう。
③ 前項の規定にかかわらず,厚生労働省令で定める事業については,厚生労働省令で定めるところにより算定した額を当該事業に係る賃金総額とする。
<u>**第11条の2**　政府は,雇用保険に係る保険関係が成立している事業の事業主がその事業に高年齢労働者(厚生労働省で定める年齢以上の労働者をいう。以下同じ。)を使用する場合には,政令で定めるところにより,その事業に係る一般保険料の額を,前条第1項の規定にかかわらず,同項の規定による額から,事業主がその事業に使用する高年齢労働者に支払う賃金の総額(厚生労働省令で定める事業については,厚生労働省令で定めるところにより算定した額。第15条の2及び第19条の2において「高年齢者賃金総額」という。)に雇用保険料率(その率が次条第5項又は第8項の規定により変更されたときは,その変更された率。同条第4項を除き,以下同じ。)を乗じて得た額を超えない額を減じた額とするものとする。</u>　　　〔=削除〕
(一般保険料に係る保険料率)
第12条 ① 一般保険料に係る保険料率は,次のとおりとする。
1　労災保険及び雇用保険に係る保険関係が成立している事業にあつては,労災保険率と雇用保険率(<u>第5項又は第8項の規定により変更されたときは,その変更された率。第4項を除き,以下同じ。</u>)とを加えた率
2　労災保険に係る保険関係のみが成立している事業にあつては,労災保険率
3　雇用保険に係る保険関係のみが成立している事業にあつては,雇用保険率
② 労災保険率は,労災保険法の規定による保険給付及び社会復帰促進等事業に要する費用の予想額に照らし,将来にわたつて,労災保険の事業に係る財政の均衡を保つことができるものでなければならないものとし,政令で定めるところにより,労災保険法の適用を受けるすべての事業の過去3年間の業務災害(労災保険法第7条第1項第1号の業務災害をいう。以下同じ。)及び通勤災害(同項第2号の通勤災害をいう。以下同じ。)並びに二次健康診断等給付(同項第3号の二次健康診断等給付をいう。次項及び第13条において同じ。)に要した費用の額,社会復帰促進等事業として行う事業の種類及び内容その他の事情を考慮して厚生労働大臣が定める。
③ 厚生労働大臣は,連続する3保険年度中の各保険年度において次の各号のいずれかに該当する事業であつて当該連続する3保険年度中の最後の保険年度に属する3月31日(以下この項において「基準日」という。)において労災保険に係る保険関係が成立した後3年以上経過したものについての当該連続する3保険年度の間における労災保険法の規定による業務災害に関する保険給付(労災保険法第16条の6第1項第2号の場合に支給される遺族補償一時金,特定の業務に長期間従事することに

より発生する疾病であつて厚生労働省令で定めるものにかかつた者(厚生労働省令で定める事業の種類ごとに,当該事業における就労期間等を考慮して厚生労働省令で定める者に限る。)に係る保険給付(以下この項及び第20条第1項において「特定疾病にかかつた者に係る保険給付」という。)及び労災保険法第36条第1項の規定により保険給付を受けることができることとされた者(以下「第3種特別加入者」という。)に係る保険給付を除く。)の額(年金たる保険給付その他厚生労働省令で定める保険給付については,その額は,厚生労働省令で定めるところにより算定するものとする。第20条第1項において。)と特別支給金(第29条第1項第2号に掲げる事業として支給が行われた給付金のうち業務災害に係るもので厚生労働省令で定めるものの額(一時金として支給された給付金以外のものについては,その額は,厚生労働省令で定めるところにより算定するものとする。)を加えた額と一般保険料の額(第1項第1号の事業については,前項の規定による労災保険率(その率がこの項の規定により引き上げ又は引き下げられたときは,その引き上げ又は引き下げられた率)に応ずる部分の額)から非業務災害率(労災保険法の適用を受けるすべての事業の過去3年間の通勤災害に係る災害率及び二次健康診断等給付に要した費用の額その他の事情を考慮して厚生労働大臣の定める率をいう。次項及び第20条第1項において同じ。)に応ずる部分の額を減じた額に第1種特別加入保険料の額から特別加入非業務災害率(非業務災害率から第13条の厚生労働大臣の定める率を減じた率をいう。第20条第1項各号及び第2項において同じ。)に応ずる部分の額を減じた額を加えた額に業務災害に関する年金たる保険給付に要する費用,特定疾病にかかつた者に係る保険給付に要する費用その他の事情を考慮して厚生労働省令で定める率(第20条第1項第1号において「第1種調整率」という。)を乗じて得た額との割合が100分の85を超え,又は100分の75以下である場合には,当該事業についての前項の規定による労災保険率から非業務災害率を減じた率を100分の40の範囲内において厚生労働省令で定める率だけ引き上げ又は引き下げた率に非業務災害率を加えた率を,当該事業についての基準日の属する保険年度の次の次の保険年度の労災保険率とすることができる。
1　100人以上の労働者を使用する事業
2　20人以上100人未満の労働者を使用する事業であつて,当該労働者の数に当該事業と同種の事業に係る前項の規定による労災保険率から非業務災害率を減じた率を乗じて得た数が厚生労働省令で定める数以上であるもの
3　前2号に掲げる事業のほか,厚生労働省令で定める規模の事業
④ 雇用保険率は,1000分の15.5とする。ただし,次の各号(第3号を除く。)に掲げる事業(第1号又は第2号に掲げる事業のうち,季節的に休業し,又は事業の規模が縮小することのない事業として厚生労働大臣が指定する事業を除く。)については1000分の17.5とし,第3号に掲げる事業については1000分の18.5とする。
1　土地の耕作若しくは開墾又は植物の植栽,栽培,採取若しくは伐採の事業その他農林の事業
2　動物の飼育又は水産動植物の採捕若しくは養殖

68 労働保険の保険料の徴収等に関する法律（12条の2〜14条）

の事業その他畜産，養蚕又は水産の事業
3　土木，建築その他工作物の建設，改造，保存，修理，変更，破壊若しくは解体又はその準備の事業
4　清酒の製造の事業
5　前各号に掲げるもののほか，雇用保険法第38条第1項に規定する短期雇用特例被保険者の雇用の状況等を考慮して政令で定める事業
⑤　厚生労働大臣は，毎会計年度において，徴収保険料額並びに雇用保険法第66条第1項，第2項及び第5項の規定による国庫の負担額，同条第6項の規定による国庫の負担額（同法による雇用保険事業の事務の執行に要する経費に係る分を除く。）並びに同法第67条の規定による失業等給付の額並びに同法第64条の規定による助成及び職業訓練受講給付金の支給の額との合計額（以下この項において「失業等給付額等」という。）との差額を当該会計年度末における労働保険特別会計の雇用勘定の積立金（第7項において「積立金」という。）に加減した額が，当該会計年度における失業等給付額等の2倍に相当する額を超え，又は当該失業等給付額等に相当する額を下るに至つた場合において，必要があると認めるときは，労働政策審議会の意見を聴いて，1年以内の期間を定め，雇用保険率を1000分の11.5から1000分の19.5まで（前項ただし書に規定する事業（同項第3号に掲げる事業を除く。）については1000分の13.5から1000分の21.5まで，同号に掲げる事業については1000分の14.5から1000分の22.5まで）の範囲内において変更することができる．
⑥　前項の「徴収保険料額」とは，第1項第1号の事業に係る一般保険料の額のうち雇用保険率に応ずる部分の額（前条の規定により高年齢労働者を使用する事業の一般保険料の額を同条の規定による額とする場合には，当該一般保険料の額に第1項第1号に掲げる事業に係る高年齢者免除額（前条の規定により第11条第1項の規定による額から減ずることとする額をいう。以下この項及び第31条において同じ。）を加えた額のうち雇用保険率に応ずる部分の額から当該高年齢者免除額を減じた額）の総額と同項第3号の事業に係る一般保険料の額の総額とを合計した額（以下この項及び第8項において「一般保険料徴収額」という。）から当該一般保険料徴収額に二事業率（1000分の3・5の率（第4項第3号に掲げる事業については，1000分の4・5の率）を雇用保険率で除して得た率をいう。第31条第1項において同じ。）を乗じて得た額（第8項において「二事業費充当徴収保険料額」という。）を減じた額及び印紙保険料の額の合計額をいう．〔一削除〕
⑦　厚生労働大臣は，第5項の規定により雇用保険率を変更するに当たつては，雇用保険法第4条第1項に規定する被保険者（第31条及び第32条において「被保険者」という。）の雇用及び失業の状況その他の事情を考慮し，雇用保険の事業に係る失業等給付の支給に支障が生じないようにするために必要な額の積立金を保有しつつ，雇用保険の事業に係る財政の均衡を保つことができるよう，配慮するものとする．
⑧　厚生労働大臣は，毎会計年度において，2事業費充当徴収保険料額を雇用保険法の規定による雇用安定事業及び能力開発事業（同法第63条に規定するものに限る。）に要する費用に充てられた額（予算の定めるところにより，労働保険特別会計の雇用勘定に置かれる雇用安定資金に繰り入れられた額を含む。）との差額を当該会計年度末における当該雇用安定資金に加減した額が，当該会計年度における一般保険料徴収額に1000分の3.5の率（第4項第3号に掲げる事業については，1000分の4.5の率）を雇用保険率で除して得た率を乗じて得た額の1.5倍に相当する額を超えるに至つた場合には，雇用保険率を1年間その率から1000分の0.5の率を控除した率に変更するものとする．
⑨　前項の規定により雇用保険率が変更されている場合においては，第5項中「1000分の11.5から1000分の19.5まで」とあるのは「1000分の11から1000分の19まで」と，「1000分の13.5から1000分の21.5まで」とあるのは「1000分の13から1000分の21まで」，「1000分の14.5から1000分の22.5まで」とあるのは「1000分の14から1000分の22まで」とし，第6項中「1000分の3.5」とあるのは「1000分の3」と，「1000分の4.5」とあるのは「1000分の4」とする．

（労災保険率の特例）
第12条の2　第3項の場合において，厚生労働省令で定める数以下の労働者を使用する事業主が，連続する3保険年度中のいずれかの保険年度においてその事業に使用する労働者の安全又は衛生を確保するための措置で厚生労働省令で定めるものを講じたときであつて，当該措置が講じられた保険年度のいずれかの保険年度の次の保険年度の初日から6箇月以内に，当該事業に係る労災保険率についてこの条の規定の適用を受けようとする旨その他厚生労働省令で定める事項を記載した申告書を提出しているときは，当該連続する3保険年度中の最後の保険年度の次の次の保険年度の同項の労災保険率については，同項中「100分の40」とあるのは，「100分の45」として，同項の規定を適用する．

（第1種特別加入保険料の額）
第13条　第1種特別加入保険料の額は，労災保険法第34条第1項の規定により保険給付を受けることができることとされた者について同項第3号の給付基礎日額その他の事情を考慮して厚生労働省令で定める額の総額にこれらの者に係る事業についての第12条第2項の規定による労災保険率（その率が同条第3項の規定により引き上げ又は引き下げられたときは，その引き上げ又は引き下げられた率）と同一の率から労災保険法の適用を受けるすべての事業の過去3年間の二次健康診断等給付に要した費用の額を考慮して厚生労働大臣の定める率を減じた率（以下「第1種特別加入保険料率」という。）を乗じて得た額とする．

（第2種特別加入保険料の額）
第14条　①　第2種特別加入保険料の額は，労災保険法第35条第1項の規定により労災保険の適用を受けることができることとされた者（次項において「第2種特別加入者」という。）について同条第1項第6号の給付基礎日額その他の事情を考慮して厚生労働省令で定める額の総額に労災保険法第33条第3号の事業と同種若しくは類似の事業又は同条第5号の作業と同種若しくは類似の作業を行う事業についての業務災害及び通勤災害に係る災害率（労災保険法第35条第1項の厚生労働省令で定める者に関しては，当該同種若しくは類似の事業又は当該同種若しくは類似の作業を行う事業についての業務災害に係る災害率），社会復帰促進等事業として行う事業の種類及び内容その他の事情を考

(2) 労働法規・労災補償

慮して厚生労働大臣の定める率(以下「第2種特別加入保険料率」という。)を乗じて得た額とする.
② 第2種特別加入保険料率は,第2種特別加入者に係る保険給付及び社会復帰促進等事業に要する費用の予想額に照らし,将来にわたつて,労災保険の事業に係る財政の均衡を保つことができるものでなければならない.

(第3種特別加入保険料の額)
第14条の2 ① 第3種特別加入保険料の額は,第3種特別加入者について労災保険法第36条第1項第2号における準用する労災保険法第34条第1項第3号の給付基礎日額その他の事情を考慮して厚生労働省令で定める額の総額に労災保険法第33条第6号又は第7号に掲げる者が従事している事業と同種又は類似のこの法律の施行地内で行われている事業についての業務災害及び通勤災害に係る災害率,社会復帰促進等事業として行う事業の種類及び内容その他の事情を考慮して厚生労働大臣の定める率(以下「第3種特別加入保険料率」という。)を乗じて得た額とする.
② 前条第2項の規定は,第3種特別加入保険料率について準用する. この場合において,同項中「第2種特別加入者」とあるのは,「第3種特別加入者」と読み替えるものとする.

(印紙保険料の額)
第22条 ① 印紙保険料の額は,雇用保険法第43条第1項に規定する日雇労働被保険者(以下「日雇労働被保険者」という。)1人につき,1日当たり,次に掲げる額とする.
  1 賃金の日額が1万1300円以上の者については,176円
  2 賃金の日額が8200円以上1万1300円未満の者については,146円
  3 賃金の日額が8200円未満の者については,96円
② 厚生労働大臣は,第12条第5項の規定により雇用保険料率を変更した場合には,前項第1号の印紙保険料の額(その額がこの項又は第4項の規定により変更されたときは,その変更された額. 以下「第1級保険料日額」という。),前項第2号の印紙保険料の額(その額がこの項又は第4項の規定により変更されたときは,その変更された額. 以下「第2級保険料日額」という。)及び前項第3号の印紙保険料の額(その額がこの項又は第4項の規定により変更されたときは,その変更された額. 以下「第3級保険料日額」という。)を,次に定めるところにより,変更するものとする.
③ 前項の場合において,第1級保険料日額,第2級保険料日額及び第3級保険料日額は,日雇労働被保険者1人につき,これらの額の変更前と変更後における第31条第1項及び<u>第2項</u>の規定による労働保険料の負担額が均衡するように,厚生労働省令で定める基準により算定した額に変更するものとする.
④ 厚生労働大臣は,雇用保険法第49条第1項の規定により同項に規定する第1級給付金の日額,第2級給付金の日額及び第3級給付金の日額を変更する場合には,第1級保険料日額,第2級保険料日額及び第3級保険料日額を,それぞれ同項の規定による第1級給付金の日額,第2級給付金の日額及び第3級給付金の日額の変更の比率に応じて変更するものとする.
⑤ 毎月末日に,徴収した印紙保険料の総額に相当する額に厚生労働省令で定める率を乗じて得た額と雇用保険法の規定により既に支給した日雇

労働被保険者に係る失業等給付の総額の3分の2に相当する額との差額が,当該月の翌月から6箇月間に同法の規定により支給されるべき日雇労働被保険者に係る失業等給付の額の2分の1に相当する額に満たないと認められるに至つた場合において,国会の閉会又は衆議院の解散のために,印紙保険料の額の変更の手続をすることができず,かつ,緊急の必要があるときは,厚生労働大臣は,労働政策審議会の意見を聴いて,第1級保険料日額,第2級保険料日額及び第3級保険料日額を変更することができる.
⑥ 前項の場合には,厚生労働大臣は,次の国会において,第1級保険料日額,第2級保険料日額及び第3級保険料日額を変更する手続を執らなければならない. この場合において,同項の規定による変更のあつた日から1年以内に,その変更に関して,国会の議決がなかつたときは,同項の規定によつて変更された第1級保険料日額,第2級保険料日額及び第3級保険料日額は,その変更のあつた日から1年を経過した日から,同項の規定による変更前の第1級保険料日額,第2級保険料日額及び第3級保険料日額に変更されたものとみなす.

(印紙保険料の納付)
第23条 ① 事業主(第8条第1項又は第2項の規定により元請負人が事業主とされる場合にあつては,当該事業に係る労働者のうち元請負人が使用する労働者以外の日雇労働被保険者に係る印紙保険料については,当該日雇労働被保険者を使用する下請負人. 以下この条から第25条まで,第31条,第32条,第42条,第43条及び第46条において同じ。)は,日雇労働被保険者に賃金を支払う都度その者に係る印紙保険料を納付しなければならない.
② 前項の規定による印紙保険料の納付は,事業主が,雇用保険法第44条の規定により当該日雇労働被保険者に交付された日雇労働被保険者手帳(以下「日雇労働被保険者手帳」という。)に雇用保険印紙をはり,これに消印して行わなければならない.
③ 事業主は,厚生労働省令で定めるところにより,印紙保険料納付計器(印紙保険料の保全上支障がないことにつき,厚生労働省令で定めるところにより,厚生労働大臣の指定を受けた計器で,厚生労働省令で定める形式の印影を生ずべき印(以下「納付印」という。)を付したものをいう. 以下同じ。)を,厚生労働大臣の承認を受けて設置した場合には,前項の規定にかかわらず,当該印紙保険料納付計器により,日雇労働被保険者が所持する日雇労働被保険者手帳に納付すべき印紙保険料の額に相当する金額を表示して納付印を押すことによつて印紙保険料を納付することができる.
④ 厚生労働大臣は,前項の承認を受けた事業主が,この法律若しくは雇用保険法又はこれらの法律に基づく厚生労働省令の規定に違反した場合には,同項の承認を取り消すことができる.
⑤ 第3項の規定による印紙保険料の納付の方法について必要な事項は,厚生労働省令で定める.
⑥ 事業主は,日雇労働被保険者を使用する場合には,その者の日雇労働被保険者手帳を提出させなければならない. その提出を受けた日雇労働被保険者手帳は,その者から請求があつたときは,これを返還しなければならない.

(帳簿の調製及び報告)
第24条 事業主は,日雇労働被保険者を使用した場合には,厚生労働省令で定めるところにより,印紙

68 労働保険の保険料の徴収等に関する法律(14条の2〜24条)

68 労働保険の保険料の徴収等に関する法律（26条〜35条）

保険料の納付に関する帳簿を備えて，毎月におけるその納付状況を記載し，かつ，翌月末日までに当該納付状況を政府に報告しなければならない．

（特例納付保険料の納付等）
第26条 ① 雇用保険法第22条第5項に規定する者（以下この項において「特例対象者」という．）を雇用していた事業主が，第4条の規定により雇用保険に係る保険関係が成立していたにもかかわらず，第4条の2第1項の規定による届出をしていなかった場合には，当該事業主（当該事業主の事業を承継する者を含む．以下この条において「対象事業主」という．）は，特例納付保険料として，対象事業主が第15条第1項の規定による納付する義務を履行していない一般保険料（同法第14条第2項第2号に規定する厚生労働省令で定める日から当該特例対象者の離職の日までの期間に係るものであつて，その徴収する権利が時効によつて消滅しているものに限る．）（雇用保険料率に応ずる部分の額に限る．）のうち当該特例対象者に係る額に相当する額として厚生労働省令で定めるところにより算定した額に厚生労働省令で定める額を加算した額を納付することができる．
② 厚生労働大臣は，対象事業主に対して，特例納付保険料の納付を勧奨しなければならない．ただし，やむを得ない事情のため当該勧奨を行うことができない場合は，この限りでない．
③ 対象事業主は，前項の規定により勧奨を受けた場合においては，特例納付保険料を納付する旨を，厚生労働省令で定めるところにより，厚生労働大臣に対し，書面により申し出ることができる．
④ 政府は，前項の規定による申出を受けた場合には，特例納付保険料の額を決定し，厚生労働省令で定めるところにより，期限を指定して，これを対象事業主に通知するものとする．
⑤ 対象事業主は，第3項の規定による申出を行つた場合には，前項の期限までに，厚生労働省令で定めるところにより，同項に規定する特例納付保険料を納付しなければならない．

（労働保険料の負担）
第31条 ① 次の各号に掲げる被保険者は，当該各号に掲げる額を負担するものとする．
1　第12条第1項第1号の事業に係る被保険者　イに掲げる額からロに掲げる額を減じた額の2分の1の額
　イ　当該事業に係る一般保険料の額のうち雇用保険率に応ずる部分の額（高年齢者を使用する事業にあつては，当該事業に係る一般保険料の額に当該事業に係る高年齢者免除額を加えた額のうち雇用保険率に応ずる部分の額から当該高年齢者免除額を減じた額）　〔一削除〕
　ロ　イの額に相当する額に2事業率を乗じて得た額
2　第12条第1項第3号の事業に係る被保険者　イに掲げる額からロに掲げる額を減じた額の2分の1の額
　イ　当該事業に係る一般保険料の額
　ロ　イの額に相当する額に2事業率を乗じて得た額
② 高年齢者免除額に係る事業に使用される高年齢労働者は，政令で定めるところにより，前項の規定にかかわらず，同項の規定による被保険者の負担すべき一般保険料の額を負担しない．
③ 日雇労働被保険者は，前項の規定によるその者の負担すべき額のほか，印紙保険料の額の2分の1の額（その額に1円未満の端数があるときは，その端数は，切り捨てる．）を負担するものとする．
③ 事業主は，当該事業に係る労働保険料の額のうち当該労働保険料の額から前2項の規定による被保険者の負担すべき額を控除した額を負担するものとする．

（賃金からの控除）
第32条 ① 事業主は，厚生労働省令で定めるところにより，前条第1項又は同2項の規定による被保険者の負担すべき額に相当する額を当該被保険者に支払う賃金から控除することができる．この場合において，事業主は，労働保険料控除に関する計算書を作成し，その控除額を当該被保険者に知らせなければならない．
② 第8条第1項又は第2項の規定により事業主とされる元請負人は，前条第1項の規定によるその使用する労働者以外の被保険者の負担すべき額に相当する額の賃金からの控除を，当該被保険者を使用する下請負人に委託することができる．
③ 第1項の規定は，前項の規定により下請負人が委託を受けた場合について準用する．

第4章　労働保険事務組合

（労働保険事務組合）
第33条 ① 中小企業等協同組合法（昭和24年法律第181号）第3条の事業協同組合又は協同組合連合会その他の事業主の団体又はその連合団体（法人でない団体又は連合団体であつて代表者の定めがないものを除く．以下同じ．）は，団体の構成員又は連合団体を構成する団体の構成員である事業主その他厚生労働省令で定める事業主（厚生労働省令で定める数を超える数の労働者を使用する事業主を除く．）の委託を受けて，この章の定めるところにより，これらの者が行うべき労働保険料の納付その他の労働保険に関する事項（印紙保険料に関する事項を除く．以下「労働保険事務」という．）を処理することができる．
② 事業主の団体又はその連合団体は，前項に規定する業務を行なおうとするときは，厚生労働大臣の認可を受けなければならない．
③ 前項の認可を受けた事業主の団体又はその連合団体（以下「労働保険事務組合」という．）は，第1項に規定する業務を廃止しようとするときは，60日前までに，その旨を厚生労働大臣に届け出なければならない．
④ 厚生労働大臣は，労働保険事務組合がこの法律，労災保険法若しくは雇用保険法若しくはこれらの法律に基づく厚生労働省令（以下「労働保険関係法令」という．）の規定に違反したとき，又はその行うべき労働保険事務の処理を怠り，若しくはその処理が著しく不当であると認めるときは，第2項の認可を取り消すことができる．

（労働保険事務組合に対する通知等）
第34条　政府は，労働保険事務組合に労働保険事務の処理を委託した事業主に対してすべき労働保険関係法令の規定による労働保険料の納入の告知その他の通知及び還付金の還付については，これを労働保険事務組合に対してすることができる．この場合において，労働保険事務組合に対してした労働保険料の納入の告知その他の通知及び還付金の還付は，当該事業主に対してしたものとみなす．

（労働保険事務組合の責任等）
第35条 ① 第33条第1項の委託に基づき，事業主が労働保険関係法令の規定による労働保険料その

他の徴収金の納付のため、金銭を労働保険事務組合に交付したときは、その金額の限度で、労働保険事務組合は、政府に対して当該徴収金の納付の責めに任ずるものとする。
② 労働保険関係法令の規定により政府が追徴金又は延滞金を徴収する場合において、その徴収について労働保険事務組合の責めに帰すべき理由があるときは、その限度で、労働保険事務組合は、政府に対して当該徴収金の納付の責めに任ずるものとする。
③ 政府は、前2項の規定により労働保険事務組合が納付すべき徴収金について、当該労働保険事務組合に対して第27条第3項(労災保険法第12条の3第3項及び第31条第4項並びに雇用保険法第10条の4第3項において準用する場合を含む。)の規定による処分をしてもなお徴収すべき残余がある場合に限り、その残余の額を当該事業主から徴収することができる。
④ 労働保険事務組合は、労災保険法第12条の3第2項の規定及び雇用保険法第10条の4第2項の規定の適用については、事業主とみなす。

(帳簿の備付け)
第36条 労働保険事務組合は、厚生労働省令で定めるところにより、その処理する労働保険事務に関する事項を記載した帳簿を事務所に備えておかなければならない。

第5章 行政手続法との関係

(行政手続法の適用除外)
第37条 この法律(第33条第2項及び第4項を除く。)の規定による処分については、行政手続法(平成5年法律第88号)第2章及び第3章の規定は、適用しない。

69 労働保険の保険料の徴収等に関する法律施行規則(抄)
(昭47・3・31労働省令第8号、昭47・4・1施行、最終改正:平27・9・29厚生労働省令第150号)

労働保険の保険料の徴収等に関する法律(昭和44年法律第84号)の規定に基づき、及び同法を実施するため、労働保険の保険料の徴収等に関する法律施行規則を次のように定める。

第1章 総則

(事務の所轄)
第1条 ① 労働保険の保険料の徴収等に関する法律(昭和44年法律第84号。以下「法」という。)の規定による労働保険に関する事務(以下「労働保険関係事務」という。)は、第36条の規定により官署支出官(予算決算及び会計令(昭和22年勅令第165号)第1条第2号に規定する官署支出官をいう。以下同じ。)が行う法第19条第6項及び第20条第3項の規定による還付金の還付に関する事務を除き、次の区分に従い、都道府県労働局長並びに労働基準監督署長及び公共職業安定所長が行う。
1 労働保険関係事務(次項及び第3項に規定する事務を除く。) 事業場の所在地を管轄する都道府県労働局長(以下「所轄都道府県労働局長」という。)

2 前号の事務であつて、第3項第1号の事業に係るもの及び労働者災害補償保険(以下「労災保険」という。)に係る保険関係のみに係るもののうち、この省令の規定による事務 事業場の所在地を管轄する労働基準監督署長(以下「所轄労働基準監督署長」という。)
3 第1号の事務であつて、第3項第2号の事業に係るもの及び雇用保険に係る保険関係のみに係るもののうち、この省令の規定による事務 事業場の所在地を管轄する公共職業安定所長(以下「所轄公共職業安定所長」という。)
② 労働保険関係事務のうち、法第33条第2項、第3項及び第4項の規定による事務は、事業主の団体若しくはその連合団体又は労働保険事務組合の主たる事務所の所在地を管轄する都道府県労働局長が行う。
③ 労働保険関係事務のうち、次の労働保険料及びこれに係る徴収金の徴収に関する事務は、事業場の所在地を管轄する都道府県労働局歳入徴収官(以下「所轄都道府県労働局歳入徴収官」という。)が行う。
1 法第39条第1項に規定する事業以外の事業(以下「一元適用事業」という。)であつて労働保険事務組合に法第33条第1項の労働保険料の納付その他の労働保険に関する事項(印紙保険料に関する事項を除く。以下「労働保険事務」という。)の処理を委託しないもの及び労災保険に係る保険関係が成立している事業のうち法第39条第1項の規定に係る事業についての一般保険料、雇用保険に係る保険関係が成立している事業のうち同項の規定に係る事業についての第1種特別加入保険料、第2種特別加入保険料並びに第3種特別加入保険料並びにこれらに係る徴収金の徴収に関する事務
2 一元適用事業であつて労働保険事務組合に労働保険事務の処理を委託するもの及び雇用保険に係る保険関係が成立している事業のうち法第39条第1項の規定に係る事業についての一般保険料、一元適用事業についての第1種特別加入保険料、印紙保険料並びに特別納付保険料並びにこれらに係る徴収金の徴収に関する事務

(指揮監督)
第2条 ① 都道府県労働局長は、前条第1項第1号及び同条第2項に掲げる事務並びに次項及び第3項の規定による労働基準監督署長及び公共職業安定所長に対する指揮監督に関する事務については、厚生労働大臣の指揮監督を受けるものとする。
② 労働基準監督署長は、前条第1項第2号に掲げる事務については、都道府県労働局長の指揮監督を受けるものとする。
③ 公共職業安定所長は、前条第1項第3号に掲げる事務については、都道府県労働局長の指揮監督を受けるものとする。

(通貨以外のもので支払われる賃金の範囲及び評価)
第3条 法第2条第2項に規定する算入すべき通貨以外のもので支払われる賃金の範囲は、食事、被服及び住居の利益のほか、所轄労働基準監督署長又は所轄公共職業安定所長の定めるところによる。

第3章 労働保険料の納付の手続等

(労災保険率等)
第16条 ① 船員法(昭和22年法律第100号)第1条に規定する船員を使用して行う船舶所有者(船

[69] 労働保険の保険料の徴収等に関する法律施行規則（17条〜60条）

員保険法（昭和14年法律第73号）第3条に規定する場合にあつては，同条の規定により船舶所有者とされる者）の事業（以下この項において「船舶所有者の事業」という．）以外の事業に係る労災保険率は別表第1のとおりとし，船舶所有者の事業に係る労災保険率は1000分の49とし，別表第1に掲げる事業及び船舶所有者の事業の種類の細目は，厚生労働大臣が別に定めて告示する．

② 法第12条第3項の非業務災害率は，1000分の0.6とする．

（法第12条第3項の規定の適用を受ける事業）

第17条 ① 法第12条第3項第1号の100人以上の労働者を使用する事業及び同項第2号の20人以上100人未満の労働者を使用する事業は，当該保険年度中の各月の末日（賃金締切日がある場合は，各月の末日の直前の賃金締切日）において使用した労働者数の合計数を12で除して得た労働者数が，それぞれ100人以上である事業及び20人以上100人未満である事業とする．ただし，船きよ，船舶，岸壁，波止場，停車場又は倉庫における貨物の取扱いの事業にあつては，当該保険年度中の延労働者数を当該保険年度中の所定労働日数で除して得た労働者数が，それぞれ100人以上である事業及び20人以上100人未満である事業とする．

② 法第12条第3項第2号の厚生労働省令で定める数は，0.4とする．

③ 法第12条第3項第3号の厚生労働省令で定める規模は，労働者及び立木の伐採の事業について当該保険年度の確定保険料の額が40万円以上であることとする．

（労災保険率から非業務災害率を減じた率の増減の率）

第20条 法第12条第3項の100分の40の範囲内において厚生労働省令で定める率は，別表第3（建設の事業又は立木の伐採の事業であつて，同項に規定する連続する3保険年度中のいずれかの保険年度の確定保険料の額が40万円以上100万円未満であるものにあつては，別表第3の2）のとおりとする．

（法第12条の2の厚生労働省令で定める数）

第20条の2 法第12条の2の厚生労働省令で定める数以下の労働者を使用する事業主は，常時300人（金融業若しくは保険業，不動産業又は小売業を主たる事業とする事業主については50人，卸売業又はサービス業を主たる事業とする事業主については100人）以下の数の労働者を使用する事業主とする．

（法第12条の2の労働者の安全又は衛生を確保するための措置）

第20条の3 法第12条の2の労働者の安全又は衛生を確保するための措置で厚生労働省令で定めるものは，次のとおりとする．
 1 労働安全衛生法（昭和47年法律第57号）第70条の2第1項の指針に従い事業主が講ずる労働者の健康の保持増進のための措置であつて厚生労働大臣が定めるもの
 2 労働安全衛生規則（昭和47年労働省令第32号）第61条の3第1項の規定による認定を受けた同項に規定する計画に従い事業主が講ずる措置
 3 前2号に掲げるもののほか，労働者の安全又は衛生を確保するための措置として厚生労働大臣が定めるもの

（被保険者手帳の提出）

第39条 日雇労働被保険者は，事業主に使用されたときは，その都度雇用保険印紙の貼付又は印紙保険料納付計器による納付印の押なつを受けるために，その所持する日雇労働被保険者手帳（以下「被保険者手帳」という．）を事業主に提出しなければならない．

（雇用保険印紙の貼付等）

第40条 ① 事業主は，日雇労働被保険者を使用した場合には，第44条の規定による場合を除き，その者に賃金を支払う都度，その使用した日数に相当する枚数の雇用保険印紙をその使用した日の被保険者手帳における該当日欄にはり，消印しなければならない．

② 事業主は，前項の消印に使用すべき認印の印影をあらかじめ所轄公共職業安定所長に届け出なければならない．認印を変更しようとするときも，同様とする．

（特例納付保険料の基本額）

第56条 ① 法第26条第1項に規定する厚生労働省令で定めるところにより算定した額は，同項に規定する特例対象者に係る雇用保険法施行規則（昭和50年労働省令第3号）第33条第1項に規定する最も古い日から1箇月の間に支払われた賃金の額及び同令第33条の2各号に定める書類に基づき確認される被保険者の負担すべき額に相当する額がその者に支払われた賃金から控除されていたことが明らかである時期の直近1箇月に支払われた賃金の額の合計額を2で除した額（当該特例対象者に係る当該書類に基づき確認される被保険者の負担すべき額に相当する額がその者に支払われた賃金から控除されていたことが明らかである時期のすべての月に係る賃金が明らかである場合は，当該賃金の合計額を当該月数で除した額）に，当該書類に基づき確認される被保険者の負担すべき額に相当する額がその者に支払われた賃金から控除されていたことが明らかである時期の直近日までの雇用保険率及び当該最も古い日から被保険者の負担すべき額に相当する額がその者に支払われた賃金から控除されていたことが明らかである時期の直近の日までの期間（法第4条の2第1項の規定による届出をしていた期間及び法第19条第4項の規定により決定した労働保険料の額の算定の対象となつた期間を除く．）に係る月数を乗じて得た数とする．

② 前項により法第26条第1項に規定する厚生労働省令で定める額を算定する場合に，前項の期間に1月未満の端数があるときは，その端数は切り捨てるものとする．

（特例納付保険料の基本額に加算する額）

第57条 法第26条第1項に規定する厚生労働省令で定める額は，前条の規定により算定した特例納付保険料の基本額に100分の10を乗じて得た額とする．

（賃金からの控除）

第60条 ① 事業主は，被保険者に賃金を支払う都度，当該賃金に応ずる法第31条第3項の規定にようて計算された被保険者の負担すべき一般保険料の額に相当する額（日雇労働被保険者にあつては，当該額及び法第22条第1項の印紙保険料の額の2分の1の額に相当する額）を当該賃金から控除することができる．

② 前項の場合において，事業主は，一般保険料控除計算簿を作成し，事業場ごとにこれを備えなければならない．

別表第1 （第6条，第16条関係）
労災保険率表

事業の種類の分類	事業の種類	労災保険率
林業	林業	1000分の60

漁業	海面漁業（定置網漁業又は海面魚類養殖業を除く。）	1000分の19
	定置網漁業又は海面魚類養殖業	1000分の38
鉱業	金属鉱業、非金属鉱業（石灰石鉱業又はドロマイト鉱業を除く。）又は石炭鉱業	1000分の88
	石灰石鉱業又はドロマイト鉱業	1000分の20
	原油又は天然ガス鉱業	1000分の3
	採石業	1000分の52
	その他の鉱業	1000分の26
建設事業	水力発電施設、ずい道等新設事業	1000分の79
	道路新設事業	1000分の11
	舗装工事業	1000分の9
	鉄道又は軌道新設事業	1000分の9.5
	建築事業（既設建築物設備工事業を除く。）	1000分の11
	既設建築物設備工事業	1000分の15
	機械装置の組立て又は据付けの事業	1000分の6.5
	その他の建設事業	1000分の17
製造業	食料品製造業	1000分の6
	繊維工業又は繊維製品製造業	1000分の4.5
	木材又は木製品製造業	1000分の14
	パルプ又は紙製造業	1000分の7
	印刷業又は製本業	1000分の3.5
	化学工業	1000分の4.5
	ガラス又はセメント製造業	1000分の5.5
	コンクリート製造業	1000分の13
	陶磁器製品製造業	1000分の19
	その他の窯業又は土石製品製造業	1000分の26
	金属精錬業（非鉄金属精錬業を除く。）	1000分の7
	非鉄金属精錬業	1000分の6.5
	金属材料品製造業（鋳物業を除く。）	1000分の5.5
	鋳物業	1000分の18
	金属製品製造業又は金属加工業（洋食器、刃物、手工具又は一般金物製造業及びめっき業を除く。）	1000分の10
	洋食器、刃物、手工具又は一般金物製造業（めっき業を除く。）	1000分の6.5
	めっき業	1000分の7
	機械器具製造業（電気機械器具製造業、輸送用機械器具製造業、船舶製造業又は修理業及び計量器、光学機械、時計等製造業を除く。）	1000分の5.5
	電気機械器具製造業	1000分の3
	輸送用機械器具製造業（船舶製造又は修理業を除く。）	1000分の4
	船舶製造又は修理業	1000分の23
	計量器、光学機械、時計等製造業（電気機械器具製造業を除く。）	1000分の2.5
	貴金属製品、装身具、皮革製品等製造業	1000分の3.5
	その他の製造業	1000分の6.5
運輸業	交通運輸事業	1000分の4.5
	貨物取扱事業（港湾貨物取扱事業及び港湾荷役業を除く。）	1000分の9
	港湾貨物取扱事業（港湾荷役業を除く。）	1000分の9

	港湾荷役業	1000分の13
電気、ガス、水道又は熱供給の事業	電気、ガス、水道又は熱供給の事業	1000分の3
その他の事業	農業又は海面漁業以外の漁業	1000分の13
	清掃、火葬業又はと畜の事業	1000分の12
	ビルメンテナンス業	1000分の5.5
	倉庫業、警備業、消毒又は害虫駆除の事業又はゴルフ場の事業	1000分の7
	通信業、放送業、新聞業又は出版業	1000分の2.5
	卸売業・小売業、飲食店又は宿泊業	1000分の3.5
	金融業、保険業又は不動産業	1000分の2.5
	その他の各種事業	1000分の3

別表第3（第20条関係）
労災保険率から非業務災害率を減じた率の増減表

労災保険法の規定による業務災害に関する保険給付の額（労災保険法第16条の6第1項第2号の場合に支給される遺族補償一時金、第17条の2の表の第4欄に掲げる者に係るもの及び第3種特別加入者に係るものを除く。）に特別支給金規則の規定による特別支給金で業務災害に係るものの額（労災保険法第16条の6第1項第2号の場合に支給される遺族補償一時金の受給権者に支給される遺族特別一時金、第17条の2の表の第4欄に掲げる者に係るもの及び第3種特別加入者に係るものの額を除く。）を加えた額と一般保険料の額（労災保険率（その率が法第12条第3項（法第12条の2の規定により読み替えて適用する場合を含む。）の規定により引き上げ又は引き下げられたときは、その引き上げ又は引き下げられた率）に応ずる部分の額に限る。）から非業務災害率に応ずる部分の額を減じた額に第1種特別加入保険料の額から特別加入非業務災害率に応ずる部分の額を減じた額を加えた額に第19条の2の第1種調整率を乗じて得た額との割合	労災保険率から非業務災害率を減じた率に対する増減の割合	
	立木の伐採の事業以外の事業	立木の伐採の事業
10％以下のもの	40％減ずる.	35％減ずる.
10％を超え20％までのもの	35％減ずる.	30％減ずる.
20％を超え30％までのもの	30％減ずる.	25％減ずる.
30％を超え40％までのもの	25％減ずる.	20％減ずる.
40％を超え50％までのもの	20％減ずる.	15％減ずる.
50％を超え60％までのもの	15％減ずる.	10％減ずる.
60％を超え70％までのもの	10％減ずる.	
70％を超え75％までのもの	5％減ずる.	5％減ずる.
85％を超え90％までのもの	5％増加する.	5％増加する.
90％を超え100％までのもの	10％増加する.	10％増加する.
100％を超え110％までのもの	15％増加する.	
110％を超え120％までのもの	20％増加する.	15％増加する.
120％を超え130％までのもの	25％増加する.	20％増加する.
130％を超え140％までのもの	30％増加する.	25％増加する.
140％を超え150％までのもの	35％増加する.	30％増加する.
150％を超えるもの	40％増加する.	35％増加する.

Ⅳ 社会福祉・社会サービス等

(1) 社会福祉全般

70 社会福祉法(抄)

(昭26・3・29法律第45号, 平27・4・1施行,
最終改正:平28・6・3法律第63号)

第1章 総則

(目 的)
第1条 この法律は,社会福祉を目的とする事業の全分野における共通的基本事項を定め,社会福祉を目的とする他の法律と相まつて,福祉サービスの利用者の利益の保護及び地域における社会福祉(以下「地域福祉」という.)の推進を図るとともに,社会福祉事業の公明かつ適正な実施の確保及び社会福祉を目的とする事業の健全な発達を図り,もつて社会福祉の増進に資することを目的とする.

(定 義)
第2条 この法律において「社会福祉事業」とは,第1種社会福祉事業及び第2種社会福祉事業をいう.
② 次に掲げる事業を第1種社会福祉事業とする.
 1 生活保護法(昭和25年法律第144号)に規定する救護施設,更生施設その他生計困難者を無料又は低額な料金で入所させて生活の扶助を行うことを目的とする施設を経営する事業及び生計困難者に対して助葬を行う事業
 2 児童福祉法(昭和22年法律第164号)に規定する乳児院,母子生活支援施設,児童養護施設,障害児入所施設,児童心理治療施設又は児童自立支援施設を経営する事業
 3 老人福祉法(昭和38年法律第133号)に規定する養護老人ホーム,特別養護老人ホーム又は軽費老人ホームを経営する事業
 4 障害者の日常生活及び社会生活を総合的に支援するための法律(平成17年法律第123号)に規定する障害者支援施設を経営する事業
 6 売春防止法(昭和31年法律第118号)に規定する婦人保護施設を経営する事業
 7 授産施設を経営する事業及び生計困難者に対して無利子又は低利で資金を融通する事業 〈5(略)〉
③ 次に掲げる事業を第2種社会福祉事業とする.
 1 生計困難者に対して,その住居で衣食その他日常の生活必需品若しくはこれに要する金銭を与え,又は生活に関する相談に応ずる事業
 1の2 生活困窮者自立支援法(平成25年法律第105号)に規定する認定生活困窮者就労訓練事業
 2 児童福祉法に規定する障害児通所支援事業,障害児相談支援事業,児童自立生活援助事業,放課後児童健全育成事業,子育て短期支援事業,乳児家庭全戸訪問事業,養育支援訪問事業,地域子育て支援拠点事業,一時預かり事業,小規模住居型児童養育事業,小規模保育事業,病児保育事業又は子育て援助活動支援事業,同法に規定する助産施設,保育所,児童厚生施設又は児童家庭支援センターを経営する事業及び児童の福祉の増進について相談に応ずる事業
 2の2 就学前の子どもに関する教育,保育等の総合的な提供の推進に関する法律(平成18年法律第77号)に規定する幼保連携型認定こども園を経営する事業
 3 母子及び父子並びに寡婦福祉法(昭和39年法律第129号)に規定する母子家庭日常生活支援事業,父子家庭日常生活支援事業又は寡婦日常生活支援事業及び同法に規定する母子・父子福祉施設を経営する事業
 4 老人福祉法に規定する老人居宅介護等事業,老人デイサービス事業,老人短期入所事業,小規模多機能型居宅介護事業,認知症対応型老人共同生活援助事業又は複合型サービス福祉事業及び同法に規定する老人デイサービスセンター,老人短期入所施設,老人福祉センター又は老人介護支援センターを経営する事業
 4の2 障害者の日常生活及び社会生活を総合的に支援するための法律に規定する障害福祉サービス事業,一般相談支援事業,特定相談支援事業又は移動支援事業及び同法に規定する地域活動支援センター又は福祉ホームを経営する事業
 5 身体障害者福祉法(昭和24年法律第283号)に規定する身体障害者生活訓練等事業,手話通訳事業又は介助犬訓練事業若しくは聴導犬訓練事業,同法に規定する身体障害者福祉センター,補装具製作施設,盲導犬訓練施設又は視聴覚障害者情報提供施設を経営する事業及び身体障害者の更生相談に応ずる事業
 6 知的障害者福祉法(昭和35年法律第37号)に規定する知的障害者の更生相談に応ずる事業
 8 生計困難者のために,無料又は低額な料金で,簡易住宅を貸し付け,又は宿泊所その他の施設を利用させる事業
 9 生計困難者のために,無料又は低額な料金で診療を行う事業
 10 生計困難者に対して,無料又は低額な費用で介護保険法(平成9年法律第123号)に規定する介護老人保健施設を利用させる事業
 11 隣保事業(隣保館等の施設を設け,無料又は低額な料金でこれを利用させることその他その近隣地域における住民の生活の改善及び向上を図るための各種の事業を行うものをいう.)
 12 福祉サービス利用援助事業(精神上の理由により日常生活を営むのに支障がある者に対して,無料又は低額な料金で,福祉サービス(前項各号及び前各号の事業において提供されるものに限る.以下この号において同じ.)の利用に関し相談に応じ,及び助言を行い,並びに福祉サービスの提供を受けるために必要な手続又は福祉サービスの利用に要する費用の支払に関する便宜を供与することその他の福祉サービスの適切な利用のための一連の援助を一体的に行う事業をいう.)
 13 前項各号又は前各号の事業に関する連絡又は助成を行う事業 〈7(略)〉
④ この法律における「社会福祉事業」には,次に掲げる事業は,含まれないものとする.

1 更生保護事業法(平成7年法律第86号)に規定する更生保護事業(以下「更生保護事業」という。)
2 実施期間が6月(前項第13号に掲げる事業にあつては,3月)を超えない事業
3 社団又は組合の行う事業であつて,社員又は組合員のためにするもの
4 第2項各号及び前項第1号から第9号までに掲げる事業であつて,常時保護を受ける者が,入所させて保護を行うものにあつては5人,その他のものにあつては20人(政令で定めるものにあつては,10人)に満たないもの
5 前項第13号に掲げる事業のうち,社会福祉事業の助成を行うものであつて,助成の金額が毎年度500万円に満たないもの又は助成を受ける社会福祉事業の数が毎年度50に満たないもの

(福祉サービスの基本的理念)
第3条 福祉サービスは,個人の尊厳の保持を旨とし,その内容は,福祉サービスの利用者が心身ともに健やかに育成され,又はその有する能力に応じ自立した日常生活を営むことができるように支援するものとして,良質かつ適切なものでなければならない。

(地域福祉の推進)
第4条 地域住民,社会福祉を目的とする事業を経営する者及び社会福祉に関する活動を行う者は,相互に協力し,福祉サービスを必要とする地域住民が地域社会を構成する一員として日常生活を営み,社会,経済,文化その他あらゆる分野の活動に参加する機会が与えられるように,地域福祉の推進に努めなければならない。

(福祉サービスの提供の原則)
第5条 社会福祉を目的とする事業を経営する者は,その提供する多様な福祉サービスについて,利用者の意向を十分に尊重し,かつ,保健医療サービスその他の関連するサービスとの有機的な連携を図るよう創意工夫を行いつつ,これを総合的に提供することができるようにその事業の実施に努めなければならない。

(福祉サービスの提供体制の確保等に関する国及び地方公共団体の責務)
第6条 国及び地方公共団体は,社会福祉を目的とする事業を経営する者と協力して,社会福祉を目的とする事業の広範かつ計画的な実施が図られるよう,福祉サービスを提供する体制の確保に関する施策,福祉サービスの適切な利用の推進に関する施策その他の必要な各般の措置を講じなければならない。

第2章 地方社会福祉審議会

(地方社会福祉審議会)
第7条 ① 社会福祉に関する事項(児童福祉及び精神障害者福祉に関する事項を除く。)を調査審議するため,都道府県並びに地方自治法(昭和22年法律第67号)第252条の19第1項の指定都市(以下「指定都市」という。)及び同法第252条の22第1項の中核市(以下「中核市」という。)に社会福祉に関する審議会その他の合議制の機関(以下「地方社会福祉審議会」という。)を置くものとする。
② 地方社会福祉審議会は,都道府県知事又は指定都市若しくは中核市の長の監督に属し,その諮問に答え,又は関係行政庁に意見を具申するものとする。

(委員)
第8条 地方社会福祉審議会の委員は,都道府県又は指定都市若しくは中核市の議会の議員,社会福祉事業に従事する者及び学識経験のある者のうちから,都道府県知事又は指定都市若しくは中核市の長が任命する。

第3章 福祉に関する事務所

(設置)
第14条 ① 都道府県及び市(特別区を含む。以下同じ。)は,条例で,福祉に関する事務所を設置しなければならない。
② 都道府県及び市は,その区域(都道府県にあつては,市及び福祉に関する事務所を設ける町村の区域を除く。)をいずれかの福祉に関する事務所の所管区域としなければならない。
③ 町村は,条例で,その区域を所管区域とする福祉に関する事務所を設置することができる。
④ 町村は,必要がある場合には,地方自治法の規定により一部事務組合又は広域連合を設けて,前項の事務所を設置することができる。この場合には,当該一部事務組合又は広域連合内の町村の区域をもつて,事務所の所管区域とする。
⑤ 都道府県の設置する福祉に関する事務所は,生活保護法,児童福祉法及び母子及び父子並びに寡婦福祉法に定める援護又は育成の措置に関する事務のうち都道府県が処理することとされているものをつかさどるところとする。
⑥ 市町村(特別区を含む。以下同じ。)の設置する福祉に関する事務所は,生活保護法,児童福祉法,母子及び父子並びに寡婦福祉法,老人福祉法,身体障害者福祉法及び知的障害者福祉法に定める援護,育成又は更生の措置に関する事務のうち市町村が処理することとされているもの(政令で定めるものを除く。)をつかさどるところとする。
⑦ 町村の福祉に関する事務所の設置又は廃止の時期は,会計年度の始期又は終期でなければならない。
⑧ 町村は,福祉に関する事務所を設置し,又は廃止するには,あらかじめ,都道府県知事に協議しなければならない。

(組織)
第15条 ① 福祉に関する事務所には,長及び少なくとも次の所員を置かなければならない。ただし,所の長が,その職務の遂行に支障がない場合において,自ら現業事務の指導監督を行うときは,第1号の所員を置くことを要しない。
1 指導監督を行う所員
2 現業を行う所員
3 事務を行う所員
② 所の長は,都道府県知事又は市町村長(特別区の区長を含む。以下同じ。)の指揮監督を受けて,所務を掌理する。
③ 指導監督を行う所員は,所の長の指揮監督を受けて,現業事務の指導監督をつかさどる。
④ 現業を行う所員は,所の長の指揮監督を受けて,援護,育成又は更生の措置を要する者等の家庭を訪問し,又は訪問しないで,これらの者に面接し,本人の資産,環境等を調査し,保護その他の措置の必要の有無及びその種類を判断し,本人に対し生活指導を行う等の事務をつかさどる。
⑤ 事務を行う所員は,所の長の指揮監督を受けて,

所の庶務をつかさどる.
⑥ 第1項第1号及び第2号の所員は,社会福祉主事でなければならない.
（所員の定数）
第16条　所員の定数は,条例で定める.ただし,現業を行う所員の数は,各事務所につき,それぞれ次の各号に掲げる数を標準として定めるものとする.
1　都道府県の設置する事務所にあつては,生活保護法の適用を受ける被保護世帯（以下「被保護世帯」という.）の数が390以下であるときは,6とし,被保護世帯の数が65を増すごとに,これに1を加えた数
2　市の設置する事務所にあつては,被保護世帯の数が240以下であるときは,3とし,被保護世帯数が80を増すごとに,これに1を加えた数
3　町村の設置する事務所にあつては,被保護世帯の数が160以下であるときは,2とし,被保護世帯数が80を増すごとに,これに1を加えた数
（服　務）
第17条　第15条第1項第1号及び第2号の所員は,それぞれ同条第3項又は第4項に規定する職務にのみ従事しなければならない.ただし,その職務の遂行に支障がない場合に,これらの所員が,他の社会福祉又は保健医療に関する事務を行うことを妨げない.

第4章　社会福祉主事

（設　置）
第18条　① 都道府県,市及び福祉に関する事務所を設置する町村に,社会福祉主事を置く.
② 前項に規定する町村以外の町村は,社会福祉主事を置くことができる.
③ 都道府県の社会福祉主事は,都道府県の設置する福祉に関する事務所において,生活保護法,児童福祉法及び母子及び父子並びに寡婦福祉法に定める援護又は育成の措置に関する事務を行うことを職務とする.
④ 市及び第1項に規定する町村の社会福祉主事は,市及び同項に規定する町村に設置する福祉に関する事務所において,生活保護法,児童福祉法,母子及び父子並びに寡婦福祉法,老人福祉法,身体障害者福祉法及び知的障害者福祉法に定める援護,育成又は更生の措置に関する事務を行うことを職務とする.
⑤ 第2項の規定により置かれる社会福祉主事は,老人福祉法,身体障害者福祉法及び知的障害者福祉法に定める援護又は更生の措置に関する事務を行うことを職務とする.
（資格等）
第19条　① 社会福祉主事は,都道府県知事又は市町村長の補助機関である職員とし,年齢20年以上の者であつて,人格が高潔で,思慮が円熟し,社会福祉の増進に熱意があり,かつ,次の各号のいずれかに該当するもののうちから任用しなければならない.
1　学校教育法（昭和22年法律第26号）に基づく大学,旧大学令（大正7年勅令第388号）に基づく大学,旧高等学校令（大正7年勅令第389号）に基づく高等学校又は旧専門学校令（明治36年勅令第61号）に基づく専門学校において,厚生労働大臣の指定する社会福祉に関する科目を修めて卒業した者
2　都道府県知事の指定する養成機関又は講習会の課程を修了した者
3　社会福祉士
4　厚生労働大臣の指定する社会福祉事業従事者試験に合格した者
5　前各号に掲げる者と同等以上の能力を有すると認められる者として厚生労働省令で定めるもの
② 前項第2号の養成機関及び講習会の指定に関し必要な事項は,政令で定める.

第6章　社会福祉法人

第1節　通則
（定　義）
第22条　この法律において「社会福祉法人」とは,社会福祉事業を行うことを目的として,この法律の定めるところにより設立された法人をいう.
（名　称）
第23条　社会福祉法人以外の者は,その名称中に,「社会福祉法人」又はこれに紛らわしい文字を用いてはならない.
（経営の原則等）
第24条　① 社会福祉法人は,社会福祉事業の主たる担い手としてふさわしい事業を確実,効果的かつ適正に行うため,自主的にその経営基盤の強化を図るとともに,その提供する福祉サービスの質の向上及び事業経営の透明性の確保を図らなければならない.
② 社会福祉法人は,社会福祉事業及び第26条第1項に規定する公益事業を行うに当たつては,日常生活又は社会生活上の支援を必要とする者に対して,無料又は低額な料金で,福祉サービスを積極的に提供するよう努めなければならない.
（要　件）
第25条　社会福祉法人は,社会福祉事業を行うに必要な資産を備えなければならない.
（公益事業及び収益事業）
第26条　① 社会福祉法人は,その経営する社会福祉事業に支障がない限り,公益を目的とする事業（以下「公益事業」という.）又はその収益を社会福祉事業若しくは公益事業（第2条第4項第4号に掲げる事業その他の政令で定めるものに限る.第57条第2号において同じ.）の経営に充てることを目的とする事業（以下「収益事業」という.）を行うことができる.
② 公益事業又は収益事業に関する会計は,それぞれ当該社会福祉法人の行う社会福祉事業に関する会計から区分し,特別の会計として経理しなければならない.
（特別の利益供与の禁止）
第27条　社会福祉法人は,その事業を行うに当たり,その評議員,理事,監事,職員その他の政令で定める社会福祉法人の関係者に対し特別の利益を与えてはならない.
（住　所）
第28条　社会福祉法人の住所は,その主たる事務所の所在地にあるものとする.
（登　記）
第29条　① 社会福祉法人は,政令の定めるところにより,その設立,従たる事務所の新設,事務所の移転その他登記事項の変更,解散,合併,清算人の就任又はその変更及び清算の結了の各場合に,登記をしな

ければならない．
② 前項の規定により登記をしなければならない事項は，登記の後でなければ，これをもつて第三者に対抗することができない．
（所轄庁）
第30条 ① 社会福祉法人の所轄庁は，その主たる事務所の所在地の都道府県知事とする．ただし，次の各号に掲げる社会福祉法人の所轄庁は，当該各号に定める者とする．
 1 主たる事務所が市の区域内にある社会福祉法人（次号に掲げる社会福祉法人を除く．）であつてその行う事業が当該市の区域を越えないもの　市長（特別区の区長を含む．以下同じ．）
 2 主たる事務所が指定都市の区域内にある社会福祉法人であつてその行う事業が1の都道府県の区域内において2以上の市町村の区域にわたるもの及び第109条第2項に規定する地区社会福祉協議会である社会福祉法人　指定都市の長
② 社会福祉法人でその行う事業が2以上の地方厚生局の管轄区域にわたるものであつて，厚生労働省令で定めるものにあつては，その所轄庁は，前項本文の規定にかかわらず，厚生労働大臣とする．

第2節　設　立
（申　請）
第31条 ① 社会福祉法人を設立しようとする者は，定款をもつて少なくとも次に掲げる事項を定め，厚生労働省令で定める手続に従い，当該定款について所轄庁の認可を受けなければならない．
 1 目的
 2 名称
 3 社会福祉事業の種類
 4 事務所の所在地
 5 評議員及び評議員会に関する事項
 6 役員（理事及び監事をいう．以下この条，次節第2款，第6章第8節，第9章及び第10章において同じ．）の定数その他役員に関する事項
 7 理事会に関する事項
 8 会計監査人を置く場合には，これに関する事項
 9 資産に関する事項
 10 会計に関する事項
 11 公益事業を行う場合には，その種類
 12 収益事業を行う場合には，その種類
 13 解散に関する事項
 14 定款の変更に関する事項
 15 公告の方法
② 前項の定款は，電磁的記録（電子的方式，磁気的方式その他人の知覚によつては認識することができない方式で作られる記録であつて，電子計算機による情報処理の用に供されるものとして厚生労働省令で定めるものをいう．以下同じ．）をもつて作成することができる．
③ 設立当初の役員及び評議員は，定款で定めなければならない．
④ 第1項第5号の評議員に関する事項として，理事又は理事会が評議員を選任し，又は解任する旨の定款の定めは，その効力を有しない．
⑥ 第1項第13号に掲げる事項中に，残余財産の帰属すべき者に関する規定を設ける場合には，その者は，社会福祉法人その他社会福祉事業を行う者のうちから選定されるようにしなければならない．
（認　可）
第32条　所轄庁は，前条第1項の規定による認可の申請があつたときは，当該申請に係る社会福祉法人の資産が第25条の要件に該当しているかどうか，その定款の内容及び設立の手続が，法令の規定に違反していないかどうか等を審査した上で，当該定款の認可を決定しなければならない．
（成立の時期）
第34条　社会福祉法人は，その主たる事務所の所在地において設立の登記をすることによつて成立する．
（定款の備置き及び閲覧等）
第34条の2 ① 社会福祉法人は，第31条第1項の認可を受けたときは，その定款をその主たる事務所及び従たる事務所に備え置かなければならない．
② 評議員及び債権者は，社会福祉法人の業務時間内は，いつでも，次に掲げる請求をすることができる．ただし，債権者が第2号又は第4号に掲げる請求をするには，当該社会福祉法人の定めた費用を支払わなければならない．
 1 定款が書面をもつて作成されているときは，当該書面の閲覧の請求
 2 前号の書面の謄本又は抄本の交付の請求
 3 定款が電磁的記録をもつて作成されているときは，当該電磁的記録に記録された事項を厚生労働省令で定める方法により表示したものの閲覧の請求
 4 前号の電磁的記録に記録された事項を電磁的方法（電子情報処理組織を使用する方法その他の情報通信の技術を利用する方法であつて厚生労働省令で定めるものをいう．以下同じ．）であつて当該社会福祉法人の定めたものにより提供することの請求又はその事項を記載した書面の交付の請求
③ 何人（評議員及び債権者を除く．）も，社会福祉法人の業務時間内は，いつでも，次に掲げる請求をすることができる．この場合においては，当該社会福祉法人は，正当な理由がないのにこれを拒んではならない．
 1 定款が書面をもつて作成されているときは，当該書面の閲覧の請求
 2 定款が電磁的記録をもつて作成されているときは，当該電磁的記録に記録された事項を厚生労働省令で定める方法により表示したものの閲覧の請求
④ 定款が電磁的記録をもつて作成されている場合であつて，従たる事務所における第2項第3号及び第4号並びに前項第2号に掲げる請求に応じることを可能とするための措置として厚生労働省令で定めるものをとつている社会福祉法人についての第1項の規定の適用については，同項中「主たる事務所及び従たる事務所」とあるのは，「主たる事務所」とする．

第3節～第7節（略）
第8節　助成及び監督
（監　督）
第56条 ① 所轄庁は，この法律の施行に必要な限度において，社会福祉法人に対し，その業務若しくは財産の状況に関し報告をさせ，又は当該職員に，社会福祉法人の事務所その他の施設に立ち入り，その業務若しくは財産の状況若しくは帳簿，書類その他の物件を検査させることができる．
② 前項の規定により立入検査をする職員は，その身分を示す証明書を携帯し，関係人にこれを提示しなければならない．
③ 第1項の規定による立入検査の権限は，犯罪捜査

④ 所轄庁は,社会福祉法人が,法令,法令に基づいてする行政庁の処分若しくは定款に違反し,又はその運営が著しく適正を欠くと認めるときは,当該社会福祉法人に対し,期限を定めて,その改善のために必要な措置(役員の解職を除く。)をとるべき旨を勧告することができる.
⑤ 所轄庁は,前項の規定による勧告をした場合において,当該勧告を受けた社会福祉法人が同項の期限内にこれに従わなかつたときは,その旨を公表することができる.
⑥ 所轄庁は,第4項の規定による勧告を受けた社会福祉法人が,正当な理由がないのに当該勧告に係る措置をとらなかつたときは,当該社会福祉法人に対し,期限を定めて,当該勧告に係る措置をとるべき旨を命ずることができる.
⑦ 社会福祉法人が前項の命令に従わないときは,所轄庁は,当該社会福祉法人に対し,期間を定めて業務の全部若しくは一部の停止を命じ,又は役員の解職を勧告することができる.
⑧ 所轄庁は,社会福祉法人が,法令,法令に基づいてする行政庁の処分若しくは定款に違反した場合であつて他の方法により監督の目的を達することができないとき,又は正当の事由がないのに1年以上にわたつてその目的とする事業を行わないときは,解散を命ずることができる.
⑨ 所轄庁は,第7項の規定により役員の解職を勧告しようとする場合には,当該社会福祉法人に,所轄庁の指定した職員に対して弁明の機会を与えなければならない。この場合においては,当該社会福祉法人に対し,あらかじめ,書面をもつて,弁明をなすべき日時,場所及びその勧告をなすべき理由を通知しなければならない.
⑩ 前項の通知を受けた社会福祉法人は,代理人を出頭させ,かつ,自己に有利な証拠を提出することができる.
⑪ 第9項の規定による弁明を聴取した者は,聴取書及び当該勧告をする必要があるかどうかについての意見を付した報告書を作成し,これを所轄庁に提出しなければならない.

(公益事業又は収益事業の停止)
第57条 所轄庁は,第26条第1項の規定により公益事業又は収益事業を行う社会福祉法人につき,次の各号のいずれかに該当する事由があると認めるときは,当該社会福祉法人に対して,その事業の停止を命ずることができる.
1 当該社会福祉法人が定款で定められた事業以外の事業を行うこと.
2 当該社会福祉法人が当該収益事業から生じた収益を当該社会福祉法人の行う社会福祉事業及び公益事業以外の目的に使用すること.
3 当該公益事業又は収益事業の継続が当該社会福祉法人の行う社会福祉事業に支障があること.

(関係都道府県知事等の協力)
第57条の2 関係都道府県知事等(社会福祉法人の事務所,施設その他これらに準ずるものの所在地の都道府県知事又は市町村長であつて,当該社会福祉法人の所轄庁以外の者をいう。次項において同じ。)は,当該社会福祉法人に対して適当な措置をとることが必要であると認めるときは,当該社会福祉法人の所轄庁に対し,その旨の意見を述べることができる.

2 所轄庁は,第56条第1項及び第4項から第9項まで並びに前条の事務を行うため必要があると認めるときは,関係都道府県知事等に対し,情報又は資料の提供その他必要な協力を求めることができる.

(助成等)
第58条 ① 国又は地方公共団体は,必要があると認めるときは,厚生労働省令又は当該地方公共団体の条例で定める手続に従い,社会福祉法人に対し,補助金を支出し,又は通常の条件よりも当該社会福祉法人に有利な条件で,貸付金を支出し,若しくはその他の財産を譲り渡し,若しくは貸し付けることができる。ただし,国有財産法(昭和23年法律第73号)及び地方自治法第237条第2項の規定の適用を妨げない.
② 前項の規定により,社会福祉法人に対する助成がなされたときは,厚生労働大臣又は地方公共団体の長は,その助成の目的が有効に達せられることを確保するため,当該社会福祉法人に対して,次に掲げる権限を有する.
1 事業又は会計の状況に関し報告を徴すること.
2 助成の目的に照らして,社会福祉法人の予算が不適当であると認める場合において,その予算について必要な変更をすべき旨を勧告すること.
3 社会福祉法人の役員が法令,法令に基づいてする行政庁の処分又は定款に違反した場合において,その役員を解職すべき旨を勧告すること.
③ 国又は地方公共団体は,社会福祉法人が前項の規定による措置に従わなかつたときは,交付した補助金若しくは貸付金又は譲渡し,若しくは貸し付けたその他の財産の全部又は一部の返還を命ずることができる.
④ 第56条第9項から第11項までの規定は,第2項第3号の規定により解職を勧告し,又は前項の規定により補助金若しくは貸付金の全部若しくは一部の返還を命ずる場合に準用する.

(所轄庁への届出)
第59条 社会福祉法人は,毎会計年度終了後3月以内に,厚生労働省令で定めるところにより,次に掲げる書類を所轄庁に届け出なければならない.
1 第45条の32第1項に規定する計算書類等
2 第45条の34第2項に規定する財産目録等

(情報の公開等)
第59条の2 ① 社会福祉法人は,次の各号に掲げる場合の区分に応じ,遅滞なく,厚生労働省令で定めるところにより,当該各号に定める事項を公表しなければならない.
1 第31条第1項若しくは第45条の36第2項の認可を受けたとき又は同条第四項の規定による届出をしたとき 定款の内容
2 第45条の35第2項の承認を受けたとき 当該承認を受けた報酬等の支給の基準
3 前条の規定による届出をしたとき 同条各号に掲げる書類のうち厚生労働省令で定める書類の内容
⟨②~⑦略⟩

第7章 社会福祉事業

(経営主体)
第60条 社会福祉事業のうち,第1種社会福祉事業は,国,地方公共団体又は社会福祉法人が経営することを原則とする.

(1) 社会福祉全般

（事業経営の準則）
第61条 ① 国,地方公共団体,社会福祉法人その他社会福祉事業を経営する者は,次に掲げるところに従い,それぞれの責任を明確にしなければならない.
 1 国及び地方公共団体は,法律に基づくその責任を他の社会福祉事業を経営する者に転嫁し,又はこれらの者の財政的援助を求めないこと.
 2 国及び地方公共団体は,他の社会福祉事業を経営する者に対し,その自主性を重んじ,不当な関与を行わないこと.
 3 社会福祉事業を経営する者は,不当に国及び地方公共団体の財政的,管理的援助を仰がないこと.
② 前項第1号の規定は,国又は地方公共団体が,その経営する社会福祉事業について,福祉サービスを必要とする者を施設に入所させること他の措置を他の社会福祉事業を経営する者に委託することを妨げるものではない.

（施設の設置）
第62条 ① 市町村又は社会福祉法人は,施設を設置して,第1種社会福祉事業を経営しようとするときは,その事業の開始前に,その施設（以下「社会福祉施設」という.）を設置しようとする地の都道府県知事に,次に掲げる事項を届け出なければならない.
 1 施設の名称及び種類
 2 設置者の氏名又は名称,住所,経歴及び資産状況
 3 条例,定款その他の基本約款
 4 建物その他の設備の規模及び構造
 5 事業開始の予定年月日
 6 施設の管理者及び実務を担当する幹部職員の氏名及び経歴
 7 福祉サービスを必要とする者に対する処遇の方法
② 国,都道府県,市町村及び社会福祉法人以外の者は,社会福祉施設を設置して,第1種社会福祉事業を経営しようとするときは,その事業の開始前に,その施設を設置しようとする地の都道府県知事の許可を受けなければならない.
③ 前項の許可を受けようとする者は,第1項各号に掲げる事項のほか,次に掲げる事項を記載した申請書を当該都道府県知事に提出しなければならない.
 1 当該事業を経営するための財源の調達及びその管理の方法
 2 施設の管理者の資産状況
 3 建物その他の設備の使用の権限
 4 経理の方針
 5 事業の経営者又は施設の管理者に事故があるときの処置
④ 都道府県知事は,第2項の許可の申請があつたときは,第65条の規定により都道府県の条例で定める基準に適合するかどうかを審査するほか,次に掲げる基準によつて,その申請を審査しなければならない.
 1 当該事業を経営するために必要な経済的基礎があること.
 2 当該事業の経営者が社会的信望を有すること.
 3 実務を担当する幹部職員が社会福祉事業に関する経験,熱意及び能力を有すること.
 4 当該事業の経理が他の経理と分離できる等その性格が社会福祉法人に準するものであること.
 5 脱税その他不正の目的で当該事業を経営しようとするものでないこと.
⑤ 都道府県知事は,前項に規定する審査の結果,その申請が,同項に規定する基準に適合していると認めるときは,社会福祉施設設置の許可を与えなければならない.
⑥ 都道府県知事は,前項の許可を与えるに当たつて,当該事業の適正な運営を確保するために必要と認める条件を付することができる.

（変 更）
第63条 ① 前条第1項の規定による届出をした者は,その届け出た事項に変更を生じたときは,変更の日から1月以内に,その旨を当該都道府県知事に届け出なければならない.
② 前条第2項の規定による許可を受けた者は,同条第1項第4号,第5号及び第7号並びに同条第3項第1号,第4号及び第5号に掲げる事項を変更しようとするときは,当該都道府県知事の許可を受けなければならない.
③ 前条第4項から第6項までの規定は,前項の規定による許可の申請があつた場合に準用する.

（廃 止）
第64条 第62条第1項の規定による届出をし,又は同条第2項の規定による許可を受けて,社会福祉事業を経営する者は,その事業を廃止しようとするときは,廃止の日の1月前までに,その旨を当該都道府県知事に届け出なければならない.

（施設の基準）
第65条 ① 都道府県は,社会福祉施設の設備の規模及び構造並びに福祉サービスの提供の方法,利用者からの苦情への対応その他の社会福祉施設の運営について,条例で基準を定めなければならない.
② 都道府県が前項の条例を定めるに当たつては,第1号から第3号までに掲げる事項については厚生労働省令で定める基準に従い定めるものとし,第4号に掲げる事項については厚生労働省令で定める基準を標準として定めるものとし,その他の事項については厚生労働省令で定める基準を参酌するものとする.
 1 社会福祉施設に配置する職員及びその員数
 2 社会福祉施設に係る居室の床面積
 3 社会福祉施設の運営に関する事項であつて,利用者の適切な処遇及び安全の確保並びに秘密の保持に密接に関連するものとして厚生労働省令で定めるもの
 4 社会福祉施設の利用定員
③ 社会福祉施設の設置者は,第1項の基準を遵守しなければならない.

（管理者）
第66条 社会福祉施設には,専任の管理者を置かなければならない.

（施設を必要としない第1種社会福祉事業の開始）
第67条 市町村又は社会福祉法人は,施設を必要としない第1種社会福祉事業を開始したときは,事業開始の日から1月以内に,事業経営地の都道府県知事に次に掲げる事項を届け出なければならない.
 1 経営者の名称及び主たる事務所の所在地
 2 事業の種類及び内容
 3 条例,定款その他の基本約款
② 国,都道府県,市町村及び社会福祉法人以外の者は,施設を必要としない第1種社会福祉事業を経営しようとするときは,その事業の開始前に,その事業を経営しようとする地の都道府県知事の許可を受けなければならない.
③ 前項の許可を受けようとする者は,第1項各号並

びに第62条第3項第1号,第4号及び第5号に掲げる事項を記載した申請書を当該都道府県知事に提出しなければならない.
④ 都道府県知事は,第2項の許可の申請があつたときは,第62条第4項各号に掲げる基準によつて,これを審査しなければならない.
⑤ 第62条第5項及び第6項の規定は,前項の場合に準用する.

(変更の届出・廃止)
第68条 前条第1項の規定による届出をし,又は同条第2項の規定による許可を受けて社会福祉事業を経営する者は,その届け出た事項又は許可申請書に記載した事項に変更を生じたときは,変更の日から1月以内に,その旨を当該都道府県知事に届け出なければならない.その事業を廃止したときも,同様とする.

(第2種社会福祉事業)
第69条 ① 国及び都道府県以外の者は,第2種社会福祉事業を開始したときは,事業開始の日から1月以内に,事業経営地の都道府県知事に第67条第1項各号に掲げる事項を届け出なければならない.
② 前項の規定による届出をした者は,その届け出た事項に変更を生じたときは,変更の日から1月以内に,その旨を当該都道府県知事に届け出なければならない.その事業を廃止したときも,同様とする.

(調 査)
第70条 都道府県知事は,この法律の目的を達成するため,社会福祉事業を経営する者に対し,必要と認める事項の報告を求め,又は当該職員をして,施設,帳簿,書類等を検査し,その他事業経営の状況を調査させることができる.

(改善命令)
第71条 都道府県知事は,第62条第1項の規定による届出をし,又は同条第2項の規定による許可を受けて社会福祉事業を経営する者の施設が,第65条第1項の基準に適合しないと認められるに至つたときは,その事業を経営する者に対し,同項の基準に適合するために必要な措置を採るべき旨を命ずることができる.

(許可の取消し等)
第72条 都道府県知事は,第62条第1項,第67条第1項若しくは第69条第1項の届出をし,又は第62条第2項若しくは第67条第2項の許可を受けて社会福祉事業を経営する者が,第62条第6項(第63条第3項及び第67条第5項において準用する場合を含む.)の規定による条件に違反し,第63条第1項若しくは第2項,第68条若しくは第69条第2項の規定に違反し,第70条の規定による報告の求めに応ぜず,若しくは虚偽の報告をし,同条の規定による当該職員の検査若しくは調査を拒み,妨げ,若しくは忌避し,前条の規定による命令に違反し,若しくはその事業に関し不当に営利を図り,若しくは福祉サービスの提供を受ける者の処遇につき不当な行為をしたときは,その者に対し,社会福祉事業を経営することを制限し,その停止を命じ,又は第62条第2項若しくは第67条第2項の許可を取り消すことができる.
② 都道府県知事は,第62条第1項,第67条第1項若しくは第69条第1項の届出をし,若しくは第74条に規定する他の法律に基づく届出をし,又は第62条第2項若しくは第67条第2項の許可を受け,若しくは第74条に規定する他の法律に基づく許可若しくは認可を受けて社会福祉事業を経営する者(次章において「社会福祉事業の経営者」という.)が,第77条又は第79条の規定に違反したときは,その者に対し,社会福祉事業を経営することを制限し,その停止を命じ,又は第62条第2項若しくは第67条第2項の許可若しくは第74条に規定する他の法律に基づく許可若しくは認可を取り消すことができる.
③ 都道府県知事は,第62条第1項若しくは第2項,第67条第1項若しくは第2項又は第69条第1項の規定に違反して社会福祉事業を経営する者が,その事業に関し不当に営利を図り,若しくは福祉サービスの提供を受ける者の処遇につき不当な行為をしたときは,その者に対し,社会福祉事業を経営することを制限し,又はその停止を命ずることができる.

(市の区域内で行われる隣保事業の特例)
第73条 市の区域内で行われる隣保事業について第69条,第70条及び前条の規定を適用する場合においては,第69条第1項中「及び都道府県」とあるのは「,都道府県及び市」と,「都道府県知事」とあるのは「市長」と,同条第2項,第70条及び前条中「都道府県知事」とあるのは「市長」と読み替えるものとする.

(適用除外)
第74条 第62条から第71条まで並びに第72条第1項及び第3項の規定は,他の法律によつて,その設置又は開始につき,行政庁の許可,認可若しくは行政庁への届出を要するものとされている施設又は事業については,適用しない.

第8章 福祉サービスの適切な利用

第1節 情報の提供等

(情報の提供)
第75条 ① 社会福祉事業の経営者は,福祉サービス(社会福祉事業において提供されるものに限る.以下この節及び次節において同じ.)を利用しようとする者が,適切かつ円滑にこれを利用することができるように,その経営する社会福祉事業に関し情報の提供を行うよう努めなければならない.
② 国及び地方公共団体は,福祉サービスを利用しようとする者が必要な情報を容易に得られるように,必要な措置を講ずるよう努めなければならない.

(利用契約の申込み時の説明)
第76条 社会福祉事業の経営者は,その提供する福祉サービスの利用を希望する者からの申込みがあつた場合には,その者に対し,当該福祉サービスを利用するための契約の内容及びその履行に関する事項について説明するよう努めなければならない.

(利用契約の成立時の書面の交付)
第77条 ① 社会福祉事業の経営者は,福祉サービスを利用するための契約(厚生労働省令で定めるものを除く.)が成立したときは,その利用者に対し,遅滞なく,次に掲げる事項を記載した書面を交付しなければならない.
1 当該社会福祉事業の経営者の名称及び主たる事務所の所在地
2 当該社会福祉事業の経営者が提供する福祉サービスの内容
3 当該福祉サービスの提供につき利用者が支払うべき額に関する事項
4 その他厚生労働省令で定める事項

② 社会福祉事業の経営者は、前項の規定による書面の交付に代えて、政令の定めるところにより、当該利用者の承諾を得て、当該書面に記載すべき事項を電磁的方法により提供することができる。この場合において、当該社会福祉事業の経営者は、当該書面を交付したものとみなす。
(福祉サービスの質の向上のための措置等)
第78条 ① 社会福祉事業の経営者は、自らその提供する福祉サービスの質の評価を行うことその他の措置を講ずることにより、常に福祉サービスを受ける者の立場に立って良質かつ適切な福祉サービスを提供するよう努めなければならない。
② 国は、社会福祉事業の経営者が行う福祉サービスの質の向上のための措置を援助するために、福祉サービスの質の公正かつ適切な評価の実施に資するための措置を講ずるよう努めなければならない。
(誇大広告の禁止)
第79条 社会福祉事業の経営者は、その提供する福祉サービスについて広告をするときは、広告された福祉サービスの内容その他の厚生労働省令で定める事項について、著しく事実に相違する表示をし、又は実際のものよりも著しく優良であり、若しくは有利であると人を誤認させるような表示をしてはならない。

第2節 福祉サービスの利用の援助等
(福祉サービス利用援助事業の実施に当たつての配慮)
第80条 福祉サービス利用援助事業を行う者は、当該事業を行うに当たつては、利用者の意向を十分に尊重するとともに、利用者の立場に立つて公正かつ適切な方法により行わなければならない。
(都道府県社会福祉協議会の行う福祉サービス利用援助事業等)
第81条 都道府県社会福祉協議会は、第110条第1項各号に掲げる事業を行うほか、福祉サービス利用援助事業を行う市町村社会福祉協議会その他の者と協力して都道府県の区域内においてあまねく福祉サービス利用援助事業が実施されるために必要な事業を行うとともに、これと併せて、当該事業に従事する者の資質の向上のための事業並びに福祉サービス利用援助事業に関する普及及び啓発を行うものとする。
(社会福祉事業の経営者による苦情の解決)
第82条 社会福祉事業の経営者は、常に、その提供する福祉サービスについて、利用者等からの苦情の適切な解決に努めなければならない。
(運営適正化委員会)
第83条 都道府県の区域内において、福祉サービス利用援助事業の適正な運営を確保するとともに、福祉サービスに関する利用者等からの苦情を適切に解決するため、都道府県社会福祉協議会に、人格が高潔であつて、社会福祉に関する識見を有し、かつ、社会福祉、法律又は医療に関し学識経験を有する者で構成される運営適正化委員会を置くものとする。
(運営適正化委員会の行う福祉サービス利用援助事業に関する助言等)
第84条 ① 運営適正化委員会は、第81条の規定により行われる福祉サービス利用援助事業の適正な運営を確保するために必要があると認めるときは、当該福祉サービス利用援助事業を行う者に対して必要な助言又は勧告をすることができる。
② 福祉サービス利用援助事業を行う者は、前項の勧告を受けたときは、これを尊重しなければならない。
(運営適正化委員会の行う苦情の解決のための相談等)
第85条 ① 運営適正化委員会は、福祉サービスに関する苦情について解決の申出があつたときは、その相談に応じ、申出人に必要な助言をし、当該苦情に係る事情を調査するものとする。
② 運営適正化委員会は、前項の申出人及び当該申出人に対し福祉サービスを提供した者の同意を得て、苦情の解決のあつせんを行うことができる。
(運営適正化委員会から都道府県知事への通知)
第86条 運営適正化委員会は、苦情の解決に当たり、当該苦情に係る福祉サービスの利用者の処遇につき不当な行為が行われているおそれがあると認めるときは、都道府県知事に対し、速やかに、その旨を通知しなければならない。
(政令への委任)
第87条 この節に規定するもののほか、運営適正化委員会に関し必要な事項は、政令で定める。

第9章 社会福祉事業等に従事する者の確保の促進

第1節 基本指針等
(基本指針)
第89条 ① 厚生労働大臣は、社会福祉事業の適正な実施を確保し、社会福祉事業その他の政令で定める社会福祉は事業を目的とする者(以下この章において「社会福祉事業等」という。)の健全な発達を図るため、社会福祉事業等に従事する者(以下この章において「社会福祉事業等従事者」という。)の確保及び国民の社会福祉に関する活動への参加の促進を図るための措置に関する基本的な指針(以下「基本指針」という。)を定めなければならない。
② 基本指針に定める事項は、次のとおりとする。
1 社会福祉事業等従事者の就業の動向に関する事項
2 社会福祉事業等を経営する者が行う、社会福祉事業等従事者に係る処遇の改善(国家公務員及び地方公務員である者に係るものを除く。)及び資質の向上並びに新規の社会福祉事業等従事者の確保に資する措置その他の社会福祉事業等従事者の確保に資する措置の内容に関する事項
3 前号に規定する措置の内容に関して、その適正かつ有効な実施を図るために必要な措置の内容に関する事項
4 国民の社会福祉事業等に対する理解を深め、国民の社会福祉に関する活動への参加を促進するために必要な措置の内容に関する事項
③ 厚生労働大臣は、基本指針を定め、又はこれを変更しようとするときは、あらかじめ、総務大臣に協議するとともに、社会保障審議会及び都道府県の意見を聴かなければならない。
④ 厚生労働大臣は、基本指針を定め、又はこれを変更したときは、遅滞なく、これを公表しなければならない。
(社会福祉事業等を経営する者の講ずべき措置)
第90条 ① 社会福祉事業等を経営する者は、前条第2項第2号に規定する措置の内容に即した措置を講ずるよう努めなければならない。
② 社会福祉事業等を経営する者は、前条第2項第4号に規定する措置の内容に即した措置を講ずる者に

し, 必要な協力を行うように努めなければならない.

(指導及び助言)
第91条 国及び都道府県は, 社会福祉事業等を経営する者に対し, 第89条第2項第2号に規定する措置の内容に即した措置の的確な実施に必要な指導及び助言を行うものとする.

(国及び地方公共団体の措置)
第92条 ① 国は, 社会福祉事業等従事者の確保及び国民の社会福祉に関する活動への参加を促進するために必要な財政上及び金融上の措置その他の措置を講ずるよう努めなければならない.
② 地方公共団体は, 社会福祉事業等従事者の確保及び国民の社会福祉に関する活動への参加を促進するために必要な措置を講ずるよう努めなければならない.

第10章 地域福祉の推進

第1節 地域福祉計画

(市町村地域福祉計画)
第107条 市町村は, 地域福祉の推進に関する事項として次に掲げる事項を一体的に定める計画(以下「市町村地域福祉計画」という.)を策定し, 又は変更しようとするときは, あらかじめ, 住民, 社会福祉を目的とする事業を経営する者その他社会福祉に関する活動を行う者の意見を反映させるために必要な措置を講ずるよう努めるとともに, その内容を公表するよう努めるものとする.
1 地域における福祉サービスの適切な利用の推進に関する事項
2 地域における社会福祉を目的とする事業の健全な発達に関する事項
3 地域福祉に関する活動への住民の参加の促進に関する事項

(都道府県地域福祉支援計画)
第108条 都道府県は, 市町村地域福祉計画の達成に資するために, 各市町村を通ずる広域的な見地から, 市町村の地域福祉の支援に関する事項として次に掲げる事項を一体的に定める計画(以下「都道府県地域福祉支援計画」という.)を策定し, 又は変更しようとするときは, あらかじめ, 公聴会の開催等住民その他の者の意見を反映させるために必要な措置を講ずるよう努めるとともに, その内容を公表するよう努めるものとする.
1 市町村の地域福祉の推進を支援するための基本的方針に関する事項
2 社会福祉を目的とする事業に従事する者の確保又は資質の向上に関する事項
3 福祉サービスの適切な利用の推進及び社会福祉を目的とする事業の健全な発達のための基盤整備に関する事項

第2節 社会福祉協議会

(市町村社会福祉協議会及び地区社会福祉協議会)
第109条 ① 市町村社会福祉協議会は, 1又は同一都道府県内の2以上の市町村の区域内において次に掲げる事業を行うことにより地域福祉の推進を図ることを目的とする団体であつて, その区域内における社会福祉を目的とする事業を経営する者及び社会福祉に関する活動を行う者が参加し, かつ, 指定都市にあつてはその区域内における地区社会福祉協議会の過半数及び社会福祉事業又は更生保護事業を経営する者の過半数が, 指定都市以外の市及び町村にあつてはその区域内における社会福祉事業又は更生保護事業を経営する者の過半数が参加するものとする.
1 社会福祉を目的とする事業の企画及び実施
2 社会福祉に関する活動への住民の参加のための援助
3 社会福祉を目的とする事業に関する調査, 普及, 宣伝, 連絡, 調整及び助成
4 前3号に掲げる事業のほか, 社会福祉を目的とする事業の健全な発達を図るために必要な事業
② 地区社会福祉協議会は, 1又は2以上の区(地方自治法第252条の20に規定する区及び同法第252条の20の2に規定する総合区をいう.)の区域内において前項各号に掲げる事業を行うことにより地域福祉の推進を図ることを目的とする団体であつて, その区域内における社会福祉を目的とする事業を経営する者及び社会福祉に関する活動を行う者が参加し, かつ, その区域内において社会福祉事業又は更生保護事業を経営する者の過半数が参加するものとする.
③ 市町村社会福祉協議会のうち, 指定都市の区域を単位とするものは, 第1項各号に掲げる事業のほか, その区域内における地区社会福祉協議会の相互の連絡及び事業の調整を行うものとする.
④ 市町村社会福祉協議会及び地区社会福祉協議会は, 広域的に事業を実施することにより効果的な運営が見込まれる場合には, その区域を越えて第1項各号に掲げる事業を実施することができる.
⑤ 関係行政庁の職員は, 市町村社会福祉協議会及び地区社会福祉協議会の役員となることができる. ただし, 役員の総数の5分の1を超えてはならない.
⑥ 市町村社会福祉協議会及び地区社会福祉協議会は, 社会福祉を目的とする事業を経営する者又は社会福祉に関する活動を行う者から参加の申出があつたときは, 正当な理由がないのに, これを拒んではならない.

(都道府県社会福祉協議会)
第110条 ① 都道府県社会福祉協議会は, 都道府県の区域内において次に掲げる事業を行うことにより地域福祉の推進を図ることを目的とする団体であつて, その区域内における市町村社会福祉協議会の過半数及び社会福祉事業又は更生保護事業を経営する者の過半数が参加するものとする.
1 前条第1項各号に掲げる事業であつて各市町村を通ずる広域的な見地から行うことが適切なもの
2 社会福祉を目的とする事業に従事する者の養成及び研修
3 社会福祉を目的とする事業の経営に関する指導及び助言
4 市町村社会福祉協議会の相互の連絡及び事業の調整
② 前条第5項及び第6項の規定は, 都道府県社会福祉協議会について準用する.

(社会福祉協議会連合会)
第111条 ① 都道府県社会福祉協議会は, 相互の連絡及び事業の調整を行うため, 全国を単位として, 社会福祉協議会連合会を設立することができる.
② 第109条第5項の規定は, 社会福祉協議会連合会について準用する.

71 民生委員法(抄)

(昭23・7・29法律第198号,昭33・7・29施行,
最終改正:平25・6・14法律第44号)

第1条 民生委員は,社会奉仕の精神をもつて,常に住民の立場に立つて相談に応じ,及び必要な援助を行い,もつて社会福祉の増進に努めるものとする.

第2条 民生委員は,常に,人格識見の向上と,その職務を行う上に必要な知識及び技術の修得に努めなければならない.

第3条 民生委員は,市(特別区を含む.以下同じ.)町村の区域にこれを置く.

第4条 ① 民生委員の定数は,厚生労働大臣の定める基準を参酌して,前条の区域ごとに,都道府県の条例で定める.

② 前項の規定により条例を制定する場合においては,都道府県知事は,あらかじめ,前条の区域を管轄する市町村長(特別区の区長を含む.以下同じ.)の意見を聴くものとする.

第5条 ① 民生委員は,都道府県知事の推薦によつて,厚生労働大臣がこれを委嘱する.

② 都道府県知事は,前項の推薦を行うに当たつては,市町村に設置された民生委員推薦会が推薦した者について行うものとする.この場合において,都道府県に設置された社会福祉法(昭和26年法律第45号)第7条第1項に規定する地方社会福祉審議会(以下「地方社会福祉審議会」という.)の意見を聴くよう努めるものとする.

第6条 ① 民生委員推薦会が,民生委員を推薦するに当つては,当該市町村の議会(特別区の議会を含む.以下同じ.)の議員の選挙権を有する者のうち,人格識見高く,広く社会の実情に通じ,且つ,民生委員の増進に熱意のある者であつて児童福祉法(昭和22年法律第164号)の児童委員としても,適当である者について,これを行わなければならない.

② 都道府県知事及び民生委員推薦会は,民生委員の推薦を行うに当つては,当該推薦に係る者のうちから児童福祉法の主任児童委員として指名されるべき者を明示しなければならない.

第10条 民生委員には,給与を支給しないものとし,その任期は,3年とする.ただし,補欠の民生委員の任期は,前任者の残任期間とする.

第11条 ① 民生委員が左の各号の1に該当する場合においては,厚生労働大臣は,前条の規定にかかわらず,都道府県知事の具申に基いて,これを解嘱することができる.

1 職務の遂行に支障があり,又はこれに堪えない場合

2 職務を怠り,又は職務上の義務に違反した場合

3 民生委員たるにふさわしくない非行のあつた場合

② 都道府県知事が前項の具申をするに当つては,地方社会福祉審議会の同意を経なければならない.

第13条 民生委員は,その市町村の区域内において,担当の区域又は事項を定めて,その職務を行うものとする.

第14条 ① 民生委員の職務は,次のとおりとする.

1 住民の生活状態を必要に応じ適切に把握しておくこと.

2 援助を必要とする者がその有する能力に応じ自立した日常生活を営むことができるように生活に関する相談に応じ,助言その他の援助を行うこと.

3 援助を必要とする者が福祉サービスを適切に利用するために必要な情報の提供その他の援助を行うこと.

4 社会福祉を目的とする事業を経営する者又は社会福祉に関する活動を行う者と密接に連携し,その事業又は活動を支援すること.

5 社会福祉法に定める福祉に関する事務所(以下「福祉事務所」という.)その他の関係行政機関の業務に協力すること.

② 民生委員は,前項の職務を行うほか,必要に応じて,住民の福祉の増進を図るための活動を行う.

第15条 民生委員は,その職務を遂行するに当つては,個人の人格を尊重し,その身上に関する秘密を守り,人種,信条,性別,社会的身分又は門地によつて,差別的又は優先的取扱をすることなく,且つ,その処理は,実情に即して合理的にこれを行わなければならない.

第16条 ① 民生委員は,その職務上の地位を政党又は政治的目的のために利用してはならない.

② 前項の規定に違反した民生委員は,第11条及び第12条の規定に従い解嘱せられるものとする.

第17条 ① 民生委員は,その職務に関して,都道府県知事の指揮監督を受ける.

② 市町村長は,民生委員に対し,援助を必要とする者に関する必要な資料の作成を依頼し,その他民生委員の職務に関して必要な指導をすることができる.

第18条 都道府県知事は,民生委員の指導訓練を実施しなければならない.

72 社会福祉士及び介護福祉士法(抄)

(昭62・5・26法律第30号,昭63・4・1施行,
最終改正:平28・3・31法律第21号)

第1章 総則

(目的)

第1条 この法律は,社会福祉士及び介護福祉士の資格を定めて,その業務の適正を図り,もつて社会福祉の増進に寄与することを目的とする.

(定義)

第2条 ① この法律において「社会福祉士」とは,第28条の登録を受け,社会福祉士の名称を用いて,専門的知識及び技術をもつて,身体上若しくは精神上の障害があること又は環境上の理由により日常生活を営むのに支障がある者の福祉に関する相談に応じ,助言,指導,福祉サービスを提供する者又は医師その他の保健医療サービスを提供する者その他の関係者(第47条において「福祉サービス関係者等」という.)との連絡及び調整その他の援助を行うこと(第7条及び第47条の2において「相談援助」という.)を業とする者をいう.

② この法律において「介護福祉士」とは,第42条第1項の登録を受け,介護福祉士の名称を用いて,専門的知識及び技術をもつて,身体上又は精神上の障害があることにより日常生活を営むのに支障が

ある者につき心身の状況に応じた介護(喀痰吸引その他のその者が日常生活を営むのに必要な行為であつて,医師の指示の下に行われるもの(厚生労働省令で定めるものに限る.以下「喀痰吸引等」という.)を含む.)を行い,並びにその者及びその介護者に対して介護に関する指導を行うこと(以下「介護等」という.)を業とする者をいう.

(欠格事由)
第3条 次の各号のいずれかに該当する者は,社会福祉士又は介護福祉士となることができない.
1 成年被後見人又は被保佐人
2 禁錮以上の刑に処せられ,その執行を終わり,又は執行を受けることがなくなつた日から起算して2年を経過しない者
3 この法律の規定その他社会福祉又は保健医療に関する法律の規定であつて政令で定めるものにより,罰金の刑に処せられ,その執行を終わり,又は執行を受けることがなくなつた日から起算して2年を経過しない者
4 第32条第1項第2号又は第2項(これらの規定を第42条第2項において準用する場合を含む.)の規定により登録を取り消され,その取消しの日から起算して2年を経過しない者

第2章 社会福祉士

(社会福祉士の資格)
第4条 社会福祉士試験に合格した者は,社会福祉士となる資格を有する.

(社会福祉士試験)
第5条 社会福祉士試験は,社会福祉士として必要な知識及び技能について行う.

(社会福祉士試験の実施)
第6条 社会福祉士試験は,毎年1回以上,厚生労働大臣が行う.

(受験資格)
第7条 社会福祉士試験は,次の各号のいずれかに該当する者でなければ,受けることができない.
1 学校教育法(昭和22年法律第26号)に基づく大学(短期大学を除く.以下この条において同じ.)において文部科学省令・厚生労働省令で定める社会福祉に関する科目(以下この条において「指定科目」という.)を修めて卒業した者その他その者に準ずるものとして厚生労働省令で定める者
2 学校教育法に基づく大学において文部科学省令・厚生労働省令で定める社会福祉に関する基礎科目(以下この条において「基礎科目」という.)を修めて卒業した者その他その者に準ずるものとして厚生労働省令で定める者であつて,文部科学大臣及び厚生労働大臣の指定した学校又は都道府県知事の指定した養成施設(以下「社会福祉士短期養成施設等」という.)において6月以上社会福祉士として必要な知識及び技能を修得したもの
3 学校教育法に基づく大学を卒業した者その他その者に準ずるものとして厚生労働省令で定める者であつて,文部科学大臣及び厚生労働大臣の指定した学校又は都道府県知事の指定した養成施設(以下「社会福祉士一般養成施設等」という.)において1年以上社会福祉士として必要な知識及び技能を修得したもの
4 学校教育法に基づく短期大学(修業年限が3年であるものに限る.)において指定科目を修めて卒業した者(夜間において授業を行う学科又は通信による教育を行う学科を卒業した者を除く.)その他その者に準ずるものとして厚生労働省令で定める者であつて,厚生労働省令で定める施設(以下この条において「指定施設」という.)において1年以上相談援助の業務に従事したもの
5 学校教育法に基づく短期大学(修業年限が3年であるものに限る.)において基礎科目を修めて卒業した者(夜間において授業を行う学科又は通信による教育を行う学科を卒業した者を除く.)その他その者に準ずるものとして厚生労働省令で定める者であつて,指定施設において1年以上相談援助の業務に従事した後,社会福祉士短期養成施設等において6月以上社会福祉士として必要な知識及び技能を修得したもの
6 学校教育法に基づく短期大学(修業年限が3年であるものに限る.)を卒業した者(夜間において授業を行う学科又は通信による教育を行う学科を卒業した者を除く.)その他その者に準ずるものとして厚生労働省令で定める者であつて,指定施設において1年以上相談援助の業務に従事した後,社会福祉士一般養成施設等において1年以上社会福祉士として必要な知識及び技能を修得したもの
7 学校教育法に基づく短期大学において指定科目を修めて卒業した者その他その者に準ずるものとして厚生労働省令で定める者であつて,指定施設において2年以上相談援助の業務に従事したもの
8 学校教育法に基づく短期大学において基礎科目を修めて卒業した者その他その者に準ずるものとして厚生労働省令で定める者であつて,指定施設において2年以上相談援助の業務に従事した後,社会福祉士短期養成施設等において6月以上社会福祉士として必要な知識及び技能を修得したもの
9 社会福祉法(昭和26年法律第45号)第19条第1項第2号に規定する養成機関の課程を修了した者であつて,指定施設において2年以上相談援助の業務に従事した後,社会福祉士短期養成施設等において6月以上社会福祉士として必要な知識及び技能を修得したもの
10 学校教育法に基づく短期大学又は高等専門学校を卒業した者その他その者に準ずるものとして厚生労働省令で定める者であつて,指定施設において2年以上相談援助の業務に従事した後,社会福祉士一般養成施設等において1年以上社会福祉士として必要な知識及び技能を修得したもの
11 指定施設において4年以上相談援助の業務に従事した後,社会福祉士一般養成施設等において1年以上社会福祉士として必要な知識及び技能を修得したもの
12 児童福祉法(昭和22年法律第164号)に定める児童福祉司,身体障害者福祉法(昭和24年法律第283号)に定める身体障害者福祉司,社会福祉法に定める福祉に関する事務所に置かれる同法第15条第1項第1号に規定する所員,知的障害者福祉法(昭和35年法律第37号)に定める知的障害者福祉司並びに老人福祉法(昭和38年法律第133号)第6条及び第7条に規定する社会福祉主事であつた期間が4年以上となつた後,社会福祉士短期養成施設等において6月以上社会福祉士として必要な知識及び技能を修得した者

(社会福祉士試験の無効等)
第8条 ① 厚生労働大臣は,社会福祉士試験に関し

(1) 社会福祉全般

て不正の行為があつた場合には,その不正行為に関係のある者に対し,その受験を停止させ,又はその試験を無効とすることができる.
② 厚生労働大臣は,前項の規定による処分を受けた者に対し,期間を定めて社会福祉士試験を受けることができないものとすることができる.
(受験手数料)
第9条 ① 社会福祉士試験を受けようとする者は,実費を勘案して政令で定める額の受験手数料を国に納付しなければならない.
② 前項の受験手数料は,これを納付した者が社会福祉士試験を受けない場合においても,返還しない.
(指定試験機関の指定)
第10条 ① 厚生労働大臣は,厚生労働省令で定めるところにより,その指定する者(以下この章において「指定試験機関」という.)に,社会福祉士試験の実施に関する事務(以下この章において「試験事務」という.)を行わせることができる. 《②〜④(略)》
(登 録)
第28条 社会福祉士となる資格を有する者が社会福祉士となるには,社会福祉士登録簿に,氏名,生年月日その他厚生労働省令で定める事項の登録を受けなければならない.
(社会福祉士登録簿)
第29条 社会福祉士登録簿は,厚生労働省に備える.
(社会福祉士登録証)
第30条 厚生労働大臣は,社会福祉士の登録をしたときは,申請者に第28条に規定する事項を記載した社会福祉士登録証(以下この章において「登録証」という.)を交付する.
(登録事項の変更の届出等)
第31条 ① 社会福祉士は,登録を受けた事項に変更があつたときは,遅滞なく,その旨を厚生労働大臣に届け出なければならない.
② 社会福祉士は,前項の規定による届出をするときは,当該届出に登録証を添えて提出し,その訂正を受けなければならない.
(登録の取消し等)
第32条 ① 厚生労働大臣は,社会福祉士が次の各号のいずれかに該当する場合には,その登録を取り消さなければならない.
1 第3条各号(第4号を除く.)のいずれかに該当するに至つた場合
2 虚偽又は不正の事実に基づいて登録を受けた場合
② 厚生労働大臣は,社会福祉士が第45条及び第46条の規定に違反したときは,その登録を取り消し,又は期間を定めて社会福祉士の名称の使用の停止を命ずることができる.
(登録の消除)
第33条 厚生労働大臣は,社会福祉士の登録がその効力を失つたときは,その登録を消除しなければならない.
(変更登録等の手数料)
第34条 登録事項の変更を受けようとする者及び登録証の再交付を受けようとする者は,実費を勘案して政令で定める額の手数料を国に納付しなければならない.
(指定登録機関の指定等)
第35条 ① 厚生労働大臣は,厚生労働省令で定めるところにより,その指定する者(以下この章において「指定登録機関」という.)に社会福祉士の登録

の実施に関する事務(以下この章において「登録事務」という.)を行わせることができる. 《②(略)》

第3章 介護福祉士

(介護福祉士の資格)
第39条 介護福祉士試験に合格した者は,介護福祉士となる資格を有する.
(介護福祉士試験)
第40条 ① 介護福祉士試験は,介護福祉士として必要な知識及び技能について行う.
② 介護福祉士試験は,次の各号のいずれかに該当する者でなければ,受けることができない.
1 学校教育法第90条第1項の規定により大学に入学することができる者(この号の規定により文部科学大臣及び厚生労働大臣の指定した学校が大学である場合において,当該大学が同条第2項の規定により当該大学に入学させた者を含む.)であつて,文部科学大臣及び厚生労働大臣の指定した学校又は都道府県知事の指定した養成施設において2年以上介護福祉士として必要な知識及び技能を修得したもの
2 学校教育法に基づく大学において文部科学省令・厚生労働省令で定める社会福祉に関する科目を修めて卒業した者その他その者に準ずるものとして厚生労働省令で定める者であつて,文部科学大臣及び厚生労働大臣の指定した学校又は都道府県知事の指定した養成施設において1年以上介護福祉士として必要な知識及び技能を修得したもの
3 学校教育法第90条第1項の規定により大学に入学することができる者(この号の厚生労働省令で定める学校が大学である場合において,当該大学が同条第2項の規定により当該大学に入学させた者を含む.)であつて,厚生労働省令で定める学校又は養成所を卒業した後,文部科学大臣及び厚生労働大臣の指定した学校又は都道府県知事の指定した養成施設において1年以上介護福祉士として必要な知識及び技能を修得したもの
4 学校教育法に基づく高等学校又は中等教育学校であつて文部科学大臣及び厚生労働大臣の指定したものにおいて3年以上(専攻科において2年以上必要な知識及び技能を修得する場合にあつては,2年以上)介護福祉士として必要な知識及び技能を修得したもの
5 3年以上介護等の業務に従事した者であつて,文部科学大臣及び厚生労働大臣の指定した学校又は都道府県知事の指定した養成施設において6月以上介護福祉士として必要な知識及び技能を修得したもの
6 前各号に掲げる者と同等以上の知識及び技能を有すると認められる者であつて,厚生労働省令で定めるもの
③ 第6条,第8条及び第9条の規定は,介護福祉士試験について準用する.
(指定試験機関の指定等)
第41条 ① 厚生労働大臣は,厚生労働省令で定めるところにより,その指定する者(以下この章において「指定試験機関」という.)に,介護福祉士試験の実施に関する事務(以下この章において「試験事務」という.)を行わせることができる. 《②,③(略)》
(登 録)
第42条 ① 介護福祉士となる資格を有する者が介

護福祉士となるには,介護福祉士登録簿に,氏名,生年月日その他厚生労働省令で定める事項の登録を受けなければならない.
② 第29条から第34条までの規定は,介護福祉士の登録について準用する.この場合において,第29条中「社会福祉士登録簿」とあるのは「介護福祉士登録簿」と,第30条中「第28条」とあるのは「第42条第1項」と,「社会福祉士登録証」とあるのは「介護福祉士登録証」と,第31条並びに第32条第1項及び第2項中「社会福祉士」とあるのは「介護福祉士」と読み替えるものとする.
(指定登録機関の指定等)
第43条 ① 厚生労働大臣は,厚生労働省令で定めるところにより,その指定する者(以下この章において「指定登録機関」という.)に介護福祉士の登録の実施に関する事務(以下この章において「登録事務」という.)を行わせることができる. 《②,③(略)》

第4章 社会福祉士及び介護福祉士の義務等

(誠実義務)
第44条の2 社会福祉士及び介護福祉士は,その担当する者が個人の尊厳を保持し,自立した日常生活を営むことができるよう,常にその者の立場に立って,誠実にその業務を行わなければならない.
(信用失墜行為の禁止)
第45条 社会福祉士又は介護福祉士は,社会福祉士又は介護福祉士の信用を傷つけるような行為をしてはならない.
(秘密保持義務)
第46条 社会福祉士又は介護福祉士は,正当な理由がなく,その業務に関して知り得た人の秘密を漏らしてはならない.社会福祉士又は介護福祉士でなくなつた後においても,同様とする.
(連携)
第47条 ① 社会福祉士は,その業務を行うに当たつては,その担当する者に,福祉サービス及びこれに関連する保健医療サービスその他のサービス(次項において「福祉サービス等」という.)が総合的かつ適切に提供されるよう,地域に即した創意と工夫を行いつつ,福祉サービス関係者等との連携を保たなければならない.
② 介護福祉士は,その業務を行うに当たつては,その担当する者に,認知症(介護保険法(平成9年法律第123号)第5条の2に規定する認知症をいう.)であること等の心身の状況その他の状況に応じて,福祉サービス等が総合的かつ適切に提供されるよう,福祉サービス関係者等との連携を保たなければならない.
(資質向上の責務)
第47条の2 社会福祉士又は介護福祉士は,社会福祉及び介護を取り巻く環境の変化による業務の内容の変化に適応するため,相談援助又は介護等に関する知識及び技能の向上に努めなければならない.
(名称の使用制限)
第48条 ① 社会福祉士でない者は,社会福祉士という名称を使用してはならない.
② 介護福祉士でない者は,介護福祉士という名称を使用してはならない.
(保健師助産師看護師法との関係)
第48条の2 ① 介護福祉士は,保健師助産師看護師法(昭和23年法律第203号)第31条第1項及び第32条の規定にかかわらず,診療の補助として喀痰吸引等を行うことを業とすることができる.
② 前項の規定は,第42条第2項において準用する第32条第2項の規定により介護福祉士の名称の使用の停止を命ぜられている者については,適用しない.
(喀痰吸引等業務の登録)
第48条の3 ① 自らの事業又はその一環として,喀痰吸引等(介護福祉士が行うものに限る.)の業務(以下「喀痰吸引等業務」という.)を行おうとする者は,その事業所ごとに,その所在地を管轄する都道府県知事の登録を受けなければならない. 《②(略)》

第5章 罰則(略)

73 介護労働者の雇用管理の改善等に関する法律(抄)
(平4・5・27法律第63号,平4・7・1施行,最終改正:平23・6・24法律第74号)

第1章 総則

(目的)
第1条 この法律は,我が国における急速な高齢化の進展等に伴い,介護関係業務に係る労働力への需要が増大していることにかんがみ,介護労働者について,その雇用管理の改善,能力の開発及び向上等に関する措置を講ずることにより,介護関係業務に係る労働力の確保に資するとともに,介護労働者の福祉の増進を図ることを目的とする.
(定義)
第2条 ① この法律において「介護関係業務」とは,身体上又は精神上の障害があることにより日常生活を営むのに支障がある者に対し,入浴,排せつ,食事等の介護,機能訓練,看護及び療養上の管理その他のその者の能力に応じ自立した日常生活を営むことができるようにするための福祉サービス又は保健医療サービスであって厚生労働省令で定めるものを行う業務をいう.
② この法律において「介護労働者」とは,専ら介護関係業務に従事する労働者をいう.
③ この法律において「介護事業」とは,介護関係業務を行う事業をいう.
④ この法律において「事業主」とは,介護労働者を雇用して介護事業を行う者をいう.
⑤ この法律において「介護紹介事業者」とは,介護労働者について職業安定法(昭和22年法律第141号)第30条第1項の許可を受けて有料の職業紹介事業を行う者をいう.
(事業主等の責務)
第3条 ① 事業主は,その雇用する介護労働者について,労働環境の改善,教育訓練の実施,福利厚生の充実その他の雇用管理の改善を図るために必要な措置を講ずることにより,その福祉の増進に努めるものとする.

(1) 社会福祉全般

② 職業紹介事業者は,その行う職業紹介事業に係る介護労働者及び介護労働者になろうとする求職者について,これらの者の福祉の増進に資する措置を講ずるように努めるものとする.

(国及び地方公共団体の責務)
第4条 ① 国は,介護労働者の雇用管理の改善の促進,介護労働者の能力の開発及び向上その他の介護労働者の福祉の増進を図るために必要な施策を総合的かつ効果的に推進するように努めるものとする.
② 地方公共団体は,介護労働者の福祉の増進を図るために必要な施策を推進するように努めるものとする.

第2章　介護雇用管理改善等計画

(介護雇用管理改善等計画の策定)
第6条 ① 厚生労働大臣は,介護労働者の福祉の増進を図るため,介護労働者の雇用管理の改善,能力の開発及び向上等に関し重要な事項を定めた計画(以下「介護雇用管理改善等計画」という.)を策定するものとする.
② 介護雇用管理改善等計画に定める事項は,次のとおりとする.
1 介護労働者の雇用の動向に関する事項
2 介護労働者の雇用管理の改善を促進し,並びにその能力の開発及び向上を図るために講じようとする施策の基本となるべき事項
3 前2号に掲げるもののほか,介護労働者の福祉の増進のために講じようとする施策の基本となるべき事項
〈③〜⑤(略)〉

(要　請)
第7条 厚生労働大臣は,介護雇用管理改善等計画の円滑な実施のため必要があると認めるときは,事業主,職業紹介事業者その他の関係者に対し,介護労働者の雇用管理の改善,介護労働者の能力の開発及び向上その他の介護労働者の福祉の増進に関する事項について必要な要請をすることができる.

第3章　介護労働者の雇用管理の改善等

第1節　介護労働者の雇用管理の改善

(改善計画の認定)
第8条 ① 事業主は,介護関係業務に係るサービスで現に提供しているものと異なるものの提供又は介護事業の開始に伴いその雇用する介護労働者の福祉の増進を図るために実施する労働環境の改善,教育訓練の実施,福利厚生の充実その他の雇用管理の改善に関する措置(以下「改善措置」という.)についての計画(以下「改善計画」という.)を作成し,これをその主たる事業所の所在地を管轄する都道府県知事に提出して,その改善計画が適当である旨の認定を受けることができる.
② 改善計画には,次に掲げる事項を記載しなければならない.
1 改善措置の目標
2 改善措置の内容
3 改善措置の実施時期
③ 都道府県知事は,第1項の認定の申請があった場合において,その改善計画が,当該事業主が雇用する介護労働者の雇用管理の改善を図るために有効かつ適切なものであることその他の政令で定める基準に該当するものであると認めるときは,その認定をするものとする.

(雇用安定事業等としての助成及び援助)
第10条 政府は,認定計画に係る改善措置の実施を促進するため,当該認定計画に基づきその介護労働者の福祉の増進を図るために必要な措置を講ずる認定事業主に対して,雇用保険法(昭和49年法律第116号)第62条の雇用安定事業又は同法第63条の能力開発事業として,必要な助成及び援助を行うものとする.

第2節　職業訓練の実施等

(職業訓練の実施)
第13条 厚生労働大臣は,介護関係業務の遂行に必要な労働者の能力の開発及び向上を図るため,必要な職業訓練の効果的な実施について特別の配慮をするものとする.

(職業紹介の充実等)
第14条 ① 厚生労働大臣は,介護労働者になろうとする者にその有する能力に適合する職業に就く機会を与えるため,及び介護関係業務に係る労働力の充足を図るため,介護関係業務に係る労働力の需給の状況並びに求人及び求職の条件,介護労働者の雇用管理の状況その他の介護労働者に関する情報(次項において「雇用情報」という.)の提供,職業指導及び職業紹介の充実等必要な措置を講ずるように努めるものとする.
② 職業安定機関及び職業紹介事業者その他の関係者は,介護関係業務に係る労働力の需給の適正かつ円滑な調整を図るため,雇用情報の充実,労働力の需給の調整に係る技術の向上等に関し,相互に協力するように努めなければならない.

第4章　介護労働安定センター

(指定等)
第15条 ① 厚生労働大臣は,介護労働者の福祉の増進を図ることを目的とする一般社団法人又は一般財団法人であって,第17条に規定する業務に関し次に掲げる基準に適合すると認められるものを,その申請により,全国に1を限って,同条に規定する業務を行う者として指定することができる.
1 職員,業務の方法その他の事項についての業務の実施に関する計画が適正なものであり,かつ,その計画を確実に遂行するに足りる経理的及び技術的な基礎を有すると認められること.
2 前号に定めるもののほか,業務の運営が適正かつ確実に行われ,介護労働者の福祉の増進に資すると認められること.
〈②〜④(略)〉

(業　務)
第17条 介護労働安定センターは,次に掲げる業務を行うものとする.
1 介護労働者の雇用及び福祉に関する情報及び資料を総合的に収集し,並びに事業主,職業紹介事業者その他の関係者に対して提供すること.
2 職業紹介事業者の行う職業紹介事業に係る介護労働者に対して,その者が賃金の支払を受けることが困難となった場合の保護その他のその職業生活を図るために必要な援助を行うこと.
3 次条第1項に規定する業務を行うこと.
4 前3号に掲げるもののほか,介護労働者の福祉の増進を図るために必要な業務を行うこと.

(介護労働安定センターによる雇用安定事業等関

係業務の実施)
第18条 ① 厚生労働大臣は,介護労働安定センターを指定したときは,介護労働安定センターに雇用保険法第62条の雇用安定事業又は同法第63条の能力開発事業のうち次の各号のいずれかに該当するものに係る業務の全部又は一部を行わせるものとする.
1 認定事業主に対して支給する給付金であって厚生労働省令で定めるものを支給すること.
2 介護労働者の雇用の安定並びに能力の開発及び向上に関する調査研究を行うこと.
3 介護労働者の雇用の安定並びに能力の開発及び向上を図るための措置について,認定事業主,職業紹介事業者その他の関係者に対して相談その他の援助を行うこと.
4 介護労働者及び介護労働者になろうとする者に対して,必要な知識及び技能を習得させるための教育訓練を行うこと.
5 職業紹介事業者その他の介護労働者に係る求職に関する情報を有する者についての情報を収集整理し,及び介護労働者を雇用しようとする者に対して,当該収集整理した情報のうちその希望に応じたものを提供すること.
6 前各号に掲げるもののほか,介護労働者の雇用の安定並びに能力の開発及び向上を図るために必要な事業を行うこと. (②~④(略))

第5章 罰則 (略)

74 介護・障害福祉従事者の人材確保のための介護・障害福祉従事者の処遇改善に関する法律

(平26・6・27法律第97号,平26・6・27施行)

政府は,高齢者等並びに障害者及び障害児が安心して暮らすことができる社会を実現するためにこれらの者に対する介護又は障害福祉に関するサービスに従事する者(以下「介護・障害福祉従事者」という.)が重要な役割を担っていることに鑑み,これらのサービスを担う優れた人材の確保を図るため,平成27年4月1日までに,介護・障害福祉従事者の賃金水準その他の事情を勘案し,介護・障害福祉従事者の賃金をはじめとする処遇の改善に資するための施策の在り方についてその財源の確保も含め検討を加え,必要があると認めるときは,その結果に基づいて必要な措置を講ずるものとする.

75 任意後見契約に関する法律

(平11・12・8法律第150号,平12・4・1施行,
最終改正:平23・5・25法律第53号)

(趣旨)
第1条 この法律は,任意後見契約の方式,効力等に関し特別の定めをするとともに,任意後見人に対する監督に関し必要な事項を定めるものとする.

(定義)
第2条 この法律において,次の各号に掲げる用語の意義は,当該各号の定めるところによる.
1 任意後見契約 委任者が,受任者に対し,精神上の障害により事理を弁識する能力が不十分な状況における自己の生活,療養看護及び財産の管理に関する事務の全部又は一部を委託し,その委託に係る事務について代理権を付与する委任契約であって,第4条第1項の規定により任意後見監督人が選任された時からその効力を生ずる旨の定めのあるものをいう.
2 本人 任意後見契約の委任者をいう.
3 任意後見受任者 第4条第1項の規定により任意後見監督人が選任される前における任意後見契約の受任者をいう.
4 任意後見人 第4条第1項の規定により任意後見監督人が選任された後における任意後見契約の受任者をいう.

(任意後見契約の方式)
第3条 任意後見契約は,法務省令で定める様式の公正証書によってしなければならない.

(任意後見監督人の選任)
第4条 ① 任意後見契約が登記されている場合において,精神上の障害により本人の事理を弁識する能力が不十分な状況にあるときは,家庭裁判所は,本人,配偶者,4親等内の親族又は任意後見受任者の請求により,任意後見監督人を選任する.ただし,次に掲げる場合は,この限りでない.
1 本人が未成年者であるとき.
2 本人が成年被後見人,被保佐人又は被補助人である場合において,当該本人に係る後見,保佐又は補助を継続することが本人の利益のため特に必要であると認めるとき.
3 任意後見受任者が次に掲げる者であるとき.
イ 民法(明治29年法律第89号)第847条各号(第4号を除く.)に掲げる者
ロ 本人に対して訴訟をし,又はした者及びその配偶者並びに直系血族
ハ 不正な行為,著しい不行跡その他任意後見人の任務に適しない事由がある者
② 前項の規定により任意後見監督人を選任する場合において,本人が成年被後見人,被保佐人又は被補助人であるときは,家庭裁判所は,当該本人に係る後見開始,保佐開始又は補助開始の審判(以下「後見開始の審判等」と総称する.)を取り消さなければならない.
③ 第1項の規定により本人以外の者の請求により任意後見監督人を選任するには,あらかじめ本人の同意がなければならない.ただし,本人がその意思を表示することができないときは,この限りでない.
④ 任意後見監督人が欠けた場合には,家庭裁判所は,本人,その親族若しくは任意後見人の請求により,又は職権で,任意後見監督人を選任する.
⑤ 任意後見監督人が選任されている場合においても,家庭裁判所は,必要があると認めるときは,前項に掲げる者の請求により,又は職権で,更に任意後見監督人を選任することができる.

(任意後見監督人の欠格事由)
第5条 任意後見受任者又は任意後見人の配偶者,直系血族及び兄弟姉妹は,任意後見監督人となることができない.

(本人の意思の尊重等)
第6条 任意後見人は,第2条第1号に規定する委託に係る事務(以下「任意後見人の事務」とい

う．）を行うに当たっては，本人の意思を尊重し，かつ，その心身の状態及び生活の状況に配慮しなければならない．

(任意後見監督人の職務等)
第7条　① 任意後見監督人の職務は，次のとおりとする．
1　任意後見人の事務を監督すること．
2　任意後見人の事務に関し，家庭裁判所に定期的に報告をすること．
3　急迫の事情がある場合に，任意後見人の代理権の範囲内において，必要な処分をすること．
4　任意後見人又はその代表する者と本人との利益が相反する行為について本人を代表すること．
② 任意後見監督人は，いつでも，任意後見人に対し任意後見人の事務の報告を求め，又は任意後見人の事務若しくは本人の財産の状況を調査することができる．
③ 家庭裁判所は，必要があると認めるときは，任意後見監督人に対し，任意後見人の事務に関する報告を求め，任意後見人の事務若しくは本人の財産の状況の調査を命じ，その他任意後見監督人の職務について必要な処分を命ずることができる．
④ 民法第644条，第654条，第655条，第843条第4項，第844条，第846条，第847条，第859条の2，第861条第2項及び第862条の規定は，任意後見監督人について準用する．

(任意後見人の解任)
第8条　任意後見人に不正な行為，著しい不行跡その他その任務に適しない事由があるときは，家庭裁判所は，任意後見監督人，本人，その親族又は検察官の請求により，任意後見人を解任することができる．

(任意後見契約の解除)
第9条　① 第4条第1項の規定により任意後見監督人が選任される前においては，本人又は任意後見受任者は，いつでも，公証人の認証を受けた書面によって，任意後見契約を解除することができる．
② 第4条第1項の規定により任意後見監督人が選任された後においては，本人又は任意後見人は，正当な事由がある場合に限り，家庭裁判所の許可を得て，任意後見契約を解除することができる．

(後見，保佐及び補助との関係)
第10条　① 任意後見契約が登記されている場合には，家庭裁判所は，本人の利益のため特に必要があると認めるときに限り，後見開始の審判等をすることができる．
② 前項の場合における後見開始の審判等の請求は，任意後見受任者，任意後見人又は任意後見監督人もすることができる．
③ 第4条第1項の規定により任意後見監督人が選任された後において本人が後見開始の審判等を受けたときは，任意後見契約は終了する．

(任意後見人の代理権の消滅の対抗要件)
第11条　任意後見人の代理権の消滅は，登記をしなければ，善意の第三者に対抗することができない．

76　特定非営利活動促進法（抄）

（平10・3・25法律第7号，平10・12・1施行，最終改正：平28・6・7法律第70号）

第1章　総則

(目的)
第1条　この法律は，特定非営利活動を行う団体に法人格を付与すること並びに運営組織及び事業活動が適正であって公益の増進に資する特定非営利活動法人の認定に係る制度を設けること等により，ボランティア活動をはじめとする市民が行う自由な社会貢献活動としての特定非営利活動の健全な発展を促進し，もって公益の増進に寄与することを目的とする．

(定義)
第2条　① この法律において「特定非営利活動」とは，別表に掲げる活動に該当する活動であって，不特定かつ多数のものの利益の増進に寄与することを目的とするものをいう．
② この法律において「特定非営利活動法人」とは，特定非営利活動を行うことを主たる目的とし，次の各号のいずれにも該当する団体であって，この法律の定めるところにより設立された法人をいう．
1　次のいずれにも該当する団体であって，営利を目的としないものであること．
イ　社員の資格の得喪に関して，不当な条件を付さないこと．
ロ　役員のうち報酬を受ける者の数が，役員総数の3分の1以下であること．
2　その行う活動が次のいずれにも該当する団体であること．
イ　宗教の教義を広め，儀式行事を行い，及び信者を教化育成することを主たる目的とするものでないこと．
ロ　政治上の主義を推進し，支持し，又はこれに反対することを主たる目的とするものでないこと．
ハ　特定の公職（公職選挙法（昭和25年法律第100号）第3条に規定する公職をいう．以下同じ．）の候補者（当該候補者になろうとする者を含む．以下同じ．）若しくは公職にある者又は政党を推薦し，支持し，又はこれらに反対することを目的とするものでないこと．
《③，④(略)》

第2章　特定非営利活動法人

第1節　通則

(原則)
第3条　① 特定非営利活動法人は，特定の個人又は法人その他の団体の利益を目的として，その事業を行ってはならない．
② 特定非営利活動法人は，これを特定の政党のために利用してはならない．

(名称の使用制限)
第4条　特定非営利活動法人以外の者は，その名称中に，「特定非営利活動法人」又はこれに紛らわしい文字を用いてはならない．

(その他の事業)
第5条　① 特定非営利活動法人は，その行う特定非営利活動に係る事業に支障がない限り，当該特定非営利活動に係る事業以外の事業（以下「その他の事業」という．）を行うことができる．この場合において，利益を生じたときは，これを当該特定非営利活動に係る事業のために使用しなければならない．
② その他の事業に関する会計は，当該特定非営利活

動法人の行う特定非営利活動に係る事業に関する会計から区分し,特別の会計として経理しなければならない.
（登記）
第7条 ① 特定非営利活動法人は,政令で定めるところにより,登記しなければならない. 〈②（略）〉

第2節 設 立
（設立の認証）
第10条 ① 特定非営利活動法人を設立しようとする者は,都道府県又は指定都市の条例で定めるところにより,次に掲げる書類を添付した申請書を所轄庁に提出して,設立の認証を受けなければならない.
1 定款
2 役員に係る次に掲げる書類
　イ 役員名簿（役員の氏名及び住所又は居所並びに各役員についての報酬の有無を記載した名簿をいう.以下同じ.）
　ロ 各役員が第20条各号に該当しないこと及び第21条の規定に違反しないことを誓約し,並びに就任を承諾する書面の謄本
　ハ 各役員の住所又は居所を証する書面として都道府県又は指定都市の条例で定めるもの
3 社員のうち10人以上の者の氏名（法人にあっては,その名称及び代表者の氏名）及び住所又は居所を記載した書面
4 第2条第2項第2号及び第12条第1項第3号に該当することを確認したことを示す書面
5 設立趣旨書
6 設立についての意思の決定を証する議事録の謄本
7 設立当初の事業年度及び翌事業年度の事業計画書
8 設立当初の事業年度及び翌事業年度の活動予算書（その行う活動に係る事業の収益及び費用の見込みを記載した書類をいう.以下同じ.）
〈②,③（略）〉

（定 款）
第11条 ① 特定非営利活動法人の定款には,次に掲げる事項を記載しなければならない.
1 目的
2 名称
3 その行う特定非営利活動の種類及び当該特定非営利活動に係る事業の種類
4 主たる事務所及びその他の事務所の所在地
5 社員の資格の得喪に関する事項
6 役員に関する事項
7 会議に関する事項
8 資産に関する事項
9 会計に関する事項
10 事業年度
11 その他の事業を行う場合には,その種類その他当該事業に関する事項
12 解散に関する事項
13 定款の変更に関する事項
14 公告の方法 〈②,③（略）〉

（認証の基準等）
第12条 ① 所轄庁は,第10条第1項の認証の申請が次の各号に適合すると認めるときは,その設立を認証しなければならない.
1 設立の手続並びに申請書及び定款の内容が法令の規定に適合していること.
2 当該申請に係る特定非営利活動法人が第2条

第2項に規定する団体に該当するものであること.
3 当該申請に係る特定非営利活動法人が次に掲げる団体に該当しないものであること.
　イ 暴力団（暴力団員による不当な行為の防止等に関する法律（平成3年法律第77号）第2条第2号に規定する暴力団をいう.以下この号及び第47条第6号において同じ.）
　ロ 暴力団又はその構成員（暴力団の構成団体の構成員を含む.以下この号において同じ.）若しくは暴力団の構成員でなくなった日から5年を経過しない者（以下「暴力団の構成員等」という.）の統制の下にある団体
4 当該申請に係る特定非営利活動法人が10人以上の社員を有するものであること. 〈②,③（略）〉

第3節 管 理／第4節 解散及び合併（略）
第5節 監 督

（報告及び検査）
第41条 ① 所轄庁は,特定非営利活動法人（認定特定非営利活動法人及び特例認定特定非営利活動法人を除く.以下この項及び次項において同じ.）が法令,法令に基づいてする行政庁の処分又は定款に違反する疑いがあると認められる相当な理由があるときは,当該特定非営利活動法人に対し,その業務若しくは財産の状況に関し報告をさせ,又はその職員に,当該特定非営利活動法人の事務所その他の施設に立ち入り,その業務若しくは財産の状況若しくは帳簿,書類その他の物件を検査させることができる.
② 所轄庁は,前項の規定による検査をさせる場合においては,当該検査をする職員に,同項の相当の理由を記載した書面を,あらかじめ,当該特定非営利活動法人の役員その他の当該検査の対象となっている事務所その他の施設の管理について権限を有する者（以下この項において「特定非営利活動法人の役員等」という.）に提示させなければならない.この場合において,当該特定非営利活動法人の役員等が当該書面の交付を要求したときは,これを交付させなければならない.
③ 第1項の規定による検査をする職員は,その身分を示す証明書を携帯し,関係人にこれを提示しなければならない.
④ 第1項の規定による検査の権限は,犯罪捜査のために認められたものと解してはならない.
〔平28法70,施行1年内〕

（改善命令）
第42条 所轄庁は,特定非営利活動法人が第12条第1項第2号,第3号又は第4号に規定する要件を欠くに至ったと認めるときその他法令,法令に基づいてする行政庁の処分又は定款に違反し,又はその運営が著しく適正を欠くと認めるときは,当該特定非営利活動法人に対し,期限を定めて,その改善のために必要な措置を採るべきことを命ずることができる.

（設立の認証の取消し）
第43条 ① 所轄庁は,特定非営利活動法人が,前条の規定による命令に違反した場合であって他の方法により監督の目的を達することができないとき又は3年以上にわたって第29条の規定による事業報告書等の提出を行わないときは,当該特定非営利活動法人の設立の認証を取り消すことができる.
② 所轄庁は,特定非営利活動法人が法令に違反した場合において,前条の規定による命令によってはそ

の改善を期待することができないことが明らかであり,かつ,他の方法により監督の目的を達することができないときは,同条の規定による命令を経ないでも,当該特定非営利活動法人の設立の認証を取り消すことができる.
③ 前2項の規定による設立の認証の取消しに係る聴聞の期日における審理は,当該特定非営利活動法人から請求があったときは,公開により行うよう努めなければならない.
④ 所轄庁は,前項の規定による請求があった場合において,聴聞の期日における審理を公開により行わないときは,当該特定非営利活動法人に対し,当該公開により行わない理由を記載した書面を交付しなければならない.

第3章 認定特定非営利活動法人及び特例認定特定非営利活動法人

〔平28法70,施行1年内〕

第1節 認定特定非営利活動法人
(認 定)
第44条 ① 特定非営利活動法人のうち,その運営組織及び事業活動が適正であって公益の増進に資するものは,所轄庁の認定を受けることができる.

《②,③(略)》

第2節 特例認定特定非営利活動法人
(特例認定)
第58条 ① 特定非営利活動法人であって新たに設立されたもののうち,その運営組織及び事業活動が適正であって特定非営利活動の健全な発展の基盤を有し公益の増進に資すると見込まれるものは,所轄庁の特例認定を受けることができる.《(略)》

〔平28法70,施行1年内〕

第4章 税法上の特例

第70条 ① 特定非営利活動法人は,法人税法その他法人税に関する法令の規定の適用については,同法第2条第6号に規定する公益法人等とみなす.この場合において,同法第37条の規定を適用する合には同条第4項中「公益法人等(」とあるのは「公益法人等(特定非営利活動促進法(平成10年法律第7号)第2条第2項に規定する法人(以下「特定非営利活動法人」という.)並びに」と,同法第66条の規定を適用する場合には同条第1項及び第2項中「普通法人」とあるのは「普通法人(特定非営利活動法人を含む.)」と,同法第3項中「公益法人等(」とあるのは「公益法人等(特定非営利活動法人及び」と,租税特別措置法(昭和32年法律第26号)第68条の6の規定を適用する場合には同条中「みなされているもの」とあるのは「みなされているもの(特定非営利活動促進法第2条第2項に規定する法人については,小規模な法人として政令で定めるものに限る.)」とする.
② 特定非営利活動法人は,消費税法(昭和63年法律第108号)その他消費税に関する法令の規定の適用については,同法別表第3に掲げる法人とみなす.
③ 特定非営利活動法人は,地価税法(平成3年法律第69号)その他地価税に関する法令の規定(同法第33条の規定を除く.)の適用については,同法第2条第6号に規定する公益法人等とみなす.ただし,

同法第6条の規定による地価税の非課税に関する法令の規定の適用については,同法第2条第7号に規定する人格のない社団等とみなす.
第71条 個人又は法人が,認定特定非営利活動法人等に対し,その行う特定非営利活動に係る事業に関連する寄附又は贈与をしたときは,租税特別措置法で定めるところにより,当該個人又は法人に対する所得税,法人税又は相続税の課税について寄附金控除等の特例の適用があるものとする.

第5章 雑 則(略)

第6章 罰 則(略)

(2) 子ども・次世代育成支援策

77 少子化社会対策基本法(抄)

(平15・7・30法律第133号,平15・9・1施行)

第1章 総 則

(目 的)
第1条 この法律は,我が国において急速に少子化が進展しており,その状況が21世紀の国民生活に深刻かつ多大な影響を及ぼすものであることにかんがみ,このような事態に対し,長期的な視点に立って的確に対処するため,少子化社会において講ぜられる施策の基本理念を明らかにするとともに,国及び地方公共団体の責務,少子化に対処するために講ずべき施策の基本となる事項その他の事項を定めることにより,少子化に対処するための施策を総合的に推進し,もって国民が豊かで安心して暮らすことのできる社会の実現に寄与することを目的とする.
(施策の基本理念)
第2条 ① 少子化に対処するための施策は,父母その他の保護者が子育てについての第一義的責任を有するとの認識の下に,国民の意識の変化,生活様式の多様化等に十分留意しつつ,男女共同参画社会の形成とあいまって,家庭や子育てに夢を持ち,かつ,次代の社会を担う子どもを安心して生み,育てることができる環境を整備することを旨として講ぜられなければならない.
② 少子化に対処するための施策は,人口構造の変化,財政の状況,経済の成長,社会の高度化その他の状況に十分配意し,長期的な展望に立って講ぜられなければならない.
③ 少子化に対処するための施策を講ずるに当たっては,子どもの安全な生活が確保されるとともに,子どもがひとしく心身ともに健やかに育つことができるよう配慮しなければならない.
④ 社会,経済,教育,文化その他あらゆる分野における施策は,少子化の状況に配慮して,講ぜられなければならない.
(国の責務)

第3条 国は、前条の施策の基本理念（次条において「基本理念」という．）にのっとり、少子化に対処するための施策を総合的に策定し、及び実施する責務を有する．
（地方公共団体の責務）
第4条 地方公共団体は、基本理念にのっとり、少子化に対処するための施策に関し、国と協力しつつ、当該地域の状況に応じた施策を策定し、及び実施する責務を有する．
（事業主の責務）
第5条 事業主は、子どもを生み、育てる者が充実した職業生活を営みつつ豊かな家庭生活を享受することができるよう、国又は地方公共団体が実施する少子化に対処するための施策に協力するとともに、必要な雇用環境の整備に努めるものとする．
（国民の責務）
第6条 国民は、家庭や子育てに夢を持ち、かつ、安心して子どもを生み、育てることができる社会の実現に資するよう努めるものとする．
（施策の大綱）
第7条 政府は、少子化に対処するための施策の指針として、総合的かつ長期的な少子化に対処するための施策の大綱を定めなければならない．

第3章 少子化社会対策会議

（設置及び所掌事務）
第18条 ① 内閣府に、特別の機関として、少子化社会対策会議（以下「会議」という．）を置く．
② 会議は、次に掲げる事務をつかさどる．
1 第7条の大綱の案を作成すること．
2 少子化社会において講ぜられる施策について必要な関係行政機関相互の調整をすること．
3 前2号に掲げるもののほか、少子化社会において講ぜられる施策に関する重要事項について審議し、及び少子化に対処するための施策の実施を推進すること．

78 次世代育成支援対策推進法(抄)

（平15・7・16法律第120号，平15・7・16施行，最終改正：平26・4・23法律第28号）

第1章 総則

（目的）
第1条 この法律は、我が国における急速な少子化の進行並びに家庭及び地域を取り巻く環境の変化にかんがみ、次世代育成支援対策に関し、基本理念を定め、並びに国、地方公共団体、事業主及び国民の責務を明らかにするとともに、行動計画策定指針並びに地方公共団体及び事業主の行動計画の策定その他の次世代育成支援対策を推進するために必要な事項を定めることにより、次世代育成支援対策を迅速かつ重点的に推進し、もって次代の社会を担う子どもが健やかに生まれ、かつ、育成される社会の形成に資することを目的とする．
（定義）
第2条 この法律において「次世代育成支援対策」とは、次代の社会を担う子どもを育成し、又は育成しようとする家庭に対する支援その他の次代の社会を担う子どもが健やかに生まれ、かつ、育成される環境の整備のための国若しくは地方公共団体が講ずる施策又は事業主が行う雇用環境の整備その他の取組をいう．
（基本理念）
第3条 次世代育成支援対策は、父母その他の保護者が子育てについての第一義的責任を有するという基本的認識の下に、家庭その他の場において、子育ての意義についての理解が深められ、かつ、子育てに伴う喜びが実感されるように配慮して行われなければならない．
（国及び地方公共団体の責務）
第4条 国及び地方公共団体は、前条の基本理念（次条及び第7条第1項において「基本理念」という．）にのっとり、相互に連携を図りながら、次世代育成支援対策を総合的かつ効果的に推進するよう努めなければならない．
（事業主の責務）
第5条 事業主は、基本理念にのっとり、その雇用する労働者に係る多様な労働条件の整備その他の労働者の職業生活と家庭生活との両立が図られるようにするために必要な雇用環境の整備を行うことにより自ら次世代育成支援対策を実施するよう努めるとともに、国又は地方公共団体が講ずる次世代育成支援対策に協力しなければならない．
（国民の責務）
第6条 国民は、次世代育成支援対策の重要性に対する関心と理解を深めるとともに、国又は地方公共団体が講ずる次世代育成支援対策に協力しなければならない．

第2章 行動計画

第1節 行動計画策定指針

第7条 ① 主務大臣は、次世代育成支援対策の総合的かつ効果的な推進を図るため、基本理念にのっとり、次条第1項の市町村行動計画及び第9条第1項の都道府県行動計画並びに第12条第1項の一般事業主行動計画及び第19条第1項の特定事業主行動計画（次項において「市町村行動計画等」という．）の策定に関する指針（以下「行動計画策定指針」という．）を定めなければならない．
② 行動計画策定指針においては、次に掲げる事項につき、市町村行動計画等の指針となるべきものを定めるものとする．
1 次世代育成支援対策の実施に関する基本的な事項
2 次世代育成支援対策の内容に関する事項
3 その他次世代育成支援対策の実施に関する重要事項
③ 主務大臣は、少子化の動向、子どもを取り巻く環境の変化その他の事情を勘案して必要があると認めるときは、速やかに行動計画策定指針を変更するものとする．
④ 主務大臣は、行動計画策定指針を定め、又はこれを変更しようとするときは、あらかじめ、子ども・子育て支援法（平成24年法律第65号）第72条に規定する子ども・子育て会議の意見を聴くとともに、次条第1項の市町村行動計画及び第9条第1項の都道府県行動計画に係る部分について総務大臣に

協議しなければならない。
⑤ 主務大臣は、行動計画策定指針を定め、又はこれを変更したときは、遅滞なく、これを公表しなければならない。

第2節 市町村行動計画及び都道府県行動計画
(市町村行動計画)
第8条 ① 市町村は、行動計画策定指針に即して、5年ごとに、当該市町村の事務及び事業に関し、5年を1期として、地域における子育ての支援、母性並びに乳児及び幼児の健康の確保及び増進、子どもの心身の健やかな成長に資する教育環境の整備、子どもを育成する家庭に適した良質な住宅及び良好な居住環境の確保、職業生活と家庭生活との両立の推進その他の次世代育成支援対策の実施に関する計画(以下「市町村行動計画」という。)を策定することができる。
② 市町村行動計画においては、次に掲げる事項を定めるものとする。
  1 次世代育成支援対策の実施により達成しようとする目標
  2 実施しようとする次世代育成支援対策の内容及びその実施時期
③ 市町村は、市町村行動計画を策定し、又は変更しようとするときは、あらかじめ、住民の意見を反映させるために必要な措置を講ずるものとする。
④ 市町村は、市町村行動計画を策定し、又は変更しようとするときは、あらかじめ、事業主、労働者その他の関係者の意見を反映させるために必要な措置を講ずるよう努めなければならない。
⑤ 市町村は、市町村行動計画を策定し、又は変更したときは、遅滞なく、これを公表するよう努めるとともに、都道府県に提出しなければならない。
⑥ 市町村は、市町村行動計画を策定したときは、おおむね1年に1回、市町村行動計画に基づく措置の実施の状況を公表するよう努めるものとする。
⑦ 市町村は、市町村行動計画を策定したときは、定期的に、市町村行動計画に基づく措置の実施の状況に関する評価を行い、市町村行動計画に検討を加え、必要があると認めるときは、これを変更することその他の必要な措置を講ずるよう努めなければならない。
⑧ 市町村は、市町村行動計画の策定及び市町村行動計画に基づく措置の実施に関して特に必要があると認めるときは、事業主その他の関係者に対して調査を実施するため必要な協力を求めることができる。

(都道府県行動計画)
第9条 ① 都道府県は、行動計画策定指針に即して、5年ごとに、当該都道府県の事務及び事業に関し、5年を1期として、地域における子育ての支援、保護を要する子どもの養育環境の整備、母性並びに乳児及び幼児の健康の確保及び増進、子どもの心身の健やかな成長に資する教育環境の整備、子どもを育成する家庭に適した良質な住宅及び良好な居住環境の確保、職業生活と家庭生活との両立の推進その他の次世代育成支援対策の実施に関する計画(以下「都道府県行動計画」という。)を策定することができる。
② 都道府県行動計画においては、次に掲げる事項を定めるものとする。
  1 次世代育成支援対策の実施により達成しようとする目標
  2 実施しようとする次世代育成支援対策の内容及びその実施時期
  3 次世代育成支援対策を実施する市町村を支援するための措置の内容及びその実施時期
③ 都道府県は、都道府県行動計画を策定し、又は変更しようとするときは、あらかじめ、住民の意見を反映させるために必要な措置を講ずるものとする。
④ 都道府県は、都道府県行動計画を策定し、又は変更しようとするときは、あらかじめ、事業主、労働者その他の関係者の意見を反映させるために必要な措置を講ずるよう努めなければならない。
⑤ 都道府県は、都道府県行動計画を策定し、又は変更したときは、遅滞なく、これを公表するよう努めるとともに、主務大臣に提出しなければならない。
⑥ 都道府県は、都道府県行動計画を策定したときは、おおむね1年に1回、都道府県行動計画に基づく措置の実施の状況を公表するよう努めるものとする。
⑦ 都道府県は、都道府県行動計画を策定したときは、定期的に、都道府県行動計画に基づく措置の実施の状況に関する評価を行い、都道府県行動計画に検討を加え、必要があると認めるときは、これを変更することその他の必要な措置を講ずるよう努めなければならない。
⑧ 都道府県は、都道府県行動計画の策定及び都道府県行動計画に基づく措置の実施に関して特に必要があると認めるときは、市町村、事業主その他の関係者に対して調査を実施するため必要な協力を求めることができる。

第3節 一般事業主行動計画
(一般事業主行動計画の策定等)
第12条 ① 国及び地方公共団体以外の事業主(以下「一般事業主」という。)であって、常時雇用する労働者の数が100人を超えるものは、行動計画策定指針に即して、一般事業主行動計画(一般事業主が実施する次世代育成支援対策に関する計画をいう。以下同じ。)を策定し、厚生労働省令で定めるところにより、厚生労働大臣にその旨を届け出なければならない。これを変更したときも同様とする。
② 一般事業主行動計画においては、次に掲げる事項を定めるものとする。
  1 計画期間
  2 次世代育成支援対策の実施により達成しようとする目標
  3 実施しようとする次世代育成支援対策の内容及びその実施時期
③ 第1項に規定する一般事業主は、一般事業主行動計画を策定し、又は変更したときは、厚生労働省令で定めるところにより、これを公表しなければならない。
④ 一般事業主であって、常時雇用する労働者の数が100人以下のものは、行動計画策定指針に即して、一般事業主行動計画を策定し、厚生労働省令で定めるところにより、厚生労働大臣にその旨を届け出るよう努めなければならない。これを変更したときも同様とする。
⑤ 前項に規定する一般事業主は、一般事業主行動計画を策定し、又は変更したときは、厚生労働省令で定めるところにより、これを公表するよう努めなければならない。
⑥ 第1項に規定する一般事業主が同項の規定による届出又は第3項の規定による公表をしない場合には、厚生労働大臣は、当該一般事業主に対し、相当の期間を定めて当該届出又は公表をすべきことを

勧告することができる.
(基準に適合する一般事業主の認定)
第13条 厚生労働大臣は,第12条第1項又は第4項の規定による届出をした一般事業主からの申請に基づき,厚生労働省令で定めるところにより,当該事業主について,雇用環境の整備に関し,行動計画策定指針に照らし適切な一般事業主行動計画を策定したこと,当該一般事業主行動計画を実施し,当該一般事業主行動計画に定めた目標を達成したことその他の厚生労働省令で定める基準に適合するものである旨の認定を行うことができる.
(認定一般事業主の表示等)
第14条 ① 前条の認定を受けた一般事業主(以下「認定一般事業主」という.)は,商品又は役務,その広告又は取引に用いる書類若しくは通信その他の厚生労働省令で定めるもの(次項及び第15条の4第1項において「広告等」という.)に厚生労働大臣の定める表示を付することができる.
② 何人も,前項の規定による場合を除くほか,広告等に同項の表示又はこれと紛らわしい表示を付してはならない.
(一般事業主に対する国の援助)
第18条 国は,第12条第1項又は第4項の規定により一般事業主行動計画を策定する一般事業主又はこれらの規定による届出をした一般事業主に対して,一般事業主行動計画の策定,公表若しくは労働者への周知又は当該一般事業主行動計画に基づく措置が円滑に実施されるように必要な助言,指導その他の援助の実施に努めるものとする.

⑦⑨ 児童福祉法(抄)

(昭22・12・12法律第164号,昭23・4・1施行,
最終改正:平28・6・3法律第65号)

〔下線部:平28法65,平30・4・1施行〕

第1章 総 則

第1条 全て児童は,児童の権利に関する条約の精神にのつとり,適切に養育されること,その生活を保障されること,愛され,保護されること,その心身の健やかな成長及び発達並びにその自立が図られることその他の福祉を等しく保障される権利を有する.
第2条 ① 全て国民は,児童が良好な環境において生まれ,かつ,社会のあらゆる分野において,児童の年齢及び発達の程度に応じて,その意見が尊重され,その最善の利益が優先して考慮され,心身ともに健やかに育成されるよう努めなければならない.
② 児童の保護者は,児童を心身ともに健やかに育成することについて第一義的責任を負う.
③ 国及び地方公共団体は,児童の保護者とともに,児童を心身ともに健やかに育成する責任を負う.
第3条 前2条に規定するところは,児童の福祉を保障するための原理であり,この原理は,すべて児童に関する法令の施行にあたつて,常に尊重されなければならない.

第2節 定 義

第4条 ① この法律で,児童とは,満18歳に満たない者をいい,児童を左のように分ける.
1 乳児 満1歳に満たない者
2 幼児 満1歳から,小学校就学の始期に達するまでの者
3 少年 小学校就学の始期から,満18歳に達するまでの者
② この法律で,障害児とは,身体に障害のある児童,知的障害のある児童,精神に障害のある児童(発達障害者支援法(平成16年法律第167号)第2条第2項に規定する発達障害児を含む.)又は治療方法が確立していない疾病その他の特殊の疾病であつて障害者の日常生活及び社会生活を総合的に支援するための法律(平成17年法律第123号)第4条第1項の政令で定めるものによる障害の程度が同項の厚生労働大臣が定める程度である児童をいう.
第5条 この法律で,妊産婦とは,妊娠中又は出産後1年以内の女子をいう.
第6条 この法律で,保護者とは,第19条の3,第57条の3第2項,第57条の3の3第2項及び第57条の4第2項を除き,親権を行う者,未成年後見人その他の者で,児童を現に監護する者をいう.
第6条の2 ① この法律で,小児慢性特定疾病とは,児童又は児童以外の満20歳に満たない者(以下「児童等」という.)が当該疾病にかかつていることにより,長期にわたり療養を必要とし,及びその生命に危険が及ぶおそれがあるものであつて,療養のために多額の費用を要するものとして厚生労働大臣が社会保障審議会の意見を聴いて定める疾病をいう.
② この法律で,小児慢性特定疾病医療支援とは,都道府県知事が指定する医療機関(以下「指定小児慢性特定疾病医療機関」という.)に通い,又は入院する小児慢性特定疾病にかかつている児童等(政令で定めるものに限る.以下「小児慢性特定疾病児童等」という.)であつて,当該疾病の状態が当該小児慢性特定疾病ごとに厚生労働大臣が社会保障審議会の意見を聴いて定める程度であるものに対し行われる医療(当該小児慢性特定疾病に係るものに限る.)をいう.
第6条の2の2 ① この法律で,障害児通所支援とは,児童発達支援,医療型児童発達支援,放課後等デイサービス,居宅訪問型児童発達支援及び保育所等訪問支援をいい,障害児通所支援事業とは,障害児通所支援を行う事業をいう.
② この法律で,児童発達支援とは,障害児につき,児童発達支援センターその他の厚生労働省令で定める施設に通わせ,日常生活における基本的な動作の指導,知識技能の付与,集団生活への適応訓練その他の厚生労働省令で定める便宜を供与することをいう.
③ この法律で,医療型児童発達支援とは,上肢,下肢又は体幹の機能の障害(以下「肢体不自由」という.)のある児童につき,医療型児童発達支援センター又は独立行政法人国立病院機構若しくは国立研究開発法人国立精神・神経医療研究センターの設置する医療機関であつて厚生労働大臣が指定するもの(以下「指定発達支援医療機関」という.)に通わせ,児童発達支援及び治療を行うことをいう.
④ この法律で,放課後等デイサービスとは,学校教育法(昭和22年法律第26号)第1条に規定する学校(幼稚園及び大学を除く.)に就学している障害児につき,授業の終了後又は休業日に児童発達支

援センターその他の厚生労働省令で定める施設に通わせ,生活能力の向上のために必要な訓練,社会との交流の促進その他の便宜を供与することをいう.
⑤ この法律で,居宅訪問型児童発達支援とは,重度の障害の状態その他これに準ずるものとして厚生労働省令で定める状態にある障害児であつて,児童発達支援,医療型児童発達支援又は放課後等デイサービスを受けるために外出することが著しく困難なものにつき,当該障害児の居宅を訪問し,日常生活における基本的な動作の指導,知識技能の付与,生活能力の向上のために必要な訓練その他の厚生労働省令で定める便宜を供与することをいう.
⑥ この法律で,保育所等訪問支援とは,保育所その他の児童が集団生活を営む施設として厚生労働省令で定めるものに通う障害児又は乳児院その他の児童が集団生活を営む施設として厚生労働省令で定めるものに入所する障害児につき,当該施設を訪問し,当該施設における障害児以外の児童との集団生活への適応のための専門的な支援その他の便宜を供与することをいう.
⑦ この法律で,障害児相談支援とは,障害児支援利用援助及び継続障害児支援利用援助を行うことをいい,障害児相談支援事業とは,障害児相談支援を行う事業をいう.
⑧ この法律で,障害児支援利用援助とは,第21条の5の6第1項又は第21条の5の8第1項の申請に係る障害児の心身の状況,その置かれている環境,当該障害児又はその保護者の障害児通所支援の利用に関する意向その他の事情を勘案し,利用する障害児通所支援の種類及び内容その他の厚生労働省令で定める事項を定めた計画(以下「障害児支援利用計画案」という.)を作成し,第21条の5の5第1項に規定する通所給付決定(次項において「通所給付決定」という.)又は第21条の5の8第2項に規定する通所給付決定の変更の決定(次項において「通所給付決定の変更の決定」という.)(以下この条及び第24条の26第1項第1号において「給付決定等」と総称する.)が行われた後に,第21条の5の3第1項に規定する指定障害児通所支援事業者等その他の者(次項において「関係者」という.)との連絡調整その他の便宜を供与するとともに,当該給付決定等に係る障害児通所支援の種類及び内容,これを担当する者その他の厚生労働省令で定める事項を記載した計画(次項において「障害児支援利用計画」という.)を作成することをいう.
⑨ この法律で,継続障害児支援利用援助とは,通所給付決定に係る障害児の保護者(以下「通所給付決定保護者」という.)が,第21条の5の7第8項に規定する通所給付決定の有効期間内において,継続して障害児通所支援を適切に利用することができるよう,当該通所給付決定に係る障害児支援利用計画(この項の規定により変更されたものを含む.以下この項において同じ.)が適切であるかどうかにつき,厚生労働省令で定める期間ごとに,当該通所給付決定保護者の障害児通所支援の利用状況を検証し,その結果及び当該通所給付決定に係る障害児の心身の状況,その置かれている環境,当該障害児又はその保護者の障害児通所支援の利用に関する意向その他の事情を勘案し,障害児支援利用計画の見直しを行い,その結果に基づき,次のいずれか

の便宜の供与を行うことをいう.
 1 障害児支援利用計画を変更するとともに,関係者との連絡調整その他の便宜の供与を行うこと.
 2 新たな通所給付決定又は通所給付決定の変更の決定が必要であると認められる場合において,当該給付決定等に係る障害児の保護者に対し,給付決定等に係る申請の勧奨を行うこと.
第6条の3 ① この法律で,児童自立生活援助事業とは,次に掲げる者に対しこれらの者が共同生活を営むべき住居における相談その他の日常生活上の援助及び生活指導並びに就業の支援(以下「児童自立生活援助」という.)を行い,あわせて児童自立生活援助の実施を解除された者に対し相談その他の援助を行う事業をいう.
 1 義務教育を終了した児童又は児童以外の満20歳に満たない者であつて,措置解除者等(第27条第1項第3号に規定する措置(政令で定めるものに限る.)を解除された者その他政令で定める者をいう.次号において同じ.)であるもの(以下「満20歳未満義務教育終了児童等」という.)
 2 学校教育法第50条に規定する高等学校の生徒,同法第83条に規定する大学の学生その他の厚生労働省令で定める者であつて,満20歳に達した日から満22歳に達する日の属する年度の末日までの間にあるもの(満20歳に達する日の前日において児童自立生活援助が行われていた満20歳未満義務教育終了児童等であつたものに限る.)のうち,措置解除者等であるもの(以下「満20歳以上義務教育終了児童等」という.)
② この法律で,放課後児童健全育成事業とは,小学校に就学している児童であつて,その保護者が労働等により昼間家庭にいないものに,授業の終了後に児童厚生施設等の施設を利用して適切な遊び及び生活の場を与えて,その健全な育成を図る事業をいう.
③ この法律で,子育て短期支援事業とは,保護者の疾病その他の理由により家庭において養育を受けることが一時的に困難となつた児童について,厚生労働省令で定めるところにより,児童養護施設その他の厚生労働省令で定める施設に入所させ,当該児童につき必要な保護を行う事業をいう.
④ この法律で,乳児家庭全戸訪問事業とは,1の市町村の区域内における原則として全ての乳児のいる家庭を訪問することにより,厚生労働省令で定めるところにより,子育てに関する情報の提供並びに乳児及びその保護者の心身の状況及び養育環境の把握を行うほか,養育についての相談に応じ,助言その他の援助を行う事業をいう.
⑤ この法律で,養育支援訪問事業とは,厚生労働省令で定めるところにより,乳児家庭全戸訪問事業の実施その他により把握した保護者の養育を支援することが特に必要と認められる児童(第8項に規定する要保護児童に該当するものを除く.以下「要支援児童」という.)若しくは保護者に監護させることが不適当であると認められる児童及びその保護者又は出産後の養育について出産前において支援を行うことが特に必要と認められる妊婦(以下「特定妊婦」という.)(以下「要支援児童等」という.)に対し,その養育が適切に行われるよう,当該要支援児童等の居宅において,養育に関する相談,指導,助言その他必要な支援を行う事業をいう.
⑥ この法律で,地域子育て支援拠点事業とは,厚生

労働省令で定めるところにより、乳児又は幼児及びその保護者が相互の交流を行う場所を開設し、子育てについての相談、情報の提供、助言その他の援助を行う事業をいう。

⑦ この法律で、一時預かり事業とは、家庭において保育（養護及び教育（第39条の2第1項に規定する満3歳以上の幼児に対する教育を除く。）を受けることをいう。以下同じ。）を受けることが一時的に困難となつた乳児又は幼児について、厚生労働省令で定めるところにより、主として昼間において、保育所、認定こども園（就学前の子どもに関する教育、保育等の総合的な提供の推進に関する法律（平成18年法律第77号。以下「認定こども園法」という。）第2条第6項に規定する認定こども園をいい、保育所であるものを除く。第24条第2項を除き、以下同じ。）その他の場所において、一時的に預かり、必要な保護を行う事業をいう。

⑧ この法律で、小規模住居型児童養育事業とは、第27条第1項第3号の措置に係る児童について、厚生労働省令で定めるところにより、保護者のない児童又は保護者に監護させることが不適当であると認められる児童（以下「要保護児童」という。）の養育に関し相当の経験を有する者その他の厚生労働省令で定める者（次条に規定する里親を除く。）の住居において養育を行う事業をいう。

⑨ この法律で、家庭的保育事業とは、次に掲げる事業をいう。

1 子ども・子育て支援法（平成24年法律第65号）第19条第1項第2号の内閣府令で定める事由により家庭において必要な保育を受けることが困難である乳児又は幼児（以下「保育を必要とする乳児・幼児」という。）であつて満3歳未満のものについて、家庭的保育者（市町村長（特別区の区長を含む。以下同じ。）が行う研修を修了した保育士その他の厚生労働省令で定める者であつて、当該保育を必要とする乳児・幼児の保育を行う者として市町村長が適当と認めるものをいう。以下同じ。）の居宅その他の場所（当該保育を必要とする乳児・幼児の居宅を除く。）において、家庭的保育者による保育を行う事業（利用定員が5人以下であるものに限る。次号において同じ。）

2 満3歳以上の幼児に係る保育の体制の整備の状況その他の地域の事情を勘案して、保育が必要と認められる児童であつて満3歳以上のものについて、家庭的保育者の居宅その他の場所（当該保育が必要と認められる児童の居宅を除く。）において、家庭的保育者による保育を行う事業

⑩ この法律で、小規模保育事業とは、次に掲げる事業をいう。

1 保育を必要とする乳児・幼児であつて満3歳未満のものについて、当該保育を必要とする乳児・幼児を保育することを目的とする施設（利用定員が6人以上19人以下であるものに限る。）において、保育を行う事業

2 満3歳以上の幼児に係る保育の体制の整備の状況その他の地域の事情を勘案して、保育が必要と認められる児童であつて満3歳以上のものについて、前号に規定する施設において、保育を行う事業

⑪ この法律で、居宅訪問型保育事業とは、次に掲げる事業をいう。

1 保育を必要とする乳児・幼児であつて満3歳未満のものについて、当該保育を必要とする乳児・幼児の居宅において家庭的保育者による保育を行う事業

2 満3歳以上の幼児に係る保育の体制の整備の状況その他の地域の事情を勘案して、保育が必要と認められる児童であつて満3歳以上のものについて、当該保育が必要と認められる児童の居宅において家庭的保育者による保育を行う事業

⑫ この法律で、事業所内保育事業とは、次に掲げる事業をいう。

1 保育を必要とする乳児・幼児であつて満3歳未満のものについて、次に掲げる施設において、保育を行う事業

イ 事業主がその雇用する労働者の監護する乳児若しくは幼児及びその他の乳児若しくは幼児を保育するために自ら設置する施設又は事業主から委託を受けて当該事業主が雇用する労働者の監護する乳児若しくは幼児及びその他の乳児若しくは幼児の保育を実施する施設

ロ 事業主団体がその構成員である事業主の雇用する労働者の監護する乳児若しくは幼児及びその他の乳児若しくは幼児を保育するために自ら設置する施設又は事業主団体から委託を受けてその構成員である事業主の雇用する労働者の監護する乳児若しくは幼児及びその他の乳児若しくは幼児の保育を実施する施設

ハ 地方公務員等共済組合法（昭和37年法律第152号）の規定に基づく共済組合その他の厚生労働省令で定める組合（以下ハにおいて「共済組合等」という。）が当該共済組合等の構成員として厚生労働省令で定める者（以下ハにおいて「共済組合等の構成員」という。）の監護する乳児若しくは幼児及びその他の乳児若しくは幼児を保育するために自ら設置する施設又は共済組合等から委託を受けて当該共済組合等の構成員の監護する乳児若しくは幼児及びその他の乳児若しくは幼児の保育を実施する施設

2 満3歳以上の幼児に係る保育の体制の整備の状況その他の地域の事情を勘案して、保育が必要と認められる児童であつて満3歳以上のものについて、前号に規定する施設において、保育を行う事業

⑬ この法律で、病児保育事業とは、保育を必要とする乳児・幼児又は保護者の労働若しくは疾病その他の事由により家庭において保育を受けることが困難となつた小学校に就学している児童であつて、疾病にかかつているものについて、保育所、認定こども園、病院、診療所その他厚生労働省令で定める施設において、保育を行う事業をいう。

⑭ この法律で、子育て援助活動支援事業とは、厚生労働省令で定めるところにより、児童を一時的に預かり、必要な保護を行うことを希望する者と当該援助を行うことを希望する者（個人に限る。以下この項において「援助希望者」という。）との連絡及び調整並びに援助希望者への講習の実施その他の必要な支援を行う事業をいう。

1 児童を一時的に預かり、必要な保護（宿泊を伴つて行うものを含む。）を行うこと。

2 児童が円滑に外出することができるよう、その移動を支援すること。

第6条の4 この法律で、里親とは、次に掲げる者をいう。

1 厚生労働省令で定める人数以下の要保護児童を養育することを希望する者（都道府県知事が厚生

労働省令で定めるところにより行う研修を修了したことその他の厚生労働省令で定める要件を満たす者に限る。）のうち、第34条の19に規定する養育里親名簿に登録されたもの（以下「養育里親」という。）
2　前号に規定する厚生労働省令で定める人数以下の要保護児童を養育すること及び養子縁組によつて養親となることを希望する者（都道府県知事が厚生労働省令で定める者に限る。）のうち、第34条の19に規定する養子縁組里親名簿に登録されたもの（以下「養子縁組里親」という。）
3　第1号に規定する厚生労働省令で定める人数以下の要保護児童を養育することを希望する者（当該保護児童の父母以外の親族であつて、厚生労働省令で定めるものに限る。）のうち、都道府県知事が第27条第1項第3号の規定により児童を委託する者として適当と認めるもの

第7条　① この法律で、児童福祉施設とは、助産施設、乳児院、母子生活支援施設、保育所、幼保連携型認定こども園、児童厚生施設、児童養護施設、障害児入所施設、児童発達支援センター、児童心理治療施設、児童自立支援施設及び児童家庭支援センターとする。
② この法律で、障害児入所支援とは、障害児入所施設に入所し、又は指定発達支援医療機関に入院する障害児に対して行われる保護、日常生活の指導及び知識技能の付与並びに障害児入所施設に入所し、又は指定発達支援医療機関に入院する障害児のうち知的障害のある児童、肢体不自由のある児童又は重度の知的障害及び重度の肢体不自由が重複している児童（以下「重症心身障害児」という。）に対し行われる治療をいう。

第3節　児童福祉審議会等

第8条　① 第8項、第27条第6項、第33条第5項、第33条の15第3項、第35条第6項、第46条第4項及び第59条第5項の規定によりその権限に属せられた事項を調査審議するため、都道府県に児童福祉に関する審議会その他の合議制の機関を置くものとする。ただし、社会福祉法（昭和26年法律第45号）第12条第1項の規定により同法第7条第1項に規定する地方社会福祉審議会（以下「地方社会福祉審議会」という。）に児童福祉に関する事項を調査審議させる都道府県にあつては、この限りでない。　　　　　　　　〈②～⑧（略）〉

第4節　実施機関

第10条　① 市町村は、この法律の施行に関し、次に掲げる業務を行わなければならない。
1　児童及び妊産婦の福祉に関し、必要な実情の把握に努めること。
2　児童及び妊産婦の福祉に関し、必要な情報の提供を行うこと。
3　児童及び妊産婦の福祉に関し、家庭その他からの相談に応ずること並びに必要な調査及び指導を行うこと並びにこれらに付随する業務を行うこと。
4　前3号に掲げるもののほか、児童及び妊産婦の福祉に関し、家庭その他につき、必要な支援を行うこと。
② 市町村長は、前項第3号に掲げる業務のうち専門的な知識及び技術を必要とするものについては、児童相談所の技術的援助及び助言を求めなければならない。
③ 市町村長は、第1項第3号に掲げる業務を行うに当たつて、医学的、心理学的、教育学的、社会学的及び精神保健上の判定を必要とする場合には、児童相談所の判定を求めなければならない。
④ 市町村は、この法律による事務を適切に行うために必要な体制の整備に努めるとともに、当該事務に従事する職員の人材の確保及び資質の向上のために必要な措置を講じなければならない。

第11条　① 都道府県は、この法律の施行に関し、次に掲げる業務を行わなければならない。
1　第10条第1項各号に掲げる市町村の業務の実施に関し、市町村相互間の連絡調整、市町村に対する情報の提供、市町村職員の研修その他必要な援助を行うこと及びこれらに付随する業務を行うこと。
2　児童及び妊産婦の福祉に関し、主として次に掲げる業務を行うこと。
イ　各市町村の区域を超えた広域的な見地から、実情の把握に努めること。
ロ　児童に関する家庭その他からの相談のうち、専門的な知識及び技術を必要とするものに応ずること。
ハ　児童及びその家庭につき、必要な調査並びに医学的、心理学的、教育学的、社会学的及び精神保健上の判定を行うこと。
ニ　児童及びその保護者につき、ハの調査又は判定に基づいて心理又は児童の健康及び心身の発達に関する専門的な知識及び技術を必要とする指導その他必要な指導を行うこと。
ホ　児童の一時保護を行うこと。
ヘ　里親に関する次に掲げる業務を行うこと。
（1）里親に関する普及啓発を行うこと。
（2）里親につき、その相談に応じ、必要な情報の提供、助言、研修その他の援助を行うこと。
（3）里親と第27条第1項第3号の規定により入所の措置が採られて乳児院、児童養護施設、児童心理治療施設又は児童自立支援施設に入所している児童及び里親相互の交流の場を提供すること。
（4）第27条第1項第3号の規定による里親への委託に資するよう、里親の選定及び里親と児童との間の調整を行うこと。
（5）第27条第1項第3号の規定により里親に委託しようとする児童及びその保護者並びに里親の意見を聴いて、当該児童の養育の内容その他の厚生労働省令で定める事項について当該児童の養育に関する計画を作成すること。
ト　養子縁組により養子となる児童、その父母及び当該養子となる児童の養親となる者、養子縁組により養子となつた児童、その養親となつた者及び当該養子となつた児童の父母（民法（明治29年法律第89号）第817条の2第1項に規定する特別養子縁組により親族関係が終了した当該養子となつた児童の実方の父母を含む。）その他の児童を養子とする養子縁組に関する者につき、その相談に応じ、必要な情報の提供、助言その他の援助を行うこと。
3　前2号に掲げるもののほか、児童及び妊産婦の福祉に関し、広域的な対応が必要な業務並びに家庭その他につき専門的な知識及び技術を必要とする支援を行うこと。
② 都道府県知事は、市町村の第10条第1項各号に掲げる業務の適切な実施を確保するため必要があ

79 児童福祉法（12条〜13条）

ると認めるときは、市町村に対し、必要な助言を行うことができる。
③ 都道府県知事は、第1項又は前項の規定による都道府県の事務の全部又は一部を、その管理に属する行政庁に委任することができる。
④ 都道府県知事は、第1項第2号へに掲げる業務（次項において「里親支援事業」という。）に係る事務の全部又は一部を厚生労働省令で定める者に委託することができる。
⑤ 前項の規定により行われる里親支援事業に係る事務に従事する者又は従事していた者は、その事務に関して知り得た秘密を漏らしてはならない。
第12条 ① 都道府県は、児童相談所を設置しなければならない。
② 児童相談所は、児童の福祉に関し、主として前条第1項第1号に掲げる業務（市町村職員の研修を除く。）並びに同項第2号（イを除く。）及び第3号に掲げる業務並びに障害者の日常生活及び社会生活を総合的に支援するための法律第22条第2項及び第3項並びに第26条第1項に規定する業務を行うものとする。
③ 都道府県は、児童相談所が前項に規定する業務のうち法律に関する専門的な知識経験を必要とするものを適切かつ円滑に行うことの重要性に鑑み、児童相談所における弁護士の配置又はこれに準ずる措置をとることとするものとする。
④ 児童相談所は、必要に応じ、巡回して、第2項に規定する業務（前条第1項第2号ホに掲げる業務を除く。）を行うことができる。
⑤ 児童相談所長は、その管轄区域内の社会福祉法に規定する福祉に関する事務所（以下「福祉事務所」という。）の長（以下「福祉事務所長」という。）に必要な調査を委嘱することができる。
第12条の2 ① 児童相談所には、所長及び所員を置く。
② 所長は、都道府県知事の監督を受け、所務を掌理する。
③ 所員は、所長の監督を受け、前条に規定する業務をつかさどる。
④ 児童相談所には、第1項に規定するもののほか、必要な職員を置くことができる。
第12条の3 ① 児童相談所の所長及び所員は、都道府県知事の補助機関である職員とする。
② 所長は、次の各号のいずれかに該当する者でなければならない。
 1 医師であつて、精神保健に関して学識経験を有する者
 2 学校教育法に基づく大学又は旧大学令（大正7年勅令第388号）に基づく大学において、心理学を専修する学科又はこれに相当する課程を修めて卒業した者
 3 社会福祉士
 4 児童の福祉に関する事務をつかさどる職員（以下「児童福祉司」という。）として2年以上勤務した者又は児童福祉司たる資格を得た後2年以上所員として勤務した者
 5 前各号に掲げる者と同等以上の能力を有すると認められる者であつて、厚生労働省令で定めるもの
③ 所長は、厚生労働大臣が定める基準に適合する研修を受けなければならない。
④ 相談及び調査をつかさどる所員は、児童福祉司の資格を有する者でなければならない。
⑤ 判定をつかさどる所員の中には、第2項第1号に該当する者又はこれに準ずる資格を有する者及び同項第2号に該当する者又はこれに準ずる資格を有する者が、それぞれ1人以上含まれなければならない。
⑥ 指導をつかさどる所員の中には、次の各号に掲げる指導の区分に応じ、当該各号に定める者が含まれなければならない。
 1 心理に関する専門的な知識及び技術を必要とする指導　第2項第1号に該当する者若しくはこれに準ずる資格を有する者又は同項第2号に該当する者若しくはこれに準ずる資格を有する者
 2 児童の健康及び心身の発達に関する専門的な知識及び技術を必要とする指導　医師又は保健師
第12条の4　児童相談所には、必要に応じ、児童を一時保護する施設を設けなければならない。
第12条の6 ① 保健所は、この法律の施行に関し、主として次の業務を行うものとする。
 1 児童の保健について、正しい衛生知識の普及を図ること。
 2 児童の健康相談に応じ、又は健康診査を行い、必要に応じ、保健指導を行うこと。
 3 身体に障害のある児童及び疾病により長期にわたり療養を必要とする児童の療育について、指導を行うこと。
 4 児童福祉施設に対し、栄養の改善その他衛生に関し、必要な助言を与えること。
② 児童相談所長は、相談に応じた児童、その保護者又は妊産婦について、保健所に対し、保健指導その他の必要な協力を求めることができる。

第5節　児童福祉司

第13条 ① 都道府県は、その設置する児童相談所に、児童福祉司を置かなければならない。
② 児童福祉司の数は、政令で定める基準を標準として都道府県が定めるものとする。
③ 児童福祉司は、都道府県知事の補助機関である職員とし、次の各号のいずれかに該当する者のうちから、任用しなければならない。
 1 都道府県知事の指定する児童福祉司若しくは児童福祉施設の職員を養成する学校その他の施設を卒業し、又は都道府県知事の指定する講習会の課程を修了した者
 2 学校教育法に基づく大学又は旧大学令に基づく大学において、心理学、教育学若しくは社会学を専修する学科又はこれらに相当する課程を修めて卒業した者であつて、厚生労働省令で定める施設において1年以上児童その他の者の福祉に関する相談に応じ、助言、指導その他の援助を行う業務に従事したもの
 3 医師
 4 社会福祉士
 5 社会福祉主事として2年以上児童福祉事業に従事した者であつて、厚生労働大臣が定める講習会の課程を修了したもの
 6 前各号に掲げる者と同等以上の能力を有すると認められる者であつて、厚生労働省令で定めるもの
④ 児童福祉司は、児童相談所長の命を受けて、児童の保護その他児童の福祉に関する事項について、相談に応じ、専門的技術に基づいて必要な指導を行う等児童の福祉増進に努める。
⑤ 他の児童福祉司が前項の職務を行うため必要な

専門的技術に関する指導及び教育を行う児童福祉司でなければならない。
⑥ 前項の指導及び教育を行う児童福祉司の数は，政令で定める基準を参酌して都道府県が定めるものとする。
⑦ 児童福祉司は，児童相談所長が定める担当区域により，第4項の職務を行い，担当区域内の市町村長に協力を求めることができる。
⑧ 児童福祉司は，厚生労働大臣が定める基準に適合する研修を受けなければならない。
⑨ 第3項第1号の施設及び講習会の指定に関し必要な事項は，政令で定める。
第14条 ① 市町村長は，前条第4項に規定する事項に関し，児童福祉司に必要な状況の通報及び資料の提供並びに必要な援助を求めることができる。
② 児童福祉司は，その担当区域内における児童に関し，必要な事項につき，その担当区域を管轄する児童相談所長は市町村長にその状況を通知し，併せて意見を述べなければならない。
第15条 この法律で定めるもののほか，児童福祉司の任用叙級その他児童福祉司に関し必要な事項は，命令で定める。

第6節　児童委員

第16条 ① 市町村の区域に児童委員を置く。
② 民生委員法（昭和23年法律第198号）による民生委員は，児童委員に充てられたものとする。
③ 厚生労働大臣は，児童委員のうちから，主任児童委員を指名する。
④ 前項の規定による厚生労働大臣の指名は，民生委員法第5条の規定による推薦によつて行う。
第17条 ① 児童委員は，次に掲げる職務を行う。
1 児童及び妊産婦につき，その生活及び取り巻く環境の状況を適切に把握しておくこと。
2 児童及び妊産婦につき，その保護，保健その他福祉に関し，サービスを適切に利用するために必要な情報の提供その他の援助及び指導を行うこと。
3 児童及び妊産婦に係る社会福祉を目的とする事業を経営する者又は児童の健やかな育成に関する活動を行う者と密接に連携し，その事業又は活動を支援すること。
4 児童福祉司又は福祉事務所の社会福祉主事の行う職務に協力すること。
5 児童の健やかな育成に関する気運の醸成に努めること。
6 前各号に掲げるもののほか，必要に応じて，児童及び妊産婦の福祉の増進を図るための活動を行うこと。
② 主任児童委員は，前項各号に掲げる児童委員の職務について，児童の福祉に関する機関と児童委員（主任児童委員である者を除く。以下この項において同じ。）との連絡調整を行うとともに，児童委員の活動に対する援助及び協力を行う。
③ 前項の規定は，主任児童委員が第1項各号に掲げる児童委員の職務を行うことを妨げるものではない。
④ 児童委員は，その職務に関し，都道府県知事の指揮監督を受ける。

第7節　保育士

第18条の4 この法律で，保育士とは，第18条の18第1項の登録を受け，保育士の名称を用いて，専門的知識及び技術をもつて，児童の保育及び児童の保護者に対する保育に関する指導を行うことを業とする者をいう。
第18条の6 次の各号のいずれかに該当する者は，保育士となる資格を有する。
1 都道府県知事の指定する保育士を養成する学校その他の施設（以下「指定保育士養成施設」という。）を卒業した者
2 保育士試験に合格した者
第18条の8 ① 保育士試験は，厚生労働大臣の定める基準により，保育士として必要な知識及び技能について行う。
② 保育士試験は，毎年1回以上，都道府県知事が行う。
③ 保育士として必要な知識及び技能を有するかどうかの判定に関する事務を行わせるため，都道府県に保育士試験委員（次項において「試験委員」という。）を置く。ただし，次条第1項の規定により指定された者に当該事務を行わせることとした場合は，この限りでない。
④ 試験委員又は試験委員であつた者は，前項に規定する事務に関して知り得た秘密を漏らしてはならない。
第18条の9 ① 都道府県知事は，厚生労働省令で定めるところにより，一般社団法人又は一般財団法人であつて，保育士試験の実施に関する事務（以下「試験事務」という。）を適正かつ確実に実施することができると認められるものとして当該都道府県知事が指定する者（以下「指定試験機関」という。）に，試験事務の全部又は一部を行わせることができる。
（②, ③（略））
第18条の18 ① 保育士となる資格を有する者が保育士となるには，保育士登録簿に，氏名，生年月日その他厚生労働省令で定める事項の登録を受けなければならない。
② 保育士登録簿は，都道府県に備える。
③ 都道府県知事は，保育士の登録をしたときは，申請者に第1項に規定する事項を記載した保育士登録証を交付する。
第18条の19 ① 都道府県知事は，保育士が次の各号のいずれかに該当する場合には，その登録を取り消さなければならない。
1 第18条の5各号（第4号を除く。）のいずれかに該当するに至つた場合
2 虚偽又は不正の事実に基づいて登録を受けた場合
② 都道府県知事は，保育士が第18条の21又は第18条の22の規定に違反したときは，その登録を取り消し，又は期間を定めて保育士の名称の使用の停止を命ずることができる。
第18条の20 都道府県知事は，保育士の登録がその効力を失つたときは，その登録を消除しなければならない。
第18条の21 保育士は，保育士の信用を傷つけるような行為をしてはならない。
第18条の22 保育士は，正当な理由がなく，その業務に関して知り得た人の秘密を漏らしてはならない。保育士でなくなつた後においても，同様とする。
第18条の23 保育士でない者は，保育士又はこれに紛らわしい名称を使用してはならない。

第2章　福祉の保障

第1節　療育の指導，小児慢性特定疾病医療費の

児童福祉法（19条〜19条の3）

支給等
第1款　療育の指導

第19条　① 保健所長は、身体に障害のある児童につき、診査を行ない、又は相談に応じ、必要な療育の指導を行なわなければならない。
② 保健所長は、疾病により長期にわたり療養を必要とする児童につき、診査を行い、又は相談に応じ、必要な療育の指導を行うことができる。
③ 保健所長は、身体障害者福祉法（昭和24年法律第283号）第15条第4項の規定により身体障害者手帳の交付を受けた児童（身体に障害のある15歳未満の児童については、身体障害者手帳の交付を受けたその保護者とする。以下同じ。）につき、同法第16条第2項第1号又は第2号に掲げる事由があると認めるときは、その旨を都道府県知事に報告しなければならない。

第2款　小児慢性特定疾病医療費の支給
第1目　小児慢性特定疾病医療費の支給

第19条の2　① 都道府県は、次条第3項に規定する医療費支給認定（以下この条において「医療費支給認定」という。）に係る小児慢性特定疾病児童等が、次条第6項に規定する医療費支給認定の有効期間内において、指定小児慢性特定疾病医療機関（同条第5項の規定により定められたものに限る。）から当該医療費支給認定に係る小児慢性特定疾病医療支援（以下「指定小児慢性特定疾病医療支援」という。）を受けたときは、厚生労働省令で定めるところにより、当該小児慢性特定疾病児童等に係る同条第7項に規定する医療費支給認定保護者（次項において「医療費支給認定保護者」という。）に対し、当該指定小児慢性特定疾病医療支援に要した費用について、小児慢性特定疾病医療費を支給する。
② 小児慢性特定疾病医療費の額は、1月につき、次に掲げる額の合算額とする。
　1　同一の月に受けた指定小児慢性特定疾病医療支援（食事療養（健康保険法（大正11年法律第70号）第63条第2項第1号に規定する食事療養をいう。第21条の5の28第2項及び第24条の20第2項において同じ。）を除く。）につき健康保険の療養に要する費用の額の算定方法の例により算定した額から、当該医療費支給認定保護者の家計の負担能力、当該医療費支給認定に係る小児慢性特定疾病児童等の治療の状況又は身体の状態、当該医療費支給認定保護者と同一の世帯に属する他の医療費支給認定に係る小児慢性特定疾病児童等及び難病の患者に対する医療等に関する法律（平成26年法律第50号）第7条第1項に規定する医療費支給認定を受けた指定難病（同法第5条第1項に規定する指定難病をいう。）の患者の数その他の事情をしん酌して政令で定める額（当該政令で定める額が当該算定した額の100分の20に相当する額を超えるときは、当該相当する額）を控除して得た額
　2　当該指定小児慢性特定疾病医療支援（食事療養に限る。）につき健康保険の療養に要する費用の額の算定方法の例により算定した額から、健康保険法第85条第2項に規定する食事療養標準負担額、医療費支給認定保護者の所得の状況その他の事情を勘案して厚生労働大臣が定める額を控除した額
③ 前項に規定する療養に要する費用の額の算定方法の例によることができないとき、及びこれによることを適当としないときの小児慢性特定疾病医療支援に要する費用の額の算定方法は、厚生労働大臣の定めるところによる。

第19条の3　① 小児慢性特定疾病児童等の保護者（小児慢性特定疾病児童等の親権を行う者、未成年後見人その他の者で、当該小児慢性特定疾病児童等を現に監護する者をいう。以下この条、第57条の3第2項、第57条の3の3第2項及び第57条の4第2項において同じ。）は、前条第1項の規定により小児慢性特定疾病医療費の支給を受けようとするときは、都道府県知事の定める医師（以下「指定医」という。）の診断書（小児慢性特定疾病児童等が小児慢性特定疾病にかかつており、かつ、当該小児慢性特定疾病の状態が第6条の2第2項に規定する厚生労働大臣が定める程度であることを証する書面として厚生労働省令で定めるものをいう。）を添えて、都道府県に申請しなければならない。
② 指定医の指定の手続その他指定医に関し必要な事項は、厚生労働省令で定める。
③ 都道府県は、第1項の申請に係る小児慢性特定疾病児童等が小児慢性特定疾病にかかつており、かつ、当該小児慢性特定疾病の状態が第6条の2第2項に規定する厚生労働大臣が定める程度であると認められる場合には、小児慢性特定疾病医療費を支給する旨の認定（以下「医療費支給認定」という。）を行うものとする。
④ 都道府県は、第1項の申請があつた場合において、医療費支給認定をしないこととするとき（申請の形式上の要件に適合しない場合として厚生労働省令で定める場合を除く。）は、あらかじめ、次条第1項に規定する小児慢性特定疾病審査会に当該申請に係る小児慢性特定疾病児童等の保護者について医療費支給認定をしないことに関し審査を求めなければならない。
⑤ 都道府県は、医療費支給認定をしたときは、厚生労働省令で定めるところにより、指定小児慢性特定疾病医療機関の中から、当該医療費支給認定に係る小児慢性特定疾病児童等が小児慢性特定疾病医療支援を受けるものを定めるものとする。
⑥ 医療費支給認定は、厚生労働省令で定める期間（次項及び第19条の6第1項第2号において「医療費支給認定の有効期間」という。）内に限り、その効力を有する。
⑦ 都道府県は、医療費支給認定をしたときは、当該医療費支給認定を受けた小児慢性特定疾病児童等の保護者（以下「医療費支給認定保護者」という。）に対し、厚生労働省令で定めるところにより、医療費支給認定の有効期間を記載した医療受給者証（以下「医療受給者証」という。）を交付しなければならない。
⑧ 医療費支給認定は、その申請のあつた日に遡つてその効力を生ずる。
⑨ 指定小児慢性特定疾病医療支援を受けようとする医療費支給認定保護者は、厚生労働省令で定めるところにより、第5項の規定により定められた指定小児慢性特定疾病医療機関に医療受給者証を提示して指定小児慢性特定疾病医療支援を受けるものとする。ただし、緊急の場合その他やむを得ない事由のある場合については、医療受給者証を提示することを要しない。
⑩ 医療費支給認定に係る小児慢性特定疾病児童等が第5項の規定により定められた指定小児慢性特

(2) 子ども・次世代育成支援策

定疾病医療機関から指定小児慢性特定疾病医療支援を受けたとき(当該小児慢性特定疾病児童等に係る医療費支給認定保護者が当該指定小児慢性特定疾病医療機関に医療受給者証を提示したときに限る.)は,都道府県は,当該医療費支給認定保護者が当該指定小児慢性特定疾病医療機関に支払うべき当該指定小児慢性特定疾病医療に要した費用について,小児慢性特定疾病医療費として当該医療費支給認定保護者に支給すべき額の限度において,当該医療費支給認定保護者に代わり,当該指定小児慢性特定疾病医療機関に支払うことができる.

⑪ 前項の規定による支払があつたときは,当該医療費支給認定保護者に対し,小児慢性特定疾病医療費の支給があつたものとみなす.

第19条の4 ① 前条第4項の規定による審査を行わせるため,都道府県に,小児慢性特定疾病審査会を置く.

② 小児慢性特定疾病審査会の委員は,小児慢性特定疾病に関し知見を有する医師その他の関係者のうちから,都道府県知事が任命する.

③ 委員の任期は,2年とする.

④ この法律に定めるもののほか,小児慢性特定疾病審査会に必要な事項は,厚生労働省令で定める.

第19条の5 ① 医療費支給認定保護者は,現に受けている医療費支給認定に係る第19条の3第5項の規定により定められた指定小児慢性特定疾病医療機関その他の厚生労働省令で定める事項を変更する必要があるときは,都道府県に対し,当該医療費支給認定の変更の申請をすることができる.

② 都道府県は,前項の申請又は職権により,医療費支給認定保護者に対し,必要があると認めるときは,厚生労働省令で定めるところにより,医療費支給認定の変更の認定を行うことができる.この場合において,都道府県は,当該医療費支給認定保護者に対し医療受給者証の提出を求めるものとする.

③ 都道府県は,前項の医療費支給認定の変更の認定を行つたときは,医療受給者証に当該変更の認定に係る事項を記載し,これを返還するものとする.

第19条の6 ① 医療費支給認定を行つた都道府県は,次に掲げる場合には,当該医療費支給認定を取り消すことができる.

1 医療費支給認定に係る小児慢性特定疾病児童等が,その疾病の状態,治療の状況等からみて指定小児慢性特定疾病医療支援を受ける必要がなくなつたと認めるとき.

2 医療費支給認定保護者が,医療費支給認定の有効期間内に,当該都道府県以外の都道府県の区域内に居住地を有するに至つたと認めるとき.

3 その他政令で定めるとき.

② 前項の規定により医療費支給認定の取消しを行つた都道府県は,厚生労働省令で定めるところにより,当該取消しに係る医療費支給認定保護者に対し,医療受給者証の返還を求めるものとする.

第2目 指定小児慢性特定疾病医療機関

第19条の9 ① 第6条の2第2項の指定(以下「指定小児慢性特定疾病医療機関の指定」という.)は,厚生労働省令で定めるところにより,病院若しくは診療所(これらに準ずるものとして政令で定めるものを含む.以下同じ.)又は薬局の開設者の申請があつたものについて行う.

② 都道府県知事は,前項の申請があつた場合において,次の各号のいずれかに該当するときは,指定小児慢性特定疾病医療機関の指定をしてはならない.

1 申請者が,禁錮以上の刑に処せられ,その執行を終わり,又は執行を受けることがなくなるまでの者であるとき.

2 申請者が,この法律その他国民の保健医療若しくは福祉に関する法律で政令で定めるものの規定により罰金の刑に処せられ,その執行を終わり,又は執行を受けることがなくなるまでの者であるとき.

3 申請者が,労働に関する法律の規定であつて政令で定めるものにより罰金の刑に処せられ,その執行を終わり,又は執行を受けることがなくなるまでの者であるとき.

4 申請者が,第19条の18の規定により指定小児慢性特定疾病医療機関の指定を取り消され,その取消しの日から起算して5年を経過しない者(当該指定小児慢性特定疾病医療機関の指定を取り消された者が法人である場合においては,当該取消しの処分に係る行政手続法(平成5年法律第88号)第15条の規定による通知があつた日前60日以内に当該法人の役員又はその医療機関の管理者(以下「役員等」という.)であつた者で当該取消しの日から起算して5年を経過しないものを含み,当該指定小児慢性特定疾病医療機関の指定を取り消された者が法人でない場合においては,当該通知があつた日前60日以内に当該者の管理者であつた者で当該取消しの日から起算して5年を経過しないものを含む.)であるとき.ただし,当該取消しが,指定小児慢性特定疾病医療機関の指定の取消しのうち当該取消しの処分の理由となつた事実その他の当該事実に関して当該指定小児慢性特定疾病医療機関の開設者が有していた責任の程度を考慮して,この号本文に規定する指定小児慢性特定疾病医療機関の指定の取消しに該当しないこととすることが相当であると認められるものとして厚生労働省令で定めるものに該当する場合を除く.

5 申請者が,第19条の18の規定による指定小児慢性特定疾病医療機関の指定の取消しの処分に係る行政手続法第15条の規定による通知があつた日(第7号において「通知日」という.)から当該処分をする日又は処分をしないことを決定する日までの間に第19条の15の規定による指定小児慢性特定疾病医療機関の指定の辞退をした者(当該辞退について相当の理由がある者を除く.)で,当該申出の日から起算して5年を経過しないものであるとき.

6 申請者が,第19条の16第1項の規定による検査が行われた日から聴聞決定予定日(当該検査の結果に基づき第19条の18の規定による指定小児慢性特定疾病医療機関の指定の取消しの処分に係る聴聞を行うか否かの決定をすることが見込まれる日として厚生労働省令で定めるところにより都道府県知事が当該申請者に当該検査が行われた日から10日以内に特定の日を通知した場合における当該特定の日をいう.)までの間に第19条の15の規定による指定小児慢性特定疾病医療機関の指定の辞退の申出をした者(当該辞退について相当の理由がある者を除く.)で,当該申出の日から起算して5年を経過しないものであるとき.

7 第5号に規定する期間内に第19条の15の規定による指定小児慢性特定疾病医療機関の指定の辞退の申出があつた場合において,申請者が,通知日前60日以内に当該申出に係る法人(当該辞退に

⑲ 児童福祉法（19条の10～19条の18）

ついて相当の理由がある法人を除く．）の役員等又は当該申出に係る法人でない者（当該辞退について相当の理由がある者を除く．）の管理者であつた者で，当該申出の日から起算して5年を経過しないものであるとき．
8 申請者が，前項の申請前5年以内に小児慢性特定疾病医療支援に関し不正又は著しく不当な行為をした者であるとき．
9 申請者が，法人で，その役員等のうちに前各号のいずれかに該当する者のあるものであるとき．
10 申請者が，法人でない者で，その管理者が第1号から第8号までのいずれかに該当する者であるとき．
③ 都道府県知事は，第1項の申請があつた場合において，次の各号のいずれかに該当するときは，指定小児慢性特定疾病医療機関の指定をしないことができる．
1 当該申請に係る病院若しくは診療所又は薬局が，健康保険法第63条第3項第1号に規定する保険医療機関若しくは保険薬局又は厚生労働省令で定める事業所若しくは施設でないとき．
2 当該申請に係る病院若しくは診療所若しくは薬局又は申請者が，小児慢性特定疾病医療費の支給に関し診療又は調剤の内容の適切さを欠くおそれがあるとして重ねて第19条の13の規定による指導又は第19条の17第1項の規定による勧告を受けたものであるとき．
3 申請者が，第19条の17第3項の規定による命令に従わないものであるとき．
4 前3号に掲げる場合のほか，当該申請に係る病院若しくは診療所又は薬局が，指定小児慢性特定疾病医療機関として著しく不適当と認めるものであるとき．

第19条の10 ① 指定小児慢性特定疾病医療機関の指定は，6年ごとにその更新を受けなければ，その期間の経過によつて，その効力を失う．
② 健康保険法第68条第2項の規定は，前項の更新について準用する．この場合において，必要な技術的読替えは，政令で定める．

第19条の11 指定小児慢性特定疾病医療機関は，厚生労働大臣の定めるところにより，良質かつ適切な小児慢性特定疾病医療支援を行わなければならない．

第19条の12 ① 指定小児慢性特定疾病医療機関の診療方針は，健康保険の診療方針の例による．
② 前項に規定する診療方針によることができないとき，及びこれによることを適当としないときの診療方針は，厚生労働大臣が定めるところによる．

第19条の13 指定小児慢性特定疾病医療機関は，小児慢性特定疾病医療支援の実施に関し，都道府県知事の指導を受けなければならない．

第19条の14 指定小児慢性特定疾病医療機関は，当該指定に係る医療機関の名称又は所在地その他厚生労働省令で定める事項に変更があつたときは，厚生労働省令で定めるところにより，10日以内に，その旨を都道府県知事に届け出なければならない．

第19条の15 指定小児慢性特定疾病医療機関は，1月以上の予告期間を設けて，指定小児慢性特定疾病医療機関の指定を辞退することができる．

第19条の16 都道府県知事は，小児慢性特定疾病医療支援の実施に関して必要があると認めるときは，指定小児慢性特定疾病医療機関若しくは指定小児慢性特定疾病医療機関の開設者若しくは管理者，医師，薬剤師その他の従業者であつた者（以下この項において「開設者であつた者等」という．）に対し，report若しくは診療録，帳簿書類その他の物件の提出若しくは提示を命じ，指定小児慢性特定疾病医療機関の開設者若しくは管理者，医師，薬剤師その他の従業者（開設者であつた者等を含む．）に対し出頭を求め，又は当該職員に，関係者に対し質問させ，若しくは当該指定小児慢性特定疾病医療機関について設備若しくは診療録，帳簿書類その他の物件を検査させることができる．
② 前項の規定による質問又は検査を行う場合においては，当該職員は，その身分を示す証明書を携帯し，かつ，関係者の請求があるときは，これを提示しなければならない．
③ 第1項の規定による権限は，犯罪捜査のために認められたものと解釈してはならない．
④ 指定小児慢性特定疾病医療機関が，正当な理由がないのに，第1項の規定により報告若しくは提出若しくは提示を命ぜられてこれに従わず，若しくは虚偽の報告をし，又は同項の規定による検査を拒み，妨げ，若しくは忌避したときは，都道府県知事は，当該指定小児慢性特定疾病医療機関に対する小児慢性特定疾病医療費の支払を一時差し止めることができる．

第19条の17 ① 都道府県知事は，指定小児慢性特定疾病医療機関が，第19条の11又は第19条の12の規定に従つて小児慢性特定疾病医療支援を行つていないと認めるときは，当該指定小児慢性特定疾病医療機関の開設者に対し，期限を定めて，第19条の11又は第19条の12の規定を遵守すべきことを勧告することができる．
② 都道府県知事は，前項の規定による勧告をした場合において，その勧告を受けた指定小児慢性特定疾病医療機関の開設者が，同項の期限内にこれに従わなかつたときは，その旨を公表することができる．
③ 都道府県知事は，第1項の規定による勧告を受けた指定小児慢性特定疾病医療機関の開設者が，正当な理由がなくてその勧告に係る措置をとらなかつたときは，当該指定小児慢性特定疾病医療機関の開設者に対し，期限を定めて，その勧告に係る措置をとるべきことを命ずることができる．
④ 都道府県知事は，前項の規定による命令をしたときは，その旨を公示しなければならない．

第19条の18 都道府県知事は，次の各号のいずれかに該当する場合においては，当該指定小児慢性特定疾病医療機関に係る指定小児慢性特定疾病医療機関の指定を取り消し，又は期間を定めてその指定小児慢性特定疾病医療機関の指定の全部若しくは一部の効力を停止することができる．
1 指定小児慢性特定疾病医療機関が，第19条の9第2項第1号から第3号まで，第9号又は第10号のいずれかに該当するに至つたとき．
2 指定小児慢性特定疾病医療機関が，第19条の第3項各号のいずれかに該当するに至つたとき．
3 指定小児慢性特定疾病医療機関が，第19条の11又は第19条の12の規定に違反したとき．
4 小児慢性特定疾病医療費の請求に関し不正があつたとき．
5 指定小児慢性特定疾病医療機関が，第19条の16第1項の規定により報告若しくは診療録，帳簿書類その他の物件の提出若しくは提示を命ぜられてこれに従わず，又は虚偽の報告をしたとき．

6 指定小児慢性特定疾病医療機関の開設者又は従業者が,第19条の16第1項の規定により出頭を求められてこれに応ぜず,同項の規定による質問に対して答弁せず,若しくは虚偽の答弁をし,又は同項の規定による検査を拒み,妨げ,若しくは忌避したとき.ただし,当該指定小児慢性特定疾病医療機関の従業者がその行為をした場合において,その行為を防止するため,当該指定小児慢性特定疾病医療機関の開設者が相当の注意及び監督を尽くしたときを除く.
7 指定小児慢性特定疾病医療機関が,不正の手段により指定小児慢性特定疾病医療機関の指定を受けたとき.
8 前各号に掲げる場合のほか,指定小児慢性特定疾病医療機関が,この法律その他国民の保健医療若しくは福祉に関する法律で政令で定めるもの又はこれらの法律に基づく命令若しくは処分に違反したとき.
9 前号に掲げる場合のほか,指定小児慢性特定疾病医療機関が,小児慢性特定疾病医療支援に関し不正又は著しく不当な行為をしたとき.
10 指定小児慢性特定疾病医療機関が法人である場合において,その役員等のうちに指定小児慢性特定疾病医療機関の指定の取消し又は指定小児慢性特定疾病医療機関の指定の全部若しくは一部の効力の停止をしようとするとき前5年以内に小児慢性特定疾病医療支援に関し不正又は著しく不当な行為をした者があるに至つたとき.
11 指定小児慢性特定疾病医療機関が法人でない場合において,その管理者が指定小児慢性特定疾病医療機関の指定の取消し又は指定小児慢性特定疾病医療機関の指定の全部若しくは一部の効力の停止をしようとするとき前5年以内に小児慢性特定疾病医療支援に関し不正又は著しく不当な行為をした者であるに至つたとき.

第19条の19 都道府県知事は,次に掲げる場合には,その旨を公示しなければならない.
1 指定小児慢性特定疾病医療機関の指定をしたとき.
2 第19条の14の規定による届出(同条の厚生労働省令で定める事項の変更に係るものを除く.)があつたとき.
3 第19条の15の規定による指定小児慢性特定疾病医療機関の指定の辞退があつたとき.
4 前条の規定により指定小児慢性特定疾病医療機関の指定を取り消したとき.

第19条の20 ① 都道府県知事は,指定小児慢性特定疾病医療機関の診療内容及び小児慢性特定疾病医療費の請求を随時審査し,かつ,指定小児慢性特定疾病医療機関が第19条の3第10項の規定によつて請求することができる小児慢性特定疾病医療費の額を決定することができる.
② 指定小児慢性特定疾病医療機関は,都道府県知事が行う前項の決定に従わなければならない.
③ 都道府県知事は,第1項の規定により指定小児慢性特定疾病医療機関が請求することができる小児慢性特定疾病医療費の額を決定するに当つては,社会保険診療報酬支払基金法(昭和23年法律第129号)に定める審査委員会,国民健康保険法(昭和33年法律第192号)に定める国民健康保険診療報酬審査委員会その他政令で定める医療に関する審査機関の意見を聴かなければならない.
④ 都道府県は,指定小児慢性特定疾病医療機関に対する小児慢性特定疾病医療費の支払に関する事務を社会保険診療報酬支払基金,国民健康保険法第45条第5項に規定する国民健康保険団体連合会(以下「連合会」という.)その他厚生労働省令で定める者に委託することができる.
⑤ 第1項の規定による小児慢性特定疾病医療費の額の決定については,審査請求をすることができない.

第3目 小児慢性特定疾病児童等自立支援事業

第19条の22 ① 都道府県は,小児慢性特定疾病児童等自立支援事業として,小児慢性特定疾病児童等に対する医療及び小児慢性特定疾病児童等の福祉に関する各般の問題につき,小児慢性特定疾病児童等,その家族その他の関係者からの相談に応じ,必要な情報の提供及び助言を行うとともに,関係機関との連絡調整その他の厚生労働省令で定める便宜を供与する事業を行うものとする.
② 都道府県は,前項に掲げる事業のほか,小児慢性特定疾病児童等自立支援事業として,次に掲げる事業を行うことができる.
1 小児慢性特定疾病児童等について,医療機関その他の場所において,一時的に預かり,必要な療養上の管理,日常生活上の世話その他の必要な支援を行う事業
2 小児慢性特定疾病児童等が相互の交流を行う機会の提供その他の厚生労働省令で定める便宜を供与する事業
3 小児慢性特定疾病児童等に対し,雇用情報の提供その他小児慢性特定疾病児童等の就職に関し必要な支援を行う事業
4 小児慢性特定疾病児童等を現に介護する者の支援のための必要な事業
5 その他小児慢性特定疾病児童等の自立の支援のため必要な事業
③ 都道府県は,前項各号に掲げる事業を行うに当つては,関係機関並びに小児慢性特定疾病児童等及びその家族その他の関係者の意見を聴くものとする.
④ 前3項に規定するもののほか,小児慢性特定疾病児童等自立支援事業の実施に関し必要な事項は,厚生労働省令で定める.

第3款 療育の給付

第20条 ① 都道府県は,結核にかかつている児童に対し,療養に併せて学習の援助を行うため,これを病院に入院させて療育の給付を行うことができる.
② 療育の給付は,医療並びに学習及び療養生活に必要な物品の支給とする.
③ 前項の医療は,次に掲げる給付とする.
1 診察
2 薬剤又は治療材料の支給
3 医学的処置,手術及びその他の治療並びに施術
4 病院又は診療所への入院及びその療養に伴う世話その他の看護
5 移送
④ 第2項の医療に係る療育の給付は,都道府県知事が次項の規定により指定する病院(以下「指定療育機関」という.)に委託して行うものとする.
⑤ 都道府県知事は,病院の開設者の同意を得て,第2項の医療を担当させる機関を指定する.
⑥ 前項の指定は,政令で定める基準に適合する病院について行うものとする.

⑦ 指定療育機関は、30日以上の予告期間を設けて、その指定を辞退することができる。
⑧ 都道府県知事は、指定療育機関が第6項の規定に基づく政令で定める基準に適合しなくなつたとき、次条の規定に違反したとき、その他指定療育機関に第2項の医療を担当させることについて著しく不適当であると認められる理由があるときは、その指定を取り消すことができる。

第21条の3 ① 都道府県知事は、指定療育機関の診療報酬の請求が適正であるかどうかを調査する必要があると認めるときは、指定療育機関の管理者に対して必要な報告を求め、又は当該職員をして、指定療育機関について、その管理者の同意を得て、実地に診療録、帳簿書類その他の物件を検査させることができる。

② 指定療育機関の管理者が、正当な理由がなく、前項の報告の求めに応ぜず、若しくは虚偽の報告をし、又は同項の同意を拒んだときは、都道府県知事は、当該指定療育機関に対する都道府県の診療報酬の支払を一時差し止めることを指示し、又は差し止めることができる。

③ 厚生労働大臣は、前項に規定する都道府県知事の権限に属する事務について、児童の利益を保護する緊急の必要があると認めるときは、都道府県知事に対し同項の事務を行うことを指示することができる。

第2節　居宅生活の支援
第1款　障害児通所給付費、特例障害児通所給付費及び高額障害児通所給付費の支給

第21条の5の2 障害児通所給付費及び特例障害児通所給付費の支給は、次に掲げる障害児通所支援に関して次条及び第21条の5の4の規定により支給する給付とする。
1 児童発達支援
2 医療型児童発達支援（医療に係るものを除く。）
3 放課後等デイサービス
4 <u>居宅訪問型児童発達支援</u>
5 保育所等訪問支援

第21条の5の3 ① 市町村は、通所給付決定保護者が、第21条の5の7第8項に規定する通所給付決定の有効期間内において、都道府県知事が指定する障害児通所支援を行う者（以下「指定障害児通所支援事業者」という。）又は指定発達支援医療機関（以下「指定障害児通所支援事業者等」と総称する。）から障害児通所支援（以下「指定通所支援」という。）を受けたときは、当該通所給付決定保護者に対し、当該指定通所支援（同条第7項に規定する支給量の範囲内のものに限る。以下この条及び次条において同じ。）に要した費用（食事の提供に要する費用その他の日常生活に要する費用のうち厚生労働省令で定める費用（以下「通所特定費用」という。）を除く。）について、障害児通所給付費を支給する。

② 障害児通所給付費の額は、1月につき、第1号に掲げる額から第2号に掲げる額を控除して得た額とする。
1 同一の月に受けた指定通所支援について、障害児通所支援の種類ごとに指定通所支援に通常要する費用（通所特定費用を除く。）につき、厚生労働大臣が定める基準により算定した費用の額（その額が現に当該指定通所支援に要した費用（通所特定費用を除く。）の額を超えるときは、当該現に指定通所支援に要した費用の額）を合計した額
2 当該通所給付決定保護者の家計の負担能力その他の事情をしん酌して政令で定める額（当該政令で定める額が前号に掲げる額の100分の10に相当する額を超えるときは、当該相当する額）

第21条の5の4 ① 市町村は、次に掲げる場合において、必要があると認めるときは、厚生労働省令で定めるところにより、当該指定通所支援又は第2号に規定する基準該当通所支援（第21条の5の7第7項に規定する支給量の範囲内のものに限る。）に要した費用（通所特定費用を除く。）について、特例障害児通所給付費を支給することができる。
1 通所給付決定保護者が、第21条の5の6第1項の申請をした日から当該通所給付決定の効力が生じた日の前日までの間に、緊急その他やむを得ない理由により指定通所支援を受けたとき。
2 通所給付決定保護者が、指定通所支援以外の障害児通所支援（第21条の5の18第1項の都道府県の条例で定める基準又は同条第2項の都道府県の条例で定める指定通所支援の事業の設備及び運営に関する基準を満たすと認められる事業を行う事業所により行われるものに限る。以下「基準該当通所支援」という。）を受けたとき。
3 その他政令で定めるとき。

② 都道府県が前項第2号の条例を定めるに当たつては、第1号から第3号までに掲げる事項については厚生労働省令で定める基準に従い定めるものとし、第4号に掲げる事項については厚生労働省令で定める基準を標準として定めるものとし、その他の事項については厚生労働省令で定める基準を参酌するものとする。
1 基準該当通所支援に従事する従業者及びその員数
2 基準該当通所支援の事業に係る居室の床面積その他基準該当通所支援の事業の設備に関する事項であつて障害児の健全な発達に密接に関連するものとして厚生労働省令で定めるもの
3 基準該当通所支援の事業の運営に関する事項であつて、障害児の保護者のサービスの適切な利用の確保、障害児の安全の確保及び秘密の保持に密接に関連するものとして厚生労働省令で定めるもの
4 基準該当通所支援の事業に係る利用定員

③ 特例障害児通所給付費の額は、1月につき、同一の月に受けた次の各号に掲げる障害児通所支援の区分に応じ、当該各号に定める額を合計した額から、それぞれ当該通所給付決定保護者の家計の負担能力その他の事情をしん酌して政令で定める額（当該政令で定める額が当該合計した額の100分の10に相当する額を超えるときは、当該相当する額）を控除して得た額を基準として、市町村が定める。
1 指定通所支援　前条第2項第1号の厚生労働大臣が定める基準により算定した費用の額（その額が現に当該指定通所支援に要した費用（通所特定費用を除く。）の額を超えるときは、当該現に指定通所支援に要した費用の額）
2 基準該当通所支援　障害児通所支援の種類ごとに基準該当通所支援に通常要する費用（通所特定費用を除く。）につき厚生労働大臣が定める基準により算定した費用の額（その額が現に基準該当通所支援に要した費用（通所特定費用を除く。）の額を超えるときは、当該現に基準該当通所支援に要した費用の額）

第21条の5の5 ① 障害児通所給付費又は特例障害児通所給付費(以下この款において「障害児通所給付費等」という.)の支給を受けようとする障害児の保護者は,市町村の障害児通所給付費等を支給する旨の決定(以下「通所給付決定」という.)を受けなければならない.
② 通所給付決定は,障害児の保護者の居住地の市町村が行うものとする.ただし,障害児の保護者が居住地を有しないとき,又は明らかでないときは,その障害児の保護者の現在地の市町村が行うものとする.

第21条の5の6 ① 通所給付決定を受けようとする障害児の保護者は,厚生労働省令で定めるところにより,市町村に申請しなければならない.
② 市町村は,前項の申請があつたときは,次条第1項に規定する通所支給要否決定を行うため,厚生労働省令で定めるところにより,当該職員をして,当該申請に係る障害児又は障害児の保護者に面接をさせ,その心身の状況,その置かれている環境その他厚生労働省令で定める事項について調査をさせるものとする.この場合において,市町村は,当該調査を障害者の日常生活及び社会生活を総合的に支援するための法律第51条の14第1項に規定する指定一般相談支援事業者その他の厚生労働省令で定める者(以下この条において「指定障害児相談支援事業者等」という.)に委託することができる.
③ 前項後段の規定により委託を受けた指定障害児相談支援事業者等は,障害児の保護又は介護に関する専門的知識及び技術を有するものとして厚生労働省令で定める者に当該委託に係る調査を行わせるものとする.
④ 第2項後段の規定により委託を受けた指定障害児相談支援事業者等の役員(業務を執行する社員,取締役,執行役又はこれらに準ずる者をいい,相談役,顧問その他のいかなる名称を有する者であるかを問わず,法人に対し業務を執行する社員,取締役,執行役又はこれらに準ずる者と同等以上の支配力を有するものと認められる者を含む.次項並びに第21条の5の15第3項第6号(第24条の9第3項(第24条の10第4項において準用する場合を含む.)及び第24条の28第2項(第24条の29第4項において準用する場合を含む.)において準用する場合を含む.),第24条の17第11号及び第24条の36第11号において同じ.)若しくは前項の厚生労働省令で定める者又はこれらの職にあつた者は,正当な理由なしに,当該委託業務に関して知り得た個人の秘密を漏らしてはならない.
⑤ 第2項後段の規定により委託を受けた指定障害児相談支援事業者等の役員又は前項の厚生労働省令で定める者で,当該委託業務に従事するものは,刑法その他の罰則の適用については,法令により公務に従事する職員とみなす.
〔平28法65,平30・4・1施行〕

第21条の5の7 ① 市町村は,前条第1項の申請が行われたときは,当該申請に係る障害児の心身の状態,当該障害児の介護を行う者の状況,当該障害児及びその保護者の障害児通所支援の利用に関する意向その他の厚生労働省令で定める事項を勘案して障害児通所給付費等の支給の要否の決定(以下「通所支給要否決定」という.)を行うものとする.
② 市町村は,通所支給要否決定を行うに当たつて必要があると認めるときは,児童相談所その他厚生労働省令で定める機関(次項,第21条の5の10及び第21条の5の13第3項において「児童相談所等」という.)の意見を聴くことができる.
③ 児童相談所等は,前項の意見を述べるに当たつて必要があると認めるときは,当該通所支給要否決定に係る障害児,その保護者及び家族,医師その他の関係者の意見を聴くことができる.
④ 市町村は,通所支給要否決定を行うに当たつて必要と認められる場合として厚生労働省令で定める場合には,厚生労働省令で定めるところにより,前条第1項の申請に係る障害児の保護者に対し,第24条の26第1項第1号に規定する指定障害児相談支援事業者が作成する障害児支援利用計画案の提出を求めるものとする.
⑤ 前項の規定により障害児支援利用計画案の提出を求められた障害児の保護者は,厚生労働省令で定める場合には,同項の障害児支援利用計画案に代えて厚生労働省令で定める障害児支援利用計画案を提出することができる.
⑥ 市町村は,前2項の障害児支援利用計画案の提出があつた場合には,第1項の厚生労働省令で定める事項及び当該障害児支援利用計画案を勘案して通所支給要否決定を行うものとする.
⑦ 市町村は,通所給付決定を行う場合には,障害児通所支援の種類ごとに月を単位として厚生労働省令で定める期間において障害児通所給付費等を支給する障害児通所支援の量(以下「支給量」という.)を定めなければならない.
⑧ 通所給付決定は,厚生労働省令で定める期間(以下「通所給付決定の有効期間」という.)内に限り,その効力を有する.
⑨ 市町村は,通所給付決定をしたときは,当該通所給付決定保護者に対し,厚生労働省令で定めるところにより,支給量,通所給付決定の有効期間その他の厚生労働省令で定める事項を記載した通所受給者証(以下「通所受給者証」という.)を交付しなければならない.
⑩ 指定通所支援を受けようとする通所給付決定保護者は,厚生労働省令で定めるところにより,指定障害児通所支援事業者等に通所受給者証を提示して当該指定通所支援を受けるものとする.ただし,緊急の場合その他やむを得ない事由のある場合については,この限りでない.
⑪ 通所給付決定保護者が指定障害児通所支援事業者等から指定通所支援を受けたとき(当該通所給付決定保護者が当該指定障害児通所支援事業者等に通所受給者証を提示したときに限る.)は,市町村は,当該通所給付決定保護者が当該指定障害児通所支援事業者等に支払うべき当該指定通所支援に要した費用(通所特定費用を除く.)について,障害児通所給付費として当該通所給付決定保護者に支給すべき額の限度において,当該通所給付決定保護者に代わり,当該指定障害児通所支援事業者等に支払うことができる.
⑫ 前項の規定による支払があつたときは,当該通所給付決定保護者に対し障害児通所給付費の支給があつたものとみなす.
⑬ 市町村は,指定障害児通所支援事業者等から障害児通所給付費の請求があつたときは,第21条の5の3第2項第1号の厚生労働大臣が定める基準及び第21条の5の18第2項の指定通所支援の事業

の設備及び運営に関する基準（指定通所支援の取扱いに関する部分に限る．）に照らして審査の上，支払うものとする．

⑭ 市町村は，前項の規定による審査及び支払に関する事務を連合会に委託することができる．

第21条の5の8 ① 通所給付決定保護者は，現に受けている通所給付決定に係る障害児通所支援の支給量その他の厚生労働省令で定める事項を変更する必要があるときは，厚生労働省令で定めるところにより，市町村に対し，当該通所給付決定の変更の申請をすることができる．

② 市町村は，前項の申請又は職権により，前条第1項の厚生労働省令で定める事項を勘案し，通所給付決定保護者につき，必要があると認めるときは，通所給付決定の変更の決定を行うことができる．この場合において，市町村は，当該決定に係る通所給付決定保護者に対し通所受給者証の提出を求めるものとする．

③ 第21条の5の5第2項，第21条の5の6（第1項を除く．）及び前条（第1項を除く．）の規定は，前項の通所給付決定の変更の決定について準用する．この場合において，必要な技術的読替えは，政令で定める．

④ 市町村は，第2項の通所給付決定の変更の決定を行つた場合には，通所受給者証に当該決定に係る事項を記載し，これを返還するものとする．

第21条の5の9 ① 通所給付決定を行つた市町村は，次に掲げる場合には，当該通所給付決定を取り消すことができる．

1 通所給付決定に係る障害児が，指定通所支援及び基準該当通所支援を受ける必要がなくなつたと認めるとき．

2 通所給付決定保護者が，通所給付決定の有効期間内に，当該市町村以外の市町村の区域内に居住地を有するに至つたと認めるとき．

3 通所給付決定に係る障害児又はその保護者が，正当な理由なしに第21条の5の6第2項（前条第3項において準用する場合を含む．）の規定による調査に応じないとき．

4 その他政令で定めるとき．

② 前項の規定により通所給付決定の取消しを行つた市町村は，厚生労働省令で定めるところにより，当該取消しに係る通所給付決定保護者に対し通所受給者証の返還を求めるものとする．

第21条の5の11 市町村が，災害その他の厚生労働省令で定める特別の事情があることにより，障害児通所支援に要する費用を負担することが困難であると認めた通所給付決定保護者が受ける障害児通所給付費の支給について第21条の5の3第2項の規定を適用する場合においては，同項第2号中「額」とあるのは，「額の範囲内において市町村が定める額」とする．　　　　②（略）

第21条の5の12 ① 市町村は，通所給付決定保護者が受けた障害児通所支援に要した費用の合計額（厚生労働大臣が定める基準により算定した費用の額（その額が現に要した費用の額を超えるときは，当該現に要した額）の合計額を限度とする．）から当該費用につき支給された障害児通所給付費及び特例障害児通所給付費の合計額を控除した額が，著しく高額であるときは，当該通所給付決定保護者に対し，高額障害児通所給付費を支給する．

② 前項に定めるもののほか，高額障害児通所給付費

の支給要件，支給額その他高額障害児通所給付費の支給に関し必要な事項は，指定通所支援に要する費用の負担の家計に与える影響を考慮して，政令で定める．

第21条の5の13 ① 市町村は，第21条の5の3第1項，第21条の5の4第1項又は前条第1項の規定にかかわらず，放課後等デイサービスを受けている障害児（以下この項において「通所者」という．）について，引き続き放課後等デイサービスを受けなければ福祉を損なうおそれがあると認めるときは，当該通所者が満18歳に達した後においても，当該通所者からの申請により，当該通所者が満20歳に達するまで，厚生労働省令で定めるところにより，引き続き放課後等デイサービスに係る障害児通所給付費，特例障害児通所給付費又は高額障害児通所給付費（次項において「放課後等デイサービス障害児通所給付費等」という．）を支給することができる．ただし，当該通所者が障害者の日常生活及び社会生活を総合的に支援するための法律第5条第7項に規定する生活介護その他の支援を受けることができる場合は，この限りでない．

② 前項の規定により放課後等デイサービス障害児通所給付費等を支給することができることとされた者については，当該通所者又は当該通所者に係る障害者とみなして，第21条の5の3から前条までの規定を適用する．この場合において，必要な技術的読替えその他これらの規定の適用に関し必要な事項は，政令で定める．

③ 市町村は，第1項の場合において必要があると認めるときは，児童相談所等の意見を聴くことができる．

第2款　指定障害児通所支援事業者

第21条の5の15 ① 第21条の5の3第1項の指定は，厚生労働省令で定めるところにより，障害児通所支援事業を行う者の申請により，障害児通所支援の種類及び障害児通所支援事業を行う事業所（以下「障害児通所支援事業所」という．）ごとに行う．

<u>② 放課後等デイサービスその他の厚生労働省令で定める障害児通所支援（以下この項及び第5項並びに第21条の5の19第1項において「特定障害児通所支援」という．）に係る第21条の5の3第1項の指定は，当該特定障害児通所支援の量を定めてするものとする．</u>

③ 都道府県知事は，第1項の申請があつた場合において，次の各号（医療型児童発達支援に係る指定の申請にあつては，第7号を除く．）のいずれかに該当するときは，指定障害児通所支援事業者の指定をしてはならない．

1 申請者が都道府県の条例で定める者でないとき．

2 当該申請に係る障害児通所支援事業所の従業者の知識及び技能並びに人員が，第21条の5の18第1項の都道府県の条例で定める基準を満たしていないとき．

3 申請者が，第21条の5の18第2項の都道府県の条例で定める指定通所支援の事業の設備及び運営に関する基準に従って適正な障害児通所支援事業の運営をすることができないと認められるとき．

4 申請者が禁錮以上の刑に処せられ，その執行を終わり，又は執行を受けることがなくなるまでの者であるとき．

5 申請者が，この法律その他国民の保健医療若し

[79] 児童福祉法（21条の5の16〜21条の5の18）

くは福祉に関する法律で政令で定めるものの規定により罰金の刑に処せられ，その執行を終わり，又は執行を受けることがなくなるまでの者であるとき．
5の2　申請者が，労働に関する法律の規定であつて政令で定めるものにより罰金の刑に処せられ，その執行を終わり，又は執行を受けることがなくなるまでの者であるとき．
6　申請者が，第21条の5の23第1項又は第33条の18第6項の規定により指定を取り消され，その取消しの日から起算して5年を経過しない者（当該指定を取り消された者が法人である場合においては，当該取消しの処分に係る行政手続法第15条の規定による通知があつた日前60日以内に当該法人の役員又は障害児通所支援事業所を管理する者その他の政令で定める使用人（以下この条及び第21条の5の23第1項第11号において「役員等」という．）であつた者で当該取消しの日から起算して5年を経過しないものを含み，当該指定を取り消された者が法人でない場合においては，当該通知があつた日前60日以内に当該事業所の管理者であつた者で当該取消しの日から起算して5年を経過しないものを含む．）であるとき．ただし，当該指定の取消しが，指定障害児通所支援事業者の指定の取消しのうち当該指定の取消しの処分の理由となつた事実及び当該事実の発生を防止するための当該指定障害児通所支援事業者による業務管理体制の整備についての取組の状況その他の当該事実に関して当該指定障害児通所支援事業者が有していた責任の程度を考慮して，この号本文に規定する指定の取消しに該当しないこととすることが相当であると認められるものとして厚生労働省令で定めるものに該当する場合を除く．
7　申請者と密接な関係を有する者（申請者（法人に限る．以下この号において同じ．）の株式の所有その他の事由を通じて当該申請者の事業を実質的に支配し，若しくはその事業に重要な影響を与える関係にある者として厚生労働省令で定めるもの（以下この号において「申請者の親会社等」という．），申請者の親会社等が株式の所有その他の事由を通じてその事業を実質的に支配し，若しくはその事業に重要な影響を与える関係にある者として厚生労働省令で定めるもの又は当該申請者が株式の所有その他の事由を通じてその事業を実質的に支配し，若しくはその事業に重要な影響を与える関係にある者として厚生労働省令で定めるもののうち，当該申請者と厚生労働省令で定める密接な関係を有する法人をいう．）が，第21条の5の23第1項又は第33条の18第6項の規定により指定を取り消され，その取消しの日から起算して5年を経過していないとき．ただし，当該指定の取消しが，指定障害児通所支援事業者の指定の取消しのうち当該指定の取消しの処分の理由となつた事実及び当該事実の発生を防止するための当該指定障害児通所支援事業者による業務管理体制の整備についての取組の状況その他の当該事実に関して当該指定障害児通所支援事業者が有していた責任の程度を考慮して，この号本文に規定する指定の取消しに該当しないこととすることが相当であると認められるものとして厚生労働省令で定めるものに該当する場合を除く．
8　削除
9　申請者が，第21条の5の23第1項又は第33条の18第6項の規定による指定の取消しの処分に係る行政手続法第15条の規定による通知があつた日から当該処分をする日又は処分をしないことを決定する日までの間に第21条の5の19第4項の規定による事業の廃止の届出をした者（当該事業の廃止について相当の理由がある者を除く．）で，当該届出の日から起算して5年を経過しないものであるとき．
10　申請者が，第21条の5の23第1項の規定による検査が行われた日から聴聞決定予定日（当該検査の結果に基づき第21条の5の23第1項の規定による指定の取消しの処分に係る聴聞を行うか否かの決定をすることが見込まれる日として厚生労働省令で定めるところにより都道府県知事が当該申請者に当該検査が行われた日から10日以内に特定の日を通知した場合における当該特定の日をいう．）までの間に第21条の5の19第4項の規定による事業の廃止の届出をした者（当該事業の廃止について相当の理由がある者を除く．）で，当該届出の日から起算して5年を経過しないものであるとき．
11　第9号に規定する期間内に第21条の5の19第4項の規定による事業の廃止の届出があつた場合において，申請者が，同号の通知の日前60日以内に当該事業の廃止の届出に係る法人（当該事業の廃止について相当の理由がある法人を除く．）の役員等又は当該届出に係る法人でない者（当該事業の廃止について相当の理由がある者を除く．）の管理者であつた者で，当該届出の日から起算して5年を経過しないものであるとき．
12　申請者が，指定の申請前5年以内に障害児通所支援に関し不正又は著しく不当な行為をした者であるとき．
13　申請者が，法人で，その役員等のうちに第4号から第6号まで又は第9号から前号までのいずれかに該当する者のあるものであるとき．
14　申請者が，法人でない者で，その管理者が第4号から第6号まで又は第9号から第12号までのいずれかに該当する者であるとき．　（④，⑤（略））

第21条の5の16　①　第21条の5の3第1項の指定は，6年ごとにその更新を受けなければ，その期間の経過によつて，その効力を失う．　（②〜④（略））

第21条の5の17　①　指定障害児通所支援事業者及び指定発達支援医療機関の設置者（以下「指定障害児事業者等」という．）は，障害児が自立した日常生活又は社会生活を営むことができるよう，障害児及びその保護者の意思をできる限り尊重するとともに，行政機関，教育機関その他の関係機関との緊密な連携を図りつつ，障害児通所支援を当該障害児の意向，適性，障害の特性その他の事情に応じ，常に障害児及びその保護者の立場に立つて効果的に行うように努めなければならない．
②　指定障害児事業者等は，その提供する障害児通所支援の質の評価を行うことその他の措置を講ずることにより，障害児通所支援の質の向上に努めなければならない．
③　指定障害児事業者等は，障害児の人格を尊重するとともに，この法律又はこの法律に基づく命令を遵守し，障害児及びその保護者のため忠実にその職務を遂行しなければならない．

第21条の5の18　①　指定障害児事業者等は，都道

府県の条例で定める基準に従い,当該指定に係る障害児通所支援事業所又は指定発達支援医療機関ごとに,当該指定通所支援に従事する従業者を有しなければならない.
② 指定障害児事業者等は,都道府県の条例で定める指定通所支援の事業の設備及び運営に関する基準に従い,指定通所支援を提供しなければならない.
③ 都道府県が前2項の条例を定めるに当たつては,第1号から第3号までに掲げる事項については厚生労働省令で定める基準に従い定めるものとし,第4号に掲げる事項については厚生労働省令で定める基準を標準として定めるものとし,その他の事項については厚生労働省令で定める基準を参酌するものとする.
　1　指定通所支援に従事する従業者及びその員数
　2　指定通所支援の事業に係る居室及び病室の床面積その他指定通所支援の事業の設備に関する事項であつて障害児の健全な発達に密接に関連するものとして厚生労働省令で定めるもの
　3　指定通所支援の事業の運営に関する事項であつて,障害児の保護者のサービスの適切な利用の確保並びに障害児の適切な処遇及び安全の確保並びに秘密の保持に密接に関連するものとして厚生労働省令で定めるもの
　4　指定通所支援の事業に係る利用定員
④ 指定障害児通所支援事業者は,次条第4項の規定による事業の廃止又は休止の届出をしたときは,当該届出の日前1月以内に当該指定通所支援を受けていた者であつて,当該事業の廃止又は休止の日以後においても引き続き当該指定通所支援に相当する支援の提供を希望する者に対し,必要な障害児通所支援が継続的に提供されるよう,他の指定障害児事業者等その他関係者との連絡調整その他の便宜の提供を行わなければならない.

第21条の5の20　① 都道府県知事又は市町村長は,第21条の5の18第4項に規定する便宜の提供が円滑に行われるため必要があると認めるときは,当該指定障害児通所支援事業者その他の関係者相互間の連絡調整又は当該指定障害児通所支援事業者その他の関係者に対する助言その他の援助を行うことができる.
② 厚生労働大臣は,同一の指定障害児通所支援事業者について2以上の都道府県知事が前項の規定による連絡調整又は援助を行う場合において,第21条の5の18第4項に規定する便宜の提供が円滑に行われるため必要があると認めるときは,当該都道府県知事相互間の連絡調整又は当該指定障害児通所支援事業者に対する都道府県の区域を超えた広域的な見地からの助言その他の援助を行うことができる.

第21条の5の21　① 都道府県知事又は市町村長は,必要があると認めるときは,指定障害児事業者若しくは指定障害児通所支援事業者であつた者若しくは当該指定に係る障害児通所支援事業所の従業者であつた者(以下この項において「指定障害児通所支援事業者であつた者等」という.)に対し,報告若しくは帳簿書類その他の物件の提出若しくは提示を命じ,指定障害児通所支援事業者若しくは当該指定に係る障害児通所支援事業者の従業者若しくは指定障害児通所支援事業者であつた者等に対し出頭を求め,又は当該職員に,関係者に対し質問させ,若しくは当該指定障害児通所支援事業者の当該指定に係る障害児通所支援事業所,事務所その他当該指定通所支援の事業に関係のある場所に立ち入り,その設備若しくは帳簿書類その他の物件を検査させることができる.
② 前項の規定は,指定発達支援医療機関の設置者について準用する.この場合において,必要な技術的読替えは,政令で定める.
③ 第19条の16第2項の規定は第1項(前項において準用する場合を含む.)の規定による質問又は検査について,同条第3項の規定は第1項(前項において準用する場合を含む.)の規定による権限について準用する.

第21条の5の22　① 都道府県知事は,指定障害児事業者等が,次の各号(指定発達支援医療機関の設置者にあつては,第3号を除く.以下この項及び第5項において同じ.)に掲げる場合に該当すると認めるときは,当該指定障害児通所支援事業者等に対し,期限を定めて,当該各号に定める措置をとるべきことを勧告することができる.
　1　当該指定に係る障害児通所支援事業所又は指定発達支援医療機関の従業者の知識若しくは技能又は人員について第21条の5の18第1項の都道府県の条例で定める基準に適合していない場合　当該基準を遵守すること.
　2　第21条の5の18第2項の都道府県の条例で定める指定通所支援の事業の設備及び運営に関する基準に従つて適正な指定通所支援の事業の運営をしていない場合　当該基準を遵守すること.
　3　第21条の5の18第4項に規定する便宜の提供を適正に行つていない場合　当該便宜の提供を適正に行うこと.
② 都道府県知事は,前項の規定による勧告をした場合において,その勧告を受けた指定障害児事業者等が,同項の期限内にこれに従わなかつたときは,その旨を公表することができる.
③ 都道府県知事は,第1項の規定による勧告を受けた指定障害児事業者等が,正当な理由がなくてその勧告に係る措置をとらなかつたときは,当該指定障害児事業者等に対し,期限を定めて,その勧告に係る措置をとるべきことを命ずることができる.
④ 都道府県知事は,前項の規定による命令をしたときは,その旨を公示しなければならない.
⑤ 市町村は,障害児通所給付費の支給に係る指定通所支援を行つた指定障害児事業者等について,第1項各号に掲げる場合のいずれかに該当すると認めるときは,その旨を当該指定に係る障害児通所支援事業所又は指定発達支援医療機関の所在地の都道府県知事に通知しなければならない.

第3款　業務管理体制の整備等

第21条の5の25　① 指定障害児事業者等は,第21条の5の17第3項に規定する義務の履行が確保されるよう,厚生労働省令で定める基準に従い,業務管理体制を整備しなければならない.
② 指定障害児事業者等は,次の各号に掲げる区分に応じ,当該各号に定める者に対し,厚生労働省令で定めるところにより,業務管理体制の整備に関する事項を届け出なければならない.
　1　次号及び第3号に掲げる指定障害児通所支援事業者以外の指定障害児通所支援事業者　都道府県知事
　2　当該指定に係る障害児通所支援事業所が1の地方自治法第252条の19第1項の指定都市(以下

(2) 子ども・次世代育成支援策

「指定都市」という.)の区域に所在する指定障害児通所支援事業者 指定都市の長
3 当該指定に係る障害児通所支援事業所が2以上の都道府県の区域に所在する指定障害児通所支援事業者及び指定発達支援医療機関の設置者 厚生労働大臣
③ 前項の規定により届出をした指定障害児事業者等は,その届け出た事項に変更があつたときは,厚生労働省令で定めるところにより,遅滞なく,その旨を当該届出をした厚生労働大臣,都道府県知事又は指定都市の長(以下この款において「厚生労働大臣等」という.)に届け出なければならない.
④ 第2項の規定による届出をした指定障害児通所支援事業者は,同項各号に掲げる区分の変更により,同項の規定により当該届出をした厚生労働大臣等以外の厚生労働大臣等に届出を行うときは,厚生労働省令で定めるところにより,その旨を当該届出をした厚生労働大臣等にも届け出なければならない.
⑤ 厚生労働大臣等は,前3項の規定による届出が適正になされるよう,相互に密接な連携を図るものとする.

第4款 肢体不自由児通所医療費の支給

第21条の5の28 ① 市町村は,通所給付決定に係る障害児が,通所給付決定の有効期間内において,指定障害児通所支援事業者等(病院その他厚生労働省令で定める施設に限る.以下この款において同じ.)から医療型児童発達支援のうち治療に係るもの(以下この条において「肢体不自由児通所医療」という.)を受けたときは,当該障害児に係る通所給付決定保護者に対し,当該肢体不自由児通所医療に要した費用について,肢体不自由児通所医療費を支給する.
② 肢体不自由児通所医療費の額は,1月につき,肢体不自由児通所医療(食事療養を除く.)につき健康保険の療養に要する費用の額の算定方法の例により算定した額から,当該通所給付決定保護者の家計の負担能力その他の事情をしん酌して政令で定める額(当該政令で定める額が当該算定した額の100分の10に相当する額を超えるときは,当該相当する額)を控除して得た額とする.
③ 通所給付決定に係る障害児が指定障害児通所支援事業者等から肢体不自由児通所医療を受けたときは,市町村は,当該障害児に係る通所給付決定保護者が当該指定障害児通所支援事業者等に支払うべき当該肢体不自由児通所医療に要した費用について,肢体不自由児通所医療費として当該通所給付決定保護者に支給すべき額の限度において,当該通所給付決定保護者に代わり,当該指定障害児通所支援事業者等に支払うことができる.
④ 前項の規定による支払があつたときは,当該通所給付決定保護者に対し肢体不自由児通所医療費の支給があつたものとみなす.

第21条の5の30 肢体不自由児通所医療費の支給は,当該障害の状態につき,健康保険法の規定による家族療養費その他の法令に基づく給付であつて政令で定めるもののうち肢体不自由児通所医療費の支給に相当するものを受けることができるときは政令で定める限度において,当該政令で定める給付以外の給付であつて国又は地方公共団体の負担において肢体不自由児通所医療費の支給に相当するものが行われたときはその限度において,行わない.

第5款 障害児通所支援及び障害福祉サービスの措置

第21条の6 市町村は,障害児通所支援又は障害者の日常生活及び社会生活を総合的に支援するための法律第5条第1項に規定する障害福祉サービス(以下「障害福祉サービス」という.)を必要とする障害児の保護者が,やむを得ない事由により障害児通所給付費若しくは特例障害児通所給付費又は同法に規定する介護給付費若しくは特例介護給付費(第56条の6第1項において「介護給付費等」という.)の支給を受けることが著しく困難であると認めるときは,当該障害児につき,政令で定める基準に従い,障害児通所支援若しくは障害福祉サービスを提供し,又は当該市町村以外の者に障害児通所支援若しくは障害福祉サービスの提供を委託することができる.

第21条の7 障害児通所支援事業を行う者及び障害者の日常生活及び社会生活を総合的に支援するための法律第5条第1項に規定する障害福祉サービス事業を行う者は,前条の規定による委託を受けたときは,正当な理由がない限り,これを拒んではならない.

第6款 子育て支援事業

第21条の9 市町村は,児童の健全な育成に資するため,その区域内において,放課後児童健全育成事業,子育て短期支援事業,乳児家庭全戸訪問事業,養育支援訪問事業,地域子育て支援拠点事業,一時預かり事業,病児保育事業及び子育て援助活動支援事業並びに次に掲げる事業であつて主務省令で定めるもの(以下「子育て支援事業」という.)が着実に実施されるよう,必要な措置の実施に努めなければならない.
1 児童及びその保護者又はその他の者の居宅において保護者の児童の養育を支援する事業
2 保育所その他の施設において保護者の児童の養育を支援する事業
3 地域の児童の養育に関する各般の問題につき,保護者からの相談に応じ,必要な情報の提供及び助言を行う事業

第21条の10 市町村は,児童の健全な育成に資するため,地域の実情に応じた放課後児童健全育成事業を行うとともに,当該市町村以外の放課後児童健全育成事業を行う者との連携を図る等により,第6条の3第2項に規定する児童の放課後児童健全育成事業の利用の促進に努めなければならない.

第21条の10の2 ① 市町村は,児童の健全な育成に資するため,乳児家庭全戸訪問事業及び養育支援訪問事業を行うよう努めるとともに,乳児家庭全戸訪問事業により要支援児童等(第26条第1項第3号の規定による送致若しくは同項第8号の規定による通知若しくは児童虐待の防止等に関する法律(平成12年法律第82号)第8条第2項第2号の規定による送致若しくは同項第4号の規定による通知を受けたときは,養育支援訪問事業の実施その他の必要な支援を行うものとする.
② 市町村は,母子保健法(昭和40年法律第141号)第10条,第11条第1項若しくは第2項(同法第19条第2項において準用する場合を含む.),第17条第1項又は第19条第1項の指導に併せて,乳児家庭全戸訪問事業を行うことができる.
③ 市町村は,乳児家庭全戸訪問事業又は養育支援訪問事業の事務の全部又は一部を当該市町村以外の

厚生労働省令で定める者に委託することができる．
④ 前項の規定により行われる乳児家庭全戸訪問事業又は養育支援訪問事業の事務に従事する者又は従事していた者は，その事務に関して知り得た秘密を漏らしてはならない．

第21条の10の3 市町村は，乳児家庭全戸訪問事業又は養育支援訪問事業の実施に当たつては，母子保健法に基づく母子保健に関する事業との連携及び調和の確保に努めなければならない．

第21条の11 ① 市町村は，子育て支援事業に関し必要な情報の収集及び提供を行うとともに，保護者から求めがあつたときは，当該保護者の希望，その児童の養育の状況，当該児童に必要な支援の内容その他の事情を勘案し，当該保護者が最も適切な子育て支援事業の利用ができるよう，相談に応じ，必要な助言を行うものとする．
② 市町村は，前項の助言を受けた保護者から求めがあつた場合には，必要に応じて，子育て支援事業の利用についてあつせん又は調整を行うとともに，子育て支援事業を行う者に対し，当該保護者の利用の要請を行うものとする．
③ 市町村は，第1項の情報の収集及び提供，相談並びに助言並びに前項の あつせん，調整及び要請の事務を当該市町村以外の者に委託することができる．
④ 子育て支援事業を行う者は，前3項の規定により行われる情報の収集，あつせん，調整及び要請に対し，できる限り協力しなければならない．

第21条の12 前条第3項の規定により行われる情報の提供，相談及び助言並びにあつせん，調整及び要請の事務（次条及び第21条の14第1項において「調整等の事務」という．）に従事する者又は従事していた者は，その事務に関して知り得た秘密を漏らしてはならない．

第21条の13 市町村長は，第21条の11第3項の規定により行われる調整等の事務の適正な実施を確保するため必要があると認めるときは，その事務を受託した者に対し，当該事務に関し監督上必要な命令をすることができる．

第21条の14 ① 市町村長は，第21条の11第3項の規定により行われる調整等の事務の適正な実施を確保するため必要があると認めるときは，その必要な限度で，その事務を受託した者に対し，報告を求め，又は当該職員に，関係者に対し質問させ，若しくは当該事務を受託した者の事務所に立ち入り，その帳簿書類その他の物件を検査させることができる
《②(略)》

第21条の15 国，都道府県及び市町村以外の子育て支援事業を行う者は，厚生労働省令で定めるところにより，その事業に関する事項を市町村長に届け出ることができる．

第21条の16 国及び地方公共団体は，子育て支援事業を行う者に対して，情報の提供，相談その他の適当な援助をするように努めなければならない．

第3節 助産施設，母子生活支援施設及び保育所への入所等

第22条 ① 都道府県，市及び福祉事務所を設置する町村（以下「都道府県等」という．）は，それぞれその設置する福祉事務所の所管区域内における妊産婦が，保健上必要があるにもかかわらず，経済的理由により，入院助産を受けることができない場合において，その妊産婦から申込みがあつたときは，その妊産婦に対し助産施設において助産を行わなければならない．ただし，付近に助産施設がない等やむを得ない事由があるときは，この限りでない．
② 前項に規定する妊産婦であつて助産施設における助産の実施（以下「助産の実施」という．）を希望する者は，厚生労働省令の定めるところにより，入所を希望する助産施設その他厚生労働省令の定める事項を記載した申込書を都道府県等に提出しなければならない．この場合において，助産施設は，厚生労働省令の定めるところにより，当該妊産婦の依頼を受けて，当該申込書の提出を代わつて行うことができる．
③ 都道府県等は，第25条の7第2項第3号，第25条の8第3号若しくは第26条第1項第5号の規定による報告又は通知を受けた妊産婦について，必要があると認めるときは，当該妊産婦に対し，助産の実施の申込みを勧奨しなければならない．
④ 都道府県等は，第1項に規定する妊産婦の助産施設の選択及び助産施設の適正な運営の確保に資するため，厚生労働省令の定めるところにより，当該都道府県等の設置する福祉事務所の所管区域における助産施設の設置者，設備及び運営の状況その他の厚生労働省令の定める事項に関し情報の提供を行わなければならない．

第23条 ① 都道府県等は，それぞれその設置する福祉事務所の所管区域内における保護者が，配偶者のない女子又はこれに準ずる事情にある女子であつて，その監護すべき児童の福祉に欠けるところがある場合において，その保護者から申込みがあつたときは，その保護者及び児童を母子生活支援施設において保護しなければならない．ただし，やむを得ない事由があるときは，適当な施設への入所のあつせん，生活保護法（昭和25年法律第144号）の適用等適切な保護を行わなければならない．
② 前項に規定する保護者であつて母子生活支援施設における保護の実施（以下「母子保護の実施」という．）を希望するものは，厚生労働省令の定めるところにより，入所を希望する母子生活支援施設その他厚生労働省令の定める事項を記載した申込書を都道府県等に提出しなければならない．この場合において，母子生活支援施設は，厚生労働省令の定めるところにより，当該保護者の依頼を受けて，当該申込書の提出を代わつて行うことができる．
③ 都道府県等は，前項に規定する保護者が特別な事情により当該都道府県等の設置する福祉事務所の所管区域外の母子生活支援施設への入所を希望するときは，当該施設への入所について必要な連絡及び調整を図らなければならない．
④ 都道府県等は，第25条の7第2項第3号，第25条の8第3号若しくは第26条第1項第5号の規定による報告又は通知を受けた保護者及び児童について，必要があると認めるときは，その保護者に対し，母子保護の実施の申込みを勧奨しなければならない．
⑤ 都道府県等は，第1項に規定する保護者の母子生活支援施設の選択及び母子生活支援施設の適正な運営の確保に資するため，厚生労働省令の定めるところにより，母子生活支援施設の設置者，設備及び運営の状況その他の厚生労働省令の定める事項に関し情報の提供を行わなければならない．

第24条 ① 市町村は，この法律及び子ども・子育て支援法の定めるところにより，保護者の労働又は疾病その他の事由により，その監護すべき乳児，幼児

その他の児童について保育を必要とする場合において,次項に定めるところによるほか,当該児童を保育所(認定こども園法第3条第1項の認定を受けたもの及び同条第9項の規定による公示がされたものを除く.)において保育しなければならない.
② 市町村は,前項に規定する児童に対し,認定こども園法第2条第6項に規定する認定こども園(子ども・子育て支援法第27条第1項の確認を受けたものに限る.)又は家庭的保育事業等(家庭的保育事業,小規模保育事業,居宅訪問型保育事業又は事業所内保育事業をいう.以下同じ.)により必要な保育を確保するための措置を講じなければならない.
③ 市町村は,保育の需要に応ずるに足りる保育所,認定こども園(子ども・子育て支援法第27条第1項の確認を受けたものに限る.次の項及び第46条の2第2項において同じ.)又は家庭的保育事業等が不足し,又は不足するおそれがある場合その他必要と認められる場合には,保育所(保育所であるものを含む.)又は家庭的保育事業等の利用について調整を行うとともに,認定こども園の設置者又は家庭的保育事業等を行う者に対し,前項に規定する児童の利用の要請を行うものとする.
④ 市町村は,第25条の8第3号又は第26条第1項第5号の規定による報告又は通知を受けた児童その他の優先的に保育を利用する必要があると認められる児童について,その保護者に対し,保育所若しくは幼保連携型認定こども園において保育を受けること又は家庭的保育事業等による保育を受けること(以下「保育の利用」という.)の申込みを勧奨し,及び保育を受けることができるよう支援しなければならない.
⑤ 市町村は,前項に規定する児童が,同項の規定による勧奨及び支援を行つても,なおやむを得ない事由により子ども・子育て支援法に規定する施設型給付費若しくは特例施設型給付費(同法第28条第1項第2号に係るものを除く.次項において同じ.)又は同法に規定する地域型保育給付費若しくは特例地域型保育給付費(同法第30条第1項第2号に係るものを除く.次項において同じ.)の支給に係る保育を受けることが著しく困難であると認めるときは,当該児童を当該市町村の設置する保育所若しくは幼保連携型認定こども園に入所させ,又は当該市町村以外の者の設置する保育所若しくは幼保連携型認定こども園に入所を委託して,保育を行わなければならない.
⑥ 市町村は,前項に定めるほか,保育を必要とする乳児・幼児が,子ども・子育て支援法第42条第1項又は第54条第1項の規定によるあつせん又は要請その他市町村による支援等を受けたにもかかわらず,なお保育が利用できないなど,やむを得ない事由により同法に規定する施設型給付費若しくは特例施設型給付費又は同法に規定する地域型保育給付費若しくは特例地域型保育給付費の支給に係る保育を受けることが著しく困難であると認めるときは,次の措置を採ることができる.
1 当該保育を必要とする乳児・幼児を当該市町村の設置する保育所若しくは幼保連携型認定こども園に入所させ,又は当該市町村以外の者の設置する保育所若しくは幼保連携型認定こども園に入所を委託して,保育を行うこと.
2 当該保育を必要とする乳児・幼児に対して当該市町村が行う家庭的保育事業等による保育を行い,

又は家庭的保育事業等を行う当該市町村以外の者に当該家庭的保育事業等により保育を行うことを委託すること.
⑦ 市町村は,第3項の規定による調整及び要請並びに第4項の規定による勧奨及び支援を適切に実施するとともに,地域の実情に応じたきめ細かな保育が積極的に提供され,児童が,その置かれている環境等に応じて,必要な保育を受けることができるよう,保育を行う事業その他児童の福祉を増進することを目的とする事業を行う者の活動の連携及び調整を図る等地域の実情に応じた体制の整備を行うものとする.

第4節 障害児入所給付費,高額障害児入所給付費及び特定入所障害児食費等給付費並びに障害児入所医療費の支給

第1款 障害児入所給付費,高額障害児入所給付費及び特定入所障害児食費等給付費の支給

第24条の2 ① 都道府県は,次条第6項に規定する入所給付決定保護者(以下この条において「入所給付決定保護者」という.)が,次条第3項の規定により定められた期間内において,都道府県知事が指定する障害児入所施設(以下「指定障害児入所施設」という.)又は指定発達支援医療機関(以下「指定障害児入所施設等」と総称する.)に入所又は入院(以下「入所等」という.)の申込みを行い,当該指定障害児入所施設等から障害児入所支援(以下「指定入所支援」という.)を受けたときは,当該入所給付決定保護者に対し,当該指定入所支援に要した費用(食事の提供に要する費用,居住又は滞在に要する費用その他の日常生活に要する費用のうち厚生労働省令で定める費用及び治療に要する費用(以下「入所特定費用」という.)を除く.)について,障害児入所給付費を支給する.

② 障害児入所給付費の額は,1月につき,第1号に掲げる額から第2号に掲げる額を控除して得た額とする.

1 同一の月に受けた指定入所支援について,指定入所支援に通常要する費用(入所特定費用を除く.)につき,厚生労働大臣が定める基準により算定した費用の額(その額が現に当該指定入所支援に要した費用(入所特定費用を除く.)の額を超えるときは,当該現に指定入所支援に要した費用の額)を合計した額
2 当該入所給付決定保護者の家計の負担能力その他の事情をしん酌して政令で定める額(当該政令で定める額が前号に掲げる額の100分の10に相当する額を超えるときは,当該相当する額)

第24条の3 ① 障害児の保護者は,前条第1項の規定により障害児入所給付費の支給を受けようとするときは,厚生労働省令で定めるところにより,都道府県に申請しなければならない.

② 都道府県は,前項の申請が行われたときは,当該申請に係る障害児の心身の状態,当該障害児の介護を行う者の状況,当該障害児の保護者の障害児入所給付費の受給の状況その他の厚生労働省令で定める事項を勘案し,障害児入所給付費の支給の要否を決定するものとする.

③ 前項の規定による決定を行う場合には,児童相談所長の意見を聴かなければならない.

④ 障害児入所給付費を支給する旨の決定(以下「入所給付決定」という.)を行う場合には,障害児

入所給付費を支給する期間を定めなければならない.
⑤ 前項の期間は,厚生労働省令で定める期間を超えることができないものとする.
⑥ 都道府県は,入所給付決定をしたときは,当該入所給付決定を受けた障害児の保護者(以下「入所給付決定保護者」という.)に対し,厚生労働省令で定めるところにより,第4項の規定により定められた期間(以下「給付決定期間」という.)を記載した入所受給者証(以下「入所受給者証」という.)を交付しなければならない.
⑦ 指定入所支援を受けようとする入所給付決定保護者は,厚生労働省令で定めるところにより,指定障害児入所施設等に入所受給者証を提示して当該指定入所支援を受けるものとする.ただし,緊急の場合その他やむを得ない事由のある場合については,この限りでない.
⑧ 入所給付決定保護者が指定障害児入所施設等から指定入所支援を受けたとき(当該入所給付決定保護者が当該指定障害児入所施設等に入所受給者証を提示したときに限る.)は,都道府県は,当該入所給付決定保護者が当該指定障害児入所施設等に支払うべき当該指定入所支援に要した費用(入所特定費用を除く.)について,障害児入所給付費として当該入所給付決定保護者に支給すべき額の限度において,当該入所給付決定保護者に代わり,当該指定障害児入所施設等に支払うことができる.
⑨ 前項の規定による支払があつたときは,当該入所給付決定保護者に対し障害児入所給付費の支給があつたものとみなす.
⑩ 都道府県は,指定障害児入所施設等から障害児入所給付費の請求があつたときは,前条第2項第1号の厚生労働大臣が定める基準及び第24条の12第2項の指定障害児入所施設等の設備及び運営に関する基準(指定入所支援の取扱いに関する部分に限る.)に照らして審査の上,支払うものとする.
⑪ 都道府県は,前項の規定による審査及び支払に関する事務を連合会に委託することができる.
第24条の4 ① 入所給付決定を行つた都道府県は,次に掲げる場合には,当該入所給付決定を取り消すことができる.
1 入所給付決定に係る障害児が,指定入所支援を受ける必要がなくなつたと認めるとき.
2 入所給付決定保護者が,給付決定期間内に,当該都道府県以外の都道府県の区域内に居住地を有するに至つたと認めるとき.
3 その他政令で定めるとき.
② 前項の規定により入所給付決定の取消しを行つた都道府県は,厚生労働省令で定めるところにより,当該取消しに係る入所給付決定保護者に対し入所受給者証の返還を求めるものとする.
第24条の5 都道府県が,災害その他の厚生労働省令で定める特別の事情があることにより,障害児入所支援に要する費用を負担することが困難であると認めた入所給付決定保護者が受ける障害児入所給付費の支給について第24条の2第2項の規定を適用する場合においては,同項第2号中「額」とあるのは,「額」の範囲内において都道府県が定める額」とする.
第24条の6 ① 都道府県は,入所給付決定保護者が受けた指定入所支援に要した費用の合計額(厚生労働大臣が定める基準により算定した費用の額(その額が現に要した費用の額を超えるときは,当

該現に要した額)の合計額を限度とする.)から当該費用につき支給された障害児入所給付費の合計額を控除して得た額が,著しく高額であるときは,当該入所給付決定保護者に対し,高額障害児入所給付費を支給する.
② 前項に定めるもののほか,高額障害児入所給付費の支給要件,支給額その他高額障害児入所給付費の支給に関し必要な事項は,指定入所支援に要する費用の負担の家計に与える影響を考慮して,政令で定める.
第24条の7 ① 都道府県は,入所給付決定保護者のうち所得の状況その他の事情をしん酌して厚生労働省令で定めるものに係る障害児が,給付決定期間内において,指定障害児入所施設等から指定入所支援等を受けたときは,当該入所給付決定保護者に対し,当該指定障害児入所施設等における食事の提供に要した費用及び居住に要した費用について,政令で定めるところにより,特定入所障害児食費等給付費を支給する. ②(略)

第2款 指定障害児入所施設等

第24条の9 ① 第24条の2第1項の指定は,厚生労働省令で定めるところにより,障害児入所施設の設置者の申請により,当該障害児入所施設の入所定員を定めて,行う.
第24条の10 ① 第24条の2第1項の指定は,6年ごとにその更新を受けなければ,その期間の経過によつて,その効力を失う.
② 前項の更新の申請があつた場合において,同項の期間(以下この条において「指定の有効期間」という.)の満了の日までにその申請に対する処分がされないときは,従前の指定は,指定の有効期間の満了後もその処分がされるまでの間は,なおその効力を有する.
③ 前項の場合において,指定の更新がされたときは,その指定の有効期間は,従前の指定の有効期間の満了の日の翌日から起算するものとする. ④(略)
第24条の11 ① 指定障害児入所施設等の設置者は,障害児が自立した日常生活又は社会生活を営むことができるよう,障害児及びその保護者の意思をできる限り尊重するとともに,行政機関,教育機関その他の関係機関との緊密な連携を図りつつ,障害児入所支援を当該障害児の意向,適性,障害の特性その他の事情に応じ,常に障害児及びその保護者の立場に立つて効果的に行うように努めなければならない.
② 指定障害児入所施設等の設置者は,その提供する障害児入所支援の質の評価を行うことその他の措置を講ずることにより,障害児入所支援の質の向上に努めなければならない.
③ 指定障害児入所施設等の設置者は,障害児の人格を尊重するとともに,この法律又はこの法律に基づく命令を遵守し,障害児及びその保護者のため忠実にその職務を遂行しなければならない.
第24条の12 ① 指定障害児入所施設等の設置者は,都道府県の条例で定める基準に従い,指定入所支援に従事する従業者を有しなければならない.
② 指定障害児入所施設等の設置者は,都道府県の条例で定める指定障害児入所施設等の設備及び運営に関する基準に従い,指定入所支援を提供しなければならない.
③ 都道府県が前2項の条例を定めるに当たつては,

次に掲げる事項については厚生労働省令で定める基準に従い定めるものとし、その他の事項については厚生労働省令で定める基準を参酌するものとする。
1　指定入所支援に従事する従業者及びその員数
2　指定障害児入所施設等に係る居室及び病室の床面積その他指定障害児入所施設等の設備に関連する事項であつて障害児の健全な発達に密接に関連するものとして厚生労働省令で定めるもの
3　指定障害児入所施設等の運営に関する事項であつて、障害児の保護者のサービスの適切な利用の確保並びに障害児の適切な処遇及び安全の確保並びに秘密の保持に密接に関連するものとして厚生労働省令で定めるもの
④　第1項及び第2項の都道府県の条例で定める基準は、知的障害のある児童、盲児（強度の弱視児を含む。）、ろうあ児（強度の難聴児を含む。）、肢体不自由のある児童、重症心身障害児その他の指定障害児入所施設等に入所等をする障害児についてそれぞれの障害の特性に応じた適切な支援が確保されるものでなければならない。
⑤　指定障害児入所施設の設置者は、第24条の14の規定による指定の辞退をするときは、同条に規定する予告期間の開始日の前日に当該指定入所支援を受けていた者であつて、当該指定の辞退の日以後においても引き続き当該指定入所支援に相当するサービスの提供を希望する者に対し、必要な障害児入所支援が継続的に提供されるよう、他の指定障害児入所施設等の設置者その他関係者との連絡調整その他の便宜の提供を行わなければならない。

第24条の13　①　指定障害児入所施設の設置者は、第24条の2第1項の指定入所定員を増加しようとするときは、厚生労働省令で定めるところにより、同項の指定の変更を申請することができる。
②　第24条の9第2項及び第3項の規定は、前項の指定の変更の申請があつた場合について準用する。この場合において、必要な技術的読替えは、政令で定める。
③　指定障害児入所施設の設置者は、設置者の住所その他の厚生労働省令で定める事項に変更があつたときは、厚生労働省令で定めるところにより、10日以内に、その旨を都道府県知事に届け出なければならない。

第24条の14　指定障害児入所施設は、3月以上の予告期間を設けて、その指定を辞退することができる。

第24条の19　①　都道府県は、指定障害児入所施設等に関し必要な情報の提供を行うとともに、その利用に関し相談に応じ、及び助言を行わなければならない。
②　都道府県は、障害児又は当該障害児の保護者から求めがあつたときは、指定障害児入所施設等の利用についてあつせん又は調整を行うとともに、必要に応じて、指定障害児入所施設等の設置者に対し、当該障害児の利用についての要請を行うものとする。
③　指定障害児入所施設等の設置者は、前項のあつせん、調整及び要請に対し、できる限り協力しなければならない。

第3款　業務管理体制の整備等（略）
第4款　障害児入所医療費の支給

第24条の20　①　都道府県は、入所給付決定に係る障害児が、給付決定期間内において、指定障害児入所施設等（病院その他厚生労働省令で定める施設に限る。以下この条、次条及び第24条の23において同じ。）から障害児入所支援のうち治療に係るもの（以下この条において「障害児入所医療」という。）を受けたときは、厚生労働省令で定めるところにより、当該障害児に係る入所給付決定保護者に対し、当該障害児入所医療に要した費用について、障害児入所医療費を支給する。
②　障害児入所医療費の額は、1月につき、次に掲げる額の合算額とする。
1　同一の月に受けた障害児入所医療（食事療養を除く。）につき健康保険の療養に要する費用の額の算定方法の例により算定した額から、当該入所給付決定保護者の家計の負担能力その他の事情をしん酌して政令で定める額（当該政令で定める額が当該算定した額の100分の10に相当する額を超えるときは、当該相当する額）を控除して得た額
2　当該障害児入所医療（食事療養に限る。）につき健康保険の療養に要する費用の額の算定方法の例により算定した額から、健康保険法第85条第2項に規定する食事療養標準負担額、入所給付決定保護者の所得の状況その他の事情を勘案して厚生労働大臣が定める額を控除した額
③　入所給付決定に係る障害児が指定障害児入所施設等から障害児入所医療を受けたときは、都道府県は、当該入所給付決定に係る入所給付決定保護者が当該指定障害児入所施設等に支払うべき当該障害児入所医療に要した費用について、障害児入所医療費として当該入所給付決定保護者に支給すべき額の限度において、当該入所給付決定保護者に代わり、当該指定障害児入所施設等に支払うことができる。
④　前項の規定による支払があつたときは、当該入所給付決定保護者に対し障害児入所医療費の支給があつたものとみなす。

第5節　障害児相談支援給付費及び特例障害児相談支援給付費の支給
第1款　障害児相談支援給付費及び特例障害児相談支援給付費の支給

第24条の25　障害児相談支援給付費及び特例障害児相談支援給付費の支給は、障害児相談支援に関して次条及び第24条の27の規定により支給する給付とする。

第24条の26　①　市町村は、次の各号に掲げる者（以下この条及び次条第1項において「障害児相談支援対象保護者」という。）に対し、当該各号に定める場合の区分に応じ、当該各号に規定する障害児相談支援に要した費用について、障害児相談支援給付費を支給する。
1　第21条の5の7第4項（第21条の5の8第3項において準用する場合を含む。）の規定により、障害児支援利用計画案の提出を求められた第21条の5の6第1項又は第21条の5の8第1項の申請に係る障害児の保護者　市町村長が指定する障害児相談支援事業を行う者（以下「指定障害児相談支援事業者」という。）から当該指定に係る障害児支援利用援助（次項において「指定障害児支援利用援助」という。）を受けた場合であつて、当該申請に係る給付決定等を受けたとき。
2　通所給付決定保護者　指定障害児相談支援事業者から当該指定に係る継続障害児支援利用援助（次項において「指定継続障害児支援利用援助」という。）を受けたとき。
②　障害児相談支援給付費の額は、指定障害児支援利用援助又は指定継続障害児支援利用援助（以下

「指定障害児相談支援」という.）に通常要する費用につき，厚生労働大臣が定める基準により算定した費用の額（その額が現に当該指定指定障害児相談支援に要した費用の額を超えるときは，当該現に指定障害児相談支援に要した費用の額）とする．
③ 指定障害児相談支援対象保護者が当該指定障害児相談支援事業者から指定障害児相談支援を受けたときは，市町村は，当該指定障害児相談支援対象保護者が当該指定障害児相談支援事業者に支払うべき当該指定障害児相談支援に要した費用について，厚生労働省令で定めるところにより，当該障害児相談支援給付費として当該障害児相談支援対象保護者に対し支給すべき額の限度において，当該障害児相談支援対象保護者に代わり，当該指定障害児相談支援事業者に支払うことができる．
④ 前項の規定による支払があつたときは，障害児相談支援対象保護者に対し障害児相談支援給付費の支給があつたものとみなす．
⑤ 市町村は，指定障害児相談支援事業者から障害児相談支援給付費の請求があつたときは，第2項の厚生労働大臣が定める基準及び第24条の31第2項の厚生労働省令で定める指定障害児相談支援の事業の運営に関する基準（指定障害児相談支援の取扱いに関する部分に限る．）に照らして審査の上，支払うものとする．
⑥ 市町村は，前項の規定による審査及び支払に関する事務を連合会に委託することができる．
⑦ 前各項に定めるもののほか，障害児相談支援給付費の支給及び指定障害児相談支援事業者の障害児相談支援給付費の請求に関し必要な事項は，厚生労働省令で定める．

第2款 指定障害児相談支援事業者

第24条の28 ① 第24条の26第1項第1号の指定障害児相談支援事業者の指定は，厚生労働省令で定めるところにより，総合的に障害者の日常生活及び社会生活を総合的に支援するための法律第5条第18項に規定する相談支援を行う者として厚生労働省令で定める者に該当する者の申請により，障害児相談支援事業を行う事業所（以下「障害児相談支援事業所」という．）ごとに行う．　〈②（略）〉
第24条の29 ① 第24条の26第1項第1号の指定は，6年ごとにその更新を受けなければ，その期間の経過によつて，その効力を失う．
② 前項の更新の申請があつた場合において，同項の期間（以下この条において「指定の有効期間」という．）の満了の日までにその申請に対する処分がされないときは，従前の指定は，指定の有効期間の満了後もその処分がされるまでの間は，なおその効力を有する．
③ 前項の場合において，指定の更新がされたときは，その指定の有効期間は，従前の指定の有効期間の満了の日の翌日から起算するものとする．　〈④（略）〉
第24条の30 ① 指定障害児相談支援事業者は，障害児が自立した日常生活又は社会生活を営むことができるよう，障害児及びその保護者の意思をできる限り尊重するとともに，行政機関，教育機関その他の関係機関との緊密な連携を図りつつ，障害児相談支援を当該障害児の意向，適性，障害の特性その他の事情に応じ，常に障害児及びその保護者の立場に立つて効果的に行うように努めなければならない．
② 指定障害児相談支援事業者は，その提供する障害児相談支援の質の評価を行うことその他の措置を講ずることにより，障害児相談支援の質の向上に努めなければならない．
③ 指定障害児相談支援事業者は，障害児の人格を尊重するとともに，この法律又はこの法律に基づく命令を遵守し，障害児及びその保護者のため忠実にその職務を遂行しなければならない．
第24条の31 ① 指定障害児相談支援事業者は，当該指定に係る障害児相談支援事業所ごとに，厚生労働省令で定める基準に従い，当該指定障害児相談支援に従事する従業者を有しなければならない．
② 指定障害児相談支援事業者は，厚生労働省令で定める指定障害児相談支援の事業の運営に関する基準に従い，指定障害児相談支援を提供しなければならない．
③ 指定障害児相談支援事業者は，次条第2項の規定による事業の廃止又は休止の届出をしたときは，当該届出の日前1月以内に当該指定障害児相談支援を受けていた者であつて，当該事業の廃止又は休止の日以後においても引き続き当該指定障害児相談支援に相当する支援の提供を希望する者に対し，必要な障害児相談支援が継続的に提供されるよう，他の指定障害児相談支援事業者その他関係者との連絡調整その他の便宜の提供を行わなければならない．
第24条の32 ① 指定障害児相談支援事業者は，当該指定に係る障害児相談支援事業所の名称及び所在地その他厚生労働省令で定める事項に変更があつたとき，又は休止した当該指定障害児相談支援の事業を再開したときは，厚生労働省令で定めるところにより，10日以内に，その旨を市町村長に届け出なければならない．
② 指定障害児相談支援事業者は，当該指定障害児相談支援の事業を廃止し，又は休止しようとするときは，厚生労働省令で定めるところにより，その廃止又は休止の日の1月前までに，その旨を市町村長に届け出なければならない．

第6節　要保護児童の保護措置等
（要保護児童発見者の通告義務）

第25条 ① 要保護児童を発見した者は，これを市町村，都道府県の設置する福祉事務所若しくは児童相談所又は児童委員を介して市町村，都道府県の設置する福祉事務所若しくは児童相談所に通告しなければならない．ただし，罪を犯した満14歳以上の児童については，この限りでない．この場合においては，これを家庭裁判所に通告しなければならない．
② 刑法の秘密漏示罪の規定その他の守秘義務に関する法律の規定は，前項の規定による通告をすることを妨げるものと解釈してはならない．
第25条の2 ① 地方公共団体は，単独で又は共同して，要保護児童（第31条第4項に規定する延長者及び第33条第8項に規定する保護延長者（次項において「延長者等」という．）を含む．次項において同じ．）の適切な保護又は要支援児童若しくは特定妊婦への適切な支援を図るため，関係機関，関係団体及び児童の福祉に関連する職務に従事する者その他の関係者（以下「関係機関等」という．）により構成される要保護児童対策地域協議会（以下「協議会」という．）を置くように努めなければならない．
② 協議会は，要保護児童若しくは要支援児童及びその保護者（延長者等の親権を行う者，未成年後見人その他の者で，延長者等を現に監護する者を含む．）又は特定妊婦（以下この項及び第5項において

(2) 子ども・次世代育成支援策

「支援対象児童等」という.）に関する情報その他要保護児童の適切な保護又は要支援児童若しくは特定妊婦への適切な支援を図るために必要な情報の交換を行うとともに,支援対象児童等に対する支援の内容に関する協議を行うものとする.
③ 地方公共団体の長は,協議会を設置したときは,厚生労働省令で定めるところにより,その旨を公示しなければならない.
④ 協議会を設置した地方公共団体の長は,協議会を構成する関係機関等のうちから,一に限り要保護児童対策調整機関を指定する.
⑤ 要保護児童対策調整機関は,協議会に関する事務を総括するとともに,支援対象児童等に対する支援が適切に実施されるよう,厚生労働省令で定めるところにより,支援対象児童等に対する支援の実施状況を的確に把握し,必要に応じて,児童相談所,養育支援訪問事業を行う者,母子保健法第22条第1項に規定する母子健康包括支援センターその他の関係機関等との連絡調整を行うものとする.
⑥ 市町村の設置した協議会（市町村が地方公共団体（市町村を除く.）と共同して設置したものを含む.）に係る要保護児童対策調整機関は,厚生労働省令で定めるところにより,専門的な知識及び技術に基づき前項の業務に係る事務を適切に行うことができる者として厚生労働省令で定めるもの（次項及び第8項において「調整担当者」という.）を置くものとする.
⑦ 地方公共団体（市町村を除く.）の設置した協議会（当該地方公共団体が市町村と共同して設置したものを除く.）に係る要保護児童対策調整機関は,厚生労働省令で定めるところにより,調整担当者を置くように努めなければならない.
⑧ 要保護児童対策調整機関に置かれた調整担当者は,厚生労働大臣が定める基準に適合する研修を受けなければならない.

第25条の6 市町村,都道府県の設置する福祉事務所又は児童相談所は,第25条第1項の規定による通告を受けた場合において必要があるときは,速やかに,当該児童の状況の把握を行うものとする.

第25条の7 ① 市町村（次項に規定する町村を除く.）は,要保護児童若しくは要支援児童及びその保護者又は特定妊婦（次項において「要保護児童等」という.）に対する支援の実施状況を的確に把握するものとし,第25条第1項の規定による通告を受けた児童及び相談に応じた児童又はその保護者（以下「通告児童等」という.）について,必要があると認めたときは,次の各号のいずれかの措置を採らなければならない.
1 第27条の措置を要すると認める者並びに医学的,心理学的,教育学的,社会学的及び精神保健上の判定を要すると認める者は,これを児童相談所に送致すること.
2 通告児童等を当該市町村の設置する福祉事務所の知的障害者福祉法（昭和35年法律第37号）第9条第6項に規定する知的障害者福祉司（以下「知的障害者福祉司」という.）又は社会福祉主事に指導させること.
3 児童自立生活援助の実施が適当であると認める者は,これをその実施に係る都道府県知事に報告すること.
4 児童虐待の防止等に関する法律第8条の2第1項の規定による出頭の求め及び調査若しくは質問,第29条若しくは同法第9条第1項の規定による立入り及び調査若しくは質問又は第33条第1項若しくは第2項の規定による一時保護の実施が適当であると認める者は,これを都道府県知事又は児童相談所長に通知すること.
② 福祉事務所を設置していない町村は,要保護児童等に対する支援の実施状況を的確に把握するものとし,通告児童等又は妊産婦について,必要があると認めたときは,次の各号のいずれかの措置を採らなければならない.
1 第27条の措置を要すると認める者並びに医学的,心理学的,教育学的,社会学的及び精神保健上の判定を要すると認める者は,これを児童相談所に送致すること.
2 次条第2号の措置が適当であると認める者は,これを当該町村の属する都道府県の設置する福祉事務所に送致すること.
3 助産の実施又は母子保護の実施が適当であると認める者は,これをそれぞれその実施に係る都道府県知事に報告すること.
4 児童自立生活援助の実施が適当であると認める児童は,これをその実施に係る都道府県知事に報告すること.
5 児童虐待の防止等に関する法律第8条の2第1項の規定による出頭の求め及び調査若しくは質問,第29条若しくは同法第9条第1項の規定による立入り及び調査若しくは質問又は第33条第1項若しくは第2項の規定による一時保護の実施が適当であると認める者は,これを都道府県知事又は児童相談所長に通知すること.

第25条の8 都道府県の設置する福祉事務所の長は,第25条第1項の規定による通告又は前条第2項第2号若しくは次条第1項第4号の規定による送致を受けた児童及び相談に応じた児童,その保護者又は妊産婦について,必要があると認めたときは,次の各号のいずれかの措置を採らなければならない.
1 第27条の措置を要すると認める者並びに医学的,心理学的,教育学的,社会学的及び精神保健上の判定を要すると認める者は,これを児童相談所に送致すること.
2 児童又はその保護者をその福祉事務所の知的障害者福祉司又は社会福祉主事に指導させること.
3 保育の利用等（助産の実施,母子保護の実施又は保育の利用若しくは第24条第5項の規定による措置をいう.以下同じ.）が適当であると認める者は,これをそれぞれその保育の利用等に係る都道府県又は市町村の長に報告し,又は通知すること.
4 児童自立生活援助の実施が適当であると認める児童は,これをその実施に係る都道府県知事に報告すること.
5 第21条の6の規定による措置が適当であると認める者は,これをその措置に係る市町村の長に報告し,又は通知すること.

第26条 ① 児童相談所長は,第25条第1項の規定による通告を受けた児童,第25条の7第1項第1号若しくは第2項第1号,前条第1号又は少年法（昭和23年法律第168号）第6条の6第1項若しくは第18条第1項の規定による送致を受けた児童及び相談に応じた児童,その保護者又は妊産婦について,必要があると認めたときは,次の各号のいず

[79] 児童福祉法（27条〜27条の4）

れかの措置を採らなければならない．
1　次条の措置を要すると認める者は、これを都道府県知事に報告すること．
2　児童又はその保護者を児童相談所その他の関係機関若しくは関係団体の事業所若しくは事務所に通わせ当該事業所若しくは事務所において、又は当該児童若しくはその保護者の住所若しくは居所において、児童福祉司若しくは児童委員に指導させ、又は市町村、都道府県以外の者の設置する児童家庭支援センター、都道府県以外の障害者の日常生活及び社会生活を総合的に支援するための法律第5条第18項に規定する一般相談支援事業若しくは特定相談支援事業（次条第1項の項、第34条の7において「障害者等相談支援事業」という．）を行う者その他当該指導を適切に行うことができる者として厚生労働省令で定めるものに委託して指導させること．
3　児童及び妊産婦の福祉に関し、情報を提供すること、相談（専門的な知識及び技術を必要とするものを除く．）に応ずること、調査及び指導（医学的、心理学的、教育学的、社会学的及び精神保健上の判定を必要とする場合を除く．）を行うことその他の支援（専門的な知識及び技術を必要とするものを除く．）を行うことを要すると認める者（次条の措置を要すると認める者を除く．）は、これを市町村に送致すること．
4　第25条の7第1項第2号又は前条第2号の措置が適当であると認める者は、これを福祉事務所に送致すること．
5　保育の利用等が適当であると認める者は、これをそれぞれその保育の利用等に係る都道府県又は市町村の長に報告し、又は通知すること．
6　児童自立生活援助の実施が適当であると認める児童は、これをその実施に係る都道府県知事に報告すること．
7　第21条の6の規定による措置が適当であると認める者は、これをその措置に係る市町村の長に報告し、又は通知すること．
8　放課後児童健全育成事業、子育て短期支援事業、養育支援訪問事業、地域子育て支援拠点事業、子育て援助活動支援事業、子ども・子育て支援法第59条第1号に掲げる事業その他市町村が実施する児童の健全な育成に資する事業の実施が適当であると認める者は、これをその実施に係る市町村の長に通知すること．
② 前項第1号の規定による報告書には、児童の住所、氏名、年齢、履歴、性行、健康状態及び家庭環境、同号に規定する措置についての当該児童及びその保護者の意向その他児童の福祉増進に関し、参考となる事項を記載しなければならない．

第27条　① 都道府県は、前条第1項第1号の規定による報告又は少年法第18条第2項の規定による送致のあつた児童につき、次の各号のいずれかの措置を採らなければならない．
1　児童又はその保護者に訓戒を加え、又は誓約書を提出させること．
2　児童又はその保護者を児童相談所その他の関係機関若しくは関係団体の事業所若しくは事務所に通わせ当該事業所若しくは事務所において、又は当該児童若しくはその保護者の住所若しくは居所において、児童福祉司、知的障害者福祉司、社会福祉主事、児童委員若しくは当該都道府県の設置す

る児童家庭支援センター若しくは当該都道府県が行う障害者等相談支援事業に係る職員に指導させ、又は市町村、当該都道府県以外の者の設置する児童家庭支援センター、当該都道府県以外の障害者等相談支援事業を行う者若しくは前条第1項第2号に規定する厚生労働省令で定める者に委託して指導させること．
3　児童を小規模住居型児童養育事業を行う者若しくは里親に委託し、又は乳児院、児童養護施設、障害児入所施設、児童心理治療施設若しくは児童自立支援施設に入所させること．
4　家庭裁判所の審判に付することが適当であると認める児童は、これを家庭裁判所に送致すること．
② 都道府県は、肢体不自由のある児童又は重症心身障害児については、前項第3号の措置に代えて、指定発達支援医療機関に対し、これらの児童を入院させて障害児入所施設（第42条第2号に規定する医療型障害児入所施設に限る．）におけると同様な治療等を行うことを委託することができる．
③ 都道府県知事は、少年法第18条第2項の規定による送致のあつた児童につき、第1項の措置を採るにあたつては、家庭裁判所の決定による指示に従わなければならない．
④ 第1項第3号又は第2項の措置は、児童に親権を行う者（第47条第1項の規定により親権を行う児童福祉施設の長を除く．以下同じ．）又は未成年後見人があるときは、前項の場合を除いては、その親権を行う者又は未成年後見人の意に反して、これを採ることができない．
⑤ 都道府県知事は、第1項第2号若しくは第3号若しくは第2項の措置を解除し、停止し、又は他の措置に変更する場合には、児童相談所長の意見を聴かなければならない．
⑥ 都道府県知事は、政令の定めるところにより、第1項第1号から第3号までの措置（第3項の規定により採るもの及び第28条第1項第1号又は第2号ただし書の規定により採るものを除く．）若しくは第2項の措置又は第1項第2号若しくは第3号若しくは第2項の措置を解除し、停止し、若しくは他の措置に変更する場合には、都道府県児童福祉審議会の意見を聴かなければならない．

第27条の2　① 都道府県は、少年法第24条第1項又は第26条の4第1項の規定により同法第24条第1項第2号の保護処分の決定を受けた児童につき、当該決定に従つて児童自立支援施設に入所させる措置（保護者の下から通わせて行うものを除く．）又は児童養護施設に入所させる措置を採らなければならない．
② 前項に規定する措置は、この法律の適用については、前条第1項第3号の児童自立支援施設又は児童養護施設に入所させる措置とみなす．ただし、同条第4項及び第6項（措置を解除し、停止し、又は他の措置に変更する場合に係る部分を除く．）並びに第28条の規定の適用については、この限りでない．

第27条の3　都道府県は、たまたま児童の行動の自由を制限し、又はその自由を奪うような強制的措置を必要とするときは、第33条、第33条の2及び第47条の規定により認められる場合を除き、事件を家庭裁判所に送致しなければならない．

第27条の4　第26条第1項第2号又は第27条第1項第2号の規定により行われる指導（委託に係るものに限る．）の事務に従事する者又は従事してい

(2) 子ども・次世代育成支援策

た者は、その事務に関して知り得た秘密を漏らしてはならない。

第28条 ① 保護者が、その児童を虐待し、著しくその監護を怠り、その他保護者に監護させることが著しく当該児童の福祉を害する場合において、第27条第1項第3号の措置を採ることが児童の親権を行う者又は未成年後見人の意に反するときは、都道府県は、次の各号の措置を採ることができる。
1 保護者が親権を行う者又は未成年後見人であるときは、家庭裁判所の承認を得て、第27条第1項第3号の措置を採ること。
2 保護者が親権を行う者又は未成年後見人でないときは、その児童を親権を行う者又は未成年後見人に引き渡すこと。ただし、その児童を親権を行う者又は未成年後見人に引き渡すことが児童の福祉のため不適当であると認めるときは、家庭裁判所の承認を得て、第27条第1項第3号の措置を採ること。
② 前項第1号及び第2号ただし書の規定による措置の期間は、当該措置を開始した日から2年を超えてはならない。ただし、当該措置に係る保護者に対する指導措置(第27条第1項第2号の措置をいう。以下この条において同じ。)の効果等に照らし、当該措置を継続しなければ保護者がその児童を虐待し、著しくその監護を怠り、その他著しく当該児童の福祉を害するおそれがあると認めるときは、都道府県は、家庭裁判所の承認を得て、当該期間を更新することができる。
③ 都道府県は、前項ただし書の規定による更新に係る承認の申立てをした場合において、やむを得ない事情があるときは、当該措置の期間が満了した後も、当該申立てに対する審判が確定するまでの間、引き続き当該措置を採ることができる。ただし、当該申立てを却下する審判があつた場合は、当該審判の結果を考慮してもなお当該措置を採る必要があると認めるときに限る。
④ 家庭裁判所は、第1項第1号若しくは第2号ただし書又は第2項ただし書の承認(以下「措置に関する承認」という。)の申立てがあつた場合は、都道府県に対し、期限を定めて、当該申立てに係る保護者に対する指導措置に関し報告及び意見を求め、又は当該申立てに係る児童及びその保護者に関する必要な資料の提出を求めることができる。
⑤ 家庭裁判所は、措置に関する承認の審判をする場合において、当該措置の終了後の家庭その他の環境の調整を行うため当該保護者に対し指導措置を採ることが相当であると認めるときは、当該保護者に対し、指導措置を採るべき旨を都道府県に勧告することができる。

第29条 都道府県知事は、前条の規定による措置をとるため、必要があると認めるときは、児童委員又は児童の福祉に関する事務に従事する職員をして、児童の住所若しくは居所又は児童の従業する場所に立ち入り、必要な調査又は質問をさせることができる。この場合においては、その身分を証明する証票を携帯させ、関係者の請求があつたときは、これを提示しなければならない。

第30条 ① 4親等内の児童以外の児童を、その親権を行う者又は未成年後見人から離して、自己の家庭(単身の世帯を含む。)に、3月(乳児については、1月)を超えて同居させる意思をもつて同居させた者又は継続して2月以上(乳児については、20日以上)同居させた者(法令の定めるところにより児童を委託された者及び児童を単に下宿させた者を除く。)は、同居を始めた日から3月以内(乳児については、1月以内)に、市町村長を経て、都道府県知事に届け出なければならない。ただし、その届出期間内に同居をやめたときは、この限りでない。
② 前項に規定する届出をした者が、その同居をやめたときは、同居をやめた日から1月以内に、市町村長を経て、都道府県知事に届け出なければならない。
③ 保護者は、経済的理由等により、児童を里親等に委託して養育したいときは、市町村、都道府県の設置する福祉事務所、児童相談所、児童福祉司又は児童委員に相談しなければならない。

第30条の2 都道府県は、小規模住居型児童養育事業を行う者、里親(第27条第1項第3号の規定により委託を受けた里親に限る。第33条の8第2項、第33条の10、第33条の14第2項、第45条の2、第46条第1項、第47条、第48条及び第48条の3において同じ。)及び児童福祉施設の長並びに前条第1項に規定する者に、児童の保護について、必要な指示をし、又は必要な報告をさせることができる。

第31条 ① 都道府県等は、第23条第1項本文の規定により母子生活支援施設に入所した児童については、その保護者から申込みがあり、かつ、必要があると認めるときは、満20歳に達するまで、引き続きその者を母子生活支援施設において保護することができる。
② 都道府県は、第27条第1項第3号の規定により小規模住居型児童養育事業を行う者若しくは里親に委託され、又は児童養護施設、第42条第1号に規定する福祉型障害児入所施設に限る。)、児童心理治療施設若しくは児童自立支援施設に入所した児童については満20歳に達するまで、引き続き同項第3号の規定による委託を継続し、若しくはその者をこれらの児童福祉施設に在所させ、又はこれらの措置を相互に変更する措置を採ることができる。
③ 都道府県は、第27条第1項第3号の規定により障害児入所施設(第42条第2号に規定する医療型障害児入所施設に限る。)に入所した児童又は第27条第2項の規定による委託により指定発達支援医療機関に入院した肢体不自由のある児童若しくは重症心身障害児については満20歳に達するまで、引き続きその者をこれらの児童福祉施設に在所させ、若しくは同項の規定による委託を継続し、又はこれらの措置を相互に変更する措置を採ることができる。
④ 都道府県は、延長者(児童以外の満20歳に満たない者のうち、次の各号のいずれかに該当するものをいう。)について、第27条第1項第1号から第3号まで又は第2項の措置を採ることができる。この場合において、第28条の規定の適用については、同条第1項中「保護者が、その児童」とあるのは「第31条第4項に規定する延長者(以下この条において「延長者」という。)の親権を行う者、未成年後見人その他の者で、延長者を現に監護する者(以下この条において「延長者の監護者」という。)が、その延長者」と、「保護者に」とあるのは「延長者の監護者に」と、「当該児童」とあるのは「当該延長者」と、「おいて、第27条第1項第3号」とあるのは「おいて、同項の規定による第27条第1

項第3号」と,「児童の親権」とあるのは「延長者の親権」と,同項第1号中「保護者」とあるのは「延長者の監護者」と,「第27条第1項第3号」とあるのは「第31条第4項の規定による第27条第1項第3号」と,同項第2号中「保護者」とあるのは「延長者」と,「児童」とあるのは「延長者」と,「第27条第1項第3号」とあるのは「第31条第4項の規定による第27条第1項第3号」と,同項第2項ただし書中「保護者」とあるのは「延長者の監護者」と,「第27条第1項第2号」とあるのは「第31条第4項の規定による第27条第1項第2号」と,「児童」とあるのは「延長者」と,同条第4項中「保護者」とあるのは「延長者の監護者」と,「児童」とあるのは「延長者」と,同条第5項中「保護者」とあるのは「延長者の監護者」とする.

1 満18歳に満たないときにされた措置に関する承認の申立てに係る児童であつた者であつて,当該申立てに対する審判が確定していないもの又は当該申立てに対する承認の審判がなされた後において第28条第1項第1号若しくは第2号ただし書若しくは第2項ただし書の規定による措置が採られていないもの

2 前号からこの項までの規定による措置が採られている者(前号に掲げる者を除く。)

3 第33条第6項から第9項までの規定による一時保護が行われている者(前2号に掲げる者を除く

⑤ 前各項の規定による保護又は措置は,この法律の適用については,母子保護の実施又は第27条第1項第1号から第3号まで若しくは第2項の規定による措置とみなす.

⑥ 第2項から第4項までの場合においては,都道府県知事は,児童相談所長の意見を聴かなければならない.

第32条 ① 都道府県知事は,第27条第1項若しくは第2項の措置を採る権限又は児童自立生活援助の実施の権限の全部又は一部を児童相談所長に委任することができる.

② 都道府県知事又は市町村長は,第21条の6の措置を採る権限又は助産の実施若しくは母子保護の実施の権限,第23条第1項ただし書に規定する保護の権限並びに第24条の2から第24条の7まで及び第24条の20の規定による権限の全部又は一部を,それぞれその管理する福祉事務所の長に委任することができる.

③ 市町村長は,保育所における保育を行うことの権限並びに第24条第3項の規定による調整及び要請,同条第4項の規定による勧奨及び支援並びに同条第5項又は第6項の規定による措置に関する権限の全部又は一部を,その管理する福祉事務所の長又は当該市町村に置かれる教育委員会に委任することができる.

第33条 ① 児童相談所長は,必要があると認めるときは,第26条第1項の措置を採るに至るまで,児童の安全を迅速に確保し適切な保護を図るため,児童の心身の状況,その置かれている環境その他の状況を把握するため,児童の一時保護を行い,又は適当な者に委託して,当該一時保護を行わせることができる.

② 都道府県知事は,必要があると認めるときは,第27条第1項又は第2項の措置を採るに至るまで,児童の安全を迅速に確保し適切な保護を図るため,又は児童の心身の状況,その置かれている環境その他の状況を把握するため,児童相談所長をして,児童の一時保護を行わせ,又は適当な者に当該一時保護を行うことを委託させることができる.

③ 前2項の規定による一時保護の期間は,当該一時保護を開始した日から2月を超えてはならない.

④ 前項の規定にかかわらず,児童相談所長又は都道府県知事は,必要があると認めるときは,引き続き第1項又は第2項の規定による一時保護を行うことができる.

⑤ 前項の規定により引き続き一時保護を行うことが当該児童の親権を行う者又は未成年後見人の意に反する場合においては,児童相談所長又は都道府県知事が引き続き一時保護を行おうとするとき,及び引き続き一時保護を行つた後2月を経過するごとに,都道府県知事は,都道府県児童福祉審議会の意見を聴かなければならない.ただし,当該児童に係る第28条第1項第1号若しくは第2号ただし書の承認の申立て又は当該児童の親権者に係る第33条の7の規定による親権喪失若しくは親権停止の審判の請求がされている場合は,この限りでない.

⑥ 児童相談所長は,特に必要があると認めるときは,第1項の規定により一時保護が行われた児童については満20歳に達するまでの間,次に掲げる措置を採るに至るまで,引き続き一時保護を行い,又は一時保護を行わせることができる.

1 第31条第4項の規定による措置を要すると認める者は,これを都道府県知事に報告すること.

2 児童自立生活援助の実施が適当であると認める満20歳未満義務教育終了児童等は,これをその実施に係る都道府県知事に報告すること.

⑦ 都道府県知事は,特に必要があると認めるときは,第2項の規定により一時保護が行われた児童については満20歳に達するまでの間,第31条条第4項の規定による措置を採るに至るまで,児童相談所長をして,引き続き一時保護を行わせ,又は一時保護を行うことを委託させることができる.

⑧ 児童相談所長は,特に必要があると認めるときは,第6項各号に掲げる措置を採るに至るまで,保護延長者(児童以外の満20歳に満たない者のうち,次の各号のいずれかに該当するものをいう。以下この項及び次項において同じ.)の安全を迅速に確保し適切な保護を図るため,又は保護延長者の心身の状況,その置かれている環境その他の状況を把握するため,保護延長者の一時保護を行い,又は適当な者に委託して,当該一時保護を行わせることができる.

1 満18歳に満たないときにされた措置に関する承認の申立てに係る児童であつた者であつて,当該申立てに対する審判が確定していないもの又は当該申立てに対する承認の審判がなされた後において第28条第1項第1号若しくは第2号ただし書若しくは第2項ただし書の規定による措置が採られていないもの

2 第31条第2項から第4項までの規定による措置が採られている者(前号に掲げる者を除く。)

⑨ 都道府県知事は,特に必要があると認めるときは,第31条第4項の規定による措置を採るに至るまで,保護延長者の安全を迅速に確保し適切な保護を図るため,又は保護延長者の心身の状況,その置かれている環境その他の状況を把握するため,児童相談

所長をして,保護延長者の一時保護を行わせ,又は適当な者に当該一時保護を行うことを委託させることができる.

⑩ 第6項から前項までの規定による一時保護は,この法律の適用については,第1項又は第2項の規定による一時保護とみなす.

第33条の2 ① 児童相談所長は,一時保護が行われた児童で親権を行う者又は未成年後見人のないものに対し,親権を行う者又は未成年後見人があるに至るまでの間,親権を行う.ただし,民法第797条の規定による縁組の承諾をするには,厚生労働省令の定めるところにより,都道府県知事の許可を得なければならない.

② 児童相談所長は,一時保護が行われた児童で親権を行う者又は未成年後見人のあるものについても,監護,教育及び懲戒に関し,その児童の福祉のため必要な措置を採ることができる.

③ 前項の児童の親権を行う者又は未成年後見人は,同項の規定による措置を不当に妨げてはならない.

④ 第2項の規定による措置は,児童の生命又は身体の安全を確保するため緊急の必要があると認めるときは,その親権を行う者又は未成年後見人の意に反しても,これをとることができる.

第33条の4 都道府県知事,市町村長,福祉事務所長又は児童相談所長は,次の各号に掲げる措置又は助産の実施,母子保護の実施若しくは児童自立生活援助の実施を解除する場合には,あらかじめ,当該各号に定める者に対し,当該措置又は助産の実施,母子保護の実施若しくは児童自立生活援助の実施の解除の理由について説明するとともに,その意見を聴かなければならない.ただし,当該各号に定める者から当該措置又は助産の実施,母子保護の実施若しくは児童自立生活援助の実施の解除の申出があつた場合その他厚生労働省令で定める場合においては,この限りでない.

1 第21条の6,第24条第5項及び第6項,第25条の7第1項第2号,第25条の8第2号,第26条第1項第2号並びに第27条第1項第2号の措置 当該措置に係る児童の保護者

2 助産の実施 当該助産の実施に係る妊産婦

3 母子保護の実施 当該母子保護の実施に係る児童の保護者

4 第27条第1項第3号及び第2項の措置 当該措置に係る児童の親権を行う者又はその未成年後見人

5 児童自立生活援助の実施 当該児童自立生活援助の実施に係る満20歳未満義務教育終了児童等又は満20歳以上義務教育終了児童等

第33条の6 ① 都道府県は,その区域内における満20歳未満義務教育終了児童等の自立を図るため必要がある場合において,その満20歳未満義務教育終了児童等から申込みがあつたときは,自ら又は児童自立生活援助事業を行う者(都道府県を除く.次項において同じ.)に委託して,その満20歳未満義務教育終了児童等に対し,厚生労働省令で定めるところにより,児童自立生活援助を行わなければならない.ただし,やむを得ない事由があるときは,その他の適切な援助を行わなければならない.

② 満20歳未満義務教育終了児童等であつて児童自立生活援助の実施を希望するものは,厚生労働省令の定めるところにより,入居を希望する住居その他厚生労働省令の定める事項を記載した申込書を都道府県に提出しなければならない.この場合において,児童自立生活援助事業を行う者は,厚生労働省令の定めるところにより,満20歳未満義務教育終了児童等の依頼を受けて,当該申込書の提出を代わつて行うことができる.

③ 都道府県は,満20歳未満義務教育終了児童等が特別な事情により当該都道府県の区域外の住居への入居を希望するときは,当該住居への入居について必要な連絡及び調整を図らなければならない.

④ 都道府県は,第25条の7第1項第3号若しくは第2項第4号,第25条の8第4号若しくは第26条第1項第6号の規定による報告を受けた児童又は第33条第6項第2号の規定による報告を受けた満20歳未満義務教育終了児童等について,必要があると認めるときは,これらの者に対し,児童自立生活援助の実施の申込みを勧奨しなければならない.

⑤ 都道府県は,満20歳未満義務教育終了児童等の居住の選択及び児童自立生活援助事業の適正な運営の確保に資するため,厚生労働省令の定めるところにより,その区域内における児童自立生活援助事業を行う者,当該事業の運営の状況その他厚生労働省令の定める事項に関し情報の提供を行わなければならない.

⑥ 第1項から第3項まで及び前項の規定は,満20歳以上義務教育終了児童等について準用する.この場合において,第1項中「行わなければならない.ただし,やむを得ない事由があるときは,その他の適切な援助を行わなければならない」とあるのは「行うよう努めなければならない」と,第3項中「図らなければならない」とあるのは「図るよう努めなければならない」と読み替えるものとする.

第33条の7 児童又は児童以外の満20歳に満たない者(以下「児童等」という.)の親権者に係る民法第834条本文,第834条の2第1項,第835条又は第836条の規定による親権喪失,親権停止若しくは管理権喪失の審判の請求又はこれらの審判の取消しの請求は,これらの規定に定める者のほか,児童相談所長も,これを行うことができる.

第33条の8 ① 児童相談所長は,親権を行う者のない児童等について,その福祉のため必要があるときは,家庭裁判所に対し未成年後見人の選任を請求しなければならない.

② 児童相談所長は,前項の規定による未成年後見人の選任の請求に係る児童等(小規模住居型児童養育事業を行う者若しくは里親に委託中若しくは児童福祉施設に入所中の児童等又は一時保護中の児童を除く.)に対し,親権を行う者又は未成年後見人があるに至るまでの間,親権を行う.ただし,民法第797条の規定による縁組の承諾をするには,厚生労働省令の定めるところにより,都道府県知事の許可を得なければならない.

第33条の9 児童等の未成年後見人に,不正な行為,著しい不行跡その他後見の任務に適しない事由があるときは,民法第846条の規定による未成年後見人の解任の請求は,同条に定める者のほか,児童相談所長も,これを行うことができる.

第7節 被措置児童等虐待の防止等

第33条の10 この法律で,被措置児童等虐待とは,小規模住居型児童養育事業に従事する者,里親及びその同居人,乳児院,児童養護施設,障害児入所施設,児童心理治療施設若しくは児童自立支援施設の長,その職員その他の従業者,指定発達支援医療

機関の管理者その他の従業者,第12条の4に規定する児童を一時保護する施設を設けている児童相談所の所長,当該施設の職員その他の従業者又は第33条第1項若しくは第2項の委託を受けて児童の一時保護を行う業務に従事する者(以下「施設職員等」と総称する.)が,委託された児童,入所された児童又は一時保護されている児童(以下「被措置児童等」という.)について行う次に掲げる行為をいう.
1 被措置児童等の身体に外傷が生じ,又は生じるおそれのある暴行を加えること.
2 被措置児童等にわいせつな行為をすること又は被措置児童等をしてわいせつな行為をさせること.
3 被措置児童等の心身の正常な発達を妨げるような著しい減食又は長時間の放置,同居人若しくは生活を共にする他の児童による前2号又は次号に掲げる行為の放置その他の施設職員等としての養育又は業務を著しく怠ること.
4 被措置児童等に対する著しい暴言又は著しく拒絶的な対応その他の被措置児童等に著しい心理的外傷を与える言動を行うこと.

第33条の11 施設職員等は,被措置児童等虐待その他被措置児童等の心身に有害な影響を及ぼす行為をしてはならない.

第33条の12 ① 被措置児童等虐待を受けたと思われる児童を発見した者は,速やかに,これを都道府県の設置する福祉事務所,児童相談所,第33条の14第1項若しくは第2項に規定する措置を講ずる権限を有する都道府県の行政機関(以下この節において「都道府県の行政機関」という.),都道府県児童福祉審議会若しくは市町村又は児童委員を介して,都道府県の設置する福祉事務所,児童相談所,都道府県の行政機関,都道府県児童福祉審議会若しくは市町村に通告しなければならない.
② 被措置児童等虐待を受けたと思われる児童を発見した者は,当該被措置児童等虐待を受けたと思われる児童が,児童虐待の防止等に関する法律第2条に規定する児童虐待を受けたと思われる児童にも該当する場合において,前項の規定による通告をしたときは,同法第6条第1項の規定による通告をすることを要しない.
③ 被措置児童等は,被措置児童等虐待を受けたときは,その旨を児童相談所,都道府県の行政機関又は都道府県児童福祉審議会に届け出ることができる.
④ 刑法の秘密漏示罪の規定その他の守秘義務に関する法律の規定は,第1項の規定による通告(虚偽であるもの及び過失によるものを除く.次項において同じ.)をすることを妨げるものと解釈してはならない.
⑤ 施設職員等は,第1項の規定による通告をしたことを理由として,解雇その他不利益な取扱いを受けない.

第33条の13 都道府県の設置する福祉事務所,児童相談所,都道府県の行政機関,都道府県児童福祉審議会又は市町村が前条第1項の規定による通告又は同条第3項の規定による届出を受けた場合においては,当該通告若しくは届出を受けた都道府県の設置する福祉事務所若しくは児童相談所の所長,所員その他の職員,都道府県の行政機関若しくは市町村の職員,都道府県児童福祉審議会の委員若しくは臨時委員又は当該通告を仲介した児童委員は,その職務上知り得た事項であつて当該通告又は届出をした者を特定させるものを漏らしてはならない.

第33条の14 ① 都道府県は,第33条の12第1項の規定による通告,同条第3項の規定による届出若しくは第3項若しくは次条第1項の規定による通知を受けたとき又は相談に応じた児童について必要があると認めるときは,速やかに,当該被措置児童等の状況の把握その他の当該通告,届出,通知又は相談に係る事実について確認するための措置を講ずるものとする.
② 都道府県は,前項に規定する措置を講じた場合において,必要があると認めるときは,小規模住居型児童養育事業,里親,乳児院,児童養護施設,障害児入所施設,児童心理治療施設,児童自立支援施設,指定発達支援医療機関,第12条の4に規定する児童を一時保護する施設又は第33条第1項若しくは第2項の委託を受けて一時保護を行う者における事業若しくは業務の適正な運営又は適切な養育を確保することにより,当該通告,届出,通知又は相談に係る被措置児童等に対する被措置児童等虐待の防止並びに当該被措置児童等及び当該被措置児童等と生活を共にする他の被措置児童等の保護を図るため,適切な措置を講ずるものとする.
③ 都道府県の設置する福祉事務所,児童相談所又は市町村が第33条の12第1項の規定による通告若しくは同条第3項の規定による届出を受けたとき,又は児童虐待の防止等に関する法律に基づく措置を講じた場合において,第1項の措置が必要であると認めるときは,都道府県の設置する福祉事務所の長,児童相談所の所長又は市町村の長は,速やかに,都道府県知事に通知しなければならない.

第33条の15 ① 都道府県児童福祉審議会は,第33条の12第1項の規定による通告又は同条第3項の規定による届出を受けたときは,速やかに,その旨を都道府県知事に通知しなければならない.
② 都道府県知事は,第1項又は第2項に規定する措置を講じたときは,速やかに,当該措置の内容,当該被措置児童等の状況その他の厚生労働省令で定める事項を都道府県児童福祉審議会に報告しなければならない.
③ 都道府県児童福祉審議会は,前項の規定による報告を受けたときは,その報告に係る事項について,都道府県知事に対し,意見を述べることができる.
④ 都道府県児童福祉審議会は,前項に規定する事務を遂行するため特に必要があると認めるときは,施設職員等その他の関係者に対し,出席説明及び資料の提出を求めることができる.

第10節 雑則

第34条 ① 何人も,次に掲げる行為をしてはならない.
1 身体に障害又は形態上の異常がある児童を公衆の観覧に供する行為
2 児童にこじきをさせ,又は児童を利用してこじきをする行為
3 公衆の娯楽を目的として,満15歳に満たない児童にかるわざ又は曲馬をさせる行為
4 満15歳に満たない児童に戸々について,又は道路その他これに準ずる場所で歌謡,遊芸その他の演技を業務としてさせる行為
4の2 児童に午後10時から午前3時までの間,戸々について,又は道路その他これに準ずる場所で物品の販売,配布,展示若しくは拾集又は役務の提供を業務としてさせる行為

4の3　戸々について，又は道路その他これに準ずる場所で物品の販売，配布，展示若しくは拾集又は役務の提供を行う業務であつて満15歳に満たない児童を，当該業務を行うために，風俗営業等の規制及び業務の適正化等に関する法律（昭和23年法律第122号）第2条第4項の接客飲食等営業，同条第6項の店舗型性風俗特殊営業及び同条第9項の店舗型電話異性紹介営業に該当する営業を営む場所に立ち入らせる行為
5　満15歳に満たない児童に酒席に侍する行為を業務としてさせる行為
6　児童に淫行をさせる行為
7　前各号に掲げる行為をするおそれのある者その他児童に対し，刑罰法令に触れる行為をなすおそれのある者に，情を知つて，児童を引き渡す行為及び当該引渡し行為のなされるおそれがある情を知つて，他人に児童を引き渡す行為
8　成人及び児童のための正当な職業紹介の機関以外の者が，営利を目的として，児童の養育をあつせんする行為
9　児童の心身に有害な影響を与える行為をさせる目的をもつて，これを自己の支配下に置く行為
② 児童養護施設，障害児入所施設，児童発達支援センター又は児童自立生活援助事業においては，それぞれ第41条から第43条まで及び第44条に規定する目的に反して，入所した児童を酷使してはならない．

第3章　事業，養育里親及び養子縁組里親並びに施設

第34条の3 ① 都道府県は，障害児通所支援事業又は障害児相談支援事業（以下「障害児通所支援事業等」という．）を行うことができる．
② 国及び都道府県以外の者は，厚生労働省令で定めるところにより，あらかじめ，厚生労働省令で定める事項を都道府県知事に届け出て，障害児通所支援事業等を行うことができる．
③ 国及び都道府県以外の者は，前項の規定により届け出た事項に変更が生じたときは，変更の日から1月以内に，その旨を都道府県知事に届け出なければならない．
④ 国及び都道府県以外の者は，障害児通所支援事業等を廃止し，又は休止しようとするときは，あらかじめ，厚生労働省令で定める事項を都道府県知事に届け出なければならない．
第34条の4 ① 国及び都道府県以外の者は，厚生労働省令で定めるところにより，あらかじめ，厚生労働省令で定める事項を都道府県知事に届け出て，児童自立生活援助事業又は小規模住居型児童養育事業を行うことができる．
② 国及び都道府県以外の者は，前項の規定により届け出た事項に変更が生じたときは，変更の日から1月以内に，その旨を都道府県知事に届け出なければならない．
③ 国及び都道府県以外の者は，児童自立生活援助事業又は小規模住居型児童養育事業を廃止し，又は休止しようとするときは，あらかじめ，厚生労働省令で定める事項を都道府県知事に届け出なければならない．
第34条の5 ① 都道府県知事は，児童の福祉のために必要があると認めるときは，障害児通所支援事業等，児童自立生活援助事業若しくは小規模住居型児童養育事業を行う者に対して，必要と認める事項の報告を求め，又は当該職員に，関係者に対して質問させ，若しくはその事務所若しくは施設に立ち入り，設備，帳簿書類その他の物件を検査させることができる．
《②（略）》
第34条の6 都道府県知事は，障害児通所支援事業等，児童自立生活援助事業又は小規模住居型児童養育事業を行う者が，この法律若しくはこれに基づく命令若しくはこれらに基づいてする処分に違反したとき，その事業に関し不当に営利を図り，若しくはその事業に係る児童の処遇につき不当な行為をしたとき，又は障害児通所支援事業者が第21条の7の規定に違反したときは，その者に対し，その事業の制限又は停止を命ずることができる．
第34条の7 障害者等相談支援事業，小規模住居型児童養育事業又は児童自立生活援助事業を行う者は，第26条第1項第2号，第27条第1項第2号若しくは第3号又は第33条の6第1項（同条第6項において準用する場合を含む．）の規定による委託を受けたときは，正当な理由がない限り，これを拒んではならない．
第34条の8 ① 市町村は，放課後児童健全育成事業を行うことができる．
② 国，都道府県及び市町村以外の者は，厚生労働省令で定めるところにより，あらかじめ，厚生労働省令で定める事項を市町村長に届け出て，放課後児童健全育成事業を行うことができる．
③ 国，都道府県及び市町村以外の者は，前項の規定により届け出た事項に変更が生じたときは，変更の日から1月以内に，その旨を市町村長に届け出なければならない．
④ 国，都道府県及び市町村以外の者は，放課後児童健全育成事業を廃止し，又は休止しようとするときは，あらかじめ，厚生労働省令で定める事項を市町村長に届け出なければならない．
第34条の8の2 ① 市町村は，放課後児童健全育成事業の設備及び運営について，条例で基準を定めなければならない．この場合において，その基準は，児童の身体的，精神的及び社会的な発達のために必要な水準を確保するものでなければならない．
② 市町村が前項の条例を定めるに当たつては，放課後児童健全育成事業に従事する者及びその員数については厚生労働省令で定める基準に従い定めるものとし，その他の事項については厚生労働省令で定める基準を参酌するものとする．
③ 放課後児童健全育成事業を行う者は，第1項の基準を遵守しなければならない．
第34条の8の3 ① 市町村長は，前条第1項の基準を維持するため，放課後児童健全育成事業を行う者に対して，必要と認める事項の報告を求め，又は当該職員に，関係者に対して質問させ，若しくはその事業を行う場所に立ち入り，設備，帳簿書類その他の物件を検査させることができる．
② 第18条の16第2項及び第3項の規定は，前項の場合について準用する．
③ 市町村長は，放課後児童健全育成事業が前条第1項の基準に適合しないと認められるに至つたときは，その事業を行う者に対し，当該基準に適合するために必要な措置を採るべき旨を命ずることができる．
④ 市町村長は，放課後児童健全育成事業を行う者が，

[79] 児童福祉法（34条の9～34条の15）

この法律若しくはこれに基づく命令若しくはこれらに基づいてする処分に違反したとき，又はその事業に関し不当に営利を図り，若しくはその事業に係る児童の処遇につき不当な行為をしたときは，その者に対し，その事業の制限又は停止を命ずることができる．

第34条の9　市町村は，厚生労働省令で定めるところにより，子育て短期支援事業を行うことができる．

第34条の10　市町村は，第21条の10の2第1項の規定により乳児家庭全戸訪問事業又は養育支援訪問事業を行う場合には，社会福祉法の定めるところにより行うものとする．

第34条の11　① 市町村，社会福祉法人その他の者は，社会福祉法の定めるところにより，地域子育て支援拠点事業を行うことができる．

② 地域子育て支援拠点事業に従事する者は，その職務を遂行するに当たつては，個人の身上に関する秘密を守らなければならない．

第34条の12　① 市町村，社会福祉法人その他の者は，厚生労働省令で定めるところにより，あらかじめ，厚生労働省令で定める事項を都道府県知事に届け出て，一時預かり事業を行うことができる．

② 市町村，社会福祉法人その他の者は，前項の規定により届け出た事項に変更を生じたときは，変更の日から1月以内に，その旨を都道府県知事に届け出なければならない．

③ 市町村，社会福祉法人その他の者は，一時預かり事業を廃止し，又は休止しようとするときは，あらかじめ，厚生労働省令で定める事項を都道府県知事に届け出なければならない．

第34条の13　一時預かり事業を行う者は，その事業を実施するために必要なものとして厚生労働省令で定める基準を遵守しなければならない．

第34条の15　① 市町村は，家庭的保育事業等を行うことができる．

② 国，都道府県及び市町村以外の者は，厚生労働省令の定めるところにより，市町村長の認可を得て，家庭的保育事業等を行うことができる．

③ 市町村長は，家庭的保育事業等に関する前項の認可の申請があつたときは，次条第1項の条例で定める基準に適合するかどうかを審査するほか，次に掲げる基準（当該認可の申請をした者が社会福祉法人又は学校法人である場合にあつては，第4号に掲げる基準に限る．）によつて，その申請を審査しなければならない．

1　当該家庭的保育事業等を行うために必要な経済的基礎があること．

2　当該家庭的保育事業等を行う者（その者が法人である場合にあつては，経営担当役員（業務を執行する社員，取締役，執行役又はこれらに準ずる者をいう．第35条第5項第2号において同じ．）とする．）が社会的信望を有すること．

3　実務を担当する幹部職員が社会福祉事業に関する知識又は経験を有すること．

4　次のいずれにも該当しないこと．

イ　申請者が，禁錮以上の刑に処せられ，その執行を終わり，又は執行を受けることがなくなるまでの者であるとき．

ロ　申請者が，この法律その他国民の福祉に関する法律で政令で定めるものの規定により罰金の刑に処せられ，その執行を終わり，又は執行を受けることがなくなるまでの者であるとき．

ハ　申請者が，労働に関する法律の規定であつて政令で定めるものにより罰金の刑に処せられ，その執行を終わり，又は執行を受けることがなくなるまでの者であるとき．

ニ　申請者が，第58条第2項の規定により認可を取り消され，その取消しの日から起算して5年を経過しない者（当該認可を取り消された者が法人である場合においては，当該取消しの処分に係る行政手続法第15条の規定による通知があつた日前60日以内に当該法人の役員（業務を執行する社員，取締役，執行役又はこれらに準ずる者をいい，相談役，顧問その他いかなる名称を有する者であるかを問わず，法人に対し業務を執行する社員，取締役，執行役又はこれらに準ずる者と同等以上の支配力を有するものと認められる者を含む．ホにおいて同じ．）又はその事業を管理する者その他の政令で定める使用人（以下この号及び第35条第5項第4号において「役員等」という．）であつた者で当該取消しの日から起算して5年を経過しないものを含み，当該認可を取り消された者が法人でない場合においては，当該通知があつた日前60日以内に当該事業を行う者の管理者であつた者で当該取消しの日から起算して5年を経過しないものを含む．）であるとき．

ただし，当該認可の取消しが，家庭的保育事業等の認可の取消しのうち当該認可の取消しの処分の理由となつた事実及び当該事実の発生を防止するための当該家庭的保育事業等を行う者による業務管理体制の整備についての取組の状況その他の当該事実に関して当該家庭的保育事業等を行う者が有していた責任の程度を考慮して，ニ本文に規定する認可の取消しに該当しないこととすることが相当であると認められるものとして厚生労働省令で定めるものに該当する場合を除く．

ホ　申請者と密接な関係を有する者（申請者（法人に限る．以下ホにおいて同じ．）の役員に占めるその役員の割合が2分の1を超え，若しくは当該申請者の株式の所有その他の事由を通じて当該申請者の事業を実質的に支配し，若しくはその事業に重要な影響を与える関係にある者として厚生労働省令で定めるもの（以下ホにおいて「申請者の親会社等」という．），申請者の親会社等の役員と同一の者がその役員に占める割合が2分の1を超え，若しくは申請者の親会社等が株式の所有その他の事由を通じてその事業を実質的に支配し，若しくはその事業に重要な影響を与える関係にある者として厚生労働省令で定めるもの又は当該申請者の役員と同一の者がその役員に占める割合が2分の1を超え，若しくは当該申請者が株式の所有その他の事由を通じてその事業を実質的に支配し，若しくはその事業に重要な影響を与える関係にある者として厚生労働省令で定めるもののうち，当該申請者と厚生労働省令で定める密接な関係を有する法人をいう．第35条第5項第4号ホにおいて同じ．）が，第58条第2項の規定により認可を取り消され，その取消しの日から起算して5年を経過していないとき．

ただし，当該認可の取消しが，家庭的保育事業等の認可の取消しのうち当該認可の取消しの処分の理由となつた事実及び当該事実の発生を防止するための当該家庭的保育事業等を行う者によ

(2) 子ども・次世代育成支援策

る業務管理体制の整備についての取組の状況その他の当該事実に関して当該家庭的保育事業等を行う者が有していた責任の程度を考慮して、ホ本文に規定する認可の取消しに該当しないこととすることが相当であると認められるものとして厚生労働省令で定めるものに該当する場合を除く。

ヘ 申請者が、第58条第2項の規定による認可の取消しの処分に係る行政手続法第15条の規定による通知があつた日から聴聞決定予定日(当該検査の結果に基づき第58条第2項の規定による認可の取消しの処分をするか否かの決定をすることが見込まれる日として厚生労働省令で定めるところにより市町村長が当該申請者に当該検査が行われた日から10日以内に特定の日を通知した場合における当該特定の日をいう。)までの間に第7項の規定による事業の廃止をした(当該廃止について相当の理由がある者を除く。)で、当該事業の廃止の承認の日から起算して5年を経過しないものであるとき。

ト 申請者が、第34条の17第1項の規定による検査が行われた日から聴聞決定予定日(当該検査の結果に基づき第58条第2項の規定による認可の取消しの処分に係る聴聞を行うか否かの決定をすることが見込まれる日として厚生労働省令で定めるところにより市町村長が当該申請者に当該検査が行われた日から10日以内に特定の日を通知した場合における当該特定の日をいう。)までの間に第7項の規定による事業の廃止をした者(当該廃止について相当の理由がある者を除く。)で、当該事業の廃止の承認の日から起算して5年を経過しないものであるとき。

チ ヘに規定する期間内に第7項の規定による事業の廃止の承認の申請があつた場合において、申請者が、ヘの通知の日前60日以内に当該申請に係る法人(当該事業の廃止について相当の理由がある法人を除く。)の役員等又は当該申請に係る法人でない事業を行う者(当該事業の廃止について相当の理由があるものを除く。)の管理者であつたもので、当該事業の廃止の承認の日から起算して5年を経過しないものであるとき。

リ 申請者が、認可の申請前5年以内に保育に関し不正又は著しく不当な行為をした者であるとき。

ヌ 申請者が、法人で、その役員等のうちにイからニまで又はヘからリまでのいずれかに該当する者のあるものであるとき。

ル 申請者が、法人でない者で、その管理者がイからニまで又はヘからリまでのいずれかに該当する者であるとき。

④ 市町村長は、第2項の認可をしようとするときは、あらかじめ、市町村児童福祉審議会を設置している場合にあつてはその意見を、その他の場合にあつては児童の保護者その他児童福祉に係る当事者の意見を聴かなければならない。

⑤ 市町村長は、第3項に基づく審査の結果、その申請が次条第1項の条例で定める基準に適合しており、かつ、その事業を行う者が第3項各号に掲げる基準(その者が社会福祉法人又は学校法人である場合にあつては、同項第4号に掲げる基準に限る。)に該当すると認めるときは、第2項の認可をするものとする。ただし、市町村長は、当該申請に係る家庭的保育事業等の所在地を含む教育・保育提供区域(子ども・子育て支援法第61条第2項第1号の規定により当該市町村が定める教育・保育提供区域とする。以下この項において同じ。)における特定地域型保育事業所(同法第29条第3項第1号に規定する特定地域型保育事業所をいい、事業所内保育事業

における同法第43条第1項に規定する労働者等の監護する小学校就学前子どもに係る部分を除く。以下この項において同じ。)の利用児童の総数(同法第19条第1項第3号に掲げる小学校就学前子どもの区分に係るものに限る。)が、同法第61条第1項の規定に基づき市町村が定める市町村子ども・子育て支援事業計画において定める当該教育・保育提供区域の特定地域型保育事業所に係る必要利用定員総数(同法第19条第1項第3号に掲げる小学校就学前子どもの区分に係るものに限る。)に既に達しているか、又は当該申請に係る家庭的保育事業等の開始によつてこれを超えることになると認めるとき、その他の当該市町村子ども・子育て支援事業計画の達成に支障を生ずるおそれがある場合として厚生労働省令で定める場合に該当すると認めるときは、第2項の認可をしないことができる。

⑥ 市町村長は、家庭的保育事業等に関する第2項の申請に係る認可をしないときは、速やかにその旨及び理由を通知しなければならない。

⑦ 国、都道府県及び市町村以外の者は、家庭的保育事業等を廃止し、又は休止しようとするときは、厚生労働省令の定めるところにより、市町村長の承認を受けなければならない。

第34条の16 ① 市町村は、家庭的保育事業等の設備及び運営について、条例で基準を定めなければならない。この場合において、その基準は、児童の身体的、精神的及び社会的な発達のために必要な保育の水準を確保するものでなければならない。

② 市町村が前項の条例を定めるに当たつては、次に掲げる事項については厚生労働省令で定める基準に従い定めるものとし、その他の事項については厚生労働省令で定める基準を参酌するものとする。
1 家庭的保育事業等に従事する者及びその員数
2 家庭的保育事業等の運営に関する事項であつて、児童の適切な処遇の確保及び秘密の保持並びに児童の健全な発達に密接に関連するものとして厚生労働省令で定めるもの

③ 家庭的保育事業等を行う者は、第1項の基準を遵守しなければならない。

第34条の17 ① 市町村長は、前条第1項の基準を維持するため、家庭的保育事業等を行う者に対して、必要と認める事項の報告を求め、又は当該職員に、関係者に対して質問させ、若しくは家庭的保育事業等を行う場所に立ち入り、設備、帳簿書類その他の物件を検査させることができる。

② 第18条の16第2項及び第3項の規定は、前項の場合について準用する。

③ 市町村長は、家庭的保育事業等が前条第1項の基準に適合しないと認められるに至つたときは、その事業を行う者に対し、当該基準に適合するために必要な措置を採るべき旨を勧告し、又はその事業を行う者がその勧告に従わず、かつ、児童福祉に有害であると認められるときは、必要な改善を命ずることができる。

④ 市町村長は、家庭的保育事業等が、前条第1項の基準に適合せず、かつ、児童福祉に著しく有害であると認められるときは、その事業を行う者に対し、その事業の制限又は停止を命ずることができる。

第34条の18 ① 国及び都道府県以外の者は、厚生労働省令で定めるところにより、あらかじめ、厚生労働省令で定める事項を都道府県知事に届け出て、病児保育事業を行うことができる。

[79] 児童福祉法（34条の18の3〜35条）

② 国及び都道府県以外の者は，前項の規定により届け出た事項に変更を生じたときは，変更の日から1月以内に，その旨を都道府県知事に届け出なければならない．
③ 国及び都道府県以外の者は，病児保育事業を廃止し，又は休止しようするときは，あらかじめ，厚生労働省令で定める事項を都道府県知事に届け出なければならない．
第34条の18の3 ① 国及び都道府県以外の者は，社会福祉法の定めるところにより，子育て援助活動支援事業を行うことができる．
② 子育て援助活動支援事業に従事する者は，その職務を遂行するに当たつては，個人の身上に関する秘密を守らなければならない．
第34条の19 都道府県知事は，第27条第1項第3号の規定により児童を委託するため，厚生労働省令で定めるところにより，養育里親名簿及び養子縁組里親を作成しておかなければならない．
第34条の20 ① 本人又はその同居人が次の各号（同居人にあつては，第1号を除く．）のいずれかに該当する者は，養育里親及び養子縁組里親となることができない．
1 成年被後見人又は被保佐人
2 禁錮以上の刑に処せられ，その執行を終わり，又は執行を受けることがなくなるまでの者
3 この法律，児童買春，児童ポルノに係る行為等の規制及び処罰並びに児童の保護等に関する法律（平成11年法律第52号）その他国民の福祉に関する法律で政令で定めるものの規定により罰金の刑に処せられ，その執行を終わり，又は執行を受けることがなくなるまでの者
4 児童虐待の防止等に関する法律第2条に規定する児童虐待又は被措置児童等虐待を行つた者その他児童の福祉に関し著しく不適切な行為をした者
② 都道府県知事は，養育里親若しくは養子縁組里親又はその同居人が前項各号（同居人にあつては，同項第1号を除く．）のいずれかに該当するに至つたときは，当該養育里親又は養子縁組里親を直ちに養育里親名簿又は養子縁組里親名簿から抹消しなければならない．
第35条 ① 国は，政令の定めるところにより，児童福祉施設（助産施設，母子生活支援施設，保育所及び幼保連携型認定こども園を除く．）を設置するものとする．
② 都道府県は，政令の定めるところにより，児童福祉施設（幼保連携型認定こども園を除く．以下この条，第45条，第46条，第49条，第50条第9号，第51条第7号，第56条の2，第57条及び第58条において同じ．）を設置しなければならない．
③ 市町村は，厚生労働省令の定めるところにより，あらかじめ，厚生労働省令で定める事項を都道府県知事に届け出て，児童福祉施設を設置することができる．
④ 国，都道府県及び市町村以外の者は，厚生労働省令の定めるところにより，都道府県知事の認可を得て，児童福祉施設を設置することができる．
⑤ 都道府県知事は，保育所に関する前項の認可の申請があつたときは，第45条第1項の条例で定める基準（保育所に係るものに限る．第8項において同じ．）に適合するかどうかを審査するほか，次に掲げる基準（当該認可の申請をした者が社会福祉法人又は学校法人である場合にあつては，第4号に掲げる基準に限る．）によつて，その申請を審査しなければならない．
1 当該保育所を経営するために必要な経済的基礎があること．
2 当該保育所の経営者（その者が法人である場合にあつては，経営担当役員とする．）が社会的信望を有すること．
3 実務を担当する幹部職員が社会福祉事業に関する知識又は経験を有すること．
4 次のいずれにも該当しないこと．
イ 申請者が，禁錮以上の刑に処せられ，その執行を終わり，又は執行を受けることがなくなるまでの者であるとき．
ロ 申請者が，この法律その他国民の福祉若しくは学校教育に関する法律で政令で定めるものの規定により罰金の刑に処せられ，その執行を終わり，又は執行を受けることがなくなるまでの者であるとき．
ハ 申請者が，労働に関する法律の規定であつて政令で定めるものにより罰金の刑に処せられ，その執行を終わり，又は執行を受けることがなくなるまでの者であるとき．
ニ 申請者が，第58条第1項の規定により認可を取り消され，その取消しの日から起算して5年を経過しない者（当該認可を取り消された者が法人である場合においては，当該取消しの処分に係る行政手続法第15条の規定による通知があつた日前60日以内に当該法人の役員であつた者で当該取消しの日から起算して5年を経過しないものを含み，当該認可を取り消された者が法人でない場合においては，当該通知があつた日前60日以内に当該保育所の管理者であつた者で当該取消しの日から起算して5年を経過しないものを含む．）であるとき．ただし，当該認可の取消しが，保育所の設置の認可の取消しのうち当該認可の取消しの処分の理由となつた事実及び当該事実の発生を防止するための当該保育所の設置者による業務管理体制の整備についての取組の状況その他の当該事実に関して当該保育所の設置者が有していた責任の程度を考慮して，ニ本文に規定する認可の取消しに該当しないこととすることが相当であると認められるものとして厚生労働省令で定めるものに該当する場合を除く．
ホ 申請者と密接な関係を有する者が，第58条第1項の規定により認可を取り消され，その取消しの日から起算して5年を経過していないとき．ただし，当該認可の取消しが，保育所の設置の認可の取消しのうち当該認可の取消しの処分の理由となつた事実及び当該事実の発生を防止するための当該保育所の設置者による業務管理体制の整備についての取組の状況その他の当該事実に関して当該保育所の設置者が有していた責任の程度を考慮して，ホ本文に規定する認可の取消しに該当しないこととすることが相当であると認められるものとして厚生労働省令で定めるものに該当する場合を除く．
ヘ 申請者が，第58条第1項の規定による認可の取消しの処分に係る行政手続法第15条の規定による通知があつた日から当該処分をする日又は処分をしないことを決定する日までの間に第12項の規定による保育所の廃止をした者（当該廃止について相当の理由がある者を除く．）で，当

(2) 子ども・次世代育成支援策

　ト　申請者が、第46条第1項の規定による検査が行われた日から聴聞決定予定日（当該検査の結果に基づき第58条第1項の規定による認可の取消しの処分に係る聴聞を行うか否かの決定をすることが見込まれる日として厚生労働省令で定めるところにより都道府県知事が当該申請者に当該検査が行われた日から10日以内に特定の日を通知した場合における当該特定の日をいう。）までの間に第12項の規定による保育所の廃止をした者（当該廃止について相当の理由がある者を除く。）で、当該保育所の廃止の承認の日から起算して5年を経過しないものであるとき。
　チ　ヘに規定する期間内に第12項の規定による保育所の廃止の承認の申請があつた場合において、申請者が、ヘへの通知の日前60日以内に当該申請に係る法人（当該保育所の廃止について相当の理由がある法人を除く。）の役員等又は当該申請に係る法人でない保育所（当該保育所の廃止について相当の理由があるものを除く。）の管理者であつた者で、当該保育所の廃止の承認の日から起算して5年を経過しないものであるとき。
　リ　申請者が、認可の申請前5年以内に保育に関し不正又は著しく不当な行為をした者であるとき。
　ヌ　申請者が、法人で、その役員等のうちにイからニまで又はヘからリまでのいずれかに該当する者あるものであるとき。
　ル　申請者が、法人でない者で、その管理者がイからニまで又はヘからリまでのいずれかに該当する者であるとき。
⑥　都道府県知事は、第4項の規定により保育所の設置の認可をしようとするときは、あらかじめ、都道府県児童福祉審議会の意見を聴かなければならない。
⑦　都道府県知事は、第4項の規定により保育所の設置の認可をしようとするときは、厚生労働省令で定めるところにより、あらかじめ、当該認可の申請に係る保育所が所在する市町村の長に協議しなければならない。
⑧　都道府県知事は、第5項に基づく審査の結果、その申請が第45条第1項の条例で定める基準に適合しており、かつ、その設置者が第5項各号に掲げる基準（その者が社会福祉法人又は学校法人である場合にあつては、同項第4号に掲げる基準に限る。）に該当すると認めるときは、第4項の認可をするものとする。ただし、都道府県知事は、当該申請に係る保育所の所在地を含む区域（子ども・子育て支援法第62条第2項第1号の規定により当該都道府県が定める区域とする。以下この項において同じ。）における特定教育・保育施設（同法第27条第1項に規定する特定教育・保育施設をいう。以下この項において同じ。）の利用定員の総数（同法第19条第1項第2号及び第3号に掲げる小学校就学前子どもに係るものに限る。）が、同法第62条第1項の規定により当該都道府県が定める都道府県子ども・子育て支援事業支援計画において定める当該区域の特定教育・保育施設に係る必要利用定員総数（同法第19条第1項第2号及び第3号に掲げる小学校就学前子どもの区分に係るものに限る。）に既に達しているか、又は当該申請に係る保育所の設置によつてこれを超えることになると認めるとき、その他の当該都道府県子ども・子育て支援事業支援計画の

達成に支障を生ずるおそれがある場合として厚生労働省令で定める場合に該当すると認めるときは、第4項の認可をしないことができる。
⑨　都道府県知事は、保育所に関する第4項の申請に係る認可をしないときは、速やかにその旨及び理由を通知しなければならない。
⑩　児童福祉施設には、児童福祉施設の職員の養成施設を附置することができる。
⑪　市町村は、児童福祉施設を廃止し、又は休止しようとするときは、その廃止又は休止の日の1月前（当該児童福祉施設が保育所である場合には3月前）までに、厚生労働省令で定める事項を都道府県知事に届け出なければならない。
⑫　国、都道府県及び市町村以外の者は、児童福祉施設を廃止し、又は休止しようとするときは、厚生労働省令の定めるところにより、都道府県知事の承認を受けなければならない。

第36条　助産施設は、保健上必要があるにもかかわらず、経済的理由により、入院助産を受けることができない妊産婦を入所させて、助産を受けさせることを目的とする施設とする。

第37条　乳児院は、乳児（保健上、安定した生活環境の確保その他の理由により特に必要のある場合には、幼児を含む。）を入院させて、これを養育し、あわせて退院した者について相談その他の援助を行うことを目的とする施設とする。

第38条　母子生活支援施設は、配偶者のない女子又はこれに準ずる事情にある女子及びその監護すべき児童を入所させて、これらの者を保護するとともに、これらの者の自立の促進のためにその生活を支援し、あわせて退所した者について相談その他の援助を行うことを目的とする施設とする。

第39条　①　保育所は、保育を必要とする乳児・幼児を日々保護者の下から通わせて保育を行うことを目的とする施設（利用定員が20人以上であるものに限り、幼保連携型認定こども園を除く。）とする。
②　保育所は、前項の規定にかかわらず、特に必要があるときは、保育を必要とするその他の児童を日々保護者の下から通わせて保育することができる。

第39条の2　①　幼保連携型認定こども園は、義務教育及びその後の教育の基礎を培うものとしての満3歳以上の幼児に対する教育（教育基本法（平成18年法律第120号）第6条第1項に規定する法律に定める学校において行われる教育をいう。）及び保育を必要とする乳児・幼児に対する保育を一体的に行い、これらの乳幼児が幼児の健やかな成長が図られるよう適当な環境を与えて、その心身の発達を助長することを目的とする施設とする。
②　幼保連携型認定こども園に関しては、この法律に定めるもののほか、認定こども園法の定めるところによる。

第40条　児童厚生施設は、児童遊園、児童館等児童に健全な遊びを与えて、その健康を増進し、又は情操をゆたかにすることを目的とする施設とする。

第41条　児童養護施設は、保護者のない児童（乳児を除く。ただし、安定した生活環境の確保その他の理由により特に必要のある場合には、乳児を含む。以下この条において同じ。）、虐待されている児童その他環境上養護を要する児童を入所させて、これを養護し、あわせて退所した者に対する相談その他の自立のための援助を行うことを目的とする施設とする。

第42条 障害児入所施設は、次の各号に掲げる区分に応じ、障害児を入所させて、当該各号に定める支援を行うことを目的とする施設とする。
　1　福祉型障害児入所施設　保護、日常生活の指導及び独立自活に必要な知識技能の付与
　2　医療型障害児入所施設　保護、日常生活の指導、独立自活に必要な知識技能の付与及び治療
第43条　児童発達支援センターは、次の各号に掲げる区分に応じ、障害児を日々保護者の下から通わせて、当該各号に定める支援を提供することを目的とする施設とする。
　1　福祉型児童発達支援センター　日常生活における基本的動作の指導、独立自活に必要な知識技能の付与及び集団生活への適応のための訓練
　2　医療型児童発達支援センター　日常生活における基本的動作の指導、独立自活に必要な知識技能の付与及び集団生活への適応のための訓練及び治療
第43条の2　児童心理治療施設は、家庭環境、学校における交友関係その他の環境上の理由により社会生活への適応が困難となつた児童を、短期間、入所させ、又は保護者の下から通わせて、社会生活に適応するために必要な心理に関する治療及び生活指導を主として行い、あわせて退所した者について相談その他の援助を行うことを目的とする施設とする。
第44条　児童自立支援施設は、不良行為をなし、又はなすおそれのある児童及び家庭環境その他の環境上の理由により生活指導等を要する児童を入所させ、又は保護者の下から通わせて、個々の児童の状況に応じて必要な指導を行い、その自立を支援し、あわせて退所した者について相談その他の援助を行うことを目的とする施設とする。
第44条の2　① 児童家庭支援センターは、地域の児童の福祉に関する各般の問題につき、児童に関する家庭その他からの相談のうち、専門的な知識及び技術を必要とするものに応じ、必要な助言を行うとともに、市町村の求めに応じ、技術的助言その他必要な援助を行うほか、第26条第1項第2号及び第27条第1項第2号の規定による指導を行い、あわせて児童相談所、児童福祉施設等との連絡調整その他厚生労働省令の定める援助を総合的に行うことを目的とする施設とする。
② 児童家庭支援センターの職員は、その職務を遂行するに当たつては、個人の身上に関する秘密を守らなければならない。
第44条の3　第6条の3各項に規定する事業を行う者、里親及び児童福祉施設（指定障害児入所施設及び指定通所支援に係る児童発達支援センターを除く。）の設置者は、児童、妊産婦その他これらの者の事業を利用する者又は当該児童福祉施設に入所する者の人格を尊重するとともに、この法律又はこの法律に基づく命令を遵守し、これらの者のため忠実にその職務を遂行しなければならない。
第45条　① 都道府県は、児童福祉施設の設備及び運営について、条例で基準を定めなければならない。この場合において、その基準は、児童の身体的、精神的及び社会的な発達のために必要な生活水準を確保するものでなければならない。
② 都道府県が前項の条例を定めるに当たつては、次に掲げる事項については厚生労働省令で定める基準に従い定めるものとし、その他の事項については厚生労働省令で定める基準を参酌するものとする。
　1　児童福祉施設に配置する従業者及びその員数
　2　児童福祉施設に係る居室及び病室の床面積その他児童福祉施設の設備に関する事項であつて児童の健全な発達に密接に関連するものとして厚生労働省令で定めるもの
　3　児童福祉施設の運営に関する事項であつて、保育所における保育の内容その他児童（助産施設にあつては、妊産婦）の適切な処遇の確保及び秘密の保持、妊産婦の安全の確保並びに児童の健全な発達に密接に関連するものとして厚生労働省令で定めるもの
③ 児童福祉施設の設置者は、第1項の基準を遵守しなければならない。
④ 児童福祉施設の設置者は、児童福祉施設の設備及び運営についての水準の向上を図ることに努めるものとする。
第45条の2　① 厚生労働大臣は、里親の行う養育について、基準を定めなければならない。この場合において、その基準は、児童の身体的、精神的及び社会的な発達のために必要な生活水準を確保するものでなければならない。
② 里親は、前項の基準を遵守しなければならない。
第46条　① 都道府県知事は、第45条第1項及び前条第1項の基準を維持するため、児童福祉施設の設置者、児童福祉施設の長及び里親に対して、必要な報告を求め、児童の福祉に関する事務に従事する職員に、関係者に対して質問させ、若しくはその施設に立ち入り、設備、帳簿書類その他の物件を検査させることができる。
③ 都道府県知事は、児童福祉施設の設備又は運営が第45条第1項の基準に達しないときは、その施設の設置者に対し、必要な改善を勧告し、又はその施設の設置者がその勧告に従わず、かつ、児童福祉に有害であると認められるときは、必要な改善を命ずることができる。
④ 都道府県知事は、児童福祉施設の設備又は運営が第45条第1項の基準に達せず、かつ、児童福祉に著しく有害であると認められるときは、都道府県児童福祉審議会の意見を聴き、その施設の設置者に対し、その事業の停止を命ずることができる。　②(略)
第46条の2　① 児童福祉施設の長は、都道府県知事又は市町村長（第32条第3項の規定により第24条第5項又は第6項の規定による措置に関する権限が当該市町村に置かれる教育委員会に委任されている場合にあつては、当該教育委員会）からこの法律の規定に基づく措置又は助産の実施若しくは母子保護の実施のための委託を受けたときは、正当な理由がない限り、これを拒んではならない。
② 保育所若しくは認定こども園又は家庭的保育事業等を行う者は、第24条第3項の規定により行われる調整及び要請に対し、できる限り協力しなければならない。
第47条　① 児童福祉施設の長は、入所中の児童等で親権を行う者又は未成年後見人のないものに対し、親権を行う者又は未成年後見人があるに至るまでの間、親権を行う。ただし、民法第797条の規定による縁組の承諾をするには、厚生労働省令の定めるところにより、都道府県知事の許可を得なければならない。
② 児童相談所長は、小規模住居型児童養育事業を行う者又は里親に委託中の児童等で親権を行う者又は未成年後見人のないものに対し、親権を行う者又は

は未成年後見人があるに至るまでの間、親権を行う。ただし、民法第797条の規定による縁組の承諾をするには、厚生労働省令の定めるところにより、都道府県知事の許可を得なければならない。
③ 児童福祉施設の長、その住居において養育を行う第6条の3第8項に規定する厚生労働省令で定める者又は里親は、入所中又は受託中の児童等で親権を行う者又は未成年後見人のあるものについても、監護、教育及び懲戒に関し、その児童等の福祉のため必要な措置をとることができる。
④ 前項の児童等の親権を行う者又は未成年後見人は、同項の規定による措置を不当に妨げてはならない。
⑤ 第3項の規定による措置は、児童等の生命又は身体の安全を確保するため緊急の必要があると認めるときは、その親権を行う者又は未成年後見人の意に反しても、これをとることができる。この場合において、児童福祉施設の長、小規模住居型児童養育事業を行う者又は里親は、速やかに、そのとつた措置について、当該児童等に係る通所給付決定若しくは所給付決定、第21条の6、第24条第5項若しくは第6項若しくは第27条第1項第3号の措置、助産の実施若しくは母子保護の実施又は当該児童に係る子ども・子育て支援法第20条第4項に規定する支給認定を行つた都道府県又は市町村の長に報告しなければならない。

第48条 児童養護施設、障害児入所施設、児童心理治療施設及び児童自立支援施設の長、その住居において養育を行う第6条の3第8項に規定する厚生労働省令で定める者並びに里親は、学校教育法に規定する保護者に準じて、その施設に入所中又は受託中の児童を就学させなければならない。

第48条の2 乳児院、母子生活支援施設、児童養護施設、児童心理治療施設及び児童自立支援施設の長は、その行う児童の保護に支障がない限りにおいて、当該施設の所在する地域の住民につき、児童の養育に関する相談に応じ、及び助言を行うよう努めなければならない。

第48条の4 ① 保育所は、当該保育所が主として利用される地域の住民に対してその行う保育に関し情報の提供を行い、並びにその行う保育に支障がない限りにおいて、乳児、幼児等の保育に関する相談に応じ、及び助言を行うよう努めなければならない。
② 保育所に勤務する保育士は、乳児、幼児等の保育に関する相談に応じ、及び助言を行うために必要な知識及び技能の修得、維持及び向上に努めなければならない。

第4章 費 用

第49条の2 国庫は、都道府県が、第27条第1項第3号に規定する措置により、国の設置する児童福祉施設に入所させた者につき、その入所後に要する費用を支弁する。

第50条 次に掲げる費用は、都道府県の支弁とする。
1 都道府県児童福祉審議会に要する費用
2 児童福祉司及び児童委員に要する費用
3 児童相談所に要する費用(第9号の費用を除く。)
4 削除
5 第20条の措置に要する費用
5の2 小児慢性特定疾病医療費の支給に要する費用
5の3 小児慢性特定疾病児童等自立支援事業に要する費用
6 都道府県の設置する助産施設又は母子生活支援施設において市町村が行う助産の実施又は母子保護の実施に要する費用(助産の実施又は母子保護の実施につき第45条第1項の基準を維持するために要する費用をいう。次号及び次条第3号において同じ。)
6の2 都道府県が行う助産の実施又は母子保護の実施に要する費用
6の3 障害児入所給付費、高額障害児入所給付費若しくは特定入所障害児食費等給付費又は障害児入所医療費(以下「障害児入所給付費等」という。)の支給に要する費用
7 都道府県が、第27条第1項第3号に規定する措置を採つた場合において、入所又は委託に要する費用及び入所後の保護又は委託後の養育につき、第45条第1項又は第45条の2第1項の基準を維持するために要する費用(国の設置する乳児院、児童養護施設、児童心理治療施設、児童自立支援施設又は児童自立支援施設に入所させた児童につき、その入所後に要する費用を除く。)
7の2 都道府県が、第27条第2項に規定する措置を採つた場合において、委託及び委託後の治療等に要する費用
7の3 都道府県が行う児童自立生活援助(満20歳未満義務教育終了児童等に係るものに限る。)の実施に要する費用
8 一時保護に要する費用
9 児童相談所の設備並びに都道府県の設置する児童福祉施設の設備及び職員の養成施設に要する費用

第51条 次に掲げる費用は、市町村の支弁とする。
1 障害児通所給付費、特例障害児通所給付費若しくは高額障害児通所給付費又は肢体不自由児通所医療費の支給に要する費用
2 第21条の6の措置に要する費用
3 市町村が行う助産の実施又は母子保護の実施に要する費用(都道府県の設置する助産施設又は母子生活支援施設に係るものを除く。)
4 第24条第5項又は第6項の措置(都道府県若しくは市町村の設置する保育所若しくは幼保連携型認定こども園又は都道府県若しくは市町村の行う家庭的保育事業等に係るものに限る。)に要する費用
5 第24条第5項又は第6項の措置(都道府県及び市町村以外の者の設置する保育所若しくは幼保連携型認定こども園又は都道府県及び市町村以外の者の行う家庭的保育事業等に係るものに限る。)に要する費用
6 障害児相談支援給付費又は特例障害児相談支援給付費の支給に要する費用
7 市町村の設置する児童福祉施設の設備及び職員の養成施設に要する費用
8 市町村児童福祉審議会に要する費用

第52条 第24条第5項又は第6項の規定による措置に係る児童が、子ども・子育て支援法第27条第1項、第28条第1項(第2号に係るものを除く。)、第29条第1項又は第30条第1項(第2号に係るものを除く。)の規定により施設型給付費、特例施設型給付費、地域型保育給付費又は特例地域型保育給付費の支給を受けることができる保護者の児童で

[79] 児童福祉法（53条～56条）

あるときは，市町村は，その限度において，前条第4号又は第5号の規定による費用の支弁をすることを要しない．

第53条 国庫は，第50条（第1号から第3号まで及び第9号を除く．）及び第51条（第4号，第7号及び第8号を除く．）に規定する地方公共団体の支弁する費用に対しては，政令の定めるところにより，その2分の1を負担する．

第55条 都道府県は，第51条第1号から第3号まで，第5号及び第6号の費用に対しては，政令の定めるところにより，その4分の1を負担しなければならない．

第56条 ① 第49条の2に規定する費用を国庫が支弁した場合においては，厚生労働大臣は，本人又はその扶養義務者（民法に定める扶養義務者をいう．以下同じ．）から，都道府県知事の認定するその負担能力に応じ，その費用の全部又は一部を徴収することができる．

② 第50条第5号，第6号，第6号の2若しくは第7号から第7号の3までに規定する費用を支弁した都道府県又は第51条第2号から第5号までに規定する費用を支弁した市町村の長は，本人又はその扶養義務者から，その負担能力に応じ，その費用の全部又は一部を徴収することができる．

③ 前項の規定による徴収金の収納の事務については，収入の確保及び本人又はその扶養義務者の便益の増進に寄与すると認める場合に限り，政令の定めるところにより，私人に委託することができる．

④ 都道府県知事又は市町村長は，第1項の規定による負担能力の認定又は第2項の規定による費用の徴収に関し必要があると認めるときは，本人又はその扶養義務者の収入の状況につき，本人若しくはその扶養義務者に対し報告を求め，又は官公署に対し必要な書類の閲覧若しくは資料の提供を求めることができる．

⑤ 第1項又は第2項の規定による費用の徴収は，これを本人又はその扶養義務者の居住地又は財産所在地の都道府県又は市町村に嘱託することができる．

⑥ 第1項又は第2項の規定により徴収される費用を，指定の期限内に納付しない者があるときは，第1項に規定する費用については国税の，第2項に規定する費用については地方税の滞納処分の例により処分することができる．この場合における徴収金の先取特権の順位は，国税及び地方税に次ぐものとする．

⑦ 保育所又は幼保連携型認定こども園の設置者が，次の各号に掲げる乳児又は幼児の保護者から，善良な管理者と同一の注意をもつて，当該各号に定める額のうち当該保護者が当該保育所又は幼保連携型認定こども園に支払うべき金額に相当する金額の支払を受けることに努めたにもかかわらず，なお当該保護者が当該金額の全部又は一部を支払わない場合において，当該保育所又は幼保連携型認定こども園における保育に支障が生じ，又は生ずるおそれがあり，かつ，市町村が第24条第1項の規定により当該保育所における保育を行うため必要であると認めるときは第2項の規定により当該幼保連携型認定こども園における保育を確保するため必要であると認めるときは，市町村は，当該設置者の請求に基づき，地方税の滞納処分の例によりこれを処分することができる．この場合における徴収金の先取特権の順位は，国税及び地方税に次ぐものとする．

1 子ども・子育て支援法第27条第1項に規定する特定教育・保育を受けた乳児又は幼児 同条第3項第1号に掲げる額から同条第5項の規定により支払がなされたときを控除して得た額（当該支払がなされなかつたときは，同号に掲げる額）又は同法第28条第2項第1号の規定による特例施設型給付費の額及び同号に規定する政令で定める額を限度として市町村が定める額（当該市町村が定める額が現に当該特定教育・保育に要した費用の額を超えるときは，当該現に特定教育・保育に要した費用の額）の合計額

2 子ども・子育て支援法第28条第1項第2号に規定する特別利用保育を受けた幼児 同条第2項第2号の規定による特例施設型給付費の額及び同号に規定する市町村が定める額（当該市町村が定める額が現に当該特別利用保育に要した費用の額を超えるときは，当該現に特別利用保育に要した費用の額）の合計額から同条第4項において準用する同法第27条第5項の規定により支払がなされた額を控除して得た額（当該支払がなされなかつたときは，当該合計額）

⑧ 家庭的保育事業等を行う者が，次の各号に掲げる乳児又は幼児の保護者から，善良な管理者と同一の注意をもつて，当該各号に定める額のうち当該保護者が当該家庭的保育事業等を行う者に支払うべき金額に相当する金額の支払を受けることに努めたにもかかわらず，なお当該保護者が当該金額の全部又は一部を支払わない場合において，当該家庭的保育事業等による保育に支障が生じ，又は生ずるおそれがあり，かつ，市町村が第24条第2項の規定により当該家庭的保育事業等による保育を確保するため必要であると認めるときは，市町村は，当該家庭的保育事業等を行う者の請求に基づき，地方税の滞納処分の例によりこれを処分することができる．この場合における徴収金の先取特権の順位は，国税及び地方税に次ぐものとする．

1 子ども・子育て支援法第29条第1項に規定する特定地域型保育（同法第30条第1項第2号に規定する特別利用地域型保育（次号において「特別利用地域型保育」という．）及び第3号に規定する特定利用地域型保育（第3号において「特定利用地域型保育」という．）を除く．）を受けた乳児又は幼児 同法第29条第3項第1号に掲げる額から同条第5項の規定により支払がなされた額を控除して得た額（当該支払がなされなかつたときは，同号に掲げる額）又は同法第30条第2項第1号の規定による特例地域型保育給付費の額及び同号に規定する政令で定める額を限度として市町村が定める額（当該市町村が定める額が現に当該特定地域型保育に要した費用の額を超えるときは，当該現に特定地域型保育に要した費用の額）の合計額

2 特別利用地域型保育を受けた幼児 子ども・子育て支援法第30条第2項第2号の規定による特例地域型保育給付費の額及び同号に規定する市町村が定める額（当該市町村が定める額が現に当該特別利用地域型保育に要した費用の額を超えるときは，当該現に特別利用地域型保育に要した費用の額）の合計額から同条第4項において準用する同法第29条第5項の規定により支払がなされた

額を控除して得た額（当該支払がなされなかつたときは、当該合計額）
3　特定利用地域型保育を受けた幼児　子ども・子育て支援法第30条第2項第3号の規定による特例地域型保育給付費の額及び同号に規定する市町村が定める額（当該市町村が定める額が現に当該特定利用地域型保育に要した費用の額を超えるときは、当該現に特定利用地域型保育に要した費用の額）の合計額から同条第4項において準用する同法第29条第5項の規定により支払がなされた額を控除して得た額（当該支払がなされなかつたときは、当該合計額）

第56条の2　① 都道府県及び市町村は、次の各号に該当する場合においては、第35条第4項の規定により、国、都道府県及び市町村以外の者が設置する児童福祉施設（保育所を除く。以下この条において同じ。）について、その新設（社会福祉法第31条第1項の規定により設立された社会福祉法人が設置する児童福祉施設の新設に限る。）、修理、改造、拡張又は整備（以下「新設等」という。）に要する費用の4分の3以内を補助することができる。ただし、1の児童福祉施設について都道府県及び市町村が補助する金額の合計額は、当該児童福祉施設の新設等に要する費用の4分の3を超えてはならない。
1　その児童福祉施設が、社会福祉法第31条第1項の規定により設立された社会福祉法人、日本赤十字社又は公益社団法人若しくは公益財団法人の設置するものであること。
2　その児童福祉施設が主として利用される地域において、この法律の規定に基づく障害児入所給付費の支給、入所させる措置又は助産の実施若しくは母子保護の実施を必要とする児童、その保護者又は妊産婦の分布状況からみて、同種の児童福祉施設が必要とされるにかかわらず、その地域に、国、都道府県又は市町村の設置する同種の児童福祉施設がないか、又はあつてもこれが十分でないこと。
② 前項の規定により、児童福祉施設に対する補助がなされたときは、厚生労働大臣、都道府県知事及び市町村長は、その補助の目的が有効に達せられることを確保するため、当該児童福祉施設に対して、第46条及び第58条第1項に規定するもののほか、次に掲げる権限を有する。
1　その児童福祉施設の予算が、補助の効果をあげるために不適当であると認めるときは、その予算について必要な変更をすべき旨を指示すること。
2　その児童福祉施設の職員が、この法律若しくはこれに基づく命令又はこれらに基づいてする処分に違反したときは、当該職員を解職すべき旨を指示すること。
③ 国庫は、第1項の規定により都道府県が障害児入所施設又は児童発達支援センターについて補助した金額の3分の2以内を補助することができる。

第56条の4の2　① 市町村は、保育を必要とする乳児・幼児に対し、必要な保育を確保するために必要があると認めるときは、当該市町村における保育所及び幼保連携型認定こども園（次項第1号及び第2号並びに次条第2項において「保育所等」という。）の整備に関する計画（以下「市町村整備計画」という。）を作成することができる。
② 市町村整備計画においては、おおむね次に掲げる事項について定めるものとする。
1　保育提供区域（市町村が、地理的条件、人口、交通事情その他の社会的条件、保育を提供するための施設の整備の状況その他の条件を総合的に勘案して定める区域をいう。以下同じ。）ごとの当該保育提供区域における保育所等の整備に関する目標及び計画期間
2　前号の目標を達成するために必要な保育所等を整備する事業に関する事項
3　その他厚生労働省令で定める事項
③ 市町村整備計画は、子ども・子育て支援法第61条第1項に規定する市町村子ども・子育て支援事業計画と調和が保たれたものでなければならない。
④ 市町村は、市町村整備計画を作成し、又はこれを変更したときは、次条第1項の規定により当該市町村整備計画を厚生労働大臣に提出する場合を除き、遅滞なくその写しを送付しなければならない。

第6章　審査請求

第56条の5の5　① 市町村の障害児通所給付費又は特例障害児通所給付費に係る処分に不服がある障害児の保護者は、都道府県知事に対して審査請求をすることができる。
② 前項の審査請求については、障害者の日常生活及び社会生活を総合的に支援するための法律第8章（第97条第1項を除く。）の規定を準用する。この場合において、必要な技術的読替えは、政令で定める。

第7章　雑則

第56条の8　① 市町村長は、当該市町村における保育の実施に対する需要の状況等に照らし適当であると認めるときは、公私連携型保育所（次項に規定する協定に基づき、当該市町村から必要な設備の貸付け、譲渡その他の協力を得て、当該市町村との連携の下に保育及び子育て支援事業（以下この条において「保育等」という。）を行う保育所をいう。以下この条において同じ。）の運営を継続的かつ安定的に行うことができる能力を有するものであると認められるもの（法人に限る。）を、その申請により、公私連携型保育所の設置及び運営を目的とする法人（以下この条において「公私連携保育法人」という。）として指定することができる。《②～⑬（略）》

第57条の2　① 市町村は、偽りその他不正の手段により障害児通所給付費、特例障害児通所給付費若しくは高額障害児通所給付費若しくは肢体不自由児通所医療費又は障害児相談支援給付費若しくは特例障害児相談支援給付費（以下この章において「障害児通所給付費等」という。）の支給を受けた者があるときは、その者から、その障害児通所給付費等の額に相当する金額の全部又は一部を徴収することができる。
② 市町村は、指定障害児通所支援事業者等又は指定障害児相談支援事業者が、偽りその他不正の行為により障害児通所給付費、肢体不自由児通所医療費又は障害児相談支援給付費の支給を受けたときは、当該指定障害児通所支援事業者等又は指定障害児相談支援事業者に対し、その支払つた額につき返還させるほか、その返還させる額に100分の40を乗じて得た額を支払わせることができる。
③ 都道府県は、偽りその他不正の手段により小児慢性特定疾病医療費又は障害児入所給付費等の支給

を受けた者があるときは，その者から，その小児慢性特定疾病医療費又は障害児入所給付費等の額に相当する金額の全部又は一部を徴収することができる．

④ 都道府県は，指定小児慢性特定疾病医療機関が，偽りその他不正の行為により小児慢性特定疾病医療費の支給を受けたときは，当該指定小児慢性特定疾病医療機関に対し，その支払つた額につき返還させるほか，その返還させる額に100分の40を乗じて得た額を支払わせることができる．

⑤ 都道府県は，指定障害児入所施設等が，偽りその他不正の行為により障害児入所給付費若しくは特定入所障害児食費等給付費又は障害児入所医療費の支給を受けたときは，当該指定障害児入所施設等に対し，その支払つた額につき返還させるほか，その返還させる額に100分の40を乗じて得た額を支払わせることができる．

⑥ 前各項の規定による徴収金は，地方自治法第231条の3第3項に規定する法律で定める歳入とする．

第57条の3 ① 市町村は，障害児通所給付費等の支給に関して必要があると認めるときは，障害児の保護者若しくは障害児の属する世帯の世帯主その他その世帯に属する者又はこれらの者であつた者に対し，報告若しくは文書その他の物件の提出若しくは提示を命じ，又は当該職員に質問させることができる．

② 都道府県は，小児慢性特定疾病医療費の支給に関して必要があると認めるときは，小児慢性特定疾病児童等の保護者若しくは小児慢性特定疾病児童等の属する世帯の世帯主その他その世帯に属する者又はこれらの者であつた者に対し，報告若しくは文書その他の物件の提出若しくは提示を命じ，又は当該職員に質問させることができる．

③ 都道府県は，障害児入所給付費等の支給に関して必要があると認めるときは，障害児の保護者若しくは障害児の属する世帯の世帯主その他その世帯に属する者又はこれらの者であつた者に対し，報告若しくは文書その他の物件の提出若しくは提示を命じ，又は当該職員に質問させることができる．

〈④（略）〉

第57条の3の2 ① 市町村は，障害児通所給付費等の支給に関して必要があると認めるときは，当該障害児通所給付費等の支給に係る障害児通所支援若しくは障害児相談支援を行う者若しくはこれらを使用する者若しくはこれらの者であつた者に対し，報告若しくは文書その他の物件の提出若しくは提示を命じ，又は当該職員に，関係者に対し質問させ，若しくは当該障害児通所支援若しくは障害児相談支援の事業を行う事業所若しくは施設に立ち入り，その設備若しくは帳簿書類その他の物件を検査させることができる．

〈②（略）〉

第57条の3の3 ① 厚生労働大臣又は都道府県知事は，障害児通所給付費等の支給に関して必要があると認めるときは，当該障害児通所給付費等の支給に係る障害児の保護者又は障害児の保護者であつた者に対し，当該障害児通所給付費等の支給に係る障害児通所支援若しくは障害児相談支援の内容に関し，報告若しくは文書その他の物件の提出若しくは提示を命じ，又は当該職員に質問させることができる．

② 厚生労働大臣は，小児慢性特定疾病医療費の支給に関して緊急の必要があると認めるときは，当該都道府県の知事との密接な連携の下に，当該小児慢性特定疾病医療費の支給に係る小児慢性特定疾病児童等の保護者又は小児慢性特定疾病児童等の保護者であつた者に対し，当該小児慢性特定疾病医療費の支給に係る小児慢性特定疾病医療支援の内容に関し，報告若しくは文書その他の物件の提出若しくは提示を命じ，又は当該職員に質問させることができる．

③ 厚生労働大臣は，障害児入所給付費等の支給に関して必要があると認めるときは，当該障害児入所給付費等の支給に係る障害児の保護者又は障害児の保護者であつた者に対し，当該障害児入所給付費等の支給に係る障害児入所支援の内容に関し，報告若しくは文書その他の物件の提出若しくは提示を命じ，又は当該職員に質問させることができる．

④ 厚生労働大臣又は都道府県知事は，障害児通所給付費等の支給に関して必要があると認めるときは，障害児通所支援若しくは障害児相談支援を行つた者若しくはこれを使用した者に対し，その行つた障害児通所支援若しくは障害児相談支援に関し，報告若しくは当該障害児通所支援若しくは障害児相談支援の提供の記録，帳簿書類その他の物件の提出若しくは提示を命じ，又は当該職員に関係者に対し質問させることができる．

⑤ 厚生労働大臣は，小児慢性特定疾病医療費の支給に関して緊急の必要があると認めるときは，当該都道府県の知事との密接な連携の下に，小児慢性特定疾病医療支援を行つた者若しくはこれを使用した者に対し，その行つた小児慢性特定疾病医療支援に関し，報告若しくは当該小児慢性特定疾病医療支援の提供の記録，帳簿書類その他の物件の提出若しくは提示を命じ，又は当該職員に関係者に対し質問させることができる．

⑥ 厚生労働大臣は，障害児入所給付費等の支給に関して必要があると認めるときは，障害児入所支援を行つた者若しくはこれを使用した者に対し，その行つた障害児入所支援に関し，報告若しくは当該障害児入所支援の提供の記録，帳簿書類その他の物件の提出若しくは提示を命じ，又は当該職員に関係者に対し質問させることができる．

〈⑦（略）〉

第57条の4 ① 市町村は，障害児通所給付費等の支給に関して必要があると認めるときは，障害児の保護者又は障害児の属する世帯の世帯主その他その世帯に属する者の資産又は収入の状況につき，官公署に対し必要な文書の閲覧若しくは資料の提供を求め，又は銀行，信託会社その他の機関若しくは障害児の保護者の雇用主その他の関係人に報告を求めることができる．

② 都道府県は，小児慢性特定疾病医療費の支給に関して必要があると認めるときは，小児慢性特定疾病児童等の保護者又は小児慢性特定疾病児童等の属する世帯の世帯主その他その世帯に属する者の資産又は収入の状況につき，官公署に対し必要な文書の閲覧若しくは資料の提供を求め，又は銀行，信託会社その他の機関若しくは小児慢性特定疾病児童等の保護者の雇用主その他の関係人に報告を求めることができる．

③ 都道府県は，障害児入所給付費等の支給に関して必要があると認めるときは，障害児の保護者又は障害児の属する世帯の世帯主その他その世帯に属する者の資産又は収入の状況につき，官公署に対し必要な文書の閲覧若しくは資料の提供を求め，又は銀

行，信託会社その他の機関若しくは障害児の保護者の雇用主その他の関係人に報告を求めることができる．

第57条の5 ① 租税その他の公課は，この法律により支給を受けた金品を標準として，これを課することができない．

② 小児慢性特定疾病医療費，障害児通所給付費等及び障害児入所給付費等を受ける権利は，譲り渡し，担保に供し，又は差し押さえることができない．

③ 前項に規定するもののほか，この法律による支給金品は，既に支給を受けたものであるとないとにかかわらず，これを差し押さえることができない．

第58条 ① 第35条第4項の規定により設置した児童福祉施設が，この法律若しくはこの法律に基づいて発する命令又はこれらに基づいてなす処分に違反したときは，都道府県知事は，同項の認可を取り消すことができる．

② 第34条の15第2項の規定により開始した家庭的保育事業等が，この法律若しくはこの法律に基づいて発する命令又はこれらに基づいてなす処分に違反したときは，市町村長は，同項の認可を取り消すことができる．

第59条 ① 都道府県知事は，児童の福祉のため必要があると認めるときは，第6条の3第9項から第12項まで若しくは第36条から第44条まで（第39条の2を除く．）に規定する業務を目的とする施設であつて第35条第3項の届出若しくは認定こども園法第16条の届出をしていないもの又は第34条の15第2項若しくは第35条第4項若しくは認定こども園法第17条第1項の認可を受けていないもの（前条の規定により児童福祉施設若しくは家庭的保育事業等の認可を取り消されたもの又は認定こども園法第22条第1項の規定により幼保連携型認定こども園の認可を取り消されたものを含む．）については，その施設の設置者若しくは管理者に対し，必要と認める事項の報告を求め，又は当該職員をして，その事務所若しくは施設に立ち入り，その施設の設備若しくは運営について必要な調査若しくは質問をさせることができる．この場合においては，その身分を証明する証票を携帯させなければならない．

③ 都道府県知事は，児童の福祉のため必要があると認めるときは，第1項に規定する施設の設置者に対し，その施設の設備又は運営の改善その他の勧告をすることができる．

④ 都道府県知事は，前項の勧告を受けた施設の設置者がその勧告に従わなかつたときは，その旨を公表することができる．

⑤ 都道府県知事は，第1項に規定する施設について，児童の福祉のため必要があると認めるときは，都道府県児童福祉審議会の意見を聴き，その事業の停止又は施設の閉鎖を命ずることができる．

⑥ 都道府県知事は，児童の生命又は身体の安全を確保するため緊急を要する場合で，あらかじめ都道府県児童福祉審議会の意見を聴くいとまがないときは，当該手続を経ないで前項の命令をすることができる．

⑦ 都道府県知事は，第3項の勧告又は第5項の命令をした場合には，その旨を当該施設の所在地の市町村長に通知するものとする． ⟨②(略)⟩

第59条の2 ① 第6条の3第9項から第12項までに規定する業務又は第39条第1項に規定する業務を目的とする施設（少数の乳児又は幼児を対象とするものその他の厚生労働省令で定めるものを除く．）であつて第34条の15第2項又は第35条第4項の認可又は認定こども園法第17条第1項の認可を受けていないもの（第58条の規定により児童福祉施設若しくは家庭的保育事業等の認可を取り消された又は認定こども園法第22条第1項の規定により幼保連携型認定こども園の認可を取り消されたものを含む．）については，その施設の設置者は，その事業の開始の日（第58条の規定により児童福祉施設若しくは家庭的保育事業等の認可を取り消された施設又は認定こども園法第22条第1項の規定により幼保連携型認定こども園の認可を取り消された施設にあつては，当該認可の取消しの日）から1月以内に，次に掲げる事項を都道府県知事に届け出なければならない．

1 施設の名称及び所在地
2 設置者の氏名及び住所又は名称及び所在地
3 建物その他の設備の規模及び構造
4 事業を開始した年月日
5 施設の管理者の氏名及び住所
6 その他厚生労働省令で定める事項

② 前項に規定する施設の設置者は，同項の規定により届け出た事項のうち厚生労働省令で定めるものに変更を生じたときは，変更の日から1月以内に，その旨を都道府県知事に届け出なければならない．その事業を廃止し，又は休止したときも，同様とする．

③ 都道府県知事は，前2項の規定による届出があつたときは，当該届出に係る事項を当該施設の所在地の市町村長に通知するものとする．

第59条の2の2 前条第1項に規定する施設の設置者は，次に掲げる事項を当該施設において提供されるサービスを利用しようとする者の見やすい場所に掲示しなければならない．

1 設置者の氏名又は名称及び施設の管理者の氏名
2 建物その他の設備の規模及び構造
3 その他厚生労働省令で定める事項

第59条の2の3 第59条の2第1項に規定する施設の設置者は，当該施設において提供されるサービスを利用しようとする者からの申込みがあつた場合には，その者に対し，当該サービスを利用するための契約の内容及びその履行に関する事項について説明するように努めなければならない．

第59条の2の4 第59条の2第1項に規定する施設の設置者は，当該施設において提供されるサービスを利用するための契約が成立したときは，その利用者に対し，遅滞なく，次に掲げる事項を記載した書面を交付しなければならない．

1 設置者の氏名及び住所又は名称及び所在地
2 当該サービスの提供につき利用者が支払うべき額に関する事項
3 その他厚生労働省令で定める事項

第59条の2の5 ① 第59条の2第1項に規定する施設の設置者は，毎年，厚生労働省令で定めるところにより，当該施設の運営の状況を都道府県知事に報告しなければならない．

② 都道府県知事は，毎年，前項の報告に係る施設の運営の状況その他第59条の2第1項に規定する施設に関し児童の福祉のため必要と認める事項を取りまとめ，これを各施設の所在地の市町村長に通知するとともに，公表するものとする．

80 児童福祉施設の設備及び運営に関する基準（抄）

（昭23・12・29厚生省令第63号，昭23・12・29施行，最終改正：平28・2・19厚生労働省令第23号）

第1章　総則

（趣旨）
第1条 ① 児童福祉法（昭和22年法律第164号．以下「法」という．）第45条第2項の厚生労働省令で定める基準（以下「設備運営基準」という．）は，次の各号に掲げる基準に応じ，それぞれ当該各号に定める規定による基準とする．
1　法第45条第1項の規定により，同条第2項第1号に掲げる事項について都道府県が条例を定めるに当たつて従うべき基準　第8条ただし書（入所している者の保護に直接従事する職員に係る部分に限る．），第17条，第21条，第22条，第22条の2第1項，第27条，第27条の2第1項，第28条，第30条第2項，第33条第1項（第30条第1項において準用する場合を含む．）及び第2項，第38条，第42条，第42条の2第1項，第43条，第49条，第58条，第63条，第69条，第73条，第74条第1項，第80条，第81条第1項，第82条，第83条，第88条の3，第90条及び並びに第94条から第97条までの規定による基準
2　法第45条第1項の規定により，同条第2項第2号に掲げる事項について都道府県が条例を定めるに当たつて従うべき基準　第8条ただし書（入所している者の居室及び各施設に特有の設備に係る部分に限る．），第19条第1号（寝室及び観察室に係る部分に限る．），第2号及び第3号，第20条第1号（乳幼児の養育のための専用の室に係る部分に限る．）及び第2号，第26条第1号（母子室に係る部分に限る．），第2号（母子室を1世帯につき1室以上とする部分に限る．）及び第3号，第32条第1号（乳児室及びほふく室に係る部分に限る．）（第30条第1項において準用する場合を含む．），第2号（第30条第1項において準用する場合を含む．），第3号（第30条第1項において準用する場合を含む．），第5号（保育室及び遊戯室に係る部分に限る．）（第30条第1項において準用する場合を含む．），第6号（保育室及び遊戯室に係る部分に限る．）（第30条第1項において準用する場合を含む．），第41条第1号（居室に係る部分に限る．）（第79条第2項において準用する場合を含む．）及び第2号（面積に係る部分に限る．）（第79条第2項において準用する場合を含む．），第48条第1号（居室に係る部分に限る．）及び第7号（面積に係る部分に限る．），第57条条第1号（病室に係る部分に限る．），第62条第1号（指導訓練室及び遊戯室に係る部分に限る．），第2号（面積に係る部分に限る．）及び第3号，第68条第1号（病室に係る部分に限る．），第72条第1号（居室に係る部分に限る．）及び第2号（面積に係る部分に限る．）並びに附則第94条第1項の規定による基準
3　法第45条第1項の規定により，同条第2項第3号に掲げる事項について都道府県が条例を定めるに当たつて従うべき基準　第9条から第9条の3まで，第11条，第14条の2，第15条，第19条条第1号（調理室に係る部分に限る．），第26条第2号（調理設備に係る部分に限る．），第32条第1号（調理室に係る部分に限る．）（第30条第1項において準用する場合を含む．），第32条の2（第30条第1項において準用する場合を含む．），第35条，第41条第1号（調理室に係る部分に限る．）（第79条第2項において準用する場合を含む．），第48条第1号（調理室に係る部分に限る．），第57条第1号（給食施設に係る部分に限る．），第62条第1号（調理室に係る部分に限る．）及び第6号（調理室に係る部分に限る．），第68条第1号（調理室に係る部分に限る．）及び第72条第1号（調理室に係る部分に限る．）の規定による基準
4　法第45条第1項の規定により，同条第2項各号に掲げる事項以外の事項について都道府県が条例を定めるに当たつて参酌すべき基準　この省令に定める基準のうち，前3号に定める規定による基準以外のもの
② 設備運営基準は，都道府県知事の監督に属する児童福祉施設に入所している者が，明るくて，衛生的な環境において，素養があり，かつ，適切な訓練を受けた職員（児童福祉施設の長を含む．以下同じ．）の指導により，心身ともに健やかにして，社会に適応するように育成されることを保障するものとする．
③ 厚生労働大臣は，設備運営基準を常に向上させるように努めるものとする．

（最低基準の目的）
第2条　法第45条第1項の規定により都道府県が条例で定める基準（以下「最低基準」という．）は，都道府県知事の監督に属する児童福祉施設に入所している者が，明るくて，衛生的な環境において，素養があり，かつ，適切な訓練を受けた職員の指導により，心身ともに健やかにして，社会に適応するように育成されることを保障するものとする．

（最低基準の向上）
第3条 ① 都道府県知事は，その管理に属する法第8条第2項に規定する都道府県児童福祉審議会（社会福祉法（昭和26年法律第45号）第12条第1項の規定により同法第7条第1項に規定する地方社会福祉審議会（以下この項において「地方社会福祉審議会」という．）に児童福祉に関する事項を調査審議させる都道府県にあつては，地方社会福祉審議会）の意見を聴き，その監督に属する児童福祉施設に対し，最低基準を超えて，その設備及び運営を向上させるように勧告することができる．
② 都道府県は，最低基準を常に向上させるように努めるものとする．

（最低基準と児童福祉施設）
第4条 ① 児童福祉施設は，最低基準を超えて，常に，その設備及び運営を向上させなければならない．
② 最低基準を超えて，設備を有し，又は運営をしている児童福祉施設においては，最低基準を理由として，その設備又は運営を低下させてはならない．

（児童福祉施設の一般原則）
第5条 ① 児童福祉施設は，入所している者の人権に十分配慮するとともに，1人1人の人格を尊重して，その運営を行わなければならない．

(2) 子ども・次世代育成支援策

② 児童福祉施設は、地域社会との交流及び連携を図り、児童の保護者及び地域社会に対し、当該児童福祉施設の運営の内容を適切に説明するよう努めなければならない。
③ 児童福祉施設は、その運営の内容について、自ら評価を行い、その結果を公表するよう努めなければならない。
④ 児童福祉施設には、法に定めるそれぞれの施設の目的を達成するために必要な設備を設けなければならない。
⑤ 児童福祉施設の構造設備は、採光、換気等入所している者の保健衛生及びこれらの者に対する危害防止に十分な考慮を払つて設けられなければならない。

（児童福祉施設と非常災害）
第6条 ① 児童福祉施設には、軽便消火器等の消火用具、非常口その他非常災害に必要な設備を設けるとともに、非常災害に対する具体的計画を立て、これに対する不断の注意と訓練をするように努めなければならない。
② 前項の訓練のうち、避難及び消火に対する訓練は、少なくとも毎月1回は、これを行わなければならない。

（児童福祉施設における職員の一般的要件）
第7条 児童福祉施設に入所している者の保護に従事する職員は、健全な心身を有し、豊かな人間性と倫理観を備え、児童福祉事業に熱意のある者であつて、できる限り児童福祉事業の理論及び実際について訓練を受けた者でなければならない。

（児童福祉施設の職員の知識及び技能の向上等）
第7条の2 ① 児童福祉施設の職員は、常に自己研鑽に励み、法に定めるそれぞれの施設の目的を達成するために必要な知識及び技能の修得、維持及び向上に努めなければならない。
② 児童福祉施設は、職員に対し、その資質の向上のための研修の機会を確保しなければならない。

（入所した者を平等に取り扱う原則）
第9条 児童福祉施設においては、入所している者の国籍、信条、社会的身分又は入所に要する費用を負担するか否かによつて、差別的取扱いをしてはならない。

（虐待等の禁止）
第9条の2 児童福祉施設の職員は、入所中の児童に対し、法第33条の10各号に掲げる行為その他当該児童の心身に有害な影響を与える行為をしてはならない。

（懲戒に係る権限の濫用禁止）
第9条の3 児童福祉施設の長は、入所中の児童等（法第33条の7に規定する児童等をいう。以下この条において同じ。）に対し法第47条第1項本文の規定により親権を行う場合であつて懲戒するとき又は同条第3項の規定により懲戒に関しその児童等の福祉のために必要な措置を採るときは、身体的苦痛を与え、人格を辱める等その権限を濫用してはならない。

（衛生管理等）
第10条 ① 児童福祉施設に入所している者の使用する設備、食器等又は飲用に供する水については、衛生的な管理に努め、又は衛生上必要な措置を講じなければならない。
② 児童福祉施設は、当該児童福祉施設において感染症又は食中毒が発生し、又はまん延しないように必要な措置を講ずるよう努めなければならない。

③ 児童福祉施設（助産施設、保育所及び児童厚生施設を除く。）においては、入所している者の希望等を勘案し、清潔を維持することができるよう適切に、入所している者を入浴させ、又は清拭しなければならない。
④ 児童福祉施設には、必要な医薬品その他の医療品を備えるとともに、それらの管理を適正に行わなければならない。

〔食 事〕
第11条 ① 児童福祉施設（助産施設を除く。以下この項において同じ。）において、入所している者に食事を提供するときは、当該児童福祉施設内で調理する方法（第8条の規定により、当該児童福祉施設の調理室を兼ねる他の社会福祉施設の調理室において調理する方法を含む。）により行わなければならない。
② 児童福祉施設において、入所している者に食事を提供するときは、その献立は、できる限り、変化に富み、入所している者の健全な発育に必要な栄養量を含有するものでなければならない。
③ 食事は、前項の規定によるほか、食品の種類及び調理方法について栄養並びに入所している者の身体的状況及び嗜好を考慮したものでなければならない。
④ 調理は、あらかじめ作成された献立に従つて行わなければならない。ただし、少数の児童を対象として家庭的な環境の下で調理するときは、この限りでない。
⑤ 児童福祉施設は、児童の健康な生活の基本としての食を営む力の育成に努めなければならない。

（入所した者及び職員の健康診断）
第12条 ① 児童福祉施設（児童厚生施設及び児童家庭支援センターを除く。第4項を除き、以下この条において同じ。）の長は、入所した者に対し、入所時の健康診断、少なくとも1年に2回の定期健康診断及び臨時の健康診断を、学校保健安全法（昭和33年法律第56号）に規定する健康診断に準じて行わなければならない。
② 児童福祉施設の長は、前項の規定にかかわらず、次の表の上欄に掲げる健康診断が行われた場合であつて、当該健康診断がそれぞれ同表の下欄に掲げる健康診断の全部又は一部に相当すると認められるときは、同欄に掲げる健康診断の全部又は一部を行わないことができる。この場合において、児童福祉施設の長は、それぞれ同表の上欄に掲げる健康診断の結果を把握しなければならない。

児童相談所等における児童の入所前の健康診断	入所した児童に対する入所時の健康診断
児童が通学する学校における健康診断	定期の健康診断又は臨時の健康診断

③ 第1項の健康診断をした医師は、その結果必要な事項を母子健康手帳又は入所した者の健康を記録する表に記入するとともに、必要に応じ入所の措置又は助産の実施、母子保護の実施若しくは保育の提供若しくは法第24条第5項若しくは第6項の規定による措置を解除又は停止する等必要な手続をとることを、児童福祉施設の長に勧告しなければならない。
④ 児童福祉施設の職員の健康診断に当たつては、特に入所している者の食事を調理する者につき、綿密な注意を払わなければならない。

80 児童福祉施設の設備及び運営に関する基準（12条の2〜32条）

（給付金として支払を受けた金銭の管理）
第12条の2 乳児院、児童養護施設、障害児入所施設、情緒障害児短期治療施設及び児童自立支援施設は、当該施設の設置者が入所中の児童に係る厚生労働大臣が定める給付金（以下この条において「給付金」という．）の支給を受けたときは，給付金として支払を受けた金銭を次に掲げるところにより管理しなければならない．
1 当該児童に係る当該金銭及びこれに準ずるもの（これらの運用により生じた収益を含む．以下この条において「児童に係る金銭」という．）をその他の財産と区分すること．
2 児童に係る金銭を給付金の支給の趣旨に従つて用いること．
3 児童に係る金銭の収支の状況を明らかにする帳簿を整備すること．
4 当該児童が退所した場合には，速やかに，児童に係る金銭を当該児童に取得させること．

（児童福祉施設内部の規程）
第13条 ① 児童福祉施設（保育所を除く．）においては，次に掲げる事項のうち必要な事項につき規程を設けなければならない．
1 入所する者の援助に関する事項
2 その他施設の管理についての重要事項
② 保育所は，次の各号に掲げる施設の運営についての重要事項に関する規程を定めておかなければならない．
1 施設の目的及び運営の方針
2 提供する保育の内容
3 職員の職種，員数及び職務の内容
4 保育の提供を行う日及び時間並びに提供を行わない日
5 保護者から受領する費用の種類，支払を求める理由及びその額
6 乳児，満3歳に満たない幼児及び満3歳以上の幼児の区分ごとの利用定員
7 保育所の利用の開始，終了に関する事項及び利用に当たっての留意事項
8 緊急時等における対応方法
9 非常災害対策
10 虐待の防止のための措置に関する事項
11 保育所の運営に関する重要事項

（児童福祉施設に備える帳簿）
第14条 児童福祉施設には，職員，財産，収支及び入所している者の処遇の状況を明らかにする帳簿を整備しておかなければならない．

（秘密保持等）
第14条の2 ① 児童福祉施設の職員は，正当な理由がなく，その業務上知り得た利用者又はその家族の秘密を漏らしてはならない．
② 児童福祉施設は，職員であつた者が，正当な理由がなく，その業務上知り得た利用者又はその家族の秘密を漏らすことがないよう，必要な措置を講じなければならない．

（苦情への対応）
第14条の3 ① 児童福祉施設は，その行つた援助に関する入所している者又はその保護者等からの苦情に迅速かつ適切に対応するために，苦情を受け付けるための窓口を設置する等の必要な措置を講じなければならない．
② 乳児院、児童養護施設、障害児入所施設、児童発達支援センター，情緒障害児短期治療施設及び児童自立支援施設は，前項の必要な措置として，苦情の公正な解決を図るために，苦情の解決に当たつて当該児童福祉施設の職員以外の者を関与させなければならない．
③ 児童福祉施設は，その行つた援助に関し，当該措置による施設の実施，母子保護の実施若しくは保育の提供若しくは法第24条第5項若しくは第6項の規定による措置に係る都道府県又は市町村から指導又は助言を受けた場合は，当該指導又は助言に従つて必要な改善を行わなければならない．
④ 児童福祉施設は，社会福祉法第83条に規定する運営適正化委員会が行う同法第85条第1項の規定による調査にできる限り協力しなければならない．

第5章 保育所

（設備の基準）
第32条 保育所の設備の基準は，次のとおりとする．
1 乳児又は満2歳に満たない幼児を入所させる保育所には，乳児室又はほふく室，医務室，調理室及び便所を設けること．
2 乳児室の面積は，乳児又は前号の幼児1人につき1．65平方メートル以上であること．
3 ほふく室の面積は，乳児又は第1号の幼児1人につき3．3平方メートル以上であること．
4 乳児室又はほふく室には，保育に必要な用具を備えること．
5 満2歳以上の幼児を入所させる保育所には，保育室又は遊戯室，屋外遊戯場（保育所の付近にある屋外遊戯場に代わるべき場所を含む．次号において同じ．），調理室及び便所を設けること．
6 保育室又は遊戯室の面積は，前号の幼児1人につき1．98平方メートル以上，屋外遊戯場の面積は，前号の幼児1人につき3．3平方メートル以上であること．
7 保育室又は遊戯室には，保育に必要な用具を備えること．
8 乳児室，ほふく室，保育室又は遊戯室（以下「保育室等」という．）を2階に設ける建物は，次のイ、ロ及びへの要件に，保育室等を3階以上に設ける建物は，次のロからチまでの要件に該当するものであること．
イ 建築基準法（昭和25年法律第201号）第2条第9号の2に規定する耐火建築物又は同条第9号の3に規定する準耐火建築物（同号ロに該当するものを除く．）であること．
ロ 保育室等が設けられている次の表の上欄に掲げる階に応じ，同表の中欄に掲げる区分ごとに，それぞれ同表の下欄に掲げる施設又は設備が1以上設けられていること．

階	区分	施設又は設備
2階	常用	1 屋内階段 2 屋外階段
	避難用	1 建築基準法施行令（昭和25年政令第338号）第123条第1項各号又は同条第3項各号に規定する構造の屋内階段（ただし，同条第1項の場合においては，当該階段の構造は，建築物の2階から2階までの部分に限り，屋内と階段室とは，バルコニー又は付室を通じて連絡することとし，かつ，同条第3項第3号，第4号及び第10号

		を満たすものとする．） 2 待避上有効なバルコニー 3 建築基準法第2条第7号の2に規定する準耐火構造の屋外傾斜路又はこれに準ずる設備 4 屋外階段
3階	常用	1 建築基準法施行令123条第1項各号又は同条第3項各号に規定する構造の屋内階段 2 屋外階段
3階	避難用	1 建築基準法施行令123条第1項各号又は同条第3項各号に規定する構造の屋内階段（ただし，同条第1項の場合においては，当該階段の構造は，建築物の1階から3階までの部分に限り，屋内と階段室とは，バルコニー又は付室を通じて連絡することとし，かつ，同条第3項第3号，第4号及び第10号を満たすものとする．） 2 建築基準法第2条第7号に規定する耐火構造の屋外傾斜路又はこれに準ずる設備 3 屋外階段
4階以上	常用	1 建築基準法施行令123条第1項各号又は同条第3項各号に規定する構造の屋内階段 2 建築基準法第2条第7号に規定する構造の屋外階段
4階以上	避難用	1 建築基準法施行令123条第1項各号又は同条第3項各号に規定する構造の屋内階段（ただし，同条第1項の場合においては，当該階段の構造は，建築物の1階から保育室等が設けられている階までの部分に限り，屋内と階段室又は付室（階段室が同条第3項に規定する構造を有する場合を除き，同号に規定する構造を有するものに限る．）を通じて連絡することとし，かつ，同条第3項第3号，第4号及び第10号を満たすものとする．） 2 建築基準法第2条第7号に規定する耐火構造の屋外傾斜路 3 建築基準法施行令123条第2項各号に規定する構造の屋外階段

ハ ロに掲げる施設及び設備が避難上有効な位置に設けられ，かつ，保育室等の各部分からそのいずれか1に至る歩行距離が30メートル以下となるように設けられていること．

ニ 保育所の調理室（次に掲げる要件のいずれかに該当するものを除く，ニにおいて同じ．）以外の部分と保育所の調理室との部分が建築基準法2条第7号に規定する耐火構造の床若しくは壁又は建築基準法施行令第112条第1項に規定する特定防火設備で区画されていること．この場合において，換気，暖房又は冷房の設備の風道が，当該床若しくは壁を貫通する部分又はこれに近接する部分に防火上有効にダンパーが設けられていること．

（1）スプリンクラー設備その他これに類するもので自動式のものが設けられていること．

（2）調理用器具の種類に応じて有効な自動消火装置が設けられ，かつ，当該調理室の外部への延焼を防止するために必要な措置が講じられていること．

ホ 保育所の壁及び天井の室内に面する部分の仕上げを不燃材料でしていること．

ヘ 保育室等その他乳幼児が出入し，又は通行する場所に，乳幼児の転落事故を防止する設備が設けられていること．

ト 非常警報器具又は非常警報設備及び消防機関へ火災を通報する設備が設けられていること．

チ 保育所のカーテン，敷物，建具等で可燃性のものについて防炎処理が施されていること．

（保育所の設備の基準の特例）

第32条の2 次の各号に掲げる要件を満たす保育所は，第11条第1項の規定にかかわらず，当該保育所の満3歳以上の幼児に対する食事の提供について，当該保育所外で調理し搬入する方法により行うことができる．この場合において，当該保育所は，当該食事の提供について当該方法によることとしてもなお当該保育所において行うことが必要な調理のための加熱，保存等の調理機能を有する設備を備えるものとする．

1 幼児に対する食事の提供の責任が当該保育所にあり，その管理者が，衛生面，栄養面等業務上必要な注意を果たし得るような体制及び調理業務の受託者との契約内容が確保されていること．

2 当該保育所又は他の施設，保健所，市町村等の栄養士により，献立等について栄養の観点からの指導が受けられる体制にある等，栄養士による必要な配慮が行われること．

3 調理業務の受託者を，当該保育所における給食の趣旨を十分に認識し，衛生面，栄養面等，調理業務を適切に遂行できる能力を有する者とすること．

4 幼児の年齢及び発達の段階並びに健康状態に応じた食事の提供や，アレルギー，アトピー等への配慮，必要な栄養素量の給与等，幼児の食事の内容，回数及び時機に適切に応じることができること．

5 食を通じた乳幼児の健全育成を図る観点から，乳幼児の発育及び発達の過程に応じて食に配慮すべき事項を定めた食育に関する計画に基づき食事を提供するよう努めること．

（職　員）

第33条 ① 保育所には，保育士（特区法第12条の4第5項に規定する事業実施区域内にある保育所にあつては，保育士又は当該事業実施区域に係る国家戦略特別区域限定保育士．次項において同じ．），嘱託医及び調理員を置かなければならない．ただし，調理業務の全部を委託する施設にあつては，調理員を置かないことができる．

② 保育士の数は，乳児おおむね3人につき1人以上，満1歳以上満3歳に満たない幼児おおむね6人につき1人以上，満3歳以上満4歳に満たない幼児おおむね20人につき1人以上，満4歳以上の幼児おおむね30人につき1人以上とする．ただし，保育所1につき2人を下ることはできない．

（保育時間）

第34条 保育所における保育時間は，1日につき8時間を原則とし，その地方における乳幼児の保護者の労働時間その他家庭の状況等を考慮して，保育所の長がこれを定める．

（保育の内容）

第35条 保育所における保育は，養護及び教育を一体的に行うことをその特性とし，その内容については，厚生労働大臣が定める指針に従う．

（保護者との連絡）

第36条 保育所の長は，常に入所している乳幼児の

保護者と密接な連絡をとり、保育の内容等につき、その保護者の理解及び協力を得るよう努めなければならない。

(業務の質の評価等)
第36条の2 ① 保育所は、自らその行う法第39条に規定する業務の質の評価を行い、常にその改善を図るよう努めなければならない。
② 保育所は、定期的に外部の者による評価を受けて、それらの結果を公表し、常にその改善を図るよう努めなければならない。

第36条の3 削除

第7章　児童養護施設

(設備の基準)
第41条 児童養護施設の設備の基準は、次のとおりとする。
1 児童の居室、相談室、調理室、浴室及び便所を設けること。
2 児童の居室の1室の定員は、これを4人以下とし、その面積は、1人につき4.95平方メートル以上とすること。ただし、乳幼児のみの居室の1室の定員は、これを6人以下とし、その面積は、1人につき3.3平方メートル以上とする。
3 入所している児童の年齢等に応じ、男子と女子の居室を別にすること。
4 便所は、男子用と女子用とを別にすること。ただし、少数の児童を対象として設けるときは、この限りでない。
5 児童30人以上を入所させる児童養護施設には、医務室及び静養室を設けること。
6 入所している児童の年齢、適性等に応じ職業指導に必要な設備(以下「職業指導に必要な設備」という。)を設けること。

(職員)
第42条 ① 児童養護施設には、児童指導員、嘱託医、保育士(特区法第12条の4第5項に規定する事業実施区域内にある児童養護施設にあつては、保育士又は当該事業実施区域に係る国家戦略特別区域限定保育士。第6項及び第46条において同じ。)、個別対応職員、家庭支援専門相談員、栄養士及び調理員並びに乳児が入所している施設にあつては看護師を置かなければならない。ただし、児童40人以下を入所させる施設にあつては栄養士を、調理業務の全部を委託する施設にあつては調理員を置かないことができる。
② 家庭支援専門相談員は、社会福祉士若しくは精神保健福祉士の資格を有する者、児童養護施設において児童の指導に5年以上従事した者又は法第13条第2項各号のいずれかに該当する者でなければならない。
③ 心理療法を行う必要があると認められる児童10人以上に心理療法を行う場合には、心理療法担当職員を置かなければならない。
④ 心理療法担当職員は、学校教育法の規定による大学の学部で、心理学を専修する学科若しくはこれに相当する課程を修めて卒業した者であつて、個人及び集団心理療法の技術を有するもの又はこれと同等以上の能力を有すると認められる者でなければならない。
⑤ 実習設備を設けて職業指導を行う場合には、職業指導員を置かなければならない。
⑥ 児童指導員及び保育士の総数は、通じて、満2歳に満たない幼児おおむね1.6人につき1人以上、満2歳以上満3歳に満たない幼児おおむね2人につき1人以上、満3歳以上の幼児おおむね4人につき1人以上、少年おおむね5.5人につき1人以上とする。ただし、児童45人以下を入所させる施設にあつては、更に1人以上を加えるものとする。
⑦ 看護師の数は、乳児おおむね1.6人につき1人以上とする。ただし、1人を下ることはできない。

(児童養護施設の長の資格等)
第42条の2 ① 児童養護施設の長は、次の各号のいずれかに該当し、かつ、厚生労働大臣が指定する者が行う児童養護施設の運営に関し必要な知識を習得させるための研修を受けた者であつて、人格が高潔で識見が高く、児童養護施設を適切に運営する能力を有するものでなければならない。
1 医師であつて、精神保健又は小児保健に関して学識経験を有する者
2 社会福祉士の資格を有する者
3 児童養護施設の職員として3年以上勤務した者
4 都道府県知事が前各号に掲げる者と同等以上の能力を有すると認める者であつて、次に掲げる期間の合計が3年以上であるもの又は厚生労働大臣が指定する講習会の課程を修了したもの
 イ 児童福祉司となる資格を有する者にあつては、児童福祉事業(国、都道府県又は市町村の内部組織における児童福祉に関する事務を含む。)に従事した期間
 ロ 社会福祉主事となる資格を有する者にあつては、社会福祉事業に従事した期間
 ハ 児童養護施設の職員として勤務した期間(イ又はロに掲げる期間に該当する期間を除く。)
② 児童養護施設の長は、2年に1回以上、その資質の向上のための厚生労働大臣が指定する者が行う研修を受けなければならない。ただし、やむを得ない理由があるときは、この限りでない。

(児童指導員の資格)
第43条 ① 児童指導員は、次の各号のいずれかに該当する者でなければならない。
1 都道府県知事の指定する児童福祉施設の職員を養成する学校その他の養成施設を卒業した者
2 社会福祉士の資格を有する者
3 精神保健福祉士の資格を有する者
4 学校教育法の規定による大学の学部で、社会福祉学、心理学、教育学若しくは社会学を専修する学科又はこれらに相当する課程を修めて卒業した者
5 学校教育法の規定による大学の学部で、社会福祉学、心理学、教育学又は社会学に関する科目の単位を優秀な成績で修得したことにより、同法第102条第2項の規定により大学院への入学を認められた者
6 学校教育法の規定による大学院において、社会福祉学、心理学、教育学若しくは社会学を専攻する研究科又はこれらに相当する課程を修めて卒業した者
7 外国の大学において、社会福祉学、心理学、教育学若しくは社会学を専修する学科又はこれらに相当する課程を修めて卒業した者
8 学校教育法の規定による高等学校若しくは中等教育学校を卒業した者、同法第90条第2項の規定により大学への入学を認められた者若しくは通常の課程による12年の学校教育を修了した者(通

常の課程以外の課程によりこれに相当する学校教育を修了した者を含む.）又は文部科学大臣がこれと同等以上の資格を有すると認定した者であつて，2年以上児童福祉事業に従事したもの
9 学校教育法の規定により，小学校，中学校，義務教育学校，高等学校又は中等教育学校の教諭となる資格を有する者であつて，都道府県知事が適当と認めたもの
10 3年以上児童福祉事業に従事した者であつて，都道府県知事が適当と認めたもの
② 前項第1号の指定は，児童福祉法施行規則（昭和23年厚生省令第11号）別表に定める教育内容に適合する学校又は施設について行うものとする．

（養護）
第44条 児童養護施設における養護は，児童に対して安定した生活環境を整えるとともに，生活指導，学習指導，職業指導及び家庭環境の調整を行い つつ児童を養育することにより，児童の心身の健やかな成長とその自立を支援することを目的として行わなければならない．

（生活指導，学習指導，職業指導及び家庭環境の調整）
第45条 ① 児童養護施設における生活指導は，児童の自主性を尊重しつつ，基本的生活習慣を確立するとともに豊かな人間性及び社会性を養い，かつ，将来自立した生活を営むために必要な知識及び経験を得ることができるように行わなければならない．
② 児童養護施設における学習指導は，児童がその適性，能力等に応じた学習を行うことができるよう，適切な相談，助言，情報の提供等の支援により行わなければならない．
③ 児童養護施設における職業指導は，勤労の基礎的な能力及び態度を育てるとともに，児童がその適性，能力等に応じた職業選択を行うことができるよう，適切な相談，助言，情報の提供等及び必要に応じ行う実習，講習等の支援により行わなければならない．
④ 児童養護施設における家庭環境の調整は，児童の家庭の状況に応じ，親子関係の再構築等が図られるように行わなければならない．

（自立支援計画の策定）
第45条の2 児童養護施設の長は，第44条の目的を達成するため，入所中の個々の児童について，児童やその家族の状況等を勘案して，その自立を支援するための計画を策定しなければならない．

（業務の質の評価等）
第45条の3 児童養護施設は，自らその行う法第41条に規定する業務の質の評価を行うとともに，定期的に外部の者による評価を受けて，それらの結果を公表し，常にその改善を図らなければならない．

（児童と起居を共にする職員）
第46条 児童養護施設の長は，児童指導員及び保育士のうち少なくとも1人を児童と起居を共にさせなければならない．

（関係機関との連携）
第47条 児童養護施設の長は，児童の通学する学校及び児童相談所並びに必要に応じ児童家庭支援センター，児童委員，公共職業安定所等関係機関との連携を密接に連携して児童の指導及び家庭環境の調整に当たらなければならない．

81 家庭的保育事業等の設備及び運営に関する基準（抄）

（平26・4・30厚生労働省令第61号，平28・4・1施行，最終改正：平28・2・19厚生労働省令第23号）

第1章 総則

（趣旨）
第1条 ① 児童福祉法（昭和22年法律第164号．以下「法」という．）第34条の16第2項の厚生労働省令で定める基準（以下「設備運営基準」という．）は，次の各号に掲げる基準に応じ，それぞれ当該各号に定める規定による基準とする．
1 法第34条の16第1項の規定により，同条第2項第1号に掲げる事項について市町村（特別区を含む．以下同じ．）が条例を定めるに当たって従うべき基準　第10条ただし書（保育に直接従事する職員に係る部分に限る．），第23条，第29条，第31条，第34条，第39条，第44条，第47条及び附則第6条から第9条までの規定による基準
2 法第34条の16第1項の規定により，同条第2項第2号に掲げる事項について市町村が条例を定めるに当たって従うべき基準　第6条，第11条から第13条まで，第15条，第16条，第20条，第22条第4号（調理設備に係る部分に限る．），第25条（第30条，第32条，第36条，第41条，第46条及び第48条において準用する場合を含む．），第27条，第28条第1号（調理設備に係る部分に限る．）（第32条及び第48条において準用する場合を含む．）及び第4号（調理設備に係る部分に限る．）（第32条及び第48条において準用する場合を含む．），第33条第1号（調理設備に係る部分に限る．）（第32条及び第48条において準用する場合を含む．）及び第4号（調理設備に係る部分に限る．），第35条，第37条，第40条，第43条第1号（調理室に係る部分に限る．），第43条第5号（調理室に係る部分に限る．），第45条並びに附則第2条から第5条までの規定による基準
3 法第34条の16第1項の規定により，同条第2項第1号及び第2号に掲げる事項以外の事項について市町村が条例を定めるに当たって参酌すべき基準　この省令に定める基準のうち，前2号に定める規定による基準以外のもの
② 設備運営基準は，市町村長（特別区の長を含む．以下同じ．）の監督に属する家庭的保育事業等（法第24条第2項に規定する家庭的保育事業等をいう．以下同じ．）を利用している乳幼児は幼児（満3歳に満たない者に限り，法第6条の3第9項第2号，同条第10項第2号，同条第11項第2号又は同条第12項第2号の規定に基づき保育が必要と認められる児童であって満3歳以上のものについて保育を行う場合にあっては，当該児童を含む．以下同じ．）（以下「利用乳幼児」という．）が，明るくて，衛生的な環境において，素養があり，かつ，適切な訓練を受けた職員（家庭的保育事業等を行う事業所（以下「家庭的保育事業所等」という．）の管理者を含む．以下同じ．）が保育を提供することにより，心身ともに健やかに育成されることを保障するものとする．
③ 厚生労働大臣は，設備運営基準を常に向上させる

81 家庭的保育事業等の設備及び運営に関する基準（2条〜12条）

ように努めるものとする．
（最低基準の目的）
第2条　法第34条の16第1項の規定により市町村が条例で定める基準（以下「最低基準」という．）は，利用乳幼児が，明るくて，衛生的な環境において，素養があり，かつ，適切な訓練を受けた職員が保育を提供することにより，心身ともに健やかに育成されることを保障するものとする．
（最低基準の向上）
第3条　① 市町村長は，その管理に属する法第8条第4項に規定する市町村児童福祉審議会を設置している場合にあってはその意見を，その他の場合にあっては児童の保護者その他児童福祉に係る当事者の意見を聴き，その監督に属する家庭的保育事業等を行う者（以下「家庭的保育事業者等」という．）に対し，最低基準を超えて，その設備及び運営を向上させるように勧告することができる．
② 市町村は，最低基準を常に向上させるように努めるものとする．
（最低基準と家庭的保育事業者等）
第4条　① 家庭的保育事業者等は，最低基準を超えて，常に，その設備及び運営を向上させなければならない．
② 最低基準を超えて，設備を有し，又は運営をしている家庭的保育事業者等においては，最低基準を理由として，その設備又は運営を低下させてはならない．
（家庭的保育事業者等の一般原則）
第5条　① 家庭的保育事業者等は，利用乳幼児の人権に十分配慮するとともに，1人1人の人格を尊重して，その運営を行わなければならない．
② 家庭的保育事業者等は，地域社会との交流及び連携を図り，利用乳幼児の保護者及び地域社会に対し，当該家庭的保育事業等の運営の内容を適切に説明するよう努めなければならない．
③ 家庭的保育事業者等は，自らその行う保育の質の評価を行い，常にその改善を図らなければならない．
④ 家庭的保育事業者等は，定期的に外部の者による評価を受けて，それらの結果を公表し，常にその改善を図るよう努めなければならない．
⑤ 家庭的保育事業所（居宅訪問型保育事業を行う場所を除く．次項，次条第2号，第14条第2項及び第3項，第15条第1項並びに第16条において同じ．）には，法に定めるそれぞれの事業の目的を達成するために必要な設備を設けなければならない．
⑥ 家庭的保育事業者等の構造設備は，採光，換気等利用乳幼児の保健衛生及び利用乳幼児に対する危害防止に十分な考慮を払って設けられなければならない．
（保育所等との連携）
第6条　家庭的保育事業者等（居宅訪問型保育事業を行う者（以下「居宅訪問型保育事業者」という．）を除く．以下この条，第7条第1項，第14条第1項及び第2項，第15条第1項，第2項及び第5項，第16条並びに第17条第1項から第3項までにおいて同じ．）は，利用乳幼児に対する保育が適正かつ確実に行われ，及び，家庭的保育事業者等による保育の提供の終了後も満3歳以上の児童に対して必要な教育（教育基本法（平成18年法律第120号）第6条第1項に規定する法律に定める学校において行われる教育をいう．第3号において同じ．）又は保育が継続的に提供されるよう，次に掲げる事項に係る連携協力を行う保育所，幼稚園又は

認定こども園（以下「連携施設」という．）を適切に確保しなければならない．ただし，離島その他の地域であって，連携施設の確保が著しく困難であると市町村が認めるものにおいて家庭的保育事業等（居宅訪問型保育事業を除く．第16条第2項第3号において同じ．）を行う家庭的保育事業者等については，この限りでない．
1　利用乳幼児に集団保育を体験させるための機会の設定，保育の適切な提供に必要な家庭的保育事業者等に対する相談，助言その他の保育の内容に関する支援を行うこと．
2　必要に応じて，代替保育（家庭的保育事業所等の職員の病気，休暇等により保育を提供することができない場合に，当該家庭的保育事業者等に代わって提供する保育をいう．）を提供すること．
3　当該家庭的保育事業者等により保育の提供を受けていた利用乳幼児（事業所内保育事業（法第6条の3第12項に規定する事業所内保育事業をいう．以下同じ．）の利用乳幼児にあっては，第42条に規定するその他の乳児又は幼児に限る．以下この号において同じ．）を，当該保育の提供の終了に際して，当該利用乳幼児に係る保護者の希望に基づき，引き続き当該連携施設において受け入れて教育又は保育を提供すること．
（家庭的保育事業者等と非常災害）
第7条　① 家庭的保育事業者等は，軽便消火器等の消火用具，非常口その他非常災害に必要な設備を設けるとともに，非常災害に対する具体的計画を立て，これに対する不断の注意と訓練をするように努めなければならない．
② 前項の訓練のうち，避難及び消火に対する訓練は，少なくとも毎月1回は，これを行わなければならない．
（家庭的保育事業者等の職員の一般的要件）
第8条　家庭的保育事業者等において利用乳幼児の保育に従事する職員は，健全な心身を有し，豊かな人間性と倫理観を備え，児童福祉事業に熱意のある者であって，できる限り児童福祉事業の理論及び実際について訓練を受けた者でなければならない．
（家庭的保育事業者等の職員の知識及び技能の向上等）
第9条　① 家庭的保育事業者等の職員は，常に自己研鑽に励み，法に定めるそれぞれの事業の目的を達成するために必要な知識及び技能の修得，維持及び向上に努めなければならない．
② 家庭的保育事業者等は，職員に対し，その資質の向上のための研修の機会を確保しなければならない．
（他の社会福祉施設等を併せて設置するときの設備及び職員の基準）
第10条　家庭的保育事業所は，他の社会福祉施設等を併せて設置するときは，必要に応じ当該家庭的保育事業所の設備及び職員の一部を併せて設置する他の社会福祉施設等の設備及び職員に兼ねることができる．ただし，保育室及び各事業所に特有の設備並びに利用乳幼児の保育に直接従事する職員については，この限りでない．
（利用乳幼児を平等に取り扱う原則）
第11条　家庭的保育事業者等は，利用乳幼児の国籍，信条，社会的身分又は利用に要する費用を負担するか否かによって，差別的取扱いをしてはならない．
（虐待等の禁止）
第12条　家庭的保育事業者等の職員は，利用乳幼児に対し，法第33条の10各号に掲げる行為その他当

該利用乳幼児の心身に有害な影響を与える行為をしてはならない.

(懲戒に係る権限の濫用禁止)
第13条 家庭的保育事業者等は,利用乳幼児に対し法第47条第3項の規定により懲戒に関しその利用乳幼児の福祉のために必要な措置を採るときは,身体的苦痛を与え,人格を辱める等その権限を濫用してはならない.

(衛生管理等)
第14条 ① 家庭的保育事業者等は,利用乳幼児の使用する設備,食器等又は飲用に供する水について,衛生的な管理に努め,又は衛生上必要な措置を講じなければならない.
② 家庭的保育事業者等は,家庭的保育事業所等において感染症又は食中毒が発生し,又はまん延しないように必要な措置を講ずるよう努めなければならない.
③ 家庭的保育事業所等は,必要な医薬品その他の医療品を備えるとともに,それらの管理を適正に行わなければならない.
④ 居宅訪問型保育事業者は,保育に従事する職員の清潔の保持及び健康状態について,必要な管理を行わなければならない.
⑤ 居宅訪問型保育事業所の設備及び備品について,衛生の管理に努めなければならない.

(食 事)
第15条 ① 家庭的保育事業者等は,利用乳幼児に食事を提供するときは,家庭的保育事業所等内で調理する方法(第10条の規定により,当該家庭的保育事業所等の調理設備又は調理室を兼ねている当該家庭的保育事業所等の社会福祉施設等の調理室において調理する方法を含む.)により行わなければならない.
② 家庭的保育事業者等は,利用乳幼児に食事を提供するときは,その献立は,できる限り,変化に富み,利用乳幼児の健全な発育に必要な栄養量を含有するものでなければならない.
③ 食事は,前項の規定によるほか,食品の種類及び調理方法について栄養並びに利用乳幼児の身体的状況及び嗜好を考慮したものでなければならない.
④ 調理は,あらかじめ作成された献立に従つて行わなければならない.
⑤ 家庭的保育事業者等は,利用乳幼児の健康な生活の基本としての食を営む力の育成に努めなければならない.

(食事の提供の特例)
第16条 ① 次の各号に掲げる要件を満たす家庭的保育事業者等は,前条第1項の規定にかかわらず,当該家庭的保育事業者等の利用乳幼児に対する食事の提供について,次項に規定する施設(以下「搬入施設」という.)において調理し家庭的保育事業所等に搬入する方法により行うことができる.この場合において,当該家庭的保育事業者等は,当該食事の提供について当該方法によることとしてもなお当該家庭的保育事業所等において行うことが必要な調理のための加熱,保存等の調理機能を有する設備を備えなければならない.
1 利用乳幼児に対する食事の提供の責任が当該家庭的保育事業者等にあり,その管理者が,衛生面,栄養面等事業上必要な注意を果たし得るような体制及び調理業務の受託者との契約内容が確保されていること.

2 当該家庭的保育事業所等又はその他の施設,保健所,市町村等の栄養士により,献立等について栄養の観点からの指導が受けられる体制にある等,栄養士による必要な配慮が行われること.
3 調理業務の受託者を,当該家庭的保育事業者等による給食の趣旨を十分に認識し,衛生面,栄養面等,調理業務を適切に遂行できる能力を有する者とすること.
4 利用乳幼児の年齢及び発達の段階並びに健康状態に応じた食事の提供や,アレルギー,アトピー等への配慮,必要な栄養素量の給与等,利用乳幼児の食事の内容,回数及び時機に適切に応じることができること.
5 食を通じた利用乳幼児の健全育成を図る観点から,利用乳幼児の発育及び発達の過程に応じて食に関し配慮すべき事項を定めた食育に関する計画に基づき食事を提供するよう努めること.
② 搬入施設は,次の各号に掲げるいずれかの施設とする.
1 連携施設
2 当該家庭的保育事業者等と同一の法人又は関連法人が運営する小規模保育事業(法第6条の3第10項に規定する小規模保育事業をいう.以下同じ.)若しくは事業所内保育事業を行う事業所,社会福祉施設,医療機関等
3 学校給食法(昭和29年法律第160号)第3条第2項に規定する義務教育諸学校又は同法第6条に規定する共同調理場(家庭的保育事業者等が離島その他の地域であつて,第1号及び第2号に掲げる搬入施設の確保が著しく困難であると市町村が認めるものにおいて家庭的保育事業等を行う場合に限る.)

(利用乳幼児及び職員の健康診断)
第17条 ① 家庭的保育事業者等は,利用乳幼児に対し,利用開始時の健康診断,少なくとも1年に2回の定期健康診断及び臨時の健康診断を,学校保健安全法(昭和33年法律第56号)に規定する健康診断に準じて行わなければならない.
② 家庭的保育事業者等は,前項の規定にかかわらず,児童相談所等における乳児又は幼児(以下「乳幼児」という.)の利用開始前の健康診断が行われた場合であつて,当該健康診断が利用乳幼児の利用開始時の健康診断の全部又は一部に相当すると認められるときは,利用開始時の健康診断の全部又は一部を行わないことができる.この場合において,家庭的保育事業者等は,児童相談所等における乳幼児の利用開始前の健康診断の結果を把握しなければならない.
③ 第1項の健康診断をした医師は,その結果必要な事項を母子健康手帳又は利用乳幼児の健康を記録する表に記入するとともに,必要に応じ保育の提供は法第24条第6項の規定による措置を解除又は停止する等必要な手続をとることを,家庭的保育事業者等に勧告しなければならない.
④ 家庭的保育事業等の職員の健康診断に当たつては,特に利用乳幼児の食事を調理する者につき,綿密な注意を払わなければならない.

(家庭的保育事業所等内部の規程)
第18条 家庭的保育事業者等は,次の各号に掲げる事業の運営についての重要事項に関する規程を定めておかなければならない.
1 事業の目的及び運営の方針

2 提供する保育の内容
3 職員の職種,員数及び職務の内容
4 保育の提供を行う日及び時間並びに提供を行わない日
5 保護者から受領する費用の種類,支払を求める理由及びその額
6 乳児,幼児の区分ごとの利用定員
7 家庭的保育事業等の利用の開始,終了に関する事項及び利用に当たっての留意事項
8 緊急時における対応方法
9 非常災害対策
10 虐待の防止のための措置に関する事項
11 その他家庭的保育事業等の運営に関する重要事項

(家庭的保育事業所等に備える帳簿)
第19条 家庭的保育事業所等には,職員,財産,収支及び利用乳幼児の処遇の状況を明らかにする帳簿を整備しておかなければならない.

(秘密保持等)
第20条 ① 家庭的保育事業者等の職員は,正当な理由がなく,その業務上知り得た利用乳幼児又はその家族の秘密を漏らしてはならない.
② 家庭的保育事業者等は,職員であった者が,正当な理由がなく,その業務上知り得た利用乳幼児又はその家族の秘密を漏らすことがないよう,必要な措置を講じなければならない.

(苦情への対応)
第21条 ① 家庭的保育事業者等は,その行った保育に関する利用乳幼児又はその保護者等からの苦情に迅速かつ適切に対応するために,苦情を受け付けるための窓口を設置する等の必要な措置を講じなければならない.
② 家庭的保育事業者等は,その行った保育に関し,当該保育の提供又は法第24条第6項の規定による措置に関し市町村から指導又は助言を受けた場合は,当該指導又は助言に従って必要な改善を行わなければならない.

第2章 家庭的保育事業

(設備の基準)
第22条 家庭的保育事業は,次条第2項に規定する家庭的保育者の居宅その他の場所(保育を受ける乳幼児の居宅を除く.)であって,次の各号に掲げる要件を満たすものとして,市町村長が適当と認める場所(次条において「家庭的保育事業を行う場所」という.)で実施するものとする.
1 乳幼児の保育を行う専用の部屋を設けること.
2 前号に掲げる専用の部屋の面積は,9.9平方メートル(保育する乳幼児が3人を超える場合は,9.9平方メートルに3人を超える人数1人につき3.3平方メートルを加えた面積)以上であること.
3 乳幼児の保健衛生上必要な採光,照明及び換気の設備を有すること.
4 衛生的な調理設備及び便所を設けること.
5 同一の敷地内に乳幼児の屋外における遊戯等に適した広さの庭(付近にあるこれに代わるべき場所を含む.次号において同じ.)があること.
6 前号に掲げる庭の面積は,満2歳以上の幼児1人につき,3.3平方メートル以上であること.
7 火災報知器及び消火器を設置するとともに,消火訓練及び避難訓練を定期的に実施すること.

(職員)
第23条 ① 家庭的保育事業を行う場所には,次項に規定する家庭的保育者,嘱託医及び調理員を置かなければならない.ただし,次の各号のいずれかに該当する場合には,調理員を置かないことができる.
1 調理業務の全部を委託する場合
2 第16条第1項の規定により搬入施設から食事を搬入する場合
② 家庭的保育者(法第6条の3第9項第1号に規定する家庭的保育者をいう.以下同じ.)は,市町村長が行う研修(市町村長が指定する都道府県知事その他の機関が行う研修を含む.)を修了した保育士(国家戦略特別区域法(平成25年法律第107号.以下「特区法」という.)第12条の4第5項に規定する事業実施区域内にある家庭的保育事業を行う場所にあっては,保育士又は当該事業実施区域に係る国家戦略特別区域限定保育士)又は保育士と同等以上の知識及び経験を有すると市町村長が認める者であって,次の各号のいずれにも該当する者とする.
1 保育を行っている乳幼児の保育に専念できる者
2 法第18条の5第5号及び法第34条の20第1項第4号のいずれにも該当しない者
③ 家庭的保育者1人が保育することができる乳幼児の数は,3人以下とする.ただし,家庭的保育者が,家庭的保育補助者(市町村長が行う研修(市町村長が指定する都道府県知事その他の機関が行う研修を含む.)を修了した者であって,家庭的保育者を補助するものをいう.第34条第2項において同じ.)とともに保育する場合には,5人以下とする.

(保育時間)
第24条 家庭的保育事業における保育時間は,1日につき8時間を原則とし,乳幼児の保護者の労働時間その他家庭の状況等を考慮して,家庭的保育事業を行う者(次条及び第26条において「家庭的保育事業者」という.)が定めるものとする.

(保育の内容)
第25条 家庭的保育事業者は,児童福祉施設の設備及び運営に関する基準(昭和23年厚生省令第63号)第35条に規定する厚生労働大臣が定める指針に準じ,家庭的保育事業の特性に留意して,保育する乳幼児の心身の状況等に応じた保育を提供しなければならない.

(保護者との連絡)
第26条 家庭的保育事業者は,常に保育する乳幼児の保護者と密接な連絡をとり,保育の内容等につき,その保護者の理解及び協力を得るよう努めなければならない.

82 子ども・子育て支援法(抄)

(平24・8・22法律第65号,平28・4・1施行,最終改正:平28・6・3法律第63号)

第1章 総則

(目的)
第1条 この法律は,我が国における急速な少子化の進行並びに家庭及び地域を取り巻く環境の変化

82 子ども・子育て支援法（2条〜9条）

に鑑み，児童福祉法（昭和22年法律第164号）その他の子どもに関する法律による施策と相まって，子ども・子育て支援給付その他の子ども及び子どもを養育している者に必要な支援を行い，もって1人1人の子どもが健やかに成長することができる社会の実現に寄与することを目的とする．

（基本理念）

第2条 ① 子ども・子育て支援は，父母その他の保護者が子育てについての第一義的責任を有するという基本的認識の下に，家庭，学校，地域，職場その他の社会のあらゆる分野における全ての構成員が，各々の役割を果たすとともに，相互に協力して行われなければならない．

② 子ども・子育て支援給付その他の子ども・子育て支援の内容及び水準は，全ての子どもが健やかに成長するように支援するものであって，良質かつ適切なものでなければならない．

③ 子ども・子育て支援給付その他の子ども・子育て支援は，地域の実情に応じて，総合的かつ効率的に提供されるよう配慮して行われなければならない．

（市町村等の責務）

第3条 ① 市町村（特別区を含む．以下同じ．）は，この法律の実施に関し，次に掲げる責務を有する．

1 子どもの健やかな成長のために適切な環境が等しく確保されるよう，子ども及びその保護者に必要な子ども・子育て支援給付及び地域子ども・子育て支援事業を総合的かつ計画的に行うこと．

2 子ども及びその保護者が，確実に子ども・子育て支援給付を受け，及び地域子ども・子育て支援事業その他の子ども・子育て支援を円滑に利用するために必要な援助を行うとともに，関係機関との連絡調整その他の便宜の提供を行うこと．

3 子ども及びその保護者が置かれている環境に応じて，子どもの保護者の選択に基づき，多様な施設又は事業者から，良質かつ適切な教育及び保育その他の子ども・子育て支援が総合的かつ効率的に提供されるよう，その提供体制を確保すること．

② 都道府県は，市町村が行う子ども・子育て支援給付及び地域子ども・子育て支援事業が適正かつ円滑に行われるよう，市町村に対する必要な助言及び適切な援助を行うとともに，子ども・子育て支援のうち，特に専門性の高い施策及び各市町村の区域を超えた広域的な対応が必要な施策を講じなければならない．

③ 国は，市町村が行う子ども・子育て支援給付及び地域子ども・子育て支援事業その他この法律に基づく業務が適正かつ円滑に行われるよう，市町村及び都道府県と相互に連携を図りながら，子ども・子育て支援の提供体制の確保に関する施策その他の必要な各般の措置を講じなければならない．

（事業主の責務）

第4条 事業主は，その雇用する労働者に係る多様な労働条件の整備その他の労働者の職業生活と家庭生活との両立が図られるようにするために必要な雇用環境の整備を行うことにより当該労働者の子育ての支援に努めるとともに，国又は地方公共団体が講ずる子ども・子育て支援に協力しなければならない．

（国民の責務）

第5条 国民は，子ども・子育て支援の重要性に対する関心と理解を深めるとともに，国又は地方公共団体が講ずる子ども・子育て支援に協力しなければならない．

（定　義）

第6条 ① この法律において「子ども」とは，18歳に達する日以後の最初の3月31日までの間にある者をいい，「小学校就学前子ども」とは，子どものうち小学校就学の始期に達するまでの者をいう．

② この法律において「保護者」とは，親権を行う者，未成年後見人その他の者で，子どもを現に監護する者をいう．

第7条 ① この法律において「子ども・子育て支援」とは，全ての子どもの健やかな成長のために適切な環境が等しく確保されるよう，国若しくは地方公共団体又は地域における子育ての支援を行う者が実施する子ども及び子どもの保護者に対する支援をいう．

② この法律において「教育」とは，満3歳以上の小学校就学前子どもに対して義務教育及びその後の教育の基礎を培うものとして教育基本法（平成18年法律第120号）第6条第1項に規定する法律に定める学校において行われる教育をいう．

③ この法律において「保育」とは，児童福祉法第6条の3第7項に規定する保育をいう．

④ この法律において「教育・保育施設」とは，就学前の子どもに関する教育，保育等の総合的な提供の推進に関する法律（平成18年法律第77号．以下「認定こども園法」という．）第2条第6項に規定する認定こども園（以下「認定こども園」という．），学校教育法（昭和22年法律第26号）第1条に規定する幼稚園（認定こども園法第3条第1項又は第3項の認定を受けたもの及び同条第9項の規定による公示がされたものを除く．以下「幼稚園」という．）及び児童福祉法第39条第1項に規定する保育所（認定こども園法第3条第1項の認定を受けたもの及び同条第9項の規定による公示がされたものを除く．以下「保育所」という．）をいう．

⑤ この法律において「地域型保育」とは，家庭的保育，小規模保育，居宅訪問型保育及び事業所内保育をいい，「地域型保育事業」とは，地域型保育を行う事業をいう．

⑥ この法律において「家庭的保育」とは，児童福祉法第6条の3第9項に規定する家庭的保育事業として行われる保育をいう．

⑦ この法律において「小規模保育」とは，児童福祉法第6条の3第10項に規定する小規模保育事業として行われる保育をいう．

⑧ この法律において「居宅訪問型保育」とは，児童福祉法第6条の3第11項に規定する居宅訪問型保育事業として行われる保育をいう．

⑨ この法律において「事業所内保育」とは，児童福祉法第6条の3第12項に規定する事業所内保育事業として行われる保育をいう．

第2章　子ども・子育て支援給付

第1節　通　則

（子ども・子育て支援給付の種類）

第8条 子ども・子育て支援給付は，子どものための現金給付及び子どものための教育・保育給付とする．

第2節　子どものための現金給付

第9条 子どものための現金給付は，児童手当（児童手当法（昭和46年法律第73号）に規定する児

童手当をいう．以下同じ．）の支給とする．
第10条　子どものための現金給付については，この法律に別段の定めがあるものを除き，児童手当法の定めるところによる．

第3節　子どものための教育・保育給付
第1款　通則
（子どものための教育・保育給付）
第11条　子どものための教育・保育給付は，施設型給付費，特例施設型給付費，地域型保育給付費及び特例地域型保育給付費の支給とする．

（不正利得の徴収）
第12条　① 市町村は，偽りその他不正の手段により子どものための教育・保育給付を受けた者があるときは，その者から，その子どものための教育・保育給付の額に相当する金額の全部又は一部を徴収することができる．
② 市町村は，第27条第1項に規定する特定教育・保育施設又は第29条第1項に規定する特定地域型保育事業者が，偽りその他不正の行為により第27条第5項（第28条第4項において準用する場合を含む．）又は第29条第5項（第30条第4項において準用する場合を含む．）の規定による支払を受けたときは，当該特定教育・保育施設又は特定地域型保育事業者から，その支払った額につき返還させるべき額を徴収するほか，その返還させるべき額に100分の40を乗じて得た額を徴収することができる．
③ 前2項の規定による徴収金は，地方自治法（昭和22年法律第67号）第231条の3第3項に規定する法律で定める歳入とする．

（報告等）
第13条　① 市町村は，子どものための教育・保育給付に関して必要があると認めるときは，この法律の施行に必要な限度において，小学校就学前子ども，小学校就学前子どもの保護者若しくは小学校就学前子どもの属する世帯の世帯主その他の者の世帯に属する者又はこれらの者であった者に対し，報告若しくは文書その他の物件の提出若しくは提示を命じ，又は当該職員に質問させることができる．
② 前項の規定による質問を行う場合においては，当該職員は，その身分を示す証明書を携帯し，かつ，関係人の請求があるときは，これを提示しなければならない．
③ 第1項の規定による権限は，犯罪捜査のために認められたものと解釈してはならない．

第14条　① 市町村は，子どものための教育・保育給付に関して必要があると認めるときは，この法律の施行に必要な限度において，当該子どものための教育・保育給付に係る教育・保育（教育又は保育をいう．以下同じ．）を行う者若しくはこれを使用する者若しくはこれらの者であった者に対し，報告若しくは文書その他の物件の提出若しくは提示を命じ，又は当該職員に関係人に対して質問させ，若しくは当該教育・保育を行う施設若しくは事業所に立ち入り，その設備若しくは帳簿書類その他の物件を検査させることができる．〈②（略）〉

（内閣総理大臣又は都道府県の教育・保育に関する調査等）
第15条　① 内閣総理大臣又は都道府県知事は，子どものための教育・保育給付に関して必要があると認めるときは，この法律の施行に必要な限度において，子どものための教育・保育給付に係る小学校就学前子ども若しくは小学校就学前子どもの保護者又は

これらの者であった者に対し，当該子どものための教育・保育給付に係る教育・保育の内容に関し，報告若しくは文書その他の物件の提出若しくは提示を命じ，又は当該職員に質問させることができる．
② 内閣総理大臣又は都道府県知事は，子どものための教育・保育給付に関して必要があると認めるときは，この法律の施行に必要な限度において，教育・保育を行った者若しくはこれを使用した者に対し，その行った教育・保育に関し，報告若しくは当該教育・保育の提供の記録，帳簿書類その他の物件の提出若しくは提示を命じ，又は当該職員に関係者に対して質問させることができる．〈③（略）〉

（資料の提供等）
第16条　市町村は，子どものための教育・保育給付に関して必要があると認めるときは，この法律の施行に必要な限度において，小学校就学前子ども，小学校就学前子どもの保護者又は小学校就学前子どもの扶養義務者（民法（明治29年法律第89号）に規定する扶養義務者をいう．附則第6条において同じ．）の資産又は収入の状況につき，官公署に対し必要な文書の閲覧若しくは資料の提供を求め，又は銀行，信託会社その他の機関若しくは小学校就学前子どもの保護者の雇用主その他の関係人に報告を求めることができる．

（受給権の保護）
第17条　子どものための教育・保育給付を受ける権利は，譲り渡し，担保に供し，又は差し押さえることができない．

（租税その他の公課の禁止）
第18条　租税その他の公課は，子どものための教育・保育給付として支給を受けた金品を標準として，課することができない．

第2款　支給認定等
（支給要件）
第19条　① 子どものための教育・保育給付は，次に掲げる小学校就学前子どもの保護者に対し，その小学校就学前子どもの第27条第1項に規定する特定教育・保育，第28条第1項第2号に規定する特別利用保育，同項第3号に規定する特別利用教育，第29条第1項に規定する特定地域型保育又は第30条第1項第4号に規定する特例保育の利用について行う．
1　満3歳以上の小学校就学前子ども（次号に掲げる小学校就学前子どもに該当するものを除く．）
2　満3歳以上の小学校就学前子どもであって，保護者の労働又は疾病その他の内閣府令で定める事由により家庭において必要な保育を受けることが困難であるもの
3　満3歳未満の小学校就学前子どもであって，前号の内閣府令で定める事由により家庭において必要な保育を受けることが困難であるもの
② 内閣総理大臣は，前項第2号の内閣府令を定め，又は変更しようとするときは，あらかじめ，厚生労働大臣に協議しなければならない．

（市町村の認定等）
第20条　① 前条第1項各号に掲げる小学校就学前子どもの保護者は，子どものための教育・保育給付を受けようとするときは，内閣府令で定めるところにより，市町村に対し，その小学校就学前子どもごとに，子どものための教育・保育給付を受ける資格を有すること及びその該当する同項各号に掲げる小学校就学前子どもの区分についての認定を申請し，その認定を受けなければならない．

② 前項の認定は,小学校就学前子どもの保護者の居住地の市町村が行うものとする.ただし,小学校就学前子どもの保護者が居住地を有しないとき,又は明らかでないときは,当該保護者の現在地の市町村が行うものとする.
③ 市町村は,第1項の規定による申請があった場合において,当該保護者に係る小学校就学前子どもが前条第1項第2号又は第3号に掲げる小学校就学前子どもに該当すると認めるときは,政令で定めるところにより,当該小学校就学前子どもに係る保育必要量(月を単位として内閣府令で定める期間において施設型給付費,特例施設型給付費,地域型保育給付費又は特例地域型保育給付費を支給する保育の量をいう.)の認定を行うものとする.
④ 市町村は,第1項及び前項の認定(以下「支給認定」という.)を行ったときは,その結果を当該支給認定に係る保護者(以下「支給認定保護者」という.)に通知しなければならない.この場合において,市町村は,内閣府令で定めるところにより,当該支給認定に係る小学校就学前子ども(以下「支給認定子ども」という.)の該当する前条第1項各号に掲げる小学校就学前子どもの区分,保育必要量その他の内閣府令で定める事項を記載した認定証(以下「支給認定証」という.)を交付するものとする.
⑤ 市町村は,第1項の規定による申請について,当該保護者が子どものための教育・保育給付を受ける資格を有すると認められないときは,理由を付して,その旨を当該申請に係る保護者に通知するものとする.
⑥ 第1項の規定による申請に対する処分は,当該申請のあった日から30日以内にしなければならない.ただし,当該申請に係る保護者の労働又は疾病の状況の調査に日時を要することその他の特別な理由がある場合には,当該申請のあった日から30日以内に,当該保護者に対し,当該申請に対する処分をするためになお要する期間(次項において「処理見込期間」という.)及びその理由を通知し,これを延期することができる.
⑦ 第1項の規定による申請をした日から30日以内に当該申請に対する処分がされないとき,若しくは前項ただし書の通知がないとき,又は処理見込期間が経過した日までに当該申請に対する処分がされないときは,当該申請に係る保護者は,市町村が当該申請を却下したものとみなすことができる.

(支給認定の有効期間)
第21条 支給認定は,内閣府令で定める期間(以下「支給認定の有効期間」という.)内に限り,その効力を有する.

(届 出)
第22条 支給認定保護者は,支給認定の有効期間内において,内閣府令で定めるところにより,市町村にその労働又は疾病の状況その他の内閣府令で定める事項を届け出,かつ,内閣府令で定める書類その他の物件を提出しなければならない.

(支給認定の変更)
第23条 ① 支給認定保護者は,現に受けている支給認定に係る当該支給認定子どもの該当する第19条第1項各号に掲げる小学校就学前子どもの区分,保育必要量その他の内閣府令で定める事項を変更する必要があるときは,内閣府令で定めるところにより,市町村に対し,支給認定の変更の認定を申請することができる.
② 市町村は,前項の規定による申請により,支給認定保護者につき,必要があると認めるときは,支給認定の変更の認定を行うことができる.この場合において,市町村は,当該変更の認定に係る支給認定保護者に対し,支給認定証の提出を求めるものとする. (③~⑥(略))

(支給認定の取消し)
第24条 ① 支給認定を行った市町村は,次に掲げる場合には,当該支給認定を取り消すことができる.
 1 当該支給認定に係る3歳未満の小学校就学前子どもが,支給認定の有効期間内に,第19条第1項第3号に掲げる小学校就学前子どもに該当しなくなったとき.
 2 当該支給認定保護者が,支給認定の有効期間内に,当該市町村以外の市町村の区域内に居住地を有するに至ったと認めるとき.
 3 その他政令で定めるとき.
② 前項の規定により支給認定の取消しを行った市町村は,内閣府令で定めるところにより,当該取消しに係る支給認定保護者に対し支給認定証の返還を求めるものとする.

   第3款 施設型給付費及び地域型保育給付費等の支給

(施設型給付費の支給)
第27条 ① 市町村は,支給認定子どもが,支給認定の有効期間内において,市町村長(特別区の区長を含む.以下同じ.)が施設型給付費の支給に係る施設として確認する教育・保育施設(以下「特定教育・保育施設」という.)から当該確認に係る教育・保育(地域型保育を除き,第19条第1項第1号に掲げる小学校就学前子どもに該当する支給認定子どもにあっては認定こども園において受ける教育・保育(保育にあっては,同号に掲げる小学校就学前子どもに該当する支給認定子どもに対して提供される教育に係る標準的な1日当たりの時間及び期間を勘案して内閣府令で定める1日当たりの時間及び期間の範囲内において行われるものに限る.)又は幼稚園において受ける教育に限り,同項第2号に掲げる小学校就学前子どもに該当する支給認定子どもにあっては認定こども園において受ける教育・保育又は保育所において受ける保育に限り,同項第3号に掲げる小学校就学前子どもに該当する支給認定子どもにあっては認定こども園又は保育所において受ける保育に限る.以下「特定教育・保育」という.)を受けたときは,内閣府令で定めるところにより,当該支給認定子どもに係る支給認定保護者に対し,当該特定教育・保育(保育にあっては,保育必要量の範囲内のものに限る.以下「支給認定教育・保育」という.)に要した費用について,施設型給付費を支給する.
② 特定教育・保育施設から支給認定教育・保育を受けようとする支給認定子どもに係る支給認定保護者は,内閣府令で定めるところにより,特定教育・保育施設に支給認定証を提示して当該支給認定教育・保育を当該支給認定子どもに受けさせるものとする.ただし,緊急の場合その他やむを得ない事由のある場合については,この限りでない.
③ 施設型給付費の額は,1月につき,第1号に掲げる額から第2号に掲げる額を控除して得た額(当該額が零を下回る場合には,零とする.)とする.
 1 第19条第1項各号に掲げる小学校就学前子ど

もの区分,保育必要量,当該特定教育・保育施設の所在する地域等を勘案して算定される特定教育・保育に通常要する費用の額を勘案して内閣総理大臣が定める基準により算定した費用の額(その額が現に当該支給認定教育・保育に要した費用の額を超えるときは,当該現に支給認定教育・保育に要した費用の額)
② 政令で定める額を限度として当該支給認定保護者の属する世帯の所得の状況その他の事情を勘案して市町村が定める額
④ 内閣総理大臣は,第1項の1日当たりの時間及び期間を定める内閣府令を定め,又は変更しようとするとき,及び前項第1号の基準を定め,又は変更しようとするときは,あらかじめ,第1項の1日当たりの時間及び期間を定める内閣府令については文部科学大臣に,前項第1号の基準については文部科学大臣及び厚生労働大臣に協議するとともに,第72条に規定する子ども・子育て会議の意見を聴かなければならない.
⑤ 支給認定子どもが特定教育・保育施設から支給認定教育・保育を受けたときは,市町村は,当該支給認定子どもに係る支給認定保護者が当該特定教育・保育施設に支払うべき当該支給認定教育・保育に要した費用について,施設型給付費として当該支給認定保護者に支給すべき額の限度において,当該支給認定保護者に代わり,当該特定教育・保育施設に支払うことができる.
⑥ 前項の規定による支払があったときは,支給認定保護者に対し施設型給付費の支給があったものとみなす.
⑦ 市町村は,特定教育・保育施設から施設型給付費の請求があったときは,第3項第1号の内閣総理大臣が定める基準及び第34条第2項の市町村の条例で定める特定教育・保育施設の運営に関する基準(特定教育・保育の取扱いに関する部分に限る.)に照らして審査の上,支払うものとする.
⑧ 前各項に定めるもののほか,施設型給付費の支給及び特定教育・保育施設の施設型給付費の請求に関し必要な事項は,内閣府令で定める.

(特例施設型給付費の支給)
第28条 ① 市町村は,次に掲げる場合において,必要があると認めるときは,内閣府令で定めるところにより,第1号に規定する特定教育・保育に要した費用,第2号に規定する特別利用保育に要した費用又は第3号に規定する特別利用教育に要した費用について,特例施設型給付費を支給することができる.
1 支給認定子どもが,当該支給認定子どもに係る支給認定保護者が第20条第1項の規定による申請をしてから当該支給認定の効力が生じた日の前日までの間に,緊急その他やむを得ない理由により特定教育・保育を受けたとき.
2 第19条第1項第1号に掲げる小学校就学前子どもに該当する支給認定子どもが,特定教育・保育施設(保育所に限る.)から特別利用保育(同号に掲げる小学校就学前子どもに該当する支給認定子どもに対して提供される教育に係る標準的な1日当たりの時間及び期間を勘案して内閣府令で定める1日当たりの時間及び期間の範囲内において行われる保育(地域型保育を除く.)をいう.以下同じ.)を受けたとき(地域における教育の体制の整備その他の事情を勘案して必要があると市町村が認めるときに限る.),

3 第19条第1項第2号に掲げる小学校就学前子どもに該当する支給認定子どもが,特定教育・保育施設(幼稚園に限る.)から特別利用教育(教育のうち同号に掲げる小学校就学前子どもに該当する支給認定子どもに対して提供されるものをいい,特定教育・保育を除く.以下同じ.)を受けたとき.
⟨②~⑤(略)⟩

(地域型保育給付費の支給)
第29条 ① 市町村は,支給認定子ども(第19条第1項第3号に掲げる小学校就学前子どもに該当する支給認定子どもに限る.以下「満3歳未満保育認定子ども」という.)が,支給認定の有効期間内において,当該市町村の長が地域型保育給付費の支給に係る事業を行うことを確認した地域型保育を行う事業者(以下「特定地域型保育事業者」という.)から当該確認に係る地域型保育(以下「特定地域型保育」という.)を受けたときは,内閣府令で定めるところにより,当該満3歳未満保育認定子どもに係る支給認定保護者に対し,当該特定地域型保育(保育必要量の範囲内のものに限る.以下「満3歳未満保育認定地域型保育」という.)に要した費用について,地域型保育給付費を支給する.
② 特定地域型保育事業者から満3歳未満保育認定地域型保育を受けようとする満3歳未満保育認定子どもに係る支給認定保護者は,内閣府令で定めるところにより,特定地域型保育事業者に支給認定証を提示して当該満3歳未満保育認定地域型保育を当該満3歳未満保育認定子どもに受けさせるものとする.ただし,緊急の場合その他やむを得ない事由のある場合については,この限りでない.
③ 地域型保育給付費の額は,1月につき,第1号に掲げる額から第2号に掲げる額を控除して得た額(当該額が零を下回る場合には,零とする.)とする.
1 地域型保育の種類ごとに,保育必要量,当該地域型保育の種類に係る特定地域型保育を行う事業所(以下「特定地域型保育事業所」という.)の所在する地域等を勘案して算定される当該特定地域型保育に通常要する費用の額を勘案して内閣総理大臣が定める基準により算定した費用の額(その額が現に当該満3歳未満保育認定地域型保育に要した費用の額を超えるときは,当該現に満3歳未満保育認定地域型保育に要した費用の額)
2 政令で定める額を限度として当該支給認定保護者の属する世帯の所得の状況その他の事情を勘案して市町村が定める額
④ 内閣総理大臣は,前項第1号の基準を定め,又は変更しようとするときは,あらかじめ,厚生労働大臣に協議するとともに,第72条に規定する子ども・子育て会議の意見を聴かなければならない.
⑤ 満3歳未満保育認定子どもが特定地域型保育事業者から満3歳未満保育認定地域型保育を受けたときは,市町村は,当該満3歳未満保育認定子どもに係る支給認定保護者が当該特定地域型保育事業者に支払うべき当該満3歳未満保育認定地域型保育に要した費用について,地域型保育給付費として当該支給認定保護者に支給すべき額の限度において,当該支給認定保護者に代わり,当該特定地域型保育事業者に支払うことができる.
⑥ 前項の規定による支払があったときは,支給認定保護者に対し地域型保育給付費の支給があったものとみなす.
⑦ 市町村は,特定地域型保育事業者から地域型保育

給付費の請求があったときは,第3項第1号の内閣総理大臣が定める基準及び第46条第2項の市町村の条例で定める特定地域型保育事業の運営に関する基準(特定地域型保育の取扱いに関する部分に限る.)に照らして審査の上,支払うものとする.
〈⑧(略)〉

(特例地域型保育給付費の支給)
第30条 ① 市町村は,次に掲げる場合において,必要があると認めるときは,内閣府令で定めるところにより,当該特定地域型保育(第3号に規定する特定利用地域型保育にあっては,保育必要量の範囲内のものに限る.)に要した費用又は第4号に規定する特例保育(第19条第1項第2号又は第3号に掲げる小学校就学前子どもに該当する支給認定子どもに係るものにあっては,保育必要量の範囲内のものに限る.)に要した費用について,特例地域型保育給付費を支給することができる.
1 満3歳未満保育認定子どもが,当該満3歳未満保育認定子どもに係る支給認定保護者が第20条第1項の規定による申請をした日から当該支給認定の効力が生じた日の前日までの間に,緊急その他やむを得ない理由により特定地域型保育を受けたとき.
2 第19条第1項第1号に掲げる小学校就学前子どもに該当する支給認定子どもが,特定地域型保育事業者から特定地域型保育(同号に掲げる小学校就学前子どもに該当する支給認定子どもに対して提供される教育に係る標準的な1日当たりの時間及び期間を勘案して内閣府令で定める1日当たりの時間及び期間の範囲内において行われるものに限る.次項及び附則第9条第1項第3号において「特別利用地域型保育」という.)を受けたとき(地域における教育の体制の整備の状況その他の事情を勘案して必要があると市町村が認めるときに限る.).
3 第19条第1項第2号に掲げる小学校就学前子どもに該当する支給認定子どもが,特定地域型保育事業者から特定利用地域型保育(特定地域型保育の同号に掲げる小学校就学前子どもに該当する支給認定子どもに対して提供されるものをいう.次項において同じ.)を受けたとき(地域における同号に掲げる小学校就学前子どもに係る支給認定子どもに係る教育・保育の体制の整備の状況その他の事情を勘案して必要があると市町村が認めるときに限る.).
4 特定教育・保育及び特定地域型保育の確保が著しく困難である離島その他の地域であって内閣総理大臣が定める基準に該当するものに居住地を有する支給認定保護者に係る支給認定子どもが,特例保育(特定教育・保育及び特定地域型保育以外の保育をいい,第19条第1項第1号に掲げる小学校就学前子どもに該当する支給認定子どもに係るものにあっては,同号に掲げる小学校就学前子どもに該当する支給認定子どもに対して提供される教育に係る標準的な1日当たりの時間及び期間を勘案して内閣府令で定める1日当たりの時間及び期間の範囲内において行われるものに限る.以下同じ.)を受けたとき.
〈②~⑤(略)〉

第3章 特定教育・保育施設及び特定地域型保育事業者

第1節 特定教育・保育施設
(特定教育・保育施設の確認)
第31条 ① 第27条第1項の確認は,内閣府令で定めるところにより,教育・保育施設の設置者(国(国立大学法人法(平成15年法律第112号)第2条第1項に規定する国立大学法人を含む.以下同じ.)及び公立大学法人(地方独立行政法人法(平成15年法律第118号)第68条第1項に規定する公立大学法人をいう.)を除き,法人に限る.以下同じ.)の申請により,次の各号に掲げる教育・保育施設の区分に応じ,当該各号に定める小学校就学前子どもの区分ごとの利用定員を定めて,市町村長が行う.
1 認定こども園 第19条第1項各号に掲げる小学校就学前子どもの区分
2 幼稚園 第19条第1項第1号に掲げる小学校就学前子どもの区分
3 保育所 第19条第1項第2号に掲げる小学校就学前子どもの区分及び同項第3号に掲げる小学校就学前子どもの区分
② 市町村長は,前項の規定により特定教育・保育施設の利用定員を定めようとするときは,あらかじめ,第77条第1項の審議会その他の合議制の機関を設置している場合にあってはその意見を,その他の場合にあっては子どもの保護者その他子ども・子育て支援に係る当事者の意見を聴かなければならない.
③ 市町村長は,第1項の規定により特定教育・保育施設の利用定員を定めようとするときは,内閣府令で定めるところにより,あらかじめ,都道府県知事に協議しなければならない.

(特定教育・保育施設の確認の変更)
第32条 ① 特定教育・保育施設の設置者は,第27条第1項の確認において定められた利用定員を増加しようとするときは,あらかじめ,内閣府令で定めるところにより,当該特定教育・保育施設に係る同項の確認の変更を申請することができる. 〈②.③(略)〉

(特定教育・保育施設の設置者の責務)
第33条 ① 特定教育・保育施設の設置者は,支給認定保護者から利用の申込みを受けたときは,正当な理由がなければ,これを拒んではならない.
② 特定教育・保育施設の設置者は,第19条第1項各号に掲げる小学校就学前子どもの区分ごとの当該特定教育・保育施設における前項の申込みに係る支給認定子ども及び当該特定教育・保育施設を現に利用している支給認定子どもの総数が,当該区分に応ずる当該特定教育・保育施設の第27条第1項の確認において定められた利用定員の総数を超える場合においては,内閣府令で定めるところにより,前項の申込みに係る支給認定子どもを公正な方法で選考しなければならない.
③ 内閣総理大臣は,前項の内閣府令を定め,又は変更しようとするときは,あらかじめ,文部科学大臣及び厚生労働大臣に協議しなければならない.
④ 特定教育・保育施設の設置者は,支給認定子どもに対し適切な教育・保育(地域型保育を除く.以下この項及び次項において同じ.)を提供するとともに,市町村,児童相談所,児童福祉法第7条第1項に規定する児童福祉施設(第45条第4項において

「児童福祉施設」という.),教育機関その他の関係機関との緊密な連携を図りつつ,良質な教育・保育を小学校就学前子どもの置かれている状況その他の事情に応じ,効果的に行うように努めなければならない.
⑤ 特定教育・保育施設の設置者は,その提供する教育・保育の質の評価を行うことその他の措置を講ずることにより,教育・保育の質の向上に努めなければならない.
⑥ 特定教育・保育施設の設置者は,小学校就学前子どもの人格を尊重するとともに,この法律又はこの法律に基づく命令を遵守し,誠実にその職務を遂行しなければならない.

(特定教育・保育施設の基準)
第34条 ① 特定教育・保育施設の設置者は,次の各号に掲げる教育・保育施設の区分に応じ,当該各号に定める基準(以下「教育・保育施設の認可基準」という.)を遵守しなければならない.
1 認定こども園 認定こども園法第3条第1項の規定により都道府県の条例で定める要件(当該認定こども園が同項の認定を受けたものである場合又は同項の条例で定める要件に適合しているものとして同条第9項の規定による公示がされたものである場合に限る.),同条第3項の規定により都道府県の条例で定める要件(当該認定こども園が同項の認定を受けたものである場合又は同項の条例で定める要件に適合しているものとして同条第9項の規定による公示がされたものである場合に限る.)又は同法第13条第1項の規定により都道府県(地方自治法第252条の19第1項の指定都市又は第252条の22第1項の中核市(以下「指定都市等」という.)の区域内に所在する幼保連携型認定こども園(認定こども園法第2条第7項に規定する幼保連携型認定こども園をいう.以下同じ.)(都道府県が設置するものを除く.第39条第2項及び第40条第1項第2号において「指定都市等所在幼保連携型認定こども園」という.)については,当該指定都市等)の条例で定める設備及び運営についての基準(当該認定こども園が幼保連携型認定こども園である場合に限る.)
2 幼稚園 学校教育法第3条に規定する学校の設備,編制その他に関する設置基準(幼稚園に係るものに限る.)
3 保育所 児童福祉法第45条第1項の規定により都道府県(指定都市等又は同法第59条の4第1項に規定する児童相談所設置市(以下「児童相談所設置市」という.)の区域内に所在する保育所(都道府県が設置するものを除く.第39条第2項及び第40条第1項第2号において「指定都市等所在保育所」という.)については,当該指定都市等又は児童相談所設置市)の条例で定める児童福祉施設の設備及び運営についての基準(保育所に係るものに限る.)
② 特定教育・保育施設の設置者は,市町村の条例で定める特定教育・保育の運営に関する基準に従い,特定教育・保育(特定教育・保育施設が特別利用保育又は特別利用教育を行う場合にあっては,特別利用保育又は特別利用教育を含む.以下この節において同じ.)を提供しなければならない.
③ 市町村が前項の条例を定めるに当たっては,次に掲げる事項については内閣府令で定める基準に従い定めるものとし,その他の事項については内閣府令で定める基準を参酌するものとする.
1 特定教育・保育施設に係る利用定員(第27条第1項の確認において定めるものに限る.第5項及び次条第2項において「利用定員」という.)
2 特定教育・保育施設の運営に関する事項であって,小学校就学前子どもの適切な処遇の確保及び秘密の保持並びに小学校就学前子どもの健全な発達に密接に関連するものとして内閣府令で定めるもの
④ 内閣総理大臣は,前項に規定する内閣府令で定める基準を定め,又は変更しようとするとき,及び同項第2号の内閣府令を定め,又は変更しようとするときは,あらかじめ,文部科学大臣及び厚生労働大臣に協議するとともに,特定教育・保育の取扱いに関する部分について第72条に規定する子ども・子育て会議の意見を聴かなければならない.
⑤ 特定教育・保育施設の設置者は,次条第2項の規定による利用定員の減少の届出をしたとき又は第36条の規定による確認の辞退をするときは,当該届出の日又は同条に規定する予告期間の開始日の前1月以内に当該特定教育・保育を受けていた者であって,当該利用定員の減少又は確認の辞退の日以後においても引き続き当該特定教育・保育に相当する教育・保育の提供を希望する者に対し,必要な教育・保育が継続的に提供されるよう,他の特定教育・保育施設の設置者その他関係者との連絡調整その他の便宜の提供を行わなければならない.

(変更の届出等)
第35条 ① 特定教育・保育施設の設置者は,設置者の住所その他の内閣府令で定める事項に変更があったときは,内閣府令で定めるところにより,10日以内に,その旨を市町村長に届け出なければならない.
② 特定教育・保育施設の設置者は,当該利用定員の減少をしようとするときは,内閣府令で定めるところにより,その利用定員の減少の日の3月前までに,その旨を市町村長に届け出なければならない.

(市町村長等による連絡調整又は援助)
第37条 ① 市町村長は,特定教育・保育施設の設置者による第34条第5項に規定する便宜の提供が円滑に行われるため必要があると認めるときは,当該特定教育・保育施設の設置者及び他の特定教育・保育施設の設置者その他の関係者相互間の連絡調整又は当該特定教育・保育施設の設置者及び当該関係者に対する助言その他の援助を行うことができる.
② 都道府県知事は,同一の特定教育・保育施設の設置者について2以上の市町村長が前項の規定による連絡調整又は援助を行う場合において,当該特定教育・保育施設の設置者による第34条第5項に規定する便宜の提供が円滑に行われるため必要があると認めるときは,当該市町村長相互間の連絡調整又は当該特定教育・保育施設の設置者に対する市町村の区域を超えた広域的な見地からの助言その他の援助を行うことができる.
③ 内閣総理大臣は,同一の特定教育・保育施設の設置者について2以上の都道府県知事が前項の規定による連絡調整又は援助を行う場合において,当該特定教育・保育施設の設置者による第34条第5項に規定する便宜の提供が円滑に行われるため必要があると認めるときは,当該都道府県知事相互間の連絡調整又は当該特定教育・保育施設の設置者に対する都道府県の区域を超えた広域的な見地からの助言その他の援助を行うことができる.

(報告等)
第38条 ① 市町村長は,必要があると認めるときは,この法律の施行に必要な限度において,特定教育・保育施設の設置者若しくは特定教育・保育施設の設置者であった者若しくは特定教育・保育施設の職員であった者(以下この項において「特定教育・保育施設の設置者等」という。)に対し,報告若しくは帳簿書類その他の物件の提出若しくは提示を命じ,特定教育・保育施設の設置者若しくは特定教育・保育施設の職員若しくは特定教育・保育施設の設置者であった者等に対し出頭を求め,又は当該市町村の職員に関係者に対して質問させ,若しくは特定教育・保育施設,特定教育・保育施設の設置者の事務所その他特定教育・保育施設の運営に関係のある場所に立ち入り,その設備若しくは帳簿書類その他の物件を検査させることができる.

② 第13条第2項の規定は前項の規定による質問又は検査について,同条第3項の規定は前項の規定による権限について準用する.

(勧告,命令等)
第39条 ① 市町村長は,特定教育・保育施設の設置者が,次の各号に掲げる場合に該当すると認めるときは,当該特定教育・保育施設の設置者に対し,期限を定めて,当該各号に定める措置をとるべきことを勧告することができる.
1 第34条第2項の市町村の条例で定める特定教育・保育施設の運営に関する基準に従って特定教育・保育施設の運営をしていない場合 当該基準を遵守すること.
2 第34条第5項に規定する便宜の提供を施設型給付費の支給に係る施設として適正に行っていない場合 当該便宜の提供を適正に行うこと.

② 市町村長(指定都市等所在幼保連携型認定こども園については当該指定都市等の長を除き,指定都市等所在保育所については当該指定都市等又は児童相談所設置市の長を除く。第5項において同じ。)は,特定教育・保育施設(指定都市等所在幼保連携型認定こども園及び指定都市等所在保育所を除く。以下この項及び第5項において同じ。)の設置者が教育・保育施設の認可基準に従って施設型給付費の支給に係る施設として適正な教育・保育施設の運営をしていないと認めるときは,遅滞なく,その旨を,当該特定教育・保育施設に係る教育・保育施設の認可等(教育・保育施設に係る認定こども園法第17条第1項,学校教育法第4条第1項若しくは児童福祉法第35条第4項の認可又は認定こども園法第3条第1項若しくは第3項の認定をいう。第5項及び次条第1項第2号において同じ。)を行った都道府県知事に通知しなければならない.

③ 市町村長は,第1項の規定による勧告をした場合において,その勧告を受けた特定教育・保育施設の設置者が,同項の期限内にこれに従わなかったときは,その旨を公表することができる.

④ 市町村長は,第1項の規定による勧告を受けた特定教育・保育施設の設置者が,正当な理由がなくてその勧告に係る措置をとらなかったときは,当該特定教育・保育施設の設置者に対し,期限を定めて,その勧告に係る措置をとるべきことを命ずることができる.

⑤ 市町村長は,前項の規定による命令をしたときは,その旨を公示するとともに,遅滞なく,その旨を,当該特定教育・保育施設に係る教育・保育施設の認可等を行った都道府県知事に通知しなければならない.

(確認の取消し等)
第40条 ① 市町村長は,次の各号のいずれかに該当する場合においては,当該特定教育・保育施設に係る第27条第1項の確認を取り消し,又は期限を定めてその確認の全部若しくは一部の効力を停止することができる.
1 特定教育・保育施設の設置者が,第33条第6項の規定に違反したと認められるとき.
2 特定教育・保育施設の設置者が,教育・保育施設の認可基準に従って施設型給付費の支給に係る施設として適正な教育・保育施設の運営をすることができなくなったとき当該特定教育・保育施設に係る教育・保育施設の認可等を行った都道府県知事(指定都市等所在幼保連携型認定こども園については当該指定都市等の長とし,指定都市等所在保育所については当該指定都市等又は児童相談所設置市の長とする。)が認めたとき.
3 特定教育・保育施設の設置者が,第34条第2項の市町村の条例で定める特定教育・保育施設の運営に関する基準に従って施設型給付費の支給に係る施設として適正な特定教育・保育施設の運営をすることができなくなったとき.
4 施設型給付費又は特例施設型給付費の請求に関し不正があったとき.
5 特定教育・保育施設の設置者が,第38条第1項の規定により報告又は帳簿書類その他の物件の提出若しくは提示を命ぜられてこれに従わず,又は虚偽の報告をしたとき.
6 特定教育・保育施設の設置者又はその職員が,第38条第1項の規定により出頭を求められてこれに応ぜず,同項の規定による質問に対して答弁せず,若しくは虚偽の答弁をし,又は同項の規定による検査を拒み,妨げ,若しくは忌避したとき。ただし,当該特定教育・保育施設の職員がその行為をした場合において,その行為を防止するため,当該特定教育・保育施設の設置者が相当の注意及び監督を尽くしたときを除く.
7 特定教育・保育施設の設置者が,不正の手段により第27条第1項の確認を受けたとき.
8 前各号に掲げる場合のほか,特定教育・保育施設の設置者が,この法律その他国民の福祉若しくは学校教育に関する法律で政令で定めるもの又はこれらの法律に基づく命令若しくは処分に違反したとき.
9 前各号に掲げる場合のほか,特定教育・保育施設の設置者が,教育・保育に関し不正又は著しく不当な行為をしたとき.
10 特定教育・保育施設の設置者の役員(業務を執行する社員,取締役,執行役又はこれらに準ずる者をいい,相談役,顧問その他いかなる名称を有する者であるかを問わず,法人に対し業務を執行する社員,取締役,執行役又はこれらに準ずる者と同等以上の支配力を有するものと認められる者を含む。以下同じ。)又はその長のうちに過去5年以内に教育・保育に関し不正又は著しく不当な行為をした者があるとき.

② 前項の規定により第27条第1項の確認を取り消された教育・保育施設の設置者(政令で定める者を除く。)及びこれに準ずる者として政令で定める者

は、その取消しの日又はこれに準ずる日として政令で定める日から起算して5年を経過するまでの間は、第31条第1項の申請をすることができない。

(市町村によるあっせん及び要請)
第42条 ① 市町村は、特定教育・保育施設に関し必要な情報の提供を行うとともに、支給認定保護者から求めがあった場合その他必要と認められる場合には、特定教育・保育施設を利用しようとする支給認定子どもに係る支給認定保護者の教育・保育に係る希望、当該支給認定子どもの養育の状況、当該支給認定保護者に必要な支援の内容その他の事情を勘案し、当該支給認定子どもが適切に特定教育・保育施設を利用できるよう、相談に応じ、必要な助言又は特定教育・保育施設の利用についてのあっせんを行うとともに、必要に応じて、特定教育・保育施設の設置者に対し、当該支給認定子どもの利用の要請を行うものとする。
② 特定教育・保育施設の設置者は、前項の規定により行われるあっせん及び要請に対し、協力しなければならない。

第2節　特定地域型保育事業者
(特定地域型保育事業者の確認)
第43条 ① 第29条第1項の確認は、内閣府令で定めるところにより、地域型保育事業を行う者の申請により、地域型保育の種類及び当該地域型保育の種類に係る地域型保育事業を行う事業所(以下「地域型保育事業所」という。)ごとに、第19条第1項第3号に掲げる小学校就学前子どもに係る利用定員(事業所内保育の事業を行う以下「事業所内保育事業所」という。)にあっては、その雇用する労働者の監護する小学校就学前子どもを保育するため当該事業所内保育の事業を自ら施設を設置し、又は委託して行う事業主に係る当該小学校就学前子ども(当該事業所内保育の事業が、事業主団体に設立られるにあっては事業主団体の構成員である事業主の雇用する労働者の監護する小学校就学前子どもとし、共済組合等(児童福祉法第6条の3第12項第1号ハに規定する共済組合等をいう。)に係るものにあっては共済組合等の構成員(同号ハに規定する共済組合等の構成員をいう。)の監護する小学校就学前子どもとする。以下「労働者等の監護する小学校就学前子ども」という。)及びその他の小学校就学前子どもごとに定める第19条第1項第3号に掲げる小学校就学前子どもに係る利用定員とする。)を定めて、市町村長が行う。
② 前項の確認は、当該確認をする市町村長がその長である市町村の区域に居住地を有する者に対する地域型保育給付費及び特例地域型保育給付費の支給について、その効力を有する。
③ 市町村長は、第1項の規定により特定地域型保育事業(特定地域型保育を行う事業をいう。以下同じ。)の利用定員を定めようとするときは、あらかじめ、第77条第1項の審議会その他の合議制の機関を設置している場合にあってはその意見を、その他の場合にあっては子どもの保護者その他子ども・子育て支援に係る当事者の意見を聴かなければならない。
④ 市町村長は、第1項の申請があった場合において、当該申請に係る地域型保育事業所が当該市町村の区域外にある場合であって、その所在地の市町村長(以下この条において「所在地市町村長」という。)の同意を得ていないときは、第29条第1項の

確認をしてはならない。ただし、第1項の申請を受けた市町村長(以下この条において「被申請市町村長」という。)と所在地市町村長との協議により、この項本文の規定による同意を要しないことについて所在地市町村長の同意があるときは、この限りでない。
⑤ 前項ただし書の規定により同項本文の規定が適用されない場合であって、第1項の申請に係る地域型保育事業所(所在地市町村長の管轄する区域にあるものに限る。)について、次の各号に掲げるときは、それぞれ当該各号に定める時に、当該申請者について、被申請市町村長による第29条第1項の確認があったものとみなす。
　1　所在地市町村長が第29条第1項の確認をしたとき　当該確認がされた時
　2　所在地市町村長による第29条第1項の確認がされているとき　被申請市町村長が当該地域型保育事業所に係る地域型保育事業を行う者から第1項の申請を受けた時
⑥ 所在地市町村長による第29条第1項の確認についての第52条第1項の規定による取消し又は効力の停止は、前項の規定により受けたものとみなされた被申請市町村長による第29条第1項の確認の効力に影響を及ぼさない。

(特定地域型保育事業者の責務)
第45条 ① 特定地域型保育事業者は、支給認定保護者から利用の申込みを受けたときは、正当な理由がなければ、これを拒んではならない。
② 特定地域型保育事業者は、前項の申込みに係る満3歳未満保育認定子ども及び当該特定地域型保育事業者に係る地域型保育事業を現に利用している満3歳未満保育認定子どもの総数が、その利用定員(第29条第1項の確認において定められた第19条第1項第3号に掲げる小学校就学前子どもに係る利用定員とする。)の総数を超える場合においては、内閣府令で定めるところにより、前項の申込みに係る満3歳未満保育認定子どもを公正な方法で選考しなければならない。
③ 内閣総理大臣は、前項の内閣府令を定め、又は変更しようとするときは、あらかじめ、厚生労働大臣に協議しなければならない。
④ 特定地域型保育事業者は、満3歳未満保育認定子どもに対し適切な地域型保育を提供するとともに、市町村、教育・保育施設、児童相談所、児童福祉施設、教育機関その他の関係機関との緊密な連携を図りつつ、良質な地域型保育を小学校就学前子どもの置かれている状況その他の事情に応じ、効果的に行うように努めなければならない。
⑤ 特定地域型保育事業者は、その提供する地域型保育の質の評価を行うことその他の措置を講ずることにより、地域型保育の質の向上に努めなければならない。
⑥ 特定地域型保育事業者は、小学校就学前子どもの人格を尊重するとともに、この法律又はこの法律に基づく命令を遵守し、誠実にその職務を遂行しなければならない。

(特定地域型保育事業の基準)
第46条 ① 特定地域型保育事業者は、地域型保育の種類に応じ、児童福祉法第34条の16第1項の規定により市町村の条例で定める設備及び運営についての基準(以下「地域型保育事業の認可基準」という。)を遵守しなければならない。

② 特定地域型保育事業者は,市町村の条例で定める特定地域型保育事業の運営に関する基準に従い,特定地域型保育を行わなければならない.
③ 市町村が前項の条例を定めるに当たっては,次に掲げる事項については内閣府令で定める基準に従い定めるものとし,その他の事項については内閣府令で定める基準を参酌するものとする.
　1　特定地域型保育事業に係る利用定員(第29条第1項の確認において定めるものに限る.第5項及び次条第2項において「利用定員」という.)
　2　特定地域型保育事業の運営に関する事項であって,小学校就学前子どもの適切な処遇の確保及び秘密の保持等並びに小学校就学前子どもの健全な発達に密接に関連するものとして内閣府令で定めるもの
④ 内閣総理大臣は,前項に規定する内閣府令で定める基準を定め又は変更しようとするとき及び同項第2号の内閣府令を定め,又は変更しようとするときは,あらかじめ,厚生労働大臣に協議するとともに,特定地域型保育の取扱いに関する部分について第72条に規定する子ども・子育て会議の意見を聴かなければならない.
⑤ 特定地域型保育事業者は,次条第2項の規定による利用定員の減少の届出をするとき又は第48条の規定による確認の辞退をするときは,当該届出の日又は同条に規定する予告期間の開始日の前1月以内に当該特定地域型保育を受けていた者であって,当該利用定員の減少又は確認の辞退の日以後においても引き続き当該特定地域型保育に相当する地域型保育の提供を希望する者に対し,必要な地域型保育が継続的に提供されるよう,他の特定地域型保育事業者その他関係者との連絡調整その他の便宜の提供を行わなければならない.

(市町村長等による連絡調整又は援助)
第49条① 市町村長は,特定地域型保育事業者による第46条第5項に規定する便宜の提供が円滑に行われるため必要があると認めるときは,当該特定地域型保育事業者及び当該関係者相互間の連絡調整又は当該特定地域型保育事業者及び当該関係者に対する助言その他の援助を行うことができる.
② 都道府県知事は,同一の特定地域型保育事業者について2以上の市町村長が前項の規定による連絡調整又は援助を行う場合において,当該特定地域型保育事業者による第46条第5項に規定する便宜の提供が円滑に行われるため必要があると認めるときは,当該市町村長相互間の連絡調整又は当該特定地域型保育事業者に対する市町村の区域を超えた広域的な見地からの助言その他の援助を行うことができる.
③ 内閣総理大臣は,同一の特定地域型保育事業者について2以上の都道府県知事が前項の規定による連絡調整又は援助を行う場合において,当該特定地域型保育事業者による第46条第5項に規定する便宜の提供が円滑に行われるため必要があると認めるときは,当該都道府県知事相互間の連絡調整又は当該特定地域型保育事業者に対する都道府県の区域を超えた広域的な見地からの助言その他の援助を行うことができる.

(報告等)第50条(略)
(勧告,命令等)第51条(略)
(確認の取消し等)
第52条① 市町村長は,次の各号のいずれかに該当する場合においては,当該特定地域型保育事業者に係る第29条第1項の確認を取り消し,又は期間を定めてその確認の全部若しくは一部の効力を停止することができる.
　1　特定地域型保育事業者が,第45条第6項の規定に違反したと認められるとき.
　2　特定地域型保育事業者が,地域型保育事業の認可基準に従って特定地域型保育給付費の支給に係る事業を行う者として適正な地域型保育事業の運営をすることができなくなったとき.
　3　特定地域型保育事業者が,第46条第2項の市町村の条例で定める特定地域型保育事業の運営に関する基準に従って地域型保育給付費の支給に係る事業を行う者として適正な特定地域型保育事業の運営をすることができなくなったとき.
　4　特例地域型保育給付費又は特例地域型保育給付費の請求に関し不正があったとき.
　5　特定地域型保育事業者が,第50条第1項の規定により報告又は帳簿書類その他の物件の提出若しくは提示を命ぜられてこれに従わず,又は虚偽の報告をしたとき.
　6　特定地域型保育事業者又はその特定地域型保育事業所の職員が,第50条第1項の規定により出頭を求められてこれに応ぜず,同項の規定による質問に対して答弁せず,若しくは虚偽の答弁をし,又は同項の規定による検査を拒み,妨げ,若しくは忌避したとき.ただし,当該特定地域型保育事業所の職員がその行為をした場合において,その行為を防止するため,当該特定地域型保育事業者が相当の注意及び監督を尽くしたときを除く.
　7　特定地域型保育事業者が,不正の手段により第29条第1項の確認を受けたとき.
　8　前各号に掲げる場合のほか,特定地域型保育事業者が,この法律その他国民の福祉に関する法律で政令で定めるもの又はこれらの法律に基づく命令若しくは処分に違反したとき.
　9　前各号に掲げる場合のほか,特定地域型保育事業者が,保育に関し不正又は著しく不当な行為をしたとき.
　10　特定地域型保育事業者が法人である場合において,当該法人の役員又はその事業所を管理するその他の政令で定める使用人のうちに過去5年以内に保育に関し不正又は著しく不当な行為をした者があるとき.
　11　特定地域型保育事業者が法人でない場合において,その管理者が過去5年以内に保育に関し不正又は著しく不当な行為をした者であるとき.
② 前項の規定により第29条第1項の確認を取り消された地域型保育事業を行う者(政令で定める者を除く.)及びこれに準ずる者として政令で定める者は,その取消しの日又はこれに準ずる日として政令で定める日から起算して5年を経過するまでの間は,第43条第1項の申請をすることができない.

(市町村によるあっせん及び要請)
第54条① 市町村は,特定地域型保育事業に関し必要な情報の提供を行うとともに,支給認定保護者から求めがあった場合その他必要と認められる場合には,特定地域型保育事業を利用しようとする満3歳未満保育認定子どもに係る支給認定保護者の地域型保育に係る希望,当該満3歳未満保育認定子どもの養育の状況,当該支給認定保護者に必要な支援

の内容その他の事情を勘案し,当該満3歳未満保育認定子どもが適切に特定地域型保育事業を利用できるよう,相談に応じ,必要な助言又は特定地域型保育事業の利用についてのあっせんを行うとともに,必要に応じて,特定地域型保育事業者に対し,当該満3歳未満保育認定子どもの利用の要請を行うものとする.

② 特定地域型保育事業者は,前項の規定により行われるあっせん及び要請に対し,協力しなければならない.

第3節 業務管理体制の整備等
(業務管理体制の整備等)

第55条 ① 特定教育・保育施設の設置者及び特定地域型保育事業者(以下「特定教育・保育提供者」という.)は,第33条第6項又は第45条第6項に規定する義務の履行が確保されるよう,内閣府令で定める基準に従い,業務管理体制を整備しなければならない.

② 特定教育・保育提供者は,次の各号に掲げる区分に応じ,当該各号に定める者に対し,内閣府令で定めるところにより,業務管理体制の整備に関する事項を届け出なければならない.
 1 その確認に係る全ての教育・保育施設又は地域型保育事業所(その確認に係る地域型保育の種類が異なるものを含む.次号において同じ.)が1の市町村の区域に所在する特定教育・保育提供者 市町村長
 2 その確認に係る教育・保育施設又は地域型保育事業所が2以上の都道府県の区域に所在する特定教育・保育提供者 内閣総理大臣
 3 前2号に掲げる特定教育・保育提供者以外の特定教育・保育提供者 都道府県知事

③ 前項の規定による届出を行った特定教育・保育提供者は,その届け出た事項に変更があったときは,内閣府令で定めるところにより,遅滞なく,その旨を当該届出を行った同各号に定める者(以下この節において「市町村長等」という.)に届け出なければならない.

④ 第2項の規定による届出を行った特定教育・保育提供者は,同項各号に掲げる区分の変更により,同項の規定により当該届出を行った市町村長等以外の市町村長等に届出を行うときは,内閣府令で定めるところにより,その旨を当該届出を行った市町村長等にも届け出なければならない.

⑤ 市町村長等は,前3項の規定による届出が適正になされるよう,相互に密接な連携を図るものとする.

(報告等) 第56条 (略)
(勧告,命令等) 第57条 (略)

第4節 教育・保育に関する情報の報告及び公表

第58条 ① 特定教育・保育提供者は,特定教育・保育施設又は特定地域型保育事業者(以下「特定教育・保育施設等」という.)の確認を受け,教育・保育の提供を開始しようとするときその他内閣府令で定めるときは,政令で定めるところにより,その提供する教育・保育に係る教育・保育情報(教育・保育の内容及び教育・保育を提供する施設又は事業者の運営状況に関する情報であって,小学校就学前子どもに教育・保育を受けさせ,又は受けさせようとする小学校就学前子どもの保護者が適切かつ円滑に教育・保育を小学校就学前子どもに受けさせる機会を確保するために公表されることが必要なものとして内閣府令で定めるものをいう.以下同じ.)を,教育・保育を提供する施設又は事業所の所在地の都道府県知事に報告しなければならない.

② 都道府県知事は,前項の規定による報告を受けた後,内閣府令で定めるところにより,当該報告の内容を公表しなければならない.

③ 都道府県知事は,第1項の規定による報告に関して必要があると認めるときは,この法律の施行に必要な限度において,当該報告をした特定教育・保育提供者に対し,教育・保育情報のうち内閣府令で定めるものについて,調査を行うことができる.

④ 都道府県知事は,特定教育・保育提供者が第1項の規定による報告をせず,若しくは虚偽の報告をし,又は前項の規定による調査を受けず,若しくは調査の実施を妨げたときは,期間を定めて,当該特定教育・保育提供者に対し,その報告を行い,若しくはその報告の内容を是正し,又はその調査を受けることを命ずることができる.

⑤ 都道府県知事は,特定教育・保育提供者に対して前項の規定による処分をしたときは,遅滞なく,その旨を,当該特定教育・保育施設等の確認をした市町村長に通知しなければならない.

⑥ 都道府県知事は,特定教育・保育提供者が,第4項の規定による命令に従わない場合において,当該特定教育・保育施設等の確認を取り消し,又は期間を定めてその確認の全部若しくは一部の効力を停止することが適当であると認めるときは,理由を付して,その旨をその確認をした市町村長に通知しなければならない.

⑦ 都道府県知事は,小学校就学前子どもに教育・保育を受けさせ,又は受けさせようとする小学校就学前子どもの保護者が適切かつ円滑に教育・保育を小学校就学前子どもに受けさせる機会の確保に資するため,教育・保育の質及び教育・保育を担当する職員に関する情報(教育・保育情報に該当するものを除く.)であって内閣府令で定めるものの提供を希望する特定教育・保育提供者から提供を受けた当該情報について,公表を行うよう配慮するものとする.

第4章 地域子ども・子育て支援事業

第59条 市町村は,内閣府令で定めるところにより,第61条第1項に規定する市町村子ども・子育て支援事業計画に従って,地域子ども・子育て支援事業として,次に掲げる事業を行うものとする.
 1 子ども及びその保護者が確実に子ども・子育て支援給付を受け,及び地域子ども・子育て支援事業その他の子ども・子育て支援を円滑に利用できるよう,子ども及びその保護者の身近な場所において,地域の子ども・子育て支援に関する各般の問題につき,子ども又は子どもの保護者からの相談に応じ,必要な情報の提供及び助言を行うとともに,関係機関との連絡調整その他の内閣府令で定める便宜の提供を総合的に行う事業
 2 支給認定保護者であって,その支給認定子ども(第19条第1項第1号に掲げる小学校就学前子どもに該当するものを除く.以下この号及び附則第6条において「保育認定子ども」という.)が,やむを得ない理由により利用日及び利用時間帯(当該支給認定保護者が特定教育・保育施設等又は特例保育を行う事業者と締結した特定保育(特定教育・保育(保育に限る.),特定地域型保育又は特例保育をいう.以下この号において同じ.)の提供

に関する契約において,当該保育認定子どもが当該特定教育・保育施設等又は特例保育を行う事業者による特定保育を受ける日及び時間帯として定められた日及び時間帯をいう.)以外の日及び時間において当該特定教育・保育施設等又は特例保育を行う事業者による保育(保育必要量の範囲内のものを除く.以下この号において「時間外保育」という.)を受けたものに対し,内閣府令で定めるところにより,当該支給認定保護者が支払うべき時間外保育の費用の全部又は一部の助成を行うことにより,必要な保育を確保する事業
3 支給認定保護者のうち,当該支給認定保護者の属する世帯の所得の状況その他の事情を勘案して市町村が定める基準に該当するもの(この号において「特定支給認定保護者」という.)に係る支給認定子どもが特定教育・保育,特別利用保育,特別利用教育,特定地域型保育又は特例保育(以下この号において「特定教育・保育等」という.)を受けた場合において,当該特定支給認定保護者が支払うべき日用品,文房具その他の教育・保育に必要な物品の購入に要する費用又は特定教育・保育等に係る行事への参加に要する費用その他これらに類する費用として市町村が定めるものの全部又は一部を助成する事業
4 特定教育・保育施設等への民間事業者の参入の促進に関する調査研究その他多様な事業者の能力を活用した特定教育・保育施設等の設置又は運営を促進するための事業
5 児童福祉法第6条の3第2項に規定する放課後児童健全育成事業
6 児童福祉法第6条の3第3項に規定する子育て短期支援事業
7 児童福祉法第6条の3第4項に規定する乳児家庭全戸訪問事業
8 児童福祉法第6条の3第5項に規定する養育支援訪問事業その他同法第25条の2第1項に規定する要保護児童対策地域協議会その他の者による同法第25条の7第1項に規定する要保護児童等に対する支援に資する事業
9 児童福祉法第6条の3第6項に規定する地域子育て支援拠点事業
10 児童福祉法第6条の3第7項に規定する一時預かり事業
11 児童福祉法第6条の3第13項に規定する病児保育事業
12 児童福祉法第6条の3第14項に規定する子育て援助活動支援事業
13 母子保健法(昭和40年法律第141号)第13条第1項の規定に基づき妊婦に対して健康診査を実施する事業

第5章 子ども・子育て支援事業計画

(基本指針)
第60条 ① 内閣総理大臣は,教育・保育及び地域子ども・子育て支援事業の提供体制を整備し,子ども・子育て支援給付並びに地域子ども・子育て支援事業及び仕事・子育て両立支援事業の円滑な実施の確保その他子ども・子育て支援のための施策を総合的に推進するための基本的な指針(以下「基本指針」という.)を定めるものとする. 《②~④(略)》

(市町村子ども・子育て支援事業計画)

第61条 ① 市町村は,基本指針に即して,5年を1期とする教育・保育及び地域子ども・子育て支援事業の提供体制の確保その他この法律に基づく業務の円滑な実施に関する計画(以下「市町村子ども・子育て支援事業計画」という.)を定めるものとする.
② 市町村子ども・子育て支援事業計画においては,次に掲げる事項を定めるものとする.
1 市町村が,地理的条件,人口,交通事情その他の社会的条件,教育・保育を提供するための施設の整備の状況その他の条件を総合的に勘案して定める区域(以下「教育・保育提供区域」という.)ごとの当該教育・保育提供区域における各年度の特定教育・保育施設に係る必要利用定員総数(第19条第1項各号に掲げる小学校就学前子どもの区分ごとの必要利用定員総数とする.),特定地域型保育事業所(事業所内保育事業所における労働者等の監護する小学校就学前子どもに係る部分を除く.)に係る必要利用定員総数(同項第3号に掲げる小学校就学前子どもに係るものに限る.)その他の教育・保育の量の見込み並びに実施しようとする教育・保育の提供体制の確保の内容及びその実施時期
2 教育・保育提供区域ごとの当該教育・保育提供区域における各年度の地域子ども・子育て支援事業の量の見込み並びに実施しようとする地域子ども・子育て支援事業の提供体制の確保の内容及びその実施時期
3 子ども・子育て支援給付に係る教育・保育の一体的提供及び当該教育・保育の推進に関する体制の確保の内容
③ 市町村子ども・子育て支援事業計画においては,前項各号に規定するもののほか,次に掲げる事項について定めるよう努めるものとする.
1 産後の休業及び育児休業後における特定教育・保育施設等の円滑な利用の確保に関する事項
2 保護を要する子どもの養育環境の整備,児童福祉法第4条第2項に規定する障害児に対して行われる保護並びに日常生活上の指導及び知識技能の付与その他の子どもに関する専門的な知識及び技術を要する支援に関する都道府県が行う施策との連携に関する事項
3 労働者の職業生活と家庭生活との両立が図られるようにするために必要な雇用環境の整備に関する施策との連携に関する事項
④ 市町村子ども・子育て支援事業計画は,教育・保育提供区域における子どもの数,子どもの保護者の特定教育・保育施設等及び地域子ども・子育て支援事業の利用に関する意向その他の事情を勘案して作成されなければならない.
⑤ 市町村は,教育・保育提供区域における子ども及びその保護者の置かれている環境その他の事情を正確に把握した上で,これらの事情を勘案して,市町村子ども・子育て支援事業計画を作成するよう努めるものとする.
⑥ 市町村子ども・子育て支援事業計画は,社会福祉法第107条に規定する市町村地域福祉計画,教育基本法第17条第2項の規定により市町村が定める教育の振興のための施策に関する基本的な計画(次条第4項において「教育振興基本計画」という.)その他の法律の規定による計画であって子どもの福祉又は教育に関する事項を定めるものと調和が保たれたものでなければならない.

⑦ 市町村は,市町村子ども・子育て支援事業計画を定め,又は変更しようとするときは,あらかじめ,第77条第1項の審議会その他の合議制の機関を設置している場合にあってはその意見を,その他の場合にあっては子どもの保護者その他子ども・子育て支援に係る当事者の意見を聴かなければならない.
⑧ 市町村は,市町村子ども・子育て支援事業計画を定め,又は変更しようとするときは,あらかじめ,インターネットの利用その他の内閣府令で定める方法により広く住民の意見を求めるとその他の住民の意見を反映させるために必要な措置を講ずるよう努めるものとする.
⑨ 市町村は,市町村子ども・子育て支援事業計画を定め,又は変更しようとするときは,あらかじめ,都道府県に協議しなければならない.
⑩ 市町村は,市町村子ども・子育て支援事業計画を定め,又は変更したときは,遅滞なく,これを都道府県知事に提出しなければならない.

(都道府県子ども・子育て支援事業支援計画)
第62条 ① 都道府県は,基本指針に即して,5年を1期とする教育・保育及び地域子ども・子育て支援事業の提供体制の確保その他この法律に基づく業務の円滑な実施に関する計画(以下「都道府県子ども・子育て支援事業支援計画」という.)を定めるものとする.
②~⑥(略)

第6章 費用等

(市町村の支弁)
第65条 次に掲げる費用は,市町村の支弁とする.
1 市町村が設置する特定教育・保育施設に係る施設型給付費及び特例施設型給付費の支給に要する費用
2 都道府県及び市町村以外の者が設置する特定教育・保育施設に係る施設型給付費及び特例施設型給付費並びに地域型保育給付費及び特例地域型保育給付費の支給に要する費用
3 地域子ども・子育て支援事業に要する費用

(都道府県の支弁)
第66条 都道府県が設置する特定教育・保育施設に係る施設型給付費及び特例施設型給付費の支給に要する費用は,都道府県の支弁とする.

(都道府県の負担等)
第67条 ① 都道府県は,政令で定めるところにより,第65条の規定により市町村が支弁する同条第2号に掲げる費用のうち,国及び都道府県が負担すべきものとして政令で定めるところにより算定した額(次条第1項において「施設型給付費等負担対象額」という.)の4分の1を負担する.
② 都道府県は,政令で定めるところにより,市町村に対し,第65条の規定により市町村が支弁する同条第3号に掲げる費用に充てるため,当該都道府県の予算の範囲内で,交付金を交付することができる.

(市町村に対する交付金の交付等)
第68条 ① 国は,政令で定めるところにより,第65条の規定により市町村が支弁する同条第2号に掲げる費用のうち,施設型給付費等負担対象額の2分の1を負担する.
② 国は,政令で定めるところにより,市町村に対し,第65条の規定により市町村が支弁する同条第3号に掲げる費用に充てるため,予算の範囲内で,交付金を交付することができる.

(拠出金の徴収及び納付義務)
第69条 ① 政府は,児童手当の支給に要する費用(児童手当法第18条第1項の規定に係る限る.次条第2項において「拠出金対象児童手当費用」という.),地域子ども・子育て支援事業(第59条第2号,第5号及び第11号に掲げるものに限る.)に要する費用(次条第2項において「拠出金対象地域子ども・子育て支援事業費用」という.)及び仕事・子育て両立支援事業に要する費用(同項において「仕事・子育て両立支援事業費用」という.)に充てるため,次に掲げる者(次項において「一般事業主」という.)から,拠出金を徴収する.
1 厚生年金保険法(昭和29年法律第115号)第82条第1項に規定する事業主(次号から第4号までに掲げるものを除く.)
2 私立学校教職員共済法(昭和28年法律第245号)第28条第1項に規定する学校法人等
3 地方公務員等共済組合法(昭和37年法律第152号)第144条の3第1項に規定する団体その他同法に規定する団体で政令で定めるもの
4 国家公務員共済組合法(昭和33年法律第128号)第126条第1項に規定する連合会その他同法に規定する団体で政令で定めるもの
② 一般事業主は,拠出金を納付する義務を負う.

(拠出金の額)
第70条 ① 拠出金の額は,厚生年金保険法に基づく保険料の計算の基礎となる標準報酬月額及び標準賞与額(育児休業,介護休業等育児又は家族介護を行う労働者の福祉に関する法律(平成3年法律第76号)第2条第1号に規定する育児休業若しくは同法第23条第2項の育児休業に関する制度に準ずる措置若しくは同法第24条第1項(第2号に係る部分に限る.)の規定により同項第2号に規定する育児休業に関する制度に準じて講ずる措置による休業,国会職員の育児休業等に関する法律(平成3年法律第108号)第3条第1項に規定する育児休業,国家公務員の育児休業等に関する法律(平成3年法律第109号)第3条第1項(同法第27条第1項及び裁判所職員臨時措置法(昭和26年法律第299号)(第7号に係る部分に限る.)において準用する場合を含む.)に規定する育児休業若しくは地方公務員の育児休業等に関する法律(平成3年法律第110号)第2条第1項に規定する育児休業又は厚生年金保険法第23条の3第1項に規定する産前産後休業をしている被保険者について,当該育児休業若しくは休業又は当該産前産後休業をしたことにより,厚生年金保険法に基づき保険料の徴収を行わないこととされた場合にあっては,当該被保険者に係るものを除く.次項において「賦課標準」という.)に拠出金率を乗じて得た額の総額とする.
② 前項の拠出金率は,拠出金対象児童手当費用及び拠出金対象地域子ども・子育て支援事業費用の予定総額,並びに仕事・子育て両立支援事業費用の予定額,賦課標準の予定総額並びに第68条第2項の規定により国が支弁する額及び児童手当法第18条第1項の規定により国庫が負担する額等の予定総額に照らし,おおむね5年を通じ財政の均衡を保つことができるものでなければならないものとし,1000分の2.5以内において,政令で定める.
③ 内閣総理大臣は,前項の規定により拠出金率を定めようとするときは,あらかじめ,厚生労働大臣に協議しなければならない.

④ 全国的な事業主の団体は，第1項の拠出金率に関し，内閣総理大臣に対して意見を申し出ることができる．

(拠出金の徴収方法)
第71条 ① 拠出金の徴収については，厚生年金保険の保険料その他の徴収金の例による．
② 前項の拠出金及び当該拠出金に係る厚生年金保険の保険料その他の徴収金の例により徴収する徴収金(以下「拠出金等」という．)の徴収に関する政府の権限で政令で定めるものは，厚生労働大臣が行う．
③ 前項の規定により厚生労働大臣が行う権限のうち，国税滞納処分の例による処分その他政令で定めるものに係る事務は，政令で定めるところにより，日本年金機構(以下この条において「機構」という．)に行わせるものとする．
④ 厚生労働大臣は，前項の規定により機構に行わせるものとしたその権限に係る事務について，機構による当該権限に係る事務の実施が困難と認める場合その他政令で定める場合には，当該権限を自ら行うことができる．この場合において，厚生労働大臣は，その権限の一部を，政令で定めるところにより，財務大臣に委任することができる．
⑤ 財務大臣は，政令で定めるところにより，前項の規定により委任された権限を，国税庁長官に委任する．
⑥ 国税庁長官は，政令で定めるところにより，前項の規定により委任された権限の全部又は一部を当該権限に係る納付義務者を負う者(次項において「納付義務者」という．)の事業所又は事務所の所在地を管轄する国税局長に委任することができる．
⑦ 国税局長は，政令で定めるところにより，前項の規定により委任された権限の全部又は一部を当該権限に係る納付義務者の事業所又は事務所の所在地を管轄する税務署長に委任することができる．
⑧ 厚生労働大臣は，第3項で定めるもののほか，政令で定めるところにより，第2項の規定による権限のうち厚生労働省令で定めるものに係る事務(当該権限を行使する事務を除く．)を機構に行わせるものとする．
⑨ 政府は，拠出金等の取立てに関する事務を，当該拠出金等の取立てについて便宜を有する法人で政令で定めるものに取り扱わせることができる．
⑩ 第1項から第8項までの規定による拠出金等の徴収並びに前項の規定による拠出金等の取立て及び政府への納付について必要な事項は，政令で定める．

第8章 雑 則

(審査請求)
第80条 第71条第2項から第7項までの規定による拠出金等の徴収に関する処分に不服がある者は，厚生労働大臣に対して審査請求をすることができる．

附 則(抄)
(保育所に係る委託費の支払等)
第6条 ① 市町村は，児童福祉法第24条第1項の規定により保育所における保育を行うため，当分の間，保育認定子どもが，特定教育・保育施設(都道府県及び市町村以外の者が設置する施設に限る．以下この条において「特定保育所」という．)から特定教育・保育(保育に限る．以下この条において同

じ．)を受けた場合については，当該特定教育・保育(保育必要量の範囲内のものに限る．以下この条において「支給認定保育」という．)に要した費用について，1月につき，第27条第3項第1号に規定する特定教育・保育に通常要する費用の額を勘案して内閣総理大臣が定める基準により算定した費用の額(その額が現に支給認定保育に要した費用の額を超えるときは，当該現に支給認定保育に要した費用の額)に相当する額(以下この条において「保育費用」という．)を当該特定保育所に委託費として支払うものとする．この場合において，第27条の規定は適用しない．
② 特定保育所における保育認定子どもに係る特定教育・保育については，当分の間，第33条第1項及び第2項並びに第42条，母子及び父子並びに寡婦福祉法(昭和39年法律第129号)第28条第2項並びに児童虐待の防止等に関する法律(平成12年法律第82号)第13条の3第2項の規定は適用しない．
③ 第1項の場合におけるこの法律及び国有財産特別措置法(昭和27年法律第219号)の規定の適用についての必要な技術的読替えは，政令で定める．
④ 第1項の場合において，保育費用の支払をした市町村の長は，当該保育費用に係る保育認定子どもの支給認定保護者又は扶養義務者から，当該保育費用をこれらの者から徴収した場合における家計に与える影響を考慮して特定保育所における保育に係る保育認定子どもの年齢等に応じて定める額を徴収するものとする．
⑤ 前項に規定する額の収納の事務については，収入の確保及び当該保育費用に係る保育認定子どもの支給認定保護者又は扶養義務者の便益の増進に寄与すると認める場合に限り，政令で定めるところにより，私人に委託することができる．
⑥ 第4項の規定による費用の徴収は，これを保育費用に係る保育認定子どもの支給認定保護者又は扶養義務者の居住地又は財産所在地の都道府県又は市町村に嘱託することができる．
⑦ 第4項の規定により徴収される費用を，指定の期限内に納付しない者があるときは，地方税の滞納処分の例により処分することができる．この場合における徴収金の先取特権の順位は，国税及び地方税に次ぐものとする．
⑧ 第4項の規定により市町村が同項に規定する額を徴収する場合における児童福祉法及び児童手当法の規定の適用についての必要な技術的読替えは，政令で定める．

---

83 就学前の子どもに関する教育,保育等の総合的な提供の推進に関する法律(抄)

(平18・6・15法律第77号，平18・10・1施行，最終改正:平28・5・20 法律第47号)

第1章 総 則

(目 的)
第1条 この法律は，幼児期の教育及び保育が生涯

にわたる人格形成の基礎を培う重要なものであること並びに我が国における急速な少子化の進行並びに家庭及び地域を取り巻く環境の変化に伴い小学校就学前の子どもの教育及び保育に対する需要が多様なものとなっていることに鑑み，地域における創意工夫を生かしつつ，小学校就学前の子どもに対する教育及び保育並びに保護者に対する子育て支援の総合的な提供を推進するための措置を講じ，もって地域において子どもが健やかに育成される環境の整備に資することを目的とする．

（定　義）
第2条　① この法律において「子ども」とは，小学校就学の始期に達するまでの者をいう．
② この法律において「幼稚園」とは，学校教育法（昭和22年法律第26号）第1条に規定する幼稚園をいう．
③ この法律において「保育所」とは，児童福祉法（昭和22年法律第164号）第39条第1項に規定する保育所をいう．
④ この法律において「保育機能施設」とは，児童福祉法第59条第1項に規定する施設のうち同法第39条第1項に規定する業務を目的とするもの（少数の子どもを対象とするものその他の主務省令で定めるものを除く．）をいう．
⑤ この法律において「保育所等」とは，保育所又は保育機能施設をいう．
⑥ この法律において「認定こども園」とは，次条第1項又は第3項の認定を受けた施設，同条第9項の規定による公示がされた施設及び幼保連携型認定こども園をいう．
⑦ この法律において「幼保連携型認定こども園」とは，義務教育及びその後の教育の基礎を培うものとしての満3歳以上の子どもに対する教育並びに保育を必要とする子どもに対する保育を一体的に行い，これらの子どもの健やかな成長が図られるよう適当な環境を与えて，その心身の発達を助長するとともに，保護者に対する子育ての支援を行うことを目的として，この法律の定めるところにより設置される施設をいう．
⑧ この法律において「教育」とは，教育基本法（平成18年法律第120号）第6条第1項に規定する法律に定める学校（第9条において単に「学校」という．）において行われる教育をいう．
⑨ この法律において「保育」とは，児童福祉法第6条の3第7項に規定する保育をいう．
⑩ この法律において「保育を必要とする子ども」とは，児童福祉法第6条の3第9項第1号に規定する保育を必要とする乳児・幼児をいう．
⑪ この法律において「保護者」とは，児童福祉法第6条に規定する保護者をいう．
⑫ この法律において「子育て支援事業」とは，地域の子どもの養育に関する各般の問題につき保護者からの相談に応じ必要な情報の提供及び助言を行う事業，保護者の疾病その他の理由により家庭において養育を受けることが一時的に困難となった地域の子どもに対する保育を行う事業，地域の子どもの養育に関する援助を受けることを希望する保護者と当該援助を行うことを希望する民間の団体若しくは個人との連絡及び調整を行う事業又は地域の子どもの養育に関する援助を行う民間の団体若しくは個人に対する必要な情報の提供及び助言を行う事業であって主務省令で定めるものをいう．

第2章　幼保連携型認定こども園以外の認定こども園に関する認定手続等

（幼保連携型認定こども園以外の認定こども園の認定等）
第3条　① 幼稚園又は保育所等の設置者（都道府県を除く．）は，その設置する施設が都道府県の条例で定める要件に適合している旨の都道府県知事（保育所に係る児童福祉法の規定による認可その他の処分をする権限に係る事務を地方自治法（昭和22年法律第67号）第180条の2の規定に基づく都道府県知事の委任を受けて当該都道府県の教育委員会が行う場合その他の主務省令で定める場合にあっては，都道府県の教育委員会．以下この章及び第4章において同じ．）の認定を受けることができる．
② 前項の条例で定める要件は，次に掲げる基準に従い，かつ，主務大臣が定める施設の設備及び運営に関する基準を参酌して定めるものとする．
1　当該施設が幼稚園である場合にあっては，幼稚園教育要領（学校教育法第25条の規定に基づき幼稚園に関して文部科学大臣が定める事項をいう．第10条第2項において同じ．）に従って編成された教育課程に基づく教育を行うほか，当該教育のための時間の終了後，当該幼稚園に在籍している子どものうち保育を必要とする子どもに該当する者に対する教育を行うこと．
2　当該施設が保育所等である場合にあっては，保育を必要とする子どもに対する保育を行うほか，当該保育を必要とする子ども以外の満3歳以上の子ども（当該施設が保育所である場合にあっては，当該保育所が所在する市町村（特別区を含む．以下同じ．）における児童福祉法第24条第4項に規定する保育の利用に対する需要の状況に照らして適当と認められる数の子どもに限る．）を保育し，かつ，満3歳以上の子どもに対し学校教育法第23条各号に掲げる目標が達成されるよう保育を行うこと．
3　子育て支援事業のうち，当該施設の所在する地域における教育及び保育に対する需要に照らし当該地域において実施することが必要と認められるものを，保護者の要請に応じ適切に提供し得る体制の下で行うこと．
③ 幼稚園及び保育機能施設のそれぞれの用に供される建物及びその附属設備が一体的に設置されている場合における当該幼稚園及び保育機能施設（以下「連携施設」という．）の設置者（都道府県を除く．）は，その設置する連携施設が都道府県の条例で定める要件に適合している旨の都道府県知事の認定を受けることができる．
④ 前項の条例で定める要件は，次に掲げる基準に従い，かつ，主務大臣が定める施設の設備及び運営に関する基準を参酌して定めるものとする．
1　次のいずれかに該当する施設であること．
イ　当該連携施設を構成する保育機能施設において，満3歳以上の子どもに対し学校教育法第23条各号に掲げる目標が達成されるよう保育を行い，かつ，当該保育を実施するに当たり当該連携施設を構成する幼稚園との緊密な連携協力体制が確保されていること．
ロ　当該連携施設を構成する保育機能施設に入所

していた子どもを引き続き当該連携施設を構成する幼稚園に入園させて一貫した教育及び保育を行うこと。
2 子育て支援事業のうち,当該連携施設の所在する地域における教育及び保育に対する需要に照らし当該地域において実施することが必要と認められるものを,保護者の要請に応じ適切に提供し得る体制の下で行うこと。
⑤ 都道府県知事は,国(国立大学法人法(平成15年法律第112号)第2条第1項に規定する国立大学法人を含む。以下同じ。),市町村及び公立大学法人(地方独立行政法人法(平成15年法律第118号)第68条第1項に規定する公立大学法人をいう。以下同じ。)以外の者から,第1項又は第3項の認定の申請があったときは,第1項又は第3項の条例で定める要件に適合するかどうかを審査するほか,次に掲げる基準(当該認定の申請をした者が学校法人(私立学校法(昭和24年法律第270号)第3条に規定する学校法人をいう。以下同じ。)又は社会福祉法人(社会福祉法(昭和26年法律第45号)第22条に規定する社会福祉法人をいう。以下同じ。)である場合にあっては,第4号に掲げる基準に限る。)によって,その申請を審査しなければならない。
 1 第1項若しくは第3項の条例で定める要件に適合する設備又はこれに要する資金及び当該申請に係る施設の経営に必要な財産を有すること。
 2 当該申請に係る施設を設置する者(その者が法人である場合にあっては,経営担当役員(業務を執行する社員,取締役,執行役又はこれらに準ずる者をいう。)とする。次号において同じ。)が当該施設を経営するために必要な知識又は経験を有すること。
 3 当該申請に係る施設を設置する者が社会的信望を有すること。
 4 次のいずれにも該当するものでないこと。
  イ 申請者が,禁錮以上の刑に処せられ,その執行を終わり,又は執行を受けることがなくなるまでの者であるとき。
  ロ 申請者が,この法律その他国民の福祉若しくは学校教育に関する法律で政令で定めるものの規定により罰金の刑に処せられ,その執行を終わり,又は執行を受けることがなくなるまでの者であるとき。
  ハ 申請者が,労働に関する法律の規定であって政令で定めるものにより罰金の刑に処せられ,その執行を終わり,又は執行を受けることがなくなるまでの者であるとき。
  ニ 申請者が,第7条第1項の規定により認定を取り消され,その取消しの日から起算して5年を経過しない者(当該認定を取り消された者が法人である場合においては,当該取消しの処分に係る行政手続法(平成5年法律第88号)第15条の規定による通知があった日前60日以内に当該法人の役員(業務を執行する社員,取締役,執行役又はいかなる名称を有する者であるかを問わず,法人に対し業務を執行する社員,取締役,執行役又はこれらに準ずる者と同等以上の支配力を有するものと認められる者を含む。以下ホ及び第17条第2項第7号において同じ。)又はその事業を管理する者その他の政令で定める使用人(以下この号において「役員等」という。)であった者で当該取消しの日から起算して5年を経過しないものを含み,当該認定を取り消された者が法人でない場合においては,当該通知があった日前60日以内に当該事業の管理者であった者で当該取消しの日から起算して5年を経過しないものを含む。)であるとき。ただし,当該認定の取消しが,認定こども園の認定の取消しのうち当該認定の取消しの処分の理由となった事実及び当該事実の発生を防止するための当該認定こども園の設置者による業務管理体制の整備についての取組の状況その他の当該事実に関して当該認定こども園の設置者が有していた責任の程度を考慮して,二本文に規定する認定の取消しに該当しないこととすることが相当であると認められるものとして主務省令で定めるものに該当する場合を除く。
  ホ 申請者と密接な関係を有する者(申請者(法人に限る。以下ホにおいて同じ。)の役員に占めるその役員の割合が2分の1を超え,若しくは当該申請者の株式の所有その他の事由を通じて当該申請者の事業を実質的に支配し,若しくはその事業に重要な影響を与える関係にある者として主務省令で定めるもの(以下ホにおいて「申請者の親会社等」という。),申請者の親会社等の役員と同一の者がその役員に占める割合が2分の1を超え,若しくは申請者の親会社等が株式の所有その他の事由を通じてその事業を実質的に支配し,若しくはその事業に重要な影響を与える関係にある者として主務省令で定めるもの又は当該申請者の役員と同一の者がその役員に占める割合が2分の1を超え,若しくは当該申請者が株式の所有その他の事由を通じてその事業を実質的に支配し,若しくはその事業に重要な影響を与える関係にある者として主務省令で定めるもののうち,当該申請者と主務省令で定める密接な関係を有する法人をいう。)が,第7条第1項の規定により認定を取り消され,その取消しの日から起算して5年を経過していないとき。ただし,当該認定の取消しが,認定こども園の認定の取消しのうち当該認定の取消しの処分の理由となった事実及び当該事実の発生を防止するための当該認定こども園の設置者による業務管理体制の整備についての取組の状況その他の当該事実に関して当該認定こども園の設置者が有していた責任の程度を考慮して,ホ本文に規定する認定の取消しに該当しないこととすることが相当であると認められるものとして主務省令で定めるものに該当する場合を除く。
  ヘ 申請者が,認定の申請前5年以内に教育又は保育に関し不正又は著しく不当な行為をした者であるとき。
  ト 申請者が,法人で,その役員等のうちにイからニまで又はへのいずれかに該当する者のあるものであるとき。
  チ 申請者が,法人でない者で,その管理者がイからニまで又はへのいずれかに該当する者であるとき。
⑥ 都道府県知事は,第1項又は第3項の認定をしようとするときは,主務省令で定めるところにより,あらかじめ,当該認定の申請に係る施設が所在する市町村の長に協議しなければならない。

⑦ 都道府県知事は,第1項又は第3項及び第5項に基づく審査の結果,その申請が第1項又は第3項の条例で定める要件に適合しており,かつ,その申請をした者が第5項各号に掲げる基準(その者が学校法人又は社会福祉法人である場合にあっては,同項第4号に掲げる基準に限る。)に該当するとき(その申請をした者が国,市町村又は公立大学法人である場合にあっては,その申請が第1項又は第3項の条例で定める要件に適合していると認めるとき)は,第1項又は第3項の認定をするものとする。ただし,次に掲げる要件のいずれかに該当するとき,その他の都道府県子ども・子育て支援事業支援計画(子ども・子育て支援法(平成24年法律第65号)第62条第1項の規定により当該都道府県が定める都道府県子ども・子育て支援事業支援計画をいう。以下この項及び第17条第6項において同じ。)の達成に支障を生ずるおそれがある場合として主務省令で定める場合に該当すると認めるときは,第1項又は第3項の認定をしないことができる。
1 当該申請に係る施設の所在地を含む区域(子ども・子育て支援法第62条第2項第1号により当該都道府県が定める区域をいう。以下この項及び第17条第6項において同じ。)における特定教育・保育施設(同法第27条第1項に規定する特定教育・保育施設をいう。以下この項及び第17条第6項において同じ。)(同条第19条第1項第1号に掲げる小学校就学前子どもに係るものに限る。)が,都道府県子ども・子育て支援事業支援計画において定める当該区域の特定教育・保育施設の必要利用定員総数(同号に掲げる小学校就学前子どもに係るものに限る。)に既に達しているか,又は当該申請に係る施設の認定によってこれを超えることになると認めるとき。
2 当該申請に係る施設の所在地を含む区域における特定教育・保育施設の利用定員の総数(子ども・子育て支援法第19条第1項第2号に掲げる小学校就学前子どもに係るものに限る。)が,都道府県子ども・子育て支援事業支援計画において定める当該区域の特定教育・保育施設の必要利用定員総数(同号に掲げる小学校就学前子どもに係るものに限る。)に既に達しているか,又は当該申請に係る施設の認定によってこれを超えることになると認めるとき。
3 当該申請に係る施設の所在地を含む区域における特定教育・保育施設の利用定員の総数(子ども・子育て支援法第19条第1項第3号に掲げる小学校就学前子どもに係るものに限る。)が,都道府県子ども・子育て支援事業支援計画において定める当該区域の特定教育・保育施設の必要利用定員総数(同号に掲げる小学校就学前子どもに係るものに限る。)に既に達しているか,又は当該申請に係る施設の認定によってこれを超えることになると認めるとき。
⑧ 都道府県知事は,第1項又は第3項の認定をしない場合には,申請者に対し,速やかに,その旨及び理由を通知しなければならない。
⑨ 都道府県知事は,当該都道府県が設置する施設のうち,第1項又は第3項の条例で定める要件に適合していると認めるものについては,これを公示するものとする。
(認定の申請)

第4条 ① 前条第1項又は第3項の認定を受けようとする者は,次に掲げる事項を記載した申請書に,その申請に係る施設が第1項又は第3項の条例で定める要件に適合していることを証する書類を添付して,これを都道府県知事に提出しなければならない。
1 氏名又は名称及び住所並びに法人にあっては,その代表者の氏名
2 施設の名称及び所在地
3 保育を必要とする子どもに係る利用定員(満3歳未満の者に係る利用定員及び満3歳以上の者に係る利用定員に区分するものとする。)
4 保育を必要とする子ども以外の子どもに係る利用定員(満3歳未満の者に係る利用定員及び満3歳以上の者に係る利用定員に区分するものとする。)
5 その他主務省令で定める事項
② 前条第3項の認定に係る前項の申請については,連携施設を構成する幼稚園の設置者と保育機能施設の設置者とが異なる場合には,これらの者が共同して行わなければならない。
(教育及び保育の内容)
第6条 第3条第1項又は第3項の認定を受けた施設及び同条第9項の規定による公示がされた施設の設置者は,当該施設において教育又は保育を行うに当たっては,第10条第1項の幼保連携型認定こども園の教育課程その他の教育及び保育の内容に関する事項を踏まえて行わなければならない。
(認定の取消し)
第7条 ① 都道府県知事は,次の各号のいずれかに該当するときは,第3条第1項又は第3項の認定を取り消すことができる。
1 第3条第1項又は第3項の認定を受けた施設がそれぞれ同条第1項又は第3項の条例で定める要件を欠くに至ったと認めるとき。
2 第3条第1項又は第3項の認定を受けた施設の設置者が第29条第1項の規定による届出をせず,又は虚偽の届出をしたとき。
3 第3条第1項又は第3項の認定を受けた施設の設置者が第30条第1項又は第2項の規定による報告をせず,又は虚偽の報告をしたとき。
4 第3条第1項又は第3項の認定を受けた施設の設置者が同条第5項第4号イからハまで,トまでチのいずれかに該当するに至ったとき。
5 第3条第1項又は第3項の認定を受けた施設の設置者が不正の手段により同条第1項又は第3項の認定を受けたとき。
6 その他第3条第1項又は第3項の認定を受けた施設の設置者がこの法律,学校教育法,児童福祉法,私立学校法,社会福祉法若しくは私立学校振興助成法(昭和50年法律第61号)又はこれらの法律に基づく命令の規定に違反したとき。
② 都道府県知事は,前項の規定により認定を取り消したときは,その旨を公表しなければならない。
③ 都道府県知事は,第3条第9項の規定による公示がされた施設が同条第1項又は第3項の条例で定める要件を欠くに至ったと認めるときは,同条第9項の規定によりされた公示を取り消し,その旨を公示しなければならない。
(関係機関の連携の確保)
第8条 ① 都道府県知事は,第3条第1項又は第3項の規定により認定を行おうとするとき及び前条第1項の規定により認定の取消しを行おうとする

(2) 子ども・次世代育成支援策

ときは、あらかじめ、学校教育法又は児童福祉法の規定により当該認定又は取消しに係る施設の設置又は運営に関して認可その他の処分をする権限を有する地方公共団体の機関（当該機関が当該都道府県知事である場合を除く。）に協議しなければならない。

② 地方公共団体の長及び教育委員会は、認定こども園に関する事務が適切かつ円滑に実施されるよう、相互に緊密な連携を図りながら協力しなければならない。

第3章 幼保連携認定こども園

（教育及び保育の目標）

第9条 幼保連携型認定こども園においては、第2条第7項に規定する目的を実現するため、子どもに対する学校としての教育及び児童福祉施設（児童福祉法第7条第1項に規定する児童福祉施設をいう。次条第2項において同じ。）としての保育並びにその実施する保護者に対する子育て支援事業の相互の有機的な連携を図りつつ、次に掲げる目標を達成するよう当該教育及び当該保育を行うものとする。

1 健康、安全で幸福な生活のために必要な基本的な習慣を養い、身体諸機能の調和的発達を図ること。

2 集団生活を通じて、喜んでこれに参加する態度を養うとともに家族や身近な人への信頼感を深め、自主、自律及び協同の精神並びに規範意識の芽生えを養うこと。

3 身近な社会生活、生命及び自然に対する興味を養い、それらに対する正しい理解と態度及び思考力の芽生えを養うこと。

4 日常の会話や、絵本、童話等に親しむことを通じて、言葉の使い方を正しく導くとともに、相手の話を理解しようとする態度を養うこと。

5 音楽、身体による表現、造形等に親しむことを通じて、豊かな感性と表現力の芽生えを養うこと。

6 快適な生活環境の実現及び子どもと保育教諭その他の職員との信頼関係の構築を通じて、心身の健康の確保及び増進を図ること。

（教育及び保育の内容）

第10条 ① 幼保連携型認定こども園の教育課程その他の教育及び保育の内容に関する事項は、第2条第7項に規定する目的及び前条に規定する目標に従い、主務大臣が定める。

② 主務大臣が前項の規定により幼保連携型認定こども園の教育課程その他の教育及び保育の内容に関する事項を定めるに当たっては、幼稚園教育要領及び児童福祉法第45条第2項に基づき児童福祉施設に関して厚生労働省令で定める基準（同項第3号に規定する保育所における保育の内容に係る部分に限る。）との整合性の確保並びに小学校（学校教育法第1条に規定する小学校をいう。）及び義務教育学校（学校教育法第1条に規定する義務教育学校をいう。）における教育との円滑な接続に配慮しなければならない。

③ 幼保連携型認定こども園の設置者は、第1項の教育及び保育の内容に関する事項を遵守しなければならない。

（入園資格）

第11条 幼保連携型認定こども園に入園することのできる者は、満3歳以上の子ども及び満3歳未満の保育を必要とする子どもとする。

（設置者）

第12条 幼保連携型認定こども園は、国、地方公共団体（公立大学法人を含む。第17条第1項において同じ。）、学校法人及び社会福祉法人のみが設置することができる。

（設備及び運営の基準）

第13条 ① 都道府県（地方自治法第252条の19第1項の指定都市及び第252条の22第1項の中核市（以下「指定都市等」という。）の区域内に所在する幼保連携型認定こども園（都道府県（都道府県が単独で又は他の地方公共団体と共同して設立する公立大学法人を含む。）が設置するものを除く。）については、当該指定都市等。次項及び第25条において同じ。）は、幼保連携型認定こども園の設備及び運営について、条例で基準を定めなければならない。この場合において、その基準は、子どもの身体的、精神的及び社会的な発達のために必要な教育及び保育の水準を確保するものでなければならない。

② 都道府県が前項の条例を定めるに当たっては、次に掲げる事項については主務省令で定める基準に従い定めるものとし、その他の事項については主務省令で定める基準を参酌するものとする。

1 幼保連携型認定こども園における学級の編制並びに幼保連携型認定こども園に配置する園長、保育教諭その他の職員及びその員数

2 幼保連携型認定こども園に係る保育室の床面積その他幼保連携型認定こども園の設備に関する事項であって、子どもの健全な発達に密接に関連するものとして主務省令で定めるもの

3 幼保連携型認定こども園の運営に関する事項であって、保育の適切な処遇の確保及び秘密の保持並びに子どもの健全な発達に密接に関連するものとして主務省令で定めるもの

③ 主務大臣は、前項に規定する主務省令で定める基準を定め、又は変更しようとするとき、並びに同項第2号及び第3号の主務省令を定め、又は変更しようとするときは、子ども・子育て支援法第72条に規定する子ども・子育て会議の意見を聴かなければならない。

④ 幼保連携型認定こども園の設置者は、第1項の基準を遵守しなければならない。

⑤ 幼保連携型認定こども園の設置者は、幼保連携型認定こども園の設備及び運営についての水準の向上を図ることに努めるものとする。

（職員）

第14条 ① 幼保連携型認定こども園には、園長及び保育教諭を置かなければならない。

② 幼保連携型認定こども園には、前項に規定するもののほか、副園長、教頭、主幹保育教諭、指導保育教諭、主幹養護教諭、養護教諭、主幹栄養教諭、栄養教諭、事務職員、養護助教諭その他必要な職員を置くことができる。

〈③～⑲（略）〉

（職員の資格）

第15条 ① 主幹保育教諭、指導保育教諭、保育教諭及び講師（保育教諭に準ずる職務に従事するものに限る。）は、幼稚園の教諭の普通免許状（教育職員免許法（昭和24年法律第147号）第4条第2項に規定する普通免許状をいう。以下この条において同じ。）を有し、かつ、児童福祉法第18条の18第

1項の登録(第4項及び第39条において単に「登録」という.)を受けた者でなければならない.
② 主幹養護教諭及び養護教諭は,養護教諭の普通免許状を有する者でなければならない.
③ 主幹栄養教諭及び栄養教諭は,栄養教諭の普通免許状を有する者でなければならない.
④ 助保育教諭及び講師(助保育教諭に準ずる職務に従事するものに限る.)は,幼稚園の助教諭の臨時免許状(教育職員免許法第4条第4項に規定する臨時免許状をいう.次項において同じ.)を有し,かつ,登録を受けた者でなければならない.
⑤ 養護助教諭は,養護助教諭の臨時免許状を有する者でなければならない.
⑥ 前各項に定めるもののほか,職員の資格に関する事項は,主務省令で定める.

(設置等の届出)
第16条 市町村(指定都市等を除く.以下この条及び次条第5項において同じ.)(市町村が単独で又は他の市町村と共同して設立する公立大学法人を含む.)は,幼保連携型認定こども園を設置しようとするとき,又はその設置した幼保連携型認定こども園の廃止,休止若しくは設置者の変更その他政令で定める事項(同条第1項及び第34条第6項において「廃止等」という.)を行おうとするときは,あらかじめ,都道府県知事に届け出なければならない.

(設置等の認可)
第17条 ① 国及び地方公共団体以外の者は,幼保連携型認定こども園を設置しようとするとき,又はその設置した幼保連携型認定こども園の廃止等を行おうとするときは,都道府県知事(指定都市等の区域内に所在する幼保連携型認定こども園については,当該指定都市等の長.次項,第3項,第6項及び第7項並びに次条第1項において同じ.)の認可を受けなければならない.
② 都道府県知事は,前項の設置の認可の申請があったときは,第13条第1項の条例で定める基準に適合するかどうかを審査するほか,次に掲げる基準によって,その申請を審査しなければならない.
1 申請者が,この法律その他国民の福祉若しくは学校教育に関する法律で政令で定めるものの規定により罰金の刑に処せられ,その執行を終わり,又は執行を受けることがなくなるまでの者であるとき.
2 申請者が,労働に関する法律の規定であって政令で定めるものにより罰金の刑に処せられ,その執行を終わり,又は執行を受けることがなくなるまでの者であるとき.
3 申請者が,第22条第1項の規定により認可を取り消され,その取消しの日から起算して5年を経過しない者であるとき.ただし,当該認可の取消しが,幼保連携型認定こども園の認可の取消しのうち当該認可の取消しの処分の理由となった事実及び当該事実の発生を防止するための当該幼保連携型認定こども園の設置者による業務管理体制の整備についての取組の状況その他の当該事実に関して当該幼保連携型認定こども園の設置者が有していた責任の程度を考慮して,この号本文に規定する認可の取消しに該当しないこととすることが相当であると認められるものとして主務省令で定めるものに該当する場合を除く.
4 申請者が,第22条第1項の規定による認可の取消しの処分に係る行政手続法第15条の規定による通知があった日から当該処分をする日又は処分をしないことを決定する日までの間に前項の規定による幼保連携型認定こども園の廃止をした者(当該廃止について相当の理由がある者を除く.)で,当該幼保連携型認定こども園の廃止の認可の日から起算して5年を経過しないものであるとき.
5 申請者が,第19条第1項の規定による検査が行われた日から聴聞決定予定日(当該検査の結果に基づき第22条第1項の規定による認可の取消しの処分に係る聴聞を行うか否かの決定をすることが見込まれる日として主務省令で定めるところにより都道府県知事が当該申請者に当該検査が行われた日から10日以内に特定の日を通知した場合における当該特定の日をいう.)までの間に前項の規定による幼保連携型認定こども園の廃止をした者(当該廃止について相当の理由がある者を除く.)で,当該幼保連携型認定こども園の廃止の認可の日から起算して5年を経過しないものであるとき.
6 申請者が,認可の申請前5年以内に教育又は保育に関し不正又は著しく不当な行為をした者であるとき.
7 申請者の役員又はその長のうちに次のいずれにも該当する者があるとき.
イ 禁錮以上の刑に処せられ,その執行を終わり,又は執行を受けることがなくなるまでの者
ロ 第1号,第2号又は前号に該当する者
ハ 第22条第1項の規定により認可を取り消された幼保連携型認定こども園において,当該取消しの処分に係る行政手続法第15条の規定による通知があった日前60日以内にその幼保連携型認定こども園の設置者の役員又はその園長であった者で当該取消しの日から起算して5年を経過しないもの(当該認可の取消しが,幼保連携型認定こども園の認可の取消しのうち当該認可の取消しの処分の理由となった事実及び当該事実の発生を防止するための当該幼保連携型認定こども園の設置者による業務管理体制の整備についての取組の状況その他の当該事実に関して当該幼保連携型認定こども園の設置者が有していた責任の程度を考慮して,この号に規定する認可の取消しに該当しないこととすることが相当であると認められるものとして主務省令で定めるものに該当する場合を除く.)
ニ 第4号に規定する期間内に前項の規定により廃止した幼保連携型認定こども園(当該廃止について相当の理由がある幼保連携型認定こども園を除く.)において,同号の通知の日前60日以内にその設置者の役員又はその長であった者で当該廃止の認可の日から起算して5年を経過しないもの
③ 都道府県知事は,第1項の認可をしようとするときは,あらかじめ,第25条に規定する審議会その他の合議制の機関の意見を聴かなければならない.
④ 指定都市等の長は,第1項の認可をしようとするときは,あらかじめ,都道府県知事に協議しなければならない.
⑤ 都道府県知事は,第1項の設置の認可をしようとするときは,主務省令で定めるところにより,あらかじめ,当該認可の申請に係る幼保連携型認定こども園を設置しようとする場所を管轄する市町村の

(2) 子ども・次世代育成支援策

長に協議しなければならない．
⑥ 都道府県知事は、第1項及び第2項に基づく審査の結果、その申請が第13条第1項の条例で定める基準に適合しており、かつ、第2項各号に掲げる基準に該当しないと認めるときは、第1項の設置の認可をするものとする．ただし、次に掲げる要件のいずれかに該当するとき、その他の都道府県子ども・子育て支援事業支援計画（指定都市等の長が認可を行う場合にあっては、子ども・子育て支援法第61条第1項の規定により当該指定都市等の長が定める市町村子ども・子育て支援事業計画．以下この項において同じ．）の達成に支障を生ずるおそれがある場合として主務省令で定める場合に該当すると認めるときは、第1項の設置の認可をしないことができる．
1 当該申請に係る幼保連携型認定こども園を設置しようとする場所を含む区域（指定都市等の長が認可を行う場合にあっては、子ども・子育て支援法第61条第2項第1号の規定により当該指定都市等が定める教育・保育提供区域をいう．以下この項において同じ．）における特定教育・保育施設の利用定員の総数（子ども・子育て支援法第19条第1項第1号に掲げる小学校就学前子どもに係るものに限る．）が、都道府県子ども・子育て支援事業支援計画において定める当該区域の特定教育・保育施設の必要利用定員総数（同号に掲げる小学校就学前子どもに係るものに限る．）に既に達しているか、又は当該申請に係る設置の認可によってこれを超えることになると認めるとき．
2 当該申請に係る幼保連携型認定こども園を設置しようとする場所を含む区域における特定教育・保育施設の利用定員の総数（子ども・子育て支援法第19条第1項第2号に掲げる小学校就学前子どもに係るものに限る．）が、都道府県子ども・子育て支援事業支援計画において定める当該区域の特定教育・保育施設の必要利用定員総数（同号に掲げる小学校就学前子どもに係るものに限る．）に既に達しているか、又は当該申請に係る設置の認可によってこれを超えることになると認めるとき．
3 当該申請に係る幼保連携型認定こども園を設置しようとする場所を含む区域における特定教育・保育施設の利用定員の総数（子ども・子育て支援法第19条第1項第3号に掲げる小学校就学前子どもに係るものに限る．）が、都道府県子ども・子育て支援事業支援計画において定める当該区域の特定教育・保育施設の必要利用定員総数（同号に掲げる小学校就学前子どもに係るものに限る．）に既に達しているか、又は当該申請に係る設置の認可によってこれを超えることになると認めるとき．
⑦ 都道府県知事は、第1項の設置の認可をしない場合には、申請者に対し、速やかに、その旨及び理由を通知しなければならない．

（都道府県知事への情報の提供）
第18条 ① 第16条の届出を行おうとする者又は前条第1項の認可を受けようとする者は、第4条第1項各号に掲げる事項に記載した書類を都道府県知事に提出しなければならない．
② 指定都市等の長は、前条第1項の認可をしたときは、速やかに、都道府県知事に、前項の書類の写しを送付しなければならない．
③ 指定都市等の長は、当該指定都市等（当該指定都市等が単独で又は他の市町村と共同して設立する公立大学法人を含む．）が幼保連携型認定こども園を設置したときは、速やかに、第4条第1項各号に掲げる事項を記載した書類を都道府県知事に提出しなければならない．

（報告の徴収等）
第19条 都道府県知事（指定都市等の区域内に所在する幼保連携型認定こども園（都道府県（都道府県が単独で又は他の地方公共団体と共同して設立する公立大学法人を含む．）が設置するものを除き、当該指定都市等の長．第28条から第30条まで並びに第34条第3項及び第9項を除き、以下同じ．）は、この法律を施行するため必要があると認めるときは、幼保連携型認定こども園の設置者若しくは園長に対して、必要と認める事項の報告を求め、又は当該職員に関係者に対して質問させ、若しくはその施設に立ち入り、設備、帳簿書類その他の物件を検査させることができる．
② 前項の規定による立入検査を行う場合においては、当該職員は、その身分を示す証明書を携帯し、関係者の請求があるときは、これを提示しなければならない．
③ 第1項の規定による立入検査の権限は、犯罪捜査のために認められたものと解釈してはならない．

（改善勧告及び改善命令）
第20条 都道府県知事は、幼保連携型認定こども園の設置者が、この法律又はこの法律に基づく命令若しくは条例の規定に違反したときは、当該設置者に対し、必要な改善を勧告し、又は当該設置者がその勧告に従わず、かつ、園児の教育上又は保育上有害であると認められるときは、必要な改善を命ずることができる．

（事業停止命令）
第21条 ① 都道府県知事は、次の各号のいずれかに該当する場合においては、幼保連携型認定こども園の事業の停止又は施設の閉鎖を命ずることができる．
1 幼保連携型認定こども園の設置者が、この法律又はこの法律に基づく命令若しくは条例の規定に故意に違反し、かつ、園児の教育上又は保育上著しく有害であると認められるとき．
2 幼保連携型認定こども園の設置者が前条の規定による命令に違反したとき．
3 正当な理由がないのに、6月以上休止したとき．
② 都道府県知事は、前項の規定により事業の停止又は施設の閉鎖の命令をしようとするときは、あらかじめ、第25条に規定する審議会その他の合議制の機関の意見を聴かなければならない．

（認可の取消し）
第22条 ① 都道府県知事は、幼保連携型認定こども園の設置者が、この法律若しくはこの法律に基づく命令若しくは条例の規定又はこれらに基づいてする処分に違反したときは、第17条第1項の認可を取り消すことができる．
② 都道府県知事は、前項の規定による認可の取消しをしようとするときは、あらかじめ、第25条に規定する審議会その他の合議制の機関の意見を聴かなければならない．

（運営の状況に関する評価等）
第23条 幼保連携型認定こども園の設置者は、主務省令で定めるところにより当該幼保連携型認定こども園における教育及び保育並びに子育て支援事業（以下「教育及び保育等」という．）の状況その他の運営の状況について評価を行い、その結果に基づ

き幼保連携型認定こども園の運営の改善を図るため必要な措置を講ずるよう努めなければならない．
（運営の状況に関する情報の提供）
第24条　幼保連携型認定こども園の設置者は，当該幼保連携型認定こども園に関する保護者及び地域住民その他の関係者の理解を深めるとともに，これらの者との連携及び協力の推進に資するため，当該幼保連携型認定こども園における教育及び保育等の状況その他の当該幼保連携型認定こども園の運営の状況に関する情報を積極的に提供するものとする．

第4章　認定こども園に関する情報の提供等

（教育・保育等に関する情報の提供）
第28条　都道府県知事は，第3条第1項又は第3項の認定をしたとき，第16条の届出を受けたとき，第17条第1項の認可をしたとき，第18条第2項の書類の写しの送付を受けたとき又は同条第3項の書類の提出を受けたときは，インターネットの利用，印刷物の配布その他適切な方法により，これらに係る施設において提供されるサービスを利用しようとする者に対し，第4条第1号に掲げる事項及び教育保育概要（当該施設において行われる教育及び保育等の概要をいう．次条第1項において同じ．）についての周知を図るものとする．第3条第9項の規定による公示を行う場合及び都道府県が幼保連携型認定こども園を設置する場合も，同様とする．
（名称の使用制限）
第31条　① 何人も，認定こども園でないものについて，認定こども園という名称又はこれと紛らわしい名称を用いてはならない．
② 何人も，幼保連携型認定こども園でないものについて，幼保連携型認定こども園という名称又はこれと紛らわしい名称を用いてはならない．

第5章　雑　則

（公私連携幼保連携型認定こども園に関する特例）
第34条　① 市町村長（特別区の区長を含む．以下この条において同じ．）は，当該市町村における保育の実施に対する需要の状況等に照らし適当であると認めるときは，公私連携幼保連携型認定こども園（次項に規定する協定に基づき，当該市町村から必要な設備の貸付け，譲渡その他の協力を得て，当該市町村との連携の下に教育及び保育等を行う幼保連携型認定こども園をいう．以下この条において同じ．）の運営を継続的かつ安定的に行うことができる能力を有するものであると認められるもの（学校法人又は社会福祉法人に限る．）を，その申請により，公私連携幼保連携型認定こども園の設置及び運営を目的とする法人（以下この条において「公私連携法人」という．）として指定することができる．　　　　　　　　　　　　　　《②～⑭(略)》

84　児童手当法（抄）

（昭46・5・27法律第73号，昭47・1・1施行，
最終改正：平28・6・3法律第63号）

第1章　総　則

（目　的）
第1条　この法律は，子ども・子育て支援法（平成24年法律第65号）第7条第1項に規定する子ども・子育て支援の適切な実施を図るため，父母その他の保護者が子育てについての第一義的責任を有するという基本的認識の下に，児童を養育している者に児童手当を支給することにより，家庭等における生活の安定に寄与するとともに，次代の社会を担う児童の健やかな成長に資することを目的とする．
（受給者の責務）
第2条　児童手当の支給を受けた者は，児童手当が前条の目的を達成するために支給されるものである趣旨にかんがみ，これをその趣旨に従つて用いなければならない．
（定　義）
第3条　① この法律において「児童」とは，18歳に達する日以後の最初の3月31日までの間にある者であつて，日本国内に住所を有するもの又は留学その他の内閣府令で定める理由により日本国内に住所を有しないものをいう．
② この法律にいう「父」には，母が児童を懐胎した当時婚姻の届出をしていないが，その母と事実上婚姻関係と同様の事情にあつた者を含むものとする．
③ この法律において「施設入所等児童」とは，次に掲げる児童をいう．
1　児童福祉法（昭和22年法律第164号）第27条第1項第3号の規定により同法第6条の3第8項に規定する小規模住居型児童養育事業（以下「小規模住居型児童養育事業」という．）を行う者又は同法第6条の4に規定する里親（以下「里親」という．）に委託されている児童（内閣府令で定める短期間の委託をされている者を除く．）
2　児童福祉法第24条の2第1項の規定により障害児入所給付費の支給を受けて若しくは同法第27条第1項第3号の規定により入所措置が採られて同法第42条に規定する障害児入所施設（以下「障害児入所施設」という．）に入所し，若しくは同法第27条第2項の規定により同法第6条の2の2第3項に規定する指定発達支援医療機関（次条第1項第4号において「指定発達支援医療機関」という．）に入院し，又は同法第27条第1項第3号若しくは第27条の2第1項の規定により入所措置が採られて同法第37条に規定する乳児院，同法第41条に規定する児童養護施設，同法第43条の2に規定する児童心理治療施設若しくは同法第44条に規定する児童自立支援施設（以下「乳児院等」という．）に入所している児童（当該児童心理治療施設又は児童自立支援施設に通う者及び内閣府令で定める短期間の入所をしている者を除く．）
3　障害者の日常生活及び社会生活を総合的に支援するための法律（平成17年法律第123号）第29条第1項若しくは第30条第1項の規定により同

(2) 子ども・次世代育成支援策

法第19条第1項に規定する介護給付費等の支給を受けて又は身体障害者福祉法(昭和24年法律第283号)第18条第2項若しくは知的障害者福祉法(昭和35年法律第37号)第16条第1項第2号の規定により入所措置が採られて障害者支援施設(障害者の日常生活及び社会生活を総合的に支援するための法律第5条第11項に規定する障害者支援施設をいう。以下同じ。)又はのぞみの園(独立行政法人国立重度知的障害者総合施設ののぞみの園(平成14年法律第167号)第11条第1項の規定により独立行政法人国立重度知的障害者総合施設のぞみの園が設置する施設をいう。以下同じ。)に入所している児童(内閣府令で定める短期間の入所をしている者を除き、児童のみで構成する世帯に属している者(15歳に達する日以後の最初の3月31日を経過した児童である父又は母がその子である施設に入所している場合における当該父又は母及びその子である児童を除く。)に限る。)

4 生活保護法(昭和25年法律第144号)第30条第1項ただし書の規定により同法第38条第2項に規定する救護施設(以下「救護施設」という。)若しくは同条第3項に規定する更生施設(以下「更生施設」という。)に入所し、又は売春防止法(昭和31年法律第118号)第36条に規定する婦人保護施設(以下「婦人保護施設」という。)に入所している児童(内閣府令で定める短期間の入所をしている者を除き、児童のみで構成する世帯に属している者(15歳に達する日以後の最初の3月31日を経過した児童である父又は母がその子である同一の施設に入所している場合における当該父又は母及びその子である児童を除く。)に限る。)

第2章　児童手当の支給

(支給要件)

第4条　① 児童手当は、次の各号のいずれかに該当する者に支給する。

1 次のイ又はロに掲げる児童(以下「支給要件児童」という。)を監護し、かつ、これと生計を同じくするその父若しくは母(当該支給要件児童に係る未成年後見人があるときは、その未成年後見人とする。以下この項において「父母等」という。)であつて、日本国内に住所(未成年後見人が法人である場合にあつては、主たる事務所の所在地とする。)を有するもの

イ 15歳に達する日以後の最初の3月31日までの間にある児童(施設入所等児童を除く。以下この章及び附則第2条第2項において「中学校修了前の児童」という。)

ロ 中学校修了前の児童を含む2人以上の児童(施設入所等児童を除く。)

2 日本国内に住所を有しない父母等がその生計を維持している支給要件児童と同居し、これを監護し、かつ、これと生計を同じくする者(当該支給要件児童と同居することが困難であると認められる場合にあつては、当該支給要件児童を監護し、かつ、これと生計を同じくする者とする。)のうち、当該支給要件児童の生計を維持している父母等が指定する者であつて、日本国内に住所を有するもの(当該支給要件児童の父母等を除く。以下「父母指定者」という。)

3 父母等又は父母指定者のいずれにも監護されず又はこれらと生計を同じくしない支給要件児童を監護し、かつ、その生計を維持する者であつて、日本国内に住所を有するもの

4 15歳に達する日以後の最初の3月31日までの間にある施設入所等児童(以下「中学校修了前の施設入所等児童」という。)が委託されている小規模住居型児童養育事業を行う者若しくは里親又は中学校修了前の施設入所等児童が入所若しくは入院をしている障害児入所施設、指定発達支援医療機関、乳児院、障害者支援施設、のぞみの園、救護施設、更生施設若しくは婦人保護施設(以下「障害児入所施設等」という。)の設置者

② 前項第1号の場合において、児童を監護し、かつ、これと生計を同じくするその未成年後見人が数人あるときは、当該未成年後見人のうちいずれか当該児童の生計を維持する程度の高い者によつて監護され、かつ、これと生計を同じくするものとみなす。

③ 第1項第1号又は第2号の場合において、父及び母、未成年後見人並びに父母指定者のうちいずれか2以上の者が当該父及び母の子である児童を監護し、かつ、これと生計を同じくするときは、当該児童は、当該父若しくは母、未成年後見人又は父母指定者のうちいずれか当該児童の生計を維持する程度の高い者によつて監護され、かつ、これと生計を同じくするものとみなす。

④ 前2項の規定にかかわらず、児童を監護し、かつ、これと生計を同じくするその父若しくは母、未成年後見人又は父母指定者のうちいずれか1の者が当該児童と同居している場合(当該いずれか1の者が当該児童を監護し、かつ、これと生計を同じくするその他の父若しくは母、未成年後見人又は父母指定者と生計を同じくしない場合に限る。)は、当該児童は、当該同居している父若しくは母、未成年後見人又は父母指定者によつて監護され、かつ、これと生計を同じくするものとみなす。

第5条　① 児童手当(施設入所等児童に係る部分を除く。)は、前条第1項第1号から第3号までのいずれかに該当する者の前年の所得(1月から5月までの分の児童手当については、前々年の所得とする。)が、その者の所得税法(昭和40年法律第33号)に規定する控除対象配偶者及び扶養親族(施設入所等児童を除く。以下「扶養親族等」という。)並びに同項第1号から第3号までのいずれかに該当する者の扶養親族等でない児童で同項第1号から第3号までのいずれかに該当する者が前年の12月31日において生計を維持したものの有無及び数に応じて、政令で定める額以上であるときは、支給しない。ただし、同項第1号に該当する者が未成年後見人であり、かつ、法人であるときは、この限りでない。

② 前項に規定する所得の範囲及びその額の計算方法は、政令で定める。

(児童手当の額)

第6条　① 児童手当は、月を単位として支給するものとし、その額は、1月につき、次の各号に掲げる児童手当の区分に応じ、それぞれ当該各号に定める額とする。

1 児童手当(中学校修了前の児童に係る部分に限る。)　次のイからハまでに掲げる場合の区分に応

じ,それぞれイからハまでに定める額
　イ　次条の認定を受けた受給資格に係る支給要件児童の全てが3歳に満たない児童(施設入所等児童を除き,月の初日に生まれた児童については,出生の日から3年を経過しない児童とする.以下この号において同じ.),3歳以上小学校修了前の児童(月の初日に生まれた児童については,出生の日から3年を経過した児童とする.)であつて12歳に達する日以後の最初の3月31日までの間にある者(施設入所等児童を除く.以下この号において「3歳以上小学校修了前の児童」という.)又は12歳に達する日以後の最初の3月31日を経過し15歳に達する日以後の最初の3月31日までの間にある者(施設入所等児童を除く.以下この号において「小学校修了後中学校修了前の児童」という.)である場合(ハに掲げる場合に該当する場合を除く.)　次の(1)から(3)までに掲げる場合の区分に応じ,それぞれ(1)から(3)までに定める額
　　(1)　当該支給要件児童の全てが3歳に満たない児童又は3歳以上小学校修了前の児童である場合　次の(i)から(iii)までに掲げる場合の区分に応じ,それぞれ(i)から(iii)までに定める額
　　　(i)　当該支給要件児童の全てが3歳に満たない児童である場合　1万5000円に当該3歳に満たない児童の数を乗じて得た額
　　　(ii)　当該3歳以上小学校修了前の児童が1人又は2人いる場合　1万5000円に当該3歳に満たない児童の数を乗じて得た額と,1万円に当該3歳以上小学校修了前の児童の数を乗じて得た額とを合算した額
　　　(iii)　当該3歳以上小学校修了前の児童が3人以上いる場合　1万5000円に当該3歳に満たない児童の数を乗じて得た額と,1万5000円に当該3歳以上小学校修了前の児童の数を乗じて得た額から1万円を控除して得た額とを合算した額
　　(2)　当該小学校修了後中学校修了前の児童が1人いる場合　次の(i)又は(ii)に掲げる場合の区分に応じ,それぞれ(i)又は(ii)に定める額
　　　(i)　当該支給要件児童の全てが3歳に満たない児童又は小学校修了後中学校修了前の児童である場合　1万5000円に当該3歳に満たない児童の数を乗じて得た額と,1万円に当該小学校修了後中学校修了前の児童の数を乗じて得た額とを合算した額
　　　(ii)　当該支給要件児童のうちに3歳以上小学校修了前の児童がいる場合　1万5000円に当該3歳に満たない児童の数を乗じて得た額,1万5000円に当該3歳以上小学校修了前の児童の数を乗じて得た額から5000円を控除して得た額及び1万円に当該小学校修了後中学校修了前の児童の数を乗じて得た額を合算した額
　　(3)　当該小学校修了後中学校修了前の児童が2人以上いる場合　1万5000円に当該3歳に満たない児童の数を乗じて得た額,1万5000円に当該3歳以上小学校修了前の児童の数を乗じて得た額及び1万円に当該小学校修了後中学校修了前の児童の数を乗じて得た額を合算した額
　ロ　次条の認定を受けた受給資格に係る支給要件児童のうちに15歳に達する日以後の最初の3月31日を経過した児童がいる場合(ハに掲げる場合に該当する場合を除く.)　次の(1)又は(2)に掲げる場合の区分に応じ,それぞれ(1)又は(2)に定める額
　　(1)　当該15歳に達する日以後の最初の3月31日を経過した児童が1人いる場合　次の(i)又は(ii)に掲げる場合の区分に応じ,それぞれ(i)又は(ii)に定める額
　　　(i)　当該支給要件児童の全てが3歳に満たない児童,3歳以上小学校修了前の児童又は15歳に達する日以後の最初の3月31日を経過した児童である場合　1万5000円に当該3歳に満たない児童の数を乗じて得た額と,1万5000円に当該3歳以上小学校修了前の児童の数を乗じて得た額から5000円を控除して得た額(当該支給要件児童のうちに3歳以上小学校修了前の児童がいない場合には,零とする.)とを合算した額
　　　(ii)　当該支給要件児童のうちに小学校修了後中学校修了前の児童がいる場合　1万5000円に当該3歳に満たない児童の数を乗じて得た額,1万5000円に当該3歳以上小学校修了前の児童の数を乗じて得た額及び1万円に当該小学校修了後中学校修了前の児童の数を乗じて得た額を合算した額
　　(2)　当該15歳に達する日以後の最初の3月31日を経過した児童が2人以上いる場合　1万5000円に当該3歳に満たない児童の数を乗じて得た額,1万5000円に当該3歳以上小学校修了前の児童の数を乗じて得た額及び1万円に当該小学校修了後中学校修了前の児童の数を乗じて得た額を合算した額
　ハ　児童手当の支給要件に該当する者(第4条第1項第1号に係るものに限る.)が未成年後見人であり,かつ,法人である場合　1万5000円に次条の認定を受けた受給資格に係る3歳に満たない児童の数を乗じて得た額,1万円に当該受給資格に係る3歳以上小学校修了前の児童の数を乗じて得た額及び1万円に当該受給資格に係る小学校修了後中学校修了前の児童の数を乗じて得た額を合算した額
　2　児童手当(中学校修了前の施設入所等児童に係る部分に限る.)　1万5000円に次条の認定を受けた受給資格に係る3歳に満たない施設入所等児童(月の初日に生まれた施設入所等児童については,出生の日から3年を経過しない施設入所等児童とする.)の数を乗じて得た額と,1万円に当該受給資格に係る3歳以上の施設入所等児童(月の初日に生まれた施設入所等児童については,出生の日から3年を経過した施設入所等児童とする.)であつて15歳に達する日以後の最初の3月31日までの間にある者の数を乗じて得た額とを合算した額
② 児童手当の額は,国民の生活水準その他の諸事情に著しい変動が生じた場合には,変動後の諸事情に応ずるため,速やかに改定の措置が講ぜられなければならない.

(認　定)
第7条　① 児童手当の支給要件に該当する者(第4

条第1項第1号から第3号までに係るものに限る. 以下「一般受給資格者」という.)は,児童手当の支給を受けようとするときは,その受給資格及び児童手当の額について,内閣府令で定めるところにより,住所地(一般受給資格者が未成年後見人であり,かつ,法人である場合にあつては主たる事務所の所在地とする.)の市町村長(特別区の区長を含む. 以下同じ.)の認定を受けなければならない.

② 児童手当の支給要件に該当する者(第4条第1項第4号に係るものに限る. 以下「施設等受給資格者」という.)は,児童手当の支給を受けようとするときは,その受給資格及び児童手当の額について,内閣府令で定めるところにより,次の各号に掲げる者の区分に応じ,当該各号に定める者の認定を受けなければならない.
1 小規模住居型児童養育事業を行う者 当該小規模住居型児童養育事業を行う住居の所在地の市町村長
2 里親 当該里親の住所地の市町村長
3 障害児入所施設等の設置者 当該障害児入所施設等の所在地の市町村長

③ 前2項の認定を受けた者が,他の市町村(特別区を含む. 以下同じ.)の区域内に住所(一般受給資格者が未成年後見人であり,かつ,法人である場合にあつては主たる事務所の所在地とし,施設等受給資格者が小規模住居型児童養育事業を行う者である場合にあつては当該小規模住居型児童養育事業を行う住居の所在地とし,障害児入所施設等の設置者である場合にあつては当該障害児入所施設等の所在地とする. 次条第3項において同じ.)を変更した場合において,その変更後の住所に係る児童手当の支給を受けようとするときも,前2項と同様とする.

(支給及び支払)
第8条 ① 市町村長は,前条の認定をした一般受給資格者及び施設等受給資格者(以下「受給資格者」という.)に対し,児童手当を支給する.
② 児童手当の支給は,受給資格者が前条の規定による認定の請求をした日の属する月の翌月から始め,児童手当を支給すべき事由が消滅した日の属する月で終わる.
③ 受給資格者が住所を変更した場合又は災害その他やむを得ない理由により前条の規定による認定の請求をすることができなかつた場合において,住所を変更した後又はやむを得ない理由がやんだ後15日以内にその請求をしたときは,児童手当の支給は,前項の規定にかかわらず,受給資格者が住所を変更した日又はやむを得ない理由により当該認定の請求をすることができなくなつた日の属する月の翌月から始める.
④ 児童手当は,毎年2月,6月及び10月の3期に,それぞれの前月までの分を支払う. ただし,前支払期月に支払うべきであつた児童手当又は支給すべき事由が消滅した場合におけるその期の児童手当は,その支払期月でない月であつても,支払うものとする.

(児童手当の額の改定)
第9条 ① 児童手当の支給を受けている者につき,児童手当の額が増額することとなるに至つた場合における児童手当の額の改定は,その者がその改定後の額につき認定の請求をした日の属する月の翌月から行う.

② 前条第3項の規定は,前項の改定について準用する.
③ 児童手当の支給を受けている者につき,児童手当の額が減額することとなるに至つた場合における児童手当の額の改定は,その事由が生じた日の属する月の翌月から行う.

(支給の制限)
第10条 児童手当は,受給資格者が,正当な理由がなくて,第27条第1項の規定による命令に従わず,又は同項の規定による当該職員の質問に応じなかつたときは,その額の全部又は一部を支給しないことができる.

第11条 児童手当の支給を受けている者が,正当な理由がなくて,第26条の規定による届出をせず,又は同条の規定による書類を提出しないときは,児童手当の支給を一時差しとめることができる.

(未支払の児童手当)
第12条 ① 児童手当の一般受給資格者が死亡した場合において,その死亡した者に支払うべき児童手当(その者が監護していた中学校修了前の児童であつた者に係る部分に限る.)で,まだその者に支払つていなかつたものがあるときは,当該中学校修了前の児童であつた者にその未支払の児童手当を支払うことができる.
② 中学校修了前の施設入所等児童が第3条第3項各号に掲げる児童に該当しなくなつた場合において,当該中学校修了前の施設入所等児童が委託されていた施設等受給資格者又は当該中学校修了前の施設入所等児童が入所若しくは入院をしていた障害児入所施設等に係る施設等受給資格者に支払うべき児童手当(当該中学校修了前の施設入所等児童であつた者に係る部分に限る.)で,まだその者に支払つていなかつたものがあるときは,当該中学校修了前の施設入所等児童であつた者にその未支払の児童手当を支払うことができる.
③ 前項の規定による支払があつたときは,当該施設等受給資格者に対し当該児童手当の支給があつたものとみなす.

(支払の調整)
第13条 児童手当を支給すべきでないにもかかわらず,児童手当の支給としての支払が行なわれたときは,その支払われた児童手当は,その後に支払うべき児童手当の内払とみなすことができる. 児童手当の額を減額して改定すべき事由が生じたにもかかわらず,その事由が生じた日の属する月の翌月以降の分として減額しない額の児童手当が支払われた場合における当該児童手当の当該減額すべきであつた部分についても,同様とする.

(不正利得の徴収)
第14条 ① 偽りその他不正の手段により児童手当の支給を受けた者があるときは,市町村長は,地方税の滞納処分の例により,受給額に相当する金額の全部又は一部をその者から徴収することができる.
② 前項の規定による徴収金の先取特権の順位は,国税及び地方税に次ぐものとする.

(受給権の保護)
第15条 児童手当の支給を受ける権利は,譲り渡し,担保に供し,又は差し押えることができない.

(公課の禁止)
第16条 租税その他の公課は,児童手当として支給を受けた金銭を標準として,課することができない.

第3章　費用

(児童手当に要する費用の負担)
第18条　① 被用者(子ども・子育て支援法第69条第1項各号に掲げる者が保険料を負担し,又は納付する義務を負う被保険者であつて公務員でない者をいう。以下同じ。)に対する児童手当の支給に要する費用(3歳に満たない児童(月の初日に生まれた児童については,出生の日から3年を経過しない児童とする。以下この章において同じ。)に係る児童手当の額に係る部分に限る。)は,その15分の7に相当する額を同項に規定する拠出金をもつて充て,その45分の16に相当する額を国庫が負担し,その45分の4に相当する額を都道府県及び市町村がそれぞれ負担する。

② 被用者に対する児童手当の支給に要する費用(3歳以上の児童(月の初日に生まれた児童については,出生の日から3年を経過した児童とする。)であつて15歳に達する日以後の最初の3月31日までの間にある者(次条において「3歳以上中学校修了前の児童」という。)に係る児童手当の額に係る部分に限る。)は,その3分の2に相当する額を国庫が負担し,その6分の1に相当する額を都道府県及び市町村がそれぞれ負担する。

③ 被用者等でない者(被用者又は公務員(施設等受給資格者である公務員を除く。)であつて,以下同じ。)に対する児童手当の支給に要する費用(当該被用者等でない者が施設等受給資格者である公務員である場合にあつては,中学校修了前の施設入所等児童に係る児童手当の額に係る部分に限る。)は,その3分の2に相当する額を国庫が負担し,その6分の1に相当する額を都道府県及び市町村がそれぞれ負担する。

④ 次に掲げる児童手当の支給に要する費用は,それぞれ当該各号に定める者が負担する。

1　各省庁の長又はその委任を受けた者が前条第1項の規定によつて読み替えられる第7条の認定(以下この項において単に「認定」という。)をした国家公務員に対する児童手当の支給に要する費用(当該国家公務員が施設等受給資格者である場合にあつては,中学校修了前の施設入所等児童に係る児童手当の額に係る部分を除く。)　国

2　都道府県知事又はその委任を受けた者が認定をした地方公務員に対する児童手当の支給に要する費用(当該地方公務員が施設等受給資格者である場合にあつては,中学校修了前の施設入所等児童に係る児童手当の額に係る部分を除く。)　当該都道府県

3　市町村長又はその委任を受けた者が認定をした地方公務員に対する児童手当の支給に要する費用(当該地方公務員が施設等受給資格者である場合にあつては,中学校修了前の施設入所等児童に係る児童手当の額に係る部分を除く。)　当該市町村

⑤ 国庫は,毎年度,予算の範囲内で,認定等する事務の執行に要する費用(市町村長が第8条第1項の規定により支給する児童手当の事務の処理に必要な費用を除く。)を負担する。

⑥ 第1項から第3項までの規定による費用の負担については,第7条の規定による認定の請求をした日の属する月の翌月からその年は翌年の5月までの間(第26条第1項又は第2項の規定による届出をした者にあつては,その年の6月から翌年の5月までの間)(当該認定の請求をした者(第26条第1項又は第2項の規定による届出をした者にあつては,6月1日)における被用者又は被用者等でない者の区分による。

(市町村への交付)
第19条　政府は,政令で定めるところにより,市町村に対し,市町村長が第8条第1項の規定により支給する児童手当の支給に要する費用のうち,被用者に対する費用(3歳に満たない児童に係る児童手当の額に係る部分に限る。)についてはその45分の37に相当する額を,被用者に対する費用(3歳以上中学校修了前の児童に係る児童手当の額に係る部分に限る。)についてはその3分の2に相当する額を,被用者等でない者に対する費用(当該被用者等でない者が施設等受給資格者である公務員である場合にあつては,中学校修了前の施設入所等児童に係る児童手当の額に係る部分に限る。)についてはその3分の2に相当する額を,それぞれ交付する。

第4章　雑　則

(児童手当に係る寄附)
第20条　① 受給資格者が,次代の社会を担う児童の健やかな成長を支援するため,当該受給資格者に児童手当を支給する市町村に対し,当該児童手当の支払を受ける前に,内閣府令で定めるところにより,当該児童手当の額の全部又は一部を当該市町村に寄附する旨を申し出たときは,当該市町村は,内閣府令で定めるところにより,当該寄附を受けるため,当該受給資格者が支払を受けるべき児童手当の額のうち当該寄附に係る部分を,当該受給資格者に代わつて受けることができる。

② 市町村は,前項の規定により受けた寄附を,次代の社会を担う児童の健やかな成長を支援するために使用しなければならない。

(受給資格者の申出による学校給食費等の徴収等)
第21条　① 市町村長は,受給資格者が,児童手当の支払を受ける前に,内閣府令で定めるところにより,当該児童手当の額の全部又は一部を,学校給食法(昭和29年法律第160号)第11条に規定する学校給食費(次項において「学校給食費」という。)その他の学校教育に伴つて必要な内閣府令で定める費用又は児童福祉法第56条第2項の規定により徴収する費用(同法第51条第4号又は第5号に係るものに限る。)その他これに類するものとして内閣府令で定める費用のうち当該受給資格者に係る15歳に達する日以後の最初の3月31日までの間にある児童(次項において「中学校修了前の児童」という。)に関し当該市町村に支払うべきものの支払に充てる旨を申し出た場合には,内閣府令で定めるところにより,当該受給資格者に児童手当の支払をする際に当該申出に係る費用を徴収することができる。

② 市町村長は,受給資格者が,児童手当の支払を受ける前に,内閣府令で定めるところにより,当該児童手当の額の全部又は一部を,学校給食費,児童福祉法第56条第7項各号又は第8項各号に定める費用その他これに類するものとして内閣府令で定める費用のうち当該受給資格者に係る中学校修了前の児童に関し支払うべきものの支払に充てる旨を申し出た場合には,内閣府令で定めるところによ

り,当該児童手当の額のうち当該申出に係る部分を,当該費用に係る債権を有する者に支払うことができる.
③ 前項の規定による支払があつたときは,当該受給資格者に対し当該児童手当(同項の申出に係る部分に限る.)の支給があつたものとみなす.
第22条 ① 市町村長は,児童福祉法第56条第2項の規定により費用(同法第51条第4号又は第5号に係るものに限る.)を徴収する場合又は同法第56条第7項若しくは第8項の規定により地方税の滞納処分の例により処分することができる費用を徴収する場合において,第7条(第17条第1項において読み替えて適用する場合を含む.)の認定を受けた受給資格者が同法第56条第2項の規定により徴収する費用(同法第51条第4号又は第5号に係るものに限る.)を支払うべき扶養義務者又は同法第56条第7項若しくは第8項の規定により地方税の滞納処分の例により処分することができる費用を支払うべき保護者である場合には,政令で定めるところにより,当該扶養義務者又は保護者に児童手当の支払をする際に保育料(同条第2項の規定により徴収する費用(同法第51条第4号又は第5号に係るものに限る.)又は同法第56条第7項若しくは第8項の規定により地方税の滞納処分の例により処分することができる費用をいう.次項において同じ.)を徴収することができる.
② 市町村長は,前項の規定による徴収(以下この項において「特別徴収」という.)の方法によつて保育料を徴収しようとするときは,特別徴収の対象となる者(以下この項において「特別徴収対象者」という.)に対し,当該特別徴収対象者に係る特別徴収の方法によつて徴収すべき保育料の額その他内閣府令で定める事項を,あらかじめ特別徴収対象者に通知しなければならない.
(時 効)
第23条 ① 児童手当の支給を受ける権利及び第14条第1項の規定による徴収金を徴収する権利は,2年を経過したときは,時効によつて消滅する.
② 児童手当の支給に関する処分についての審査請求は,時効の中断に関しては,裁判上の請求とみなす.
③ 第14条第1項の規定による徴収金の納入の告知又は督促は,民法(明治29年法律第89号)第153条の規定にかかわらず,時効中断の効力を有する.
(期間の計算)
第24条 この法律又はこの法律に基づく命令に規定する期間の計算については,民法の期間に関する規定を準用する.
第25条 削除
(届 出)
第26条 ① 第8条第1項の規定により児童手当の支給を受けている一般受給資格者(個人である場合に限る.)は,内閣府令で定めるところにより,市町村長に対し,前年の所得の状況及びその年の6月1日における被用者又は被用者等でない者の別を届け出なければならない.
② 第8条第1項の規定により児童手当の支給を受けている施設等受給資格者(個人である者に限る.)は,内閣府令で定めるところにより,市町村長に対し,その年の6月1日における被用者又は被用者等でない者の別を届け出なければならない.
③ 児童手当の支給を受けている者は,内閣府令で定めるところにより,前2項の規定による届出をする場合を除くほか,市町村長(第17条第1項の規定によつて読み替えられる第7条の認定をする者を含む.以下同じ.)に対し,内閣府令で定める事項を届け出,かつ,内閣府令で定める書類を提出しなければならない.
(調 査)
第27条 ① 市町村長は,必要があると認めるときは,受給資格者に対して,受給資格者の有無,児童手当の額及び被用者又は被用者等でない者の区分に係る事項に関する書類を提出すべきことを命じ,又は当該職員をしてこれらの事項に関し受給資格者その他の関係者に質問させることができる.
② 前項の規定によつて質問を行なう当該職員は,その身分を示す証票を携帯し,かつ,関係者の請求があるときは,これを提示しなければならない.
(資料の提供等)
第28条 市町村長は,児童手当の支給に関する処分に関し必要があると認めるときは,官公署に対し,必要な書類の閲覧若しくは資料の提供を求め,又は銀行,信託会社その他の機関若しくは受給資格者の雇用主その他の関係者に対し,必要な事項の報告を求めることができる.

85 児童扶養手当法(抄)

(昭36·11·29法律第238号,昭37·1·1施行,最終改正:平28·6·3法律第63号)

第1章 総 則

(この法律の目的)
第1条 この法律は,父又は母と生計を同じくしていない児童が育成される家庭の生活の安定と自立の促進に寄与するため,当該児童について児童扶養手当を支給し,もつて児童の福祉の増進を図ることを目的とする.
(児童扶養手当の趣旨)
第2条 ① 児童扶養手当は,児童の心身の健やかな成長に寄与することを趣旨として支給されるものであつて,その支給を受けた者は,これをその趣旨に従つて用いなければならない.
② 児童扶養手当の支給を受けた父又は母は,自ら進んでその自立を図り,家庭の生活の安定と向上に努めなければならない.
③ 児童扶養手当の支給は,婚姻を解消した父母等が児童に対して履行すべき扶養義務の程度又は内容を変更するものではない.
(用語の定義)
第3条 ① この法律において「児童」とは,18歳に達する日以後の最初の3月31日までの間にある者又は20歳未満で政令で定める程度の障害の状態にある者をいう.
② この法律において「公的年金給付」とは,次の各号に掲げるものをいう.
1 国民年金法(昭和34年法律第141号)に基づく年金たる給付
2 厚生年金保険法(昭和29年法律第115号)に

⑮児童扶養手当法（4条）

基づく年金たる給付（同法附則第28条に規定する共済組合が支給する年金たる給付を含む.)
3　船員保険法（昭和14年法律第73号）に基づく年金たる給付（雇用保険法等の一部を改正する法律（平成19年法律第30号）附則第39条の規定によりなお従前の例によるものとされた年金たる給付に限る.)
4　恩給法（大正12年法律第48号．他の法律において準用する場合を含む.)に基づく年金たる給付
5　地方公務員の退職年金に関する条例に基づく年金たる給付
6　旧令による共済組合等からの年金受給者のための特別措置法（昭和25年法律第256号）に基づいて国家公務員共済組合連合会が支給する年金たる給付
7　戦傷病者戦没者遺族等援護法（昭和27年法律第127号）に基づく年金たる給付
8　未帰還者留守家族等援護法（昭和28年法律第161号）に基づく留守家族手当及び特別手当（同法附則第45項）に規定する手当を含む.)
9　労働者災害補償保険法（昭和22年法律第50号）に基づく年金たる給付
10　国家公務員災害補償法（昭和26年法律第191号．他の法律において準用する場合を含む.)に基づく年金たる給付
11　公立学校の学校医，学校歯科医及び学校薬剤師の公務災害補償に関する法律（昭和32年法律第143号）に基づく条例の規定に基づく年金たる補償
12　地方公務員災害補償法（昭和42年法律第121号）及び同法に基づく条例の規定に基づく年金たる給付
③　この法律にいう「婚姻」には，婚姻の届出をしていないが，事実上婚姻関係と同様の事情にある場合を含み，「配偶者」には，婚姻の届出をしていないが，事実上婚姻関係と同様の事情にある者を含み，「父」には，母が児童を懐胎した当時婚姻の届出をしていないが，その母と事実上婚姻関係と同様の事情にあつた者を含むものとする．

第2章　児童扶養手当の支給

（支給要件）
第4条　①　都道府県知事，市長（特別区の区長を含む．以下同じ.)及び福祉事務所（社会福祉法（昭和26年法律第45号）に定める福祉に関する事務所をいう．以下同じ.)を管理する町村長（以下「都道府県知事等」という.)は，次の各号に掲げる場合の区分に応じ，それぞれ当該各号に定める者に対し，児童扶養手当（以下「手当」という.)を支給する．
1　次のイからホまでのいずれかに該当する児童の母が当該児童を監護する場合　当該母
　イ　父母が婚姻を解消した児童
　ロ　父が死亡した児童
　ハ　父が政令で定める程度の障害の状態にある児童
　ニ　父の生死が明らかでない児童
　ホ　その他イからニまでに準ずる状態にある児童で政令で定めるもの
2　次のイからホまでのいずれかに該当する児童の父が当該児童を監護し，かつ，これと生計を同じくする場合　当該父
　イ　父母が婚姻を解消した児童
　ロ　母が死亡した児童
　ハ　母が前号ハの政令で定める程度の障害の状態にある児童
　ニ　母の生死が明らかでない児童
　ホ　その他イからニまでに準ずる状態にある児童で政令で定めるもの
3　第1号からホまでのいずれかに該当する児童を母が監護する場合若しくは同号イからホまでのいずれかに該当する児童（同号ロに該当するものを除く.)の母がない場合であつて，当該母以外の者が当該児童を養育する（児童と同居して，これを監護し，かつ，その生計を維持することをいう．以下同じ.)とき，前号イからホまでのいずれかに該当する児童を父が監護しないか，若しくはこれと生計を同じくしない場合（父がない場合を除く.)若しくは同号イからホまでのいずれかに該当する児童（同号ロに該当するものを除く.)の父がない場合であつて，当該父以外の者が当該児童を養育するとき，又は父母がない場合であつて，当該父母以外の者が当該児童を養育するとき　当該養育者

②　前項の規定にかかわらず，手当は，母又は養育者に対する手当にあつては児童が第1号から第4号までのいずれかに該当するとき，父に対する手当にあつては児童が第1号，第2号，第5号又は第6号のいずれかに該当するときは，当該児童については，支給しない．
1　日本国内に住所を有しないとき．
2　児童福祉法（昭和22年法律第164号）第6条の4に規定する里親に委託されているとき．
3　父と生計を同じくしているとき．ただし，その者が前項第1号ハに規定する政令で定める程度の障害の状態にあるときを除く．
4　母の配偶者（前項第1号ハに規定する政令で定める程度の障害の状態にある父を除く.)に養育されているとき．
5　母と生計を同じくしているとき．ただし，その者が前項第1号ハに規定する政令で定める程度の障害の状態にあるときを除く．
6　父の配偶者（前項第1号ハに規定する政令で定める程度の障害の状態にある母を除く.)に養育されているとき．

③　第1項の規定にかかわらず，手当は，母に対する手当にあつては当該母が，父に対する手当にあつては当該父が，養育者に対する手当にあつては当該養育者が，日本国内に住所を有しないときは，支給しない．

④　第1項の規定にかかわらず，同項第1号又は第2号イに該当する児童（同時に同項第1号ロからホまで又は第2号ロからホまでのいずれかに該当する児童を除く.)についての手当は，父母が婚姻を解消した日の属する年の前年（当該手当に係る第6条の認定の請求が当該婚姻を解消した日の属する年の1月1日から5月31日までの間に行われた場合にあつては，前々年．以下この項において同じ.）における当該児童の父又は母の所得が，その者の所得税法（昭和40年法律第33号）に規定する扶養親族（当該児童を除く.)及び当該父又は母の同法に規定する扶養親族でない児童で当該父母が婚姻を解消した日の属する年の12月31日において生計を維持したものの有無及び数に応じて，政

令で定める額以上であるときは、支給しない。ただし、父又は母が日本国内に住所を有しないこと、父又は母の所在が長期間明らかでないことその他の特別の事情により父、母又は養育者が父又は母に当該児童についての扶養義務の履行を求めることが困難であると認められるときは、この限りでない。
⑤ 前項に規定する所得の範囲及び其の額の計算方法は、政令で定める。　　　　　　［昭60法48、施行日未定］
（支給の調整）
第4条 ① 同一の児童について、父及び母のいずれもが手当の支給要件に該当するとき、又は父及び養育者のいずれもが手当の支給要件に該当するときは、当該父に対する手当は、当該児童については、支給しない。
② 同一の児童について、母及び養育者のいずれもが手当の支給要件に該当するときは、当該養育者に対する手当は、当該児童については、支給しない。
（手当額）
第5条 ① 手当は、月を単位として支給するものとし、その額は、1月につき、4万1100円とする。
② 第4条に定める要件に該当する児童であつて、父が監護し、かつ、これと生計を同じくするもの、母が監護するもの又は養育者が養育するもの（以下「監護等児童」という。）が2人以上であるとき又は父、母又は養育者に支給する手当の額は、前項の規定にかかわらず、同項に定める額（次条第1項において「基本額」という。）に監護等児童のうちの1人（以下この項において「基本額対象監護等児童」という。）以外の監護等児童につきそれぞれ次の各号に掲げる監護等児童の区分に応じ、当該各号に定める額（次条第2項において「加算額」という。）を加算した額とする。
 1　第一加算額対象監護等児童（基本額対象監護等児童以外の監護等児童のうちの1人をいう。次号において同じ。）　1万円
 2　第二加算額対象監護等児童（基本額対象監護等児童及び第一加算額対象監護等児童以外の監護等児童をいう。）　6千円
（手当額の自動改定）
第5条の2 ① 基本額については、総務省において作成する年平均の全国消費者物価指数（以下「物価指数」という。）が平成5年（この項の規定による基本額の改定の措置が講じられたときは、直近の当該措置が講じられた年の前年）の物価指数を超え、又は下落した場合においては、その上昇し、又は低下した比率を基準として、その翌年の4月以降の基本額を改定する。
② 前項の規定は、加算額について準用する。この場合において、同項中「平成5年」とあるのは「平成27年」と読み替えるものとする。
③ 前2項の規定による手当の額の改定の措置は、政令で定める。
（認　定）
第6条 ① 手当の支給要件に該当する者（以下「受給資格者」という。）は、手当の支給を受けようとするときは、その受給資格及び手当の額について、都道府県知事の認定を受けなければならない。
② 前項の認定を受けた者が、手当の支給要件に該当しなくなつた後再びその要件に該当するに至つた場合において、その該当するに至つた後の期間に係る手当の支給を受けようとするときも、同項と同様とする。

（支給期間及び支払月）
第7条 ① 手当の支給は、受給資格者が前条の規定による認定の請求をした日の属する月の翌月（第13条の3第1項において「支給開始月」という。）から始め、手当を支給すべき事由が消滅した日の属する月で終わる。
② 受給資格者が災害その他やむを得ない理由により前条の規定による認定の請求をすることができなかつた場合において、その理由がやんだ後15日以内にその請求をしたときは、前項の規定にかかわらず、受給資格者がやむを得ない理由により認定の請求をすることができなくなつた日の属する月の翌月から始める。
③ 手当は、毎年4月、8月及び12月の3期に、それぞれの前月までの分を支払う。ただし、前支払期月に支払うべきであつた手当又は支給すべき事由が消滅したため支払うべき手当は、その支払期月でない月であつても、支払うものとする。
（手当の額の改定時期）
第8条 ① 手当の支給を受けている者につき、新たに監護等児童があるに至つた場合における手当の額の改定は、その者がその改定後の額につき認定の請求をした日の属する月の翌月から行う。
② 前条第2項の規定は、前項の改定について準用する。
③ 手当の支給を受けている者につき、監護等児童の数が減じた場合における手当の額の改定は、その減じた日の属する月の翌月から行う。
（支給の制限）
第9条 ① 手当は、受給資格者（第4条第1項第1号ロ又はニに該当し、かつ、母がない児童、同項第2号ロ又はニに該当し、かつ、父がない児童その他政令で定める児童の養育者を除く。以下この項において同じ。）の前年の所得が、その者の所得税法（昭和40年法律第33号）に規定する控除対象配偶者及び扶養親族（以下「扶養親族等」という。）並びに当該受給資格者の扶養親族等でない児童で当該受給資格者が前年の12月31日において生計を維持したものの有無及び数に応じて、政令で定める額以上であるときは、その年の8月から翌年の7月までは、政令の定めるところにより、その全部又は一部を支給しない。
② 受給資格者が母である場合であつてその監護する児童が父から当該児童の養育に必要な費用の支払を受けたとき、又は受給資格者が父である場合であつてその監護し、かつ、これと生計を同じくする児童が母から当該児童の養育に必要な費用の支払を受けたときは、政令で定めるところにより、受給資格者が当該費用の支払を受けたものとみなして、前項の所得の額を計算するものとする。
第9条の2 手当は、受給資格者（前条第1項に規定する養育者に限る。以下この条において同じ。）の前年の所得が、その者の扶養親族等及び当該受給資格者の扶養親族等でない児童で当該受給資格者が前年の12月31日において生計を維持したものの有無及び数に応じて、政令で定める額以上であるときは、その年の8月から翌年の7月までは、支給しない。
第10条 父又は母に対する手当は、その父若しくは母の配偶者の前年の所得又はその父若しくは母の民法（明治29年法律第89号）第877条第1項に定める扶養義務者でその父若しくは母と生計を同

じくするものの前年の所得が,その者の扶養親族等の有無及び数に応じて,政令で定める額以上であるときは,その年の8月から翌年の7月までは,支給しない.

第11条　養育者に対する手当は,その養育者の配偶者の前年の所得又はその養育者の民法第877条第1項に定める扶養義務者でその養育者の生計を維持するものの前年の所得が,その者の扶養親族等の有無及び数に応じて,前条に規定する政令で定める額以上であるときは,その年の8月から翌年の7月までは,支給しない.

第13条の2　① 手当は,母又は養育者に対する手当にあつては児童が第1号,第2号又は第4号のいずれかに該当するとき,父に対する手当にあつては児童が第1号,第3号又は第4号のいずれかに該当するときは,当該児童については,政令で定めるところにより,その全部又は一部を支給しない.
1　父又は母の死亡について支給される公的年金給付を受けることができるとき.ただし,その全部につきその支給が停止されているときを除く.
2　父に支給される公的年金給付の額の加算の対象となつているとき.
3　母に支給される公的年金給付の額の加算の対象となつているとき.
4　父又は母の死亡について労働基準法(昭和22年法律第49号)の規定による遺族補償その他政令で定める法令によりこれに相当する給付(以下この条において「遺族補償等」という.)を受けることができる場合であつて,当該遺族補償等の給付事由が発生した日から6年を経過していないとき.
② 手当は,受給資格者が次に掲げる場合のいずれかに該当するときは,政令で定めるところにより,その全部又は一部を支給しない.
1　国民年金法等の一部を改正する法律(昭和60年法律第34号)附則第32条第1項の規定によりなお従前の例によるものとされた同法第1条による改正前の国民年金法に基づく老齢福祉年金以外の公的年金給付を受けることができるとき.ただし,その全額につきその支給が停止されているときを除く.
2　遺族補償等(父又は母の死亡について支給されるものに限る.)を受けることができる場合であつて,当該遺族補償等の給付事由が発生した日から6年を経過していないとき.

第13条の3　① 受給資格者(養育者を除く.以下この条において同じ.)に対する手当は,支給開始月の初日から起算して5年又は手当の支給要件に該当するに至つた日の属する月の初日から起算して7年を経過したとき(第6条第1項の規定による認定の請求をした日において3歳未満の児童を監護する受給資格者にあつては,当該児童が3歳に達した日の属する月の翌月の初日から起算して5年を経過したとき)は,政令で定めるところにより,その一部を支給しない.ただし,当該支給しない額は,その経過した日の属する月の翌月に当該受給資格者に支給すべき手当の額の2分の1に相当する額を超えることができない.
② 受給資格者が,前項に規定する期間を経過した後において,身体上の障害がある場合その他の政令で定める事由に該当する場合には,当該受給資格者については,厚生労働省令で定めるところにより,

の該当している期間は,同項の規定を適用しない.
第14条　手当は,次の各号のいずれかに該当する場合においては,その額の全部又は一部を支給しないことができる.
1　受給資格者が,正当な理由がなくて,第29条第1項の規定による命令に従わず,又は同項の規定による当該職員の質問に応じなかつたとき.
2　受給資格者が,正当な理由がなくて,第29条第2項の規定による命令に従わず,又は同項の規定による当該職員の診断を拒んだとき.
3　受給資格者が,当該児童の監護又は養育を著しく怠つているとき.
4　受給資格者(養育者を除く.)が,正当な理由がなくて,求職活動その他厚生労働省令で定める自立を図るための活動をしなかつたとき.
5　受給資格者が,第6条第1項の規定による認定の請求又は第28条第1項の規定による届出に関し,虚偽の申請又は届出をしたとき.
第15条　手当の支給を受けている者が,正当な理由がなくて,第28条第1項の規定による届出をせず,又は書類その他の物件を提出しないときは,手当の支払を一時差しとめることができる.

(未支払の手当)
第16条　手当の受給資格者が死亡した場合において,その死亡した者に支払うべき手当で,まだその者に支払つていなかつたものがあるときは,その者の監護等児童であつた者にその未支払の手当を支払うことができる.

第3章　不服申立て

(審査請求)
第17条　都道府県知事のした手当の支給に関する処分に不服がある者は,都道府県知事に審査請求をすることができる.
(審査庁)
第17条の2　第33条第2項の規定により市長又は福祉事務所を管理する町村長が手当の支給に関する事務の全部又は一部をその管理に属する行政機関の長に委任した場合における当該事務に関する処分についての審査請求は,都道府県知事に対してするものとする.
(裁決をすべき期間)
第18条　① 都道府県知事は,手当の支給に関する処分についての審査請求がされたときは,当該審査請求がされた日(行政不服審査法(平成26年法律第68号)第23条の規定により不備を補正すべきことを命じた場合にあつては,当該不備が補正された日)から次の各号に掲げる場合の区分に応じそれぞれ当該各号に定める期間内に,当該審査請求に対する裁決をしなければならない.
1　行政不服審査法第43条第1項の規定による諮問をする場合　80日
2　前号に掲げる場合以外の場合　60日
② 審査請求人は,審査請求をした日(行政不服審査法第23条の規定により不備を補正すべきことを命じられた場合にあつては,当該不備を補正した日.第1号において同じ.)から次の各号に掲げる場合の区分に応じこれぞれ当該各号に定める期間内に裁決がないときは,都道府県知事が当該審査請求を棄却したものとみなすことができる.
1　当該審査請求をした日から60日以内に行政不

服審査法第43条第3項の規定により通知を受けた場合　80日
2　前号に掲げる場合以外の場合　60日
（時効の中断）
第19条　手当の支給に関する処分についての不服申立ては，時効の中断に関しては，裁判上の請求とみなす．
（再審査請求）
第20条　手当の支給に関する処分に係る審査請求についての都道府県知事の裁決に不服がある者は，厚生労働大臣に対して再審査請求をすることができる．

第4章　雑　則

（費用の負担）
第21条　手当の支給に要する費用は，その3分の1に相当する額を国が負担し，その3分の2に相当する額を都道府県等が負担する．
（時　効）
第22条　手当の支給を受ける権利は，2年を経過したときは，時効によつて消滅する．
（不正利得の徴収）
第23条　① 偽りその他不正の手段により手当の支給を受けた者があるときは，都道府県知事等は，国税徴収の例により，受給額に相当する金額の全部又は一部をその者から徴収することができる．
② 国民年金法第96条第1項から第5項まで，第97条及び第98条の規定は，前項の規定による徴収金の徴収について準用する．この場合において，同法第97条第1項中「年14．6パーセント（当該督促が保険料に係るものであるときは，当該納期限の翌日から3月を経過する日までの期間については，年7．3パーセント）」とあるのは，「年14．6パーセント」と読み替えるものとする．
（受給権の保護）
第24条　手当の支給を受ける権利は，譲り渡し，担保に供し，又は差し押えることができない．
（公課の禁止）
第25条　租税その他の公課は，手当として支給を受けた金銭を標準として，課することができない．
（届　出）
第28条　① 手当の支給を受けている者は，厚生労働省令の定めるところにより，都道府県知事等に対し，厚生労働省令で定める事項を届け出，かつ，厚生労働省令で定める書類その他の物件を提出しなければならない．
② 手当の支給を受けている者が死亡したときは，戸籍法（昭和22年法律第224号）の規定による死亡の届出義務者は，厚生労働省令の定めるところにより，その旨を都道府県知事等に届け出なければならない．
（相談及び情報提供等）
第28条の2　① 都道府県知事等は，第6条第1項の規定による認定の請求又は前条第1項の規定による届出をした者に対し，相談に応じ，必要な情報の提供及び助言を行うものとする．
② 都道府県知事等は，受給資格者（養育者を除く．）に対し，生活及び就業の支援（当該支援に関する情報の提供を含む．次項において同じ．）その他の自立のために必要な支援を行うことができる．
③ 都道府県知事等は，受給資格者（養育者を除く．）に対する生活及び就業の支援その他の自立のために必要な支援について，地域の実情を踏まえ，厚生労働大臣に対して意見を申し出ることができる．
（調　査）
第29条　① 都道府県知事等は，必要があると認めるときは，受給資格者に対して，受給資格の有無及び手当の額の決定のために必要な事項に関する書類（当該児童の父又は母が支払つた当該児童の養育に必要な費用に関するものを含む．）その他の物件を提出すべきことを命じ，又は当該職員をしてこれらの事項に関し受給資格者，当該児童，第4条第1項第1号イ若しくは第2号イに該当する児童の父母その他の関係人に質問させることができる．
② 都道府県知事等は，必要があると認めるときは，受給資格者に対して，第3条第1項若しくは第4条第1項第1号ハに規定する政令で定める程度の障害の状態にあることにより手当の支給が行われる児童若しくは児童の父若しくは母につき，その指定する医師の診断を受けさせるべきことを命じ，又は当該職員をしてその者の障害の状態を診断させることができる．
③ 前2項の規定によつて質問又は診断を行なう当該職員は，その身分を示す証明書を携帯し，かつ，関係人の請求があるときは，これを提示しなければならない．　　　〔昭60法48，施行日未定〕
（資料の提供等）
第30条　都道府県知事等は，手当の支給に関する処分に関し必要があると認めるときは，受給資格者，当該児童，第4条第1項第1号イ若しくは第2号イに該当する児童の父若しくは母若しくは受給資格者の配偶者若しくは扶養義務者の資産若しくは収入の状況又は受給資格者，当該児童若しくは当該児童の父若しくは母に対する公的年金給付の支給状況につき，官公署，日本年金機構，法律によつて組織された共済組合若しくは国家公務員共済組合連合会若しくは日本私立学校振興・共済事業団に対し，必要な書類の閲覧若しくは資料の提供を求め，又は銀行，信託会社その他の機関若しくは受給資格者の雇用主その他の関係人に対し，必要な事項の報告を求めることができる．　　　〔昭60法48，施行日未定〕

86　特別児童扶養手当等の支給に関する法律（抄）

（昭39・7・2法律第134号，昭39・9・1施行，最終改正：平28・5・13法律第37号）

第1章　総　則

（この法律の目的）
第1条　この法律は，精神又は身体に障害を有する児童について特別児童扶養手当を支給し，精神又は身体に重度の障害を有する児童に障害児福祉手当を支給するとともに，精神又は身体に著しく重度の障害を有する者に特別障害者手当を支給することにより，これらの者の福祉の増進を図ることを目的とする．
（用語の定義）
第2条　① この法律において「障害児」とは，20歳

86 特別児童扶養手当等の支給に関する法律（3条～11条）

未満であつて、第5項に規定する障害等級に該当する程度の障害の状態にある者をいう。
② この法律において「重度障害児」とは、障害児のうち、政令で定める程度の重度の障害の状態にあるため、日常生活において常時の介護を必要とする者をいう。
③ この法律において「特別障害者」とは、20歳以上であつて、政令で定める程度の著しく重度の障害の状態にあるため、日常生活において常時特別の介護を必要とする者をいう。
④ この法律にいう「配偶者」には、婚姻の届出をしていないが、事実上婚姻関係と同様の事情にある者を含み、「父」には、母が障害児を懐胎した当時婚姻の届出をしていないが、その母と事実上婚姻関係と同様の事情にあつた者を含むものとする。
⑤ 障害等級は、障害の程度に応じて重度のものから1級及び2級とし、各級の障害の状態は、政令で定める。

第2章　特別児童扶養手当

（支給要件）
第3条　① 国は、障害児の父若しくは母がその障害児を監護するとき、又は父母がいず若しくは母が監護しない場合において、当該障害児の父母以外の者がその障害児を養育する（その障害児と同居して、これを監護し、かつ、その生計を維持することをいう。以下同じ。）ときは、その父若しくは母又はその養育者に対し、特別児童扶養手当（以下この章において「手当」という。）を支給する。
② 前項の場合において、当該障害児を父及び母が監護するときは、当該父又は母のうち、主として当該障害児の生計を維持する者（当該父及び母がいずれも当該障害児の生計を維持しないものであるときは、当該父又は母のうち、主として当該障害児を介護する者）に支給するものとする。
③ 第1項の規定にかかわらず、手当は、障害児が次の各号のいずれかに該当するときは、当該障害児については、支給しない。
1　日本国内に住所を有しないとき。
2　障害を支給事由とする年金たる給付で政令で定めるものを受けることができるとき。ただし、その全額につきその支給が停止されているときを除く。
④ 第1項の規定にかかわらず、父母に対する手当にあつては当該父母が、養育者に対する手当にあつては当該養育者が、日本国内に住所を有しないときは、支給しない。
⑤ 手当の支給を受けた者は、手当が障害児の生活の向上に寄与するために支給されるものである趣旨にかんがみ、これをその趣旨に従つて用いなければならない。

（手当額）
第4条　手当は、月を単位として支給するものとし、その月額は、障害児1人につき3万3300円（障害の程度が第2条第5項に規定する障害等級の1級に該当する障害児にあつては、5万円）とする。

（認　定）
第5条　① 手当の支給要件に該当する者（以下この章において「受給資格者」という。）は、手当の支給を受けようとするときは、その受給資格及び手当の額について、都道府県知事（地方自治法（昭和22年法律第67号）第252条の19第1項の指定都市

（以下「指定都市」という。）の区域内に住所を有する受給資格者については、当該指定都市の長）の認定を受けなければならない。
② 前項の認定を受けた者が、手当の支給要件に該当しなくなつた後再びその要件に該当するに至つた場合において、その認定するに至つた後の期間に係る手当の支給を受けようとするときも、同項と同様とする。

（支給期間及び支払期月）
第5条の2　① 手当の支給は、受給資格者が前条の規定による認定の請求をした日の属する月の翌月から始め、手当を支給すべき事由が消滅した日の属する月で終わる。
② 受給資格者が災害その他やむを得ない理由により前条の規定による認定の請求をすることができなかつた場合において、その理由がやんだ後15日以内にその請求をしたときは、手当の支給は、前項の規定にかかわらず、受給資格者がやむを得ない理由により認定の請求をすることができなくなつた日の属する月の翌月から始める。
③ 手当は、毎年4月、8月及び12月の3期に、それぞれの前月までの分を支払う。ただし、前支払期月に支払うべきであつた手当又は支給すべき事由が消滅したため支給におけるその期月の手当は、その支払期月でない月であつても、支払うものとする。
④ 前項本文の規定により12月に支払うべき手当は、手当の支給を受けている者の請求があつたときは、同項本文の規定にかかわらず、その前月に支払うものとする。

第6条　手当は、受給資格者の前年の所得が、その者の所得税法（昭和40年法律第33号）に規定する控除対象配偶者及び扶養親族（以下「扶養親族等」という。）並びに当該受給資格者の扶養親族等でない児童扶養手当法（昭和36年法律第238号）第3条第1項に規定する者で当該受給資格者が前年の12月31日において生計を維持したものの有無及び数に応じて、政令で定める額以上であるときは、その年の8月から翌年の7月までは、支給しない。

第7条　父又は母に対する手当は、その父若しくは母の配偶者の前年の所得又はその父若しくは母の民法（明治29年法律第89号）第877条に定める扶養義務者でその父若しくは母と生計を同じくするものの前年の所得が、その者の扶養親族等の有無及び数に応じて、政令で定める額以上であるときは、その年の8月から翌年の7月までは、支給しない。

第8条　養育者に対する手当は、その養育者の配偶者の前年の所得又はその養育者の民法第877条第1項に定める扶養義務者でその養育者の生計を維持するものの前年の所得が、その者の扶養親族等の有無及び数に応じて、前条に規定する政令で定める額以上であるときは、その年の8月から翌年の7月までは、支給しない。

第11条　手当は、次の各号のいずれかに該当する場合においては、その額の全部又は一部を支給しないことができる。
1　受給資格者が、正当な理由がなくて、第36条第1項の規定により命令に従わず、又は同項の規定による当該職員の質問に応じなかつたとき。
2　障害児が、正当な理由がなくて、第36条第2項の規定による命令に従わず、又は同項の規定による当該職員の診断を拒んだとき。

(2) 子ども・次世代育成支援策

3 受給資格者が,当該障害児の監護又は養育を著しく怠つているとき.
第12条 手当の支給を受けている者が,正当な理由がなくて,第35条第1項の規定による届出をせず,又は書類その他の物件を提出しないときは,手当の支払を一時差し止めることができる.

(未支払の手当)
第13条 手当の受給資格者が死亡した場合において,その死亡した者に支払うべき手当で,まだその者に支払つていなかつたものがあるときは,その者が監護し又は養育していた第3条第3項各号に該当しない障害児にその未支払の手当を支払うことができる.

(事務費の交付)
第14条 国は,政令の定めるところにより,都道府県及び市町村(特別区を含む.以下同じ.)に対し,都道府県及び市町村(特別区の区長を含む.以下同じ.)がこの法律又はこの法律に基づく命令の規定によつて行う手当に係る事務の処理に必要な費用を交付する.

(児童扶養手当法の準用)
第16条 児童扶養手当法第5条の2第1項及び第3項,第8条,第22条から第25条まで及び第31条の規定は,手当について準用する.この場合において同法第5条の2第1項中「基本額」とあるのは「特別児童扶養手当の額」と,同条第3項中「前2項」とあるのは「第1項」と,同法第8条第1項中「監護等児童があるに至つた場合」とあるのは「監護し若しくは養育する障害児があるに至つた場合又はその監護し若しくは養育する障害児の障害の程度が増進した場合」と,同条第3項中「監護等児童の数が減じ」とあるのは「その監護し若しくは養育する障害児の数が減じ,又はその障害児の障害の程度が低下し」と,「その減じ」とあるのは「その減じ,又は低下し」と,同法第23条第1項中「都道府県知事」とあるのは「厚生労働大臣」と,同法第31条中「第12条第2項」とあるのは「特別児童扶養手当等の支給に関する法律第9条第2項」と「金額の全部又は一部」とあるのは「金額」と,読み替えるものとする.

第3章 障害児福祉手当

(支給要件)
第17条 都道府県知事,市長(特別区の区長を含む.以下同じ.)及び福祉事務所(社会福祉法(昭和26年法律第45号)に定める福祉に関する事務所をいう.以下同じ.)を管理する町村長は,その管理に属する福祉事務所の所管区域内に住所を有する重度障害児に対し,障害児福祉手当(以下この章において「手当」という.)を支給する.ただし,その者が次の各号のいずれかに該当するときは,この限りでない.
1 障害を支給事由とする給付で政令で定めるものを受けることができるとき.ただし,その全額につきその支給が停止されているときを除く.
2 児童福祉法(昭和22年法律第164号)に規定する障害児入所施設その他これに類する施設で厚生労働省令で定めるものに収容されているとき.

(手当額)
第18条 手当は,月を単位として支給するものとし,その月額は,1万4170円とする.

(認 定)
第19条 手当の支給要件に該当する者(以下この章において「受給資格者」という.)は,手当の支給を受けようとするときは,その受給資格について,都道府県知事,市長又は福祉事務所を管理する町村長の認定を受けなければならない.

(支払期月)
第19条の2 手当は,毎年2月,5月,8月及び11月の4期に,それぞれの前月までの分を支払う.ただし,前支払期月に支払うべきであつた手当又は支給すべき事由が消滅した場合におけるその期の手当は,その支払期月でない月であつても,支払うものとする.

(支給の制限)
第20条 手当は,受給資格者の前年の所得が,その者の扶養親族等の有無及び数に応じて,政令で定める額を超えるときは,その年の8月から翌年の7月までは,支給しない.

第21条 手当は,受給資格者の配偶者の前年の所得又は受給資格者の民法第877条第1項に定める扶養義務者で当該受給資格者の生計を維持するものの前年の所得が,その者の扶養親族等の有無及び数に応じて,政令で定める額以上であるときは,その年の8月から翌年の7月までは,支給しない.

(不正利得の徴収)
第24条 ① 都道府県知事,市長又は福祉事務所を管理する町村長は,偽りその他不正の手段により手当の支給を受けた者があるときは,国税徴収の例により,その者から,その支給を受けた額に相当する金額の全部又は一部を徴収することができる.
② 前項の規定による徴収金の先取特権の順位は,国税及び地方税に次ぐものとする.

(費用の負担)
第25条 手当の支給に要する費用は,その4分の3に相当する額を国が負担し,その4分の1に相当する額を都道府県,市又は福祉事務所を設置する町村が負担する.

(準 用)
第26条 第5条第2項,第5条の2第1項及び第2項,第11条(第3号を除く.),第12条並びに第16条の規定は,手当について準用する.この場合において,同条中「第8条,第22条から第25条まで」とあるのは「第7条,第22条,第24条,第25条」と,「第9条第2項」とあるのは「第22条第2項」と読み替えるものとする.

第3章の2 特別障害者手当

(支給要件)
第26条の2 都道府県知事,市長及び福祉事務所を管理する町村長は,その管理に属する福祉事務所の所管区域内に住所を有する特別障害者に対し,特別障害者手当(以下この章において「手当」という.)を支給する.ただし,その者が次の各号のいずれかに該当するときは,この限りでない.
1 障害者の日常生活及び社会生活を総合的に支援するための法律(平成17年法律第123号)に規定する障害者支援施設(次号において「障害者支援施設」という.)に入所しているとき(同法に規定する生活介護(次号において「生活介護」という.)を受けている場合に限る.).
2 障害者支援施設(生活介護を行うものに限る.)

に類する施設で厚生労働省令で定めるものに入所しているとき．
3 病院又は診療所（前号に規定する施設を除く．）に継続して3月を超えて入院するに至つたとき．
（手当額）
第26条の3 手当は，月を単位として支給するものとし，その月額は，2万6050円とする．
（支給の調整）
第26条の4 手当は，手当の支給要件に該当する者が，障害を支給事由とする給付であつて，手当に相当するものとして政令で定めるものを受けることができるときは，その価額の限度で支給しない．ただし，その全額につきその支給が停止されているときは，この限りでない．
（準　用）
第26条の5 第5条第2項，第5条の2第1項及び第2項，第11条（第3号を除く．），第12条，第16条並びに第19条から第25条までの規定は，手当について準用する．この場合において，第16条中「第8条，第22条から第25条まで」とあるのは「第22条，第24条，第25条」と，「第9条第2項」とあるのは「第26条の5において準用する第22条第2項」と読み替えるものとする．

第4章　不服申立て

（審査請求）
第27条 都道府県知事のした特別児童扶養手当，障害児福祉手当又は特別障害者手当（以下「手当」という．）の支給に関する処分に不服がある者は，都道府県知事に審査請求をすることができる．
（審査庁）
第28条 第38条第2項の規定により市長又は福祉事務所を管理する町村長が障害児福祉手当又は特別障害者手当の支給に関する事務の全部又は一部をその管理に属する行政機関の長に委任した場合における当該事務に関する処分についての審査請求は，都道府県知事に対してするものとする．
（裁決をすべき期間）
第29条 ① 都道府県知事又は指定都市の長は，手当の支給に関する処分についての審査請求がされたときは，当該審査請求がされた日（行政不服審査法（平成26年法律第68号）第23条の規定により不備を補正すべきことを命じた場合にあつては，当該不備が補正された日）から次の各号に掲げる場合の区分に応じそれぞれ当該各号に定める期間内に，当該審査請求に対する裁決をしなければならない．
1 行政不服審査法第43条第1項の規定による諮問をする場合　80日
2 前号に掲げる場合以外の場合　60日
② 審査請求人は，審査請求をした日（行政不服審査法第23条の規定により不備を補正すべきことを命じられた場合にあつては，当該不備を補正した日．第1号において同じ．）から次の各号に掲げる場合の区分に応じそれぞれ当該各号に定める期間内に裁決がないときは，都道府県知事又は指定都市の長が当該審査請求を棄却したものとみなすことができる．
1 当該審査請求をした日から60日以内に行政不服審査法第43条第3項の規定により通知を受けた場合　80日
2 前号に掲げる場合以外の場合　60日
③ 第1項（各号を除く．）及び前項（各号を除く．）の規定は，次条第2項に規定する再審査請求について準用する．この場合において，これらの規定中「第23条」とあるのは「第66条第1項において読み替えて準用する同法第23条」と，「次の各号に掲げる場合の区分に応じそれぞれ当該各号に定める期間内」とあるのは「60日以内」と，前項中「補正した日．第1号において同じ．」とあるのは「補正した日」と読み替えるものとする．

（不服申立て）
第30条 ① 手当の支給に関する処分に係る審査請求についての都道府県知事の裁決に不服がある者は，厚生労働大臣に対して再審査請求をすることができる．
② 指定都市の長が特別児童扶養手当の支給に関する処分をする権限をその補助機関である職員又はその管理に属する行政機関の長に委任した場合において，委任を受けた職員又は行政機関の長がその委任に基づいてした処分につき，地方自治法第255条の2第2項の再審査請求の裁決があつたときは，当該裁決に不服がある者は，同法第252条の17の4第5項から第7項までの規定の例により，厚生労働大臣に対して再々審査請求をすることができる．
（時効の中断）
第31条 手当の支給に関する処分についての不服申立ては，時効の中断に関しては，裁判上の請求とみなす．
第32条 削 除

第5章　雑　則

（届　出）
第35条 ① 手当の支給を受けている者は，厚生労働省令の定めるところにより，行政庁に対し，厚生労働省令で定める事項を届け出，かつ，厚生労働省令で定める書類その他の物件を提出しなければならない．
② 手当の支給を受けている者が死亡したときは，戸籍法（昭和22年法律第224号）の規定による死亡の届出義務者は，厚生労働省令の定めるところにより，その旨を行政庁に届け出なければならない．
（調　査）
第36条 ① 行政庁は，必要があると認めるときは，受給資格者に対して，受給資格の有無若しくは手当の額の決定のために必要な事項に関する書類その他の物件を提出すべきことを命じ，又は当該職員をしてこれらの事項に関し受給資格者その他の関係者に質問させることができる．
② 行政庁は，必要があると認めるときは，障害児，重度障害児若しくは特別障害者に対して，その指定する医師若しくは歯科医師の診断を受けるべきことを命じ，又は当該職員をしてこれらの者の障害の状態を診断させることができる．
③ 前2項の規定による質問又は診断を行う当該職員は，その身分を示す証明書を携帯し，かつ，関係者の請求があるときは，これを提示しなければならない．
（資料の提供等）
第37条 行政庁は，手当の支給に関する処分に関し必要があると認めるときは，受給資格者，受給資格者の配偶者若しくは扶養義務者若しくは障害児の

資産若しくは収入の状況又は障害児に対する第3条第3項第2号に規定する年金たる給付,重度障害児に対する第17条第1号に規定する給付若しくは特別障害者に対する第26条の4に規定する給付の支給状況につき,官公署に対し,必要な書類の閲覧若しくは資料の提供を求め,又は銀行,信託会社その他の機関若しくは受給資格者の雇用主その他の関係者に対し,必要な事項の報告を求めることができる.

87 児童虐待の防止等に関する法律(抄)

(平12・5・24法律第82号,平12・11・20施行,最終改正:平28・6・3法律第63号)

(目 的)
第1条 この法律は,児童虐待が児童の人権を著しく侵害し,その心身の成長及び人格の形成に重大な影響を与えるとともに,我が国における将来の世代の育成にも懸念を及ぼすことにかんがみ,児童に対する虐待の禁止,児童虐待の予防及び早期発見その他の児童虐待の防止に関する国及び地方公共団体の責務,児童虐待を受けた児童の保護及び自立の支援のための措置等を定めることにより,児童虐待の防止等に関する施策を促進し,もって児童の権利利益の擁護に資することを目的とする.

(児童虐待の定義)
第2条 この法律において,「児童虐待」とは,保護者(親権を行う者,未成年後見人その他の者で,児童を現に監護するものをいう.以下同じ.)がその監護する児童(18歳に満たない者をいう.以下同じ.)について行う次に掲げる行為をいう.
1 児童の身体に外傷が生じ,又は生じるおそれのある暴行を加えること.
2 児童にわいせつな行為をすること又は児童をしてわいせつな行為をさせること.
3 児童の心身の正常な発達を妨げるような著しい減食又は長時間の放置,保護者以外の同居人による前2号又は次号に掲げる行為と同様の行為の放置その他の保護者としての監護を著しく怠ること.
4 児童に対する著しい暴言又は著しく拒絶的な対応,児童が同居する家庭における配偶者に対する暴力(配偶者(婚姻の届出をしていないが,事実上婚姻関係と同様の事情にある者を含む.)の身体に対する不法な攻撃であって生命又は身体に危害を及ぼすもの及びこれに準ずる心身に有害な影響を及ぼす言動をいう.第16条において同じ.)その他の児童に著しい心理的外傷を与える言動を行うこと.

(児童に対する虐待の禁止)
第3条 何人も,児童に対し,虐待をしてはならない.
(国及び地方公共団体の責務等)
第4条 ① 国及び地方公共団体は,児童虐待の予防及び早期発見,迅速かつ適切な児童虐待を受けた児童の保護及び自立の支援(児童虐待を受けた後18歳となった者に対する自立の支援を含む.第3項及び次条第2項において同じ.)並びに児童虐待を行った保護者に対する親子の再統合の促進への配慮その他の児童虐待を受けた児童が家庭(家庭における養育環境と同様の養育環境及び良好な家庭的環境を含む.)で生活するために必要な配慮をした適切な指導及び支援を行うため,関係省庁相互間その他関係機関及び民間団体の間の連携の強化,民間団体の支援,医療の提供体制の整備その他児童虐待の防止等のために必要な体制の整備に努めなければならない.
《②~⑦(略)》

(児童虐待の早期発見等)
第5条 ① 学校,児童福祉施設,病院その他児童の福祉に業務上関係のある団体及び学校の教職員,児童福祉施設の職員,医師,保健師,弁護士その他児童の福祉に職務上関係のある者は,児童虐待を発見しやすい立場にあることを自覚し,児童虐待の早期発見に努めなければならない.
② 前項に規定する者は,児童虐待の予防その他の児童虐待の防止並びに児童虐待を受けた児童の保護及び自立の支援に関する国及び地方公共団体の施策に協力するよう努めなければならない.
③ 学校及び児童福祉施設は,児童及び保護者に対して,児童虐待の防止のための教育又は啓発に努めなければならない.

(児童虐待に係る通告)
第6条 ① 児童虐待を受けたと思われる児童を発見した者は,速やかに,これを市町村,都道府県の設置する福祉事務所若しくは児童相談所又は児童委員を介して市町村,都道府県の設置する福祉事務所若しくは児童相談所に通告しなければならない.
② 前項の規定による通告は,児童福祉法(昭和22年法律第164号)第25条第1項の規定による通告とみなして,同法の規定を適用する.
③ 刑法(明治40年法律第45号)の秘密漏示罪の規定その他の守秘義務に関する法律の規定は,第1項の規定による通告をする義務の遵守を妨げるものと解釈してはならない.
第7条 市町村,都道府県の設置する福祉事務所又は児童相談所が前条第1項の規定による通告を受けた場合においては,当該通告を受けた市町村,都道府県の設置する福祉事務所又は児童相談所の所長,所員その他の職員及び当該通告を仲介した児童委員は,その職務上知り得た事項であって当該通告をした者を特定させるものを漏らしてはならない.

(通告又は送致を受けた場合の措置)
第8条 市町村又は都道府県の設置する福祉事務所が第6条第1項の規定による通告を受けたときは,市町村又は福祉事務所の長は,必要に応じ近隣住民,学校の教職員,児童福祉施設の職員その他の者の協力を得つつ,当該児童との面会その他の当該児童の安全の確認を行うための措置を講ずるとともに,必要に応じ次に掲げる措置を採るものとする.
1 児童福祉法第25条の7第1項第1号若しくは第2項第1号又は第25条の8第1号の規定により当該児童を児童相談所に送致すること.
2 当該児童のうち次条第1項の規定による出頭の求め及び調査若しくは質問,第9条第1項の規定による立入り及び調査若しくは質問又は児童福祉法第33条第1項若しくは第2項の規定による一時保護の実施が適当であると認めるものを都道府県知事又は児童相談所長へ通知すること.
② 児童相談所が第6条第1項の規定による通告又は児童福祉法第25条の7第1項第1号若しくは第2項第1号若しくは第25条の8第1号の規定による送致を受けたときは,児童相談所長は,必要に応

87 児童虐待の防止等に関する法律（8条の2〜11条）

じ近隣住民、学校の教職員、児童福祉施設の職員その他の者の協力を得つつ、当該児童との面会その他の当該児童の安全の確認を行うための措置を講ずるとともに、必要に応じ次に掲げる措置を採るものとする。
1　児童福祉法第33条第1項の規定により当該児童の一時保護を行い、又は適当な者に委託して、当該一時保護を行わせること。
2　児童福祉法第26条第1項第3号の規定により当該児童のうち第6条第1項の規定による通告を受けたものを市町村に送致すること。
3　当該児童のうち児童福祉法第25条の8第3号に規定する保育の利用等（以下この号において「保育の利用等」という。）が適当であると認めるものをその保育の利用等に係る都道府県又は市町村の長へ報告し、又は通知すること。
4　当該児童のうち児童福祉法第6条の3第2項に規定する放課後児童健全育成事業、同条第3項に規定する子育て短期支援事業、同条第5項に規定する養育支援訪問事業、同条第6項に規定する地域子育て支援拠点事業、同条第14項に規定する子育て援助活動支援事業、子ども・子育て支援法（平成24年法律第65号）第59条第1号に掲げる事業その他市町村が実施する児童の健全な育成に資する事業の実施が適当であると認めるものをその事業の実施に係る市町村の長へ通知すること。
③　前2項の児童の安全の確認を行うための措置、市町村若しくは児童相談所への送致又は一時保護を行う者は、速やかにこれを行うものとする。

（出頭要求等）
第8条の2　①　都道府県知事は、児童虐待が行われているおそれがあると認めるときは、当該児童の保護者に対し、当該児童を同伴して出頭することを求め、児童委員又は児童の福祉に関する事務に従事する職員をして、必要な調査又は質問をさせることができる。この場合においては、その身分を証明する証票を携帯させ、関係者の請求があったときは、これを提示させなければならない。
②　都道府県知事は、前項の規定により当該児童の保護者の出頭を求めようとするときは、厚生労働省令で定めるところにより、当該保護者に対し、出頭を求める理由となった事実の内容、出頭を求める日時及び場所、同伴すべき児童の氏名その他必要な事項を記載した書面により告知しなければならない。
③　都道府県知事は、第1項の保護者が同項の規定による出頭の求めに応じない場合は、次条第1項の規定による児童委員又は児童の福祉に関する事務に従事する職員の立入り及び調査又は質問その他の必要な措置を講ずるものとする。

（立入調査等）
第9条　①　都道府県知事は、児童虐待が行われているおそれがあると認めるときは、児童委員又は児童の福祉に関する事務に従事する職員をして、児童の住所又は居所に立ち入り、必要な調査又は質問をさせることができる。この場合においては、その身分を証明する証票を携帯させ、関係者の請求があったときは、これを提示させなければならない。《②（略）》

（臨検、捜索等）
第9条の3　①　都道府県知事は、第8条の2第1項の保護者が第9条第1項の保護者が正当な理由なく同項の規定による児童委員又は児童の福祉に関する事務に従事する職員の立入り又は調査を拒み、妨げ、又は忌避した場合において、児童虐待が行われている疑いがあるときは、当該児童の安全の確認を行い、又はその安全を確保するため、児童の福祉に関する事務に従事する職員をして、当該児童の住所又は居所の所在地を管轄する地方裁判所、家庭裁判所又は簡易裁判所の裁判官があらかじめ発する許可状により、当該児童の住所若しくは居所に臨検させ、又は当該児童を捜索させることができる。
②　都道府県知事は、前項の規定による臨検又は捜索をさせるときは、児童の福祉に関する事務に従事する職員をして、必要な調査又は質問をさせることができる。
③　都道府県知事は、第1項の許可状（以下「許可状」という。）を請求する場合においては、児童虐待が行われている疑いがあると認められる資料、臨検させようとする住所又は居所に当該児童が現在すると認められる資料及び当該児童の保護者が第9条第1項の規定による立入り又は調査を拒み、妨げ、又は忌避したことを証する資料を提出しなければならない。
④　前項の請求があった場合においては、地方裁判所、家庭裁判所又は簡易裁判所の裁判官は、臨検すべき場所又は捜索すべき児童の氏名並びに有効期間、その期間経過後は執行に着手することができずこれを返還しなければならない旨、交付の年月日及び裁判所名を記載し、自己の記名押印した許可状を都道府県知事に交付しなければならない。
⑤　都道府県知事は、許可状を児童の福祉に関する事務に従事する職員に交付して、第1項の規定による臨検又は捜索をさせるものとする。
⑥　第1項の規定による臨検又は捜索に係る制度は、児童虐待が保護者がその監護する児童に対して行うものであるために他人から認知されること及び児童がその被害から自ら逃れることが困難である等の特別の事情から児童の生命又は身体に重大な危険を生じさせるおそれがあることにかんがみ特に設けられたものであることを十分に踏まえた上で、適切に運用されなければならない。

（臨検又は捜索に際しての必要な処分）
第9条の7　児童の福祉に関する事務に従事する職員は、第9条の3第1項の規定による臨検又は捜索をするに当たって必要があるときは、錠をはずし、その他必要な処分をすることができる。

（警察署長に対する援助要請等）
第10条　①　児童相談所長は、第8条第2項の児童の安全の確認を行おうとする場合、又は同項第1号の一時保護を行おうとし、若しくは行わせようとする場合において、これらの職務の執行に際し必要があると認めるときは、当該児童の住所又は居所の所在地を管轄する警察署長に対し援助を求めることができる。都道府県知事が、第9条第1項の規定による立入り又は調査若しくは質問をさせ、又は臨検若しくは捜索をさせようとする場合についても、同様とする。
《②、③（略）》

（児童虐待を行った保護者に対する指導等）
第11条　①　児童虐待を行った保護者について児童福祉法第27条第1項第2号の規定により行われる指導は、親子の再統合への配慮その他の児童虐待を受けた児童が家庭（家庭における養育環境と同様の養育環境及び良好な家庭的環境を含む。）で生活するために必要な配慮の下に適切に行われなければれ

ばならない．
② 児童虐待を行った保護者について児童福祉法第27条第1項第2号の措置が採られた場合においては，当該保護者は，同号の指導を受けなければならない．
③ 前項の場合において保護者が同項の指導を受けないときは，都道府県知事は，当該保護者に対し，同項の指導を受けるよう勧告することができる．
④ 都道府県知事は，前項の規定による勧告を受けた保護者が当該勧告に従わない場合において必要があると認めるときは，児童福祉法第33条第2項の規定により児童相談所長をして児童虐待を受けた児童の一時保護を行わせ，又は適当な者に当該一時保護を行うことを委託させ，若しくは同法第27条第1項第3号又は第28条第1項の規定による措置を採る等の必要な措置を講ずるものとする．
⑤ 児童相談所長は，第3項の規定による勧告を受けた保護者が当該勧告に従わず，その監護する児童に対し親権を行わせることが著しく当該児童の福祉を害する場合には，必要に応じて，適切に，児童福祉法第33条の7の規定による請求を行うものとする．

（面会等の制限等）
第12条 ① 児童虐待を受けた児童について児童福祉法第27条第1項第3号の措置（以下「施設入所等の措置」という．）が採られ，又は同法第33条第1項若しくは第2項の規定による一時保護が行われた場合において，児童虐待の防止及び児童虐待を受けた児童の保護のため必要があると認めるときは，児童相談所長及び当該児童について施設入所等の措置が採られている場合における当該施設入所等の措置に係る同号に規定する施設の長は，厚生労働省令で定めるところにより，当該児童虐待を行った保護者について，次に掲げる行為の全部又は一部を制限することができる．
1 当該児童との面会
2 当該児童との通信
② 前項の施設の長は，同項の規定による制限を行った場合又は行わなくなった場合には，その旨を児童相談所長に通知するものとする．
③ 児童虐待を受けた児童について施設入所等の措置（児童福祉法第28条の規定によるものに限る．）が採られ，又は同法第33条第1項若しくは第2項の規定による一時保護が行われた場合において，当該児童虐待を行った保護者に対し当該児童の住所又は居所を明らかにしたとすれば，当該保護者が当該児童を連れ戻すおそれがある等再び児童虐待が行われるおそれがあり，又は当該児童の保護に支障をきたすと認めるときは，児童相談所長は，当該保護者に対し，当該児童の住所又は居所を明らかにしないものとする．
第12条の2 ① 児童虐待を受けた児童について施設入所等の措置（児童福祉法第28条の規定によるものを除く．以下この項において同じ．）が採られた場合において，当該児童虐待を行った保護者に当該児童を引き渡した場合には再び児童虐待が行われるおそれがあると認められるにもかかわらず，当該保護者が当該児童の引渡しを求めること，当該保護者が前条第1項の規定による制限に従わないことその他の事情から当該施設入所等の措置を採ることが当該保護者の意に反し，これを継続することが困難であると認めるときは，児童相談所長は，次項の報告を行うに至るまで，同法第33条第1項の規定により当該児童の一時保護を行い，又は適当な者に委託して，当該一時保護を行わせることができる． 〈②(略)〉
第12条の3 児童相談所長は，児童福祉法第33条第1項の規定により，児童虐待を受けた児童について一時保護を行っている，又は適当な者に委託して，当該一時保護を行わせている場合（前条第1項の一時保護を行っている，又は行わせている場合を除く．）において，当該児童について施設入所等の措置を要すると認めるときであって，当該児童虐待を行った保護者に当該児童を引き渡した場合には再び児童虐待が行われるおそれがあると認められるにもかかわらず，当該保護者が当該児童の引渡しを求めること，当該保護者が第12条第1項の規定による制限に従わないことその他の事情から当該児童について施設入所等の措置を採ることが当該保護者の意に反すると認めるときは，速やかに，同法第26条第1項第1号の規定に基づき，同法第28条の規定による施設入所等の措置を要する旨を都道府県知事に報告しなければならない．
第12条の4 ① 都道府県知事は，児童虐待を受けた児童について施設入所等の措置（児童福祉法第28条の規定によるものに限る．）が採られ，かつ，第12条第1項の規定により，当該児童虐待を行った保護者について，同項各号に掲げる行為の全部が制限されている場合において，児童虐待の防止及び児童虐待を受けた児童の保護のため特に必要があると認めるときは，厚生労働省令で定めるところにより，6月を超えない期間を定めて，当該保護者に対し，当該児童の住所若しくは居所，就学する学校その他の場所において当該児童の身辺につきまとい，又は当該児童の住所若しくは居所，就学する学校その他その通常所在する場所（通学路その他の当該児童が日常生活又は社会生活を営むために通常移動する経路を含む．）の付近をはいかいしてはならないことを命ずることができる．
② 都道府県知事は，前項に規定する場合において，引き続き児童虐待の防止及び児童虐待を受けた児童の保護のため特に必要があると認めるときは，6月を超えない期間を定めて，同項の規定による命令に係る期間を更新することができる． 〈③～⑥(略)〉

（親権の行使に関する配慮等）
第14条 ① 児童の親権を行う者は，児童のしつけに際して，民法（明治29年法律第89号）第820条の規定による監護及び教育に必要な範囲を超えて当該児童を懲戒してはならず，当該児童の親権の適切な行使に配慮しなければならない．
② 児童の親権を行う者は，児童虐待に係る暴行罪，傷害罪その他の犯罪について，当該児童の親権を行う者であることを理由として，その責めを免れることはない．

（親権の喪失の制度の適切な運用）
第15条 民法に規定する親権の喪失の制度は，児童虐待の防止及び児童虐待を受けた児童の保護の観点からも，適切に運用されなければならない．

88 子どもの貧困対策の推進に関する法律(抄)

(平25・6・26法律第64号, 平26・1・17施行)

第1章 総則

(目的)
第1条 この法律は, 子どもの将来がその生まれ育った環境によって左右されることのないよう, 貧困の状況にある子どもが健やかに育成される環境を整備するとともに, 教育の機会均等を図るため, 子どもの貧困対策に関し, 基本理念を定め, 国等の責務を明らかにし, 及び子どもの貧困対策の基本となる事項を定めることにより, 子どもの貧困対策を総合的に推進することを目的とする.

(基本理念)
第2条 ① 子どもの貧困対策は, 子ども等に対する教育の支援, 生活の支援, 就労の支援, 経済的支援等の施策を, 子どもの将来がその生まれ育った環境によって左右されることのない社会を実現することを旨として講ずることにより, 推進されなければならない.
② 子どもの貧困対策は, 国及び地方公共団体の関係機関相互の密接な連携の下に, 関連分野における総合的な取組として行われなければならない.

(国の責務)
第3条 国は, 前条の基本理念(次条において「基本理念」という.)にのっとり, 子どもの貧困対策を総合的に策定し, 及び実施する責務を有する.

(地方公共団体の責務)
第4条 地方公共団体は, 基本理念にのっとり, 子どもの貧困対策に関し, 国と協力しつつ, 当該地域の状況に応じた施策を策定し, 及び実施する責務を有する.

(国民の責務)
第5条 国民は, 国又は地方公共団体が実施する子どもの貧困対策に協力するよう努めなければならない.

第2章 基本的施策

(子どもの貧困対策に関する大綱)
第8条 ① 政府は, 子どもの貧困対策を総合的に推進するため, 子どもの貧困対策に関する大綱(以下「大綱」という.)を定めなければならない.
② 大綱は, 次に掲げる事項について定めるものとする.
1 子どもの貧困対策に関する基本的な方針
2 子どもの貧困率, 生活保護世帯に属する子どもの高等学校等進学率等子どもの貧困に関する指標及び当該指標の改善に向けた施策
3 教育の支援, 生活の支援, 保護者に対する就労の支援, 経済的支援その他の子どもの貧困対策に関する事項
4 子どもの貧困に関する調査及び研究に関する事項 〈③〜⑥(略)〉

第3章 子どもの貧困対策会議

(設置及び所掌事務等)
第15条 ① 内閣府に, 特別の機関として, 子どもの貧困対策会議(以下「会議」という.)を置く.
② 会議は, 次に掲げる事務をつかさどる.
1 大綱の案を作成すること.
2 前号に掲げるもののほか, 子どもの貧困対策に関する重要事項について審議し, 及び子どもの貧困対策の実施を推進すること. 〈③〜⑤(略)〉

(3) 母子・父子・寡婦福祉

89 母子及び父子並びに寡婦福祉法(抄)

(昭39・7・1法律第129号, 昭39・7・1施行, 最終改正:平28・6・3法律第63号)

第1章 総則

(目的)
第1条 この法律は, 母子家庭等及び寡婦の福祉に関する原理を明らかにするとともに, 母子家庭等及び寡婦に対し, その生活の安定と向上のために必要な措置を講じ, もつて母子家庭等及び寡婦の福祉を図ることを目的とする.

(基本理念)
第2条 ① 全て母子家庭等には, 児童が, その置かれている環境にかかわらず, 心身ともに健やかに育成されるために必要な諸条件と, その母子家庭の母及び父子家庭の父の健康で文化的な生活とが保障されるものとする.
② 寡婦には, 母子家庭の母及び父子家庭の父に準じて健康で文化的な生活が保障されるものとする.

(国及び地方公共団体の責務)
第3条 ① 国及び地方公共団体は, 母子家庭等及び寡婦の福祉を増進する責務を有する.
② 国及び地方公共団体は, 母子家庭等又は寡婦の福祉に関係のある施策を講ずるに当たつては, その施策を通じて, 前条に規定する理念が具現されるように配慮しなければならない.

(自立への努力)
第4条 母子家庭の母及び父子家庭の父並びに寡婦は, 自ら進んでその自立を図り, 家庭生活及び職業生活の安定と向上に努めなければならない.

(扶養義務の履行)
第5条 ① 母子家庭等の児童の親は, 当該児童が心身ともに健やかに育成されるよう, 当該児童の養育に必要な費用の負担その他当該児童についての扶養義務を履行するように努めなければならない.
② 母子家庭等の児童の親は, 当該児童が心身ともに健やかに育成されるよう, 当該児童を監護しない親の当該児童についての扶養義務の履行を確保するように努めなければならない.
③ 国及び地方公共団体は, 母子家庭等の児童が心身ともに健やかに育成されるよう, 当該児童を監護しない親の当該児童についての扶養義務の履行を確保するために広報その他適切な措置を講ずるように努めなければならない.

(定義)

第6条 ① この法律において「配偶者のない女子」とは,配偶者(婚姻の届出をしていないが,事実上婚姻関係と同様の事情にある者を含む.以下同じ.)と死別した女子であつて,現に婚姻(婚姻の届出をしていないが,事実上婚姻関係と同様の事情にある場合を含む.以下同じ.)をしていないもの及びこれに準ずる次に掲げる女子をいう.
1 離婚した女子であつて現に婚姻をしていないもの
2 配偶者の生死が明らかでない女子
3 配偶者から遺棄されている女子
4 配偶者が海外にあるためその扶養を受けることができない女子
5 配偶者が精神又は身体の障害により長期にわたつて労働能力を失つている女子
6 前各号に掲げる者に準ずる女子であつて政令で定めるもの
② この法律において「配偶者のない男子」とは,配偶者と死別した男子であつて,現に婚姻をしていないもの及びこれに準ずる次に掲げる男子をいう.
1 離婚した男子であつて現に婚姻をしていないもの
2 配偶者の生死が明らかでない男子
3 配偶者から遺棄されている男子
4 配偶者が海外にあるためその扶養を受けることができない男子
5 配偶者が精神又は身体の障害により長期にわたつて労働能力を失つている男子
6 前各号に掲げる者に準ずる男子であつて政令で定めるもの
③ この法律において「児童」とは,20歳に満たない者をいう.
④ この法律において「寡婦」とは,配偶者のない女子であつて,かつて配偶者のない女子として民法(明治29年法律第89号)第877条の規定により児童を扶養していたことのあるものをいう.
⑤ この法律において「母子家庭等」とは,母子家庭及び父子家庭をいう.
⑥ この法律において「母子・父子福祉団体」とは,配偶者のない者で現に児童を扶養しているもの(配偶者のない女子であつて民法第877条の規定により現に児童を扶養しているもの(以下「配偶者のない女子で現に児童を扶養しているもの」という.)又は配偶者のない男子であつて同条の規定により現に児童を扶養しているもの(以下「配偶者のない男子で現に児童を扶養しているもの」という.)をいう.第8条第2項において同じ.)の福祉又はこれに併せて寡婦の福祉を増進することを主たる目的とする次の各号に掲げる法人であつて当該各号に定める者の役員の過半数が配偶者のない女子又は配偶者のない男子であるものをいう.
1 社会福祉法人 理事
2 前号に掲げるもののほか,営利を目的としない法人であつて厚生労働省令で定めるもの 厚生労働省令で定める役員

(都道府県児童福祉審議会等の権限)
第7条 次の各号に掲げる機関は,母子家庭等の福祉に関する事項につき,調査審議するほか,当該各号に定める者の諮問に答え,又は関係行政機関に意見を具申するものとする.
1 児童福祉法第8条第2項に規定する都道府県児童福祉審議会(同条第1項ただし書に規定する都道府県にあつては,社会福祉法第7条第1項に規定する地方社会福祉審議会) 都道府県知事
2 児童福祉法第8条第4項に規定する市町村児童福祉審議会 市町村長(特別区の区長を含む.以下同じ.)

(母子・父子自立支援員)
第8条 ① 都道府県知事,市長(特別区の区長を含む.)及び福祉事務所を管理する町村長(以下「都道府県知事等」という.)は,社会的信望があり,かつ,次項に規定する職務を行うに必要な熱意と識見を持つている者のうちから,母子・父子自立支援員を委嘱するものとする.
② 母子・父子自立支援員は,この法律の施行に関し,主として次の業務を行うものとする.
1 配偶者のない者で現に児童を扶養しているもの及び寡婦に対し,相談に応じ,その自立に必要な情報提供及び指導を行うこと.
2 配偶者のない者で現に児童を扶養しているもの及び寡婦に対し,職業能力の向上及び求職活動に関する支援を行うこと.
③ 都道府県,市及び福祉事務所を設置する町村(以下「都道府県等」という.)は,母子・父子自立支援員の研修の実施その他の措置を講ずることにより,母子・父子自立支援員その他の母子家庭の母及び父子家庭の父並びに寡婦の自立の支援に係る事務に従事する人材の確保及び資質の向上を図るよう努めるものとする.

(福祉事務所)
第9条 福祉事務所は,この法律の施行に関し,主として次の業務を行うものとする.
1 母子家庭等及び寡婦の福祉に関し,母子家庭等及び寡婦並びに母子・父子福祉団体の実情その他必要な実情の把握に努めること.
2 母子家庭等及び寡婦の福祉に関する相談に応じ,必要な調査及び指導を行うこと,並びにこれらに付随する業務を行うこと.

(児童委員の協力)
第10条 児童福祉法に定める児童委員は,この法律の施行について,福祉事務所の長は母子・父子自立支援員の行う職務に協力するものとする.

第2章 基本方針等

(基本方針)
第11条 ① 厚生労働大臣は,母子家庭等及び寡婦の生活の安定と向上のための措置に関する基本的な方針(以下「基本方針」という.)を定めるものとする.
② 基本方針に定める事項は,次のとおりとする.
1 母子家庭等及び寡婦の家庭生活及び職業生活の動向に関する事項
2 母子家庭等及び寡婦の生活の安定と向上のため講じようとする施策の基本となるべき事項
3 都道府県等が,次条の規定に基づき策定する母子家庭等及び寡婦の生活の安定と向上のための措置に関する計画(以下「自立促進計画」という.)の指針となるべき基本的な事項
4 前3号に掲げるもののほか,母子家庭等及び寡婦の生活の安定と向上のための措置に関する重要事項
③ 厚生労働大臣は,基本方針を定め,又はこれを変更しようとするときは,あらかじめ,関係行政機関

の長に協議するものとする.
④ 厚生労働大臣は,基本方針を定め,又はこれを変更したときは,遅滞なく,これを公表するものとする.

(自立促進計画)
第12条 ① 都道府県等は,基本方針に即し,次に掲げる事項を定める自立促進計画を策定し,又は変更しようとするときは,法律の規定による計画であつて母子家庭等及び寡婦の福祉に関する事項を定めるものとの調和を保つよう努めなければならない.
1 当該都道府県等の区域における母子家庭等及び寡婦の家庭生活及び職業生活の動向に関する事項
2 当該都道府県等の区域において母子家庭等及び寡婦の生活の安定と向上のため講じようとする施策の基本となるべき事項
3 福祉サービスの提供,職業能力の向上の支援その他母子家庭等及び寡婦の生活の安定と向上のために講ずべき具体的な措置に関する事項
4 前3号に掲げるもののほか,母子家庭等及び寡婦の生活の安定と向上のための措置に関する重要事項
② 都道府県等は,自立促進計画を策定し,又は変更しようとするときは,あらかじめ,母子家庭等及び寡婦の置かれている環境,母子家庭等及び寡婦に対する福祉の措置の利用に関する母子家庭等及び寡婦の意向その他の母子家庭等及び寡婦の事情を勘案するよう努めなければならない.
③ 都道府県等は,自立促進計画を策定し,又は変更しようとするときは,あらかじめ,第7条各号に掲げる機関,子ども・子育て支援法(平成24年法律第65号)第77条第1項又は第4項に規定する機関その他の母子家庭等及び寡婦の福祉に関する事項を調査審議する合議制の機関の意見を聴くよう努めなければならない.
④ 都道府県等は,自立促進計画を策定し,又は変更しようとするときは,あらかじめ,母子・父子福祉団体の意見を反映させるために必要な措置を講ずるものとする.
⑤ 前項に定めるもののほか,都道府県等は,自立促進計画を策定し,又は変更しようとするときは,あらかじめ,インターネットの利用その他の厚生労働省令で定める方法により広く母子家庭等及び寡婦の意見を求めることその他の住民の意見を反映させるために必要な措置を講ずるよう努めなければならない.

第3章 母子家庭に対する福祉の措置

(母子福祉資金の貸付け)
第13条 ① 都道府県は,配偶者のない女子で現に児童を扶養しているもの又はその扶養している児童(配偶者のない女子で現に児童を扶養しているものが同時に民法第877条の規定により20歳以上である子その他これに準ずる者を扶養している場合におけるその20歳以上である子その他これに準ずる者を含む.以下この項及び第3項において同じ.)に対し,配偶者のない女子の経済的自立の助成と生活意欲の助長を図り,あわせてその扶養している児童の福祉を増進するため,次に掲げる資金を貸し付けることができる.
1 事業を開始し,又は継続するのに必要な資金
2 配偶者のない女子が扶養している児童の修学に必要な資金
3 配偶者のない女子又はその者が扶養している児童が事業を開始し,又は就職するために必要な知識技能を習得するのに必要な資金
4 前3号に掲げるもののほか,配偶者のない女子及びその者が扶養している児童の福祉のために必要な資金であつて政令で定めるもの
② 都道府県は,前項に規定する資金のうち,その貸付けの目的を達成するために一定の期間継続して貸し付ける必要がある資金で政令で定めるものについては,その貸付けの期間中に当該配偶者のない女子が民法第877条の規定により扶養している全ての児童が20歳に達した後でも,政令で定めるところにより,なお継続してその貸付けを行うことができる.
③ 都道府県は,第1項に規定する資金のうち,その貸付けの目的が児童の修学又は知識技能の習得に係る資金であつて政令で定めるものを配偶者のない女子で現に児童を扶養しているものに貸し付けている場合において,その修学又は知識技能の習得の中途において当該配偶者のない女子が死亡したときは,政令で定めるところにより,当該児童(前項の規定による貸付けに係る20歳以上である者を含む.)がその修学又は知識技能の習得を終了するまでの間,当該児童に対して,当該資金の貸付けを行うことができる.

(母子・父子福祉団体に対する貸付け)
第14条 都道府県は,政令で定める事業を行う母子・父子福祉団体であつてその事業に使用される者が主として次の各号に掲げる者のいずれかであるものが第1号に掲げる者の自立の促進を図るための事業として政令で定めるものを行う母子・父子福祉団体に対し,これらの事業につき,前条第1項第1号に掲げる資金を貸し付けることができる.
1 配偶者のない女子で現に児童を扶養しているもの
2 前号に掲げる者及び配偶者のない男子で現に児童を扶養しているもの
3 第1号に掲げる者及び寡婦
4 第2号に掲げる者及び寡婦

(償還の免除)
第15条 ① 都道府県は,第13条の規定による貸付金の貸付けを受けた者が死亡したとき,又は精神若しくは身体に著しい障害を受けたため,当該貸付金を償還することができなくなつたと認められるときは,議会の議決を経て,当該貸付金の償還未済額の全部又は一部の償還を免除することができる.ただし,政令で定める場合は,この限りでない.
② 都道府県は,第13条第1項第4号に掲げる資金のうち政令で定めるものの貸付けを受けた者が,所得の状況その他政令で定める事由により当該貸付金を償還することができなくなつたと認められるときは,条例で定めるところにより,当該貸付金の償還未済額の一部の償還を免除することができる.

(母子家庭日常生活支援事業)
第17条 ① 都道府県又は市町村は,配偶者のない女子で現に児童を扶養しているものがその者の疾病その他の理由により日常生活に支障を生じたと認められるときは,政令で定める基準に従い,その者につき,その者の居宅その他厚生労働省令で定める場所において,乳幼児の保育若しくは食事の世話若しくは専門的知識をもつて行う生活及び生業に関する助言,指導その他の日常生活を営むのに必要な

便宜であつて厚生労働省令で定めるものを供与し，又は当該都道府県若しくは市町村以外の者に当該便宜を供与することを委託する措置を採ることができる．
② 前項の規定による委託に係る事務に従事する者又は従事していた者は，正当な理由がなく，当該事務に関して知り得た秘密を漏らしてはならない．

（措置の解除に係る説明等）
第18条　都道府県知事又は市町村長は，前条第1項の措置を解除する場合には，あらかじめ，当該措置に係る者に対し，当該措置の解除の理由について説明するとともに，その意見を聴かなければならない．ただし，当該措置に係る者から当該措置の解除の申出があつた場合その他厚生労働省令で定める場合においては，この限りでない．

（事業の開始）
第20条　国及び都道府県以外の者は，厚生労働省令で定めるところにより，あらかじめ，厚生労働省令で定める事項を都道府県知事に届け出て，母子家庭日常生活支援事業（第17条第1項の措置に係る者につき同項の厚生労働省令で定める便宜を供与する事業をいう．以下同じ．）を行うことができる．

（廃止又は休止）
第21条　母子家庭日常生活支援事業を行う者は，その事業を廃止し，又は休止しようとするときは，あらかじめ，厚生労働省令で定める事項を都道府県知事に届け出なければならない．

（報告の徴収等）
第22条　都道府県知事は，母子家庭の福祉のために必要があると認めるときは，母子家庭日常生活支援事業を行う者に対し，必要と認める事項の報告を求め，又は当該職員に対して質問させ，若しくはその事務所に立ち入り，帳簿書類その他の物件を検査させることができる．
② 前項の規定による質問又は立入検査を行う場合においては，当該職員は，その身分を示す証明書を携帯し，関係者の請求があるときは，これを提示しなければならない．
③ 第1項の規定による権限は，犯罪捜査のために認められたものと解釈してはならない．

（事業の停止等）
第23条　都道府県知事は，母子家庭日常生活支援事業を行う者が，この法律若しくはこれに基づく命令若しくはこれらに基づいてする処分に違反したとき，又はその事業に関し不当に営利を図り，若しくは第17条第1項の措置に係る配偶者のない女子で現に児童を扶養しているもの等の処遇につき不当な行為をしたときは，その事業を行う者に対し，その事業の制限又は停止を命ずることができる．

（受託義務）
第24条　母子家庭日常生活支援事業を行う者は，第17条第1項の規定による委託を受けたときは，正当な理由がなく，これを拒んではならない．

（売店等の設置の許可）
第25条　① 国又は地方公共団体の設置した事務所その他の公共的施設の管理者は，配偶者のない女子で現に児童を扶養しているもの又は母子・父子福祉団体からの申請があつたときは，その公共的施設内において，新聞，雑誌，たばこ，事務用品，食料品その他の物品を販売し，又は理容業，美容業等の業務を行うために，売店又は理容所，美容所等の施設を設置することを許すように努めなければならない．

② 前項の規定により売店その他の施設を設置することを許された者は，病気その他正当な理由がある場合のほかは，自らその業務に従事し，又は当該母子・父子福祉団体が使用する配偶者のない女子で現に児童を扶養しているものをその業務に従事させなければならない．
③ 都道府県知事は，第1項に規定する売店その他の施設の設置及びその運営を円滑にするため，当該都道府県の区域内の公共的施設の管理者と協議を行い，かつ，公共的施設内における施設等の設置の可能な場所，販売物品の種類等を調査し，その結果を配偶者のない女子で現に児童を扶養しているもの及び母子・父子福祉団体に知らせる措置を講じなければならない．

（製造たばこの小売販売業の許可）
第26条　① 配偶者のない女子で現に児童を扶養しているものがたばこ事業法（昭和59年法律第68号）第22条第1項の規定による小売販売業の許可を申請した場合において同法第23条各号の規定に該当しないときは，財務大臣は，その者に当該許可を与えるように努めなければならない．
② 前条第2項の規定は，前項の規定によりたばこ事業法第22条第1項の許可を受けた者について準用する．

（公営住宅の供給に関する特別の配慮）
第27条　地方公共団体は，公営住宅法（昭和26年法律第193号）による公営住宅の供給を行う場合には，母子家庭の福祉が増進されるように特別の配慮をしなければならない．

（特定教育・保育施設の利用等に関する特別の配慮）
第28条　① 市町村は，子ども・子育て支援法（平成24年法律第65号）第27条第1項に規定する特定教育・保育施設（次条において「特定教育・保育施設」という．）又は同法第43条第3項に規定する特定地域型保育事業（次条において「特定地域型保育事業」という．）の利用について，同法第42条第1項若しくは第54条第1項の規定により相談，助言若しくはあっせん若しくは要請を行う場合又は児童福祉法第24条第3項の規定により調整若しくは要請を行う場合には，母子家庭の福祉が増進されるように特別の配慮をしなければならない．
② 特定教育・保育施設の設置者又は子ども・子育て支援法第29条第1項に規定する特定地域型保育事業者は，同法第33条第2項又は第45条第2項の規定により当該特定教育・保育施設を利用する児童（同法第19条第1項第2号又は第3号に該当する児童に限る．以下この項において同じ．）又は当該特定地域型保育事業者に係る特定地域型保育事業を利用する児童を選考するときは，母子家庭の福祉が増進されるように特別の配慮をしなければならない．
③ 市町村は，児童福祉法第6条の3第2項に規定する放課後児童健全育成事業その他の厚生労働省令で定める事業を行う場合には，母子家庭の福祉が増進されるように特別の配慮をしなければならない．

（雇用の促進）
第29条　① 国及び地方公共団体は，就職を希望する母子家庭の母及び児童の雇用の促進を図るため，事業主その他国民一般の理解を高めるとともに，職業訓練の実施，就職のあっせん，公共的施設における雇入れの促進等必要な措置を講ずるように努めるものとする．

② 公共職業安定所は,母子家庭の母の雇用の促進を図るため,求人に関する情報の収集及び提供,母子家庭の母を雇用する事業主に対する援助その他必要な措置を講ずるように努めるものとする.
(母子家庭就業支援事業等)
第30条 ① 国は,前条第2項の規定に基づき公共職業安定所が講ずる措置のほか,次に掲げる業務を行うものとする.
 1 母子家庭の母及び児童の雇用の促進に関する調査及び研究を行うこと.
 2 母子家庭の母及び児童の雇用の促進に関する業務に従事する者その他の関係者に対する研修を行うこと.
 3 都道府県が行う次項に規定する業務(以下「母子家庭就業支援事業」という.)について,都道府県に対し,情報の提供その他の援助を行うこと.
② 都道府県は,就職を希望する母子家庭の母及び児童の雇用の促進を図るため,母子・父子福祉団体と緊密な連携を図りつつ,次に掲げる業務を総合的かつ一体的に行うことができる.
 1 母子家庭の母及び児童に対し,就職に関する相談に応じること.
 2 母子家庭の母及び児童に対し,職業能力の向上のために必要な措置を講ずること.
 3 母子家庭の母及び児童並びに事業主に対し,雇用情報及び就職の支援に関する情報の提供その他母子家庭の母及び児童の就職に関し必要な支援を行うこと.
③ 都道府県は,母子家庭就業支援事業に係る事務の全部又は一部を厚生労働省令で定める者に委託することができる.
④ 前項の規定による委託に係る事務に従事する者又は従事していた者は,正当な理由がなく,当該事務に関して知り得た秘密を漏らしてはならない.
(母子家庭自立支援給付金)
第31条 都道府県等は,配偶者のない女子で現に児童を扶養しているものの雇用の安定及び就職の促進を図るため,政令で定めるところにより,配偶者のない女子で現に児童を扶養しているもの又は事業主に対し,次に掲げる給付金(以下「母子家庭自立支援給付金」という.)を支給することができる.
 1 配偶者のない女子で現に児童を扶養しているものが,厚生労働省令で定める教育訓練を受け,当該教育訓練を修了した場合に,その者に支給する給付金(以下「母子家庭自立支援教育訓練給付金」という.)
 2 配偶者のない女子で現に児童を扶養しているものが,安定した職業に就くことを容易にするため必要な資格として厚生労働省令で定めるものを取得するため養成機関において修業する場合に,その修業と生活との両立を支援するためその者に支給する給付金(以下「母子家庭高等職業訓練促進給付金」という.)
 3 前2号に掲げる給付金以外の給付金であつて,政令で定めるもの
(不正利得の徴収)
第31条の2 偽りその他不正の手段により母子家庭自立支援給付金の支給を受けた者があるときは,都道府県知事等は,受給額に相当する金額の全部又は一部をその者から徴収することができる.
(受給権の保護)
第31条の3 母子家庭自立支援教育訓練給付金又は

母子家庭高等職業訓練促進給付金の支給を受ける権利は,譲り渡し,担保に供し,又は差し押えることができない.
(公課の禁止)
第31条の4 租税その他の公課は,母子家庭自立支援教育訓練給付金又は母子家庭高等職業訓練促進給付金として支給を受けた金銭を標準として,課することができない.
(母子家庭生活向上事業)
第31条の5 ① 都道府県及び市町村は,母子家庭の母及び児童の生活の向上を図るため,母子・父子福祉団体と緊密な連携を図りつつ,次に掲げる業務(以下「母子家庭生活向上事業」という.)を行うことができる.
 1 母子家庭の母及び児童に対し,家庭生活及び職業生活に関する相談に応じ,又は母子・父子福祉団体による支援その他の母子家庭の母及び児童に対する支援に係る情報の提供を行うこと.
 2 母子家庭の児童に対し,生活に関する相談に応じ,又は学習に関する支援を行うこと.
 3 母子家庭の母及び児童に対し,母子家庭相互の交流の機会を提供することその他の必要な支援を行うこと.
② 都道府県及び市町村は,母子家庭生活向上事業に係る事務の全部又は一部を厚生労働省令で定める者に委託することができる.
③ 前項の規定による委託に係る事務に従事する者又は従事していた者は,正当な理由がなく,当該事務に関して知り得た秘密を漏らしてはならない.

第4章 父子家庭に対する福祉の措置(略)

第5章 寡婦に対する福祉の措置(略)

第6章 福祉資金貸付金に関する特別会計等(略)

第7章 母子・父子福祉施設

(母子・父子福祉施設)
第38条 都道府県,市町村,社会福祉法人その他の者は,母子家庭の母及び父子家庭の父並びに児童が,その心身の健康を保持し,生活の向上を図るために利用する母子・父子福祉施設を設置することができる.
(施設の種類)
第39条 ① 母子・父子福祉施設の種類は,次のとおりとする.
 1 母子・父子福祉センター
 2 母子・父子休養ホーム
② 母子・父子福祉センターは,無料又は低額な料金で,母子家庭等に対して,各種の相談に応ずるとともに,生活指導及び生業の指導を行う等母子家庭等の福祉のための便宜を総合的に供与することを目的とする施設とする.
③ 母子・父子休養ホームは,無料又は低額な料金で,母子家庭等に対して,レクリエーションその他休養のための便宜を供与することを目的とする施設とする.

（施設の設置）
第40条　市町村，社会福祉法人その他の者が母子・父子福祉施設を設置する場合には，社会福祉法の定めるところによらなければならない．

（寡婦の施設の利用）
第41条　母子・父子福祉施設の設置者は，寡婦に，母子家庭等に準じて母子・父子福祉施設を利用させることができる．

第8章　費用

（市町村の支弁）
第42条　次に掲げる費用は，市町村の支弁とする．
1　第17条第1項の規定により市町村が行う母子家庭日常生活支援事業の実施に要する費用
2　第31条の規定により市町村が行う母子家庭自立支援給付金の支給に要する費用
3　第31条の5第1項の規定により市町村が行う母子家庭生活向上事業の実施に要する費用
〈4～8(略)〉

（都道府県の支弁）
第43条　次に掲げる費用は，都道府県の支弁とする．
1　第17条第1項の規定により都道府県が行う母子家庭日常生活支援事業の実施に要する費用
2　第30条第2項の規定により都道府県が行う母子家庭就業支援事業の実施に要する費用
3　第31条の規定により都道府県が行う母子家庭自立支援給付金の支給に要する費用
4　第31条の5第1項の規定により都道府県が行う母子家庭生活向上事業の実施に要する費用
〈5～11(略)〉

（都道府県の補助）
第44条　都道府県は，政令で定めるところにより，第42条の規定により市町村が支弁した費用のうち，同条第1号，第3号，第4号及び第6号から第8号までの費用については，その4分の1以内を補助することができる．

（国の補助）
第45条　①　国は，政令で定めるところにより，第42条の規定により市町村が支弁した費用のうち，同条第1号，第3号，第4号及び第6号から第8号までの費用についてはその2分の1以内を，同条第2号及び第5号の費用についてはその4分の3以内を補助することができる．
②　国は，政令で定めるところにより，第43条の規定により都道府県が支弁した費用のうち，同条第1号，第2号，第4号，第5号，第6号及び第8号から第11号までの費用についてはその2分の1以内を，同条第3号及び第7号の費用についてはその4分の3以内を補助することができる．

90　母子保健法（抄）

（昭40・8・18法律第141号，昭41・1・1施行，
最終改正：平28・6・3法律第63号）

第1章　総則

（目　的）

第1条　この法律は，母性並びに乳児及び幼児の健康の保持及び増進を図るため，母子保健に関する原理を明らかにするとともに，母性並びに乳児及び幼児に対する保健指導，健康診査，医療その他の措置を講じ，もつて国民保健の向上に寄与することを目的とする．

（母性の尊重）
第2条　母性は，すべての児童がすこやかに生まれ，かつ，育てられる基盤であることにかんがみ，尊重され，かつ，保護されなければならない．

（乳幼児の健康の保持増進）
第3条　乳児及び幼児は，心身ともに健全な人として成長してゆくために，その健康が保持され，かつ，増進されなければならない．

（母性及び保護者の努力）
第4条　①　母性は，みずからすすんで，妊娠，出産又は育児についての正しい理解を深め，その健康の保持及び増進に努めなければならない．
②　乳児又は幼児の保護者は，みずからすすんで，育児についての正しい理解を深め，乳児又は幼児の健康の保持及び増進に努めなければならない．

（国及び地方公共団体の責務）
第5条　①　国及び地方公共団体は，母性並びに乳児及び幼児の健康の保持及び増進に努めなければならない．
②　国及び地方公共団体は，母性並びに乳児及び幼児の健康の保持及び増進に関する施策を講ずるに当たつては，当該施策が乳児及び幼児に対する虐待の予防及び早期発見に資するものであることに留意するとともに，その施策を通じて，前3条に規定する母子保健の理念が具現されるように配慮しなければならない．

（用語の定義）
第6条　①　この法律において「妊産婦」とは，妊娠中又は出産後1年以内の女子をいう．
②　この法律において「乳児」とは，1歳に満たない者をいう．
③　この法律において「幼児」とは，満1歳から小学校就学の始期に達するまでの者をいう．
④　この法律において「保護者」とは，親権を行う者，未成年後見人その他の者で，乳児又は幼児を現に監護する者をいう．
⑤　この法律において「新生児」とは，出生後28日を経過しない乳児をいう．
⑥　この法律において「未熟児」とは，身体の発育が未熟のまま出生した乳児であつて，正常児が出生時に有する諸機能を得るに至るまでのものをいう．

（都道府県児童福祉審議会等の権限）
第7条　児童福祉法（昭和22年法律第164号）第8条第2項に規定する都道府県児童福祉審議会（同条第1項ただし書に規定する都道府県にあつては，地方社会福祉審議会．以下この条において同じ．）及び同条第4項に規定する市町村児童福祉審議会は，母子保健に関する事項につき，調査審議するほか，同条第2項に規定する都道府県児童福祉審議会は都道府県知事の，同条第4項に規定する市町村児童福祉審議会は市町村長の諮問にそれぞれ答え，又は関係行政機関に意見を具申することができる．

（都道府県の援助等）
第8条　都道府県は，この法律の規定により市町村が行う母子保健に関する事業の実施に関し，市町村相互間の連絡調整を行い，及び市町村の求めに応じ，

その設置する保健所による技術的事項についての指導,助言その他当該市町村に対する必要な技術的援助を行うものとする.
(実施の委託)
第8条の2　市町村は,この法律に基づく母子保健に関する事業の一部について,病院若しくは診療所又は医師,助産師その他適当と認められる者に対し,その実施を委託することができる.

第2章　母子保健の向上に関する措置

(知識の普及)
第9条　都道府県及び市町村は,母性又は乳児若しくは幼児の健康の保持及び増進のため,妊娠,出産又は育児に関し,相談に応じ,個別的又は集団的に,必要な指導及び助言を行い,並びに地域住民の活動を支援すること等により,母子保健に関する知識の普及に努めなければならない.
(保健指導)
第10条　市町村は,妊産婦若しくはその配偶者又は乳児若しくは幼児の保護者に対して,妊娠,出産又は育児に関し,必要な保健指導を行い,又は医師,歯科医師,助産師若しくは保健師について保健指導を受けることを勧奨しなければならない.
(新生児の訪問指導)
第11条　① 市町村長は,前条の場合において,当該乳児が新生児であつて,育児上必要があると認めるときは,医師,保健師,助産師又はその他の職員をして当該新生児の保護者を訪問させ,必要な指導を行わせるものとする.ただし,当該新生児につき,第19条の規定による指導が行われるときは,この限りでない.
② 前項の規定による新生児に対する訪問指導は,当該新生児が新生児でなくなつた後においても,継続することができる.
(健康診査)
第12条　① 市町村は,次に掲げる者に対し,厚生労働省令の定めるところにより,健康診査を行わなければならない.
1　満1歳6か月を超え満2歳に達しない幼児
2　満3歳を超え満4歳に達しない幼児
② 前項の厚生労働省令は,健康増進法(平成14年法律第103号)第9条第1項に規定する健康診査等指針(第16条第4項において単に「健康診査等指針」という.)と調和が保たれたものでなければならない.
第13条　① 前条の健康診査のほか,市町村は,必要に応じ,妊産婦又は乳児若しくは幼児に対して,健康診査を行い,又は健康診査を受けることを勧奨しなければならない.
② 厚生労働大臣は,前項の規定による妊婦に対する健康診査についての望ましい基準を定めるものとする.
(栄養の摂取に関する援助)
第14条　市町村は,妊産婦又は乳児若しくは幼児に対して,栄養の摂取につき必要な援助をするように努めるものとする.
(妊娠の届出)
第15条　妊娠した者は,厚生労働省令で定める事項につき,速やかに,市町村長に妊娠の届出をするようにしなければならない.
(母子健康手帳)
第16条　① 市町村は,妊娠の届出をした者に対して,母子健康手帳を交付しなければならない.
② 妊産婦は,医師,歯科医師,助産師又は保健師について,健康診査又は保健指導を受けたときは,その都度,母子健康手帳に必要な事項の記載を受けなければならない.乳児又は幼児の健康診査又は保健指導を受けた当該乳児又は幼児の保護者についても,同様とする.
③ 母子健康手帳の様式は,厚生労働省令で定める.
④ 前項の厚生労働省令は,健康診査等指針と調和が保たれたものでなければならない.
(妊産婦の訪問指導等)
第17条　① 市町村は,第13条第1項の規定による健康診査を行つた市町村の長は,その結果に基づき,当該妊産婦の健康状態に応じ,保健指導を要する者については,医師,助産師,保健師又はその他の職員をして,その妊産婦を訪問させて必要な指導を行わせ,妊娠又は出産に支障を及ぼすおそれがある疾病にかかつている疑いのある者については,医師又は歯科医師の診療を受けることを勧奨するものとする.
② 市町村は,妊産婦が前項の勧奨に基づいて妊娠又は出産に支障を及ぼすおそれがある疾病につき医師又は歯科医師の診療を受けるために必要な援助を与えるように努めなければならない.
(低体重児の届出)
第18条　体重が2500グラム未満の乳児が出生したときは,その保護者は,速やかに,その旨をその乳児の現在地の市町村に届け出なければならない.
(未熟児の訪問指導)
第19条　① 市町村長は,その区域内に現在地を有する未熟児について,養育上必要があると認めるときは,医師,保健師,助産師又はその他の職員をして,その未熟児の保護者を訪問させ,必要な指導を行わせるものとする.
② 第11条第2項の規定は,前項の規定による訪問指導に準用する.
(養育医療)
第20条　① 市町村は,養育のため病院又は診療所に入院することを必要とする未熟児に対し,その養育に必要な医療(以下「養育医療」という.)の給付を行い,又はこれに代えて養育医療に要する費用を支給することができる.
② 前項の規定による費用の支給は,養育医療の給付が困難であると認められる場合に限り,行なうことができる.
③ 養育医療の給付の範囲は,次のとおりとする.
1　診察
2　薬剤又は治療材料の支給
3　医学的処置,手術及びその他の治療
4　病院又は診療所への入院及びその療養に伴う世話その他の看護
5　移送
④ 養育医療の給付は,都道府県知事が次項の規定により指定する病院若しくは診療所又は薬局(以下「指定養育医療機関」という.)に委託して行うものとする.
⑤ 都道府県知事は,病院若しくは診療所又は薬局の開設者の同意を得て,第1項の規定による養育医療を担当させる機関を指定する. 　⑥,⑦(略)
(費用の支弁)
第21条　市町村が行う第12条第1項の規定による健康診査に要する費用及び第20条の規定による措

置に要する費用は,当該市町村の支弁とする.
(都道府県の負担)
第21条の2 都道府県は,政令の定めるところにより,前条の規定により市町村が支弁する費用のうち,第20条の規定による措置に要する費用については,その4分の1を負担するものとする.
(国の負担)
第21条の3 国は,政令の定めるところにより,第21条の規定により市町村が支弁する費用のうち,第20条の規定による措置に要する費用については,その2分の1を負担するものとする.
(費用の徴収)
第21条の4 ① 第20条の規定による養育医療の給付に要する費用を支弁した市町村長は,当該措置を受けた者又はその扶養義務者から,その負担能力に応じて,当該措置に要する費用の全部又は一部を徴収することができる.
② 前項の規定による費用の徴収は,徴収されるべき者の居住地又は財産所在地の市町村に嘱託することができる.
③ 第1項の規定により徴収される費用を,指定の期限内に納付しない者があるときは,地方税の滞納処分の例により処分することができる.この場合における徴収金の先取特権の順位は,国税及び地方税に次ぐものとする.

第3章 母子健康包括支援センター

第22条 ① 市町村は,必要に応じ,母子健康包括支援センターを設置するように努めなければならない.
② 母子健康包括支援センターは,第1号から第4号までに掲げる事業を行い,又はこれらの事業に併せて第5号に掲げる事業を行うことにより,母性並びに乳児及び幼児の健康の保持及び増進に関する包括的な支援を行うことを目的とする施設とする.
1 母性並びに乳児及び幼児の健康の保持及び増進に関する支援に必要な実情の把握を行うこと.
2 母子保健に関する各種の相談に応ずること.
3 母性並びに乳児及び幼児に対する保健指導を行うこと.
4 母性及び児童の保健医療又は福祉に関する機関との連絡調整その他母性並びに乳児及び幼児の健康の保持及び増進に関し,厚生労働省令で定める支援を行うこと.
5 健康診査,助産その他の母子保健に関する事業を行うこと(前各号に掲げる事業を除く.).
③ 市町村は,母子健康包括支援センターにおいて,第9条の相談,指導及び助言並びに第10条の保健指導を行うに当たつては,児童福祉法第21条の11第1項の情報の収集及び提供,相談並びに助言並びに同条第2項のあつせん,調整及び要請と一体的に行うように努めなければならない.

第4章 雑 則

(非課税)
第23条 第20条の規定により支給を受けた金品を標準として,租税その他の公課を課することができない.
(差押えの禁止)
第24条 第20条の規定により金品の支給を受けることとなつた者の当該支給を受ける権利は,差し押えることができない.

91 配偶者からの暴力の防止及び被害者の保護等に関する法律(抄)

(平13・4・13法律第31号,平13・10・13施行,最終改正:平26・4・23法律第28号)

(「前文」略)

第1章 総 則

(定 義)
第1条 ① この法律において「配偶者からの暴力」とは,配偶者からの身体に対する暴力(身体に対する不法な攻撃であつて生命又は身体に危害を及ぼすものをいう.以下同じ.)又はこれに準ずる心身に有害な影響を及ぼす言動(以下この項及び第28条の2において「身体に対する暴力等」と総称する.)をいい,配偶者からの身体に対する暴力等を受けた後に,その者が離婚をし,又はその婚姻が取り消された場合にあつては,当該配偶者であつた者から引き続き受ける身体に対する暴力等を含むものとする.
② この法律において「被害者」とは,配偶者からの暴力を受けた者をいう.
③ この法律にいう「配偶者」には,婚姻の届出をしていないが事実上婚姻関係と同様の事情にある者を含み,「離婚」には,婚姻の届出をしていないが事実上婚姻関係にあつた者が,事実上離婚したと同様の事情に入ることを含むものとする.

第1章の2 基本方針及び都道府県基本計画等(略)

第2章 配偶者暴力相談支援センター等

(配偶者暴力相談支援センター)
第3条 ① 都道府県は,当該都道府県が設置する婦人相談所その他の適切な施設において,当該各施設が配偶者暴力相談支援センターとしての機能を果たすようにするものとする.
② 市町村は,当該市町村が設置する適切な施設において,当該各施設が配偶者暴力相談支援センターとしての機能を果たすよう努めるものとする.
③ 配偶者暴力相談支援センターは,配偶者からの暴力の防止及び被害者の保護のため,次に掲げる業務を行うものとする.
1 被害者に関する各般の問題について,相談に応ずること又は婦人相談員若しくは相談を行う機関を紹介すること.
2 被害者の心身の健康を回復させるため,医学的又は心理学的な指導その他の必要な指導を行うこと.
3 被害者(被害者がその家族を同伴する場合にあつては,被害者及びその同伴する家族.次号,第6号,第5条及び第8条の3において同じ.)の緊急時における安全の確保及び一時保護を行うこと.

4 被害者が自立して生活することを促進するため、就業の促進、住宅の確保、援護等に関する制度の利用等について、情報の提供、助言、関係機関との連絡調整その他の援助を行うこと。
5 第4章に定める保護命令の制度の利用について、情報の提供、助言、関係機関への連絡その他の援助を行うこと。
6 被害者を居住させ保護する施設の利用について、情報の提供、助言、関係機関との連絡調整その他の援助を行うこと。
④ 前項第3号の一時保護は、婦人相談所が、自ら行い、又は厚生労働大臣が定める基準を満たす者に委託して行うものとする。
⑤ 配偶者暴力相談支援センターは、その業務を行うに当たっては、必要に応じ、配偶者からの暴力の防止及び被害者の保護を図るための活動を行う民間の団体との連携に努めるものとする。

第3章 被害者の保護

(配偶者からの暴力の発見者による通報等)
第6条 ① 配偶者からの暴力(配偶者又は配偶者であった者の身体に対する暴力に限る。以下この章において同じ。)を受けている者を発見した者は、その旨を配偶者暴力相談支援センター又は警察官に通報するよう努めなければならない。
② 医師その他の医療関係者は、その業務を行うに当たり、配偶者からの暴力によって負傷し又は疾病にかかったと認められる者を発見したときは、その旨を配偶者暴力相談支援センター又は警察官に通報することができる。この場合において、その者の意思を尊重するよう努めるものとする。
③ 刑法(明治40年法律第45号)の秘密漏示罪の規定その他の守秘義務に関する法律の規定は、前2項の規定により通報することを妨げるものと解釈してはならない。
④ 医師その他の医療関係者は、その業務を行うに当たり、配偶者からの暴力によって負傷し又は疾病にかかったと認められる者を発見したときは、その者に対し、配偶者暴力相談支援センター等の利用について、その有する情報を提供するよう努めなければならない。

(配偶者暴力相談支援センターによる保護についての説明等)
第7条 配偶者暴力相談支援センターは、被害者に関する通報又は相談を受けた場合には、必要に応じ、被害者に対し、第3条第3項の規定により配偶者暴力相談支援センターが行う業務の内容について説明及び助言を行うとともに、必要な保護を受けることを勧奨するものとする。

(福祉事務所による自立支援)
第8条の3 社会福祉法(昭和26年法律第45号)に定める福祉に関する事務所(次条において「福祉事務所」という。)は、生活保護法(昭和25年法律第144号)、児童福祉法(昭和22年法律第164号)、母子及び父子並びに寡婦福祉法(昭和39年法律第129号)その他の法令の定めるところにより、被害者の自立を支援するために必要な措置を講ずるよう努めなければならない。

第4章 保護命令

(保護命令)
第10条 ① 被害者(配偶者からの身体に対する暴力又は生命等に対する脅迫(被害者の生命又は身体に対し害を加える旨を告知してする脅迫をいう。以下この章において同じ。)を受けた者に限る。以下この章において同じ。)が、配偶者からの身体に対する暴力を受けた者である場合にあっては配偶者からの更なる身体に対する暴力(配偶者からの身体に対する暴力を受けた後に、被害者が離婚をし、又はその婚姻が取り消された場合にあっては、当該配偶者であった者から引き続き受ける身体に対する暴力。第12条第1項第2号において同じ。)により、配偶者からの生命等に対する脅迫を受けた者である場合にあっては配偶者から受ける身体に対する暴力(配偶者からの生命等に対する脅迫を受けた後に、被害者が離婚をし、又はその婚姻が取り消された場合にあっては、当該配偶者であった者から引き続き受ける身体に対する暴力。同号において同じ。)により、その生命又は身体に重大な危害を受けるおそれが大きいときは、裁判所は、被害者の申立てにより、その生命又は身体に危害が加えられることを防止するため、当該配偶者(配偶者からの身体に対する暴力又は生命等に対する脅迫を受けた後に、被害者が離婚をし、又はその婚姻が取り消された場合にあっては、当該配偶者であった者。以下この条、同項第3号及び第4号並びに第18条第1項において同じ。)に対し、次の各号に掲げる事項を命ずるものとする。ただし、第2号に掲げる事項については、申立ての時において被害者及び当該配偶者が生活の本拠を共にする場合に限る。
1 命令の効力が生じた日から起算して6月間、被害者の住居(当該配偶者と共に生活の本拠としている住居を除く。以下この号において同じ。)その他の場所において被害者の身辺につきまとい、又は被害者の住居、勤務先その他その通常所在する場所の付近をはいかいしてはならないこと。
2 命令の効力が生じた日から起算して2月間、被害者と共に生活の本拠としている住居から退去すること及び当該住居の付近をはいかいしてはならないこと。
② 前項本文に規定する場合において、同項第1号の規定による命令を発する裁判所又は発した裁判所は、被害者の申立てにより、その生命又は身体に危害が加えられることを防止するため、当該配偶者に対し、命令の効力が生じた日以後、同号の規定による命令の効力が生じた日から起算して6月を経過する日までの間、被害者に対して次の各号に掲げるいずれの行為もしてはならないことを命ずるものとする。
1 面会を要求すること。
2 その行動を監視していると思わせるような事項を告げ、又はその知り得る状態に置くこと。
3 著しく粗野又は乱暴な言動をすること。
4 電話をかけて何も告げず、又は緊急やむを得ない場合を除き、連続して、電話をかけ、ファクシミリ装置を用いて送信し、若しくは電子メールを送信すること。
5 緊急やむを得ない場合を除き、午後10時から午前6時までの間に、電話をかけ、ファクシミリ装置を用いて送信し、又は電子メールを送信すること。
6 汚物、動物の死体その他の著しく不快又は嫌悪の情を催させるような物を送付し、又はその知り

得る状態に置くこと。
7 その名誉を害する事項を告げ、又はその知り得る状態に置くこと。
8 その性的羞恥心を害する事項を告げ、若しくはその知り得る状態に置き、又はその性的羞恥心を害する文書、図画その他の物を送付し、若しくはその知り得る状態に置くこと。
③ 第1項本文に規定する場合において、被害者がその成年に達しない子（以下この項及び次項並びに第12条第1項第3号において単に「子」という。）と同居しているときであって、配偶者が幼年の子を連れ戻すと疑うに足りる言動を行っていることその他の事情があることから被害者がその同居している子に関して配偶者と面会することを余儀なくされることを防止するため必要があると認めるときは、第1項第1号の規定による命令を発する裁判所又は発した裁判所は、被害者の申立てにより、その生命又は身体に危害が加えられることを防止するため、当該配偶者に対し、命令の効力が生じた日以後、同号の規定による命令の効力が生じた日から起算して6月を経過する日までの間、当該子の住居（当該配偶者と共に生活の本拠としている住居を除く。以下この項において同じ。）、就学する学校その他の場所において当該子の身辺につきまとい、又は当該子の住居、就学する学校その他の通常所在する場所の付近をはいかいしてはならないことを命ずるものとする。ただし、当該子が15歳以上であるときは、その同意がある場合に限る。
④ 第1項本文に規定する場合において、配偶者が被害者の親族その他被害者と社会生活において密接な関係を有する者（被害者と同居している子及び配偶者と同居している者を除く。以下この項及び次項並びに第12条第1項第4号において「親族等」という。）の住居に押し掛けて著しく粗野又は乱暴な言動を行っていることその他の事情があることから被害者がその親族等に関して配偶者と面会することを余儀なくされることを防止するため必要があると認めるときは、第1項第1号の規定による命令を発する裁判所又は発した裁判所は、被害者の申立てにより、その生命又は身体に危害が加えられることを防止するため、当該配偶者に対し、命令の効力が生じた日以後、同号の規定による命令の効力が生じた日から起算して6月を経過する日までの間、当該親族等の住居（当該配偶者と共に生活の本拠としている住居を除く。以下この項において同じ。）その他の場所において当該親族等の身辺につきまとい、又は当該親族等の住居、勤務先その他その通常所在する場所の付近をはいかいしてはならないことを命ずるものとする。
⑤ 前項の申立ては、当該親族等（被害者の15歳未満の子を除く。以下この項において同じ。）の同意（当該親族等が15歳未満の者又は成年被後見人である場合にあっては、その法定代理人の同意）がある場合に限り、することができる。

第5章　雑　則

（職務関係者による配慮等）
第23条　① 配偶者からの暴力に係る被害者の保護、捜査、裁判等に職務上関係のある者（次項において「職務関係者」という。）は、その職務を行うに当たり、被害者の心身の状況、その置かれている環境等を踏まえ、被害者の国籍、障害の有無等を問わずその人権を尊重するとともに、その安全の確保及び秘密の保持に十分な配慮をしなければならない。
② 国及び地方公共団体は、職務関係者に対し、被害者の人権、配偶者からの暴力の特性等に関する理解を深めるために必要な研修及び啓発を行うものとする。

第5章の2　補　則

（この法律の準用）
第28条の2　第2条及び第1章の2から前章までの規定は、生活の本拠を共にする交際（婚姻関係における共同生活に類する共同生活を営んでいないものを除く。）をする関係にある相手からの暴力（当該関係にある相手からの身体に対する暴力等をいい、当該関係にある相手からの身体に対する暴力等を受けた後に、その者が当該関係を解消した場合にあっては、当該関係にあった者から引き続き受ける身体に対する暴力等を含む。）及び当該暴力を受けた者について準用する。この場合において、これらの規定中「配偶者からの暴力」とあるのは「第28条の2に規定する関係にある相手からの暴力」と読み替えるほか、次の表の上欄に掲げる規定中同表の中欄に掲げる字句は、それぞれ同表の下欄に掲げる字句に読み替えるものとする。〔「表」略〕

第6章　罰　則（略）

（4）高齢者・高齢社会対策

92 高齢社会対策基本法（抄）

(平7・11・15法律第129号、平7・12・16施行、最終改正：平11・7・16法律第102号)

〔前文〕（略）

第1章　総　則

（目　的）
第1条　この法律は、我が国における急速な高齢化の進展が経済社会の変化と相まって、国民生活に広範な影響を及ぼしている状況にかんがみ、高齢化の進展に適切に対処するための施策（以下「高齢社会対策」という。）に関し、基本理念を定め、並びに国及び地方公共団体の責務等を明らかにするとともに、高齢社会対策の基本となる事項を定めること等により、高齢社会対策を総合的に推進し、もって経済社会の健全な発展及び国民生活の安定向上を図ることを目的とする。

（基本理念）
第2条　高齢社会対策は、次の各号に掲げる社会が構築されることを基本理念として、行われなければならない。
1 国民が生涯にわたって就業その他の多様な社会的活動に参加する機会が確保される公正で活力あ

93 老人福祉法（抄）

（昭38・7・11法律第133号，昭38・8・1施行，
最終改正：平27・5・29法律第31号）

第1章　総　則

（目　的）
第1条　この法律は、老人の福祉に関する原理を明らかにするとともに、老人に対し、その心身の健康の保持及び生活の安定のために必要な措置を講じ、もつて老人の福祉を図ることを目的とする。

（基本的理念）
第2条　老人は、多年にわたり社会の進展に寄与してきた者として、かつ、豊富な知識と経験を有する者として敬愛されるとともに、生きがいを持てる健全で安らかな生活を保障されるものとする。
第3条　① 老人は、老齢に伴つて生ずる心身の変化を自覚して、常に心身の健康を保持し、又は、その知識と経験を活用して、社会的活動に参加するように努めるものとする。
② 老人は、その希望と能力とに応じ、適当な仕事に従事する機会その他社会的活動に参加する機会を与えられるものとする。

（老人福祉増進の責務）
第4条　① 国及び地方公共団体は、老人の福祉を増進する責務を有する。
② 国及び地方公共団体は、老人の福祉に関係のある施策を講ずるに当たつては、その施策を通じて、前2条に規定する基本的理念が具現されるように配慮しなければならない。
③ 老人の生活に直接影響を及ぼす事業を営む者は、その事業の運営に当たつては、老人の福祉が増進されるように努めなければならない。

第5条の2　① この法律において、「老人居宅生活支援事業」とは、老人居宅介護等事業、老人デイサービス事業、老人短期入所事業、小規模多機能型居宅介護事業、認知症対応型老人共同生活援助事業及び複合型サービス福祉事業をいう。
② この法律において、「老人居宅介護等事業」とは、第10条の4第1項第1号の措置に係る者又は介護保険法（平成9年法律第123号）の規定による訪問介護に係る居宅介護サービス費若しくは定期巡回・随時対応型訪問介護看護若しくは夜間対応型訪問介護に係る地域密着型介護サービス費の支給に係る者その他の政令で定める者につき、これらの者の居宅において入浴、排せつ、食事等の介護その他の日常生活を営むのに必要な便宜であつて厚生労働省令で定めるものを供与する事業又は同法第115条の45第1項第1号イに規定する第1号訪問事業（以下「第1号訪問事業」という。）であつて厚生労働省令で定めるものをいう。
③ この法律において、「老人デイサービス事業」とは、第10条の4第1項第2号の措置に係る者又は介護保険法の規定による通所介護に係る居宅介護サービス費、地域密着型通所介護に係る地域密着型介護サービス費若しくは介護予防認知症対応型通所介護に係る地域密着型介護予防サービス費の支給に係る者その他の政令で定める者（その者を現に養護する者を含む。）を特別養護老人ホームその他の厚生労働省令で定める施設に通わせ、これらの者につき入浴、排せつ、食事等の介護、機能訓練、介護方法の指導その他の厚生労働省令で定める便宜を供与する事業又は同法第115条の45第1項第1号ロに規定する第1号通所事業（以下「第1号通所事業」という。）であつて厚生労働省令で定めるものをいう。
④ この法律において、「老人短期入所事業」とは、第10条の4第1項第3号の措置に係る者又は介護保険法の規定による短期入所生活介護に係る居宅介護サービス費若しくは介護予防短期入所生活介護に係る介護予防サービス費の支給に係る者その他の政令で定める者を特別養護老人ホームその他の厚生労働省令で定める施設に短期間入所させ、養護する事業をいう。
⑤ この法律において、「小規模多機能型居宅介護事業」とは、第10条の4第1項第4号の措置に係る者又は介護保険法の規定による小規模多機能型居宅介護に係る地域密着型介護サービス費若しく

る社会
2　国民が生涯にわたつて社会を構成する重要な一員として尊重され、地域社会が自立と連帯の精神に立脚して形成される社会
3　国民が生涯にわたつて健やかで充実した生活を営むことができる豊かな社会

（国の責務）
第3条　国は、前条の基本理念（次条において「基本理念」という。）にのつとり、高齢社会対策を総合的に策定し、及び実施する責務を有する。

（地方公共団体の責務）
第4条　地方公共団体は、基本理念にのつとり、高齢社会対策に関し、国と協力しつつ、当該地域の社会的、経済的状況に応じた施策を策定し、及び実施する責務を有する。

（国民の努力）
第5条　国民は、高齢化の進展に伴う経済社会の変化についての理解を深め、及び相互の連帯を一層強めるとともに、自らの高齢期において健やかで充実した生活を営むことができることとなるよう努めるものとする。

（施策の大綱）
第6条　政府は、政府が推進すべき高齢社会対策の指針として、基本的かつ総合的な高齢社会対策の大綱を定めなければならない。

第2章　基本的施策（略）

第3章　高齢社会対策会議

（設置及び所掌事務）
第15条　① 内閣府に、特別の機関として、高齢社会対策会議（以下「会議」という。）を置く。
② 会議は、次に掲げる事務をつかさどる。
1　第6条の大綱の案を作成すること。
2　高齢社会対策について必要な関係行政機関相互の調整をすること。
3　前2号に掲げるもののほか、高齢社会対策に関する重要事項について審議し、及び高齢社会対策の実施を推進すること。

は介護予防小規模多機能型居宅介護に係る地域密着型介護予防サービス費の支給に係る者その他の政令で定める者につき,これらの者の心身の状況,置かれている環境等に応じて,それらの者の選択に基づき,それらの者の居宅において,又は厚生労働省令で定めるサービスの拠点に通わせ,若しくは短期間宿泊させ,当該拠点において,入浴,排せつ,食事等の介護その他の日常生活を営むのに必要な便宜であつて厚生労働省令で定めるもの及び機能訓練を供与する事業をいう.

⑥ この法律において,「認知症対応型老人共同生活援助事業」とは,第10条の4第1項第5号の措置に係る者又は介護保険法の規定による認知症対応型共同生活介護費若しくは介護予防認知症対応型共同生活介護に係る地域密着型介護予防サービス費の支給に係る者その他の政令で定める者につき,これらの者が共同生活を営むべき住居において入浴,排せつ,食事等の介護その他の日常生活上の援助を行う事業をいう.

⑦ この法律において,「複合型サービス福祉事業」とは,第10条の4第1項第6号の措置に係る者又は介護保険法の規定による複合型サービス(訪問介護,通所介護,短期入所生活介護,定期巡回・随時対応型訪問介護看護,夜間対応型訪問介護,地域密着型通所介護,認知症対応型通所介護又は小規模多機能型居宅介護(以下「訪問介護等」という.)を含むものに限る.)に係る地域密着型介護サービス費の支給に係る者その他の政令で定める者につき,同法に規定する訪問介護,訪問入浴介護,訪問看護,訪問リハビリテーション,居宅療養管理指導,通所介護,通所リハビリテーション,短期入所生活介護,短期入所療養介護,定期巡回・随時対応型訪問介護看護,夜間対応型訪問介護,地域密着型通所介護,認知症対応型通所介護又は小規模多機能型居宅介護を二種類以上組み合わせることにより提供されるサービスのうち,当該訪問看護及び小規模多機能型居宅介護の組合せその他の居宅要介護者について一体的に提供することが特に効果的かつ効率的なサービスの組合せにより提供されるサービスとして厚生労働省令で定めるものを供与する事業をいう.

第5条の3 この法律において,「老人福祉施設」とは,老人デイサービスセンター,老人短期入所施設,養護老人ホーム,特別養護老人ホーム,軽費老人ホーム,老人福祉センター及び老人介護支援センターをいう.

(福祉の措置の実施者)
第5条の4 ① 65歳以上の者(65歳未満の者であつて特に必要があると認められるものを含む.以下同じ.)又はその者を現に養護する者(以下「養護者」という.)に対する第10条の4及び第11条の規定による福祉の措置は,その65歳以上の者が居住地を有するときは,その居住地の市町村が,居住地を有しないか,又は居住地が明らかでないときは,その現在地の市町村が行うものとする.ただし,同条第1号若しくは第2号又は生活保護法(昭和25年法律第144号)第30条第1項ただし書の規定により入所している65歳以上の者については,その65歳以上の者が入所前に居住地を有した者であるときは,その居住地の市町村が,その65歳以上の者が入所前に居住地を有しないか,

又はその居住地が明らかでなかつた者であるときは,入所前におけるその65歳以上の者の所在地の市町村が行うものとする.
② 市町村は,この法律の施行に関し,次に掲げる業務を行わなければならない.
1 老人の福祉に関し,必要な実情の把握に努めること.
2 老人の福祉に関し,必要な情報の提供を行い,並びに相談に応じ,必要な調査及び指導を行い,並びにこれらに付随する業務を行うこと.

(市町村の福祉事務所)
第5条の5 市町村の設置する福祉事務所(社会福祉法(昭和26年法律第45号)に定める福祉に関する事務所をいう.以下同じ.)は,この法律の施行に関し,主として前条第2項各号に掲げる業務を行うものとする.

(市町村の福祉事務所の社会福祉主事)
第6条 市及び福祉事務所を設置する町村は,その設置する福祉事務所に,福祉事務所の長(以下「福祉事務所長」という.)の指揮監督を受けて,主として次に掲げる業務を行う所員として,社会福祉主事を置かなければならない.
1 福祉事務所の所員に対し,老人の福祉に関する技術的指導を行うこと.
2 第5条の4第2項第2号に規定する業務のうち,専門的技術を必要とする業務を行うこと.

(連絡調整等の実施者)
第6条の2 都道府県は,この法律の施行に関し,次に掲げる業務を行わなければならない.
1 この法律に基づく福祉の措置の実施に関し,市町村相互間の連絡調整,市町村に対する情報の提供その他必要な援助を行うこと並びにこれらに付随する業務を行うこと.
2 老人の福祉に関し,各市町村の区域を超えた広域的な見地から,実情の把握に努めること.
② 都道府県知事は,この法律に基づく福祉の措置の適切な実施を確保するため必要があると認めるときは,市町村に対し,必要な助言を行うことができる.
③ 都道府県知事は,この法律の規定による都道府県の事務の全部又は一部を,その管理する福祉事務所長に委任することができる.

(都道府県の福祉事務所の社会福祉主事)
第7条 都道府県は,その設置する福祉事務所に,福祉事務所長の指揮監督を受けて,主として前条第1項第1号に掲げる業務のうち専門的技術を必要とするものを行う所員として,社会福祉主事を置くことができる.

(保健所の協力)
第8条 保健所は,老人の福祉に関し,老人福祉施設等に対し,栄養の改善その他衛生に関する事項について必要な協力を行うものとする.

(民生委員の協力)
第9条 民生委員法(昭和23年法律第198号)に定める民生委員は,この法律の施行について,市町村長,福祉事務所長又は社会福祉主事の事務の執行に協力するものとする.

(介護等に関する措置)
第10条 身体上又は精神上の障害があるために日常生活を営むのに支障がある老人の介護等に関する措置については,この法律に定めるもののほか,介護保険法の定めるところによる.

(連携及び調整)

第10条の2　この法律に基づく福祉の措置の実施に当たつては,前条に規定する介護保険法に基づく措置との連携及び調整に努めなければならない.

第2章　福祉の措置

(支援体制の整備等)
第10条の3　① 市町村は,65歳以上の者であつて,身体上又は精神上の障害があるために日常生活を営むのに支障があるものが,心身の状況,その置かれている環境等に応じて,自立した日常生活を営むために最も適切な支援が総合的に受けられるように,次条及び第11条の措置その他地域の実情に応じたきめ細かな措置の積極的な実施に努めるとともに,これらの措置,介護保険法に規定する居宅サービス,地域密着型サービス,居宅介護支援,施設サービス,介護予防サービス,地域密着型介護予防サービス及び介護予防支援,生活支援等(心身の状況の把握その他の65歳以上の者の地域における自立した日常生活の支援及び要介護状態若しくは要支援状態となることの予防又は要介護状態若しくは要支援状態の軽減若しくは悪化の防止をいう.第12条の3において同じ.)並びに老人クラブその他老人の福祉を増進することを目的とする事業を行う者及び民生委員の活動の連携及び調整を図る等地域の実情に応じた体制の整備に努めなければならない.

② 市町村は,前項の体制の整備に当たつては,65歳以上の者が身体上又は精神上の障害があるために日常生活を営むのに支障が生じた場合においても,引き続き居宅において日常生活を営むことができるよう配慮しなければならない.

(居宅における介護等)
第10条の4　① 市町村は,必要に応じて,次の措置を採ることができる.

1　65歳以上の者であつて,身体上又は精神上の障害があるために日常生活を営むのに支障があるものが,やむを得ない事由により介護保険法に規定する訪問介護,定期巡回・随時対応型訪問介護看護(厚生労働省令で定める部分に限る.第20条の8第4項において同じ.)若しくは夜間対応型訪問介護又は第1号訪問事業を利用することが著しく困難であると認めるときは,その者につき,政令で定める基準に従い,その者の居宅において第5条の2第2項の厚生労働省令で定める便宜を供与し,又は当該市町村以外の者に当該便宜を供与することを委託すること.

2　65歳以上の者であつて,身体上又は精神上の障害があるために日常生活を営むのに支障があるものが,やむを得ない事由により介護保険法に規定する通所介護,地域密着型通所介護,認知症対応型通所介護若しくは介護予防認知症対応型通所介護又は第1号通所事業を利用することが著しく困難であると認めるときは,その者(養護者を含む.)を,政令で定める基準に従い,当該市町村の設置する老人デイサービスセンター又は第5条の2第3項の厚生労働省令で定める施設(以下「老人デイサービスセンター等」という.)に通わせ,同項の厚生労働省令で定める便宜を供与し,又は当該市町村以外の者の設置する老人デイサービスセンター等に通わせ,当該便宜を供与することを委託すること.

3　65歳以上の者であつて,養護者の疾病その他の理由により,居宅において介護を受けることが一時的に困難となつたものが,やむを得ない事由により介護保険法に規定する短期入所生活介護又は介護予防短期入所生活介護を利用することが著しく困難であると認めるときは,その者を,政令で定める基準に従い,当該市町村の設置する老人短期入所施設若しくは第5条の2第4項の厚生労働省令で定める施設(以下「老人短期入所施設等」という.)に短期間入所させ,養護を行い,又は当該市町村以外の者の設置する老人短期入所施設等に短期間入所させ,養護することを委託すること.

4　65歳以上の者であつて,身体上又は精神上の障害があるために日常生活を営むのに支障があるものが,やむを得ない事由により介護保険法に規定する小規模多機能型居宅介護又は介護予防小規模多機能型居宅介護を利用することが著しく困難であると認めるときは,その者につき,政令で定める基準に従い,その者の居宅において,又は第5条の2第5項の厚生労働省令で定めるサービスの拠点に通わせ,若しくは短期間宿泊させ,当該拠点において,同項の厚生労働省令で定める便宜及び機能訓練を供与し,又は当該市町村以外の者に当該便宜及び機能訓練を供与することを委託すること.

5　65歳以上の者であつて,認知症(介護保険法第5条の2に規定する認知症をいう.以下同じ.)であるために日常生活を営むのに支障があるもの(その者の認知症の原因となる疾患が急性の状態にある者を除く.)が,やむを得ない事由により同法に規定する認知症対応型共同生活介護又は介護予防認知症対応型共同生活介護を利用することが著しく困難であると認めるときは,その者につき,政令で定める基準に従い,第5条の2第6項に規定する住居において入浴,排せつ,食事等の介護その他の日常生活上の援助を行い,又は当該市町村以外の者に当該住居において入浴,排せつ,食事等の介護その他の日常生活上の援助を行うことを委託すること.

6　65歳以上の者であつて,身体上又は精神上の障害があるために日常生活を営むのに支障があるものが,やむを得ない事由により介護保険法に規定する複合型介護等(定期巡回・随時対応型訪問介護看護にあつては,厚生労働省令で定める部分に限る.)に係る部分に限る.第20条の8第4項において同じ.)を利用することが著しく困難であると認めるときは,その者につき,政令で定める基準に従い,第5条の2第7項の厚生労働省令で定めるサービスを供与し,又は当該市町村以外の者に当該サービスを供与することを委託すること.

② 市町村は,65歳以上の者であつて,身体上又は精神上の障害があるために日常生活を営むのに支障があるものにつき,前項各号の措置を採るほか,その福祉を図るため,必要に応じて,日常生活上の便宜を図るための用具であつて厚生労働大臣が定めるものを給付し,若しくは貸与し,又は当該市町村以外の者にこれを給付し,若しくは貸与することを委託する措置を採ることができる.

(老人ホームへの入所等)
第11条　① 市町村は,必要に応じて,次の措置を採らなければならない.

1　65歳以上の者であつて,環境上の理由及び経済

的理由（政令で定めるものに限る。）により居宅において養護を受けることが困難なものを当該市町村の設置する養護老人ホームに入所させ，又は当該市町村以外の者の設置する養護老人ホームに入所を委託すること．

2　65歳以上の者であつて，身体上又は精神上著しい障害があるために常時の介護を必要とし，かつ，居宅においてこれを受けることが困難なものが，やむを得ない事由により介護保険法に規定する地域密着型介護老人福祉施設又は介護老人福祉施設に入所することが著しく困難であると認めるときは，その者を当該市町村の設置する特別養護老人ホームに入所させ，又は当該市町村以外の者の設置する特別養護老人ホームに入所を委託すること．

3　65歳以上の者であつて，養護者がないか，又は養護者があつてもこれに養護させることが不適当であると認められるものの養護を養護受託者（老人を自己の下に預つて養護することを希望する者であつて，市町村長が適当と認めるものをいう．以下同じ．）のうち政令で定めるものに委託すること．

② 市町村は，前項の規定により養護老人ホーム若しくは特別養護老人ホームに入所させ，若しくは入所を委託し，又はその養護を養護受託者に委託した者が死亡した場合において，その葬祭（葬祭のために必要な処理を含む．以下同じ．）を行う者がないときは，その葬祭を行い，又は入所させ，若しくは養護していた養護老人ホーム，特別養護老人ホーム若しくは養護受託者にその葬祭を行うことを委託する措置を採ることができる．

（措置の解除に係る説明等）
第12条　市町村長は，第10条の4又は前条第1項の措置を解除しようとするときは，あらかじめ，当該措置に係る者に対し，当該措置の解除の理由について説明するとともに，その意見を聴かなければならない．ただし，当該措置に係る者から当該措置の解除の申出があつた場合その他厚生労働省令で定める場合においては，この限りでない．

第3章　事業及び施設

（老人居宅生活支援事業の開始）
第14条　国及び都道府県以外の者は，厚生労働省令の定めるところにより，あらかじめ，厚生労働省令で定める事項を都道府県知事に届け出て，老人居宅生活支援事業を行うことができる．

（変　更）
第14条の2　前条の規定による届出をした者は，厚生労働省令で定める事項に変更を生じたときは，変更の日から1月以内に，その旨を都道府県知事に届け出なければならない．

（廃止又は休止）
第14条の3　国及び都道府県以外の者は，老人居宅生活支援事業を廃止し，又は休止しようとするときは，その廃止又は休止の日の1月前までに，厚生労働省令で定める事項を都道府県知事に届け出なければならない．

（家賃等以外の金品受領の禁止等）
第14条の4　① 認知症対応型老人共同生活援助事業を行う者は，家賃，敷金及び入浴，排せつ，食事等の介護その他の日常生活上必要な便宜の供与の対価として受領する費用を除くほか，権利金その他の金品を受領してはならない．

② 認知症対応型老人共同生活援助事業を行う者のうち，終身にわたつて受領すべき家賃その他厚生労働省令で定めるものの全部又は一部を前払金として一括して受領するものは，当該前払金の算定の基礎を書面で明示し，かつ，当該前払金について返還債務を負うこととなる場合に備えて厚生労働省令で定めるところにより必要な保全措置を講じなければならない．

③ 認知症対応型老人共同生活援助事業を行う者は，前項に規定する前払金を受領する場合においては，第5条の2第6項に規定する住居に入居した日から厚生労働省令で定める一定の期間を経過する日までの間に，当該入居及び入浴，排せつ，食事等の介護その他の日常生活上の援助につき契約が解除され，又は入居者の死亡により終了した場合に当該入居者との間で受領済みの前払金の額から厚生労働省令で定める方法により算定される額を控除した額に相当する額を返還する旨の契約を締結しなければならない．

（施設の設置）
第15条　① 都道府県は，老人福祉施設を設置することができる．

② 国及び都道府県以外の者は，厚生労働省令の定めるところにより，あらかじめ，厚生労働省令で定める事項を都道府県知事に届け出て，老人デイサービスセンター，老人短期入所施設又は老人介護支援センターを設置することができる．

③ 市町村及び地方独立行政法人（地方独立行政法人法（平成15年法律第118号）第2条第1項に規定する地方独立行政法人をいう．第16条第2項において同じ．）は，厚生労働省令の定めるところにより，あらかじめ，厚生労働省令で定める事項を都道府県知事に届け出て，養護老人ホーム又は特別養護老人ホームを設置することができる．

④ 社会福祉法人は，厚生労働省令の定めるところにより，都道府県知事の認可を受けて，養護老人ホーム又は特別養護老人ホームを設置することができる．

⑤ 国及び都道府県以外の者は，社会福祉法の定めるところにより，軽費老人ホーム又は老人福祉センターを設置することができる．

⑥ 都道府県知事は，第4項の認可の申請があつた場合において，当該申請に係る養護老人ホーム若しくは特別養護老人ホームの所在地を含む区域（介護保険法第118条第2項の規定により当該都道府県が定める区域とする．）における養護老人ホーム若しくは特別養護老人ホームの入所定員の総数が，第20条の9第1項の規定により当該都道府県が定める都道府県老人福祉計画において定めるその区域の養護老人ホーム若しくは特別養護老人ホームの必要入所定員総数に既に達しているか，又は当該申請に係る養護老人ホーム若しくは特別養護老人ホームの設置によつてこれを超えることになると認めるとき，その他の当該都道府県老人福祉計画の達成に支障を生ずるおそれがあると認めるときは，第4項の認可をしないことができる．

（変　更）
第15条の2　① 前条第2項の規定による届出をした者は，厚生労働省令で定める事項に変更を生じたときは，変更の日から1月以内に，その旨を都道府県知事に届け出なければならない．

② 前条第3項の規定による届出をし，又は同条第4項の規定による認可を受けた者は，厚生労働省令で

[93] 老人福祉法（16条〜20条の2）

定める事項を変更しようとするときは，あらかじめ，その旨を都道府県知事に届け出なければならない．

（廃止，休止若しくは入所定員の減少又は入所定員の増加）
第16条 ① 国及び都道府県以外の者は，老人デイサービスセンター，老人短期入所施設又は老人介護支援センターを廃止し，又は休止しようとするときは，その廃止又は休止の日の1月前までに，厚生労働省令で定める事項を都道府県知事に届け出なければならない．
② 市町村及び地方独立行政法人は，養護老人ホーム又は特別養護老人ホームを廃止し，休止し，若しくはその入所定員を減少し，又はその入所定員を増加しようとするときは，その廃止，休止若しくは入所定員の減少又は入所定員の増加の日の1月前までに，厚生労働省令で定める事項を都道府県知事に届け出なければならない．
③ 社会福祉法人は，養護老人ホーム又は特別養護老人ホームを廃止し，休止し，若しくはその入所定員を減少し，又はその入所定員を増加しようとするときは，厚生労働省令で定めるところにより，その廃止，休止若しくは入所定員の減少の時期又は入所定員の増加について，都道府県知事の認可を受けなければならない．
④ 第15条第6項の規定は，前項の規定により社会福祉法人が養護老人ホーム又は特別養護老人ホームの入所定員の増加の認可の申請をした場合について準用する．

（施設の基準）
第17条 ① 都道府県は，養護老人ホーム及び特別養護老人ホームの設備及び運営について，条例で基準を定めなければならない．
② 都道府県が前項の条例を定めるに当たつては，第1号から第3号までに掲げる事項については厚生労働省令で定める基準に従い定めるものとし，第4号に掲げる事項については厚生労働省令で定める基準を標準として定めるものとし，その他の事項については厚生労働省令で定める基準を参酌するものとする．
1 養護老人ホーム及び特別養護老人ホームに配置する職員及びその員数
2 養護老人ホーム及び特別養護老人ホームに係る居室の床面積
3 養護老人ホーム及び特別養護老人ホームの運営に関する事項であつて，入所する老人の適切な処遇及び安全の確保並びに秘密の保持に密接に関連するものとして厚生労働省令で定めるもの
4 養護老人ホーム及び特別養護老人ホームの入所定員
③ 養護老人ホーム及び特別養護老人ホームの設置者は，第1項の基準を遵守しなければならない．

（報告の徴収等）
第18条 ① 都道府県知事は，老人の福祉のために必要があると認めるときは，老人居宅生活支援事業を行う者又は老人デイサービスセンター，老人短期入所施設若しくは老人介護支援センターの設置者に対して，必要と認める事項の報告を求め，又は当該職員に，関係者に対して質問させ，若しくはその事務所若しくは施設に立ち入り，設備，帳簿書類その他の物件を検査させることができる．
② 都道府県知事は，前条第1項の基準を維持するため，養護老人ホーム又は特別養護老人ホームの長に対して，必要と認める事項の報告を求め，又は当該職員に，関係者に対して質問させ，若しくはその施設に立ち入り，設備，帳簿書類その他の物件を検査させることができる．
③ 前2項の規定による質問又は立入検査を行う場合においては，当該職員は，その身分を示す証明書を携帯し，関係者の請求があるときは，これを提示しなければならない．
④ 第1項及び第2項の規定による権限は，犯罪捜査のために認められたものと解釈してはならない．

（改善命令等）
第18条の2 ① 都道府県知事は，認知症対応型老人共同生活援助事業を行う者が第14条の4の規定に違反したと認めるときは，当該者に対して，その改善に必要な措置を採るべきことを命ずることができる．
② 都道府県知事は，老人居宅生活支援事業を行う者又は老人デイサービスセンター，老人短期入所施設若しくは老人介護支援センターの設置者が，この法律若しくはこれに基づく命令若しくはこれらに基づいてする処分に違反したとき，その事業に関し不当に営利を図り，若しくは第5条の2第2項から第7項まで，第20条の2の2若しくは第20条の3に規定する者の処遇につき不当な行為をしたときは，当該事業を行う者又は当該施設の設置者に対して，その事業の制限又は停止を命ずることができる．
③ 都道府県知事は，前項の規定により，老人居宅生活支援事業又は老人デイサービスセンター，老人短期入所施設若しくは老人介護支援センターにつき，その事業の制限又は停止を命ずる場合（第1項の命令に違反したことに基づいて認知症対応型老人共同生活援助事業の制限又は停止を命ずる場合を除く．）には，あらかじめ，社会福祉法第7条第1項に規定する地方社会福祉審議会の意見を聴かなければならない．

第19条 ① 都道府県知事は，養護老人ホーム又は特別養護老人ホームの設置者がこの法律若しくはこれに基づく命令若しくはこれらに基づいてする処分に違反したとき，又は当該施設が第17条第1項の基準に適合しなくなつたときは，その設置者に対して，その施設の設備若しくは運営の改善若しくはその事業の停止を命じ，又は第15条第4項の規定による認可を取り消すことができる．
② 都道府県知事は，前項の規定により，養護老人ホーム又は特別養護老人ホームにつき，その事業の廃止を命じ，又は設置の認可を取り消す場合には，あらかじめ，社会福祉法第7条第1項に規定する地方社会福祉審議会の意見を聞かなければならない．

（措置の受託義務）
第20条 ① 老人居宅生活支援事業を行う者並びに老人デイサービスセンター及び老人短期入所施設の設置者は，第10条の4第1項の規定による委託を受けたときは，正当な理由がない限り，これを拒んではならない．
② 養護老人ホーム及び特別養護老人ホームの設置者は，第11条の規定による入所の委託を受けたときは，正当な理由がない限り，これを拒んではならない．

（処遇の質の評価等）
第20条の2 老人居宅生活支援事業を行う者及び老人福祉施設の設置者は，自らその行う処遇の質の評価を行うことその他の措置を講ずることにより，常に処遇を受ける者の立場に立つてこれを行うように努めなければならない．

(老人デイサービスセンター)
第20条の2の2 老人デイサービスセンターは,第10条の4第1項第1号の措置に係る者又は介護保険法の規定による通所介護に係る居宅介護サービス費,地域密着型通所介護若しくは認知症対応型通所介護に係る地域密着型介護サービス費若しくは介護予防認知症対応型通所介護に係る地域密着型介護予防サービス費の支給に係る者若しくは第1号通所事業であつて厚生労働省令で定めるものを利用する者その他の政令で定める者(その者を現に養護する者を含む.)並びに,第5条の2第3項の厚生労働省令で定める便宜を供与することを目的とする施設とする.

(老人短期入所施設)
第20条の3 老人短期入所施設は,第10条の4第1項第3号の措置に係る者又は介護保険法の規定による短期入所生活介護に係る居宅介護サービス費若しくは介護予防短期入所生活介護に係る介護予防サービス費の支給に係る者その他の政令で定める者を短期間入所させ,養護することを目的とする施設とする.

(養護老人ホーム)
第20条の4 養護老人ホームは,第11条第1項第1号の措置に係る者を入所させ,養護するとともに,その者が自立した日常生活を営み,社会的活動に参加するために必要な指導及び訓練その他の援助を行うことを目的とする施設とする.

(特別養護老人ホーム)
第20条の5 特別養護老人ホームは,第11条第1項第2号の措置に係る者又は介護保険法の規定による地域密着型介護老人福祉施設入所者生活介護に係る地域密着型介護サービス費若しくは介護福祉施設サービスに係る施設介護サービス費の支給に係る者その他の政令で定める者を入所させ,養護することを目的とする施設とする.

(軽費老人ホーム)
第20条の6 軽費老人ホームは,無料又は低額な料金で,老人を入所させ,食事の提供その他日常生活上必要な便宜を供与することを目的とする施設(第20条の2の2から前条までに定める施設を除く.)とする.

(老人福祉センター)
第20条の7 老人福祉センターは,無料又は低額な料金で,老人に関する各種の相談に応ずるとともに,老人に対して,健康の増進,教養の向上及びレクリエーションのための便宜を総合的に供与することを目的とする施設とする.

(老人介護支援センター)
第20条の7の2 老人介護支援センターは,地域の老人の福祉に関する各般の問題につき,老人,その者を現に養護する者,地域住民その他の者からの相談に応じ,必要な助言を行うとともに,主として居宅において介護を受ける老人又はその者を現に養護する者と市町村,老人居宅生活支援事業を行う者,老人福祉施設,医療施設,老人クラブその他老人の福祉を増進することを目的とする事業を行う者等との連絡調整その他の厚生労働省令で定める援助を総合的に行うことを目的とする施設とする.

② 老人介護支援センターの設置者(設置者が法人である場合にあつては,その役員)又はその職員又はこれらの職にあつた者は,正当な理由なしに,その業務に関して知り得た秘密を漏らしてはならない.

第3章の2 老人福祉計画

(市町村老人福祉計画)
第20条の8 ① 市町村は,老人居宅生活支援事業及び老人福祉施設による事業(以下「老人福祉事業」という.)の供給体制の確保に関する計画(以下「市町村老人福祉計画」という.)を定めるものとする.

② 市町村老人福祉計画においては,当該市町村の区域において確保すべき老人福祉事業の量の目標を定めるものとする.

③ 市町村老人福祉計画においては,前項の目標のほか,同項の老人福祉事業の量の確保のための方策について定めるよう努めるものとする.

④ 市町村は,第2項の目標(老人居宅生活支援事業,老人デイサービスセンター,老人短期入所施設及び特別養護老人ホームに係るものに限る.)を定めるに当たつては,介護保険法第117条第2項第1号に規定する介護給付等対象サービスの種類ごとの量の見込み(同法に規定する訪問介護,通所介護,短期入所生活介護,定期巡回・随時対応型訪問介護看護,夜間対応型訪問介護,認知症対応型通所介護,小規模多機能型居宅介護,地域密着型通所介護,認知症対応型共同生活介護,地域密着型介護老人福祉施設入所者生活介護,複合型サービス及び介護福祉施設サービスに係る介護予防訪問介護,介護予防認知症対応型通所介護,介護予防小規模多機能型居宅介護及び介護予防認知症対応型共同生活介護に係るものに限る.)並びに第1号訪問事業及び第1号通所事業の量の見込みを勘案しなければならない.

⑤ 厚生労働大臣は,市町村が第2項の目標(養護老人ホーム,軽費老人ホーム,老人福祉センター及び老人介護支援センターに係るものに限る.)を定めるに当たつて参酌すべき標準を定めるものとする.

⑥ 市町村は,当該市町村の区域における身体上又は精神上の障害があるために日常生活を営むのに支障がある老人の人数,その障害の状況,その養護の実態その他の事情を勘案して,市町村老人福祉計画を作成するよう努めるものとする.

⑦ 市町村老人福祉計画は,介護保険法第117条第1項に規定する市町村介護保険事業計画と一体のものとして作成されなければならない.

⑧ 市町村老人福祉計画は,社会福祉法第107条に規定する市町村地域福祉計画その他の法律の規定による計画であつて老人の福祉に関する事項を定めるものと調和が保たれたものでなければならない.

⑨ 市町村は,市町村老人福祉計画(第2項に規定する事項に係る部分に限る.)を定め,又は変更しようとするときは,あらかじめ,都道府県の意見を聴かなければならない.

⑩ 市町村は,市町村老人福祉計画を定め,又は変更したときは,遅滞なく,これを都道府県知事に提出しなければならない.

(都道府県老人福祉計画)
第20条の9 ① 都道府県は,市町村老人福祉計画の達成に資するため,各市町村を通ずる広域的な見地から,老人福祉事業の供給体制の確保に関する計画(以下「都道府県老人福祉計画」という.)を定めるものとする.

② 都道府県老人福祉計画においては，介護保険法第118条第2項の規定により当該都道府県が定める区域ごとの当該区域における養護老人ホーム及び特別養護老人ホームの必要入所定員総数その他老人福祉事業の量の目標を定めるものとする．
③ 都道府県老人福祉計画においては，前項に規定する事項のほか，次に掲げる事項について定めるよう努めるものとする．
 1 老人福祉施設の整備及び老人福祉施設相互間の連携のために講ずる措置に関する事項
 2 老人福祉事業に従事する者の確保又は資質の向上のために講ずる措置に関する事項
④ 都道府県は，第2項の特別養護老人ホームの必要入所定員総数を定めるに当たつては，介護保険法第118条第2項に規定する地域密着型介護老人福祉施設入所者生活介護に係る必要利用定員総数及び介護保険施設の種類ごとの必要入所定員総数（同法に規定する介護老人福祉施設に係るものに限る．）を勘案しなければならない．
⑤ 都道府県老人福祉計画は，介護保険法第118条第1項に規定する都道府県介護保険事業支援計画と一体のものとして作成されなければならない．
⑥ 都道府県老人福祉計画は，社会福祉法第108条に規定する都道府県地域福祉支援計画その他の法律の規定による計画であつて老人の福祉に関する事項を定めるものと調和が保たれたものでなければならない．
⑦ 都道府県は，都道府県老人福祉計画を定め，又は変更したときは，遅滞なく，これを厚生労働大臣に提出しなければならない．

第4章 費 用

（費用の支弁）
第21条 次に掲げる費用は，市町村の支弁とする．
 1 第10条の4第1項第1号から第4号まで及び第6号の規定により市町村が行う措置に要する費用
 1の2 第10条の4第1項第5号の規定により市町村が行う措置に要する費用
 2 第11条第1項第1号及び第3号並びに同条第2項の規定により市町村が行う措置に要する費用
 3 第11条第1項第2号の規定により市町村が行う措置に要する費用

（介護保険法による給付等との調整）
第21条の2 第10条の4第1項各号又は第11条第1項第2号の措置に係る者が，介護保険法の規定により当該措置に相当する居宅サービス，地域密着型サービス，施設サービス，介護予防サービス若しくは地域密着型介護予防サービスに係る保険給付を受け，又は第1号訪問事業若しくは第1号通所事業を利用することができる者であるときは，市町村は，その限度において，前条第1号，第1号の2又は第3号に定める費用の支弁を要しない．

（都道府県の補助）
第24条 ① 都道府県は，政令の定めるところにより，市町村が第21条第1号の規定により支弁する費用については，その4分の1以内（居住地を有しないか，又は明らかでない第5条の4第1項に規定する65歳以上の者についての措置に要する費用については，その2分の1以内）を補助することができる．
② 都道府県は，前項に規定するもののほか，市町村又は社会福祉法人に対し，老人の福祉のための事業に要する費用の一部を補助することができる．

（国の補助）
第26条 ① 国は，政令の定めるところにより，市町村が第21条第1号の規定により支弁する費用については，その2分の1以内を補助することができる．
② 国は，前項に規定するもののほか，都道府県又は市町村に対し，この法律に定める老人の福祉のための事業に要する費用の一部を補助することができる．

（費用の徴収）
第28条 ① 第10条の4第1項及び第11条の規定による措置に要する費用については，これを支弁した市町村の長は，当該措置に係る者又はその扶養義務者（民法（明治29年法律第89号）に定める扶養義務者をいう．以下同じ．）から，その負担能力に応じて，当該措置に要する費用の全部又は一部を徴収することができる．
② 前項の規定による費用の徴収は，徴収されるべき者の居住地又は財産所在地の市町村に嘱託することができる．

第4章の2 有料老人ホーム

（届出等）
第29条 ① 有料老人ホーム（老人を入居させ，入浴，排せつ若しくは食事の介護，食事の提供又はその他の日常生活上必要な便宜であつて厚生労働省令で定めるもの（以下「介護等」という．）の供与（他に委託して供与をする場合及び将来において供与をすることを約する場合を含む．）をする事業を行う施設であつて，老人福祉施設，認知症対応型老人共同生活援助事業を行う住居その他厚生労働省令で定める施設でないものをいう．以下同じ．）を設置しようとする者は，あらかじめ，その施設を設置しようとする地の都道府県知事に，次の各号に掲げる事項を届け出なければならない．
 1 施設の名称及び設置予定地
 2 設置しようとする者の氏名及び住所又は名称及び所在地
 3 条例，定款その他の基本約款
 4 事業開始の予定年月日
 5 施設の管理者の氏名及び住所
 6 施設において供与する介護等の内容
 7 その他厚生労働省令で定める事項
② 前項の規定による届出をした者は，同項各号に掲げる事項に変更を生じたときは，変更の日から1月以内に，その旨を当該都道府県知事に届け出なければならない．
③ 第1項の規定による届出をした者は，その事業を廃止し，又は休止しようとするときは，その廃止又は休止の日の1月前までに，その旨を当該都道府県知事に届け出なければならない．
④ 有料老人ホームの設置者は，当該有料老人ホームの事業について，厚生労働省令で定めるところにより，帳簿を作成し，これを保存しなければならない．
⑤ 有料老人ホームの設置者は，厚生労働省令で定めるところにより，当該有料老人ホームに入居する者又は入居しようとする者に対して，当該有料老人ホームにおいて供与する介護等の内容その他の厚生労働省令で定める事項に関する情報を開示しなければならない．
⑥ 有料老人ホームの設置者は，家賃，敷金及び介護等その他の日常生活上必要な便宜の供与の対価と

して受領する費用を除くほか、権利金その他の金品を受領してはならない。
⑦ 有料老人ホームの設置者のうち、終身にわたつて受領すべき家賃その他厚生労働省令で定めるものの全部又は一部を前払金として一括して受領するものは、当該前払金の算定の基礎を書面で明示し、かつ、当該前払金について返還債務を負うこととなる場合に備えて厚生労働省令で定めるところにより必要な保全措置を講じなければならない。
⑧ 有料老人ホームの設置者は、前項に規定する前払金を受領する場合においては、当該有料老人ホームに入居した日から厚生労働省令で定める一定の期間を経過する日までの間に、当該入居者及び介護等の供与につき契約が解除され、又は入居者の死亡により終了した場合に当該前払金の額から厚生労働省令で定める方法により算定される額を控除した額に相当する額を返還する旨の契約を締結しなければならない。
⑨ 都道府県知事は、この法律の目的を達成するため、有料老人ホームの設置者若しくは管理者若しくは設置者から介護等の供与を委託された者(以下「介護等受託者」という。)に対して、その運営の状況に関する事項その他必要と認める事項の報告を求め、又は当該職員に、関係者に対して質問させ、若しくは当該有料老人ホーム若しくは当該介護等受託者の事務所若しくは事業所に立ち入り、設備、帳簿書類その他の物件を検査させることができる。
⑩ 第18条第3項及び第4項の規定は、前項の規定による質問又は立入検査について準用する。
⑪ 都道府県知事は、有料老人ホームの設置者が第4項から第8項までの規定に違反したとき、入居者の処遇に関し不当な行為をし、又はその運営に関し入居者の利益を害する行為をしたと認めるとき、その他入居者の保護のため必要があると認めるときは、当該設置者に対して、その改善に必要な措置を採るべきことを命ずることができる。
⑫ 都道府県知事は、前項の規定による命令をしたときは、その旨を公示しなければならない。

(有料老人ホーム協会)
第30条 ① その名称中に有料老人ホーム協会という文字を用いる一般社団法人は、有料老人ホームの入居者の保護を図るとともに、有料老人ホームの健全な発展に資することを目的とし、かつ、有料老人ホームの設置者を社員(以下この章において「会員」という。)とする旨の定款の定めがあるものに限り、設立することができる。
② 前項に規定する定款の定めは、これを変更することができない。
③ 第1項に規定する一般社団法人(以下「協会」という。)は、成立したときは、成立の日から2週間以内に、登記事項証明書及び定款の写しを添えて、その旨を、厚生労働大臣に届け出なければならない。
④ 協会は、会員の名簿を公衆の縦覧に供しなければならない。

(名称の使用制限)
第31条 ① 協会でない者は、その名称中に有料老人ホーム協会という文字を用いてはならない。
② 協会に加入していない者は、その名称中に有料老人ホーム協会員という文字を用いてはならない。

(協会の業務)
第31条の2 ① 協会は、その目的を達成するため、次に掲げる業務を行う。

1 有料老人ホームを運営するに当たり、この法律その他の法令の規定を遵守させるための会員に対する指導、勧告その他の業務
2 会員の設置する有料老人ホームの運営に関し、契約内容の適正化その他入居者の保護を図り、及び入居者の立場に立つた処遇を行うため必要な指導、勧告その他の業務
3 会員の設置する有料老人ホームの設備及び運営に対する入居者等からの苦情の解決
4 有料老人ホームの職員の資質の向上のための研修
5 有料老人ホームに関する広報その他協会の目的を達成するため必要な業務
② 協会は、その会員の設置する有料老人ホームの入居者等から当該有料老人ホームの設備及び運営に関する苦情について解決の申出があつた場合において必要があると認めるときは、当該会員に対して、文書若しくは口頭による説明を求め、又は資料の提出を求めることができる。
③ 会員は、協会から前項の規定による求めがあつたときは、正当な理由がない限り、これを拒んではならない。

(監 督)
第31条の3 ① 協会の業務は、厚生労働大臣の監督に属する。
② 厚生労働大臣は、前条第1項に規定する業務の適正な実施を確保するため必要があると認めるときは、協会に対し、当該業務に関し監督上必要な命令をすることができる。

(厚生労働大臣に対する協力)
第31条の4 厚生労働大臣は、この章の規定の円滑な実施を図るため、厚生労働省令の定めるところにより、当該規定に基づく届出、報告その他必要な事項について、協会に協力させることができる。

(立入検査等)
第31条の5 ① 厚生労働大臣は、この章の規定の施行に必要な限度において、協会に対して、その業務若しくは財産に関して報告若しくは資料の提出を命じ、又は当該職員に、関係者に対して質問させ、若しくは協会の事務所に立ち入り、その業務若しくは財産の状況若しくは帳簿書類その他の物件を検査させることができる。
② 第18条第3項及び第4項の規定は、前項の規定による質問又は立入検査について準用する。この場合において、同条第3項中「前2項」とあり、及び同条第4項中「第1項及び第2項」とあるのは、「第31条の5第1項」と読み替えるものとする。

第5章 雑 則

(審判の請求)
第32条 市町村長は、65歳以上の者につき、その福祉を図るため特に必要があると認めるときは、民法第7条、第11条、第13条第2項、第15条第1項、第17条第1項、第876条の4第1項又は第876条の9第1項に規定する審判の請求をすることができる。

(後見等に係る体制の整備等)
第32条の2 市町村は、前条の規定による審判の請求の円滑な実施に資するため、民法に規定する後見、保佐及び補助(以下「後見等」という。)の業務を適正に行うことができる人材の育成及び活用を図るため、研修の実施、後見等の業務を適正に行

うことができる者の家庭裁判所への推薦その他の必要な措置を講ずるよう努めなければならない.
② 都道府県は,市町村と協力して後見等の業務を適正に行うことができる人材の育成及び活用を図るため,前項に規定する措置の実施に関し助言その他の援助を行うように努めなければならない.

第6章 罰 則（略）

94 高齢者の居住の安定確保に関する法律（抄）
（平13・4・6法律第26号,平13・8・5施行,最終改正：平28・5・20法律第47号）

第1章 総 則

（目 的）
第1条 この法律は,高齢者が日常生活を営むために必要な福祉サービスの提供を受けることができる良好な居住環境を備えた高齢者向けの賃貸住宅等の登録制度を設けるとともに,良好な居住環境を備えた高齢者向けの賃貸住宅の供給を促進するための措置を講じ,併せて高齢者に適した良好な居住環境が確保され高齢者が安定的に居住することができる賃貸住宅について終身建物賃貸借制度を設ける等の措置を講ずることにより,高齢者の居住の安定の確保を図り,もってその福祉の増進に寄与することを目的とする.

第3章 サービス付き高齢者向け住宅事業

第1節 登 録
（サービス付き高齢者向け住宅事業の登録）
第5条 ① 高齢者向けの賃貸住宅又は老人福祉法第29条第1項に規定する有料老人ホーム（以下単に「有料老人ホーム」という.）であって居住の用に供する専用部分を有するものに高齢者（国土交通省令・厚生労働省令で定める年齢及び身体の要件に該当する者をいう.以下この章において同じ.）を入居させ,状況把握サービス（入居者の心身の状況を把握し,その状況に応じた一時的な便宜を供与するサービスをいう.以下同じ.）及び生活相談サービス（入居者が日常生活を支障なく営むことができるようにするために入居者からの相談に応じ必要な助言を行うサービスをいう.以下同じ.）その他の高齢者が日常生活を営むために必要な福祉サービスを提供する事業（以下「サービス付き高齢者向け住宅事業」という.）を行う者は,サービス付き高齢者向け住宅事業に係る賃貸住宅又は有料老人ホーム（以下「サービス付き高齢者向け住宅」という.）を構成する建築物ごとに,都道府県知事の登録を受けることができる.
② 前項の登録は,5年ごとにその更新を受けなければ,その期間の経過によって,その効力を失う.
〈③,④(略)〉

（登録の基準等）
第7条 ① 都道府県知事は,第5条第1項の登録の申請が次に掲げる基準に適合していると認めるときは,次条第1項の規定により登録を拒否する場合を除き,その登録をしなければならない.
1 サービス付き高齢者向け住宅の各居住部分（賃貸住宅にあっては住戸をいい,有料老人ホームにあっては入居者ごとの専用部分をいう.以下同じ.）の床面積が,国土交通省令・厚生労働省令で定める規模以上であること.
2 サービス付き高齢者向け住宅の構造及び設備（加齢対応構造等であるものを除く.）が,高齢者の入居に支障を及ぼすおそれがないものとして国土交通省令・厚生労働省令で定める基準に適合するものであること.
3 サービス付き高齢者向け住宅の加齢対応構造等が,第54条第1号ロに規定する基準又はこれに準ずるものとして国土交通省令・厚生労働省令で定める基準に適合するものであること.
4 入居者の資格を,自ら居住するため賃貸住宅又は有料老人ホームを必要とする高齢者又は当該高齢者と同居するその配偶者（婚姻の届出をしていないが事実上夫婦と同様の関係にあるものを含む.以下同じ.）とするものであること.
5 入居者に国土交通省令・厚生労働省令で定める基準に適合する状況把握サービス及び生活相談サービスを提供するものであること.
6 入居契約が次に掲げる基準に適合する契約であること.
イ 書面による契約であること.
ロ 居住部分が明示された契約であること.
ハ サービス付き高齢者向け住宅事業を行う者が,敷金並びに家賃等及び前条第1項第12号の前払金（以下「家賃等の前払金」という.）を除くほか,権利金その他の金銭を受領しない契約であること.
ニ 家賃等の前払金を受領する場合にあっては,当該家賃等の前払金の算定の基礎及び当該家賃等の前払金についてサービス付き高齢者向け住宅事業を行う者が返還債務を負うこととなる場合における当該返還債務の金額の算定方法が明示された契約であること.
ホ 入居者の入居後,国土交通省令・厚生労働省令で定める一定の期間が経過する日までの間に契約が解除され,又は入居者の死亡により終了した場合において,サービス付き高齢者向け住宅事業を行う者が,国土交通省令・厚生労働省令で定める方法により算定される額を除き,家賃等の前払金を返還することとなる契約であること.
ヘ サービス付き高齢者向け住宅事業を行う者が,入居者の病院への入院その他の国土交通省令・厚生労働省令で定める理由により居住部分を変更し,又はその契約を解約することができないものであること.
7 サービス付き高齢者向け住宅の整備をしてサービス付き高齢者向け住宅事業を行う場合にあっては,当該整備に関する工事の完了前に敷金又は家賃等の前払金を受領しないものであること.
8 家賃等の前払金についてサービス付き高齢者向け住宅事業を行う者が返還債務を負うこととなる場合に備えて,国土交通省令・厚生労働省令で定めるところにより必要な保全措置が講じられるもの

であること．
9 その他基本方針（サービス付き高齢者向け住宅が高齢者居住安定確保計画が定められている都道府県の区域内にある場合にあっては，基本方針及び高齢者居住安定確保計画）に照らして適切なものであること．
②～⑤（略）
（登録の拒否）
第8条 ① 都道府県知事は，第5条第1項の登録を受けようとする者が次の各号のいずれかに該当するとき，又は第6条第1項の申請書若しくはその添付書類のうちに重要な事項について虚偽の記載があり，若しくは重要な事実の記載が欠けているときは，その登録を拒否しなければならない．
1 成年被後見人又は被保佐人
2 破産手続開始の決定を受けて復権を得ない者
3 禁錮以上の刑に処せられ，又はこの法律の規定により刑に処せられ，その執行を終わり，又は執行を受けることがなくなった日から起算して1年を経過しない者
4 第26条第2項の規定により登録を取り消され，その取消しの日から起算して1年を経過しない者
5 暴力団員による不当な行為の防止等に関する法律（平成3年法律第77号）第2条第6号に規定する暴力団員又は同号に規定する暴力団員でなくなった日から5年を経過しない者（第9号において「暴力団員等」という．）
6 営業に関し成年者と同一の行為能力を有しない未成年者でその法定代理人（法定代理人が法人である場合においては，その役員を含む．）が前各号のいずれかに該当するもの
7 法人であって，その役員又は政令で定める使用人のうちに第1号から第5号までのいずれかに該当する者があるもの
8 個人であって，その政令で定める使用人のうちに第1号から第5号までのいずれかに該当する者があるもの
9 暴力団員等がその事業活動を支配する者 ②（略）
（名称の使用制限）
第14条 何人も，登録住宅以外の賃貸住宅又は有料老人ホームについて，登録サービス付き高齢者向け住宅又はこれに類似する名称を用いてはならない．

第2節 業務
（誇大広告の禁止）
第15条 登録事業者は，その登録事業の業務に関して広告をするときは，入居者に提供する高齢者生活支援サービスの内容その他の国土交通省令・厚生労働省令で定める事項について，著しく事実に相違する表示をし，又は実際のものよりも著しく優良であり，若しくは有利であると人を誤認させるような表示をしてはならない．
（登録事項の公示）
第16条 登録事業者は，国土交通省令・厚生労働省令で定めるところにより，登録事項を公示しなければならない．
（契約締結前の書面の交付及び説明）
第17条 登録事業者は，登録住宅に入居しようとする者に対し，入居契約を締結するまでに，登録事項その他国土交通省令・厚生労働省令で定める事項について，これらの事項を記載した書面を交付して説明しなければならない．
（高齢者生活支援サービスの提供）
第18条 登録事業者は，入居契約に従って高齢者生活支援サービスを提供しなければならない．
（帳簿の備付け等）
第19条 登録事業者は，国土交通省令・厚生労働省令で定めるところにより，登録住宅の管理に関する事項で国土交通省令・厚生労働省令で定めるものを記載した帳簿を備え付け，これを保存しなければならない．
（その他遵守事項）
第20条 この法律に規定するもののほか，登録住宅に入居する高齢者の居住の安定を確保するために登録事業者の遵守すべき事項は，国土交通省令・厚生労働省令で定める．

第3節 登録住宅に係る特例（略）
第4節 監督
（報告，検査等）
第24条 ① 都道府県知事は，この章の規定の施行に必要な限度において，登録事業者又は登録事業者から登録住宅の管理若しくは高齢者生活支援サービスの提供を委託された者（以下この項において「管理等受託者」という．）に対し，その業務に関し必要な報告を求め，又はその職員に，登録事業者若しくは管理等受託者の事務所若しくは登録住宅に立ち入り，その業務の状況若しくは帳簿，書類その他の物件を検査させ，若しくは関係者に質問させることができる．
② 前項の規定による立入検査において，現に居住の用に供している登録住宅の居住部分に立ち入るときは，あらかじめ，当該居住部分に係る入居者の承諾を得なければならない．
③ 第1項の規定により立入検査をする職員は，その身分を示す証明書を携帯し，関係者に提示しなければならない．
④ 第1項の規定による権限は，犯罪捜査のために認められたものと解釈してはならない．
（指示）
第25条 ① 都道府県知事は，登録された登録事項が事実と異なるときは，その登録事業者に対し，当該登録事項の訂正を申請すべきことを指示することができる．
② 都道府県知事は，登録事業が第7条第1項各号に掲げる基準に適合していると認めるときは，その登録事業者に対し，その登録事業を当該基準に適合させるために必要な措置をとるべきことを指示することができる．
③ 都道府県知事は，登録事業者が第15条から第19条までの規定に違反し，又は第20条の国土交通省令・厚生労働省令で定める事項を遵守していないと認めるときは，当該登録事業者に対し，その是正のために必要な措置をとるべきことを指示することができる．
（登録の取消し）
第26条 ① 都道府県知事は，登録事業者が次の各号のいずれかに該当するときは，その登録事業の登録を取り消さなければならない．
1 第8条第1項第1号，第3号，第5号又は第9号のいずれかに該当するに至ったとき．
2 登録事業者が次のイからハまでに掲げる場合に該当するときは，それぞれ当該イからハまでに定める者が，第8条第1項第1号から第3号まで又は第5号のいずれかに該当するに至ったとき．
イ 営業に関し成年者と同一の行為能力を有しない未成年者である場合 法定代理人（法人であ

ロ 法人である場合　役員又は第8条第1項第7号の政令で定める使用人
ハ 個人である場合　第8条第1項第8号の政令で定める使用人
3　不正な手段により第5条第1項の登録を受けたとき．
② 都道府県知事は，登録事業者が次の各号のいずれかに該当するときは，その登録事業の登録を取り消すことができる．
1　第9条第1項又は第11条第3項の規定に違反したとき．
2　前条の規定による指示に違反したとき．《③(略)》

95 特別養護老人ホームの設備及び運営に関する基準(抄)
(平11・3・31厚生省令第46号，平12・4・1施行，最終改正：平28・2・5厚生労働省令第14号)

老人福祉法(昭和38年法律第133号)第17条第1項の規定に基づき，特別養護老人ホームの設備及び運営に関する基準を次のように定める．

第1章　総則

(趣旨)
第1条　特別養護老人ホームに係る老人福祉法(昭和38年法律第133号．以下「法」という．)第17条第2項の厚生労働省令で定める基準は，次の各号に掲げる基準に応じ，それぞれ当該各号に定める規定による．
1　法第17条第1項の規定により，同条第2項第1号に掲げる事項について都道府県(地方自治法(昭和22年法律第67号)第252条の19第1項の指定都市(以下「指定都市」という．)及び同法第252条の22第1項の中核市(以下「中核市」という．)にあっては，指定都市又は中核市．以下この条において同じ．)が条例を定めるに当たって従うべき基準　第5条(第42条，第59条及び第63条において準用する場合を含む．)，第6条(第42条，第59条及び第63条において準用する場合を含む．)，第12条，第16条第7項，第37条第8項，第40条第2項及び第3項(第63条において準用する場合を含む．)，第56条(第13項を除く．)，第57条第7項並びに第62条第8項の規定による基準
2　法第17条第1項の規定により，同条第2項第2号に掲げる事項について都道府県が条例を定めるに当たって従うべき基準　第11条第3項第1号及び第4項第1号ハ，第35条第4項第1号イ(4)(床面積に係る部分に限る．)，第55条第3項第1号及び第4項第1号ハ，第61条第4項第1号イ(4)(床面積に係る部分に限る．)並びに附則第3条第1項(第11条第4項第1号ハ及び第55条第4項第1号ハに係る部分に限る．)の規定による基準
3　法第17条第1項の規定により，同条第2項第3号に掲げる事項について都道府県が条例を定めるに当たって従うべき基準　第15条第4項及び第5項，第16条第8項，第22条(第42条において準用する場合を含む．)，第28条(第42条，第59条及び第63条において準用する場合を含む．)，第31条(第42条，第59条及び第63条において準用する場合を含む．)，第36条第6項及び第7項(第63条において準用する場合を含む．)，第37条第9項，第57条第8項並びに第62条第9項の規定による基準
4　法第17条第1項の規定により，同条第2項各号(第4号を除く．)に掲げる事項以外の事項について都道府県が条例を定めるに当たって参酌すべき基準　この省令に定める基準のうち，前3号に定める規定による基準以外のもの

第2章　基本方針並びに人員，設備及び運営に関する基準

(基本方針)
第2条　① 特別養護老人ホームは，入所者に対し，健全な環境の下で，社会福祉事業に関する熱意及び能力を有する職員による適切な処遇を行うよう努めなければならない．
② 特別養護老人ホームは，入所者の処遇に関する計画に基づき，可能な限り，居宅における生活への復帰を念頭に置いて，入浴，排せつ，食事等の介護，相談及び援助，社会生活上の便宜の供与その他の日常生活上の世話，機能訓練，健康管理及び療養上の世話を行うことにより，入所者がその有する能力に応じ自立した日常生活を営むことができるようにすることを目指すものでなければならない．
③ 特別養護老人ホームは，入所者の意思及び人格を尊重し，常にその者の立場に立って処遇を行うように努めなければならない．
④ 特別養護老人ホームは，明るく家庭的な雰囲気を有し，地域や家庭との結び付きを重視した運営を行い，市町村(特別区を含む．以下同じ．)，老人の福祉を増進することを目的とする事業を行う者その他の保健医療サービス又は福祉サービスを提供する者との密接な連携に努めなければならない．

(構造設備の一般原則)
第3条　特別養護老人ホームの配置，構造及び設備は，日照，採光，換気等の入所者の保健衛生に関する事項及び防災について十分考慮されたものでなければならない．

(設備の専用)
第4条　特別養護老人ホームの設備は，専ら当該特別養護老人ホームの用に供するものでなければならない．ただし，入所者の処遇に支障がない場合は，この限りでない．

(職員の資格要件)
第5条　① 特別養護老人ホームの長(以下「施設長」という．)は，社会福祉法(昭和26年法律第45号)第19条第1項各号のいずれかに該当する者若しくは社会福祉事業に2年以上従事した者又はこれらと同等以上の能力を有すると認められる者でなければならない．
② 生活相談員は，社会福祉法第19条第1項各号のいずれかに該当する者又はこれと同等以上の能力を有すると認められる者でなければならない．
③ 機能訓練指導員は，日常生活を営むのに必要な機能を改善し，又はその減退を防止するための訓練を行う能力を有すると認められる者でなければならない．

95 特別養護老人ホームの設備及び運営に関する基準（6条〜11条）

（職員の専従）
第6条　特別養護老人ホームの職員は、専ら当該特別養護老人ホームの職務に従事する者でなければならない。ただし、特別養護老人ホーム（ユニット型特別養護老人ホーム（第32条に規定するユニット型特別養護老人ホームをいう。以下この条において同じ。）を除く。以下この条において同じ。）及びユニット型特別養護老人ホームを併設する場合、特別養護老人ホーム及びユニット型地域密着型特別養護老人ホーム（第60条に規定するユニット型地域密着型特別養護老人ホームをいう。以下この条において同じ。）を併設する場合、地域密着型特別養護老人ホーム（第12条第7項に規定する地域密着型特別養護老人ホームをいい、ユニット型地域密着型特別養護老人ホームを除く。以下この条において同じ。）及びユニット型特別養護老人ホームを併設する場合又は地域密着型特別養護老人ホーム及びユニット型地域密着型特別養護老人ホームを併設する場合の介護職員及び看護職員（第40条第2項の規定に基づき配置された看護職員に限る。）を除き、入所者の処遇に支障がない場合は、この限りでない。

（運営規程）
第7条　特別養護老人ホームは、次に掲げる施設の運営についての重要事項に関する規程を定めておかなければならない。
1　施設の目的及び運営の方針
2　職員の職種、数及び職務の内容
3　入所定員
4　入所者の処遇の内容及び費用の額
5　施設の利用に当たっての留意事項
6　非常災害対策
7　その他施設の運営に関する重要事項

（非常災害対策）
第8条　特別養護老人ホームは、消火設備その他の非常災害に際して必要な設備を設けるとともに、非常災害に関する具体的な計画を立て、非常災害時の関係機関への通報及び連携体制を整備し、それらを定期的に職員に周知しなければならない。
②　特別養護老人ホームは、非常災害に備えるため、定期的に避難、救出その他必要な訓練を行なわなければならない。

（記録の整備）
第9条　①　特別養護老人ホームは、設備、職員及び会計に関する諸記録を整備しておかなければならない。
②　特別養護老人ホームは、入所者の処遇の状況に関する次の各号に掲げる記録を整備し、その完結の日から2年間保存しなければならない。
1　入所者の処遇に関する計画
2　行った具体的な処遇の内容等の記録
3　第15条第5項に規定する身体的拘束等の態様及び時間、その際の入所者の心身の状況並びに緊急やむを得ない理由の記録
4　第29条第2項に規定する苦情の内容等の記録
5　第31条第3項に規定する事故の状況及び事故に際して採った処置についての記録

（設備の基準）
第11条　①　特別養護老人ホームの建物（入所者の日常生活のために使用しない附属の建物を除く。）は、耐火建築物（建築基準法（昭和25年法律第201号）第2条第9号の2に規定する耐火建築物をいう。以下同じ。）でなければならない。ただし、次の各号のいずれかの要件を満たす2階建て又は平屋建ての特別養護老人ホームの建物にあっては、準耐火建築物（同条第9号の3に規定する準耐火建築物をいう。以下同じ。）とすることができる。
1　居室その他の入所者の日常生活に充てられる場所（以下「居室等」という。）を2階及び地階のいずれにも設けていないこと。
2　居室等を2階又は地階に設けている場合であって、次に掲げる要件の全てを満たすこと。
イ　当該特別養護老人ホームの所在地を管轄する消防長（消防本部を置かない市町村にあっては、市町村長。以下同じ。）又は消防署長と相談の上、第8条第1項に規定する計画に入所者の円滑かつ迅速な避難を確保するために必要な事項を定めること。
ロ　第8条第2項に規定する訓練については、同条第1項に規定する計画に従い、昼間及び夜間において行うこと。
ハ　火災時における避難、消火等の協力を得ることができるよう、地域住民等との連携体制を整備すること。
②　前項の規定にかかわらず、都道府県知事（指定都市及び中核市にあっては、指定都市又は中核市の市長。以下同じ。）が、火災予防、消火活動等に関し専門的知識を有する者の意見を聴いて、次の各号のいずれかの要件を満たす木造かつ平屋建ての特別養護老人ホームの建物であって、火災に係る入所者の安全性が確保されていると認めたときは、耐火建築物又は準耐火建築物とすることを要しない。
1　スプリンクラー設備の設置、天井等の内装材等への難燃性の材料の使用、調理室等火災が発生するおそれがある箇所における防火区画の設置等により、初期消火及び延焼の抑制に配慮した構造であること。
2　非常警報設備の設置等による火災の早期発見及び通報の体制が整備されており、円滑な消火活動が可能なものであること。
3　避難口の増設、搬送を容易に行うために十分な幅員を有する避難路の確保等により、円滑な避難が可能な構造であり、かつ、避難訓練を頻繁に実施すること、配置人員を増員すること等により、火災の際の円滑な避難が可能なものであること。
③　特別養護老人ホームには、次の各号に掲げる設備を設けなければならない。ただし、他の社会福祉施設等の設備を利用することにより当該特別養護老人ホームの効果的な運営を期待することができる場合であって、入所者の処遇に支障がないときは、次の各号に掲げる設備の一部を設けないことができる。
1　居室
2　静養室（居室で静養することが一時的に困難な心身の状況にある入所者を静養させることを目的とする設備をいう。以下同じ。）
3　食堂
4　浴室
5　洗面設備
6　便所
7　医務室
8　調理室
9　介護職員室
10　看護職員室
11　機能訓練室

95 特別養護老人ホームの設備及び運営に関する基準（12条）

12 面談室
13 洗濯室又は洗濯場
14 汚物処理室
15 介護材料室
16 前各号に掲げるもののほか、事務室その他の運営上必要な設備

④ 前項各号に掲げる設備の基準は、次のとおりとする.
1 居室
 イ 1の居室の定員は、1人とすること. ただし、入所者へのサービスの提供上必要と認められる場合は、2人とすることができる.
 ロ 地階に設けてはならないこと.
 ハ 入所者1人当たりの床面積は、10.65平方メートル以上とすること.
 ニ 寝台又はこれに代わる設備を備えること.
 ホ 1以上の出入口は、避難上有効な空地、廊下又は広間に直接面して設けること.
 ヘ 床面積の14分の1以上に相当する面積を直接外気に面して開放できるようにすること.
 ト 入所者の身の回り品を保管することができる設備を備えること.
 チ ブザー又はこれに代わる設備を設けること.
2 静養室
 イ 介護職員室又は看護職員室に近接して設けること.
 ロ イに定めるもののほか、前号ロ及びニからチまでに定めるところによること.
3 浴室 介護を必要とする者が入浴するのに適したものとすること.
4 洗面設備
 イ 居室のある階ごとに設けること.
 ロ 介護を必要とする者が使用するのに適したものとすること.
5 便所
 イ 居室のある階ごとに居室に近接して設けること.
 ロ ブザー又はこれに代わる設備を設けるとともに、介護を必要とする者が使用するのに適したものとすること.
6 医務室
 イ 医療法（昭和23年法律第205号）第1条の5第2項に規定する診療所とすること.
 ロ 入所者を診療するために必要な医薬品及び医療機器を備えるほか、必要に応じて臨床検査設備を設けること.
7 調理室
 火気を使用する部分は、不燃材料を用いること.
8 介護職員室
 イ 居室のある階ごとに居室に近接して設けること.
 ロ 必要な備品を備えること.
9 食堂及び機能訓練室
 イ 食堂及び機能訓練室は、それぞれ必要な広さを有するものとし、その合計した面積は、3平方メートルに入所定員を乗じて得た面積以上とすること. ただし、食事の提供又は機能訓練を行う場合において、当該食事の提供又は機能訓練に支障がない広さを確保することができるときは、同一の場所とすることができる.

⑤ 居室、静養室、食堂、浴室及び機能訓練室（以下「居室、静養室等」という.）は、3階以上の階に設けてはならない. ただし、次の各号のいずれにも該当する建物に設けられる居室、静養室等については、この限りでない.
1 居室、静養室等のある3階以上の各階に通ずる特別避難階段を2以上（防災上有効な傾斜路を有する場合又は車いす若しくはストレッチャーで通行するための幅を有するバルコニー及び屋外に設ける避難階段を有する場合は、1以上）有すること.
2 3階以上の階にある居室、静養室等及びこれから地上に通ずる廊下その他の通路の壁及び天井の室内に面する部分の仕上げを不燃材料でしていること.
3 居室、静養室等のある3階以上の各階が耐火構造の壁又は建築基準法施行令（昭和25年政令第338号）第112条第1項に規定する特定防火設備（以下「特定防火設備」という.）により防災上有効に区画されていること.

⑥ 前各項に規定するもののほか、特別養護老人ホームの設備の基準は、次に定めるところによる.
1 廊下の幅は、1.8メートル以上とすること. ただし、中廊下の幅は、2.7メートル以上とすること.
2 廊下、便所その他必要な場所に常夜灯を設けること.
3 廊下及び階段には、手すりを設けること.
4 階段の傾斜は、緩やかにすること.
5 居室、静養室等が2階以上の階にある場合は、1以上の傾斜路を設けること. ただし、エレベーターを設ける場合は、この限りでない.

（職員の配置の基準）

第12条 ① 特別養護老人ホームには、次の各号に掲げる職員を置かなければならない. ただし、入所定員が40人を超えない特別養護老人ホームにあっては、他の社会福祉施設等の栄養士との連携を図ることにより当該特別養護老人ホームの効果的な運営を期待することができる場合であって、入所者の処遇に支障がないときは、第5号の栄養士を置かないことができる.

1 施設長 1
2 医師 入所者に対し健康管理及び療養上の指導を行うために必要な数
3 生活相談員 入所者の数が100又はその端数を増すごとに1以上
4 介護職員又は看護師若しくは准看護師（以下「看護職員」という.）
 イ 介護職員及び看護職員の総数は、常勤換算方法で、入所者の数が3又はその端数を増すごとに1以上とすること.
 ロ 看護職員の数は、次のとおりとすること.
 (1) 入所者の数が30を超えない特別養護老人ホームにあっては、常勤換算方法で、1以上
 (2) 入所者の数が30を超えて50を超えない特別養護老人ホームにあっては、常勤換算方法で、2以上
 (3) 入所者の数が50を超えて130を超えない特別養護老人ホームにあっては、常勤換算方法で、3以上
 (4) 入所者の数が130を超える特別養護老人ホームにあっては、常勤換算方法で、3に、入所者の数が130を超えて50又はその端数を増すごとに1を加えて得た数以上
5 栄養士 1以上
6 機能訓練指導員 1以上

7 調理員,事務員その他の職員 当該特別養護老人ホームの実情に応じた適当数
② 前項の職員の数は,前年度の平均値とする。ただし,新規設置又は再開の場合は,推定数による。
③ 第1項の常勤換算方法とは,当該職員のそれぞれの勤務延時間数の総数を当該特別養護老人ホームにおいて常勤の職員が勤務すべき時間数で除することにより常勤の職員の数に換算する方法をいう。
④ 第1項第1号の施設長及び同項第3号の生活相談員は,常勤の者でなければならない。
⑤ 第1項第4号の看護職員のうち,1人以上は,常勤の者でなければならない。
⑥ 第1項第6号の機能訓練指導員は,当該特別養護老人ホームの他の職務に従事することができる。
⑦ 第1項第2号の医師及び同項第7号の調理員,事務員その他の職員の数は,サテライト型居住施設(当該施設を設置しようとする者により設置される当該施設以外の特別養護老人ホーム,介護老人保健施設又は病院若しくは診療所であって当該施設に対する支援機能を有するもの(以下「本体施設」という。)と密接な連携を確保しつつ,本体施設とは別の場所で運営される地域密着型特別養護老人ホーム(入所定員が29人以下の特別養護老人ホーム。以下同じ。)をいう。以下同じ。)の本体施設である特別養護老人ホームであって,当該サテライト型居住施設に医師又は調理員,事務員その他の職員を有しないものにあっては,特別養護老人ホームの入所者の数及び当該サテライト型居住施設の入所者の数の合計数を基礎として算出しなければならない。
(サービス提供困難時の対応)
第12条の2 特別養護老人ホームは,入所予定者が入院治療を必要とする場合その他入所予定者に対し自ら適切な便宜を提供することが困難である場合は,適切な病院若しくは診療所又は介護老人保健施設を紹介する等の適切な措置を速やかに講じなければならない。
(入退所)
第13条 ① 特別養護老人ホームは,入所予定者の入所に際しては,その者に係る居宅介護支援(介護保険法(平成9年法律第123号)第8条第24項に規定する居宅介護支援をいう。以下同じ。)を行う者に対する照会等により,その者の心身の状況,生活歴,病歴,指定居宅サービス等(同項に規定する指定居宅サービス等をいう。)の利用状況等の把握に努めなければならない。
② 特別養護老人ホームは,入所者の心身の状況,その置かれている環境等に照らし,その者が居宅において日常生活を営むことができるかどうかについて定期的に検討しなければならない。
③ 前項の検討に当たっては,生活相談員,介護職員,看護職員等の職員の間で協議しなければならない。
④ 特別養護老人ホームは,その心身の状況,その置かれている環境等に照らし,居宅において日常生活を営むことができると認められる入所者に対し,その者及びその家族の希望,その者が退所後に置かれることとなる環境等を勘案し,その者の円滑な退所のために必要な援助を行わなければならない。
⑤ 特別養護老人ホームは,入所者の退所に際しては,居宅サービス計画(介護保険法第8条第24項に規定する居宅サービス計画をいう。)の作成等の援助に資するため,居宅介護支援を行う者に対する情報の提供に努めるほか,その他保健医療サービス又は福祉サービスを提供する者との密接な連携に努めなければならない。
(入所者の処遇に関する計画)
第14条 ① 特別養護老人ホームは,入所者について,その心身の状況,その置かれている環境,その者及びその家族の希望等を勘案し,その者の同意を得て,その者の処遇に関する計画を作成しなければならない。
② 特別養護老人ホームは,入所者の処遇に関する計画について,入所者の処遇の状況等を勘案し,必要な見直しを行わなければならない。
(処遇の方針)
第15条 ① 特別養護老人ホームは,入所者について,その者の要介護状態の軽減又は悪化の防止に資するよう,その者の心身の状況等に応じて,その者の処遇を妥当適切に行わなければならない。
② 入所者の処遇は,入所者の処遇に関する計画に基づき,漫然かつ画一的なものとならないよう配慮して,行わなければならない。
③ 特別養護老人ホームの職員は,入所者の処遇に当たっては,懇切丁寧を旨とし,入所者又はその家族に対し,処遇上必要な事項について,理解しやすいように説明を行わなければならない。
④ 特別養護老人ホームは,入所者の処遇に当たっては,当該入所者又は他の入所者等の生命又は身体を保護するため緊急やむを得ない場合を除き,身体的拘束その他入所者の行動を制限する行為(以下「身体的拘束等」という。)を行ってはならない。
⑤ 特別養護老人ホームは,前項の身体的拘束等を行う場合には,その態様及び時間,その際の入所者の心身の状況並びに緊急やむを得ない理由を記録しなければならない。
⑥ 特別養護老人ホームは,自らその行う処遇の質の評価を行い,常にその改善を図らなければならない。
(介 護)
第16条 ① 介護は,入所者の自立の支援及び日常生活の充実に資するよう,入所者の心身の状況に応じて,適切な技術をもって行われなければならない。
② 特別養護老人ホームは,1週間に2回以上,適切な方法により,入所者を入浴させ,又は清しきしなければならない。
③ 特別養護老人ホームは,入所者に対し,その心身の状況に応じて,適切な方法により,排せつの自立について必要な援助を行わなければならない。
④ 特別養護老人ホームは,おむつを使用せざるを得ない入所者のおむつを適切に取り替えなければならない。
⑤ 特別養護老人ホームは,褥瘡が発生しないよう適切な介護を行うとともに,その発生を予防するための体制を整備しなければならない。
⑥ 特別養護老人ホームは,入所者に対し,前各項に規定するもののほか,離床,着替え,整容等の介護を適切に行わなければならない。
⑦ 特別養護老人ホームは,常時1人以上の常勤の介護職員を介護に従事させなければならない。
⑧ 特別養護老人ホームは,入所者に対し,その負担により,当該特別養護老人ホームの職員以外の者による介護を受けさせてはならない。
(食 事)
第17条 ① 特別養護老人ホームは,栄養並びに入所者の心身の状況及び嗜好を考慮した食事を,適切な

95 特別養護老人ホームの設備及び運営に関する基準（18条〜30条）

時間に提供しなければならない．
② 特別養護老人ホームは，入所者が可能な限り離床して，食堂で食事を摂ることを支援しなければならない．
（相談及び援助）
第18条 特別養護老人ホームは，常に入所者の心身の状況，その置かれている環境等の的確な把握に努め，入所者又はその家族に対し，その相談に適切に応じるとともに，必要な助言その他の援助を行わなければならない．
（社会生活上の便宜の提供等）
第19条 ① 特別養護老人ホームは，教養娯楽設備等を備えるほか，適宜入所者のためのレクリエーション行事を行わなければならない．
② 特別養護老人ホームは，入所者が日常生活を営むのに必要な行政機関等に対する手続について，その者又はその家族において行うことが困難である場合は，その者の同意を得て，代わって行わなければならない．
③ 特別養護老人ホームは，常に入所者の家族との連携を図るとともに，入所者とその家族との交流等の機会を確保するよう努めなければならない．
④ 特別養護老人ホームは，入所者の外出の機会を確保するよう努めなければならない．
（機能訓練）
第20条 特別養護老人ホームは，入所者に対し，その心身の状況に応じて，日常生活を営むのに必要な機能を改善し，又はその減退を防止するための訓練を行わなければならない．
（健康管理）
第21条 特別養護老人ホームの医師又は看護職員は，常に入所者の健康の状況に注意し，必要に応じて健康保持のための適切な措置を採らなければならない．
（入所者の入院期間中の取扱い）
第22条 特別養護老人ホームは，入所者について，病院又は診療所に入院する必要が生じた場合であって，入院後おおむね3月以内に退院することが明らかに見込まれるときは，その者及びその家族の希望等を勘案し，必要に応じて適切な便宜を供与するとともに，やむを得ない事情がある場合を除き，退院後再び当該特別養護老人ホームに円滑に入所することができるようにしなければならない．
（施設長の責務）
第23条 ① 特別養護老人ホームの施設長は，特別養護老人ホームの職員の管理，業務の実施状況の把握その他の管理を一元的に行わなければならない．
② 特別養護老人ホームの施設長は，特別養護老人ホームの職員に第7条から第9条まで及び第12条の2から第31条までの規定を遵守させるために必要な指揮命令を行うものとする．
（勤務体制の確保等）
第24条 ① 特別養護老人ホームは，入所者に対し，適切な処遇を行うことができるよう，職員の勤務の体制を定めておかなければならない．
② 特別養護老人ホームは，当該特別養護老人ホームの職員によって処遇を行わなければならない．ただし，入所者の処遇に直接影響を及ぼさない業務については，この限りでない．
③ 特別養護老人ホームは，職員に対し，その資質の向上のための研修の機会を確保しなければならない．
（定員の遵守）
第25条 特別養護老人ホームは，入所定員及び居室の定員を超えて入所させてはならない．ただし，災害その他のやむを得ない事情がある場合は，この限りでない．
（衛生管理等）
第26条 ① 特別養護老人ホームは，入所者の使用する食器その他の設備又は飲用に供する水について，衛生的な管理に努め，又は衛生上必要な措置を講ずるとともに，医薬品及び医療機器の管理を適正に行わなければならない．
② 特別養護老人ホームは，当該特別養護老人ホームにおいて感染症又は食中毒が発生し，又はまん延しないように，次の各号に掲げる措置を講じなければならない．
1 当該特別養護老人ホームにおける感染症及び食中毒の予防及びまん延の防止のための対策を検討する委員会をおおむね3月に1回以上開催するとともに，その結果について，介護職員その他の職員に周知徹底を図ること．
2 当該特別養護老人ホームにおける感染症及び食中毒の予防及びまん延の防止のための指針を整備すること．
3 当該特別養護老人ホームにおいて，介護職員その他の職員に対し，感染症及び食中毒の予防及びまん延の防止のための研修を定期的に実施すること．
4 前3号に掲げるもののほか，別に厚生労働大臣が定める感染症又は食中毒の発生が疑われる際の対処等に関する手順に沿った対応を行うこと．
（協力病院等）
第27条 ① 特別養護老人ホームは，入院治療を必要とする入所者のために，あらかじめ，協力病院を定めておかなければならない．
② 特別養護老人ホームは，あらかじめ，協力歯科医療機関を定めておくよう努めなければならない．
（秘密保持等）
第28条 ① 特別養護老人ホームの職員は，正当な理由がなく，その業務上知り得た入所者又はその家族の秘密を漏らしてはならない．
② 特別養護老人ホームは，職員であった者が，正当な理由がなく，その業務上知り得た入所者又はその家族の秘密を漏らすことがないよう，必要な措置を講じなければならない．
（苦情処理）
第29条 ① 特別養護老人ホームは，その行った処遇に関する入所者又はその家族からの苦情に迅速かつ適切に対応するために，苦情を受け付けるための窓口を設置する等の必要な措置を講じなければならない．
② 特別養護老人ホームは，前項の苦情を受け付けた場合には，当該苦情の内容等を記録しなければならない．
③ 特別養護老人ホームは，その行った処遇に関し，市町村から指導又は助言を受けた場合は，当該指導又は助言に従って必要な改善を行わなければならない．
④ 特別養護老人ホームは，市町村からの求めがあった場合には，前項の改善の内容を市町村に報告しなければならない．
（地域との連携等）
第30条 ① 特別養護老人ホームは，その運営に当たっては，地域住民又はその自発的な活動等との連携及び協力を行う等の地域との交流を図らなけれ

ばならない．
② 特別養護老人ホームは，その運営に当たっては，その提供したサービスに関する入所者からの苦情に関して，市町村等が派遣する者が相談及び援助を行う事業その他の市町村が実施する事業に協力するよう努めなければならない．

(事故発生の防止及び発生時の対応)
第31条 ① 特別養護老人ホームは，事故の発生又はその再発を防止するため，次の各号に定める措置を講じなければならない．
 1 事故が発生した場合の対応，次号に規定する報告の方法等が記載された事故発生の防止のための指針を整備すること．
 2 事故が発生した場合又はそれに至る危険性がある事態が生じた場合に，当該事実が報告され，その分析を通した改善策について，職員に周知徹底を図る体制を整備すること．
 3 事故発生の防止のための委員会及び職員に対する研修を定期的に行うこと．
② 特別養護老人ホームは，入所者の処遇により事故が発生した場合は，速やかに市町村，入所者の家族等に連絡を行うとともに，必要な措置を講じなければならない．
③ 特別養護老人ホームは，前項の事故の状況及び事故に際して採った処置について記録しなければならない．
④ 特別養護老人ホームは，入所者の処遇により賠償すべき事故が発生した場合は，損害賠償を速やかに行わなければならない．

96 高齢者虐待の防止，高齢者の養護者に対する支援等に関する法律（抄）

(平17・11・9法律第124号，平18・4・1施行，最終改正：平27・5・29法律第31号)

第1章 総 則

(目 的)
第1条 この法律は，高齢者に対する虐待が深刻な状況にあり，高齢者の尊厳の保持にとって高齢者に対する虐待を防止することが極めて重要であること等にかんがみ，高齢者虐待の防止等に関する国等の責務，高齢者虐待を受けた高齢者に対する保護のための措置，養護者の負担の軽減を図ること等の養護者に対する養護者による高齢者虐待の防止に資する支援（以下「養護者に対する支援」という．）のための措置等を定めることにより，高齢者虐待の防止，養護者に対する支援等に関する施策を促進し，もって高齢者の権利利益の擁護に資することを目的とする．

(定義等)
第2条 ① この法律において「高齢者」とは，65歳以上の者をいう．
② この法律において「養護者」とは，高齢者を現に養護する者であって養介護施設従事者等（第5項第1号の施設の業務に従事する者及び同項第2号の事業において業務に従事する者をいう．以下同

じ．）以外のものをいう．
③ この法律において「高齢者虐待」とは，養護者による高齢者虐待及び養介護施設従事者等による高齢者虐待をいう．
④ この法律において「養護者による高齢者虐待」とは，次のいずれかに該当する行為をいう．
 1 養護者がその養護する高齢者について行う次に掲げる行為
  イ 高齢者の身体に外傷が生じ，又は生じるおそれのある暴行を加えること．
  ロ 高齢者を衰弱させるような著しい減食又は長時間の放置，養護者以外の同居人によるイ，ハ又はニに掲げる行為と同様の行為の放置等養護を著しく怠ること．
  ハ 高齢者に対する著しい暴言又は著しく拒絶的な対応その他の高齢者に著しい心理的外傷を与える言動を行うこと．
  ニ 高齢者にわいせつな行為をすること又は高齢者をしてわいせつな行為をさせること．
 2 養護者又は高齢者の親族が当該高齢者の財産を不当に処分することその他当該高齢者から不当に財産上の利益を得ること．
⑤ この法律において「養介護施設従事者等による高齢者虐待」とは，次のいずれかに該当する行為をいう．
 1 老人福祉法（昭和38年法律第133号）第5条の3に規定する老人福祉施設若しくは同法第29条第1項に規定する有料老人ホーム又は介護保険法（平成9年法律第123号）第8条第22項に規定する地域密着型介護老人福祉施設，同条第27項に規定する介護老人福祉施設，同条第28項に規定する介護老人保健施設若しくは同法第115条の46第1項に規定する地域包括支援センター（以下「養介護施設」という．）の業務に従事する者が，当該養介護施設に入所し，その他当該養介護施設を利用する高齢者について行う次に掲げる行為
  イ 高齢者の身体に外傷が生じ，又は生じるおそれのある暴行を加えること．
  ロ 高齢者を衰弱させるような著しい減食又は長時間の放置その他の高齢者を養護すべき職務上の義務を著しく怠ること．
  ハ 高齢者に対する著しい暴言又は著しく拒絶的な対応その他の高齢者に著しい心理的外傷を与える言動を行うこと．
  ニ 高齢者にわいせつな行為をすること又は高齢者をしてわいせつな行為をさせること．
  ホ 高齢者の財産を不当に処分することその他当該高齢者から不当に財産上の利益を得ること．
 2 老人福祉法第5条の2第1項に規定する老人居宅生活支援事業又は介護保険法第8条第1項に規定する居宅サービス事業，同条第14項に規定する地域密着型サービス事業，同条第24項に規定する居宅介護支援事業，同法第8条の2第1項に規定する介護予防サービス事業，同条第12項に規定する地域密着型介護予防サービス事業若しくは同条第16項に規定する介護予防支援事業（以下「養介護事業」という．）において業務に従事する者が，当該養介護事業に係るサービスの提供を受ける高齢者について行う前号イからホまでに掲げる行為
⑥ 65歳未満の者であって養介護施設に入所し，その他養介護施設を利用し，又は養介護事業に係るサー

96 高齢者虐待の防止、高齢者の養護者に対する支援等に関する法律（3条〜20条）

ビスの提供を受ける障害者（障害者基本法（昭和45年法律第84号）第2条第1号に規定する障害者をいう。）については、高齢者とみなして、養介護施設従事者等による高齢者虐待に関する規定を適用する。

（国及び地方公共団体の責務等）
第3条 ① 国及び地方公共団体は、高齢者虐待の防止、高齢者虐待を受けた高齢者の迅速かつ適切な保護及び適切な養護者に対する支援を行うため、関係省庁相互間その他関係機関及び民間団体の間の連携の強化、民間団体の支援その他必要な体制の整備に努めなければならない。　　　　　　　　（②、③（略））

（国民の責務）
第4条 国民は、高齢者虐待の防止、養護者に対する支援等の重要性に関する理解を深めるとともに、国又は地方公共団体が講ずる高齢者虐待の防止、養護者に対する支援等のための施策に協力するよう努めなければならない。

（高齢者虐待の早期発見等）
第5条 ① 養介護施設、病院、保健所その他高齢者の福祉に業務上関係のある団体及び養介護施設従事者等、医師、保健師、弁護士その他高齢者の福祉に職務上関係のある者は、高齢者虐待を発見しやすい立場にあることを自覚し、高齢者虐待の早期発見に努めなければならない。
② 前項に規定する者は、国及び地方公共団体が講ずる高齢者虐待の防止のための啓発活動及び高齢者虐待を受けた高齢者の保護のための施策に協力するよう努めなければならない。

第2章　養護者による高齢者虐待の防止、養護者に対する支援等

（相談、指導及び助言）
第6条 市町村は、養護者による高齢者虐待の防止及び養護者による高齢者虐待を受けた高齢者の保護のため、高齢者及び養護者に対して、相談、指導及び助言を行うものとする。

（養護者による高齢者虐待に係る通報等）
第7条 ① 養護者による高齢者虐待を受けたと思われる高齢者を発見した者は、当該高齢者の生命又は身体に重大な危険が生じている場合は、速やかに、これを市町村に通報しなければならない。
② 前項に定めるもののほか、養護者による高齢者虐待を受けたと思われる高齢者を発見した者は、速やかに、これを市町村に通報するよう努めなければならない。
③ 刑法（明治40年法律第45号）の秘密漏示罪の規定その他の守秘義務に関する法律の規定は、前2項の規定による通報をすることを妨げるものと解釈してはならない。

第8条 市町村が前条第1項若しくは第2項の規定による通報又は次条第1項に規定する届出を受けた場合においては、当該通報又は届出を受けた市町村の職員は、その職務上知り得た事項であって当該通報又は届出をした者を特定させるものを漏らしてはならない。

（通報等を受けた場合の措置）
第9条 ① 市町村は、第7条第1項若しくは第2項の規定による通報又は高齢者からの養護者による高齢者虐待を受けた旨の届出を受けたときは、速やかに、当該高齢者の安全の確認その他当該通報又は届出に係る事実の確認のための措置を講ずるとともに、第16条の規定により当該市町村と連携協力する者（以下「高齢者虐待対応協力者」という。）とその対応について協議を行うものとする。
② 市町村又は市町村長は、第7条第1項若しくは第2項の規定による通報又は第1項に規定する届出があった場合には、当該通報又は届出に係る高齢者に対する養護者による高齢者虐待の防止及び当該高齢者に対する養護者による高齢者虐待により生命又は身体に重大な危険が生じているおそれがあると認められる高齢者を一時的に保護するため迅速に老人福祉法第20条の3に規定する老人短期入所施設等に入所させる等、適切に、同法第10条の4第1項若しくは第11条第1項の規定による措置を講じ、又は、適切に、同法第32条の規定により審判の請求をするものとする。

（居室の確保）
第10条 市町村は、養護者による高齢者虐待を受けた高齢者について老人福祉法第10条の4第1項第3号又は第11条第1項第1号若しくは第2号の規定による措置を採るために必要な居室を確保するための措置を講ずるものとする。

（立入調査）
第11条 ① 市町村長は、養護者による高齢者虐待により養護者の生命又は身体に重大な危険が生じているおそれがあると認めるときは、介護保険法第115条の46第2項の規定により設置する地域包括支援センターの職員その他の高齢者の福祉に関する事務に従事する職員をして、当該高齢者の住所又は居所に立ち入り、必要な調査又は質問をさせることができる。
② 前項の規定による立入り及び調査又は質問を行う場合においては、当該職員は、その身分を示す証明書を携帯し、関係者の請求があるときは、これを提示しなければならない。
③ 第1項の規定による立入り及び調査又は質問を行う権限は、犯罪捜査のために認められたものと解釈してはならない。

（面会の制限）
第13条 養護者による高齢者虐待を受けた高齢者について老人福祉法第11条第1項第2号又は第3号の措置が採られた場合においては、市町村長又は当該措置に係る養介護施設の長は、養護者による高齢者虐待の防止及び当該高齢者の保護の観点から、当該養護者による高齢者虐待を行った養護者について当該高齢者との面会を制限することができる。

（養護者の支援）
第14条 ① 市町村は、第6条に規定するもののほか、養護者の負担の軽減のため、養護者に対する相談、指導及び助言その他必要な措置を講ずるものとする。
② 市町村は、前項の措置として、養護者の心身の状態に照らしその養護の負担の軽減を図るため緊急の必要があると認める場合に高齢者が短期間養護を受けるために必要となる居室を確保するための措置を講ずるものとする。

第3章　養介護施設従事者等による高齢者虐待の防止等

（養介護施設従事者等による高齢者虐待の防止等のための措置）
第20条 養介護施設の設置者又は養介護事業を行

う者は,養介護施設従事者等の研修の実施,当該養介護施設に入所し,その他当該養介護施設を利用し,又は当該養介護事業に係るサービスの提供を受ける高齢者及びその家族からの苦情の処理の体制の整備その他の養介護施設従事者等による高齢者虐待の防止等のための措置を講ずるものとする.

(養介護施設従事者等による高齢者虐待に係る通報等)
第21条 ① 養介護施設従事者等は,当該養介護施設従事者等がその業務に従事している養介護施設又は養介護事業(当該養介護施設の設置者若しくは当該養介護事業を行う者が設置する養介護施設又はこれらの者が行う養介護事業を含む.)において業務に従事する養介護施設従事者等による高齢者虐待を受けたと思われる高齢者を発見した場合は,速やかに,これを市町村に通報しなければならない.
② 前項に定める場合のほか,養介護施設従事者等による高齢者虐待を受けたと思われる高齢者を発見した者は,当該高齢者の生命又は身体に重大な危険が生じている場合は,速やかに,これを市町村に通報しなければならない.
③ 前2項に定める場合のほか,養介護施設従事者等による高齢者虐待を受けたと思われる高齢者を発見した者は,速やかに,これを市町村に通報するよう努めなければならない.
④ 養介護施設従事者等による高齢者虐待を受けた高齢者は,その旨を市町村に届け出ることができる.
⑥ 刑法の秘密漏示罪の規定その他の守秘義務に関する法律の規定は,第1項から第3項までの規定による通報(虚偽であるもの及び過失によるものを除く.次項において同じ.)をすることを妨げるものと解釈してはならない.
⑦ 養介護施設従事者等は,第1項から第3項までの規定による通報をしたことを理由として,解雇その他不利益な取扱いを受けない. 〈⑤(略)〉
第23条 市町村が第21条第1項から第3項までの規定による通報又は同条第4項の規定による届出を受けた場合においては,当該通報又は届出を受けた市町村の職員は,その職務上知り得た事項であって当該通報又は届出をした者を特定させるものを漏らしてはならない.都道府県が前条第1項の規定による報告を受けた場合における当該報告を受けた都道府県の職員についても,同様とする.

(通報等を受けた場合の措置)
第24条 市町村が第21条第1項から第3項までの規定による通報若しくは同条第4項の規定による届出を受け,又は都道府県が第22条第1項の規定による報告を受けたときは,市町村長又は都道府県知事は,当該養介護施設の業務又は養介護事業の適正な運営を確保することにより,当該通報又は届出に係る高齢者に対する養介護施設従事者等による高齢者虐待の防止及び当該高齢者の保護を図るため,老人福祉法又は介護保険法の規定による権限を適切に行使するものとする.

第4章 雑 則 (略)

第5章 罰 則 (略)

(5) 障害者福祉

97 障害者基本法 (抄)

(昭45・5・21法律第84号,昭45・5・21施行,最終改正:平25・6・26法律第65号)

第1章 総 則

(目 的)
第1条 この法律は,全ての国民が,障害の有無にかかわらず,等しく基本的人権を享有するかけがえのない個人として尊重されるものであるとの理念にのつとり,全ての国民が,障害の有無によつて分け隔てられることなく,相互に人格と個性を尊重し合いながら共生する社会を実現するため,障害者の自立及び社会参加の支援等のための施策に関し,基本原則を定め,及び国,地方公共団体等の責務を明らかにするとともに,障害者の自立及び社会参加の支援等のための施策の基本となる事項を定めること等により,障害者の自立及び社会参加の支援等のための施策を総合的かつ計画的に推進することを目的とする.

(定 義)
第2条 この法律において,次の各号に掲げる用語の意義は,それぞれ当該各号に定めるところによる.
1 障害者 身体障害,知的障害,精神障害(発達障害を含む.)その他の心身の機能の障害(以下「障害」と総称する.)がある者であつて,障害及び社会的障壁により継続的に日常生活又は社会生活に相当な制限を受ける状態にあるものをいう.
2 社会的障壁 障害がある者にとつて日常生活又は社会生活を営む上で障壁となるような社会における事物,制度,慣行,観念その他一切のものをいう.

(地域社会における共生等)
第3条 第1条に規定する社会の実現は,全ての障害者が,障害者でない者と等しく,基本的人権を享有する個人としてその尊厳が重んぜられ,その尊厳にふさわしい生活を保障される権利を有することを前提としつつ,次に掲げる事項を旨として図られなければならない.
1 全て障害者は,社会を構成する一員として社会,経済,文化その他あらゆる分野の活動に参加する機会が確保されること.
2 全て障害者は,可能な限り,どこで誰と生活するかについての選択の機会が確保され,地域社会において他の人々と共生することを妨げられないこと.
3 全て障害者は,可能な限り,言語(手話を含む.)その他の意思疎通のための手段についての選択の機会が確保されるとともに,情報の取得又は利用のための手段についての選択の機会の拡大が図られること.

(差別の禁止)
第4条 ① 何人も,障害者に対して,障害を理由として,差別することその他の権利利益を侵害する行為をしてはならない.
② 社会的障壁の除去は,それを必要としている障害者が現に存し,かつ,その実施に伴う負担が過重でないときは,それを怠ることによつて前項の規定に

違反することとならないよう，その実施について必要かつ合理的な配慮がされなければならない．
③ 国は，第1項の規定に違反する行為の防止に関する啓発及び知識の普及を図るため，当該行為の防止を図るために必要となる情報の収集，整理及び提供を行うものとする．

(国及び地方公共団体の責務)
第6条 国及び地方公共団体は，第1条に規定する社会の実現を図るため，前3条に定める基本原則(以下「基本原則」という．)にのっとり，障害者の自立及び社会参加の支援等のための施策を総合的かつ計画的に実施する責務を有する．

(国民の理解)
第7条 国及び地方公共団体は，基本原則に関する国民の理解を深めるよう必要な施策を講じなければならない．

(国民の責務)
第8条 国民は，基本原則にのっとり，第1条に規定する社会の実現に寄与するよう努めなければならない．

(施策の基本方針)
第10条 ① 障害者の自立及び社会参加の支援等のための施策は，障害者の性別，年齢，障害の状態及び生活の実態に応じて，かつ，有機的連携の下に総合的に，策定され，及び実施されなければならない．
② 国及び地方公共団体は，障害者の自立及び社会参加の支援等のための施策を講ずるに当たつては，障害者その他の関係者の意見を聴き，その意見を尊重するよう努めなければならない．

(障害者基本計画等)
第11条 ① 政府は，障害者の自立及び社会参加の支援等のための施策の総合的かつ計画的な推進を図るため，障害者のための施策に関する基本的な計画(以下「障害者基本計画」という．)を策定しなければならない．
② 都道府県は，障害者基本計画を基本とするとともに，当該都道府県における障害者の状況等を踏まえ，当該都道府県における障害者のための施策に関する基本的な計画(以下「都道府県障害者計画」という．)を策定しなければならない．
③ 市町村は，障害者基本計画及び都道府県障害者計画を基本とするとともに，当該市町村における障害者の状況等を踏まえ，当該市町村における障害者のための施策に関する基本的な計画(以下「市町村障害者計画」という．)を策定しなければならない．
④ 内閣総理大臣は，関係行政機関の長に協議するとともに，障害者政策委員会の意見を聴いて，障害者基本計画の案を作成し，閣議の決定を求めなければならない．
⑤ 都道府県は，都道府県障害者計画を策定するに当たつては，第36条第1項の合議制の機関の意見を聴かなければならない．
⑥ 市町村は，市町村障害者計画を策定するに当たつては，第36条第4項の合議制の機関を設置している場合にあつてはその意見を，その他の場合にあつては障害者その他の関係者の意見を聴かなければならない．
⑦ 政府は，障害者基本計画を策定したときは，これを国会に報告するとともに，その要旨を公表しなければならない．
⑧ 第2項又は第3項の規定により都道府県障害者計画又は市町村障害者計画が策定されたときは，都道府県知事又は市町村長は，これを当該都道府県の議会又は当該市町村の議会に報告するとともに，その要旨を公表しなければならない．
⑨ 第4項及び第7項の規定は障害者基本計画の変更について，第5項及び前項の規定は都道府県障害者計画の変更について，第6項及び前項の規定は市町村障害者計画の変更について準用する．

(指定事務受託法人)
第11条の2 ① 市町村及び都道府県は，次に掲げる事務の一部を，法人であつて厚生労働省令で定める要件に該当し，当該事務を適正に実施することができると認められるものとして都道府県知事が指定するもの(以下「指定事務受託法人」という．)に委託することができる．
1 第9条第1項，第10条第1項並びに前条第1項及び第2項に規定する事務(これらの規定による命令及び質問の対象となる者並びに立入検査の対象となる事業所及び施設の選定に係るもの並びに当該命令及び当該立入検査を除く．)
2 その他厚生労働省令で定める事務(前号括弧書に規定するものを除く．)
② 指定事務受託法人の役員若しくは職員又はこれらの職にあつた者は，正当な理由なしに，当該委託事務に関して知り得た秘密を漏らしてはならない．
③ 指定事務受託法人の役員又は職員で，当該委託事務に従事するものは，刑法(明治40年法律第45号)その他の罰則の適用については，法令により公務に従事する職員とみなす．
④ 市町村又は都道府県は，第1項の規定により事務を委託したときは，厚生労働省令で定めるところにより，その旨を公示しなければならない．
⑤ 第9条第2項の規定は，第1項の規定により委託を受けて行う同条第1項，第10条第1項並びに前条第1項及び第2項の規定による質問について準用する．
⑥ 前各項に定めるもののほか，指定事務受託法人に関し必要な事項は，政令で定める．

第2章 障害者の自立及び社会参加の支援等のための基本的施策

(医療，介護等)
第14条 ① 国及び地方公共団体は，障害者が生活機能を回復し，取得し，又は維持するために必要な医療の給付及びリハビリテーションの提供を行うよう必要な施策を講じなければならない．
② 国及び地方公共団体は，前項に規定する医療及びリハビリテーションの研究，開発及び普及を促進しなければならない．
③ 国及び地方公共団体は，障害者が，その性別，年齢，障害の状態及び生活の実態に応じ，医療，介護，保健，生活支援その他自立のための適切な支援を受けられるよう必要な施策を講じなければならない．
④ 国及び地方公共団体は，第1項及び前項に規定する施策を講ずるために必要な専門的技術職員その他の専門的知識又は技能を有する職員を育成するよう努めなければならない．
⑤ 国及び地方公共団体は，医療若しくは介護の給付又はリハビリテーションの提供を行うに当たつては，障害者が，可能な限りその身近な場所においてこれらを受けられるよう必要な施策を講ずるものとするほか，その人権を十分に尊重しなければなら

ない．
⑥ 国及び地方公共団体は，福祉用具及び身体障害者補助犬の給付又は貸与その他障害者が日常生活及び社会生活を営むのに必要な施策を講じなければならない．
⑦ 国及び地方公共団体は，前項に規定する施策を講ずるために必要な福祉用具の研究及び開発，身体障害者補助犬の育成等を促進しなければならない．
（年金等）
第15条　国及び地方公共団体は，障害者の自立及び生活の安定に資するため，年金，手当等の制度に関し必要な施策を講じなければならない．
（教　育）
第16条　① 国及び地方公共団体は，障害者が，その年齢及び能力に応じ，かつ，その特性を踏まえた十分な教育が受けられるようにするため，可能な限り障害者である児童及び生徒が障害者でない児童及び生徒と共に教育を受けられるよう配慮しつつ，教育の内容及び方法の改善及び充実を図る等必要な施策を講じなければならない．
② 国及び地方公共団体は，前項の目的を達成するため，障害者である児童及び生徒並びにその保護者に対し十分な情報の提供を行うとともに，可能な限りその意向を尊重しなければならない．
③ 国及び地方公共団体は，障害者である児童及び生徒と障害者でない児童及び生徒との交流及び共同学習を積極的に進めることによって，その相互理解を促進しなければならない．
④ 国及び地方公共団体は，障害者の教育に関し，調査及び研究並びに人材の確保及び資質の向上，適切な教材等の提供，学校施設の整備その他の環境の整備を促進しなければならない．
（療　育）
第17条　① 国及び地方公共団体は，障害者である子どもが可能な限りその身近な場所において療育その他これに関連する支援を受けられるよう必要な施策を講じなければならない．
② 国及び地方公共団体は，療育に関し，研究，開発及び普及の促進，専門的知識又は技能を有する職員の育成その他の環境の整備を促進しなければならない．
（職業相談等）
第18条　① 国及び地方公共団体は，障害者の職業選択の自由を尊重しつつ，障害者がその能力に応じて適切な職業に従事することができるようにするため，障害者の多様な就業の機会を確保するよう努めるとともに，個々の障害者の特性に配慮した職業相談，職業指導，職業訓練及び職業紹介の実施その他必要な施策を講じなければならない．
② 国及び地方公共団体は，障害者の多様な就業の機会の確保を図るため，前項に規定する施策に関する調査及び研究を促進しなければならない．
③ 国及び地方公共団体は，障害者の地域社会における作業活動の場及び障害者の職業訓練のための施設の拡充を図るため，これに必要な費用の助成その他必要な施策を講じなければならない．
（雇用の促進等）
第19条　① 国及び地方公共団体は，国及び地方公共団体並びに事業者における障害者の雇用を促進するため，障害者の優先雇用その他の施策を講じなければならない．
② 事業主は，障害者の雇用に関し，その有する能力を正当に評価し，適切な雇用の機会を確保するとともに，個々の障害者の特性に応じた適正な雇用管理を行うことによりその雇用の安定を図るよう努めなければならない．
③ 国及び地方公共団体は，障害者を雇用する事業主に対して，障害者の雇用のための経済的負担を軽減し，もつてその雇用の促進及び継続を図るため，障害者が雇用される場合に伴い必要となる施設又は設備の整備等に要する費用の助成その他必要な施策を講じなければならない．
（住宅の確保）
第20条　国及び地方公共団体は，障害者が地域社会において安定した生活を営むことができるようにするため，障害者のための住宅を確保し，及び障害者の日常生活に適するような住宅の整備を促進するよう必要な施策を講じなければならない．
（公共的施設のバリアフリー化）
第21条　① 国及び地方公共団体は，障害者の利用の便宜を図ることによって障害者の自立及び社会参加を支援するため，自ら設置する官公庁施設，交通施設（車両，船舶，航空機等の移動施設を含む．次項において同じ．）その他の公共的施設について，障害者が円滑に利用できるような施設の構造及び設備の整備等の計画的推進を図らなければならない．
② 交通施設その他の公共的施設を設置する事業者は，障害者の利用の便宜を図ることによって障害者の自立及び社会参加を支援するため，当該公共的施設について，障害者が円滑に利用できるような施設の構造及び設備の整備等の計画的推進に努めなければならない．
③ 国及び地方公共団体は，前2項の規定により行われる公共的施設の構造及び設備の整備等が総合的かつ計画的に推進されるようにするため，必要な施策を講じなければならない．
④ 国，地方公共団体及び公共的施設を設置する事業者は，自ら設置する公共的施設を利用する障害者の補助を行う身体障害者補助犬の同伴について障害者の利用の便宜を図らなければならない．
（情報の利用におけるバリアフリー化等）
第22条　① 国及び地方公共団体は，障害者が円滑に情報を取得し及び利用し，その意思を表示し，並びに他人との意思疎通を図ることができるようにするため，障害者が利用しやすい電子計算機及びその関連装置その他情報通信機器の普及，電気通信及び放送の役務の利用に関する障害者の利便の増進，障害者に対して情報を提供する施設の整備，障害者の意思疎通を仲介する者の養成及び派遣等が図られるよう必要な施策を講じなければならない．
② 国及び地方公共団体は，災害その他非常の事態の場合に障害者に対しその安全を確保するために必要な情報が迅速かつ正確に伝えられるよう必要な施策を講ずるものとするほか，行政の情報化及び公共分野における情報通信技術の活用の推進に当たつては，障害者の利用の便宜が図られるよう特に配慮しなければならない．
③ 電気通信及び放送その他の情報の提供に係る役務の提供並びに電子計算機及びその関連装置その他情報通信機器の製造等を行う事業者は，当該役務の提供又は当該機器の製造等に当たつては，障害者の利用の便宜を図るよう努めなければならない．
（相談等）
第23条　① 国及び地方公共団体は，障害者の意思決定の支援に配慮しつつ，障害者及びその家族その他

の関係者に対する相談業務,成年後見制度その他の障害者の権利利益の保護等のための施策又は制度が,適切に行われ又は広く利用されるようにしなければならない.
② 国及び地方公共団体は,障害者及びその家族その他の関係者からの各種の相談に総合的に応ずることができるようにするため,関係機関相互の有機的連携の下に必要な相談体制の整備を図るとともに,障害者の家族に対し,障害者の家族が互いに支え合うための活動の支援その他の支援を適切に行うものとする.

(経済的負担の軽減)
第24条 国及び地方公共団体は,障害者及び障害者を扶養する者の経済的負担の軽減を図り,又は障害者の自立の促進を図るため,税制上の措置,公共的施設の利用料等の減免その他必要な施策を講じなければならない.

第3章 障害の原因となる傷病の予防に関する基本的施策 (略)

第4章 障害者政策委員会等

(障害者政策委員会の設置)
第32条 ① 内閣府に,障害者政策委員会(以下「政策委員会」という.)を置く.
② 政策委員会は,次に掲げる事務をつかさどる.
 1 障害者基本計画に関し,第11条第4項(同条第9項において準用する場合を含む.)に規定する事項を処理すること.
 2 前号に規定する事項に関し,調査審議し,必要があると認めるときは,内閣総理大臣又は関係各大臣に対し,意見を述べること.
 3 障害者基本計画の実施状況を監視し,必要があると認めるときは,内閣総理大臣又は内閣総理大臣を通じて関係各大臣に勧告すること.
 4 障害を理由とする差別の解消の推進に関する法律(平成25年法律第65号)の権限に属された事項を処理すること.
③ 内閣総理大臣又は関係各大臣は,前項第3号の規定による勧告に基づき講じた施策について政策委員会に報告しなければならない.

98 障害を理由とする差別の解消の推進に関する法律(抄)
(平25・6・26法律第65号,平28・4・1施行)

第1章 総則

(目的)
第1条 この法律は,障害者基本法(昭和45年法律第84号)の基本的な理念にのっとり,全ての障害者が,障害者でない者と等しく,基本的人権を享有する個人としてその尊厳が重んぜられ,その尊厳にふさわしい生活を保障される権利を有することを踏まえ,障害を理由とする差別の解消の推進に関する基本的な事項,行政機関等及び事業者における障害を理由とする差別を解消するための措置等を定めることにより,障害を理由とする差別の解消を推進し,もって全ての国民が,障害の有無によって分け隔てられることなく,相互に人格と個性を尊重し合いながら共生する社会の実現に資することを目的とする.

(定義)
第2条 この法律において,次の各号に掲げる用語の意義は,それぞれ当該各号に定めるところによる.
 1 障害者 身体障害,知的障害,精神障害(発達障害を含む.)その他の心身の機能の障害(以下「障害」と総称する.)がある者であって,障害及び社会的障壁により継続的に日常生活又は社会生活に相当な制限を受ける状態にあるものをいう.
 2 社会的障壁 障害がある者にとって日常生活又は社会生活を営む上で障壁となるような社会における事物,制度,慣行,観念その他一切のものをいう.
 3 行政機関等 国の行政機関,独立行政法人等,地方公共団体(地方公営企業法(昭和27年法律第292号)第3章の規定の適用を受ける地方公共団体の経営する企業を除く.第7号,第10条及び附則第4条第1項において同じ.)及び地方独立行政法人をいう.
 7 事業者 商業その他の事業を行う者(国,独立行政法人等,地方公共団体及び地方独立行政法人を除く.)をいう. 〈4~6(略)〉

(国及び地方公共団体の責務)
第3条 国及び地方公共団体は,この法律の趣旨にのっとり,障害を理由とする差別の解消の推進に関して必要な施策を策定し,及びこれを実施しなければならない.

(国民の責務)
第4条 国民は,第1条に規定する社会を実現する上で障害を理由とする差別の解消が重要であることに鑑み,障害を理由とする差別の解消の推進に寄与するよう努めなければならない.

(社会的障壁の除去の実施についての必要かつ合理的な配慮に関する環境の整備)
第5条 行政機関等及び事業者は,社会的障壁の除去の実施についての必要かつ合理的な配慮の的確に行うため,自ら設置する施設の構造の改善及び設備の整備,関係職員に対する研修その他の必要な環境の整備に努めなければならない.

第2章 障害を理由とする差別の解消の推進に関する基本方針

第6条 ① 政府は,障害を理由とする差別の解消の推進に関する施策を総合的かつ一体的に実施するため,障害を理由とする差別の解消の推進に関する基本方針(以下「基本方針」という.)を定めなければならない.
② 基本方針は,次に掲げる事項について定めるものとする.
 1 障害を理由とする差別の解消の推進に関する施策に関する基本的な方向
 2 行政機関等が講ずべき障害を理由とする差別を解消するための措置に関する基本的な事項
 3 事業者が講ずべき障害を理由とする差別を解消するための措置に関する基本的な事項
 4 その他障害を理由とする差別の解消の推進に関

する施策に関する重要事項
③ 内閣総理大臣は,基本方針の案を作成し,閣議の決定を求めなければならない.
④ 内閣総理大臣は,基本方針の案を作成しようとするときは,あらかじめ,障害者その他の関係者の意見を反映させるために必要な措置を講ずるとともに,障害者政策委員会の意見を聴かなければならない.
⑤ 内閣総理大臣は,第3項の規定による閣議の決定があったときは,遅滞なく,基本方針を公表しなければならない.
⑥ 前3項の規定は,基本方針の変更について準用する.

第3章　行政機関等及び事業者における障害を理由とする差別を解消するための措置

(行政機関等における障害を理由とする差別の禁止)
第7条　① 行政機関等は,その事務又は事業を行うに当たり,障害を理由として障害者でない者と不当な差別的取扱いをすることにより,障害者の権利利益を侵害してはならない.
② 行政機関等は,その事務又は事業を行うに当たり,障害者から現に社会的障壁の除去を必要としている旨の意思の表明があった場合において,その実施に伴う負担が過重でないときは,障害者の権利利益を侵害することとならないよう,当該障害者の性別,年齢及び障害の状態に応じて,社会的障壁の除去の実施について必要かつ合理的な配慮をしなければならない.

(事業者における障害を理由とする差別の禁止)
第8条　① 事業者は,その事業を行うに当たり,障害を理由として障害者でない者と不当な差別的取扱いをすることにより,障害者の権利利益を侵害してはならない.
② 事業者は,その事業を行うに当たり,障害者から現に社会的障壁の除去を必要としている旨の意思の表明があった場合において,その実施に伴う負担が過重でないときは,障害者の権利利益を侵害することとならないよう,当該障害者の性別,年齢及び障害の状態に応じて,社会的障壁の除去の実施について必要かつ合理的な配慮をするように努めなければならない.

(事業者のための対応指針)
第11条　① 主務大臣は,基本方針に即して,第8条に規定する事項に関し,事業者が適切に対応するために必要な指針(以下「対応指針」という.)を定めるものとする.　②(略)

(報告の徴収並びに助言,指導及び勧告)
第12条　主務大臣は,第8条の規定の施行に関し,特に必要があると認めるときは,対応指針に定める事項について,当該事業者に対し,報告を求め,又は助言,指導若しくは勧告をすることができる.

(事業主による措置に関する特例)
第13条　行政機関等及び事業者が事業主としての立場で労働者に対して行う障害を理由とする差別を解消するための措置については,障害者の雇用の促進等に関する法律(昭和35年法律第123号)の定めるところによる.

第4章　障害を理由とする差別を解消するための支援措置

(相談及び紛争の防止等のための体制の整備)
第14条　国及び地方公共団体は,障害者及びその家族その他の関係者からの障害を理由とする差別に関する相談に的確に応ずるとともに,障害を理由とする差別に関する紛争の防止又は解決を図ることができるよう必要な体制の整備を図るものとする.

(啓発活動)
第15条　国及び地方公共団体は,障害を理由とする差別の解消について国民の関心と理解を深めるとともに,特に,障害を理由とする差別の解消を妨げている諸要因の解消を図るため,必要な啓発活動を行うものとする.

(情報の収集,整理及び提供)
第16条　国は,障害を理由とする差別を解消するための取組に資するよう,国内外における障害を理由とする差別及びその解消のための取組に関する情報の収集,整理及び提供を行うものとする.

第5章　雑　則（略）

第6章　罰　則（略）

99　身体障害者福祉法（抄）

(昭24・12・26法律第283号,昭25・4・1施行,最終改正：平28・6・3法律第65号)

第1章　総　則

(法の目的)
第1条　この法律は,障害者の日常生活及び社会生活を総合的に支援するための法律(平成17年法律第123号)と相まって,身体障害者の自立と社会経済活動への参加を促進するため,身体障害者を援助し,及び必要に応じて保護し,もつて身体障害者の福祉の増進を図ることを目的とする.

(自立への努力及び機会の確保)
第2条　① すべて身体障害者は,自ら進んでその障害を克服し,その有する能力を活用することにより,社会経済活動に参加することができるように努めなければならない.
② すべて身体障害者は,社会を構成する一員として社会,経済,文化その他あらゆる分野の活動に参加する機会を与えられるものとする.

(国,地方公共団体及び国民の責務)
第3条　① 国及び地方公共団体は,前条に規定する理念が実現されるように配慮して,身体障害者の自立と社会経済活動への参加を促進するための援助と必要な保護(以下「更生援護」という.)を総合的に実施するように努めなければならない.
② 国民は,社会連帯の理念に基づき,身体障害者がその障害を克服し,社会経済活動に参加しようとする努力に対し,協力するように努めなければならない.

99 身体障害者福祉法（4条〜9条）

第1節　定義
（身体障害者）

第4条　この法律において、「身体障害者」とは、別表に掲げる身体上の障害がある18歳以上の者であつて、都道府県知事から身体障害者手帳の交付を受けたものをいう．

第4条の2　① この法律において、「身体障害者生活訓練等事業」とは、身体障害者に対する点字又は手話の訓練その他の身体障害者が日常生活又は社会生活を営むために必要な厚生労働省令で定める訓練その他の援助を提供する事業をいう．

② この法律において、「手話通訳事業」とは、聴覚、言語機能又は音声機能の障害のため、音声言語により意思疎通を図ることに支障がある身体障害者（以下この項において「聴覚障害者等」という．）につき、手話通訳その他厚生労働省令で定める方法により聴覚障害者等とその他の者の意思疎通を仲介することをいう．第34条において同じ．）に関する便宜を供与する事業をいう．

③ この法律において、「介助犬訓練事業」とは、介助犬（身体障害者補助犬法（平成14年法律第49号）第2条第3項に規定する介助犬をいう．以下同じ．）の訓練を行うとともに、肢体の不自由な身体障害者に対し、介助犬の利用に必要な訓練を行う事業をいい、「聴導犬訓練事業」とは、聴導犬（同条第4項に規定する聴導犬をいう．以下同じ．）の訓練を行うとともに、聴覚障害のある身体障害者に対し、聴導犬の利用に必要な訓練を行う事業をいう．

（施　設）

第5条　① この法律において、「身体障害者社会参加支援施設」とは、身体障害者福祉センター、補装具製作施設、盲導犬訓練施設及び視聴覚障害者情報提供施設をいう．

② この法律において、「医療保健施設」とは、地域保健法（昭和22年法律第101号）に基づく保健所並びに医療法（昭和23年法律第205号）に規定する病院及び診療所をいう．

第3節　実施機関等
（援護の実施者）

第9条　① この法律に定める身体障害者又はその介護を行う者に対する援護は、その身体障害者の居住地の市町村（特別区を含む．以下同じ．）が行うものとする．ただし、身体障害者が居住地を有しないか、又は明らかでなく者であるときは、その身体障害者の現在地の市町村が行うものとする．

② 前項の規定にかかわらず、第18条第2項の規定により入所措置が採られて又は障害者の日常生活及び社会生活を総合的に支援するための法律第29条第1項若しくは第30条第1項の規定により同法第19条第1項に規定する介護給付費等（次項及び第8条において「介護給付費等」という．）の支給を受けて同法第5条第1項若しくは第6項の厚生労働省令で定める施設又は同法第11条に規定する障害者支援施設（以下「障害者支援施設」という．）に入所している身体障害者又は生活保護法（昭和25年法律第144号）第30条第1項ただし書の規定により入所している身体障害者（以下この項において「特定施設入所身体障害者」という．）については、その者が障害者の日常生活及び社会生活を総合的に支援するための法律第5条第1項若しくは第6項の厚生労働省令で定める施設、障害者支援施設又は生活保護法第30条第1項ただし書に規定する施設（以下この条において「特定施設」という．）への入所前に有した居住地（継続して2以上の特定施設に入所している特定施設入所身体障害者（以下この項において「継続入所身体障害者」という．）については、最初に入所した特定施設への入所前に有した居住地）の市町村が、この法律に定める援護を行うものとする．ただし、特定施設への入所前に居住地を有しないか、又は明らかでなかつた特定施設入所身体障害者については、入所前におけるその者の所在地（継続入所身体障害者については、最初に入所した特定施設への入所前に有した所在地）の市町村が、この法律に定める援護を行うものとする．

③ 前2項の規定にかかわらず、児童福祉法（昭和22年法律第164号）第24条の2第1項若しくは第24条の24第1項の規定による障害児入所給付費の支給を受けて又は同法第27条第1項第3号若しくは第2項の規定により措置（同法第31条第5項の規定により同法第27条第1項第3号又は第2項の規定による措置とみなされる措置を含む．）が採られて障害者の日常生活及び社会生活を総合的に支援するための法律第5条第1項の厚生労働省令で定める施設に入所していた身体障害者又は身体に障害のある児童福祉法第4条第1項に規定する児童（以下この項において「身体障害者等」という．）が、継続して、第18条第2項の規定により入所措置が採られ、障害者の日常生活及び社会生活を総合的に支援するための法律第29条第1項若しくは第30条第1項の規定により介護給付費等の支給を受けて、又は生活保護法第30条第1項ただし書の規定により特定施設に入所した場合は、当該身体障害者等が満18歳となる日の前日に当該身体障害者等の保護者であつた者（以下この項において「保護者」という．）が有した居住地の市町村が、この法律に定める援護を行うものとする．ただし、当該身体障害者等が満18歳となる日の前日に保護者であつたか、保護者であつた者が居住地を有しないか、又は保護者であつた者の居住地が明らかでない身体障害者等については、当該身体障害者等が満18歳となる日の前日におけるその者の所在地の市町村がこの法律に定める援護を行うものとする．

④ 前2項の規定の適用を受ける身体障害者が入所している特定施設の設置者は、当該特定施設の所在する市町村及び当該身体障害者に対しこの法律に定める援護を行う市町村に必要な協力をしなければならない．

⑤ 市町村は、この法律の施行に関し、次に掲げる業務を行わなければならない．

1　身体に障害のある者を発見して、又はその相談に応じて、その福祉の増進を図るために必要な指導を行うこと．

2　身体障害者の福祉に関し、必要な情報の提供を行うこと．

3　身体障害者の相談に応じ、その生活の実情、環境等を調査し、更生援護の必要の有無及びその種類を判断し、本人に対して、直接に、又は間接に、社会的更生の方途を指導すること並びにこれに付随する業務を行うこと．

⑥ 市町村は、前項第2号の規定による情報の提供並びに同項第3号の規定による相談及び指導のうち

(5) 障害者福祉

主として居宅において日常生活を営む身体障害者及びその介護を行う者に係るものについては，これを障害者の日常生活及び社会生活を総合的に支援するための法律第5条第18項に規定する一般相談支援事業又は特定相談支援事業を行う当該市町村以外の者に委託することができる．
〔平28法65，平30・4・1施行〕
⑦ その設置する福祉事務所（社会福祉法（昭和26年法律第45号）に定める福祉に関する事務所をいう．以下同じ．）に身体障害者の福祉に関する事務をつかさどる職員（以下「身体障害者福祉司」という．）を置いていない市町村の長及び福祉事務所を設置していない町村の長は，第5項第3号に掲げる業務のうち専門的な知識及び技術を必要とするもの（次条第2項及び第3項において「専門的相談指導」という．）については，身体障害者の更生援護に関する相談所（以下「身体障害者更生相談所」という．）の技術的援助及び助言を求めなければならない．
⑧ 市町村長（特別区の区長を含む．以下同じ．）は，第5項第3号に掲げる業務を行うに当たつて，特に医学的，心理学的及び職能的判定を必要とする場合には，身体障害者更生相談所の判定を求めなければならない．
⑨ 市町村長は，この法律の規定による市町村の事務の全部又は一部をその管理に属する行政庁に委任することができる．

（市町村の福祉事務所）
第9条の2 ① 市町村の設置する福祉事務所又はその長は，この法律の施行に関し，主として前条第5項各号に掲げる業務又は同条第7項及び第8項の規定による市町村長の業務を行うものとする．
② 市の設置する福祉事務所に身体障害者福祉司を置いている福祉事務所があるときは，当該市の身体障害者福祉司を置いていない福祉事務所の長は，専門的相談指導については，当該市の身体障害者福祉司の技術的援助及び助言を求めなければならない．
③ 市町村の設置する福祉事務所のうち身体障害者福祉司を置いている福祉事務所の長は，専門的相談指導を行うに当たつて，特に専門的な知識及び技術を必要とする場合には，身体障害者更生相談所の技術的援助及び助言を求めなければならない．

（連絡調整等の実施者）
第10条 ① 都道府県は，この法律の施行に関し，次に掲げる業務を行わなければならない．
1 市町村の援護の実施に関し，市町村相互間の連絡調整，市町村に対する情報の提供その他必要な援助を行うこと及びこれらに付随する業務を行うこと．
2 身体障害者の福祉に関し，主として次に掲げる業務を行うこと．
イ 各市町村の区域を超えた広域的な見地から，実情の把握に努めること．
ロ 身体障害者に関する相談及び指導のうち，専門的な知識及び技術を必要とするものを行うこと．
ハ 身体障害者の医学的，心理学的及び職能的判定を行うこと．
ニ 必要に応じ，障害者の日常生活及び社会生活を総合的に支援するための法律第25項に規定する補装具の処方及び適合判定を行うこと．
〔平28法65，平30・4・1施行〕
② 都道府県知事は，市町村の援護の適切な実施を確保するため必要があると認めるときは，市町村に対し，必要な助言を行うことができる．
③ 都道府県知事は，第1項又は前項の規定による都道府県の事務の全部又は一部を，その管理に属する行政庁に限り，委任することができる．

（更生相談所）
第11条 ① 都道府県は，身体障害者の更生援護の利便のため，及び市町村の援護の適切な実施の支援のため，必要の地に身体障害者更生相談所を設けなければならない．
② 身体障害者更生相談所は，身体障害者の福祉に関し，主として前条第1項第1号に掲げる業務（第18条第2項の措置に係るものに限る．）及び前条第2号ロから二までに掲げる業務並びに障害者の日常生活及び社会生活を総合的に支援するための法律第22条第2項及び第3項，第26条第1項，第51条の7第2項及び第3項，第51条の11，第74条並びに第76条第3項に規定する業務を行うものとする．
③ 身体障害者更生相談所は，必要に応じ，巡回して，前項に規定する業務を行うことができる．
④ 前各項に定めるもののほか，身体障害者更生相談所に関し必要な事項は，政令で定める．

（身体障害者福祉司）
第11条の2 ① 都道府県は，その設置する身体障害者更生相談所に，身体障害者福祉司を置かなければならない．
② 市及び町村は，その設置する福祉事務所に，身体障害者福祉司を置くことができる．
③ 都道府県の身体障害者福祉司は，身体障害者更生相談所の長の命を受けて，次に掲げる業務を行うものとする．
1 第10条第1項第1号に掲げる業務のうち，専門的な知識及び技術を必要とするものを行うこと．
2 身体障害者の福祉に関し，第10条第1項第2号ロに掲げる業務を行うこと．
④ 市町村の身体障害者福祉司は，当該市町村の福祉事務所の長の命を受けて，身体障害者の福祉に関し，次に掲げる業務を行うものとする．
1 福祉事務所の所員に対し，技術的指導を行うこと．
2 第9条第5項第3号に掲げる業務のうち，専門的な知識及び技術を必要とするものを行うこと．
⑤ 市の身体障害者福祉司は，第9条の2第2項の規定により技術的援助及び助言を求められたときは，これに協力しなければならない．この場合において，特に専門的な知識及び技術が必要であると認めるときは，身体障害者更生相談所に当該技術的援助及び助言を行うよう依頼しなければならない．

第12条 身体障害者福祉司は，都道府県知事又は市町村長の補助機関である職員とし，次の各号のいずれかに該当する者のうちから，任用しなければならない．
1 社会福祉法に定める社会福祉主事たる資格を有する者であつて，身体障害者の更生援護その他の福祉に関する事業に2年以上従事した経験を有するもの
2 学校教育法（昭和22年法律第26号）に基づく大学又は旧大学令（大正7年勅令第388号）に基づく大学において，厚生労働大臣の指定する社会福祉に関する科目を修めて卒業した者
3 医師
4 社会福祉士

5 身体障害者の更生援護の事業に従事する職員を養成する学校その他の施設で都道府県知事の指定するものを卒業した者
6 前各号に準ずる者であつて、身体障害者福祉司として必要な学識経験を有するもの

（民生委員の協力）
第12条の2 民生委員法（昭和23年法律第198号）に定める民生委員は、この法律の施行について、市町村長、福祉事務所の長、身体障害者福祉司又は社会福祉主事の事務の執行に協力するものとする．

（身体障害者相談員）
第12条の3 ① 市町村は、身体に障害のある者の福祉の増進を図るため、身体に障害のある者の相談に応じ、及び身体に障害のある者の更生のために必要な援助を行うこと（次項において「相談援助」という。）を、社会的信望があり、かつ、身体に障害のある者の更生援護に熱意と識見を持つている者に委託することができる．
② 前項の規定にかかわらず、都道府県は、障害の特性その他の事情に応じた相談援助を委託することが困難であると認められる市町村がある場合にあつては、当該市町村の区域における当該相談援助を、社会的信望があり、かつ、身体に障害のある者の更生援護に熱意と識見を持つている者に委託することができる．
③ 前2項の規定により委託を受けた者は、身体障害者相談員と称する．
④ 身体障害者相談員は、その委託を受けた業務を行うに当たつては、身体に障害のある者が、障害者の日常生活及び社会生活を総合的に支援するための法律第5条第1項に規定する障害福祉サービス事業（第18条の2において「障害福祉サービス事業」という。）、同法第5条第18項に規定する一般相談支援事業その他の身体障害者の福祉に関する事業に係るサービスを円滑に利用することができるように配慮し、これらのサービスを提供する者その他の関係者等との連携を保つよう努めなければならない．　　　　　　　　　　〔平28法65,平30・4・1施行〕
⑤ 身体障害者相談員は、その委託を受けた業務を行うに当たつては、個人の人格を尊重し、その身上に関する秘密を守らなければならない．

第2章　更生援護

第1節　総則
（支援体制の整備等）
第14条の2 ① 市町村は、この章に規定する更生援護、障害者の日常生活及び社会生活を総合的に支援するための法律の規定による自立支援給付及び地域生活支援事業その他の地域の実情に応じたきめ細かな福祉サービスが積極的に提供され、身体障害者が、心身の状況、その置かれている環境等に応じて、自立した日常生活及び社会生活を営むために最も適切な支援が総合的に受けられるように、福祉サービスを提供する者又はこれらに参画する者の活動の連携及び調整を図る等地域の実情に応じた体制の整備に努めなければならない．
② 市町村は、前項の体制の整備及びこの章に規定する更生援護の実施に当たつては、身体障害者が引き続き居宅において日常生活を営むことができるよう配慮しなければならない．

（身体障害者手帳）
第15条 ① 身体に障害のある者は、都道府県知事の定める医師の診断書を添えて、その居住地（居住地を有しないときは、その現在地）の都道府県知事に身体障害者手帳の交付を申請することができる．ただし、本人が15歳に満たないときは、その保護者（親権を行う者及び後見人をいう。ただし、児童福祉法第27条第1項第3号又は第27条の2の規定により里親に委託され、又は児童福祉施設に入所した児童については、当該里親又は児童福祉施設の長とする。以下同じ。）が代わつて申請するものとする．
② 前項の規定により都道府県知事が医師を定めるときは、厚生労働大臣の定めるところに従い、かつ、その指定に当たつては、社会福祉法第7条第1項に規定する社会福祉に関する審議会その他の合議制の機関（以下「地方社会福祉審議会」という。）の意見を聴かなければならない．
③ 第1項に規定する医師が、その身体に障害のある者に診断書を交付するときは、その者の障害が別表に掲げる障害に該当するか否かについて意見書をつけなければならない．
④ 都道府県知事は、第1項の申請に基いて審査し、その障害が別表に掲げるものに該当すると認めたときは、申請者に身体障害者手帳を交付しなければならない．
⑤ 前項に規定する審査の結果、その障害が別表に掲げるものに該当しないと認めたときは、都道府県知事は、理由を附して、その旨を申請者に通知しなければならない．
⑥ 身体障害者手帳の交付を受けた者は、身体障害者手帳を譲渡し又は貸与してはならない．
⑦ 身体に障害のある15歳未満の者につき、その保護者が身体障害者手帳の交付を受けた場合において、本人が満15歳に達したとき、又は本人が満15歳に達する以前にその保護者が保護者でなくなつたときは、身体障害者手帳の交付を受けた保護者は、すみやかに、これを本人又は新たな保護者に引き渡さなければならない．
⑧ 前項の場合において、本人が満15歳に達する以前に、身体障害者手帳の交付を受けたその保護者が死亡したときは、その者の親族又は同居の縁故者でその身体障害者手帳を所持するものは、すみやかにこれを本人又は新たな保護者に引き渡さなければならない．
⑨ 前2項の規定により本人又は新たな保護者が身体障害者手帳の引渡を受けたときは、その身体障害者手帳は、本人又は新たな保護者が交付を受けたものとみなす．
⑩ 前各項に定めるものの外、身体障害者手帳に関し必要な事項は、政令で定める．

（身体障害者手帳の返還）
第16条 ① 身体障害者手帳の交付を受けた者又はその者の親族若しくは同居の縁故者でその身体障害者手帳を所持するものは、本人が別表に掲げる障害を有しなくなつたとき、又は死亡したときは、すみやかに身体障害者手帳を都道府県知事に返還しなければならない．
② 都道府県知事は、次に掲げる場合には、身体障害者手帳の交付を受けた者に対し身体障害者手帳の返還を命ずることができる．
1　本人の障害が別表に掲げるものに該当しないと認めたとき．
2　身体障害者手帳の交付を受けた者が正当な理由がなく、第17条の2第1項の規定による診査又は

児童福祉法第19条第1項の規定による診査を拒み、又は忌避したとき．
3 身体障害者手帳の交付を受けた者がその身体障害者手帳を他人に譲渡し又は貸与したとき．
③ 都道府県知事は、前項の規定による処分をするには、文書をもって、その理由を示さなければならない．
④ 市町村長は、身体障害者につき、前項各号に掲げる事由があると認めるときは、その旨を都道府県知事に通知しなければならない．
第17条 前条第2項の規定による処分に係る行政手続法（平成5年法律第88号）第15条第1項の通知は、聴聞の期日の10日前までにしなければならない．

第2節 障害福祉サービス、障害者支援施設等への入所等の措置

（障害福祉サービス、障害者支援施設等への入所等の措置）
第18条 ① 市町村は、障害者の日常生活及び社会生活を総合的に支援するための法律第5条第1項に規定する障害福祉サービス（同条第6項に規定する療養介護及び同条第10項に規定する施設入所支援（以下この条において「療養介護等」という．）を除く．以下「障害福祉サービス」という．）を必要とする身体障害者が、やむを得ない事由により介護給付費等（療養介護等に係るものを除く．）の支給を受けることが著しく困難であると認めるときは、その身体障害者につき、政令で定める基準に従い、障害福祉サービスを提供し、又は当該市町村以外の者に障害福祉サービスの提供を委託することができる．
② 市町村は、障害者支援施設又は障害者の日常生活及び社会生活を総合的に支援するための法律第5条第6項の厚生労働省令で定める施設（以下「障害者支援施設等」という．）への入所を必要とする身体障害者が、やむを得ない事由により介護給付費等（療養介護等に係るものに限る．）の支給を受けることが著しく困難であると認めるときは、その身体障害者を当該市町村の設置する障害者支援施設等に入所させ、又は国、他の市町村若しくは社会福祉法人の設置する障害者支援施設等若しくは独立行政法人国立病院機構若しくは高度専門医療に関する研究等を行う国立研究開発法人に関する法律（平成20年法律第93号）第3条の2に規定する国立高度専門医療研究センターの設置する医療機関であつて厚生労働大臣の指定するもの（以下「指定医療機関」という．）にその身体障害者の入所若しくは入院を委託しなければならない．

（措置の受託義務）
第18条の2 障害福祉サービス事業を行う者又は障害者支援施設等若しくは指定医療機関の設置者は、前条の規定による委託を受けたときは、正当な理由がない限り、これを拒んではならない．

（措置の解除に係る説明等）
第18条の3 市町村長は、第17条の2第1項第3号、第18条又は第50条の措置を解除する場合には、あらかじめ、当該措置に係る者に対し、当該措置の解除の理由について説明するとともに、その意見を聴かなければならない．ただし、当該措置に係る者から当該措置の解除の申出があつた場合その他厚生労働省令で定める場合においては、この限りでない．

第3節 盲導犬等の貸与

第20条 都道府県は、視覚障害のある身体障害者、肢体の不自由な身体障害者又は聴覚障害のある身体障害者から申請があつたときは、その福祉を図るため、必要に応じ、盲導犬訓練施設において訓練を受けた盲導犬（身体障害者補助犬法第2条第2項に規定する盲導犬をいう．以下同じ．）、介助犬訓練事業を行う者により訓練を受けた介助犬又は聴導犬訓練事業を行う者により訓練を受けた聴導犬を貸与し、又は当該都道府県以外の者にこれを貸与することを委託することができる．

第4節 社会参加の促進等

（社会参加を促進する事業の実施）
第21条 地方公共団体は、視覚障害のある身体障害者及び聴覚障害のある身体障害者の意思疎通を支援する事業、身体障害者の盲導犬、介助犬又は聴導犬の使用を支援する事業、身体障害者のスポーツ活動への参加を促進する事業その他の身体障害者の社会、経済、文化その他あらゆる分野の活動への参加を促進する事業を実施するよう努めなければならない．

（製作品の購買）
第25条 ① 身体障害者の援護を目的とする社会福祉法人で厚生労働大臣の指定するものは、その援護する身体障害者の製作した政令で定める物品について、国又は地方公共団体の行政機関に対し、購買を求めることができる．
② 国又は地方公共団体の行政機関は、前項の規定により当該物品の購買を求められた場合において、適当と認められる価格により、且つ、自らの指定する期限内に購買することができるときは、自らの用に供する範囲において、その求に応じなければならない．但し、前項の社会福祉法人からその必要とする数量を購買することができないときは、この限りでない．
③ 国の行政機関が、前2項の規定により当該物品を購買するときは、第1項の社会福祉法人の受注、納入等を円滑ならしめることを目的とする社会福祉法人で厚生労働大臣の指定するものを通じて行うことができる．
④ 社会保障審議会は、この条に規定する業務の運営について必要があると認めるときは、国又は地方公共団体の機関に対し、勧告することができる．

第3章 事業及び施設

（事業の開始等）
第26条 ① 国及び都道府県以外の者は、厚生労働省令で定めるところにより、あらかじめ、厚生労働省令で定める事項を都道府県知事に届け出て、身体障害者生活訓練等事業又は介助犬訓練事業若しくは聴導犬訓練事業（以下「身体障害者生活訓練等事業」という．）を行うことができる．
② 国及び都道府県以外の者は、前項の規定により届け出た事項に変更を生じたときは、変更の日から1月以内に、その旨を都道府県知事に届け出なければならない．
③ 国及び都道府県以外の者は、身体障害者生活訓練等事業等を廃止し、又は休止しようとするときは、あらかじめ、厚生労働省令で定める事項を都道府県知事に届け出なければならない．
第27条 国及び都道府県以外の者は、社会福祉法の

定めるところにより,手話通訳事業を行うことができる.

(施設の設置等)
第28条 ① 都道府県は,身体障害者社会参加支援施設を設置することができる.
② 市町村は,あらかじめ厚生労働省令で定める事項を都道府県知事に届け出て,身体障害者社会参加支援施設を設置することができる.
③ 社会福祉法人その他の者は,社会福祉法の定めるところにより,身体障害者社会参加支援施設を設置することができる.
④ 身体障害者社会参加支援施設には,身体障害者の社会参加の支援の事務に従事する者の養成施設(以下「養成施設」という.)を附置することができる.ただし,市町村がこれを附置する場合には,あらかじめ,厚生労働省令で定める事項を都道府県知事に届け出なければならない.
⑤ 前各項に定めるもののほか,身体障害者社会参加支援施設の設置,廃止又は休止に関し必要な事項は,政令で定める.

第29条 ① 厚生労働大臣は,身体障害者社会参加支援施設及び養成施設の設備及び運営について,基準を定めなければならない.
② 社会福祉法人その他の者が設置する身体障害者社会参加支援施設については,前項の規定による基準を社会福祉法第65条第1項の規定による基準とみなして,同法第62条第4項,第65条第3項及び第71条の規定を適用する.

(身体障害者福祉センター)
第31条 身体障害者福祉センターは,無料又は低額な料金で,身体障害者に関する各種の相談に応じ,身体障害者に対し,機能訓練,教養の向上,社会との交流の促進及びレクリエーションのための便宜を総合的に供与する施設とする.

(補装具製作施設)
第32条 補装具製作施設は,無料又は低額な料金で,補装具の製作又は修理を行う施設とする.

(盲導犬訓練施設)
第33条 盲導犬訓練施設は,無料又は低額な料金で,盲導犬の訓練を行うとともに,視覚障害のある身体障害者に対し,盲導犬の利用に必要な訓練を行う施設とする.

(視聴覚障害者情報提供施設)
第34条 視聴覚障害者情報提供施設は,無料又は低額な料金で,点字刊行物,視覚障害者用の録音物,聴覚障害者用の録画物その他各種情報を記録した物であつて専ら視聴覚障害者が利用するものを製作し,若しくはこれらを視聴覚障害者の利用に供し,又は点訳(文字を点字に訳すことをいう.)若しくは手話通訳等を行う者の養成若しくは派遣その他の厚生労働省令で定める便宜を供与する施設とする.

第4章 費 用

(市町村の支弁)
第35条 身体障害者の更生援護について,この法律において規定する事項に要する費用のうち,次に掲げるものは,市町村の支弁とする.
1 第11条の2の規定により市町村が設置する身体障害者福祉司の設置及び運営に要する費用
2 第12条の3の規定により市町村が行う委託に要する費用
3 第13条,第14条,第17条の2及び第18条の規定により市町村が行う行政措置に要する費用(国の設置する障害者支援施設等に対し第18条第2項の規定による委託をした場合において,その委託後に要する費用を除く.)
4 第28条第2項及び第4項の規定により,市町村が設置する身体障害者社会参加支援施設及び養成施設の設置及び運営に要する費用

(都道府県の支弁)
第36条 身体障害者の更生援護について,この法律において規定する事項に要する費用のうち,次に掲げるものは,都道府県の支弁とする.
1 第11条の2の規定により都道府県が設置する身体障害者福祉司の設置及び運営に要する費用
2 第11条の規定により都道府県が設置する身体障害者更生相談所の設置及び運営に要する費用
2の2 第12条の3の規定により都道府県が行う委託に要する費用
3 第13条,第14条,第15条及び第20条の規定により都道府県知事が行う行政措置に要する費用
4 第28条第1項及び第4項の規定により都道府県が設置する身体障害者社会参加支援施設及び養成施設の設置及び運営に要する費用

(国の支弁)
第36条の2 国は,第18条第2項の規定により,国の設置する障害者支援施設等に入所した身体障害者の入所後に要する費用を支弁する.

(都道府県の負担)
第37条 都道府県は,政令の定めるところにより,第35条の規定により市町村が支弁する費用について,次に掲げるものを負担する.
1 第35条第3号の費用(第18条の規定により市町村が行う行政措置に要する費用に限り,次号に掲げる費用を除く.)については,その4分の1
2 第35条第3号の費用(第9条第1項に規定する居住地を有しないか,又は明らかでない身体障害者についての第18条の規定により市町村が行う行政措置に要する費用に限る.)については,その10分の5

(国の負担)
第37条の2 国は,政令の定めるところにより,第35条及び第36条の規定により市町村及び都道府県が支弁する費用について,次に掲げるものを負担する.
1 第35条第4号及び第36条第4号の費用(視聴覚障害者情報提供施設の運営に要する費用に限る.)については,その10分の5
2 第35条第3号の費用(第17条の2の規定により市町村が行う行政措置に要する費用を除く.)及び第36条第3号の費用(第15条及び第20条の規定により都道府県知事が行う行政措置に要する費用を除く.)については,その10分の5

(費用の徴収)
第38条 ① 第18条第1項の規定により障害福祉サービスの提供若しくは提供の委託が行われた場合又は同条第2項の規定により障害者支援施設等への入所若しくは障害者支援施設若しくは指定医療機関への入所若しくは入院の委託(国の設置する障害者支援施設等への入所の委託を除く.)が行われた場合においては,当該行政措置に要する費用を支弁した市町村の長は,当該身体障害者又はその扶養義務者(民法(明治29年法律第89号)に

定める扶養義務者をいう．以下同じ．）から，その負担能力に応じ，その費用の全部又は一部を徴収することができる．

② 市町村により国の設置する障害者支援施設等への入所の委託が行われた場合においては，厚生労働大臣は，当該身体障害者又はその扶養義務者から，その負担能力に応じ，その費用の全部又は一部を徴収することができる．

第5章　雑　則

（報告の徴収等）
第39条 ① 都道府県知事は，身体障害者の福祉のために必要があると認めるときは，身体障害者生活訓練等事業等を行う者に対して，必要と認める報告を求め，又は当該職員に，関係者に対して質問させ，若しくはその事務所若しくは施設に立ち入り，設備，帳簿書類その他の物件を検査させることができる．

② 都道府県知事は，第28条第2項の規定により市町村が設置する身体障害者社会参加支援施設の運営を適切にさせるため，必要があると認めるときは，当該施設の長に対して，必要と認める事項の報告を求め，又は当該職員に，関係者に対して質問させ，若しくはその施設に立ち入り，設備，帳簿書類その他の物件を検査させることができる．

③ 前2項の規定による質問又は立入検査を行う場合においては，当該職員は，その身分を示す証明書を携帯し，関係者の請求があるときは，これを提示しなければならない．

④ 第1項及び第2項の規定による権限は，犯罪捜査のために認められたものと解釈してはならない．

（事業の停止等）
第40条 都道府県知事は，身体障害者生活訓練等事業を行う者が，この法律若しくはこれに基づく命令若しくはこれらに基づいてする処分に違反したとき，又はその事業に関し不当に営利を図り，若しくはその事業に係る者の処遇につき不当な行為をしたときは，その事業を行う者に対し，その事業の制限又は停止を命ずることができる．

第41条 ① 身体障害者社会参加支援施設又は養成施設について，その設備若しくは運営が第29条第1項の規定による基準にそわなくなつたと認められ，又は法令の規定に違反すると認められるときは，都道府県の設置したものについては厚生労働大臣が，市町村の設置したものについては都道府県知事が，それぞれ，その事業の停止又は廃止を命ずることができる．

② 厚生労働大臣又は都道府県知事は，前項の規定による処分をするには，文書をもつて，その理由を示さなければならない．

⑩ 高齢者，障害者等の移動等の円滑化の促進に関する法律（抄）

（平18・6・21法律第91号，平18・12・20施行，最終改正：平26・6・13法律第69号）

第1章　総　則

（目　的）
第1条 この法律は，高齢者，障害者等の自立した日常生活及び社会生活を確保することの重要性にかんがみ，公共交通機関の旅客施設及び車両等，道路，路外駐車場，公園施設並びに建築物の構造及び設備を改善するための措置，一定の地区における旅客施設，建築物等及びこれらの間の経路を構成する道路，駅前広場，通路その他の施設の一体的な整備を推進するための措置その他の措置を講ずることにより，高齢者，障害者等の移動上及び施設の利用上の利便性及び安全性の向上の促進を図り，もって公共の福祉の増進に資することを目的とする．

（定　義）
第2条 この法律において次の各号に掲げる用語の意義は，それぞれ当該各号に定めるところによる．

1　高齢者，障害者等　高齢者又は障害者で日常生活又は社会生活に身体の機能上の制限を受けるものその他日常生活又は社会生活に身体の機能上の制限を受ける者をいう．

2　移動等円滑化　高齢者，障害者等の移動又は施設の利用に係る身体の負担を軽減することにより，その移動上又は施設の利用上の利便性及び安全性を向上することをいう．

3　施設設置管理者　公共交通事業者等，道路管理者，路外駐車場管理者等，公園管理者等及び建築主等をいう．

21　重点整備地区　次に掲げる要件に該当する地区をいう．

イ　生活関連施設（高齢者，障害者等が日常生活又は社会生活において利用する旅客施設，官公庁施設，福祉施設その他の施設をいう．以下同じ．）の所在地を含み，かつ，生活関連施設相互間の移動が通常徒歩で行われる地区であること．

ロ　生活関連施設及び生活関連経路（生活関連施設相互間の経路をいう．以下同じ．）を構成する一般交通用施設（道路，駅前広場，通路その他の一般交通の用に供する施設をいう．以下同じ．）について移動等円滑化のための事業が実施されることが特に必要であると認められる地区であること．

ハ　当該地区において移動等円滑化のための事業を重点的かつ一体的に実施することが，総合的な都市機能の増進を図る上で有効かつ適切であると認められる地区であること．（4～20, 22～28（略））

第2章　基本方針等

（基本方針）
第3条 ① 主務大臣は，移動等円滑化を総合的かつ計画的に推進するため，移動等円滑化の促進に関する基本方針（以下「基本方針」という．）を定めるものとする．

② 基本方針には，次に掲げる事項について定めるものとする．

1　移動等円滑化の意義及び目標に関する事項
2　移動等円滑化のために施設設置管理者が講ずべき措置に関する基本的な事項
3　第25条第1項の基本構想の指針となるべき次に掲げる事項
イ　重点整備地区における移動等円滑化の意義に関する事項
ロ　重点整備地区の位置及び区域に関する基本的

な事項
ハ 生活関連施設及び生活関連経路並びにこれらにおける移動等円滑化に関する基本的な事項
ニ 生活関連施設,特定車両及び生活関連経路を構成する一般交通用施設について移動等円滑化のために実施すべき特定事業その他の事業に関する基本的な事項
ホ ニに規定する事業と併せて実施する土地区画整理事業(土地区画整理法(昭和29年法律第119号)による土地区画整理事業をいう.以下同じ.),市街地再開発事業(都市再開発法(昭和44年法律第38号)による市街地再開発事業をいう.以下同じ.)その他の市街地開発事業(都市計画法第4条第7項に規定する市街地開発事業をいう.以下同じ.)に関し移動等円滑化のために考慮すべき基本的な事項,自転車その他の車両の駐車のための施設の整備に関する事項その他の重点整備地区における移動等円滑化に資する市街地の整備改善に関する基本的な事項その他重点整備地区における移動等円滑化のために必要な事項
4 移動等円滑化の促進のための施策に関する基本的な事項その他移動等円滑化の促進に関する事項
③ 主務大臣は,情勢の推移により必要が生じたときは,基本方針を変更するものとする.
④ 主務大臣は,基本方針を定め,又はこれを変更したときは,遅滞なく,これを公表しなければならない.

(国の責務)
第4条 ① 国は,高齢者,障害者等,地方公共団体,施設設置管理者その他の関係者と協力して,基本方針及びこれに基づく施設設置管理者の講ずべき措置の内容その他の移動等円滑化の促進のための施策の内容について,移動等円滑化の進展の状況等を勘案しつつ,これらの者の意見を反映させるために必要な措置を講じた上で,同時に,かつ,適切な方法により検討を加え,その結果に基づいて必要な措置を講ずるよう努めなければならない.
② 国は,教育活動,広報活動を通じて,移動等円滑化の促進に関する国民の理解を深めるとともに,その実施に関する国民の協力を求めるよう努めなければならない.

(地方公共団体の責務)
第5条 地方公共団体は,国の施策に準じて,移動等円滑化を促進するために必要な措置を講ずるよう努めなければならない.

(施設設置管理者等の責務)
第6条 施設設置管理者その他の高齢者,障害者等が日常生活又は社会生活において利用する施設を設置し,又は管理する者は,移動等円滑化のために必要な措置を講ずるよう努めなければならない.

(国民の責務)
第7条 国民は,高齢者,障害者等の自立した日常生活及び社会生活を確保することの重要性について理解を深めるとともに,これらの者の円滑な移動及び施設の利用を確保するために協力するよう努めなければならない.

第3章 移動等円滑化のために施設設置管理者が講ずべき措置（略）

第4章 重点整備地区における移動等円滑化に係る事業の重点的かつ一体的な実施（略）

第5章 移動等円滑化経路協定（略）

第6章 雑則（略）

第7章 罰則（略）

101 知的障害者福祉法（抄）

(昭35・3・31法律第37号,昭35・4・1施行,最終改正:平28・6・5法律第65号)

第1章 総則

(この法律の目的)
第1条 この法律は,障害者の日常生活及び社会生活を総合的に支援するための法律(平成17年法律第123号)と相まって,知的障害者の自立と社会経済活動への参加を促進するため,知的障害者を援助するとともに必要な保護を行い,もつて知的障害者の福祉を図ることを目的とする.

(自立への努力及び機会の確保)
第1条の2 ① すべての知的障害者は,その有する能力を活用することにより,進んで社会経済活動に参加するよう努めなければならない.
② すべての知的障害者は,社会を構成する一員として,社会,経済,文化その他あらゆる分野の活動に参加する機会を与えられるものとする.

(国,地方公共団体及び国民の責務)
第2条 ① 国及び地方公共団体は,前条に規定する理念が実現されるように配慮して,知的障害者の福祉について国民の理解を深めるとともに,知的障害者の自立と社会経済活動への参加を促進するための援助と必要な保護(以下「更生援護」という.)の実施に努めなければならない.
② 国民は,知的障害者の福祉について理解を深めるとともに,社会連帯の理念に基づき,知的障害者が社会経済活動に参加しようとする努力に対し,協力するように努めなければならない.

(関係職員の協力義務)
第3条 この法律及び児童福祉法(昭和22年法律第164号)による更生援護の実施並びにその監督に当たる国及び地方公共団体の職員は,知的障害者に対する更生援護が児童から成人まで関連性をもって行われるように相互に協力しなければならない.

第2章 実施機関及び更生援護

第1節 実施機関等
(更生援護の実施者)
第9条 ① この法律に定める知的障害者又はその介

(5) 障害者福祉

護を行う者に対する市町村（特別区を含む。以下同じ。）による更生援護は、その知的障害者の居住地の市町村が行うものとする。ただし、知的障害者が居住地を有しないか、又は明らかでない者であるときは、その知的障害者の現在地の市町村が行うものとする。

② 前項の規定にかかわらず、第16条第1項第2号の規定により入所措置が採られて又は障害者の日常生活及び社会生活を総合的に支援するための法律第29条第1項若しくは第30条第1項の規定により同法第19条第1項に規定する介護給付費等（次項、第15条の4及び第16条第1項第2号において「介護給付費等」という。）の支給を受けて同法第5条第1項若しくは第6項の厚生労働省令で定める施設、同条第11項に規定する障害者支援施設（以下「障害者支援施設」という。）又は独立行政法人国立重度知的障害者総合施設のぞみの園法（平成14年法律第167号）第11条第1号の規定により独立行政法人国立重度知的障害者総合施設のぞみの園が設置する施設（以下「のぞみの園」という。）に入所している知的障害者又は生活保護法（昭和25年法律第144号）第30条第1項ただし書の規定により入所している知的障害者（以下この項において「特定施設入所知的障害者」という。）については、その者が障害者の日常生活及び社会生活を総合的に支援するための法律第5条第1項若しくは第6項の厚生労働省令で定める施設、障害者支援施設、のぞみの園又は生活保護法第30条第1項ただし書に規定する施設（以下この条において「特定施設」という。）への入所前に有した居住地（継続して2以上の特定施設に入所している特定施設入所知的障害者（以下この項において「継続入所知的障害者」という。）については、最初に入所した特定施設への入所前に有した居住地）の市町村が、この法律に定める更生援護を行うものとする。ただし、特定施設への入所前に居住地を有しないか、又は明らかでなかつた特定施設入所知的障害者については、入所前におけるその者の所在地（継続入所知的障害者については、最初に入所した特定施設への入所前に有した所在地）の市町村が、この法律に定める更生援護を行うものとする。

③ 前2項の規定にかかわらず、児童福祉法第24条の2第1項若しくは第24条の24第1項の規定により障害児入所給付費の支給を受けて又は同法第27条第1項第3号若しくは第2項の規定による措置（同法第31条第5項の規定により同法第27条第1項第3号又は第2項にの規定による措置とみなされる場合を含む。）が採られて障害者の日常生活及び社会生活を総合的に支援するための法律第5条第1項の厚生労働省令で定める施設に入所していた知的障害者が、継続して、第16条第1項第2号の規定により入所措置が採られ、同法第29条第1項若しくは第30条第1項の規定により介護給付費等の支給を受けて、又は生活保護法第30条第1項ただし書の規定により特定施設に入所した場合は、当該知的障害者が満18歳となる日の前日に当該知的障害者の保護者であつた者（以下この項において「保護者であつた者」という。）が有した居住地の市町村が、この法律に定める更生援護を行うものとする。ただし、当該知的障害者が満18歳となる日の前日に保護者であつた者がいないか、保護者であつた者が居住地を有しないか、又は保護者であつ

た者の居住地が明らかでない知的障害者については、当該知的障害者が満18歳となる日の前日におけるその者の所在地の市町村がこの法律に定める更生援護を行うものとする。

④ 前2項の規定の適用を受ける知的障害者が入所している特定施設の設置者は、当該特定施設の所在する市町村又は当該知的障害者に対しこの法律に定める更生援護を行う市町村に必要な協力をしなければならない。

⑤ 市町村は、この法律の施行に関し、次に掲げる業務を行わなければならない。
 1 知的障害者の福祉に関し、必要な実情の把握に努めること。
 2 知的障害者の福祉に関し、必要な情報の提供を行うこと。
 3 知的障害者の福祉に関する相談に応じ、必要な調査及び指導を行うこと並びにこれらに付随する業務を行うこと。

⑥ その設置する福祉事務所（社会福祉法（昭和26年法律第45号）に定める福祉に関する事務所をいう。以下同じ。）に知的障害者の福祉に関する事務をつかさどる職員（以下「知的障害者福祉司」という。）を置いていない市町村の長及び福祉事務所を設置していない町村の長は、前項第3号に規定する業務のうち専門的な知識及び技術を必要とするもの（次条第2項及び第3項において「専門的相談指導」という。）であつて18歳以上の知的障害者に係るものについては、知的障害者の更生援護に関する相談所（以下「知的障害者更生相談所」という。）の技術的援助及び助言を求めなければならない。

⑦ 市町村長（特別区の長を含む。以下同じ。）は、18歳以上の知的障害者につき第5項第3号の業務を行うに当たつて、特に医学的、心理学的及び職能的判定を必要とする場合には、知的障害者更生相談所の判定を求めなければならない。

（市町村の福祉事務所）

第10条 ① 市町村の設置する福祉事務所又はその長は、この法律の施行に関し前条第5項各号に掲げる業務又は同条第6項及び第7項の規定による市町村長の業務を行うものとする。

② 市の設置する福祉事務所に知的障害者福祉司を置いていない福祉事務所があるときは、当該市の知的障害者福祉司を置いていない福祉事務所の長は、18歳以上の知的障害者に係る専門的相談指導については、当該市の知的障害者福祉司の技術的援助及び助言を求めなければならない。

③ 市町村の設置する福祉事務所のうち知的障害者福祉司を置いていない福祉事務所の長は、18歳以上の知的障害者に係る専門的相談指導を行うに当たつて、特に専門的な知識及び技術を必要とする場合には、知的障害者更生相談所の技術的援助及び助言を求めなければならない。

（連絡調整等の実施者）

第11条 ① 都道府県は、この法律の施行に関し、次に掲げる業務を行わなければならない。
 1 市町村の更生援護の実施に関し、市町村相互間の連絡及び調整、市町村に対する情報の提供その他必要な援助を行うこと並びにこれらに付随する業務を行うこと。
 2 知的障害者の福祉に関し、次に掲げる業務を行うこと。
 イ 各市町村の区域を超えた広域的な見地から、実情

の把握に努めること．
ロ　知的障害者に関する相談及び指導のうち，専門的な知識及び技術を必要とするものを行うこと．
ハ　18歳以上の知的障害者の医学的，心理学的及び職能的判定を行うこと．
② 都道府県は，前項第2号ロに規定する相談及び指導のうち主として居宅において日常生活を営む知的障害者及びその介護を行う者に係るものについては，これを障害者の日常生活及び社会生活を総合的に支援するための法律第5条第18項に規定する一般相談支援事業又は特定相談支援事業を行う当該都道府県以外の者に委託することができる．
〔平28法65，平30・4・1施行〕

（知的障害者更生相談所）
第12条　① 都道府県は，知的障害者更生相談所を設けなければならない．
② 知的障害者更生相談所は，知的障害者の福祉に関し，主として前条第1項第1号に掲げる業務（第16条第1項第2号の措置に係るものに限る．）並びに前条第1項第2号ロ及びハに掲げる業務並びに知的障害者の日常生活及び社会生活を総合的に支援するための法律第22条第2項及び第3項，第26条第1項，第51条の7第2項及び第3項並びに第51条の11に規定する業務を行うものとする．
③ 知的障害者更生相談所は，必要に応じ，巡回して，前項の業務を行うことができる．
④ 前3項に定めるもののほか，知的障害者更生相談所に関し必要な事項は，政令で定める．

（知的障害者福祉司）
第13条　① 都道府県は，その設置する知的障害者更生相談所に，知的障害者福祉司を置かなければならない．
② 市町村は，その設置する福祉事務所に，知的障害者福祉司を置くことができる．
③ 都道府県の知的障害者福祉司は，知的障害者更生相談所の長の命を受けて，次に掲げる業務を行うものとする．
1　第11条第1項第1号に掲げる業務のうち，専門的な知識及び技術を必要とするものを行うこと．
2　知的障害者の福祉に関し，第11条第1項第2号ロに掲げる業務を行うこと．
④ 市町村の知的障害者福祉司は，福祉事務所の長（以下「福祉事務所長」という．）の命を受けて，知的障害者の福祉に関し，主として，次の業務を行うものとする．
1　福祉事務所の所員に対し，技術的指導を行うこと．
2　第9条第5項第3号に掲げる業務のうち，専門的な知識及び技術を必要とするものを行うこと．
⑤ 市の知的障害者福祉司は，第10条第2項の規定により技術的援助及び助言を求められたときは，これに協力しなければならない．この場合において，特に専門的な知識及び技術が必要であると認めるときは，知的障害者更生相談所に当該技術的援助及び助言を求めるよう助言しなければならない．
第14条　知的障害者福祉司は，都道府県知事又は市町村長の補助機関である職員とし，次の各号のいずれかに該当する者のうちから，任用しなければならない．
1　社会福祉法に定める社会福祉主事たる資格を有する者であつて，知的障害者の福祉に関する事業に2年以上従事した経験を有するもの
2　学校教育法（昭和22年法律第26号）に基づく大学又は旧大学令（大正7年勅令第388号）に基づく大学において，厚生労働大臣の指定する社会福祉に関する科目を修めて卒業した者
3　医師
4　社会福祉士
5　知的障害者の福祉に関する事業に従事する職員を養成する学校その他の施設で都道府県知事の指定するものを卒業した者
6　前各号に準ずる者であつて，知的障害者福祉司として必要な学識経験を有するもの

（民生委員の協力）
第15条　民生委員法（昭和23年法律第198号）に定める民生委員は，この法律の施行について，市町村長，福祉事務所長，知的障害者福祉司又は社会福祉主事の事務の執行に協力するものとする．

（知的障害者相談員）
第15条の2　① 市町村は，知的障害者の福祉の増進を図るため，知的障害者又はその保護者（配偶者，親権を行う者，後見人その他の者で，知的障害者を現に保護するものをいう．以下同じ．）の相談に応じ，及び知的障害者の更生のために必要な援助を行うこと（次項において「相談援助」という．）を，社会的信望があり，かつ，知的障害者に対する更生援護に熱意と識見を持つている者に委託することができる．
② 前項の規定にかかわらず，都道府県は，障害の特性その他の事情に応じた相談援助を委託することが困難であると認められる市町村がある場合にあつては，当該市町村の区域における当該相談援助を，社会的信望があり，かつ，知的障害者に対する更生援護に熱意と識見を持つている者に委託することができる．
③ 前2項の規定により委託を受けた者は，知的障害者相談員と称する．
④ 知的障害者相談員は，その委託を受けた業務を行うに当たつては，知的障害者又はその保護者が，障害者の日常生活及び社会生活を総合的に支援するための法律第5条第1項に規定する障害福祉サービス事業（第21条において「障害福祉サービス事業」という．），同法第5条第18項に規定する一般相談支援事業その他の知的障害者の福祉に関する事業に係るサービスを円滑に利用することができるように配慮し，これらのサービスを提供する者その他の関係者等との連携を保つよう努めなければならない．〔平28法65，平30・4・1施行〕
⑤ 知的障害者相談員は，その委託を受けた業務を行うに当たつては，個人の人格を尊重し，その身上に関する秘密を守らなければならない．

（支援体制の整備等）
第15条の3　① 市町村は，知的障害者の意思決定の支援に配慮しつつ，この章に規定する更生援護，障害者の日常生活及び社会生活を総合的に支援するための法律の規定による自立支援給付及び地域生活支援事業その他地域の実情に応じたきめ細かな福祉サービスが積極的に提供され，知的障害者が，心身の状況，その置かれている環境等に応じて，自立した日常生活及び社会生活を営むために最も適切な支援が総合的に受けられるように，福祉サービスを提供する者又はこれらに参画する者の活動の連携及び調整を図る等地域の実情に応じた体制の整備に努めなければならない．
② 市町村は，前項の体制の整備及びこの章に規定す

(5) 障害者福祉

更生援護の実施に当たつては,知的障害者が引き続き居宅において日常生活を営むことができるよう配慮しなければならない.

第2節 障害福祉サービス,障害者支援施設等への入所等の措置

(障害福祉サービス)

第15条の4 市町村は,障害者の日常生活及び社会生活を総合的に支援するための法律第5条第1項に規定する障害福祉サービス(同条第6項に規定する療養介護及び同条第10項に規定する施設入所支援(以下この条及び次条第1項第2号において「療養介護等」という。)を除く.以下「障害福祉サービス」という。)を必要とする知的障害者が,やむを得ない事由により介護給付費等(療養介護等に係るものを除く.)の支給を受けることが著しく困難であると認めるときは,その知的障害者につき,政令で定める基準に従い,障害福祉サービスを提供し,又は当該市町村以外の者に障害福祉サービスの提供を委託することができる.

(障害者支援施設等への入所等の措置)

第16条 ① 市町村は,18歳以上の知的障害者につき,その福祉を図るため,必要に応じ,次の措置を採らなければならない.
1 知的障害者又はその保護者を知的障害者福祉司又は社会福祉主事に指導させること.
2 やむを得ない事由により介護給付費等(療養介護等に係るものに限る.)の支給を受けることが著しく困難であると認めるときは,当該市町村の設置する障害者支援施設若しくは障害者の日常生活及び社会生活を総合的に支援するための法律第5条第6項の厚生労働省令で定める施設(以下「障害者支援施設等」という。)に入所させてその更生援護を行い,又は都道府県若しくは他の市町村若しくは社会福祉法人の設置する障害者支援施設若しくはのぞみの園に入所させてその更生援護を行うことを委託すること.
3 知的障害者の更生援護を職親(知的障害者を自己の下に預かり,その更生に必要な指導訓練を行うことを希望する者であつて,市町村長が適当と認めるものをいう。)に委託すること.

② 市町村は,前項第2号又は第3号の措置を採るに当たつて,医学的,心理学的及び職能的判定を必要とする場合には,あらかじめ,知的障害者更生相談所の判定を求めなければならない.

(措置の解除に係る説明等)

第17条 市町村長は,第15条の4又は前条第1項の措置を解除する場合には,あらかじめ,当該措置に係る者又はその保護者に対し,当該措置の解除の理由について説明するとともに,その意見を聴かなければならない.ただし,当該措置に係る者又はその保護者から当該措置の解除の申出があつた場合その他厚生労働省令で定める場合においては,この限りでない.

(受託義務)

第21条 障害福祉サービス事業を行う者又は障害者支援施設若しくはのぞみの園の設置者は,第15条の4又は第16条第1項第2号の規定による委託を受けたときは,正当な理由がない限り,これを拒んではならない.

第3章 費 用

(市町村の支弁)

第22条 次に掲げる費用は,市町村の支弁とする.
1 第13条第2項の規定により市町村が設置する知的障害者福祉司に要する費用
2 第15条の2の規定により市町村が行う委託に要する費用
3 第15条の4の規定により市町村が行う行政措置に要する費用
4 第16条の規定により市町村が行う行政措置に要する費用

(都道府県の支弁)

第23条 次に掲げる費用は,都道府県の支弁とする.
1 第12条第1項の規定により都道府県が設置する知的障害者更生相談所に要する費用
2 第13条第1項の規定により都道府県が設置する知的障害者福祉司に要する費用
3 第15条の2の規定により都道府県が行う委託に要する費用

(都道府県の負担)

第25条 都道府県は,政令の定めるところにより,第22条の規定により市町村が支弁した費用について,次に掲げるものを負担する.
1 第22条第3号の費用(次号に掲げる費用を除く.)については,その4分の1
2 第22条第3号の費用(第9条第1項に規定する居住地を有しないか,又は居住地が明らかでない知的障害者(第4号において「居住地不明知的障害者」という。)についての行政措置に要する費用に限る.)については,その10分の5
3 第22条第4号の費用(第16条第1項第2号の規定による措置に要する費用に限る.次号に掲げる費用を除く.)については,その4分の1
4 第22条第4号の費用(居住地不明知的障害者について第16条第1項第2号の規定により市町村が行う行政措置に要する費用に限る.)については,その10分の5

(国の負担)

第26条 国は,政令の定めるところにより,第22条の規定により市町村が支弁した費用について,次に掲げる費用の10分の5を負担する.
1 第22条第3号の費用
2 第22条第4号の費用のうち,第16条第1項第2号の規定による行政措置に要する費用

(費用の徴収)

第27条 第15条の4又は第16条第1項第2号の規定による行政措置に要する費用を支弁すべき市町村の長は,当該知的障害者又はその扶養義務者(民法(明治29年法律第89号)に定める扶養義務者をいう。)から,その負担能力に応じて,当該行政措置に要する費用の全部又は一部を徴収することができる.

第4章 雑 則

(審判の請求)

第28条 市町村長は,知的障害者につき,その福祉を図るため特に必要があると認めるときは,民法第7条,第11条,第13条第2項,第15条第1項,第17条第1項,第876条の4第1項又は第876条の9第1項に規定する審判の請求をすることができる.

(後見等を行う者の推薦等)

第28条の2 ① 市町村は,前条の規定による審判の

請求の円滑な実施に資するよう，民法に規定する後見，保佐及び補助（以下この条において「後見等」という．）の業務を適正に行うことができる人材の活用を図るため，後見等の業務を適正に行うことができる者の家庭裁判所への推薦その他の必要な措置を講ずるよう努めなければならない．
② 都道府県は，市町村と協力して後見等の業務を適正に行うことができる人材の活用を図るため，前項に規定する措置の実施に関し助言その他の援助を行うように努めなければならない．

102 精神保健及び精神障害者福祉に関する法律（抄）

（昭25・5・1法律第123号，昭25・5・1施行，
最終改正：平28・6・3法律第65号）

第1章 総 則

（この法律の目的）
第1条 この法律は，精神障害者の医療及び保護を行い，障害者の日常生活及び社会生活を総合的に支援するための法律（平成17年法律第123号）と相まってその社会復帰の促進及びその自立と社会経済活動への参加の促進のために必要な援助を行い，並びにその発生の予防その他国民の精神的健康の保持及び増進に努めることによつて，精神障害者の福祉の増進及び国民の精神保健の向上を図ることを目的とする．

（国及び地方公共団体の義務）
第2条 国及び地方公共団体は，障害者の日常生活及び社会生活を総合的に支援するための法律の規定による自立支援給付及び地域生活支援事業と相まつて，医療施設及び教育施設を充実する等精神障害者の医療及び保護並びに保健及び福祉に関する施策を総合的に実施することによつて精神障害者が社会復帰をし，自立と社会経済活動への参加をすることができるよう努力するとともに，精神保健に関する調査研究の推進及び知識の普及を図る等精神障害者の発生の予防その他国民の精神保健の向上のための施策を講じなければならない．

（国民の義務）
第3条 国民は，精神的健康の保持及び増進に努めるとともに，精神障害者に対する理解を深め，及び精神障害者がその障害を克服して社会復帰をし，自立と社会経済活動への参加をしようとする努力に対し，協力するように努めなければならない．

（精神障害者の社会復帰，自立及び社会参加への配慮）
第4条 ① 医療施設の設置者は，その施設を運営するに当たつては，精神障害者の社会復帰の促進及び自立と社会経済活動への参加の促進を図るため，当該施設において医療を受ける精神障害者が，障害者の日常生活及び社会生活を総合的に支援するための法律第5条第1項に規定する障害福祉サービスに係る事業（以下「障害福祉サービス事業」という．），同条第18項に規定する一般相談支援事業（以下「一般相談支援事業」という．）その他の精神障害者の福祉に関する事業に係るサービスを円滑に利用することができるように配慮し，必要に応じ，これらの事業を行う者と連携を図るとともに，地域に即した創意と工夫を行い，及び地域住民等の理解と協力を得るように努めなければならない．
〔平28法65，平30・4・1施行〕
② 国，地方公共団体及び医療施設の設置者は，精神障害者の社会復帰の促進及び自立と社会経済活動への参加の促進を図るため，相互に連携を図りながら協力するよう努めなければならない．

（定 義）
第5条 この法律で「精神障害者」とは，統合失調症，精神作用物質による急性中毒又はその依存症，知的障害，精神病質その他の精神疾患を有する者をいう．

第2章 精神保健福祉センター

（精神保健福祉センター）
第6条 ① 都道府県は，精神保健の向上及び精神障害者の福祉の増進を図るための機関（以下「精神保健福祉センター」という．）を置くものとする．
② 精神保健福祉センターは，次に掲げる業務を行うものとする．
1 精神保健及び精神障害者の福祉に関する知識の普及を図り，及び調査研究を行うこと．
2 精神保健及び精神障害者の福祉に関する相談及び指導のうち複雑又は困難なものを行うこと．
3 精神医療審査会の事務を行うこと．
4 第45条第1項の申請に対する決定及び障害者の日常生活及び社会生活を総合的に支援するための法律第52条第1項に規定する支給認定（精神障害者に係るものに限る．）に関する事務のうち専門的な知識及び技術を必要とするものを行うこと．
5 障害者の日常生活及び社会生活を総合的に支援するための法律第22条第2項又は第51条の7第2項の規定により，市町村（特別区を含む．第47条第3項及び第4項を除き，以下同じ．）が同法第22条第1項又は第51条の7第1項の支給の要否の決定を行うに当たり意見を述べること．
6 障害者の日常生活及び社会生活を総合的に支援するための法律第26条第1項又は第51条の11の規定により，市町村に対し技術的事項についての協力その他必要な援助を行うこと．

（国の補助）
第7条 国は，都道府県が前条の施設を設置したときは，政令の定めるところにより，その設置に要する経費については2分の1，その運営に要する経費については3分の1を補助する．

第3章 地方精神保健福祉審議会及び精神医療審査会

（地方精神保健福祉審議会）
第9条 ① 精神保健及び精神障害者の福祉に関する事項を調査審議させるため，都道府県は，条例で，精神保健福祉に関する審議会その他の合議制の機関（以下「地方精神保健福祉審議会」という．）を置くことができる．
② 地方精神保健福祉審議会は，都道府県知事の諮問に答えるほか，精神保健及び精神障害者の福祉に関する事項に関して都道府県知事に意見を具申することができる．

(5) 障害者福祉

③ 前2項に定めるもののほか、地方精神保健福祉審議会の組織及び運営に関し必要な事項は、都道府県の条例で定める。

（精神医療審査会）
第12条 第38条の3第2項（同条第6項において準用する場合を含む。）及び第38条の5第2項の規定による審査を行わせるため、都道府県に、精神医療審査会を置く。

（委員）
第13条 ① 精神医療審査会の委員は、精神障害者の医療に関し学識経験を有する者（第38条第1項に規定する精神保健指定医である者に限る。）、精神障害者の保健又は福祉に関し学識経験を有する者及び法律に関し学識経験を有する者のうちから、都道府県知事が任命する。
② 委員の任期は、2年（委員の任期を2年を超え3年以下の範囲内で都道府県が条例で定める場合にあつては、当該条例で定める期間）とする。

（審査の案件の取扱い）
第14条 ① 精神医療審査会は、その指名する委員5人をもつて構成する合議体で、審査の案件を取り扱う。
② 合議体を構成する委員は、次の各号に掲げる者とし、その員数は、当該各号に定める員数以上とする。
1 精神障害者の医療に関し学識経験を有する者 2
2 精神障害者の保健又は福祉に関し学識経験を有する者 1
3 法律に関し学識経験を有する者 1

第4章 精神保健指定医、登録研修機関、精神科病院及び精神科救急医療体制

第1節 精神保健指定医
（精神保健指定医）
第18条 ① 厚生労働大臣は、その申請に基づき、次に該当する医師のうち第19条の4に規定する職務を行うのに必要な知識及び技能を有すると認められる者を、精神保健指定医（以下「指定医」という。）に指定する。
1 5年以上診断又は治療に従事した経験を有すること。
2 3年以上精神障害の診断又は治療に従事した経験を有すること。
3 厚生労働大臣が定める精神障害につき厚生労働大臣が定める程度の診断又は治療に従事した経験を有すること。
4 厚生労働大臣の登録を受けた者が厚生労働省令で定めるところにより行う研修（申請前1年以内に行われたものに限る。）の課程を修了していること。
② 厚生労働大臣は、前項の規定にかかわらず、第19条の2第1項又は第2項の規定により指定医の指定を取り消された後5年を経過していない者その他指定医として著しく不適当と認められる者については、前項の指定をしないことができる。
③ 厚生労働大臣は、第1項第3号に規定する精神障害及びその診断又は治療に従事した経験の程度を定めようとするとき又は前項の規定により指定医の指定をしようとするとき又は前項の規定により指定医の指定をしないものとするときは、あらかじめ、医道審議会の意見を聴かなければならない。

（指定の取消し等）
第19条の2 ① 指定医がその医師免許を取り消され、又は期間を定めて医業の停止を命ぜられたときは、厚生労働大臣は、その指定を取り消さなければならない。
② 指定医がこの法律若しくはこの法律に基づく命令に違反したとき又はその職務に関し著しく不当な行為を行つたときその他指定医として著しく不適当と認められるときは、厚生労働大臣は、その指定を取り消し、又は期間を定めてその職務の停止を命ずることができる。
③ 厚生労働大臣は、前項の規定による処分をしようとするときは、あらかじめ、医道審議会の意見を聴かなければならない。
④ 都道府県知事は、指定医について第2項に該当すると思料するときは、その旨を厚生労働大臣に通知することができる。

（職務）
第19条の4 ① 指定医は、第21条第3項及び第29条の5の規定により入院を継続する必要があるかどうかの判定、第33条第1項及び第33条の7第1項の規定による入院を必要とするかどうか及び第20条の規定による入院が行われる状態にないかどうかの判定、第36条第3項に規定する行動の制限を必要とするかどうかの判定、第38条の2第1項（同条第2項において準用する場合を含む。）に規定する報告事項に係る入院中の者の診察並びに第40条の規定により一時退院させて経過を見ることが適当かどうかの判定の職務を行う。
② 指定医は、前項に規定する職務のほか、公務員として、次に掲げる職務を行う。
1 第29条第1項及び第29条の2第1項の規定による入院を必要とするかどうかの判定
2 第29条の2の2第3項（第34条第4項において準用する場合を含む。）に規定する行動の制限を必要とするかどうかの判定
3 第29条の4第2項の規定により入院を継続する必要があるかどうかの判定
4 第34条第1項及び第3項の規定による移送を必要とするかどうかの判定
5 第38条の3第3項（同条第6項において準用する場合を含む。）及び第38条の5第4項の規定による診察
6 第38条の6第1項の規定による立入検査、質問及び診察
7 第38条の7第2項の規定により入院を継続する必要があるかどうかの判定
8 第45条の2第4項の規定による診察
③ 指定医は、その勤務する医療施設の業務に支障がある場合その他やむを得ない理由がある場合を除き、前項各号に掲げる職務を行うよう都道府県知事から求めがあつた場合には、これに応じなければならない。

（指定医の必置）
第19条の5 第29条第1項、第29条の2第1項、第33条第1項、第3項若しくは第4項又は第33条の7第1項若しくは第2項の規定により精神障害者を入院させている精神科病院（精神科病院以外の病院で精神病室が設けられているものを含む。第19条の10を除き、以下同じ。）の管理者は、厚生労働省令で定めるところにより、その精神科病院に

常時勤務する指定医(第19条の2第2項の規定によりその職務を停止されている者を除く。第53条第1項を除き,以下同じ。)を置かなければならない。
第3節 精神科病院
(都道府県立精神科病院)
第19条の7 都道府県は,精神科病院を設置しなければならない。ただし,次条の規定による指定病院がある場合においては,その設置を延期することができる。
② 都道府県又は都道府県及び都道府県以外の地方公共団体が設立した地方独立行政法人(地方独立行政法人法(平成15年法律第118号)第2条第1項に規定する地方独立行政法人をいう。次条において同じ。)が精神科病院を設置している場合には,当該都道府県については,前項の規定は,適用しない。
(指定病院)
第19条の8 都道府県知事は,国,都道府県並びに都道府県又は都道府県及び都道府県以外の地方公共団体が設立した地方独立行政法人(以下「国等」という。)以外の者が設置した精神科病院であつて厚生労働大臣の定める基準に適合するものの全部又は一部を,その設置者の同意を得て,都道府県が設置する精神科病院に代わる施設(以下「指定病院」という。)として指定することができる。
(指定の取消し)
第19条の9 ① 都道府県知事は,指定病院が,前条の基準に適合しなくなつたとき,又はその運営方法がその目的遂行のために不適当であると認めたときは,その指定を取り消すことができる。
② 都道府県知事は,前項の規定によりその指定を取り消そうとするときは,あらかじめ,地方精神保健福祉審議会(地方精神保健福祉審議会が置かれていない都道府県にあつては,医療法(昭和23年法律第205号)<u>第72条</u>第1項に規定する都道府県医療審議会)の意見を聴かなければならない。
③ 厚生労働大臣は,第1項に規定する都道府県知事の権限に属する事務について,指定病院に入院中の者の処遇を確保する緊急の必要があると認めるときは,都道府県知事に対し同項の事務を行うことを指示することができる。〔平27法74,平29・4・2施行〕
(国の補助)
第19条の10 ① 国は,都道府県が設置する精神科病院及び精神科病院以外の病院に設ける精神病室の設置及び運営に要する経費(第30条第1項の規定により都道府県が負担する費用を除く。次項において同じ。)に対し,政令の定めるところにより,その2分の1を補助する。
② 国は,営利を目的としない法人が設置する精神科病院及び精神科病院以外の病院に設ける精神病室の設置及び運営に要する経費に対し,政令の定めるところにより,その2分の1以内を補助することができる。
第4節 精神科救急医療の確保
第19条の11 ① 都道府県は,精神障害の救急医療が適切かつ効率的に提供されるように,夜間又は休日において精神障害の医療を必要とする精神障害者又はその第33条第2項に規定する家族等その他の関係者からの相談に応ずること,精神障害の救急医療を提供する医療施設相互間の連携を確保することその他の地域の実情に応じた体制の整備を図るよう努めるものとする。
② 都道府県知事は,前項の体制の整備に当たつては,

精神科病院その他の精神障害の医療を提供する施設の管理者,当該施設の指定医その他の関係者に対し,必要な協力を求めることができる。

第5章 医療及び保護

第1節 任意入院
第20条 精神科病院の管理者は,精神障害者を入院させる場合においては,本人の同意に基づいて入院が行われるように努めなければならない。
第21条 ① 精神障害者が自ら入院する場合においては,精神科病院の管理者は,その入院に際し,当該精神障害者に対して第38条の4の規定による退院等の請求に関することその他厚生労働省令で定める事項を書面で知らせ,当該精神障害者から自ら入院する旨を記載した書面を受けなければならない。
② 精神科病院の管理者は,自ら入院した精神障害者(以下「任意入院者」という。)から退院の申出があつた場合においては,その者を退院させなければならない。
③ 前項に規定する場合において,精神科病院の管理者は,指定医による診察の結果,当該任意入院者の医療及び保護のため入院を継続する必要があると認めたときは,同項の規定にかかわらず,72時間を限り,その者を退院させないことができる。
④ 前項に規定する場合において,精神科病院(厚生労働省令で定める基準に適合すると都道府県知事が認めるものに限る。)の管理者は,緊急その他やむを得ない理由があるときは,指定医に代えて指定医以外の医師(医師法(昭和23年法律第201号)第16条の4第1項の規定による登録を受けていることその他厚生労働省令で定める基準に該当する者に限る。以下「特定医師」という。)に任意入院者の診察を行わせることができる。この場合において,診察の結果,当該任意入院者の医療及び保護のため入院を継続する必要があると認めたときは,前2項の規定にかかわらず,12時間を限り,その者を退院させないことができる。
⑤ 第19条の4の2の規定は,前項の規定により診察を行つた場合について準用する。この場合において,同条中「指定医は,前条第1項」とあるのは「第21条第4項に規定する特定医師は,同項」と,「当該指定医」とあるのは「当該特定医師」と読み替えるものとする。
⑥ 精神科病院の管理者は,第4項後段の規定による措置を採つたときは,遅滞なく,厚生労働省令で定めるところにより,当該措置に関する記録を作成し,これを保存しなければならない。
⑦ 精神科病院の管理者は,第3項又は第4項後段の規定による措置を採る場合においては,当該任意入院者に対し,当該措置を採る旨,第38条の4の規定による退院等の請求に関することその他厚生労働省令で定める事項を書面で知らせなければならない。

第2節 指定医の診察及び措置入院
(診察及び保護の申請)
第22条 ① 精神障害者又はその疑いのある者を知つた者は,誰でも,その者について指定医の診察及び必要な保護を都道府県知事に申請することができる。
② 前項の申請をするには,次の事項を記載した申請書を最寄りの保健所長を経て都道府県知事に提出しなければならない。

（5）障害者福祉

1　申請者の住所，氏名及び生年月日
2　本人の現在場所，居住地，氏名，性別及び生年月日
3　症状の概要
4　現に本人の保護の任に当たつている者があるときはその者の住所及び氏名

（警察官の通報）
第23条　警察官は，職務を執行するに当たり，異常な挙動その他周囲の事情から判断して，精神障害のために自身を傷つけ又は他人に害を及ぼすおそれがあると認められる者を発見したときは，直ちに，その旨を，最寄りの保健所長を経て都道府県知事に通報しなければならない．

（検察官の通報）
第24条　① 検察官は，精神障害者又はその疑いのある被疑者又は被告人について，不起訴処分をしたとき，又は裁判（懲役，若しくは禁錮の刑を言い渡し，その刑の全部の執行猶予の言渡しをせず，又は拘留の刑を言い渡す裁判を除く．）が確定したときは，速やかに，その旨を都道府県知事に通報しなければならない．ただし，当該不起訴処分をされ，又は裁判を受けた者について，心神喪失等の状態で重大な他害行為を行つた者の医療及び観察等に関する法律（平成15年法律第110号）第33条第1項の申立てをしたときは，この限りでない．
② 検察官は，前項本文に規定する場合のほか，精神障害者若しくはその疑いのある被疑者若しくは被告人又は心神喪失等の状態で重大な他害行為を行つた者の医療及び観察等に関する法律の対象者（同法第2条第2項に規定する対象者をいう．第26条の3及び第44条第1項において同じ．）について，特に必要があると認めたときは，速やかに，都道府県知事に通報しなければならない．

（保護観察所の長の通報）
第25条　保護観察所の長は，保護観察に付されている者が精神障害者又はその疑いのある者であることを知つたときは，速やかに，その旨を都道府県知事に通報しなければならない．

（矯正施設の長の通報）
第26条　矯正施設（拘置所，刑務所，少年刑務所，少年院，少年鑑別所及び婦人補導院をいう．以下同じ．）の長は，精神障害者又はその疑のある収容者を釈放，退院又は退所させようとするときは，あらかじめ，左の事項を本人の帰住地（帰住地がない場合は当該矯正施設の所在地）の都道府県知事に通報しなければならない．
1　本人の帰住地，氏名，性別及び生年月日
2　症状の概要
3　釈放，退院又は退所の年月日
4　引取人の住所及び氏名

（精神科病院の管理者の届出）
第26条の2　精神科病院の管理者は，入院中の精神障害者であつて，第29条第1項の要件に該当すると認められるものから退院の申出があつたときは，直ちに，その旨を，最寄りの保健所長を経て都道府県知事に届け出なければならない．

（心神喪失等の状態で重大な他害行為を行つた者に係る通報）
第26条の3　心神喪失等の状態で重大な他害行為を行つた者の医療及び観察に関する法律第2条第5項に規定する指定通院医療機関の管理者及び保護観察所の長は，同法の対象者であつて同条第4項に規定する指定入院医療機関に入院していないものがその精神障害のために自身を傷つけ又は他人に害を及ぼすおそれがあると認めたときは，直ちに，その旨を，最寄りの保健所長を経て都道府県知事に通報しなければならない．

（申請等に基づき行われる指定医の診察等）
第27条　① 都道府県知事は，第22条から前条までの規定による申請，通報又は届出のあつた者について調査の上必要があると認めるときは，その指定する指定医をして診察をさせなければならない．
② 都道府県知事は，入院させなければ精神障害のために自身を傷つけ又は他人に害を及ぼすおそれがあることが明らかである者については，第22条から前条までの規定による申請，通報又は届出がない場合においても，その指定する指定医をして診察をさせることができる．
③ 都道府県知事は，前2項の規定により診察をさせる場合には，当該職員を立ち会わせなければならない．
④ 指定医及び前項の当該職員は，前3項の職務を行うに当たつて必要な限度においてその者の居住する場所へ立ち入ることができる．
⑤ 第19条の6の16第2項及び第3項の規定は，前項の規定による立入りについて準用する．この場合において，同条第2項中「前項」とあるのは「第27条第4項」と，「当該職員」とあるのは「指定医及び当該職員」と，同条第3項中「第1項」とあるのは「第27条第4項」と読み替えるものとする．

（診察の通知）
第28条　① 都道府県知事は，前条第1項の規定により診察をさせるに当つて現に本人の保護の任に当つている者がある場合には，あらかじめ，診察の日時及び場所をその者に通知しなければならない．
② 後見人又は保佐人，親権を行う者，配偶者その他現に本人の保護の任に当つている者は，前条第1項の診察に立ち会うことができる．

（判定の基準）
第28条の2　第27条第1項又は第2項の規定により診察をした指定医は，厚生労働大臣の定める基準に従い，当該診察をした者が精神障害者であり，かつ，医療及び保護のために入院させなければその精神障害のために自身を傷つけ又は他人に害を及ぼすおそれがあるかどうかの判定を行わなければならない．

（都道府県知事による入院措置）
第29条　① 都道府県知事は，第27条の規定による診察の結果，その診察を受けた者が精神障害者であり，かつ，医療及び保護のために入院させなければその精神障害のために自身を傷つけ又は他人に害を及ぼすおそれがあると認めたときは，その者を国等の設置した精神科病院又は指定病院に入院させることができる．
② 前項の場合において都道府県知事がその者を入院させるには，その指定する2人以上の指定医の診察を経て，その者が精神障害者であり，かつ，医療及び保護のために入院させなければその精神障害のために自身を傷つけ又は他人に害を及ぼすおそれがあると認めることについて，各指定医の診察の結果が一致した場合でなければならない．
③ 都道府県知事は，第1項の規定による措置を採る場合においては，当該精神障害者に対し，当該入院措置を採る旨，第38条の4の規定による退院等の請求に関することその他厚生労働省令で定める事

項を書面で知らせなければならない.
④ 国等の設置した精神科病院及び指定病院の管理者は,病床(病院の一部について第19条の8の指定を受けている指定病院にあつてはその指定に係る病床)に既に第1項又は次条第1項の規定により入院をさせた者がいるため余裕がない場合のほかは,第1項の精神障害者を入院させなければならない.
第29条の2 ① 都道府県知事は,前条第1項の要件に該当すると認められる精神障害者又はその疑いのある者について,急速を要し,第27条,第28条及び前条の規定による手続を採ることができない場合において,その指定する指定医をして診察をさせた結果,その者が精神障害者であり,かつ,直ちに入院させなければその精神障害のために自身を傷つけ又は他人を害するおそれが著しいと認めたときは,その者を前条第1項に規定する精神科病院又は指定病院に入院させることができる.
② 都道府県知事は,前項の措置をとつたときは,すみやかに,その者につき,前条第1項の規定による入院措置をとるかどうかを決定しなければならない.
③ 第1項の規定による入院の期間は,72時間を超えることができない.
④ 第27条第4項及び第5項並びに第28条の2の規定は第1項の規定による診察について,前条第3項の規定は第1項の規定による措置を採る場合について,同条第4項の規定は第1項の規定により入院する者の入院について準用する.
第29条の2の2 ① 都道府県知事は,第29条第1項又は前条第1項の規定による入院措置を採ろうとする精神障害者を,当該入院措置に係る病院に移送しなければならない.
② 都道府県知事は,前項の規定により移送を行う場合においては,当該精神障害者に対し,当該移送を行う旨その他厚生労働省令で定める事項を書面で知らせなければならない.
③ 都道府県知事は,第1項の規定による移送を行うに当たつては,当該精神障害者を保護するため必要と認めたときは,その者の医療又は保護に欠くことのできない限度において,厚生労働大臣があらかじめ社会保障審議会の意見を聴いて定める行動の制限を行うことができる.
第29条の3 第29条第1項に規定する精神科病院又は指定病院の管理者は,第29条の2第1項の規定により入院した者について,都道府県知事から,第29条第1項の規定による入院措置を採らない旨の通知を受けたとき,又は第29条の2第3項の期間内に第29条第1項の規定による入院措置を採る旨の通知がないときは,直ちに,その者を退院させなければならない.

(入院措置の解除)
第29条の4 ① 都道府県知事は,第29条第1項の規定により入院した者(以下「措置入院者」という.)が,入院を継続しなくてもその精神障害のために自身を傷つけ又は他人に害を及ぼすおそれがないと認められるに至つたときは,直ちに,その者を退院させなければならない.この場合においては,都道府県知事は,あらかじめ,その者を入院させている精神科病院又は指定病院の管理者の意見を聞くものとする.
② 前項の場合において都道府県知事がその者を退院させるには,その者が入院を継続しなくてもその精神障害のために自身を傷つけ又は他人に害を及ぼすおそれがないと認められることについて,その指定する指定医による診察の結果又は次条の規定による診察の結果に基づく場合でなければならない.
第29条の5 措置入院者を入院させている精神科病院又は指定病院の管理者は,指定医による診察の結果,措置入院者が,入院を継続しなくてもその精神障害のために自身を傷つけ又は他人に害を及ぼすおそれがないと認められるに至つたときは,直ちに,その旨,その者の症状その他厚生労働省令で定める事項を最寄りの保健所長を経て都道府県知事に届け出なければならない.

(入院措置の場合の診療方針及び医療に要する費用の額)
第29条の6 ① 第29条第1項及び第29条の2第1項の規定により入院する者について国等の設置した精神科病院又は指定病院が行う医療に関する診療方針及びその医療に要する費用の額の算定方法は,健康保険の診療方針及び療養に要する費用の額の算定方法の例による.
② 前項に規定する診療方針及び療養に要する費用の額の算定方法の例によることができないとき,及びこれによることを適当としないときの診療方針及び医療に要する費用の額の算定方法は,厚生労働大臣の定めるところによる.

(社会保険診療報酬支払基金への事務の委託)
第29条の7 都道府県は,第29条第1項及び第29条の2第1項の規定により入院する者について国等の設置した精神科病院又は指定病院が行つた医療が前条に規定する診療方針に適合するかどうかについての審査及びその医療に要する費用の額の算定並びに国等又は指定病院の設置者に対する診療報酬の支払に関する事務を社会保険診療報酬支払基金に委託することができる.

(費用の負担)
第30条 ① 第29条第1項及び第29条の2第1項の規定により都道府県知事が入院させた精神障害者の入院に要する費用は,都道府県が負担する.
② 国は,都道府県が前項の規定により負担する費用を支弁したときは,政令の定めるところにより,その4分の3を負担する.

(他の法律による医療に関する給付との調整)
第30条の2 前条第1項の規定により費用の負担を受ける精神障害者が,健康保険法(大正11年法律第70号),国民健康保険法(昭和33年法律第192号),船員保険法(昭和14年法律第73号),労働者災害補償保険法(昭和22年法律第50号),国家公務員共済組合法(昭和33年法律第128号.他の法律において準用し,又は例による場合を含む.),地方公務員等共済組合法(昭和37年法律第152号),高齢者の医療の確保に関する法律(昭和57年法律第80号)又は介護保険法(平成9年法律第123号)の規定により医療に関する給付を受けることができる者であるときは,都道府県は,その限度において,同項の規定による負担をすることを要しない.

(費用の徴収)
第31条 都道府県知事は,第29条第1項及び第29条の2第1項の規定により入院させた精神障害者又はその扶養義務者が入院に要する費用を負担することができると認めたときは,その費用の全部又は一部を徴収することができる.

第3節　医療保護入院等
(医療保護入院)
第33条 ① 精神科病院の管理者は，次に掲げる者について，その家族等のうちいずれかの者の同意があるときは，本人の同意がなくてもその者を入院させることができる．
  1　指定医による診察の結果，精神障害者であり，かつ，医療及び保護のため入院の必要がある者であつて当該精神障害のために第20条の規定による入院が行われる状態にないと判定されたもの
  2　第34条第1項の規定により移送された者
② 前項の「家族等」とは，当該精神障害者の配偶者，親権を行う者，扶養義務者及び後見人又は保佐人をいう．ただし，次の各号のいずれかに該当する者を除く．
  1　行方の知れない者
  2　当該精神障害者に対して訴訟をしている者，又はした者並びにその配偶者及び直系血族
  3　家庭裁判所で免ぜられた法定代理人，保佐人又は補助人
  4　成年被後見人又は被保佐人
  5　未成年者
③ 精神科病院の管理者は，第1項第1号に掲げる者について，その者の家族等（前項に規定する家族等をいう．以下同じ．）がない場合又はその家族等の全員がその意思を表示することができない場合において，その者の居住地（居住地がないか，又は明らかでないときは，その者の現在地．第45条第1項を除き，以下同じ．）を管轄する市町村長（特別区の長を含む．以下同じ．）の同意があるときは，本人の同意がなくてもその者を入院させることができる．第34条第2項の規定により移送された者について，その者の居住地を管轄する市町村長の同意があるときも，同様とする．
④ 第1項又は前項に規定する場合において，精神科病院（厚生労働省令で定める基準に適合すると都道府県知事が認めるものに限る．）の管理者は，緊急その他やむを得ない理由があるときは，指定医に代えて特定医師に診察を行わせることができる．この場合において，診察の結果，精神障害者であり，かつ，医療及び保護のため入院の必要がある者であつて当該精神障害のために第20条の規定による入院が行われる状態にないと判定されたときは，第1項又は前項の規定にかかわらず，本人の同意がなくても，12時間を限り，その者を入院させることができる．
⑤ 第19条の4の2の規定は，前項の規定により診察を行つた場合について準用する．この場合において，同条中「指定医は，前条第1項」とあるのは「第21条第4項に規定する特定医師は，第33条第4項」と，「当該指定医」とあるのは「当該特定医師」と読み替えるものとする．
⑥ 精神科病院の管理者は，第4項後段の規定による措置を採つたときは，遅滞なく，厚生労働省令で定めるところにより，当該措置に関する記録を作成し，これを保存しなければならない．
⑦ 精神科病院の管理者は，第1項，第3項又は第4項後段の規定による措置を採つたときは，10日以内に，その者の症状その他厚生労働省令で定める事項を当該入院について同意をした者の同意書を添え，最寄りの保健所長を経て都道府県知事に届け出なければならない．

第33条の2　精神科病院の管理者は，前条第1項又は第3項の規定により入院した者（以下「医療保護入院者」という．）を退院させたときは，10日以内に，その旨及び厚生労働省令で定める事項を最寄りの保健所長を経て都道府県知事に届け出なければならない．

第33条の3 ① 精神科病院の管理者は，第33条第1項，第3項又は第4項後段の規定による措置を採る場合においては，当該精神障害者に対し，当該入院措置を採る旨，第38条の4の規定による退院等の請求に関することその他厚生労働省令で定める事項を書面で知らせなければならない．ただし，当該入院措置を採つた日から4週間を経過する日までの間であつて，当該精神障害者の症状に照らし，その者の医療及び保護を図る上で支障があると認められる間においては，この限りでない．
② 精神科病院の管理者は，前項ただし書の規定により同項本文に規定する事項を書面で知らせなかつたときは，厚生労働省令で定めるところにより，厚生労働省令で定める事項を診療録に記載しなければならない．

(医療保護入院者の退院による地域における生活への移行を促進するための措置)
第33条の4　医療保護入院者を入院させている精神科病院の管理者は，精神保健福祉士その他厚生労働省令で定める資格を有する者のうちから，厚生労働省令で定めるところにより，退院後生活環境相談員を選任し，その者に医療保護入院者の退院後の生活環境に関し，医療保護入院者及びその家族等からの相談に応じさせ，及びこれらの者を指導させなければならない．

第33条の5　医療保護入院者を入院させている精神科病院の管理者は，医療保護入院者又はその家族等から求めがあつた場合その他医療保護入院者の退院による地域における生活への移行を促進するために必要があると認められる場合には，これらの者に対して，厚生労働省令で定めるところにより，一般相談支援事業若しくは障害者の日常生活及び社会生活を総合的に支援するための法律第5条第18項に規定する特定相談支援事業（第49条第1項において「特定相談支援事業」という．）又は，介護保険法第8条第24項に規定する居宅介護支援事業を行う者その他の地域の精神障害者の保健又は福祉に関する各般の問題につき精神障害者又はその家族等からの相談に応じ必要な情報の提供，助言その他の援助を行う事業を行うことができると認められる者として厚生労働省令で定めるもの（次条において「地域援助事業者」という．）を紹介するよう努めなければならない．

〔平28法65，平30・4・1施行〕

第33条の6　精神科病院の管理者は，前2条に規定する措置のほか，厚生労働省令で定めるところにより，必要に応じて地域援助事業者と連携を図りながら，医療保護入院者の退院による地域における生活への移行を促進するために必要な体制の整備その他の当該精神科病院における医療保護入院者の退院による地域における生活への移行を促進するための措置を講じなければならない．

(応急入院)
第33条の7 ① 厚生労働大臣の定める基準に適合するものとして都道府県知事が指定する精神科病院の管理者は，医療及び保護の依頼があつた者につ

102 精神保健及び精神障害者福祉に関する法律（33条の8〜38条）

いて，急速を要し，その家族等の同意を得ることができない場合において，その者が，次に該当する者であるときは，本人の同意がなくても，72時間を限り，その者を入院させることができる．
1 指定医の診察の結果，精神障害者であり，かつ，直ちに入院させなければその者の医療及び保護を図る上で著しく支障がある者であつて当該精神障害のために第20条の規定による入院が行われる状態にないと判定されたもの
2 第34条第3項の規定により移送された者
② 前項に規定する場合において，同項に規定する精神科病院の管理者は，緊急その他やむを得ない理由があるときは，指定医に代えて特定医師に同項の医療及び保護の依頼があつた者の診察を行わせることができる．この場合において，診察の結果，その者が，精神障害者であり，かつ，直ちに入院させなければその者の医療及び保護を図る上で著しく支障がある者であつて当該精神障害のために第20条の規定による入院が行われる状態にないと判定されたときは，同項の規定にかかわらず，本人の同意がなくても，12時間を限り，その者を入院させることができる．
③ 第19条の4の2の規定は，前項の規定により診察を行つた場合について準用する．この場合において，同条中「指定医は，前条第1項」とあるのは「第21条第4項に規定する特定医師は，第33条の7第2項」と，「指定指定医」とあるのは「当該特定医師」と読み替えるものとする．
④ 第1項に規定する精神科病院の管理者は，第2項後段の規定による措置を採つたときは，遅滞なく，厚生労働省令で定めるところにより，当該措置に関する記録を作成し，これを保存しなければならない．
⑤ 第1項に規定する精神科病院の管理者は，同項又は第2項後段の規定による措置を採つたときは，直ちに，当該措置を採つた理由その他厚生労働省令で定める事項を最寄りの保健所長を経て都道府県知事に届け出なければならない．
⑥ 都道府県知事は，第1項の指定を受けた精神科病院が同項の基準に適合しなくなつたと認めたときは，その指定を取り消すことができる．
⑦ 厚生労働大臣は，前項に規定する都道府県知事の権限に属する事務について，第1項の指定を受けた精神科病院に入院中の者の処遇を確保する緊急の必要があると認めるときは，都道府県知事に対し前項の事務を行うことを指示することができる．
第33条の8 第19条の9第2項の規定は前条第6項の規定による処分をする場合について，第29条第3項の規定は精神科病院の管理者が第1項又は第2項後段の規定による措置を採る場合について準用する．
（医療保護入院等のための移送）
第34条 ① 都道府県知事は，その指定する指定医による診察の結果，精神障害者であり，かつ，直ちに入院させなければその者の医療及び保護を図る上で著しく支障がある者であつて当該精神障害のために第20条の規定による入院が行われる状態にないと判定されたものにつき，その家族等のうちいずれかの者の同意があるときは，本人の同意がなくてもその者を第33条第1項の規定による入院をさせるため第33条の7第1項に規定する精神科病院に移送することができる．
② 都道府県知事は，前項に規定する精神障害者の家

族等がない場合又はその家族等の全員がその意思を表示することができない場合において，その者の居住地を管轄する市町村長の同意があるときは，本人の同意がなくてもその者を第33条第3項の規定による入院をさせるため第33条の7第1項に規定する精神科病院に移送することができる．
③ 都道府県知事は，急速を要し，その者の家族等の同意を得ることができない場合において，その指定する指定医の診察の結果，その者が精神障害者であり，かつ，直ちに入院させなければその者の医療及び保護を図る上で著しく支障がある者であつて当該精神障害のために第20条の規定による入院が行われる状態にないと判定されたときは，本人の同意がなくてもその者を第33条の7第1項の規定による入院をさせるため同項に規定する精神科病院に移送することができる．
④ 第29条の2の2第2項及び第3項の規定は，前3項の規定による移送を行う場合について準用する．

第4節 精神科病院における処遇等
（処 遇）
第36条 ① 精神科病院の管理者は，入院中の者につき，その医療又は保護に欠くことのできない限度において，その行動について必要な制限を行うことができる．
② 精神科病院の管理者は，前項の規定にかかわらず，信書の発受の制限，都道府県その他の行政機関の職員との面会の制限その他の行動の制限であつて，厚生労働大臣があらかじめ社会保障審議会の意見を聴いて定める行動の制限については，これを行うことができない．
③ 第1項の規定による行動の制限のうち，厚生労働大臣があらかじめ社会保障審議会の意見を聴いて定める患者の隔離その他の行動の制限は，指定医が必要と認める場合でなければ行うことができない．
第37条 ① 厚生労働大臣は，前条に定めるもののほか，精神科病院に入院中の者の処遇について必要な基準を定めることができる．
② 前項の基準が定められたときは，精神科病院の管理者は，その基準を遵守しなければならない．
③ 厚生労働大臣は，第1項の基準を定めようとするときは，あらかじめ，社会保障審議会の意見を聴かなければならない．
（指定医の精神科病院の管理者への報告等）
第37条の2 指定医は，その勤務する精神科病院に入院中の者の処遇が第36条の規定に違反していると思料するとき又は前条第1項の基準に適合していないと認めるときその他精神科病院に入院中の者の処遇が著しく不適当であると認めるときは，当該精神科病院の管理者にその旨を報告すること等により，当該管理者において当該精神科病院に入院中の者の処遇の改善のために必要な措置が採られるよう努めなければならない．
（相談，援助等）
第38条 精神科病院その他の精神障害の医療を提供する施設の管理者は，当該施設において医療を受ける精神障害者の社会復帰の促進を図るため，当該施設の医師，看護師その他の医療従事者による有機的な連携の確保に配慮しつつ，その者の相談に応じ，必要に応じて一般相談支援事業を行う者と連携を図りながら，その者に必要な援助を行い，及びその家族等その他の関係者との連絡調整を行うように努めなければならない．

(定期の報告等)
第38条の2 ① 措置入院者を入院させている精神科病院又は指定病院の管理者は、措置入院者の症状その他厚生労働省令で定める事項（以下この項において「報告事項」という。）を、厚生労働省令で定めるところにより、定期に、最寄りの保健所長を経て都道府県知事に報告しなければならない。この場合においては、報告事項のうち厚生労働省令で定める事項については、指定医による診察の結果に基づくものでなければならない。
② 前項の規定は、医療保護入院者を入院させている精神科病院の管理者について準用する。この場合において、同項中「措置入院者」とあるのは、「医療保護入院者」と読み替えるものとする。
③ 都道府県知事は、条例で定めるところにより、精神科病院の管理者（第38条の7第1項、第2項又は第4項の規定による命令を受けた者であつて、当該命令を受けた日から起算して厚生労働省令で定める期間を経過しないものその他これに準ずる者として厚生労働省令で定めるものに限る。）に対し、当該精神科病院に入院中の任意入院者（厚生労働省令で定める基準に該当する者に限る。）の症状その他厚生労働省令で定める事項について報告を求めることができる。

(定期の報告等による審査)
第38条の3 ① 都道府県知事は、前条第1項若しくは第2項の規定による報告又は第33条第7項の規定による届出（同条第1項又は第3項の規定による措置に係るものに限る。）があつたときは、当該報告又は届出に係る入院中の者の症状その他厚生労働省令で定める事項を精神医療審査会に通知し、当該入院中の者についてその入院の必要があるかどうかに関し審査を求めなければならない。
② 精神医療審査会は、前項の規定により審査を求められたときは、当該審査に係る入院中の者についてその入院の必要があるかどうかに関し審査を行い、その結果を都道府県知事に通知しなければならない。
③ 精神医療審査会は、前項の審査をするに当たつて必要があると認めるときは、当該審査に係る入院中の者に対して意見を求め、若しくはその者の同意を得て委員（指定医である者に限る。第38条の5第4項において同じ。）に診察させ、又はその者が入院している精神科病院の管理者その他関係者に対して報告若しくは意見を求め、診療録その他の帳簿書類の提出を命じ、若しくは出頭を命じて審問することができる。
④ 都道府県知事は、第2項の規定により通知された精神医療審査会の審査の結果に基づき、その入院が必要でないと認められた者を退院させ、又は精神科病院の管理者に対しその者を退院させることを命じなければならない。
⑤ 都道府県知事は、第1項に定めるもののほか、前条第3項の規定による報告を受けたときは、当該報告に係る入院中の者の症状その他厚生労働省令で定める事項を精神医療審査会に通知し、当該入院中の者についてその入院の必要があるかどうかに関し審査を求めることができる。
⑥ 第2項及び第3項の規定は、前項の規定により都道府県知事が審査を求めた場合について準用する。

(退院等の請求)
第38条の4 精神科病院に入院中の者又はその家族等（その家族等がない場合又はその家族等の全員がその意思を表示することができない場合にあつては、その者の居住地を管轄する市町村長）は、厚生労働省令で定めるところにより、都道府県知事に対し、当該入院中の者を退院させ、又は精神科病院の管理者に対し、その者を退院させることを命じ、若しくはその者の処遇の改善のために必要な措置を採ることを命じることを求めることができる。

(退院等の請求による審査)
第38条の5 ① 都道府県知事は、前条の規定による請求を受けたときは、当該請求の内容を精神医療審査会に通知し、当該請求に係る入院中の者について、その入院の必要があるかどうか、又はその処遇が適当であるかどうかに関し審査を求めなければならない。
② 精神医療審査会は、前項の規定により審査を求められたときは、当該審査に係る者について、その入院の必要があるかどうか、又はその処遇が適当であるかどうかに関し審査を行い、その結果を都道府県知事に通知しなければならない。
③ 精神医療審査会は、前項の審査をするに当たつては、当該審査に係る前条の規定による請求をした者及び当該審査に係る入院中の者が入院している精神科病院の管理者の意見を聴かなければならない。ただし、精神医療審査会がこれらの者の意見を聴く必要がないと特に認めたときは、この限りでない。
④ 精神医療審査会は、前項に定めるもののほか、第2項の審査をするに当たつて必要があると認めるときは、当該審査に係る入院中の者の同意を得て委員に診察させ、又はその者が入院している精神科病院の管理者その他関係者に対して報告を求め、診療録その他の帳簿書類の提出を命じ、若しくは出頭を命じて審問することができる。
⑤ 都道府県知事は、第2項の規定により通知された精神医療審査会の審査の結果に基づき、その入院が必要でないと認められた者を退院させ、又は当該精神科病院の管理者に対しその者を退院させることを命じ若しくはその者の処遇の改善のために必要な措置を採ることを命じなければならない。
⑥ 都道府県知事は、前条の規定による請求をした者に対し、当該請求に係る精神医療審査会の審査の結果及びこれに基づき採つた措置を通知しなければならない。

(報告徴収等)
第38条の6 ① 厚生労働大臣又は都道府県知事は、必要があると認めるときは、精神科病院の管理者に対し、当該精神科病院に入院中の者の症状若しくは処遇に関し、報告を求め、若しくは診療録その他の帳簿書類の提出若しくは提示を命じ、当該職員若しくはその指定する指定医に、精神科病院に立ち入り、これらの事項に関し、診療録その他の帳簿書類（その作成又は保存に代えて電磁的記録の作成又は保存がされている場合における当該電磁的記録を含む。）を検査させ、若しくは当該精神科病院に入院中の者その他の関係者に質問させ、又はその指定する指定医に、精神科病院に立ち入り、当該精神科病院に入院中の者を診察させることができる。
② 厚生労働大臣又は都道府県知事は、必要があると認めるときは、精神科病院の管理者、精神科病院に入院中の者又は第33条第1項、第3項若しくは第4項の規定による入院について同意をした者に対し、この法律による入院に必要な手続に関し、報告を求め、又は帳簿書類の提出若しくは提示を命じること

ができる．
③ 第19条の6の16第2項及び第3項の規定は，第1項の規定による立入検査，質問又は診察について準用する．この場合において，同条第2項中「前項」とあるのは「第38条の6第1項」と，「当該職員」とあるのは「当該職員及び指定医」と，同条第3項中「第1項」とあるのは「第38条の6第1項」と読み替えるものとする．

（改善命令等）
第38条の7 ① 厚生労働大臣又は都道府県知事は，精神科病院に入院中の者の処遇が第36条の規定に違反していると認めるとき又は第37条第1項の基準に適合していると認めることができないその他精神科病院に入院中の者の処遇が著しく適当でないと認めるときは，当該精神科病院の管理者に対し，措置を講ずべき事項及び期限を示して，処遇を確保するための改善計画の提出を求め，若しくは提出された改善計画の変更を命じ，又はその処遇の改善のために必要な措置を採ることを命ずることができる．
② 厚生労働大臣又は都道府県知事は，必要があると認めるときは，第21条第3項の規定により入院している者又は第33条第1項，第3項若しくは第4項若しくは第33条の7第1項若しくは第2項の規定により入院した者について，その指定する2人以上の指定医に診察させ，各指定医の診察の結果がその入院を継続する必要があることに一致しない場合又は入院中の者がこの法律若しくはこの法律に基づく命令に違反して行われた場合には，これらの者が入院している精神科病院の管理者に対し，その者を退院させることを命ずることができる．
③ 都道府県知事は，前2項の規定による命令をした場合において，その命令を受けた精神科病院の管理者がこれに従わなかつたときは，その旨を公表することができる．
④ 厚生労働大臣又は都道府県知事は，精神科病院の管理者が第1項又は第2項の規定による命令に従わないときは，当該精神科病院の管理者に対し，期間を定めて第21条第1項，第33条第1項，第3項及び第4項並びに第33条の7第1項及び第2項の規定による精神障害者の入院に係る医療の提供の全部又は一部を制限することを命ずることができる．
⑤ 都道府県知事は，前項の規定による命令をした場合においては，その旨を公示しなければならない．

（仮退院）
第40条 第29条第1項に規定する精神科病院又は指定病院の管理者は，指定医による診察の結果，措置入院者の症状に照らしその者を一時退院させて経過を見ることが適当であると認めるときは，都道府県知事の許可を得て，6月を超えない期間を限り仮に退院させることができる．

第5節 雑則
（指 針）
第41条 ① 厚生労働大臣は，精神障害者の障害の特性その他の心身の状態に応じた良質かつ適切な精神障害者に対する医療の提供を確保するための指針（以下この条において「指針」という．）を定めなければならない．
② 指針に定める事項は，次のとおりとする．
1 精神病床（病院の病床のうち，精神疾患を有する者を入院させるためのものをいう．）の機能分化に関する事項
2 精神障害者の居宅等（居宅その他の厚生労働省令で定める場所をいう．）における保健医療サービス及び福祉サービスの提供に関する事項
3 精神障害者に対する医療の提供に当たつての医師，看護師その他の医療従事者と精神保健福祉士その他の精神障害者の保健及び福祉に関する専門的知識を有する者との連携に関する事項
4 その他良質かつ適切な精神障害者に対する医療の提供の確保に関する重要事項
③ 厚生労働大臣は，指針を定め，又はこれを変更したときは，遅滞なく，これを公表しなければならない．

第6章 保健及び福祉

第1節 精神障害者保健福祉手帳
（精神障害者保健福祉手帳）
第45条 ① 精神障害者（知的障害者を除く．以下この章及び次章において同じ．）は，厚生労働省令で定める書類を添えて，その居住地（居住地を有しないときは，その現在地）の都道府県知事に精神障害者保健福祉手帳の交付を申請することができる．
② 都道府県知事は，前項の申請に基づいて審査し，申請者が政令で定める精神障害の状態にあると認めたときは，申請者に精神障害者保健福祉手帳を交付しなければならない．
③ 前項の規定による審査の結果，申請者が同項の政令で定める精神障害の状態にないと認めたときは，都道府県知事は，理由を付して，その旨を申請者に通知しなければならない．
④ 精神障害者保健福祉手帳の交付を受けた者は，厚生労働省令で定めるところにより，2年ごとに，第2項の政令で定める精神障害の状態にあることについて，都道府県知事の認定を受けなければならない．
⑤ 第3項の規定は，前項の認定について準用する．
⑥ 前各項に定めるもののほか，精神障害者保健福祉手帳に関し必要な事項は，政令で定める．

（精神障害者保健福祉手帳の返還等）
第45条の2 ① 精神障害者保健福祉手帳の交付を受けた者は，前条第2項の政令で定める精神障害の状態がなくなつたときは，速やかに精神障害者保健福祉手帳を都道府県に返還しなければならない．
② 精神障害者保健福祉手帳の交付を受けた者は，精神障害者保健福祉手帳を譲渡し，又は貸与してはならない．
③ 都道府県知事は，精神障害者保健福祉手帳の交付を受けた者について，前条第2項の政令で定める状態がなくなつたと認めるときは，その者に対し精神障害者保健福祉手帳の返還を命ずることができる．
④ 都道府県知事は，前項の規定により，精神障害者保健福祉手帳の返還を命じようとするときは，あらかじめその指定する指定医をして診察させなければならない．
⑤ 前条第3項の規定は，第3項の認定について準用する．

第2節 相談指導等
（正しい知識の普及）
第46条 都道府県及び市町村は，精神障害についての正しい知識の普及のための広報活動等を通じて，精神障害者の社会復帰及びその自立と社会経済活動への参加に対する地域住民の関心と理解を深めるように努めなければならない．

（相談指導等）
第47条 ① 都道府県，保健所を設置する市又は特別

区(以下「都道府県等」という.)は,必要に応じて,次条第1項に規定する精神保健福祉相談員その他の職員又は都道府県知事若しくは保健所を設置する市若しくは特別区の長(以下「都道府県知事等」という.)が指定した医師をして,精神保健及び精神障害者の福祉に関し,精神障害者及びその家族等その他の関係者からの相談に応じさせ,及びこれらの者を指導させなければならない.

② 都道府県等は,必要に応じて,医療を必要とする精神障害者に対し,その精神障害の状態に応じた適切な医療施設を紹介しなければならない.

③ 市町村(保健所を設置する市を除く.次項において同じ.)は,前2項の規定により都道府県が行う精神障害者に関する事務に必要な協力をするとともに,必要に応じて,精神障害者の福祉に関し,精神障害者及びその家族等その他の関係者からの相談に応じ,及びこれらの者を指導しなければならない.

④ 市町村は,前項に定めるもののほか,必要に応じて,精神保健に関し,精神障害者及びその家族等その他の関係者からの相談に応じ,及びこれらの者を指導するように努めなければならない.

⑤ 市町村,精神保健福祉センター及び保健所は,精神保健及び精神障害者の福祉に関し,精神障害者及びその家族等その他の関係者からの相談に応じ,又はこれらの者へ指導を行うに当たつては,相互に,及び福祉事務所(社会福祉法(昭和26年法律第45号)に定める福祉に関する事務所をいう.)その他の関係行政機関と密接な連携を図るよう努めなければならない.

(精神保健福祉相談員)

第48条 ① 都道府県及び市町村は,精神保健福祉センター及び保健所その他これらに準ずる施設に,精神保健及び精神障害者の福祉に関する相談に応じ,並びに精神障害者及びその家族等その他の関係者を訪問して必要な指導を行うための職員(次項において「精神保健福祉相談員」という.)を置くことができる.

② 精神保健福祉相談員は,精神保健福祉士その他政令で定める資格を有する者のうちから,都道府県知事又は市町村長が任命する.

(事業の利用の調整等)

第49条 ① 市町村は,精神障害者から求めがあつたときは,当該精神障害者の希望,精神障害の状態,社会復帰の促進及び自立と社会経済活動への参加の促進のために必要な指導及び訓練その他の援助の内容等を勘案し,当該精神障害者が最も適切な障害福祉サービス事業の利用ができるよう,相談に応じ,必要な助言を行うものとする.この場合において,市町村は,当該事務を一般相談支援事業又は特定相談支援事業を行う者に委託することができる.

② 市町村は,前項の助言を受けた精神障害者から求めがあつた場合には,必要に応じて,障害福祉サービス事業の利用についてあつせん又は調整を行うとともに,必要に応じて,障害福祉サービス事業を行う者に対し,当該精神障害者の利用についての要請を行うものとする.

③ 都道府県は,前項の規定により市町村が行うあつせん,調整及び要請に関し,その設置する保健所による技術的事項についての協力その他市町村に対する必要な援助及び市町村相互間の連絡調整を行う.

④ 障害福祉サービス事業を行う者は,第2項のあつせん,調整及び要請に対し,できる限り協力しなければならない.

第7章 精神障害者社会復帰促進センター

(指定等)

第51条の2 ① 厚生労働大臣は,精神障害者の社会復帰の促進を図るための訓練及び指導等に関する研究開発を行うこと等により精神障害者の社会復帰を促進することを目的とする一般社団法人又は一般財団法人であつて,次条に規定する業務を適正かつ確実に行うことができると認められるものを,その申請により,全国を通じて1個に限り,精神障害者社会復帰促進センター(以下「センター」という.)として指定することができる.

② 厚生労働大臣は,前項の規定による指定をしたときは,センターの名称,住所及び事務所の所在地を公示しなければならない.

③ センターは,その名称,住所又は事務所の所在地を変更しようとするときは,あらかじめ,その旨を厚生労働大臣に届け出なければならない.

④ 厚生労働大臣は,前項の規定による届出があつたときは,当該届出に係る事項を公示しなければならない.

(業務)

第51条の3 センターは,次に掲げる業務を行うものとする.

1 精神障害者の社会復帰の促進に資するための啓発活動及び広報活動を行うこと.

2 精神障害者の社会復帰の実例に即して,精神障害者の社会復帰の促進を図るための訓練及び指導等に関する研究開発を行うこと.

3 前号に掲げるもののほか,精神障害者の社会復帰の促進に関する研究を行うこと.

4 精神障害者の社会復帰の促進を図るため,第2号の規定による研究開発の成果又は前号の規定による研究の成果を,定期的に又は時宜に応じて提供すること.

5 精神障害者の社会復帰の促進を図るための事業の業務に関し,当該事業に従事する者及び当該事業に従事しようとする者に対して研修を行うこと.

6 前各号に掲げるもののほか,精神障害者の社会復帰を促進するために必要な業務を行うこと.

第8章 雑則

(審判の請求)

第51条の11の2 市町村長は,精神障害者につき,その福祉を図るため特に必要があると認めるときは,民法(明治29年法律第89号)第7条,第11条,第13条第2項,第15条第1項,第17条第1項,第876条の4第1項又は第876条の9第1項に規定する審判の請求をすることができる.

(後見等を行う者の推薦等)

第51条の11の3 ① 市町村は,前条の規定による審判の請求の円滑な実施に資するよう,民法に規定する後見,保佐及び補助(以下この条において「後見等」という.)の業務を適正に行うことができる人材の活用を図るため,後見等の業務を適正に行うことができる者の家庭裁判所への推薦その他の必要な措置を講ずるよう努めなければならない.

② 都道府県は,市町村と協力して後見等の業務を適

正に行うことができる人材の活用を図るため,前項に規定する措置の実施に関し助言その他の援助を行うように努めなければならない.

第9章 罰則(略)

103 精神保健福祉士法(抄)

(平9・12・19法律第131号,平10・4・1施行,最終改正:平28・6・3法律第65号)

第1章 総則

(目的)
第1条 この法律は,精神保健福祉士の資格を定め,その業務の適正を図り,もって精神保健の向上及び精神障害者の福祉の増進に寄与することを目的とする.

(定義)
第2条 この法律において「精神保健福祉士」とは,第28条の登録を受け,精神保健福祉士の名称を用いて,精神障害者の保健及び福祉に関する専門的知識及び技術をもって,精神科病院その他の医療施設において精神障害の医療を受け,又は精神障害者の社会復帰の促進を図ることを目的とする施設を利用している者の地域相談支援(障害者の日常生活及び社会生活を総合的に支援するための法律(平成17年法律第123号)第5条第18項に規定する地域相談支援をいう.第41条第1項において同じ.)の利用に関する相談その他の社会復帰に関する相談に応じ,助言,指導,日常生活への適応のために必要な訓練その他の援助を行うこと(以下「相談援助」という.)を業とする者をいう.

〔平28法65,平30・4・1施行〕

(欠格事由)
第3条 次の各号のいずれかに該当する者は,精神保健福祉士となることができない.
1 成年被後見人又は被保佐人
2 禁錮以上の刑に処せられ,その執行を終わり,又は執行を受けることがなくなった日から起算して2年を経過しない者
3 この法律の規定その他精神障害者の保健又は福祉に関する法律の規定であって政令で定めるものにより,罰金の刑に処せられ,その執行を終わり,又は執行を受けることがなくなった日から起算して2年を経過しない者
4 第32条第1項第2号又は第2項の規定により登録を取り消され,その取消しの日から起算して2年を経過しない者

第2章 試験

(資格)
第4条 精神保健福祉士試験(以下「試験」という.)に合格した者は,精神保健福祉士となる資格を有する.

(試験)
第5条 試験は,精神保健福祉士として必要な知識及び技能について行う.

(試験の実施)
第6条 試験は,毎年1回以上,厚生労働大臣が行う.

(受験資格)
第7条 試験は,次の各号のいずれかに該当する者でなければ,受けることができない.
1 学校教育法(昭和22年法律第26号)に基づく大学(短期大学を除く.以下この条において同じ.)において文部科学省令・厚生労働省令で定める精神障害者の保健及び福祉に関する科目(以下この条において「指定科目」という.)を修めて卒業した者その他その者に準ずるものとして厚生労働省令で定める者
2 学校教育法に基づく大学において文部科学省令・厚生労働省令で定める精神障害者の保健及び福祉に関する基礎科目(以下この条において「基礎科目」という.)を修めて卒業した者その他その者に準ずるものとして厚生労働省令で定める者であって,文部科学大臣及び厚生労働大臣の指定した者又は都道府県知事の指定した養成施設(以下「精神保健福祉士短期養成施設等」という.)において6月以上精神保健福祉士として必要な知識及び技能を修得したもの
3 学校教育法に基づく大学を卒業した者その他の者に準ずるものとして厚生労働省令で定める者であって,文部科学大臣及び厚生労働大臣の指定した者又は都道府県知事の指定した養成施設(以下「精神保健福祉士一般養成施設等」という.)において1年以上精神保健福祉士として必要な知識及び技能を修得したもの
4 学校教育法に基づく短期大学(修業年限が3年であるものに限る.)において指定科目を修めて卒業した者(夜間において授業を行う学科又は通信による教育を行う学科を卒業した者を除く.)その他その者に準ずるものとして厚生労働省令で定める者であって,厚生労働省令で定める施設(以下この条において「指定施設」という.)において1年以上相談援助の業務に従事したもの
5 学校教育法に基づく短期大学(修業年限が3年であるものに限る.)において基礎科目を修めて卒業した者(夜間において授業を行う学科又は通信による教育を行う学科を卒業した者を除く.)その他その者に準ずるものとして厚生労働省令で定める者であって,指定施設において1年以上相談援助の業務に従事した後,精神保健福祉士短期養成施設等において6月以上精神保健福祉士として必要な知識及び技能を修得したもの
6 学校教育法に基づく短期大学(修業年限が3年であるものに限る.)を卒業した者(夜間において授業を行う学科又は通信による教育を行う学科を卒業した者を除く.)その他その者に準ずるものとして厚生労働省令で定める者であって,指定施設において1年以上相談援助の業務に従事した後,精神保健福祉士一般養成施設等において1年以上精神保健福祉士として必要な知識及び技能を修得したもの
7 学校教育法に基づく短期大学において指定科目を修めて卒業した者その他その者に準ずるものとして厚生労働省令で定める者であって,指定施設において2年以上相談援助の業務に従事したもの
8 学校教育法に基づく短期大学において基礎科目を修めて卒業した者その他その者に準ずるものと

(5) 障害者福祉

して厚生労働省令で定める者であって,指定施設において2年以上相談援助の業務に従事した後,精神保健福祉士短期養成施設等において6月以上精神保健福祉士として必要な知識及び技能を修得したもの

9 学校教育法に基づく短期大学又は高等専門学校を卒業した者その他その者に準ずるものとして厚生労働省令で定める者であって,指定施設において2年以上相談援助の業務に従事した後,精神保健福祉士一般養成施設等において1年以上精神保健福祉士として必要な知識及び技能を修得したもの

10 指定施設において4年以上相談援助の業務に従事した後,精神保健福祉士一般養成施設等において1年以上精神保健福祉士として必要な知識及び技能を修得した者

11 社会福祉士であって,精神保健福祉士短期養成施設等において6月以上精神保健福祉士として必要な知識及び技能を修得したもの

(試験の無効等)
第8条 ① 厚生労働大臣は,試験に関して不正の行為があった場合には,その不正行為に関係のある者に対しては,その受験を停止させ,又はその試験を無効とすることができる.
② 厚生労働大臣は,前項の規定による処分を受けた者に対し,期間を定めて試験を受けることができないものとすることができる.

(受験手数料)
第9条 ① 試験を受けようとする者は,実費を勘案して政令で定める額の受験手数料を国に納付しなければならない.
② 前項の受験手数料は,これを納付した者が試験を受けない場合においても,返還しない.

(指定試験機関の指定)
第10条 ① 厚生労働大臣は,厚生労働省令で定めるところにより,その指定する者(以下「指定試験機関」という.)に,試験の実施に関する事務(以下「試験事務」という.)を行わせることができる.
〈②~④(略)〉

第3章 登 録

(登 録)
第28条 精神保健福祉士となる資格を有する者が精神保健福祉士となるには,精神保健福祉士登録簿に,氏名,生年月日その他厚生労働省令で定める事項の登録を受けなければならない.

(精神保健福祉士登録簿)
第29条 精神保健福祉士登録簿は,厚生労働省に備える.

(精神保健福祉士登録証)
第30条 厚生労働大臣は,精神保健福祉士の登録をしたときは,申請者に第28条に規定する事項を記載した精神保健福祉士登録証(以下この章において「登録証」という.)を交付する.

(登録事項の変更の届出等)
第31条 ① 精神保健福祉士は,登録を受けた事項に変更があったときは,遅滞なく,その旨を厚生労働大臣に届け出なければならない.
② 精神保健福祉士は,前項の規定による届出をするときは,当該届出に登録証を添えて提出し,その訂正を受けなければならない.

(登録の取消し等)
第32条 ① 厚生労働大臣は,精神保健福祉士が次の各号のいずれかに該当する場合には,その登録を取り消さなければならない.
1 第3条各号(第4号を除く.)のいずれかに該当するに至った場合
2 虚偽又は不正の事実に基づいて登録を受けた場合
② 厚生労働大臣は,精神保健福祉士が第39条,第40条又は第41条第2項の規定に違反したときは,その登録を取り消し,又は期間を定めて精神保健福祉士の名称の使用の停止を命ずることができる.

(登録の消除)
第33条 厚生労働大臣は,精神保健福祉士の登録がその効力を失ったときは,その登録を消除しなければならない.

(変更登録等の手数料)
第34条 登録証の記載事項の変更を受けようとする者及び登録証の再交付を受けようとする者は,実費を勘案して政令で定める額の手数料を国に納付しなければならない.

(指定登録機関の指定等)
第35条 ① 厚生労働大臣は,厚生労働省令で定めるところにより,その指定する者(以下「指定登録機関」という.)に,精神保健福祉士の登録の実施に関する事務(以下「登録事務」という.)を行わせることができる.
〈②(略)〉

第4章 義務等

(誠実義務)
第38条の2 精神保健福祉士は,その担当する者が個人の尊厳を保持し,自立した生活を営むことができるよう,常にその者の立場に立って,誠実にその業務を行わなければならない.

(信用失墜行為の禁止)
第39条 精神保健福祉士は,精神保健福祉士の信用を傷つけるような行為をしてはならない.

(秘密保持義務)
第40条 精神保健福祉士は,正当な理由がなく,その業務に関して知り得た人の秘密を漏らしてはならない.精神保健福祉士でなくなった後においても,同様とする.

(連携等)
第41条 ① 精神保健福祉士は,その業務を行うに当たっては,その担当する者に対し,保健医療サービス,障害者の日常生活及び社会生活を総合的に支援するための法律第5条第1項に規定する障害福祉サービス,地域相談支援に関するサービスその他のサービスが密接な連携の下で総合的かつ適切に提供されるよう,これらのサービスを提供する者その他の関係者等との連携を保たなければならない.
② 精神保健福祉士は,その業務を行うに当たって精神障害者に主治の医師があるときは,その指導を受けなければならない.

(資質向上の責務)
第41条の2 精神保健福祉士は,精神保健及び精神障害者の福祉を取り巻く環境の変化による業務の内容の変化に適応するため,相談援助に関する知識及び技能の向上に努めなければならない.

(名称の使用制限)
第42条 精神保健福祉士でない者は,精神保健福祉

104 障害者虐待の防止,障害者の養護者に対する支援等に関する法律(抄)

(平23・6・24法律第79号,平24・10・1施行,最終改正:平28・6・3法律第65号)

第1章 総則

(目的)
第1条 この法律は,障害者に対する虐待が障害者の尊厳を害するものであり,障害者の自立及び社会参加にとって障害者に対する虐待を防止することが極めて重要であること等に鑑み,障害者に対する虐待の禁止,障害者虐待の予防及び早期発見その他の障害者虐待の防止等に関する国等の責務,障害者虐待を受けた障害者に対する保護及び自立の支援のための措置,養護者の負担の軽減を図ること等の養護者に対する障害者虐待の防止に資する支援(以下「養護者に対する支援」という。)のための措置等を定めることにより,障害者虐待の防止,養護者に対する支援等に関する施策を促進し,もって障害者の権利利益の擁護に資することを目的とする.

(定義)
第2条 ① この法律において「障害者」とは,障害者基本法(昭和45年法律第84号)第2条第1号に規定する障害者をいう.
② この法律において「障害者虐待」とは,養護者による障害者虐待,障害者福祉施設従事者等による障害者虐待及び使用者による障害者虐待をいう.
③ この法律において「養護者」とは,障害者を現に養護する者であって障害者福祉施設従事者等及び使用者以外のものをいう.
④ この法律において「障害者福祉施設従事者等」とは,障害者の日常生活及び社会生活を総合的に支援するための法律(平成17年法律第123号)第5条第11項に規定する障害者支援施設(以下「障害者支援施設」という。)若しくは独立行政法人国立重度知的障害者総合施設のぞみの園法(平成14年法律第167号)第11条第1号の規定により独立行政法人国立重度知的障害者総合施設のぞみの園が設置する施設(以下「のぞみの園」という。)(以下「障害者福祉施設」という。)又は障害者の日常生活及び社会生活を総合的に支援するための法律第5条第1項に規定する障害福祉サービス事業,同条第18項に規定する一般相談支援事業若しくは特定相談支援事業,同条第26項に規定する移動支援事業,同条第27項に規定する地域活動支援センターを経営する事業若しくは同条第28項に規定する福祉ホームを経営する事業その他厚生労働省令で定める事業(以下「障害福祉サービス事業等」という。)に係る業務に従事する者をいう.
〔平28法65,平30・4・1施行〕

⑤ この法律において「使用者」とは,障害者を雇用する事業主(当該障害者が派遣労働者(労働者派遣事業の適正な運営の確保及び派遣労働者の保護等に関する法律(昭和60年法律第88号)第2条第2号に規定する派遣労働者をいう。以下同じ。)である場合において当該派遣労働者に係る労働者派遣(同条第1号に規定する労働者派遣をいう。)の役務の提供を受ける事業主その他これに類するものとして政令で定める事業主を含み,国及び地方公共団体を除く。以下同じ。)又は事業の経営担当者その他その事業の労働者に関する事項について事業主のために行為をする者をいう.
⑥ この法律において「養護者による障害者虐待」とは,次のいずれかに該当する行為をいう.
 1 養護者がその養護する障害者について行う次に掲げる行為
 イ 障害者の身体に外傷が生じ,若しくは生じるおそれのある暴行を加え,又は正当な理由なく障害者の身体を拘束すること.
 ロ 障害者にわいせつな行為をすること又は障害者をしてわいせつな行為をさせること.
 ハ 障害者に対する著しい暴言又は著しく拒絶的な対応その他の障害者に著しい心理的外傷を与える言動を行うこと.
 ニ 障害者を衰弱させるような著しい減食又は長時間の放置,養護者以外の同居人によるイからハまでに掲げる行為と同様の行為の放置等養護を著しく怠ること.
 2 養護者又は障害者の親族が当該障害者の財産を不当に処分することその他当該障害者から不当に財産上の利益を得ること.
⑦ この法律において「障害者福祉施設従事者等による障害者虐待」とは,障害者福祉施設従事者等が,当該障害者福祉施設に入所し,その他当該障害者福祉施設を利用する障害者又は当該障害福祉サービス事業等に係るサービスの提供を受ける障害者について行う次のいずれかに該当する行為をいう.
 1 障害者の身体に外傷が生じ,若しくは生じるおそれのある暴行を加え,又は正当な理由なく障害者の身体を拘束すること.
 2 障害者にわいせつな行為をすること又は障害者をしてわいせつな行為をさせること.
 3 障害者に対する著しい暴言,著しく拒絶的な対応又は不当な差別的言動その他の障害者に著しい心理的外傷を与える言動を行うこと.
 4 障害者を衰弱させるような著しい減食又は長時間の放置,当該障害者福祉施設に入所し,その他当該障害者福祉施設を利用する他の障害者又は当該障害福祉サービス事業等に係るサービスの提供を受ける他の障害者による前3号に掲げる行為と同様の行為の放置その他の障害者を養護すべき職務上の義務を著しく怠ること.
 5 障害者の財産を不当に処分することその他障害者から不当に財産上の利益を得ること.
⑧ この法律において「使用者による障害者虐待」とは,使用者が当該事業所に使用される障害者について行う次のいずれかに該当する行為をいう.
 1 障害者の身体に外傷が生じ,若しくは生じるおそれのある暴行を加え,又は正当な理由なく障害者の身体を拘束すること.
 2 障害者にわいせつな行為をすること又は障害者をしてわいせつな行為をさせること.

(5) 障害者福祉

3 障害者に対する著しい暴言,著しく拒絶的な対応又は不当な差別的言動その他の障害者に著しい心理的外傷を与える言動を行うこと.
4 障害者を衰弱させるような著しい減食又は長時間の放置,当該事業所に使用される他の労働者による前3号に掲げる行為と同様の行為の放置その他これらに準ずる行為を行うこと.
5 障害者の財産を不当に処分することその他障害者から不当に財産上の利益を得ること.

(障害者に対する虐待の禁止)
第3条 何人も,障害者に対し,虐待をしてはならない.

(国及び地方公共団体の責務等)
第4条 ① 国及び地方公共団体は,障害者虐待の予防及び早期発見その他の障害者虐待の防止,障害者虐待を受けた障害者の迅速かつ適切な保護及び自立の支援並びに適切な養護者に対する支援を行うため,関係省庁相互間その他関係機関及び民間団体の間の連携の強化,民間団体の支援その他必要な体制の整備に努めなければならない. 〈②,③(略)〉

(国民の責務)
第5条 国民は,障害者虐待の防止,養護者に対する支援等の重要性に関する理解を深めるとともに,国又は地方公共団体が講ずる障害者虐待の防止,養護者に対する支援のための施策に協力するよう努めなければならない.

(障害者虐待の早期発見等)
第6条 ① 国及び地方公共団体の障害者の福祉に関する事務を所掌する部局その他の関係機関は,障害者虐待を発見しやすい立場にあることに鑑み,相互に緊密な連携を図りつつ,障害者虐待の早期発見に努めなければならない.
② 障害者福祉施設,学校,医療機関,保健所その他障害者に業務上関係のある団体並びに障害者福祉施設従事者等,学校の教職員,医師,歯科医師,保健師,弁護士その他障害者の福祉に職務上関係のある者及び使用者は,障害者虐待を発見しやすい立場にあることを自覚し,障害者虐待の早期発見に努めなければならない.
③ 前項に規定する者は,国及び地方公共団体が講ずる障害者虐待の防止のための啓発活動並びに障害者虐待を受けた障害者の保護及び自立の支援のための施策に協力するよう努めなければならない.

第2章 養護者による障害者虐待の防止,養護者に対する支援等

(養護者による障害者虐待に係る通報等)
第7条 ① 養護者による障害者虐待(18歳未満の障害者について行われるものを除く.以下この章において同じ.)を受けたと思われる障害者を発見した者は,速やかに,これを市町村に通報しなければならない.
② 刑法(明治40年法律第45号)の秘密漏示罪の規定その他の守秘義務に関する法律の規定は,前項の規定による通報をすることを妨げるものと解釈してはならない.
第8条 市町村が前条第1項の規定による通報又は次条第1項に規定する届出を受けた場合においては,当該通報又は届出を受けた市町村の職員は,その職務上知り得た事項であって当該通報又は届出をした者を特定させるものを漏らしてはならない.

(通報等を受けた場合の措置)
第9条 ① 市町村は,第7条第1項の規定による通報又は第1項に規定する養護者による障害者虐待を受けた旨の届出を受けたときは,速やかに,当該障害者の安全の確認その他当該通報又は届出に係る事実の確認のための措置を講ずるとともに,第35条の規定により当該市町村と連携協力する者(以下「市町村障害者虐待対応協力者」という.)とその対応について協議を行うものとする.
② 市町村は,第7条第1項の規定による通報又は前項に規定する届出があった場合には,当該通報又は届出に係る障害者に対する養護者による障害者虐待の防止及び当該障害者の保護が図られるよう,養護者による障害者虐待により生命又は身体に重大な危険が生じているおそれがあると認められる障害者を一時的に保護するため迅速に当該市町村の設置する障害者支援施設又は障害者の日常生活及び社会生活を総合的に支援するための法律第5条第6項の厚生労働省令で定める施設(以下「障害者支援施設等」という.)に入所させる等,適切に,身体障害者福祉法(昭和24年法律第283号)第18条第1項若しくは第2項又は知的障害者福祉法(昭和35年法律第37号)第15条の4若しくは第16条第1項第2号の規定による措置を講ずるものとする.この場合において,当該障害者が身体障害者福祉法第4条に規定する身体障害者(以下「身体障害者」という.)及び知的障害者福祉法にいう知的障害者(以下「知的障害者」という.)以外の障害者であるときは,当該障害者を身体障害者又は知的障害者とみなして,身体障害者福祉法第18条第1項若しくは第2項又は知的障害者福祉法第15条の4若しくは第16条第1項第2号の規定を適用する.
③ 市町村長は,第7条第1項の規定による通報又は第1項に規定する届出があった場合には,当該通報又は届出に係る障害者に対する養護者による障害者虐待の防止並びに当該障害者の保護及び自立の支援が図られるよう,精神保健及び精神障害者福祉に関する法律(昭和25年法律第123号)第51条の11の2又は知的障害者福祉法第28条の規定により審判の請求をするものとする.

(居室の確保)
第10条 市町村は,養護者による障害者虐待を受けた障害者について前条第2項の措置を採るために必要な居室を確保するための措置を講ずるものとする.

(立入調査)
第11条 ① 市町村長は,養護者による障害者虐待により障害者の生命又は身体に危険が生じているおそれがあると認めるときは,障害者の福祉に関する事務に従事する職員をして,当該障害者の住所又は居所に立ち入り,必要な調査又は質問をさせることができる.
② 前項の規定による立入り及び調査又は質問を行う場合においては,当該職員は,その身分を示す証明書を携帯し,関係者の請求があるときは,これを提示しなければならない.
③ 第1項の規定による立入り及び調査又は質問を行う権限は,犯罪捜査のために認められたものと解釈してはならない.

(面会の制限)
第13条 養護者による障害者虐待を受けた障害者

について第9条第2項の措置が採られた場合においては、市町村長又は当該措置に係る障害者支援施設若しくはのぞみの園の長若しくは当該措置に係る身体障害者福祉法第18条第2項に規定する指定医療機関の管理者は、養護者による障害者虐待の防止及び当該障害者の保護の観点から、当該養護者による障害者虐待を行った養護者について当該障害者との面会を制限することができる。

（養護者の支援）
第14条 ① 市町村は、第32条第2項第2号に規定するもののほか、養護者の負担の軽減のため、養護者に対する相談、指導及び助言その他必要な措置を講ずるものとする。
② 市町村は、前項の措置として、養護者の心身の状態に照らしその養護の負担の軽減を図るため緊急の必要があると認める場合に障害者が短期間養護を受けるために必要となる居室を確保するための措置を講ずるものとする。

第3章　障害者福祉施設従事者等による障害者虐待の防止等

（障害者福祉施設従事者等による障害者虐待の防止等のための措置）
第15条 障害者福祉施設の設置者又は障害福祉サービス事業等を行う者は、障害者福祉施設従事者等の研修の実施、当該障害者福祉施設に入所し、その他当該障害者福祉施設を利用し、又は当該障害福祉サービス事業等に係るサービスの提供を受ける障害者及びその家族からの苦情の処理の体制の整備その他の障害者福祉施設従事者等による障害者虐待の防止等のための措置を講ずるものとする。

（障害者福祉施設従事者等による障害者虐待に係る通報等）
第16条 ① 障害者福祉施設従事者等による障害者虐待を受けたと思われる障害者を発見した者は、速やかに、これを市町村に通報しなければならない。
② 障害者福祉施設従事者等による障害者虐待を受けた障害者は、その旨を市町村に届け出ることができる。
③ 刑法の秘密漏示罪の規定その他の守秘義務に関する法律の規定は、第1項の規定による通報（虚偽であるもの及び過失によるものを除く。次項において同じ。）をすることを妨げるものと解釈してはならない。
④ 障害者福祉施設従事者等は、第1項の規定による通報をしたことを理由として、解雇その他不利益な取扱いを受けない。

第17条 市町村は、前条第1項の規定による通報又は同条第2項の規定による届出を受けたときは、厚生労働省令で定めるところにより、当該通報又は届出に係る障害者福祉施設従事者等による障害者虐待に関する事項を、当該障害者福祉施設従事者等による障害者虐待に係る障害者福祉施設又は当該障害者福祉施設従事者等による障害者虐待に係る障害福祉サービス事業等の事業所の所在地の都道府県に報告しなければならない。

第18条 市町村が第16条第1項の規定による通報又は同条第2項の規定による届出を受けた場合においては、当該通報又は届出を受けた市町村の職員は、その職務上知り得た事項であって当該通報又は届出をした者を特定させるものを漏らしてはならない。都道府県が前条の規定による報告を受けた場合における当該報告を受けた都道府県の職員についても、同様とする。

（通報等を受けた場合の措置）
第19条 市町村が第16条第1項の規定による通報若しくは同条第2項の規定による届出を受け、又は都道府県が第17条の規定による報告を受けたときは、市町村長又は都道府県知事は、障害者福祉施設の業務又は障害福祉サービス事業等の適正な運営を確保することにより、当該通報又は届出に係る障害者に対する障害者福祉施設従事者等による障害者虐待の防止並びに当該障害者の保護及び自立の支援を図るため、社会福祉法（昭和26年法律第45号）、障害者の日常生活及び社会生活を総合的に支援するための法律その他関係法律の規定による権限を適切に行使するものとする。

第4章　使用者による障害者虐待の防止等

（使用者による障害者虐待の防止等のための措置）
第21条 障害者を雇用する事業主は、労働者の研修の実施、当該事業所に使用される障害者及びその家族からの苦情の処理の体制の整備その他の使用者による障害者虐待の防止等のための措置を講ずるものとする。

（使用者による障害者虐待に係る通報等）
第22条 ① 使用者による障害者虐待を受けたと思われる障害者を発見した者は、速やかに、これを市町村又は都道府県に通報しなければならない。
② 使用者による障害者虐待を受けた障害者は、その旨を市町村又は都道府県に届け出ることができる。
③ 刑法の秘密漏示罪の規定その他の守秘義務に関する法律の規定は、第1項の規定による通報（虚偽であるもの及び過失によるものを除く。次項において同じ。）をすることを妨げるものと解釈してはならない。
④ 労働者は、第1項の規定による通報又は第2項の規定による届出（虚偽であるもの及び過失によるものを除く。）をしたことを理由として、解雇その他不利益な取扱いを受けない。

第23条 市町村は、前条第1項の規定による通報又は同条第2項の規定による届出を受けたときは、厚生労働省令で定めるところにより、当該通報又は届出に係る使用者による障害者虐待に関する事項を、当該使用者による障害者虐待に係る事業所の所在地の都道府県に通知しなければならない。

第24条 都道府県は、第22条第1項の規定による通報、同条第2項の規定による届出又は前条の規定による通知を受けたときは、厚生労働省令で定めるところにより、当該通報、届出又は通知に係る使用者による障害者虐待に関する事項を、当該使用者による障害者虐待に係る事業所の所在地を管轄する都道府県労働局に報告しなければならない。

第25条 市町村又は都道府県が第22条第1項の規定による通報又は同条第2項の規定による届出を受けた場合においては、当該通報又は届出を受けた市町村又は都道府県の職員は、その職務上知り得た事項であって当該通報又は届出をした者を特定させるものを漏らしてはならない。都道府県が第23条の規定による通知を受けた場合における当該通知を受けた都道府県の職員及び都道府県労働局が

前条の規定による報告を受けた場合における当該報告を受けた都道府県労働局の職員についても，同様とする．
（報告を受けた場合の措置）
第26条　都道府県労働局が第24条の規定による報告を受けたときは，都道府県労働局長又は労働基準監督署長若しくは公共職業安定所長は，事業所における障害者の適正な労働条件及び雇用管理を確保することにより，当該報告に係る障害者に対する使用者による障害者虐待の防止並びに当該障害者の保護及び自立の支援を図るため，当該報告に係る都道府県との連携を図りつつ，労働基準法（昭和22年法律第49号），障害者の雇用の促進等に関する法律（昭和35年法律第123号），個別労働関係紛争の解決の促進に関する法律（平成13年法律第112号）その他関係法律の規定による権限を適切に行使するものとする．

第5章　就学する障害者等に対する虐待の防止等

（就学する障害者に対する虐待の防止等）
第29条　学校（学校教育法（昭和22年法律第26号）第1条に規定する学校，同法第124条に規定する専修学校又は同法第134条第1項に規定する各種学校をいう．以下同じ．）の長は，教職員，児童，生徒，学生その他の関係者に対する障害及び障害者に関する理解を深めるための研修の実施及び普及啓発，就学する障害者に対する虐待に関する相談に係る体制の整備，就学する障害者に対する虐待に対処するための措置その他の当該学校に就学する障害者に対する虐待を防止するため必要な措置を講ずるものとする．
（保育所等に通う障害者に対する虐待の防止等）
第30条　保育所等（児童福祉法（昭和22年法律第164号）第39条第1項に規定する保育所若しくは同法第59条第1項に規定する施設のうち同法第39条第1項に規定する業務を目的とするもの（少数の乳児又は幼児を対象とするものその他の厚生労働省令で定めるものを除く．）又は就学前の子どもに関する教育，保育等の総合的な提供の推進に関する法律（平成18年法律第77号）第2条第6項に規定する認定こども園をいう．以下同じ．）の長は，保育所等の職員その他の関係者に対する障害及び障害者に関する理解を深めるための研修の実施及び普及啓発，保育所等に通う障害者に対する虐待に関する相談に係る体制の整備，保育所等に通う障害者に対する虐待に対処するための措置その他の当該保育所等に通う障害者に対する虐待を防止するため必要な措置を講ずるものとする．
（医療機関を利用する障害者に対する虐待の防止等）
第31条　医療機関（医療法（昭和23年法律第205号）第1条の5第1項に規定する病院又は同条第2項に規定する診療所をいう．以下同じ．）の管理者は，医療機関の職員その他の関係者に対する障害及び障害者に関する理解を深めるための研修の実施及び普及啓発，医療機関を利用する障害者に対する虐待に関する相談に係る体制の整備，医療機関を利用する障害者に対する虐待に対処するための措置その他の当該医療機関を利用する障害者に対する虐待を防止するため必要な措置を講ずるものとする．

第6章　市町村障害者虐待防止センター及び都道府県障害者権利擁護センター

（市町村障害者虐待防止センター）
第32条　① 市町村は，障害者の福祉に関する事務を所掌する部局又は当該市町村が設置する施設において，当該部局又は施設が市町村障害者虐待防止センターとしての機能を果たすようにするものとする．
② 市町村障害者虐待防止センターは，次に掲げる業務を行うものとする．
1　第7条第1項，第16条第1項若しくは第22条第1項の規定による通報又は第9条第1項に規定する届出若しくは第16条第2項若しくは第22条第2項の規定による届出を受理すること．
2　養護者による障害者虐待の防止及び養護者による障害者虐待を受けた障害者の保護のため，障害者及び養護者に対して，相談，指導及び助言を行うこと．
3　障害者虐待の防止及び養護者に対する支援に関する広報その他の啓発活動を行うこと．
（都道府県障害者権利擁護センター）
第36条　① 都道府県は，障害者の福祉に関する事務を所掌する部局又は当該都道府県が設置する施設において，当該部局又は施設が都道府県障害者権利擁護センターとしての機能を果たすようにするものとする．
② 都道府県障害者権利擁護センターは，次に掲げる業務を行うものとする．
1　第22条第1項の規定による通報又は同条第2項の規定による届出を受理すること．
2　この法律の規定により市町村が行う措置の実施に関し，市町村相互間の連絡調整，市町村に対する情報の提供，助言その他必要な援助を行うこと．
3　障害者虐待を受けた障害者に関する各般の問題及び養護者に対する支援に関し，相談に応ずること又は相談を行う機関を紹介すること．
4　障害者虐待を受けた障害者の支援及び養護者に対する支援のため，情報の提供，助言，関係機関との連絡調整その他の援助を行うこと．
5　障害者虐待の防止及び養護者に対する支援に関する情報を収集し，分析し，及び提供すること．
6　障害者虐待の防止及び養護者に対する支援に関する広報その他の啓発活動を行うこと．
7　その他障害者に対する虐待の防止等のために必要な支援を行うこと．

第7章　雑則（略）

第8章　罰則（略）

104 障害者虐待の防止，障害者の養護者に対する支援等に関する法律（26条～36条）

105 障害者の日常生活及び社会生活を総合的に支援するための法律(抄)

(平17・11・7法律第123号,平18・4・1施行,
最終改正:平28・6・3法律第65号)

〔下線部:平28法65,平30・4・1施行〕

第1章 総則

(目 的)
第1条 この法律は,障害者基本法(昭和45年法律第84号)の基本的な理念にのっとり,身体障害者福祉法(昭和24年法律第283号),知的障害者福祉法(昭和35年法律第37号),精神保健及び精神障害者福祉に関する法律(昭和25年法律第123号),児童福祉法(昭和22年法律第164号)その他障害者及び障害児の福祉に関する法律と相まって,障害者及び障害児が基本的人権を享有する個人としての尊厳にふさわしい日常生活又は社会生活を営むことができるよう,必要な障害福祉サービスに係る給付,地域生活支援事業その他の支援を総合的に行い,もって障害者及び障害児の福祉の増進を図るとともに,障害の有無にかかわらず国民が相互に人格と個性を尊重し安心して暮らすことのできる地域社会の実現に寄与することを目的とする.

(基本理念)
第1条の2 障害者及び障害児が日常生活又は社会生活を営むための支援は,全ての国民が,障害の有無にかかわらず,等しく基本的人権を享有するかけがえのない個人として尊重されるものであるとの理念にのっとり,全ての国民が,障害の有無によって分け隔てられることなく,相互に人格と個性を尊重し合いながら共生する社会を実現するため,全ての障害者及び障害児が可能な限りその身近な場所において必要な日常生活又は社会生活を営むための支援を受けられることにより社会参加の機会が確保されること及びどこで誰と生活するかについての選択の機会が確保され,地域社会において他の人々と共生することを妨げられないこと並びに障害者及び障害児にとって日常生活又は社会生活を営む上で障壁となるような社会における事物,制度,慣行,観念その他一切のものの除去に資することを旨として,総合的かつ計画的に行わなければならない.

(市町村等の責務)
第2条 ① 市町村(特別区を含む.以下同じ.)は,この法律の実施に関し,次に掲げる責務を有する.
1 障害者が自ら選択した場所に居住し,又は障害者若しくは障害児(以下「障害者等」という.)が自立した日常生活又は社会生活を営むことができるよう,当該市町村の区域における障害者等の生活の実態を把握した上で,公共職業安定所その他の関係機関との緊密な連携を図りつつ,必要な自立支援給付及び地域生活支援事業を総合的かつ計画的に行うこと.
2 障害者等の福祉に関し,必要な情報の提供を行い,並びに相談に応じ,必要な調査及び指導を行い,並びにこれらに付随する業務を行うこと.
3 意思疎通について支援が必要な障害者等が障害福祉サービスを円滑に利用することができるよう必要な便宜を供与すること,障害者等に対する虐待の防止及びその早期発見のために関係機関と連絡調整を行うことその他障害者等の権利の擁護のために必要な援助を行うこと.
② 都道府県は,この法律の実施に関し,次に掲げる責務を有する.
1 市町村が行う自立支援給付及び地域生活支援事業が適正かつ円滑に行われるよう,市町村に対する必要な助言,情報の提供その他の援助を行うこと.
2 市町村と連携を図りつつ,必要な自立支援医療費の支給及び地域生活支援事業を総合的に行うこと.
3 障害者等に関する相談及び指導のうち,専門的な知識及び技術を必要とするものを行うこと.
4 市町村と協力して障害者等の権利の擁護のために必要な援助を行うとともに,市町村が行う障害者等の権利の擁護のために必要な援助が適正かつ円滑に行われるよう,市町村に対する必要な助言,情報の提供その他の援助を行うこと.
③ 国は,市町村及び都道府県が行う自立支援給付,地域生活支援事業その他この法律に基づく業務が適正かつ円滑に行われるよう,市町村及び都道府県に対する必要な助言,情報の提供その他の援助を行わなければならない.
④ 国及び地方公共団体は,障害者等が自立した日常生活又は社会生活を営むことができるよう,必要な障害福祉サービス,相談支援及び地域生活支援事業の提供体制の確保に努めなければならない.

(国民の責務)
第3条 すべての国民は,その障害の有無にかかわらず,障害者等が自立した日常生活又は社会生活を営めるような地域社会の実現に協力するよう努めなければならない.

(定 義)
第4条 ① この法律において「障害者」とは,身体障害者福祉法第4条に規定する身体障害者,知的障害者福祉法にいう知的障害者のうち18歳以上である者及び精神保健及び精神障害者福祉に関する法律第5条に規定する精神障害者(発達障害者支援法(平成16年法律第167号)第2条第2項に規定する発達障害者を含み,知的障害者福祉法にいう知的障害者を除く.以下「精神障害者」という.)のうち18歳以上である者並びに治療方法が確立していない疾病その他の特殊の疾病であって政令で定めるものにより障害の程度が厚生労働大臣が定める程度である者であって18歳以上であるものをいう.
② この法律において「障害児」とは,児童福祉法第4条第2項に規定する障害児をいう.
③ この法律において「保護者」とは,児童福祉法第6条に規定する保護者をいう.
④ この法律において「障害支援区分」とは,障害者等の障害の多様な特性その他の心身の状態に応じて必要とされる標準的な支援の度合を総合的に示すものとして厚生労働省令で定める区分をいう.

第5条 ① この法律において「障害福祉サービス」とは,居宅介護,重度訪問介護,同行援護,行動援護,療養介護,生活介護,短期入所,重度障害者等包括支援,施設入所支援,自立訓練,就労移行支援,就労継続支援,<u>就労定着支援,自立生活援助</u>及び共同生活

援助をいい、「障害福祉サービス事業」とは、障害福祉サービス（障害者支援施設、独立行政法人国立重度知的障害者総合施設のぞみの園の設置（平成14年法律第167号）第11条第1項の規定により独立行政法人国立重度知的障害者総合施設のぞみの園が設置する施設（以下「のぞみの園」という。）その他厚生労働省令で定める施設において行われる障害福祉サービス（施設入所支援及び厚生労働省令で定める障害福祉サービスをいう。以下同じ。）を行う事業をいう。

② この法律において「居宅介護」とは、障害者等につき、居宅において入浴、排せつ又は食事の介護その他の厚生労働省令で定める便宜を供与することをいう。

③ この法律において「重度訪問介護」とは、重度の肢体不自由者その他の障害者であって常時介護を要するものとして厚生労働省令で定めるものにつき、居宅又はこれに相当する場所として厚生労働省令で定める場所における入浴、排せつ又は食事の介護その他の厚生労働省令で定める便宜及び外出時における移動中の介護を総合的に供与することをいう。

④ この法律において「同行援護」とは、視覚障害により、移動に著しい困難を有する障害者等につき、外出時において、当該障害者等に同行し、移動に必要な情報を提供するとともに、移動の援護その他の厚生労働省令で定める便宜を供与することをいう。

⑤ この法律において「行動援護」とは、知的障害又は精神障害により行動上著しい困難を有する障害者等であって常時介護を要するものにつき、当該障害者等が行動する際に生じ得る危険を回避するために必要な援護、外出時における移動中の介護その他の厚生労働省令で定める便宜を供与することをいう。

⑥ この法律において「療養介護」とは、医療を要する障害者であって常時介護を要するものとして厚生労働省令で定めるものにつき、主として昼間において、病院その他の厚生労働省令で定める施設において行われる機能訓練、療養上の管理、看護、医学的管理の下における介護及び日常生活上の世話の供与をいい、「療養介護医療」とは、療養介護のうち医療に係るものをいう。

⑦ この法律において「生活介護」とは、常時介護を要する障害者として厚生労働省令で定める者につき、主として昼間において、障害者支援施設その他の厚生労働省令で定める施設において行われる入浴、排せつ又は食事の介護、創作的活動又は生産活動の機会の提供その他の厚生労働省令で定める便宜を供与することをいう。

⑧ この法律において「短期入所」とは、居宅においてその介護を行う者の疾病その他の理由により、障害者支援施設その他の厚生労働省令で定める施設への短期間の入所を必要とする障害者等につき、当該施設に短期間の入所をさせ、入浴、排せつ又は食事の介護その他の厚生労働省令で定める便宜を供与することをいう。

⑨ この法律において「重度障害者等包括支援」とは、常時介護を要する障害者等であって、その介護の必要の程度が著しく高いものとして厚生労働省令で定めるものにつき、居宅介護その他の厚生労働省令で定める障害福祉サービスを包括的に提供することをいう。

⑩ この法律において「施設入所支援」とは、その施設に入所する障害者につき、主として夜間において、入浴、排せつ又は食事の介護その他の厚生労働省令で定める便宜を供与することをいう。

⑪ この法律において「障害者支援施設」とは、障害者につき、施設入所支援を行うとともに、施設入所支援以外の施設障害福祉サービスを行う施設（のぞみの園及び第1項の厚生労働省令で定める施設を除く。）をいう。

⑫ この法律において「自立訓練」とは、障害者につき、自立した日常生活又は社会生活を営むことができるよう、厚生労働省令で定める期間にわたり、身体機能又は生活能力の向上のために必要な訓練その他の厚生労働省令で定める便宜を供与することをいう。

⑬ この法律において「就労移行支援」とは、就労を希望する障害者につき、厚生労働省令で定める期間にわたり、生産活動その他の活動の機会の提供を通じて、就労に必要な知識及び能力の向上のために必要な訓練その他の厚生労働省令で定める便宜を供与することをいう。

⑭ この法律において「就労継続支援」とは、通常の事業所に雇用されることが困難な障害者につき、就労の機会を提供するとともに、生産活動その他の活動の機会の提供を通じて、その知識及び能力の向上のために必要な訓練その他の厚生労働省令で定める便宜を供与することをいう。

⑮ この法律において「就労定着支援」とは、就労に向けた支援として厚生労働省令で定めるものを受けて通常の事業所に新たに雇用された障害者につき、厚生労働省令で定める期間にわたり、当該事業所での就労の継続を図るために必要な当該事業所の事業主、障害福祉サービス事業を行う者、医療機関その他の者との連絡調整その他の厚生労働省令で定める便宜を供与することをいう。

⑯ この法律において「自立生活援助」とは、施設入所支援又は共同生活援助を受けていた障害者その他の厚生労働省令で定める障害者が居宅における自立した日常生活を営む上での各般の問題につき、厚生労働省令で定める期間にわたり、定期的な巡回訪問により、又は随時通報を受け、当該障害者からの相談に応じ、必要な情報の提供及び助言その他の厚生労働省令で定める援助を行うことをいう。

⑰ この法律において「共同生活援助」とは、障害者につき、主として夜間において、共同生活を営むべき住居において相談、入浴、排せつ又は食事の介護その他の日常生活上の援助を行うことをいう。

⑱ この法律において「相談支援」とは、基本相談支援、地域相談支援及び計画相談支援をいい、「地域相談支援」とは、地域移行支援及び地域定着支援をいい、「計画相談支援」とは、サービス利用支援及び継続サービス利用支援をいい、「一般相談支援事業」とは、基本相談支援及び地域相談支援のいずれも行う事業をいい、「特定相談支援事業」とは、基本相談支援及び計画相談支援のいずれも行う事業をいう。

⑲ この法律において「基本相談支援」とは、地域の障害者等の福祉に関する各般の問題につき、障害者等、障害児の保護者又は障害者等の介護を行う者からの相談に応じ、必要な情報の提供及び助言を行い、併せてこれらの者と市町村及び第29条第2項に規定する指定障害福祉サービス事業者等との連絡調

整（サービス利用支援及び継続サービス利用支援に関するものを除く。）その他の厚生労働省令で定める便宜を総合的に供与することをいう。

⑳ この法律において「地域移行支援」とは、障害者支援施設、のぞみの園若しくは第1項若しくは第6項の厚生労働省令で定める施設に入所している障害者又は精神科病院（精神科病院以外の病院で精神病室が設けられているものを含む。第89条の6において同じ。）に入院している精神障害者その他の地域における生活に移行するための支援を必要とする者であって厚生労働省令で定めるものにつき、住居の確保その他の地域における生活に移行するための活動に関する相談その他の厚生労働省令で定める便宜を供与することをいう。

㉑ この法律において「地域定着支援」とは、居宅において単身その他の厚生労働省令で定める状況において生活する障害者につき、当該障害者との常時の連絡体制を確保し、当該障害者に対し、障害の特性に起因して生じた緊急の事態その他の厚生労働省令で定める場合に相談その他の便宜を供与することをいう。

㉒ この法律において「サービス利用支援」とは、第20条第1項若しくは第24条第1項の申請に係る障害者等又は第51条の6第1項若しくは第51条の9第1項の申請に係る障害者の心身の状況、その置かれている環境、当該障害者等又は障害児の保護者の障害福祉サービス又は地域相談支援の利用に関する意向その他の事情を勘案し、利用する障害福祉サービス又は地域相談支援の種類及び内容その他の厚生労働省令で定める事項を定めた計画（以下「サービス等利用計画案」という。）を作成し、第19条第1項に規定する支給決定（次項において「支給決定」という。）、第24条第2項に規定する支給決定の変更の決定（次項において「支給決定の変更の決定」という。）、第51条の5第1項に規定する地域相談支援給付決定（次項において「地域相談支援給付決定」という。）又は第51条の9第2項に規定する地域相談支援給付決定の変更の決定（次項において「地域相談支援給付決定の変更の決定」という。）（以下「支給決定等」と総称する。）が行われた後に、第29条第2項に規定する指定障害福祉サービス事業者等、第51条の14第1項に規定する指定一般相談支援事業者その他の者（次項において「関係者」という。）との連絡調整その他の便宜を供与するとともに、当該支給決定等に係る障害福祉サービス又は地域相談支援の種類及び内容、これを担当する者その他の厚生労働省令で定める事項を記載した計画（以下「サービス等利用計画」という。）を作成することをいう。

㉓ この法律において「継続サービス利用支援」とは、第19条第1項の規定により支給決定を受けた障害者若しくは障害児の保護者（以下「支給決定障害者等」という。）又は第51条の5第1項の規定により地域相談支援給付決定を受けた障害者（以下「地域相談支援給付決定障害者」という。）が、第23条に規定する支給決定の有効期間内又は第51条の8に規定する地域相談支援給付決定の有効期間内において継続して障害福祉サービス又は地域相談支援を適切に利用することができるよう、当該支給決定障害者等又は地域相談支援給付決定障害者に係るサービス等利用計画（この項の規定により変更されたものを含む。以下同じ。）が適切であるかどうかにつき、厚生労働省令で定める期間ごとに、当該支給決定障害者等の障害福祉サービス又は当該地域相談支援給付決定障害者の地域相談支援の利用状況を検証し、その結果及び当該支給決定に係る障害者等又は当該地域相談支援給付決定に係る障害者の心身の状況、その置かれている環境、当該障害者等又は障害児の保護者の障害福祉サービス又は地域相談支援の利用に関する意向その他の事情を勘案し、サービス等利用計画の見直しを行い、その結果に基づき、次のいずれかの便宜の供与を行うことをいう。

1 サービス等利用計画を変更するとともに、関係者との連絡調整その他の便宜の供与を行うこと。

2 新たな支給決定若しくは支給決定の変更の決定又は地域相談支援給付決定若しくは地域相談支援給付決定の変更の決定が必要であると認められる場合において、当該支給決定障害者等に係る障害者又は障害児の保護者に対し、支給決定に係る申請の勧奨を行うこと。

㉔ この法律において「自立支援医療」とは、障害者等につき、その障害の状態の軽減を図り、自立した日常生活又は社会生活を営むために必要な医療であって政令で定めるものをいう。

㉕ この法律において「補装具」とは、障害者等の身体機能を補完し、又は代替し、かつ、長期間にわたり継続して使用されるものその他の厚生労働省令で定める基準に該当するものとして、義肢、装具、車いすその他の厚生労働大臣が定めるものをいう。

㉖ この法律において「移動支援事業」とは、障害者等が円滑に外出することができるよう、障害者等の移動を支援する事業をいう。

㉗ この法律において「地域活動支援センター」とは、障害者等を通わせ、創作的活動又は生産活動の機会の提供、社会との交流の促進その他の厚生労働省令で定める便宜を供与する施設をいう。

㉘ この法律において「福祉ホーム」とは、現に住居を求めている障害者につき、低額な料金で、居室その他の設備を利用させるとともに、日常生活に必要な便宜を供与する施設をいう。

第2章　自立支援給付

第1節　通則
（自立支援給付）

第6条　自立支援給付は、介護給付費、特例介護給付費、訓練等給付費、特例訓練等給付費、特定障害者特別給付費、特例特定障害者特別給付費、地域相談支援給付費、特例地域相談支援給付費、計画相談支援給付費、特例計画相談支援給付費、自立支援医療費、療養介護医療費、基準該当療養介護医療費、補装具費及び高額障害福祉サービス等給付費の支給とする。

（他の法令による給付等との調整）

第7条　自立支援給付は、当該障害の状態につき、介護保険法（平成9年法律第123号）の規定による介護給付、健康保険法（大正11年法律第70号）の規定による療養の給付その他の法令に基づく給付又は事業であって政令で定めるもののうち自立支援給付に相当するものを受け、又は利用することができるときは政令で定める限度において、当該政令で定める給付又は事業以外の給付であって国又は地方公共団体の負担において自立支援給付に相当するものが行われたときはその限度において、行わ

(5) 障害者福祉

ない．
(不正利得の徴収)
第8条 ① 市町村 (政令で定める医療に係る自立支援医療費の支給に関しては，都道府県とする．以下「市町村等」という．) は，偽りその他不正の手段により自立支援給付を受けた者があるときは，その者から，その自立支援給付の額に相当する金額の全部又は一部を徴収することができる．
② 市町村等は，第29条第2項に規定する指定障害福祉サービス事業者等，第51条の14第1項に規定する指定一般相談支援事業者，第51条の17第1項第1号に規定する指定特定相談支援事業者又は第54条第2項に規定する指定自立支援医療機関 (以下この項において「事業者等」という．) が，偽りその他不正の行為により介護給付費，訓練等給付費，特定障害者特別給付費，地域相談支援給付費，計画相談支援給付費又は自立支援医療費若しくは療養介護医療費の支給を受けたときは，当該事業者に対し，その支払った額につき返還させるほか，その返還させる額に100分の40を乗じて得た額を支払わせることができる．
③ 前2項の規定による徴収金は，地方自治法 (昭和22年法律第67号) 第231条の3第3項に規定する法律で定める歳入とする．
(報告等)
第9条 ① 市町村等は，自立支援給付に関して必要があると認めるときは，障害者等，障害児の保護者，障害者等の配偶者若しくは障害者等の属する世帯の世帯主その他の世帯に属する者又はこれらの者であった者に対し，報告若しくは文書その他の物件の提出若しくは提示を命じ，又は当該職員に質問させることができる．
② 前項の規定による質問を行う場合においては，当該職員は，その身分を示す証明書を携帯し，かつ，関係人の請求があるときは，これを提示しなければならない．
③ 第1項の規定による権限は，犯罪捜査のために認められたものと解釈してはならない．
第10条 ① 市町村等は，自立支援給付に関して必要があると認めるときは，当該自立支援給付に係る障害福祉サービス，相談支援，自立支援医療，療養介護医療若しくは補装具の販売，貸与若しくは修理 (以下「自立支援給付対象サービス等」という．) を行う者若しくはこれらを使用する者若しくはこれらの者であった者に対し，報告若しくは文書その他の物件の提出若しくは提示を命じ，又は当該職員に関係者に対して質問させ，若しくは当該自立支援給付対象サービス等の事業を行う事業所若しくは施設に立ち入り，その設備若しくは帳簿書類その他の物件を検査させることができる．
② 前条第2項の規定は前項の規定による質問又は検査について，同条第3項の規定は前項の規定による権限について準用する．
(厚生労働大臣又は都道府県知事の自立支援給付対象サービス等に関する調査等)
第11条 ① 厚生労働大臣又は都道府県知事は，自立支援給付に関して必要があると認めるときは，自立支援給付に係る障害者等若しくは障害児の保護者又はこれらの者であった者に対し，当該自立支援給付に係る自立支援給付対象サービス等の内容に関し，報告若しくは文書その他の物件の提出若しくは提示を命じ，又は当該職員に質問させることができる．

② 厚生労働大臣又は都道府県知事は，自立支援給付に関して必要があると認めるときは，自立支援給付対象サービス等を行った者又はこれらを使用した者に対し，その行った自立支援給付対象サービス等に関し，報告若しくは当該自立支援給付対象サービス等の提供の記録，帳簿書類その他の物件の提出若しくは提示を命じ，又は当該職員に関係者に対して質問させることができる．
③ 第9条第2項の規定は前2項の規定による質問について，同条第3項の規定は前2項の規定による権限について準用する．
(資料の提供等)
第12条 市町村等は，自立支援給付に関して必要があると認めるときは，自立支援給付の支給決定，障害者等の配偶者又は障害者等の属する世帯の世帯主その他その世帯に属する者の資産又は収入の状況につき，官公署に対し必要な文書の閲覧若しくは資料の提供を求め，又は銀行，信託会社その他の機関若しくは障害者の雇用主その他の関係人に報告を求めることができる．
(受給権の保護)
第13条 自立支援給付を受ける権利は，譲り渡し，担保に供し，又は差し押さえることができない．
(租税その他の公課の禁止)
第14条 租税その他の公課は，自立支援給付として支給を受けた金品を標準として，課することができない．

第2節 介護給付費，特例介護給付費，訓練等給付費，特例訓練等給付費，特定障害者特別給付費及び特例特定障害者特別給付費の支給
第1款 市町村審査会
(市町村審査会)
第15条 第26条第2項に規定する審査判定業務を行わせるため，市町村に第19条第1項に規定する介護給付費等の支給に関する審査会 (以下「市町村審査会」という．) を置く．
(委 員)
第16条 ① 市町村審査会の委員の定数は，政令で定める基準に従い条例で定める数とする．
② 委員は，障害者等の保健又は福祉に関する学識経験を有する者のうちから，市町村長 (特別区の区長を含む．以下同じ．) が任命する．
第2款 支給決定等
(介護給付費等の支給決定)
第19条 ① 介護給付費，特例介護給付費，訓練等給付費又は特例訓練等給付費 (以下「介護給付費等」という．) の支給を受けようとする障害者又は障害児の保護者は，市町村の介護給付費等を支給する旨の決定 (以下「支給決定」という．) を受けなければならない．
② 支給決定は，障害者又は障害児の保護者の居住地の市町村が行うものとする．ただし，障害者又は障害児の保護者が居住地を有しないとき，又は明らかでないときは，その障害者又は障害児の保護者の現在地の市町村が行うものとする．
③ 前項の規定にかかわらず，第29条第1項若しくは第30条第1項の規定により介護給付費等の支給を受けて又は身体障害者福祉法第18条第2項若しくは知的障害者福祉法第16条第1項の規定により入所措置が採られて障害者支援施設，のぞみの園若しくは第5条第1項若しくは第6項の厚生労働省令で定める施設に入所している障害者及び生活保護法

障害者の日常生活及び社会生活を総合的に支援するための法律 (8条〜19条)

社会保障・福祉六法

105 障害者の日常生活及び社会生活を総合的に支援するための法律（20条～22条）

（昭和25年法律第144号）第30条第1項ただし書の規定により入所している障害者（以下この項において「特定施設入所障害者」と総称する．）については，その者が障害者支援施設，のぞみの園，第5条第1項若しくは第6項の厚生労働省令で定める施設又は同法第30条第1項ただし書に規定する施設（以下「特定施設」という．）への入所前に有した居住地（継続して2以上の特定施設に入所している特定施設入所障害者（以下この項において「継続入所障害者」という．）については，最初に入所した特定施設への入所前に有した居住地）の市町村が，支給決定を行うものとする．ただし，特定施設への入所前に居住地を有しないか，又は明らかでなかった特定施設入所障害者については，入所前におけるその者の所在地（継続入所障害者については，最初に入所した特定施設の入所前に有した所在地）の市町村が，支給決定を行うものとする．

④ 前2項の規定にかかわらず，児童福祉法第24条の2第1項若しくは第24条の24第1項の規定により障害児入所給付費の支給を受けて又は同法第27条第1項第3号若しくは第2項の規定により措置（同法第31条第5項の規定により同法第27条第1項第3号又は第2項の規定による措置とみなされる場合を含む．）が採られて第5条第1項の厚生労働省令で定める施設に入所していた障害者等が，継続して，第29条第1項若しくは第30条第1項の規定により介護給付費等の支給を受けて，身体障害者福祉法第18条第2項若しくは知的障害者福祉法第16条第1項の規定により入所措置が採られて又は生活保護法第30条第1項ただし書の規定により特定施設に入所した場合は，当該障害者等が満18歳となる日の前日に当該障害者等の保護者であった者（以下この項において「保護者であった者」という．）が有した居住地の市町村が，支給決定を行うものとする．ただし，当該障害者等が満18歳となる日の前日に保護者であった者がいないか，保護者であった者が居住地を有しないか，又は保護者であった者が明らかでなかった障害者等については，当該障害者等が満18歳となる日の前日におけるその者の所在地の市町村が支給決定を行うものとする．

⑤ 前2項の規定の適用を受ける障害者等が入所している特定施設は，当該特定施設の所在する市町村及び当該障害者等に対し支給決定を行う市町村に，必要な協力をしなければならない．

（申請）

第20条 ① 支給決定を受けようとする障害者又は障害児の保護者は，厚生労働省令で定めるところにより，市町村に申請をしなければならない．

② 市町村は，前項の申請があったときは，次条第1項及び第22条第1項の規定により障害支援区分の認定及び同項に規定する支給要否決定を行うため，厚生労働省令で定めるところにより，当該職員をして，当該申請に係る障害者等又は障害児の保護者に面接をさせ，その心身の状況，その置かれている環境その他厚生労働省令で定める事項について調査をさせるものとする．この場合において，市町村は，当該調査を第51条の14第1項に規定する指定一般相談支援事業者その他の厚生労働省令で定める者（以下この条において「指定一般相談支援事業者等」という．）に委託することができる．

③ 前項後段の規定により委託を受けた指定一般相談支援事業者等は，障害者等の保健又は福祉に関する専門的知識及び技術を有するものとして厚生労働省令で定める者に当該委託に係る調査を行わせるものとする．

④ 第2項後段の規定により委託を受けた指定一般相談支援事業者等の役員（業務を執行する社員，取締役，執行役又はこれらに準ずる者をいい，相談役，顧問その他いかなる名称を有する者であるかを問わず，法人に対し業務を執行する社員，取締役，執行役又はこれらに準ずる者と同等以上の支配力を有するものと認められる者を含む．第109条第1項を除き，以下同じ．）若しくは前項の厚生労働省令で定める者又はこれらの職にあった者は，正当な理由なしに，当該委託業務に関して知り得た個人の秘密を漏らしてはならない．

⑤ 第2項後段の規定により委託を受けた指定一般相談支援事業者等の役員又は第3項の厚生労働省令で定める者で，当該委託業務に従事するものは，刑法その他の罰則の適用については，法令により公務に従事する職員とみなす．

⑥ 第2項の場合において，市町村は，当該障害者等又は障害児の保護者が遠隔の地に居住地又は現在地を有するときは，当該調査を他の市町村に嘱託することができる．

（障害支援区分の認定）

第21条 ① 市町村は，前条第1項の申請があったときは，政令で定めるところにより，市町村審査会が行う当該申請に係る障害者等の障害支援区分に関する審査及び判定の結果に基づき，障害支援区分の認定を行うものとする．

② 市町村審査会は，前項の審査及び判定を行うに当たって必要があると認めるときは，当該審査及び判定に係る障害者等，その家族，医師その他の関係者の意見を聴くことができる．

（支給要否決定等）

第22条 ① 市町村は，第20条第1項の申請に係る障害者等の障害支援区分，当該障害者等の介護を行う者の状況，当該障害者等の置かれている環境，当該申請に係る障害者等又は障害児の保護者の障害福祉サービスの利用に関する意向その他の厚生労働省令で定める事項を勘案して介護給付費等の支給の要否の決定（以下この条及び第27条において「支給要否決定」という．）を行うものとする．

② 市町村は，支給要否決定を行うに当たって必要があると認めるときは，厚生労働省令で定めるところにより，市町村審査会又は身体障害者福祉法第9条第7項に規定する身体障害者更生相談所（第74条及び第76条第3項において「身体障害者更生相談所」という．），知的障害者福祉法第9条第6項に規定する知的障害者更生相談所，精神保健及び精神障害者福祉に関する法律第6条第1項に規定する精神保健福祉センター若しくは児童相談所（下「身体障害者更生相談所等」と総称する．）その他厚生労働省令で定める機関の意見を聴くことができる．

③ 市町村審査会，身体障害者更生相談所等又は前項の厚生労働省令で定める機関は，同項の意見を述べるに当たって必要があると認めるときは，当該支給要否決定に係る障害者等，その家族，医師その他の関係者の意見を聴くことができる．

④ 市町村は，支給要否決定を行うに当たって必要と認められる場合として厚生労働省令で定める場合

(5) 障害者福祉

には，厚生労働省令で定めるところにより，第20条第1項の申請に係る障害者又は障害児の保護者に対し，第51条の17第1項第1号に規定する指定特定相談支援事業者が作成するサービス等利用計画案の提出を求めるものとする．

⑤ 前項の規定によりサービス等利用計画案の提出を求められた障害者又は障害児の保護者は，厚生労働省令で定める場合には，同項のサービス等利用計画案に代えて厚生労働省令で定めるサービス等利用計画案を提出することができる．

⑥ 市町村は，前2項のサービス等利用計画案の提出があった場合には，第1項の厚生労働省令で定める事項及び当該サービス等利用計画案を勘案して支給要否決定を行うものとする．

⑦ 市町村は，支給決定を行う場合には，障害福祉サービスの種類ごとに月を単位として厚生労働省令で定める期間において介護給付費等を支給する障害福祉サービスの量（以下「支給量」という．）を定めなければならない．

⑧ 市町村は，支給決定を行ったときは，当該支給決定障害者等に対し，厚生労働省令で定めるところにより，支給量その他の厚生労働省令で定める事項を記載した障害福祉サービス受給者証（以下「受給者証」という．）を交付しなければならない．

（支給決定の有効期間）

第23条 支給決定は，厚生労働省令で定める期間（以下「支給決定の有効期間」という．）内に限り，その効力を有する．

（支給決定の変更）

第24条 ① 支給決定障害者等は，現に受けている支給決定に係る障害福祉サービスの種類，支給量その他の厚生労働省令で定める事項を変更する必要があるときは，厚生労働省令で定めるところにより，市町村に対し，当該支給決定の変更の申請をすることができる．

② 市町村は，前項の申請又は職権により，第22条第1項の厚生労働省令で定める事項を勘案し，支給決定障害者等につき，必要があると認めるときは，支給決定の変更の決定を行うことができる．この場合において，市町村は，当該決定に係る支給決定障害者等に対し受給者証の提出を求めるものとする．

③ 第19条（第1項を除く．）及び第20条（第1項を除く．）及び第22条（第1項を除く．）の規定は，前項の支給決定の変更の決定について準用する．この場合において，必要な技術的読替えは，政令で定める．

④ 市町村は，第2項の支給決定の変更の決定を行うに当たり，必要があると認めるときは，障害支援区分の変更の認定を行うことができる．

⑤ 第21条の規定は，前項の障害支援区分の変更の認定について準用する．この場合において，必要な技術的読替えは，政令で定める．

⑥ 市町村は，第2項の支給決定の変更の決定を行った場合には，受給者証に当該決定に係る事項を記載し，これを返還するものとする．

（支給決定の取消し）

第25条 ① 支給決定を行った市町村は，次に掲げる場合には，当該支給決定を取り消すことができる．

1 支給決定に係る障害者等が，第29条第1項に規定する指定障害福祉サービス等及び第30条第1項第2号に規定する基準該当障害福祉サービスを受ける必要がなくなったと認めるとき．

2 支給決定障害者等が，支給決定の有効期間内に，当該市町村以外の市町村の区域内に居住地を有するに至ったとき（支給決定に係る障害者等が特定施設に入所することにより当該市町村以外の市町村の区域内に居住地を有するに至ったと認めるときを除く．）．

3 支給決定に係る障害者等又は障害児の保護者が，正当な理由なしに第20条第2項（前条第3項において準用する場合を含む．）の規定による調査に応じないとき．

4 その他政令で定めるとき．

② 前項の規定により支給決定の取消しを行った市町村は，厚生労働省令で定めるところにより，当該取消しに係る支給決定障害者等に対し受給者証の返還を求めるものとする．

第3款 介護給付費，特例介護給付費，訓練等給付費及び特例訓練等給付費の支給

（介護給付費，特例介護給付費，訓練等給付費及び特例訓練等給付費の支給）

第28条 ① 介護給付費及び特例介護給付費の支給は，次に掲げる障害福祉サービスに関して次条及び第30条の規定により支給する給付とする．

1 居宅介護
2 重度訪問介護
3 同行援護
4 行動援護
5 療養介護（医療に係るものを除く．）
6 生活介護
7 短期入所
8 重度障害者等包括支援

② 訓練等給付費及び特例訓練等給付費の支給は，次に掲げる障害福祉サービスに関して次条及び第30条の規定により支給する給付とする．

1 自立訓練
2 就労移行支援
3 就労継続支援
4 <u>就労定着支援</u>
5 <u>自立生活援助</u>
6 <u>共同生活援助</u>

（介護給付費又は訓練等給付費）

第29条 ① 市町村は，支給決定障害者等が，支給決定の有効期間内において，都道府県知事が指定する障害福祉サービス事業を行う者（以下「指定障害福祉サービス事業者」という．）若しくは障害者支援施設（以下「指定障害者支援施設」という．）から当該指定に係る障害福祉サービス（以下「指定障害福祉サービス」という．）を受けたとき，又はのぞみの園から施設障害福祉サービスを受けたときは，厚生労働省令で定めるところにより，当該支給決定障害者等に対し，当該指定障害福祉サービス又は施設障害福祉サービス（支給量の範囲内のものに限る．以下「指定障害福祉サービス等」という．）に要した費用（食事の提供に要する費用，居住若しくは滞在に要する費用その他の日常生活に要する費用又は創作的活動若しくは生産活動に要する費用のうち厚生労働省令で定める費用（以下「特定費用」という．）を除く．）について，介護給付費又は訓練等給付費を支給する．

② 指定障害福祉サービス等を受けようとする支給決定障害者等は，厚生労働省令で定めるところにより，指定障害福祉サービス事業者，指定障害者支援

施設又はのぞみの園(以下「指定障害福祉サービス事業者等」という.)に受給者証を提示して当該指定障害福祉サービスを受けるものとする.ただし,緊急の場合その他やむを得ない事由のある場合については,この限りでない.

③ 介護給付費又は訓練等給付費の額は,1月につき,第1号に掲げる額から第2号に掲げる額を控除して得た額とする.

1 同一の月に受けた指定障害福祉サービス等について,指定障害福祉サービス等の種類ごとに指定障害福祉サービス等に通常要する費用(特定費用を除く.)につき,厚生労働大臣が定める基準により算定した費用の額(その額が現に当該指定障害福祉サービス等に要した費用(特定費用を除く.)の額を超えるときは,当該現に指定障害福祉サービス等に要した費用の額)を合計した額

2 支給決定障害者等の家計の負担能力その他の事情をしん酌して政令で定める額(当該政令で定める額が前号に掲げる額の100分の10に相当する額を超えるときは,当該相当する額)

④ 支給決定障害者等が指定障害福祉サービス事業者等から指定障害福祉サービス等を受けたときは,市町村は,当該支給決定障害者等が当該指定障害福祉サービス事業者等に支払うべき当該指定障害福祉サービス等に要した費用(特定費用を除く.)について,介護給付費又は訓練等給付費として当該支給決定障害者等に支給すべき額の限度において,当該支給決定障害者等に代わり,当該指定障害福祉サービス事業者等に支払うことができる.

⑤ 前項の規定による支払があったときは,支給決定障害者等に対し介護給付費又は訓練等給付費の支給があったものとみなす.

⑥ 市町村は,指定障害福祉サービス事業者等から介護給付費又は訓練等給付費の請求があったときは,第3項第1号の厚生労働大臣が定める基準及び第43条第2項の都道府県の条例で定める指定障害福祉サービスの事業の設備及び運営に関する基準(指定障害福祉サービスの取扱いに関する部分に限る.)又は第44条第2項の都道府県の条例で定める指定障害者支援施設等の設備及び運営に関する基準(施設障害福祉サービスの取扱いに関する部分に限る.)に照らして審査の上,支払うものとする.

⑦ 市町村は,前項の規定による審査及び支払に関する事務を国民健康保険法(昭和33年法律第192号)第45条第5項に規定する国民健康保険団体連合会(以下「連合会」という.)に委託することができる.

⑧ 前各項に定めるもののほか,介護給付費及び訓練等給付費の支給並びに指定障害福祉サービス事業者等の介護給付費及び訓練等給付費の請求に関し必要な事項は,厚生労働省令で定める.

(特例介護給付費又は特例訓練等給付費)

第30条 ① 市町村は,次に掲げる場合において,必要があると認めるときは,厚生労働省令で定めるところにより,当該指定障害福祉サービス(支給量の範囲内のものに限る.)に要した費用(特定費用を除く.)について,特例介護給付費又は特例訓練等給付費を支給することができる.

1 支給決定障害者等が,第20条第1項の申請をした日から当該支給決定の効力が生じた日の前日までの間に,緊急その他やむを得ない理由により指定障害福祉サービス等を受けたとき.

2 支給決定障害者等が,指定障害福祉サービス等以外の障害福祉サービス(次に掲げる事業所又は施設により行われるものに限る.以下「基準該当障害福祉サービス」という.)を受けたとき.

イ 第43条第1項の都道府県の条例で定める基準又は同条第2項の都道府県の条例で定める指定障害福祉サービスの事業の設備及び運営に関する基準に定める事項のうち都道府県の条例で定めるものを満たすと認められる事業を行う事業所(以下「基準該当事業所」という.)

ロ 第44条第1項の都道府県の条例で定める基準又は同条第2項の都道府県の条例で定める指定障害者支援施設等の設備及び運営に関する基準に定める事項のうち都道府県の条例で定めるものを満たすと認められる施設(以下「基準該当施設」という.)

3 その他政令で定めるとき. (②~④(略))

(介護給付費等の額の特例)

第31条 ① 市町村が,災害その他の厚生労働省令で定める特別の事情があることにより,障害福祉サービスに要する費用を負担することが困難であると認めた支給決定障害者等が受ける介護給付費又は訓練等給付費の支給について第29条第3項の規定を適用する場合においては,同項第2号中「額」とあるのは,「額」の範囲内において市町村が定める額」とする. (②(略))

第5款 指定障害福祉サービス事業者及び指定障害者支援施設等

(指定障害福祉サービス事業者の指定)

第36条 ① 第29条第1項の指定障害福祉サービス事業者の指定は,厚生労働省令で定めるところにより,障害福祉サービス事業を行う者の申請により,障害福祉サービスの種類及び障害福祉サービス事業を行う事業所(以下この款において「サービス事業所」という.)ごとに行う.

② 就労継続支援その他の厚生労働省令で定める障害福祉サービス(以下この条及び次条第1項において「特定障害福祉サービス」という.)に係る<u>第29条第1項の指定障害福祉サービス事業者の指定</u>は,当該特定障害福祉サービスの量を定めてするものとする.

③ 都道府県知事は,第1項の申請があった場合において,次の各号(療養介護に係る指定の申請にあっては,第7号を除く.)のいずれかに該当するときは,指定障害福祉サービス事業者の指定をしてはならない.

1 申請者が都道府県の条例で定める者でないとき.

2 当該申請に係るサービス事業所の従業者の知識及び技能並びに人員が,第43条第1項の都道府県の条例で定める基準を満たしていないとき.

3 申請者が,第43条第2項の都道府県の条例で定める指定障害福祉サービスの事業の設備及び運営に関する基準に従って適正な障害福祉サービス事業の運営をすることができないと認められるとき.

4 申請者が,禁錮以上の刑に処せられ,その執行を終わり,又は執行を受けることがなくなるまでの者であるとき.

5 申請者が,この法律その他国民の保健医療若しくは福祉に関する法律で政令で定めるものの規定により罰金の刑に処せられ,その執行を終わり,又は執行を受けることがなくなるまでの者であるとき.

5の2　申請者が，労働に関する法律の規定であって政令で定めるものにより罰金の刑に処せられ，その執行を終わり，又は執行を受けることがなくなるまでの者であるとき．
6　申請者が，第50条第1項（同条第3項において準用する場合を含む．）<u>第51条の29第1項若しくは第2項又は第76条の3第6項</u>の規定により指定を取り消され，その取消しの日から起算して5年を経過しない者（当該指定を取り消された者が法人である場合においては，当該取消しの処分に係る行政手続法（平成5年法律第88号）第15条の規定による通知があった日前60日以内に当該法人の役員又はその事業所を管理する者その他の政令で定める使用人（以下「役員等」という．）であった者で当該取消しの日から起算して5年を経過しないものを含み，当該指定を取り消された者が法人でない場合においては，当該通知があった日前60日以内に当該事業所の管理者であった者で当該取消しの日から起算して5年を経過しないものを含む．）であるとき．ただし，当該指定の取消しが，指定障害福祉サービス事業者の指定の取消しのうち当該指定の取消しの処分の理由となった事実及び当該事実の発生を防止するための当該指定障害福祉サービス事業者による業務管理体制の整備についての取組の状況その他の当該事実に関して当該指定障害福祉サービス事業者が有していた責任の程度を考慮して，この号本文に規定する指定の取消しに該当しないこととすることが相当であると認められるものとして厚生労働省令で定めるものに該当する場合を除く．
7　申請者と密接な関係を有する者（申請者（法人に限る．以下この号において同じ．）の株式の所有その他の事由を通じて当該申請者の事業を実質的に支配し，若しくはその事業に重要な影響を与える関係にある者として厚生労働省令で定めるもの（以下この号において「申請者の親会社等」という．）当該申請者の親会社等や株式の所有その他の事由を通じてその事業を実質的に支配し，若しくはその事業に重要な影響を与える関係にある者として厚生労働省令で定めるもの又は当該申請者が株式の所有その他の事由を通じてその事業を実質的に支配し，若しくはその事業に重要な影響を与える関係にある者として厚生労働省令で定めるもののうち，当該申請者と厚生労働省令で定める密接な関係を有する法人をいう．）が，第50条第1項，第51条の29第1項若しくは第2項<u>又は第76条の3第6項</u>の規定により指定を取り消され，その取消しの日から起算して5年を経過していないとき．ただし，当該指定の取消しが，指定障害福祉サービス事業者の指定の取消しのうち当該指定の取消しの処分の理由となった事実及び当該事実の発生を防止するための当該指定障害福祉サービス事業者による業務管理体制の整備についての取組の状況その他の当該事実に関して当該指定障害福祉サービス事業者が有していた責任の程度を考慮して，この号本文に規定する指定の取消しに該当しないこととすることが相当であると認められるものとして厚生労働省令で定めるものに該当する場合を除く．
8　申請者が，第50条第1項，第51条の29第1項若しくは第2項<u>又は第76条の3第6項</u>の規定による指定の取消しの処分に係る行政手続法第15条の規定による通知があった日から当該処分をする日又は処分をしないことを決定する日までの間に第46条第2項又は第51条の25第2項若しくは第4項の規定による事業の廃止の届出をした者（当該事業の廃止について相当の理由がある者を除く．）で，当該届出の日から起算して5年を経過しないものであるとき．
9　申請者が，第48条第1項（同条第3項において準用する場合を含む．）又は第51条の27第1項若しくは第2項の規定による検査が行われた日から聴聞決定予定日（当該検査の結果に基づき第50条第1項又は第51条の29第1項若しくは第2項の規定による指定の取消しの処分に係る聴聞を行うか否かの決定をすることが見込まれる日として厚生労働省令で定めるところにより都道府県知事が当該申請者に当該検査が行われた日から10日以内に特定の日を通知した場合における当該特定の日をいう．）までの間に第46条第2項又は第51条の25第2項若しくは第4項の規定による事業の廃止の届出をした者（当該事業の廃止について相当の理由がある者を除く．）で，当該届出の日から起算して5年を経過しないものであるとき．
10　第8号に規定する期間内に第46条第2項又は第51条の25第2項若しくは第4項の規定による事業の廃止の届出があった場合において，申請者が，同号の通知の日前60日以内に当該届出に係る法人（当該事業の廃止について相当の理由がある法人を除く．）の役員等又は当該届出に係る法人でない者（当該事業の廃止について相当の理由がある者を除く．）の管理者であった者で，当該届出の日から起算して5年を経過しないものであるとき．
11　申請者が，指定の申請前5年以内に障害福祉サービスに関し不正又は著しく不当な行為をした者であるとき．
12　申請者が，法人で，その役員等のうちに第4号から第6号まで又は第8号から前号までのいずれかに該当する者のあるものであるとき．
13　申請者が，法人でない者で，その管理者が第4号から第6号まで又は第8号から第11号までのいずれかに該当する者であるとき．
④　都道府県が前項第1号の条例を定めるに当たっては，厚生労働省令で定める基準に従い定めるものとする．
⑤　都道府県知事は，特定障害福祉サービスにつき第1項の申請があった場合において，当該都道府県又は当該申請に係るサービス事業所の所在地を含む区域（第89条第2項の規定により都道府県が定める区域を<u>いう</u>．）における当該申請に係る<u>種類</u>ごとの指定障害福祉サービスの量が，同条第1項の規定により当該都道府県が定める都道府県障害福祉計画において定める当該都道府県若しくは当該区域の当該指定障害福祉サービスの必要な量に既に達しているか，又は当該申請に係る事業者の指定によってこれを超えることとなると認めるとき，その他の当該都道府県障害福祉計画の達成に支障を生ずるおそれがあると認めるときは，第29条第1項の指定をしないことができる．

（指定障害福祉サービス事業者の指定の変更）

第37条　①　指定障害福祉サービス事業者は，第29条第1項の指定に係る<u>特定障害福祉サービスの量</u>を増加しようとするときは，厚生労働省令で定める

ところにより，同項の指定の変更を申請することができる．
② 前条第3項から第5項までの規定は，前項の指定の変更の申請があった場合について準用する．この場合において，必要な技術的読替えは，政令で定める．

（指定障害者支援施設の指定）
第38条 ① 第29条第1項の指定障害者支援施設の指定は，厚生労働省令で定めるところにより，障害者支援施設の設置者の申請により，施設障害福祉サービスの種類及び当該障害者支援施設の入所定員を定めて，行う．
② 都道府県知事は，前項の申請があった場合において，当該都道府県における当該申請に係る指定障害者支援施設の入所定員の総数が，第89条第1項の規定により当該都道府県が定める都道府県障害福祉計画において定める当該都道府県の当該指定障害者支援施設の必要入所定員総数に既に達しているか，又は当該申請に係る施設の指定によってこれを超えることになると認めるときは，その他の当該都道府県障害福祉計画の達成に支障を生ずるおそれがあると認めるときは，第29条第1項の指定をしないことができる．
〔 第36条第3項及び第4項の規定は，第29条第1項の指定障害者支援施設の指定について準用する．この場合において，必要な技術的読替えは，政令で定める．

（指定障害者支援施設の指定の変更）
第39条 ① 指定障害者支援施設の設置者は，第29条第1項の指定に係る施設障害福祉サービスの種類を変更しようとするとき，又は当該指定に係る入所定員を増加しようとするときは，あらかじめ厚生労働省令で定めるところにより，<u>当該指定障害者支援施設に係る</u>同項の指定の変更を申請することができる．
② 前条第2項及び第3項の規定は，前項の指定の変更の申請があった場合について準用する．この場合において，必要な技術的読替えは，政令で定める．

〔＝削除〕

（指定の更新）
第41条 ① 第29条第1項の指定障害福祉サービス事業者及び指定障害者支援施設の指定は，6年ごとにそれらの更新を受けなければ，その期間の経過によって，その効力を失う．
② 前項の更新の申請があった場合において，同項の期間（以下この条において「指定の有効期間」という．）の満了の日までにその申請に対する処分がされないときは，従前の指定は，指定の有効期間の満了後もその処分がされるまでの間は，なおその効力を有する．
③ 前項の場合において，指定の更新がされたときは，その指定の有効期間は，従前の指定の有効期間の満了の日の翌日から起算するものとする．
④ 第36条及び第38条の規定は，第1項の指定の更新について準用する．この場合において，必要な技術的読替えは，政令で定める．

（指定障害福祉サービス事業者及び指定障害者支援施設等の設置者の責務）
第42条 ① 指定障害福祉サービス事業者及び指定障害者支援施設等の設置者（以下「指定事業者等」という．）は，障害者等が自立した日常生活又は社会生活を営むことができるよう，障害者等の意思決定の支援に配慮するとともに，市町村，公共職業安定所その他の職業リハビリテーションの措置を実施する機関，教育機関その他の関係機関との緊密な連携を図りつつ，障害福祉サービスを当該障害者等の意向，適性，障害の特性その他の事情に応じ，常に障害者等の立場に立って効果的に行うように努めなければならない．
② 指定事業者等は，その提供する障害福祉サービスの質の評価を行うことその他の措置を講ずることにより，障害福祉サービスの質の向上に努めなければならない．
③ 指定事業者等は，障害者等の人格を尊重するとともに，この法律又はこの法律に基づく命令を遵守し，障害者等のため忠実にその職務を遂行しなければならない．

（指定障害福祉サービスの事業の基準）
第43条 ① 指定障害福祉サービス事業者は，当該指定に係るサービス事業所ごとに，都道府県の条例で定める基準に従い，当該指定障害福祉サービスに従事する従業者を有しなければならない．
② 指定障害福祉サービス事業者は，都道府県の条例で定める指定障害福祉サービスの事業の設備及び運営に関する基準に従い，指定障害福祉サービスを提供しなければならない．
③ 都道府県が前2項の条例を定めるに当たっては，第1号から第3号までに掲げる事項については厚生労働省令で定める基準に従い定めるものとし，第4号に掲げる事項については厚生労働省令で定める基準を標準として定めるものとし，その他の事項については厚生労働省令で定める基準を参酌するものとする．
1　指定障害福祉サービスに従事する従業者及びその員数
2　指定障害福祉サービスの事業に係る居室及び病室の床面積
3　指定障害福祉サービスの事業の運営に関する事項であって，障害者又は障害児の保護者のサービスの適切な利用の確保，障害者等の適切な処遇及び安全の確保並びに秘密の保持等に密接に関連するものとして厚生労働省令で定めるもの
4　指定障害福祉サービスの事業に係る利用定員
④ 指定障害福祉サービス事業者は，第46条第2項の規定による事業の廃止又は休止の届出をしたときは，当該届出の日前1月以内に当該指定障害福祉サービスを受けていた者であって，当該事業の廃止又は休止の日以後においても引き続き当該指定障害福祉サービスに相当するサービスの提供を希望する者に対し，必要な障害福祉サービスが継続的に提供されるよう，他の指定障害福祉サービス事業者その他関係者との連絡調整その他の便宜の提供を行わなければならない．

（指定障害者支援施設等の基準）
第44条 ① 指定障害者支援施設等の設置者は，都道府県の条例で定める基準に従い，施設障害福祉サービスに従事する従業者を有しなければならない．
② 指定障害者支援施設等の設置者は，都道府県の条例で定める指定障害者支援施設等の設備及び運営に関する基準に従い，施設障害福祉サービスを提供しなければならない．
③ 都道府県が前2項の条例を定めるに当たっては，次に掲げる事項については厚生労働省令で定める基準に従い定めるものとし，その他の事項については

(5) 障害者福祉

厚生労働省令で定める基準を参酌するものとする．
1 施設障害福祉サービスに従事する従業者及びその員数
2 指定障害者支援施設等に係る居室の床面積
3 指定障害者支援施設等の運営に関する事項であって，障害者のサービスの適切な利用，適切な処遇及び安全の確保並びに秘密の保持に密接に関連するものとして厚生労働省令で定めるもの
④ 指定障害者支援施設の設置者は，第47条の規定による指定の辞退をするときは，同条に規定する予告期間の開始日の前日に当該施設障害福祉サービスを受けていた者であって，当該指定の辞退の日以後においても引き続き当該施設障害福祉サービスに相当するサービスの提供を希望する者に対し，必要な施設障害福祉サービスが継続的に提供されるよう，他の指定障害者支援施設等の設置者その他関係者との連絡調整その他の便宜の提供を行わなければならない．

（変更の届出等）
第46条 ① 指定障害福祉サービス事業者は，当該指定に係るサービス事業所の名称及び所在地その他厚生労働省令で定める事項に変更があったとき，又は休止した当該指定障害福祉サービスの事業を再開したときは，厚生労働省令で定めるところにより，10日以内に，その旨を都道府県知事に届け出なければならない．
② 指定障害福祉サービス事業者は，当該指定障害福祉サービスの事業を廃止し，又は休止しようとするときは，厚生労働省令で定めるところにより，その廃止又は休止の日の1月前までに，その旨を都道府県知事に届け出なければならない．
③ 指定障害者支援施設の設置者は，設置者の住所その他の厚生労働省令で定める事項に変更があったときは，厚生労働省令で定めるところにより，10日以内に，その旨を都道府県知事に届け出なければならない．

（都道府県知事等による連絡調整又は援助）
第47条の2 ① 都道府県知事又は市町村長は，第43条第4項又は第44条第4項に規定する便宜の提供が円滑に行われるため必要があると認めるときは，当該指定障害福祉サービス事業者，指定障害者支援施設の設置者その他の関係者相互間の連絡調整又は当該指定障害福祉サービス事業者，指定障害者支援施設の設置者その他の関係者に対する助言その他の援助を行うことができる．
② 厚生労働大臣は，同一の指定障害福祉サービス事業者又は指定障害者支援施設の設置者について2以上の都道府県知事が前項の規定による連絡調整又は援助を行う場合において，第43条第4項又は第44条第4項に規定する便宜の提供が円滑に行われるため必要があると認めるときは，当該都道府県知事相互間の連絡調整又は当該指定障害福祉サービス事業者若しくは指定障害者支援施設の設置者に対する都道府県の区域を超えた広域的な見地からの助言その他の援助を行うことができる．

（報告等）
第48条 ① 都道府県知事又は市町村長は，必要があると認めるときは，指定障害福祉サービス事業者若しくは指定障害福祉サービス事業者であった者若しくは当該指定に係るサービス事業所の従業者であった者（以下この項において「指定障害福祉サービス事業者であった者等」という．）に対し，報告若しくは帳簿書類その他の物件の提出若しくは提示を命じ，指定障害福祉サービス事業者若しくは当該指定に係るサービス事業所の従業者若しくは指定障害福祉サービス事業者であった者等に対し出頭を求め，又は当該職員に関係者に対して質問させ，若しくは指定障害福祉サービス事業者の当該指定に係るサービス事業所，事務所その他当該指定障害福祉サービスの事業に関係のある場所に立ち入り，その設備若しくは帳簿書類その他の物件を検査させることができる．
② 第9条第2項の規定は前項の規定による質問又は検査について，同条第3項の規定は前項の規定による権限について準用する．
③ 前2項の規定は，指定障害者支援施設等の設置者について準用する．この場合において，必要な技術的読替えは，政令で定める．

（勧告，命令等）
第49条 ① 都道府県知事は，指定障害福祉サービス事業者が，次の各号に掲げる場合に該当すると認めるときは，当該指定障害福祉サービス事業者に対し，期限を定めて，当該各号に定める措置をとるべきことを勧告することができる．
1 当該指定に係るサービス事業所の従業者の知識若しくは技能又は人員について第43条第1項の都道府県の条例で定める基準に適合していない場合　当該基準を遵守すること．
2 第43条第2項の都道府県の条例で定める指定障害福祉サービスの事業の設備及び運営に関する基準に従って適正な指定障害福祉サービスの事業の運営をしていない場合　当該基準を遵守すること．
3 第43条第4項に規定する便宜の提供を適正に行っていない場合　当該便宜の提供を適正に行うこと．
② 都道府県知事は，指定障害者支援施設等の設置者が，次の各号（のぞみの園の設置者にあっては，第3号を除く．以下この項において同じ．）に掲げる場合に該当すると認めるときは，当該指定障害者支援施設等の設置者に対し，期限を定めて，当該各号に定める措置をとるべきことを勧告することができる．
1 指定障害者支援施設等の従業者の知識若しくは技能又は人員について第44条第1項の都道府県の条例で定める基準に適合していない場合　当該基準を遵守すること．
2 第44条第2項の都道府県の条例で定める指定障害者支援施設等の設備及び運営に関する基準に従って適正な施設障害福祉サービスの事業の運営をしていない場合　当該基準を遵守すること．
3 第44条第4項に規定する便宜の提供を適正に行っていない場合　当該便宜の提供を適正に行うこと．
③ 都道府県知事は，前2項の規定による勧告をした場合において，その勧告を受けた指定事業者等が，前2項の期限内にこれに従わなかったときは，その旨を公表することができる．
④ 都道府県知事は，第1項又は第2項の規定による勧告を受けた指定事業者等が，正当な理由がなくてその勧告に係る措置をとらなかったときは，当該指定事業者等に対し，期限を定めて，その勧告に係る措置をとるべきことを命ずることができる．
⑤ 都道府県知事は，前項の規定による命令をしたときは，その旨を公示しなければならない．

⑥ 市町村は，介護給付費，訓練等給付費又は特定障害者特別給付費の支給に係る指定障害福祉サービス等を行った指定事業者等について，第1項各号又は第2項各号（のぞみの園の設置者にあっては，第3号を除く。）に掲げる場合のいずれかに該当すると認めるときは，その旨を当該指定に係るサービス事業所又は施設の所在地の都道府県知事に通知しなければならない．

（指定の取消し等）
第50条 ① 都道府県知事は，次の各号のいずれかに該当する場合においては，当該指定障害福祉サービス事業者に係る第29条第1項の指定を取り消し，又は期間を定めてその指定の全部若しくは一部の効力を停止することができる．
 1 指定障害福祉サービス事業者が，第36条第3項第4号から第5号の2まで，第12号又は第13号のいずれかに該当するに至ったとき．
 2 指定障害福祉サービス事業者が，第42条第3項の規定に違反したと認められるとき．
 3 指定障害福祉サービス事業者が，当該指定に係るサービス事業所の従業者の知識若しくは技能又は人員について，第43条第1項の都道府県の条例で定める基準を満たすことができなくなったとき．
 4 指定障害福祉サービス事業者が，第43条第2項の都道府県の条例で定める指定障害福祉サービスの事業の設備及び運営に関する基準に従って適正な指定障害福祉サービスの事業の運営をすることができなくなったとき．
 5 介護給付費若しくは訓練等給付費又は療養介護医療費の請求に関し不正があったとき．
 6 指定障害福祉サービス事業者が，第48条第1項の規定により報告又は帳簿書類その他の物件の提出若しくは提示を命ぜられてこれに従わず，又は虚偽の報告をしたとき．
 7 指定障害福祉サービス事業者又は当該指定に係るサービス事業所の従業者が，第48条第1項の規定により出頭を求められてこれに応ぜず，同項の規定による質問に対して答弁せず，若しくは虚偽の答弁をし，又は同項の規定による検査を拒み，妨げ，若しくは忌避したとき．ただし，当該指定に係るサービス事業所の従業者がその行為をした場合において，その行為を防止するため，当該指定障害福祉サービス事業者が相当の注意及び監督を尽くしたときを除く．
 8 指定障害福祉サービス事業者が，不正の手段により第29条第1項の指定を受けたとき．
 9 前各号に掲げる場合のほか，指定障害福祉サービス事業者が，この法律その他国民の保健医療若しくは福祉に関する法律で政令で定めるもの又はこれらの法律に基づく命令若しくは処分に違反したとき．
 10 前各号に掲げる場合のほか，指定障害福祉サービス事業者が，障害福祉サービスに関し不正又は著しく不当な行為をしたとき．
 11 指定障害福祉サービス事業者が法人である場合において，その役員等のうちに指定の取消し又は指定の全部若しくは一部の効力の停止をしようとするとき前5年以内に障害福祉サービスに関し不正又は著しく不当な行為をした者があるとき．
 12 指定障害福祉サービス事業者が法人でない場合において，その管理者が指定の取消し又は指定の全部若しくは一部の効力の停止をしようとするとき前5年以内に障害福祉サービスに関し不正又は著しく不当な行為をした者であるとき．
② 市町村は，自立支援給付に係る指定障害福祉サービスを行った指定障害福祉サービス事業者について，前項各号のいずれかに該当すると認めるときは，その旨を当該指定に係るサービス事業所の所在地の都道府県知事に通知しなければならない．
③ 前2項の規定は，指定障害者支援施設について準用する．この場合において，必要な技術的読替えは，政令で定める．

第6款　業務管理体制の整備等
（業務管理体制の整備等）
第51条の2 ① 指定事業者等は，第42条第3項に規定する義務の履行が確保されるよう，厚生労働省令で定める基準に従い，業務管理体制を整備しなければならない．
② 指定事業者等は，次の各号に掲げる区分に応じ，当該各号に定める者に対し，厚生労働省令で定めるところにより，業務管理体制の整備に関する事項を届け出なければならない．
 1 次号及び第3号に掲げる指定事業者等以外の指定事業者等　都道府県知事
 2 当該指定に係る事業所又は施設が1の地方自治法第252条の19第1項の指定都市（以下「指定都市」という．）の区域に所在する指定事業者等　指定都市の長
 3 当該指定に係る事業所若しくは施設が2以上の都道府県の区域に所在する指定事業者等（のぞみの園の設置者を除く．第4項，次条第2項及び第3項並びに第51条の4第5項において同じ．）又はのぞみの園の設置者　厚生労働大臣
③ 前項の規定により届出をした指定事業者等は，その届け出た事項に変更があったときは，厚生労働省令で定めるところにより，遅滞なく，その旨を当該届出を行った厚生労働大臣，都道府県知事又は指定都市の長（以下この款において「厚生労働大臣等」という．）に届け出なければならない．
④ 第2項の規定による届出をした指定事業者等は，同項各号に掲げる区分の変更により，同項の規定により当該届出をした厚生労働大臣等以外の厚生労働大臣等に届出を行うときは，厚生労働省令で定めるところにより，その旨を当該届出をした厚生労働大臣等にも届け出なければならない．
⑤ 厚生労働大臣等は，前3項の規定による届出が適正になされるよう，相互に密接な連携を図るものとする．

（報告等）
第51条の3 ① 前条第2項の規定による届出を受けた厚生労働大臣等は，当該届出をした指定事業者等（同条第4項の規定による届出を受けた厚生労働大臣等にあっては，同項の規定による届出をした指定事業者等を除く．）における同条第1項の規定による業務管理体制の整備に関して必要があると認めるときは，当該指定事業者等に対し，報告若しくは帳簿書類その他の物件の提出若しくは提示を命じ，当該指定事業者等若しくは当該指定事業者等の従業者に対し出頭を求め，又は当該職員に関係者に対して質問させ，若しくは当該指定事業者等の当該指定に係る事業所若しくは施設，事務所その他の指定障害福祉サービス等の提供に関係のある場所に立ち入り，その設備若しくは帳簿書類その他の物件を検査させることができる．

② 厚生労働大臣又は指定都市の長が前項の権限を行うときは,当該指定事業者等に係る指定を行った都道府県知事(次条第5項において「関係都道府県知事」という.)と密接な連携の下に行うものとする.
③ 都道府県知事は,その行った又はその行おうとする指定に係る指定事業者等における前条第1項の規定による業務管理体制の整備に関して必要があると認めるときは,厚生労働大臣又は指定都市の長に対し,第1項の権限を行うよう求めることができる.
④ 厚生労働大臣又は指定都市の長は,前項の規定による都道府県知事の求めに応じて第1項の権限を行ったときは,厚生労働省令で定めるところにより,その結果を当該権限を行うよう求めた都道府県知事に通知しなければならない.
⑤ 第9条第2項の規定は第1項の規定による質問又は検査について,同条第3項の規定は第1項の規定による権限について準用する.

(勧告,命令等)
第51条 ① 第51条の2第2項の規定による届出を受けた厚生労働大臣等は,当該届出をした指定事業者等(同条第4項の規定による届出を受けた厚生労働大臣等にあっては,同項の規定による届出をした指定事業者等を除く.)が,同条第1項の厚生労働省令で定める基準に従って適正な業務管理体制の整備をしていないと認めるときは,当該指定事業者等に対し,期限を定めて,当該厚生労働省令で定める基準に従って適正な業務管理体制を整備すべきことを勧告することができる.
② 厚生労働大臣等は,前項の規定による勧告をした場合において,その勧告を受けた指定事業者等が,同項の期限内にこれに従わなかったときは,その旨を公表することができる.
③ 厚生労働大臣等は,第1項の規定による勧告を受けた指定事業者等が,正当な理由がなくてその勧告に係る措置をとらなかったときは,当該指定事業者等に対し,期限を定めて,その勧告に係る措置をとるべきことを命ずることができる.
④ 厚生労働大臣等は,前項の規定による命令をしたときは,その旨を公示しなければならない.
⑤ 厚生労働大臣又は指定都市の長は,指定事業者等が第3項の規定による命令に違反したときは,厚生労働省令で定めるところにより,当該違反の内容を関係都道府県知事に通知しなければならない.

第3節 地域相談支援給付費,特例地域相談支援給付費,計画相談支援給付費及び特例計画相談支援給付費の支給

第2款 計画相談支援給付費及び特例計画相談支援給付費の支給

(計画相談支援給付費及び特例計画相談支援給付費の支給)
第51条の16 計画相談支援給付費及び特例計画相談支援給付費の支給は,計画相談支援に関して次条及び第51条の18の規定により支給する給付とする.

(計画相談支援給付費)
第51条の17 ① 市町村は,次の各号に掲げる者(以下「計画相談支援対象障害者等」という.)に対し,当該各号に定める場合の区分に応じ,当該各号に規定する計画相談支援に要した費用について,計画相談支援給付費を支給する.
1 第22条第4項(第24条第3項において準用する場合を含む.)の規定により,サービス等利用計画案の提出を求められた第20条第1項若しくは第24条第1項の申請に係る障害者若しくは障害児の保護者又は第51条の7第4項(第51条の9第3項において準用する場合を含む.)の規定により,サービス等利用計画案の提出を求められた第51条の6第1項(第51条の9第1項の申請に係る障害者 市町村長が指定する特定相談支援事業を行う者(以下「指定特定相談支援事業者」という.)から当該指定に係るサービス利用支援(次項において「指定サービス利用支援」という.)を受けた場合であって,当該申請に係る支給決定等を受けたとき.
2 支給決定障害者等又は地域相談支援給付決定障害者 指定特定相談支援事業者から当該指定に係る継続サービス利用支援(次項において「指定継続サービス利用支援」という.)を受けたとき.
③ 計画相談支援給付費の額は,指定サービス利用支援又は指定継続サービス利用支援(以下「指定計画相談支援」という.)に通常要する費用につき,厚生労働大臣が定める基準により算定した費用の額(その額が現に当該指定計画相談支援に要した費用の額を超えるときは,当該現に指定計画相談支援に要した費用の額)とする.
③ 計画相談支援対象障害者等が指定特定相談支援事業者から指定計画相談支援を受けたときは,市町村は,当該計画相談支援対象障害者等が当該指定特定相談支援事業者に支払うべき当該指定計画相談支援に要した費用について,計画相談支援給付費として当該計画相談支援対象障害者等に対し支給すべき額の限度において,当該計画相談支援対象障害者等に代わり,当該指定特定相談支援事業者に支払うことができる.
④ 前項の規定による支払があったときは,計画相談支援対象障害者等に対し計画相談支援給付費の支給があったものとみなす.
⑤ 市町村は,指定特定相談支援事業者から計画相談支援給付費の請求があったときは,第2項の厚生労働大臣が定める基準及び第51条の24第2項の厚生労働省令で定める指定計画相談支援の事業の運営に関する基準(指定計画相談支援の取扱いに関する部分に限る.)に照らして審査の上,支払うものとする.
⑥ 市町村は,前項の規定による審査及び支払に関する事務を連合会に委託することができる.
⑦ 前各項に定めるもののほか,計画相談支援給付費の支給及び指定特定相談支援事業者の計画相談支援給付費の請求に関し必要な事項は,厚生労働省令で定める.

(特例計画相談支援給付費) **第51条の18** (略)

第4節 自立支援医療費,療養介護医療費及び基準該当療養介護医療費の支給

(自立支援医療費の支給認定)
第52条 ① 自立支援医療費の支給を受けようとする障害者又は障害児の保護者は,市町村等の自立支援医療費を支給する旨の認定(以下「支給認定」という.)を受けなければならない.
② 第19条第2項の規定は市町村等が行う支給認定について,同条第3項から第5項までの規定は市町村が行う支給認定について準用する.この場合において,必要な技術的読替えは,政令で定める.

(申 請)
第53条 ① 支給認定を受けようとする障害者又は

障害児の保護者は、厚生労働省令で定めるところにより、市町村に申請をしなければならない。

② 前項の申請は、都道府県が支給認定を行う場合には、政令で定めるところにより、当該障害者又は障害児の保護者の居住地の市町村（障害者又は障害児の保護者が居住地を有しないか、又はその居住地が明らかでないときは、その障害者又は障害児の保護者の現在地の市町村）を経由して行うことができる。

（支給認定等）

第54条 ① 市町村等は、前条第1項の申請に係る障害者等が、その心身の障害の状態からみて自立支援医療を受ける必要があり、かつ、当該障害者等又はその属する世帯の他の世帯員の所得の状況、治療状況その他の事情を勘案して政令で定める基準に該当する場合には、厚生労働省令で定める自立支援医療の種類ごとに支給認定を行うものとする。ただし、当該障害者等が、自立支援医療のうち厚生労働省令で定める種類の医療を、戦傷病者特別援護法（昭和38年法律第168号）又は心神喪失等の状態で重大な他害行為を行った者の医療及び観察等に関する法律（平成15年法律第110号）の規定により受けることができるときは、この限りでない。

② 市町村等は、支給認定をしたときは、厚生労働省令で定めるところにより、都道府県知事が指定する医療機関（以下「指定自立支援医療機関」という。）の中から、当該支給認定に係る障害者等が自立支援医療を受けるものを定めるものとする。

③ 市町村等は、支給認定をしたときは、支給認定を受けた障害者又は障害児の保護者（以下「支給認定障害者等」という。）に対し、厚生労働省令で定めるところにより、次条に規定する支給認定の有効期間、前項の規定により定められた指定自立支援医療機関の名称その他の厚生労働省令で定める事項を記載した自立支援医療受給者証（以下「医療受給者証」という。）を交付しなければならない。

（支給認定の有効期間）

第55条 支給認定は、厚生労働省令で定める期間（以下「支給認定の有効期間」という。）内に限り、その効力を有する。

（支給認定の変更）

第56条 ① 支給認定障害者等は、現に受けている支給認定に係る第54条第2項の規定により定められた指定自立支援医療機関その他の厚生労働省令で定める事項について変更の必要があるときは、厚生労働省令で定めるところにより、市町村等に対し、支給認定の変更の申請をすることができる。

② 市町村等は、前項の申請又は職権により、支給認定障害者等につき、同項の厚生労働省令で定める事項について変更の必要があると認めるときは、厚生労働省令で定めるところにより、支給認定の変更の認定を行うことができる。この場合において、市町村等は、当該支給認定障害者等に対し医療受給者証の提出を求めるものとする。

③ 第19条第2項の規定は市町村等が行う前項の支給認定の変更の認定について、同条第3項から第5項までの規定は市町村が行う前項の支給認定の変更の認定について準用する。この場合において、必要な技術的読替えは、政令で定める。

④ 市町村等は、第2項の支給認定の変更の認定を行った場合には、医療受給者証に当該認定に係る事項を記載し、これを返還するものとする。

（支給認定の取消し）

第57条 ① 支給認定を行った市町村等は、次に掲げる場合には、当該支給認定を取り消すことができる。

1 支給認定に係る障害者等が、その心身の障害の状態からみて自立支援医療を受ける必要がなくなったと認めるとき。

2 支給認定障害者等が、支給認定の有効期間内に、当該市町村等以外の市町村等の区域内に居住地を有するに至ったと認めるとき（支給認定に係る障害者が特定施設に入所することにより当該市町村以外の市町村の区域内に居住地を有するに至ったと認めるときを除く。）。

3 支給認定に係る障害者等が、正当な理由なしに第9条第1項の規定による命令に応じないとき。

4 その他政令で定めるとき。

② 前項の規定により支給認定の取消しを行った市町村等は、厚生労働省令で定めるところにより、当該取消しに係る支給認定障害者等に対し医療受給者証の返還を求めるものとする。

（自立支援医療費の支給）

第58条 ① 市町村等は、支給認定に係る障害者等が、支給認定の有効期間内において、第54条第2項の規定により定められた指定自立支援医療機関から当該指定に係る自立支援医療（以下「指定自立支援医療」という。）を受けたときは、厚生労働省令で定めるところにより、当該支給認定障害者等に対し、当該指定自立支援医療に要した費用について、自立支援医療費を支給する。

② 指定自立支援医療を受けようとする支給認定障害者等は、厚生労働省令で定めるところにより、指定自立支援医療機関に医療受給者証を提示して当該指定自立支援医療を受けるものとする。ただし、緊急の場合その他やむを得ない事由のある場合については、この限りでない。

③ 自立支援医療費の額は、1月につき、第1号に掲げる額（当該指定自立支援医療に食事療養（健康保険法第63条第2項第1号に規定する食事療養をいう。以下この項において同じ。）が含まれるときは、当該額及び第2号に掲げる額の合算額、当該指定自立支援医療に生活療養（同条第2項第2号に規定する生活療養をいう。以下この項において同じ。）が含まれるときは、当該額及び第3号に掲げる額の合算額）とする。

1 同一の月に受けた指定自立支援医療（食事療養及び生活療養を除く。）につき健康保険の療養に要する費用の額の算定方法の例により算定した額から、当該支給認定障害者等の家計の負担能力、障害の状態その他の事情をしん酌して政令で定める額（当該政令で定める額が当該算定した額の100分の10に相当する額を超えるときは、当該相当する額）を控除して得た額

2 当該指定自立支援医療（食事療養に限る。）につき健康保険の療養に要する費用の額の算定方法の例により算定した額から、健康保険法第85条第2項に規定する食事療養標準負担額、支給認定障害者等の所得の状況その他の事情を勘案して厚生労働大臣が定める額を控除した額

3 当該指定自立支援医療（生活療養に限る。）につき健康保険の療養に要する費用の額の算定方法の例により算定した額から、健康保険法第85条の2第2項に規定する生活療養標準負担額、支給認定障害者等の所得の状況その他の事情を勘案して厚

(5) 障害者福祉

生労働大臣が定める額を控除した額
④ 前項に規定する療養に要する費用の額の算定方法の例によることができないとき,及びこれによることを適当としないときの自立支援医療に要する費用の額の算定方法は,厚生労働大臣の定めるところによる.
⑤ 支給認定に係る障害者等が指定自立支援医療機関から指定自立支援医療を受けたときは,市町村は,当該支給認定障害者等が当該指定自立支援医療機関に支払うべき当該指定自立支援医療に要した費用について,自立支援医療費として当該支給認定障害者等に支給すべき額の限度において,当該支給認定障害者等に代わり,当該指定自立支援医療機関に支払うことができる.
⑥ 前項の規定による支払があったときは,支給認定障害者等に対し自立支援医療費の支給があったものとみなす.

(指定自立支援医療機関の指定)
第59条 ① 第54条第2項の指定は,厚生労働省令で定めるところにより,病院若しくは診療所(これらに準ずるものとして政令で定めるものを含む.以下同じ.)又は薬局の開設者の申請により,同条第1項の厚生労働省令で定める自立支援医療の種類ごとに行う.
② 都道府県知事は,前項の申請があった場合において,次の各号のいずれかに該当するときは,指定自立支援医療機関の指定をしないことができる.
1 当該申請に係る診療所若しくは薬局が,健康保険法第63条第3項第1号に規定する保険医療機関若しくは保険薬局又は厚生労働省令で定める事業所若しくは施設でないとき.
2 当該申請に係る病院若しくは診療所若しくは薬局又は申請者が,自立支援医療費の支給に関し診療又は調剤の内容の適切さを欠くおそれがあるとして重ねて第63条の規定による指導又は第67条第1項の規定による勧告を受けたものであるとき.
3 申請者が,第67条第3項の規定による命令に従わないものであるとき.
4 前3号のほか,当該申請に係る病院若しくは診療所又は薬局が,指定自立支援医療機関として著しく不適当と認めるものであるとき.
③ 第36条第3項(第1号から第3号まで及び第7号を除く.)の規定は,指定自立支援医療機関の指定について準用する.この場合において,必要な技術的読替えは,政令で定める.

(指定の更新)
第60条 ① 第54条第2項の指定は,6年ごとにその更新を受けなければ,その期間の経過によって,その効力を失う.
② 健康保険法第68条第2項の規定は,前項の指定の更新について準用する.この場合において,必要な技術的読替えは,政令で定める.

(指定自立支援医療機関の責務)
第61条 指定自立支援医療機関は,厚生労働省令で定めるところにより,良質かつ適切な自立支援医療を行わなければならない.

(診療方針)
第62条 ① 指定自立支援医療機関の診療方針は,健康保険法の診療方針の例による.
② 前項に規定する診療方針によることができないとき,及びこれによることを適当としないときの診療方針は,厚生労働大臣が定めるところによる.

(都道府県知事の指導)
第63条 指定自立支援医療機関は,自立支援医療の実施に関し,都道府県知事の指導を受けなければならない.

(変更の届出)
第64条 指定自立支援医療機関は,当該指定に係る医療機関の名称及び所在地その他厚生労働省令で定める事項に変更があったときは,厚生労働省令で定めるところにより,その旨を都道府県知事に届け出なければならない.

(指定の辞退)
第65条 指定自立支援医療機関は,1月以上の予告期間を設けて,その指定を辞退することができる.

(報告等)
第66条 ① 都道府県知事は,自立支援医療の実施に関して必要があると認めるときは,指定自立支援医療機関若しくは指定自立支援医療機関の開設者若しくは管理者,医師,薬剤師その他の従業者であった者(以下この項において「開設者であった者等」という.)に対し報告若しくは診療録,帳簿書類その他の物件の提出若しくは提示を命じ,指定自立支援医療機関の開設者若しくは管理者,医師,薬剤師その他の従業者(開設者であった者等を含む.)に対し出頭を求め,又は当該職員に関係者に対して質問させ,若しくは指定自立支援医療機関について設備若しくは診療録,帳簿書類その他の物件を検査させることができる.
② 第9条第2項の規定は前項の規定による質問又は検査について,同条第3項の規定は前項の規定による権限について準用する.
③ 指定自立支援医療機関が,正当な理由がなく,第1項の規定による報告若しくは提出若しくは提示をせず,若しくは虚偽の報告をし,又は同項の規定による検査を拒み,妨げ,若しくは忌避したときは,都道府県知事は,当該指定自立支援医療機関に対する市町村等の自立支援医療費の支払を一時差し止めることを指示し,又は差し止めることができる.

(勧告,命令等)
第67条 ① 都道府県知事は,指定自立支援医療機関が,第61条又は第62条の規定に従って良質かつ適切な自立支援医療を行っていないと認めるときは,当該指定自立支援医療機関の開設者に対し,期限を定めて,第61条又は第62条の規定を遵守すべきことを勧告することができる.
② 都道府県知事は,前項の規定による勧告をした場合において,その勧告を受けた指定自立支援医療機関の開設者が,同項の期限内にこれに従わなかったときは,その旨を公表することができる.
③ 都道府県知事は,第1項の規定による勧告を受けた指定自立支援医療機関の開設者が,正当な理由がなくてその勧告に係る措置をとらなかったときは,当該指定自立支援医療機関の開設者に対し,期限を定めて,その勧告に係る措置をとるべきことを命ずることができる.
④ 都道府県知事は,前項の規定による命令をしたときは,その旨を公示しなければならない.
⑤ 市町村は,指定自立支援医療を行った指定自立支援医療機関の開設者について,第61条又は第62条の規定に従って良質かつ適切な自立支援医療を行っていないと認めるときは,その旨を当該指定に係る医療機関の所在地の都道府県知事に通知しなければならない.

(指定の取消し等)
第68条 ① 都道府県知事は,次の各号のいずれかに該当する場合においては,当該指定自立支援医療機関に係る第54条第2項の指定を取り消し,又は期間を定めてその指定の全部若しくは一部の効力を停止することができる.
1 指定自立支援医療機関が,第59条第2項各号のいずれかに該当するに至ったとき.
2 指定自立支援医療機関が,第59条第3項の規定により準用する第36条第3項第4号から第5号の2まで,第12号又は第13号のいずれかに該当するに至ったとき.
3 指定自立支援医療機関が,第61条又は第62条の規定に違反したとき.
4 自立支援医療費の請求に関し不正があったとき.
5 指定自立支援医療機関が,第66条第1項の規定により報告若しくは診療録,帳簿書類その他の物件の提出若しくは提示を命ぜられてこれに従わず,又は虚偽の報告をしたとき.
6 指定自立支援医療機関の開設者又は従業者が,第66条第1項の規定により出頭を求められてこれに応ぜず,同項の規定による質問に対して答弁せず,若しくは虚偽の答弁をし,又は同項の規定による検査を拒み,妨げ,若しくは忌避したとき.ただし,当該指定自立支援医療機関の従業者がその行為をした場合において,その行為を防止するため,当該指定自立支援医療機関の開設者が相当の注意及び監督を尽くしたときを除く.
② 第50条第1項第8号から第12号まで及び第2項の規定は,前項の指定自立支援医療機関の指定の取消し又は効力の停止について準用する.この場合において,必要な技術的読替えは,政令で定める.

(療養介護医療費の支給)
第70条 ① 市町村は,介護給付費(療養介護に係るものに限る.)に係る支給決定を受けた障害者が,支給決定の有効期間内において,指定障害福祉サービス事業者等から当該指定に係る療養介護医療を受けたときは,厚生労働省令で定めるところにより,当該支給決定に係る障害者に対し,当該療養介護医療に要した費用について,療養介護医療費を支給する.
② 第58条第3項から第6項までの規定は,療養介護医療費について準用する.この場合において,必要な技術的読替えは,政令で定める.

(基準該当療養介護医療費の支給)
第71条 ① 市町村は,特例介護給付費(療養介護に係るものに限る.)に係る支給決定を受けた障害者が,基準該当事業所又は基準該当施設から当該療養介護医療(以下「基準該当療養介護医療」という.)を受けたときは,厚生労働省令で定めるところにより,当該支給決定に係る障害者に対し,当該基準該当療養介護医療に要した費用について,基準該当療養介護医療費を支給する.
② 第58条第3項及び第4項の規定は,基準該当療養介護医療費について準用する.この場合において,必要な技術的読替えは,政令で定める.

(準用)
第72条 第61条及び第62条の規定は,療養介護医療を行う指定障害福祉サービス事業者等又は基準該当療養介護医療を行う基準該当事業所若しくは基準該当施設について準用する.

(自立支援医療費等の審査及支払)
第73条 ① 都道府県知事は,指定自立支援医療機関,療養介護医療を行う指定障害福祉サービス事業者等又は基準該当療養介護医療を行う基準該当事業所若しくは基準該当施設(以下この条において「公費負担医療機関」という.)の診療内容並びに自立支援医療費,療養介護医療費及び基準該当療養介護医療費(以下この条及び第75条において「自立支援医療費等」という.)の請求を随時審査し,かつ,公費負担医療機関が第58条第5項(第70条第2項において準用する場合を含む.)の規定によって請求することができる自立支援医療費等の額を決定することができる.
② 公費負担医療機関は,都道府県知事が行う前項の決定に従わなければならない.
③ 都道府県知事は,第1項の規定により公費負担医療機関が請求することができる自立支援医療費等の額を決定するに当たっては,社会保険診療報酬支払基金法(昭和23年法律第129号)に定める審査委員会,国民健康保険法に定める国民健康保険診療報酬審査委員会その他政令で定める医療に関する審査機関の意見を聴かなければならない.
④ 市町村等は,公費負担医療機関に対する自立支援医療費等の支払に関する事務を社会保険診療報酬支払基金,連合会その他厚生労働省令で定める者に委託することができる.
⑤ 前各項に定めるもののほか,自立支援医療費等の請求に関し必要な事項は,厚生労働省令で定める.
⑥ 第1項の規定による自立支援医療費等の額の決定については,審査請求をすることができない.

(都道府県による援助等)
第74条 ① 市町村は,支給認定又は自立支援医療費を支給しない旨の認定を行うに当たって必要があると認めるときは,厚生労働省令で定めるところにより,身体障害者更生相談所その他厚生労働省令で定める機関の意見を聴くことができる.
② 都道府県は,市町村の求めに応じ,市町村が行うこの節の規定による業務に関し,その設置する身体障害者更生相談所その他厚生労働省令で定める機関による技術的事項についての協力その他市町村に対する必要な援助を行うものとする.

(政令への委任)

第5節 補装具費の支給

第76条 ① 市町村は,障害者又は障害児の保護者から申請があった場合において,当該申請に係る障害者等の障害の状態からみて,当該障害者等が補装具の購入,借受け又は修理(以下この条及び次条において「購入等」という.)を必要とする者であると認めるとき(補装具の借受けにあっては,補装具の借受けによることが適当である場合として厚生労働省令で定める場合に限る.)は,当該障害者又は障害児の保護者(以下この条において「補装具費支給対象障害者等」という.)に対し,当該補装具費の購入等に要した費用について,補装具費を支給する.ただし,当該申請に係る障害者等又はその属する世帯の他の世帯員のうち政令で定める者の所得が政令で定める基準以上であるときは,この限りでない.
② 補装具費の額は,1月につき,同一の月に購入等をした補装具について,補装具の購入等に通常要する費用の額を勘案して厚生労働大臣が定める基準により算定した費用の額(その額が現に当該補装具の購入等に要した費用の額を超えるときは,当該現に補装具の購入等に要した費用の額.以下この項

において「基準額」という．）を合計した額から，当該補装具費支給対象障害者等の家計の負担能力その他の事情をしん酌して政令で定める額（当該政令で定める額が基準額を合計した額の100分の10に相当する額を超えるときは，当該相当する額）を控除して得た額とする．
③ 市町村は，補装具費の支給に当たって必要があると認めるときは，厚生労働省令で定めるところにより，身体障害者更生相談所その他厚生労働省令で定める機関の意見を聴くことができる．
④ 第19条第2項から第5項までの規定は，補装具費の支給に係る市町村の認定について準用する．この場合において，必要な技術的読替えは，政令で定める．
⑤ 厚生労働大臣は，第2項の規定により厚生労働大臣の定める基準を適正なものとするため，必要な調査を行うことができる．
⑥ 前各項に定めるもののほか，補装具費の支給に関し必要な事項は，厚生労働省令で定める．

第6節　高額障害福祉サービス等給付費の支給

第76条の2　① 市町村は，次に掲げる者が受けた障害福祉サービス及び介護保険法第24条第2項に規定する介護給付等対象サービスのうち政令で定めるもの並びに補装具の購入等に要した費用の合計額（それぞれ厚生労働大臣が定める基準により算定した費用の額（その額が現に要した費用の額を超えるときは，当該現に要した額）の合計額を限度とする．）から当該受けた介護給付費等及び同法第20条に規定する介護給付等のうち政令で定めるもの並びに補装具費の合計額を控除して得た額が，著しく高額であるときは，当該者に対し，高額障害福祉サービス等給付費を支給する．
　1　支給決定障害者等
　2　65歳に達する前に長期間にわたり障害福祉サービス（介護保険法第24条第2項に規定する介護給付等対象サービスに相当するものとして政令で定めるものに限る．）に係る支給決定を受けていた障害者であって，同項に規定する介護給付等対象サービス（障害福祉サービスに相当するものとして政令で定めるものに限る．）を受けているもの（支給決定を受けていない者に限る．）のうち，当該障害者の所得の状況及び障害の程度その他の事情を勘案して政令で定めるもの
② 前項に定めるもののほか，高額障害福祉サービス等給付費の支給要件，支給額その他高額障害福祉サービス等給付費の支給に関し必要な事項は，障害福祉サービス及び補装具の購入等に要する費用の負担の家計に与える影響を考慮して，政令で定める．

第7節　情報公表対象サービス等の利用に資する情報の報告及び公表

第76条の3　① 指定障害福祉サービス事業者，指定一般相談支援事業者及び指定特定相談支援事業者並びに指定障害者支援施設の設置者（以下この条において「対象事業者」という．）は，指定障害福祉サービス等，指定地域相談支援又は指定計画相談支援（以下この条において「情報公表対象サービス等」という．）の提供を開始しようとするときその他厚生労働省令で定めるときは，厚生労働省令で定めるところにより，情報公表対象サービス等情報（その提供する情報公表対象サービス等の内容及び情報公表対象サービス等を提供する事業者又は施設の運営状況に関する情報であって，情報公表対象サービス等を利用し，又は利用しようとする障害者等が適切かつ円滑に当該情報公表対象サービス等を利用する機会を確保するために公表されることが適当なものとして厚生労働省令で定めるものをいう．第8項において同じ．）を，当該情報公表対象サービス等を提供する事業所又は施設の所在地を管轄する都道府県知事に報告しなければならない．
② 都道府県知事は，前項の規定による報告を受けた後，厚生労働省令で定めるところにより，当該報告の内容を公表しなければならない．
③ 都道府県知事は，前項の規定による公表を行うため必要があると認めるときは，第1項の規定による報告が真正であることを確認するために必要な限度において，当該報告をした対象事業者に対し，当該報告の内容について，調査を行うことができる．
④ 都道府県知事は，対象事業者が第1項の規定による報告をせず，若しくは虚偽の報告をし，又は前項の規定による調査を受けず，若しくは調査を妨げたときは，期間を定めて，当該対象事業者に対し，その報告を行い，若しくはその報告の内容を是正し，又はその調査を受けることを命ずることができる．
⑤ 都道府県知事は，指定特定相談支援事業者に対して前項の規定による処分をしたときは，遅滞なく，その旨をその指定をした市町村長に通知しなければならない．
⑥ 都道府県知事は，指定障害福祉サービス事業者若しくは指定一般相談支援事業者又は指定障害者支援施設の設置者が第4項の規定による命令に従わないときは，当該指定障害福祉サービス事業者，指定一般相談支援事業者又は指定障害者支援施設の指定を取り消し，又は期間を定めてその指定の全部若しくは一部の効力を停止することができる．
⑦ 都道府県知事は，指定特定相談支援事業者が第4項の規定による命令に従わない場合において，当該指定特定相談支援事業者の指定を取り消し，又は期間を定めてその指定の全部若しくは一部の効力を停止することが適当であると認めるときは，理由を付して，その旨をその指定をした市町村長に通知しなければならない．
⑧ 都道府県知事は，情報公表対象サービス等を利用し，又は利用しようとする障害者等が適切かつ円滑に当該情報公表対象サービス等を利用する機会の確保に資するため，情報公表対象サービス等の質及び情報公表対象サービス等に従事する従業者に関する情報（情報公表対象サービス等情報に該当するものを除く．）であって厚生労働省令で定めるものの提供を希望する対象事業者から提供を受けた当該情報について，公表を行うよう配慮するものとする．

第3章　地域生活支援事業

（市町村の地域生活支援事業）
第77条　① 市町村は，厚生労働省令で定めるところにより，地域生活支援事業として，次に掲げる事業を行うものとする．
　1　障害者等の自立した日常生活及び社会生活に関する理解を深めるための研修及び啓発を行う事業
　2　障害者等，障害者等の家族，地域住民等により自発的に行われる障害者等が自立した日常生活及び社会生活を営むことができるようにするための活

動に対する支援を行う事業
3 障害者等が障害福祉サービスその他のサービスを利用しつつ,自立した日常生活又は社会生活を営むことができるよう,地域の障害者等の福祉に関する各般の問題につき,障害者等,障害児の保護者又は障害者等の介護を行う者からの相談に応じ,必要な情報の提供及び助言その他の厚生労働省令で定める便宜を供与するとともに,障害者等に対する虐待の防止及びその早期発見のための関係機関との連絡調整その他の障害者等の権利の擁護のために必要な援助を行う事業(次号に掲げるものを除く.)
4 障害福祉サービスの利用の観点から成年後見制度を利用することが有用であると認められる障害者で成年後見制度の利用に要する費用について補助を受けなければ成年後見制度の利用が困難であると認められるものにつき,当該費用のうち厚生労働省令で定める費用を支給する事業
5 障害者に係る民法(明治29年法律第89号)に規定する後見,保佐及び補助の業務を適正に行うことができる人材の育成及び活用を図るための研修を行う事業
6 聴覚,言語機能,音声機能その他の障害のため意思疎通を図ることに支障がある障害者等その他の日常生活を営むのに支障がある障害者等につき,意思疎通支援(手話その他厚生労働省令で定める方法により当該障害者等とその他の者の意思疎通を支援することをいう.以下同じ.)を行う者の派遣,日常生活上の便宜を図るための用具であって厚生労働大臣が定めるものの給付又は貸与その他の厚生労働省令で定める便宜を供与する事業
7 意思疎通支援を行う者を養成する事業
8 移動支援事業
9 障害者等につき,地域活動支援センターその他の厚生労働省令で定める施設に通わせ,創作的活動又は生産活動の機会の提供,社会との交流の促進その他の厚生労働省令で定める便宜を供与する事業
② 都道府県は,市町村の地域生活支援事業の実施体制の整備の状況その他の地域の実情を勘案して,関係市町村の意見を聴いて,当該市町村に代わって前項各号に掲げる事業の一部を行うことができる.
③ 市町村は,第1項各号に掲げる事業のほか,現に住居を求めている障害者につき低額な料金で福祉ホームその他の施設において当該施設の居室その他の設備を利用させ,日常生活に必要な便宜を供与する事業その他の障害者等が自立した日常生活又は社会生活を営むために必要な事業を行うことができる.

(基幹相談支援センター)
第77条の2 ① 基幹相談支援センターは,地域における相談支援の中核的な役割を担う機関として,前条第1項第3号及び第4号に掲げる事業並びに身体障害者福祉法第9条第5項第2号及び第3号,知的障害者福祉法第9条第5項第2号及び第3号並びに精神保健及び精神障害者福祉に関する法律第49条第1項に規定する業務を総合的に行うことを目的とする施設とする.
② 市町村は,基幹相談支援センターを設置することができる.
③ 市町村は,一般相談支援事業を行う者その他の厚生労働省令で定める者に対し,第1項の事業及び業務の実施を委託することができる.
④ 前項の委託を受けた者は,第1項の事業及び業務を実施するため,厚生労働省令で定めるところにより,あらかじめ,厚生労働省令で定める事項を市町村長に届け出て,基幹相談支援センターを設置することができる.
⑤ 基幹相談支援センターを設置する者は,第1項の事業及び業務の効果的な実施のために,指定障害福祉サービス事業者等,医療機関,民生委員法(昭和23年法律第198号)に定める民生委員,身体障害者福祉法第12条の3第1項又は第2項の規定により委託を受けた身体障害者相談員,知的障害者福祉法第15条の2第1項又は第2項の規定により委託を受けた知的障害者相談員,意思疎通支援を行う者を養成し,又は派遣する事業の関係者その他の関係者との連携に努めなければならない.
⑥ 第3項の規定により委託を受けて第1項の事業及び業務を実施するため基幹相談支援センターを設置する者(その者が法人である場合にあっては,その役員)若しくはその職員又はこれらの職にあった者は,正当な理由なしに,その業務に関して知り得た秘密を漏らしてはならない.

(都道府県の地域生活支援事業)
第78条 ① 都道府県は,厚生労働省令で定めるところにより,地域生活支援事業として,第77条第1項第3号,第6号及び第7号に掲げる事業のうち,特に専門性の高い相談支援に係る事業及び特に専門性の高い意思疎通支援を行う者を養成し,又は派遣する事業,意思疎通支援を行う者の派遣に係る市町村相互間の連絡調整その他の広域的な対応が必要な事業として厚生労働省令で定める事業を行うものとする.
② 都道府県は,前項に定めるもののほか,障害福祉サービス又は相談支援の質の向上のために障害福祉サービス若しくは相談支援を提供する者又はこれらの者に対し必要な指導を行う者を育成する事業その他障害者等が自立した日常生活又は社会生活を営むために必要な事業を行うことができる.

第4章 事業及び施設

(事業の開始等)
第79条 ① 都道府県は,次に掲げる事業を行うことができる.
1 障害福祉サービス事業
2 一般相談支援事業及び特定相談支援事業
3 移動支援事業
4 地域活動支援センターを経営する事業
5 福祉ホームを経営する事業
② 国及び都道府県以外の者は,厚生労働省令で定めるところにより,あらかじめ,厚生労働省令で定める事項を都道府県知事に届け出て,前項各号に掲げる事業を行うことができる.
③ 前項の規定による届出をした者は,厚生労働省令で定める事項に変更が生じたときは,変更の日から1月以内に,その旨を都道府県知事に届け出なければならない.
④ 国及び都道府県以外の者は,第1項各号に掲げる事業を廃止し,又は休止しようとするときは,あらかじめ,厚生労働省令で定める事項を都道府県知事に届け出なければならない.

(障害福祉サービス事業,地域活動支援センター及

び福祉ホームの基準)
第80条 ① 都道府県は,障害福祉サービス事業(施設を行うものに限る。以下この条及び第82条第2項において同じ。),地域活動支援センター及び福祉ホームの設備及び運営について,条例で基準を定めなければならない.
② 都道府県が前項の条例を定めるに当たっては,第1号から第3号までに掲げる事項については厚生労働省令で定める基準に従い定めるものとし,第4号に掲げる事項については厚生労働省令で定める基準を標準として定めるものとし,その他の事項については厚生労働省令で定める基準を参酌するものとする.
1 障害福祉サービス事業に従事する従業者及びその員数並びに地域活動支援センター及び福祉ホームに配置する従業者及びその員数
2 障害福祉サービス事業に係る居室及び病室の床面積並びに福祉ホームに係る居室の床面積
3 障害福祉サービス事業の運営に関する事項であって,障害者の適切な処遇及び安全の確保並びに秘密の保持に関連するものとして厚生労働省令で定めるもの並びに地域活動支援センター及び福祉ホームの運営に関する事項であって,障害者等の適切な処遇及び秘密の保持に密接に関連するものとして厚生労働省令で定めるもの
4 障害福祉サービス事業,地域活動支援センター及び福祉ホームに係る利用定員
③ 第1項の障害福祉サービス事業を行う者並びに地域活動支援センター及び福祉ホームの設置者は,同項の基準を遵守しなければならない.
第81条 ① 都道府県知事は,障害者等の福祉のために必要があると認めるときは,障害福祉サービス事業,一般相談支援事業,特定相談支援事業若しくは移動支援事業を行う者若しくは地域活動支援センター若しくは福祉ホームの設置者に対して,報告若しくは帳簿書類その他の物件の提出若しくは提示を求め,又は当該職員に関係者に対して質問させ,若しくはその事業所若しくは施設に立ち入り,その設備若しくは帳簿書類その他の物件を検査させることができる.
② 第9条第2項の規定は前項の規定による質問又は検査について,同条第3項の規定は前項の規定による権限について準用する.
(事業の停止等)
第82条 ① 都道府県知事は,障害福祉サービス事業,一般相談支援事業,特定相談支援事業又は移動支援事業を行う者が,この章の規定若しくは当該規定に基づく命令若しくはこれらに基づいてする処分に違反したとき,その事業に関し不当に営利を図り,若しくはその事業に係る者の処遇につき不当な行為をしたとき,又は身体障害者福祉法第18条の2,知的障害者福祉法第21条若しくは児童福祉法第21条の7の規定に違反したときは,その事業を行う者に対して,その事業の制限又は停止を命ずることができる.
② 都道府県知事は,障害福祉サービス事業を行う者又は地域活動支援センター若しくは福祉ホームの設置者が,この章の規定若しくは当該規定に基づく命令若しくはこれらに基づいてする処分に違反したとき,当該障害福祉サービス事業,地域活動支援センター若しくは福祉ホームが第80条第1項の基準に適合しなくなったとき,又は身体障害者福祉法第18条の2,知的障害者福祉法第21条若しくは児童福祉法第21条の7の規定に違反したときは,その事業を行う者又はその設置者に対して,その施設の設備若しくは運営の改善又はその事業の停止若しくは廃止を命ずることができる.
(施設の設置等)
第83条 ① 国は,障害者支援施設を設置しなければならない.
② 都道府県は,障害者支援施設を設置することができる.
③ 市町村は,あらかじめ厚生労働省令で定める事項を都道府県知事に届け出て,障害者支援施設を設置することができる.
④ 国,都道府県及び市町村以外の者は,社会福祉法(昭和26年法律第45号)の定めるところにより,障害者支援施設を設置することができる.
⑤ 前各項に定めるもののほか,障害者支援施設の設置,廃止又は休止に関し必要な事項は,政令で定める.
(施設の基準)
第84条 ① 都道府県は,障害者支援施設の設備及び運営について,条例で基準を定めなければならない.
② 都道府県が前項の条例を定めるに当たっては,第1号から第3号までに掲げる事項については厚生労働省令で定める基準に従い定めるものとし,第4号に掲げる事項については厚生労働省令で定める基準を標準として定めるものとし,その他の事項については厚生労働省令で定める基準を参酌するものとする.
1 障害者支援施設に配置する従業者及びその員数
2 障害者支援施設に係る居室の床面積
3 障害者支援施設の運営に関する事項であって,障害者の適切な処遇及び安全の確保並びに秘密の保持に密接に関連するものとして厚生労働省令で定めるもの
4 障害者支援施設に係る利用定員
③ 国,都道府県及び市町村以外の者が設置する障害者支援施設については,第1項の基準を社会福祉法第65条第1項の基準とみなして,同法第62条第4項,第65条第3項及び第71条の規定を適用する.
(報告の徴収等)
第85条 ① 都道府県知事は,市町村が設置した障害者支援施設の運営を適切にさせるため,必要があると認めるときは,当該施設の長に対して,必要と認める事項の報告若しくは提示を求め,又は帳簿書類その他の物件の提出若しくは提示を求め,又は当該職員に関係者に対して質問させ,若しくはその施設に立ち入り,設備若しくは帳簿書類その他の物件を検査させることができる.
② 第9条第2項の規定は前項の規定による質問又は検査について,同条第3項の規定は前項の規定による権限について準用する.
(事業の停止等)
第86条 ① 都道府県知事は,市町村が設置した障害者支援施設について,その設備又は運営が第84条第1項の基準に適合しなくなったと認め,又は法令の規定に違反すると認めるときは,その事業の停止又は廃止を命ずることができる.
② 都道府県知事は,前項の規定による処分をするには,文書をもって,その理由を示さなければならない.

第5章　障害福祉計画

(基本指針)
第87条　① 厚生労働大臣は、障害福祉サービス及び相談支援の提供体制を整備し、自立支援給付及び地域生活支援事業の円滑な実施を確保するための基本的な指針(以下「基本指針」という.)を定めるものとする.
② 基本指針においては、次に掲げる事項を定めるものとする.
　1 障害福祉サービス及び相談支援の提供体制の確保に関する基本的事項
　2 障害福祉サービス、相談支援並びに市町村及び都道府県の地域生活支援事業の提供体制の確保に係る目標に関する事項
　3 次条第1項に規定する市町村障害福祉計画及び第89条第1項に規定する都道府県障害福祉計画の作成に関する事項
　4 その他自立支援給付及び地域生活支援事業の円滑な実施を確保するために必要な事項
③ 基本指針は、児童福祉法第33条の19第1項に規定する基本指針と一体のものとして作成することができる.
④ 厚生労働大臣は、基本指針の案を作成し、又は基本指針を変更しようとするときは、あらかじめ、障害者等及びその家族その他の関係者の意見を反映させるために必要な措置を講ずるものとする.
⑤ 厚生労働大臣は、障害者等の生活の実態、障害者等を取り巻く環境の変化その他の事情を勘案して必要があると認めるときは、速やかに基本指針を変更するものとする.
⑥ 厚生労働大臣は、基本指針を定め、又はこれを変更したときは、遅滞なく、これを公表しなければならない.

(市町村障害福祉計画)
第88条　① 市町村は、基本指針に即して、障害福祉サービスの提供体制の確保その他この法律に基づく業務の円滑な実施に関する計画(以下「市町村障害福祉計画」という.)を定めるものとする.
② 市町村障害福祉計画においては、次に掲げる事項を定めるものとする.
　1 障害福祉サービス、相談支援及び地域生活支援事業の提供体制の確保に係る目標に関する事項
　2 各年度における指定障害福祉サービス、指定地域相談支援又は指定計画相談支援の種類ごとの必要な量の見込み
　3 地域生活支援事業の種類ごとの実施に関する事項
③ 市町村障害福祉計画においては、前項各号に掲げるもののほか、次に掲げる事項について定めるよう努めるものとする.
　1 前項第2号の指定障害福祉サービス、指定地域相談支援又は指定計画相談支援の種類ごとの必要な見込量の確保のための方策
　2 前項第2号の指定障害福祉サービス、指定地域相談支援又は指定計画相談支援及び同項第3号の地域生活支援事業の提供体制の確保に係る医療機関、教育機関、公共職業安定所その他の職業リハビリテーションの措置を実施する機関その他の関係機関との連携に関する事項
④ 市町村障害福祉計画は、当該市町村の区域における障害者等の数及びその障害の状況を勘案して作成されなければならない.
⑤ 市町村は、当該市町村の区域における障害者等の心身の状況、その置かれている環境その他の事情を正確に把握した上で、これらの事情を勘案して、市町村障害福祉計画を作成するよう努めるものとする.
⑥ 市町村障害福祉計画は、児童福祉法第33条の20第1項に規定する市町村障害児福祉計画と一体のものとして作成することができる.
⑦ 市町村障害福祉計画は、障害者基本法第11条第3項に規定する市町村障害者計画、社会福祉法第107条に規定する市町村地域福祉計画その他の法律の規定による計画であって障害者等の福祉に関する事項を定めるものと調和が保たれたものでなければならない.
⑧ 市町村は、市町村障害福祉計画を定め、又は変更しようとするときは、あらかじめ、住民の意見を反映させるために必要な措置を講ずるよう努めるものとする.
⑨ 市町村は、第89条の3第1項に規定する協議会(以下この項及び第89条第7項において「協議会」という.)を設置したときは、市町村障害福祉計画を定め、又は変更しようとする場合において、あらかじめ、協議会の意見を聴くよう努めなければならない.
⑩ 障害者基本法第36条第4項の合議制の機関を設置する市町村は、市町村障害福祉計画を定め、又は変更しようとするときは、あらかじめ、当該機関の意見を聴かなければならない.
⑪ 市町村は、市町村障害福祉計画を定め、又は変更しようとするときは、第2項に規定する事項について、あらかじめ、都道府県の意見を聴かなければならない.
⑫ 市町村は、市町村障害福祉計画を定め、又は変更したときは、遅滞なく、これを都道府県知事に提出しなければならない.

第88条の2　市町村は、定期的に、前条第2項各号に掲げる事項(市町村障害福祉計画に同条第3項各号に掲げる事項を定める場合にあっては、当該各号に掲げる事項を含む.)について、調査、分析及び評価を行い、必要があると認めるときは、当該市町村障害福祉計画を変更することその他の必要な措置を講ずるものとする.

(都道府県障害福祉計画)
第89条　① 都道府県は、基本指針に即して、市町村障害福祉計画の達成に資するため、各市町村を通ずる広域的な見地から、障害福祉サービスの提供体制の確保その他この法律に基づく業務の円滑な実施に関する計画(以下「都道府県障害福祉計画」という.)を定めるものとする.
② 都道府県障害福祉計画においては、次に掲げる事項を定めるものとする.
　1 障害福祉サービス、相談支援及び地域生活支援事業の提供体制の確保に係る目標に関する事項
　2 当該都道府県が定める区域ごとに当該区域における各年度の指定障害福祉サービス、指定地域相談支援又は指定計画相談支援の種類ごとの必要な量の見込み
　3 各年度の指定障害者支援施設の必要入所定員総数

(5) 障害者福祉

4 地域生活支援事業の種類ごとの実施に関する事項
③ 都道府県障害福祉計画においては,前項各号に掲げる事項のほか,次に掲げる事項について定めるよう努めるものとする.
 1 前項第2号の区域ごとの指定障害福祉サービス又は指定地域相談支援の種類ごとの必要な見込量の確保のための方策
 2 前項第2号の区域ごとの指定障害福祉サービス,指定地域相談支援又は指定計画相談支援に従事する者の確保又は資質の向上のために講ずる措置に関する事項
 3 指定障害者支援施設の施設障害福祉サービスの質の向上のために講ずる措置に関する事項
 4 前項第2号の区域ごとの指定障害福祉サービス又は指定地域相談支援及び同項第4号の地域生活支援事業の提供体制の確保に係る医療機関,教育機関,公共職業安定所その他の職業リハビリテーションの措置を実施する機関その他の関係機関との連携に関する事項
④ 都道府県障害福祉計画は,児童福祉法第33条の22第1項に規定する都道府県障害児福祉計画と一体のものとして作成することができる.
⑤ 都道府県障害福祉計画は,障害者基本法第11条第2項に規定する都道府県障害者計画,社会福祉法第108条に規定する都道府県地域福祉支援計画その他の法律の規定による計画であって障害者等の福祉に関する事項を定めるものと調和が保たれたものでなければならない.
⑥ 都道府県障害福祉計画は,医療法(昭和23年法律第205号)第30条の4第1項に規定する医療計画と相まって,精神科病院に入院している精神障害者の退院の促進に資するものでなければならない.
⑦ 都道府県は,協議会を設置したときは,都道府県障害福祉計画を定め,又は変更しようとする場合において,あらかじめ,協議会の意見を聴くよう努めなければならない.
⑧ 都道府県は,都道府県障害福祉計画を定め,又は変更しようとするときは,あらかじめ,障害者基本法第36条第1項の合議制の機関の意見を聴かなければならない.
⑨ 都道府県は,都道府県障害福祉計画を定め,又は変更したときは,遅滞なく,これを厚生労働大臣に提出しなければならない.

第89条の2 都道府県は,定期的に,前条第2項各号に掲げる事項(都道府県障害福祉計画に同条第3項各号に掲げる事項を定める場合にあっては,当該各号に掲げる事項を含む.)について,調査,分析及び評価を行い,必要があると認めるときは,当該都道府県障害福祉計画を変更することその他の必要な措置を講ずるものとする.

第6章 費 用

(市町村の支弁)
第92条 次に掲げる費用は,市町村の支弁とする.
 1 介護給付費等,特定障害者特別給付費及び特例特定障害者特別給付費(以下「障害福祉サービス費等」という.)の支給に要する費用
 2 地域相談支援給付費,特例地域相談支援給付費,計画相談支援給付費及び特例計画相談支援給付費(第94条第1項において「相談支援給付費等」という.)の支給に要する費用
 3 自立支援医療費(第8条第1項の政令で定める医療に係るものを除く.),療養介護医療費及び基準該当療養介護医療費の支給に要する費用
 4 補装具費の支給に要する費用
 5 高額障害福祉サービス等給付費の支給に要する費用
 6 市町村が行う地域生活支援事業に要する費用

(都道府県の支弁)
第93条 次に掲げる費用は,都道府県の支弁とする.
 1 自立支援医療費(第8条第1項の政令で定める医療に係るものに限る.)の支給に要する費用
 2 都道府県が行う地域生活支援事業に要する費用

(都道府県の負担及び補助)
第94条 ① 都道府県は,政令で定めるところにより,第92条の規定により市町村が支弁する費用について,次に掲げるものを負担する.
 1 第92条第1号,第2号及び第5号に掲げる費用のうち,国及び都道府県が負担すべきものとして当該市町村における障害福祉サービス費等及び高額障害福祉サービス等給付費の支給に係る障害者等の障害支援区分ごとの人数,相談支援給付費等の支給に係る障害者等の人数その他の事情を勘案して政令で定めるところにより算定した額(以下「障害福祉サービス費等負担対象額」という.)の100分の25
 2 第92条第3号及び第4号に掲げる費用のうち,その100分の25
② 都道府県は,当該都道府県の予算の範囲内において,政令で定めるところにより,第92条の規定により市町村が支弁する費用のうち,同条第6号に掲げる費用の100分の25以内を補助することができる.

(国の負担及び補助)
第95条 ① 国は,政令で定めるところにより,次に掲げるものを負担する.
 1 第92条の規定により市町村が支弁する費用のうち,障害福祉サービス費等負担対象額の100分の50
 2 第92条の規定により市町村が支弁する費用のうち,同条第3号及び第4号に掲げる費用の100分の50
 3 第93条の規定により都道府県が支弁する費用のうち,同条第1号に掲げる費用の100分の50
② 国は,予算の範囲内において,政令で定めるところにより,次に掲げるものを補助することができる.
 1 第19条から第22条まで,第24条及び第25条の規定により市町村が行う支給決定に係る事務の処理に要する費用(地方自治法第252条の14第1項の規定により市町村が審査判定業務を都道府県審査会に委託している場合にあっては,当該委託に係る費用を含む.)並びに第51条の5から第51条の7まで,第51条の9及び第51条の10の規定により市町村が行う地域相談支援給付決定に係る事務の100分の50以内
 2 第92条及び第93条の規定により市町村及び都道府県が支弁する費用のうち,第92条第6号及び第93条第2号に掲げる費用の100分の50以内

第7章 国民健康保険団体連合会の障害者総合支援法関係業務 (略)

第8章　審査請求

(審査請求)
第97条 ① 市町村の介護給付費又は地域相談支援給付費等に係る処分に不服がある障害者又は障害児の保護者は,都道府県知事に対して審査請求をすることができる.
② 前項の審査請求は,時効の中断に関しては,裁判上の請求とみなす.

(不服審査会)
第98条 ① 都道府県知事は,条例で定めるところにより,前条第1項の審査請求の事件を取り扱わせるため,障害者介護給付費等不服審査会(以下「不服審査会」という.)を置くことができる.
② 不服審査会の委員の定数は,政令で定める基準に従い,条例で定める員数とする.
③ 委員は,人格が高潔であって,介護給付費等又は地域相談支援給付費等に関する処分の審理に関し公正かつ中立な判断をすることができ,かつ,障害者等の保健又は福祉に関する学識経験を有する者のうちから,都道府県知事が任命する.

(審査請求の期間及び方式)
第101条 審査請求は,処分があったことを知った日の翌日から起算して3月以内に,文書又は口頭でしなければならない.ただし,正当な理由により,この期間内に審査請求をすることができなかったことを疎明したときは,この限りでない.

(市町村に対する通知)
第102条 都道府県知事は,審査請求がされたときは,行政不服審査法(平成26年法律第68号)第24条の規定により当該審査請求を却下する場合を除き,原処分をした市町村及びその他の利害関係人に通知しなければならない.

(審査請求と訴訟との関係)
第105条 第97条第1項に規定する処分の取消しの訴えは,当該処分についての審査請求に対する裁決を経た後でなければ,提起することができない.

第9章　雑　則(略)

第10章　罰　則(略)

106 発達障害者支援法(抄)

(平16・12・10法律第167号,平17・4・1施行,
最終改正:平28・6・3法律第64号)

第1章　総　則

(目　的)
第1条 この法律は,発達障害者の心理機能の適切な発達及び円滑な社会生活の促進のために発達障害の症状の発現後できるだけ早期に発達支援を行うとともに,切れ目なく発達障害者の支援を行うことが特に重要であることに鑑み,障害者基本法(昭和45年法律第84号)の基本的な理念にのっとり,発達障害者が基本的人権を享有する個人としての尊厳にふさわしい日常生活又は社会生活を営むことができるよう,発達障害を早期に発見し,発達支援を行うことに関する国及び地方公共団体の責務を明らかにするとともに,学校教育における発達障害者への支援,発達障害者の就労の支援,発達障害者支援センターの指定等について定めることにより,発達障害者の自立及び社会参加のためのその生活全般にわたる支援を図り,もって全ての国民が,障害の有無によって分け隔てられることなく,相互に人格と個性を尊重し合いながら共生する社会の実現に資することを目的とする.

(定　義)
第2条 ① この法律において「発達障害」とは,自閉症,アスペルガー症候群その他の広汎性発達障害,学習障害,注意欠陥多動性障害その他これに類する脳機能の障害であってその症状が通常低年齢において発現するものとして政令で定めるものをいう.
② この法律において「発達障害者」とは,発達障害がある者であって発達障害及び社会的障壁により日常生活又は社会生活に制限を受けるものをいい,「発達障害児」とは,発達障害者のうち18歳未満のものをいう.
③ この法律において「社会的障壁」とは,発達障害がある者にとって日常生活又は社会生活を営む上で障壁となるような社会における事物,制度,慣行,観念その他一切のものをいう.
④ この法律において「発達支援」とは,発達障害者に対し,その心理機能の適正な発達を支援し,及び円滑な社会生活を促進するため行う個々の発達障害者の特性に対応した医療的,福祉的及び教育的援助をいう.

(基本理念)
第2条の2 ① 発達障害者の支援は,全ての発達障害者が社会参加の機会が確保されること及びどこで誰と生活するかについての選択の機会が確保され,地域社会において他の人々と共生することを妨げられないことを旨として,行われなければならない.
② 発達障害者の支援は,社会的障壁の除去に資することを旨として,行われなければならない.
③ 発達障害者の支援は,個々の発達障害者の性別,年齢,障害の状態及び生活の実態に応じて,かつ,医療,保健,福祉,教育,労働等に関する業務を行う関係機関及び民間団体相互の緊密な連携の下に,その意思決定の支援に配慮しつつ,切れ目なく行われなければならない.

(国及び地方公共団体の責務)
第3条 ① 国及び地方公共団体は,発達障害者の心理機能の適正な発達及び円滑な社会生活の促進のために発達障害の症状の発現後できるだけ早期に発達支援を行うことが特に重要であることに鑑み,前条の基本理念(次項及び次条において「基本理念」という.)にのっとり,発達障害の早期発見のため必要な措置を講じるものとする.
② 国及び地方公共団体は,基本理念にのっとり,発達障害児に対し,発達障害の症状の発現後できるだけ早期に,その者の状況に応じて適切に,就学前の発達支援,学校における発達支援その他の発達支援が行われるとともに,発達障害者に対する就労,地域における生活等に関する支援及び発達障害者の家族その他の関係者に対する支援が行われるよう,

必要な措置を講じるものとする．
③ 国及び地方公共団体は，発達障害者及びその家族その他の関係者からの各種の相談に対し，個々の発達障害者の特性に配慮しつつ総合的に応ずることができるようにするため，医療，保健，福祉，教育，労働等に関する業務を行う関係機関及び民間団体相互の有機的連携の下に必要な相談体制の整備を行うものとする．
④ 発達障害者の支援等の施策が講じられるに当たっては，発達障害者及び発達障害児の保護者（親権を行う者，未成年後見人その他の者で，児童を現に監護するものをいう．以下同じ．）の意思ができる限り尊重されなければならないものとする．
⑤ 国及び地方公共団体は，発達障害者の支援等の施策を講じるに当たっては，医療，保健，福祉，教育，労働等に関する業務を担当する部局の相互の緊密な連携を確保するとともに，発達障害者が被害を受けること等を防止するため，これらの部局と消費生活，警察等に関する業務を担当する部局その他の関係機関との必要な協力体制の整備を行うものとする．

(国民の責務)
第4条 国民は，個々の発達障害の特性その他発達障害に関する理解を深めるとともに，基本理念にのっとり，発達障害者の自立及び社会参加に協力するように努めなければならない．

第2章 児童の発達障害の早期発見及び発達障害者支援のための施策 (略)

第3章 発達障害者支援センター等 (略)

第4章 補 則 (略)

107 心神喪失等の状態で重大な他害行為を行った者の医療及び観察等に関する法律 (抄)
(平15・7・16法律第110号，平17・7・15施行，最終改正：平26・6・13法律第69号)

第1章 総 則

第1節 目的及び定義
(目的等)
第1条 ① この法律は，心神喪失等の状態で重大な他害行為（他人に害を及ぼす行為をいう．以下同じ．）を行った者に対し，その適切な処遇を決定するための手続等を定めることにより，継続的かつ適切な医療並びにその確保のために必要な観察及び指導を行うことによって，その病状の改善及びこれに伴う同様の行為の再発の防止を図り，もってその社会復帰を促進することを目的とする．
② この法律による処遇に携わる者は，前項に規定する目的を踏まえ，心神喪失等の状態で重大な他害行為を行った者が円滑に社会復帰をすることができるように努めなければならない．

(定 義)
第2条 ① この法律において「対象行為」とは，次の各号に掲げるいずれかの行為に当たるものをいう．
1 刑法（明治40年法律第45号）第108条から第110条まで又は第112条に規定する行為
2 刑法第176条から第179条までに規定する行為
3 刑法第199条，第202条又は第203条に規定する行為
4 刑法第204条に規定する行為
5 刑法第236条，第238条又は第243条（第236条又は第238条に係るものに限る．）に規定する行為
② この法律において「対象者」とは，次の各号のいずれかに該当する者をいう．
1 公訴を提起しない処分において，対象行為を行ったこと及び刑法第39条第1項に規定する者（以下「心神喪失者」という．）又は同条第2項に規定する者（以下「心神耗弱者」という．）であることが認められた者
2 対象行為について，刑法第39条第1項の規定により無罪の確定裁判を受けた者又は同条第2項の規定により刑を減軽する旨の確定裁判（懲役又は禁錮の刑を言い渡し，その刑の全部の執行猶予の言渡しをしない裁判であって，執行すべき刑期があるものを除く．）を受けた者
③ この法律において「指定医療機関」とは，指定入院医療機関及び指定通院医療機関をいう．
④ この法律において「指定入院医療機関」とは，第42条第1項第1号又は第61条第1項第1号の決定を受けた者の入院による医療を担当させる医療機関として厚生労働大臣が指定した病院（その一部を指定した病院を含む．）をいう．
⑤ この法律において「指定通院医療機関」とは，第42条第1項第2号又は第51条第1項第2号の決定を受けた者の入院によらない医療を担当させる医療機関として厚生労働大臣が指定した病院若しくは診療所（これらに準ずるものとして政令で定めるものを含む．第16条第2項において同じ．）又は薬局をいう．

第2章 審 判

第2節 入院又は通院
(検察官による申立て)
第33条 ① 検察官は，被疑者が対象行為を行ったこと及び心神喪失者若しくは心神耗弱者であることを認めて公訴を提起しない処分をしたとき，又は第2条第2項第2号に規定する確定裁判があったときは，当該処分をされ，又は当該確定裁判を受けた対象者について，対象行為を行った際の精神障害を改善し，これに伴って同様の行為を行うことなく，社会に復帰することを促進するためにこの法律による医療を受けさせる必要が明らかにないと認める場合を除き，地方裁判所に対し，第42条第1項の決定をすることを申し立てなければならない．ただし，当該対象者について刑事事件若しくは少年の保護事件の処理又は外国人の出入国若しくは出入国管理法令の規定による手続が行われている場合は，当該手続が終了するまで，申立てをしないことができる．
② 前項本文の規定にかかわらず，検察官は，当該対

107 心神喪失等の状態で重大な他害行為を行った者の医療及び観察等に関する法律（34条〜43条）

象者が刑若しくは保護処分の執行のため刑務所，少年刑務所，拘置所若しくは少年院に収容されており引き続き収容されることとなるとき，又は新たに収容されるときは，同項の申立てをすることができない．当該対象者が外国人であって出国したときも，同様とする．
② 検察官は，刑法第204条に規定する行為を行った対象者については，傷害が軽い場合であって，当該行為の内容，当該対象者による過去の他害行為の有無及び内容並びに当該対象者の現在の病状，性格及び生活環境を考慮し，その必要がないと認めるときは，第1項の申立てをしないことができる．ただし，他の対象行為をも行った者については，この限りでない．
（鑑定入院命令）
第34条 ① 前条第1項の申立てを受けた地方裁判所の裁判官は，対象者について，対象行為を行った際の精神障害を改善し，これに伴って同様の行為を行うことなく，社会に復帰することを促進するためにこの法律による医療を受けさせる必要が明らかにないと認める場合を除き，鑑定その他医療的観察のため，当該対象者を入院させ第40条第1項又は第42条の決定があるまでの間在院させる旨を命じなければならない．この場合において，裁判官は，呼出し及び同行に関し，裁判所と同一の権限を有する．
② 前項の命令を発するには，裁判官は，当該対象者に対し，あらかじめ，供述を強いられることはないこと及び弁護士である付添人を選任することができることを説明した上，当該対象者が第2条第2項に該当するとされる理由の要旨及び前条第1項の申立てがあったことを告げ，陳述する機会を与えなければならない．ただし，当該対象者の心身の障害により又は正当な理由がなく裁判官の面前に出頭しないため，これらを行うことができないときは，この限りでない．
③ 第1項の命令による入院の期間は，当該命令が執行された日から起算して2月を超えることができない．ただし，裁判官は，必要があると認めるときは，通じて1月を超えない範囲で，決定をもって，この期間を延長することができる．
④ 裁判官は，検察官に第1項の命令の執行を嘱託するものとする．
⑤ 第28条第2項，第3項及び第6項並びに第29条第3項の規定は，前項の命令の執行について準用する．
⑥ 第1項の命令は，判事補が1人で発することができる．
（対象者の鑑定）
第37条 ① 裁判所は，対象者に関し，精神障害者であるか否か及び対象行為を行った際の精神障害を改善し，これに伴って同様の行為を行うことなく，社会に復帰することを促進するためにこの法律による医療を受けさせる必要があるか否かについて，精神保健判定医又はこれと同等以上の学識経験を有すると認める者に鑑定を命じなければならない．ただし，当該必要が明らかにないと認める場合は，この限りでない．
② 前項の鑑定を行うに当たっては，精神障害の類型，過去の病歴，現在及び対象行為を行った当時の病状，治療状況，病状及び治療状況から予測される将来の症状，対象行為の内容，過去の他害行為の有無及び内容並びに当該対象者の性格を考慮するものとする．

③ 第1項の規定により鑑定を命ぜられた医師は，当該鑑定の結果に，当該対象者の病状に基づき，この法律による入院による医療の必要性に関する意見を付さなければならない．
④ 裁判所は，第1項の鑑定を命じた医師に対し，当該鑑定の実施に当たって留意すべき事項を示すことができる．
⑤ 裁判所は，第34条第1項前段の命令が発せられていない対象者について第1項の鑑定を命ずる場合において，必要があると認めるときは，決定をもって，鑑定その他医療的観察のため，当該対象者を入院させ第40条第1項又は第42条の決定があるまでの間在院させることができる．第34条第2項から第5項までの規定は，この場合について準用する．
（入院等の決定）
第42条 ① 裁判所は，第33条第1項の申立てがあった場合は，第37条第1項に規定する鑑定を基礎とし，かつ，同条第3項に規定する意見及び対象者の生活環境を考慮し，次の各号に掲げる区分に従い，当該各号に定める決定をしなければならない．
1 対象行為を行った際の精神障害を改善し，これに伴って同様の行為を行うことなく，社会に復帰することを促進するため，入院をさせてこの法律による医療を受けさせる必要があると認める場合 医療を受けさせるために入院をさせる旨の決定
2 前号に掲げる場合を除き，対象行為を行った際の精神障害を改善し，これに伴って同様の行為を行うことなく，社会に復帰することを促進するため，この法律による医療を受けさせる必要があると認める場合 入院によらない医療を受けさせる旨の決定
3 前2号の場合に当たらないとき この法律による医療を行わない旨の決定
② 裁判所は，申立てが不適法であると認める場合は，決定をもって，当該申立てを却下しなければならない．
（入院等）
第43条 ① 前条第1項第1号の決定を受けた者は，厚生労働大臣が定める指定入院医療機関において，入院による医療を受けなければならない．
② 前条第1項第2号の決定を受けた者は，厚生労働大臣が定める指定通院医療機関による入院によらない医療を受けなければならない．
③ 厚生労働大臣は，前条第1項第1号又は第2号の決定があったときは，当該決定を受けた者が入院による医療を受けるべき指定入院医療機関又は入院によらない医療を受けるべき指定通院医療機関（病院又は診療所に限る．次項並びに第54条第1項及び第2項，第56条，第59条，第61条並びに第110条において同じ．）を定め，その名称及び所在地を，当該決定を受けた者及びその保護者並びに当該決定をした地方裁判所の所在地を管轄する保護観察所の長に通知しなければならない．
④ 厚生労働大臣は，前項の規定により定めた指定入院医療機関又は指定通院医療機関を変更した場合は，変更後の指定入院医療機関又は指定通院医療機関の名称及び所在地を，当該変更後の指定入院医療機関又は指定通院医療機関において医療を受けるべき者及びその保護者並びに当該変更を受けるべき者の当該変更前の居住地を管轄する保護観察所の長に通知しなければならない．
（通院期間）

第44条 第42条第1項第2号の決定による入院によらない医療を行う期間は,当該決定があった日から起算して3年間とする.ただし,裁判所は,通じて2年を超えない範囲で,当該期間を延長することができる.

第3節 退院又は入院継続(退院の許可又は入院継続の確認の決定)

(指定入院医療機関の管理者による申立て)

第49条 ① 指定入院医療機関の管理者は,当該指定入院医療機関に勤務する精神保健指定医(精神保健及び精神障害者福祉に関する法律(昭和25年法律第123号)第19条の2第2項の規定によりその職務を停止されている者を除く.第117条第2項を除き,以下同じ.)による診察の結果,第42条第1項第1号又は第61条第1項第1号の決定により入院している者について,第37条第2項に規定する事項を考慮し,対象行為を行った際の精神障害を改善し,これに伴って同様の行為を行うことなく,社会に復帰することを促進するために入院を継続させてこの法律による医療を行う必要があると認めることができなくなった場合は,保護観察所の長の意見を付して,直ちに,地方裁判所に対し,退院の許可の申立てをしなければならない.

② 指定入院医療機関の管理者は,当該指定入院医療機関に勤務する精神保健指定医による診察の結果,第42条第1項第1号又は第61条第1項第1号の決定により入院している者について,第37条第2項に規定する事項を考慮し,対象行為を行った際の精神障害を改善し,これに伴って同様の行為を行うことなく,社会に復帰することを促進するために入院を継続させてこの法律による医療を行う必要があると認める場合は,保護観察所の長の意見を付して,第42条第1項第1号,第51条第1項第1号又は第61条第1項第1号の決定(これらが複数あるときは,その最後のもの.次項において同じ.)があった日から起算して6月が経過する日までに,地方裁判所に対し,入院継続の確認の申立てをしなければならない.ただし,当該指定入院医療機関から無断で退去した日(第100条第1項又は第2項の規定により外出又は外泊している者が同条第1項に規定する医学的管理の下から無断で離れた場合における当該離れた日を含む.)の翌日から連れ戻される日の前日までの間及び刑事事件又は少年の保護事件に関する法令の規定によりその身体を拘束された日の翌日からその拘束を解かれる日の前日までの間並びに第100条第3項後段の規定によりその者に対する医療を行わない間は,当該期間の進行は停止するものとする.

③ 指定入院医療機関は,前2項の申立てをした場合は,第42条第1項第1号,第51条第1項第1号又は第61条第1項第1号の決定があった日から起算して6月が経過した後,前2項の申立てに対する決定があるまでの間,その者の入院を継続してこの法律による医療を行うことができる.

(退院の許可等の申立て)

第50条 第42条第1項第1号又は第61条第1項第1号の決定により入院している者,その保護者又は付添人は,地方裁判所に対し,退院の許可又はこの法律による医療の終了の申立てをすることができる.

第51条 ① 裁判所は,第49条第1項若しくは第2項又は前条の申立てがあった場合は,指定入院医療機関の管理者の意見(次条の規定により鑑定を命じた場合は,指定入院医療機関の管理者の意見及び当該鑑定)を基礎とし,かつ,対象者の生活環境(次条の規定により鑑定を命じた場合は,対象者の生活環境及び同条後段において準用する第37条第3項に規定する意見)を考慮し,次の各号に掲げる区分に従い,当該各号に定める決定をしなければならない.

1 対象行為を行った際の精神障害を改善し,これに伴って同様の行為を行うことなく,社会に復帰することを促進するため,入院を継続させてこの法律による医療を受けさせる必要があると認める場合 退院の許可の申立て若しくはこの法律による医療の終了の申立てを棄却し,又は入院を継続すべきことを確認する旨の決定

2 前号の場合を除き,対象行為を行った際の精神障害を改善し,これに伴って同様の行為を行うことなく,社会に復帰することを促進するため,この法律による医療を受けさせる必要があると認める場合 退院を許可するとともに入院によらない医療を受けさせる旨の決定

3 前2号の場合に当たらないとき この法律による医療を終了する旨の決定

② 裁判所は,申立てが不適法であると認める場合は,決定をもって,当該申立てを却下しなければならない.

〈③,④(略)〉

第5節 再入院等

(保護観察所の長による申立て)

第59条 ① 保護観察所の長は,第42条第1項第2号又は第51条第1項第2号の決定を受けた者について,対象行為を行った際の精神障害を改善し,これに伴って同様の行為を行うことなく,社会に復帰することを促進するために入院をさせてこの法律による医療を受けさせる必要があると認めるに至った場合は,当該決定を受けた者に対して入院によらない医療を行う指定通院医療機関の管理者と協議の上,地方裁判所に対し,入院の申立てをしなければならない.この場合において,保護観察所の長は,当該指定通院医療機関の管理者の意見を付さなければならない.

② 第42条第1項第2号又は第51条第1項第2号の決定を受けた者が,第43条第2項(第51条第3項において準用する場合を含む.)の規定に違反し又は第107条各号に掲げる事項を守らず,そのため継続的な医療を行うことが確保できなくなった場合も,前項と同様とする.ただし,緊急を要するときは,同項の協議を行わず,又は同項の意見を付さないことができる.

〈③(略)〉

(鑑定入院命令)

第60条 ① 前条第1項又は第2項の規定による申立てを受けた地方裁判所の裁判官は,必要があると認めるときは,鑑定その他医療的観察のため,当該対象者を入院させ次条第1項又は第2項の決定があるまでの間在院させる旨を命ずることができる.この場合において,裁判官は,呼出し及び同行に関し,裁判所と同一の権限を有する.

② 前項の命令を発するには,裁判官は,当該対象者に対し,あらかじめ,供述を強いられることはないこと及び弁護士である付添人を選任することができることを説明した上,前条第1項又は第2項の規定による申立ての理由の要旨を告げ,陳述する機会を与えなければならない.ただし,当該対象者の心

107 心神喪失等の状態で重大な他害行為を行った者の医療及び観察等に関する法律（61条〜102条）

身の障害により又は正当な理由がなく裁判官の面前に出頭しないため、これらを行うことができないときは、この限りでない。
③ 第1項の命令による入院の期間は、当該命令が執行された日から起算して1月を超えることができない。ただし、裁判所は、必要があると認めるときは、通じて1月を超えない範囲で、決定をもって、この期間を延長することができる。
④ 第28条第6項、第29条第3項及び第34条第4項の規定は、第1項の命令の執行について準用する。この場合において、第34条第4項中「検察官」とあるのは「保護観察所の職員」と、「執行を嘱託するものとする」とあるのは「執行をさせるものとする」と読み替えるものとする。　⑤〈略〉

（入院等の決定）
第61条 ① 裁判所は、第59条第1項又は第2項の規定による申立てがあった場合は、指定通院医療機関の管理者の意見（次条第1項の規定により鑑定を命じた場合は、指定通院医療機関の管理者の意見及び当該鑑定）を基礎とし、かつ、対象者の生活環境（次条第1項の規定により鑑定を命じた場合は、対象者の生活環境及び同条第1項後段において準用する第37条第3項に規定する意見）を考慮し、次の各号に掲げる区分に従い、当該各号に定める決定をしなければならない。
 1 対象行為を行った際の精神障害を改善し、これに伴って同様の行為を行うことなく、社会に復帰することを促進するため、入院をさせてこの法律による医療を受けさせる必要があると認める場合　医療を受けさせるために入院をさせる旨の決定
 2 前号の場合を除き、対象行為を行った際の精神障害を改善し、これに伴って同様の行為を行うことなく、社会に復帰することを促進するため、この法律による医療を受けさせる必要があると認める場合　申立てを棄却する旨の決定
 3 前2号の場合に当たらないとき　この法律による医療を終了する旨の決定
② 裁判所は、申立てが不適法であると認める場合は、決定をもって、当該申立てを却下しなければならない。
③ 裁判所は、第1項第2号の決定をする場合において、第42条第1項第2号又は第51条第1項第2号の決定による入院によらない医療を行う期間を延長する必要があると認めるときは、当該期間を延長する旨の決定をすることができる。第56条第3項の規定は、この場合について準用する。
④ 第43条第1項、第3項及び第4項の規定は、第1項第1号の決定を受けた者について準用する。
⑤ 第45条第1項から第5項までの規定は、第1項第1号の決定の執行について準用する。
⑥ 第28条第1項及び第4項から第6項までの規定は、前項において準用する第45条第4項及び第5項に規定する同行状の執行について準用する。この場合において、第28条第1項中「検察官にその執行を嘱託し、又は保護観察所の職員にこれを執行

させることができる」とあるのは、「保護観察所の職員にこれを執行させることができる」と読み替えるものとする。

（対象者の鑑定）
第62条 ① 裁判所は、この節に規定する審判のため必要があると認めるときは、対象者に関し、精神障害者であるか否か及び対象行為を行った際の精神障害を改善し、これに伴って同様の行為を行うことなく、社会に復帰することを促進するためにこの法律による医療を受けさせる必要があるか否かについて、精神保健判定医又はこれと同等以上の学識経験を有すると認める医師に鑑定を命ずることができる。第37条第2項から第4項までの規定は、この場合について準用する。
② 裁判所は、第60条第1項前段の命令が発せられていない対象者について前項の鑑定を命ずる場合において、必要があると認めるときは、決定をもって、鑑定その他医療的観察のため、当該対象者を入院させ前条第1項又は第2項の決定があるまでの間在院させる旨を命ずることができる。第60条第2項から第4項までの規定は、この場合について準用する。

第3章　医　療

第1節　医療の実施
（医療の実施）
第81条 ① 厚生労働大臣は、第42条第1項第1号若しくは第2号、第51条第1項第2号又は第61条第1項第1号の決定を受けた者に対し、その精神障害の特性に応じ、円滑な社会復帰を促進するために必要な医療を行わなければならない。
② 前項に規定する医療の範囲は、次のとおりとする。
 1 診療
 2 薬剤又は治療材料の支給
 3 医学的処置及びその他の治療
 4 居宅における療養上の管理及びその療養に伴う世話その他の看護
 5 病院への入院及びその療養に伴う世話その他の看護
 6 移送
③ 第1項に規定する医療は、指定医療機関に委託して行うものとする。

第5節　雑　則
（国の負担）
第102条 国は、指定入院医療機関の設置者に対し、政令で定めるところにより、指定入院医療機関の設置及び運営に要する費用を負担する。

第4章　地域社会における処遇（略）

第5章　雑　則（略）

第6章　罰　則（略）

Ⅴ 公的扶助・生活困窮者支援

108 生活保護法

(昭25・5・4法律第144号, 昭25・5・4施行,
最終改正:平28・6・3法律第65号)

第1章 総則

(この法律の目的)
第1条 この法律は, 日本国憲法第25条に規定する理念に基き, 国が生活に困窮するすべての国民に対し, その困窮の程度に応じ, 必要な保護を行い, その最低限度の生活を保障するとともに, その自立を助長することを目的とする.

(無差別平等)
第2条 すべて国民は, この法律の定める要件を満たす限り, この法律による保護(以下「保護」という.)を, 無差別平等に受けることができる.

(最低生活)
第3条 この法律により保障される最低限度の生活は, 健康で文化的な生活水準を維持することができるものでなければならない.

(保護の補足性)
第4条 ① 保護は, 生活に困窮する者が, その利用し得る資産, 能力その他あらゆるものを, その最低限度の生活の維持のために活用することを要件として行われる.
② 民法(明治29年法律第89号)に定める扶養義務者の扶養及び他の法律に定める扶助は, すべてこの法律による保護に優先して行われるものとする.
③ 前2項の規定は, 急迫した事由がある場合に, 必要な保護を行うことを妨げるものではない.

(この法律の解釈及び運用)
第5条 前4条に規定するところは, この法律の基本原理であつて, この法律の解釈及び運用は, すべてこの原理に基いてされなければならない.

(用語の定義)
第6条 ① この法律において「被保護者」とは, 現に保護を受けている者をいう.
② この法律において「要保護者」とは, 現に保護を受けているといないとにかかわらず, 保護を必要とする状態にある者をいう.
③ この法律において「保護金品」とは, 保護として給付し, 又は貸与される金銭及び物品をいう.
④ この法律において「金銭給付」とは, 金銭の給与又は貸与によつて, 保護を行うことをいう.
⑤ この法律において「現物給付」とは, 物品の給与又は貸与, 医療の給付, 役務の提供その他金銭給付以外の方法で保護を行うことをいう.

第2章 保護の原則

(申請保護の原則)
第7条 保護は, 要保護者, その扶養義務者又はその他の同居の親族の申請に基いて開始するものとする. 但し, 要保護者が急迫した状況にあるときは, 保護の申請がなくても, 必要な保護を行うことができる.

(基準及び程度の原則)
第8条 ① 保護は, 厚生労働大臣の定める基準により測定した要保護者の需要を基とし, そのうち, その者の金銭又は物品で満たすことのできない不足分を補う程度において行うものとする.
② 前項の基準は, 要保護者の年齢別, 性別, 世帯構成別, 所在地域別その他保護の種類に応じて必要な事情を考慮した最低限度の生活の需要を満たすに十分なものであつて, 且つ, これをこえないものでなければならない.

(必要即応の原則)
第9条 保護は, 要保護者の年齢別, 性別, 健康状態等その個人又は世帯の実際の必要の相違を考慮して, 有効且つ適切に行うものとする.

(世帯単位の原則)
第10条 保護は, 世帯を単位としてその要否及び程度を定めるものとする. 但し, これによりがたいときは, 個人を単位として定めることができる.

第3章 保護の種類及び範囲

(種類)
第11条 ① 保護の種類は, 次のとおりとする.
1 生活扶助
2 教育扶助
3 住宅扶助
4 医療扶助
5 介護扶助
6 出産扶助
7 生業扶助
8 葬祭扶助
② 前項各号の扶助は, 要保護者の必要に応じ, 単給又は併給として行われる.

(生活扶助)
第12条 生活扶助は, 困窮のため最低限度の生活を維持することのできない者に対して, 左に掲げる事項の範囲内において行われる.
1 衣食その他日常生活の需要を満たすために必要なもの
2 移送

(教育扶助)
第13条 教育扶助は, 困窮のため最低限度の生活を維持することのできない者に対して, 左に掲げる事項の範囲内において行われる.
1 義務教育に伴つて必要な教科書その他の学用品
2 義務教育に伴つて必要な通学用品
3 学校給食その他義務教育に伴つて必要なもの

(住宅扶助)
第14条 住宅扶助は, 困窮のため最低限度の生活を維持することのできない者に対して, 左に掲げる事項の範囲内において行われる.
1 住居
2 補修その他住宅の維持のために必要なもの

(医療扶助)
第15条 医療扶助は, 困窮のため最低限度の生活を維持することのできない者に対して, 左に掲げる事項の範囲内において行われる.
1 診察
2 薬剤又は治療材料
3 医学的処置, 手術及びその他の治療並びに施術
4 居宅における療養上の管理及びその療養に伴う

世話その他の看護
5 病院又は診療所への入院及びその療養に伴う世話その他の看護
6 移送
(介護扶助)
第15条の2 ① 介護扶助は,困窮のため最低限度の生活を維持することのできない要介護者(介護保険法(平成9年法律第123号)第7条第3項に規定する要介護者をいう.第3項において同じ.)に対して,第1号から第4号まで及び第9号に掲げる事項の範囲内において行われ,困窮のため最低限度の生活を維持することのできない要支援者(同条第4項に規定する要支援者をいう.以下この項及び第6項において同じ.)に対して,第5号から第9号までに掲げる事項の範囲内において行われ,困窮のため最低限度の生活を維持することのできない居宅要支援被保険者等(同法第115条の45第1項第1号に規定する居宅要支援被保険者等をいう.)に相当する者(要支援者を除く.)に対して,第8号及び第9号に掲げる事項の範囲内において行われる.
1 居宅介護(居宅介護支援計画に基づき行うものに限る.)
2 福祉用具
3 住宅改修
4 施設介護
5 介護予防(介護予防支援計画に基づき行うものに限る.)
6 介護予防福祉用具
7 介護予防住宅改修
8 介護予防・日常生活支援(介護予防支援計画又は介護保険法第115条の45第1項第1号ニに規定する第1号介護予防支援事業による援助に相当する援助に基づき行うものに限る.)
9 移送
② 前項第1号に規定する居宅介護とは,介護保険法第8条第2項に規定する訪問介護,同条第3項に規定する訪問入浴介護,同条第4項に規定する訪問看護,同条第5項に規定する訪問リハビリテーション,同条第6項に規定する居宅療養管理指導,同条第7項に規定する通所介護,同条第8項に規定する通所リハビリテーション,同条第9項に規定する短期入所生活介護,同条第10項に規定する短期入所療養介護,同条第11項に規定する特定施設入居者生活介護,同条第12項に規定する福祉用具貸与,同条第15項に規定する定期巡回・随時対応型訪問介護看護,同条第16項に規定する夜間対応型訪問介護,同条第17項に規定する地域密着型通所介護,同条第18項に規定する認知症対応型通所介護,同条第19項に規定する小規模多機能型居宅介護,同条第20項に規定する認知症対応型共同生活介護,同条第21項に規定する地域密着型特定施設入居者生活介護及び同条第23項に規定する複合型サービス並びにこれらに相当するサービスをいう.
③ 第1項第1号に規定する居宅介護支援計画とは,居宅において生活を営む要介護者が居宅介護その他居宅において日常生活を営むために必要な保健医療サービス及び福祉サービス(以下この項において「居宅介護等」という.)の適切な利用等をすることができるようにするための当該要介護者が利用する居宅介護等の種類,内容等を定める計画をいう.

④ 第1項第4号に規定する施設介護とは,介護保険法第8条第22項に規定する地域密着型介護老人福祉施設入所者生活介護,同条第27項に規定する介護福祉施設サービス及び同条第28項に規定する介護保健施設サービスをいう.
⑤ 第1項第5号に規定する介護予防とは,介護保険法第8条の2第2項に規定する介護予防訪問入浴介護,同条第3項に規定する介護予防訪問看護,同条第4項に規定する介護予防訪問リハビリテーション,同条第5項に規定する介護予防居宅療養管理指導,同条第6項に規定する介護予防通所リハビリテーション,同条第7項に規定する介護予防短期入所生活介護,同条第8項に規定する介護予防短期入所療養介護,同条第9項に規定する介護予防特定施設入居者生活介護,同条第10項に規定する介護予防福祉用具貸与,同条第13項に規定する介護予防認知症対応型通所介護,同条第14項に規定する介護予防小規模多機能型居宅介護及び同条第15項に規定する介護予防認知症対応型共同生活介護並びにこれらに相当するサービスをいう.
⑥ 第1項第5号及び第8号に規定する介護予防支援計画とは,居宅において生活を営む要支援者が介護予防その他の身体上又は精神上の障害があるために入浴,排せつ,食事等の日常生活における基本的な動作の全部若しくは一部について常時介護を要し,又は日常生活を営むのに支障がある状態の軽減又は悪化の防止に資する保健医療サービス及び福祉サービス(以下この項において「介護予防等」という.)の適切な利用等をすることができるようにするための当該要支援者が利用する介護予防等の種類,内容等を定める計画であつて,介護保険法第115条の46第1項に規定する地域包括支援センターの職員のうち同法第8条の2第16項の厚生労働省令で定める者が作成したものをいう.
⑦ 第1項第8号に規定する介護予防・日常生活支援とは,介護保険法第115条の45第1項第1号イに規定する第1号訪問事業,同号ロに規定する第1号通所事業及び同号ハに規定する第1号生活支援事業による支援に相当する支援をいう.

(出産扶助)
第16条 出産扶助は,困窮のため最低限度の生活を維持することのできない者に対して,左に掲げる事項の範囲内において行われる.
1 分べんの介助
2 分べん前及び分べん後の処置
3 脱脂綿,ガーゼその他の衛生材料

(生業扶助)
第17条 生業扶助は,困窮のため最低限度の生活を維持することのできない者又はそのおそれのある者に対して,左に掲げる事項の範囲内において行われる.但し,これによつて,その者の収入を増加させ,又はその自立を助長することのできる見込のある場合に限る.
1 生業に必要な資金,器具又は資料
2 生業に必要な技能の修得
3 就労のために必要なもの

(葬祭扶助)
第18条 ① 葬祭扶助は,困窮のため最低限度の生活を維持することのできない者に対して,左に掲げる事項の範囲内において行われる.
1 検案
2 死体の運搬

3　火葬又は埋葬
4　納骨その他葬祭のために必要なもの
② 左に掲げる場合において、その葬祭を行う者があるときは、その者に対して、前項各号の葬祭扶助を行うことができる.
1　被保護者が死亡した場合において、その者の葬祭を行う扶養義務者がないとき.
2　死者に対しその葬祭を行う扶養義務者がない場合において、その遺留した金品で、葬祭を行うに必要な費用を満たすことができないとき.

第4章　保護の機関及び実施

(実施機関)
第19条　① 都道府県知事、市長及び社会福祉法(昭和26年法律第45号)に規定する福祉に関する事務所(以下「福祉事務所」という.)を管理する町村長は、次に掲げる者に対して、この法律の定めるところにより、保護を決定し、かつ、実施しなければならない.
1　その管理に属する福祉事務所の所管区域内に居住地を有する要保護者
2　居住地がないか、又は明らかでない要保護者であつて、その管理に属する福祉事務所の所管区域内に現在地を有するもの
② 居住地が明らかである要保護者であつても、その者が急迫した状況にあるときは、その急迫した事由が止むまでは、その者に対する保護は、前項の規定にかかわらず、その者の現在地を所管する福祉事務所を管理する都道府県知事又は市町村長が行うものとする.
③ 第30条第1項ただし書の規定により被保護者を救護施設、更生施設若しくはその他の適当な施設に入所させ、若しくはこれらの施設に入所を委託し、若しくは私人の家庭に養護を委託した場合又は第34条の2第2項の規定により被保護者に対する介護扶助(施設介護(第15条の2第4項に規定する施設介護をいう.以下同じ.)を介護老人福祉施設(介護保険法第8条第27項に規定する介護老人福祉施設をいう.以下同じ.)に委託して行う場合においては、当該入所又は委託の継続中、その者に対して保護を行うべき者は、その者に係る入所又は委託前の居住地又は現在地によつて定めるものとする.
④ 前3項の規定により保護を行うべき者(以下「保護の実施機関」という.)は、保護の決定及び実施に関する事務の全部又は一部を、その管理に属する行政庁に限り、委任することができる.
⑤ 保護の実施機関は、保護の決定及び実施に関する事務の一部を、政令の定めるところにより、他の保護の実施機関に委託して行うことを妨げない.
⑥ 福祉事務所を設置しない町村の長(以下「町村長」という.)は、その町村の区域内において特に急迫した事由により放置することができない状況にある要保護者に対して、応急的処置として、必要な保護を行うものとする.
⑦ 町村長は、保護の実施機関又は福祉事務所の長(以下「福祉事務所長」という.)が行う保護事務の執行を適切ならしめるため、次に掲げる事項を行うものとする.
1　要保護者を発見し、又は被保護者の生計その他の状況の変動を発見した場合において、速やかに、

保護の実施機関又は福祉事務所長にその旨を通報すること.
2　第24条第10項の規定により保護の開始又は変更の申請を受け取つた場合において、これを保護の実施機関に送付すること.
3　保護の実施機関又は福祉事務所長から求められた場合において、被保護者等に対して、保護金品を交付すること.
4　保護の実施機関又は福祉事務所長から求められた場合において、要保護者に関する調査を行うこと.
(職権の委任)
第20条　都道府県知事は、この法律に定めるその職権の一部を、その管理に属する行政庁に委任することができる.
(補助機関)
第21条　社会福祉法に定める社会福祉主事は、この法律の施行について、都道府県知事又は市町村長の事務の執行を補助するものとする.
(民生委員の協力)
第22条　民生委員法(昭和23年法律第198号)に定める民生委員は、この法律の施行について、市町村長、福祉事務所長又は社会福祉主事の事務の執行に協力するものとする.
(事務監査)
第23条　① 厚生労働大臣は都道府県知事及び市町村長の行うこの法律の施行に関する事務について、都道府県知事は市町村長の行うこの法律の施行に関する事務について、その指定する職員に、その監査を行わせなければならない.
② 前項の規定により指定された職員は、都道府県知事又は市町村長に対し、必要と認める資料の提出若しくは説明を求め、又は必要と認める指示をすることができる.
③ 第1項の規定により指定すべき職員の資格については、政令で定める.
(申請による保護の開始及び変更)
第24条　① 保護の開始を申請する者は、厚生労働省令で定めるところにより、次に掲げる事項を記載した申請書を保護の実施機関に提出しなければならない.ただし、当該申請書を作成することができない特別の事情があるときは、この限りでない.
1　要保護者の氏名及び住所又は居所
2　申請者が要保護者と異なるときは、申請者の氏名及び住所又は居所並びに要保護者との関係
3　保護を受けようとする理由
4　要保護者の資産及び収入の状況(生業若しくは就労又は求職活動の状況、扶養義務者の扶養の状況及び他の法律に定める扶助の状況を含む.以下同じ.)
5　その他要保護者の保護の要否、種類、程度及び方法を決定するために必要な事項として厚生労働省令で定める事項
② 前項の申請書には、要保護者の保護の要否、種類、程度及び方法を決定するために必要な書類として厚生労働省令で定める書類を添付しなければならない.ただし、当該書類を添付することができない特別の事情があるときは、この限りでない.
③ 保護の実施機関は、保護の開始の申請があつたときは、保護の要否、種類、程度及び方法を決定し、申請者に対して書面をもつて、これを通知しなければならない.
④ 前項の書面には、決定の理由を付さなければなら

ない.
⑤ 第3項の通知は,申請のあつた日から14日以内にしなければならない.ただし,扶養義務者の資産及び収入の状況の調査に日時を要する場合その他特別な理由がある場合には,これを30日まで延ばすことができる.
⑥ 保護の実施機関は,前項ただし書の規定により同項本文に規定する期間内に第3項の通知をしなかつたときは,同項の書面にその理由を明示しなければならない.
⑦ 保護の申請をしてから30日以内に第3項の通知がないときは,申請者は,保護の実施機関が申請を却下したものとみなすことができる.
⑧ 保護の実施機関は,知れたる扶養義務者が民法の規定による扶養義務を履行していないと認められる場合において,保護の開始の決定をしようとするときは,厚生労働省令で定めるところにより,あらかじめ,当該扶養義務者に対して書面をもつて厚生労働省令で定める事項を通知しなければならない.ただし,あらかじめ通知することが適当でない場合として厚生労働省令で定める場合は,この限りでない.
⑨ 第1項から第7項までの規定は,第7項に規定する者からの保護の変更の申請について準用する.
⑩ 保護の開始又は変更の申請は,町村長を経由してすることもできる.町村長は,申請を受け取つたときは,5日以内に,その申請に,要保護者に対する扶養義務者の有無,資産及び収入の状況その他保護に関する決定について参考となるべき事項を記載した書面を添えて,これを保護の実施機関に送付しなければならない.

(職権による保護の開始及び変更)
第25条 ① 保護の実施機関は,要保護者が急迫した状況にあるときは,すみやかに,職権をもつて保護の種類,程度及び方法を決定し,保護を開始しなければならない.
② 保護の実施機関は,常に,被保護者の生活状態を調査し,保護の変更を必要とすると認めるときは,速やかに,職権をもつてその決定を行い,書面をもつて,これを被保護者に通知しなければならない.前条第4項の規定は,この場合に準用する.
③ 町村長は,要保護者が特に急迫した事由により放置することができない状況にあるときは,すみやかに,職権をもつて第19条第6項に規定する保護を行わなければならない.

(保護の停止及び廃止)
第26条 保護の実施機関は,被保護者が保護を必要としなくなつたときは,速やかに,保護の停止又は廃止を決定し,書面をもつて,これを被保護者に通知しなければならない.第28条第5項又は第62条第3項の規定により保護の停止又は廃止をするときも,同様とする.

(指導及び指示)
第27条 ① 保護の実施機関は,被保護者に対して,生活の維持,向上その他保護の目的達成に必要な指導又は指示をすることができる.
② 前項の指導又は指示は,被保護者の自由を尊重し,必要の最少限度に止めなければならない.
③ 第1項の規定は,被保護者の意に反して,指導又は指示を強制し得るものと解釈してはならない.

(相談及び助言)
第27条の2 保護の実施機関は,第55条の6第1項に規定する被保護者就労支援事業を行うほか,要保護者から求めがあつたときは,要保護者の自立を助長するために,要保護者からの相談に応じ,必要な助言をすることができる.

(報告,調査及び検診)
第28条 ① 保護の実施機関は,保護の決定若しくは実施又は第77条若しくは第78条(第3項を除く.次項及び次条第1項において同じ.)の規定の施行のため必要があると認めるときは,要保護者の資産及び収入の状況,健康状態その他の事項を調査するために,厚生労働省令で定めるところにより,当該要保護者に対して,報告を求め,若しくは当該職員に,当該要保護者の居住の場所に立ち入り,これらの事項を調査させ,若しくは当該要保護者に対して,保護の実施機関の指定する医師若しくは歯科医師の検診を受けるべき旨を命ずることができる.
② 保護の実施機関は,保護の決定若しくは実施又は第77条若しくは第78条の規定の施行のため必要があると認めるときは,保護の開始又は変更の申請書及びその添付書類の内容を調査するために,厚生労働省令で定めるところにより,要保護者の扶養義務者若しくはその他の同居の親族又は保護の開始若しくは変更の申請の当時要保護者若しくはこれらの者であつた者に対して,報告を求めることができる.
③ 第1項の規定によつて立入調査を行う当該職員は,厚生労働省令の定めるところにより,その身分を示す証票を携帯し,かつ,関係人の請求があるときは,これを提示しなければならない.
④ 第1項の規定による立入調査の権限は,犯罪捜査のために認められたものと解してはならない.
⑤ 保護の実施機関は,要保護者が第1項の規定による報告をせず,若しくは虚偽の報告をし,若しくは立入調査を拒み,妨げ,若しくは忌避し,又は医師若しくは歯科医師の検診を受けるべき旨の命令に従わないときは,保護の開始若しくは変更の申請を却下し,又は保護の変更,停止若しくは廃止をすることができる.

(資料の提供等)
第29条 ① 保護の実施機関及び福祉事務所長は,保護の決定若しくは実施又は第77条若しくは第78条の規定の施行のために必要があると認めるときは,次の各号に掲げる者の当該各号に定める事項につき,官公署,日本年金機構若しくは国民年金法(昭和34年法律第141号)第3条第2項に規定する共済組合等(次項において「共済組合等」という.)に対し,必要な書類の閲覧若しくは資料の提供を求め,又は銀行,信託会社,次の各号に掲げる者の雇主その他の関係人に,報告を求めることができる.
1 要保護者又は被保護者であつた者 氏名及び住所又は居所,資産及び収入の状況,健康状態,他の保護の実施機関における保護の決定及び実施の状況その他政令で定める事項(被保護者であつた者にあつては,氏名及び住所又は居所,健康状態並びに他の保護の実施機関における保護の決定及び実施の状況に限り,保護を受けていた期間における事項に限る.)
2 前号に掲げる者の扶養義務者 氏名及び住所又は居所,資産及び収入の状況その他政令で定める事項(被保護者であつた者の扶養義務者にあつては,氏名及び住所又は居所を除き,当該被保護者であつた者が保護を受けていた期間における事項に限る.)

② 別表第1の上欄に掲げる官公署の長,日本年金機構又は共済組合等は,それぞれ同表の下欄に掲げる情報について,保護の実施機関又は福祉事務所長から前項の規定による求めがあつたときは,速やかに,当該情報を記載し,若しくは記録した書類を閲覧させ,又は資料の提供を行うものとする.
(行政手続法の適用除外)
第29条の2　この章の規定による処分については,行政手続法(平成5年法律第88号)第3章(第12条及び第14条を除く.)の規定は,適用しない.

第5章　保護の方法

(生活扶助の方法)
第30条　① 生活扶助は,被保護者の居宅において行うものとする.ただし,これによることができないとき,これによつては保護の目的を達しがたいとき,又は被保護者が希望したときは,被保護者を救護施設,更生施設若しくはその他の適当な施設に入所させ,若しくはこれらの施設に入所を委託し,又は私人の家庭に養護を委託して行うことができる.
② 前項ただし書の規定は,被保護者の意に反して,入所又は養護を強制することができるものと解釈してはならない.
③ 保護の実施機関は,被保護者の親権者又は後見人がその権利を適切に行わない場合においては,その異議があつても,家庭裁判所の許可を得て,第1項但書の措置をとることができる.
第31条　① 生活扶助は,金銭給付によつて行うものとする.但し,これによることができないとき,これによることが適当でないとき,その他保護の目的を達するために必要があるときは,現物給付によつて行うことができる.
② 生活扶助のための保護金品は,1月分以内を限度として前渡するものとする.但し,これによりがたいときは,1月分をこえて前渡することができる.
③ 居宅において生活扶助を行う場合の保護金品は,世帯単位に計算し,世帯主又はこれに準ずる者に対して交付するものとする.但し,これによりがたいときは,被保護者に対して個々に交付することができる.
④ 地域密着型介護老人福祉施設(介護保険法第8条第22項に規定する地域密着型介護老人福祉施設をいう.以下同じ.),介護老人福祉施設又は介護老人保健施設(同条第28項に規定する介護老人保健施設をいう.以下同じ.)であつて第54条の2第1項の規定により指定を受けたもの(同条第2項本文の規定により同条第1項の指定を受けたものとみなされたものを含む.)において被保護者に対して生活扶助を行う場合の保護金品を前項に規定する者に交付することが適当でないときその他保護の目的を達するために必要があるときは,同項の規定にかかわらず,当該地域密着型介護老人福祉施設若しくは介護老人福祉施設の長又は当該介護老人保健施設の管理者に対して交付することができる.
⑤ 前条第1項ただし書の規定により生活扶助を行う場合の保護金品は,被保護者又は施設の長若しくは養護の委託を受けた者に対して交付するものとする.
(教育扶助の方法)
第32条　① 教育扶助は,金銭給付によつて行うものとする.但し,これによることができないとき,これによることが適当でないとき,その他保護の目的を達するために必要があるときは,現物給付によつて行うことができる.
② 教育扶助のための保護金品は,被保護者,その親権者若しくは未成年後見人又は被保護者の通学する学校の長に対して交付するものとする.
(住宅扶助の方法)
第33条　① 住宅扶助は,金銭給付によつて行うものとする.但し,これによることができないとき,これによることが適当でないとき,その他保護の目的を達するために必要があるときは,現物給付によつて行うことができる.
② 住宅扶助のための現物給付は,宿所提供施設を利用させ,又は宿所提供施設にこれを委託して行うものとする.
③ 第30条第2項の規定は,前項の場合に準用する.
④ 住宅扶助のための保護金品は,世帯主又はこれに準ずる者に対して交付するものとする.
(医療扶助の方法)
第34条　① 医療扶助は,現物給付によつて行うものとする.但し,これによることができないとき,これによることが適当でないとき,その他保護の目的を達するために必要があるときは,金銭給付によつて行うことができる.
② 前項に規定する現物給付のうち,医療の給付は,医療保護施設を利用させ,又は医療保護施設若しくは第49条の規定により指定を受けた医療機関にこれを委託して行うものとする.
③ 前項に規定する医療の給付のうち,医療を担当する医師又は歯科医師が医学的知見に基づき後発医薬品(医薬品,医療機器等の品質,有効性及び安全性の確保等に関する法律(昭和35年法律第145号)第14条又は第19条の2の規定による製造販売の承認を受けた医薬品のうち,同法第14条の4第1項各号に掲げる医薬品と有効成分,分量,用法,用量,効能及び効果が同一性を有すると認められたものであつて厚生労働省令で定めるものをいう.以下この項において同じ.)を使用することができると認めたものについては,被保護者に対し,可能な限り後発医薬品の使用を促すことによりその給付を行うよう努めるものとする.
④ 第2項に規定する医療の給付のうち,あん摩マツサージ指圧師,はり師,きゆう師等に関する法律(昭和22年法律第217号)又は柔道整復師法(昭和45年法律第19号)の規定によりあん摩マツサージ指圧師,はり師,きゆう師又は柔道整復師(以下「施術者」という.)が行うことのできる範囲の施術については,第55条第1項の規定により指定を受けた施術者に委託してその給付を行うことを妨げない.
⑤ 急迫した事情その他やむを得ない事情がある場合においては,被保護者は,第2項及び前項の規定にかかわらず,指定を受けない医療機関について医療の給付を受け,又は指定を受けない施術者について施術の給付を受けることができる.
⑥ 医療扶助のための保護金品は,被保護者に対して交付するものとする.
(介護扶助の方法)
第34条の2　① 介護扶助は,現物給付によつて行うものとする.ただし,これによることができないとき,これによることが適当でないとき,その他保護

の目的を達するために必要があるときは、金銭給付によつて行うことができる．
② 前項に規定する現物給付のうち、居宅介護（第15条の2第2項に規定する居宅介護をいう．以下同じ．），福祉用具の給付、施設介護、介護予防（同条第5項に規定する介護予防をいう．以下同じ．），介護予防福祉用具及び介護予防・日常生活支援（同条第7項に規定する介護予防・日常生活支援をいう．第54条の2第1項において同じ．）の給付は、介護機関（その事業として居宅介護を行う者及びその事業として居宅介護支援計画（第15条の2第3項に規定する居宅介護支援計画をいう．第54条の2第1項及び別表第2において同じ．）を作成する者、その事業として介護保険法第8条第13項に規定する特定福祉用具販売を行う者（第54条の2第1項及び別表第2において「特定福祉用具販売事業者」という．），地域密着型介護老人福祉施設、介護老人福祉施設及び介護老人保健施設、その事業として介護予防を行う者及びその事業として介護予防支援計画（第15条の2第6項に規定する介護予防支援計画をいう．第54条の2第1項及び別表第2において同じ．）を作成する者、その事業として同法第8条の2第11項に規定する特定介護予防福祉用具販売を行う者（第54条の2第1項及び別表第2において「特定介護予防福祉用具販売事業者」という．）をいう．以下同じ．）並びに介護予防・日常生活支援事業者（その事業として同法第115条の45第1項第1号に規定する第1号事業を行う者をいう．以下同じ．）であつて、第54条の2第1項の規定により指定を受けたもの（同条第2項本文の規定により同条第1項の指定を受けたものとみなされたものを含む．）にこれを委託して行うものとする．
③ 前条第5項及び第6項の規定は、介護扶助について準用する．

（出産扶助の方法）
第35条 ① 出産扶助は、金銭給付によつて行うものとする．但し、これによることができないとき、これによることが適当でないとき、その他保護の目的を達するために必要があるときは、現物給付によつて行うことができる．
② 前項ただし書に規定する現物給付のうち、助産の給付は、第55条第1項の規定により指定を受けた助産師に委託して行うものとする．
③ 第34条第5項及び第6項の規定は、出産扶助について準用する．

（生業扶助の方法）
第36条 ① 生業扶助は、金銭給付によつて行うものとする．但し、これによることができないとき、これによることが適当でないとき、その他保護の目的を達するために必要があるときは、現物給付によつて行うことができる．
② 前項但書に規定する現物給付のうち、就労のために必要な施設の供用及び生業に必要な技能の授与は、授産施設若しくは訓練を目的とするその他の施設を利用させ、又はこれらの施設にこれを委託して行うものとする．
③ 生業扶助のための保護金品は、被保護者に対して交付するものとする．但し、施設の供用又は技能の授与のために必要な金品は、授産施設の長に対して交付することができる．

（葬祭扶助の方法）
第37条 ① 葬祭扶助は、金銭給付によつて行うものとする．但し、これによることができないとき、これによることが適当でないとき、その他保護の目的を達するために必要があるときは、現物給付によつて行うことができる．
② 葬祭扶助のための保護金品は、葬祭を行う者に対して交付するものとする．

（保護の方法の特例）
第37条の2 保護の実施機関は、保護の目的を達するために必要があるときは、第31条第3項本文若しくは第33条第4項の規定により世帯主若しくはこれに準ずる者に対して交付する保護金品、第31条第3項ただし書若しくは第5項、第32条第2項、第34条第6項（第34条の2第3項及び第35条第3項において準用する場合を含む．）若しくは第36条第3項の規定により被保護者に対して交付する保護金品又は前条第2項の規定により葬祭を行う者に対して交付する保護金品のうち、介護保険料（介護保険法第129条第1項に規定する保険料をいう．）その他の被保護者が支払うべき費用であつて政令で定めるものの額に相当する金銭について、被保護者に代わり、政令で定める者に支払うことができる．この場合において、当該支払があつたときは、これらの規定により交付すべき者に対し当該保護金品の交付があつたものとみなす．

第6章 保護施設

（種類）
第38条 保護施設の種類は、左の通りとする．
1 救護施設
2 更生施設
3 医療保護施設
4 授産施設
5 宿所提供施設
② 救護施設は、身体上又は精神上著しい障害があるために日常生活を営むことが困難な要保護者を入所させて、生活扶助を行うことを目的とする施設とする．
③ 更生施設は、身体上又は精神上の理由により養護及び生活指導を必要とする要保護者を入所させて、生活扶助を行うことを目的とする施設とする．
④ 医療保護施設は、医療を必要とする要保護者に対して、医療の給付を行うことを目的とする施設とする．
⑤ 授産施設は、身体上若しくは精神上の理由又は世帯の事情により就業能力の限られている要保護者に対して、就労又は技能の修得のために必要な機会及び便宜を与えて、その自立を助長することを目的とする施設とする．
⑥ 宿所提供施設は、住居のない要保護者の世帯に対して、住宅扶助を行うことを目的とする施設とする．

（保護施設の基準）
第39条 ① 都道府県は、保護施設の設備及び運営について、条例で基準を定めなければならない．
② 都道府県が前項の条例を定めるに当つては、第1号から第3号までに掲げる事項については厚生労働省令で定める基準に従い定めるものとし、第4号に掲げる事項については厚生労働省令で定める基準を標準として定めるものとし、その他の事項については厚生労働省令で定める基準を参酌するものとする．
1 保護施設に配置する職員及びその員数
2 保護施設に係る居室の床面積

3　保護施設の運営に関する事項であつて、利用者の適切な処遇及び安全の確保並びに秘密の保持に密接に関連するものとして厚生労働省令で定めるもの
4　保護施設の利用定員
③　保護施設の設置者は、第1項の基準を遵守しなければならない。

（都道府県、市町村及び地方独立行政法人の保護施設）
第40条　①　都道府県は、保護施設を設置することができる。
②　市町村及び地方独立行政法人（地方独立行政法人法（平成15年法律第118号）第2条第1項に規定する地方独立行政法人をいう。以下同じ。）は、保護施設を設置しようとするときは、あらかじめ、厚生労働省令で定める事項を都道府県知事に届け出なければならない。
③　保護施設を設置した都道府県、市町村及び地方独立行政法人は、現に入所中の被保護者の保護に支障のない限り、保護施設を廃止し、又はその事業を縮少し、若しくは休止することができる。
④　都道府県及び市町村の行う保護施設の設置及び廃止は、条例で定めなければならない。

（社会福祉法人及び日本赤十字社の保護施設の設置）
第41条　①　都道府県、市町村及び地方独立行政法人のほか、保護施設は、社会福祉法人及び日本赤十字社でなければ設置することができない。
②　社会福祉法人又は日本赤十字社は、保護施設を設置しようとするときは、あらかじめ、左に掲げる事項を記載した申請書を都道府県知事に提出して、その認可を受けなければならない。
1　保護施設の名称及び種類
2　設置者たる法人の名称並びに代表者の氏名、住所及び資産状況
3　寄附行為、定款その他の基本約款
4　建物その他の設備の規模及び構造
5　取扱定員
6　事業開始の予定年月日
7　経営の責任者及び保護の実務に当る幹部職員の氏名及び経歴
8　経理の方針
③　都道府県知事は、前項の認可の申請があつた場合に、その施設が第39条第1項の基準のほか、次の各号の条件を適合するものであるときは、これを認可しなければならない。
1　設置しようとする者の経済的基礎が確実であること。
2　その保護施設の主として利用される地域における要保護者の分布状況からみて、当該保護施設の設置が必要であること。
3　保護の実務に当たる幹部職員が厚生労働大臣の定める資格を有するものであること。
④　第1項の認可をするに当つて、都道府県知事は、その保護施設の存続期間を限り、又は保護の目的を達するために必要と認める条件を附することができる。
⑤　第2項の認可を受けた社会福祉法人又は日本赤十字社は、同項第1号及び第3号から第8号までに掲げる事項を変更しようとするときは、あらかじめ、都道府県知事の認可を受けなければならない。この認可の申請があつた場合には、第3項の規定を準用する。

（社会福祉法人及び日本赤十字社の保護施設の休止又は廃止）
第42条　社会福祉法人又は日本赤十字社は、保護施設を休止し、又は廃止しようとするときは、あらかじめ、その理由、現に入所中の被保護者に対する措置及び財産の処分方法を明らかにし、かつ、第70条、第72条又は第74条の規定により交付を受けた交付金又は補助金に残余額があるときは、これを返還して、休止又は廃止の時期について都道府県知事の認可を受けなければならない。

（指導）
第43条　①　都道府県知事は、保護施設の運営について、必要な指導をしなければならない。
②　社会福祉法人又は日本赤十字社の設置した保護施設に対する前項の指導については、市町村長が、これを補助するものとする。

（報告の徴収及び立入検査）
第44条　①　都道府県知事は、保護施設の管理者に対して、その業務若しくは会計の状況その他必要と認める事項の報告を命じ、又は当該職員に、その施設に立ち入り、その管理者からその設備及び会計書類、診療録その他の帳簿書類（その作成又は保存に代えて電磁的記録（電子的方式、磁気的方式その他人の知覚によつては認識することができない方式で作られる記録であつて、電子計算機による情報処理の用に供されるものをいう。）の作成又は保存がされている場合における当該電磁的記録を含む。第51条第2項第5号及び第54条第1項において同じ。）の閲覧及び説明を求めさせ、若しくはこれを検査させることができる。
②　第28条第3項及び第4項の規定は、前項の規定による立入検査について準用する。

（改善命令等）
第45条　①　厚生労働大臣は都道府県に対して、都道府県知事は市町村及び地方独立行政法人に対して、次に掲げる事由があるときは、その保護施設の設備若しくは運営の改善若しくはその事業の停止又はその保護施設の廃止を命ずることができる。
1　その保護施設が第39条第1項の基準に適合しなくなつたとき。
2　その保護施設が存立の目的を失うに至つたとき。
3　その保護施設がこの法律若しくはこれに基づく命令又はこれらに基づいてする処分に違反したとき。
②　都道府県知事は、社会福祉法人又は日本赤十字社に対して、左に掲げる事由があるときは、その保護施設の設備若しくは運営の改善若しくはその事業の停止を命じ、又は第41条第2項の認可を取り消すことができる。
1　その保護施設が前項各号の1に該当するとき。
2　その保護施設が第41条第3項各号に規定する基準に適合しなくなつたとき。
3　その保護施設の経営につき営利を図る行為があつたとき。
4　正当な理由がないのに、第41条第2項第6号の予定年月日（同条第5項の規定により変更の認可を受けたときは、その認可を受けた予定年月日）までに事業を開始しないとき。
5　第41条第5項の規定に違反したとき。
③　前項の規定による処分に係る行政手続法第15条第1項又は第30条の通知は、聴聞の期日又は弁明を記載した書面の提出期限（口頭による弁明の機

会の付与を行う場合には,その日時)の14日前までにしなければならない．
④ 都道府県知事は,第2項の規定による認可の取消しに係る行政手続法第15条第1項の通知をしたときは,聴聞の期日及び場所を公示しなければならない．
⑤ 第2項の規定による認可の取消しに係る聴聞の期日における審理は,公開により行わなければならない．

(管理規程)
第46条 ① 保護施設の設置者は,その事業を開始する前に,左に掲げる事項を明示した管理規程を定めなければならない．
1 事業の目的及び方針
2 職員の定数,区分及び職務内容
3 その施設を利用する者に対する処遇方法
4 その施設を利用する者が守るべき規律
5 入所者に作業を課する場合には,その作業の種類,方法,時間及び収益の処分方法
6 その他施設の管理についての重要事項
② 都道府県以外の者は,前項の管理規程を定めたときは,すみやかに,これを都道府県知事に届け出なければならない．届け出た管理規程を変更しようとするときも,同様とする．
③ 都道府県知事は,前項の規定により届け出られた管理規程の内容が,その施設を利用する者に対する保護の目的を達するために適当でないと認めるときは,その管理規程の変更を命ずることができる．

(保護施設の義務)
第47条 ① 保護施設は,保護の実施機関から保護のための委託を受けたときは,正当の理由がなくして,これを拒んではならない．
② 保護施設は,要保護者の入所又は処遇に当たり,人種,信条,社会的身分又は門地により,差別的又は優先的な取扱いをしてはならない．
③ 保護施設は,これを利用する者に対して,宗教上の行為,祝典,儀式又は行事に参加することを強制してはならない．
④ 保護施設は,当該職員が第44条の規定によつて行う立入検査を拒んではならない．

(保護施設の長)
第48条 ① 保護施設の長は,常に,その施設を利用する者の生活の向上及び更生を図ることに努めなければならない．
② 保護施設の長は,その施設を利用する者に対して,管理規程に従つて必要な指導をすることができる．
③ 都道府県知事は,必要と認めるときは,前項の指導を制限し,又は禁止することができる．
④ 保護施設の長は,その施設を利用する被保護者について,保護の変更,停止又は廃止を必要とする事由が生じたと認めるときは,すみやかに,保護の実施機関に,これを届け出なければならない．

第7章 医療機関,介護機関及び助産機関

(医療機関の指定)
第49条 厚生労働大臣は,国の開設した病院若しくは診療所又は薬局について,都道府県知事は,その他の病院若しくは診療所(これらに準ずるものとして政令で定めるものを含む．)又は薬局について,この法律による医療扶助のための医療を担当させる機関を指定する．

(指定の申請及び基準)
第49条の2 ① 厚生労働大臣による前条の指定は,厚生労働省令で定めるところにより,病院若しくは診療所又は薬局の開設者の申請により行う．
② 厚生労働大臣は,前項の申請があつた場合において,次の各号のいずれかに該当するときは,前条の指定をしてはならない．
1 当該申請に係る病院若しくは診療所又は薬局が,健康保険法(大正11年法律第70号)第63条第3項第1号に規定する保険医療機関又は保険薬局でないとき．
2 申請者が,禁錮以上の刑に処せられ,その執行を終わり,又は執行を受けることがなくなるまでの者であるとき．
3 申請者が,この法律その他国民の保健医療若しくは福祉に関する法律で政令で定めるものの規定により罰金の刑に処せられ,その執行を終わり,又は執行を受けることがなくなるまでの者であるとき．
4 申請者が,第51条第2項の規定により指定を取り消され,その取消しの日から起算して5年を経過しない者(当該取消しの処分に係る行政手続法第15条の規定による通知があつた日前60日以内に当該指定を取り消された病院若しくは診療所又は薬局の管理者であつた者で当該取消しの日から起算して5年を経過しないものを含む．)であるとき．ただし,当該指定の取消しの処分の理由となつた事実に関して申請者が有していた責任の程度を考慮して,この号本文に該当しないこととすることが相当であると認められるものとして厚生労働省令で定めるものに該当する場合を除く．
5 申請者が,第51条第2項の規定による指定の取消しの処分に係る行政手続法第15条の規定による通知があつた日から当該処分をする日又は処分をしないことを決定する日までの間に第51条第1項の規定による指定の辞退の申出をした者(当該指定の辞退について相当の理由がある者を除く．)で,当該申出の日から起算して5年を経過しないものであるとき．
6 申請者が,第54条第1項の規定による検査が行われた日から聴聞決定予定日(当該検査の結果に基づき第51条第2項の規定による指定の取消しの処分に係る聴聞を行うか否かの決定をすることが見込まれる日として厚生労働省令で定めるところにより厚生労働大臣が当該申請者に当該検査が行われた日から10日以内に特定の日を通知した場合における当該特定の日をいう．)までの間に第51条第1項の規定による指定の辞退の申出をした者(当該指定の辞退について相当の理由がある者を除く．)で,当該申出の日から起算して5年を経過しないものであるとき．
7 第5号に規定する期間内に第51条第1項の規定による指定の辞退の申出があつた場合において,申請者(当該指定の辞退について相当の理由がある者を除く．)が,同号の通知の日前60日以内に当該申出に係る病院若しくは診療所又は薬局の管理者であつた者で,当該申出の日から起算して5年を経過しないものであるとき．
8 申請者が,指定の申請前5年以内に被保護者の医療に関し不正又は著しく不当な行為をした者であるとき．
9 当該申請に係る病院若しくは診療所又は薬局の

管理者が第2号から前号までのいずれかに該当する者であるとき.
③ 厚生労働大臣は,第1項の申請があつた場合において,当該申請に係る病院若しくは診療所又は薬局が次の各号のいずれかに該当するときは,前条の指定をしないことができる.
  1 被保護者の医療について,その内容の適切さを欠くおそれがあるとして重ねて第50条第2項の規定による指導を受けたものであるとき.
  2 前号のほか,医療扶助のための医療を担当させる機関として著しく不適当と認められるものであるとき.
④ 前3項の規定は,都道府県知事による前条の指定について準用する.この場合において,第1項中「診療所」とあるのは「診療所(前条の政令で定めるものを含む.次項及び第3項において同じ.)」と,第2項第1号中「又は保険薬局」とあるのは「若しくは保険薬局又は厚生労働省令で定める事業所若しくは施設」と読み替えるものとする.

(指定の更新)
第49条の3 ① 第49条の指定は,6年ごとにその更新を受けなければ,その期間の経過によつて,その効力を失う.
② 前項の更新の申請があつた場合において,同項の期間(以下この条において「指定の有効期間」という.)の満了の日までにその申請に対する処分がされないときは,従前の指定は,指定の有効期間の満了後もその処分がされるまでの間は,なおその効力を有する.
③ 前項の場合において,指定の更新がされたときは,その指定の有効期間は,従前の指定の有効期間の満了の日の翌日から起算するものとする.
④ 前条及び健康保険法第68条第2項の規定は,第1項の指定の更新について準用する.この場合において,必要な技術的読替えは,政令で定める.

(指定医療機関の義務)
第50条 ① 第49条の規定により指定を受けた医療機関(以下「指定医療機関」という.)は,厚生労働大臣の定めるところにより,懇切丁寧に被保護者の医療を担当しなければならない.
② 指定医療機関の医療について,厚生労働大臣又は都道府県知事の行う指導に従わなければならない.

(変更の届出等)
第50条の2 指定医療機関は,当該指定医療機関の名称その他厚生労働省令で定める事項に変更があつたとき,又は当該指定医療機関の事業を廃止し,休止し,若しくは再開したときは,厚生労働省令で定めるところにより,10日以内に,その旨を第49条の指定をした厚生労働大臣又は都道府県知事に届け出なければならない.

(指定の辞退及び取消し)
第51条 ① 指定医療機関は,30日以上の予告期間を設けて,その指定を辞退することができる.
② 指定医療機関が,次の各号のいずれかに該当するときは,厚生労働大臣の指定した医療機関については厚生労働大臣が,都道府県知事の指定した医療機関については都道府県知事が,その指定を取り消し,又は期間を定めてその指定の全部若しくは一部の効力を停止することができる.
  1 指定医療機関が,第49条の2第2項第1号から第3号まで又は第9号のいずれかに該当するに至

つたとき.
  2 指定医療機関が,第49条の2第3項各号のいずれかに該当するに至つたとき.
  3 指定医療機関が,第50条又は次条の規定に違反したとき.
  4 指定医療機関の診療報酬の請求に関し不正があつたとき.
  5 指定医療機関が,第54条第1項の規定により報告若しくは診療録,帳簿書類その他の物件の提出若しくは提示を命ぜられてこれに従わず,又は虚偽の報告をしたとき.
  6 指定医療機関の開設者又は従業者が,第54条第1項の規定により出頭を求められてこれに応ぜず,同項の規定による質問に対して答弁せず,若しくは虚偽の答弁をし,又は同項の規定による検査を拒み,妨げ,若しくは忌避したとき.ただし,当該指定医療機関の従業者がその行為をした場合において,その行為を防止するため,当該指定医療機関の開設者が相当の注意及び監督を尽くしたときを除く.
  7 指定医療機関が,不正の手段により第49条の指定を受けたとき.
  8 前各号に掲げる場合のほか,指定医療機関が,この法律その他国民の保健医療若しくは福祉に関する法律で政令で定めるもの又はこれらの法律に基づく命令若しくは処分に違反したとき.
  9 前各号に掲げる場合のほか,指定医療機関が,被保護者の医療に関し不正又は著しく不当な行為をしたとき.
  10 指定医療機関の管理者が指定の取消し又は指定の全部若しくは一部の効力の停止をしようとするとき前5年以内に被保護者の医療に関し不正又は著しく不当な行為をした者であるとき.

(診療方針及び診療報酬)
第52条 ① 指定医療機関の診療方針及び診療報酬は,国民健康保険の診療方針及び診療報酬の例による.
② 前項に規定する診療方針及び診療報酬によることのできないとき,及びこれによることを適当としないときの診療方針及び診療報酬は,厚生労働大臣の定めるところによる.

(医療費の審査及び支払)
第53条 ① 都道府県知事は,指定医療機関の診療内容及び診療報酬の請求を随時審査し,且つ,指定医療機関が前条の規定によつて請求することのできる診療報酬の額を決定することができる.
② 指定医療機関は,都道府県知事の行う前項の決定に従わなければならない.
③ 都道府県知事は,第1項の規定により指定医療機関の請求することのできる診療報酬の額を決定するに当つては,社会保険診療報酬支払基金法(昭和23年法律第129号)に定める審査委員会又は医療に関する審査機関で政令で定めるものの意見を聴かなければならない.
④ 都道府県,市及び福祉事務所を設置する町村は,指定医療機関に対する診療報酬の支払に関する事務を,社会保険診療報酬支払基金又は厚生労働省令で定める者に委託することができる.
⑤ 第1項の規定による診療報酬の額の決定については,審査請求をすることができない.

(報告等)
第54条 ① 都道府県知事(厚生労働大臣の指定に

係る指定医療機関については,厚生労働大臣又は都道府県知事)は,医療扶助に関して必要があると認めるときは,指定医療機関若しくは指定医療機関の開設者若しくは管理者,医師,薬剤師その他の従業者であつた者(以下この項において「開設者であつた者等」という。)に対して,必要と認める事項の報告若しくは診療録,帳簿書類その他の物件の提出若しくは提示を命じ,指定医療機関の開設者若しくは管理者,医師,薬剤師その他の従業者(開設者であつた者を含む。)に対し出頭を求め,又は当該職員に,関係者に対して質問させ,若しくは当該指定医療機関について実地に,その設備若しくは診療録,帳簿書類その他の物件を検査させることができる.

② 第28条第3項及び第4項の規定は,前項の規定による検査について準用する.

(介護機関の指定等)

第54条の2 ① 厚生労働大臣は,国の開設した地域密着型介護老人福祉施設,介護老人福祉施設又は介護老人保健施設について,都道府県知事は,その他の地域密着型介護老人福祉施設,介護老人福祉施設若しくは介護老人保健施設,その事業として居宅介護を行う者若しくはその事業として居宅介護支援計画を作成する者,特定福祉用具販売業者,その事業として介護予防を行う者若しくはその事業として介護予防支援計画を作成する者,特定介護予防福祉用具販売業者又は介護予防・日常生活支援事業者について,この法律による介護扶助のための居宅介護若しくは居宅介護支援計画の作成,福祉用具の給付,施設介護,介護予防若しくは介護予防支援計画の作成,介護予防福祉用具又は介護予防・日常生活支援の給付を担当させる機関を指定する.

② 介護機関について,別表第2の上欄に掲げる介護機関の種類に応じ,それぞれ同表の中欄に掲げる指定又は許可があつたときは,その介護機関は,その指定又は許可の時に前項の指定を受けたものとみなす.ただし,当該介護機関(地域密着型介護老人福祉施設及び介護老人福祉施設を除く。)が,厚生労働省令で定めるところにより,あらかじめ,別段の申出をしたときは,この限りではない.

③ 前項の規定により第1項の指定を受けたものとみなされた別表第2の上欄に掲げる介護機関に係る同項の指定は,当該介護機関が同表の下欄に掲げる場合に該当するときは,その効力を失う.

④ 第49条の2(第2項第1号を除く。)の規定は,第1項の指定(介護予防・日常生活支援事業者に係るものを除く。)について,第50条から前条までの規定は,同項の指定を受けた介護機関(第2項本文の規定により第1項の指定を受けたものとみなされたものを含み,同項の指定を受けた介護予防・日常生活支援事業者(第2項本文の規定により第1項の指定を受けたものとみなされたものを含む。)を除く。)について準用する.この場合において,第50条及び第50条の2中「指定医療機関」とあるのは「指定介護機関」と,同条第1項中「指定医療機関」とあるのは「指定介護機関(地域密着型介護老人福祉施設及び介護老人福祉施設に係るものを除く。)」と,同条第2項,第52条第1項及び第53条第1項から第3項までの規定中「指定医療機関」とあるのは「指定介護機関」と,同項中「社会保険診療報酬支払基金法(昭和23年法律第129号)に定める審査委員会又は医療に関する審査機関で政令で定めるもの」とあるのは「介護保険法に定める介護給付費等審査委員会」と,同条第4項中「指定医療機関」とあるのは「指定介護機関」と,「社会保険診療報酬支払基金又は厚生労働省令で定める者」とあるのは「国民健康保険団体連合会」と,「指定医療機関」とあるのは「指定介護機関」と読み替えるものとするほか,必要な技術の読替えは,政令で定める.

⑤ 第49条の2第1項及び第3項の規定は,第1項の指定(介護予防・日常生活支援事業者に係るものに限る。)について,第50条,第50条の2,第51条(第2項第1号,第8号及び第10号を除く。),第52条から前条までの規定は,第1項の指定により指定を受けた介護機関(同項の指定を受けた介護予防・日常生活支援事業者(第2項本文の規定により第1項の指定を受けたものとみなされたものを含む。)に限る。)について準用する.この場合において,第49条の2第1項及び第3項中「厚生労働大臣」とあるのは「都道府県知事」と,第50条第1項中「指定医療機関」とあるのは「指定介護機関」と,同条第2項及び第50条の2中「指定医療機関」とあるのは「指定介護機関」と,「厚生労働大臣又は都道府県知事」とあるのは「都道府県知事」と,第51条第1項中「指定医療機関」とあるのは「指定介護機関」と,同条第2項中「指定医療機関が,次の」とあるのは「指定介護機関が,次の」と,「厚生労働大臣の指定した医療機関については厚生労働大臣が,都道府県知事の指定した医療機関については都道府県知事が」とあるのは「都道府県知事は」と,同項第2号から第7号まで及び第9号,第52条第1項並びに第53条第1項から第3項までの規定中「指定医療機関」とあるのは「指定介護機関」と,同項中「社会保険診療報酬支払基金法(昭和23年法律第129号)に定める審査委員会又は医療に関する審査機関で政令で定めるもの」とあるのは「介護保険法に定める介護給付費等審査委員会」と,同条第4項中「指定医療機関」とあるのは「指定介護機関」と,「社会保険診療報酬支払基金又は厚生労働省令で定める者」とあるのは「国民健康保険団体連合会」と,前条第1項中「都道府県知事(厚生労働大臣の指定した医療機関については,厚生労働大臣又は都道府県知事)」とあるのは「都道府県知事」と,「指定医療機関若しくは指定医療機関」とあるのは「指定介護機関若しくは指定介護機関」と,「命じ,指定医療機関」とあるのは「命じ,指定介護機関」と,「当該指定医療機関」とあるのは「当該指定介護機関」と読み替えるものとするほか,必要な技術的読替えは,政令で定める.

(助産機関及び施術機関の指定等)

第55条 ① 都道府県知事は,助産師又はあん摩マツサージ指圧師,はり師,きゆう師若しくは柔道整復師について,この法律による出産扶助のための助産又はこの法律による医療扶助のための施術を担当させる機関を指定する.

② 第49条の2第1項,第2項(第1号,第4号ただし書,第7号及び第9号を除く。)及び第3項の規定は,前項の指定について,第50条,第50条の2,第51条(第2項第4号,第6号ただし書及び第10号を除く。)及び第54条の規定は,前項の規定により指定を受けた助産師並びにあん摩マツサージ指圧師,はり師,きゆう師及び柔道整復師について準

用する．この場合において，第49条の2第1項及び第2項中「厚生労働大臣」とあるのは「都道府県知事」と，同項第4号中「者（当該取消しの処分に係る行政手続法第15条の規定による通知があつた日前60日以内に当該指定を取り消された病院若しくは診療所又は薬局の管理者であつた者で当該取消しの日から起算して5年を経過しないものを含む．）」とあるのは「者」と，同条第3項中「厚生労働大臣」とあるのは「都道府県知事」と，第50条第1項中「助産師又はあん摩マツサージ指圧師，はり師，きゆう師若しくは柔道整復師（以下それぞれ「指定助産機関」又は「指定施術機関」という．）」と，同条第2項中「指定医療機関」とあるのは「指定助産機関又は指定施術機関」と，「厚生労働大臣又は都道府県知事」とあるのは「都道府県知事」と，第50条の2中「指定医療機関は」とあるのは「，指定医療機関，指定助産機関若しくは指定施術機関は」と，「指定医療機関の」とあるのは「指定助産機関若しくは指定施術機関の」と，「厚生労働大臣又は都道府県知事」とあるのは「都道府県知事」と，第51条第1項中「指定医療機関」とあるのは「指定医療機関又は指定施術機関」と，同条第2項中「指定医療機関が，次の」とあるのは「指定助産機関又は指定施術機関が，次の」と，「厚生労働大臣の指定した医療機関については厚生労働大臣が，都道府県知事の指定した医療機関については都道府県知事が」とあるのは「都道府県知事は」と，同項第1号から第3号まで及び第5号中「指定医療機関」とあるのは「指定助産機関又は指定施術機関」と，同項第6号中「指定医療機関の開設者又は従業者」とあるのは「指定助産機関若しくは指定施術機関」と，同項第7号から第9号までの規定中「指定医療機関」とあるのは「指定助産機関又は指定施術機関」と，第54条第1項中「都道府県知事（厚生労働大臣の指定に係る指定医療機関については，厚生労働大臣又は都道府県知事）」とあるのは「都道府県知事」と，「指定医療機関若しくは指定医療機関の開設者若しくは管理者，医師，薬剤師その他の従業者であつた者（以下この項において「開設者であつた者等」という．）」とあり，及び「指定医療機関の開設者若しくは管理者，医師，薬剤師その他の従業者（開設者であつた者等を含む．）」とあるのは「指定医療機関若しくは指定施術機関若しくはこれらであつた者」と，「当該指定医療機関」とあるのは「当該指定助産機関若しくは指定施術機関」と読み替えるものとするほか，必要な技術的読替えは，政令で定める．

（医療保護施設への準用）
第55条の2 第52条及び第53条の規定は，医療保護施設について準用する．

（告　示）
第55条の3 厚生労働大臣又は都道府県知事は，次に掲げる場合には，その旨を告示しなければならない．
1 第49条，第54条の2第1項又は第55条第1項の指定をしたとき．
2 第50条の2（第54条の2第4項及び第5項並びに第55条第2項において準用する場合を含む．）の規定による届出があつたとき．
3 第51条第1項（第54条の2第4項及び第5項並びに第55条第2項において準用する場合を含む．）の規定による第49条，第54条の2第1項又は第55条第1項の指定の辞退があつたとき．

4 第51条第2項（第54条の2第4項及び第5項並びに第55条第2項において準用する場合を含む．）の規定により第49条，第54条の2第1項又は第55条第1項の指定を取り消したとき．

第8章　就労自立給付金

（就労自立給付金の支給）
第55条の4 ① 都道府県知事，市長及び福祉事務所を管理する町村長は，被保護者の自立の助長を図るため，その管理に属する福祉事務所の所管区域内に居住地を有する（居住地がないか，又は明らかでないときは，当該所管区域内にある）被保護者であつて，厚生労働省令で定める安定した職業に就いたことその他厚生労働省令で定める事由により保護を必要としなくなつたと認めたものに対して，厚生労働省令で定めるところにより，就労自立給付金を支給する．
② 前項の規定により就労自立給付金を支給する者（以下「支給機関」という．）は，就労自立給付金の支給に関する事務の全部又は一部を，その管理に属する行政庁に限り，委任することができる．
③ 支給機関は，就労自立給付金の支給に関する事務の一部を，政令で定めるところにより，他の支給機関に委託して行うことを妨げない．

（報　告）
第55条の5 支給機関は，就労自立給付金の支給又は第78条第3項の規定の施行のために必要があると認めるときは，被保護者若しくは被保護者であつた者又はこれらの者の雇主その他の関係人に，報告を求めることができる．

第9章　被保護者就労支援事業

第55条の6 ① 保護の実施機関は，就労の支援に関する問題につき，被保護者からの相談に応じ，必要な情報の提供及び助言を行う事業（以下「被保護者就労支援事業」という．）を実施するものとする．
② 保護の実施機関は，被保護者就労支援事業の事務の全部又は一部を当該保護の実施機関以外の厚生労働省令で定める者に委託することができる．
③ 前項の規定による委託を受けた者若しくはその役員若しくは職員又はこれらの者であつた者は，その委託を受けた事務に関して知り得た秘密を漏らしてはならない．

第10章　被保護者の権利及び義務

（不利益変更の禁止）
第56条 被保護者は，正当な理由がなければ，既に決定された保護を，不利益に変更されることがない．
（公課禁止）
第57条 被保護者は，保護金品を標準として租税その他の公課を課せられることがない．
（差押禁止）
第58条 被保護者は，既に給与を受けた保護金品又はこれを受ける権利を差し押えられることがない．
（譲渡禁止）
第59条 保護又は就労自立給付金の支給を受ける権利は，譲り渡すことができない．
（生活上の義務）
第60条 被保護者は，常に，能力に応じて勤労に励

み，自ら，健康の保持及び増進に努め，収入，支出その他生計の状況を適切に把握するとともに支出の節約を図り，その他生活の維持及び向上に努めなければならない．
(届出の義務)
第61条 被保護者は，収入，支出その他生計の状況について変動があつたとき，又は居住地若しくは世帯の構成に異動があつたときは，すみやかに，保護の実施機関又は福祉事務所長にその旨を届け出なければならない．
(指示等に従う義務)
第62条 ① 被保護者は，保護の実施機関が，第30条第1項ただし書の規定により，被保護者を救護施設，更生施設若しくはその他の適当な施設に入所させ，若しくはこれらの施設に入所を委託し，若しくは私人の家庭に養護を委託して保護を行うことを決定したとき，又は第27条の規定により，被保護者に対し，必要な指導又は指示をしたときは，これに従わなければならない．
② 保護施設を利用する被保護者は，第46条の規定により定められたその保護施設の管理規程に従わなければならない．
③ 保護の実施機関は，被保護者が前2項の規定による義務に違反したときは，保護の変更，停止又は廃止をすることができる．
④ 保護の実施機関は，前項の規定により保護の変更，停止又は廃止の処分をする場合には，当該被保護者に対して弁明の機会を与えなければならない．この場合においては，あらかじめ，当該処分をしようとする理由，弁明をすべき日時及び場所を通知しなければならない．
⑤ 第3項の規定による処分については，行政手続法第3章(第12条及び第14条を除く．)の規定は，適用しない．
(費用返還義務)
第63条 被保護者が，急迫の場合等において資力があるにもかかわらず，保護を受けたときは，保護に要する費用を支弁した都道府県又は市町村に対して，すみやかに，その受けた保護金品に相当する金額の範囲内において保護の実施機関の定める額を返還しなければならない．

第11章 不服申立て

(審査庁)
第64条 第19条第4項の規定により市町村長が保護の決定及び実施に関する事務の全部又は一部をその管理に属する行政庁に委任した場合における当該事務についての処分並びに第55条の4第2項の規定により市町村長が就労自立給付金の支給に関する事務の全部又は一部をその管理に属する行政庁に委任した場合における当該事務に関する処分についての審査請求は，都道府県知事に対してするものとする．
(裁決をすべき期間)
第65条 ① 厚生労働大臣又は都道府県知事は，保護の決定及び実施に関する処分又は就労自立給付金の支給に関する処分についての審査請求がされたときは，当該審査請求がされた日(行政不服審査法(平成26年法律第68号)第23条の規定により不備を補正すべきことを命じた場合にあつては，当該不備が補正された日)から次の各号に掲げる場合の区分に応じそれぞれ当該各号に定める期間内に，当該審査請求に対する裁決をしなければならない．
1 行政不服審査法第43条第1項の規定による諮問をする場合 70日
2 前号に掲げる場合以外の場合 50日
② 審査請求人は，審査請求をした日(行政不服審査法第23条の規定により不備を補正すべきことを命じられた場合にあつては，当該不備を補正した日．第1号において同じ．)から次の各号に掲げる場合の区分に応じそれぞれ当該各号に定める期間内に裁決がないときは，厚生労働大臣又は都道府県知事が当該審査請求を棄却したものとみなすことができる．
1 当該審査請求をした日から50日以内に行政不服審査法第43条第3項の規定により通知を受けた場合 70日
2 前号に掲げる場合以外の場合 50日
(再審査請求)
第66条 ① 市町村長がした保護の決定及び実施に関する処分若しくは第19条第4項の規定による委任に基づいてした行政庁がした処分に係る審査請求についての都道府県知事の裁決又は市町村長がした就労自立給付金の支給に関する処分若しくは第55条の4第2項の規定による委任に基づいてした行政庁がした処分に係る審査請求についての都道府県知事の裁決に不服がある者は，厚生労働大臣に対して再審査請求をすることができる．
② 前条第1項(各号を除く．)の規定は，再審査請求の裁決について準用する．この場合において，同項中「当該審査請求」とあるのは「当該再審査請求」と，「第23条」とあるのは「第66条第1項において読み替えて準用する同法第23条」と，「次の各号に掲げる場合の区分に応じそれぞれ当該各号に定める期間内」とあるのは「70日以内」と読み替えるものとする．
第67条 削除
第68条 削除
(審査請求と訴訟との関係)
第69条 この法律の規定に基づく保護の実施機関又は支給機関がした処分の取消しの訴えは，当該処分についての審査請求に対する裁決を経た後でなければ，提起することができない．

第12章 費用

(市町村の支弁)
第70条 市町村は，次に掲げる費用を支弁しなければならない．
1 その長が第19条第1項の規定により行う保護(同条第5項の規定により委託を受けて行う保護を含む．)に関する次に掲げる費用
イ 保護の実施に要する費用(以下「保護費」という．)
ロ 第30条第1項ただし書，第33条第2項又は第36条第2項の規定により被保護者を保護施設に入所させ，若しくは入所を委託し，又は保護施設を利用させ，若しくは保護施設にこれを委託する場合に，これに伴い必要な保護施設の事務費(以下「保護施設事務費」という．)
ハ 第30条第1項ただし書の規定により被保護者を適当な施設に入所させ，若しくはその入所を適当な施設に委託し，又は私人の家庭に養護を委託

する場合に，これに伴い必要な事務費（以下「委託事務費」という．）
2　その長の管理に属する福祉事務所の所管区域内に居住地を有する者に対して，都道府県知事又は他の市町村長が第19条第2項の規定により行う保護（同条第5項の規定により委託を受けて行う保護を含む．）に関する保護費，保護施設事務費及び委託事務費
3　その長の管理に属する福祉事務所の所管区域内に居住地を有する者に対して，町村長が第19条第6項の規定により行う保護に関する保護費，保護施設事務費及び委託事務費
4　その設置する保護施設の設備に要する費用（以下「設備費」という．）
5　その長が第55条の4第1項の規定により行う就労自立給付金の支給（同条第3項の規定により委託を受けて行うものを含む．）に要する費用
6　その長が第55条の6の規定により行う被保護者就労支援事業の実施に要する費用
7　この法律の施行に伴い必要なその人件費
8　この法律の施行に伴い必要なその事務費（以下「行政事務費」という．）

(都道府県の支弁)
第71条　都道府県は，次に掲げる費用を支弁しなければならない．
1　その長が第19条第1項の規定により行う保護（同条第5項の規定により委託を受けて行う保護を含む．）に関する保護費，保護施設事務費及び委託事務費
2　その長の管理に属する福祉事務所の所管区域内に居住地を有する者に対して，他の都道府県知事又は市町村長が第19条第2項の規定により行う保護（同条第5項の規定により委託を受けて行う保護を含む．）に関する保護費，保護施設事務費及び委託事務費
3　その長の管理に属する福祉事務所の所管区域内に現在地を有する者（その所管区域外に居住地を有する者を除く．）に対して，町村長が第19条第6項の規定により行う保護に関する保護費，保護施設事務費及び委託事務費
4　その設置する保護施設の設備費
5　その長が第55条の4第1項の規定により行う就労自立給付金の支給（同条第3項の規定により委託を受けて行うものを含む．）に要する費用
6　その長が第55条の6の規定により行う被保護者就労支援事業の実施に要する費用
7　この法律の施行に伴い必要なその人件費
8　この法律の施行に伴い必要なその行政事務費

(繰替支弁)
第72条　① 都道府県，市及び福祉事務所を設置する町村は，政令の定めるところにより，その長の管理に属する福祉事務所の所管区域内の保護施設，指定医療機関その他これらに準ずる施設で厚生労働大臣の指定するものにある被保護者につき他の都道府県又は市町村が支弁すべき保護費及び保護施設事務費を一時繰替支弁しなければならない．
② 都道府県，市及び福祉事務所を設置する町村は，その長が第19条第2項の規定により行う保護（同条第5項の規定により委託を受けて行う保護を含む．）に関する保護費，保護施設事務費及び委託事務費を一時繰替支弁しなければならない．
③ 町村は，その長が第19条第6項の規定により行う保護に関する保護費，保護施設事務費及び委託事務費を一時繰替支弁しなければならない．

(都道府県の負担)
第73条　都道府県は，政令で定めるところにより，次に掲げる費用を負担しなければならない．
1　居住地がないか，又は明らかでない被保護者につき市町村が支弁した保護費，保護施設事務費及び委託事務費の4分の1
2　宿所提供施設又は児童福祉法（昭和22年法律第164号）第38条に規定する母子生活支援施設（第4号において「母子生活支援施設」という．）にある被保護者（これらの施設を利用するに至る前からその施設の所在する市町村の区域内に居住地を有する者を除く．同号において同じ．）につきこれらの施設の所在する市町村が支弁した保護費，保護施設事務費及び委託事務費の4分の1
3　居住地がないか，又は明らかでない被保護者につき市町村が支弁した就労自立給付金費（就労自立給付金の支給に要する費用をいう．以下同じ．）の4分の1
4　宿所提供施設又は母子生活支援施設にある被保護者につきこれらの施設の所在する市町村が支弁した就労自立給付金費の4分の1

(都道府県の補助)
第74条　① 都道府県は，左に掲げる場合においては，第41条の規定により設置した保護施設の修理，改造，拡張又は整備に要する費用の4分の3以内を補助することができる．
1　その保護施設を利用することがその地域における被保護者の保護のため極めて効果的であるとき．
2　その地域に都道府県又は市町村の設置する同種の保護施設がないか，又はあつてもこれに収容若しくは供用の余力がないとき．
② 第43条から第45条までに規定するものの外，前項の規定により補助を受けた保護施設に対する監督については，左の各号による．
1　厚生労働大臣は，その保護施設に対して，その業務又は会計の状況について必要と認める事項の報告を命ずることができる．
2　厚生労働大臣及び都道府県知事は，その保護施設の予算が，補助の効果を上げるために不適当と認めるときは，その予算について，必要な変更をすべき旨を指示することができる．
3　厚生労働大臣及び都道府県知事は，その保護施設の職員が，この法律若しくはこれに基く命令又はこれらに基いてする処分に違反したときは，当該職員を解職すべき旨を指示することができる．

(準用規定)
第74条の2　社会福祉法第58条第2項から第4項までの規定は，国有財産特別措置法（昭和27年法律第219号）第2条第2項第1号の規定又は同法第3条第1項第4号及び同条第2項の規定により普通財産の譲渡又は貸付を受けた保護施設に準用する．

(国の負担及び補助)
第75条　① 国は，政令で定めるところにより，次に掲げる費用を負担しなければならない．
1　市町村及び都道府県が支弁した保護費，保護施設事務費及び委託事務費の4分の3
2　市町村及び都道府県が支弁した就労自立給付金費の4分の3

3　市町村が支弁した被保護者就労支援事業に係る費用のうち、当該市町村における人口、被保護者の数その他の事情を勘案して政令で定めるところにより算定した額の4分の3
4　都道府県が支弁した被保護者就労支援事業に係る費用のうち、当該都道府県の設置する福祉事務所の所管区域内の町村における人口、被保護者の数その他の事情を勘案して政令で定めるところにより算定した額の4分の3
② 国は、政令の定めるところにより、都道府県が第74条第1項の規定により保護施設の設置者に対して補助した金額の3分の2以内を補助することができる。

(遺留金品の処分)
第76条　① 第18条第2項の規定により葬祭扶助を行う場合においては、保護の実施機関は、その死者の遺留の金銭及び有価証券を保護費に充て、なお足りないときは、遺留の物品を売却してその代金をこれに充てることができる。
② 都道府県又は市町村は、前項の費用について、その遺留の物品の上に他の債権者の先取特権に対して優先権を有する。

(損害賠償請求権)
第76条の2　都道府県又は市町村は、被保護者の医療扶助又は介護扶助を受けた事由が第三者の行為によつて生じたときは、その支弁した費用の限度において、被保護者が当該第三者に対して有する損害賠償の請求権を取得する。

(時　効)
第76条の3　就労自立給付金の支給を受ける権利は、2年を経過したときは、時効によつて消滅する。

(費用等の徴収)
第77条　① 被保護者に対して民法の規定により扶養の義務を履行しなければならない者があるときは、その義務の範囲内において、保護費を支弁した都道府県又は市町村の長は、その費用の全部又は一部を、その者から徴収することができる。
② 前項の場合において、扶養義務者の負担すべき額について、保護の実施機関と扶養義務者の間に協議が調わないとき、又は協議をすることができないときは、保護の実施機関の申立により家庭裁判所が、これを定める。

第78条　① 不実の申請その他不正な手段により保護を受け、又は他人をして受けさせた者があるときは、保護費を支弁した都道府県又は市町村の長は、その費用の額の全部又は一部を、その者から徴収するほか、その徴収する額に100分の40を乗じて得た額以下の金額を徴収することができる。
② 偽りその他不正の行為によつて医療、介護又は助産若しくは施術の給付に要する費用の支払を受けた指定医療機関、指定介護機関又は指定助産機関若しくは指定施術機関があるときは、当該指定をした都道府県又は市町村の長は、その支弁した額のうち返還させるべき額をその指定医療機関、指定介護機関又は指定助産機関若しくは指定施術機関から徴収するほか、その返還させる額に100分の40を乗じて得た額以下の金額を徴収することができる。
③ 偽りその他不正な手段により就労自立給付金の支給を受け、又は他人をして受けさせた者があるときは、就労自立給付金費を支弁した都道府県又は市町村の長は、その費用の額の全部又は一部を、その者から徴収するほか、その徴収する額に100分の40を乗じて得た額以下の金額を徴収することができる。
④ 前3項の規定による徴収金は、この法律に別段の定めがある場合を除き、国税徴収の例により徴収することができる。

第78条の2　① 保護の実施機関は、被保護者が、保護金品(金銭給付によつて行うものに限る。)の交付を受ける前に、厚生労働省令で定めるところにより、当該保護金品の一部を、前条第1項の規定により保護費を支弁した都道府県又は市町村の長が徴収することができる徴収金の納入に充てる旨を申し出た場合において、保護の実施機関が当該被保護者の生活の維持に支障がないと認めたときは、厚生労働省令で定めるところにより、当該被保護者に対して保護金品を交付する際に当該申出に係る徴収金を徴収することができる。
② 支給機関は、被保護者が、就労自立給付金の支給を受ける前に、厚生労働省令で定めるところにより、当該就労自立給付金の額の全部又は一部を、前条第1項の規定により保護費を支弁した都道府県又は市町村の長が徴収することができる徴収金の納入に充てる旨を申し出たときは、厚生労働省令で定めるところにより、当該被保護者に対して就労自立給付金を支給する際に当該申出に係る徴収金を徴収することができる。
③ 前2項の規定により前条第1項の規定による徴収金が徴収されたときは、当該被保護者に対して当該保護金品(第1項の申出に係る部分に限る。)の交付又は当該就労自立給付金(前項の申出に係る部分に限る。)の支給があつたものとみなす。

(返還命令)
第79条　国又は都道府県は、左に掲げる場合においては、補助金又は負担金の交付を受けた保護施設の設置者に対して、既に交付した補助金又は負担金の全部又は一部の返還を命ずることができる。
1　補助金又は負担金の交付条件に違反したとき。
2　詐偽その他不正な手段をもつて、補助金又は負担金の交付を受けたとき。
3　保護施設の経営について、営利を図る行為があつたとき。
4　保護施設が、この法律若しくはこれに基く命令又はこれらに基いてする処分に違反したとき。

(返還の免除)
第80条　保護の実施機関は、保護の変更、廃止又は停止に伴い、前渡した保護金品の全部又は一部を返還させるべき場合において、これを消費し、又は喪失した被保護者に、やむを得ない事由があると認めるときは、これを返還させないことができる。

第13章　雑　則

(後見人選任の請求)
第81条　被保護者が未成年者又は成年後見人である場合において、親権者及び後見人の職務を行う者がいないときは、保護の実施機関は、すみやかに、後見人の選任を家庭裁判所に請求しなければならない。

(町村の一部事務組合等)
第82条　町村が一部事務組合又は広域連合を設けて福祉事務所を設置した場合には、この法律の適用については、その一部事務組合又は広域連合を福祉事務所を設置する町村とみなし、その一部事務組合

の管理者(地方自治法(昭和22年法律第67号)第287条の3第2項の規定により管理者に代えて理事会を置く同法第285条の1部事務組合にあつては,理事会)又は広域連合の長(同法第291条の13において準用する同法第287条の3第2項の規定により長に代えて理事会を置く広域連合にあつては,理事会)を福祉事務所を管理する町村長とみなす.

(保護の実施機関が変更した場合の経過規定)
第83条 町村の福祉事務所の設置又は廃止により保護の実施機関に変更があつた場合には,変更前の保護の実施機関がした保護の開始又は変更の申請の受理及び保護に関する決定は,変更後の保護の実施機関がした申請の受理又は決定とみなす.但し,変更前に行われ,又は行われるべきであつた保護に関する費用の支弁及び負担については,変更がなかつたものとする.

(厚生労働大臣への通知)
第83条の2 都道府県知事は,指定医療機関について第51条第2項の規定によりその指定を取り消し,又は期間を定めてその指定の全部若しくは一部の効力を停止した場合において,健康保険法第80条各号のいずれかに該当すると疑うに足りる事実があるときは,厚生労働省令で定めるところにより,厚生労働大臣に対し,その事実を通知しなければならない.

(実施命令)
第84条 この法律で政令に委任するものを除く外,この法律の実施のための手続その他その執行について必要な細則は,厚生労働省令で定める.

(大都市等の特例)
第84条の2 ① この法律中都道府県が処理することとされている事務で政令で定めるものは,地方自治法第252条の19第1項の指定都市(以下「指定都市」という.)及び同法第252条の22第1項の中核市(以下「中核市」という.)においては,政令の定めるところにより,指定都市又は中核市(以下「指定都市等」という.)が処理するものとする.この場合においては,この法律中都道府県に関する規定は,指定都市等に関する規定として指定都市等に適用があるものとする.
② 第66条第1項は,前項の規定により指定都市等の長がした処分に係る審査請求について準用する.

(保護の実施機関についての特例)
第84条の3 身体障害者福祉法(昭和24年法律第283号)第18条第2項の規定により障害者の日常生活及び社会生活を総合的に支援するための法律(平成17年法律第123号)第5条第11項に規定する障害者支援施設(以下この条において「障害者支援施設」という.)に入所している者,知的障害者福祉法(昭和35年法律第37号)第16条第1項第2号若しくは障害者支援施設若しくは独立行政法人国立重度知的障害者総合施設のぞみの園法(平成14年法律第167号)第11条第1号の規定により独立行政法人国立重度知的障害者総合施設のぞみの園が設置する施設(以下この条において「のぞみの園」という.)に入所している者,老人福祉法(昭和38年法律第133号)第11条第1項第1号の規定により養護老人ホームに入所し,若しくは同項第2号の規定により特別養護老人ホームに入所している者又は障害者の日常生活及び社会生活を総合的に支援するための法律第29条第1項若しくは第30条第1項の規定により同法第19条第1項に規定する介護給付費等の支給を受けて障害者支援施設,のぞみの園若しくは第5条第1項の厚生労働省令で定める施設に入所している者に対する保護については,その者がこれらの施設に引き続き入所している間,第30条第1項ただし書の規定により入所しているものとみなして,第19条第3項の規定を適用する.

(緊急時における厚生労働大臣の事務執行)
第84条の4 第54条第1項(第54条の2第4項及び第5項並びに第55条第2項において準用する場合を含む.)の規定により都道府県知事の権限に属するものとされている事務は,被保護者の利益を保護する緊急の必要があると厚生労働大臣が認める場合にあつては,厚生労働大臣又は都道府県知事が行うものとする.この場合においては,この法律の規定中都道府県知事に関する規定(当該事務に係るものに限る.)は,厚生労働大臣に関する規定として厚生労働大臣に適用があるものとする.
② 前項の場合において,厚生労働大臣又は都道府県知事が当該事務を行うときは,相互に密接な連携の下に行うものとする.

(事務の区分)
第84条の5 別表第3の上欄に掲げる地方公共団体がそれぞれ同表の下欄に掲げる規定により処理することとされている事務は,地方自治法第2条第9項第1号に規定する第1号法定受託事務とする.

(権限の委任)
第84条の6 ① この法律に規定する厚生労働大臣の権限は,厚生労働省令で定めるところにより,地方厚生局長に委任することができる.
② 前項の規定により地方厚生局長に委任された権限は,厚生労働省令で定めるところにより,地方厚生支局長に委任することができる.

(罰則)
第85条 ① 不実の申請その他不正な手段により保護を受け,又は他人をして受けさせた者は,3年以下の懲役又は100万円以下の罰金に処する.ただし,刑法(明治40年法律第45号)に正条があるときは,刑法による.
② 偽りその他不正な手段により就労自立給付金の支給を受け,又は他人をして受けさせた者は,3年以下の懲役又は100万円以下の罰金に処する.ただし,刑法に正条があるときは,刑法による.

第85条の2 第55条の6第3項の規定に違反した者は,1年以下の懲役又は100万円以下の罰金に処する.

第86条 ① 第44条第1項,第54条第1項(第54条の2第4項及び第5項並びに第55条第2項において準用する場合を含む.以下この項において同じ.),第55条の5若しくは第74条第2項第1号の規定による報告を怠り,若しくは虚偽の報告をし,第54条第1項の規定による物件の提出若しくは提示をせず,若しくは虚偽の物件の提出若しくは提示をし,若しくは同項の規定による当該職員の質問に対して,答弁せず,若しくは虚偽の答弁をし,又は第28条第1項(要保護者が違反した場合を除く.),第44条第1項若しくは第54条第1項の規定による当該職員の調査若しくは検査を拒み,妨げ,若しくは忌避したときは,30万円以下の罰金に処する.
② 法人の代表者又は法人若しくは人の代理人,使用

人その他の従業者が,その法人又は人の業務に関し,前項の違反行為をしたときは,行為者を罰するほか,その法人又は人に対しても前項の刑を科する.

109 生活保護法施行令(抄)

(昭25・5・20政令第148号,昭25・5・20施行,最終改正:平28・3・4政令第56号)

(保護に関する事務の委託)
第1条 ① 生活保護法(以下「法」という.)第19条第4項に規定する保護の実施機関(以下この条において「保護の実施機関」という.)は,要保護者との連絡上保護に関する事務を他の保護の実施機関に委託して行うことが適当であると認めるときは,同法第5項の規定により,当該要保護者に係る保護に関する事務を他の保護の実施機関に委託することができる.
② 関係の保護の事務の委託に当つては,関係の保護の実施機関は,協議により当該委託に関する条件を定め,議会の同意を経なければならない.
③ 保護の実施機関は,法第19条第5項の規定により保護に関する事務の委託を行い,又は委託を受けたときは,その旨を告示しなければならない.

(政令で定める事項)
第2条の2 法第29条第1項第1号に規定する政令で定める事項は,支出の状況とする.

(保護の方法の特例)
第3条 法第37条の2に規定する被保護者が支払うべき費用で政令で定めるものは,次の表の上欄に掲げる費用とし,同条に規定する政令で定める者は,同表の上欄に掲げる費用の額に相当する金銭について,それぞれ同表の下欄に掲げる者とする.

支払うべき費用であつて政令で定めるもの	政令で定める者
法第31条第3項の規定により交付する保護金品により支払うべき費用であつて,住宅を賃借して居住することに伴い通常必要とされる費用のうち厚生労働省令で定めるもの	当該被保護者に対し当該費用に係る債権を有する者
法第31条第3項の規定により交付する保護金品により支払うべき費用であつて,社会福祉法(昭和26年法律第45号)第2条第2項第7号に規定する生計困難者に対して無利子又は低利で資金を融資する事業による貸付金の償還に係るもの	当該被保護者に対し当該貸付金に係る債権を有する者
法第33条第4項の規定により交付する保護金品	当該被保護者に対し法第14条各号に規定する事項の提供に係る債権を有する者
法第37条の2に規定する介護保険料	当該被保護者を被保険者とする市町村及び特別区

(政令で定める機関)
第4条 法第49条に規定する病院又は診療所に準ずるものとして政令で定めるものは,次に掲げるものとする.
1 健康保険法(大正11年法律第70号)第88条第1項に規定する指定訪問看護事業者
2 介護保険法(平成9年法律第123号)第41条第1項に規定する指定居宅サービス事業者(同法第8条第4項に規定する訪問看護を行う者に限る.)又は同法第53条第1項に規定する指定介護予防サービス事業者(同法第8条の2第3項に規定する介護予防訪問看護を行う者に限る.)

(就労自立給付金の支給に関する事務の委託)
第8条 ① 法第55条の4第2項に規定する支給機関(以下この条において「支給機関」という.)は,被保護者との連絡上就労自立給付金の支給に関する事務を他の支給機関に委託して行うことが適当であると認めるときは,同条第3項の規定により,当該被保護者に係る就労自立給付金の支給に関する事務を他の支給機関に委託することができる.
《②,③(略)》

(大都市等の特例)
第10条の2 ① 地方自治法(昭和22年法律第67号)第252条の19第1項の指定都市(以下「指定都市」という.)において,法第84条の2第1項の規定により,指定都市が処理する事務については,地方自治法施行令(昭和22年政令第16号)第174条の29第1項から第5項までに定めるところによる.
② 地方自治法第252条の22第1項の中核市(以下「中核市」という.)において,法第84条の2第1項の規定により,中核市が処理する事務については,地方自治法施行令第174条の49の5に定めるところによる.

(町村の一部事務組合等)**第11条**(略)

(事務の区分)
第12条 第1条第2項及び第3項並びに第8条第2項及び第3項の規定により都道府県,市及び福祉事務所を設置する町村が処理することとされている事務は,地方自治法第2条第9項第1号に規定する第1号法定受託事務とする.

110 生活保護法施行規則(抄)

(昭25・5・20厚生省令第21号,昭25・5・20施行,最終改正:平27・3・31厚生労働省令第57号)

(申 請)
第1条 ① 生活保護法(昭和25年法律第144号,以下「法」という.)第24条第1項(同条第9項において準用する場合を含み,次項において同じ.)の規定による保護の開始の申請は,保護の開始を申請する者(以下「申請者」という.)の居住地又は現在地の保護の実施機関に対して行うものとする.
② 保護の実施機関は,法第24条第1項の規定による保護の開始の申請について,申請者が申請する意思を表明しているときは,当該申請が速やかに行われるよう必要な援助を行わなければならない.
③ 法第24条第1項第5号(同条第9項において準用する場合を含む.)の厚生労働省令で定める事項は,次の各号に掲げる事項とする.
1 要保護者の性別及び生年月日
2 その他必要な事項
④ 法第15条の2第1項に規定するところの介護扶助(同条第2項に規定する居宅介護又は同条第5項に規定する介護予防に限る.)を申請する者は,

法第15条の2第3項に規定する居宅介護支援計画又は同条第6項に規定する介護予防支援計画の写しを添付しなければならない．ただし，介護保険法（平成9年法律第123号）第9条各号のいずれにも該当しない者であつて保護を要するものが介護扶助の申請を行う場合は，この限りでない．
⑤ 法第18条第2項に規定する葬祭扶助を申請する者は，次に掲げる事項を記載した申請書を保護の実施機関（法第18条第2項第2号に掲げる場合にあつては，当該死者の生前の居住地又は現在地の保護の実施機関）に提出しなければならない．ただし，当該申請書を作成することができない特別の事情があるときは，この限りではない．
1 申請者の氏名及び住所又は居所
2 死者の氏名，生年月日，死亡の年月日，死亡時の住所又は居所及び葬祭を行う者との関係
3 葬祭を行うために必要とする金額
4 法第18条第2項第2号の場合においては，遺留の金品の状況
⑥ 保護の実施機関は，第4項又は前項に規定する書類又は申請書のほか，保護の決定に必要な書類の提出を求めることができる．

（扶養義務者に対する通知）
第2条 ① 法第24条第8項による通知は，次の各号のいずれにも該当する場合に限り，行うものとする．
1 保護の実施機関が，当該扶養義務者に対して法第77条第1項の規定による費用の徴収を行う蓋然性が高いと認めた場合
2 保護の実施機関が，申請者が配偶者からの暴力の防止及び被害者の保護等に関する法律（平成13年法律第31号）第1条第1項に規定する配偶者からの暴力を受けているものでないと認めた場合
3 前各号に掲げる場合のほか，保護の実施機関が，当該通知を行うことにより申請者の自立に重大な支障を及ぼすおそれがないと認めた場合
② 法第24条第8項に規定する厚生労働省令で定める事項は，次に掲げるものとする．
1 申請者の氏名
2 前号に規定する者から保護の開始の申請があつた日

（報告の求め）
第3条 保護の実施機関は，法第28条第2項の規定により要保護者の扶養義務者に報告を求める場合には，当該扶養義務者が民法（明治29年法律第89号）の規定による扶養義務を履行しておらず，かつ，当該求めが次の各号のいずれにも該当する場合に限り，行うものとする．
1 保護の実施機関が，当該扶養義務者に対して法第77条第1項の規定による費用の徴収を行う蓋然性が高いと認めた場合
2 保護の実施機関が，要保護者が配偶者からの暴力の防止及び被害者の保護等に関する法律第1条第1項に規定する配偶者からの暴力を受けているものでないと認めた場合
3 前各号に掲げる場合のほか，保護の実施機関が，当該求めを行うことにより要保護者の自立に重大な支障を及ぼすおそれがないと認めた場合

（指定医療機関の指定の申請）第10条 （略）
（診療報酬の請求及び支払）
第17条 ① 都道府県知事が法第53条第1項（法第55条の2において準用する場合を含む．）の規定により医療費の審査を行うこととしている場合においては，指定医療機関（医療保護施設を含む．この条において以下同じ．）は，療養の給付及び公費負担医療に関する費用の請求に関する省令（昭和51年厚生省令第36号）又は訪問看護療養費及び公費負担医療に関する費用の請求に関する省令（平成4年厚生省令第5号）の定めるところにより，当該指定医療機関が行つた医療に係る診療報酬を請求するものとする．
② 前項の場合において，都道府県，市及び福祉事務所を設置する町村は，当該指定医療機関に対し，都道府県知事が当該指定医療機関の所在する都道府県の社会保険診療報酬支払基金事務所に設けられた審査委員会又は社会保険診療報酬支払基金法（昭和23年法律第129号）に定める特別審査委員会の意見を聴いて決定した額に基づいて，その診療報酬を支払うものとする．

（介護の報酬の請求及び支払）
第18条 ① 都道府県知事が法第54条の2第4項及び第5項において準用する法第53条第1項の規定により介護の報酬の審査を行うこととしている場合においては，指定介護機関は，介護給付費及び公費負担医療に関する費用等の請求に関する省令（平成12年厚生省令第20号）の定めるところにより，当該指定介護機関が行つた介護に係る介護の報酬を請求するものとする．
② 前項の場合において，都道府県，市及び福祉事務所を設置する町村は，当該指定介護機関に対し，都道府県知事が当該指定介護機関の所在する介護給付費等審査委員会の意見を聴いて決定した額に基づいて，その介護の報酬を支払うものとする．

（厚生労働省令で定める安定した職業）
第18条の2 法第55条の4第4項の厚生労働省令で定める安定した職業は，おおむね6月以上雇用されることが見込まれ，かつ，最低限度の生活を維持するために必要な収入を得ることができると認められるものとする．

（厚生労働省令で定める事由）
第18条の3 法第55条の4第1項の厚生労働省令で定める事由は，次に掲げるものとする．
1 被保護者が事業を開始し，おおむね6月以上最低限度の生活を維持するために必要な収入を得ることができると認められること．
2 就労による収入がある被保護世帯において，当該就労による収入の増加により，おおむね6月以上最低限度の生活を維持するために必要な収入を得ることができると認められること．
3 就労による収入以外の収入を得ている被保護世帯において，当該世帯に属する被保護者が職業（前条に規定する安定した職業を除く．）に就いたことにより，おおむね6月以上最低限度の生活を維持するために必要な収入を得ることができると認められること．

（就労自立給付金の支給の申請）第18条の4 （略）
（就労自立給付金の支給）
第18条の5 就労自立給付金は，厚生労働大臣が定める算定方法により算定した金額を，世帯を単位として，保護の廃止の決定の際に支給するものとする．

（3年以内に就労自立給付金の支給を受けた被保護者への不支給）
第18条の6 就労自立給付金は，就労自立給付金の支給を受けた日から起算して3年を経過しない被保護者には支給しないものとする．ただし，支給機

関が当該被保護者が就労自立給付金の支給を受けることにつきやむを得ない事由があると認めたときは,この限りでない.
(法第55条の6第2項に規定する厚生労働省令で定める者)
第18条の7 法第55条の6第2項に規定する厚生労働省令で定める者は,法第55条の6第1項の被保護者就労支援事業を適切,公正,中立かつ効率的に実施することができる者であつて,社会福祉法人又は一般社団法人,一般財団法人,特定非営利活動促進法(平成10年法律第7号)第2条第2項に規定する特定非営利活動法人その他保護の実施機関が適当と認めるものとする.
(保護の変更等の権限)
第19条 法第62条第3項に規定する保護の実施機関の権限は,法第27条第1項の規定により保護の実施機関が書面によつて行つた指導又は指示に,被保護者が従わなかつた場合でなければ行使してはならない.
(費用等の徴収)
第22条の3 ① 法第78条の2第1項及び第2項の規定による申出は,次に掲げる事項を記載した申出書を保護の実施機関に提出することによつて行うものとする.
1 被保護者の氏名及び住所又は居所
2 保護金品(金銭給付によつて行うものに限る.)又は就労自立給付金の一部を,法第78条第1項の規定により保護費を支弁した都道府県又は市町村の長が徴収することができる徴収金の納入に充てる旨
② 保護の実施機関は,前項の規定による申出書の提出があつた場合であつて当該申出に係る徴収金の額を決定するに当たつては,当該徴収金の徴収後においても被保護者が最低限度の生活を維持することができる範囲で行うものとする.
(権限の委任)
第23条 ① 法第84条の6第1項の規定により,次に掲げる厚生労働大臣の権限は,地方厚生局長に委任する.ただし,厚生労働大臣が第1号,第2号,第4号,第7号及び第10号に掲げる権限を自ら行うことを妨げない.
1 法第23条第1項に規定する権限
2 法第45条第1項に規定する権限
3 法第49条に規定する指定に関する権限
4 法第50条第2項に規定する権限
5 法第50条の2(法第54条の2第4項において準用する場合を含む.)に規定する権限
6 法第51条第2項(法第54条の2第4項において準用する場合を含む.)に規定する権限
7 法第54条第1項(法第54条の2第4項において準用する場合を含む.)に規定する権限
8 法第54条の2第1項に規定する指定に関する権限
9 法第55条の3に規定する権限
10 法第84条の4第1項に規定する権限
② 法第84条の6第2項の規定により,前項各号に規定する権限は,地方厚生支局長に委任する.ただし,地方厚生局長が当該権限を自ら行うことを妨げない.
(厚生労働省令で定める通常必要とされる費用)
第23条の2 生活保護法施行令第3条の表の法第31条第3項の規定により交付する保護金品により支払うべき費用であつて,住宅を賃借して居住することに伴い通常必要とされる費用のうち厚生労働省令で定めるものの項に規定する厚生労働省令で定めるものは,被保護者が賃借して居住する住宅に係る共益費とする.
(大都市の特例) 第24条(略)
(中核市の特例) 第25条(略)
(町村の一部事務組合等) 第26条(略)

111 行旅病人及行旅死亡人取扱法(抄)

(明32・3・28法律第93号,明32・7・1施行,最終改正:昭61・12・26法律第109号)

第1条 ① 此ノ法律ニ於テ行旅病人ト称スルハ歩行ニ堪ヘサル行旅中ノ病人ニシテ療養ノ途ヲ有セス且救護者ナキ者ヲ謂ヒ行旅死亡人ト称スルハ行旅中死亡シ引取者ナキ者ヲ謂フ
② 住所,居所又ハ氏名知レス且引取者ナキ死亡人ハ行旅死亡人ト看做ス
③ 前2項ノ外行旅病人及行旅死亡人ニ準スヘキ者ハ政令ヲ以テ之ヲ定ム
第2条 ① 行旅病人ハ其ノ所在地市町村之ヲ救護スヘシ
② 必要ノ場合ニ於テハ市町村ハ行旅病人ノ同伴者ニ対シテ亦相当ノ救護ヲ為スヘシ
第4条 救護ニ要シタル費用ハ被救護者ノ負担トシ被救護者ヨリ弁償ヲ得サルトキハ其ノ扶養義務者ノ負担トス
第6条 扶養義務者ニ対スル被救護者引取ノ請求及救護費用弁償ノ請求ハ扶養義務者中ノ何人ニ対シテモ之ヲ請求スルコトヲ得但シ費用ノ弁償ヲ為シタル者ハ民法第878条ニ依リ扶養ノ義務ヲ履行スヘキ者ニ対シ求償ヲ為スヲ妨ケス

112 生活困窮者自立支援法

(平25・12・13法律第105号,平27・4・1施行,最終改正:平28・5・20法律第47号)

第1章 総則

(目的)
第1条 この法律は,生活困窮者自立相談支援事業の実施,生活困窮者住居確保給付金の支給その他の生活困窮者に対する自立の支援に関する措置を講ずることにより,生活困窮者の自立の促進を図ることを目的とする.
(定義)
第2条 ① この法律において「生活困窮者」とは,現に経済的に困窮し,最低限度の生活を維持することができなくなるおそれのある者をいう.
② この法律において「生活困窮者自立相談支援事業」とは,次に掲げる事業をいう.
1 就労の支援その他の自立に関する問題につき,

生活困窮者からの相談に応じ,必要な情報の提供及び助言を行う事業
2　生活困窮者に対し,認定生活困窮者就労訓練事業（第10条第3項に規定する認定生活困窮者就労訓練事業をいう.）の利用についてのあっせんを行う事業
3　生活困窮者に対し,当該生活困窮者に対する支援の種類及び内容その他の厚生労働省令で定める事項を記載した計画の作成その他の生活困窮者の自立の促進を図るための支援が一体的かつ計画的に行われるための援助として厚生労働省令で定めるものを行う事業
③　この法律において「生活困窮者住居確保給付金」とは,生活困窮者のうち離職又はこれに準ずるものとして厚生労働省令で定める事由により経済的に困窮し,居住する住宅の所有権若しくは使用及び収益を目的とする権利を失い,又は現に賃借して居住する住宅の家賃を支払うことが困難となったものであって,就職を容易にするため住居を確保する必要があると認められるものに対し支給する給付金をいう.
④　この法律において「生活困窮者就労準備支援事業」とは,雇用による就業が著しく困難な生活困窮者（当該生活困窮者及び当該生活困窮者と同一の世帯に属する者の資産及び収入の状況その他の事情を勘案して厚生労働省令で定めるものに限る.）に対し,厚生労働省令で定める期間にわたり,就労に必要な知識及び能力の向上のために必要な訓練を行う事業をいう.
⑤　この法律において「生活困窮者一時生活支援事業」とは,一定の住居を持たない生活困窮者（当該生活困窮者及び当該生活困窮者と同一の世帯に属する者の資産及び収入の状況その他の事情を勘案して厚生労働省令で定めるものに限る.）に対し,厚生労働省令で定める期間にわたり,宿泊場所の供与,食事の提供その他当該宿泊場所において日常生活を営むのに必要な便宜として厚生労働省令で定める便宜を供与する事業をいう.
⑥　この法律において「生活困窮者家計相談支援事業」とは,生活困窮者の家計に関する問題につき,生活困窮者からの相談に応じ,必要な情報の提供及び助言を行い,併せて支出の節約に関する指導その他家計に関する継続的な指導及び生活に必要な資金の貸付けのあっせんを行う事業（生活困窮者自立相談支援事業に該当するものを除く.）をいう.

(市及び福祉事務所を設置する町村等の責務)
第3条　①　市（特別区を含む.）及び福祉事務所（社会福祉法（昭和26年法律第45号）に規定する福祉に関する事務所をいう.以下同じ.）を設置する町村（以下「市等」という.）は,この法律の実施に関し,公共職業安定所その他の職業安定機関,教育機関その他の関係機関（次項第2号において単に「関係機関」という.）との緊密な連携を図りつつ,適切に生活困窮者自立相談支援事業及び生活困窮者住居確保給付金の支給を行う責務を有する.
②　都道府県は,この法律の実施に関し,次に掲げる責務を有する.
1　市等が行う生活困窮者自立相談支援事業及び生活困窮者住居確保給付金の支給並びに生活困窮者就労準備支援事業,生活困窮者一時生活支援事業,生活困窮者家計相談支援事業その他生活困窮者の自立の促進を図るために必要な事業が適正かつ円滑に行われるよう,市等に対する必要な助言,情報の提供その他の援助を行うこと.
2　関係機関との緊密な連携を図りつつ,適切に生活困窮者自立相談支援事業及び生活困窮者住居確保給付金の支給を行うこと.
③　国は,都道府県及び市等（以下「都道府県等」という.）が行う生活困窮者自立相談支援事業及び生活困窮者住居確保給付金の支給並びに生活困窮者就労準備支援事業,生活困窮者一時生活支援事業,生活困窮者家計相談支援事業その他生活困窮者の自立の促進を図るために必要な事業が適正かつ円滑に行われるよう,都道府県等に対する必要な助言,情報の提供その他の援助を行わなければならない.

第2章　都道府県等による支援の実施

(生活困窮者自立相談支援事業)
第4条　①　都道府県等は,生活困窮者自立相談支援事業を行うものとする.
②　都道府県等は,生活困窮者自立相談支援事業の事務の全部又は一部を当該都道府県等以外の厚生労働省令で定める者に委託することができる.
③　前項の規定による委託を受けた者若しくはその役員若しくは職員又はこれらの者であった者は,その委託を受けた事務に関して知り得た秘密を漏らしてはならない.

(生活困窮者住居確保給付金の支給)
第5条　①　都道府県等は,その設置する福祉事務所の所管区域内に居住地を有する生活困窮者のうち第2条第3項に規定するもの（当該生活困窮者及び当該生活困窮者と同一の世帯に属する者の資産及び収入の状況その他の事情を勘案して厚生労働省令で定めるものに限る.）に対し,生活困窮者住居確保給付金を支給するものとする.
②　前項に規定するもののほか,生活困窮者住居確保給付金の額及び支給期間その他生活困窮者住居確保給付金の支給に関し必要な事項は,厚生労働省令で定める.

(生活困窮者就労準備支援事業等)
第6条　①　都道府県等は,生活困窮者自立相談支援事業及び生活困窮者住居確保給付金の支給のほか,次に掲げる事業を行うことができる.
1　生活困窮者就労準備支援事業
2　生活困窮者一時生活支援事業
3　生活困窮者家計相談支援事業
4　生活困窮者である子どもに対し学習の援助を行う事業
5　その他生活困窮者の自立の促進を図るために必要な事業
②　第4条第2項及び第3項の規定は,前項の規定により都道府県等が行う事業について準用する.

(市等の支弁)
第7条　次に掲げる費用は,市等の支弁とする.
1　第4条第1項の規定により市等が行う生活困窮者自立相談支援事業の実施に要する費用
2　第5条第1項の規定により市等が行う生活困窮者住居確保給付金の支給に要する費用
3　前条第1項の規定により市等が行う生活困窮者就労準備支援事業及び生活困窮者一時生活支援事業の実施に要する費用
4　前条第1項の規定により市等が行う生活困窮者家計相談支援事業並びに同項第4号及び第5号に

掲げる事業の実施に要する費用（都道府県の支弁）
第8条 次に掲げる費用は、都道府県の支弁とする。
1 第4条第1項の規定により都道府県が行う生活困窮者自立相談支援事業の実施に要する費用
2 第5条第1項の規定により都道府県が行う生活困窮者住居確保給付金の支給に要する費用
3 第6条第1項の規定により都道府県が行う生活困窮者就労準備支援事業及び生活困窮者一時生活支援事業の実施に要する費用
4 第6条第1項の規定により都道府県が行う生活困窮者家計相談支援事業並びに同項第4号及び第5号に掲げる事業の実施に要する費用

（国の負担及び補助）
第9条 ① 国は、政令で定めるところにより、次に掲げるものの4分の3を負担する。
1 第7条の規定により市等が支弁する同条第1号に掲げる費用のうち当該市等における人口、被保護者（生活保護法（昭和25年法律第144号）第6条第1項に規定する被保護者をいう。第3号において同じ。）の数その他の事情を勘案して政令で定めるところにより算定した額
2 第7条の規定により市等が支弁する費用のうち、同条第2号に掲げる費用
3 前条の規定により都道府県が支弁する同条第1号に掲げる費用のうち当該都道府県の設置する福祉事務所の所管区域内の町村における人口、被保護者の数その他の事情を勘案して政令で定めるところにより算定した額
4 前条の規定により都道府県が支弁する費用のうち、同条第2号に掲げる費用
② 国は、予算の範囲内において、政令で定めるところにより、次に掲げるものを補助することができる。
1 第7条の規定により市等及び都道府県が支弁する費用のうち、第7条第3号及び前条第3号に掲げる費用の3分の2以内
2 前2条の規定により市等及び都道府県が支弁する費用のうち、第7条第4号及び前条第4号に掲げる費用の2分の1以内

第3章 生活困窮者就労訓練事業の認定

第10条 ① 雇用による就業を継続して行うことが困難な生活困窮者に対し、就労の機会を提供するとともに、就労に必要な知識及び能力の向上のために必要な訓練その他の厚生労働省令で定める便宜を供与する事業（以下この条において「生活困窮者就労訓練事業」という。）を行う者は、厚生労働省令で定めるところにより、当該生活困窮者就労訓練事業が生活困窮者の就労に必要な知識及び能力の向上のための基準として厚生労働省令で定める基準に適合していることにつき、都道府県知事の認定を受けることができる。
② 都道府県知事は、生活困窮者就労訓練事業が前項の基準に適合していると認めるときは、同項の認定をするものとする。
③ 都道府県知事は、第1項の認定に係る生活困窮者就労訓練事業（第15条第2項において「認定生活困窮者就労訓練事業」という。）が第1項の基準に適合しないものとなったと認めるときは、同項の認定を取り消すことができる。

第4章 雑 則

（雇用の機会の確保）
第11条 ① 国及び地方公共団体は、生活困窮者の雇用の機会の確保を図るため、職業訓練の実施、就職のあっせんその他の必要な措置を講ずるように努めるものとする。
② 国及び地方公共団体は、生活困窮者の雇用の機会の確保を図るため、国及び地方公共団体の講ずる措置が密接な連携の下に円滑かつ効果的に実施されるように相互に連絡し、及び協力するものとする。
③ 公共職業安定所は、生活困窮者の雇用の機会の確保を図るため、求人に関する情報の収集及び提供、生活困窮者を雇用する事業主に対する援助その他の必要な措置を講ずるように努めるものとする。
④ 公共職業安定所は、生活困窮者の雇用の機会の確保を図るため、職業安定法（昭和22年法律第141号）第29条第1項の規定により無料の職業紹介事業を行う都道府県等が求人に関する情報の提供を希望するときは、当該都道府県等に対して、当該求人に関する情報を電磁的方法（電子情報処理組織を使用する方法その他の情報通信の技術を利用する方法をいう。）その他厚生労働省令で定める方法により提供するものとする。

（不正利得の徴収）
第12条 ① 偽りその他不正の手段により生活困窮者住居確保給付金の支給を受けた者があるときは、都道府県等は、その者から、その支給を受けた生活困窮者住居確保給付金の額に相当する金額の全部又は一部を徴収することができる。
② 前項の規定による徴収金は、地方自治法（昭和22年法律第67号）第231条の3第3項に規定する法律で定める歳入とする。

（受給権の保護）
第13条 生活困窮者住居確保給付金の支給を受けることとなった者の当該支給を受ける権利は、譲り渡し、担保に供し、又は差し押さえることができない。

（公課の禁止）
第14条 租税その他の公課は、生活困窮者住居確保給付金として支給を受けた金銭を標準として課することができない。

（報告等）
第15条 ① 都道府県等は、生活困窮者住居確保給付金の支給に関して必要があると認めるときは、この法律の施行に必要な限度において、当該生活困窮者住居確保給付金の支給を受けた生活困窮者又は生活困窮者であった者に対し、報告若しくは文書その他の物件の提出若しくは提示を命じ、又は当該職員に質問させることができる。
② 都道府県知事は、この法律の施行に必要な限度において、認定生活困窮者就労訓練事業を行う者又は認定生活困窮者就労訓練事業を行っていた者に対し、報告を求めることができる。
③ 第1項の規定による質問を行う場合においては、当該職員は、その身分を示す証明書を携帯し、かつ、関係者の請求があるときは、これを提示しなければならない。
④ 第1項の規定による権限は、犯罪捜査のために認められたものと解釈してはならない。

（資料の提供等）

第16条 ① 都道府県等は,生活困窮者住居確保給付金の支給又は生活困窮者就労準備支援事業若しくは生活困窮者一時生活支援事業の実施に関して必要があると認めるときは,生活困窮者,生活困窮者の配偶者若しくは生活困窮者の属する世帯の世帯主その他の世帯に属する者又はこれらの者であった者の資産又は収入の状況につき,官公署に対し必要な文書の閲覧若しくは資料の提供を求め,又は銀行,信託会社その他の機関若しくは生活困窮者の雇用主その他の関係者に報告を求めることができる.
② 都道府県等は,生活困窮者住居確保給付金の支給に関して必要があると認めるときは,当該生活困窮者住居確保給付金の支給を受ける生活困窮者若しくは当該生活困窮者に対し当該生活困窮者が居住する住宅を賃貸する者若しくはその役員若しくは職員又はこれらの者であった者に,当該住宅の状況につき,報告を求めることができる.

(町村の一部事務組合等)
第17条 町村が一部事務組合又は広域連合を設けて福祉事務所を設置した場合には,この法律の適用については,その一部事務組合又は広域連合を福祉事務所を設置する町村とみなす.

(大都市等の特例)
第18条 この法律中都道府県が処理することとされている事務で政令で定めるものは,地方自治法第252条の19第1項の指定都市(以下この条において「指定都市」という.)及び同法第252条の22第1項の中核市(以下この条において「中核市」という.)においては,政令の定めるところにより,指定都市又は中核市が処理するものとする.この場合においては,この法律中都道府県に関する規定は,指定都市又は中核市に関する規定として指定都市又は中核市に適用があるものとする.

(実施規定)
第19条 この法律に特別の規定があるものを除くほか,この法律の実施のための手続その他その執行について必要な細則は,厚生労働省令で定める.

第5章 罰則

第20条 偽りその他不正の手段により生活困窮者住居確保給付金の支給を受け,又は他人をして受けさせた者は,3年以下の懲役又は100万円以下の罰金に処する.ただし,刑法(明治40年法律第45号)に正条があるときは,刑法による.
第21条 第4条第3項(第6条第2項において準用する場合を含む.)の規定に違反した者は,1年以下の懲役又は100万円以下の罰金に処する.
第22条 次の各号のいずれかに該当する者は,30万円以下の罰金に処する.
1 第15条第1項の規定による命令に違反して,報告若しくは物件の提出若しくは提示をせず,若しくは虚偽の報告若しくは虚偽の物件の提出若しくは提示をし,又は当該職員の質問に対して,答弁せず,若しくは虚偽の答弁をした者
2 第15条第2項の規定による報告をせず,又は虚偽の報告をした者
第23条 法人の代表者又は法人若しくは人の代理人,使用人その他の従業者が,その法人又は人の業務に関して第20条又は前条第2号の違反行為をしたときは,行為者を罰するほか,その法人又は人に対して各本条の罰金刑を科する.

113 ホームレスの自立の支援等に関する特別措置法(抄)
(平14・8・7法律第105号,平14・8・7施行,最終改正:平24・6・27法律第46号)

第1章 総則

(目的)
第1条 この法律は,自立の意思がありながらホームレスとなることを余儀なくされた者が多数存在し,健康で文化的な生活を送ることができないでいるとともに,地域社会とのあつれきが生じつつある現状にかんがみ,ホームレスの自立の支援,ホームレスとなることを防止するための生活上の支援に関し,国等の果たすべき責務を明らかにするとともに,ホームレスの人権に配慮し,かつ,地域社会の理解と協力を得つつ,必要な施策を講ずることにより,ホームレスに関する問題の解決に資することを目的とする.

(定義)
第2条 この法律において「ホームレス」とは,都市公園,河川,道路,駅舎その他の施設を故なく起居の場所とし,日常生活を営んでいる者をいう.

(ホームレスの自立の支援等に関する施策の目標等)
第3条 ① ホームレスの自立の支援等に関する施策の目標は,次に掲げる事項とする.
1 自立の意思があるホームレスに対し,安定した雇用の場の確保,職業能力の開発等による就業の機会の確保,住宅への入居の支援等による安定した居住の場所の確保並びに健康診断,医療の提供等による保健及び医療の確保に関する施策並びに生活に関する相談及び指導を実施することにより,これらの者を自立させること.
2 ホームレスとなることを余儀なくされるおそれのある者が多数存在する地域を中心として行われる,これらの者に対する就業の機会の確保,生活に関する相談及び指導の実施その他の生活上の支援により,これらの者がホームレスとなることを防止すること.
3 前2号に掲げるもののほか,宿泊場所の一時的な提供,日常生活の需要を満たすために必要な物品の支給その他の緊急に行うべき援助,生活保護法(昭和25年法律第144号)による保護の実施,国民への啓発活動等によるホームレスの人権の擁護,地域における生活環境の改善及び安全の確保等により,ホームレスに関する問題の解決を図ること.
② ホームレスの自立の支援等に関する施策については,ホームレスの自立のためには就業の機会が確保されることが最も重要であることに留意しつつ,前項の目標に従って総合的に推進されなければならない.

(ホームレスの自立への努力)
第4条 ホームレスは,その自立を支援するための国及び地方公共団体の施策を活用すること等によ

り，自らの自立に努めるものとする．
(国の責務)
第5条　国は，第3条第1項各号に掲げる事項につき，総合的な施策を策定し，及びこれを実施するものとする．
(地方公共団体の責務)
第6条　地方公共団体は，第3条第1項各号に掲げる事項につき，当該地方公共団体におけるホームレスに関する問題の実情に応じた施策を策定し，及びこれを実施するものとする．
(国民の協力)
第7条　国民は，ホームレスに関する問題について理解を深めるとともに，地域社会において，国及び地方公共団体が実施する施策に協力すること等により，ホームレスの自立の支援等に努めるものとする．

第2章　基本方針及び実施計画

(基本方針)
第8条　① 厚生労働大臣及び国土交通大臣は，第14条の規定による全国調査を踏まえ，ホームレスの自立の支援等に関する基本方針(以下「基本方針」という．)を策定しなければならない．
② 基本方針は，次に掲げる事項について策定するものとする．
　1　ホームレスの就業の機会の確保，安定した居住の場所の確保，保健及び医療の確保並びに生活に関する相談及び指導に関する事項
　2　ホームレス自立支援事業(ホームレスに対し，一定期間宿泊場所を提供した上，健康診断，身元の確認並びに生活に関する相談及び指導を行うとともに，就業の相談及びあっせん等を行うことにより，その自立を支援する事業をいう．)その他のホームレスの個々の事情に対応したその自立を総合的に支援する事業の実施に関する事項
　3　ホームレスとなることを余儀なくされるおそれのある者が多数存在する地域を中心として行われるこれらの者に対する生活上の支援に関する事項
　4　ホームレスに対し緊急に行うべき援助に関する事項，生活保護法による保護の実施に関する事項，ホームレスの人権の擁護に関する事項並びに地域における生活環境の改善及び安全の確保に関する事項
　5　ホームレスの自立の支援等を行う民間団体との連携に関する事項
　6　前各号に掲げるもののほか，ホームレスの自立の支援等に関する基本的な事項
③ 厚生労働大臣及び国土交通大臣は，基本方針を策定しようとするときは，総務大臣その他関係行政機関の長と協議しなければならない．

(実施計画)
第9条　① 都道府県は，ホームレスに関する問題の実情に応じた施策を実施するため必要があると認められるときは，基本方針に即し，当該施策を実施するための計画を策定しなければならない．
② 前項の計画を策定した都道府県の区域内の市町村(特別区を含む．以下同じ．)は，ホームレスに関する問題の実情に応じた施策を実施するため必要があると認めるときは，基本方針及び同項の計画に即し，当該施策を実施するための計画を策定しなければならない．
③ 都道府県又は市町村は，第1項又は前項の計画を策定するに当たっては，地域住民及びホームレスの自立の支援等を行う民間団体の意見を聴くように努めるものとする．

第3章　財政上の措置等 (略)

第4章　民間団体の能力の活用等 (略)

Ⅵ 援護・補償等

⑭ 原子爆弾被爆者に対する援護に関する法律（抄）
（平6・12・16法律第117号，平7・7・1施行，最終改正：平26・6・13法律第69号）

（略）ここに，被爆後50年のときを迎えるに当たり，我らは，核兵器の究極的廃絶に向けての決意を新たにし，原子爆弾の惨禍が繰り返されることのないよう，恒久の平和を念願するとともに，国の責任において，原子爆弾の投下の結果として生じた放射能に起因する健康被害が他の戦争被害とは異なる特殊の被害であることにかんがみ，高齢化の進行している被爆者に対する保健，医療及び福祉にわたる総合的な援護対策を講じ，あわせて，国として原子爆弾による死没者の尊い犠牲を銘記するため，この法律を制定する．

第1章　総　則

（被爆者）
第1条　この法律において「被爆者」とは，次の各号のいずれかに該当する者であって，被爆者健康手帳の交付を受けたものをいう．
1　原子爆弾が投下された際当時の広島市若しくは長崎市の区域内又は政令で定めるこれらに隣接する区域内に在った者
2　原子爆弾が投下された時から起算して政令で定める期間内に前号に規定する区域のうちで政令で定める区域内に在った者
3　前2号に掲げる者のほか，原子爆弾が投下された際又はその後において，身体に原子爆弾の放射能の影響を受けるような事情の下にあった者
4　前3号に掲げる者が当該各号に規定する事由に該当した当時その者の胎児であった者

（被爆者健康手帳）
第2条　① 被爆者健康手帳の交付を受けようとする者は，その居住地（居住地を有しないときは，その現在地とする．）の都道府県知事に申請しなければならない．
② 被爆者健康手帳の交付を受けようとする者であって，国内に居住地及び現在地を有しないものは，前項の規定にかかわらず，政令で定めるところにより，その者が前各号に規定する事由のいずれかに該当したとする当時現に所在していた場所を管轄する都道府県知事に申請することができる．
③ 都道府県知事は，前2項の規定による申請に基づいて審査し，申請者が前条各号のいずれかに該当すると認めるときは，その者に被爆者健康手帳を交付するものとする．
④ 前3項に定めるもののほか，被爆者健康手帳に関し必要な事項は，政令で定める．

第2章　削　除　（略）

第3章　援　護

第1節　通　則
（援護の総合的実施）
第6条　国は，被爆者の健康の保持及び増進並びに福祉の向上を図るため，都道府県並びに広島市及び長崎市と連携を図りながら，被爆者に対する援護を総合的に実施するものとする．

第2節　健康管理
（健康診断）
第7条　都道府県知事は，被爆者に対し，毎年，厚生労働省令で定めるところにより，健康診断を行うものとする．

（健康診断に関する記録）
第8条　都道府県知事は，前条の規定により健康診断を行ったときは，健康診断に関する記録を作成し，かつ，厚生労働省令で定める期間，これを保存するものとする．

（指　導）
第9条　都道府県知事は，第7条の規定による健康診断の結果必要があると認めるときは，当該健康診断を受けた者に対し，必要な指導を行うものとする．

第3節　医　療
（医療の給付）
第10条　① 厚生労働大臣は，原子爆弾の傷害作用に起因して負傷し，又は疾病にかかり，現に医療を要する状態にある被爆者に対し，必要な医療の給付を行う．ただし，当該負傷又は疾病が原子爆弾の放射能に起因するものでないときは，その者の治癒能力が原子爆弾の放射能の影響を受けているため現に医療を要する状態にある場合に限る．
② 前項に規定する医療の給付の範囲は，次のとおりとする．
1　診察
2　薬剤又は治療材料の支給
3　医学的処置，手術及びその他の治療並びに施術
4　居宅における療養上の管理及びその療養に伴う世話その他の看護
5　病院又は診療所への入院及びその療養に伴う世話その他の看護
6　移送
③ 第1項に規定する医療の給付は，厚生労働大臣が第12条第1項の規定により指定する医療機関（以下「指定医療機関」という．）に委託して行うものとする．

（認　定）
第11条　① 前条第1項に規定する医療の給付を受けようとする者は，あらかじめ，当該負傷又は疾病が原子爆弾の傷害作用に起因する旨の厚生労働大臣の認定を受けなければならない．
② 厚生労働大臣は，前項の認定を行うに当たっては，審議会等（国家行政組織法（昭和23年法律第120号）第8条に規定する機関をいう．）で政令で定めるものの意見を聴かなければならない．ただし，当該負傷又は疾病が原子爆弾の傷害作用に起因すること又は起因しないことが明らかであるときは，この限りでない．

（医療機関の指定）
第12条　① 厚生労働大臣は，その開設者の同意を得て，第10条第1項に規定する医療を担当させる病院若しくは診療所（これらに準ずるものとして政令で定めるものを含む．）又は薬局を指定する．
② 指定医療機関は，30日以上の予告期間を設けて，その指定を辞退することができる．

114 原子爆弾被爆者に対する援護に関する法律（14条～26条）

③ 指定医療機関が次条第1項の規定に違反したとき、担当医師に変更があったとき、その他指定医療機関に第10条第1項に規定する医療を担当させるについて著しく不適当であると認められる理由があるときは、厚生労働大臣は、その指定を取り消すことができる。

（診療方針及び診療報酬）
第14条 ① 指定医療機関の診療方針及び診療報酬は、健康保険の診療方針及び診療報酬の例による。
② 前項に規定する診療方針及び診療報酬の例によることができないとき又はこれによることを適当としないときの診療方針及び診療報酬は、厚生労働大臣の定めるところによる。

（医療費の支給）
第17条 ① 厚生労働大臣は、被爆者が、緊急その他やむを得ない理由により、指定医療機関以外の者から第10条第2項各号に掲げる医療を受けた場合において、必要があると認めるときは、同条第1項に規定する医療の給付に代えて、医療費を支給することができる。被爆者が指定医療機関から同条第2項各号に掲げる医療を受けた場合において、当該医療が緊急その他やむを得ない理由により同条第1項の規定によらないで行われたものであるときも、同様とする。
② 前項の規定により支給する医療費の額は、第14条の規定により指定医療機関が請求することができる診療報酬の例により算定した額とする。ただし、現に要した費用の額を超えることができない。
《③（略）》

（一般疾病医療費の支給）
第18条 ① 厚生労働大臣は、被爆者が、負傷又は疾病（第10条第1項に規定する医療の給付を受けることができる負傷又は疾病、遺伝性疾病、先天性疾病及び厚生労働大臣の定めるその他の負傷又は疾病を除く。）につき、都道府県知事が次条第1項の規定により指定する医療機関（以下「被爆者一般疾病医療機関」という。）から第10条第2項各号に掲げる医療を受け、又は緊急その他やむを得ない理由により被爆者一般疾病医療機関以外の者からこれらの医療を受けたときは、その者に対し、当該医療に要した費用の額を限度として、一般疾病医療費を支給することができる。ただし、当該者が、当該負傷若しくは疾病につき、健康保険法（大正11年法律第70号）、船員保険法（昭和14年法律第73号）、国民健康保険法、国家公務員共済組合法（昭和33年法律第128号。他の法律において準用する場合を含む。）若しくは地方公務員等共済組合法（昭和37年法律第152号）（以下この条において「社会保険各法」という。）、高齢者の医療の確保に関する法律（昭和57年法律第80号）、介護保険法（平成9年法律第123号）、労働基準法（昭和22年法律第49号）、労働者災害補償保険法（昭和22年法律第50号）、船員法（昭和22年法律第100号）若しくは独立行政法人日本スポーツ振興センター法（平成14年法律第162号）の規定により医療に関する給付を受け、若しくは受けることができたとき、又は当該医療が法令の規定により国若しくは地方公共団体の負担による医療に関する給付として行われたときは、当該医療に要した費用の額から当該医療に関する給付の額を控除した額（その者が社会保険各法若しくは高齢者の医療の確保に関する法律による療養の給付を受け、又は受けることができたときは、当該療養の給付に関する当該社会保険各法若しくは高齢者の医療の確保に関する法律の規定による一部負担金に相当する額とし、当該医療が法令の規定により国又は地方公共団体の負担による医療の現物給付として行われたときは、当該医療に関する給付について行われた実費徴収の額とする。）の限度において支給するものとする。
② 前条第2項の規定は、前項の医療に要した費用の額の算定について準用する。
③ 被爆者が被爆者一般疾病医療機関から医療を受けた場合においては、厚生労働大臣は、一般疾病医療費として当該被爆者に支給すべき額の限度において、その者が当該医療に関する費用として当該被爆者一般疾病医療機関に支払うべき費用を、当該被爆者に代わり、当該医療機関に支払うことができる。
④ 前項の規定による支払があったときは、当該被爆者に対し、一般疾病医療費の支給があったものとみなす。
《⑤（略）》

（被爆者一般疾病医療機関）
第19条 ① 都道府県知事は、その開設者の同意を得て、前条第3項の規定による支払を受けることができる病院若しくは診療所（これらに準ずるものとして政令で定めるものを含む。）又は薬局を指定する。
《②、③（略）》

第4節　手当等の支給
（医療特別手当の支給）
第24条 ① 都道府県知事は、第11条第1項の認定を受けた者であって、当該認定に係る負傷又は疾病の状態にあるものに対し、医療特別手当を支給する。
② 前項に規定する者は、医療特別手当の支給を受けようとするときは、同項に規定する要件に該当することについて、都道府県知事の認定を受けなければならない。
③ 医療特別手当は、月を単位として支給するものとし、その額は、1月につき、13万5400円とする。
④ 医療特別手当の支給は、第2項の認定を受けた者が同項の認定の申請をした日の属する月の翌月から始め、第1項に規定する要件に該当しなくなった日の属する月で終わる。

（特別手当の支給）
第25条 ① 都道府県知事は、第11条第1項の認定を受けた者に対し、特別手当を支給する。ただし、その者が医療特別手当の支給を受けている場合は、この限りでない。
② 前項に規定する者は、特別手当の支給を受けようとするときは、同項に規定する要件に該当することについて、都道府県知事の認定を受けなければならない。
③ 特別手当は、月を単位として支給するものとし、その額は、1月につき、5万円とする。
④ 特別手当の支給は、第2項の認定を受けた者が同項の認定の申請をした日の属する月の翌月から始め、第1項に規定する要件に該当しなくなった日の属する月で終わる。

（原子爆弾小頭症手当の支給）
第26条 ① 都道府県知事は、被爆者であって、原子爆弾の放射能の影響による小頭症の患者であるもの（小頭症による厚生労働省令で定める範囲の精神上又は身体上の障害がない者を除く。）に対し、原子爆弾小頭症手当を支給する。
② 前項に規定する者は、原子爆弾小頭症手当の支給

を受けようとするときは,同項に規定する要件に該当することについて,都道府県知事の認定を受けなければならない.
③ 原子爆弾小頭症手当は,月を単位として支給するものとし,その額は,1月につき,4万6600円とする.
④ 原子爆弾小頭症手当の支給は,第2項の認定を受けた者が同項の認定の申請をした日の属する月の翌月から始め,その者が死亡した日の属する月で終わる.

(健康管理手当の支給)
第27条 ① 都道府県知事は,被爆者であって,造血機能障害,肝臓機能障害その他の厚生労働省令で定める障害を伴う疾病(原子爆弾の放射能の影響によるものでないことが明らかであるものを除く.)にかかっているものに対し,健康管理手当を支給する.ただし,その者が医療特別手当,特別手当又は原子爆弾小頭症手当の支給を受けている場合は,この限りでない.
② 前項に規定する者は,健康管理手当の支給を受けようとするときは,同項に規定する要件に該当することについて,都道府県知事の認定を受けなければならない.
③ 都道府県知事は,前項の認定を行う場合には,併せて当該疾病が継続すると認められる期間を定めるものとする.この場合においては,その期間は,第1項に規定する疾病の種類ごとに厚生労働大臣が定める期間内において定めるものとする.
④ 健康管理手当は,月を単位として支給するものとし,その額は,1月につき,3万3300円とする.
⑤ 健康管理手当の支給は,第2項の認定を受けた者が同項の認定の申請をした日の属する月の翌月から始め,その日から起算してその者に係る第3項の規定により定められた期間が満了する日(その期間が満了する日前に第1項に規定する要件に該当しなくなる場合にあっては,その該当しなくなった日)の属する月で終わる.

(保健手当の支給)
第28条 ① 都道府県知事は,被爆者のうち,原子爆弾が投下された際爆心地から2キロメートルの区域内に在った者又はその当時その者の胎児であった者に対し,保健手当を支給する.ただし,その者が医療特別手当,特別手当,原子爆弾小頭症手当又は健康管理手当の支給を受けている場合は,この限りでない.
② 前項に規定する者は,保健手当の支給を受けようとするときは,同項に規定する要件に該当することについて,都道府県知事の認定を受けなければならない.
③ 保健手当は,月を単位として支給するものとし,その額は,1月につき,1万6700円とする.ただし,次の各号のいずれかに該当する旨の都道府県知事の認定を受けた者であって,現に当該各号のいずれかに該当するものに支給する保健手当の額は,1月につき,3万3300円とする.
 1 厚生労働省令で定める範囲の身体上の障害(原子爆弾の傷害作用の影響によるものでないことが明らかであるものを除く.)がある者
 2 配偶者(婚姻の届出をしていないが,事実上婚姻関係と同様の事情にある者を含む.第33条第2項の者であって,子及び孫のいずれもいない70歳以上の者であって,その者と同居している者がいないもの

④ 保健手当の支給は,第2項の認定を受けた者が同項の認定の申請をした日の属する月の翌月から始め,第1項に規定する要件に該当しなくなった日の属する月で終わる.〈⑤,⑥(略)〉
(届 出)
第30条 ① 第24条第2項,第25条第2項,第26条第2項,第27条第2項又は第28条第2項の認定を受けた者は,厚生労働省令で定めるところにより,都道府県知事に対し,厚生労働省令で定める事項を届け出なければならない.
② 都道府県知事は,医療特別手当,特別手当,原子爆弾小頭症手当,健康管理手当又は保健手当の支給を受けている者が,正当な理由がなく前項の規定による届出をしないときは,その支払を一時差し止めることができる.

(介護手当の支給)
第31条 都道府県知事は,被爆者であって,厚生労働省令で定める範囲の精神上又は身体上の障害(原子爆弾の傷害作用の影響によるものでないことが明らかであるものを除く.以下この条において同じ.)により介護を要する状態にあり,かつ,介護を受けているものに対し,その介護を受けている期間について,政令で定めるところにより,介護手当を支給する.ただし,その者(その精神上又は身体上の障害が重度の障害として厚生労働省令で定めるものに該当する者を除く.)が介護者に対し介護に要する費用を支出しないで介護を受けている期間については,この限りでない.

(葬祭料の支給)
第32条 都道府県知事は,被爆者が死亡したときは,葬祭を行う者に対し,政令で定めるところにより,葬祭料を支給する.ただし,その死亡が原子爆弾の傷害作用の影響によるものでないことが明らかである場合は,この限りでない.

(特別葬祭給付金)
第33条 ① 被爆者であって,次の各号のいずれかに該当する者(次項において「死亡者」という.)の遺族であるものには,特別葬祭給付金を支給する.
 1 昭和44年3月31日以前に死亡した第1条各号に掲げる者
 2 昭和44年4月1日から昭和49年9月30日までの間に死亡した第1条各号に掲げる者(当該死亡した者の葬祭を行う者が,附則第3条の規定による廃止前の原子爆弾被爆者に対する特別措置に関する法律(昭和43年法律第53号.以下「旧原爆特別措置法」という.)による葬祭料の支給を受け,又は受けることができた場合における当該死亡した者を除く.)
② 前項の遺族の範囲は,死亡者の死亡の当時における配偶者,子,父母,孫,祖父母及び兄弟姉妹とする.
③ 特別葬祭給付金の支給を受ける権利の認定は,これを受けようとする者の請求に基づいて,厚生労働大臣が行う.
④ 前項の請求は,厚生労働省令で定めるところにより,平成9年6月30日までに行わなければならない.
〈⑤(略)〉

(特別葬祭給付金の額及び記名国債の交付)
第34条 ① 特別葬祭給付金の額は,10万円とし,2年以内に償還すべき記名国債をもって交付する.
〈②~⑤(略)〉

(国債の償還を受ける権利の承継)
第35条 前条第1項に規定する国債の記名者が死

亡した場合において，同順位の相続人が2人以上あるときは，その1人のした当該死亡した者の死亡前に支払うべきであった同項に規定する国債の償還金の請求又は同項に規定する国債の記名変更の請求は，全員のためにその全額につきしたものとみなし，その1人に対してした同項に規定する国債の償還金の支払又は同項に規定する国債の記名変更は，全員に対してしたものとみなす．

第4章　調査及び研究

(調査及び研究)
第40条　① 国は，原子爆弾の放射能に起因する身体的影響及びこれによる疾病の治療に係る調査研究(次項において「原爆放射能影響調査研究」という．)の推進に努めなければならない．《②(略)》

第5章　平和を祈念するための事業

(平和を祈念するための事業)
第41条　国は，広島市及び長崎市に投下された原子爆弾による死没者の尊い犠牲を銘記し，かつ，恒久の平和を祈念するため，原子爆弾の惨禍に関する国民の理解を深め，その体験の後代の国民への継承を図り，及び原子爆弾による死没者に対する追悼の意を表す事業を行う．

第6章　費　用

(都道府県の支弁)
第42条　次に掲げる費用は，都道府県の支弁とする．
1　医療特別手当，特別手当，原子爆弾小頭症手当，健康管理手当，保健手当，介護手当及び葬祭料の支給並びにこの法律又はこの法律に基づく命令の規定により都道府県知事が行う事務の処理に要する費用
2　第37条から第39条までの規定により都道府県が行う事業に要する費用

(国の負担等)
第43条　① 国は，政令で定めるところにより，前条の規定により都道府県が支弁する同条第1号に掲げる費用(介護手当に係るものを除く．)を当該都道府県に交付する．
② 国は，政令で定めるところにより，前条の規定により都道府県が支弁する同条第1号に掲げる費用のうち，介護手当の支給に要する費用についてはその10分の8を，介護手当に係る事務の処理に要する費用についてはその2分の1を負担する．
③ 国は，予算の範囲内において，都道府県に対し，前条の規定により都道府県が支弁する同条第2号に掲げる費用の一部を補助することができる．

第7章　雑　則

(広島市及び長崎市に関する特例)
第49条　この法律の規定(第6条，第51条及び第51条の2を除く．)中「都道府県知事」又は「都道府県」とあるのは，広島市又は長崎市については，「市長」又は「市」と読み替えるものとする．

(不服申立て)
第50条　① 広島市又は長崎市の長が行う被爆者健康手帳の交付又は医療特別手当，特別手当，原子爆弾小頭症手当，健康管理手当，保健手当，介護手当若しくは葬祭料の支給に関する処分についての審査請求の裁決に不服がある者は，厚生労働大臣に対して再審査請求をすることができる．
② 広島市又は長崎市の長が前項に規定する交付又は支給に関する処分をする権限をその補助機関である職員又はその管理に属する行政機関の長に委任した場合において，委任を受けた職員又は行政機関の長がその委任に基づいてした処分につき，地方自治法第255条の2第1項の再審査請求の裁決があったときは，当該裁決に不服がある者は，同法第252条の17の4第5項から第7項までの規定の例により，厚生労働大臣に対して再々審査請求をすることができる．

115　戦傷病者特別援護法(抄)

(昭38・8・3法律第168号，昭38・11・1施行，最終改正：平27・6・10法律第36号)

第1章　総　則

(目　的)
第1条　この法律は，軍人軍属等であつた者の公務上の傷病に関し，国家補償の精神に基づき，特に療養の給付等の援護を行なうことを目的とする．

(定　義)
第2条　① この法律において「戦傷病者」とは，軍人軍属等であつた者で第4条の規定により戦傷病者手帳の交付を受けているものをいう．
② この法律において「軍人軍属等」とは，次の各号に掲げる者をいい，「公務上の傷病」とは，次の各号に掲げる軍人軍属等につきそれぞれ当該各号に規定する負傷又は疾病をいう．
1　恩給法の一部を改正する法律(昭和21年法律第31号)による改正前の恩給法(大正12年法律第48号)(以下「改正前の恩給法」という．)第21条に規定する軍人又は準軍人(陸軍及び海軍の廃止後において未復員の状態にある者を含む．)公務による負傷又は疾病(恩給法の規定により公務による負傷又は疾病とみなされるもの及び軍人又は準軍人たる特別の事情に関連して生じた不慮の災難による負傷又は疾病で戦傷病者戦没者遺族等援護法(昭和27年法律第127号)第4条第1項に規定する審議会等において公務による負傷又は疾病と同視すべきものと議決したものを含む．)
2　元の陸軍若しくは海軍部内の改正前の恩給法第19条に規定する公務員若しくは公務員に準ずべき者(前号に掲げる者に該当するものを除く．)又は戦時又は事変に際し臨時特設の部局又は陸海軍の部隊に配属せしめる文官補闕の件(明治38年勅令第43号．以下この号において「文官補闕の件」という．)に規定する文官(陸軍及び海軍の廃止後において未復員(文官補闕の件に規定する文官にあつては，海外からの未帰還を含む．)の状態にあるこれらの者を含む．)　昭和12年7月7日以後における公務による負傷又は疾病(恩給法の規定により公務による負傷又は疾病とみなされるもの及び公務員，公務員に準ずべき者又は文官

Ⅵ 援護・補償等

補闕の件に規定する文官たる特別の事情に関連して生じた不慮の災難による負傷又は疾病で戦傷病者戦没者遺族等援護法第4条第1項に規定する審議会等において公務による疾病と同視すべきものと議決したものを含む.)

3 もとの陸軍又は海軍部内の有給の嘱託員,雇員,傭人,工員又は鉱員(陸軍及び海軍の廃止後において未復員の状態にある者を含む.) 昭和12年7月7日以後における公務による負傷又は疾病

4 旧国家総動員法(昭和13年法律第55号,旧関東州国家総動員令(昭和14年勅令第609号)を含む.)に基づいて設立された船舶運営会の運航する船舶の乗組船員 戦地における勤務を命ぜられた日から当該勤務を解かれた日までの期間内及び昭和20年9月2日以後引き続き海外にあつて帰還するまでの期間内における業務による負傷又は疾病

5 もとの陸軍若しくは海軍の指揮監督のもとに前4号に掲げる者の業務と同様の業務にもつぱら従事中の南満洲鉄道株式会社(南満洲鉄道株式会社に関する件(明治39年勅令第142号)に基づいて設立された会社をいう.)の職員又は政令で定めるこれに準ずる者 昭和12年7月7日以後,期間を定めないで,又は1箇月以上の期間を定めて,事変地又は戦地における当該業務に就くことを命ぜられた日から当該業務に就くことを解かれた日までの期間内における業務による負傷又は疾病

6 旧国家総動員法第4条若しくは第5条(旧南洋群島における国家総動員に関する件(昭和13年勅令第317号)及び旧関東州国家総動員令においてこれらの規定による場合を含む.)の規定に基づく被徴用者若しくは総動員業務の協力者又は総動員業務の協力者と同様の事情のもとに昭和16年12月8日以後中国(旧の関東州及び台湾を除く.)において総動員業務と同様の業務につき協力中の者 業務による負傷又は疾病

7 もとの陸軍又は海軍の要請に基づく戦闘参加者 当該戦闘に基づく負傷又は疾病

8 昭和20年3月23日の閣議決定国民義勇隊組織に関する件に基づいて組織された国民義勇隊の隊員 業務による負傷又は疾病

9 昭和14年12月22日の閣議決定満洲開拓民に関する根本方策に関する件に基づいて組織された満洲開拓青年義勇隊の隊員(昭和12年11月30日の閣議決定満洲に対する青年移民送出に関する件に基づいて実施された満洲青年移民を含む.)又は当該満洲開拓青年義勇隊の隊員としての訓練を修了して集団開拓農民となつた者により構成された義勇隊開拓団の団員(当該満洲開拓青年義勇隊の隊員でなかつた者を除く.) 昭和20年8月9日前における軍事に関する業務による負傷若しくは疾病又は同日以後における業務による負傷若しくは疾病

10 旧特別未帰還者給与法(昭和23年法律第279号)第1条に規定する未帰還者 昭和20年9月2日以後引き続き海外にあつて帰還するまでの期間内における自己の責に帰することができない事由による負傷又は疾病で厚生労働大臣が前号に規定する負傷又は疾病と同視することを相当と認めたもの

11 日本国との平和条約第11条に掲げる裁判により拘禁された者 当該拘禁中における自己の責に帰することができない事由による負傷又は疾病で厚生労働大臣が第1号から第9号までに規定する負傷又は疾病と同視することを相当と認めたもの

12 旧防空法(昭和12年法律第47号)第6条第1項若しくは第2項(旧関東州防空令(昭和12年勅令第728号)及び旧南洋群島防空令(昭和19年勅令第66号)においてよる場合を含む.)の規定により防空の実施に従事中の者は同法第6条ノ2第1項(旧関東州防空令及び旧南洋群島防空令においてよる場合を含む.)の指定を受けた者(第4号に掲げる者を除く.) 業務による負傷又は疾病

③ 前項第1号から第5号までに掲げる者に該当する者については,昭和12年7月7日以後事変地又は戦地におけるその者の負傷又は疾病で,故意又は重大な過失によるものであることが明らかでないものは,当該各号に掲げる負傷又は疾病とみなす.

④ 第2項第1号から第4号まで及び第9号に掲げる者に該当する者については,その者が昭和20年9月2日以後引き続き海外にあつて復員又は帰還するまでの間における自己の責に帰することができない事由による負傷又は疾病で,厚生労働大臣が公務又は業務による負傷又は疾病と同視することを相当と認めたものは,当該各号に規定する負傷又は疾病とみなす.

⑤ 第2項第1号から第3号までに掲げる者に該当する者については,その者が昭和20年9月2日以後海外から帰還して,復員後遅滞なく帰郷する場合のその帰郷のための旅行中における自己の責に帰することができない事由による負傷又は疾病は,当該各号に規定する負傷又は疾病とみなす.

⑥ 第2項第1号から第5号までに掲げる者については,その者の昭和12年7月7日以後の本邦その他の政令で定める地域(政令で定める戦地を除く.)における事変に関する勤務(政令で定める勤務を除く.この項においても)又は戦争に関する勤務(政令で定める勤務を除く.この項においても)に関連する負傷又は疾病(昭和20年9月2日以後における負傷又は疾病で厚生労働大臣が戦争に関する勤務に関連する負傷又は疾病と同視することを相当と認めるものを含む.)は,当該各号に規定する負傷又は疾病とみなす.

⑦ 第2項第6号から第12号までに掲げる者については,その者の昭和12年7月7日以後における業務に関する勤務(政令で定める勤務を除く.)に関連する負傷又は疾病は,当該各号に規定する負傷又は疾病とみなす.

《⑧(略)》

(戦傷病者手帳の交付)

第4条 ① 厚生労働大臣は,軍人軍属等であつた者で次の各号の1に該当するものに対し,その者の請求により,戦傷病者手帳を交付する.

1 公務上の傷病により恩給法別表第1号表ノ2又は別表第1号表ノ3に定める程度の障害がある者

2 公務上の傷病について厚生労働大臣が療養の必要があると認定した者

② 厚生労働大臣は,前項の場合のほか,第2条第2項第1号に掲げる軍人又は準軍人であつた者で,当該軍人又は準軍人に係る公務上の傷病による旧恩給法施行令(大正12年勅令第367号,恩給法施行令の一部を改正する勅令(昭和21年勅令第504号)による改正前のものをいう.)第31条第1項に定める程度の障害があるものに対しても,その者

の請求により, 戦傷病者手帳を交付する.
③ 戦傷病者手帳は, 日本の国籍を有しない者には, 交付することができない. 〈④(略)〉

(戦傷病者手帳の返還)
第6条 ① 戦傷病者手帳の交付を受けた者は, 第4条第1項第1号 (同条第2項の規定に該当する者にあつては, 同条同項. 以下この条において同じ.) に規定する程度の障害がなくなつたとき (当該公務上の傷病につき療養の必要があるときを除く.), 当該公務上の傷病につき療養の必要がなくなつたとき (同条同項同号に規定する程度の障害があるときを除く.), 又は日本の国籍を失つたときは, すみやかに戦傷病者手帳を厚生労働大臣に返還しなければならない.
② 厚生労働大臣は, 戦傷病者手帳の交付を受けた者について第4条第1項第1号に規定する程度の障害がなくなつたと認めるとき (当該公務上の傷病につき療養の必要があるときを除く.), 若しくは当該公務上の傷病につき療養の必要がなくなつたと認めるとき (同条同項同号に規定する程度の障害があるときを除く.), 又は戦傷病者手帳の交付を受けた者が日本の国籍を失つたとき, 若しくは第7条の規定に違反したときは, その者に対し, 戦傷病者手帳の返還を命ずることができる. 〈③(略)〉

第2章 援 護

(援護の種類)
第9条 この法律による援護は, 次のとおりとする.
1 療養の給付
2 療養手当の支給
3 葬祭費の支給
4 更生医療の給付
5 補装具の支給及び修理
6 国立の保養所への収容
7 旅客鉄道株式会社及び日本貨物鉄道株式会社に関する法律 (昭和61年法律第88号) 第1条第1項に規定する新会社, 旅客鉄道株式会社及び日本貨物鉄道株式会社に関する法律の一部を改正する法律 (平成13年法律第61号) 附則第2条第1項に規定する新会社及び旅客鉄道株式会社及び日本貨物鉄道株式会社に関する法律の一部を改正する法律 (平成27年法律第36号) 附則第2条第1項に規定する新会社 (以下「旅客会社等」という.) の鉄道及び連絡船への乗車及び乗船についての無賃取扱い

(療養の給付)
第10条 厚生労働大臣は, 第4条第1項第2号の認定を受けた戦傷病者の当該認定に係る公務上の傷病について, 政令で定める期間, 必要な療養の給付を行なう.

(療養の給付の範囲)
第11条 療養の給付の範囲は, 次のとおりとする.
1 診察
2 薬剤又は治療材料の支給
3 医学的処置, 手術及びその他の治療並びに施術
4 居宅における療養上の管理及びその療養に伴う世話その他の看護
5 病院又は診療所への入院及びその療養に伴う世話その他の看護
6 移送

(療養の給付の機関)
第12条 療養の給付は, 厚生労働大臣の指定する病院若しくは診療所 (これらに準ずるものとして政令で定めるものを含む.) 又は薬局 (以下「指定医療機関」という.) において, 行なうものとする.

(診療方針及び診療報酬)
第14条 ① 指定医療機関の診療方針及び診療報酬は, 健康保険の診療方針及び診療報酬の例によるものとする. 〈②(略)〉

(療養手当の支給)
第18条 ① 厚生労働大臣は, 引き続き1年以上病院又は診療所に収容されて第10条の規定による療養の給付 (前条第1項の規定による療養費の支給を含む. 以下同じ.) を受けている者 (以下「長期入院患者」という.) に対し, その者の請求により, 療養手当を支給する. 〈②~④(略)〉

(葬祭費の支給)
第19条 ① 厚生労働大臣は, 第10条の規定による療養の給付を受けている者が当該療養の給付を受けている間に死亡した場合においては, その死亡した者の遺族で葬祭を行う者に対し, その者の請求により, 葬祭費として, 政令で定める金額を支給する.
③ 第1項の遺族の範囲は, 配偶者 (届出をしていないが, 事実上婚姻関係と同様の事情にある者を含む.), 子, 父母, 孫, 祖父母及び兄弟姉妹とする. 〈②,③(略)〉

(旅客会社等の鉄道及び連絡船への乗車及び乗船についての無賃取扱い)
第23条 ① 戦傷病者で公務上の傷病により政令で定める程度の障害があるもの及び政令で定めるその介護者は, 運賃を支払うことなく, 旅客会社等の鉄道又は連絡船に乗車又は乗船することができる. 〈②~④(略)〉

第3章 雑 則

(時 効)
第25条 療養費, 葬祭費, 第20条第4項の規定により支給される費用及び第21条第3項の規定により支給される費用を受ける権利は, 2年間行なわないときは, 時効によつて消滅する.

116 戦傷病者戦没者遺族等援護法 (抄)

(昭27・4・30法律第127号, 昭27・4・30施行, 最終改正: 平26・6・13法律第69号)

第1章 総 則

(この法律の目的)
第1条 この法律は, 軍人軍属等の公務上の負傷若しくは疾病又は死亡に関し, 国家補償の精神に基き, 軍人軍属等であつた者又はこれらの者の遺族を援護することを目的とする.

(軍人軍属等)
第2条 ① この法律において, 「軍人軍属」とは, 左に掲げるものをいう.
1 恩給法の一部を改正する法律 (昭和21年法律第31号) による改正前の恩給法 (大正12年法律第48号) (以下「改正前の恩給法」という.) 第

19条に規定する軍人,準軍人その他もとの陸軍又は海軍部内の公務員又は公務員に準ずべき者(戦時又は事変に際し臨時特設の部局又は陸海軍の部隊に配属せしめられた文官補闕の件(明治38年勅令第43号)に規定する文官を含む.以下「軍人」という.)

2 もとの陸軍又は海軍部内の有給の嘱託員,雇員,よう人,工員又は鉱員(死亡した後において,死亡の際にそ及してこれらの身分を取得した者及び第3項第6号に掲げる者を除く.)

3 旧国家総動員法(昭和13年法律第55号)(旧関東州国家総動員会((昭和14年勅令第609号))を含む.)に基いて設立された船舶運営会の運航する船舶の乗組船員

4 もとの陸軍又は海軍の指揮監督のもとに前3号に掲げる者の業務と同様の業務にもっぱら従事中の南満洲鉄道株式会社(南満洲鉄道株式会社に関する件(明治39年勅令第142号)に基づいて設立された会社をいう.)の職員及び政令で定めるこれに準ずる者

② 前項第1号及び第2号に掲げる者は,陸軍及び海軍の廃止後も,未復員の状態にある限り,この法律の適用については,軍人軍属とみなし,同項第4号に掲げる者で,同号に規定する勤務に就いていたことにより昭和20年9月2日以後引き続き海外において抑留されていたものは,その抑留されていた間に限り,同号に該当するものとみなす.

③ この法律において,「準軍属」とは,次に掲げる者をいう.

1 旧国家総動員法第4条若しくは第5条(旧南洋群島における国家総動員に関する件(昭和13年勅令第317号)及び旧関東州国家総動員会においてよる場合を含む.)の規定に基く被徴用者若しくは総動員業務の協力者(第1項第2号に該当する者であつて次条第1項第2号に掲げる期間内にあるもの及び第1項第3号に該当する者であつて同条第1項第3号に掲げる期間内にあるものを除く.)又は総動員業務の協力者と同様の事情のもとに昭和16年12月8日以後中国(もとの関東州及び台湾を除く.)において総動員業務と同様の業務につき協力中の者

2 もとの陸軍又は海軍の要請に基く戦闘参加者

3 昭和20年3月23日の閣議決定国民義勇隊に関する件に基いて組織された国民義勇隊の隊員

4 昭和14年12月22日の閣議決定満洲開拓民に関する根本方策に関する件に基づいて組織された満洲開拓青年義勇隊の隊員(昭和12年11月30日の閣議決定満洲に対する青年移民送出に関する件に基づいて実施された満洲青年移民を含む.)又は当該満洲開拓青年義勇隊の隊員としての訓練を修了して集団開拓農民となつた者により構成された義勇隊開拓団の団員(当該満洲開拓青年義勇隊の隊員でなかつた者を除く.)

5 旧特別未帰還者給与法(昭和23年法律第279号)第1条に規定する特別未帰還者

6 事変地又は戦地に準ずる地域における勤務(政令で定める勤務を除く.)に従事中のもとの陸軍又は海軍部内の有給の嘱託員,雇員,傭人,工員又は鉱員

7 旧防空法(昭和12年法律第47号)第6条第1項若しくは第2項(旧関東州防空令(昭和12年勅令第728号)及び旧南洋群島防衛令(昭和19年勅令第66号)においてよる場合を含む.)の規定により防空の実施に従事中の者は同法第6条ノ2第1項(旧関東州防空令及び旧南洋群島防衛令においてよる場合を含む.)の指定を受けた者(第1項第3号に掲げる者を除く.)

④ 前項第4号に掲げる者で,昭和20年9月2日に於て海外にあつたものは,同日以後引き続き海外にある限り,同号に該当するものとみなす. 《⑤(略)》

(在職期間)

第3条 ① この法律において,「在職期間」とは,左に掲げる期間をいう.

1 軍人については,改正前の恩給法の規定による就職から退職(復員を含む.)までの期間(もとの陸軍の見習士官又はもとの海軍の候補生若しくは見習尉官を有していた期間を含む.

2 前条第1項第2号に掲げる者については,昭和12年7月7日以後,事変地又は戦地における勤務を命ぜられた日から当該勤務を解かれた日までの期間及び昭和20年9月2日以後引き続き海外にあつて復員するまでの期間

3 前条第1項第3号に掲げる者については,昭和17年4月1日以後船舶運営会の運航する船舶に乗り組み戦地における勤務を命ぜられた日から当該勤務を解かれた日までの期間及び昭和20年9月2日以後引き続き海外にあつて帰還するまでの期間

4 前条第1項第4号に掲げる者については,昭和12年7月7日以後期間を定めないで,又は1箇月以上の期間を定めて事変地又は戦地における同号に規定する勤務を命ぜられた日から当該勤務を解かれた日までの期間及び当該勤務に就いていたことにより昭和20年9月2日以後引き続き海外において抑留されていた期間(以下「抑留期間」という.) 《②(略)》

(公務傷病の範囲)

第4条 ① 軍人が負傷し,又は疾病にかかつた場合において,恩給法の規定により当該負傷又は疾病を公務によるものとみなすとき,及び軍人たる特別の事情に関連して不慮の災難により負傷し,又は疾病にかかり,審議会等(国家行政組織法(昭和23年法律第120号)第8条に規定する機関をいう.以下同じ.)で政令で定めるものにおいて公務による負傷又は疾病と同視すべきものと議決したときは,この法律の適用については,公務上負傷し,又は疾病にかかつたものとみなす.

② 軍人軍属が昭和12年7月7日以後事変地又は戦地における在職期間内に負傷し,又は疾病にかかつた場合において,故意又は重大な過失によつて負傷し,又は疾病にかかつたことが明らかでないときは,公務上負傷し,又は疾病にかかつたものとみなす.ただし,旧恩給法の特例に関する件(昭和21年勅令第68号)の施行前にされた改正前の恩給法の規定による扶助料を受ける権利についての裁定(改正前の恩給法75条第1項第2号又は第3号に掲げる額の扶助料を給する裁定を除く.)に係る軍人の負傷又は疾病については,前項の政令で定める審議会等において故意又は重大な過失によつて負傷し,又は疾病にかかつたことが明らかでないと議決した場合に限る.

③ 軍人軍属(第2条第1項第4号に掲げる者を除く.)が昭和20年9月2日以後,引き続き海外にあつて復員(帰還を含む.次条を除き,以下同じ.)するまでの間に,自己の責に帰することができない

事由により負傷し,又は疾病にかかつた場合において,厚生労働大臣が公務上負傷し,又は疾病にかかつたものと認めることを相当と認めたときは,公務上負傷し,又は疾病にかかつたものとみなす.
④ 次の各号に規定する者が当該各号に該当した場合には,公務上負傷し,又は疾病にかかつたものとみなす.
1 第2条第1項第3号又は第4号に掲げる者が業務上負傷し,又は疾病にかかつた場合
1の2 第2条第2項の規定により同条第1項第4号に掲げる者とみなされる者が抑留期間内に自己の責に帰することができない事由により負傷し,又は疾病にかかつた場合.ただし,厚生労働大臣が業務上負傷し,又は疾病にかかつたものと同視することを相当と認めたときに限る.
2 第2条第3項第1号,第3号若しくは第7号に掲げる者が業務上負傷し,若しくは疾病にかかり,又は同項第4号に掲げる者が昭和20年8月9日前に軍事に関し業務上負傷し,若しくは疾病にかかり,若しくは同日以後に業務上負傷し,若しくは疾病にかかつた場合
3 第2条第3項第2号に掲げる者が当該戦闘に基づき負傷し,又は疾病にかかつた場合
4 第2条第4項の規定により第2条第3項第4号に掲げる者とみなされる者又は同項第5号に掲げる者が自己の責に帰することができない事由により負傷し,又は疾病にかかつた場合.ただし,厚生労働大臣が前各号に規定する場合と同視することを相当と認めたときに限る.
⑤ (略)

(援護の種類)
第5条 この法律による援護は,次のとおりとする.
1 障害年金及び障害一時金の支給
2 遺族年金及び遺族給与金の支給
3 弔慰金の支給

(裁 定)
第6条 障害年金,障害一時金,遺族年金,遺族給与金又は弔慰金を受ける権利の裁定は,これらの援護を受けようとする者の請求に基づいて厚生労働大臣が行う.

第2章 援 護

第1節 障害年金及び障害一時金の支給

(障害年金及び障害一時金の支給)
第7条 ① 軍人軍属であつた者が在職期間内に公務上負傷し,又は疾病にかかり,昭和27年4月1日(同日以後復員する者については,その復員の日)において,当該負傷又は疾病により恩給法別表第1号ノ2及び第1号表ノ3に定める程度の障害の状態にある場合においては,その者にその障害の程度に応じて障害年金を支給する.
② 軍人軍属であつた者が在職期間内に,公務上負傷し,又は疾病にかかつた場合において,昭和27年4月1日以後(同日以後復員する者については,その復員の日以後)において,当該負傷又は疾病により前項に規定する程度の障害の状態になつた場合には,第4条第1項の政令で定める審議会等の議決により,その者にその障害の程度に応じて障害年金を支給する.
③ 改正前の恩給法第21条に規定する軍人又は準軍人であつた者が昭和12年7月7日から昭和16年12月7日までの間の本邦その他の政令で定める地域(第4条第2項に規定する事変地を除く.)における在職期間(旧恩給法施行令(大正12年勅令第367号)第7条に規定する元の陸軍又は海軍の学生生徒については,それらの身分を有していた期間を含む.第5項,第23条第1項第4号及び第11号並びに第34条第2項において同じ.)内の事変に関する勤務(政令で定める勤務を除く.第23条第1項第4号及び第11号並びに第34条第2項第1号において同じ.)に関連する負傷又は疾病(公務上の負傷又は疾病を除く.)により,昭和47年10月1日(同日後復員する者については,その復員の日)において,第1項に規定する程度の障害の状態にある場合においては,その者にその障害の程度に応じて障害年金を支給する.
④ 軍人軍属(改正前の恩給法第21条に規定する軍人及び準軍人を除く.第6項及び第7項において同じ.)であつた者が昭和12年7月7日から昭和16年12月7日までの間の前項に規定する地域における在職期間内の同項に規定する負傷又は疾病により,昭和48年10月1日(同日後復員する者については,その復員の日)において,第1項に規定する程度の障害の状態にある場合においては,その者にその障害の程度に応じて障害年金を支給する.
⑤ 軍人軍属であつた者が昭和16年7月7日から昭和16年12月7日までの間の第3項に規定する地域における在職期間内の同項に規定する負傷又は疾病により,昭和55年12月1日において第1項に規定する程度の障害の状態にある場合(その者が,同日において未復員の状態にある場合及び前2項の規定により障害年金を支給される場合を除く.)又は同日(同日後復員する者については,その復員の日後)第1項に規定する程度の障害の状態になつた場合においては,第4条第1項の政令で定める審議会等の議決により,その者にその障害の程度に応じて障害年金を支給する.
⑥ 軍人軍属であつた者が本邦その他の政令で定める地域(第4条第2項に規定する戦地を除く.)における在職期間内の次に掲げる負傷又は疾病(公務上の負傷又は疾病を除く.)により,昭和46年10月1日(同日後復員する者については,その復員の日)において,第1項に規定する程度の障害の状態にある場合においては,その者にその障害の程度に応じて障害年金を支給する.
1 昭和16年12月8日以後における戦争に関する勤務(政令で定める勤務を除く.次項,第23条第1項第5号及び第11号並びに第34条第2項において同じ.)に関連する負傷又は疾病
2 昭和20年9月2日以後における負傷又は疾病で厚生労働大臣が戦争に関連する勤務と同視することを相当と認めるもの
⑦ 軍人軍属であつた者が前項に規定する地域における在職期間内の同項に規定する負傷又は疾病により,昭和55年12月1日において第1項に規定する程度の障害の状態にある場合(その者が,同日において未復員の状態にある場合及び前項の規定により障害年金を支給される場合を除く.)又は同日後(同日後復員する者については,その復員の日後)第1項に規定する程度の障害の状態になつた場合においては,第4条第1項の政令で定める審議会等の議決により,その者にその障害の程度に応じて障害年金を支給する.
⑧ 準軍属であつた者が公務上負傷し,又は疾病にか

かり,昭和34年1月1日(昭和20年9月2日以後引き続き海外にあつて,昭和34年1月1日以後帰還する者については,その帰還の日)において,当該傷害又は疾病により第1項に規定する程度の障害の状態にある場合においては,その者にその障害の程度に応じて障害年金を支給する.
⑨ 準軍属であつた者が公務上負傷し,又は疾病にかかつた場合において,昭和34年1月1日以後(昭和20年9月2日以後引き続き海外にあつて,昭和34年1月1日以後帰還する者については,その帰還の日以後)において,当該負傷又は疾病により第1項に規定する程度の障害の状態になつたときは,第4条第1項の政令で定める審議会等の議決により,その者にその障害の程度に応じて障害年金を支給する. 〈⑩~⑬(略)〉

(障害年金及び障害一時金の額)
第8条 ① 障害年金の額は,次の表のとおりとする.

障害の程度	年金額
特別項症	第1項症の年金額に4,006,100円以内の額を加えた額
第1項症	5,723,000円
第2項症	4,769,000円
第3項症	3,927,000円
第4項症	3,108,000円
第5項症	2,514,000円
第6項症	2,033,000円
第1款症	1,853,000円
第2款症	1,686,000円
第3款症	1,352,000円
第4款症	1,089,000円
第5款症	961,000円

② 前項の場合において,特別項症から第6項症まで又は第1款症に係る障害年金の支給を受ける者に配偶者(婚姻の届出をしていないが,事実上婚姻関係と同様の事情にある者を含む.),子,父,母,孫,祖父又は祖母(以下この条において「扶養親族」という.)があるときは,配偶者にあつては,19万3200円を,配偶者以外の扶養親族にあつては,扶養親族が2人までのときは1人につき7万2000円(当該障害年金の支給を受ける者に配偶者がないときは,そのうち1人については13万2000円),扶養親族が3人以上のときは14万4000円(当該障害年金の支給を受ける者に配偶者がないときは,20万4000円)にその扶養親族のうち2人を除いた扶養親族1人につき3万6000円を加算した額を同項の年金額に加給する.[以下略] 〈1~3(略)〉
③ 前項の場合において,第2款症から第5款症までに係る障害年金の支給を受ける者に妻(婚姻の届出をしていないが,事実上婚姻関係と同様の事情にある者を含む.)があるときは,19万3200円を同項の年金額に加給する.ただし,その妻が障害年金を受ける権利を有するときは,この限りでない.
④ 前2項の場合において,1の障害年金の加給の原因となる扶養親族が同時に他の障害年金の加給の原因となる扶養親族であるときは,前2項の規定にかかわらず,その者は,厚生労働大臣の定めるところにより,これらの障害年金のうちいずれか1の障害年金の加給の原因となる扶養親族とする.
⑤ 障害年金の支給を受ける者につき,新たに加給すべき扶養親族があるに至つた場合又は加給の原因となつた扶養親族がなくなり,若しくはその数が減ずるに至つた場合における当該扶養親族に係る障害年金の額の改定は,当該事由の生じた日の属する月の翌月から行なう.
⑥ 第1項の場合において,特別項症に係る障害年金の支給を受ける者には27万円を,第1項症又は第2項症に係る障害年金の支給を受ける者には21万円を同項の年金額に加給する.
⑦ 障害一時金の額は,次の表のとおりとする.

障害の程度	金額
第1款症	6,088,000円
第2款症	5,050,000円
第3款症	4,332,000円
第4款症	3,559,000円
第5款症	2,855,000円

(障害年金又は障害一時金の支給を受けることができない者)
第11条 左に掲げる者には,障害年金又は障害一時金を支給しない.
1 重大な過失によつて負傷し,又は疾病にかかり,これにより障害の状態になつた者
2 軍人軍属であつた者であつて,第7条第1項に規定する程度の障害の状態になつた日において日本の国籍を有しないか,又はその日以後昭和27年3月31日(同条第6項に規定する軍人軍属であつた者にあつては昭和46年9月30日,同条第3項に規定する軍人又は準軍人であつた者にあつては昭和47年9月30日,同条第4項に規定する軍人軍属であつた者にあつては昭和48年9月30日,同条第5項又は第7項に規定する軍人軍属であつた者にあつては昭和55年12月11日において同条第1項に規定する程度の障害の状態にあるものにあつては同日)以前に日本の国籍を失つたもの
3 準軍属であつた者であつて,第7条第1項に規定する程度の障害の状態になつた日において日本の国籍を有しないか,又はその日以後昭和33年12月31日(同条第11項に規定する準軍属であつた者にあつては昭和46年9月30日,同条第10項に規定する準軍属であつた者にあつては昭和48年9月30日,同条第12項に規定する準軍属であつた者であつて昭和55年12月11日において同条第1項に規定する程度の障害の状態にあるものにあつては同日)以前に日本の国籍を失つたもの

(障害年金を受ける権利の消滅)
第14条 ① 障害年金を受ける権利を有する者が,左の各号の1に該当するときは,当該障害年金を受ける権利は,消滅する.
1 死亡したとき.
2 日本の国籍を失つたとき.
3 厚生労働大臣によつて第7条第1項に規定する程度の障害の状態がなくなつたものと認定されたとき. 〈②(略)〉

第2節 遺族年金及び遺族給与金の支給
(遺族年金及び遺族給与金の支給)
第23条 ① 次に掲げる遺族には,遺族年金を支給する.
1 在職期間内に公務上負傷し,又は疾病にかかり,在職期間内又は在職期間経過後に,これにより死

亡した軍人軍属又は軍人軍属であつた者の遺族
2 障害年金（当該障害年金の支給事由である公務上の負傷又は疾病による障害の程度が恩給法別表第1号表ノ2に規定する程度又は同法別表第1号表ノ3の第1款症に該当する程度であるものに限る。）又は軍人たるによる増加恩給を受ける権利を有するに至つた後、その権利を失うことなく、当該障害年金又は増加恩給の支給事由である公務上の負傷又は疾病以外の事由により死亡した軍人軍属又は軍人軍属であつた者（当該障害年金又は増加恩給の支給事由である公務上の負傷又は疾病による障害の程度が同法別表第1号表ノ3の第1款症に該当する程度のものにあつては、昭和29年4月1日以後に死亡した者に限る。）の遺族
3 在職期間内に公務上負傷し、又は疾病にかかり、当該負傷又は疾病以外の事由により昭和27年4月1日前に死亡した軍人軍属又は軍人軍属であつた者で、死亡の日において当該負傷又は疾病により恩給法別表第1号表ノ2に定める程度の障害の状態にあつたもの（重大な過失によつて公務上負傷し、又は疾病にかかり、これにより障害の状態になつた者及び当該障害の状態になつた日において日本の国籍を有しなかつた者、又はその後日本の国籍を失つた者を除く。）の遺族
4 昭和12年7月7日から昭和16年12月7日までの間に第7条第3項に規定する地域における在職期間内において事変に関連する勤務に関連して負傷し、又は疾病にかかり、在職期間内又は在職期間経過後に、これにより死亡した軍人軍属又は軍人軍属であつた者の遺族（前3号に掲げる遺族を除く。）
5 第7条第6項に規定する地域における在職期間内の次に掲げる負傷又は疾病により、在職期間内又は在職期間経過後に死亡した軍人軍属又は軍人軍属であつた者（改正前の恩給法第21条に規定する軍人及び準軍人並びにこれらの者であつた者を除く。）の遺族（第1号から第3号までに掲げる遺族を除く。）
 イ 昭和16年12月8日以後における戦争に関する勤務に関連する負傷又は疾病
 ロ 昭和20年9月2日以後における負傷又は疾病で厚生労働大臣が戦争に関する勤務に関連する負傷又は疾病と同視することを相当と認めるもの
6 障害年金（当該障害年金の支給事由である公務上の負傷又は疾病による障害の程度が恩給法別表第1号表ノ3の第2款症から第5款症までに該当する程度のものに限る。）又は軍人たるによる傷病年金を受ける権利を有するに至つた後、その権利を失うことなく、当該障害年金又は傷病年金の支給事由である公務上の負傷又は疾病以外の事由により昭和29年4月1日以後に死亡した軍人軍属又は軍人軍属であつた者の遺族
7 障害年金又は特例傷病恩給（当該障害年金又は特例傷病恩給の支給事由である負傷又は疾病（公務上の負傷又は疾病を除く。以下この号、次号、次項第6号及び第7号において同じ。）による障害の程度が恩給法別表第1号表ノ2に規定する程度又は同法別表第1号表ノ3の第1款症に該当する程度であるものに限る。）を受ける権利を有するに至つた後、その権利を失うことなく、当該障害年金又は特例傷病恩給の支給事由である負傷又は疾病以外の事由により死亡した軍人軍属又は軍人軍属であつた者の遺族

8 障害年金又は特例傷病恩給（当該障害年金又は特例傷病恩給の支給事由である負傷又は疾病による障害の程度が恩給法別表第1号表ノ3の第2款症から第5款症までに該当する程度のものに限る。）を受ける権利を有するに至つた後、その権利を失うことなく、当該障害年金又は特例傷病恩給の支給事由である負傷又は疾病以外の事由により死亡した軍人軍属又は軍人軍属であつた者の遺族
9 昭和12年7月7日以後における在職期間内に公務上負傷し、又は疾病にかかり、当該在職期間内又はその経過後6年（厚生労働大臣の指定する疾病により死亡した者については、12年）以内に死亡した軍人軍属又は軍人軍属であつた者の遺族（重大な過失によつて公務上負傷し、又は疾病にかかつた者の遺族及び当該公務上の負傷又は疾病に関連しない負傷又は疾病のみにより死亡したことが明らかである者の遺族並びに前各号に掲げる遺族を除く。）
10 第4条第5項に規定する戦地における引き続く在職期間（これに引き続き昭和20年9月2日以後海外において引き続き復員するまでの期間を含む。）が6箇月を超え、かつ、当該在職期間経過後1年（厚生労働大臣の指定する疾病により死亡した者については、3年）以内に死亡した軍人軍属又は軍人軍属であつた者の遺族（当該在職期間経過後に発した負傷又は疾病のみにより死亡したことが明らかである者の遺族及び前各号に掲げる遺族を除く。）
11 次に掲げる者であつて、当該負傷又は疾病の発した在職期間内又はその経過後6年（厚生労働大臣の指定する疾病により死亡した者については、12年）以内に死亡したものの遺族（当該負傷又は疾病に関連しない負傷又は疾病のみにより死亡したことが明らかである者の遺族及び前各号に掲げる遺族を除く。）
 イ 昭和12年7月7日から昭和16年12月7日までの間に第7条第3項に規定する地域における在職期間内において事変に関する勤務に関連して負傷し、又は疾病にかかつた軍人軍属又は軍人軍属であつた者（重大な過失により負傷し、又は疾病にかかつた者を除く。ロ及びハにおいて同じ。）
 ロ 昭和16年12月8日以後に第7条第6項に規定する地域における在職期間内において戦争に関する勤務に関連して負傷し、又は疾病にかかつた軍人軍属又は軍人軍属であつた者
 ハ 昭和20年9月2日以後に第7条第6項に規定する地域における在職期間内において負傷し、又は疾病にかかつた軍人軍属又は軍人軍属であつた者であつて、その負傷又は疾病が厚生労働大臣が戦争に関する勤務に関連する負傷又は疾病と同視することを相当と認める負傷又は疾病であるもの

② 次に掲げる遺族には、毎年、遺族給与金を支給する。
1 公務上負傷し、又は疾病にかかり、これにより死亡した準軍人又は準軍属であつた者の遺族
2 障害年金（当該障害年金の支給事由である公務上の負傷又は疾病による障害の程度が恩給法別表第1号表ノ2に規定する程度又は同法別表第1号表ノ3の第1款症に該当する程度であるものに限る。）を受ける権利を有するに至つた後、その権利

を失うことなく,当該障害年金の支給事由である公務上の負傷又は疾病以外の事由により死亡した準軍属であつた者の遺族
3 公務上負傷し,又は疾病にかかり,当該負傷又は疾病が昭和34年1月1日以前に死亡した準軍属は準軍属であつた者で,死亡した日において当該負傷又は疾病により恩給法別表第1号表ノ2に定める程度の障害の状態にあつたもの(重大な過失によつて公務上負傷し,又は疾病にかかり,これにより障害の状態になつた者又は当該障害の状態になつた日において日本の国籍を有しなかつたか,又はその後日本の国籍を失つた者を除く。)の遺族
4 昭和12年7月7日以後に準軍属としての勤務に関連して負傷し,又は疾病にかかり,これにより死亡した準軍属であつた者の遺族(前3号に掲げる遺族を除く。)
5 障害年金(当該障害年金の支給事由である公務上の負傷又は疾病の程度が恩給法別表第1号表ノ3の第2款症から第5款症までに該当する程度であるものに限る。)を受ける権利を有するに至つた後,その権利を失うことなく,当該障害年金の支給事由である公務上の負傷又は疾病以外の事由により死亡した準軍属であつた者の遺族
6 障害年金(当該障害年金の支給事由である負傷又は疾病による障害の程度が恩給法別表第1号表ノ2に規定する程度又は同法別表第1号表ノ3の第1款症に該当する程度であるものに限る。)を受ける権利を有するに至つた後,その権利を失うことなく,当該障害年金の支給事由である負傷又は疾病以外の事由により死亡した準軍属であつた者の遺族
7 障害年金(当該障害年金の支給事由である負傷又は疾病による障害の程度が恩給法別表第1号表ノ3の第2款症から第5款症までに該当する程度であるものに限る。)を受ける権利を有するに至つた後,その権利の喪失事由以外の事由により当該障害年金の支給事由である負傷又は疾病以外の事由により死亡した準軍属であつた者の遺族
8 昭和12年7月7日以後に公務上負傷し,又は疾病にかかり,当該負傷又は疾病の発した準軍属たるの期間内又はその経過後6年(厚生労働大臣の指定する疾病により死亡した者については,12年)以内に死亡した準軍属は準軍属であつた者の遺族(重大な過失によつて公務上負傷し,又は疾病にかかつた者の遺族及び当該公務上の負傷又は疾病に関連しない負傷又は疾病のみにより死亡したことが明らかである者の遺族並びに前各号に掲げる遺族を除く。)
9 昭和12年7月7日以後に準軍属としての勤務に関連して負傷し,又は疾病にかかり,当該負傷又は疾病の発した準軍属たるの期間内又はその経過後6年(厚生労働大臣の指定する疾病により死亡した者については,12年)以内に死亡した準軍属は準軍属であつた者の遺族(重大な過失によつて勤務に関連して負傷し,又は疾病にかかつた者の遺族及び当該勤務に関連した負傷又は疾病に関連しない負傷又は疾病のみにより死亡したことが明らかである者の遺族並びに前各号に掲げる遺族を除く。)

(遺族の範囲)
第24条 ① 遺族年金又は遺族給与金を受けるべき遺族の範囲は,死亡した者の死亡の当時における配偶者(婚姻の届出をしていないが,事実上婚姻関係と同様の事情にあつた者を含む。以下同じ。),子,父,母,孫,祖父,祖母並びに入夫婚姻による妻の父及び母(死亡した者の死亡の日が昭和22年5月3日前である場合におけるその死亡した者の入夫婚姻(民法の一部を改正する法律(昭和22年法律第222号)による改正前の民法(明治29年法律第89号)にいう入夫婚姻をいう。)による妻の父若しくは母(入夫婚姻の当時その妻と同一の戸籍内にあつた者に限る。)又はその配偶者であつて,死亡した者の死亡の当時その者と同一の戸籍内にあつたものに限る。)で,死亡した者の死亡の当時日本の国籍を有し,且つ,その者によつて生計を維持し,又はその者と生計をともにしていたもの(死亡した者の死亡の当時,その者の軍人軍属たることによる勤務がなく,又はその者が準軍属とならなかつたならば,これらの条件に該当していたものと認められるものを含む。以下同じ。)とする。
②,③(略)

(遺族年金及び遺族給与金の支給条件)
第25条 ① 夫,子,父,母,孫,祖父,祖母,入夫婚姻による妻の父若しくは母又は前条第3項に規定する者については,それぞれ次の各号に規定する条件に該当する場合及びその後初めてそれぞれこれらの条件に該当するに至つた場合に支給する.
1 夫については,60歳以上であること,障害の状態にあつて生活資料を得ることができないこと,又は死亡した者の死亡の当時から引き続き障害の状態にあること.
2 子については,18歳に達する日以後の最初の3月31日までの間にあつて,配偶者がないこと,又は障害の状態にあつて,生活資料を得ることができないこと.
3 父及び母については,60歳以上であること,障害の状態にあつて生活資料を得ることができないこと,又は配偶者がなく,かつ,その者を扶養することができる直系血族がないこと.
4 孫については,18歳に達する日以後の最初の3月31日までの間にあつて,配偶者がなく,かつ,その者を扶養することができる直系血族がないこと,又は障害の状態にあつて,生活資料を得ることができず,かつ,その者を扶養することができる直系血族がないこと.
5 祖父,祖母,入夫婚姻による妻の父及び母並びに前条第3項に規定する者については,60歳以上であること,又は障害の状態にあつて,生活資料を得ることができないこと.
② 昭和28年3月31日までの間に60歳に達した父,母,祖父又は祖母は,前項の規定の適用については,昭和27年4月1日(死亡した者の死亡の日が昭和27年4月2日以後であるときは,その死亡の日)において,同項に規定するものとする.
③ 夫,子,父,母,孫,祖父,祖母,入夫婚姻による妻の父若しくは母又は前条第3項に規定する者については,遺族年金は,これらの遺族が昭和34年1月1日(死亡した者の死亡の日が,昭和34年1月2日以後であるときは,その死亡の日)において,それぞれ第1項各号に規定する条件に該当する場合及びその後はじめてそれぞれこれらの条件に該当

するに至つた場合に支給する．
(遺族年金及び遺族給与金の額)
第26条 ① 遺族年金の額及び遺族給与金の年額は，遺族のうち，先順位者については，1人につき次の各号に定める額，その他の遺族については，1人につき7万2000円とする．
1 先順位者が1人の場合においては，196万6800円
2 先順位者が2人以上ある場合においては，196万6800円に先順位者のうち1人を除いた者1人につき7万2000円を加えた額を先順位者の数で除して得た額
② 前項に規定する先順位者を定める場合における順位は，配偶者，子，父母，孫，祖父母，入夫婚姻による妻の父母，第24条第3項に規定する者の順序による．ただし，父母については，養父母を先にし実父母を後にし，祖父母については，養父母の父母を先にし実父母の父母を後にし，父母の養父母を先にし実父母を後にする．
③ 遺族年金たるべき者が次順位者たるべき者より後に生ずるに至つたときは，前項の規定は，当該次順位者が遺族年金又は遺族給与金を受ける権利を失つた後に限り，適用する． 〈④,⑤(略)〉
(遺族年金又は遺族給与金の支給を受けることができない者)
第29条 ① 左に掲げる遺族には，遺族年金又は遺族給与金を支給しない．
1 重大な過失によつて負傷し，又は疾病にかかり，これにより死亡した者の遺族
2 軍人軍属又は軍人軍属であつた者の遺族であつて，死亡した者の死亡の日以後，昭和27年3月31日以前又は第25条第1項各号の1に規定する条件に該当するに至る日以前に，第31条第1項第2号，第3号，第5号又は第7号のいずれかに該当したもの
3 準軍属又は準軍属であつた者の遺族であつて，死亡した者の死亡の日以後，昭和33年12月31日以前又は第25条第1項各号に規定する条件に該当するに至る日以前に，第31条第1項第2号，第3号，第5号又は第7号のいずれかに該当したもの
4 軍人軍属若しくは準軍属又はこれらの者であつた者の配偶者，子又は孫であつて，死亡した者の死亡の日以後，軍人軍属若しくは軍人軍属であつた者の遺族については昭和27年3月31日以前，準軍属若しくは準軍属であつた者の遺族については昭和33年12月31日以前又は第25条第1項第1号，第2号若しくは第4号に規定する条件に該当するに至る日以前に，第24条第1項に規定する者及び死亡した者の兄弟姉妹で，死亡した者の死亡の当時，その者によつて生計を維持し，又はその者と生計をともにしていたもの以外の者の養子となつたもの 〈②(略)〉
(遺族年金又は遺族給与金を受ける権利の消滅)
第31条 ① 遺族年金又は遺族給与金を受ける権利を有する者が，左の各号の1に該当するときは，当該遺族年金又は遺族給与金を受ける権利は，消滅する．
1 死亡したとき．
2 日本の国籍を失つたとき．
3 離縁によつて，死亡した者との親族関係が終了したとき．
4 夫，子，父，母，孫，祖父，祖母，入夫婚姻による妻

の父及び母並びに第24条第3項に規定する者については，第25条第1項各号に規定する条件に該当しなくなつたとき．
5 配偶者については，婚姻（届出をしないが事実上婚姻関係と同様の事情に入つていると認められる場合を含む．以下同じ．）したとき．
6 配偶者，子及び孫については，第24条第1項に規定する者及び同条第3項各号に掲げる者（同項ただし書の規定に該当するときを除く．）並びに死亡した者の兄弟姉妹で，死亡した者の死亡の当時，その者によつて生計を維持し，又はその者と生計をともにしていたもの以外の者の養子となつたとき．
7 父，母，祖父，祖母，入夫婚姻による妻の父及び母並びに第24条第3項に規定する者については，婚姻によりその氏を改めたとき．
第3節 弔慰金の支給
(弔慰金の支給)
第34条 ① 昭和12年7月7日以後における在職期間内に，公務上負傷し，又は疾病にかかり，これにより，昭和16年12月8日以後に死亡した軍人軍属又は軍人軍属であつた者（昭和16年12月8日前に死亡したことが，昭和20年9月2日以後において認定された者を含む．）の遺族には，弔慰のため，弔慰金を支給する． 〈②～④(略)〉
(遺族の範囲)
第35条 ① 弔慰金を受けるべき遺族の範囲は，死亡した者の死亡の当時における配偶者，子，父母，孫，祖父母，兄弟姉妹及びこれらの者以外の3親等内の親族（死亡した者の死亡の当時その者によつて生計を維持し，又はその者と生計をともにしていた者に限る．）で，死亡した者の死亡の当時日本の国籍を有していたものとする． 〈②(略)〉
(弔慰金の額及び記名国債の交付)
第37条 ① 弔慰金の額は，死亡した者1人につき5万円とし，10年以内に償還すべき記名国債をもつて交付する．
② 前項の規定により交付するため，政府は，必要な金額を限度として国債を発行することができる．
③ 前項の規定により発行する国債の利率は，年6分とする．
④ 第2項の規定により発行する国債については，政令で定める場合を除く外，譲渡，担保権の設定その他の処分をすることができない． 〈⑤(略)〉
(弔慰金の支給を受けることができない者)
第38条 次に掲げる遺族には，弔慰金を支給しない．
1 重大な過失によつて負傷し，又は疾病にかかり，これにより死亡した者の遺族
2 死亡した者の死亡の日以後，昭和27年3月31日以前に，第31条第1項第2号又は第3号に該当した遺族 〈(3)(略)〉

第3章 審査請求

(審査請求期間等)
第40条 ① 障害年金，障害一時金，遺族年金，遺族給与金又は弔慰金に関する処分についての審査請求に関する行政不服審査法（平成26年法律第68号）第18条本文に規定する期間は，その処分の通知を受けた日の翌日から起算して1年とする．
③ 第1項に規定する処分又はその不作為についての審査請求書は，審査請求人の住所地の都道府県知事を経由して提出することができる． 〈②(略)〉

(不服申立てと訴訟との関係)
第42条の2 第40条第1項に規定する処分の取消しの訴えは,当該処分についての異議申立て又は審査請求に対する決定又は裁決を経た後でなければ,提起することができない.

第4章 雑則

(時 効)
第45条 障害年金,障害一時金,遺族年金,遺族給与金又は弔慰金を受ける権利は,7年間行わないときは,時効によって消滅する.

117 独立行政法人医薬品医療機器総合機構法(抄)

(平14・12・20法律第192号,平16・4・1施行,最終改正:平26・6・13法律第69号)

第1章 総則

(目 的)
第1条 この法律は,独立行政法人医薬品医療機器総合機構の名称,目的,業務の範囲等に関する事項を定めることを目的とする.

(機構の目的)
第3条 独立行政法人医薬品医療機器総合機構(以下「機構」という.)は,許可医薬品等の副作用又は許可生物由来製品等を介した感染等による健康被害の迅速な救済を図り,並びに医薬品等の品質,有効性及び安全性の向上に資する審査等の業務を行い,もって国民保健の向上に資することを目的とする.

(定 義)
第4条 ① この法律(第6項及び第8項を除く.)において「医薬品」とは,医薬品,医療機器等の品質,有効性及び安全性の確保等に関する法律(昭和35年法律第145号)第2条第1項に規定する医薬品であって,専ら動物のために使用されることが目的とされているもの以外のものをいう.
② この法律(第8項を除く.)において「医薬部外品」とは,医薬品,医療機器等の品質,有効性及び安全性の確保等に関する法律第2条第2項に規定する医薬部外品であって,専ら動物のために使用されることが目的とされているもの以外のものをいう.
③ この法律において「化粧品」とは,医薬品,医療機器等の品質,有効性及び安全性の確保等に関する法律第2条第3項に規定する化粧品をいう.
④ この法律(第8項を除く.)において「医療機器」とは,医薬品,医療機器等の品質,有効性及び安全性の確保等に関する法律第2条第4項に規定する医療機器であって,専ら動物のために使用されることが目的とされているもの以外のものをいう.
⑤ この法律(第9項を除く.)において「再生医療等製品」とは,医薬品,医療機器等の品質,有効性及び安全性の確保等に関する法律第2条第9項に規定する再生医療等製品であって,専ら動物のために使用されることが目的とされているもの以外のものをいう.
⑥ この法律において「許可医薬品」とは,医薬品,医療機器等の品質,有効性及び安全性の確保等に関する法律第2条第1項に規定する医薬品(同法第14項に規定する体外診断用医薬品を除く.)であって,同法第12条第1項の規定による医薬品の製造販売業の許可を受けて製造販売をされたもの(同法第14条第1項に規定する医薬品にあっては,同条又は同法第19条の2の規定による承認を受けて製造販売をされたものに限る.)をいう.ただし,次に掲げる医薬品を除く.
 1 がんその他の特殊疾病に使用されることが目的とされている医薬品であって,厚生労働大臣の指定するもの
 2 専ら動物のために使用されることが目的とされている医薬品その他厚生労働省令で定める医薬品
⑦ この法律(次項を除く.)において「許可生物由来製品」とは,医薬品,医療機器等の品質,有効性及び安全性の確保等に関する法律第2条第10項に規定する生物由来製品であって,専ら動物のために使用されることが目的とされているもの以外のものをいう.
⑧ この法律において「許可生物由来製品」とは,医薬品,医療機器等の品質,有効性及び安全性の確保等に関する法律第2条第10項に規定する生物由来製品であって,同法第12条第1項の規定による医薬品,医薬部外品若しくは化粧品の製造販売業の許可又は同法第23条の2第1項の規定による医療機器の製造販売業の許可を受けて製造販売をされたもの(同法第14条第1項に規定する医薬品,医薬部外品又は化粧品にあっては同条又は同法第19条の2の規定による承認を受けて製造販売をされたものに限り,同法第23条の2の5第1項に規定する医療機器にあっては同条又は同法第23条の2の17の規定による承認を受けて製造販売をされたものに限る.)をいう.ただし,次に掲げる生物由来製品を除く.
 1 特殊疾病に使用されることが目的とされている生物由来製品であって,厚生労働大臣の指定するもの
 2 専ら動物のために使用されることが目的とされている生物由来製品その他厚生労働省令で定める生物由来製品
⑨ この法律において「許可再生医療等製品」とは,医薬品,医療機器等の品質,有効性及び安全性の確保等に関する法律第2条第9項に規定する再生医療等製品であって,同法第23条の20第1項の規定による再生医療等製品の製造販売業の許可を受けて製造販売をされたもの(同法第23条の25又は第23条の37の規定による承認を受けて製造販売をされたものに限る.)をいう.
⑩ この法律において「許可医薬品等の副作用」とは,許可医薬品又は許可再生医療等製品(がんその他の特殊疾病に使用されることが目的とされている再生医療等製品であって厚生労働大臣の指定するもの及び専ら動物のために使用されることが目的とされている再生医療等製品を除く.以下「副作用救済給付に係る許可再生医療等製品」という.)が適正な使用目的に従い適正に使用された場合においてもその許可医薬品又は副作用救済給付に係る許可再生医療等製品により人に発現する有害な反応をいう.
⑪ この法律において「許可生物由来製品等を介した感染等」とは,許可生物由来製品又は許可再生医

療等製品（特殊疾病に使用されることが目的とされている再生医療等製品であって厚生労働大臣の指定するもの及び専ら動物のために使用されることが目的とされている再生医療等製品を除く。以下「感染救済給付に係る許可再生医療等製品」という。）が適正な使用目的に従い適正に使用された場合においても，その許可生物由来製品又は感染救済給付に係る許可再生医療等製品の原料若しくは材料に混入し，又は付着した次に掲げる感染症の病原体に当該許可生物由来製品又は感染救済給付に係る許可再生医療等製品の使用の対象者が感染することその他許可生物由来製品又は感染救済給付に係る許可再生医療等製品に起因する健康被害であって厚生労働省令で定めるものをいう．
1　感染症の予防及び感染症の患者に対する医療に関する法律（平成10年法律第114号）第6条第1項に規定する感染症
2　人から人に伝染し，又は動物から人に感染すると認められる疾病であって，既に知られている感染性の疾病とその病状又は治療の効果が明らかに異なるもの（前号に掲げるものを除く．）

第2章　役員及び職員

（役員）
第7条　① 機構に，役員として，その長である理事長及び監事2人を置く．
② 機構に，役員として，理事3人以内を置くことができる．

第3章　業務等

（業務の範囲）
第15条　① 機構は，第3条の目的を達成するため，次の業務を行う．
1　許可医薬品等の副作用による健康被害の救済に関する次に掲げる業務
イ　許可医薬品等の副作用による疾病，障害又は死亡につき，医療費，医療手当，障害年金，障害児養育年金，遺族年金，遺族一時金及び葬祭料の給付（以下「副作用救済給付」という．）を行うこと．
ロ　次条第1項第1号及び第2号に掲げる給付の支給を受ける者並びに同項第3号に掲げる給付の支給を受ける者に養育される同号に規定する18歳未満の者について保健福祉事業を行うこと．
ハ　拠出金を徴収すること．
ニ　イからハまでに掲げる業務に附帯する業務を行うこと．
2　許可生物由来製品等を介した感染等による健康被害の救済に関する次に掲げる業務
イ　許可生物由来製品等を介した感染等による疾病，障害又は死亡につき，医療費，医療手当，障害年金，障害児養育年金，遺族年金，遺族一時金及び葬祭料の給付（以下「感染救済給付」という．）を行うこと．
ロ　第20条第1項第1号及び第2号に掲げる給付の支給を受ける者並びに同項第3号に掲げる給付の支給を受ける者に養育される同号に規定する18歳未満の者について保健福祉事業を行うこと．
ハ　拠出金を徴収すること． （2～4（略））
5　医薬品，医薬部外品，化粧品，医療機器及び再生医療等製品（以下この号において「医薬品等」と

いう．）に関する次に掲げる業務
イ　行政庁の委託を受けて，医薬品，医療機器等の品質，有効性及び安全性の確保等に関する法律第13条の2第1項（同法第13条の3第3項及び第80条第4項において準用する場合を含む．），第14条の2第1項（同法第14条の5第1項（同法第19条の4において準用する場合を含む．），第14条の7第1項（同法第19条の4において準用する場合を含む．）並びに第19条の2第5項及び第6項において準用する場合を含む．），第23条の2の7第1項（同法第23条の2の10第1項（同法第23条の2の19において準用する場合を含む．）並びに第23条の2の17第5項及び第6項において準用する場合を含む．），第23条の6第2項（同条第4項において準用する場合を含む．），第23条の23第1項（同法第23条の24第3項及び第80条第5項において準用する場合を含む．），第23条の27第1項（同法第23条の30第1項（同法第23条の39において準用する場合を含む．），第23条の32第1項（同法第23条の39において準用する場合を含む．）並びに第23条の37第5項及び第6項において準用する場合を含む．）又は第80条の3第1項の規定による調査又は審査を行うこと，同法第23条の2の7第1項（同法第23条の2の17第5項及び第6項において準用する場合を含む．）の規定による基準適合証の交付又は返還の受付を行うこと，第23条の18第2項の規定による基準適合性認証を行うこと，同法第80条の10第1項の規定による登録等を行うこと及び同法第14条の2第1項，第14条の5第1項，第14条の10第1項，第23条の2の7第4項，第23条の2の10第2項，第23条の2の13第1項，第23条の5第2項，第23条の27第4項，第23条の30第2項，第52条の3第2項（第64条及び第65条の5において準用する場合を含む．），第80条の3第4項又は第80条の10第3項の報告又は届出を受理すること．
ロ　民間において行われる治験その他医薬品等の安全性に関する試験その他の試験の実施，医薬品等の使用の成績その他厚生労働省令で定めるものに関する調査の実施及び医薬品，医療機器等の品質，有効性及び安全性の確保等に関する法律の規定による承認の申請に必要な資料の作成に関し指導及び助言を行うこと．
ハ　医薬品等の品質，有効性及び安全性に関する情報を収集し，整理し，及び提供し，並びにこれらに関し相談に応じることその他医薬品等の品質，有効性及び安全性の確保に関する業務を行うこと．（ロに掲げる業務及び厚生労働省の所管する他の独立行政法人の業務に属するものを除く．）
（ニ～ヘ，6（略））
7　再生医療等（再生医療等の安全性の確保等に関する法律（平成25年法律第85号）第2条第1項に規定する再生医療等をいう．）に関する次に掲げる業務
イ　再生医療等の安全性の確保等に関する法律第38条第1項（同法第39条第2項において準用する場合を含む．）の調査を行うこと．（副作用救済給付）
（ロ，②（略））
第16条　① 副作用救済給付は，次の各号に掲げる区分に応じ，それぞれ当該各号に定める者に対して行

うものとし,副作用救済給付を受けようとする者の請求に基づき,機構が支給を決定する.
1 医療費及び医療手当　許可医薬品等の副作用による疾病について政令で定める程度の医療を受ける者
2 障害年金　許可医薬品等の副作用により政令で定める程度の障害の状態にある18歳以上の者
3 障害児養育年金　許可医薬品等の副作用により政令で定める程度の障害の状態にある18歳未満の者を養育する者
4 遺族年金又は遺族一時金　許可医薬品等の副作用により死亡した者の政令で定める遺族
5 葬祭料　許可医薬品等の副作用により死亡した者の葬祭を行う者
② 副作用救済給付は,前項の規定にかかわらず,次の各号のいずれかに該当する場合は,行わない.
1 その許可医薬品等の副作用による疾病,障害又は死亡が予防接種法の規定による予防接種を受けたことによるものである場合
2 その者の許可医薬品等の副作用による疾病,障害又は死亡の原因となった許可医薬品等又は副作用救済給付に係る許可再生医療等製品について賠償の責任を有する者があることが明らかな場合
3 その他厚生労働省令で定める場合　　〈③(略)〉

(判定の申出)
第17条 ① 機構は,前条第1項の規定による支給の決定につき,副作用救済給付の請求のあった者に係る疾病,障害又は死亡が,許可医薬品等の副作用によるものであるかどうかその他医学的薬学的判定を要する事項に関し,厚生労働大臣に判定を申し出るものとする.　　〈②(略)〉

(副作用救済給付の中止等)
第18条 ① 機構は,副作用救済給付を受けている者に係る疾病,障害又は死亡の原因となった許可医薬品又は副作用救済給付に係る許可再生医療等製品について賠償の責任を有する者があることが明らかとなった場合には,以後副作用救済給付は行わない.
② 機構は,副作用救済給付に係る疾病,障害又は死亡の原因となった許可医薬品又は副作用救済給付に係る許可再生医療等製品について賠償の責任を有する者がある場合には,その行った副作用救済給付の価額の限度において,副作用救済給付を受けた者がその者に対して有する損害賠償の請求権を取得する.

(副作用拠出金)
第19条 ① 各年4月1日において医薬品,医療機器等の品質,有効性及び安全性の確保等に関する法律第12条第1項の規定による許可医薬品の製造販売業の許可を受けている者(第4条第6項各号に掲げる医薬品のみの製造販売をしている者を除く.以下「許可医薬品製造販売業者」という.)又は同法第23条の20第1項の規定による許可再生医療等製品の製造販売業の許可を受けている者(副作用救済給付に係る許可再生医療等製品以外の許可再生医療等製品のみの製造販売をしている者を除く.以下「許可医薬品等製造販売業者」という.)は,機構の第15条第1項第1号に掲げる業務(以下「副作用救済給付業務」という.)に必要な費用に充てるため,各年度(毎年4月1日から翌年3月31日までとする.以下同じ.),機構に対し,拠出金を納付しなければならない.　　〈②～⑧(略)〉

(感染救済給付)
第20条 ① 感染救済給付は,次の各号に掲げる区分に応じ,それぞれ当該各号に定める者に対して行うものとし,感染救済給付を受けようとする者の請求に基づき,機構が支給を決定する.
1 医療費及び医療手当　許可生物由来製品等を介した感染等による疾病について政令で定める程度の医療を受ける者
2 障害年金　許可生物由来製品等を介した感染等により政令で定める程度の障害の状態にある18歳以上の者
3 障害児養育年金　許可生物由来製品等を介した感染等により政令で定める程度の障害の状態にある18歳未満の者を養育する者
4 遺族年金又は遺族一時金　許可生物由来製品等を介した感染等により死亡した者の政令で定める遺族
5 葬祭料　許可生物由来製品等を介した感染等により死亡した者の葬祭を行う者
② 第16条第2項及び第3項,第17条並びに第18条の規定は,感染救済給付について準用する.この場合において,必要な技術的読替えは,政令で定める.

(感染拠出金)
第21条 ① 各年4月1日において医薬品,医療機器等の品質,有効性及び安全性の確保等に関する法律第12条第1項又は第23条の2第1項の規定による許可生物由来製品の製造販売業の許可を受けている者(第4条第8項各号に掲げる生物由来製品のみの製造販売をしている者を除く.以下「許可生物由来製品製造販売業者」という.)又は同法第23条の20第1項の規定による許可再生医療等製品の製造販売業の許可を受けている者(感染救済給付に係る許可再生医療等製品以外の許可再生医療等製品のみの製造販売をしている者を除く.以下「感染拠出金に係る許可再生医療等製品製造販売業者」という.)は,機構の第15条第1項第2号に掲げる業務(以下「感染救済給付業務」という.)に必要な費用に充てるため,各年度,機構に対し,拠出金を納付しなければならない.　　〈②～⑧(略)〉

(安全対策等拠出金)
第22条 ① 各年4月1日において医薬品,医療機器等の品質,有効性及び安全性の確保等に関する法律第12条第1項の規定による医薬品の製造販売業の許可,同法第23条の2第1項の規定による医療機器の製造販売業の許可又は同法第23条の20第1項の規定による再生医療等製品の製造販売業の許可を受けている者(以下「医薬品等製造販売業者」という.)は,機構の第15条第1項第5号ハに掲げる業務(これに附帯する業務を含み,同号ホの政令で定める業務を除く.)に必要な費用に充てるため,各年度,機構に対し,拠出金を納付しなければならない.　　〈②～⑥(略)〉

第4章　財務及び会計

(補助金)
第34条 政府は,政令で定めるところにより,特定の許可医薬品等の副作用又は特定の許可生物由来製品等を介した感染等による健康被害の救済を円滑に行うため特に必要があると認めるときは,機構に対し,副作用救済給付又は感染救済給付に要する

費用の一部を補助することができる．

第5章　雑　則

(審査の申立て等)
第35条 ① 副作用救済給付若しくは感染救済給付の支給の決定又は拠出金の算定について不服がある者は，厚生労働省令で定めるところにより，厚生労働大臣に対し，審査を申し立てることができる．
〈②(略)〉

第6章　罰　則（略）

118 予防接種法（抄）

（昭23・6・30法律第68号，昭23・7・1施行，
最終改正・平25・12・13法律第103号）

第1章　総　則

(目　的)
第1条　この法律は，伝染のおそれがある疾病の発生及びまん延を予防するために公衆衛生の見地から予防接種の実施その他必要な措置を講ずることにより，国民の健康の保持に寄与するとともに，予防接種による健康被害の迅速な救済を図ることを目的とする．

(定　義)
第2条　① この法律において「予防接種」とは，疾病に対して免疫の効果を得させるため，疾病の予防に有効であることが確認されているワクチンを，人体に注射し，又は接種することをいう．
② この法律において「A類疾病」とは，次に掲げる疾病をいう．
 1 ジフテリア
 2 百日せき
 3 急性灰白髄炎
 4 麻しん
 5 風しん
 6 日本脳炎
 7 破傷風
 8 結核
 9 Hib感染症
 10 肺炎球菌感染症（小児がかかるものに限る．）
 11 ヒトパピローマウイルス感染症
 12 前各号に掲げる疾病のほか，人から人に伝染することによるその発生及びまん延を予防するため，又はかかった場合の病状の程度が重篤になり，若しくは重篤になるおそれがあることからその発生及びまん延を予防するため特に予防接種を行う必要があると認められる疾病として政令で定める疾病
③ この法律において「B類疾病」とは，次に掲げる疾病をいう．
 1 インフルエンザ
 2 前号に掲げる疾病のほか，個人の発病又はその重症化を防止し，併せてこれによりそのまん延の予防に資するため特に予防接種を行う必要があると認められる疾病として政令で定める疾病
④ この法律において「定期の予防接種」とは，次に掲げる予防接種をいう．
 1 第5条第1項の規定による予防接種
 2 前号に掲げる予防接種に相当する予防接種として厚生労働大臣が定める基準に該当する予防接種であって，市町村長以外の者により行われるもの
⑤ この法律において「臨時の予防接種」とは，次に掲げる予防接種をいう．
 1 第6条第1項又は第3項の規定による予防接種
 2 前号に掲げる予防接種に相当する予防接種として厚生労働大臣が定める基準に該当する予防接種であって，第6条第1項又は第3項の規定による指定があった日以後当該指定に係る期日又は期間の満了の日までの間に都道府県知事及び市町村長以外の者により行われるもの
⑥ この法律において「定期の予防接種等」とは，定期の予防接種又は臨時の予防接種をいう．
⑦ この法律において「保護者」とは，親権を行う者又は後見人をいう．

第2章　予防接種基本計画等

(予防接種基本計画)
第3条　① 厚生労働大臣は，予防接種に関する施策の総合的かつ計画的な推進を図るため，予防接種に関する基本的な計画（以下この章及び第24条第2号において「予防接種基本計画」という．）を定めなければならない．
② 予防接種基本計画は，次に掲げる事項について定めるものとする．
 1 予防接種に関する施策の総合的かつ計画的な推進に関する基本的な方向
 2 国，地方公共団体その他関係者の予防接種に関する役割分担に関する事項
 3 予防接種に関する施策の総合的かつ計画的な推進に係る目標に関する事項
 4 予防接種の適正な実施に関する施策を推進するための基本的事項
 5 予防接種の研究開発の推進及びワクチンの供給の確保に関する施策を推進するための基本的事項
 6 予防接種の有効性及び安全性の向上に関する施策を推進するための基本的事項
 7 予防接種に関する国際的な連携に関する事項
 8 その他予防接種に関する施策の総合的かつ計画的な推進に関する重要事項
③ 厚生労働大臣は，少なくとも5年ごとに予防接種基本計画に再検討を加え，必要があると認めるときは，これを変更するものとする．　〈④，⑤(略)〉

第3章　定期の予防接種等の実施

(市町村長が行う予防接種)
第5条　① 市町村長は，A類疾病及びB類疾病のうち政令で定めるものについて，当該市町村の区域内に居住する者であって政令で定めるものに対し，保健所長（特別区及び地域保健法（昭和22年法律第101号）第5条第1項の規定に基づく政令で定める市（第10条において「保健所を設置する市」という．）にあっては，都道府県知事）の指示を受け期日又は期間を指定して，予防接種を行わなければならない．　〈②，③(略)〉

(臨時に行う予防接種)
第6条　① 都道府県知事は，A類疾病及びB類疾病のうち厚生労働大臣が定めるもののまん延予防上

緊急の必要があると認めるときは,その対象者及びその期日又は期間を指定して,臨時に予防接種を行い,又は市町村長に行うよう指示することができる.
② 厚生労働大臣は,前項に規定する疾病のまん延予防上緊急の必要があると認めるときは,政令の定めるところにより,同項の予防接種を都道府県知事に行うよう指示することができる.
③ 厚生労働大臣は,B類疾病のうち当該疾病にかかった場合の病状の程度を考慮して厚生労働大臣が定めるもののまん延予防上緊急の必要があると認めるときは,その対象者及びその期日又は期間を指定して,政令の定めるところにより,都道府県知事を通じて市町村長に対し,臨時に予防接種を行うよう指示することができる.この場合において,都道府県知事は,当該都道府県の区域内で円滑に当該予防接種が行われるよう,当該市町村長に対し,必要な協力をするものとする.

(予防接種を行ってはならない場合)
第7条 市町村長又は都道府県知事は,第5条第1項又は前条第1項若しくは第3項の規定による予防接種を行うに当たっては,当該予防接種を受けようとする者について,厚生労働省令で定める方法により健康状態を調べ,当該予防接種を受けることが適当でない者として厚生労働省令で定めるものに該当すると認めるときは,その者に対して当該予防接種を行ってはならない.

(予防接種の勧奨)
第8条 ① 市町村長又は都道府県知事は,第5条第1項の規定による予防接種であってA類疾病に係るもの又は第6条第1項若しくは第3項の規定による予防接種の対象者に対し,定期の予防接種であってA類疾病に係るもの又は臨時の予防接種を受けることを勧奨するものとする. 《②(略)》

(予防接種を受ける努力義務)
第9条 ① 第5条第1項の規定による予防接種であってA類疾病に係るもの又は第6条第1項の規定による予防接種の対象者は,定期の予防接種であってA類疾病に係るもの又は臨時の予防接種(同条第3項に係るものを除く.)を受けるよう努めなければならない.
② 前項の対象者が16歳未満の者又は成年被後見人であるときは,その保護者は,その者に定期の予防接種であってA類疾病に係るもの又は臨時の予防接種(第6条第3項に係るものを除く.)を受けさせるため必要な措置を講ずるよう努めなければならない.

(保健所長への委任)
第10条 都道府県知事又は保健所を設置する市若しくは特別区の長は,第5条第1項又は第6条第1項若しくは第3項の規定による予防接種の実施事務を保健所長に委任することができる.

第4章 定期の予防接種等の適正な実施のための措置

(定期の予防接種等を受けたことによるものと疑われる症状の報告)
第12条 ① 病院若しくは診療所の開設者又は医師は,定期の予防接種を受けた者が,当該定期の予防接種等を受けたことによるものと疑われる症状として厚生労働省令で定めるものを呈していることを知ったときは,その旨を厚生労働省令で定めるところにより厚生労働大臣に報告しなければならない. 《(略)》

(定期の予防接種等の適正な実施のための措置)
第13条 ① 厚生労働大臣は,毎年度,前条第1項の規定による報告の状況について厚生科学審議会に報告し,必要があると認めるときは,その意見を聴いて,定期の予防接種等の安全性に関する情報の提供その他の定期の予防接種等の適正な実施のために必要な措置を講ずるものとする.
③ 厚生労働大臣は,第1項の規定による報告又は措置を行うに当たっては,前条第1項の規定による報告に係る情報の整理又は当該報告に関する調査を行うものとする. 《②,④(略)》

(機構による情報の整理及び調査)
第14条 ① 厚生労働大臣は,独立行政法人医薬品医療機器総合機構(以下この条において「機構」という.)に,前条第3項に規定する情報の整理を行わせることができる.
② 厚生労働大臣は,前条第1項の規定による報告又は措置を行うため必要があると認めるときは,機構に,同条第3項の規定による調査を行わせることができる. 《③(略)》

第5章 定期の予防接種等による健康被害の救済措置

(健康被害の救済措置)
第15条 ① 市町村長は,当該市町村の区域内に居住する間に定期の予防接種等を受けた者が,疾病にかかり,障害の状態となり,又は死亡した場合において,当該疾病,障害又は死亡が当該定期の予防接種等を受けたことによるものであると厚生労働大臣が認定したときは,次条及び第17条に定めるところにより,給付を行う. 《②(略)》

(給付の範囲)
第16条 ① A類疾病に係る定期の予防接種等又はB類疾病に係る臨時の予防接種を受けたことによる疾病,障害又は死亡について行う前条第1項の規定による給付は,次の各号に掲げるとおりとし,それぞれ当該各号に定める者に対して行う.
1 医療費及び医療手当 予防接種を受けたことによる疾病について医療を受ける者
2 障害児養育年金 予防接種を受けたことにより政令で定める程度の障害の状態にある18歳未満の者を養育する者
3 障害年金 予防接種を受けたことにより政令で定める程度の障害の状態にある18歳以上の者
4 死亡一時金 予防接種を受けたことにより死亡した者の政令で定める遺族
5 葬祭料 予防接種を受けたことにより死亡した者の葬祭を行う者
② B類疾病に係る定期の予防接種を受けたことによる疾病,障害又は死亡について行う前条第1項の規定による給付は,次の各号に掲げるとおりとし,それぞれ当該各号に定める者に対して行う.
1 医療費及び医療手当 予防接種を受けたことによる疾病について政令で定める程度の医療を受ける者
2 障害児養育年金 予防接種を受けたことにより政令で定める程度の障害の状態にある18歳未満の者を養育する者
3 障害年金 予防接種を受けたことにより政令で

定める程度の障害の状態にある18歳以上の者
4 遺族一時金 予防接種を受けたことにより死亡した者の政令で定める遺族
5 葬祭料 予防接種を受けたことにより死亡した者の葬祭を行う者

（損害賠償との調整）
第18条 ① 市町村長は、給付を受けるべき者が同一の事由について損害賠償を受けたときは、その価額の限度において、給付を行わないことができる．
② 市町村長は、給付を受けた者が同一の事由について損害賠償を受けたときは、その価額の限度において、その受けた給付の額に相当する金額を返還させることができる．

第6章 雑 則

（予防接種等に要する費用の支弁）
第25条 ① この法律の定めるところにより予防接種を行うために要する費用は、市町村（第6条第1項の規定による予防接種については、都道府県又は市町村）の支弁とする．
② 給付に要する費用は、市町村の支弁とする．

（都道府県の負担）
第26条 ① 都道府県は、政令の定めるところにより、前条第1項の規定により市町村の支弁する額（第6条第1項の規定による予防接種に係るものに限る．）の3分の2を負担する．
② 都道府県は、政令の定めるところにより、前条第1項の規定により市町村の支弁する額（第6条第3項の規定による予防接種に係るものに限る．）及び前条第2項の規定により市町村の支弁する額の4分の3を負担する．

（国庫の負担）
第27条 ① 国庫は、政令の定めるところにより、第25条第1項の規定により都道府県の支弁する額及び前条第1項の規定により都道府県の負担する額の2分の1を負担する．
② 国庫は、前条第2項の規定により都道府県の負担する額の3分の2を負担する．

（実費の徴収）
第28条 第5条第1項又は第6条第3項の規定による予防接種を行った者は、予防接種を受けた者又はその保護者から、政令の定めるところにより、実費を徴収することができる．ただし、これらの者が、経済的理由により、その費用を負担することができないと認めるときはこの限りでない．

---

119 特定フィブリノゲン製剤及び特定血液凝固第Ⅸ因子製剤によるC型肝炎感染被害者を救済するための給付金の支給に関する特別措置法（抄）

（平20・1・16法律第2号，平20・1・16施行，
最終改正：平24・9・14法律第91号）

フィブリノゲン製剤及び血液凝固第Ⅸ因子製剤にC型肝炎ウイルスが混入し、多くの方々が感染するという薬害事件が起き、感染被害者及びその遺族の方々は、長期にわたり、肉体的、精神的苦痛を強いられている．

政府は、感染被害者の方々に甚大な被害が生じ、その被害の拡大を防止し得なかったことについての責任を認め、感染被害者及びその遺族の方々に心から謝罪すべきである．さらに、今回の事件の反省を踏まえ、命の尊さを再認識し、医薬品による健康被害の再発防止に最善かつ最大の努力をしなければならない．

もとより、医薬品を供給する企業には、製品の安全性の確保等について最善の努力を尽くす責任があり、本件においては、そのような企業の責任が問われるものである．

C型肝炎ウイルスの感染被害を受けた方々からフィブリノゲン製剤及び血液凝固第Ⅸ因子製剤の製造等を行った企業及び国に対し、損害賠償を求める訴訟が提起されたが、これまでの5つの地方裁判所の判決においては、企業及び国が責任を負うべき期間等について判断が分かれ、現行法制の下で法的責任の存否を争う訴訟による解決を図ろうとすれば、さらに長期間を要することが見込まれている．

一般に、血液製剤は適切に使用されれば人命を救うために不可欠の製剤であるが、フィブリノゲン製剤及び血液凝固第Ⅸ因子製剤によってC型肝炎ウイルスに感染した方々が、日々、症状の重篤化に対する不安を抱えながら生活を営んでいるという困難な状況に思いをいたすと、我らは、人道の観点から、早急に感染被害者の方々を投与の時期を問わず一律に救済しなければならないと考える．しかしながら、現行法制の下でこれらの感染被害者の方々の一律救済の要請にこたえるには、司法上も行政上も限界があることから、立法による解決を図ることとし、この法律を制定する．

（趣旨）
第1条 この法律は、特定C型肝炎ウイルス感染者及びその相続人に対する給付金の支給に関し必要な事項を定めるものとする．

（定義）
第2条 ① この法律において「特定フィブリノゲン製剤」とは、乾燥人フィブリノゲンのみを有効成分とする製剤であって、次に掲げるものをいう．
1 昭和39年6月9日、同年10月24日又は昭和51年4月30日に薬事法の一部を改正する法律（昭和54年法律第56号）による改正前の薬事法（昭和35年法律第145号．以下「昭和54年改正前の薬事法」という．）第14条第1項の規定による承認を受けた製剤
2 昭和62年4月30日に薬事法及び医薬品副作用被害救済・研究振興基金法の一部を改正する法律（平成5年法律第27号）第1条の規定による改正前の薬事法（以下「平成5年改正前の薬事法」という．）第14条第1項の規定による承認を受けた製剤（ウイルスを不活化するために加熱処理のみを行ったものに限る．）
② この法律において「特定血液凝固第Ⅸ因子製剤」とは、乾燥人血液凝固第Ⅸ因子複合体を有効成分とする製剤であって、次に掲げるものをいう．
1 昭和57年4月22日又は昭和51年12月27日に昭和54年改正前の薬事法第14条第1項（昭和54年改正前の薬事法第23条において準用する場合を含む．）の規定による承認を受けた製剤
2 昭和60年12月17日に平成5年改正前の薬事

VI 援護・補償等

法第23条において準用する平成5年改正前の薬事法第14条第1項の規定による承認を受けた製剤（ウイルスを不活化するために加熱処理のみを行ったものに限る．)
③ この法律において「特定C型肝炎ウイルス感染者」とは，特定フィブリノゲン製剤又は特定血液凝固第IX因子製剤の投与（獲得性の傷病に係る投与に限る．第5条第2号において同じ．）を受けたことによってC型肝炎ウイルスに感染した者及びその者の胎内又は産道においてC型肝炎ウイルスに感染した者をいう．

（給付金の支給）
第3条 ① 独立行政法人医薬品医療機器総合機構（以下「機構」という．）は，特定C型肝炎ウイルス感染者（特定C型肝炎ウイルス感染者がこの法律の施行前に死亡している場合にあっては，その相続人）に対し，その者の請求に基づき，医療，健康管理等に係る経済的負担を含む健康被害の救済を図るためのものとして給付金を支給する．《②，③(略)》

（給付金の支給手続）
第4条 給付金の支給の請求をするには，当該請求をする者又はその被相続人が特定C型肝炎ウイルス感染者であること及びその者が第6条第1号，第2号又は第3号に該当する者であることを証する確定判決又は和解，調停その他確定判決と同一の効力を有するもの（当該訴え等の相手方に国が含まれているものに限る．）の正本又は謄本を提出しなければならない．

（給付金の請求期限）
第5条 給付金の支給の請求は，次に掲げる日のいずれか遅い日までに行わなければならない．
1 この法律の施行の日から起算して10年を経過する日（次号において「経過日」という．）
2 特定フィブリノゲン製剤又は特定血液凝固第IX因子製剤の投与を受けたことによってC型肝炎ウイルスに感染したことを原因とする損害賠償についての訴えの提起又は和解若しくは調停の申立て（その相手方に国が含まれているものに限る．）を経過日以前にした場合における当該損害賠償についての判決が確定した日又は和解若しくは調停が成立した日から起算して1月を経過する日

（給付金の額）
第6条 給付金の額は，次の各号に掲げる特定C型肝炎ウイルス感染者の区分に応じ，当該各号に定める額とする．　　《1～3(略)》

（特定C型肝炎ウイルス感染者救済基金）
第14条 ① 機構は，給付金の支給及びこれに附帯する業務（以下「給付金支給等業務」という．）に要する費用（給付金支給等業務の執行に要する費用を含む．以下同じ．）に充てるため，特定C型肝炎ウイルス感染者救済基金（次項において「基金」という．）を設ける．
② 基金は，次条の規定により交付された資金及び第17条第2項の規定により納付された拠出金をもって充てるものとする．

（交付金）
第15条 政府は，予算の範囲内において，機構に対し，給付金支給等業務に要する費用に充てるための資金を交付するものとする．

（拠出金）
第17条 ① 機構は，給付金等を支給したときは，給付金支給等業務に要する費用に充てるため，当該支給について特定C型肝炎ウイルス感染者が投与を受けたものとされた特定フィブリノゲン製剤又は特定血液凝固第IX因子製剤に係る製造業者等に，前条の基準に基づき，拠出金の拠出を求めるものとする．　　《②(略)》

119 特定肝炎感染被害者を救済するため特定血液凝固第IX因子製剤による特別措置C法型（3条～17条）

VII 諸 法

⑫ 社会保障制度改革推進法（抄）

（平24・8・22法律第64号，平24・8・22施行）

第1章 総則

（目的）
第1条 この法律は，近年の急速な少子高齢化の進展等による社会保障給付に要する費用の増大及び生産年齢人口の減少に伴い，社会保険料に係る国民の負担が増大するとともに，国及び地方公共団体の財政状況が社会保障制度に係る負担の増大により悪化していること等に鑑み，所得税法等の一部を改正する法律（平成21年法律第13号）附則第104条の規定の趣旨を踏まえて安定した財源を確保しつつ受益と負担の均衡がとれた持続可能な社会保障制度の確立を図るため，社会保障制度改革について，その基本的な考え方その他の基本となる事項を定めるとともに，社会保障制度改革国民会議を設置すること等により，これを総合的かつ集中的に推進することを目的とする．

（基本的な考え方）
第2条 社会保障制度改革は，次に掲げる事項を基本として行われるものとする．
1 自助，共助及び公助が最も適切に組み合わされるよう留意しつつ，国民が自立した生活を営むことができるよう，家族相互及び国民相互の助け合いの仕組みを通じてその実現を支援していくこと．
2 社会保障の機能の充実と給付の重点化及び制度の運営の効率化とを同時に行い，税金や社会保険料を納付する者の立場に立って，負担の増大を抑制しつつ，持続可能な制度を実現すること．
3 年金，医療及び介護においては，社会保険制度を基本とし，国及び地方公共団体の負担は，社会保険料に係る国民の負担の適正化に充てることを基本とすること．
4 国民が広く受益する社会保障に係る費用をあらゆる世代が広く公平に分かち合う観点等から，社会保障給付に要する費用に係る国及び地方公共団体の負担の主要な財源には，消費税及び地方消費税の収入を充てるものとすること．

（国の責務）
第3条 国は，前条の基本的な考え方にのっとり，社会保障制度改革に関する施策を総合的に策定し，及び実施する責務を有する．

（改革の実施及び目標時期）
第4条 政府は，次章に定める基本方針に基づき，社会保障制度改革を行うものとし，このために必要な法制上の措置については，この法律の施行後1年以内に，第9条に規定する社会保障制度改革国民会議における審議の結果等を踏まえて講ずるものとする．

⑫ 持続可能な社会保障制度の確立を図るための改革の推進に関する法律（抄）

（平25・12・13法律第112号，平25・12・13施行，最終改正：平28・6・3法律第63号）

第1章 総則

（目的）
第1条 この法律は，社会保障制度改革推進法（平成24年法律第64号）第4条の規定に基づく法制上の措置として，同法第2条の基本的な考え方にのっとり，かつ，同法第2章に定める基本方針に基づき，同法第9条に設置された社会保障制度改革国民会議における審議の結果等を踏まえ，同法第1条に規定する社会保障制度改革（以下この条及び次条第1項において単に「社会保障制度改革」という．）について，その全体像及び進め方を明らかにするとともに，社会保障制度改革推進本部及び社会保障制度改革推進会議を設置すること等により，社会保障制度改革を総合的かつ集中的に推進するとともに，受益と負担の均衡がとれた持続可能な社会保障制度の確立を図るための改革を推進することを目的とする．

第2章 講ずべき社会保障制度改革の措置等

（自助・自立のための環境整備等）
第2条 ① 政府は，人口の高齢化が急速に進展する中で，活力ある社会を実現するためにも，健康寿命の延伸により長寿を実現することが重要であることに鑑み，社会保障制度改革を推進するとともに，個人がその自助努力を喚起される仕組み及び個人が多様なサービスを選択することができる仕組みの導入その他の高齢者も若者も，健康で年齢等にかかわりなく働くことができ，持てる力を最大限に発揮して生きることができる環境の整備等（次項において「自助・自立のための環境整備等」という．）に努めるものとする．
② 政府は，住民相互の助け合いの重要性を認識し，自助・自立のための環境整備等の推進を図るものとする．

（少子化対策）
第3条 ① 政府は，急速な少子化の進展の下で，社会保障制度を持続させていくためには，その基盤を維持するための少子化対策を総合的かつ着実に実施していく必要があることに鑑み，就労，結婚，妊娠，出産，育児等の各段階に応じた支援を切れ目なく行い，子育てに伴う喜びを実感できる社会を実現するため，子ども・子育て支援（子ども・子育て支援法（平成24年法律第65号）第7条第1項に規定する子ども・子育て支援をいう．以下この項において同じ．）の量的拡充及び質の向上を図る観点並びに職業生活と家庭生活との両立を推進する観点から，幼児期の教育及び保育その他の子ども・子育て支援の総合的な提供，平成25年6月14日に閣議において決定された経済財政運営と改革の基本方針に記載された待機児童解消加速化プランその他の

Ⅶ 諸 法

子ども・子育て支援の実施に当たって必要となる次に掲げる措置その他必要な措置を着実に講ずるものとする.
  1 子ども・子育て支援法第11条に規定する子どものための教育・保育給付及び同法第59条に規定する地域子ども・子育て支援事業の実施のために必要な措置
  2 子ども・子育て支援法附則第10条第1項に規定する保育緊急確保事業の実施のために必要な措置
  3 社会的養護の充実に当たって必要となる児童福祉法(昭和22年法律第164号)第37条に規定する乳児院,同法第38条に規定する母子生活支援施設,同法第41条に規定する児童養護施設,同法第43条の2に規定する児童心理治療施設又は同法第44条に規定する児童自立支援施設に入所等をする子どもの養育環境等の整備のために必要な措置
② 政府は,前項の措置については,全世代対応型の社会保障制度の構築を目指す中で,少子化対策を全ての世代に夢や希望を与える日本社会の未来への投資であると認識し,幅広い観点からこれを講ずるものとする.
③ 政府は,第1項の措置を講ずるほか,子ども・子育て支援法附則第2条第2項の規定に基づき,平成27年度以降の次世代育成支援対策推進法(平成15年法律第120号)の延長について検討を加え,必要があると認めるときは,その結果に基づいて必要な措置を講ずるものとする.

(医療制度)
第4条 ① 政府は,高齢化の進展,高度な医療の普及等による医療費の増大が見込まれる中で,医療保険各法(高齢者の医療の確保に関する法律(昭和57年法律第80号.以下「高齢者医療確保法」という.)第7条第1項に規定する医療保険各法をいう.第7項第2号ニにおいて同じ.)による医療保険制度及び高齢者医療確保法による後期高齢者医療制度(同項において「医療保険制度等」という.)に原則として全ての国民が加入する仕組みを維持することを旨として,医療保険制度について,この条に定めるところにより,必要な改革を行うものとする.
② 政府は,個人の選択を尊重しつつ,個人の健康管理,疾病の予防等の自助努力が喚起される仕組みの検討等を行い,個人の主体的な健康の維持増進への取組を奨励するものとする.
③ 政府は,健康の維持増進,疾病の予防及び早期発見等を積極的に促進することにより,国民負担の増大を抑制しつつ必要な医療を確保するため,情報通信技術,診療報酬請求書等を適正に活用しながら,地方公共団体,保険者(高齢者医療確保法第7条第2項に規定する保険者をいう.),事業者等の多様な主体による保健事業等の推進,後発医薬品の使用及び外来受診の適正化の促進その他必要な措置を講ずるものとする.
④ 政府は,医療従事者,医療施設等の確保及び有効活用等を図り,効率的かつ質の高い医療提供体制を構築するとともに,今後の高齢化の進展に対応して地域包括ケアシステム(地域の実情に応じて,高齢者が,可能な限り,住み慣れた地域でその有する能力に応じ自立した日常生活を営むことができるよう,医療,介護,介護予防(要介護状態若しくは要支援状態となることの予防又は要介護状態若しくは要支援状態の軽減若しくは悪化の防止をいう.次条において同じ.),住まい及び自立した日常生活の支援が包括的に確保される体制をいう.次項及び同条第2項において同じ.)を構築することを通じ,医療及び診療報酬に係る適切な対応の在り方その他の必要な事項について検討を加え,その結果に基づいて必要な措置を講ずるものとする.
  1 病床の機能の分化及び連携並びに在宅医療及び在宅介護を推進するために必要な次に掲げる事項
    イ 病院又は診療所(以下このイにおいて「病院等」という.)の管理者が,当該病院等が有する病床の機能に関する情報を,当該病院等の所在地の都道府県知事に報告する制度の創設
    ロ イに規定する制度により得られた病床の機能に関する情報等を活用した都道府県による地域の医療提供体制の構想の策定及び必要な病床の適切な区分の設定,都道府県の役割の強化その他の当該構想を実現するために必要な方策
    ハ 次に掲げる事項に係る新たな財政支援の制度の創設
      (1) 病床の機能の分化及び連携等に伴う介護サービス(介護保険の保険給付の対象となる保健医療サービス及び福祉サービスをいう.次条第2項において同じ.)の充実
      (2) 地域における医師,看護師その他の医療従事者の確保,医療機関の施設及び設備の整備等の推進
    ニ 医療法人間の合併及び権利の移転に関する制度等の見直し
  2 地域における医師,看護師その他の医療従事者の確保及び勤務環境の改善
  3 医療従事者の業務の範囲及び業務の実施体制の見直し
⑤ 政府は,前項の医療提供体制及び地域包括ケアシステムの構築に当たっては,個人の尊厳が重んぜられ,患者の意思がより尊重され,人生の最終段階を穏やかに過ごすことができる環境の整備を行うよう努めるものとする.
⑥ 政府は,第4項の措置を平成29年度までを目途に順次講ずるものとし,このために必要な法律案を平成26年に開会される国会の常会に提出することを目指すものとする.
⑦ 政府は,持続可能な医療保険制度等を構築するため,次に掲げる事項その他必要な事項について検討を加え,その結果に基づいて必要な措置を講ずるものとする.
  1 医療保険制度等の財政基盤の安定化についての次に掲げる事項
    イ 国民健康保険(国民健康保険法(昭和33年法律第192号)第3条第1項の規定により行われるものに限る.以下この号において同じ.)に対する財政支援の拡充
    ロ 国民健康保険の保険者,運営等の在り方に関し,国民健康保険の保険料(地方税法(昭和25年法律第226号)の規定による国民健康保険税を含む.以下この号及び次号において同じ.)の適正化等の取組を推進するとともに,イに掲げる措置を講ずることにより国民健康保険の更なる財政基盤の強化を図り,国民健康保険の財政上の構造的な問題を解決することとした上で,国民健康保険の運営について,財政運営をはじめとして都道府県が担うことを基本としつつ,国民健康保険の保険料の賦課及び徴収,保健事業の実施等に関す

る市町村（特別区を含む．）の役割が積極的に果たされるよう，都道府県と市町村（特別区を含む．）において適切に役割を分担するために必要な方策
ハ　健康保険法等の一部を改正する法律（平成25年法律第26号）附則第2条に規定する所要の措置
2　医療保険の保険料に係る国民の負担に関する公平の確保についての次に掲げる事項
イ　国民健康保険の保険料及び後期高齢者医療の保険料に係る低所得者の負担の軽減
ロ　被用者保険等保険者（持続可能な医療保険制度を構築するための国民健康保険法等の一部を改正する法律（平成27年法律第31号）第3条の規定による改正前の国民健康保険法（以下このロにおいて「改正前国保法」という．）附則第10条第1項に規定する被用者保険等保険者（健康保険法（大正11年法律第70号）第123条第1項の規定による保険者としての全国健康保険協会を除く．）をいう．以下このロ及び次条第1項において同じ．）に係る高齢者医療確保法第118条第1項に規定する後期高齢者支援金の額の全てを当該被用者保険等保険者の標準報酬総額（改正前国保法附則第12条第1項に規定する標準報酬総額をいう．次条第4項において同じ．）に応じた負担とすること．
ハ　被保険者の所得水準の高い国民健康保険組合に対する国庫補助の見直し
ニ　国民健康保険の保険料の賦課限度額及び標準報酬月額等（医療保険各法（国民健康保険法を除く．）に規定する標準報酬月額及び標準報酬の月額をいう．）の上限額の引上げ
3　医療保険の保険給付の対象となる療養の範囲の適正化等についての次に掲げる事項
イ　低所得者の負担に配慮しつつ行う70歳から74歳までの者の一部負担金の取扱い及びこれと併せた負担能力に応じた負担を求める観点からの高額療養費の見直し
ロ　医療提供施設相互間の機能の分担を推進する観点からの外来に関する給付の見直し及び在宅療養との公平を確保する観点からの入院に関する給付の見直し
⑧　政府は，前項の措置を平成26年度から平成29年度までを目途に順次講ずるものとし，このために必要な法律案を平成27年に開会される国会の常会に提出することを目指すものとする．
⑨　政府は，第7項の措置の実施状況等を踏まえ，高齢者医療制度の在り方について，必要に応じ，見直しに向けた検討を行うものとする．
⑩　政府は，この法律の施行の際現に実施されている難病及び小児慢性特定疾患（児童福祉法第21条の5に規定する医療の給付の対象となる疾患をいう．以下この項において同じ．）に係る医療費助成について，難病対策に係る都道府県の超過負担の解消を図るとともに，難病及び小児慢性特定疾患に係る新たな公平かつ安定的な医療費助成の制度（以下この項において「新制度」という．）を確立するに当たって，次に掲げる事項その他必要な事項について検討を加え，その結果に基づいて必要な措置を講ずるものとする．
1　新制度を制度として確立された医療の社会保障給付とすること．
2　新制度の対象となる疾患の拡大
3　新制度の対象となる患者の認定基準の見直し
4　新制度の自己負担の新制度以外の医療費に係る患者の負担の軽減を図る制度との均衡を考慮した見直し
⑪　政府は，前項の措置を平成26年度を目途に講ずるものとし，このために必要な法律案を平成26年に開会される国会の常会に提出することを目指すものとする．

（介護保険制度）
第5条　①　政府は，個人の選択を尊重しつつ，介護予防等の自助努力が喚起される仕組みの検討等を行い，個人の主体的な介護予防等への取組を奨励するものとする．
②　政府は，低所得者をはじめとする国民の介護保険の保険料に係る負担の増大の抑制を図るとともに，介護サービスの範囲の適正化及び介護サービスの効率化及び重点化を図りつつ，地域包括ケアシステムの構築を通じ，必要な介護サービスを確保する観点から，介護保険制度について，次に掲げる事項及び介護報酬に係る適切な対応の在り方その他の必要な事項について検討を加え，その結果に基づいて必要な措置を講ずるものとする．
1　地域包括ケアシステムの構築に向けた介護保険法（平成9年法律第123号）第115条の45に規定する地域支援事業の見直しによる次に掲げる事項
イ　在宅医療及び在宅介護の提供に必要な当該提供に携わる者その他の関係者の連携の強化
ロ　多様な主体による創意工夫を生かした高齢者の自立した日常生活の支援及び高齢者の社会的活動への参加の推進等による介護予防に関する基盤整備
ハ　認知症である者に係る支援が早期から適切に提供される体制の確保その他の認知症である者に係る必要な施策
2　前号に掲げる事項と併せた地域の実情に応じた介護保険法第7条第4項に規定する要支援者への支援の見直し
3　一定以上の所得を有する者の介護保険の保険給付に係る利用者負担の見直し
4　介護保険法第51条の3の規定による特定入所者介護サービス費の支給の要件について資産を勘案する等の見直し
5　介護保険法第48条第1項第1号に規定する指定介護福祉施設サービスに係る同条の規定による施設介護サービス費の支給の対象の見直し
6　介護保険法第1号被保険者の保険料に係る低所得者の負担の軽減
③　政府は，前項の措置を平成27年度を目途に講ずるものとし，このために必要な法律案を平成26年に開会される国会の常会に提出することを目指すものとする．
④　政府は，前条第7項第2号ロに掲げる事項に係る同項の措置の実施状況等を踏まえ，被用者保険等保険者に係る介護保険法第150条第1項に規定する介護給付費・地域支援事業支援納付金の額を当該被用者保険等保険者の標準報酬総額に応じた負担とすることについて検討を加え，その結果に基づいて必要な措置を講ずるものとする．

（公的年金制度）
第6条　①　政府は，次に掲げる措置の着実な実施の

ための措置を講ずるものとする．
1 年金生活者支援給付金の支給に関する法律（平成24年法律第102号）に基づく年金生活者支援給付金の支給
2 公的年金制度の財政基盤及び最低保障機能の強化等のための国民年金法等の一部を改正する法律（平成24年法律第62号）に基づく基礎年金の国庫負担割合の2分の1への恒久的な引上げ，老齢基礎年金の受給資格期間の短縮及び遺族基礎年金の支給対象の拡大
3 前2号に掲げるもののほか，前2号に規定する法律，被用者年金制度の一元化等を図るための厚生年金保険法等の一部を改正する法律（平成24年法律第63号）及び国民年金法等の一部を改正する法律等の一部を改正する法律（平成24年法律第99号）に基づく措置
② 政府は，公的年金制度を長期的に持続可能な制度とする取組を更に進め，社会経済情勢の変化に対応した保障機能を強化し，並びに世代間及び世代内の公平性を確保する観点から，公的年金制度及びこれに関連する制度について，次に掲げる事項その他必要な事項について検討を加え，その結果に基づいて必要な措置を講ずるものとする．
1 国民年金法（昭和34年法律第141号）及び厚生年金保険法（昭和29年法律第115号）の調整率に基づく年金の額の改定の仕組みの在り方
2 短時間労働者に対する厚生年金保険及び健康保険の適用範囲の拡大
3 高齢期における職業生活の多様性に応じ，1人1人の状況を踏まえた年金受給の在り方
4 高所得者の年金給付の在り方及び公的年金等控除を含めた年金課税の在り方の見直し

122 社会保険審査官及び社会保険審査会法（抄）

（昭28・8・14法律第206号，昭28・8・1施行，最終改正：平26・6・13法律第69号）

第1章 社会保険審査官

第1節 設置
（設置）
第1条 ① 健康保険法（大正11年法律第70号）第189条，船員保険法（昭和14年法律第73号）第138条，厚生年金保険法（昭和29年法律第115号）第90条（同条第2項及び第6項を除く．以下同じ．）及び石炭鉱業年金基金法（昭和42年法律第135号）第33条第1項，国民年金法（昭和34年法律第141号）第101条（同法第138条において準用する場合を含む．以下同じ．）並びに厚生年金保険の保険給付及び国民年金の給付の支払の遅延に係る加算金の支給に関する法律（平成21年法律第37号．以下「年金給付遅延加算金支給法」という．）第8条（年金給付遅延加算金支給法附則第2条第1項において準用する場合を含む．以下同じ．）の規定による審査請求の事件を取り扱わせるため，各地方厚生局（地方厚生支局を含む．以下同じ．）に社会保険審査官（以下「審査官」という．）

を置く．
② 審査官の定数は，政令で定める．

（任命）
第2条 審査官は，厚生労働省の職員のうちから，厚生労働大臣が命ずる．

第2節 審査請求の手続
（管轄審査官）
第3条 ① 健康保険法第189条，船員保険法第138条，厚生年金保険法第90条若しくは石炭鉱業年金基金法第33条第1項，国民年金法第101条又は年金給付遅延加算金支給法第8条の規定による審査請求は，次に掲げる審査官に対してするものとする．
1 日本年金機構（以下「機構」という．）がした処分（第4号に規定する処分を除く．）に対する審査請求にあつては，その処分に関する事務を処理した機構の事務所（年金事務所（日本年金機構法（平成19年法律第109号）第29条に規定する年金事務所をいう．以下この項及び第5条第2項において同じ．）が当該事務を処理した場合にあつては，当該年金事務所がその業務の一部を分掌する従たる事務所（同法第4条第2項に規定する従たる事務所をいう．以下この項及び第5条第2項において同じ．）とし，審査請求人が当該処分につき経由した機構の事務所がある場合にあつては，当該経由した機構の事務所（年金事務所を経由した場合にあつては，当該年金事務所がその業務の一部を分掌する従たる事務所）とする．）の所在地を管轄する地方厚生局に置かれた審査官
2 全国健康保険協会，健康保険組合，石炭鉱業年金基金又は国民年金基金（以下「健康保険組合等」という．）がした処分に対する審査請求にあつては，その処分に関する事務の処理した健康保険組合等の事務所の所在地を管轄する地方厚生局に置かれた審査官
3 厚生労働大臣がした処分（次号に規定する処分を除く．）に対する審査請求にあつては，審査請求人が当該処分につき経由した地方厚生局又は機構の事務所（従たる事務所を経由した場合にあつては，その従たる事務所（年金事務所を経由した場合にあつては，当該年金事務所がその業務の一部を分掌する従たる事務所））若しくは国民年金法第3条第2項に規定する事務所の所在地を管轄する地方厚生局に置かれた審査官
4 国民年金の保険料その他国民年金法の規定による徴収金の賦課若しくは徴収若しくは同法第96条の規定による処分又は年金給付遅延加算金支給法第6条第1項（年金給付遅延加算金支給法附則第2条第1項において準用する場合を含む．以下同じ．）の規定による徴収金（給付遅延特別加算金（国民年金法附則第9条の3の2第1項の規定による脱退一時金に係るものを除く．第4条第1項において同じ．）に係るものに限る．）の賦課若しくは徴収若しくは年金給付遅延加算金支給法第6条第2項（年金給付遅延加算金支給法附則第2条第1項において準用する場合を含む．以下同じ．）の規定によりその例によるものとされる同法第96条の規定による処分に対する審査請求にあつては，その処分をした者の所属する機関の事務所として厚生労働省令で定めるものの所在地を管轄する地方厚生局に置かれた審査官
② 審査官は，次に掲げる者以外の者でなければならない．

1 審査請求に係る処分に関与した者又は審査請求に係る不作為に係る処分に関与し,若しくは関与することとなる者
2 審査請求人
3 審査請求人の配偶者,四親等内の親族又は同居の親族
4 審査請求人の代理人
5 前２号に掲げる者であつた者
6 審査請求人の後見人,後見監督人,保佐人,保佐監督人,補助人又は補助監督人
7 第９条第１項の規定により通知を受けた保険者以外の利害関係人

（標準審理期間）
第３条の２ 厚生労働大臣は,審査請求がされたときから当該審査請求に対する決定をするまでに通常要すべき標準的な期間を定めるよう努めるとともに,これを定めたときは,地方厚生局における備付けその他の適当な方法により公にしておかなければならない.

（審査請求期間）
第４条 ① 審査請求は,被保険者若しくは加入員の資格,標準報酬若しくは保険給付（国民年金法による給付並びに年金給付遅延加算金支払法による保険給付遅延特別加算金（厚生年金保険法附則第29条第１項の規定による脱退一時金に係るものを除く.）及び給付遅延特別加算金を含む.）,標準給与,年金たる給付若しくは一時金たる給付又は国民年金の保険料その他国民年金法の規定による徴収金若しくは年金給付遅延加算金支払法第６条第１項の規定による徴収金（給付遅延特別加算金に係るものに限る.）に関する処分があつたことを知つた日の翌日から起算して３月を経過したときは,することができない.ただし,正当な事由によりこの期間内に審査請求をすることができなかつたことを疎明したときは,この限りでない.
② 被保険者若しくは加入員の資格,標準報酬又は標準給与に関する処分に対する審査請求は,原処分があつた日の翌日から起算して２年を経過したときは,することができない.
③ 審査請求書を郵便又は民間事業者による信書の送達に関する法律（平成14年法律第99号）第２条第６項に規定する一般信書便事業者若しくは同条第９項に規定する特定信書便事業者による同条第２項に規定する信書便で提出した場合における審査請求期間の計算については,送付に要した日数は,算入しない.

（審査請求の方式）
第５条 ① 審査請求は,政令の定めるところにより,文書又は口頭ですることができる.
② 審査請求は,原処分に関する事務を処理した地方厚生局,機構の従たる事務所,年金事務所若しくは健康保険組合等又は審査請求人の居住地を管轄する地方厚生局,機構の従たる事務所,年金事務所若しくは当該地方厚生局に置かれた審査官を経由してすることができる.
③ 前項の規定による審査請求期間の計算については,その経由した機関に審査請求書を提出し,又は口頭で陳述した時に審査請求があつたものとみなす.

（代理人による審査請求）
第５条の２ ① 審査請求は,代理人によつてすることができる.
② 代理人は,各自,審査請求人のために,当該審査請求に関する一切の行為をすることができる.ただし,審査請求の取下げは,特別の委任を受けた場合に限り,することができる.

（却下）
第６条 審査請求が不適法であつて補正することができないものであるときは,審査官は,決定をもつて,これを却下しなければならない.

（補正）
第７条 ① 審査請求が不適法であつて補正することができるものであるときは,審査官は,相当の期間を定めて,補正を命じなければならない.
② 審査官は,審査請求人が前項の期間内に補正しないときは,決定をもつて,審査請求を却下することができる.但し,前項の不適法が軽微なものであるときは,この限りでない.

（移送）
第８条 ① 審査請求が管轄違であるときは,審査官は,事件を管轄審査官に移送し,且つ,その旨を審査請求人に通知しなければならない.
② 事件が移送されたときは,はじめから,移送を受けた審査官に審査請求があつたものとみなす.

（保険者に対する通知等）
第９条 ① 審査請求がされたときは,第６条又は第７条第２項本文の規定により当該審査請求を却下する場合を除き,政令の定めるところにより,原処分をした保険者（石炭鉱業年金基金,国民年金事業の管掌者,国民年金基金,機構,財務大臣（その委任を受けた者を含む.）又は健康保険法若しくは船員保険法の規定により健康保険若しくは船員保険の事務を行う厚生労働大臣を含む.以下同じ.）及びその他の利害関係人に通知しなければならない.
② 前項の通知を受けた者は,審査官に対し,事件につき意見を述べることができる.

（審査請求の手続の計画的進行）
第９条の２ 審査請求人及び前条第１項の規定により通知を受けた保険者その他の利害関係人並びに審査官は,簡易迅速かつ公正な審理の実現のため,審査請求の手続において,相互に協力するとともに,審査請求の手続の計画的進行を図らなければならない.

（口頭による意見の陳述）
第９条の３ ① 審査官は,審査請求人又は第９条第１項の規定により通知を受けた保険者以外の利害関係人の申立てがあつたときは,当該申立てをした者（以下この条において「申立人」という.）に口頭で意見を述べる機会を与えなければならない.ただし,当該申立人の所在その他の事情により当該意見を述べる機会を与えることが困難であると認められる場合には,この限りでない.
② 前項本文の規定による意見の陳述（以下この条において「口頭意見陳述」という.）は,審査官が期日及び場所を指定し,審査請求人及び第９条第１項の規定により通知を受けた保険者その他の利害関係人を参加させてするものとする.
③ 口頭意見陳述において,審査官は,申立人のする陳述が事件に関係のない事項にわたる場合その他相当でない場合には,これを制限することができる.
④ 口頭意見陳述に際し,申立人は,審査官の許可を得て,審査請求に係る事件に関し,原処分をした保険者に対して,質問を発することができる.

（原処分の執行の停止等）
第10条 ① 審査請求は，原処分の執行を停止しない．但し，審査官は，原処分の執行により生ずることのある償うことの困難な損害を避けるため緊急の必要があると認めるときは，職権でその執行を停止することができる．
② 審査官は，いつでも前項の執行の停止を取り消すことができる．
③ 第1項の執行の停止は，審査請求があつた日から2月以内に審査請求についての決定がない場合において，審査請求人が，審査請求を棄却する決定があつたものとみなして再審査請求をしたときは，その効力を失う．
④ 執行の停止及び執行の停止の取消は，文書により，且つ，理由を附し，原処分をした保険者に通知することによつて行う．
⑤ 審査官は，執行の停止又は執行の停止の取消をしたときは，審査請求人及び第9条第1項の規定により通知を受けた保険者以外の利害関係人に通知しなければならない．

（手続の併合又は分離）
第10条の2 審査官は，必要があると認めるときは，数個の審査請求の手続を併合し，又は併合された数個の審査請求の手続を分離することができる．

（文書その他の物件の提出）
第10条の3 ① 審査請求人又は第9条第1項の規定により通知を受けた保険者以外の利害関係人は，証拠となるべき文書その他の物件を提出することができる．
② 原処分をした保険者は，当該原処分の理由となる事実を証する文書その他の物件を提出することができる．
③ 前2項の場合において，審査官が，文書その他の物件を提出すべき相当の期間を定めたときは，その期間内にこれを提出しなければならない．

（審理のための処分）
第11条 ① 審査官は，審理を行うため必要があるときは，審査請求人若しくは第9条第1項の規定により通知を受けた保険者その他の利害関係人の申立てにより又は職権で，次に掲げる処分をすることができる．
1 審査請求人又は参考人の出頭を求めて審問し，又はこれらの者から意見若しくは報告を徴すること．
2 文書その他の物件の所有者，所持者若しくは保管者に対し，相当の期間を定めて，当該物件の提出を命じ，又は提出物件を留め置くこと．
3 鑑定人に鑑定させること．
4 事件に関係のある事業所その他の場所に立ち入つて，事業主，従業員その他の関係人に質問し，又は帳簿，書類その他の物件を検査すること．
② 審査官は，他の審査官に，前項第1号又は第4号の処分を嘱託することができる．
③ 第1項第4号の規定により立入検査をする審査官は，その身分を示す証票を携帯し，関係人から求められたときは，これを呈示しなければならない．前項の規定により嘱託を受けた審査官も，同様とする．
④ 審査官は，審査請求人又は第9条第1項の規定により通知を受けた保険者その他の利害関係人の申立てにより第1項第4号の処分をしようとするときは，あらかじめ，その日時及び場所をその申立てをした者に通知し，これに立ち会う機会を与えなければならない．
⑤ 審査官は，審査請求人又は第9条第1項の規定により通知を受けた保険者その他の利害関係人が，正当な理由がなく，第1項第1号若しくは第2項の規定による処分に違反して出頭せず，陳述をせず，報告をせず，若しくは虚偽の陳述若しくは報告をし，第1項第2号の規定による処分に違反して物件を提出せず，又は第1項第4号若しくは第2項の規定による検査を拒み，妨げ，若しくは忌避したときは，その審査請求を棄却し，又はその意見を採用しないことができる．
⑥ 第1項の規定による処分は，犯罪捜査のために認められたものと解釈してはならない．

（特定審査請求手続の計画的な遂行）
第11条の2 ① 審査官は，審査請求に係る事件について，審理すべき事項が多数であり又は錯綜（そう）しているなど事件が複雑であることその他の事情により，迅速かつ公正な審理を行うため，第9条の3，第10条の3並びに前条第1項及び第4項に定める審査請求の手続（以下この条において「特定審査請求手続」という．）を計画的に遂行する必要があると認める場合には，期日及び場所を指定して，審査請求人及び第9条第1項の規定により通知を受けた保険者その他の利害関係人を招集し，あらかじめ，特定審査請求手続の申立てに関する意見の聴取を行うことができる．
② 審査官は，審査請求人又は第9条第1項の規定により通知を受けた保険者その他の利害関係人が遠隔の地に居住している場合その他相当と認める場合には，政令で定めるところにより，審査官及び審査請求人又は同項の規定により通知を受けた保険者その他の利害関係人との間の送受信により通話をすることができる方法によつて，前項に規定する意見の聴取を行うことができる．
③ 審査官は，前2項の規定による意見の聴取を行つたときは，遅滞なく，特定審査請求手続の期日及び場所を決定し，これらを審査請求人及び第9条第1項の規定により通知を受けた保険者その他の利害関係人に通知するものとする．

（審査請求人等による文書その他の物件の閲覧等）
第11条の3 ① 審査請求人又は第9条第1項の規定により通知を受けた保険者その他の利害関係人は，決定があるまでの間，審査官に対し，第10条の3第1項若しくは第2項又は第11条第1項の規定により提出された文書その他の物件の閲覧（電磁的記録（電子的方式，磁気的方式その他人の知覚によつては認識することができない方式で作られる記録であつて，電子計算機による情報処理の用に供されるものをいう．以下この項において同じ．）にあつては，記録されている事項を厚生労働省令で定めるところにより表示したものの閲覧）又は当該文書の写し若しくは当該電磁的記録に記録された事項を記載した書面の交付を求めることができる．この場合において，審査官は，第三者の利益を害するおそれがあると認めるとき，その他正当な理由があるときでなければ，その閲覧又は交付を拒むことができない．
② 審査官は，前項の規定による閲覧をさせ，又は同項の規定による交付をしようとするときは，当該閲覧又は交付に係る文書その他の物件の提出人の意見を聴かなければならない．ただし，審査官が，その必要がないと認めるときは，この限りでない．
③ 審査官は，第1項の規定による閲覧について，日

時及び場所を指定することができる．

④ 第1項の規定による交付を受ける審査請求人又は第9条第1項の規定により通知を受けた保険者以外の利害関係人は，政令で定めるところにより，実費の範囲内において政令で定める額の手数料を納めなければならない．

⑤ 審査官は，経済的困難その他特別の理由があると認めるときは，政令で定めるところにより，前項の手数料を減額し，又は免除することができる．

（手続の受継）
第12条 審査請求人が，審査請求の決定前に死亡したときは，承継人が，審査請求の手続を受け継ぐものとする．

（審査請求の取下げ）
第12条の2 ① 審査請求人は，決定があるまでは，いつでも審査請求を取り下げることができる．
② 審査請求の取下げは，文書でしなければならない．

（本案の決定）
第13条 審査官は，審理を終えたときは，遅滞なく，審査請求の全部又は一部を容認し，又は棄却する決定をしなければならない．

（決定の方式）
第14条 ① 決定は，次に掲げる事項を記載し，決定をした審査官が記名押印した決定書によりしなければならない．
1 主文
2 事案の概要
3 審査請求人及び第9条第1項の規定により通知を受けた保険者その他の利害関係人の主張の要旨
4 理由
② 決定書には，社会保険審査会に対して再審査請求をすることができる旨及び再審査請求期間を記載しなければならない．

（決定の効力発生）
第15条 ① 決定は，審査請求人に送達された時に，その効力を生ずる．
② 決定の送達は，決定書の謄本を送付することによつて行なう．ただし，送達を受けるべき者の所在が知れないとき，その他決定書の謄本を送付することができないときは，公示の方法によつてすることができる．
③ 公示の方法による送達は，審査官が決定書の謄本を保管し，いつでもその送達を受けるべき者に交付する旨を当該審査官が職務を行なう場所の掲示場に掲示し，かつ，その旨を官報その他の公報に少なくとも1回掲載するものとする．この場合においては，その掲示を始めた日の翌日から起算して2週間を経過した時に決定書の謄本の送付があつたものとみなす．
④ 審査官は，決定書の謄本を第9条第1項の規定により通知を受けた保険者その他の利害関係人に送付しなければならない．

（決定の拘束力）
第16条 決定は，第9条第1項の規定により通知を受けた保険者その他の利害関係人を拘束する．

（前項その他の物件の返還）
第16条の2 審査官は，決定をしたときは，すみやかに，事件につき提出された文書その他の物件をその提出人に返還しなければならない．

（決定の変更等）
第17条 決定の変更及び更正については，民事訴訟法（平成8年法律第109号）第256条第1項（変更の判決）及び第257条第1項（更正決定）の規定を準用する．この場合において，これらの規定中「裁判所」とあるのは「審査官」と，「判決」とあるのは「決定」と，同法第256条第1項中「その言渡し後1週間以内」とあるのは「その決定書の謄本が審査請求人に送付された後2週間以内」と，「弁論」とあるのは「審理のための処分」と読み替えるものとする．

（審査請求の制限）
第17条の2 この節の規定に基づく処分又はその不作為については，審査請求をすることができない．

（政令委任）
第18条 この節に定めるもののほか，審査請求の手続は，政令で定める．

第2章　社会保険審査会

第1節　設置及び組織

（設　置）
第19条 健康保険法第189条，船員保険法第138条，厚生年金保険法第90条，石炭鉱業年金基金法第33条第1項，国民年金法第101条及び年金給付遅延加算金支給法第8条の規定による再審査請求並びに健康保険法第190条，船員保険法第139条，厚生年金保険法第91条第1項，石炭鉱業年金基金法第33条第2項及び年金給付遅延加算金支給法第9条（年金給付遅延加算金支給法附則第2条第1項において準用する場合を含む．以下同じ．）の規定による審査請求（年金給付遅延加算金支給法第9条の規定による厚生年金保険法附則第29条第1項の規定による脱退一時金に係る保険給付遅延特別加算金に係るもの及び国民年金法附則第9条の3の2第1項の規定による脱退一時金に係る給付遅延特別加算金に係るものを除く．第32条第2項において同じ．）の事件を取り扱わせるため，厚生労働大臣の所轄の下に，社会保険審査会（以下「審査会」という．）を置く．

（職権の行使）
第20条 審査会の委員長及び委員は，独立してその職権を行う．

（組　織）
第21条 審査会は，委員長及び委員5人をもつて組織する．

（委員長及び委員の任命）
第22条 ① 委員長及び委員は，人格が高潔であつて，社会保障に関する識見を有し，かつ，法律又は社会保険に関する学識経験を有する者のうちから，両議院の同意を得て，厚生労働大臣が任命する．
② 委員長又は委員の任期が満了し，又は欠員を生じた場合において，国会の閉会又は衆議院の解散のために，両議院の同意を得ることができないときは，厚生労働大臣は，前項の規定にかかわらず，人格が高潔であつて，社会保障に関する識見を有し，かつ，法律又は社会保険に関する学識経験を有する者のうちから，委員長又は委員を任命することができる．
③ 前項の規定による任命は，任命後最初の国会で，両議院の事後の承認を得なければならない．この場合において，両議院の事後の承認を得られないときは，厚生労働大臣は，その委員長又は委員を罷免しなければならない．

（任　期）
第23条 ① 委員長及び委員の任期は，3年とする．

Ⅶ 諸 法

但し、補欠の委員長又は委員の任期は、前任者の残任期間とする。
② 委員長及び委員は、再任されることができる。
（身分保障）
第24条 委員長及び委員は、次の各号のいずれかに該当する場合を除いては、在任中、その意に反して罷免されることがない。
1 破産手続開始の決定を受けたとき。
2 禁錮以上の刑に処せられたとき。
3 審査会により、心身の故障のため、職務の執行ができないと認められたとき、又は職務上の義務違反その他委員長若しくは委員たるに適しない非行があると認められたとき。
（罷　免）
第25条 厚生労働大臣は、委員長又は委員が前条各号の1に該当するときは、その委員長又は委員を罷免しなければならない。
（委員長）
第26条 ① 委員長は、会務を総理し、審査会を代表する。
② 審査会は、あらかじめ委員のうちから、委員長に故障があるときに委員長を代理する者を定めて置かなければならない。
（合議体）
第27条 ① 審査会は、委員長及び委員のうちから、審査会が指名する者3人をもつて構成する合議体で、再審査請求又は審査請求の事件を取り扱う。
② 前項の規定にかかわらず、審査会が定める場合においては、委員長及び委員の全員をもつて構成する合議体で、再審査請求又は審査請求の事件を取り扱う。
第27条の2 前条第1項又は第2項の各合議体を構成する者を審査員とし、うち1人を審査長とする。
② 前条第1項の合議体のうち、委員長がその構成に加わるものにあつては、委員長が審査長となり、その他のものにあつては、審査会の指名する委員が審査長となる。
③ 前条第2項の合議体にあつては、委員長が審査長となり、委員長に故障があるときは、第26条第2項の規定により委員長を代理する委員が審査長となる。
第27条の3 ① 第27条第1項の合議体は、これを構成するすべての審査員の、同条第2項の合議体は、4人以上の審査員の出席がなければ、会議を開き、議決をすることができない。
② 第27条第1項の合議体の議事は、その合議体を構成する審査員の過半数をもつて決する。
③ 第27条第2項の合議体の議事は、出席した審査員のうちの3人以上の者の賛成をもつて決し、賛否それぞれ3人ずつのときは、審査長の決するところによる。
（委員会議）
第27条の4 ① 審査会の会務の処理（再審査請求又は審査請求の事件の取扱いを除く。）は、委員長及び委員の全員の議決（以下「委員会議」という。）の議決によるものとする。
② 委員会議は、委員長及び過半数の委員の出席がなければ、これを開き、議決をすることができない。
③ 委員会議の議事は、出席した委員長及び委員の過半数をもつて決し、可否同数のときは、委員長の決するところによる。
④ 委員会議が第24条第3号の規定による認定をするには、前項の規定にかかわらず、出席した委員長及び委員のうちの本人を除く全員の一致がなければ

ならない。
（給　与）
第28条 委員長及び委員の給与は、別に法律で定める。
（特定行為の禁止）
第29条 ① 委員長及び委員は、在任中、次の各号のいずれかに該当する行為をしてはならない。
1 国会若しくは地方公共団体の議会の議員その他公選による公職の候補者となり、又は積極的に政治活動をすること。
2 厚生労働大臣の許可のある場合を除くほか、報酬のある他の職務に従事すること。
3 営利事業を営み、その他金銭上の利益を目的とする業務を行うこと。
② 委員長及び委員は、職務上知ることができた秘密を漏らしてはならない。その職を退いた後も同様とする。
（利益を代表する者の指名）
第30条 ① 厚生労働大臣は、健康保険、船員保険及び厚生年金保険（石炭鉱業年金基金の行う事業を含む。）ごとに、被保険者（石炭鉱業年金基金法第16条第1項に規定する坑内員及び同法第18条第1項に規定する坑外員を含む。第39条第2項において同じ。）の利益を代表する者及び事業主（船員保険にあつては、船舶所有者）の利益を代表する者各2名を、関係団体の推薦により指名するものとする。
② 厚生労働大臣は、国民年金の被保険者及び受給権者の利益を代表する者4名を指名するものとする。

第2節　再審査請求及び審査請求の手続
（再審査請求期間等）
第32条 ① 健康保険法第189条第1項、船員保険法第138条第1項、厚生年金保険法第90条第1項若しくは石炭鉱業年金基金法第33条第1項、国民年金法第101条第1項又は年金給付遅延加算金支給法第8条第1項の規定による再審査請求は、審査官の決定書の謄本が送付された日の翌日から起算して2月を経過したときは、することができない。
② 健康保険法第190条、船員保険法第139条、厚生年金保険法第91条、石炭鉱業年金基金法第33条第2項又は年金給付遅延加算金支給法第9条の規定による審査請求は、当該処分があつたことを知つた日の翌日から起算して3月を経過したときは、することができない。
③ 第4条第1項ただし書及び第3項の規定は、前2項の期間について準用する。
④ 第5条の規定は、第1項及び第2項の審査請求に準用する。
⑤ 第1項の再審査請求及び第2項の審査請求においては、原処分をした保険者（健康保険法第180条第4項、船員保険法第132条第4項及び厚生年金保険法第86条第5項（石炭鉱業年金基金法第22条第1項において準用する場合及び年金給付遅延加算金支給法第6条第2項の規定によりその例によるものとされる場合を含む。）並びに国民年金法第96条第4項（年金給付遅延加算金支給法第6条第2項の規定によりその例によるものとされる場合を含む。）の規定による請求を受けて処分をした者を含む。以下同じ。）をもつて相手方とする。
（保険者等に対する通知）
第33条 審査会は、再審査請求又は審査請求がされたときは、第44条において読み替えて準用する第6条又は第7条第2項本文の規定により当該再審査

（参　加）
第34条　① 審査会は，必要があると認めるときは，申立てにより又は職権で，利害関係のある第三者を当事者として再審査請求又は審査請求の手続に参加させることができる．
② 審査会は，前項の規定により第三者を手続に参加させるときは，あらかじめ当事者及び当該第三者の意見を聞かなければならない．
③ 再審査請求又は審査請求への参加は，代理人によつてすることができる．
④ 前項の代理人は，各自，第１項の規定により当該再審査請求又は審査請求に参加する者のために，当該再審査請求又は審査請求への参加に関する一切の行為をすることができる．ただし，再審査請求又は審査請求への参加の取下げは，特別の委任を受けた場合に限り，することができる．
（原処分の執行の停止等）
第35条　① 再審査請求及び審査請求は，原処分の執行を停止しない．但し，審査会は，原処分の執行により生ずることのある償うことの困難な損害を避けるため緊急の必要があると認めるときは，職権でその執行を停止することができる．
② 審査会は，いつでも前項の執行の停止を取り消すことができる．
③ 執行の停止及び執行の停止の取消は，文書により，且つ，理由を附し，原処分をした保険者に通知することによつて行う．
④ 審査会は，執行の停止又は執行の停止の取消をしたときは，原処分をした保険者以外の当事者に通知しなければならない．
（審理の期日及び場所）
第36条　審査会は，審理の期日及び場所を定め，当事者及び第30条第１項又は第２項の規定により指名された者に通知しなければならない．
（審理の公開）
第37条　審理は，公開しなければならない．但し，当事者の申立があつたときは，公開しないことができる．
（審理の指揮）
第38条　審理期日における審理の指揮は，審査長が行なう．
（意見の陳述等）
第39条　① 当事者及びその代理人は，審理期日に出頭し，意見を述べることができる．
② 第30条第１項又は第２項の規定により指名された者のうち，被保険者の利益を代表する者は，同項に規定する各保険の被保険者たる当事者の利益のため，事業主の利益を代表する者は，事業主たる当事者の利益のため，それぞれ審理期日に出頭して意見を述べ，又は意見書を提出することができる．
③ 第30条第２項の規定により指名された者は，国民年金の被保険者又は受給権者たる当事者の利益のため，審理期日に出頭して意見を述べ，又は意見書を提出することができる．
④ 第１項の規定による意見の陳述（以下この条において「意見陳述」という．）は，審査会が全ての当事者を招集してさせるものとする．
⑤ 意見陳述において，審査長は，当事者若しくはその代理人又は第30条第１項若しくは第２項の規定により指名された者のする陳述が事件に関係のない事項にわたる場合その他相当でない場合には，これを制限することができる．
⑥ 意見陳述に際し，当事者（原処分をした保険者を除く．）及びその代理人は，審査長の許可を得て，再審査請求又は審査請求に係る事件に関し，原処分をした保険者に対して，質問を発することができる．
（審理のための処分）
第40条　① 審査会は，審理を行うため必要があるときは，当事者若しくは第30条第１項若しくは第２項の規定により指名された者の申立てにより又は職権で，次に掲げる処分をすることができる．
１ 当事者又は参考人の出頭を求めて審問し，又はこれらの者から意見若しくは報告を徴すること．
２ 文書その他の物件の所有者，所持者若しくは保管者に対し，相当の期間を定めて，当該物件の提出を命じ，又は提出物件を留め置くこと．
３ 鑑定人に鑑定させること．
４ 事件に関係のある事業所その他の場所に立ち入つて，事業主，従業員その他の関係人に質問し，又は帳簿，書類その他の物件を検査すること．
５ 必要な調査を官公署，学校その他の団体に嘱託すること．
② 審査会は，審査員に，前項第１号又は第４号の処分をさせることができる．
③ 前項の規定により立入検査をする審査員は，その身分を示す証票を携帯し，関係人から求められたときは，これを呈示しなければならない．
④ 審査会は，当事者が，正当な理由がなく，第１項第１号若しくは第２項の規定による処分に違反して出頭せず，陳述をせず，報告をせず，若しくは虚偽の陳述若しくは報告をし，第１項第２号の規定による処分に違反して物件を提出せず，又は第１項第４号若しくは第２項の規定による検査を拒み，妨げ，若しくは忌避したときは，その再審査請求若しくは審査請求を棄却し，又はその意見を採用しないことができる．
⑤ 第11条第４項及び第６項の規定は，第１項の規定による処分に準用する．
（調　書）
第41条　① 審査会は，審理の期日における経過について，調書を作成しなければならない．
② 当事者及び第30条第１項又は第２項の規定により指名された者は，厚生労働省令の定める手続に従い，前項の調書を閲覧することができる．
③ 第11条の３第１項後段及び第３項の規定は，前項の規定による閲覧について準用する．この場合において，これらの規定中「審査官」とあるのは，「審査会」と読み替えるものとする．
（合　議）
第42条　審査会の合議は，公開しない．
（裁決の方式）
第43条　裁決は，次に掲げる事項を記載し，審査長及び合議に関与した審査員が記名押印した裁決書によりしなければならない．審査長又は合議に関与した審査員が記名押印することができないときは，合議に関与した審査員又は審査長が，その事由を付記して記名押印しなければならない．
１ 主文
２ 事案の概要
３ 当事者及び第30条第１項又は第２項の規定に

より指名された者の主張の要旨
4 理由
(準用規定)
第44条 第3条の2, 第5条の2から第7条まで, 第9条の2, 第10条の2, 第10条の3, 第11条の2から第13条まで, 第15条, 第16条の2及び第17条の規定は, 再審査請求又は審査請求の手続に, 第17条の2の規定は, この節の規定に基づいて審査会がした処分に準用する. この場合において, これらの規定(第10条の2, 第15条第3項及び第17条の2を除く.)中「審査請求」とあるのは「再審査請求又は審査請求」と, 「審査官」とあるのは「審査会」と, 「決定」とあるのは「裁決」と, 「決定書」とあるのは「裁決書」と読み替えるほか, 次の表の上欄に掲げる規定中同表の中欄に掲げる字句は, それぞれ同表の下欄に掲げる字句に読み替えるものとする.

第3条の2	厚生労働大臣	審査会
	地方厚生局	厚生労働省
第5条の2第2項及び第7条第2項	審査請求人	再審査請求人又は審査請求人
第9条の2	審査請求人及び前条第1項の規定により通知を受けた保険者その他の利害関係人	当事者及び第30条第1項若しくは第2項の規定により指名された者
第10条の2	審査官	審査会
	審査請求	再審査請求若しくは審査請求
第10条の3第1項	審査請求人又は第9条第1項の規定により通知を受けた保険者以外の利害関係人	当事者(原処分をした保険者を除く.)又は第30条第1項若しくは第2項の規定により指名された者
第11条の2の見出し	特定審査手続	特定再審査請求等手続
第11条の2第1項	第9条の3, 第10条の3並びに前条第1項及び第4項	第39条, 第40条の3並びに前条第1項, 同条第5項において準用する第11条第4項及び第44条において準用する第10条の3
	特定審査請求手続	特定再審査請求等手続
	審査請求人又は第9条第一項の規定により通知を受けた保険者その他の利害関係人	当事者又は第30条第1項若しくは第2項の規定により指名された者
第11条の2第2項	審査請求人又は第9条第1項の規定により通知を受けた保険者その他の利害関係人	当事者又は第30条第1項若しくは第2項の規定により指名された者
	審査請求人又は同項の規定により通知を受けた保険者その他の利害関係人	当事者又は同条第1項若しくは第2項の規定により指名された者
第11条の2第3項	特定審査請求手続	特定再審査請求等手続
	審査請求人及び第9条第1項の規定により通知を受けた保険者その他の利害関係人	当事者及び第30条第1項若しくは第2項の規定により指名された者
第11条の3の見出し	審査請求人等	当事者等
第11条の3第1項	審査請求人又は第9条第一項の規定により通知を受けた保険者その他の利害関係人	当事者又は第30条第1項若しくは第2項の規定により指名された者
	第10条の3第1項若しくは第2項又は第11条第1項	第40条第1項又は第44条において準用する第10条の3第1項若しくは第2項
第11条の3第4項	審査請求人又は第9条第1項の規定により通知を受けた保険者以外の利害関係人	当事者(原処分をした保険者を除く.)
第12条, 第12条の2第1項及び第15条第1項	審査請求人	再審査請求人又は審査請求人
第15条第3項	, 審査官	, 審査会
	決定書	裁決書
	当該審査官	審査会
第15条第4項	第9条第1項の規定により通知を受けた保険者その他の利害関係人	当事者
第17条	審査請求人	再審査請求人又は審査請求人

(政令委任)
第45条 この節に定めるもののほか, 再審査請求及び審査請求の手続は, 政令で定める.

第3章 罰則

第45条の2 第29条第2項の規定に違反して秘密を漏らした者は, 1年以下の懲役又は50万円以下の罰金に処する.

第46条 第11条第1項第4号若しくは第2項又は第40条第1項第4号若しくは第2項の規定による検査を拒み, 妨げ, 又は忌避した者は, 20万円以下の罰金に処する. 但し, 審査官が取り扱う審査請求事件の審査請求人若しくは第9条第1項の規定により通知を受けた保険者その他の利害関係人又は審査会が取り扱う再審査請求事件若しくは審査請求事件の当事者は, この限りでない.

第47条 左の各号の1に該当する者は, 10万円以下の罰金に処する. 但し, 審査官が取り扱う審査請求事件の審査請求人若しくは第9条第1項の規定により通知を受けた保険者その他の利害関係人又は審査会が取り扱う再審査請求事件若しくは審査請求事件の当事者は, この限りでない.
1 第11条第1項第1号若しくは第2項又は第40条第1項第1号若しくは第2項の規定による処分に違反して出頭せず, 陳述をせず, 報告をせず, 又は虚偽の陳述若しくは報告をした者
2 第11条第1項第2号又は第40条第1項第2号の規定による物件の所有者, 所持者又は保管者に対する処分に違反して物件を提出しない者

3　第11条第1項第3号又は第40条第1項第3号の規定による鑑定人に対する処分に違反して鑑定をせず,又は虚偽の鑑定をした者

第48条　法人の代表者又は法人若しくは人の代理人,使用人その他の従業者がその法人又は人の業務に関して,第46条又は前条第1号若しくは第2号の違反行為をしたときは,行為者を罰するほか,その法人又は人に対しても,前2条の罰金刑を科する.

123 労働保険審査官及び労働保険審査会法

(昭31・6・4法律第126号,昭28・8・1施行,最終改正:平26・6・13法律第69号)

第1章　労働保険審査官

第1節　設置
(労働保険審査官)
第1条　労働保険審査官(以下「審査官」という.)は,労働者災害補償保険審査官及び雇用保険審査官とする.
(所掌事務)
第2条　① 労働者災害補償保険審査官は,労働者災害補償保険法(昭和22年法律第50号)第38条第1項の規定による審査請求の事件を取り扱う.
② 雇用保険審査官は,雇用保険法(昭和49年法律第116号)第69条第1項の規定による審査請求の事件を取り扱う.
(設置)
第2条の2　審査官は,各都道府県労働局に置く.
(任命)
第3条　審査官は,厚生労働大臣が任命する.
(職権の行使)
第4条　審査官は,公正かつ迅速にその事務を処理しなければならない.
(関係労働者及び関係事業主を代表する者の指名)
第5条　厚生労働大臣は,都道府県労働局につき,労働者災害補償保険制度に関し,関係労働者を代表する者及び関係事業主を代表する者各2人を,雇用保険制度に関し,関係労働者を代表する者及び関係事業主を代表する者各2人を,それぞれ関係団体の推薦により指名するものとする.
(審査及び仲裁の事務)
第6条　労働者災害補償保険審査官は,第2条に規定する審査請求の事件を取り扱うほか,労働基準法(昭和22年法律第49号)第86条第1項の規定による審査及び仲裁の事務を取り扱う.

第2節　審査請求等の手続
(管轄審査官)
第7条　① 労働者災害補償保険法第38条第1項の規定による審査請求及び雇用保険法第69条第1項の規定による審査請求は,原処分をした行政庁の所在地を管轄する都道府県労働局に置かれた審査官に対してするものとする.
② 審査官は,次に掲げる者以外の者でなければならない.
　1　審査請求に係る処分に関与した者又は審査請求に係る不作為に係る処分に関与し,若しくは関与することとなる者
　2　審査請求人
　3　審査請求人の配偶者,四親等内の親族又は同居の親族
　4　審査請求人の代理人
　5　前2号に掲げる者であつた者
　6　審査請求人の後見人,後見監督人,保佐人,保佐監督人,補助人又は補助監督人
　7　利害関係者(第13条第1項に規定する利害関係者をいう.)
(標準審理期間)
第7条の2　厚生労働大臣は,審査請求がされたときから当該審査請求に対する決定をするまでに通常要すべき標準的な期間を定めるよう努めるとともに,これを定めたときは,都道府県労働局における備付けその他の適当な方法により公にしておかなければならない.
(審査請求期間)
第8条　① 審査請求は,審査請求人が原処分のあつたことを知つた日の翌日から起算して3月を経過したときは,することができない.ただし,正当な理由によりこの期間内に審査請求をすることができなかつたことを疎明したときは,この限りでない.
② 審査請求書を郵便又は民間事業者による信書の送達に関する法律(平成14年法律第99号)第2条第6項に規定する一般信書便事業者若しくは同条第9項に規定する特定信書便事業者による同条第2項に規定する信書便で提出した場合における審査請求期間の計算については,送付に要した日数は,算入しない.
(審査請求の方式)
第9条　審査請求は,政令で定めるところにより,文書又は口頭ですることができる.
(代理人による審査請求)
第9条の2　① 審査請求は,代理人によつてすることができる.
② 代理人は,各自,審査請求人のために,当該審査請求に関する一切の行為をすることができる.ただし,審査請求の取下げは,特別の委任を受けた場合に限り,することができる.
(却下)
第10条　審査請求が不適法であつてその欠陥が補正することができないものであるときは,審査官は,決定をもつて,これを却下しなければならない.
(補正)
第11条　① 審査請求が不適法であつてその欠陥が補正することができるものであるときは,審査官は,相当の期間を定めて,補正すべきことを命じなければならない.ただし,その不適法が軽微なものであるときは,この限りでない.
② 審査官は,審査請求人が前項の期間内に欠陥を補正しないときは,決定をもつて,審査請求を却下することができる.
(移送)
第12条　① 審査請求が管轄違であるときは,審査官は,事件を管轄審査官に移送し,かつ,その旨を審査請求人に通知しなければならない.
② 事件が移送されたときは,はじめから,移送を受けた審査官に審査請求があつたものとみなす.
(関係者に対する通知等)
第13条　① 審査官は,審査請求がされたときは,第10条又は第11条第2項の規定により当該審査請

求を却下する場合を除き,原処分をした行政庁,審査請求の結果について利害関係のある行政庁その他の第三者(以下この章において「利害関係者」という.)及び当該審査官の属する都道府県労働局につき第5条の規定により指名された者に通知しなければならない.
② 前項の通知を受けた者は,審査官に対して事件につき意見を述べることができる.

(審査請求の手続の計画的進行)
第13条の2 審査請求人及び前条第1項の規定により通知を受けた者並びに審査官は,簡易迅速かつ公正な審理の実現のため,審査請求の手続において,相互に協力するとともに,審査請求の手続の計画的な進行を図らなければならない.

(口頭による意見の陳述)
第13条の3 ① 審査官は,審査請求人又は第13条第1項の規定により通知を受けた利害関係者の申立てがあつたときは,当該申立てをした者(以下この条において「申立人」という.)に口頭で意見を述べる機会を与えなければならない.ただし,当該申立人の所在その他の事情により当該意見を述べる機会を与えることが困難であると認められる場合には,この限りでない.
② 前項本文の規定による意見の陳述(以下この条において「口頭意見陳述」という.)は,審査官が期日及び場所を指定し,審査請求人及び第13条第1項の規定により通知を受けた者(第5条の規定により指名された者を除く.)を招集してさせるものとする.
③ 口頭意見陳述において,審査官は,申立人のする陳述が事件に関係のない事項にわたる場合その他相当でない場合には,これを制限することができる.
④ 口頭意見陳述に際し,申立人は,審査官の許可を得て,審査請求に係る事件に関し,原処分をした行政庁に対して,質問を発することができる.

(原処分の執行の停止等)
第14条 ① 審査請求は,原処分の執行を停止しない.ただし,審査官は,原処分の執行により生ずることのある償うことの困難な損害を避けるため緊急の必要があると認めるときは,職権で,その執行を停止することができる.
② 審査官は,いつでも,前項ただし書の執行の停止を取り消すことができる.
③ 執行の停止及び執行の停止の取消は,文書により,かつ,理由を附して,原処分をした行政庁に通知することによつて行う.
④ 審査官は,執行の停止又は執行の停止の取消をしたときは,審査請求人及び利害関係者に通知しなければならない.

(手続の併合又は分離)
第14条の2 審査官は,必要があると認めるときは,数個の審査請求を併合し,又は併合された数個の審査請求を分離することができる.

(文書その他の物件の提出)
第14条の3 ① 審査請求人又は第13条第1項の規定により通知を受けた者(原処分をした行政庁を除く.)は,証拠となるべき文書その他の物件を提出することができる.
② 原処分をした行政庁は,当該原処分の理由となる事実を証する文書その他の物件を提出することができる.
③ 前2項の場合において,審査官が,文書その他の物件を提出すべき相当の期間を定めたときは,その期間内にこれを提出しなければならない.

(審理のための処分)
第15条 ① 審査官は,審理を行うため必要な限度において,審査請求人若しくは第13条第1項の規定により通知を受けた者の申立てにより又は職権で,次の各号に掲げる処分をすることができる.
1 審査請求人又は参考人の出頭を求めて審問し,又はこれらの者から意見を述べさせ若しくは報告を徴すること.
2 文書その他の物件の所有者,所持者若しくは保管者に対し,相当の期間を定めて,当該物件の提出を命じ,又は提出物件を留め置くこと.
3 鑑定人に鑑定させること.
4 事件に関係のある事業所その他の場所に立ち入つて,事業主,従業者その他の関係者に質問し,又は帳簿,書類その他の物件を検査すること.
5 労働者災害補償保険法第38条第1項の規定による審査請求の場合において,同法第47条の2に規定する者に対して審査官の指定する医師の診断を受けるべきことを命ずること.
② 審査官は,他の審査官に,前項第1号又は第4号の処分を嘱託することができる.
③ 第1項第4号又は前項の規定により立入検査をする者は,その身分を示す証票を携帯し,関係者から求められたときは,これを提示しなければならない.
④ 審査官は,審査請求人又は第13条第1項の規定により通知を受けた利害関係者の申立てにより第1項第4号の処分をしようとするときは,あらかじめ,その日時及び場所をその申立てをした者に通知し,これに立ち会う機会を与えなければならない.
⑤ 審査請求人又は第13条第1項の規定により通知を受けた利害関係者が,正当な理由がなく,第1項第1号若しくは第2項の規定による処分に違反して出頭せず,審問に対して答弁をせず,報告をせず,若しくは虚偽の陳述若しくは報告をし,第1項第2号の規定による処分に違反して物件を提出せず,第1項第4号若しくは第2項の規定による検査を拒み,妨げ,若しくは忌避し,又は第1項第5号の規定による処分に違反して医師の診断を忌避したときは,審査官は,その審査請求を棄却し,又はその意見を採用しないことができる.
⑥ 第1項及び第2項の規定による処分は,犯罪捜査のために認められたものと解釈してはならない.

(費用の弁償)
第16条 前条第1項第1号若しくは第2号の規定により出頭を求められた者又は同条第1項第3号の鑑定人は,政令で定めるところにより,費用の弁償を受けることができる.

(特定審査請求手続の計画的遂行)
第16条の2 ① 審査官は,審査請求に係る事件について,審理すべき事項が多数であり又は錯綜(そう)しているなど事件が複雑であることその他の事情により,迅速かつ公正な審理を行うため,第13条の3,第14条の3並びに第15条第1項及び第4項に定める審査請求の手続(以下この条において「特定審査請求手続」という.)を計画的に遂行する必要があると認める場合には,期日及び場所を指定して,審査請求人及び第13条第1項の規定により通知を受けた者を招集し,あらかじめ,特定審査請求手続の申立てに関する意見の聴取を行うことができる.

② 審査官は、審査請求人又は第13条第1項の規定により通知を受けた者が遠隔の地に居住している場合その他相当と認める場合には、政令で定めるところにより、審査官及び審査請求人又は同項の規定により通知を受けた者が音声の送受信により通話をすることができる方法によって、前項に規定する意見の聴取を行うことができる.

③ 審査官は、前2項の規定による意見の聴取を行うたときは、遅滞なく、特定審査請求手続の期日及び場所を決定し、これらを審査請求人及び第13条第1項の規定により通知を受けた者に通知するものとする.

(審査請求人等による文書その他の物件の閲覧等)

第16条の3 ① 審査請求人又は第13条第1項の規定により通知を受けた者は、決定があるまでの間、審査官に対し、第14条第3項1項第2項又は第15条第1項の規定により提出された文書その他の物件の閲覧(電磁的記録(電子的方式、磁気的方式その他人の知覚によっては認識することができない方式で作られる記録であつて、電子計算機による情報処理の用に供されるものをいう. 以下この項において同じ.)にあつては、記録された事項を厚生労働省令で定める方法により表示したものの閲覧)又は当該文書の写し若しくは当該電磁的記録に記録された事項を記載した書面の交付を求めることができる. この場合において、審査官は、第三者の利益を害するおそれがあると認めるとき、その他正当な理由があるときでなければ、その閲覧又は交付を拒むことができない.

② 審査官は、前項の規定による閲覧をさせ、又は同項の規定による交付をしようとするときは、当該閲覧又は交付に係る文書その他の物件の提出人の意見を聴かなければならない. ただし、審査官が、その必要がないと認めるときは、この限りでない.

③ 審査官は、第1項の規定による閲覧について、日時及び場所を指定することができる.

④ 第1項の規定による交付を受ける審査請求人又は第13条第1項の規定により通知を受けた利害関係者は、政令で定めるところにより、実費の範囲内において政令で定める額の手数料を納めなければならない.

⑤ 審査官は、経済的困難その他特別の理由があると認めるときは、政令で定めるところにより、前項の手数料を減額し、又は免除することができる.

(手続の受継)

第17条 審査請求人が、審査請求の決定前に死亡したときは、承継人が、審査請求の手続を受け継ぐものとする.

(審査請求の取下げ)

第17条の2 ① 審査請求人は、決定があるまでは、いつでも、審査請求を取り下げることができる.

② 審査請求の取下げは、文書でしなければならない.

③ 労働者災害補償保険法第38条第2項又は雇用保険法第69条第2項の規定に該当する場合において、労働者災害補償保険法第38条第1項又は雇用保険法第69条第1項の規定による再審査請求がされたときは、第49条第3項各号に掲げる場合を除き、当該再審査請求がされた審査請求は、取り下げられたものとみなす.

(本案の決定)

第18条 審査官は、審理を終えたときは、遅滞なく、審査請求に係る原処分の全部若しくは一部を取り消す決定又は審査請求の全部若しくは一部を棄却する決定をしなければならない.

(決定の方式)

第19条 ① 決定は、政令で定めるところにより、文書をもつて行わなければならない.

② 決定書には、当該決定に対して再審査請求をすることができる旨及び再審査請求期間を記載しなければならない.

(決定の効力発生)

第20条 ① 決定は、審査請求人に送達された時に、その効力を生ずる.

② 決定の送達は、審査請求人に決定書の謄本を送付することによつて行なう. ただし、審査請求人の所在が知れないとき、その他決定書の謄本を送付することができないときは、公示の方法によつてすることができる.

③ 公示の方法による送達は、審査官が決定書の謄本を保管し、いつでも審査請求人に交付する旨を政令で定める掲示場に掲示し、かつ、その旨を官報その他の公報に少なくとも1回掲載してするものとする. この場合においては、その掲示を始めた日の翌日から起算して2週間を経過した時に決定書の謄本の送付があつたものとみなす.

④ 審査官は、決定書の謄本を第13条第1項の規定により通知を受けた者に送付しなければならない.

(決定の拘束力)

第21条 決定は、第13条第1項の規定により通知を受けた利害関係者を拘束する.

(文書その他の物件の返還)

第21条の2 審査官は、決定をしたときは、すみやかに、事件につき提出された文書その他の物件をその提出人に返還しなければならない.

(決定の変更等)

第22条 決定の変更及び更正については、民事訴訟法(平成8年法律第109号)第256条第1項(変更の判決)及び第257条第1項(更正決定)の規定を準用する. この場合において、これらの規定中「裁判所」とあるのは「審査官」と、「判決」とあるのは「決定」と、同法第256条第1項中「その言渡し後1週間以内」とあるのは「その決定書の謄本が審査請求人に送付された後2週間以内」と、「弁論」とあるのは「審理のための処分」と読み替えるものとする.

(審査請求の制限)

第22条の2 この節の規定に基づく処分又はその不作為については、審査請求をすることができない.

(政令への委任)

第23条 この節に定めるもののほか、審査請求の手続に関し必要な事項は、政令で定める.

(審査及び仲裁の手続)

第24条 ① 第13条の規定は、労働者災害補償保険審査官が第6条の審査又は仲裁の申立てを受理した場合について準用する.

② 前項に定めるもののほか、第6条の審査及び仲裁の手続に関し必要な事項は、政令で定める.

第2章 労働保険審査会

第1節 設置及び組織

(設　置)

第25条 ① 労働者災害補償保険法第38条及び雇用保険法第69条の規定による再審査請求の事件を取

り扱わせるため,厚生労働大臣の所轄の下に,労働保険審査会(以下「審査会」という.)を置く.
② 審査会は,前項に規定する再審査請求の事件を取り扱うほか,中小企業退職金共済法(昭和34年法律第160号)第84条第1項の規定による審査の事務を取り扱う.

(組 織)
第26条 ① 審査会は,委員9人をもつて組織する.
② 委員のうち3人は,非常勤とすることができる.

(委員の任命)
第27条 ① 委員は,人格が高潔であつて,労働問題に関する識見を有し,かつ,法律又は労働保険に関する学識経験を有する者のうちから,両議院の同意を得て,厚生労働大臣が任命する.
② 委員の任期が満了し,又は欠員を生じた場合において,国会の閉会又は衆議院の解散のために,両議院の同意を得ることができないときは,厚生労働大臣は,前項の規定にかかわらず,人格が高潔であつて,労働問題に関する識見を有し,かつ,法律又は労働保険に関する学識経験を有する者のうちから,委員を任命することができる.
③ 前項の場合においては,任命後最初の国会で,両議院の事後の承認を求めなければならない.この場合において,両議院の事後の承認を受けることができないときは,厚生労働大臣は,その委員を罷免しなければならない.

(任 期)
第28条 ① 委員の任期は,3年とする.ただし,補欠の委員の任期は,前任者の残任期間とする.
② 委員は,再任されることができる.
③ 委員の任期が満了したときは,当該委員は,後任者が任命されるまで引き続きその職務を行うものとする.

(職権の行使)
第29条 委員は,独立してその職権を行う.

(身分保障)
第30条 委員は,次の各号のいずれかに該当する場合を除いては,在任中,その意に反して罷免されることがない.
1 破産手続開始の決定を受けたとき.
2 禁錮以上の刑に処せられたとき.
3 審査会により,心身の故障のため職務の執行ができないと認められたとき,又は職務上の義務違反その他委員たるに適しない非行があると認められたとき.

(罷 免)
第31条 厚生労働大臣は,委員が前条各号の1に該当するときは,その委員を罷免しなければならない.

(会 長)
第32条 ① 審査会に会長を置く.会長は,委員の互選により常勤の委員のうちから定める.
② 会長は,会務を総理し,審査会を代表する.
③ 会長は,あらかじめ,会長に故障があるときにその職務を代理する常勤の委員を定めておかなければならない.

(合議体)
第33条 ① 審査会は,委員のうちから,審査会が指名する者3人をもつて構成する合議体で,再審査請求の事件又は審査の事務を取り扱う.
② 前項の規定にかかわらず,次の各号の1に該当する場合においては,委員の全員をもつて構成する合議体が,再審査請求の事件又は審査の事務を取り扱う.

1 前項の合議体が,法令の解釈適用について,その意見が前に審査会のした裁決に反すると認めた場合
2 前項の合議体を構成する者の意見が3説に分かれた場合
3 前2号に掲げる場合のほか,審査会が定める場合

第33条の2 ① 前条第1項又は第2項の合議体を構成する者を審査員とし,うち1人を審査長とする.
② 前条第1項のものの合議体のうち,会長が加わるものにあつては,会長が審査長となり,その他のものにあつては,審査会の指名する委員が審査長となる.
③ 前条第2項の合議体にあつては,会長が審査長となり,会長に故障があるときは,第32条第3項の規定により会長を代理する常勤の委員が審査長となる.

第33条の3 ① 第33条第1項の合議体は,これを構成するすべての審査員の,同条第2項の合議体は,6人以上の審査員の出席がなければ,会議を開き,議決をすることができない.
② 第33条第1項の合議体の議事は,その合議体を構成する審査員の過半数をもつて決する.
③ 第33条第2項の合議体の議事は,出席した審査員のうちの5人以上の者の賛成をもつて決する.

(委員会議)
第33条の4 ① 審査会の会務の処理(再審査請求の事件又は審査の事務の取扱いを除く.)は,委員の全員の合議(以下「委員会議」という.)の議決によるものとする.
② 委員会議は,会長を含む過半数の委員の出席がなければ,これを開き,議決をすることができない.
③ 委員会議の議事は,出席した委員の過半数をもつて決し,可否同数のときは,会長の決するところによる.
④ 審査会が第30条第3号の規定による認定をするには,前項の規定にかかわらず,出席した委員のうちの本人を除く全員の一致がなければならない.

(給 与)
第34条 委員の給与は,別に法律で定める.

(特定行為の禁止)
第35条 ① 常勤の委員は,在任中,次の各号のいずれかに該当する行為をしてはならない.
1 国会若しくは地方公共団体の議会の議員その他公選による公職の候補者となり,又は積極的に政治活動をすること.
2 厚生労働大臣の許可のある場合を除くほか,報酬のある他の職務に従事し,又は営利事業を営み,その他金銭上の利益を目的とする業務を行うこと.
② 非常勤の委員は,在任中,前項第1号に該当する行為をしてはならない.
③ 委員は,職務上知ることができた秘密を漏らしてはならない.その職を退いた後も同様とする.

(関係労働者及び関係事業主を代表する者の指名)
第36条 厚生労働大臣は,労働者災害補償保険制度に関し関係労働者及び関係事業主を代表する者各6人を,雇用保険制度に関し関係労働者及び関係事業主を代表する者各2人を,それぞれ,関係団体の推薦により指名するものとする.

第2節 再審査請求の手続

(再審査請求期間等)
第38条 ① 労働者災害補償保険法第38条第1項又は雇用保険法第69条第1項の規定による再審査請

求は,第20条の規定により決定書の謄本が送付された日の翌日から起算して2月を経過したときは,することができない.
② 第8条第1項ただし書及び第2項の規定は,前項の期間について準用する.
③ 第1項に規定する再審査請求においては,原処分をした行政庁を相手方とする.
(再審査請求の方式)
第39条 再審査請求は,政令で定めるところにより,文書でしなければならない.
(関係者に対する通知)
第40条 審査会は,再審査請求がされたときは,第50条において読み替えて準用する第10条又は第11条第2項の規定により当該再審査請求を却下する場合を除き,原処分をした行政庁,再審査請求の結果について利害関係のある行政庁その他の第三者(以下この節において「利害関係者」という.)及び第36条の規定により指名された者に通知しなければならない.
第41条 ① 審査会は,必要があると認めるときは,申立てにより又は職権で,利害関係者を当事者として再審査請求の手続に参加させることができる.
② 審査会は,前項の規定により利害関係者を再審査請求の手続に参加させるときは,あらかじめ,当事者及び当該利害関係者の意見を聞かなければならない.
③ 再審査請求への参加は,代理人によつてすることができる.
④ 前項の代理人は,各自,第1項の規定により当該再審査請求に参加する者のために,当該再審査請求への参加に関する一切の行為をすることができる.ただし,再審査請求への参加の取下げは,特別の委任を受けた場合に限り,することができる.
(審理期日及び場所)
第42条 審査会は,審理の期日及び場所を定め,当事者及び第36条の規定により指名された者に通知しなければならない.
(審理の公開)
第43条 審理は,公開しなければならない.ただし,当事者の申立てがあつたときは,公開しないことができる.
(審理の指揮)
第44条 審理の指揮は,審査長が行う.
(意見の陳述等)
第45条 ① 当事者及びその代理人は,審理期日に出頭して意見を述べることができる.
② 第36条の規定により指名された者は,審理期日に出頭して意見を述べ,又は意見書を提出することができる.
③ 第1項の規定による意見の陳述(以下この条において「意見陳述」という.)は,審査会が全ての当事者を招集してさせるものとする.
④ 意見陳述において,審査長は,当事者若しくはその代理人又は第36条の規定により指名された者のする陳述が事件に関係のない事項にわたる場合その他相当でない場合には,これを制限することができる.
⑤ 意見陳述に際し,当事者(原処分をした行政庁を除く.)及びその代理人は,審査長の許可を得て,再審査請求に係る事件に関し,原処分をした行政庁に対して,質問を発することができる.

(審理のための処分等)
第46条 ① 審査会は,審理を行うため必要な限度において,当事者若しくは第36条の規定により指名された者の申立てにより又は職権で,次の各号に掲げる処分をすることができる.
1 当事者又は参考人の出頭を求めて審問し,又はこれらの者から意見若しくは報告を徴すること.
2 文書その他の物件の所有者,所持者若しくは保管者に対し,相当の期間を定めて,当該物件の提出を命じ,又は提出物件を留め置くこと.
3 鑑定人に鑑定させること.
4 事件に関係のある事業所その他の場所に立ち入つて,事業主,従業者その他の関係者に質問し,又は帳簿,書類その他の物件を検査すること.
5 必要な調査を官公署,学校その他の団体に嘱託すること.
6 労働者災害補償保険法第38条の規定による再審査請求の場合において,同法第47条の2に規定する者に対して審査会の指定する医師の診断を受けるべきことを命ずること.
② 審査会は,審査員に,前項第1号又は第4号の処分をさせることができる.
③ 第1項第4号又は前項の規定により立入検査をする審査員は,その身分を示す証票を携帯し,関係者から求められたときは,これを提示しなければならない.
④ 審査会は,再審査請求人又は第40条の規定により指名を受けた利害関係者の申立てにより第1項第4号の処分をしようとするときは,その日時及び場所をその申立てをした者に通知し,これに立ち会う機会を与えなければならない.
⑤ 当事者が,正当な理由がなく,第1項第1号若しくは第2項の規定による処分に違反して出頭せず,審問に対して答弁をせず,報告をせず,若しくは虚偽の陳述若しくは報告をし,第1項第2号の規定による処分に違反して物件を提出せず,第1項第4号若しくは第2項の規定による検査を拒み,妨げ,若しくは忌避し,又は第1項第6号の規定による処分に違反して医師の診断を忌避したときは,審査会は,その再審査請求を棄却し,又はその意見を採用しないことができる.
⑥ 第15条第6項の規定は,第1項及び第2項の規定による処分について準用する.
⑦ 第16条の規定は,第1項第1号若しくは第3号又は第2項の規定による処分があつた場合について準用する.
(調 書)
第47条 ① 審査会は,審理期日における経過について,調書を作成しなければならない.
② 当事者及び第36条の規定により指名された者は,前項の調書を閲覧することができる.
③ 第16条の3第1項後段及び第3項の規定は,前項の規定による閲覧について準用する.この場合において,これらの規定中「審査官」とあるのは,「審査会」と読み替えるものとする.
(合 議)
第48条 審査会の合議は,公開しない.
(再審査請求の取下げ)
第49条 ① 再審査請求人は,裁決があるまでは,いつでも,再審査請求を取り下げることができる.
② 再審査請求の取下げは,文書でしなければならない.

③ 労働者災害補償保険法第38条第2項又は雇用保険法第69条第2項の規定に該当する場合において，労働者災害補償保険法第38条第1項又は雇用保険法第69条第1項の規定による再審査請求がされたときは，次の各号に掲げる場合の区分に応じ，当該各号に掲げる再審査請求は，取り下げられたものとみなす．
 1 労働者災害補償保険審査官又は雇用保険審査官において当該再審査請求がされた日以前に審査請求に係る原処分の全部を取り消す旨の決定書の謄本を発している場合 当該再審査請求
 2 労働者災害補償保険審査官又は雇用保険審査官において当該再審査請求がされた日以前に審査請求に係る原処分の一部を取り消す旨の決定書の謄本を発している場合 その部分についての再審査請求

(準用規定)
第50条 第7条の2，第9条の2から第11条まで，第13条の2，第14条から第14条の3まで，第16条の2から第17条まで，第18条，第19条第1項及び第20条から第22条の2までの規定は，審査会が行う再審査請求の手続について準用する．この場合において，これらの規定(第22条の2を除く.)中「再審査請求」とあるのは「再審査請求」と，「審査官」とあるのは「審査会」と，「決定」とあるのは「裁決」と，「決定書」とあるのは「裁決書」と読み替えるほか，次の表の上欄に掲げる規定中同条の中欄に掲げる字句は，それぞれ同表の下欄に掲げる字句に読み替えるものとする．

第7条の2	厚生労働大臣	審査会
	都道府県労働局	厚生労働省
第9条の2第2項及び第11条第2項	審査請求人	再審査請求人
第13条の2	審査請求人及び前条第1項の規定により通知を受けた者	当事者及び第36条の規定により指名された者
第14条第4項	審査請求人	再審査請求人
第14条の3第1項	審査請求人又は第13条第1項の規定により通知を受けた者(原処分をした行政庁を除く.)	当事者(原処分をした行政庁)又は第36条の規定により指名された者
第16条の2の見出し	特定審査請求手続	特定再審査請求手続
第16条の2第1項	第13条の3，第14条の3並びに第15条第1項及び第4項	第45条，第46条第1項及び第四項並びに第50条において準用する第14条の3
	特定審査請求手続	特定再審査請求手続
	審査請求人又は第13条一項の規定により通知を受けた	当事者又は第36条の規定により指名された
第16条の2第2項	審査請求人又は第13条第1項の規定により通知を受けた	当事者又は第36条の規定により指名された
	審査請求人又は同項の規定により通知を受けた	当事者又は同条の規定により指名された
第16条の2第3項	特定審査請求手続	特定再審査請求手続
	審査請求人及び第13条第1項の規定により通知を受けた	再審査請求人及び第36条の規定により指名された
第16条の3の見出し	審査請求人等	再審査請求人等
第16条の3第1項	審査請求人又は第13条第1項の規定により通知を受けた	当事者又は第36条の規定により指名された
	第14条の3第1項若しくは第2項又は第15条第1項	第46条第1項又は第50条において準用する第14条の3第1項若しくは第2項
第16条の3第4項	審査請求人又は第13条第1項	再審査請求人又は第40条
第17条	審査請求人	当事者
第20条第1項から第3項まで	審査請求人	再審査請求人
第20条第4項及び第21条	第13条第一項	第40条
第22条	審査請求人	再審査請求人

(政令への委任)
第51条 この章に定めるもののほか，審査会及び再審査請求の手続に関し必要な事項は，政令で定める．

第3章 罰則

第51条の2 第35条第3項の規定に違反して秘密を漏らした者は，1年以下の懲役又は50万円以下の罰金に処する．

第52条 第15条第1項第4号若しくは第2項又は第46条第1項第4号若しくは第2項の規定による検査を拒み，妨げ，又は忌避した者は，20万円以下の罰金に処する．ただし，審査官が行う審査請求の手続における審査請求人若しくは第13条第1項の規定により通知を受けた利害関係者又は審査会が行う再審査請求の手続における当事者は，この限りでない．

第53条 次の各号の1に該当する者は，10万円以下の罰金に処する．ただし，審査官が行う審査請求の手続における審査請求人若しくは第13条第1項の規定により通知を受けた利害関係者又は審査会が行う再審査請求の手続における当事者は，この限りでない．
 1 第15条第1項第1号若しくは第2項又は第46条第1項第1号若しくは第2項の規定による処分に違反して出頭せず，審問に対して答弁をせず，報告をせず，又は虚偽の陳述若しくは報告をした者
 2 第15条第1項第2号又は第46条第1項第2号の規定による物件の所有者，所持者又は保管者に対する処分に違反して物件を提出しない者
 3 第15条第1項第3号又は第46条第1項第3号の規定による鑑定に際し虚偽の鑑定をした者

第54条 法人の代表者又は法人若しくは人の代理人，使用人その他の従業者がその法人又は人の業務に関して，第52条又は前条第1号若しくは第2号の違反行為をしたときは，行為者を罰するほか，その法人又は人に対しても，前2条の刑を科する．

124 日本国憲法

（昭21・11・3公布, 昭22・5・3施行）

日本国民は、正当に選挙された国会における代表者を通じて行動し、われらとわれらの子孫のために、諸国民との協和による成果と、わが国全土にわたつて自由のもたらす恵沢を確保し、政府の行為によつて再び戦争の惨禍が起ることのないやうにすることを決意し、ここに主権が国民に存することを宣言し、この憲法を確定する．そもそも国政は、国民の厳粛な信託によるものであつて、その権威は国民に由来し、その権力は国民の代表者がこれを行使し、その福利は国民がこれを享受する．これは人類普遍の原理であり、この憲法は、かかる原理に基くものである．われらは、これに反する一切の憲法、法令及び詔勅を排除する．

日本国民は、恒久の平和を念願し、人間相互の関係を支配する崇高な理想を深く自覚するのであつて、平和を愛する諸国民の公正と信義に信頼して、われらの安全と生存を保持しようと決意した．われらは、平和を維持し、専制と隷従、圧迫と偏狭を地上から永遠に除去しようと努めてゐる国際社会において、名誉ある地位を占めたいと思ふ．われらは、全世界の国民が、ひとしく恐怖と欠乏から免かれ、平和のうちに生存する権利を有することを確認する．

われらは、いづれの国家も、自国のことのみに専念して他国を無視してはならないのであつて、政治道徳の法則は、普遍的なものであり、この法則に従ふことは、自国の主権を維持し、他国と対等関係に立たうとする各国の責務であると信ずる．

日本国民は、国家の名誉にかけ、全力をあげてこの崇高な理想と目的を達成することを誓ふ．

第1章　天　皇

第1条　天皇は、日本国の象徴であり日本国民統合の象徴であつて、この地位は、主権の存する日本国民の総意に基く．

第2条　皇位は、世襲のものであつて、国会の議決した皇室典範の定めるところにより、これを継承する．

第3条　天皇の国事に関するすべての行為には、内閣の助言と承認を必要とし、内閣が、その責任を負ふ．

第4条　① 天皇は、この憲法の定める国事に関する行為のみを行ひ、国政に関する権能を有しない．

② 天皇は、法律の定めるところにより、その国事に関する行為を委任することができる．

第5条　皇室典範の定めるところにより摂政を置くときは、摂政は、天皇の名でその国事に関する行為を行ふ．この場合には、前条第1項の規定を準用する．

第6条　① 天皇は、国会の指名に基いて、内閣総理大臣を任命する．

② 天皇は、内閣の指名に基いて、最高裁判所の長たる裁判官を任命する．

第7条　天皇は、内閣の助言と承認により、国民のために、左の国事に関する行為を行ふ．
1　憲法改正、法律、政令及び条約を公布すること．
2　国会を召集すること．
3　衆議院を解散すること．
4　国会議員の総選挙の施行を公示すること．
5　国務大臣及び法律の定めるその他の官吏の任免並びに全権委任状及び大使及び公使の信任状を認証すること．
6　大赦、特赦、減刑、刑の執行の免除及び復権を認証すること．
7　栄典を授与すること．
8　批准書及び法律の定めるその他の外交文書を認証すること．
9　外国の大使及び公使を接受すること．
10　儀式を行ふこと．

第8条　皇室に財産を譲り渡し、又は皇室が、財産を譲り受け、若しくは賜与することは、国会の議決に基かなければならない．

第2章　戦争の放棄

第9条　① 日本国民は、正義と秩序を基調とする国際平和を誠実に希求し、国権の発動たる戦争と、武力による威嚇又は武力の行使は、国際紛争を解決する手段としては、永久にこれを放棄する．

② 前項の目的を達するため、陸海空軍その他の戦力は、これを保持しない．国の交戦権は、これを認めない．

第3章　国民の権利及び義務

第10条　日本国民たる要件は、法律でこれを定める．

第11条　国民は、すべての基本的人権の享有を妨げられない．この憲法が国民に保障する基本的人権は、侵すことのできない永久の権利として、現在及び将来の国民に与へられる．

第12条　この憲法が国民に保障する自由及び権利は、国民の不断の努力によつて、これを保持しなければならない．又、国民は、これを濫用してはならないのであつて、常に公共の福祉のためにこれを利用する責任を負ふ．

第13条　すべて国民は、個人として尊重される．生命、自由及び幸福追求に対する国民の権利については、公共の福祉に反しない限り、立法その他の国政の上で、最大の尊重を必要とする．

第14条　① すべて国民は、法の下に平等であつて、人種、信条、性別、社会的身分又は門地により、政治的、経済的又は社会的関係において、差別されない．

② 華族その他の貴族の制度は、これを認めない．

③ 栄誉、勲章その他の栄典の授与は、いかなる特権も伴はない．栄典の授与は、現にこれを有し、又は将来これを受ける者の一代に限り、その効力を有する．

第15条　① 公務員を選定し、及びこれを罷免することは、国民固有の権利である．

② すべて公務員は、全体の奉仕者であつて、一部の奉仕者ではない．

③ 公務員の選挙については、成年者による普通選挙を保障する．

④ すべて選挙における投票の秘密は、これを侵してはならない．選挙人は、その選択に関し公的にも私的にも責任を問はれない．

第16条　何人も、損害の救済、公務員の罷免、法律、命令又は規則の制定、廃止又は改正その他の事項に関し、平穏に請願する権利を有し、何人も、かかる請願をしたためにいかなる差別待遇も受けない．

第17条　何人も、公務員の不法行為により、損害を受けたときは、法律の定めるところにより、国又は公共団体に、その賠償を求めることができる．

第18条　何人も、いかなる奴隷的拘束も受けない。又、犯罪に因る処罰の場合を除いては、その意に反する苦役に服させられない。

第19条　思想及び良心の自由は、これを侵してはならない。

第20条　① 信教の自由は、何人に対してもこれを保障する。いかなる宗教団体も、国から特権を受け、又は政治上の権力を行使してはならない。
② 何人も、宗教上の行為、祝典、儀式又は行事に参加することを強制されない。
③ 国及びその機関は、宗教教育その他いかなる宗教的活動もしてはならない。

第21条　① 集会、結社及び言論、出版その他一切の表現の自由は、これを保障する。
② 検閲は、これをしてはならない。通信の秘密は、これを侵してはならない。

第22条　① 何人も、公共の福祉に反しない限り、居住、移転及び職業選択の自由を有する。
② 何人も、外国に移住し、又は国籍を離脱する自由を侵されない。

第23条　学問の自由は、これを保障する。

第24条　① 婚姻は、両性の合意のみに基いて成立し、夫婦が同等の権利を有することを基本として、相互の協力により、維持されなければならない。
② 配偶者の選択、財産権、相続、住居の選定、離婚並びに婚姻及び家族に関するその他の事項に関しては、法律は、個人の尊厳と両性の本質的平等に立脚して、制定されなければならない。

第25条　① すべて国民は、健康で文化的な最低限度の生活を営む権利を有する。
② 国は、すべての生活部面について、社会福祉、社会保障及び公衆衛生の向上及び増進に努めなければならない。

第26条　① すべて国民は、法律の定めるところにより、その能力に応じて、ひとしく教育を受ける権利を有する。
② すべて国民は、法律の定めるところにより、その保護する子女に普通教育を受けさせる義務を負ふ。義務教育は、これを無償とする。

第27条　① すべて国民は、勤労の権利を有し、義務を負ふ。
② 賃金、就業時間、休息その他の勤労条件に関する基準は、法律でこれを定める。
③ 児童は、これを酷使してはならない。

第28条　勤労者の団結する権利及び団体交渉その他の団体行動をする権利は、これを保障する。

第29条　① 財産権は、これを侵してはならない。
② 財産権の内容は、公共の福祉に適合するやうに、法律でこれを定める。
③ 私有財産は、正当な補償の下に、これを公共のために用ひることができる。

第30条　国民は、法律の定めるところにより、納税の義務を負ふ。

第31条　何人も、法律の定める手続によらなければ、その生命若しくは自由を奪はれ、又はその他の刑罰を科せられない。

第32条　何人も、裁判所において裁判を受ける権利を奪はれない。

第33条　何人も、現行犯として逮捕される場合を除いては、権限を有する司法官憲が発し、且つ理由となつてゐる犯罪を明示する令状によらなければ、逮捕されない。

第34条　何人も、理由を直ちに告げられ、且つ、直ちに弁護人に依頼する権利を与へられなければ、抑留又は拘禁されない。又、何人も、正当な理由がなければ、拘禁されず、要求があれば、その理由は、直ちに本人及びその弁護人の出席する公開の法廷で示されなければならない。

第35条　① 何人も、その住居、書類及び所持品について、侵入、捜索及び押収を受けることのない権利は、第33条の場合を除いては、正当な理由に基いて発せられ、且つ捜索する場所及び押収する物を明示する令状がなければ、侵されない。
② 捜索又は押収は、権限を有する司法官憲が発する各別の令状により、これを行ふ。

第36条　公務員による拷問及び残虐な刑罰は、絶対にこれを禁ずる。

第37条　① すべて刑事事件においては、被告人は、公平な裁判所の迅速な公開裁判を受ける権利を有する。
② 刑事被告人は、すべての証人に対して審問する機会を充分に与へられ、又、公費で自己のために強制的手続により証人を求める権利を有する。
③ 刑事被告人は、いかなる場合にも、資格を有する弁護人を依頼することができる。被告人が自らこれを依頼することができないときは、国でこれを附する。

第38条　① 何人も、自己に不利益な供述を強要されない。
② 強制、拷問若しくは脅迫による自白又は不当に長く抑留若しくは拘禁された後の自白は、これを証拠とすることができない。
③ 何人も、自己に不利益な唯一の証拠が本人の自白である場合には、有罪とされ、又は刑罰を科せられない。

第39条　何人も、実行の時に適法であつた行為又は既に無罪とされた行為については、刑事上の責任を問はれない。又、同一の犯罪について、重ねて刑事上の責任を問はれない。

第40条　何人も、抑留又は拘禁された後、無罪の裁判を受けたときは、法律の定めるところにより、国にその補償を求めることができる。

第4章　国会

第41条　国会は、国権の最高機関であつて、国の唯一の立法機関である。

第42条　国会は、衆議院及び参議院の両議院でこれを構成する。

第43条　① 両議院は、全国民を代表する選挙された議員でこれを組織する。
② 両議院の議員の定数は、法律でこれを定める。

第44条　両議院の議員及びその選挙人の資格は、法律でこれを定める。但し、人種、信条、性別、社会的身分、門地、教育、財産又は収入によつて差別してはならない。

第45条　衆議院議員の任期は、4年とする。但し、衆議院解散の場合には、その期間満了前に終了する。

第46条　参議院議員の任期は、6年とし、3年ごとに議員の半数を改選する。

第47条　選挙区、投票の方法その他両議院の議員の選挙に関する事項は、法律でこれを定める。

第48条　何人も、同時に両議院の議員たることはできない。

第49条　両議院の議員は,法律の定めるところにより,国庫から相当額の歳費を受ける.
第50条　両議院の議員は,法律の定める場合を除いては,国会の会期中逮捕されず,会期前に逮捕された議員は,その院の要求があれば,会期中これを釈放しなければならない.
第51条　両議院の議員は,議院で行つた演説,討論又は表決について,院外で責任を問はれない.
第52条　国会の常会は,毎年1回これを召集する.
第53条　内閣は,国会の臨時会の召集を決定することができる.いづれかの議院の総議員の4分の1以上の要求があれば,内閣は,その召集を決定しなければならない.
第54条　① 衆議院が解散されたときは,解散の日から40日以内に,衆議院議員の総選挙を行ひ,その選挙の日から30日以内に,国会を召集しなければならない.
② 衆議院が解散されたときは,参議院は,同時に閉会となる.但し,内閣は,国に緊急の必要があるときは,参議院の緊急集会を求めることができる.
③ 前項但書の緊急集会において採られた措置は,臨時のものであつて,次の国会開会の後10日以内に,衆議院の同意がない場合には,その効力を失ふ.
第55条　両議院は,各々その議員の資格に関する争訟を裁判する.但し,議員の議席を失はせるには,出席議員の3分の2以上の多数による議決を必要とする.
第56条　① 両議院は,各々その総議員の3分の1以上の出席がなければ,議事を開き議決することができない.
② 両議院の議事は,この憲法に特別の定のある場合を除いては,出席議員の過半数でこれを決し,可否同数のときは,議長の決するところによる.
第57条　① 両議院の会議は,公開とする.但し,出席議員の3分の2以上の多数で議決したときは,秘密会を開くことができる.
② 両議院は,各々その会議の記録を保存し,秘密会の記録の中で特に秘密を要すると認められるもの以外は,これを公表し,且つ一般に頒布しなければならない.
③ 出席議員の5分の1以上の要求があれば,各議員の表決は,これを会議録に記載しなければならない.
第58条　① 両議院は,各々その議長その他の役員を選任する.
② 両議院は,各々その会議その他の手続及び内部の規律に関する規則を定め,又,院内の秩序をみだした議員を懲罰することができる.但し,議員を除名するには,出席議員の3分の2以上の多数による議決を必要とする.
第59条　① 法律案は,この憲法に特別の定のある場合を除いては,両議院で可決したとき法律となる.
② 衆議院で可決し,参議院でこれと異なつた議決をした法律案は,衆議院で出席議員の3分の2以上の多数で再び可決したときは,法律となる.
③ 前項の規定は,法律の定めるところにより,衆議院が,両議院の協議会を開くことを求めることを妨げない.
④ 参議院が,衆議院の可決した法律案を受け取つた後,国会休会中の期間を除いて60日以内に,議決しないときは,衆議院は,参議院がその法律案を否決したものとみなすことができる.
第60条　① 予算は,さきに衆議院に提出しなければならない.
② 予算について,参議院で衆議院と異なつた議決をした場合に,法律の定めるところにより,両議院の協議会を開いても意見が一致しないとき,又は参議院が,衆議院の可決した予算を受け取つた後,国会休会中の期間を除いて30日以内に,議決しないときは,衆議院の議決を国会の議決とする.
第61条　条約の締結に必要な国会の承認については,前条第2項の規定を準用する.
第62条　両議院は,各々国政に関する調査を行ひ,これに関して,証人の出頭及び証言並びに記録の提出を要求することができる.
第63条　内閣総理大臣その他の国務大臣は,両議院の1に議席を有すると有しないとにかかはらず,何時でも議案について発言するため議院に出席することができる.又,答弁又は説明のため出席を求められたときは,出席しなければならない.
第64条　① 国会は,罷免の訴追を受けた裁判官を裁判するため,両議院の議員で組織する弾劾裁判所を設ける.
② 弾劾に関する事項は,法律でこれを定める.

第5章　内閣

第65条　行政権は,内閣に属する.
第66条　① 内閣は,法律の定めるところにより,その首長たる内閣総理大臣及びその他の国務大臣でこれを組織する.
② 内閣総理大臣その他の国務大臣は,文民でなければならない.
③ 内閣は,行政権の行使について,国会に対し連帯して責任を負ふ.
第67条　① 内閣総理大臣は,国会議員の中から国会の議決で,これを指名する.この指名は,他のすべての案件に先だつて,これを行ふ.
② 衆議院と参議院とが異なつた指名の議決をした場合に,法律の定めるところにより,両議院の協議会を開いても意見が一致しないとき,又は衆議院が指名の議決をした後,国会休会中の期間を除いて10日以内に,参議院が,指名の議決をしないときは,衆議院の議決を国会の議決とする.
第68条　① 内閣総理大臣は,国務大臣を任命する.但し,その過半数は,国会議員の中から選ばれなければならない.
② 内閣総理大臣は,任意に国務大臣を罷免することができる.
第69条　内閣は,衆議院で不信任の決議案を可決し,又は信任の決議案を否決したときは,10日以内に衆議院が解散されない限り,総辞職をしなければならない.
第70条　内閣総理大臣が欠けたとき,又は衆議院議員総選挙の後に初めて国会の召集があつたときは,内閣は,総辞職をしなければならない.
第71条　前2条の場合には,内閣は,あらたに内閣総理大臣が任命されるまで引き続きその職務を行ふ.
第72条　内閣総理大臣は,内閣を代表して議案を国会に提出し,一般国務及び外交関係について国会に報告し,並びに行政各部を指揮監督する.
第73条　内閣は,他の一般行政事務の外,左の事務を行ふ.
1　法律を誠実に執行し,国務を総理すること.
2　外交関係を処理すること.

3 条約を締結すること．但し，事前に，時宜によつては事後に，国会の承認を経ることを必要とする．
4 法律の定める基準に従ひ，官吏に関する事務を掌理すること．
5 予算を作成して国会に提出すること．
6 この憲法及び法律の規定を実施するために，政令を制定すること．但し，政令には，特にその法律の委任がある場合を除いては，罰則を設けることができない．
7 大赦，特赦，減刑，刑の執行の免除及び復権を決定すること．

第74条 法律及び政令には，すべて主任の国務大臣が署名し，内閣総理大臣が連署することを必要とする．

第75条 国務大臣は，その在任中，内閣総理大臣の同意がなければ，訴追されない．但し，これがため，訴追の権利は，害されない．

第6章 司 法

第76条 ① すべて司法権は，最高裁判所及び法律の定めるところにより設置する下級裁判所に属する．
② 特別裁判所は，これを設置することができない．行政機関は，終審として裁判を行ふことができない．
③ すべて裁判官は，その良心に従ひ独立してその職権を行ひ，この憲法及び法律にのみ拘束される．

第77条 ① 最高裁判所は，訴訟に関する手続，弁護士，裁判所の内部規律及び司法事務処理に関する事項について，規則を定める権限を有する．
② 検察官は，最高裁判所の定める規則に従はなければならない．
③ 最高裁判所は，下級裁判所に関する規則を定める権限を，下級裁判所に委任することができる．

第78条 裁判官は，裁判により，心身の故障のために職務を執ることができないと決定された場合を除いては，公の弾劾によらなければ罷免されない．裁判官の懲戒処分は，行政機関がこれを行ふことはできない．

第79条 ① 最高裁判所は，その長たる裁判官及び法律の定める員数のその他の裁判官でこれを構成し，その長たる裁判官以外の裁判官は，内閣でこれを任命する．
② 最高裁判所の裁判官の任命は，その任命後初めて行はれる衆議院議員総選挙の際国民の審査に付し，その後10年を経過した後初めて行はれる衆議院議員総選挙の際更に審査に付し，その後も同様とする．
③ 前項の場合において，投票者の多数が裁判官の罷免を可とするときは，その裁判官は，罷免される．
④ 審査に関する事項は，法律でこれを定める．
⑤ 最高裁判所の裁判官は，法律の定める年齢に達した時に退官する．
⑥ 最高裁判所の裁判官は，すべて定期に相当額の報酬を受ける．この報酬は，在任中，これを減額することができない．

第80条 下級裁判所の裁判官は，最高裁判所の指名した者の名簿によつて，内閣でこれを任命する．その裁判官は，任期を10年とし，再任されることができる．但し，法律の定める年齢に達した時には退官する．
② 下級裁判所の裁判官は，すべて定期に相当額の報酬を受ける．この報酬は，在任中，これを減額することができない．

第81条 最高裁判所は，一切の法律，命令，規則又は処分が憲法に適合するかしないかを決定する権限を有する終審裁判所である．

第82条 ① 裁判の対審及び判決は，公開法廷でこれを行ふ．
② 裁判所が，裁判官の全員一致で，公の秩序又は善良の風俗を害する虞があると決した場合には，対審は，公開しないでこれを行ふことができる．但し，政治犯罪，出版に関する犯罪又はこの憲法第3章で保障する国民の権利が問題となつてゐる事件の対審は，常にこれを公開しなければならない．

第7章 財 政

第83条 国の財政を処理する権限は，国会の議決に基いて，これを行使しなければならない．

第84条 あらたに租税を課し，又は現行の租税を変更するには，法律又は法律の定める条件によることを必要とする．

第85条 国費を支出し，又は国が債務を負担するには，国会の議決に基くことを必要とする．

第86条 内閣は，毎会計年度の予算を作成し，国会に提出して，その審議を受け議決を経なければならない．

第87条 ① 予見し難い予算の不足に充てるため，国会の議決に基いて予備費を設け，内閣の責任でこれを支出することができる．
② すべて予備費の支出については，内閣は，事後に国会の承諾を得なければならない．

第88条 すべて皇室財産は，国に属する．すべて皇室の費用は，予算に計上して国会の議決を経なければならない．

第89条 公金その他の公の財産は，宗教上の組織若しくは団体の使用，便益若しくは維持のため，又は公の支配に属しない慈善，教育若しくは博愛の事業に対し，これを支出し，又はその利用に供してはならない．

第90条 ① 国の収入支出の決算は，すべて毎年会計検査院がこれを検査し，内閣は，次の年度に，その検査報告とともに，これを国会に提出しなければならない．
② 会計検査院の組織及び権限は，法律でこれを定める．

第91条 内閣は，国会及び国民に対し，定期に，少くとも毎年1回，国の財政状況について報告しなければならない．

第8章 地方自治

第92条 地方公共団体の組織及び運営に関する事項は，地方自治の本旨に基いて，法律でこれを定める．

第93条 ① 地方公共団体には，法律の定めるところにより，その議事機関として議会を設置する．
② 地方公共団体の長，その議会の議員及び法律の定めるその他の吏員は，その地方公共団体の住民が，直接これを選挙する．

第94条 地方公共団体は，その財産を管理し，事務を処理し，及び行政を執行する権能を有し，法律の範囲内で条例を制定することができる．

第95条 1の地方公共団体のみに適用される特別法は，法律の定めるところにより，その地方公共団体の住民の投票においてその過半数の同意を得な

ければ、国会は、これを制定することができない。

第9章 改 正

第96条 ① この憲法の改正は、各議院の総議員の3分の2以上の賛成で、国会が、これを発議し、国民に提案してその承認を経なければならない。この承認には、特別の国民投票又は国会の定める選挙の際行はれる投票において、その過半数の賛成を必要とする。
② 憲法改正について前項の承認を経たときは、天皇は、国民の名で、この憲法と一体を成すものとして、直ちにこれを公布する。

第10章 最高法規

第97条 この憲法が日本国民に保障する基本的人権は、人類の多年にわたる自由獲得の努力の成果であつて、これらの権利は、過去幾多の試錬に堪へ、現在及び将来の国民に対し、侵すことのできない永久の権利として信託されたものである。
第98条 ① この憲法は、国の最高法規であつて、その条規に反する法律、命令、詔勅及び国務に関するその他の行為の全部又は一部は、その効力を有しない。
② 日本国が締結した条約及び確立された国際法規は、これを誠実に遵守することを必要とする。
第99条 天皇又は摂政及び国務大臣、国会議員、裁判官その他の公務員は、この憲法を尊重し擁護する義務を負ふ。

第11章 補 則

第100条 ① この憲法は、公布の日から起算して6箇月を経過した日から、これを施行する。
② この憲法を施行するために必要な法律の制定、参議院議員の選挙及び国会召集の手続並びにこの憲法を施行するために必要な準備手続は、前項の期日よりも前に、これを行ふことができる。
第101条 この憲法施行の際、参議院がまだ成立してゐないときは、その成立するまでの間、衆議院は、国会としての権限を行ふ。
第102条 この憲法による第一期の参議院議員のうち、その半数の者の任期は、これを3年とする。その議員は、法律の定めるところにより、これを定める。
第103条 この憲法施行の際現に在職する国務大臣、衆議院議員及び裁判官並びにその他の公務員で、その地位に相応する地位がこの憲法で認められてゐる者は、法律で特別の定をした場合を除いては、この憲法施行のため、当然にはその地位を失ふことはない。但し、この憲法によつて、後任者が選挙又は任命されたときは、当然その地位を失ふ。

---

125 民 法（抄）

（明29・4・27法律第89号、明31・7・16施行、
最終改正：平28・6・7法律第71号）

民法第1編第2編第3編別冊ノ通define厶
此法律施行ノ期日ハ勅令ヲ以テ之ヲ定厶
明治23年法律第28号民法財産編財産取得編債権担

保編証拠編ハ此法律発布ノ日ヨリ廃止ス
（別冊）

● 第1編 総 則 ●

第1章 通 則

（基本原則）
第1条 ① 私権は、公共の福祉に適合しなければならない。
② 権利の行使及び義務の履行は、信義に従い誠実に行わなければならない。
③ 権利の濫用は、これを許さない。
（解釈の基準）
第2条 この法律は、個人の尊厳と両性の本質的平等を旨として、解釈しなければならない。

第2章 人

第1節 権利能力
第3条 ① 私権の享有は、出生に始まる。
② 外国人は、法令又は条約の規定により禁止される場合を除き、私権を享有する。
第2節 行為能力
（成 年）
第4条 年齢20歳をもって、成年とする。
（未成年者の法律行為）
第5条 ① 未成年者が法律行為をするには、その法定代理人の同意を得なければならない。ただし、単に権利を得、又は義務を免れる法律行為については、この限りでない。
② 前項の規定に反する法律行為は、取り消すことができる。
③ 第1項の規定にかかわらず、法定代理人が目的を定めて処分を許した財産は、その目的の範囲内において、未成年者が自由に処分することができる。目的を定めないで処分を許した財産を処分するときも、同様とする。
（未成年者の営業の許可）
第6条 ① 1種又は数種の営業を許された未成年者は、その営業に関しては、成年者と同一の行為能力を有する。
② 前項の場合において、未成年者がその営業に堪えることができない事由があるときは、その法定代理人は、第4編（親族）の規定に従い、その許可を取り消し、又はこれを制限することができる。
（後見開始の審判）
第7条 精神上の障害により事理を弁識する能力を欠く常況にある者については、家庭裁判所は、本人、配偶者、4親等内の親族、未成年後見人、未成年後見監督人、保佐人、保佐監督人、補助人、補助監督人又は検察官の請求により、後見開始の審判をすることができる。
（成年後見人及び成年被後見人）
第8条 後見開始の審判を受けた者は、成年被後見人とし、これに成年後見人を付する。
（成年被後見人の法律行為）
第9条 成年被後見人の法律行為は、取り消すことができる。ただし、日用品の購入その他日常生活に関する行為については、この限りでない。
（後見開始の審判の取消し）

(保佐開始の審判の取消し)
第10条 第7条に規定する原因が消滅したときは,家庭裁判所は,本人,配偶者,4親等内の親族,後見人(未成年後見人及び成年後見人をいう.以下同じ.),後見監督人(未成年後見監督人及び成年後見監督人をいう.以下同じ.)又は検察官の請求により,後見開始の審判を取り消さなければならない.
(保佐開始の審判)
第11条 精神上の障害により事理を弁識する能力が著しく不十分である者については,家庭裁判所は,本人,配偶者,4親等内の親族,後見人,後見監督人,補助人,補助監督人又は検察官の請求により,保佐開始の審判をすることができる.ただし,第7条に規定する原因がある者については,この限りでない.
(被保佐人及び保佐人)
第12条 保佐開始の審判を受けた者は,被保佐人とし,これに保佐人を付する.
(保佐人の同意を要する行為等)
第13条 ① 被保佐人が次に掲げる行為をするには,その保佐人の同意を得なければならない.ただし,第9条ただし書に規定する行為については,この限りでない.
 1 元本を領収し,又は利用すること.
 2 借財又は保証をすること.
 3 不動産その他重要な財産に関する権利の得喪を目的とする行為をすること.
 4 訴訟行為をすること.
 5 贈与,和解又は仲裁合意(仲裁法(平成15年法律第138号)第2条第1項に規定する仲裁合意をいう.)をすること.
 6 相続の承認若しくは放棄又は遺産の分割をすること.
 7 贈与の申込みを拒絶し,遺贈を放棄し,負担付贈与の申込みを承諾し,又は負担付遺贈を承認すること.
 8 新築,改築,増築又は大修繕をすること.
 9 第602条に定める期間を超える賃貸借をすること.
② 家庭裁判所は,第11条本文に規定する者又は保佐人若しくは保佐監督人の請求により,被保佐人が前項各号に掲げる行為以外の行為をする場合であってもその保佐人の同意を得なければならない旨の審判をすることができる.ただし,第9条ただし書に規定する行為については,この限りでない.
③ 保佐人の同意を得なければならない行為について,保佐人が被保佐人の利益を害するおそれがないにもかかわらず同意をしないときは,家庭裁判所は,被保佐人の請求により,保佐人の同意に代わる許可を与えることができる.
④ 保佐人の同意を得なければならない行為であって,その同意又はこれに代わる許可を得ないでしたものは,取り消すことができる.
(保佐開始の審判等の取消し)
第14条 ① 第11条本文に規定する原因が消滅したときは,家庭裁判所は,本人,配偶者,4親等内の親族,未成年後見人,未成年後見監督人,保佐人,保佐監督人又は検察官の請求により,保佐開始の審判を取り消さなければならない.
② 家庭裁判所は,前項に規定する者の請求により,前条第2項の審判の全部又は一部を取り消すことができる.
(補助開始の審判)
第15条 ① 精神上の障害により事理を弁識する能力が不十分である者については,家庭裁判所は,本人,配偶者,4親等内の親族,後見人,後見監督人,保佐人,保佐監督人又は検察官の請求により,補助開始の審判をすることができる.ただし,第7条又は第11条本文に規定する原因がある者については,この限りでない.
② 本人以外の者の請求により補助開始の審判をするには,本人の同意がなければならない.
③ 補助開始の審判は,第17条第1項の審判又は第876条の9第1項の審判とともにしなければならない.
(被補助人及び補助人)
第16条 補助開始の審判を受けた者は,被補助人とし,これに補助人を付する.
(補助人の同意を要する旨の審判等)
第17条 ① 家庭裁判所は,第15条第1項本文に規定する者又は補助人若しくは補助監督人の請求により,被補助人が特定の法律行為をするにはその補助人の同意を得なければならない旨の審判をすることができる.ただし,その審判によりその補助人の同意を得なければならないものとすることができる行為は,第13条第1項に規定する行為の一部に限る.
② 本人以外の者の請求により前項の審判をするには,本人の同意がなければならない.
③ 補助人の同意を得なければならない行為について,補助人が被補助人の利益を害するおそれがないにもかかわらず同意をしないときは,家庭裁判所は,被補助人の請求により,補助人の同意に代わる許可を与えることができる.
④ 補助人の同意を得なければならない行為であって,その同意又はこれに代わる許可を得ないでしたものは,取り消すことができる.
(補助開始の審判等の取消し)
第18条 ① 第15条第1項本文に規定する原因が消滅したときは,家庭裁判所は,本人,配偶者,4親等内の親族,未成年後見人,未成年後見監督人,補助人,補助監督人又は検察官の請求により,補助開始の審判を取り消さなければならない.
② 家庭裁判所は,前項に規定する者の請求により,前条第1項の審判の全部又は一部を取り消すことができる.
③ 前条第1項の審判及び第876条の9第1項の審判をすべて取り消す場合には,家庭裁判所は,補助開始の審判を取り消さなければならない.
(審判相互の関係)
第19条 ① 後見開始の審判をする場合において,本人が被保佐人又は被補助人であるときは,家庭裁判所は,その本人に係る保佐開始又は補助開始の審判を取り消さなければならない.
② 前項の規定は,保佐開始の審判をする場合において本人が成年被後見人若しくは被補助人であるとき,又は補助開始の審判をする場合において本人が成年被後見人若しくは被保佐人であるときについて準用する.
(制限行為能力者の相手方の催告権)
第20条 ① 制限行為能力者(未成年者,成年被後見人,被保佐人及び第17条第1項の審判を受けた被補助人をいう.以下同じ.)の相手方は,その制限行為能力者が行為能力者(行為能力の制限を受けない者をいう.以下同じ.)となった後,その者に対し,1箇月以上の期間を定めて,その期間内にその取り消すことができる行為を追認するかどうかを

確答すべき旨の催告をすることができる. この場合において, その者がその期間内に確答を発しないときは, その行為を追認したものとみなす.
② 制限行為能力者の相手方が, 制限行為能力者が行為能力者とならない間に, その法定代理人, 保佐人又は補助人に対し, その権限内の行為について前項に規定する催告をした場合において, これらの者が同項の期間内に確答を発しないときも, 同項後段と同様とする.
③ 特別の方式を要する行為については, 前2項の期間内にその方式を具備した旨の通知を発しないときは, その行為を取り消したものとみなす.
④ 制限行為能力者の相手方は, 被保佐人又は第17条第1項の審判を受けた被補助人に対しては, 第1項の期間内にその保佐人又は補助人の追認を得るべき旨の催告をすることができる. この場合において, その被保佐人又は被補助人がその期間内にその追認を得た旨の通知を発しないときは, その行為を取り消したものとみなす.
（制限行為能力者の詐術）
第21条 制限行為能力者が行為能力者であることを信じさせるため詐術を用いたときは, その行為を取り消すことができない.
第3節 住所
（住 所）
第22条 各人の生活の本拠をその者の住所とする.
（居 所）
第23条 ① 住所が知れない場合には, 居所を住所とみなす.
② 日本に住所を有しない者は, その者が日本人又は外国人のいずれであるかを問わず, 日本における居所をその者の住所とみなす. ただし, 準拠法を定める法律に従いその者の住所地法によるべき場合は, この限りでない.
第4節 不在者の財産の管理及び失踪の宣告
（不在者の財産の管理）
第25条 ① 従来の住所又は居所を去った者（以下「不在者」という.）がその財産の管理人（以下この節において単に「管理人」という.）を置かなかったときは, 家庭裁判所は, 利害関係人又は検察官の請求により, その財産の管理について必要な処分を命ずることができる. 本人の不在中に管理人の権限が消滅したときも, 同様とする.
② 前項の規定による命令後, 本人が管理人を置いたときは, 家庭裁判所は, その管理人, 利害関係人又は検察官の請求により, その命令を取り消さなければならない.
（失踪の宣告）
第30条 ① 不在者の生死が7年間明らかでないときは, 家庭裁判所は, 利害関係人の請求により, 失踪の宣告をすることができる.
② 戦地に臨んだ者, 沈没した船舶の中に在った者その他死亡の原因となるべき危難に遭遇した者の生死が, それぞれ, 戦争が止んだ後, 船舶が沈没した後又はその他の危難が去った後1年間明らかでないときも, 前項と同様とする.
（失踪の宣告の効力）
第31条 前条第1項の規定により失踪の宣告を受けた者は同項の期間が満了した時に, 同条第2項の規定により失踪の宣告を受けた者はその危難が去った時に, 死亡したものとみなす.
（失踪の宣告の取消し）

第32条 ① 失踪者が生存すること又は前条に規定する時と異なる時に死亡したことの証明があったときは, 家庭裁判所は, 本人又は利害関係人の請求により, 失踪の宣告を取り消さなければならない. この場合において, その取消しは, 失踪の宣告後その取消し前に善意でした行為の効力に影響を及ぼさない.
② 失踪の宣告によって財産を得た者は, その取消しによって権利を失う. ただし, 現に利益を受けている限度においてのみ, その財産を返還する義務を負う.
第5節 同時死亡の推定
第32条の2 数人の者が死亡した場合において, そのうちの1人が他の者の死亡後になお生存していたことが明らかでないときは, これらの者は, 同時に死亡したものと推定する.

第3章 法 人

（法人の成立等）
第33条 ① 法人は, この法律その他の法律の規定によらなければ, 成立しない.
② 学術, 技芸, 慈善, 祭祀, 宗教その他の公益を目的とする法人, 営利事業を営むことを目的とする法人その他の法人の設立, 組織, 運営及び管理については, この法律その他の法律の定めるところによる.
（法人の能力）
第34条 法人は, 法令の規定に従い, 定款その他の基本約款で定められた目的の範囲内において, 権利を有し, 義務を負う.
（登 記）
第36条 法人及び外国法人は, この法律その他の法令の定めるところにより, 登記をするものとする.

第5章 法律行為

第1節 総則
（公序良俗）
第90条 公の秩序又は善良の風俗に反する事項を目的とする法律行為は, 無効とする.
（任意規定と異なる意思表示）
第91条 法律行為の当事者が法令中の公の秩序に関しない規定と異なる意思を表示したときは, その意思に従う.
（任意規定と異なる慣習）
第92条 法令中の公の秩序に関しない規定と異なる慣習がある場合において, 法律行為の当事者がその慣習による意思を有しているものと認められるときは, その慣習に従う.
第2節 意思表示
（心裡留保）
第93条 意思表示は, 表意者がその真意ではないことを知ってしたときであっても, そのためにその効力を妨げられない. ただし, 相手方が表意者の真意を知り, 又は知ることができたときは, その意思表示は, 無効とする.
（虚偽表示）
第94条 ① 相手方と通じてした虚偽の意思表示は, 無効とする.
② 前項の規定による意思表示の無効は, 善意の第三者に対抗することができない.
（錯 誤）
第95条 意思表示は, 法律行為の要素に錯誤があっ

たときは,無効とする.ただし,表意者に重大な過失があったときは,表意者は,自らその無効を主張することができない.
(詐欺又は強迫)
第96条 ① 詐欺又は強迫による意思表示は,取り消すことができる.
② 相手方に対する意思表示について第三者が詐欺を行った場合においては,相手方がその事実を知っていたときに限り,その意思表示を取り消すことができる.
③ 前2項の規定による詐欺による意思表示の取消しは,善意の第三者に対抗することができない.
(意思表示の受領能力)
第98条の2 意思表示の相手方がその意思表示を受けた時に未成年者又は成年被後見人であったときは,その意思表示をもってその相手方に対抗することができない.ただし,その法定代理人がその意思表示を知った後は,この限りでない.
　　第3節　代　理
(代理行為の要件及び効果)
第99条 ① 代理人がその権限内において本人のためにすることを示してした意思表示は,本人に対して直接にその効力を生ずる.
② 前項の規定は,第三者が代理人に対してした意思表示について準用する.
(本人のためにすることを示さない意思表示)
第100条 代理人が本人のためにすることを示さないでした意思表示は,自己のためにしたものとみなす.ただし,相手方が,代理人が本人のためにすることを知り,又は知ることができたときは,前条第1項の規定を準用する.
(代理行為の瑕疵)
第101条 ① 意思表示の効力が意思の不存在,詐欺,強迫又はある事情を知っていたこと若しくは知らなかったことにつき過失があったことによって影響を受けるべき場合には,その事実の有無は,代理人について決するものとする.
② 特定の法律行為をすることを委託された場合において,代理人が本人の指図に従ってその行為をしたときは,本人は,自ら知っていた事情について代理人が知らなかったことを主張することができない.本人が過失によって知らなかった事情についても,同様とする.
(代理人の行為能力)
第102条 代理人は,行為能力者であることを要しない.
(自己契約及び双方代理)
第108条 同一の法律行為については,相手方の代理人となり,又は当事者双方の代理人となることはできない.ただし,債務の履行及び本人があらかじめ許諾した行為については,この限りでない.
(代理権の消滅事由)
第111条 ① 代理権は,次に掲げる事由によって消滅する.
1　本人の死亡
2　代理人の死亡又は代理人が破産手続開始の決定若しくは後見開始の審判を受けたこと.
② 委任による代理権は,前項各号に掲げる事由のほか,委任の終了によって消滅する.
　　第4節　無効及び取消し
(無効な行為の追認)
第119条 無効な行為は,追認によっても,その効力を生じない.ただし,当事者がその行為の無効であることを知って追認をしたときは,新たな行為をしたものとみなす.
(取消権者)
第120条 ① 行為能力の制限によって取り消すことができる行為は,制限行為能力者又はその代理人,承継人若しくは同意をすることができる者に限り,取り消すことができる.
② 詐欺又は強迫によって取り消すことができる行為は,瑕疵ある意思表示をした者又はその代理人若しくは承継人に限り,取り消すことができる.
(取消しの効果)
第121条 取り消された行為は,初めから無効であったものとみなす.ただし,制限行為能力者は,その行為によって現に利益を受けている限度において,返還の義務を負う.
(取り消すことができる行為の追認)
第122条 取り消すことができる行為は,第120条に規定する者が追認したときは,以後,取り消すことができない.ただし,追認によって第三者の権利を害することはできない.
(取消し及び追認の方法)
第123条 取り消すことができる行為の相手方が確定している場合には,その取消し又は追認は,相手方に対する意思表示によってする.
(追認の要件)
第124条 ① 追認は,取消しの原因となっていた状況が消滅した後にしなければ,その効力を生じない.
② 成年被後見人は,行為能力者となった後にその行為を了知したときは,その了知をした後でなければ,追認をすることができない.
③ 前2項の規定は,法定代理人又は制限行為能力者の保佐人若しくは補助人が追認をする場合には,適用しない.
(法定追認)
第125条 前条の規定により追認をすることができる時以後に,取り消すことができる行為について次に掲げる事実があったときは,追認をしたものとみなす.ただし,異議をとどめたときは,この限りでない.
1　全部又は一部の履行
2　履行の請求
3　更改
4　担保の供与
5　取り消すことができる行為によって取得した権利の全部又は一部の譲渡
6　強制執行
(取消権の期間の制限)
第126条 取消権は,追認をすることができる時から5年間行使しないときは,時効によって消滅する.行為の時から20年を経過したときも,同様とする.

第6章　期間の計算

(期間の計算の通則)
第138条 期間の計算方法は,法令若しくは裁判上の命令に特別の定めがある場合又は法律行為に別段の定めがある場合を除き,この章の規定に従う.
(期間の起算)
第139条 時間によって期間を定めたときは,その期間は,即時から起算する.
第140条 日,週,月又は年によって期間を定めたと

き は, 期間の初日は, 算入しない. ただし, その期間が午前零時から始まるときは, この限りでない.
（期間の満了）
第141条 前条の場合には, 期間は, その末日の終了をもって満了する.
第142条 期間の末日が日曜日, 国民の祝日に関する法律（昭和23年法律第178号）に規定する休日その他の休日に当たるときは, その日に取引をしない慣習がある場合に限り, 期間は, その翌日に満了する.
（暦による期間の計算）
第143条 ① 週, 月又は年によって期間を定めたときは, その期間は, 暦に従って計算する.
② 週, 月又は年の初めから期間を起算しないときは, その期間は, 最後の週, 月又は年においてその起算日に応当する日の前日に満了する. ただし, 月又は年によって期間を定めた場合において, 最後の月に応当する日がないときは, その月の末日に満了する.

第7章 時 効

第1節 総 則
（時効の効力）
第144条 時効の効力は, その起算日にさかのぼる.
（時効の援用）
第145条 時効は, 当事者が援用しなければ, 裁判所がこれによって裁判をすることができない.
（時効の利益の放棄）
第146条 時効の利益は, あらかじめ放棄することができない.
（時効の中断事由）
第147条 時効は, 次に掲げる事由によって中断する.
1 請求
2 差押え, 仮差押え又は仮処分
3 承認
（時効の中断の効力が及ぶ者の範囲）
第148条 前条の規定による時効の中断は, その中断の事由が生じた当事者及びその承継人の間においてのみ, その効力を有する.
（裁判上の請求）
第149条 裁判上の請求は, 訴えの却下又は取下げの場合には, 時効の中断の効力を生じない.
（催 告）
第153条 催告は, 6箇月以内に, 裁判上の請求, 支払督促の申立て, 和解の申立て, 民事調停法若しくは家事事件手続法による調停の申立て, 破産手続参加, 再生手続参加, 更生手続参加, 差押え, 仮差押え又は仮処分をしなければ, 時効の中断の効力を生じない.
（差押え, 仮差押え及び仮処分）
第154条 差押え, 仮差押え及び仮処分は, 権利者の請求により又は法律の規定に従わないことにより取り消されたときは, 時効の中断の効力を生じない.
第155条 差押え, 仮差押え及び仮処分は, 時効の利益を受ける者に対してしないときは, その者に通知をした後でなければ, 時効の中断の効力を生じない.
（承 認）
第156条 時効の中断の効力を生ずべき承認をするには, 相手方の権利についての処分につき行為能力又は権限があることを要しない.
（中断後の時効の進行）
第157条 ① 中断した時効は, その中断の事由が終了した時から, 新たにその進行を始める.
② 裁判上の請求によって中断した時効は, 裁判が確定した時から, 新たにその進行を始める.
（未成年者又は成年被後見人と時効の停止）
第158条 ① 時効の期間の満了前6箇月以内の間に未成年者又は成年被後見人に法定代理人がないときは, その未成年者若しくは成年被後見人が行為能力者となった時又は法定代理人が就職した時から6箇月を経過するまでの間は, その未成年者又は成年被後見人に対して, 時効は, 完成しない.
② 未成年者又は成年被後見人がその財産を管理する父, 母又は後見人に対して権利を有するときは, その未成年者若しくは成年被後見人が行為能力者となった時又は後任の法定代理人が就職した時から6箇月を経過するまでの間は, その権利について, 時効は, 完成しない.
（夫婦間の権利の時効の停止）
第159条 夫婦の一方が他の一方に対して有する権利については, 婚姻の解消の時から6箇月を経過するまでの間は, 時効は, 完成しない.
（相続財産に関する時効の停止）
第160条 相続財産に関しては, 相続人が確定した時, 管理人が選任された時又は破産手続開始の決定があった時から6箇月を経過するまでの間は, 時効は, 完成しない.
（天災等による時効の停止）
第161条 時効の期間の満了の時に当たり, 天災その他避けることのできない事変のため時効を中断することができないときは, その障害が消滅した時から2週間を経過するまでの間は, 時効は, 完成しない.

第3節 消滅時効
（消滅時効の進行等）
第166条 ① 消滅時効は, 権利を行使することができる時から進行する.
② 前項の規定は, 始期付権利又は停止条件付権利の目的物を占有する第三者のために, その占有の開始の時から取得時効が進行することを妨げない. ただし, 権利者は, その時効を中断するため, いつでも占有者の承認を求めることができる.
（債権等の消滅時効）
第167条 ① 債権は, 10年間行使しないときは, 消滅する.
② 債権又は所有権以外の財産権は, 20年間行使しないときは, 消滅する.
（定期金債権の消滅時効）
第168条 ① 定期金の債権は, 第1回の弁済期から20年間行使しないときは, 消滅する. 最後の弁済期から10年間行使しないときも, 同様とする.
② 定期金の債権者は, 時効の中断の証拠を得るため, いつでも, その債務者に対して承認書の交付を求めることができる.
（定期給付債権の短期消滅時効）
第169条 年又はこれより短い時期によって定めた金銭その他の物の給付を目的とする債権は, 5年間行使しないときは, 消滅する.
（3年の短期消滅時効）
第170条 次に掲げる債権は, 3年間行使しないときは, 消滅する. ただし, 第2号に掲げる債権の時効は, 同号の工事が終了した時から起算する.
1 医師, 助産師又は薬剤師の診療, 助産又は調剤に

関する債権
2　工事の設計,施工又は監理を業とする者の工事に関する債権
（1年の短期消滅時効）
第174条　次に掲げる債権は,1年間行使しないときは,消滅する.
1　月又はこれより短い時期によって定めた使用人の給料に係る債権
2　自己の労力の提供又は演芸を業とする者の報酬又はその供給した物の代価に係る債権
3　運送賃に係る債権
4　旅館,料理店,飲食店,貸席又は娯楽場の宿泊料,飲食料,席料,入場料,消費物の代価又は立替金に係る債権
5　動産の損料に係る債権
（判決で確定した権利の消滅時効）
第174条の2　①　確定判決によって確定した権利については,10年より短い時効期間の定めがあるものであっても,その時効期間は,10年とする.裁判上の和解,調停その他確定判決と同一の効力を有するものによって確定した権利についても,同様とする.
②　前項の規定は,確定の時に弁済期の到来していない債権については,適用しない.

● 第3編　債　権 ●

第1章　総　則

第1節　債権の目的
（債権の目的）
第399条　債権は,金銭に見積もることができないものであっても,その目的とすることができる.
（法定利率）
第404条　利息を生ずべき債権について別段の意思表示がないときは,その利率は,年5分とする.
　第2節　債権の効力
　　第1款　債務不履行の責任等
（履行の強制）
第414条　①　債務者が任意に債務の履行をしないときは,債権者は,その強制履行を裁判所に請求することができる.ただし,債務の性質がこれを許さないときは,この限りでない.
②　債務の性質が強制履行を許さない場合において,その債務が作為を目的とするときは,債権者は,債務者の費用で第三者にこれをさせることを裁判所に請求することができる.ただし,法律行為を目的とする債務については,裁判をもって債務者の意思表示に代えることができる.
③　不作為を目的とする債務については,債務者の費用で,債務者がした行為の結果を除去し,又は将来のため適当な処分をすることを裁判所に請求することができる.
④　前3項の規定は,損害賠償の請求を妨げない.
（債務不履行による損害賠償）
第415条　債務者がその債務の本旨に従った履行をしないときは,債権者は,これによって生じた損害の賠償を請求することができる.債務者の責めに帰すべき事由によって履行をすることができなくなったときも,同様とする.
（損害賠償の範囲）
第416条　①　債務の不履行に対する損害賠償の請求は,これによって通常生ずべき損害の賠償をさせることをその目的とする.
②　特別の事情によって生じた損害であっても,当事者がその事情を予見し,又は予見することができたときは,債権者は,その賠償を請求することができる.
（損害賠償の方法）
第417条　損害賠償は,別段の意思表示がないときは,金銭をもってその額を定める.
（過失相殺）
第418条　債務の不履行に関して債権者に過失があったときは,裁判所は,これを考慮して,損害賠償の責任及びその額を定める.
（金銭債務の特則）
第419条　①　金銭の給付を目的とする債務の不履行については,その損害賠償の額は,法定利率によって定める.ただし,約定利率が法定利率を超えるときは,約定利率による.
②　前項の損害賠償については,債権者は,損害の証明をすることを要しない.
③　第1項の損害賠償については,債務者は,不可抗力をもって抗弁とすることができない.
（賠償額の予定）
第420条　①　当事者は,債務の不履行について損害賠償の額を予定することができる.この場合において,裁判所は,その額を増減することができない.
②　賠償額の予定は,履行の請求又は解除権の行使を妨げない.
③　違約金は,賠償額の予定と推定する.
第421条　前条の規定は,当事者が金銭でないものを損害の賠償に充てるべき旨を予定した場合について準用する.
（損害賠償による代位）
第422条　債権者が,損害賠償として,その債権の目的である物又は権利の価額の全部の支払を受けたときは,債権者は,その物又は権利について当然に債務者に代位する.
　第4節　債権の譲渡
（債権の譲渡性）
第466条　①　債権は,譲り渡すことができる.ただし,その性質がこれを許さないときは,この限りでない.
②　前項の規定は,当事者が反対の意思を表示した場合には,適用しない.ただし,その意思表示は,善意の第三者に対抗することができない.
　第5節　債権の消滅
　　第1款　弁済
　　　第1目　総則
（弁済の提供の効果）
第492条　債務者は,弁済の提供の時から,債務の不履行によって生ずべき一切の責任を免れる.
（弁済の提供の方法）
第493条　弁済の提供は,債務の本旨に従って現実にしなければならない.ただし,債権者があらかじめその受領を拒み,又は債務の履行について債権者の行為を要するときは,弁済の準備をしたことを通知してその受領の催告をすれば足りる.

第2章　契　約

第1節　総則
　　第2款　契約の効力
（債務者の危険負担等）
第536条　①　前2条に規定する場合を除き,当事者

双方の責めに帰することができない事由によって債務を履行することができなくなったときは、債務者は、反対給付を受ける権利を有しない。
② 債権者の責めに帰すべき事由によって債務を履行することができなくなったときは、債務者は、反対給付を受ける権利を失わない。この場合において、自己の債務を免れたことによって利益を得たときは、これを債権者に償還しなければならない。
（第三者のためにする契約）
第537条 契約により当事者の一方が第三者に対してある給付をすることを約したときは、その第三者は、債務者に対して直接にその給付を請求する権利を有する。
② 前項の場合において、第三者の権利は、その第三者が債務者に対して同項の契約の利益を享受する意思を表示した時に発生する。
（第三者の権利の確定）
第538条 前条の規定により第三者の権利が発生した後は、当事者は、これを変更し、又は消滅させることができない。
（債務者の抗弁）
第539条 債務者は、第537条第1項の契約に基づく抗弁をもって、その契約の利益を受ける第三者に対抗することができる。
　　第3款 契約の解除
（解除権の行使）
第540条 契約又は法律の規定により当事者の一方が解除権を有するときは、その解除は、相手方に対する意思表示によってする。
② 前項の意思表示は、撤回することができない。
　第8節 雇 用
（雇 用）
第623条 雇用は、当事者の一方が相手方に対して労働に従事することを約し、相手方がこれに対してその報酬を与えることを約することによって、その効力を生ずる。
（報酬の支払時期）
第624条 ① 労働者は、その約した労働を終わった後でなければ、報酬を請求することができない。
② 期間によって定めた報酬は、その期間を経過した後に、請求することができる。
（使用者の権利の譲渡の制限等）
第625条 ① 使用者は、労働者の承諾を得なければ、その権利を第三者に譲り渡すことができない。
② 労働者は、使用者の承諾を得なければ、自己に代わって第三者を労働に従事させることができない。
③ 労働者が前項の規定に違反して第三者を労働に従事させたときは、使用者は、契約の解除をすることができる。
（期間の定めのある雇用の解除）
第626条 ① 雇用の期間が5年を超え、又は雇用が当事者の一方若しくは第三者の終身の間継続すべきときは、当事者の一方は、5年を経過した後、いつでも契約の解除をすることができる。ただし、この期間は、商工業の見習を目的とする雇用については、10年とする。
② 前項の規定により契約の解除をしようとするときは、3箇月前にその予告をしなければならない。
（期間の定めのない雇用の解約の申入れ）
第627条 ① 当事者が雇用の期間を定めなかったときは、各当事者は、いつでも解約の申入れをすることができる。この場合において、雇用は、解約の申入れの日から2週間を経過することによって終了する。
② 期間によって報酬を定めた場合には、解約の申入れは、次期以後についてすることができる。ただし、その解約の申入れは、当期の前半にしなければならない。
③ 6箇月以上の期間によって報酬を定めた場合には、前項の解約の申入れは、3箇月前にしなければならない。
（やむを得ない事由による雇用の解除）
第628条 当事者が雇用の期間を定めた場合であっても、やむを得ない事由があるときは、各当事者は、直ちに契約の解除をすることができる。この場合において、その事由が当事者の一方の過失によって生じたものであるときは、相手方に対して損害賠償の責任を負う。
（雇用の更新の推定等）
第629条 ① 雇用の期間が満了した後労働者が引き続きその労働に従事する場合において、使用者がこれを知りながら異議を述べないときは、従前の雇用と同一の条件で更に雇用をしたものと推定する。この場合において、各当事者は、第627条の規定により解約の申入れをすることができる。
② 従前の雇用について当事者が担保を供していたときは、その担保は、期間の満了によって消滅する。ただし、身元保証金については、この限りでない。
（雇用の解除の効力）
第630条 第620条の規定は、雇用について準用する。
（使用者についての破産手続の開始による解約の申入れ）
第631条 使用者が破産手続開始の決定を受けた場合には、雇用に期間の定めがあるときであっても、労働者又は破産管財人は、第627条の規定により解約の申入れをすることができる。この場合において、各当事者は、相手方に対し、解約によって生じた損害の賠償を請求することができない。
　第9節 請 負
（請 負）
第632条 請負は、当事者の一方がある仕事を完成することを約し、相手方がその仕事の結果に対してその報酬を支払うことを約することによって、その効力を生ずる。
（報酬の支払時期）
第633条 報酬は、仕事の目的物の引渡しと同時に、支払わなければならない。ただし、物の引渡しを要しないときは、第624条第1項の規定を準用する。
　第10節 委 任
（委 任）
第643条 委任は、当事者の一方が法律行為をすることを相手方に委託し、相手方がこれを承諾することによって、その効力を生ずる。
（受任者の注意義務）
第644条 受任者は、委任の本旨に従い、善良な管理者の注意をもって、委任事務を処理する義務を負う。
（受任者による報告）
第645条 受任者は、委任者の請求があるときは、いつでも委任事務の処理の状況を報告し、委任が終了した後は、遅滞なくその経過及び結果を報告しなければならない。
（受任者による受取物の引渡し等）
第646条 ① 受任者は、委任事務を処理するに当たって受け取った金銭その他の物を委任者に引き

渡さなければならない．その収取した果実についても，同様とする．
② 受任者は，委任者のために自己の名で取得した権利を委任者に移転しなければならない．
　(受任者の金銭の消費についての責任)
第647条　受任者は，委任者に引き渡すべき金額又はその利益のために用いるべき金額を自己のために消費したときは，その消費した日以後の利息を支払わなければならない．この場合において，なお損害があるときは，その賠償の責任を負う．
　(受任者の報酬)
第648条　① 受任者は，特約がなければ，委任者に対して報酬を請求することができない．
② 受任者は，報酬を受けるべき場合には，委任事務を履行した後でなければ，これを請求することができない．ただし，期間によって報酬を定めたときは，第624条第2項の規定を準用する．
③ 委任が受任者の責めに帰することができない事由によって履行の中途で終了したときは，受任者は，既にした履行の割合に応じて報酬を請求することができる．
　(受任者による費用の前払請求)
第649条　委任事務を処理するについて費用を要するときは，委任者は，受任者の請求により，その前払をしなければならない．
　(受任者による費用等の償還請求等)
第650条　① 受任者は，委任事務を処理するのに必要と認められる費用を支出したときは，委任者に対し，その費用及び支出の日以後におけるその利息の償還を請求することができる．
② 受任者は，委任事務を処理するのに必要と認められる債務を負担したときは，委任者に対し，自己に代わってその弁済をすることを請求することができる．この場合において，その債務が弁済期にないときは，委任者に対し，相当の担保を供させることができる．
③ 受任者は，委任事務を処理するため自己に過失なく損害を受けたときは，委任者に対し，その賠償を請求することができる．
　(委任の解除)
第651条　① 委任は，各当事者がいつでもその解除をすることができる．
② 当事者の一方が相手方に不利な時期に委任の解除をしたときは，その当事者の一方は，相手方の損害を賠償しなければならない．ただし，やむを得ない事由があったときは，この限りでない．
　(委任の解除の効力)
第652条　第620条の規定は，委任について準用する．
　(委任の終了事由)
第653条　委任は，次に掲げる事由によって終了する．
1　委任者又は受任者の死亡
2　委任者又は受任者が破産手続開始の決定を受けたこと．
3　受任者が後見開始の審判を受けたこと．
　(委任の終了後の処分)
第654条　委任が終了した場合において，急迫の事情があるときは，受任者又はその相続人若しくは法定代理人は，委任者又はその相続人若しくは法定代理人が委任事務を処理することができるに至るまで，必要な処分をしなければならない．

　(委任の終了の対抗要件)
第655条　委任の終了事由は，これを相手方に通知したとき，又は相手方がこれを知っていたときでなければ，これをもってその相手方に対抗することができない．
　(準委任)
第656条　この節の規定は，法律行為でない事務の委託について準用する．

第4章　不当利得

　(不当利得の返還義務)
第703条　法律上の原因なく他人の財産又は労務によって利益を受け，そのために他人に損失を及ぼした者(以下この章において「受益者」という．)は，その利益の存する限度において，これを返還する義務を負う．
　(悪意の受益者の返還義務等)
第704条　悪意の受益者は，その受けた利益に利息を付して返還しなければならない．この場合において，なお損害があるときは，その賠償の責任を負う．

第5章　不法行為

　(不法行為による損害賠償)
第709条　故意又は過失によって他人の権利又は法律上保護される利益を侵害した者は，これによって生じた損害を賠償する責任を負う．
　(財産以外の損害の賠償)
第710条　他人の身体，自由若しくは名誉を侵害した場合又は他人の財産権を侵害した場合のいずれであるかを問わず，前条の規定により損害賠償の責任を負う者は，財産以外の損害に対しても，その賠償をしなければならない．
　(近親者に対する損害の賠償)
第711条　他人の生命を侵害した者は，被害者の父母，配偶者及び子に対しては，その財産権が侵害されなかった場合においても，損害の賠償をしなければならない．
　(責任能力)
第712条　未成年者は，他人に損害を加えた場合において，自己の行為の責任を弁識するに足りる知能を備えていなかったときは，その行為について賠償の責任を負わない．
第713条　精神上の障害により自己の行為の責任を弁識する能力を欠く状態にある間に他人に損害を加えた者は，その賠償の責任を負わない．ただし，故意又は過失によって一時的にその状態を招いたときは，この限りでない．
　(責任無能力者の監督義務者等の責任)
第714条　① 前2条の規定により責任無能力者がその責任を負わない場合において，その責任無能力者を監督する法定の義務を負う者は，その責任無能力者が第三者に加えた損害を賠償する責任を負う．ただし，監督義務者がその義務を怠らなかったとき，又はその義務を怠らなくても損害が生ずべきであったときは，この限りでない．
② 監督義務者に代わって責任無能力者を監督する者も，前項の責任を負う．
　(使用者等の責任)
第715条　① ある事業のために他人を使用する者は，被用者がその事業の執行について第三者に加えた

損害を賠償する責任を負う.ただし,使用者が被用者の選任及びその事業の監督について相当の注意をしたとき,又は相当の注意をしても損害が生ずべきであったときは,この限りでない.
② 使用者に代わって事業を監督する者も,前項の責任を負う.
③ 前2項の規定は,使用者又は監督者から被用者に対する求償権の行使を妨げない.
(損害賠償請求権に関する胎児の権利能力)
第721条 胎児は,損害賠償の請求権については,既に生まれたものとみなす.
(損害賠償の方法及び過失相殺)
第722条 ① 第417条の規定は,不法行為による損害賠償について準用する.
② 被害者に過失があったときは,裁判所は,これを考慮して,損害賠償の額を定めることができる.
(名誉毀損における原状回復)
第723条 他人の名誉を毀損した者に対しては,裁判所は,被害者の請求により,損害賠償に代えて,又は損害賠償とともに,名誉を回復するのに適当な処分を命ずることができる.
(不法行為による損害賠償請求権の期間の制限)
第724条 不法行為による損害賠償の請求権は,被害者又はその法定代理人が損害及び加害者を知った時から3年間行使しないときは,時効によって消滅する.不法行為の時から20年を経過したときも,同様とする.

第4編　親　族

第1章　総　則

(親族の範囲)
第725条 次に掲げる者は,親族とする.
1　6親等内の血族
2　配偶者
3　3親等内の姻族
(親等の計算)
第726条 ① 親等は,親族間の世代数を数えて,これを定める.
② 傍系親族の親等を定めるには,その1人又はその配偶者から同一の祖先にさかのぼり,その祖先から他の1人に下るまでの世代数による.
(縁組による親族関係の発生)
第727条 養子と養親及びその血族との間においては,養子縁組の日から,血族間におけるのと同一の親族関係を生ずる.
(離婚等による姻族関係の終了)
第728条 ① 姻族関係は,離婚によって終了する.
② 夫婦の一方が死亡した場合において,生存配偶者が姻族関係を終了させる意思を表示したときも,前項と同様とする.
(離縁による親族関係の終了)
第729条 養子及びその配偶者並びに養子の直系卑属及びその配偶者と養親及びその血族との親族関係は,離縁によって終了する.
(親族間の扶け合い)
第730条 直系血族及び同居の親族は,互いに扶け合わなければならない.

第2章　婚　姻

第1節　婚姻の成立
第1款　婚姻の要件
(婚姻適齢)
第731条 男は,18歳に,女は,16歳にならなければ,婚姻をすることができない.
(重婚の禁止)
第732条 配偶者のある者は,重ねて婚姻をすることができない.
(再婚禁止期間)
第733条 ① 女は,前婚の解消又は取消しの日から起算して100日を経過した後でなければ,再婚をすることができない.
② 前項の規定は,次に掲げる場合には,適用しない.
1　女が前婚の解消又は取消しの時に懐胎していなかった場合
2　女が前婚の解消又は取消しの後に出産した場合
(近親者間の婚姻の禁止)
第734条 ① 直系血族又は3親等内の傍系血族の間では,婚姻をすることができない.ただし,養子と養方の傍系血族との間では,この限りでない.
② 第817条の9の規定により親族関係が終了した後も,前項と同様とする.
(直系姻族間の婚姻の禁止)
第735条 直系姻族の間では,婚姻をすることができない.第728条又は第817条の9の規定により姻族関係が終了した後も,同様とする.
(養親子等の間の婚姻の禁止)
第736条 養子若しくはその配偶者又は養子の直系卑属若しくはその配偶者と養親又はその直系尊属との間では,第729条の規定により親族関係が終了した後でも,婚姻をすることができない.
(未成年者の婚姻についての父母の同意)
第737条 ① 未成年の子が婚姻をするには,父母の同意を得なければならない.
② 父母の一方が同意しないときは,他の一方の同意だけで足りる.父母の一方が知れないとき,死亡したとき,又はその意思を表示することができないときも,同様とする.
(成年被後見人の婚姻)
第738条 成年被後見人が婚姻をするには,その成年後見人の同意を要しない.
(婚姻の届出)
第739条 ① 婚姻は,戸籍法(昭和22年法律第224号)の定めるところにより届け出ることによって,その効力を生ずる.
② 前項の届出は,当事者双方及び成年の証人2人以上が署名した書面で,又はこれらの者から口頭で,しなければならない.
(婚姻の届出の受理)
第740条 婚姻の届出は,その婚姻が第731条から第737条まで及び前条第2項の規定その他の法令の規定に違反しないことを認めた後でなければ,受理することができない.
第2款　婚姻の無効及び取消し
(婚姻の無効)
第742条 婚姻は,次に掲げる場合に限り,無効とする.
1　人違いその他の事由によって当事者間に婚姻をする意思がないとき.
2　当事者が婚姻の届出をしないとき.ただし,その届出が第739条第2項に定める方式を欠くだけであるときは,婚姻は,そのためにその効力を妨げ

られない．
第2節　婚姻の効力
（同居，協力及び扶助の義務）
第752条　夫婦は同居し，互いに協力し扶助しなければならない．
（婚姻による成年擬制）
第753条　未成年者が婚姻をしたときは，これによって成年に達したものとみなす．
第3節　夫婦財産制
第1款　総則
（夫婦の財産関係）
第755条　夫婦が，婚姻の届出前に，その財産について別段の契約をしなかったときは，その財産関係は，次款に定めるところによる．
第2款　法定財産制
（婚姻費用の分担）
第760条　夫婦は，その資産，収入その他一切の事情を考慮して，婚姻から生ずる費用を分担する．
（日常の家事に関する債務の連帯責任）
第761条　夫婦の一方が日常の家事に関して第三者と法律行為をしたときは，他の一方は，これによって生じた債務について，連帯してその責任を負う．ただし，第三者に対し責任を負わない旨を予告した場合は，この限りでない．
（夫婦間における財産の帰属）
第762条　① 夫婦の一方が婚姻前から有する財産及び婚姻中自己の名で得た財産は，その特有財産（夫婦の一方が単独で有する財産をいう．）とする．
② 夫婦のいずれに属するか明らかでない財産は，その共有に属するものと推定する．
第4節　離婚
第1款　協議上の離婚
（協議上の離婚）
第763条　夫婦は，その協議で，離婚をすることができる．
（財産分与）
第768条　① 協議上の離婚をした者の一方は，相手方に対して財産の分与を請求することができる．
② 前項の規定による財産の分与について，当事者間に協議が調わないとき，又は協議をすることができないときは，当事者は，家庭裁判所に対して協議に代わる処分を請求することができる．ただし，離婚の時から2年を経過したときは，この限りでない．
③ 前項の場合には，家庭裁判所は，当事者双方がその協力によって得た財産の額その他一切の事情を考慮して，分与をさせるべきかどうか並びに分与の額及び方法を定める．
第2款　裁判上の離婚
（裁判上の離婚）
第770条　① 夫婦の一方は，次に掲げる場合に限り，離婚の訴えを提起することができる．
1　配偶者に不貞な行為があったとき．
2　配偶者から悪意で遺棄されたとき．
3　配偶者の生死が3年以上明らかでないとき．
4　配偶者が強度の精神病にかかり，回復の見込みがないとき．
5　その他婚姻を継続し難い重大な事由があるとき．
② 裁判所は，前項第1号から第4号までに掲げる事由があるときであっても，一切の事情を考慮して婚姻の継続を相当と認めるときは，離婚の請求を棄却することができる．
（協議上の離婚の規定の準用）
第771条　第766条から第769条までの規定は，裁判上の離婚について準用する．

第3章　親子

第1節　実子
（嫡出の推定）
第772条　① 妻が婚姻中に懐胎した子は，夫の子と推定する．
② 婚姻の成立の日から200日を経過した後又は婚姻の解消若しくは取消しの日から300日以内に生まれた子は，婚姻中に懐胎したものと推定する．
（認　知）
第779条　嫡出でない子は，その父又は母がこれを認知することができる．
（認知能力）
第780条　認知をするには，父又は母が未成年者又は成年被後見人であるときであっても，その法定代理人の同意を要しない．
（認知の方式）
第781条　① 認知は，戸籍法の定めるところにより届け出ることによってする．
② 認知は，遺言によっても，することができる．
（認知の効力）
第784条　認知は，出生の時にさかのぼってその効力を生ずる．ただし，第三者が既に取得した権利を害することはできない．
（認知の取消しの禁止）
第785条　認知をした父又は母は，その認知を取り消すことができない．
（準　正）
第789条　① 父が認知した子は，その父母の婚姻によって嫡出子の身分を取得する．
② 婚姻中父母が認知した子は，その認知の時から，嫡出子の身分を取得する．
③ 前2項の規定は，子が既に死亡していた場合について準用する．
第2節　養子
第1款　縁組の要件
（養親となる者の年齢）
第792条　成年に達した者は，養子をすることができる．
（尊属又は年長者を養子とすることの禁止）
第793条　尊属又は年長者は，これを養子とすることができない．
（後見人が被後見人を養子とする縁組）
第794条　後見人が被後見人（未成年被後見人及び成年被後見人をいう．以下同じ．）を養子とするには，家庭裁判所の許可を得なければならない．後見人の任務が終了した後，まだその管理の計算が終わらない間も，同様とする．
（配偶者のある者が未成年者を養子とする縁組）
第795条　配偶者のある者が未成年者を養子とするには，配偶者とともにしなければならない．ただし，配偶者の嫡出である子を養子とする場合又は配偶者がその意思を表示することができない場合は，この限りでない．
（配偶者のある者の縁組）
第796条　配偶者のある者が縁組をするには，その配偶者の同意を得なければならない．ただし，配偶者とともに縁組をする場合又は配偶者がその意思を表示することができない場合は，この限りでない．

（15歳未満の者を養子とする縁組）
第797条 ① 養子となる者が15歳未満であるときは、その法定代理人が、これに代わって、縁組の承諾をすることができる。
② 法定代理人が前項の承諾をするには、養子となる者の父母でその監護をすべき者であるものが他にあるときは、その同意を得なければならない。養子となる者の父母で親権を停止されているものがあるときも、同様とする。
（未成年者を養子とする縁組）
第798条 未成年者を養子とするには、家庭裁判所の許可を得なければならない。ただし、自己又は配偶者の直系卑属を養子とする場合は、この限りでない。
（婚姻の規定の準用）
第799条 第738条及び第739条の規定は、縁組について準用する。
（縁組の届出の受理）
第800条 縁組の届出は、その縁組が第792条から前条までの規定その他の法令の規定に違反しないことを認めた後でなければ、受理することができない。

第2款 縁組の無効及び取消し

（縁組の無効）
第802条 縁組は、次に掲げる場合に限り、無効とする。
1 人違いその他の事由によって当事者間に縁組をする意思がないとき。
2 当事者が縁組の届出をしないとき。ただし、その届出が第799条において準用する第739条第2項に定める方式を欠くだけであるときは、縁組は、そのためにその効力を妨げられない。

第3款 縁組の効力

（嫡出子の身分の取得）
第809条 養子は、縁組の日から、養親の嫡出子の身分を取得する。

第5款 特別養子

（特別養子縁組の成立）
第817条の2 ① 家庭裁判所は、次条から第817条の7までに定める要件があるときは、養子となる者の請求により、実方の血族との親族関係が終了する縁組（以下この款において「特別養子縁組」という。）を成立させることができる。
② 前項に規定する請求をするには、第794条又は第798条の許可を得ることを要しない。
（養親の夫婦共同縁組）
第817条の3 ① 養親となる者は、配偶者のある者でなければならない。
② 夫婦の一方は、他の一方が養親とならないときは、養親となることができない。ただし、夫婦の一方が他の一方の嫡出である子（特別養子縁組以外の縁組による養子を除く。）の養親となる場合は、この限りでない。
（養親となる者の年齢）
第817条の4 25歳に達しない者は、養親となることができない。ただし、養親となる夫婦の一方が25歳に達していない場合においても、その者が20歳に達しているときは、この限りでない。
（養子となる者の年齢）
第817条の5 第817条の2に規定する請求の時に6歳に達している者は、養子となることができない。ただし、その者が8歳未満であって6歳に達する前から引き続き養親となる者に監護されている場合は、この限りでない。

（父母の同意）
第817条の6 特別養子縁組の成立には、養子となる者の父母の同意がなければならない。ただし、父母がその意思を表示することができない場合又は父母による虐待、悪意の遺棄その他養子となる者の利益を著しく害する事由がある場合は、この限りでない。
（子の利益のための特別の必要性）
第817条の7 特別養子縁組は、父母による養子となる者の監護が著しく困難又は不適当であることその他特別の事情がある場合において、子の利益のため特に必要があると認めるときに、これを成立させるものとする。
（監護の状況）
第817条の8 ① 特別養子縁組を成立させるには、養親となる者が養子となる者を6箇月以上の期間監護した状況を考慮しなければならない。
② 前項の期間は、第817条の2に規定する請求の時から起算する。ただし、その請求前の監護の状況が明らかであるときは、この限りでない。
（実方との親族関係の終了）
第817条の9 養子と実方の父母及びその血族との親族関係は、特別養子縁組によって終了する。ただし、第817条の3第2項ただし書に規定する他の一方及びその血族との親族関係については、この限りでない。

第4章 親権

第1節 総則

（親権者）
第818条 ① 成年に達しない子は、父母の親権に服する。
② 子が養子であるときは、養親の親権に服する。
③ 親権は、父母の婚姻中は、父母が共同して行う。ただし、父母の一方が親権を行うことができないときは、他の一方が行う。
（離婚又は認知の場合の親権者）
第819条 ① 父母が協議上の離婚をするときは、その協議で、その一方を親権者と定めなければならない。
② 裁判上の離婚の場合には、裁判所は、父母の一方を親権者と定める。
③ 子の出生前に父母が離婚した場合には、親権は、母が行う。ただし、子の出生後に、父母の協議で、父を親権者と定めることができる。
④ 父が認知した子に対する親権は、父母の協議で父を親権者と定めたときに限り、父が行う。
⑤ 第1項、第3項又は前項の協議が調わないとき、又は協議をすることができないときは、家庭裁判所は、父又は母の請求によって、協議に代わる審判をすることができる。
⑥ 子の利益のため必要があると認めるときは、家庭裁判所は、子の親族の請求によって、親権者を他の一方に変更することができる。

第2節 親権の効力

（監護及び教育の権利義務）
第820条 親権を行う者は、子の利益のために子の監護及び教育をする権利を有し、義務を負う。
（居所の指定）
第821条 子は、親権を行う者が指定した場所に、その居所を定めなければならない。
（懲戒）

第822条　親権を行う者は,第820条の規定による監護及び教育に必要な範囲内でその子を懲戒することができる.
（職業の許可）
第823条　① 子は,親権を行う者の許可を得なければ,職業を営むことができない.
② 親権を行う者は,第6条第2項の場合には,前項の許可を取り消し,又はこれを制限することができる.
（財産の管理及び代表）
第824条　親権を行う者は,子の財産を管理し,かつ,その財産に関する法律行為についてその子を代表する.ただし,その子の行為を目的とする債務を生ずべき場合には,本人の同意を得なければならない.
（父母の一方が共同の名義でした行為の効力）
第825条　父母が共同して親権を行う場合において,父母の一方が,共同の名義で,子に代わって法律行為をし又は子がこれをすることに同意したときは,その行為は,他の一方の意思に反したときであっても,そのためにその効力を妨げられない.ただし,相手方が悪意であったときは,この限りでない.
（利益相反行為）
第826条　① 親権を行う父又は母とその子との利益が相反する行為については,親権を行う者は,その子のために特別代理人を選任することを家庭裁判所に請求しなければならない.
② 親権を行う者が数人の子に対して親権を行う場合において,その1人と他の子との利益が相反する行為については,親権を行う者は,その一方のために特別代理人を選任することを家庭裁判所に請求しなければならない.
（財産の管理における注意義務）
第827条　親権を行う者は,自己のためにするのと同一の注意をもって,その管理権を行わなければならない.

第3節　親権の喪失
（親権喪失の審判）
第834条　父又は母による虐待又は悪意の遺棄があるときその他父又は母による親権の行使が著しく困難又は不適当であることにより子の利益を著しく害するときは,家庭裁判所は,子,その親族,未成年後見人,未成年後見監督人又は検察官の請求により,その父又は母について,親権喪失の審判をすることができる.ただし,2年以内にその原因が消滅する見込みがあるときは,この限りでない.
（親権停止の審判）
第834条の2　① 父又は母による親権の行使が困難又は不適当であることにより子の利益を害するときは,家庭裁判所は,子,その親族,未成年後見人,未成年後見監督人又は検察官の請求により,その父又は母について,親権停止の審判をすることができる.
② 家庭裁判所は,親権停止の審判をするときは,その原因が消滅するまでに要すると見込まれる期間,子の心身の状態及び生活の状況その他一切の事情を考慮して,2年を超えない範囲内で,親権を停止する期間を定める.
（管理権喪失の審判）
第835条　父又は母による管理権の行使が困難又は不適当であることにより子の利益を害するときは,家庭裁判所は,子,その親族,未成年後見人,未成年後見監督人又は検察官の請求により,その父又は母について,管理権喪失の審判をすることができる.
（親権喪失,親権停止又は管理権喪失の審判の取消し）
第836条　第834条本文,第834条の2第1項又は前条に規定する原因が消滅したときは,家庭裁判所は,本人又はその親族の請求によって,それぞれ親権喪失,親権停止又は管理権喪失の審判を取り消すことができる.
（親権又は管理権の辞任及び回復）
第837条　① 親権を行う父又は母は,やむを得ない事由があるときは,家庭裁判所の許可を得て,親権又は管理権を辞することができる.
② 前項の事由が消滅したときは,父又は母は,家庭裁判所の許可を得て,親権又は管理権を回復することができる.

第5章　後　見

第1節　後見の開始
第838条　後見は,次に掲げる場合に開始する.
1　未成年者に対して親権を行う者がないとき,又は親権を行う者が管理権を有しないとき.
2　後見開始の審判があったとき.

第2節　後見の機関
第1款　後見人
（未成年後見人の指定）
第839条　① 未成年者に対して最後に親権を行う者は,遺言で,未成年後見人を指定することができる.ただし,管理権を有しない者は,この限りでない.
② 親権を行う父母の一方が管理権を有しないときは,他の一方は,前項の規定により未成年後見人の指定をすることができる.
（未成年後見人の選任）
第840条　① 前条の規定により未成年後見人となるべき者がないときは,家庭裁判所は,未成年被後見人又はその親族その他の利害関係人の請求によって,未成年後見人を選任する.未成年後見人が欠けたときも,同様とする.
② 未成年後見人がある場合においても,家庭裁判所は,必要があると認めるときは,前項に規定する者若しくは未成年後見人の請求により又は職権で,更に未成年後見人を選任することができる.
③ 未成年後見人を選任するには,未成年被後見人の年齢,心身の状態並びに生活及び財産の状況,未成年後見人となる者の職業及び経歴並びに未成年被後見人との利害関係の有無（未成年後見人となる者が法人であるときは,その事業の種類及び内容並びにその法人及びその代表者と未成年被後見人との利害関係の有無）,未成年被後見人の意見その他一切の事情を考慮しなければならない.
（父母による未成年後見人の選任の請求）
第841条　父若しくは母が親権若しくは管理権を辞し,又は父若しくは母について親権喪失,親権停止若しくは管理権喪失の審判があったことによって未成年後見人を選任する必要が生じたときは,その父又は母は,遅滞なく未成年後見人の選任を家庭裁判所に請求しなければならない.
第842条　削除
（成年後見人の選任）
第843条　① 家庭裁判所は,後見開始の審判をするときは,職権で,成年後見人を選任する.
② 成年後見人が欠けたときは,家庭裁判所は,成年被後見人若しくはその親族その他の利害関係人の

請求により又は職権で、成年後見人を選任する。
③ 成年後見人が選任されている場合においても、家庭裁判所は、必要があると認めるときは、前項に規定する者若しくは成年後見人の請求により又は職権で、更に成年後見人を選任することができる。
④ 成年後見人を選任するには、成年被後見人の心身の状態並びに生活及び財産の状況、成年後見人となる者の職業及び経歴並びに成年被後見人との利害関係の有無（成年後見人となる者が法人であるときは、その事業の種類及び内容並びにその法人及びその代表者と成年被後見人との利害関係の有無）、成年被後見人の意見その他一切の事情を考慮しなければならない。

（後見人の辞任）
第844条 後見人は、正当な事由があるときは、家庭裁判所の許可を得て、その任務を辞することができる。

（辞任した後見人による新たな後見人の選任の請求）
第845条 後見人がその任務を辞したことによって新たに後見人を選任する必要が生じたときは、その後見人は、遅滞なく新たな後見人の選任を家庭裁判所に請求しなければならない。

（後見人の解任）
第846条 後見人に不正な行為、著しい不行跡その他後見の任務に適しない事由があるときは、家庭裁判所は、後見監督人、被後見人若しくはその親族若しくは検察官の請求により又は職権で、これを解任することができる。

（後見人の欠格事由）
第847条 次に掲げる者は、後見人となることができない。
1 未成年者
2 家庭裁判所で免ぜられた法定代理人、保佐人又は補助人
3 破産者
4 被後見人に対して訴訟をし、又はした者並びにその配偶者及び直系血族
5 行方の知れない者

　　第2款　後見監督人
（未成年後見監督人の指定）
第848条 未成年後見人を指定することができる者は、遺言で、未成年後見監督人を指定することができる。

（後見監督人の選任）
第849条 家庭裁判所は、必要があると認めるときは、被後見人、その親族若しくは後見人の請求により又は職権で、後見監督人を選任することができる。

（後見監督人の欠格事由）
第850条 後見人の配偶者、直系血族及び兄弟姉妹は、後見監督人となることができない。

（後見監督人の職務）
第851条 後見監督人の職務は、次のとおりとする。
1 後見人の事務を監督すること。
2 後見人が欠けた場合に、遅滞なくその選任を家庭裁判所に請求すること。
3 急迫の事情がある場合に、必要な処分をすること。
4 後見人又はその代表する者と被後見人との利益が相反する行為について被後見人を代表すること。

（委任及び後見人の規定の準用）
第852条 第644条、第654条、第655条、第844条、第846条、第847条、第861条第2項及び第862条の規定は後見監督人について、第840条第3項及び第857条の2の規定は未成年後見監督人について、第843条第4項、第859条の2及び第859条の3の規定は成年後見監督人について準用する。

　　第3節　後見の事務
（財産の調査及び目録の作成）
第853条 ① 後見人は、遅滞なく被後見人の財産の調査に着手し、1箇月以内に、その調査を終わり、かつ、その目録を作成しなければならない。ただし、この期間は、家庭裁判所において伸長することができる。
② 財産の調査及びその目録の作成は、後見監督人があるときは、その立会いをもってしなければ、その効力を生じない。

（財産の目録の作成前の権限）
第854条 後見人は、財産の目録の作成を終わるまでは、急迫の必要がある行為のみをする権限を有する。ただし、これをもって善意の第三者に対抗することができない。

（後見人の被後見人に対する債権又は債務の申出義務）
第855条 ① 後見人が、被後見人に対し、債権を有し、又は債務を負う場合においては、後見監督人があるときは、財産の調査に着手する前に、これを後見監督人に申し出なければならない。
② 後見人が、被後見人に対し債権を有することを知ってこれを申し出ないときは、その債権を失う。

（被後見人が包括財産を取得した場合についての準用）
第856条 前3条の規定は、後見人が就職した後被後見人が包括財産を取得した場合について準用する。

（未成年被後見人の身上の監護に関する権利義務）
第857条 未成年後見人は、第820条から第823条までに規定する事項について、親権を行う者と同一の権利義務を有する。ただし、親権を行う者が定めた教育の方法及び居所を変更し、営業を許可し、その許可を取り消し、又はこれを制限するには、未成年後見監督人があるときは、その同意を得なければならない。

（未成年後見人が数人ある場合の権限の行使等）
第857条の2 ① 未成年後見人が数人あるときは、共同してその権限を行使する。
② 未成年後見人が数人あるときは、家庭裁判所は、職権で、その一部の者について、財産に関する権限のみを行使すべきことを定めることができる。
③ 未成年後見人が数人あるときは、家庭裁判所は、職権で、財産に関する権限について、各未成年後見人が単独で又は数人の未成年後見人が事務を分掌して、その権限を行使すべきことを定めることができる。
④ 家庭裁判所は、職権で、前2項の規定による定めを取り消すことができる。
⑤ 未成年後見人が数人あるときは、第三者の意思表示は、その1人に対してすれば足りる。

（成年被後見人の意思の尊重及び身上の配慮）
第858条 成年後見人は、成年被後見人の生活、療養看護及び財産の管理に関する事務を行うに当たっては、成年被後見人の意思を尊重し、かつ、その心身の状態及び生活の状況に配慮しなければならない。

（財産の管理及び代表）
第859条 ① 後見人は、被後見人の財産を管理し、か

つ,その財産に関する法律行為について被後見人を代表する.
② 第824条ただし書の規定は,前項の場合について準用する.
(成年後見人が数人ある場合の権限の行使等)
第859条の2 ① 成年後見人が数人あるときは,家庭裁判所は,職権で,数人の成年後見人が,共同して又は事務を分掌して,その権限を行使すべきことを定めることができる.
② 家庭裁判所は,職権で,前項の規定による定めを取り消すことができる.
③ 成年後見人が数人あるときは,第三者の意思表示は,その1人に対してすれば足りる.
(成年被後見人の居住用不動産の処分についての許可)
第859条の3 成年後見人は,成年被後見人に代わって,その居住の用に供する建物又はその敷地について,売却,賃貸,賃貸借の解除又は抵当権の設定その他これらに準ずる処分をするには,家庭裁判所の許可を得なければならない.
(利益相反行為)
第860条 第826条の規定は,後見人について準用する.ただし,後見監督人がある場合は,この限りでない.
(成年後見人による郵便物等の管理)
第860条の2 ① 家庭裁判所は,成年後見人がその事務を行うに当たって必要があると認めるときは,成年後見人の請求により,信書の送達の事業を行う者に対し,期間を定めて,成年被後見人に宛てた郵便物又は民間事業者による信書の送達に関する法律(平成14年法律第99号)第2条第3項に規定する信書便物(次条において「郵便物等」という.)を成年後見人に配達すべき旨を嘱託することができる.
② 前項に規定する嘱託の期間は,6箇月を超えることができない.
③ 家庭裁判所は,第1項の規定による審判があった後事情に変更を生じたときは,成年被後見人,成年後見人若しくは成年後見監督人の請求により又は職権で,同項に規定する嘱託を取り消し,又は変更することができる.ただし,その変更の審判においては,同項の規定による審判において定められた期間を伸長することができない.
④ 成年後見人の任務が終了したときは,家庭裁判所は,第1項に規定する嘱託を取り消さなければならない.
第860条の3 ① 成年後見人は,成年被後見人に宛てた郵便物等を受け取ったときは,これを開いて見ることができる.
② 成年後見人は,その受け取った前項の郵便物等で成年後見人の事務に関しないものは,速やかに成年被後見人に交付しなければならない.
③ 成年被後見人は,成年後見人に対し,成年後見人が受け取った第1項の郵便物等(前項の規定により成年被後見人に交付されたものを除く.)の閲覧を求めることができる.
(支出金額の予定及び後見の事務の費用)
第861条 ① 後見人は,その就職の初めにおいて,被後見人の生活,教育又は療養看護及び財産の管理のために毎年支出すべき金額を予定しなければならない.
② 後見人が後見の事務を行うために必要な費用は,被後見人の財産の中から支弁する.
(後見人の報酬)
第862条 家庭裁判所は,後見人及び被後見人の資力その他の事情によって,被後見人の財産の中から,相当な報酬を後見人に与えることができる.
(後見の事務の監督)
第863条 ① 後見監督人又は家庭裁判所は,いつでも,後見人に対し後見の事務の報告若しくは財産の目録の提出を求め,又は後見の事務若しくは被後見人の財産の状況を調査することができる.
② 家庭裁判所は,後見監督人,被後見人若しくはその親族その他の利害関係人の請求により又は職権で,被後見人の財産の管理その他後見の事務について必要な処分を命ずることができる.
(後見監督人の同意を要する行為)
第864条 後見人が,被後見人に代わって営業若しくは第13条第1項各号に掲げる行為をし,又は未成年被後見人がこれをすることに同意するには,後見監督人があるときは,その同意を得なければならない.ただし,同項第1号に掲げる元本の領収については,この限りでない.
第865条 ① 後見人が,前条の規定に違反してし又は同意を与えた行為は,被後見人又は後見人が取り消すことができる.この場合においては,第20条の規定を準用する.
② 前項の規定は,第121条から第126条までの規定の適用を妨げない.
(被後見人の財産等の譲受けの取消し)
第866条 ① 後見人が被後見人の財産又は被後見人に対する第三者の権利を譲り受けたときは,被後見人は,これを取り消すことができる.この場合においては,第20条の規定を準用する.
② 前項の規定は,第121条から第126条までの規定の適用を妨げない.
(未成年被後見人に代わる親権の行使)
第867条 ① 未成年後見人は,未成年被後見人に代わって親権を行う.
② 第853条から第857条まで及び第861条から前条までの規定は,前項の場合について準用する.
(財産に関する権限のみを有する未成年後見人)
第868条 親権を行う者が管理権を有しない場合には,未成年後見人は,財産に関する権限のみを有する.
(委任及び親権の規定の準用)
第869条 第644条及び第830条の規定は,後見について準用する.

第4節 後見の終了
(後見の計算)
第870条 後見人の任務が終了したときは,後見人又はその相続人は,2箇月以内にその管理の計算(以下「後見の計算」という.)をしなければならない.ただし,この期間は,家庭裁判所において伸長することができる.
第871条 後見の計算は,後見監督人があるときは,その立会いをもってしなければならない.
(未成年被後見人と未成年後見人等との間の契約等の取消し)
第872条 ① 未成年被後見人が成年に達した後後見の計算の終了前に,その者と未成年後見人又はその相続人との間でした契約は,その者が取り消すことができる.その者が未成年後見人又はその相続人に対してした単独行為も,同様とする.
② 第20条及び第121条から第126条までの規定は,

前項の場合について準用する．
(返還金に対する利息の支払等)
第873条 ① 後見人が被後見人に返還すべき金額及び被後見人が後見人に返還すべき金額には，後見の計算が終了した時から，利息を付さなければならない．
② 後見人は，自己のために被後見人の金銭を消費したときは，その消費の時から，これに利息を付さなければならない．この場合において，なお損害があるときは，その賠償の責任を負う．
(成年被後見人の死亡後の成年後見人の権限)
第873条の2 成年後見人は，成年被後見人が死亡した場合において，必要があるときは，成年被後見人の相続人の意思に反することが明らかなときを除き，相続人が相続財産を管理することができるに至るまで，次に掲げる行為をすることができる．ただし，第3号に掲げる行為をするには，家庭裁判所の許可を得なければならない．
1 相続財産に属する特定の財産の保存に必要な行為
2 相続財産に属する債務(弁済期が到来しているものに限る．)の弁済
3 その死体の火葬又は埋葬に関する契約の締結その他相続財産の保存に必要な行為(前2号に掲げる行為を除く．)
(委任の規定の準用)
第874条 第654条及び第655条の規定は，後見について準用する．
(後見に関して生じた債権の消滅時効)
第875条 ① 第832条の規定は，後見人又は後見監督人と被後見人との間において後見に関して生じた債権の消滅時効について準用する．
② 前項の消滅時効は，第872条の規定により法律行為を取り消した場合には，その取消しの時から起算する．

第6章 保佐及び補助

第1節 保佐
(保佐の開始)
第876条 保佐は，保佐開始の審判によって開始する．
(保佐人及び臨時保佐人の選任等)
第876条の2 ① 家庭裁判所は，保佐開始の審判をするときは，職権で，保佐人を選任する．
② 第843条第2項から第4項まで及び第844条から第847条までの規定は，保佐について準用する．
③ 保佐人又はその代表する者と被保佐人との利益が相反する行為については，保佐人は，臨時保佐人の選任を家庭裁判所に請求しなければならない．ただし，保佐監督人がある場合は，この限りでない．
(保佐監督人)
第876条の3 ① 家庭裁判所は，必要があると認めるときは，被保佐人，その親族若しくは保佐人の請求により又は職権で，保佐監督人を選任することができる．
② 第644条，第654条，第655条，第843条第4項，第844条，第846条，第847条，第850条，第851条，第859条の2，第859条の3，第861条第2項及び第862条の規定は，保佐監督人について準用する．この場合において，第851条第4号中「被後見人を代表する」とあるのは，「被保佐人を代表し，又は被保佐人がこれをすることに同意する」と読み替えるものとする．
(保佐人に代理権を付与する旨の審判)
第876条の4 ① 家庭裁判所は，第11条本文に規定する者又は保佐人若しくは保佐監督人の請求によって，被保佐人のために特定の法律行為について保佐人に代理権を付与する旨の審判をすることができる．
② 本人以外の者の請求によって前項の審判をするには，本人の同意がなければならない．
③ 家庭裁判所は，第1項に規定する者の請求によって，同項の審判の全部又は一部を取り消すことができる．
(保佐の事務及び保佐人の任務の終了等)
第876条の5 ① 保佐人は，保佐の事務を行うに当たっては，被保佐人の意思を尊重し，かつ，その心身の状態及び生活の状況に配慮しなければならない．
② 第644条，第859条の2，第859条の3，第861条第2項，第862条及び第863条の規定は保佐の事務について，第824条ただし書の規定は保佐人が前条第1項の代理権を付与する旨の審判に基づき被保佐人を代表する場合について準用する．
③ 第654条，第655条，第870条，第871条及び第873条の規定は保佐人の任務が終了した場合について，第832条の規定は保佐人又は保佐監督人と被保佐人との間において保佐に関して生じた債権について準用する．

第2節 補助
(補助の開始)
第876条の6 補助は，補助開始の審判によって開始する．
(補助人及び臨時補助人の選任等)
第876条の7 ① 家庭裁判所は，補助開始の審判をするときは，職権で，補助人を選任する．
② 第843条第2項から第4項まで及び第844条から第847条までの規定は，補助人について準用する．
③ 補助人又はその代表する者と被補助人との利益が相反する行為については，補助人は，臨時補助人の選任を家庭裁判所に請求しなければならない．ただし，補助監督人がある場合は，この限りでない．
(補助監督人)
第876条の8 ① 家庭裁判所は，必要があると認めるときは，被補助人，その親族若しくは補助人の請求により又は職権で，補助監督人を選任することができる．
② 第644条，第654条，第655条，第843条第4項，第844条，第846条，第847条，第850条，第851条，第859条の2，第859条の3，第861条第2項及び第862条の規定は，補助監督人について準用する．この場合において，第851条第4号中「被後見人を代表する」とあるのは，「被補助人を代表し，又は被補助人がこれをすることに同意する」と読み替えるものとする．
(補助人に代理権を付与する旨の審判)
第876条の9 ① 家庭裁判所は，第15条第1項本文に規定する者又は補助人若しくは補助監督人の請求によって，被補助人のために特定の法律行為について補助人に代理権を付与する旨の審判をすることができる．
② 第876条の4第2項及び第3項の規定は，前項の審判について準用する．
(補助の事務及び補助人の任務の終了等)
第876条の10 ① 第644条，第859条の2，第859

条の3,第861条第2項,第862条,第863条及び第876条の5第1項の規定は補助の事務について,第824条ただし書の規定は補助人が前条第1項の代理権を付与する旨の審判に基づき被補助人を代表する場合について準用する.
② 第654条,第655条,第870条,第871条及び第873条の規定は補助人又は補助監督人と被補助人との間において補助に関して生じた債権について準用する.

第7章 扶養

（扶養義務者）
第877条 ① 直系血族及び兄弟姉妹は,互いに扶養をする義務がある.
② 家庭裁判所は,特別の事情があるときは,前項に規定する場合のほか,3親等内の親族間においても扶養の義務を負わせることができる.
③ 前項の規定による審判があった後事情に変更を生じたときは,家庭裁判所は,その審判を取り消すことができる.
（扶養の順位）
第878条 扶養をする義務のある者が数人ある場合において,扶養をすべき者の順序について,当事者間に協議が調わないとき,又は協議をすることができないときは,家庭裁判所が,これを定める.扶養を受ける権利のある者が数人ある場合において,扶養義務者の資力がその全員を扶養するのに足りないときの扶養を受けるべき者の順序についても,同様とする.
（扶養の程度又は方法）
第879条 扶養の程度又は方法について,当事者間に協議が調わないとき,又は協議をすることができないときは,扶養権利者の需要,扶養義務者の資力その他一切の事情を考慮して,家庭裁判所が,これを定める.
（扶養に関する協議又は審判の変更又は取消し）
第880条 扶養をすべき者若しくは扶養を受けるべき者の順序又は扶養の程度若しくは方法について協議又は審判があった後事情に変更を生じたときは,家庭裁判所は,その協議又は審判の変更又は取消しをすることができる.
（扶養請求権の処分の禁止）
第881条 扶養を受ける権利は,処分することができない.

第5編 相続

第1章 総則

（相続開始の原因）
第882条 相続は,死亡によって開始する.

第2章 相続人

（相続に関する胎児の権利能力）
第886条 ① 胎児は,相続については,既に生まれたものとみなす.
② 前項の規定は,胎児が死体で生まれたときは,適用しない.
（子及びその代襲者等の相続権）

第887条 ① 被相続人の子は,相続人となる.
② 被相続人の子が,相続の開始以前に死亡したとき,又は第891条の規定に該当し,若しくは廃除によって,その相続権を失ったときは,その者の子がこれを代襲して相続人となる.ただし,被相続人の直系卑属でない者は,この限りでない.
③ 前項の規定は,代襲者が,相続の開始以前に死亡し,又は第891条の規定に該当し,若しくは廃除によって,その代襲相続権を失った場合について準用する.
第888条 削除
（直系尊属及び兄弟姉妹の相続権）
第889条 ① 次に掲げる者は,第887条の規定により相続人となるべき者がない場合には,次に掲げる順序の順位に従って相続人となる.
1 被相続人の直系尊属.ただし,親等の異なる者の間では,その近い者を先にする.
2 被相続人の兄弟姉妹
② 第887条第2項の規定は,前項第2号の場合について準用する.
（配偶者の相続権）
第890条 被相続人の配偶者は,常に相続人となる.この場合において,第887条又は前条の規定により相続人となるべき者があるときは,その者と同順位とする.

第3章 相続の効力

第1節 総則
（相続の一般的効力）
第896条 相続人は,相続開始の時から,被相続人の財産に属した一切の権利義務を承継する.ただし,被相続人の一身に専属したものは,この限りでない.

126 行政手続法（抄）

（平5・11・12法律第88号,平18・10・1施行,最終改正：平26・6・13法律第70号）

第1章 総則

（目的等）
第1条 ① この法律は,処分,行政指導及び届出に関する手続並びに命令等を定める手続に関し,共通する事項を定めることによって,行政運営における公正の確保と透明性（行政上の意思決定について,その内容及び過程が国民にとって明らかであることをいう.第46条において同じ.）の向上を図り,もって国民の権利利益の保護に資することを目的とする.
② 処分,行政指導及び届出に関する手続並びに命令等を定める手続に関しこの法律に規定する事項について,他の法律に特別の定めがある場合は,その定めるところによる.
（定義）
第2条 この法律において,次の各号に掲げる用語の意義は,当該各号に定めるところによる.
1 法令 法律,法律に基づく命令（告示を含む.）,条例及び地方公共団体の執行機関の規則（規程を

含む. 以下「規則」という.) をいう.
2 処分 行政庁の処分その他公権力の行使に当たる行為をいう.
3 申請 法令に基づき, 行政庁の許可, 認可, 免許その他の自己に対し何らかの利益を付与する処分 (以下「許認可等」という.) を求める行為であって, 当該行為に対して行政庁が諾否の応答をすべきこととされているものをいう.
4 不利益処分 行政庁が, 法令に基づき, 特定の者を名あて人として, 直接に, これに義務を課し, 又はその権利を制限する処分をいう. ただし, 次のいずれかに該当するものを除く.
 イ 事実上の行為及び事実上の行為をするに当たりその範囲, 時期等を明らかにするために法令上必要とされている手続としての処分
 ロ 申請により求められた許認可等を拒否する処分その他申請に基づき当該申請をした者を名あて人としてされる処分
 ハ 名あて人となるべき者の同意の下にすることとされている処分
 ニ 許認可等の効力を失わせる処分であって, 当該許認可等の基礎となった事実が消滅した旨の届出があったことを理由としてされるもの
5 行政機関 次に掲げる機関をいう.
 イ 法律の規定に基づき内閣に置かれる機関若しくは内閣の所轄の下に置かれる機関, 宮内庁, 内閣府設置法 (平成11年法律第89号) 第49条第1項若しくは第2項に規定する機関, 国家行政組織法 (昭和23年法律第120号) 第3条第2項に規定する機関, 会計検査院若しくはこれらに置かれる機関又はこれらの機関の職員であって法律上独立に権限を行使することを認められた職員
 ロ 地方公共団体の機関 (議会を除く.)
6 行政指導 行政機関がその任務又は所掌事務の範囲内において一定の行政目的を実現するため特定の者に一定の作為又は不作為を求める指導, 勧告, 助言その他の行為であって処分に該当しないものをいう.
7 届出 行政庁に対し一定の事項の通知をする行為 (申請に該当するものを除く.) であって, 法令により直接に当該通知が義務付けられているもの (自己の期待する一定の法律上の効果を発生させるためには当該通知をすべきこととされているものを含む.) をいう.
8 命令等 内閣又は行政機関が定める次に掲げるものをいう.
 イ 法律に基づく命令 (処分の要件を定める告示を含む. 次条第2項において単に「命令」という.) 又は規則
 ロ 審査基準 (申請により求められた許認可等をするかどうかをその法令の定めに従って判断するために必要とされる基準をいう. 以下同じ.)
 ハ 処分基準 (不利益処分をするかどうか又はどのような不利益処分とするかについてその法令の定めに従って判断するために必要とされる基準をいう. 以下同じ.)
 ニ 行政指導指針 (同一の行政目的を実現するため一定の条件に該当する複数の者に対し行政指導をしようとするときにこれらの行政指導に共通してその内容となるべき事項をいう. 以下同じ.)

第2章 申請に対する処分

(審査基準)
第5条 ① 行政庁は, 審査基準を定めるものとする.
② 行政庁は, 審査基準を定めるに当たっては, 許認可等の性質に照らしてできる限り具体的なものとしなければならない.
③ 行政庁は, 行政上特別の支障があるときを除き, 法令により申請の提出先とされている機関の事務所における備付けその他の適当な方法により審査基準を公にしておかなければならない.

(標準処理期間)
第6条 行政庁は, 申請がその事務所に到達してから当該申請に対する処分をするまでに通常要すべき標準的な期間 (法令により当該行政庁と異なる機関が申請の提出先とされている場合は, 併せて, 当該申請が当該提出先とされている機関の事務所に到達してから当該行政庁の事務所に到達するまでに通常要すべき標準的な期間) を定めるよう努めるとともに, これを定めたときは, これらの当該申請の提出先とされている機関の事務所における備付けその他の適当な方法により公にしておかなければならない.

(申請に対する審査, 応答)
第7条 行政庁は, 申請がその事務所に到達したときは遅滞なく当該申請の審査を開始しなければならず, かつ, 申請書の記載事項に不備がないこと, 申請書に必要な書類が添付されていること, 申請をすることができる期間内にされたものであることその他の法令に定められた申請の形式上の要件に適合しない申請については, 速やかに, 申請をした者 (以下「申請者」という.) に対し相当の期間を定めて当該申請の補正を求め, 又は当該申請により求められた許認可等を拒否しなければならない.

(理由の提示)
第8条 ① 行政庁は, 申請により求められた許認可等を拒否する処分をする場合は, 申請者に対し, 同時に, 当該処分の理由を示さなければならない. ただし, 法令に定められた許認可等の要件又は公にされた審査基準が数量的指標その他の客観的指標により明確に定められている場合であって, 当該申請がこれらに適合しないことが申請書の記載又は添付書類その他の申請の内容から明らかであるときは, 申請者の求めがあったときにこれを示せば足りる.
② 前項本文に規定する処分を書面でするときは, 同項の理由は, 書面により示さなければならない.

(情報の提供)
第9条 ① 行政庁は, 申請者の求めに応じ, 当該申請に係る審査の進行状況及び当該申請に対する処分の時期の見通しを示すよう努めなければならない.
② 行政庁は, 申請をしようとする者又は申請者の求めに応じ, 申請書の記載及び添付書類に関する事項その他の申請に必要な情報の提供に努めなければならない.

(公聴会の開催等)
第10条 行政庁は, 申請に対する処分であって, 申請者以外の者の利害を考慮すべきことが当該法令において許認可等の要件とされているものを行う場合には, 必要に応じ, 公聴会の開催その他の適当な方法により当該申請者以外の者の意見を聴く機会を設けるよう努めなければならない.

(複数の行政庁が関与する処分)
第11条 ① 行政庁は,申請の処理をするに当たり,他の行政庁において同一の申請者からされた関連する申請が審査中であることをもって自らすべき許認可等をするかどうかについての審査又は判断を殊更に遅延させるようなことをしてはならない.
② 1の申請又は同一の申請者からされた相互に関連する複数の申請に対する処分について複数の行政庁が関与する場合においては,当該複数の行政庁は,必要に応じ,相互に連絡をとり,当該申請者からの説明の聴取を共同して行う等により審査の促進に努めるものとする.

第3章 不利益処分

第1節 通則
(処分の基準)
第12条 ① 行政庁は,処分基準を定め,かつ,これを公にしておくよう努めなければならない.
② 行政庁は,処分基準を定めるに当たっては,不利益処分の性質に照らしてできる限り具体的なものとしなければならない.
(不利益処分をしようとする場合の手続)
第13条 ① 行政庁は,不利益処分をしようとする場合には,次の各号の区分に従い,この章の定めるところにより,当該不利益処分の名あて人となるべき者について,当該各号に定める意見陳述のための手続を執らなければならない.
1 次のいずれかに該当するとき 聴聞
 イ 許認可等を取り消す不利益処分をしようとするとき.
 ロ イに規定するもののほか,名あて人の資格又は地位を直接にはく奪する不利益処分をしようとするとき.
 ハ 名あて人が法人である場合におけるその役員の解任を命ずる不利益処分,名あて人の業務に従事する者の解任を命ずる不利益処分又は名あて人の会員である者の除名を命ずる不利益処分をしようとするとき.
 ニ イからハまでに掲げる場合以外の場合であって行政庁が相当と認めるとき.
2 前号イからニまでのいずれにも該当しないとき 弁明の機会の付与
② 次の各号のいずれかに該当するときは,前項の規定は,適用しない.
1 公益上,緊急に不利益処分をする必要があるため,前項に規定する意見陳述のための手続を執ることができないとき.
2 法令上必要とされる資格がなかったこと又は失われるに至ったことが判明した場合に必ずすることとされている不利益処分であって,その資格の不存在又は喪失の事実が裁判所の判決書又は決定書,一定の職に就いたことを証する当該任命権者の書類その他の客観的な資料により直接証明されたものをしようとするとき.
3 施設若しくは設備の設置,維持若しくは管理又は物の製造,販売その他の取扱いについて遵守すべき事項が法令において技術的な基準をもって明確にされている場合において,専ら当該基準が充足されていないことを理由として当該基準に従うべきことを命ずる不利益処分であってその不充足の事実が計測,実験その他客観的な認定方法によって確認されたものをしようとするとき.
4 納付すべき金銭の額を確定し,一定の額の金銭の納付を命じ,又は金銭の給付決定の取消しその他の金銭の給付を制限する不利益処分をしようとするとき.
5 当該不利益処分の性質上,それによって課される義務の内容が著しく軽微なものであるため名あて人となるべき者の意見をあらかじめ聴くことを要しないものとして政令で定める処分をしようとするとき.
(不利益処分の理由の提示)
第14条 ① 行政庁は,不利益処分をする場合には,その名あて人に対し,同時に,当該不利益処分の理由を示さなければならない.ただし,当該理由を示さないで処分をすべき差し迫った必要がある場合は,この限りでない.
② 行政庁は,前項ただし書の場合においては,当該名あて人の所在が判明しなくなったときその他処分後において理由を示すことが困難な事情があるときを除き,処分後相当の期間内に,同項の理由を示さなければならない.
③ 不利益処分を書面でするときは,前2項の理由は,書面により示さなければならない.

第2節 聴聞
(聴聞の通知の方式)
第15条 ① 行政庁は,聴聞を行うに当たっては,聴聞を行うべき期日までに相当な期間をおいて,不利益処分の名あて人となるべき者に対し,次に掲げる事項を書面により通知しなければならない.
1 予定される不利益処分の内容及び根拠となる法令の条項
2 不利益処分の原因となる事実
3 聴聞の期日及び場所
4 聴聞に関する事務を所掌する組織の名称及び所在地
② 前項の書面においては,次に掲げる事項を教示しなければならない.
1 聴聞の期日に出頭して意見を述べ,及び証拠書類又は証拠物(以下「証拠書類等」という.)を提出し,又は聴聞の期日への出頭に代えて陳述書及び証拠書類等を提出することができること.
2 聴聞が終結する時までの間,当該不利益処分の原因となる事実を証する資料の閲覧を求めることができること.
③ 行政庁は,不利益処分の名あて人となるべき者の所在が判明しない場合においては,第1項の規定による通知を,その者の氏名,同項第3号及び第4号に掲げる事項並びに当該行政庁が同項各号に掲げる事項を記載した書面をいつでもその者に交付する旨を当該行政庁の事務所の掲示場に掲示することによって行うことができる.この場合においては,掲示を始めた日から2週間を経過したときに,当該通知がその者に到達したものとみなす.

第3節 弁明の機会の付与
(弁明の機会の付与の方式)
第29条 ① 弁明は,行政庁が口頭ですることを認めたときを除き,弁明を記載した書面(以下「弁明書」という.)を提出してするものとする.
② 弁明をするときは,証拠書類等を提出することができる.
(弁明の機会の付与の通知の方式)
第30条 行政庁は,弁明書の提出期限(口頭による

弁明の機会の付与を行う場合には、その日時)までに相当な期間をおいて、不利益処分の名あて人となるべき者に対し、次に掲げる事項を書面により通知しなければならない。
1 予定される不利益処分の内容及び根拠となる法令の条項
2 不利益処分の原因となる事実
3 弁明書の提出先及び提出期限(口頭による弁明の機会の付与を行う場合には、その旨並びに出頭すべき日時及び場所)

(聴聞に関する手続の準用)
第31条 第15条第3項及び第16条の規定は、弁明の機会の付与について準用する。この場合において、第15条第3項中「第1項」とあるのは「第30条」と、「同項第3号及び第4号」とあるのは「同条第3号」と、第16条第1項中「前条第1項」とあるのは「第30条」と、「第15条第3項後段」とあるのは「第31条において準用する15条第3項後段」と読み替えるものとする。

第4章 行政指導

(行政指導の一般原則)
第32条 ① 行政指導にあっては、行政指導に携わる者は、いやしくも当該行政機関の任務又は所掌事務の範囲を逸脱してはならないこと及び行政指導の内容があくまでも相手方の任意の協力によってのみ実現されるものであることに留意しなければならない。
② 行政指導に携わる者は、その相手方が行政指導に従わなかったことを理由として、不利益な取扱いをしてはならない。

(申請に関連する行政指導)
第33条 申請の取下げ又は内容の変更を求める行政指導にあっては、行政指導に携わる者は、申請者が当該行政指導に従う意思がない旨を表明したにもかかわらず当該行政指導を継続すること等により当該申請者の権利の行使を妨げるようなことをしてはならない。

(許認可等の権限に関連する行政指導)
第34条 許認可等をする権限又は許認可等に基づく処分をする権限を有する行政機関が、当該権限を行使することができない場合又は行使する意思がない場合においてする行政指導にあっては、行政指導に携わる者は、当該権限を行使し得る旨を殊更に示すことにより相手方に当該行政指導に従うことを余儀なくさせるようなことをしてはならない。

(行政指導の方式)
第35条 ① 行政指導に携わる者は、その相手方に対し、当該行政指導の趣旨及び内容並びに責任者を明確に示さなければならない。
② 行政指導に携わる者は、当該行政指導をする際に、行政機関が許認可等をする権限又は許認可等に基づく処分をする権限を行使し得る旨を示すときは、その相手方に対して、次に掲げる事項を示さなければならない。
1 当該権限を行使し得る根拠となる法令の条項
2 前号の条項に規定する要件
3 当該権限の行使が前号の要件に適合する理由
③ 行政指導が口頭でされた場合において、その相手方から前2項に規定する事項を記載した書面の交付を求められたときは、当該行政指導に携わる者は、

行政上特別の支障がない限り、これを交付しなければならない。
④ 前項の規定は、次に掲げる行政指導については、適用しない。
1 相手方に対しその場において完了する行為を求めるもの
2 既に文書(前項の書面を含む。)又は電磁的記録(電子的方式、磁気的方式その他人の知覚によっては認識することができない方式で作られる記録であって、電子計算機による情報処理の用に供されるものをいう。)によりその相手方に通知されている事項と同一の内容を求めるもの

(複数の者を対象とする行政指導)
第36条 同一の行政目的を実現するため一定の条件に該当する複数の者に対し行政指導をしようとするときは、行政機関は、あらかじめ、事案に応じ、行政指導指針を定め、かつ、行政上特別の支障がない限り、これを公表しなければならない。

(行政指導の中止等の求め)
第36条の2 ① 法令に違反する行為の是正を求める行政指導(その根拠となる規定が法律に置かれているものに限る。)の相手方は、当該行政指導が当該法律に規定する要件に適合しないと思料するときは、当該行政指導をした行政機関に対し、その旨を申し出て、当該行政指導の中止その他必要な措置をとることを求めることができる。ただし、当該行政指導がその相手方について弁明その他意見陳述のための手続を経てされたものであるときは、この限りでない。
② 前項の申出は、次に掲げる事項を記載した申出書を提出してしなければならない。
1 申出をする者の氏名又は名称及び住所又は居所
2 当該行政指導の内容
3 当該行政指導がその根拠とする法律の条項
4 前号の条項に規定する要件
5 当該行政指導が前号の要件に適合しないと思料する理由
6 その他参考となる事項
③ 当該行政機関は、第1項の規定による申出があったときは、必要な調査を行い、当該行政指導が当該法律に規定する要件に適合しないと認めるときは、当該行政指導の中止その他必要な措置をとらなければならない。

第4章の2 処分等の求め

第36条の3 ① 何人も、法令に違反する事実がある場合において、その是正のためにされるべき処分又は行政指導(その根拠となる規定が法律に置かれているものに限る。)がされていないと思料するときは、当該処分をする権限を有する行政庁又は当該行政指導をする権限を有する行政機関に対し、その旨を申し出て、当該処分又は行政指導をすることを求めることができる。
② 前項の申出は、次に掲げる事項を記載した申出書を提出してしなければならない。
1 申出をする者の氏名又は名称及び住所又は居所
2 法令に違反する事実の内容
3 当該処分又は行政指導の内容
4 当該処分又は行政指導の根拠となる法令の条項
5 当該処分又は行政指導がされるべきであると思料する理由

6 その他参考となる事項
③ 当該行政庁又は行政機関は，第1項の規定による申出があったときは，必要な調査を行い，その結果に基づき必要があると認めるときは，当該処分又は行政指導をしなければならない．

第5章 届 出

（届出）
第37条 届出が届出書の記載事項に不備がないこと，届出書に必要な書類が添付されていることその他の法令に定められた届出の形式上の要件に適合している場合は，当該届出が法令により当該届出の提出先とされている機関の事務所に到達したときに，当該届出をすべき手続上の義務が履行されたものとする．

第6章 意見公募手続等

（命令等を定める場合の一般原則）
第38条 ① 命令等を定める機関（閣議の決定により命令等が定められる場合にあっては，当該命令等の立案をする各大臣．以下「命令等制定機関」という．）は，命令等を定めるに当たっては，当該命令等がこれを定める根拠となる法令の趣旨に適合するものとなるようにしなければならない．
② 命令等制定機関は，命令等を定めた後においても，当該命令等の規定の実施状況，社会経済情勢の変化等を勘案し，必要に応じ，当該命令等の内容について検討を加え，その適正を確保するよう努めなければならない．

（意見公募手続）
第39条 ① 命令等制定機関は，命令等を定めようとする場合には，当該命令等の案（命令等で定めようとする内容を示すものをいう．以下同じ．）及びこれに関連する資料をあらかじめ公示し，意見（情報を含む．以下同じ．）の提出先及び意見の提出のための期間（以下「意見提出期間」という．）を定めて広く一般の意見を求めなければならない．
② 前項の規定により公示する命令等の案は，具体的かつ明確な内容のものであって，かつ，当該命令等の題名及び当該命令等を定める根拠となる法令の条項が明示されたものでなければならない．
③ 第1項の規定により定める意見提出期間は，同項の公示の日から起算して30日以上でなければならない．
④ 次の各号のいずれかに該当するときは，第1項の規定は，適用しない．
　1 公益上，緊急に命令等を定める必要があるため，第1項の規定による手続（以下「意見公募手続」という．）を実施することが困難であるとき．
　2 納付すべき金銭について定める法律の制定又は改正により必要となる当該金銭の額の算定の基礎となるべき金額及び率並びに算定方法についての命令その他当該法律の施行に関し必要な事項を定める命令を定めようとするとき．
　3 予算の定めるところにより金銭の給付決定を行うために必要となる当該金銭の額の算定の基礎となるべき金額及び率並びに算定方法その他の事項を定める命令を定めようとするとき．
　4 法律の規定により，内閣府設置法第49条第1項若しくは第2項若しくは国家行政組織法第3条第2項に規定する委員会又は内閣府設置法第37条若しくは第54条若しくは国家行政組織法第8条に規定する機関（以下「委員会等」という．）の議を経て定めることとされている命令等であって，相反する利害を有する者の間の利害の調整を目的として，法律又は政令の規定により，これらの者及び公益をそれぞれ代表する委員をもって組織される委員会等において審議を行うこととされているものとして政令で定める命令等を定めようとするとき．
　5 他の行政機関が意見公募手続を実施して定めた命令等と実質的に同一の命令等を定めようとするとき．
　6 法律の規定に基づき法令の規定の適用又は準用について必要な技術的読替えを定める命令等を定めようとするとき．
　7 命令等を定める根拠となる法令の規定の削除に伴い当然必要とされる当該命令等の廃止をしようとするとき．
　8 他の法令の制定又は改廃に伴い当然必要とされる規定の整理その他の意見公募手続を実施することを要しない軽微な変更として政令で定めるものを内容とする命令等を定めようとするとき．

第40条 ① 命令等制定機関は，命令等を定めようとする場合において，30日以上の意見提出期間を定めることができないやむを得ない理由があるときは，前条第3項の規定にかかわらず，30日を下回る意見提出期間を定めることができる．この場合においては，当該命令等の案の公示の際その理由を明らかにしなければならない．
② 命令等制定機関は，委員会等の議を経て命令等を定めようとする場合（前条第4項第4号に該当する場合を除く．）において，当該委員会等が意見公募手続に準じた手続を実施したときは，同条第1項の規定にかかわらず，自ら意見公募手続を実施することを要しない．

127 行政機関の保有する個人情報の保護に関する法律（抄）
（平15・5・30法律第58号，平17・4・1施行，最終改正：平28・5・27法律第51号）

〔下線，囲み部：平28法51，1年6月内施行〕

行政機関の保有する電子計算機処理に係る個人情報の保護に関する法律（昭和63年法律第95号）の全部を改正する．

第1章 総 則

（目 的）
第1条 この法律は，行政機関において個人情報の利用が拡大していることに鑑み，行政機関における個人情報の取扱いに関する基本的事項及び行政機関非識別加工情報（行政機関非識別加工情報ファイルを構成するものに限る．）の提供に関する事項を定めることにより，行政の適正かつ円滑な運営を図り，並びに個人情報の適正かつ効果的な活用が新

127 行政機関の保有する個人情報の保護に関する法律（2条）

たな産業の創出並びに活力ある経済社会及び豊かな国民生活の実現に資するものであることその他の個人情報の有用性に配慮しつつ，個人の権利利益を保護することを目的とする．

（定　義）
第2条　① この法律において「行政機関」とは，次に掲げる機関をいう．
1　法律の規定に基づき内閣に置かれる機関（内閣府を除く．）及び内閣の所轄の下に置かれる機関
2　内閣府，宮内庁並びに内閣府設置法（平成11年法律第89号）第49条第1項及び第2項に規定する機関（これらの機関のうち第4号の政令で定める機関が置かれる機関にあっては，当該政令で定める機関を除く．）
3　国家行政組織法（昭和23年法律第120号）第3条第2項に規定する機関（第5号の政令で定める機関が置かれる機関にあっては，当該政令で定める機関を除く．）
4　内閣府設置法第39条及び第55条並びに宮内庁法（昭和22年法律第70号）第16条第2項の機関並びに内閣府設置法第40条及び第56条（宮内庁法第18条第1項において準用する場合を含む．）の特別の機関で，政令で定めるもの
5　国家行政組織法第8条の2の施設等機関及び同法第8条の3の特別の機関で，政令で定めるもの
6　会計検査院
② この法律において「個人情報」とは，生存する個人に関する情報であって，次の各号のいずれかに該当するものをいう．
1　当該情報に含まれる氏名，生年月日その他の記述等（文書，図画若しくは電磁的記録（電磁的方式（電子的方式，磁気的方式その他人の知覚によっては認識することができない方式をいう．次項第2号において同じ．）で作られる記録をいう．以下同じ．）に記載され，若しくは記録され，又は音声，動作その他の方法を用いて表された一切の事項（個人識別符号を除く．）をいう．以下同じ．）により特定の個人を識別することができるもの（他の情報と照合することができ，それにより特定の個人を識別することができることとなるものを含む．）
2　個人識別符号が含まれるもの
③ この法律において「個人識別符号」とは，次の各号のいずれかに該当する文字，番号，記号その他の符号のうち，政令で定めるものをいう．
1　特定の個人の身体の一部の特徴を電子計算機の用に供するために変換した文字，番号，記号その他の符号であって，当該特定の個人を識別することができるもの
2　個人に提供される役務の利用若しくは個人に販売される商品の購入に関し割り当てられ，又は個人に発行されるカードその他の書類に記載され，若しくは電磁的方式により記録された文字，番号，記号その他の符号であって，その利用者若しくは購入者又は発行を受ける者ごとに異なるものとなるように割り当てられ，又は記載され，若しくは記録されることにより，特定の利用者若しくは購入者又は発行を受ける者を識別することができるもの
④ この法律において「要配慮個人情報」とは，本人の人種，信条，社会的身分，病歴，犯罪の経歴，犯罪により害を被った事実その他本人に対する不当な差別，偏見その他の不利益が生じないようにその取扱いに特に配慮を要するものとして政令で定める記述等が含まれる個人情報をいう．
⑤ この法律において「保有個人情報」とは，行政機関の職員が職務上作成し，又は取得した個人情報であって，当該行政機関の職員が組織的に利用するものとして，当該行政機関が保有しているものをいう．ただし，行政文書（行政機関の保有する情報の公開に関する法律（平成11年法律第42号．以下「行政機関情報公開法」という．）第2条第2項に規定する行政文書をいう．以下同じ．）に記録されているものに限る．
⑥ この法律において「個人情報ファイル」とは，保有個人情報を含む情報の集合物であって，次に掲げるものをいう．
1　一定の事務の目的を達成するために特定の保有個人情報を電子計算機を用いて検索することができるように体系的に構成したもの
2　前号に掲げるもののほか，一定の事務の目的を達成するために氏名，生年月日，その他の記述等により特定の保有個人情報を容易に検索することができるように体系的に構成したもの
⑦ この法律において個人情報について「本人」とは，個人情報によって識別される特定の個人をいう．
⑧ この法律において「非識別加工情報」とは，次の各号に掲げる個人情報（他の情報と照合することができ，それにより特定の個人を識別することができることとなるもの（他の情報と容易に照合することができ，それにより特定の個人を識別することができることとなるものを除く．）を除く．以下この項において同じ．）の区分に応じて当該各号に定める措置を講じて特定の個人を識別できない（個人に関する情報について，当該個人に関する情報に含まれる記述等により，又は当該個人に関する情報が他の情報と照合することができる個人に関する情報である場合にあっては他の情報（当該個人に関する情報の全部又は一部を含む個人情報その他の個人情報保護委員会規則で定める情報を除く．）と照合することにより，特定の個人を識別することができないことをいう．第44条の10第1項において同じ．）ように個人情報を加工して得られる個人に関する情報であって，当該個人情報を復元することができないようにしたものをいう．
1　第2項第1号に該当する個人情報　当該個人情報に含まれる記述等の一部を削除すること（当該一部の記述等を復元することのできる規則性を有しない方法により他の記述等に置き換えることを含む．）．
2　第2項第2号に該当する個人情報　当該個人情報に含まれる個人識別符号の全部を削除すること（当該個人識別符号を復元することのできる規則性を有しない方法により他の記述等に置き換えることを含む．）．
⑨ この法律において「行政機関非識別加工情報」とは，次の各号のいずれにも該当する個人情報ファイルを構成する保有個人情報（他の情報と照合することができ，それにより特定の個人を識別することができることとなるもの（他の情報と容易に照合することができ，それにより特定の個人を識別することができることとなるものを除く．）を除く．以下この項において同じ．）の全部又は一部（これらの一部に行政機関情報公開法第5条に規定する

不開示情報（同条第1号に掲げる情報を除く．以下この項において同じ．）が含まれているときは，当該不開示情報に該当する部分を除く．）を加工して得られる非識別加工情報をいう．
1　第11条第2項各号のいずれかに該当するもの又は同条第3項の規定により，当該個人情報ファイル簿に掲載しないこととされるものでないこと．
2　行政機関情報公開法第3条に規定する行政機関の長に対し，当該個人情報ファイルを構成する保有個人情報が記録されている行政文書の同条の規定による開示の請求があったとしたならば，当該行政機関の長が次のいずれかを行うこととなるものであること．
　イ　当該行政文書に記録されている保有個人情報の全部又は一部を開示する旨の決定をすること．
　ロ　行政機関情報公開法第13条第1項又は第2項の規定により意見書の提出の機会を与えること．
3　行政の適正かつ円滑な運営に支障のない範囲で，第44条の10第1項の基準に従い，当該個人情報ファイルを構成する保有個人情報を加工して非識別加工情報を作成することができるものであること．

⑩　この法律において「行政機関非識別加工情報ファイル」とは，行政機関非識別加工情報を含む情報の集合物であって，次に掲げるものをいう．
1　特定の行政機関非識別加工情報を電子計算機を用いて検索することができるように体系的に構成したもの
2　前号に掲げるもののほか，特定の行政機関非識別加工情報を容易に検索することができるように体系的に構成したものとして政令で定めるもの

⑪　この法律において「行政機関非識別加工情報取扱事業者」とは，行政機関非識別加工情報ファイルを事業の用に供している者をいう．ただし，次に掲げる者を除く．
1　国の機関
2　独立行政法人等（独立行政法人等の保有する個人情報の保護に関する法律（平成15年法律第59号．以下「独立行政法人等個人情報保護法」という．）第2条第1項に規定する独立行政法人等をいう．以下同じ．）
3　地方公共団体
4　地方独立行政法人（地方独立行政法人法（平成15年法律第118号）第2条第1項に規定する地方独立行政法人をいう．以下同じ．）

第2章　行政機関における個人情報の取扱い

（個人情報の保有の制限等）
第3条　①　行政機関は，個人情報を保有するに当たっては，法令の定める所掌事務を遂行するため必要な場合に限り，かつ，その利用の目的をできる限り特定しなければならない．
②　行政機関は，前項の規定により特定された利用の目的（以下「利用目的」という．）の達成に必要な範囲を超えて，個人情報を保有してはならない．
③　行政機関は，利用目的を変更する場合には，変更前の利用目的と相当の関連性を有すると合理的に認められる範囲を超えて行ってはならない．

（利用目的の明示）
第4条　行政機関は，本人から直接書面（電磁的記録を含む．）に記録された当該本人の個人情報を取得するときは，次に掲げる場合を除き，あらかじめ，本人に対し，その利用目的を明示しなければならない．
1　人の生命，身体又は財産の保護のために緊急に必要があるとき．
2　利用目的を本人に明示することにより，本人又は第三者の生命，身体，財産その他の権利利益を害するおそれがあるとき．
3　利用目的を本人に明示することにより，国の機関，独立行政法人等（独立行政法人等の保有する個人情報の保護に関する法律（平成15年法律第59号．以下「独立行政法人等個人情報保護法」という．）第2条第1項に規定する独立行政法人等をいう．以下同じ．）又は地方公共団体又は地方独立行政法人（地方独立行政法人法（平成15年法律第118号）第2条第1項に規定する地方独立行政法人をいう．以下同じ．）が行う事務又は事業の適正な遂行に支障を及ぼすおそれがあるとき．
4　取得の状況からみて利用目的が明らかであると認められるとき．

（正確性の確保）
第5条　行政機関の長（第2条第1項第4号及び第5号の政令で定める機関にあっては，その機関ごとに政令で定める者とする．以下同じ．）は，利用目的の達成に必要な範囲内で，保有個人情報（行政機関非識別加工情報（行政機関非識別加工情報ファイルを構成するものに限る．次条第2項において同じ．）及び削除情報（第44条の2第3項に規定する削除情報をいう．次条第2項及び第10条第2項第5号の3において同じ．）に該当するものを除く．次条第1項，第8条及び第12条第1項において同じ．）が過去又は現在の事実と合致するよう努めなければならない．
〔　部追加〕

（安全確保の措置）
第6条　①　行政機関の長は，保有個人情報の漏えい，滅失又は毀損の防止その他の保有個人情報の適切な管理のために必要な措置を講じなければならない．
②　前項の規定は，行政機関から個人情報（行政機関非識別加工情報及び削除情報に該当するものを除く．次条，第38条，第48条，第50条及び第51条において同じ．）の取扱いの委託を受けた者が受託した業務を行う場合について準用する．
〔　部追加〕

（従事者の義務）
第7条　個人情報の取扱いに従事する行政機関の職員若しくは職員であった者又は前条第2項の受託業務に従事している者若しくは従事していた者は，その業務に関して知り得た個人情報の内容をみだりに他人に知らせ，又は不当な目的に利用してはならない．

（利用及び提供の制限）
第8条　①　行政機関の長は，法令に基づく場合を除き，利用目的以外の目的のために保有個人情報を自ら利用し，又は提供してはならない．
②　前項の規定にかかわらず，行政機関の長は，次の各号のいずれかに該当すると認めるときは，利用目的以外の目的のために保有個人情報を自ら利用し，又は提供することができる．ただし，保有個人情報

⑫ 行政機関の保有する個人情報の保護に関する法律（9条〜14条）

を利用目的以外の目的のために自ら利用し，又は提供することによって，本人又は第三者の権利利益を不当に侵害するおそれがあると認められるときは，この限りでない．
1　本人の同意があるとき，又は本人に提供するとき．
2　行政機関が法令の定める所掌事務の遂行に必要な限度で保有個人情報を内部で利用する場合であって，当該保有個人情報を利用することについて相当な理由のあるとき．
3　他の行政機関，独立行政法人等，地方公共団体又は地方独立行政法人に保有個人情報を提供する場合において，保有個人情報の提供を受ける者が，法令の定める事務又は業務の遂行に必要な限度で提供に係る個人情報を利用し，かつ，当該個人情報を利用することについて相当な理由のあるとき．
4　前3号に掲げる場合のほか，専ら統計の作成又は学術研究の目的のために保有個人情報を提供するとき，本人以外の者に提供することが明らかに本人の利益になるとき，その他保有個人情報を提供することについて特別の理由のあるとき．
③　前項の規定は，保有個人情報の利用又は提供を制限する他の法令の規定の適用を妨げるものではない．
④　行政機関の長は，個人の権利利益を保護するため特に必要があると認めるときは，保有個人情報の利用目的以外の目的のための行政機関の内部における利用を特定の部局又は機関に限るものとする．

（保有個人情報の提供を受ける者に対する措置要求）
第9条　行政機関の長は，前条第2項第3号又は第4号の規定に基づき，保有個人情報を提供する場合において，必要があると認めるときは，保有個人情報の提供を受ける者に対し，提供に係る個人情報について，その利用の目的若しくは方法の制限その他必要な制限を付し，又はその漏えいの防止その他の個人情報の適切な管理のために必要な措置を講ずることを求めるものとする．

第4章　開示，訂正及び利用停止

第1節　開示

（開示請求権）
第12条　①　何人も，この法律の定めるところにより，行政機関の長に対し，当該行政機関の保有する自己を本人とする保有個人情報の開示を請求することができる．
②　未成年者又は成年被後見人の法定代理人は，本人に代わって前項の規定による開示の請求（以下「開示請求」という．）をすることができる．

（開示請求の手続）
第13条　①　開示請求は，次に掲げる事項を記載した書面（以下「開示請求書」という．）を行政機関の長に提出してしなければならない．
1　開示請求をする者の氏名及び住所又は居所
2　開示請求に係る保有個人情報が記録されている行政文書の名称その他開示請求に係る保有個人情報を特定するに足りる事項
②　前項の場合において，開示請求をする者は，政令で定めるところにより，開示請求に係る保有個人情報の本人であること（前条第2項の規定による開示請求にあっては，開示請求に係る保有個人情報の本人の法定代理人であること）を示す書類を提示し，又は提出しなければならない．

③　行政機関の長は，開示請求書に形式上の不備があると認めるときは，開示請求をした者（以下「開示請求者」という．）に対し，相当の期間を定めて，その補正を求めることができる．この場合において，行政機関の長は，開示請求者に対し，補正の参考となる情報を提供するよう努めなければならない．

（保有個人情報の開示義務）
第14条　行政機関の長は，開示請求があったときは，開示請求に係る保有個人情報に次の各号に掲げる情報（以下「不開示情報」という．）のいずれかが含まれている場合を除き，開示請求者に対し，当該保有個人情報を開示しなければならない．
1　開示請求者（第12条第2項の規定により未成年者又は成年被後見人の法定代理人が本人に代わって開示請求をする場合にあっては，当該本人をいう．次号及び第3号，次条第2項並びに第23条第1項において同じ．）の生命，健康，生活又は財産を害するおそれがある情報
2　開示請求者以外の個人に関する情報（事業を営む個人の当該事業に関する情報を除く．）であって，当該情報に含まれる氏名，生年月日その他の記述等により開示請求者以外の特定の個人を識別することができるもの（他の情報と照合することにより，開示請求者以外の特定の個人を識別することができることとなるものを含む．）若しくは個人識別符号が含まれるもの又は開示請求者以外の特定の個人を識別することはできないが，開示することにより，なお開示請求者以外の個人の権利利益を害するおそれがあるもの．ただし，次に掲げる情報を除く．
イ　法令の規定により又は慣行として開示請求者が知ることができ，又は知ることが予定されている情報
ロ　人の生命，健康，生活又は財産を保護するため，開示することが必要であると認められる情報
ハ　当該個人が公務員等（国家公務員法（昭和22年法律第120号）第2条第1項に規定する国家公務員（独立行政法人通則法（平成11年法律第103号）第2条第4項に規定する行政執行法人の役員及び職員を除く．），独立行政法人等の役員及び職員，地方公務員法（昭和25年法律第261号）第2条に規定する地方公務員並びに地方独立行政法人の役員及び職員をいう．）である場合において，当該情報がその職務の遂行に係る情報であるときは，当該情報のうち，当該公務員等の職及び当該職務遂行の内容に係る部分
3　法人その他の団体（国，独立行政法人等，地方公共団体及び地方独立行政法人を除く．以下この号において「法人等」という．）に関する情報又は開示請求者以外の事業を営む個人の当該事業に関する情報であって，次に掲げるもの．ただし，人の生命，健康，生活又は財産を保護するため，開示することが必要であると認められる情報を除く．
イ　開示することにより，当該法人等又は当該個人の権利，競争上の地位その他正当な利益を害するおそれがあるもの
ロ　行政機関の要請を受けて，開示しないとの条件で任意に提供されたものであって，法人等又は個人における通例としては開示しないこととされているものその他の当該条件を付することが当該情報の性質，当時の状況等に照らして合理的であると認められるもの

4 開示することにより,国の安全が害されるおそれ,他国若しくは国際機関との信頼関係が損なわれるおそれ又は他国若しくは国際機関との交渉上不利益を被るおそれがあると行政機関の長が認めることにつき相当の理由がある情報

5 開示することにより,犯罪の予防,鎮圧又は捜査,公訴の維持,刑の執行その他の公共の安全と秩序の維持に支障を及ぼすおそれがあると行政機関の長が認めることにつき相当の理由がある情報

6 国の機関,独立行政法人等,地方公共団体及び地方独立行政法人の内部又は相互間における審議,検討又は協議に関する情報であって,開示することにより,率直な意見の交換若しくは意思決定の中立性が不当に損なわれるおそれ,不当に国民の間に混乱を生じさせるおそれ又は特定の者に不当に利益を与え若しくは不利益を及ぼすおそれがあるもの

7 国の機関,独立行政法人等,地方公共団体又は地方独立行政法人が行う事務又は事業に関する情報であって,開示することにより,次に掲げるおそれその他当該事務又は事業の性質上,当該事務又は事業の適正な遂行に支障を及ぼすおそれがあるもの
　イ 監査,検査,取締り,試験又は租税の賦課若しくは徴収に係る事務に関し,正確な事実の把握を困難にするおそれ又は違法若しくは不当な行為を容易にし,若しくはその発見を困難にするおそれ
　ロ 契約,交渉又は争訟に係る事務に関し,国,独立行政法人等,地方公共団体又は地方独立行政法人の財産上の利益又は当事者としての地位を不当に害するおそれ
　ハ 調査研究に係る事務に関し,その公正かつ能率的な遂行を不当に阻害するおそれ
　ニ 人事管理に係る事務に関し,公正かつ円滑な人事の確保に支障を及ぼすおそれ
　ホ 独立行政法人等,地方公共団体が経営する企業又は地方独立行政法人に係る事業に関し,その企業経営上の正当な利益を害するおそれ

(部分開示)
第15条 ① 行政機関の長は,開示請求に係る保有個人情報に不開示情報が含まれている場合において,不開示情報に該当する部分を容易に区分して除くことができるときは,開示請求者に対し,当該部分を除いた部分につき開示しなければならない.

② 開示請求に係る保有個人情報に前条第2号の情報(開示請求者以外の特定の個人を識別することができるものに限る.)が含まれている場合において,当該情報のうち,氏名,生年月日その他の開示請求者以外の特定の個人を識別することとなる記述等及び個人識別符号の部分を除くことにより,開示しても,開示請求者以外の個人の権利利益が害されるおそれがないと認められるときは,当該部分を除いた部分は,同号の情報に含まれないものとみなして,前項の規定を適用する.

(裁量的開示)
第16条 行政機関の長は,開示請求に係る保有個人情報に不開示情報が含まれている場合であっても,個人の権利利益を保護するため特に必要があると認めるときは,開示請求者に対し,当該保有個人情報を開示することができる.

(保有個人情報の存否に関する情報)
第17条 開示請求に対し,当該開示請求に係る保有個人情報が存在しているか否かを答えるだけで,不開示情報を開示することとなるときは,行政機関の長は,当該保有個人情報の存否を明らかにしないで,当該開示請求を拒否することができる.

(開示請求に対する措置)
第18条 ① 行政機関の長は,開示請求に係る保有個人情報の全部又は一部を開示するときは,その旨の決定をし,開示請求者に対し,その旨,開示する保有個人情報の利用目的及び開示の実施に関し政令で定める事項を書面により通知しなければならない.ただし,第4条第2号又は第3号に該当する場合における当該利用目的については,この限りでない.

② 行政機関の長は,開示請求に係る保有個人情報の全部を開示しないとき(前条の規定により開示請求を拒否するとき,及び開示請求に係る保有個人情報を保有していないときを含む.)は,開示をしない旨の決定をし,開示請求者に対し,その旨を書面により通知しなければならない.

(開示決定等の期限)
第19条 ① 前条各項の決定(以下「開示決定等」という.)は,開示請求があった日から30日以内にしなければならない.ただし,第13条第3項の規定により補正を求めた場合にあっては,当該補正に要した日数は,当該期間に算入しない.

② 前項の規定にかかわらず,行政機関の長は,事務処理上の困難その他正当な理由があるときは,同項に規定する期間を30日以内に限り延長することができる.この場合において,行政機関の長は,開示請求者に対し,遅滞なく,延長後の期間及び延長の理由を書面により通知しなければならない.

(開示決定等の期限の特例)
第20条 開示請求に係る保有個人情報が著しく大量であるため,開示請求があった日から60日以内にそのすべてについて開示決定等をすることにより事務の遂行に著しい支障が生ずるおそれがある場合には,前条の規定にかかわらず,行政機関の長は,開示請求に係る保有個人情報のうちの相当の部分につき当該期間内に開示決定等をし,残りの保有個人情報については相当の期間内に開示決定等をすれば足りる.この場合において,行政機関の長は,同条第1項に規定する期間内に,開示請求者に対し,次に掲げる事項を書面により通知しなければならない.

1 この条の規定を適用する旨及びその理由
2 残りの保有個人情報について開示決定等をする期限

(開示の実施)
第24条 ① 保有個人情報の開示は,当該保有個人情報が,文書又は図画に記録されているときは閲覧又は写しの交付により,電磁的記録に記録されているときはその種別,情報化の進展状況等を勘案して行政機関が定める方法により行う.ただし,閲覧の方法による保有個人情報の開示にあっては,行政機関の長は,当該保有個人情報が記録されている文書又は図画の保存に支障を生ずるおそれがあると認めるとき,その他正当な理由があるときは,その写しにより,これを行うことができる.

② 行政機関は,前項の規定に基づく電磁的記録についての開示の方法に関する定めを一般の閲覧に供しなければならない.

③ 開示決定に基づき保有個人情報の開示を受ける者は,政令で定めるところにより,当該開示決定をした行政機関の長に対し,その求める開示の実施の

方法その他の政令で定める事項を申し出なければならない.
④ 前項の規定による申出は,第18条第1項に規定する通知があった日から30日以内にしなければならない.ただし,当該期間内に当該申出をすることができないことにつき正当な理由があるときは,この限りでない.

(他の法令による開示の実施との調整)
第25条 ① 行政機関の長は,他の法令の規定により,開示請求者に対し開示請求に係る保有個人情報が前条第1項本文に規定する方法と同一の方法で開示することとされている場合(開示の期間が定められている場合にあっては,当該期間内に限る.)には,同項本文の規定にかかわらず,当該保有個人情報については,当該同一の方法による開示を行わない.ただし,当該他の法令の規定に一定の場合には開示をしない旨の定めがあるときは,この限りでない.
② 他の法令の規定に定める開示の方法が縦覧であるときは,当該縦覧を前条第1項本文の閲覧とみなして,前項の規定を適用する.

(手数料)
第26条 ① 開示請求をする者は,政令で定めるところにより,実費の範囲内において政令で定める額の手数料を納めなければならない.
② 前項の手数料の額を定めるに当たっては,できる限り利用しやすい額とするよう配慮しなければならない.

第2節 訂 正

(訂正請求権)
第27条 ① 何人も,自己を本人とする保有個人情報(次に掲げるものに限る.第36条第1項において同じ.)の内容が事実でないと思料するときは,この法律の定めるところにより,当該保有個人情報を保有する行政機関の長に対し,当該保有個人情報の訂正(追加又は削除を含む.以下同じ.)を請求することができる.ただし,当該保有個人情報の訂正に関してこの法律又はこれに基づく命令の規定により特別の手続が定められているときは,この限りでない.
1 開示決定に基づき開示を受けた保有個人情報
2 第22条第1項の規定により事案が移送された場合において,独立行政法人等個人情報保護法第21条第3項に規定する開示決定に基づき開示を受けた保有個人情報
3 開示決定に係る保有個人情報であって,第25条第1項の他の法令の規定により開示を受けたもの
② 未成年者又は成年被後見人の法定代理人は,本人に代わって前項の規定による訂正の請求(以下「訂正請求」という.)をすることができる.
③ 訂正請求は,保有個人情報の開示を受けた日から90日以内にしなければならない.

(訂正請求の手続)
第28条 ① 訂正請求は,次に掲げる事項を記載した書面(以下「訂正請求書」という.)を行政機関の長に提出してしなければならない.
1 訂正請求をする者の氏名及び住所又は居所
2 訂正請求に係る保有個人情報の開示を受けた日その他訂正請求に係る保有個人情報を特定するに足りる事項
3 訂正請求の趣旨及び理由
② 前項の場合において,訂正請求をする者は,政令で定めるところにより,訂正請求に係る保有個人情報の本人であること(前条第2項の規定による訂正請求にあっては,訂正請求に係る保有個人情報の本人の法定代理人であること)を示す書類を提示し,又は提出しなければならない.
③ 行政機関の長は,訂正請求書に形式上の不備があると認めるときは,訂正請求をした者(以下「訂正請求者」という.)に対し,相当の期間を定めて,その補正を求めることができる.

(保有個人情報の訂正義務)
第29条 行政機関の長は,訂正請求があった場合において,当該訂正請求に理由があると認めるときは,当該訂正請求に係る保有個人情報の利用目的の達成に必要な範囲内で,当該保有個人情報の訂正をしなければならない.

(訂正請求に対する措置)
第30条 ① 行政機関の長は,訂正請求に係る保有個人情報の訂正をするときは,その旨の決定をし,訂正請求者に対し,その旨を書面により通知しなければならない.
② 行政機関の長は,訂正請求に係る保有個人情報の訂正をしないときは,その旨の決定をし,訂正請求者に対し,その旨を書面により通知しなければならない.

(保有個人情報の提供先への通知)
第35条 行政機関の長は,訂正決定(前条第3項の訂正決定を含む.)に基づく保有個人情報の訂正の実施をした場合において,必要があると認めるときは,当該保有個人情報の提供先に対し,遅滞なく,その旨を書面により通知するものとする.

第3節 利用停止

(利用停止請求権)
第36条 ① 何人も,自己を本人とする保有個人情報が次の各号のいずれかに該当すると思料するときは,この法律の定めるところにより,当該保有個人情報を保有する行政機関の長に対し,当該各号に定める措置を請求することができる.ただし,当該保有個人情報の利用の停止,消去又は提供の停止(以下「利用停止」という.)に関して他の法律又はこれに基づく命令の規定により特別の手続が定められているときは,この限りでない.
1 当該保有個人情報を保有する行政機関により適法に取得されたものでないとき,第3条第2項の規定に違反して保有されているとき,又は第8条第1項及び第2項の規定に違反して利用されているとき 当該保有個人情報の利用の停止又は消去
2 第8条第1項及び第2項の規定に違反して提供されているとき 当該保有個人情報の提供の停止
② 未成年者又は成年被後見人の法定代理人は,本人に代わって前項の規定による利用停止の請求(以下「利用停止請求」という.)をすることができる.
③ 利用停止請求は,保有個人情報の開示を受けた日から90日以内にしなければならない.

(利用停止請求の手続)
第37条 ① 利用停止請求は,次に掲げる事項を記載した書面(以下「利用停止請求書」という.)を行政機関の長に提出してしなければならない.
1 利用停止請求をする者の氏名及び住所又は居所
2 利用停止請求に係る保有個人情報の開示を受けた日その他当該保有個人情報を特定するに足りる事項
3 利用停止請求の趣旨及び理由
② 前項の場合において,利用停止請求をする者は,

政令で定めるところにより,利用停止請求に係る保有個人情報の本人であること(前条第2項の規定による利用停止請求にあっては,利用停止請求に係る保有個人情報の本人の法定代理人であること)を示す書類を提示し,又は提出しなければならない.
③ 行政機関の長は,利用停止請求書に形式上の不備があると認めるときは,利用停止請求をした者(以下「利用停止請求者」という.)に対し,相当の期間を定めて,その補正を求めることができる.

(保有個人情報の利用停止義務)
第38条 行政機関の長は,利用停止請求があった場合において,当該利用停止請求に理由があると認めるときは,当該行政機関における個人情報の適正な取扱いを確保するために必要な限度で,当該利用停止請求に係る保有個人情報の利用停止をしなければならない.ただし,当該保有個人情報の利用停止をすることにより,当該保有個人情報の利用目的に係る事務の性質上,当該事務の適正な遂行に著しい支障を及ぼすおそれがあると認められるときは,この限りでない.

(利用停止請求に対する措置)
第39条 ① 行政機関の長は,利用停止請求に係る保有個人情報の利用停止をするときは,その旨の決定をし,利用停止請求者に対し,その旨を書面により通知しなければならない.
② 行政機関の長は,利用停止請求に係る保有個人情報の利用停止をしないときは,その旨の決定をし,利用停止請求者に対し,その旨を書面により通知しなければならない.

(利用停止決定等の期限)
第40条 ① 前条各項の決定(以下「利用停止決定等」という.)は,利用停止請求があった日から30日以内にしなければならない.ただし,第37条第3項の規定により補正を求めた場合にあっては,当該補正に要した日数は,算入しない.
② 前項の規定にかかわらず,行政機関の長は,事務処理上の困難その他正当な理由があるときは,同項に規定する期間を30日以内に限り延長することができる.この場合において,行政機関の長は,利用停止請求者に対し,遅滞なく,延長後の期間及び延長の理由を書面により通知しなければならない.

(利用停止決定等の期限の特例)
第41条 行政機関の長は,利用停止決定等に特に長期間を要すると認めるときは,前条の規定にかかわらず,相当の期間内に利用停止決定等をすれば足りる.この場合において,行政機関の長は,同条第1項に規定する期間内に,利用停止請求者に対し,次に掲げる事項を書面により通知しなければならない.
1 この条の規定を適用する旨及びその理由
2 利用停止決定等をする期限

第4節 審査請求

(審理員による審理手続に関する規定の適用除外等)
第42条 ① 開示決定等,訂正決定等,利用停止決定等又は開示請求,訂正請求若しくは利用停止請求に係る不作為に係る審査請求については,行政不服審査法(平成26年法律第68号)第9条,第17条,第24条,第2章第3節及び第4節並びに第50条第2項の規定は,適用しない.
② 開示決定等,訂正決定等,利用停止決定等又は開示請求,訂正請求若しくは利用停止請求に係る不作為に係る審査請求についての行政不服審査法第2章の規定の適用については,同法第11条第2項中

「第9条第1項の規定により指名された者(以下「審理員」という.)」とあるのは「第4条(行政機関の保有する個人情報の保護に関する法律(平成15年法律第58号)第44条第2項の規定に基づく政令を含む.)の規定により審査請求がされた行政庁(第14条の規定により引継ぎを受けた行政庁を含む.以下「審査庁」という.)」と,同法第13条第1項及び第2項中「審理員」とあるのは「審査庁」と,同法第25条第7項中「あったとき,又は審理員から第40条に規定する執行停止に関する意見書が提出されたとき」とあるのは「あったとき」と,同法第44条中「行政不服審査会等」とあるのは「情報公開・個人情報保護審査会(審査庁が会計検査院長である場合にあっては,別に法律で定める審査会.第50条第1項第4号において同じ.)」と,「受けたとき(前条第1項の規定による諮問を要しない場合(同項第2号又は第3号に該当する場合を除く.))にあっては審理員意見書が提出されたとき,同項第2号又は第3号に該当する場合にあっては同項第2号又は第3号に規定する場合を経たとき)」とあるのは「受けたとき」と,同法第50条第1項第4号中「審理員意見書又は行政不服審査会等若しくは審議会等」とあるのは「情報公開・個人情報保護審査会」とする.

(審査会への諮問)
第43条 ① 開示決定等,訂正決定等,利用停止決定等又は開示請求,訂正請求若しくは利用停止請求に係る不作為についての審査請求があったときは,当該審査請求に対する裁決をすべき行政機関の長は,次の各号のいずれかに該当する場合を除き,情報公開・個人情報保護審査会(審査請求に対する裁決をすべき行政機関の長が会計検査院長である場合にあっては,別に法律で定める審査会)に諮問しなければならない.
1 審査請求が不適法であり,却下する場合
2 裁決で,審査請求の全部を認容し,当該審査請求に係る保有個人情報の全部を開示することとする場合(当該保有個人情報の開示について反対意見書が提出されている場合を除く.)
3 裁決で,審査請求の全部を認容し,当該審査請求に係る保有個人情報の訂正をすることとする場合
4 裁決で,審査請求の全部を認容し,当該審査請求に係る保有個人情報の利用停止をすることとする場合
② 前項の規定により諮問をした行政機関の長は,次に掲げる者に対し,諮問をした旨を通知しなければならない.
1 審査請求人及び参加人(行政不服審査法第13条第4項に規定する参加人をいう.以下この項及び次条第1項第2号において同じ.)
2 開示請求者,訂正請求者又は利用停止請求者(これらの者が審査請求人又は参加人である場合を除く.)
3 当該審査請求に係る保有個人情報の開示について反対意見書を提出した第三者(当該第三者が審査請求人又は参加人である場合を除く.)

(第三者からの審査請求を棄却する場合等における手続等)
第44条 第23条第3項の規定は,次の各号のいずれかに該当する裁決をする場合について準用する.
1 開示決定に対する第三者からの審査請求を却下

し、又は棄却する裁決
2 審査請求に係る開示決定等（開示請求に係る保有個人情報の全部を開示する旨の決定を除く。）を変更し、当該審査請求に係る保有個人情報を開示する旨の裁決（第三者である参加人が当該第三者に関する情報の開示に反対の意思を表示している場合に限る。）

② 開示決定等、訂正決定等、利用停止決定等又は開示請求、訂正請求若しくは利用停止請求に係る不作為についての審査請求については、政令で定めるところにより、行政不服審査法第4条の規定の特例を設けることができる。

第4章の2 行政機関非識別加工情報の提供

（行政機関非識別加工情報の作成及び提供等）
第44条の2 ① 行政機関の長は、この章の規定に従い、行政機関非識別加工情報（行政機関非識別加工情報ファイルを構成するものに限る。以下この章及び次章において同じ。）を作成し、及び提供することができる。
② 行政機関の長は、法令に基づく場合を除き、利用目的以外の目的のために行政機関非識別加工情報及び削除情報（保有個人情報に該当するものに限る。）を自ら利用し、又は提供してはならない。
③ 前項の「削除情報」とは、行政機関非識別加工情報の作成に用いた保有個人情報（他の情報と照合することができ、それにより特定の個人を識別することができることとなるもの（他の情報と容易に照合することができ、それにより特定の個人を識別することができることとなるものを除く。）を含む。以下この章において同じ。）から削除した記述等及び個人識別符号をいう。

第5章 雑 則

（適用除外等）
第45条 ① 第4章の規定は、刑事事件若しくは少年の保護事件に係る裁判、検察官、検察事務官若しくは司法警察職員が行う処分、刑若しくは保護処分の執行、更生緊急保護又は恩赦に係る保有個人情報（当該裁判、処分若しくは執行を受けた者、更生緊急保護の申出をした者又は恩赦の上申があった者に係るものに限る。）については、適用しない。
② 保有個人情報（行政機関保有情報公開法第5条に規定する不開示情報を専ら記録する行政文書に記録されているものに限る。）のうち、まだ分類その他の整理が行われていないもので、同一の利用目的に係るものが著しく大量にあるためその中から特定の保有個人情報を検索することが著しく困難であるものは、第4章（第4節を除く。）の規定の適用については、行政機関に保有されていないものとみなす。

（権限又は事務の委任）
第46条 行政機関の長は、政令（内閣の所轄の下に置かれる機関及び会計検査院にあっては、当該機関の命令）で定めるところにより、第2章から前章まで（第10条及び第4章第4節を除く。）に定める権限又は事務を当該行政機関の職員に委任することができる。

（開示請求等をしようとする者に対する情報の提供等）
第47条 ① 行政機関の長は、開示請求、訂正請求又は利用停止請求（以下この項において「開示請求等」という。）をしようとする者がそれぞれ容易かつ的確に開示請求等をすることができるよう、当該行政機関が保有する保有個人情報の特定に資する情報の提供その他開示請求等をしようとする者の利便を考慮した適切な措置を講ずるものとする。
② 総務大臣は、この法律（前章を除く。第49条第1項、第50条及び第51条において同じ。）の円滑な運用を確保するため、総合的な案内所を整備するものとする。

128 個人情報の保護に関する法律（抄）

（平15・5・30法律第57号、平15・5・30施行、
最終改正：平28・5・27法律第51号）

〔下線、囲み部：特に明記がない限り、
平27法65, 平29・5・30 までに施行〕

第1章 総 則

（目 的）
第1条 この法律は、高度情報通信社会の進展に伴い個人情報の利用が著しく拡大していることに鑑み、個人情報の適正な取扱いに関し、基本理念及び政府による基本方針の作成その他の個人情報の保護に関する施策の基本となる事項を定め、国及び地方公共団体の責務等を明らかにするとともに、個人情報を取り扱う事業者の遵守すべき義務等を定めることにより、個人情報の適正かつ効果的な活用が新たな産業の創出並びに活力ある経済社会及び豊かな国民生活の実現に資するものであることその他の個人情報の有用性に配慮しつつ、個人の権利利益を保護することを目的とする。

（定 義）
第2条 ① この法律において「個人情報」とは、生存する個人に関する情報であって、次の各号のいずれかに該当するものをいう。
1 当該情報に含まれる氏名、生年月日その他の記述等（文書、図画若しくは電磁的記録（電磁的方式（電子的方式、磁気的方式その他人の知覚によっては認識することができない方式をいう。次項第2号において同じ。）で作られる記録をいう。第18条第2項において同じ。）に記載され、若しくは記録され、又は音声、動作その他の方法を用いて表された一切の事項（個人識別符号を除く。）をいう。以下同じ。）により特定の個人を識別することができるもの（他の情報と容易に照合することができ、それにより特定の個人を識別することができることとなるものを含む。）
2 個人識別符号が含まれるもの
② この法律において「個人識別符号」とは、次の各号のいずれかに該当する文字、番号、記号その他の符号のうち、政令で定めるものをいう。
1 特定の個人の身体の一部の特徴を電子計算機の用に供するために変換した文字、番号、記号その他の符号であって、当該特定の個人を識別すること

ができるもの
2 個人に提供される役務の利用若しくは個人に販売される商品の購入に関し割り当てられ,又は個人に発行されるカードその他の書類に記載され,若しくは電磁的方式により記録された文字,番号,記号その他の符号であって,その利用者若しくは購入者又は発行を受ける者ごとに異なるものとなるように割り当てられ,又は記載され,若しくは記録されることにより,特定の利用者若しくは購入者又は発行を受ける者を識別することができるもの
③ この法律において「要配慮個人情報」とは,本人の人種,信条,社会的身分,病歴,犯罪の経歴,犯罪により害を被った事実その他本人に対する不当な差別,偏見その他の不利益が生じないようにその取扱いに特に配慮を要するものとして政令で定める記述等が含まれる個人情報をいう.
④ この法律において「個人情報データベース等」とは,個人情報を含む情報の集合物であって,次に掲げるもの(利用方法からみて個人の権利利益を害するおそれが少ないものとして政令で定めるものを除く.)をいう.
1 特定の個人情報を電子計算機を用いて検索することができるように体系的に構成したもの
2 前号に掲げるもののほか,特定の個人情報を容易に検索することができるように体系的に構成したものとして政令で定めるもの
⑤ この法律において「個人情報取扱事業者」とは,個人情報データベース等を事業の用に供している者をいう.ただし,次に掲げる者を除く.
1 国の機関
2 地方公共団体
3 独立行政法人等(独立行政法人等の保有する個人情報の保護に関する法律(平成15年法律第59号)第2条第1項に規定する独立行政法人等をいう.以下同じ.)
4 地方独立行政法人(地方独立行政法人法(平成15年法律第118号)第2条第1項に規定する地方独立行政法人をいう.以下同じ.)
⑥ この法律において「個人データ」とは,個人情報データベース等を構成する個人情報をいう.
⑦ この法律において「保有個人データ」とは,個人情報取扱事業者が,開示,内容の訂正,追加又は削除,利用の停止,消去及び第三者への提供の停止を行うことのできる権限を有する個人データであって,その存否が明らかになることにより公益その他の利益が害されるものとして政令で定めるもの又は1年以内の政令で定める期間以内に消去することとなるもの以外のもの
⑧ この法律において個人情報について「本人」とは,個人情報によって識別される特定の個人をいう.
⑨ この法律において「匿名加工情報」とは,次の各号に掲げる個人情報の区分に応じて当該各号に定める措置を講じて特定の個人を識別することができないように個人情報を加工して得られる個人に関する情報であって,当該個人情報を復元することができないようにしたものをいう.
1 第1項第1号に該当する個人情報 当該個人情報に含まれる記述等の一部を削除すること(当該一部の記述等を復元することのできる規則性を有しない方法により他の記述等に置き換えることを含む.).
2 第1項第2号に該当する個人情報 当該個人情報に含まれる個人識別符号の全部を削除すること(当該個人識別符号を復元することのできる規則性を有しない方法により他の記述等に置き換えることを含む.).
⑩ この法律において「匿名加工情報取扱事業者」とは,匿名加工情報を含む情報の集合物であって,特定の匿名加工情報を電子計算機を用いて検索することができるように体系的に構成したものその他特定の匿名加工情報を容易に検索することができるように体系的に構成したものとして政令で定めるもの(第36条第1項において「匿名加工情報データベース等」という.)を事業の用に供している者をいう.ただし,第5項各号に掲げる者を除く.

(定義)
第2条 ① この法律において「個人情報」とは,生存する個人に関する情報であって,当該情報に含まれる氏名,生年月日その他の記述等により特定の個人を識別することができるもの(他の情報と容易に照合することができ,それにより特定の個人を識別することができることとなるものを含む.)をいう.
② この法律において「個人情報データベース等」とは,個人情報を含む情報の集合物であって,次に掲げるものをいう.
1 特定の個人情報を電子計算機を用いて検索することができるように体系的に構成したもの
2 前号に掲げるもののほか,特定の個人情報を容易に検索することができるように体系的に構成したものとして政令で定めるもの
③ この法律において「個人情報取扱事業者」とは,個人情報データベース等を事業の用に供している者をいう.ただし,次に掲げる者を除く.
1 国の機関
2 地方公共団体
3 独立行政法人等(独立行政法人等の保有する個人情報の保護に関する法律(平成15年法律第59号)第2条第1項に規定する独立行政法人等をいう.以下同じ.)
4 地方独立行政法人(地方独立行政法人法(平成15年法律第118号)第2条第1項に規定する地方独立行政法人をいう.以下同じ.)
5 その取り扱う個人情報の量及び利用方法からみて個人の権利利益を害するおそれが少ないものとして政令で定める者
④ この法律において「個人データ」とは,個人情報データベース等を構成する個人情報をいう.
⑤ この法律において「保有個人データ」とは,個人情報取扱事業者が,開示,内容の訂正,追加又は削除,利用の停止,消去及び第三者への提供の停止を行うことのできる権限を有する個人データであって,その存否が明らかになることにより公益その他の利益が害されるものとして政令で定めるもの又は1年以内の政令で定める期間以内に消去することとなるもの以外のものをいう.
⑥ この法律において個人情報について「本人」とは,個人情報によって識別される特定の個人をいう.

個人情報の保護に関する法律（3条～16条）

（基本理念）
第3条　個人情報は，個人の人格尊重の理念の下に慎重に取り扱われるべきものであることにかんがみ，その適正な取扱いが図られなければならない．

第2章　国及び地方公共団体の責務等

（国の責務）
第4条　国は，この法律の趣旨にのっとり，個人情報の適正な取扱いを確保するために必要な施策を総合的に策定し，及びこれを実施する責務を有する．
（地方公共団体の責務）
第5条　地方公共団体は，この法律の趣旨にのっとり，その地方公共団体の区域の特性に応じて，個人情報の適正な取扱いを確保するために必要な施策を策定し，及びこれを実施する責務を有する．
（法制上の措置等）
第6条　政府は，個人情報の性質及び利用方法に鑑み，個人の権利利益の一層の保護を図るため特にその適正な取扱いの厳格な実施を確保する必要がある個人情報について，保護のための格別の措置が講じられるよう必要な法制上の措置その他の措置を講ずるとともに，国際機関その他の国際的な枠組みへの協力を通じて，各国政府と共同して国際的に整合のとれた個人情報に係る制度を構築するために必要な措置を講ずるものとする．

第3章　個人情報の保護に関する施策等

第1節　個人情報の保護に関する基本方針

第7条　① 政府は，個人情報の保護に関する施策の総合的かつ一体的な推進を図るため，個人情報の保護に関する基本方針（以下「基本方針」という．）を定めなければならない．
② 基本方針は，次に掲げる事項について定めるものとする．
　1　個人情報の保護に関する施策の推進に関する基本的な方向
　2　国が講ずべき個人情報の保護のための措置に関する事項
　3　地方公共団体が講ずべき個人情報の保護のための措置に関する基本的な事項
　4　独立行政法人等が講ずべき個人情報の保護のための措置に関する基本的な事項
　5　地方独立行政法人が講ずべき個人情報の保護のための措置に関する基本的な事項
　6　個人情報取扱事業者及び匿名加工情報取扱事業者並びに第50条第1項に規定する認定個人情報保護団体が講ずべき個人情報の保護のための措置に関する基本的な事項
　7　個人情報の取扱いに関する苦情の円滑な処理に関する事項
　8　その他個人情報の保護に関する施策の推進に関する重要事項
③ 内閣総理大臣は，個人情報保護委員会が作成した基本方針の案について，閣議の決定を求めなければならない．
④ 内閣総理大臣は，前項の規定による閣議の決定があったときは，遅滞なく，基本方針を公表しなければならない．
⑤ 前2項の規定は，基本方針の変更について準用する．

第2節　国の施策

（地方公共団体等への支援）
第8条　国は，地方公共団体が策定し，又は実施する個人情報の保護に関する施策及び国民又は事業者等が個人情報の適正な取扱いに関して行う活動を支援するため，情報の提供，事業者等が講ずべき措置の適切かつ有効な実施を図るための指針の策定その他の必要な措置を講ずるものとする．
（苦情処理のための措置）
第9条　国は，個人情報の取扱いに関し事業者と本人との間に生じた苦情の適切かつ迅速な処理を図るために必要な措置を講ずるものとする．
（個人情報の適正な取扱いを確保するための措置）
第10条　国は，地方公共団体との適切な役割分担を通じ，次章に規定する個人情報取扱事業者による個人情報の適正な取扱いを確保するために必要な措置を講ずるものとする．

第3節　地方公共団体の施策

（地方公共団体等が保有する個人情報の保護）
第11条　地方公共団体は，その保有する個人情報の性質，当該個人情報を保有する目的等を勘案し，その保有する個人情報の適正な取扱いが確保されるよう必要な措置を講ずることに努めなければならない．
② 地方公共団体は，その設立に係る地方独立行政法人について，その性格及び業務内容に応じ，その保有する個人情報の適正な取扱いが確保されるよう必要な措置を講ずることに努めなければならない．
（区域内の事業者等への支援）
第12条　地方公共団体は，個人情報の適正な取扱いを確保するため，その区域内の事業者及び住民に対する支援に必要な措置を講ずるよう努めなければならない．
（苦情の処理のあっせん等）
第13条　地方公共団体は，個人情報の取扱いに関し事業者と本人との間に生じた苦情が適切かつ迅速に処理されるようにするため，苦情の処理のあっせんその他必要な措置を講ずるよう努めなければならない．

第4節　国及び地方公共団体の協力

第14条　国及び地方公共団体は，個人情報の保護に関する施策を講ずるにつき，相協力するものとする．

第4章　個人情報取扱事業者の義務等

第1節　個人情報取扱事業者の義務

（利用目的の特定）
第15条　① 個人情報取扱事業者は，個人情報を取り扱うに当たっては，その利用の目的（以下「利用目的」という．）をできる限り特定しなければならない．
② 個人情報取扱事業者は，利用目的を変更する場合には，変更前の利用目的と相当の関連性を有すると合理的に認められる範囲を超えて行ってはならない．
　　　　　　〔部間施行，平27法65，平29・5・30までに施行〕
（利用目的による制限）
第16条　① 個人情報取扱事業者は，あらかじめ本人の同意を得ないで，前条の規定により特定された利用目的の達成に必要な範囲を超えて，個人情報を取り扱ってはならない．
② 個人情報取扱事業者は，合併その他の事由により他の個人情報取扱事業者から事業を承継すること

に伴って個人情報を取得した場合は、あらかじめ本人の同意を得ないで、承継前における当該個人情報の利用目的の達成に必要な範囲を超えて、当該個人情報を取り扱ってはならない。
③ 前2項の規定は、次に掲げる場合については、適用しない。
1　法令に基づく場合
2　人の生命、身体又は財産の保護のために必要がある場合であって、本人の同意を得ることが困難であるとき。
3　公衆衛生の向上又は児童の健全な育成の推進のために特に必要がある場合であって、本人の同意を得ることが困難であるとき。
4　国の機関若しくは地方公共団体又はその委託を受けた者が法令の定める事務を遂行することに対して協力する必要がある場合であって、本人の同意を得ることにより当該事務の遂行に支障を及ぼすおそれがあるとき。

(適正な取得)
第17条　① 個人情報取扱事業者は、偽りその他不正の手段により個人情報を取得してはならない。
② 個人情報取扱事業者は、次に掲げる場合を除くほか、あらかじめ本人の同意を得ないで、要配慮個人情報を取得してはならない。
1　法令に基づく場合
2　人の生命、身体又は財産の保護のために必要がある場合であって、本人の同意を得ることが困難であるとき。
3　公衆衛生の向上又は児童の健全な育成の推進のために特に必要がある場合であって、本人の同意を得ることが困難であるとき。
4　国の機関若しくは地方公共団体又はその委託を受けた者が法令の定める事務を遂行することに対して協力する必要がある場合であって、本人の同意を得ることにより当該事務の遂行に支障を及ぼすおそれがあるとき。
5　当該要配慮個人情報が、本人、国の機関、地方公共団体、第76条第1項各号に掲げる者その他個人情報保護委員会規則で定める者により公開されている場合
6　その他前各号に掲げる場合に準ずるものとして政令で定める場合

(取得に際しての利用目的の通知等)
第18条　① 個人情報取扱事業者は、個人情報を取得した場合は、あらかじめその利用目的を公表している場合を除き、速やかに、その利用目的を、本人に通知し、又は公表しなければならない。
② 個人情報取扱事業者は、前項の規定にかかわらず、本人との間で契約を締結することに伴って契約書その他の書面（電磁的記録を含む。以下この項において同じ。）に記載された当該本人の個人情報を取得する場合その他本人から直接書面に記載された当該本人の個人情報を取得する場合は、あらかじめ、本人に対し、その利用目的を明示しなければならない。ただし、人の生命、身体又は財産の保護のために緊急に必要があるときは、この限りでない。
③ 個人情報取扱事業者は、利用目的を変更した場合は、変更された利用目的について、本人に通知し、又は公表しなければならない。
④ 前3項の規定は、次に掲げる場合については、適用しない。
1　利用目的を本人に通知し、又は公表することにより本人又は第三者の生命、身体、財産その他の権利利益を害するおそれがある場合
2　利用目的を本人に通知し、又は公表することにより当該個人情報取扱事業者の権利又は正当な利益を害するおそれがある場合
3　国の機関又は地方公共団体が法令の定める事務を遂行することに対して協力する必要がある場合であって、利用目的を本人に通知し、又は公表することにより当該事務の遂行に支障を及ぼすおそれがある場合
4　取得の状況からみて利用目的が明らかであると認められる場合

(データ内容の正確性の確保等)
第19条　個人情報取扱事業者は、利用目的の達成に必要な範囲内において、個人データを正確かつ最新の内容に保つとともに、利用する必要がなくなったときは、当該個人データを遅滞なく消去するよう努めなければならない。

(安全管理措置)
第20条　個人情報取扱事業者は、その取り扱う個人データの漏えい、滅失又はき損の防止その他の個人データの安全管理のために必要かつ適切な措置を講じなければならない。

(従業者の監督)
第21条　個人情報取扱事業者は、その従業者に個人データを取り扱わせるに当たっては、当該個人データの安全管理が図られるよう、当該従業者に対する必要かつ適切な監督を行わなければならない。

(委託先の監督)
第22条　個人情報取扱事業者は、個人データの取扱いの全部又は一部を委託する場合は、その取扱いを委託された個人データの安全管理が図られるよう、委託を受けた者に対する必要かつ適切な監督を行わなければならない。

(第三者提供の制限)
第23条　① 個人情報取扱事業者は、次に掲げる場合を除くほか、あらかじめ本人の同意を得ないで、個人データを第三者に提供してはならない。
1　法令に基づく場合
2　人の生命、身体又は財産の保護のために必要がある場合であって、本人の同意を得ることが困難であるとき。
3　公衆衛生の向上又は児童の健全な育成の推進のために特に必要がある場合であって、本人の同意を得ることが困難であるとき。
4　国の機関若しくは地方公共団体又はその委託を受けた者が法令の定める事務を遂行することに対して協力する必要がある場合であって、本人の同意を得ることにより当該事務の遂行に支障を及ぼすおそれがあるとき。
② 個人情報取扱事業者は、第三者に提供される個人データ（要配慮個人情報を除く。以下この項において同じ。）について、本人の求めに応じて当該本人が識別される個人データの第三者への提供を停止することとしている場合であって、次に掲げる事項について、個人情報保護委員会規則で定めるところにより、あらかじめ、本人に通知し、又は本人が容易に知り得る状態に置くとともに、個人情報保護委員会に届け出たときは、前項の規定にかかわらず、当該個人データを第三者に提供することができる。
1　第三者への提供を利用目的とすること。
2　第三者に提供される個人データの項目

3 第三者への提供の手段又は方法
4 本人の求めに応じて当該本人が識別される個人データの第三者への提供を停止すること.
5 本人の求めを受け付ける方法
③ 個人情報取扱事業者は,前項第2号,第3号又は第5号に掲げる事項を変更する場合は,変更する内容について,個人情報保護委員会規則で定めるところにより,あらかじめ,本人に通知し,又は本人が容易に知り得る状態に置くとともに,個人情報保護委員会に届け出なければならない.
④ 個人情報保護委員会は,第2項の規定による届出があったときは,個人情報保護委員会規則で定めるところにより,当該届出に係る事項を公表しなければならない.前項の規定による届出があったときも,同様とする.
⑤ 次に掲げる場合において,当該個人データの提供を受ける者は,前各項の規定の適用については,第三者に該当しないものとする.
1 個人情報取扱事業者が利用目的の達成に必要な範囲内において個人データの取扱いの全部又は一部を委託することに伴って当該個人データが提供される場合
2 合併その他の事由による事業の承継に伴って個人データが提供される場合
3 特定の者との間で共同して利用される個人データが当該特定の者に提供される場合であって,その旨並びに共同して利用される個人データの項目,共同して利用する者の範囲,利用する者の利用目的及び当該個人データの管理について責任を有する者の氏名又は名称について,あらかじめ,本人に通知し,又は本人が容易に知り得る状態に置いているとき.
⑥ 個人情報取扱事業者は,前項第3号に規定する利用する者の利用目的又は個人データの管理について責任を有する者の氏名若しくは名称を変更する場合は,変更する内容について,あらかじめ,本人に通知し,又は本人が容易に知り得る状態に置かなければならない.

(開 示)
第28条 ① 本人は,個人情報取扱事業者に対し,当該本人が識別される保有個人データの開示を請求することができる.
② 個人情報取扱事業者は,前項の規定による請求を受けたときは,本人に対し,政令で定める方法により,遅滞なく,当該保有個人データを開示しなければならない.ただし,開示することにより次の各号のいずれかに該当する場合は,その全部又は一部を開示しないことができる.
1 本人又は第三者の生命,身体,財産その他の権利利益を害するおそれがある場合
2 当該個人情報取扱事業者の業務の適正な実施に著しい支障を及ぼすおそれがある場合
3 他の法令に違反することとなる場合
③ 個人情報取扱事業者は,第1項の規定による請求に係る保有個人データの全部若しくは一部について開示しない旨の決定をしたとき又は当該保有個人データが存在しないときは,本人に対し,遅滞なく,その旨を通知しなければならない.
④ 他の法令の規定により,本人に対し第2項本文に規定する方法に相当する方法により当該本人が識別される保有個人データの全部又は一部を開示することとされている場合には,当該全部又は一部の保有個人データについては,第1項及び第2項の規定は,適用しない.

(訂正等)
第29条 ① 本人は,個人情報取扱事業者に対し,当該本人が識別される保有個人データの内容が事実でないときは,当該保有個人データの内容の訂正,追加又は削除(以下この条において「訂正等」という.)を請求することができる.
② 個人情報取扱事業者は,前項の規定による請求を受けた場合には,その内容の訂正等に関して他の法令の規定により特別の手続が定められている場合を除き,利用目的の達成に必要な範囲内において,遅滞なく必要な調査を行い,その結果に基づき,当該保有個人データの内容の訂正等を行わなければならない.
③ 個人情報取扱事業者は,第1項の規定による請求に係る保有個人データの内容の全部若しくは一部について訂正等を行ったとき,又は訂正等を行わない旨の決定をしたときは,本人に対し,遅滞なく,その旨(訂正等を行ったときは,その内容を含む.)を通知しなければならない.

(利用停止等)
第30条 ① 本人は,個人情報取扱事業者に対し,当該本人が識別される保有個人データが第16条の規定に違反して取り扱われているとき又は第17条の規定に違反して取得されたものであるときは,当該保有個人データの利用の停止又は消去(以下この条において「利用停止等」という.)を請求することができる.
② 個人情報取扱事業者は,前項の規定による請求を受けた場合であって,その請求に理由があることが判明したときは,違反を是正するために必要な限度で,遅滞なく,当該保有個人データの利用停止等を行わなければならない.ただし,当該保有個人データの利用停止等に多額の費用を要する場合その他の利用停止等を行うことが困難な場合であって,本人の権利利益を保護するため必要なこれに代わるべき措置をとるときは,この限りでない.
③ 本人は,個人情報取扱事業者に対し,当該本人が識別される保有個人データが第23条第1項又は第24条の規定に違反して第三者に提供されているときは,当該保有個人データの第三者への提供の停止を請求することができる.
④ 個人情報取扱事業者は,前項の規定による請求を受けた場合であって,その請求に理由があることが判明したときは,遅滞なく,当該保有個人データの第三者への提供を停止しなければならない.ただし,当該保有個人データの第三者への提供の停止に多額の費用を要する場合その他の第三者への提供を停止することが困難な場合であって,本人の権利利益を保護するため必要なこれに代わるべき措置をとるときは,この限りでない.
⑤ 個人情報取扱事業者は,第1項の規定による請求に係る保有個人データの全部若しくは一部について利用停止等を行ったとき若しくは利用停止等を行わない旨の決定をしたとき,又は第3項の規定による請求に係る保有個人データの全部若しくは一部について第三者への提供を停止したとき若しくは第三者への提供を停止しない旨の決定をしたときは,本人に対し,遅滞なく,その旨を通知しなければならない.

(理由の説明)

第31条　個人情報取扱事業者は，第27条第3項，第28条第3項，第29条第3項又は前条第5項の規定により，本人から求められ，又は請求された措置の全部又は一部について，その措置をとらない旨を通知する場合又はその措置と異なる措置をとる旨を通知する場合には，本人に対し，その理由を説明するよう努めなければならない．

（開示等の請求等に応じる手続）
第32条　① 個人情報取扱事業者は，第27条第2項の規定による求め又は第28条第1項，第29条第1項若しくは第30条第1項若しくは第3項の規定による請求（以下この条及び第53条第1項において「開示等の請求等」という．）に関し，政令で定めるところにより，その求め又は請求を受け付ける方法を定めることができる．この場合において，本人は，当該方法に従って，開示等の請求等を行わなければならない．
② 個人情報取扱事業者は，本人に対し，開示等の請求等に関し，その対象となる保有個人データを特定するに足りる事項の提示を求めることができる．この場合において，個人情報取扱事業者は，本人が容易かつ的確に開示等の請求等をすることができるよう，当該保有個人データの特定に資する情報の提供その他本人の利便を考慮した適切な措置をとらなければならない．
③ 開示等の請求等は，政令で定めるところにより，代理人によってすることができる．
④ 個人情報取扱事業者は，前3項の規定に基づき開示等の請求等に応じる手続を定めるに当たっては，本人に過重な負担を課するものとならないよう配慮しなければならない．

第6章　雑　則

（適用除外）
第76条　① 個人情報取扱事業者等のうち次の各号に掲げる者については，その個人情報等を取り扱う目的の全部又は一部がそれぞれ当該各号に規定する目的であるときは，第4章の規定は，適用しない．
1　放送機関，新聞社，通信社その他の報道機関（報道を業として行う個人を含む．）　報道の用に供する目的
2　著述を業として行う者　著述の用に供する目的
3　大学その他の学術研究を目的とする機関若しくは団体又はそれらに属する者　学術研究の用に供する目的
4　宗教団体　宗教活動（これに付随する活動を含む．）の用に供する目的
5　政治団体　政治活動（これに付随する活動を含む．）の用に供する目的
② 前項第1号に規定する「報道」とは，不特定かつ多数の者に対して客観的事実を事実として知らせること（これに基づいて意見又は見解を述べることを含む．）をいう．
③ 第1項各号に掲げる個人情報取扱事業者等は，個人データ又は匿名加工情報の安全管理のために必要かつ適切な措置，個人情報等の取扱いに関する苦情の処理その他の個人情報等の適正な取扱いを確保するために必要な措置を自ら講じ，かつ，当該措置の内容を公表するよう努めなければならない．
（地方公共団体が処理する事務）

第77条　この法律に規定する委員会の権限及び第44条第1項又は第4項の規定により事業所管大臣又は金融庁長官に委任された権限に属する事務は，政令で定めるところにより，地方公共団体の長その他の執行機関が行うこととすることができる．

（保有個人データに関する事項の公表等）
第24条　① 個人情報取扱事業者は，保有個人データに関し，次に掲げる事項について，本人の知り得る状態（本人の求めに応じて遅滞なく回答する場合を含む．）に置かなければならない．
1　当該個人情報取扱事業者の氏名又は名称
2　すべての保有個人データの利用目的（第18条第4項第1号から第3号までに該当する場合を除く．）
3　次項，次条第1項，第26条第1項又は第27条第1項若しくは第2項の規定による求めに応じる手続（第30条第2項の規定により手数料の額を定めたときは，その手数料の額を含む．）
4　前3号に掲げるもののほか，保有個人データの適正な取扱いの確保に関し必要な事項として政令で定めるもの
② 個人情報取扱事業者は，本人から，当該本人が識別される保有個人データの利用目的の通知を求められたときは，本人に対し，遅滞なく，これを通知しなければならない．ただし，次の各号のいずれかに該当する場合は，この限りでない．
1　前項の規定により当該本人が識別される保有個人データの利用目的が明らかな場合
2　第18条第4項第1号から第3号までに該当する場合
③ 個人情報取扱事業者は，前項の規定に基づき求められた保有個人データの利用目的を通知しない旨の決定をしたときは，本人に対し，遅滞なく，その旨を通知しなければならない．
（開　示）
第25条　① 個人情報取扱事業者は，本人から，当該本人が識別される保有個人データの開示（当該本人が識別される保有個人データが存在しないときにその旨を知らせることを含む．以下同じ．）を求められたときは，本人に対し，政令で定める方法により，遅滞なく，当該保有個人データを開示しなければならない．ただし，開示することにより次の各号のいずれかに該当する場合は，その全部又は一部を開示しないことができる．
1　本人又は第三者の生命，身体，財産その他の権利利益を害するおそれがある場合
2　当該個人情報取扱事業者の業務の適正な実施に著しい支障を及ぼすおそれがある場合
3　他の法令に違反することとなる場合
② 個人情報取扱事業者は，前項の規定に基づき求められた保有個人データの全部又は一部について開示しない旨の決定をしたときは，本人に対し，遅滞なく，その旨を通知しなければならない．
③ 他の法令の規定により，本人に対し第1項本文に規定する方法に相当する方法により当該本人が識別される保有個人データの全部又は一部を開示することとされている場合には，当該全部又は一部の保有個人データについては，同項の規定は，適用しない．
（訂正等）

[128] 個人情報の保護に関する法律（旧26条〜旧68条）

第26条 ① 個人情報取扱事業者は、本人から、当該本人が識別される保有個人データの内容が事実でないという理由によって当該保有個人データの内容の訂正、追加又は削除（以下この条において「訂正等」という。）を求められた場合には、その内容の訂正等に関して他の法令の規定により特別の手続が定められている場合を除き、利用目的の達成に必要な範囲内において、遅滞なく必要な調査を行い、その結果に基づき、当該保有個人データの内容の訂正等を行わなければならない。
② 個人情報取扱事業者は、前項の規定に基づき求められた保有個人データの内容の全部若しくは一部について訂正等を行ったとき又は訂正等を行わない旨の決定をしたときは、本人に対し、遅滞なく、その旨（訂正等を行ったときは、その内容を含む。）を通知しなければならない。

（利用停止等）
第27条 ① 個人情報取扱事業者は、本人から、当該本人が識別される保有個人データが第16条の規定に違反して取り扱われているという理由又は第17条の規定に違反して取得されたものであるという理由によって、当該保有個人データの利用の停止又は消去（以下この条において「利用停止等」という。）を求められた場合であって、その求めに理由があることが判明したときは、違反を是正するために必要な限度で、遅滞なく、当該保有個人データの利用停止等を行わなければならない。ただし、当該保有個人データの利用停止等に多額の費用を要する場合その他の利用停止等を行うことが困難な場合であって、本人の権利利益を保護するため必要なこれに代わるべき措置をとるときは、この限りでない。
② 個人情報取扱事業者は、本人から、当該本人が識別される保有個人データが第23条第1項の規定に違反して第三者に提供されているという理由によって、当該保有個人データの第三者への提供の停止を求められた場合であって、その求めに理由があることが判明したときは、遅滞なく、当該保有個人データの第三者への提供を停止しなければならない。ただし、当該保有個人データの第三者への提供の停止に多額の費用を要する場合その他の第三者への提供を停止することが困難な場合であって、本人の権利利益を保護するため必要なこれに代わるべき措置をとるときは、この限りでない。
③ 個人情報取扱事業者は、第1項の規定に基づき求められた保有個人データの全部若しくは一部について利用停止等を行ったとき若しくは利用停止等を行わない旨の決定をしたとき、又は前項の規定に基づき求められた保有個人データの全部若しくは一部について第三者への提供を停止したとき若しくは第三者への提供を停止しない旨の決定をしたときは、本人に対し、遅滞なく、その旨を通知しなければならない。

（理由の説明）
第28条 個人情報取扱事業者は、第24条第3項、第25条第2項、第26条第2項又は前条第3項の規定により、本人から求められた措置の全部又は一部について、その措置をとらない旨を通知する場合又はその措置と異なる措置をとる旨を通知する場合は、本人に対し、その理由を説明するよう努めなければならない。

（開示等の求めに応じる手続）
第29条 ① 個人情報取扱事業者は、第24条第2項、第25条第1項、第26条第1項又は第27条第1項若しくは第2項の規定による求め（以下この条において「開示等の求め」という。）に関し、政令で定めるところにより、その求めを受け付ける方法を定めることができる。この場合において、本人は、当該方法に従って、開示等の求めを行わなければならない。
② 個人情報取扱事業者は、本人に対し、開示等の求めに関し、その対象となる保有個人データを特定するに足りる事項の提示を求めることができる。この場合において、個人情報取扱事業者は、本人が容易かつ的確に開示等の求めをすることができるよう、当該保有個人データの特定に資する情報の提供その他本人の利便を考慮した適切な措置をとらなければならない。
③ 開示等の求めは、政令で定めるところにより、代理人によってすることができる。
④ 個人情報取扱事業者は、前3項の規定に基づき開示等の求めに応じる手続を定めるに当たっては、本人に過重な負担を課するものとならないよう配慮しなければならない。

第6章 雑 則

（適用除外）
第66条 ① 個人情報取扱事業者のうち次の各号に掲げる者については、その個人情報を取り扱う目的の全部又は一部がそれぞれ当該各号に規定する目的であるときは、第4章の規定は、適用しない。
1 放送機関、新聞社、通信社その他の報道機関（報道を業として行う個人を含む。） 報道の用に供する目的
2 著述を業として行う者 著述の用に供する目的
3 大学その他の学術研究を目的とする機関若しくは団体又はそれらに属する者 学術研究の用に供する目的
4 宗教団体 宗教活動（これに付随する活動を含む。）の用に供する目的
5 政治団体 政治活動（これに付随する活動を含む。）の用に供する目的
② 前項第1号に規定する「報道」とは、不特定かつ多数の者に対して客観的事実を事実として知らせること（これに基づいて意見又は見解を述べることを含む。）をいう。
③ 第1項各号に掲げる個人情報取扱事業者は、個人データの安全管理のために必要かつ適切な措置、個人情報の取扱いに関する苦情の処理その他の個人情報の適正な取扱いを確保するために必要な措置を自ら講じ、かつ、当該措置の内容を公表するよう努めなければならない。

（地方公共団体が処理する事務）
第67条 この法律に規定する主務大臣の権限に属する事務は、政令で定めるところにより、地方公共団体の長その他の執行機関が行うこととすることができる。

（権限又は事務の委任）
第68条 この法律により主務大臣の権限又は事務に属する事項は、政令で定めるところにより、その所属の職員に委任することができる。

129 行政手続における特定の個人を識別するための番号の利用等に関する法律(抄)

(平25・5・31法律第27号,平27・10・5施行,最終改正:平28・6・3法律第63号)

第1章 総則

(目的)
第1条 この法律は,行政機関,地方公共団体その他の行政事務を処理する者が,個人番号及び法人番号の有する特定の個人及び法人その他の団体を識別する機能を活用し,並びに当該機能によって異なる分野に属する情報を照合してこれらが同一の者に係るものであるかどうかを確認することができるものとして整備された情報システムを運用して,効率的な情報の管理及び利用並びに他の行政事務を処理する者との間における迅速な情報の授受を行うことができるようにするとともに,これにより,行政運営の効率化及び行政分野におけるより公正な給付と負担の確保を図り,かつ,これらの者に対し申請,届出その他の手続を行い,又はこれらの者から便益の提供を受ける国民が,手続の簡素化による負担の軽減,本人確認の簡易な手段その他の利便性の向上を得られるようにするために必要な事項を定めるほか,個人番号その他の特定個人情報の取扱いが安全かつ適正に行われるよう行政機関の保有する個人情報の保護に関する法律(平成15年法律第58号),独立行政法人等の保有する個人情報の保護に関する法律(平成15年法律第59号)及び個人情報の保護に関する法律(平成15年法律第57号)の特例を定めることを目的とする.

(定義)
第2条 ① この法律において「行政機関」とは,行政機関の保有する個人情報の保護に関する法律(以下「行政機関個人情報保護法」という.)第2条第1項に規定する行政機関をいう.
② この法律において「独立行政法人等」とは,独立行政法人等の保有する個人情報の保護に関する法律(以下「独立行政法人等個人情報保護法」という.)第2条第1項に規定する独立行政法人等をいう.
③ この法律において「個人情報」とは,行政機関個人情報保護法第2条第2項に規定する個人情報であって行政機関が保有するもの,独立行政法人等個人情報保護法第2条第2項に規定する個人情報であって独立行政法人等が保有するもの又は個人情報の保護に関する法律(以下「個人情報保護法」という.)第2条第1項に規定する個人情報であって行政機関及び独立行政法人等以外の者が保有するものをいう.
④ この法律において「個人情報ファイル」とは,行政機関個人情報保護法第2条第6項に規定する個人情報ファイルであって行政機関が保有するもの,独立行政法人等個人情報保護法第2条第6項に規定する個人情報ファイルであって独立行政法人等が保有するもの又は個人情報保護法第2条第4項に規定する個人情報データベース等であって行政機関及び独立行政法人等以外の者が保有するものをいう. 〔平28法51,平29・11・26までに施行〕
⑤ この法律において「個人番号」とは,第7条第1項又は第2項の規定により,住民票コード(住民基本台帳法(昭和42年法律第81号)第7条第13号に規定する住民票コードをいう.以下同じ.)を変換して得られる番号であって,当該住民票コードが記載された住民票に係る者を識別するために指定されるものをいう.
⑥ この法律において「本人」とは,個人番号によって識別される特定の個人をいう.
⑦ この法律において「個人番号カード」とは,氏名,住所,生年月日,性別,個人番号その他政令で定める事項が記載され,本人の写真が表示され,かつ,これらの事項その他総務省令で定める事項(以下「カード記録事項」という.)が電磁的方法(電子的方法,磁気的方法その他の人の知覚によって認識することができない方法をいう.第18条において同じ.)により記録されたカードであって,この法律又はこの法律に基づく命令で定めるところによりカード記録事項を閲覧し,又は改変する権限を有する者が行政機関による閲覧又は改変を防止するために必要なものとして総務省令で定める措置が講じられたものをいう.
⑧ この法律において「特定個人情報」とは,個人番号(個人番号に対応し,当該個人番号に代わって用いられる番号,記号その他の符号であって,住民票コード以外のものを含む.第7条第1項及び第2項,第8条並びに第48条並びに附則第3条第1項から第3項まで及び第5項を除き,以下同じ.)をその内容に含む個人情報をいう.
⑨ この法律において「特定個人情報ファイル」とは,個人番号をその内容に含む個人情報ファイルをいう.
⑩ この法律において「個人番号利用事務」とは,行政機関,地方公共団体,独立行政法人等その他の行政事務を処理する者が第9条第1項又は第2項の規定によりその保有する特定個人情報ファイルにおいて個人情報を効率的に検索し,及び管理するために必要な限度で個人番号を利用して処理する事務をいう.
⑪ この法律において「個人番号関係事務」とは,第9条第3項の規定により個人番号利用事務に関して行われる他人の個人番号を必要な限度で利用して行う事務をいう.
⑫ この法律において「個人番号利用事務実施者」とは,個人番号利用事務を処理する者及び個人番号利用事務の全部又は一部の委託を受けた者をいう.
⑬ この法律において「個人番号関係事務実施者」とは,個人番号関係事務を処理する者及び個人番号関係事務の全部又は一部の委託を受けた者をいう.
⑭ この法律において「情報提供ネットワークシステム」とは,行政機関の長等(行政機関の長,地方公共団体の機関,独立行政法人等,地方独立行政法人(地方独立行政法人法(平成15年法律第118号)第2条第1項に規定する地方独立行政法人をいう.以下同じ.)及び地方公共団体情報システム機構(以下「機構」という.)並びに第19条第7号に規定する情報照会者及び情報提供者並びに同条第8号に規定する条例事務関係情報照会者及び条例事務関係情報提供者をいう.第7章を除き,以下同じ.)の使用に係る電子計算機を相互に電気通信回線で接続した電子情報処理組織であって,暗号その他その内容を容易に復元することができない

【129】行政手続における特定の個人を識別するための番号の利用等に関する法律（3条～7条）

通信の方法を用いて行われる第19条第7号又は第8号の規定による特定個人情報の提供を管理するために、第21条第1項の規定に基づき総務大臣が設置し、及び管理するものをいう。

⑮ この法律において「法人番号」とは、第39条第1項又は第2項の規定により、特定の法人その他の団体を識別するための番号として指定されるものをいう。

(基本理念)
第3条 ① 個人番号及び法人番号の利用は、この法律の定めるところにより、次に掲げる事項を旨として、行われなければならない。
1 行政事務の処理にあたって、個人又は法人その他の団体に関する情報の管理を一層効率化するとともに、当該事務の対象となる者を特定する簡易な手続を設けることによって、国民の利便性の向上及び行政運営の効率化に資すること。
2 情報提供ネットワークシステムその他これに準ずる情報システムを利用して迅速かつ安全に情報の授受を行い、情報を共有することによって、社会保障制度、税制その他の行政分野における給付と負担の適切な関係の維持に資すること。
3 個人又は法人その他の団体から提出された情報については、これと同一の内容の情報の提出を求めることを避け、国民の負担の軽減を図ること。
4 個人番号を用いて収集され、又は整理された個人情報が法令に定められた範囲を超えて利用され、又は漏えいすることがないよう、その管理の適正を確保すること。

② 個人番号及び法人番号の利用に関する施策の推進は、個人情報の保護に十分配慮しつつ、行政運営の効率化を通じた国民の利便性の向上に資することを旨として、社会保障制度、税制及び災害対策に関する分野における利用の促進を図るとともに、他の行政分野及び行政分野以外の国民の利便性の向上に資する分野における利用の可能性を考慮して行われなければならない。

③ 個人番号の利用に関する施策の推進は、個人番号カードが第1項第1号に掲げる事項を実現するために必要であることに鑑み、行政事務の処理における本人確認の簡易な手段としての個人番号カードの利用の促進を図るとともに、カード記録事項が不正な手段により収集されることがないよう配慮しつつ、行政事務以外の事務の処理において個人番号カードの活用が図られるように行われなければならない。

④ 個人番号の利用に関する施策の推進は、情報提供ネットワークシステムが第1項第2号及び第3号に掲げる事項を実現するために必要であることに鑑み、個人情報の保護に十分配慮しつつ、社会保障制度、税制、災害対策その他の行政分野において、行政機関、地方公共団体その他の個人番号を利用する者が迅速に特定個人情報の授受を行うための手段としての情報提供ネットワークシステムの利用の促進を図るとともに、これらの者が行う特定個人情報以外の情報の授受に情報提供ネットワークシステムの用途を拡大する可能性を考慮して行われなければならない。

(国の責務)
第4条 ① 国は、前条に定める基本理念（以下「基本理念」という。）にのっとり、個人番号その他の特定個人情報の取扱いの適正を確保するために必要な措置を講ずるとともに、個人番号及び法人番号の利用を促進するための施策を実施するものとする。

② 国は、教育活動、広報活動その他の活動を通じて、個人番号及び法人番号の利用に関する国民の理解を深めるよう努めるものとする。

(地方公共団体の責務)
第5条 地方公共団体は、基本理念にのっとり、個人番号その他の特定個人情報の取扱いの適正を確保するために必要な措置を講ずるとともに、個人番号及び法人番号の利用に関し、国との連携を図りながら、自主的かつ主体的に、その地域の特性に応じた施策を実施するものとする。

(事業者の努力)
第6条 個人番号及び法人番号を利用する事業者は、基本理念にのっとり、国及び地方公共団体が個人番号及び法人番号の利用に関し実施する施策に協力するよう努めるものとする。

第2章　個人番号

(指定及び通知)
第7条 ① 市町村長（特別区の区長を含む。以下同じ。）は、住民基本台帳法第30条の3第2項の規定により住民票に住民票コードを記載したときは、政令で定めるところにより、速やかに、次条第2項の規定により機構から通知された個人番号とすべき番号をその者の個人番号として指定し、その者に対し、当該個人番号を通知カード（氏名、住所、生年月日、性別、個人番号その他総務省令で定める事項が記載されたカードをいう。以下同じ。）により通知しなければならない。

② 市町村長は、当該市町村（特別区を含む。以下同じ。）が備える住民基本台帳に記録されている者の個人番号が漏えいして不正に用いられるおそれがあると認められるときは、政令で定めるところにより、その者の請求又は職権により、その者の従前の個人番号に代えて、次条第2項の規定により機構から通知された個人番号とすべき番号をその者の個人番号として指定し、速やかに、その者に対し、当該個人番号を通知カードにより通知しなければならない。

③ 市町村長は、前2項の規定による通知をするときは、当該通知を受ける者が個人番号カードの交付を円滑に受けることができるよう、当該交付の手続に関する情報の提供その他の必要な措置を講ずるものとする。

④ 通知カードの交付を受けている者は、住民基本台帳法第22条第1項の規定による届出をする場合には、当該届出と同時に、当該通知カードを市町村長に提出しなければならない。この場合において、市町村長は、総務省令で定めるところにより、当該通知カードに係る記載事項の変更その他の総務省令で定める措置を講じなければならない。

⑤ 前項の場合を除くほか、通知カードの交付を受けている者は、当該通知カードに係る記載事項に変更があったときは、その変更があった日から14日以内に、その旨をその者が記録されている住民基本台帳を備える市町村の長（以下「住所地市町村長」という。）に届け出るとともに、当該通知カードを提出しなければならない。この場合においては、同項後段の規定を準用する。

⑥ 通知カードの交付を受けている者は、当該通知

カードを紛失したときは、直ちに、その旨を住所地市町村長に届け出なければならない。
⑦ 通知カードの交付を受けている者は、第17条第1項の規定による個人番号カードの交付を受けようとする場合その他政令で定める場合には、政令で定めるところにより、当該通知カードを住所地市町村長に返納しなければならない。
⑧ 前各項に定めるもののほか、通知カードの様式その他通知カードに関し必要な事項は、総務省令で定める。

(個人番号とすべき番号の生成)
第8条 ① 市町村長は、前条第1項又は第2項の規定により個人番号を指定するときは、あらかじめ機構に対し、当該指定しようとする者に係る住民票に記載された住民票コードを通知するとともに、個人番号とすべき番号の生成を求めるものとする。
② 機構は、前項の規定により市町村長から個人番号とすべき番号の生成を求められたときは、政令で定めるところにより、次項の規定により設置される電子情報処理組織を使用して、次に掲げる要件に該当する番号を生成し、速やかに、当該市町村長に対し、通知するものとする。
1 他のいずれの個人番号(前条第2項の従前の個人番号を含む。)とも異なること。
2 前項の住民票コードを変換して得られるものであること。
3 前項の住民票コードを復元することのできる規則性を備えるものでないこと。
③ 機構は、前項の規定により個人番号とすべき番号を生成して、並びに当該番号の生成及び市町村長に対する通知について管理するための電子情報処理組織を設置するものとする。

(利用範囲)
第9条 ① 別表第1の上欄に掲げる行政機関、地方公共団体、独立行政法人等その他の行政事務を処理する者(法令の規定により同表の下欄に掲げる事務の全部又は一部を行うこととされている者がある場合にあっては、その者を含む。第3項において同じ。)は、同表の下欄に掲げる事務の処理に関して保有する特定個人情報ファイルにおいて個人情報を効率的に検索し、及び管理するために必要な限度で個人番号を利用することができる。当該事務の全部又は一部の委託を受けた者も、同様とする。
② 地方公共団体の長その他の執行機関は、福祉、保健若しくは医療その他の社会保障、地方税(地方税法(昭和25年法律第226号)第1条第1項第4号に規定する地方税をいう。以下同じ。)又は防災に関する事務その他これらに類する事務であって条例で定めるものの処理に関して保有する特定個人情報ファイルにおいて個人情報を効率的に検索し、及び管理するために必要な限度で個人番号を利用することができる。当該事務の全部又は一部の委託を受けた者も、同様とする。
③ 健康保険法(大正11年法律第70号)第48条若しくは第197条第1項、相続税法(昭和25年法律第73号)<u>第59条第1項、第3項若しくは第4項</u>、厚生年金保険法(昭和29年法律第115号)第27条、第98条第3項若しくは第98条第1項、租税特別措置法(昭和32年法律第26号)第9条の4の2第2項、第29条の2第5項若しくは第6項、第37条の11の3第7項、第37条の14第9項、第13条若しくは第26項、第70条の2の2第13項若しくは第70条の2の3第14項、国税通則法(昭和37年法律第66号)第74条の13の2、所得税法(昭和40年法律第33号)第225条から第228条の3の2まで、雇用保険法(昭和49年法律第116号)第7条又は内国税の適正な課税の確保を図るための国外送金等に係る調書の提出等に関する法律(平成9年法律第110号)第4条第1項若しくは第4条の3第1項その他の法令又は条例の規定により、別表第1の上欄に掲げる行政機関、地方公共団体、独立行政法人等その他の行政事務を処理する者は地方公共団体の長その他の執行機関による第1項又は前項に規定する事務の処理に関して必要とされる他人の個人番号を記載した書面の提出その他の他人の個人番号を利用した事務を行うものとされた者は、当該事務を行うために必要な限度で個人番号を利用することができる。当該事務の全部又は一部の委託を受けた者も、同様とする。

〔前半の___部:平27法9、平30・1・1施行/
後半の___部:平27法65、平30・9・8までに施行〕

④ 前項の規定により個人番号を利用することができることとされている者のうち所得税法第225条第1項第1号、第2号及び第4号から第6号までに掲げる者は、激甚災害に対処するための特別の財政援助等に関する法律(昭和37年法律第150号)第2条第1項に規定する激甚災害が発生したときその他これに準ずる場合として政令で定めるときは、内閣府令で定めるところにより、あらかじめ締結した契約に基づく金銭の支払を行うために必要な限度で個人番号を利用することができる。
⑤ 前各項に定めるもののほか、第19条第12号から第15号までのいずれかに該当して特定個人情報の提供を受けた者は、その提供を受けた目的を達成するために必要な限度で個人番号を利用することができる。

(再委託)
第10条 ① 個人番号利用事務又は個人番号関係事務(以下「個人番号利用事務等」という。)の全部又は一部の委託を受けた者は、当該個人番号利用事務等の委託をした者の許諾を得た場合に限り、その全部又は一部の再委託をすることができる。
② 前項の規定により個人番号利用事務等の全部又は一部の再委託を受けた者は、個人番号利用事務等の全部又は一部の委託を受けた者とみなして、第2条第12項及び第13項、前条第1項から第3項まで並びに前項の規定を適用する。

(委託先の監督)
第11条 個人番号利用事務等の全部又は一部の委託をする者は、当該委託に係る個人番号利用事務等において取り扱う特定個人情報の安全管理が図られるよう、当該委託を受けた者に対する必要かつ適切な監督を行わなければならない。

(個人番号利用事務実施者等の責務)
第12条 個人番号利用事務実施者及び個人番号関係事務実施者(以下「個人番号利用事務等実施者」という。)は、個人番号の漏えい、滅失又は毀損の防止その他の個人番号の適切な管理のために必要な措置を講じなければならない。

第13条 個人番号利用事務等実施者は、本人又はその代理人及び個人番号関係事務実施者の負担の軽減並びに行政運営の効率化を図るため、同一の内容の情報が記載された書面の提出を複数の個人番号関係事務において重ねて求めることのないよう、相互

に連携して情報の共有及びその適切な活用を図るように努めなければならない．
(提供の要求)
第14条 ① 個人番号利用事務等実施者は，個人番号利用事務等を処理するために必要があるときは，本人又は他の個人番号利用事務等実施者に対し個人番号の提供を求めることができる．
② 個人番号利用事務実施者（政令で定めるものに限る．第19条第4号において同じ．）は，個人番号利用事務を処理するために必要があるときは，住民基本台帳法第30条の9から第30条の12までの規定により，機構に対し機構保存本人確認情報（同法第30条の9に規定する機構保存本人確認情報をいう．第19条第4号及び第48条において同じ．）の提供を求めることができる．
(提供の求めの制限)
第15条 何人も，第19条各号のいずれかに該当する場合を除き，他人（自己と同一の世帯に属する者以外の者をいう．第20条において同じ．）に対し，個人番号の提供を求めてはならない．
(本人確認の措置)
第16条 個人番号利用事務等実施者は，第14条第1項の規定により本人から個人番号の提供を受けるときは，当該提供をする者から個人番号カード若しくは通知カード及び当該通知カードに記載された事項がその者に係るものであることを証するものとして主務省令で定める書類の提示を受けること又はこれらに代わるべきその者が本人であることを確認するための措置として政令で定める措置をとらなければならない．

第3章　個人番号カード

(個人番号カードの交付等)
第17条 ① 市町村長は，政令で定めるところにより，当該市町村が備える住民基本台帳に記録されている者に対し，その者の申請により，その者に係る個人番号カードを交付するものとする．この場合において，当該市町村長は，その者から通知カードの返納及び主務省令で定める書類の提示を受け，又は同条の政令で定める措置をとらなければならない．
② 個人番号カードの交付を受けている者は，住民基本台帳法第24条の2第1項に規定する最初の転入届をする場合には，当該最初の転入届と同時に，当該個人番号カードを市町村長に提出しなければならない．
③ 前項の規定により個人番号カードの提出を受けた市町村長は，当該個人番号カードについて，カード記録事項の変更その他当該個人番号カードの適切な利用を確保するために必要な措置を講じ，これを返還しなければならない．
④ 第2項の場合を除くほか，個人番号カードの交付を受けている者は，カード記録事項に変更があったときは，その変更があった日から14日以内に，その旨を住所地市町村長に届け出るとともに，当該個人番号カードを提出しなければならない．この場合においては，前項の規定を準用する．
⑤ 個人番号カードの交付を受けている者は，当該個人番号カードを紛失したときは，直ちに，その旨を住所地市町村長に届け出なければならない．
⑥ 個人番号カードは，その有効期間が満了した場合その他政令で定める場合には，その効力を失う．
⑦ 個人番号カードの交付を受けている者は，当該個人番号カードの有効期間が満了した場合その他政令で定める場合には，政令で定めるところにより，当該個人番号カードを住所地市町村長に返納しなければならない．
⑧ 前各項に定めるもののほか，個人番号カードの様式，個人番号カードの有効期間及び個人番号カードの再交付を受けようとする場合における手続その他個人番号カードに関し必要な事項は，総務省令で定める．
(個人番号カードの利用)
第18条 個人番号カードは，第16条の規定による本人確認の措置において利用するほか，次の各号に掲げる者が，条例（第2号の場合にあっては，政令）で定めるところにより，個人番号カードのカード記録事項が記録された部分と区分された部分に，当該各号に定める事務を処理するために必要な事項を電磁的方法により記録して利用することができる．この場合において，これらの者は，カード記録事項の漏えい，滅失又は毀損の防止その他のカード記録事項の安全管理を図るため必要なものとして総務大臣が定める基準に従って個人番号カードを取り扱わなければならない．
1　市町村の機関　地域住民の利便性の向上に資するものとして条例で定める事務
2　特定の個人を識別して行う事務を処理する行政機関，地方公共団体，民間事業者その他の者であって政令で定めるもの　当該事務

第4章　特定個人情報の提供

第1節　特定個人情報の提供の制限等
(特定個人情報の提供の制限)
第19条 何人も，次の各号のいずれかに該当する場合を除き，特定個人情報の提供をしてはならない．
1　個人番号利用事務実施者が個人番号利用事務を処理するために必要な限度で本人若しくはその代理人又は個人番号関係事務実施者に対し特定個人情報を提供するとき（個人番号利用事務実施者が，生活保護法（昭和25年法律第144号）第29条第1項，厚生年金保険法第100条の2第5項その他の政令で定める法律の規定により本人の資産又は収入の状況についての報告を求めるためにその者の個人番号を提供する場合にあっては，銀行その他の政令で定める者に対し提供するときに限る．）．
2　個人番号関係事務実施者が個人番号関係事務を処理するために必要な限度で特定個人情報を提供するとき（第11号に規定する場合を除く．）．
3　本人又はその代理人が個人番号利用事務等実施者に対し，当該本人の個人番号を含む特定個人情報を提供するとき．
4　機構が第14条第2項の規定により個人番号利用事務実施者に機構保存本人確認情報を提供するとき．
5　特定個人情報の取扱いの全部若しくは一部の委託又は合併その他の事由による事業の承継に伴い特定個人情報を提供するとき．
6　住民基本台帳法第30条の6第1項の規定その他政令で定める同法の規定により特定個人情報を提供するとき．

7 別表第2の第1欄に掲げる者（法令の規定により同表の第2欄に掲げる事務の全部又は一部を行うこととされている者がある場合にあっては，その者を含む．以下「情報照会者」という．）が，政令で定めるところにより，同表の第3欄に掲げる者（法令の規定により同表の第4欄に掲げる特定個人情報の利用又は提供に関する事務の全部又は一部を行うこととされている者がある場合にあっては，その者を含む．以下「情報提供者」という．）に対し，同表の第2欄に掲げる事務を処理するために必要な同表の第4欄に掲げる特定個人情報（情報提供者の保有する特定個人情報ファイルに記録されたものに限る．）の提供を求めた場合において，当該情報提供者が情報提供ネットワークシステムを使用して当該特定個人情報を提供するとき．

8 条例事務関係情報照会者（第9条第2項の規定に基づき条例で定める事務のうち別表第2の第2欄に掲げる事務に準じて迅速に特定個人情報の提供を受けることによって効率化を図るべきものとして個人情報保護委員会規則で定めるものを処理する地方公共団体の長その他の執行機関であって個人情報保護委員会規則で定めるものをいう．第26条において同じ．）が，政令で定めるところにより，条例事務関係情報提供者（当該事務の内容に応じて個人情報保護委員会規則で定める個人番号利用事務実施者をいう．以下この号及び同条において同じ．）に対し，当該事務を処理するために必要な同表の第四欄に掲げる特定個人情報であって当該事務の内容に応じて個人情報保護委員会規則で定めるもの（条例事務関係情報提供者の保有する特定個人情報ファイルに記録されたものに限る．）の提供を求めた場合において，当該条例事務関係情報提供者が情報提供ネットワークシステムを使用して当該特定個人情報を提供するとき．

9 国税庁長官が都道府県知事若しくは市町村長又は都道府県知事若しくは市町村長が国税庁長官若しくは他の都道府県知事若しくは市町村長に，地方税法第46条第4項若しくは第5項，第48条第7項，第72条の58，第317条又は第325条の規定その他政令で定める同法又は国税（国税通則法（<u>昭和37年法律第66号</u>）第2条第1号に規定する国税をいう．以下同じ．）に関する法律の規定により国税又は地方税に関する特定個人情報を提供する場合において，特定個人情報の安全を確保するために必要な措置として政令で定める措置を講じているとき．

一部削除：平27法65，平30・9・8までに施行］
10 地方公共団体の機関が，条例で定めるところにより，当該地方公共団体の他の機関に，その事務を処理するために必要な限度で特定個人情報を提供するとき．
11 社債，株式等の振替に関する法律（平成13年法律第75号）第2条第5項に規定する振替機関等（以下この号において「振替機関等」という．）が同条第1項に規定する社債等（以下この号において単に「社債等」という．）の発行者（これに準ずる者として政令で定めるものを含む．）又は他の振替機関等に対し，これらの者の使用に係る電子計算機を相互に電気通信回線で接続した電子情報処理組織であって，社債等の振替を行うための口座に記録されるものを利用して，同法又は同法に基づく命令の規定により，社債等の振替を行うための口座の開設を受ける者が第9条第3項に規定する書面（所得税法第225条第1項（第1号，第2号，第8号又は第10号から第12号までに係る部分に限る．）の規定により税務署長に提出されるべき特定個人番号として当該口座を開設する振替機関等に告知した個人番号を含む特定個人情報を提供する場合において，当該特定個人情報の安全を確保するために必要な措置として政令で定める措置を講じているとき．

12 第35条第1項の規定により求められた特定個人情報を個人情報保護委員会（以下「委員会」という．）に提供するとき．

13 各議院若しくは各議院の委員会若しくは参議院の調査会が国会法（昭和22年法律第79号）第104条第1項（同法第54条の4第1項において準用する場合を含む．）若しくは議院における証人の宣誓及び証言等に関する法律（昭和22年法律第225号）第1条の規定により行う審査若しくは調査，訴訟手続その他の裁判所における手続，裁判の執行，刑事事件の捜査，租税に関する法律の規定に基づく犯則事件の調査又は会計検査院の検査（第36条において「各議院審査等」という．）が行われるとき，その他政令で定める公益上の必要があるとき．

14 人の生命，身体又は財産の保護のために必要がある場合において，本人の同意があり，又は本人の同意を得ることが困難であるとき．

15 その他これらに準ずるものとして個人情報保護委員会規則で定めるとき．

（収集等の制限）
第20条 何人も，前条各号のいずれかに該当する場合を除き，特定個人情報（他人の個人番号を含むものに限る．）を収集し，又は保管してはならない．

第2節 情報提供ネットワークシステムによる特定個人情報の提供

（情報提供ネットワークシステム）
第21条 ① 総務大臣は，委員会と協議して，情報提供ネットワークシステムを設置し，及び管理するものとする．
② 総務大臣は，情報照会者から第19条第7号の規定により特定個人情報の提供の求めがあったときは，次に掲げる場合を除き，政令で定めるところにより，情報提供ネットワークシステムを使用して，情報提供者に対して特定個人情報の提供の求めがあった旨を通知しなければならない．
1 情報照会者，情報提供者，情報照会者の処理する事務又は当該事務を処理するために必要な特定個人情報の項目が別表第2に掲げるものに該当しないとき．
2 当該特定個人情報が記録されることとなる情報照会者の保有する特定個人情報ファイル又は当該特定個人情報が記録されている情報提供者の保有する特定個人情報ファイルについて，第28条（第3項及び第5項を除く．）の規定に違反する事実があったと認めるとき．

（特定個人情報の提供）
第22条 ① 情報提供者は，第19条第7号の規定により特定個人情報の提供を求められた場合において，当該提供の求めについて前条第2項の規定による総務大臣からの通知を受けたときは，政令で定め

るところにより,情報照会者に対し,当該特定個人情報を提供しなければならない.
② 前項の規定による特定個人情報の提供があった場合において,他の法令の規定により当該特定個人情報と同一の内容の情報を含む書面の提出が義務付けられているときは,当該書面の提出があったものとみなす.
(情報提供等の記録)
第23条 ① 情報照会者及び情報提供者は,第19条第7号の規定により特定個人情報の提供の求め又は提供があったときは,次に掲げる事項を情報提供ネットワークシステムに接続されたその者の使用する電子計算機に記録し,当該記録を政令で定める期間保存しなければならない.
1 情報照会者及び情報提供者の名称
2 提供の求めの日時及び提供があったときはその日時
3 特定個人情報の項目
4 前3号に掲げるもののほか,総務省令で定める事項
② 前項に規定する事項のほか,情報照会者及び情報提供者は,当該特定個人情報の提供の求め又は提供の事実が次の各号のいずれかに該当する場合には,その旨を情報提供ネットワークシステムに接続されたその者の使用する電子計算機に記録し,当該記録を同項に規定する期間保存しなければならない.
1 第31条第1項の規定により読み替えて適用する行政機関個人情報保護法第14条に規定する不開示情報に該当すると認めるとき.
2 条例で定めるところにより地方公共団体又は地方独立行政法人が開示する義務を負わない個人情報に該当すると認めるとき.
3 第31条第3項の規定により読み替えて適用する独立行政法人等個人情報保護法第14条に規定する不開示情報に該当すると認めるとき.
4 第31条第4項の規定により読み替えて準用する独立行政法人等個人情報保護法第14条に規定する不開示情報に該当すると認めるとき.
③ 総務大臣は,第19条第7号の規定により特定個人情報の提供の求め又は提供があったときは,前2項に規定する事項を情報提供ネットワークシステムに記録し,当該記録を第1項に規定する期間保存しなければならない.
(秘密の管理)
第24条 総務大臣並びに情報照会者及び情報提供者は,情報提供等事務(第19条第7号の規定による特定個人情報の提供の求め又は提供に関する事務をいう.以下この条及び次条において同じ.)に関する秘密について,その漏えいの防止その他の適切な管理のために,情報提供ネットワークシステム並びに情報照会者及び情報提供者が情報提供等事務に使用する電子計算機の安全性及び信頼性を確保することその他の必要な措置を講じなければならない.
(秘密保持義務)
第25条 情報提供等事務又は情報提供ネットワークシステムの運営に関する事務に従事する者又は従事していた者は,その業務に関して知り得た当該事務に関する秘密を漏らし,又は盗用してはならない.

第5章 特定個人情報の保護

第2節 行政機関個人情報保護法等の特例等
(地方公共団体等が保有する特定個人情報の保護)
第32条 地方公共団体は,行政機関個人情報保護法,独立行政法人等個人情報保護法,個人情報保護法及びこの法律の規定により行政機関の長,独立行政法人等及び個人情報保護法第2条第5項に規定する個人情報取扱事業者が講ずることとされている措置の趣旨を踏まえ,当該地方公共団体及びその設立に係る地方独立行政法人が保有する特定個人情報の適正な取扱いが確保されるよう,並びに当該地方公共団体及びその設立に係る地方独立行政法人が保有する特定個人情報の開示,訂正,利用の停止,消去及び提供の停止(第23条第1項及び第2項に規定する記録に記録された特定個人情報にあっては,その開示及び訂正)を実施するために必要な措置を講ずるものとする.

第6章 特定個人情報の取扱いに関する監督等

(指導及び助言)
第33条 委員会は,この法律の施行に必要な限度において,個人番号利用事務等実施者に対し,特定個人情報の取扱いに関し,必要な指導及び助言をすることができる.この場合において,行政機関,地方公共団体,独立行政法人等又は地方独立行政法人における特定個人情報の適正な取扱いを確保するために必要があると認めるときは,当該特定個人情報と共に管理されている特定個人情報以外の個人情報の取扱いに関し,併せて指導及び助言をすることができる.
(勧告及び命令)
第34条 ① 委員会は,特定個人情報の取扱いに関して法令の規定に違反する行為が行われた場合において,特定個人情報の適正な取扱いの確保のために必要があると認めるときは,当該違反行為をした者に対し,期限を定めて,当該違反行為を是正するために必要な措置をとるべき旨を勧告することができる.
② 委員会は,前項の規定による勧告を受けた者が,正当な理由がなくてその勧告に係る措置をとらなかったときは,その者に対し,期限を定めて,その勧告に係る措置をとるべきことを命ずることができる.
③ 委員会は,前2項の規定にかかわらず,特定個人情報の取扱いに関して法令の規定に違反する行為が行われた場合において,個人の重大な権利利益を害する事実があるため緊急に措置をとる必要があると認めるときは,当該違反行為をした者に対し,期限を定めて,当該違反行為の中止その他違反を是正するために必要な措置をとるべき旨を命ずることができる.
(報告及び立入検査)
第35条 ① 委員会は,この法律の施行に必要な限度において,特定個人情報を取り扱う者その他の関係者に対し,特定個人情報の取扱いに関し,必要な報告若しくは資料の提出を求め,又はその職員に,当該特定個人情報を取り扱う者その他の関係者の事務所その他必要な場所に立ち入らせて,特定個人情報の取扱いに関し質問させ,若しくは帳簿書類その

他の物件を検査させることができる．
② 前項の規定による立入検査をする職員は，その身分を示す証明書を携帯し，関係人の請求があったときは，これを提示しなければならない．
③ 第1項の規定による立入検査の権限は，犯罪捜査のために認められたものと解釈してはならない．

（適用除外）
第36条 前3条の規定は，各議院審査等が行われる場合又は第19条第13号の政令で定める場合のうち各議院審査等に準ずるものとして政令で定める手続が行われる場合における特定個人情報の提供及び提供を受け，又は取得した特定個人情報の取扱いについては，適用しない．

（措置の要求）
第37条 ① 委員会は，個人番号その他の特定個人情報の取扱いに利用される情報技術ネットワークシステムその他の情報システムの構築及び維持管理に関し，費用の節減その他の合理化及び効率化を図った上でその機能の安全性及び信頼性を確保するよう，総務大臣その他の関係行政機関の長に対し，必要な措置を実施するよう求めることができる．
② 委員会は，前項の規定により同項の措置の実施を求めたときは，同項の関係行政機関の長に対し，その措置の実施状況について報告を求めることができる．

（内閣総理大臣に対する意見の申出）
第38条 委員会は，内閣総理大臣に対し，その所掌事務の遂行を通じて得られた特定個人情報の保護に関する施策の改善についての意見を述べることができる．

第7章 法人番号

（通知等）
第39条 ① 国税庁長官は，政令で定めるところにより，法人等（国の機関，地方公共団体及び会社法（平成17年法律第86号）その他の法令の規定により設立の登記をした法人並びにこれらの法人以外の法人又は法人でない社団若しくは財団で代表者若しくは管理人の定めがあるもの（以下この条において「人格のない社団等」という．）であって，所得税法第230条，法人税法（昭和40年法律第34号）第148条，第149条若しくは第150条又は消費税法（昭和63年法律第108号）第57条の規定により届出書を提出することとされているものをいう．以下この項及び次項において同じ．）に対して，法人番号を指定し，これを当該法人等に通知するものとする．
② 法人等以外の法人又は人格のない社団等であって政令で定めるものは，政令で定めるところにより，その者の商号又は名称及び本店又は主たる事務所の所在地その他財務省令で定める事項を国税庁長官に届け出て法人番号の指定を受けることができる．
③ 前項の規定による届出をした者は，その届出に係る事項に変更があったとき（この項の規定による届出に係る事項に変更があった場合を含む．）は，政令で定めるところにより，当該変更があった事項を国税庁長官に届け出なければならない．
④ 国税庁長官は，政令で定めるところにより，第1項又は第2項の規定により法人番号の指定を受けた者（以下「法人番号保有者」という．）の商号又は名称，本店又は主たる事務所の所在地及び法人番号を公表するものとする．ただし，人格のない社団等については，あらかじめ，その代表者又は管理人の同意を得なければならない．

（情報の提供の求め）
第40条 ① 行政機関の長，地方公共団体の機関又は独立行政法人等（以下この章において「行政機関の長等」という．）は，他の行政機関の長等に対し，特定法人情報（法人番号保有者に関する情報であって法人番号により検索することができるものをいう．第42条において同じ．）の提供を求めるときは，当該法人番号を当該他の行政機関の長等に通知してするものとする．
② 行政機関の長等は，国税庁長官に対し，法人番号保有者の商号又は名称，本店又は主たる事務所の所在地及び法人番号について情報の提供を求めることができる．

（資料の提供）
第41条 ① 国税庁長官は，第39条第1項の規定による法人番号の指定を行うために必要があると認めるときは，法務大臣に対し，商業登記法（昭和38年法律第125号）第7条（他の法令において準用する場合を含む．）に規定する会社法人等番号（会社法その他の法令の規定により設立の登記をした法人の本店又は主たる事務所の所在地を管轄する登記所において作成される登記簿に記録されたものに限る．）その他の当該登記簿に記録された事項の提供を求めることができる．
② 前項に定めるもののほか，国税庁長官は，第39条第1項若しくは第2項の規定による法人番号の指定若しくは通知又は同条第4項の規定による公表を行うために必要があると認めるときは，官公署に対し，法人番号保有者の商号又は名称及び本店又は主たる事務所の所在地その他必要な資料の提供を求めることができる．

（正確性の確保）
第42条 行政機関の長等は，その保有する特定法人情報について，その利用の目的の達成に必要な範囲内で，過去又は現在の事実と合致するよう努めなければならない．

第8章 雑則

（指定都市の特例）
第43条 ① 地方自治法（昭和22年法律第67号）第252条の19第1項に規定する指定都市（次項において単に「指定都市」という．）に対するこの法律の規定で政令で定めるものの適用については，区及び総合区を市と，区長及び総合区長を市長とみなす．
② 前項に定めるもののほか，指定都市に対するこの法律の規定の適用については，政令で特別の定めをすることができる．

（事務の区分）
第44条 第7条第1項及び第2項，第8条第1項（附則第3条第4項において準用する場合を含む．），第17条第1項及び第3項（同条第4項において準用する場合を含む．）並びに附則第3条第1項から第3項までの規定により市町村が処理することとされている事務は，地方自治法第2条第9項第1号

に規定する第1号法定受託事務とする.

（権限又は事務の委任）
第45条 行政機関の長は，政令（内閣の所轄の下に置かれる機関及び会計検査院にあっては，当該機関の命令）で定めるところにより，第2章，第4章，第5章及び前章に定める権限又は事務を当該行政機関の職員に委任することができる.

（主務省令）
第46条 この法律における主務省令は，内閣府令・総務省令とする.

（政令への委任）
第47条 この法律に定めるもののほか，この法律の実施のための手続その他この法律の施行に関し必要な事項は，政令で定める.

130 警察官職務執行法

（昭23・7・12法律第136号，昭23・7・12施行，最終改正：平18・6・23法律第94号）

（この法律の目的）
第1条 ① この法律は，警察官が警察法（昭和29年法律第162号）に規定する個人の生命，身体及び財産の保護，犯罪の予防，公安の維持並びに他の法令の執行等の職権職務を忠実に遂行するために，必要な手段を定めることを目的とする.
② この法律に規定する手段は，前項の目的のため必要な最小の限度において用いるべきものであって，いやしくもその濫用にわたるようなことがあってはならない.

（質問）
第2条 ① 警察官は，異常な挙動その他周囲の事情から合理的に判断して何らかの犯罪を犯し，若しくは犯そうとしていると疑うに足りる相当な理由のある者又は既に行われた犯罪について，若しくは犯罪が行われようとしていることについて知っていると認められる者を停止させて質問することができる.
② その場で前項の質問をすることが本人に対して不利であり，又は交通の妨害になると認められる場合においては，質問するため，その者に附近の警察署，派出所又は駐在所に同行することを求めることができる.
③ 前2項に規定する者は，刑事訴訟に関する法律の規定によらない限り，身柄を拘束され，又はその意に反して警察署，派出所若しくは駐在所に連行され，若しくは答弁を強要されることはない.
④ 警察官は，刑事訴訟に関する法律により逮捕されている者については，その身体について凶器を所持しているかどうかを調べることができる.

（保護）
第3条 ① 警察官は，異常な挙動その他周囲の事情から合理的に判断して次の各号のいずれかに該当することが明らかであり，かつ，応急の救護を要すると信ずるに足りる相当な理由のある者を発見したときは，取りあえず警察署，病院，救護施設等の適当な場所において，これを保護しなければならない.
 1 精神錯乱又は泥酔のため，自己又は他人の生命，身体又は財産に危害を及ぼすおそれのある者
 2 迷い子，病人，負傷者等で適当な保護者を伴わず，

応急の救護を要すると認められる者（本人がこれを拒んだ場合を除く.）
② 前項の措置をとった場合においては，警察官は，できるだけすみやかに，その者の家族，知人その他の関係者にこれを通知し，その者の引取方について必要な手配をしなければならない．責任ある家族，知人等が見つからないときは，すみやかにその事件を適当な公衆保健若しくは公共福祉のための機関又はこの種の事件の処置についいて法令により責任を負う他の公の機関に，その事件を引き継がなければならない.
③ 第1項の規定による警察の保護は，24時間をこえてはならない．但し，引き続き保護することを承認する簡易裁判所（当該保護をした警察官の属する警察署所在地を管轄する簡易裁判所をいう．以下同じ.）の裁判官の許可状のある場合は，この限りでない.
④ 前項但書の許可状は，警察官の請求に基き，裁判官において已むを得ない事情があると認めた場合に限り，これを発するものとし，その延長に係る期間は，通じて5日をこえてはならない．この許可状には已むを得ないと認められる事情を明記しなければならない.
⑤ 警察官は，第1項の規定により警察で保護をした者の氏名，住所，保護の理由，保護及び引渡の時日並びに引渡先を毎週簡易裁判所に通知しなければならない.

（避難等の措置）
第4条 ① 警察官は，人の生命若しくは身体に危険を及ぼし，又は財産に重大な損害を及ぼす虞のある天災，事変，工作物の損壊，交通事故，危険物の爆発，狂犬，奔馬の類等の出現，極端な雑踏等危険な事態がある場合においては，その場に居合わせた者，その事物の管理者その他関係者に必要な警告を発し，及び特に急を要する場合においては，危害を受ける虞のある者に対し，その場の危害を避けしめるために必要な限度でこれを引き留め，若しくは避難させ，又はその場に居合わせた者，その事物の管理者その他関係者に対し，危害防止のため通常必要と認められる措置をとることを命じ，又は自らその措置をとることができる.
② 前項の規定により警察官がとった処置については，順序を経て所属の公安委員会にこれを報告しなければならない．この場合において，公安委員会は他の公の機関に対し，その後の処置について必要と認める協力を求めるため適当な措置をとらなければならない.

（犯罪の予防及び制止）
第5条 警察官は，犯罪がまさに行われようとするのを認めたときは，その予防のため関係者に必要な警告を発し，又，もしその行為により人の生命若しくは身体に危険が及び，又は財産に重大な損害を受ける虞があって，急を要する場合においては，その行為を制止することができる.

（立入）
第6条 ① 警察官は，前2条に規定する危険な事態が発生し，人の生命，身体又は財産に対し危害が切迫したる場合において，危害を予防し，損害の拡大を防ぎ，又は被害者を救助するため，已むを得ないと認めるときは，合理的に必要と判断される限度において他人の土地，建物又は船車の中に立ち入ることができる.

② 興行場,旅館,料理屋,駅その他多数の客の来集する場所の管理者又はこれに準ずる者は,その公開時間中において,警察官が犯罪の予防又は人の生命,身体若しくは財産に対する危害予防のため,その場所に立ち入ることを要求した場合においては,正当の理由なくして,これを拒むことができない.
③ 警察官は,前2項の規定による立入に際しては,みだりに関係者の正当な業務を妨害してはならない.
④ 警察官は,第1項又は第2項の規定による立入に際して,その場所の管理者又はこれに準ずる者から要求された場合には,その理由を告げ,且つ,その身分を示す証票を呈示しなければならない.

(武器の使用)
第7条 警察官は,犯人の逮捕若しくは逃走の防止,自己若しくは他人に対する防護又は公務執行に対する抵抗の抑止のため必要であると認める相当な理由のある場合において,その事態に応じ合理的に必要と判断される限度において,武器を使用することができる.但し,刑法(明治40年法律第45号)第36条(正当防衛)若しくは同法第37条(緊急避難)に該当する場合又は左の各号の1に該当する場合を除いては,人に危害を与えてはならない.
1 死刑又は無期若しくは長期3年以上の懲役若しくは禁こにあたる兇悪な罪を犯し,若しくは既に犯したと疑うに足りる充分な理由のある者がその者に対する警察官の職務の執行に対して抵抗し,若しくは逃亡しようとするとき又は第三者がその者を逃がそうとして警察官に抵抗するとき,これを防ぎ,又は逮捕するために他に手段がないと警察官において信ずるに足りる相当な理由のある場合.
2 逮捕状により逮捕する際又は勾引状若しくは勾留状を執行する際その本人がその者に対する警察官の職務の執行に対して抵抗し,若しくは逃亡しようとするとき又は第三者がその者を逃がそうとして警察官に抵抗するとき,これを防ぎ,又は逮捕するために他に手段がないと警察官において信ずるに足りる相当な理由のある場合.

(他の法令による職権職務)
第8条 警察官は,この法律の規定によるの外,刑事訴訟その他に関する法令及び警察の規則による職権職務を遂行すべきものとする.

131 行政事件訴訟法

(昭37・5・16法律第139号,昭37・10・1施行,最終改正:平27・7・17法律第59号)

第1章 総則

(この法律の趣旨)
第1条 行政事件訴訟については,他の法律に特別の定めがある場合を除くほか,この法律の定めるところによる.

(行政事件訴訟)
第2条 この法律において「行政事件訴訟」とは,抗告訴訟,当事者訴訟,民衆訴訟及び機関訴訟をいう.

(抗告訴訟)
第3条 ① この法律において「抗告訴訟」とは,行政庁の公権力の行使に関する不服の訴訟をいう.
② この法律において「処分の取消しの訴え」とは,行政庁の処分その他公権力の行使に当たる行為(次項に規定する裁決,決定その他の行為を除く.以下単に「処分」という.)の取消しを求める訴訟をいう.
③ この法律において「裁決の取消しの訴え」とは,審査請求,異議申立てその他の不服申立て(以下単に「審査請求」という.)に対する行政庁の裁決,決定その他の行為(以下単に「裁決」という.)の取消しを求める訴訟をいう.
④ この法律において「無効等確認の訴え」とは,処分若しくは裁決の存否又はその効力の有無の確認を求める訴訟をいう.
⑤ この法律において「不作為の違法確認の訴え」とは,行政庁が法令に基づく申請に対し,相当の期間内に何らかの処分又は裁決をすべきであるにかかわらず,これをしないことについての違法の確認を求める訴訟をいう.
⑥ この法律において「義務付けの訴え」とは,次に掲げる場合において,行政庁がその処分又は裁決をすべき旨を命ずることを求める訴訟をいう.
1 行政庁が一定の処分をすべきであるにかかわらずこれがされないとき(次号に掲げる場合を除く.).
2 行政庁に対し一定の処分又は裁決を求める旨の法令に基づく申請又は審査請求がされた場合において,当該行政庁がその処分又は裁決をすべきであるにかかわらずこれがされないとき.
⑦ この法律において「差止めの訴え」とは,行政庁が一定の処分又は裁決をすべきでないにかかわらずこれがされようとしている場合において,行政庁がその処分又は裁決をしてはならない旨を命ずることを求める訴訟をいう.

(当事者訴訟)
第4条 この法律において「当事者訴訟」とは,当事者間の法律関係を確認し又は形成する処分又は裁決に関する訴訟で法令の規定によりその法律関係の当事者の一方を被告とするもの及び公法上の法律関係に関する確認の訴えその他の公法上の法律関係に関する訴訟をいう.

(民衆訴訟)
第5条 この法律において「民衆訴訟」とは,国又は公共団体の機関の法規に適合しない行為の是正を求める訴訟で,選挙人たる資格その他自己の法律上の利益にかかわらない資格で提起するものをいう.

(機関訴訟)
第6条 この法律において「機関訴訟」とは,国又は公共団体の機関相互間における権限の存否又はその行使に関する紛争についての訴訟をいう.

(この法律に定めがない事項)
第7条 行政事件訴訟に関し,この法律に定めがない事項については,民事訴訟の例による.

第2章 抗告訴訟

第1節 取消訴訟

(処分の取消しの訴えと審査請求との関係)
第8条 ① 処分の取消しの訴えは,当該処分につき法令の規定により審査請求をすることができる場合においても,直ちに提起することを妨げない.ただし,法律に当該処分についての審査請求に対する

[131] 行政事件訴訟法（9条〜13条）

裁決を経た後でなければ処分の取消しの訴えを提起することができない旨の定めがあるときは、この限りでない。
② 前項ただし書の場合においても、次の各号の1に該当するときは、裁決を経ないで、処分の取消しの訴えを提起することができる。
 1 審査請求があつた日から3箇月を経過しても裁決がないとき。
 2 処分、処分の執行又は手続の続行により生ずる著しい損害を避けるため緊急の必要があるとき。
 3 その他裁決を経ないことにつき正当な理由があるとき。
③ 第1項本文の場合において、当該処分につき審査請求がされているときは、裁判所は、その審査請求に対する裁決があるまで（審査請求があつた日から3箇月を経過しても裁決がないときは、その期間を経過するまで）、訴訟手続を中止することができる。

（原告適格）
第9条 ① 処分の取消しの訴え及び裁決の取消しの訴え（以下「取消訴訟」という。）は、当該処分又は裁決の取消しを求めるにつき法律上の利益を有する者（処分又は裁決の効果が期間の経過その他の理由によりなくなつた後においてもなお処分又は裁決の取消しによつて回復すべき法律上の利益を有する者を含む。）に限り、提起することができる。
② 裁判所は、処分又は裁決の相手方以外の者について前項に規定する法律上の利益の有無を判断するに当たつては、当該処分又は裁決の根拠となる法令の規定の文言のみによることなく、当該法令の趣旨及び目的並びに当該処分において考慮されるべき利益の内容及び性質を考慮するものとする。この場合において、当該法令の趣旨及び目的を考慮するに当たつては、当該法令と目的を共通にする関係法令があるときはその趣旨及び目的をも参酌するものとし、当該利益の内容及び性質を考慮するに当たつては、当該処分又は裁決がその根拠となる法令に違反してされた場合に害されることとなる利益の内容及び性質並びにこれが害される態様及び程度をも勘案するものとする。

（取消しの理由の制限）
第10条 ① 取消訴訟においては、自己の法律上の利益に関係のない違法を理由として取消しを求めることができない。
② 処分の取消しの訴えとその処分についての審査請求を棄却した裁決の取消しの訴えとを提起することができる場合には、裁決の取消しの訴えにおいては、処分の違法を理由として取消しを求めることができない。

（被告適格等）
第11条 ① 処分又は裁決をした行政庁（処分又は裁決があつた後に当該行政庁の権限が他の行政庁に承継されたときは、当該他の行政庁。以下同じ。）が国又は公共団体に所属する場合には、取消訴訟は、次の各号に掲げる訴えの区分に応じてそれぞれ当該各号に定める者を被告として提起しなければならない。
 1 処分の取消しの訴え　当該処分をした行政庁の所属する国又は公共団体
 2 裁決の取消しの訴え　当該裁決をした行政庁の所属する国又は公共団体
② 処分又は裁決をした行政庁が国又は公共団体に所属しない場合には、取消訴訟は、当該行政庁を被告として提起しなければならない。
③ 前2項の規定により被告とすべき国若しくは公共団体又は行政庁がない場合には、取消訴訟は、当該処分又は裁決に係る事務の帰属する国又は公共団体を被告として提起しなければならない。
④ 第1項の規定により国又は公共団体を被告として取消訴訟を提起する場合には、訴状には、民事訴訟の例により記載すべき事項のほか、次の各号に掲げる訴えの区分に応じてそれぞれ当該各号に定める行政庁を記載するものとする。
 1 処分の取消しの訴え　当該処分をした行政庁
 2 裁決の取消しの訴え　当該裁決をした行政庁
⑤ 第1項又は第3項の規定により国又は公共団体を被告として取消訴訟が提起された場合には、被告は、遅滞なく、裁判所に対し、前項各号に掲げる訴えの区分に応じてそれぞれ当該各号に定める行政庁を明らかにしなければならない。
⑥ 処分又は裁決をした行政庁は、当該処分又は裁決に係る第1項の規定による国又は公共団体を被告とする訴訟について、裁判上の一切の行為をする権限を有する。

（管轄）
第12条 ① 取消訴訟は、被告の普通裁判籍の所在地を管轄する裁判所又は処分若しくは裁決をした行政庁の所在地を管轄する裁判所の管轄に属する。
② 土地の収用、鉱業権の設定その他不動産又は特定の場所に係る処分又は裁決についての取消訴訟は、その不動産又は場所の所在地の裁判所にも、提起することができる。
③ 取消訴訟は、当該処分又は裁決に関し事案の処理に当たつた下級行政機関の所在地の裁判所にも、提起することができる。
④ 国又は独立行政法人通則法（平成11年法律第103号）第2条第1項に規定する独立行政法人若しくは別表に掲げる法人を被告とする取消訴訟は、原告の普通裁判籍の所在地を管轄する高等裁判所の所在地を管轄する地方裁判所（次項において「特定管轄裁判所」という。）にも、提起することができる。
⑤ 前項の規定により特定管轄裁判所に同項の取消訴訟が提起された場合であつて、他の裁判所に事実上及び法律上同一の原因に基づいてされた処分又は裁決に係る抗告訴訟が係属している場合においては、当該特定管轄裁判所は、当事者の住所又は所在地、尋問を受けるべき証人の住所、争点又は証拠の共通性その他の事情を考慮して、相当と認めるときは、申立てにより又は職権で、訴訟の全部又は一部について、当該他の裁判所又は第1項から第3項までに定める裁判所に移送することができる。

（関連請求に係る訴訟の移送）
第13条 取消訴訟と次の各号の1に該当する請求（以下「関連請求」という。）に係る訴訟とが各別の裁判所に係属する場合において、相当と認めるときは、関連請求に係る訴訟の係属する裁判所は、申立てにより又は職権で、その訴訟を取消訴訟の係属する裁判所に移送することができる。ただし、取消訴訟又は関連請求に係る訴訟の係属する裁判所が高等裁判所であるときは、この限りでない。
 1 当該処分又は裁決に関連する原状回復又は損害賠償の請求
 2 当該処分とともに1個の手続を構成する他の処分の取消しの請求

3　当該処分に係る裁決の取消しの請求
4　当該裁決に係る処分の取消しの請求
5　当該処分又は裁決の取消しを求める他の請求
6　その他当該処分又は裁決の取消しの請求と関連する請求
　　（出訴期間）
第14条　取消訴訟は,処分又は裁決があつたことを知つた日から6箇月を経過したときは,提起することができない．ただし,正当な理由があるときは,この限りでない．
② 取消訴訟は,処分又は裁決の日から1年を経過したときは,提起することができない．ただし,正当な理由があるときは,この限りでない．
③ 処分又は裁決につき審査請求をすることができる場合又は行政庁が誤つて審査請求をすることができる旨を教示した場合において,審査請求があつたときは,処分又は裁決に係る取消訴訟は,その審査請求をした者については,前2項の規定にかかわらず,これに対する裁決があつたことを知つた日から6箇月を経過したとき又は当該裁決の日から1年を経過したときは,提起することができない．ただし,正当な理由があるときは,この限りでない．
　　（被告を誤つた訴えの救済）
第15条　① 取消訴訟において,原告が故意又は重大な過失によらないで被告とすべき者を誤つたときは,裁判所は,原告の申立てにより,決定をもつて,被告を変更することを許すことができる．
② 前項の決定は,書面でするものとし,その正本を新たな被告に送達しなければならない．
③ 第1項の決定があつたときは,出訴期間の遵守については,新たな被告に対する訴えは,最初に訴えを提起した時に提起されたものとみなす．
④ 第1項の決定があつたときは,従前の被告に対しては,訴えの取下げがあつたものとみなす．
⑤ 第1項の決定に対しては,不服を申し立てることができない．
⑥ 第1項の申立てを却下する決定に対しては,即時抗告をすることができる．
⑦ 上訴審において第1項の決定をしたときは,裁判所は,その訴訟を管轄裁判所に移送しなければならない．
　　（請求の客観的併合）
第16条　① 取消訴訟には,関連請求に係る訴えを併合することができる．
② 前項の規定により訴えを併合する場合において,取消訴訟の第1審裁判所が高等裁判所であるときは,関連請求に係る訴えの被告の同意を得なければならない．被告が異議を述べないで,本案について弁論をし,又は弁論準備手続において申述をしたときは,同意したものとみなす．
　　（共同訴訟）
第17条　数人は,その数人の請求又はその数人に対する請求が処分又は裁決の取消しの請求と関連請求とである場合に限り,共同訴訟人として訴え,又は訴えられることができる．
② 前項の場合には,前条第2項の規定を準用する．
　　（第三者による請求の追加的併合）
第18条　第三者は,取消訴訟の口頭弁論の終結に至るまで,その訴訟の当事者の一方を被告として,関連請求に係る訴えをこれに併合して提起することができる．この場合において,当該取消訴訟が高等裁判所に係属しているときは,第16条第2項の規定を準用する．
　　（原告による請求の追加的併合）
第19条　① 原告は,取消訴訟の口頭弁論の終結に至るまで,関連請求に係る訴えをこれに併合して提起することができる．この場合において,当該取消訴訟が高等裁判所に係属しているときは,第16条第2項の規定を準用する．
② 前項の規定は,取消訴訟について民事訴訟法（平成8年法律第109号）第143条の規定の例によることを妨げない．
第20条　前条第1項前段の規定により,処分の取消しの訴えをその処分についての審査請求を棄却した裁決の取消しの訴えに併合して提起する場合には,同項後段において準用する第16条第2項の規定にかかわらず,処分の取消しの訴えの被告の同意を得ることを要せず,また,その提起があつたときは,出訴期間の遵守については,処分の取消しの訴えは,裁決の取消しの訴えを提起した時に提起されたものとみなす．
　　（国又は公共団体に対する請求への訴えの変更）
第21条　① 裁判所は,取消訴訟の目的たる請求を当該処分又は裁決に係る事務の帰属する国又は公共団体に対する損害賠償その他の請求に変更することが相当であると認めるときは,請求の基礎に変更がない限り,口頭弁論の終結に至るまで,原告の申立てにより,決定をもつて,訴えの変更を許すことができる．
② 前項の決定には,第15条第2項の規定を準用する．
③ 裁判所は,第1項の規定により訴えの変更を許す決定をするには,あらかじめ,当事者及び損害賠償その他の請求に係る訴えの被告の意見をきかなければならない．
④ 訴えの変更を許す決定に対しては,即時抗告をすることができる．
⑤ 訴えの変更を許さない決定に対しては,不服を申し立てることができない．
　　（第三者の訴訟参加）
第22条　① 裁判所は,訴訟の結果により権利を害される第三者があるときは,当事者若しくはその第三者の申立てにより又は職権で,決定をもつて,その第三者を訴訟に参加させることができる．
② 裁判所は,前項の決定をするには,あらかじめ,当事者及び第三者の意見をきかなければならない．
③ 第1項の申立てをした第三者は,その申立てを却下する決定に対して即時抗告をすることができる．
④ 第1項の規定により訴訟に参加した第三者については,民事訴訟法第40条第1項から第3項までの規定を準用する．
⑤ 第1項の規定により第三者が参加の申立てをした場合には,民事訴訟法第45条第3項及び第4項の規定を準用する．
　　（行政庁の訴訟参加）
第23条　① 裁判所は,処分又は裁決をした行政庁以外の行政庁を訴訟に参加させることが必要であると認めるときは,当事者若しくはその行政庁の申立てにより又は職権で,決定をもつて,その行政庁を訴訟に参加させることができる．
② 裁判所は,前項の決定をするには,あらかじめ,当事者及び当該行政庁の意見をきかなければならない．
③ 第1項の規定により訴訟に参加した行政庁については,民事訴訟法第45条第1項及び第2項の規

行政事件訴訟法（23条の2～33条）

定を準用する．

（釈明処分の特則）
第23条の2 ① 裁判所は，訴訟関係を明瞭にするため，必要があると認めるときは，次に掲げる処分をすることができる．
1 被告である国若しくは公共団体に所属する行政庁又は被告である行政庁に対し，処分又は裁決の内容，処分又は裁決の根拠となる法令の条項，処分又は裁決の原因となる事実その他処分又は裁決の理由を明らかにする資料（次項に規定する審査請求に係る事件の記録を除く．）であつて当該行政庁が保有するものの全部又は一部の提出を求めること．
2 前号に規定する行政庁以外の行政庁に対し，同号に規定する資料であつて当該行政庁が保有するものの全部又は一部の送付を嘱託すること．
② 裁判所は，処分についての審査請求に対する裁決を経た後に取消訴訟の提起があつたときは，次に掲げる処分をすることができる．
1 被告である国若しくは公共団体に所属する行政庁又は被告である行政庁に対し，当該審査請求に係る事件の記録であつて当該行政庁が保有するものの全部又は一部の提出を求めること．
2 前号に規定する行政庁以外の行政庁に対し，同号に規定する事件の記録であつて当該行政庁が保有するものの全部又は一部の送付を嘱託すること．

（職権証拠調べ）
第24条 裁判所は，必要があると認めるときは，職権で，証拠調べをすることができる．ただし，その証拠調べの結果について，当事者の意見をきかなければならない．

（執行停止）
第25条 ① 処分の取消しの訴えの提起は，処分の効力，処分の執行又は手続の続行を妨げない．
② 処分の取消しの訴えの提起があつた場合において，処分，処分の執行又は手続の続行により生ずる重大な損害を避けるため緊急の必要があるときは，裁判所は，申立てにより，決定をもつて，処分の効力，処分の執行又は手続の続行の全部又は一部の停止（以下「執行停止」という．）をすることができる．ただし，処分の効力の停止は，処分の執行又は手続の続行の停止によつて目的を達することができる場合には，することができない．
③ 裁判所は，前項に規定する重大な損害を生ずるか否かを判断するに当たつては，損害の回復の困難の程度を考慮するものとし，損害の性質及び程度並びに処分の内容及び性質をも勘案するものとする．
④ 執行停止は，公共の福祉に重大な影響を及ぼすおそれのあるとき，又は本案について理由がないとみえるときは，することができない．
⑤ 第2項の決定は，疎明に基づいてする．
⑥ 第2項の決定は，口頭弁論を経ないですることができる．ただし，あらかじめ，当事者の意見をきかなければならない．
⑦ 第2項の申立てに対する決定に対しては，即時抗告をすることができる．
⑧ 第2項の決定に対する即時抗告は，その決定の執行を停止する効力を有しない．

（事情変更による執行停止の取消し）
第26条 ① 執行停止の決定が確定した後に，その理由が消滅し，その他事情が変更したときは，裁判所は，相手方の申立てにより，決定をもつて，執行停止

の決定を取り消すことができる．
② 前項の申立てに対する決定及びこれに対する不服については，前条第5項から第8項までの規定を準用する．

（内閣総理大臣の異議）
第27条 ① 第25条第2項の申立てがあつた場合には，内閣総理大臣は，裁判所に対し，異議を述べることができる．執行停止の決定があつた後においても，同様とする．
② 前項の異議には，理由を附さなければならない．
③ 前項の異議の理由においては，内閣総理大臣は，処分の効力を存続し，処分を執行し，又は手続を続行しなければ，公共の福祉に重大な影響を及ぼすおそれのある事情を示すものとする．
④ 第1項の異議があつたときは，裁判所は，執行停止をすることができず，また，すでに執行停止の決定をしているときは，これを取り消さなければならない．
⑤ 第1項後段の異議は，執行停止の決定をした裁判所に対して述べなければならない．ただし，その決定に対する抗告が抗告裁判所に係属しているときは，抗告裁判所に対して述べなければならない．
⑥ 内閣総理大臣は，やむをえない場合でなければ，第1項の異議を述べてはならず，異議を述べたときは，次の常会において国会にこれを報告しなければならない．

（執行停止等の管轄裁判所）
第28条 執行停止又はその決定の取消しの申立ての管轄裁判所は，本案の係属する裁判所とする．

（執行停止に関する規定の準用）
第29条 前4条の規定は，裁決の取消しの訴えの提起があつた場合における執行停止に関する事項について準用する．

（裁量処分の取消し）
第30条 行政庁の裁量処分については，裁量権の範囲をこえ又はその濫用があつた場合に限り，裁判所は，その処分を取り消すことができる．

（特別の事情による請求の棄却）
第31条 ① 取消訴訟については，処分又は裁決が違法ではあるが，これを取り消すことにより公の利益に著しい障害を生ずる場合において，原告の受ける損害の程度，その損害の賠償又は防止の程度及び方法その他一切の事情を考慮したうえ，処分又は裁決を取り消すことが公共の福祉に適合しないと認めるときは，裁判所は，請求を棄却することができる．この場合には，当該判決の主文において，処分又は裁決が違法であることを宣言しなければならない．
② 裁判所は，相当と認めるときは，終局判決前に，判決をもつて，処分又は裁決が違法であることを宣言することができる．
③ 終局判決に事実及び理由を記載するには，前項の判決を引用することができる．

（取消判決等の効力）
第32条 ① 処分又は裁決を取り消す判決は，第三者に対しても効力を有する．
② 前項の規定は，執行停止の決定又はこれを取り消す決定に準用する．

第33条 ① 処分又は裁決を取り消す判決は，その事件について，処分又は裁決をした行政庁その他の関係行政庁を拘束する．
② 申請を却下し若しくは棄却した処分又は審査請求を却下し若しくは棄却した裁決が判決により取

り消されたときは，その処分又は裁決をした行政庁は，判決の趣旨に従い，改めて申請に対する処分又は審査請求に対する裁決をしなければならない．
③ 前項の規定は，申請に基づいてした処分又は審査請求を認容した裁決が判決により手続に違法があることを理由として取り消された場合に準用する．
④ 第1項の規定は，執行停止の決定に準用する．

(第三者の再審の訴え)
第34条 ① 処分又は裁決を取り消す判決により権利を害された第三者で，自己の責めに帰することができない理由により訴訟に参加することができなかったため判決に影響を及ぼすべき攻撃又は防御の方法を提出することができなかったものは，これを理由として，確定の終局判決に対し，再審の訴えをもって，不服の申立てをすることができる．
② 前項の訴えは，確定判決を知った日から30日以内に提起しなければならない．
③ 前項の期間は，不変期間とする．
④ 第1項の訴えは，判決が確定した日から1年を経過したときは，提起することができない．

(訴訟費用の裁判の効力)
第35条 国又は公共団体に所属する行政庁が当事者又は参加人である訴訟における確定した訴訟費用の裁判は，当該行政庁が所属する国又は公共団体に対し，又はそれらの者のために，効力を有する．

第2節 その他の抗告訴訟

(無効等確認の訴えの原告適格)
第36条 無効等確認の訴えは，当該処分又は裁決に続く処分により損害を受けるおそれのある者その他当該処分又は裁決の無効等の確認を求めるにつき法律上の利益を有する者で，当該処分若しくは裁決の存否又はその効力の有無を前提とする現在の法律関係に関する訴えによって目的を達することができないものに限り，提起することができる．

(不作為の違法確認の訴えの原告適格)
第37条 不作為の違法確認の訴えは，処分又は裁決についての申請をした者に限り，提起することができる．

(義務付けの訴えの要件等)
第37条の2 ① 第3条第6項第1号に掲げる場合において，義務付けの訴えは，一定の処分がされないことにより重大な損害を生ずるおそれがあり，かつ，その損害を避けるため他に適当な方法がないときに限り，提起することができる．
② 裁判所は，前項に規定する重大な損害を生ずるか否かを判断するに当たっては，損害の回復の困難の程度を考慮するものとし，損害の性質及び程度並びに処分の内容及び性質をも勘案するものとする．
③ 第1項の義務付けの訴えは，行政庁が一定の処分をすべき旨を命ずることを求めるにつき法律上の利益を有する者に限り，提起することができる．
④ 前項に規定する法律上の利益の有無の判断については，第9条第2項の規定を準用する．
⑤ 義務付けの訴えが第1項及び第3項に規定する要件に該当する場合において，その義務付けの訴えに係る処分につき，行政庁がその処分をすべきであることがその処分の根拠となる法令の規定から明らかであると認められ又は行政庁がその処分をしないことがその裁量権の範囲を超え若しくはその濫用となると認められるときは，裁判所は，行政庁がその処分をすべき旨を命ずる判決をする．
第37条の3 ① 第3条第6項第2号に掲げる場合において，義務付けの訴えは，次の各号に掲げる要件のいずれかに該当するときに限り，提起することができる．
1 当該法令に基づく申請又は審査請求に対し相当の期間内に何らの処分又は裁決がされないこと．
2 当該法令に基づく申請又は審査請求を却下し又は棄却する旨の処分又は裁決がされた場合において，当該処分又は裁決が取り消されるべきものであり，又は無効若しくは不存在であること．
② 前項の義務付けの訴えは，同項各号に規定する法令に基づく申請又は審査請求をした者に限り，提起することができる．
③ 第1項の義務付けの訴えを提起するときは，次の各号に掲げる区分に応じてそれぞれ当該各号に定める訴えをその義務付けの訴えに併合して提起しなければならない．この場合において，当該各号に定める訴えに係る訴訟の管轄について他の法律に特別の定めがあるときは，当該義務付けの訴えに係る訴訟の管轄は，第38条第1項において準用する第12条の規定にかかわらず，その定めに従う．
1 第1項第1号に掲げる要件に該当する場合 同号に規定する処分又は裁決に係る不作為の違法確認の訴え
2 第1項第2号に掲げる要件に該当する場合 同号に規定する処分又は裁決に係る取消訴訟又は無効等確認の訴え
④ 前項の規定により併合して提起された義務付けの訴え及び同項各号に定める訴えに係る弁論及び裁判は，分離しないでしなければならない．
⑤ 義務付けの訴えが第1項から第3項までに規定する要件に該当する場合において，同項各号に定める訴えに係る請求に理由があると認められ，かつ，その義務付けの訴えに係る処分又は裁決につき，行政庁がその処分若しくは裁決をすべきであることがその処分若しくは裁決の根拠となる法令の規定から明らかであると認められ又は行政庁がその処分若しくは裁決をしないことがその裁量権の範囲を超え若しくはその濫用となると認められるときは，裁判所は，その義務付けの訴えに係る処分又は裁決をすべき旨を命ずる判決をする．
⑥ 第4項の規定にかかわらず，裁判所は，審理の状況その他の事情を考慮して，第3項各号に定める訴えについてのみ終局判決をすることがより迅速な争訟の解決に資すると認めるときは，当該訴えについてのみ終局判決をすることができる．この場合において，裁判所は，当該訴えについてのみ終局判決をしたときは，当事者の意見を聴いて，当該訴えに係る訴訟手続が完結するまでの間，義務付けの訴えに係る訴訟手続を中止することができる．
⑦ 第1項の義務付けの訴えのうち，行政庁が一定の裁決をすべき旨を命ずることを求めるものは，処分についての審査請求がされた場合において，当該処分に係る処分の取消しの訴え又は無効等確認の訴えを提起することができないときに限り，提起することができる．

(差止めの訴えの要件)
第37条の4 ① 差止めの訴えは，一定の処分又は裁決がされることにより重大な損害を生ずるおそれがある場合に限り，提起することができる．ただし，その損害を避けるため他に適当な方法があるときは，この限りでない．
② 裁判所は，前項に規定する重大な損害を生ずるか

否かを判断するに当たつては,損害の回復の困難の程度を考慮するものとし,損害の性質及び程度並びに処分又は裁決の内容及び性質をも勘案するものとする.
③ 差止めの訴えは,行政庁が一定の処分又は裁決をしてはならない旨を求めるにつき法律上の利益を有する者に限り,提起することができる.
④ 前項に規定する法律上の利益の有無の判断については,第9条第2項の規定を準用する.
⑤ 差止めの訴えが第1項及び第3項に規定する要件に該当する場合において,その差止めの訴えに係る処分又は裁決につき,行政庁がその処分若しくは裁決をすべきでないことがその処分若しくは裁決の根拠となる法令の規定から明らかであると認められ又は行政庁がその処分若しくは裁決をすることがその裁量権の範囲を超え若しくはその濫用となると認められるときは,裁判所は,行政庁がその処分又は裁決をしてはならない旨を命ずる判決をする.

(仮の義務付け及び仮の差止め)
第37条の5 ① 義務付けの訴えの提起があつた場合において,その義務付けの訴えに係る処分又は裁決がされないことにより生ずる償うことのできない損害を避けるため緊急の必要があり,かつ,本案について理由があるとみえるときは,裁判所は,申立てにより,決定をもつて,仮に行政庁がその処分又は裁決をすべき旨を命ずること(以下この条において「仮の義務付け」という.)ができる.
② 差止めの訴えの提起があつた場合において,その差止めの訴えに係る処分又は裁決がされることにより生ずる償うことのできない損害を避けるため緊急の必要があり,かつ,本案について理由があるとみえるときは,裁判所は,申立てにより,決定をもつて,仮に行政庁がその処分又は裁決をしてはならない旨を命ずること(以下この条において「仮の差止め」という.)ができる.
③ 仮の義務付け又は仮の差止めは,公共の福祉に重大な影響を及ぼすおそれがあるときは,することができない.
④ 第25条第5項から第8項まで,第26条から第28条まで及び第33条第1項の規定は,仮の義務付け又は仮の差止めに関する事項について準用する.
⑤ 前項において準用する第25条第7項の即時抗告についての裁判又は前項において準用する第26条第1項の決定により仮の義務付けの決定が取り消されたときは,当該行政庁は,当該仮の義務付けの決定に基づいてした処分又は裁決を取り消さなければならない.

(取消訴訟に関する規定の準用)
第38条 ① 第11条から第13条まで,第16条から第19条まで,第21条から第23条まで,第24条,第33条及び第35条の規定は,取消訴訟以外の抗告訴訟について準用する.
② 第10条第2項の規定は,処分の無効等確認の訴えとその処分についての審査請求を棄却した裁決に係る抗告訴訟とを提起することができる場合に,第20条の規定は,処分の無効等確認の訴えをその処分についての審査請求を棄却した裁決に係る抗告訴訟に併合して提起する場合に準用する.
③ 第23条の2,第25条から第29条まで及び第32条第2項の規定は,無効等確認の訴えについて準用する.
④ 第8条及び第10条第2項の規定は,不作為の違法確認の訴えに準用する.

第3章 当事者訴訟

(出訴の通知)
第39条 当事者間の法律関係を確認し又は形成する処分又は裁決に関する訴訟で,法令の規定によりその法律関係の当事者の一方を被告とするものが提起されたときは,裁判所は,当該処分又は裁決をした行政庁にその旨を通知するものとする.

(出訴期間の定めがある当事者訴訟)
第40条 ① 法令に出訴期間の定めがある当事者訴訟は,その法令に別段の定めがある場合を除き,正当な理由があるときは,その期間を経過した後であつても,これを提起することができる.
② 第15条の規定は,法令に出訴期間の定めがある当事者訴訟について準用する.

(抗告訴訟に関する規定の準用)
第41条 ① 第23条,第24条,第33条第1項及び第35条の規定は当事者訴訟について,第23条の2の規定は当事者訴訟における処分又は裁決の理由を明らかにする資料の提出について準用する.
② 第13条の規定は,当事者訴訟とその目的たる請求と関連請求の関係にある請求に係る訴訟とが各別の裁判所に係属する場合における移送に,第16条から第19条までの規定は,これらの訴えの併合について準用する.

第4章 民衆訴訟及び機関訴訟

(訴えの提起)
第42条 民衆訴訟及び機関訴訟は,法律に定める場合において,法律に定める者に限り,提起することができる.

(抗告訴訟又は当事者訴訟に関する規定の準用)
第43条 ① 民衆訴訟又は機関訴訟で,処分又は裁決の取消しを求めるものについては,第9条及び第10条第1項の規定を除き,取消訴訟に関する規定を準用する.
② 民衆訴訟又は機関訴訟で,処分又は裁決の無効の確認を求めるものについては,第36条の規定を除き,無効等確認の訴えに関する規定を準用する.
③ 民衆訴訟又は機関訴訟で,前2項に規定する訴訟以外のものについては,第39条及び第40条第1項の規定を除き,当事者訴訟に関する規定を準用する.

第5章 補則

(仮処分の排除)
第44条 行政庁の処分その他公権力の行使に当たる行為については,民事保全法(平成元年法律第91号)に規定する仮処分をすることができない.

(処分の効力等を争点とする訴訟)
第45条 ① 私法上の法律関係に関する訴訟において,処分若しくは裁決の存否又はその効力の有無が争われている場合には,第23条第1項及び第2項並びに第39条の規定を準用する.
② 前項の規定により行政庁が訴訟に参加した場合には,民事訴訟法第45条第1項及び第2項の規定を準用する.ただし,攻撃又は防御の方法は,当該処分若しくは裁決の存否又はその効力の有無に関

するものに限り，提出することができる．
③ 第1項の規定により行政庁が訴訟に参加した後において，処分若しくは裁決の存否又はその効力の有無に関する争いがなくなったときは，裁判所は，参加の決定を取り消すことができる．
④ 第1項の場合には，当該争点について第23条の2及び第24条の規定を，訴訟費用の裁判について第35条の規定を準用する．
　(取消訴訟等の提起に関する事項の教示)
第46条 ① 行政庁は，取消訴訟を提起することができる処分又は裁決をする場合には，当該処分又は裁決の相手方に対し，次に掲げる事項を書面で教示しなければならない．ただし，当該処分を口頭でする場合は，この限りでない．
　1　当該処分又は裁決に係る取消訴訟の被告とすべき者
　2　当該処分又は裁決に係る取消訴訟の出訴期間
　3　法律に当該処分についての審査請求に対する裁決を経た後でなければ処分の取消しの訴えを提起することができない旨の定めがあるときは，その旨
② 行政庁は，法律に処分についての審査請求に対する裁決に対してのみ取消訴訟を提起することができる旨の定めがある場合において，当該処分をするときは，当該処分の相手方に対し，法律にその定めがある旨を書面で教示しなければならない．ただし，当該処分を口頭でする場合は，この限りでない．
③ 行政庁は，当事者間の法律関係を確認し又は形成する処分又は裁決に関する訴訟で法令の規定によりその法律関係の当事者の一方を被告とするものを提起することができる処分又は裁決をする場合には，当該処分又は裁決の相手方に対し，次に掲げる事項を書面で教示しなければならない．ただし，当該処分を口頭でする場合は，この限りでない．
　1　当該訴訟の被告とすべき者
　2　当該訴訟の出訴期間

132 行政不服審査法（抄）

（平26・6・13法律第68号，平28・4・1施行）

第1章　総　則

（目的等）
第1条 ① この法律は，行政庁の違法又は不当な処分その他公権力の行使に当たる行為に関し，国民が簡易迅速かつ公正な手続の下で広く行政庁に対する不服申立てをすることができるための制度を定めることにより，国民の権利利益の救済を図るとともに，行政の適正な運営を確保することを目的とする．
② 行政庁の処分その他公権力の行使に当たる行為（以下単に「処分」という．）に関する不服申立てについては，他の法律に特別の定めがある場合を除くほか，この法律の定めるところによる．
　（処分についての審査請求）
第2条 行政庁の処分に不服がある者は，第4条及び第5条第2項の定めるところにより，審査請求をすることができる．
　（不作為についての審査請求）
第3条 法令に基づき行政庁に対して処分についての申請をした者は，当該申請から相当の期間が経過したにもかかわらず，行政庁の不作為（法令に基づく申請に対して何らの処分をもしないことをいう．以下同じ．）がある場合には，次条の定めるところにより，当該不作為についての審査請求をすることができる．
　（審査請求をすべき行政庁）
第4条 審査請求は，法律（条例に基づく処分については，条例）に特別の定めがある場合を除くほか，次の各号に掲げる場合の区分に応じ，当該各号に定める行政庁に対してするものとする．
　1　処分庁等（処分をした行政庁（以下「処分庁」という．）又は不作為に係る行政庁（以下「不作為庁」という．）をいう．以下同じ．）に上級行政庁がない場合又は処分庁等が主任の大臣若しくは宮内庁長官若しくは内閣府設置法（平成11年法律第89号）第49条第1項若しくは第2項若しくは国家行政組織法（昭和23年法律第120号）第3条第2項に規定する庁の長である場合　当該処分庁等
　2　宮内庁長官又は内閣府設置法第49条第1項若しくは第2項若しくは国家行政組織法第3条第2項に規定する庁の長が処分庁等の上級行政庁である場合　宮内庁長官又は当該庁の長
　3　主任の大臣が処分庁等の上級行政庁である場合（前2号に掲げる場合を除く．）　当該主任の大臣
　4　前3号に掲げる場合以外の場合　当該処分庁等の最上級行政庁
　（再調査の請求）
第5条 ① 行政庁の処分につき処分庁以外の行政庁に対して審査請求をすることができる場合において，法律に再調査の請求をすることができる旨の定めがあるときは，当該処分に不服がある者は，処分庁に対して再調査の請求をすることができる．ただし，当該処分について第2項の規定により審査請求をしたときは，この限りでない．
② 前項本文の規定により再調査の請求をしたときは，当該再調査の請求についての決定を経た後でなければ，審査請求をすることができない．ただし，次の各号のいずれかに該当する場合は，この限りでない．
　1　当該処分につき再調査の請求をした日（第61条において読み替えて準用する第23条の規定により不備を補正すべきことを命じられた場合にあっては，当該不備を補正した日）の翌日から起算して3月を経過しても，処分庁が当該再調査の請求につき決定をしない場合
　2　その他再調査の請求についての決定を経ないことにつき正当な理由がある場合
　（再審査請求）
第6条 ① 行政庁の処分につき法律に再審査請求をすることができる旨の定めがある場合には，当該処分についての審査請求の裁決に不服がある者は，再審査請求をすることができる．
② 再審査請求は，原裁決（再審査請求をすることができる処分についての審査請求の裁決をいう．以下同じ．）又は当該処分（以下「原裁決等」という．）を対象として，前項の法律に定める行政庁に対してするものとする．

第2章　審査請求

行政不服審査法（9条〜15条）

第1節　審査庁及び審理関係人
（審理員）
第9条　① 第4条又は他の法律若しくは条例の規定により審査請求がされた行政庁（第14条の規定により引継ぎを受けた行政庁を含む．以下「審査庁」という．）は，審査庁に所属する職員（第17条に規定する名簿を作成した場合にあっては，当該名簿に記載されている者）のうちから第3節に規定する審理手続（この節に規定する手続を含む．）を行う者を指名するとともに，その旨を審査請求人及び処分庁等（審査庁以外の処分庁等に限る．）に通知しなければならない．ただし，次の各号のいずれかに掲げる機関が審査庁である場合若しくは条例に基づく処分について条例に特別の定めがある場合又は第24条の規定により当該審査請求を却下する場合は，この限りでない．
1　内閣府設置法第49条第1項若しくは第2項又は国家行政組織法第3条第2項に規定する委員会
2　内閣府設置法第37条若しくは第54条又は国家行政組織法第8条に規定する機関
3　地方自治法（昭和22年法律第67号）第138条の4第1項に規定する委員会若しくは委員又は同条第3項に規定する機関
② 審査庁が前項の規定により指名する者は，次に掲げる者以外の者でなければならない．
1　審査請求に係る処分若しくは当該処分に係る再調査の請求についての決定に関与した者又は審査請求に係る不作為に係る処分に関与し，若しくは関与することとなる者
2　審査請求人
3　審査請求人の配偶者，4親等内の親族又は同居の親族
4　審査請求人の代理人
5　前2号に掲げる者であった者
6　審査請求人の後見人，後見監督人，保佐人，保佐監督人，補助人又は補助監督人
7　第13条第1項に規定する利害関係人
③ 審査庁が第1項各号に掲げる機関である場合又は同項ただし書の特別の定めがある場合においては，別表第1の上欄に掲げる規定の適用については，これらの規定中同表の中欄に掲げる字句は，それぞれ同表の下欄に掲げる字句に読み替えるものとし，第17条，第40条，第42条及び第50条第2項の規定は，適用しない．
④ 前項に規定する場合において，審査庁は，必要があると認めるときは，その職員（第2項各号（第1項各号に掲げる機関の構成員にあっては，第1号を除く．）に掲げる者以外の者に限る．）に，前項において読み替えて適用する第31条第1項の規定による審査請求人若しくは第13条第4項に規定する参加人の意見の陳述を聴かせ，前項において読み替えて適用する第34条の規定による参考人の陳述を聴かせ，同項において読み替えて適用する第35条第1項の規定による検証をさせ，前項において読み替えて適用する第36条の規定による第28条に規定する審理関係人に対する質問をさせ，又は同項において読み替えて適用する第37条第1項若しくは第2項の規定による意見の聴取を行わせることができる．

（法人でない社団又は財団の審査請求）
第10条　法人でない社団又は財団で代表者又は管理人の定めがあるものは，その名で審査請求をすることができる．

（総　代）
第11条　① 多数人が共同して審査請求をしようとするときは，3人を超えない総代を互選することができる．
② 共同審査請求人が総代を互選しない場合において，必要があると認めるときは，第9条第1項の規定により指名された者（以下「審理員」という．）は，総代の互選を命ずることができる．
③ 総代は，各自，他の共同審査請求人のために，審査請求の取下げを除き，当該審査請求に関する一切の行為をすることができる．
④ 総代が選任されたときは，共同審査請求人は，総代を通じてのみ，前項の行為をすることができる．
⑤ 共同審査請求人に対する行政庁の通知その他の行為は，2人以上の総代が選任されている場合においても，1人の総代に対してすれば足りる．
⑥ 共同審査請求人は，必要があると認める場合には，総代を解任することができる．

（代理人による審査請求）
第12条　① 審査請求は，代理人によってすることができる．
② 前項の代理人は，各自，審査請求人のために，当該審査請求に関する一切の行為をすることができる．ただし，審査請求の取下げは，特別の委任を受けた場合に限り，することができる．

（参加人）
第13条　① 利害関係人（審査請求人以外の者であって審査請求に係る処分又は不作為に係る処分の根拠となる法令に照らし当該処分につき利害関係を有するものと認められる者をいう．以下同じ．）は，審理員の許可を得て，当該審査請求に参加することができる．
② 審理員は，必要があると認める場合には，利害関係人に対し，当該審査請求に参加することを求めることができる．
③ 審査請求への参加は，代理人によってすることができる．
④ 前項の代理人は，各自，第1項又は第2項の規定により当該審査請求に参加する者（以下「参加人」という．）のために，当該審査請求への参加に関する一切の行為をすることができる．ただし，審査請求への参加の取下げは，特別の委任を受けた場合に限り，することができる．

（行政庁が裁決をする権限を有しなくなった場合の措置）
第14条　行政庁が審査請求がされた後法令の改廃により当該審査請求につき裁決をする権限を有しなくなったときは，当該行政庁は，第19条に規定する審査請求書又は第21条第2項に規定する審査請求録取書及び関係書類その他の物件を新たに当該審査請求につき裁決をする権限を有することとなった行政庁に引き継がなければならない．この場合において，その引継ぎを受けた行政庁は，速やかに，その旨を審査請求人及び参加人に通知しなければならない．

（審理手続の承継）
第15条　① 審査請求人が死亡したときは，相続人その他法令により審査請求の目的である処分に係る権利を承継した者は，審査請求人の地位を承継する．
② 審査請求人について合併又は分割（審査請求の目的である処分に係る権利を承継させるものに限る．）があったときは，合併後存続する法人その他

の社団若しくは財団若しくは合併により設立された法人その他の社団若しくは財団又は分割により当該権利を承継した法人は、審査請求人の地位を承継する.
③ 前2項の場合には、審査請求人の地位を承継した相続人その他の者又は法人その他の社団若しくは財団は、書面でその旨を審査庁に届け出なければならない。この場合には、届出書には、死亡若しくは分割による権利の承継又は合併の事実を証する書面を添付しなければならない.
④ 第1項又は第2項の場合において、前項の規定による届出がされるまでの間において、死亡者又は合併前の法人その他の社団若しくは財団若しくは分割をした法人に宛ててされた通知が審査請求人の地位を承継した相続人その他の者又は合併後の法人その他の社団若しくは財団若しくは分割により審査請求人の地位を承継した法人に到達したときは、当該通知は、これらの者に対する通知としての効力を有する.
⑤ 第1項の場合において、審査請求人の地位を承継した相続人その他の者が2人以上あるときは、その1人に対する通知その他の行為は、全員に対してされたものとみなす.
⑥ 審査請求の目的である処分に係る権利を譲り受けた者は、審査庁の許可を得て、審査請求人の地位を承継することができる.

(標準審理期間)
第16条 第4条又は他の法律若しくは条例の規定により審査庁となるべき行政庁(以下「審査庁となるべき行政庁」という。)は、審査請求がその事務所に到達してから当該審査請求に対する裁決をするまでに通常要すべき標準的な期間を定めるよう努めるとともに、これを定めたときは、当該審査庁となるべき行政庁及び関係処分庁(当該審査請求の対象となるべき処分の権限を有する行政庁であって当該審査庁となるべき行政庁以外のものをいう。次条において同じ。)の事務所における備付けその他の適当な方法により公にしておかなければならない.

(審理員となるべき者の名簿)
第17条 審査庁となるべき行政庁は、審理員となるべき者の名簿を作成するよう努めるとともに、これを作成したときは、当該審査庁となるべき行政庁及び関係処分庁の事務所における備付けその他の適当な方法により公にしておかなければならない.

第2節 審査請求の手続
(審査請求期間)
第18条 ① 処分についての審査請求は、処分があったことを知った日の翌日から起算して3月(当該処分について再調査の請求をしたときは、当該再調査の請求についての決定があったことを知った日の翌日から起算して1月)を経過したときは、することができない。ただし、正当な理由があるときは、この限りでない.
② 処分についての審査請求は、処分(当該処分について再調査の請求をしたときは、当該再調査の請求についての決定)があった日の翌日から起算して1年を経過したときは、することができない。ただし、正当な理由があるときは、この限りでない.
③ 次条に規定する審査請求書を郵便又は民間事業者による信書の送達に関する法律(平成14年法律第99号)第2条第6項に規定する一般信書便事業者若しくは同条第9項に規定する特定信書便事業者による同条第2項に規定する信書便で提出した場合における前2項に規定する期間(以下「審査請求期間」という。)の計算については、送付に要した日数は、算入しない.

(審査請求書の提出)
第19条 ① 審査請求は、他の法律(条例に基づく処分については、条例)に口頭ですることができる旨の定めがある場合を除き、政令で定めるところにより、審査請求書を提出してしなければならない.
② 処分についての審査請求書には、次に掲げる事項を記載しなければならない.
 1 審査請求人の氏名又は名称及び住所又は居所
 2 審査請求に係る処分の内容
 3 審査請求に係る処分(当該処分について再調査の請求についての決定を経たときは、当該決定)があったことを知った年月日
 4 審査請求の趣旨及び理由
 5 処分庁の教示の有無及びその内容
 6 審査請求の年月日
③ 不作為についての審査請求書には、次に掲げる事項を記載しなければならない.
 1 審査請求人の氏名又は名称及び住所又は居所
 2 当該不作為に係る処分についての申請の内容及び年月日
 3 審査請求の年月日
④ 審査請求人が、法人その他の社団若しくは財団である場合、総代を互選した場合又は代理人によって審査請求をする場合には、審査請求書には、第2項各号又は前項各号に掲げる事項のほか、その代表者若しくは管理人、総代又は代理人の氏名及び住所又は居所を記載しなければならない.
⑤ 処分についての審査請求書には、第2項及び前項に規定する事項のほか、次の各号に掲げる場合においては、当該各号に定める事項を記載しなければならない.
 1 第5条第2項第1号の規定により再調査の請求についての決定を経ずに審査請求をする場合 再調査の請求をした年月日
 2 第5条第2項第2号の規定により再調査の請求についての決定を経ずに審査請求をする場合 その決定を経ないことについての正当な理由
 3 審査請求期間の経過後において審査請求をする場合 前条第1項ただし書又は第2項ただし書に規定する正当な理由

(口頭による審査請求)
第20条 口頭で審査請求をする場合には、前条第2項から第5項までに規定する事項を陳述しなければならない。この場合において、陳述を受けた行政庁は、その陳述の内容を録取し、これを陳述人に読み聞かせて誤りのないことを確認し、陳述人に押印させなければならない.

(処分庁等を経由する審査請求)
第21条 ① 審査請求をすべき行政庁が処分庁等と異なる場合における審査請求は、処分庁等を経由してすることができる。この場合において、審査請求人は、処分庁等に審査請求書を提出し、又は処分庁等に対し第19条第2項から第5項までに規定する事項を陳述するものとする.
② 前項の場合には、処分庁等は、直ちに、審査請求書又は審査請求録取書(前条後段の規定により陳述の内容を録取した書面をいう。第29条第1項及び

第55条において同じ．）を審査庁となるべき行政庁に送付しなければならない．
③ 第1項の場合における審査請求期間の計算については、処分庁に審査請求書を提出し、又は処分庁に対し当該事項を陳述した時に、処分についての審査請求があったものとみなす．

(誤った教示をした場合の救済)
第22条 ① 審査請求をすることができる処分につき、処分庁が誤って審査請求をすべき行政庁でない行政庁を審査請求をすべき行政庁として教示した場合において、その教示された行政庁に書面で審査請求がされたときは、当該行政庁は、速やかに、審査請求書を処分庁又は審査庁となるべき行政庁に送付し、かつ、その旨を審査請求人に通知しなければならない．
② 前項の規定により処分庁に審査請求書が送付されたときは、処分庁は、速やかに、これを審査庁となるべき行政庁に送付し、かつ、その旨を審査請求人に通知しなければならない．
③ 第1項の処分のうち、再調査の請求をすることができない処分につき、処分庁が誤って再調査の請求をすることができる旨を教示した場合において、当該処分庁に再調査の請求がされたときは、処分庁は、速やかに、再調査の請求書（第61条において読み替えて準用する第19条に規定する再調査の請求書をいう．以下この条において同じ．）又は再調査の請求録取書（第61条において準用する第20条後段の規定により陳述の内容を録取した書面をいう．以下この条において同じ．）を審査庁となるべき行政庁に送付し、かつ、その旨を再調査の請求人に通知しなければならない．
④ 再調査の請求をすることができる処分につき、処分庁が誤って審査請求をすることができる旨を教示しなかった場合において、当該処分庁に再調査の請求がされた場合において、再調査の請求人から申立てがあったときは、処分庁は、速やかに、再調査の請求書又は再調査の請求録取書及び関係書類その他の物件を審査庁となるべき行政庁に送付しなければならない．この場合において、その送付を受けた行政庁は、速やかに、その旨を再調査の請求人及び第61条において読み替えて準用する第13条第1項又は第2項の規定により当該再調査の請求に参加する者に通知しなければならない．
⑤ 前各項の規定により審査請求書又は再調査の請求書若しくは再調査の請求録取書が審査庁となるべき行政庁に送付されたときは、初めから審査庁となるべき行政庁に審査請求がされたものとみなす．

(審査請求書の補正)
第23条 審査請求書が第19条の規定に違反する場合には、審査庁は、相当の期間を定め、その期間内に不備を補正すべきことを命じなければならない．

(審理手続を経ないでする却下裁決)
第24条 ① 前条の場合において、審査請求人が同条の期間内に不備を補正しないときは、審査庁は、次節に規定する審理手続を経ないで、第45条第1項又は第49条第1項の規定に基づき、裁決で、当該審査請求を却下することができる．
② 審査請求が不適法であって補正することができないことが明らかなときも、前項と同様とする．

(執行停止)
第25条 ① 審査請求は、処分の効力、処分の執行又は手続の続行を妨げない．

② 処分庁の上級行政庁又は処分庁である審査庁は、必要があると認める場合には、審査請求人の申立てにより又は職権で、処分の効力、処分の執行又は手続の続行の全部又は一部の停止その他の措置（以下「執行停止」という．）をとることができる．
③ 処分庁の上級行政庁又は処分庁のいずれでもない審査庁は、必要があると認める場合には、審査請求人の申立てにより、処分庁の意見を聴取した上、執行停止をすることができる．ただし、処分の効力、処分の執行又は手続の続行の全部又は一部の停止以外の措置をとることはできない．
④ 前2項の規定による審査請求人の申立てがあった場合において、処分、処分の執行又は手続の続行により生ずる重大な損害を避けるために緊急の必要があると認めるときは、審査庁は、執行停止をしなければならない．ただし、公共の福祉に重大な影響を及ぼすおそれがあるとき、又は本案について理由がないとみえるときは、この限りでない．
⑤ 審査庁は、前項に規定する重大な損害を生ずるか否かを判断するに当たっては、損害の回復の困難の程度を考慮するものとし、損害の性質及び程度並びに処分の内容及び性質をも勘案するものとする．
⑥ 第2項から第4項までの場合において、処分の効力の停止は、処分の効力の停止以外の措置によって目的を達することができるときは、することができない．
⑦ 執行停止の申立てがあったとき、又は審理員から第40条に規定する執行停止をすべき旨の意見書が提出されたときは、審査庁は、速やかに、執行停止をするかどうかを決定しなければならない．

(執行停止の取消し)
第26条 執行停止をした後において、執行停止が公共の福祉に重大な影響を及ぼすことが明らかとなったとき、その他事情が変更したときは、審査庁は、その執行停止を取り消すことができる．

(審査請求の取下げ)
第27条 ① 審査請求人は、裁決があるまでは、いつでも審査請求を取り下げることができる．
② 審査請求の取下げは、書面でしなければならない．

第3節 審理手続

(審理手続の計画的進行)
第28条 審査請求人、参加人及び処分庁等（以下「審理関係人」という．）並びに審理員は、簡易迅速かつ公正な審理の実現のため、審理において、相互に協力するとともに、審理手続の計画的な進行を図らなければならない．

(弁明書の提出)
第29条 ① 審理員は、審査庁から指名されたときは、直ちに、審査請求書又は審査請求録取書の写しを処分庁等に送付しなければならない．ただし、処分庁等が審査庁である場合には、この限りでない．
② 審理員は、相当の期間を定めて、処分庁等に対し、弁明書の提出を求めるものとする．
③ 処分庁等は、前項の弁明書に、次の各号の区分に応じ、当該各号に定める事項を記載しなければならない．
 1 処分についての審査請求に対する弁明書　処分の内容及び理由
 2 不作為についての審査請求に対する弁明書　処分をしていない理由並びに予定される処分の時期、内容及び理由
④ 処分庁等が次に掲げる書面を保有する場合には、前

項第1号に掲げる弁明書にこれを添付するものとする.
1　行政手続法(平成5年法律第88号)第24条第1項の調書及び同条第3項の報告書
2　行政手続法第29条第1項に規定する弁明書
⑤　審理員は,審査庁等から弁明書の提出があったときは,これを審査請求人及び参加人に送付しなければならない.
(反論書等の提出)
第30条　①　審査請求人は,前条第5項の規定により送付された弁明書に記載された事項に対する反論を記載した書面(以下「反論書」という.)を提出することができる.この場合において,審理員が,反論書を提出すべき相当の期間を定めたときは,その期間内にこれを提出しなければならない.
②　参加人は,審査請求に係る事件に関する意見を記載した書面(第40条及び第42条第1項を除き,以下「意見書」という.)を提出することができる.この場合において,審理員が,意見書を提出すべき相当の期間を定めたときは,その期間内にこれを提出しなければならない.
③　審理員は,審査請求人から反論書の提出があったときはこれを参加人及び処分庁等に,参加人から意見書の提出があったときはこれを審査請求人及び処分庁等に,それぞれ送付しなければならない.
(口頭意見陳述)
第31条　①　審査請求人又は参加人の申立てがあった場合には,審理員は,当該申立てをした者(以下この条及び第41条第2項第2号において「申立人」という.)に口頭で審査請求に係る事件に関する意見を述べる機会を与えなければならない.ただし,当該申立人の所在その他の事情により当該意見を述べる機会を与えることが困難であると認められる場合には,この限りでない.
②　前項本文の規定による意見の陳述(以下「口頭意見陳述」という.)は,審理員が期日及び場所を指定し,全ての審理関係人を招集してさせるものとする.
③　口頭意見陳述において,申立人は,審理員の許可を得て,補佐人とともに出頭することができる.
④　口頭意見陳述において,審理員は,申立人のする陳述が事件に関係のない事項にわたる場合その他相当でない場合には,これを制限することができる.
⑤　口頭意見陳述に際し,申立人は,審理員の許可を得て,審査請求に係る事件に関し,処分庁等に対して,質問を発することができる.
(証拠書類等の提出)
第32条　①　審査請求人又は参加人は,証拠書類又は証拠物を提出することができる.
②　処分庁等は,当該処分の理由となる事実を証する書類その他の物件を提出することができる.
③　前項の場合において,審理員が,証拠書類若しくは証拠物又は書類その他の物件を提出すべき相当の期間を定めたときは,その期間内にこれを提出しなければならない.
(物件の提出要求)
第33条　審理員は,審査請求人若しくは参加人の申立てにより又は職権で,書類その他の物件の所持人に対し,相当の期間を定めて,その物件の提出を求めることができる.この場合において,審理員は,その提出された物件を留め置くことができる.
(参考人の陳述及び鑑定の要求)

第34条　審理員は,審査請求人若しくは参加人の申立てにより又は職権で,適当と認める者に,参考人としてその知っている事実の陳述を求め,又は鑑定を求めることができる.
(検証)
第35条　①　審理員は,審査請求人若しくは参加人の申立てにより又は職権で,必要な場所につき,検証をすることができる.
②　審理員が審査請求人又は参加人の申立てにより前項の検証をしようとするときは,あらかじめ,その日時及び場所を当該申立てをした者に通知し,これに立ち会う機会を与えなければならない.
(審理関係人への質問)
第36条　審理員は,審査請求人若しくは参加人の申立てにより又は職権で,審査請求に係る事件に関し,審理関係人に質問することができる.
(審理手続の計画的遂行)
第37条　①　審理員は,審査請求に係る事件について,審理すべき事項が多数であり又は錯綜しているなど事件が複雑であることその他の事情により,迅速かつ公正な審理を行うため,第31条から前条までに定める審理手続を計画的に遂行する必要があると認める場合には,期日及び場所を指定して,審理関係人を招集し,あらかじめ,これらの審理手続の申立てに関する意見の聴取を行うことができる.
②　審理員は,審理関係人が遠隔の地に居住している場合その他相当と認める場合には,政令で定めるところにより,審理員及び審理関係人が音声の送受信により通話をすることができる方法によって,前項に規定する意見の聴取を行うことができる.
③　審理員は,前2項の規定による意見の聴取を行ったときは,遅滞なく,第31条から前条までに定める審理手続の期日及び場所並びに第41条第1項の規定による審理手続の終結の予定時期を決定し,これらを審理関係人に通知するものとする.当該予定時期を変更したときも,同様とする.
(審査請求人等による提出書類等の閲覧等)
第38条　①　審査請求人又は参加人は,第41条第1項又は第2項の規定により審理手続が終結するまでの間,審理員に対し,提出書類等(第29条第4項各号に掲げる書面又は第32条第1項若しくは第2項若しくは第33条の規定により提出された書類その他の物件をいう.次項において同じ.)の閲覧(電磁的記録(電子的方式,磁気的方式その他人の知覚によっては認識することができない方式で作られる記録であって,電子計算機による情報処理の用に供されるものをいう.以下同じ.)にあっては,記録された事項を審査庁が定める方法により表示したものの閲覧)又は当該書面若しくは当該書類の写し若しくは当該電磁的記録に記録された事項を記載した書面の交付を求めることができる.この場合において,審理員は,第三者の利益を害するおそれがあると認めるとき,その他正当な理由があるときでなければ,その閲覧又は交付を拒むことができない.
②　審理員は,前項の規定による閲覧をさせ,又は同項の規定による交付をしようとするときは,当該閲覧又は交付に係る提出書類等の提出人の意見を聴かなければならない.ただし,審理員が,その必要がないと認めるときは,この限りでない.
③　審理員は,第1項の規定による閲覧について,日時及び場所を指定することができる.

④ 第1項の規定による交付を受ける審査請求人又は参加人は、政令で定めるところにより、実費の範囲内において政令で定める額の手数料を納めなければならない。
⑤ 審理員は、経済的困難その他特別の理由があると認めるときは、政令で定めるところにより、前項の手数料を減額し、又は免除することができる。
⑥ 地方公共団体(都道府県、市町村及び特別区並びに地方公共団体の組合に限る。以下同じ。)に所属する行政庁が審査庁である場合における前2項の規定の適用については、これらの規定中「政令」とあるのは、「条例」とし、国又は地方公共団体に所属しない行政庁が審査庁である場合におけるこれらの規定の適用については、これらの規定中「政令で」とあるのは、「審査庁が」とする。

(**審理手続の併合又は分離**)
第39条 審理員は、必要があると認める場合には、数個の審査請求に係る審理手続を併合し、又は併合された数個の審査請求に係る審理手続を分離することができる。

(**審理員による執行停止の意見書の提出**)
第40条 審理員は、必要があると認める場合には、審査庁に対し、執行停止をすべき旨の意見書を提出することができる。

(**審理手続の終結**)
第41条 ① 審理員は、必要な審理を終えたと認めるときは、審理手続を終結するものとする。
② 前項に定めるもののほか、審理員は、次の各号のいずれかに該当するときは、審理手続を終結することができる。
1 次のイからホまでに掲げる規定の相当の期間内に、当該イからホまでに定める物件が提出されない場合において、更に一定の期間を示して、当該物件の提出を求めたにもかかわらず、当該提出期間内に当該物件が提出されなかったとき。
 イ 第29条第2項 弁明書
 ロ 第30条第1項前段 反論書
 ハ 第30条第1項後段 意見書
 ニ 第32条第3項 証拠書類若しくは証拠物又は書類その他の物件
 ホ 第33条前段 書類その他の物件
2 申立人が、正当な理由なく、口頭意見陳述に出頭しないとき。
③ 審理員が前2項の規定により審理手続を終結したときは、速やかに、審理関係人に対し、審理手続を終結した旨並びに次条第1項に規定する審理員意見書及び事件記録(審査請求書、弁明書その他審査請求に係る事件に関する書類その他の物件のうち政令で定めるものをいう。同条第2項及び第43条第2項において同じ。)を審査庁に提出する予定時期を通知するものとする。当該予定時期を変更したときも、同様とする。

(**審理員意見書**)
第42条 ① 審理員は、審理手続を終結したときは、遅滞なく、審査庁がすべき裁決に関する意見書(以下「審理員意見書」という。)を作成しなければならない。
② 審理員は、審理員意見書を作成したときは、速やかに、これを事件記録とともに、審査庁に提出しなければならない。

第4節 行政不服審査会等への諮問
第43条 ① 審査庁は、審理員意見書の提出を受けたときは、次の各号のいずれかに該当する場合を除き、審査庁が主任の大臣又は宮内庁長官若しくは内閣府設置法第49条第1項若しくは第2項若しくは国家行政組織法第3条第2項に規定する庁の長である場合にあっては行政不服審査会に、審査庁が地方公共団体の長(地方公共団体の組合にあっては、長、管理者又は理事会)である場合にあっては第81条第1項又は第2項の機関に、それぞれ諮問しなければならない。
1 審査請求に係る処分をしようとするときに他の法律又は政令(条例に基づく処分については、条例)に第9条第1項各号に掲げる機関若しくは地方公共団体の議会又はこれらの機関に類するものとして政令で定めるもの(以下「審議会等」という。)の議を経るべき旨又は経ることができる旨の定めがあり、かつ、当該議を経て当該処分がされた場合
2 裁決をしようとするときに他の法律又は政令(条例に基づく処分については、条例)に第9条第1項各号に掲げる機関若しくは地方公共団体の議会又はこれらの機関に類するものとして政令で定めるものの議を経るべき旨又は経ることができる旨の定めがあり、かつ、当該議を経て裁決をしようとする場合
3 第46条第3項又は第49条第4項の規定により審議会等の議を経て裁決をしようとする場合
4 審査請求人から、行政不服審査会又は第81条第1項若しくは第2項の機関(以下「行政不服審査会等」という。)への諮問を希望しない旨の申出がされている場合(参加人から、行政不服審査会等に諮問しないことについて反対する旨の申出がされている場合を除く。)
5 審査請求が、行政不服審査会等によって、国民の権利利益及び行政の運営に対する影響の程度その他当該事件の性質を勘案して、諮問を要しないものと認められたものである場合
6 審査請求が不適法であり、却下する場合
7 第46条第1項の規定により審査請求に係る処分(法令に基づく申請を却下し、又は棄却する処分及び事実上の行為を除く。)の全部を取り消し、又は第47条第1号若しくは第2号の規定により審査請求に係る事実上の行為の全部を撤廃すべき旨を命じ、若しくは撤廃することとする場合(当該処分の全部を取り消すこと又は当該事実上の行為の全部を撤廃すべき旨を命じ、若しくは撤廃することについて反対する旨の意見書が提出されている場合及び口頭意見陳述においてその旨の意見が述べられている場合を除く。)
8 第46条第2項各号又は第49条第3項各号に定める措置(法令に基づく申請の全部を認容すべき旨を命じ、又は認容するものに限る。)をとることとする場合(当該申請の全部を認容することについて反対する旨の意見書が提出されている場合及び口頭意見陳述においてその旨の意見が述べられている場合を除く。)
② 前項の規定による諮問は、審理員意見書及び事件記録の写しを添えてしなければならない。
③ 第1項の規定により諮問をした審査庁は、審理関係人(処分庁等が審査庁である場合にあっては、審査請求人及び参加人)に対し、当該諮問をした旨を通知するとともに、審理員意見書の写しを送付しなければならない。

第5節 裁 決
（裁決の時期）
第44条 審査庁は、行政不服審査会等から諮問に対する答申を受けたとき（前条第1項の規定による諮問を要しない場合（同項第2号又は第3号に該当する場合を除く．）にあっては審理員意見書が提出されたとき、同項第2号又は第3号に該当する場合にあっては同項第2号又は第3号に規定する議を経たとき）は、遅滞なく、裁決をしなければならない．

（処分についての審査請求の却下又は棄却）
第45条 ① 処分についての審査請求が法定の期間経過後にされたものである場合その他不適法である場合には、審査庁は、裁決で、当該審査請求を却下する．
② 処分についての審査請求が理由がない場合には、審査庁は、裁決で、当該審査請求を棄却する．
③ 審査請求に係る処分が違法又は不当ではあるが、これを取り消し、又は撤廃することにより公の利益に著しい障害を生ずる場合において、審査請求人の受ける損害の程度、その損害の賠償又は防止の程度及び方法その他一切の事情を考慮した上、処分を取り消し、又は撤廃することが公共の福祉に適合しないと認めるときは、審査庁は、裁決で、当該審査請求を棄却することができる．この場合には、審査庁は、裁決の主文で、当該処分が違法又は不当であることを宣言しなければならない．

（処分についての審査請求の認容）
第46条 ① 処分（事実上の行為を除く．以下この条及び第48条において同じ．）についての審査請求が理由がある場合（前条第3項の規定の適用がある場合を除く．）には、審査庁は、裁決で、当該処分の全部若しくは一部を取り消し、又はこれを変更する．ただし、審査庁が処分庁の上級行政庁又は処分庁のいずれでもない場合には、当該処分を変更することはできない．
② 前項の規定により法令に基づく申請を却下し、又は棄却する処分の全部若しくは一部を取り消す場合において、次の各号に掲げる審査庁は、当該申請に対して一定の処分をすべきものと認めるときは、当該各号に定める措置をとる．
1 処分庁の上級行政庁である審査庁 当該処分庁に対し、当該処分をすべき旨を命ずること．
2 処分庁である審査庁 当該処分をすること．
③ 前項に規定する一定の処分に関し、第43条第1項第1号に規定する議を経るべき旨の定めがある場合において、審査庁が前項各号に定める措置をとるために必要があると認めるときは、審査庁は、当該定めに係る審議会等の議を経ることができる．
④ 前項に規定する定めがある場合のほか、第2項に規定する一定の処分に関し、他の法令に関係行政機関との協議の実施その他の手続をとるべき旨の定めがある場合において、審査庁が同項各号に定める措置をとるために必要があると認めるときは、審査庁は、当該手続をとることができる．

第47条 事実上の行為についての審査請求が理由がある場合（第45条第3項の規定の適用がある場合を除く．）には、審査庁は、裁決で、当該事実上の行為が違法又は不当である旨を宣言するとともに、次の各号に掲げる審査庁の区分に応じ、当該各号に定める措置をとる．ただし、審査庁が処分庁の上級行政庁以外の審査庁である場合には、当該事実上の行為を変更すべき旨を命ずることはできない．
1 処分庁以外の審査庁 当該処分庁に対し、当該事実上の行為の全部若しくは一部を撤廃し、又はこれを変更すべき旨を命ずること．
2 処分庁である審査庁 当該事実上の行為の全部若しくは一部を撤廃し、又はこれを変更すること．

（不利益変更の禁止）
第48条 第46条第1項本文又は前条の場合において、審査庁は審査請求人の不利益に当該処分を変更し、又は当該事実上の行為を変更すべき旨を命じ、若しくはこれを変更することはできない．

（不作為についての審査請求の裁決）
第49条 ① 不作為についての審査請求が当該不作為に係る処分についての申請から相当の期間が経過しないでされたものである場合その他不適法である場合には、審査庁は、裁決で、当該審査請求を却下する．
② 不作為についての審査請求が理由がない場合には、審査庁は、裁決で、当該審査請求を棄却する．
③ 不作為についての審査請求が理由がある場合には、審査庁は、裁決で、当該不作為が違法又は不当である旨を宣言する．この場合において、次の各号に掲げる審査庁は、当該申請に対して一定の処分をすべきものと認めるときは、当該各号に定める措置をとる．
1 不作為庁の上級行政庁である審査庁 当該不作為庁に対し、当該処分をすべき旨を命ずること．
2 不作為庁である審査庁 当該処分をすること．
④ 審査請求に係る不作為に係る処分に関し、第43条第1項第1号に規定する議を経るべき旨の定めがある場合において、審査庁が前項各号に定める措置をとるために必要があると認めるときは、審査庁は、当該定めに係る審議会等の議を経ることができる．
⑤ 前項に規定する定めがある場合のほか、審査請求に係る不作為に係る処分に関し、他の法令に関係行政機関との協議の実施その他の手続をとるべき旨の定めがある場合において、審査庁が第3項各号に定める措置をとるために必要があると認めるときは、審査庁は、当該手続をとることができる．

（裁決の方式）
第50条 ① 裁決は、次に掲げる事項を記載し、審査庁が記名押印した裁決書によりしなければならない．
1 主文
2 事案の概要
3 審理関係人の主張の要旨
4 理由（第1号の主文が審理員意見書又は行政不服審査会等若しくは審議会等の答申書と異なる内容である場合には、異なることとなった理由を含む．）
② 第43条第1項の規定による行政不服審査会等への諮問を要しない場合には、前項の裁決書には、審理員意見書を添付しなければならない．
③ 審査庁は、再審査請求をすることができる裁決をする場合には、裁決書に再審査請求をすることができる旨並びに再審査請求をすべき行政庁及び再審査請求期間（第62条に規定する期間をいう．）を記載して、これらを教示しなければならない．

（裁決の効力発生）
第51条 ① 裁決は、審査請求人（当該審査請求が処分の相手方以外の者のしたものである場合における第46条第1項及び第47条の規定による裁決にあっては、審査請求人及び処分の相手方）に送達さ

れた時に, その効力を生ずる.
② 裁決の送達は, 送達を受けるべき者に裁決書の謄本を送達することによってする. ただし, 送達を受けるべき者の所在が知れない場合その他裁決書の謄本を送付することができない場合には, 公示の方法によってすることができる.
③ 公示の方法による送達は, 審査庁が裁決書の謄本を保管し, いつでもその送達を受けるべき者に交付する旨を当該審査庁の掲示場に掲示し, かつ, その旨を官報その他の公報又は新聞紙に少なくとも1回掲載してするものとする. この場合において, その掲示を始めた日の翌日から起算して2週間を経過した時に裁決書の謄本の送付があったものとみなす.
④ 審査庁は, 裁決書の謄本を参加人及び処分庁等(審査庁以外の処分庁等に限る.)に送付しなければならない.

(裁決の拘束力)
第52条 ① 裁決は, 関係行政庁を拘束する.
② 申請に基づいてした処分が手続の違法若しくは不当を理由として裁決で取り消され, 又は申請を却下し, 若しくは棄却した処分が裁決で取り消された場合には, 処分庁は, 裁決の趣旨に従い, 改めて申請に対する処分をしなければならない.
③ 法令の規定により公示された処分が裁決で取り消され, 又は変更された場合には, 処分庁は, 当該処分が取り消され, 又は変更された旨を公示しなければならない.
④ 法令の規定により処分の相手方以外の利害関係人に通知された処分が裁決で取り消され, 又は変更された場合には, その通知を受けた者(審査請求人及び参加人を除く.)に, 当該処分が取り消され, 又は変更された旨を通知しなければならない.

(証拠書類等の返還)
第53条 審査庁は, 裁決をしたときは, 速やかに, 第32条第1項又は第2項の規定により提出された証拠書類若しくは証拠物又は書類その他の物件及び第33条の規定による提出要求に応じて提出された書類その他の物件をその提出人に返還しなければならない.

第4章 再審査請求

(再審査請求期間)
第62条 ① 再審査請求は, 原裁決があったことを知った日の翌日から起算して1月を経過したときは, することができない. ただし, 正当な理由があるときは, この限りでない.
② 再審査請求は, 原裁決があった日の翌日から起算して1年を経過したときは, することができない. ただし, 正当な理由があるときは, この限りでない.

(裁決書の送付)
第63条 第66条第1項において読み替えて準用する第11条第2項に規定する審理員又は第66条第1項において準用する第9条第1項各号に掲げる機関である再審査庁(他の法律の規定により再審査請求がされた行政庁(第66条第1項において読み替えて準用する第14条の規定により引継ぎを受けた行政庁を含む.)をいう. 以下同じ.)は, 原裁決をした行政庁に対し, 原裁決に係る裁決書の送付を求めるものとする.

(再審査請求の却下又は棄却の裁決)
第64条 ① 再審査請求が法定の期間経過後にされたものである場合その他不適法である場合には, 再審査庁は, 裁決で, 当該再審査請求を却下する.
② 再審査請求が理由がない場合には, 再審査庁は, 裁決で, 当該再審査請求を棄却する.
③ 再審査請求に係る原裁決(審査請求を却下し, 又は棄却したものに限る.)が違法又は不当である場合において, 当該再審査請求に係る処分が違法又は不当のいずれでもないときは, 再審査庁は, 裁決で, 当該再審査請求を棄却する.
④ 前項に規定する場合のほか, 再審査請求に係る原裁決等が違法又は不当ではあるが, これを取り消し, 又は撤廃することにより公の利益に著しい障害を生ずる場合において, 再審査請求人の受ける損害の程度, その損害の賠償又は防止の程度及び方法その他一切の事情を考慮した上, 原裁決等を取り消し, 又は撤廃することが公共の福祉に適合しないと認めるときは, 再審査庁は, 裁決で, 当該再審査請求を棄却することができる. この場合には, 再審査庁は, 裁決の主文で, 当該原裁決等が違法又は不当であることを宣言しなければならない.

(再審査請求の認容の裁決)
第65条 ① 原裁決等(事実上の行為を除く.)についての再審査請求が理由がある場合(前条第3項に規定する場合及び同条第4項の規定の適用がある場合を除く.)には, 再審査庁は, 裁決で, 当該原裁決等の全部又は一部を取り消す.
② 事実上の行為についての再審査請求が理由がある場合(前条第4項の規定の適用がある場合を除く.)には, 再審査庁は, 裁決で, 当該事実上の行為が違法又は不当である旨を宣言するとともに, 処分庁に対し, 当該事実上の行為の全部又は一部を撤廃すべき旨を命ずる.

(審査請求に関する規定の準用)
第66条 ① 第2章(第9条第3項, 第18条(第3項を除く.), 第19条第3項並びに第5項第1号及び第2号, 第22条, 第25条第2項, 第29条(第1項を除く.), 第30条第1項, 第41条第2項第1号イ及びロ, 第4節, 第45条から第49条まで並びに第50条第3項を除く.)の規定は, 再審査請求について準用する. この場合において, 別表第3の上欄に掲げる規定中同表の中欄に掲げる字句は, それぞれ同表の下欄に掲げる字句に読み替えるものとする.
② 再審査庁が前項において準用する第9条第1項各号に掲げる機関である場合には, 前項において準用する第17条, 第40条, 第42条及び第50条第2項の規定は, 適用しない.

第6章 補 則

(不服申立てをすべき行政庁等の教示)
第82条 ① 行政庁は, 審査請求若しくは再調査の請求又は他の法令に基づく不服申立て(以下この条において「不服申立て」と総称する.)をすることができる処分をする場合には, 処分の相手方に対し, 当該処分につき不服申立てをすることができる旨並びに不服申立てをすべき行政庁及び不服申立てをすることができる期間を書面で教示しなければならない. ただし, 当該処分を口頭でする場合は, この限りでない.
② 行政庁は, 利害関係人から, 当該処分が不服申立てをすることができる処分であるかどうか並びに

当該処分が不服申立てをすることができるものである場合における不服申立てをすべき行政庁及び不服申立てをすることができる期間につき教示を求められたときは,当該事項を教示しなければならない.
③ 前項の場合において,教示を求めた者が書面による教示を求めたときは,当該教示は,書面でしなければならない.
(教示をしなかった場合の不服申立て)
第83条 ① 行政庁が前条の規定による教示をしなかった場合には,当該処分について不服がある者は,当該処分庁に不服申立書を提出することができる.
② 第19条(第5項第1号及び第2号を除く.)の規定は,前項の不服申立書について準用する.
③ 第1項の規定により不服申立書の提出があった場合において,当該処分が処分庁以外の行政庁に対し審査請求をすることができる処分であるときは,処分庁は,速やかに,当該不服申立書を当該行政庁に送付しなければならない.当該処分が他の法令に基づき,処分庁以外の行政庁で不服申立てをすることができる処分であるときも,同様とする.
④ 前項の規定により不服申立書が送付されたときは,初めから当該行政庁に審査請求又は当該法令に基づく不服申立てがされたものとみなす.
⑤ 第3項の場合を除くほか,第1項の規定により不服申立書が提出されたときは,初めから当該処分庁に審査請求又は当該法令に基づく不服申立てがされたものとみなす.
(情報の提供)
第84条 審査請求,再調査の請求若しくは再審査請求又は他の法令に基づく不服申立て(以下この条及び次条において「不服申立て」と総称する.)につき裁決,決定その他の処分(同条において「裁決等」という.)をする権限を有する行政庁は,不服申立てをしようとする者又は不服申立てをした者の求めに応じ,不服申立書の記載に関する事項その他の不服申立てに必要な情報の提供に努めなければならない.
(公表)
第85条 不服申立てにつき裁決等をする権限を有する行政庁は,当該行政庁がした裁決等の内容その他当該行政庁における不服申立ての処理状況について公表するよう努めなければならない.
(政令への委任)
第86条 この法律に定めるもののほか,この法律の実施のために必要な事項は,政令で定める.
(罰則)
第87条 第69条第8項の規定に違反して秘密を漏らした者は,1年以下の懲役又は50万円以下の罰金に処する.

133 国家賠償法

(昭22・10・27法律第125号,昭22・10・27施行)

第1条 ① 国又は公共団体の公権力の行使に当る公務員が,その職務を行うについて,故意又は過失によつて違法に他人に損害を加えたときは,国又は公共団体が,これを賠償する責に任ずる.
② 前項の場合において,公務員に故意又は重大な過失があつたときは,国又は公共団体は,その公務員に対して求償権を有する.
第2条 ① 道路,河川その他の公の営造物の設置又は管理に瑕疵があつたために他人に損害を生じたときは,国又は公共団体は,これを賠償する責に任ずる.
② 前項の場合において,他に損害の原因について責に任ずべき者があるときは,国又は公共団体は,これに対して求償権を有する.
第3条 ① 前2条の規定によつて国又は公共団体が損害を賠償する責に任ずる場合において,公務員の選任若しくは監督又は公の営造物の設置若しくは管理に当る者と公務員の俸給,給与その他の費用又は公の営造物の設置若しくは管理の費用を負担する者とが異なるときは,費用を負担する者もまた,その損害を賠償する責に任ずる.
② 前項の場合において,損害を賠償した者は,内部関係でその損害を賠償する責任ある者に対して求償権を有する.
第4条 国又は公共団体の損害賠償の責任については,前3条の規定によるの外,民法の規定による.
第5条 国又は公共団体の損害賠償の責任について民法以外の他の法律に別段の定があるときは,その定めるところによる.
第6条 この法律は,外国人が被害者である場合には,相互の保証があるときに限り,これを適用する.

134 消費者契約法(抄)

(平12・5・12法律第61号,平13・4・1施行,
最終改正:平28・6・3法律第61号)

〔下線,囲み部:特に明記がない限り,
平28法61,平29・6・3施行〕

第1章 総則

(目的)
第1条 この法律は,消費者と事業者との間の情報の質及び量並びに交渉力の格差に鑑み,事業者の一定の行為により消費者が誤認し,又は困惑した場合等について契約の申込み又はその承諾の意思表示を取り消すことができることとするとともに,事業者の損害賠償の責任を免除する条項その他の消費者の利益を不当に害することとなる条項の全部又は一部を無効とするほか,消費者の被害の発生又は拡大を防止するため適格消費者団体が事業者等に対し差止請求をすることができることとすることにより,消費者の利益の擁護を図り,もって国民生活の安定向上と国民経済の健全な発展に寄与することを目的とする.
(定義)
第2条 ① この法律において「消費者」とは,個人(事業として又は事業のために契約の当事者となる場合におけるものを除く.)をいう.
② この法律(第43条第2項第2号を除く.)において「事業者」とは,法人その他の団体及び事業として又は事業のために契約の当事者となる場合における個人をいう.
③ この法律において「消費者契約」とは,消費者と

134 消費者契約法（3条〜5条）

事業者との間で締結される契約をいう．
④ この法律において「適格消費者団体」とは，不特定かつ多数の消費者の利益のためにこの法律の規定による差止請求権を行使するために必要な適格性を有する法人である消費者団体（消費者基本法（昭和43年法律第78号）第8条の消費者団体をいう．以下同じ．）として第13条の定めるところにより内閣総理大臣の認定を受けた者をいう．

（事業者及び消費者の努力）
第3条 ① 事業者は，消費者契約の条項を定めるに当たっては，消費者の権利義務その他の消費者契約の内容が消費者にとって明確かつ平易なものになるよう配慮するとともに，消費者契約の締結について勧誘をするに際しては，消費者の理解を深めるために，消費者の権利義務その他の消費者契約の内容についての必要な情報を提供するよう努めなければならない．
② 消費者は，消費者契約を締結するに際しては，事業者から提供された情報を活用し，消費者の権利義務その他の消費者契約の内容について理解するよう努めるものとする．

第2章 消費者契約

第1節 消費者契約の申込み又はその承諾の意思表示の取消し

（消費者契約の申込み又はその承諾の意思表示の取消し）
第4条 ① 消費者は，事業者が消費者契約の締結について勧誘をするに際し，当該消費者に対して次の各号に掲げる行為をしたことにより当該各号に定める誤認をし，それによって当該消費者契約の申込み又はその承諾の意思表示をしたときは，これを取り消すことができる．
1 重要事項について事実と異なることを告げること．　当該告げられた内容が事実であるとの誤認
2 物品，権利，役務その他の当該消費者契約の目的となるものに関し，将来におけるその価額，将来において当該消費者が受け取るべき金額その他の将来における変動が不確実な事項につき断定的判断を提供すること．　当該提供された断定的判断の内容が確実であるとの誤認
② 消費者は，事業者が消費者契約の締結について勧誘をするに際し，当該消費者に対してある重要事項又は当該重要事項に関連する事項について当該消費者の利益となる旨を告げ，かつ，当該重要事項について当該消費者の不利益となる事実（当該告知により当該事実が存在しないと消費者が通常考えるべきものに限る．）を故意に告げなかったことにより，当該事実が存在しないとの誤認をし，それによって当該消費者契約の申込み又はその承諾の意思表示をしたときは，これを取り消すことができる．ただし，当該事業者が当該消費者に対し当該事実を告げようとしたにもかかわらず，当該消費者がこれを拒んだときは，この限りでない．
③ 消費者は，事業者が消費者契約の締結について勧誘をするに際し，当該消費者に対して次に掲げる行為をしたことにより困惑し，それによって当該消費者契約の申込み又はその承諾の意思表示をしたときは，これを取り消すことができる．
1 当該事業者に対し，当該消費者が，その住居又はその業務を行っている場所から退去すべき旨の意思を示したにもかかわらず，それらの場所から退去しないこと．
2 当該事業者が当該消費者契約の締結について勧誘をしている場所から当該消費者が退去する旨の意思を示したにもかかわらず，その場所から当該消費者を退去させないこと．
④ 消費者は，事業者が消費者契約の締結について勧誘をするに際し，物品，権利，役務その他の当該消費者契約の目的となるものの分量，回数又は期間（以下この項において「分量等」という．）が当該消費者にとっての通常の分量等（消費者契約の目的となるものの内容及び取引条件並びに事業者がその締結について勧誘をする際の消費者の生活の状況及びこれについての当該消費者の認識に照らして当該消費者契約の目的となるものの分量等として通常想定される分量等をいう．以下この項において同じ．）を著しく超えるものであることを知っていた場合において，その勧誘により当該消費者契約の申込み又はその承諾の意思表示をしたときは，これを取り消すことができる．事業者が消費者契約の締結について勧誘をするに際し，消費者が既に当該消費者契約の目的となるものと同種のものを目的とする消費者契約（以下この項において「同種契約」という．）を締結し，当該同種契約の目的となるものの分量等と当該消費者契約の目的となるものの分量等とを合算した分量等が当該消費者にとっての通常の分量等を著しく超えるものであることを知っていた場合において，その勧誘により当該消費者契約の申込み又はその承諾の意思表示をしたときも，同様とする．
⑤ 第1項第1号及び第2項の「重要事項」とは，消費者契約に係る次に掲げる事項（同項の場合にあっては，第3号に掲げるものを除く．）をいう．
1 物品，権利，役務その他の当該消費者契約の目的となるものの質，用途その他の内容であって，消費者の当該消費者契約を締結するか否かについての判断に通常影響を及ぼすべきもの
2 物品，権利，役務その他の当該消費者契約の目的となるものの対価その他の取引条件であって，消費者の当該消費者契約を締結するか否かについての判断に通常影響を及ぼすべきもの
3 前2号に掲げるもののほか，物品，権利，役務その他の当該消費者契約の目的となるものが当該消費者の生命，身体，財産その他の重要な利益についての損害又は危険を回避するために通常必要であると判断される事情

④ 第1項第1号及び第2項の「重要事項」とは，消費者契約に係る次に掲げる事項であって消費者の当該消費者契約を締結するか否かについての判断に通常影響を及ぼすべきものをいう．
1 物品，権利，役務その他の当該消費者契約の目的となるものの質，用途その他の内容
2 物品，権利，役務その他の当該消費者契約の目的となるものの対価その他の取引条件

⑥ 第1項から第4項までの規定による消費者契約の申込み又はその承諾の意思表示の取消しは，これをもって善意の第三者に対抗することができない．

（媒介の委託を受けた第三者及び代理人）
第5条 ① 前条の規定は，事業者が第三者に対し，当該事業者と消費者との間における消費者契約の締結について媒介をすることの委託（以下この項に

おいて単に「委託」という.)をし,当該委託を受けた第三者(その第三者から委託(2以上の段階にわたる委託を含む.)を受けた者を含む.以下「受託者等」という.)が消費者に対して同条第1項から第4項までに規定する行為をした場合について準用する.この場合において,同条第2項ただし書中「当該事業者」とあるのは,「当該事業者又は次条第1項に規定する受託者等」と読み替えるものとする.

② 消費者契約の締結に係る消費者の代理人(復代理人(2以上の段階にわたり復代理人として選任された者を含む.)を含む.以下同じ.),事業者の代理人及び受託者等の代理人は,前条第1項から第4項まで(前項において準用する場合を含む.次条から第7条において同じ.)の規定の適用については,それぞれ消費者,事業者及び受託者等とみなす.
[「第4項」部分 29·6·3施行,「から第7条」部分施行日未定]

(解釈規定)
第6条 第4条第1項から第4項までの規定は,これらの項に規定する消費者契約の申込み又はその承諾の意思表示に対する民法(明治29年法律第89号)第96条の規定の適用を妨げるものと解してはならない.

(取消権を行使した消費者の返還義務)
第6条の2 民法第121条の2第1項の規定にかかわらず,消費者契約に基づく債務の履行として給付を受けた消費者は,第4条第1項から第4項までの規定により当該消費者契約の申込み又はその承諾の意思表示を取り消した場合において,給付を受けた当時その意思表示が取り消すことができるものであることを知らなかったときは,当該消費者契約によって現に利益を受けている限度において,返還の義務を負う. [施行日未定]

(取消権の行使期間等)
第7条 第4条第1項から第4項までの規定による取消権は,追認をすることができる時から1年間行わないときは,時効によって消滅する.当該消費者契約の締結の時から5年を経過したときも,同様とする.

② 会社法(平成17年法律第86号)その他の法律により詐欺又は強迫を理由として取消しをすることができないものとされている株式若しくは出資の引受け又は基金の拠出が消費者契約としてされた場合には,当該株式若しくは出資の引受け又は基金の拠出に係る意思表示については,第4条第1項から第4項まで(第5条第1項において準用する場合を含む.)の規定によりその取消しをすることができない.

第2節 消費者契約の条項の無効
(事業者の損害賠償の責任を免除する条項の無効)
第8条 ① 次に掲げる消費者契約の条項は,無効とする.
1 事業者の債務不履行により消費者に生じた損害を賠償する責任の全部を免除する条項
2 事業者の債務不履行(当該事業者,その代表者又はその使用する者の故意又は重大な過失によるものに限る.)により消費者に生じた損害を賠償する責任の一部を免除する条項
3 消費者契約における事業者の債務の履行に際してされた当該事業者の不法行為により消費者に生じた損害を賠償する民法の規定による責任の全部を免除する条項
4 消費者契約における事業者の債務の履行に際してされた当該事業者の不法行為(当該事業者,その代表者又はその使用する者の故意又は重大な過失によるものに限る.)により消費者に生じた損害を賠償する民法の規定による責任の一部を免除する条項
5 消費者契約が有償契約である場合において,当該消費者契約の目的物に隠れた瑕疵があるとき(当該消費者契約が請負契約である場合には,当該消費者契約の仕事の目的物に隠れた瑕疵があるとき.次項において同じ.)に,当該瑕疵により消費者に生じた損害を賠償する事業者の責任の全部を免除する条項

② 前項第5号に掲げる条項については,次に掲げる場合に該当するときは,同項の規定は,適用しない.
1 当該消費者契約において,当該消費者契約の目的物に隠れた瑕疵があるときに,当該事業者が瑕疵のない物をもってこれに代える責任又は当該瑕疵を修補する責任を負うこととされている場合
2 当該消費者と当該事業者の委託を受けた他の事業者との間の契約又は当該事業者と他の事業者との間の当該消費者のためにする契約で,当該消費者契約の締結に先立って又はこれと同時に締結されたものにおいて,当該消費者契約の目的物に隠れた瑕疵があるときに,当該他の事業者が,当該瑕疵により当該消費者に生じた損害を賠償する責任の全部若しくは一部を負い,瑕疵のない物をもってこれに代える責任を負い,又は当該瑕疵を修補する責任を負うこととされている場合

(消費者の解除権を放棄させる条項の無効)
第8条の2 次に掲げる消費者契約の条項は,無効とする.
1 事業者の債務不履行により生じた消費者の解除権を放棄させる条項
2 消費者契約が有償契約である場合において,当該消費者契約の目的物に隠れた瑕疵があること(当該消費者契約が請負契約である場合には,当該消費者契約の仕事の目的物に瑕疵があること)により生じた消費者の解除権を放棄させる条項

(消費者が支払う損害賠償の額を予定する条項等の無効)
第9条 次の各号に掲げる消費者契約の条項は,当該各号に定める部分について,無効とする.
1 当該消費者契約の解除に伴う損害賠償の額を予定し,又は違約金を定める条項であって,これらを合算した額が,当該条項において設定された解除の事由,時期等の区分に応じ,当該消費者契約と同種の消費者契約の解除に伴い当該事業者に生ずべき平均的な損害の額を超えるもの 当該超える部分
2 当該消費者契約に基づき支払うべき金銭の全部又は一部を消費者が支払期日(支払回数が2以上である場合には,それぞれの支払期日.以下この号において同じ.)までに支払わない場合における損害賠償の額を予定し,又は違約金を定める条項であって,これらを合算した額が,支払期日の翌日からその支払をする日までの期間について,その日数に応じ,当該支払期日に支払うべき額から当該支払期日に支払うべき額のうち既に支払われた額を控除した額に年14.6パーセントの割合を乗じて計算した額を超えるもの 当該超える部分

(消費者の利益を一方的に害する条項の無効)

第10条 消費者の不作為をもって当該消費者が新たな消費者契約の申込み又はその承諾の意思表示をしたものとみなす条項その他の法令中の公の秩序に関しない規定の適用による場合に比して消費者の権利を制限し又は消費者の義務を加重する消費者契約の条項であって、民法第1条第2項に規定する基本原則に反して消費者の利益を一方的に害するものは、無効とする。

（消費者の利益を一方的に害する条項の無効）
第10条 民法、商法（明治32年法律第48号）その他の法律の公の秩序に関しない規定の適用による場合に比し、消費者の権利を制限し、又は消費者の義務を加重する消費者契約の条項であって、民法第1条第2項に規定する基本原則に反して消費者の利益を一方的に害するものは、無効とする。

第3節 補則

（他の法律の適用）
第11条 ① 消費者契約の申込み又はその承諾の意思表示の取消し及び消費者契約の条項の効力については、この法律の規定によるほか、民法及び商法（明治32年法律第48号）の規定による。
② 消費者契約の申込み又はその承諾の意思表示の取消し及び消費者契約の条項の効力について民法及び商法以外の他の法律に別段の定めがあるときは、その定めるところによる。

第3章 差止請求

第1節 差止請求権

（差止請求権）
第12条 ① 適格消費者団体は、事業者、受託者等又は事業者の代理人若しくは受託者等の代理人（以下「事業者等」と総称する。）が、消費者契約の締結について勧誘をするに際し、不特定かつ多数の消費者に対して第4条第1項から第4項までに規定する行為（同条第2項に規定する行為にあっては、同項ただし書の場合に該当するものを除く。次項において同じ。）を現に行い又は行うおそれがあるときは、その事業者等に対し、当該行為の停止若しくは予防又は当該行為に供した物の廃棄若しくは除去その他の当該行為の停止若しくは予防に必要な措置をとることを請求することができる。ただし、民法及び商法以外の他の法律の規定によれば当該行為を理由として当該消費者契約を取り消すことができないときは、この限りでない。
② 適格消費者団体は、次の各号に掲げる者が、消費者契約の締結について勧誘をするに際し、不特定かつ多数の消費者に対して第4条第1項から第4項までに規定する行為を現に行い又は行うおそれがあるときは、当該各号に定める者に対し、当該各号に掲げる者に対する是正の指示又は教唆の停止その他の当該行為の停止又は予防に必要な措置をとることを請求することができる。この場合においては、前項ただし書の規定を準用する。
1 受託者等 当該受託者等に対して委託（2以上の段階にわたる委託を含む。）をした事業者又は他の受託者等
2 事業者の代理人又は受託者等の代理人 当該代理人を自己の代理人とする事業者若しくは受託者等又はこれらの他の代理人
③ 適格消費者団体は、事業者又はその代理人が、消費者契約を締結するに際し、不特定かつ多数の消費者との間で第8条から第10条までに規定する消費者契約の条項（第8条第1項第5号に掲げる消費者契約の条項にあっては、同条第2項各号に掲げる場合に該当するものを除く。次項において同じ。）を含む消費者契約の申込み又はその承諾の意思表示を現に行い又は行うおそれがあるときは、その事業者又はその代理人に対し、当該行為の停止若しくは予防又は当該行為に供した物の廃棄若しくは除去その他の当該行為の停止若しくは予防に必要な措置をとることを請求することができる。ただし、民法及び商法以外の他の法律の規定によれば当該消費者契約の条項が無効とされないときは、この限りでない。
④ 適格消費者団体は、事業者の代理人が、消費者契約を締結するに際し、不特定かつ多数の消費者との間で第8条から第10条までに規定する消費者契約の条項を含む消費者契約の申込み又はその承諾の意思表示を現に行い又は行うおそれがあるときは、当該代理人を自己の代理人とする事業者又は他の代理人に対し、当該代理人に対する是正の指示又は教唆の停止その他の当該行為の停止又は予防に必要な措置をとることを請求することができる。この場合においては、前項ただし書の規定を準用する。

（差止請求の制限）
第12条の2 ① 前条、不当景品類及び不当表示防止法（昭和37年法律第134号）第30条第1項、特定商取引に関する法律（昭和51年法律第57号）第58条の18から第58条の24まで又は食品表示法（平成25年法律第70号）第11条の規定による請求（以下「差止請求」という。）は、次に掲げる場合には、することができない。
1 当該適格消費者団体若しくは第三者の不正な利益を図り又は当該差止請求に係る相手方に損害を加えることを目的とする場合
2 他の適格消費者団体を当事者とする差止請求に係る訴訟等（訴訟並びに和解の申立てに係る手続、調停及び仲裁をいう。以下同じ。）につき既に確定判決等（確定判決及びこれと同一の効力を有するものをいい、次のイからハまでに掲げるものを除く。以下同じ。）が存する場合において、請求の内容及び相手方が同一である場合。ただし、当該他の適格消費者団体について、当該確定判決等に係る訴訟等の手続に関し、次条第1項の認定が第34条第1項第4号に掲げる事由により取り消され、又は同条第3項の規定により同号に掲げる事由があった旨の認定がされたときは、この限りでない。
イ 訴えを却下した確定判決
ロ 前号に掲げる場合に該当することのみを理由として差止請求を棄却した確定判決及び仲裁判断
ハ 差止請求をする権利（以下「差止請求権」という。）の不存在又は差止請求権に係る債務の不存在の確認の請求（第24条において「差止請求権不存在等確認請求」という。）を棄却した確定判決及びこれと同一の効力を有するもの
② 前項第2号本文の規定は、当該確定判決に係る訴訟の口頭弁論の終結後又は当該確定判決と同一の効力を有するものの成立後に生じた事由に基づいて同号本文に掲げる場合の当該差止請求をすることを妨げない。

第3節 訴訟手続等の特例

(書面による事前の請求)

第41条 ① 適格消費者団体は,差止請求に係る訴えを提起しようとするときは,その訴えの被告となるべき者に対し,あらかじめ,請求の要旨及び紛争の要点その他の内閣府令で定める事項を記載した書面により差止請求をし,かつ,その到達した時から1週間を経過した後でなければ,その訴えを提起することができない.ただし,当該被告となるべき者がその拒絶の意思を示したときは,この限りでない.
② 前項の請求は,その請求が通常到達すべきであった時に,到達したものとみなす.
③ 前2項の規定は,差止請求に係る仮処分命令の申立てについて準用する.

(訴訟の目的の価額)

第42条 差止請求に係る訴えは,訴訟の目的の価額の算定については,財産権上の請求でない請求に係る訴えとみなす.

(管轄)

第43条 ① 差止請求に係る訴訟については,民事訴訟法第5条(第5号に係る部分を除く.)の規定は,適用しない.
② 次の各号に掲げる規定による差止請求に係る訴えは,当該各号に定める行為があった地を管轄する裁判所にも提起することができる.
1 第12条 同条に規定する事業者等の行為
2 不当景品類及び不当表示防止法第30条第1項 同条に規定する事業者の行為
3 特定商取引に関する法律第58条の18から第58条の24まで これらの規定に規定する当該差止請求に係る相手方である販売業者,役務提供事業者,統括者,勧誘者,一般連鎖販売業者,関連商品の販売を行う者,業務提供誘引販売業を行う者又は購入業者(同法第58条の21第2項の規定による差止請求に係る訴えにあっては,勧誘者)の行為
4 食品表示法第11条 同条に規定する食品関連事業者の行為

(移送)

第44条 裁判所は,差止請求に係る訴えが提起された場合であって,他の裁判所に同一又は同種の行為の差止請求に係る訴訟が係属している場合においては,当事者の住所又は所在地,尋問を受けるべき証人の住所,争点又は証拠の共通性その他の事情を考慮して,相当と認めるときは,申立てにより又は職権で,当該訴えに係る訴訟の全部又は一部について,当該他の裁判所又は他の管轄裁判所に移送することができる.

(弁論等の併合)

第45条 ① 請求の内容及び相手方が同一である差止請求に係る訴訟が同一の第1審裁判所又は控訴裁判所に数個同時に係属するときは,その弁論及び裁判は,併合してしなければならない.ただし,審理の状況その他の事情を考慮して,他の差止請求に係る訴訟と弁論及び裁判を併合してすることが著しく不相当であると認めるときは,この限りでない.
② 前項本文に規定する場合には,当事者は,その旨を裁判所に申し出なければならない.

第46条 ① 内閣総理大臣は,現に係属する差止請求に係る訴訟につき既に他の適格消費者団体を当事者とする第12条の2第1項第2号本文の確定判決等が存する場合において,当該他の適格消費者団体につき当該確定判決等に係る訴訟等の手続に関し第34条第1項第4号に掲げる事由があると疑うに足りる相当な理由がある場合(同条第2項の規定により同号に掲げる事由があるものとみなすことができる場合を含む.)であって,同条第1項の規定による第13条第1項の認定の取消し又は第34条第3項の規定による認定(次項において「認定の取消し等」という.)をするかどうかの判断をするため相当の期間を要すると認めるときは,内閣府令で定めるところにより,当該差止請求に係る訴訟が係属する裁判所(以下この条において「受訴裁判所」という.)に対し,その旨及びその判断に要すると認められる期間を通知するものとする.
② 内閣総理大臣は,前項の規定による通知をした場合には,その通知に係る期間内に,認定の取消し等をするかどうかの判断をし,その結果を受訴裁判所に通知するものとする.
③ 第1項の規定による通知があった場合において,必要があると認めるときは,受訴裁判所は,その通知に係る期間を経過する日まで(その期間を経過する前に前項の規定による通知を受けたときは,その通知を受けた日まで),訴訟手続を中止することができる.

(間接強制の支払額の算定)

第47条 差止請求権について民事執行法第172条第1項に規定する方法により強制執行を行う場合において,同項又は同条第2項の規定により債務者が債権者に支払うべき金銭の額を定めるに当たっては,執行裁判所は,債務不履行により不特定かつ多数の消費者が受けるべき不利益を特に考慮しなければならない.

第4章 雑則

(適用除外)

第48条 この法律の規定は,労働契約については,適用しない.

(権限の委任)

第48条の2 内閣総理大臣は,前章の規定による権限(政令で定めるものを除く.)を消費者庁長官に委任する.

Ⅷ 条約

135 経済的,社会的及び文化的権利に関する国際規約（A規約）（抄）

〔採択〕1966年12月16日
〔効力発生〕1976年1月3日/1979年9月21日（日本）

この規約の締約国は,

国際連合憲章において宣言された原則によれば,人類社会のすべての構成員の固有の尊厳及び平等のかつ奪い得ない権利を認めることが世界における自由,正義及び平和の基礎をなすものであることを考慮し,

これらの権利が人間の固有の尊厳に由来することを認め,

世界人権宣言によれば,自由な人間は恐怖及び欠乏からの自由を享受することであるとの理想は,すべての者がその市民的及び政治的権利とともに経済的,社会的及び文化的権利を享有することのできる条件が作り出される場合に初めて達成されることになることを認め,

人権及び自由の普遍的な尊重及び遵守を助長すべき義務を国際連合憲章に基づき諸国が負っていることを考慮し,

個人が,他人に対し及びその属する社会に対して義務を負うこと並びにこの規約において認められる権利の増進及び擁護のために努力する責任を有することを認識して,

次のとおり協定する.

第2部

第2条 ① この規約の各締約国は,立法措置その他のすべての適当な方法によりこの規約において認められる権利の完全な実現を漸進的に達成するため,自国における利用可能な手段を最大限に用いることにより,個々に又は国際的な援助及び協力,特に,経済上及び技術上の援助及び協力を通じて,行動をとることを約束する.

② この規約の締約国は,この規約に規定する権利が人種,皮膚の色,性,言語,宗教,政治的意見その他の意見,国民的若しくは社会的出身,財産,出生又は他の地位によるいかなる差別もなしに行使されることを保障することを約束する.

③ 開発途上にある国は,人権及び自国の経済の双方に十分な考慮を払い,この規約において認められる経済的権利をどの程度まで外国人に保障するかを決定することができる.

第3条 この規約の締約国は,この規約に定めるすべての経済的,社会的及び文化的権利の享有について男女に同等の権利を確保することを約束する.

第4条 この規約の締約国は,この規約に合致するものとして国により確保される権利の享受に関し,その権利の性質と両立しており,かつ,民主的社会における一般的福祉を増進することを目的としている場合に限り,法律で定める制限のみをその権利に課することができることを認める.

第3部

第6条 ① この規約の締約国は,労働の権利を認めるものとし,この権利を保障するため適当な措置をとる.この権利には,すべての者が自由に選択し又は承諾する労働によって生計を立てる機会を得る権利を含む.

② この規約の締約国が①の権利の完全な実現を達成するためとる措置には,個人に対して基本的な政治的及び経済的自由を保障する条件の下で着実な経済的,社会的及び文化的発展を実現し並びに完全かつ生産的な雇用を達成するための技術及び職業の指導及び訓練に関する計画,政策及び方法を含む.

第7条 この規約の締約国は,すべての者が公正かつ良好な労働条件を享受する権利を有することを認める.この労働条件は,特に次のものを確保する労働条件とする.

(a) すべての労働者に最小限度次のものを与える報酬
 (i) 公正な賃金及びいかなる差別もない同一価値の労働についての同一報酬.特に,女子については,同一の労働についての同一報酬とともに男子が享受する労働条件に劣らない労働条件が保障されること.
 (ii) 労働者及びその家族のこの規約に適合する相応な生活
(b) 安全かつ健康的な作業条件
(c) 先任及び能力以外のいかなる事由も考慮されることなく,すべての者がその雇用関係においてより高い適当な地位に昇進する均等な機会
(d) 休息,余暇,労働時間の合理的な制限及び定期的な有給休暇並びに公の休日についての報酬

第9条 この規約の締約国は,社会保険その他の社会保障についてのすべての者の権利を認める.

第10条 この規約の締約国は,次のことを認める.

① できる限り広範な保護及び援助が,社会の自然かつ基礎的な単位である家族に対し,特に,家族の形成のために並びに扶養児童の養育及び教育について責任を有する間に,与えられるべきである.婚姻は,両当事者の自由な合意に基づいて成立するものでなければならない.

② 産前産後の合理的な期間においては,特別な保護が母親に与えられるべきである.働いている母親には,その期間において,有給休暇又は相当な社会保障給付を伴う休暇が与えられるべきである.

③ 保護及び援助のための特別な措置が,出生の他の事情を理由とするいかなる差別もなく,すべての児童及び年少者のためにとられるべきである.児童及び年少者は,経済的及び社会的な搾取から保護されるべきである.児童及び年少者を,その精神若しくは健康に有害であり,その生命に危険があり又はその正常な発育を妨げるおそれのある労働に使用することは,法律で処罰すべきである.また,国は年齢による制限を定め,その年齢に達しない児童を賃金を支払って使用することを法律で禁止しかつ処罰すべきである.

第11条 ① この規約の締約国は,自己及びその家族のための相当な食糧,衣類及び住居を内容とする相当な生活水準についての並びに生活条件の不断の改善についてのすべての者の権利を認める.締約国は,この権利の実現を確保するために適当な措置をとり,このためには,自由な合意に基づく国際協

力が極めて重要であることを認める．
② この規約の締約国は，すべての者が飢餓から免れる基本的な権利を有することを認め，個々に及び国際協力を通じて，次の目的のため，具体的な計画その他の必要な措置をとる．
(a) 技術的及び科学的知識を十分に利用することにより，栄養に関する原則についての知識を普及させることにより並びに天然資源の最も効果的な開発及び利用を達成するように農地制度を発展させ又は改革することにより，食糧の生産，保存及び分配の方法を改善すること．
(b) 食糧の輸入国及び輸出国の双方の問題に考慮を払い，需要との関連において世界の食糧の供給の衡平な分配を確保すること．
第12条 ① この規約の締約国は，すべての者が到達可能な最高水準の身体及び精神の健康を享受する権利を有することを認める．
② この規約の締約国が①の権利の完全な実現を達成するためにとる措置には，次のことに必要な措置を含む．
(a) 死産率及び幼児の死亡率を低下させるための並びに児童の健全な発育のための対策
(b) 環境衛生及び産業衛生のあらゆる状態の改善
(c) 伝染病，風土病，職業病その他の疾病の予防，治療及び抑圧
(d) 病気の場合にすべての者に医療及び看護を確保するような条件の創出
第13条 ① この規約の締約国は，教育についてのすべての者の権利を認める．締約国は，教育が人格の完成及び人格の尊厳についての意識の十分な発達を指向し並びに人権及び基本的自由の尊重を強化すべきことに同意する．更に，締約国は，教育が，すべての者に対し，自由な社会に効果的に参加すること，諸国民の間及び人種的，種族的又は宗教的集団の間の理解，寛容及び友好を促進すること並びに平和の維持のための国際連合の活動を助長することを可能にすべきことに同意する．
② この規約の締約国は，①の権利の完全な実現を達成するため，次のことを認める．
(a) 初等教育は，義務的なものとし，すべての者に対して無償のものとすること．
(b) 種々の形態の中等教育（技術的及び職業的中等教育を含む．）は，すべての適当な方法により，特に，無償教育の漸進的な導入により，一般的に利用可能であり，かつ，すべての者に対して機会が与えられるものとすること．
(c) 高等教育は，すべての適当な方法により，特に，無償教育の漸進的な導入により，能力に応じ，すべての者に対して均等に機会が与えられるものとすること．
(d) 基礎教育は，初等教育を受けなかった者又はその全課程を修了しなかった者のため，できる限り奨励され又は強化されること．
(e) すべての段階にわたる学校制度の発展を積極的に追求し，適当な奨学金制度を設立し及び教育職員の物質的条件を不断に改善すること．
③ この規約の締約国は，父母及び場合により法定保護者が，公の機関によって設置される学校以外の学校であって国によって定められ又は承認される最低限度の教育上の基準に適合するものを児童のために選択する自由並びに自己の信念に従って児童の宗教的及び道徳的教育を確保する自由を有する

ことを尊重することを約束する．
④ この条のいかなる規定も，個人及び団体が教育機関を設置し及び管理する自由を妨げるものと解してはならない．ただし，常に，①に定める原則が遵守されること及び当該教育機関において行なわれる教育が国によって定められる最低限度の基準に適合することを条件とする．

136 難民の地位に関する 1951 年の条約（抄）

〔採択〕1951年7月28日
〔効力発生〕1954年4月22日／1982年1月1日（日本）

締約国は，
国際連合憲章及び1948年12月10日に国際連合総会により承認された世界人権宣言が，人間は基本的な権利及び自由を差別を受けることなく享有するとの原則を確認していることを考慮し，
国際連合が，種々の機会に難民に対する深い関心を表明し並びに難民に対して基本的な権利及び自由のできる限り広範な行使を保証することに努力してきたことを考慮し，
難民の地位に関する従前の国際協定を修正し及び統合すること並びにこれらの文書の適用範囲及びこれらの文書に設ける保護を新たな協定において拡大することが望ましいと考え，
難民に対する庇護の付与が特定の国にとって不当に重い負担となる可能性のあること並びに国際的な広がり及び国際的な性格を有すると国際連合が認める問題についての満足すべき解決は国際協力なしには得ることができないことを考慮し，
すべての国が，難民問題の社会的及び人道的性格を認識して，この問題が国家間の緊張の原因となることを防止するため可能なすべての措置をとることを希望し，
国際連合難民高等弁務官が難民の保護について定める国際条約の適用を監督する任務を有していることに留意し，また各国と国際連合難民高等弁務官との協力により，難民問題を処理するためにとられる措置の効果的な調整が可能となることを認めて，
次のとおり協定した．

第1章　一般規定

第3条（無差別）　締約国は，難民に対し，人種，宗教または出身国による差別なしにこの条約を適用する．

第4章　福祉

第22条（公の教育）① 締約国は，難民に対し，初等教育に関し，自国民に与える待遇と同一の待遇を与える．
② 締約国は，難民に対し，初等教育以外の教育，特に修学の機会，学業に関する証明書，資格証書及び学位の外国において与えられたものの承認，授業料その他納付金の減免並びに奨学金の給付に関し，できる限り有利な待遇を与えるものとし，いかなる場合にも，同一の事情のもとで一般に外国人に対して与える待遇よりも不利でない待遇を与える．

第23条（公的扶助） 締約国は，合法的にその領域内に滞在する難民に対し，公的扶助及び公的援助に関し，自国民に与える待遇と同一の待遇を与える．

第24条（労働法制及び社会保障） ① 締約国は，合法的にその領域内に滞在する難民に対し，次の事項に関し，自国民に与える待遇と同一の待遇を与える．
(a) 報酬（家族手当がその一部を成すときは，これを含む），労働時間，時間外労働，有給休暇，家内労働についての制限，雇用についての最低年齢，見習及び訓練，女子及び年少者の労働並びに団体交渉の利益の享受にかかわる事項であって，法令の規律を受けるものまたは行政機関の管理のもとにあるもの．
(b) 社会保障（業務災害，職業病，母性，疾病，廃疾，老齢，死亡，失業，家族的責任その他国内法令により社会保障制度の対象とされている給付事由に関する法規）．ただし，次の措置をとることを妨げるものではない．
(i) 当該難民が取得した権利または取得の過程にあった権利の維持に関し適当な措置をとること．
(ii) 当該難民が居住している当該締約国の国内法令において，公の資金から全額支給される給付の全部または一部に関し及び通常の年金の受給のために必要な拠出についての条件を満たしていない者に支給される手当てに関し，特別の措置を定めること．

② 業務災害または職業病に起因する難民の死亡について補償を受ける権利は，この権利を取得する者が締約国の領域外に居住していることにより影響を受けない．

③ 締約国は，取得されたまたは取得の過程にあった社会保障についての権利の維持に関し他の締約国との間で既に締結した協定または将来締結することのある協定の署名国の国民に適用される条件を難民がみたしている限り，当該協定による利益と同一の利益を当該難民に与える．

④ 締約国は，取得されたまたは取得の過程にあった社会保障についての権利の維持に関する協定であって非締約国との間で現在効力を有しまたは将来効力を有することのあるものによる権利と同一の利益をできる限り難民に与えることについて好意的考慮を払うものとする．

137 社会保障の最低基準に関する条約（ILO 第 102 号）

〔採択〕1952年6月28日
〔効力発生〕1955年4月27日／1976年2月2日（日本）

国際労働機関の総会は，

理事会によりジュネーヴに招集されて，1952年6月4日にその第35回会期として会合し，

その会期の議事日程の第5議題に含まれる社会保障の最低基準に関する提案の採択を決定し，

その提案が国際条約の形式をとるべきであると決定して，

次の条約（引用に際しては，1952年の社会保障（最低基準）条約と称することができる．）を1952年6月28日に採択する．

第1部 一般規定

第1条 ① この条約において，
(a)「所定の」とは，国内の法令により又はこれに基づいて定められたことをいう．
(b)「居住」とは，加盟国の領域内に通常居住することをいい，「居住者」とは，加盟国の領域内に通常居住する者をいう．
(c)「妻」とは，夫によって扶養されている妻をいう．
(d)「寡婦」とは，夫の死亡の当時夫によって扶養されていた女子をいう．
(e)「子」とは，国内の法令で定めるところにより，義務教育終了年齢又は15歳に達しない子をいう．
(f)「資格期間」とは，国内の法令で定めるところにより，拠出期間，雇用期間若しくは居住期間又はこれらの組合せをいう．

② 第10条，第34条及び第49条において，「給付」とは，医療の直接給付又は関係者が負担した費用の償還による間接給付をいう．

第2条 この条約の適用を受ける各加盟国は，
(a) 次の規定を履行する．
(i) 第1部の規定
(ii) 第2部から第10部までのうち少なくとも3の部（第4部から第6部まで，第9部及び第10部のうち少なくとも1の部を含むことを要する．）の規定
(iii) 第11部から第13部までの関係規定
(iv) 第14部の規定
(b) その批准に際し，第2部から第10部までのうちこの条約の義務を受諾する部を指定する．

第2部 医療

第7条 この部の規定の適用を受ける各加盟国は，この部の次の諸条の規定に従い，保護対象者に対し，予防又は治療の性質を有する医療を必要とする状態に係る給付が与えられることを確保する．

第8条 給付事由は，すべての負傷又は疾病（原因のいかんを問わない．）並びに妊娠，分べん及びこれらの結果とする．

第3部 傷病給付

第13条 この部の規定の適用を受ける各加盟国は，この部の次の諸条の規定に従い，保護対象者に対し，傷病給付が与えられることを確保する．

第14条 給付事由は，負傷又は疾病に起因し，かつ，勤労所得の停止を伴う労働不能であって，国内の法令で定めるものとする．

第15条 保護対象者は，次のいずれかの者とする．
(a) すべての被用者の50パーセント以上を構成する所定の種類の被用者
(b) すべての居住者の20パーセント以上を構成する所定の種類の経済活動従事者
(c) 給付事由の存する間における資産の価額が第67条の要件に適合するように国内の法令で定める限度額を超えないすべての居住者
(d) 第3条の規定に基づく宣言が行われている場合には，20人以上の者を使用する工業的事業所におけるすべての被用者の50パーセント以上を構成する所定の種類の被用者

第16条 ① 所定の種類の被用者又は所定の種類の経済活動従事者を保護対象者とする場合には、給付は、第65条又は第66条の要件に適合するように算定される定期金とする。
② 給付事由の存する間における資産の価額が所定の限度額を超えないすべての居住者を保護対象者とする場合には、給付は、第67条の要件に適合するように算定される定期金とする。
第17条 前条の給付は、給付事由が生じた場合には、少なくとも濫用を防止するために必要と認められる資格期間を満たしている保護対象者に対して確保しなければならない。

第4部 失業給付

第19条 この部の規定の適用を受ける各加盟国は、この部の次の諸条の規定に従い、保護対象者に対し、失業給付が与えられることを確保する。
第20条 給付事由は、労働能力を有し、かつ、就労することができる状態にある保護対象者が被る適当な職業に就くことができないことによる勤労所得の停止であつて、国内の法令で定めるものとする。
第21条 保護対象者は、次のいずれかの者とする。
(a) すべての被用者の50パーセント以上を構成する所定の種類の被用者
(b) 給付事由の存する間における資産の価額が第67条の要件に適合するように国内の法令で定める限度額を超えないすべての居住者
(c) 第3条の規定に基づく宣言が行われている場合には、20人以上の者を使用する工業的事業所におけるすべての被用者の50パーセント以上を構成する所定の種類の被用者
第22条 ① 所定の種類の被用者を保護対象者とする場合には、給付は、第65条又は第66条の要件に適合するように算定される定期金とする。
② 給付事由の存する間における資産の価額が所定の限度額を超えないすべての居住者を保護対象者とする場合には、給付は、第67条の要件に適合するように算定される定期金とする。
第23条 前条の給付は、給付事由が生じた場合には、少なくとも濫用を防止するために必要と認められる資格期間を満たしている保護対象者に対して確保しなければならない。

第5部 老齢給付

第25条 この部の規定の適用を受ける各加盟国は、この部の次の諸条の規定に従い、保護対象者に対し、老齢給付が与えられることを確保する。
第26条 ① 給付事由は、所定の年齢を超えて生存していることとする。
② 所定の年齢は、65歳を超えない年齢又は権限のある機関が当該国の高年齢者の労働能力に十分な考慮を払つて定める65歳より高い年齢とする。
③ 給付を受ける権利を有するべき者が所定の有償の活動に従事している場合に当該給付を停止すること、並びに拠出制による給付については受給者の勤労所得が所定の額を超える場合及び無拠出制による給付については受給者の勤労所得若しくは勤労所得以外の資産の価額又はこれらを合算した額が所定の額を超える場合に当該給付を減額することを、国内の法令で定めることができる。

第27条 保護対象者は、次のいずれかの者とする。
(a) すべての被用者の50パーセント以上を構成する所定の種類の被用者
(b) すべての居住者の20パーセント以上を構成する所定の種類の経済活動従事者
(c) 給付事由の存する間における資産の価額が第67条の要件に適合するように国内の法令で定める限度額を超えないすべての居住者
(d) 第3条の規定に基づく宣言が行われている場合には、20人以上の者を使用する工業的事業所におけるすべての被用者の50パーセント以上を構成する所定の種類の被用者
第28条 給付は、次の定期金とする。
(a) 所定の種類の被用者又は所定の種類の経済活動従事者を保護対象者とする場合には、第65条又は第66条の要件に適合するように算定される定期金
(b) 給付事由の存する間における資産の価額が所定の限度額を超えないすべての居住者を保護対象者とする場合には、第67条の要件に適合するように算定される定期金
第29条 ① 前条の給付は、給付事由が生じた場合には、少なくとも次のいずれかの者に対して確保しなければならない。
(a) 給付事由が生ずる前に、拠出若しくは雇用について30年又は居住について20年の資格期間を所定の規則に従つて満たしている保護対象者
(b) 原則としてすべての経済活動従事者を保護対象者とする場合には、拠出について所定の資格期間を満たしている保護対象者であつて、労働年齢にあつた間に所定の年平均納付回数の拠出金の納付が行われたもの
② ①の給付が拠出又は雇用について最小限の期間の満了を条件とする場合には、少なくとも次のいずれかの者に対し、減額された給付を確保しなければならない。
(a) 給付事由が生ずる前に、拠出又は雇用について15年の資格期間を所定の規則に従つて満たしている保護対象者
(b) 原則としてすべての経済活動従事者を保護対象者とする場合には、拠出について所定の資格期間を満たしている保護対象者であつて、労働年齢にあつた間に①(b)にいう所定の年平均納付回数の2分の1の回数の拠出金の納付が行われたもの
③ 第11部の付表に掲げる関係標準受給者に係る百分率を当該百分率から100分の10の率を減じた百分率とした上で同部の要件に適合するように算定された給付が、少なくとも、拠出若しくは雇用について10年又は居住について5年の期間を所定の規則に従つて満たしている保護対象者に対して確保される場合には、①の要件は、満たされたものとみなす。
④ 給付のために必要とされる資格期間が拠出又は雇用について10年を超え30年に満たない場合には、給付は、第11部の付表に掲げる百分率を比例的に減算して得た百分率により算定された給付とすることができる。この場合において、当該資格期間が15年を超えるときは、減額された給付を②の規定に適合するように支給しなければならない。
⑤ ①、③及び④の給付が拠出又は雇用について最小限の期間の満了を条件とする場合には、この部の適用についての関係規定の効力発生の時に年齢が高いという理由のみにより、②の規定に従つて国内の

法令で定める条件を満たすことができない保護対象者に対し,減額された給付を所定の条件に従つて支給しなければならない.ただし,そのような者に対し,①,③又は④の規定に適合する給付が通常の年齢より高い年齢で確保されている場合は,この限りでない.

第6部　業務災害給付

第31条　この部の規定の適用を受ける各加盟国は,この部の次の諸条の規定に従い,保護対象者に対し,業務災害給付が与えられることを確保する.

第32条　給付事由は,業務に起因する事故又は所定の職業病による次のものとする.
(a) 負傷又は疾病
(b) 負傷又は疾病に起因し,かつ,勤労所得の停止を伴う労働不能であつて,国内の法令で定めるもの
(c) 所得能力の全部喪失若しくは所定の程度を超える所得能力の一部喪失で永久的なものとなるおそれがあるもの又はこれらに相当する身体機能の喪失
(d) 扶養者の死亡の結果として寡婦又は子が被る扶養の喪失.ただし,寡婦の給付を受ける権利については,国内の法令に従いその者が自活することができない状態にあるとされることを条件とすることができる.

第33条　保護対象者は,次のいずれかの者とする.
(a) すべての被用者の50パーセント以上を構成する所定の種類の被用者並びに,扶養者の死亡に係る給付については,当該所定の種類の被用者の妻及び子
(b) 第3条の規定に基づく宣言が行われている場合には,20人以上の者を使用する工業的事業所におけるすべての被用者の50パーセント以上を構成する所定の種類の被用者並びに,扶養者の死亡に係る給付については,当該所定の種類の被用者の妻及び子

第34条　① 負傷又は疾病については,給付は,②及び③に規定する医療とする.
② 医療は,次のものから成る.
(a) 入院患者及び通院患者に対する一般医及び専門医による診療(往診を含む.)
(b) 歯科診療
(c) 家庭又は病院その他の医療施設における看護
(d) 病院,回復期療養所,サナトリウムその他の医療施設への収容
(e) 歯科用治療材料,薬剤その他の内科用又は外科用の治療材料(補装具及びその修理を含む.)及び眼鏡
(f) 医業に類するものとして法律上認められる職業に従事する者が医師又は歯科医師の監督の下に行う診療
③ 第3条の規定に基づく宣言が行われている場合には,医療には,少なくとも次のものを含む.
(a) 一般医による診療(往診を含む.)
(b) 病院における入院患者及び通院患者に対する専門医による診療並びに病院外で行うことができる専門医による診療
(c) 医師その他資格のある者の処方による欠くことのできない薬剤
(d) 必要がある場合の病院への収容
④ ①から③までの規定に基づく医療は,保護対象者の健康,労働能力及び自己の用を足す能力を維持し,

回復し又は改善することを目的として支給しなければならない.

第35条　① 医療を管理する団体又は官庁は,心身障害者を適当な業務に再び就かせることを目的として,一般的な職業リハビリテーション事業と適宜協力する.
② ①の団体又は官庁に対しては,国内の法令により,心身障害者の職業リハビリテーションのための措置をとることを認めることができる.

第36条　① 労働不能,永久的なものとなるおそれのある所得能力の全部喪失若しくはこれに相当する身体機能の喪失又は扶養者の死亡については,給付は,第65条又は第66条の要件に適合するように算定される定期金とする.
② 永久的なものとなるおそれのある所得能力の一部喪失又はこれに相当する身体機能の喪失については,給付は,支給する場合には,所得能力の全部喪失又はこれに相当する身体機能の喪失に係る定期金に対して適当な比率の定期金とする.
③ 次のいずれかの場合には,定期金は,一時金として支給することができる.
(a) 不能又は喪失の程度が軽微である場合
(b) 一時金が適切に使用されると権限のある機関が認める場合

第37条　第34条及び前条の給付は,給付事由が生じた場合には,少なくとも,事故の発生の当時又は職業病にかかつた当時自国の領域内で雇用されていた保護対象者に対し,また,扶養者の死亡に係る定期金については,当該保護対象者の寡婦及び子に対して確保しなければならない.

第7部　家族給付

第39条　この部の規定の適用を受ける各加盟国は,この部の次の諸条の規定に従い,保護対象者に対し,家族給付が与えられることを確保する.

第40条　給付事由は,国内の法令で定めるところにより,子を扶養する責務とする.

第8部　母性給付

第46条　この部の規定の適用を受ける各加盟国は,この部の次の諸条の規定に従い,保護対象者に対し,母性給付が与えられることを確保する.

第47条　給付事由は,妊娠,分べん及びこれらの結果並びに国内の法令で定めるそれらに起因する勤労所得の停止とする.

第9部　廃疾給付

第53条　この部の規定の適用を受ける各加盟国は,この部の次の諸条の規定に従い,保護対象者に対し,廃疾給付が与えられることを確保する.

第54条　給付事由は,有償の活動に従事することができない状態(所定の程度のもの)であつて,永久的なものとなるおそれがあるもの及び傷病給付の受給の終了後も存続するものとする.

第10部　遺族給付

第59条　この部の規定の適用を受ける各加盟国は,この部の次の諸条の規定に従い,保護対象者に対し,

遺族給付が与えられることを確保する.

第60条 ① 給付事由は,扶養者の死亡の結果として寡婦又は子が被る扶養の喪失とする.ただし,寡婦の給付を受ける権利については,国内の法令に従いその者が自活することができない状態にあるとされることを条件とすることができる.

② 給付を受ける権利を有すべき者が所定の有償の活動に従事している場合に当該給付を停止すること,並びに拠出制による給付については受給者の勤労所得が所定の額を超える場合及び無拠出制による給付については受給者の勤労所得若しくは勤労所得以外の資産の価額又はこれらを合算した額が所定の額を超える場合に当該給付を減額することを,国内の法令で定めることができる.

第11部 定期金の算定基準

第65条 ① この条の規定の適用を受ける定期金については,給付の額と給付事由の存する期間中に支給される家族手当の額との合計額が,当該給付事由に関し,この部の付表に掲げる標準受給者にあっては,受給者又は受給者の扶養者の従前の勤労所得の額と標準受給者と同一の家族的責任を有する保護対象者に支給される家族手当の額との合計額に同付表の百分率を乗じて得た額に少なくとも達するようにする.

② 受給者又は受給者の扶養者の従前の勤労所得は,所定の規則によって計算する.保護対象者又は保護対象者の扶養者がその勤労所得に従って階層に分類されているときは,その者の従前の勤労所得は,その者が属していた階層の標準勤労所得によって計算することができる.

③ 給付の額又は給付の計算に当たって考慮される勤労所得については,最高限度を国内の法令で定めることができる.ただし,この最高限度は,受給者又は受給者の扶養者の従前の勤労所得が男子熟練労働者の賃金に等しく又はこれより低い場合において①の規定が満たされるように定める.

④ 受給者又は受給者の扶養者の従前の勤労所得,男子熟練労働者の賃金,給付及び家族手当は,同一の時点を基礎として計算する.

⑤ 標準受給者以外の受給者に対する給付は,標準受給者に対する給付と合理的な関係になければならない. 《⑥~⑩(略)》

第66条 ① この条の規定の適用を受ける定期金については,給付の額と給付事由の存する期間中に支給される家族手当の額との合計額が,当該給付事由に関し,この部の付表に掲げる標準受給者にあっては,普通成年男子労働者の賃金の額と標準受給者と同一の家族的責任を有する保護対象者に支給される家族手当の額との合計額に同付表の百分率を乗じて得た額に少なくとも達するようにする.

② 普通成年男子労働者の賃金並びに給付及び家族手当は,同一の時点を基礎として計算する.

③ 標準受給者以外の受給者に対する給付は,標準受給者に対する給付と合理的な関係になければならない. 《④~⑧(略)》

第67条 この条の規定の適用を受ける定期金については,
(a) 給付の額は,所定の給付区分又は権限のある公の機関が所定の規則に従って定める給付区分によって決定する.

(b) (a)の額は,受給者及びその家族の当該給付以外の資産の価額が所定のかなりの額又は権限のある公の機関が所定の規則に従って定めるかなりの額を超える場合に限り,その限度において減額することができる.

(c) 給付と給付以外の資産の価額との合計額から(b)のかなりの額を控除した額は,受給者及びその家族が健康かつ相応な生活を維持するために十分であり,かつ,前条の要件に適合するように算定された対応する給付の額を下回らない額でなければならない. 《(d)(略)》

第十一部の付表 標準受給者に対する定期金

部	給付事由		標準受給者	百分率
三	傷 病		妻及び二子を有する男子	45
四	失 業		妻及び二子を有する男子	45
五	老 齢		年金受給者資格年齢の妻を有する男子	40
六	業務災害			
		労働不能	妻及び二子を有する男子	50
		廃 疾	妻及び二子を有する男子	50
		遺 族	二子を有する寡婦	40
八	母 性		女子	45
九	廃 疾		妻及び二子を有する男子	40
十	遺 族		二子を有する寡婦	40

138 家族的責任を有する男女労働者の機会及び待遇の均等に関する条約(ILO第156号)(抄)

〔採択〕1981年6月23日
〔効力発生〕1981年8月11日/1995年6月9日(日本)

国際労働機関の総会は,
理事会によりジュネーヴに招集されて,1981年6月3日にその第67回会期として会合し,
「すべての人間は,人種,信条又は性にかかわりなく,自由及び尊厳並びに経済的保障及び機会均等の条件において,物質的福祉及び精神的発展を追求する権利をもつ」ことを認めている国際労働機関の目的に関するフィラデルフィア宣言に留意し,

1975年に国際労働機関の総会が採択した女子労働者の機会及び待遇の均等に関する宣言並びに女子労働者の機会及び待遇の均等を促進するための行動計画に関する決議の規定に留意し,

男女労働者の機会及び待遇の均等を確保することを目的とする国際労働条約及び国際労働勧告の規定,すなわち,1951年の同一報酬条約及び1951年の同一報酬勧告,1958年の差別(雇用及び職業)条約及び1958年の差別(雇用及び職業)勧告並びに1975年の人的資源開発勧告Ⅷの規定に留意し,

1958年の差別(雇用及び職業)条約が家族的責任に基づく区別を明示的には対象としていないことを想起し,及びこの点に関して補足的な基準が必要であることを考慮し,

1965年の雇用(家庭的責任を有する女子)勧告の規定に留意し,及び同勧告の採択以降に生じた変化を考慮し,

男女の機会及び待遇の均等に関する文書が国際連

合及び他の専門機関によっても採択されていることに留意し,特に,1979年に国際連合で採択された女子に対するあらゆる形態の差別の撤廃に関する条約前文の第14段落において,締約国は「社会及び家庭における男子の伝統的役割を女子の役割とともに変更することが男女の完全な平等の達成に必要であることを認識」する旨規定されていることを想起し,

家族的責任を有する労働者に関する問題は国の政策において考慮されるべき家族及び社会に関する一層広範な問題の様々な側面を成すことを認識し,

家族的責任を有する男女の労働者の間及び家族的責任を有する労働者と他の労働者との間の機会及び待遇の実効的な均等を実現することの必要性を認識し,

すべての労働者が直面している問題の多くが家族的責任を有する労働者にとっては一層切実なものとなっていることを考慮し,並びに家族的責任を有する労働者の特別のニーズに応じた措置及び労働者の置かれている状況を全般的に改善することを目的とする措置によって家族的責任を有する労働者の置かれている状況を改善することの必要性を認識し,

前記の会期の議事日程の第5議題である家族的責任を有する男女労働者の機会及び待遇の均等に関する提案の採択を決定し,

その提案が国際条約の形式をとるべきであることを決定して,

次の条約(引用に際しては,1981年の家族的責任を有する労働者条約と称することができる.)を1981年6月23日に採択する.

第1条 ① この条約は,被扶養者である子に対し責任を有する男女労働者であって,当該責任により経済活動への準備,参入若しくは参加の可能性又は経済活動における向上の可能性が制約されるものについて,適用する.

② この条約は,介護又は援助が明らかに必要な他の近親の家族に対し責任を有する男女労働者であって,当該責任により経済活動への準備,参入若しくは参加の可能性又は経済活動における向上の可能性が制約されるものについても,適用する.

③ この条約の適用上,「被扶養者である子」及び「介護又は援助が明らかに必要な他の近親の家族」とは,各国において第9条に規定する方法のいずれかにおいて定められる者をいう.

④ ①及び②に規定する労働者は,以下「家族的責任を有する労働者」という.

第2条 この条約は,経済活動のすべての部門について及びすべての種類の労働者について適用する.

第3条 ① 男女労働者の機会及び待遇の実効的な均等を実現するため,各加盟国は,家族的責任を有する者であって職業に従事しているもの又は職業に従事することを希望するものが,差別を受けることなく,また,できる限り職業上の責任と家族的責任との間に抵触が生ずることなく職業に従事する権利を行使することができるようにすることを国の政策の目的とする.

② ①の規定の適用上,「差別」とは,1958年の差別(雇用及び職業)条約の第1条及び第5条に規定する雇用及び職業における差別をいう.

第4条 男女労働者の機会及び待遇の実効的な均等を実現するため,次のことを目的として,国内事情及び国内の可能性と両立するすべての措置をとる.
(a) 家族的責任を有する労働者が職業を自由に選択する権利を行使することができるようにすること.
(b) 雇用条件及び社会保障において,家族的責任を有する労働者のニーズを反映すること.

第5条 更に,次のことを目的として,国内事情及び国内の可能性と両立するすべての措置をとる.
(a) 地域社会の計画において,家族的責任を有する労働者のニーズを反映すること.
(b) 保育及び家族に関するサービス及び施設等の地域社会のサービス(公的なものであるか私的なものであるかを問わない.)を発展させ又は促進すること.

第6条 各国の権限のある機関及び団体は,男女労働者の機会及び待遇の均等の原則並びに家族的責任を有する労働者の問題に関する公衆の一層深い理解並びに当該問題の解決に資する世論を醸成する情報の提供及び教育を促進するための適当な措置をとる.

第7条 家族的責任を有する労働者が労働力の一員となり,労働力の一員としてとどまり及び家族的責任によって就業しない期間の後に再び労働力の一員となることができるようにするため,国内事情及び国内の可能性と両立するすべての措置(職業指導及び職業訓練の分野における措置等)をとる.

第8条 家族的責任それ自体は,雇用の終了の妥当な理由とはならない.

第9条 この条約は,法令,労働協約,就業規則,仲裁裁定,判決若しくはこれらの方法の組合せにより又は国内慣行に適合するその他の方法であって国内事情を考慮に入れた適当なものにより,適用することができる.

第10条 ① この条約は,国内事情を考慮に入れ,必要な場合には段階的に適用することができる.ただし,実施のためにとられる措置は,いかなる場合にも第1条1に規定するすべての労働者について適用する.

② この条約を批准する加盟国は,①に規定する段階的な適用を行う意思を有する場合には,国際労働機関憲章第22条の規定に従って提出するこの条約の適用に関する第1回の報告において,当該段階的な適用の対象となる事項を記載し,その後の報告において,この条約を当該事項につきどの程度に実施しているか又は実施しようとしているかを記載する.

第11条 使用者団体及び労働者団体は,国内事情及び国内慣行に適する方法により,この条約を実施するための措置の立案及び適用に当たって参加する権利を有する.

139 障害者の権利に関する条約 (抄)

〔採択〕2006年12月13日
〔効力発生〕2008年5月3日/2014年2月19日(日本)

前文

この条約の締約国は,
(a) 国際連合憲章において宣明された原則が,人類社会の全ての構成員の固有の尊厳及び価値並びに平等のかつ奪い得ない権利が世界における自由,正義及び平和の基礎を成すものであると認めていることを想起し,
(b) 国際連合が,世界人権宣言及び人権に関する国

際規約において,全ての人はいかなる差別もなしに同宣言及びこれらの規約に掲げる全ての権利及び自由を享有することができることを宣明し,及び合意したことを認め,
(c) 全ての人権及び基本的自由が普遍的であり,不可分のものであり,相互に依存し,かつ,相互に関連を有すること並びに障害者が全ての人権及び基本的自由を差別なしに完全に享有することを保障することが必要であることを再確認し,
(d) 経済的,社会的及び文化的権利に関する国際規約,市民的及び政治的権利に関する国際規約,あらゆる形態の人種差別の撤廃に関する国際条約,女子に対するあらゆる形態の差別の撤廃に関する条約,拷問及び他の残虐な,非人道的な又は品位を傷つける取扱い又は刑罰に関する条約,児童の権利に関する条約及び全ての移住労働者及びその家族の構成員の権利の保護に関する国際条約を想起し,
(e) 障害が発展する概念であることを認め,また,障害が,機能障害を有する者とこれらの者に対する態度及び環境による障壁との間の相互作用であって,これらの者が他の者との平等を基礎として社会に完全かつ効果的に参加することを妨げるものによって生ずることを認め,
(f) 障害者に関する世界行動計画及び障害者の機会均等化に関する標準規則に定める原則及び政策上の指針が,障害者の機会均等を更に促進するための国内的,地域的及び国際的な政策,計画及び行動の促進,作成及び評価に影響を及ぼす上で重要であることを認め,
(g) 持続可能な開発に関連する戦略の不可分の一部として障害に関する問題を主流に組み入れることが重要であることを強調し,
(h) また,いかなる者に対する障害に基づく差別も,人間の固有の尊厳及び価値を侵害するものであることを認め,
(i) さらに,障害者の多様性を認め,
(j) 全ての障害者(より多くの支援を必要とする障害者を含む.)の人権を促進し,及び保護することが必要であることを認め,
(k) これらの種々の文書及び約束にもかかわらず,障害者が,世界の全ての地域において,社会の平等な構成員としての参加を妨げる障壁及び人権侵害に依然として直面していることを憂慮し,
(l) あらゆる国(特に開発途上国)における障害者の生活条件を改善するための国際協力が重要であることを認め,
(m) 障害者が地域社会における全般的な福祉及び多様性に対して既に貴重な貢献をしており,又は貴重な貢献をし得ることを認め,また,障害者による人権及び基本的自由の完全な享有並びに完全な参加を促進することにより,その帰属意識が高められること及び社会の人的,社会的及び経済的開発並びに貧困の撲滅に大きな前進がもたらされることを認め,
(n) 障害者にとって,個人の自律及び自立(自ら選択する自由を含む.)が重要であることを認め,
(o) 障害者が,政策及び計画(障害者に直接関連する政策及び計画を含む.)に係る意思決定の過程に積極的に関与する機会を有すべきであることを考慮し,
(p) 人種,皮膚の色,性,言語,宗教,政治的意見その他の意見,国民的な,種族的な,先住民族としての

若しくは社会的な出身,財産,出生,年齢又は他の地位に基づく複合的又は加重的な形態の差別を受けている障害者が直面する困難な状況を憂慮し,
(q) 障害のある女子が,家庭の内外で暴力,傷害若しくは虐待,放置若しくは怠慢な取扱い,不当な取扱い又は搾取を受ける一層大きな危険にしばしばさらされていることを認め,
(r) 障害のある児童が,他の児童との平等を基礎として全ての人権及び基本的自由を完全に享有すべきであることを認め,また,このため,児童の権利に関する条約の締約国が負う義務を想起し,
(s) 障害者による人権及び基本的自由の完全な享有を促進するためのあらゆる努力に性別の視点を組み込む必要があることを強調し,
(t) 障害者の大多数が貧困の状況下で生活している事実を強調し,また,この点に関し,貧困が障害者に及ぼす悪影響に対処することが真に必要であることを認め,
(u) 国際連合憲章に定める目的及び原則の十分な尊重並びに人権に関する適用可能な文書の遵守に基づく平和で安全な状況が,特に武力紛争及び外国による占領の期間中における障害者の十分な保護に不可欠であることに留意し,
(v) 障害者が全ての人権及び基本的自由を完全に享有することを可能とするに当たっては,物理的,社会的,経済的及び文化的な環境並びに健康及び教育を享受しやすいようにし,並びに情報及び通信を利用しやすいようにすることが重要であることを認め,
(w) 個人が,他人に対し及びその属する地域社会に対して義務を負うこと並びに国際人権章典において認められる権利の増進及び擁護のために努力する責任を有することを認識し,
(x) 家族が,社会の自然かつ基礎的な単位であること並びに社会及び国家による保護を受ける権利を有することを確信し,また,障害者及びその家族の構成員が,障害者の権利の完全かつ平等な享有に向けて家族が貢献することを可能とするために必要な保護及び支援を受けるべきであることを確信し,
(y) 障害者の権利及び尊厳を促進し,及び保護するための包括的かつ総合的な国際条約が,開発途上国及び先進国において,障害者の社会的に著しく不利な立場を是正することに重要な貢献を行うこと並びに障害者が市民的,政治的,経済的,社会的及び文化的分野に均等な機会により参加することを促進することを確信して,
次のとおり協定した.

第1条 (目 的)

この条約は,全ての障害者によるあらゆる人権及び基本的自由の完全かつ平等な享有を促進し,保護し,及び確保すること並びに障害者の固有の尊厳の尊重を促進することを目的とする.

障害者には,長期的な身体的,精神的,知的又は感覚的な機能障害であって,様々な障壁との相互作用により他の者との平等を基礎として社会に完全かつ効果的に参加することを妨げ得るものを有する者を含む.

第2条 (定 義)

この条約の適用上,
「意思疎通」とは,言語,文字の表示,点字,触覚を使った意思疎通,拡大文字,利用しやすいマルチメディア並びに筆記,音声,平易な言葉,朗読その他の

補助的及び代替的な意思疎通の形態,手段及び様式(利用しやすい情報通信機器を含む.)をいう.

「言語」とは,音声言語及び手話その他の形態の非音声言語をいう.

「障害に基づく差別」とは,障害に基づくあらゆる区別,排除又は制限であって,政治的,経済的,社会的,文化的,市民的その他のあらゆる分野において,他の者との平等を基礎として全ての人権及び基本的自由を認識し,享有し,又は行使することを害し,又は妨げる目的又は効果を有するものをいう.障害に基づく差別には,あらゆる形態の差別(合理的配慮の否定を含む.)を含む.

「合理的配慮」とは,障害者が他の者との平等を基礎として全ての人権及び基本的自由を享有し,又は行使することを確保するための必要かつ適当な変更及び調整であって,特定の場合において必要とされるものであり,かつ,均衡を失した又は過度の負担を課さないものをいう.

「ユニバーサルデザイン」とは,調整又は特別な設計を必要とすることなく,最大限可能な範囲で全ての人が使用することのできる製品,環境,計画及びサービスの設計をいう.ユニバーサルデザインは,特定の障害者の集団のための補装具が必要な場合には,これを排除するものではない.

第3条(一般原則)
この条約の原則は,次のとおりとする.
(a) 固有の尊厳,個人の自律(自ら選択する自由を含む.)及び個人の自立の尊重
(b) 無差別
(c) 社会への完全かつ効果的な参加及び包容
(d) 差異の尊重並びに人間の多様性の一部及び人類の一員としての障害者の受入れ
(e) 機会の均等
(f) 施設及びサービス等の利用の容易さ
(g) 男女の平等
(h) 障害のある児童の発達しつつある能力の尊重及び障害のある児童がその同一性を保持する権利の尊重

第4条(一般的義務)
1 締約国は,障害に基づくいかなる差別もなしに,全ての障害者のあらゆる人権及び基本的自由を完全に実現することを確保し,及び促進することを約束する.このため,締約国は,次のことを約束する.
(a) この条約において認められる権利の実現のため,全ての適当な立法措置,行政措置その他の措置をとること.
(b) 障害者に対する差別となる既存の法律,規則,慣習及び慣行を修正し,又は廃止するための全ての適当な措置(立法を含む.)をとること.
(c) 全ての政策及び計画において障害者の人権の保護及び促進を考慮に入れること.
(d) この条約と両立しないいかなる行為又は慣行も差し控えること.また,公の当局及び機関がこの条約に従って行動することを確保すること.
(e) いかなる個人,団体又は民間企業による障害に基づく差別も撤廃するための全ての適当な措置をとること.
(f) 第2条に規定するユニバーサルデザインの製品,サービス,設備及び施設であって,障害者に特有のニーズを満たすために必要な調整が可能な限り最小限であり,かつ,当該ニーズを満たすために必要な費用が最小限であるべきものについての研究及び開発を実施し,又は促進すること.また,当該ユニバーサルデザインの製品,サービス,設備及び施設の利用可能性及び使用を促進すること.さらに,基準及び指針を作成するに当たっては,ユニバーサルデザインが当該基準及び指針に含まれることを促進すること.
(g) 障害者に適した新たな機器(情報通信機器,移動補助具,補装具及び支援機器を含む.)についての研究及び開発を実施し,又は促進し,並びに当該新たな機器の利用可能性及び使用を促進すること.この場合において,締約国は,負担しやすい費用の機器を優先させる.
(h) 移動補助具,補装具及び支援機器(新たな機器を含む.)並びに他の形態の援助,支援サービス及び施設に関する情報であって,障害者にとって利用しやすいものを提供すること.
(i) この条約において認められる権利によって保障される支援及びサービスをより良く提供するため,障害者と共に行動する専門家及び職員に対する当該権利に関する研修を促進すること.

2 各締約国は,経済的,社会的及び文化的権利に関しては,これらの権利の完全な実現を漸進的に達成するため,自国における利用可能な手段を最大限に用いることにより,また,必要な場合には国際協力の枠内で,措置をとることを約束する.ただし,この条約に定める義務であって,国際法に従って直ちに適用されるものに影響を及ぼすものではない.

3 締約国は,この条約を実施するための法令及び政策の作成及び実施において,並びに障害者に関する問題についての他の意思決定過程において,障害者(障害のある児童を含む.以下この3において同じ.)を代表する団体を通じ,障害者と緊密に協議し,及び障害者を積極的に関与させる.

4 この条約のいかなる規定も,締約国の法律又は締約国について効力を有する国際法に含まれる規定であって障害者の権利の実現に一層貢献するものに影響を及ぼすものではない.この条約のいずれかの締約国において法律,条約,規則又は慣習によって認められ,又は存する人権及び基本的自由については,この条約がそれらの権利若しくは自由を認めていないこと又はその認める範囲がより狭いことを理由として,それらの権利及び自由を制限し,又は侵してはならない.

5 締約国は,いかなる制限又は例外もなしに,連邦国家の全ての地域について適用する.

第5条(平等及び無差別)
1 締約国は,全ての者が,法律の前に又は法律に基づいて平等であり,並びにいかなる差別もなしに法律による平等の保護及び利益を受ける権利を有することを認める.

2 締約国は,障害に基づくあらゆる差別を禁止するものとし,いかなる理由による差別に対しても平等かつ効果的な法的保護を障害者に保障する.

3 締約国は,平等を促進し,及び差別を撤廃することを目的として,合理的配慮が提供されることを確保するための全ての適当な措置をとる.

4 障害者の事実上の平等を促進し,又は達成するために必要な特別の措置は,この条約に規定する差別と解してはならない.

第9条(施設及びサービス等の利用の容易さ)
1 締約国は,障害者が自立して生活し,及び生活の

あらゆる側面に完全に参加することを可能にすることを目的として、障害者が、他の者との平等を基礎として、都市及び農村の双方において、物理的環境、輸送機関、情報通信（情報通信機器及び情報通信システムを含む。）並びに公衆に開放され、又は提供される他の施設及びサービスを利用する機会を有することを確保するための適当な措置をとる。この措置は、施設及びサービス等の利用の容易さに対する妨げ及び障壁を特定し、及び撤廃することを含むものとし、特に次の事項について適用する。

(a) 建物、道路、輸送機関その他の屋内及び屋外の施設（学校、住居、医療施設及び職場を含む。）
(b) 情報、通信その他のサービス（電子サービス及び緊急事態に係るサービスを含む。）

2 締約国は、また、次のことのための適当な措置をとる。

(a) 公衆に開放され、又は提供される施設及びサービスの利用の容易さに関する最低基準及び指針を作成し、及び公表し、並びに当該最低基準及び指針の実施を監視すること。
(b) 公衆に開放され、又は提供される施設及びサービスを提供する民間の団体が、当該施設及びサービスの障害者にとっての利用の容易さについてあらゆる側面を考慮することを確保すること。
(c) 施設及びサービス等の利用の容易さに関して障害者が直面する問題についての研修を関係者に提供すること。
(d) 公衆に開放される建物その他の施設において、点字の表示及び読みやすく、かつ、理解しやすい形式の表示を提供すること。
(e) 公衆に開放される建物その他の施設の利用の容易さを促進するため、人又は動物による支援及び仲介する者（案内者、朗読者及び専門の手話通訳を含む。）を提供すること。
(f) 障害者が情報を利用する機会を有することを確保するため、障害者に対する他の適当な形態の援助及び支援を促進すること。
(g) 障害者が新たな情報通信機器及び情報通信システム（インターネットを含む。）を利用する機会を有することを促進すること。
(h) 情報通信機器及び情報通信システムを最小限の費用で利用しやすくするため、早い段階で、利用しやすい情報通信機器及び情報通信システムの設計、開発、生産及び流通を促進すること。

第12条（法律の前にひとしく認められる権利）

1 締約国は、障害者が全ての場所において法律の前に人として認められる権利を有することを再確認する。

2 締約国は、障害者が生活のあらゆる側面において他の者との平等を基礎として法的能力を享有することを認める。

3 締約国は、障害者がその法的能力の行使に当たって必要とする支援を利用する機会を提供するための適当な措置をとる。

4 締約国は、法的能力の行使に関連する全ての措置において、濫用を防止するための適当かつ効果的な保障を国際人権法に従って定めることを確保する。当該保障は、法的能力の行使に関連する措置が、障害者の権利、意思及び選好を尊重し、利益相反を生じさせず、及び不当な影響を及ぼさないこと、障害者の状況に応じ、かつ、適合すること、可能な限り短い期間に適用されること並びに権限のある、独立の、かつ、公平な当局又は司法機関による定期的な審査の対象となることを確保するものとする。当該保障は、当該措置が障害者の権利及び利益に及ぼす影響の程度に応じたものとする。

5 締約国は、この条の規定に従うことを条件として、障害者が財産を所有し、又は相続し、自己の会計を管理し、及び銀行貸付け、抵当その他の形態の金融上の信用を利用する均等な機会を有することについての平等な権利を確保するための全ての適当かつ効果的な措置をとるものとし、障害者がその財産を恣意的に奪われないことを確保する。

第16条 搾取、暴力及び虐待からの自由

1 締約国は、家庭の内外におけるあらゆる形態の搾取、暴力及び虐待（性別に基づくものを含む。）から障害者を保護するための全ての適当な立法上、行政上、社会上、教育上その他の措置をとる。

2 また、締約国は、特に、あらゆる形態の搾取、暴力及び虐待を防止するため、障害者並びにその家族及び介護者に対する適当な形態の性別及び年齢に配慮した援助及び支援（搾取、暴力及び虐待の事案を防止し、認識し、及び報告する方法に関する情報及び教育を提供することによるものを含む。）を確保することにより、あらゆる形態の搾取、暴力及び虐待を防止するための全ての適当な措置をとる。締約国は、保護事業が年齢、性別及び障害に配慮したものであることを確保する。

3 締約国は、あらゆる形態の搾取、暴力及び虐待の発生を防止するため、障害者に役立つことを意図した全ての施設及び計画が独立した当局により効果的に監視されることを確保する。

4 締約国は、あらゆる形態の搾取、暴力又は虐待の被害者となる障害者の身体的、認知的及び心理的な回復、リハビリテーション並びに社会復帰を促進するための全ての適当な措置（保護事業の提供によるものを含む。）をとる。このような回復及び復帰は、障害者の健康、福祉、自尊心、尊厳及び自律を育成する環境において行われるものとし、性別及び年齢に応じたニーズを考慮に入れる。

5 締約国は、障害者に対する搾取、暴力及び虐待の事案が特定され、捜査され、及び適当な場合には訴追されることを確保するための効果的な法令及び政策（女子及び児童に重点を置いた法令及び政策を含む。）を策定する。

第19条（自立した生活及び地域社会への包容）

この条約の締約国は、全ての障害者が他の者と平等の選択の機会をもって地域社会で生活する平等の権利を有することを認めるものとし、障害者が、この権利を完全に享受し、並びに地域社会に完全に包容され、及び参加することを容易にするための効果的かつ適当な措置をとる。この措置には、次のことを確保することによるものを含む。

(a) 障害者が、他の者との平等を基礎として、居住地を選択し、及びどこで誰と生活するかを選択する機会を有すること並びに特定の生活施設で生活する義務を負わないこと。
(b) 地域社会における生活及び地域社会への包容を支援し、並びに地域社会からの孤立及び隔離を防止するために必要な在宅サービス、居住サービスその他の地域社会支援サービス（個別の支援を含む。）を障害者が利用する機会を有すること。
(c) 一般住民向けの地域社会サービス及び施設が、障害者にとって他の者との平等を基礎として利用可能であり、かつ、障害者のニーズに対応している

こと．

第20条（個人の移動を容易にすること）

締約国は，障害者自身ができる限り自立して移動することを容易にすることを確保するための効果的な措置をとる．この措置には，次のことによるものを含む．

(a) 障害者自身が，自ら選択する方法で，自ら選択する時に，かつ，負担しやすい費用で移動することを容易にすること．
(b) 障害者が質の高い移動補助具，補装具，支援機器，人又は動物による支援及び仲介する者を利用する機会を得やすくすること（これらを負担しやすい費用で利用可能なものとすることを含む．）．
(c) 障害者及び障害者と共に行動する専門職員に対し，移動のための技能に関する研修を提供すること．
(d) 移動補助具，補装具及び支援機器を生産する事業体に対し，障害者の移動のあらゆる側面を考慮するよう奨励すること．

第21条（表現及び意見の自由並びに情報の利用の機会）

締約国は，障害者が，第2条に定めるあらゆる形態の意思疎通であって自ら選択するものにより，表現及び意見の自由（他の者との平等を基礎として情報及び考えを求め，受け，及び伝える自由を含む．）についての権利を行使することができることを確保するための全ての適当な措置をとる．この措置には，次のことによるものを含む．

(a) 障害者に対し，様々な種類の障害に相応した利用しやすい様式及び機器により，適時に，かつ，追加の費用を伴わず，一般公衆向けの情報を提供すること．
(b) 公的な活動において，手話，点字，補助的及び代替的な意思疎通並びに障害者が自ら選択する他の全ての利用しやすい意思疎通の手段，形態及び様式を用いることを受け入れ，及び容易にすること．
(c) 一般公衆に対してサービス（インターネットによるものを含む．）を提供する民間の団体が情報及びサービスを障害者にとって利用しやすい又は使用可能な様式で提供するよう要請すること．
(d) マスメディア（インターネットを通じて情報を提供する者を含む．）がそのサービスを障害者にとって利用しやすいものとするよう奨励すること．
(e) 手話の使用を認め，及び促進すること．

第24条（教育）

1 締約国は，教育についての障害者の権利を認める．締約国は，この権利を差別なしに，かつ，機会の均等を基礎として実現するため，障害者を包容するあらゆる段階の教育制度及び生涯学習を確保する．当該教育制度及び生涯学習は，次のことを目的とする．

(a) 人間の潜在能力並びに尊厳及び自己の価値についての意識を十分に発達させ，並びに人権，基本的自由及び人間の多様性の尊重を強化すること．
(b) 障害者が，その人格，才能及び創造力並びに精神的及び身体的な能力をその可能な最大限度まで発達させること．
(c) 障害者が自由な社会に効果的に参加することを可能とすること．

2 締約国は，1の権利の実現に当たり，次のことを確保する．

(a) 障害者が障害に基づいて一般的な教育制度から排除されないこと及び障害のある児童が障害に基づいて無償のかつ義務的な初等教育から又は中等教育から排除されないこと．
(b) 障害者が，他の者との平等を基礎として，自己の生活する地域社会において，障害者を包容し，質が高く，かつ，無償の初等教育を享受することができること及び中等教育を享受することができること．
(c) 個人に必要とされる合理的配慮が提供されること．
(d) 障害者が，その効果的な教育を容易にするために必要な支援を一般的な教育制度の下で受けること．
(e) 学問的及び社会的な発達を最大にする環境において，完全な包容という目標に合致する効果的で個別化された支援措置がとられること．

3 締約国は，障害者が教育に完全かつ平等に参加し，及び地域社会の構成員として完全かつ平等に参加することを容易にするため，障害者が生活する上での技能及び社会的な発達のための技能を習得することを可能とする．このため，締約国は，次のことを含む適当な措置をとる．

(a) 点字，代替的な文字，意思疎通の補助的及び代替的な形態，手段及び様式並びに定位及び移動のための技能の習得並びに障害者相互による支援及び助言を容易にすること．
(b) 手話の習得及び聾社会の言語的な同一性の促進を容易にすること．
(c) 盲人，聾者又は盲聾者（特に盲人，聾者又は盲聾者である児童）の教育が，その個人にとって最も適当な言語並びに意思疎通の形態及び手段で，かつ，学問的及び社会的な発達を最大にする環境において行われることを確保すること．

4 締約国は，1の権利の実現を助長することを目的として，手話又は点字について能力を有する教員（障害のある教員を含む．）を雇用し，並びに教育に従事する専門家及び職員（教育のいずれの段階において従事するかを問わない．）に対する研修を行うための適当な措置をとる．この研修には，障害についての意識の向上を組み入れ，また，適当な意思疎通の補助的及び代替的な形態，手段及び様式の使用並びに障害者を支援するための教育技法及び教材の使用を組み入れるものとする．

5 締約国は，障害者が，差別なしに，かつ，他の者との平等を基礎として，一般的な高等教育，職業訓練，成人教育及び生涯学習を享受することができることを確保する．このため，締約国は，合理的配慮が障害者に提供されることを確保する．

第25条（健 康）

締約国は，障害者が障害に基づく差別なしに到達可能な最高水準の健康を享受する権利を有することを認める．締約国は，障害者が性別に配慮した保健サービス（保健に関連するリハビリテーションを含む．）を利用する機会を有することを確保するための全ての適当な措置をとる．締約国は，特に，次のことを行う．

(a) 障害者に対して他の者に提供されるものと同一の範囲，質及び水準の無償の又は負担しやすい費用の保健及び保健計画（性及び生殖に係る健康並びに住民のための公衆衛生計画の分野のものを含む．）を提供すること．
(b) 障害者が特にその障害のために必要とする保健サービス（早期発見及び適当な場合には早期関与並びに特に児童及び高齢者の新たな障害を最小限にし，及び防止するためのサービスを含む．）を提

供すること.
(c) これらの保健サービスを,障害者自身が属する地域社会(農村を含む.)の可能な限り近くにおいて提供すること.
(d) 保健に従事する者に対し,特に,研修を通じて及び公私の保健に関する倫理基準を広く知らせることによって障害者の人権,尊厳,自律及びニーズに関する意識を高めることにより,他の者と同一の質の医療(例えば,事情を知らされた上での自由な同意を基礎とした医療)を障害者に提供するよう要請すること.
(e) 健康保険及び国内法により認められている場合には生命保険の提供に当たり,公正かつ妥当な方法で行い,及び障害者に対する差別を禁止すること.
(f) 保健若しくは保健サービス又は食糧及び飲料の提供に関し,障害に基づく差別的な拒否を防止すること.

第26条 (ハビリテーション(適応のための技能の習得)及びリハビリテーション)

1 締約国は,障害者が,最大限の自立並びに十分な身体的,精神的,社会的及び職業的な能力を達成し,及び維持し,並びに生活のあらゆる側面への完全な包容及び参加を達成し,及び維持することを可能とするための効果的かつ適当な措置(障害者相互による支援を通じたものを含む.)をとる.このため,締約国は,特に,保健,雇用,教育及び社会に係るサービスの分野において,ハビリテーション及びリハビリテーションについての包括的なサービス及びプログラムを企画し,強化し,及び拡張する.この場合において,これらのサービス及びプログラムは,次のようなものとする.
(a) 可能な限り初期の段階において開始し,並びに個人のニーズ及び長所に関する学際的な評価を基礎とするものであること.
(b) 地域社会及び社会のあらゆる側面への参加及び包容を支援し,自発的なものであり,並びに障害者自身が属する地域社会(農村を含む.)の可能な限り近くにおいて利用可能なものであること.
2 締約国は,ハビリテーション及びリハビリテーションのサービスに従事する専門家及び職員に対する初期研修及び継続的な研修の充実を促進する.
3 締約国は,障害者のために設計された補装具及び支援機器であって,ハビリテーション及びリハビリテーションに関連するものの利用可能性,知識及び使用を促進する.

第27条 (労働及び雇用)

1 締約国は,障害者が他の者との平等を基礎として労働についての権利を有することを認める.この権利には,障害者に対して開放され,障害者を包容し,及び障害者にとって利用しやすい労働市場及び労働環境において,障害者が自由に選択し,又は承諾する労働によって生計を立てる機会を有する権利を含む.締約国は,特に次のことのための適当な措置(立法によるものを含む.)をとることにより,労働についての障害者(雇用の過程で障害を有することとなった者を含む.)の権利が実現されることを保障し,及び促進する.
(a) あらゆる形態の雇用に係る全ての事項(募集,採用及び雇用の条件,雇用の継続,昇進並びに安全かつ健康的な作業条件を含む.)に関し,障害に基づく差別を禁止すること.
(b) 他の者との平等を基礎として,公正かつ良好な労働条件(均等な機会及び同一価値の労働についての同一報酬を含む.),安全かつ健康的な作業条件(嫌がらせからの保護を含む.)及び苦情に対する救済についての障害者の権利を保護すること.
(c) 障害者が他の者との平等を基礎として労働及び労働組合についての権利を行使することができることを確保すること.
(d) 障害者が技術及び職業の指導に関する一般的な計画,職業紹介サービス並びに職業訓練及び継続的な訓練を利用する効果的な機会を有することを可能とすること.
(e) 労働市場において障害者の雇用機会の増大を図り,及びその昇進を促進すること並びに職業を求め,これに就き,これを継続し,及びこれに復帰する際の支援を促進すること.
(f) 自営活動の機会,起業家精神,協同組合の発展及び自己の事業の開始を促進すること.
(g) 公的部門において障害者を雇用すること.
(h) 適当な政策及び措置(積極的差別是正措置,奨励措置その他の措置を含めることができる.)を通じて,民間部門における障害者の雇用を促進すること.
(i) 職場において合理的配慮が障害者に提供されることを確保すること.
(j) 開かれた労働市場において障害者が職業経験を得ることを促進すること.
(k) 障害者の職業リハビリテーション,職業の保持及び職場復帰計画を促進すること.
2 締約国は,障害者が,奴隷の状態又は隷属状態に置かれないこと及び他の者との平等を基礎として強制労働から保護されることを確保する.

第28条 (相当な生活水準及び社会的な保障)

1 締約国は,障害者が,自己及びその家族の相当な生活水準(相当な食糧,衣類及び住居を含む.)についての権利並びに生活条件の不断の改善についての権利を有することを認めるものとし,障害に基づく差別なしにこの権利を実現することを保障し,及び促進するための適当な措置をとる.
2 締約国は,社会的な保障についての障害者の権利及び障害に基づく差別なしにこの権利を享受することについての障害者の権利を認めるものとし,この権利の実現を保障し,及び促進するための適当な措置をとる.この措置には,次のことを確保するための措置を含む.
(a) 障害者が清浄な水のサービスを利用する均等な機会を有し,及び障害者が障害に関連するニーズに係る適当かつ費用の負担しやすいサービス,補装具その他の援助を利用する機会を有すること.
(b) 障害者(特に,障害のある女子及び高齢者)が社会的な保障及び貧困削減に関する計画を利用する機会を有すること.
(c) 貧困の状況において生活している障害者及びその家族が障害に関連する費用についての国の援助(適当な研修,カウンセリング,財政的な援助及び介護者の休息のための一時的な介護を含む.)を利用する機会を有すること.
(d) 障害者が公営住宅計画を利用する機会を有すること.
(e) 障害者が退職に伴う給付及び計画を利用する均等な機会を有すること.

第33条 国内における実施及び監視

1 締約国は,自国の制度に従い,この条約の実施に

関連する事項を取り扱う1又は2以上の中央連絡先を政府内に指定する．また，締約国は，異なる部門及び段階における関連の活動を容易にするため，政府内における調整のための仕組みの設置又は指定に十分な考慮を払う．
2 締約国は，自国の法律上及び行政上の制度に従い，この条約の実施を促進し，保護し，及び監視するための枠組み（適当な場合には，1又は2以上の独立した仕組みを含む．）を自国内において維持し，強化し，指定し，又は設置する．締約国は，このような仕組みを指定し，又は設置する場合には，人権の保護及び促進のための国内機構の地位及び役割に関する原則を考慮に入れる．
3 市民社会（特に，障害者及び障害者を代表する団体）は，監視の過程に十分に関与し，かつ，参加する．

140 児童の権利に関する条約（抄）

〔採択〕1989年11月20日
〔効力発生〕1990年9月2日／1994年5月22日（日本）

前文
　この条約の締約国は，
　国際連合憲章において宣明された原則によれば，人類社会の
　すべての構成員の固有の尊厳及び平等のかつ奪い得ない権利を認めることが世界における自由，正義及び平和の基礎を成すものであることを考慮し，
　国際連合加盟国の国民が，国際連合憲章において，基本的人権並びに人間の尊厳及び価値に関する信念を改めて確認し，かつ，一層大きな自由の中で社会的の進歩及び生活水準の向上を促進することを決意したことに留意し，
　国際連合が，世界人権宣言及び人権に関する国際規約において，すべての人は人種，皮膚の色，性，言語，宗教，政治的意見その他の意見，国民的若しくは社会的出身，財産，出生又は他の地位等によるいかなる差別もなしに同宣言及び同規約に掲げるすべての権利及び自由を享有することができることを宣明し及び合意したことを認め，
　国際連合が，世界人権宣言において，児童は特別な保護及び援助についての権利を享有することができることを宣明したことを想起し，
　家族が，社会の基礎的な集団として，並びに家族のすべての構成員特に，児童の成長及び福祉のための自然な環境として，社会においてその責任を十分に引き受けることができるよう必要な保護及び援助を与えられるべきであることを確信し，
　児童が，その人格の完全なかつ調和のとれた発達のため，家庭環境の下で幸福，愛情及び理解のある雰囲気の中で成長すべきであることを認め，
　児童が，社会において個人として生活するため十分な準備が整えられるべきであり，かつ，国際連合憲章において宣明された理想の精神並びに特に平和，尊厳，寛容，自由，平等及び連帯の精神に従って育てられるべきであることを考慮し，
　児童に対して特別な保護を与えることの必要性が，1924年の児童の権利に関するジュネーヴ宣言及び1959年11月20日に国際連合総会で採択された児童の権利に関する宣言において述べられており，また，世界人権宣言，市民的及び政治的権利に関する国際規約（特に第23条及び第24条），経済的，社会的及び文化的権利に関する国際規約（特に第10条）並びに児童の福祉に関係する専門機関及び国際機関の規程及び関係文書において認められていることに留意し，
　児童の権利に関する宣言において示されているとおり「児童は，身体的及び精神的に未熟であるため，その出生の前後において，適当な法的保護を含む特別な保護及び世話を必要とする．」ことに留意し，
　国内の又は国際的な里親委託及び養子縁組を特に考慮した児童の保護及び福祉についての社会的及び法的な原則に関する宣言，少年司法の運用のための国際連合最低基準規則（北京規則）及び緊急事態及び武力紛争における女子及び児童の保護に関する宣言を想起し，
　極めて困難な条件の下で生活している児童が世界のすべての国に存在すること，また，このような児童が特別の配慮を必要としていることを認め，
　児童の保護及び調和のとれた発達のために各人民の伝統及び文化的価値が有する重要性を十分に考慮し，
　あらゆる国特に開発途上国における児童の生活条件を改善するために国際協力が重要であることを認めて，
　次のとおり協定した．

第1部

第1条 この条約の適用上，児童とは，18歳未満のすべての者をいう．ただし，当該児童で，その者に適用される法律によりより早く成年に達したものを除く．
第2条 ① 締約国は，その管轄の下にある児童に対し，児童又はその父母若しくは法定保護者の人種，皮膚の色，性，言語，宗教，政治的意見その他の意見，国民的，種族的若しくは社会的出身，財産，心身障害，出生又は他の地位にかかわらず，いかなる差別もなしにこの条約に定める権利を尊重し，及び確保する．
② 締約国は，児童がその父母，法定保護者又は家族の構成員の地位，活動，表明した意見又は信念によるあらゆる形態の差別又は処罰から保護されることを確保するためのすべての適当な措置をとる．
第3条 ① 児童に関するすべての措置をとるに当たっては，公的若しくは私的な社会福祉施設，裁判所，行政当局又は立法機関のいずれによって行われるものであっても，児童の最善の利益が主として考慮されるものとする．
② 締約国は，児童の父母，法定保護者又は児童について法的に責任を有する他の者の権利及び義務を考慮に入れて，児童の福祉に必要な保護及び養護を確保することを約束し，このため，すべての適当な立法上及び行政上の措置をとる．
③ 締約国は，児童の養護又は保護のための施設，役務の提供及び設備が，特に安全及び健康の分野に関し並びにこれらの職員の数及び適格性並びに適正な監督に関し権限のある当局の設定した基準に適合することを確保する．
第4条 締約国は，この条約において認められる権利の実現のため，すべての適当な立法措置，行政措置その他の措置を講ずる．締約国は，経済的，社会

的及び文化的権利に関しては,自国における利用可能な手段の最大限の範囲内で,また,必要な場合には国際協力の枠内で,これらの措置を講ずる.

第5条 締約国は,児童がこの条約において認められる権利を行使するに当たり,父母若しくは場合により地方の慣習により定められている大家族若しくは共同体の構成員,法定保護者又は児童について法的に責任を有する他の者がその児童の発達しつつある能力に適合する方法で適当な指示及び指導を与える責任,権利及び義務を尊重する.

第6条 ① 締約国は,すべての児童が生命に対する固有の権利を有することを認める.
② 締約国は,児童の生存及び発達を可能な最大限の範囲において確保する.

第7条 ① 児童は,出生の後直ちに登録される.児童は,出生の時から氏名を有する権利及び国籍を取得する権利を有するものとし,また,できる限りその父母を知りかつその父母によって養育される権利を有する.
② 締約国は,特に児童が無国籍となる場合を含めて,国内法及びこの分野における関連する国際文書に基づく自国の義務に従い,①の権利の実現を確保する.

第8条 ① 締約国は,児童が法律によって認められた国籍,氏名及び家族関係を含むその身分関係事項について不法に干渉されることなく保持する権利を尊重することを約束する.
② 締約国は,児童がその身元関係事項の一部又は全部を不法に奪われた場合には,その身元関係事項を速やかに回復するため,適当な援助及び保護を与える.

第9条 ① 締約国は,児童がその父母の意思に反してその父母から分離されないことを確保する.ただし,権限のある当局が司法の審査に従うことを条件として適用のある法律及び手続に従いその分離が児童の最善の利益のために必要であると決定する場合は,この限りでない.このような決定は,父母が児童を虐待し若しくは放置する場合又は父母が別居しており児童の居住地を決定しなければならない場合のような特定の場合において必要であることがある.
② すべての関係当事者は,①の規定に基づくいかなる手続においても,その手続に参加しかつ自己の意見を述べる機会を有する.
③ 締約国は,児童の最善の利益に反する場合を除くほか,父母の一方又は双方から分離されている児童が定期的に父母のいずれとも人的な関係及び直接の接触を維持する権利を尊重する.
④ ③の分離が,締約国がとった父母の一方若しくは双方又は児童の抑留,拘禁,追放,退去強制,死亡(その者が当該締約国により身体を拘束されている間に何らかの理由により生じた死亡を含む.)等のいずれかの措置に基づく場合には,当該締約国は,要請に応じ,父母,児童又は適当な場合には家族の他の構成員に対し,家族のうち不在となっている者の所在に関する重要な情報を提供する.ただし,その情報の提供が児童の福祉を害する場合は,この限りでない.締約国は,更に,その要請の提出自体が関係者に悪影響を及ぼさないことを確保する.

第10条 ① 前条①の規定に基づく締約国の義務に従い,家族の再統合を目的とする児童又はその父母による締約国への入国又は締約国からの出国の申請については,締約国が積極的,人道的かつ迅速な方法で取り扱う.締約国は,更に,その申請の提出が申請者及びその家族の構成員に悪影響を及ぼさないことを確保する.
② 父母と異なる国に居住する児童は,例外的な事情がある場合を除くほか定期的に父母との人的な関係及び直接の接触を維持する権利を有する.このため,前条①の規定に基づく締約国の義務に従い,締約国は,児童及びその父母がいずれの国(自国を含む.)からも出国し,かつ,自国に入国する権利を尊重する.出国する権利は,法律で定められ,国の安全,公の秩序,公衆の健康若しくは道徳又は他の者の権利及び自由を保護するために必要であり,かつ,この条約において認められる他の権利と両立する制限にのみ従う.

第11条 ① 締約国は,児童が不法に国外へ移送されることを防止し及び国外から帰還することができない事態を除去するための措置を講ずる.
② このため,締約国は,二国間若しくは多数国間の協定の締結又は現行の協定への加入を促進する.

第12条 ① 締約国は,自己の意見を形成する能力のある児童がその児童に影響を及ぼすすべての事項について自由に自己の意見を表明する権利を確保する.この場合において,児童の意見は,その児童の年齢及び成熟度に従って相応に考慮されるものとする.
② このため,児童は,特に,自己に影響を及ぼすあらゆる司法上及び行政上の手続において,国内法の手続規則に合致する方法により直接に又は代理人若しくは適当な団体を通じて聴取される機会を与えられる.

第13条 ① 児童は,表現の自由についての権利を有する.この権利には,口頭,手書き若しくは印刷,芸術の形態又は自ら選択する他の方法により,国境とのかかわりなく,あらゆる種類の情報及び考えを求め,受け及び伝える自由を含む.
② ①の権利の行使については,一定の制限を課することができる.ただし,その制限は,法律によって定められ,かつ,次の目的のために必要とされるものに限る.
(a) 他の者の権利又は信用の尊重
(b) 国の安全,公の秩序又は公衆の健康若しくは道徳の保護

第14条 ① 締約国は,思想,良心及び宗教の自由についての児童の権利を尊重する.
② 締約国は,児童が①の権利を行使するに当たり,父母及び場合により法定保護者が児童に対しその発達しつつある能力に適合する方法で指示を与える権利及び義務を尊重する.
③ 宗教又は信念を表明する自由については,法律で定める制限であって公共の安全,公の秩序,公衆の健康若しくは道徳又は他の者の基本的な権利及び自由を保護するために必要なもののみを課することができる.

第15条 ① 締約国は,結社の自由及び平和的な集会の自由についての児童の権利を認める.
② ①の権利の行使については,法律で定める制限であって国の安全若しくは公共の安全,公の秩序,公衆の健康若しくは道徳の保護又は他の者の権利及び自由の保護のため民主的社会において必要なもの以外のいかなる制限も課することができない.

第16条 ① いかなる児童も,その私生活,家族,住居若しくは通信に対して恣意的に若しくは不法に干

渉され又は名誉及び信用を不法に攻撃されない.
② 児童は,①の干渉又は攻撃に対する法律の保護を受ける権利を有する.
第17条 締約国は,大衆媒体(マス・メディア)の果たす重要な機能を認め,児童が国の内外の多様な情報源からの情報及び資料,特に児童の社会面,精神面及び道徳面の福祉並びに心身の健康の促進を目的とした情報及び資料を利用することができることを確保する. このため,締約国は,
(a) 児童にとって社会面及び文化面において有益であり,かつ,第29条の精神に沿う情報及び資料を大衆媒体(マス・メディア)が普及させるよう奨励する.
(b) 国の内外の多様な情報源(文化的にも多様な情報源を含む.)からの情報及び資料の作成,交換及び普及における国際協力を奨励する.
(c) 児童用書籍の作成及び普及を奨励する.
(d) 少数集団に属し又は原住民である児童の言語上の必要性について大衆媒体(マス・メディア)が特に考慮するよう奨励する.
(e) 第13条及び次条の規定に留意して,児童の福祉に有害な情報及び資料から児童を保護するための適当な指針を発展させることを奨励する.
第18条 ① 締約国は,児童の養育及び発達について父母が共同の責任を有するという原則についての認識を確保するために最善の努力を払う. 父母又は場合により法定保護者は,児童の養育及び発達についての第一義的な責任を有する. 児童の最善の利益は,これらの者の基本的な関心事項となるものとする.
② 締約国は,この条約に定める権利を保障し及び促進するため,父母及び法定保護者が児童の養育についての責任を遂行するに当たりこれらの者に対して適当な援助を与えるものとし,また,児童の養護のための施設,設備及び役務の提供の発展を確保する.
③ 締約国は,父母が働いている児童が利用する資格を有する児童の養護のための役務の提供及び設備からその児童が便益を受ける権利を有することを確保するためのすべての適当な措置をとる.
第19条 ① 締約国は,児童が父母,法定保護者又は児童を監護する他の者による監護を受けている間において,あらゆる形態の身体的若しくは精神的な暴力,傷害若しくは虐待,放置若しくは怠慢な取扱い,不当な取扱い又は搾取(性的虐待を含む.)からその児童を保護するためのすべての適当な立法上,行政上,社会上及び教育上の措置をとる.
② ①の保護措置には,適当な場合には,児童及び児童を監護する者のために必要な援助を与える社会的計画の作成その他の形態による防止のための効果的な手続並びに①に定める児童の不当な取扱いの事件の発見,報告,付託,調査,処置及び事後措置並びに適当な場合には司法の関与に関する効果的な手続を含むものとする.
第20条 ① 一時的若しくは恒久的にその家庭環境を奪われた児童又は児童自身の最善の利益にかんがみその家庭環境にとどまることが認められない児童は,国が与える特別の保護及び援助を受ける権利を有する.
② 締約国は,自国の国内法に従い,①の児童のための代替的な監護を確保する.
③ ②の監護には,特に,里親委託,イスラム法のカファーラ,養子縁組又は必要な場合には児童の監護

のための適当な施設への収容を含むことができる. 解決策の検討に当たっては,児童の養育において継続性が望ましいこと並びに児童の種族的,宗教的,文化的及び言語的な背景について,十分な考慮を払うものとする.
第21条 養子縁組の制度を認め又は許容している締約国は,児童の最善の利益について最大の考慮が払われることを確保するものとし,また,
(a) 児童の養子縁組が権限のある当局によってのみ認められることを確保する. この場合において,当該権限のある当局は,適用のある法律及び手続に従い,かつ,信頼し得るすべての関連情報に基づき,養子縁組が父母,親族及び法定保護者に関する児童の状況にかんがみ許容されること並びに必要な場合には,関係者が所要のカウンセリングに基づき養子縁組について事情を知らされた上での同意を与えていることを認定する.
(b) 児童がその出身国内において里親若しくは養家に託され又は適切な方法で監護を受けることができない場合には,これに代わる児童の監護の手段として国際的な養子縁組を考慮することができることを認める.
(c) 国際的な養子縁組が行われる児童が国内における養子縁組の場合における保護及び基準と同等のものを享受することを確保する.
(d) 国際的な養子縁組において当該養子縁組が関係者に不当な金銭上の利得をもたらすことがないことを確保するためのすべての適当な措置をとる.
(e) 適当な場合には,二国間又は多数国間の取極又は協定を締結することによりこの条の目的を促進し,及びこの枠組みの範囲内で他国における児童の養子縁組が権限のある当局又は機関によって行われることを確保するよう努める.
第22条 ① 締約国は,難民の地位を求めている児童又は適用のある国際法及び国際的な手続若しくは国内法及び国内的な手続に基づき難民と認められている児童が,父母又は他の者に付き添われているかいないかを問わず,この条約及び自国が締約国となっている人権又は人道に関する他の国際文書に定める権利であって適用のあるものの享受に当たり,適当な保護及び人道的援助を受けることを確保するための適当な措置をとる.
② このため,締約国は,適当と認める場合には,①の児童を保護し及び援助するため,並びに難民の児童の家族との再統合に必要な情報を得ることを目的としてその難民の児童の父母又は家族の他の構成員を捜すため,国際連合及びこれと協力する他の権限のある政府間機関又は関係非政府機関による努力に協力する. その難民の児童は,父母又は家族の他の構成員が発見されない場合には,何らかの理由により恒久的又は一時的にその家庭環境を奪われた他の児童と同様にこの条約に定める保護が与えられる.
第23条 ① 締約国は,精神的又は身体的な障害を有する児童が,その尊厳を確保し,自立を促進し及び社会への積極的な参加を容易にする条件の下で十分かつ相応な生活を享受すべきであることを認める.
② 締約国は,障害を有する児童が特別の養護についての権利を有することを認めるものとし,利用可能な手段の下で,申込みに応じた,かつ,当該児童の状況及び父母又は当該児童を養護している他の者の事情に適した援助を,これを受ける資格を有する児

童及びこのような児童の養護について責任を有する者に与えることを奨励し、かつ、確保する．
③ 障害を有する児童の特別な必要を認めて、②の規定に従って与えられる援助は、父母又は当該児童を養護している他の者の資力を考慮して可能な限り無償で与えられるものとし、かつ、障害を有する児童が可能な限り社会への統合及び個人の発達（文化的及び精神的な発達を含む．）を達成することに資する方法で当該児童が教育、訓練、保健サービス、リハビリテーション・サービス、雇用のための準備及びレクリエーションの機会を実質的に利用し及び享受することができるように行われるものとする．
④ 締約国は、国際協力の精神により、予防的な保健並びに障害を有する児童の医学的、心理学的及び機能的治療の分野における適当な情報の交換（リハビリテーション、教育及び職業サービスの方法に関する情報の普及及び利用を含む．）であってこれらの分野における自国の能力及び技術を向上させ並びに自国の経験を広げることができるようにすることを目的とするものを促進する．これに関しては、特に、開発途上国の必要を考慮する．
第24条 ① 締約国は、到達可能な最高水準の健康を享受すること並びに病気の治療及び健康の回復のための便宜を与えられることについての児童の権利を認める．締約国は、いかなる児童もこのような保健サービスを利用する権利が奪われないことを確保するために努力する．
② 締約国は、①の権利の完全な実現を追求するものとし、特に、次のことのための適当な措置をとる．
(a) 幼児及び児童の死亡率を低下させること．
(b) 基礎的な保健の発展に重点を置いて必要な医療及び保健をすべての児童に提供することを確保すること．
(c) 環境汚染の危険を考慮に入れて、基礎的な保健の枠組みの範囲内で行われることを含めて、特に容易に利用可能な技術の適用により並びに十分に栄養のある食物及び清潔な飲料水の供給を通じて、疾病及び栄養不良と闘うこと．
(d) 母親のための産前産後の適当な保健を確保すること．
(e) 社会のすべての構成員特に父母及び児童が、児童の健康及び栄養、母乳による育児の利点、衛生（環境衛生を含む．）並びに事故の防止についての基礎的な知識に関して、情報を提供され、教育を受ける機会を有し及びその知識の使用について支援されることを確保すること．
(f) 予防的な保健、父母のための指導並びに家族計画に関する教育及びサービスを発展させること．
③ 締約国は、児童の健康を害するような伝統的な慣行を廃止するため、効果的かつ適当なすべての措置をとる．
④ 締約国は、この条において認められる権利の完全な実現を漸進的に達成するため、国際協力を促進し及び奨励することを約束する．これに関しては、特に、開発途上国の必要を考慮する．
第25条 締約国は、児童の身体又は精神の養護、保護又は治療を目的として権限のある当局によって収容された児童に対する処遇及びその収容に関連する他のすべての状況に関する定期的な審査が行われることについての児童の権利を認める．
第26条 ① 締約国は、すべての児童が社会保険その他の社会保障からの給付を受ける権利を認めるものとし、自国の国内法に従い、この権利の完全な実現を達成するための必要な措置を講ずる．
② ①の給付は、適当な場合には、児童及びその扶養について責任を有する者の資力及び事情並びに児童によって又は児童に代わって行われる給付の申請に関する他のすべての事項を考慮して、与えられるものとする．
第27条 ① 締約国は、児童の身体的、精神的、道徳的及び社会的な発達のための相当な生活水準についての児童の権利を認める．
② 父母又は児童について責任を有する他の者は、自己の能力及び資力の範囲内で、児童の発達に必要な生活条件を確保することについての第一義的な責任を有する．
③ 締約国は、国内事情に従い、かつ、その能力の範囲内で、①の権利の実現のため、父母及び児童について責任を有する他の者を援助するための適当な措置をとるものとし、また、必要な場合には、特に栄養、衣類及び住居に関して、物的援助及び支援計画を提供する．
④ 締約国は、父母又は児童について金銭上の責任を有する他の者から、児童の扶養料を自国内で及び外国から、回収することを確保するためのすべての適当な措置をとる．特に、児童について金銭上の責任を有する者が児童と異なる国に居住している場合には、締約国は、国際協定への加入又は国際協定の締結及び他の適当な取決めの作成を促進する．
第28条 ① 締約国は、教育についての児童の権利を認めるものとし、この権利を漸進的にかつ機会の平等を基礎として達成するため、特に、
(a) 初等教育を義務的なものとし、すべての者に対して無償のものとする．
(b) 種々の形態の中等教育（一般教育及び職業教育を含む．）の発展を奨励し、すべての児童に対し、これらの中等教育が利用可能であり、かつ、これらを利用する機会が与えられるものとし、例えば、無償教育の導入、必要な場合における財政的な援助の提供のような適当な措置をとる．
(c) すべての適当な方法により、能力に応じ、すべての者に対して高等教育を利用する機会が与えられるものとする．
(d) すべての児童に対し、教育及び職業に関する情報及び指導が利用可能であり、かつ、これらを利用する機会が与えられるものとする．
(e) 定期的な登校及び中途退学率の減少を奨励するための措置をとる．
② 締約国は、学校の規律が児童の人間の尊厳に適合する方法で及びこの条約に従って運用されることを確保するためのすべての適当な措置をとる．
③ 締約国は、特に全世界における無知及び非識字の廃絶に寄与し並びに科学上及び技術上の知識並びに最新の教育方法の利用を容易にするため、教育に関する事項についての国際協力を促進し、及び奨励する．これに関しては、特に、開発途上国の必要を考慮する．
第29条 ① 締約国は、児童の教育が次のことを指向すべきことに同意する．
(a) 児童の人格、才能並びに精神的及び身体的な能力をその可能な最大限度まで発達させること．
(b) 人権及び基本的自由並びに国際連合憲章にうたう原則の尊重を育成すること．
(c) 児童の父母、児童の文化的同一性、言語及び価値

観,児童の居住国及び出身国の国民的価値観並びに自己の文明と異なる文明に対する尊重を育成すること.
(d) すべての人民の間の,種族的,国民的及び宗教的集団の間の並びに原住民である者の理解,平和,寛容,両性の平等及び友好の精神に従い,自由な社会における責任ある生活のために児童に準備させること.
(e) 自然環境の尊重を育成すること.
② この条又は前条のいかなる規定も,個人及び団体が教育機関を設置し及び管理する自由を妨げるものと解してはならない.ただし,常に,①に定める原則が遵守されること及び当該教育機関において行われる教育が国によって定められる最低限度の基準に適合することを条件とする.

第30条 種族的,宗教的若しくは言語的少数民族又は原住民である者が存在する国において,当該少数民族に属し又は原住民である児童は,その集団の他の構成員とともに自己の文化を享有し,自己の宗教を信仰し又は実践し又は自己の言語を使用する権利を否定されない.

第31条 ① 締約国は,休息及び余暇についての児童の権利並びに児童がその年齢に適した遊び及びレクリエーションの活動を行い並びに文化的な生活及び芸術に自由に参加する権利を認める.
② 締約国は,児童が文化的及び芸術的な生活に十分に参加する権利を尊重しかつ促進するものとし,文化的及び芸術的な活動並びにレクリエーション及び余暇の活動のための適当かつ平等な機会の提供を奨励する.

第32条 ① 締約国は,児童が経済的な搾取から保護され及び危険となり若しくは児童の教育の妨げとなり又は児童の健康若しくは身体的,精神的,道徳的若しくは社会的な発達に有害となるおそれのある労働への従事から保護される権利を認める.
② 締約国は,この条の規定の実施を確保するための立法上,行政上,社会上及び教育上の措置をとる.このため,締約国は,他の国際文書の関連規定を考慮して,特に,
(a) 雇用が認められるための1又は2以上の最低年齢を定める.
(b) 労働時間及び労働条件についての適当な規則を定める.
(c) この条の規定の効果的な実施を確保するための適当な罰則その他の制裁を定める.

第33条 締約国は,関連する国際条約に定義された麻薬及び向精神薬の不正な使用から児童を保護し並びにこれらの物質の不正な生産及び取引における児童の使用を防止するための立法上,行政上,社会上及び教育上の措置を含むすべての適当な措置をとる.

第34条 締約国は,あらゆる形態の性的搾取及び性的虐待から児童を保護することを約束する.このため,締約国は,特に,次のことを防止するためのすべての適当な国内,二国間及び多国間の措置をとる.
(a) 不法な性的な行為を行うことを児童に対して勧誘し又は強制すること.
(b) 売春又は他の不法な性的な業務において児童を搾取的に使用すること.
(c) わいせつな演技又は物において児童を搾取的に使用すること.

第35条 締約国は,あらゆる目的のための又はあらゆる形態の児童の誘拐,売買又は取引を防止するためのすべての適当な国内,二国間及び多国間の措置をとる.

第36条 締約国は,いずれかの面において児童の福祉を害する他のすべての形態の搾取から児童を保護する.

第37条 締約国は,次のことを確保する.
(a) いかなる児童も,拷問又は他の残虐な,非人道的な若しくは品位を傷つける取扱い若しくは刑罰を受けないこと.死刑又は釈放の可能性がない終身刑は,18歳未満の者が行った犯罪について科さないこと.
(b) いかなる児童も,不法に又は恣意的にその自由を奪われないこと.児童の逮捕,抑留又は拘禁は,法律に従って行うものとし,最後の解決手段として最も短い適当な期間のみ用いること.
(c) 自由を奪われたすべての児童は,人道的に,人間の固有の尊厳を尊重して,かつ,その年齢の者の必要を考慮した方法で取り扱われること.特に,自由を奪われたすべての児童は,成人とは分離されないことがその最善の利益であると認められない限り成人とは分離されるものとし,例外的な事情がある場合を除くほか,通信及び訪問を通じてその家族との接触を維持する権利を有すること.
(d) 自由を奪われたすべての児童は,弁護人その他適当な援助を行う者と速やかに接触する権利を有し,裁判所その他の権限のある,独立の,かつ,公平な当局においてその自由の剥奪の合法性を争い並びにこれについての決定を速やかに受ける権利を有すること.

第38条 ① 締約国は,武力紛争において自国に適用される国際人道法の規定で児童に関係を有するものを尊重し及びこれらの規定の尊重を確保することを約束する.
② 締約国は,15歳未満の者が敵対行為に直接参加しないことを確保するためのすべての実行可能な措置をとる.
③ 締約国は,15歳未満の者を自国の軍隊に採用することを差し控えるものとし,また,15歳以上18歳未満の者の中から採用するに当たっては,最年長者を優先させるよう努める.
④ 締約国は,武力紛争において文民を保護するための国際人道法に基づく自国の義務に従い,武力紛争の影響を受ける児童の保護及び養護を確保するためのすべての実行可能な措置をとる.

第39条 締約国は,あらゆる形態の放置,搾取若しくは虐待,拷問若しくは他のあらゆる形態の残虐な,非人道的若しくは品位を傷つける取扱い若しくは刑罰又は武力紛争による被害者である児童の身体的及び心理的な回復及び社会復帰を促進するためのすべての適当な措置をとる.このような回復及び復帰は,児童の健康,自尊心及び尊厳を育成する環境において行われる.

第40条 ① 締約国は,刑法を犯したと申し立てられ,訴追され又は認定されたすべての児童が尊厳及び価値についての当該児童の意識を促進させるような方法であって,当該児童が他の者の人権及び基本的自由を尊重することを強化し,かつ,当該児童の年齢を考慮し,更に,当該児童が社会に復帰し及び社会において建設的な役割を担うことがなるべく促進されることを配慮した方法により取り扱われる権利を認める.

② このため,締約国は,国際文書の関連する規定を考慮して,特に次のことを確保する.
(a) いかなる児童も,実行の時に国内法又は国際法により禁じられていなかった作為又は不作為を理由として刑法を犯したと申し立てられ,訴追され又は認定されないこと.
(b) 刑法を犯したと申し立てられ又は訴追されたすべての児童は,少なくとも次の保障を受けること.
 (i) 法律に基づいて有罪とされるまでは無罪と推定されること.
 (ii) 速やかにかつ直接に,また,適当な場合には当該児童の父母又は法定保護者を通じてその罪を告げられること並びに防御の準備及び申立てにおいて弁護人その他適当な援助を行う者を持つこと.
 (iii) 事案が権限のある,独立の,かつ,公平な当局又は司法機関により法律に基づく公正な審理において,弁護人その他適当な援助を行う者の立会い及び,特に当該児童の年齢又は境遇を考慮して児童の最善の利益にならないと認められる場合を除くほか,当該児童の父母又は法定保護者の立会いの下に遅滞なく決定されること.
 (iv) 供述又は有罪の自白を強要されないこと.不利な証人を尋問し又はこれに対し尋問させること並びに対等の条件で自己のための証人の出席及びこれに対する尋問を求めること.
 (v) 刑法を犯したと認められた場合には,その認定及びその結果科せられた措置について,法律に基づき,上級の,権限のある,独立の,かつ,公平な当局又は司法機関によって再審理されること.
 (vi) 使用される言語を理解すること又は話すことができない場合には,無料で通訳の援助を受けること.
 (vii) 手続のすべての段階において当該児童の私生活が十分に尊重されること.
③ 締約国は,刑法を犯したと申し立てられ,訴追され又は認定された児童に特別に適用される法律及び手続の制定並びに当局及び施設の設置を促進するよう努めるものとし,特に,次のことを行う.
(a) その年齢未満の児童は刑法を犯す能力を有しないと推定される最低年齢を設定すること.
(b) 適当なかつ望ましい場合には,人権及び法的保護が十分に尊重されていることを条件として,司法上の手続に訴えることなく当該児童を取り扱う措置をとること.
④ 児童がその福祉に適合し,かつ,その事情及び犯罪の双方に応じた方法で取り扱われることを確保するため,保護,指導及び監督命令,カウンセリング,保護観察,里親委託,教育及び職業訓練計画,施設における養護に代わる他の措置等の種々の処置が利用し得るものとする.

第41条 この条約のいかなる規定も,次のものに含まれる規定であって児童の権利の実現に一層貢献するものに影響を及ぼすものではない.
(a) 締約国の法律
(b) 締約国について効力を有する国際法

社会保障・福祉六法

2016(平成28)年12月15日　第1版第1刷発行

編集代表　岩村正彦
　　　　　菊池馨実

発行者　今井貴・稲葉文子
発行所　株式会社　信山社 ©

〒113-0033 東京都文京区本郷 6-2-9-102
Tel 03-3818-1019　Fax 03-3818-0344
info@shinzansha.co.jp
出版契約 No.2016-1470-3-01011　Printed in Japan

印刷・製本／亜細亜印刷・渋谷文泉閣
ISBN978-4-7972-1470-3 C0532　分類 328.670-c001 社会保障(法)
012-010-008：P810

JCOPY 〈(社)出版者著作権管理機構 委託出版物〉
本書の無断複写は著作権法上での例外を除き禁じられています。複写される場合は、
そのつど事前に、(社)出版者著作権管理機構(電話 03-3513-6969, FAX 03-3513-6979,
e-mail:info@jcopy.or.jp) の許諾を得てください。